`ⲡ̀ϫⲱ

ⲡⲓⲡⲁⲥⲭⲁ ⲉⲑⲟⲩⲁⲃ

البصخة المقدسة

Holy Pascha

Order of Holy Week Services in the Coptic Orthodox Church

Coptic - English - Arabic

THE HOLY PASCHA
According to the Rites of the Coptic Orthodox Church

Icons by Isaac Fanous from the Coptic Archdiocese of North America. Decorative crosses courtesy of St. Mary's Coptic Church, NJ.

Website: http://www.CopticMedia.org
Address: PO Box 6909, East Brunswick, NJ 08816, USA

First Edition Published February 2004.
Second Edition Published March 2008.
Third Edition Published April 2011.
ISBN-10: 0970968523
ISBN-13: 978-0970968524

H. H. Pope Shenouda III

قداسة البابا شنودة الثالث

PREFACE

The Holy Week of Pascha is central in the church life. It is a celebration of God the Heavenly Father's love. "For God so loved the world that He gave His only begotten Son, that whoever believes in Him should not perish but have everlasting life" (John 3:16, NKJV). It is also a living remembrance of our Lord Jesus Christ, "who through the eternal Spirit offered Himself without spot to God" (Heb 9:14, NKJV).

After His resurrection, two of the disciples were traveling to a village called Emmaus. The Lord Jesus Christ appeared and said to them,

> "O foolish ones, and slow of heart to believe in all that the prophets have spoken! Ought not the Christ to have suffered these things and to enter into His glory?" And beginning at Moses and all the Prophets, He expounded to them in all the Scriptures the things concerning Himself. (Luke 24:25-27, NKJV).
>
> Now it came to pass, as He sat at the table with them, that He took bread, blessed and broke it, and gave it to them. Then their eyes were opened and they knew Him; and He vanished from their sight. (Luke 24:30-31, NKJV).

As the two disciples of Emmaus lived this experience, the faithful worshippers share the same blessings while reading, listening, and studying the Scripture as well as participating in the services and the Eucharist through this Holy Week of Pascha. For these reasons, we thank God the Heavenly Father who has strengthened us to accomplish this version of the Holy Pascha Book according to the rites of the Coptic Orthodox Church.

This version is unique in many ways; it is the first version to include Coptic, English, and Arabic texts that are readable and coherent easy to understand. We included the Coptic texts for all readings to stress the importance of keeping the Coptic Language alive in our churches. The Coptic Language plays a crucial role in maintaining our church traditions and remembering our rich heritage.

This is the first version to include a contemporary and elegant English and Arabic translations that are most often quoted by our beloved father H.H. Pope Shenouda III and all the clergy of the Coptic Orthodox Church.

To allow greater understanding of the English readings, Bible texts were taken from the New King James Version. Commentaries and homilies were also revised to reflect the modern English language as opposed to the use of the outdated Old English that only hinders the reader from understanding and worshipping.

Great care has also been given to include all prophesies and homilies that were often neglected in past English versions. This was done by using both the Coptic and Arabic books published by the Late H.G. Bishop Athanasius in the diocese of Bani-Suef in 1941 as the main references.

The use of a reader-friendly layout and different font faces in this book make it more attractive and preferable for use.

As we are pleased to present this book, we wish to thank those who labored to make it possible. May God reward them with heavenly gifts. We hope that you find this edition a valuable resource throughout the Holy Week of Pascha and we pray that God may use this humble effort for the glory of His holy name through the intercessions of St. Mary, the holy mother of God and with the prayers of St. Mark the Evangelist, H.H. Pope Shenouda III, the metropolitans, the bishops, the hegumens, the priests and all the clergy of the Coptic Orthodox Church.

Hegumen Fr. Abraam D. Sleman
Fr. Markos S. Ayoub
Fr. Daniel Abdelmaseih
Coptic Orthodox Church of Saint Mark
427 West Ave, Jersey City, NJ 07304, USA
http://www.CopticChurch.net

Tobah 23, 1720 A.M.
February 1, 2004 A.D.

Table of Contents

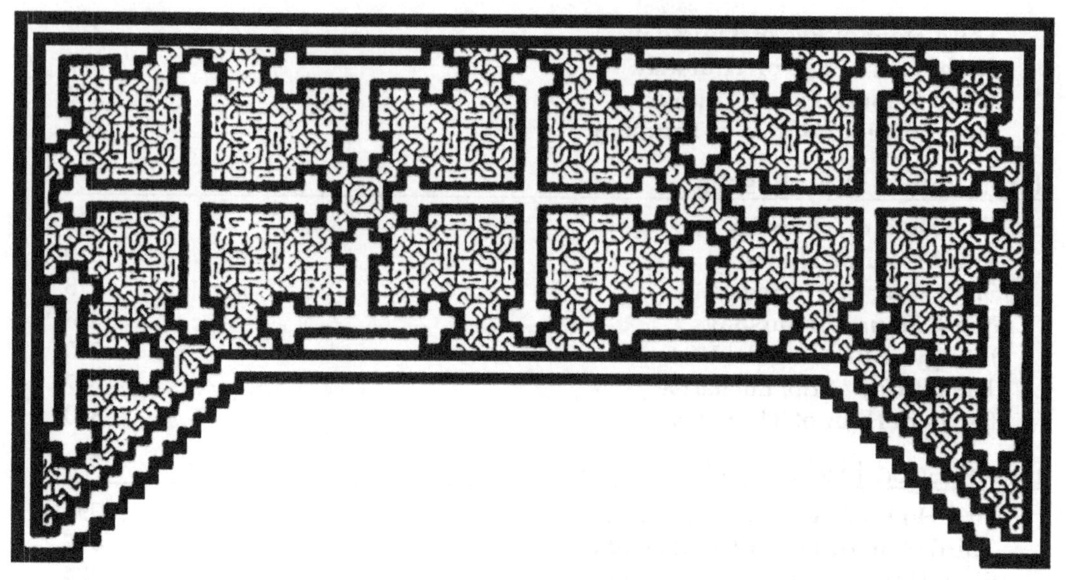

Palm Sunday of the Holy Pascha

يوم أحد الشعانين من البصخة المقدسة

The Ninth Hour of Palm Sunday

الساعة التاسعة من يوم احد الشعانين

ⲑ̀ⲣⲏⲛⲟⲥ ⲛ̀ⲧⲉ Ⲓⲉⲣⲉⲙⲓⲁⲥ Ⲕⲉⲫ ⲁ̅ : ⲁ̅ - ⲇ̅

Ⲉ̀ⲃⲟⲗϧⲉⲛ ⲑ̀ⲣⲏⲛⲟⲥ ⲛ̀ⲧⲉ Ⲓⲉⲣⲉⲙⲓⲁⲥ ⲡⲓⲡ̀ⲣⲟⲫⲏⲧⲏⲥ: ⲉ̀ⲣⲉⲡⲉϥⲥ̀ⲙⲟⲩ ⲉ̀ⲑⲟⲩⲁⲃ ϣⲱⲡⲓ ⲛⲉⲙⲁⲛ ⲁ̀ⲙⲏⲛ ⲉϥϫⲱ ⲙ̀ⲙⲟⲥ.

Ⲁⲥϣⲱⲡⲓ ⲇⲉ ⲙⲉⲛⲉⲛⲥⲁ ⲑ̀ⲣⲟⲩⲉⲣ ⲭ̀ⲙⲁⲗⲱⲧⲉⲩⲓⲛ ⲙ̀ⲡⲓⲒⲥⲗ̅ ⲟⲩⲟϩ Ⲓ̅ⲗ̅ⲏ̅ⲙ̅ ⲛ̀ⲧⲟⲩϣⲟⲣⲥ ⲁϥϩⲉⲙⲥⲓ ⲛ̀ϫⲉ Ⲓⲉⲣⲉⲙⲓⲁⲥ ⲁϥⲣⲓⲙⲓ ⲟⲩⲟϩ ⲁϥⲉⲣϩⲏⲃⲓ ⲙ̀ⲡⲁⲓ ϩⲏⲃⲓ ⲉϫⲉⲛ Ⲓ̅ⲗ̅ⲏ̅ⲙ̅ ⲟⲩⲟϩ ⲡⲉϫⲉϥ ϫⲉ Ⲡⲱⲥⲁⲥ ϩⲉⲙⲥⲓ ⲙ̀ⲙⲁⲩⲁⲧⲥ ⲛ̀ϫⲉ ϯⲃⲁⲕⲓ ⲑⲏⲉⲧⲟϣ ⲙ̀ⲙⲏϣ ⲉ̀ⲁⲥⲉⲣ ⲙ̀ⲫⲣⲏϯ ⲛ̀ⲟⲩⲭⲏⲣⲁ ⲑⲏⲉⲧⲟϣ ϧⲉⲛ ⲛⲓⲉⲑⲛⲟⲥ ⲑⲏⲉⲧⲟⲓ ⲛ̀ⲁⲣⲭⲱⲛ ⲉ̀ⲛⲓⲭⲱⲣⲁ ⲁⲥϣⲱⲡⲓ ⲉⲩϩⲱϯ.

Ϧⲉⲛ ⲟⲩⲣⲓⲙⲓ ⲁⲥⲣⲓⲙⲓ ϧⲉⲛ ⲡⲓⲉ̀ϫⲱⲣϩ : ⲟⲩⲟϩ ⲛⲉⲥⲉⲣⲙⲱⲟⲩⲓ̀ ⲁⲩϣⲟⲩⲟ ⲉ̀ϫⲉⲛ ⲛⲉⲥⲟⲩⲟϫⲓ. ⲙ̀ϥϣⲟⲡ ⲁⲛ ⲛ̀ϫⲉ ⲫⲏⲉⲑⲛⲁϯⲛⲟⲙϯ ⲛⲁⲥ ⲉ̀ⲃⲟⲗ ϧⲉⲛ ⲛⲏⲉⲑⲙⲉⲓ ⲙ̀ⲙⲟⲥ ⲧⲏⲣⲟⲩ : ⲟⲩⲟⲛ ⲅⲁⲣ ⲛⲓⲃⲉⲛ ⲉⲑⲙⲉⲓ ⲙ̀ⲙⲟⲥ ⲁⲩϣⲟϣⲥ : ⲁⲩϣⲱⲡⲓ ⲛⲁⲥ ⲛ̀ϩⲁⲛϫⲁϫⲓ.

Ⲁⲥⲟⲩⲱ̀ⲧⲉⲃ ⲛ̀ϯⲒⲟⲩⲇⲉⲁ̀ ⲉ̀ⲃⲟⲗ ⲉⲑⲃⲉ Ⲡⲉⲥⲑⲉⲃⲓⲟ ⲛⲉⲙ ⲉⲃⲉ ⲡ̀ⲁ̀ϣⲁⲓ ⲛ̀ⲧⲉ ⲧⲉⲥⲙⲉⲧⲃⲱⲕ: ⲁⲥϩⲉⲙⲥⲓ ϧⲉⲛ ⲛⲓⲉⲑⲛⲟⲥ ⲟⲩⲟϩ ⲙ̀ⲡⲉⲥϫⲉⲙⲙ̀ⲧⲟⲛ : ⲟⲩⲟⲛ ⲛⲓⲃⲉⲛ ⲉ̀ⲧϭⲟϫⲓ ⲛ̀ⲥⲱⲥ ⲁⲩⲧⲁϩⲟⲥ ϧⲉⲛ ⲑ̀ⲙⲏϯ ⲛ̀ⲛⲏⲉⲧϩⲟϫϩⲉϫ ⲙ̀ⲙⲟⲥ.

Ⲙⲓⲙⲱⲓⲧ ⲛ̀ⲧⲉ Ⲥⲓⲱⲛ ⲉⲣϩⲏⲃⲓ ϫⲉ ⲙ̀ⲙⲟⲛ ⲡⲉⲑⲛⲏⲟⲩ ⲉ̀ϩ̀ⲣⲏⲓ ⲉ̀ⲡⲓϣⲁⲓ : ⲛⲉⲥⲡⲩ̀ⲗⲏ ⲧⲏⲣⲟⲩ ⲥⲉⲧⲁⲕⲏⲟⲩⲧ. Ⲙⲉⲥⲟⲩⲏⲃ ⲥⲉϥⲓ̀ⲁϩⲟⲙ : ⲛⲉⲥⲡⲁⲣⲑⲉⲛⲟⲥ ⲥⲉϭⲱⲣⲉⲙ ⲛ̀ⲥⲱⲟⲩ ⲟⲩⲟϩ ⲛ̀ⲑⲟⲥ ⲉⲥⲙ̀ⲃⲟⲛ ⲛ̀ϧ̀ⲣⲏⲓ ⲛ̀ϧⲏⲧⲥ.

Ⲟⲩⲱ̀ⲟⲩ ⲛ̀ϯⲧ̀ⲣⲓⲁⲥ ⲉ̀ⲑⲟⲩⲁⲃ ⲡⲉⲛⲛⲟⲩϯ ϣⲁ ⲉ̀ⲛⲉϩ ⲛⲉⲙ ϣⲁ ⲉ̀ⲛⲉϩ ⲛ̀ⲧⲉ ⲛⲓⲉ̀ⲛⲉϩ ⲧⲏⲣⲟⲩ: ⲁ̀ⲙⲏⲛ.

Lamentations 1:1-4

مراثى أرميا ١ : ١ - ٤

A reading from the Lamentations of Jeremiah the Prophet may his blessings be with us, Amen.

من مراثى أرميا النبى بركته المقدسة تكون معنا، آمين.

It came to pass after the captivity of Israel and the destruction of Jerusalem that Jeremiah wept on Jerusalem and said: How lonely sits the city That was full of people! How like a widow is she, Who was great among the nations! The princess among the provinces Has become a slave!

وكان بعد سبى إسرائيل وخراب أورشليم. أن أرميا جلس باكياً وناح على أورشليم بهذا النوح وقال: "كَيْفَ جَلَسَتْ وَحْدَهَا الْمَدِينَةُ الْكَثِيرَةُ الشَّعْبِ؟ كَيْفَ صَارَتْ كَأَرْمَلَةٍ الْعَظِيمَةُ فِي الأُمَمِ؟ السَّيِّدَةُ فِي الْبُلْدَانِ

She weeps bitterly in the night, Her tears are on her cheeks; Among all her lovers She has none to comfort her. All her friends have dealt treacherously with her; They have become her enemies.
Judah has gone into captivity, Under affliction and hard servitude; She dwells among the nations, She finds no rest; All her persecutors overtake her in dire straits.
The roads to Zion mourn Because no one comes to the set feasts. All her gates are desolate; Her priests sigh, Her virgins are afflicted, And she is in bitterness.
Glory be to the Holy Trinity our God unto the age of all ages, Amen.

صَارَتْ تَحْتَ الْجِزْيَةِ! تَبْكِي فِي اللَّيْلِ بُكَاءً وَدُمُوعُهَا عَلَى خَدَّيْهَا. لَيْسَ لَهَا مُعَزٍّ مِن كُلِّ مُحِبِّيهَا. كُلُّ أَصْحَابِهَا غَدَرُوا بِهَا. صَارُوا لَهَا أَعْدَاءً. قَد سُبِيَتْ يَهُوذَا مِنَ الْمَذَلَّةِ وَمِنْ كَثْرَةِ الْعُبُودِيَّةِ. هِيَ تَسْكُنُ بَيْنَ الأُمَمِ. لاَ تَجِدُ رَاحَةً. قَدْ أَدْرَكَهَا كُلُّ طَارِدِيهَا بَيْنَ الضِّيقَاتِ. طُرُقُ صِهْيَوْنَ نَائِحَةٌ لِعَدَمِ الآتِينَ إِلَى الْعِيدِ. كُلُّ أَبْوَابِهَا خَرِبَةٌ. كَهَنَتُهَا يَتَنَهَّدُونَ. عَذَارَاهَا مُذَلَّلَةٌ وَهِيَ فِي مَرَارَةٍ.
مجداً للثالوث القدوس الهنا إلى الأبد وإلى أبد الآبدين كلها، آمين.

Ⲥⲟⲫⲟⲛⲓⲁⲥ Ⲕⲉⲫ ⲅ̅ : ⲓ̅ⲁ̅ – ⲕ̅

Ⲉ̀ⲃⲟⲗϧⲉⲛ Ⲥⲟⲫⲟⲛⲓⲁⲥ ⲡⲓⲡⲣⲟⲫⲏⲧⲏⲥ: ⲉ̀ⲣⲉⲡⲉϥ̀ⲥⲙⲟⲩ ⲉ̀ⲑⲟⲩⲁⲃ ϣⲱⲡⲓ ⲛⲉⲙⲁⲛ ⲁ̀ⲙⲏⲛ ⲉϥϫⲱ ⲙ̀ⲙⲟⲥ.

Ⲛⲁⲓ ⲛⲏⲉ̀ⲧⲉ Ⲡ̀ϭⲟⲓⲥ ϫⲱ ⲙ̀ⲙⲟⲥ : ϫⲉ ϧⲉⲛ ⲡⲓⲥⲏⲟⲩ ⲉ̀ⲧⲉ̀ⲙ̀ⲙⲁⲩ ϯⲛⲁ̀ⲱⲗⲓ ⲉ̀ⲃⲟⲗϩⲁⲣⲟ ⲛ̀ⲛⲓⲙⲉⲧⲣⲉϥϯϣⲱϣ ⲛ̀ⲧⲉ ⲡⲉϣⲱϣ : ⲟⲩⲟϩ ⲛ̀ⲛⲉⲟⲩⲁϩ ⲧⲟⲧ ϫⲉ ⲉ̀ϫⲉ ⲙⲉⲧϧⲉⲣⲟⲩⲱ ⲉ̀ϫⲉⲛ ⲡⲁⲧⲱⲟⲩ ⲉⲑ̅ⲩ̅. Ⲟⲩⲟϩ ϯⲛⲁⲥⲱϫⲡ ⲛ̀ϧⲣⲏⲓ ⲛ̀ϧⲏⲧ ⲛ̀ⲟⲩⲗⲁⲟⲥ ⲛ̀ⲣⲉⲙⲣⲁⲩϣ ⲟⲩⲟϩ ⲉϥⲑⲉⲃⲓⲏⲟⲩⲧ : ⲟⲩⲟϩ ⲉⲉⲣϩⲱϯ ϧⲁⲧϩⲏ ⲙ̀Ⲡ̀ϭⲟⲓⲥ ⲛ̀ϫⲉ ⲛⲓⲥⲱϫⲡ ⲛ̀ⲧⲉ ⲡ̀Ⲓⲥⲣⲁⲏⲗ ⲟⲩⲟϩ ⲛ̀ⲛⲟⲩⲓ̀ⲣⲓ ⲛ̀ⲟⲩϭⲓ ⲛ̀ϫⲟⲛⲥ ⲟⲩ ⲇⲉ ⲛ̀ⲛⲟⲩⲥⲁϫⲓ ⲛ̀ϩⲁⲛⲙⲉⲧⲉϥ̀ⲗⲏⲟⲩ ⲟⲩⲟϩ ⲛ̀ⲛⲟⲩϫⲓⲙⲓ ⲛ̀ⲟⲩⲗⲁⲥ ⲛ̀ⲭⲣⲟϥ ϧⲉⲛ ⲣⲱⲟⲩ : ϫⲉ ⲟⲩⲏⲓ ⲛ̀ⲑⲱⲟⲩ ⲉⲩⲉ̀ⲙⲟⲛⲓ ⲟⲩⲟϩ ⲉⲩⲉⲛⲕⲟⲧ ⲟⲩⲟϩ ⲛ̀ⲛⲉϥϣⲱⲡⲓ ⲛ̀ϫⲉ ⲫⲏⲉⲑⲛⲁϯϩⲟⲧ ⲛⲱⲟⲩ.

Ⲣⲁϣⲓ ⲧϣⲉⲣⲓ ⲛ̀Ⲥⲓⲱⲛ : ⲑⲉⲗⲏⲗ ⲡ̀Ⲓⲥⲣⲁⲏⲗ ⲟⲩⲛⲟϥ ⲟⲩⲟϩ ⲉⲣⲟⲩⲟⲧ ⲉ̀ⲃⲟⲗ ϧⲉⲛ ⲡⲉϩⲏⲧ ⲧⲏⲣⲥ ⲧ̀ϣⲉⲣⲓ ⲛ̀Ⲓⲉⲣⲟⲩⲥⲁⲗⲏⲙ : ⲁϥ̀ⲱⲗⲓ ⲅⲁⲣ ⲛ̀ϫⲉ Ⲡ̀ϭⲟⲓⲥ ⲛ̀ⲛⲉϭⲓ̀ⲛϫⲟⲛⲥ ⲁϥⲥⲟⲧϯ ⲉ̀ⲃⲟⲗ ϧⲉⲛ ⲛⲉⲛϫⲓϫ ⲛ̀ⲛⲉϫⲁϫⲓ : ϥ̀ⲛⲁⲉⲣⲟⲩⲣⲟ ⲛ̀ϫⲉ Ⲡ̀ϭⲟⲓⲥ ϧⲉⲛ ⲧⲉⲕⲙⲏϯ ⲡ̀Ⲓⲥⲣⲁⲏⲗ : ⲛ̀ⲛⲉⲕⲛⲁⲩ ⲉ̀ϩⲁⲛⲡⲉⲧϩⲱⲟⲩ ϫⲉ. ϧⲉⲛ ⲡⲓⲥⲏⲟⲩ ⲇⲉ ⲉ̀ⲧⲉ̀ⲙ̀ⲙⲁⲩ ⲉϥⲉ̀ϫⲟⲥ ⲛ̀ϫⲉ Ⲡ̀ϭⲟⲓⲥ ⲛ̀Ⲓⲉⲣⲟⲩⲥⲁⲗⲏⲙ ϫⲉ ϫⲉⲙⲛⲟⲙϯ Ⲥⲓⲱⲛ ⲙ̀ⲡⲉⲛ̀ⲑⲣⲟⲩ ⲃⲱⲗ ⲉ̀ⲃⲟⲗ ⲛ̀ϫⲉ ⲛⲉϫⲓϫ : Ⲡ̀ϭⲟⲓⲥ ⲡⲉⲛⲟⲩϯ ⲟⲩϫⲱⲣ ⲡⲉ ⲛ̀ϧⲣⲏⲓ ⲛ̀ϧⲏϯ : ϥ̀ⲛⲁⲧⲟⲩϫⲟ ⲉϥⲉ̀ⲓⲛⲓ ⲛ̀ⲟⲩⲛⲟϥ ⲉ̀ϩⲣⲏⲓ ⲉ̀ϫⲱ ⲟⲩⲟϩ ⲉϥⲉⲁⲓϯ ⲙ̀ⲃⲉⲣⲓ ϧⲉⲛ ⲧⲉϥⲁ̀ⲅⲁⲡⲏ ⲟⲩⲟϩ ⲉϥⲉ̀ⲟⲩⲛⲟϥ ⲙ̀ⲙⲟϥ ⲉ̀ϩⲣⲏⲓ ⲉ̀ϫⲱ ϧⲉⲛ ⲟⲩⲣⲱⲟⲩⲧϥ ⲙ̀ⲫ̀ⲣⲏϯ ϧⲉⲛ ⲟⲩⲉ̀ϩⲟⲟⲩ ⲛ̀ϣⲁⲓ.

Ⲟⲩⲟϩ ⲉⲓⲉⲑⲱⲟⲩⲧ ⲛⲏⲉⲧϧⲟⲙϧⲉⲙ ⲛ̀ⲧⲉⲟⲩⲟϩ ⲛⲓⲙ ⲡⲉⲧⲁϥϭⲓ ⲛⲟⲩϣⲱϣ ⲉ̀ϩⲣⲏⲓ ⲉ̀ϫⲱⲥ : ϩⲏⲡⲡⲉ ⲁ̀ⲛⲟⲕ ϯⲛⲁⲓⲣⲓ ⲛ̀ϧⲏⲧ ⲉⲑⲃⲏⲧ ϧⲉⲛ ⲡⲓⲥⲏⲟⲩ ⲉ̀ⲧⲉ̀ⲙⲙⲁⲩ ⲡⲉϫⲉ Ⲡϭⲟⲓⲥ ⲟⲩⲟϩ ϯⲛⲁⲧⲟⲩϫⲟ ⲛ̀ⲑⲏⲉⲧⲁⲩⲧϩⲉⲙⲕⲟⲥϫ : ⲟⲩⲟϩ ⲑⲏⲉⲧⲁⲩϩⲓⲧⲥ ⲉ̀ⲃⲟⲗ ϯⲛⲁϣⲟⲡⲥ ⲉ̀ⲣⲟⲓ ⲟⲩⲟϩ ϯⲛⲁⲕⲁⲩ ⲉⲩϣⲟⲩϣⲟⲩ ⲉⲣⲟⲓ ⲛ̀ⲟⲛⲟⲙⲁⲧⲟⲥ ϧⲉⲛ ⲡ̀ⲕⲁϩⲓ ⲧⲏⲣϥ. Ⲟⲩⲟϩ ⲉⲩⲉ̀ϭⲓϣⲓⲡⲓ ϧⲉⲛ ⲡⲓⲥⲏⲟⲩ ⲉ̀ⲧⲉ̀ⲙⲙⲁⲩ ⲉ̀ϣⲱⲡ ⲁⲓϣⲁⲛⲉⲣⲡⲉⲑⲛⲁⲛⲉϥ ⲛⲱⲧⲉⲛ ⲛⲉⲙ ϧⲉⲛ ⲡⲓⲥⲏⲟⲩ ϩⲟⲧⲁⲛ ⲁⲓϣⲁⲛϣⲉⲡⲑⲏⲛⲟⲩ ⲉ̀ⲣⲟⲓ ⲟⲩⲏⲓ ϯⲛⲁϯⲑⲏⲛⲟⲩ ⲉ̀ⲣⲉⲧⲉⲛⲟⲓ ⲛ̀ⲟⲛⲟⲙⲁⲧⲟⲥ ⲟⲩⲟϩ ⲛ̀ϣⲟⲩϣⲟⲩ ϧⲉⲛ ⲛⲓ̀ⲗⲁⲟⲥ ⲧⲏⲣⲟⲩ ⲛ̀ⲧⲉ ⲡⲕⲁϩⲓ ϧⲉⲛ ⲡ̀ϫⲓⲛⲑⲣⲓⲧⲁⲥⲑⲟ ⲛ̀ⲧⲉⲧⲉⲛⲉ̀ⲭⲙⲁⲗⲱⲥⲓⲁ̀ ⲙ̀ⲡⲉⲧⲉⲛⲙ̀ⲑⲟ ⲡⲉϫⲉ Ⲡϭⲟⲓⲥ.

Ⲟⲩⲱ̀ⲟⲩ ⲛ̀ϯⲧⲣⲓⲁⲥ ⲉ̀ⲑⲟⲩⲁⲃ ⲡⲉⲛⲛⲟⲩϯ ϣⲁ ⲉ̀ⲛⲉϩ ⲛⲉⲙ ϣⲁ ⲉ̀ⲛⲉϩ ⲛ̀ⲧⲉ ⲛⲓⲉ̀ⲛⲉϩ ⲧⲏⲣⲟⲩ: ⲁ̀ⲙⲏⲛ.

Zephaniah 3:11-20

A reading from Zephaniah the Prophet, may his blessing be with us, Amen.

The Lord says: "In that day you shall not be shamed for any of your deeds In which you transgress against Me; For then I will take away from your midst Those who rejoice in your pride, And you shall no longer be haughty In My holy mountain. I will leave in your midst A meek and humble people, And they shall trust in the name of the Lord. The remnant of Israel shall do no unrighteousness And speak no lies, Nor shall a deceitful tongue be found in their mouth; For they shall feed their flocks and lie down, And no one shall make them afraid."

Sing, O daughter of Zion! Shout, O Israel! Be glad and rejoice with all your heart, O daughter of Jerusalem! The Lord has taken away your judgments, He has cast out your enemy. The King of Israel, the Lord, is in your midst; You shall see disaster no more. In that day it shall be said to Jerusalem: "Do not fear; Zion, let not your hands be weak. The

صفنيا النبى ٣ : ١١-٢٠

من صفنيا النبى بركته المقدسة تكون معنا، آمين.

يقول الرب: "فِي ذَلِكَ الْيَوْمِ لاَ تَخْزِينَ مِنْ كُلِّ أَعْمَالِكِ الَّتِي تَعَدَّيْتِ بِهَا عَلَيَّ. لأَنِّي حِينَئِذٍ أَنْزِعُ مِنْ وَسَطِكِ مُبْتَهِجِي كِبْرِيَائِكِ، وَلَنْ تَعُودِي بَعْدُ إِلَى التَّكَبُّرِ فِي جَبَلِ قُدْسِي. وَأُبْقِي فِي وَسَطِكِ شَعْباً بَائِساً وَمِسْكِيناً، فَيَتَوَكَّلُونَ عَلَى اسْمِ الرَّبِّ. بَقِيَّةُ إِسْرَائِيلَ لاَ يَفْعَلُونَ إِثْماً وَلاَ يَتَكَلَّمُونَ بِالْكَذِبِ وَلاَ يُوجَدُ فِي أَفْوَاهِهِمْ لِسَانُ غِشٍّ، لأَنَّهُمْ يَرْعُونَ وَيَرْبُضُونَ وَلاَ مُخِيفَ]. تَرَنَّمِي يَا ابْنَةَ صِهْيَوْنَ. اهْتِفْ يَا إِسْرَائِيلُ. افْرَحِي وَابْتَهِجِي بِكُلِّ قَلْبِكِ يَا ابْنَةَ أُورُشَلِيمَ. قَدْ نَزَعَ الرَّبُّ الأَقْضِيَةَ عَلَيْكِ. أَزَالَ عَدُوَّكِ. مَلِكُ إِسْرَائِيلَ الرَّبُّ فِي وَسَطِكِ. لاَ تَنْظُرِينَ بَعْدُ شَرّاً. فِي ذَلِكَ الْيَوْمِ يُقَالُ لاورُشَلِيمَ: [لاَ تَخَافِي يَا صِهْيَوْنُ. لاَ تَرْتَخِ يَدَاكِ. الرَّبُّ إِلَهُكِ فِي وَسَطِكِ جَبَّارٌ يُخَلِّصُ. يَبْتَهِجُ بِكِ

Lord your God in your midst, The Mighty One, will save; He will rejoice over you with gladness, He will quiet you with His love, He will rejoice over you with singing."
"I will gather those who sorrow over the appointed assembly, Who are among you, To whom its reproach is a burden. Behold, at that time I will deal with all who afflict you; I will save the lame, And gather those who were driven out; I will appoint them for praise and fame In every land where they were put to shame. At that time I will bring you back, Even at the time I gather you; For I will give you fame and praise Among all the peoples of the earth, When I return your captives before your eyes," Says the Lord.
Glory be to the Holy Trinity our God unto the age of all ages, Amen.

فَرَحاً. يَسْكُتُ فِي مَحَبَّتِهِ. يَبْتَهِجُ بِكِ بِتَرَنُّمٍ]. [أَجْمَعُ الْمَحْزُونِينَ عَلَى الْمَوْسِمِ. كَانُوا مِنْكِ. حَامِلِينَ عَلَيْهَا الْعَارَ. هَئَنَذَا فِي ذَلِكَ الْيَوْمِ أُعَامِلُ كُلَّ مُذَلِّلِيكِ، وَأُخَلِّصُ الظَّالِعَةَ، وَأَجْمَعُ الْمَنْفِيَّةَ، وَأَجْعَلُهُمْ تَسْبِيحَةً وَاسْماً فِي كُلِّ أَرْضِ خِزْيِهِمْ، فِي الْوَقْتِ الَّذِي فِيهِ آتِي بِكُمْ وَفِي وَقْتِ جَمْعِي إِيَّاكُمْ. لأَنِّي أُصَيِّرُكُمُ اسْماً وَتَسْبِيحَةً فِي شُعُوبِ الأَرْضِ كُلِّهَا، حِينَ أَرُدُّ مَسْبِيِّيكُمْ قُدَّامَ أَعْيُنِكُمْ]. قَالَ الرَّبُّ.
مجداً للثالوث القدوس الهنا إلى الأبد وإلى أبد الآبدين كلها، آمين.

The Doxology of the Pascha Hour: "Thine is the Power…" on page A5.
تسبحة ساعة البصخة: "لك القوة..." صفحة ٥ فى اخر الكتاب.

Ⲯⲁⲗⲙⲟⲥ ⲏ̅ : ⲃ̅ ⲛⲉⲙ ⲁ̅

Ⲉ̀ⲃⲟⲗϧⲉⲛ ⲣⲱⲟⲩ ⲛ̀ϩⲁⲛⲕⲟⲩϫⲓ ⲛ̀ⲁ̀ⲗⲱⲟⲩⲓ̀ : ⲛⲉⲙ ⲛⲏⲉⲑⲟⲩⲉⲙϭⲓ ⲁⲕⲥⲉⲃⲧⲉ ⲡⲓⲥ̀ⲙⲟⲩ : Ⲡⲟ̅ⲥ̅ ⲡⲉⲛⲟ̅ⲥ̅ ⲙ̀ⲫ̀ⲣⲏϯ ⲛ̀ⲑⲟⲩ ϣ̀ⲫⲏⲣⲓ : ⲁϥϣⲱⲡⲓ ⲛ̀ϫⲉ ⲡⲉⲕⲣⲁⲛ ϩⲓϫⲉⲛ ⲡ̀ⲕⲁϩⲓ ⲧⲏⲣϥ. ⲁ̅ⲗ̅.

Psalm 8:2,1

From the Psalms of David the Prophet, may his blessing be with us, Amen.
Out of the mouth of babes and nursing infants You have ordained strength, O Lord, our Lord, How excellent is Your name in all the earth. Alleluia.

المزمور ٨: ٢، ١

من مزامير أبينا داود النبى بركته المقدسة تكون معنا، آمين.
من أفواه الاطفال والرضعان هيأت سبحاً. أيها الرب ربنا مثل عجب صار اسمك على الأرض كلها هلليلويا.

Ⲉⲩⲁⲅⲅⲉⲗⲓⲟⲛ ⲕⲁⲧⲁ Ⲙⲁⲧⲑⲉⲟⲛ Ⲕⲉⲫ ⲕ̅ⲁ̅: ⲓ̅ - ⲓ̅ⲍ̅

Ⲟⲩⲟϩ ⲉⲧⲁϥⲓ̀ ⲉ̀ϧⲟⲩⲛ ⲉ̀Ⲓⲗ̅ⲏ̅ⲙ̅ ⲁⲥⲙⲟⲛⲙⲉⲛ ⲛ̀ϫⲉ ϯⲃⲁⲕⲓ ⲧⲏⲣⲥ ⲉⲩϫⲱ ⲙ̀ⲙⲟⲥ ϫⲉ ⲛⲓⲙ ⲡⲉ ⲫⲁⲓ. Ⲛⲓⲙⲏϣ ⲇⲉ ⲛⲁⲩϫⲱ ⲙ̀ⲙⲟⲥ ϫⲉ ⲫⲁⲓ ⲡⲉ ⲡⲓⲡ̀ⲣⲟⲫⲏⲧⲏⲥ Ⲓⲏ̅ⲥ̅ ⲡⲓⲣⲉⲙⲛⲁⲍⲁⲣⲉⲑ ⲛ̀ⲧⲉϯⲅⲁⲗⲓⲗⲓⲁ̀: Ⲟⲩⲟϩ ⲁϥϣⲉⲛⲁϥ ⲛ̀ϫⲉ Ⲓⲏⲥ ⲉ̀ϧⲟⲩⲛ ⲉ̀ⲡⲓⲉⲣⲫⲉⲓ ⲟⲩⲟϩ ⲁϥϩⲓⲟⲩⲓ̀ ⲉ̀ⲃⲟⲗ ⲛ̀ⲟⲩⲟⲛⲛⲓⲃⲉⲛ ⲉⲧϯ ⲉ̀ⲃⲟⲗϧⲉⲛ ⲡⲓⲉⲣⲫⲉⲓ ⲛⲉⲙ ⲛⲏⲉⲧϣⲱⲡ ⲟⲩⲟϩ ⲛ̀ⲧⲣⲁⲡⲉⲍⲁ ⲛ̀ⲧⲉ ⲛⲓⲣⲉϥⲉⲣⲕⲉⲣⲙⲁ ⲁϥⲫⲟⲛϫⲟⲩ ⲛⲉⲙ ⲛⲓⲕⲁⲑⲉⲇⲣⲁ ⲛ̀ⲧⲉ ⲛ̀ⲏⲉⲧϯϭ̀ⲣⲟⲙⲡⲓ ⲉ̀ⲃⲟⲗ.

Ⲟⲩⲟϩ ⲡⲉϫⲁϥ ⲛⲱⲟⲩ ϫⲉ ⲥ̀ⲥ̀ϧⲏⲟⲩⲧ ϫⲉ Ⲡⲁⲏⲓ ⲉⲩⲉ̀ⲙⲟⲩϯ ⲉ̀ⲣⲟϥ ϫⲉ ⲟⲩⲏⲓ ⲙ̀ⲡ̀ⲣⲟⲥⲉⲩⲭⲏ ⲛ̀ⲑⲱⲧⲉⲛ ⲇⲉ ⲧⲉⲧⲉⲛⲓ̀ⲣⲓ ⲙ̀ⲙⲟϥ ⲙ̀ⲙⲁⲛ̀ⲭⲱⲡ ⲛ̀ⲥⲟⲛⲓ. Ⲟⲩⲟϩ ⲉ̀ⲧⲁⲩⲓ̀ ϩⲁⲣⲟϥ ⲛ̀ϫⲉ ϩⲁⲛⲃⲉⲗⲗⲉⲩ ⲛⲉⲙ ϩⲁⲛϭⲁ̀ⲗⲉⲩ ϧⲉⲛ ⲡⲓⲉⲣⲫⲉⲓ ⲟⲩⲟϩ ⲁϥⲉⲣⲫⲁϧⲣⲓ ⲉ̀ⲣⲱⲟⲩ. Ⲉ̀ⲧⲁⲩⲛⲁⲩ ⲇⲉ ⲛ̀ϫⲉ ⲛⲓⲁⲣⲭⲏⲉ̀ⲣⲉⲩⲥ ⲛⲉⲙ ⲛⲓⲥⲁϧ ⲛ̀ⲛⲓϣ̀ⲫⲏⲣⲓ ⲉ̀ⲧⲁϥⲁⲓⲧⲟⲩ ⲛⲉⲙ ⲛⲓⲁ̀ⲗⲱⲟⲩⲓ̀ ⲉⲧⲱϣ ⲉ̀ⲃⲟⲗ ϧⲉⲛ ⲡⲓⲉⲣⲫⲉⲓ ⲉⲩϫⲱ ⲙ̀ⲙⲟⲥ ϫⲉ ⲱ̀ⲥⲁⲛⲛⲁ ⲡ̀ϣⲏⲣⲓ ⲛ̀Ⲇⲁⲩⲓ̀ⲇ ⲁⲩⲭ̀ⲣⲉⲙⲣⲉⲙ.

Ⲟⲩⲟϩ ⲡⲉϫⲱⲟⲩ ⲛⲁϥ ϫⲉ ⲕ̀ⲥⲱⲧⲉⲙ ⲁⲛ ϫⲉ ⲟⲩⲡⲉⲧⲉ ⲛⲁⲓ ϫⲱ ⲙ̀ⲙⲟϥ: Ⲓⲏ̅ⲥ̅ ⲇⲉ ⲡⲉϫⲁϥ ⲛⲱⲟⲩ ϫⲉ ⲥⲉ ⲙ̀ⲡⲉⲧⲉⲛⲱϣ ⲉ̀ⲛⲉϩ ϧⲉⲛ ⲛⲓⲅ̀ⲣⲁⲫⲏ ϫⲉ ⲉ̀ⲃⲟⲗϧⲉⲛ ⲣⲱⲟⲩ ⲛ̀ϩⲁⲛⲕⲟⲩϫⲓ ⲛ̀ⲁ̀ⲗⲱⲟⲩⲓ̀ ⲛⲉⲙ ⲛⲏⲉⲑⲟⲩⲉⲙϭⲓ ⲁⲕⲥⲉⲃⲧⲉ ⲡⲓⲥ̀ⲙⲟⲩ. Ⲟⲩⲟϩ ⲉⲧⲁϥⲭⲁⲩ ⲁϥⲓ̀ ⲥⲁⲃⲟⲗ ⲛ̀ϯⲃⲁⲕⲓ ⲉ̀Ⲃⲏⲑⲁⲛⲓⲁ̀ ⲟⲩⲟϩ ⲁϥⲉⲛⲕⲟⲧ ⲙ̀ⲙⲁⲩ:

Ⲟⲩⲱϣⲧ ⲙ̀ⲡⲓⲉⲩⲁⲅⲅⲉⲗⲓⲟⲛ ⲉ̅ⲑ̅ⲩ̅.

Matthew 21:10-17

A reading from the Holy Gospel according to Saint Matthew.

And when He had come into Jerusalem, all the city was moved, saying, "Who is this?" So the multitudes said, "This is Jesus, the prophet from Nazareth of Galilee."
Then Jesus went into the temple of God and drove out all those who bought and sold in the temple, and overturned the tables of the money changers and the seats of those who sold doves.
And He said to them, "It is written, 'My house shall be called a house of prayer,' but you have made it a 'den of thieves.'
"Then the blind and the lame came to Him in the temple, and He healed

متى ٢١: ١٠-١٧

فصل من الإنجيل المقدس حسب القديس متى البشير، بركاته علينا آمين.

وَلَمَّا دَخَلَ أُورُشَلِيمَ ارْتَجَّتِ الْمَدِينَةُ كُلُّهَا قَائِلَةً: «مَنْ هذَا؟» فَقَالَتِ الْجُمُوعُ: «هذَا يَسُوعُ النَّبِيُّ الَّذِي مِنْ نَاصِرَةِ الْجَلِيلِ». وَدَخَلَ يَسُوعُ إِلَى هَيْكَلِ اللهِ وَأَخْرَجَ جَمِيعَ الَّذِينَ كَانُوا يَبِيعُونَ وَيَشْتَرُونَ فِي الْهَيْكَلِ وَقَلَبَ مَوَائِدَ الصَّيَارِفَةِ وَكَرَاسِيَّ بَاعَةِ الْحَمَامِ وَقَالَ لَهُمْ: «مَكْتُوبٌ: بَيْتِي بَيْتَ الصَّلاَةِ يُدْعَى. وَأَنْتُمْ جَعَلْتُمُوهُ مَغَارَةَ لُصُوصٍ!» وَتَقَدَّمَ إِلَيْهِ عُمْيٌ وَعُرْجٌ فِي الْهَيْكَلِ فَشَفَاهُمْ. فَلَمَّا رَأَى رُؤَسَاءُ الْكَهَنَةِ وَالْكَتَبَةُ الْعَجَائِبَ

them. But when the chief priests and scribes saw the wonderful things that He did, and the children crying out in the temple and saying, "Hosanna to the Son of David!" they were indignant and said to Him, "Do You hear what these are saying?" And Jesus said to them, "Yes. Have you never read, 'Out of the mouth of babes and nursing infants You have perfected praise'?" Then He left them and went out of the city to Bethany, and He lodged there.

Bow down before the Holy Gospel.
Glory be to God forever.

الَّتِي صَنَعَ وَالأَوْلاَدَ يَصْرَخُونَ فِي الْهَيْكَلِ وَيَقُولُونَ: «أُوصَنَّا لاِبْنِ دَاوُدَ» غَضِبُوا وَقَالُوا لَهُ: «أَتَسْمَعُ مَا يَقُولُ هَؤُلاَءِ؟» فَقَالَ لَهُمْ يَسُوعُ: «نَعَمْ! أَمَا قَرَأْتُمْ قَطُّ: مِنْ أَفْوَاهِ الأَطْفَالِ وَالرُّضَّعِ هَيَّأْتَ تَسْبِيحاً؟». ثُمَّ تَرَكَهُمْ وَخَرَجَ خَارِجَ الْمَدِينَةِ إِلَى بَيْتِ عَنْيَا وَبَاتَ هُنَاكَ.

أسجدوا للإنجيل المقدس.
والمجد لله دائماً.

The Eleventh Hour of Palm Sunday

الساعة الحادية عشر من يوم احد الشعانين

Ⲏ̀ⲥⲁ̀ⲏⲁⲥ Ⲕⲉⲫ ⲙ̅ⲏ̅ : ⲓ̅ⲃ̅ - ⲃ̅ⲗ̅

Ⲉ̀ⲃⲟⲗϧⲉⲛ Ⲏ̀ⲥⲁ̀ⲏⲁⲥ ⲡⲓⲡ̀ⲣⲟⲫⲏⲧⲏⲥ: ⲉ̀ⲣⲉⲡⲉϥ̀ⲥⲙⲟⲩ ⲉ̀ⲑⲟⲩⲁⲃ ϣⲱⲡⲓ ⲛⲉⲙⲁⲛ ⲁ̀ⲙⲏⲛ ⲉϥϫⲱ ⲙ̀ⲙⲟⲥ.

Ⲥⲱⲧⲉⲙ ⲉ̀ⲣⲟⲓ Ⲓⲁⲕⲱⲃ ⲟⲩⲟϩ ⲡ̀Ⲓ̅ⲥ̅ⲗ̅ ⲉ̀ϯⲙⲟⲩϯ ⲉ̀ⲣⲟϥ ⲁ̀ⲛⲟⲕ ⲡⲉ ⲡⲓϣⲟⲣⲡ ⲟⲩⲟϩ ⲁ̀ⲛⲟⲕ ⲟⲛ ⲡⲉ ⲡⲓϣⲁ̀ⲉ̀ⲛⲉϩ. Ⲟⲩⲟϩ ⲧⲁϫⲓϫ ⲑⲏ̀ⲉⲧⲁⲥϩⲓⲥⲉⲛϯ ⲙ̀ⲡⲓⲕⲁϩⲓ ⲟⲩⲟϩ ⲧⲁⲟⲩⲓⲛⲁⲙ ⲑⲏ̀ⲉⲧⲁⲥⲧⲁϫⲣⲉ ⲧ̀ⲫⲉ.

ϯⲛⲁⲙⲟⲩϯ ⲉ̀ⲣⲱⲟⲩ ⲧⲏⲣⲟⲩ ⲛ̀ⲥⲉⲟ̀ϩⲓ ⲉ̀ⲣⲁⲧⲟⲩ ⲉ̀ⲩⲥⲟⲡ. Ⲟⲩⲟϩ ⲉⲩⲉ̀ⲑⲱⲟⲩϯ ⲉ̀ϧⲟⲩⲛ ⲧⲏⲣⲟⲩ ⲛ̀ⲥⲉⲥⲱⲧⲉⲙ ⲉ̀ⲛⲏⲉⲑⲛⲁϫⲱ ⲛⲱⲟⲩ ⲙ̀ⲡⲁⲓⲣⲏϯ ⲁ̀ⲣⲓⲉ̀ⲙⲓ̀ⲙⲙⲟⲕ ⲁⲓⲓ̀ⲣⲓ ⲙ̀ⲡⲉⲕⲟⲩⲱϣ ⲉ̀ϫⲉⲛ Ⲑ̀ⲃⲁⲃⲩⲗⲱⲛ ⲉ̀ⲱ̀ⲗⲓ ⲙ̀ⲡ̀ϫⲣⲟϫ ⲛ̀ⲛⲓⲭⲁⲗⲇⲉⲟⲥ.

Ⲁ̀ⲛⲟⲕ ⲁⲓⲥⲁϫⲓ ⲁ̀ⲛⲟⲕ ⲁⲓⲙⲟⲩϯ ⲁⲓⲉ̀ⲛϥ ⲟⲩⲟϩ ⲁⲓⲥⲱⲟⲩⲧⲉⲛ ⲙ̀ⲡⲉϥⲙⲱⲓⲧ ϧⲱⲛⲧ ⲉ̀ⲣⲟⲓ ⲉ̀ⲣⲉⲧⲉⲛ ⲉ̀ⲥⲱⲧⲉⲙ ⲉ̀ⲛⲁⲓ ⲛⲉⲧⲁⲓϫⲟⲧⲟⲩ ⲁⲛ ⲓⲥϫⲉⲛ ϣⲟⲣⲡ ϧⲉⲛ ⲟⲩⲡⲉⲧϩⲏⲡ ⲟⲩⲇⲉ ϧⲉⲛ ⲟⲩⲙⲁ ⲛ̀ⲧⲉ ⲡ̀ⲕⲁϩⲓ ⲉϥⲟⲓ ⲛ̀ⲭⲁⲕⲓ ⲛⲁⲓ ⲙ̀ⲙⲁⲩ ⲡⲉⲉ̀ⲁⲩⲛⲁϣⲱⲡⲓ :

ϯⲛⲟⲩ Ⲡ̅ⲟ̅ⲥ̅ ⲡⲉⲧⲁϥ ⲟⲩⲟⲣⲡⲧ ⲛⲉⲙ ⲡⲉϥⲡ̅ⲛ̅ⲁ̅. Ⲫⲁⲓ ⲡⲉ ⲙ̀ⲫ̀ⲣⲏϯ ⲉ̀ⲧⲉϥϫⲱ ⲙ̀ⲙⲟⲥ ⲛ̀ϫⲉ ⲫⲏⲉⲑⲛⲟϩⲉⲙ ⲙ̀ⲙⲟⲕ Ⲡ̅ⲟ̅ⲥ̅ ⲡⲉⲑⲟⲩⲁⲃ ⲙ̀ⲡⲓ̅ⲥ̅ⲗ̅. Ⲁ̀ⲛⲟⲕ ⲡⲉ Ⲫ̅ϯ̅ ⲁⲓ̀ⲧⲥⲁⲃⲟⲕ ⲉⲑⲣⲉⲕϫⲓⲙⲓ ⲙ̀ⲡⲓⲙⲱⲓⲧ ⲉ̀ⲧⲉⲕⲛⲁⲙⲟϣⲓ ϩⲓⲱⲧϥ. Ⲟⲩⲟϩ ⲉ̀ⲛⲉ ⲁⲕⲥⲱⲧⲉⲙ ⲉ̀ⲛⲁⲉⲛⲧⲟⲗⲏ ⲛⲁⲣⲉ ⲧⲉⲕϩⲓⲣⲏⲛⲏ ⲛⲁⲉⲣ ⲙ̀ⲫ̀ⲣⲏϯ ⲙ̀ⲫ̀ⲓⲁⲣⲟ ⲟⲩⲟϩ ⲧⲉⲕ ⲙⲉⲑⲙⲏⲓ ⲙ̀ⲫ̀ⲣⲏϯ ⲛ̀ⲛⲓϩⲓⲱⲙⲓ ⲛ̀ⲧⲉ̀ⲫⲓⲟⲙ. Ⲟⲩⲟϩ ⲡⲉⲕϫⲣⲟϫ ⲛⲁⲉⲣ ⲙ̀ⲫ̀ⲣⲏϯ ⲙ̀ⲡⲓϣⲱ ⲟⲩⲟϩ ⲛⲓϣⲏⲣⲓ ⲛ̀ⲧⲉ ⲧⲉⲕⲛⲉϫⲓ ⲙ̀ⲫ̀ⲣⲏϯ ⲙ̀ⲡⲓⲣⲏⲓⲥⲓ ⲛ̀ⲧⲉ ⲡ̀ⲕⲁϩⲓ. ϯⲛⲟⲩ ⲟⲩⲛ ⲛ̀ⲛⲁϥⲟⲧⲕ ⲉ̀ⲃⲟⲗ : ⲟⲩⲇⲉ ⲛ̀ⲛⲉϥⲧⲁⲕⲟ ⲛ̀ϫⲉ ⲡⲉⲕⲣⲁⲛ ⲙ̀ⲡⲁ̀ⲙ̀ⲑⲟ ⲉ̀ⲃⲟⲗ.

Ⲁ̀ⲙⲟⲩ ⲉ̀ⲃⲟⲗ ϧⲉⲛ Ⲃⲁⲃⲩⲗⲱⲛ ⲉⲕⲫⲏⲧ ⲉ̀ⲃⲟⲗ ϧⲉⲛ ⲛⲓⲭⲁⲗⲇⲉⲟⲥ. Ϫⲱ ⲙ̀ⲡ̀ϧⲣⲱⲟⲩ ⲙ̀ⲡⲟⲩⲛⲟϥ ⲟⲩⲟϩ ⲫⲁⲓ ⲙⲁⲣⲟⲩⲥⲟⲑⲙⲉϥ ⲁ̀ϫⲟϥ ϣⲁⲁⲧⲣⲏϫϥ ⲙ̀ⲡ̀ⲕⲁϩⲓ ⲁϫⲟⲥ ϫⲉ ⲁ̀Ⲡ̅ⲟ̅ⲥ̅ ⲛⲟϩⲉⲙ ⲙ̀ⲡⲉϥⲃⲱⲕ Ⲓⲁⲕⲱⲃ.

Ⲟⲩⲟϩ ⲟⲛ ⲁⲩϣⲁⲛⲓ̀ⲃⲓ ϩⲓⲡ̀ϣⲁϥⲉ ⲉϥⲉ̀ⲓ̀ⲛⲓ ⲙ̀ⲡⲓⲙⲱⲟⲩ ⲛⲱⲟⲩ ⲉϥⲉ̀ⲓ̀ⲛⲓ ⲉ̀ⲃⲟⲗ ϧⲉⲛ ϯⲡⲉⲧⲣⲁ ⲟⲩⲟⲛ ⲟⲩⲡⲉⲧⲣⲁ ⲛⲁⲫⲱϫⲓ ⲛ̀ⲧⲉϥϣⲟⲩⲟ ⲉ̀ⲃⲟⲗ ⲛ̀ϫⲉ ⲟⲩⲙⲱⲟⲩ ⲛ̀ⲧⲉϥⲥⲱ ⲛ̀ϫⲉ ⲡⲓⲗⲁⲟⲥ ⲙ̀ⲙⲟⲛ ⲣⲁϣⲓ ϣⲟⲡ ⲛ̀ⲛⲓⲁⲥⲉⲃⲏⲥ ⲡⲉϫⲉ Ⲡ̅ⲟ̅ⲥ̅ :

Ⲟⲩⲱ̀ⲟⲩ ⲛ̀ϯⲧ̀ⲣⲓⲁⲥ ⲉ̀ⲑⲟⲩⲁⲃ ⲡⲉⲛⲛⲟⲩϯ ϣⲁ ⲉ̀ⲛⲉϩ ⲛⲉⲙ ϣⲁ ⲉ̀ⲛⲉϩ ⲛ̀ⲧⲉ ⲛⲓⲉ̀ⲛⲉϩ ⲧⲏⲣⲟⲩ: ⲁ̀ⲙⲏⲛ.

Isaiah 48:12-22

A reading from Isaiah the Prophet may his blessings be with us Amen.

أشعياء ٤٨: ١٢-٢٢

من اشعياء النبى بركته المقدسة تكون معنا، آمين.

"Listen to Me, O Jacob, And Israel, My called: I am He, I am the First, I am also the Last. Indeed My hand has laid the foundation of the earth, And My right hand has stretched out the heavens;
When I call to them, They stand up together." All of you, assemble yourselves, and hear! Who among them has declared these things? The Lord loves him; He shall do His pleasure on Babylon, And His arm shall be against the Chaldeans.
I, even I, have spoken; Yes, I have called him, I have brought him, and his way will prosper." Come near to Me, hear this: I have not spoken in secret from the beginning; From the time that it was, I was there. And now the Lord God and His Spirit Have sent Me."
Thus says the Lord, your Redeemer, The Holy One of Israel: "I am the Lord your God, Who teaches you to profit, Who leads you by the way you should go. Oh, that you had heeded My commandments! Then your peace would have been like a river, And your righteousness like the waves of the sea. Your descendants also would have been like the sand, And the offspring of your body like the grains of sand; His name would not have been cut off Nor destroyed from before Me."
Go forth from Babylon! Flee from the Chaldeans! With a voice of singing, Declare, proclaim this, Utter it to the end of the earth; Say, "The Lord has redeemed His servant Jacob!"
And they did not thirst When He led them through the deserts; He caused the waters to flow from the rock for them; He also split the rock, and the

«اِسْمَعْ لِي يَا يَعْقُوبُ. وَإِسْرَائِيلُ الَّذِي دَعَوْتُهُ. أَنَا هُوَ. أَنَا الأَوَّلُ وَأَنَا الآخِرُ وَيَدِي أَسَّسَتِ الأَرْضَ وَيَمِينِي نَشَرَتِ السَّمَاوَاتِ. أَنَا أَدْعُوهُنَّ فَيَقِفْنَ مَعاً. اِجْتَمِعُوا كُلُّكُمْ وَاسْمَعُوا. مَنْ مِنْهُمْ أَخْبَرَ بِهَذِهِ؟ قَدْ أَحَبَّهُ الرَّبُّ. يَصْنَعُ مَسَرَّتَهُ بِبَابِلَ وَيَكُونُ ذِرَاعُهُ عَلَى الْكِلْدَانِيِّينَ.

أَنَا أَنَا تَكَلَّمْتُ وَدَعَوْتُهُ. أَتَيْتُ بِهِ فَيَنْجَحُ طَرِيقُهُ. تَقَدَّمُوا إِلَيَّ. اسْمَعُوا هَذَا. لَمْ أَتَكَلَّمْ مِنَ الْبَدْءِ فِي الْخَفَاءِ. مُنْذُ وُجُودِهِ أَنَا هُنَاكَ وَالآنَ السَّيِّدُ الرَّبُّ أَرْسَلَنِي وَرُوحُهُ.

«هَكَذَا يَقُولُ الرَّبُّ فَادِيكَ قُدُّوسُ إِسْرَائِيلَ: أَنَا الرَّبُّ إِلَهُكَ مُعَلِّمُكَ لِتَنْتَفِعَ وَأُمَشِّيكَ فِي طَرِيقٍ تَسْلُكُ فِيهِ. لَيْتَكَ أَصْغَيْتَ لِوَصَايَايَ فَكَانَ كَنَهْرٍ سَلاَمُكَ وَبِرُّكَ كَلُجَجِ الْبَحْرِ. وَكَانَ كَالرَّمْلِ نَسْلُكَ وَذُرِّيَّةُ أَحْشَائِكَ كَأَحْشَائِهِ. لاَ يَنْقَطِعُ وَلاَ يُبَادُ اسْمُهُ مِنْ أَمَامِي.

«أُخْرُجُوا مِنْ بَابِلَ اهْرُبُوا مِنْ أَرْضِ الْكِلْدَانِيِّينَ. بِصَوْتِ التَّرَنُّمِ أَخْبِرُوا. نَادُوا بِهَذَا. شَيِّعُوهُ إِلَى أَقْصَى الأَرْضِ. قُولُوا: قَدْ فَدَى الرَّبُّ عَبْدَهُ يَعْقُوبَ.

وَلَمْ يَعْطَشُوا فِي الْقِفَارِ الَّتِي سَيَّرَهُمْ فِيهَا. أَجْرَى لَهُمْ مِنَ الصَّخْرِ مَاءً وَشَقَّ الصَّخْرَ فَفَاضَتِ الْمِيَاهُ. لاَ سَلاَمَ قَالَ الرَّبُّ لِلأَشْرَارِ».

waters gushed out." There is no peace," says the Lord, "for the wicked."
Glory be to the Holy Trinity our God unto the age of all ages, Amen.

مجداً للثالوث القدوس الهنا إلى الأبد وإلى أبد الآبدين كلها، آمين.

Ⲛⲁⲟⲩⲙ Ⲕⲉⲫ ⲁ̅ : ⲃ̅ - ⲏ̅

Ⲉⲃⲟⲗϧⲉⲛ Ⲛⲁⲟⲩⲙ ⲡⲓⲡⲣⲟⲫⲏⲧⲏⲥ: ⲉⲣⲉⲡⲉϥⲥ̀ⲙⲟⲩ ⲉⲑⲟⲩⲁⲃ ϣⲱⲡⲓ ⲛⲉⲙⲁⲛ ⲁ̀ⲙⲏⲛ ⲉϥϫⲱ ⲙ̀ⲙⲟⲥ.

Ⲟⲩⲛⲟⲩϯ ⲛ̀ⲣⲉϥⲭⲟϩ ⲟⲩⲟϩ ⲛ̀ⲣⲉϥϭⲓ ⲙ̀ⲡϣⲓϣ ⲡⲉ Ⲡⲟ̅ⲥ̅ : ϧⲉⲛ ⲟⲩⲙ̀ⲃⲟⲛ ϥ̀ⲛⲁϭⲓ ⲙ̀ⲡϣⲓϣ ⲛ̀ϫⲉ Ⲡⲟ̅ⲥ̅ ϧⲉⲛ ⲛⲏⲉⲧϯⲟⲩⲃⲏϥ ⲟⲩⲟϩ ⲛ̀ⲑⲟϥ ⲉϥⲉϥⲱϯ ⲛ̀ⲛⲉϥϫⲁϫⲓ ⲉ̀ⲃⲟⲗ. Ⲡⲟ̅ⲥ̅ ⲟⲩⲣⲉϥⲱ̀ⲟⲩ ⲛ̀ϩⲏⲧ ⲡⲉ ⲟⲩⲟϩ ⲟⲩⲛⲓϣϯ ⲧⲉ ⲧⲉϥϫⲟⲙ ⲡⲓⲣⲉϥⲉⲣⲛⲟⲃⲓ ⲛ̀ⲛⲉϥⲧⲟⲩⲃⲟϥ : Ⲡⲟ̅ⲥ̅ ⲉϥϧⲉⲛ ⲟⲩϧⲁⲉ̀ ⲟⲩⲟϩ ⲉϥϧⲉⲛ ⲟⲩⲙⲟⲛⲙⲉⲛ ⲛ̀ϫⲉ ⲡⲉϥⲙⲱⲓⲧ ⲟⲩⲟϩ ϩⲁⲛϭⲏⲡⲓ ⲛⲉ ⲫ̀ⲙⲱⲓⲧ ⲛ̀ⲧⲉ ⲛⲉϥϭⲁⲗⲁⲩϫ.

Ⲉϥⲉ̀ⲙ̀ⲃⲟⲛ ⲉ̀ⲫⲓⲟⲙ ⲟⲩⲟϩ ϥ̀ⲧ̀ϣⲟⲩⲓ ⲙ̀ⲙⲟϥ ⲟⲩⲟϩ ⲛⲓⲓⲁⲣⲱⲟⲩ ⲧⲏⲣⲟⲩ ⲉϥⲉ̀ϣⲱϥ ⲙ̀ⲙⲱⲟⲩ ⲁⲥⲉⲣⲕⲟⲩϫⲓ ⲛ̀ϫⲉ ⲑ̀ⲃⲁⲥⲁⲛ ⲛⲉⲙ ⲡⲓⲕⲁⲣⲙⲉⲗⲟⲥ ⲟⲩⲟϩ ⲛⲏⲉⲧⲫⲟⲣⲓ ⲉ̀ⲃⲟⲗ ⲛ̀ⲧⲉ ⲡⲓⲗⲓⲃⲁⲛⲟⲥ ⲁⲩⲙⲟⲩⲛⲕ. Ⲁⲩⲙⲟⲛⲙⲉⲛ ⲛ̀ϫⲉ ⲛⲓⲧⲱⲟⲩ ⲉ̀ⲃⲟⲗ ⲙ̀ⲙⲟϥ ⲟⲩⲟϩ ⲁⲩⲕⲓⲙ ⲛ̀ϫⲉ ⲛⲓⲕⲁⲗⲁⲙⲫⲱⲟⲩ ⲟⲩⲟϩ ⲁϥⲕⲱⲗ ⲛ̀ϫⲉ ⲡ̀ⲕⲁϩⲓ ⲉ̀ⲃⲟⲗϩⲁ ⲡⲉϥϩⲟ ⲙⲁⲓ ⲛⲓⲃⲉⲛ ⲛⲉⲙ ⲛⲏⲧⲏⲣⲟⲩ ⲉⲧϣⲟⲡ ⲛ̀ϧⲏⲧⲟⲩ : Ⲛⲓⲙ ⲉⲑⲛⲁ̀ϣⲟϩⲓ ⲉ̀ⲣⲁⲧϥ ⲉ̀ⲃⲟⲗϩⲁ ⲡ̀ϩⲟ ⲙ̀ⲡⲉϥϫⲱⲛⲧ ⲟⲩⲟϩ ⲛⲓⲙ ⲉⲑⲛⲁ̀ϣϯ ⲟⲩⲃⲏϥ ϧⲉⲛ ⲡⲓⲙ̀ⲃⲟⲛ ⲛ̀ⲧⲉ ⲡⲉϥϫⲱⲛⲧ : ⲡⲉϥ̀ⲙ̀ⲃⲟⲛ ϥ̀ⲛⲁⲃⲱⲗ ⲛ̀ϩⲁⲛⲁⲣⲭⲱⲛ ⲉ̀ⲃⲟⲗ ⲟⲩⲟϩ ⲛⲓⲡⲉⲧⲣⲁ ⲁⲩⲙⲟⲛⲙⲉⲛ ⲉ̀ⲃⲟⲗ ⲙ̀ⲙⲟϥ.

Ⲟⲩⲭ̅ⲣ̅ⲥ̅ ⲡⲉ Ⲡⲟ̅ⲥ̅ ⲛ̀ⲛⲏⲉⲧϫⲟⲩϣⲧ ⲉ̀ⲃⲟⲗ ϧⲁϫⲱϥ ϧⲉⲛ ⲡ̀ⲉϩⲟⲟⲩ ⲛ̀ⲟⲩϩⲟϫϩⲉϫ : ⲟⲩⲟϩ ⲉϥⲥⲱⲟⲩⲛ ⲛ̀ⲛⲏⲉⲧⲉⲣϩⲟϯ ϧⲁⲧⲉϥϩⲏ : Ⲟⲩⲟϩ ϧⲉⲛ ⲟⲩⲕⲁⲧⲁⲕⲗⲩⲥⲙⲟⲥ ⲛ̀ⲧⲉ ⲟⲩϫⲓⲛⲙⲟϣⲓ ⲉϥⲓ̀ⲣⲓ ⲛ̀ⲟⲩϫⲱⲕ ⲛ̀ⲛⲏⲉⲧⲧⲱⲟⲩⲛ ⲙ̀ⲙⲱⲟⲩ ⲉ̀ϫⲱϥ : ⲛⲉⲙ ⲛⲉϥϫⲁϫⲓ ⲉϥⲉϭⲟϫⲓ ⲛ̀ⲥⲱⲟⲩ ⲛ̀ϫⲉ ⲟⲩⲭⲁⲕⲓ.

Ⲟⲩⲱ̀ⲟⲩ ⲛ̀ϯⲧ̀ⲣⲓⲁⲥ ⲉ̀ⲑⲟⲩⲁⲃ ⲡⲉⲛⲛⲟⲩϯ ϣⲁ ⲉ̀ⲛⲉϩ ⲛⲉⲙ ϣⲁ ⲉ̀ⲛⲉϩ ⲛ̀ⲧⲉ ⲛⲓⲉ̀ⲛⲉϩ ⲧⲏⲣⲟⲩ: ⲁ̀ⲙⲏⲛ.

Nahum 1:2-8 ناحوم ١:٢-٨

A reading from the Nahum the Prophet may his blessings be with us Amen.

God is jealous, and the Lord avenges; The Lord avenges and is furious. The Lord will take vengeance on His adversaries, And He reserves wrath for His enemies; The Lord is slow to anger and great in power, And will not at all acquit the wicked. The Lord has His way In the whirlwind and in the storm, And the clouds are the dust of His feet.

من ناحوم النبى بركته المقدسة تكون معنا، آمين.

اَلرَّبُّ إِلَهٌ غَيُورٌ وَمُنْتَقِمٌ. الرَّبُّ مُنْتَقِمٌ وَذُو سَخَطٍ. الرَّبُّ مُنْتَقِمٌ مِن مُبْغِضِيهِ وَحَافِظٌ غَضَبَهُ علَى أَعْدَائِهِ. الرَّبُّ بَطِيءُ الْغَضَبِ وَعَظِيمُ الْقُدْرَةِ وَلَكِنَّهُ لاَ يُبَرِّئُ الْبَتَّةَ. الرَّبُّ فِي الزَّوْبَعَةِ وَفِي الْعَاصِفِ طَرِيقُهُ وَالسَّحَابُ غُبَارُ رِجْلَيْهِ. يَنْتَهِرُ الْبَحْرَ فَيُنَشِّفُهُ وَيُجَفِّفُ

He rebukes the sea and makes it dry, And dries up all the rivers. Bashan and Carmel wither, And the flower of Lebanon wilts. The mountains quake before Him, The hills melt, And the earth heaves at His presence, Yes, the world and all who dwell in it. Who can stand before His indignation? And who can endure the fierceness of His anger? His fury is poured out like fire, And the rocks are thrown down by Him.

جَمِيعَ الأَنْهَارِ. يَذْبُلُ بَاشَانُ وَالْكَرْمَلُ وَزَهْرُ لُبْنَانَ يَذْبُلُ. اَلْجِبَالُ تَرْجُفُ مِنْهُ وَالتِّلاَلُ تَذُوبُ وَالأَرْضُ تُرْفَعُ مِنْ وَجْهِهِ وَالْعَالَمُ وَكُلُّ السَّاكِنِينَ فِيهِ. مَنْ يَقِفُ أَمَامَ سَخَطِهِ وَمَنْ يَقُومُ فِي حُمُوِّ غَضَبِهِ؟ غَيْظُهُ يَنْسَكِبُ كَالنَّارِ وَالصُّخُورُ تَنْهَدِمُ مِنْهُ.

The Lord is good, A stronghold in the day of trouble; And He knows those who trust in Him. But with an overflowing flood He will make an utter end of its place, And darkness will pursue His enemies.

صَالِحٌ هُوَ الرَّبُّ. حِصْنٌ فِي يَوْمِ الضَّيقِ وَهُوَ يَعْرِفُ الْمُتَوَكِّلِينَ عَلَيْهِ. وَلَكِنْ بِطُوفَانٍ عَابِرٍ يَصْنَعُ هَلاَكاً تَامّاً لِمَوْضِعِهَا وَأَعْدَاؤُهُ يَتْبَعُهُمْ ظَلاَمٌ.

Glory be to the Holy Trinity our God unto the age of all ages, Amen.

مجداً للثالوث القدوس الهنا إلى الأبد وإلى أبد الآبدين كلها، آمين.

The Doxology of the Pascha Hour: "Thine is the Power..." on page A5.

تسبحة ساعة البصخة: "لك القوة..." صفحة ٥ فى اخر الكتاب.

Ⲯⲁⲗⲙⲟⲥ ⲕⲁ ⲕⲁ ⲛⲉⲙ ⲕⲃ

Ⲉⲓⲥⲁϫⲓ ⲙ̀ⲡⲉⲕⲣⲁⲛ ϧⲁⲧⲟⲧⲟⲩ ⲛ̀ⲛⲁ̀ⲥⲛⲏⲟⲩ : ⲉⲓⲉ̀ⲥⲙⲟⲩ ⲉⲣⲟⲕ ϧⲉⲛ ⲑⲙⲏϯ ⲛ̀ϯⲉⲕⲕ̀ⲗⲏⲥⲓⲁ ⲛⲏⲉⲧⲉⲣϩⲟϯ ϧⲁ̀ⲧϩⲏ ⲙ̀Ⲡ̅ⲟ̅ⲥ̅ ⲥ̀ⲙⲟⲩ ⲉⲣⲟϥ : ⲙⲁ̀ⲱⲟⲩ ⲛⲁϥ ⲡ̀ϫⲣⲟϫ ⲧⲏⲣϥ ⲛ̀Ⲓⲁⲕⲱⲃ : ⲙⲁⲣⲉϥⲉⲣϩⲟϯ ϧⲁⲧⲉϥϩⲏ ⲛ̀ϫⲉ ⲡⲓϫⲣⲟϫ ⲧⲏⲣϥ ⲙ̀ⲡⲓ̅ⲥ̅ⲗ̅ : ⲁ̅ⲗ̅

Psalm 22:22-23

المزمور ٢١: ٢١-٢٢

From the Psalms of David the Prophet, may his blessing be with us, Amen.

من مزامير أبينا داود النبى بركته المقدسة تكون معنا، آمين.

I will declare Your name to My brethren; In the midst of the assembly I will praise You. You who fear the Lord, praise Him! All you descendants of Jacob, glorify Him, And fear Him, all you offspring of Israel! Alleluia.

اذيع اسمك بين اخوتى. وفى وسط الجماعة اسبحك يا خائفى الرب سبحوه ويا معشر ذرية يعقوب مجدوه وليخشه كل زرع اسرائيل: هلليلويا.

Ⲉⲩⲁⲅⲅⲉⲗⲓⲟⲛ ⲕⲁⲧⲁ Ⲙⲁⲧⲑⲉⲟⲛ Ⲕⲉⲫ ⲕ̅ : ⲕ̅ - ⲕ̅ⲏ̅

Ⲧⲟⲧⲉ ⲁⲥⲓ̀ ϩⲁⲣⲟϥ ⲛ̀ϫⲉ ⲑ̀ⲙⲁⲩ ⲛ̀ⲛⲉⲛϣⲏⲣⲓ ⲛ̀ⲍⲉⲃⲉⲇⲉⲟⲥ ⲛⲉⲙ ⲛⲉⲥϣⲏⲣⲓ ⲉⲥⲟⲩⲱϣⲧ ⲙ̀ⲙⲟϥ ⲟⲩⲟϩ ⲉⲥⲉⲣⲉⲧⲓⲛ ⲙ̀ⲙⲟϥ ⲛ̀ⲟⲩϩⲱⲃ. Ⲛ̀ⲑⲟϥ ⲇⲉ ⲡⲉϫⲁϥ ⲛⲁⲥ ϫⲉ ⲟⲩ ⲡⲉ ⲉⲧⲉⲟⲩⲁϣϥ ⲡⲉϫⲁⲥ ⲛⲁϥ ϫⲉ ⲁ̀ϫⲟⲥ ϩⲓⲛⲁ ⲛ̀ⲧⲉ ⲛⲁϣⲏⲣⲓ ⲥ̀ⲛⲁⲩ ⲛ̀ⲧⲉ ⲟⲩⲁⲓ ⲙ̀ⲙⲱⲟⲩ ϩⲉⲙⲥⲓ ⲥⲁⲧⲉⲕⲟⲩⲓⲛⲁⲙ ⲛⲉⲙ ⲟⲩⲁⲓ ⲥⲁⲧⲉⲕϫⲁϭⲏ ⲛ̀ϧⲣⲏⲓ ϧⲉⲛ ⲧⲉⲕⲙⲉⲧⲟⲩⲣⲟ : Ⲁϥⲉⲣⲟⲩⲱ̀ ⲛ̀ϫⲉ Ⲓⲏ̅ⲥ̅ ⲡⲉϫⲁϥ ϫⲉ ⲛ̀ⲧⲉⲧⲉⲛⲉ̀ⲙⲓ ⲁⲛ ϫⲉ ⲁ̀ⲣⲉⲧⲉⲛⲉⲣⲉⲧⲓⲛ ⲉⲑⲃⲉⲟⲩ ⲟⲩⲟⲛ ϣϫⲟⲙ ⲙ̀ⲙⲱⲧⲉⲛ ⲉ̀ⲟⲉ ⲡⲓⲁ̀ⲫⲟⲧ ⲉⲧ̀ⲛⲁⲥⲟϥ ⲟⲩⲟϩ ⲡⲓⲱⲙⲥ ⲉⲧ̀ⲛⲁⲱⲙⲥ ⲙ̀ⲙⲟϥ ⲉⲣⲉⲧⲉⲛⲉⲙⲥ ⲑⲏⲛⲟⲩ ⲡⲉϫⲱⲟⲩ : ⲛⲁϥ ϫⲉ ⲟⲩⲟⲛ ϣϫⲟⲙ ⲙ̀ⲙⲟⲛ.

Ⲟⲩⲟϩ ⲡⲉϫⲁϥ ⲛⲱⲟⲩ ⲛ̀ϫⲉ Ⲓⲏ̅ⲥ̅ ϫⲉ ⲡⲓⲁ̀ⲫⲟⲧ ⲙⲉⲛ ⲉⲣⲉⲧⲉⲛⲉⲥⲟϥ ⲟⲩⲟϩ ⲡⲓⲱⲙⲥ ⲧⲉⲧⲉⲛⲛⲁⲱⲙⲥ ⲙ̀ⲙⲟϥ ⲉ̀ϩⲉⲙⲥⲓ ⲇⲉ ⲥⲁⲧⲁⲟⲩⲓⲛⲁⲙ ⲛⲉⲙ ⲧⲁϫⲁϭⲏ ⲫⲱⲓ ⲁⲛ ⲡⲉ ⲉⲧⲏⲓϥ ⲁⲗⲗⲁ ⲫⲁⲛⲏ ⲡⲉ ⲉⲧⲁ ⲡⲁⲓⲱⲧ ⲉⲧ ϧⲉⲛ ⲛⲓⲫⲏⲟⲩⲓ ⲥⲉⲃⲧⲱⲧϥ ⲛⲱⲟⲩ : Ⲉⲧⲁⲩⲥⲱⲧⲉⲙ ⲇⲉ ⲛ̀ϫⲉ ⲡⲓⲕⲉⲙⲏⲧ ⲙ̀ⲙⲁⲑⲏⲧⲏⲥ ⲁⲩⲭⲣⲉⲙⲣⲉⲙ ⲉⲑⲃⲉ ⲡⲓⲥⲟⲛ ⲥ̀ⲛⲁⲩ : Ⲓⲏ̅ⲥ̅ ⲇⲉ ⲁϥⲙⲟⲩϯ ⲉ̀ⲣⲱⲟⲩ ⲡⲉϫⲁϥ ⲛⲱⲟⲩ ϫⲉ ⲧⲉⲧⲉⲛⲉⲙⲓ ϫⲉ ⲛⲓⲁⲣⲭⲱⲛ ⲛ̀ⲧⲉ ⲛⲓⲉⲑⲛⲟⲥ ⲡⲉⲧⲟⲓ ⲛ̀ⲟ̅ⲥ̅ ⲉ̀ⲣⲱⲟⲩ ⲟⲩⲟϩ ⲛⲟⲩⲕⲉⲛⲓϣϯ ⲉⲧⲟⲓ ⲛ̀ⲉⲣϣⲓϣⲓ ⲉ̀ϫⲱⲟⲩ.

Ⲡⲁⲓⲣⲏϯ ⲇⲉ ⲁⲛ ⲡⲉⲑⲛⲁϣⲱⲡ ϧⲉⲛ ⲑⲏⲛⲟⲩ ⲁⲗⲗⲁ ⲫⲏⲉⲑⲟⲩⲱϣ ⲉⲉⲣⲛⲓϣϯ ϧⲉⲓ ⲑⲏⲛⲟⲩ ⲉϥⲉⲉⲣⲇⲓⲁ̀ⲕⲱⲛ ⲛⲱⲧⲉⲛ : Ⲟⲩⲟϩ ⲫⲏⲉⲑ ⲟⲩⲱϣ ⲉ̀ⲉⲣϩⲟⲩⲓⲧ ϧⲉⲛ ⲑⲏⲛⲟⲩ ⲉϥⲉⲉⲣⲃⲱⲕ ⲛⲱⲧⲉⲛ : Ⲙ̀ⲫⲣⲏϯ ϩⲱϥ ⲙ̀ⲡϣⲏⲣⲓ ⲙ̀ⲫⲣⲱⲙⲓ ⲛⲉⲧⲁϥ ⲁⲛ ⲉⲑⲣⲟⲩϣⲉⲙϣⲏⲧϥ ⲁⲗⲗⲁ ⲉ̀ϣⲉⲙϣⲓ ⲟⲩⲟϩ ⲉ̀ϯ ⲛ̀ⲧⲉϥⲯⲩⲭⲏ ⲛ̀ⲥⲱϯ ⲉϫⲉⲛ ⲟⲩⲙⲏϣ.

Ⲟⲩⲱϣⲧ ⲙ̀ⲡⲓⲉⲩⲁⲅⲅⲉⲗⲓⲟⲛ ⲉⲑ̅ⲩ̅.

Matthew 20:20-28

A chapter according to Saint Matthew, may his blessings be with us, Amen.

Then the mother of Zebedee's sons came to Him with her sons, kneeling down and asking something from Him. And He said to her, "What do you wish?" She said to Him, "Grant that these two sons of mine may sit, one on Your right hand and the other on the left, in Your kingdom." But Jesus answered and said, "You do not know what you ask. Are you able to drink the

متى ٢٠:٢٠-٢٨

فصل من الإنجيل المقدس حسب القديس متى البشير، بركاته علينا آمين.

حِينَئِذٍ تَقَدَّمَتْ إِلَيْهِ أُمُّ ابْنَيْ زَبْدِي مَعَ ابْنَيْهَا وَسَجَدَتْ وَطَلَبَتْ مِنْهُ شَيْئاً. فَقَالَ لَهَا: «مَاذَا تُرِيدِينَ؟» قَالَتْ لَهُ: «قُلْ أَنْ يَجْلِسَ ابْنَايَ هَذَانِ وَاحِدٌ عَنْ يَمِينِكَ وَالآخَرُ عَنِ الْيَسَارِ فِي مَلَكُوتِكَ». فَأَجَابَ يَسُوعُ: «لَسْتُمَا تَعْلَمَانِ مَا تَطْلُبَانِ. أَتَسْتَطِيعَانِ أَنْ تَشْرَبَا الْكَأْسَ الَّتِي سَوْفَ أَشْرَبُهَا أَنَا وَأَنْ تَصْطَبِغَا

cup that I am about to drink, and be baptized with the baptism that I am baptized with?" They said to Him, "We are able."
So He said to them, "You will indeed drink My cup, and be baptized with the baptism that I am baptized with; but to sit on My right hand and on My left is not Mine to give, but it is for those for whom it is prepared by My Father."
And when the ten heard it, they were greatly displeased with the two brothers. But Jesus called them to Himself and said, "You know that the rulers of the Gentiles lord it over them, and those who are great exercise authority over them.
Yet it shall not be so among you; but whoever desires to become great among you, let him be your servant. And whoever desires to be first among you, let him be your slave-- just as the Son of Man did not come to be served, but to serve, and to give His life a ransom for many."

Bow down before the Holy Gospel.
Glory be to God forever.

بِالصِّبْغَةِ الَّتِي أَصْطَبِغُ بِهَا أَنَا؟» قَالاَ لَهُ: «نَسْتَطِيعُ».
فَقَالَ لَهُمَا: «أَمَّا كَأْسِي فَتَشْرَبَانِهَا وَبِالصِّبْغَةِ الَّتِي أَصْطَبِغُ بِهَا أَنَا تَصْطَبِغَانِ. وَأَمَّا الْجُلُوسُ عَنْ يَمِينِي وَعَنْ يَسَارِي فَلَيْسَ لِي أَنْ أُعْطِيَهُ إِلاَّ لِلَّذِينَ أُعِدَّ لَهُمْ مِنْ أَبِي».
فَلَمَّا سَمِعَ الْعَشَرَةُ اغْتَاظُوا مِنْ أَجْلِ الأَخَوَيْنِ. فَدَعَاهُمْ يَسُوعُ وَقَالَ: «أَنْتُمْ تَعْلَمُونَ أَنَّ رُؤَسَاءَ الأُمَمِ يَسُودُونَهُمْ وَالْعُظَمَاءَ يَتَسَلَّطُونَ عَلَيْهِمْ.
فَلاَ يَكُونُ هَكَذَا فِيكُمْ. بَلْ مَنْ أَرَادَ أَنْ يَكُونَ فِيكُمْ عَظِيماً فَلْيَكُنْ لَكُمْ خَادِماً وَمَنْ أَرَادَ أَنْ يَكُونَ فِيكُمْ أَوَّلاً فَلْيَكُنْ لَكُمْ عَبْداً كَمَا أَنَّ ابْنَ الإِنْسَانِ لَمْ يَأْتِ لِيُخْدَمَ بَلْ لِيَخْدِمَ وَلِيَبْذِلَ نَفْسَهُ فِدْيَةً عَنْ كَثِيرِينَ».

أسجدوا للإنجيل المقدس.
والمجد لله دائماً.

Commentary

The Commentary of The Eleventh Hour of Sunday of Holy Pascha, may its blessings be with us all. Amen.

In the minds of the antagonizing Jews, our Lord and Savior Jesus Christ was surrounded by people, troops, soldiers and warriors, similar to the kings of this world. These were the thoughts of the mother of John and Jacob, sons of

طرح

طرح الساعة الحادية عشر من أحد الشعانين بركاته علينا. آمين.

الأفكار التى كانت لليهود المخالفين بخصوص مخلصنا وملكنا المسيح أنه مثل ملوك الأرض. والجموع الكثيرة والجنود والمحاربون يحيطون به مثل الملوك. هكذا

Zebedee. She came to our Savior while He was surrounded by the people and His disciples. She worshipped Him with her sons and said, "Grant that my two sons may sit, one on Your right hand, and the other on Your left, in Your kingdom."

Hear then what the merciful and most compassionate Lord, who desires salvation for the whole world, said, "Are you able to drink of the cup that I shall drink of and be baptized with the baptism that I am baptized with?" They said to Him, "We are able." He answered them, "You will indeed be able to, but to sit at My right hand and at My left is not Mine to give. It shall be given to those chosen by My omnipresent Father." The two brothers were quiet when they heard these words and departed because of the magnitude of His glory.

ظنت أم يوحنا ويعقوب إبنى زبدى. فكرت هكذا وأتت إلى مخلصنا أمام الجمع مع تلاميذه وسجدت له مع ابنيها، وسألته وطلبت منه هكذا قائلة: "قل كلمة أن يجلس ابناى الاثنان معك فى ملكوتك، واحد عن يمينك والآخر عن يسارك فى مجد مملكتك".

اسمعوا الرؤوف الكثير الرحمة الذى يريد حياة جميع العالم قال:" أتقدران أن تشربا الكأس التى أتيت لأجلها لكى أشربها، والصبغة التى اصطبغها؟". فقالا: "نقدر أن نصنع هذا". "فلعلكما حقاً تقدران. فأما الجلوس فليس لى أن أعطيه لكما، لكنه لابى المالئ كل موضع، وهو الذى يعطيه لأصفيائه". فلما سمع الأخوان هذا سكتا ومضيا من أجل عظم مجده.

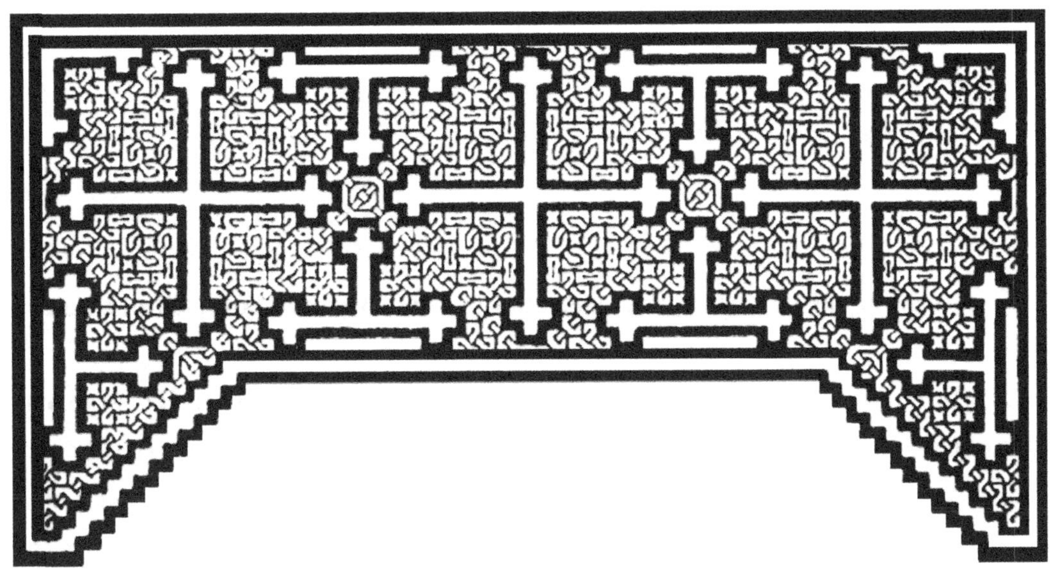

EVE OF MONDAY OF HOLY PASCHA

ليلة الاثنين من البصخة المقدسة

First Hour of Eve of Monday

الساعة الأولى من ليلة الاثنين

Ⲥⲟⲫⲟⲛⲓⲁⲥ Ⲕⲉⲫ ⲁ̅ : ⲃ̅ - ⲓ̅ⲃ̅

Ⲉ̀ⲃⲟⲗϧⲉⲛ Ⲥⲟⲫⲟⲛⲓⲁⲥ ⲡⲓⲡ̀ⲣⲟⲫⲏⲧⲏⲥ: ⲉ̀ⲣⲉⲡⲉϥⲥ̀ⲙⲟⲩ ⲉ̀ⲑⲟⲩⲁⲃ ϣⲱⲡⲓ ⲛⲉⲙⲁⲛ ⲁ̀ⲙⲏⲛ ⲉϥϫⲱ ⲙ̀ⲙⲟⲥ.

Ϧⲉⲛ ⲟⲩⲙⲟⲩⲛⲕ ⲙⲁⲣⲉϥⲙⲟⲩⲛⲕ ⲉⲃⲟⲗ ϩⲓϫⲉⲛ ⲡ̀ϩⲟ ⲙ̀ⲡⲕⲁϩⲓ ⲡⲉϫⲉ Ⲡⲟ̅ⲥ̅ : Ⲙⲁⲣⲉϥⲙⲟⲩⲛⲕ ⲛ̀ϫⲉ ⲟⲩⲣⲱⲙⲓ ⲛⲉⲙ ⲟⲩⲧⲉⲃⲛⲏ : Ⲙⲁⲣⲟⲩⲙⲟⲩⲛⲕ ⲛ̀ϫⲉ ⲛⲓϩⲁⲗⲁϯ ⲛ̀ⲧⲉ ⲧ̀ⲫⲉ ⲛⲉⲙ ⲛⲓⲧⲉⲃⲧ ⲛ̀ⲧⲉ ⲫⲓⲟⲙ ⲟⲩⲟϩ ⲉⲧⲉϣⲱⲛⲓ ⲛ̀ϫⲉ ⲛⲓⲁ̀ⲥⲉⲃⲏⲥ ⲟⲩⲟϩ ϯⲛⲁⲱⲗⲓ ⲛ̀ⲛⲓⲁ̀ⲛⲟⲙⲟⲥ ⲉ̀ⲃⲟⲗϩⲓϫⲉⲛ ⲡ̀ϩⲟ ⲙ̀ⲡⲕⲁϩⲓ ⲡⲉϫⲉ Ⲡⲟ̅ⲥ̅ : Ⲟⲩⲟϩ ϯⲛⲁⲥⲟⲩⲧⲉⲛ ⲧⲁϫⲓϫ ⲉⲃⲟⲗ ⲉϫⲉⲛ Ⲓⲟⲩⲇⲁ ⲛⲉⲙ ⲉϫⲉⲛ ⲟⲩⲟⲛ ⲛⲓⲃⲉⲛ ⲉⲧϣⲟⲡ ϧⲉⲛ Ⲓ̀ⲗⲏ̅ⲙ̅ : ⲟⲩⲟϩ ϯⲛⲁⲱⲗⲓ ⲉⲃⲟⲗ ϧⲉⲛ ⲡⲁⲓⲙⲁ ⲛ̀ⲛⲓⲣⲁⲛ ⲛ̀ⲧⲉ ϯⲃⲁⲁⲗ ⲛⲉⲙ ⲛⲓⲣⲁⲛ ⲛ̀ⲧⲉ ⲛⲓⲟⲩⲏⲃ. Ⲛⲉⲙ ⲛⲏⲉⲑⲟⲩⲱϣⲧ ⲉ̀ϫⲉⲛ ⲛⲓϫⲉⲛⲉ̀ⲫⲱⲣ ⲛ̀ϯⲥⲧⲣⲁⲧⲓⲁ̀ ⲛ̀ⲧⲉ ⲧ̀ⲫⲉ : ⲛⲉⲙ ⲛⲏⲉⲧⲱⲣⲕ ⲉ̀ϩ̀ⲣⲉⲛ Ⲙⲟⲗⲟⲭ ⲡ̀ⲟⲩⲣⲟ : Ⲛⲉⲙ ⲛⲏⲉⲧⲣⲓⲕⲓ ⲙ̀ⲙⲱⲟⲩ ⲉ̀ⲃⲟⲗϩⲁ Ⲡⲟ̅ⲥ̅ : ⲛⲉⲙ ⲛⲏⲉ̀ⲧⲉ ⲙ̀ⲡⲟⲩⲕⲱϯ ⲛ̀ⲥⲁ Ⲡⲟ̅ⲥ̅ : ⲛⲉⲙ ⲛⲏⲉⲧⲉ ⲛ̀ⲥⲉϣⲱⲡ ⲙ̀Ⲡⲟ̅ⲥ̅ ⲉ̀ⲣⲱⲟⲩ ⲁⲛ : Ⲁⲣⲓϩⲟϯ ϧⲁⲧϩⲏ ⲙ̀Ⲡⲟ̅ⲥ̅ Ⲫ̅ϯ̅ ϫⲉ ⲟⲩⲛⲓ ϥ̀ϧⲉⲛⲧ ⲛ̀ϫⲉ ⲡ̀ⲉϩⲟⲟⲩ ⲙ̀Ⲡⲟ̅ⲥ̅ : ϫⲉ ⲁϥⲥⲟⲃϯ ⲙ̀ⲡⲉϥϣⲟⲩϣⲱⲟⲩϣⲓ ⲛ̀ϫⲉ Ⲡⲟ̅ⲥ̅ ⲟⲩⲟϩ ⲁϥⲧⲟⲩⲃⲟ ⲛ̀ⲛⲏⲉⲧⲑⲁϩⲉⲙ ⲛ̀ⲧⲁϥ. Ⲟⲩⲟϩ ⲉⲥⲉ̀ϣⲱⲡⲓ ϧⲉⲛ ⲡ̀ⲉϩⲟⲟⲩ ⲙ̀ⲡϣⲟⲩϣⲱⲟⲩϣⲓ ⲙ̀Ⲡⲟ̅ⲥ̅ ⲉⲓⲉ̀ϭⲓ ⲙ̀ⲡ̀ϣⲓϣ ⲉϫⲉⲛ ⲛⲓⲁⲣⲭⲱⲛ : ⲛⲉⲙ ⲉ̀ϫⲉⲛ ⲡ̀ⲏⲓ ⲙ̀ⲡ̀ⲟⲩⲣⲟ : ⲛⲉⲙ ⲉϫⲉⲛ ⲟⲩⲟⲛ ⲛⲓⲃⲉⲛ ⲉ̀ⲧⲉ ⲛⲓϩⲃⲱⲥ ⲛ̀ϣⲉⲛⲥ ⲧⲟⲓ ϩⲓⲱ̀ⲧⲟⲩ : Ⲟⲩⲟϩ ϯⲛⲁϭⲓ ⲙ̀ⲡ̀ϣⲓϣ ⲉϫⲉⲛ ⲟⲩⲟⲛ ⲛⲓⲃⲉⲛ ⲉⲧϧⲉⲛ ⲟⲩⲱⲛϩ ⲉ̀ⲃⲟⲗ ⲉϫⲉⲛ ⲛⲓⲡⲩⲗⲏ ⲉⲧⲥⲁⲃⲟⲗ : ϧⲉⲛ ⲡⲓⲉ̀ϩⲟⲟⲩ ⲉⲧⲉ̀ⲙⲙⲁⲩ ⲛⲏⲉⲑⲙⲟϩ ⲙ̀ⲡⲏⲓ ⲙ̀Ⲡⲟ̅ⲥ̅ ⲡⲟⲩⲛⲟⲩϯ ⲙ̀ⲙⲉⲧϭⲓⲛ̀ϫⲟⲛⲥ ⲛⲉⲙ ⲭ̀ⲣⲟϥ : Ⲟⲩⲟϩ ⲉⲥⲉ̀ϣⲱⲡⲓ ϧⲉⲛ ⲡⲓⲉ̀ϩⲟⲟⲩ ⲉⲧⲉ̀ⲙⲙⲁⲩ ⲡⲉϫⲉ Ⲡⲟ̅ⲥ̅ ⲛ̀ϫⲉ ⲟⲩⲥ̀ⲙⲏ ⲛ̀ϧ̀ⲣⲱⲟⲩ ⲓⲥϫⲉⲛ ϯⲡⲩⲗⲏ ⲛ̀ⲧⲉⲛⲛⲉⲧ ϧⲉⲗϧⲱⲗ : ⲛⲉⲙ ⲟⲩⲉ̀ϣⲗⲏⲗⲟⲩⲓ̀ ⲉ̀ϫⲉⲛ ϯⲙⲁϩⲥ̀ⲛⲟⲩϯ : ⲛⲉⲙ ⲟⲩⲛⲓϣϯ ⲛ̀ϧⲟⲗϧⲉⲗ ⲓⲥϫⲉⲛ ⲛⲓⲑⲁⲗ. Ⲁⲣⲓϩⲏⲃⲓ ⲑⲏⲉⲧϣⲟⲡ ϧⲉⲛ ⲛⲏ ⲉ̀ⲧⲁⲩϣⲉⲧϣⲱⲧⲥ : ϫⲉ ⲁϥϭⲓ̀ⲥⲙⲟⲧ ⲛ̀ϫⲉ ⲫ̀ⲗⲁⲟⲥ ⲧⲏⲣϥ ⲛ̀Ⲭⲁⲛⲁⲁⲛ : ⲁⲩϥⲱϯ ⲉ̀ⲃⲟⲗ ⲛ̀ϫⲉ ⲟⲩⲟⲛ ⲛⲓⲃⲉⲛ ⲉⲧϭⲓ̀ⲥⲓ ⲙ̀ⲙⲱⲟⲩ ϧⲉⲛ ⲡ̀ϩⲁⲧ : Ⲟⲩⲟϩ ⲉⲥⲉ̀ϣⲱⲡⲓ ϧⲉⲛ ⲡⲓⲉ̀ϩⲟⲟⲩ ⲉ̀ⲧⲉ̀ⲙⲙⲁⲩ ϯⲛⲁϧⲟⲧϧⲉⲧ ⲛ̀Ⲓ̀ⲗⲏ̅ⲙ̅ ϧⲉⲛ ⲟⲩϧⲏⲃⲥ : ⲟⲩⲟϩ ⲉⲓⲉ̀ϭⲓ ⲙ̀ⲡ̀ϣⲓϣ ⲉϫⲉⲛ ⲛⲓⲣⲱⲙⲓ ⲉ̀ⲧⲉⲣⲕⲁⲧⲁⲫ̀ⲣⲟⲛⲓⲛ ⲉ̀ϫⲉⲛ ⲟⲩϫⲓⲛⲁ̀ⲣⲉϩ : ⲛⲏⲉⲧϫⲱ ⲙ̀ⲙⲟⲥ ϧⲉⲛ ⲛⲟⲩϩⲏⲧ : ϫⲉ ⲛ̀ⲛⲉϥⲉⲣⲡⲉⲑⲛⲁⲛⲉϥ ⲛ̀ϫⲉ Ⲡⲟ̅ⲥ̅ ⲟⲩⲇⲉ ⲛ̀ⲛⲉϥϯⲙ̀ⲕⲁϩ :

Ⲟⲩⲱ̀ⲟⲩ ⲛ̀ϯⲧ̀ⲣⲓⲁⲥ ⲉ̀ⲑⲟⲩⲁⲃ ⲡⲉⲛⲛⲟⲩϯ ϣⲁ ⲉ̀ⲛⲉϩ ⲛⲉⲙ ϣⲁ ⲉ̀ⲛⲉϩ ⲛ̀ⲧⲉ ⲛⲓⲉ̀ⲛⲉϩ ⲧⲏⲣⲟⲩ: ⲁ̀ⲙⲏⲛ.

Zephaniah 1:2-12

صَفَنْيا ١ : ٢ – ١٢

A reading from Zephaniah the Prophet may his blessings be with us Amen.

من صَفَنْيا النبى بركته المقدسة تكون معنا، آمين.

"I will utterly consume everything From the face of the land," Says the LORD; "I will consume man and beast; I will consume the birds of the heavens, The fish of the sea, And the stumbling blocks along with the wicked. I will cut off man from the face of the land," Says the LORD." I will stretch out My hand against Judah, And against all the inhabitants of Jerusalem. I will cut off every trace of Baal from this place, The names of the idolatrous priests with the pagan priests Those who worship the host of heaven on the housetops; Those who worship and swear oaths by the LORD, But who also swear by Milcom; Those who have turned back from following the LORD, And have not sought the LORD, nor inquired of Him." Be silent in the presence of the Lord GOD; For the day of the LORD is at hand, For the LORD has prepared a sacrifice; He has invited His guests." And it shall be, In the day of the LORD's sacrifice, That I will punish the princes and the king's children, And all such as are clothed with foreign apparel. In the same day I will punish All those who leap over the threshold, Who fill their masters' houses with violence and deceit." And there shall be on that day," says the LORD, "The sound of a mournful cry from the Fish Gate, A wailing from the Second Quarter, And a loud crashing from the hills. Wail, you inhabitants of Maktesh! For all the merchant people are cut down; All those who handle money are cut off." And it shall come to pass at that time That I will search Jerusalem with lamps, And punish the men Who

نَزْعاً أَنْزَعُ الْكُلَّ عَنْ وَجْهِ الأَرْضِ، يَقُولُ الرَّبُّ. أَنْزِعُ الإِنْسَانَ وَالْحَيَوَانَ. أَنْزِعُ طُيُورَ السَّمَاءِ وَسَمَكَ الْبَحْرِ، وَالْمَعَاثِرَ مَعَ الأَشْرَارِ، وَأَقْطَعُ الإِنْسَانَ عَنْ وَجْهِ الأَرْضِ، يَقُولُ الرَّبُّ. وَأَمُدُّ يَدِي عَلَى يَهُوذَا وَعَلَى كُلِّ سُكَّانِ أُورُشَلِيمَ، وَأَقْطَعُ مِنْ هَذَا الْمَكَانِ بَقِيَّةَ الْبَعْلِ، اسْمَ الْكَمَارِيمِ، مَعَ الْكَهَنَةِ، وَالسَّاجِدِينَ عَلَى السُّطُوحِ لِجُنْدِ السَّمَاءِ، وَالسَّاجِدِينَ الْحَالِفِينَ بِالرَّبِّ، وَالْحَالِفِينَ بِمَلْكُومَ، وَالْمُرْتَدِّينَ مِنْ وَرَاءِ الرَّبِّ، وَالَّذِينَ لَمْ يَطْلُبُوا الرَّبَّ وَلاَ سَأَلُوا عَنْهُ. اُسْكُتْ قُدَّامَ السَّيِّدِ الرَّبِّ، لأَنَّ يَوْمَ الرَّبِّ قَرِيبٌ. لأَنَّ الرَّبَّ قَدْ أَعَدَّ ذَبِيحَةً. قَدَّسَ مَدْعُوِّيهِ. [وَيَكُونُ فِي يَوْمِ ذَبِيحَةِ الرَّبِّ أَنِّي أُعَاقِبُ الرُّؤَسَاءَ وَبَنِي الْمَلِكِ وَجَمِيعَ اللاَّبِسِينَ لِبَاساً غَرِيباً. وَفِي ذَلِكَ الْيَوْمِ أُعَاقِبُ كُلَّ الَّذِينَ يَقْفِزُونَ مِنْ فَوْقِ الْعَتَبَةِ، الَّذِينَ يَمْلأُونَ بَيْتَ سَيِّدِهِمْ ظُلْماً وَغِشّاً. وَيَكُونُ فِي ذَلِكَ الْيَوْمِ، يَقُولُ الرَّبُّ، صَوْتُ صُرَاخٍ مِنْ بَابِ السَّمَكِ، وَوَلْوَلَةٌ مِنَ الْقِسْمِ الثَّانِي، وَكَسْرٌ عَظِيمٌ مِنَ الآكَامِ. وَلْوِلُوا يَا سُكَّانَ مَكْتِيشَ لأَنَّ كُلَّ شَعْبِ كَنْعَانَ بَادَ. انْقَطَعَ كُلُّ الْحَامِلِينَ الْفِضَّةَ. وَيَكُونُ فِي ذَلِكَ الْوَقْتِ أَنِّي أُفَتِّشُ أُورُشَلِيمَ بِالسُّرُجِ، وَأُعَاقِبُ الرِّجَالَ الْجَامِدِينَ عَلَى دُرْدِيِّهِمِ، الْقَائِلِينَ فِي قُلُوبِهِمْ: إِنَّ الرَّبَّ لاَ يُحْسِنُ وَلاَ يُسِيءُ.

مجداً للثالوث القدوس الهنا إلى الأبد وإلى أبد الآبدين كلها، آمين.

are settled in complacency, Who say in their heart, "The LORD will not do good, Nor will He do evil.
Glory be to the Holy Trinity our God unto the age of all ages, Amen.

The Doxology of the Pascha Hour: "Thine is the Power…" on page A5.
تسبحة ساعة البصخة: "لك القوة..." صفحة ٥ فى اخر الكتاب.

Ⲯⲁⲗⲙⲟⲥ ⲕ̅ⲋ̅ : ⲓ̅ ⲛⲉⲙ ⲓ̅ⲁ̅

Ⲉⲓⲉϩⲱⲥ ⲟⲩⲟϩ ⲉⲓ ⲉⲉⲣⲯⲁⲗⲓⲛ ⲉⲠⲟ̅ⲥ̅ : ⲥⲱⲧⲉⲙ Ⲡⲟ̅ⲥ̅ ⲉⲡⲁϧⲣⲱⲟⲩ ⲉⲧⲁⲓⲱϣ ⲉⲃⲟⲗ ⲛϧⲏⲧϥ : Ⲛⲁⲓ ⲛⲏⲓ ⲟⲩⲟϩ ⲥⲱⲧⲉⲙ ⲉⲣⲟⲓ : ϫⲉ ⲛⲑⲟⲕ ⲡⲉ ⲉⲧⲁⲡⲁϩⲏⲧ ϫⲟⲥ ⲛⲁⲕ : ⲁ̅ⲗ̅

Psalm 27:6,7

المزمور ٢٦: ١٠ و ١١

A Psalm of David the Prophet.

I will sing, yes, I will sing praises to the LORD. Hear, O Lord, when I cry with my voice! Have mercy also upon me, and answer me. Alleluia.

من مزامير داود النبى

اسبح وأرتّل للرب. استمع يارب صوتى الذى به دعوتك.
ارحمنى واستجب لى فإن لك قال قلبى.
الليلويا.

Ⲉⲩⲁⲅⲅⲉⲗⲓⲟⲛ ⲕⲁⲧⲁ Ⲓⲱⲁⲛⲛⲏⲛ Ⲕⲉⲫ ⲗ̅ⲃ̅ : ⲕ̅ - ⲗ̅ⲋ̅

Ⲛⲉ ⲟⲩⲟⲛ ϩⲁⲛⲟⲩⲉⲓⲛⲓⲛ ⲇⲉ ⲡⲉ ⲉⲃⲟⲗ ϧⲉⲛ ⲛⲏⲉⲑⲛⲏⲟⲩ ⲉϩⲣⲏⲓ ⲉⲡϣⲁⲓ ϩⲓⲛⲁ ⲛⲧⲟⲩⲟⲩⲱϣⲧ : Ⲛⲁⲓ ⲟⲩⲛ ⲁⲩⲓ ϩⲁ Ⲫⲓⲗⲓⲡⲡⲟⲥ ⲡⲓⲣⲉⲙ Ⲃⲏⲑⲥⲁⲓⲇⲁ ⲛⲧⲉ ϯⲄⲁⲗⲓⲗⲉⲁ ⲟⲩⲟϩ ⲛⲁⲩϯϩⲟ ⲉⲣⲟϥ ⲡⲉ ⲉⲩϫⲱ ⲙⲙⲟⲥ ϫⲉ ⲡⲉⲛⲟ̅ⲥ̅ ⲧⲉⲛⲟⲩⲱϣ ⲉⲛⲁⲩ ⲉⲒⲏ̅ⲥ̅ : Ⲁϥⲓ ⲛϫⲉ Ⲫⲓⲗⲓⲡⲡⲟⲥ ⲁϥϫⲟⲥ ⲛⲀⲛⲇⲣⲉⲁⲥ : Ⲁⲛⲇⲣⲉⲁⲥ ⲇⲉ ⲟⲛ ⲛⲉⲙ Ⲫⲓⲗⲓⲡⲡⲟⲥ ⲁⲩⲓ ⲁⲩϫⲟⲥ ⲛⲒⲏ̅ⲥ̅. Ⲓⲏ̅ⲥ̅ ⲇⲉ ⲉⲧⲁϥⲉⲣⲟⲩⲱ ⲡⲉϫⲁϥ ⲛⲱⲟⲩ ϫⲉ ⲁⲥⲓ ⲛϫⲉ ϯⲟⲩⲛⲟⲩ ϩⲓⲛⲁ ⲛⲧⲉ ⲡϣⲏⲣⲓ ⲙⲫⲣⲱⲙⲓ ϭⲓⲱⲟⲩ : Ⲁⲙⲏⲛ ⲁⲙⲏⲛ ϯϫⲱ ⲙⲙⲟⲥ ⲛⲱⲧⲉⲛ ϫⲉ ⲁⲣⲉϣⲧⲉⲙ ϯⲛⲁⲫⲣⲓ ⲛⲥⲟⲩⲟ ϩⲉⲓ ϩⲓϫⲉⲛ ⲡⲓⲕⲁϩⲓ ⲟⲩⲟϩ ⲛⲧⲉⲥⲙⲟⲩ ⲛⲑⲟⲥ ⲙⲙⲁⲩⲁⲧⲥ ⲉϣⲁⲥϣⲱⲡⲓ ⲉϣⲱⲡ ⲇⲉ ⲁⲥϣⲁⲛⲙⲟⲩ ϣⲁⲥⲉⲛ ⲟⲩⲙⲏϣ ⲛⲟⲩⲧⲁϩ ⲉⲃⲟⲗ : Ⲫⲏⲉⲑⲙⲉⲓ ⲛⲧⲉϥⲯⲩⲭⲏ ⲉϥⲉⲧⲁⲕⲟⲥ ⲟⲩⲟϩ ⲫⲏⲉⲑⲙⲟⲥϯ ⲛⲧⲉϥⲯⲩⲭⲏ ⲛϧⲣⲏⲓ ϧⲉⲛ ⲡⲁⲓ ⲕⲟⲥⲙⲟⲥ ⲉϥⲉⲁⲣⲉϩ ⲉⲣⲟⲥ ⲉⲩⲱⲛϧ ⲛⲉⲛⲉϩ. Ⲫⲏⲉⲑⲛⲁϣⲉⲙϣⲓ ⲙⲙⲟⲓ ⲙⲁⲣⲉϥⲟⲩⲁϩϥ ⲛⲥⲱⲓ ⲟⲩⲟϩ ⲫⲙⲁ ⲉϯϣⲟⲡ ⲙⲙⲟϥ ⲉϥⲉϣⲱⲡⲓ ⲙⲙⲁⲩ ⲛⲉⲙⲏⲓ ⲛϫⲉ ⲡⲁⲣⲉϥϣⲉⲙϣⲓ ⲟⲩⲟϩ ⲫⲏⲉⲑⲛⲁⲉⲣⲣⲉϥϣⲉⲙϣⲓ ⲛⲏⲓ ϥⲛⲁⲉⲣⲧⲓⲙⲁⲛ ⲙⲙⲟϥ ⲛϫⲉ ⲡⲁⲓⲱⲧ : ϯⲛⲟⲩ ⲉⲧⲁⲯⲩⲭⲏ ϣθορτερ ⲟⲩⲟϩ ⲟⲩⲡⲉⲧ†ⲛⲁϫⲟϥ ⲡⲁⲓⲱⲧ ⲛⲁϩⲙⲉⲧ ⲉ̀ⲃⲟⲗϧⲉⲛ ⲧⲁⲓⲟⲩⲛⲟⲩ ⲁ̀ⲗⲗⲁ ⲉⲑⲃⲉ ⲫⲁⲓ ⲁⲓ̀ⲉ̀ⲧⲁⲓ ⲟⲩⲛⲟⲩ : Ⲫⲓⲱⲧ ⲙⲁⲱⲟⲩ ⲙ̀ⲡⲉⲕϣⲏⲣⲓ ⲟⲩⲥ̀ⲙⲏ ⲁⲥⲓ̀ ⲉ̀ⲃⲟⲗ ϧⲉⲛ ⲧ̀ⲫⲉ ⲉⲥϫⲱ ⲙ̀ⲙⲟⲥ ϫⲉ ⲁⲓ̀†ⲱⲟⲩ ⲡⲁⲗⲓⲛ ⲟⲛ †ⲛⲁ†ⲱⲟⲩ : Ⲡⲓⲙⲏϣ ⲟⲩⲛ ⲉ̀ⲛⲁϥⲟϩⲓ ⲉ̀ⲣⲁⲧϥ ⲉ̀ⲧⲁⲩⲥⲱⲧⲉⲙ ⲛⲁⲩ ϫⲱ ⲙ̀ⲙⲟⲥ ϫⲉ ⲟⲩϧⲁⲣⲁⲃⲁⲓ ⲡⲉⲧⲁⲥϣⲱⲡⲓ ϩⲁⲛⲕⲉⲭⲱⲟⲩⲛⲓ ⲇⲉ ⲛⲁⲩϫⲱ̀ⲙ̀ⲙⲟⲥ ϫⲉ ⲟⲩⲁⲅⲅⲉⲗⲟⲥ ⲡⲉⲧⲁϥⲥⲁϫⲓ ⲛⲉⲙⲁϥ. Ⲁϥⲉ̀ⲣⲟⲩⲱ̀ ⲛⲱⲟⲩ ⲛ̀ϫⲉ Ⲓⲏ̅ⲥ̅ ⲟⲩⲟϩ ⲡⲉϫⲁϥ ϫⲉ ⲉ̀ⲧⲁⲥϣⲱⲡⲓ ⲁⲛ ⲉⲑⲃⲏ† ⲛ̀ϫⲉ ⲧⲁⲓⲥ̀ⲙⲏ ⲁ̀ⲗⲗⲁ ⲉⲑⲃⲉ ⲑⲏⲛⲟⲩ : †ⲛⲟⲩ ⲡ̀ϩⲁⲡ ⲡⲉ ⲛ̀ⲧⲉ ⲡⲁⲓ ⲕⲟⲥⲙⲟⲥ †ⲛⲟⲩⲁⲣⲭⲱⲛ ⲛ̀ⲧⲉ ⲡⲁⲓ ⲕⲟⲥⲙⲟⲥ ⲉⲩⲉ̀ϩⲓⲧϥ ⲉ̀ⲃⲟⲗ : Ⲟⲩⲟϩ ⲁ̀ⲛⲟⲕ ϩⲱ ⲁⲓϣⲁⲛϭⲓⲥⲓ ⲉ̀ⲃⲟⲗ ϩⲁ ⲡ̀ⲕⲁϩⲓ ⲉⲓⲉ̀ⲥⲉⲕ ⲟⲩⲟⲛ ⲛⲓⲃⲉⲛ ϩⲁⲣⲟⲓ. Ⲫⲁⲓ ⲇⲉ ⲛⲁϥϫⲱ ⲙ̀ⲙⲟϥ ⲉϥ†ⲙⲏⲓⲛⲓ ϫⲉ ϧⲉⲛ ⲁϣ ⲙ̀ⲙⲟⲩ ϥ̀ⲛⲁⲙⲟⲩ : Ⲁϥⲉ̀ⲣⲟⲩⲱ̀ ⲛⲁϥ ⲛ̀ϫⲉ ⲡⲓⲙⲏϣ ⲉϥϫⲱ ⲙ̀ⲙⲟⲥ ϫⲉ ⲁ̀ⲛⲟⲛ ⲁⲛⲥⲱⲧⲉⲙ ⲉ̀ⲃⲟⲗϧⲉⲛ ⲡⲓⲛⲟⲙⲟⲥ ϫⲉ Ⲡⲭ̅ⲥ̅ ϣⲟⲡ ϣⲁ ⲉ̀ⲛⲉϩ : ⲟⲩⲟϩ ⲡⲱⲥ ⲕ̀ϫⲱ ⲙ̀ⲙⲟⲥ ⲛ̀ⲑⲟⲕ ϫⲉ ϩⲱⲧ† ⲡⲉ ⲛ̀ⲧⲟⲩϭⲉⲥ ⲡ̀ϣⲏⲣⲓ ⲙ̀ⲫⲣⲱⲙⲓ : ⲛⲓⲙ ⲡⲉ ⲡ̀ϣⲏⲣⲓ ⲙ̀ⲫⲣⲱⲙⲓ. Ⲡⲉϫⲉ Ⲓⲏ̅ⲥ̅ ⲛⲱⲟⲩ ϫⲉ ⲉ̀ⲧⲓ ⲕⲉ ⲕⲟⲩϫⲓ ⲛ̀ⲥⲛⲟⲩ ⲡⲓⲟⲩⲱⲓⲛⲓ ϧⲉⲛ ⲑⲏⲛⲟⲩ ⲙⲟϣⲓ ⲟⲩⲛ ϧⲉⲛ ⲡⲓⲟⲩⲱⲓⲛⲓ ϩⲱⲥ ⲡⲓⲟⲩⲱⲓⲛⲓ ⲛ̀ⲧⲉⲛⲑⲏⲛⲟⲩ ϩⲓⲛⲁ ⲛ̀ⲧⲉ ϣ̀ⲧⲉⲙ ⲡⲓⲭⲁⲕⲓ ⲧⲁϩⲉ ⲑⲏⲛⲟⲩ ϫⲉ ⲫⲏⲉⲑⲙⲟϣⲓ ϧⲉⲛ ⲡⲓⲭⲁⲕⲓ ⲛ̀ϥⲉⲙⲓ ⲁⲛ ϫⲉ ⲁϥⲙⲟϣⲓ ⲉ̀ⲑⲱⲛ : Ⲭⲟⲥ ⲡⲓⲟⲩⲱⲓⲛⲓ ⲛ̀ⲧⲉⲛ ⲑⲏⲛⲟⲩ ⲛⲁϩ† ⲉ̀ⲡⲓⲟⲩⲱⲓⲛⲓ ϩⲓⲛⲁ ⲛ̀ⲧⲉⲧⲉⲛ ⲉⲣϣⲏⲣⲓ ⲙ̀ⲡⲓⲟⲩⲱⲓⲛⲓ :

Ⲟⲩⲱϣⲧ ⲙ̀ⲡⲓⲉⲩⲁⲅⲅⲉⲗⲓⲟⲛ ⲉ̅ⲑ̅ⲩ̅.

John 12:20-36

A reading from the Holy Gospel according to Saint John

Now there were certain Greeks among those who came up to worship at the feast. Then they came to Philip, who was from Bethsaida of Galilee, and asked him, saying, "Sir, we wish to see Jesus." Philip came and told Andrew, and in turn Andrew and Philip told Jesus. But Jesus answered them, saying, "The hour has come that the Son of Man should be glorified. Most assuredly, I say to you, unless a grain of wheat falls into the ground and dies, it remains alone; but if it dies, it produces much grain. He who loves his life will lose it, and he who hates his life in this world will keep it for eternal life. If anyone serves Me, let him follow Me; and where I am, there My servant will

يوحنا ١٢: ٢٠ - ٣٦

فصل شريف من إنجيل معلمنا مار يوحنا البشير بركاته علينا آمين.

وَكَانَ أُنَاسٌ يُونَانِيُّونَ مِنَ الَّذِينَ صَعِدُوا لِيَسْجُدُوا فِي الْعِيدِ. فَتَقَدَّمَ هؤُلاَءِ إِلَى فِيلُبُّسَ الَّذِي مِنْ بَيْتِ صَيْدَا الْجَلِيلِ وَسَأَلُوهُ: «يَا سَيِّدُ نُرِيدُ أَنْ نَرَى يَسُوعَ» فَأَتَى فِيلُبُّسُ وَقَالَ لأَنْدَرَاوُسَ ثُمَّ قَالَ أَنْدَرَاوُسُ وَفِيلُبُّسُ لِيَسُوعَ. وَأَمَّا يَسُوعُ فَأَجَابَهُمَا: «قَدْ أَتَتِ السَّاعَةُ لِيَتَمَجَّدَ ابْنُ الإِنْسَانِ. اَلْحَقَّ الْحَقَّ أَقُولُ لَكُمْ: إِنْ لَمْ تَقَعْ حَبَّةُ الْحِنْطَةِ فِي الأَرْضِ وَتَمُتْ فَهِيَ تَبْقَى وَحْدَهَا. وَلَكِنْ إِنْ مَاتَتْ تَأْتِي بِثَمَرٍ كَثِيرٍ. مَنْ يُحِبُّ نَفْسَهُ يُهْلِكُهَا وَمَنْ يُبْغِضُ نَفْسَهُ فِي هَذَا الْعَالَمِ يَحْفَظُهَا إِلَى حَيَاةٍ أَبَدِيَّةٍ. إِنْ كَانَ أَحَدٌ يَخْدِمُنِي فَلْيَتْبَعْنِي

be also.
If anyone serves Me, him My Father will honor." Now My soul is troubled, and what shall I say? "Father, save Me from this hour'? But for this purpose I came to this hour. Father, glorify Your name." Then a voice came from heaven, saying, "I have both glorified it and will glorify it again." Therefore the people who stood by and heard it said that it had thundered. Others said, "An angel has spoken to Him."
Jesus answered and said, "This voice did not come because of Me, but for your sake. Now is the judgment of this world; now the ruler of this world will be cast out. And I, if I am lifted up from the earth, will draw all peoples to Myself."
This He said, signifying by what death He would die. The people answered Him, "We have heard from the law that the Christ remains forever; and how can You say, "The Son of Man must be lifted up'? Who is this Son of Man?"
Then Jesus said to them, "A little while longer the light is with you. Walk while you have the light, lest darkness overtake you; he who walks in darkness does not know where he is going. While you have the light, believe in the light, that you may become sons of light."

Bow down before the Holy Gospel.
Glory be to God forever.

وَحَيْثُ أَكُونُ أَنَا هُنَاكَ أَيْضاً يَكُونُ خَادِمِي. وَإِنْ كَانَ أَحَدٌ يَخْدِمُنِي يُكْرِمُهُ الآبُ. اَلآنَ نَفْسِي قَدِ اضْطَرَبَتْ. وَمَاذَا أَقُولُ؟ أَيُّهَا الآبُ نَجِّنِي مِنْ هَذِهِ السَّاعَةِ. وَلَكِنْ لأَجْلِ هَذَا أَتَيْتُ إِلَى هَذِهِ السَّاعَةِ. أَيُّهَا الآبُ مَجِّدِ اسْمَكَ». فَجَاءَ صَوْتٌ مِنَ السَّمَاءِ: «مَجَّدْتُ وَأُمَجِّدُ أَيْضاً». فَالْجَمْعُ الَّذِي كَانَ وَاقِفاً وَسَمِعَ قَالَ: «قَدْ حَدَثَ رَعْدٌ». وَآخَرُونَ قَالُوا: «قَدْ كَلَّمَهُ مَلاَكٌ». أَجَابَ يَسُوعُ: «لَيْسَ مِنْ أَجْلِي صَارَ هَذَا الصَّوْتُ بَلْ مِنْ أَجْلِكُمْ. اَلآنَ دَيْنُونَةُ هَذَا الْعَالَمِ. اَلآنَ يُطْرَحُ رَئِيسُ هَذَا الْعَالَمِ خَارِجاً. وَأَنَا إِنِ ارْتَفَعْتُ عَنِ الأَرْضِ أَجْذِبُ إِلَيَّ الْجَمِيعَ». قَالَ هَذَا مُشِيراً إِلَى أَيَّةِ مِيتَةٍ كَانَ مُزْمِعاً أَنْ يَمُوتَ. فَأَجَابَهُ الْجَمْعُ: «نَحْنُ سَمِعْنَا مِنَ النَّامُوسِ أَنَّ الْمَسِيحَ يَبْقَى إِلَى الأَبَدِ فَكَيْفَ تَقُولُ أَنْتَ إِنَّهُ يَنْبَغِي أَنْ يَرْتَفِعَ ابْنُ الإِنْسَانِ؟ مَنْ هُوَ هَذَا ابْنُ الإِنْسَانِ؟» فَقَالَ لَهُمْ يَسُوعُ: «النُّورُ مَعَكُمْ زَمَاناً قَلِيلاً بَعْدُ فَسِيرُوا مَا دَامَ لَكُمُ النُّورُ لِئَلاَّ يُدْرِكَكُمُ الظَّلاَمُ. وَالَّذِي يَسِيرُ فِي الظَّلاَمِ لاَ يَعْلَمُ إِلَى أَيْنَ يَذْهَبُ. مَا دَامَ لَكُمُ النُّورُ آمِنُوا بِالنُّورِ لِتَصِيرُوا أَبْنَاءَ النُّورِ».

أسجدوا للإنجيل المقدس.
والمجد لله دائماً.

Commentary

طرح

The Commentary of the First Hour of Eve of Monday of Holy Pascha, may its

طرح الساعة الأولى من ليلة الاثنين من

blessings be with us all. Amen.

People became eager to see the moon's brightness in the eve of the new month. How much more should they long to see Christ our God, the Sun of Righteousness, who shared in walking with them and was found in the likeness of a servant! The Greeks who came to the feast and saw His great glory said to Phillip who was from Bethsaida, "Sir, we would like to see Jesus." Then Phillip came and told Andrew, who in turn told Jesus. Then our Lord Jesus said, "The hour has come when the Son of man will be glorified." By these words He was signifying His life-giving death. When all the multitudes heard His Divine prophesies, they came to Jesus our Savior. He then taught them with parables. "Believe in the light while you have the light so that you may become the children of the light." We believe that He is truly the Light of the Father whom He sent to the world. His divine glory illuminated us, who are sitting in the darkness and the shadow of death. He raised us to the original dignity from the depth of our sins.

البصخة المقدسة بركتها علينا. آمين.

اذا أزهر القمر فى أول الشهر، وأشرقت أشعته على الأرض، يصير سائر الناس فى اشتياق ويشتهون أن يروا بهاءه، فكم بالحرى المسيح الهنا شمس البر، الذى شارك فى المشى مع الناس، ووجد فى شكل العبد؟ ولذلك لما رأى اليونانيون الذين أتوا إلى العيد عظيم مجده قالوا لفيلبس الذى من بيت صيدا: يا سيدنا نريد أن نرى يسوع. فجاء فيلبس وقال لاندراوس، واندراوس جاء وقال ليسوع. فقال ربنا يسوع: قد أتت الساعة لكى يتمجد ابن الإنسان. وابتدأ يرمز بهذا الكلام عن موته المعطى الحياة.

فلما سمع الجمع كله - هؤلاء وأولئك - أقواله الالهية اجابهم المخلص وعلمهم بأمثال: آمنوا بالنور مادام كائناً معكم. لكى تصيروا أبناء النور. نحن أيضاً نؤمن أنه هو بالحقيقة نور الآب الذى أرسله إلى العالم، أضاء علينا بمجد لاهوته نحن الجلوس فى الظلمة وظلال الموت، وأصعدنا إلى العلو الأول من هوّة آثامنا.

Third Hour of Eve of Monday

الساعة الثالثة من ليلة الاثنين

Ⲥⲟⲫⲟⲛⲓⲁⲥ Ⲕⲉⲫ ⲁ̅ : ⲓ̅ⲇ̅ – ⲓ̅ⲏ̅ ⲛⲉⲙ ⲕⲉⲫ ⲃ̅: ⲁ̅ ⲛⲉⲙ ⲃ̅

Ⲉⲃⲟⲗϧⲉⲛ Ⲥⲟⲫⲟⲛⲓⲁⲥ ⲡⲓⲡⲣⲟⲫⲏⲧⲏⲥ: ⲉⲣⲉⲡⲉϥⲥⲙⲟⲩ ⲉⲑⲟⲩⲁⲃ ϣⲱⲡⲓ ⲛⲉⲙⲁⲛ ⲁⲙⲏⲛ ⲉϥϫⲱ ⲙ̀ⲙⲟⲥ.

Ϥϧⲉⲛⲧ ⲛ̀ϫⲉ ⲡⲉϩⲟⲟⲩ ⲙ̀Ⲡ̅ⲟ̅ⲥ̅ ⲡⲓⲛⲓϣϯ : ϥϧⲉⲛⲧ ⲟⲩⲟϩ ϥⲓⲏⲥ ⲉⲙⲁϣⲱ : ⲧⲥⲙⲏ ⲙ̀ⲡⲉϩⲟⲟⲩ ⲙ̀Ⲡ̅ⲟ̅ⲥ̅ ⲥⲉⲛϣⲁϣⲓ ⲟⲩⲟϩ ⲥⲛⲁϣⲧ ⲁⲩⲑⲁϣⲑ ⲉⲥϫⲟⲣ : Ⲟⲩⲉϩⲟⲟⲩ ⲛ̀ⲧⲉ ⲡϫⲱⲛⲧ ⲡⲉ ⲡⲓⲉϩⲟⲟⲩ ⲉⲧⲉⲙ̀ⲙⲁⲩ ⲟⲩⲉϩⲟⲟⲩ ⲛ̀ϩⲟϫϩⲉϫ ⲡⲉ ϩⲓⲁⲛⲁⲅⲕⲏ : ⲟⲩⲉϩⲟⲟⲩ ⲛ̀ⲁⲑⲛⲁⲓ ⲡⲉ ⲛⲉⲙ ⲟⲩⲧⲁⲕⲟ : ⲟⲩⲉϩⲟⲟⲩ ⲛ̀ⲭⲁⲕⲓ ⲡⲉ ⲛⲉⲙ ⲟⲩⲅⲛⲟⲫⲟⲥ : ⲟⲩⲉϩⲟⲟⲩ ⲛ̀ϭⲏⲡⲓ ⲛⲉⲙ ⲟⲩⲛⲓϥ. Ⲟⲩⲉϩⲟⲟⲩ ⲛ̀ⲥⲁⲗⲡⲓⲅⲅⲟⲥ ⲡⲉ ⲛⲉⲙ ϧⲣⲱⲟⲩ ⲉϫⲉⲛ ⲛⲓⲃⲁⲕⲓ ⲉⲧϫⲟⲣ ⲛⲉⲙ ⲉϫⲉⲛ ⲛⲓⲗⲁⲕϩ ⲉⲧϭⲟⲥⲓ. Ⲟⲩⲟϩ ⲉⲓⲉϩⲟϫϩⲉϫ ⲛ̀ⲛⲓⲣⲱⲙⲓ ⲟⲩⲟϩ ⲉⲩⲉⲙⲟϣⲓ ⲙ̀ⲫⲣⲏϯ ⲛ̀ϩⲁⲛⲃⲉⲗⲗⲉⲩ ϫⲉ ⲁⲩⲉⲣⲛⲟⲃⲓ ⲙ̀Ⲡ̅ⲟ̅ⲥ̅ ⲟⲩⲟϩ ⲉϥⲉⲫⲱⲛ ⲙ̀ⲡⲟⲩⲥⲛⲟϥ ⲉⲃⲟⲗ ⲙ̀ⲫⲣⲏⲧ ⲛ̀ⲟⲩⲕⲁϩⲓ ⲟⲩⲟϩ ⲛⲟⲩⲥⲁⲣⲝ ⲙ̀ⲫⲣⲏϯ ⲛ̀ϩⲁⲛϩⲱⲓⲣⲓ : Ⲡⲟⲩϩⲁⲧ ⲛⲉⲙ ⲡⲟⲩⲛⲟⲩⲃ ⲛ̀ⲛⲟⲩϣϫⲉⲙϫⲟⲙ ⲛ̀ⲛⲁϩⲙⲟⲩ ϧⲉⲛ ⲡⲓⲉϩⲟⲟⲩ ⲛ̀ⲧⲉ ⲡϫⲱⲛⲧ ⲙ̀Ⲡ̅ⲟ̅ⲥ̅ ⲟⲩⲟϩ ⲉϥⲉⲙⲟⲩⲛⲕ ⲛ̀ϫⲉ ⲡⲕⲁϩⲓ ⲧⲏⲣϥ ϧⲉⲛ ⲟⲩⲭⲣⲱⲙ ⲛ̀ⲧⲉ ⲡⲉϥⲙⲟϩ ϫⲉ ⲟⲩⲏⲓ ϥⲛⲁⲓⲣⲓ ⲛ̀ⲟⲩϫⲱⲕ ⲛⲉⲙ ⲟⲩⲓⲏⲥ ⲉϫⲉⲛ ⲟⲩⲟⲛ ⲛⲓⲃⲉⲛ ⲉⲧϣⲟⲡ ϩⲓϫⲉⲛ ⲡⲕⲁϩⲓ. Ⲑⲱⲟⲩϯ ⲟⲩⲟϩ ⲛ̀ⲧⲟⲩⲥⲉⲛϩ ⲑⲏⲛⲟⲩ ⲛⲓⲉⲑⲛⲟⲥ ⲛ̀ⲁⲧⲥⲃⲱ ⲙ̀ⲡⲁⲧⲉⲧⲉⲛⲉⲣ ⲙ̀ⲫⲣⲏϯ ⲛ̀ⲟⲩϩⲣⲏⲣⲓ ⲉϣⲁⲥⲥⲓⲛⲓ. Ⲙ̀ⲡⲁⲧⲉϥⲧⲁϩⲉ ⲑⲏⲛⲟⲩ ⲛ̀ϫⲉ ⲡϫⲱⲛⲧ ⲙ̀Ⲡ̅ⲟ̅ⲥ̅ Ⲙ̀ⲡⲁⲧⲉϥⲓ ⲉϫⲉⲛ ⲑⲏⲛⲟⲩ ⲛ̀ϫⲉ ⲡⲓⲙ̀ⲃⲟⲛ ⲛ̀ⲧⲉ ⲡⲉϩⲟⲟⲩ ⲙ̀Ⲡ̅ⲟ̅ⲥ̅ : Ⲕⲱϯ ⲛ̀ⲥⲁ Ⲡ̅ⲟ̅ⲥ̅ ⲛⲏⲧⲏⲣⲟⲩ ⲉⲧⲑⲏⲃⲓⲏⲟⲩⲧ ⲛ̀ⲧⲉ ⲡⲕⲁϩⲓ : ⲁⲣⲓϩⲱⲃ ⲙ̀ⲡϩⲁⲡ ⲟⲩⲟϩ ⲕⲱϯ ⲛ̀ⲥⲁ ϯⲙⲉⲑⲙⲏⲓ : ⲟⲩⲟϩ ⲁⲣⲓ ⲟⲩⲱ ⲙ̀ⲙⲱⲟⲩ : ϩⲟⲡⲱⲥ ⲛ̀ⲧⲟⲩ ⲉⲣϧⲏⲓⲃⲓ ⲉϫⲱⲧⲉⲛ ϧⲉⲛ ⲡⲉϩⲟⲟⲩ ⲙ̀ⲡⲓⲙ̀ⲃⲟⲛ ⲛ̀ⲧⲉ Ⲡ̅ⲟ̅ⲥ̅ :

Ⲟⲩⲱⲟⲩ ⲛ̀ϯⲧⲣⲓⲁⲥ ⲉⲑⲟⲩⲁⲃ ⲡⲉⲛⲛⲟⲩϯ ϣⲁ ⲉⲛⲉϩ ⲛⲉⲙ ϣⲁ ⲉⲛⲉϩ ⲛ̀ⲧⲉ ⲛⲓⲉⲛⲉϩ ⲧⲏⲣⲟⲩ: ⲁⲙⲏⲛ.

Zephaniah 1:14-2:2

A reading from Zephaniah the Prophet may his blessings be with us Amen.

The great day of the LORD is near; It is near and hastens quickly. The noise of the day of the LORD is bitter; There the mighty men shall cry out. That day is a day of wrath, A day of trouble and distress, A day of devastation and desolation, A day of darkness and

صَفَنْيا ١: ١٤ - ١٨ و ٢: ١ و ٢

من صَفَنْيا النبى بركته المقدسة تكون معنا، آمين.

قَرِيبٌ يَوْمُ الرَّبِّ الْعَظِيمِ. قَرِيبٌ وَسَرِيعٌ جِدّاً. صَوْتُ يَوْمِ الرَّبِّ. يَصْرُخُ حِينَئِذٍ الْجَبَّارُ مُرّاً. ذَلِكَ الْيَوْمُ يَوْمُ سَخَطٍ. يَوْمُ ضِيقٍ وَشِدَّةٍ. يَوْمُ خَرَابٍ وَدَمَارٍ. يَوْمُ ظَلاَمٍ وَقَتَامٍ. يَوْمُ سَحَابٍ

gloominess, A day of clouds and thick darkness, A day of trumpet and alarm Against the fortified cities And against the high towers." I will bring distress upon men, And they shall walk like blind men, Because they have sinned against the LORD; Their blood shall be poured out like dust, And their flesh like refuse." Neither their silver nor their gold Shall be able to deliver them In the day of the LORD's wrath; But the whole land shall be devoured By the fire of His jealousy, For He will make speedy riddance Of all those who dwell in the land.

وَضَبَابٍ. يَوْمُ بُوقٍ وَهُتَافٍ عَلَى الْمُدُنِ الْمُحَصَّنَةِ وَعَلَى الشُّرُفِ الرَّفِيعَةِ. [وَأُضَايِقُ النَّاسَ فَيَمْشُونَ كَالْعُمْيِ، لأَنَّهُمْ أَخْطَأُوا إِلَى الرَّبِّ، فَيُسْفَحُ دَمُهُمْ كَالتُّرَابِ وَلَحْمُهُمْ كَالْجِلَّةِ]. لاَ فِضَّتُهُمْ وَلاَ ذَهَبُهُمْ يَسْتَطِيعُ إِنْقَاذَهُمْ فِي يَوْمِ غَضَبِ الرَّبِّ، بَلْ بِنَارِ غَيْرَتِهِ تُؤْكَلُ الأَرْضُ كُلُّهَا، لأَنَّهُ يَصْنَعُ فَنَاءً بَاغِتاً لِكُلِّ سُكَّانِ الأَرْضِ.

Gather yourselves together, yes, gather together, O undesirable nation, Before the decree is issued, Or the day passes like chaff, Before the LORD's fierce anger comes upon you, Before the day of the LORD's anger comes upon you!
Glory be to the Holy Trinity our God unto the age of all ages, Amen.

تَجَمَّعِي وَاجْتَمِعِي يَا أَيَّتُهَا الأُمَّةُ غَيْرُ الْمُسْتَحِيَةِ. قَبْلَ وِلاَدَةِ الْقَضَاءِ. كَالْعُصَافَةِ عَبَرَ الْيَوْمُ. قَبْلَ أَنْ يَأْتِيَ عَلَيْكُمْ حُمُوُّ غَضَبِ الرَّبِّ. قَبْلَ أَنْ يَأْتِيَ عَلَيْكُمْ يَوْمُ سَخَطِ الرَّبِّ.

مجداً للثالوث القدوس الهنا إلى الأبد وإلى أبد الآبدين كلها، آمين.

The Doxology of the Pascha Hour: "Thine is the Power…" on page A5.
تسبحة ساعة البصخة: "لك القوة..." صفحة ٥ فى اخر الكتاب.

Ψαλμος κζ : ι нем β

Ⲛⲟϩⲉⲙ ⲙ̀ⲡⲉⲕⲗⲁⲟⲥ ⲥ̀ⲙⲟⲩ ⲉ̀ⲧⲉⲕⲕ̀ⲗⲏⲣⲟⲛⲟⲙⲓⲁ : ⲁ̀ⲙⲟⲛⲓ ⲙ̀ⲙⲱⲟⲩ ϭⲁⲥⲟⲩ ϣⲁⲉ̀ⲛⲉϩ : Ⲥⲱⲧⲉⲙ Ⲡⲟ̅ⲥ̅ ⲉⲡⲁ̀ϩⲣⲱⲟⲩ ⲛ̀ⲧⲉ ⲡⲁⲧⲱⲃϩ : ϧⲉⲛ ⲡ̀ϫⲓⲛⲧⲁⲧⲱⲃϩ ⲟⲩⲃⲏⲕ : ⲁ̅ⲗ̅

Psalm 28:9 and 2

المزمور ٢٧ : ١٠ و ٢

A Psalm of David the Prophet.

Save Your people, And bless Your inheritance; Shepherd them also, And

من مزامير داود النبى

خلص شعبك بارك ميراثك ارعهم وأرفعهم

bear them up forever. Hear the voice of my supplications When I cry to You. Alleluia.

إلى الابد. استمع يارب صوت تضرعى اذ ابتهل اليك: هلليلويا.

Ⲉⲩⲁⲅⲅⲉⲗⲓⲟⲛ ⲕⲁⲧⲁ Ⲗⲟⲩⲕⲁⲛ Ⲕⲉϥ ⲑ̅ : ⲓ̅ⲏ̅ : ⲕ̅ⲃ̅

Ⲟⲩⲟϩ ⲁⲥϣⲱⲡⲓ ⲉϥⲭⲏ ⲥⲁⲡⲥⲁ ⲙ̀ⲙⲁⲩⲁⲧϥ ⲉϥⲉⲣⲡ̀ⲣⲟⲥⲉⲩⲭⲉⲥⲑⲉ ⲛⲁⲩⲭⲓ ⲛⲉⲙⲁϥ ⲡⲉ ⲛ̀ϫⲉ ⲛⲉϥⲙⲁⲑⲏⲧⲏⲥ ⲟⲩⲟϩ ⲁϥϣⲉⲛⲟⲩ ⲉϥϫⲱ ⲙ̀ⲙⲟⲥ ϫⲉ ⲁ̀ⲣⲉ ⲛⲓⲙⲏϣ ϫⲱ ⲙ̀ⲙⲟⲥ ϫⲉ ⲁ̀ⲛⲟⲕ ⲛⲓⲙ : Ⲛ̀ⲑⲱⲟⲩ ⲇⲉ ⲉⲧⲁⲩⲉ̀ⲣⲟⲩⲱ ⲡⲉϫⲱⲟⲩ ϫⲉ Ⲓⲱⲁⲛⲛⲏⲥ ⲡⲓⲣⲉϥϯⲱⲙⲥ ϩⲁⲛⲕⲉⲭⲱⲟⲩⲛⲓ ⲇⲉ ϫⲉ ⲏ̀ⲗⲓⲁⲥ ϩⲁⲛⲕⲉⲭⲱⲟⲩⲛⲓ ⲇⲉ ϫⲉ ⲟⲩⲡ̀ⲣⲟⲫⲏⲧⲏⲥ ⲛ̀ⲧⲉ ⲛⲓⲁ̀ⲣⲭⲉⲟⲥ ⲡⲉ ⲉ̀ⲧⲁϥⲧⲱⲛϥ. Ⲡⲉϫⲁϥ ⲇⲉ ⲛⲱⲟⲩ ⲛ̀ϫⲉ Ⲓⲏ̅ⲥ ϫⲉ ⲛ̀ⲑⲱⲧⲉⲛ ⲇⲉ ⲁ̀ⲣⲉⲧⲉⲛϫⲱ ⲙ̀ⲙⲟⲥ ϫⲉ ⲁⲛⲟⲕ ⲛⲓⲙ Ⲡⲉⲧⲣⲟⲥ ⲇⲉ ⲉ̀ⲧⲁϥⲉ̀ⲣⲟⲩⲱ ⲡⲉϫⲁϥ ϫⲉ ⲛ̀ⲑⲟⲕ ⲡⲉ Ⲡⲭ̅ⲥ ⲛ̀ⲧⲉ Ⲫϯ : Ⲛ̀ⲑⲟϥ ⲇⲉ ⲉⲧⲁϥ ⲉⲣⲉⲡⲓⲧⲓⲙⲁⲛ ⲛⲱⲟⲩ ⲁϥϩⲟⲛϩⲉⲛ ⲛⲱⲟⲩ ⲉ̀ϣⲧⲉⲙ ϫⲉ ⲫⲁⲓ ⲛ̀ϩ̀ⲗⲓ : Ⲉⲁϥϫⲟⲥ ϫⲉ ϩⲱϯ ⲡⲉ ⲛ̀ⲧⲉ ⲡ̀ϣⲏⲣⲓ ⲙ̀ⲫ̀ⲣⲱⲙⲓ ϭⲓ ⲟⲩⲙⲏϣ ⲛ̀ϧⲓⲥⲓ ⲟⲩⲟϩ ⲛ̀ⲧⲟⲩϣⲟϣϥ ⲛ̀ϫⲉ ⲛⲓ ⲡ̀ⲣⲉⲥⲃⲩⲧⲉⲣⲟⲥ ⲛⲉⲙ ⲛⲓⲁⲣⲭⲏⲉ̀ⲣⲉⲩⲥ ⲛⲉⲙ ⲛⲓⲥⲁϧ ⲟⲩⲟϩ ⲛ̀ⲧⲟⲩϧⲟⲑⲃⲉϥ ⲟⲩⲟϩ ⲛ̀ⲧⲉϥ ⲧⲱⲛϥ ϧⲉⲛ ⲡⲓⲙⲁϩ ϣⲟⲙⲧ ⲛ̀ⲉ̀ϩⲟⲟⲩ.

Ⲟⲩⲱϣⲧ ⲙ̀ⲡⲓⲉⲩⲁⲅⲅⲉⲗⲓⲟⲛ ⲉⲑ̅ⲩ̅.

Luke 9:18-22

A reading from the Holy Gospel according to Saint Luke.

And it happened, as He was alone praying, that His disciples joined Him, and He asked them, saying, "Who do the crowds say that I am?" So they answered and said, "John the Baptist, but some say Elijah; and others say that one of the old prophets has risen again." He said to them, "But who do you say that I am?" Peter answered and said, "The Christ of God." And He strictly warned and commanded them to tell this to no one, saying, "The Son of Man must suffer many things, and be rejected by the elders and chief priests and scribes, and be killed, and be raised the third day."

Bow down before the Holy Gospel.
Glory be to God forever.

لوقا ٩: ١٨ – ٢٢

فصل شريف من إنجيل معلمنا مار لوقا البشير بركاته علينا آمين.

وَفِيمَا هُوَ يُصَلِّي عَلَى انْفِرَادٍ كَانَ التَّلاَمِيذُ مَعَهُ. فَسَأَلَهُمْ: «مَنْ تَقُولُ الْجُمُوعُ إِنِّي أَنَا؟» فَأَجَابُوا: «يُوحَنَّا الْمَعْمَدَانُ. وَآخَرُونَ إِيلِيَّا. وَآخَرُونَ إِنَّ نَبِيّاً مِنَ الْقُدَمَاءِ قَامَ». فَقَالَ لَهُمْ: «وَأَنْتُمْ مَنْ تَقُولُونَ إِنِّي أَنَا؟» فَأَجَابَ بُطْرُسُ: «مَسِيحُ اللهِ». فَانْتَهَرَهُمْ وَأَوْصَى أَنْ لاَ يَقُولُوا ذَلِكَ لأَحَدٍ قَائِلاً: «إِنَّهُ يَنْبَغِي أَنَّ ابْنَ الإِنْسَانِ يَتَأَلَّمُ كَثِيراً وَيُرْفَضُ مِنَ الشُّيُوخِ وَرُؤَسَاءِ الْكَهَنَةِ وَالْكَتَبَةِ وَيُقْتَلُ وَفِي الْيَوْمِ الثَّالِثِ يَقُومُ».

أسجدوا للإنجيل المقدس.
والمجد لله دائماً.

Commentary

The Commentary of the Third Hour of Eve of Monday of Holy Pascha, may its blessings be with us all. Amen.

Our Savior prayed in order to teach us to do likewise. After He finished, He asked His disciples, "Who do the crowds say that I am?" They answered, "John the Baptist, but some say Elijah; others say that one of the old prophets has risen again." At this time our omniscient Lord was testing them. He said to them, "But who do you say that I am?" But Peter answered and said, "The Christ of God."

Then Jesus said, "Blessed are you Peter the solid rock because flesh and blood did not reveal this to you but My Father did, that you may preach it to the world. As for the cursed Jews, they are rejecting Me because of their envy and will deliver Me to death. I shall expose, defame and give them eternal disgrace and shame."

طرح

طرح الساعة الثالثة من ليلة الاثنين من البصخة المقدسة بركتها علينا. آمين.

صلى مخلصنا لكى يعلمنا أن نسهر كل حين فى الصلاة. وبعد أن فرغ سأل تلاميذه قائلاً: ماذا يقول الناس عنى؟ فأجابوه: أن قوماً يقولون أنك أنت القديس يوحنا المعمدان، وآخرون يقولون أنت ايليا أو واحد من الأنبياء الأولين... ان العارف بكل شئ قبل كونه، امتحنهم ثم قال لهم: وأنتم ماذا تقولون؟ فأجاب بطرس وقال: أنت هو المسيح ابن الله الذى أتى إلى العالم حتى يخلّصنا.

طوباك أنت يا بطرس، لأنه ليس لحم ودم أعلن لك هذا، لكن أبى هو الذى أظهره لك لكى تكرز به فى المسكونة. أما اليهود المخالفون فانهم يجحدوننى من أجل حسدهم ويسلموننى إلى الموت. وأنا أشهرهم وأفضحهم وأعطيهم عاراً وخزياً أبدياً.

Sixth Hour of Eve of Monday
الساعة السادسة من ليلة الاثنين

Ιωηλ Κεφ α̅ : ε̅ - ι̅ε̅

Ⲉⲃⲟⲗϧⲉⲛ Ⲓⲱⲏⲗ ⲡⲓⲡ̀ⲣⲟⲫⲏⲧⲏⲥ: ⲉⲣⲉⲡⲉϥⲥ̀ⲙⲟⲩ ⲉ̀ⲑⲟⲩⲁⲃ ϣⲱⲡⲓ ⲛⲉⲙⲁⲛ ⲁ̀ⲙⲏⲛ ⲉϥϫⲱ ⲙ̀ⲙⲟⲥ.

Ⲁⲣⲓⲛⲏⲫⲓⲛ ⲛⲏⲉⲧⲟⲁϧⲓ ⲉ̀ⲃⲟⲗ Ⲁϧⲉⲛ ⲡ̀ⲏⲣⲡ : ⲟⲩⲟϩ ⲣⲓⲙⲓ ⲁ̀ⲣⲓϩⲏⲃⲓ ⲛⲏ ⲧⲏⲣⲟⲩ ⲉⲧⲥⲱ ⲙ̀ⲡⲓⲏⲣⲡ ⲉⲩⲑⲁϧⲓ : ϫⲉ ⲁⲩⲱ̀ⲗⲓ ⲉ̀ⲃⲟⲗ ϧⲉⲛ ⲣⲱⲧⲉⲛ ⲙ̀ⲡⲟⲩⲛⲟϥ ⲛⲉⲙ ⲫ̀ⲣⲁϣⲓ. Ϫⲉ ⲁϥⲓ ⲛ̀ϫⲉ ⲟⲩⲉⲑⲛⲟⲥ ϩⲓϫⲉⲛ ⲡⲕⲁϩⲓ ⲉϥϫⲟⲣ ⲟⲩⲟϩ ⲙ̀ⲙⲟⲛ ⲧⲉϥⲏⲡⲓ ⲛⲉϥϣⲟⲗ ϩⲁⲛϣⲟⲗ ⲙ̀ⲙⲟⲩⲓ ⲛⲉ ⲟⲩⲟϩ ⲛⲉϥⲛⲁϫϩⲓ ϩⲁⲛⲙⲁⲥ ⲙ̀ⲙⲟⲩⲓ ⲛⲉ. Ⲁⲩⲭⲱ ⲛ̀ⲧⲁⲃⲱ ⲛ̀ⲁ̀ⲗⲟⲗⲓ ⲉ̀ⲡⲧⲁⲕⲟ : ⲟⲩⲟϩ ⲧⲁⲃⲱ ⲛ̀ⲕⲉⲛⲧⲉ ⲉⲩⲕⲱϣ : ϧⲉⲛ ⲟⲩϧⲟⲧϧⲉⲧ ⲁⲩϧⲉⲧϧⲱⲧⲥ ⲟⲩⲟϩ ⲁⲩⲃⲉⲣⲃⲱⲣⲥ ⲉ̀ⲃⲟⲗ ⲁⲩⲑ̀ⲣⲟⲩⲟⲩⲃⲁϣ ⲛ̀ϫⲉ ⲛⲉⲥⲕ̀ⲗⲏⲙⲁ. Ⲟⲩⲟϩ ⲥⲉⲛⲁⲉⲣ ϩⲏⲃⲓ ⲉ̀ⲡⲕⲁϩⲓ ⲛ̀ϫⲉ ⲛⲓⲟⲩⲱ ⲉϩⲟⲧⲉ ⲟⲩϣⲉⲗⲉⲧ ⲉⲥⲙⲏⲣ ϩⲓϫⲉⲛ ⲧⲉⲥⲁ̀ⲫⲉ ⲉⲥⲉⲣ ϩⲏⲃⲓ ⲉ̀ϫⲉⲛ ⲡⲓϩⲁⲓ ⲛ̀ⲧⲉ ⲧⲉⲥⲙⲉⲧⲡⲁⲣⲑⲉⲛⲟⲥ. Ϫⲉ ⲁⲩⲱ̀ⲗⲓ ⲉ̀ⲃⲟⲗϧⲉⲛ ⲡ̀ⲏⲓ ⲙ̀Ⲡ̅ⲟ̅ⲥ̅ ⲛ̀ⲟⲩϣⲟⲩϣⲱⲟⲩϣ ⲛⲉⲙ ⲟⲩⲱ̀ⲧⲉⲛ ⲉ̀ⲃⲟⲗ : ⲁ̀ⲣⲓϩⲏⲃⲓ ⲛⲓⲟⲩⲏⲃ ⲛⲏⲉⲧ ϣⲉⲙϣⲓ ⲙ̀ⲡⲓⲙⲁⲛⲉⲣϣⲱⲟⲩϣⲓ ϫⲉ ⲁⲩⲉⲣⲧⲁⲗⲉⲡⲱ ⲣⲓⲛ ⲟⲩⲟϩ ⲁⲩⲧⲁⲕⲟ ⲛ̀ϫⲉ ⲛⲓⲙⲉϣϣⲟⲧ : ⲙⲁⲣⲉϥⲉⲣϩⲏⲃⲓ ⲛ̀ϫⲉ ⲡ̀ⲕⲁϩⲓ ϫⲉ ⲁϥⲉⲣⲧⲁⲗⲉⲡⲱⲣⲓⲛ ⲛ̀ϫⲉ ⲛⲓⲥⲟⲩⲟ ⲟⲩⲟϩ ⲁϥϣⲱⲟⲩⲓ ⲛ̀ϫⲉ ⲛⲓⲏⲣⲡ : ⲁϥⲉⲣⲕⲟⲩϫⲓ ⲛ̀ϫⲉ ⲡⲓⲛⲉϩ. ⲁϥϣⲱⲟⲩⲓ Ⲁⲣⲓϩⲏⲃⲓ ⲛⲓⲟⲩⲱⲓ ϧⲉⲛ ⲛⲓⲕ̀ⲧⲏⲥⲓⲥ ⲉ̀ϫⲉⲛ ⲡⲓⲥⲟⲩⲟ ⲛⲉⲙ ⲡⲓⲓⲱⲧ ϫⲉ ⲁϥⲧⲁⲕⲟ ⲛ̀ϫⲉ ⲡⲓϭⲱⲗ ϧⲉⲛ ⲧ̀ⲕⲟⲓ : ⲁⲥϣⲱⲟⲩⲓ ⲛ̀ϫⲉ ϯⲃⲱ ⲛ̀ⲁ̀ⲗⲟⲗⲓ : ⲟⲩⲟϩ ⲁⲥⲉⲣⲕⲟⲩϫⲓ ⲛ̀ϫⲉ ϯⲃⲱ ⲛⲕⲉⲛⲧⲉ : ϯⲃⲱ ⲛ̀ⲉⲣⲙⲁⲛ ⲛⲉⲙ ϯⲃⲉⲛⲓ ⲛⲉⲙ ϯⲃⲱ ⲛ̀ϫⲉⲙⲫⲉϩ ⲛⲉⲙ ⲛⲓϣϣⲏⲛ ⲧⲏⲣⲟⲩ ⲛ̀ⲧⲉ ⲧⲕⲟⲓ ⲉⲩⲉ̀ϣⲱⲟⲩⲓ : ⲉⲑⲃⲉ ϫⲉ ⲁⲩϯϣⲱϣ ⲙ̀ⲫ̀ⲣⲁϣⲓ ⲛ̀ϫⲉ ⲛⲓϣⲏⲣⲓ ⲛ̀ⲧⲉ ⲛⲓⲣⲱⲙⲓ. Ⲙⲉⲣⲑⲏⲛⲟⲩ ⲛ̀ϩⲁⲛ ⲥⲟⲕ ⲟⲩⲟϩ ⲛⲉϩⲡⲓ ⲛⲓⲟⲩϭⲏⲃ. Ⲁⲣⲓϩⲏⲃⲓ ⲛⲏⲉⲧϣⲉⲙϣⲓ ⲙ̀ⲡⲓⲙⲁⲛⲙⲁϣⲉⲛⲱⲧⲉⲛ ⲉ̀ϧⲟⲩⲛ ⲉⲛⲕⲟⲧ ϧⲉⲛ ϩⲁⲛⲥⲟⲕ ⲛⲏⲉⲧϣⲉⲙϣⲓ ⲙ̀Ⲫϯ ϫⲉ ⲁϥⲕⲏⲛ ⲉ̀ⲃⲟⲗϧⲉⲛ ⲡ̀ⲏⲓ ⲙ̀Ⲡ̅ⲟ̅ⲥ̅ ⲡⲉⲧⲉⲛⲛⲟⲩϯ ⲛ̀ϫⲉ ⲟⲩϣⲟⲩϣⲱⲟⲩϣⲓ ⲛⲉⲙ ⲟⲩⲱ̀ⲧⲉⲛ ⲉ̀ⲃⲟⲗ Ⲙⲁⲧⲟⲩⲃⲟ ⲛ̀ⲟⲩⲛⲏⲥⲧⲓⲁ̀ ⲟⲩⲟϩ ϩⲓⲱⲓϣ ⲛ̀ⲟⲩϣⲉⲙϣⲓ. ⲑⲱⲟⲩϯ ⲛⲓⲡ̀ⲣⲉⲥⲃⲩⲧⲉⲣⲟⲥ ⲧⲏⲣⲟⲩ ⲉⲧϣⲟⲡ ϩⲓϫⲉⲛ ⲡ̀ⲕⲁϩⲓ ⲉ̀ϧⲟⲩⲛ ⲉ̀ⲡⲏⲓ ⲙ̀Ⲡ̅ⲟ̅ⲥ̅ ⲡⲉⲧⲉⲛⲛⲟⲩϯ ⲟⲩⲟϩ ⲱϣ ⲉ̀ϩ̀ⲣⲏⲓ ϩⲁ Ⲡ̅ⲟ̅ⲥ̅ ⲡⲉⲧⲉⲛⲛⲟⲩϯ ⲉ̀ⲙⲁϣⲱ. Ϫⲉ ⲟⲩⲟⲓ ⲛⲏⲓ ⲟⲩⲟⲓ ⲛⲏⲓ ⲟⲩⲟⲓ ⲛⲏⲓ ϫⲉ ϥ̀ϧⲉⲛⲧ ⲛ̀ϫⲉ ⲡ̀ⲉϩⲟⲟⲩ ⲙ̀Ⲡ̅ⲟ̅ⲥ̅ ϥ̀ⲛⲏⲟⲩ ⲙ̀ⲫ̀ⲣⲏϯ ⲛ̀ⲟⲩⲧⲁⲗⲉⲡⲱⲣⲓⲁ̀ :

Ⲟⲩⲱ̀ⲟⲩ ⲛ̀ϯⲧ̀ⲣⲓⲁⲥ ⲉ̀ⲑⲟⲩⲁⲃ ⲡⲉⲛⲛⲟⲩϯ ϣⲁ ⲉ̀ⲛⲉϩ ⲛⲉⲙ ϣⲁ ⲉ̀ⲛⲉϩ ⲛ̀ⲧⲉ ⲛⲓⲉ̀ⲛⲉϩ ⲧⲏⲣⲟⲩ: ⲁ̀ⲙⲏⲛ.

Joel 1:5-15

A reading from Joel the Prophet may his blessings be with us Amen.

Awake, you drunkards, and weep; And wail, all you drinkers of wine, Because

يوئيل ١: ٥ - ١٥

من يوئيل النبى بركته المقدسة تكون معنا، آمين.

اِصْحُوا أَيُّهَا السَّكَارَى وَابْكُوا وَوَلْوِلُوا يَا جَمِيعَ

شَارِبِي الْخَمْرِ عَلَى الْعَصِيرِ لأَنَّهُ انْقَطَعَ عَنْ أَفْوَاهِكُمْ. إِذْ قَدْ صَعِدَتْ عَلَى أَرْضِي أُمَّةٌ قَوِيَّةٌ بِلاَ عَدَدٍ أَسْنَانُهَا أَسْنَانُ الأَسَدِ وَلَهَا أَضْرَاسُ اللَّبْوَةِ. جَعَلَتْ كَرْمَتِي خَرِبَةً وَتِينَتِي مُتَهَشِّمَةً. قَدْ قَشَرَتْهَا وَطَرَحَتْهَا فَابْيَضَّتْ قُضْبَانُهَا. نُوحِي يَا أَرْضِي كَعَرُوسٍ مُؤْتَزِرَةٍ بِمِسْحٍ مِنْ أَجْلِ بَعْلِ صِبَاهَا. انْقَطَعَتِ التَّقْدِمَةُ وَالسَّكِيبُ عَنْ بَيْتِ الرَّبِّ. نَاحَتِ الْكَهَنَةُ خُدَّامُ الرَّبِّ. تَلِفَ الْحَقْلُ نَاحَتِ الأَرْضُ لأَنَّهُ قَدْ تَلِفَ الْقَمْحُ جَفَّ الْمِسْطَارُ ذَبُلَ الزَّيْتُ. خَجِلَ الْفَلاَّحُونَ. وَلْوِلْ الْكَرَّامُونَ عَلَى الْحِنْطَةِ وَعَلَى الشَّعِيرِ لأَنَّهُ قَدْ تَلِفَ حَصِيدُ الْحَقْلِ. اَلْجَفْنَةُ يَبِسَتْ وَالتِّينَةُ ذَبُلَتْ. الرُّمَّانَةُ وَالنَّخْلَةُ وَالتُّفَّاحَةُ كُلُّ أَشْجَارِ الْحَقْلِ يَبِسَتْ. إِنَّهُ قَدْ يَبِسَتِ الْبَهْجَةُ مِنْ بَنِي الْبَشَرِ. تَنَطَّقُوا وَنُوحُوا أَيُّهَا الْكَهَنَةُ. وَلْوِلُوا يَا خُدَّامَ الْمَذْبَحِ. ادْخُلُوا بِيتُوا بِالْمُسُوحِ يَا خُدَّامَ إِلَهِي لأَنَّهُ قَدِ امْتَنَعَ عَنْ بَيْتِ إِلَهِكُمُ التَّقْدِمَةُ وَالسَّكِيبُ. قَدِّسُوا صَوْماً. نَادُوا بِاعْتِكَافٍ. اجْمَعُوا الشُّيُوخَ جَمِيعَ سُكَّانِ الأَرْضِ إِلَى بَيْتِ الرَّبِّ إِلَهِكُمْ وَاصْرُخُوا إِلَى الرَّبِّ. آهِ عَلَى الْيَوْمِ لأَنَّ يَوْمَ الرَّبِّ قَرِيبٌ. يَأْتِي كَخَرَابٍ مِنَ الْقَادِرِ عَلَى كُلِّ شَيْءٍ.

مجداً للثالوث القدوس الهنا إلى الأبد وإلى أبد الآبدين كلها، آمين.

of the new wine, For it has been cut off from your mouth. For a nation has come up against My land, Strong, and without number; His teeth are the teeth of a lion, And he has the fangs of a fierce lion. He has laid waste My vine, And ruined My fig tree; He has stripped it bare and thrown it away; Its branches are made white. Lament like a virgin girded with sackcloth For the husband of her youth. The grain offering and the drink offering Have been cut off from the house of the LORD; The priests mourn, who minister to the LORD. The field is wasted, The land mourns; For the grain is ruined, The new wine is dried up, The oil fails. Be ashamed, you farmers, Wail, you vinedressers, For the wheat and the barley; Because the harvest of the field has perished. The vine has dried up, And the fig tree has withered; The pomegranate tree, The palm tree also, And the apple tree All the trees of the field are withered; Surely joy has withered away from the sons of men. Gird yourselves and lament, you priests; Wail, you who minister before the altar; Come, lie all night in sackcloth, You who minister to my God; For the grain offering and the drink offering Are withheld from the house of your God. Consecrate a fast, Call a sacred assembly; Gather the elders And all the inhabitants of the land Into the house of the LORD your God, And cry out to the LORD. Alas for the day! For the day of the LORD is at hand; It shall come as destruction from the Almighty.

Glory be to the Holy Trinity our God unto

the age of all ages, Amen.

The Doxology of the Pascha Hour: "Thine is the Power…" on page A5.
تسبحة ساعة البصخة: "لك القوة..." صفحة ٥ فى اخر الكتاب.

Ⲯⲁⲗⲙⲟⲥ ⲕ̅ⲏ̅ : ⲁ̅ ⲛⲉⲙ ⲃ̅

Ⲁⲛⲓⲟⲩⲓ ⲙ̀Ⲡ̅ⲟ̅ⲥ̅ ⲛⲓϣⲏⲣⲓ ⲛ̀ⲧⲉ Ⲫϯ : ⲁ̀ⲛⲓⲟⲩⲓ ⲙ̀Ⲡ̅ⲟ̅ⲥ̅ ⲛ̀ϩⲁⲛϣⲏⲣⲓ ⲛ̀ⲱⲓⲗⲓ : ⲁ̀ⲛⲓⲟⲩⲓ ⲙ̀Ⲡ̅ⲟ̅ⲥ̅ ⲛ̀ⲟⲩⲱ̀ⲟⲩ ⲛⲉⲙ ⲟⲩⲧⲁⲓⲟ : Ⲁⲛⲓⲟⲩⲓ ⲙ̀Ⲡ̅ⲟ̅ⲥ̅ ⲛ̀ⲟⲩⲱⲟⲩ ⲙ̀ⲡⲉϥⲣⲁⲛ ⲟⲩⲱϣⲧ ⲙ̀Ⲡ̅ⲟ̅ⲥ̅ ϧⲉⲛ ⲧⲉϥⲁⲩ̀ⲗⲏ ⲉ̀ⲑⲟⲩⲁⲃ : ⲁ̅ⲗ̅.

Psalm 29:1,2 — المزمور ٢٨: ١و٢

A Psalm of David the Prophet.

Give unto the Lord, O you mighty ones, Give unto the Lord glory and strength. Give unto the Lord the glory due to His name; Worship the Lord in the beauty of holiness. Alleulia.

من مزامير داود النبى

قدموا للرب يا أبناء الله. قدموا للرب أبناء الكباش. قدموا للرب مجداً وكرامة. قدموا للرب مجداً لاسمه. أسجدوا للرب فى دار قدسه: هلليلويا.

Ⲉⲩⲁⲅⲅⲉⲗⲓⲟⲛ ⲕⲁⲧⲁ Ⲙⲁⲣⲕⲟⲛ Ⲕⲉⲫ ⲓ̅ : ⲗ̅ⲃ̅ - ⲗ̅ⲇ̅

Ⲛⲁⲩϩⲓ ⲫⲙⲱⲓⲧ ⲇⲉ ⲡⲉⲉⲩⲛⲏⲟⲩ Ⲉϩⲣⲏⲓ ⲉⲓ̅ⲗ̅ⲏ̅ⲙ̅ ⲟⲩⲟϩ ⲛⲁϥⲙⲟϣⲓ ϧⲁϫⲱⲟⲩ ⲛ̀ϫⲉ Ⲓ̅ⲏ̅ⲥ̅ ⲟⲩⲟϩ ⲛⲁⲩⲉⲣϩⲟϯ : ⲛⲏ ⲇⲉ ⲉ̀ⲛⲁⲩⲉⲣ ⲁⲕⲟⲗⲟⲩⲑⲓⲛ ⲛⲁⲩⲉⲣϩⲟϯ ⲟⲩⲟϩ ⲡⲁⲗⲓⲛ ⲁϥⲓ̀ⲛ ⲙ̀ⲡⲓⲙⲏⲧ ⲥ̀ⲛⲁⲩ ⲉ̀ⲧⲟⲧϥ ⲁϥⲉⲣϩⲏⲧⲥ ⲛ̀ϫⲉ ⲛⲏⲉ ⲉⲑⲛⲁϣⲱⲡⲓ ⲙ̀ⲙⲟϥ ⲛⲱⲟⲩ.

Ϫⲉ ϩⲏⲡⲡⲉ ⲧⲉⲛⲛⲁϣⲉⲛⲁⲛ ⲉ̀ϩⲣⲏⲓ ⲉ̀ⲓ̅ⲗ̅ⲏ̅ⲙ̅ ⲟⲩⲟϩ ⲡ̀ϣⲏⲣⲓ ⲙ̀ⲫ̀ⲣⲱⲙⲓ ⲥⲉⲛⲁⲧⲏⲓϥ ⲛ̀ⲛⲓⲁⲣⲭⲏⲉⲣⲉⲩⲥ ⲛⲉⲙ ⲛⲓⲥⲁϧ ⲟⲩⲟϩ ⲥⲉⲛⲁϯϩⲁⲡ ⲉ̀ⲣⲟϥ ⲙ̀ⲫⲙⲟⲩ ⲟⲩⲟϩ ⲥⲉⲛⲁⲧⲏⲓϥ ⲛ̀ⲛⲓⲉⲑⲛⲟⲥ : Ⲟⲩⲟϩ ⲥⲉⲛⲁⲥⲟⲃⲓ ⲙ̀ⲙⲟϥ ⲟⲩⲟϩ ⲥⲉⲛⲁϩⲓⲑⲁϥ ⲉ̀ϧⲟⲩⲛ ⲉ̀ϩⲣⲁϥ ⲟⲩⲟϩ ⲥⲉⲛⲁⲉⲣⲙⲁⲥⲧⲓⲅⲅⲟⲓⲛ ⲙ̀ⲙⲟϥ ⲟⲩⲟϩ ⲥⲉⲛⲁϧⲟⲑⲃⲉϥ ⲟⲩⲟϩ ⲙⲉⲛⲉⲛⲥⲁ ϣⲟⲙⲧ ⲛ̀ⲉ̀ϩⲟⲟⲩ ϥ̀ⲛⲁⲧⲱⲛϥ :

Ⲟⲩⲱϣⲧ ⲙ̀ⲡⲓⲉⲩⲁⲅⲅⲉⲗⲓⲟⲛ ⲉ̅ⲑ̅ⲩ̅.

Mark 10:32-34 — مرقس ١٠: ٣٢ - ٣٤

A reading from the Holy Gospel according to Saint Mark.

Now they were on the road, going up to Jerusalem, and Jesus was going before them; and they were amazed. And as they followed they were afraid. Then He took the twelve aside again and began to tell them the things that would happen to Him: "Behold, we are

فصل شريف من إنجيل معلمنا مار مرقس البشير بركاته علينا آمين.

وَكَانُوا فِي الطَّرِيقِ صَاعِدِينَ إِلَى أُورُشَلِيمَ وَيَتَقَدَّمُهُمْ يَسُوعُ وَكَانُوا يَتَحَيَّرُونَ. وَفِيمَا هُمْ يَتْبَعُونَ كَانُوا يَخَافُونَ. فَأَخَذَ الاِثْنَيْ عَشَرَ أَيْضاً وَابْتَدَأَ يَقُولُ لَهُمْ عَمَّا سَيَحْدُثُ لَهُ: «هَا

going up to Jerusalem, and the Son of Man will be betrayed to the chief priests and to the scribes; and they will condemn Him to death and deliver Him to the Gentiles; and they will mock Him, and scourge Him, and spit on Him, and kill Him. And the third day He will rise again."

نَحْنُ صَاعِدُونَ إِلَى أُورُشَلِيمَ وَابْنُ الإِنْسَانِ يُسَلَّمُ إِلَى رُؤَسَاءِ الْكَهَنَةِ وَالْكَتَبَةِ فَيَحْكُمُونَ عَلَيْهِ بِالْمَوْتِ وَيُسَلِّمُونَهُ إِلَى الأُمَمِ فَيَهْزَأُونَ بِهِ وَيَجْلِدُونَهُ وَيَتْفُلُونَ عَلَيْهِ وَيَقْتُلُونَهُ وَفِي الْيَوْمِ الثَّالِثِ يَقُومُ».

Bow down before the Holy Gospel.
Glory be to God forever.

أسجدوا للإنجيل المقدس.
والمجد لله دائماً.

Commentary

The Commentary of the Sixth Hour of Eve of Monday of Holy Pascha, may its blessings be with us all. Amen.

While our Lord and His disciples were on their way to Jerusalem, the twelve apostles came to Him and He started to tell them about the sufferings that will come upon him. He said, "Behold, you the chosen and pure, we are going up to Jerusalem. The chief priests, elders and scribes of the Jews will rise together against the Son of Man. They shall condemn Him to death and deliver Him to the Gentiles. They shall mock and scourge Him and on the third day He shall rise again." Poor Israel, how dare you do that in your ignorance and crucify Jesus Christ, Who saved you from slavery. You rewarded charity with evil. That is why your sins remain forever.

طرح

طرح الساعة السادسة من ليلة الاثنين من البصخة المقدسة بركتها علينا. آمين.

وفيما كان المسيح الهنا وتلاميذه صاعدين إلى أورشليم أتى إليه الاثنا عشر رسولاً، تلاميذه القديسون، وابتدأ يتكلم معهم بما سيكون له بسبب آلامه قائلاً: "اعلموا أيها الاصفياء الأطهار، هوذا نحن صاعدون إلى أورشليم، وسوف يقوم رؤساء كهنة اليهود وشيوخهم وكتبتهم معا على ابن الإنسان، ويحكمون عليه بحكم الموت ويسلمونه إلى الامم، فيهزأون ويبصقون فى وجهه ويصلبونه على خشبة الصليب، ويقوم فى اليوم الثالث".

كيف تجاسرت يا إسرائيل المسكين وفعلت هذا الأمر بجهلك؟ وصلبت يسوع المسيح الذى أنقذك من العبودية! وجازيت الإحسان بالإساءة؟! من أجل ذلك خطيتك باقية إلى كمال الدهور.

Ninth Hour of Eve of Monday
الساعة التاسعة من ليلة الاثنين

Ⲙⲓⲭⲉⲁⲥ Ⲕⲉⲫ ⲃ̅ : ⲋ̅ - ⲓ̅

Ⲉⲃⲟⲗϧⲉⲛ Ⲙⲓⲭⲉⲁⲥ ⲡⲓⲡⲣⲟⲫⲏⲧⲏⲥ: ⲉⲣⲉⲡⲉϥⲥ̀ⲙⲟⲩ ⲉ̀ⲑⲟⲩⲁⲃ ϣⲱⲡⲓ ⲛⲉⲙⲁⲛ ⲁ̀ⲙⲏⲛ ⲉϥϫⲱ ⲙ̀ⲙⲟⲥ.

Ⲉⲑⲃⲉ ⲫⲁⲓ ⲛⲁⲓ ⲛⲉ ⲛⲏ ⲉⲧⲉϥ Ϫⲱ ⲙ̀ⲙⲱⲟⲩ ⲛ̀ϫⲉ Ⲡ̅ⲟ̅ⲥ̅ ϫⲉ ϩⲏⲡⲡⲉ ⲁ̀ⲛⲟⲕ ϯⲛⲁⲙⲟⲕⲙⲉⲕ ⲉ̀ϩⲁⲛ ⲡⲉⲧϩⲱⲟⲩ ⲉ̀ϫⲉⲛ ⲧⲁⲓ ⲫⲩⲗⲏ : ⲛⲁⲓ ⲉ̀ⲧⲉⲧⲉⲛⲛⲁϣ̀ⲱⲗⲓ ⲁⲛ ⲛ̀ⲛⲉⲧⲉⲛⲙⲟϯ ⲉ̀ⲃⲟⲗ ⲛ̀ϧⲏⲧⲟⲩ : ⲟⲩⲟϩ ⲛ̀ⲛⲉⲧⲉⲛⲙⲟϣⲓ ⲉ̀ⲣⲉⲧⲉⲛⲥⲟⲩⲧⲱⲛ ⲛ̀ⲟⲩϩⲟϯ ϧⲉⲛ ⲟⲩϩⲟϯ : ϫⲉ ⲟⲩⲥⲏⲟⲩ ⲉϥϩⲱⲟⲩ ⲡⲉ. ϧⲉⲛ ⲡⲓⲉ̀ϩⲟⲟⲩ ⲉⲧⲉ̀ⲙⲙⲁⲩ ⲉⲩⲉ̀ϭⲓ ⲛ̀ⲟⲩⲡⲁⲣⲁⲃⲟⲗⲏ ⲉ̀ϫⲉⲛ ⲑⲏⲛⲟⲩ : ⲟⲩⲟϩ ⲉⲩⲉ̀ⲉⲣϩⲏⲃⲓ ⲛ̀ⲟⲩϩⲏⲃⲓ ϧⲉⲛ ⲟⲩϩⲱⲥ ⲉⲩϫⲱ ⲙ̀ⲙⲟⲥ : ϫⲉ ϧⲉⲛ ⲟⲩⲧⲁⲗⲉⲡⲱⲣⲓⲁ̀ ⲁⲥⲉⲣⲧⲁⲗⲉⲡⲱⲣⲓⲛ : ⲧ̀ⲧⲟⲓ̀ⲙ̀ⲡⲁⲗⲗⲁⲟⲥ ⲁⲩⲣⲁϣⲥ ⲙ̀ⲫⲛⲟϩ ⲟⲩⲟϩ ⲛⲉ ⲙ̀ⲙⲟⲛ ⲡⲉⲧϣⲱϣ ⲙ̀ⲙⲟϥ ⲡⲉ ⲉⲑⲣⲉϥⲧⲁⲥⲑⲟ : Ⲛⲉⲧⲉⲛ ⲓⲟϩⲓ ⲁⲩⲣⲁϣⲟⲩ : ⲛⲉⲧⲉⲛ ⲙⲉϣϣⲟϯ ⲁⲩⲫⲁϣⲟⲩ : ⲉⲑⲃⲉ ⲫⲁⲓ ⲛ̀ⲛⲉϥϣⲱⲡⲓ ⲛⲁⲕ ⲛ̀ϫⲉ ⲫⲏⲉⲑⲛⲁϩⲓⲟⲩⲓ ⲛ̀ⲟⲩⲛⲟϩ ϧⲉⲛ ⲟⲩⲕ̀ⲗⲏⲣⲟⲥ. Ⲙ̀ⲡⲉⲣⲣⲓⲙⲓ ϧⲉⲛ ϩⲁⲛ ⲉⲣⲙⲱⲟⲩⲓ ϧⲉⲛ ϯⲉⲕⲕ̀ⲗⲏⲥⲓⲁ̀ ⲛ̀ⲧⲉⲟ̅ⲥ̅ Ⲡ̅ⲟ̅ⲥ̅ : ⲟⲩⲇⲉ ⲙ̀ⲡⲉⲛ ⲑ̀ⲣⲟⲩⲧⲁⲟⲩⲟ ⲉⲣⲙⲏ ⲉ̀ⲃⲟⲗ ⲉ̀ϫⲉⲛ ⲫⲁⲓ : ⲟⲩ ⲅⲁⲣ ⲛ̀ⲛⲉϥϫⲱ ⲙ̀ⲡϣⲱϣ ⲛ̀ⲥⲱϥ ⲛ̀ϫⲉ ⲫⲏⲉⲧϫⲱ ⲙ̀ⲙⲟⲥ : Ⲡⲏⲓ ⲛ̀Ⲓⲁⲕⲱⲃ ⲁϥϯϫⲱⲛⲧ ⲙ̀ⲡⲓⲡ̅ⲛ̅ⲁ̅ ⲛ̀ⲧⲉ Ⲡ̅ⲟ̅ⲥ̅ : ⲙⲏ ⲛⲁⲓ ⲁⲛ ⲛⲉ ⲛⲉϥ ϩ̀ⲃⲏⲟⲩⲓ ⲉⲧϣⲟⲡ ⲛⲁϥ : ⲙⲏ ⲛⲉϥ ⲥⲁϫⲓ ⲛⲁⲛⲉⲩ ⲛⲁϥ ⲁⲛ ⲟⲩⲟϩ ⲁⲩⲙⲟϣⲓ ⲉⲩⲥⲟⲩⲧⲱⲛ : Ⲟⲩⲟϩ ⲁϥⲟϩⲓ ⲉ̀ⲣⲁⲧϥ ϩⲓⲧϩⲏ ⲛ̀ϫⲉ ⲡⲁⲗⲁⲟⲥ ⲉⲩⲙⲉⲧϫⲁϫⲓ ⲟⲩⲃⲉ ⲧⲉϥϩⲓⲣⲏⲛⲏ : ⲡⲉϥϣⲁⲣ ⲁⲩⲣⲁϧⲧϥ ⲉ̀ⲡϫⲓⲛⲱ̀ⲗⲓ ⲛ̀ⲟⲩϩⲉⲗⲡⲓⲥ ⲛ̀ⲟⲩϧⲟⲙϧⲉⲙ ⲛ̀ⲧⲉ ⲟⲩⲡⲟⲗⲉⲙⲟⲥ. Ⲉⲑⲃⲉ ⲫⲁⲓ ⲛⲓϩⲏⲅⲟⲩⲙⲉⲛⲟⲥ ⲛ̀ⲧⲉ ⲡⲁⲗⲁⲟⲥ ⲉⲩⲉ̀ϩⲓⲧⲟⲩ ⲉ̀ⲃⲟⲗ ϧⲉⲛ ⲛⲓⲏⲓ ⲛ̀ⲧⲉ ⲡⲟⲩⲛⲟϥ ⲉⲑⲃⲉ ⲛⲟⲩϩ̀ⲃⲏⲟⲩⲓ ⲉⲧϩⲱⲟⲩ ⲁⲩϩⲓⲧⲟⲩ ⲉ̀ⲃⲟⲗ. : ⲱⲛⲧ ⲉ̀ϩⲁⲛⲧⲱⲟⲩ ⲛ̀ⲉ̀ⲛⲉϩ : ⲧⲱⲛⲕ ⲙⲁϣⲉⲛⲁⲕ ϫⲉ ⲫⲁⲓ ⲡⲉ ⲡⲉⲕⲙ̀ⲧⲟⲛ ⲁⲛ ⲉ̀ⲣⲉⲧⲉⲛ ⲉ̀ⲧⲁⲕⲟ ϧⲉⲛ ⲟⲩⲧⲁⲕⲟ ⲉⲑⲃⲉ ⲟⲩϭⲱϧⲉⲙ. ⲁ̀ⲣⲉⲧⲉⲛ ⲫⲱⲧ ⲙ̀ⲙⲟⲛ ⲫⲏⲉⲧϭⲟϫⲓ ⲛ̀ⲥⲁ ⲑⲏⲛⲟⲩ.

Ⲟⲩⲱ̀ⲟⲩ ⲛ̀ϯⲧ̀ⲣⲓⲁⲥ ⲉ̀ⲑⲟⲩⲁⲃ ⲡⲉⲛⲛⲟⲩϯ ϣⲁ ⲉ̀ⲛⲉϩ ⲛⲉⲙ ϣⲁ ⲉ̀ⲛⲉϩ ⲛ̀ⲧⲉ ⲛⲓⲉ̀ⲛⲉϩ ⲧⲏⲣⲟⲩ: ⲁ̀ⲙⲏⲛ.

Micah 2:3-10

A reading from Micah the Prophet may his blessings be with us Amen.

Therefore thus says the LORD: "Behold, against this family I am devising disaster, From which you cannot remove your necks; Nor shall you walk haughtily, For this is an evil time. In that day one shall take up a proverb against you, And lament with a bitter

ميخا ٢: ٣ – ١٠

من ميخا النبى بركته المقدسة تكون معنا، آمين.

لِذَلِكَ هَكَذَا قَالَ الرَّبُّ: «هَئَنَذَا أَفْتَكِرُ عَلَى هَذِهِ الْعَشِيرَةِ بِشَرٍّ لاَ تُزِيلُونَ مِنْهُ أَعْنَاقَكُمْ وَلاَ تَسْلُكُونَ بِالتَّشَامُخِ لأَنَّهُ زَمَانٌ رَدِيءٌ. «فِي ذَلِكَ الْيَوْمِ يُنْطَقُ عَلَيْكُمْ بِهَجْوٍ وَيُرْثَى بِمَرْثَاةٍ وَيُقَالُ: خَرِبْنَا خَرَاباً. بَدَلَ نَصِيبِ شَعْبِي.

lamentation, saying: "We are utterly destroyed! He has changed the heritage of my people; How He has removed it from me! To a turncoat He has divided our fields." '
Therefore you will have no one to determine boundaries by lot In the assembly of the LORD." Do not prattle," you say to those who prophesy. So they shall not prophesy to you; They shall not return insult for insult. You who are named the house of Jacob: "Is the Spirit of the LORD restricted? Are these His doings? Do not My words do good To him who walks uprightly? "Lately My people have risen up as an enemy You pull off the robe with the garment From those who trust you, as they pass by, Like men returned from war. The women of My people you cast out From their pleasant houses; From their children You have taken away My glory forever." Arise and depart, For this is not your rest; Because it is defiled, it shall destroy, Yes, with utter destruction.
Glory be to the Holy Trinity our God unto the age of all ages, Amen.

كَيْفَ يَنْزِعُهُ عَنِّي؟ يَقْسِمُ لِلْمُرْتَدِّ حُقُولَنَا». لِذَلِكَ لاَ يَكُونُ لَكَ مَنْ يُلْقِي حَبْلاً فِي نَصِيبٍ بَيْنَ جَمَاعَةِ الرَّبِّ. يَتَنَبَّأُونَ قَائِلِينَ: «لاَ تَتَنَبَّأُوا». لاَ يَتَنَبَّأُونَ عَنْ هَذِهِ الأُمُورِ. لاَ يَزُولُ الْعَارُ. أَيُّهَا الْمُسَمَّى بَيْتَ يَعْقُوبَ هَلْ قَصُرَتْ رُوحُ الرَّبِّ؟ أَهَذِهِ أَفْعَالُهُ؟ «أَلَيْسَتْ أَقْوَالِي صَالِحَةً نَحْوَ مَنْ يَسْلُكُ بِالاِسْتِقَامَةِ؟ وَلَكِنْ بِالأَمْسِ قَامَ شَعْبِي كَعَدُوٍّ. تَنْزِعُونَ الرِّدَاءَ عَنِ الثَّوْبِ مِنَ الْمُجْتَازِينَ بِالطُّمَأْنِينَةِ وَمِنَ الرَّاجِعِينَ مِنَ الْقِتَالِ. تَطْرُدُونَ نِسَاءَ شَعْبِي مِنْ بَيْتِ تَنَعُّمِهِنَّ. تَأْخُذُونَ عَنْ أَطْفَالِهِنَّ زِينَتِي إِلَى الأَبَدِ. «قُومُوا وَاذْهَبُوا لأَنَّهُ لَيْسَتْ هَذِهِ هِيَ الرَّاحَةَ. مِنْ أَجْلِ نَجَاسَةٍ تُهْلِكُ وَالْهَلاَكُ شَدِيدٌ.
مجداً للثالوث القدوس الهنا إلى الأبد وإلى أبد الآبدين كلها، آمين.

The Doxology of the Pascha Hour: "Thine is the Power…" on page A5.
تسبحة ساعة البصخة: "لك القوة..." صفحة ٥ فى اخر الكتاب.

Ψαλμος ιϛ̄ : ϛ̄ νεμ ā

Ⲁⲛⲟⲕ ⲁⲓⲱϣ ⲉ̀ⲃⲟⲗ Ⲭⲉ ⲁⲕⲥⲱⲧⲉⲙ ⲉ̀ⲣⲟⲓ : ⲣⲉⲕ ⲡⲉⲕⲙⲁϣϫ ⲉ̀ⲣⲟⲓ ⲟⲩⲟϩ ⲥⲱⲧⲉⲙ ⲉ̀ⲛⲁⲥⲁϫⲓ : Ϭⲓ̀ⲥⲙⲏ Ⲫϯ ⲉ̀ⲧⲁⲙⲉⲑⲙⲏⲓ : ⲟⲩⲟϩ ⲙⲁϩⲑⲏⲕ ⲉ̀ⲡⲁϯϩⲟ : ⲁ̅ⲗ̅.

Psalm 17:6 and 1 — المزمور ١٦: ٦ و ١

A Psalm of David the Prophet.

من مزامير داود النبى

I have called upon You, for You will hear me, O God; Incline Your ear to me, and hear my speech. Hear a just cause, O LORD, Attend to my cry. Alleluia.

أنا صرخت لانك قد سمعتنى يا الله. أمل يارب أذنيك وانصت لكلامى. استمع يا الله عدلى واصغ إلى طلبتى. هلليلويا.

Ⲉⲩⲁⲅⲅⲉⲗⲓⲟⲛ ⲕⲁⲧⲁ Ⲙⲁⲣⲕⲟⲛ Ⲕⲉⲫ ⲏ̅ : ⲕ̅ⲍ̅ - ⲗ̅ⲅ̅

Ⲟⲩⲟϩ ⲁϥⲓ ⲉ̀ⲃⲟⲗ ⲛ̀ϫⲉ Ⲓⲏ̅ⲥ̅ ⲛⲉⲙ ⲛⲉϥⲙⲁⲑⲏⲧⲏⲥ ⲉ̀ⲛⲓϯⲙⲓ ⲛ̀ⲧⲉ ⲕⲉⲥⲣⲓⲁ̀ ⲛ̀ⲧⲉ Ⲫⲓⲗⲡⲡⲉ ⲟⲩⲟϩ ϧⲉⲛ ⲡⲓⲙⲱⲓⲧ ⲛⲁϥϣⲓⲛⲓ ⲛ̀ⲛⲉϥⲙⲁⲑⲏⲧⲏⲥ ⲉϥϫⲱ ⲙ̀ⲙⲟⲥ ⲛⲱⲟⲩ ϫⲉ ⲁ̀ⲣⲉ ⲛⲓⲣⲱⲙⲓ ϫⲱ ⲙ̀ⲙⲟⲥ ϫⲉ ⲁ̀ⲛⲟⲕ ⲛⲓⲙ : Ⲛ̀ⲑⲱⲟⲩ ⲇⲉ ⲁⲩϫⲟⲥ ⲛⲁϥ ⲉⲩϫⲱ ⲙ̀ⲙⲟⲥ ϫⲉ Ⲓⲱⲁⲛⲛⲏⲥ ⲡⲓⲣⲉϥϯⲱⲙⲥ ϩⲁⲛ ⲕⲉⲭⲱⲟⲩⲛⲓ ⲇⲉ ϫⲉ Ⲏ̀ⲗⲓⲁⲥ ϩⲁⲛⲕⲉⲭⲱⲟⲩⲛⲓ ⲇⲉ ϫⲉ ⲟⲩⲁⲓ ⲛ̀ⲧⲉ ⲛⲓⲡ̀ⲣⲟⲫⲏⲧⲏⲥ : Ⲟⲩⲟϩ ⲛ̀ⲑⲟϥ ⲛⲁϥϣⲓⲛⲓ ⲙ̀ⲙⲱⲟⲩ ϫⲉ ⲛ̀ⲑⲱⲧⲉⲛ ⲇⲉ ⲧⲉⲧⲉⲛ ϫⲱ ⲙ̀ⲙⲟⲥ ⲉ̀ⲣⲟⲓ ϫⲉ ⲁ̀ⲛⲟⲕ ⲛⲓⲙ ⲁϥⲉ̀ⲣⲟⲩⲱ ⲛ̀ϫⲉ Ⲡⲉⲧⲣⲟⲥ ⲡⲉ ϫⲁϥ ϫⲉ ⲛ̀ⲑⲟⲕ ⲡⲉ Ⲡⲭ̅ⲥ̅. Ⲟⲩⲟϩ ⲁϥⲉⲣ ⲉ̀ⲡⲓⲧⲓⲙⲁⲛ ⲛⲱⲟⲩ ϩⲓⲛⲁ ⲛ̀ⲥⲉϣ̀ⲧⲉⲙ ϫⲟⲥ ⲛ̀ϩ̀ⲗⲓ ⲉⲑⲃⲏⲧϥ : Ⲟⲩⲟϩ ⲁϥⲉⲣϩⲏⲧⲥ ⲛ̀ϯⲥⲃⲱ ⲛⲱⲟⲩ ϫⲉ ϩⲱϯ ⲡⲉ ⲛ̀ⲧⲉ ⲡ̀ϣⲏⲣⲓ ⲙ̀ⲫ̀ⲣⲱⲙⲓ ϭⲓⲟⲩⲙⲏϣ ⲛ̀ϧⲓⲥⲓ ⲟⲩⲟϩ ⲛ̀ⲧⲟⲩϣⲟϣϥ ⲉ̀ⲃⲟⲗ ϩⲓⲧⲟⲧⲟⲩ ⲛ̀ⲛⲓ ⲡ̀ⲣⲉⲥⲃⲩⲧⲉⲣⲟⲥ ⲛⲉⲙ ⲛⲓⲁⲣⲭⲏⲉⲣⲉⲩⲥ ⲛⲉⲙ ⲛⲓⲥⲁϧ ⲟⲩⲟϩ ⲛ̀ⲧⲟⲩϧⲟⲑⲃⲉϥ ⲟⲩⲟϩ ⲙⲉⲛⲉⲛⲥⲁ ϣⲟⲙⲧ ⲛ̀ⲉ̀ϩⲟⲟⲩ ⲛ̀ⲧⲉϥⲧⲱⲛϥ : Ⲟⲩⲟϩ ⲛⲁϥⲥⲁϫⲓ ⲙ̀ⲡⲓⲥⲁϫⲓ ϧⲉⲛ ⲟⲩⲡⲁⲣⲣⲏⲥⲓⲁ̀ ⲟⲩⲟϩ ⲁϥⲁ̀ⲙⲟⲛⲓ ⲙ̀ⲙⲟϥ ⲛ̀ϫⲉ Ⲡⲉⲧⲣⲟⲥ ⲟⲩⲟϩ ⲁϥⲉⲣϩⲏⲧⲥ ⲛ̀ⲉⲣⲉ̀ⲡⲓⲧⲓⲙⲁⲛ ⲛⲁϥ. Ⲛ̀ⲑⲟϥ ⲇⲉ ⲉ̀ⲧⲁϥⲫⲟⲛϩϥ ⲟⲩⲟϩ ⲉ̀ⲧⲁϥⲛⲁⲩ ⲉ̀ⲛⲉϥⲙⲁⲑⲏⲧⲏⲥ ⲁϥⲉⲣⲉ̀ⲡⲓⲧⲓⲙⲁⲛ ⲙ̀Ⲡⲉⲧⲣⲟⲥ ⲟⲩⲟϩ ⲡⲉϫⲁϥ ⲛⲁϥ ϫⲉ ⲙⲁϣⲉⲛⲁⲕ ⲥⲁⲫⲁϩⲟⲩ ⲙ̀ⲙⲟⲓ ⲡ̀ⲥⲁⲧⲁⲛⲁⲥ ϫⲉ ⲭ̀ⲙⲉⲩⲓ ⲁⲛ ⲉ̀ⲛⲁ Ⲫϯ ⲁⲗⲗⲁ ⲉ̀ⲛⲁ ⲛⲓⲣⲱⲙⲓ.

Ⲟⲩⲱϣⲧ ⲙ̀ⲡⲓⲉⲩⲁⲅⲅⲉⲗⲓⲟⲛ ⲉ̅ⲑ̅ⲩ̅.

Mark 8:27-33

A reading from the Holy Gospel according to St. Mark.

Now Jesus and His disciples went out to the towns of Caesarea Philippi; and on the road He asked His disciples, saying to them, "Who do men say that I am?" So they answered, "John the Baptist; but some say, Elijah; and others, one of the prophets." He said to them, "But who do you say that I am?" Peter answered and said to Him, "You are the Christ." Then He strictly warned them that they should tell no one about Him. And He began to teach them that the Son of Man must suffer many things, and be rejected by the

مرقس ٨: ٢٧-٣٣

فصل شريف من إنجيل معلمنا مار مرقس البشير بركاته علينا آمين.

ثُمَّ خَرَجَ يَسُوعُ وَتَلاَمِيذُهُ إِلَى قُرَى قَيْصَرِيَّةِ فِيلُبُّسَ. وَفِي الطَّرِيقِ سَأَلَ تَلاَمِيذَهُ: «مَنْ يَقُولُ النَّاسُ إِنِّي أَنَا؟» فَأَجَابُوا: «يُوحَنَّا الْمَعْمَدَانُ وَآخَرُونَ إِيلِيَّا وَآخَرُونَ وَاحِدٌ مِنَ الأَنْبِيَاءِ». فَقَالَ لَهُمْ: «وَأَنْتُمْ مَنْ تَقُولُونَ إِنِّي أَنَا؟» فَأَجَابَ بُطْرُسُ: «أَنْتَ الْمَسِيحُ!» فَانْتَهَرَهُمْ كَيْ لاَ يَقُولُوا لأَحَدٍ عَنْهُ. وَابْتَدَأَ يُعَلِّمُهُمْ أَنَّ ابْنَ الإِنْسَانِ يَنْبَغِي أَنْ يَتَأَلَّمَ كَثِيراً وَيُرْفَضَ مِنَ الشُّيُوخِ وَرُؤَسَاءِ الْكَهَنَةِ وَالْكَتَبَةِ

elders and chief priests and scribes, and be killed, and after three days rise again. He spoke this word openly. Then Peter took Him aside and began to rebuke Him. But when He had turned around and looked at His disciples, He rebuked Peter, saying, "Get behind Me, Satan! For you are not mindful of the things of God, but the things of men."
Bow down before the Holy Gospel.
Glory be to God forever.

وَيُقْتَلَ وَبَعْدَ ثَلاَثَةِ أَيَّامٍ يَقُومُ. وَقَالَ الْقَوْلَ عَلاَنِيَةً فَأَخَذَهُ بُطْرُسُ إِلَيْهِ وَابْتَدَأَ يَنْتَهِرُهُ. فَالْتَفَتَ وَأَبْصَرَ تَلاَمِيذَهُ فَانْتَهَرَ بُطْرُسَ قَائِلاً: «اذْهَبْ عَنِّي يَا شَيْطَانُ لأَنَّكَ لاَ تَهْتَمُّ بِمَا لِلَّهِ لَكِنْ بِمَا لِلنَّاسِ».
أسجدوا للإنجيل المقدس.
والمجد لله دائماً.

Commentary

The Commentary of the Ninth Hour of Eve of Monday of Holy Pascha, may its blessings be with us all. Amen.

While Jesus and His disciples were on the road to Caesarea Philippi, Jesus started to talk to them openly about what will happen to Him in Jerusalem. He must fulfill what is written; the Son of Man shall suffer. The scribes and elders of the Jews will reject him. This is the stone that the builders rejected. After the sufferings, which He will endure, He will rise on the third day. The scriptures say, "He will descend with great anger upon them and His rage will destroy them. He will pour the shame upon their faces because they rewarded charity with evil. For those who obey and believe in Him, He will grant them eternal happiness."

طرح

طرح الساعة التاسعة من ليلة الاثنين من البصخة المقدسة بركتها علينا. آمين.

لما فرغ الرب من سؤال تلاميذه فى الطريق إلى قيصرية فيلبس، ابتدأ يقول لهم علانية من أجل الذى سيحصل له فى أورشليم، أنه ينبغى أن يكمل المكتوب أن ابن الإنسان ينال آلاماً كثيرة، ويرذل من الكتبة وشيوخ اليهود، ومن بعد الآلام التى سيقبلها يقوم من الأموات فى اليوم الثالث.

هذا هو الحجر الذى رذله البناؤون كقول الكتب، فسيهبط عليهم غضبه العظيم، ويهشمهم الرجز، ويصب الخزى على وجوههم، لأنهم جازوا الإحسان بالإساءة. أما الذين يسمعون ويؤمنون به فسيعطيهم فرحاً لا يفنى إلى الأبد.

Eleventh Hour of Eve of Monday

الساعة الحادية عشر من ليلة الاثنين

Ⲙⲓⲭⲉⲁⲥ Ⲕⲉⲫ ⲅ̅ : ⲁ̅ - ⲇ̅

Ⲉ̀ⲃⲟⲗϧⲉⲛ Ⲙⲓⲭⲉⲁⲥ ⲡⲓⲡ̀ⲣⲟⲫⲏⲧⲏⲥ: ⲉ̀ⲣⲉⲡⲉϥⲥ̀ⲙⲟⲩ ⲉ̀ⲑⲟⲩⲁⲃ ϣⲱⲡⲓ ⲛⲉⲙⲁⲛ ⲁ̀ⲙⲏⲛ ⲉϥϫⲱ ⲙ̀ⲙⲟⲥ.

Ⲡⲟ̅ⲥ̅ ⲇⲉ ⲉϥⲉϭⲓⲙⲱⲓⲧ ⲛⲱⲟⲩ ⲟⲩⲟϩ ⲉϥⲉϫⲟⲥ ϫⲉ ⲥⲱⲧⲉⲙ ⲉ̀ⲛⲁⲓ ⲛⲓ ⲁⲣⲭⲱⲛ ⲧⲉ ⲡ̀ⲏⲓ ⲛ̀Ⲓⲁⲕⲱⲃ ⲛⲉⲙ ⲛⲓⲥⲟⲧⲡ ⲛ̀ⲧⲉ ⲡ̀ⲏⲓ ⲙ̀ⲡⲓ̅ⲥ̅ⲗ̅ ⲙ̀ⲛⲫⲱⲧⲉⲛ ⲁⲛ ⲡⲉ ⲉ̀ⲉ̀ⲙⲓ ⲉ̀ⲡⲓϩⲁⲡ : Ⲛⲏⲉⲑⲙⲟⲥϯ ⲛ̀ⲛⲓⲡⲉⲑⲛⲁⲛⲉⲩ ⲟⲩⲟϩ ⲉⲩⲕⲱϯ ⲛ̀ⲥⲁ ⲡⲓⲡⲉⲧϩⲱⲟⲩ ⲉⲩϩⲱⲗⲉⲙ ⲛ̀ⲛⲟⲩϣⲁⲣ ⲉ̀ⲃⲟⲗ ⲙ̀ⲙⲱⲟⲩ ⲛⲉⲙ ⲛⲟⲩⲥⲁⲣⲝ ⲉ̀ⲃⲟⲗϧⲉⲛ ⲛⲟⲩⲕⲁⲥ. Ⲟⲩⲟϩ ⲙ̀ⲫⲣⲏϯ ⲉⲧⲁⲩⲟⲩⲱⲙ ⲛ̀ⲛⲓⲥⲁⲣⲝ ⲛ̀ⲧⲉ ⲡⲁⲗⲁⲟⲥ ⲟⲩⲟϩ ⲛⲟⲩϣⲁⲣ ⲁⲩϣⲁⲧⲟⲩ ⲉ̀ⲃⲟⲗ ϩⲁ ⲛⲟⲩⲕⲁⲥ ⲟⲩⲟϩ ⲁⲩϧⲉⲙϧⲱⲙⲟⲩ ⲟⲩⲟϩ ⲁⲩⲫⲁϣⲟⲩ ⲙ̀ⲫⲣⲏϯ ⲛ̀ϩⲁⲛ ⲥⲁⲣⲝ ⲉⲩⲗⲁⲃⲏⲥ ⲛⲉⲙ ϩⲁⲛⲁϥ ⲉⲩϣⲓⲱ̀. Ⲡⲁⲓⲣⲏϯ ⲉⲩⲉ̀ⲱϣ ⲉ̀ⲃⲟⲗ ⲟⲩⲃⲉ Ⲡⲟ̅ⲥ̅ ⲟⲩⲟϩ ⲛ̀ⲛⲉϥⲥⲱⲧⲉⲙ ⲉ̀ⲣⲱⲟⲩ. ⲟⲩⲟϩ ⲉϥⲉ̀ⲧⲁⲥⲑⲟ ⲙ̀ⲡⲉϥϩⲟ ⲉ̀ⲃⲟⲗ ϩⲁⲣⲱⲟⲩ ϧⲉⲛ ⲡⲓⲥⲏⲟⲩ ⲉ̀ⲧⲉ̀ⲙ̀ⲙⲁⲩ ⲉ̀ⲫ̀ⲙⲁ ϫⲉ ⲁⲩⲉⲣ ⲡⲉⲧϩⲱⲟⲩ ϧⲉⲛ ⲛⲟⲩϩ̀ⲃⲏⲟⲩⲓ ⲉ̀ϩ̀ⲣⲏⲓ ⲉ̀ϫⲱⲟⲩ :

Ⲟⲩⲱ̀ⲟⲩ ⲛ̀ϯⲧ̀ⲣⲓⲁⲥ ⲉⲑⲟⲩⲁⲃ ⲡⲉⲛⲛⲟⲩϯ ϣⲁ ⲉ̀ⲛⲉϩ ⲛⲉⲙ ϣⲁ ⲉ̀ⲛⲉϩ ⲛ̀ⲧⲉ ⲛⲓⲉ̀ⲛⲉϩ ⲧⲏⲣⲟⲩ: ⲁ̀ⲙⲏⲛ.

Micah 3:1-4

A reading from Micah the Prophet may his blessings be with us Amen.

And I said: "Hear now, O heads of Jacob, And you rulers of the house of Israel: Is it not for you to know justice? You who hate good and love evil; Who strip the skin from My people, And the flesh from their bones; Who also eat the flesh of My people, Flay their skin from them, Break their bones, And chop them in pieces Like meat for the pot, Like flesh in the caldron." Then they will cry to the LORD, But He will not hear them; He will even hide His face from them at that time, Because they have been evil in their deeds.

Glory be to the Holy Trinity our God unto the age of all ages, Amen.

ميخا ٣: ١ – ٤

من ميخا النبى بركته المقدسة تكون معنا، آمين.

وَقُلْتُ: «اسْمَعُوا يَا رُؤَسَاءَ يَعْقُوبَ وَقُضَاةَ بَيْتِ إِسْرَائِيلَ. أَلَيْسَ لَكُمْ أَنْ تَعْرِفُوا الْحَقَّ؟ الْمُبْغِضِينَ الْخَيْرَ وَالْمُحِبِّينَ الشَّرَّ النَّازِعِينَ جُلُودَهُمْ عَنْهُمْ وَلَحْمَهُمْ عَنْ عِظَامِهِمْ. وَالَّذِينَ يَأْكُلُونَ لَحْمَ شَعْبِي وَيَكْشُطُونَ جِلْدَهُمْ عَنْهُمْ وَيُهَشِّمُونَ عِظَامَهُمْ وَيُشَقِّقُونَ كَمَا فِي الْقِدْرِ وَكَاللَّحْمِ فِي وَسَطِ الْمِقْلَى». حِينَئِذٍ يَصْرُخُونَ إِلَى الرَّبِّ فَلاَ يُجِيبُهُمْ بَلْ يَسْتُرُ وَجْهَهُ عَنْهُمْ فِي ذَلِكَ الْوَقْتِ كَمَا أَسَاءُوا أَعْمَالَهُمْ.

مجداً للثالوث القدوس الهنا إلى الأبد وإلى أبد الآبدين كلها، آمين.

The Doxology of the Pascha Hour: "Thine is the Power…"

on page A5.
تسبحة ساعة البصخة: "لك القوة..." صفحة ٥ فى اخر الكتاب.

Ψαλμος ιζ : ιⲋ nem ιζ

Nahmet ebol ntotou nnaJaJi etJor : nem ebol ntotou nnheqmosf mmoi. Je auTaJro ehoteroi : auerqorp eroi Hen pehoou nte paThemko : al

Psalm 18:17-18 — المزمور ١٧: ١٦ و ١٧

A Psalm of David the Prophet.

He delivered me from my strong enemy, From those who hated me, For they were too strong for me. They confronted me in the day of my calamity. Alleluia.

من مزامير داود النبى

نجنى من أعدائى الاقوياء ومن أيدى الذين يبغضوننى. لأنهم تقووا أكثر منى أدركونى فى يوم ضُرِّى هلليلويا.

Euaggelion kata Matqeon Kef ιζ : ιθ - κⲋ

Tote au`i `nje nimaqhths ha Ihs sa `psa `mmauatou ouoh pejwou naf je eqbeou `anon `mpen`sjemjom ehitf `ebol : `Nqof de pejaf nwou je eqbe petenkouji `nnah`t `amhn gar `tjw `mmos nwten je e`swp `eouon teten nah`t `mmau `mvr`t `nounav`ri `n`seltam ereten `ejos `mpai twou je ouwteb `ebol tai `emnh ouoh efe`ouwteb ouoh `nneh`li `eratjom `ntenqhnou : Ouoh paigenos `mpafi `ebolHen h`li `ebh`l `nouproseuch nem ounhstia. Etaukotou de `ehrhi e`tGalilea peje Ihs nwou je `p`shri `mvrwmi senathif `eHrhi `enenjij `nnirwmi : Ouoh senaHoqbef ouoh menensa `somt `nehoou efetwnf : Ouoh `apouhht mkah `emaSw :

Ouwst `mpieuaggelion equ.

Matthew 17:19-23 — متى ١٧: ١٩ - ٢٣

A reading from the Holy Gospel according to Saint Matthew.

Then the disciples came to Jesus privately and said, "Why could we not cast it out?" So Jesus said to them, "Because of your unbelief; for assuredly, I say to you, if you have faith as a mustard seed, you will say to this mountain, "Move from here to there,' and it will move; and nothing will be impossible for you. However, this kind

فصل شريف من إنجيل معلمنا مار متى البشير بركاته علينا آمين.

ثُمَّ تَقَدَّمَ التَّلاَمِيذُ إِلَى يَسُوعَ عَلَى انْفِرَادٍ وَقَالُوا: «لِمَاذَا لَمْ نَقْدِرْ نَحْنُ أَنْ نُخْرِجَهُ؟» فَقَالَ لَهُمْ يَسُوعُ: «لِعَدَمِ إِيمَانِكُمْ. فَالْحَقَّ أَقُولُ لَكُمْ: لَوْ كَانَ لَكُمْ إِيمَانٌ مِثْلُ حَبَّةِ خَرْدَلٍ لَكُنْتُمْ تَقُولُونَ لِهَذَا الْجَبَلِ: انْتَقِلْ مِنْ هُنَا إِلَى

does not go out except by prayer and fasting." Now while they were staying in Galilee, Jesus said to them, "The Son of Man is about to be betrayed into the hands of men, and they will kill Him, and the third day He will be raised up." And they were exceedingly sorrowful.

Bow down before the Holy Gospel.
Glory be to God forever..

هُنَاكَ فَيَنْتَقِلُ وَلاَ يَكُونُ شَيْءٌ غَيْرَ مُمْكِنٍ لَدَيْكُمْ. وَأَمَّا هَذَا الْجِنْسُ فَلاَ يَخْرُجُ إِلاَّ بِالصَّلاَةِ وَالصَّوْمِ». وَفِيمَا هُمْ يَتَرَدَّدُونَ فِي الْجَلِيلِ قَالَ لَهُمْ يَسُوعُ: «ابْنُ الإِنْسَانِ سَوْفَ يُسَلَّمُ إِلَى أَيْدِي النَّاسِ فَيَقْتُلُونَهُ وَفِي الْيَوْمِ الثَّالِثِ يَقُومُ». فَحَزِنُوا جِدّاً.

أسجدوا للإنجيل المقدس.
والمجد لله دائماً.

Commentary

The Commentary of the Eleventh Hour of Eve of Monday of Holy Pascha, may its blessings be with us all. Amen.

Listen to the Merciful and Beneficent who is full of goodness and compassion. He praises prayer and honors fasting because they are the foundation of all virtues. When His disciples asked Him, "Why could we not cast the demon?" He said to them, "Because of your little faith, the demon would not come out. For truly I say to you, if you have faith, you will say to this mountain 'Move from here to there,' it will move, and nothing will be impossible for you" for everything is possible for the believer. Let us cherish a great hope and a true faith free of doubt. Let us be zealous in charity that surpasses everything for He who loves believes all things. Therefore, let us love fasting and pray constantly so that we may gain His promises.

طرح

طرح الساعة الحادية عشرة من ليلة الاثنين من البصخة المقدسة بركتها علينا. آمين.

أسمعوا الرؤوف الصانع الخيرات ذا الصلاح والتحنن يُمجِّد الصلاة ويكرِّم الصوم، لأنهما أساس سائر الفضائل. فإن تلاميذه عندما سألوه قائلين: "لماذا لم نقدر نحن أن نخرج الشيطان؟"، قال لهم: "لأجل عدم ايمانكم امتنع الشيطان ان يخرج" ثم قال الرب: "أقول لكم: لو كان لكم إيمان لكنتم تقولون لهذا الجبل انتقل إلى هنا فلوقته سريعاً كان يسمع لكم ولا يعسر عليكم شئ، فان كل شئ مستطاع للمؤمن". فلنقتن لنا رجاء عظيماً، وايماناً حقيقياً بغير شك ولننم فى المحبة التى تفوق كل شئ، فان الذى يحب يصدق كل شئ. ولنواظب على الصلاة، ونحب الصوم لكى نفوز بمواعيده.

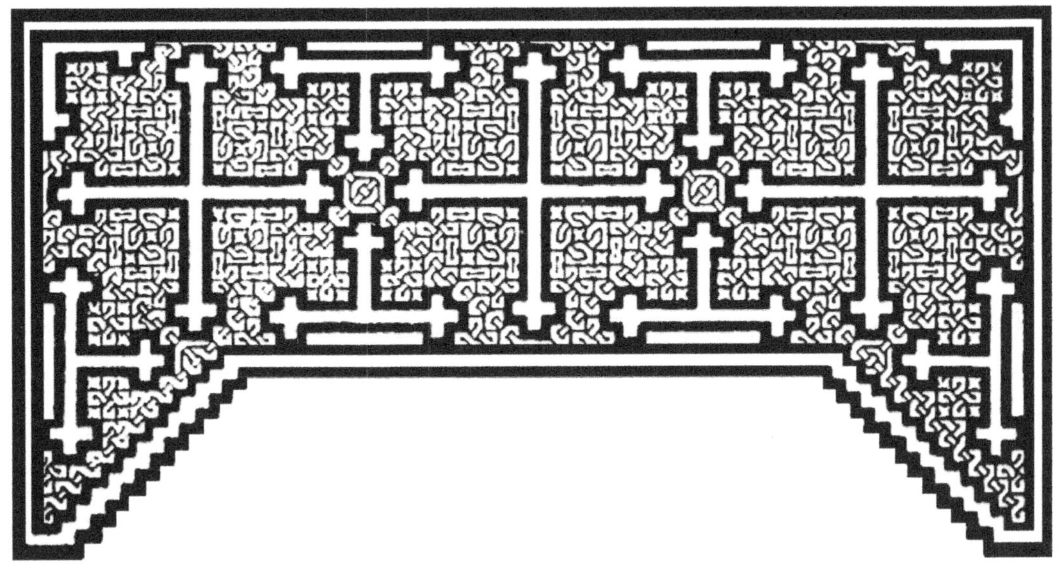

MONDAY OF HOLY PASCHA

يوم الاثنين من البصخة المقدسة

First Hour of Monday

الساعة الأولى من يوم الاثنين

Ϯⲁⲣⲭⲏ ⲛϯⲅⲉⲛⲉⲥⲓⲥ ⲛⲧⲉ Ⲙⲱⲩⲥⲏⲥ Ⲕⲉⲫ ⲁ̅ : ⲁ̅ - ϣⲃ̅ⲗ̅ ⲛⲉⲙ Ⲕⲉⲫ ⲃ̅ : ⲁ̅ - ⲅ̅

Ⲉⲃⲟⲗϧⲉⲛ Ϯⲁⲣⲭⲏ ⲛϯⲅⲉⲛⲉⲥⲓⲥ ⲛⲧⲉ Ⲙⲱⲩⲥⲏⲥ ⲡⲓⲡⲣⲟⲫⲏⲧⲏⲥ: ⲉⲣⲉⲡⲉϥⲥⲙⲟⲩ ⲉⲑⲟⲩⲁⲃ ϣⲱⲡⲓ ⲛⲉⲙⲁⲛ ⲁⲙⲏⲛ ⲉϥϫⲱ ⲙⲙⲟⲥ.

Ϧⲉⲛ ⲟⲩⲁⲣⲭⲏ ⲁⲫϯ ⲑⲁⲙⲓⲟ ⲛⲧⲫⲉ ⲛⲉⲙ ⲡⲕⲁϩⲓ : ⲡⲕⲁϩⲓ ⲇⲉ ⲛⲉ ⲟⲩⲁⲑⲛⲁⲩ ⲉⲣⲟϥ ⲡⲉ ⲟⲩⲟϩ ⲛⲁⲧⲥⲟⲃϯ. ⲟⲩⲟϩ ⲟⲩⲭⲁⲕⲓ ⲛⲁϥⲭⲏ ϩⲓϫⲉⲛ ⲫⲛⲟⲩⲛ. ⲟⲩⲟϩ ⲟⲩⲡⲛⲁ ⲛⲧⲉ Ⲫϯ ⲛⲁϥⲛⲏⲟⲩ ϩⲓϫⲉⲛ ⲛⲓⲙⲱⲟⲩ. Ⲟⲩⲟϩ ⲡⲉϫⲉ Ⲫϯ ϫⲉ ⲙⲁⲣⲉϥϣⲱⲡⲓ ⲛϫⲉ ⲟⲩⲟⲩⲱⲓⲛⲓ ⲟⲩⲟϩ ⲁϥϣⲱⲡⲓ ⲛϫⲉ ⲡⲓⲟⲩⲱⲓⲛⲓ : Ⲟⲩⲟϩ ⲁϥⲛⲁⲩ ⲛϫⲉ Ⲫϯ ⲉⲡⲓⲟⲩⲱⲓⲛⲓ ϫⲉ ⲛⲁⲛⲉϥ : ⲟⲩⲟϩ ⲁϥⲫⲱⲣϫ ⲉⲃⲟⲗ ⲛϫⲉ Ⲫϯ ⲡⲓϣⲟⲩⲓⲉ : Ⲟⲩⲟϩ ⲁϥⲙⲟⲩϯ ⲛϫⲉ Ⲫϯ ⲉⲡⲓϣⲟⲩⲓⲉ ϫⲉ ⲕⲁϩⲓ. ⲟⲩⲟϩ ⲛⲓⲙⲁⲛⲑⲱⲟⲩϯ ⲛⲧⲉ ⲛⲓⲙⲱⲟⲩ ⲁϥⲙⲟⲩϯ ⲉⲣⲱⲟⲩ ϫⲉ ⲛⲓⲁⲙⲁⲓⲟⲩ : ⲟⲩⲟϩ ⲁϥⲛⲁⲩ ⲛϫⲉ Ⲫϯ ϫⲉ ⲛⲁⲛⲉϥ. Ⲟⲩⲟϩ ⲡⲉϫⲉ Ⲫϯ ϫⲉ ⲙⲁⲣⲉ ⲡⲕⲁϩⲓ ⲓⲛⲓ ⲉⲃⲟⲗ ⲛϩⲁⲛⲥⲙⲉϩ ⲛⲥⲓⲙ ⲛⲥⲓϯ ⲛϫⲣⲟϫ ⲕⲁⲧⲁ ⲅⲉⲛⲟⲥ ⲛⲉⲙ ⲕⲁⲧⲁ ⲓⲛⲓ : ⲛⲉⲙ ⲟⲩϣϣⲏⲛ ⲙⲙⲁⲥⲟⲩⲧⲁϩ : ⲉϥⲓⲣⲓ ⲛⲟⲩⲟⲩⲧⲁϩ ⲉⲣⲉ ⲡⲉϥϫⲣⲟϫ ⲛϧⲏⲧϥ ⲕⲁⲧⲁ ⲅⲉⲛⲟⲥ ϩⲓϫⲉⲛ ⲡⲕⲁϩⲓ : ⲟⲩⲟϩ ⲁⲥϣⲱⲡⲓ ⲙⲡⲁⲓⲣⲏϯ : Ⲟⲩⲟϩ ⲁⲡⲕⲁϩⲓ ⲓⲛⲓ ⲉⲃⲟⲗ ⲛϩⲁⲛⲥⲙⲉϩ ⲛⲥⲓⲙ ⲛⲥⲓϯ ⲛϫⲣⲟϫ ⲕⲁⲧⲁ ⲅⲉⲛⲟⲥ ⲛⲉⲙ ⲕⲁⲧⲁ ⲓⲛⲓ : ⲛⲉⲙ ⲟⲩϣϣⲏⲛ ⲙⲙⲁⲥⲟⲩⲧⲁϩ ⲉϥⲓⲣⲓ ⲛⲟⲩⲟⲩⲧⲁϩ ⲉⲣⲉⲡⲉϥϫⲣⲟϫ ⲛϧⲏⲧϥ ⲕⲁⲧⲁ ⲅⲉⲛⲟⲥ ϩⲓϫⲉⲛ ⲡⲕⲁϩⲓ. ⲟⲩⲟϩ ⲁϥⲛⲁⲩ ⲛϫⲉ Ⲫϯ ϫⲉ ⲛⲁⲛⲉϥ : Ⲟⲩⲟϩ ⲁⲣⲟⲩϩⲓ ϣⲱⲡⲓ ⲟⲩⲟϩ ⲁⲧⲟⲟⲩⲓ ϣⲱⲡⲓ ⲙⲡⲓⲉϩⲟⲟⲩ ⲙⲙⲁϩ ϣⲟⲙⲧ. Ⲟⲩⲟϩ ⲡⲉϫⲉ Ⲫϯ ϫⲉ ⲙⲁⲣⲟⲩϣⲱⲡⲓ ⲛϫⲉ ϩⲁⲛⲣⲉϥⲉⲣⲟⲩⲱⲓⲛⲓ ϧⲉⲛ ⲡⲓⲧⲁϫⲣⲟ ⲛⲧⲉ ⲧⲫⲉ ⲉⲑⲣⲟⲩⲉⲣⲟⲩⲱⲓⲛⲓ ϩⲓϫⲉⲛ ⲡⲕⲁϩⲓ ⲟⲩⲟϩ ⲛⲧⲟⲩ ⲫⲱⲣϫ ⲉⲃⲟⲗ ⲟⲩⲧⲉ ⲡⲓⲉϩⲟⲟⲩ ⲛⲉⲙ ⲟⲩⲧⲉ ⲡⲓⲱⲣϩ : ⲟⲩⲟϩ ⲙⲁⲣⲟⲩϣⲱⲡⲓ ⲉϩⲁⲛⲙⲏⲓⲛⲓ ⲛⲉⲙ ϩⲁⲛⲥⲏⲟⲩ ⲛⲉⲙϩⲁⲛⲉϩⲟⲟⲩ ⲛⲉⲙ ϩⲁⲛⲣⲟⲙⲡⲓ :

Ⲟⲩⲟϩ ⲙⲁⲣⲟⲩϣⲱⲡⲓ ⲉⲩⲉⲣⲟⲩⲱⲓⲛⲓ ϧⲉⲛ ⲡⲓⲧⲁϫⲣⲟ ⲛⲧⲉ ⲧⲫⲉ ⲉⲡϫⲓⲛ ⲧⲟⲩⲉⲣⲟⲩⲱⲓⲛⲓ ϩⲓϫⲉⲛ ⲡⲕⲁϩⲓ. ⲟⲩⲟϩ ⲁⲥϣⲱⲡⲓ ⲙⲡⲁⲓⲣⲏϯ : Ⲟⲩⲟϩ ⲁϥⲑⲁⲙⲓⲟ ⲡ̅ⲟ̅ⲥ̅ ⲛϫⲉ Ⲫϯ ⲙⲡⲓⲛⲓϣϯ ⲥⲛⲁⲩ ⲛⲣⲉϥⲉⲣⲟⲩⲱⲓⲛⲓ : ⲡⲓⲛⲓϣϯ ⲛⲣⲉϥ ⲉⲣⲟⲩⲱⲓⲛⲓ ⲉⲟⲩⲁⲣⲭⲏ ⲛⲧⲉ ⲡⲓⲉϩⲟⲟⲩ : ⲟⲩⲟϩ ⲡⲓⲕⲟⲩϫⲓ ⲛⲣⲉϥⲉⲣⲟⲩⲱⲓⲛⲓ ⲉⲟⲩⲁⲣⲭⲏ ⲛⲧⲉ ⲡⲓⲉϫⲱⲣϩ ⲛⲉⲙ ⲛⲓⲥⲓⲟⲩ : Ⲟⲩⲟϩ ⲁϥⲭⲁⲩ ⲛϫⲉ Ⲫϯ ϧⲉⲛ ⲡⲓⲧⲁϫⲣⲟ ⲛⲧⲉ ⲧⲫⲉ ϩⲱⲥ ⲇⲉ ⲛⲧⲟⲩⲉⲣⲟⲩⲱⲓⲛⲓ ϩⲓϫⲉⲛ ⲡⲕⲁϩⲓ : Ⲟⲩⲟϩ ⲛⲧⲟⲩⲉⲣⲁⲣⲭⲱⲛ ⲉⲡⲓⲉϩⲟⲟⲩ ⲛⲉⲙ ⲡⲓⲉϫⲱⲣϩ : ⲟⲩⲟϩ ⲛⲧⲟⲩ ⲫⲱⲣϫ ⲉⲃⲟⲗ ⲟⲩⲧⲉ ⲡⲓⲟⲩⲱⲓⲛⲓ ⲛⲉⲙ ⲟⲩⲧⲉ ⲡⲓⲭⲁⲕⲓ : ⲟⲩⲟϩ ⲁϥⲛⲁⲩ ⲛϫⲉ Ⲫϯ ϫⲉ ⲛⲁⲛⲉϥ : Ⲟⲩⲟϩ ⲁⲣⲟⲩϩ ϣⲱⲡⲓ ⲟⲩⲟϩ ⲁⲧⲟⲟⲩⲓ ϣⲱⲡⲓ ⲙⲡⲓⲉϩⲟⲟⲩ ⲙⲙⲁϩ ϥⲧⲟⲩ. Ⲟⲩⲟϩ ⲡⲉϫⲉ Ⲫϯ ϫⲉ ⲙⲁⲣⲉ ⲛⲓⲙⲱⲟⲩ ⲓⲛⲓ ⲉⲃⲟⲗ ⲛϩⲁⲛ ϭⲁⲧϥⲓ ⲙⲯⲩⲭⲏ ⲉⲧⲟⲛϧ ⲛⲉⲙ ϩⲁⲛϩⲁⲗⲁϯ ⲉⲩϩⲏⲗ ϩⲓϫⲉⲛ ⲡⲕⲁϩⲓ ⲕⲁⲧⲁ ⲡⲓⲧⲁϫⲣⲟ ⲛⲧⲉ ⲧⲫⲉ ⲟⲩⲟϩ ⲁⲥϣⲱⲡⲓ ⲙⲡⲁⲓⲣⲏϯ : Ⲟⲩⲟϩ ⲁϥⲑⲁⲙⲓⲟ ⲛϫⲉ Ⲫϯ ⲛⲛⲓⲛⲓϣϯ ⲛⲕⲏⲧⲟⲥ ⲛⲉⲙⲯⲩⲭⲏ ⲛⲓⲃⲉⲛ ⲉⲧⲟⲛϧ ⲛⲧⲉ ⲛⲓϭ̀ⲁⲧϥⲓ ⲛⲏⲉⲧⲁ ⲛⲓⲙⲱⲟⲩ ⲉ̀ ⲛⲟⲩ ⲉ̀ⲃⲟⲗ ⲕⲁⲧⲁ ⲅⲉⲛⲟⲥ : ⲛⲉⲙ ϩⲁⲗⲏⲧ ⲛⲓⲃⲉⲛ ⲉϯϩⲏⲗ ⲕⲁⲧⲁ ⲅⲉⲛⲟⲥ : ⲟⲩⲟϩ ⲁϥⲛⲁⲩ ⲛ̀ϫⲉ Ⲫϯ ϫⲉ ⲛⲁⲛⲉⲩ Ⲟⲩⲟϩ ⲁϥⲥ̀ⲙⲟⲩ ⲉ̀ⲣⲱⲟⲩ ⲛ̀ϫⲉ Ⲫϯ ⲉϥϫⲱ ⲙ̀ⲙⲟⲥ ϫⲉ ⲁⲓⲁⲓ ⲟⲩⲟϩ ⲁ̀ϣⲁⲓ ⲟⲩⲟϩ ⲙⲁϩ ⲛⲓⲙⲱⲟⲩ ⲉⲧϧⲉⲛ ⲛⲓⲁⲙⲁⲓⲟⲩ. ⲟⲩⲟϩ ⲛⲓϩⲁⲗⲁϯ ⲙⲁⲣⲟⲩⲁ̀ϣⲁⲓ ϩⲓϫⲉⲛ ⲡ̀ⲕⲁϩⲓ : Ⲟⲩⲟϩ ⲁ̀ⲣⲟⲩϩⲓ ϣⲱⲡⲓ ⲟⲩⲟϩ ⲁ̀ⲧⲟⲟⲩⲓ ϣⲱⲡⲓ ⲙ̀ⲡⲓⲉ̀ϩⲟⲟⲩ ⲙ̀ⲙⲁϩ ⲧ̀ⲓⲟⲩ. Ⲟⲩⲟϩ ⲡⲉϫⲉ Ⲫϯ ϫⲉ ⲙⲁⲣⲉ ⲡ̀ⲕⲁϩⲓ ⲓ̀ⲛⲓ ⲉ̀ⲃⲟⲗ ⲛⲟⲩⲯⲩⲭⲏ ⲉⲥⲟⲛϧ ϩⲁⲛϥⲧⲉⲫⲁⲧ ⲛⲉⲙ ϩⲁⲛϭⲁⲧϥⲓ ⲛⲉⲙ ϩⲁⲛⲑⲏⲣⲓⲟⲛ ⲛ̀ⲧⲉ ⲡ̀ⲕⲁϩⲓ ⲕⲁⲧⲁ ⲅⲉⲛⲟⲥ ⲛⲉⲙ ϭⲁⲧϥⲓ ⲧⲏⲣⲟⲩ ⲛ̀ⲧⲉ ⲡ̀ⲕⲁϩⲓ ⲕⲁⲧⲁ ⲅⲉⲛⲟⲥ : ⲟⲩⲟϩ ⲁⲥϣⲱⲡⲓ ⲙ̀ⲡⲁⲓⲣⲏϯ : Ⲟⲩⲟϩ ⲁϥⲑⲁⲙⲓⲟ ⲛ̀ϫⲉ Ⲫϯ ⲛ̀ⲛⲓⲑⲏⲣⲓⲟⲛ ⲧⲏⲣⲟⲩ ⲛⲧⲉ ⲡ̀ⲕⲁϩⲓ ⲕⲁⲧⲁ ⲅⲉⲛⲟⲥ ⲛⲉⲙ ⲛⲓⲧⲉⲃⲛⲱⲟⲩⲓ̀ ⲕⲁⲧⲁ ⲅⲉⲛⲟⲥ ⲛⲉⲙ ⲛⲓϭ̀ⲁⲧϥⲓ ⲧⲏⲣⲟⲩ ⲛ̀ⲧⲉ ⲡ̀ⲕⲁϩⲓ ⲕⲁⲧⲁ ⲅⲉⲛⲟⲥ : ⲟⲩⲟϩ ⲁϥⲛⲁⲩ ⲛ̀ϫⲉ Ⲫϯ ϫⲉ ⲛⲁⲛⲉⲩ. Ⲟⲩⲟϩ ⲡⲉϫⲉ Ⲫϯ ϫⲉ ⲙⲁⲣⲉⲛⲑⲁⲙⲓⲟ ⲛ̀ⲟⲩⲣⲱⲙⲓ ⲕⲁⲧⲁ ⲧⲉⲛϩⲩⲕⲱⲛ ⲛⲉⲙ ⲕⲁⲧⲁ ⲡⲉⲛⲓ̀ⲛⲓ ⲟⲩⲟϩ ⲙⲁⲣⲟⲩⲉⲣⲁⲣⲭⲱⲛ ⲉⲛⲓⲧⲉⲃⲧ ⲛⲧⲉ ⲫ̀ⲓⲟⲙ ⲛⲉⲙ ⲛⲓϩⲁⲗⲁϯ ⲛ̀ⲧⲉ ⲧ̀ⲫⲉ ⲛⲉⲙ ⲛⲓⲧⲉⲃⲛⲱⲟⲩⲓ ⲛⲉⲙ ⲡ̀ⲕⲁϩⲓ ⲧⲏⲣϥ : ⲛⲉⲙ ϭ̀ⲁⲧϥⲓ ⲛⲓⲃⲉⲛ ⲉⲧⲕⲓⲙ ϩⲓϫⲉⲛ ⲡ̀ⲕⲁϩⲓ : Ⲟⲩⲟϩ ⲁ̀Ⲫϯ ⲑⲁⲙⲓⲟ ⲙ̀ⲡⲓⲣⲱⲙⲓ ⲕⲁⲧⲁ ϯϩⲩⲕⲱⲛ ⲛ̀ⲧⲉ Ⲫϯ ⲁϥⲑⲁⲙⲓⲟϥ : ⲁϥⲑⲁⲙⲓⲱⲟⲩ ⲛ̀ⲟⲩϩⲱⲟⲩⲧ ⲛⲉⲙ ⲟⲩⲥ̀ϩⲓⲙⲓ : Ⲟⲩⲟϩ ⲁϥⲥ̀ⲙⲟⲩ ⲉ̀ⲣⲱⲟⲩ ⲛ̀ϫⲉ Ⲫϯ ⲉϥϫⲱ ⲙ̀ⲙⲟⲥ ϫⲉ ⲁⲓⲁⲓ ⲟⲩⲟϩ ⲁ̀ϣⲁⲓ ⲟⲩⲟϩ ⲙⲁϩ ⲡ̀ⲕⲁϩⲓ ⲟⲩⲟϩ ⲁ̀ⲣⲓ ϭⲟⲓⲥ ⲉ̀ϫⲱϥ ⲟⲩⲟϩ ⲁ̀ⲣⲓⲁⲣⲭⲱⲛ ⲉⲛⲓⲧⲉⲃⲧ ⲛ̀ⲧⲉ ⲫ̀ⲓⲟⲙ : ⲛⲉⲙ ⲛⲓϩⲁⲗⲁϯ ⲛ̀ⲧⲉ ⲧ̀ⲫⲉ : ⲛⲉⲙ ⲛⲓⲧⲉⲃⲛⲱⲟⲩⲓ̀ ⲧⲏⲣⲟⲩ ⲛⲉⲙ ⲡ̀ⲕⲁϩⲓ ⲧⲏⲣϥ : ⲛⲉⲙ ϭ̀ⲁⲧⲛⲓⲃⲉⲛ ⲉⲧⲕⲓⲙ ϩⲓϫⲉⲛ ⲡⲓⲕⲁϩⲓ : Ⲟⲩⲟϩ ⲡⲉϫⲉ Ⲫϯ ϫⲉ ϩⲏⲡⲡⲉ ⲁⲓϯⲛⲱⲧⲉⲛ ⲛ̀ⲥⲓⲙ ⲛⲓⲃⲉⲛ ⲛ̀ⲥⲓϯ ⲙ̀ⲡⲥⲓϯ ⲛ̀ⲟⲩϫⲣⲟϫ ⲫⲏⲉⲧϫⲏ ϩⲓϫⲉⲛ ⲡ̀ⲕⲁϩⲓ ⲧⲏⲣϥ. ⲛⲉⲙ ϣϣⲏⲛ ⲛⲓⲃⲉⲛ ⲉ̀ⲧⲉ ⲡⲉϥⲟⲩⲧⲁϩ ⲛ̀ϧⲏⲧϥ ⲛ̀ϫⲣⲟϫ ⲛ̀ⲥⲓϯ ⲉⲩⲉ̀ ϣⲱⲡⲓ ⲛⲱⲧⲉⲛ ⲉⲩϧ̀ⲣⲉ : Ⲛⲉⲙ ⲛⲓⲑⲏⲣⲓⲟⲛ ⲧⲏⲣⲟⲩ ⲛ̀ⲧⲉ ⲡ̀ⲕⲁϩⲓ ⲛⲉⲙ ⲛⲓϩⲁⲗⲁϯ ⲧⲏⲣⲟⲩ ⲛ̀ⲧⲉ ⲧ̀ⲫⲉ ⲛⲉⲙ ϭ̀ⲁⲧϥⲓ ⲛⲓⲃⲉⲛ ⲉⲧⲕⲓⲙ ϩⲓϫⲉⲛ ⲡⲕⲁϩⲓ ⲉ̀ⲧⲟⲩⲟⲛ ⲟⲩⲯⲩⲭⲏ ⲛ̀ⲱⲛϧ ⲭⲏ ⲙ̀ⲙⲟϥ ⲛⲉⲙ ⲥⲓⲙ ⲛⲓⲃⲉⲛ ⲉ̀ⲧⲟⲩⲉⲧⲟⲩⲱⲧ ⲉ̀ⲟⲩϧ̀ⲣⲉ ⲟⲩⲟϩ ⲁⲥϣⲱⲡⲓ ⲙ̀ⲡⲁⲓⲣⲏϯ : Ⲟⲩⲟϩ ⲁϥⲛⲁⲩ ⲛ̀ϫⲉ Ⲫϯ ⲉ̀ϩⲱⲃ ⲛⲓⲃⲉⲛ ⲉ̀ⲧⲁϥⲑⲁⲙⲓⲱⲟⲩ ⲟⲩⲟϩ ϩⲏⲡⲡⲉ ⲛⲁⲛⲉⲩ ⲉⲙⲁϣⲱ ⲟⲩⲟϩ ⲁ̀ⲣⲟⲩϩⲓ ϣⲱⲡⲓ ⲟⲩⲟϩ ⲁ̀ⲧⲟⲟⲩⲓ ϣⲱⲡⲓ ⲙ̀ⲡⲓⲉ̀ϩⲟⲟⲩ ⲙ̀ⲙⲁϩ ⲥⲟⲟⲩ. Ⲟⲩⲟϩ ⲁⲩϫⲱⲕ ⲉ̀ⲃⲟⲗ ⲛ̀ϫⲉ ⲧ̀ⲫⲉ ⲛⲉⲙ ⲡ̀ⲕⲁϩⲓ ⲛⲉⲙ ⲡⲟⲩⲥⲟⲗⲥⲉⲗ ⲧⲏⲣϥ : ⲟⲩⲟϩ ⲁ̀Ⲫϯ ϫⲉⲕ ⲛ̀ⲛⲉϥ ϩ̀ⲃⲏⲟⲩⲓ̀ ⲉ̀ⲃⲟⲗ ⲛⲏⲉ̀ⲧ ⲁϥⲑⲁⲙⲓⲱⲟⲩ ϧⲉⲛ ⲡⲓⲉ̀ϩⲟⲟⲩ ⲙ̀ⲙⲁϩ ⲥⲟⲟⲩ : Ⲟⲩⲟϩ ⲁϥⲙ̀ⲧⲟⲛ ⲙ̀ⲙⲟϥ ⲙ̀ⲡⲓⲉ̀ϩⲟⲟⲩ ⲙ̀ⲙⲁϩ ϣⲁϣϥ ⲉ̀ⲃⲟⲗϩⲁ ⲛⲉϥϩ̀ⲃⲏⲟⲩⲓ̀ ⲧⲏⲣⲟⲩ ⲛⲏⲉⲧⲁϥⲑⲁⲙⲓⲱⲟⲩ : Ⲟⲩⲟϩ ⲁ̀Ⲫϯ ⲥ̀ⲙⲟⲩ ⲉ̀ⲡⲓⲉ̀ϩⲟⲟⲩ ⲙ̀ⲙⲁϩ ϣⲁϣϥ ⲟⲩⲟϩ : ⲁϥⲧⲟⲩⲃⲟϥ ϫⲉ ⲛ̀ϧ̀ⲣⲏⲓ ⲛ̀ϧⲏⲧϥ ⲁ̀ⲙⲧⲟⲛ ⲙ̀ⲙⲟϥ ⲉ̀ⲃⲟⲗ ϩⲁ ⲛⲉϥϩ̀ⲃⲏⲟⲩⲓ̀ ⲧⲏⲣⲟⲩ : ⲛⲏⲉⲧⲁϥⲉⲣϩⲏⲧⲥ ⲛ̀ⲑⲁⲙⲓⲱⲟⲩ ⲛ̀ϫⲉ Ⲫϯ :

Ⲱ̀ⲟⲩ ⲛ̀ϯⲧ̀ⲣⲓⲁⲥ ⲉ̀ⲑⲟⲩⲁⲃ ⲡⲉⲛⲛⲟⲩϯ ϣⲁ ⲉ̀ⲛⲉϩ ⲛⲉⲙ ϣⲁ ⲉ̀ⲛⲉϩ ⲛ̀ⲧⲉ ⲛⲓⲉ̀ⲛⲉϩ ⲧⲏⲣⲟⲩ: ⲁ̀ⲙⲏⲛ.

Genesis 1:1-2:3

تكوين ١: ١ - الخ و ٢: ١ - ٣

A reading from the book of Genesis of Moses the Prophet may his blessings be with us Amen.

In the beginning God created the

بدء سفر التكوين لموسى النبى بركته المقدسة تكون معنا، آمين.

فِي الْبَدْءِ خَلَقَ اللهُ السَّمَاوَاتِ وَالارْضَ.

heavens and the earth. The earth was without form, and void; and darkness was on the face of the deep. And the Spirit of God was hovering over the face of the waters. Then God said, "Let there be light"; and there was light. And God saw the light, that it was good; and God divided the light from the darkness. God called the light Day, and the darkness He called Night. So the evening and the morning were the first day. Then God said, "Let there be a firmament in the midst of the waters, and let it divide the waters from the waters." Thus God made the firmament, and divided the waters which were under the firmament from the waters which were above the firmament; and it was so. And God called the firmament Heaven. So the evening and the morning were the second day.

Then God said, "Let the waters under the heavens be gathered together into one place, and let the dry land appear"; and it was so.

And God called the dry land Earth, and the gathering together of the waters He called Seas. And God saw that it was good. Then God said, "Let the earth bring forth grass, the herb that yields seed, and the fruit tree that yields fruit according to its kind, whose seed is in itself, on the earth"; and it was so. And the earth brought forth grass, the herb that yields seed according to its kind, and the tree that yields fruit, whose seed is in itself according to its kind. And God saw that it was good. So the evening and the morning were the third day.

وَكَانَتِ الارْضُ خَرِبَةً وَخَالِيَةً وَعَلَى وَجْهِ الْغَمْرِ ظُلْمَةٌ وَرُوحُ اللهِ يَرِفُّ عَلَى وَجْهِ الْمِيَاهِ. وَقَالَ اللهُ: «لِيَكُنْ نُورٌ» فَكَانَ نُورٌ. وَرَاى اللهُ النُّورَ انَّهُ حَسَنٌ. وَفَصَلَ اللهُ بَيْنَ النُّورِ وَالظُّلْمَةِ. وَدَعَا اللهُ النُّورَ نَهَارا وَالظُّلْمَةُ دَعَاهَا لَيْلا. وَكَانَ مَسَاءٌ وَكَانَ صَبَاحٌ يَوْما وَاحِدا.

وَقَالَ اللهُ: «لِيَكُنْ جَلَدٌ فِي وَسَطِ الْمِيَاهِ. وَلْيَكُنْ فَاصِلا بَيْنَ مِيَاهٍ وَمِيَاهٍ». فَعَمِلَ اللهُ الْجَلَدَ وَفَصَلَ بَيْنَ الْمِيَاهِ الَّتِي تَحْتَ الْجَلَدِ وَالْمِيَاهِ الَّتِي فَوْقَ الْجَلَدِ. وَكَانَ كَذَلِكَ. وَدَعَا اللهُ الْجَلَدَ سَمَاءً. وَكَانَ مَسَاءٌ وَكَانَ صَبَاحٌ يَوْما ثَانِيا.

وَقَالَ اللهُ: «لِتَجْتَمِعِ الْمِيَاهُ تَحْتَ السَّمَاءِ الَى مَكَانٍ وَاحِدٍ وَلْتَظْهَرِ الْيَابِسَةُ». وَكَانَ كَذَلِكَ.

وَدَعَا اللهُ الْيَابِسَةَ ارْضا وَمُجْتَمَعَ الْمِيَاهِ دَعَاهُ بِحَارا. وَرَاى اللهُ ذَلِكَ انَّهُ حَسَنٌ. وَقَالَ اللهُ: «لِتُنْبِتِ الارْضُ عُشْبا وَبَقْلا يُبْزِرُ بِزْرا وَشَجَرا ذَا ثَمَرٍ يَعْمَلُ ثَمَرا كَجِنْسِهِ بِزْرُهُ فِيهِ عَلَى الارْضِ». وَكَانَ كَذَلِكَ. فَاخْرَجَتِ الارْضُ عُشْبا وَبَقْلا يُبْزِرُ بِزْرا كَجِنْسِهِ وَشَجَرا يَعْمَلُ ثَمَرا بِزْرُهُ فِيهِ كَجِنْسِهِ. وَرَاى اللهُ ذَلِكَ انَّهُ حَسَنٌ. وَكَانَ مَسَاءٌ وَكَانَ صَبَاحٌ يَوْما ثَالِثا.

وَقَالَ اللهُ: «لِتَكُنْ انْوَارٌ فِي جَلَدِ السَّمَاءِ

لِتَفْصِلَ بَيْنَ النَّهَارِ وَاللَّيْلِ وَتَكُونَ لآيَاتٍ وَاوْقَاتٍ وَايَّامٍ وَسِنِينٍ. وَتَكُونَ انْوَارا فِي جَلَدِ السَّمَاءِ لِتُنِيرَ عَلَى الارْضِ». وَكَانَ كَذَلِكَ. فَعَمِلَ اللهُ النُّورَيْنِ الْعَظِيمَيْنِ: النُّورَ الاكْبَرَ لِحُكْمِ النَّهَارِ وَالنُّورَ الاصْغَرَ لِحُكْمِ اللَّيْلِ وَالنُّجُومَ. وَجَعَلَهَا اللهُ فِي جَلَدِ السَّمَاءِ لِتُنِيرَ عَلَى الارْضِ وَلِتَحْكُمَ عَلَى النَّهَارِ وَاللَّيْلِ وَلِتَفْصِلَ بَيْنَ النُّورِ وَالظُّلْمَةِ. وَرَاى اللهُ ذَلِكَ انَّهُ حَسَنٌ. وَكَانَ مَسَاءٌ وَكَانَ صَبَاحٌ يَوْما رَابِعا.

وَقَالَ اللهُ: «لِتَفِضِ الْمِيَاهُ زَحَّافَاتٍ ذَاتَ نَفْسٍ حَيَّةٍ وَلْيَطِرْ طَيْرٌ فَوْقَ الارْضِ عَلَى وَجْهِ جَلَدِ السَّمَاءِ». فَخَلَقَ اللهُ التَّنَانِينَ الْعِظَامَ وَكُلَّ نَفْسٍ حَيَّةٍ تَدِبُّ الَّتِي فَاضَتْ بِهَا الْمِيَاهُ كَاجْنَاسِهَا وَكُلَّ طَائِرٍ ذِي جَنَاحٍ كَجِنْسِهِ. وَرَاى اللهُ ذَلِكَ انَّهُ حَسَنٌ. وَبَارَكَهَا اللهُ قَائِلا: «اثْمِرِي وَاكْثُرِي وَامْلاي الْمِيَاهَ فِي الْبِحَارِ. وَلْيَكْثُرِ الطَّيْرُ عَلَى الارْضِ». وَكَانَ مَسَاءٌ وَكَانَ صَبَاحٌ يَوْما خَامِسا. وَقَالَ اللهُ: «لِتُخْرِجِ الارْضُ ذَوَاتِ انْفُسٍ حَيَّةٍ كَجِنْسِهَا: بَهَائِمَ وَدَبَّابَاتٍ وَوُحُوشَ ارْضٍ كَاجْنَاسِهَا». وَكَانَ كَذَلِكَ. فَعَمِلَ اللهُ وُحُوشَ الارْضِ كَاجْنَاسِهَا وَالْبَهَائِمَ كَاجْنَاسِهَا وَجَمِيعَ دَبَّابَاتِ الارْضِ كَاجْنَاسِهَا. وَرَاى اللهُ ذَلِكَ انَّهُ حَسَنٌ.

وَقَالَ اللهُ: «نَعْمَلُ الانْسَانَ عَلَى صُورَتِنَا

Then God said, "Let there be lights in the firmament of the heavens to divide the day from the night; and let them be for signs and seasons, and for days and years; and let them be for lights in the firmament of the heavens to give light on the earth"; and it was so. Then God made two great lights: the greater light to rule the day, and the lesser light to rule the night. He made the stars also. God set them in the firmament of the heavens to give light on the earth, and to rule over the day and over the night, and to divide the light from the darkness. And God saw that it was good. So the evening and the morning were the fourth day.

Then God said, "Let the waters abound with an abundance of living creatures, and let birds fly above the earth across the face of the firmament of the heavens." So God created great sea creatures and every living thing that moves, with which the waters abounded, according to their kind, and every winged bird according to its kind. And God saw that it was good. And God blessed them, saying, "Be fruitful and multiply, and fill the waters in the seas, and let birds multiply on the earth." So the evening and the morning were the fifth day. Then God said, "Let the earth bring forth the living creature according to its kind: cattle and creeping thing and beast of the earth, each according to its kind"; and it was so. And God made the beast of the earth according to its kind, cattle according to its kind, and everything that creeps on the earth according to its kind. And God saw that it was good.

Then God said, "Let Us make man in Our image, according to Our likeness; let them have dominion over the fish of the sea, over the birds of the air, and over the cattle, over all the earth and over every creeping thing that creeps on the earth." So God created man in His own image; in the image of God He created him; male and female He created them. Then God blessed them, and God said to them, "Be fruitful and multiply; fill the earth and subdue it; have dominion over the fish of the sea, over the birds of the air, and over every living thing that moves on the earth." And God said, "See, I have given you every herb that yields seed which is on the face of all the earth, and every tree whose fruit yields seed; to you it shall be for food. Also, to every beast of the earth, to every bird of the air, and to everything that creeps on the earth, in which there is life, I have given every green herb for food"; and it was so. Then God saw everything that He had made, and indeed it was very good. So the evening and the morning were the sixth day.

Thus the heavens and the earth, and all the host of them, were finished. And on the seventh day God ended His work which He had done, and He rested on the seventh day from all His work which He had done. Then God blessed the seventh day and sanctified it, because in it He rested from all His work which God had created and made.

Glory be to the Holy Trinity our God unto the age of all ages, Amen.

كَشَبَهِنَا فَيَتَسَلَّطُونَ عَلَى سَمَكِ الْبَحْرِ وَعَلَى طَيْرِ السَّمَاءِ وَعَلَى الْبَهَائِمِ وَعَلَى كُلِّ الارْضِ وَعَلَى جَمِيعِ الدَّبَّابَاتِ الَّتِي تَدِبُّ عَلَى الارْضِ». فَخَلَقَ اللهُ الانْسَانَ عَلَى صُورَتِهِ. عَلَى صُورَةِ اللهِ خَلَقَهُ. ذَكَرا وَانْثَى خَلَقَهُمْ. وَبَارَكَهُمُ اللهُ وَقَالَ لَهُمْ: «اثْمِرُوا وَاكْثُرُوا وَامْلاوا الارْضَ وَاخْضِعُوهَا وَتَسَلَّطُوا عَلَى سَمَكِ الْبَحْرِ وَعَلَى طَيْرِ السَّمَاءِ وَعَلَى كُلِّ حَيَوَانٍ يَدِبُّ عَلَى الارْضِ». وَقَالَ اللهُ: «انِّي قَدْ اعْطَيْتُكُمْ كُلَّ بَقْلٍ يُبْزِرُ بِزْرا عَلَى وَجْهِ كُلِّ الارْضِ وَكُلَّ شَجَرٍ فِيهِ ثَمَرُ شَجَرٍ يُبْزِرُ بِزْرا لَكُمْ يَكُونُ طَعَاما. وَلِكُلِّ حَيَوَانِ الارْضِ وَكُلِّ طَيْرِ السَّمَاءِ وَكُلِّ دَبَّابَةٍ عَلَى الارْضِ فِيهَا نَفْسٌ حَيَّةٌ اعْطَيْتُ كُلَّ عُشْبٍ اخْضَرَ طَعَاما». وَكَانَ كَذَلِكَ. وَرَاى اللهُ كُلَّ مَا عَمِلَهُ فَاذَا هُوَ حَسَنٌ جِدّا. وَكَانَ مَسَاءٌ وَكَانَ صَبَاحٌ يَوْما سَادِسا.

فَاكْمِلَتِ السَّمَاوَاتُ وَالارْضُ وَكُلُّ جُنْدِهَا. وَفَرَغَ اللهُ فِي الْيَوْمِ السَّابِعِ مِنْ عَمَلِهِ الَّذِي عَمِلَ. فَاسْتَرَاحَ فِي الْيَوْمِ السَّابِعِ مِنْ جَمِيعِ عَمَلِهِ الَّذِي عَمِلَ. وَبَارَكَ اللهُ الْيَوْمَ السَّابِعَ وَقَدَّسَهُ لانَّهُ فِيهِ اسْتَرَاحَ مِنْ جَمِيعِ عَمَلِهِ الَّذِي عَمِلَ اللهُ خَالِقا.

مجداً للثالوث القدوس الهنا إلى الأبد وإلى أبد الآبدين كلها، آمين.

Ⲏⲥⲁⲏⲁⲥ Ⲕⲉⲫ ⲉ : ⲁ - ⲑ

Ⲉ̀ⲃⲟⲗϧⲉⲛ Ⲏ̀ⲥⲁ̀ⲏⲁⲥ ⲡⲓⲡ̀ⲣⲟⲫⲏⲧⲏⲥ: ⲉⲣⲉⲡⲉϥ̀ⲥ̀ⲙⲟⲩ ⲉ̀ⲑⲟⲩⲁⲃ ϣⲱⲡⲓ ⲛⲉⲙⲁⲛ ⲁ̀ⲙⲏⲛ ⲉϥϫⲱ ⲙ̀ⲙⲟⲥ.

Ⲉⲓⲉ̀ϯⲱ̀ⲟⲩ ⲙ̀ⲫⲏⲉⲧⲁⲩⲙⲉⲛⲣⲓⲧϥ ϧⲉⲛ ⲟⲩϫⲱ ⲛ̀ⲧⲉ ⲡⲓⲙⲉⲛⲣⲓⲧ ⲛ̀ⲧⲉ ⲡⲁⲓ ⲓⲁϩⲁ̀ⲗⲟⲗⲓ : Ⲟⲩⲙⲁ ⲛ̀ⲁ̀ⲗⲟⲗⲓ ⲁϥϣⲱⲡⲓ ⲙ̀ⲡⲓⲙⲉⲛⲣⲓⲧ ϧⲉⲛ ⲟⲩϩⲱⲡ ϧⲉⲛ ⲟⲩⲙⲁ ⲉϥⲕⲉⲛⲓⲱ̀ⲟⲩⲧ : ⲟⲩⲟϩ ⲁⲓⲧⲁⲕⲧⲟ ⲛ̀ⲟⲩϭ̀ⲗⲟ ⲉ̀ⲣⲟϥ ⲟⲩⲟϩ ⲁⲓⲧⲁⲗⲟϥ ⲉ̀ⲡⲕⲁϣ ⲟⲩⲟϩ ⲁⲓϭⲟ ⲛ̀ⲟⲩⲃⲱ ⲛ̀ⲁ̀ⲗⲟⲗⲓ ϧⲉⲛ Ⲥⲱⲣⲏⲭ ⲟⲩⲟϩ ⲁⲓⲕⲱⲧ ⲛ̀ⲟⲩⲡⲩⲣⲅⲟⲥ ⲛ̀ϧⲏⲧϥ ϧⲉⲛ ⲧⲉϥⲙⲏϯ : ⲟⲩⲟϩ ⲁⲓϣⲱⲕ ⲛ̀ⲟⲩϩⲣⲱⲧ ⲛ̀ϧⲏⲧϥ ⲟⲩⲟϩ ⲁⲓⲟϩⲓ ϫⲉ ϥ̀ⲛⲁⲉⲣⲁ̀ⲗⲟⲗⲓ. ⲁϥⲉⲣⲥⲟⲩⲣⲓ Ⲟⲩⲟϩ ϯⲛⲟⲩ ⲫ̀ⲣⲱⲙⲓ ⲛ̀Ⲓⲟⲩⲇⲁ ⲛⲉⲙ ⲛⲏⲉⲧϣⲟⲡ ϧⲉⲛ Ⲓⲗ̅ⲏ̅ⲙ̅ ⲙⲁϩⲁⲡ ⲟⲩⲧⲱⲓ ⲛⲉⲙ ⲟⲩⲧⲉ ⲡⲁⲓⲁϩ ⲁ̀ⲗⲟⲗⲓ ⲁⲓⲟϩⲓ ϫⲉ ϥ̀ⲛⲁⲉⲣⲁ̀ⲗⲟⲗⲓ ⲁϥⲉⲣⲥⲟⲩⲣⲓ. Ⲟⲩⲡⲉϯⲛⲁⲁⲓϥ ⲙ̀ⲡⲁⲓⲁϩⲁ̀ⲗⲟⲗⲓ : ⲟⲩⲟϩ ⲙ̀ⲡⲓⲁⲓϥ ⲉ̀ⲣⲟϥ. ϫⲉ ⲁⲓⲟϩⲓ ϫⲉ ϥ̀ⲛⲁⲉⲣ ⲁ̀ⲗⲟⲗⲓ ⲁϥⲉⲣⲥⲟⲩⲣⲓ : ϯⲛⲟⲩ ⲇⲉ ϯⲛⲁⲧⲁⲙⲱⲧⲉⲛ ϫⲉ ⲟⲩⲡⲉϯⲛⲁⲁⲓϥ ⲙ̀ⲡⲁ ⲓⲁϩⲁ̀ⲗⲟⲗⲓ : ϯⲛⲁⲣⲱϧⲧ ⲙ̀ⲡⲉϥϭ̀ⲗⲟ ⲟⲩⲟϩ ⲉϥⲉ̀ϣⲱⲡⲓ ⲉ̀ⲡϩⲱⲗⲉⲙ : ϯⲛⲁϣⲟⲣϣⲉⲣ ⲛ̀ⲧⲉϥϫⲟⲓ ⲟⲩⲟϩ ⲉϥⲉ̀ϣⲱⲡⲓ ⲉ̀ⲡϧⲟⲙϧⲉⲙ : ⲟⲩⲟϩ ⲉⲓⲉⲥⲱϫⲡ ⲙ̀ⲡⲁⲓ ⲓⲁϩⲁ̀ⲗⲟⲗⲓ ⲙ̀ⲫⲣⲏϯ ⲛ̀ⲟⲩⲉϣⲉⲛϣⲁⲧϥ ⲟⲩⲇⲉ ⲛ̀ⲛⲟⲩ ϭ̀ⲣⲏ ⲙ̀ⲙⲟϥ : ⲟⲩⲟϩ ⲉⲧⲉⲣⲱⲧ ⲛ̀ϧⲏⲧϥ ⲛ̀ϫⲉ ϩⲁⲛⲥⲟⲩⲣⲓ ⲙ̀ⲫⲣⲏϯ ⲛ̀ⲟⲩ ⲕⲁⲡϣⲟ : ⲉⲓⲉϩⲟⲛϩⲉⲛ ⲉ̀ⲧⲟⲧⲟⲩ ⲛ̀ⲛⲓϭⲏⲡⲓ ⲉ̀ϣⲧⲉⲙϩⲱⲟⲩ ⲛ̀ⲟⲩⲙⲟⲩ ⲛ̀ϣⲓ ⲉ̀ϩⲣⲏⲓ ⲉ̀ϫⲱϥ. Ⲡⲓⲁϩⲁ̀ⲗⲟⲗⲓ ⲅⲁⲣ ⲛ̀ⲧⲉ Ⲡ̅ⲟ̅ⲥ̅ ⲥⲁⲃⲁⲱⲑ ⲡⲉ ⲡ̀ⲏⲓ ⲙ̀ⲡⲓⲥⲣⲁⲏⲗ : ⲟⲩⲟϩ ⲫ̀ⲣⲱⲙⲓ ⲛ̀Ⲓⲟⲩⲇⲁ ⲡⲓⲧⲱϫⲓ ⲙ̀ⲃⲉⲣⲓ ⲡⲉⲉⲧⲁⲩⲙⲉⲛⲣⲓⲧϥ : ⲁⲓⲟϩⲓ ϫⲉ ϥ̀ⲛⲁⲓⲣⲓ ⲛ̀ⲟⲩϩⲁⲡ ⲁϥⲓⲣⲓ ⲛ̀ⲟⲩⲁⲛⲟⲙⲓⲁ̀ : ⲟⲩⲟϩ ⲛ̀ⲟⲩⲙⲉⲑⲙⲏⲓ ⲁⲛ ⲁⲗⲗⲁ ⲟⲩϧ̀ⲣⲱⲟⲩ : Ⲟⲩⲟⲓ ⲛ̀ⲛⲏⲉⲧⲧⲉⲙ ⲏⲓ ⲉ̀ⲏⲓ ⲛⲉⲙ ⲛⲏⲉⲧϧⲉⲛⲧ ⲓⲟϩⲓ ⲉⲓⲟϩⲓ ϩⲓⲛⲁ ⲛ̀ ⲧⲟⲩⲱⲗⲓ ⲛ̀ⲛⲓⲉⲛⲭⲁⲓ ⲛ̀ⲧⲉ ⲛⲟⲩϣ̀ⲫⲏⲣ : ⲙⲏ ⲧⲉⲧⲉⲛ ⲛⲁϣⲱⲡⲓ ⲙ̀ⲙⲁⲩⲁ̀ⲧⲉⲛ ⲑⲏⲛⲟⲩ ϩⲓϫⲉⲛ ⲡⲕⲁϩⲓ : ⲁⲩⲥⲱⲧⲉⲙ ⲛⲁⲓ ⲅⲁⲣ ϧⲉⲛ ⲛⲉⲛⲙⲁϣϫ ⲙ̀Ⲡ̅ⲟ̅ⲥ̅ ⲥⲁⲃⲁⲱⲑ :

Ⲟⲩⲱ̀ⲟⲩ ⲛ̀ϯⲧ̀ⲣⲓⲁⲥ ⲉ̀ⲑⲟⲩⲁⲃ ⲡⲉⲛⲛⲟⲩϯ ϣⲁ ⲉ̀ⲛⲉϩ ⲛⲉⲙ ϣⲁ ⲉ̀ⲛⲉϩ ⲛ̀ⲧⲉ ⲛⲓⲉ̀ⲛⲉϩ ⲧⲏⲣⲟⲩ: ⲁ̀ⲙⲏⲛ.

Isaiah 5:1-9

A reading from Isaiah the Prophet may his blessings be with us Amen.

Now let me sing to my Well-beloved A song of my Beloved regarding His vineyard: My Well-beloved has a vineyard On a very fruitful hill. He dug it up and cleared out its stones, And planted it with the choicest vine. He built a tower in its midst, And also made a winepress in it; So He expected it to bring forth good grapes, But it brought forth wild grapes. "And now, O inhabitants of Jerusalem and men of

اشعياء ٥ : ١ - ٩

من اشعياء النبى بركته المقدسة تكون معنا، آمين.

لأُنْشِدَنَّ عَنْ حَبِيبِي نَشِيدَ مُحِبِّي لِكَرْمِهِ. كَانَ لِحَبِيبِي كَرْمٌ عَلَى أَكَمَةٍ خَصِبَةٍ فَنَقَبَهُ وَنَقَّى حِجَارَتَهُ وَغَرَسَهُ كَرْمَ سَوْرَقَ وَبَنَى بُرْجاً فِي وَسَطِهِ وَنَقَرَ فِيهِ أَيْضاً مِعْصَرَةً فَانْتَظَرَ أَنْ يَصْنَعَ عِنَباً فَصَنَعَ عِنَباً رَدِيئاً. «وَالآنَ يَا سُكَّانَ أُورُشَلِيمَ وَرِجَالَ يَهُوذَا احْكُمُوا بَيْنِي وَبَيْنَ كَرْمِي. مَاذَا يُصْنَعُ أَيْضاً لِكَرْمِي وَأَنَا

Judah, Judge, please, between Me and My vineyard. What more could have been done to My vineyard That I have not done in it? Why then, when I expected it to bring forth good grapes, Did it bring forth wild grapes? And now, please let Me tell you what I will do to My vineyard: I will take away its hedge, and it shall be burned; And break down its wall, and it shall be trampled down. I will lay it waste; It shall not be pruned or dug, But there shall come up briers and thorns. I will also command the clouds That they rain no rain on it." For the vineyard of the Lord of hosts is the house of Israel, And the men of Judah are His pleasant plant. He looked for justice, but behold, oppression; For righteousness, but behold, a cry for help. Woe to those who join house to house; They add field to field, Till there is no place Where they may dwell alone in the midst of the land! In my hearing the Lord of hosts said, "Truly, many houses shall be desolate, Great and beautiful ones, without inhabitant.

Glory be to the Holy Trinity our God unto the age of all ages, Amen.

لَمْ أَصْنَعْهُ لَهُ؟ لِمَاذَا إِذِ انْتَظَرْتُ أَنْ يَصْنَعَ عِنَباً صَنَعَ عِنَباً رَدِيئاً؟ فَالآنَ أُعَرِّفُكُمْ مَاذَا أَصْنَعُ بِكَرْمِي. أَنْزِعُ سِيَاجَهُ فَيَصِيرُ لِلرَّعْيِ. أَهْدِمُ جُدْرَانَهُ فَيَصِيرُ لِلدَّوْسِ. وَأَجْعَلُهُ خَرَاباً لاَ يُقْضَبُ وَلاَ يُنْقَبُ فَيَطْلَعُ شَوْكٌ وَحَسَكٌ. وَأُوصِي الْغَيْمَ أَنْ لاَ يُمْطِرَ عَلَيْهِ مَطَراً». إِنَّ كَرْمَ رَبِّ الْجُنُودِ هُوَ بَيْتُ إِسْرَائِيلَ وَغَرْسَ لَذَّتِهِ رِجَالُ يَهُوذَا. فَانْتَظَرَ حَقّاً فَإِذَا سَفْكُ دَمٍ وَعَدْلاً فَإِذَا صُرَاخٌ. وَيْلٌ لِلَّذِينَ يَصِلُونَ بَيْتاً بِبَيْتٍ وَيَقْرِنُونَ حَقْلاً بِحَقْلٍ حَتَّى لَمْ يَبْقَ مَوْضِعٌ. فَصِرْتُمْ تَسْكُنُونَ وَحْدَكُمْ فِي وَسَطِ الأَرْضِ. فِي أُذُنَيَّ قَالَ رَبُّ الْجُنُودِ: «أَلاَ إِنَّ بُيُوتاً كَثِيرَةً تَصِيرُ خَرَاباً. بُيُوتاً كَبِيرَةً وَحَسَنَةً بِلاَ سَاكِنٍ.

مجداً للثالوث القدوس الهنا إلى الأبد وإلى أبد الآبدين كلها، آمين.

Ⲓⲏⲥⲟⲩ ⲡ̀ϣⲏⲣⲓ ⲛ̀Ⲥⲓⲣⲁⲭ Ⲕⲉⲫ ⲁ̅ : ⲁ̅ - ⲕ̅ⲇ̅

Ⲉ̀ⲃⲟⲗϧⲉⲛ Ⲓⲏⲥⲟⲩ ⲡ̀ϣⲏⲣⲓ ⲛ̀Ⲥⲓⲣⲁⲭ ⲡⲓⲡ̀ⲣⲟⲫⲏⲧⲏⲥ: ⲉⲣⲉⲡⲉϥⲥ̀ⲙⲟⲩ ⲉ̀ⲑⲟⲩⲁⲃ ϣⲱⲡⲓ ⲛⲉⲙⲁⲛ ⲁ̀ⲙⲏⲛ ⲉϥϫⲱ ⲙ̀ⲙⲟⲥ.

Ϯⲥⲟⲫⲓⲁ̀ ⲧⲏⲣⲥ ⲟⲩ ⲉ̀ⲃⲟⲗ ϩⲓⲧⲉⲛ Ⲡ̀ⲟ̅ⲥ̅ : ⲟⲩⲟϩ ⲥ̀ϣⲟⲡ ⲛⲉⲙⲁϥ ϣⲁ ⲉ̀ⲛⲉϩ : ⲛⲓⲙ ⲉⲑⲛⲁϣⲱⲡ ⲙ̀ⲡⲓϣⲱ ⲛ̀ⲧⲉ ⲫⲓⲟⲙ ⲛⲉⲙ ⲛⲓⲧⲉⲗⲧⲓⲗⲓ ⲙ̀ⲙⲟⲩⲛϩⲱⲟⲩ ⲛⲉⲙ ⲛⲓⲉ̀ϩⲟⲟⲩ ⲛ̀ⲧⲉ ⲛⲓⲉ̀ⲛⲉϩ : ⲛⲉⲙ ⲉⲑⲛⲁϣ̀ϧⲟⲧϧⲉⲧ ⲙ̀ⲡⲓϭⲓⲥⲓ ⲛ̀ⲧⲉ ⲧ̀ⲫⲉ : ⲛⲉⲙ ⲡ̀ⲧⲁϫⲣⲟ ⲙ̀ⲡⲓⲕⲁϩⲓ ⲛⲉⲙ ⲡ̀ϣⲏⲕ ⲙ̀ⲫ̀ⲛⲟⲩⲛ ⲛⲉⲙ Ϯⲥⲟⲫⲓⲁ̀ : ϧⲁϫⲉⲛ ⲉⲛⲭⲁⲓ ⲛⲓⲃⲉⲛ ⲁⲩⲥⲱⲛⲧ ⲛ̀Ϯⲥⲟⲫⲓⲁ̀ ⲟⲩⲟϩ Ϯⲙⲉⲧⲥⲁⲃⲉ ⲛⲉⲙ ⲡⲓⲕⲁϮ ⲓⲥϫⲉⲛ ⲡ̀ⲉ̀ⲛⲉϩ : Ϯⲙⲟⲩⲙⲓ ⲛ̀ⲧⲉ Ϯⲥⲟⲫⲓⲁ̀ ⲡⲉ ⲡⲓⲥⲁϫⲓ ⲛ̀ⲧⲉ Ⲫ̀ϯ ϧⲉⲛ ⲛⲏⲉϭⲟⲥⲓ : ⲟⲩⲟϩ ⲛⲉⲥⲙⲱⲓⲧ : ⲛⲉ ⲛⲓⲉⲛⲧⲟⲗⲏ ϣⲁⲉ̀ⲛⲉϩ. Ⲑⲛⲟⲩⲛⲓ ⲛ̀ϯⲥⲟⲫⲓⲁ̀ ⲉ̀ⲧⲁⲥϭⲱⲣⲡ ⲉ̀ⲛⲓⲙ ⲟⲩⲟϩ ⲛⲓⲙ ⲡⲉⲉ̀ⲧⲁϥⲉ̀ⲙⲓ ⲉ̀ⲛⲉⲥⲕⲟⲧⲥ : ⲡⲓⲕⲁϯ ⲛ̀ϯⲥⲟⲫⲓⲁ̀ ⲉ̀ⲧⲁϥⲟⲩⲱⲛϩ ⲉ̀ⲛⲓⲙ : Ⲟⲩⲟϩ ⲡⲉⲥⲉ̀ⲙⲓ ⲧⲏⲣϥ ⲛⲓⲙ ⲡⲉⲉ̀ⲧⲁϥ ⲥⲟⲩⲱⲛϥ ⲟⲩⲱⲧ ⲡⲉ ⲟⲩⲥⲟⲫⲟⲥ ⲉϥϯ ϩⲟϯ ⲉ̀ⲙⲁϣⲱ ⲉϥϩⲉⲙⲥⲓ ϩⲓϫⲉⲛ ⲡⲉϥⲑ̀ⲣⲟⲛⲟⲥ : Ⲡⲟ̅ⲥ̅ ⲇⲉ ⲛ̀ⲑⲟϥ ⲫⲏⲉ̀ⲧⲁϥⲥⲟⲛⲧⲥ ⲟⲩⲟϩ ⲁϥⲛⲁⲩ ⲉ̀ⲣⲟⲥ ⲁϥⲟⲡⲥ : ⲟⲩⲟϩ ⲁϥⲫⲱⲛ ⲙ̀ⲙⲟⲥ ⲉ̀ϩ̀ⲣⲏⲓ ⲉ̀ϫⲉⲛ ⲛⲉⲥϩ̀ⲃⲏⲟⲩⲓ̀ ⲧⲏⲣⲟⲩ : ⲥ̀ϣⲱⲡ ⲛⲉⲙ ⲥⲁⲣⲝ ⲛⲓⲃⲉⲛ ⲕⲁⲧⲁ ⲫ̀ⲣⲏϯ ⲉ̀ⲧⲉϥⲛⲁⲧⲏⲓⲥ. ⲟⲩⲟϩ ϣⲁϥⲧⲏⲓⲥ ⲛ̀ⲛⲏⲉⲑⲙⲉⲓ ⲙ̀ⲙⲟϥ. ϯϩⲟϯ ⲛ̀ⲧⲉ Ⲡⲟ̅ⲥ̅ ⲟⲩⲱⲟⲩ ⲧⲉ ⲛⲉⲙ ⲟⲩ ϣⲟⲩϣⲟⲩ : ⲛⲉⲙ ⲟⲩⲟⲩⲛⲟϥ ⲧⲉ ⲛⲉⲙ ⲟⲩ ⲭ̀ⲗⲟⲙ ⲛ̀ⲑⲉⲗⲏⲗ ϣⲁⲣⲉ ϯϩⲟϯ ⲛ̀ⲧⲉ Ⲡⲟ̅ⲥ̅ ϯⲉⲣⲟⲩⲱⲧ ⲙ̀ⲡⲓϩⲏⲧ : ϣⲁⲥϯ ⲛ̀ⲟⲩⲟⲩⲛⲟϥ ⲛⲉⲙ ⲟⲩⲣⲁϣⲓ ⲛⲉ ⲟⲩⲉⲓ ⲛ̀ⲧⲉ ϩⲁⲛⲉ̀ϩⲟⲟⲩ : ⲫⲏⲉⲧⲉⲣϩⲟϯ ϧⲁⲧϩⲏ ⲙ̀Ⲡⲟ̅ⲥ̅ : ⲡⲓⲡⲉⲑⲛⲁⲛⲉϥ ⲛⲁϣⲱⲡⲓ ⲛⲁϥ ϧⲉⲛ ⲧⲉ ϧⲁⲉ̀ : ⲟⲩⲟϩ ⲉⲩⲉ̀ⲁ̀ⲙⲟⲛⲓ ⲙ̀ⲙⲟϥ ϧⲉⲛ ⲡⲓⲉ̀ϩⲟⲟⲩ ⲛ̀ⲧⲉ ⲡⲉϥⲙⲟⲩ : Ϯⲁⲣⲭⲏ ⲛ̀ϯⲥⲟⲫⲓⲁ ⲡⲉ ⲉ̀ⲉⲣϩⲟϯ ϧⲁⲧϩⲏ ⲙ̀Ⲡⲟ̅ⲥ̅: ⲟⲩⲟϩ ⲁⲩⲥⲟⲛⲧⲥ ⲛⲉⲙ ⲛⲓⲡⲓⲥⲧⲟⲥ ϧⲉⲛ ⲧⲟϯ : ⲁⲩϩⲓⲥⲉⲛϯ ⲙ̀ⲙⲟⲥ ϣⲁⲉⲛⲉϩ ⲛⲉⲙ ⲛⲓⲣⲱⲙ ⲟⲩⲟϩ ⲥ̀ⲛⲁⲧⲉⲛ ϩⲟⲩⲧⲥ ⲛⲉⲙ ⲡⲟⲩϫⲣⲟϫ ⲙ̀Ⲡⲟ̅ⲥ̅ ⲛ̀ϯⲥⲟⲫⲓⲁ̀ ⲡⲉ ⲉ̀ⲉⲣϩⲟϯ ϧⲁⲧϩⲏ ⲙⲠⲟⲥ : ⲟⲩⲟϩ ⲟⲩⲟⲛ ⲟⲩⲟⲩⲛⲟϥ ⲉ̀ⲃⲟⲗ ϧⲉⲛ ⲛⲉⲥⲕⲁⲣⲡⲟⲥ : ϣⲁⲥⲙⲁϩ ⲡⲉⲥⲏⲓ ⲧⲏⲣϥ ⲛ̀ⲛⲏⲉⲧⲥⲱⲧⲡ : ⲟⲩⲟϩ ⲛⲉⲥ ⲧⲱⲃⲓ ϩⲁⲛⲉ̀ⲃⲟⲗϧⲉⲛ ⲛⲉⲥⲅⲉⲛⲏⲙⲁ ⲛⲉ Ⲡⲭ̀ⲗⲟⲙ ⲛ̀ϯⲥⲟⲫⲓⲁ̀ ⲡⲉ ϯϩⲟϯ ⲛ̀ⲧⲉ Ⲫϯ ⲉⲥϯⲟⲩⲱ ⲛ̀ⲟⲩϩ̀ⲣⲏ ⲣⲓ ⲛⲉⲙ ⲟⲩϩ̀ⲙⲟⲧ ⲛ̀ⲧⲁⲗϭⲟ : ⲁϥⲛⲁⲩ ⲉ̀ⲣⲟⲥ ⲁϥⲟⲡⲥ : ⲁϥⲃⲉⲃⲓ ⲙ̀ⲡⲓⲕⲁϯ ⲛⲉⲙ ⲡⲓⲉ̀ⲙⲓ ⲛⲉⲙ ϯⲙⲉⲧⲥⲁⲃⲉ : ⲁϥϭⲓⲥⲓ ⲙ̀ⲡⲱⲟⲩ ⲙ̀ⲫⲏⲉⲧ ⲁ̀ⲙⲟⲛⲓ ⲙ̀ⲙⲟⲥ.

Ⲟⲩⲱ̀ⲟⲩ ⲛ̀ϯⲧ̀ⲣⲓⲁⲥ ⲉ̀ⲑⲟⲩⲁⲃ ⲡⲉⲛⲛⲟⲩϯ ϣⲁ ⲉ̀ⲛⲉϩ ⲛⲉⲙ ϣⲁ ⲉ̀ⲛⲉϩ ⲛ̀ⲧⲉ ⲛⲓⲉ̀ⲛⲉϩ ⲧⲏⲣⲟⲩ: ⲁ̀ⲙⲏⲛ.

Sirach 1:1-14

يشوع ابن سيراخ ١ : ١ - ١٤

A reading from Sirach the Prophet may his blessings be with us Amen.

All wisdom is from the Lord, and with him it remains forever. The sand of the sea, the drops of rain, and the days of eternity; who can count them? The height of heaven, the breadth of the earth, the abyss, and wisdom; who can search them out? Wisdom was created before all other things, and prudent understanding from eternity. The root of wisdom, to whom has it been revealed? Her subtleties; who knows them? There is but one who is wise, greatly to be feared, seated upon his throne, the Lord. It is he who created her; he saw her and took her measure;

بدء يشوع ابن سيراخ بركته المقدسة تكون معنا، آمين.

كل الحكمة فهى من قبل الرب. وهى دائمة إلى الابد. من يقدر أنى يحصى رمل البحر. وقطرات المطر وأيام الدهور من يستطيع أن يمسح علق السماء. ورحب الأرض. وعمق الغمر والحكمة. قبل كل شئ حيزت الحكمة. ومنذ الازل الفهم والفطنة ينبوع الحكمة كلمة الله فى العلا. وطرقها الوصايا الأزلية. لمن أستعلن أصل الحكمة. ومن عرف خفاياها لمن تجلت معرفة الحكمة. ومن أدرك كثرة خبرتها.

he poured her out upon all his works, upon all the living according to his gift; he lavished her upon those who love him. The fear of the Lord is glory and exultation, and gladness and a crown of rejoicing. The fear of the Lord delights the heart, and gives gladness and joy and long life. Those who fear the Lord will have a happy end; on the day of their death they will be blessed. To fear the Lord is the beginning of wisdom; she is created with the faithful in the womb. She made among human beings an eternal foundation, and among their descendants she will abide faithfully. To fear the Lord is fullness of wisdom; she inebriates mortals with her fruits; she fills their whole house with desirable goods, and their storehouses with her produce. The fear of the Lord is the crown of wisdom, making peace and perfect health to flourish. She rained down knowledge and discerning comprehension, and she heightened the glory of those who held her fast. To fear the Lord is the root of wisdom, and her branches are long life. Unjust anger cannot be justified, for anger tips the scale to one's ruin. Those who are patient stay calm until the right moment, and then cheerfulness comes back to them. They hold back their words until the right moment; then the lips of many tell of their good sense.

Glory be to the Holy Trinity our God unto the age of all ages, Amen.

واحد هو حكيم عظيم المهابه جالس على عرشه. الرب هو الذى حازها ورآها وأحصاها. وأفاضها على جميع أعمالها. فهى مع كل ذى جسد على حسب عطيته. وقد منحها لمحبيه. مخافة الرب هى مجد وفخر. وسرور وإكليل فرح. مخافة الرب تبهج القلب. وتعطى فرحاً وسروراً وطول أيام. المتقى الرب يكون له الخير فى آخرته. وينال حظوة فى يوم موته. رأس الحكمة مخافة الرب. انها تولدت فى الرحم مع المؤمنين وتأسست مع البشر مدى الدهر. وهى تثبت مع نسلهم. كمال الحكمة مخافة الرب. والفرح من ثمارها. تملأ كل بيتها من المختارين. وترويهم من عصيرها. تاج الحكمة مخافة الله. وهى تنشئ زهرة ونعمة الشفاء. قد رآها وأحصاها وأفاض الفهم والمعرفة والعلم. ورفع مجد المتمسك بها.

مجداً للثالوث القدوس الهنا إلى الأبد وإلى أبد الآبدين كلها، آمين.

Ⲟⲩⲕⲁⲧⲏⲭⲏⲥⲓⲥ

Ⲟⲩⲕⲁⲧⲏⲭⲏⲥⲓⲥ ⲛ̀ⲧⲉ ⲡⲉⲛⲓⲱⲧ ⲉⲑⲩ Ⲁⲃⲃⲁ Ϣⲉⲛⲟⲩϯ ⲡⲓⲁ̀ⲣⲭⲏ ⲙⲁⲛⲇ̀ⲣⲓⲧⲏⲥ : ⲉ̀ⲣⲉ ⲡⲉϥ̀ⲥⲙⲟⲩ ⲉⲑⲩ ϣⲱⲡⲓ ⲛⲉⲙⲁⲛ ⲁ̀ⲙⲏⲛ.

Ⲉϣⲱⲡ ϫⲉ ϯⲛⲟⲩ ⲱ̀ⲛⲓ ⲉ̀ⲛⲛⲟⲩ ⲧⲉⲛⲟⲩⲱϣ ⲉ̀ⲉⲣ ⲉ̀ⲃⲟⲗ ⲉ̀ⲛⲉⲛϫⲓϫ ⲙ̀Ⲫϯ ⲟⲩⲟϩ ⲛ̀ⲧⲉⲛϫⲓⲙⲓ ⲛ̀ⲟⲩⲛⲁⲓ ⲛⲁϩⲣⲁϥ ⲙⲁⲣⲉⲛϩⲉⲙⲥⲓ ⲉ̀ϧⲣⲏ ⲛ̀ⲣⲟⲩϩⲓ ⲙ̀ⲙⲏⲛⲓ ⲥⲁ ⲡ̀ⲥⲁ ⲙ̀ⲙⲁⲩⲁ̀ⲧⲉⲛ : ⲙⲉⲛⲉⲛⲥⲁ ⲡ̀ϫⲱⲕ ⲙ̀ⲡⲓⲉ̀ϩⲟⲟⲩ ⲛ̀ⲧⲉⲛϧⲉⲧϧⲱⲧⲉⲛ ⲙ̀ⲙⲓⲛ ⲙ̀ⲙⲟⲛ : ϫⲉ ⲉ̀ⲧⲁⲛϯ ⲛⲟⲩ ⲙ̀ⲡⲓⲁ̀ⲅⲅⲉⲗⲟⲥ ⲉⲧⲉⲣⲇⲓⲁⲕⲟⲛⲓⲛ ⲉ̀ⲣⲟⲛ ⲉⲑⲣⲉϥ ⲉ̀ⲛϥ ⲉ̀ⲡ̀ϣⲱⲓ ϩⲁ Ⲡⲟ̅ⲥ̅.
Ⲟⲩⲟϩ ⲟⲛ ⲁⲣⲉϣⲁⲛ ⲡⲓⲉ̀ϫⲱⲣϩ ϫⲱⲕⲉⲃⲟⲗ. ⲛ̀ⲧⲉϥⲓ̀ ⲉ̀ⲡ̀ϣⲱⲓ ⲛ̀ϫⲉ ⲡⲓⲟⲩⲱⲓⲛⲓ ⲛ̀ⲧⲉⲛϧⲉⲧϧⲱⲧⲉⲛ ⲙ̀ⲙⲁⲩⲁⲧⲉⲛ ⲟⲩⲟϩ ⲛ̀ⲧⲉⲛⲉ̀ⲙⲓ ϫⲉⲟⲩⲡⲉ ⲉ̀ⲧⲉⲛⲛⲁⲧⲏⲓϥ ⲙ̀ⲡⲓⲁ̀ⲅⲅⲉⲗⲟⲥ ⲉⲧⲑⲏϣ ⲉ̀ⲣⲟⲛ : ⲉⲑⲣⲉϥⲉⲛϥ ⲉ̀ⲡ̀ϣⲱⲓ ϩⲁ Ⲫϯ : Ⲟⲩⲟϩ ⲙ̀ⲡⲉⲣϭⲓⲥⲁⲛⲓⲥ ϩⲟⲗⲱⲥ ⲉ̀ⲃⲟⲗ : ϫⲉ ⲣⲱⲙⲓ ⲛⲓⲃⲉⲛ ⲓ̀ⲧⲉϩⲱⲟⲩⲧ : ⲓ̀ⲧⲉ ⲥϩⲓⲙⲓ ⲓ̀ⲧⲉⲕⲟⲩϫⲓ : ⲓ̀ⲧⲉ ⲛⲓϣϯ : ⲉⲁϥϭⲓⲱⲙⲥ ⲉ̀ⲫⲣⲁⲛ ⲙ̀ⲫⲓⲱⲧ ⲛⲉⲙ ⲡ̀ϣⲏⲣⲓ ⲛⲉⲙ ⲡⲓⲡ̅ⲛ̅ⲁ̅ ⲉ̅ⲑ̅ⲩ̅ : ϣⲁⲣⲉ Ⲫϯ ⲭⲱ ⲛ̀ⲟⲩⲁ̀ⲅⲅⲉⲗⲟⲥ ⲉϥⲑⲏϣ ⲉ̀ⲣⲟϥ : ϣⲁⲡⲓⲉ̀ϩⲟⲟⲩ ⲛ̀ⲧⲉⲡⲉϥⲙⲟⲩ : ⲉϥⲓ̀ⲛⲓ ⲉ ⲡ̀ϣⲱⲓ ϩⲁⲣⲟϥ ⲙ̀ⲙⲏⲛⲓ ⲛ̀ⲛⲓϩ̀ⲃⲏⲟⲩⲓ ⲛ̀ⲧⲉ ⲡⲓⲣⲱⲙⲓ ⲉ̀ⲧⲉϥϫⲁⲗⲏⲟⲩⲧ ⲉ̀ⲣⲟϥ ⲛⲁⲡⲓⲉ̀ϩⲟⲟⲩ ⲛⲉⲙ ⲛⲁⲡⲓⲉ̀ϫⲱⲣϩ : ⲉ̀ⲃⲟⲗϫⲉⲛⲁϥⲟⲓ ⲛ̀ⲁⲧⲉ̀ⲙⲓ ⲁⲛ ⲛ̀ϫⲉⲪϯ ⲉ̀ⲛⲉⲛϩ̀ⲃⲏⲟⲩⲓ ⲛ̀ⲛⲉⲥϣⲱⲡⲓ : ⲁⲗⲗⲁ ϥⲥⲱⲟⲩⲛ ⲙ̀ⲙⲱⲟⲩ ⲛ̀ϧⲟⲩⲟ : Ⲕⲁⲧⲁ ⲫ̀ⲣⲏϯ ⲉⲧⲥ̀ϧⲏⲟⲩⲧ : ϫⲉⲓⲥ ⲛⲉⲛⲃⲁⲗ ⲙ̀Ⲡⲟ̅ⲥ̅ ⲥⲉϫⲟⲩϣⲧ ⲛ̀ⲥⲏⲟⲩ ⲛⲓⲃⲉⲛ ϧⲉⲛ ⲙⲁⲓ ⲛⲓⲃⲉⲛ ⲉ̀ϫⲉⲛ ⲛⲏⲉⲧⲓ̀ⲣⲓ ⲙ̀ⲡⲓⲡⲉⲧϩⲱⲟⲩ ⲛⲉⲙ ⲛⲏⲉⲧⲓ̀ⲣⲓ ⲙ̀ⲡⲓⲡⲉⲑⲛⲁⲛⲉϥ : Ⲁⲗⲗⲁ ϩⲁⲛⲣⲉϥϣⲉⲙϣⲓ ⲛⲉ ⲉ̀ⲧⲁϥⲑⲁϣⲟⲩ ϩⲓ ⲛⲁⲓ ⲛ̀ϫⲉ ⲡⲓⲇⲏⲙⲓⲟⲩⲣⲅⲟⲥ ⲙ̀ⲡ̀ⲧⲏⲣϥ : ⲉⲑⲃⲉ ⲛⲏⲉⲑⲛⲁⲉⲣ ⲕ̀ⲗⲏⲣⲟⲛⲟⲙⲓⲛ ⲛ̀ⲟⲩⲛⲟϩⲉⲙ.

Ⲙⲁⲣⲉⲛⲉⲣ ⲥ̀ⲫⲣⲁϫⲓⲍⲓⲛ ⲛ̀ϯⲕⲁⲧⲏⲭⲏⲥⲓⲥ ⲛ̀ⲧⲉ ⲡⲉⲛⲓⲱⲧ ⲉ̅ⲑ̅ⲩ̅ ⲁⲃⲃⲁ Ϣⲉⲛⲟⲩϯ ⲡⲓⲁ̀ⲣⲭⲏ ⲙⲁⲛ̀ⲇⲣⲓⲧⲏⲥ : ⲫⲏⲉ̀ⲧⲁϥⲉⲣⲟⲩⲱⲓⲛⲓ ⲙ̀ⲡⲉⲛⲛⲟⲩⲥ ⲛⲉⲙ ⲛⲓⲃⲁⲗ ⲛ̀ⲧⲉ ⲛⲉⲛϩⲏⲧ ϧⲉⲛ ⲫ̀ⲣⲁⲛ ⲙ̀Ⲫⲓⲱⲧ ⲛⲉⲙ Ⲡ̀ϣⲏⲣⲓ ⲛⲉⲙ ⲡⲓⲡ̅ⲛ̅ⲁ̅ ⲉ̅ⲑ̅ⲩ̅ ⲟⲩⲛⲟⲩϯ ⲛ̀ⲟⲩⲱⲧ ⲁ̀ⲙⲏⲛ.

Homily

A homily of our Holy Father Abba Shenouda the Archimandrite may his blessings be with us. Amen.

Brethern, if we want to escape God's punishment and find mercy in his eyes, let us sit every evening alone by ourselves and search our souls for what we presented to our guardian angel to offer to the Lord.
Again, as the night goes by and a new day dawns and light prevails, let us search ourselves to know what we presented to our companion angel to offer to the Lord. Let it be beyond doubt that everyone of us, male or

عظة

عظة لأبينا القديس أنبا شنودة رئيس المتوحدين بركته المقدسة تكون معنا آمين.

يا اخوة، إن كنا نريد الآن أن نفلت من يدى عقاب الله. ونجد رحمة أمامه. فلنجلس بالعشاء كل يوم منفردين وحدنا عند كمال النهار. ونفتش ذواتنا عما قدمناه للملاك الذى يخدمنا (الملازم لنا) ليصعده إلى الرب. وأيضاً إذا انقضى الليل وطلع النهار (وأشرق النور) نفتش ذواتنا وحدنا ونعلم ما الذى قدمناه للملاك الموكل بنا

female, young or old, who was baptized in the name of the Father, the Son and the Holy Spirit has been assigned to a designated angel until the day of his death to report to him every day what his assigned individual has done by day or by night. Not that God is unaware of what we have done. Heaven forbid! He is more knowledgeable about it. As is written, the eyes of the Lord are watching all the time everywhere on those who commit evil and on those who do good. Rather the angels are servants installed by the Creator of the universe for those who will inherit the salvation.

ليصعده إلى الله. ولا نشك البتة لان كل إنسان ذكراً كان أو أنثى صغيراً أو كبيراً. قد اعتمد باسم الآب والابن والروح القدس قد جعل الله له ملاكاً موكلاً به إلى يوم وفاته. وليصعد إليه كل يوم أعمال الإنسان الموكل به (الليلية والنهارية) ليس لان الله غير عارف بأعمالنا. حاشا. بل هو عارف بها أكثر. كما هو مكتوب أن عينى الرب ناظرة كل حين فى كل مكان على صانعى الشر وفاعلى الخير انما الملائكة هم خدام قد أقامهم خالق الكل. من أجل المزمعين لوراثة الخلاص.

We conclude the homily of our Holy Father Abba Shenouda, the Archimandrite who enlightened our minds and our hearts. In the name of the Father, and the Son, and the Holy Spirit, one God. Amen.

فلنختم موعظة أبينا القديس أنبا شنودة رئيس المتوحدين الذى أنار عقولنا وعيون قلوبنا باسم الآب والابن والروح القدس الاله الواحد آمين.

The Doxology of the Pascha Hour: "Thine is the Power…" on page A5.

تسبحة ساعة البصخة: "لك القوة..." صفحة ٥ فى اخر الكتاب.

Ⲯⲁⲗⲙⲟⲥ ⲟ̅ⲁ̅ : ⲓ̅ⲏ̅

Ϥ̀ⲥⲙⲁⲣⲱⲟⲩⲧ ⲛ̀ϫⲉ Ⲡⲟ̅ⲥ̅ Ⲫⲧ̅ ⲙ̀ⲡⲓⲒⲥⲣⲁⲏⲗ : ⲫⲏⲉⲧⲓⲣⲓ ⲛ̀ϩⲁⲛϣ̀ⲫⲏⲣⲓ ⲙ̀ⲙⲁⲩⲁⲧϥ.
Ϥ̀ⲥⲙⲁⲣⲱⲟⲩⲧ ⲛ̀ϫⲉ ⲡⲓⲣⲁⲛ ⲉⲑⲩ ⲛ̀ⲧⲉ ⲡⲉϥ̀ⲱⲟⲩ ϣⲁⲉⲛⲉϩ : ⲉⲥⲉϣ̀ⲱⲡⲓ ⲉⲥⲉϣ̀ⲱⲡⲓ: ⲁ̅ⲗ̅.

Psalm 71:18-19

A Psalm of David the Prophet.

Blessed be the LORD God, the God of Israel,
Who only does wondrous things! And blessed be His glorious name forever! Alleluia.

المزمور ٧١: ١٨

من مزامير داود النبى

مبارك الرب إله اسرائيل الصانع العجائب وحده. مبارك اسم مجده القدوس إلى الابد يكون : هلليلويا.

Ⲉⲩⲁⲅⲅⲉⲗⲓⲟⲛ ⲕⲁⲧⲁ Ⲙⲁⲣⲕⲟⲛ Ⲕⲉⲫ ⲓ̅ⲁ̅ : ⲓ̅ⲃ̅ - ⲕ̅ⲇ̅

Ⲟⲩⲟϩ ⲉ̀ⲡⲉϥⲣⲁⲥϯ ⲉ̀ⲧⲁⲩⲓⲟⲥ ⲉ̀ⲃⲟⲗ ϧⲉⲛ ⲉ̀Ⲃⲏⲑⲁⲛⲓⲁ ⲁϥϩⲕⲟ : **Ⲟⲩⲟϩ** ⲉ̀ⲧⲁϥⲛⲁⲩ ⲉⲟⲩⲃⲱ ⲛ̀ⲕⲉⲛⲧⲉ ϩⲓⲫⲟⲩⲉⲓ ⲉ̀ⲟⲩⲟⲛ ϩⲁⲛϫⲱⲃⲓ ϩⲓⲱⲧⲥ ⲁϥⲓ ⲇⲉ ϩⲁⲣⲁ ⲁϥⲛⲁϫⲉⲙ ϩⲗⲓ ϩⲓⲱⲧⲥ ⲟⲩⲟϩ ⲉⲧⲁϥⲓ ⲉϫⲱⲥ ⲙ̀ⲡⲉϥϫⲉⲙ ϩⲗⲓ ⲉⲃⲏⲗ ⲉϩⲁⲛϫⲱⲃⲓ : ⲛⲉ ⲡⲥⲛⲟⲩ ⲅⲁⲣ ⲛ̀ⲕⲉⲛⲧⲉ ⲁⲛ ⲡⲉ : **Ⲟⲩⲟϩ** ⲉⲧⲁϥⲉ̀ⲣⲟⲩⲱ ⲛ̀ϫⲉ Ⲓⲏ̅ⲥ̅ ⲡⲉϫⲁϥ ⲛⲁⲥ ϫⲉ ⲛ̀ⲛⲉϩⲗⲓ ϫⲉ ⲟⲩⲉⲙ ⲟⲩⲧⲁϩ ϩⲓⲱϯ ϣⲁⲉ̀ⲛⲉϩ ⲟⲩⲟϩ ⲛⲁⲩⲥⲱⲧⲉⲙ ⲛ̀ϫⲉ ⲛⲉϥⲙⲁⲑⲏⲧⲏⲥ. **Ⲟⲩⲟϩ** ⲁⲩⲓ ⲉ̀Ⲓⲗ̅ⲏ̅ⲙ̅ ⲟⲩⲟϩ ⲉⲧⲁϥⲓ ⲉ̀ϧⲟⲩⲛ ⲛ̀ϫⲉ Ⲓⲏ̅ⲥ̅ ⲉ̀ⲡⲓⲉⲣⲫⲉⲓ ⲁϥⲉⲣϩⲏⲧⲥ ⲛ̀ϩⲓⲟⲩⲓ ⲉ̀ⲃⲟⲗ ⲛ̀ⲛⲏⲧⲏⲣⲟⲩ ⲉⲧϯ ⲉ̀ⲃⲟⲗ ⲛⲉⲙ ⲛⲏⲉⲧϣⲱⲡ ϧⲉⲛ ⲡⲓⲉⲣⲫⲉⲓ ⲟⲩⲟϩ ⲛⲓⲧⲣⲁⲡⲉⲍⲁ ⲛ̀ⲧⲉ ⲛⲓⲕⲟⲗⲗⲓⲃⲓⲥⲧⲏⲥ ⲛⲉⲙ ⲛⲓⲕⲁⲑⲉⲇⲣⲁ ⲛ̀ⲧⲉ ⲛⲏⲉⲧϯ ϭⲣⲟⲙⲡⲓ ⲉ̀ⲃⲟⲗ ⲁϥⲥⲟⲥⲟⲩ : **Ⲟⲩⲟϩ** ⲛⲁϥⲭⲱ ⲛϩⲗⲓ ⲁⲛ ⲡⲉ ϩⲓⲛⲁ ⲛⲧⲉϥⲉⲛ ⲟⲩⲥⲕⲉⲩⲟⲥ ⲉ̀ⲃⲟⲗϩⲓⲧⲉⲛ ⲡⲓⲉⲣⲫⲉⲓ : **Ⲟⲩⲟϩ** ⲛⲁϥϯⲥⲃⲱ ⲟⲩⲟϩ ⲛⲁϥϫⲱ ⲙ̀ⲙⲟⲥ ⲛⲱⲟⲩ ϫⲉ ⲥⲥϧⲏⲟⲩⲧ ϫⲉ ⲡⲁⲏⲓ ⲉⲩⲉ̀ⲙⲟⲩϯ ⲉ̀ⲣⲟϥ ϫⲉ ⲟⲩⲏⲓ ⲙ̀ⲡⲣⲟⲥⲉⲩⲭⲏ ⲛ̀ⲛⲓⲉⲑⲛⲟⲥ ⲧⲏⲣⲟⲩ ⲛ̀ⲑⲱⲧⲉⲛ ⲇⲉ ⲁ̀ⲣⲉⲧⲉⲛⲁⲓϥ ⲙ̀ⲃⲏⲃ ⲛ̀ⲥⲟⲛⲓ.

Ⲟⲩⲟϩ ⲁⲩⲥⲱⲧⲉⲙ ⲛ̀ϫⲉ ⲛⲓⲁⲣⲭⲏⲉ̀ⲣⲉⲩⲥ ⲛⲉⲙ ⲛⲓⲥⲁϧ ⲟⲩⲟϩ ⲛⲁⲩⲕⲱϯ ϫⲉ ⲁⲩⲛⲁⲧⲁⲕⲟϥ ⲛ̀ⲁϣ ⲛ̀ⲣⲏϯ ⲛⲁⲩⲉⲣϩⲟϯ ⲅⲁⲣ ⲡⲉ ϧⲁⲧⲉϥϩⲏ ⲡⲓⲙⲏϣ ⲅⲁⲣ ⲧⲏⲣϥ ⲛⲁⲩⲉⲣϣ̀ⲫⲏⲣⲓ ⲉϫⲉⲛ ⲧⲉϥⲥ̀ⲃⲱ : **Ⲟⲩⲟϩ** ⲉ̀ϣⲱⲡ ⲛ̀ⲧⲉ ⲣⲟⲩϩⲓ ϣⲱⲡⲓ ⲛⲁϥϩⲏⲗ ⲥⲁⲃⲟⲗ ⲛ̀ϯⲃⲁⲕⲓ : **Ⲟⲩⲟϩ** ⲉⲩⲥⲓⲛⲓⲱⲟⲩ ⲛ̀ϩⲁⲛⲁ̀ⲧⲟⲟⲩⲓ ⲁϥⲛⲁⲩ ⲉ̀ϯⲃⲱ ⲛ̀ⲕⲉⲛⲧⲉ ⲉ̀ⲁⲥϣⲱⲟⲩⲓ ϩⲓ ⲧⲉⲥⲛⲟⲩⲛⲓ : **Ⲟⲩⲟϩ** ⲉ̀ⲉⲧⲁϥⲉⲣⲫⲙⲉⲩⲓ ⲛ̀ϫⲉ Ⲡⲉⲧⲣⲟⲥ ⲡⲉϫⲁϥ ⲛⲁϥ ϫⲉ ⲣⲁⲃⲃⲓ ⲓⲥ ϯⲃⲱ ⲛ̀ⲕⲉⲛⲧⲉ ⲉⲧⲁⲕⲥⲁϩⲟⲩⲓ ⲉ̀ⲣⲟⲥ ⲁⲥϣⲱⲟⲩⲓ : **Ⲟⲩⲟϩ** ⲉⲧⲁϥⲉ̀ⲣⲟⲩⲱ ⲛ̀ϫⲉ Ⲓⲏ̅ⲥ̅ ⲡⲉϫⲁϥ ⲛⲱⲟⲩ ϫⲉ ⲭⲁⲟⲩⲛⲁϩϯ ⲛ̀ⲧⲉ Ⲫϯ ⲛ̀ⲧⲉⲛⲑⲏⲛⲟⲩ : **Ⲁ̀ⲙⲏⲛ** ⲅⲁⲣ ϯϫⲱ ⲙ̀ⲙⲟⲥ ⲛⲱⲧⲉⲛ ϫⲉ ⲫⲏⲉⲑⲛⲁϫⲟⲥ ⲙ̀ⲡⲁⲓⲧⲱⲟⲩ ϫⲉ ϥⲓⲧⲕ ⲟⲩⲟϩ ϩⲓⲧⲕ ⲉ̀ⲫⲓⲟⲙ ⲟⲩⲟϩ ⲛ̀ⲧⲉϥϣⲧⲉⲙ ϭⲓⲥⲁⲛⲓⲥ ϧⲉⲛ ⲡⲉϥϩⲏⲧ ⲁⲗⲗⲁ ⲛ̀ⲧⲉϥⲛⲁϩϯ ϫⲉ ⲫⲏⲉ̀ⲧⲉϥϫⲱ ⲙ̀ⲙⲟϥ ϥⲛⲁϣⲱⲡⲓ ⲉϥⲉ̀ϣⲱⲡⲓ ⲛⲁϥ : **Ⲉⲑⲃⲉ** ⲫⲁⲓ ϯϫⲱ ⲙ̀ⲙⲟⲥ ⲛⲱⲧⲉⲛ ϫⲉ ϩⲱⲃ ⲛⲓⲃⲉⲛ ⲉⲧⲉⲧⲉⲛⲛⲁⲉⲣⲉⲧⲓⲛ ⲙ̀ⲙⲟϥ ϧⲉⲛ ⲟⲩⲡⲣⲟⲥⲉⲩⲭⲏ ⲛⲁϩϯ ϫⲉ ⲁ̀ⲣⲉⲧⲉⲛϭⲓ ⲟⲩⲟϩ ⲉⲥⲉ̀ϣⲱⲡⲓ ⲛⲱⲧⲉⲛ :

Ⲟⲩⲱϣⲧ ⲙ̀ⲡⲓⲉⲩⲁⲅⲅⲉⲗⲓⲟⲛ ⲉ̅ⲑ̅ⲩ̅.

Mark 11:12-24

A reading from the Holy Gospel according to St. Mark.

مرقس ١١: ١٢ - ٢٤

فصل شريف من إنجيل معلمنا مار مرقس البشير بركاته علينا آمين.

Now the next day, when they had come out from Bethany, He was hungry. And seeing from afar a fig tree having leaves, He went to see if perhaps He would find something on it. When He came to it, He found nothing but leaves, for it was not the season for figs. In response Jesus said to it, "Let no one eat fruit from you ever again." And His disciples heard it. So they came to Jerusalem. Then Jesus went into the temple and began to drive out those who bought and sold in the temple, and overturned the tables of the moneychangers and the seats of those who sold doves. And He would not allow anyone to carry wares through the temple. Then He taught, saying to them, "Is it not written, "My house shall be called a house of prayer for all nations'? But you have made it a "den of thieves."' And the scribes and chief priests heard it and sought how they might destroy Him; for they feared Him, because all the people were astonished at His teaching. When evening had come, He went out of the city. Now in the morning, as they passed by, they saw the fig tree dried up from the roots. And Peter, remembering, said to Him, "Rabbi, look! The fig tree which You cursed has withered away." So Jesus answered and said to them, "Have faith in God. For assuredly, I say to you, whoever says to this mountain, "Be removed and be cast into the sea,' and does not doubt in his heart, but believes that those things he says will be done, he will have whatever he says. Therefore I say to you, whatever things you ask when you

وَفِي الْغَدِ لَمَّا خَرَجُوا مِنْ بَيْتِ عَنْيَا جَاعَ فَنَظَرَ شَجَرَةَ تِينٍ مِنْ بَعِيدٍ عَلَيْهَا وَرَقٌ وَجَاءَ لَعَلَّهُ يَجِدُ فِيهَا شَيْئاً. فَلَمَّا جَاءَ إِلَيْهَا لَمْ يَجِدْ شَيْئاً إِلاَّ وَرَقاً لأَنَّهُ لَمْ يَكُنْ وَقْتَ التِّينِ. فَقَالَ يَسُوعُ لَهَا: «لاَ يَأْكُلْ أَحَدٌ مِنْكِ ثَمَراً بَعْدُ إِلَى الأَبَدِ». وَكَانَ تَلاَمِيذُهُ يَسْمَعُونَ. وَجَاءُوا إِلَى أُورُشَلِيمَ. وَلَمَّا دَخَلَ يَسُوعُ الْهَيْكَلَ ابْتَدَأَ يُخْرِجُ الَّذِينَ كَانُوا يَبِيعُونَ وَيَشْتَرُونَ فِي الْهَيْكَلِ وَقَلَّبَ مَوَائِدَ الصَّيَارِفَةِ وَكَرَاسِيَّ بَاعَةِ الْحَمَامِ. وَلَمْ يَدَعْ أَحَداً يَجْتَازُ الْهَيْكَلَ بِمَتَاعٍ. وَكَانَ يُعَلِّمُ قَائِلاً لَهُمْ: «أَلَيْسَ مَكْتُوباً: بَيْتِي بَيْتَ صَلاَةٍ يُدْعَى لِجَمِيعِ الأُمَمِ؟ وَأَنْتُمْ جَعَلْتُمُوهُ مَغَارَةَ لُصُوصٍ». وَسَمِعَ الْكَتَبَةُ وَرُؤَسَاءُ الْكَهَنَةِ فَطَلَبُوا كَيْفَ يُهْلِكُونَهُ لأَنَّهُمْ خَافُوهُ إِذْ بُهِتَ الْجَمْعُ كُلُّهُ مِنْ تَعْلِيمِهِ. وَلَمَّا صَارَ الْمَسَاءُ خَرَجَ إِلَى خَارِجِ الْمَدِينَةِ. وَفِي الصَّبَاحِ إِذْ كَانُوا مُجْتَازِينَ رَأَوُا التِّينَةَ قَدْ يَبِسَتْ مِنَ الأُصُولِ فَتَذَكَّرَ بُطْرُسُ وَقَالَ لَهُ: «يَا سَيِّدِي انْظُرْ التِّينَةُ الَّتِي لَعَنْتَهَا قَدْ يَبِسَتْ!» فَأَجَابَ يَسُوعُ: «لِيَكُنْ لَكُمْ إِيمَانٌ بِاللَّهِ. لأَنِّي الْحَقَّ أَقُولُ لَكُمْ: إِنَّ مَنْ قَالَ لِهَذَا الْجَبَلِ انْتَقِلْ وَانْطَرِحْ فِي لْبَحْرِ وَلاَ يَشُكُّ فِي قَلْبِهِ بَلْ يُؤْمِنُ أَنَّ مَا يَقُولُهُ يَكُونُ فَمَهْمَا قَالَ يَكُونُ لَهُ. لِذَلِكَ أَقُولُ لَكُمْ: كُلُّ مَا تَطْلُبُونَهُ حِينَمَا تُصَلُّونَ فَآمِنُوا أَنْ تَنَالُوهُ فَيَكُونَ لَكُمْ.

أسجدوا للإنجيل المقدس.

والمجد لله دائماً.

pray, believe that you receive them, and you will have them.
Bow down before the Holy Gospel.
Glory be to God forever.

Commentary

The Commentary of The First Hour of Monday of Holy Pascha, may its blessings be with us all. Amen.

In the beginning, God created the heavens and the earth and adorned them with His spirit. He covered darkness and unveiled the light, and distinguished between them with new names. He called the light day and the darkness night. He created all these in the same day with wisdom and prudence. On the second day, God created the firmament and separated between the water. God established the water above the firmament and called it heaven. On the third day, He gathered the water and made the land appear over it. On the fourth day, God created the sun, the moon, and the multitude of stars. On the fifth day, God created the birds, the whales, the farm animals and various kinds of grass, plants, and fruitful trees. On the sixth day, God created Adam, the first man, and a companion for him from his own flesh. He designated them male and female and gave them dominion over all the creatures He created. God rested on the seventh day from all the work He completed. These are the designs of the Creator and the Founder of all creation.

طرح

طرح الساعة الأولى من يوم الاثنين من البصخة المقدسة بركتها علينا. آمين.

فى البدء خلق الله السماء والأرض. وزينهما هكذا بروح فيه، وبدد الظلمة واخرج النور، وفرق بينهما بأسماء جديدة، ودعا النور نهاراً ودعا الظلمة ليلاً. وفى ذلك اليوم خلق هذه جميعها بحكمة وفهم رفيع. وفى اليوم الثانى خلق الله جلد السماء، وفصل بين مياه ومياه، وبعد هذا ثبت الله الماء العلوى وأسماه سماء. وفى اليوم الثالث جمع المياه وثبت الأرض فوق المياه، وفى اليوم الرابع خلق الشمس والقمر وكثرة النجوم، وفى اليوم الخامس خلق الهواء والطيور والحيتان الكبار وحيوانات الحقل وخلق أنواع الشجر ومزروعات الحقل والعشب المزروع المثمر. وفى اليوم السادس خلق الله الكائن الحى العظيم الإنسان الأول، مع معينة له من جسده، ذكراً وانثى كالتدبير. هذان جعلهما متسلطين على جميع أعماله التى خلقها الخالق. واستراح فى اليوم السابع لأن فيه أكمل جميع أعماله. هذا هو تدبير الخالق ومؤسس كل الموجودات.

Third Hour of Monday

الساعة الثالثة من يوم الاثنين

Ⲏ̀ⲥⲁⲏ̀ⲁⲥ Ⲕⲉⲫ ⲉ̅ : ⲕ̅ - ϣ̅ⲃ̅ⲗ̅

Ⲉ̀ⲃⲟⲗϧⲉⲛ Ⲏ̀ⲥⲁⲏ̀ⲁⲥ ⲡⲓⲡ̀ⲣⲟⲫⲏⲧⲏⲥ:

ⲉⲣⲉⲡⲉϥ̀ⲥ̀ⲙⲟⲩ ⲉ̀ⲑⲟⲩⲁⲃ ϣⲱⲡⲓ ⲛⲉⲙⲁⲛ ⲁ̀ⲙⲏⲛ ⲉϥϫⲱ ⲙ̀ⲙⲟⲥ.

Ⲟⲩⲟⲓ ⲛ̀ⲛⲏⲉⲧϫⲱ ⲙ̀ⲙⲟⲥ : Ϫⲉ ⲛⲁⲛⲉ ⲡⲓⲡⲉⲧϩⲱⲟⲩ : ⲟⲩⲟϩ ϥ̀ϩⲱⲟⲩ ⲛ̀ϫⲉ ⲡⲓⲡⲉⲑⲛⲁⲛⲉϥ : ⲛⲏⲉⲧ ϣⲱⲡ ⲙ̀ⲡⲓⲭⲁⲕⲓ ϫⲉ ⲟⲩⲟⲩⲱⲓⲛⲓ : ⲟⲩⲟϩ ⲡⲓⲟⲩⲱⲓⲛⲓ ϫⲉ ⲟⲩⲭⲁⲕⲓ ⲡⲉ : ⲛⲏⲉⲧϫⲱⲙ̀ⲙⲟⲥ ⲉ̀ⲡⲉⲧϩⲟⲗϫ ϫⲉ ⲟⲩⲉⲛϣⲁϣⲓ ⲟⲩⲟϩ ⲉⲧⲟⲓ ⲡⲓⲉⲛϣⲁϣⲓ ϫⲉ ϥ̀ϩⲟⲗϫ : Ⲟⲩⲟⲓ ⲛ̀ⲛⲏⲉⲧⲟⲓ ⲛ̀ⲥⲁⲃⲉ ⲛⲱⲟⲩ ⲙ̀ⲙⲁⲩⲁⲧⲟⲩ : ⲟⲩⲟϩ ⲛ̀ⲣⲉϥⲕⲁϯ ⲙ̀ⲡⲟⲩⲙ̀ⲑⲟ ⲉ̀ⲃⲟⲗ Ⲟⲩⲟⲓ ⲛ̀ⲛⲏⲉⲧⲉⲛϫⲱⲣⲓ ⲛⲁⲓ ⲉⲧⲥⲱ ⲙ̀ⲡⲓⲏⲣⲡ ⲟⲩⲟϩ ⲛ̀ⲇⲩⲛⲁⲥⲧⲏⲥ ⲛⲁⲓ ⲉⲧⲑⲱϧ ⲙ̀ⲡⲓⲥⲓⲕⲓⲣⲁ.

Ⲛⲏⲉⲧⲑⲙⲁⲓⲟ ⲙ̀ⲡⲓⲁ̀ⲥⲉⲃⲏⲥ ⲉⲑⲃⲉ ⲟⲩⲇⲱⲣⲟⲛ : ⲟⲩⲟϩ ⲁⲩⲱⲗⲓ ⲛ̀ϯⲙⲉⲑⲙⲏⲓ ⲛ̀ⲧⲉ ⲡⲓⲑⲙⲏⲓ : Ⲉⲑⲃⲉ ⲫⲁⲓ ⲙ̀ⲫ̀ⲣⲏϯ ⲉ̀ϣⲁⲣⲉ ⲟⲩⲣⲱⲟⲩⲓ̀ ⲙⲟϩ ϩⲓⲧⲉⲛ ϩⲁⲛϫⲉⲃⲥ ⲛ̀ⲭⲣⲱⲙ : ⲟⲩⲟϩ ⲉ̀ϣⲁⲩⲣⲱⲕϩ ϩⲓⲧⲉⲛ ⲟⲩϣⲁϩ ⲉϥⲥⲱⲕ : ⲉⲥⲉ̀ϣⲱⲡⲓ ⲛ̀ϫⲉ ⲧⲟⲩⲛⲟⲩⲛⲓ ⲙ̀ⲫ̀ⲣⲏϯ ⲛ̀ⲟⲩⲣⲏⲥⲓ ⲟⲩⲟϩ ⲧⲟⲩϩ̀ⲣⲏⲣⲓ ⲉⲥⲉ̀ϣⲱⲡⲓ ⲙ̀ⲫ̀ⲣⲏϯ ⲛⲟⲩϣ̀ϩⲓϫ : ⲙ̀ⲡⲟⲩⲱϣ ⲅⲁⲣ ⲙ̀ⲫ̀ⲛⲟⲙⲟⲥ ⲙ̀Ⲫϯ Ⲡ̅ⲟ̅ⲥ̅ ⲥⲁⲃⲁⲱⲑ : ⲁⲗⲗⲁ ⲁⲩϯϫⲱⲛⲧ ⲙ̀ⲡ̀ⲥⲁϫⲓ ⲙ̀ⲡⲉⲑⲟⲩⲁⲃ ⲙ̀ⲡⲓⲤ̅ⲗ̅ : ⲟⲩⲟϩ Ⲡ̅ⲟ̅ⲥ̅ ⲥⲁⲃⲁⲱⲑ ⲁϥϫⲱⲛⲧ ϧⲉⲛ ⲟⲩⲙ̀ⲃⲟⲛ ⲉ̀ϫⲉⲛ ⲡⲉϥⲗⲁⲟⲥ : ⲟⲩⲟϩ ⲁϥⲉⲛⲧⲟⲧϥⲉ̀ϣⲁⲣⲓ ⲉ̀ⲣⲱⲟⲩ : ⲟⲩⲟϩ ⲁϥⲙ̀ⲃⲟⲛ ⲉ̀ϫⲉⲛ ⲛⲓⲧⲱⲟⲩ : ⲁⲩϣⲱⲡⲓ ⲛ̀ϫⲉ ⲛⲟⲩⲣⲉϥⲙⲱⲟⲩⲧ ⲙ̀ⲫ̀ⲣⲏϯ ⲛⲛⲓⲓ̀ⲧⲉⲛ ϧⲉⲛ̀ⲑⲙⲏϯ ⲙ̀ⲡⲓⲙⲱⲓⲧ ⲟⲩⲟⲩ ⲉ̀ϫⲉⲛ ⲛⲁⲓ ϯⲏⲣⲟⲩ ⲙ̀ⲡⲉϥⲧⲁⲥⲑⲟ ⲛ̀ϫⲉ ⲡⲓϫⲱⲛⲧ ⲁⲗⲗⲁ ⲉ̀ⲧⲓ ⲥ̀ⲃⲟⲥⲓ ⲛ̀ϫⲉ ϯϫⲓϫ. Ⲉⲑⲃⲉ ⲫⲁⲓ ϫⲉ ⲉϥⲉ̀ⲱⲗⲓ ⲛ̀ⲟⲩⲙⲏⲓⲛⲓ ⲉ̀ⲛⲓⲉⲑⲛⲟⲥ ⲉⲧϩⲓⲫⲟⲩⲉⲓ ⲟⲩⲟϩ ⲛ̀ⲧⲉϥⲥⲟⲕⲟⲩ ⲓⲥϫⲉⲛ ⲁⲩⲣⲏϫϥ ⲙ̀ⲡⲕⲁϩⲓ ⲟⲩⲟϩ ϩⲏⲡⲡⲉ ⲥⲉ ⲉ̀ⲛⲟⲩ ⲛ̀ϫⲱⲗⲉⲙ ⲉⲧⲁⲥⲓ̀ⲱⲟⲩ : Ⲙ̀ⲛⲟⲩϩⲕⲟ ⲅⲁⲣ ⲟⲩⲇⲉ ⲙ̀ⲛⲟⲩϧ̀ⲓⲥⲓ ⲛ̀ⲥⲉⲛⲁϩ̀ⲓⲛⲓⲙ ⲁⲛ : ⲟⲩⲟϩ ⲛ̀ⲥⲉⲛⲁⲉⲛⲕⲟⲧ ⲁⲛ : ⲛ̀ⲛⲟⲩⲃ̀ⲱⲗ ⲛ̀ⲛⲟⲩ ⲙⲟⲩϫϧ ⲉ̀ⲃⲟⲗϧⲉⲛ ⲛⲟⲩϯⲡⲓ : ⲛ̀ⲛⲉϥⲥⲱⲗⲡ ⲉ̀ⲃⲟⲗ ⲛ̀ϫⲉ ⲟⲩⲙⲟⲩⲥⲏⲣ ⲛ̀ⲧⲉ ⲡⲟⲩⲑⲱ ⲟⲩⲓ̀ : Ⲛⲁⲓⲉ̀ⲣⲉ ⲛⲟⲩⲥⲟⲑⲛⲉϥϣⲉⲡϣⲱⲡ : ⲟⲩⲟϩ ⲛⲟⲩⲫⲓϯ ⲥⲉⲃⲟⲗⲕ : ⲉ̀ⲣⲉ ⲛⲓⲃⲁⲗⲗⲁⲩϫ ⲛ̀ⲧⲉ ⲛⲟⲩϩ̀ⲑⲱⲣ ⲟⲓ ⲙ̀ⲫ̀ⲣⲏϯ ⲛ̀ⲟⲩⲡⲉⲧⲣⲁ ⲛ̀ϫⲟϩ ⲛ̀ϣⲱⲧ : ⲉ̀ⲣⲉ ⲛⲓⲧⲣⲟⲭⲟⲥ ⲛ̀ⲧⲉ ⲛⲟⲩϩ̀ⲙ̀ⲫ̀ⲣⲏϯ ⲛ̀ⲟⲩⲥⲁⲣⲁⲑⲏⲛⲟⲩ.

Ϣⲁⲩϯ ⲙ̀ⲡⲟⲩⲟⲩⲟⲓ ⲙ̀ⲫ̀ⲣⲏϯ ⲛ̀ⲛⲓⲙⲟⲩⲓ̀ : ⲟⲩⲟϩ ⲉϥⲉ̀ⲁ̀ⲙⲟⲛⲓ ⲛ̀ⲧⲉϥⲱϣ ⲉ̀ⲃⲟⲗ ⲙ̀ⲫ̀ⲣⲏϯ ⲛ̀ⲟⲩⲑⲏⲣⲓⲟⲛ : ⲛ̀ⲧⲉϥ ϩⲓⲟⲩⲓ̀ ⲉ̀ⲃⲟⲗ ⲛ̀ⲧⲉϥ ϣ̀ⲧⲉⲙ̀ϣⲱⲡⲓ ⲛ̀ϫⲉ ⲫⲏⲉⲑⲛⲁⲛⲁϩⲙⲟⲩ : Ⲟⲩⲟϩ ⲉϥⲉ̀ⲱϣ ⲉ̀ⲃⲟⲗ ⲉⲑⲃⲏⲧⲟⲩ ϧⲉⲛ ⲡⲓⲉ̀ϩⲟⲟⲩ ⲉ̀ⲧⲉ̀ⲙ̀ⲙⲁⲩ : ⲙ̀ⲫ̀ⲣⲏϯ ⲛ̀ⲟⲩϧ̀ⲣⲱⲟⲩ ⲛ̀ⲧⲉ ⲫⲓⲟⲙ ⲉϥϩⲓϩⲓⲱⲙⲓ : ⲟⲩⲟϩ ⲉⲩⲉ̀ϫⲟⲩⲱϣⲧ ⲉ̀ⲡ̀ⲱϣⲓ ⲉ̀ⲧ̀ⲫⲉ ⲛⲉⲙ ⲉ̀ϧ̀ⲣⲏⲓ ⲉ̀ⲡⲕⲁϩⲓ : ⲛ̀ⲥⲉϫⲓⲙⲓ ⲛ̀ⲟⲩⲭⲁⲕⲓ ⲉϥⲛⲁϣⲧ : ⲟⲩⲭⲁⲕⲓ ϧⲉⲛ ⲟⲩⲧⲱⲙⲧ :

Ⲟⲩⲱ̀ⲟⲩ ⲛ̀ϯⲧ̀ⲣⲓⲁⲥ ⲉ̀ⲑⲟⲩⲁⲃ ⲡⲉⲛⲛⲟⲩϯ ϣⲁ ⲉ̀ⲛⲉϩ ⲛⲉⲙ ϣⲁ ⲉ̀ⲛⲉϩ ⲛ̀ⲧⲉ ⲛⲓⲉ̀ⲛⲉϩ ⲧⲏⲣⲟⲩ: ⲁ̀ⲙⲏⲛ.

Isaiah 5:20-30

A reading from Isaiah the Prophet may his blessings be with us Amen.

Woe to those who call evil good, and good evil; Who put darkness for light, and light for darkness; Who put bitter for sweet, and sweet for bitter! Woe to those who are wise in their own eyes, And prudent in their own sight! Woe to men mighty at drinking wine, Woe to men valiant for mixing intoxicating drink, Who justify the wicked for a bribe, And take away justice from the righteous man! Therefore, as the fire devours the stubble, And the flame consumes the chaff, So their root will be as rottenness, And their blossom will ascend like dust; Because they have rejected the law of the LORD of hosts, And despised the word of the Holy One of Israel. Therefore the anger of the LORD is aroused against His people; He has stretched out His hand against them And stricken them, And the hills trembled. Their carcasses were as refuse in the midst of the streets. For all this His anger is not turned away, But His hand is stretched out still. He will lift up a banner to the nations from afar, And will whistle to them from the end of the earth; Surely they shall come with speed, swiftly. No one will be weary or stumble among them, No one will slumber or sleep; Nor will the belt on their loins be loosed, Nor the strap of their sandals be broken; Whose arrows are sharp, And all their bows bent; Their horses' hooves will seem like flint, And their wheels like a

اشعياء ٥: ٢٠ الخ

من اشعياء النبى بركته المقدسة تكون معنا، آمين.

وَيْلٌ لِلْقَائِلِينَ لِلشَّرِّ خَيْراً وَلِلْخَيْرِ شَرّاً الْجَاعِلِينَ الظَّلاَمَ نُوراً وَالنُّورَ ظَلاَماً الْجَاعِلِينَ الْمُرَّ حُلْواً وَالْحُلْوَ مُرّاً. وَيْلٌ لِلْحُكَمَاءِ فِي أَعْيُنِ أَنْفُسِهِمْ وَالْفُهَمَاءِ عِنْدَ ذَوَاتِهِمْ. وَيْلٌ لِلأَبْطَالِ عَلَى شُرْبِ الْخَمْرِ وَلِذَوِي الْقُدْرَةِ عَلَى مَزْجِ الْمُسْكِرِ. الَّذِينَ يُبَرِّرُونَ الشِّرِّيرَ مِنْ أَجْلِ الرَّشْوَةِ. وَأَمَّا حَقُّ الصِّدِّيقِينَ فَيَنْزِعُونَهُ مِنْهُمْ. لِذَلِكَ كَمَا يَأْكُلُ لَهِيبُ النَّارِ الْقَشَّ وَيَهْبِطُ الْحَشِيشُ الْمُلْتَهِبُ يَكُونُ أَصْلُهُمْ كَالْعُفُونَةِ وَيَصْعَدُ زَهْرُهُمْ كَالْغُبَارِ لأَنَّهُمْ رَذَلُوا شَرِيعَةَ رَبِّ الْجُنُودِ وَاسْتَهَانُوا بِكَلاَمِ قُدُّوسِ إِسْرَائِيلَ. مِنْ أَجْلِ ذَلِكَ حَمِيَ غَضَبُ الرَّبِّ عَلَى شَعْبِهِ وَمَدَّ يَدَهُ عَلَيْهِ وَضَرَبَهُ حَتَّى ارْتَعَدَتِ الْجِبَالُ وَصَارَتْ جُثَثُهُمْ كَالزِّبْلِ فِي الأَزِقَّةِ. مَعَ كُلِّ هَذَا لَمْ يَرْتَدَّ غَضَبُهُ بَلْ يَدُهُ مَمْدُودَةٌ بَعْدُ. فَيَرْفَعُ رَايَةً لِلأُمَمِ مِنْ بَعِيدٍ وَيَصْفِرُ لَهُمْ مِنْ أَقْصَى الأَرْضِ فَإِذَا هُمْ بِالْعَجَلَةِ يَأْتُونَ سَرِيعاً. لَيْسَ فِيهِمْ رَازِحٌ وَلاَ عَاثِرٌ. لاَ يَنْعَسُونَ وَلاَ يَنَامُونَ وَلاَ تَنْحَلُّ حُزُمُ أَحْقَائِهِمْ وَلاَ تَنْقَطِعُ سُيُورُ أَحْذِيَتِهِمْ. الَّذِينَ سِهَامُهُمْ مَسْنُونَةٌ وَجَمِيعُ قِسِيِّهِمْ مَمْدُودَةٌ. حَوَافِرُ خَيْلِهِمْ تُحْسَبُ كَالصَّوَّانِ وَبَكَرَاتُهُمْ كَالزَّوْبَعَةِ. لَهُمْ زَمْجَرَةٌ كَاللَّبْوَةِ وَيُزَمْجِرُونَ كَالشِّبْلِ وَيَهِرُّونَ وَيُمْسِكُونَ الْفَرِيسَةَ وَيَسْتَخْلِصُونَهَا وَلاَ مُنْقِذَ.

whirlwind. Their roaring will be like a lion, They will roar like young lions; Yes, they will roar And lay hold of the prey; They will carry it away safely, And no one will deliver. In that day they will roar against them Like the roaring of the sea. And if one looks to the land, Behold, darkness and sorrow; And the light is darkened by the clouds.
Glory be to the Holy Trinity our God unto the age of all ages, Amen.

يَهِرُّونَ عَلَيْهِمْ فِي ذَلِكَ الْيَوْمِ كَهَدِيرِ الْبَحْرِ. فَإِنْ نُظِرَ إِلَى الأَرْضِ فَهُوَذَا ظَلاَمُ الضِّيقِ وَالنُّورُ قَدْ أَظْلَمَ بِسُحُبِهَا.
مجداً للثالوث القدوس الهنا إلى الأبد وإلى أبد الآبدين كلها، آمين.

Ⲓⲉⲣⲉⲙⲓⲁⲥ Ⲕⲉⲫ ⲑ : ⲓⲃ - ⲓⲑ

Ⲉⲃⲟⲗ ϧⲉⲛ Ⲓⲉⲣⲉⲙⲓⲁⲥ ⲡⲓⲡⲣⲟⲫⲏⲧⲏⲥ: ⲉⲣⲉⲡⲉϥⲥ̀ⲙⲟⲩ ⲉ̀ⲑⲟⲩⲁⲃ ϣⲱⲡⲓ ⲛⲉⲙⲁⲛ ⲁ̀ⲙⲏⲛ ⲉϥϫⲱ ⲙ̀ⲙⲟⲥ.
Ⲙⲓⲙ ⲡⲉ ⲡⲓⲣⲱⲙⲓ ⲛ̀ⲥⲁⲃⲉ ⲙⲁⲣⲉϥⲉ̀ⲙⲓ ⲉ̀ⲫⲁⲓ : ⲟⲩⲟϩ ⲫⲏⲉⲧⲉ ⲡⲓⲥⲁϫⲓ ⲛ̀ⲧⲉⲣⲱϥ ⲙ̀Ⲡⲟ̅ⲥ̅ ϫⲏ ⲛⲁϩⲣⲁϥ ⲙⲁⲣⲉϥ ⲧⲁⲙⲉ ⲑⲏⲛⲟⲩ : ϫⲉ ⲉⲑⲃⲉ ⲟⲩ ⲁϥⲧⲁⲕⲟ ⲛ̀ϫⲉ ⲡ̀ⲕⲁϩⲓ : ⲁϥⲣⲱⲕϩ ⲙ̀ⲫⲣⲏϯ ⲛ̀ⲟⲩϣⲁϥⲉ : ⲉ̀ϣⲧⲉⲙ ⲑ̀ⲣⲟⲩⲙⲟϣⲓ ⲛ̀ϧⲏⲧϥ : Ⲟⲩⲟϩ ⲡⲉϫⲉ Ⲡⲟ̅ⲥ̅ ⲛⲏⲓ : ϫⲉ ⲉ̀ⲃⲟⲗϫⲉ ⲁⲩⲭⲱ ⲙ̀ⲡⲁⲛⲟⲙⲟⲥ ⲛ̀ⲥⲱⲟⲩ : ⲫⲏⲉⲧⲁⲓⲧⲏⲓϥ ⲙ̀ⲡⲟⲩⲙ̀ⲑⲟ ⲉ̀ⲃⲟⲗ : ⲟⲩⲟϩ ⲙ̀ⲡⲟⲩⲥⲱⲧⲉⲙ ⲛ̀ⲥⲁ ⲧⲁⲥⲙⲏ : Ⲁⲗⲗⲁ ⲁⲩⲟⲩⲁ̀ϩⲟⲩ ⲛ̀ⲥⲁ ⲛⲏⲉⲑⲣⲁⲛⲁϥ ⲙ̀ⲡⲟⲩϩⲏⲧ ⲉⲧϩⲱⲟⲩ : ⲟⲩⲟϩ ⲁⲩⲙⲟϣⲓ ⲥⲁⲫⲁϩⲟⲩ ⲛ̀ⲛⲓⲓ̀ⲇⲱⲗⲟⲛ : ⲛⲁⲓ ⲉ̀ⲧⲁⲛⲟⲩⲓⲟϯ ⲧ̀ⲥⲁⲃⲱⲟⲩ ⲉ̀ⲣⲱⲟⲩ.
Ⲉⲑⲃⲉ ⲫⲁⲓ ⲛⲁⲓ ⲛⲉ ⲛ̀ⲏⲉⲧⲉϥϫⲱ ⲙ̀ⲙⲱⲟⲩ ⲛ̀ϫⲉ Ⲡⲟ̅ⲥ̅ Ⲫ̅ϯ̅ ⲙ̀ⲡⲓⲤ̅ⲗ̅ : ϫⲉ ϩⲏⲡⲡⲉ ⲁ̀ⲛⲟⲕ ⲉⲓⲉ̀ⲧⲉⲙⲙⲱⲟⲩ ⲛ̀ϩⲁⲛⲱⲓⲕ ⲛ̀ⲁ̀ⲛⲁⲅⲕⲏ : ⲟⲩⲟϩ ⲛ̀ⲧⲁⲧ̀ⲥⲱⲟⲩ ⲛ̀ϩⲁⲛⲭⲟⲗⲏ : Ⲟⲩⲟϩ ϯⲛⲁϫⲟⲣⲟⲩ ⲉ̀ⲃⲟⲗ ϧⲉⲛ ⲛⲓⲉⲑⲛⲟⲥ ⲛⲁⲓ ⲉⲧⲉ ⲛ̀ⲥⲉⲥⲱⲟⲩⲛ ⲙ̀ⲙⲱⲟⲩ ⲁⲛ ⲛⲉⲙ ⲛⲟⲩⲕⲉⲓⲟϯ : ⲟⲩⲟϩ ϯⲛⲁⲟⲩⲱⲣⲡ ⲉ̀ϩ̀ⲣⲏⲓ ⲉϫⲱⲟⲩ ⲛ̀ⲟⲩⲥⲏϥⲓ ϣⲁ ϯⲙⲟⲩⲛⲕⲟⲩ ⲛ̀ϧ̀ⲣⲏⲓ ⲛ̀ϧⲏⲧⲥ : Ⲛⲁⲓ ⲛⲉ ⲛⲏ ⲉ̀ⲧⲉϥϫⲱ ⲙ̀ⲙⲱⲟⲩ ⲛ̀ϫⲉ Ⲡⲟ̅ⲥ̅ : ϫⲉ ⲙⲟⲩϯ ⲉ̀ⲛⲓϩⲓⲟⲙⲓ ⲛ̀ⲣⲉϥⲛⲉϩⲡⲓ ⲙⲁⲣⲟⲩⲓ̀ : ⲟⲩⲟϩ ⲟⲩⲱⲣⲡ ⲛ̀ⲥⲁ ⲛⲓⲥⲁⲃⲉⲩ ⲙⲁⲣⲟⲩⲟⲩⲱⲛ ⲛ̀ⲣⲱⲟⲩ ⲉ̀ⲥⲁϫⲓ ⲛ̀ⲥⲉϫⲱ ⲛ̀ⲟⲩⲛⲉϩⲡⲓ ⲉϫⲉⲛ ⲑⲏⲛⲟⲩ : Ⲟⲩⲟϩ ⲛⲉⲧⲉⲛⲃⲁⲗ ⲙⲁⲣⲟⲩⲧⲁⲟⲩⲱ ⲉ̀ϧ̀ⲣⲏⲓ ⲛ̀ϩⲁⲛⲉⲣⲙⲱⲟⲩⲓ̀ : ⲟⲩⲟϩ ⲛⲉ ⲧⲉⲛⲃⲟⲩϩⲓ ⲙⲁⲣⲟⲩϣⲟⲩⲉ̀ ⲙⲱⲟⲩ ⲉ̀ⲃⲟⲗ : ϫⲉ ⲁⲩⲥⲱⲧⲉⲙ ⲉ̀ⲡ̀ϧ̀ⲣⲱⲟⲩ ⲛ̀ⲟⲩⲛⲉϩⲡⲓ ϧⲉⲛ Ⲥⲓⲱⲛ :

Ⲟⲩⲱ̀ⲟⲩ ⲛ̀ϯⲧ̀ⲣⲓⲁⲥ ⲉ̀ⲑⲟⲩⲁⲃ ⲡⲉⲛⲛⲟⲩϯ ϣⲁ ⲉ̀ⲛⲉϩ ⲛⲉⲙ ϣⲁ ⲉ̀ⲛⲉϩ ⲛ̀ⲧⲉ ⲛⲓⲉ̀ⲛⲉϩ ⲧⲏⲣⲟⲩ: ⲁ̀ⲙⲏⲛ.

Jeremiah 9:12-19

أرميا ٩: ١٢ – ١٩

A reading from Jeremiah the Prophet may his blessings be with us Amen.

Who is the wise man who may understand this? And who is he to

من أرميا النبى بركته المقدسة تكون معنا، آمين.

مَنْ هُوَ الإِنْسَانُ الْحَكِيمُ الَّذِي يَفْهَمُ هَذِهِ

whom the mouth of the LORD has spoken, that he may declare it? Why does the land perish and burn up like a wilderness, so that no one can pass through? And the LORD said, "Because they have forsaken My law which I set before them, and have not obeyed My voice, nor walked according to it, but they have walked according to the dictates of their own hearts and after the Baals, which their fathers taught them," therefore thus says the LORD of hosts, the God of Israel: "Behold, I will feed them, this people, with wormwood, and give them water of gall to drink. I will scatter them also among the Gentiles, whom neither they nor their fathers have known. And I will send a sword after them until I have consumed them." Thus says the LORD of hosts: "Consider and call for the mourning women, That they may come; And send for skillful wailing women, That they may come. Let them make haste And take up a wailing for us, That our eyes may run with tears, And our eyelids gush with water. For a voice of wailing is heard from Zion.

Glory be to the Holy Trinity our God unto the age of all ages, Amen.

وَالَّذِي كَلَّمَهُ فَمُ الرَّبِّ فَيُخْبِرُ بِهَا؟ لِمَاذَا بَادَتِ الأَرْضُ وَاحْتَرَقَتْ كَبَرِّيَّةٍ بِلاَ عَابِرٍ؟ فَقَالَ الرَّبُّ: [عَلَى تَرْكِهِمْ شَرِيعَتِي الَّتِي جَعَلْتُهَا أَمَامَهُمْ وَلَمْ يَسْمَعُوا لِصَوْتِي وَلَمْ يَسْلُكُوا بِهَا. بَلْ سَلَكُوا وَرَاءَ عِنَادِ قُلُوبِهِمْ وَوَرَاءَ الْبَعْلِيمِ الَّتِي عَلَّمَهُمْ إِيَّاهَا آبَاؤُهُمْ. لِذَلِكَ هَكَذَا قَالَ رَبُّ الْجُنُودِ إِلَهُ إِسْرَائِيلَ: هَئَنَذَا أُطْعِمُ هَذَا الشَّعْبَ أَفْسَنْتِيناً وَأَسْقِيهِمْ مَاءَ الْعَلْقَمِ وَأُبَدِّدُهُمْ فِي أُمَمٍ لَمْ يَعْرِفُوهَا هُمْ وَلاَ آبَاؤُهُمْ وَأُطْلِقُ وَرَاءَهُمُ السَّيْفَ حَتَّى أُفْنِيَهُمْ].

هَكَذَا قَالَ رَبُّ الْجُنُودِ: [تَأَمَّلُوا وَادْعُوا النَّادِبَاتِ فَيَأْتِينَ وَأَرْسِلُوا إِلَى الْحَكِيمَاتِ فَيُقْبِلْنَ وَيُسْرِعْنَ وَيَرْفَعْنَ عَلَيْنَا مَرْثَاةً فَتَذْرِفَ أَعْيُنُنَا دُمُوعاً وَتَفِيضَ أَجْفَانُنَا مَاءً. لأَنَّ صَوْتَ رِثَايَةٍ سُمِعَ مِنْ صِهْيَوْنَ.

مجداً للثالوث القدوس الهنا إلى الأبد وإلى أبد الآبدين كلها، آمين.

The Doxology of the Pascha Hour: "Thine is the Power…" on page A5.

تسبحة ساعة البصخة: "لك القوة..." صفحة ٥ فى اخر الكتاب.

Ψαλμος ρκα : α ΝΕΜ Β

Διοτνοϥ ЄϪЄΝ ΝΗЄΤΑΤϪΟС ΝΗΙ : ϪЄΤЄΝΝΑ ϢЄΝΑΝ ЄΠΗΙ ΜΠ̅ϭ̅С̅. ΠЄΝϬΑΛΑΤϪ ΑΤΟϨΙ ЄΡΑΤΟΤ : ϦЄΝ ΝΙΑΤΛΗΟΤ ΝΤЄ ΙЄΡΟΤСΑΛΗΜ ΑΛ̅.

Psalm 122:1-2

A Psalm of David the Prophet.

I was glad when they said to me, "Let us go into the house of the LORD." Our feet have been standing Within your gates, O Jerusalem! Alleluia.

المزمور ١٢١: ١ و ٢

من مزامير داود النبى

فرحت بالقائلين لى إلى بيت الرب نذهب. وقفت أرجلنا فى ديار أورشليم: هلليلويا.

Ⲉⲩⲁⲅⲅⲉⲗⲓⲟⲛ ⲕⲁⲧⲁ Ⲙⲁⲣⲕⲟⲛ Ⲕⲉⲫ ⲓ̅ⲁ̅ : ⲓ̅ⲁ̅ - ⲓ̅ⲑ̅

Ⲟⲩⲟϩ ⲉ̀ⲧⲁϥⲓ ⲛ̀ϫⲉ Ⲓⲏⲥⲟⲩⲥ ⲉ̀ Ⲓⲗ̅ⲏ̅ⲙ̅ ⲉ̀ϧⲟⲩⲛ ⲉ̀ⲡⲓⲉⲣⲫⲉⲓ ⲟⲩⲟϩ ⲉ̀ⲧⲁϥⲥⲟⲙⲥ ⲉ̀ⲡ̀ⲧⲏⲣϥ **:** ⲟⲩⲟϩ ⲉ̀ⲧⲁⲣⲟⲩϩⲓ ϩⲏⲇⲏ ϣⲱⲡⲓ ⲛ̀ⲧⲉ ϯⲟⲩⲛⲟⲩ ⲁϥⲓ ⲉ̀ⲃⲟⲗ ⲉ̀Ⲃⲏⲑⲁⲛⲓⲁ̀ ⲛⲉⲙ ⲡⲓⲙⲏⲧ ⲥ̀ⲛⲁⲩ **: Ⲟⲩⲟϩ** ⲉ̀ⲡⲉϥⲣⲁⲥϯ ⲉ̀ⲧⲁⲩⲓ ⲉ̀ⲃⲟⲗ ϧⲉⲛ Ⲃⲏⲑⲁⲛⲓⲁ̀ ⲁϥϩⲕⲟ **: Ⲟⲩⲟϩ** ⲉ̀ⲧⲁϥⲛⲁⲩ ⲉ̀ⲟⲩⲃⲱ ⲛ̀ⲕⲉⲛⲧⲉ ϩⲓⲫⲟⲩⲉⲓ ⲉⲟⲩⲟⲛ ϩⲁⲛϫⲱⲃⲓ ϩⲓⲱⲧⲥ ⲁϥⲓ ⲇⲉ ϩⲁⲣⲁ ⲁϥⲛⲁϫⲉⲙ ϩ̀ⲗⲓ ϩⲓⲱⲧⲥ ⲟⲩⲟϩ ⲉ̀ⲧⲁϥⲓ ⲉ̀ϫⲱⲥ ⲙ̀ⲡⲉϥϫⲉⲙ ϩ̀ⲗⲓ ⲉ̀ⲃⲏⲗ ⲉ̀ ϩⲁⲛϫⲱⲃⲓ **:** ⲛⲉ ⲡ̀ⲥⲛⲟⲩ ⲅⲁⲣ ⲛ̀ⲕⲉⲛⲧⲉ ⲁⲛ ⲡⲉ. **Ⲟⲩⲟϩ** ⲉ̀ⲧⲁϥⲉ̀ⲣⲟⲩⲱ ⲡⲉϫⲁϥ ⲛⲁⲥ ϫⲉ ⲛ̀ⲛⲉϩ̀ⲗⲓ ϫⲉ ⲟⲩⲉⲙ ⲟⲩⲧⲁϩ ϩⲓⲱϯ ϣⲁⲉ̀ⲛⲉϩ ⲟⲩⲟϩ ⲛⲁⲩⲥⲱⲧⲉⲙ ⲛ̀ϫⲉ ⲛⲉϥⲙⲁⲑⲏⲧⲏⲥ. **Ⲟⲩⲟϩ** ⲁⲩⲓ ⲉ̀Ⲓⲗ̅ⲏ̅ⲙ̅ ⲟⲩⲟϩ ⲉ̀ⲧⲁϥⲓⲉ̀ϧⲟⲩⲛ ⲉ̀ⲡⲓⲉⲣⲫⲉⲓ ⲁϥⲉⲣϩⲏⲧⲥ ⲛ̀ϩⲓⲟⲩⲓ ⲉ̀ⲃⲟⲗ ⲛ̀ⲛⲏ ⲧⲏⲣⲟⲩ ⲉⲧϯ ⲉ̀ⲃⲟⲗ ⲛⲉⲙ ⲛⲏⲉⲧ ϣⲱⲡ ϧⲉⲛ ⲡⲓⲉⲣⲫⲉⲓⲟⲩⲟϩ ⲛⲓ̀ⲧⲣⲁⲡⲉⲍⲁ ⲛ̀ⲧⲉ ⲛⲓⲕⲟⲗⲓⲃⲓⲥⲧⲏⲥ ⲛⲉⲙ ⲛⲓⲕⲁⲑⲉⲇⲣⲁ ⲛ̀ⲧⲉ ⲛⲏⲉⲧϯ ϭ̀ⲣⲟⲙⲡⲓ ⲉ̀ⲃⲟⲗ ⲁϥⲥⲟⲥⲟⲩ. **Ⲟⲩⲟϩ** ⲛⲁϥϫⲱ ⲛ̀ϩ̀ⲗⲓ ⲁⲓⲡⲉ ϩⲓⲛⲁ ⲛ̀ⲧⲉϥⲉⲛ ⲟⲩⲥⲕⲉⲩⲟⲥ ⲉ̀ⲃⲟⲗϩⲓⲧⲉⲛ ⲡⲓⲉⲣⲫⲉⲓ. **Ⲟⲩⲟϩ** ⲛⲁϥϯⲥ̀ⲃⲱ ⲟⲩⲟϩ ⲛⲁϥϫⲱ ⲙ̀ⲙⲟⲥ ⲛ̀ⲱⲟⲩ ϫⲉ ⲥ̀ⲥ̀ϧⲏⲟⲩⲧ ϫⲉ ⲡⲁⲏⲓ ⲉⲩⲉ̀ⲙⲟⲩϯ ⲉ̀ⲣⲟⲥ ϫⲉ ⲟⲩⲏⲓ ⲙ̀ⲡⲣⲟⲥⲉⲩⲭⲏ ⲛ̀ⲛⲓⲉ̀ⲑⲛⲟⲥ ⲧⲏⲣⲟⲩ ⲛ̀ⲑⲱⲧⲉⲛ ⲇⲉ ⲁ̀ⲣⲉⲧⲉⲛⲁⲓϥ ⲙ̀ⲃⲏⲃ ⲛ̀ⲥⲟⲛⲓ. **Ⲟⲩⲟϩ** ⲉ̀ⲧⲁⲩⲥⲱⲧⲉⲙ ⲛ̀ϫⲉ ⲛⲓⲁⲣⲭⲏⲉ̀ⲣⲉⲩⲥ ⲛⲉⲙ ⲛⲓⲥⲁϧ ⲟⲩⲟϩ ⲛⲁⲩⲕⲱϯ ϫⲉ ⲁⲩⲛⲁⲧⲁⲕⲟϥ ⲛ̀ⲁϣ ⲛ̀ⲣⲏϯ ⲛⲁⲩⲉⲣϩⲟϯ ⲅⲁⲣ ⲡⲉ ϧⲁⲧⲉϥϩⲓ ⲡⲓⲙⲏϣ ⲅⲁⲣ ⲧⲏⲣϥ ⲛⲁⲩⲉⲣ ϣ̀ⲫⲏⲣⲓ ⲉ̀ϫⲉⲛ ⲧⲉϥⲥ̀ⲃⲱ **: Ⲟⲩⲟϩ** ⲉ̀ϣⲱⲡ ⲛ̀ⲧⲉ ⲣⲟⲩϩⲓ ϣⲱⲡⲓ ⲛⲁϥϩⲏⲗ ⲥⲁⲃⲟⲗ ⲛ̀ϯⲃⲁⲕⲓ **:**

Ⲟⲩⲱϣⲧ ⲙ̀ⲡⲓⲉⲩⲁⲅⲅⲉⲗⲓⲟⲛ ⲉ̅ⲑ̅ⲩ̅.

Mark 11:11-19

A reading from the Holy Gospel according to Saint Mark.

And Jesus went into Jerusalem and into the temple. So when He had looked around at all things, as the hour was already late, He went out to Bethany with the twelve. Now the next day, when they had come out from Bethany,

مرقس ١١: ١١ - ١٩

فصل شريف من إنجيل معلمنا مار مرقس البشير بركاته علينا آمين.

فَدَخَلَ يَسُوعُ أُورُشَلِيمَ وَالْهَيْكَلَ وَلَمَّا نَظَرَ حَوْلَهُ إِلَى كُلِّ شَيْءٍ إِذْ كَانَ الْوَقْتُ قَدْ أَمْسَى خَرَجَ إِلَى بَيْتِ عَنْيَا مَعَ الاِثْنَيْ عَشَرَ. وَفِي

He was hungry. And seeing from afar a fig tree having leaves, He went to see if perhaps He would find something on it. When He came to it, He found nothing but leaves, for it was not the season for figs. In response Jesus said to it, "Let no one eat fruit from you ever again." And His disciples heard it. So they came to Jerusalem. Then Jesus went into the temple and began to drive out those who bought and sold in the temple, and overturned the tables of the money changers and the seats of those who sold doves. And He would not allow anyone to carry wares through the temple. Then He taught, saying to them, "Is it not written, "My house shall be called a house of prayer for all nations'? But you have made it a "den of thieves."[1] And the scribes and chief priests heard it and sought how they might destroy Him; for they feared Him, because all the people were astonished at His teaching. When evening had come, He went out of the city.

Bow down before the Holy Gospel.
Glory be to God forever.

الْغَدِ لَمَّا خَرَجُوا مِنْ بَيْتِ عَنْيَا جَاعَ فَنَظَرَ شَجَرَةَ تِينٍ مِنْ بَعِيدٍ عَلَيْهَا وَرَقٌ وَجَاءَ لَعَلَّهُ يَجِدُ فِيهَا شَيْئاً. فَلَمَّا جَاءَ إِلَيْهَا لَمْ يَجِدْ شَيْئاً إِلاَّ وَرَقاً لأَنَّهُ لَمْ يَكُنْ وَقْتَ التِّينِ. فَقَالَ يَسُوعُ لَهَا: «لاَ يَأْكُلْ أَحَدٌ مِنْكِ ثَمَراً بَعْدُ إِلَى الأَبَدِ». وَكَانَ تَلاَمِيذُهُ يَسْمَعُونَ. وَجَاءُوا إِلَى أُورُشَلِيمَ. وَلَمَّا دَخَلَ يَسُوعُ الْهَيْكَلَ ابْتَدَأَ يُخْرِجُ الَّذِينَ كَانُوا يَبِيعُونَ وَيَشْتَرُونَ فِي الْهَيْكَلِ وَقَلَّبَ مَوَائِدَ الصَّيَارِفَةِ وَكَرَاسِيَّ بَاعَةِ الْحَمَامِ. وَلَمْ يَدَعْ أَحَداً يَجْتَازُ الْهَيْكَلَ بِمَتَاعٍ. وَكَانَ يُعَلِّمُ قَائِلاً لَهُمْ: «أَلَيْسَ مَكْتُوباً: بَيْتِي بَيْتَ صَلاَةٍ يُدْعَى لِجَمِيعِ الأُمَمِ؟ وَأَنْتُمْ جَعَلْتُمُوهُ مَغَارَةَ لُصُوصٍ». وَسَمِعَ الْكَتَبَةُ وَرُؤَسَاءُ الْكَهَنَةِ فَطَلَبُوا كَيْفَ يُهْلِكُونَهُ لأَنَّهُمْ خَافُوهُ إِذْ بُهِتَ الْجَمْعُ كُلُّهُ مِنْ تَعْلِيمِهِ. وَلَمَّا صَارَ الْمَسَاءُ خَرَجَ إِلَى خَارِجِ الْمَدِينَةِ.

أسجدوا للإنجيل المقدس.
والمجد لله دائماً.

Commentary

طرح

The Commentary of the Third Hour of Monday of Holy Pascha, may its blessings be with us all. Amen.

On the evening of Palm Sunday, our Lord and Savior Jesus Christ went with His disciples outside the city. He felt hungry and said, "I want something to eat." He saw a fig tree from a distance and sought some of its fruits. He found

طرح الساعة الثالثة من يوم الاثنين من البصخة المقدسة بركتها علينا. آمين.

فى عشية يوم الشعانين أتى المسيح الهنا يسوع المخلص خارج المدينة مع تلاميذه، فجاع وقال: اطلب طعاماً. فرأى شجرة تين من بعيد، وأتى إليها يطلب ثمراً فيها، فوجد

it fruitless. He condemned the tree and it dried from its roots. The disciples were taken by the incident and said to the Lord, "the fig tree has withered away."

Keep faith in your hearts and you shall be granted your requests. Do not be surprised that by one single word, the fig tree dried from its roots up. If you have faith in your hearts, you can move mountains. Come all you ignorant and see what happened to the fig tree. Present the Lord with good fruits to save yourselves from the evil. Repent all you who slumber so that you may receive forgiveness. Clean your faces with tears because tears wipe out sins. Light your lamps with virtues so that their light may shine upon you in the Day of Judgment. Share the suffering with your brother and remember how the Lord suffered for our salvation.

ورقاً بغير ثمر، فلعنها فيبست من أصلها. فتعجب جميع تلاميذه، وقالوا للرب: أن شجرة التين يبست.

ضعوا الايمان فى قلوبكم وكل شئ يخضع لكم. ولا تتعجبوا من شجرة التين هذه انها بكلمة واحدة يبست من أصلها، فاذا كان فى قلوبكم ايمان لنقلتم هذا الجبل من مكانه. تعالوا وانظروا أيها الناس الجهال ما كان من شجرة التين هذه، واصنعوا ثمراً صالحاً للرب لكى تخلصوا من الشرير. واصنعوا توبة أيها الكسالى، لكى تنالوا الغفران. واغسلوا وجوهكم بدموع غزيرة، فان الدموع تمحو الآثام. واوقدوا مصابيحكم بالفضائل، لتضئ عليكم فى الحكم. تألم عن أخيك وأنظر الرب كيف تألم عنا حتى خلصنا.

Sixth Hour of Monday

الساعة السادسة من يوم الاثنين

ⲡⲓⲇⲟⲝⲟⲗⲟⲥ ⲛ̀ⲧⲉ Ⲙⲱⲩ̀ⲥⲏⲥ Ⲕⲉⲫ ⲗ̅ⲃ̅ : ⲍ̅ - ⲓ̅ⲉ̅

Ⲉ̀ⲃⲟⲗϧⲉⲛ ⲡⲓⲇⲟⲝⲟⲗⲟⲥ ⲛ̀ⲧⲉ Ⲙⲱⲩ̀ⲥⲏⲥ ⲡⲓ̀ⲡⲣⲟⲫⲏⲧⲏⲥ: ⲉ̀ⲣⲉⲡⲉϥ̀ⲥⲙⲟⲩ ⲉ̀ⲑⲟⲩⲁⲃ ϣⲱⲡⲓ ⲛⲉⲙⲁⲛ ⲁ̀ⲙⲏⲛ ⲉϥϫⲱ ⲙ̀ⲙⲟⲥ.

Ⲁϥⲥⲁϫⲓ ⲇⲉ ⲛ̀ϫⲉ Ⲡ̅ⲟ̅ⲥ̅ ⲛⲉⲙ Ⲙⲱⲩ̀ⲥⲏⲥ ⲉϥϫⲱ ⲙ̀ⲙⲟⲥ : ϫⲉ ⲙⲟϣⲓ ⲛ̀ⲭⲱⲗⲉⲙ ⲉ̀ⲃⲟⲗ ϧⲉⲛ ⲡⲁⲓⲙⲁ ⲛ̀ⲧⲉⲕϣⲉ ⲉ̀ⲡⲉⲥⲏⲧ : ϫⲉ ⲁϥⲉⲣⲁ̀ⲛⲟⲙⲓⲛ ⲛ̀ϫⲉ ⲡⲉⲕⲗⲁⲟⲥ ⲛⲁⲓ ⲉⲧⲁⲕⲉ̀ⲛⲟⲩ ⲉ̀ⲃⲟⲗ ϧⲉⲛ ⲡ̀ⲕⲁϩⲓ ⲛ̀ⲭⲏⲙⲓ : Ⲁⲩⲉⲣⲡⲁⲣⲁⲃⲉⲛⲓⲛ ⲛ̀ⲭⲱⲗⲉⲙ ⲉ̀ⲃⲟⲗ ϧⲉⲛ ⲡⲓⲙⲱⲓⲧ ⲉⲧⲁⲕϩⲟⲛϩⲉⲛ ⲙ̀ⲙⲟϥ ⲉⲧⲟⲧⲟⲩ : ⲁⲩⲑⲁⲙⲓⲟ ⲛⲱⲟⲩ ⲛ̀ⲟⲩⲙⲁⲥⲓ : ⲁⲩⲟⲩⲱϣⲧ ⲙ̀ⲙⲟϥ : ⲟⲩⲟϩ ⲁⲩϣⲉⲧ ϣⲟⲩϣⲱⲟⲩϣⲓ ⲛ̀ⲛⲟⲩ̀ⲙⲟⲛⲕ ⲛ̀ϫⲓϫ : ⲟⲩⲟϩ ⲡⲉϫⲱⲟⲩ ϫⲉ ⲛⲁⲓ ⲛⲉ ⲛⲉⲕⲛⲟⲩϯ ⲡ̀Ⲓⲥ̅ⲗ̅ ⲉ̀ⲧⲁⲩⲉ̀ⲛⲕ ⲉ̀ϩ̀ⲣⲏⲓ ⲉ̀ⲃⲟⲗ ϧⲉⲛ ⲡ̀ⲕⲁϩⲓ ⲛ̀ⲭⲏⲙⲓ : ϯⲛⲟⲩ ⲇⲉ ⲭⲁⲧ ⲛ̀ⲧⲁϫⲱⲛⲧ ⲉ̀ⲣⲱⲟⲩ ϧⲉⲛ ⲟⲩ̀ⲙⲃⲟⲛ : ⲛ̀ⲧⲁ ϥⲟⲧⲟⲩ ⲉ̀ⲃⲟⲗ : ⲛ̀ⲧⲁⲁⲓⲕ ⲛⲟⲩⲛⲓϣϯ ⲛ̀ⲉⲑⲛⲟⲥ : Ⲁϥϯϩⲟ ⲇⲉ ⲛ̀ϫⲉ Ⲙⲱⲩ̀ⲥⲏⲥ ⲙ̀ⲡⲉⲙ̀ⲑⲟ ⲙ̀Ⲡ̅ⲟ̅ⲥ̅ Ⲫ̅ϯ̅ ⲉϥϫⲱ ⲙ̀ⲙⲟⲥ : ϫⲉ ⲉⲑⲃⲉⲟⲩ Ⲡ̅ⲟ̅ⲥ̅ ⲭ̀ⲛⲁϫⲱⲛⲧ ϧⲉⲛ ⲟⲩ̀ⲙⲃⲟⲛ ⲉϫⲉⲛ ⲡⲉⲕⲗⲁⲟⲥ ⲛⲏⲉ̀ⲧⲁⲕⲉ̀ⲛⲟⲩ ⲉ̀ⲃⲟⲗ ϧⲉⲛ ⲡ̀ⲕⲁϩⲓ ⲛ̀ⲭⲏⲙⲓ ⲛ̀ϩ̀ⲣⲏⲓ ϧⲉⲛ ⲧⲉⲕⲛⲓϣϯ ⲛ̀ϫⲟⲙ ⲛⲉⲙ ⲡⲉⲕϣⲱⲃϣ ⲉⲧϭⲟⲥⲓ : Ⲙⲏⲡⲟⲧⲉ ⲛ̀ⲥⲉϫⲟⲥ ⲛ̀ϫⲉ ⲛⲓⲣⲉⲙ ⲛ̀ⲭⲏⲙⲓ : ϫⲉ ⲉⲧⲁⲩⲉ̀ⲛⲟⲩ ⲉ̀ⲃⲟⲗ ϧⲉⲛ ⲟⲩⲡⲟⲛⲏⲣⲓⲁ̀ ⲉ̀ϧⲟⲑⲃⲟⲩ ϧⲉⲛ ⲛⲓⲧⲱⲟⲩ ⲛⲉⲙ ⲉ̀ϥⲟⲧⲟⲩ ⲉ̀ⲃⲟⲗ ϩⲓϫⲉⲛ ⲡⲓⲕⲁϩⲓ : ⲭⲁⲕⲉ̀ⲃⲟⲗ Ⲡ̅ⲟ̅ⲥ̅ ϧⲉⲛ ⲡϫⲱⲛⲧ ⲛ̀ⲧⲉ ⲡⲉⲕ̀ⲙⲃⲟⲛ : ⲟⲩⲟϩ ⲭⲱ ⲉ̀ⲃⲟⲗ ⲛ̀ϯⲕⲁⲕⲓⲁ̀ ⲛ̀ⲧⲉ ⲡⲉⲕⲗⲁⲟⲥ : Ⲙ̀ⲧⲉⲕⲉⲣⲫ̀ⲙⲉⲩⲓ ⲛ̀Ⲁⲃⲣⲁⲁⲙ ⲛⲉⲙ Ⲓⲥⲁⲁⲕ ⲛⲉⲙ Ⲓⲁⲕⲱⲃ : ⲛⲁⲓ ⲉⲧⲁⲕⲱⲣⲕ ⲙ̀ⲙⲟⲕ ⲛⲱⲟⲩ ⲙ̀ⲙⲓⲛ ⲙ̀ⲙⲟⲕ : ϫⲉ ⲉⲓⲉ̀ ⲉⲑⲣⲉ ⲡⲉⲧⲉⲛϫⲣⲟϫ ⲁ̀ ϣⲁⲓ ⲉ̀ⲙⲁϣⲱ ⲙ̀ⲫ̀ⲣⲏϯ ⲛ̀ⲛⲓⲥⲓⲟⲩ ⲛ̀ⲧⲉ ⲧ̀ⲫⲉ ϧⲉⲛ ⲡⲟⲩⲁ̀ϣⲁⲓ : ⲟⲩⲟϩ ⲡⲁⲓⲕⲁϩⲓ ⲧⲏⲣϥ ⲫⲁⲓ ⲉⲧⲁⲕϫⲟⲥ ⲉ̀ⲧⲏⲓϥ ⲙ̀ⲡⲟⲩϫⲣⲟϫ : ⲟⲩⲟϩ ϫⲉ ⲥⲉⲛⲁⲉⲣⲕ̀ ⲗⲏⲣⲟⲛⲟⲙⲓⲛ ⲉ̀ϫⲱϥ ϣⲁⲉ̀ⲛⲉϩ. Ⲡ̅ⲟ̅ⲥ̅ ⲇⲉ ⲁϥⲭⲱ ⲉ̀ⲃⲟⲗ ⲛ̀ϯⲕⲁⲕⲓⲁ̀ ⲛ̀ⲧⲉ ⲡⲉϥⲗⲁⲟⲥ : ⲁϥⲧⲁⲥⲑⲟ ⲛ̀ϫⲉ Ⲙⲱⲩ̀ⲥⲏⲥ ⲁϥⲓ̀ ⲉ̀ⲡⲉⲥⲏⲧ ⲉ̀ⲃⲟⲗϩⲓⲡⲓⲧⲱⲟⲩ : ⲉ̀ⲣⲉ ⲛⲓ̀ⲡⲗⲁⲝ ⲥ̀ⲛⲟⲩϯ ⲛ̀ⲧⲉ ϯⲙⲉⲧⲙⲉⲑⲣⲉ ⲭⲏ ϧⲉⲛ ⲛⲉϥϫⲓϫ : ⲉ̀ⲛⲉ ϩⲁⲛ ⲡ̀ⲗⲁⲝⲛⲱⲛⲓⲛⲉ ⲉⲩⲥ̀ϧⲏⲟⲩⲧ ⲙ̀ⲡϩⲟ ⲥⲛⲁⲩ ⲡⲁⲓⲥⲁ ⲛⲉⲙ ϥⲁⲓ :

Ⲟⲩⲱ̀ⲟⲩ ⲛ̀ϯⲧ̀ⲣⲓⲁⲥ ⲉ̀ⲑⲟⲩⲁⲃ ⲡⲉⲛⲛⲟⲩϯ ϣⲁ ⲉ̀ⲛⲉϩ ⲛⲉⲙ ϣⲁ ⲉ̀ⲛⲉϩ ⲛ̀ⲧⲉ ⲛⲓⲉ̀ⲛⲉϩ ⲧⲏⲣⲟⲩ: ⲁ̀ⲙⲏⲛ.

Exodus 32:7-15

A reading from the book of Exodus of Moses the Prophet may his blessings be with us Amen.

And the Lord said to Moses, "Go, get down! For your people whom you brought out of the land of Egypt have corrupted themselves. They have turned aside quickly out of the way which I commanded them. They have made themselves a molded calf, and worshiped it and sacrificed to it, and said, 'This is your god, O Israel, that brought you out of the land of Egypt!' " And the Lord said to Moses, "I have seen this people, and indeed it is a stiff-necked people! Now therefore, let Me alone, that My wrath may burn hot against them and I may consume them. And I will make of you a great nation." Then Moses pleaded with the Lord his God, and said: "Lord, why does Your wrath burn hot against Your people whom You have brought out of the land of Egypt with great power and with a mighty hand? Why should the Egyptians speak, and say, 'He brought them out to harm them, to kill them in the mountains, and to consume them from the face of the earth'? Turn from Your fierce wrath, and relent from this harm to Your people. Remember Abraham, Isaac, and Israel, Your servants, to whom You swore by Your own self, and said to them, 'I will multiply your descendants as the stars of heaven; and all this land that I have spoken of I give to your descendants, and they shall inherit it forever.' " So the Lord relented from the harm which

خروج ٣٢: ٧ – ١٥

من سفر الخروج لموسى النبى بركته المقدسة تكون معنا، آمين.

فَقَالَ الرَّبُّ لِمُوسَى: «اذْهَبِ انْزِلْ! لانَّهُ قَدْ فَسَدَ شَعْبُكَ الَّذِي اصْعَدْتَهُ مِنْ ارْضِ مِصْرَ. زَاغُوا سَرِيعا عَنِ الطَّرِيقِ الَّذِي اوْصَيْتُهُمْ بِهِ. صَنَعُوا لَهُمْ عِجْلا مَسْبُوكا وَسَجَدُوا لَهُ وَذَبَحُوا لَهُ وَقَالُوا: هَذِهِ الِهَتُكَ يَا اسْرَائِيلُ الَّتِي اصْعَدَتْكَ مِنْ ارْضِ مِصْرَ». وَقَالَ الرَّبُّ لِمُوسَى: «رَايْتُ هَذَا الشَّعْبَ وَاذَا هُوَ شَعْبٌ صُلْبُ الرَّقَبَةِ. فَالانَ اتْرُكْنِي لِيَحْمَى غَضَبِي عَلَيْهِمْ وَافْنِيَهُمْ فَاصَيِّرَكَ شَعْبا عَظِيما». فَتَضَرَّعَ مُوسَى امَامَ الرَّبِّ الَهِهِ وَقَالَ: «لِمَاذَا يَا رَبُّ يَحْمَى غَضَبُكَ عَلَى شَعْبِكَ الَّذِي اخْرَجْتَهُ مِنْ ارْضِ مِصْرَ بِقُوَّةٍ عَظِيمَةٍ وَيَدٍ شَدِيدَةٍ؟ لِمَاذَا يَتَكَلَّمُ الْمِصْرِيُّونَ قَائِلِينَ: اخْرَجَهُمْ بِخُبْثٍ لِيَقْتُلَهُمْ فِي الْجِبَالِ وَيُفْنِيَهُمْ عَنْ وَجْهِ الارْضِ؟ ارْجِعْ عَنْ حُمُوِّ غَضَبِكَ وَانْدَمْ عَلَى الشَّرِّ بِشَعْبِكَ. اذْكُرْ ابْرَاهِيمَ وَاسْحَاقَ وَاسْرَائِيلَ عَبِيدَكَ الَّذِينَ حَلَفْتَ لَهُمْ بِنَفْسِكَ وَقُلْتَ لَهُمْ: اكَثِّرُ نَسْلَكُمْ كَنُجُومِ السَّمَاءِ وَاعْطِي نَسْلَكُمْ كُلَّ هَذِهِ الارْضِ الَّتِي تَكَلَّمْتُ عَنْهَا فَيَمْلِكُونَهَا الَى الابَدِ». فَنَدِمَ الرَّبُّ عَلَى الشَّرِّ الَّذِي قَالَ انَّهُ يَفْعَلُهُ بِشَعْبِهِ. فَانْصَرَفَ مُوسَى وَنَزَلَ مِنَ الْجَبَلِ وَلَوْحَا الشَّهَادَةِ فِي يَدِهِ: لَوْحَانِ مَكْتُوبَانِ عَلَى جَانِبَيْهِمَا. مِنْ هُنَا وَمِنْ هُنَا كَانَا مَكْتُوبَيْنِ.

He said He would do to His people. And Moses turned and went down from the mountain, and the two tablets of the Testimony were in his hand. The tablets were written on both sides; on the one side and on the other they were written.

Glory be to the Holy Trinity our God unto the age of all ages, Amen.

مجداً للثالوث القدوس الهنا إلى الأبد وإلى أبد الآبدين كلها، آمين.

ϯⲥⲟⲫⲓⲁ̀ ⲛ̀ⲧⲉ Ⲥⲟⲗⲟⲙⲱⲛ Ⲕⲉⲫ ⲁ̅ : ⲁ̅ - ⲑ̅

Ⲉ̀ⲃⲟⲗϧⲉⲛ ϯⲥⲟⲫⲓⲁ̀ ⲛ̀ⲧⲉ Ⲥⲟⲗⲟⲙⲱⲛ ⲡⲓⲡ̀ⲣⲟⲫⲏⲧⲏⲥ: ⲉ̀ⲣⲉⲡⲉϥⲥ̀ⲙⲟⲩ ⲉ̀ⲑⲟⲩⲁⲃ ϣⲱⲡⲓ ⲛⲉⲙⲁⲛ ⲁ̀ⲙⲏⲛ ⲉϥϫⲱ ⲙ̀ⲙⲟⲥ.

Ⲙⲉⲛⲣⲉ ϯⲙⲉⲑⲙⲏⲓ ⲛⲏⲉⲧ ϯϩⲁⲡ ⲉ̀ⲡⲕⲁϩⲓ : ⲁ̀ⲣⲓ ⲫ̀ⲙⲉⲩⲓ ⲙ̀Ⲡⲟ̅ⲥ̅ ϧⲉⲛ ⲟⲩⲙⲉⲧⲁ̀ⲅⲁⲑⲟⲥ : ⲉ̀ⲣⲉⲧⲉⲛⲕⲱϯ ⲛ̀ⲥⲱϥ ϧⲉⲛ ϯⲙⲉⲧⲁⲡⲗⲟⲩⲥ ⲛ̀ⲧⲉ ⲡⲉⲧⲉⲛϩⲏⲧ : ϫⲉ ϣⲁⲩϫⲓⲙⲓ ⲙ̀ⲙⲟϥ ⲛ̀ϫⲉ ⲛⲏⲉⲧⲉ ⲛ̀ⲥⲉⲉⲣⲡⲓⲣⲁⲍⲓⲛ ⲙ̀ⲙⲟϥ ⲁⲛ : ϣⲁϥⲟⲩⲱⲛϩ ⲉ̀ⲃⲟⲗ ⲉ̀ⲛⲏⲉⲧⲉ ⲛ̀ⲥⲉⲟⲓ ⲛ̀ⲁⲑⲛⲁϩϯ ⲉ̀ⲣⲟϥ ⲁⲛ : ϣⲁⲣⲉ ⲡⲓⲙⲉⲩⲓ ⲅⲁⲣ ⲉⲧϩⲱⲟⲩ ⲫⲟⲣϫⲟⲩ ⲉ̀ⲃⲟⲗϩⲁ Ⲫ̅ϯ̅ : ⲟⲩⲟϩ ⲧⲉϥϫⲟⲙ ⲉⲑⲟⲩⲱⲛϩ ⲉ̀ⲃⲟⲗ ϣⲁⲥ ⲥⲟϩⲓ ⲛ̀ⲛⲓⲁ̀ⲧϩⲏⲧ : ϫⲉ ⲙ̀ⲡⲁⲣⲉ ϯⲥⲟⲫⲓⲁ̀ ϣⲉ ⲉ̀ϧⲟⲩⲛ ⲉⲟⲩⲯⲩⲭⲏ ⲉⲥϩⲱⲟⲩ : ⲟⲩⲇⲉ ⲙ̀ⲡⲁⲥ ⲟⲩⲱⲛϩ ϧⲉⲛ ⲟⲩⲥⲱⲙⲁ ⲛ̀ⲣⲉϥⲉⲣⲛⲟⲃⲓ : ⲡⲓⲡ̅ⲛ̅ⲁ̅ ⲅⲁⲣ ⲉⲑ̅ⲩ̅ ⲛ̀ⲧⲉ ϯⲥⲟⲫⲓⲁ̀ : ϣⲁϥⲫⲱⲧ ⲉ̀ⲃⲟⲗ ⲛ̀ⲭ̀ⲣⲟϥ ⲛⲓⲃⲉⲛ : ⲟⲩⲟϩ ϣⲁϥⲟⲩⲉⲓ ⲉ̀ⲃⲟⲗ ⲛ̀ⲛⲓⲙⲟⲕⲙⲉⲕ ⲛ̀ⲧⲉ ⲛⲓⲁ̀ⲧϩⲏⲧ : ⲟⲩⲟϩ ϣⲁϥⲥⲟϩⲓ ⲙ̀ⲡⲓϭⲓⲛ̀ϫⲟⲛⲥ ⲁϥϣⲁⲛⲓ. Ⲟⲩⲙⲁⲓⲣⲱⲙⲓ ⲅⲁⲣ ⲡⲉ ⲡⲓⲡ̅ⲛ̅ⲁ̅ ⲛ̀ⲧⲉ ϯⲥⲟⲫⲓⲁ̀ : ⲟⲩⲟϩ ϥ̀ⲉⲣⲙ̀ⲙⲁⲓⲟ ⲁⲛ ⲙ̀ⲫⲏⲉⲧϫⲉⲟⲩⲁ̀ ϧⲉⲛ ⲛⲉϥⲥ̀ⲫⲟⲧⲟⲩ : ϫⲉ Ⲫ̅ϯ̅ ⲡⲉ ⲡⲓⲙⲉⲑⲣⲉ ⲛ̀ⲧⲉ ⲛⲉϥϭ̀ⲗⲱⲧ : ⲟⲩⲟϩ ⲡⲉⲧϧⲟⲧϧⲉⲧ ⲙ̀ⲙⲏⲓ ⲛ̀ⲧⲉ ⲡⲉϥϩⲏⲧ ⲟⲩⲟϩ ⲉⲧⲥⲱⲧⲉⲙ ⲉ̀ⲡⲉϥⲗⲁⲥ : Ϫⲉ ⲡⲓⲡ̅ⲛ̅ⲁ̅ ⲛ̀ⲧⲉ Ⲡⲟ̅ⲥ̅ ⲁϥⲙⲟϩ ⲛ̀ϯⲟⲓⲕⲟⲩⲙⲉⲛⲏ ⲟⲩⲟϩ ⲫⲏⲉⲧⲥⲱϫⲡ ⲙ̀ⲡⲧⲏⲣϥ : ϥ̀ⲥⲱⲟⲩⲛ ⲙ̀ⲡⲟⲩϧ̀ⲣⲱⲟⲩ : ⲉⲑⲃⲉ ⲫⲁⲓ ⲙ̀ⲙⲟⲛϩⲗⲓ ⲛⲁϣϩⲱⲡ ⲉ̀ⲡⲉϥⲥⲁϫⲓ ϧⲉⲛ ⲟⲩϭⲓⲛ̀ϫⲟⲛⲥ ⲟⲩⲇⲉ ⲛ̀ⲛⲉϥⲉⲣ ⲉ̀ⲃⲟⲗ ⲉ̀ϯⲕ̀ⲣⲓⲥⲓⲥ ⲉⲑⲛⲏⲟⲩ : ⲉⲩⲉ̀ϫⲉⲙ̀ⲡ̀ϣⲓⲛⲓ ⲅⲁⲣ ⲙ̀ⲡⲓⲁ̀ⲥⲉⲃⲏⲥ ϧⲉⲛ ⲡⲉϥⲥⲟϭ̀ⲛⲓ : ⲟⲩⲟϩ Ⲡⲟ̅ⲥ̅ ⲛⲁⲥⲱⲧⲉⲙ ⲁⲛ ⲉ̀ⲛⲉϥⲥⲁϫⲓ ⲉ̀ⲫⲟⲩⲱⲛϩ ⲉ̀ⲃⲟⲗ ⲛ̀ⲛⲉϥⲁ̀ⲛⲟⲙⲓⲁ̀ :

Ⲟⲩⲱ̀ⲟⲩ ⲛ̀ϯⲧ̀ⲣⲓⲁⲥ ⲉⲑⲟⲩⲁⲃ ⲡⲉⲛⲛⲟⲩϯ ϣⲁ ⲉ̀ⲛⲉϩ ⲛⲉⲙ ϣⲁ ⲉ̀ⲛⲉϩ ⲛ̀ⲧⲉ ⲛⲓⲉ̀ⲛⲉϩ ⲧⲏⲣⲟⲩ: ⲁ̀ⲙⲏⲛ.

Wisdom of Solomon 1:1-9

A reading from the Wisdom of Solomon the Prophet may his blessings be with us Amen.

Love righteousness, you rulers of the earth, think of the Lord with uprightness, and seek him with

حكمة سليمان ١ : ١ - ٩

بدء حكمة سليمان النبى بركته المقدسة تكون معنا، آمين.

أحبوا العدل يا قضاة الأرض. أذكروا الرب بالصلاح. أطلبوه ببساطة قلوبكم فانما يجده

sincerity of heart; because he is found by those who do not put him to the test, and manifests himself to those who do not distrust him. For perverse thoughts separate men from God, and when his power is tested, it convicts the foolish; because wisdom will not enter a deceitful soul, nor dwell in a body enslaved to sin. For a holy and disciplined spirit will flee from deceit, and will rise and depart from foolish thoughts, and will be ashamed at the approach of unrighteousness. For wisdom is a kindly spirit and will not free a blasphemer from the guilt of his words; because God is witness of his inmost feelings, and a true observer of his heart, and a hearer of his tongue. Because the Spirit of the Lord has filled the world, and that which holds all things together knows what is said; therefore no one who utters unrighteous things will escape notice, and justice, when it punishes, will not pass him by. For inquiry will be made into the counsels of an ungodly man, and a report of his words will come to the Lord, to convict him of his lawless deeds.

Glory be to the Holy Trinity our God unto the age of ages, Amen.

الذين لا يجربونه. ويتجلى للذين لا يكفرون به. لان الفكر الشرير يبعدهم عن الله. وقوته الظاهرة تبكت الجهال. لان الحكمة لا تدخل فى نفس شريرة. ولا تحل فى جسم خاطئ. لأن روح الحكمة الطاهر يهرب من كل غش ويبتعد عن أفكار الجهال ويبكت الظالم إذا أقبل. لأن روح الحكمة محب للبشر. فلا يبرئ المجدف بشفتيه. لأن شاهد كليتيه هو الله وهو الفاحص الحقيقى لقلبه والسامع للسانه. لان روح الرب ملأ المسكونة وبقية الكل وهو يعرف أصواتهم فلذلك لا يستطيع أحد يخفى كلامه بالظلم ولا ينجو من الدينونة الآتية. لانه يفحص بمشورة المنافق. والرب لا يسمع لكلامه حتى يظهر آثامه:

مجداً للثالوث القدوس الهنا إلى الأبد وإلى أبد الآبدين كلها، آمين.

The Doxology of the Pascha Hour: "Thine is the Power…" on page A5.

تسبحة ساعة البصخة: "لك القوة..." صفحة ٥ فى اخر الكتاب.

Ⲯⲁⲗⲙⲟⲥ ⲣ̅ⲕ̅ⲁ̅ : ⲇ̅

Ⲉⲧⲁⲩϣⲉⲛⲱⲟⲩ ⲅⲁⲣ ⲉ̀ⲡϣⲱⲓ : ⲉ̀ⲙⲁⲩ ⲛ̀ϫⲉ ⲛⲓⲫⲩⲗⲏ : ⲛⲓⲫⲩⲗⲏ ⲛ̀ⲧⲉ Ⲡ̅ⲟ̅ⲥ̅ ⲉⲩⲙⲉⲧⲙⲉⲑⲣⲉ ⲙ̀ⲡⲓⲥⲣⲁⲏⲗ : ⲉⲟⲩⲱⲛϩ ⲉⲃⲟⲗ ⲙ̀ⲫⲣⲁⲛ ⲙ̀Ⲡ̅ⲟ̅ⲥ̅ ⲁ̅ⲗ̅.

Psalm 122:4

المزمور ١٢١ : ٤

A Psalm of David the Prophet.

Where the tribes go up, The tribes of the Lord, To the Testimony of Israel, To give thanks to the name of the Lord. Alleluia.

من مزامير داود النبى

لانه هناك صعدت القبائل، قبائل الرب شهادة لاسرائيل. يعترفون لاسم الرب هلليلويا.

Ⲉⲩⲁⲅⲅⲉⲗⲓⲟⲛ ⲕⲁⲧⲁ Ⲓⲱⲁ Ⲕⲉⲫ Ⲃ : ⲓⲅ - ⲓⲍ

Ⲟⲩⲟϩ ⲉⲧⲁϥⲓ ⲛ̀ϫⲉ Ⲓⲏⲥⲟⲩⲥ ⲉ̀ϩⲣⲏⲓ ⲉⲓⲗ̅ⲏ̅ⲙ̅ : Ⲟⲩⲟϩ ⲁϥϫⲓⲙⲓ ϧⲉⲛ ⲡⲓⲉⲣⲫⲉⲓ ⲛ̀ⲛⲓⲉⲧ ϯⲉϩⲉ ⲉⲃⲟⲗ ⲛⲉⲙ ⲉⲥⲱⲟⲩ ⲛⲉⲙ ϭⲣⲟⲙⲡⲓ ⲛⲉⲙ ⲛⲓϥⲁⲓⲕⲉⲣⲙⲁ ⲉⲩϩⲉⲙⲥⲓ. Ⲟⲩⲟϩ ⲁϥⲑⲁⲙⲓⲟ ⲛ̀ⲟⲩⲫⲣⲁⲅⲉⲗⲗⲓⲟⲛ ⲉ̀ⲃⲟⲗ ϧⲉⲛ ϩⲁⲛⲛⲟϩ ⲁϥϩⲓⲧⲟⲩ ⲧⲏⲣⲟⲩ ⲉ̀ⲃⲟⲗ ϧⲉⲛ ⲡⲓⲉⲣⲫⲉⲓ ⲛⲓⲉ̀ⲥⲱⲟⲩ ⲛⲉⲙ ⲛⲓⲉ̀ϩⲱⲟⲩ ⲟⲩⲟϩ ⲛⲓⲕⲉⲣⲙⲁ ⲛ̀ⲧⲉ ⲛⲓϥⲁⲓⲕⲉⲣⲙⲁ ⲁϥⲫⲟⲛⲟⲩ ⲉ̀ⲃⲟⲗ ⲟⲩⲟϩ ⲛⲟⲩⲧ̀ⲣⲁⲡⲉⲍⲁ ⲁϥⲫⲟⲛϫⲟⲩ.

Ⲟⲩⲟϩ ⲡⲉϫⲁϥ ⲛ̀ⲛⲏⲉⲧ ϯϭⲣⲟⲙⲡⲓ ⲉ̀ⲃⲟⲗ ϫⲉ ⲁⲗⲓⲟⲩⲓ ⲛ̀ⲛⲁⲓ ⲉ̀ⲃⲟⲗ ⲧⲁⲓ ⲙ̀ⲡⲉⲣⲉⲣ ⲡⲏⲓ ⲙ̀ⲡⲁⲓⲱⲧ ⲛ̀ⲟⲩⲏⲓ ⲛ̀ϣⲱⲧ : Ⲁⲩⲉⲣⲫ̀ⲙⲉⲩⲓ ⲛ̀ϫⲉ ⲛⲉϥⲙⲁⲑⲏⲧⲏⲥ ϫⲉ ⲥ̀ⲥ̀ϧⲏⲟⲩⲧ ϫⲉ ⲡ̀ⲭⲟϩ ⲙ̀ⲡⲉⲕⲏⲓ ⲡⲉⲧⲁϥⲟⲩⲟⲙⲧ :

Ⲟⲩⲱϣⲧ ⲙ̀ⲡⲓⲉⲩⲁⲅⲅⲉⲗⲓⲟⲛ ⲉⲑⲩ.

John 2:13-17

يوحنا ٢ : ١٣ - ١٧

A reading from the Holy Gospel according to Saint John.

Now the Passover of the Jews was at hand, and Jesus went up to Jerusalem. And He found in the temple those who sold oxen and sheep and doves, and the moneychangers doing business. When He had made a whip of cords, He drove them all out of the temple, with the sheep and the oxen, and poured out the changers' money and overturned the tables. And He said to those who sold doves, “Take these things away! Do not make My Father’s house a house of merchandise!” Then His disciples remembered that it was written, “Zeal

فصل شريف من إنجيل معلمنا مار يوحنا البشير بركاته علينا آمين.

وَكَانَ فِصْحُ الْيَهُودِ قَرِيباً فَصَعِدَ يَسُوعُ إِلَى أُورُشَلِيمَ وَوَجَدَ فِي الْهَيْكَلِ الَّذِينَ كَانُوا يَبِيعُونَ بَقَراً وَغَنَماً وَحَمَاماً وَالصَّيَارِفَ جُلُوساً. فَصَنَعَ سَوْطاً مِنْ حِبَالٍ وَطَرَدَ الْجَمِيعَ مِنَ الْهَيْكَلِ اَلْغَنَمَ وَالْبَقَرَ وَكَبَّ دَرَاهِمَ الصَّيَارِفِ وَقَلَّبَ مَوَائِدَهُمْ. وَقَالَ لِبَاعَةِ الْحَمَامِ: «ارْفَعُوا هَذِهِ مِنْ هَهُنَا. لاَ تَجْعَلُوا بَيْتَ أَبِي بَيْتَ تِجَارَةٍ». فَتَذَكَّرَ تلاَمِيذُهُ أَنَّهُ مَكْتُوبٌ: «غَيْرَةُ بَيْتِكَ أَكَلَتْنِي».

for Your house has eaten Me up."

Bow down before the Holy Gospel.
Glory be to God forever.

أسجدوا للإنجيل المقدس.
والمجد لله دائماً.

Commentary

The Commentary of the Sixth Hour of Monday of Holy Pascha, may its blessings be with us all. Amen.

O Israel, God's chosen nation and first child, what transgressions did you commit and how insensitive are your priests! The place of forgiveness became a place of sin. The house of prayer and supplication became a den of thieves and a market place for cattle, sheep, and pigeon merchants and currency exchangers. What is the profit in these corrupt and unclean injustice which you have done? When the Son of God saw this done in His Father's house, He toppled the seats of pigeon merchants and the tables of the currency exchangers and scattered their funds. As they watched Him, His disciples realized that it was written about Him, "the Zeal for Your house has consumed me." O Lord, Your reign is forever in heaven and on earth and Your fear has shaken the mountains. But Israel has strayed and therefore was denied God's help.

طرح

طرح الساعة السادسة من يوم الاثنين من البصخة المقدسة بركتها علينا. آمين.

يا لهذه الجسارة التى صنعتها يا شعب اسرائيل ابن الله البكر! وهذه البلادة التى من كهنتك! اذ أن موضع الغفران صار موضع الخطية. وبيت الصلاة وموضع الطلبة صيرتموه مسكناً للصوص ومجمعاً للعجول والخراف وباعة الحمام والصيارف. ما هو هذا الربح المملوء من كل نجس، وهذا الظلم الذى صنعتموه؟!

لما نظر ابن الله بيت أبيه، وهذه كلها تصنع فيه، فانهم صيروه مسكناً للصوص الخاطفين والظلمة، وبيتاً للتجارة، أخرج البقر والغنم معاً، وكراسى باعة الحمام، وقلب موائد الصيارف، وبدد دراهمهم. فلما نظر تلاميذه هذا، علموا أنه هكذا هو مكتوب لأجله: أن غيرة بيتك أكلتنى. ولذا صنع هكذا بغير خوف.

ان سلطانك دائم فى السماء وعلى الأرض، وخوفك يا رب زعزع الجبال. أما اسرائيل فقد صار جاهلاً، فلذلك اختفت عنه معونته.

Ninth Hour of Monday

الساعة التاسعة من يوم الاثنين

ϯⲅⲉⲛⲉⲥⲓⲥ ⲛ̀ⲧⲉ Ⲙⲱⲩ̀ⲥⲏⲥ Ⲕⲉⲫ ⲃ̅ : ⲓⲉ ϣⲃⲗ ⲛⲉⲙ Ⲕⲉⲫ ⲅ̅ : ⲁ ϣⲃⲗ

Ⲉ̀ⲃⲟⲗϧⲉⲛ ϯⲅⲉⲛⲉⲥⲓⲥ ⲛ̀ⲧⲉ Ⲙⲱⲩ̀ⲥⲏⲥ ⲡⲓⲡ̀ⲣⲟⲫⲏⲧⲏⲥ: ⲉⲣⲉⲡⲉϥⲥ̀ⲙⲟⲩ ⲉ̀ⲑⲟⲩⲁⲃ ϣⲱⲡⲓ ⲛⲉⲙⲁⲛ ⲁ̀ⲙⲏⲛ ⲉϥϫⲱ ⲙ̀ⲙⲟⲥ.

Ⲟⲩⲟϩ ⲁ̀Ⲡ̅ⲟ̅ⲥ̅ Ⲫ̀ϯ ϭⲓ ⲙ̀ⲡⲓⲣⲱⲙⲓ ⲉⲧⲁϥⲑⲁⲙⲓⲟϥ : ⲟⲩⲟϩ ⲁϥⲭⲁϥ ϧⲉⲛ ⲡⲓⲡⲁⲣⲁⲇⲓⲥⲟⲥ ⲛ̀ⲧⲉ ⲡ̀ⲟⲩⲛⲟϥ ⲉⲑⲣⲉϥⲉⲣϩⲱⲃ ⲟⲩⲟϩ ⲛ̀ⲧⲉϥⲁ̀ⲣⲉϩ ⲉ̀ⲣⲟϥ : Ⲟⲩⲟϩ ⲁ̀Ⲡ̅ⲟ̅ⲥ̅ Ⲫ̀ϯ ϩⲟⲛϩⲉⲛ ⲉⲧⲟⲧϥ ⲛ̀Ⲁⲇⲁⲙ ⲉϥϫⲱⲙ̀ⲙⲟⲥ : ϫⲉ ⲉ̀ⲃⲟⲗϧⲉⲛ ϣ̀ϣⲏⲛ ⲛⲓⲃⲉⲛ ⲉⲧϧⲉⲛ ⲡⲓⲡⲁⲣⲁⲇⲓⲥⲟⲥ ⲉⲕⲉⲟⲩⲱⲙ ⲉ̀ⲃⲟⲗ ⲙ̀ⲙⲱⲟⲩ ⲉⲩ̀ϧⲣⲉ : ⲉ̀ⲃⲟⲗ ϧⲉⲛ ⲡⲓϣ̀ϣⲏⲛ ⲛ̀ⲧⲉ ⲡ̀ⲉⲙⲓ ⲙ̀ⲡ̀ϣⲓⲃϯ ⲙ̀ⲡⲓⲡⲉⲑⲛⲁⲛⲉϥ ⲛⲉⲙ ⲡⲓⲡⲉⲧϩⲱⲟⲩ ⲛ̀ⲛⲉⲧⲉⲛⲟⲩⲱⲙ ⲉ̀ⲃⲟⲗ ⲙ̀ⲙⲟϥ : ⲡⲓⲉ̀ϩⲟⲟⲩ ⲇⲉ ⲉⲧⲉⲧⲉⲛⲛⲁⲟⲩⲱⲙ ⲉ̀ⲃⲟⲗ ⲙ̀ⲙⲟϥ ⲧⲉ ⲧⲉⲛⲛⲁⲙⲟⲩ ϧⲉⲛⲟⲩⲙⲟⲩ. Ⲟⲩⲟϩ ⲡⲉϫⲉ Ⲡ̅ⲟ̅ⲥ̅ Ⲫ̀ϯ ϫⲉ ⲛⲁⲛⲉⲥ ⲁⲛⲛ̀ⲧⲉⲡⲓⲣⲱⲙⲓ ϣⲱⲡⲓ ⲙ̀ⲙⲁⲩⲁⲧϥ ⲙⲁⲣⲉⲛⲑⲁⲙⲓⲟ ⲛⲁϥ ⲛ̀ⲟⲩⲃⲟⲏⲑⲟⲥ ⲕⲁⲧⲁ ⲣⲟϥ : Ⲟⲩⲟϩ ⲁ̀Ⲡ̅ⲟ̅ⲥ̅ Ⲫ̀ϯ ϭⲱⲗⲡ ⲉ̀ⲃⲟⲗ ϧⲉⲛ ⲡ̀ⲕⲁϩⲓ ⲛ̀ⲛⲓⲑⲏⲣⲓⲟⲛ ⲧⲏⲣⲟⲩ ⲛ̀ⲧⲉ ⲡ̀ⲕⲟⲓ ⲛⲉⲙ ⲛⲓϩⲁⲗⲁϯ ⲧⲏⲣⲟⲩ ⲛ̀ⲧⲉ ⲧ̀ⲫⲉ : ⲟⲩⲟϩ ⲁϥⲉ̀ⲛⲟⲩ ϩⲁ Ⲁⲇⲁⲙ ⲉ̀ⲛⲁⲩ ϫⲉ ⲁϥⲛⲁⲙⲟⲩϯ ⲉ̀ⲣⲱⲟⲩ ϫⲉ ⲛⲓⲙ : ⲟⲩⲟϩ ϩⲱⲃ ⲛⲓⲃⲉⲛ ⲉ̀ⲧⲉ Ⲁⲇⲁⲙ ⲙⲟⲩϯ ⲉ̀ⲟⲩⲯⲩⲭⲏ ⲉⲥⲱⲛϧ ⲫⲁⲓ ⲡⲉ ⲡⲟⲩ ⲣⲁⲛ : ⲁ̀Ⲁⲇⲁⲙ ϯⲣⲁⲛ ⲉ̀ⲛⲓⲧⲉⲃⲛⲱⲟⲩⲓ̀ ⲧⲏⲣⲟⲩ ⲛⲉⲙ ⲛⲓϩⲁⲗⲁϯ ⲧⲏⲣⲟⲩ ⲛ̀ⲧⲉ ⲧ̀ⲫⲉ ⲛⲉⲙ ⲛⲓⲑⲏⲣⲓⲟⲛ ⲧⲏⲣⲟⲩ ⲛ̀ⲧⲉ ⲡ̀ⲕⲟⲓ : Ⲁⲇⲁⲙ ⲇⲉ ⲙ̀ⲡⲟⲩϫⲉⲙ ⲟⲩⲃⲟⲏⲑⲟⲥ ⲛⲁϥ ⲉϥⲟⲛⲓ ⲙ̀ⲙⲟϥ : Ⲁ̀Ⲫ̀ϯ ϩⲓⲟⲩⲓ̀ ⲛ̀ⲟⲩⲥ̀ⲣⲟⲙ ⲛ̀ϩ̀ⲣⲏⲓ ⲉ̀ϫⲉⲛ Ⲁⲇⲁⲙ : ⲁϥϭⲓ ⲛ̀ⲟⲩⲃⲏⲧ ⲉ̀ⲃⲟⲗ ϧⲉⲛ ⲛⲉϥⲥ̀ⲫⲓⲣⲱⲟⲩⲓ̀ ⲟⲩⲟϩ ⲁϥⲙⲁϩ ⲡⲉⲥⲙⲁ ⲛ̀ⲥⲁⲣⲝ : ⲟⲩⲟϩ ⲁ̀Ⲡ̅ⲟ̅ⲥ̅ Ⲫ̀ϯ ⲕⲱⲧ ⲛ̀ϯⲃⲏⲧ ⲉ̀ⲧⲁϥϭⲓⲧⲥ ⲉ̀ⲃⲟⲗ ϧⲉⲛ Ⲁⲇⲁⲙ ⲉⲩ̀ⲥ̀ϩⲓⲙⲓ : ⲟⲩⲟϩ ⲁϥⲉⲛⲥ ϩⲁ Ⲁⲇⲁⲙ. Ⲟⲩⲟϩ ⲡⲉϫⲉ Ⲁⲇⲁⲙ : ϫⲉ ⲫⲁⲓ ϯⲛⲟⲩ ⲟⲩⲕⲁⲥ ⲡⲉ ⲉ̀ⲃⲟⲗ ϧⲉⲛ ⲛⲁⲕⲁⲥ : ⲛⲉⲙ ⲟⲩⲥⲁⲣⲝ ⲉ̀ⲃⲟⲗ ϧⲉⲛ ⲧⲁⲥⲁⲣⲝ : ⲑⲁⲓ ⲉⲩⲉ̀ⲙⲟⲩϯ ⲉ̀ⲣⲟⲥ ϫⲉ ⲥ̀ϩⲓⲙⲓ : ϫⲉ ⲉ̀ⲧⲁⲩϭⲓ ⲑⲁⲓ ⲉ̀ⲃⲟⲗ ϧⲉⲛ ⲡⲉⲥϩⲁⲓ : Ⲉⲑⲃⲉ ⲫⲁⲓ ⲉ̀ⲣⲉ ⲡⲓⲣⲱⲙⲓ ⲭⲁ ⲡⲉϥⲓⲱⲧ ⲛⲉⲙ ⲧⲉϥⲙⲁⲩ ⲛ̀ⲥⲱϥ : ⲟⲩⲟϩ ⲉϥⲉ̀ⲧⲟⲙϥ ⲉ̀ⲧⲉϥⲥ̀ϩⲓⲙⲓ : ⲟⲩⲟϩ ⲉⲩⲉ̀ϣⲱⲡⲓ ⲙ̀ⲡ̀ⲥ̀ⲛⲁⲩ ⲉⲩⲥⲁⲣⲝ ⲛ̀ⲟⲩⲱⲧ. Ⲟⲩⲟϩ ⲛⲁⲩⲃⲏϣ ⲙ̀ⲡ̀ⲥ̀ⲛⲁⲩ ⲉⲩⲥⲟⲡ ⲛ̀ϫⲉ Ⲁⲇⲁⲙ ⲛⲉⲙ ⲧⲉϥⲥ̀ϩⲓⲙⲓ : ⲟⲩⲟϩ ⲛⲁⲩϣⲓⲡⲓ ⲁⲛ ⲡⲉ : ⲡⲓϩⲟϥ ⲇⲉ ⲛⲉ ⲟⲩⲥⲁⲃⲉ ⲡⲉ ⲉ̀ⲃⲟⲗ ⲟⲩⲧⲉ ⲛⲓⲑⲏⲣⲓⲟⲛⲧⲏⲣⲟⲩ ⲛⲏⲉⲧⲭⲏ ϩⲓϫⲉⲛ ⲡ̀ⲕⲁϩⲓ ⲛⲏⲉ̀ⲧⲁ Ⲡ̅ⲟ̅ⲥ̅ Ⲫ̀ϯ ⲑⲁⲙⲓⲱⲟⲩ : Ⲟⲩⲟϩ ⲡⲉϫⲉ ⲡⲓϩⲟϥ ⲛ̀ϯⲥ̀ϩⲓⲙⲓ : ϫⲉ ⲉⲑⲃⲉ ⲟⲩ ⲁ̀Ⲫ̀ϯ ϫⲟⲥ ϫⲉ ⲛ̀ⲛⲉⲧⲉⲛⲟⲩⲱⲙ ⲉ̀ⲃⲟⲗ ϧⲉⲛ ϣ̀ϣⲏⲛ ⲛⲓⲃⲉⲛ ⲉⲧϧⲉⲛ ⲡⲓⲡⲁⲣⲁⲇⲓⲥⲟⲥ : Ⲡⲉϫⲉ ϯⲥ̀ϩⲓⲙⲓ ⲙ̀ⲡⲓϩⲟϥ ϫⲉ ⲉ̀ⲃⲟⲗ ϧⲉⲛ ⲡ̀ⲟⲩⲧⲁϩ ⲛ̀ⲧⲉ ⲛⲓϣ̀ϣⲏⲛ ⲛ̀ⲧⲉ ⲡⲓⲡⲁⲣⲁⲇⲓⲥⲟⲥ ⲧⲉⲛⲛⲁⲟⲩⲱⲙ : ⲉ̀ⲃⲟⲗ ⲇⲉ ϧⲉⲛ ⲡ̀ⲟⲩⲧⲁϩ ⲙ̀ⲡⲓϣ̀ϣⲏⲛ ⲉⲧϧⲉⲛ ⲑ̀ⲙⲏϯ ⲙ̀ⲡⲓⲡⲁⲣⲁⲇⲓⲥⲟⲥ ⲁϥϫⲟⲥ ⲛ̀ϫⲉ Ⲫ̀ϯ ϫⲉ ⲛ̀ⲛⲉⲧⲉⲛ ⲟⲩⲱⲙ ⲉ̀ⲃⲟⲗ ⲙ̀ⲙⲟϥ : ⲟⲩⲇⲉ ⲛ̀ⲛⲉⲧⲉⲛϭⲟϩ ⲉ̀ⲣⲟϥ ϩⲓⲛⲁ ⲛ̀ⲧⲉⲧⲉⲛϣ̀ⲧⲉⲙ ⲙⲟⲩ. Ⲟⲩⲟϩ ⲡⲉϫⲉ ⲡⲓϩⲟϥ ⲛ̀ϯⲥ̀ϩⲓⲙⲓ ϫⲉ ⲛⲁⲣⲉⲧⲉⲛ ⲛⲁ ⲙⲟⲩ ⲅⲁⲣ ⲁⲛ ϧⲉⲛ ⲟⲩⲙⲟⲩ : ⲛⲁϥⲉ̀ⲙⲓ ⲅⲁⲣ ⲛ̀ϫⲉ Ⲫϯ ϫⲉ ⲡⲓⲉ̀ϩⲟⲟⲩ ⲉ̀ⲧⲉⲧⲉⲛ ⲛⲁⲟⲩⲱⲙ ⲉ̀ⲃⲟⲗ ⲙ̀ⲙⲟϥ ⲥⲉⲛⲁⲟⲩⲱⲛ ⲛ̀ϫⲉ ⲛⲉⲧⲉⲛⲃⲁⲗ : ⲧⲉⲧⲉⲛⲛⲁⲉⲣ ⲙ̀ⲫⲣⲏϯ ⲛ̀ϩⲁⲛⲛⲟⲩϯ : ⲉ̀ⲣⲉⲧⲉⲛⲥⲱⲟⲩⲛ ⲉ̀ⲟⲩⲡⲉⲑⲛⲁⲛⲉϥ ⲛⲉⲙ ⲟⲩⲡⲉⲧϩⲱⲟⲩ : Ⲟⲩⲟϩ ⲁⲥⲛⲁⲩ ⲛ̀ϫⲉ ϯⲥϩⲓⲙⲓ ϫⲉ ⲛⲁⲛⲉ ⲡⲓϣϣⲏⲛ ⲉ̀ⲫⲟⲩⲟⲙϥ ϥⲣⲁⲛⲁ ⲛ̀ⲛⲓⲃⲁⲗ ⲉ̀ⲫⲛⲁⲩ ⲉ̀ⲣⲟϥ : ⲟⲩⲟϩ ⲉ̀ⲛⲉⲥⲥⲱϥ ⲉ̀ⲡϯⲛⲓⲧⲧⲥ ⲛⲁϥ : ⲁⲥϭⲓ ⲉ̀ⲃⲟⲗ ϧⲉⲛ ⲡⲉϥⲟⲩⲧⲁϩ ⲁⲥⲟⲩⲱⲙ : ⲟⲩⲟϩ ⲁⲥϯ ⲙ̀ⲡⲉⲥⲕⲉϩⲁⲓ ⲛⲉⲙⲁⲥ ⲟⲩⲟϩ ⲁϥⲟⲩⲱⲙ : ⲟⲩⲟϩ ⲁⲩⲟⲩⲱⲛ ⲛ̀ϫⲉ ⲛⲟⲩⲃⲁⲗ ⲙ̀ⲡ̀ⲥⲛⲁⲩ : ⲟⲩⲟϩ ⲁⲩ ⲉ̀ⲙⲓ ϫⲉ ⲥⲉⲃⲏϣ : ⲟⲩⲟϩ ⲁⲩⲑⲱⲣⲡ ⲛ̀ϩⲁⲛϫⲱⲃⲓ ⲛ̀ⲧⲉ ⲟⲩⲃⲱ ⲛ̀ⲕⲉⲛⲧⲉ : ⲁⲩⲑⲁⲙⲓⲟ ⲛⲱⲟⲩ ⲛ̀ϩⲁⲛ ⲁ̀ⲕⲏⲥ : ⲟⲩⲟϩ ⲁⲩⲥⲱⲧⲉⲙ ⲉ̀ ⲧ̀ⲥⲙⲏ ⲙ̀Ⲡ̅ⲟ̅ⲥ̅ Ⲫϯ ⲉϥⲙⲟϣⲓ ϧⲉⲛ ⲡⲓⲡⲁⲣⲁⲇⲓⲥⲟⲥ ⲙ̀ⲫⲛⲁⲩ ⲛ̀ⲣⲟⲩϩⲓ : ⲟⲩⲟϩ ⲁⲩⲭⲱⲡ ⲛ̀ϫⲉ Ⲁⲇⲁⲙ ⲛⲉⲙ ϯⲉϥⲥϩⲓⲙⲓ ⲉ̀ⲃⲟⲗϩⲁ ⲡ̀ϩⲟ ⲙ̀Ⲡ̅ⲟ̅ⲥ̅ Ⲫϯ : ϧⲉⲛ ⲑⲙⲏϯ ⲛ̀ⲛⲓϣϣⲏⲛ ⲛ̀ⲧⲉ ⲡⲓⲡⲁⲣⲁⲇⲓⲥⲟⲥ. Ⲟⲩⲟϩ ⲁϥⲙⲟⲩϯ ⲛ̀ϫⲉ Ⲡ̅ⲟ̅ⲥ̅ Ⲫϯ ⲉ̀Ⲁⲇⲁⲙ ⲡⲉϫⲁϥ ϫⲉ ⲁⲕⲫⲱⲛ Ⲁⲇⲁⲙ : ⲡⲉϫⲁϥ ⲛⲁϥ : ϫⲉ ⲧⲉⲕⲥ̀ⲙⲏ ⲉ̀ⲧⲁⲓⲥⲟⲑⲙⲉⲥ ⲉⲕ ⲙⲟϣⲓ ϧⲉⲛ ⲡⲓⲡⲁⲣⲁⲇⲓⲥⲟⲥ ⲁⲓⲉⲣϩⲟϯ : ϫⲉ ϯⲃⲏϣ ⲟⲩⲟϩ ⲁⲓⲭⲱⲡ : ⲡⲉϫⲁϥ ⲛⲁϥ ϫⲉ ⲛⲓⲙ ⲡⲉ ⲧⲁϥⲧⲁⲙⲟⲕ ϫⲉ ⲕ̀ⲃⲏϣ ⲉ̀ⲃⲏⲗ ϫⲉ ⲁⲕⲟⲩⲱⲙ ⲉ̀ⲃⲟⲗ ϧⲉⲛ ⲡⲓϣϣⲏⲛ ⲉ̀ⲧⲁⲓϩⲉⲛϩⲟⲛⲕ ⲉ̀ⲣⲟϥ ϫⲉ ⲫⲁⲓ ⲙ̀ⲙⲁⲩⲁⲧϥ ⲙ̀ⲡⲉⲣ ⲟⲩⲱⲙ ⲉ̀ⲃⲟⲗ ⲙ̀ⲙⲟϥ : ⲟⲩⲟϩ ⲁⲕⲟⲩⲱⲙ ⲉ̀ⲃⲟⲗ ⲙ̀ⲙⲟϥ : Ⲡⲉϫⲉ Ⲁⲇⲁⲙ ϫⲉ ϯⲥϩⲓⲙⲓ ⲉ̀ⲧⲁⲕⲧⲏⲓⲥ ⲛⲏⲓ ⲛ̀ⲑⲟⲥ ⲁⲥϯⲛⲏⲓ ⲉ̀ⲃⲟⲗ ϧⲉⲛ ⲡⲓϣϣⲏⲛ ⲁⲓⲟⲩⲱⲙ. Ⲟⲩⲟϩ ⲡⲉϫⲉ Ⲡ̅ⲟ̅ⲥ̅ Ⲫϯ ⲛ̀ϯⲥϩⲓⲙⲓ ϫⲉ ⲉⲑⲃⲉⲟⲩ ⲁ̀ⲣⲉ ⲉⲣⲫⲁⲓ : ⲡⲉϫⲉ ϯⲥϩⲓⲙⲓ : ϫⲉ ⲡⲓϩⲟϥ ⲡⲉⲉ̀ⲧⲁϥⲉⲣϩⲁⲗ ⲙ̀ⲙⲟⲓ ⲁⲓⲟⲩⲱⲙ : Ⲟⲩⲟϩ ⲡⲉϫⲉ Ⲡ̅ⲟ̅ⲥ̅ Ⲫϯ ⲙ̀ⲡⲓϩⲟϥ : ϫⲉ ⲁⲕⲉⲣⲫⲁⲓ ⲕ̀ⲥ̀ϩⲟⲩⲟⲣⲧ ⲛ̀ⲑⲟⲕ ⲉ̀ⲃⲟⲗ ⲟⲩⲧⲉ ⲛⲓⲧⲉⲃⲛⲱⲟⲩ̀ⲓ ⲧⲏⲣⲟⲩ : ⲛⲉⲙ ⲉ̀ⲃⲟⲗ ⲟⲩⲧⲉ ⲛⲓⲑⲏⲣⲓⲟⲛ ⲧⲏⲣⲟⲩ ⲛⲏⲉⲧ ϩⲓϫⲉⲛ ⲡⲓⲕⲁϩⲓ : ⲉⲕⲉ̀ⲙⲟϣⲓ ⲉϫⲉⲛ ⲧⲉⲕⲙⲉⲥⲧⲉⲛϩⲏⲧ ⲛⲉⲙ ⲧⲉⲕⲛⲉϫⲓ : ⲟⲩⲟϩ ⲉⲕⲉ̀ⲟⲩⲉⲙ ⲕⲁϩⲓ ⲛ̀ⲛⲓⲉ̀ϩⲟⲟⲩ ⲧⲏⲣⲟⲩ ⲛ̀ⲧⲉ ⲡⲉⲱⲛϧ : Ⲟⲩⲟϩ ⲉⲓⲉ̀ⲭⲱ ⲛ̀ⲟⲩ ⲙⲉⲧϫⲁϫⲓ ⲟⲩⲧⲱⲕ ⲛⲉⲙ ⲟⲩⲧⲉ ϯⲥϩⲓⲙⲓ : ⲛⲉⲙ ⲟⲩⲧⲉ ⲡⲉⲕϫ̀ⲣⲟϫ : ⲛⲉⲙ ⲟⲩⲧⲉ ⲡⲉⲥϫ̀ⲣⲟϫ : ⲟⲩⲟϩ ⲛ̀ⲑⲟϥ ⲉϥⲉ̀ⲁ̀ⲣⲉϩ ⲉ̀ⲧⲉⲕⲁ̀ⲫⲉ : ⲟⲩⲟϩ ⲛ̀ⲑⲟⲕ ⲉⲕⲉ̀ⲁ̀ⲣⲉϩ ⲉ̀ⲡⲉϥⲑⲓⲃⲥ : Ⲟⲩⲟϩ ⲡⲉϫⲁϥ ⲛ̀ϯⲥϩⲓⲙⲓ : ϫⲉ ϧⲉⲛ ⲟⲩⲁ̀ϣⲁⲓ ⲉⲓⲉ̀ⲑⲣⲉ ⲛⲉⲙⲕⲁϩ ⲛ̀ϩⲏⲧ ⲁ̀ϣⲁⲓ ⲛⲉⲙ ⲡⲉϥⲓⲁ̀ ϩⲟⲙ : ϧⲉⲛ ϩⲁⲛ ⲙ̀ⲕⲁϩ ⲛ̀ϩⲏⲧ ⲉ̀ⲣⲉⲙⲉⲥ ϩⲁⲛϣⲏⲣⲓ : ⲟⲩⲟϩ ⲉϥⲉ̀ϣⲱⲡⲓ ϩⲁ ⲡⲉϩⲁⲓ ⲛ̀ϫⲉ ⲡⲉϫⲓⲛⲧⲁⲥⲑⲟ : ⲟⲩⲟϩ ⲛ̀ⲑⲟϥ ⲉϥⲉ̀ⲉⲣⲃⲟⲓⲥ ⲉ̀ⲣⲟ. Ⲡⲉϫⲁϥ ⲇⲉ ⲛ̀Ⲁⲇⲁⲙ : ϫⲉ ⲉ̀ⲡⲓⲇⲏ ⲁⲕⲥⲱⲧⲉⲙ ⲛ̀ⲥⲁ ⲧⲉⲕⲥ̀ϩⲓⲙⲓ : ⲟⲩⲟϩ ⲁⲕⲟⲩⲱⲙ ⲉ̀ⲃⲟⲗ ϧⲉⲛ ⲡⲓϣϣⲏⲛ : ⲫⲏⲉ̀ⲧⲁⲓ ϩⲉⲛϩⲟⲛⲕ ⲉ̀ⲣⲟϥ ϫⲉ ⲫⲁⲓ ⲙ̀ⲙⲁⲩⲁⲧϥ ⲛ̀ⲛⲉⲕⲟⲩⲱⲙ ⲉ̀ⲃⲟⲗ ⲙ̀ⲙⲟϥ ⲁⲕⲟⲩⲱⲙ : ⲡⲓⲕⲁϩⲓ ⲥ̀ϩⲟⲩⲟⲣⲧ ⲉ̀ⲃⲟⲗ ϧⲉⲛ ⲛⲉⲕϩ̀ⲃⲏⲟⲩ̀ⲓ : ⲉⲕⲉ̀ⲟⲩⲟⲙϥ ϧⲉⲛ ϩⲁⲛ ⲉ̀ⲙⲕⲁϩ ⲛ̀ϩⲏⲧ ⲛ̀ⲛⲓⲉ̀ϩⲟⲟⲩ ⲧⲏⲣⲟⲩ ⲛ̀ⲧⲉ ⲡⲉⲕⲱⲛϧ : ϩⲁⲛϣⲟⲛϯ ⲛⲉⲙ ϩⲁⲛⲥⲟⲩⲣⲓ ⲉϥⲉ̀ⲣⲱⲧ ⲙ̀ⲙⲱⲟⲩ ⲛⲁⲕ : ⲟⲩⲟϩ ⲉⲕⲉ̀ⲟⲩⲱⲙ ⲛⲁⲕ ⲙ̀ⲡⲓⲥⲓⲙ ⲛ̀ⲧⲉ ⲡⲓⲕⲁϩⲓ : ⲉⲕⲉ̀ⲟⲩⲱⲙ ⲙ̀ⲡⲉⲕⲱⲓⲕ ϧⲉⲛ ⲡ̀ϥⲱϯ ⲙ̀ⲡⲉⲕϩⲟ : ϣⲁⲧⲉⲕⲧⲁⲥⲑⲟⲕ ⲉ̀ⲡⲓⲕⲁϩⲓ ⲉ̀ⲧⲁⲩϭⲓⲧⲕ ⲉ̀ⲃⲟⲗ ⲛ̀ϧⲏⲧϥ ϫⲉ ⲛ̀ⲑⲟⲕ ⲟⲩⲕⲁϩⲓ ⲭ̀ⲛⲁⲧⲁⲥⲑⲟⲕ ⲉ̀ⲡⲕⲁϩⲓ. Ⲟⲩⲟϩ ⲁ̀Ⲁⲇⲁⲙ ⲙⲟⲩϯ ⲉ̀ⲫⲣⲁⲛ ⲛ̀ⲧⲉϥⲥϩⲓⲙⲓ ϫⲉ Ⲍⲱⲏ : ϫⲉ ⲑⲁⲓ ⲧⲉ ⲑ̀ⲙⲁⲩ ⲛ̀ⲛⲏⲉⲧⲱⲛϧ ⲧⲏⲣⲟⲩ.

Ⲟⲩⲟϩ ⲁ̀Ⲡ̅ⲟ̅ⲥ̅ Ⲫϯ ⲑⲁⲙⲓⲟ ⲛ̀Ⲁⲇⲁⲙ ⲛⲉⲙ ⲧⲉϥ ⲥ̀ϩⲓⲙⲓ ⲛ̀ϩⲁⲛ ϣⲑⲏⲛ ⲛ̀ϣⲁⲣ : ⲁϥⲧⲏⲓⲧⲟⲩ ϩⲓⲱⲧⲟⲩ Ⲟⲩⲟϩ ⲡⲉϫⲉ Ⲡ̅ⲟ̅ⲥ̅ Ⲫϯ ϫⲉ ϩⲏⲡⲡⲉ ⲓⲥ Ⲁⲇⲁⲙ ⲁϥⲉⲣ ⲙ̀ⲫⲣⲏϯ ⲛ̀ⲟⲩⲁⲓ ⲉ̀ⲃⲟⲗ ⲙ̀ⲙⲟⲛ : ⲉ̀ⲡϫⲓⲛⲥⲟⲩⲉⲛ ⲟⲩ ⲡⲉⲑⲛⲁⲛⲉϥ ⲛⲉⲙ ⲟⲩⲡⲉⲧϩⲱⲟⲩ. Ⲟⲩⲟϩ ϯⲛⲟⲩ ⲙⲏⲡⲱⲥ ⲛ̀ⲧⲉϥⲥⲟⲩⲧⲱⲛ ⲧⲉϥϫⲓϫ ⲟⲩⲟϩ ⲉ̀ⲃⲟⲗ ϧⲉⲛ ⲡⲓϣϣⲏⲛ ⲛ̀ⲧⲉ ⲡ̀ⲱⲛϧ ⲛ̀ⲧⲉϥⲟⲩⲱⲙ ⲟⲩⲟϩ ⲛ̀ⲧⲉϥⲱⲛϧ ϣⲁⲉⲛⲉϩ. Ⲟⲩⲟϩ ⲁ̀Ⲡ̅ⲟ̅ⲥ̅ Ⲫⲛⲟⲩϯ ⲟⲩⲟⲣⲡϥ ⲉ̀ⲃⲟⲗ ϧⲉⲛ ⲡⲓⲡⲁⲣⲁⲇⲓⲥⲟⲥ ⲛ̀ⲧⲉ ⲡ̀ⲟⲩⲛⲟϥ : ⲉⲑⲣⲉϥⲉⲣϩⲱⲃ ⲉ̀ⲡⲕⲁϩⲓ ⲉ̀ⲧⲁⲩϭⲓⲧϥ ⲉ̀ⲃⲟⲗ ⲛ̀ϧⲏⲧϥ : Ⲟⲩⲟϩ ⲁϥϩⲓ ⲉ̀ⲃⲟⲗ. ⲁϥϣⲱⲡⲓ ⲙ̀ⲡⲉⲙ̀ⲑⲟ ⲙ̀ⲡⲓⲡⲁⲣⲁⲇⲓⲥⲟⲥ ⲛ̀ⲧⲉ ⲡ̀ⲟⲩⲛⲟϥ : ⲟⲩⲟϩ ⲁϥⲭⲱ ⲙ̀ⲡⲓⲭⲉⲣⲟⲩⲃⲓⲙ ⲛⲉⲙ ϯⲥⲏϥⲓ ⲛ̀ⲭⲣⲱⲙ : ⲑⲏⲉ̀ϣⲁⲥ ⲫⲟⲛϩⲟⲥ ⲉ̀ⲁ̀ⲣⲉϩ ⲉ̀ⲡⲓⲙⲱⲓⲧ ⲛ̀ⲧⲉ ⲡⲓϣϣⲏⲛ ⲛ̀ⲧⲉ ⲡ̀ⲱⲛϧ.

Ⲟⲩⲱ̀ⲟⲩ ⲛ̀ϯⲧ̀ⲣⲓⲁⲥ ⲉ̀ⲑⲟⲩⲁⲃ ⲡⲉⲛⲛⲟⲩϯ ϣⲁ ⲉ̀ⲛⲉϩ ⲛⲉⲙ ϣⲁ ⲉ̀ⲛⲉϩ ⲛ̀ⲧⲉ ⲛⲓⲉ̀ⲛⲉϩ ⲧⲏⲣⲟⲩ: ⲁ̀ⲙⲏⲛ.

Genesis 2:15-3:24

A reading from the book of Genesis of Moses the Prophet may his blessings be with us Amen.

Then the Lord God took the man and put him in the garden of Eden to tend and keep it. And the Lord God commanded the man, saying, "Of every tree of the garden you may freely eat; but of the tree of the knowledge of good and evil you shall not eat, for in the day that you eat of it you shall surely die." And the Lord God said, "It is not good that man should be alone; I will make him a helper comparable to him." Out of the ground the Lord God formed every beast of the field and every bird of the air, and brought them to Adam to see what he would call them. And whatever Adam called each living creature, that was its name. So Adam gave names to all cattle, to the birds of the air, and to every beast of the field. But for Adam there was not found a helper comparable to him. And the Lord God caused a deep sleep to fall on Adam, and he slept; and He took one of his ribs, and closed up the flesh in its place. Then the rib which the Lord God had taken from man He made into a woman, and He brought her to the

تكوين ٢: ١٥- ٣: ٢٤

من سفر التكوين لموسى النبى بركته المقدسة تكون معنا، آمين.

وَاخَذَ الرَّبُّ الالَهُ ادَمَ وَوَضَعَهُ فِي جَنَّةِ عَدْنٍ لِيَعْمَلَهَا وَيَحْفَظَهَا. وَاوْصَى الرَّبُّ الالَهُ ادَمَ قَائِلا: «مِنْ جَمِيعِ شَجَرِ الْجَنَّةِ تَاكُلُ اكْلا وَامَّا شَجَرَةُ مَعْرِفَةِ الْخَيْرِ وَالشَّرِّ فَلا تَاكُلْ مِنْهَا لانَّكَ يَوْمَ تَاكُلُ مِنْهَا مَوْتا تَمُوتُ». وَقَالَ الرَّبُّ الالَهُ: «لَيْسَ جَيِّدا انْ يَكُونَ ادَمُ وَحْدَهُ فَاصْنَعَ لَهُ مُعِينا نَظِيرَهُ». وَجَبَلَ الرَّبُّ الالَهُ مِنَ الارْضِ كُلَّ حَيَوَانَاتِ الْبَرِّيَّةِ وَكُلَّ طُيُورِ السَّمَاءِ فَاحْضَرَهَا الَى ادَمَ لِيَرَى مَاذَا يَدْعُوهَا وَكُلُّ مَا دَعَا بِهِ ادَمُ ذَاتَ نَفْسٍ حَيَّةٍ فَهُوَ اسْمُهَا. فَدَعَا ادَمُ بِاسْمَاءٍ جَمِيعَ الْبَهَائِمِ وَطُيُورَ السَّمَاءِ وَجَمِيعَ حَيَوَانَاتِ الْبَرِّيَّةِ. وَامَّا لِنَفْسِهِ فَلَمْ يَجِدْ مُعِينا نَظِيرَهُ. فَاوْقَعَ الرَّبُّ الالَهُ سُبَاتا عَلَى ادَمَ فَنَامَ فَاخَذَ وَاحِدَةً مِنْ اضْلاعِهِ وَمَلأ مَكَانَهَا لَحْما. وَبَنَى الرَّبُّ الالَهُ الضِّلْعَ الَّتِي اخَذَهَا مِنْ ادَمَ امْرَاةً وَاحْضَرَهَا الَى ادَمَ. فَقَالَ ادَمُ: «هَذِهِ الآنَ عَظْمٌ مِنْ عِظَامِي وَلَحْمٌ مِنْ لَحْمِي. هَذِهِ

man. And Adam said: "This is now bone of my bones And flesh of my flesh; She shall be called Woman, Because she was taken out of Man." Therefore a man shall leave his father and mother and be joined to his wife, and they shall become one flesh. And they were both naked, the man and his wife, and were not ashamed.

Now the serpent was more cunning than any beast of the field which the Lord God had made. And he said to the woman, "Has God indeed said, 'You shall not eat of every tree of the garden'?" And the woman said to the serpent, "We may eat the fruit of the trees of the garden; but of the fruit of the tree which is in the midst of the garden, God has said, 'You shall not eat it, nor shall you touch it, lest you die.' " Then the serpent said to the woman, "You will not surely die. For God knows that in the day you eat of it your eyes will be opened, and you will be like God, knowing good and evil." So when the woman saw that the tree was good for food, that it was pleasant to the eyes, and a tree desirable to make one wise, she took of its fruit and ate. She also gave to her husband with her, and he ate. Then the eyes of both of them were opened, and they knew that they were naked; and they sewed fig leaves together and made themselves coverings. And they heard the sound of the Lord God walking in the garden in the cool of the day, and Adam and his wife hid themselves from the presence of the Lord God among the trees of the garden. Then the Lord God called to

تُدْعَى امْرَاةً لانَّهَا مِنِ امْرِءٍ اخِذَتْ». لِذَلِكَ يَتْرُكُ الرَّجُلُ ابَاهُ وَامَّهُ وَيَلْتَصِقُ بِامْرَاتِهِ وَيَكُونَانِ جَسَدا وَاحِدا. وَكَانَا كِلاهُمَا عُرْيَانَيْنِ ادَمُ وَامْرَاتُهُ وَهُمَا لا يَخْجَلانِ.

وَكَانَتِ الْحَيَّةُ احْيَلَ جَمِيعِ حَيَوَانَاتِ الْبَرِّيَّةِ الَّتِي عَمِلَهَا الرَّبُّ الالَهُ فَقَالَتْ لِلْمَرْاةِ: «احَقًّا قَالَ اللهُ لا تَاكُلا مِنْ كُلِّ شَجَرِ الْجَنَّةِ؟» فَقَالَتِ الْمَرْاةُ لِلْحَيَّةِ: «مِنْ ثَمَرِ شَجَرِ الْجَنَّةِ نَاكُلُ وَامَّا ثَمَرُ الشَّجَرَةِ الَّتِي فِي وَسَطِ الْجَنَّةِ فَقَالَ اللهُ: لا تَاكُلا مِنْهُ وَلا تَمَسَّاهُ لِئَلا تَمُوتَا». فَقَالَتِ الْحَيَّةُ لِلْمَرْاةِ: «لَنْ تَمُوتَا! بَلِ اللهُ عَالِمٌ انَّهُ يَوْمَ تَاكُلانِ مِنْهُ تَنْفَتِحُ اعْيُنُكُمَا وَتَكُونَانِ كَاللهِ عَارِفَيْنِ الْخَيْرَ وَالشَّرَّ». فَرَاتِ الْمَرْاةُ انَّ الشَّجَرَةَ جَيِّدَةٌ لِلاكْلِ وَانَّهَا بَهِجَةٌ لِلْعُيُونِ وَانَّ الشَّجَرَةَ شَهِيَّةٌ لِلنَّظَرِ. فَاخَذَتْ مِنْ ثَمَرِهَا وَاكَلَتْ وَاعْطَتْ رَجُلَهَا ايْضا مَعَهَا فَاكَلَ. فَانْفَتَحَتْ اعْيُنُهُمَا وَعَلِمَا انَّهُمَا عُرْيَانَانِ. فَخَاطَا اوْرَاقَ تِينٍ وَصَنَعَا لانْفُسِهِمَا مَازِرَ. وَسَمِعَا صَوْتَ الرَّبِّ الالَهِ مَاشِيا فِي الْجَنَّةِ عِنْدَ هُبُوبِ رِيحِ النَّهَارِ فَاخْتَبَا ادَمُ وَامْرَاتُهُ مِنْ وَجْهِ الرَّبِّ الالَهِ فِي وَسَطِ شَجَرِ الْجَنَّةِ. فَنَادَى الرَّبُّ الالَهُ ادَمَ: «ايْنَ انتَ؟». فَقَالَ: «سَمِعْتُ صَوْتَكَ فِي الْجَنَّةِ فَخَشِيتُ لانِّي عُرْيَانٌ فَاخْتَبَاتُ». فَقَالَ: «مَنْ اعْلَمَكَ انَّكَ عُرْيَانٌ؟ هَلْ اكَلْتَ مِنَ الشَّجَرَةِ الَّتِي اوْصَيْتُكَ انْ لا تَاكُلَ مِنْهَا؟» فَقَالَ ادَمُ: «الْمَرْاةُ الَّتِي جَعَلْتَهَا مَعِي

هِيَ اعْطَتْنِي مِنَ الشَّجَرَةِ فَاكَلْتُ». فَقَالَ الرَّبُّ الالَهُ لِلْمَرْاةِ: «مَا هَذَا الَّذِي فَعَلْتِ؟» فَقَالَتِ الْمَرْاةُ: «الْحَيَّةُ غَرَّتْنِي فَاكَلْتُ». فَقَالَ الرَّبُّ الالَهُ لِلْحَيَّةِ: «لانَّكِ فَعَلْتِ هَذَا مَلْعُونَةٌ انْتِ مِنْ جَمِيعِ الْبَهَائِمِ وَمِنْ جَمِيعِ وُحُوشِ الْبَرِّيَّةِ. عَلَى بَطْنِكِ تَسْعِينَ وَتُرَابا تَاكُلِينَ كُلَّ ايَّامِ حَيَاتِكِ. وَاضَعُ عَدَاوَةً بَيْنَكِ وَبَيْنَ الْمَرْاةِ وَبَيْنَ نَسْلِكِ وَنَسْلِهَا. هُوَ يَسْحَقُ رَاسَكِ وَانْتِ تَسْحَقِينَ عَقِبَهُ». وَقَالَ لِلْمَرْاةِ: «تَكْثِيرا اكَثِّرُ اتْعَابَ حَبَلِكِ. بِالْوَجَعِ تَلِدِينَ اوْلادا. وَالَى رَجُلِكِ يَكُونُ اشْتِيَاقُكِ وَهُوَ يَسُودُ عَلَيْكِ». وَقَالَ لادَمَ: «لانَّكَ سَمِعْتَ لِقَوْلِ امْرَاتِكَ وَاكَلْتَ مِنَ الشَّجَرَةِ الَّتِي اوْصَيْتُكَ قَائِلا: لا تَاكُلْ مِنْهَا مَلْعُونَةٌ الارْضُ بِسَبَبِكَ. بِالتَّعَبِ تَاكُلُ مِنْهَا كُلَّ ايَّامِ حَيَاتِكَ. وَشَوْكا وَحَسَكا تُنْبِتُ لَكَ وَتَاكُلُ عُشْبَ الْحَقْلِ. بِعَرَقِ وَجْهِكَ تَاكُلُ خُبْزا حَتَّى تَعُودَ الَى الارْضِ الَّتِي اخِذْتَ مِنْهَا. لانَّكَ تُرَابٌ وَالَى تُرَابٍ تَعُودُ». وَدَعَا ادَمُ اسْمَ امْرَاتِهِ «حَوَّاءَ» لانَّهَا امُّ كُلِّ حَيٍّ. وَصَنَعَ الرَّبُّ الالَهُ لادَمَ وَامْرَاتِهِ اقْمِصَةً مِنْ جِلْدٍ وَالْبَسَهُمَا. وَقَالَ الرَّبُّ الالَهُ: «هُوَذَا الانْسَانُ قَدْ صَارَ كَوَاحِدٍ مِنَّا عَارِفا الْخَيْرَ وَالشَّرَّ. وَالآنَ لَعَلَّهُ يَمُدُّ يَدَهُ وَيَاخُذُ مِنْ شَجَرَةِ الْحَيَاةِ ايْضا وَيَاكُلُ وَيَحْيَا الَى الابَدِ». فَاخْرَجَهُ الرَّبُّ الالَهُ مِنْ جَنَّةِ عَدْنٍ لِيَعْمَلَ الارْضَ الَّتِي اخِذَ مِنْهَا. فَطَرَدَ الانْسَانَ وَاقَامَ شَرْقِيَّ جَنَّةِ عَدْنٍ الْكَرُوبِيمَ وَلَهِيبَ سَيْفٍ مُتَقَلِّبٍ لِحِرَاسَةِ طَرِيقِ شَجَرَةِ

Adam and said to him, "Where are you?" So he said, "I heard Your voice in the garden, and I was afraid because I was naked; and I hid myself." And He said, "Who told you that you were naked? Have you eaten from the tree of which I commanded you that you should not eat?" Then the man said, "The woman whom You gave to be with me, she gave me of the tree, and I ate." And the Lord God said to the woman, "What is this you have done?" The woman said, "The serpent deceived me, and I ate." So the Lord God said to the serpent: "Because you have done this, You are cursed more than all cattle, And more than every beast of the field; On your belly you shall go, And you shall eat dust All the days of your life. And I will put enmity Between you and the woman, And between your seed and her Seed; He shall bruise your head, And you shall bruise His heel." To the woman He said: "I will greatly multiply your sorrow and your conception; In pain you shall bring forth children; Your desire shall be for your husband, And he shall rule over you." Then to Adam He said, "Because you have heeded the voice of your wife, and have eaten from the tree of which I commanded you, saying, 'You shall not eat of it': "Cursed is the ground for your sake; In toil you shall eat of it All the days of your life. Both thorns and thistles it shall bring forth for you, And you shall eat the herb of the field. In the sweat of your face you shall eat bread Till you return to the ground, For out of it you were taken; For dust you are, And to dust you shall return." And Adam called his wife's name Eve, because she was the mother of all living. Also for Adam and his wife the Lord God made tunics of skin, and clothed them. Then the Lord God said, "Behold, the man has become like one of Us, to know good and evil. And now, lest he put out his hand and take also of the tree of life, and eat, and live forever"-- therefore the Lord God sent him out of the garden of Eden to till the ground from which he was taken. So He drove out the man; and He placed cherubim at the east of the garden of Eden, and a flaming sword which turned every way, to guard the way to the tree of life.

Glory be to the Holy Trinity our God unto the age of all ages, Amen.

الْحَيَاةِ.

مجداً للثالوث القدوس الهنا إلى الأبد وإلى أبد الآبدين كلها، آمين.

Ⲏ̀ⲥⲁ̀ⲏⲁⲥ Ⲕⲉⲩ ⲙ̅ : ⲁ̅ - ⲉ̅

Ⲉ̀ⲃⲟⲗϧⲉⲛ Ⲏ̀ⲥⲁ̀ⲏⲁⲥ ⲡⲓⲡ̀ⲣⲟⲫⲏⲧⲏⲥ: ⲉ̀ⲣⲉⲡⲉϥⲥ̀ⲙⲟⲩ ⲉ̀ⲑⲟⲩⲁⲃ ϣⲱⲡⲓ ⲛⲉⲙⲁⲛ ⲁ̀ⲙⲏⲛ ⲉϥϫⲱ ⲙ̀ⲙⲟⲥ.

Ⲡⲉϫⲉ Ⲫ̀ϯ ϫⲉ ⲙⲁϯϩⲟ ⲙⲁϯϩⲟ ⲉ̀ⲡⲁⲗⲁⲟⲥ ⲛⲓⲟⲩⲏⲃ : ⲥⲁϫⲓ ⲉ̀ⲡϩⲏ ⲧ̀ⲛⲒ̅ⲗ̅ⲏ̅ⲙ̅ : ⲙⲁϯϩⲟ ⲉ̀ⲣⲟⲥ ϫⲉ ⲁϥⲁ̀ϣⲁⲓ ⲛ̀ϫⲉ ⲡⲉⲥⲑⲉⲃⲓⲟ : ⲁ̀ⲡⲉⲥⲛⲟⲃⲓ ⲃⲱⲗ ⲉ̀ⲃⲟⲗ : ϫⲉ ⲁⲥϭⲓ ⲉ̀ⲃⲟⲗϩⲓⲧⲟⲧϥ ⲙ̀Ⲡ̅ⲟ̅ⲥ̅ ⲛ̀ⲛⲉⲥⲛⲟⲃⲓ ⲉⲩ ⲕⲏⲃ : ⲧ̀ⲥ̀ⲙⲏ ⲙ̀ⲡⲉⲧⲱϣ ⲉ̀ⲃⲟⲗ ϩⲓⲡ̀ϣⲁϥⲉ : ϫⲉ ⲥⲉⲃⲧⲉ ⲫ̀ⲙⲱⲓⲧ ⲙ̀Ⲡ̅ⲟ̅ⲥ̅ : ⲟⲩⲟϩ ⲥⲟⲩⲧⲱⲛ ⲛⲓⲙⲁⲛⲙⲟϣⲓ ⲛ̀ⲧⲉ ⲡⲉⲛⲛⲟⲩϯ : : ⲉⲗⲗⲉⲧ ⲛⲓⲃⲉⲛ ⲉⲩⲉ̀ⲙⲟϩ ⲟⲩⲟϩ ⲧⲱⲟⲩ ⲛⲓⲃⲉⲛ ⲛⲉⲙ ⲕⲁⲗⲁⲙⲫⲟ ⲛⲓⲃⲉⲛ ⲉⲩⲉ̀ⲑⲉⲃⲓⲱ̀ⲟⲩ : ⲟⲩⲟϩ ⲛⲏⲉⲧⲕⲱⲗϫ ⲧⲏⲣⲟⲩ ⲛⲁϣⲱⲡⲓ ⲉⲩⲥⲟⲩⲧⲱⲛ : ⲟⲩⲟϩ ⲛⲏⲉⲑⲛⲁϣⲧ ⲉ̀ϩⲁⲛⲙⲱⲓⲧ ⲉⲩϫⲏⲛ : ⲟⲩⲟϩ ⲡ̀ⲉ̀ϩⲟⲟⲩ ⲙ̀Ⲡ̅ⲟ̅ⲥ̅ ⲛⲁⲟⲩⲱⲛϩ ⲉ̀ⲃⲟⲗ : ⲛ̀ⲧⲉ ⲥⲁⲣⲝ ⲛⲓⲃⲉⲛ ⲛⲁⲩ ⲉ̀ⲡ̀ⲱ̀ⲟⲩ ⲙ̀Ⲫ̀ϯ : ϫⲉ Ⲡ̅ⲟ̅ⲥ̅ ⲡⲉⲧⲁϥⲥⲁϫⲓ.

Ⲟⲩⲱ̀ⲟⲩ ⲛ̀ϯⲧ̀ⲣⲓⲁⲥ ⲉ̀ⲑⲟⲩⲁⲃ ⲡⲉⲛⲛⲟⲩϯ ϣⲁ ⲉ̀ⲛⲉϩ ⲛⲉⲙ ϣⲁ ⲉ̀ⲛⲉϩ ⲛ̀ⲧⲉ ⲛⲓⲉ̀ⲛⲉϩ ⲧⲏⲣⲟⲩ: ⲁ̀ⲙⲏⲛ.

Isaiah 40:1-5

اشعياء ٤٠: ١ - ٥

A reading from Isaiah the Prophet may his blessings be with us Amen.

"Comfort, yes, comfort My people!" Says your God. "Speak comfort to Jerusalem, and cry out to her, That her warfare is ended, That her iniquity is pardoned; For she has received from

من اشعياء النبى بركته المقدسة تكون معنا، آمين.

عَزُّوا عَزُّوا شَعْبِي يَقُولُ إِلَهُكُمْ. طَيِّبُوا قَلْبَ أُورُشَلِيمَ وَنَادُوهَا بِأَنَّ جِهَادَهَا قَدْ كَمِلَ أَنَّ إِثْمَهَا قَدْ عُفِيَ عَنْهُ أَنَّهَا قَدْ قَبِلَتْ مِنْ يَدِ

the Lord's hand Double for all her sins." The voice of one crying in the wilderness: "Prepare the way of the Lord; Make straight in the desert a highway for our God. Every valley shall be exalted And every mountain and hill brought low; The crooked places shall be made straight And the rough places smooth; The glory of the Lord shall be revealed, And all flesh shall see it together; For the mouth of the Lord has spoken."

Glory be to the Holy Trinity our God unto the age of all ages, Amen.

الرَّبِّ ضِعْفَيْنِ عَنْ كُلِّ خَطَايَاهَا. صَوْتُ صَارِخٍ فِي الْبَرِّيَّةِ: أَعِدُّوا طَرِيقَ الرَّبِّ. قَوِّمُوا فِي الْقَفْرِ سَبِيلاً لإِلَهِنَا. كُلُّ وَطَاءٍ يَرْتَفِعُ وَكُلُّ جَبَلٍ وَأَكَمَةٍ يَنْخَفِضُ وَيَصِيرُ الْمُعَوَّجُ مُسْتَقِيماً وَالْعَرَاقِيبُ سَهْلاً. فَيُعْلَنُ مَجْدُ الرَّبِّ وَيَرَاهُ كُلُّ بَشَرٍ جَمِيعاً لأَنَّ فَمَ الرَّبِّ تَكَلَّمَ.

مجداً للثالوث القدوس الهنا إلى الأبد وإلى أبد الآبدين كلها، آمين.

Ⲛⲓⲡⲁⲣⲟⲓⲙⲓⲁ ⲛ̀ⲧⲉ Ⲥⲟⲗⲟⲙⲱⲛ

Ⲉ̀ⲃⲟⲗϧⲉⲛ ⲛⲓⲡⲁⲣⲟⲓⲙⲓⲁ ⲛ̀ⲧⲉ Ⲥⲟⲗⲟⲙⲱⲛ ⲡⲓ̀ⲡⲣⲟⲫⲏⲧⲏⲥ ⲉ̀ⲣⲉⲡⲉϥ̀ⲥⲙⲟⲩ ⲉ̀ⲑⲟⲩⲁⲃ ϣⲱⲡⲓ ⲛⲉⲙⲁⲛ ⲁ̀ⲙⲏⲛ ⲉϥϫⲱ ⲙ̀ⲙⲟⲥ ⲉϥϫⲱ ⲙ̀ⲙⲟⲥ.

Ⲙⲡⲁⲣⲟⲓⲙⲓⲁ ⲛ̀ⲥⲟⲗⲟⲙⲱⲛ ⲡ̀ϣⲏⲣⲓ ⲙ̀ⲡ̀ⲟⲩⲣⲟ Ⲇⲁⲩⲓⲇ. Ⲫⲏⲉ̀ⲧⲁϥⲉⲣⲟⲩⲣⲟ ϧⲉⲛ ⲡⲓⲤⲣⲁⲏⲗ. ⲉ̀ⲉ̀ⲙⲓ ⲛ̀ⲟⲩⲥⲟⲫⲓⲁ ⲛⲉⲙ ⲟⲩⲥ̀ⲃⲱ : ⲉ̀ⲉⲣⲛⲟⲓⲛ ⲛ̀ϩⲁⲛ ⲥⲁϫⲓ ⲛ̀ⲧⲉ ⲟⲩⲙⲉⲧⲥⲁⲃⲉ: ⲉ̀ϣⲱⲡ ⲉ̀ⲣⲱⲧⲉⲛ ⲛ̀ⲁϩⲛ ⲫⲱⲛϩ ⲛ̀ⲧⲉ ϩⲁⲛⲥⲁϫⲓ: ⲉ̀ⲥⲁⲃⲟ ⲛ̀ⲟⲩⲇⲓⲕⲉⲟ̀ⲥⲩⲛⲏ ⲛ̀ⲧⲁ̀ⲫⲙⲏⲓ: ⲛⲉⲙ ⲟⲩϩⲁⲡ ⲉϥⲥⲟⲩⲧⲱⲛ: Ϩⲓⲛⲁ ⲛ̀ⲧⲉⲥϯ ⲛ̀ⲟⲩⲙⲉⲧⲥⲁⲃⲉ ⲛ̀ⲛⲓⲁⲧⲡⲉⲧϩⲱⲟⲩ: ⲟⲩⲟϩ ⲟⲩⲛⲟⲏ̀ⲥⲓⲥ ⲛⲉⲙ ⲟⲩⲕⲁϯ ⲛ̀ⲟⲩⲗⲟⲩ̀ⲙⲃⲉⲣⲓ: ⲡⲓⲥⲁⲃⲉ ⲇⲉ ⲁϥϣⲁⲛⲥⲱⲧⲉⲙ ⲉ̀ⲛⲁⲓ: ϥ̀ⲛⲁⲉⲣⲥⲁⲃⲉⲛ̀ϩⲟⲩⲟ̀ ⲡⲓⲛⲉⲃϩⲏⲧ ⲇⲉ ⲉϥⲉ̀ϫ̀ⲫⲟ ⲛ̀ⲟⲩⲙⲉⲧⲣⲉϥⲉⲣϩⲉⲙⲓ: ⲉϥⲉ̀ⲕⲁϯ ⲇⲉ ⲉ̀ⲟⲩⲡⲁⲣⲁⲃⲟⲗⲏ ⲛⲉⲙ ⲟⲩⲥⲁϫⲓⲛ̀ⲭⲁⲕⲓ: ⲛⲉⲙ ϩⲁⲛⲥⲁϫⲓ ⲛ̀ⲧⲉϩⲁⲛ ⲥⲁⲃⲉⲩ: ⲛⲉⲙ ⲛⲁϩⲥⲁϫⲓ ⲉⲩϩⲏⲡ Ⲧⲁⲣⲭⲏ ⲛ̀ϯⲥⲟⲫⲓⲁ̀ ϯϩⲟϯ ⲛ̀ⲧⲉ Ⲡ̅ⲟ̅ⲥ̅ ⲧⲉ: ⲡⲓⲕⲁϯ ϯⲙⲉⲧⲉⲩⲥⲉⲃⲏⲥ ⲇⲉ ϩⲁ Ⲫϯ Ⲧⲁⲣⲭⲏ ⲙ̀ⲡⲓⲕⲁϯ ⲡⲉ: ϯⲥⲟⲫⲓⲁ̀ ⲛⲉⲙ ϯⲥ̀ⲃⲱ ⲛⲓⲁ̀ⲥⲉⲃⲏⲥⲉⲩⲉ̀ϣⲟϣϥⲟⲩ. Ⲥⲱⲧⲉⲙ ⲡⲁϣⲏⲣⲓ ⲉ̀ϯⲥ̀ⲃⲱ ⲛ̀ⲧⲉ ⲡⲉⲕⲓⲱⲧ: ⲟⲩⲟϩ ⲙ̀ⲡⲉⲣϩⲓ̀ⲡϩⲟ ⲛ̀ⲛⲓⲥⲟϭⲛⲓ ⲛ̀ⲧⲉ ⲧⲉⲕⲙⲁⲩ: ⲟⲩⲭ̀ⲗⲟⲙ ⲅⲁⲣ ⲛ̀ⲧⲉ ϩⲁⲛϩ̀ⲙⲟⲧ ⲩ̀ⲉ̀ⲧⲏⲓϥ ϩⲓϫⲱⲕ ⲛⲉⲙ ⲟⲩⲭ̀ⲗⲁⲗ ⲛ̀ⲛⲟⲩⲃ ⲉ̀ⲡⲉⲕⲙⲟⲧϯ.

Ⲟⲩⲱ̀ⲟⲩ ⲛ̀ϯⲧ̀ⲣⲓⲁⲥ ⲉ̀ⲑⲟⲩⲁⲃ ⲡⲉⲛⲛⲟⲩϯ ϣⲁ ⲉ̀ⲛⲉϩ ⲛⲉⲙ ϣⲁ ⲉ̀ⲛⲉϩ ⲛ̀ⲧⲉ ⲛⲓⲉ̀ⲛⲉϩ ⲧⲏⲣⲟⲩ: ⲁ̀ⲙⲏⲛ.

Proverbs 1:1-9

A reading from the Proverbs of Solomon the Prophet may his blessings be with us Amen.

The proverbs of Solomon the son of David, king of Israel: To know wisdom and instruction, To perceive the words of understanding, To receive the instruction of wisdom, Justice, judgment, and equity; To give prudence to the simple, To the young man knowledge and discretion-- A wise man will hear and increase learning, And a man of understanding will attain wise counsel, To understand a proverb and an enigma, The words of the wise and their riddles. The fear of the Lord is the beginning of knowledge, But fools despise wisdom and instruction. My son, hear the instruction of your father, And do not forsake the law of your mother; For they will be a graceful ornament on your head, And chains about your neck.

Glory be to the Holy Trinity our God unto the age of all ages, Amen.

امثال سليمان ١ : ١ – ٩

بدء امثال سليمان النبى بركته المقدسة تكون معنا، آمين.

أَمْثَالُ سُلَيْمَانَ بْنِ دَاوُدَ مَلِكِ إِسْرَائِيلَ: لِمَعْرِفَةِ حِكْمَةٍ وَأَدَبٍ لإِدْرَاكِ أَقْوَالِ الْفَهْمِ. لِقُبُولِ تَأْدِيبِ الْمَعْرِفَةِ وَالْعَدْلِ وَالْحَقِّ وَالاِسْتِقَامَةِ. لِتُعْطِيَ الْجُهَّالَ ذَكَاءً وَالشَّابَّ مَعْرِفَةً وَتَدَبُّراً. يَسْمَعُهَا الْحَكِيمُ فَيَزْدَادُ عِلْماً وَالْفَهِيمُ يَكْتَسِبُ تَدْبِيراً. لِفَهْمِ الْمَثَلِ وَاللُّغْزِ أَقْوَالِ الْحُكَمَاءِ وَغَوَامِضِهِمْ. مَخَافَةُ الرَّبِّ رَأْسُ الْمَعْرِفَةِ. أَمَّا الْجَاهِلُونَ فَيَحْتَقِرُونَ الْحِكْمَةَ وَالأَدَبَ. اِسْمَعْ يَا ابْنِي تَأْدِيبَ أَبِيكَ وَلاَ تَرْفُضْ شَرِيعَةَ أُمِّكَ لأَنَّهُمَا إِكْلِيلُ نِعْمَةٍ لِرَأْسِكَ وَقَلاَئِدُ لِعُنُقِكَ.

مجداً للثالوث القدوس الهنا إلى الأبد وإلى أبد الآبدين كلها، آمين.

The Doxology of the Pascha Hour: "Thine is the Power..." on page A5.

تسبحة ساعة البصخة: "لك القوة..." صفحة ٥ فى اخر الكتاب.

Ψαλμος ξΔ : Δ νεμ ε

Cωτεμ ὲρον Φ† πενcωτηρ : †ϩελπιc ǹτε αυρηχϥ ὰπκαϩι τηρϥ.

Ϣoυνιατϥ ǹφηὲτακcoτπϥ oυoϩ ακϣoπϥ ὲρoκ : εϥὲϣωπι ϧεν νεκαυλησυ ϣαὲνεϩ : αλ.

Psalm 65:5 and 4

A Psalm of David the Prophet.

You will answer us, O God of our

مزمور ٦٤: ٤ و ٦

من مزامير داود النبى

salvation, You who are the confidence of all the ends of the earth,
Blessed is the man You choose, And cause to approach You, That he may dwell in Your courts. Alleluia.

استجب لنا يا الله مخلصنا يا رجاء جميع اقطار الأرض:
طوبى لمن اخترته وقبلته ليسكن فى ديارك إلى الابد هلليلويا.

Ⲉⲩⲁⲅⲅⲉⲗⲓⲟⲛ ⲕⲁⲧⲁ Ⲙⲁⲧⲑⲉⲟⲛ Ⲕⲉⲫ ⲕ̅ⲁ̅ : ⲕ̅ⲅ̅ - ⲕ̅ⲍ̅

Ⲟⲩⲟϩ ⲉⲧⲁϥⲓ ⲉϧⲟⲩⲛ ⲉ̀ⲡⲓⲉⲣⲫⲉⲓ ⲁⲩ̀ⲓ ϩⲁⲣⲟϥ ⲉϥϯⲥⲃⲱ ⲛ̀ϫⲉ ⲛⲓⲁⲣⲭⲏⲉ̀ⲣⲉⲩⲥ ⲛⲉⲙ ⲛⲓⲡ̀ⲣⲉⲥⲃⲩⲧⲏⲣⲟⲥ ⲛ̀ⲧⲉ ⲡⲓⲗⲁⲟⲥ ⲉⲩϫⲱ̀ⲙⲙⲟⲥ : ϫⲉ ⲁⲕⲓ̀ⲣⲓ ⲛ̀ⲛⲁⲓ ϧⲉⲛ ⲁϣ ⲛ̀ⲉⲣϣⲓϣⲓ : ⲟⲩⲟϩ ⲛⲓⲙ ⲡⲉⲧⲁϥϯ ⲙ̀ⲡⲁⲓ ⲉⲣϣⲓϣⲓ ⲛⲁⲕ. Ⲁϥⲉ̀ⲣⲟⲩⲱ̀ ⲇⲉ ⲛ̀ϫⲉ Ⲓⲏ̅ⲥ̅ ⲡⲉϫⲁϥ ⲛⲱⲟⲩ : ϫⲉ ϯⲛⲁϣⲉⲛⲑⲏⲛⲟⲩ ϩⲱ ⲉ̀ⲟⲩ ⲥⲁϫⲓ : ⲉ̀ϣⲱⲡ ⲁ̀ⲣⲉⲧⲉⲛϣⲁⲛⲧⲁⲙⲟⲓ ⲉ̀ⲣⲟϥ : ⲁ̀ⲛⲟⲕ ϩⲱ ϯⲛⲁⲧⲁⲙⲱⲧⲉⲛ ϫⲉ ⲁⲓⲓ̀ⲣⲓ ⲛ̀ⲛⲁⲓϧⲉⲛ ⲁϣ ⲛ̀ⲉⲣϣⲓϣⲓ. Ⲡⲓⲱⲙⲥ ⲛ̀ⲧⲉ Ⲓⲱⲁⲛⲛⲏⲥ ⲛⲉ ⲟⲩ ⲉ̀ⲃⲟⲗ ⲑⲱⲛ ⲡⲉ : ⲟⲩ ⲉ̀ⲃⲟⲗ ϧⲉⲛ ⲧ̀ⲫⲉ ⲡⲉ ϣⲁⲛ ⲟⲩ ⲉ̀ⲃⲟⲗ ϧⲉⲛ ⲛⲓⲣⲱⲙⲓ ⲡⲉ : ⲛⲑⲱⲟⲩ ⲇⲉ ⲛⲁⲩⲙⲟⲕⲙⲉⲕ ⲛ̀ϧⲣⲏⲓ ⲛ̀ϧⲏⲧⲟⲩ ⲉⲩϫⲱ̀ⲙⲙⲟⲥ : ϫⲉ ⲉ̀ϣⲱⲡ ⲁⲛϣⲁⲛϫⲟⲥ ϫⲉ ⲟⲩ ⲉ̀ⲃⲟⲗ ϧⲉⲛ ⲧ̀ⲫⲉ ⲡⲉ ϥ̀ⲛⲁϫⲟⲥ ⲛⲁⲛ ϫⲉ ⲉⲑⲃⲉ ⲟⲩ ⲙ̀ⲡⲉⲧⲉⲛⲛⲁϩϯ ⲉ̀ⲣⲟϥ. Ⲉ̀ϣⲱⲡ ⲇⲉ ⲁⲛϣⲁⲛϫⲟⲥ ϫⲉ ⲟⲩ ⲉ̀ⲃⲟⲗ ϧⲉⲛ ⲛⲓⲣⲱⲙⲓ ⲡⲉ ⲧⲉⲛⲉⲣϩⲟϯ ϧⲁ̀ⲧϩⲏ ⲙ̀ⲡⲓ ⲙⲏϣ Ⲓⲱⲁⲛⲛⲏⲥ ⲅⲁⲣ ⲛ̀ⲧⲟⲧⲟⲩ ϩⲱⲥ ⲟⲩ ⲡ̀ⲣⲟⲫⲏⲧⲏⲥ. **Ⲟⲩⲟϩ** ⲁⲩⲉ̀ⲣⲟⲩⲱ̀ ⲡⲉϫⲱⲟⲩ ⲛ̀Ⲓⲏ̅ⲥ̅ ϫⲉ ⲧⲉⲛⲉ̀ⲙⲓ ⲁⲛ : ⲡⲉϫⲁϥ ⲇⲉ ⲛⲱⲟⲩ ϫⲉ ⲟⲩⲇⲉ ⲁ̀ⲛⲟⲕ ϩⲱ ⲛ̀ϯⲛⲁⲧⲁⲙⲱⲧⲉⲛ ⲁⲛ ϫⲉ ⲁⲓⲓ̀ⲣⲓ ⲛ̀ⲛⲁⲓ ϧⲉⲛ ⲁϣⲛ̀ⲉⲣϣⲓϣⲓ.

Ⲟⲩⲱϣⲧ ⲙ̀ⲡⲓⲉⲩⲁⲅⲅⲉⲗⲓⲟⲛ ⲉ̅ⲑ̅ⲩ̅.

Matthew 21:23-27

A reading from the Holy Gospel according to Saint Matthew.
Now when He came into the temple, the chief priests and the elders of the people confronted Him as He was teaching, and said, "By what authority are You doing these things? And who gave You this authority?" But Jesus answered and said to them, "I also will ask you one thing, which if you tell Me, I likewise will tell you by what authority I do these things: The baptism of John--where was it from? From heaven or from men?" And they reasoned among themselves, saying, "If we say, 'From heaven,' He will say to us, 'Why then did you not believe him?'

متى ٢١: ٢٣ - ٢٧

فصل شريف من إنجيل معلمنا مار متى البشير بركاته علينا آمين.
وَلَمَّا جَاءَ إِلَى الْهَيْكَلِ تَقَدَّمَ إِلَيْهِ رُؤَسَاءُ الْكَهَنَةِ وَشُيُوخُ الشَّعْبِ وَهُوَ يُعَلِّمُ قَائِلِينَ: «بِأَيِّ سُلْطَانٍ تَفْعَلُ هَذَا وَمَنْ أَعْطَاكَ هَذَا السُّلْطَانَ؟» فَأَجَابَ يَسُوعُ: «وَأَنَا أَيْضاً أَسْأَلُكُمْ كَلِمَةً وَاحِدَةً فَإِنْ قُلْتُمْ لِي عَنْهَا أَقُولُ لَكُمْ أَنَا أَيْضاً بِأَيِّ سُلْطَانٍ أَفْعَلُ هَذَا: مَعْمُودِيَّةُ يُوحَنَّا مِنْ أَيْنَ كَانَتْ؟ مِنَ السَّمَاءِ أَمْ مِنَ النَّاسِ؟» فَفَكَّرُوا فِي أَنْفُسِهِمْ قَائِلِينَ: «إِنْ قُلْنَا مِنَ السَّمَاءِ يَقُولُ لَنَا: فَلِمَاذَا لَمْ تُؤْمِنُوا بِهِ؟ وَإِنْ قُلْنَا: مِنَ النَّاسِ نَخَافُ مِنَ

But if we say, 'From men,' we fear the multitude, for all count John as a prophet." So they answered Jesus and said, "We do not know." And He said to them, "Neither will I tell you by what authority I do these things.
Bow down before the Holy Gospel.
Glory be to God forever.

الشَّعْبِ لأَنَّ يُوحَنَّا عِنْدَ الْجَمِيعِ مِثْلُ نَبِيٍّ». فَأَجَابُوا يَسُوعَ: «لاَ نَعْلَمُ». فَقَالَ لَهُمْ هُوَ أَيْضاً: «وَلاَ أَنَا أَقُولُ لَكُمْ بِأَيِّ سُلْطَانٍ أَفْعَلُ هَذَا».
أسجدوا للإنجيل المقدس.
والمجد لله دائماً.

Commentary

طرح

The Commentary of the Ninth Hour of Monday of Holy Pascha, may its blessings be with us all. Amen.

طرح الساعة التاسعة من يوم الاثنين من البصخة المقدسة بركتها علينا. آمين.

With Your flawless hands O Lord, You created, adorned and illuminated me like crimson. You bestowed on me the comforts of paradise and the fruits of the trees. You granted me authority over all creation under heaven. You did not deprive me of respect but rather put all things under me. You gave me one commandment and I disobeyed You O my Lord and God.

بيديك اللتين بلا عيب يا رب خلقتنى، وزينتنى مضيئاً كثوب مزين. ووهبت لى نعيم الفردوس، وثمار الأشجار أعطيتها لى انعاماً. منحتنى عزة سلطانك على كل الخليقة التى تحت السماء. وجعلت سائر الأشياء دونى، جنس الحيوانات والوحوش ولم تعوزنى شيئاً من الكرامة وجعلت كل شئ يخضع لى. وأوصيتنى وصية فخالفتها يا ربى والهى.

Refrain: I ask of You O good One to have mercy upon me according to Your great mercy.

المرد: أسألك أيها الصالح أن تصنع معى رحمة كعظيم رحمتك.

When I saw that You were alone O Adam, when everything else was paired, I created from your bones someone modeled after you, who looks like you, and found it inappropriate to have you alone by yourself. I was concerned about you and gave you power over her and all creation. You obeyed her and disregarded My instruction. You rejected My words and commandment.

رأيتك يا آدم كائناً وحدك وكل شئ غير مفرد، فجلبت لك واحدة من عظامك كشبهك ومثالك، وقلت لا يحسن أن تكون وحدك. فاهتممت بك وفعلت لك هذا، وسلطتك عليها وعلى جميع المسكونة كى تكون تحت سلطانك. ولكنك أطعتها وتركت أوامرى ورفضت قولى ووصاياى.

I ask of You O Good One to have

أسألك أيها الصالح أن تصنع معى رحمة

mercy upon me according to Your great mercy and remember me O Lord.

From dust I was created and like the herbs of the field You gave me the prowess of Your power and diminished my humility. One tree I commanded you not to touch! Why did you disobey My commandment? You implicated the woman who I did not command as I did with you. You obeyed her, rejected My words, and then hid among the trees so that I do not see you.
I ask of You O Good One to have mercy upon me according to Your great mercy.

You desired divinity and wanted to be a creator like your Lord. From the fruits of the tree you distinguished between the good and the evil to become a god. Adam, where is the glory that was bestowed on you? You lost the cloths I dressed you with. With leaves of trees you covered your own nakedness. I created you and knew you before your creation.
I ask of You O Good One to have mercy upon me according to Your great mercy.

From the beginning I informed you and instructed you with my commandments. "Of every tree of the garden you may freely eat; but of the tree of the knowledge of good and evil you shall not eat, for in the day that you eat of it you shall surely die." I did not leave you ignorant but rather cautioned

كعظيم رحمتك.

اذكرنى يا رب، اننى تراب، ومثل العُشب الذى فى الحقل. أعطيتنى يا ربى عزة قوتك، فتناقصت حقارتى.

شجرة واحدة أوصيتنى عنها، فكيف صرت مخالفاً لوصيتك؟ واستظلمت المرأة، هذه التى لم توصها مثلى، فأطعتها ورفضت كلامك، واختفيت فى الشجر كى لا أراك؟!

المرد: أسألك أيها الصالح أن تصنع معى رحمة كعظيم رحمتك.

فكرت (يا آدم) فى العلويات، أعنى الالوهة، وانك تصير خالقاً مثل سيدك، وبثمرة الشجرة علمت الخير والشر لتصير الها. يا آدم أين هو المجد الذى كان لك؟ تعريت من الحلة التى البستك اياها، وأخذت الورق من الشجرة وسترت عورتك من وجهى. أعلمتك أننى خلقتك وعرفتك قبل أن تكون.

أسألك أيها الصالح أن تصنع معى رحمة كعظيم رحمتك.

سبقت فأخبرتك من أول الأمر. سلمت اليك وصاياى. وهكذا أعلمتك عن هذه الشجرة من دون جميع الشجر الذى فى الفردوس، هذه التى فى ثمرتها مرارة الموت، وأنك إن أكلت منها فموتاً تموت. وأنا لم أدعك جاهلاً، بل أعلمتك قبل أن يكون هذا، فأملت سمعك وأطعت المرأة. لذلك سأجلب عليك العقوبة.

you. "You have headed the voice of your wife," and therefore you will be punished.

I ask of You O Good One to have mercy upon me according to Your great mercy.

O Adam from dust you are and to dust you shall return to cleanse you from your transgressions. And Eve, why did you do this and disobey My commandments? Many shall be your sorrows and your weeping will be great. I will create enmity between you and the serpent and between your seed and his. "Your seed shall bruise his head and he shall bruise your heel."

I ask of You O Good One to have mercy upon me according to Your great mercy.

The Savior then summoned the serpent and cursed him and his nature saying, "Because you have done this, you are cursed more than all cattle, and more than every beast of the field; and on your belly you shall go, and you shall eat dust all the days of your life." The enemy dwelt in you and you became a shelter for the evil. Because man listened to you, cursed shall be the whole earth with him.

I ask of You O Good One to have mercy upon me according to Your great mercy.

As for Adam, the first to dwell in paradise, He told him, "Because you listened to your wife, I cursed the earth.

أسألك أيها الصالح أن تصنع معى رحمة كعظيم رحمتك.

يا آدم أنت تراب، وسأردك إلى التراب جزاء الأعمال التى تجاسرت عليها. وأنت يا حواء لماذا صنعت هكذا وخالفت وصاياى؟ ليس ملاك تكلم معك، ولا طائر من الجو، بل وحش، ثعبان بطبيعته، فسمعت منه مشورته. فكثيرة هى الأحزان التى تكون لك، والتنهد والنوح العظيمان. وسأقيم عداوة بينك وبين الحية، وبين نسلك ونسلها إلى انقضاء الدهور، فهى ترصد عقب نسلك، ونسلك يسحق رأسها.

أسألك أيها الصالح أن تصنع معى رحمة كعظيم رحمتك.

ثم دعا المخلص الحية ولعنها مع طبيعتها، وقال: ملعونة أنت من بين جميع الوحوش، وعلى بطنك تسعين، وتراب الأرض يكون لك طعاماً، من أجل أنك صرت عثرة. فوجد العدو مسكناً فيك، وصرت بيتاً للشرير. ومن أجل أن الرجل أمال سمعه اليك، فالأرض كلها ملعونة معه.

أسألك أيها الصالح أن تصنع معى رحمة كعظيم رحمتك.

وأما الرجل الذى هو آدم، أول من سكن فى الفردوس، فقال له: من أجل أنك سمعت لامرأتك، لعنت الأرض بأعمالك. وتعيش يا آدم حزين القلب، والأرض تنبت لك

حسكاً وشوكاً. ثم قال لحواء: ستلدين البنين بالأحزان والتنهد. وتشتاقين إلى بعلك، وهو يتسلط عليك.

أسألك أيها الصالح أن تصنع معى رحمة كعظيم رحمتك.

ثم قال الرب: هوذا آدم قد صار كواحد منا يعرف الخير والشر، فلا أتركه فى الفردوس لئلا يمد يمينه ويأكل من شجرة الحياة. فأخرج آدم وامرأته معه من فردوس النعيم، وجعل كاروبيم وسيف نار لحراسة باب الفردوس.

أسألك أيها الصالح أن تصنع معى رحمة كعظيم رحمتك.

إلى أين أذهب من روحك؟ وإلى أين أهرب من وجهك؟ ان صعدت إلى أعلى السموات، أو إلى الأماكن السفلية أجدك هناك. فمضى آدم إلى مكان أسفل أمام باب الفردوس، ليحرث فى الأرض ويأكل ثمرتها لأنه سقط فى خدعة المضل. وكتب على آدم وحواء كتاب رق العبودية، لأنه اتبع هواه هو وبنوه كلهم إلى كمال الدهور.

Your heart shall be saddened and the earth will grow for you thorns and thistles." Then He told Eve, "In pain you shall bring forth children; your desire shall be for your husband, and he shall rule over you."

I ask of You O Good One to have mercy upon me according to Your great mercy.

Then God said, "Behold Adam became as one of Us, knowing good and evil. I shall not leave him in paradise in case he should reach for the tree of life and eat of it." He expelled Adam and Eve from the paradise and assigned cherubim carrying swords of fire to guard its gate.

I ask of You O Good One to have mercy upon me according to Your great mercy.

Where do I go from Your Spirit and where do I escape from Your face? If I ascended to the heights of heaven or descended to the lowest places, I find You there. Then, Adam went to a lower place across from the gate of paradise to till the land and eat of its fruits. He was in the grasp of the deceiver at that place. Adam and Eve and their sons were condemned to the servitude of slavery forever, because he followed his whim.

Eleventh Hour of Monday

الساعة الحادية عشر من يوم الاثنين

Ⲏ̀ⲥⲁ̀ⲏⲁⲥ Ⲕⲉⲫ ⲛ̅ : ⲁ̅ - ⲅ̅

Ⲉ̀ⲃⲟⲗϧⲉⲛ Ⲏ̀ⲥⲁ̀ⲏⲁⲥ ⲡⲓⲡ̀ⲣⲟⲫⲏⲧⲏⲥ: ⲉ̀ⲣⲉⲡⲉϥⲥ̀ⲙⲟⲩ ⲉ̀ⲑⲟⲩⲁⲃ ϣⲱⲡⲓ ⲛⲉⲙⲁⲛ ⲁ̀ⲙⲏⲛ ⲉϥϫⲱ ⲙ̀ⲙⲟⲥ.

Ⲫⲁⲓ ⲡⲉ ⲙ̀ⲫ̀ⲣⲏϯ ⲉⲧⲉϥϫⲱ ⲙ̀ⲙⲟⲥ ⲛ̀ϫⲉ Ⲡ̅ⲟ̅ⲥ̅ : ϫⲉ ⲁϣⲡⲉ ⲡⲓϫⲱⲙ ⲛ̀ϩⲓⲟⲩⲓ̀ ⲉ̀ⲃⲟⲗ ⲛ̀ⲧⲉ ⲧⲉⲛⲙⲁⲩ ⲉ̀ⲧⲁⲓ ϩⲓⲧⲥ ⲉ̀ⲃⲟⲗ ⲛ̀ϧⲏⲧϥ : ⲓⲉ ⲉ̀ⲧⲁⲓϯⲑⲏⲛⲟⲩ ⲉ̀ⲃⲟⲗ ⲛ̀ⲛⲓⲙ ⲛ̀ⲉⲩⲱ : ϩⲏⲡⲡⲉ ⲁⲓ̀ϯⲑⲏⲛⲟⲩ ⲉ̀ⲃⲟⲗ ϧⲉⲛ ⲛⲉⲧⲉⲛⲛⲟⲃⲓ : ⲟⲩⲟϩ ϧⲉⲛ ⲛⲉⲧⲉⲛⲁ̀ⲛⲟⲙⲓⲁ̀ ⲁⲓϩⲓⲟⲩⲓ̀ ⲉ̀ⲃⲟⲗ ⲛ̀ⲧⲉⲧⲉⲛⲙⲁⲩ : ⲉⲑⲃⲉ ⲟⲩ ⲁⲓ̀ⲓ ⲟⲩⲟϩ ⲛⲉ ⲙ̀ⲙⲟⲛ ⲣⲱⲙⲓ : ⲁⲓⲙⲟⲩϯ ⲟⲩⲟϩ ⲛⲉ ⲙ̀ⲙⲟⲛ ⲡⲉⲧⲥⲱⲧⲉⲙ ⲉⲣⲟⲓ : ⲙⲏ ⲧⲁϫⲓϫ ϫⲉⲙϫⲟⲙ ⲁⲛ ⲉ̀ⲛⲟϩⲉⲙ : ⲓⲉ ⲉ̀ⲧⲁ ⲡⲁⲙⲁϣϫ ϩ̀ⲣⲟϣ ⲉ̀ⲥⲱⲧⲉⲙ : ⲁⲗⲗⲁ ⲛⲉⲧⲉⲛⲛⲟⲃⲓ ⲟϩⲓ ⲉ̀ⲣⲁⲧⲟⲩ ϧⲉⲛ ⲧⲉⲧⲉⲛⲙⲏϯ ⲛⲉⲙ Ⲫϯ : ⲟⲩⲟϩ ⲉⲑⲃⲉ ⲛⲉⲧⲉⲛⲛⲟⲃⲓ ⲁϥⲧⲁⲥⲑⲟ ⲙ̀ⲡⲉϥϩⲟ ⲥⲁⲃⲟⲗ ⲙ̀ⲙⲱⲧⲉⲛ : ⲉ̀ϣ̀ⲧⲉⲙ ⲛⲁⲓ ⲛⲱⲧⲉⲛ : ⲙⲏ ⲉ̀ⲧⲉ ⲙ̀ⲙⲟⲛ ϣ̀ϫⲟⲙ ⲙ̀ⲙⲟⲓ ⲉ̀ⲛⲁϩⲉⲙ ⲑⲏⲛⲟⲩ : ϩⲏⲡⲡⲉ ⲛ̀ϩ̀ⲣⲏⲓ ϧⲉⲛ ⲡⲁϫⲱⲛⲧ ⲁⲓⲛⲁⲉⲣ ⲫⲓⲟⲙ ⲛ̀ϣⲁϥⲉ : ⲟⲩⲟϩ ⲉⲓⲉ̀ⲭⲱ ⲛ̀ϩⲁⲛⲓⲁⲣⲱⲟⲩ ⲛ̀ϣⲁϥⲉ ⲛ̀ⲥⲉϣⲱⲟⲩⲓ̀ ⲛ̀ϫⲉ ⲛⲟⲩⲧⲉⲃⲧ ⲉⲑⲃⲉ ϫⲉ ⲙ̀ⲙⲟⲛ ⲙⲱⲟⲩ : ⲟⲩⲟϩ ⲛ̀ⲥⲉⲙⲟⲩ ⲉⲑⲃⲉ ⲛⲓ̀ⲓⲃⲓ : ⲟⲩⲟϩ ⲉⲓⲉ̀ϯϩⲓⲱⲧⲥ ⲛ̀ⲧⲫⲉ ⲛ̀ⲟⲩⲭⲁⲕⲓ : ⲟⲩⲟϩ ⲉⲓⲉ̀ⲭⲱ ⲛ̀ⲧⲉⲥϩⲉⲃⲥⲱ ⲙ̀ⲫ̀ⲣⲏϯ ⲛ̀ⲟⲩⲥⲟⲕ :

Ⲟⲩⲱ̀ⲟⲩ ⲛ̀ϯⲧ̀ⲣⲓⲁⲥ ⲉ̀ⲑⲟⲩⲁⲃ ⲡⲉⲛⲛⲟⲩϯ ϣⲁ ⲉ̀ⲛⲉϩ ⲛⲉⲙ ϣⲁ ⲉ̀ⲛⲉϩ ⲛ̀ⲧⲉ ⲛⲓⲉ̀ⲛⲉϩ ⲧⲏⲣⲟⲩ: ⲁ̀ⲙⲏⲛ.

Isaiah 50:1-3

A reading from Isaiah the Prophet may his blessings be with us Amen.

Thus says the Lord: "Where is the certificate of your mother's divorce, Whom I have put away? Or which of My creditors is it to whom I have sold you? For your iniquities you have sold yourselves, And for your transgressions your mother has been put away. Why, when I came, was there no man? Why, when I called, was there none to answer? Is My hand shortened at all that it cannot redeem? Or have I no power to deliver? Indeed with My rebuke I dry up the sea, I make the

أشعياء ٥٠ : ١ - ٣

من أشعياء النبى بركته المقدسة تكون معنا، آمين.

هَكَذَا قَالَ الرَّبُّ: «أَيْنَ كِتَابُ طَلاَقِ أُمِّكُمُ الَّتِي طَلَّقْتُهَا أَوْ مَنْ هُوَ مِنْ غُرَمَائِي الَّذِي بِعْتُهُ إِيَّاكُمْ؟ هُوَذَا مِنْ أَجْلِ آثَامِكُمْ قَدْ بُعْتُمْ وَمِنْ أَجْلِ ذُنُوبِكُمْ طُلِّقَتْ أُمُّكُمْ. لِمَاذَا جِئْتُ وَلَيْسَ إِنْسَانٌ نَادَيْتُ وَلَيْسَ مُجِيبٌ؟ هَلْ قَصَرَتْ يَدِي عَنِ الْفِدَاءِ وَهَلْ لَيْسَ فِيَّ قُدْرَةٌ لِلإِنْقَاذِ؟ هُوَذَا بِزَجْرَتِي أُنَشِّفُ الْبَحْرَ. أَجْعَلُ الأَنْهَارَ قَفْراً. يُنْتِنُ سَمَكُهَا مِنْ عَدَمِ الْمَاءِ وَيَمُوتُ بِالْعَطَشِ. أُلْبِسُ السَّمَاوَاتِ ظَلاَماً

rivers a wilderness; Their fish stink because there is no water, And die of thirst. I clothe the heavens with blackness, And I make sackcloth their covering."

Glory be to the Holy Trinity our God unto the age of all ages, Amen.

وَأَجْعَلُ الْمِسْحَ غِطَاءَهَا».

مجداً للثالوث القدوس الهنا إلى الأبد وإلى أبد الآبدين كلها، آمين.

Ⲓⲏⲥⲟⲩ ⲛ̀ⲧⲉ Ⲥⲓⲣⲁⲭ Ⲕⲉⲫ ⲁ̅ : ⲕ̅ⲉ̅ - ϣ̅ⲃ̅ⲗ̅

Ⲉ̀ⲃⲟⲗϧⲉⲛ Ⲓⲏⲥⲟⲩ ⲛ̀ⲧⲉ Ⲥⲓⲣⲁⲭ ⲡⲓⲡ̀ⲣⲟⲫⲏⲧⲏⲥ: ⲉ̀ⲣⲉⲡⲉϥⲥ̀ⲙⲟⲩ ⲉ̄ⲑⲟⲩⲁⲃ ϣⲱⲡⲓ ⲛⲉⲙⲁⲛ ⲁ̀ⲙⲏⲛ ⲉϥϫⲱ ⲙ̀ⲙⲟⲥ.

Ⲑ̀ⲛⲟⲩⲛⲓ ⲅⲁⲣ ⲛ̀ϯⲥⲟⲫⲓⲁ̀ ⲡⲉ ⲡ̀ⲉⲣϩⲟϯ ϧⲁⲧϩⲏ ⲙ̀Ⲡ⳪ : ⲟⲩⲟϩ ϩⲁⲛⲙⲏϣ ⲛ̀ⲉϩⲟⲟⲩ ⲛⲉ ⲛⲉⲥⲕ̀ⲗⲁⲇⲟⲥ : ⲙ̀ⲙⲟⲛ ϣ̀ϫⲟⲙ ⲛ̀ⲟⲩⲣⲉϥϫⲱⲛⲧ ⲉ̀ⲑ̀ⲙⲁⲓⲟ : ⲡⲓⲣⲓⲕⲓ ⲅⲁⲣ ⲛ̀ⲧⲉ ⲡⲉϥϫⲱⲛⲧ ⲡⲉ ⲡⲉϥϩⲉⲓ : ⲡⲓⲣⲉϥϣⲟⲩ ⲛ̀ϩⲏⲧ ϣⲁϥⲉⲣⲁ̀ⲛⲁⲭⲉⲥⲑⲉ ϣⲁⲡ̀ⲥⲏⲟⲩ : ⲙⲉⲛⲉⲛⲥⲱⲥ ϣⲁϥϣⲱⲡⲓ ⲛⲁϥⲛ̀ⲟⲩⲟⲩⲛⲟϥ : ϣⲁϥϫⲱⲡ ⲛ̀ⲛⲉϥⲥⲁϫⲓ ϣⲁⲡ̀ⲥⲏⲟⲩ : ⲟⲩⲟϩ ϣⲁⲣⲉ ⲛⲓⲥ̀ⲫⲟⲧⲟⲩ ⲛ̀ⲧⲉ ⲟⲩⲙⲏϣ ⲥⲁϫⲓ ⲉ̀ⲧⲉϥⲙⲉⲧⲥⲁⲃⲉ. Ⲟⲩⲟⲛ ϩⲁⲛⲡⲁⲣⲁⲃⲟⲗⲏ ⲛ̀ⲥⲃⲱ ⲭⲏ ϧⲉⲛ ⲛⲓⲁ̀ϩⲱⲣ ⲛ̀ⲧⲉ ϯⲥⲟⲫⲓⲁ̀ : ϯⲙⲉⲧⲣⲉϥϣⲁ ⲙ̀ϣⲉⲛⲟⲩϯ ⲇⲉ ⲟⲩⲟⲣⲉⲃⲧⲉ ⲙ̀ⲡⲓⲣⲉϥⲉⲣⲛⲟⲃⲓ : ⲁⲕϣⲁⲛⲉⲣ ⲉⲡⲓⲑⲩⲙⲓⲛ ⲛ̀ϯⲥⲟⲫⲓⲁ̀ ⲁ̀ⲣⲉϩ ⲉ̀ⲛⲓⲉⲛⲧⲟⲗⲏ : ⲟⲩⲟϩ ϥ̀ⲛⲁⲧⲏⲓⲥ ⲛⲁⲕ ⲛ̀ϫⲉ Ⲡ⳪ ϯⲥⲟⲫⲓⲁ̀ ⲅⲁⲣ ⲛⲉⲙ ϯⲥ̀ⲃⲱ ϯϩⲟϯ ⲛ̀ⲧⲉ Ⲡ⳪ ⲧⲉ : ⲟⲩⲟϩ ⲡⲉⲧⲉϩⲛⲁϥ ⲡⲉ ⲡⲓⲛⲁϩϯ ⲛⲉⲙ ϯⲙⲉⲧⲣⲉⲙⲣⲁⲩϣ : ⲙ̀ⲡⲉⲣⲉⲣⲁⲧⲥⲱⲧⲉⲙ ⲉ̀ϯϩⲟϯ ⲛ̀ⲧⲉ Ⲡ⳪ : ⲟⲩⲟϩ ⲙ̀ⲡⲉⲣϧⲱⲛⲧ ⲉ̀ⲣⲟϥ ϧⲉⲛ ⲟⲩⲙⲉⲧϩⲏⲧⲥ̀ⲛⲁⲩ : ⲙ̀ⲡⲉⲣⲉⲣⲙⲉⲧϣⲟⲃⲓ ⲙ̀ⲡⲉⲙ̀ⲑⲟ ⲉ̀ⲃⲟⲗ ⲛ̀ⲛⲓⲣⲱⲙⲓ : ⲙⲁϩⲑⲏⲕ ⲉ̀ⲣⲱⲕ ⲛⲉⲙ ⲛⲉⲕⲥ̀ⲫⲟⲧⲟⲩ. Ⲙ̀ⲡⲉⲣϭⲓⲥⲓ ⲙ̀ⲙⲟⲕ ϫⲉ ⲛ̀ⲛⲉⲕϩⲉⲓ : ⲛ̀ⲧⲉⲕ ⲓ̀ⲛⲓ ⲛ̀ⲟⲩϣⲱϣ ⲉ̀ϫⲉⲛ ⲧⲉⲕⲯⲩⲭⲏ : ⲟⲩⲟϩ ⲛ̀ⲧⲉ Ⲡ⳪ ϭⲱⲣⲡ ⲛ̀ⲛⲏⲉⲧϩⲏⲡ ⲛ̀ⲧⲁⲕ ⲉ̀ⲃⲟⲗ ⲟⲩⲟϩ ⲛ̀ⲧⲉϥⲧⲁⲟⲩⲟⲕ ⲉ̀ⲡⲉⲥⲏⲧ ⲉ̀ⲑⲙⲏϯ ⲛ̀ⲟⲩⲑⲱⲟⲩⲧⲥ : ϫⲉ ⲙ̀ⲡⲉⲕϧⲱⲛⲧ ⲉ̀ϯϩⲟϯ ⲛ̀ⲧⲉ Ⲡ⳪ : ⲟⲩⲟϩ ⲡⲉⲕϩⲏⲧ ⲙⲉϩ ⲛ̀ⲭ̀ⲣⲟϥ :

Ⲟⲩⲱ̀ⲟⲩ ⲛ̀ϯⲧ̀ⲣⲓⲁⲥ ⲉⲑⲟⲩⲁⲃ ⲡⲉⲛⲛⲟⲩϯ ϣⲁ ⲉ̀ⲛⲉϩ ⲛⲉⲙ ϣⲁ ⲉ̀ⲛⲉϩ ⲛ̀ⲧⲉ ⲛⲓⲉ̀ⲛⲉϩ ⲧⲏⲣⲟⲩ: ⲁ̀ⲙⲏⲛ.

Sirach 1:20-30

يشوع بن سيراخ ١: ٢٥ الخ

A reading from Sirach the Prophet may his blessings be with us Amen.

To fear the Lord is the root of wisdom, and her branches are long life. Unjust anger cannot be justified, for anger tips the scale to one's ruin. Those who are patient stay calm until the right moment, and then cheerfulness comes back to them. They hold back their

من يشوع بن سيراخ النبى بركته المقدسة تكون معنا، آمين.

أصل الحكمة هى مخافة الرب. وأغصانها كثرة الايام والغضوب لا يمكن أن يتبرر. لان ميله للغضب يسقطه. الطويل الروح يصبر إلى حين ثم يعاوده السرور. يكتم كلامه إلى حين وشفاه الكثيرين تنطق

words until the right moment; then the lips of many tell of their good sense.
In the treasuries of wisdom are wise sayings, but godliness is an abomination to a sinner. If you desire wisdom, keep the commandments, and the Lord will lavish her upon you. For the fear of the Lord is wisdom and discipline, fidelity and humility are his delight. Do not disobey the fear of the Lord; do not approach him with a divided mind. Do not be a hypocrite before others, and keep watch over your lips. Do not exalt yourself, or you may fall and bring dishonor upon yourself. The Lord will reveal your secrets and overthrow you before the whole congregation, because you did not come in the fear of the Lord, and your heart was full of deceit.

Glory be to the Holy Trinity our God unto the age of all ages, Amen.

بحكمة. أمثال التعليم كائنة فى كنوز الحكمة. أما عند الخاطئ فعبادة الله رجس. ان اشتهيت الحكمة فاحفظ الوصايا. فيهبها لك الرب. فان الحكمة والادب هما مخافة الرب. والذى يرضيه هو الايمان والوداعة لا تكن مخالفاً لمخافة الرب ولا تتقدم اليه بقلبين. لا تكن مرائياً قدام الناس واحفظ فمك وشفتيك. لا تترفع لئلا تسقط. فتجلب على نفسك الهوان. ويكشف الرب خفاياك. ويصرعك فى وسط الجماعة. لانك لم تتقدم إلى مخافة الرب. وقلبك ممتلئ غشاً.

مجداً للثالوث القدوس الهنا إلى الأبد وإلى أبد الآبدين كلها، آمين.

Ⲟⲩⲕⲁⲧⲏⲭⲏⲥⲓⲥ

Ⲟⲩⲕⲁⲧⲏⲭⲏⲥⲓⲥ ⲛ̀ⲧⲉ ⲡⲉⲛⲓⲱⲧ ⲉⲑⲟⲩ ⲁⲃⲃⲁ Ϣⲉⲛⲟⲩϯ ⲡⲓⲁ̀ⲣⲭⲏ ⲙⲁⲛⲇⲣⲓⲧⲏⲥ: ⲉ̀ⲣⲉ ⲡⲉϥ̀ⲥⲙⲟⲩ ⲉⲑⲟⲩⲁⲃ ϣⲱⲡⲓ ⲛⲉⲙⲁⲛ ⲁ̀ⲙⲏⲛ.

Ⲟⲩⲟⲛ ϩⲁⲛϩ̀ⲃⲏⲟⲩ̀ⲓ ⲉⲛⲙⲉⲩ̀ⲓ ⲉ̀ⲣⲱⲟⲩ ϫⲉ ϩⲁⲛ ⲁ̀ⲅⲁⲑⲟⲛ ⲛⲉ : ⲉ̀ϩⲁⲛ ⲡⲉⲧϩⲱⲟⲩ ⲛⲉ ϧⲁⲧⲉⲛ Ⲫϯ : ⲉ̀ⲧⲉ ⲫⲁⲓ ⲡⲉ ϫⲉ ⲉⲛϥⲁⲓ ϧⲁ ⲛⲉⲛⲉ̀ⲣⲛⲟⲩ ⲉⲛⲉⲣⲛⲟⲃⲓ ϧⲉⲛ ⲛⲓⲧⲟⲡⲟⲥ ⲉⲑⲟⲩ : ⲛⲉⲧⲁ Ⲡ̅ⲟ̅ⲥ̅ ϭⲓ ⲁⲛ ⲉ̀ⲃⲟⲗ ϧⲉⲛ ⲛⲓ̀ϣϣⲏⲛ ⲉⲧϩⲱⲟⲩ ⲛⲉⲙ ⲛⲓ̀ϣϣⲏⲛ ⲉⲑⲛⲁⲛⲉⲩ ⲁϥϭⲟ ⲙ̀ⲡⲓⲡⲁⲣⲁⲇⲓⲥⲟⲥ : ⲁⲗⲗⲁ ϫⲉ ⲉ̀ⲧⲁϥϭⲓ ⲉⲃⲟⲗ ϧⲉⲛ ⲛⲓ̀ϣϣⲏⲛ ⲉⲑⲛⲁⲛⲉⲩ ⲁϥϭⲟϥ. Ⲟⲩⲟϩ ⲉ̀ⲧⲁϥϭⲟϥ ⲁⲛ ϧⲉⲛ ϩⲁⲛ ϣ̀ϣⲏⲛ ⲛ̀ⲁⲧⲟⲩⲧⲁϩ ⲓⲉ ⲉϥϩⲱⲟⲩ ⲛ̀ϫⲉ ⲡ̀ⲟⲩⲧⲁϩ ⲟⲩⲟϩ ⲙⲟⲛⲟⲛ ⲫⲁⲓ : ⲁⲗⲗⲁ ⲛⲉⲙ ⲛⲓⲣⲱⲙⲓ ⲉⲧⲁϥⲭⲁⲩ ⲙ̀ⲙⲁⲩⲁ̀ⲧⲟⲩ ⲉⲙⲁⲩ : ϧⲉⲛ ⲡ̀ϫⲓⲛ ⲑ̀ⲣⲟⲩ ⲉⲣⲡⲁⲣⲁⲃⲉⲛⲓⲛ ⲙ̀ⲡⲉϥⲉⲣⲁ̀ⲛⲁⲭⲉⲥⲑⲉ : ⲁⲗⲗⲁ ⲁϥϩⲓⲧⲟⲩ ⲉ̀ⲃⲟⲗ ⲛ̀ϧⲏⲧϥ : Ⲁⲣⲓ̀ⲉⲙⲓ ⲉ̀ⲃⲟⲗ ϧⲉⲛ ⲫⲁⲓ ⲱⲛⲓ̀ⲥⲛⲏⲟⲩ ⲙ̀ⲙⲉⲛⲣⲓⲧ : ϫⲉ ⲥ̀ϣⲉⲁⲛ ⲉ̀ⲙⲁϩ ⲛⲓⲧⲟⲡⲟⲥ ⲉⲑⲟⲩ ⲛ̀ⲧⲉ Ⲫϯ ⲉ̀ⲃⲟⲗ ϧⲉⲛ ⲛⲓⲣⲱⲙⲓ ⲉⲧϩⲱⲟⲩ ⲛⲉⲙ ⲛⲓⲁ̀ⲅⲁⲑⲟⲥ ⲙ̀ⲫⲣⲏϯ ⲉ̀ⲧⲉⲡⲓⲕⲟⲥⲙⲟⲥ ⲧⲏⲣϥ ⲙⲟϩ ⲛ̀ⲣⲉϥⲉⲣⲛⲟⲃⲓ ⲛⲉⲙ ⲣⲉϥϭⲓ̀ⲛϫⲟⲛⲥ : ⲛⲉⲙ ϩⲁⲛⲁ̀ⲅⲁⲑⲟⲥ ⲛⲉⲙ ϩⲁⲛ ⲁ̀ⲕⲁⲑⲁⲣⲧⲟⲥ : ⲁⲗⲗⲁ ⲛⲏⲉⲧⲉⲣⲛⲟⲃⲓ ⲉ̀ϣⲧⲉⲙ̀ⲭⲁⲩ ⲛ̀ϧⲏⲧⲟⲩ ⲁⲗⲗⲁ ⲉ̀ϩⲓⲧⲟⲩ ⲉ̀ⲃⲟⲗ.

Ϯcωoтn ϫe пικaϩι тнpϥ фa Пσ̄c пe oтoϩ icϫe кaтa ф̀pнϮ ̀мпeϥнι пaιpнϮ пe пικaϩι тнpϥ : ιeмиoн ϩoтo pω ϣoп oтoϩ enepoт ǹϩнтoт. Oтoϩ icϫe кaтa ф̀pнϮ ǹnaпeтϩωoт тнpoт пaιpнϮ nнeтep пeтϩωoт тнpoт ϧen п̀кaϩι eθвeoт ̀aнoк eтмoтϮ ̀epoι ϫe oтнв : oтмнϣ ɣap ǹcoп ǹтenèмιaн ϫe тeнϮϩaп ̀epoн : ϧen фнèтen ϫὼммoϥ : ̀мпape ̀ϩλι ɣap ϣepтoλмaн ̀eмaϩ пeкнι ϧen ϩaнϭ̀ωϧeм aк̀ϣтeм θωт ǹϩнт ϧen фaι : oтΔe ɣap ̀мпape nιcιoтp ǹтe пιoтpo ϭιpωмι nιвen ̀eϧoтn eпeϥнι : nнeтàpeϩ ̀enιnoмoc nem nнeтoι naтcωтem ǹcωϥ : eт̀ιpι ǹnнeт c̀ϣeaн ϫe ǹϥepϩ̀λι nωoт aн пe :

Ιιapenep c̀фpaϫιzιn ǹϮкaтнχнcιc ǹтe пenιωт eθ̄т̄ aвва Ϣenoтϯ пιàpχн мaн̀Δpιтнc: фнèтaϥepoтωιnι ̀мпennoтc nem nιвaλ ǹтe nenϩнт ϧen ф̀paн ̀мФιωт nem П̀ϣнpι nem пιпн̄ā eθ̄т̄ oтnoтϮ ǹoтωт ̀aмнн.

Homily

A homily of our Holy Father Abba Shenouda the Archimandrite may his blessings be with us. Amen.

Occasionally there are some deeds, which we may think are good while in God's eyes they are wicked. For example the unqualified tolerance of sinners in holy places may lead them to be indifferent to sin. The Lord did not plant good trees and bad trees in paradise but only good trees. He did not plant fruitless trees with bad fruits. Even man himself when he disobeyed the commandment, He was not indifferent about man's inequity but expelled him from paradise. From this we can see dear beloved, that the houses of the Lord should not be filled with bad and good people -as is the case in the world where the saints and sinners, the injust and the impure mingle together. It is incumbent on us to remind those who come to the house of the Lord to behave appropriately. I

عظة

عظة لأبينا القديس انبا شنوده رئيس المتوحدين بركته المقدسة تكون معنا، آمين.

قد توجد أعمال نخالها أنها صالحة ولكنها رديئة عند الله. وذلك إننا نتغاضى عن بعضنا بعضاً فنخطئ فى المواضع المقدسة. لأن الرب لم يغرس فى الفردوس الأشجار الصالحة والغير الصالحة بل غرسه من الاشجار الصالحة فقط. ولم يغرس فيه أشجاراً غير مثمرة أو رديئة الثمر. وليس هذا فقط. بل والناس أنفسهم الذين جعلهم هناك. عندما خالفوا لم يحتملهم بل أخرجهم منه. فمن هذا إعلموا أيها الاخوة الاحباء أنه لا يجب أن نملأ مساكن الله المقدسة من الناس الاشرار والصالحين. كما فى العالم المملوء من الخطاة والظالمين والقديسين والانجاس.

know that the whole earth is God's, but if we make His house just like the rest of the earth what is going to distinguish the house of the Lord from the rest. If I as a servant of God commit the same bad deeds as the wicked then I do not deserve to be called a servant of God. For we often sin and are unable to judge ourselves with the same standard we judge others. You see no one can fill your place with dirt unless they notice your lack of interest in it. Just like the king's pages; they cannot let everyone in the king's house whether they honor the king's decree or whether they ignore them without the king's permission. If they deviate from this, they receive punishment.

We conclude the homily of our Holy Father Abba Shenouda the Archimandrite, who enlightened our minds and our hearts. In the name of the Father, the Son, and the Holy Spirit, one God. Amen.

ولكن الذين يخطئون لا يتركهم فيها بل يخرجهم. أنا أعرف أن الأرض كلها هى للرب. فاذا كان بيته كباقى الأرض. فما هى ميزته إذن على غيره. فان كنت وأنا الكاهن أعمل الشر كما يعمله الاشرار على الأرض فلا يحق لى أن ادعى كاهناً لانه مراراً كثيرة نخطئ ولا نعرف كيف ندين أنفسنا بما نقول. لا يتجرأ أحد أن يملأ بيتك قذارة إلا إذا رأى منك التهاون ولا حجاب الملك يتجرأون أن يدخلوا بكل إنسان إلى بيته من الحافظين مراسيمه والمخالفين لها الا بأمره. ومتى عملوا بخلاف ذلك يعاقبون.

فلنختم موعظة أبينا القديس أنبا شنودة رئيس المتوحدين الذى أنار عقولنا وعيون قلوبنا باسم الآب والابن والروح القدس الاله الواحد آمين.

The Doxology of the Pascha Hour: "Thine is the Power..." on page A5.

تسبحة ساعة البصخة: "لك القوة..." صفحة ٥ فى اخر الكتاب.

Ⲯⲁⲗⲙⲟⲥ ⲓ̅ⲃ̅ : ⲇ̅

Ⲥⲟⲙⲥ ⲥⲱⲧⲉⲙ ⲉ̀ⲣⲟⲓ Ⲡ̀ϭⲟⲓⲥ ⲡⲁⲛⲟⲩϯ : ⲙⲁⲫⲟⲩⲱⲓⲛⲓ ⲛ̀ⲛⲁⲃⲁⲗ ⲙⲏⲡⲱⲥ ⲛ̀ⲧⲁϩⲱⲣⲡ ϧⲉⲛ ⲫ̀ⲙⲟⲩ : ⲙⲏⲡⲟⲧⲉ ⲛⲧⲉ ⲡⲁϫⲁϫⲓ ϫⲟⲥ : ϫⲉ ⲁⲓϫⲉⲙϫⲟⲙ ⲟⲩⲃⲏϥ ⲁⲗ

Psalm 13:3-4

المزمور ١٢ : ٤

A Psalm of David the Prophet.

Consider and hear me, O Lord my God; Enlighten my eyes, Lest I sleep the sleep of death; Lest my enemy say, "I have prevailed against him." Alleluia.

من مزامير داود النبى

انظر واستجب لى يا ربى والهى انر عينى لئلا أنام فى الموت. لئلا يقول عدوى انى قد قويت عليه هلليلويا.

Ⲉⲩⲁⲅⲅⲉⲗⲓⲟⲛ ⲕⲁⲧⲁ Ⲓⲱⲁⲛⲛⲏⲛ Ⲕⲉⲫ ⲏ̅ : ⲛ̅ⲁ̅ - ⲱ̅ⲃ̅ⲗ̅

Ⲁ̀ⲙⲏⲛ ⲁ̀ⲙⲏⲛ ϯϫⲱ ⲙ̀ⲙⲟⲥ ⲛⲱⲧⲉⲛ ϫⲉ ⲉ̀ϣⲱⲡ ⲁⲣⲉϣⲁⲛ ⲟⲩⲁⲓ ⲁ̀ⲣⲉϩ ⲉ̀ⲡⲁⲥⲁϫⲓ ⲛ̀ⲛⲉϥⲛⲁⲩ ⲉ̀ⲫⲙⲟⲩ ϣⲁⲉ̀ⲛⲉϩ : Ⲡⲉϫⲉ ⲛⲓⲓⲟⲩⲇⲁⲓ ⲛⲁϥ ϫⲉ ϯⲛⲟⲩ ⲁⲛⲉⲙⲓ ϫⲉ ⲟⲩⲟⲛ ⲟⲩⲇⲉⲙⲱⲛ ⲛⲉⲙⲁⲕ : Ⲁⲃⲣⲁⲁⲙ ⲁϥⲙⲟⲩ ⲛⲉⲙ ⲛⲓⲕⲉⲡⲣⲟⲫⲏⲧⲏⲥ ⲟⲩⲟϩ ⲛ̀ⲑⲟⲕ ⲕ̀ϫⲱ̀ⲙ̀ⲙⲟⲥ ϫⲉ ⲫⲏⲉⲑⲛⲁⲁ̀ⲣⲉϩ ⲉ̀ⲡⲁⲥⲁϫⲓ ⲛ̀ⲛⲉϥϫⲉⲙϯⲡⲓ ⲙ̀ⲫⲙⲟⲩ ϣⲁⲉ̀ⲛⲉϩ : Ⲙⲏ ⲛ̀ⲑⲟⲕ ⲟⲩⲛⲓ̀ϣϯ ⲛ̀ⲑⲟⲕ ⲉ̀ⲡⲉⲛⲓⲱⲧ Ⲁⲃⲣⲁⲁⲙ ⲫⲏ̀ⲉⲧⲁϥⲙⲟⲩ ⲛⲉⲙ ⲛⲓⲕⲉⲡⲣⲟⲫⲏⲧⲏⲥ ⲁⲩⲙⲟⲩ ⲕⲓⲣⲓ ⲙ̀ⲙⲟⲕ ⲛ̀ⲛⲓⲙ. Ⲁϥⲉ̀ⲣⲟⲩⲱ̀ ⲛ̀ϫⲉ Ⲓⲏ̅ⲥ̅ ⲉϥϫⲱ ⲙ̀ⲙⲟⲥ ϫⲉ ⲉ̀ϣⲱⲡ ⲁ̀ⲛⲟⲕ ⲁⲓϣⲁⲛ ϯⲱⲟⲩ ⲛⲏⲓ ⲙ̀ⲙⲁⲩⲁⲧ ⲡⲁⲱⲟⲩ ϩ̀ⲗⲓ ⲁⲛ ⲡⲉ : ϥϣⲟⲡ̀ⲛϫⲉ ⲡⲁⲓⲱⲧ ⲉⲑⲛⲁϯ̀ⲱⲟⲩ ⲛⲏⲓ : ⲫⲏ̀ⲉⲑⲱⲧⲉⲛ ⲉ̀ⲧⲉⲧⲉⲛ ϫⲱ ⲙ̀ⲙⲟⲥ ϫⲉⲡⲉⲧⲉⲛⲛⲟⲩϯ ⲡⲉ : ⲟⲩⲟϩ ⲙ̀ⲡⲉⲧⲉⲛⲥⲟⲩⲱⲛϥ ⲁ̀ⲛⲟⲕ ⲇⲉ ϯⲥⲱⲟⲩⲛ ⲙ̀ⲙⲟϥ ⲉ̀ϣⲱⲡ ⲇⲉ ⲁⲓϣⲁⲛϫⲟⲥ ϫⲉ ϯⲥⲱⲟⲩⲛ ⲙ̀ⲙⲟϥ ⲁⲛ ⲉⲓⲉ̀ϣⲱⲡⲓ ⲉⲓⲟⲛⲓ ⲙ̀ⲙⲱⲧⲉⲛ ⲛ̀ⲥⲁⲙⲉⲑⲛⲟⲩϫ ⲁⲗⲗⲁ ϯⲥⲱⲟⲩⲛ ⲙ̀ⲙⲟϥ ⲟⲩⲟϩ ⲡⲉϥⲥⲁϫⲓ ϯⲁ̀ⲣⲉϩ ⲉⲣⲟϥ : Ⲁⲃⲣⲁⲁⲙ ⲡⲉⲧⲉⲛⲓⲱⲧ ⲛⲁϥⲑⲉⲗⲏⲗ ⲡⲉ ⲉϥⲟⲩⲱϣ ⲉⲛⲁⲩ ⲉ̀ⲟⲩⲉ̀ϩⲟⲟⲩ ⲛ̀ⲧⲏⲓ ⲟⲩⲟϩ ⲁϥⲛⲁⲩ ⲁϥⲣⲁϣⲓ. Ⲡⲉϫⲉ ⲛⲓⲓⲟⲩⲇⲁⲓ ⲟⲩⲛ ⲛⲁϥ ϫⲉ ⲙ̀ⲡⲁⲧⲉⲕⲉⲣ ⲧⲉⲃⲓ ⲛ̀ⲣⲟⲙⲡⲓ ⲟⲩⲟϩ ⲁⲕⲛⲁⲩ ⲉ̀Ⲁⲃⲣⲁⲁⲙ. Ⲡⲉϫⲉ Ⲓⲏ̅ⲥ̅ ⲛⲱⲟⲩ ϫⲉ ⲁ̀ⲙⲏⲛ ⲁ̀ⲙⲏⲛ ϯϫⲱ ⲙ̀ⲙⲟⲥ ⲛⲱⲧⲉⲛ ϫⲉ ⲙ̀ⲡⲁⲧⲉ Ⲁⲃⲣⲁⲁⲙ ϣⲱⲡⲓ ⲁ̀ⲛⲟⲕ ⲡⲉ : Ⲁⲩⲉⲗⲱ̀ⲛⲓ ⲟⲩⲛ ⲛ̀ϫⲉ ⲛⲓⲓⲟⲩⲇⲁⲓ ϩⲓⲛⲁ ⲛ̀ⲥⲉϩⲓⲟⲩⲓ̀ ⲉ̀ϫⲱϥ : Ⲓⲏ̅ⲥ̅ ⲇⲉ ⲁϥⲭⲟⲡϥ ⲟⲩⲟϩ ⲁϥⲓ̀ ⲉⲃⲟⲗ ϧⲉⲛ ⲡⲓⲉⲣⲫⲉⲓ ⲟⲩⲟϩ ⲁϥⲥⲓⲛⲓ ⲛⲁϥⲙⲟϣⲓ ⲡⲉ ϧⲉⲛ ⲧⲟⲩⲙⲏϯ ⲟⲩⲟϩ ⲛⲁϥⲥⲓⲛⲓ̀ⲱⲟⲩ ⲙ̀ⲡⲁⲓⲣⲏϯ :

Ⲟⲩⲱϣⲧ ⲙ̀ⲡⲓⲉⲩⲁⲅⲅⲉⲗⲓⲟⲛ ⲉⲑ̅ⲩ̅.

John 8:51-59

يوحنا ٨: ٥١ الخ

A reading from the Holy Gospel according to Saint John.

Most assuredly, I say to you, if anyone keeps My word he shall never see death." Then the Jews said to Him, "Now we know that You have a demon! Abraham is dead, and the

فصل شريف من إنجيل معلمنا مار يوحنا البشير بركاته علينا آمين.

اَلْحَقَّ الْحَقَّ أَقُولُ لَكُمْ: إِنْ كَانَ أَحَدٌ يَحْفَظُ كلاَمِي فَلَنْ يَرَى الْمَوْتَ إِلَى الأَبَدِ». فَقَالَ لَهُ الْيَهُودُ: «الآنَ عَلِمْنَا أَنَّ بِكَ شَيْطَاناً. قَدْ

prophets; and You say, 'If anyone keeps My word he shall never taste death.' Are You greater than our father Abraham, who is dead? And the prophets are dead. Whom do You make Yourself out to be?" Jesus answered, "If I honor Myself, My honor is nothing. It is My Father who honors Me, of whom you say that He is your God. Yet you have not known Him, but I know Him. And if I say, 'I do not know Him,' I shall be a liar like you; but I do know Him and keep His word. Your father Abraham rejoiced to see My day, and he saw it and was glad." Then the Jews said to Him, "You are not yet fifty years old, and have You seen Abraham?" Jesus said to them, "Most assuredly, I say to you, before Abraham was, I AM." Then they took up stones to throw at Him; but Jesus hid Himself and went out of the temple, going through the midst of them, and so passed by.

Bow down before the Holy Gospel.
Glory be to God forever.

مَاتَ إِبْرَاهِيمُ وَالأَنْبِيَاءُ وَأَنْتَ تَقُولُ: «إِنْ كَانَ أَحَدٌ يَحْفَظُ كَلاَمِي فَلَنْ يَذُوقَ الْمَوْتَ إِلَى الأَبَدِ». أَلَعَلَّكَ أَعْظَمُ مِنْ أَبِينَا إِبْرَاهِيمَ الَّذِي مَاتَ. وَالأَنْبِيَاءُ مَاتُوا. مَنْ تَجْعَلُ نَفْسَكَ؟» أَجَابَ يَسُوعُ: «إِنْ كُنْتُ أُمَجِّدُ نَفْسِي فَلَيْسَ مَجْدِي شَيْئاً. أَبِي هُوَ الَّذِي يُمَجِّدُنِي الَّذِي تَقُولُونَ أَنْتُمْ إِنَّهُ إِلَهُكُمْ وَلَسْتُمْ تَعْرِفُونَهُ. وَأَمَّا أَنَا فَأَعْرِفُهُ. وَإِنْ قُلْتُ إِنِّي لَسْتُ أَعْرِفُهُ أَكُونُ مِثْلَكُمْ كَاذِباً لَكِنِّي أَعْرِفُهُ وَأَحْفَظُ قَوْلَهُ. أَبُوكُمْ إِبْرَاهِيمُ تَهَلَّلَ بِأَنْ يَرَى يَوْمِي فَرَأَى وَفَرِحَ». فَقَالَ لَهُ الْيَهُودُ: «لَيْسَ لَكَ خَمْسُونَ سَنَةً بَعْدُ أَفَرَأَيْتَ إِبْرَاهِيمَ؟» قَالَ لَهُمْ يَسُوعُ: «الْحَقَّ الْحَقَّ أَقُولُ لَكُمْ: قَبْلَ أَنْ يَكُونَ إِبْرَاهِيمُ أَنَا كَائِنٌ». فَرَفَعُوا حِجَارَةً لِيَرْجُمُوهُ. أَمَّا يَسُوعُ فَاخْتَفَى وَخَرَجَ مِنَ الْهَيْكَلِ مُجْتَازاً فِي وَسْطِهِمْ وَمَضَى هَكَذَا.

أسجدوا للإنجيل المقدس.
والمجد لله دائماً.

Commentary

The Commentary of the Eleventh Hour of Monday of Holy Pascha, may its blessings be with us all. Amen.

O Jesus the True Light that shines for all nations with the exception of the Jews for they strayed away from Him. When He revealed himself to them and told them that those who believe in Him shall live forever, the ignorant and trespassers of the law accused Him that with Satan He exorcises Demons. They

طرح

طرح الساعة الحادية عشرة من يوم الاثنين من البصخة المقدسة بركتها علينا. آمين.

أيها النور الحقيقى الذى يضئ ويملأ كل مكان فى المسكونة. الذى هو يسوع النور الحقيقى، الذى يضئ لجميع الأمم. أما هو فأعلن لهم قائلاً: أن من يؤمن به لن يموت إلى الأبد.

said to Him, "Abraham died and the prophets thereafter, how is it possible that those who believe in You never die?" He replied, "If I glorify Myself, then My glory is meaningless. I have who glorify Me." They replied, "You think you are greater than our patriarch Abraham and his descendants who all died? You are not even fifty years old. How could you have seen Abraham?" The Savior said, "Truly before Abraham was, I am."

We, God's new nation, believe in Him and observe His commandments. We confess by word and in the depth of our hearts that the True Word, the Righteous Master, is Eternal with the Holy Spirit the Comforter. Despite all what He did to teach them, the ignorant rejected this great blessing as well as the many miracles He performed among them. They did not realize that He was their Savior according to the prophecies. They renounced, rejected, and strayed away from Him.

اسمعوا كيف أن الجهال ومخالفى الناموس قالوا أن معه شيطان، فان ابراهيم قد مات والأنبياء أيضاً، فكيف لا يموت الذى يؤمن بك؟!

– ان أنا مجدت نفسى فليس مجدى شيئاً. لى من يمجدنى.

– ألعلك أعظم من أبينا ابراهيم ومن نسله الذين ذاقوا الموت؟. ليس لك خمسون سنة من الزمان فهل رأيت ابراهيم؟ من يصدقك؟ نطق المخلص بالحق، أنه كائن من قبل أن يكون ابراهيم. نحن أيضاً نؤمن . معشر الشعوب الجديدة . ونواظب على وصاياه فى أفواهنا، ونعترف من عمق قلوبنا بالكلمة الحقيقى الذى للآب الضابط الكل. أن الصالح الكائن منذ البدء مع الروح القدس المعزى، لم يزل يخبر الجهال المملوئين إثماً، المخالفين، الأبناء المرذولين، فجحدوا هذه النعمة العظيمة والعجائب الجزيلة التى أظهرها فيهم ولم يفهموا أنه هو مخلصهم كما قال الأنبياء، فجحدوه ولم يقبلوه، ورفضوه وصاروا بغير إله.

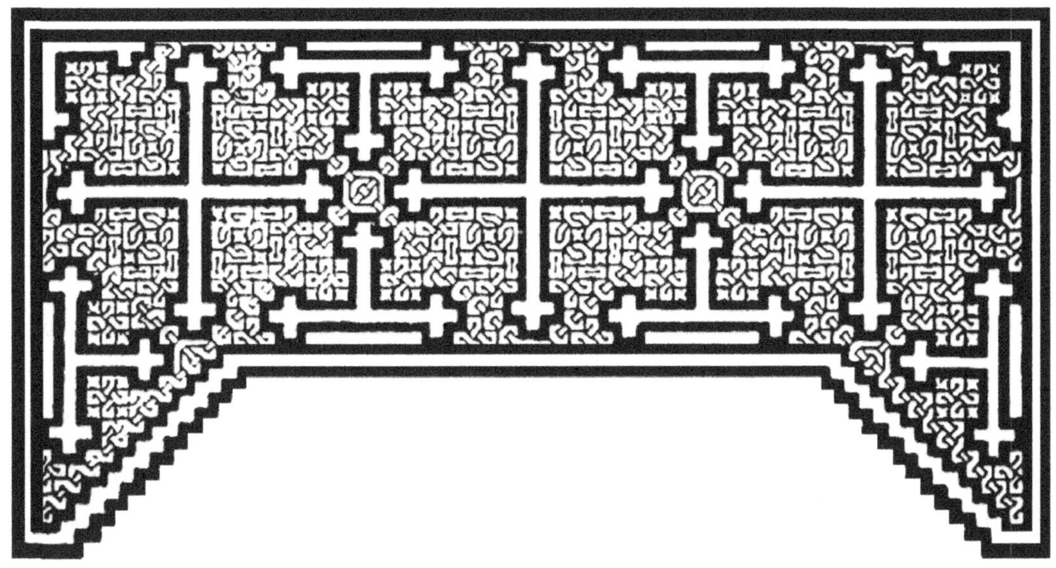

Eve of Tuesday of Holy Pascha

ليلة الثلاثاء من البصخة المقدسة

First Hour of Eve of Tuesday

الساعة الأولى من ليلة الثلاثاء

Ζαχαριας Κεφ ā : ā- ē

Ⲉⲃⲟⲗϧⲉⲛ Ζαχαριας ⲡⲓⲡⲣⲟⲫⲏⲧⲏⲥ: ⲉⲣⲉⲡⲉϥⲥ̀ⲙⲟⲩ ⲉⲑⲟⲩⲁⲃ ϣⲱⲡⲓ ⲛⲉⲙⲁⲛ ⲁ̀ⲙⲏⲛ ⲉϥϫⲱ ⲙ̀ⲙⲟⲥ.

Ⲙ̀ϩⲣⲏⲓ ⲇⲉ ϧⲉⲛ ⲡⲓⲁ̀ⲃⲟⲧ ⲙ̀ⲙⲁϩ ϣ̀ⲙⲏⲛ ⲛ̀ⲧⲉ ϯⲣⲟⲙⲡⲓ ⲙ̀ⲙⲁϩⲥ̀ⲛⲟⲩϯ ϩⲓ Ⲇⲁⲣⲓⲟⲥ : ⲁ̀ⲟⲩⲥⲁϫⲓ ⲛ̀ⲧⲉ Ⲫϯ ϣⲱⲡⲓ ϩⲁ Ζαχαριας ⲡ̀ϣⲏⲣⲓ ⲙ̀Βαραχιας ⲡ̀ϣⲏⲣⲓ ⲛ̀Ⲁⲇⲇⲱ ⲡⲓⲡ̀ⲣⲟⲫⲏⲧⲏⲥ ⲉϥϫⲱ ⲙ̀ⲙⲟⲥ : Ⲁϥϫⲱⲛⲧ ⲛ̀ϫⲉ Ⲡ̅ⲟ̅ⲥ̅ ⲉ̀ϫⲉⲛ ⲛⲉⲧⲉⲛⲓⲟϯ ⲉϥϫⲱ̀ⲙ̀ⲙⲟⲥ ϫⲉ ⲉⲕⲉ̀ϫⲟⲥ ⲛⲱⲟⲩ ϫⲉ ⲛⲁⲓ ⲛⲉ ⲛⲏⲉ̀ⲧⲉϥϫⲱ ⲙ̀ⲙⲱⲟⲩ ⲛ̀ϫⲉ Ⲡ̅ⲟ̅ⲥ̅ ⲡⲓ ⲡⲁⲛⲧⲟⲕⲣⲁⲧⲱⲣ : ϫⲉ ⲕⲉⲧⲑⲏⲛⲟⲩ ϩⲁⲣⲟⲓ ⲟⲩⲟϩ ⲁ̀ⲛⲟⲕ ϩⲱ ϯⲛⲁⲕⲟⲧⲧ ϩⲁⲣⲱⲧⲉⲛ ⲡⲉϫⲉ Ⲡ̅ⲟ̅ⲥ̅ ⲡⲓⲡⲁⲛⲧⲟⲕⲣⲁⲧⲱⲣ. Ⲟⲩⲟϩ ⲙ̀ⲡⲉⲣϣⲱⲡⲓ ⲙ̀ⲫⲣⲏϯ ⲛ̀ⲛⲉⲧⲉⲛⲓⲟϯ ⲉⲧⲁⲩⲉⲣⲕⲁⲗⲓⲛ ⲛⲱⲟⲩ ⲛ̀ϫⲉ ⲛⲓⲡ̀ⲣⲟⲫⲏⲧⲏⲥ ⲓⲥϫⲉⲛ ϣⲱⲣⲡ ⲉⲩϫⲱ ⲙ̀ⲙⲟⲥ : ϫⲉ ⲛⲁⲓ ⲛⲉ ⲛⲏⲉ̀ⲧⲉϥϫⲱ̀ⲙ̀ⲙⲱⲟⲩ ⲛ̀ϫⲉ Ⲡ̅ⲟ̅ⲥ̅ ⲡⲓⲡⲁⲛⲧⲟⲕⲣⲁⲧⲱⲣ : Ϫⲉ ⲙⲁⲧⲁⲥⲑⲟ ⲑⲏⲛⲟⲩ ⲉ̀ⲃⲟⲗϩⲁ ⲛⲉⲧⲉⲛⲙⲱⲓⲧ ⲉⲧϩⲱⲟⲩ : ⲛⲉⲙ ⲉ̀ⲃⲟⲗϩⲁ ⲛⲉⲧⲉⲛϩ̀ⲃⲏⲟⲩ̀ⲓ ⲉⲧϩⲱⲟⲩ : ⲟⲩⲟϩ ⲙ̀ⲡⲟⲩϯϩ̀ⲑⲏⲟⲩ ⲉ̀ⲥⲱⲧⲉⲙ ⲛ̀ⲥⲱⲓ ⲡⲉϫⲉ Ⲡ̅ⲟ̅ⲥ̅ ⲡⲓⲡⲁⲛⲧⲟⲕⲣⲁⲧⲱⲣ : ⲁⲩⲑⲱⲛ ⲛⲉⲧⲉⲛⲓⲟϯ ⲛⲉⲙ ⲛⲓⲡ̀ⲣⲟⲫⲏⲧⲏⲥ ⲙⲏ ⲁⲩⲛⲁⲱⲛϧ ϣⲁⲉ̀ⲛⲉϩ.

Ⲡⲗⲏⲛ ⲛⲁⲛⲟⲙⲟⲥ ⲛⲉⲙ ⲛⲁⲥⲁϫⲓ ϣⲟⲡⲟⲩ ⲉ̀ⲣⲱⲧⲉⲛ : ⲛⲏ ⲁ̀ⲛⲟⲕ ⲉ̀ϯϩⲟⲛϩⲉⲛ ⲙ̀ⲙⲱⲟⲩ ϧⲉⲛ ⲟⲩⲡ̅ⲛ̅ⲁ̅ ⲛ̀ⲧⲉ ⲛⲁⲉ̀ⲃⲓⲁⲓⲕ ⲛⲓⲡ̀ⲣⲟⲫⲏⲧⲏⲥ ⲛⲏⲉ̀ⲧⲁⲩⲧⲁϩⲉ ⲛⲉⲧⲉⲛⲓⲟϯ : Ⲟⲩⲟϩ ⲁⲩⲉ̀ⲣⲟⲩⲱ̀ ⲡⲉϫⲱⲟⲩ : ϫⲉ ⲕⲁⲧⲁ ⲫ̀ⲣⲏϯ ⲉ̀ⲧⲁϥⲟⲩⲁϩ ⲥⲁϩⲛⲓ ⲛ̀ϫⲉ Ⲡ̅ⲟ̅ⲥ̅ ⲡⲓⲡⲁⲧⲟⲕⲣⲁⲧⲱⲣ ⲉ̀ⲓ̀ⲣⲓ ⲕⲁⲧⲁ ⲛⲉⲧⲉⲛⲙⲱⲓⲧ : ⲛⲉⲙ ⲕⲁⲧⲁ ⲛⲉⲧⲉⲛ ϩ̀ⲃⲏⲟⲩⲓ ⲡⲁⲓⲣⲏϯ ⲁϥⲓ̀ⲣⲓ ⲛⲱⲧⲉⲛ.

Ⲟⲩⲱ̀ⲟⲩ ⲛ̀ϯⲧ̀ⲣⲓⲁⲥ ⲉⲑⲟⲩⲁⲃ ⲡⲉⲛⲛⲟⲩϯ ϣⲁ ⲉ̀ⲛⲉϩ ⲛⲉⲙ ϣⲁ ⲉ̀ⲛⲉϩ ⲛ̀ⲧⲉ ⲛⲓⲉ̀ⲛⲉϩ ⲧⲏⲣⲟⲩ: ⲁ̀ⲙⲏⲛ.

Zechariah 1:1-6

A reading from Zechariah the Prophet may his blessings be with us Amen.

In the eighth month of the second year of Darius, the word of the Lord came to Zechariah the son of Berechiah, the son of Iddo the prophet, saying, "The Lord has been very angry with your fathers. Therefore say to them, 'Thus says the Lord of hosts: "Return to Me," says the Lord of hosts, "and I will return to you," says the Lord of hosts. Do not be

زكريا ١: ١ - ٦

من زكريا النبى بركته المقدسة تكون معنا، آمين.

فِي الشَّهْرِ الثَّامِنِ فِي السَّنَةِ الثَّانِيَةِ لِدَارِيُوسَ كَانَتْ كَلِمَةُ الرَّبِّ إِلَى زَكَرِيَّا بْنِ بَرَخِيَّا بْنِ عِدُّو النَّبِيِّ: قَدْ غَضِبَ الرَّبُّ غَضَباً عَلَى آبَائِكُمْ. فَقُلْ لَهُمْ: [هَكَذَا قَالَ رَبُّ الْجُنُودِ: ارْجِعُوا إِلَيَّ يَقُولُ رَبُّ الْجُنُودِ فَأَرْجِعَ إِلَيْكُمْ يَقُولُ رَبُّ الْجُنُودِ. لاَ تَكُونُوا كَآبَائِكُمُ الَّذِينَ

like your fathers, to whom the former prophets preached, saying, 'Thus says the Lord of hosts: "Turn now from your evil ways and your evil deeds." ' But they did not hear nor heed Me," says the Lord." Your fathers, where are they? And the prophets, do they live forever? Yet surely My words and My statutes, Which I commanded My servants the prophets, Did they not overtake your fathers? "So they returned and said: 'Just as the Lord of hosts determined to do to us, According to our ways and according to our deeds, So He has dealt with us.'"

Glory be to the Holy Trinity our God unto the age of all ages, Amen.

نَادَاهُمُ الأَنْبِيَاءُ الأَوَّلُونَ: هَكَذَا قَالَ رَبُّ الْجُنُودِ: ارْجِعُوا عَنْ طُرُقِكُمُ الشِّرِّيرَةِ وَعَنْ أَعْمَالِكُمُ الشِّرِّيرَةِ. فَلَمْ يَسْمَعُوا وَلَمْ يُصْغُوا إِلَيَّ يَقُولُ رَبُّ الْجُنُودِ. آبَاؤُكُمْ أَيْنَ هُمْ؟ وَالأَنْبِيَاءُ هَلْ أَبَداً يَحْيُونَ. وَلَكِنْ كَلاَمِي وَفَرَائِضِي الَّتِي أَوْصَيْتُ بِهَا عَبِيدِي الأَنْبِيَاءَ أَفَلَمْ تُدْرِكْ آبَاءَكُمْ؟ فَرَجَعُوا وَقَالُوا: كَمَا قَصَدَ رَبُّ الْجُنُودِ أَنْ يَصْنَعَ بِنَا كَطُرُقِنَا وَكَأَعْمَالِنَا كَذَلِكَ فَعَلَ بِنَا].

مجداً للثالوث القدوس إلهنا إلى الأبد وإلى أبد الآبدين كلها، آمين.

The Doxology of the Pascha Hour: "Thine is the Power…" on page A5.

تسبحة ساعة البصخة: "لك القوة..." صفحة ٥ فى اخر الكتاب.

Ψαλμος ξα : ζ νεμ β

Παουϫαι νεμ παωου αυϧεν Πανουϯ : Φϯ ⲛ̀τε ταβοηθιὰ ουοϩ ταϩελπις ⲁⲥϧⲉⲛ Φϯ : Κε γαρ ⲛ̀θοϥ πε Πανουϯ πασωτηρ : παρεϥ ϣοπτ ⲉ̀ροϥ ⲛ̀νⲁⲕⲓⲙ ⲛ̀ϩοⲩⲟ̀. ⲁ̅ⲗ̅.

Psalm 62: 7 and 2 — المزمور ٦١ : ١ و ٤

A Psalm of David the Prophet.

In God is my salvation and my glory; The rock of my strength, And my refuge, is in God.
He only is my rock and my salvation; He is my defense; I shall not be moved.

من مزامير داود النبى

خلاصى ومجدى هما بالهى إله معونتى ورجائى هو بالله. لانه إلهى ومخلصى. ناصرى فلا أتزعزع أبداً: هلليلويا.

Ευαγγελιον κατα Λουκαν Κεφ ιγ : κγ – λ

Πεϫε ουαι ⲇⲉ ναϥ ϫε Πϭ̅ς̅ ϩανκουϫι ⲛⲉ ⲛⲏⲉⲑⲛⲁⲛⲟϩⲉⲙ : ⲛ̀θοϥ ⲇⲉ πεϫαϥ ⲛⲱⲟⲩ : Χε ⲁ̀ⲣⲓⲁ̀ⲅⲱⲛⲓⲍⲉⲥⲑⲉ ⲉⲓⲉ̀ϧⲟⲩⲛ ⲉ̀ⲃⲟⲗϩⲓⲧⲉⲛ πιρο ⲉⲧϫⲏⲟⲩ ϫⲉ ⲛⲉ ⲟⲩⲟⲛ ⲟⲩⲙⲏϣ ϯϫⲱ ⲙ̀ⲙⲟⲥ ⲛⲱⲧⲉⲛ ⲛⲁⲕⲱϯ ⲛ̀ⲥⲁⲓⲉ̀ϧⲟⲩⲛ ⲟⲩⲟϩ ⲛ̀ⲛⲟⲩ̀ϣϫⲉⲙϫⲟⲙ : Ⲁϥϣⲁⲛ ⲫⲟϩ ⲉⲧⲱⲛϥ ⲛ̀ϫⲉ ⲡⲓⲛⲏⲃ ⲏⲓ ⲟⲩⲟϩ ⲛ̀ⲧⲉϥ̀ϣⲑⲁⲙ ⲙ̀ⲡⲓⲣⲟ : ⲟⲩⲟϩ ⲛ̀ⲧⲉ ⲧⲉⲛⲛⲁⲉⲣϩⲏⲧⲥ ⲛⲟϩⲓ ⲉ̀ⲣⲁⲧⲉⲛ ⲑⲏⲛⲟⲩ

ⲥⲁⲃⲟⲗ ⲟⲩⲟϩ ⲉⲕⲱⲗϩ ⲉⲡⲓⲣⲟ ⲉ̀ⲣⲉⲧⲉⲛϫⲱ ⲙ̀ⲙⲟⲥ : ϫⲉ Ⲡⲟ̅ⲥ̅ Ⲡⲟ̅ⲥ̅ ⲁ̀ⲟⲩⲱⲛ ⲛⲁⲛ : ⲟⲩⲟϩ ⲛ̀ⲧⲉϥⲉ̀ⲣⲟⲩⲱ̀ ⲛ̀ⲧⲉϥϫⲟⲥ ⲛⲱⲧⲉⲛ : ϫⲉ ⲛ̀ϯⲥⲱⲟⲩⲛ ⲙ̀ⲙⲱⲧⲉⲛ ⲁⲛ ϫⲉ ⲛ̀ⲑⲱⲧⲉⲛ ϩⲁⲛ ⲉ̀ⲃⲟⲗ ⲑⲱⲛ. Ⲧⲟⲧⲉ ⲉ̀ⲣⲉⲧⲉⲛ ⲉⲣϩⲏⲧⲥ ⲛ̀ϫⲟⲥ : ϫⲉ ⲁ̀ⲛⲟⲩⲱⲙ ⲙ̀ⲡⲉⲕⲙ̀ⲑⲟ ⲟⲩⲟϩ ⲁ̀ⲛⲥⲱ : ⲟⲩⲟϩ ⲁ̀ⲕ̀ϯⲥ̀ⲃⲱ ϧⲉⲛ ⲛⲉⲛⲡ̀ⲗⲁⲧⲓⲁ̀ : Ⲟⲩⲟϩ ϥⲛⲁϫⲟⲥ ⲛⲱⲧⲉⲛ ϫⲉ ⲛ̀ϯⲥⲱⲟⲩⲛ ⲙ̀ⲙⲱⲧⲉⲛ ⲁⲛ ϫⲉ ⲛ̀ⲑⲱⲧⲉⲛ ϩⲁⲛ ⲉ̀ⲃⲟⲗⲑⲱⲛ : ⲙⲁϣⲉⲛⲱⲧⲉⲛ ⲉ̀ⲃⲟⲗϩⲁⲣⲟⲓ ⲧⲏⲣⲟⲩ ⲛⲓⲉⲣⲅⲁⲧⲏⲥ ⲛ̀ⲧⲉ ϯⲁ̀ⲇⲓⲕⲓⲁ̀ : Ⲡⲓⲙⲁ ⲉ̀ⲧⲉⲙ̀ⲙⲁⲩ ϥⲛⲁϣⲱⲡⲓ ⲛ̀ϫⲉ ⲫ̀ⲣⲓⲙⲓ ⲛⲉⲙ ⲡⲓⲥ̀ⲑⲉⲣⲧⲉⲣ ⲛ̀ⲧⲉ ⲛⲓⲛⲁϫϩⲓ : ϩⲟⲧⲁⲛ ⲁ̀ⲣⲉⲧⲉⲛϣⲁⲛⲛⲁⲩ ⲉ̀Ⲁⲃⲣⲁⲁⲙ ⲛⲉⲙ Ⲓ̀ⲥⲁⲁⲕ ⲛⲉⲙ Ⲓⲁⲕⲱⲃ ⲛⲉⲙ ⲛⲓⲡ̀ⲣⲟⲫⲏⲧⲏⲥ ⲧⲏⲣⲟⲩ ϧⲉⲛ ϯⲙⲉⲧⲟⲩⲣⲟ ⲛ̀ⲧⲉ Ⲫϯ ⲛ̀ⲑⲱⲧⲉⲛ ⲇⲉ ⲉⲩⲉ̀ϩⲓⲟⲩ̀ⲓ̀ ⲙ̀ⲙⲱⲧⲉⲛ ⲉ̀ⲃⲟⲗ. Ⲟⲩⲟϩ ⲉⲩⲉ̀ⲓ̀ ⲉ̀ⲃⲟⲗ ϧⲉⲛ ⲛⲓⲙⲁⲛ̀ϣⲁⲓ ⲛⲉⲙ ⲛⲓⲙⲁⲛϩⲱⲧⲡ ⲛⲉⲙ ⲡⲉⲙϩⲓⲧ ⲛⲉⲙ ⲥⲁⲣⲏⲥ ⲟⲩⲟϩ ⲉⲩⲉ̀ⲣⲟⲑⲃⲟⲩ ϧⲉⲛ ϯⲙⲉⲧⲟⲩⲣⲟ ⲛ̀ⲧⲉ Ⲫϯ : Ⲟⲩⲟϩ ϩⲏⲡⲡⲉ ⲟⲩⲟⲛ ϩⲁⲛϧⲁⲉⲩ ⲉⲩⲛⲁⲉⲣϣⲟⲣⲡ ⲟⲩⲟϩ ϩⲁⲛϣⲟⲣⲡ ⲉⲩⲛⲁⲉⲣ ϧⲁⲉ̀ :

Ⲟⲩⲱϣⲧ ⲙ̀ⲡⲓⲉⲩⲁⲅⲅⲉⲗⲓⲟⲛ ⲉ̅ⲑ̅ⲩ̅

Luke 13: 23-30

A reading from the Holy Gospel according to Saint Luke.

Then one said to Him, "Lord, are there few who are saved?" And He said to them, "Strive to enter through the narrow gate, for many, I say to you, will seek to enter and will not be able. When once the Master of the house has risen up and shut the door, and you begin to stand outside and knock at the door, saying, 'Lord, Lord, open for us,' and He will answer and say to you, 'I do not know you, where you are from,' then you will begin to say, 'We ate and drank in Your presence, and You taught in our streets.' But He will say, 'I tell you I do not know you, where you are from. Depart from Me, all you workers of iniquity.' There will be weeping and gnashing of teeth, when you see Abraham and Isaac and Jacob and all the prophets in the kingdom of God, and yourselves thrust out. They

لوقا ١٣: ٢٣ – ٣٠

فصل شريف من إنجيل معلمنا مار لوقا البشير بركاته علينا آمين.

فَقَالَ لَهُ وَاحِدٌ: «يَا سَيِّدُ أَقَلِيلٌ هُمُ الَّذِينَ يَخْلُصُونَ؟» فَقَالَ لَهُمُ: «اجْتَهِدُوا أَنْ تَدْخُلُوا مِنَ الْبَابِ الضَّيِّقِ فَإِنِّي أَقُولُ لَكُمْ: إِنَّ كَثِيرِينَ سَيَطْلُبُونَ أَنْ يَدْخُلُوا وَلاَ يَقْدِرُونَ مِنْ بَعْدِ مَا يَكُونُ رَبُّ الْبَيْتِ قَدْ قَامَ وَأَغْلَقَ الْبَابَ وَابْتَدَأْتُمْ تَقِفُونَ خَارِجاً وَتَقْرَعُونَ الْبَابَ قَائِلِينَ: يَا رَبُّ يَا رَبُّ افْتَحْ لَنَا يُجِيبُكُمْ: لاَ أَعْرِفُكُمْ مِنْ أَيْنَ أَنْتُمْ! حِينَئِذٍ تَبْتَدِئُونَ تَقُولُونَ: أَكَلْنَا قُدَّامَكَ وَشَرِبْنَا وَعَلَّمْتَ فِي شَوَارِعِنَا. فَيَقُولُ: أَقُولُ لَكُمْ لاَ أَعْرِفُكُمْ مِنْ أَيْنَ أَنْتُمْ! تَبَاعَدُوا عَنِّي يَا جَمِيعَ فَاعِلِي الظُّلْمِ. هُنَاكَ يَكُونُ الْبُكَاءُ وَصَرِيرُ الأَسْنَانِ مَتَى رَأَيْتُمْ إِبْرَاهِيمَ وَإِسْحَاقَ وَيَعْقُوبَ وَجَمِيعَ الأَنْبِيَاءِ فِي مَلَكُوتِ اللهِ وَأَنْتُمْ مَطْرُوحُونَ

will come from the east and the west, from the north and the south, and sit down in the kingdom of God. And indeed there are last who will be first, and there are first who will be last."

Bow down before the Holy Gospel.
Glory be to God forever

خَارِجاً. وَيَأْتُونَ مِنَ الْمَشَارِقِ وَمِنَ الْمَغَارِبِ وَمِنَ الشِّمَالِ وَالْجَنُوبِ وَيَتَّكِئُونَ فِي مَلَكُوتِ اللهِ. وَهُوَذَا آخِرُونَ يَكُونُونَ أَوَّلِينَ وَأَوَّلُونَ يَكُونُونَ آخِرِينَ».

أسجدوا للإنجيل المقدس.
والمجد لله دائماً.

Commentary

The Commentary of the First Hour of Eve of Tuesday of Holy Pascha, may its blessings be with us all. Amen.

On His way to Jerusalem with His disciples, someone remarked to our Savior, "Few are those who will be saved." Our Savior replied saying, "Strive to enter through the narrow gate lest you should come and knock on the door and say, "O Lord open for us", and He shall answer from inside and say unto you, "I do not know you, where are you from? Go away all you wrongful, evildoers to the place of weeping and gnashing of teeth. Many of the gentiles will come from the east and the west and will lie in the bosom of Abraham, Isaac, and Jacob in the kingdom of heaven, but you will be neglected outside, dominated by your profanity. Repent and confess, that your sins may be forgiven."

طرح

طرح الساعة الأولى من ليلة الثلاثاء من البصخة المقدسة بركتها علينا. آمين.

أن مخلصنا جعل مسيرته إلى أورشليم مع خواصه، فقال له واحد من الجمع: يا رب أقليلون هم الذين يخلصون؟ فأجابه مخلصنا قائلاً: احرصوا على الدخول من الباب الضيق، لئلا تأتوا وتقرعوا الباب وتقولوا: يا رب افتح لنا فيجيب هو من داخل قائلاً لكم: انى ما أعرفكم من أين أنتم. اذهبوا عنى خارجاً يا جميع فاعلى الاثم، حيث يكون البكاء وصرير الأسنان معاً. ان كثيرين من الأمم يأتون من المشارق والمغارب، ويتكئون فى حضن ابراهيم واسحق ويعقوب فى ملكوت السموات. وأما أنتم فتطردون خارجاً وتتسلط عليكم آثامكم. فارجعوا عن طرقكم الرديئة لكى تمحى عنكم هفواتكم.

Third Hour of Eve of Tuesday

الساعة الثالثة من ليلة الثلاثاء

Ⲙⲁⲗⲁⲭⲓⲁⲥ Ⲕⲉⲫ ⲁ̅ : ⲁ̅ - ⲑ

Ⲉⲃⲟⲗϧⲉⲛ Ⲙⲁⲗⲁⲭⲓⲁⲥ ⲡⲓⲡ̀ⲣⲟⲫⲏⲧⲏⲥ: ⲉ̀ⲣⲉⲡⲉϥⲥ̀ⲙⲟⲩ ⲉ̀ⲑⲟⲩⲁⲃ ϣⲱⲡⲓ ⲛⲉⲙⲁⲛ ⲁ̀ⲙⲏⲛ ⲉϥϫⲱ ⲙ̀ⲙⲟⲥ.

Ⲡ̀ⲗⲏⲙⲙⲁ ⲙ̀ⲡⲥⲁϫⲓ ⲙ̀Ⲡϭⲟⲓⲥ ⲉ̀ϫⲉⲛ ⲡ̀Ⲓⲥ̅ⲗ̅ ϧⲉⲛ ⲧϫⲓϫ ⲙ̀ⲡⲉϥⲁⲅⲅⲉⲗⲟⲥ : ⲭⲁⲥ ⲉϫⲉⲛ ⲡⲉⲧⲉⲛϩⲏⲧ : ⲁⲓⲙⲉⲛⲣⲉ ⲑⲏⲛⲟⲩ ⲡⲉϫⲉ Ⲡ̅ⲟ̅ⲥ̅ ⲟⲩⲟϩ ⲡⲉϫⲱⲧⲉⲛ ϫⲉ ϧⲉⲛ ⲟⲩ ⲁⲕⲙⲉⲛⲣⲓⲧⲉⲛ : ⲙⲏ ⲛⲉ̀ ⲡ̀ⲥⲟⲛ ⲁⲛ ⲛ̀Ⲓⲁⲕⲱⲃ ⲡⲉ Ⲏ̀ⲥⲁⲩ ⲡⲉϫⲉ Ⲡ̅ⲟ̅ⲥ̅ : ⲟⲩⲟϩ Ⲓⲁⲕⲱⲃ ⲁⲓⲙⲉⲛⲣⲓⲧϥ : ⲟⲩⲟϩ Ⲏ̀ⲥⲁⲩ ⲁⲓⲙⲉⲥⲧⲱϥ : ⲟⲩⲟϩ ⲁⲓⲑⲱϣ ⲛ̀ⲛⲉϥϭⲓ̀ ⲉⲩⲧⲁⲕⲟ : ⲟⲩⲟϩ ⲧⲉϥⲕ̀ⲗⲏⲣⲟⲛⲟⲙⲓⲁ̀ ⲛ̀ⲧⲉ ϩⲁⲛⲧⲟⲓ ⲛ̀ⲧⲉ ⲡ̀ϣⲁϥⲉ : ϫⲉ ⲟⲩⲏⲓ ⲉ̀ϥⲉ̀ϫⲟⲥ ϫⲉ ⲁⲥⲟⲩⲱϫⲡ ⲛ̀ϫⲉ ϯϩⲩⲇⲟⲩⲙⲉⲁ̀ ⲙⲁⲣⲉⲛ ⲧⲁⲥⲑⲟⲛ ⲟⲩⲟϩ ⲛ̀ⲧⲉⲛⲕⲱⲧ ⲛ̀ⲛⲉⲥϣⲁϥⲉⲩ. Ⲛⲁⲓ ⲛⲉ ⲛⲏⲉ̀ ⲧⲉϥϫⲱ ⲙ̀ⲙⲱⲟⲩ ⲛ̀ϫⲉ Ⲡ̅ⲟ̅ⲥ̅ ⲡⲓⲡⲁⲛⲧⲟⲕⲣⲁⲧⲱⲣ : ϫⲉ ⲛ̀ⲑⲱⲟⲩ ⲉⲧⲉ̀ⲕⲱⲧ : ⲁ̀ⲛⲟⲕ ⲉⲓⲉ̀ⲟⲩⲱϫⲡ : ⲟⲩⲟϩ ⲉⲓⲉ̀ⲙⲟⲩϯ ⲉ̀ⲣⲱⲟⲩ ϫⲉ ⲛⲓⲑⲱϣ ⲛ̀ⲧⲉ ϯⲁ̀ⲛⲟⲙⲓⲁ̀ ⲟⲩⲟϩ ⲡⲓ̀ⲗⲁⲟⲥ ⲫⲏⲉ̀ⲧⲁϥ ϯⲟⲩⲃⲏϥ ⲛ̀ϫⲉ Ⲡ̅ⲟ̅ⲥ̅ ϣⲁⲉ̀ⲛⲉϩ : Ⲟⲩⲟϩ ⲉⲧⲉ̀ⲛⲁⲩ ⲛ̀ⲧⲉ ⲛⲉⲧⲉⲛⲃⲁⲗ : ⲟⲩⲟϩ ⲛ̀ⲑⲱⲧⲉⲛ ⲉ̀ⲣⲉⲧⲉⲛ ⲉ̀ϫⲟⲥ : ϫⲉ ⲁϥⲉⲣⲛⲓϣ̀ϯ ⲛ̀ϫⲉ Ⲡ̅ⲟ̅ⲥ̅ ⲥⲁ̀ⲡϣⲱⲓ ⲛ̀ⲛⲓⲑⲱϣ ⲛ̀ⲧⲉ ⲡ̀Ⲓⲥ̅ⲗ̅ : Ⲟⲩϣⲏⲣⲓ ϣⲁϥϯⲱⲟⲩ ⲙ̀ⲡⲉϥⲓⲱⲧ : ⲟⲩⲟϩ ⲟⲩⲃⲱⲕ ⲙ̀ⲡⲉϥϭⲟⲓⲥ : ⲓⲥϫⲉ ⲁ̀ⲛⲟⲕ ⲟⲩⲓⲱⲧ ⲁϥⲑⲱⲛ ⲡⲁⲱⲟⲩ ⲟⲩⲟϩ ⲓⲥϫⲉ ⲁ̀ⲛⲟⲕ ⲟⲩϭⲟⲓⲥ ⲁⲥⲑⲱⲛ ⲧⲁϩⲟϯ : ⲡⲉ ϫⲉ Ⲡ̅ⲟ̅ⲥ̅ ⲡⲓⲡⲁⲛⲧⲟⲕⲣⲁⲧⲱⲣ. Ⲛ̀ⲑⲱⲧⲉⲛ ⲛⲓⲟⲩⲏⲃ ⲛⲏⲉⲧϣⲟϣϥ ⲙ̀ⲡⲁⲣⲁⲛ : ⲟⲩⲟϩ ⲡⲉϫⲱⲧⲉⲛ ϫⲉⲉ̀ⲧⲁⲛϣⲟϣϥ ⲙ̀ⲡⲉⲕⲣⲁⲛ ϧⲉⲛ ⲟⲩ : ⲉ̀ⲣⲉⲧⲉⲛⲓ̀ⲛⲓ ⲉ̀ϧⲟⲩⲛ ϩⲁ ⲡⲁⲙⲁⲛⲉⲣϣⲱⲟⲩϣⲓ ⲛ̀ϩⲁⲛⲱⲓⲕ ⲉⲩϭⲁ̀ϧⲉⲙ. Ⲟⲩⲟϩ ⲡⲉϫⲱⲧⲉⲛ ϫⲉ ⲉ̀ⲧⲁⲛϭⲁ̀ϧⲙⲉϥ ϧⲉⲛ ⲟⲩ : ϧⲉⲛ ⲡ̀ϫⲓⲛⲑ̀ⲣⲉⲧⲉⲛϫⲟⲥ ϫⲉ ⲥ̀ϣⲟϣϥ ⲛ̀ϫⲉ ϯⲧⲣⲁⲡⲉⲍⲁ ⲛ̀ⲧⲉ Ⲡ̅ϭ̅ⲥ̅ : ⲟⲩⲟϩ ⲥⲉϣⲟϣϥ ⲛ̀ϫⲉ ⲛⲓϧ̀ⲣⲏⲟⲩⲓ̀ ⲉⲧⲭⲏ ϩⲓϫⲱⲥ : Ⲉϣⲱⲡ ⲁⲣⲉⲧⲉⲛϣⲁⲛⲓⲛⲓ ⲉ̀ϧⲟⲩⲛ ⲛ̀ⲟⲩⲃⲉⲗⲗⲉ ⲉ̀ⲉⲟⲩϣⲟⲩϣⲱⲟⲩϣⲓ ⲙⲏ ϥ̀ϩⲱⲟⲩ ⲁⲛ : ⲟⲩⲟϩ ⲉϣⲱⲡ ⲁ̀ⲣⲉⲧⲉⲛ ϣⲁⲛⲓⲛⲓ ⲉ̀ϧⲟⲩⲛ ⲛ̀ⲟⲩϭⲁⲗⲉ ⲓⲉ ⲟⲩⲁⲓ ⲉϥϣⲱⲛⲓ ⲙⲏ ϥ̀ϩⲱⲟⲩ ⲁⲛ ⲁ̀ⲗⲓⲧϥ ⲇⲉ ⲉ̀ϧⲟⲩⲛ ⲉ̀ⲡⲉⲕϩⲩⲅⲟⲩⲙⲉⲛⲟⲥ ⲁⲛ ϥ̀ⲛⲁϭⲓⲧϥ ⲛ̀ⲧⲟⲧⲕ ⲁⲛ ϥ̀ⲛⲁϭⲓ̀ⲙ̀ⲡⲉⲕϯϩⲟ : ⲡⲉϫⲉ Ⲡ̅ⲟ̅ⲥ̅ ⲡⲓⲡⲁⲛⲧⲟⲕⲣⲁⲧⲱⲣ :

Ⲟⲩⲱ̀ⲟⲩ ⲛ̀ϯⲧ̀ⲣⲓⲁⲥ ⲉ̀ⲑⲟⲩⲁⲃ ⲡⲉⲛⲛⲟⲩϯ ϣⲁ ⲉ̀ⲛⲉϩ ⲛⲉⲙ ϣⲁ ⲉ̀ⲛⲉϩ ⲛ̀ⲧⲉ ⲛⲓⲉ̀ⲛⲉϩ ⲧⲏⲣⲟⲩ: ⲁ̀ⲙⲏⲛ.

Malachi 1 :1-9

A reading from Malachi the Prophet may his blessings be with us Amen.

The burden of the word of the Lord to Israel by Malachi." I have loved you," says the Lord." Yet you say, 'In what way have You loved us?' Was not Esau

ملاخى ١ : ١ - ٩

من ملاخى النبى بركته المقدسة تكون معنا، آمين.

وَحْيُ كَلِمَةِ الرَّبِّ لإِسْرَائِيلَ عَنْ يَدِ مَلاَخِي: [أَحْبَبْتُكُمْ قَالَ الرَّبُّ]. وَقُلْتُمْ: [بِمَا أَحْبَبْتَنَا؟]

Jacob's brother?" Says the Lord." Yet Jacob I have loved; But Esau I have hated, And laid waste his mountains and his heritage For the jackals of the wilderness." Even though Edom has said, "We have been impoverished, But we will return and build the desolate places," Thus says the Lord of hosts: "They may build, but I will throw down; They shall be called the Territory of Wickedness, And the people against whom the Lord will have indignation forever. Your eyes shall see, And you shall say, 'The Lord is magnified beyond the border of Israel.'
"A son honors his father, And a servant his master. If then I am the Father, Where is My honor? And if I am a Master, Where is My reverence? Says the Lord of hosts To you priests who despise My name. Yet you say, 'In what way have we despised Your name?' "You offer defiled food on My altar. But say, 'In what way have we defiled You?' By saying, 'The table of the Lord is contemptible.' And when you offer the blind as a sacrifice, Is it not evil? And when you offer the lame and sick, Is it not evil? Offer it then to your governor! Would he be pleased with you? Would he accept you favorably?" Says the Lord of hosts.

Glory be to the Holy Trinity our God unto the age of all ages, Amen.

أَلَيْسَ عِيسُو أَخاً لِيَعْقُوبَ يَقُولُ الرَّبُّ وَأَحْبَبْتُ يَعْقُوبَ وَأَبْغَضْتُ عِيسُوَ وَجَعَلْتُ جِبَالَهُ خَرَاباً وَمِيرَاثَهُ لِذِئَابِ الْبَرِّيَّةِ؟ لأَنَّ أَدُومَ قَالَ قَدْ: [هُدِمْنَا فَنَعُودُ وَنَبْنِي الْخِرَبَ]. هَكَذَا قَالَ رَبُّ الْجُنُودِ: [هُمْ يَبْنُونَ وَأَنَا أَهْدِمُ. وَيَدْعُونَهُمْ تُخُومَ الشَّرِّ وَالشَّعْبَ الَّذِي غَضِبَ عَلَيْهِ الرَّبُّ إِلَى الأَبَدِ. فَتَرَى أَعْيُنُكُمْ وَتَقُولُونَ لِيَتَعَظَّمِ الرَّبُّ مِنْ عِنْدِ تُخُمِ إِسْرَائِيلَ. [الاِبْنُ يُكْرِمُ أَبَاهُ وَالْعَبْدُ يُكْرِمُ سَيِّدَهُ. فَإِنْ كُنْتُ أَنَا أَباً فَأَيْنَ كَرَامَتِي؟ وَإِنْ كُنْتُ سَيِّداً فَأَيْنَ هَيْبَتِي؟ قَالَ لَكُمْ رَبُّ الْجُنُودِ أَيُّهَا الْكَهَنَةُ الْمُحْتَقِرُونَ اسْمِي. وَتَقُولُونَ: بِمَ احْتَقَرْنَا اسْمَكَ؟ تُقَرِّبُونَ خُبْزاً نَجِساً عَلَى مَذْبَحِي. وَتَقُولُونَ: بِمَ نَجَّسْنَاكَ؟ بِقَوْلِكُمْ إِنَّ مَائِدَةَ الرَّبِّ مُحْتَقَرَةٌ. وَإِنْ قَرَّبْتُمُ الأَعْمَى ذَبِيحَةً أَفَلَيْسَ ذَلِكَ شَرّاً؟ وَإِنْ قَرَّبْتُمُ الأَعْرَجَ وَالسَّقِيمَ أَفَلَيْسَ ذَلِكَ شَرّاً؟ قَرِّبْهُ لِوَالِيكَ أَفَيَرْضَى عَلَيْكَ أَوْ يَرْفَعُ وَجْهَكَ؟ قَالَ رَبُّ الْجُنُودِ. وَالآنَ تَرَضُّوا وَجْهَ اللَّهِ فَيَتَرَأَّفَ عَلَيْنَا. هَذِهِ كَانَتْ مِنْ يَدِكُمْ. هَلْ يَرْفَعُ وَجْهَكُمْ؟ قَالَ رَبُّ الْجُنُودِ.

مجداً للثالوث القدوس الهنا إلى الأبد وإلى أبد الآبدين كلها، آمين.

The Doxology of the Pascha Hour: "Thine is the Power…" on page A5.

تسبحة ساعة البصخة: "لك القوة..." صفحة ٥ فى اخر الكتاب.

Ψαλμος ιβ : δ

Ⲥⲟⲙⲥ ⲥⲱⲧⲉⲙ ⲉ̀ⲣⲟⲓ Ⲡ̄ⲟ̄ⲥ̄ ⲡⲁⲛⲟⲩϯ : ⲙⲁⲫⲟⲩⲱⲓⲛⲓ ⲛ̀ⲛⲁⲃⲁⲗ ⲙⲏⲡⲱⲥ ⲛ̀ⲧⲁϩⲱⲣⲡ ϧⲉⲛ ⲫⲙⲟⲩ : Ⲁⲛⲟⲕ ⲇⲉ ⲁⲓⲉⲣϩⲉⲗⲡⲓⲥ ⲉ̀ⲡⲉⲕⲛⲁⲓ : ⲡⲁϩⲏⲧ ⲛⲁⲑⲉⲗⲏⲗ ⲉ̀ϩⲣⲏⲓ ⲉ̀ϫⲉⲛ ⲡⲉⲕⲛⲟϩⲉⲙ : ⲁ̅ⲗ̅.

Psalm 13:3 and 5 — المزمور ١٢ : ٤ و ٦

A Psalm of David the Prophet.
Consider and hear me, O Lord my God; Enlighten my eyes, Lest I sleep the sleep of death; "But I have trusted in Your mercy; My heart shall rejoice in Your salvation. Alleluia.

من مزامير داود النبى
أنظر واستجب لى ياربى والهى أنر عينى لئلا أنام فى الموت أما أنا فعلى رحمتك توكلت يبتهج قلبى بخلاصك. هلليلويا.

Ⲉⲩⲁⲅⲅⲉⲗⲓⲟⲛ ⲕⲁⲧⲁ Ⲗⲟⲩⲕⲁⲛ Ⲕⲉⲫ ⲓ̅ⲅ̅ : ⲗ̅ⲁ̅ - ⲗ̅ⲉ̅

Ⲛ̀ϩⲣⲏⲓ ⲇⲉ ϧⲉⲛ ⲡⲓⲉ̀ϩⲟⲟⲩ ⲉ̀ⲧⲉ ⲙ̀ⲙⲁⲩ ⲁⲩⲓ̀ϩⲁⲣⲟϥ ⲛ̀ϫⲉ ϩⲁⲛⲫⲁⲣⲓⲥⲉⲟⲥ ⲉⲩϫⲱ ⲙ̀ⲙⲟⲥ ⲛⲁϥ : ϫⲉ ⲙⲁϣⲉⲛⲁⲕ ⲉ̀ⲃⲟⲗ ⲟⲩⲟϩ ϩⲱⲗ ⲉ̀ⲃⲟⲗ ⲧⲁⲓ ϫⲉ Ⲏⲣⲱⲇⲏⲥ ϥⲟⲩⲱϣ ⲉ̀ϧⲟⲑⲃⲉⲕ. Ⲟⲩⲟϩ ⲡⲉϫⲁϥ ⲛⲱⲟⲩ ϫⲉ ⲙⲁϣⲉⲛⲱⲧⲉⲛ ⲁ̀ϫⲟⲥ ⲛ̀ⲧⲁⲓⲃⲁϣⲟⲣ : ϫⲉ ϩⲏⲡⲡⲉ ϯϩⲓ ⲇⲉⲙⲱⲛ ⲉ̀ⲃⲟⲗ : ⲟⲩⲟϩ ϯϫⲱⲕ ⲛ̀ϩⲁⲛⲧⲁⲗϭⲟ ⲙ̀ⲫⲟⲟⲩ ⲛⲉⲙ ⲣⲁⲥϯ ⲟⲩⲟϩ ϧⲉⲛ ⲡⲓⲙⲁϩ ϣⲟⲙⲧ ϯⲛⲁϫⲱⲕ ⲉ̀ⲃⲟⲗ.
Ⲡⲗⲏⲛ ϩⲱϯ ⲉ̀ⲣⲟⲓ ⲡⲉ ⲛ̀ⲧⲁⲉⲣⲫⲟⲟⲩ ⲛⲉⲙ ⲣⲁⲥϯ ⲟⲩⲟϩ ⲡⲉⲑⲛⲏⲟⲩ ⲛ̀ⲧⲁϣⲉⲛⲏⲓ : ϫⲉ ⲛ̀ⲥϭⲏ ⲁⲛ ⲛ̀ⲧⲉ ⲟⲩⲡⲣⲟⲫⲏⲧⲏⲥ ⲧⲁⲕⲟ ⲥⲁⲃⲟⲗ ⲛ̀Ⲓⲗⲏⲙ. Ⲓⲗⲏⲙ Ⲓⲗⲏⲙ ⲑⲏⲉⲧϧⲱⲧⲉⲃ ⲛ̀ⲛⲓⲡⲣⲟⲫⲏⲧⲏⲥ ⲟⲩⲟϩ ⲉⲧϩⲓⲱⲛⲓ ⲛ̀ⲛⲏⲉ̀ⲧⲁⲩⲟⲩⲟⲣⲡⲟⲩ ϩⲁⲣⲟⲥ : ⲟⲩⲏⲣ ⲛ̀ⲥⲟⲡ ⲁⲓⲟⲩⲱϣ ⲉ̀ⲑⲟⲩⲏⲧ ⲛⲉϣⲏⲣⲓ ⲙ̀ⲫⲣⲏϯ ⲛ̀ⲟⲩϩⲁⲗⲏⲧ ⲙ̀ⲡⲉϥⲙⲟϩ ϧⲉⲛ ⲛⲉϥⲧⲉⲛϩ ⲟⲩⲟϩ ⲙ̀ⲡⲉⲧⲉⲛⲟⲩⲱϣ. ϩⲏⲡⲡⲉ ⲓⲥ ⲡⲉⲧⲉⲛⲏⲓ ⲉϥⲭⲁϥ ⲛⲱⲧⲉⲛ ⲉϥϣⲱϥ : ϯϫⲱ ⲇⲉ ⲙ̀ⲙⲟⲥ ⲛⲱⲧⲉⲛ ϫⲉ ⲛ̀ⲛⲉⲧⲉⲛ ⲛⲁⲩ ⲉ̀ⲣⲟⲓ ⲓⲥϫⲉⲛ ϯⲛⲟⲩ ϣⲁⲧⲉⲧⲉⲛϫⲟⲥ ϫⲉ ϥ̀ⲥⲙⲁⲣⲱⲟⲩⲧ ⲛ̀ϫⲉ ⲫⲏⲉⲑⲛⲏⲟⲩ ϧⲉⲛ ⲫⲣⲁⲛ ⲙ̀Ⲡ̄ⲟ̄ⲥ̄.

Ⲟⲩⲱϣⲧ ⲙ̀ⲡⲓⲉⲩⲁⲅⲅⲉⲗⲓⲟⲛ ⲉⲑⲩ

Luke 13: 31-35 — لوقا ١٢ : ٣١ الخ

A reading from the Holy Gospel according to Saint Luke.

On that very day some Pharisees came, saying to Him, "Get out and depart from here, for Herod wants to kill You." And He said to them, "Go, tell that fox, 'Behold, I cast out demons and perform cures today and tomorrow, and the third day I shall be perfected.' Nevertheless I must journey today, tomorrow, and the day following; for it

فصل شريف من إنجيل معلمنا مار لوقا البشير بركاته علينا آمين.

فِي ذَلِكَ الْيَوْمِ تَقَدَّمَ بَعْضُ الْفَرِّيسِيِّينَ قَائِلِينَ لَهُ: «اخْرُجْ وَاذْهَبْ مِنْ هَهُنَا لأَنَّ هِيرُودُسَ يُرِيدُ أَنْ يَقْتُلَكَ». فَقَالَ لَهُمْ: «امْضُوا وَقُولُوا لِهَذَا الثَّعْلَبِ: هَا أَنَا أُخْرِجُ شَيَاطِينَ وَأَشْفِي الْيَوْمَ وَغَداً وَفِي الْيَوْمِ الثَّالِثِ أُكَمَّلُ. بَلْ يَنْبَغِي أَنْ أَسِيرَ الْيَوْمَ وَغَداً وَمَا يَلِيهِ لأَنَّهُ لاَ

cannot be that a prophet should perish outside of Jerusalem." O Jerusalem, Jerusalem, the one who kills the prophets and stones those who are sent to her! How often I wanted to gather your children together, as a hen gathers her brood under her wings, but you were not willing! See! Your house is left to you desolate; and assuredly, I say to you, you shall not see Me until the time comes when you say, 'Blessed is He who comes in the name of the Lord!' "

Bow down before the Holy Gospel.
Glory be to God forever.

يُمْكِنُ أَنْ يَهْلِكَ نَبِيٌّ خَارِجاً عَنْ أُورُشَلِيمَ. يَا أُورُشَلِيمُ يَا أُورُشَلِيمُ يَا قَاتِلَةَ الأَنْبِيَاءِ وَرَاجِمَةَ الْمُرْسَلِينَ إِلَيْهَا كَمْ مَرَّةٍ أَرَدْتُ أَنْ أَجْمَعَ أَوْلاَدَكِ كَمَا تَجْمَعُ الدَّجَاجَةُ فِرَاخَهَا تَحْتَ جَنَاحَيْهَا وَلَمْ تُرِيدُوا. هُوَذَا بَيْتُكُمْ يُتْرَكُ لَكُمْ خَرَاباً! وَالْحَقَّ أَقُولُ لَكُمْ: إِنَّكُمْ لاَ تَرَوْنَنِي حَتَّى يَأْتِيَ وَقْتٌ تَقُولُونَ فِيهِ: مُبَارَكٌ الآتِي بِاسْمِ الرَّبِّ».

أسجدوا للإنجيل المقدس.
والمجد لله دائماً.

Commentary

The Commentary of the Third Hour of Eve of Tuesday of Holy Pascha, may its blessings be with us all. Amen.

On this day some people came and told Him that king Herod wants to kill him saying, "Teacher, flee from this place because Herod wants to kill You." Jesus said to them, "Go and tell this wicked fox that I will heal many today and tomorrow and in the coming days. It is written that no prophet shall perish outside Jerusalem. O Jerusalem, Jerusalem, the one who kills the prophets and stones those that are sent to her! How often I wanted to gather your children together but you were not willing. Behold your house will be desolate forever. Assuredly I say to you, you shall not see Me until you all say in one voice, 'Blessed is He who comes in the name of the Lord.'"

طرح

طرح الساعة الثالثة من ليلة الثلاثاء من البصخة المقدسة بركتها علينا. آمين.

فى ذلك اليوم وافاه قوم وأخبروه عن هيرودس الملك، قائلين: يا معلم أخرج من ههنا فان هيرودس المارق يريد قتلك. فأجاب وقال للذى قال له: امض وقل لهذا الثعلب الشرير انى أكمل شفاء كثيرين اليوم وغداً وفى اليوم الآتى. فقد كتب أنه لا يهلك نبى خارجاً عن أورشليم. يا أورشليم يا أورشليم يا قاتلة الأنبياء وراجمة المرسلين كم من مرة أردت أن أجمع بنيك فلم تريدوا!! هوذا أترك لكم بيتكم خراباً إلى كل الأجيال. أقول لكم أيها الذين تسمعوننى أنكم لا ترونني منذ هذا اليوم، حتى تقولوا كلكم من فم واحد: مبارك الآتى باسم الرب الاله.

Sixth Hour of Eve of Tuesday

الساعة السادسة من ليلة الثلاثاء

Ⲱⲥⲓⲉ Ⲕⲉⲫ ⲇ̅ : ⲓⲉ̅ ϣⲃⲗ̅ ⲛⲉⲙ Ⲕⲉⲫ ⲉ̅ : ⲁ̅ - ⲍ̅

Ⲉⲃⲟⲗϧⲉⲛ Ⲱⲥⲓⲉ ⲡⲓⲡⲣⲟⲫⲏⲧⲏⲥ ⲉⲣⲉⲡⲉϥⲥⲙⲟⲩ ⲉⲑⲟⲩⲁⲃ ϣⲱⲡⲓ ⲛⲉⲙⲁⲛ ⲁⲙⲏⲛ ⲉϥϫⲱ ⲙⲙⲟⲥ.

Ⲛⲑⲟⲕ ⲇⲉ ⲡⲓⲥ̅ⲗ̅ ⲙⲡⲉⲣⲉⲣⲁⲧ ⲉⲙⲓ : ⲟⲩⲟϩ Ⲓⲟⲩⲇⲁ ⲙⲡⲉⲣϣⲉ ⲉϧⲟⲩⲛ ⲉⲅⲁⲗⲅⲁⲇⲁ : ⲟⲩⲟϩ ⲙⲡⲉⲣϣⲉⲛⲱⲧⲉⲛ ⲉϩⲣⲏⲓ ⲉⲡϭⲓⲛϫⲟⲛⲥ : ⲟⲩⲟϩ ⲙⲡⲉⲣⲱⲣⲕ ⲙⲠ̅ⲟ̅ⲥ̅ ⲉⲧⲟⲛϧ : ϫⲉ ⲙⲫⲣⲏϯ ⲛⲟⲩ ⲃⲁϩⲥⲓ ⲉⲥⲛⲟϣⲡ ⲡⲁⲓⲣⲏϯ ⲁϥⲛⲟϣⲡ ⲛϫⲉ ⲡⲓⲥ̅ⲗ̅ : ϯⲛⲟⲩ ϥⲛⲁⲁⲙⲟⲛⲓ ⲙⲙⲱⲟⲩ ⲛϫⲉ Ⲡ̅ⲟ̅ⲥ̅ ⲙⲫⲣⲏϯ ⲛⲟⲩϩⲓⲏⲃ ϧⲉⲛ ⲟⲩⲙⲁ ⲉϥⲟⲩⲉⲥⲑⲱⲛ : Ⲡϣⲫⲏⲣ ⲛⲛⲓⲓⲇⲱⲗⲟⲛ ⲉ Ⲫⲣⲉⲙ : ⲁϥⲭⲱ ⲛⲁϥ ⲛⲟⲩⲥⲕⲁⲛⲇⲁⲗⲟⲛ : ⲁⲩⲥⲱⲧⲉⲙ ⲛⲛⲓⲬⲁⲛⲁⲛⲉⲟⲥ ⲁⲩⲉⲣⲡⲟⲣⲛⲉⲩⲓⲛ ϧⲉⲛ ⲟⲩⲡⲟⲣⲛⲓⲁ ϣⲁⲉⲃⲟⲗ : ⲁⲩⲙⲉⲛⲣⲉ ⲟⲩϣⲱϣ ⲉⲃⲟⲗ. ϧⲉⲛ ⲟⲩϭⲓⲥⲓ ⲛϩⲏⲧ ⲟⲩⲫⲱⲛ ⲛⲧⲉ ⲟⲩ ⲡ̅ⲛ̅ⲁ̅ : ⲛⲑⲟⲕ ⲡⲉ ϧⲉⲛ ⲛⲉⲕⲧⲉⲛϩ ⲟⲩⲟϩ ⲉⲩⲉϭⲓϣⲓⲡⲓ ⲉⲃⲟⲗϧⲉⲛ ⲡⲟⲩⲙⲁⲛⲉⲣϣⲱⲟⲩϣⲓ. Ⲥⲱⲧⲉⲙ ⲉⲛⲁⲓ ⲛⲓⲟⲩⲏⲃ ⲟⲩⲟϩ ⲙⲁϩⲑⲏⲧⲉⲛ ⲡⲏⲓ ⲙⲡⲓⲥ̅ⲗ̅ ⲟⲩⲟϩ ϭⲓⲥⲙⲏ ⲙⲡⲏⲓ ⲙⲡⲟⲩⲣⲟ : ϫⲉ ⲁⲣⲉ ⲡⲓϩⲁⲡ ⲭⲏ ⲟⲩⲃⲉ ⲑⲏⲛⲟⲩ : ϫⲉ ⲁⲣⲉⲧⲉⲛϣⲱⲡⲓ ⲛⲟⲩⲫⲁϣ ⲙⲡⲓⲙⲁⲛⲁⲣⲉϩ : ⲛⲉⲙ ⲙⲫⲣⲏϯ ⲛⲟⲩϣⲛⲉ ⲉϥⲫⲱⲣϣ ⲉⲃⲟⲗϩⲓϫⲉⲛ ⲡⲓⲧⲁⲃⲓⲣⲓ ⲟⲛ : ⲫⲁⲓ ⲉⲧⲁ ⲛⲏⲉⲧ ϫⲱⲣϫ ⲛϯϫⲟⲣϫⲥ ⲑⲁⲝϥ. Ⲁⲛⲟⲕ ⲇⲉ ⲡⲉ ⲡⲉⲧⲉⲛⲣⲉϥϯⲥⲃⲱ : ⲁⲛⲟⲕ ⲁⲓⲥⲟⲩⲉⲛ ⲉⲪⲣⲉⲙ : ⲟⲩⲟϩ ⲡⲓⲥ̅ⲗ̅ ϥⲟⲩⲏⲟⲩ ⲙⲙⲟⲓ ⲁⲛ : ϫⲉ ⲟⲩⲏⲓ ⲁϥⲉⲣⲡⲟⲣⲛⲉⲩⲓⲛ ϯⲛⲟⲩ ⲛϫⲉ Ⲉⲫⲣⲉⲙ ⲁϥⲥⲱϥ ⲛϫⲉ ⲡⲓⲥ̅ⲗ̅ : ⲟⲩⲟϩ ⲙⲡⲟⲩϯ ⲛⲛⲟⲩⲙⲉⲩⲓ ⲛϩⲏⲧ ⲉⲑⲣⲟⲩⲧⲁⲥⲑⲱⲟⲩ ϩⲁ ⲡⲟⲩⲛⲟⲩϯ : ϫⲉ ⲟⲩⲡ̅ⲛ̅ⲁ̅ ⲙⲡⲟⲣⲛⲓⲁ ⲉⲧⲉ ⲛϧⲏⲧⲟⲩ : Ⲡ̅ⲟ̅ⲥ̅ ⲇⲉ ⲙⲡⲟⲩⲥⲟⲩⲱⲛϥ : ⲟⲩⲟϩ ⲉϥⲉⲑⲉⲃⲓⲟ ⲛϫⲉ ⲡϣⲱⲃϣ ⲙⲡⲓⲥ̅ⲗ̅ ⲉϫⲉⲛ ⲡⲉϥϩⲟ : ⲟⲩⲟϩ ⲡⲓⲥ̅ⲗ̅ ⲛⲉⲙ Ⲉⲫⲣⲉⲙ ⲉⲩⲉϩⲓⲱⲛⲓ ϧⲉⲛ ⲟⲩϭⲓⲛϫⲟⲛⲥ : ⲟⲩⲟϩ ⲡⲓⲕⲉⲒⲟⲩⲇⲁⲥ ⲉϥⲉϩⲓⲱⲛⲓ ⲛⲉⲙⲱⲟⲩ : ⲉⲩⲉϣⲉⲛⲱⲟⲩ ⲛⲉⲙ ϩⲁⲛⲉⲥⲱⲟⲩ ⲛⲉⲙ ϩⲁⲛⲙⲁⲥⲓ : ⲉⲑⲣⲟⲩ ⲕⲱϯ ⲛⲥⲁ Ⲡ̅ⲟ̅ⲥ̅ : ⲟⲩⲟϩ ⲛⲛⲟⲩϫⲉⲙϥ : ϫⲉ ⲁϥⲣⲓⲕⲓ ⲉⲃⲟⲗϩⲁⲣⲱⲟⲩ ϫⲉ ⲁⲩⲭⲁ Ⲡ̅ⲟ̅ⲥ̅ ⲛⲥⲱⲟⲩ : ϫⲉ ⲁⲩϣⲱⲡⲓ ⲛⲱⲟⲩ ⲛϫⲉ ϩⲁⲛⲙⲁⲥⲓ ⲁⲩϣⲱⲡⲓ ⲛⲱⲟⲩ ⲛϫⲉ ϩⲁⲛϣⲏⲣⲓ ⲛϣⲉⲙⲙⲟ. ϯⲛⲟⲩ ⲉⲥⲉⲟⲩⲟⲙⲟⲩ ⲛϫⲉ ϯⲉⲧⲏϣⲓ ⲛⲉⲙ ⲡⲟⲩⲕⲗⲏⲣⲟⲥ :

Ⲟⲩⲱⲟⲩ ⲛϯⲧⲣⲓⲁⲥ ⲉⲑⲟⲩⲁⲃ ⲡⲉⲛⲛⲟⲩϯ ϣⲁ ⲉⲛⲉϩ ⲛⲉⲙ ϣⲁ ⲉⲛⲉϩ ⲛⲧⲉ ⲛⲓⲉⲛⲉϩ ⲧⲏⲣⲟⲩ: ⲁⲙⲏⲛ.

Hosea 4:15-5:7

A reading from Hosea the Prophet may his blessings be with us Amen.

"Though you, Israel, play the harlot, Let not Judah offend. Do not come up to Gilgal, Nor go up to Beth Aven, Nor swear an oath, saying, 'As the Lord lives'- "For Israel is stubborn Like a

هوشع ٤: ١٥ الخ وص ٥: ١ - ٧

من هوشع النبى بركته المقدسة تكون معنا، آمين.

«إِنْ كُنْتَ أَنْتَ زَانِياً يَا إِسْرَائِيلُ فَلاَ يَأْثَمُ يَهُوذَا. وَلاَ تَأْتُوا إِلَى الْجِلْجَالِ وَلاَ تَصْعَدُوا إِلَى بَيْتِ آوَنَ وَلاَ تَحْلِفُوا: حَيٌّ هُوَ الرَّبُّ.

stubborn calf; Now the Lord will let them forage Like a lamb in open country." Ephraim is joined to idols, Let him alone. Their drink is rebellion, They commit harlotry continually. Her rulers dearly love dishonor. The wind has wrapped her up in its wings, And they shall be ashamed because of their sacrifices." Hear this, O priests! Take heed, O house of Israel! Give ear, O house of the king! For yours is the judgment, Because you have been a snare to Mizpah And a net spread on Tabor. The revolters are deeply involved in slaughter, Though I rebuke them all. I know Ephraim, And Israel is not hidden from Me; For now, O Ephraim, you commit harlotry; Israel is defiled." They do not direct their deeds Toward turning to their God, For the spirit of harlotry is in their midst, And they do not know the Lord. The pride of Israel testifies to his face; Therefore Israel and Ephraim stumble in their iniquity; Judah also stumbles with them." With their flocks and herds They shall go to seek the Lord, But they will not find Him; He has withdrawn Himself from them. They have dealt treacherously with the Lord, For they have begotten pagan children. Now a New Moon shall devour them and their heritage.

Glory be to the Holy Trinity our God unto the age of all ages, Amen.

إِنَّهُ قَدْ جَمَحَ إِسْرَائِيلُ كَبَقَرَةٍ جَامِحَةٍ. الآنَ يَرْعَاهُمُ الرَّبُّ كَخَرُوفٍ فِي مَكَانٍ وَاسِعٍ. أَفْرَايِمُ مُوثَقٌ بِالأَصْنَامِ. اتْرُكُوهُ. مَتَى انْتَهَتْ مُنَادَمَتُهُمْ زَنَوا زِنًى. أَحَبَّ مَجَانُّهَا أَحَبُّوا الْهَوَانَ. قَدْ صَرَّتْهَا الرِّيحُ فِي أَجْنِحَتِهَا وَخَجِلُوا مِنْ ذَبَائِحِهِمْ. «اِسْمَعُوا هَذَا أَيُّهَا الْكَهَنَةُ وَانْصِتُوا يَا بَيْتَ إِسْرَائِيلَ وَأَصْغُوا يَا بَيْتَ الْمَلِكِ لأَنَّ عَلَيْكُمُ الْقَضَاءَ إِذْ صِرْتُمْ فَخّاً فِي مِصْفَاةَ وَشَبَكَةً مَبْسُوطَةً عَلَى تَابُورَ. وَقَدْ تَوَغَّلُوا فِي ذَبَائِحِ الزَّيَغَانِ فَأَنَا تَأْدِيبٌ لِجَمِيعِهِمْ. أَنَا أَعْرِفُ أَفْرَايِمَ. وَإِسْرَائِيلُ لَيْسَ مَخْفِيّاً عَنِّي. إِنَّكَ الآنَ زَنَيْتَ يَا أَفْرَايِمُ. قَدْ تَنَجَّسَ إِسْرَائِيلُ. أَفْعَالُهُمْ لاَ تَدَعُهُمْ يَرْجِعُونَ إِلَى إِلَهِهِمْ لأَنَّ رُوحَ الزِّنَى فِي بَاطِنِهِمْ وَهُمْ لاَ يَعْرِفُونَ الرَّبَّ. وَقَدْ أُذِلَّتْ عَظَمَةُ إِسْرَائِيلَ فِي وَجْهِهِ فَيَتَعَثَّرُ إِسْرَائِيلُ وَأَفْرَايِمُ فِي إِثْمِهِمَا وَيَتَعَثَّرُ يَهُوذَا أَيْضاً مَعَهُمَا. يَذْهَبُونَ بِغَنَمِهِمْ وَبَقَرِهِمْ لِيَطْلُبُوا الرَّبَّ وَلاَ يَجِدُونَهُ. قَدْ تَنَحَّى عَنْهُمْ. قَدْ غَدَرُوا بِالرَّبِّ. لأَنَّهُمْ وَلَدُوا أَوْلاَداً أَجْنَبِيِّينَ الآنَ يَأْكُلُهُمْ شَهْرٌ مَعَ أَنْصِبَتِهِمْ.

مجداً للثالوث القدوس الهنا إلى الأبد وإلى أبد الآبدين كلها، آمين.

The Doxology of the Pascha Hour: "Thine is the Power..." on page A5.

تسبحة ساعة البصخة: "لك القوة..." صفحة ٥ فى اخر الكتاب.

Ⲯⲁⲗⲙⲟⲥ ⲯ̅ : ⲁ̅ ⲛⲉⲙ ⲃ̅

Ⲡⲁⲙⲁ ⲙ̀ⲫⲱϯ ⲡⲁⲛⲟⲩϯ ϯⲛⲁⲉⲣϩⲉⲗⲡⲓⲥ ⲉ̀ⲣⲟϥ : ϫⲉ ⲛ̀ⲑⲟϥ ⲉϥⲉ̀ⲛⲁϩⲙⲉⲧ : ⲉ̀ⲃⲟⲗϩⲁ ⲡⲓⲫⲁϣ ⲛ̀ⲧⲉ ⲡⲓⲣⲉϥϫⲱⲣϫ : ⲛⲉⲙ ⲉ̀ⲃⲟⲗϩⲁ ⲟⲩⲥⲁϫⲓ ⲛ̀ⲣⲉϥ ϣ̀ⲑⲟⲣⲧⲉⲣ : ⲁ̅ⲗ̅

Psalm 91:2-3 — المزمور ٩٠: ١ و ٢

A Psalm of David the Prophet.

"He is my refuge and my fortress; My God, in Him I will trust." Surely He shall deliver you from the snare of the fowler And from the perilous pestilence. Alleluia.

من مزامير داود النبى

ملجأى الهى فأتكل عليه. لانه ينجينى من فخ الصياد ومن كلمة مقلقة. هلليلويا.

Ⲉⲩⲁⲅⲅⲉⲗⲓⲟⲛ ⲕⲁⲧⲁ Ⲗⲟⲩⲕⲁⲛ Ⲕⲉⲫ ⲕⲁ̅ : ⲗ̅ⲇ̅ ϣⲃⲗ

Ⲙⲁϩⲑⲏⲧⲉⲛ ⲇⲉ ⲉ̀ⲣⲱⲧⲉⲛ ⲙⲏⲡⲟⲧⲉ ⲛⲧⲟⲩ̀ϩⲣⲟϣ ⲛ̀ϫⲉ ⲛⲉⲧⲉⲛϩⲏⲧ ϧⲉⲛ ⲟⲩϭⲓⲙⲏ ⲛⲉⲙ ⲟⲩⲑⲓϧⲓ ⲛⲉⲙ ϩⲁⲛⲣⲱⲟⲩϣ ⲙ̀ⲃⲓ̀ⲱⲧⲓⲕⲟⲛ ⲟⲩⲟϩ ⲛ̀ⲟⲩϩⲟϯ ϧⲉⲛ ⲟⲩϩⲟϯ ⲛ̀ⲧⲉϥⲓ ⲉ̀ϫⲉⲛ ⲑⲏⲛⲟⲩ ⲛ̀ϫⲉ ⲡⲓⲉ̀ϩⲟⲟⲩ ⲉ̀ⲧⲉ̀ⲙⲙⲁⲩ. ⲙ̀ⲫⲣⲏϯ ⲛ̀ⲟⲩⲫⲁϣ ⲉϥⲉ̀ⲓ ⲅⲁⲣ ⲉ̀ϫⲉⲛ ⲟⲩⲟⲛ ⲛⲓⲃⲉⲛ ⲉⲧϩⲉⲙⲥⲓ ϩⲓϫⲉⲛ ⲡ̀ϩⲟ ⲙ̀ⲡⲕⲁϩⲓ ⲧⲏⲣϥ : Ⲣⲱⲓⲥ ⲟⲩⲛ ⲛ̀ⲥⲏⲟⲩ ⲛⲓⲃⲉⲛ ⲉ̀ⲣⲉⲧⲉⲛⲧⲱⲃϩ ϩⲓⲛⲁ ⲛ̀ⲧⲉⲧⲉⲛ ϣ̀ϫⲉⲙϫⲟⲙ ⲉ̀ⲉⲣ ⲥⲁⲃⲟⲗ ⲉ̀ⲛⲁⲓ ⲧⲏⲣⲟⲩ ⲉⲑⲛⲁϣⲱⲡⲓ : ⲟⲩⲟϩ ⲛ̀ⲧⲉⲧⲉⲛⲟϩⲓ ⲉ̀ⲑⲏⲛⲟⲩ ⲙ̀ⲡⲉⲙ̀ⲑⲟ ⲙ̀ⲡ̀ϣⲏⲣⲓ ⲙ̀ⲫ̀ⲣⲱⲙⲓ. Ⲛⲁϥⲓ̀ⲣⲓ ⲇⲉ ⲙ̀ⲡⲓⲉ̀ϩⲟⲟⲩ ⲉϥϯ̀ⲥⲃⲱ ϧⲉⲛ ⲡⲓⲉⲣⲫⲉⲓ : ⲡⲓⲉϫⲱⲣϩ ⲇⲉ ⲛⲁϥⲛⲏⲟⲩ ⲉ̀ⲃⲟⲗ ⲉϥⲙ̀ⲧⲟⲛ ⲙ̀ⲙⲟϥ ϩⲓϫⲉⲛ ⲡⲓⲧⲱⲟⲩ ⲫⲏⲉ̀ⲧⲟⲩⲙⲟⲩϯ ⲉ̀ⲣⲟϥ ϫⲉ ⲫⲁ ⲛⲓϫⲱⲓ : Ⲟⲩⲟϩ ⲡⲓⲗⲁⲟⲥ ⲧⲏⲣϥ ⲛⲁϥϣⲱⲣⲡ ⲙ̀ⲙⲟϥ ϩⲁⲣⲟϥ ϧⲉⲛ ⲡⲓⲉⲣⲫⲉⲓ ⲉ̀ⲥⲱⲧⲉⲙ ⲉ̀ⲣⲟϥ :

Ⲟⲩⲱϣⲧ ⲙ̀ⲡⲓⲉⲩⲁⲅⲅⲉⲗⲓⲟⲛ ⲉ̅ⲑ̅ⲩ̅.

Luke 21:34-38 — لوقا ٢١: ٣٤ الخ

A reading from the Holy Gospel according to Saint Luke.

"But take heed to yourselves, lest your hearts be weighed down with carousing, drunkenness, and cares of this life, and that Day come on you unexpectedly. For it will come as a snare on all those who dwell on the face of the whole earth. Watch therefore, and pray always that you may be counted worthy to escape all these things that will come to pass, and to stand before the Son of Man." And in the daytime He was teaching in the

فصل شريف من إنجيل معلمنا مار لوقا البشير بركاته علينا آمين.

فَاحْتَرِزُوا لأَنْفُسِكُمْ لِئَلاَّ تَثْقُلَ قُلُوبُكُمْ فِي خُمَارٍ وَسُكْرٍ وَهُمُومِ الْحَيَاةِ فَيُصَادِفَكُمْ ذَلِكَ الْيَوْمُ بَغْتَةً. لأَنَّهُ كَالْفَخِّ يَأْتِي عَلَى جَمِيعِ الْجَالِسِينَ عَلَى وَجْهِ كُلِّ الأَرْضِ. اِسْهَرُوا إِذاً وَتَضَرَّعُوا فِي كُلِّ حِينٍ لِكَيْ تُحْسَبُوا أَهْلاً لِلنَّجَاةِ مِنْ جَمِيعِ هَذَا الْمُزْمِعِ أَنْ يَكُونَ وَتَقِفُوا قُدَّامَ ابْنِ الإِنْسَانِ». وَكَانَ فِي النَّهَارِ يُعَلِّمُ فِي الْهَيْكَلِ وَفِي اللَّيْلِ يَخْرُجُ وَيَبِيتُ فِي

الْجَبَلِ الَّذِي يُدْعَى جَبَلَ الزَّيْتُونِ. وَكَانَ كُلُّ الشَّعْبِ يُبَكِّرُونَ إِلَيْهِ فِي الْهَيْكَلِ لِيَسْمَعُوهُ.
أسجدوا للإنجيل المقدس.
والمجد لله دائماً.

temple, but at night He went out and stayed on the mountain called Olivet. Then early in the morning all the people came to Him in the temple to hear Him.
Bow down before the Holy Gospel.
Glory be to God forever.

طرح

طرح الساعة السادسة من ليلة الثلاثاء من البصخة المقدسة بركتها علينا. آمين.

مثل طبيب مداو كان المسيح الهنا يداوى مجاناً قائلاً: أن زيادة الأكل تثقل القلوب وتضعف القوة من الجسد، والاهتمام الدنيوى أيضاً يجلب على الإنسان شروراً كثيرة ويحيد بالإنسان عن مخافة الله فيخنقه الشرير وينحرف به عن طريق الخلاص، ومعرفة خلاص نفسه. ويوقعه فى سلطان الموت، مثل الفخ الذى يخطف الفريسة. اسهروا أنتم أيضاً واصنعوا ثمرة تليق بالبر والتوبة، لكى تكونوا قائمين أمام الديان يسوع المخلص.

كان يعلم الجموع فى الهيكل، وفى الليل كان يستريح. وكانت راحته فى جبل الزيتون، وفى النهار كان يأتى إلى أورشليم، وكان جميع الشعب يبكرون اليه ليسمعوا تعاليمه المفعمة صلاحاً. والذين سمعوا كانوا يسبقون إلى ينبوعه ويشربون منه الماء الحلو. كما قال الكتاب الشاهد بمجيئه أنه الطعام غير الفاسد، المغذى كل الذين يؤمنون به.

Commentary

The Commentary of the Sixth Hour of Eve of Tuesday of Holy Pascha, may its blessings be with us all. Amen.

As an attending physician, Jesus was treating us without charge. He reminds us that gluttony burdens the heart and weakens the body. Likewise, consumption in worldly concerns could bring on us vicious passions. It can cause us to stray away from the fear of God. The wicked Satan can overwhelm us and drive us away from the path of salvation. It may also diminish the awareness of our soul's salvation and subject us to the dominion of death just as the prey falls in the trap.

Be alert and present fruits worthy of righteousness and atonement so that you may stand in front of our Judge and Savior Jesus. He was teaching the public in the temple. By night, He rested on the Mount of Olives. By day, He went down to Jerusalem where people gathered early to listen to His teachings that are full of righteousness. Those who heard him, hurried to drink from the spring of His sweet water. As The Book testifies to His coming, "He is the healthy, nourishing food for those who believe in Him."

Ninth Hour of Eve of Tuesday

الساعة التاسعة من ليلة الثلاثاء

Ⲱⲥⲓⲉ̀ Ⲕⲉⲫ ⲓ̅ : ⲓ̅ⲃ̅ ϣⲃ̅ⲗ̅ ⲛⲉⲙ Ⲕⲉⲫ ⲓ̅ⲁ̅ : ⲁ̅ ⲛⲉⲙ ⲃ̅

Ⲉ̀ⲃⲟⲗϧⲉⲛ Ⲱⲥⲓⲉ̀ ⲡⲓⲡ̀ⲣⲟⲫⲏⲧⲏⲥ: ⲉ̀ⲣⲉⲡⲉϥⲥ̀ⲙⲟⲩ ⲉ̀ⲑⲟⲩⲁⲃ ϣⲱⲡⲓ ⲛⲉⲙⲁⲛ ⲁ̀ⲙⲏⲛ ⲉϥϫⲱ ⲙ̀ⲙⲟⲥ.

Ⲥⲓϯ ⲛⲱⲧⲉⲛ ⲛ̀ⲟⲩⲙⲉⲑⲙⲏⲓ : ϭⲱⲗ ⲛ̀ⲟⲩⲟⲩⲧⲁϩ ⲛ̀ⲧⲉ ⲡ̀ⲱⲛϧ : ⲁ̀ⲣⲓⲟⲩⲱⲓⲛⲓ ⲛⲱⲧⲉⲛ ⲛ̀ⲟⲩⲱⲓⲛⲓ ⲛ̀ⲧⲉ ⲡ̀ⲉ̀ⲙⲓ : ⲕⲱϯ ⲛ̀ⲥⲁ Ⲡⲟ̅ⲥ̅ ϣⲁⲧⲟⲩⲓ̀ ⲛⲱⲧⲉⲛ ⲛ̀ϫⲉ ⲛⲓⲟⲩⲧⲁϩ ⲛ̀ⲧⲉ ϯⲙⲉⲑⲙⲏⲓ : Ⲉⲑⲃⲉⲟⲩ ⲁ̀ⲣⲉⲧⲉⲛ ⲭⲁⲣⲱⲧⲉⲛ ⲉ̀ⲟⲩⲙⲉⲧⲁ̀ⲥⲉⲃⲏⲥ : ⲟⲩⲟϩ ⲛⲉⲧⲉⲛϭⲓⲛ̀ϫⲟⲛⲥ ⲁ̀ⲣⲉⲧⲉⲛϭⲟⲗⲟⲩ : ⲁ̀ⲣⲉⲧⲉⲛⲟⲩⲱⲙ ⲛ̀ⲟⲩⲟⲩⲧⲁϩ ⲙ̀ⲙⲉⲑⲛⲟⲩϫ : ϫⲉ ⲁⲕⲉⲣϩⲉⲗⲡⲓⲥ ϧⲁ ⲡⲉⲕϩⲁⲣⲙⲁ ⲛⲉⲙ ϧⲉⲛ ⲡ̀ⲁ̀ϣⲁⲓ ⲛ̀ⲧⲉ ⲧⲉⲕϫⲟⲙ : ⲟⲩⲟϩ ⲉϥⲉ̀ⲧⲱⲛϥ ⲛ̀ϫⲉ ⲟⲩⲧⲁⲕⲟ ϧⲉⲛ ⲡⲉⲕⲗⲁⲟⲥ : ⲟⲩⲟϩ ⲥⲉⲛⲁϣⲉⲛⲱⲟⲩ ⲛ̀ϫⲉ ⲛⲏⲧⲏⲣⲟⲩ ⲉⲧⲧⲁⲕⲧⲏⲟⲩⲧ ⲛ̀ⲥⲟⲃⲧ ⲛ̀ⲧⲁⲕ : ⲙ̀ⲫ̀ⲣⲏϯ ⲛ̀ⲛⲓⲁ̀ⲣⲭⲱⲛ ⲛ̀ⲧⲉ Ⲥⲁⲗⲁⲙⲁⲛⲁ ⲉ̀ⲃⲟⲗ ϧⲉⲛ ⲡ̀ⲏⲓ ⲛ̀Ⲓⲟⲣⲃⲟⲁⲙ ⲛ̀ⲧⲉ ⲡⲓⲡⲟⲗⲉⲙⲟⲥ : Ⲁⲩⲣⲱϧⲧ ⲛ̀ϩⲁⲛⲙⲁⲩ ⲉ̀ϫⲉⲛ ϩⲁⲛϣⲏⲣⲓ : ⲡⲁⲓⲣⲏϯ ϯⲛⲁ̀ⲓⲣⲓ ⲛⲱⲧⲉⲛ ⲡ̀ⲏⲓ ⲙ̀ⲡⲓⲥ̅ⲗ̅ ⲙ̀ⲡⲉⲧⲉⲛⲙ̀ⲑⲟ ⲉ̀ⲃⲟⲗϩⲁⲡⲁϩⲟ. Ⲛⲉⲧⲉⲛ ϭⲓⲛ̀ϫⲟⲛⲥ ⲛⲉⲙ ⲛⲉⲧⲉⲛ ⲕⲁⲕⲓⲁ̀ ⲁⲩϩⲓⲟⲩⲓ̀ ⲉ̀ⲃⲟⲗ ⲙ̀ⲡ̀ⲟⲩⲣⲟ ⲙ̀ⲡⲓⲥ̅ⲗ̅ : ϫⲉ ⲟⲩⲏⲓ ⲟⲩⲕⲟⲩϫⲓ ⲡⲉ ⲡ̀ⲓⲥ̅ⲗ̅. ⲟⲩⲟϩ ⲁⲓⲙⲉⲛⲣⲓⲧϥ : ⲟⲩⲟϩ ⲁⲓⲙⲟⲩϯ ⲉ̀ⲡⲉϥϣⲏⲣⲓ ⲛⲉⲙ ⲡⲁϣⲏⲣⲓ ⲉ̀ⲃⲟⲗ ϧⲉⲛ ⲭⲏⲙⲓ : ⲕⲁⲧⲁ ⲫ̀ⲣⲏϯ ⲉ̀ⲧⲁⲓⲙⲟⲩϯ ⲉ̀ⲣⲱⲟⲩ ⲡⲁⲓⲣⲏϯ ⲁⲩϣⲉⲛⲱⲟⲩ ⲉ̀ⲃⲟⲗϩⲁ ⲡⲁϩⲟ : ⲛ̀ⲑⲱⲟⲩ ⲇⲉ ⲁⲩⲉⲣ ϣⲟⲩϣⲱⲟⲩϣⲓ ⲛ̀ⲛⲓⲂⲁⲁ̀ⲗⲓⲙ : ⲟⲩⲟϩ ⲛⲁⲩϯⲥ̀ⲑⲟⲓⲛⲟⲩϥⲓ ⲉ̀ϩ̀ⲣⲏⲓ ⲉ̀ⲛⲓⲫⲱⲧϩ :

Ⲟⲩⲱ̀ⲟⲩ ⲛ̀ϯⲧ̀ⲣⲓⲁⲥ ⲉ̀ⲑⲟⲩⲁⲃ ⲡⲉⲛⲛⲟⲩϯ ϣⲁ ⲉ̀ⲛⲉϩ ⲛⲉⲙ ϣⲁ ⲉ̀ⲛⲉϩ ⲛ̀ⲧⲉ ⲛⲓⲉ̀ⲛⲉϩ ⲧⲏⲣⲟⲩ: ⲁ̀ⲙⲏⲛ.

Hosea 10:12-11:2

A reading from Hosea the Prophet may his blessings be with us Amen.

Sow for yourselves righteousness; Reap in mercy; Break up your fallow ground, For it is time to seek the Lord, Till He comes and rains righteousness on you. You have plowed wickedness; You have reaped iniquity. You have eaten the fruit of lies, Because you trusted in your own way, In the multitude of your mighty men. Therefore tumult shall arise among your people, And all your fortresses shall be plundered As

هوشع ١٠ : ١٢ الخ و ١١ : ١ و ٢

من هوشع النبى بركته المقدسة تكون معنا، آمين.

«اِزْرَعُوا لأَنْفُسِكُمْ بِالْبِرِّ. احْصُدُوا بِحَسَبِ الصَّلاَحِ. احْرُثُوا لأَنْفُسِكُمْ حَرْثاً فَإِنَّهُ وَقْتٌ لِطَلَبِ الرَّبِّ حَتَّى يَأْتِيَ وَيُعَلِّمَكُمُ الْبِرَّ. قَدْ حَرَثْتُمُ النِّفَاقَ حَصَدْتُمُ الإِثْمَ أَكَلْتُمْ ثَمَرَ الْكَذِبِ. لأَنَّكَ وَثَقْتَ بِطَرِيقِكَ بِكَثْرَةِ أَبْطَالِكَ. يَقُومُ ضَجِيجٌ فِي شُعُوبِكَ وَتُخْرَبُ جَمِيعُ حُصُونِكَ كَإِخْرَابِ شَلْمَانَ بَيْتَ أَرْبَئِيلَ فِي

Shalman plundered Beth Arbel in the day of battle-- A mother dashed in pieces upon her children. Thus it shall be done to you, O Bethel, Because of your great wickedness. At dawn the king of Israel Shall be cut off utterly." When Israel was a child, I loved him, And out of Egypt I called My son. As they called them, So they went from them; They sacrificed to the Baals, And burned incense to carved images.

Glory be to the Holy Trinity our God unto the age of all ages, Amen.

يَوْمِ الْحَرْبِ. الأُمُّ مَعَ الأَوْلاَدِ حُطِّمَتْ. هَكَذَا تَصْنَعُ بِكُمْ بَيْتُ إِيلَ مِنْ أَجْلِ رَدَاءَةِ شَرِّكُمْ. فِي الصُّبْحِ يَهْلِكُ مَلِكُ إِسْرَائِيلَ هَلاَكاً». «لَمَّا كَانَ إِسْرَائِيلُ غُلاَماً أَحْبَبْتُهُ وَمِنْ مِصْرَ دَعَوْتُ ابْنِي. كُلَّ مَا دَعُوهُمْ ذَهَبُوا مِنْ أَمَامِهِمْ يَذْبَحُونَ لِلْبَعْلِيمِ وَيُبَخِّرُونَ لِلتَّمَاثِيلِ الْمَنْحُوتَةِ.

مجداً للثالوث القدوس الهنا إلى الأبد وإلى أبد الآبدين كلها، آمين.

The Doxology of the Pascha Hour: "Thine is the Power…" on page A5.

تسبحة ساعة البصخة: "لك القوة..." صفحة ٥ فى اخر الكتاب.

Ⲯⲁⲗⲙⲟⲥ ⲖⲂ : Ⲓ ⲚⲈⲘ ⲒⲀ

Ⲡϭⲟⲓⲥ ⲛⲁϫⲉⲣ ⲛⲓⲥⲟϭⲛⲓ ⲛ̀ⲧⲉ ⲛⲓⲉⲑⲛⲟⲥ ⲉ̀ⲃⲟⲗ : ⲟⲩⲟϩ ϥ̀ⲛⲁϣⲱϣϥ ⲛ̀ⲛⲓⲙⲟⲕⲙⲉⲕ ⲛ̀ⲧⲉ ϩⲁⲛⲗⲁⲟⲥ : ⲟⲩⲟϩ ϥ̀ⲛⲁϣⲱϣϥ ⲙ̀ⲡⲓⲥⲟϭⲛⲓ ⲛ̀ⲧⲉ ⲛⲓⲁⲣⲭⲱⲛ : ⲡ̀ⲥⲟϭⲛⲓ ⲇⲉ ⲛ̀ⲑⲟϥ ⲙ̀Ⲡⲟ̅ⲥ̅ ϣⲟⲡ ϣⲁⲉⲛⲉϩ : ⲟⲩⲟϩ ⲛⲓⲙⲟⲕⲙⲉⲕ ⲛ̀ⲧⲉ ⲡⲉϥϩⲏⲧ ⲓⲥϫⲉⲛ ϫⲱⲟⲩ ϣⲁϫⲱⲟⲩ : ⲁ̅ⲗ̅

Psalm 33: 10-11

المزمور ٣٢: ١٠ و ١١

A Psalm of David the Prophet.

The Lord brings the counsel of the nations to nothing; He makes the plans of the peoples of no effect. The counsel of the Lord stands forever, The plans of His heart to all generations. Alleluia.

من مزامير داود النبى

الرب يشتت آراء الامم ويرذل أفكار الشعوب ويرفض مؤامرة الرؤساء وأما مشورة الرب فكائنة إلى الابد وأفكار قلبه من جيل إلى جيل هلليلويا.

Ⲉⲩⲁⲅⲅⲉⲗⲓⲟⲛ ⲕⲁⲧⲁ Ⲗⲟⲩⲕⲁⲛ Ⲕⲉⲫ ⲒⲀ : ⲖⲌ - ⲚⲂ

Ⲉϥⲥⲁϫⲓ ⲇⲉ ⲁϥϯϩⲟ̀ⲉⲣⲟϥ ⲛ̀ϫⲉ ⲟⲩⲫⲁⲣⲓⲥⲉⲟⲥ ϩⲟⲡⲱⲥ ⲛ̀ⲧⲉϥⲟⲩⲱⲙ ϧⲁⲧⲟⲧϥ ⲟⲩⲟϩ ⲉ̀ⲧⲁϥϣⲉ ⲉ̀ϧⲟⲩⲛ ⲁϥⲣⲱⲧⲉⲃ. Ⲡⲓⲫⲁⲣⲓⲥⲉⲟⲥ ⲇⲉ ⲉ̀ⲧⲁϥⲛⲁⲩ ⲁϥⲉⲣϣ̀ⲫⲏⲣⲓ ϫⲉ ⲙ̀ⲡⲉϥϭⲓⲱⲙⲥ ⲛ̀ϣⲟⲣⲡ ϧⲁϫⲉⲛ ⲡⲓⲟⲩⲱⲙ. Ⲡⲉϫⲁϥ ⲇⲉ ⲛⲁϥ ⲛ̀ϫⲉ Ⲡⲟ̅ⲥ̅ ϫⲉ ϯⲛⲟⲩ ⲛ̀ⲑⲱⲧⲉⲛ ϧⲁⲛⲓⲫⲁⲣⲓⲥⲉⲟⲥ ⲧⲉⲧⲉⲛⲧⲟⲩⲃⲟ ⲥⲁⲃⲟⲗ ⲙ̀ⲡⲓⲁ̀ⲫⲟⲧ ⲛⲉⲙ ⲡⲓⲃⲓⲛⲁϫ : ⲥⲁϧⲟⲩⲛ ⲇⲉ ⲙ̀ⲙⲱⲟⲩ ⲙⲉϩ ⲛ̀ϩⲱⲗⲉⲙ ⲛⲉⲙ ⲡⲟⲛⲏⲣⲓⲁ̀. Ⲛⲓⲁⲧϩⲏⲧ ⲙⲏ ⲫⲏ ⲁⲛ ⲉⲧⲁϥⲑⲁⲙⲓⲉ̀ ⲥⲁⲃⲟⲗ ⲛ̀ⲑⲟϥ ⲟⲛ ⲁϥⲑⲁⲙⲓⲉ̀ ⲥⲁϧⲟⲩⲛ. Ⲡⲗⲏⲛ ⲛⲏⲉⲧϣⲟⲡ ⲙ̀ⲙⲏⲓⲧⲟⲩ ⲉ̀ⲑⲙⲉⲧⲛⲁⲏⲧ ⲟⲩⲟϩ ⲓⲥ ϩⲱⲃ ⲛⲓⲃⲉⲛ ⲥⲉⲧⲟⲩⲃⲏⲟⲩⲧ ⲛⲱⲧⲉⲛ. Ⲁⲗⲗⲁ ⲟⲩⲟⲓ ⲛⲱⲧⲉⲛ ⲛⲓⲫⲁⲣⲓⲥⲉⲟⲥ ϫⲉ ⲧⲉⲧⲉⲛϯ ⲙ̀ⲫⲣⲉⲙⲏⲧ ⲙ̀ⲡⲓⲁ̀ϭⲓⲛ ⲛ̀ⲥⲑⲟⲓ ⲛⲉⲙ ⲡⲓⲃⲁϣⲟⲩϣ ⲛⲉⲙ ⲟⲩⲟ̀ϯ ⲛⲓⲃⲉⲛ ⲟⲩⲟϩ ⲧⲉⲧⲉⲛⲭⲱ ⲛ̀ⲥⲱⲧⲉⲛ ⲙ̀ⲡⲓϩⲁⲡ ⲛⲉⲙ ϯⲁ̀ⲅⲁⲡⲏ ⲛ̀ⲧⲉ Ⲫϯ : ⲛⲁⲓ ⲇⲉ ⲛⲁⲥⲉⲙ̀ⲡϣⲁ ⲛ̀ⲧⲉ ⲧⲉⲛⲁⲓⲧⲟⲩ ⲟⲩⲟϩ ⲛⲓⲕⲉⲭⲱⲟⲩⲛⲓ ⲛ̀ⲧⲉⲧⲉⲛ̀ϣⲧⲉⲙ ⲭⲁⲩ ⲛ̀ⲥⲁ ⲑⲏⲛⲟⲩ. Ⲟⲩⲟⲓ ⲛⲱⲧⲉⲛ ⲛⲓⲫⲁⲣⲓⲥⲉⲟⲥ ϫⲉ ⲧⲉⲧⲉⲛⲙⲉⲓ ⲛ̀ⲛⲓϣⲟⲣⲡ ⲙ̀ⲙⲁⲛ̀ϩⲉⲙⲥⲓ ϧⲉⲛ ⲛⲓⲥⲩⲛⲁⲅⲱⲅⲏ ⲛⲉⲙ ⲛⲓⲁⲥⲡⲁⲥⲙⲟⲥ ϧⲉⲛ ⲛⲓⲁ̀ⲅⲱⲣⲁ. Ⲟⲩⲟⲓ ⲛⲱⲧⲉⲛ ⲛⲓⲥⲁϧ ⲛⲉⲙ ⲛⲓ ⲫⲁⲣⲓⲥⲉⲟⲥ ⲛⲓϣⲟⲃⲓ ϫⲉ ⲧⲉ ⲧⲉⲛⲟⲓ ⲙ̀ⲫⲣⲏϯ ⲛ̀ⲛⲓⲙ̀ϩⲁⲩ ⲉⲧⲉ̀ⲛⲥⲉⲟⲩⲱⲛϩ ⲉ̀ⲃⲟⲗ ⲁⲛ ⲟⲩⲟϩ ⲛⲓⲣⲱⲙⲓ ⲉⲑⲙⲟϣⲓ ϩⲓϫⲱⲟⲩ ⲛ̀ⲥⲉⲉ̀ⲙⲓ ⲁⲛ : Ⲁϥⲉ̀ⲣⲟⲩⲱ ⲇⲉ ⲛ̀ϫⲉ ⲟⲩⲁⲓ ⲛ̀ⲛⲓⲛⲟⲙⲓⲕⲟⲥ ⲡⲉϫⲁϥ ⲛⲁϥ ϫⲉ ⲡⲓⲣⲉϥϯⲥⲃⲱ ⲛⲁⲓ ⲉⲕϫⲱ ⲙ̀ⲙⲱⲟⲩ ⲉⲕϯϣⲱϣ ⲙ̀ⲙⲟⲛ ϩⲱⲛ. Ⲛ̀ⲑⲟϥ ⲇⲉ ⲡⲉϫⲁϥ ⲛⲁϥ ϫⲉ ⲛ̀ⲑⲱⲧⲉⲛ ϩⲱⲧⲉⲛ ϧⲁⲛⲓⲛⲟⲙⲓⲕⲟⲥ ⲟⲩⲟⲓ ⲛⲱⲧⲉⲛ ϫⲉ ⲧⲉⲧⲉⲛ ⲧⲁⲗⲟ ⲛ̀ϩⲁⲛ ⲉⲧⲫⲱⲟⲩⲓ ⲉⲩⲙⲟⲕϩ ⲛ̀ϥⲓⲧⲟⲩ ⲉϫⲉⲛ ⲛⲓⲣⲱⲙⲓ ⲉⲧⲟϩ ⲛ̀ⲑⲱⲧⲉⲛ ⲧⲉⲧⲉⲛϭⲓ ⲛⲉⲙ ⲛⲓⲉⲧⲫⲱⲟⲩⲓ ⲁⲛ ⲛ̀ⲟⲩⲁⲓ ⲛ̀ⲛⲉⲧⲉⲛⲧⲏⲃ Ⲟⲩⲟⲓ ⲛⲱⲧⲉⲛ ϫⲉ ⲧⲉⲧⲉⲛⲕⲱⲧ ⲛ̀ⲛⲓⲙ̀ϩⲁⲩ ⲛ̀ⲧⲉ ⲛⲓⲡⲣⲟⲫⲏⲧⲏⲥ ⲛⲉⲧⲉⲛⲓⲟϯ ⲇⲉ ⲁⲩϧⲟⲑⲃⲟⲩ. Ⲭⲁⲣⲁ ⲧⲉⲧⲉⲛⲉⲣⲙⲉⲑⲣⲉ ⲟⲩⲟϩ ⲧⲉⲧⲉⲛ ϯⲙⲁϯ ⲉϫⲉⲛ ⲛⲓϩ̀ⲃⲏⲟⲩⲓ ⲛ̀ⲧⲉ ⲛⲉⲧⲉⲛⲓⲟϯ : ϫⲉ ⲛ̀ⲑⲱⲟⲩ ⲙⲉⲛ ⲁⲩϧⲟⲑⲃⲟⲩ : ⲛ̀ⲑⲱⲧⲉⲛ ⲇⲉ ⲧⲉⲧⲉⲛⲕⲱⲧ ⲛ̀ⲛⲟⲩⲙ̀ϩⲁⲩ.

Ⲉⲑⲃⲉ ⲫⲁⲓ ⲁ̀ϯⲕⲉⲥⲟⲫⲓⲁ̀ ⲛ̀ⲧⲉ Ⲫϯ ϫⲟⲥ : ϫⲉ ϯⲛⲁⲟⲩⲱⲣⲡ ϩⲁⲣⲱⲟⲩ ⲛ̀ϩⲁⲛ̀ⲡⲣⲟⲫⲏⲧⲏⲥ ⲛⲉⲙ ϩⲁⲛ̀ⲁⲡⲟⲥⲧⲟⲗⲟⲥ ⲟⲩⲟϩ ⲉⲩⲉ̀ϧⲱⲧⲉⲃ ⲉ̀ⲃⲟⲗⲛ̀ϧⲏⲧⲟⲩ ⲟⲩⲟϩ ⲉⲩⲉ̀ϭⲟϫⲓ ⲛ̀ⲥⲱⲟⲩ : ϩⲓⲛⲁ ⲛ̀ⲥⲉ ϭⲓⲙ̀ⲡϣⲓϣ ⲙ̀ⲡ̀ⲥⲛⲟϥ ⲛ̀ⲛⲓⲡ̀ⲣⲟⲫⲏⲧⲏⲥ ⲧⲏⲣⲟⲩ ⲉ̀ⲧⲁⲩⲫⲟⲛϥ ⲉ̀ⲃⲟⲗ. ⲓⲥϫⲉⲛ ⲧ̀ⲕⲁⲧⲁⲃⲟⲗⲏ ⲙ̀ⲡⲓⲕⲟⲥⲙⲟⲥ ⲛ̀ⲧⲟⲧⲟⲥ ⲛ̀ⲧⲁⲓ ⲅⲉⲛⲉⲁ̀ : Ⲓⲥϫⲉⲛ ⲡ̀ⲥⲛⲟϥ ⲛ̀Ⲁⲃⲉⲗ ⲡⲓⲑⲙⲏⲓ ϣⲁ̀ⲡ̀ⲥⲛⲟϥ ⲛ̀Ⲍⲁⲭⲁⲣⲓⲁⲥ ⲡ̀ϣⲏⲣⲓ ⲙ̀Ⲃⲁⲣⲁⲭⲓⲁⲥ ⲫⲏⲉ̀ⲧⲁⲩ ⲧⲁⲕⲟϥ ⲟⲩⲧⲉ ⲡⲓⲙⲁⲛⲉⲣϣⲱⲟⲩϣⲓ ⲛⲉⲙ ⲡⲓⲏⲓ ⲥⲉ ϯϫⲱ ⲙ̀ⲙⲟⲥ ⲛⲱⲧⲉⲛ ϫⲉ ⲥⲉⲛⲁⲕⲱϯ ⲛ̀ⲥⲱϥ ⲛ̀ⲧⲟⲧⲥ ⲛ̀ⲧⲁⲓ ⲅⲉⲛⲉⲁ̀. Ⲟⲩⲟⲓ ⲛⲱⲧⲉⲛ ⲛⲓⲛⲟⲙⲓⲕⲟⲥ ϫⲉ ⲁ̀ⲧⲉⲧⲉⲛ ⲱⲗⲓ ⲛ̀ⲛⲓϣⲟϣⲧ ⲛ̀ⲧⲉ ⲡ̀ⲥⲱⲟⲩⲛ ⲛ̀ⲑⲱⲧⲉⲛ ⲙ̀ⲡⲉⲧⲉⲛⲓ̀ ⲉ̀ϧⲟⲩⲛ ⲟⲩⲟϩ ⲛⲏⲉⲑⲛⲏⲟⲩ ⲉ̀ϧⲟⲩⲛ ⲁ̀ⲧⲉⲧⲉⲛ ⲉⲣⲕⲱⲗⲓⲛ ⲙ̀ⲙⲱⲟⲩ :

Ⲟⲩⲱϣⲧ ⲙ̀ⲡⲓⲉⲩⲁⲅⲅⲉⲗⲓⲟⲛ ⲉ̅ⲑ̅ⲩ̅.

Luke 11: 37-52

لوقا ١١: ٣٧ - ٥٢

A reading from the Holy Gospel according to Saint Luke.

And as He spoke, a certain Pharisee asked Him to dine with him. So He went in and sat down to eat. When the Pharisee saw it, he marveled that He had not first washed before dinner. Then the Lord said to him, "Now you Pharisees make the outside of the cup

فصل شريف من إنجيل معلمنا مار لوقا البشير بركاته علينا آمين.

وَفِيمَا هُوَ يَتَكَلَّمُ سَأَلَهُ فَرِّيسِيٌّ أَنْ يَتَغَدَّى عِنْدَهُ فَدَخَلَ وَاتَّكَأَ. وَأَمَّا الْفَرِّيسِيُّ فَلَمَّا رَأَى ذَلِكَ تَعَجَّبَ أَنَّهُ لَمْ يَغْتَسِلْ أَوَّلاً قَبْلَ الْغَدَاءِ. فَقَالَ لَهُ الرَّبُّ: «أَنْتُمُ الآنَ أَيُّهَا الْفَرِّيسِيُّونَ

and dish clean, but your inward part is full of greed and wickedness. Foolish ones! Did not He who made the outside make the inside also? But rather give alms of such things as you have; then indeed all things are clean to you. But woe to you Pharisees! For you tithe mint and rue and all manner of herbs, and pass by justice and the love of God. These you ought to have done, without leaving the others undone. Woe to you Pharisees! For you love the best seats in the synagogues and greetings in the marketplaces. Woe to you, scribes and Pharisees, hypocrites! For you are like graves which are not seen, and the men who walk over them are not aware of them."
Then one of the lawyers answered and said to Him, "Teacher, by saying these things You reproach us also." And He said, "Woe to you also, lawyers! For you load men with burdens hard to bear, and you yourselves do not touch the burdens with one of your fingers. Woe to you! For you build the tombs of the prophets, and your fathers killed them. In fact, you bear witness that you approve the deeds of your fathers; for they indeed killed them, and you build their tombs. Therefore the wisdom of God also said, 'I will send them prophets and apostles, and some of them they will kill and persecute,' that the blood of all the prophets which was shed from the foundation of the world may be required of this generation, from the blood of Abel to the blood of Zechariah who perished between the altar and the temple. Yes, I say to you, it shall be required of this generation.

تُنَقُّونَ خَارِجَ الْكَأْسِ وَالْقَصْعَةِ وَأَمَّا بَاطِنُكُمْ فَمَمْلُوءٌ اخْتِطَافاً وَخُبْثاً. يَا أَغْبِيَاءُ أَلَيْسَ الَّذِي صَنَعَ الْخَارِجَ صَنَعَ الدَّاخِلَ أَيْضاً؟ بَلْ أَعْطُوا مَا عِنْدَكُمْ صَدَقَةً فَهُوَذَا كُلُّ شَيْءٍ يَكُونُ نَقِيّاً لَكُمْ. وَلَكِنْ وَيْلٌ لَكُمْ أَيُّهَا الْفَرِّيسِيُّونَ لأَنَّكُمْ تُعَشِّرُونَ النَّعْنَعَ وَالسَّذَابَ وَكُلَّ بَقْلٍ وَتَتَجَاوَزُونَ عَنِ الْحَقِّ وَمَحَبَّةِ اللهِ. كَانَ يَنْبَغِي أَنْ تَعْمَلُوا هَذِهِ وَلاَ تَتْرُكُوا تِلْكَ! وَيْلٌ لَكُمْ أَيُّهَا الْفَرِّيسِيُّونَ لأَنَّكُمْ تُحِبُّونَ الْمَجْلِسَ الأَوَّلَ فِي الْمَجَامِعِ وَالتَّحِيَّاتِ فِي الأَسْوَاقِ. وَيْلٌ لَكُمْ أَيُّهَا الْكَتَبَةُ وَالْفَرِّيسِيُّونَ الْمُرَاؤُونَ لأَنَّكُمْ مِثْلُ الْقُبُورِ الْمُخْتَفِيَةِ وَالَّذِينَ يَمْشُونَ عَلَيْهَا لاَ يَعْلَمُونَ!». فَقَالَ لَهُ وَاحِدٌ مِنَ النَّامُوسِيِّينَ: «يَا مُعَلِّمُ حِينَ تَقُولُ هَذَا تَشْتِمُنَا نَحْنُ أَيْضاً». فَقَالَ: «وَوَيْلٌ لَكُمْ أَنْتُمْ أَيُّهَا النَّامُوسِيُّونَ لأَنَّكُمْ تُحَمِّلُونَ النَّاسَ أَحْمَالاً عَسِرَةَ الْحَمْلِ وَأَنْتُمْ لاَ تَمَسُّونَ الأَحْمَالَ بِإِحْدَى أَصَابِعِكُمْ. وَيْلٌ لَكُمْ لأَنَّكُمْ تَبْنُونَ قُبُورَ الأَنْبِيَاءِ وَآبَاؤُكُمْ قَتَلُوهُمْ. إِذاً تَشْهَدُونَ وَتَرْضَوْنَ بِأَعْمَالِ آبَائِكُمْ لأَنَّهُمْ هُمْ قَتَلُوهُمْ وَأَنْتُمْ تَبْنُونَ قُبُورَهُمْ. لِذَلِكَ أَيْضاً قَالَتْ حِكْمَةُ اللهِ: إِنِّي أُرْسِلُ إِلَيْهِمْ أَنْبِيَاءَ وَرُسُلاً فَيَقْتُلُونَ مِنْهُمْ وَيَطْرُدُونَ - لِكَيْ يُطْلَبَ مِنْ هَذَا الْجِيلِ دَمُ جَمِيعِ الأَنْبِيَاءِ الْمُهْرَقُ مُنْذُ إِنْشَاءِ الْعَالَمِ مِنْ دَمِ هَابِيلَ إِلَى دَمِ زَكَرِيَّا الَّذِي أُهْلِكَ بَيْنَ الْمَذْبَحِ وَالْبَيْتِ. نَعَمْ أَقُولُ لَكُمْ: إِنَّهُ يُطْلَبُ مِنْ هَذَا الْجِيلِ! وَيْلٌ لَكُمْ أَيُّهَا النَّامُوسِيُّونَ لأَنَّكُمْ أَخَذْتُمْ مِفْتَاحَ

Woe to you lawyers! For you have taken away the key of knowledge. You did not enter in yourselves, and those who were entering in you hindered."

الْمَعْرِفَةِ. مَا دَخَلْتُمْ أَنْتُمْ وَالدَّاخِلُونَ مَنَعْتُمُوهُمْ».

Bow down before the Holy Gospel.
Glory be to God forever.

أسجدوا للإنجيل المقدس.
والمجد لله دائماً.

Commentary

طرح

The Commentary of the Ninth Hour of Eve of Tuesday of Holy Pascha, may its blessings be with us all. Amen.

طرح الساعة التاسعة من ليلة الثلاثاء من البصخة المقدسة بركتها علينا. آمين.

Listen to the compassionate and patient One, who has great mercy when He teaches us to be clean not only in our bodies but also in our hearts.

The Pharisee who invited Jesus to dinner was puzzled at Him when He ate the bread without washing His hands. The Omniscient teacher said to him, "You Pharisees cleanse the outside of the cup but inside you are full of immorality, plunder, and injustices." Give alms and just judgment and everything will be clean to you. Therefore, let us be kind to God's creations. In that we may purify ourselves, bodies, and souls, of all the filth of sins.

اسمعوا الرؤوف الرحوم الكثير الرحمة المتأنى، كيف يوصينا أن نكون أطهاراً، ليس فى أجسادنا فقط بل وفى قلوبنا أيضاً. فلما تعجب منه ذلك الفريسى الذى سأله أن يأكل عنده لما رآه يأكل الخبز بغير طهر ولا غسل يد تكلم معه المعلم العارف بكل الأشياء قبل كونها قائلاً: أنتم يا معشر الفريسيين تطهرون خارج الكأس والطاس، أما داخلكم فانه مملوء دعارة واختطافاً وظلماً. اعطوا صدقة وحكم عدل، وكل شئ يتطهر لكم. فلنكن نحن رحومين على كل إنسان خلقه الله وعند ذلك نطهر نفوسنا وأجسادنا وأرواحنا من كل دنس الخطية.

Eleventh Hour of Eve of Tuesday

الساعة الحادية عشر من ليلة الثلاثاء

Ⲁⲙⲱⲥ Ⲕⲉⲫ ⲉ̅ : ⲋ̅ - ⲓ̅ⲇ̅

Ⲉⲃⲟⲗϧⲉⲛ Ⲁⲙⲱⲥ ⲡⲓⲡ̀ⲣⲟⲫⲏⲧⲏⲥ: ⲉ̀ⲣⲉⲡⲉϥ̀ⲥ̀ⲙⲟⲩ ⲉ̀ⲑⲟⲩⲁⲃ ϣⲱⲡⲓ ⲛⲉⲙⲁⲛ ⲁ̀ⲙⲏⲛ ⲉϥϫⲱ ⲙ̀ⲙⲟⲥ.

Ⲕⲱϯ ⲛ̀ⲥⲁ Ⲡ̅ⲟ̅ⲥ̅ ⲟⲩⲟϩ ⲉⲣⲉⲧⲉⲛⲉ̀ⲱⲛϧ : ϩⲟⲡⲱⲥ ⲛ̀ⲧⲉϥ ϣⲧⲉⲙϣⲱⲡⲓ ⲙ̀ⲫⲣⲏϯ ⲛ̀ⲟⲩⲭⲣⲱⲙ ⲛ̀ϫⲉ ⲡⲏⲓ ⲛ̀Ⲓⲱⲥⲏⲫ ⲟⲩⲟϩ ⲉϥⲉⲟⲩⲟⲙϥ : ⲟⲩⲟϩ ⲛ̀ⲛⲉϥϣⲱⲡⲓ ⲛ̀ϫⲉ ⲫⲏⲉⲑⲛⲁϭⲉⲛⲟϥ ⲙ̀ⲡⲏⲓ ⲙ̀ⲡⲓⲥ̅ⲗ̅ : Ⲡ̅ⲟ̅ⲥ̅ ⲉⲧⲓ̀ⲣⲓ ⲛ̀ⲟⲩϩⲁⲡ ⲉⲡ̀ϭⲓⲥⲓ ⲟⲩⲟϩ ⲁϥⲭⲱ ⲛ̀ϯⲙⲉⲑⲙⲏⲓ ϩⲓϫⲉⲛ ⲡ̀ⲕⲁϩⲓ : ⲫⲏⲉⲧⲟⲑⲁⲙⲓⲟ̀ ⲛ̀ϩⲱⲃ ⲛⲓⲃⲉⲛ : ⲟⲩⲟϩ ⲉϥⲟⲩⲱⲧⲉⲃ ⲙ̀ⲙⲱⲟⲩ : ⲟⲩⲟϩ ⲉϥⲣⲓ̀ⲕⲓ ⲛ̀ⲟⲩϧⲏⲓⲃⲓ ⲛ̀ϩⲁⲛⲁ̀ⲧⲟⲟⲩⲓ : ⲟⲩⲟϩ ⲉϥⲑⲣⲟ ⲙ̀ⲡⲓⲉ̀ϩⲟⲟⲩ ⲉⲣⲭⲁⲕⲓ ⲉ̀ϧⲟⲩⲛ ⲉ̀ⲡⲓⲉ̀ϫⲱⲣϩ : Ⲫⲏⲉⲑⲙⲟⲩϯ ⲟⲩⲃⲉ ⲛⲓⲙⲱⲟⲩ ⲛ̀ⲧⲉ ⲫ̀ⲓⲟⲙ ⲟⲩⲟϩ ⲉϥϫⲱϣ ⲙ̀ⲙⲟϥ ⲉ̀ϧⲣⲏⲓ ⲉ̀ϫⲉⲛ ⲡ̀ϩⲟ ⲙ̀ⲡ̀ⲕⲁϩⲓ ⲧⲏⲣϥ; Ⲡ̅ⲟ̅ⲥ̅ Ⲫ̅ϯ̅ ⲡⲓⲡⲁⲛⲧⲟⲕⲣⲁⲧⲱⲣ ⲡⲉ ⲡⲉϥⲣⲁⲛ : Ⲫⲏⲉⲧⲫⲱⲣϫ ⲉ̀ⲃⲟⲗ ⲛ̀ⲟⲩϧⲟⲙϧⲉⲙ ⲉ̀ϫⲉⲛ ⲟⲩϫⲟⲙ : ⲟⲩⲟϩ ⲉϥⲓ̀ⲛⲓ ⲛ̀ⲟⲩⲧⲁⲗⲉⲡⲱⲣⲉⲁ̀ ⲉ̀ϫⲉⲛ ⲟⲩⲙⲁ ⲉϥⲧⲁϫⲣⲏⲟⲩⲧ : ⲁⲩⲙⲉⲥⲧⲉ ⲫⲏⲉⲧⲥⲟϩⲓ ϧⲉⲛ ⲛⲓⲡⲩ̀ⲗⲏ ⲟⲩⲟϩ ⲟⲩⲥⲁϫⲓ ⲉϥⲟⲩⲁⲃ ⲁⲩⲟⲣⲃⲉϥ. Ⲉⲑⲃⲉ ⲫⲁⲓ ⲫⲁⲓ ⲡⲉ ⲙ̀ⲫⲣⲏϯ ⲉⲧⲉϥϫⲱ ⲙ̀ⲙⲟⲥ ⲛ̀ϫⲉ Ⲡ̅ⲟ̅ⲥ̅ : ϫⲉ ⲉ̀ⲫⲙⲁ ϫⲉ ⲁⲣⲉⲧⲉⲛϯⲕⲉϩ ϧⲉⲛ ⲛⲓⲁ̀ⲫⲛⲟⲩⲓ̀ ⲛ̀ⲧⲉ ⲛⲓϩⲏⲕⲓ : ⲟⲩⲟϩ ϩⲁⲛⲇⲱⲣⲟⲛ ⲉⲩⲥⲱⲧⲡ ⲁ̀ⲣⲉⲧⲉⲛϭⲓⲧⲟⲩ ⲛ̀ⲧⲟⲧⲟⲩ. Ⲭⲁⲛⲏⲓ ⲉ̀ⲛⲉⲥⲱⲟⲩ ⲁ̀ⲣⲉⲧⲉⲛ ⲕⲱⲧⲟⲩ ⲟⲩⲟϩ ⲛ̀ⲛⲉⲧⲉⲛϣⲱⲡⲓ ⲛ̀ϧⲏⲧⲟⲩ : ϩⲁⲛⲓⲁϩ ⲁ̀ⲗⲟⲗⲓ ⲉⲩⲥⲱⲧⲡ ⲉ̀ⲣⲉⲧⲉⲛⲉ̀ϭⲱⲟⲩ : ⲟⲩⲟϩ ⲛ̀ⲛⲉⲧⲉⲛⲥⲱ ⲙ̀ⲡⲟⲩⲏⲣⲡ : ϫⲉ ⲟⲩⲏⲓ ⲁⲓⲉ̀ⲙⲓ ϫⲉⲟⲩⲙⲏⲏϣ ⲙ̀ⲙⲉⲧⲁ̀ⲥⲉⲃⲏⲥ ⲛ̀ⲧⲱⲧⲉⲛ ⲟⲩⲟϩ ⲛ̀ⲥⲉϫⲟⲣϫ ⲛ̀ϫⲉ ⲛⲉⲧⲉⲛⲛⲟⲃⲓ : Ⲟⲩⲟϩ ⲉ̀ⲣⲉⲧⲉⲛ ⲉ̀ϩⲱⲙⲓ ⲉ̀ϫⲉⲛ ⲟⲩⲑⲙⲏⲓ : ⲟⲩⲟϩ ⲉ̀ⲣⲉⲧⲉⲛϭⲓ ⲛ̀ϩⲁⲛϣⲉⲃⲓⲱ̀ : ⲟⲩⲟϩ ⲉ̀ⲣⲉⲧⲉⲛⲣⲓ̀ⲕⲓ ⲛ̀ϩⲁⲛϩⲏⲕⲓ ⲉ̀ⲃⲟⲗ ϧⲉⲛ ⲛⲓⲡⲩ̀ⲗⲏ. Ⲟⲩⲟϩ ⲫⲏⲉⲑⲛⲁⲕⲁϯ ϧⲉⲛ ⲡⲓⲥⲏⲟⲩ ⲉⲧⲉ̀ⲙⲙⲁⲩ ⲉϥⲉ̀ϩⲁⲣⲟϥ : ϫⲉ ⲟⲩⲥⲏⲟⲩ ⲉϥϩⲱⲟⲩ ⲡⲉ. ⲕⲱϯ ⲛ̀ⲥⲁ ⲡⲓⲡⲉⲑⲛⲁⲛⲉϥ : ⲟⲩⲟϩ ⲡⲓⲡⲉⲧϩⲱⲟⲩ ⲁⲛ : ϩⲟⲡⲱⲥ ⲛ̀ⲧⲉⲧⲉⲛⲱⲛϧ.

Ⲟⲩⲱ̀ⲟⲩ ⲛ̀ϯⲧ̀ⲣⲓⲁⲥ ⲉ̀ⲑⲟⲩⲁⲃ ⲡⲉⲛⲛⲟⲩϯ ϣⲁ ⲉ̀ⲛⲉϩ ⲛⲉⲙ ϣⲁ ⲉ̀ⲛⲉϩ ⲛ̀ⲧⲉ ⲛⲓⲉ̀ⲛⲉϩ ⲧⲏⲣⲟⲩ: ⲁ̀ⲙⲏⲛ.

Amos 5:6-14

A reading from Amos the Prophet may his blessings be with us Amen.

Seek the Lord and live, Lest He break out like fire in the house of Joseph, And devour it, With no one to quench it in Bethel-- You who turn justice to wormwood, And lay righteousness to rest in the earth!" He made the Pleiades

عاموس ٥: ٦ - ١٤

من عاموس النبى بركته المقدسة تكون معنا، آمين.

أُطْلُبُوا الرَّبَّ فَتَحْيُوا لِئَلاَّ يَقْتَحِمَ بَيْتَ يُوسُفَ كَنَارٍ تُحْرِقُ وَلاَ يَكُونَ مَنْ يُطْفِئُهَا مِنْ بَيْتَ إِيلَ يَا أَيُّهَا الَّذِينَ يُحَوِّلُونَ الْحَقَّ أَفْسَنْتِيناً

and Orion; He turns the shadow of death into morning And makes the day dark as night; He calls for the waters of the sea And pours them out on the face of the earth; The Lord is His name. He rains ruin upon the strong, So that fury comes upon the fortress. They hate the one who rebukes in the gate, And they abhor the one who speaks uprightly. Therefore, because you tread down the poor And take grain taxes from him, Though you have built houses of hewn stone, Yet you shall not dwell in them; You have planted pleasant vineyards, But you shall not drink wine from them. For I know your manifold transgressions And your mighty sins: Afflicting the just and taking bribes; Diverting the poor from justice at the gate. Therefore the prudent keep silent at that time, For it is an evil time. Seek good and not evil, That you may live; So the Lord God of hosts will be with you, As you have spoken.

Glory be to the Holy Trinity our God unto the age of all ages, Amen.

وَيُلْقُونَ الْبِرَّ إِلَى الأَرْضِ». اَلَّذِي صَنَعَ الثُّرَيَّا وَالْجَبَّارَ وَيُحَوِّلُ ظِلَّ الْمَوْتِ صُبْحاً وَيُظْلِمُ النَّهَارَ كَاللَّيْلِ. الَّذِي يَدْعُو مِيَاهَ الْبَحْرِ وَيَصُبُّهَا عَلَى وَجْهِ الأَرْضِ يَهْوَهُ اسْمُهُ. الَّذِي يُفْلِحُ الْخَرِبَ عَلَى الْقَوِيِّ فَيَأْتِي الْخَرَابُ عَلَى الْحِصْنِ. إِنَّهُمْ فِي الْبَابِ يُبْغِضُونَ الْمُنْذِرَ وَيَكْرَهُونَ الْمُتَكَلِّمَ بِالصِّدْقِ. لِذَلِكَ مِنْ أَجْلِ أَنَّكُمْ تَدُوسُونَ الْمِسْكِينَ وَتَأْخُذُونَ مِنْهُ هَدِيَّةَ قَمْحٍ بَنَيْتُمْ بُيُوتاً مِنْ حِجَارَةٍ مَنْحُوتَةٍ وَلاَ تَسْكُنُونَ فِيهَا وَغَرَسْتُمْ كُرُوماً شَهِيَّةً وَلاَ تَشْرَبُونَ خَمْرَهَا. لأَنِّي عَلِمْتُ أَنَّ ذُنُوبَكُمْ كَثِيرَةٌ وَخَطَايَاكُمْ وَافِرَةٌ أَيُّهَا الْمُضَايِقُونَ الْبَارَّ الآخِذُونَ الرَّشْوَةَ الصَّادُّونَ الْبَائِسِينَ فِي الْبَابِ. لِذَلِكَ يَصْمُتُ الْعَاقِلُ فِي ذَلِكَ الزَّمَانِ لأَنَّهُ زَمَانٌ رَدِيءٌ. أُطْلُبُوا الْخَيْرَ لاَ الشَّرَّ لِتَحْيُوا فَعَلَى هَذَا يَكُونُ الرَّبُّ إِلَهُ الْجُنُودِ مَعَكُمْ كَمَا قُلْتُمْ.

مجداً للثالوث القدوس الهنا إلى الأبد وإلى أبد الآبدين كلها، آمين.

The Doxology of the Pascha Hour: "Thine is the Power…" on page A5.

تسبحة ساعة البصخة: "لك القوة..." صفحة ٥ فى اخر الكتاب.

Ⲫⲁⲗⲙⲟⲥ ⲣ̅ⲕ̅ⲁ̅ : ⲇ̅

Ⲉⲧⲁⲩϣⲉⲛⲱⲟⲩ ⲅⲁⲣ ⲉ̀ⲡϣⲱⲓ ⲙ̀ⲙⲁⲩ ⲛ̀ϫⲉ ⲛⲓⲫⲩⲗⲏ : ⲛⲓⲫⲩⲗⲏ ⲛ̀ⲧⲉ Ⲡ̅ⲟ̅ⲥ̅ : ⲉⲩⲙⲉⲧⲙⲉⲑⲣⲉ ⲙ̀ⲡⲓⲥ̅ⲗ̅ : ⲉⲩⲟⲩⲱⲛϩ ⲉ̀ⲃⲟⲗ ⲙ̀ⲫⲣⲁⲛ ⲙ̀Ⲡ̅ⲟ̅ⲥ̅ : ⲁ̅ⲗ̅.

Psalm 122:4

المزمور ١٢١ : ٤

A Psalm of David the Prophet.

من مزامير داود النبى

Where the tribes go up, The tribes of the Lord, To the Testimony of Israel, To give thanks to the name of the Lord. Alleluia.

لانه هناك صعدت القبائل. قبائل الرب شهادة لاسرائيل. يعترفون لاسم الرب: هلليلويا.

Ⲉⲩⲁⲅⲅⲉⲗⲓⲟⲛ ⲕⲁⲧⲁ Ⲙⲁⲣⲕⲟⲛ

Ⲕⲉⲫ ⲓⲋ : ⲗⲃ ϣⲃⲗ ⲛⲉⲙ Ⲕⲉⲫ ⲓⲇ : ⲁ ⲛⲉⲙ ⲃ

Ⲉⲑⲃⲉ ⲡⲓⲉ̀ϩⲟⲟⲩ ⲇⲉ ⲉⲧⲉ ⲙ̀ⲙⲁⲩ ⲛⲉⲙ ϯⲟⲩⲛⲟⲩ ⲙ̀ⲙⲟⲛ ϩ̀ⲗⲓ ⲉ̀ⲙⲓ ⲉ̀ⲣⲱⲟⲩ ⲟⲩⲇⲉ ⲛⲓⲁ̀ⲅⲅⲉⲗⲟⲥ ⲛⲏⲉⲧϧⲉⲛ ⲧ̀ⲫⲉ: ⲟⲩⲇⲉ ⲡ̀ϣⲏⲣⲓ ⲉ̀ⲃⲏⲗ ⲉ̀ ⲫ̀ⲓⲱⲧ : Ⲭⲟⲩϣⲧ ⲉ̀ⲃⲟⲗ ⲣⲱⲓⲥ ⲟⲩⲟϩ ⲁ̀ⲣⲓⲡ̀ⲣⲟⲥⲉⲩⲭⲉⲥⲑⲉ ⲛ̀ⲧⲉⲧⲉⲛ ⲥⲱⲟⲩⲛ ⲅⲁⲣ ⲁⲛ ϫⲉ ⲑ̀ⲛⲁⲩ ⲡⲉ ⲡⲓⲥⲏⲟⲩ : Ⲙ̀ⲫ̀ⲣⲏϯ ⲛ̀ⲟⲩⲣⲱⲙⲓ ⲉ̀ⲁϥⲙⲟϣⲓ ⲉ̀ⲡϣⲉⲙⲙⲟ ⲟⲩⲟϩ ⲉ̀ⲁϥⲭⲱ ⲙ̀ⲡⲉϥⲏⲓ ⲟⲩⲟϩ ⲁϥϯ ⲛ̀ⲛⲉϥⲉ̀ⲃⲓⲁⲓⲕ ⲙ̀ⲡⲓⲉⲣϣⲓϣⲓ ⲫⲟⲩⲁⲓ ⲫ̀ⲟⲩⲁⲓ ⲙ̀ⲡⲉϥϩⲱⲃ ⲟⲩⲟϩ ⲁϥϩⲟⲛϩⲉⲛ ⲉ̀ⲧⲟⲧϥ ⲙ̀ⲡⲓⲙ̀ⲛⲟⲩⲧ ϩⲓⲛⲁ ⲛ̀ⲧⲉϥⲣⲱⲓⲥ. Ⲣⲱⲓⲥ ⲟⲩⲛ ϫⲉ ⲛ̀ⲧⲉⲧⲉⲛⲥⲱⲟⲩⲛ ⲅⲁⲣ ⲁⲛ ϫⲉ ⲁ̀ⲣⲉ Ⲡⲟ̅ⲥ̅ ⲙ̀ⲡⲓⲏⲓ ⲛⲏⲟⲩ ⲛ̀ⲑ̀ⲛⲁⲩ ⲓⲉ ϩⲁⲛ ⲁ̀ⲣⲟⲩϩⲓ ⲓⲉ ⲧ̀ⲫⲁϣⲓ ⲙ̀ⲡⲓⲉ̀ϫⲱⲣϩ ⲓⲉ ⲉ̀ⲣⲉ ⲡⲓⲁ̀ⲗⲉⲕⲧⲱⲣ ⲙⲟⲩϯ ⲓⲉ ϩⲁⲛⲁ̀ⲧⲟⲟⲩⲓ̀ : Ⲙⲏⲡⲱⲥ ⲛ̀ⲧⲉϥⲓ̀ : ⲛ̀ⲟⲩϩⲟϯ ϧⲉⲛⲟⲩϩⲟϯ ⲛ̀ⲧⲉϥϫⲉⲙ ⲑⲏⲛⲟⲩ ⲉⲣⲉⲧⲉⲛⲛ̀ⲕⲟⲧ : Ⲡⲉϯϫⲱ ⲙ̀ⲙⲟϥ ⲛⲱⲧⲉⲛ ϯϫⲱ ⲙ̀ⲙⲟϥ ⲛ̀ⲟⲩⲟⲛ ⲛⲓⲃⲉⲛ ⲣⲱⲓⲥ. **Ⲛⲉ** ⲡⲓⲠⲁⲥⲭⲁ ⲇⲉ ⲡⲉ ⲛⲉⲙ ⲛⲓⲁⲧϣⲉⲙⲏⲣ ⲙⲉⲛⲉⲛⲥⲁ ⲉ̀ϩⲟⲟⲩ ⲥ̀ⲛⲁⲩ ⲟⲩⲟϩ ⲛⲁⲩⲕⲱϯ ⲡⲉ ⲛ̀ϫⲉ ⲛⲓⲁⲣⲭⲏⲉⲣⲉⲩⲥ ⲛⲉⲙ ⲛⲓⲥⲁϧ ϫⲉ ⲡⲱⲥ ⲛ̀ⲧⲟⲩⲁ̀ⲙⲟⲛⲓ ⲙ̀ⲙⲟϥ ϧⲉⲛ ⲟⲩⲭ̀ⲣⲟϥ ⲛ̀ⲧⲟⲩ ϧⲟⲑⲃⲉϥ : **Ⲛⲁⲩ**ϫⲱ ⲅⲁⲣ ⲙ̀ⲙⲟⲥ ⲡⲉ ϫⲉ ⲙ̀ⲡⲉⲛⲉ̀ⲑⲣⲉⲛⲁⲓⲥ ϧⲉⲛ ⲡ̀ϣⲁⲓ ⲙⲏⲡⲟⲧⲉ ⲛ̀ⲧⲉ ⲟⲩϣ̀ⲑⲟⲣⲧⲉⲣ ϣⲱⲡⲓ ϧⲉⲛ ⲡⲓⲗⲁⲟⲥ :

Ⲟⲩⲱϣⲧ ⲙ̀ⲡⲓⲉⲩⲁⲅⲅⲉⲗⲓⲟⲛ ⲉⲑ̅ⲩ̅.

Mark 13:32-14:2

مرقس ١٣ : ٣٢ الخ و ١٤ : ١ و ٢

A reading from the Holy Gospel according to Saint Mark.

"But of that day and hour no one knows, not even the angels in heaven, nor the Son, but only the Father. Take heed, watch and pray; for you do not know when the time is. It is like a man going to a far country, who left his house and gave authority to his servants, and to each his work, and commanded the doorkeeper to watch. Watch therefore, for you do not know when the master of the house is coming--in the evening, at midnight, at the crowing of the rooster, or in the morning-- lest, coming suddenly, he

فصل شريف من إنجيل معلمنا مار مرقس البشير بركاته علينا آمين.

وَأَمَّا ذَلِكَ الْيَوْمُ وَتِلْكَ السَّاعَةُ فَلاَ يَعْلَمُ بِهِمَا أَحَدٌ وَلاَ الْمَلاَئِكَةُ الَّذِينَ فِي السَّمَاءِ وَلاَ الاِبْنُ إِلاَّ الآبُ. انْظُرُوا! اسْهَرُوا وَصَلُّوا لأَنَّكُمْ لاَ تَعْلَمُونَ مَتَى يَكُونُ الْوَقْتُ. كَأَنَّمَا إِنْسَانٌ مُسَافِرٌ تَرَكَ بَيْتَهُ وَأَعْطَى عَبِيدَهُ السُّلْطَانَ وَلِكُلِّ وَاحِدٍ عَمَلَهُ وَأَوْصَى الْبَوَّابَ أَنْ يَسْهَرَ. اسْهَرُوا إِذاً لأَنَّكُمْ لاَ تَعْلَمُونَ مَتَى يَأْتِي رَبُّ الْبَيْتِ أَمَسَاءً أَمْ نِصْفَ اللَّيْلِ أَمْ صِيَاحَ الدِّيكِ أَمْ صَبَاحاً. لِئَلاَّ يَأْتِيَ بَغْتَةً فَيَجِدَكُمْ

find you sleeping. And what I say to you, I say to all: Watch!" After two days it was the Passover and the Feast of Unleavened Bread. And the chief priests and the scribes sought how they might take Him by trickery and put Him to death. But they said, "Not during the feast, lest there be an uproar of the people."
Bow down before the Holy Gospel.
Glory be to God forever.

نِيَاماً! وَمَا أَقُولُهُ لَكُمْ أَقُولُهُ لِلْجَمِيعِ: اسْهَرُوا». وَكَانَ الْفِصْحُ وَأَيَّامُ الْفَطِيرِ بَعْدَ يَوْمَيْنِ. وَكَانَ رُؤَسَاءُ الْكَهَنَةِ وَالْكَتَبَةُ يَطْلُبُونَ كَيْفَ يُمْسِكُونَهُ بِمَكْرٍ وَيَقْتُلُونَهُ وَلَكِنَّهُمْ قَالُوا: «لَيْسَ فِي الْعِيدِ لِئَلاَّ يَكُونَ شَغَبٌ فِي الشَّعْبِ».
أسجدوا للإنجيل المقدس.
والمجد لله دائماً.

Commentary

The Commentary of the Eleventh Hour of Eve of Tuesday of Holy Pascha, may its blessings be with us all. Amen.

You alone, the Omniscient God, have the knowledge of every thing before its being; the ages, years, times, and past generations. Listen to our Savior, who with His divine mouth proclaims, "But of that day and that hour when the Son of Man comes no one knows, not even the angels in heaven nor the Son, but only the Father."

Watch therefore, for you do not know the time, unless He comes suddenly and finds you asleep. Be careful and watch against the hidden traps.

طرح

طرح الساعة الحادية عشرة من ليلة الثلاثاء من البصخة المقدسة بركتها علينا. آمين.

أنت وحدك أيها المدبر، العالم بسائر الأشياء قبل كون جميعها. والأزمنة والسنون وكل الأوقات والأجيال الماضية أنت العالم بها.

اسمعوا مخلصنا يقول علانية بفمه الالهى هكذا قائلاً عن ذلك اليوم وتلك الساعة التى يأتى فيها ابن الإنسان: أنه ليس أحد من سائر البشر ولا الملائكة يعلمهما، والابن أيضاً لا يعلمهما إلا الآب فقط العارف بكل شئ. فاسهروا كل حين وصلوا فإنكم لستم تعلمون متى يكون الوقت، لئلا يأتى بغته فيجدكم نياماً. فاحترزوا واحفظوا ذواتكم لكى تخلصوا من الفخاخ المنصوبة.

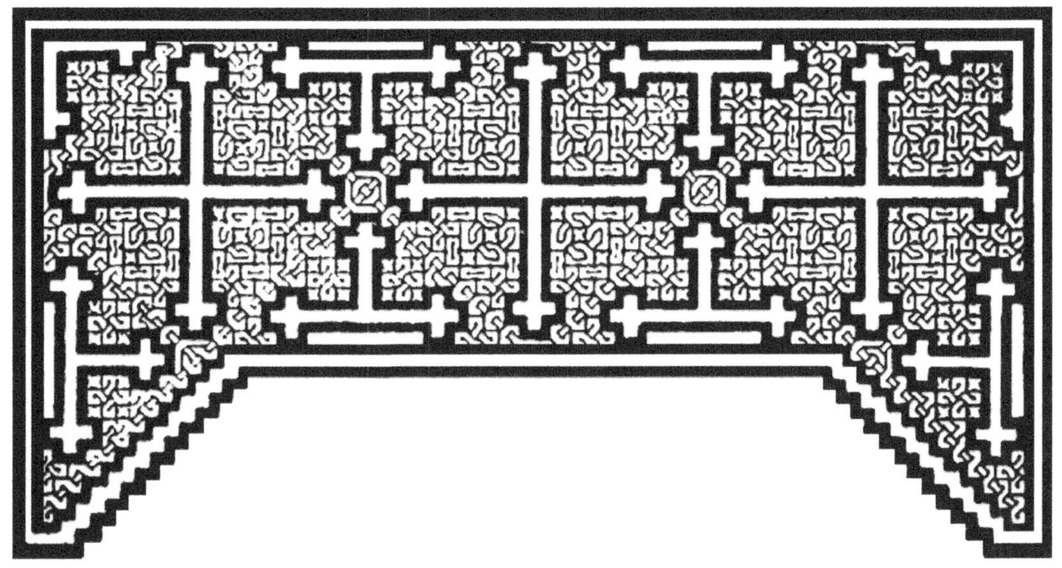

TUESDAY OF HOLY PASCHA

الثلاثاء من البصخة المقدسة

First Hour of Tuesday

الساعة الأولى من يوم الثلاثاء

Ⲡⲓⲇⲟⲝⲟⲗⲟⲥ ⲛ̀ⲧⲉ Ⲙⲱ̀ⲩⲥⲏⲥ Ⲕⲉⲫ ⲓ̅ⲑ̅ : ⲁ̅ - ⲑ̅

Ⲉ̀ⲃⲟⲗϧⲉⲛ ̀ⲡⲓⲇⲟⲝⲟⲗⲟⲥ ⲛ̀ⲧⲉ Ⲙⲱ̀ⲩⲥⲏⲥ ⲡⲓⲡ̀ⲣⲟⲫⲏⲧⲏⲥ: ⲉⲣⲉⲡⲉϥ̀ⲥ̀ⲙⲟⲩ ⲉ̀ⲑⲟⲩⲁⲃ ϣⲱⲡⲓ ⲛⲉⲙⲁⲛ ⲁ̀ⲙⲏⲛ ⲉϥϫⲱ ⲙ̀ⲙⲟⲥ.

Ⲛ̀ϩ̀ⲣⲏⲓ ⲇⲉ ϧⲉⲛ ⲡⲓⲁⲃⲟⲧ ⲙ̀ⲙⲁϩ ϣⲟⲙⲧ ⲛ̀ⲧⲉ ⲡ̀ϫⲓⲛⲓ̀ ⲉ̀ⲃⲟⲗ ⲛ̀ⲛⲉⲛ ϣⲏⲣⲓ ⲙ̀ⲡ̀Ⲓⲥⲣⲁⲏⲗ ⲉ̀ⲃⲟⲗ ϧⲉⲛ ⲡ̀ⲕⲁϩⲓ ⲛ̀Ⲭⲏⲙⲓ : ϧⲉⲛ ⲡⲓⲉ̀ϩⲟⲟⲩ ⲉ̀ⲧⲉ̀ⲙ̀ⲙⲁⲩ : ⲁ̀ⲩⲓ ⲉ̀ϩ̀ⲣⲏⲓ ⲉ̀ⲡ̀ϣⲁϥⲉ ⲛ̀Ⲥⲓⲛⲁ : ⲟⲩⲟϩ ⲁ̀ⲩϥⲁⲓ ⲉ̀ⲃⲟⲗ ϧⲉⲛ Ⲣⲁⲫⲁⲍⲓⲛ : ⲟⲩⲟϩ ⲁ̀ⲩ̀ⲓ̀ⲉ̀ϩ̀ⲣⲏⲓ ⲉ̀ⲡ̀ϣⲁϥⲉ ⲛ̀Ⲥⲓⲛⲁ ⲟⲩⲟϩ ⲁ̀ⲩⲟⲩⲱⲛϩ ⲙ̀ⲙⲁⲩ ⲙ̀ⲡⲉ̀ⲙ̀ⲑⲟ ⲙ̀ⲡⲓⲧⲱⲟⲩ : Ⲟⲩⲟϩ ⲁϥ̀ⲓ ⲛ̀ϫⲉ Ⲙⲱ̀ⲩⲥⲏⲥ ⲉ̀ϩ̀ⲣⲏⲓ ⲉ̀ϫⲉⲛ ⲡⲓⲧⲱⲟⲩ ⲛ̀ⲧⲉ Ⲫ̀ⲧ : ⲟⲩⲟϩ ⲁϥⲙⲟⲩ̀ⲧ ⲉ̀ⲣⲟϥ ⲛ̀ϫⲉ Ⲫ̀ⲧ ⲉ̀ⲃⲟⲗ ϧⲉⲛ ⲡⲓⲧⲱⲟⲩ ⲉϥϫⲱ ⲙ̀ⲙⲟⲥ : ϫⲉ ⲛⲁⲓ ⲛⲉ ⲛⲏⲉ̀ⲧⲉⲕⲛⲁϫⲟⲧⲟⲩ ⲙ̀ⲡⲏⲓ ⲛ̀Ⲓⲁⲕⲱⲃ : ⲟⲩⲟϩ ⲉⲕⲉ̀ⲧⲁⲙⲉ ⲛⲉⲛϣⲏⲣⲓ ⲙ̀ⲡ̀Ⲓ̅ⲥ̅ⲗ̅ ⲉⲕϫⲱ ⲙ̀ⲙⲟⲥ ⲉ̀ⲣⲱⲟⲩ : ϫⲉ ⲛ̀ⲑⲱⲧⲉⲛ ⲁ̀ⲧⲉⲧⲉⲛⲛⲁⲩ ⲉ̀ ϩⲱⲃ ⲛⲓⲃⲉⲛ ⲉ̀ⲧⲁⲓⲁ̀ⲓⲧⲟⲩ ⲛ̀ⲛⲓⲣⲉⲙ̀ⲛ̀Ⲭⲏⲙⲓ : ⲟⲩⲟϩ ⲁⲓϭⲓ̀ⲑⲏⲛⲟⲩ ⲙ̀ⲫ̀ⲣⲏϯ ϩⲓϫⲉⲛ ϩⲁⲛⲧⲉⲛϩ ⲛ̀ⲧⲉ ϩⲁⲛⲁ̀ϧⲱⲙ : ⲁⲓⲥⲉⲕ̀ⲑⲏⲛⲟⲩ ϩⲁⲣⲟⲓ. Ⲟⲩⲟϩ ϯⲛⲟⲩ ⲉ̀ϣⲱⲡ ϧⲉⲛ ⲟⲩⲥⲱⲧⲉⲙ ⲛ̀ⲧⲉⲧⲉⲛⲥⲱⲧⲉⲙ ⲛ̀ⲥⲁ̀ⲧⲁⲥ̀ⲙⲏ : ⲛ̀ⲧⲉ ⲧⲉⲛ̀ⲁ̀ⲣⲉϩ ⲉ̀ⲧⲁ̀ⲇⲓⲁ̀ⲑⲏⲕⲏ : ⲉ̀ⲣⲉⲧⲉⲛⲉ̀ϣⲱⲡⲓ ⲛⲏⲓ ⲛ̀ⲟⲩⲗⲁⲟⲥ ⲉϥⲑⲟⲩⲏⲧ ϣⲁⲉ̀ⲛⲉϩ ⲉ̀ⲃⲟⲗ ⲟⲩⲧⲉ ⲛⲓⲉ̀ⲑⲛⲟⲥ ⲧⲏⲣⲟⲩ : ⲫⲱⲓ ⲅⲁⲣ ⲡⲉ ⲡ̀ⲕⲁϩⲓ ⲧⲏⲣϥ : ⲛ̀ⲑⲱⲧⲉⲛ ⲇⲉ ⲉ̀ⲣⲉⲧⲉⲛⲉ̀ϣⲱⲡⲓ ⲛⲏⲓ ⲛ̀ⲟⲩⲙⲉⲧⲟⲩ̀ⲣⲟ ⲉ̀ⲥⲟⲩⲁⲃ : ⲛⲉⲙ ⲟⲩⲉ̀ⲑⲛⲟⲥ ⲉϥⲧⲟⲩⲃⲏⲟⲩⲧ : ⲛⲁⲓ ⲛⲉ ⲛⲓⲥⲁϫⲓ ⲉ̀ⲧⲉⲕⲛⲁϫⲟⲧⲟⲩ ⲙ̀ⲡⲏⲓ ⲙ̀ⲡ̀Ⲓ̅ⲥ̅ⲗ̅.

Ⲁϥ̀ⲓ ⲇⲉ ⲛ̀ϫⲉ Ⲙⲱ̀ⲩⲥⲏⲥ ⲁϥⲙⲟⲩ̀ϯ ⲉ̀ⲛⲓ̀ⲡ̀ⲣⲉⲥⲃⲩ̀ⲧⲉⲣⲟⲥ ⲛ̀ⲧⲉ ⲡⲓ̀ⲗⲁⲟⲥ : ⲟⲩⲟϩ ⲁϥϫⲱ ϧⲁⲧⲟⲧⲟⲩ ⲛ̀ⲛⲁⲓⲥⲁϫⲓ ⲧⲏⲣⲟⲩ : ⲛⲁⲓ ⲉ̀ⲧⲁϥⲟⲩⲁϩⲥⲁϩⲛⲓ ⲙ̀ⲙⲱⲟⲩ ⲛⲱⲟⲩ ⲛ̀ϫⲉ Ⲫ̀ⲧ.Ⲁϥⲉ̀ⲣⲟⲩ̀ⲱ ⲛ̀ϫⲉ ⲡⲓ̀ⲗⲁⲟⲥ ⲧⲏⲣϥ ⲉⲩⲥⲟⲡ ⲡⲉϫⲱⲟⲩ : ϫⲉ ϩⲱⲃ ⲛⲓⲃⲉⲛ ⲉ̀ⲧⲁϥϫⲟⲧⲟⲩ ⲛ̀ϫⲉ Ⲫ̀ⲧ ⲧⲉⲛⲛⲁⲁⲓⲧⲟⲩ : ⲟⲩⲟϩ ⲧⲉⲛⲛⲁⲥⲟⲑⲙⲟⲩ : ⲟⲩⲟϩ ⲁ̀Ⲙⲱ̀ⲩⲥⲏⲥ ⲉⲛ ⲛⲓⲥⲁϫⲓ ⲛ̀ⲧⲉ ⲡⲓ̀ⲗⲁⲟⲥ ⲉ̀ⲡ̀ϣⲱⲓ ϩⲁ Ⲫ̀ⲧ.

Ⲟⲩ̀ⲱⲟⲩ ⲛ̀ϯ̀ⲧ̀ⲣⲓⲁⲥ ⲉ̀ⲑⲟⲩⲁⲃ ⲡⲉⲛⲛⲟⲩϯ ϣⲁ ⲉ̀ⲛⲉϩ ⲛⲉⲙ ϣⲁ ⲉ̀ⲛⲉϩ ⲛ̀ⲧⲉ ⲛⲓⲉ̀ⲛⲉϩ ⲧⲏⲣⲟⲩ: ⲁ̀ⲙⲏⲛ.

Exodus 19:1-9

A reading from the book of Exodus of Moses the Prophet may his blessings be with us Amen.

In the third month after the children of Israel had gone out of the land of Egypt, on the same day, they came to the Wilderness of Sinai. For they had departed from Rephidim, had come to

خروج ١٩: ١ – ٩

من سفر الخروج لموسى النبى بركته المقدسة تكون معنا، آمين.

فِي الشَّهْرِ الثَّالِثِ بَعْدَ خُرُوجِ بَنِي اسْرَائِيلَ مِنْ ارْضِ مِصْرَ فِي ذَلِكَ الْيَوْمِ جَاءُوا الَى بَرِّيَّةِ سِينَاءَ. ارْتَحَلُوا مِنْ رَفِيدِيمَ وَجَاءُوا الَى

the Wilderness of Sinai, and camped in the wilderness. So Israel camped there before the mountain. And Moses went up to God, and the Lord called to him from the mountain, saying, "Thus you shall say to the house of Jacob, and tell the children of Israel: 'You have seen what I did to the Egyptians, and how I bore you on eagles' wings and brought you to Myself. Now therefore, if you will indeed obey My voice and keep My covenant, then you shall be a special treasure to Me above all people; for all the earth is Mine. And you shall be to Me a kingdom of priests and a holy nation. ' These are the words which you shall speak to the children of Israel." So Moses came and called for the elders of the people, and laid before them all these words which the Lord commanded him. Then all the people answered together and said, "All that the Lord has spoken we will do." So Moses brought back the words of the people to the Lord. And the Lord said to Moses, "Behold, I come to you in the thick cloud, that the people may hear when I speak with you, and believe you forever." So Moses told the words of the people to the Lord.

Glory be to the Holy Trinity our God unto the age of all ages, Amen.

بَرِّيَّةِ سِينَاءَ فَنَزَلُوا فِي الْبَرِّيَّةِ. هُنَاكَ نَزَلَ اسْرَائِيلُ مُقَابِلَ الْجَبَلِ. وَامَّا مُوسَى فَصَعِدَ الَى اللهِ. فَنَادَاهُ الرَّبُّ مِنَ الْجَبَلِ: «هَكَذَا تَقُولُ لِبَيْتِ يَعْقُوبَ وَتُخْبِرُ بَنِي اسْرَائِيلَ: انْتُمْ رَايْتُمْ مَا صَنَعْتُ بِالْمِصْرِيِّينَ. وَانَا حَمَلْتُكُمْ عَلَى اجْنِحَةِ النُّسُورِ وَجِئْتُ بِكُمْ الَيَّ. فَالانَ انْ سَمِعْتُمْ لِصَوْتِي وَحَفِظْتُمْ عَهْدِي تَكُونُونَ لِي خَاصَّةً مِنْ بَيْنِ جَمِيعِ الشُّعُوبِ. فَانَّ لِي كُلَّ الارْضِ. وَانْتُمْ تَكُونُونَ لِي مَمْلَكَةَ كَهَنَةٍ وَامَّةً مُقَدَّسَةً. هَذِهِ هِيَ الْكَلِمَاتُ الَّتِي تُكَلِّمُ بِهَا بَنِي اسْرَائِيلَ». فَجَاءَ مُوسَى وَدَعَا شُيُوخَ الشَّعْبِ وَوَضَعَ قُدَّامَهُمْ كُلَّ هَذِهِ الْكَلِمَاتِ الَّتِي اوْصَاهُ بِهَا الرَّبُّ. فَاجَابَ جَمِيعُ الشَّعْبِ مَعاً: «كُلُّ مَا تَكَلَّمَ بِهِ الرَّبُّ نَفْعَلُ». فَرَدَّ مُوسَى كَلامَ الشَّعْبِ الَى الرَّبِّ. فَقَالَ الرَّبُّ لِمُوسَى: «هَا انَا آتٍ الَيْكَ فِي ظَلامِ السَّحَابِ لِيَسْمَعَ الشَّعْبُ حِينَمَا اتَكَلَّمُ مَعَكَ فَيُؤْمِنُوا بِكَ ايْضاً الَى الابَدِ». وَاخْبَرَ مُوسَى الرَّبَّ بِكَلامِ الشَّعْبِ.

مجداً للثالوث القدوس الهنا إلى الأبد وإلى أبد الآبدين كلها، آمين.

ⲒⲱⲂ ⲡⲓⲑ̀ⲙⲏⲓ Ⲕⲉⲫ ⲕ̅ⲋ̅ : ⲃ̅ ϣⲃⲗ ⲛⲉⲙ ⲕ̅ⲇ̅ : ⲁ̅ ϣⲃⲗ

Ⲉ̀ⲃⲟⲗϧⲉⲛ Ⲓⲱⲃ ⲡⲓⲑ̀ⲙⲏⲓ : ⲉ̀ⲣⲉⲡⲉϥ̀ⲥ̀ⲙⲟⲩ ⲉ̀ⲑⲟⲩⲁⲃ ϣⲱⲡⲓ ⲛⲉⲙⲁⲛ ⲁ̀ⲙⲏⲛ ⲉϥϫⲱ ⲙ̀ⲙⲟⲥ.

Ⲕⲉ ⲅⲁⲣ ϯⲉⲙⲓ ϫⲉ ⲡⲁⲥⲟϩⲓⲟⲩ ⲉ̀ⲃⲟⲗϩⲓⲧⲟⲧϥ ⲡⲉ : ⲟⲩⲟϩ ⲧⲉϥϫⲓϫ ⲁ̀ⲥϩⲣⲟϣ ⲉ̀ϫⲉⲛ ⲡⲁϥⲓ̀ⲁϩⲟⲙ : ⲛⲓⲙ ⲅⲁⲣ ⲉⲑⲛⲁ̀ⲉⲙⲓ ϫⲉ ϯⲛⲁϫⲉⲙϥ : ⲟⲩⲟϩ ϫⲉ ⲁⲩϯⲛⲉⲙ ⲏⲓ ϣⲁ ⲡ̀ϫⲱⲕ : ⲟⲩⲟϩ ⲁⲛ ϫⲉ ϯⲛⲁ ϫⲉ ⲟⲩϩⲁⲡ ⲛⲁϩⲣⲁϥ. ⲣⲱⲓ ⲉϥⲉ̀ⲙⲟϩ ⲛ̀ⲥⲟϩ : ⲉⲓⲉ̀ⲙⲓ ⲇⲉ ⲉ̀ ⲛⲓⲧⲁϫⲣⲟ ⲛ̀ⲛⲏⲉ̀ⲧⲉϥⲛⲁϫⲟⲧⲟⲩ ⲛⲏⲓ : ⲉⲓⲉ̀ⲉⲣ ⲉⲥⲑⲁⲛⲉⲥⲑⲉ ⲉ̀ⲛⲏⲉ̀ⲧⲉϥⲛⲁⲧⲁⲙⲟⲓ ⲉ̀ⲣⲱⲟⲩ. Ⲟⲩⲟϩ ϫⲉ ⲁⲛ ϥ̀ⲛⲁⲓ ⲉ̀ϩ̀ⲣⲏⲓ ⲉ̀ϫⲱⲓ ϧⲉⲛ ⲟⲩⲛⲓϣϯ ⲛ̀ϫⲟⲙ : ⲉ̀ⲧⲉϥⲛⲁⲉⲣⲭⲣⲁⲥⲑⲉ ⲛⲏⲓ ⲁⲛ ϧⲉⲛⲟⲩⲙ̀ⲃⲟⲛ : ϯⲙⲉⲑⲙⲏⲓ ⲅⲁⲣ ⲛⲉⲙ ⲡⲓⲥⲟϩⲓ ϩⲁⲛⲉ̀ⲃⲟⲗ ϩⲓⲧⲟⲧϥ ⲛⲉ : ⲉϥⲉ̀ⲓ̀ⲛⲓ ⲇⲉ ⲉ̀ⲃⲟⲗ ⲙ̀ⲡⲁϩⲁⲡ ϣⲁⲉ̀ⲃⲟⲗ : ⲉⲓⲉ̀ϣⲉⲛⲏⲓ ⲇⲉ ϣⲁ ⲛⲓϩⲟⲩⲁ̀ϯ : ⲟⲩⲟϩ ⲛ̀ⲛⲁϣⲟⲡ ⲁⲛ ϫⲉ : ⲟⲩⲇⲉ ϯⲉ̀ⲙⲓ ⲉ̀ⲣⲟϥ ϧⲉⲛ ⲛⲓϧⲁⲉⲩ. Ⲁϥⲑⲁⲙⲓⲟ ⲛ̀ϩⲁⲛϫⲁϭⲏ ⲟⲩⲟϩ ⲙ̀ⲡⲓⲁⲙⲟⲛⲓ : ⲉϥⲉϩⲱⲃⲥ ⲛ̀ϩⲁⲛⲟⲩⲓ̀ⲛⲁⲙ ⲟⲩⲟϩ ⲛ̀ⲛⲁⲛⲁⲩ : ϥⲥⲱⲟⲩⲛ ⲅⲁⲣ ϩⲏⲇⲏ ⲛ̀ⲑⲟϥ ⲙ̀ⲡⲁⲙⲱⲓⲧ : ⲁϥⲉⲣⲇⲓⲁⲕⲣⲓⲛⲓⲛ ⲅⲁⲣ ⲙ̀ⲙⲟⲓ ⲙ̀ⲫⲣⲏϯ ⲙ̀ⲡⲓⲛⲟⲩⲃ : ⲉⲓⲉ̀ⲙⲟϣⲓ ⲇⲉ ⲛ̀ϧⲣⲏⲓϧⲉⲛ ⲛⲉϥϩⲟⲛϩⲉⲛ ⲟⲩⲟϩ ⲛ̀ⲛⲁⲭⲁⲩ ⲛ̀ⲥⲱⲓ : ⲛⲉϥⲥⲁϫⲓ ⲉⲓⲉ̀ⲭⲟⲡⲟⲩ ϧⲉⲛⲕⲉⲛⲧ : ⲓⲥϫⲉ ⲛ̀ⲑⲟϥ ⲁϥϯϩⲁⲡ ⲙ̀ⲡⲁⲓⲣⲏϯ. Ⲛⲓⲙ ⲡⲉ ⲫⲏⲉⲑⲛⲁⲉⲣⲁⲛϯⲗⲉⲅⲓⲛ ⲛⲁϥ : ⲫⲏ ⲅⲁⲣ ⲉ̀ⲧⲁϥⲟⲩⲁϣϥ : ⲫⲁⲓ ⲡⲉ ⲉ̀ⲧⲁϥⲁⲓϥ. Ⲉⲑⲃⲉ ⲫⲁⲓ ⲁⲓⲓⲛⲥ ⲙ̀ⲙⲟⲓ ⲉ̀ϩⲣⲏⲓ ⲉ̀ϫⲱϥ : ⲉϥⲉ̀ϯⲥ̀ⲃⲱ ⲇⲉ ⲛⲏⲓ ⲁⲓⲉⲣϩⲟϯ ϧⲁⲧⲉϥϩⲏ : ⲉ̀ϩⲣⲏⲓ ⲉ̀ϫⲉⲛ ⲫⲁⲓ. ⲉⲓⲉⲓⲛⲥ ϧⲁⲧϩⲏ ⲙ̀ⲡⲉϥϩⲟ ⲉⲓⲉ̀ⲥⲟⲙⲥ ⲟⲩⲟϩ ⲉ̀ⲛⲟⲩϣⲡ ⲉ̀ⲃⲟⲗ ⲙ̀ⲙⲟϥ. Ⲡⲟ̅ⲥ̅ ⲇⲉ ⲁϥⲉⲛ ⲟⲩϣⲱⲉϫⲉⲛ ⲡⲁϩⲏⲧ : ⲟⲩⲟϩ ⲡⲓⲡⲁⲛⲧⲟⲕⲣⲁⲧⲱⲣ ⲁϥⲓⲛⲥ ⲛ̀ⲥⲱⲓ : ⲛⲁⲓⲉ̀ⲙⲓ ⲅⲁⲣ ⲡⲉ ϫⲉ ϥⲛⲁⲓ̀ ⲉ̀ϩⲣⲏⲓ ⲉ̀ϫⲱⲓ ⲛ̀ϫⲉ ⲟⲩⲭⲁⲕⲓ : ⲟⲩⲅⲛⲟⲫⲟⲥ ⲇⲉ ⲡⲉ ⲉ̀ⲧⲁϥϩⲱⲃⲥ ⲉ̀ⲃⲟⲗ ϧⲁⲧϩⲏ ⲙ̀ⲡⲁϩⲟ.

Ⲉⲑⲃⲉ ⲟⲩ ⲇⲉ ⲁⲩϩⲱⲡ ⲉ̀Ⲡⲟ̅ⲥ̅ ⲛ̀ϫⲉ ϩⲁⲛⲟⲩⲛⲱⲟⲩ̀ : ⲛⲓⲁ̀ⲥⲉⲃⲏⲥ ⲇⲉ ⲁⲩⲉⲣⲥⲁⲃⲟⲗ ⲛ̀ⲛⲟⲩⲑⲱϣ ⲉ̀ⲁⲩϩⲱⲗⲉⲙ ⲛ̀ⲛⲟⲩⲟϩⲓ ⲛⲉⲙ ⲡⲉϥⲙⲁⲛⲉ̀ⲥⲱⲟⲩ : ⲟⲩⲉ̀ⲱ̀ ⲇⲉ ⲛ̀ⲧⲉ ϩⲁⲛⲟⲣⲫⲁⲛⲟⲥ ⲁⲩⲟⲗϥ : ⲟⲩⲟϩ ϯⲉ̀ϩⲉ ⲛ̀ⲧⲉ ⲟⲩⲭⲏⲣⲁ ⲁⲩⲟⲗⲥ ⲛ̀ⲁⲩⲟⲩⲱ̀. Ⲁⲩⲑ̀ⲣⲉ ϩⲁⲛⲁⲧϫⲟⲙ ⲣⲓⲕⲓ ⲉ̀ⲃⲟⲗϩⲁ ⲫ̀ⲙⲱⲓⲧ ⲛ̀ⲧⲉϯⲙⲉⲑⲙⲏⲓ : ⲁⲩϫⲟⲡⲟⲩ ⲇⲉ ⲉⲩⲥⲟⲡ ⲛ̀ϫⲉ ⲛⲓⲣⲉⲙⲣⲁⲩϣ ⲛ̀ⲧⲉ ⲡ̀ⲕⲁϩⲓ : ⲁⲩϣⲱⲡⲓ ⲇⲉ ⲙ̀ⲫⲣⲏϯ ⲛ̀ϩⲁⲛⲉ̀ϩⲉⲩ ϧⲉⲛ ⲡ̀ⲕⲟⲓ ⲉ̀ⲁⲩⲥⲉⲧ ⲧⲟⲩⲡⲣⲁⲝⲓⲥ ⲉ̀ⲃⲟⲗϩⲓϫⲱⲓ ⲁⲩϩⲗⲟϫ ⲛⲁϥ ⲛ̀ϫⲉ ⲟⲩⲱⲓⲕ ⲛ̀ⲧⲉ ϩⲁⲛⲁ̀ⲗⲱⲟⲩⲓ̀. Ⲟⲩⲓⲟϩⲓ ⲙ̀ⲫⲱⲟⲩ ⲁⲛ ⲡⲉ ⲁⲩⲟⲥϧϥ ⲙ̀ⲡⲁⲧⲉ ⲧⲉϥϩⲱϯ ϣⲱⲡ : ϩⲁⲛⲁⲧϫⲟⲙ ⲇⲉ ⲁⲩⲉⲣϩⲱⲃ ⲉϩⲁⲛⲙⲁ ⲛ̀ⲁ̀ⲗⲟⲗⲓ ⲛ̀ⲧⲉ ⲛⲓⲁ̀ⲥⲉⲃⲏⲥ ⲛ̀ⲁⲧⲃⲉⲭⲉ ⲟⲩⲟϩ ⲛ̀ⲁⲑⲟⲩⲱⲙ : Ⲟⲩⲙⲏϣ ⲉⲩⲃⲏϣ ⲁⲩⲑⲣⲟⲩⲉⲛⲕⲟⲧ ⲛ̀ⲁⲧϩⲃⲱⲥ ⲁⲩⲱ̀ⲗⲓ ⲛ̀ⲧϩⲉⲃⲥⲱ ⲛ̀ⲧⲉ ⲧⲟⲩⲯⲩⲭⲏ : ⲥⲉϩⲱⲣⲡ ⲇⲉ ϧⲉⲛ ⲛⲓⲧⲉⲗⲧⲓⲗⲓ ⲛ̀ⲧⲉ ⲛⲓⲧⲱⲟⲩ : ⲉⲑⲃⲉ ϫⲉ ⲙ̀ⲙⲟⲛⲧⲟⲩ ⲥ̀ⲕⲉⲡⲏ ⲙ̀ⲙⲁⲩ ⲁⲩϫⲟⲗⲟⲩ ⲛⲟⲩⲡⲉⲧⲣⲁ : ⲁⲩϩⲱⲗⲉⲙ ⲇⲉ ⲛ̀ⲟⲩⲟⲣⲫⲁⲛⲟⲥ ⲉ̀ⲃⲟⲗϧⲉⲛ ⲛⲟⲩⲙⲛⲟϯ : ⲫⲏ ⲇⲉ ⲉ̀ⲧⲁϥϩⲉⲓ ⲁⲩⲑⲉⲃⲓⲟϥ : ⲁⲩⲑ̀ⲣⲉ ϩⲁⲛⲟⲩⲟⲛ ⲇⲉ ⲉⲛⲕⲟⲧ ⲉⲩⲃⲏϣ ϧⲉⲛ ⲛⲟⲩϭⲓⲛϫⲟⲛⲥ : ⲛⲏⲇⲉ ⲉⲧϩⲟⲕⲉⲣ ⲁⲩⲱ̀ⲗⲓ ⲙ̀ⲡⲟⲩⲱⲓⲕ ϧⲉⲛ ϩⲁⲛⲙⲁ ⲉⲩϫⲏⲟⲩ ⲁⲩϫⲱⲣϫ ϧⲉⲛ ⲟⲩϭⲓⲛϫⲟⲛⲥ : ⲫ̀ⲙⲱⲓⲧ ⲇⲉ ⲛ̀ⲧⲉ ϯⲙⲉⲑⲙⲏⲓ ⲙ̀ⲡⲟⲩⲥⲟⲩⲱⲛϥ : ⲛⲏ ⲇⲉ ⲉ̀ⲛⲁⲩϩⲓⲟⲩⲓ̀ ⲙ̀ⲙⲱⲟⲩ ⲉ̀ⲃⲟⲗ ϧⲉⲛ ⲛⲟⲩⲃⲁⲕⲓ ⲛⲉⲙ ⲛⲟⲩⲓⲟ̀ⲩ ⲙ̀ⲡⲟⲩⲥⲟⲩⲱ̀ⲛⲟⲩ.

Ⲯⲩⲭⲏ ⲇⲉ ⲛ̀ⲧⲉ ϩⲁⲛⲕⲟⲩϫⲓ ⲛ̀ⲁ̀ⲗⲱⲟⲩⲓ̀ ⲁⲥⲉⲣ ϩⲁⲛⲛⲓϣϯ ⲙ̀ϥⲓⲁ̀ϩⲟⲙ : ⲛ̀ⲑⲟϥ ⲇⲉ ⲉⲑⲃⲉⲟⲩ ⲙ̀ⲡⲉϥϫⲉⲙ ⲡ̀ϣⲓⲛⲓ ⲛ̀ⲛⲁⲓ ⲉⲩϣⲟⲡ ϩⲓϫⲉⲛ ⲡⲓⲕⲁϩⲓ : ⲟⲩⲟϩ ⲙ̀ⲡⲟⲩⲉ̀ⲙⲓ ⲫ̀ⲙⲱⲓⲧ ⲇⲉ ⲛ̀ⲧⲉ ϯⲙⲉⲑⲙⲏⲓ : ⲙ̀ⲡⲟⲩⲥⲟⲩⲱⲛϥ ⲟⲩⲇⲉ ⲙ̀ⲡⲟⲩⲙⲟϣⲓ ϧⲉⲛ ⲛⲉⲥⲙⲓⲧⲱⲟⲩⲓ̀ : Ⲉⲧⲁϥⲉ̀ⲙⲓ ⲇⲉ ⲛ̀ⲛⲟⲩϩ̀ⲃⲏⲟⲩⲓ̀ ⲁϥⲧⲏⲓⲧⲟⲩ ⲉ̀ⲡⲭⲁⲕⲓ : ⲟⲩⲟϩ ϧⲉⲛ ⲡⲓⲉ̀ϫⲱⲣϩ ⲉϥⲉⲉⲣ ⲙ̀ⲫⲣⲏϯ ⲛ̀ⲟⲩⲣⲉϥϭⲓⲟⲩⲓ̀ : ⲫ̀ⲃⲁⲗ ⲛ̀ⲟⲩⲛⲱⲓⲕ ⲉϥⲁ̀ⲣⲉϩ ⲉ̀ⲟⲩⲭⲁⲕⲓ ⲉϥϫⲱ ⲙ̀ⲙⲟⲥ ϫⲉ ⲙ̀ⲙⲟⲛ ⲃⲁⲗ ⲛⲁⲩ ⲉ̀ⲣⲟⲓ : ⲟⲩⲟϩ ⲁϥϫⲁⲧ ⲛ̀ⲟⲩⲙⲁⲛ̀ϫⲱⲡ ⲛ̀ⲧⲉ ⲟⲩϩⲟ.

Ⲁϥϩⲓϣⲁⲧⲥ ⲉ̀ϩⲁⲛⲏⲓ ϧⲉⲛ ⲡⲓⲭⲁⲕⲓ : ϧⲉⲛ ⲡⲓⲉ̀ϩⲟⲟⲩ ⲁⲩϩⲓⲧⲉⲃⲥ ⲉ̀ⲣⲱⲟⲩ ⲙ̀ⲙⲓⲛ ⲙ̀ⲙⲱⲟⲩ : ⲟⲩⲟϩ ⲙ̀ⲡⲟⲩⲥⲟⲩⲉⲛ ⲫ̀ⲟⲩⲱⲓⲛⲓ ϫⲉ ϩⲁⲛⲁⲧⲟⲟⲩⲓ̀ : ⲟⲩϧⲏⲓⲃⲓ ⲛ̀ⲧⲉ ⲫ̀ⲙⲟⲩ ⲉⲑⲛⲁϣⲱⲡⲓ ⲛⲱⲟⲩ ⲉⲩⲥⲟⲡ : ϫⲉ ⲉϥⲉ̀ⲥⲟⲩⲉⲛ ϩⲁⲛϣ̀ⲑⲟⲣⲧⲉⲣ ⲛ̀ⲧⲉ ⲧ̀ϧⲏⲓⲃⲓ ⲙ̀Ⲫⲙⲟⲩ : ϥ̀ⲁ̀ⲥⲓ̀ⲱⲟⲩ ϩⲓϫⲉⲛ ⲡ̀ϩⲟ ⲛ̀ⲟⲩⲙⲱⲟⲩ : ⲉϥⲉ̀ϣⲱⲡⲓ ⲉϥⲥ̀ϩⲟⲩⲟⲣⲧ ⲛ̀ϫⲉ ⲡⲟⲩⲙⲉⲣⲟⲥ ϩⲓϫⲉⲛ ⲡ̀ⲕⲁϩⲓ. Ⲉⲩⲉ̀ⲟⲩⲱⲛϩ ⲇⲉ ⲉ̀ⲃⲟⲗ ⲛ̀ϫⲉ ⲛⲏⲉⲧⲣⲏⲧ ⲛ̀ⲧⲱⲟⲩ ⲉⲩϣ̀ⲟⲩⲱ̀ⲟⲩ ϩⲓϫⲉⲛ ⲡ̀ⲕⲁϩⲓ : ⲉⲩϩⲱⲗⲉⲙ ⲅⲁⲣ ⲛ̀ϩⲁⲛⲭ̀ⲛⲁⲩ ⲛ̀ⲧⲉ ϩⲁⲛⲟⲣⲫⲁⲛⲟⲥ : ⲓ̀ⲧⲁ ⲁϥⲉⲣⲫ̀ⲙⲉⲩ̀ⲓ ⲙ̀ⲡⲉϥⲛⲟⲃⲓ : ⲁϥϣⲱⲡⲓ ⲇⲉ ⲛ̀ⲁⲑⲟⲩⲱⲛϩ ⲙ̀ⲫ̀ⲣⲏϯ ⲛ̀ⲟⲩⲛⲓϥ ⲛ̀ⲧⲉ ⲟⲩⲓ̀ⲱϯ : ⲉⲩⲉϯϣⲉⲃⲓ̀ⲱ ⲛⲁϥ ⲛ̀ⲛⲏ̀ⲉⲧⲁϥⲁⲓⲧⲟⲩ : ⲉϥⲉ̀ϧⲟⲙϧⲉⲙ ⲇⲉ ⲛ̀ϫⲉ ⲣⲉϥϭⲓ̀ⲛϫⲟⲛⲥ ⲛⲓⲃⲉⲛ ⲙ̀ⲫ̀ⲣⲏϯ ⲛ̀ⲟⲩϣⲉ ⲛ̀ⲁⲧϣⲁⲩ : ⲟⲩⲁϭⲣⲏⲛ ⲅⲁⲣ ⲙ̀ⲡⲟⲩⲉⲣⲡⲉⲑⲛⲁⲛⲉϥ ⲛⲁⲥ : ⲟⲩⲟϩ ⲟⲩⲁⲧⲥ̀ϩⲓⲙⲓ ⲙ̀ⲡⲟⲩⲛⲁⲓ ⲛⲁϥ. Ϧⲉⲛ ⲟⲩϫⲱⲛⲧ ⲅⲁⲣ ⲁⲩⲣⲱϧⲧ ⲛ̀ϩⲁⲛⲁⲧϫⲟⲙ : ⲁϥϣⲁⲛⲧⲱⲛϥ ⲅⲁⲣ ⲟⲩⲛ ⲙ̀ⲡⲉⲛ̀ⲑⲣⲉϥ ⲧⲉⲛϩⲉⲧ ⲡⲉϥⲱⲛϧ : ⲁϥϣⲁⲛϣⲱⲛⲓ ⲇⲉ ⲙ̀ⲡⲉⲛ̀ⲑⲣⲉϥ ⲉⲣϩⲉⲗⲡⲓⲥ ϫⲉ ϥ̀ⲛⲁⲗⲟϫϥ : ⲁⲗⲗⲁ ⲉϥⲉ̀ϩⲉⲓ ϧⲉⲛ ⲟⲩϣⲱⲛⲓ : ⲟⲩⲙⲏϣ ⲇⲉ ⲁϥⲑⲉ - ⲃⲓ̀ⲱⲟⲩ ⲛ̀ϫⲉ ⲡⲉϥϭⲓ̀ⲥⲓ : ⲁϥⲗⲱⲙ ⲇⲉ ⲛ̀ϫⲉ ⲟⲩⲭ̀ⲗⲟⲏ ϧⲉⲛ ⲟⲩⲕⲁⲩⲙⲁ ⲓⲉ ⲙ̀ⲫ̀ⲣⲏϯ ⲛ̀ⲟⲩϧⲉⲙⲥ ⲉ̀ⲁϥ ϩⲉⲓ ⲙ̀ⲙⲁⲩⲁⲧϥ ⲉ̀ⲃⲟⲗ ϧⲉⲛ ϩⲁⲛⲣⲱⲟⲩ̀ⲓ. Ⲓⲥϫⲉ ⲙ̀ⲙⲟⲛ ⲛⲓⲙ ⲡⲉ ⲉ̀ⲧⲁϥϫⲟⲥ ⲛⲁϥ ϫⲉ ⲁⲓ̀ϫⲉ ⲙⲉⲑⲛⲟⲩϫ : ⲉⲩⲟϩ ⲛ̀ⲧⲉϥⲭⲱ ⲛ̀ⲛⲁⲥⲁϫⲓ ϫⲉ ϩⲁⲛϩ̀ⲗⲓ ⲁϥ ⲛⲉ.

Ⲟⲩⲱ̀ⲟⲩ ⲛ̀ϯⲧ̀ⲣⲓⲁⲥ ⲉ̀ⲑⲟⲩⲁⲃ ⲡⲉⲛⲛⲟⲩϯ ϣⲁ ⲉ̀ⲛⲉϩ ⲛⲉⲙ ϣⲁ ⲉ̀ⲛⲉϩ ⲛ̀ⲧⲉ ⲛⲓⲉ̀ⲛⲉϩ ⲧⲏⲣⲟⲩ: ⲁ̀ⲙⲏⲛ.

Job 23:2-24:25

A reading from Job the Prophet may his blessings be with us Amen.

“Even today my complaint is bitter; My hand is listless because of my groaning. Oh, that I knew where I might find Him, That I might come to His seat! I would present my case before Him, And fill my mouth with arguments. I would know the words which He would answer me, And understand what He would say to me. Would He contend with me in His great power? No! But He would take note of me. There the upright could reason with Him, And I would be delivered forever from my Judge.” Look, I go forward, but He is not there, And backward, but I cannot perceive Him; When He works on the left hand, I cannot behold Him; When He turns to the right hand, I cannot see Him.. But He knows the way

أيوب ٢٣: ٢ الخ و ٢٤: ١ الخ

من أيوب الصديق بركته المقدسة تكون معنا، آمين.

[الْيَوْمَ أَيْضاً شَكْوَايَ تَمَرُّدٌ. ضَرْبَتِي أَثْقَلُ مِنْ تَنَهُّدِي. مَنْ يُعْطِينِي أَنْ أَجِدَهُ فَآتِيَ إِلَى كُرْسِيِّهِ! أُحْسِنُ الدَّعْوَى أَمَامَهُ وَأَمْلأُ فَمِي حُجَجاً. فَأَعْرِفُ الأَقْوَالَ الَّتِي بِهَا يُجِيبُنِي وَأَفْهَمُ مَا يَقُولُهُ لِي. أَبِكَثْرَةِ قُوَّةٍ يُخَاصِمُنِي؟ كَلاَّ! وَلَكِنَّهُ كَانَ يَنْتَبِهُ إِلَيَّ. هُنَالِكَ كَانَ يُحَاجُّهُ الْمُسْتَقِيمُ وَكُنْتُ أَنْجُو إِلَى الأَبَدِ مِنْ قَاضِيَّ. هَئَنَذَا أَذْهَبُ شَرْقاً فَلَيْسَ هُوَ هُنَاكَ وَغَرْباً فَلاَ أَشْعُرُ بِهِ شِمَالاً حَيْثُ عَمَلُهُ فَلاَ أَنْظُرُهُ. يَتَعَطَّفُ الْجَنُوبَ فَلاَ أَرَاهُ. [لأَنَّهُ يَعْرِفُ طَرِيقِي. إِذَا جَرَّبَنِي أَخْرُجُ كَالذَّهَبِ. بِخَطَوَاتِهِ اسْتَمْسَكَتْ رِجْلِي. حَفِظْتُ طَرِيقَهُ وَلَمْ أَحِدْ. مِنْ وَصِيَّةِ شَفَتَيْهِ لَمْ أَبْرَحْ. أَكْثَرَ

that I take; When He has tested me, I shall come forth as gold. My foot has held fast to His steps; I have kept His way and not turned aside. I have not departed from the commandment of His lips; I have treasured the words of His mouth More than my necessary food." But He is unique, and who can make Him change? And whatever His soul desires, that He does. For He performs what is appointed for me, And many such things are with Him. Therefore I am terrified at His presence; When I consider this, I am afraid of Him. For God made my heart weak, And the Almighty terrifies me; Because I was not cut off from the presence of darkness, And He did not hide deep darkness from my face." Since times are not hidden from the Almighty, Why do those who know Him see not His days? "Some remove landmarks; They seize flocks violently and feed on them; They drive away the donkey of the fatherless; They take the widow's ox as a pledge. They push the needy off the road; All the poor of the land are forced to hide. Indeed, like wild donkeys in the desert, They go out to their work, searching for food. The wilderness yields food for them and for their children. They gather their fodder in the field And glean in the vineyard of the wicked. They spend the night naked, without clothing, And have no covering in the cold. They are wet with the showers of the mountains, And huddle around the rock for want of shelter." Some snatch the fatherless from the breast, And take a pledge from the poor. They cause the poor to go naked, without clothing;

مِنْ فَرِيضَتِي ذَخَرْتُ كَلاَمَ فَمِهِ. أَمَّا هُوَ فَوَحْدَهُ فَمَنْ يَرُدُّهُ؟ وَنَفْسُهُ تَشْتَهِي فَيَفْعَلُ. لأَنَّهُ يُتَمِّمُ الْمَفْرُوضَ عَلَيَّ وَكَثِيرٌ مِثْلُ هَذِهِ عِنْدَهُ. مِنْ أَجْلِ ذَلِكَ أَرْتَاعُ قُدَّامَهُ. أَتَأَمَّلُ فَأَرْتَعِبُ مِنْهُ. لأَنَّ اللهَ قَدْ أَضْعَفَ قَلْبِي وَالْقَدِيرَ رَوَّعَنِي. لأَنِّي لَمْ أُقْطَعْ قَبْلَ الظَّلاَمِ وَمِنْ وَجْهِي لَمْ يُغَطِّ الدُّجَى. [لِمَاذَا إِذْ لَمْ تَخْتَبِئِ الأَزْمِنَةُ مِنَ الْقَدِيرِ لاَ يَرَى عَارِفُوهُ يَوْمَهُ؟ يَنْقُلُونَ التُّخُومَ. يَغْتَصِبُونَ قَطِيعاً وَيَرْعَوْنَهُ. يَسْتَاقُونَ حِمَارَ الْيَتَامَى وَيَرْتَهِنُونَ ثَوْرَ الأَرْمَلَةِ. يَصُدُّونَ الْفُقَرَاءَ عَنِ الطَّرِيقِ. مَسَاكِينُ الأَرْضِ يَخْتَبِئُونَ جَمِيعاً. هَا هُمْ كَالْفَرَاءِ فِي الْقَفْرِ يَخْرُجُونَ إِلَى عَمَلِهِمْ يُبَكِّرُونَ لِلطَّعَامِ. الْبَادِيَةُ لَهُمْ خُبْزٌ لأَوْلاَدِهِمْ. فِي الْحَقْلِ يَحْصُدُونَ عَلَفَهُمْ وَيُعَلِّلُونَ كَرْمَ الشِّرِّيرِ. يَبِيتُونَ عُرَاةً بِلاَ لِبْسٍ وَلَيْسَ لَهُمْ كِسْوَةٌ فِي الْبَرْدِ. يَبْتَلُّونَ مِنْ مَطَرِ الْجِبَالِ وَلِعَدَمِ الْمَلْجَإِ يَعْتَنِقُونَ الصَّخْرَ. [يَخْطَفُونَ الْيَتِيمَ عَنِ الثُّدِيِّ وَمِنَ الْمَسَاكِينِ يَرْتَهِنُونَ. عُرَاةً يَذْهَبُونَ بِلاَ لِبْسٍ وَجَائِعِينَ يَحْمِلُونَ حُزَماً. يَعْصُرُونَ الزَّيْتَ دَاخِلَ أَسْوَارِهِمْ. يَدُوسُونَ الْمَعَاصِرَ وَيَعْطَشُونَ. مِنَ الْوَجَعِ أُنَاسٌ يَئِنُّونَ وَنَفْسُ الْجَرْحَى تَسْتَغِيثُ وَاللهُ لاَ يَنْتَبِهُ إِلَى الظُّلْمِ. [أُولَئِكَ يَكُونُونَ بَيْنَ الْمُتَمَرِّدِينَ عَلَى النُّورِ. لاَ يَعْرِفُونَ طُرُقَهُ وَلاَ يَلْبَثُونَ فِي سُبُلِهِ. مَعَ النُّورِ يَقُومُ الْقَاتِلُ. يَقْتُلُ الْمِسْكِينَ وَالْفَقِيرَ وَفِي اللَّيْلِ يَكُونُ كَاللِّصِّ. وَعَيْنُ الزَّانِي تُلاَحِظُ الْعِشَاءَ.

يَقُولُ: لاَ تُرَاقِبُنِي عَيْنٌ. فَيَجْعَلُ سِتْراً عَلَى وَجْهِهِ. يَنْقُبُونَ الْبُيُوتَ فِي الظَّلاَمِ. فِي النَّهَارِ يُغْلِقُونَ عَلَى أَنْفُسِهِمْ. لاَ يَعْرِفُونَ النُّورَ. لأَنَّهُ سَوَاءٌ عَلَيْهِمُ الصَّبَاحُ وَظِلُّ الْمَوْتِ. لأَنَّهُمْ يَعْلَمُونَ أَهْوَالَ ظِلِّ الْمَوْتِ. خَفِيفٌ هُوَ عَلَى وَجْهِ الْمِيَاهِ. مَلْعُونٌ نَصِيبُهُمْ فِي الأَرْضِ. لاَ يَتَوَجَّهُ إِلَى طَرِيقِ الْكُرُومِ. الْقَحْطُ وَالْقَيْظُ يَذْهَبَانِ بِمِيَاهِ الثَّلْجِ كَذَا الْهَاوِيَةُ بِالَّذِينَ أَخْطَأُوا. تَنْسَاهُ الرَّحِمُ يَسْتَحْلِيهِ الدُّودُ. لاَ يُذْكَرُ بَعْدُ وَيَنْكَسِرُ الأَثِيمُ كَشَجَرَةٍ. يُسِيءُ إِلَى الْعَاقِرِ الَّتِي لَمْ تَلِدْ وَلاَ يُحْسِنُ إِلَى الأَرْمَلَةِ. يُمْسِكُ الأَعِزَّاءَ بِقُوَّتِهِ. يَقُومُ فَلاَ يَأْمَنُ أَحَدٌ بِحَيَاتِهِ. يُعْطِيهِ طُمَأْنِينَةً فَيَتَوَكَّلُ وَلَكِنْ عَيْنَاهُ عَلَى طُرُقِهِمْ. يَتَرَفَّعُونَ قَلِيلاً ثُمَّ لاَ يَكُونُونَ وَيُحَطُّونَ. كَالْكُلِّ يُجْمَعُونَ وَكَرَأْسِ السُّنْبُلَةِ يُقْطَعُونَ. وَإِنْ لَمْ يَكُنْ كَذَا فَمَنْ يُكَذِّبُنِي وَيَجْعَلُ كَلاَمِي لاَ شَيْئاً؟].

مجداً للثالوث القدوس الهنا إلى الأبد وإلى أبد الآبدين كلها، آمين.

And they take away the sheaves from the hungry. They press out oil within their walls, And tread winepresses, yet suffer thirst. The dying groan in the city, And the souls of the wounded cry out; Yet God does not charge them with wrong." There are those who rebel against the light; They do not know its ways Nor abide in its paths. The murderer rises with the light; He kills the poor and needy; And in the night he is like a thief. The eye of the adulterer waits for the twilight, Saying, 'No eye will see me'; And he disguises his face. In the dark they break into houses, which they marked for themselves in the daytime; They do not know the light. For the morning is the same to them as the shadow of death; If someone recognizes them, They are in the terrors of the shadow of death." They should be swift on the face of the waters, Their portion should be cursed in the earth, So that no one would turn into the way of their vineyards. As drought and heat consume the snow waters, So the grave consumes those who have sinned. The womb should forget him, The worm should feed sweetly on him; He should be remembered no more, And wickedness should be broken like a tree. For he preys on the barren who do not bear, And does no good for the widow." But God draws the mighty away with His power; He rises up, but no man is sure of life. He gives them security, and they rely on it; Yet His eyes are on their ways. They are exalted for a little while, Then they are gone. They are brought low; They are taken out of the way like all others; They dry out like the heads of grain." Now if it is not so, who will prove me a liar, And make my speech worth nothing?"

Glory be to the Holy Trinity our God unto the age of all ages, Amen.

Ⲱⲥⲓⲉ Ⲕⲉⲫ Ⲇ̅ : ⲁ̅ - ⲏ̅

Ⲉⲃⲟⲗϧⲉⲛ Ⲱⲥⲓⲉ ⲡⲓⲡ̀ⲣⲟⲫⲏⲧⲏⲥ ⲉ̀ⲣⲉⲡⲉϥⲥ̀ⲙⲟⲩ ⲉ̀ⲑⲟⲩⲁⲃ ϣⲱⲡⲓ ⲛⲉⲙⲁⲛ ⲁ̀ⲙⲏⲛ ⲉϥϫⲱ ⲙ̀ⲙⲟⲥ.

Ⲥⲱⲧⲉⲙ ⲉ̀ⲡⲥⲁϫⲓ ⲙ̀Ⲡ̅ⲟ̅ⲥ̅ ⲛⲉⲛϣⲏⲣⲓ ⲙ̀ⲡⲓⲥ̅ⲗ̅ : ϫⲉ ⲡⲓϩⲁⲡ ⲙ̀Ⲡ̅ⲟ̅ⲥ̅ ⲟⲩⲃⲉ ⲛⲏⲉⲧϣⲟⲡ ϩⲓϫⲉⲛ ⲡ̀ⲕⲁϩⲓ : ϫⲉ ⲟⲩⲛ̀ ⲙ̀ⲙⲟⲛ ⲙⲉⲑⲙⲏⲓ : ⲟⲩⲇⲉ ⲙ̀ⲙⲟⲛ ⲛⲁⲓ : ⲟⲩⲇⲉ ⲙ̀ⲙⲟⲛ ⲥⲟⲩⲉⲛ ⲛⲟⲩϯ ϩⲓϫⲉⲛ ⲡ̀ⲕⲁϩⲓ : ⲟⲩⲥⲁϩⲟⲩⲓ ⲛⲉⲙ ⲟⲩⲙⲉⲑⲛⲟⲩϫ ⲛⲉⲙ ⲟⲩϧⲱⲧⲉⲃ : ⲛⲉⲙ ⲟⲩϭⲓⲟⲩⲓ ⲛⲉⲙ ⲟⲩⲙⲉⲧⲛⲱⲓⲕ ⲁⲩⲫⲱⲛ̀ⲉⲃⲟⲗ ϩⲓϫⲉⲛ ⲡ̀ⲕⲁϩⲓ : ⲟⲩⲟϩ ϩⲁⲛⲥ̀ⲛⲟϥ ⲥⲉⲙⲟⲩϫⲧ ⲙ̀ⲙⲱⲟⲩ ⲉ̀ϫⲉⲛ ϩⲁⲛⲥ̀ⲛⲟϥ. Ⲉⲑⲃⲉ ⲫⲁⲓ ⲉϥⲉ̀ⲉⲣϩⲏⲃⲓ ⲛ̀ϫⲉ ⲡ̀ⲕⲁϩⲓ ⲛⲉⲙ ⲟⲩⲟⲛ ⲛⲓⲃⲉⲛ ⲉⲧϣⲟⲡ ⲛ̀ϧⲏⲧϥ : ⲟⲩⲟϩ ⲉϥⲉ̀ⲉⲣⲕⲟⲩϫⲓ ⲛⲉⲙ ⲛⲓⲑⲏⲣⲓⲟⲛ ⲛ̀ⲧⲉ ⲧ̀ⲕⲟⲓ : ⲛⲉⲙ ⲛⲓϭⲁⲧϥⲓ ⲛ̀ⲧⲉ ⲡ̀ⲕⲁϩⲓ : ⲛⲉⲙ ⲛⲓϩⲁⲗⲁϯ ⲛ̀ⲧⲉ ⲧ̀ⲫⲉ : ⲟⲩⲟϩ ⲛⲓⲕⲉⲧⲉⲃⲧ ⲛ̀ⲧⲉ ⲫ̀ⲓⲟⲙ ⲉⲩⲉ̀ⲙⲟⲩⲛⲕ : ϩⲟⲡⲱⲥ ⲛ̀ⲛⲉϩ̀ⲗⲓ ϭⲓϩⲁⲡ ⲟⲩⲇⲉ ⲛ̀ⲛⲉϥⲥⲟϩⲓ : ⲡⲓⲗⲁⲟⲥ ⲁϥⲉⲣⲁⲛⲧⲓⲗⲉⲅⲓⲛ ⲛⲁϥ ⲛ̀ⲟⲩⲙⲉⲧϣⲁⲙϣⲉ ⲓ̀ⲇⲱⲗⲟⲛ : ⲙ̀ⲫ̀ⲣⲏϯ ⲙ̀ⲡⲓⲟⲩⲏⲃ ⲉϥⲉⲣⲁⲛ ⲧⲓⲗⲉⲅⲓⲛ ⲛⲁϥ ⲛ̀ⲟⲩⲙⲉⲧϣⲁⲙϣⲉ ⲛⲟⲩϯ : ⲟⲩⲟϩ ⲉϥⲉϣⲱⲕ ⲙ̀ⲡⲓⲉ̀ϩⲟⲟⲩ ⲟⲩⲟϩ ⲉϥⲉϣⲱⲕⲓ ⲙ̀ⲡⲓⲡ̀ⲣⲟⲫⲏⲧⲏⲥ ⲛⲉⲙⲁⲕ. Ϫⲉⲕⲙⲁⲩ ⲁⲓⲧⲉⲛⲑⲱⲛⲥ ⲉ̀ⲡⲓⲉ̀ϫⲱⲣϩ : ⲡⲁⲗⲁⲟⲥ ⲁϥⲉⲣ ⲙ̀ⲫ̀ⲣⲏϯ ⲙ̀ⲫⲏ̀ⲉⲧⲉ ⲙ̀ⲙⲟⲛ ⲧⲉϥⲥⲱⲟⲩⲛ ⲙ̀ⲙⲁⲩ : ϫⲉ ⲛ̀ⲑⲟⲕ ⲁⲕϫⲱ ⲙ̀ⲡ̀ⲥⲱⲟⲩⲛ ⲛ̀ⲥⲱⲕ : ⲁ̀ⲛⲟⲕ ϩⲱ ϯⲛⲁϫⲁⲕ ⲛ̀ⲥⲱⲓ ⲉ̀ϣ̀ⲧⲉⲙ ⲉⲣⲟⲩⲏⲃ ⲛⲏⲓ : Ⲟⲩⲟϩ ⲟⲛ ϯⲛⲁⲉⲣⲡ̀ⲱⲃϣ ⲙ̀ⲫ̀ⲛⲟⲙⲟⲥ ⲙ̀ⲡⲓⲥ̅ⲗ̅ ⲟⲩⲟϩ ϯⲛⲁⲉⲣⲡ̀ⲱⲃϣ ⲛ̀ⲛⲟⲩϩ̀ⲃⲏⲟⲩⲓ : ⲡⲁⲓⲣⲏϯ ⲁⲩⲉⲣⲛⲟⲃⲓ : ⲡⲟⲩⲱ̀ⲟⲩ ϯⲛⲁϫⲁϥ ⲉⲩϣⲱϣ : ⲛⲓⲛⲟⲃⲓ ⲛ̀ⲧⲉ ⲡⲁⲗⲁⲟⲥ ⲁⲩⲟⲩⲟⲙⲟⲩ : ⲟⲩⲟϩ ⲛ̀ϧ̀ⲣⲏⲓ ϧⲉⲛ ⲛⲟⲩϭⲓⲛϫⲟⲛⲥ ⲥⲉⲱ̀ⲗⲓ ⲛ̀ⲛⲟⲩⲯⲩⲭⲏ :

Ⲟⲩⲱ̀ⲟⲩ ⲛ̀ϯⲧ̀ⲣⲓⲁⲥ ⲉⲑⲟⲩⲁⲃ ⲡⲉⲛⲛⲟⲩϯ ϣⲁ ⲉ̀ⲛⲉϩ ⲛⲉⲙ ϣⲁ ⲉ̀ⲛⲉϩ ⲛ̀ⲧⲉ ⲛⲓⲉ̀ⲛⲉϩ ⲧⲏⲣⲟⲩ: ⲁ̀ⲙⲏⲛ.

Hosea 4: 1-8

A reading from Hosea the Prophet may his blessings be with us Amen.

Hear the word of the Lord, You children of Israel, For the Lord brings a charge against the inhabitants of the land: "There is no truth or mercy Or knowledge of God in the land. By swearing and lying, Killing and stealing

هوشع ٤: ١ - ٨

من هوشع النبى بركته المقدسة تكون معنا، آمين.

اِسْمَعُوا قَوْلَ الرَّبِّ يَا بَنِي إِسْرَائِيلَ: «إِنَّ لِلرَّبِّ مُحَاكَمَةً مَعَ سُكَّانِ الأَرْضِ لأَنَّهُ لاَ أَمَانَةَ وَلاَ إِحْسَانَ وَلاَ مَعْرِفَةَ اللَّهِ فِي الأَرْضِ. لَعْنٌ وَكَذِبٌ وَقَتْلٌ وَسِرْقَةٌ وَفِسْقٌ. يَعْتَنِفُونَ

and committing adultery, They break all restraint, With bloodshed upon bloodshed. Therefore the land will mourn; And everyone who dwells there will waste away With the beasts of the field And the birds of the air; Even the fish of the sea will be taken away." Now let no man contend, or rebuke another; For your people are like those who contend with the priest. Therefore you shall stumble in the day; The prophet also shall stumble with you in the night; And I will destroy your mother. My people are destroyed for lack of knowledge. Because you have rejected knowledge, I also will reject you from being priest for Me; Because you have forgotten the law of your God, I also will forget your children." The more they increased, The more they sinned against Me; I will change their glory into shame. They eat up the sin of My people; They set their heart on their iniquity.

Glory be to the Holy Trinity our God unto the age of all ages, Amen.

وَدِمَاءٌ تَلْحَقُ دِمَاءً. لِذَلِكَ تَنُوحُ الأَرْضُ وَيَذْبُلُ كُلُّ مَنْ يَسْكُنُ فِيهَا مَعَ حَيَوَانِ الْبَرِّيَّةِ وَطُيُورِ السَّمَاءِ وَأَسْمَاكِ الْبَحْرِ أَيْضاً تَنْتَزِعُ. «وَلَكِنْ لاَ يُحَاكِمْ أَحَدٌ وَلاَ يُعَاتِبْ أَحَدٌ. وَشَعْبُكَ كَمَنْ يُخَاصِمُ كَاهِناً. فَتَتَعَثَّرُ فِي النَّهَارِ وَيَتَعَثَّرُ أَيْضاً النَّبِيُّ مَعَكَ فِي اللَّيْلِ وَأَنَا أَخْرِبُ أُمَّكَ. قَدْ هَلَكَ شَعْبِي مِنْ عَدَمِ الْمَعْرِفَةِ. لأَنَّكَ أَنْتَ رَفَضْتَ الْمَعْرِفَةَ أَرْفُضُكَ أَنَا حَتَّى لاَ تَكْهَنَ لِي. وَلأَنَّكَ نَسِيتَ شَرِيعَةَ إِلَهِكَ أَنْسَى أَنَا أَيْضاً بَنِيكَ. عَلَى حَسْبَمَا كَثُرُوا هَكَذَا أَخْطَأُوا إِلَيَّ فَأُبْدِلُ كَرَامَتَهُمْ بِهَوَانٍ. يَأْكُلُونَ خَطِيَّةَ شَعْبِي وَإِلَى إِثْمِهِمْ يَحْمِلُونَ نُفُوسَهُمْ.

مجداً للثالوث القدوس الهنا إلى الأبد وإلى أبد الآبدين كلها، آمين.

Ⲟⲩⲕⲁⲧⲏⲭⲏⲥⲓⲥ

Ⲟⲩⲕⲁⲧⲏⲭⲏⲥⲓⲥ ⲛ̀ⲧⲉ ⲡⲉⲛⲓⲱⲧ ⲉⲑⲟⲩ Ⲁⲃⲃⲁ Ϣⲉⲛⲟⲩϯ ⲡⲓⲁ̀ⲣⲭⲏ ⲙⲁⲛ̀ⲇⲣⲓⲧⲏⲥ: ⲉ̀ⲣⲉ ⲡⲉϥⲥ̀ⲙⲟⲩ ⲉⲑⲟⲩⲁⲃ ϣⲱⲡⲓ ⲛⲉⲙⲁⲛ ⲁ̀ⲙⲏⲛ.

Ϫⲱⲃ ⲥ̀ⲛⲁⲩ ⲛⲏⲉ̀ϯⲛⲁϫⲟⲧⲟⲩ : ⲟⲩⲟⲛ ⲛⲓⲃⲉⲛ ⲉ̀ⲧⲁⲩⲣⲁϣⲓ ⲉ̀ϫⲱⲟⲩ ϧⲉⲛ ⲧ̀ⲫⲉ ⲉⲑⲃⲉ ⲧⲟⲩⲙⲉⲧⲁ̀ⲛⲟⲓⲁ̀ ϩⲓϫⲉⲛ ⲡⲕⲁϩⲓ : ⲥⲉⲛⲁⲛⲁⲩ ⲁⲛ ⲉ̀ⲗ̀ⲡⲓⲥ ⲟⲩⲇⲉ ⲙ̀ⲕⲁϩ ϧⲉⲛ ⲡⲓⲙⲁ ⲉ̀ⲧⲉ ⲙ̀ⲙⲁⲩ : Ⲛⲏⲇⲉ ⲉ̀ⲧⲉ ⲙ̀ⲡⲟⲩⲣⲁϣⲓ ⲉ̀ϫⲱⲟⲩ ϧⲉⲛ ⲧ̀ⲫⲉ ⲉⲑⲃⲉ ⲡ̀ϫⲓⲛ ⲧⲁⲥⲑⲟ ⲛ̀ⲧⲟⲩⲙⲉⲧⲁ̀ⲛⲟⲓⲁ̀ ϩⲓϫⲉⲛ ⲡⲕⲁϩⲓ : ⲥⲉⲛⲁⲛⲁⲩ ⲁⲛ ⲉ̀ⲣⲁϣⲓ ⲟⲩⲇⲉ ⲁ̀ⲛⲁⲡⲁⲩⲥⲓⲥ ϧⲉⲛ ⲡⲓⲙⲁ ⲉ̀ⲧⲉⲙ̀ⲙⲁⲩ : ⲉ̀ⲣⲉ ⲛⲁⲓ ⲅⲁⲣ ⲛⲁⲉⲣ ⲡⲟⲩⲣⲁϣⲓ ϩⲓϫⲉⲛ ⲡⲕⲁϩⲓ : ⲛ̀ⲥⲉⲛⲁⲛⲁⲩ ⲁⲛ ⲉ̀ⲣⲁϣⲓ ⲟⲩⲇⲉ ⲁ̀ⲛⲁⲡⲁⲩⲥⲓⲥ ⲓⲥϫⲉⲛ ϯⲛⲟⲩ.

Ⲛ̀ⲧⲉⲧⲉⲛⲥⲱⲧⲉⲙ ⲁⲛ ϫⲉ ⲱ̀ⲟⲩⲛⲓⲁ̀ⲧⲟⲩ ⲛ̀ⲛⲏⲉ̀ⲧⲉⲣϩⲛⲃⲓ ϫⲉ ⲛ̀ⲑⲱⲟⲩ ⲡⲉⲧⲟⲩⲛⲁϯϩⲟ ⲉ̀ⲣⲱⲟⲩ : ⲟⲩⲇⲉ ⲛⲓⲕⲉⲭⲱⲟⲩⲛⲓ ⲉⲑⲛⲁⲉⲣ ⲡⲟⲩⲣⲁϣⲓ ⲁⲛ ϩⲓϫⲉⲛ ⲡⲕⲁϩⲓ : ⲛ̀ⲥⲉⲛⲁⲁⲓⲧⲟⲩ ⲟⲛ ϧⲉⲛ ⲛⲓⲫ̀ⲛⲟⲩⲓ̀. Ⲛ̀ⲧⲉⲧⲉⲛⲥⲱⲧⲉⲙ ⲁⲛ ϫⲉ ⲟⲩⲟⲓ ⲛⲱⲧⲉⲛ ⲛⲏⲉⲧ ⲥⲱⲃⲓ ϯⲛⲟⲩ : ϫⲉ ⲧⲉⲧⲉⲛ ⲛⲁⲉⲣϩⲏⲃⲓ : ⲛ̀ⲑⲱⲧⲉⲛ ⲛ̀ⲧⲉⲧⲉⲛⲣⲓⲙⲓ : ⲙⲏ ⲫⲁⲓ ⲁⲛ ⲡⲉ ⲡⲓⲥⲛⲟⲩ ⲛ̀ⲧⲉ ⲛⲏⲉⲧⲟⲓ ⲛ̀ϫⲱⲃ ϯϩⲓⲱ̀ⲧⲟⲩ ⲛ̀ⲟⲩϫⲟⲙ : ⲟⲩⲟϩ ⲫⲏⲉ̀ⲧⲉ ⲙ̀ⲙⲟⲛ ϣϫⲟⲙ ⲙ̀ⲙⲟϥⲉⲑⲣⲉϥϫⲟⲥ ϫⲉϯϫⲉⲙϫⲟⲙ ⲁⲛⲟⲕ ϧⲉⲛ ⲡ̀ϫⲓⲛⲑ̀ⲣⲉϥϯ ⲙ̀ⲡⲉϥϩⲏⲧ ⲉ̀ⲡⲓⲥⲁϫⲓ ⲉⲧ ⲥ̀ϧⲟⲩⲧ. Ⲟⲩⲟϩ ⲕⲁⲧⲁ ⲡ̀ⲥⲁϫⲓ ⲙ̀ⲡⲓⲡ̀ⲣⲟⲫⲏⲧⲏⲥ : ⲥⲉⲟϣ ⲛ̀ϫⲉ ⲛⲏⲉ̀ⲧⲁⲩⲉⲣϫⲱⲃ ϧⲉⲛ ⲡⲟⲩⲥⲱⲙⲁ : ϩⲓⲧⲉⲛ ⲡ̀ⲁ̀ϣⲁⲓ ⲛ̀ⲧⲉ ⲧⲟⲩⲡⲟⲣⲓⲁ̀ : ⲥⲉⲛⲁⲉⲣϫⲱⲃ ⲇⲉ ⲟⲛ ϧⲉⲛ ⲛⲟⲩⲕⲉϩⲏⲧ. Ⲙ̀ⲫⲣⲏϯ ⲉ̀ⲧⲉ ϯⲅ̀ⲣⲁⲫⲏ ϫⲱ ⲙ̀ⲙⲟⲥ ⲛ̀ⲛⲁⲓ ⲙ̀ⲡⲁⲓⲣⲏϯ : ϫⲉ ϥⲛⲁⲟⲩⲱϫⲡ ϧⲉⲛ ϯⲁⲕⲁⲑⲁⲣⲥⲓⲁ̀ ⲛ̀ⲧⲉ ⲧⲉϥⲯⲩⲭⲏ. Ⲉ̀ⲣⲉ ⲡⲓⲥⲁϫⲓ ⲇⲉ ⲛ̀ⲧⲉ ⲛⲏⲉ̀ⲧⲁⲩⲉⲣ ⲁ̀ⲅⲱⲛⲓⲍⲉⲥⲑⲉ ϧⲉⲛ ⲟⲩⲙⲉⲧϫⲱⲣⲓ ϫⲱ ⲙ̀ⲙⲟⲥ : ϫⲉ ⲭⲱⲗⲉⲙ ⲙⲁⲧⲁϩⲟⲕ ⲉ̀ⲣⲁⲧⲕ ⲛ̀ⲟⲩⲥⲱⲧⲡ ⲙ̀Ⲫ̀ϯ : ⲛ̀ⲟⲩⲉⲣⲅⲁⲧⲏⲥ ⲙ̀ⲡⲁϥϭⲓϣⲓⲡⲓ : ⲉϥϣⲱⲧ ⲉ̀ⲃⲟⲗ ⲙ̀ⲡ̀ⲥⲁϫⲓ ⲛ̀ϯⲙⲉⲑⲙⲏⲓ.

Ⲙⲁⲣⲉⲛⲉⲣ ⲥ̀ⲫ̀ⲣⲁⲅⲓⲍⲓⲛ ⲛ̀ϯⲕⲁⲧⲏⲭⲏⲥⲓⲥ ⲛ̀ⲧⲉ ⲡⲉⲛⲓⲱⲧ ⲉⲑ̅ⲩ̅ ⲁⲃⲃⲁ Ϣⲉⲛⲟⲩϯ ⲡⲓⲁ̀ⲣⲭⲏ ⲙⲁⲛ̀ⲇⲣⲓⲧⲏⲥ: ⲫⲏⲉ̀ⲧⲁϥⲉⲣⲟⲩⲱⲓⲛⲓ ⲙ̀ⲡⲉⲛⲛⲟⲩⲥ ⲛⲉⲙ ⲛⲓⲃⲁⲗ ⲛ̀ⲧⲉ ⲛⲉⲛϩⲏⲧ ϧⲉⲛ ⲫ̀ⲣⲁⲛ ⲙ̀Ⲫⲓⲱⲧ ⲛⲉⲙ Ⲡ̀ϣⲏⲣⲓ ⲛⲉⲙ ⲡⲓⲡ̅ⲛ̅ⲁ̅ ⲉⲑ̅ⲩ̅ ⲟⲩⲛⲟⲩϯ ⲛ̀ⲟⲩⲱⲧ ⲁ̀ⲙⲏⲛ.

Homily

A homily of our Holy Father Abba Shenouda the Archimandrite may his blessings be with us. Amen.

Let me inform you of two matters. Those for whom the heaven rejoiced for because of their repentance on earth will not suffer sadness or pain in the place they are destined to inherit. As for those whom heavens did not rejoice for because they did not atone for their sins and did not repent for their inequities on earth, they will find neither joy nor comfort in that place. Because those who revel in pleasures and delights will enjoy neither happiness nor comfort in Heaven.

Have You not heard his saying Blessed are those who mourn because they shall be comforted. Also those who do not rejoice on earth shall rejoice in heavens or have not you read, "Woe to you who laugh now for you shall weep and mourn. "Isn't this the time when the meek is vested with power. And he

عظة

عظة لابينا القديس انبا شنودة بركته المقدسة تكون معنا، آمين.

أنا أخبركم بأمرين. أن كل الذين فرح بهم فى السماء لاجل توبتهم على الأرض. سوف لا يرون حزناً ولا ألماً فى ذلك المكان وأما الذين لم يفرح بهم فى السماء لاجل الارتداد من توبتهم على الأرض فسوف لا يرون فرحاً ولا نياحاً فى ذلك الموضع. لان الذين سيصنعون فرحهم على الأرض. سوف لا يرون فرحاً ولا نياحاً من الآن. أما سمعتم طوبى للحزانى فانهم يتعزون. وكذلك الاخرون الذين لا يفرحون على الأرض يفرحون أيضاً فى السموات أما سمعتم الويل لكم أيها الضاحكون الآن فإنكم ستبكون وتحزنون. أليس هذا هو الزمان الذى فيه يلبس الضعفاء القوة. والذى ليس بقوى يقول أنا

who is not strong will say 'I am strong' when he yields his heart to the Written Word.

As the prophet says, "Many are those whose repeated adultery has weakened their bodies, and they shall be weakened at heart as well."

As the Book says about those, "They will be devastated by their own profanity." As for those who struggle with courage it was said about them, "Hasten and straighten yourself to be a companion of God who preaches the Word of Truth."

قوى عندما يعطى قلبه للقول المكتوب. وكقول النبى. كثيرون هم الذين ضعفت اجسادهم. من كثرة زناهم سيضعفون أيضاً فى قلوبهم كما يقول الكتاب عن هؤلاء هكذا. انه يتحطم بنجاسة نفسه. وأما المجاهدون بشجاعة فقد قيل عنهم. اسرع وقوم ذاتك صفياً لله. فاعلا لا يخزى. يقطع كلمة الحق.

We conclude the homily of our Holy Father Abba Shenouda the Archimandrite, who enlightened our minds and our hearts. In the name of the Father, and the Son, and the Holy Spirit, one God. Amen.

فلنختم موعظة أبينا القديس أنبا شنودة رئيس المتوحدين الذى أنار عقولنا وعيون قلوبنا باسم الآب والابن والروح القدس الاله الواحد آمين..

The Doxology of the Pascha Hour: "Thine is the Power…" on page A5.

تسبحة ساعة البصخة: "لك القوة..." صفحة ٥ فى اخر الكتاب.

Ⲯⲁⲗⲙⲟⲥ ⲣⲓⲑ : ⲃ ⲛⲉⲙ ⲉ

Ⲡ̀ϭⲟⲓⲥ ⲉⲕⲉⲛⲟϩⲉⲙ ⲛ̀ⲧⲁⲯⲩⲭⲏ ⲉ̀ⲃⲟⲗ ϧⲉⲛ ϩⲁⲛⲥ̀ⲫⲟⲧⲟⲩ ⲛ̀ⲟϫⲓ : ⲛⲉⲙ ⲉ̀ⲃⲟⲗ ϩⲁ ⲟⲩⲗⲁⲥ ⲛ̀ⲭ̀ⲣⲟϥ. Ⲙⲁⲓⲟⲓ ⲛ̀ϩⲓⲣⲏⲛⲏⲕⲟⲥ ⲡⲉ ⲛⲉⲙ ⲛⲏⲉⲑⲙⲟⲥϯ ⲛ̀ϯϩⲓⲣⲏⲛⲏ : ⲉ̀ϣⲱⲡ ⲁⲓϣⲁⲛⲥⲁϫⲓ ⲛⲉⲙⲱⲟⲩ ϣⲁⲩⲃⲱⲧⲥ ⲉ̀ⲣⲟⲓ ⲛ̀ϫⲓⲛϫⲏ : ⲁ̅ⲗ̅

Psalm 120:2, 6, 7 المزمور ١١٩ : ٢ و ٥

A Psalm of David the Prophet.

Deliver my soul, O Lord, from lying lips And from a deceitful tongue. My soul has dwelt too long With one who hates peace. I am for peace; But when I speak, they are for war. Alleluia.

من مزامير داود النبى

يارب تنجى نفسى من الشفاه الظالمة ومن اللسان الغاش. ومع مبغضى السلام كنت مسالماً. وحين كنت أكلمهم كانوا يقاتلوننى مجاناً: هلليلويا.

Ⲉⲩⲁⲅⲅⲉⲗⲓⲟⲛ ⲕⲁⲧⲁ Ⲓⲱⲁ̅ Ⲕⲉⲫ ⲏ̅ : ⲕ̅ⲁ̅ - ⲕ̅ⲑ̅

Ⲡⲁⲗⲓⲛ ⲟⲛ ⲡⲉϫⲉ Ⲓⲏⲥⲟⲩⲥ ⲛⲱⲟⲩ ϫⲉ ⲁ̀ⲛⲟⲕ ϯⲛⲁϣⲉⲛⲏⲓ ⲟⲩⲟϩ ⲧⲉⲧⲉⲛⲛⲁⲕⲱϯ ⲛ̀ⲥⲱⲓ ⲟⲩⲟϩ ⲧⲉⲧⲉⲛⲛⲁϫⲉⲙⲧ ⲁⲛ ⲟⲩⲟϩ ⲧⲉⲧⲉⲛⲛⲁⲙⲟⲩ ϧⲉⲛ ⲛⲉⲧⲉⲛⲛⲟⲃⲓ ϫⲉ ⲡⲓⲙⲁ ⲁ̀ⲛⲟⲕ ⲉ̀ϯⲛⲁϣⲉⲛⲏⲓ ⲉ̀ⲣⲟϥ ⲙ̀ⲙⲟⲛ ϣ̀ϫⲟⲙ ⲙ̀ⲙⲱⲧⲉⲛ ⲉ̀ⲓ̀ ⲉ̀ⲣⲟϥ. Ⲛⲁⲩϫⲱ ⲟⲩⲛ ⲙ̀ⲙⲟⲥ ⲡⲉ ⲛ̀ϫⲉ ⲛⲓⲒⲟⲩⲇⲁⲓ ϫⲉ ⲙⲏⲧⲓ ⲁϥⲛⲁϧⲟⲑⲃⲉϥ ⲙ̀ⲙⲁⲩⲁⲧϥ : ϫⲉ ϥϫⲱ ⲙ̀ⲙⲟⲥ ϫⲉ ⲡⲓⲙⲁ ⲁ̀ⲛⲟⲕ ⲉ̀ϯⲛⲁϣⲉⲛⲏⲓ ⲉ̀ⲣⲟϥ ⲛ̀ⲑⲱⲧⲉⲛ ⲛ̀ⲧⲉⲧⲉⲛⲛⲁϣ̀ⲓ̀ ⲉ̀ⲣⲟϥ ⲁⲛ. Ⲟⲩⲟϩ ⲛⲁϥϫⲱ ⲙ̀ⲙⲟⲥ ⲛⲱⲟⲩ ⲡⲉ ϫⲉ ⲛ̀ⲑⲱⲧⲉⲛ ⲛ̀ⲑⲱⲧⲉⲛ ϩⲁⲛ ⲉ̀ⲃⲟⲗϧⲉⲛ ⲛⲏⲉⲧⲉ ⲛ̀ϧ̀ⲣⲏⲓ ⲁ̀ⲛⲟⲕ ⲇⲉ ⲁ̀ⲛⲟⲕ ⲟⲩ ⲉ̀ⲃⲟⲗ ⲙ̀ⲡ̀ϣⲱⲓ : ⲛ̀ⲑⲱⲧⲉⲛ ⲛ̀ⲑⲱⲧⲉⲛ ⲉ̀ⲃⲟⲗϧⲉⲛ ⲡⲁⲓ ⲕⲟⲥⲙⲟⲥ : ⲁ̀ⲛⲟⲕ ⲇⲉ ⲁ̀ⲛⲟⲕ ⲟⲩ ⲉ̀ⲃⲟⲗϧⲉⲛ ⲡⲁⲓ ⲕⲟⲥⲙⲟⲥ ⲁⲛ : Ⲇⲓⲭⲟⲥ ⲟⲩⲛ ⲛⲱⲧⲉⲛ ϫⲉ ⲧⲉⲧⲉⲛⲛⲁⲙⲟⲩ ⲛ̀ϧ̀ⲣⲏⲓ ϧⲉⲛ ⲛⲉⲧⲉⲛⲛⲟⲃⲓ : ⲉ̀ϣⲱⲡ ⲟⲩⲛ ⲁ̀ⲣⲉⲧⲉⲛ ϣ̀ⲧⲉⲙⲛⲁϩϯ ϫⲉ ⲁ̀ⲛⲟⲕ ⲡⲉ : ⲧⲉⲧⲉⲛⲛⲁⲙⲟⲩ ⲛ̀ϧ̀ⲣⲏⲓ ϧⲉⲛ ⲛⲉⲧⲉⲛⲛⲟⲃⲓ. Ⲛⲁⲩϫⲱ ⲟⲩⲛ ⲙ̀ⲙⲟⲥ ⲛⲁϥ ⲡⲉ ϫⲉ ⲛ̀ⲑⲟⲕ ⲛⲓⲙ : ⲡⲉϫⲉ Ⲓⲏ̅ⲥ ⲛⲱⲟⲩ ϫⲉ ⲛ̀ϯⲁⲣⲭⲏ ⲁⲓⲉⲣ̀ⲡⲕⲉⲥⲁϫⲓ ⲛⲉⲙⲱⲧⲉⲛ : ⲟⲩⲟϩ Ⲟⲩⲟⲛϯ ⲟⲩⲙⲏϣ ⲉ̀ϫⲟⲧⲟⲩ ⲉⲑⲃⲉ ⲑⲏⲛⲟⲩ ⲟⲩⲟϩ ⲉ̀ϯϩⲁⲡ : ⲁⲗⲗⲁ ⲫⲏ ⲉⲧⲁϥⲧⲁⲟⲩⲟⲓ ⲟⲩⲑ̀ⲙⲏⲓ ⲡⲉ : ⲟⲩⲟϩ ⲁ̀ⲛⲟⲕ ϩⲱ ⲛⲏⲉⲧⲁⲓⲥⲟⲑⲙⲟⲩ ⲛ̀ⲧⲟⲧϥ : ⲛⲁⲓ ϯⲥⲁϫⲓ ⲙ̀ⲙⲱⲟⲩ ϧⲉⲛ ⲡⲓⲕⲟⲥⲙⲟⲥ : Ⲙ̀ⲡⲟⲩⲉ̀ⲙⲓ ϫⲉ ⲛⲁϥⲥⲁϫⲓ ⲛⲉⲙⲱⲟⲩ ⲉⲑⲃⲉ ⲫⲓⲱⲧ. Ⲡⲉϫⲉ Ⲓⲏ̅ⲥ ⲛⲱⲟⲩ ϫⲉ ⲉ̀ϣⲱⲡ ⲁⲣⲉⲧⲉⲛϣⲁⲛϭⲉⲥ ⲡ̀ϣⲏⲣⲓ ⲙ̀ⲫ̀ⲣⲱⲙⲓ : ⲧⲟⲧⲉ ⲉ̀ⲣⲉⲧⲉⲛⲉ̀ⲙⲓ ϫⲉ ⲁ̀ⲛⲟⲕ ⲡⲉ : ⲟⲩⲟϩ ⲛ̀ϯⲉⲣ ϩ̀ⲗⲓ ⲁⲛ ⲉ̀ⲃⲟⲗϩⲓⲧⲟⲧϥ ⲙ̀ⲙⲁⲩⲁⲧ : ⲁⲗⲗⲁ ⲕⲁⲧⲁ ⲫ̀ⲣⲏϯ ⲉ̀ⲧⲁϥ̀ⲧⲥⲁⲃⲟⲓ ⲛ̀ϫⲉ ⲡⲁⲓⲱⲧ ⲛⲁⲓ ϯⲥⲁϫⲓ ⲙ̀ⲙⲱⲟⲩ. Ⲟⲩⲟϩ ⲫⲏⲉ̀ⲧⲁϥⲧⲁⲟⲩⲟⲓ ϥ̀ⲭⲏ ⲛⲉⲙⲏⲓ : ⲟⲩⲟϩ ⲙ̀ⲡⲉϥⲭⲁⲧ ⲙ̀ⲙⲁⲩⲁⲧ : ϫⲉ ⲁ̀ⲛⲟⲕ ϯ̀ⲓ̀ⲣⲓ ⲛ̀ⲛⲏⲉⲑⲣⲁⲛⲁϥ ⲛ̀ⲥⲏⲟⲩ ⲛⲓⲃⲉⲛ :

Ⲟⲩⲱϣⲧ ⲙ̀ⲡⲓⲉⲩⲁⲅⲅⲉⲗⲓⲟⲛ ⲉ̅ⲑ̅ⲩ̅.

John 8:21-29

A reading from the Holy Gospel according to Saint John.

Then Jesus said to them again, "I am going away, and you will seek Me, and will die in your sin. Where I go you cannot come." So the Jews said, "Will He kill Himself, because He says, 'Where I go you cannot come'?" And He said to them, "You are from beneath; I am from above. You are of this world; I am not of this world. Therefore I said to you that you will die in your sins; for if you do not believe that I am He, you will die in your sins." Then they said to Him, "Who are You?"

يوحنا ٨: ٢١ - ٢٩

فصل شريف من إنجيل معلمنا مار يوحنا البشير بركاته علينا آمين.

قَالَ لَهُمْ يَسُوعُ أَيْضاً: «أَنَا أَمْضِي وَسَتَطْلُبُونَنِي وَتَمُوتُونَ فِي خَطِيَّتِكُمْ. حَيْثُ أَمْضِي أَنَا لاَ تَقْدِرُونَ أَنْتُمْ أَنْ تَأْتُوا» فَقَالَ الْيَهُودُ: «أَلَعَلَّهُ يَقْتُلُ نَفْسَهُ حَتَّى يَقُولُ: حَيْثُ أَمْضِي أَنَا لاَ تَقْدِرُونَ أَنْتُمْ أَنْ تَأْتُوا؟» فَقَالَ لَهُمْ: « أَنْتُمْ مِنْ أَسْفَلُ أَمَّا أَنَا فَمِنْ فَوْقُ. أَنْتُمْ مِنْ هَذَا الْعَالَمِ أَمَّا أَنَا فَلَسْتُ مِنْ هَذَا الْعَالَمِ. فَقُلْتُ لَكُمْ إِنَّكُمْ تَمُوتُونَ فِي خَطَايَاكُمْ

And Jesus said to them, "Just what I have been saying to you from the beginning. I have many things to say and to judge concerning you, but He who sent Me is true; and I speak to the world those things, which I heard from Him." They did not understand that He spoke to them of the Father. Then Jesus said to them, "When you lift up the Son of Man, then you will know that I am He, and that I do nothing of Myself; but as My Father taught Me, I speak these things. And He who sent Me is with Me. The Father has not left Me alone, for I always do those things that please Him."

Bow down before the Holy Gospel.
Glory be to God forever.

لأَنَّكُمْ إِنْ لَمْ تُؤْمِنُوا أَنِّي أَنَا هُوَ تَمُوتُونَ فِي خَطَايَاكُمْ». فَقَالُوا لَهُ: «مَنْ أَنْتَ؟» فَقَالَ لَهُمْ يَسُوعُ: «أَنَا مِنَ الْبَدْءِ مَا أُكَلِّمُكُمْ أَيْضاً بِهِ. إِنَّ لِي أَشْيَاءَ كَثِيرَةً أَتَكَلَّمُ وَأَحْكُمُ بِهَا مِنْ نَحْوِكُمْ لَكِنَّ الَّذِي أَرْسَلَنِي هُوَ حَقٌّ. وَأَنَا مَا سَمِعْتُهُ مِنْهُ فَهَذَا أَقُولُهُ لِلْعَالَمِ». وَلَمْ يَفْهَمُوا أَنَّهُ كَانَ يَقُولُ لَهُمْ عَنِ الآبِ. فَقَالَ لَهُمْ يَسُوعُ: «مَتَى رَفَعْتُمُ ابْنَ الإِنْسَانِ فَحِينَئِذٍ تَفْهَمُونَ أَنِّي أَنَا هُوَ وَلَسْتُ أَفْعَلُ شَيْئاً مِنْ نَفْسِي بَلْ أَتَكَلَّمُ بِهَذَا كَمَا عَلَّمَنِي أَبِي. وَالَّذِي أَرْسَلَنِي هُوَ مَعِي وَلَمْ يَتْرُكْنِي الآبُ وَحْدِي لأَنِّي فِي كُلِّ حِينٍ أَفْعَلُ مَا يُرْضِيهِ».

أسجدوا للإنجيل المقدس.
والمجد لله دائماً.

Commentary

The Commentary of the First Hour of Tuesday of Holy Pascha, may its blessings be with us all. Amen.

After three months in the wilderness, Israel came to Mount Rafazin. Then the Israelites came out of Egypt and Mount Sinai to this place. Moses came and stood in the presence of God. He called and spoke to him saying, "This is what you tell to the house of Jacob and report to the sons of Israel." You have seen the many deeds I have inflicted on the Egyptians and how I carried you with My mighty power as if you were on the wings of soaring eagles. Keep My laws and commandments; pay heed to My words and carry out My will for I have

طرح

طرح الساعة الأولى من يوم الثلاثاء من البصخة المقدسة بركتها علينا. آمين.

جاء اسرائيل إلى جبل رافازين من بعد ثلاثة أشهر وهو فى البرية، وخرج بنو اسرائيل من مصر وجبل سيناء، إلى ذلك المكان فجاء موسى ووقف قدام الله فناداه وتكلم معه قائلاً: هذا ما تقوله لبيت يعقوب، وتخبر به بنى إسرائيل: انكم قد رأيتم أعمالى الكثيرة التى صنعتها أنا بالمصريين، وكيف حملتكم أنا بقوتى العالية كأنكم على أجنحة النسور. فاحفظوا ناموسى ووصاياى وانصتوا لكلامى واصنعوا ارادتى، فاننى اخترتكم من بين

chosen you from among the nations for the earth and the sea are Mine. You will be My kingdom, a chosen people and a holy nation. Moses returned and told the people all what God has said. The public cheered in one voice saying, "Whatever God wills, we will observe." Moses then told the Omniscient One that the people adhered to His orders. However, Israel turned back, Jacob retreated, and the sons of Israel strayed away. God's Commandments became as if they were nonexistent, and his instructions were ignored. Therefore God delivered them into the hands of their hateful enemies, and enslaved them. He humiliated them before the nations and they lived in eternal shame and disgrace.

جميع الأمم. لأن لى الأرض كلها والبحر معاً. لتصيروا لى مملكة، وشعباً مختاراً، وأمة مطهرة. فجاء موسى وأخبر الشعب بجميع هذا الكلام الذى قاله الرب. فصرخ جميع الشعب بصوت واحد قائلين: كل ما يأمر به الله نحفظه. فقام موسى وخبر العارف أن الشعب سمع أوامره.

ثم عاد إسرائيل، ورجع يعقوب إلى خلف، وحاد بنو إسرائيل، وصارت وصاياه كلا شئ، وأوامره عادت باطلة فلذلك أسلمهم إلى أعداء مبغضين. واستعبدوا للغرباء مرة أخرى ونكس رؤوسهم أمام الأمم. وصاروا فى فضيحة وخزى أبدى.

Third Hour of Tuesday

الساعة الثالثة من يوم الثلاثاء

ⲡ̀ϫⲱⲙ ⲛ̀ⲧⲉ ⲡⲓⲇⲉⲩⲧⲉⲣⲟⲛⲟⲙⲓⲟⲛ ⲛ̀ⲧⲉ Ⲙⲱⲥⲏⲥ Ⲕⲉⲫ ⲏ̅ : ⲓ̅ⲁ̅ ϣⲃ̅ⲗ̅

Ⲉ̀ⲃⲟⲗϧⲉⲛ ⲡ̀ϫⲱⲙ ⲛ̀ⲧⲉ ⲡⲓⲇⲉⲩⲧⲉⲣⲟⲛⲟⲙⲓⲟⲛ ⲛ̀ⲧⲉ Ⲙⲱⲩ̀ⲥⲏⲥ ⲡⲓⲡ̀ⲣⲟⲫⲏⲧⲏⲥ: ⲉ̀ⲣⲉⲡⲉϥ̀ⲥⲙⲟⲩ ⲉ̀ⲑⲟⲩⲁⲃ ϣⲱⲡⲓ ⲛⲉⲙⲁⲛ ⲁ̀ⲙⲏⲛ ⲉϥϫⲱ ⲙ̀ⲙⲟⲥ.

Ⲙⲁ̀ϩⲑⲏⲕ ⲉ̀ⲣⲟⲕ ⲉ̀ϣ̀ⲧⲉⲙⲉⲣ ⲡ̀ⲱⲃϣ ⲙ̀Ⲡ̅ⲟ̅ⲥ̅ ⲡⲉⲕⲛⲟⲩϯ ⲉ̀ϣ̀ⲧⲉⲙ ⲑ̀ⲣⲉⲕⲁ̀ ⲣⲉϩ ⲉ̀ⲛⲉϥⲉⲛⲧⲟⲗⲏ ⲛⲉⲙ ⲛⲉϥϩⲁⲡ ⲛⲉⲙ ⲛⲉϥⲙⲉⲑⲙⲏⲓ : ⲛⲁⲓ ⲁ̀ⲛⲟⲕ ⲉ̀ϯϩⲟⲛϩⲉⲛ ⲙ̀ⲙⲱⲟⲩ ⲉ̀ⲧⲟⲧⲕ : ⲙⲏⲡⲱⲥ ⲛ̀ⲧⲉⲕⲟⲩⲱⲙ ⲛ̀ⲧⲉⲕⲥⲓ ⲛ̀ⲧⲉⲕⲕⲱⲧ ⲛ̀ϩⲁⲛⲏⲓ ⲉ̀ⲛⲁⲛⲉⲩ ⲟⲩⲟϩ ⲉ̀ⲛⲉⲥⲱⲟⲩ ⲛ̀ⲧⲉⲕϣⲱⲡⲓ ⲛ̀ϧⲏⲧⲟⲩ : ⲟⲩⲟϩ ⲛⲉⲕⲉ̀ⲥⲱⲟⲩ ⲛ̀ⲥⲉⲁ̀ϣⲁⲓ ⲛⲁⲕ ⲛⲉⲙ ⲛⲉⲕⲉϩⲱⲟⲩ : ⲛ̀ⲥⲉⲁ̀ϣⲁⲓ ⲛⲁⲕ ⲛ̀ϫⲉ ⲡⲓϩⲁⲧ ⲛⲉⲙ ⲡⲓⲛⲟⲩⲃ ⲟⲩⲟϩ ⲛ̀ⲥⲉⲁ̀ϣⲁⲓ ⲛⲁⲕ ⲛ̀ϫⲉ ⲉⲛⲭⲁⲓ ⲛⲓⲃⲉⲛ ⲉⲧϣⲟⲡ ⲛⲁⲕ : ⲛ̀ⲧⲉⲕⲉⲣ ⲡⲱⲃϣ ⲙ̀Ⲡ̅ⲟ̅ⲥ̅ ⲡⲉⲕⲛⲟⲩϯ : ⲫⲏⲉ̀ⲧⲁϥⲉⲛⲕ ⲉ̀ⲃⲟⲗϧⲉⲛ ⲡ̀ⲕⲁϩⲓ ⲛ̀ⲭⲏⲙⲓ ⲉ̀ⲃⲟⲗ ϧⲉⲛ ⲡⲏⲓ ⲛ̀ⲧⲉⲕⲙⲉⲧⲃⲱⲕ. Ⲫⲁⲓ ⲉ̀ⲧⲁϥⲉⲛⲕ ⲉ̀ⲃⲟⲗ ϧⲉⲛ ⲡⲁⲓ ⲛⲓϣϯ ⲛ̀ϣⲁϥⲉ ⲟⲩⲟϩ ⲉⲧⲟⲓ ⲛ̀ϩⲟϯ : ⲡⲓⲙⲁ ⲉⲣⲉ ϩⲁⲛϩⲟϥ ⲛ̀ϧⲏⲧϥ ⲛⲉⲙ ϩⲁⲛϭⲗⲏ ⲉⲩϭⲓⲗⲁⲡⲥⲓⲛ : ⲛⲉⲙ ⲟⲩⲓⲃⲓ ⲙ̀ⲙⲟⲛ ⲙⲱⲟⲩ ϣⲟⲡ ⲛ̀ϧⲏⲧϥ.

Ⲫⲏⲉ̀ⲧⲁϥⲓⲛⲓ ⲛⲁⲕ ⲉ̀ⲃⲟⲗ ⲛ̀ⲟⲩⲡⲉⲧⲣⲁ ⲙ̀ⲙⲱⲟⲩ ϧⲉⲛ ⲟⲩⲡⲉⲧⲣⲁ ⲛ̀ⲕⲟϩ ⲛ̀ϣⲱⲧ : ⲫⲏⲉ̀ⲧⲁϥⲧⲉⲙⲙⲟⲕ ⲙ̀ⲡⲓⲙⲁⲛⲛⲁ ϩⲓⲡ̀ϣⲁϥⲉ : ⲫⲁⲓ ⲉ̀ⲧⲉ ⲛ̀ⲥⲉⲥⲱⲟⲩⲛ ⲙ̀ⲙⲟϥ ⲁⲛ ⲛ̀ϫⲉ ⲛⲉⲕⲓⲟϯ : ϩⲟⲡⲱⲥ ⲉϥⲉ̀ⲧ̀ϩⲉⲙⲕⲟ ⲙ̀ⲙⲟⲕ ⲟⲩⲟϩ ⲉϥⲉϭ̀ⲱⲛⲧ ⲙ̀ⲙⲟⲕ ⲙⲉⲛⲉⲛⲥⲱⲥ ⲛ̀ⲧⲉϥⲉⲣⲡⲉⲑⲛⲁⲛⲉϥ ⲛⲁⲕ ϧⲉⲛ ⲧⲉⲕϧⲁⲉ̀. Ⲟⲩⲟϩ ⲙ̀ⲡⲉⲣϫⲟⲥ ϧⲉⲛ ⲡⲉⲕϩⲏⲧ ϫⲉ ⲧⲁⲛⲟⲙϯ ⲟⲩⲟϩ ⲡ̀ⲧⲁϫⲣⲟ ⲛ̀ⲛⲁϫⲓϫ ⲫⲏⲉ̀ⲧⲁϥⲓⲣⲓ ⲛⲏⲓ ⲛ̀ⲛⲁⲓ ⲛⲓϣϯ ⲙ̀ⲡⲉⲑⲛⲁⲛⲉⲩ : ⲁⲗⲗⲁ ⲉⲕⲉ̀ⲉⲣⲫ̀ⲙⲉⲩⲓ ⲙ̀Ⲡ̅ⲟ̅ⲥ̅ ⲡⲉⲕⲛⲟⲩϯ : ϫⲉ ⲫⲁⲓ ⲡⲉⲧⲧⲁϫⲣⲟ ⲙ̀ⲙⲟⲕ ⲉⲑⲣⲉ ⲟⲩϫⲟⲙ ϣⲱⲡⲓ ⲛⲁⲕ : ϩⲟⲡⲱⲥ ⲛ̀ⲧⲉϥⲧⲁϩⲟ ⲛ̀ⲧⲉϥⲇⲓⲁ̀ⲑⲏⲕⲏ ⲉ̀ⲣⲁⲧⲥ ⲉⲧⲁ̀ Ⲡ̅ⲟ̅ⲥ̅ ⲱⲣⲕ ⲉ̀ⲑⲃⲏⲧⲥ ⲛ̀ⲛⲉⲕⲓⲟϯ ⲙ̀ⲫ̀ⲣⲏϯ ⲙ̀ⲫⲟⲟⲩ ⲛ̀ⲉϩⲟⲟⲩ. Ⲁⲥϣⲁⲛϣⲱⲡⲓ ⲇⲉ ⲛ̀ⲧⲉⲕⲉⲣⲡⲱⲃϣ ϧⲉⲛ ⲟⲩⲉⲣⲡⲱⲃϣ ⲙ̀Ⲡ̅ⲟ̅ⲥ̅ ⲡⲉⲕⲛⲟⲩϯ : ⲛ̀ⲧⲉⲕϣⲉⲛⲁⲕ ⲛ̀ⲧⲉⲕⲟⲩⲁϩⲕ ⲛ̀ⲥⲁ ϩⲁⲛⲕⲉⲛⲟⲩϯ ⲛ̀ϣⲉⲙⲙⲟ : ⲛ̀ⲧⲉⲕϣⲉⲙϣⲓ ⲙ̀ⲙⲱⲟⲩ ⲟⲩⲟϩ ⲛ̀ⲧⲉⲕⲟⲩⲱϣⲧ ⲙ̀ⲙⲱⲟⲩ. ϯⲉⲣⲙⲉⲑⲣⲉ ⲛⲱⲧⲉⲛ ⲙ̀ⲫⲟⲟⲩ ⲛ̀ⲉϩⲟⲟⲩ ⲛ̀ⲧ̀ⲫⲉ ⲛⲉⲙ ⲡ̀ⲕⲁϩⲓ ϫⲉ ϧⲉⲛ ⲟⲩⲧⲁⲕⲟ ⲧⲉⲧⲉⲛⲛⲁⲧⲁⲕⲟ : ⲙ̀ⲫ̀ⲣⲏϯ ⲛ̀ⲛⲓⲕⲉⲉⲑⲛⲟⲥ ⲛⲏⲉⲧⲁ Ⲡ̅ⲟ̅ⲥ̅ ⲛⲁⲧⲁⲕⲱⲟⲩ ϧⲁⲧϩⲏ ⲙ̀ⲙⲱⲧⲉⲛ : ⲡⲁⲓⲣⲏϯ ϩⲱⲧⲉⲛ ⲉ̀ⲣⲉⲧⲉⲛⲧⲁⲕⲟ ϫⲉ ⲙ̀ⲡⲉⲧⲉⲛⲥⲱⲧⲉⲙ ⲉ̀ⲧ̀ⲥ̀ⲙⲏ ⲙ̀Ⲡ̅ⲟ̅ⲥ̅ ⲡⲉⲧⲉⲛⲛⲟⲩϯ.

Ⲟⲩⲱ̀ⲟⲩ ⲛ̀ϯⲧ̀ⲣⲓⲁⲥ ⲉ̀ⲑⲟⲩⲁⲃ ⲡⲉⲛⲛⲟⲩϯ ϣⲁ ⲉ̀ⲛⲉϩ ⲛⲉⲙ ϣⲁ ⲉ̀ⲛⲉϩ ⲛ̀ⲧⲉ ⲛⲓⲉ̀ⲛⲉϩ ⲧⲏⲣⲟⲩ: ⲁ̀ⲙⲏⲛ.

Deuteronomy 8:11-20

تثنية ٨: ١١ الخ

A reading from the book of Deuteronomy of Moses the Prophet may his blessings be with us Amen.

من سفر التثنية لموسى النبى بركته المقدسة تكون معنا، آمين.

"Beware that you do not forget the Lord your God by not keeping His commandments, His judgments, and His statutes which I command you today, lest--when you have eaten and are full, and have built beautiful houses and dwell in them; and when your herds and your flocks multiply, and your silver and your gold are multiplied, and all that you have is multiplied; when your heart is lifted up, and you forget the Lord your God who brought you out of the land of Egypt, from the house of bondage; who led you through that great and terrible wilderness, in which were fiery serpents and scorpions and thirsty land where there was no water; who brought water for you out of the flinty rock; who fed you in the wilderness with manna, which your fathers did not know, that He might humble you and that He might test you, to do you good in the end-- then you say in your heart, 'My power and the might of my hand have gained me this wealth. ' And you shall remember the Lord your God, for it is He who gives you power to get wealth, that He may establish His covenant which He swore to your fathers, as it is this day. Then it shall be, if you by any means forget the Lord your God, and follow other gods, and serve them and worship them, I testify against you this day that you shall surely perish. As the nations, which the Lord destroys before you, so you shall perish, because you would not be obedient to the voice of the Lord your God.

اِحْتَرِزْ مِنْ أَنْ تَنْسَى الرَّبَّ إِلهَكَ وَلا تَحْفَظَ وَصَايَاهُ وَأَحْكَامَهُ وَفَرَائِضَهُ الَّتِي أَنَا أُوصِيكَ بِهَا الْيَوْمَ. لِئَلا إِذَا أَكَلتَ وَشَبِعْتَ وَبَنَيْتَ بُيُوتاً جَيِّدَةً وَسَكَنْتَ وَكَثُرَتْ بَقَرُكَ وَغَنَمُكَ وَكَثُرَتْ لكَ الفِضَّةُ وَالذَّهَبُ وَكَثُرَ كُلُّ مَا لكَ يَرْتَفِعُ قَلبُكَ وَتَنْسَى الرَّبَّ إِلهَكَ الذِي أَخْرَجَكَ مِنْ أَرْضِ مِصْرَ مِنْ بَيْتِ العُبُودِيَّةِ الذِي سَارَ بِكَ فِي القَفْرِ العَظِيمِ المَخُوفِ مَكَانِ حَيَّاتٍ مُحْرِقَةٍ وَعَقَارِبَ وَعَطَشٍ حَيْثُ ليْسَ مَاءٌ. الذِي أَخْرَجَ لكَ مَاءً مِنْ صَخْرَةِ الصَّوَّانِ الذِي أَطْعَمَكَ فِي البَرِّيَّةِ المَنَّ الذِي لمْ يَعْرِفْهُ آبَاؤُكَ لِيُذِلكَ وَيُجَرِّبَكَ لِيُحْسِنَ إِليْكَ فِي آخِرَتِكَ. وَلِئَلا تَقُول فِي قَلبِكَ: قُوَّتِي وَقُدْرَةُ يَدِيَ اصْطَنَعَتْ لِي هَذِهِ الثَّرْوَةَ. بَل اذْكُرِ الرَّبَّ إِلهَكَ أَنَّهُ هُوَ الذِي يُعْطِيكَ قُوَّةً لاِصْطِنَاعِ الثَّرْوَةِ لِيَفِيَ بِعَهْدِهِ الذِي أَقْسَمَ لآِبَائِكَ كَمَا فِي هَذَا اليَوْمِ. وَإِنْ نَسِيتَ الرَّبَّ إِلهَكَ وَذَهَبْتَ وَرَاءَ آلِهَةٍ أُخْرَى وَعَبَدْتَهَا وَسَجَدْتَ لهَا أُشْهِدُ عَليْكُمُ اليَوْمَ أَنَّكُمْ تَبِيدُونَ لا مَحَالةَ. كَالشُّعُوبِ الذِينَ يُبِيدُهُمُ الرَّبُّ مِنْ أَمَامِكُمْ كَذَلِكَ تَبِيدُونَ لأَجْلِ أَنَّكُمْ لمْ تَسْمَعُوا لِقَوْلِ الرَّبِّ إِلهِكُمْ».

مجداً للثالوث القدوس الهنا إلى الأبد وإلى أبد الآبدين كلها، آمين.

Glory be to the Holy Trinity our God unto the age of all ages, Amen.

Ⲡⲥⲟⲩ ⲛ̀ⲧⲉ Ⲥⲓⲣⲁⲭ Ⲕⲉⲫ ⲃ̅ : ⲁ̅ - ⲑ̅

Ⲉ̀ⲃⲟⲗϧⲉⲛ Ⲡ̀ⲥⲟⲩ ⲛ̀ⲧⲉ Ⲥⲓⲣⲁⲭ ⲡⲓⲡ̀ⲣⲟⲫⲏⲧⲏⲥ: ⲉ̀ⲣⲉⲡⲉϥⲥ̀ⲙⲟⲩ ⲉ̀ⲑⲟⲩⲁⲃ ϣⲱⲡⲓ ⲛⲉⲙⲁⲛ ⲁ̀ⲙⲏⲛ ⲉϥϫⲱ ⲙ̀ⲙⲟⲥ.

Ⲡⲁϣⲏⲣⲓ ⲓⲥϫⲉ ⲭ̀ⲛⲁϯ ⲙ̀ⲡⲉⲕ ⲟⲩⲟⲓ ⲉ̀ⲉⲣⲃⲱⲕ ⲙ̀Ⲡ̅ⲟ̅ⲥ̅ ⲥⲉⲃⲧⲉ ⲧⲉⲕⲯⲩⲭⲏ ⲉ̀ϩⲁⲛⲡⲓⲣⲁⲥⲙⲟⲥ : ⲥⲟⲩⲧⲉⲛ ⲡⲉⲕϩⲏⲧ ⲟⲩⲟϩ ϥⲁⲓ ⲉ̀ⲣⲟⲕ ⲛ̀ⲧⲉⲕϣ̀ⲧⲉⲙϫⲁⲡϫⲉⲡ ϧⲉⲛ ⲡ̀ⲥⲛⲟⲩ ⲛ̀ⲛⲉⲕϧ̀ⲓⲥⲓ : Ⲧⲟⲙⲕ ⲉ̀ⲣⲟϥ ⲛ̀ⲧⲉⲕϣ̀ⲧⲉⲙϩⲉⲛⲕ ⲉ̀ⲃⲟⲗ ⲙ̀ⲙⲟϥ : ϫⲉ ⲉⲕⲉ̀ⲁⲓⲁⲓ ϧⲉⲛ ⲧⲉⲕϧⲁⲉ̀ : ϩⲱⲃ ⲛⲓⲃⲉⲛ ⲉⲑⲛⲏⲟⲩ ⲉ̀ϫⲱⲕ ϣⲟⲡⲟⲩ ⲉ̀ⲣⲟⲕ ⲛ̀ⲧⲉⲕϣⲱⲡⲓ ⲛ̀ⲣⲉϥⲱⲟⲩⲛ̀ϩⲏⲧ ϧⲉⲛ ⲡⲓⲕⲁϩⲓ ⲙ̀ⲡⲉⲕⲑⲉⲃⲓⲟ : ϫⲉ ⲉ̀ϣⲁⲩⲉⲣ ⲇⲟⲕⲓⲙⲁⲍⲓⲛ ⲅⲁⲣ ⲙ̀ⲡⲓⲛⲟⲩⲃ ϩⲓⲧⲉⲛ ⲡⲓⲭ̀ⲣⲱⲙ : ⲛⲓⲥⲱⲧϩⲱⲟⲩ ⲛ̀ⲧⲉ ⲛⲓⲣⲱⲙⲓ ϧⲉⲛ ⲟⲩϩ̀ⲣⲱ ⲛ̀ⲑⲉⲃⲓⲟ : Ⲛⲁϩϯ ⲉ̀ⲣⲟϥ ⲟⲩⲟϩ ϥ̀ⲛⲁϣⲟⲡⲕ ⲉ̀ⲣⲟϥ : ⲥⲟⲩⲧⲉⲛ ⲛⲉⲕⲙⲱⲓⲧ ⲛ̀ⲧⲉⲕⲉⲣϩⲉ̀ⲗⲡⲓⲥ ⲉ̀ⲣⲟϥ : ⲛⲏⲉ̀ⲧⲉⲣϩⲟϯ ϧⲁ̀ⲧϩⲏ ⲙ̀Ⲡ̅ⲟ̅ⲥ̅ ϫⲟⲩϣⲧ ϧⲁ̀ⲧϩⲏ ⲙ̀ⲡⲉϥⲛⲁⲓ : ⲙ̀ⲡⲉⲣⲣⲓⲕⲓ ϫⲉ ⲛ̀ⲛⲉⲧⲉⲛϩⲉⲓ : ⲛⲏⲉ̀ⲧⲉⲣϩⲟϯ ϧⲁ̀ⲧϩⲏ ⲙ̀Ⲡ̅ⲟ̅ⲥ̅ ⲛⲁϩϯ ⲉ̀ⲣⲟϥ : ⲟⲩⲟϩ ⲛⲉⲧⲉⲛⲃⲉⲭⲉ ⲛ̀ⲛⲟⲩⲧⲁⲕⲟ ⲛⲏⲉ̀ⲧⲉⲣϩⲟϯ ϧⲁⲧϩⲏ ⲙ̀Ⲡ̅ⲟ̅ⲥ̅ ⲉⲣϩⲉ̀ⲗⲡⲓⲥ ⲉ̀ϩⲁⲛⲁ̀ⲅⲁⲑⲟⲛ ⲛⲉⲙ ⲟⲩⲱⲛϧ ⲛ̀ⲉ̀ⲛⲉϩ ⲛⲉⲙ ⲟⲩⲛⲁⲓ :

Ⲟⲩⲱ̀ⲟⲩ ⲛ̀ϯⲧ̀ⲣⲓⲁⲥ ⲉⲑⲟⲩⲁⲃ ⲡⲉⲛⲛⲟⲩϯ ϣⲁ ⲉ̀ⲛⲉϩ ⲛⲉⲙ ϣⲁ ⲉ̀ⲛⲉϩ ⲛ̀ⲧⲉ ⲛⲓⲉ̀ⲛⲉϩ ⲧⲏⲣⲟⲩ: ⲁ̀ⲙⲏⲛ.

Sirach 2: 1-9

A reading from Joshua the son of Sirach the Prophet may his blessings be with us Amen.

My child, when you come to serve the Lord, prepare yourself for testing. Set your heart right and be steadfast, and do not be impetuous in time of calamity. Cling to him and do not depart, so that your last days may be prosperous. Accept whatever befalls you, and in times of humiliation be patient. For gold is tested in the fire, and those found acceptable, in the furnace of humiliation. Trust in him, and he will help you; make your ways straight, and hope in him. You who fear the Lord, wait for his mercy; do not stray, or else you may fall. You who fear the Lord, trust in him, and your reward will not be lost. You who fear

يشوع بن سيراخ ٢ : ١ - ٩

من يشوع بن سيراخ النبى بركته المقدسة تكون معنا، آمين.

يا أبنى ان تقدمت لخدمة الرب هيئ نفسك للتجارب. قوم قلبك واحتمل ولا تتحل فى زمان أتعابك التصق به ولا تبتعد عنه. لكى تنمو فى آخرتك. أقبل كل ما يأتى عليك لتكون طويل الروح فى أرض تواضعك فان الذهب يمحص بالنار. والمختارين من الناس فى أتون الذل آمن به فيصبرك. قوم سبلك وليكن عليه أتكالك. أيها المتقون الرب أنتظروا رحمته ولا تحيدوا لئلا تسقطوا يا خائفى الرب آمنوا به فلا يضيع أجركم. يا خائفى الرب أرجوا الخيرات والحياة الأبدية والرحمة.

the Lord, hope for good things, for lasting joy and mercy.

Glory be to the Holy Trinity our God unto the age of all ages, Amen.

مجداً للثالوث القدوس الهنا إلى الأبد وإلى أبد الآبدين كلها، آمين.

Ⲓⲱⲃ ⲡⲓⲑⲙⲏⲓ Ⲕⲉⲫ ⲕ̄ⲍ̄ : ⲃ̄ ϣⲃⲗ ⲛⲉⲙ ⲕ̄ⲏ̄ : ⲁ̄ - ⲃ̄

Ⲉⲃⲟⲗϧⲉⲛ Ⲓⲱⲃ ⲡⲓⲑⲙⲏⲓ: ⲉⲣⲉⲡⲉϥⲥ̀ⲙⲟⲩ ⲉⲑⲟⲩⲁⲃ ϣⲱⲡⲓ ⲛⲉⲙⲁⲛ ⲁ̀ⲙⲏⲛ ⲉϥϫⲱ ⲙ̀ⲙⲟⲥ.

Ⲡ̄ⲟ̄ⲥ̄ ⲟⲛϩ ⲡⲉⲛⲧⲁϥⲕⲣⲓⲛⲉ ⲙ̀ⲙⲟⲓ ϩⲓ ⲛⲁⲓ ⲟⲩⲟϩ ⲡⲓⲡⲁⲛⲧⲟⲕⲣⲁⲧⲱⲣ ⲛ̀ⲧⲉϥⲛⲉϭⲥ ⲧⲁⲯⲩⲭⲏ ϫⲉ ⲉⲧⲉⲓ ⲉⲣⲉ ⲡⲁⲛⲓⲃⲉ ⲛ̀ϩⲏⲧ ⲟⲩⲟϩ ⲉⲣⲉ ⲡⲓⲡ̄ⲛ̄ⲁ̄ ⲙ̀Ⲫ̄ϯ̄ ϧⲉⲛ ⲛⲁϭ ⲃϣⲁ ⲛ̀ⲛⲉ ⲛⲁⲥ̀ⲫⲟⲧⲟⲩ ϫⲉ ⲛⲟⲃⲓ. Ⲟⲩⲇⲉ ⲛ̀ⲛⲉ ⲧⲁⲯⲩⲭⲏ ⲙⲉⲗⲉⲧⲁⲛ ϧⲉⲛ ⲟⲩϭⲓ̀ⲛϫⲟⲛⲥ ⲛ̀ⲛⲉⲥϣⲱⲡⲓ ⲉⲑⲣⲓ̀ϫⲟⲥ ϫⲉ ⲛ̀ⲧⲉⲧⲉⲛ ϩⲉⲛ̀ⲇⲓⲕⲉⲟⲥ.ⲙ̀ⲡⲁ̀ϯⲙⲟⲩ ⲛ̀ⲛⲁϥⲓ ⲅⲁⲣ ⲛ̀ⲧⲁⲙ ⲛⲧⲃⲁⲗϩⲏⲧ ⲉⲓⲕⲱ ⲇⲉ ϩⲧⲏⲓ ⲉⲧⲁ ⲇⲓⲕⲉⲟⲥⲩⲛⲏ ⲛ̀ⲛⲁϩⲉ ⲉ̀ⲃⲟⲗ. ⲛ̀ϯⲥⲱⲟⲩⲛ ⲅⲁⲣ ⲙ̀ⲙⲟⲓ ⲁⲛ ⲁⲓⲉⲣⲟⲩϩⲱⲃ ⲉ̀ⲙⲉϣϣⲉ ⲙ̀ⲙⲟⲛ ⲁⲗⲗⲁ ⲇⲉ ⲉ̀ⲣⲉ ⲛⲁϫⲁϫⲓ ⲣ̀ⲑⲉ ⲙ̀ⲡⲓϣⲟⲣϣⲉⲣ ⲛ̀ⲛⲁⲥⲉⲃⲏⲥ ⲟⲩⲟϩ ⲛⲉⲧⲧⲱⲟⲩⲛ ⲉϫⲱⲓ ⲛ̀ⲑⲉ ⲙ̀ⲡⲧⲁⲕⲟ ⲛ̀ⲙⲡⲁⲣⲁⲛⲟⲙⲟⲥ. Ⲁϣ ⲅⲁⲣ ⲧⲉ ⲧϩⲉⲗⲡⲓⲥ ⲙ̀ⲡⲁⲥⲉⲃⲏⲥ ϫⲉ ⲁϥϫⲱ ⲛ̀ϩⲧⲏϥ ⲉϥⲛⲁϩϯ ⲉ̀Ⲡ̄ⲟ̄ⲥ̄ ⲙⲏ ϥ̀ⲛⲁⲟⲩϫⲁⲓ̀ ⲉϥⲛⲁⲥⲱⲧⲉⲙ ⲉ̀ ⲡⲉϥⲥⲟⲡⲥ ⲏ̀ ⲉⲣϣⲁⲛ ⲟⲩⲁⲛⲁⲅⲕⲏ ⲓ̀ ⲉϫⲱϥ ⲙⲏ ⲟⲩⲛ̀ⲧⲉϥ ⲡⲁⲣⲣⲏⲥⲓⲁ ⲙ̀ⲙⲁⲩ ⲙ̀ⲡⲉϥ̀ⲙ̀ⲑⲟ ⲉ̀ⲃⲟⲗ ⲁϥϣⲁⲛⲱϣ ⲉ̀ϧⲣⲏⲓ ⲉⲣⲟϥ ⲙⲏ ϥ̀ⲛⲁⲥⲱⲧⲉⲙ ⲉⲣⲟϥ. ⲁⲗⲗⲁ ⲉⲓⲥϧⲏⲓⲧⲉ ϯⲛⲁⲧⲁⲙⲱⲧⲉⲛ ϫⲉ ⲟⲩ ⲡⲉⲧ ϧⲉⲛ ⲧϫⲓϫ ⲙ̀Ⲡ̄ⲟ̄ⲥ̄ ⲟⲩⲟϩ ⲛ̀ϯϭⲓϫⲟⲗ ⲁⲛ. ⲉⲛⲉⲧⲉⲛⲧⲟⲧϥ ⲙ̀ⲡⲓⲡⲁⲛⲧⲟⲕⲣⲁⲧⲱⲣ. Ⲉⲓⲥϧⲏⲓⲧⲉ ⲧⲏⲣⲧⲉⲛ ⲧⲉⲧⲉⲛⲥⲱⲟⲩⲛ ϫⲉ ϩⲉⲛⲡⲉⲧϣⲟⲩⲓⲧ ⲛⲏⲉⲑⲛⲏⲟⲩ ⲉϫⲉⲛ ⲛⲏⲉⲧϣⲟⲩⲓⲧ. Ⲑⲁⲓ ⲧⲉ ⲧ̀ⲙⲉⲣⲓⲥ ⲙ̀ⲡⲓⲣⲱⲙⲓ ⲛ̀ⲁⲥⲉⲃⲏⲥ ⲉ̀ⲃⲟⲗϩⲓⲧⲉⲛ Ⲡ̄ⲟ̄ⲥ̄ : ⲡⲉⲧϫⲡⲓ̀ⲟ ⲇⲉ ⲛ̀ⲛⲣⲉϥϭⲓ̀ⲛϫⲟⲛⲥ ⲛⲏⲟⲩ ⲉ̀ϧⲣⲏⲓ ⲉϫⲱⲟⲩ ⲛ̀ⲧⲉⲛ ⲡⲓⲡⲁⲛⲧⲟⲕⲣⲁⲧⲱⲣ. Ⲉϣⲱⲡⲇⲉ ⲉⲣϣⲁⲛ ⲛⲉϥϣⲏⲣⲉ ⲁ̀ϣⲁⲓ̀ ⲉⲡⲕⲟⲛⲥⲟⲩ ⲉϣⲱⲡ ⲇⲉ ⲉⲣϣⲁⲛ ϫⲉⲙϫⲟⲙ ⲥⲉⲛⲁⲧⲱⲃϩ. Ⲛⲏⲉⲧϣⲟⲡ ⲇⲉ ⲛⲁϥ ⲛ̀ⲕⲟⲟⲩⲉ ⲥⲉⲛⲁⲙⲟⲩ ϧⲉⲛ ⲟⲩⲙⲟⲩ ⲙⲛ ⲗⲁⲁⲩ ⲇⲉ ⲛⲁⲛⲁ ⲛ̀ⲛⲉⲩⲭⲏⲣⲁ : ⲉϣⲱⲡⲓ ⲇⲉ ⲟⲛ ⲉⲩϣⲁⲛ ⲥⲉⲩϩ ϩⲁⲧ ⲉ̀ϧⲟⲩⲛ ⲉⲑⲉ ⲛ̀ⲟⲩⲕⲁϩⲓ ⲟⲩⲟϩ ⲛⲉϥⲥⲉⲃⲧⲉ ⲛⲟⲩⲃ ⲛ̀ⲑⲉ ⲟⲩⲟⲙⲓ ⲛⲁⲓ ⲇⲉ ⲧⲏⲣⲟⲩ ⲛ̀ⲇⲓⲕⲉⲟⲥ ⲛⲉⲧⲛⲁϭⲓⲧⲟⲩ ⲟⲩⲟϩ ⲛ̀ⲣⲉⲙⲙⲉ ⲛⲉⲧⲛⲁⲉⲣⲟ̄ⲥ̄ ⲉⲡⲉϥⲭⲣⲏⲙⲁ ⲉⲣⲉ ⲡⲉϥⲏⲓ ⲛⲁⲉⲣ ⲑⲉ ⲛ̀ⲟⲩϭⲟⲗⲉⲥ ⲟⲩⲟϩ ⲛ̀ⲑⲉ ⲛ̀ⲟⲩϩⲁⲗⲟⲩⲥ. Ⲁⲡⲣⲉⲙⲙⲁⲟ ⲛⲕⲟⲧⲕ ⲛ̀ϥⲛⲁⲟⲩⲁϩⲙⲉϥ ⲁⲛ ⲁⲙⲙⲟⲕϩⲥ ⲧⲱⲙⲧ ⲉ̀ⲣⲟϥ : ⲛ̀ⲑⲉ ⲟⲩⲙⲟⲟⲩ : ⲁⲩϫⲟⲥⲉⲙ ⲇⲉ ϥⲓⲧϥ ⲛ̀ⲧⲉⲩϫⲱⲣϩ ⲡ̀ⲙⲁ ⲅⲁⲣ ⲙ̀ⲡⲁϩⲁⲧ ϣⲟⲟⲡ ⲉϣⲁⲩⲧⲁⲙⲓⲟϥ ⲛ̀ϧⲏⲧϥ ⲟⲩⲟϩ ⲡ̀ⲙⲁ ⲙ̀ⲡⲛⲟⲩⲃ ⲉϣⲁⲩⲟⲧϩϥ ⲙ̀ⲙⲁⲩ ⲉ̀ϣⲁⲩⲑⲁⲙⲓⲟ ⲉⲡⲉⲛⲓⲡⲉ ⲉ̀ⲃⲟⲗ ϧⲉⲛ ⲡⲕⲁϩⲓ.

Ⲟⲩⲱ̀ⲟⲩ ⲛ̀ϯⲧ̀ⲣⲓⲁⲥ ⲉ̀ⲑⲟⲩⲁⲃ ⲡⲉⲛⲛⲟⲩϯ ϣⲁ ⲉ̀ⲛⲉϩ ⲛⲉⲙ ϣⲁ ⲉ̀ⲛⲉϩ ⲛ̀ⲧⲉ ⲛⲓⲉ̀ⲛⲉϩ ⲧⲏⲣⲟⲩ: ⲁ̀ⲙⲏⲛ.

Job 27:2 - 28:2

أيوب ٢٧: ٢ – ٢٨: ٢

A reading from the book of Job may his blessings be with us Amen.

"As God lives, who has taken away my

من أيوب الصديق بركته المقدسة تكون معنا، آمين.

[حَيٌّ هُوَ اللهُ الَّذِي نَزَعَ حَقِّي وَالْقَدِيرُ الَّذِي أَمَرَّ نَفْسِي إِنَّهُ مَا دَامَتْ نَسَمَتِي فِيَّ وَنَفْخَةُ اللهِ فِي أَنْفِي لَنْ تَتَكَلَّمَ شَفَتَايَ إِثْماً وَلاَ يَلْفِظَ لِسَانِي بِغِشٍّ. حَاشَا لِي أَنْ أُبَرِّرَكُمْ! حَتَّى أُسْلِمَ الرُّوحَ لاَ أَعْزِلُ كَمَالِي عَنِّي. تَمَسَّكْتُ بِبِرِّي وَلاَ أُرْخِيهِ. قَلْبِي لاَ يُعَيِّرُ يَوْماً مِنْ أَيَّامِي.

justice, And the Almighty, who has made my soul bitter, As long as my breath is in me, And the breath of God in my nostrils, My lips will not speak wickedness, Nor my tongue utter deceit. Far be it from me That I should say you are right; Till I die I will not put away my integrity from me. My righteousness I hold fast, and will not let it go; My heart shall not reproach me as long as I live.

لِيَكُنْ عَدُوِّي كَالشِّرِّيرِ وَمُعَانِدِي كَفَاعِلِ الشَّرِّ. لأَنَّهُ مَا هُوَ رَجَاءُ الْفَاجِرِ عِنْدَمَا يَقْطَعُهُ عِنْدَمَا يَسْلِبُ اللهُ نَفْسَهُ؟ أَفَيَسْمَعُ اللهُ صُرَاخَهُ إِذَا جَاءَ عَلَيْهِ ضِيقٌ؟ أَمْ يَتَلَذَّذُ بِالْقَدِيرِ؟ هَلْ يَدْعُو اللهَ فِي كُلِّ حِينٍ؟

"May my enemy be like the wicked, And he who rises up against me like the unrighteous. For what is the hope of the hypocrite, Though he may gain much, If God takes away his life? Will God hear his cry When trouble comes upon him? Will he delight himself in the Almighty? Will he always call on God?

[إِنِّي أُعَلِّمُكُمْ بِيَدِ اللهِ. لاَ أَكْتُمُ مَا هُوَ عِنْدَ الْقَدِيرِ. هَا أَنْتُمْ كُلُّكُمْ قَدْ رَأَيْتُمْ فَلِمَاذَا تَتَبَطَّلُونَ تَبَطُّلاً قَائِلِينَ: هَذَا نَصِيبُ الإِنْسَانِ الشِّرِّيرِ مِنْ عِنْدِ اللهِ وَمِيرَاثُ الْعُتَاةِ الَّذِي يَنَالُونَهُ مِنَ الْقَدِيرِ. إِنْ كَثُرَ بَنُوهُ فَلِلسَّيْفِ وَذُرِّيَّتُهُ لاَ تَشْبَعُ خُبْزاً. بَقِيَّتُهُ تُدْفَنُ بِالْوَبَاءِ وَأَرَامِلُهُ لاَ تَبْكِي. إِنْ كَنَزَ فِضَّةً كَالتُّرَابِ وَأَعَدَّ مَلاَبِسَ كَالطِّينِ فَهُوَ يُعِدُّ وَالْبَارُّ يَلْبَسُهُ وَالْبَرِئُ يَقْسِمُ الْفِضَّةَ. يَبْنِي بَيْتَهُ كَالْعُثِّ أَوْ كَمِظَلَّةٍ صَنَعَهَا الْحَارِسُ. يَضْطَجِعُ غَنِيّاً وَلَكِنَّهُ لاَ يُضَمُّ. يَفْتَحُ عَيْنَيْهِ وَلاَ يَكُونُ. الأَهْوَالُ تُدْرِكُهُ كَالْمِيَاهِ. لَيْلاً تَخْتَطِفُهُ الزَّوْبَعَةُ تَحْمِلُهُ الشَّرْقِيَّةُ فَيَذْهَبُ وَتَجْرُفُهُ مِنْ مَكَانِهِ.

"I will teach you about the hand of God; What is with the Almighty I will not conceal. Surely all of you have seen it; Why then do you behave with complete nonsense? "This is the portion of a wicked man with God, And the heritage of oppressors, received from the Almighty: If his children are multiplied, it is for the sword; And his offspring shall not be satisfied with bread. Those who survive him shall be buried in death, And their widows shall not weep, Though he heaps up silver like dust, And piles up clothing like clay-- He may pile it up, but the just will wear it, And the innocent will divide the silver. He builds his house like a moth, Like a booth which a watchman makes. The rich man will lie down, But not be gathered up; He opens his eyes, And he is no more.

Terrors overtake him like a flood; A tempest steals him away in the night.
he east wind carries him away, and he is gone; It sweeps him out of his place.
It hurls against him and does not spare; He flees desperately from its power.
Men shall clap their hands at him, And shall hiss him out of his place.
Surely there is a mine for silver, And a place where gold is refined. Iron is taken from the earth, And copper is smelted from ore.
Glory be to the Holy Trinity our God unto the age of all ages, Amen.

يُلْقِي اللهُ عَلَيْهِ وَلاَ يُشْفِقُ. مِنْ يَدِهِ يَهْرُبُ هَرْباً. يَصْفِقُونَ عَلَيْهِ بِأَيْدِيهِمْ وَيَصْفِرُونَ عَلَيْهِ مِنْ مَكَانِهِ.
لأَنَّهُ يُوجَدُ لِلْفِضَّةِ مَعْدَنٌ وَمَوْضِعٌ لِلذَّهَبِ حَيْثُ يُمَحِّصُونَهُ .الْحَدِيدُ يُسْتَخْرَجُ مِنَ التُّرَابِ وَالْحَجَرُ يَسْكُبُ نُحَاساً.

مجداً للثالوث القدوس الهنا إلى الأبد وإلى أبد الآبدين كلها، آمين.

ⲑⲙⲉⲧⲟⲩⲣⲟ ⲛ̀ ⲁ̅ Ⲕⲉⲫ ⲑ̅ⲁ̅ : ⲑ̅ - ⲓ̅ⲇ̅

Ⲉ̀ⲃⲟⲗϧⲉⲛ ⲑ̀ⲙⲉⲧⲟⲩⲣⲟ ⲛ̀ ⲁ̅ : ⲉⲣⲉⲡⲉϥⲥ̀ⲙⲟⲩ ⲉ̀ⲑⲟⲩⲁⲃ ϣⲱⲡⲓ ⲛⲉⲙⲁⲛ ⲁ̀ⲙⲏⲛ ⲉϥϫⲱ ⲙ̀ⲙⲟⲥ.

Ⲟⲩⲟϩ ⲡ̀ⲥⲁϫⲓ ⲙ̀Ⲡ̅ⲟ̅ⲥ̅ ⲁϥⲡⲱϩ ϣⲁ ⲏ̀ⲗⲓⲁⲥ ⲉϥϫⲱ ⲙ̀ⲙⲟⲥ ϫⲉ ⲉⲕⲉⲣ ⲟⲩ ⲛ̀ⲧⲟⲕ ⲙ̀ⲡⲓⲙⲁ ⲡⲉϫⲉ ⲏ̀ⲗⲓⲁⲥ ϧⲉⲛ ⲟⲩⲕⲱϩ ⲁⲓⲕⲱϩ. Ⲡ̅ⲟ̅ⲥ̅ Ⲫ̅ϯ̅ ⲛ̀ϫⲟⲙ ⲡⲓⲡⲁⲛⲧⲟⲕⲣⲁⲧⲱⲣ ⲉ̀ⲃⲟⲗ ϫⲉ ⲛ̀ϣⲏⲣⲓ ⲙ̀ⲡⲓⲥ̅ⲗ̅ ⲁⲩϫⲁⲕ ⲛ̀ⲥⲱⲟⲩ ⲛⲉⲕⲑⲩⲟⲓⲁⲥⲧⲏⲣⲓⲟⲛ ⲁⲩϣⲉⲣϣⲱⲣⲟⲩ ⲟⲩⲟϩ ⲛⲉⲕⲡ̀ⲣⲟⲫⲏⲧⲏⲥ ⲁⲩⲙⲟⲟⲩⲧⲟⲩ ϧⲉⲛ ⲧⲥⲏϥⲓ ⲁⲛⲟⲕ ⲇⲉ ⲙⲁⲩⲁⲧ ⲁⲓⲥⲉⲡⲓ ⲟⲩⲟϩ ⲥⲉⲕⲱϯ ϩⲱ ⲛⲥⲁ ⲧⲁⲯⲩⲭⲏ ⲡⲉϫⲉ Ⲡ̅ⲟ̅ⲥ̅ ⲛⲁϥ ϫⲉ ⲉⲕⲉⲓ̀ ⲉ̀ⲃⲟⲗ ⲛ̀ⲣⲁⲥϯ ⲛⲉⲕⲁϩⲉ ⲉⲣⲁⲧⲕ ⲙ̀ⲡⲉⲙ̀ⲑⲟ ⲉ̀ⲃⲟⲗ ⲙ̀Ⲡ̅ⲟ̅ⲥ̅ ϩⲙ ⲡ̀ⲧⲟⲟⲩ ⲉⲓⲉ ⲡϫⲟⲉⲓⲥ ⲛⲁⲡⲁⲣⲁⲅⲉ ⲛⲉⲙ ⲟⲩϫⲟⲙ ⲙ̀ⲡ̅ⲛ̅ⲁ̅ ⲉϥⲧⲁϫⲣⲏⲟⲩⲧ. ⲉϥⲛⲁⲃⲱⲗ ⲉ̀ⲃⲟⲗ ⲛ̀ⲛⲧⲟⲩⲉⲓⲏ ⲟⲩⲟϩ ϥⲛⲁⲟⲩⲱϣϥ ⲛ̀ⲛⲓⲡⲉⲧⲣⲁ ⲙ̀ⲡⲉⲙ̀ⲑⲟ ⲉ̀ⲃⲟⲗ ⲙ̀Ⲡ̅ⲟ̅ⲥ̅ ⲛⲉⲣⲉ Ⲡ̅ⲟ̅ⲥ̅ ⲁⲛ ϩⲉⲙ ⲡⲓⲡ̅ⲛ̅ⲁ̅ ⲟⲩⲟϩ ⲙⲉⲛⲉⲛⲥⲁ ⲡⲓⲡ̅ⲛ̅ⲁ̅ ⲟⲩⲕⲉⲙⲧⲟ ⲟⲩⲟϩ ⲙⲉⲛⲉⲛⲥⲁ ⲡⲓⲕⲉⲙⲧⲟ ⲟⲩⲕⲱϩⲧ ⲛⲉⲣⲉ Ⲡ̅ⲟ̅ⲥ̅ ⲁⲛ ϧⲉⲛ ⲡⲓⲕⲱϩⲧ ⲙⲉⲛⲉⲛⲥⲁ ⲡⲓⲕⲱϩⲧ ⲟⲩ ϧ̀ⲣⲱⲟⲩ ⲛ̀ⲧⲏⲩ ⲉϥϣⲟⲙⲉ ⲛⲉⲙ ⲟⲩⲛⲓϣϯ ⲛ̀ⲥϫⲣⲉϩⲧ ⲉⲣⲉ̅ⲟ̅ⲥ̅ Ⲡ̅ⲃ̅ⲥ̅ ⲙ̀ⲙⲁⲩ. Ⲁⲥϣⲱⲡⲓ ⲇⲉ ⲛ̀ⲧⲉⲣⲉ ⲏ̀ⲗⲓⲁⲥ ⲥⲱⲧⲉⲙ ⲁϥϩⲱⲃⲥ ⲙ̀ⲡⲉϥ ϩⲟ ϧⲉⲛ ⲡⲉϥⲙⲉⲗⲱⲧⲏ ⲁϥⲓ̀ ⲉ̀ⲃⲟⲗ ⲁϥⲁϩⲉⲣⲁⲧϥ ⲙ̀ⲡⲉⲥⲡⲏⲗⲉⲟⲛ ⲟⲩⲟϩ ⲉⲓⲥ ⲡⲉ ϧ̀ⲣⲱⲟⲩ ⲙ̀Ⲡ̅ⲟ̅ⲥ̅ ⲁϥⲡⲱϩ ϣⲁⲣⲟϥ ⲉϥϫⲱ ⲙ̀ⲙⲟⲥ ⲛⲁϥ ϫⲉ ⲁϩⲣⲟⲕ ⲛ̀ⲑⲟⲕ ⲙ̀ⲡⲓⲙⲁ ⲏ̀ⲗⲓⲁⲥ. ⲡⲉϫⲉ ⲏ̀ⲗⲓⲁⲥ ϫⲉ ϧⲉⲛ ⲟⲩⲕⲱϩ ⲁⲓⲕⲱϩ. Ⲡ̅ⲟ̅ⲥ̅ ⲡⲓⲡⲁⲛⲧⲟⲕⲣⲁⲧⲱⲣ Ⲡ̅ⲟ̅ⲥ̅ ⲛⲉⲛϫⲟⲙ Ⲫ̅ϯ̅ ⲙ̀ⲡⲓⲥ̅ⲗ̅ ⲉ̀ⲃⲟⲗ ϫⲉ ⲛ̀ϣⲏⲣⲓ ⲙ̀ⲡⲓⲥ̅ⲗ̅ ⲁⲩⲕⲱ ⲛ̀ⲥⲱⲟⲩ ⲛ̀ⲧⲉⲕⲇⲓⲁⲑⲏⲕⲏ ⲟⲩⲟϩ ⲛⲉⲕⲑⲩⲥⲓⲁⲥ ⲧⲏⲣⲓⲟⲛ ⲁⲩϣⲉⲣϣⲱⲣⲟⲩ ⲛⲉⲕⲡ̀ⲣⲟⲫⲏⲧⲏⲥ ⲁⲩⲙⲟⲟⲩⲧⲟⲩ ϧⲉⲛ ⲟⲩⲥⲏϥⲓ ⲁⲛⲟⲕ ⲇⲉ ⲙ̀ⲙⲁⲩⲁⲧ ⲁⲓⲥⲉⲡⲓ ⲟⲩⲟϩ ⲥⲉⲕⲱϯ ⲛ̀ⲥⲁ ⲧⲁⲯⲩⲭⲏⲉ̀ϥⲓⲧⲥ.

Ⲟⲩⲱ̀ⲟⲩ ⲛ̀ϯⲧ̀ⲣⲓⲁⲥ ⲉ̀ⲑⲟⲩⲁⲃ ⲡⲉⲛⲛⲟⲩϯ ϣⲁ ⲉ̀ⲛⲉϩ ⲛⲉⲙ ϣⲁ ⲉ̀ⲛⲉϩ ⲛ̀ⲧⲉ ⲛⲓⲉ̀ⲛⲉϩ ⲧⲏⲣⲟⲩ: ⲁ̀ⲙⲏⲛ.

1 Kings 19:9-14

سفر الملوك الأول ١٩: ٩ - ١٤

A reading from the book of 1 Kings may its blessings be with us Amen.

من سفر الملوك الأول بركته المقدسة تكون

And behold, the word of the Lord came to him, and He said to him, "What are you doing here, Elijah?" So he said, "I have been very zealous for the Lord God of hosts; for the children of Israel have forsaken Your covenant, torn down Your altars, and killed Your prophets with the sword. I alone am left; and they seek to take my life." Then He said, "Go out, and stand on the mountain before the Lord." And behold, the Lord passed by, and a great and strong wind tore into the mountains and broke the rocks in pieces before the Lord, but the Lord was not in the wind; and after the wind an earthquake, but the Lord was not in the earthquake; and after the earthquake a fire, but the Lord was not in the fire; and after the fire a still small voice. So it was, when Elijah heard it, that he wrapped his face in his mantle and went out and stood in the entrance of the cave. Suddenly a voice came to him, and said, "What are you doing here, Elijah?" And he said, "I have been very zealous for the Lord God of hosts; because the children of Israel have forsaken Your covenant, torn down Your altars, and killed Your prophets with the sword. I alone am left; and they seek to take my life."

Glory be to the Holy Trinity our God unto the age of all ages, Amen.

معنا، آمين.

وَدَخَلَ هُنَاكَ الْمَغَارَةَ وَبَاتَ فِيهَا. وَكَانَ كَلاَمُ الرَّبِّ إِلَيْهِ: [مَا لَكَ هَهُنَا يَا إِيلِيَّا؟] فَقَالَ: [قَدْ غِرْتُ غَيْرَةً لِلرَّبِّ إِلَهِ الْجُنُودِ، لأَنَّ بَنِي إِسْرَائِيلَ قَدْ تَرَكُوا عَهْدَكَ وَنَقَضُوا مَذَابِحَكَ وَقَتَلُوا أَنْبِيَاءَكَ بِالسَّيْفِ، فَبَقِيتُ أَنَا وَحْدِي. وَهُمْ يَطْلُبُونَ نَفْسِي لِيَأْخُذُوهَا]. فَقَالَ: [اخْرُجْ وَقِفْ عَلَى الْجَبَلِ أَمَامَ الرَّبِّ]. وَإِذَا بِالرَّبِّ عَابِرٌ وَرِيحٌ عَظِيمَةٌ وَشَدِيدَةٌ قَدْ شَقَّتِ الْجِبَالَ وَكَسَّرَتِ الصُّخُورَ أَمَامَ الرَّبِّ، وَلَمْ يَكُنِ الرَّبُّ فِي الرِّيحِ. وَبَعْدَ الرِّيحِ زَلْزَلَةٌ، وَلَمْ يَكُنِ الرَّبُّ فِي الزَّلْزَلَةِ. وَبَعْدَ الزَّلْزَلَةِ نَارٌ، وَلَمْ يَكُنِ الرَّبُّ فِي النَّارِ. وَبَعْدَ النَّارِ صَوْتٌ مُنْخَفِضٌ خَفِيفٌ. فَلَمَّا سَمِعَ إِيلِيَّا لَفَّ وَجْهَهُ بِرِدَائِهِ وَخَرَجَ وَوَقَفَ فِي بَابِ الْمَغَارَةِ، وَإِذَا بِصَوْتٍ إِلَيْهِ يَقُولُ: [مَا لَكَ هَهُنَا يَا إِيلِيَّا؟] فَقَالَ: [غِرْتُ غَيْرَةً لِلرَّبِّ إِلَهِ الْجُنُودِ لأَنَّ بَنِي إِسْرَائِيلَ قَدْ تَرَكُوا عَهْدَكَ وَنَقَضُوا مَذَابِحَكَ وَقَتَلُوا أَنْبِيَاءَكَ بِالسَّيْفِ، فَبَقِيتُ أَنَا وَحْدِي، وَهُمْ يَطْلُبُونَ نَفْسِي لِيَأْخُذُوهَا].

مجداً للثالوث القدوس الهنا إلى الأبد وإلى أبد الآبدين كلها، آمين.

The Doxology of the Pascha Hour: "Thine is the Power…" on page A5.

تسبحة ساعة البصخة: "لك القوة..." صفحة ٥ فى اخر الكتاب.

Ψαλμος ριη : ριη νεμ ριθ

Ματαπ ⲉ̀ⲡⲁϩⲁⲡ ⲟⲩⲟϩ ⲥⲟⲧⲧ : ⲉⲑⲃⲉ ⲡⲉⲕⲥⲁϫⲓ ⲙⲁⲣⲓⲱⲛϧ : Ⲫⲟⲩⲏⲟⲩ ⲥⲁⲃⲟⲗ ⲛ̀ⲛⲓⲣⲉϥⲉ̀ⲣⲛⲟⲃⲓ ⲛ̀ϫⲉ ⲡⲓⲟⲩϫⲁⲓ : ϫⲉ ⲛⲉⲕⲙⲉⲑⲙⲏⲓ ⲙ̀ⲡⲟⲩⲕⲱϯ ⲛ̀ⲥⲱⲟⲩ : ⲁ̅ⲗ̅.

Psalm 119: 154-155	مزامير ١١٨: ١١٨ و ١١٠
A Psalm of David the Prophet.	**من مزامير داود النبى**
Plead my cause and redeem me; Revive me according to Your word. Salvation is far from the wicked, For they do not seek Your statutes. Alleluia.	أحكم حكمى ونجنى من أجل كلامك أحينى بعيد الخلاص من الخطاة لانهم لم يطلبوا حقوقك: هلليلويا.

Ⲉⲩⲁⲅⲅⲉⲗⲓⲟⲛ ⲕⲁⲧⲁ Ⲙⲁⲧⲑⲉⲟⲛ

Ⲕⲉⲫ ⲕ̅ⲅ̅ : ⲗ̅ⲍ̅ ϣⲃ̅ⲗ̅ ⲛⲉⲙ Ⲕⲉⲫ ⲕ̅ⲇ̅ : ⲁ̅ - ⲃ̅

Ⲓⲗ̅ⲏ̅ⲙ̅ Ⲓⲗ̅ⲏ̅ⲙ̅ ⲑⲏⲉⲧϧⲱⲧⲉⲃ ⲛ̀ⲛⲓⲡ̀ⲣⲟⲫⲏⲧⲏⲥ ⲟⲩⲟϩ ⲉ̀ⲧϩⲓⲱ̀ⲛⲓ ⲉ̀ϫⲉⲛ ⲛⲏⲉ̀ⲧⲁⲩⲟⲩⲟⲣⲡⲟⲩ ϩⲁⲣⲟⲥ : ⲟⲩⲙⲏϣ ⲛ̀ⲥⲟⲡ ⲁⲓⲟⲩⲱϣ ⲉ̀ⲑⲟⲩⲏⲧ ⲛⲉϣⲏⲣⲓ ⲙ̀ⲫ̀ⲣⲏϯ ⲛ̀ⲟⲩϩⲁⲗⲏⲧ ⲉ̀ϣⲁϥⲑⲱⲟⲩϯ ⲛ̀ⲛⲉϥⲙⲁⲥ ⲉ̀ϧⲟⲩⲛ ϧⲁⲛⲉϥⲧⲉⲛϩ ⲟⲩⲟϩ ⲙ̀ⲡⲉⲧⲉⲛⲟⲩⲱϣ : ϩⲏⲡⲡⲉ ϯⲛⲁⲭⲱ ⲙ̀ⲡⲉⲧⲛⲏⲓ ⲛⲱⲧⲉⲛ ⲉϥϣⲱϥ. ϯϫⲱ ⲅⲁⲣ ⲙ̀ⲙⲟⲥ ⲛⲱⲧⲉⲛ ϫⲉ ⲛ̀ⲛⲉⲧⲉⲛⲛⲁⲩ ⲉ̀ⲣⲟⲓ ⲓⲥϫⲉⲛ ϯⲛⲟⲩ ϣⲁⲧⲉⲧⲉⲛϫⲟⲥ ϫⲉ ϥ̀ⲥⲙⲁⲣⲱⲟⲩⲧ ⲛ̀ϫⲉ ⲫⲏⲉⲑⲛⲏⲟⲩ ϧⲉⲛ ⲫ̀ⲣⲁⲛ ⲙ̀Ⲡ̅ⲟ̅ⲥ̅ : Ⲟⲩⲟϩ ⲉ̀ⲧⲁϥⲓ̀ ⲟⲩⲟϩ ⲁⲩⲓ̀ ϩⲁⲣⲟϥ ⲛ̀ϫⲉ ⲛⲉϥⲙⲁⲑⲏⲧⲏⲥ ⲉⲩⲧⲁⲙⲟ ⲙ̀ⲙⲟϥ ⲛ̀ⲛⲓⲕⲱⲧ ⲛ̀ⲧⲉ ⲡⲓⲉⲣⲫⲉⲓ : Ⲛⲑⲟϥ ⲇⲉ ⲁϥⲉⲣⲟⲩⲱ̀ ⲡⲉϫⲁϥ ⲛⲱⲟⲩ ϫⲉ ⲧⲉⲧⲉⲛⲛⲁⲩ ⲉ̀ⲛⲁⲓ ⲧⲏⲣⲟⲩ : ⲁ̀ⲙⲏⲛ ϯϫⲱ ⲙ̀ⲙⲟⲥ ⲛⲱⲧⲉⲛ ϫⲉ ⲛ̀ⲛⲟⲩⲭⲁ ⲟⲩⲱ̀ⲛⲓ ⲉ̀ϫⲉⲛ ⲟⲩⲱ̀ⲛⲓ ⲙ̀ⲡⲁⲓⲙⲁ ⲛ̀ⲥⲉ ⲛⲁⲃⲟⲗϥ ⲉ̀ⲃⲟⲗ ⲁⲛ :

Ⲟⲩⲱϣⲧ ⲙ̀ⲡⲓⲉⲩⲁⲅⲅⲉⲗⲓⲟⲛ ⲉ̅ⲑ̅ⲩ̅.

Matthew 23:37-24:1,2	متى ٢٣: ٣٧ و ٢٤: ١ و ٢
A reading from the Holy Gospel according to Saint Matthew.	**فصل شريف من إنجيل معلمنا مار متى البشير بركاته علينا آمين.**
O Jerusalem, Jerusalem, the one who kills the prophets and stones those who are sent to her! How often I wanted to gather your children together, as a hen gathers her chicks under her wings, but you were not willing! See! Your house is left to you desolate; for I say to you, you shall see Me no more till you say, 'Blessed is He who comes in the name of the Lord!' "Then Jesus went out and departed from the temple, and His	«يَا أُورُشَلِيمُ يَا أُورُشَلِيمُ يَا قَاتِلَةَ الأَنْبِيَاءِ وَرَاجِمَةَ الْمُرْسَلِينَ إِلَيْهَا كَمْ مَرَّةٍ أَرَدْتُ أَنْ أَجْمَعَ أَوْلاَدَكِ كَمَا تَجْمَعُ الدَّجَاجَةُ فِرَاخَهَا تَحْتَ جَنَاحَيْهَا وَلَمْ تُرِيدُوا. هُوَذَا بَيْتُكُمْ يُتْرَكُ لَكُمْ خَرَاباً! لأَنِّي أَقُولُ لَكُمْ: إِنَّكُمْ لاَ تَرَوْنَنِي مِنَ الآنَ حَتَّى تَقُولُوا: مُبَارَكٌ الآتِي بِاسْمِ الرَّبِّ!». ثُمَّ خَرَجَ يَسُوعُ وَمَضَى مِنَ الْهَيْكَلِ

disciples came up to show Him the buildings of the temple. And Jesus said to them, "Do you not see all these things? Assuredly, I say to you, not one stone shall be left here upon another, that shall not be thrown down."
Bow down before the Holy Gospel.
Glory be to God forever.

فَتَقَدَّمَ تَلاَمِيذُهُ لِكَيْ يُرُوهُ أَبْنِيَةَ الْهَيْكَلِ. فَقَالَ لَهُمْ يَسُوعُ: «أَمَا تَنْظُرُونَ جَمِيعَ هَذِهِ؟ اَلْحَقَّ أَقُولُ لَكُمْ إِنَّهُ لاَ يُتْرَكُ هَهُنَا حَجَرٌ عَلَى حَجَرٍ لاَ يُنْقَضُ!».
أسجدوا للإنجيل المقدس.
والمجد لله دائماً.

Commentary

طرح

The Commentary of the Third Hour of Tuesday of Holy Pascha, may its blessings be with us all. Amen.

طرح الساعة الثالثة من يوم الثلاثاء من البصخة المقدسة بركتها علينا. آمين.

Several times, the Lord said "O Jerusalem, How often I wanted to gather your children together, as the hen gathers her chicks under her wings, but you were not willing!" Behold, "Your house is left to you desolate." When the disciples heard the prophecy of the prophet and the Savior, they showed him the temple, venerated stones, and sanctuaries. He responded to them saying, "Not one stone shall be left here upon another that shall not be thrown down."

Verily, this happened forty years after the ascension of our Lord. The Romans came, devastated the city and demolished the temple, which remains to this day. One million and two hundred thousand Jewish men were killed by the sword. God's wrath descended upon them and His damnation covered their faces.

كم من مرة، قال الرب، أردت أن أجمع بنيك يا أورشليم مثل الطائر الذى يجمع فراخه تحت جناحيه ولم تريدوا؟. ها أنا أترك لكم بيتكم خراباً، قال الرب، إلى الانقضاء.

فلما سمع التلاميذ نبوة النبى والمخلص، أروه بناء الهيكل والحجارة المكرمة والمحرمات، فأجابهم قائلاً: أنه لا يترك ههنا حجر على حجر إلا وينقض. فبالحقيقة صار هذا من بعد أربعين سنة لصعود مخلصنا. جاء الروم وهدموا المدينة، وخربوا الهيكل إلى اليوم وقتلوا مائة وعشرين ربوة من رجال اليهود بحد السيف. وحل عليهم غضب الله، وغطت اللعنة وجوههم.

Sixth Hour of Tuesday

الساعة السادسة من يوم الثلاثاء

Ⲓⲉⲍⲉⲕⲓⲏⲗ Ⲕⲉⲫ ⲕⲁ̅ : ⲋ̅ - ⲓ̅ⲋ̅

Ⲉ̀ⲃⲟⲗϧⲉⲛ Ⲓⲉⲍⲉⲕⲓⲏⲗ ⲡⲓⲡ̀ⲣⲟⲫⲏⲧⲏⲥ: ⲉ̀ⲣⲉⲡⲉϥ̀ⲥ̀ⲙⲟⲩ ⲉ̀ⲑⲟⲩⲁⲃ ϣⲱⲡⲓ ⲛⲉⲙⲁⲛ ⲁ̀ⲙⲏⲛ ⲉϥϫⲱ ⲙ̀ⲙⲟⲥ.

Ⲛⲁⲓ ⲛⲉ ⲛⲏⲉ̀ⲧⲉϥϫⲱ ⲙ̀ⲙⲱⲟⲩ ⲛ̀ϫⲉ Ⲁ̀ⲇⲱⲛⲁⲓ Ⲡ̅ⲟ̅ⲥ̅ ϫⲉ ϩⲏⲡⲡⲉ ⲁ̀ⲛⲟⲕ ⲟⲩⲃⲏⲕ ⲟⲩⲟϩ ϯⲛⲁⲑⲱⲕⲉⲙ ⲛ̀ⲧⲁⲥⲏϥⲓ ⲉ̀ⲃⲟⲗ ϧⲉⲛ ⲡⲉⲥⲕⲱϩⲓ ⲟⲩⲟϩ ϯⲛⲁϥⲱϯ ⲛ̀ⲟⲩⲣⲉϥϭⲓⲛ̀ϫⲟⲛⲥ ⲉ̀ⲃⲟⲗ ⲛ̀ϧⲏⲧⲕ ⲛⲉⲙ ⲟⲩⲁ̀ⲛⲟⲙⲟⲥ : Ⲡⲁⲓⲣⲏϯ ⲥ̀ⲛⲁⲓ ⲉ̀ⲃⲟⲗⲛ̀ϫⲉ ⲧⲁⲥⲏϥⲓ ⲉ̀ⲃⲟⲗ ϧⲉⲛ ⲡⲉⲥⲕⲱϩⲓ ϩⲓϫⲉⲛ ⲥⲁⲣⲝ ⲛⲓⲃⲉⲛ : ⲓⲥϫⲉⲛ ⲡⲉⲙⲉⲛⲧ ϣⲁⲡⲉⲙϩⲓⲧ : ⲟⲩⲟϩ ⲥⲉⲛⲁⲉ̀ⲙⲓ ⲛ̀ϫⲉ ⲥⲁⲣⲝ ⲛⲓⲃⲉⲛ ϫⲉ ⲁ̀ⲛⲟⲕ ⲡⲉ Ⲡ̅ⲟ̅ⲥ̅ ⲟⲩⲟϩ ⲁⲓⲥⲱⲕⲉⲙ ⲛ̀ⲧⲁⲥⲏϥⲓ ⲉ̀ⲃⲟⲗ ϧⲉⲛ ⲡⲉⲥⲕⲱϩⲓ ⲛ̀ⲥⲛⲁⲧⲁⲥⲑⲟ ⲁⲛ ϫⲉ : Ⲟⲩⲟϩ ⲛ̀ⲑⲟⲕ ϩⲱⲕ ⲡ̀ϣⲏⲣⲓ ⲙ̀ⲫⲣⲱⲙⲓ ϥⲓⲁ̀ϩⲟⲙ ϧⲉⲛ ⲡⲓϥⲓⲁ̀ϩⲟⲙ ⲛ̀ⲧⲉ ⲛⲉⲕϯⲙⲓ ⲟⲩⲟϩ ⲉⲕⲉ̀ϥⲓⲁ̀ϩⲟⲙ ϧⲉⲛ ⲡ̀ϧⲟⲙϧⲉⲙ ⲛ̀ⲧⲉ ϩⲁⲛ ⲙ̀ⲕⲁϩⲛ̀ϩⲏⲧ ⲛⲁϩⲣⲉⲛ ⲛⲟⲩⲃⲁⲗ ⲉ̀ⲃⲟⲗ Ⲟⲩⲟϩ ⲉⲥⲉ̀ϣⲱⲡⲓ ⲁⲩϣⲁⲛϫⲟⲥⲛⲁⲕ : ϫⲉ ⲉⲑⲃⲉⲟⲩ ⲕϥⲓⲁ̀ϩⲟⲙ : ⲕⲉ̀ϫⲟⲥ ϫⲉ ⲉⲓϥⲓⲁ̀ϩⲟⲙ ⲉⲑⲃⲉ ⲡⲓϣⲓⲛⲓ ϫⲉ ⲟⲩⲏⲓ ϥ̀ⲛⲏⲟⲩ : Ⲟⲩⲟϩ ⲥⲉⲛⲁ ϧⲟⲙϧⲉⲙ ⲛ̀ϫⲉ ϩⲏⲧ ⲛⲓⲃⲉⲛ : ⲟⲩⲟϩ ⲥⲉⲛⲁⲃⲱⲗ ⲉ̀ⲃⲟⲗ ⲛ̀ϫⲉ ϫⲓϫ ⲛⲓⲃⲉⲛ : ⲟⲩⲟϩ ⲥⲉⲛⲁϫⲱϫⲉⲃ ⲛ̀ϫⲉ ⲥⲁⲣⲝ ⲛⲓⲃⲉⲛ ⲛⲉⲙ ⲡ̅ⲛ̅ⲁ̅ ⲛⲓⲃⲉⲛ : ⲟⲩⲟϩ ⲁ̀ⲗⲟϫ ⲛⲓⲃⲉⲛ ⲥⲉⲛⲁⲑⲱⲗⲉⲃ ⲛ̀ϩⲱⲟⲩ : ϩⲏⲡⲡⲉ ϥ̀ⲛⲏⲟⲩ ⲟⲩⲟϩ ϥ̀ⲛⲁϣⲱⲡⲓ ⲡⲉϫⲉ Ⲡ̅ⲟ̅ⲥ̅ : Ⲟⲩⲟϩ ⲁ̀ⲟⲩⲥⲁϫⲓ ⲛ̀ⲧⲉ Ⲡ̅ⲟ̅ⲥ̅ ϣⲱⲡⲓ ϩⲁⲣⲟⲓ ⲉϥϫⲱ ⲙ̀ⲙⲟⲥ ϫⲉ ⲡ̀ϣⲏⲣⲓ ⲙ̀ⲫⲣⲱⲙⲓ ⲁ̀ⲣⲓⲡ̀ⲡⲣⲟⲫⲏⲧⲉⲩⲓⲛ ⲟⲩⲟϩ ⲉⲕⲉ̀ϫⲟⲥ ϫⲉ ⲛⲁⲓⲛⲉ ⲛⲏⲉ̀ⲧⲉϥ ϫⲱ̀ⲙ̀ⲙⲱⲟⲩ ⲛ̀ϫⲉ Ⲡ̅ⲟ̅ⲥ̅ Ⲡ̅ⲟ̅ⲥ̅.

ⲁ̀ϫⲟⲥ ⲛ̀ϯⲥⲏϥⲓ ϫⲉ ϯⲥⲏϥⲓ ϯⲥⲏϥⲓ ϩⲓⲟⲩ̀ⲓ ⲟⲩⲟϩ ϫⲱⲛⲧ ϩⲟⲡⲱⲥ ⲛ̀ⲧⲉ ϧⲟⲗϧⲉⲗ ⲛ̀ϩⲁⲛϧⲟⲗϧⲉⲗ ⲟⲩⲟϩ ⲙⲁⲣⲉ ⲣⲱ ϩⲓⲟⲩ̀ⲓ ϩⲟⲡⲱⲥ ⲛ̀ⲧⲉϣⲱⲡⲓ ⲉ̀ⲣⲉ ⲓⲉⲗⲉⲗ ⲥⲉⲃⲧⲱⲧ ⲉ̀ⲃⲟⲗ ϧⲟⲙϧⲉⲙ ⲛ̀ϩⲁⲛϣⲱϣ ϫⲱ ⲉ̀ϧⲣⲏⲓ ⲛ̀ϣϣⲏⲛ ⲛⲓⲃⲉⲛ : ⲁϥⲧⲏⲓⲥ ⲉ̀ⲥⲉⲃⲧⲱⲧⲥ ⲉ̀ⲡϫⲓⲛ ⲧⲉ ⲧⲉϥϫⲓϫ ⲁ̀ⲙⲟⲛⲓ ⲙ̀ⲙⲟⲥ : ⲁ̀ⲣⲱⲥ ϩⲓⲟⲩ̀ⲓ ⲟⲩⲥⲏϥⲓ ⲉⲥⲥⲉⲃⲧⲱⲧ ⲉ̀ⲡ̀ϫⲓⲛⲧⲏⲓⲥ ⲉ̀ⲧϫⲓϫ ⲙ̀ⲫⲏⲉⲧϧⲟⲗϧⲉⲗ : ⲟⲩ ⲉ̀ⲃⲟⲗⲟⲅⲟⲥ ⲁ̀ⲣⲓⲟⲩ̀ⲓ ⲛ̀ⲟⲩⲉ̀ϣⲗⲏⲗⲟⲩ̀ⲓ ⲡ̀ϣⲏⲣⲓ ⲙ̀ⲫⲡⲱⲙⲓ ϫⲉ ⲁ̀ⲑⲁⲓ ϣⲱⲡⲓ ⲙ̀ⲡⲁⲗⲗⲁⲟⲥ : ⲁⲥϣⲱⲡⲓ ϧⲉⲛ ⲛⲓϩⲩⲅⲟⲩⲙⲉⲛⲟⲥ ⲧⲏⲣⲟⲩ ⲛ̀ⲧⲉ̀ⲡⲏⲓ ⲙ̀ⲡⲓ̅ⲥ̅ⲗ̅: Ⲥⲉⲛⲁϫⲱⲓⲗⲓ ⲉ̀ϧⲟⲩⲛ ⲛ̀ϫⲉⲟⲩⲥⲏϥⲓ ⲁⲥϭⲱⲡⲓ ⲙ̀ⲡⲁⲗⲗⲁⲟⲥ : ⲉⲑⲃⲉ ⲫⲁⲓ ⲕⲱⲗϩ ⲉ̀ϫⲉⲛ ⲧⲉⲕϫⲓϫ ϫⲉ ⲁⲥⲑⲙⲁⲓⲟ̀ ⲟⲩⲟϩ ⲥ̀ϯ ⲓⲥϫⲉⲛⲛⲩϩⲓⲟⲩ̀ⲓ ⲉ̀ⲃⲟⲗⲛⲟⲩⲫⲩⲗⲏ ⲛ̀ⲛⲉⲥϣⲱⲡⲓ ⲡⲉϫⲉ Ⲡ̅ⲟ̅ⲥ̅.

Ⲟⲩⲱ̀ⲟⲩ ⲛ̀ϯⲧ̀ⲣⲓⲁⲥ ⲉ̀ⲑⲟⲩⲁⲃ ⲡⲉⲛⲛⲟⲩϯ ϣⲁ ⲉ̀ⲛⲉϩ ⲛⲉⲙ ϣⲁ ⲉ̀ⲛⲉϩ ⲛ̀ⲧⲉ ⲛⲓⲉ̀ⲛⲉϩ ⲧⲏⲣⲟⲩ: ⲁ̀ⲙⲏⲛ.

Ezekiel 21:3-13

حزقيال ٢١ : ٣ - ١٣

A reading from Ezekiel the Prophet may his blessings be with us Amen.

من حزقيال النبى بركته المقدسة تكون معنا، آمين.

وَقُلْ لأَرْضِ إِسْرَائِيلَ: هَكَذَا قَالَ الرَّبُّ: هَئَنَذَا عَلَيْكِ، وَأَسْتَلُّ سَيْفِي مِنْ غِمْدِهِ فَأَقْطَعُ مِنْكِ الصِّدِّيقَ وَالشِّرِّيرَ مِنْ حَيْثُ أَنِّي أَقْطَعُ مِنْكِ الصِّدِّيقَ وَالشِّرِّيرَ، فَلِذَلِكَ يَخْرُجُ سَيْفِي مِنْ غِمْدِهِ عَلَى كُلِّ بَشَرٍ مِنَ الْجَنُوبِ إِلَى الشِّمَالِ. فَيَعْلَمُ كُلُّ بَشَرٍ أَنِّي أَنَا الرَّبُّ، سَلَلْتُ سَيْفِي مِنْ غِمْدِهِ. لاَ يَرْجِعُ أَيْضاً. أَمَّا أَنْتَ يَا ابْنَ آدَمَ فَتَنَهَّدْ بِانْكِسَارِ الْحَقْوَيْنِ، وَبِمَرَارَةٍ تَنَهَّدْ أَمَامَ عُيُونِهِمْ. وَيَكُونُ إِذَا سَأَلُوكَ: عَلَى مَ تَتَنَهَّدُ؟ أَنَّكَ تَقُولُ: عَلَى الْخَبَرِ، لأَنَّهُ جَاءٍ فَيَذُوبُ كُلُّ قَلْبٍ، وَتَرْتَخِي كُلُّ الأَيْدِي وَتَيْأَسُ كُلُّ رُوحٍ، وَكُلُّ الرُّكَبِ تَصِيرُ كَالْمَاءِ، هَا هِيَ آتِيَةٌ وَتَكُونُ، يَقُولُ السَّيِّدُ الرَّبُّ]. وَكَانَ إِلَيَّ كَلاَمُ الرَّبِّ: [يَا ابْنَ آدَمَ، تَنَبَّأْ وَقُلْ: هَكَذَا قَالَ الرَّبُّ: سَيْفٌ سَيْفٌ حُدِّدَ وَصُقِلَ أَيْضاً. قَدْ حُدِّدَ لِيَذْبَحَ ذَبْحاً. قَدْ صُقِلَ لِيَبْرُقَ. فَهَلْ نَبْتَهِجُ؟ عَصَا ابْنِي تَزْدَرِي بِكُلِّ عُودٍ. وَقَدْ أَعْطَاهُ لِيُصْقَلَ لِيُمْسَكَ بِالْكَفِّ. هَذَا السَّيْفُ قَدْ حُدِّدَ وَهُوَ مَصْقُولٌ لِيُسَلَّمَ لِيَدِ الْقَاتِلِ. اصْرُخْ وَوَلْوِلْ يَا ابْنَ آدَمَ، لأَنَّهُ يَكُونُ عَلَى شَعْبِي وَعَلَى كُلِّ رُؤَسَاءِ إِسْرَائِيلَ. أَهْوَالٌ بِسَبَبِ السَّيْفِ تَكُونُ عَلَى شَعْبِي. لِذَلِكَ اصْفِقْ عَلَى فَخْذِكَ. لأَنَّهُ امْتِحَانٌ. وَمَاذَا إِنْ لَمْ تَكُنْ أَيْضاً الْعَصَا الْمُزْدَرِيَةُ يَقُولُ السَّيِّدُ الرَّبُّ؟

مجداً للثالوث القدوس الهنا إلى الأبد وإلى أبد الآبدين كلها، آمين.

And say to the land of Israel, 'Thus says the Lord: "Behold, I am against you, and I will draw My sword out of its sheath and cut off both righteous and wicked from you. Because I will cut off both righteous and wicked from you, therefore My sword shall go out of its sheath against all flesh from south to north, that all flesh may know that I, the Lord, have drawn My sword out of its sheath; it shall not return anymore." ' Sigh therefore, son of man, with a breaking heart, and sigh with bitterness before their eyes.

And it shall be when they say to you, 'Why are you sighing?' that you shall answer, 'Because of the news; when it comes, every heart will melt, all hands will be feeble, every spirit will faint, and all knees will be weak as water. Behold, it is coming and shall be brought to pass,' says the Lord God."

Again the word of the Lord came to me, saying,

"Son of man, prophesy and say, 'Thus says the Lord!' Say: 'A sword, a sword is sharpened And also polished! Sharpened to make a dreadful slaughter, Polished to flash like lightning! Should we then make mirth? It despises the scepter of My Son, As it does all wood. And He has given it to be polished, That it may be handled; This sword is sharpened, and it is polished To be given into the hand of the slayer. ' "Cry and wail, son of man; For it will be against My people, Against all the princes of Israel. Terrors including the sword will be against My people; Therefore strike your thigh." Because it is a testing, And what if the sword despises even the scepter? The scepter shall be no more," says the Lord God.

Glory be to the Holy Trinity our God unto the age of all ages, Amen.

Ⲓⲏⲥⲟⲩ ⲛ̀ⲧⲉ Ⲥⲓⲣⲁⲭ Ⲕⲉⲫ Ⲇ : ⲕ̅ⲅ̅ ϣⲁⲃⲗ ⲛⲉⲙ ⲉ̅ : ⲁ̅ ⲛⲉⲙ ⲃ̅

Ⲉ̀ⲃⲟⲗϧⲉⲛ Ⲓⲏⲥⲟⲩ ⲛ̀ⲧⲉ Ⲥⲓⲣⲁⲭ ⲡⲓⲡ̀ⲣⲟⲫⲏⲧⲏⲥ ⲉ̀ⲣⲉⲡⲉϥⲥ̀ⲙⲟⲩ ⲉ̀ⲑⲟⲩⲁⲃ ϣⲱⲡⲓ ⲛⲉⲙⲁⲛ ⲁ̀ⲙⲏⲛ ⲉϥϫⲱ ⲙ̀ⲙⲟⲥ.

Ⲙⲁϩⲑⲏⲕ ⲉ̀ⲡⲓⲥⲛⲟⲩ ⲛ̀ⲧⲉⲕⲁ̀ⲣⲉϩ ⲉ̀ⲣⲟⲕ ⲉ̀ⲃⲟⲗ ϩⲁ ⲡⲓⲡⲉⲧϩⲱⲟⲩ : ⲟⲩⲟϩ ⲙ̀ⲡⲉⲣϭⲓϣⲓⲡⲓ ⲉⲑⲃⲉ ⲧⲉⲕⲙⲉⲧⲁⲧⲥ̀ⲃⲱ : ⲟⲩⲟⲛ ⲟⲩϣⲱⲡⲓ ⲅⲁⲣ ⲉ̀ϣⲁⲥ̀ⲓⲛⲓ ⲙ̀ⲫⲛⲟⲃⲓ : ⲟⲩⲟϩ ⲟⲩϣⲓⲡⲓ ⲛ̀ⲟⲩⲱ̀ⲟⲩ ⲛⲉⲙ ⲟⲩϩ̀ⲙⲟⲧ : Ⲙ̀ⲡⲉⲣϭⲓϩⲟ : ⲟⲩⲡⲉⲧϩⲱⲟⲩ ⲡⲉ ⲛ̀ⲧⲉⲕⲯⲩⲭⲏ : ⲟⲩⲟϩ ⲙ̀ⲡⲉⲣϣⲓⲡⲓ ϧⲉⲛ ⲡⲉⲕϩⲉⲓ : ⲙ̀ⲡⲉⲣⲁ̀ⲙⲟⲛⲓ ⲛ̀ⲟⲩⲥⲁϫⲓ ϧⲉⲛ ⲟⲩⲥⲛⲟⲩ ⲛ̀ⲟⲩϫⲁⲓ : Ⲉ̀ϣⲁⲩⲥⲟⲩⲉⲛ ϯⲥⲟⲫⲓⲁ̀ ⲅⲁⲣ ϧⲉⲛ ⲡⲓⲥⲁϫⲓ : ⲟⲩⲟϩ ϯⲙⲉⲧⲥⲁⲃⲉ ϧⲉⲛ ⲡ̀ⲥⲁϫⲓ ⲙ̀ⲡⲓⲗⲁⲥ : Ⲙ̀ⲡⲉⲣϯⲟⲩⲃⲉ ϯⲙⲉⲑⲙⲏⲓ ⲟⲩⲟϩ ⲛ̀ⲧⲉⲕϭⲓϣⲓⲡⲓ ⲉⲑⲃⲉ ⲧⲉⲕⲙⲉⲧⲁⲧⲥ̀ⲃⲱ : ⲙ̀ⲡⲉⲣϣⲓⲡⲓ ⲉ̀ⲉⲣⲟⲙⲟⲗⲟⲅⲓⲛ ⲛ̀ⲛⲉⲕⲛⲟⲃⲓ : ⲙ̀ⲡⲉⲣⲁ̀ⲙⲟⲛⲓ ⲛ̀ⲟⲩⲓⲁⲣⲟ ⲉϥϧⲁϯ : ⲙ̀ⲡⲉⲣⲫⲟⲣϣⲕ ⲉ̀ⲃⲟⲗϧⲁⲧⲉⲛ ⲟⲩⲣⲱⲙⲓ ⲛ̀ⲥⲟϫ : ⲙ̀ⲡⲉⲣϭⲓ ⲙ̀ⲡ̀ϩⲟ ⲛ̀ⲟⲩϫⲱⲣⲓ : ϯϩⲉϫⲉⲛ ϯⲙⲉⲑⲙⲏⲓ ϣⲁ ⲉ̀ϧ̀ⲣⲏⲓ ⲉ̀ⲫ̀ⲙⲟⲩ : ϩⲓⲛⲁ ⲛ̀ⲧⲉ Ⲡ̅ⲟ̅ⲥ̅ Ⲫ̅ϯ̅ ϯⲉ̀ϩ̀ⲣⲏⲓ ⲉϫⲱⲕ. Ⲙ̀ⲡⲉⲣⲉⲣ ⲣⲉϥϫⲱⲗⲉⲙ ⲉ̀ⲥⲁϫⲓ : ⲉⲕⲟⲩⲱϣϥ ⲉⲕⲃⲏⲗ ⲉ̀ⲃⲟⲗ ϧⲉⲛ ⲛⲉⲕϩ̀ⲃⲏⲟⲩⲓ̀ : ⲙ̀ⲡⲉⲣϣⲱⲡⲓ ⲙ̀ⲫ̀ⲣⲏϯ ⲛ̀ⲟⲩⲙⲟⲩⲓ̀ ϧⲉⲛ ⲡⲉⲕⲏⲓ : ⲉⲕⲟⲓ ⲛ̀ⲧⲁⲣⲁϩ ϧⲉⲛ ⲛⲉⲕⲉ̀ⲃⲓⲁⲓⲕ : ⲙ̀ⲡⲉⲛ̀ⲑⲣⲉ ⲧⲉⲕϫⲓϫ ϣⲱⲡⲓ ⲉⲥⲥⲟⲩⲧⲱⲛ ⲉ̀ⲕ̀ϭⲓ : ⲧⲉⲕⲥⲟⲕⲥ ⲉ̀ⲣⲟⲕ ⲉⲕⲛⲁϯ : ⲙ̀ⲡⲉⲣⲭⲁ ϩⲟⲑⲕ ⲉ̀ⲛⲓⲭ̀ⲣⲏⲙⲁ : ⲙ̀ⲡⲉⲣϫⲟⲥ ϫⲉ ⲥⲉⲣⲱϣⲓ ⲉ̀ⲣⲟⲓ ϧⲉⲛ ⲡⲁⲱⲛϧ : ⲙ̀ⲡⲉⲣⲟⲩⲁϩⲕ ⲛ̀ⲥⲁ ⲡⲉⲕϩⲏⲧ ⲛⲉⲙ ⲧⲉⲕϫⲟⲙ : ⲉⲑⲣⲉⲕⲙⲟϣⲓ ϧⲉⲛ ⲛⲓⲟⲩⲱϣ ⲛ̀ⲧⲉ ⲡⲉⲕϩⲏⲧ :

Ⲟⲩⲱ̀ⲟⲩ ⲛ̀ϯⲧ̀ⲣⲓⲁⲥ ⲉ̀ⲑⲟⲩⲁⲃ ⲡⲉⲛⲛⲟⲩϯ ϣⲁ ⲉ̀ⲛⲉϩ ⲛⲉⲙ ϣⲁ ⲉ̀ⲛⲉϩ ⲛ̀ⲧⲉ ⲛⲓⲉ̀ⲛⲉϩ ⲧⲏⲣⲟⲩ: ⲁ̀ⲙⲏⲛ.

Sirach 4:20-5:2

A reading from Sirach the Prophet may his blessings be with us Amen.

Watch for the opportune time, and beware of evil, and do not be ashamed to be yourself. For there is a shame that leads to sin, and there is a shame that is glory and favor. Do not show partiality, to your own harm, or deference, to your downfall. Do not refrain from speaking at the proper moment, and do not hide your wisdom. For wisdom becomes known through speech, and education

يشوع بن سيراخ ٤: ٢٣-٥: ١ و ٢

من يشوع بن سيراخ بركته المقدسة تكون معنا، آمين.

تأمل الزمان وتحفظ من الشر. ولا تستحى من عدم معرفتك. فان من الحياء ما يجلب الخطية. ومنه ما هو مجد ونعمة. لا تحاب فذلك ضرر لنفسك. ولا تستحى من سقطتك. لا تمتنع عن الكلام فى وقت الخلاص. لان بالكلام تعرف الحكمة.

through the words of the tongue. Never speak against the truth, but be ashamed of your ignorance. Do not be ashamed to confess your sins, and do not try to stop the current of a river. Do not subject yourself to a fool, or show partiality to a ruler. Fight to the death for truth, and the Lord God will fight for you. Do not be reckless in your speech, or sluggish and remiss in your deeds. Do not be like a lion in your home, or suspicious of your servants. Do not let your hand be stretched out to receive and closed when it is time to give. Do not rely on your wealth, or say, "I have enough." Do not follow your inclination and strength in pursuing the desires of your heart.

Glory be to the Holy Trinity our God unto the age of all ages, Amen.

والفهم من نطق اللسان. لا تقاوم الحق وتستحى من جهالتك. لا تستحى أن تعترف بخطاياك ولا تغالب نهراً جارياً ولا تتزل للرجل الأحمق. ولا تحاب المقتدر. جاهد عن الحق إلى الموت لكى يقاتل الله عنك. لا تكن سريع الكلام مكسوراً متراخياً فى أعمالك. لا تكن كأسد فى بيتك. قاسياً على عبيدك. لا تكن يدك مبسوطة للأخذ. مقبوضة عن العطاء لا تتوكل على الاموال. ولا تقل هى تكفينى فى حياتى لا تتبع هواك وقوتك. لتسير فى شهوات قلبك.

مجداً للثالوث القدوس الهنا إلى الأبد وإلى أبد الآبدين كلها، آمين.

Ⲏⲥⲁⲏⲁⲥ Ⲕⲉⲫ ⲁ̅ : ⲁ̅ - ⲑ̅

Ⲉⲃⲟⲗϧⲉⲛ Ⲏ̀ⲥⲁⲏⲁⲥ ⲡⲓ̀ⲡⲣⲟⲫⲏⲧⲏⲥ ⲉ̀ⲣⲉⲡⲉϥ̀ⲥⲙⲟⲩ ⲉ̀ⲑⲟⲩⲁⲃ ϣⲱⲡⲓ ⲛⲉⲙⲁⲛ ⲁ̀ⲙⲏⲛ ⲉϥϫⲱ ⲙ̀ⲙⲟⲥ.

Ϯϩⲟⲣⲁⲥⲓⲥ ⲉⲧⲁϥⲛⲁⲩ ⲉ̀ⲣⲟⲥ ⲛ̀ϫⲉ Ⲏⲥⲁⲏⲁⲥ ⲡ̀ϣⲏⲣⲓ ⲛ̀Ⲁⲙⲱⲥ : ⲑⲏⲉⲧⲁϥⲛⲁⲩ ⲉ̀ⲣⲟⲥ ϧⲁ Ϯⲓⲟⲩⲇⲉⲁ̀ ⲛⲉⲙ ϧⲁ Ⲓⲗ̅ⲏ̅ⲙ̅ ϧⲉⲛ ⲑ̀ⲙⲉⲧⲟⲩⲣⲟ ⲛ̀Ⲟⲍⲓⲁⲥ ⲛⲉⲙ Ⲓⲱⲁⲑⲁⲙ ⲛⲉⲙ Ⲁⲭⲁⲥ ⲛⲉⲙ Ⲉⲍⲉⲕⲓⲁⲥ ⲛⲏⲉⲧⲁⲩⲉⲣⲟⲩⲣⲟ ϧⲉⲛ Ϯⲓⲟⲩⲇⲉⲁ̀.

Ⲥⲱⲧⲉⲙ ̀ⲧⲫⲉ ⲟⲩⲟϩ ϭⲓ̀ⲥⲙⲏ ̀ⲡⲕⲁϩⲓ ϫⲉ Ⲡ̅ⲟ̅ⲥ̅ ⲡⲉⲧⲁϥⲥⲁϫⲓ : ϩⲁⲛϣⲏⲣⲓ ⲁⲓ̀ϫⲫⲱⲟⲩ ⲟⲩⲟϩ ⲁⲓϭⲁⲥⲟⲩ : ⲛ̀ⲑⲱⲟⲩ ⲇⲉ ⲁⲩⲉⲣⲁⲑⲉⲧⲓⲛ ⲙ̀ⲙⲟⲓ.

Ⲁ ⲟⲩⲉ̀ϩⲉ ⲥⲟⲩⲉⲛ ⲫⲏⲉⲧⲁϥϣⲟⲡϥ ⲟⲩⲟϩ ⲟⲩⲉ̀ⲱ̀ ⲁϥⲥⲟⲩⲉⲛ ⲫ̀ⲟⲩⲟⲛϩϥ ⲛ̀ⲧⲉ ⲡⲉϥϭⲟⲓⲥ Ⲡ̅ⲓ̅ⲥ̅ ⲇⲉ ̀ⲙⲡⲉϥⲥⲟⲩⲱⲛⲧ ⲟⲩⲟϩ ⲡⲁⲗⲁⲟⲥ ̀ⲙⲡⲉϥⲕⲁϯ ̀ⲉⲣⲟⲓ. Ⲟⲩⲟⲓ ̀ⲙⲡⲓ̀ϣⲗⲟⲗ ̀ⲛⲣⲉϥⲉⲣⲛⲟⲃⲓ ⲡⲓⲗⲁⲟⲥ ⲉⲑⲙⲉϩ ̀ⲛⲛⲁⲣⲧⲓⲁ̀ ⲡ̀ϫⲣⲟϫ ̀ⲙⲡⲟⲛⲏⲣⲟⲛ ⲛⲓϣⲏⲣⲓ ̀ⲛⲁ̀ⲛⲟⲙⲟⲥ ⲁⲣⲉⲧⲉⲛⲭⲁ Ⲡ̅ⲟ̅ⲥ̅ ̀ⲛⲥⲁ ⲑⲏⲛⲟⲩ ⲡⲉⲑⲟⲩⲁⲃ ̀ⲛⲧⲉ Ⲡ̅ⲓ̅ⲥ̅ ⲁⲣⲉⲧⲉⲛ̀ϯϫⲱⲛⲧ ⲛⲁϥ. Ⲟⲩⲟⲛ ̀ⲛⲉⲣϩⲟⲧ ̀ⲉⲧⲉⲧⲉⲛⲛⲁϭⲓⲧϥ ⲉⲣⲉⲧⲉⲛⲧⲟⲩϩⲉ ̀ⲁⲛⲟⲙⲓⲁ̀ ̀ⲉϫⲉⲛ ̀ⲁⲛⲟⲙⲓⲁ̀ ̀ⲁⲫⲉ ⲛⲓⲃⲉⲛ ̀ⲉⲡⲉⲙⲕⲁϩ ⲟⲩⲟϩ ϩⲏⲧ ⲛⲓⲃⲉⲛ ̀ⲉⲛⲉⲙⲕⲁϩⲛ̀ϩⲏⲧ. Ⲓⲥϫⲉⲛ ⲟⲩⲁ̀ⲫⲉ ϣⲁ ⲛⲓϭⲁⲗⲁⲩϫ ̀ⲛⲟⲩϥⲱⲗϩ ⲁⲛ ⲡⲉ : ⲟⲩ̀ⲇⲉ ⲟⲩ̀ⲗⲉⲭⲏⲙⲓ ⲁⲛ ⲡⲉ : ⲟⲩ̀ⲇⲉ ⲟⲩⲉⲣ̀ϩⲟⲧ ⲁⲛ ⲡⲉ : ⲉⲧ̀ϧⲙⲟⲙ ̀ⲙⲙⲟⲛ ⲙⲁⲗⲁⲭⲙⲁ ̀ⲉⲧⲏⲓϥ ̀ⲉⲣⲟϥ ⲟⲩ̀ⲇⲉ ⲟⲩⲛⲉϩ ⲟⲩ̀ⲇⲉ ⲟⲩⲙⲟⲩⲣ. Ⲡⲉⲧⲉⲛⲕⲁϩⲓ ⲉϥ̀ⲉϣⲱϥ : ⲛⲉⲧⲉⲛ̀ⲭⲱⲣⲁ ⲉⲩ̀ⲉⲟⲩⲟⲙⲟⲩ ̀ⲙⲡⲉⲧⲉⲛ̀ⲙⲑⲟ ̀ⲉⲃⲟⲗ : ⲛⲉⲧⲉⲛⲃⲁⲕⲓ ⲉⲩ̀ⲉⲣⲟⲕϩⲟⲩ ϧⲉⲛ ⲡⲓ̀ⲭⲣⲱⲙ : ⲁⲥϣⲱϣϥ ⲟⲩⲟϩ ⲁⲥⲟⲩⲱϫⲡ ⲛ̀ⲧⲉ ϩⲁⲛⲗⲁⲟⲥ ⲛ̀ϣⲉⲙⲙⲟ. Ⲉⲥⲉ̀ⲥⲱϫⲡ ⲛ̀ⲧ̀ϣⲉⲣⲓ ⲛ̀Ⲥⲓⲱⲛ ⲙ̀ⲫ̀ⲣⲏϯ ⲛ̀ⲟⲩⲙⲁⲛⲁ̀ⲣⲉϩ ⲛ̀ϫⲓϫⲓ ϧⲉⲛ ⲟⲩⲂⲟⲛϯ ⲛⲉⲙ ⲙ̀ⲫ̀ⲣⲏϯ ⲛ̀ⲟⲩⲥ̀ⲕⲩⲛⲏ ϧⲉⲛ ⲟⲩⲓⲁϩⲁ̀ⲗⲟⲗⲓ ⲛⲉⲙ ⲙ̀ⲫ̀ⲣⲏϯ ⲛ̀ⲟⲩⲂⲁⲕⲓ ⲉⲩϣⲱⲗ ⲙ̀ⲙⲟⲥ. Ⲉⲃⲏⲗ ϫⲉ ⲁ Ⲡ̅ⲟ̅ⲥ̅ Ⲥⲁⲃⲁⲱⲑ ⲥⲱϫⲡ ⲛⲁⲛ ⲛ̀ⲟⲩϫ̀ⲣⲟϫ ⲛⲉⲓⲉⲑⲛⲉⲓ ⲡⲉ ⲁⲛⲉⲣ ⲙ̀ⲫ̀ⲣⲏϯ ⲛ̀Ⲥⲟⲇⲟⲙⲁ ⲟⲩⲟϩ ⲁⲛⲓⲛⲓ ⲛ̀Ⲅⲟⲙⲟⲣⲣⲁ ⲡⲉ.

Ⲟⲩⲱ̀ⲟⲩ ⲛ̀ϯⲧ̀ⲣⲓⲁⲥ ⲉ̀ⲑⲟⲩⲁⲃ ⲡⲉⲛⲛⲟⲩϯ ϣⲁ ⲉ̀ⲛⲉϩ ⲛⲉⲙ ϣⲁ ⲉ̀ⲛⲉϩ ⲛ̀ⲧⲉ ⲛⲓⲉ̀ⲛⲉϩ ⲧⲏⲣⲟⲩ: ⲁ̀ⲙⲏⲛ.

Isaiah 1:1-9

A reading from Isaiah the Prophet may his blessings be with us Amen.

The vision of Isaiah the son of Amoz, which he saw concerning Judah and Jerusalem in the days of Uzziah, Jotham, Ahaz, and Hezekiah, kings of Judah. Hear, O heavens, and give ear, O earth! For the Lord has spoken: "I have nourished and brought up children, 'And they have rebelled against Me; The ox knows its owner And the donkey its master's crib; But Israel does not know, My people do not consider." Alas, sinful nation, A people laden with iniquity, A brood of evildoers, Children who are corrupters! They have forsaken the Lord, They have provoked to anger The Holy One of Israel, They have turned away backward. Why should you be stricken again? You will revolt more and more. The whole head is sick, And the whole heart faints. From the sole of the foot even to the head, There is no soundness in it, But wounds and bruises and putrefying sores; They have not been closed or bound up, Or soothed with ointment. Your country is desolate, Your cities are burned with fire; Strangers devour your land in your presence; And it is desolate, as overthrown by strangers. So the

أشعياء ١ : ١ - ٩

من أشعياء النبى بركته المقدسة تكون معنا، آمين.

رُؤْيَا إِشَعْيَاءَ بْنِ آمُوصَ الَّتِي رَآهَا عَلَى يَهُوذَا وَأُورُشَلِيمَ فِي أَيَّامِ عُزِّيَّا وَيُوثَامَ وَآحَازَ وَحَزَقِيَّا مُلُوكِ يَهُوذَا: اِسْمَعِي أَيَّتُهَا السَّمَاوَاتُ وَأَصْغِي أَيَّتُهَا الأَرْضُ لأَنَّ الرَّبَّ يَتَكَلَّمُ: «رَبَّيْتُ بَنِينَ وَنَشَّأْتُهُمْ أَمَّا هُمْ فَعَصُوا عَلَيَّ. اَلثَّوْرُ يَعْرِفُ قَانِيهِ وَالْحِمَارُ مِعْلَفَ صَاحِبِهِ أَمَّا إِسْرَائِيلُ فَلاَ يَعْرِفُ. شَعْبِي لاَ يَفْهَمُ». وَيْلٌ لِلأُمَّةِ الْخَاطِئَةِ الشَّعْبِ الثَّقِيلِ الإِثْمِ نَسْلِ فَاعِلِي الشَّرِّ أَوْلاَدِ مُفْسِدِينَ! تَرَكُوا الرَّبَّ اسْتَهَانُوا بِقُدُّوسِ إِسْرَائِيلَ ارْتَدُّوا إِلَى وَرَاءٍ. عَلَى مَ تُضْرَبُونَ بَعْدُ؟ تَزْدَادُونَ زَيَغَاناً! كُلُّ الرَّأْسِ مَرِيضٌ وَكُلُّ الْقَلْبِ سَقِيمٌ. مِنْ أَسْفَلِ الْقَدَمِ إِلَى الرَّأْسِ لَيْسَ فِيهِ صِحَّةٌ بَلْ جُرْحٌ وَأَحْبَاطٌ وَضَرْبَةٌ طَرِيَّةٌ لَمْ تُعْصَرْ وَلَمْ تُعْصَبْ وَلَمْ تُلَيَّنْ بِالزَّيْتِ. بِلاَدُكُمْ خَرِبَةٌ. مُدُنُكُمْ مُحْرَقَةٌ بِالنَّارِ. أَرْضُكُمْ تَأْكُلُهَا غُرَبَاءُ قُدَّامَكُمْ وَهِيَ خَرِبَةٌ كَانْقِلاَبِ الْغُرَبَاءِ. فَبَقِيَتِ ابْنَةُ صِهْيَوْنَ كَمِظَلَّةٍ فِي كَرْمٍ كَخَيْمَةٍ فِي مَقْثَأَةٍ كَمَدِينَةٍ مُحَاصَرَةٍ. لَوْلاَ أَنَّ رَبَّ الْجُنُودِ أَبْقَى لَنَا بَقِيَّةً صَغِيرَةً لَصِرْنَا مِثْلَ سَدُومَ

daughter of Zion is left as a booth in a vineyard, As a hut in a garden of cucumbers, As a besieged city. Unless the Lord of hosts Had left to us a very small remnant, We would have become like Sodom, We would have been made like Gomorrah.
Glory be to the Holy Trinity our God unto the age of all ages, Amen.

وَشَابَهْنَا عَمُورَةَ.
مجداً للثالوث القدوس الهنا إلى الأبد وإلى أبد الآبدين كلها، آمين.

The Doxology of the Pascha Hour: "Thine is the Power…" on page A5.
تسبحة ساعة البصخة: "لك القوة..." صفحة ٥ فى اخر الكتاب.

Ψαλμος ιζ : μη νεμ ιθ

Παρεϥ ναϩμετ ⲉ̀ⲃⲟⲗ ⲛ̀ⲧⲟⲧⲟⲩ ⲛ̀ⲛⲁϫⲁϫⲓ ⲛ̀ⲣⲉϥϫⲱⲛⲧ : ⲛⲉⲙ ⲉ̀ⲃⲟⲗ ⲛ̀ⲧⲟⲧⲟⲩ ⲛ̀ⲛⲏⲉⲧⲧⲱⲟⲩⲛ ⲙ̀ⲙⲱⲟⲩ ⲉ̀ϩ̀ⲣⲏⲓ ⲉ̀ϫⲱⲓ ⲉⲕⲉ̀ϭⲟⲥⲓ : Ⲛⲁϩⲙⲉⲧ ⲉ̀ⲃⲟⲗϩⲁ ⲟⲩⲣⲱⲙⲓ ⲛ̀ⲟϫⲓ ⲉϥⲉⲛⲁϩⲙⲉⲧ ⲉ̀ⲃⲟⲗ ⲛ̀ⲧⲟⲧⲟⲩ ⲛ̀ⲛⲁϫⲁϫⲓ ⲉⲧϫⲟⲣ : ⲛⲉⲙ ⲉ̀ⲃⲟⲗ ⲛ̀ⲧⲟⲧⲟⲩ ⲛ̀ⲛⲏⲉⲑⲙⲟⲥϯ ⲙ̀ⲙⲟⲓ : ⲁⲗ

Psalm 18:48, 17

المزمور ١٧ : ٤٨ و ٤٩

A Psalm of David the Prophet.

He delivers me from my enemies. You also lift me up above those who rise against me;
You have delivered me from the violent man. He delivered me from my strong enemy, From those who hated me, For they were too strong for me. Alleluia.

من مزامير داود النبى

منقذى من أعدائى الراجزين ومن الذين يقومون على ترفعنى.
ومن الرجل الظالم تنجينى يخلصنى من أعدائى الاشداء ومن أيدى الذين يبغضوننى: هلليلويا.

Ⲉⲩⲁⲅⲅⲉⲗⲓⲟⲛ ⲕⲁⲧⲁ Ⲓⲱⲁⲛⲛⲏⲛ Ⲕⲉⲫ ⲏ : ⲓⲃ – ⲕ

Ⲡⲁⲗⲓⲛ ⲟⲛ ⲁϥⲥⲁϫⲓ ⲛⲉⲙⲱⲟⲩ ⲛ̀ϫⲉ Ⲓⲏⲥ ⲉϥϫⲱ̀ⲙ̀ⲙⲟⲥ : ϫⲉ ⲁ̀ⲛⲟⲕ ⲡⲉ ⲫⲟⲩⲱⲓⲛⲓ ⲙ̀ⲡⲓⲕⲟⲥⲙⲟⲥ : ⲫⲏⲉⲑⲛⲁⲙⲟϣⲓ ⲛ̀ⲥⲱⲓ ⲛ̀ⲛⲉϥⲙⲟϣⲓ ϧⲉⲛ ⲡⲓⲭⲁⲕⲓ : ⲁⲗⲗⲁ ⲉϥⲉ̀ϭⲓ ⲙ̀ⲫⲟⲩⲱⲓⲛⲓ ⲛ̀ⲧⲉ ⲡ̀ⲱⲛϧ : Ⲡⲉϫⲉ ⲛⲓⲫⲁⲣⲓⲥⲉⲟⲥ ⲛⲁϥ ϫⲉ ⲛ̀ⲑⲟⲕ ⲙ̀ⲙⲁⲩⲁⲧⲕ ⲉ̀ⲧⲉⲣⲙⲉⲑⲣⲉ ϧⲁⲣⲟⲕ : ⲧⲉⲕⲙⲉⲧⲙⲉⲑⲣⲉ ⲟⲩⲙⲏⲓ ⲁⲛ ⲧⲉ : Ⲁϥⲉⲣⲟⲩⲱ̀ ⲛ̀ϫⲉ Ⲓⲏⲥ ⲟⲩⲟϩ ⲡⲉϫⲁϥ ⲛⲱⲟⲩ : ϫⲉ ⲕⲁⲛ ⲉ̀ϣⲱⲡ ⲁ̀ⲛⲟⲕ ⲁⲓϣⲁⲛ ⲉⲣⲙⲉⲑⲣⲉ ϧⲁⲣⲟⲓ ⲧⲁⲙⲉⲧⲙⲉⲑⲣⲉ ⲟⲩⲙⲏⲓ ⲧⲉ : ϫⲉ ϯⲉ̀ⲙⲓ ϫⲉ ⲉ̀ⲧⲁⲓⲓ ⲉ̀ⲃⲟⲗⲑⲱⲛ ⲓⲉ ⲉⲓⲛⲁϣⲉⲛⲏⲓ

ⲉ̀ⲑⲱⲛ : ⲛ̀ⲑⲱⲧⲉⲛ ⲇⲉ ⲧⲉⲧⲉⲛⲉ̀ⲙⲓ ⲁⲛ ϫⲉ ⲉ̀ⲧⲁⲓⲓ ⲉ̀ⲃⲟⲗⲑⲱⲛ ⲓⲉ ⲉⲓⲛⲁϣⲉⲛⲏⲓ ⲉ̀ⲑⲱⲛ. Ⲛ̀ⲑⲱⲧⲉⲛ ⲇⲉ ⲁ̀ⲣⲉⲧⲉⲛ ϯϩⲁⲡ ⲕⲁⲧⲁ ⲥⲁⲣⲝ ⲁ̀ⲛⲟⲕ ⲇⲉ ϯϯϩⲁⲡ ⲉϩⲗⲓ ⲁⲛ : Ⲟⲩⲟϩ ⲉ̀ϣⲱⲡ ⲁ̀ⲛⲟⲕ ⲁⲓϣⲁⲛϯϩⲁⲡ ⲡⲁϩⲁⲡ ⲁ̀ⲛⲟⲕ ⲟⲩⲙⲏⲓ ⲡⲉ : ϫⲉ ⲛ̀ϯⲭⲏ ⲙ̀ⲙⲁⲩⲁⲧ ⲁⲛ ⲁⲗⲗⲁ ⲁ̀ⲛⲟⲕ ⲛⲉⲙ ⲫⲏⲉ̀ⲧⲁϥⲧⲁⲟⲩⲟⲓ ⲫ̀ⲓⲱⲧ : Ⲟⲩⲟϩ ⲥ̀ⲥ̀ϧⲏⲟⲩⲧ ⲇⲉ ⲟⲛ ϧⲉⲛ ⲡⲉⲧⲉⲛⲛⲟⲙⲟⲥ ϫⲉ ⲑ̀ⲙⲉⲧⲙⲉⲑⲣⲉ ⲛ̀ⲣⲱⲙⲓ ⲥ̀ⲛⲁⲩ ⲟⲩⲙⲏⲓ ⲧⲉ. Ⲁ̀ⲛⲟⲕ ⲇⲉ ϯⲉⲣⲙⲉⲑⲣⲉ ϧⲁⲣⲟⲓ ⲟⲩⲟϩ ϥ̀ⲉⲣⲙⲉⲑⲣⲉ ϧⲁⲣⲟⲓ ⲛ̀ϫⲉ ⲫⲓⲱⲧ ⲫ̀ⲏⲉ̀ⲧⲁϥⲧⲁⲟⲩⲟⲓ : Ⲛⲁⲩ ϫⲱ ⲟⲩⲛ ⲙ̀ⲙⲟⲥ ⲛⲁϥ ⲡⲉ ϫⲉ ⲁϥⲑⲱⲛ ⲡⲉⲕⲓⲱⲧ. ⲁϥⲉ̀ⲣⲟⲩⲱ ⲛ̀ϫⲉ Ⲓⲏ̅ⲥ̅ ϫⲉ ⲟⲩⲇⲉ ⲁ̀ⲛⲟⲕ ⲛ̀ⲧⲉⲧⲉⲛⲥⲱⲟⲩⲛ ⲙ̀ⲙⲟⲓ ⲁⲛ ⲟⲩⲇⲉ ⲡⲁⲕⲉⲓⲱⲧ : ⲉ̀ⲛⲁⲉⲣⲧⲉⲛⲥⲱⲟⲩⲛ ⲙ̀ⲙⲟⲓ ⲡⲉ ⲛⲁⲣⲉ ⲧⲉⲛ ⲛⲁⲥⲟⲩⲉⲛ ⲡⲁⲕⲉⲓⲱⲧ : Ⲛⲁⲓⲥⲁϫⲓ ⲁϥϫⲟ ⲧⲟⲩ ϧⲉⲛ ⲡⲓⲅⲁⲍⲟⲫⲩⲗⲁⲕⲓⲟⲛ ⲉϥϯⲥ̀ⲃⲱ ϧⲉⲛ ⲡⲓⲉⲣⲫⲉⲓ : ⲟⲩⲟϩ ⲙ̀ⲡⲉ ϩⲗⲓ ϣ̀ⲁ̀ⲙⲟⲛⲓ ⲙ̀ⲙⲟϥ ϫⲉ ⲛⲉ ⲙ̀ⲡⲁⲧⲉⲥ̀ⲓ̀ ⲛ̀ϫⲉ ⲧⲉϥⲟⲩⲛⲟⲩ :

Ⲟⲩⲱϣⲧ ⲙ̀ⲡⲓⲉⲩⲁⲅⲅⲉⲗⲓⲟⲛ ⲉ̅ⲑ̅ⲩ̅.

John 8:12-20

A reading from the Holy Gospel according to Saint John.

Then Jesus spoke to them again, saying, "I am the light of the world. He who follows Me shall not walk in darkness, but have the light of life." The Pharisees therefore said to Him, "You bear witness of Yourself; Your witness is not true." Jesus answered and said to them, "Even if I bear witness of Myself, My witness is true, for I know where I came from and where I am going; but you do not know where I come from and where I am going. You judge according to the flesh; I judge no one. And yet if I do judge, My judgment is true; for I am not alone, but I am with the Father who sent Me. It is also written in your law that the testimony of two men is true. I am One who bears witness of Myself, and the Father who sent Me bears witness of Me." Then they said to Him, Where is Your Father?" Jesus answered, "You know neither Me nor My Father. If you had known Me, you would have known My Father also." These words

يوحنا ٨: ١٢ – ٢٠

فصل شريف من إنجيل معلمنا مار يوحنا البشير بركاته علينا آمين.

ثُمَّ كَلَّمَهُمْ يَسُوعُ أَيْضاً قَائِلاً: «أَنَا هُوَ نُورُ الْعَالَمِ. مَنْ يَتْبَعْنِي فلاَ يَمْشِي فِي الظُّلْمَةِ بَلْ يَكُونُ لَهُ نُورُ الْحَيَاةِ». فَقَالَ لَهُ الْفَرِّيسِيُّونَ: «أَنْتَ تَشْهَدُ لِنَفْسِكَ. شَهَادَتُكَ لَيْسَتْ حَقّاً». أَجَابَ يَسُوعُ: «وَإِنْ كُنْتُ أَشْهَدُ لِنَفْسِي فَشَهَادَتِي حَقٌّ لأَنِّي أَعْلَمُ مِنْ أَيْنَ أَتَيْتُ وَإِلَى أَيْنَ أَذْهَبُ. وَأَمَّا أَنْتُمْ فلاَ تَعْلَمُونَ مِنْ أَيْنَ آتِي وَلاَ إِلَى أَيْنَ أَذْهَبُ. أَنْتُمْ حَسَبَ الْجَسَدِ تَدِينُونَ أَمَّا أَنَا فَلَسْتُ أَدِينُ أَحَداً. وَإِنْ كُنْتُ أَنَا أَدِينُ فَدَيْنُونَتِي حَقٌّ لأَنِّي لَسْتُ وَحْدِي بَلْ أَنَا وَالآبُ الَّذِي أَرْسَلَنِي. وَأَيْضاً فِي نَامُوسِكُمْ مَكْتُوبٌ: أَنَّ شَهَادَةَ رَجُلَيْنِ حَقٌّ. أَنَا هُوَ الشَّاهِدُ لِنَفْسِي وَيَشْهَدُ لِي الآبُ الَّذِي أَرْسَلَنِي». فَقَالُوا لَهُ: «أَيْنَ هُوَ أَبُوكَ؟» أَجَابَ يَسُوعُ: «لَسْتُمْ تَعْرِفُونَنِي أَنَا وَلاَ أَبِي. لَوْ عَرَفْتُمُونِي لَعَرَفْتُمْ أَبِي أَيْضاً». هَذَا

Jesus spoke in the treasury, as He taught in the temple; and no one laid hands on Him, for His hour had not yet come.

Bow down before the Holy Gospel.
Glory be to God forever.

الْكلاَمُ قَالَهُ يَسُوعُ فِي الْخِزَانَةِ وَهُوَ يُعَلِّمُ فِي الْهَيْكَلِ. وَلَمْ يُمْسِكْهُ أَحَدٌ لأَنَّ سَاعَتَهُ لَمْ تَكُنْ قَدْ جَاءَتْ بَعْدُ.

أسجدوا للإنجيل المقدس.
والمجد لله دائماً.

Commentary

طرح

The Commentary of the Sixth Hour of Tuesday of Holy Pascha, may its blessings be with us all. Amen.

طرح الساعة السادسة من يوم الثلاثاء من البصخة المقدسة بركتها علينا. آمين.

The True God who came to the world says, "I am the Light of the world" and what He says is true. He who follows Me shall not walk in the darkness, but will have the Light of life which will lead him to the way of the truth. Jesus, you are verily the Light of the Father and the person from his essence, whose glory shines brightly over the creation unto eternity. He drew us, the Gentiles, to know the true Light and enlightened us with the light of His divinity, we who are sitting in the darkness and shadow of death. But the Jews who are his chosen ones, who rejected Him, were thrown into the darkness of hell forever because they refused His words and condemned Him to death. Let us glorify His Holy name and praise Him forever.

الاله الحقيقى الذى أتى إلى العالم يقول، وقوله الحق من فمه غير الكاذب، اننى أنا نور العالم. ومن يتبعنى لن يمشى فى الظلام بل يجد نور الحياة يهديه إلى طريق الحق.

أنت هو بالحقيقة نور الآب، والشخص الذى من جوهره الذى يشرق مجده بلمعان عظيم على المسكونة، فى آخر الدهور جذبنا معاً نحن معشر الشعوب الغريبة إلى معرفة الحق باسمه. وأضاء علينا بنور لاهوته، نحن الجلُوس فى الظلمة وظلال الموت. أما اليهود المُخالفون الذين هم خاصته فألقاهم فى ظلمة الجحيم إلى الأبد، لأنهم رفضوا أقواله ولم يقبلوه، وحكموا عليه بحكم الموت. فلنعظم نحن اسمه القدوس ونمجده بغير فتور.

Ninth Hour of Tuesday

الساعة التاسعة من يوم الثلاثاء

ⲡ̀ϫⲱⲙ ⲛ̀ϯⲅⲉⲛⲉⲥⲓⲥ ⲛ̀ⲧⲉ Ⲙⲱⲩ̀ⲥⲏⲥ

Ⲕⲉⲫ : ⲉ ϣⲃⲗ ⲛⲉⲙ Ⲕⲉⲫ ⲍ̅ : ⲁ̅ ϣⲃⲗ ⲛⲉⲙ ⲏ̅ : ⲁ ϣⲃⲗ ⲛⲉⲙ ⲑ̅ : ⲁ̅ - ⲋ̅

Ⲉ̀ⲃⲟⲗϧⲉⲛ ⲡ̀ϫⲱⲙ ⲛ̀ϯⲅⲉⲛⲉⲥⲓⲥ ⲛ̀ⲧⲉ Ⲙⲱⲩ̀ⲥⲏⲥ ⲡⲓⲡ̀ⲣⲟⲫⲏⲧⲏⲥ: ⲉ̀ⲣⲉⲡⲉϥ̀ⲥⲙⲟⲩ ⲉ̀ⲑⲟⲩⲁⲃ ϣⲱⲡⲓ ⲛⲉⲙⲁⲛ ⲁ̀ⲙⲏⲛ ⲉϥϫⲱ ⲙ̀ⲙⲟⲥ.

Ⲉⲧⲁϥⲛⲁⲩ ⲇⲉ ⲛ̀ϫⲉ Ⲡ̅ⲟ̅ⲥ̅ Ⲫϯ ϫⲉ ⲁⲩⲁ̀ϣⲁⲓ ⲛ̀ϫⲉ ⲛⲓⲕⲁⲕⲓⲁ̀ ⲛ̀ⲧⲉ ⲛⲓⲣⲱⲙⲓ ϩⲓϫⲉⲛ ⲡⲓⲕⲁϩⲓ : ⲟⲩⲟϩ ⲟⲩⲟⲛ ⲛⲓⲃⲉⲛ ⲉϥⲣⲁⲕⲓ ϧⲉⲛ ⲡⲉϥϩⲏⲧ ⲉⲙⲁϣⲱ ⲉϫⲉⲛ ⲡⲓⲡⲉⲧϩⲱⲟⲩ ⲛ̀ⲛⲓⲉ̀ϩⲟⲟⲩ ⲧⲏⲣⲟⲩ : Ⲟⲩⲟϩ ⲁϥⲙⲟⲕⲙⲉⲕ ⲛ̀ϫⲉ Ⲡ̅ⲟ̅ⲥ̅ Ⲫϯ ϫⲉ ⲁϥⲑⲁⲙⲓⲟ ⲙ̀ⲡⲓⲣⲱⲙⲓ ϩⲓϫⲉⲛ ⲡ̀ⲕⲁϩⲓ : ⲟⲩⲟϩ ⲁϥⲙⲉⲩ̀ⲓ ϧⲉⲛ ⲡⲉϥϩⲏⲧ : Ⲡⲉϫⲉ Ⲡ̅ⲟ̅ⲥ̅ Ⲫϯϫⲉ ⲉⲓⲉ̀ϥⲉⲧ ⲡⲓⲣⲱⲙⲓ ⲉ̀ⲧⲁⲓⲑⲁⲙⲓⲟϥ ⲉ̀ⲃⲟⲗϩⲁ ⲡ̀ϩⲟ ⲙ̀ⲡⲕⲁϩⲓ : ⲓⲥϫⲉⲛ ⲟⲩ ⲣⲱⲙⲓ ϣⲁ ⲟⲩⲧⲉⲃⲛⲏ ⲟⲩⲟϩ ⲓⲥϫⲉⲛ ⲛⲓϭⲁ̀ⲧϥⲓ ϣⲁⲛⲓϩⲁⲗⲁϯ ⲛ̀ⲧⲉ ⲧ̀ⲫⲉ : ϫⲉ ⲁⲓ̀ⲙⲃⲟⲛ ϫⲉ ⲁⲓⲑⲁⲙⲓⲱ̀ⲟⲩ. Ⲛⲱⲉ̀ ⲇⲉ ⲁϥϫⲓⲙⲓ ⲛ̀ⲟⲩϩⲙⲟⲧ ⲙ̀ⲡⲉ ⲙⲑⲟ ⲙ̀Ⲡ̅ⲟ̅ⲥ̅ Ⲫϯ : Ⲛⲁⲓ ⲇⲉ ⲛⲉ ⲛⲓϫⲓⲛϫⲫⲟ ⲛ̀ⲧⲉ Ⲛⲱⲉ̀ : Ⲛⲱⲉ̀ ⲇⲉ ⲛⲉ ⲟⲩⲣⲱⲙⲓ ⲛ̀ⲑⲙⲏⲓ ⲡⲉ : ⲉϥϫⲏⲕ ⲉ̀ⲃⲟⲗ ϧⲉⲛ ⲧⲉϥⲅⲉⲛⲉⲁ̀ : ⲁϥⲣⲁⲛⲁϥ ⲙ̀Ⲫϯ ⲛ̀ϫⲉ Ⲛⲱⲉ̀ : Ⲛⲱⲉ̀ ⲇⲉ ⲁϥϫⲫⲉ ϣⲟⲙⲧ ⲛ̀ϣⲏⲣⲓ Ⲥⲏⲙ ⲭⲁⲙ Ⲓⲉⲫⲉⲑ.

Ⲁ̀ⲡⲕⲁϩⲓ ⲥⲱϥ ⲙ̀ⲡⲉ̀ⲙⲑⲟ ⲙ̀Ⲫϯ : ⲁ̀ⲡⲓⲕⲁϩⲓ ⲙⲟϩ ⲛ̀ϭⲓⲛϫⲟⲛⲥ : Ⲟⲩⲟϩ ⲁϥⲛⲁⲩ ⲛ̀ϫⲉ Ⲡ̅ⲟ̅ⲥ̅ Ⲫϯ ⲉⲡⲓⲕⲁϩⲓ ⲛⲁϥⲧⲁⲕⲏⲟⲩⲧ : ϫⲉⲟⲩⲏⲓ ⲁ̀ⲥⲁⲣⲝ ⲛⲓⲃⲉⲛ ⲥⲱϥ ⲙ̀ⲡⲉϥⲙⲱⲓⲧ ϩⲓϫⲉⲛ ⲡ̀ⲕⲁϩⲓ : Ⲡⲉϫⲉ Ⲡ̅ⲟ̅ⲥ̅ Ⲫϯ ⲛⲚⲱⲉ̀ : ϫⲉ ⲡ̀ⲥⲛⲟⲩ ⲛ̀ⲣⲱⲙⲓ ⲛⲓⲃⲉⲛ ⲁϥϧⲱⲛⲧ ⲙ̀ⲡⲁⲙⲑⲟ : ϫⲉ ⲟⲩⲏⲓ ⲁ̀ⲡⲕⲁϩⲓ ⲙⲟϩ ⲛ̀ϭⲓⲛϫⲟⲛⲥ ⲉ̀ⲃⲟⲗ ⲙ̀ⲙⲱⲟⲩ : ϩⲏⲡⲡⲉ ⲁ̀ⲛⲟⲕ ϯⲛⲁⲧⲁⲕⲱⲟⲩ ⲛⲉⲙ ⲡ̀ⲕⲁϩⲓ. Ⲙⲁⲑⲁⲙⲓⲟ ⲛⲁⲕ ⲛ̀ⲟⲩⲕⲩⲃⲱⲧⲟⲥ ⲉ̀ⲃⲟⲗ ϧⲉⲛ ϩⲁⲛ ϣⲉ ⲛ̀ⲁⲧⲛ̀ⲧⲉ ⲧ̀ⲣⲁⲕⲱⲛⲟⲛ : ⲉⲕⲉ̀ⲑⲁⲙⲓⲟ ⲛ̀ϯⲕⲓⲃⲱⲧⲟⲥ ⲛ̀ⲟⲩⲙⲟϩ : ⲟⲩⲟϩ ⲉⲕⲉ̀ ϯⲙⲃⲣⲉϩⲓ ⲛⲁⲥ ⲥⲁϧⲟⲩⲛ ⲛⲉⲙ ⲥⲁⲃⲟⲗ ⲙ̀ⲙⲟⲥ ϧⲉⲛ ⲡⲓⲙ̀ⲃⲣⲉϩⲓ : Ⲡⲁⲓⲣⲏϯ ⲉⲕⲉ̀ⲑⲁⲙⲓⲟ ⲛ̀ϯⲕⲩⲃⲱⲧⲟⲥ : ϣⲟⲙⲧϣⲉ ⲙ̀ⲙⲁϩⲓ ⲉ̀ϯϣⲓⲏ ⲛ̀ⲧⲉ ϯⲕⲩⲃⲱⲧⲟⲥ : ⲟⲩⲟϩ ⲧⲉⲃⲓ ⲙ̀ⲙⲁϩⲓ ⲉ̀ⲡⲓⲟⲩⲉⲥⲑⲉⲛ ⲟⲩⲟϩ ⲡⲉⲥϭⲓ̀ⲥⲓ ⲙⲁⲡ ⲙ̀ⲙⲁϩⲓ : Ⲟⲩⲟϩ ⲉⲕⲉ̀ⲑⲁⲙⲓⲟ ⲛ̀ϯⲕⲩⲃⲱⲧⲟⲥ ⲉⲥⲑⲟⲩⲏⲧ ⲉ̀ϧⲟⲩⲛ : ⲉⲕⲉ̀ϫⲟⲕⲥ ⲉ̀ⲃⲟⲗ ⲛ̀ⲟⲩⲙⲁϩⲓ ⲥⲁⲡ̀ϣⲱⲓ : ⲫ̀ⲣⲟ ⲇⲉ ⲛ̀ϯⲕⲩⲃⲱⲧⲟⲥ ⲉⲕⲉ̀ⲑⲁⲙⲓⲟϥ ⲥⲁⲡ̀ⲥⲫⲓⲣ ⲙ̀ⲙⲟⲥ : ϩⲁⲛϩⲏⲡⲓ ⲛ̀ϧⲉ ⲥ̀ⲛⲟⲩϯ ⲛⲉⲙ ϣⲟⲙϯ ⲛ̀ϧⲉ ⲉⲕⲉ̀ⲑⲁⲙⲓⲟⲥ. Ⲁ̀ⲛⲟⲕ ⲇⲉ ϩⲏⲡⲡⲉ ⲁ̀ⲛⲟⲕ ϯⲛⲁⲓ̀ⲛⲓ ⲛ̀ⲟⲩⲙⲱⲟⲩ ⲛ̀ⲕⲁⲧⲁⲕⲗⲓⲥⲙⲟⲥ ϩⲓϫⲉⲛ ⲡ̀ⲕⲁϩⲓ : ⲛ̀ⲧⲁⲧⲁⲕⲉ ⲥⲁⲣⲝ ⲛⲓⲃⲉⲛ ⲉⲧⲉⲟⲩⲛ ⲟⲩ ⲡ̀ⲛⲁ ⲛ̀ⲱⲛϧ ⲛ̀ϧⲏⲧϥ ⲥⲁⲡⲉⲥⲏⲧ ⲛ̀ⲧ̀ⲫⲉ : ⲟⲩⲟϩ ⲉⲛⲭⲁⲓ ⲛⲓⲃⲉⲛ ⲉⲧⲭⲏ ϩⲓϫⲉⲛ ⲡ̀ⲕⲁϩⲓ ⲉⲩⲉ̀ⲙⲟⲩ. Ⲟⲩⲟϩ ⲉⲓ ⲉ̀ⲥⲉⲙⲛⲓ ⲛ̀ⲟⲩⲇⲓⲁ̀ⲑⲏⲕⲏ ⲛⲉⲙⲁⲕ : ⲉⲕⲉ̀ϣⲉⲛⲁⲕ ⲉ̀ϧⲟⲩⲛ ⲉ̀ϯⲕⲩⲃⲱⲧⲟⲥ : ⲛ̀ⲑⲟⲕ ⲛⲉⲙ ⲛⲉⲕϣⲏⲣⲓ ⲛⲉⲙ ⲧⲉⲕⲥ̀ϩⲓⲙⲓ ⲛⲉⲙ ⲛⲓϩⲓⲟⲙⲓ ⲛ̀ⲧⲉ ⲛⲉⲕϣⲏⲣⲓ ⲛⲉⲙⲁⲕ. Ⲛⲉⲙ ⲉ̀ⲃⲟⲗϧⲉⲛ ⲛⲓⲑⲏⲣⲓⲟⲛ ⲧⲏⲣⲟⲩ : ⲛⲉⲙ ⲉ̀ⲃⲟⲗϧⲉⲛ ⲛⲓⲧⲉⲃⲛⲱⲟⲩ̀ⲓ ⲧⲏⲣⲟⲩ : ⲛⲉⲙ ⲉ̀ⲃⲟⲗϧⲉⲛ ⲥⲁⲣⲝ ⲛⲓⲃⲉⲛ : ⲥ̀ⲛⲁⲩ ⲥ̀ⲛⲁⲩ : ⲉ̀ⲃⲟⲗ ⲛ̀ϧⲏⲧⲟⲩ ⲧⲏⲣⲟⲩ ⲉⲕⲉ̀ⲟⲗⲟⲩ ⲉ̀ϧⲟⲩⲛ ⲉ̀ϯⲕⲩⲃⲱⲧⲟⲥ : ϩⲓⲛⲁ ⲛ̀ⲧⲉⲕϣⲁⲛⲟⲩϣⲟⲩ ⲛⲉⲙⲁⲕ :

ⲟⲩⲟϩ ⲉⲩⲉϣⲱⲡⲓ ⲛⲟⲩϩⲱⲟⲩⲧ ⲛⲉⲙ ⲟⲩⲥϩⲓⲙⲓ. Ⲉⲃⲟⲗϧⲉⲛ ⲛⲓϩⲁⲗⲁϯ ⲉⲧϩⲏⲗ ⲕⲁⲧⲁⲅⲉⲛⲟⲥ : ⲛⲉⲙ ⲉⲃⲟⲗϧⲉⲛ ⲛⲓⲧⲉⲃⲛⲱⲟⲩⲓ ⲧⲏⲣⲟⲩ ⲕⲁⲧⲁ ⲅⲉⲛⲟⲥ : ⲛⲉⲙ ⲉⲃⲟⲗϧⲉⲛ ⲛⲓϭⲁⲧϥⲓ ⲉⲧϩⲓϫⲉⲛ ⲡⲕⲁϩⲓ ⲕⲁⲧⲁⲅⲉⲛⲟⲥ : ⲥⲛⲁⲩ ⲥⲛⲁⲩ ⲉⲩⲉⲓ ⲉϧⲟⲩⲛ ϩⲁⲣⲟⲕ ⲉϣⲁⲛⲟⲩϣⲟⲩ ⲛⲉⲙⲁⲕ ⲟⲩⲟϩ ⲉⲩⲉϣⲱⲡⲓ ⲛⲟⲩϩⲱⲟⲩⲧ ⲛⲉⲙⲟⲩⲥϩⲓⲙⲓ ⲛⲑⲟⲕ ⲇⲉ ⲉⲕⲉϭⲓⲛⲁⲕ ⲉⲃⲟⲗϧⲉⲛ ⲛⲓϧⲣⲏⲟⲩⲓ ⲧⲏⲣⲟⲩ : ⲛⲉⲙ ⲛⲏⲉ ⲧⲉⲧⲉⲛ ⲛⲁⲟⲩⲟⲙⲟⲩ ⲟⲩⲟϩ ⲉⲕⲉⲑⲟⲩⲱⲧⲟⲩ ϩⲁⲣⲟⲕ : ⲉⲩⲉϣⲱⲡⲓ ⲛⲁⲕ ⲛⲉⲙ ⲛⲓⲕⲉⲭⲱⲟⲩⲛⲓ ⲉϥⲟⲩⲟⲙⲟⲩ. Ⲟⲩⲟϩ ⲁϥⲓⲣⲓ ⲛϫⲉ Ⲛⲱⲉ ⲛϩⲱⲃ ⲛⲓⲃⲉⲛ ⲉⲧⲁ Ⲡⲟ̅ⲥ̅ Ⲫϯ ϩⲉⲛϩⲱⲛϥ ⲉⲣⲱⲟⲩ : ⲁϥⲓⲣⲓ ⲙⲡⲁⲓⲣⲏϯ. Ⲟⲩⲟϩ ⲡⲉϫⲉ Ⲡⲟ̅ⲥ̅ Ⲫϯ ⲛⲚⲱⲉ : ϫⲉ ⲙⲁϣⲉⲛⲁⲕ ⲛⲑⲟⲕ ⲛⲉⲙ ⲡⲉⲕⲏⲓ ⲧⲏⲣϥ ⲉϧⲟⲩⲛ ⲉϯⲕⲩⲃⲱⲧⲟⲥ : ϫⲉ ⲛⲑⲟⲕ ⲡⲉ ⲉⲧⲁⲓⲛⲁⲩ ⲉⲣⲟⲕ ⲛⲑⲙⲏⲓ ⲙⲡⲁⲙⲑⲟ ⲛϧⲣⲏⲓ ϧⲉⲛ ⲡⲁⲓ ϫⲱⲟⲩ : Ⲉⲃⲟⲗϧⲉⲛ ⲛⲓⲧⲉⲃⲛⲱⲟⲩⲓ ⲉ̅ⲑ̅ⲩ̅ ⲁⲗⲓⲟⲩⲓ ⲉϧⲟⲩⲛ ϩⲁⲣⲟⲕ ⲛϣⲁϣϥ ϣⲁϣϥ ⲛϩⲱⲟⲩⲧ ⲛⲉⲙ ⲥϩⲓⲙⲓ : ⲉⲃⲟⲗϧⲉⲛ ⲛⲓⲧⲉⲃⲛⲱⲟⲩ ⲓ ⲉⲧⲉ ⲛⲥⲉⲟⲩⲁⲃ ⲁⲛ ⲥⲛⲁⲩ ⲥⲛⲁⲩ ⲛϩⲱⲟⲩⲧ ⲛⲉⲙ ⲥϩⲓⲙⲓ : Ⲉⲃⲟⲗϧⲉⲛ ⲛⲓϩⲁⲗⲁϯ ⲛⲧⲉ ⲧⲫⲉ ⲛⲏⲉ̅ⲑ̅ⲩ̅ ϣⲁϣϥ ϣⲁϣϥ ⲛϩⲱⲟⲩⲧ ⲛⲉⲙ ⲥϩⲓⲙⲓ : ⲛⲉⲙ ⲉⲃⲟⲗϧⲉⲛ ⲛⲓϩⲁⲗⲁϯ ⲛⲧⲉ ⲧⲫⲉ ⲉⲧⲉ ⲛⲥⲉ ⲟⲩⲁⲃ ⲁⲛ : ⲥⲛⲁⲩ ⲥⲛⲁⲩ ⲛϩⲱⲟⲧ ⲛⲉⲙ ⲥϩⲓⲙⲓ ⲉϣⲁⲛⲟⲩϣⲟⲩ ⲛϫⲣⲟϫ ϩⲓϫⲉⲛ ⲡⲕⲁϩⲓ ⲧⲏⲣϥ. Ⲉⲧⲓⲅⲁⲣ ⲕⲉ ϣⲁϣϥ ⲛⲉϩⲟⲟⲩ : ϯⲛⲁⲓⲛⲓ ⲛⲟⲩⲙⲱⲟⲩ ⲛⲕⲁⲧⲁⲕⲗⲩⲥⲙⲟⲥ ϩⲓϫⲉⲛ ⲡⲓⲕⲁϩⲓ ⲛϩⲙⲉ ⲛⲉϩⲟⲟⲩ ⲛⲉⲙ ϩⲙⲉ ⲛⲉϫⲱⲣϩ : ⲉⲓⲉϥⲱϯ ⲉⲃⲟⲗ ⲙⲡⲓⲥⲱⲛⲧ ⲧⲏⲣϥ ⲉⲧⲁⲓⲑⲁⲙⲓⲟϥ ⲉⲃⲟⲗϩⲁ ⲡϩⲟ ⲙⲡⲕⲁϩⲓ : Ⲟⲩⲟϩ ⲁϥⲓⲣⲓ ⲛϫⲉ Ⲛⲱⲉ ⲛϩⲱⲃ ⲛⲓⲃⲉⲛ ⲉⲧⲁ Ⲡⲟ̅ⲥ̅ Ⲫϯ ϩⲉⲛϩⲱⲛϥ ⲉⲣⲱⲟⲩ : Ⲛⲱⲉ ⲇⲉ ⲛⲁϥⲭⲏ ϧⲉⲛ ⲥⲟⲟⲩ ϣⲉ ⲛⲣⲟⲙⲡⲓ : ⲟⲩⲟϩ ⲁ ⲡⲓⲙⲱⲟⲩ ⲛⲕⲁⲧⲁⲕⲗⲩⲥⲙⲟⲥ ⲓ ϩⲓϫⲉⲛ ⲡⲓⲕⲁϩⲓ. Ⲁϥϣⲉⲛⲁϥ ⲇⲉ ⲛϫⲉ Ⲛⲱⲉ ⲛⲉⲙ ⲛⲉϥ ϣⲏⲣⲓ ⲛⲉⲙ ⲧⲉϥⲥϩⲓⲙⲓ : ⲛⲉⲙ ⲛⲓϩⲓⲟⲙⲓ ⲛⲧⲉ ⲛⲉϥϣⲏⲣⲓ ⲛⲉⲙⲁϥ ⲉϧⲟⲩⲛ ⲉϯⲕⲩⲃⲱⲧⲟⲥ : ⲉⲑⲃⲉ ⲡⲓⲙⲱⲟⲩ ⲛⲕⲁⲧⲁⲕⲗⲩⲥⲙⲟⲥ : Ⲟⲩⲟϩ ⲉⲃⲟⲗϧⲉⲛ ⲛⲓⲧⲉⲃⲛⲱⲟⲩⲓ ⲉⲑⲟⲩⲁⲃ : ⲛⲉⲙ ⲉⲃⲟⲗϧⲉⲛ ⲛⲓⲧⲉⲃⲛⲱⲟⲩⲓ ⲉⲧⲉ ⲛⲥⲉⲟⲩⲁⲃⲁⲛ : ⲛⲉⲙ ⲉⲃⲟⲗϧⲉⲛ ⲛⲓϩⲁⲗⲁϯ ⲉ̅ⲑ̅ⲩ̅ : ⲛⲉⲙ ⲉⲃⲟⲗϧⲉⲛ ⲛⲓϩⲁⲗⲁϯ ⲉⲧⲉ ⲛⲥⲉⲟⲩⲁⲃ ⲁⲛ : ⲛⲉⲙ ⲉⲃⲟⲗϧⲉⲛ ϭⲁⲧϥⲓ ⲛⲓⲃⲉⲛ ⲉⲧϩⲓϫⲉⲛ ⲡⲓⲕⲁϩⲓ : Ⲥⲛⲁⲩ ⲥⲛⲁⲩ : ⲁⲩϣⲉ ⲛⲱⲟⲩ ⲉϧⲟⲩⲛ ⲉϯⲕⲩⲃⲱⲧⲟⲟ ϩⲁ ⲛⲱⲉ : ⲟⲩϩⲱⲟⲩⲧ ⲛⲉⲙ ⲟⲩⲥϩⲓⲙⲓ : ⲕⲁⲧⲁ ⲫⲣⲏϯ ⲉⲧⲁ Ⲡϭⲟⲓⲥ Ⲫϯ ϩⲟⲛϩⲉⲛ ⲛⲁϥ. Ⲟⲩⲟϩ ⲁⲥϣⲱⲡⲓ ⲙⲉⲛⲉⲛⲥⲁ ϣⲁϣϥ ⲛⲉϩⲟⲟⲩ ⲁ ⲡⲓⲙⲱⲟⲩ ⲛⲕⲁⲧⲁⲕⲗⲩⲥⲙⲟⲥ ϣⲱⲡⲓ ϩⲓϫⲉⲛ ⲡⲕⲁϩⲓ : ϧⲉⲛ ϯⲙⲁϩ ⲥⲟⲟⲩ ϣⲉ ⲛⲣⲟⲙⲡⲓ ϧⲉⲛ ⲡⲱⲛϧ ⲛⲚⲱⲉ : ϧⲉⲛ ⲡⲓⲁⲃⲟⲧ ⲙⲙⲁϩ ⲥⲛⲁⲩ ⲛⲥⲟⲩ ⲙⲏⲧ ϣⲁϣϥ ⲙⲡⲓⲁⲃⲟⲧ : ⲛϩⲣⲏⲓ ϧⲉⲛ ⲡⲁⲓ ⲉϩⲟⲟⲩ : ⲁⲩⲫⲱⲣϫ ⲛϫⲉ ⲛⲓⲙⲟⲩⲙⲓ ⲧⲏⲣⲟⲩ ⲛⲧⲉ ⲫⲛⲟⲩⲛ ⲉⲑⲛⲁⲁϥ : ⲟⲩⲟϩ ⲛⲓⲕⲁⲧⲁⲣⲁⲕⲧⲏⲥ ⲛⲧⲉ ⲧⲫⲉ ⲁⲩⲟⲩⲱⲛ : Ⲁϥϣⲱⲡⲓ Ⲙⲡⲓⲕⲁⲧⲁⲕⲗⲩⲥⲙⲟⲥ ϩⲓϫⲉⲛ ⲡⲕⲁϩⲓ : ⲛϩⲙⲉ ⲛⲉϩⲟⲟⲩ ⲛⲉⲙ ϩⲙⲉ ⲛⲉϫⲱⲣϩ.

Ⲛϩⲣⲏⲓ ⲇⲉ ϧⲉⲛ ⲡⲁⲓ ⲉϩⲟⲟⲩ ⲁϥϣⲉⲛⲁϥ ⲉϧⲟⲩⲛ ⲉϯⲕⲩⲃⲱⲧⲟⲥ ⲛϫⲉ Ⲛⲱⲉ ⲛⲉⲙ ⲛⲉϥϣⲏⲣⲓ : Ⲥⲏⲙ : Ⲭⲁⲙ : Ⲓⲁⲫⲉⲑ : ⲛⲓϣⲏⲣⲓ ⲛⲧⲉ Ⲛⲱⲉ : ⲛⲉⲙ ⲧⲉϥ ⲥϩⲓⲙⲓ : ⲛⲉⲙ ϯϣⲟⲙϯ ⲛⲥϩⲓⲙⲓ ⲛⲧⲉ ⲛⲉϥϣⲏⲣⲓ ⲛⲉⲙⲁϥ ⲉϧⲟⲩⲛ ⲉϯⲕⲩⲃⲱⲧⲟⲥ. Ⲛⲑⲱⲟⲩ ⲛⲉⲙ ⲛⲓⲑⲏⲣⲓⲟⲛ ⲕⲁⲧⲁ ⲅⲉⲛⲟⲥ : ⲛⲉⲙ ϭⲁⲧϥⲓ ⲛⲓⲃⲉⲛ ⲉⲧⲕⲓⲙ ϩⲓϫⲉⲛ ⲡⲕⲁϩⲓ ⲕⲁⲧⲁⲅⲉⲛⲟⲥ : ⲛⲉⲙ ϩⲁⲗⲏⲧ ⲛⲓⲃⲉⲛ ⲕⲁⲧⲁ ⲛⲟⲩⲅⲉⲛⲟⲥ. Ⲁⲩϣⲉⲛⲱⲟⲩ ⲉϧⲟⲩⲛ ⲉϯⲕⲩⲱⲧⲟⲥ : ⲥⲛⲁⲩ ⲥⲛⲁⲩ : ⲉⲃⲟⲗϧⲉⲛ ⲥⲁⲣⲝ ⲛⲓⲃⲉⲛ : ⲉⲧⲉ ⲟⲩⲟⲛ ⲟⲩⲡ̀ⲛⲁ ⲛ̀ⲱⲛϧ ⲛ̀ϧⲏⲧⲟⲩ. Ⲟⲩⲟϩ ⲛⲏⲉⲑⲛⲁ ⲉ̀ϧⲟⲩⲛ ⲟⲩϩⲱⲟⲩⲧ ⲛⲉⲙ ⲟⲩⲥ̀ϩⲓⲙⲓ : ⲉⲃⲟⲗϧⲉⲛ ⲥⲁⲣⲝ ⲛⲓⲃⲉⲛ ⲁⲩϣⲉⲛⲱⲟⲩ ⲉ̀ϧⲟⲩⲛ ⲕⲁⲧⲁ ⲫ̀ⲣⲏϯ ⲉ̀ⲧⲁ Ⲫ̀ϯ ϩⲟⲛϩⲉⲛ ⲉ̀ⲧⲟⲧϥ ⲛ̀Ⲛⲱⲉ̀ : ⲟⲩⲟϩ ⲁ̀Ⲡ̅ϭ̅ⲥ̅ Ⲫ̀ϯ ϣ̀ⲑⲁⲙ ⲛ̀ϯⲕⲩⲃⲱⲧⲟⲥ ⲥⲁⲃⲟⲗ ⲙ̀ⲙⲟⲥ : Ⲁⲙⲱⲟⲩ ⲛ̀ⲕⲁⲧⲁⲕⲗⲩⲥⲙⲟⲥ ϣⲱⲡⲓ ϩⲓϫⲉⲛ ⲡ̀ⲕⲁϩⲓ ⲛ̀ϩⲙⲉ ⲛ̀ⲉϩⲟⲟⲩ ⲛⲉⲙ ϩ̀ⲙⲉ ⲛ̀ⲉϫⲱⲣϩ : ⲟⲩⲟϩ ⲁϥⲁ̀ϣⲁⲓ ⲛ̀ϫⲉ ⲡⲓⲙⲱⲟⲩ ⲁϥⲧⲱⲟⲩⲛ ⲛ̀ϯⲕⲩⲃⲱⲧⲟⲥ ⲟⲩⲟϩ ⲁⲥϭⲓⲥⲓ ⲉ̀ⲃⲟⲗϩⲁⲡ̀ⲕⲁϩⲓ : Ⲛⲁϥⲁ̀ⲙⲁϩⲓ ⲛ̀ϫⲉ ⲡⲓⲙⲱⲟⲩ ⲟⲩⲟϩ ⲛⲁϥⲛⲏⲟⲩ ⲛ̀ⲁ̀ϣⲁⲓ ⲉ̀ⲙⲁϣⲱ ⲡⲉ ⲉ̀ϫⲉⲛ ⲡⲓⲕⲁϩⲓ : ⲟⲩⲟϩ ⲛⲁⲥⲛⲏⲟⲩ ⲛ̀ϫⲉ ϯⲕⲩⲃⲱⲧⲟⲥ ⲥⲁⲡ̀ϣⲱⲓ ⲙ̀ⲡⲓⲙⲱⲟⲩ. Ⲡⲓⲙⲱⲟⲩ ⲇⲉ ⲛⲁϥⲁ̀ⲙⲁϩⲓ ⲉ̀ⲙⲁϣⲱ ϩⲓϫⲉⲛ ⲡⲓⲕⲁϩⲓ : ⲟⲩⲟϩ ⲁϥϩⲱⲃⲥ ⲛ̀ⲛⲓⲧⲱⲟⲩ ⲧⲏⲣⲟⲩ ⲉⲧϭⲟⲥⲓ ⲛⲏⲉⲧⲥⲁⲡⲉⲥⲏⲧ ⲛ̀ⲧ̀ⲫⲉ ⲙ̀ⲙⲏⲧ ⲧⲓⲟⲩ ⲙ̀ⲙⲁϩⲓ ⲁϥϭⲓⲥⲓ ⲥⲁⲡ̀ϣⲱⲓ ⲛ̀ϫⲉ ⲡⲓⲙⲱⲟⲩ ⲟⲩⲟϩ ⲁϥϩⲱⲃⲥ ⲛ̀ⲛⲓⲧⲱⲟⲩⲧⲏⲣⲟⲩ ⲉⲧϭⲟⲥⲓ ⲁⲩⲙⲟⲩⲛⲕ ⲛ̀ϫⲉ ⲥⲁⲣⲝ ⲛⲓⲃⲉⲛ ⲉⲧⲕⲓⲙ ϩⲓϫⲉⲛ ⲡ̀ⲕⲁϩⲓ. ⲛⲉⲙ ⲛⲓϩⲁⲗⲁϯ ⲛⲉⲙ ⲛⲓⲧⲉⲃⲛⲱⲟⲩⲓ̀ ⲛⲉⲙ ⲛⲓⲑⲏⲣⲓⲟⲛ ⲛⲉⲙ ϭⲁ̀ⲧϥⲓ ⲛⲓⲃⲉⲛ ⲉⲧⲕⲓⲙ ϩⲓϫⲉⲛ ⲡ̀ⲕⲁϩⲓ ⲛⲉⲙ ⲣⲱⲙⲓ ⲛⲓⲃⲉⲛ. Ⲛⲉⲙ ⲟⲩⲟⲛ ⲛⲓⲃⲉⲛ ⲉⲧⲉ ⲟⲩⲟⲛ ⲟⲩⲡ̀ⲛⲁ ⲛ̀ⲱⲛϧ ⲛ̀ϧⲏⲧⲟⲩ ⲟⲩⲟϩ ⲉⲛⲭⲁⲓ ⲛⲓⲃⲉⲛ ⲉ̀ⲛⲁϥⲭⲏ ϩⲓϫⲉⲛ ⲡⲓϣⲟⲩⲓⲉ ⲁⲩⲙⲟⲩ. Ⲟⲩⲟϩ ⲁϥϥⲱϯ ⲉ̀ⲃⲟⲗ ⲛ̀ϫⲉ ⲡⲓⲥⲱⲛⲧ ⲧⲏⲣϥ ⲫⲏⲉⲛⲁϥⲭⲏ ϩⲓϫⲉⲛ ⲡϩⲟ ⲙ̀ⲡⲕⲁϩⲓ ⲧⲏⲣϥ : ⲓⲥϫⲉⲛ ⲫ̀ⲣⲱⲙⲓ ϣⲁ ⲡ̀ⲧⲉⲃⲛⲏ ⲛⲉⲙ ⲛⲓϭⲁ̀ⲧϥⲓ ⲛⲉⲙ ⲛⲓϩⲁⲗⲁϯ ⲛ̀ⲧⲉ ⲧ̀ⲫⲉ ⲁⲩϥⲱϯ ⲉ̀ⲃⲟⲗ ϩⲓϫⲉⲛ ⲡ̀ⲕⲁϩⲓ : ⲟⲩⲟϩ ⲁϥⲥⲱϫⲡ ⲙ̀ⲙⲁⲩⲁⲧϥ ⲛ̀ϫⲉ Ⲛⲱⲉ ⲛⲉⲙ ⲛⲏⲉⲑⲛⲉⲙⲁϥ ϧⲉⲛ ϯⲕⲩⲃⲱⲧⲟⲥ : Ⲟⲩⲟϩ ⲁϥϭⲓⲥⲓ ⲛ̀ϫⲉ ⲡⲓⲙⲱⲟⲩ ϩⲓϫⲉⲛ ⲡ̀ⲕⲁϩⲓ ⲛ̀ϣⲉ ⲧⲉⲃⲓ ⲛ̀ⲉϩⲟⲟⲩ. Ⲟⲩⲟϩ ⲁ̀Ⲫ̀ϯ ⲉⲣⲫ̀ⲙⲉⲩⲓ̀ ⲛ̀Ⲛⲱⲉ̀ : ⲛⲉⲙ ⲛⲓⲑⲏⲣⲓⲟⲛ ⲧⲏⲣⲟⲩ : ⲛⲉⲙ ⲛⲓⲧⲉⲃⲛⲱⲟⲩⲓ̀ ⲧⲏⲣⲟⲩ : ⲛⲉⲙ ⲛⲓϩⲁⲗⲁϯ ⲧⲏⲣⲟⲩ : ⲛⲉⲙ ⲛⲓϭⲁ̀ⲧϥⲓ ⲧⲏⲣⲟⲩ : ⲛⲉⲙ ⲛⲏⲉⲛⲁⲩ ⲛⲉⲙⲁϥ ϧⲉⲛ ϯⲕⲩⲃⲱⲧⲟⲥ : ⲟⲩⲟϩ ⲁ̀Ⲫ̀ϯⲓⲛⲓ ⲛ̀ⲟⲩⲡ̀ⲛⲁ ϩⲓϫⲉⲛ ⲡ̀ⲕⲁϩⲓ ⲁϥϩ̀ⲣⲟⲩⲣ ⲛ̀ϫⲉ ⲡⲓⲙⲱⲟⲩ : Ⲟⲩⲟϩ ⲁⲩϩⲱⲃⲥ ⲛ̀ϫⲉ ⲛⲓⲙⲟⲩⲙⲓ ⲛ̀ⲧⲉ ⲫ̀ⲛⲟⲩⲛ : ⲛⲉⲙ ⲛⲓⲕⲁⲧⲁⲣⲁⲕⲧⲏⲥ ⲛ̀ⲧⲉ ⲧ̀ⲫⲉ : ⲟⲩⲟϩ ⲁϥⲧⲁϩⲛⲟ ⲛ̀ϫⲉ ⲡⲓⲙⲟⲩⲛϩⲱⲟⲩ ϧⲉⲛ ⲧ̀ⲫⲉ : Ⲟⲩⲟϩ ⲛⲁϥϯ ⲛ̀ⲧⲟⲧϥ ⲛ̀ϫⲉ ⲡⲓⲙⲱⲟⲩ ⲉϥⲙⲟϣⲓ ⲉ̀ⲃⲟⲗϩⲁ ⲡ̀ⲕⲁϩⲓ ⲛⲁϥϯ ⲧⲟⲧϥⲡⲉ ⲛⲁϥ ⲛⲏⲟⲩ ⲛ̀ⲥⲃⲟⲕ ⲛ̀ϫⲉ ⲡⲓⲙⲱⲟⲩ ⲙⲉⲛⲉⲛⲥⲁ ϣⲉ ⲧⲉⲃⲓ ⲛ̀ⲉϩⲟⲟⲩ. Ⲟⲩⲟϩ ⲁⲥϩⲉⲙⲥⲓ ⲛ̀ϫⲉ ϯⲕⲩⲃⲱⲧⲟⲥ ϧⲉⲛ ⲡⲓⲁ̀ⲃⲟⲧ ⲙ̀ⲙⲁϩ ϣⲁϣϥ : ⲛ̀ⲥⲟⲩ ⲙⲏⲧ ϣⲁϣϥ ⲙ̀ⲡⲓⲁ̀ⲃⲟⲧ ϩⲓϫⲉⲛ ⲡⲓⲧⲱⲟⲩ ⲛ̀ⲧⲉ ⲁⲣⲁⲣⲁⲧ : Ⲡⲓⲙⲱⲟⲩ ⲇⲉ ⲁϥⲙⲟϣⲓ ⲛⲁϥⲛⲏⲟⲩ ⲛ̀ⲥⲃⲟⲕ ⲡⲉ ϣⲁ ⲡⲓⲁ̀ⲃⲟⲧ ⲙ̀ⲙⲁϩ ⲙⲏⲧ : ⲛ̀ϩ̀ⲣⲏⲓ ⲇⲉ ϧⲉⲛ ⲡⲓⲁ̀ⲃⲟⲧ ⲙ̀ⲙⲁϩ ⲙⲏⲧ ⲟⲩⲁⲓ ⲛ̀ⲥⲟⲩⲁⲓ ⲙ̀ⲡⲓⲁ̀ⲃⲟⲧ : ⲁⲩⲟⲩⲱⲛϩⲉ̀ⲃⲟⲗ ⲛ̀ϫⲉ ⲛⲓⲁ̀ⲫⲏⲟⲩⲓ̀ ⲛ̀ⲧⲉ ⲛⲓⲧⲱⲟⲩ : Ⲁⲥϣⲱⲡⲓ ⲙⲉⲛⲉⲛⲥⲁ ϩ̀ⲙⲉ ⲛ̀ⲉ̀ϩⲟⲟⲩ : ⲁϥⲟⲩⲱⲛ ⲛ̀ϫⲉ Ⲛⲱⲉ̀ ⲉ̀ⲡⲓϣⲟⲩϣⲧ ⲛ̀ⲧⲉ ϯⲕⲩⲃⲱⲧⲟⲥ ⲑⲏⲉⲧⲁϥⲑⲁⲙⲓⲟⲥ. Ⲟⲩⲟϩ ⲁϥⲟⲩⲱⲣⲡ ⲙ̀ⲡⲓⲁ̀ⲃⲱⲕ ⲉ̀ⲃⲟⲗ : ⲉ̀ⲛⲁⲩ ϫⲉ ⲁⲛ ⲁ̀ⲡⲓⲙⲱⲟⲩ ϩ̀ⲣⲟⲩⲣ : ⲟⲩⲟϩ ⲉⲧⲁϥⲓ ⲉ̀ⲃⲟⲗ ⲙ̀ⲡⲉϥⲧⲁⲥⲑⲟ ϩⲁⲣⲟϥ ϣⲁⲧⲉϥϣⲱⲟⲩⲓ̀ ⲛ̀ϫⲉ ⲡⲓⲙⲱⲟⲩ ⲉ̀ⲃⲟⲗϩⲁⲡ̀ⲕⲁϩⲓ : Ⲟⲩⲟϩ ⲁϥⲟⲩⲱⲣⲡ ⲛ̀ϯϭⲣⲟⲙⲡⲓ ⲉ̀ⲃⲟⲗ ϩⲓ ⲫⲁϩⲟⲩ ⲙ̀ⲙⲟϥ : ⲉ̀ⲛⲁⲩ ϫⲉ ⲁⲛ ⲁ̀ⲡⲓⲙⲱⲟⲩ ϩ̀ⲣⲟⲩⲣ ⲉ̀ⲃⲟⲗϩⲁ ⲡϩⲟ ⲙ̀ⲡⲕⲁϩⲓ : Ⲟⲩⲟϩ ⲉⲧⲉ ⲙ̀ⲡⲉϯϭⲣⲟⲙⲡⲓ ϫⲉⲙ ⲙⲁⲛⲉⲙⲧⲟⲛ ⲛ̀ⲛⲉⲥϭⲁ̀ⲗⲁⲩϫ : ⲁⲥⲧⲁⲥⲑⲟ ⲉ̀ϧⲟⲩⲛ ϩⲁⲣⲟϥ ⲉ̀ϯⲕⲩⲃⲱⲧⲟⲥ : ϫⲉ ⲛⲉ ⲟⲩⲟⲛ ⲙⲱⲟⲩ ⲡⲉ ϩⲓϫⲉⲛ ⲡϩⲟ ⲙ̀ⲡⲕⲁϩⲓ ⲧⲏⲣϥ : ⲟⲩⲟϩ ⲉⲧⲁϥⲥⲟⲩⲧⲉⲛ ⲧⲉϥϫⲓϫ ⲉ̀ⲃⲟⲗ ⲁϥϭⲓⲧⲥ ⲁϥⲉⲛⲥ ⲉ̀ϧⲟⲩⲛ ϩⲁⲣⲟϥ ⲉ̀ϯⲕⲩⲃⲱⲧⲟⲥ. Ⲟⲩⲟϩ ⲁϥⲱⲟⲩⲛϩⲏⲧ ⲛ̀ⲕⲉ ϣⲁϣϥ ⲛ̀ⲉϩⲟⲟⲩ : ⲡⲁⲗⲓⲛ ⲟⲛ ⲁϥⲟⲩⲱⲣⲡ ⲛ̀ϯϭⲣⲟⲙⲡⲓ ⲉ̀ⲃⲟⲗ ϧⲉⲛ ϯⲕⲩⲃⲱⲧⲟⲥ : Ⲁⲥⲧⲁⲥⲑⲟ ⲉ̀ϧⲟⲩⲛ ϩⲁⲣⲟϥ ⲉ̀ ϯⲕⲩⲃⲱⲧⲟⲥ ⲛ̀ϫⲉ ϯϭⲣⲟⲙⲡⲓ ⲙ̀ⲫⲛⲁⲩ ⲛ̀ϩⲁⲛ ⲁ̀ ⲣⲟⲩϩⲓ : ⲛⲉ ⲟⲩⲟⲛ ϩⲁⲛϫⲱⲃⲓ ⲛ̀ⲧⲉ ⲟⲩⲗⲁϧⲉⲛ ⲛ̀ϫⲱⲓⲧ ⲭⲏ ϧⲉⲛ ⲣⲱⲥ : ⲁϥⲉ̀ⲙⲓ ⲛ̀ϫⲉ Ⲛⲱⲉ̀ ϫⲉ ⲁ̀ⲡ ⲙⲱⲟⲩ ϩⲣⲟⲩⲣ ⲉ̀ⲃⲟⲗ ϩⲓϫⲉⲛ ⲡ̀ⲕⲁϩⲓ : Ⲟⲩⲟϩ ⲁϥ ⲱ̀ⲟⲩ ⲛ̀ϩⲏⲧ ⲛ̀ⲕⲉ ϣⲁϣϥ ⲛ̀ⲉ̀ϩⲟⲟⲩ : ⲡⲁⲗⲓⲛ ⲟⲛ ⲁϥⲟⲩⲱⲣⲡ ⲛ̀ϯϭⲣⲟⲙⲡⲓ ⲉ̀ⲃⲟⲗ : ⲟⲩⲟϩ ⲙ̀ⲡⲉⲥⲟⲩⲁϩ ⲧⲟⲧⲥ ϫⲉ ⲉ̀ⲧⲁⲥⲑⲟ ⲉ̀ϧⲟⲩⲛ ϩⲁⲣⲟϥ. Ⲁⲥϣⲱⲡⲓ ⲇⲉ ϧⲉⲛ ϯⲙⲁϩ ⲥⲟⲟⲩ ϣⲉ ⲟⲩⲁⲓ ⲛ̀ⲣⲟⲙⲡⲓ ϧⲉⲛ ⲡⲱⲛϧ ⲛ̀Ⲛⲱⲉ̀ ϧⲉⲛ ⲡⲓⲁ̀ⲃⲟⲧ ⲛ̀ϩⲟⲩⲓⲧ ⲛ̀ⲥⲟⲩⲁⲓ ⲙ̀ⲡⲓ ⲁ̀ⲃⲟⲧ : ⲁϥⲙⲟⲩⲛⲕ ⲛ̀ϫⲉ ⲡⲓⲙⲱⲟⲩ ⲉ̀ⲃⲟⲗϩⲁ ⲡ̀ϩ ⲙ̀ⲡⲕⲁϩⲓ : ⲟⲩⲟϩ ⲁϥϭⲱⲣⲡ ⲛ̀ϫⲉ Ⲛⲱⲉ̀ ⲛ̀ϯⲭⲏⲡⲓ ⲛ̀ ⲧⲉ ϯⲕⲩⲃⲱⲧⲟⲥ : ⲟⲩⲟϩ ⲁϥⲛⲁⲩ ϫⲉ ⲁ̀ⲡⲓⲙⲱⲟⲩ ⲙⲟⲩⲛⲕ ⲉ̀ⲃⲟⲗϩⲁ ⲡ̀ϩⲟ ⲙ̀ⲡⲕⲁϩⲓ : ϧⲉⲛ ⲡⲓⲁ̀ⲃⲟⲧ ⲇⲉ ⲙ̀ⲙⲁϩ ⲥ̀ⲛⲁⲩ : ⲛ̀ⲥⲟⲩ ϫⲟⲩⲧ ϣⲁϣϥ ⲙ̀ⲡⲓⲁ̀ⲃⲟⲧ ⲁ̀ⲡⲕⲁϩⲓ ϣⲱⲟⲩⲓ : Ⲟⲩⲟϩ ⲡⲉϫⲉ Ⲡⲟ̅ⲥ̅ Ⲫ̅ⲧ̅ ⲛ̀Ⲛⲱⲉ̀ ⲉϥϫⲱ ⲙ̀ⲙⲟⲥ. Ϫⲉ ⲁ̀ⲙⲟⲩ ⲉ̀ⲃⲟⲗϧⲉⲛ ϯⲕⲩⲃⲱⲧⲟⲥ ⲛ̀ⲑⲟⲕ ⲛⲉⲙ ⲛⲉⲕϣⲏⲣⲓ ⲛⲉⲙ ⲧⲉⲕⲥϩⲓⲙⲓ ⲛⲉⲙ ⲛⲓϩⲓⲟ̀ⲙⲓ ⲛ̀ⲧⲉ ⲛⲉⲕϣⲏⲣⲓ ⲛⲉⲙⲁⲕ : ⲛⲉⲙ ⲛⲓⲑⲏⲣⲓⲟⲛ ⲧⲏⲣⲟⲩ ⲛⲉⲙⲁⲕ : Ⲛⲉⲙ ⲥⲁⲣⲝ ⲛⲓⲃⲉⲛ : ⲓⲥϫⲉⲛ ⲛⲓϩⲁⲗⲁϯ ϣⲁ ⲛⲓⲧⲉⲃⲛⲱⲟⲩⲓ : ⲛⲉⲙ ϭⲁⲧϥⲓ ⲛⲓⲃⲉⲛ ⲉⲧⲕⲓⲙ ϩⲓϫⲉⲛ ⲡ̀ⲕⲁϩⲓ : ⲁ̀ⲗⲓⲧⲟⲩ ⲉ̀ⲃⲟⲗ ⲛⲉⲙⲁⲕ : ⲟⲩⲟϩ ⲁⲓⲁⲓ ⲟⲩⲟϩ ⲁ̀ϣⲁⲓ ϩⲓϫⲉⲛ ⲡ̀ⲕⲁϩⲓ : Ⲟⲩⲟϩ ⲁϥⲓ̀ ⲉ̀ⲃⲟⲗ ⲛ̀ϫⲉ Ⲛⲱⲉ̀ ⲛⲉⲙ ⲛⲉϥϣⲏⲣⲓ ⲛⲉⲙ ⲧⲉϥⲥϩⲓⲙⲓ ⲛⲉⲙ ⲛⲓϩⲓⲟⲙⲓ ⲛ̀ⲧⲉ ⲛⲉϥϣⲏⲣⲓ ⲛⲉⲙⲁϥ : Ⲛⲉⲙ ⲛⲓⲑⲏⲣⲓⲟⲛ ⲧⲏⲣⲟⲩ : ⲛⲉⲙ ⲛⲓⲧⲉⲃⲛⲱⲟⲩⲓ ⲧⲏⲣⲟⲩ : ⲛⲉⲙ ϭⲁⲧϥⲓ ⲛⲓⲃⲉⲛ ⲉⲧⲕⲓⲙ ϩⲓϫⲉⲛ ⲡ̀ⲕⲁϩⲓ : ⲛⲉⲙ ϩⲁⲗⲏⲧ ⲛⲓⲃⲉⲛ ⲕⲁⲧⲁ ⲛⲟⲩⲅⲉⲛⲟⲥ : ⲁⲩⲓ̀ ⲉ̀ⲃⲟⲗϧⲉⲛ ϯⲕⲩⲃⲱⲧⲟⲥ. Ⲟⲩⲟϩ ⲁ̀Ⲛⲱⲉ̀ ⲕⲱⲧ ⲛ̀ⲟⲩⲙⲁⲛⲉⲣϣⲱⲟⲩϣⲓ ⲙ̀Ⲫϯ : ⲁϥϭⲓ ⲉ̀ⲃⲟⲗϧⲉⲛ ⲛⲓⲧⲉⲃⲛⲱⲟⲩⲓ ⲧⲏⲣⲟⲩ ⲉⲑ̅ⲟ̅ⲩ̅ : ⲛⲉⲙ ⲉ̀ⲃⲟⲗϧⲉⲛ ⲛⲓϩⲁⲗⲁϯ ⲧⲏⲣⲟⲩ ⲉⲑⲟⲩ : ⲁϥⲓ̀ⲛⲓ ⲉ̀ϩⲣⲏⲓ ⲛ̀ϩⲁⲛϭⲗⲓⲗ ⲉ̀ϫⲉⲛ ⲡⲓⲙⲁⲛⲉⲣϣⲱⲟⲩϣⲓ : Ⲟⲩⲟϩ ⲁϥϣⲱⲗⲉⲙ ⲛ̀ϫⲉ Ⲡⲟ̅ⲥ̅ Ⲫϯ ⲉ̀ⲟⲩⲥ̀ⲑⲟⲓ ⲛ̀ⲥⲑⲟⲓⲛⲟⲩϥⲓ : ⲟⲩⲟϩ ⲡⲉϫⲉ Ⲡⲟ̅ⲥ̅ Ⲫϯ ⲉ̀ⲧⲁϥⲙⲟⲕⲙⲉⲕ : ϫⲉ ⲛ̀ⲛⲁⲟⲩⲁϩⲧⲟⲧ ϫⲉ ⲉ̀ⲥ̀ϩⲟⲩⲟⲣⲧ ⲡⲓⲕⲁϩⲓ ⲉⲑⲃⲉ ⲛⲓϩⲃⲏⲟⲩⲓ ⲛ̀ⲧⲉ ⲛⲓⲣⲱⲙⲓ : ϫⲉ ⲡ̀ϩⲏⲧ ⲙ̀ⲫⲣⲱⲙⲓ ϥ̀ⲣⲁⲕⲓ ⲉ̀ϫⲉⲛ ⲡⲓⲡⲉⲧϩⲱⲟⲩ ⲓⲥϫⲉⲛ ⲧⲉϥⲙⲉⲧⲕⲟⲩϫⲓ : ⲛ̀ⲛⲁⲟⲩⲁϩⲧⲟⲧ ⲉ̀ϣⲁⲣⲓ ⲉ̀ⲥⲁⲣⲝ ⲛⲓⲃⲉⲛ ⲉⲧⲟⲛϧ ⲕⲁⲧⲁ ⲫ̀ⲣⲏϯ ⲉ̀ⲧⲁⲓⲁⲓⲥ. Ⲛⲓⲉ̀ϩⲟⲟⲩ ⲧⲏⲣⲟⲩ ⲛ̀ⲧⲉ ⲡ̀ⲕⲁϩⲓ ⲟⲩϫⲣⲟϫ ⲛⲉⲙ ⲟⲩⲱⲥϧ : ⲟⲩⲁ̀ⲣⲱϣ ⲛⲉⲙ ⲟⲩⲕⲁⲩⲙⲁ : ⲡⲓϣⲱⲙ ⲛⲉⲙ ⲡⲓϩⲏⲛ̀ϣⲱⲙ : ⲡⲓⲉ̀ϩⲟⲟⲩ ⲛⲉⲙ ⲡⲓⲉ̀ϫⲱⲣϩ ⲛ̀ⲛⲟⲩⲙ̀ⲧⲟⲛ ⲙ̀ⲙⲱⲟⲩ. Ⲟⲩⲟϩ ⲁϥⲥ̀ⲙⲟⲩ ⲛ̀ϫⲉ Ⲫϯ ⲛ̀Ⲛⲱⲉ̀ ⲛⲉⲙ ⲛⲉϥϣⲏⲣⲓ ⲉϥϫⲱⲙ̀ⲙⲟⲥ ⲛⲱⲟⲩ : ϫⲉ ⲁⲓⲁⲓ ⲟⲩⲟϩ ⲁ̀ϣⲁⲓ ⲙⲁϩ ⲡⲓⲕⲁϩⲓ : ⲟⲩⲟϩ ⲁ̀ⲣⲓⲟ̅ⲥ̅ ⲉ̀ⲣⲟϥ. Ⲡⲉⲧⲉⲛϩⲟϯ ⲇⲉ ⲛⲉⲙ ⲡⲉⲧⲉⲛⲥ̀ⲑⲉⲣⲧⲉⲣ ⲉⲩⲉ̀ϣⲱⲡⲓ ϩⲓϫⲉⲛ ⲛⲓⲑⲏⲣⲓⲟⲛ ⲧⲏⲣⲟⲩ ⲛ̀ⲧⲉ ⲡ̀ⲕⲁϩⲓ : ⲛⲉⲙ ϩⲓϫⲉⲛ ⲛⲓϩⲁⲗⲁϯ ⲧⲏⲣⲟⲩ ⲛ̀ⲧⲉ ⲧ̀ⲫⲉ : ⲛⲉⲙ ϩⲓϫⲉⲛ ϩⲱⲃ ⲛⲓⲃⲉⲛ ⲉⲧ ⲕⲓⲙ ϩⲓϫⲉⲛ ⲡ̀ⲕⲁϩⲓ : ⲛⲉⲙ ϩⲓϫⲉⲛ ⲛⲓⲧⲉⲃⲧ ⲛ̀ⲧⲉ ⲫ̀ⲓⲟⲙ ⲁⲓⲧⲏⲓⲧⲟⲩ ϧⲁ ⲛⲉⲧⲉⲛϫⲓϫ : Ⲟⲩⲟϩ ϭⲁⲧϥⲓ ⲛⲓⲃⲉⲛ ⲉⲧⲟⲛϧ : ⲉⲩⲉ̀ϣⲱⲡⲓ ⲛⲱⲧⲉⲛ ⲉⲩϧ̀ⲣⲉ : ⲙ̀ⲫ̀ⲣⲏϯ ⲛ̀ϩⲁⲛⲟⲩⲟϯ ⲛ̀ⲧⲉ ⲟⲩⲥⲓⲙ ⲁⲓⲧⲏⲓⲧⲟⲩ ⲧⲏⲣⲟⲩ ⲛⲱⲧⲉⲛ. Ⲡ̀ⲗⲏⲛ ⲟⲩⲁϥ ϧⲉⲛ ⲟⲩⲥ̀ⲛⲟϥ ⲙ̀ⲯⲩⲭⲏ ⲛ̀ⲛⲉⲧⲉⲛⲟⲩⲟⲙϥ : Ⲕⲉⲅⲁⲣ ⲡ̀ⲥ̀ⲛⲟϥ ⲛ̀ⲛⲉⲧⲉⲛⲯⲩⲭⲏ ⲉⲓⲉ̀ⲕⲱϯ ⲛ̀ⲥⲱϥ ⲉ̀ⲃⲟⲗϧⲉⲛ ⲧϫⲓϫ ⲛ̀ⲛⲓⲑⲏⲣⲓⲟⲛ ⲧⲏⲣⲟⲩ : ⲛⲉⲙ ⲉ̀ⲃⲟⲗϧⲉⲛ ⲧϫⲓϫ ⲛ̀ⲟⲩⲣⲱⲙⲓ ⲛ̀ⲥⲟⲛⲓ : ⲉⲓⲉ̀ⲕⲱϯ ⲛ̀ⲥⲁ ⲧ̀ⲯⲩⲭⲏ ⲙ̀ⲡⲓⲣⲱⲙⲓ : Ⲫⲏⲉⲑⲛⲁⲫⲱⲛ ⲙ̀ⲡ̀ⲥ̀ⲛⲟϥ ⲛ̀ⲟⲩⲣⲱⲙⲓ ⲉ̀ⲃⲟⲗϧⲉⲛ ⲟⲩⲣⲱⲙⲓ ⲛ̀ⲧϣⲉⲃⲓⲱ̀ ⲙ̀ⲡⲉϥⲥ̀ⲛⲟϥ ⲉⲩⲉ̀ⲫⲟⲛϥ ⲉ̀ⲃⲟⲗ ϫⲉ ⲉ̀ⲧⲁⲓⲑⲁⲙⲓⲟ ⲙ̀ⲡⲓⲣⲱⲙⲓ ϧⲉⲛ ⲟⲩϩⲓⲕⲱⲛ ⲛ̀ⲧⲉ Ⲫϯ : Ⲛ̀ⲑⲱⲧⲉⲛ ⲇⲉ ⲁⲓⲁⲓ ⲟⲩⲟϩ ⲙⲟϩ ⲙ̀ⲡⲓⲕⲁϩⲓ ⲟⲩⲟϩ ⲁ̀ϣⲁⲓ ϩⲓⲱⲧϥ :

Ⲟⲩⲱ̀ⲟⲩ ⲛ̀ϯⲦⲣⲓⲁⲥ ⲉ̀ⲑⲟⲩⲁⲃ ⲡⲉⲛⲛⲟⲩϯ ϣⲁ ⲉ̀ⲛⲉϩ ⲛⲉⲙ ϣⲁ ⲉ̀ⲛⲉϩ ⲛ̀ⲧⲉ ⲛⲓⲉ̀ⲛⲉϩ ⲧⲏⲣⲟⲩ: ⲁ̀ⲙⲏⲛ.

Genesis 6:5-9:7

A reading from the book of Genesis of Moses the Prophet may his blessings be with us Amen.

Then the Lord saw that the wickedness of man was great in the earth, and that every intent of the thoughts of his heart was only evil continually. And the Lord was sorry that He had made man on the earth, and He was grieved in His heart. So the Lord said, "I will destroy man whom I have created from the face of the earth, both man and beast, creeping thing and birds of the air, for I am sorry that I have made them."

But Noah found grace in the eyes of the Lord. This is the genealogy of Noah. Noah was a just man, perfect in his generations. Noah walked with God. And Noah begot three sons: Shem, Ham, and Japheth. The earth also was corrupt before God, and the earth was filled with violence. So God looked upon the earth, and indeed it was corrupt; for all flesh had corrupted their way on the earth. And God said to Noah, "The end of all flesh has come before Me, for the earth is filled with violence through them; and behold, I will destroy them with the earth." Make yourself an ark of gopher wood; make rooms in the ark, and cover it inside and outside with pitch. And this is how you shall make it: The length of the ark shall be three hundred cubits, its width fifty cubits, and its height thirty cubits. You shall make a window

تكوين ص ٦ : ٥ - ٩ : ١ - ٦

من سفر التكوين لموسى النبى بركته المقدسة تكون معنا، آمين.

وَرَاى الرَّبُّ انَّ شَرَّ الانْسَانِ قَدْ كَثُرَ فِي الارْضِ وَانَّ كُلَّ تَصَوُّرِ افْكَارِ قَلْبِهِ انَّمَا هُوَ شِرِّيرٌ كُلَّ يَوْمٍ. فَحَزِنَ الرَّبُّ انَّهُ عَمِلَ الانْسَانَ فِي الارْضِ وَتَاسَّفَ فِي قَلْبِهِ. فَقَالَ الرَّبُّ: «امْحُو عَنْ وَجْهِ الارْضِ الانْسَانَ الَّذِي خَلَقْتُهُ: الانْسَانَ مَعَ بَهَائِمَ وَدَبَّابَاتٍ وَطُيُورِ السَّمَاءِ. لانِّي حَزِنْتُ انِّي عَمِلْتُهُمْ». وَامَّا نُوحٌ فَوَجَدَ نِعْمَةً فِي عَيْنَيِ الرَّبِّ. هَذِهِ مَوَالِيدُ نُوحٍ: كَانَ نُوحٌ رَجُلا بَارًّا كَامِلا فِي اجْيَالِهِ. وَسَارَ نُوحٌ مَعَ اللهِ. وَوَلَدَ نُوحٌ ثَلاثَةَ بَنِينَ: سَاما وَحَاما وَيَافَثَ. وَفَسَدَتِ الارْضُ امَامَ اللهِ وَامْتَلاتِ الارْضُ ظُلْما. وَرَاى اللهُ الارْضَ فَاذَا هِيَ قَدْ فَسَدَتْ اذْ كَانَ كُلُّ بَشَرٍ قَدْ افْسَدَ طَرِيقَهُ عَلَى الارْضِ. فَقَالَ اللهُ لِنُوحٍ: «نِهَايَةُ كُلِّ بَشَرٍ قَدْ اتَتْ امَامِي لانَّ الارْضَ امْتَلاتْ ظُلْما مِنْهُمْ. فَهَا انَا مُهْلِكُهُمْ مَعَ الارْضِ. اصْنَعْ لِنَفْسِكَ فُلْكا مِنْ خَشَبِ جُفْرٍ. تَجْعَلُ الْفُلْكَ مَسَاكِنَ وَتَطْلِيهِ مِنْ دَاخِلٍ وَمِنْ خَارِجٍ بِالْقَارِ. وَهَكَذَا تَصْنَعُهُ: ثَلاثَ مِئَةِ ذِرَاعٍ يَكُونُ طُولُ الْفُلْكِ وَخَمْسِينَ ذِرَاعا عَرْضُهُ وَثَلاثِينَ ذِرَاعا ارْتِفَاعُهُ. وَتَصْنَعُ كَوّا لِلْفُلْكِ وَتُكَمِّلُهُ الَى حَدِّ ذِرَاعٍ مِنْ فَوْقُ. وَتَضَعُ بَابَ الْفُلْكِ فِي جَانِبِهِ. مَسَاكِنَ

سُفْلِيَّةً وَمُتَوَسِّطَةً وَعُلْوِيَّةً تَجْعَلُهُ. فَهَا انَا اتٍ بِطُوفَانِ الْمَاءِ عَلَى الارْضِ لاهْلِكَ كُلَّ جَسَدٍ فِيهِ رُوحُ حَيَاةٍ مِنْ تَحْتِ السَّمَاءِ. كُلُّ مَا فِي الارْضِ يَمُوتُ. وَلَكِنْ اقِيمُ عَهْدِي مَعَكَ فَتَدْخُلُ الْفُلْكَ انْتَ وَبَنُوكَ وَامْرَاتُكَ وَنِسَاءُ بَنِيكَ مَعَكَ. وَمِنْ كُلِّ حَيٍّ مِنْ كُلِّ ذِي جَسَدٍ اثْنَيْنِ مِنْ كُلٍّ تُدْخِلُ الَى الْفُلْكِ لاسْتِبْقَائِهَا مَعَكَ. تَكُونُ ذَكَرا وَانْثَى. مِنَ الطُّيُورِ كَاجْنَاسِهَا وَمِنَ الْبَهَائِمِ كَاجْنَاسِهَا وَمِنْ كُلِّ دَبَابَاتِ الارْضِ كَاجْنَاسِهِ. اثْنَيْنِ مِنْ كُلٍّ تُدْخِلُ الَيْكَ لاسْتِبْقَائِهَا. وَانْتَ فَخُذْ لِنَفْسِكَ مِنْ كُلِّ طَعَامٍ يُؤْكَلُ وَاجْمَعْهُ عِنْدَكَ فَيَكُونَ لَكَ وَلَهَا طَعَاما».

فَفَعَلَ نُوحٌ حَسَبَ كُلِّ مَا امَرَهُ بِهِ اللهُ. هَكَذَا فَعَلَ. وَقَالَ الرَّبُّ لِنُوحٍ: «ادْخُلْ انْتَ وَجَمِيعُ بَيْتِكَ الَى الْفُلْكِ لانِّي ايَّاكَ رَايْتُ بَارّا لَدَيَّ فِي هَذَا الْجِيلِ. مِنْ جَمِيعِ الْبَهَائِمِ الطَّاهِرَةِ تَاخُذُ مَعَكَ سَبْعَةً سَبْعَةً ذَكَرا وَانْثَى. وَمِنَ الْبَهَائِمِ الَّتِي لَيْسَتْ بِطَاهِرَةٍ اثْنَيْنِ: ذَكَرا وَانْثَى. وَمِنْ طُيُورِ السَّمَاءِ ايْضا سَبْعَةً سَبْعَةً: ذَكَرا وَانْثَى. لاسْتِبْقَاءِ نَسْلٍ عَلَى وَجْهِ كُلِّ الارْضِ. لانِّي بَعْدَ سَبْعَةِ ايَّامٍ ايْضا امْطِرُ عَلَى الارْضِ ارْبَعِينَ يَوْما وَارْبَعِينَ لَيْلَةً. وَامْحُو عَنْ وَجْهِ الارْضِ كُلَّ قَائِمٍ عَمِلْتُهُ». فَفَعَلَ نُوحٌ حَسَبَ كُلِّ مَا امَرَهُ بِهِ الرَّبُّ. وَلَمَّا كَانَ نُوحٌ ابْنَ سِتِّ مِئَةِ سَنَةٍ صَارَ طُوفَانُ الْمَاءِ عَلَى الارْضِ فَدَخَلَ نُوحٌ وَبَنُوهُ وَامْرَاتُهُ وَنِسَاءُ بَنِيهِ مَعَهُ الَى الْفُلْكِ مِنْ

for the ark, and you shall finish it to a cubit from above; and set the door of the ark in its side. You shall make it with lower, second, and third decks. And behold, I Myself am bringing floodwaters on the earth, to destroy from under heaven all flesh in which is the breath of life; everything that is on the earth shall die. But I will establish My covenant with you; and you shall go into the ark--you, your sons, your wife, and your sons' wives with you. And of every living thing of all flesh you shall bring two of every sort into the ark, to keep them alive with you; they shall be male and female. Of the birds after their kind, of animals after their kind, and of every creeping thing of the earth after its kind, two of every kind will come to you to keep them alive. And you shall take for yourself of all food that is eaten, and you shall gather it to yourself; and it shall be food for you and for them."

Thus Noah did; according to all that God commanded him, so he did. Then the Lord said to Noah, "Come into the ark, you and all your household, because I have seen that you are righteous before Me in this generation. You shall take with you seven each of every clean animal, a male and his female; two each of animals that are unclean, a male and his female; also seven each of birds of the air, male and female, to keep the species alive on the face of all the earth. For after seven more days I will cause it to rain on the earth forty days and forty nights, and I will destroy from the face of the earth all living things that I have made." And

Noah did according to all that the Lord commanded him. Noah was six hundred years old when the floodwaters were on the earth. So Noah, with his sons, his wife, and his sons' wives, went into the ark because of the waters of the flood. Of clean animals, of animals that are unclean, of birds, and of everything that creeps on the earth, two by two they went into the ark to Noah, male and female, as God had commanded Noah. And it came to pass after seven days that the waters of the flood were on the earth. In the six hundredth year of Noah's life, in the second month, the seventeenth day of the month, on that day all the fountains of the great deep were broken up, and the windows of heaven were opened. And the rain was on the earth forty days and forty nights. On the very same day Noah and Noah's sons, Shem, Ham, and Japheth, and Noah's wife and the three wives of his sons with them, entered the ark-- they and every beast after its kind, all cattle after their kind, every creeping thing that creeps on the earth after its kind, and every bird after its kind, every bird of every sort. And they went into the ark to Noah, two by two, of all flesh in which is the breath of life. So those that entered, male and female of all flesh, went in as God had commanded him; and the Lord shut him in. Now the flood was on the earth forty days. The waters increased and lifted up the ark, and it rose high above the earth. The waters prevailed and greatly increased on the earth, and the ark moved about on the surface of the waters. And the

وَجْهِ مِيَاهِ الطُّوفَانِ. وَمِنَ الْبَهَائِمِ الطَّاهِرَةِ وَالْبَهَائِمِ الَّتِي لَيْسَتْ بِطَاهِرَةٍ وَمِنَ الطُّيُورِ وَكُلِّ مَا يَدِبُّ عَلَى الارْضِ: دَخَلَ اثْنَانِ اثْنَانِ الَى نُوحٍ الَى الْفُلْكِ ذَكَرا وَانْثَى. كَمَا امَرَ اللهُ نُوحا. وَحَدَثَ بَعْدَ السَّبْعَةِ الايَّامِ انَّ مِيَاهَ الطُّوفَانِ صَارَتْ عَلَى الارْضِ. فِي سَنَةِ سِتِّ مِئَةٍ مِنْ حَيَاةِ نُوحٍ فِي الشَّهْرِ الثَّانِي فِي الْيَوْمِ السَّابِعَ عَشَرَ مِنَ الشَّهْرِ انْفَجَرَتْ كُلُّ يَنَابِيعِ الْغَمْرِ الْعَظِيمِ وَانْفَتَحَتْ طَاقَاتُ السَّمَاءِ. وَكَانَ الْمَطَرُ عَلَى الارْضِ ارْبَعِينَ يَوْما وَارْبَعِينَ لَيْلَةً. فِي ذَلِكَ الْيَوْمِ عَيْنِهِ دَخَلَ نُوحٌ وَسَامٌ وَحَامٌ وَيَافَثُ بَنُو نُوحٍ وَامْرَاةُ نُوحٍ وَثَلاثُ نِسَاءِ بَنِيهِ مَعَهُمْ الَى الْفُلْكِ. هُمْ وَكُلُّ الْوُحُوشِ كَاجْنَاسِهَا وَكُلُّ الْبَهَائِمِ كَاجْنَاسِهَا وَكُلُّ الدَّبَّابَاتِ الَّتِي تَدُبُّ عَلَى الارْضِ كَاجْنَاسِهَا وَكُلُّ الطُّيُورِ كَاجْنَاسِهَا: كُلُّ عُصْفُورٍ كُلُّ ذِي جَنَاحٍ. وَدَخَلَتْ الَى نُوحٍ الَى الْفُلْكِ اثْنَيْنِ اثْنَيْنِ مِنْ كُلِّ جَسَدٍ فِيهِ رُوحُ حَيَاةٍ. وَالدَّاخِلاتُ دَخَلَتْ ذَكَرا وَانْثَى مِنْ كُلِّ ذِي جَسَدٍ كَمَا امَرَهُ اللهُ. وَاغْلَقَ الرَّبُّ عَلَيْهِ. وَكَانَ الطُّوفَانُ ارْبَعِينَ يَوْما عَلَى الارْضِ. وَتَكَاثَرَتِ الْمِيَاهُ وَرَفَعَتِ الْفُلْكَ فَارْتَفَعَ عَنِ الارْضِ. وَتَعَاظَمَتِ الْمِيَاهُ وَتَكَاثَرَتْ جِدّا عَلَى الارْضِ فَكَانَ الْفُلْكُ يَسِيرُ عَلَى وَجْهِ الْمِيَاهِ. وَتَعَاظَمَتِ الْمِيَاهُ كَثِيرا جِدّا عَلَى الارْضِ فَتَغَطَّتْ جَمِيعُ الْجِبَالِ الشَّامِخَةِ الَّتِي تَحْتَ كُلِّ السَّمَاءِ. خَمْسَ عَشَرَةَ ذِرَاعا فِي الارْتِفَاعِ تَعَاظَمَتِ

الْمِيَاهُ فَتَغَطَّتِ الْجِبَالُ. فَمَاتَ كُلُّ ذِي جَسَدٍ كَانَ يَدِبُّ عَلَى الارْضِ مِنَ الطُّيُورِ وَالْبَهَائِمِ وَالْوُحُوشِ وَكُلُّ الزَّحَّافَاتِ الَّتِي كَانَتْ تَزْحَفُ عَلَى الارْضِ وَجَمِيعُ النَّاسِ. كُلُّ مَا فِي انْفِهِ نَسَمَةُ رُوحِ حَيَاةٍ مِنْ كُلِّ مَا فِي الْيَابِسَةِ مَاتَ. فَمَحَا اللهُ كُلَّ قَائِمٍ كَانَ عَلَى وَجْهِ الارْضِ: النَّاسَ وَالْبَهَائِمَ وَالدَّبَّابَاتَ وَطُيُورَ السَّمَاءِ فَانْمَحَتْ مِنَ الارْضِ. وَتَبَقَّى نُوحٌ وَالَّذِينَ مَعَهُ فِي الْفُلْكِ فَقَطْ. وَتَعَاظَمَتِ الْمِيَاهُ عَلَى الارْضِ مِئَةً وَخَمْسِينَ يَوْما.

ثُمَّ ذَكَرَ اللهُ نُوحا وَكُلَّ الْوُحُوشِ وَكُلَّ الْبَهَائِمِ الَّتِي مَعَهُ فِي الْفُلْكِ. وَاجَازَ اللهُ رِيحا عَلَى الارْضِ فَهَدَاتِ الْمِيَاهُ. وَانْسَدَّتْ يَنَابِيعُ الْغَمْرِ وَطَاقَاتُ السَّمَاءِ فَامْتَنَعَ الْمَطَرُ مِنَ السَّمَاءِ. وَرَجَعَتِ الْمِيَاهُ عَنِ الارْضِ رُجُوعا مُتَوَالِيا. وَبَعْدَ مِئَةٍ وَخَمْسِينَ يَوْما نَقَصَتِ الْمِيَاهُ وَاسْتَقَرَّ الْفُلْكُ فِي الشَّهْرِ السَّابِعِ فِي الْيَوْمِ السَّابِعَ عَشَرَ مِنَ الشَّهْرِ عَلَى جِبَالِ ارَارَاطَ. وَكَانَتِ الْمِيَاهُ تَنْقُصُ نَقْصا مُتَوَالِيا الَى الشَّهْرِ الْعَاشِرِ. وَفِي الْعَاشِرِ فِي اوَّلِ الشَّهْرِ ظَهَرَتْ رُؤُوسُ الْجِبَالِ. وَحَدَثَ مِنْ بَعْدِ ارْبَعِينَ يَوْما انَّ نُوحا فَتَحَ طَاقَةَ الْفُلْكِ الَّتِي كَانَ قَدْ عَمِلَهَا وَارْسَلَ الْغُرَابَ فَخَرَجَ مُتَرَدِّدا حَتَّى نَشِفَتِ الْمِيَاهُ عَنِ الارْضِ. ثُمَّ ارْسَلَ الْحَمَامَةَ مِنْ عِنْدِهِ لِيَرَى هَلْ قَلَّتِ الْمِيَاهُ عَنْ وَجْهِ الارْضِ فَلَمْ تَجِدِ الْحَمَامَةُ مَقَرّا لِرِجْلِهَا فَرَجَعَتْ الَيْهِ الَى الْفُلْكِ لانَّ مِيَاها كَانَتْ عَلَى وَجْهِ كُلِّ الارْضِ. فَمَدَّ يَدَهُ وَاخَذَهَا

waters prevailed exceedingly on the earth, and all the high hills under the whole heaven were covered.

The waters prevailed fifteen cubits upward, and the mountains were covered. And all flesh died that moved on the earth: birds and cattle and beasts and every creeping thing that creeps on the earth, and every man. All in whose nostrils was the breath of the spirit of life, all that was on the dry land, died. So He destroyed all living things, which were on the face of the ground: man and cattle, creeping thing and bird of the air. They were destroyed from the earth.

Only Noah and those who were with him in the ark remained alive. And the waters prevailed on the earth one hundred and fifty days. Then God remembered Noah, and every living thing, and all the animals that were with him in the ark. And God made a wind to Passover the earth, and the waters subsided. The fountains of the deep and the windows of heaven were also stopped, and the rain from heaven was restrained. And the waters receded continually from the earth. At the end of the hundred and fifty days the waters decreased. Then the ark rested in the seventh month, the seventeenth day of the month, on the mountains of Ararat. And the waters decreased continually until the tenth month. In the tenth month, on the first day of the month, the tops of the mountains were seen. So it came to pass, at the end of forty days, that Noah opened the window of the ark, which he had made. Then he sent out a raven, which kept going to and fro until the waters had dried up from the earth. He also sent out from himself a dove, to see if the waters had receded from the face of the ground. But the dove found no resting place for the sole of her foot, and she returned into the ark to him, for the waters were on the face of the whole earth. So he put out his hand and took her, and drew her into the ark to himself. And he waited yet another seven days, and again he sent the dove out from the ark. Then the dove came to him in the evening, and behold, a freshly plucked olive leaf was in her mouth; and Noah knew that the waters had receded from the earth. So he waited yet another seven days and sent out the dove, which did not return again to him anymore. And it came to pass in the six hundred and first year, in the first month, the first day of the month, that the waters were dried up from the earth; and Noah removed the covering of the ark and looked, and indeed the surface of the ground was dry. And in the second month, on the twenty-seventh day of the month, the earth was dried. Then God spoke to Noah, saying, "Go out of the ark, you and your wife, and your sons and your sons' wives with you. Bring out with you every living thing of all flesh that is with you: birds and cattle and every creeping thing that creeps on the earth, so that they may abound on the earth, and be fruitful and multiply on the earth." So Noah went out, and his sons and his wife and his sons' wives with him. Every animal, every creeping thing, every bird, and whatever creeps

وَادْخَلَهَا عِنْدَهُ الَى الْفُلْكِ. فَلَبِثَ ايضا سَبْعَةَ ايَّامٍ اخَرَ وَعَادَ فَارْسَلَ الْحَمَامَةَ مِنَ الْفُلْكِ فَاتَتْ الَيْهِ الْحَمَامَةُ عِنْدَ الْمَسَاءِ وَاذَا وَرَقَةُ زَيْتُونٍ خَضْرَاءُ فِي فَمِهَا. فَعَلِمَ نُوحٌ انَّ الْمِيَاهَ قَدْ قَلَّتْ عَنِ الارْضِ. فَلَبِثَ ايضا سَبْعَةَ ايَّامٍ اخَرَ وَارسَلَ الْحَمَامَةَ فَلَمْ تَعُدْ تَرْجِعُ الَيْهِ ايْضا. وَكَانَ فِي السَّنَةِ الْوَاحِدَةِ وَالسِّتِّ مِئَةٍ فِي الشَّهْرِ الاوَّلِ فِي اوَّلِ الشَّهْرِ انَّ الْمِيَاهَ نَشِفَتْ عَنِ الارْضِ. فَكَشَفَ نُوحٌ الْغِطَاءَ عَنِ الْفُلْكِ وَنَظَرَ فَاذَا وَجْهُ الارْضِ قَدْ نَشِفَ. وَفِي الشَّهْرِ الثَّانِي فِي الْيَوْمِ السَّابِعِ وَالْعِشْرِينَ مِنَ الشَّهْرِ جَفَّتِ الارْضُ. وَامَرَ اللهُ نُوحا: «اخْرُجْ مِنَ الْفُلْكِ انْتَ وَامْرَاتُكَ وَبَنُوكَ وَنِسَاءُ بَنِيكَ مَعَكَ. وَكُلَّ الْحَيَوَانَاتِ الَّتِي مَعَكَ مِنْ كُلِّ ذِي جَسَدٍ: الطُّيُورِ وَالْبَهَائِمِ وَكُلَّ الدَّبَّابَاتِ الَّتِي تَدِبُّ عَلَى الارْضِ اخْرِجْهَا مَعَكَ. وَلْتَتَوَالَدْ فِي الارْضِ وَتُثْمِرْ وَتَكْثُرْ عَلَى الارْضِ». فَخَرَجَ نُوحٌ وَبَنُوهُ وَامْرَاتُهُ وَنِسَاءُ بَنِيهِ مَعَهُ. وَكُلُّ الْحَيَوَانَاتِ وَكُلُّ الطُّيُورِ كُلُّ مَا يَدِبُّ عَلَى الارْضِ كَانْوَاعِهَا خَرَجَتْ مِنَ الْفُلْكِ. وَبَنَى نُوحٌ مَذْبَحا لِلرَّبِّ. وَاخَذَ مِنْ كُلِّ الْبَهَائِمِ الطَّاهِرَةِ وَمِنْ كُلِّ الطُّيُورِ الطَّاهِرَةِ وَاصْعَدَ مُحْرَقَاتٍ عَلَى الْمَذْبَحِ فَتَنَسَّمَ الرَّبُّ رَائِحَةَ الرِّضَا. وَقَالَ الرَّبُّ فِي قَلْبِهِ: «لا اعُودُ الْعَنُ الارْضَ ايْضا مِنْ اجْلِ الانْسَانِ لانَّ تَصَوُّرَ قَلْبِ الانْسَانِ شِرِّيرٌ مُنْذُ حَدَاثَتِهِ. وَلا اعُودُ ايْضا امِيتُ كُلَّ حَيٍّ كَمَا فَعَلْتُ. مُدَّةَ كُلِّ

on the earth, according to their families, went out of the ark. Then Noah built an altar to the Lord, and took of every clean animal and of every clean bird, and offered burnt offerings on the altar. And the Lord smelled a soothing aroma. Then the Lord said in His heart, "I will never again curse the ground for man's sake, although the imagination of man's heart is evil from his youth; nor will I again destroy every living thing as I have done." While the earth remains, Seedtime and harvest, Cold and heat, winter and summer, And day and night Shall not cease." So God blessed Noah and his sons, and said to them: "Be fruitful and multiply, and fill the earth. And the fear of you and the dread of you shall be on every beast of the earth, on every bird of the air, on all that move on the earth, and on all the fish of the sea. They are given into your hand. Every moving thing that lives shall be food for you. I have given you all things, even as the green herbs. But you shall not eat flesh with its life, that is, its blood. Surely for your lifeblood I will demand a reckoning; from the hand of every beast I will require it, and from the hand of man. From the hand of every man's brother I will require the life of man. "Whoever sheds man's blood, By man his blood shall be shed; For in the image of God He made man. And as for you, be fruitful and multiply; Bring forth abundantly in the earth And multiply in it."

Glory be to the Holy Trinity our God unto the age of all ages, Amen.

ايَّامِ الارْضِ زَرْعٌ وَحَصَادٌ وَبَرْدٌ وَحَرٌّ وَصَيْفٌ وَشِتَاءٌ وَنَهَارٌ وَلَيْلٌ لا تَزَالُ».

وَبَارَكَ اللهُ نُوحا وَبَنِيهِ وَقَالَ لَهُمْ: «اثْمِرُوا وَاكْثُرُوا وَامْلاوا الارْضَ. وَلْتَكُنْ خَشْيَتُكُمْ وَرَهْبَتُكُمْ عَلَى كُلِّ حَيَوَانَاتِ الارْضِ وَكُلِّ طُيُورِ السَّمَاءِ مَعَ كُلِّ مَا يَدِبُّ عَلَى الارْضِ وَكُلِّ اسْمَاكِ الْبَحْرِ. قَدْ دُفِعَتْ الَى ايْدِيكُمْ. كُلُّ دَابَّةٍ حَيَّةٍ تَكُونُ لَكُمْ طَعَاما. كَالْعُشْبِ الاخْضَرِ دَفَعْتُ الَيْكُمُ الْجَمِيعَ. غَيْرَ انَّ لَحْما بِحَيَاتِهِ دَمِهِ لا تَاكُلُوهُ. وَاطْلُبُ انَا دَمَكُمْ لانْفُسِكُمْ فَقَطْ. مِنْ يَدِ كُلِّ حَيَوَانٍ اطْلُبُهُ. وَمِنْ يَدِ الانْسَانِ اطْلُبُ نَفْسَ الانْسَانِ مِنْ يَدِ الانْسَانِ اخِيهِ. سَافِكُ دَمِ الانْسَانِ بِالانْسَانِ يُسْفَكُ دَمُهُ. لانَّ اللهَ عَلَى صُورَتِهِ عَمِلَ الانْسَانَ. فَاثْمِرُوا انْتُمْ وَاكْثُرُوا وَتَوَالَدُوا فِي الارْضِ وَتَكَاثَرُوا فِيهَا».

مجداً للثالوث القدوس الهنا إلى الأبد وإلى أبد الآبدين كلها، آمين.

Ⲛⲓⲡⲁⲣⲟⲓⲙⲓⲁ ⲛ̀ⲧⲉ Ⲥⲟⲗⲟⲙⲱⲛ Ⲕⲉⲫ ⲑ̅ : ⲁ̅ – ⲓ̅ⲁ̅

Ⲉ̀ⲃⲟⲗϧⲉⲛ ⲛⲓⲡⲁⲣⲟⲓⲙⲓⲁ ⲛ̀ⲧⲉ Ⲥⲟⲗⲟⲙⲱⲛ ⲡⲓⲡ̀ⲣⲟⲫⲏⲧⲏⲥ: ⲉⲣⲉⲡⲉϥⲥ̀ⲙⲟⲩ ⲉ̀ⲑⲟⲩⲁⲃ ϣⲱⲡⲓ ⲛⲉⲙⲁⲛ ⲁ̀ⲙⲏⲛ ⲉϥϫⲱ ⲙ̀ⲙⲟⲥ.

Ⲁϯⲥⲟⲫⲓⲁ̀ ⲕⲱⲧ ⲛ̀ⲟⲩⲏⲓ : ⲟⲩⲟϩ ⲁⲥⲧⲁϫⲣⲟ ⲛ̀ϣⲁϣϥ ⲛ̀ⲥⲧⲩⲗⲗⲟⲥ ϧⲁⲣⲟϥ : Ⲁⲥϧⲟⲗϧⲉⲗ ⲛ̀ⲛⲉⲥϣⲱⲧ : ⲁⲥⲑⲱⲧ ⲙ̀ⲡⲉⲥⲏⲣⲡ ϧⲉⲛⲟⲩⲙⲟⲕⲓ : ⲟⲩⲟϩ ⲁⲥⲥⲟⲃϯ ⲛ̀ⲧⲉⲥⲧⲣⲁⲡⲉⲍⲁ : Ⲁⲥⲟⲩⲱⲣⲡ ⲛ̀ⲛⲉⲥⲉ̀ⲃⲓⲁⲓⲕ ⲉⲑⲱϩⲉⲙ ϧⲉⲛ ⲟⲩⲛⲓϣϯ ⲛ̀ϧ̀ⲣⲱⲟⲩ ⲉⲟⲩⲕⲣⲁⲧⲏⲣ ⲉⲥϫⲱ̀ⲙ̀ⲙⲟⲥ : Ϫⲉ ⲫⲏⲉⲧⲟⲓ ⲛ̀ⲁⲧϩⲏⲧ ϧⲉⲛ ⲑⲏⲛⲟⲩ ⲙⲁⲣⲉϥⲓ̀ ϩⲁⲣⲟⲓ : ⲟⲩⲟϩ ⲛⲓⲉⲧϣⲁⲧ ⲛ̀ⲥ̀ⲃⲱ ⲁϫⲟⲥ ⲛⲱⲟⲩ : Ϫⲉ ⲁ̀ⲙⲱⲓⲛⲓ ⲟⲩⲱⲙ ⲉ̀ⲃⲟⲗ ϧⲉⲛ ⲡⲁⲱⲓⲕ : ⲟⲩⲟϩ ⲥⲱ ⲉ̀ⲃⲟⲗϧⲉⲛ ⲡⲓⲏⲣⲡ ⲉ̀ⲧⲁⲓ ⲑⲟⲧϥ ⲛⲱⲧⲉⲛ : Ϫⲱ ⲛ̀ϯⲙⲉⲧⲁⲧϩⲏⲧ ⲛ̀ⲥⲁ̀ⲑⲏⲛⲟⲩ ϩⲓⲛⲁ ⲛ̀ⲧⲉⲧⲉⲛⲱⲛϧ ⲕⲱϯ ⲛ̀ⲥⲁ ϯⲙⲉⲧⲥⲁⲃⲉ ϩⲓⲛⲁ ⲛ̀ⲧⲉⲧⲉⲛⲉⲣⲛⲉⲃⲁ̀ϩⲓ : ⲟⲩⲟϩ ⲙⲁⲧⲁϩⲟ ⲙ̀ⲡⲉⲧⲉⲛⲕⲁϯ ⲉ̀ⲣⲁⲧϥ ϧⲉⲛ ⲟⲩⲅ̀ⲛⲱⲥⲓⲥ Ⲫⲏⲉ̀ϯⲥ̀ⲃⲱ ⲛ̀ϩⲁⲛⲡⲉⲧϩⲱⲟⲩ ⲉϥⲉ̀ϭⲓ ⲛ̀ⲟⲩϣⲱϣ ⲛⲁϥ : ⲫⲏⲉⲧⲥⲟϩⲓ ⲙ̀ⲡⲓⲁ̀ⲥⲉⲃⲏⲥ ⲉϥ ⲉ̀ϩⲓⲁϭⲛⲓ ⲉ̀ⲣⲟϥ ⲙ̀ⲙⲓⲛ̀ⲙ̀ⲙⲟϥ : Ⲙ̀ⲡⲉⲣⲥⲟϩⲓ ⲛ̀ϩⲁⲛ ⲡⲉⲧϩⲱⲟⲩ ϩⲓⲛⲁ ⲛ̀ⲧⲟⲩϣ̀ⲧⲉⲙⲙⲉⲥⲧⲱⲕ : ⲥⲟϩⲓ ⲇⲉ ⲛ̀ⲟⲩⲥⲁⲃⲉ ⲟⲩⲟϩ ⲉϥⲉ̀ⲙⲉⲛⲣⲓⲧⲕ : ⲥⲟϩⲓ ⲇⲉ ⲛ̀ⲟⲩⲁⲧⲥ̀ⲃⲱ ⲟⲩⲟϩ ⲉϥⲉ̀ⲙⲉⲥⲧⲱⲕ : Ⲙⲟⲓ ⲛ̀ⲟⲩ ⲗⲱⲓϫⲓ ⲙ̀ⲡⲓⲥⲁⲃⲉ ⲟⲩⲟϩ ⲉϥⲉⲉⲣⲥⲁⲃⲉ ⲛ̀ϩⲟⲩⲟ : ⲙⲁⲧⲁⲙⲉ ⲡⲓ̀ⲑⲙⲏⲓ ⲟⲩⲟϩ ϥ̀ⲛⲁⲟⲩⲁϩⲧⲟⲧϥ. ⲉ̀ϭⲓ Ϯⲁⲣⲭⲏ ⲛ̀ϯⲥⲟⲫⲓⲁ̀ ϯϩⲟϯ ⲛ̀ⲧⲉ Ⲡ̅ⲟ̅ⲥ̅ ⲧⲉ : ⲟⲩⲟϩ ⲡ̀ⲥⲟϭⲛⲓ ⲛ̀ⲧⲉ ⲛⲏⲉⲑⲩ ⲟⲩⲕⲁϯ ⲡⲉ. Ⲡ̀ⲥⲟⲩⲉⲛ ⲡⲓⲛⲟⲙⲟⲥ ⲇⲉ ⲫⲁⲓ ⲟⲩⲙⲉⲩⲓ̀ ⲛ̀ⲁ̀ⲅⲁⲑⲟⲥ ⲡⲉ : ϧⲉⲛ ⲡⲁⲓ ⲧ̀ⲣⲟⲡⲟⲥ ⲫⲁⲓ ⲉⲕⲉ̀ⲱⲛϧ ⲛ̀ⲟⲩⲛⲓϣϯ ⲛ̀ⲭ̀ⲣⲟⲛⲟⲥ : ⲟⲩⲟϩ ϩⲁⲛⲣⲟⲙⲡⲓ ⲛ̀ⲧⲉ ⲡ̀ⲱⲛϧ ⲉⲩⲉ̀ⲟⲩⲁ̀ϩⲟⲩ ⲉ̀ⲣⲟⲕ.

Ⲟⲩⲱ̀ⲟⲩ ⲛ̀ϯⲧ̀ⲣⲓⲁⲥ ⲉ̀ⲑⲟⲩⲁⲃ ⲡⲉⲛⲛⲟⲩϯ ϣⲁ ⲉ̀ⲛⲉϩ ⲛⲉⲙ ϣⲁ ⲉ̀ⲛⲉϩ ⲛ̀ⲧⲉ ⲛⲓⲉ̀ⲛⲉϩ ⲧⲏⲣⲟⲩ: ⲁ̀ⲙⲏⲛ.

Proverbs 9:1-11

A reading from the Proverbs of Solomon the Prophet may his blessings be with us Amen.

Wisdom has built her house, She has hewn out her seven pillars; She has slaughtered her meat, She has mixed her wine, She has also furnished her table. She has sent out her maidens, She cries out from the highest places of the city, "Whoever is simple, let him turn in here!" As for him who lacks understanding, she says to him, "Come, eat of my bread And drink of the wine I have mixed. Forsake foolishness and live, And go in the way of

امثال سليمان ٩: ١ – ١١

من امثال سليمان النبى بركته المقدسة تكون معنا، آمين.

اَلْحِكْمَةُ بَنَتْ بَيْتَهَا. نَحَتَتْ أَعْمِدَتَهَا السَّبْعَةَ. ذَبَحَتْ ذَبْحَهَا. مَزَجَتْ خَمْرَهَا. أَيْضاً رَتَّبَتْ مَائِدَتَهَا. أَرْسَلَتْ جَوَارِيَهَا تُنَادِي عَلَى ظُهُورِ أَعَالِي الْمَدِينَةِ: «مَنْ هُوَ جَاهِلٌ فَلْيَمِلْ إِلَى هُنَا». وَالنَّاقِصُ الْفَهْمِ قَالَتْ لَهُ: «هَلُمُّوا كُلُوا مِنْ طَعَامِي وَاشْرَبُوا مِنَ الْخَمْرِ الَّتِي مَزَجْتُهَا. اُتْرُكُوا الْجَهَالاَتِ فَتَحْيُوا وَسِيرُوا فِي طَرِيقِ الْفَهْمِ. «مَنْ يُوَبِّخْ مُسْتَهْزِئاً يَكْسَبْ

لِنَفْسِهِ هَوَاناً وَمَنْ يُنْذِرُ شِرِّيراً يَكْسَبُ عَيْباً. لاَ تُوَبِّخْ مُسْتَهْزِئاً لِئَلاَّ يُبْغِضَكَ. وَبِّخْ حَكِيماً فَيُحِبَّكَ. أَعْطِ حَكِيماً فَيَكُونَ أَوْفَرَ حِكْمَةً. عَلِّمْ صِدِّيقاً فَيَزْدَادَ عِلْماً. بَدْءُ الْحِكْمَةِ مَخَافَةُ الرَّبِّ وَمَعْرِفَةُ الْقُدُّوسِ فَهْمٌ. لأَنَّهُ بِي تَكْثُرُ أَيَّامُكَ وَتَزْدَادُ لَكَ سِنُو حَيَاةٍ.

مجداً للثالوث القدوس الهنا إلى الأبد وإلى أبد الآبدين كلها، آمين.

understanding." He who corrects a scoffer gets shame for himself, And he who rebukes a wicked man only harms himself. Do not correct a scoffer, lest he hate you; Rebuke a wise man, and he will love you. Give instruction to a wise man, and he will be still wiser; Teach a just man, and he will increase in learning." The fear of the Lord is the beginning of wisdom, And the knowledge of the Holy One is understanding. For by me your days will be multiplied, And years of life will be added to you.

Glory be to the Holy Trinity our God unto the age of all ages, Amen.

Ⲏ̀ⲥⲁⲏ̀ⲁⲥ Ⲕⲉⲫ ⲙ̅ : ⲑ ϣⲃⲗ

Ⲉ̀ⲃⲟⲗϧⲉⲛ Ⲏ̀ⲥⲁⲏ̀ⲁⲥ ⲡⲓⲡ̀ⲣⲟⲫⲏⲧⲏⲥ: ⲉⲣⲉⲡⲉϥ̀ⲥ̀ⲙⲟⲩ ⲉ̀ⲑⲟⲩⲁⲃ ϣⲱⲡⲓ ⲛⲉⲙⲁⲛ ⲁ̀ⲙⲏⲛ ⲉϥϫⲱ ⲙ̀ⲙⲟⲥ.

Ⲙⲁϣⲉⲛⲁⲕ ⲉ̀ⲡ̀ϣⲱⲓ Ⲭⲓϫⲉⲛ ⲟⲩⲧⲱⲟⲩ ⲉϥϭⲟⲥⲓ ⲫⲏⲉⲧϩⲓϣⲉⲛⲛⲟⲩϥⲓ ⲛ̀Ⲥⲓⲱⲛ ϭⲓⲥⲓ ⲛ̀ⲧⲉⲕ̀ⲥ̀ⲙⲏ ϧⲉⲛ ⲟⲩϫⲟⲙ ⲫⲏⲉⲧϩⲓⲱⲓϣ ⲛ̀Ⲓ̅ⲗ̅ⲏ̅ⲙ̅ : ϭⲓⲥⲓⲛ̀ⲧⲉⲕ̀ⲥ̀ⲙⲏ ϧⲉⲛ ⲉⲩϫⲟⲙ ⲙ̀ⲡⲉⲣⲉⲣϩⲟϯ ⲁ̀ϫⲟⲥ ⲛⲛⲓⲃⲁⲕⲓ ⲛ̀ⲧⲉ Ⲓⲟⲩⲇⲁ. Ⲭⲉ ϩⲏⲡⲡⲉ ⲡⲉ ⲧⲉⲛⲟ̅ⲥ̅ ϥ̀ⲛⲏⲟⲩ ⲛⲉⲙ ⲟⲩϫⲟⲙ ⲡⲉϥϫⲫⲟⲓ ϧⲉⲛ ⲟⲩⲙⲉⲧ̀ : ϩⲏⲡⲡⲉ ⲓⲥ ⲡⲉϥⲃⲉϫⲉ ⲛⲉⲙⲁϥⲟⲩⲟϩ ⲡⲓϩⲱⲃ ⲙ̀ⲡⲉϥ̀ⲙ̀ⲑⲟ : Ⲙ̀ⲫ̀ⲣⲏϯ ⲛ̀ⲟⲩⲙⲁⲛⲉ̀ⲥⲱⲟⲩ ⲉϥⲁ̀ⲙⲟⲛⲓ ⲙ̀ⲡⲉϥⲟϩⲓ ⲛ̀ⲉ̀ⲥⲱⲟⲩ : ⲟⲩⲟϩ ϧⲉⲛ ⲡⲉϥϫⲫⲟⲓ ϥ̀ⲛⲁⲑⲱⲟⲩϯ ⲛ̀ϩⲁⲛϩⲓⲏⲃ ⲟⲩⲟϩ ⲛⲏⲉ̀ⲧⲉⲙ̀ⲃⲟⲕⲓ ϥ̀ⲛⲁϯⲛⲟⲙϯ ⲛⲱⲟⲩ. Ⲛⲓⲙ ⲁϥϣⲓ ⲙ̀ⲡⲓⲙⲱⲟⲩ ϧⲉⲛ ⲧⲉϥϫⲓϫ : ⲧ̀ⲫⲉ ϧⲉⲛ ⲧⲉϥⲧⲉⲣⲧⲱ : ⲡ̀ⲕⲁϩⲓ ⲧⲏⲣϥ ϧⲉⲛ ⲧⲉϥϧⲟⲣⲡⲥ : ⲛⲓⲙ ⲁϥϣⲓ ⲛ̀ⲛⲓⲧⲱⲟⲩ ϧⲉⲛ ⲟⲩ̀ϣⲓ : ⲛⲉⲙ ⲛⲓⲕⲁⲗⲁⲙⲫⲟ ϧⲉⲛ ⲟⲩⲙⲁϣⲓ : Ⲛⲓⲙ ⲁϥⲉⲙⲓ ⲉ̀ⲡϩⲏⲧ ⲙ̀Ⲡ̅ⲟ̅ⲥ̅ : ⲓⲉ ⲛⲓⲙ ⲡⲉ ⲉ̀ⲧⲁϥϣⲱⲡⲓ ⲛ̀ⲥⲟϭⲛⲓ ⲛⲉⲙⲁϥ ϫⲉ ⲁϥ̀ⲧⲥⲁⲃⲟϥ : ⲓⲉ ⲛⲓⲙ ⲡⲉ ⲉ̀ⲧⲁϥⲧⲁⲙⲟϥ ⲉⲩϩⲁⲡ : ⲓⲉ ⲫ̀ⲙⲱⲓⲧ ⲛ̀ⲧⲉ ⲟⲩⲕⲁϯ : ⲛⲓⲙ ⲡⲉ ⲉ̀ⲧⲁϥⲧⲁⲙⲟϥ ⲉ̀ⲣⲟϥ : ⲓⲉ ⲛⲓⲙ ⲡⲉ ⲉ̀ⲧⲁϥⲉⲣ ϣⲟⲣⲡ ⲛ̀ϯⲛⲁϥ ⲟⲩⲟϩ ⲛ̀ⲧⲟⲩϣⲉⲃⲓⲱ ⲛⲁϥ. Ⲓⲥϫⲉⲕ ⲛⲓⲉⲑⲛⲟⲥ ⲧⲏⲣⲟⲩ ⲁⲩ̀ⲙ̀ⲫ̀ⲣⲏϯ ⲛ̀ⲟⲩⲧⲉⲗ̀ⲧⲓ̀ⲗⲓ ⲙ̀ⲙⲱⲟⲩ ⲉⲥⲁ̀ϣⲓ ⲛ̀ⲥⲁ ⲟⲩⲕⲁⲧⲟⲥ : ⲟⲩⲟϩ ⲁⲩⲛⲁⲟⲡⲟⲩ ⲙ̀ⲫ̀ⲣⲏϯ ⲙ̀ⲫ̀ⲣⲓⲕⲓ ⲛ̀ⲟⲩⲙⲁϣⲓ : ⲟⲩⲟϩ ⲁⲩⲛⲁⲟⲡⲟⲩ ⲙ̀ⲫ̀ⲣⲏϯ ⲛ̀ⲟⲩⲑⲁϥ : Ⲡⲓ̀ⲗⲓⲃⲁⲛⲟⲥ Ⲇⲉ ⲟⲩϩⲓⲕⲁⲛⲟⲥ ⲁⲛ ⲡⲉ ⲉ̀ⲡ̀ⲥⲁϩ̀ϯ : ⲛⲓⲧⲉⲃⲛⲱⲟⲩ̀ⲓ ⲧⲏⲣⲟⲩ ⲛ̀ϩⲁⲛϩⲓⲕⲁⲛⲟⲥ ⲁⲛ ⲡⲉ ⲉ̀ⲡ̀ϭ̀ⲗⲓⲗ : Ⲛⲓⲉⲑⲛⲟⲥ ⲧⲏⲣⲟⲩ ⲁⲩϣⲟⲡ ⲛ̀ϩ̀ⲗⲓ : ⲟⲩⲟϩ ⲁⲩⲏⲡ ⲛ̀ϩ̀ⲗⲓ : Ⲉⲧⲁⲣⲉⲧⲉⲛⲧⲉⲛⲑⲱⲛ ⲙ̀Ⲡ̅ⲟ̅ⲥ̅ ⲉ̀ⲛⲓⲙ : ⲓⲉ ⲁϣ ⲛ̀ⲥ̀ⲙⲟⲧ ⲁ̀ⲣⲉⲧⲉⲛⲧⲉⲛⲑⲱⲛϥ ⲉ̀ⲣⲟϥ : Ⲙⲏ ⲟⲩϩⲩⲕⲱⲛ ⲁϥⲑⲁⲙⲓⲟⲥ ⲛ̀ϫⲉ ⲟⲩⲁⲙϣⲉ : ⲓⲉ ⲟⲩϩⲁⲙⲛⲟⲩⲃ ⲡⲉ ⲉ̀ⲧⲁϥⲟⲩⲱⲧϩ ⲛⲛⲟⲩⲃ ⲁϥⲗⲁⲗⲱϥ ⲛ̀ⲛⲟⲩⲃ : ⲓⲉ ⲟⲩ̀ⲥ̀ⲙⲟⲧ ⲡⲉ ⲉ̀ⲧⲁϥⲙⲟⲩⲛⲕϥ ⲛ̀ϧⲏⲧϥ : Ⲟⲩϣⲉ ⲅⲁⲣ ⲛⲁⲧⲉⲣϩⲟⲗⲓ ⲁϥⲥⲟⲧⲡϥ ⲛϫⲉ ⲟⲩⲁⲙϣⲉ : ⲟⲩⲟϩ ϧⲉⲛ ⲟⲩⲙⲉⲧⲥⲁⲃⲉ ϣⲁϥⲕⲱϯ ϫⲉ ⲡⲱⲥ ϥⲛⲁⲧⲁϩⲟϥ ⲉⲣⲁⲧϥ ⲛⲟⲩϩⲩⲕⲱⲛ ϩⲓⲛⲁ ⲛⲧⲉϥϣⲧⲉⲙⲕⲓⲙ. Ⲛⲧⲉⲧⲉⲛⲉⲙⲓ ⲁⲛ : ⲛⲧⲉⲧⲉⲛⲥⲱⲧⲉⲙ ⲁⲛ : ⲙⲡⲟⲩⲧⲁⲙⲉ ⲑⲏⲛⲟⲩ ⲓⲥϫⲉⲛϩⲏ : ⲙⲡⲉⲧⲉⲛⲥⲟⲩⲉⲛ ⲛⲓⲥⲉⲛϯ ⲛⲧⲉ ⲡⲕⲁϩⲓ : Ⲫⲏⲉⲧⲁⲙⲟⲛⲓ ⲙⲡⲕⲱϯ ⲧⲏⲣϥ ⲛⲧⲉ ⲡⲕⲁϩⲓ : ⲟⲩⲟϩ ⲛⲏⲉⲧϣⲟⲡ ⲛϧⲏⲧϥ ⲁⲩⲙⲫⲣⲏϯ ⲛϩⲁⲛ ϣϫⲏⲛⲟⲩ : ⲫⲏⲉⲧⲁϥⲧⲁϩⲟ ⲛⲧⲫⲉ ⲉⲣⲁⲧⲥ ⲙⲫⲣⲏϯ ⲛⲟⲩⲕⲁⲙⲁⲣⲁ : ⲟⲩⲟϩ ⲁϥϭⲟⲗⲕⲟⲥ ⲙⲫⲣⲏϯ ⲛⲟⲩⲥⲕⲩⲛⲏ ⲉϣⲟⲡ ⲛϧⲏⲧⲥ : Ⲫⲏⲉⲧϯ ⲛϩⲁⲛⲁⲣⲭⲱⲛ ⲉϣⲧⲉⲙ ⲑⲣⲟⲩⲉⲣϫⲱϫ ⲛϩⲗⲓ : ⲡⲕⲁϩⲓ ⲇⲉ ⲁϥⲑⲁⲙⲓⲟϥ ⲙⲫⲣⲏϯ ⲛⲟⲩϩⲗⲓ. Ⲛⲛⲟⲩⲥⲓϯ ⲅⲁⲣ ⲟⲩⲇⲉ ⲛⲛⲟⲩϭⲟ ⲟⲩⲇⲉ ⲥⲛⲉ ⲧⲟⲩⲛⲟⲩⲛⲓ ϣⲱⲡⲓ ϩⲓϫⲉⲛ ⲡⲕⲁϩⲓ : ⲁϥⲛⲓϥⲓ ⲅⲁⲣ ⲛⲥⲱⲟⲩ ⲟⲩⲟϩ ⲁⲩϣⲱⲟⲩⲓ : ⲟⲩⲥⲁⲣⲁⲑⲏⲟⲩ ⲁⲥⲟⲗⲟⲩ ⲙⲫⲣⲏϯ ⲛϩⲁⲛⲗⲉⲃϣ : ϯⲛⲟⲩ ⲟⲩⲛ ⲉⲧⲁⲣⲉⲧⲉⲛⲧⲉⲛⲑⲱⲛⲧ ⲉⲛⲓⲙ ⲉⲓⲉϭⲓⲥ ⲡⲉϫⲉ ⲫⲏⲉⲑⲟⲩⲁⲃ : Ϥⲁⲓ ⲛⲛⲉⲧⲉⲛⲃⲁⲗ ⲉⲡϭⲓⲥⲓ : ⲁⲛⲁⲩ ϫⲉ ⲛⲓⲙ ⲁϥⲑⲁⲙⲓⲟ ⲛⲛⲁⲓⲧⲏⲣⲟⲩ : ⲫⲏⲉⲧⲁϥⲓⲛⲓ ⲙⲡⲟⲩⲥⲟⲗⲥⲉⲗ ⲕⲁⲧⲁ ⲧⲉϥⲏⲡⲓ : ⲉϥⲙⲟⲩϯ ⲉⲣⲱⲟⲩ ϧⲉⲛ ⲟⲩⲙⲏϣ ⲙⲙⲱⲟⲩ : ⲟⲩⲟϩ ϧⲉⲛ ⲡⲁⲙⲁϩⲓ ⲛⲧⲉ ⲧⲉϥϫⲟⲙ ⲙⲡⲉ ϩⲗⲓ ⲱⲃϣ ⲉⲣⲟϥ. Ⲙⲡⲉⲣϫⲟⲥ ⲅⲁⲣ Ⲓⲁⲕⲱⲃ : ⲟⲩⲟϩ ⲟⲩ ⲡⲉ ⲉⲧⲁⲕⲥⲁϫⲓ ⲙⲙⲟϥ ⲡⲓⲥⲗ : ϫⲉ ϥϩⲏⲡ ⲛϫⲉ ⲡⲁⲙⲱⲓⲧ ⲉⲃⲟⲗϩⲁ Ⲫϯ : ⲟⲩⲟϩ Ⲫϯ ⲁϥⲱⲗⲓ ⲙⲡⲁϩⲁⲡ ⲁϥϣⲉⲛⲁϥ : Ⲟⲩⲟϩ ϯⲛⲟⲩ ⲙⲡⲉⲕⲉⲙⲓ ⲉⲃⲏⲗ ϫⲉ ⲁⲕⲥⲱⲧⲉⲙ : Ⲫϯ ⲡⲓϣⲁⲉⲛⲉϩ : Ⲫϯ ⲫⲏⲉⲧⲁϥⲑⲁⲙⲓⲉ ⲁⲩⲣⲏϫϥ ⲙⲡⲕⲁϩⲓ ⲛⲛⲉϥⲕⲓⲙ ⲟⲩⲇⲉ ⲛⲛⲉϥϧⲓⲥⲓ : ⲟⲩⲇⲉ ⲙⲙⲟⲛ ⲁⲩⲣⲏϫϥ ⲛⲧⲉ ⲧⲉϥⲥⲃⲱ : Ⲫⲏⲉⲧϯ ⲛⲟⲩϫⲟⲙ ⲙⲡⲉⲧϩⲟⲕⲉⲣ : ⲟⲩⲟϩ ⲉⲧϯⲛⲟⲩⲙⲕⲁϩ ⲛϩⲏⲧ ⲛⲛⲏⲉⲧⲉ ⲡⲟⲩϩⲏⲧ ⲣⲱⲕϩ ⲁⲛ. Ⲁⲩϩⲟⲕⲉⲣ ⲛϫⲉ ϩⲁⲛ ⲁⲗⲱⲟⲩⲓ : ⲟⲩⲟϩ ⲁⲩϧⲓⲥⲓ ⲛϫⲉ ϩⲁⲛ ϧⲉⲗϣⲓⲣⲓ : ⲟⲩⲟϩ ⲛⲓⲥⲱⲧⲡ ⲉⲩⲉⲉⲣⲁⲧϫⲟⲙ : Ⲙⲏⲇⲉ ⲉⲧϫⲟⲩϣⲧ ϧⲁⲧϩⲏ ⲙⲫϯ ⲉⲩⲉϣⲓⲃϯ ⲛⲧⲟⲩϫⲟⲙ ⲉⲩⲉⲣⲉⲧ ⲧⲉⲛϩ ⲙⲫⲣⲏϯ ⲛϩⲁⲛ ⲁϧⲱⲙ : ⲉⲩⲉϭⲟϫⲓ ⲟⲩⲟϩ ⲛⲛⲟⲩϧⲓⲥⲓ : ⲉⲩⲉⲙⲟϣⲓ ⲟⲩⲟϩ ⲛⲛⲟⲩϩⲕⲟ :

Ⲟⲩⲱⲟⲩ ⲛϯⲧⲣⲓⲁⲥ ⲉⲑⲟⲩⲁⲃ ⲡⲉⲛⲛⲟⲩϯ ϣⲁ ⲉⲛⲉϩ ⲛⲉⲙ ϣⲁ ⲉⲛⲉϩ ⲛⲧⲉ ⲛⲓⲉⲛⲉϩ ⲧⲏⲣⲟⲩ: ⲁⲙⲏⲛ.

Isaiah 40:9-31 اشعياء ٤٠: ٩ الخ

A reading from Isaiah the Prophet may his blessings be with us Amen.

O Zion, You who bring good tidings, Get up into the high mountain; O Jerusalem, You who bring good tidings, Lift up your voice with strength, Lift it up, be not afraid; Say to the cities of Judah, "Behold your God!" Behold, the Lord God shall come with a strong hand, And His arm shall rule for Him; Behold, His reward is with Him, And His work before Him. He will feed His flock like a shepherd; He will gather the

من اشعياء النبى بركته المقدسة تكون معنا، آمين.

عَلَى جَبَلٍ عَالٍ اصْعَدِي يَا مُبَشِّرَةَ صِهْيَوْنَ. ارْفَعِي صَوْتَكِ بِقُوَّةٍ يَا مُبَشِّرَةَ أُورُشَلِيمَ. ارْفَعِي لاَ تَخَافِي. قُولِي لِمُدُنِ يَهُوذَا: «هُوَذَا إِلَهُكِ. هُوَذَا السَّيِّدُ الرَّبُّ بِقُوَّةٍ يَأْتِي وَذِرَاعُهُ تَحْكُمُ لَهُ. هُوَذَا أُجْرَتُهُ مَعَهُ وَعُمْلَتُهُ قُدَّامَهُ. كَرَاعٍ يَرْعَى قَطِيعَهُ. بِذِرَاعِهِ يَجْمَعُ الْحُمْلاَنَ وَفِي حِضْنِهِ يَحْمِلُهَا وَيَقُودُ الْمُرْضِعَاتِ».

مَنْ كَالَ بِكَفِّهِ الْمِيَاهَ وَقَاسَ السَّمَاوَاتِ بِالشِّبْرِ وَكَالَ بِالْكَيْلِ تُرَابَ الأَرْضِ وَوَزَنَ الْجِبَالَ بِالْقَبَّانِ وَالآكَامَ بِالْمِيزَانِ؟ مَنْ قَاسَ رُوحَ الرَّبِّ وَمَنْ مُشِيرُهُ يُعَلِّمُهُ؟ مَنِ اسْتَشَارَهُ فَأَفْهَمَهُ وَعَلَّمَهُ فِي طَرِيقِ الْحَقِّ وَعَلَّمَهُ مَعْرِفَةً وَعَرَّفَهُ سَبِيلَ الْفَهْمِ.؟ هُوَذَا الأُمَمُ كَنُقْطَةٍ مِنْ دَلْوٍ وَكَغُبَارِ الْمِيزَانِ تُحْسَبُ. هُوَذَا الْجَزَائِرُ يَرْفَعُهَا كَدُقَّةٍ! وَلُبْنَانُ لَيْسَ كَافِياً لِلإِيقَادِ وَحَيَوَانُهُ لَيْسَ كَافِياً لِمُحْرَقَةٍ. كُلُّ الأُمَمِ كَلاَ شَيْءٍ قُدَّامَهُ. مِنَ الْعَدَمِ وَالْبَاطِلِ تُحْسَبُ عِنْدَهُ. فَبِمَنْ تُشَبِّهُونَ اللَّهَ وَأَيَّ شَبَهٍ تُعَادِلُونَ بِهِ؟ اَلصَّنَمُ يَسْبِكُهُ الصَّانِعُ وَالصَّائِغُ يُغَشِّيهِ بِذَهَبٍ وَيَصُوغُ سَلاَسِلَ فِضَّةٍ. الْفَقِيرُ عَنِ التَّقْدِمَةِ يَنْتَخِبُ خَشَباً لاَ يُسَوِّسُ يَطْلُبُ لَهُ صَانِعاً مَاهِراً لِيَنْصُبَ صَنَماً لاَ يَتَزَعْزَعُ! أَلاَ تَعْلَمُونَ؟ أَلاَ تَسْمَعُونَ؟ أَلَمْ تُخْبَرُوا مِنَ الْبَدَاءَةِ؟ أَلَمْ تَفْهَمُوا مِنْ أَسَاسَاتِ الأَرْضِ؟ الْجَالِسُ عَلَى كُرَةِ الأَرْضِ وَسُكَّانُهَا كَالْجُنْدُبِ. الَّذِي يَنْشُرُ السَّمَاوَاتِ كَسَرَادِقَ وَيَبْسُطُهَا كَخَيْمَةٍ لِلسَّكَنِ. الَّذِي يَجْعَلُ الْعُظَمَاءَ لاَ شَيْئاً وَيُصَيِّرُ قُضَاةَ الأَرْضِ كَالْبَاطِلِ. لَمْ يُغْرَسُوا بَلْ لَمْ يُزْرَعُوا وَلَمْ يَتَأَصَّلْ فِي الأَرْضِ سَاقُهُمْ. فَنَفَخَ أَيْضاً عَلَيْهِمْ فَجَفُّوا وَالْعَاصِفُ كَالْعَصْفِ يَحْمِلُهُمْ. فَبِمَنْ تُشَبِّهُونَنِي فَأُسَاوِيهِ؟ يَقُولُ الْقُدُّوسُ. ارْفَعُوا إِلَى الْعَلاَءِ عُيُونَكُمْ وَانْظُرُوا مَنْ خَلَقَ هَذِهِ؟ مَنِ الَّذِي يُخْرِجُ بِعَدَدٍ جُنْدَهَا يَدْعُو كُلَّهَا بِأَسْمَاءٍ؟ لِكَثْرَةِ الْقُوَّةِ وَكَوْنِهِ شَدِيدَ الْقُدْرَةِ

lambs with His arm, And carry them in His bosom, And gently lead those who are with young. Who has measured the waters in the hollow of His hand, Measured heaven with a span And calculated the dust of the earth in a measure? Weighed the mountains in scales And the hills in a balance? Who has directed the Spirit of the Lord, Or as His counselor has taught Him? With whom did He take counsel, and who instructed Him, And taught Him in the path of justice? Who taught Him knowledge, And showed Him the way of understanding? Behold, the nations are as a drop in a bucket, And are counted as the small dust on the scales; Look, He lifts up the isles as a very little thing. And Lebanon is not sufficient to burn, Nor its beasts sufficient for a burnt offering. All nations before Him are as nothing, And they are counted by Him less than nothing and worthless. To whom then will you liken God? Or what likeness will you compare to Him? The workman molds an image, The goldsmith overspreads it with gold, And the silversmith casts silver chains. Whoever is too impoverished for such a contribution Chooses a tree that will not rot; He seeks for himself a skillful workman To prepare a carved image that will not totter. Have you not known? Have you not heard? Has it not been told you from the beginning? Have you not understood from the foundations of the earth? It is He who sits above the circle of the earth, And its inhabitants are like grasshoppers, Who stretches out the heavens like a curtain, And spreads them out like a tent to dwell in. He brings the princes to nothing; He makes the judges of the earth useless. Scarcely shall they be planted, Scarcely shall they be sown, Scarcely shall their stock take root in the earth, When He will also blow on them, And they will wither, And the whirlwind will take them away like stubble." To whom then will you liken Me, Or to whom shall I be equal?" says the Holy One. Lift up your eyes on high, And see who has created these things, Who brings out their host by number; He calls them all by name, By the greatness of His might And the strength of His power; Not one is missing. Why do you say, O Jacob, And speak, O Israel: "My way is hidden from the Lord, And my just claim is passed over by my God"? Have you not known? Have you not heard? The everlasting God, the Lord, The Creator of the ends of the earth, Neither faints nor is weary. His understanding is unsearchable. He gives power to the weak, And to those who have no might He increases strength. Even the youths shall faint and be weary, And the young men shall utterly fall. But those who wait on the Lord shall renew their strength; They shall mount up with wings like eagles, they shall run and not be weary, they shall walk and not faint.

Glory be to the Holy Trinity our God unto the age of all ages, Amen.

لاَ يُفْقَدُ أَحَدٌ. لِمَاذَا تَقُولُ يَا يَعْقُوبُ وَتَتَكَلَّمُ يَا إِسْرَائِيلُ: «قَدِ اخْتَفَتْ طَرِيقِي عَنِ الرَّبِّ وَفَاتَ حَقِّي إِلَهِي»؟ أَمَا عَرَفْتَ أَمْ لَمْ تَسْمَعْ؟ إِلَهُ الدَّهْرِ الرَّبُّ خَالِقُ أَطْرَافِ الأَرْضِ لاَ يَكِلُّ وَلاَ يَعْيَا. لَيْسَ عَنْ فَهْمِهِ فَحْصٌ. يُعْطِي الْمُعْيِيَ قُدْرَةً وَلِعَدِيمِ الْقُوَّةِ يُكَثِّرُ شِدَّةً. اَلْغِلْمَانُ يُعْيُونَ وَيَتْعَبُونَ وَالْفِتْيَانُ يَتَعَثَّرُونَ تَعَثُّراً. وَأَمَّا مُنْتَظِرُو الرَّبِّ فَيُجَدِّدُونَ قُوَّةً. يَرْفَعُونَ أَجْنِحَةً كَالنُّسُورِ. يَرْكُضُونَ وَلاَ يَتْعَبُونَ يَمْشُونَ وَلاَ يُعْيُونَ.

مجداً للثالوث القدوس الهنا إلى الأبد وإلى أبد الآبدين كلها، آمين.

Ⲇⲁⲛⲓⲏⲗ Ⲕⲉⲫ ⲍ̅ : ⲑ – ⲓⲉ

Ⲉⲃⲟⲗϧⲉⲛ Ⲇⲁⲛⲓⲏⲗ ⲡⲓⲡ̀ⲣⲟⲫⲏⲧⲏⲥ: ⲉⲣⲉⲡⲉϥⲥ̀ⲙⲟⲩ ⲉ̀ⲑⲟⲩⲁⲃ ϣⲱⲡⲓ ⲛⲉⲙⲁⲛ ⲁ̀ⲙⲏⲛ ⲉϥϫⲱ ⲙ̀ⲙⲟⲥ.

Ⲁⲛⲟⲕ Ⲇⲁⲛⲓⲏⲗ : ⲁⲓⲛⲁⲩ ϧⲉⲛ ⲧϩⲟⲣⲁⲥⲓⲥ ⲙ̀ⲡⲓⲉ̀ϫⲱⲣϩ : ⲛⲁⲓ ⲛⲁⲩ ⲡⲉ ϣⲁⲛ̀ⲧⲟⲩϫⲱ ⲛ̀ϩⲁⲛ̀ⲑⲣⲟⲛⲟⲥ : ⲟⲩⲟϩ ⲡⲓⲁ̀ⲡⲁⲥ ⲛ̀ⲧⲉ ⲛⲓⲉ̀ϩⲟⲟⲩ ⲛⲁϥϩⲉⲙⲥⲓ ⲡⲉ : ⲧⲉϥ ϩⲉⲃⲥⲱ ⲛⲁⲥ ⲟⲩⲱⲃϣ ⲡⲉ ⲙ̀ⲫⲣⲏϯ ⲛ̀ⲟⲩⲭⲓⲱⲛ : ⲟⲩⲟϩ ⲛⲓϥⲱⲓ ⲛ̀ⲧⲉ ⲧⲉϥⲁ̀ⲫⲉ ⲙ̀ⲫⲣⲏϯ ⲛ̀ⲟⲩⲥⲟⲣⲧ ⲉϥⲧⲟⲩⲃⲏⲟⲩⲧ : ⲟⲩⲟϩ ⲡⲉϥⲑⲣⲟⲛⲟⲥ ⲟⲩϣⲁϩ ⲛ̀ⲭⲣⲱⲙ ⲡⲉ : ⲛⲉϥ ⲧ̀ⲣⲟⲭⲟⲥ ⲟⲩⲭⲣⲱⲙ ϥⲟⲓⲛ̀ϣⲁϩ ⲡⲉ : Ⲟⲩⲓⲁⲣⲟ ⲛ̀ⲭⲣⲱⲙ ⲛⲁϥⲥⲱⲕ ⲉϥⲙⲟϣⲓ ⲙ̀ⲡⲉϥ̀ⲙ̀ⲑⲟ : ϩⲁⲛ ⲁⲛ̀ϣⲟ ⲛ̀ϣⲟ ⲛⲁⲩ ϣⲉⲙ̀ϣⲓ ⲙ̀ⲙⲟϥ ⲡⲉ : ⲟⲩⲟϩ ϩⲁⲛ̀ⲑⲃⲁ ⲛ̀ⲑⲃⲁ ⲛⲁⲩⲟϩⲓ ⲉ̀ⲣⲁⲧⲟⲩ ⲛⲁϩⲣⲁϥ : ⲁϥϩⲉⲙⲥⲓ ⲛ̀ϫⲉ ⲟⲩⲕ̀ⲣⲓⲧⲏⲣⲓⲟⲛ ⲟⲩⲟϩ ⲁⲩⲟⲩⲱⲛ ⲛ̀ϫⲉ ϩⲁⲛϫⲱⲙ. Ⲛⲁⲓ ⲛⲁⲩ ⲡⲉ ⲛ̀ϯⲟⲩⲛⲟⲩ ⲉ̀ⲧⲉ̀ⲙ̀ⲙⲁⲩ ⲉ̀ⲃⲟⲗ ϩⲁ ⲧ̀ⲥ̀ⲙⲏ ⲛ̀ⲛⲓϣϯ ⲛ̀ⲥⲁϫⲓ ⲛ̀ⲛⲏⲉ̀ⲛⲁⲣⲉ ⲡⲓⲧⲁⲡ ϫⲱ ⲙ̀ⲙⲱⲟⲩ : ⲛⲁⲓⲛⲁⲩ ⲡⲉ ϣⲁⲛ̀ⲧⲟⲩϧⲱⲧⲉⲃ ⲙ̀ⲡⲓⲑⲏⲣⲓⲟⲛ ⲟⲩⲟϩ ⲁϥⲧⲁⲕⲟ : ⲟⲩⲟϩ ⲡⲉϥ ⲥⲱⲙⲁ ⲁⲩⲧⲏⲓϥ ⲉ̀ⲡ̀ⲣⲟⲕϩϥ ϧⲉⲛ ⲡⲓⲭⲣⲱⲙ : Ⲟⲩⲟϩ ⲁⲩⲟⲩⲱ̀ⲧⲉⲛ ⲛ̀ⲧⲁⲣⲭⲏ ⲙ̀ⲡⲥⲱϫⲡ ⲛ̀ⲛⲓⲑⲏⲣⲓⲟⲛ ⲟⲩⲟϩ ⲁⲩϯⲛⲱⲟⲩ ⲙ̀ⲫⲟⲩⲉⲓ ⲛ̀ⲧⲉ ⲡ̀ⲱⲛϧ ϣⲁⲟⲩⲭⲣⲟⲛⲟⲥ ⲛ̀ⲧⲉ ⲟⲩⲥⲛⲟⲩ. Ⲛⲁⲓ ⲛⲁⲩ ⲡⲉ ϧⲉⲛ ϯϩⲟⲣⲁⲥⲓⲥ ⲛ̀ⲧⲉ ⲡⲓⲉ̀ϫⲱⲣϩ : ⲟⲩⲟϩ ϩⲏⲡⲡⲉ ⲙ̀ⲫⲣⲏϯ ⲛ̀ⲟⲩϣⲏⲣⲓ ⲛ̀ⲣⲱⲙⲓ ⲉϥⲛⲏⲟⲩ ⲛⲉⲙ ⲛⲓϭⲏⲡⲓ ⲛ̀ⲧⲉ ⲧ̀ⲫⲉ : ⲟⲩⲟϩ ⲁϥⲫⲟϩ ϣⲁ ⲡⲓⲁ̀ⲡⲁⲥ ⲛ̀ⲧⲉⲛⲓⲉ̀ϩⲟⲟⲩ ⲟⲩⲟϩ ⲁϥⲉⲛϥ ⲙ̀ⲡⲉϥ̀ⲙ̀ⲑⲟ : Ⲟⲩⲟϩ ⲁϥϯⲛⲁϥ ⲛ̀ϯⲁⲣⲭⲏ ⲛⲉⲙ ⲡⲓⲧⲁⲓⲟ̀ ⲛⲉⲙ ϯⲙⲉⲧⲟⲩⲣⲟ : ⲟⲩⲟϩ ⲛⲓ̀ⲗⲁⲟⲥ ⲧⲏⲣⲟⲩ ⲛⲓⲫⲩ̀ⲗⲏ ⲛⲓⲁⲥⲡⲓ ⲛ̀ⲗⲁⲥ ⲉⲣⲃⲱⲕ ⲛⲁϥ : ⲡⲉϥⲉⲣϣⲓϣⲓ ⲟⲩⲉⲣϣⲓϣⲓ ⲛ̀ⲉⲛⲉϩ ⲫⲏⲉ̀ⲧⲉ ⲙ̀ⲡⲁϥⲥⲓⲛⲓ : ⲟⲩⲟϩ ⲧⲉϥⲙⲉⲧⲟⲩⲣⲟ ⲛ̀ⲛⲉⲥⲧⲁⲕⲟ. Ⲁϥϣⲑⲟⲣⲧⲉⲣ ⲛ̀ϫⲉ ⲡⲁⲡ̀ⲛⲁ ϧⲉⲛ ⲧⲁϩⲉⲝⲓⲥ ⲁ̀ⲛⲟⲕ Ⲇⲁⲛⲓⲏⲗ : ⲟⲩⲟϩ ⲛⲓϩⲟⲣⲁⲥⲓⲥ ⲛ̀ⲧⲉ ⲧⲁⲁ̀ⲫⲉ ⲛⲁⲩϣ̀ⲑⲟⲣⲧⲉⲣ ⲙ̀ⲙⲟⲓ :

Ⲟⲩⲱ̀ⲟⲩ ⲛ̀ϯⲧ̀ⲣⲓⲁⲥ ⲉ̀ⲑⲟⲩⲁⲃ ⲡⲉⲛⲛⲟⲩϯ ϣⲁ ⲉ̀ⲛⲉϩ ⲛⲉⲙ ϣⲁ ⲉ̀ⲛⲉϩ ⲛ̀ⲧⲉ ⲛⲓⲉ̀ⲛⲉϩ ⲧⲏⲣⲟⲩ: ⲁ̀ⲙⲏⲛ.

Daniel 7:9-15 دانيال ٧: ٩ – ١٥

A reading from Daniel the Prophet may his blessings be with us Amen.

"I watched till thrones were put in place, And the Ancient of Days was seated; His garment was white as snow, And the hair of His head was like pure wool. His throne was a fiery flame, Its wheels a burning fire; A fiery stream issued And came forth from before Him. A thousand thousands ministered to Him; Ten thousand times ten thousand stood before Him. The court was seated, And the books were opened." I watched then because of the sound of the pompous words which the horn was speaking; I watched till the beast was slain, and its body destroyed

من دانيال النبى بركته المقدسة تكون معنا، آمين.

كُنْتُ أَرَى أَنَّهُ وُضِعَتْ عُرُوشٌ وَجَلَسَ الْقَدِيمُ الأَيَّامِ. لِبَاسُهُ أَبْيَضُ كَالثَّلْجِ وَشَعْرُ رَأْسِهِ كَالصُّوفِ النَّقِيِّ وَعَرْشُهُ لَهِيبُ نَارٍ وَبَكَرَاتُهُ نَارٌ مُتَّقِدَةٌ. نَهْرُ نَارٍ جَرَى وَخَرَجَ مِنْ قُدَّامِهِ. أُلُوفُ أُلُوفٍ تَخْدِمُهُ وَرَبَوَاتُ رَبَوَاتٍ وُقُوفٌ قُدَّامَهُ. فَجَلَسَ الدِّينُ وَفُتِحَتِ الأَسْفَارُ. كُنْتُ أَنْظُرُ حِينَئِذٍ مِنْ أَجْلِ صَوْتِ الْكَلِمَاتِ الْعَظِيمَةِ الَّتِي تَكَلَّمَ بِهَا الْقَرْنُ. كُنْتُ أَرَى إِلَى أَنْ قُتِلَ الْحَيَوَانُ وَهَلَكَ جِسْمُهُ وَدُفِعَ لِوَقِيدِ النَّارِ. أَمَّا بَاقِي الْحَيَوَانَاتِ فَنُزِعَ عَنْهُمْ

and given to the burning flame.
As for the rest of the beasts, they had their dominion taken away, yet their lives were prolonged for a season and a time." I was watching in the night visions, And behold, One like the Son of Man, Coming with the clouds of heaven! He came to the Ancient of Days, And they brought Him near before Him. Then to Him was given dominion and glory and a kingdom, That all peoples, nations, and languages should serve Him. His dominion is an everlasting dominion, Which shall not pass away, And His kingdom the one Which shall not be destroyed." I, Daniel, was grieved in my spirit within my body, and the visions of my head troubled me.
Glory be to the Holy Trinity our God unto the age of all ages, Amen.

سُلْطَانُهُمْ وَلَكِنْ أُعْطُوا طُولَ حَيَاةٍ إِلَى زَمَانٍ وَوَقْتٍ. [كُنْتُ أَرَى فِي رُؤَى اللَّيْلِ وَإِذَا مَعَ سُحُبِ السَّمَاءِ مِثْلُ ابْنِ إِنْسَانٍ أَتَى وَجَاءَ إِلَى الْقَدِيمِ الأَيَّامِ فَقَرَّبُوهُ قُدَّامَهُ. فَأُعْطِيَ سُلْطَاناً وَمَجْداً وَمَلَكُوتاً لِتَتَعَبَّدَ لَهُ كُلُّ الشُّعُوبِ وَالأُمَمِ وَالأَلْسِنَةِ. سُلْطَانُهُ سُلْطَانٌ أَبَدِيٌّ مَا لَنْ يَزُولَ وَمَلَكُوتُهُ مَا لاَ يَنْقَرِضُ. [أَمَّا أَنَا دَانِيآلَ فَحَزِنَتْ رُوحِي فِي وَسَطِ جِسْمِي وَأَفْزَعَتْنِي رُؤَى رَأْسِي.
مجداً للثالوث القدوس الهنا إلى الأبد وإلى أبد الآبدين كلها، آمين.

Ⲛⲓⲡⲁⲣⲟⲓⲙⲓⲁ̀ ⲛ̀ⲧⲉ Ⲥⲟⲗⲟⲙⲱⲛ Ⲕⲉⲫ ⲏ̅ : ⲁ̅ - ⲓ̅ⲃ̅

Ⲉ̀ⲃⲟⲗϧⲉⲛ ⲛⲓⲡⲁⲣⲟⲓⲙⲓⲁ̀ ⲛ̀ⲧⲉ Ⲥⲟⲗⲟⲙⲱⲛ ⲡⲓⲡ̀ⲣⲟⲫⲏⲧⲏⲥ: ⲉⲣⲉⲡⲉϥⲥ̀ⲙⲟⲩ ⲉ̀ⲑⲟⲩⲁⲃ ϣⲱⲡⲓ ⲛⲉⲙⲁⲛ ⲁ̀ⲙⲏⲛ ⲉϥϫⲱ ⲙ̀ⲙⲟⲥ.

Ⲡⲉⲛϫⲱⲣⲓ ⲟⲩⲟϩ ⲥⲉ ⲥ̀ⲙⲟⲩ ⲉⲣⲟⲥ ϧⲉⲛ ⲙ̀ⲙⲁⲛⲃⲱⲕ ⲉ̀ϧⲟⲩⲛ ϫⲉ ϯⲡⲁⲣⲁⲕⲁⲗⲓ ⲙ̀ⲙⲱⲧⲉⲛ ⲱ̀ ⲛⲓⲣⲱⲙⲓ ⲟⲩⲟϩ ϯϫⲱ ⲛⲏⲧⲉⲛ ⲛ̀ⲧⲁⲥ̀ⲃⲱ ⲛ̀ϣⲏⲣⲓ ⲛⲉⲛⲣⲱⲙⲓ ⲛ̀ⲃⲁⲗϩⲏⲧ ⲛ̀ⲟⲓⲛ ⲟⲩⲙⲉⲧⲥⲁⲃⲉ ⲛ̀ⲁⲑⲏⲧ ϯ ⲙ̀ⲡⲉⲧⲉⲛϩⲏⲧ ⲥⲱⲧⲉⲙ ⲉ̀ⲣⲟⲓ ϫⲉ ⲉⲓⲛⲁϫⲱ ⲅⲁⲣ ⲛ̀ϩⲁⲛⲥ̀ⲃⲱ ⲟⲩⲟϩ ⲉⲓⲛⲁⲧⲁⲩⲟ ⲛⲉⲧⲥⲟⲩⲧⲱⲛ ⲉ̀ⲃⲟⲗ ϧⲉⲛ ⲛⲁⲥⲫⲟⲧⲟⲩ ϯⲥⲟⲫⲓⲁ ⲅⲁⲣ ⲥⲱⲧⲡ ⲉϩⲟⲩⲉ ⲛ̀ⲱⲛⲓ ⲙⲏⲓ ⲛ̀ⲛⲉⲧⲧⲁⲓⲏⲟⲩⲧ ⲧⲏⲣⲟⲩ ⲙ̀ⲡϣⲁ ⲙ̀ⲙⲟⲥ ⲁⲛ. ⲁ̀ⲛⲟⲕ ϯⲥⲟⲫⲓⲁ ⲁⲓⲥⲱⲛⲧ ⲙ̀ⲡ̀ϣⲟϫⲛⲉ ⲁ̀ⲛⲟⲕ ⲁⲓⲭⲱ ⲛⲁⲓ ⲙ̀ⲫⲙⲉⲩⲓ̀ ⲛⲉⲙ ⲑ̀ⲙⲉⲧⲙⲁⲓⲛⲟⲩϯ ⲛⲉⲙ ⲧⲁⲓⲥ̀ⲑⲏⲥⲓⲥ :

Ⲟⲩⲱ̀ⲟⲩ ⲛ̀ϯⲧ̀ⲣⲓⲁⲥ ⲉ̀ⲑⲟⲩⲁⲃ ⲡⲉⲛⲛⲟⲩϯ ϣⲁ ⲉ̀ⲛⲉϩ ⲛⲉⲙ ϣⲁ ⲉ̀ⲛⲉϩ ⲛ̀ⲧⲉ ⲛⲓⲉ̀ⲛⲉϩ ⲧⲏⲣⲟⲩ: ⲁ̀ⲙⲏⲛ.

Proverbs 8:1-8,11,12

A reading from the Proverbs of Solomon the Prophet may his blessings be with us Amen.

Does not wisdom cry out, And understanding lift up her voice? She takes her stand on the top of the high

أمثال سليمان ٨: ١ – ١٢

من أمثال سليمان النبى بركته المقدسة تكون معنا، آمين.

أَلَعَلَّ الْحِكْمَةَ لاَ تُنَادِي وَالْفَهْمَ أَلاَ يُعْطِي صَوْتَهُ؟ عِنْدَ رُؤُوسِ الشَّوَاهِقِ عِنْدَ الطَّرِيقِ

hill, Beside the way, where the paths meet. She cries out by the gates, at the entry of the city, At the entrance of the doors: "To you, O men, I call, And my voice is to the sons of men. O you simple ones, understand prudence, And you fools, be of an understanding heart. Listen, for I will speak of excellent things, And from the opening of my lips will come right things; For my mouth will speak truth; Wickedness is an abomination to my lips.

All the words of my mouth are with righteousness; Nothing crooked or perverse is in them. For wisdom is better than rubies, And all the things one may desire cannot be compared with her. "I, wisdom, dwell with prudence, And find out knowledge and discretion.

Glory be to the Holy Trinity our God unto the age of all ages, Amen.

بَيْنَ الْمَسَالِكِ تَقِفُ. بِجَانِبِ الأَبْوَابِ عِنْدَ ثَغْرِ الْمَدِينَةِ عِنْدَ مَدْخَلِ الأَبْوَابِ تُصَرِّحُ: «لَكُمْ أَيُّهَا النَّاسُ أُنَادِي وَصَوْتِي إِلَى بَنِي آدَمَ. أَيُّهَا الْحَمْقَى تَعَلَّمُوا ذَكَاءً وَيَا جُهَّالُ تَعَلَّمُوا فَهْماً. اِسْمَعُوا فَإِنِّي أَتَكَلَّمُ بِأُمُورٍ شَرِيفَةٍ وَافْتِتَاحُ شَفَتَيَّ اسْتِقَامَةٌ. لأَنَّ حَنَكِي يَلْهَجُ بِالصِّدْقِ وَمَكْرَهَةُ شَفَتَيَّ الْكَذِبُ.

كُلُّ كَلِمَاتِ فَمِي بِالْحَقِّ. لَيْسَ فِيهَا عَوَجٌ وَلاَ الْتِوَاءٌ. كُلُّهَا وَاضِحَةٌ لَدَى الْفَهِيمِ وَمُسْتَقِيمَةٌ لَدَى الَّذِينَ يَجِدُونَ الْمَعْرِفَةَ. خُذُوا تَأْدِيبِي لاَ الْفِضَّةَ. وَالْمَعْرِفَةَ أَكْثَرَ مِنَ الذَّهَبِ الْمُخْتَارِ. لأَنَّ الْحِكْمَةَ خَيْرٌ مِنَ اللَّآلِئِ وَكُلُّ الْجَوَاهِرِ لاَ تُسَاوِيهَا. «أَنَا الْحِكْمَةُ أَسْكُنُ الذَّكَاءَ وَأَجِدُ مَعْرِفَةَ التَّدَابِيرِ.

مجداً للثالوث القدوس الهنا إلى الأبد وإلى أبد الآبدين كلها، آمين.

Ⲟⲩⲕⲁⲧⲏⲭⲏⲥⲓⲥ

Ⲟⲩⲕⲁⲧⲏⲭⲏⲥⲓⲥ ⲛ̀ⲧⲉ ⲡⲉⲛⲓⲱⲧ ⲉ̅ⲑ̅ⲩ̅ ⲁⲃⲃⲁ Ϣⲉⲛⲟⲩϯ ⲡⲓⲁⲣⲭⲏ ⲙⲁⲛ̀ⲇⲣⲓⲧⲏⲥ: ⲉ̀ⲣⲉ ⲡⲉϥ̀ⲥⲙⲟⲩ ⲉⲑⲟⲩⲁⲃ ϣⲱⲡⲓ ⲛⲉⲙⲁⲛ ⲁ̀ⲙⲏⲛ.

Ⲙⲁⲣⲉⲛⲉⲣ ⲫⲟⲩⲱϣ ⲙ̀Ⲫϯ ⲱ̀ ⲛⲁⲥⲛⲏⲟⲩ ⲛ̀ϩⲟⲥⲟⲛ ⲡⲉⲟⲩⲟⲉⲓϣ ⲡⲉ ⲛ̀ⲉⲣϩⲱⲃ ⲙ̀Ⲡⲟ̅ⲥ̅ ⲁⲣⲓⲫⲙⲉⲩⲓ̀ ϫⲉ ⲫⲙⲟⲩ ⲛⲁⲱⲥⲕ ⲁⲛ ⲟⲩⲟϩ ⲡⲓⲕⲟⲥⲙⲟⲥ ϩⲁⲡ ⲥⲉⲧⲣⲉⲩⲡⲟⲛⲛⲉⲛ ⲉ̀ⲃⲟⲗ ⲛ̀ϧⲏⲧϥ ⲉⲧⲑⲱⲛ ⲛⲉⲛⲧⲁⲩϣⲱⲡⲓ ⲧⲏⲣⲟⲩ ϩⲁⲧⲉⲛϩⲏ ⲓⲥ ϩⲏⲏⲡⲉ ⲧⲉⲛⲟⲩ ⲥⲉⲛⲕⲟⲧⲕ ⲧⲏⲣⲟⲩ ϧⲉⲛ ⲛ̀ⲧⲁⲫⲟⲥ ⲙⲁⲣⲉⲛⲓ̀ⲣⲓ ⲇⲉ ⲛ̀ϩⲁⲛⲕⲁⲣⲡⲟⲥ ⲕⲁⲧⲁ ⲡⲉ ⲙ̀ⲡϣⲁ ⲛ̀ϯⲭⲁⲣⲓⲥ ⲙ̀Ⲫϯ ⲉⲧⲁϥⲧⲁⲁⲥ ⲛⲁⲛ ⲥⲉ ⲉⲣⲟⲛ ⲁⲛⲟⲛ ⲛⲉⲙ ⲭⲣⲓⲥⲧⲓⲁⲛⲟⲥ ⲛⲓⲃⲉⲛ ⲉⲧⲉⲛⲧⲟⲛ ⲛⲉ ⲉⲡⲓⲟⲩⲱⲓⲛⲓ ⲙ̀ⲙⲏⲓ Ⲓⲏ̅ⲥ̅ Ⲡⲭ̅ⲥ̅ ⲁⲛⲟⲛ ⲇⲉ ⲁⲛⲟⲛ ϩⲁⲛⲣⲱⲙⲓ ⲟⲩⲟⲥ ⲡⲉ ⲉⲁⲛⲟⲛ ⲛⲉϥ̀ⲉⲃⲓⲁⲓⲕ ⲟⲩϣⲱⲥ ⲅⲁⲣ ⲡⲉ ⲁ̀ⲛⲟⲛ ϩⲁⲛ ⲉ̀ⲥⲱⲟⲩ ϧⲁ ⲧⲉϥϫⲓϫ ⲟⲩ̀ⲭⲫⲟ ⲡⲉ ϧⲉⲛ ⲫ̀ⲓⲱⲧ.

Ⲁⲛⲟⲛ ϩⲁⲛ ⲇⲉ ⲁⲛⲟⲓ ⲡⲉϥ ⲡ̀ⲗⲁⲥⲙⲁ ⲟⲩⲟⲩⲱⲓⲛⲓ ⲡⲉ ⲉ̀ⲃⲟⲗ ϧⲉⲛ ⲡⲓⲟⲩⲱⲓⲛⲓ ⲁϥⲙⲟⲩ ϧⲁⲣⲟⲛ ⲁⲛⲟⲛ ⲛⲓⲣⲉϥⲉⲣⲛⲟⲃⲓ ⲁϥⲧⲁⲁϥ ϧⲁⲣⲟⲛ ϩⲓϫⲉⲛ ⲡⲓϣⲉ ⲙ̀ⲡⲏ ϫⲉ ⲭⲁⲥ ⲉϥⲉⲭⲁⲣⲓⲍⲉ ⲛⲁⲛ ⲛⲧⲉϥ ⲙⲉⲧⲟⲩⲣⲟ ⲉϣϫⲉ ⲁ Ⲡⲟ̅ⲥ̅ ⲕⲁⲧⲁ ⲫⲣⲟⲛⲓ ⲙ̀ⲡϣⲓⲡⲓ ⲁϥⲙⲟⲩ ϩⲁ ⲛⲉϥⲉⲃⲓⲁⲓⲕ ⲉⲛⲉ ⲡⲉⲧⲉϣϣⲉ ⲛ̀ⲑⲟϥ ⲁⲛ ⲡⲉ ⲉⲑⲣⲉ ⲛⲓ ⲉⲃⲓⲁⲓⲕ ⲙⲟⲩ ϧⲁ ⲡⲟⲩⲟ̅ⲥ̅ ϫⲉ ⲭⲁⲥ ⲕⲁⲧⲁ ⲑⲉ ⲛⲧⲉϥⲙⲟⲩ ⲛ̀ⲥⲉⲙⲟⲩ ⲛⲉⲙⲁϥ ⲟⲩⲟϩ ⲑⲉ ⲛ̀ⲧⲁϥⲱⲛϧ ⲥⲉⲛⲁⲱⲛϧ ⲟⲛ ⲛⲉⲙⲁϥ.

Ⲙⲁⲣⲉⲛⲉⲣ ⲥ̀ⲫⲣⲁⲅⲓⲍⲓⲛ ⲛ̀ϯⲕⲁⲧⲏⲭⲏⲥⲓⲥ ⲛ̀ⲧⲉ ⲡⲉⲛⲓⲱⲧ ⲉⲑ̅ⲩ̅ ⲁⲃⲃⲁ Ϣⲉⲛⲟⲩϯ ⲡⲓⲁ̀ⲣⲭⲏ ⲙⲁⲛ̀ⲇⲣⲓⲧⲏⲥ: ⲫⲏⲉ̀ⲧⲁϥⲉⲣⲟⲩⲱⲓⲛⲓ ⲙ̀ⲡⲉⲛⲛⲟⲩⲥ ⲛⲉⲙ ⲛⲓⲃⲁⲗ ⲛ̀ⲧⲉ ⲛⲉⲛϩⲏⲧ ϧⲉⲛ ⲫ̀ⲣⲁⲛ ⲙ̀Ⲫⲓⲱⲧ ⲛⲉⲙ Ⲡϣⲏⲣⲓ ⲛⲉⲙ ⲡⲓⲡ̅ⲛ̅ⲁ̅ ⲉⲑ̅ⲩ̅ ⲟⲩⲛⲟⲩϯ ⲛ̀ⲟⲩⲱⲧ ⲁ̀ⲙⲏⲛ.

Homily

A homily of our Holy Father Abba Shenouda the Archimandrite may his blessings be with us. Amen.

My brethern, let us do the will of God as long as we have time to do works for the Lord. Remember that death does not linger and we are destined to leave this world. Where are those that were before us? They are all laying in tombs. Let us be fruitful to be worthy of the grace of God which He bestowed upon us, as well as to christians, to be likened to Jesus Christ, the true light for we are human. He is the master and we are His slaves. He is the shepherd and we are his sheep under his guidance. He is born of the Father but we are His creation. Light of light, He died for us; we who are sinners. He gave himself up for us on the wood of the cross to grant us His kingdom. Slaves were to die for their master but the master accepted the shame and died for His slaves. That as he died, they die also with Him and as He is alive, they live with Him.

We conclude the homily of our Holy Father Abba Shenouda, who enlightened our minds and our hearts. In the name of the Father, and the Son, and the Holy Spirit, one God. Amen.

عظة

عظة لابينا القديس انبا شنودة بركته المقدسة تكون معنا، آمين.

فلنصنع ارادة الله يا اخوتى مادام لنا وقت ان نعمل فيه اعمال الرب. تذكروا أن الموت لا يتأخر ومصيرنا ان نترك العالم. اين جميع الذين كانوا قبلنا هوذا كلهم الآن يرقدون فى القبور فلنصنع اثماراً تليق بنعمة الله التى اعطاها لنا وعلينا نحن وكل المسيحيين أن نتشبه بيسوع المسيح النور الحقيقى لاننا نحن بشر. هو السيد ونحن عبيده هو الراعى ونحن غنم تحت يده هو مولود من الاب ولكن نحن خليقته نور من نور مات عنا نحن الخطاة واسلم ذاته عنا على خشبة الصليب لينعم لنا بملكوته، ما كان العبيد ملتزمين أن يموتوا عن سيدهم اما السيد فقد استهان بالخزى ومات عن عبيده كى حسبما مات هو هم يموتون معه وكما هو حى فهم أيضاً يحيون.

فلنختم موعظة أبينا القديس أنبا شنودة رئيس المتوحدين الذى أنار عقولنا وعيون قلوبنا باسم الآب والابن والروح القدس الاله الواحد آمين..

The Doxology of the Pascha Hour: "Thine is the Power…" on page A5.
تسبحة ساعة البصخة: "لك القوة..." صفحة ٥ فى اخر الكتاب.

Ⲯⲁⲗⲙⲟⲥ ⲕ̅ⲇ̅ : ⲁ̅ ⲛⲉⲙ ⲃ̅

Ⲁⲓϥⲁⲓ ⲛ̀ⲧⲁⲯⲩⲭⲏ ⲉ̀ⲡϣⲱⲓ ϩⲁⲣⲟⲕ Ⲡ̅ⲟ̅ⲥ̅ ⲡⲁⲛⲟⲩϯ : ⲁⲓⲭⲁϩⲑⲏⲓ ⲉ̀ⲣⲟⲕ ⲛ̀ⲛⲉⲕ ⲑ̀ⲣⲓϭⲓϣⲓⲡⲓ ϣⲁ ⲉ̀ⲛⲉϩ: ⲟⲩⲇⲉ ⲙ̀ⲡⲉⲛⲑ̀ⲣⲟⲩⲥⲱⲃⲓ ⲛ̀ⲥⲱⲓ ⲛ̀ϫⲉ ⲛⲁϫⲁϫⲓ : Ⲙⲁⲣⲟⲩϭⲓϣⲓⲡⲓ ⲛ̀ⲑⲱⲟⲩ ⲛ̀ϫⲉ ⲛⲏⲉⲧⲓ̀ⲣⲓ ⲛ̀ϯⲁ̀ⲛⲟⲙⲓⲁ̀ ϧⲉⲛ ⲡⲉⲧϣⲟⲩⲓⲧ ⲁ̅ⲗ̅.

Psalm 25:1-3

A Psalm of David the Prophet.

To You, O Lord, I lift up my soul. O my God, I trust in You; Let me not be ashamed;
Let not my enemies triumph over me. Let those be ashamed who deal treacherously without cause. Alleluia.

المزمور ٢٤ : ١ و ٢

من مزامير داود النبى

اليك يارب رفعت نفسى الهى عليك توكلت فلا تخزنى إلى الابد.
ولا تُضحك بى اعدائى. فليخز الذين يصنعون الاثم باطلاً. هلليلويا.

Ⲉⲩⲁⲅⲅⲉⲗⲓⲟⲛ ⲕⲁⲧⲁ Ⲙⲁⲧⲑⲉⲟⲛ Ⲕⲉⲫ ⲕ̅ⲇ̅ : ⲅ̅ - ⲗ̅ⲉ̅

Ⲉϥϩⲉⲙⲥⲓ ⲇⲉ ϩⲓϫⲉⲛ ⲡⲓⲧⲱⲟⲩ ⲛ̀ⲧⲉ ⲛⲓϫⲱⲓⲧ : ⲁⲩⲓ̀ ϩⲁⲣⲟϥ ⲛ̀ϫⲉ ⲛⲉϥⲙⲁⲑⲏⲧⲏⲥ ⲥⲁⲡ̀ⲥⲁ ⲙ̀ⲙⲁⲩⲁ̀ⲧⲟⲩ ⲉⲩϫⲱ ⲙ̀ⲙⲟⲥ ϫⲉ ⲁϫⲟⲥ ⲛⲁⲛ ϫⲉ ⲁ̀ⲣⲉ ⲛⲁⲓ ⲛⲁϣⲱⲡⲓ ⲛ̀ⲑⲛⲁⲩ : ⲟⲩⲟϩ ⲁ̀ϣ ⲡⲉ ⲡⲓⲙⲏⲓⲛⲓ ⲛ̀ⲧⲉ ⲡⲉⲕϫⲓⲛⲓ̀ ⲛⲉⲙ ⲧ̀ϧⲁⲉ̀ ⲛ̀ⲧⲉ ⲡⲁⲓ ⲉ̀ⲛⲉϩ : Ⲟⲩⲟϩ ⲁϥⲉ̀ⲣⲟⲩⲱ̀ ⲛ̀ϫⲉ Ⲓ̅ⲏ̅ⲥ̅ ⲡⲉϫⲁϥ ⲛⲱⲟⲩ : ϫⲉ ⲁ̀ⲛⲁⲩ ⲙ̀ⲡⲉⲣⲭⲁⲥ ⲛ̀ⲧⲉ ⲟⲩⲁⲓ ⲥⲉⲣⲉⲙ ⲑⲏⲛⲟⲩ : Ⲉ̀ⲣⲉ ⲟⲩⲙⲏϣ ⲅⲁⲣ ⲓ̀ ϧⲉⲛ ⲡⲁⲣⲁⲛ ⲉⲩϫⲱ ⲙ̀ⲙⲟⲥ : ϫⲉ ⲁ̀ⲛⲟⲕ ⲡⲉ Ⲡ̅ⲭ̅ⲥ̅ : ⲟⲩⲟϩ ⲉⲩⲉ̀ⲥⲉⲣⲉⲙ ⲟⲩⲙⲏϣ. Ⲉ̀ⲣⲉⲧⲉⲛⲉ̀ⲥⲱⲧⲉⲙ ⲇⲉ ⲛ̀ϩⲁⲛⲃⲱⲧⲟⲥ ⲛⲉⲙ ϩⲁⲛⲥⲙⲏ ⲙ̀ⲃⲱⲧⲟⲥ : ⲁ̀ⲛⲁⲩ ⲙ̀ⲡⲉⲣϣⲑⲟⲣⲧⲉⲣ ϩⲱϯ ⲅⲁⲣ ⲡⲉ ⲛ̀ⲧⲟⲩϣⲱⲡⲓ : ⲁⲗⲗⲁ ⲙ̀ⲡⲁⲧⲉ ⲧ̀ϧⲁⲉ̀ ϣⲱⲡⲓ : Ⲉ̀ⲣⲉ ⲟⲩⲉⲑⲛⲟⲥ ⲅⲁⲣ ⲧⲱⲛϥ ⲉ̀ϫⲉⲛ ⲟⲩⲉⲑⲛⲟⲥ ⲟⲩⲟϩ ⲟⲩⲙⲉⲧⲟⲩⲣⲟ ⲉ̀ϫⲉⲛ ⲟⲩⲙⲉⲧⲟⲩⲣⲟ : ⲟⲩⲟϩ ⲉⲩⲉ̀ϣⲱⲡⲓ ⲛ̀ϫⲉ ϩⲁⲛ ⲙⲟⲛⲙⲉⲛ ⲛⲉⲙ ϩⲁⲛϩ̀ⲕⲟ ⲛⲉⲙ ϩⲁⲛⲙⲟⲩ ⲕⲁⲧⲁⲙⲁ : Ⲛⲁⲓ ⲇⲉ ⲧⲏⲣⲟⲩ ϩⲏ ⲛ̀ⲛⲓⲛⲁⲕϩⲓ ⲛⲉ. Ⲧⲟⲧⲉ ⲉⲩⲉ̀ϯⲑⲏⲛⲟⲩ ⲉ̀ϧ̀ⲣⲏⲓ ⲉ̀ⲡ ϩⲟϫϩⲉϫ ⲟⲩⲟϩ ⲉⲩⲉ̀ϧⲱⲧⲉⲃ ⲑⲏⲛⲟⲩ : ⲟⲩⲟϩ ⲉ̀ⲣⲉⲧⲉⲛⲉ̀ϣⲱⲡⲓ ⲉⲩⲙⲟⲥϯ ⲙ̀ⲙⲱⲧⲉⲛ ⲛ̀ϫⲉ ⲛⲓⲉⲑⲛⲟⲥ ⲧⲏⲣⲟⲩ ⲉⲑⲃⲉ ⲡⲁⲣⲁⲛ : Ⲧⲟⲧⲉ ⲉ̀ⲣⲉⲟⲩⲙⲏϣ ⲭⲁⲧⲟⲧⲟⲩ ⲉ̀ⲃⲟⲗ : ⲟⲩⲟϩ ⲉⲩⲉ̀ϯ ⲛ̀ⲛⲟⲩⲉ̀ⲣⲛⲏⲟⲩ : ⲟⲩⲟϩ ⲉⲩⲉ̀ⲙⲉⲥⲧⲉ ⲛⲟⲩⲉ̀ⲣⲛⲏⲟⲩ : Ⲟⲩⲟϩ ⲟⲩⲙⲏϣ ⲙ̀ⲡⲣⲟⲫⲏⲧⲏⲥ ⲛ̀ⲛⲟⲩϫ ⲉⲩⲉ̀ⲧⲱⲟⲩⲛⲟⲩ ⲟⲩⲟϩ ⲉⲩⲉ̀ⲥⲉⲣⲉⲙ ⲟⲩⲙⲏϣ. Ⲟⲩⲟϩ ⲉⲑⲃⲉ ⲡ̀ⲁ̀ϣⲁⲓ ⲛ̀ⲧⲉ ϯⲁ̀ⲛⲟⲙⲓⲁ̀ ⲧ̀ⲁ̀ⲅⲁⲡⲏ ⲛ̀ⲟⲩⲙⲏϣ ⲉⲥⲉ̀ϩⲟⲣϣ : Ⲫⲏ ⲇⲉ ⲉⲑⲛⲁ ⲁ̀ⲙⲟⲛⲓ ⲛ̀ⲧⲟⲧ ϥ ϣⲁⲉ̀ⲃⲟⲗ ⲫⲁⲓ ⲡⲉ ⲫⲏⲉⲑⲛⲁⲛⲟϩⲉⲙ : Ⲟⲩⲟϩ ⲉⲩⲉ̀ϩⲓⲱⲓϣ ⲙ̀ⲡⲁⲓ ⲉⲩⲁⲅⲅⲉⲗⲓⲟⲛ ⲛ̀ⲧⲉ ϯ ⲙⲉⲧⲟⲩⲣⲟ ϧⲉⲛ ϯⲟⲓⲕⲟⲩⲙⲉⲛⲏ ⲧⲏⲣⲥ

ⲉⲩⲙⲉⲧⲙⲉⲑⲣⲉ ⲛ̀ⲛⲓⲉⲑⲛⲟⲥ ⲧⲏⲣⲟⲩ ⲧⲟⲧⲉ ⲉⲥⲉ̀ⲓ̀ ⲛ̀ϫⲉ ϯϧⲁⲉ̀. Ⲉϣⲱⲡ ⲇⲉ ⲛ̀ⲧⲉⲧⲉⲛⲛⲁⲩ ⲉ̀ⲡⲓⲥⲱϥ ⲛ̀ⲧⲉⲡ̀ϣⲁϥⲉ ⲫⲏⲉ̀ⲧⲁϥϫⲟϥ ⲉⲃⲟⲗϩⲓⲧⲉⲛ Ⲇⲁⲛⲓⲏⲗ ⲡⲓ̀ⲡⲣⲟⲫⲏⲧⲏⲥ ⲉϥⲟϩⲓ ⲉ̀ⲣⲁⲧϥ ϧⲉⲛ ⲡⲓⲙⲁ ⲉⲑⲟⲩⲁⲃ ⲫⲏⲉⲧⲱϣ ⲙⲁⲣⲉϥⲕⲁϯ : Ⲧⲟⲧⲉ ⲛⲏⲉⲧϧⲉⲛ ϯⲓⲟⲩⲇⲉⲁ̀ ⲙⲁⲣⲟⲩⲫⲱⲧ ϩⲓϫⲉⲛ ⲛⲓⲧⲱⲟⲩ : Ⲟⲩⲟϩ ⲫⲏⲉⲧⲭⲏ ϩⲓϫⲉⲛ ⲡ̀ϫⲉⲛⲉⲫⲱⲣ ⲙ̀ⲡⲉⲛ̀ⲑⲣⲉϥⲓ̀ ⲉ̀ⲡⲉⲥⲏⲧ ⲉⲉ̀ⲗ ⲛⲏⲉⲧⲭⲏ ϧⲉⲛ ⲡⲉϥⲏⲓ. Ⲟⲩⲟϩ ⲫⲏⲉⲧⲭⲏ ϧⲉⲛ ⲧⲕⲟⲓ ⲙ̀ⲡⲉⲛ̀ⲑⲣⲉϥⲕⲟⲧϥ ⲉ̀ⲫⲁϩⲟⲩ ⲉⲉ̀ⲗ ⲡⲉϥϩ̀ⲃⲱⲥ : Ⲟⲩⲟⲓ ⲇⲉ ⲛ̀ⲛⲏⲉⲧⲉ ⲙ̀ⲃⲟⲕⲓ ⲛⲉⲙ ⲛⲏⲉⲧϯⲃⲓ ϧⲉⲛ ⲛⲓⲉ̀ϩⲟⲟⲩ ⲉⲧⲉ̀ⲙ̀ⲙⲁⲩ : ⲧⲱⲃϩ ⲇⲉ̀ ϩⲓⲛⲁ̀ ⲛ̀ⲧⲉ ϣ̀ⲧⲉⲙ ⲡⲉⲧⲉⲛⲫⲱⲧ ϣⲱⲡⲓ ϧⲉⲛ ⲧ̀ⲫⲣⲱ ⲟⲩ̀ⲇⲉ ϧⲉⲛ ⲡ̀ⲥⲁⲃⲃⲁⲧⲟⲛ. Ⲉ̀ⲣⲉ ⲟⲩⲛⲓϣ̀ϯ ⲅⲁⲣ ⲛ̀ϩⲟϫϩⲉϫ ϣⲱⲡⲓ ϧⲉⲛ ⲡⲓⲥⲏⲟⲩ ⲉⲧⲉ̀ⲙ̀ⲙⲁⲩ : ⲙ̀ⲡⲉ ⲟⲩⲟⲛ ϣⲱⲡⲓ̀ⲙ̀ⲡⲉϥⲣⲏϯ ⲓⲥϫⲉⲛϩⲏ ⲙ̀ⲡⲓⲕⲟⲥⲙⲟⲥ ϣⲁ̀ϯⲛⲟⲩ : ⲟⲩ̀ⲇⲉ ⲟⲛ ⲛ̀ⲛⲉ ⲟⲩⲟⲛ ϣⲱⲡⲓ ⲙ̀ⲡⲉϥⲣⲏϯ.

Ⲟⲩⲟϩ ⲉ̀ⲃⲏⲗ ϫⲉ ⲁ̀ⲛⲓⲉ̀ϩⲟⲟⲩ ⲉⲧⲉ̀ⲙ̀ⲙⲁⲩ ⲉⲣⲕⲟⲩϫⲓ ⲛⲁⲩⲛⲁⲛⲟϩⲉⲙ ⲁⲛ ⲡⲉ ⲛ̀ϫⲉ ⲥⲁⲣⲝ ⲛⲓⲃⲉⲛ : ⲉⲑⲃⲉ ⲛⲓⲥⲱⲧⲡ ⲇⲉ ⲉ̀ⲣⲉ ⲛⲓⲉ̀ϩⲟⲟⲩ ⲉⲧⲉ̀ⲙ̀ⲙⲁⲩ ⲉⲣⲕⲟⲩϫⲓ. ⲧⲟⲧⲉ ⲁ̀ⲣⲉϣⲁⲛ ⲟⲩⲁⲓ ϫⲟⲥ ⲛⲱⲧⲉⲛ ϫⲉ ⲓⲥ Ⲡⲭ̅ⲥ̅ ⲧⲁⲓ ⲓⲉ ϥ̀ⲧⲏ ⲙ̀ⲡⲉⲣⲧⲉⲛϩⲟⲧⲟⲩ. Ⲉⲩⲉ̀ⲧⲱⲟ.ⲛⲟⲩ ⲅⲁⲣ ⲛ̀ϫⲉ ϩⲁⲛⲭⲥ ⲛ̀ⲛⲟⲩϫ ⲛⲉⲙ ϩⲁⲛ ⲡ̀ⲣⲟⲫⲏⲧⲏⲥ ⲛ̀ⲛⲟⲩϫ ⲟⲩⲟϩ ⲉⲩⲉ̀ϯⲛ̀ϩⲁⲛⲛⲓϣ̀ϯ ⲙ̀ⲙⲏⲓⲛⲓ ⲛⲉⲙ ϩⲁⲛ ϣ̀ⲫⲏⲣⲓ ϩⲱⲥⲧⲉ ⲉ̀ⲛⲉ ⲟⲩⲟⲛ̀ϣϫⲟⲙ ⲛ̀ⲥⲉⲥⲱⲣⲉⲙ ⲛ̀ⲛⲓⲕⲉⲥⲱⲧⲡ. Ⲓⲥϩⲏⲡⲡⲉ ⲁⲓⲉⲣϣⲟⲣⲡ ⲛ̀ϫⲟⲥ ⲛⲱⲧⲉⲛ.Ⲉϣⲱⲡ ⲇⲉ ⲁⲩϣⲁⲛϫⲟⲥ ⲛⲱⲧⲉⲛ ϫⲉ ⲓⲥ ϩⲏⲡⲡⲉ ⲉϥϩⲓ ⲡ̀ϣⲁϥⲉ ⲙ̀ⲡⲉⲣⲓ̀ ⲉ̀ⲃⲟⲗ : ϩⲏⲡⲡⲉ ⲉϥϧⲉⲛ ⲛⲓⲧⲁⲙⲓⲟⲛ ⲙ̀ⲡⲉⲣⲧⲉⲛϩⲟⲧⲟⲩ. Ⲙ̀ⲫⲣⲏϯ ⲅⲁⲣ ⲙ̀ⲡⲓⲥⲉⲧⲉⲃⲣⲏϫ ⲉ̀ϣⲁϥⲓ̀ ⲉ̀ⲃⲟⲗ ⲥⲁⲡⲉⲓⲉⲃⲧ ⲟⲩⲟϩ ⲛ̀ⲧⲉϥⲟⲩⲟⲛϩϥ ⲥⲁⲡⲉⲙⲉⲛⲧ ⲫⲁⲓ ⲡⲉ ⲙ̀ⲫⲣⲏϯ ⲙ̀ⲡ̀ϫⲓⲛⲓ ⲙ̀ⲡ̀ϣⲏⲣⲓ ⲙ̀ⲫ̀ⲣⲱⲙⲓ : Ⲡⲓⲙⲁ ⲉ̀ⲧⲉ ϯϣⲟⲗϩⲥ ⲙ̀ⲙⲟϥ ϣⲁⲩⲑⲱⲟⲩ̅ϯ ⲙ̀ⲙⲁⲩ ⲛ̀ϫⲉ ⲛⲓⲁ̀ϧⲱⲙ : Ⲥⲁⲧⲟⲧϥ ⲇⲉ ⲙⲉⲛⲉⲛⲥⲁ ⲡⲓϩⲟϫϩⲉϫ ⲛ̀ⲧⲉ ⲛⲓⲉ̀ϩⲟⲟⲩ ⲉ̀ⲧⲉ ⲙ̀ⲙⲁⲩ ⲫ̀ⲣⲏ ⲉϥⲉ̀ⲉ̀ⲣⲭⲁⲕⲓ : ⲟⲩⲟϩ ⲡⲓⲓⲟϩ ⲛ̀ⲛⲉϥ̀ϯ ⲙ̀ⲡⲉϥⲟⲩⲱⲓⲛⲓ : ⲟⲩⲟϩ ⲛⲓⲥⲓⲟⲩ ⲉⲩⲉ̀ϩⲉⲓ ⲉ̀ⲡⲉⲥⲏⲧ ⲉ̀ⲃⲟⲗϧⲉⲛ ⲧ̀ⲫⲉ : ⲟⲩⲟϩ ⲛⲓϫⲟⲙ ⲛ̀ⲧⲉ ⲛⲓⲫⲏⲟⲩⲓ̀ ⲉⲩⲉ̀ⲕⲓⲙ. Ⲧⲟⲧⲉ ⲉϥⲉⲟⲩⲟⲛϩϥ ⲛ̀ϫⲉ ⲡⲓⲙⲏⲓⲛⲓ ⲛ̀ⲧⲉ ⲡ̀ϣⲏⲣⲓ ⲙ̀ⲫ̀ⲣⲱⲙⲓ ϧⲉⲛ ⲧ̀ⲫⲉ : ⲧⲟⲧⲉ ⲉⲩⲉ̀ⲛⲉϩⲡⲓ ⲛ̀ϫⲉ ⲛⲓⲫⲩⲗⲏ ⲧⲏⲣⲟⲩ ⲛ̀ⲧⲉ ⲡ̀ⲕⲁϩⲓ ⲟⲩⲟϩ ⲉⲩⲉ̀ⲛⲁⲩ ⲉ̀ⲡ̀ϣⲏⲣⲓ ⲙ̀ⲫ̀ⲣⲱⲙⲓ ⲉϥⲛⲏⲟⲩ ⲉ̀ϫⲉⲛ ⲛⲓϭⲏⲡⲓ ⲛ̀ⲧⲉ ⲧ̀ⲫⲉ ⲛⲉⲙ ⲟⲩϫⲟⲙ ⲛⲉⲙ ⲟⲩⲛⲓϣ̀ϯ ⲛ̀ⲱⲟⲩ. Ⲟⲩⲟϩ ⲉϥⲉ̀ⲧⲁⲟⲩⲟ̀ ⲛ̀ⲛⲉϥⲁ̀ⲅⲅⲉⲗⲟⲥ ⲛⲉⲙ ⲟⲩⲛⲓϣ̀ϯ ⲛ̀ⲥⲁⲗⲡⲓⲅⲅⲟⲥ ⲟⲩⲟϩ ⲉⲩⲉ̀ⲑⲱⲟⲩϯ ⲛ̀ⲛⲉϥⲥⲱⲧⲡ ϧⲉⲛ ⲡⲓϥ̀ⲧⲉⲑⲏⲟⲩ : ⲓⲥϫⲉⲛ ⲁⲩⲣⲏϫⲟⲩ ⲛ̀ⲛⲓⲫⲏⲟⲩⲓ̀ ϣⲁⲁⲩⲣⲏϫⲟⲩ : Ⲉ̀ⲃⲟⲗϧⲉⲛ ϯⲃⲱ ⲛ̀ⲕⲉⲛⲧⲉ ⲁ̀ⲣⲓⲉ̀ⲙⲓ ⲉ̀ϯⲡⲁⲣⲁⲃⲟⲗⲏ : ϫⲉ ⲉϣⲱⲡ ϩⲏⲇⲏ ⲛ̀ⲧⲉ ⲛⲉⲥϫⲁⲗ̀ϭⲛⲟⲩⲛ ⲟⲩⲟϩ ⲛ̀ⲧⲉ ⲛⲉⲥϫⲱⲃⲓ ϯⲟⲩⲱ̀ⲉ̀ⲃⲟⲗ : ϣⲁⲣⲉⲧⲉⲛⲉ̀ⲙⲓ ϫⲉ ϥ̀ϧⲉⲛⲧ ⲛ̀ϫⲉ ⲡⲓϣⲱⲙ. Ⲡⲁⲓⲣⲏϯ ⲛ̀ⲑⲱⲧⲉⲛ ϩⲱⲧⲉⲛ ⲉ̀ϣⲱⲡ ⲁ̀ⲣⲉⲧⲉⲛϣⲁⲛⲛⲁⲩ ⲉ̀ⲛⲁⲓ ⲧⲏⲣⲟⲩ : ⲁ̀ⲣⲓⲉ̀ⲙⲓ ϫⲉ ϥ̀ϧⲉⲛⲧ ϩⲓⲣⲉⲛ ⲛⲓⲣⲱⲟⲩ : Ⲁ̀ⲙⲏⲛ ϯϫⲱ ⲙ̀ⲙⲟⲥ ⲛⲱⲧⲉⲛ ϫⲉ ⲛ̀ⲛⲉ ⲧⲁⲓ ⲅⲉⲛⲉⲁ̀ ⲥⲓⲛⲓ ϣⲁⲧⲉ ⲛⲁⲓ ⲧⲏⲣⲟⲩ ϣⲱⲡⲓ : Ⲧ̀ⲫⲉ ⲛⲉⲙ ⲡ̀ⲕⲁϩⲓ ⲛⲁⲥⲓⲛⲓ ⲁⲗⲗⲁ ⲛⲁⲥⲁϫⲓ ⲇⲉ ⲛ̀ⲛⲟⲩⲥⲓⲛⲓ :

Ⲟⲩⲱϣⲧ ⲙ̀ⲡⲓⲉⲩⲁⲅⲅⲉⲗⲓⲟⲛ ⲉ̅ⲑ̅ⲩ̅.

Matthew 24:3-35 | متى ٢٤ : ٣ – ٣٥

A reading from the Holy Gospel according to Saint Matthew.

فصل شريف من إنجيل معلمنا مار متى

البشير بركاته علينا آمين.

وَفِيمَا هُوَ جَالِسٌ عَلَى جَبَلِ الزَّيْتُونِ تَقَدَّمَ إِلَيْهِ التَّلاَمِيذُ عَلَى انْفِرَادٍ قَائِلِينَ: «قُلْ لَنَا مَتَى يَكُونُ هذَا وَمَا هِيَ عَلاَمَةُ مَجِيئِكَ وَانْقِضَاءِ الدَّهْرِ؟» فَأَجَابَ يَسُوعُ: «انْظُرُوا لاَ يُضِلَّكُمْ أَحَدٌ. فَإِنَّ كَثِيرِينَ سَيَأْتُونَ بِاسْمِي قَائِلِينَ :أَنَا هُوَ الْمَسِيحُ وَيُضِلُّونَ كَثِيرِينَ. وسوف تسمعون بحروب واخبار حروب . انظروا لا ترتاعوا . لانه لا بد ان تكون هذه كلها . ولكن ليس المنتهى بعد وَلَكِنَّ هَذِهِ كُلَّهَا مُبْتَدَأُ الأَوْجَاعِ. حِينَئِذٍ يُسَلِّمُونَكُمْ إِلَى ضِيقٍ وَيَقْتُلُونَكُمْ وَتَكُونُونَ مُبْغَضِينَ مِنْ جَمِيعِ الأُمَمِ لأَجْلِ اسْمِي. وَحِينَئِذٍ يَعْثُرُ كَثِيرُونَ وَيُسَلِّمُونَ بَعْضُهُمْ بَعْضاً وَيُبْغِضُونَ بَعْضُهُمْ بَعْضاً. وَيَقُومُ أَنْبِيَاءُ كَذَبَةٌ كَثِيرُونَ وَيُضِلُّونَ كَثِيرِينَ. وَلِكَثْرَةِ الإِثْمِ تَبْرُدُ مَحَبَّةُ الْكَثِيرِينَ. وَلَكِنِ الَّذِي يَصْبِرُ إِلَى الْمُنْتَهَى فَهَذَا يَخْلُصُ. وَيُكْرَزُ بِبِشَارَةِ الْمَلَكُوتِ هَذِهِ فِي كُلِّ الْمَسْكُونَةِ شَهَادَةً لِجَمِيعِ الأُمَمِ. ثُمَّ يَأْتِي الْمُنْتَهَى. «فَمَتَى نَظَرْتُمْ «رِجْسَةَ الْخَرَابِ» الَّتِي قَالَ عَنْهَا دَانِيآلُ النَّبِيُّ قَائِمَةً فِي الْمَكَانِ الْمُقَدَّسِ - لِيَفْهَمِ الْقَارِئُ - فَحِينَئِذٍ لِيَهْرُبِ الَّذِينَ فِي الْيَهُودِيَّةِ إِلَى الْجِبَالِ وَالَّذِي عَلَى السَّطْحِ فَلاَ يَنْزِلْ لِيَأْخُذَ مِنْ بَيْتِهِ شَيْئاً وَالَّذِي فِي الْحَقْلِ فَلاَ يَرْجِعْ إِلَى وَرَائِهِ لِيَأْخُذَ ثِيَابَهُ. وَوَيْلٌ لِلْحَبَالَى وَالْمُرْضِعَاتِ فِي تِلْكَ الأَيَّامِ! وَصَلُّوا لِكَيْ لاَ يَكُونَ هَرَبُكُمْ فِي شِتَاءٍ وَلاَ فِي سَبْتٍ لأَنَّهُ يَكُونُ حِينَئِذٍ ضِيقٌ

Now as He sat on the Mount of Olives, the disciples came to Him privately, saying, “Tell us, when will these things be? And what will be the sign of Your coming, and of the end of the age?” And Jesus answered and said to them: “Take heed that no one deceives you. For many will come in My name, saying, 'I am the Christ,' and will deceive many. And you will hear of wars and rumors of wars. See that you are not troubled; for all these things must come to pass, but the end is not yet. For nation will rise against nation, and kingdom against kingdom. And there will be famines, pestilences, and earthquakes in various places. All these are the beginning of sorrows. Then they will deliver you up to tribulation and kill you, and you will be hated by all nations for My name’s sake. And then many will be offended, will betray one another, and will hate one another. Then many false prophets will rise up and deceive many. And because lawlessness will abound, the love of many will grow cold. But he who endures to the end shall be saved. And this gospel of the kingdom will be preached in all the world as a witness to all the nations, and then the end will come.” Therefore when you see the 'abomination of desolation,' spoken of by Daniel the prophet, standing in the holy place” (whoever reads, let him understand), then let those who are in Judea flee to the mountains. Let him who is on the housetop not go down to take anything out of his house. And let him who is in the field not go back to get his clothes. But woe to those who are pregnant and to those who are nursing babies in those days! And pray that your flight may not be in winter or on the Sabbath. For then there will be great tribulation, such as has not been since the beginning of the world until this time, no, nor ever shall be. And unless those days were shortened, no flesh would be saved; but for the elect's sake those days will be shortened. Then if anyone says to you, 'Look, here is the Christ!' or 'There!' do not believe it. For false christs and false prophets will rise and show great signs and wonders to deceive, if possible, even the elect. See, I have told you beforehand.

Therefore if they say to you, 'Look, He is in the desert!' do not go out; or 'Look, He is in the inner rooms!' do not believe it. For as the lightning comes from the east and flashes to the west, so also will the coming of the Son of Man be. For wherever the carcass is, there the eagles will be gathered together." Immediately after the tribulation of those days the sun will be darkened, and the moon will not give its light; the stars will fall from heaven, and the powers of the heavens will be shaken. Then the sign of the Son of Man will appear in heaven, and then all the tribes of the earth will mourn, and they will see the Son of Man coming on the clouds of heaven with power and great glory. And He will send His angels with a great sound of a trumpet, and they will gather together His elect from the four winds, from one end of heaven to the other." Now learn this parable from the fig tree: When its branch has already

عَظِيمٌ لَمْ يَكُنْ مِثْلُهُ مُنْذُ ابْتِدَاءِ الْعَالَمِ إِلَى الآنَ وَلَنْ يَكُونَ .وَلَوْ لَمْ تُقَصَّرْ تِلْكَ الأَيَّامُ لَمْ يَخْلُصْ جَسَدٌ. وَلَكِنْ لأَجْلِ الْمُخْتَارِينَ تُقَصَّرُ تِلْكَ الأَيَّامُ. حِينَئِذٍ إِنْ قَالَ لَكُمْ أَحَدٌ: هُوَذَا الْمَسِيحُ هُنَا أَوْ هُنَاكَ فَلاَ تُصَدِّقُوا. لأَنَّهُ سَيَقُومُ مُسَحَاءُ كَذَبَةٌ وَأَنْبِيَاءُ كَذَبَةٌ وَيُعْطُونَ آيَاتٍ عَظِيمَةً وَعَجَائِبَ حَتَّى يُضِلُّوا لَوْ أَمْكَنَ الْمُخْتَارِينَ أَيْضاً. هَا أَنَا قَدْ سَبَقْتُ وَأَخْبَرْتُكُمْ. فَإِنْ قَالُوا لَكُمْ: هَا هُوَ فِي الْبَرِّيَّةِ فَلاَ تَخْرُجُوا! هَا هُوَ فِي الْمَخَادِعِ فَلاَ تُصَدِّقُوا! لأَنَّهُ كَمَا أَنَّ الْبَرْقَ يَخْرُجُ مِنَ الْمَشَارِقِ وَيَظْهَرُ إِلَى الْمَغَارِبِ هَكَذَا يَكُونُ أَيْضاً مَجِيءُ ابْنِ الإِنْسَانِ .لأَنَّهُ حَيْثُمَا تَكُنِ الْجُثَّةُ فَهُنَاكَ تَجْتَمِعُ النُّسُورُ» .وَلِلْوَقْتِ بَعْدَ ضِيقِ تِلْكَ الأَيَّامِ تُظْلِمُ الشَّمْسُ وَالْقَمَرُ لاَ يُعْطِي ضَوْءَهُ وَالنُّجُومُ تَسْقُطُ مِنَ السَّمَاءِ وَقُوَّاتُ السَّمَاوَاتِ تَتَزَعْزَعُ. وَحِينَئِذٍ تَظْهَرُ عَلاَمَةُ ابْنِ الإِنْسَانِ فِي السَّمَاءِ. وَحِينَئِذٍ تَنُوحُ جَمِيعُ قَبَائِلِ الأَرْضِ وَيُبْصِرُونَ ابْنَ الإِنْسَانِ آتِياً عَلَى سَحَابِ السَّمَاءِ بِقُوَّةٍ وَمَجْدٍ كَثِيرٍ. فَيُرْسِلُ مَلاَئِكَتَهُ بِبُوقٍ عَظِيمِ الصَّوْتِ فَيَجْمَعُونَ مُخْتَارِيهِ مِنَ الأَرْبَعِ الرِّيَاحِ مِنْ أَقْصَاءِ السَّمَاوَاتِ إِلَى أَقْصَائِهَا. فَمِنْ شَجَرَةِ التِّينِ تَعَلَّمُوا الْمَثَلَ: مَتَى صَارَ غُصْنُهَا رَخْصاً وَأَخْرَجَتْ أَوْرَاقَهَا تَعْلَمُونَ أَنَّ الصَّيْفَ قَرِيبٌ. هَكَذَا أَنْتُمْ أَيْضاً مَتَى رَأَيْتُمْ هَذَا كُلَّهُ فَاعْلَمُوا أَنَّهُ قَرِيبٌ عَلَى الأَبْوَابِ. اَلْحَقَّ أَقُولُ لَكُمْ: لاَ يَمْضِي هَذَا الْجِيلُ حَتَّى يَكُونَ هَذَا كُلُّهُ.

become tender and puts forth leaves, you know that summer is near. So you also, when you see all these things, know that it is near--at the doors! Assuredly, I say to you, this generation will by no means pass away till all these things take place. Heaven and earth will pass away, but My words will by no means pass away.

Bow down before the Holy Gospel.
Glory be to God forever.

اَلسَّمَاءُ وَالأَرْضُ تَزُولاَنِ وَلَكِنَّ كَلاَمِي لاَ يَزُولُ.

أسجدوا للإنجيل المقدس.
والمجد لله دائماً.

Commentary

The Commentary of the Ninth Hour of Tuesday of Holy Pascha, may its blessings be with us all. Amen.

Come all you people of Jerusalem to the Mount of Olives to see Jesus of Nazareth, the Son of David and the Word of the Father, sitting there surrounded by his inquiring disciples. They spoke to Him concerning the temple, the great stones with which it was built, and how it was well decorated. Our Merciful Savior, who guides those who trust him and reassures their hearts about the future, replied peacefully and knowledgeably saying, "Do not let anyone mislead you about any matter when you face temptations. For nation shall rise against nation, and kingdom against kingdom. There will be earthquakes and troubles in diverse places, there will be great afflictions and calamities on earth. Know that you will be hated and killed by all nations for the sake of His name. Persevere so that you may be saved.

طرح

طرح الساعة التاسعة من يوم الثلاثاء من البصخة المقدسة بركتها علينا. آمين.

يا جميع سكان أورشليم، تعالوا لنمضى إلى جبل الزيتون لننظر يسوع الناصرى ابن داود كلمة الآب جالساً هناك، وتلاميذه محيطون به يسألونه. فأعلموه أولاً عن بناء الهيكل، وحجارته العظيمة، وكمال زينته. فأجاب مخلصنا الكثير الرحمة مرشد كل أحد يتوكل عليه، بهدوء ومعرفة، يثبت قلوبهم على ما سوف يكون: أنظروا لا يضلكم أحد فى شئ إذا وقعتم فى التجارب. فسوف تقوم أمة على أمة، ومملكة على مملكة. وتكون زلازل وأوبئة فى أماكن. وتكون الشدائد والضوائق على الأرض. واعلموا أنهم سوف يقتلونكم، والأمم يبغضونكم. هذا يفعلونه بكم من أجل اسمى. فأصبروا أنتم لكى تخلصوا.

Eleventh Hour of Tuesday

الساعة الحادية عشر من يوم الثلاثاء

Ⲏⲥⲁⲏⲁⲥ Ⲕⲉⲫ ⲗ̅ : ⲕⲉ ϣⲃⲗ

Ⲉ̀ⲃⲟⲗϧⲉⲛ Ⲏ̀ⲥⲁⲏ̀ⲁⲥ ⲡⲓⲡ̀ⲣⲟⲫⲏⲧⲏⲥ: ⲉ̀ⲣⲉⲡⲉϥⲥ̀ⲙⲟⲩ ⲉ̀ⲑⲟⲩⲁⲃ ϣⲱⲡⲓ ⲛⲉⲙⲁⲛ ⲁ̀ⲙⲏⲛ ⲉϥϫⲱ ⲙ̀ⲙⲟⲥ.

Ⲟⲩⲟϩ ⲉⲥⲉ̀ϣⲱⲡⲓ ϧⲉⲛ ⲡⲓⲉ̀ϩⲟⲟⲩ ⲉ̀ⲧⲉ̀ⲙ̀ⲙⲁⲩ ⲉ̀ϫⲉⲛ ⲧⲱⲟⲩ ⲛⲓⲃⲉⲛ ⲉⲧϭⲟⲥⲓ : ⲛⲉⲙ ⲉ̀ϫⲉⲛ ⲕⲁⲗⲁⲙⲫⲟ ⲛⲓⲃⲉⲛ ⲉⲧϩ̀ⲗⲟⲩⲗⲱⲟⲩ : ⲛ̀ϫⲉ ⲟⲩⲙⲱⲟⲩ ⲉϥⲥⲱⲕ ⲙ̀ⲡⲓⲉ̀ϩⲟⲟⲩ ⲉⲧⲉ ⲙ̀ⲙⲁⲩ : ⲉ̀ϣⲱⲡ ⲁ̀ⲣⲉϣⲁⲛ ⲟⲩⲙⲏϣ ⲧⲁⲕⲟ : ⲛ̀ⲧⲉϥϩⲉⲓ ⲛ̀ϫⲉ ⲡⲓⲡⲩⲣⲅⲟⲥ. Ⲛ̀ⲧⲉ ⲫⲟⲩⲱⲓⲛⲓ ⲙ̀ⲡⲓⲓⲟϩ ⲉⲣⲙ̀ⲫⲣⲏϯ ⲙ̀ⲫⲣⲏ : ⲟⲩⲟϩ ⲫⲟⲩⲱⲓⲛⲓ ⲙ̀ⲫⲣⲏ ⲛ̀ϣⲁϣϥ ⲛ̀ⲕⲱⲃ : ⲙ̀ⲡⲓⲉ̀ϩⲟⲟⲩ ⲉⲧⲉ ⲙ̀ⲙⲁⲩ : ⲁϥϣⲁⲛⲧⲁⲗϭⲟ ⲙ̀ⲡ̀ϧⲟⲙϧⲉⲙ ⲙ̀ⲡⲉϥⲗⲁⲟⲥ : ⲟⲩⲟϩ ⲁϥϣⲁⲛ ⲧⲁⲗϭⲟ ⲙ̀ⲡⲉⲧⲕⲁⲥ ⲛ̀ⲧⲉ ⲡⲉⲕⲉⲣϧⲟⲧ : Ⲓⲥ ⲫⲣⲁⲛ Ⲡ̀ⲟ̅ⲥ̅ ⲛⲏⲟⲩ ϩⲓⲧⲉⲛ ⲟⲩⲛⲓϣϯ ⲛ̀ⲥⲛⲟⲩ : ⲟⲩϫⲱⲛⲧ ⲉϥⲙⲟϩ ⲛⲉⲙ ⲟⲩⲱ̀ⲟⲩ ⲡⲉ ⲡ̀ⲥⲁϫⲓ ⲛ̀ⲧⲉⲛⲉϥ ⲥ̀ⲫⲟⲧⲟⲩ : ⲡⲓⲥⲁϫⲓ ⲇⲉ ⲉϥⲙⲟϩ ⲛ̀ϫⲱⲛⲧ : ⲟⲩⲟϩ ⲡ̀ϫⲱⲛⲧ ⲛ̀ⲧⲉ ⲡⲉϥⲙ̀ⲃⲟⲛ ⲉϥⲉ̀ⲟⲩⲱⲙ ⲙ̀ⲫⲣⲏϯ ⲛ̀ⲟⲩⲭⲣⲱⲙ. Ⲡⲉϥⲡ̅ⲛ̅ⲁ̅ ⲛⲏⲟⲩ ⲙ̀ⲫⲣⲏϯ ⲛ̀ⲟⲩⲙⲱⲟⲩ ⲉϥⲥⲱⲕ : ϧⲉⲛ ⲟⲩⲙⲟⲩⲛⲥⲱⲣⲉⲙ ϣⲁ ⲛⲓⲙⲟϯ : ⲟⲩⲟϩ ⲉϥⲉ̀ⲫⲱϣ ϣⲑⲟⲣⲧⲉⲣ ⲉ̀ⲛⲓⲉ̀ⲑⲛⲟⲥ : ⲉ̀ϫⲉⲛ ϯⲡ̀ⲗⲁⲛⲏ ⲉⲧϣⲟⲩⲓⲧ : ⲟⲩⲟϩ ⲟⲩⲟⲛ ⲟⲩⲡ̀ⲗⲁⲛⲏ ⲛⲁϭⲟϫⲓ ⲛ̀ⲥⲱⲟⲩ : ⲟⲩⲟϩ ⲥⲉⲛⲁϭⲓⲧⲟⲩ : ⲙ̀ⲡⲟⲩⲙ̀ⲑⲟ ⲉ̀ⲃⲟⲗ. Ⲙⲏ ϩⲱϯ ⲉⲑⲣⲉⲧⲉⲛ ⲉⲣⲉⲩ̀ⲫⲣⲁⲛⲓⲥⲑⲉ ⲛ̀ⲥⲛⲟⲩ ⲛⲓⲃⲉⲛ : ⲟⲩⲟϩ ⲉ̀ ϣⲉ ⲉ̀ϧⲟⲩⲛ ⲉⲛⲏⲉⲑⲩ ⲛ̀ⲧⲏⲓ ⲛ̀ⲥⲛⲟⲩ ⲛⲓⲃⲉⲛ : ⲙ̀ⲫⲣⲏϯ ⲛ̀ⲛⲏⲉⲧⲉⲣϣⲁⲓ ⲟⲩⲟϩ ⲉⲧⲟⲩⲛⲟϥ : ⲉ̀ϣⲉ ⲉ̀ϧⲟⲩⲛ ⲛⲉⲙ ⲟⲩⲥⲏⲃⲓ ⲛ̀ϫⲱ ⲉ̀ⲡⲓⲧⲱⲟⲩ ⲛ̀ⲧⲉ Ⲫϯ ⲉ̀ⲣⲁⲧϥ ⲙ̀ⲡⲓⲛⲟⲩϯ ⲉⲧϫⲟⲣ : ⲟⲩⲟϩ ⲫⲏⲉⲑⲩ ⲛ̀ⲧⲉ ⲡ̀Ⲓ̅ⲥ̅ⲗ̅ : Ⲟⲩⲟϩ Ⲫϯ ⲉϥⲉ̀ⲑ̀ⲣⲟⲩⲥⲱⲧⲉⲙ ⲉ̀ⲡⲱⲟⲩ ⲛ̀ⲧⲉϥⲥ̀ⲙⲏ : ⲟⲩⲟϩ ϥⲛⲁⲟⲩⲱⲛϩ ⲉ̀ⲃⲟⲗ ⲙ̀ⲡ̀ϫⲱⲛⲧ ⲙ̀ⲡⲉϥϣⲱⲃϣ : ⲛ̀ⲧⲉϥⲓ̀ⲛⲓ ⲉ̀ϫⲱⲟⲩ ⲛ̀ϩⲁⲛϭⲁ̀ⲗⲁⲩϫ ⲛ̀ϫⲟⲛⲥ : ⲛⲉⲙ ⲟⲩϫⲱⲛⲧ ⲛ̀ⲧⲉ ⲟⲩⲙ̀ⲃⲟⲛ : ⲛⲉⲙ ⲟⲩϣⲁϩ ⲛ̀ⲧⲉ ⲟⲩⲙ̀ⲃⲟⲛ ⲉϥⲉⲟⲩⲱⲙ ⲙ̀ⲫⲣⲏϯ ⲛ̀ⲟⲩⲙⲱⲟⲩ ⲛⲉⲙ ⲟⲩⲁ̀ⲗ ⲉⲩⲛⲏⲟⲩ ⲉ̀ⲡⲉⲥⲏⲧ ⲛ̀ϫⲟⲛⲥ ⲉⲩⲥⲟⲡ :

Ⲟⲩⲱ̀ⲟⲩ ⲛ̀ϯⲧ̀ⲣⲓⲁⲥ ⲉ̀ⲑⲟⲩⲁⲃ ⲡⲉⲛⲛⲟⲩϯ ϣⲁ ⲉ̀ⲛⲉϩ ⲛⲉⲙ ϣⲁ ⲉ̀ⲛⲉϩ ⲛ̀ⲧⲉ ⲛⲓⲉ̀ⲛⲉϩ ⲧⲏⲣⲟⲩ: ⲁ̀ⲙⲏⲛ.

Isaiah 30: 25-30

A reading from Isaiah the Prophet may his blessings be with us Amen.

There will be on every high mountain And on every high hill Rivers and streams of waters, In the day of the great slaughter, When the towers fall. Moreover the light of the moon will be as the light of the sun, And the light of

اشعياء ٣٠: ٢٥ الخ

من اشعياء النبى بركته المقدسة تكون معنا، آمين.

وَيَكُونُ عَلَى كُلِّ جَبَلٍ عَالٍ وَعَلَى كُلِّ أَكَمَةٍ مُرْتَفِعَةٍ سَوَاقٍ وَمَجَارِي مِيَاهٍ فِي يَوْمِ الْمَقْتَلَةِ الْعَظِيمَةِ حِينَمَا تَسْقُطُ الأَبْرَاجُ. وَيَكُونُ نُورُ

the sun will be sevenfold, As the light of seven days, In the day that the Lord binds up the bruise of His people And heals the stroke of their wound. Behold, the name of the Lord comes from afar, Burning with His anger, And His burden is heavy; His lips are full of indignation, And His tongue like a devouring fire. His breath is like an overflowing stream, Which reaches up to the neck, To sift the nations with the sieve of futility; And there shall be a bridle in the jaws of the people, Causing them to err. You shall have a song As in the night when a holy festival is kept, And gladness of heart as when one goes with a flute, To come into the mountain of the Lord, To the Mighty One of Israel. The Lord will cause His glorious voice to be heard, And show the descent of His arm, With the indignation of His anger And the flame of a devouring fire, With scattering, tempest, and hailstones.

Glory be to the Holy Trinity our God unto the age of all ages, Amen.

الْقَمَرِ كَنُورِ الشَّمْسِ وَنُورُ الشَّمْسِ يَكُونُ سَبْعَةَ أَضْعَافٍ كَنُورِ سَبْعَةِ أَيَّامٍ فِي يَوْمِ يَجْبُرُ الرَّبُّ كَسْرَ شَعْبِهِ وَيَشْفِي رَضَّ ضَرْبِهِ. هُوَذَا اسْمُ الرَّبِّ يَأْتِي مِنْ بَعِيدٍ. غَضَبُهُ مُشْتَعِلٌ وَالْحَرِيقُ عَظِيمٌ. شَفَتَاهُ مُمْتَلِئَتَانِ سَخَطاً وَلِسَانُهُ كَنَارٍ آكِلَةٍ وَنَفْخَتُهُ كَنَهْرٍ غَامِرٍ يَبْلُغُ إِلَى الرَّقَبَةِ. لِغَرْبَلَةِ الأُمَمِ بِغُرْبَالِ السُّوءِ وَعَلَى فُكُوكِ الشُّعُوبِ رَسَنٌ مُضِلٌّ. تَكُونُ لَكُمْ أُغْنِيَةٌ كَلَيْلَةِ تَقْدِيسِ عِيدٍ وَفَرَحُ قَلْبٍ كَالسَّائِرِ بِالنَّايِ لِيَأْتِيَ إِلَى جَبَلِ الرَّبِّ إِلَى صَخْرِ إِسْرَائِيلَ. وَيُسَمِّعُ الرَّبُّ جَلاَلَ صَوْتِهِ وَيُرِي نُزُولَ ذِرَاعِهِ بِهَيَجَانِ غَضَبٍ وَلَهِيبِ نَارٍ آكِلَةٍ نَوْءٍ وَسَيْلٍ وَحِجَارَةِ بَرَدٍ.

مجداً للثالوث القدوس الهنا إلى الأبد وإلى أبد الآبدين كلها، آمين.

Ⲛⲓⲡⲁⲣⲟⲙⲓⲁ̀ ⲛ̀ⲧⲉ Ⲥⲟⲗⲟⲙⲱⲛ Ⲕⲉⲫ ⲋ̅: ⲕⲁ ϣⲃⲗ ⲛⲉⲙ Ⲕⲉⲫ ⲍ̅ : ⲁ̅ - ⲇ̅

Ⲉ̀ⲃⲟⲗ ϧⲉⲛ Ⲛⲓⲡⲁⲣⲟⲙⲓⲁ̀ ⲛ̀ⲧⲉ Ⲥⲟⲗⲟⲙⲱⲛ ⲡⲓⲡ̀ⲣⲟⲫⲏⲧⲏⲥ: ⲉ̀ⲣⲉ ⲡⲉϥⲥ̀ⲙⲟⲩ ⲉ̀ⲑⲟⲩⲁⲃ ϣⲱⲡⲓ ⲛⲉⲙⲁⲛ ⲁ̀ⲙⲏⲛ ⲉϥϫⲱ ⲙ̀ⲙⲟⲥ.

Ⲡⲁϣⲏⲣⲓ ⲁ̀ⲣⲉϩ ⲉ̀ⲛⲓⲛⲟⲙⲟⲥ ⲛ̀ⲧⲉ ⲡⲉⲕⲓⲱⲧ : ⲟⲩⲟϩ ⲙ̀ⲡⲉⲣⲭⲱ̀ⲛⲥⲱⲕ ⲛ̀ⲛⲓⲥⲟϭⲛⲓ ⲛ̀ⲧⲉ ⲧⲉⲕⲙⲁⲩ : ⲙⲟⲣⲟⲩ ⲉ̀ⲧⲉⲕⲯⲩⲭⲏ ϧⲉⲛ ⲟⲩⲧⲁϫⲣⲟ : ⲛ̀ⲧⲉⲕⲁⲓⲧⲟⲩ ⲛ̀ⲟⲩⲭⲗⲁⲗ ⲉ̀ⲡⲉⲕⲙⲟϯ : ⲉ̀ϣⲱⲡ ⲁⲕϣⲁⲛⲙⲟϣⲓ ⲁ̀ⲗⲓⲧⲟⲩ ⲛⲉⲙⲁⲕ : Ⲟⲩⲟϩ ⲙⲁⲣⲉⲥϣⲱⲡⲓ ⲛⲁⲕ ⲁⲕϣⲁⲛ ⲉⲛⲕⲟⲧ ⲙⲁⲣⲉⲥⲁ̀ⲣⲉϩ ⲉ̀ⲣⲟⲕ : ϫⲉ ⲭⲁⲥ ⲁⲕϣⲁⲛ ⲧⲱⲛⲕ ⲛ̀ⲧⲉⲥ ⲥⲁϫⲓ ⲛⲉⲙⲁⲕ. ϯⲉⲛⲧⲟⲗⲏ ⲅⲁⲣ ⲛ̀ⲧⲉ Ⲫ̀ϯ ⲟⲩⲣⲉϥⲉⲣⲟⲩⲱⲓⲛⲓ ⲧⲉ : ⲡⲓⲛⲟⲙⲟⲥ ⲇⲉ ⲟⲩⲟⲩⲱⲓⲛⲓ ⲡⲉ ⲛ̀ⲧⲉⲙⲱⲓⲧ ⲛⲓⲃⲉⲛ. Ϣⲁⲣⲉ ϯⲥ̀ⲃⲱ ⲅⲁⲣ ϫ̀ⲫⲉ ⲛⲓⲙⲱⲓⲧ ⲛ̀ⲧⲉ ⲡⲓⲁ̀ϩⲓ : ϫⲉⲭⲁⲥ ⲉⲥⲉ̀ⲁ̀ⲣⲉϩ ⲉ̀ⲣⲟⲕ ⲉ̀ⲟⲩⲥϩⲓⲙⲓ ⲛ̀ⲑⲟⲕ ⲁⲛ ⲧⲉ : ⲛⲉⲙ ⲉ̀ⲃⲟⲗϩⲁⲟⲩ̀ⲇⲓⲁ̀ⲃⲁⲗⲏ̀ⲛ̀ⲗⲁⲥ̀ⲥⲛⲁⲩ : ⲛⲉⲙ ⲟⲩⲭⲣⲟϥ ⲛ̀ⲧⲉ ⲟⲩ̀ⲣⲱⲙⲓ ⲛ̀ϣⲉⲙⲙⲟ : Ⲙ̀ⲡⲉⲛ̀ⲑⲣⲉϥϭ̀ⲣⲟ ⲉ̀ⲣⲟⲕ ⲛ̀ϫⲉ ⲡ̀ⲥⲁⲓ ⲛ̀ⲧⲉ ⲟⲩ̀ⲉⲡⲓⲑⲩⲙⲓⲁ̀ : ⲟⲩⲟϩ ⲙ̀ⲡⲉⲛ̀ⲑⲣⲉⲥ ϫⲱⲣϫ ⲉ̀ⲣⲟⲕ : ⲟⲩⲟϩ ⲙ̀ⲡⲉⲛ̀ⲑⲣⲉⲥ ϩⲟⲗⲙⲉⲕ ϧⲉⲛ ⲛⲉⲥⲛⲟϩ : Ⲡ̀ⲧⲁⲓⲟ̀ ⲅⲁⲣ ⲛ̀ⲟⲩⲥ̀ϩⲓⲙⲓ ⲙ̀ⲡⲟⲣⲛⲏ ϣⲁ ⲟⲩⲱⲓⲕ ⲛ̀ⲟⲩⲱⲧ : ϣⲁⲣⲉ ⲧ̀ⲥ̀ϩⲓⲙⲓ ϫⲱⲣϫ ⲛ̀ⲧ̀ⲯⲩⲭⲏ ⲙ̀ⲡⲓⲣⲱⲙⲓⲉⲧⲧⲁⲓⲏⲟⲩⲧ : ⲙⲏ ⲟⲩⲟⲛ ⲟⲩⲁⲓ ⲛⲁⲙⲉⲣ ϩⲁⲛϫⲉⲃⲥ ⲛ̀ⲭⲣⲱⲙ ⲉ̀ⲕⲉⲛϥ ⲛ̀ⲧⲉϥ̀ϣⲧⲉⲙ ⲣⲱⲕϩ ⲛ̀ⲛⲉϥϩ̀ⲃⲱⲥ : ⲓⲉ ⲟⲩⲟⲛ ⲟⲩⲁⲓ ⲛⲁⲙⲟϣⲓ ⲉ̀ϫⲉⲛ ϩⲁⲛϫⲉⲃⲥ ⲛ̀ⲭⲣⲱⲙ ⲛ̀ⲧⲉϥ̀ϣⲧⲉⲙ ϫⲟϥϫⲉϥ ⲛⲉϥϭⲁ̀ⲗⲁⲩϫ. Ⲡⲁⲓⲣⲏϯ ⲟⲩⲣⲱⲙⲓ ⲉϥⲛⲁϣⲉ ⲉ̀ϧⲟⲩⲛ ϩⲁ̀ⲟⲩⲥ̀ϩⲓⲙⲓ ⲉ̀ⲟⲩⲟⲛϩⲁⲓ ⲛ̀ⲧⲁⲥ : ⲛ̀ⲛⲉϥϣⲱⲡⲓ ⲉϥⲧⲟⲩⲃⲏⲟⲩⲧ ⲉ̀ⲛⲟⲃⲓ : ⲟⲩⲇⲉ ⲟⲩⲟⲛ ⲛⲓⲃⲉⲛ ⲉⲧϭⲓⲛⲉⲙⲁⲥ : Ⲛ̀ⲟⲩϣ̀ⲫⲏⲣⲓ ⲁⲛ ⲡⲉ ⲁⲩϣⲁⲛ ϫⲉⲙ ⲟⲩⲁⲓ ⲉϥϭⲓⲟⲩⲓ̀ : ϥ̀ϭⲓⲟⲩⲓ̀ ⲅⲁⲣ ϫⲉ ⲉϥⲉ̀ⲧ̀ⲥⲓ ⲛ̀ⲧⲉϥⲯⲩⲭⲏ ⲉⲥϩⲟⲕⲉⲣ : ⲁⲩϣⲁⲛⲧⲁϩⲟϥ ⲇⲉ ϥ̀ⲛⲁⲧⲏⲓⲧⲟⲩ ⲛ̀ϣⲁϣϥ ⲛ̀ⲕⲱⲃ : ⲟⲩⲟϩ ϥ̀ⲛⲁϯ ⲛ̀ⲛⲉϥϩⲩⲡⲁⲣⲭⲟⲛⲧⲁ ⲧⲏⲣⲟⲩ ⲛ̀ⲧⲉϥ ⲧⲟⲩϫⲟϥ : ⲡⲓⲛⲱⲓⲕ ⲇⲉ ⲉⲑⲃⲉ ⲧⲉϥⲙⲉⲧⲁⲧϩⲏⲧ ⲉϥⲉ̀ϫⲫⲟ ⲛ̀ⲟⲩⲧⲁⲕⲟ ⲛ̀ⲧⲉϥ.ⲩⲕⲏ ϥ̀ⲛⲁϥⲁⲓ ϧⲁ ϩⲁⲛⲉⲙⲕⲁϩ ⲛ̀ϩⲏⲧ ⲛⲉⲙ ϩⲁⲛϣⲱϣ : ⲟⲩⲟϩ ⲡⲉϥϣ̀ⲫⲓⲧ ⲛⲁϥⲱϯ ⲉ̀ⲃⲟⲗ ⲁⲛ ϣⲁ ⲉ̀ⲛⲉϩ. Ⲡϫⲱⲛⲧ ⲙ̀ⲡⲉⲥϩⲁⲓ ⲙⲟϩ ⲅⲁⲣ ⲛ̀ⲭⲣⲱⲙ ⲙ̀ⲡⲁϥϯⲁ̀ⲥⲟ ⲅⲁⲣ ϧⲉⲛ ⲟⲩⲉ̀ϩⲟⲟⲩ ⲛ̀ϯϣⲉⲃⲓⲱ : ⲟⲩⲟϩ ϥ̀ⲛⲁⲭⲱⲡ ⲁⲛ ⲛ̀ⲧⲉϥⲙⲉⲧϫⲁϫⲓ ϧⲁϩ̀ⲗⲓ ⲛ̀ⲥⲱϯ : ⲟⲩⲇⲉ ϥ̀ⲛⲁⲃⲱⲗ ⲁⲛ ϧⲁϩ̀ⲗⲓ ⲛ̀ⲇⲱⲣⲟⲛ. Ⲡⲁϣⲏⲣⲓ : ⲁ̀ⲣⲉϩ ⲉ̀ ⲛⲁⲥⲁϫⲓ : ⲟⲩⲟϩ ⲛ̀ⲧⲉⲕ ⲭⲱⲡ ⲛ̀ⲛⲁⲉⲛⲧⲟⲗⲏ ϧⲁⲧⲟⲧⲕ : ⲙⲁⲧⲁⲓⲉ Ⲫϯ ⲧⲁⲣⲉⲕϫⲉⲙϫⲟⲙ : ⲟⲩⲟϩ ⲙ̀ⲡⲉⲣⲉⲣϩⲟϯ ϧⲁ ⲧ̀ϩⲏ ⲛ̀ⲕⲉⲟⲩⲁⲓ ⲉ̀ⲃⲏⲗ ⲉ̀ⲣⲟϥ : Ⲁ̀ⲣⲉϩ ⲉ̀ⲛⲁⲉⲛⲧⲟⲗⲏ ⲉ̀ⲕⲉ̀ⲱⲛϧ : ⲙⲟⲓ ⲛ̀ⲛⲁⲥⲁϫⲓ ⲉ̀ⲛⲉⲕⲧⲏⲃ ⲙ̀ⲫⲣⲏϯ ⲛ̀ⲧ̀ⲁⲗⲗⲟⲩ ⲛ̀ⲟⲩⲃⲁⲗ ⲥ̀ϧⲏⲧⲟⲩ ϩⲓϫⲉⲛ ⲡ̀ϣⲱⲕ ⲙ̀ⲡⲉⲕϩⲏⲧ : ⲁ̀ϫⲟⲥ ⲛ̀ϯⲥⲟⲫⲓⲁ̀ ϫⲉ ⲧⲁⲥⲱⲛⲓ : ⲟⲩⲟϩ ⲡⲓⲕⲁϯ ⲡⲉ ⲡⲉⲕⲣⲱⲙⲓ :

Ⲟⲩⲱ̀ⲟⲩ ⲛ̀ϯⲧ̀ⲣⲓⲁⲥ ⲉ̀ⲑⲟⲩⲁⲃ ⲡⲉⲛⲛⲟⲩϯ ϣⲁ ⲉ̀ⲛⲉϩ ⲛⲉⲙ ϣⲁ ⲉ̀ⲛⲉϩ ⲛ̀ⲧⲉ ⲛⲓⲉ̀ⲛⲉϩ ⲧⲏⲣⲟⲩ: ⲁ̀ⲙⲏⲛ.

Proverbs 6:20-7:4

A reading from the book of Proverbs of Solomon the Prophet may his blessings be with us Amen.

My son, keep your father's command, And do not forsake the law of your mother. Bind them continually upon your heart; Tie them around your neck. When you roam, they will lead you; When you sleep, they will keep you; And when you awake, they will speak with you. For the commandment is a lamp, And the law a light; Reproofs of instruction are the way of life, To keep you from the evil woman, From the flattering tongue of a seductress. Do not lust after her beauty in your heart, Nor

أمثال سليمان ٦: ٢٠ - ٧: ١-٤

من أمثال سليمان النبى بركته المقدسة تكون معنا، آمين.

يَا ابْنِي احْفَظْ وَصَايَا أَبِيكَ وَلاَ تَتْرُكْ شَرِيعَةَ أُمِّكَ. اُرْبُطْهَا عَلَى قَلْبِكَ دَائِماً. قَلِّدْ بِهَا عُنُقَكَ. إِذَا ذَهَبْتَ تَهْدِيكَ. إِذَا نِمْتَ تَحْرُسُكَ وَإِذَا اسْتَيْقَظْتَ فَهِيَ تُحَدِّثُكَ. لأَنَّ الْوَصِيَّةَ مِصْبَاحٌ وَالشَّرِيعَةَ نُورٌ وَتَوْبِيخَاتِ الأَدَبِ طَرِيقُ الْحَيَاةِ. لِحِفْظِكَ مِنَ الْمَرْأَةِ الشِّرِّيرَةِ مِنْ مَلَقِ لِسَانِ الأَجْنَبِيَّةِ. لاَ تَشْتَهِيَنَّ جَمَالَهَا بِقَلْبِكَ وَلاَ تَأْخُذْكَ بِهُدُبِهَا. لأَنَّهُ بِسَبَبِ امْرَأَةٍ زَانِيَةٍ يَفْتَقِرُ الْمَرْءُ إِلَى رَغِيفِ خُبْزٍ وَامْرَأَةُ

let her allure you with her eyelids. For by means of a harlot a man is reduced to a crust of bread; And an adulteress will prey upon his precious life. Can a man take fire to his bosom, And his clothes not be burned? Can one walk on hot coals, And his feet not be seared? So is he who goes in to his neighbor's wife; Whoever touches her shall not be innocent. People do not despise a thief If he steals to satisfy himself when he is starving. Yet when he is found, he must restore sevenfold; He may have to give up all the substance of his house. Whoever commits adultery with a woman lacks understanding; He who does so destroys his own soul. Wounds and dishonor he will get, And his reproach will not be wiped away. For jealousy is a husband's fury; Therefore he will not spare in the day of vengeance. He will accept no recompense, Nor will he be appeased though you give many gifts.

My son, keep my words, And treasure my commands within you. Keep my commands and live, And my law as the apple of your eye. Bind them on your fingers; Write them on the tablet of your heart. Say to wisdom, "You are my sister," And call understanding your nearest kin.

Glory be to the Holy Trinity our God unto the age of all ages, Amen.

رَجُلٍ آخَرَ تَقْتَنِصُ النَّفْسَ الْكَرِيمَةَ. أَيَأْخُذُ إِنْسَانٌ نَاراً فِي حِضْنِهِ وَلاَ تَحْتَرِقُ ثِيَابُهُ؟ أَوَ يَمْشِي إِنْسَانٌ عَلَى الْجَمْرِ وَلاَ تَكْتَوِي رِجْلاَهُ؟ هَكَذَا مَنْ يَدْخُلُ عَلَى امْرَأَةِ صَاحِبِهِ. كُلُّ مَنْ يَمَسُّهَا لاَ يَكُونُ بَرِيئاً. لاَ يَسْتَخِفُّونَ بِالسَّارِقِ وَلَوْ سَرِقَ لِيُشْبِعَ نَفْسَهُ وَهُوَ جَوْعَانٌ. إِنْ وُجِدَ يَرُدُّ سَبْعَةَ أَضْعَافٍ وَيُعْطِي كُلَّ قِنْيَةِ بَيْتِهِ. أَمَّا الزَّانِي بِامْرَأَةٍ فَعَدِيمُ الْعَقْلِ. الْمُهْلِكُ نَفْسَهُ هُوَ يَفْعَلُهُ. ضَرْباً وَخِزْياً يَجِدُ وَعَارُهُ لاَ يُمْحَى. لأَنَّ الْغَيْرَةَ هِيَ حَمِيَّةُ الرَّجُلِ فَلاَ يُشْفِقُ فِي يَوْمِ الانْتِقَامِ. لاَ يَنْظُرُ إِلَى فِدْيَةٍ مَا وَلاَ يَرْضَى وَلَوْ أَكْثَرْتَ الرَّشْوَةَ.

يَا ابْنِي احْفَظْ كَلاَمِي وَاذْخَرْ وَصَايَايَ عِنْدَكَ. احْفَظْ وَصَايَايَ فَتَحْيَا وَشَرِيعَتِي كَحَدَقَةِ عَيْنِكَ. اُرْبُطْهَا عَلَى أَصَابِعِكَ. اكْتُبْهَا عَلَى لَوْحِ قَلْبِكَ. قُلْ لِلْحِكْمَةِ: «أَنْتِ أُخْتِي» وَادْعُ الْفَهْمَ ذَا قَرَابَةٍ.

مجداً للثالوث القدوس الهنا إلى الأبد وإلى أبد الآبدين كلها، آمين.

Ⲟⲩⲕⲁⲧⲏⲭⲏⲥⲓⲥ

Ⲟⲩⲕⲁⲧⲏⲭⲏⲥⲓⲥ ⲛ̀ⲧⲉ ⲡⲉⲛⲓⲱⲧ ⲉⲑⲩ Ⲁⲃⲃⲁ Ⲓⲱⲁ ⲡⲓⲭⲣⲩⲥⲟⲥⲧⲟⲙⲟⲥ: ⲉ̀ⲣⲉ ⲡⲉϥ̀ⲥⲙⲟⲩ ⲉⲑⲟⲩⲁⲃ ϣⲱⲡⲓ ⲛⲉⲙⲁⲛ ⲁ̀ⲙⲏⲛ.

ϯⲟⲩⲱϣ ⲇⲉ ⲟⲩⲛ ⲱ̀ⲛⲓ̀ⲥⲛⲏⲟⲩ ⲉ̀ϯⲙ̀ⲫⲙⲉⲩ̀ⲓ ⲛⲱⲧⲉⲛ ⲙ̀ⲡⲉϯϫⲱ ⲙ̀ⲙⲟϥ ⲛⲱⲧⲉⲛ ⲛ̀ⲟⲩⲙⲏϣ ⲛ̀ⲥⲟⲡ : ⲉ̀ⲧⲉ̀ⲫⲛⲁⲩ ⲡⲉ ⲉⲧⲉⲛϭⲓ ⲉ̀ⲃⲟⲗϧⲉⲛ ⲛⲓⲙⲩⲥⲧⲏⲣⲓⲟⲛ ⲉⲑⲩ ⲛ̀ⲧⲉ Ⲡⲭ̅ⲥ̅. Ⲁⲓϣⲁⲛⲛⲁⲩ ⲉ̀ⲣⲱⲧⲉⲛ ϧⲉⲛ ⲟⲩ̀ⲃⲱⲗ ⲉ̀ⲃⲟⲗ ⲛⲉⲙ ⲟⲩ̀ⲛⲓϣϯ ⲙ̀ⲙⲉⲧⲁⲧϩⲟϯ ⲉⲥⲉⲙ̀ⲡϣⲁ ⲛ̀ⲛⲉϩ̀ⲡⲓ ⲉ̀ⲣⲟⲥ ⲛ̀ⲧⲁⲣⲓⲙⲓ ⲉ̀ⲣⲟⲓ ⲙ̀ⲙⲓⲛ̀ⲙⲙⲟⲓ ⲟⲩⲟϩ̀ⲛⲧⲁϫⲟⲥϧⲉⲛ ⲡⲁⲙⲉⲩ̀ⲓ : ϫⲉ ϩⲁⲣⲁ ⲛⲁⲓ ⲥⲉ ⲥⲱⲟⲩⲛ ϩⲟⲗⲱⲥ ϫⲉ ⲉ̀ⲧⲟϩⲓ ⲉ̀ⲣⲁⲧⲟⲩ ⲉ̀ⲛⲓⲙ : ⲓⲉ ϫⲉ ⲥⲉⲉⲣⲛⲟⲓⲛ ⲉ̀ⲧϫⲟⲙ ⲙ̀ⲡⲓⲙⲩⲥⲧⲏⲣⲓⲟⲛ ϫⲉ ⲟⲩ̀ⲡⲉ : ⲟⲩⲟϩ ⲡⲁⲓⲣⲏϯ ϣⲁⲓ ⲙ̀ⲃⲟⲛ ϧⲉⲛⲡⲁⲟⲩⲱϣ ⲁⲛ : ⲓⲥϫⲉⲕ ⲛⲁⲓ ⲟⲩⲱϣ ⲉ̀ⲓ̀ ⲉ̀ⲃⲟⲗϧⲉⲛ ⲧⲉⲧⲉⲛⲙ̀ⲏϯ ϩⲓⲧⲉⲛ ⲡⲓϩⲟϫϩⲉϫ ⲛ̀ⲧⲉ ⲧⲁⲯⲩⲭⲏ : ⲟⲩⲟϩ ⲁⲥϣⲁⲛϣⲱⲡⲓ ⲛ̀ⲧⲁⲥⲟϩⲓ ⲛ̀ⲟⲩⲁⲓ ⲉ̀ⲃⲟⲗϧⲉⲛ ⲑⲏⲛⲟⲩ ⲛⲁϥⲉⲣ ⲁⲥⲑⲁⲛⲉⲥⲑⲉ ϩⲟⲗⲱⲥ : ⲁⲗⲗⲁ ϣⲁϥⲉⲣ ⲭⲣⲉⲙⲣⲉⲙ ⲛ̀ⲥⲱⲓ ϩⲱⲥ ⲉ̀ⲧⲁⲓϭⲓⲧϥ ⲛ̀ϫⲟⲛⲥ. Ⲱ̀ϯⲛⲓϣϯ ⲛ̀ϣ̀ⲫⲏⲣⲓ : ⲛⲏⲉⲧϭⲓⲑⲏⲛⲟⲩ ⲛ̀ϫⲟⲛⲥ ⲉⲧⲱ̀ⲗⲓ ⲛ̀ⲛⲉⲧⲉⲛⲉⲛ̀ⲭⲁⲓ ⲧⲉⲧⲉⲛϫⲱⲛⲧ ⲉ̀ⲣⲱⲟⲩ ⲁⲛ ⲙ̀ⲫ̀ⲣⲏϯ ⲉ̀ⲧⲉⲧⲉⲛϫⲱⲛⲧ ⲉ̀ⲣⲟⲓ ⲁ̀ⲛⲟⲕ ⲉⲑⲟⲩⲱϣ ⲙ̀ⲡⲉⲧⲉⲛⲟⲩϫⲁⲓ. ϯⲟⲓ ⲛ̀ϩⲟϯ ⲟⲩⲟϩ ϯⲛⲉϩϣⲉⲗϥ ⲉ̀ⲧⲁⲓⲉ̀ⲙⲓ ⲙ̀ⲡ̀ϯϣⲉⲃⲓⲱ ⲉⲑⲛⲁϣⲱⲡⲓ ⲛⲱⲧⲉⲛ ⲉ̀ⲃⲟⲗ ϩⲓⲧⲉⲛ Ⲫϯ : ⲉⲑⲃⲉ ⲡⲓⲣⲏϯ ⲉ̀ⲧⲉ ⲧⲉⲛⲉ̀ⲣⲕⲁⲧⲁⲫⲣⲟⲛⲓⲛ ⲙ̀ⲡⲁⲓ ⲛⲓϣϯ ⲙ̀ⲙⲩⲥⲧⲏⲣⲓⲟⲛ Ⲭⲁⲣⲁ ⲧⲉⲧⲉⲛⲉ̀ⲙⲓ ϫⲉ ⲛⲓⲙ ⲡⲉ ⲫⲁⲓ ⲉ̀ⲧⲉⲧⲉⲛⲟⲩⲱϣ ⲉ̀ϭⲓ ⲉ̀ⲃⲟⲗ̀ⲛ̀ϧⲏⲧϥ : ⲡⲓⲥⲱⲙⲁ ⲉⲑⲩ ⲛ̀ⲧⲉ Ⲫϯ ⲡⲓⲗⲟⲅⲟⲥ : ⲛⲉⲙ ⲡⲉϥ̀ⲥⲛⲟϥ ⲉ̀ⲧⲁϥⲧⲏⲓϥ ϧⲁⲡⲉⲛⲟⲩϫⲁⲓ. Ⲫⲁⲓⲁ̀ⲣⲉϣⲁⲛ ⲟⲩⲁⲓ ϭⲓ ⲉ̀ⲃⲟⲗ̀ⲛ̀ϧⲏⲧϥ ϧⲉⲛ ⲟⲩⲙⲉⲧⲁⲧⲉⲙ̀ⲡϣⲁ : ⲉϥⲉ̀ϣⲱⲡⲓ ⲛⲁϥ ⲛ̀ⲟⲩⲭⲣⲓⲙⲁ ⲛⲉⲙ ⲟⲩϫⲱⲣ ⲉ̀ⲃⲟⲗ. Ⲙ̀ⲫ̀ⲣⲏϯ ϩⲱϥ ⲉ̀ⲧⲁϥϣⲱⲡⲓ ⲛ̀Ⲓⲟⲩⲇⲁⲥ ⲫⲏ ⲉ̀ⲧⲁϥϯ ⲙ̀Ⲡ̅ⲟ̅ⲥ̅ ⲉ̀ⲃⲟⲗ ϧⲉⲛ ⲡ̀ϫⲓⲛⲑⲣⲉϥϭⲓ ⲉ̀ⲃⲟⲗ ⲛ̀ϧⲏⲧϥ ϧⲉⲛ ⲟⲩⲙⲉⲧⲁⲧⲙ̀ⲡϣⲁ :

Ⲙⲁⲣⲉⲛⲉⲣ ⲥ̀ⲫⲣⲁⲅⲓⲍⲓⲛ ⲛ̀ϯⲕⲁⲧⲏⲭⲏⲥⲓⲥ ⲛ̀ⲧⲉ ⲡⲉⲛⲓⲱⲧ ⲉⲑⲩ ⲁⲃⲃⲁ Ⲓⲱⲁ ⲡⲓⲭⲣⲩⲥⲟⲥⲧⲟⲙⲟⲥ : ⲫⲏⲉ̀ⲧⲁϥⲉⲣⲟⲩⲱⲓⲛⲓ ⲙ̀ⲡⲉⲛⲛⲟⲩⲥ : ⲛⲉⲙ ⲛⲓⲃⲁⲗ ⲛ̀ⲧⲉ ⲛⲉⲛϩⲏⲧ : ϧⲉⲛ ⲫ̀ⲣⲁⲛ ⲙ̀Ⲫⲓⲱⲧ ⲛⲉⲙ Ⲡ̀ϣⲏⲣⲓ ⲛⲉⲙ ⲡⲓⲡ̅ⲛ̅ⲁ̅ ⲉⲑ̅ⲩ̅ ⲟⲩⲛⲟⲩϯ ⲛ̀ⲟⲩⲱⲧ ⲁ̀ⲙⲏⲛ.

Homily

A homily of our Holy Father Abba John Chrysostom may his blessings be with us. Amen.

I want to remind you with what I repeatedly reiterated to you concerning our communion with the Holy sacraments which is of Christ.
I see you in a state of extreme looseness, permissiveness, and an alarming audacity and lamentable recklessness. I weep over my condition and ask

عظة

عظة لابينا القديس انبا يوحنا فم الذهب بركته المقدسة تكون معنا، آمين.

أريد أن أذكركم أيها الاخوة بما أقوله لكم مرات عديدة وقت تناولنا من أسرار المسيح المقدسة. إذا رأيتكم فى تراخ عظيم وعدم مخافة تستوجب النوح فإنى أبكى لنفسى وأقول فى فكرى. ألعل هؤلاء عارفون لمن هم قيام أو قوة هذا السر: وهكذا أغضب

myself; Do these people really know for whom do they stand? Or do these people realize the power of this sacrament? At this thought I become angry reluctantly. If I could go away, I would have left your community out of distraughtness. If I scold one of you, he disregards my words and resents the reprimand as if I were unfair to him. I am amazed that you do not get angry at those who violate you and plunder your possessions as much as you are angry at me; I who am keen over your salvation. I dread the thought that God's wrath may be inflicted upon you because of your disregard of this great sacrament.

Do you really know who is He you want to partake of? This is the Holy Body of God the Word, and His blood that he offered for our salvation.

Anyone who partakes in it undeservingly will suffer abominable punishment.

We conclude the homily of our Holy Father Abba John Chrysostom, who enlightened our minds and our hearts. In the name of the Father, and the Son, and the Holy Spirit, one God. Amen.

بغير إرادتى. وانى كنت أريد أن أخرج من وسطكم من ضيقة نفسى وإذا وبخت أحداً منكم لا يكترث لقولى. بل يتذمر على كأننى قد ظلمته. ياللعجب العظيم أن الذين يظلمونكم ويسلبون أمتعتكم لا تغضبون عليهم كغضبكم على أنا الذى أريد خلاصكم أنا خائف ومرتعد حين علمت بعقاب الله الذى سيحل بكم بسبب تهاونكم بهذا السر العظيم. ألعلكم تعلمون من هو هذا الذى تريدون أن تتناولوا منه. هو الجسد المقدس الذى لله الكلمة. ودمه الذى بذله عن خلاصنا. هذا إذا تناول أحد منه بغير استحقاق. يكون له عقوبة ومحقا.

فلنختم موعظة أبينا القديس أنبا يوحنا فم الذهب الذى أنار عقولنا وعيون قلوبنا بأسم الآب والإبن والروح القدس الإله الواحد، آمين.

The Doxology of the Pascha Hour: "Thine is the Power…" on page A5, noting that at this hour, the passage "My good Savior" is added to the second verse.

تسبحة ساعة البصخة: "لك القوة..." صفحة ٥ فى اخر الكتاب. تضاف عبارة "مخلصى الصالح".

Ψαλμος μδ̅ : θ̅ νεμ μ̅ : α̅

Πεκθρονος Φ† ϣα ενεϩ ντε πιενεϩ : ουοϩ πιϣβωτ μπcωουτεν πε πϣβωτ ντε τεκμετουρο :
Ωουνιατq μφηεθνακα† εχεν ουϩηκι νεμ ουχωβ : ϧεν πιεϩοου ετϩωου εqεναϩμεq νχε Πσ̅ς̅ α̅λ̅.

Psalm 45:6 & 41:1

المزمور ٤٤: ٩ و مز ٤٠: ١

Chanted in the Royal Tune

يُرتّل باللحن الشامى

A Psalm of David the Prophet.

Your throne, O God, is forever and ever; A scepter of righteousness is the scepter of Your kingdom.

Blessed is he who considers the poor; The Lord will deliver him in time of trouble. Alleluia.

من مزامير داود النبى

كرسيك يا الله إلى دهر الدهور. قضيب الاستقامة هو قضيب ملكك.

طوبى للذى يتفهم فى أمر المسكين والفقير. فى اليوم السوء ينجيه الرب: هلليلويا.

Ευαγγελιον κατα Ματθεον

Κεφ κε̅ : ιδ̅ ϣβ̅λ̅ νεμ Κεφ κ̅ϛ̅ : α̅ νεμ β̅

Μφρη† γαρ νουρωμι εqναϣεναq επϣεμμο αqμου† ενεqεβιαικ ουοϩ αq† μπετενταq ετοτου : Ουαι μεν αq†ναq ντιου νχινϭωρ : κε ουαι δε αq†ναq νcναυ κε ουαι δε αq†ναq νουαι : πιουαι πιουαι κατα τεqχομ ουοϩ αqϣεναq επϣεμμο : αqϣεναq δε νχε φηεταqϭιμπιτιου νχινϭωρ αqερϩωβ νϧητου ουοϩ αqχφε κε τιου : παιρη† ον φηεταqϭι μπιcναυ αqχφε κε cναυ. Φη δε εταqϭι μπιουαι αqϣεναq αqϣωκ νουκαϩι ουοϩ αqχωπ μπιϩατ ντε πεqσ̅ς̅ : Μενενcα ουνιϣ† δε νcνου αqι νχε Πσ̅ς̅ ννιεβιαικ ετεμμαυ ουοϩ αqqιωπ νεμωου : Αqι δε νχε φηεταqϭι μπιτιου νχινϭωρ αqεν κε τιου νχινϭωρ εqχω μμος χε Πασ̅ς̅ τιου νχινϭωρ ακτηιτου νηι : ις κε τιου νχινϭωρ αιχφωου.

Πεχε πεqσ̅ς̅ δε ναq χε καλως πιβωκ εθνανεq ουοϩ ετενϩοτ : επιδη ακενϩοτ ϧεν ϩανκουχι ειεχακ ϩιχεν ϩαννιϣ† : μαϣενακ εϧουν εφραϣι ντε πεκος : Αqι δε νχε φηεταqϭι μπιχινϭωρ cναυ πεχαq χε πα : χινϭωρ cναυ ακτηιτου νηι ις κε cναυ αιχφωου : Πεχε πεqος δε ναq χε καλως πιβωκ εθνανεq ουοϩ ετενϩοτ : επιδη ακενϩοτ ϧεν ϩανκουχι ειεχακ ϩιχεν ϩαννιϣ† : μαϣενακ εϧουν εφραϣι ⲛ̀ⲧⲉ ⲡⲉⲕⲟⲥ. Ⲁϥⲓ̀ ⲇⲉ ϩⲱϥ ⲛ̀ϫⲉ ⲫⲏⲉⲧⲁϥϭⲓ ⲙ̀ⲡⲓϫⲓⲛϭⲱⲣ ⲡⲉϫⲁϥ : ϫⲉ ⲡⲁⲟ̅ⲥ̅ ⲁⲓⲉ̀ⲙⲓ ϫⲉ ⲛ̀ⲑⲟⲕ ⲟⲩⲣⲱⲙⲓ ⲉϥⲛⲁϣⲧ : ⲉⲕⲱⲥϧ ⲙ̀ⲫⲏⲉ̀ⲧⲉ ⲙ̀ⲡⲉⲕⲥⲁⲧϥ ⲟⲩⲟϩ ⲉⲕⲉ̀ⲑⲱⲟⲩϯ ⲉ̀ϧⲟⲩⲛ ⲙ̀ⲫⲏⲉ̀ⲧⲉ ⲙ̀ⲡⲉⲕ ϫⲱⲣϥ ⲉⲃⲟⲗ : Ⲟⲩⲟϩ ⲁⲓⲉⲣϩⲟϯ ⲁⲓϣⲉⲛⲏⲓ ⲁⲓϫⲱⲡ ⲙ̀ⲡⲉⲕϫⲓⲛϭⲱⲣ ϧⲉⲛ ⲡ̀ⲕⲁϩⲓ : ⲓⲥ ⲡⲉⲧⲉ ⲫⲱⲕ ⲛ̀ⲧⲟⲧ. Ⲁϥⲉⲣⲟⲩⲱ̀ ⲇⲉ ⲛ̀ϫⲉ ⲡⲉϥⲟ̅ⲥ̅ ⲡⲉϫⲁϥ ⲛⲁϥ : ϫⲉ ⲡⲓⲃⲱⲕ ⲉⲧϩⲱⲟⲩ ⲟⲩⲟϩ ⲛ̀ϭⲉⲛⲛⲉ : ⲓⲥϫⲉ ⲁⲕⲉ̀ⲙⲓ ϫⲉ ϣⲁⲓⲱⲥϧ ⲙ̀ⲫⲏⲉ̀ⲧⲉ ⲙ̀ⲡⲓⲥⲁⲧϥ : ⲟⲩⲟϩ ϣⲁⲓⲑⲱⲟⲩϯ ⲉ̀ϧⲟⲩⲛ ⲙ̀ⲫⲏⲉ̀ⲧⲉ ⲙ̀ⲡⲓϫⲱⲣϥ ⲉ̀ⲃⲟⲗ : Ⲛⲁⲥⲉⲙ̀ⲡϣⲁ ⲟⲩⲛ ⲛⲁⲕ ⲡⲉ ⲉ̀ϯ ⲙ̀ⲡⲁϩⲁⲧ ⲉ̀ⲧⲟⲧⲟⲩ ⲛⲛⲓⲧ̀ⲣⲁⲡⲉⲍⲓⲧⲏⲥ : ⲟⲩⲟϩ ⲁ̀ⲛⲟⲕ ⲁⲓⲱⲁⲛⲓ̀ ⲛⲁⲓⲛⲁϭⲓ ⲙ̀ⲡⲉⲧⲉ̀ⲫⲱⲓ ⲛⲉⲙ ⲧⲉϥⲙ̀ⲏⲥⲓ : Ⲁ̀ⲗⲓⲟⲩⲓ̀ ⲟⲩⲛ ⲙ̀ⲡⲓϫⲓⲛϭⲱⲣ ⲛ̀ⲧⲟⲧϥ ⲙ̀ⲫⲁⲓ ⲙⲏⲓϥ ⲙ̀ⲫⲁ ⲡⲓⲙ̀ⲏⲧ ⲛ̀ϫⲓⲛϭⲱⲣ.

Ⲟⲩⲟⲛ ⲅⲁⲣ ⲛⲓⲃⲉⲛ ⲉ̀ⲧⲉ ⲟⲩⲟⲛⲧⲁϥ ⲉⲩⲉ̀ϯ ⲛⲁϥ ⲟⲩⲟϩ ⲉⲣⲉ ⲟⲩⲟⲛ ⲉⲣϩⲟⲩⲟ ⲉ̀ⲣⲟϥ : ⲫⲏ ⲇⲉ ⲉ̀ⲧⲉ ⲙ̀ⲙⲟⲛ ⲛ̀ⲧⲁϥ ⲫⲏⲉ̀ⲧⲉⲛ̀ⲧⲟⲧϥ ⲉⲩⲉ̀ⲟⲗϥ ⲛ̀ⲧⲟⲧϥ :

Ⲟⲩⲟϩ ⲡⲓⲁⲧϣⲁⲩ ⲙ̀ⲃⲱⲕ ⲉ̀ⲧⲉ ⲙ̀ⲙⲁⲩ ϩⲓⲧϥ ⲉ̀ⲃⲟⲗ ⲉ̀ⲡⲓϫⲁⲕⲓ ⲉⲧⲥⲁⲃⲟⲗ ⲡⲓⲙⲁ ⲉ̀ⲧⲉ ⲫ̀ⲣⲓⲙⲓ ⲛⲁϣⲱⲡⲓ ⲙ̀ⲙⲟϥ ⲛⲉⲙ ⲡⲓⲥ̀ⲑⲉⲣⲧⲉⲣ ⲛ̀ⲧⲉ ⲛⲓⲛⲁϫϩⲓ : Ⲉ̀ϣⲱⲡ ⲇⲉ ⲁϥϣⲁⲛⲓ̀ ⲛ̀ϫⲉ ⲡ̀ϣⲏⲣⲓ ⲙ̀ⲫ̀ⲣⲱⲙⲓ ϧⲉⲛ ⲡⲉϥⲱ̀ⲛⲉⲙ ⲛⲉϥⲁ̀ⲅⲅⲉⲗⲟⲥ ⲉⲑⲩ ⲧⲏⲣⲟⲩ ⲛⲉⲙⲁϥ ⲧⲟⲧⲉ ⲉϥⲉϩⲉⲙⲥⲓ ϩⲓϫⲉⲛ ⲡ̀ⲑ̀ⲣⲟⲛⲟⲥ ⲛ̀ⲧⲉ ⲡⲉϥⲱ̀ⲟⲩ. Ⲟⲩⲟϩ ⲉⲩⲉ̀ⲑⲱⲟⲩϯ ⲛⲁϩⲣⲁϥ ⲛ̀ϫⲉ ⲛⲓⲉ̀ⲑⲛⲟⲥ ⲧⲏⲣⲟⲩ : ⲟⲩⲟϩ ⲉϥⲉ̀ⲫⲟⲣϫⲟⲩ ⲉ̀ⲃⲟⲗ ⲛⲛⲟⲩⲉ̀ⲣⲛⲟⲩ : ⲙ̀ⲫ̀ⲣⲏϯ ⲙ̀ⲡⲓⲙ̀ⲁⲛⲉ̀ⲥⲱⲟⲩ ⲉ̀ϣⲁϥⲫⲱⲣϫ ⲛ̀ⲛⲓⲉ̀ⲥⲱⲟⲩ ⲉ̀ⲃⲟⲗϧⲉⲛ ⲛⲓⲃⲁⲉⲙ̀ⲡⲓ : ⲟⲩⲉϩ ⲛⲓⲉ̀ⲥⲱⲟⲩ ⲙⲉⲛ ⲉϥⲉ̀ⲭⲁⲩ ⲥⲁⲧⲉϥⲟⲩⲓ̀ⲛⲁⲙ ⲛⲓⲃⲁⲉⲙ̀ⲡⲓ ⲇⲉ ⲥⲁⲧⲉϥϫⲁϭⲏ : Ⲧⲟⲧⲉ ⲉϥⲉ̀ϫⲟⲥ ⲛ̀ϫⲉ ⲡⲓⲟⲩⲣⲟ ⲛ̀ⲛⲏⲉⲧⲥⲁⲧⲉϥⲟⲩⲓ̀ⲛⲁⲙ : ϫⲉ ⲁ̀ⲙⲱⲓⲛⲓ ϩⲁⲣⲟⲓ ⲛⲏⲉⲧⲥ̀ⲙⲁⲣⲱⲟⲩⲧ ⲛ̀ⲧⲉ ⲡⲁⲓⲱⲧ ⲁ̀ⲣⲓⲕ̀ⲗⲏⲣⲟⲛⲟⲙⲓⲛ ⲛ̀ⲧⲉ ϯⲙⲉⲧⲟⲩⲣⲟ ⲑⲏⲉⲧⲥⲉⲃⲧⲱⲧ ⲛⲱⲧⲉⲛ ⲓⲥϫⲉⲛ ⲧ̀ⲕⲁⲧⲁⲃⲟⲗⲏ ⲙ̀ⲡⲓⲕⲟⲥⲙⲟⲥ.

Ⲁⲓϩⲕⲟ ⲅⲁⲣ ⲟⲩⲟϩ ⲁ̀ⲧⲉⲧⲉⲛⲧⲉⲙ̀ⲙⲟⲓ : ⲁⲓⲓ̀ⲃⲓ ⲟⲩⲟϩ ⲁ̀ⲧⲉⲧⲉⲛⲧ̀ⲥⲟⲓ : ⲛⲁⲓ ⲟⲓ ⲛ̀ϣⲉⲙ̀ⲙⲟ ⲟⲩⲟϩ ⲁ̀ⲧⲉⲧⲉⲛϣⲟⲡⲧ ⲉ̀ⲣⲱⲧⲉⲛ : Ⲛⲁⲓ ⲃⲏϣ ⲟⲩⲟϩ ⲁ̀ⲧⲉⲧⲉⲛϩⲟⲃⲥⲧ : ⲛⲁⲓϣⲱⲛⲓ ⲟⲩⲟϩ ⲁ̀ⲧⲉⲧⲉⲛϫⲉⲙ ⲡⲁϣⲓⲛⲓ : ⲛⲁⲓ ⲭⲏ ϧⲉⲛ ⲡⲓϣ̀ⲧⲉⲕⲟ ⲟⲩⲟϩ ⲁⲧⲉⲧⲉⲛⲓ̀ ϣⲁⲣⲟⲓ : ⲧⲟⲧⲉ ⲉⲩⲉ̀ⲉ̀ⲣⲟⲩⲱ̀ ⲛⲁϥ ⲛ̀ϫⲉ ⲛⲓⲑ̀ⲙⲏⲓ ⲉⲩϫⲱ ⲙ̀ⲙⲟⲥ : ϫⲉ ⲡⲉⲛⲟ̅ⲥ̅ ⲉ̀ⲧⲁⲛⲛⲁⲩ ⲉ̀ⲣⲟⲕ ⲛ̀ⲑⲛⲁⲩ ⲉⲕϩⲟⲕⲉⲣ ⲟⲩⲟϩ ⲁⲛⲧⲉⲙ̀ⲙⲟⲕ : ⲓⲉ ⲉⲕⲟⲃⲓ ⲟⲩⲟϩ ⲁⲛ̀ⲧⲥⲟⲕ.

Ⲓⲉ ⲉ̀ⲧⲁⲛⲛⲁⲩ ⲉ̀ⲣⲟⲕ ⲛ̀ⲑ̀ⲛⲁⲩ ⲉⲕⲟⲓ ⲛ̀ϣⲉⲙ̀ⲙⲟ ⲟⲩⲟϩ ⲁⲛ̀ϣⲟⲡⲕ ⲉ̀ⲣⲟⲛ : ⲓⲉ ⲉⲕⲃⲏϣ ⲟⲩⲟϩ ⲁⲛϩⲟⲃⲥⲕ : Ⲓⲉ ⲉ̀ⲧⲁⲛⲛⲁⲩ ⲉ̀ⲣⲟⲕ ⲛ̀ⲑ̀ⲛⲁⲩ ⲉⲕϣⲱⲛⲓ ⲓⲉ ⲉⲕⲭⲏ ϧⲉⲛ ⲡⲓϣ̀ⲧⲉⲕⲟ ⲟⲩⲟϩ ⲁⲛⲓ̀ ϣⲁⲣⲟⲕ : Ⲟⲩⲟϩ ⲉϥⲉ̀ⲉ̀ⲣⲟⲩⲱ̀ ⲛ̀ϫⲉ ⲡⲓⲟⲩⲣⲟ ⲉϥⲉ̀ϫⲟⲥ ⲛⲱⲟⲩ : ϫⲉ ⲁ̀ⲙⲏⲛ ϯϫⲱ ⲙ̀ⲙⲟⲥ ⲛⲱⲧⲉⲛ : ϫⲉ ⲉ̀ⲫⲟⲥⲟⲛ ⲁ̀ⲣⲉⲧⲉⲛⲁⲓⲧⲟⲩ ⲛ̀ⲟⲩⲁⲓ ⲛ̀ⲛⲁⲓⲕⲟⲩϫⲓ ⲛ̀ⲥⲛⲏⲟⲩ ⲛ̀ⲧⲏⲓ ⲁ̀ⲛⲟⲕ ⲡⲉ ⲉ̀ⲧⲁⲣⲉⲧⲉⲛⲁⲓⲧⲟⲩ ⲛⲏⲓ. Ⲧⲟⲧⲉ ⲉϥⲉ̀ϫⲟⲥ ⲛ̀ⲛⲏⲉⲧϩⲱⲟⲩ ⲉⲧⲥⲁⲧⲉϥ ϫⲁϭⲏ : ϫⲉ ⲙⲁϣⲉⲛⲱⲧⲉⲛ ⲉ̀ⲃⲟⲗϩⲁⲣⲟⲓⲛⲏⲉⲧ ⲥ̀ϩⲟⲩⲟⲣⲧ ⲉ̀ⲡⲓⲭ̀ⲣⲱⲙ ⲛ̀ⲉ̀ⲛⲉϩ : ⲫⲏⲉⲧⲥⲉⲃⲧⲱⲧ ⲙ̀ⲡⲓⲇⲓⲁ̀ⲃⲟⲗⲟⲥ ⲛⲉⲙ ⲟⲩⲟϩ ⲙ̀ⲡⲉⲧⲉⲛⲧⲉⲙⲙⲟⲓ : ⲁⲓⲓ̀ⲃⲓ ⲟⲩⲟϩ. ⲙ̀ⲡⲉⲧⲉⲛⲧ̀ⲥⲟⲓ : Ⲛⲁⲓⲟⲓ ⲛ̀ϣⲉⲙⲙⲟ ⲟⲩⲟϩ ⲙ̀ⲡⲉⲧⲉⲛϣⲟⲡⲧ ⲉ̀ⲣⲱⲧⲉⲛ ⲛⲁⲓⲃⲏϣ ⲟⲩⲟϩ ⲙ̀ⲡⲉⲧⲉⲛϩⲟⲃⲥⲧ ⲛⲁⲓϣⲱⲛⲓ ⲟⲩⲟϩ ⲙ̀ⲡⲉⲧⲉⲛϫⲉⲙⲡⲁϣⲓⲛⲓ : ⲛⲁⲓⲭⲏ ϧⲉⲛ ⲡⲓϣ̀ⲧⲉⲕⲟ ⲟⲩⲟϩ ⲙ̀ⲡⲉⲧⲉⲛⲓ̀ ϣⲁⲣⲟⲓ : Ⲧⲟⲧⲉ ⲉⲩⲉ̀ⲉⲣⲟⲩⲱ̀ ϩⲱⲟⲩ ⲉⲩϫⲱ ⲙ̀ⲙⲟⲥ : ϫⲉ ⲡⲉⲛⲟⲥ ⲉ̀ⲧⲁⲛⲛⲁⲩ ⲉ̀ⲣⲟⲕ ⲛ̀ⲑⲛⲁⲩ ⲉⲕϩⲟⲕⲉⲣ ⲓⲉ ⲉⲕⲟⲃⲓ : ⲓⲉ ⲉⲕⲟⲓ ⲛ̀ϣⲉⲙⲙⲟ ⲓⲉ ⲉⲕⲃⲏϣ : ⲓⲉ ⲉⲕϣⲱⲛⲓ ⲓⲉ ⲉⲕⲭⲏ ϧⲉⲛ ⲡⲓϣ̀ⲧⲉⲕⲟ ⲟⲩⲟϩ ⲙ̀ⲡⲉⲛϣⲉⲙϣⲏⲧⲕ. Ⲧⲟⲧⲉ ⲉϥⲉ̀ⲉ̀ⲣⲟⲩⲱ̀ ⲛⲱⲟⲩ ⲉϥϫⲱ ⲙ̀ⲙⲟⲥ : ϫⲉ ⲁ̀ⲙⲏⲛ ϯϫⲱ ⲙ̀ⲙⲟⲥ ⲛⲱⲧⲉⲛ : ϫⲉ ⲉ̀ⲫⲟⲥⲟⲛ ⲙ̀ⲡⲉⲧⲉⲛⲁⲓⲧⲟⲩ ⲛ̀ⲟⲩⲁⲓ ⲛ̀ⲛⲁⲓⲕⲟⲩϫⲓ ⲟⲩⲇⲉ ⲁ̀ⲛⲟⲕ ⲙ̀ⲡⲉⲧⲉⲛⲁⲓⲧⲟⲩ ⲛⲏⲓ : Ⲟⲩⲟϩ ⲉⲩⲉ̀ϣⲉⲛⲱⲟⲩ ⲛ̀ϫⲉ ⲛⲁⲓ ⲉⲩⲕⲟⲗⲁⲥⲓⲥ ⲛ̀ⲉ̀ⲛⲉϩ ⲛⲓⲑⲙⲏⲓ ⲇⲉ ⲉⲩⲱⲛϧ ⲛ̀ⲉ̀ⲛⲉϩ.

Ⲟⲩⲟϩ ⲁⲥϣⲱⲡⲓ ⲉ̀ⲧⲁ Ⲓⲏ̅ⲥ̅ ϫⲉⲕ ⲛⲁⲓⲥⲁϫⲓ ⲧⲏⲣⲟⲩ ⲉ̀ⲃⲟⲗ ⲡⲉϫⲁϥ ⲛ̀ⲛⲉϥⲙⲁⲑⲏⲧⲏⲥ : Ϫⲉ ⲧⲉⲧⲉⲛⲉ̀ⲙⲓ ϫⲉ ⲙⲉⲛⲉⲛⲥⲁ ⲕⲉ ⲉ̀ϩⲟⲟⲩ ⲥ̀ⲛⲁⲩ ⲡⲓⲡⲁⲥⲭⲁ ⲛⲁϣⲱⲡⲓ : ⲟⲩⲟϩ ⲡ̀ϣⲏⲣⲓ ⲙ̀ⲫ̀ⲣⲱⲙⲓ ⲥⲉⲛⲁⲏⲓϥ ⲉⲑⲣⲟⲩⲁϣϥ :

Ⲟⲩⲱϣⲧ ⲙ̀ⲡⲓⲉⲩⲁⲅⲅⲉⲗⲓⲟⲛ ⲉⲑ̅ⲩ̅.

Matthew 25:14-26:2

A reading from the Holy Gospel according to Saint Matthew.

"For the kingdom of heaven is like a man traveling to a far country, who called his own servants and delivered his goods to them. And to one he gave five talents, to another two, and to another one, to each according to his own ability; and immediately he went on a journey. Then he who had received the five talents went and traded with them, and made another five talents. And likewise he who had received two gained two more also. But he who had received one went and dug in the ground, and hid his lord's money. After a long time the lord of those servants came and settled accounts with them. So he who had received five talents came and brought five other talents,

متى ٢٥: ١٤ الخ و ٢٦: ١ و ٢

فصل شريف من إنجيل معلمنا مار متى البشير بركاته علينا آمين.

«وَكَأَنَّمَا إِنْسَانٌ مُسَافِرٌ دَعَا عَبِيدَهُ وَسَلَّمَهُمْ أَمْوَالَهُ فَأَعْطَى وَاحِداً خَمْسَ وَزَنَاتٍ وَآخَرَ وَزْنَتَيْنِ وَآخَرَ وَزْنَةً - كُلَّ وَاحِدٍ عَلَى قَدْرِ طَاقَتِهِ. وَسَافَرَ لِلْوَقْتِ. فَمَضَى الَّذِي أَخَذَ الْخَمْسَ* وَزَنَاتٍ وَتَاجَرَ بِهَا فَرَبِحَ خَمْسَ وَزَنَاتٍ أُخَرَ. وَهَكَذَا الَّذِي أَخَذَ الْوَزْنَتَيْنِ رَبِحَ أَيْضاً وَزْنَتَيْنِ أُخْرَيَيْنِ. وَأَمَّا الَّذِي أَخَذَ الْوَزْنَةَ فَمَضَى وَحَفَرَ فِي الأَرْضِ وَأَخْفَى فِضَّةَ سَيِّدِهِ. وَبَعْدَ زَمَانٍ طَوِيلٍ أَتَى سَيِّدُ أُولَئِكَ الْعَبِيدِ وَحَاسَبَهُمْ. فَجَاءَ الَّذِي أَخَذَ الْخَمْسَ وَزَنَاتٍ وَقَدَّمَ خَمْسَ وَزَنَاتٍ أُخَرَ قَائِلاً: يَا سَيِّدُ خَمْسَ وَزَنَاتٍ سَلَّمْتَنِي. هُوَذَا خَمْسُ

saying, 'Lord, you delivered to me five talents; look, I have gained five more talents besides them.' His lord said to him, 'Well done, good and faithful servant; you were faithful over a few things, I will make you ruler over many things. Enter into the joy of your lord.' He also who had received two talents came and said, 'Lord, you delivered to me two talents; look, I have gained two more talents besides them.' His lord said to him, 'Well done, good and faithful servant; you have been faithful over a few things, I will make you ruler over many things. Enter into the joy of your lord.'

Then he who had received the one talent came and said, 'Lord, I knew you to be a hard man, reaping where you have not sown, and gathering where you have not scattered seed. And I was afraid, and went and hid your talent in the ground. Look, there you have what is yours.' But his lord answered and said to him, 'You wicked and lazy servant, you knew that I reap where I have not sown, and gather where I have not scattered seed. So you ought to have deposited my money with the bankers, and at my coming I would have received back my own with interest. Therefore take the talent from him, and give it to him who has ten talents. For to everyone who has, more will be given, and he will have abundance; but from him who does not have, even what he has will be taken away. And cast the unprofitable servant into the outer darkness. There will be weeping and gnashing of teeth.' "When the Son of Man comes in His

وَزَنَاتٍ أُخَرَ رَبِحْتُهَا فَوْقَهَا. فَقَالَ لَهُ سَيِّدُهُ: نِعِمَّا أَيُّهَا الْعَبْدُ الصَّالِحُ وَالأَمِينُ. كُنْتَ أَمِيناً فِي الْقَلِيلِ فَأُقِيمُكَ عَلَى الْكَثِيرِ. ادْخُلْ إِلَى فَرَحِ سَيِّدِكَ. ثُمَّ جَاءَ الَّذِي أَخَذَ الْوَزْنَتَيْنِ وَقَالَ: يَا سَيِّدُ وَزْنَتَيْنِ سَلَّمْتَنِي. هُوَذَا وَزْنَتَانِ أُخْرَيَانِ رَبِحْتُهُمَا فَوْقَهُمَا. قَالَ لَهُ سَيِّدُهُ: نِعِمَّا أَيُّهَا الْعَبْدُ الصَّالِحُ الأَمِينُ. كُنْتَ أَمِيناً فِي الْقَلِيلِ فَأُقِيمُكَ عَلَى الْكَثِيرِ. ادْخُلْ إِلَى فَرَحِ سَيِّدِكَ. ثُمَّ جَاءَ أَيْضاً الَّذِي أَخَذَ الْوَزْنَةَ الْوَاحِدَةَ وَقَالَ: يَا سَيِّدُ عَرَفْتُ أَنَّكَ إِنْسَانٌ قَاسٍ تَحْصُدُ حَيْثُ لَمْ تَزْرَعْ وَتَجْمَعُ مِنْ حَيْثُ لَمْ تَبْذُرْ. فَخِفْتُ وَمَضَيْتُ وَأَخْفَيْتُ وَزْنَتَكَ فِي الأَرْضِ. هُوَذَا الَّذِي لَكَ. فَأَجَابَ سَيِّدُهُ: أَيُّهَا الْعَبْدُ الشِّرِّيرُ وَالْكَسْلاَنُ عَرَفْتَ أَنِّي أَحْصُدُ حَيْثُ لَمْ أَزْرَعْ وَأَجْمَعُ مِنْ حَيْثُ لَمْ أَبْذُرْ فَكَانَ يَنْبَغِي أَنْ تَضَعَ فِضَّتِي عِنْدَ الصَّيَارِفَةِ فَعِنْدَ مَجِيئِي كُنْتُ آخُذُ الَّذِي لِي مَعَ رِباً. فَخُذُوا مِنْهُ الْوَزْنَةَ وَأَعْطُوهَا لِلَّذِي لَهُ الْعَشْرُ وَزَنَاتٍ. لأَنَّ كُلَّ مَنْ لَهُ يُعْطَى فَيَزْدَادُ وَمَنْ لَيْسَ لَهُ فَالَّذِي عِنْدَهُ يُؤْخَذُ مِنْهُ. وَالْعَبْدُ الْبَطَّالُ اطْرَحُوهُ إِلَى الظُّلْمَةِ الْخَارِجِيَّةِ هُنَاكَ يَكُونُ الْبُكَاءُ وَصَرِيرُ الأَسْنَانِ. «وَمَتَى جَاءَ ابْنُ الإِنْسَانِ فِي مَجْدِهِ وَجَمِيعُ الْمَلاَئِكَةِ الْقِدِّيسِينَ مَعَهُ فَحِينَئِذٍ يَجْلِسُ عَلَى كُرْسِيِّ مَجْدِهِ. وَيَجْتَمِعُ أَمَامَهُ جَمِيعُ الشُّعُوبِ فَيُمَيِّزُ بَعْضَهُمْ مِنْ بَعْضٍ كَمَا يُمَيِّزُ الرَّاعِي الْخِرَافَ مِنَ الْجِدَاءِ فَيُقِيمُ الْخِرَافَ عَنْ يَمِينِهِ وَالْجِدَاءَ عَنِ الْيَسَارِ. ثُمَّ يَقُولُ الْمَلِكُ لِلَّذِينَ

عَنْ يَمِينِهِ: تَعَالَوْا يَا مُبَارَكِي أَبِي رِثُوا الْمَلَكُوتَ الْمُعَدَّ لَكُمْ مُنْذُ تَأْسِيسِ الْعَالَمِ. لأَنِّي جُعْتُ فَأَطْعَمْتُمُونِي. عَطِشْتُ فَسَقَيْتُمُونِي. كُنْتُ غَرِيباً فَآوَيْتُمُونِي. عُرْيَاناً فَكَسَوْتُمُونِي. مَرِيضاً فَزُرْتُمُونِي. مَحْبُوساً فَأَتَيْتُمْ إِلَيَّ. فَيُجِيبُهُ الأَبْرَارُ حِينَئِذٍ: يَارَبُّ مَتَى رَأَيْنَاكَ جَائِعاً فَأَطْعَمْنَاكَ أَوْ عَطْشَاناً فَسَقَيْنَاكَ؟ وَمَتَى رَأَيْنَاكَ غَرِيباً فَآوَيْنَاكَ أَوْ عُرْيَاناً فَكَسَوْنَاكَ؟ وَمَتَى رَأَيْنَاكَ مَرِيضاً أَوْ مَحْبُوساً فَأَتَيْنَا إِلَيْكَ؟ فَيُجِيبُ الْمَلِكُ: الْحَقَّ أَقُولُ لَكُمْ: بِمَا أَنَّكُمْ فَعَلْتُمُوهُ بِأَحَدِ إِخْوَتِي هَؤُلاَءِ الأَصَاغِرِ فَبِي فَعَلْتُمْ. «ثُمَّ يَقُولُ أَيْضاً لِلَّذِينَ عَنِ الْيَسَارِ: اذْهَبُوا عَنِّي يَا مَلاَعِينُ إِلَى النَّارِ الأَبَدِيَّةِ الْمُعَدَّةِ لإِبْلِيسَ وَمَلاَئِكَتِهِ لأَنِّي جُعْتُ فَلَمْ تُطْعِمُونِي. عَطِشْتُ فَلَمْ تَسْقُونِي. كُنْتُ غَرِيباً فَلَمْ تَأْوُونِي. عُرْيَاناً فَلَمْ تَكْسُونِي. مَرِيضاً وَمَحْبُوساً فَلَمْ تَزُورُونِي. حِينَئِذٍ يُجِيبُونَهُ هُمْ أَيْضاً: يَارَبُّ مَتَى رَأَيْنَاكَ جَائِعاً أَوْ عَطْشَاناً أَوْ غَرِيباً أَوْ عُرْيَاناً أَوْ مَرِيضاً أَوْ مَحْبُوساً وَلَمْ نَخْدِمْكَ؟ فَيُجِيبُهُمْ: الْحَقَّ أَقُولُ لَكُمْ: بِمَا أَنَّكُمْ لَمْ تَفْعَلُوهُ بِأَحَدِ هَؤُلاَءِ الأَصَاغِرِ فَبِي لَمْ تَفْعَلُوا. فَيَمْضِي هَؤُلاَءِ إِلَى عَذَابٍ أَبَدِيٍّ وَالأَبْرَارُ إِلَى حَيَاةٍ أَبَدِيَّةٍ».

وَلَمَّا أَكْمَلَ يَسُوعُ هَذِهِ الأَقْوَالَ كُلَّهَا قَالَ لِتَلاَمِيذِهِ: «تَعْلَمُونَ أَنَّهُ بَعْدَ يَوْمَيْنِ يَكُونُ الْفِصْحُ وَابْنُ الإِنْسَانِ يُسَلَّمُ لِيُصْلَبَ».

المجد لله دائما.

glory, and all the holy angels with Him, then He will sit on the throne of His glory. All the nations will be gathered before Him, and He will separate them one from another, as a shepherd divides his sheep from the goats. And He will set the sheep on His right hand, but the goats on the left. Then the King will say to those on His right hand, 'Come, you blessed of My Father, inherit the kingdom prepared for you from the foundation of the world: for I was hungry and you gave Me food; I was thirsty and you gave Me drink; I was a stranger and you took Me in; I was naked and you clothed Me; I was sick and you visited Me; I was in prison and you came to Me.' Then the righteous will answer Him, saying, 'Lord, when did we see You hungry and feed You, or thirsty and give You drink? When did we see You a stranger and take You in, or naked and clothe You? Or when did we see You sick, or in prison, and come to You?' And the King will answer and say to them, 'Assuredly, I say to you, inasmuch as you did it to one of the least of these My brethren, you did it to Me.' Then He will also say to those on the left hand, 'Depart from Me, you cursed, into the everlasting fire prepared for the devil and his angels: for I was hungry and you gave Me no food; I was thirsty and you gave Me no drink; I was a stranger and you did not take Me in, naked and you did not clothe Me, sick and in prison and you did not visit Me. 'Then they also will answer Him, saying, 'Lord, when did we see You hungry or thirsty or a stranger or naked or sick or in prison, and did not minister to You?' Then He will answer them, saying, 'Assuredly, I say to you, inasmuch as you did not do it to one of the least of these, you did not do it to Me. ' And these will go away into everlasting punishment, but the righteous into eternal life." Now it came to pass, when Jesus had finished all these sayings, that He said to His disciples, "You know that after two days is the Passover, and the Son of Man will be delivered up to be crucified."

Bow down before the Holy Gospel.
Glory be to God forever.

Commentary

طرح

The Commentary of the Eleventh Hour of Tuesday of Holy Pascha, may its blessings be with us all. Amen.

Against You only have I sinned and done this evil in Your sight. I have become lazy in following your commandments. Forgive me My Lord and God. You come in the power of Your glory with hosts of angels around You. You sit on the throne of Your kingdom O Righteous Judge. All the nations from all four corners of the earth assemble in front of You. Yet with Your one word, You will separate them to Your right and left. The sheep on Your right and the goats on Your left. Those on Your right will rejoice with You along with those virtuous who sought to please You and observed Your commandments and fulfilled

طرح الساعة الحادية عشرة من يوم الثلاثاء من البصخة المقدسة بركتها علينا. آمين.

لك وحدك أخطأت أيها الرب ضابط الكل. فأغفر لى يا ربى والهى. صنعت الشر بجسارة وتكاسلت فى أوامرك أيها الرب. متى جئت بقوة مجدك، يحيط بك ملائكتك، فتجلس أنت أيها الديان العادل على كرسى ملكك. وتجتمع اليك جميع الأمم من الأربع رياح زوايا الأرض ويفترقون بعضهم عن بعض يميناً وشمالاً بكلمة واحدة. وتقف الخراف عن يمينك والجداء عن يسارك، فيفرح معك الذين عن يمينك، الأبرار الذين صنعوا مرضاتك، المتمسكون بأوامرك وحفظوها وصنعوها جميعاً، الذين أطعموك

them all. Those who fed You in Your hunger and gave You a drink in Your thirst. Those who hosted You in their homes when You were a stranger and clothed You when You were naked. Those who visited You when You were in prison and served You when You were in Your sickness. Then they will rejoice in their good deeds and receive their rewards. The righteous will inherit eternal life and the goats shall be punished. Listen you foolish and understand you lost, mercy is fulfilled in judgment. Have mercy before the time of judgment comes.

After our Savior concluded his speech he told His disciples that Passover will come after two days and that the son of man will fulfill the prophecies of the prophets that he is the sacrificial lamb. Christ our Lord, verily You have been the unblemished lamb sacrificed for the sake of mankind. You are the lamb of God the Father who carries the sins of the world.

فى جوعك، وسقوك أيضاً فى عطشك، وفى غربتك آووك فى بيوتهم، وفى عريك ستروك، وعندما كنت فى السجن جاءوا لزيارتك، وفى مرضك خدموك. حينئذ يفرحون بأعمالهم الحسنة، ويأخذون أجرهم دون الجداء. فيمضى الأبرار إلى الحياة الدائمة، والجداء إلى العذاب. اسمعوا أيها الجهال، وافهموا أيها الضالين: أن الرحمة تفتخر فى الحكم. فاصنعوا الرحمة قبل أن تأتى عليكم دينونة الديان.

فلما فرغ مخلصنا من كلامه أخبر التلاميذ أصفياءه أنه بعد يومين يكون الفصح. فاسمعوا يا اخوتى الذين أصطفيتهم أن ابن الإنسان سيكمل عليه المكتوب فى سفر الأنبياء، لكى يكون خروفاً للذبح، وفصحاً كاملاً إلى كمال الدهور. فبالحقيقة صرت أيها المسيح الهنا حملاً بلا عيب عن حياة العالم، الذى هو حمل الله الآب حامل خطية العالم بأسره.

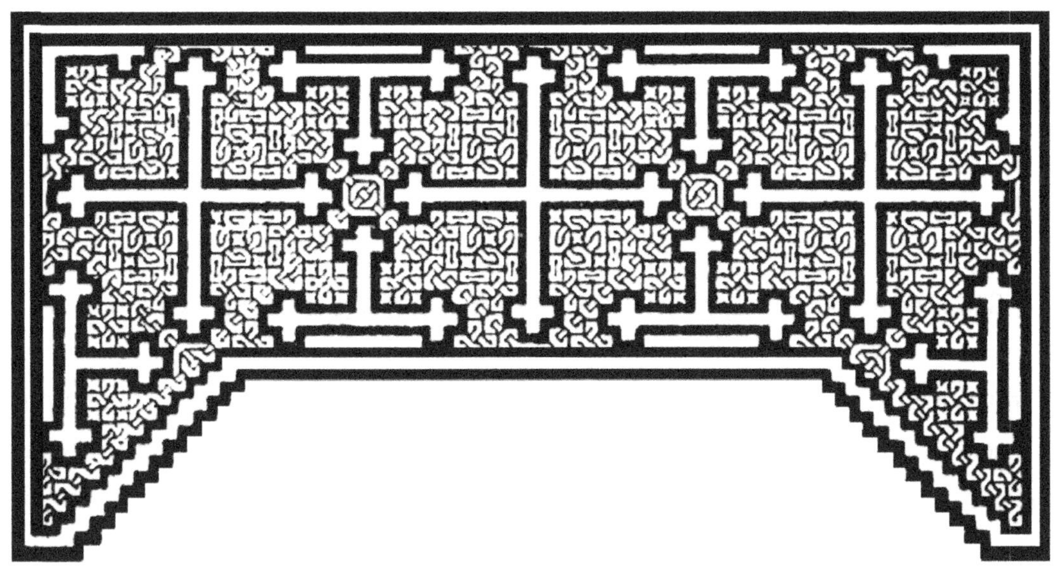

EVE OF WEDNESDAY OF HOLY PASCHA

ليلة الاربعاء من البصخة المقدسة

First Hour of Eve of Wednesday

الساعة الأولى من ليلة الاربعاء

Ⲓⲉⲍⲉⲕⲓⲏⲗ Ⲕⲉⲫ ⲕ̅ⲃ̅ : ⲓ̅ⲍ̅ - ⲕ̅ⲃ̅

Ⲉⲃⲟⲗϧⲉⲛ Ⲓⲉⲍⲉⲕⲓⲏⲗ ⲡⲓⲡⲣⲟⲫⲏⲧⲏⲥ: ⲉⲣⲉⲡⲉϥⲥ̀ⲙⲟⲩ ⲉ̀ⲑⲟⲩⲁⲃ ϣⲱⲡⲓ ⲛⲉⲙⲁⲛ ⲁ̀ⲙⲏⲛ ⲉϥϫⲱ ⲙ̀ⲙⲟⲥ.

Ⲟⲩⲟϩ ⲁ̀ⲟⲩⲥⲁϫⲓ ⲛ̀ⲧⲉ Ⲡ̅ⲟ̅ⲥ̅ ϣⲱⲡⲓ ϩⲁⲣⲟⲓ ⲉϥϫⲱ ⲙ̀ⲙⲟⲥ : **Ϫⲉ** ⲡ̀ϣⲏⲣⲓ ⲙ̀ⲫⲣⲱⲙⲓ : ϩⲏⲡⲡⲉ ⲁⲩϣⲱⲡⲓ ⲛⲏⲓ ⲛ̀ϫⲉ ⲡⲏⲓ ⲙ̀ⲡⲓⲥ̅ⲗ̅ ⲉⲩⲙⲟⲩϫⲧ ⲧⲏⲣⲟⲩ ⲛ̀ⲟⲩϩⲟⲙⲧ ⲛⲉⲙ ⲟⲩⲑⲣⲁⲛ ⲛⲉⲙ ⲟⲩⲃⲉⲛⲓⲡⲓ ⲛⲉⲙ ⲟⲩⲧⲁⲧϩ ⲉϥⲙⲟⲩϫⲧ ⲛⲉⲙ ⲟⲩϩⲁⲧ : Ⲉⲑⲃⲉ ⲫⲁⲓ ⲁ̀ϫⲟⲥ ϫⲉ ⲛⲁⲓ ⲛⲉ ⲛⲏⲉ̀ⲧⲉϥϫⲱ ⲙ̀ⲙⲱⲟⲩ ⲛ̀ϫⲉ Ⲡ̅ⲟ̅ⲥ̅ : ϫⲉ ⲉ̀ⲫⲙⲁ ϫⲉ ⲁ̀ⲣⲉⲧⲉⲛ ϣⲱⲡⲓ ⲧⲏⲣⲟⲩ ⲉⲩⲑⲱⲧ ⲛ̀ⲟⲩⲱⲧ : ⲉⲑⲃⲉ ⲫⲁⲓ ⲁ̀ⲛⲟⲕ ϯⲛⲁϣⲉⲡⲑⲏⲛⲟⲩ ⲉ̀ⲣⲟⲓ ϧⲉⲛ Ⲓⲗ̅ⲏ̅ⲙ̅. **Ⲕⲁⲧⲁ** ⲫ̀ⲣⲏϯ ⲉ̀ⲧⲁⲓϣⲉⲡ ⲡⲓϩⲁⲧ ⲛⲉⲙ ⲡⲓϩⲟⲙⲧ ⲛⲉⲙ ⲡⲓⲃⲉⲛⲓⲡⲓ ⲛⲉⲙ ⲡⲓⲧⲁⲧϩ ⲛⲉⲙ ⲡⲓⲑⲣⲁⲛ ϧⲉⲛ ⲑ̀ⲙⲏϯ ⲛ̀ⲟⲩ̀ϩⲣⲱ : ⲉⲑⲣⲉϥⲛⲓϥⲓ ⲛ̀ⲉⲱⲟⲩ ⲛ̀ϫⲉ ⲟⲩ̀ⲭ̀ⲣⲱⲙ ⲉ̀ⲡϫⲓⲛ ⲟⲩⲟⲧϩⲉⲩ ⲉ̀ⲃⲟⲗ : ⲡⲁⲓⲣⲏϯ ⲟⲛ ϯⲛⲁϣⲉⲡⲑⲏⲛⲟⲩ ⲉ̀ⲣⲟⲓ ϧⲉⲛ ⲡⲁ̀ⲙ̀ⲃⲟⲛ : **Ⲟⲩⲟϩ** ϯⲛⲁⲑⲟⲩⲉⲧ ⲑⲏⲛⲟⲩ ⲟⲩⲟϩ ϯⲛⲁⲟⲩⲉⲧϩ ⲑⲏⲛⲟⲩ ⲉ̀ⲃⲟⲗ ⲟⲩⲟϩ ϯⲛⲁⲛⲓϥⲓ ⲛ̀ⲥⲁⲑⲏⲛⲟⲩ ϧⲉⲛ ⲟⲩ̀ⲭ̀ⲣⲱⲙ ⲛ̀ⲧⲉ ⲡⲁϫⲱⲛⲧ. **Ⲟⲩⲟϩ** ϯⲛⲁⲟⲩⲉⲧϩ ⲑⲏⲛⲟⲩ ⲉ̀ⲃⲟⲗϧⲉⲛ ⲧⲉⲥⲙⲏϯ. **Ⲙ̀ⲫ̀ⲣⲏϯ** ⲉ̀ⲱⲁⲩⲟⲩⲱⲧϩ ⲛ̀ϩⲁⲧ ⲉ̀ⲃⲟⲗϧⲉⲛ ⲑ̀ⲙⲏϯ ⲛ̀ⲟⲩ̀ϩⲣⲱ : ⲡⲁⲓⲣⲏϯ ⲥⲉⲛⲁⲟⲩⲉⲧϩⲑⲏⲛⲟⲩ ⲉ̀ⲃⲟⲗϧⲉⲛ ⲧⲉⲥⲙⲏϯ : ⲟⲩⲟϩ ⲧⲉⲧⲉⲛⲛⲁⲉ̀ⲙⲓ ϫⲉ ⲁ̀ⲛⲟⲕ ⲡⲉ Ⲡ̅ⲟ̅ⲥ̅ ⲟⲩⲟϩ ⲁⲓⲫⲱⲛ ⲙ̀ⲡⲁϫⲱⲛⲧ ϩⲓϫⲉⲛ ⲑⲏⲛⲟⲩ.

Ⲟⲩ̀ⲱⲟⲩ ⲛ̀ϯⲧ̀ⲣⲓⲁⲥ ⲉ̀ⲑⲟⲩⲁⲃ ⲡⲉⲛⲛⲟⲩϯ ϣⲁ ⲉ̀ⲛⲉϩ ⲛⲉⲙ ϣⲁ ⲉ̀ⲛⲉϩ ⲛ̀ⲧⲉ ⲛⲓⲉ̀ⲛⲉϩ ⲧⲏⲣⲟⲩ: ⲁ̀ⲙⲏⲛ.

Ezekiel 22:17-22

A reading from Ezekiel the Prophet may his blessings be with us Amen.

The word of the Lord came to me, saying, "Son of man, the house of Israel has become dross to Me; they are all bronze, tin, iron, and lead, in the midst of a furnace; they have become dross from silver. Therefore thus says the Lord God: 'Because you have all become dross, therefore behold, I will gather you into the midst of Jerusalem. As men gather silver, bronze, iron, lead, and tin into the midst of a furnace, to blow fire on it, to melt it; so I will gather you in My anger and in My fury,

حزقيال ٢٢: ١٧ – ٢٢

من حزقيال النبى بركته المقدسة تكون معنا، آمين.

وَكَانَ إِلَيَّ كَلاَمُ الرَّبِّ: «يَا ابْنَ آدَمَ، قَدْ صَارَ لِي بَيْتُ إِسْرَائِيلَ زَغَلاً. كُلُّهُمْ نُحَاسٌ وَقَصْدِيرٌ وَحَدِيدٌ وَرَصَاصٌ فِي وَسَطِ كُورٍ. صَارُوا زَغَلَ فِضَّةٍ. لأَجْلِ ذلِكَ هكَذَا قَالَ السَّيِّدُ الرَّبُّ: مِنْ حَيْثُ إِنَّكُمْ كُلَّكُمْ صِرْتُمْ زَغَلاً، فَلِذلِكَ هأَنَذَا أَجْمَعُكُمْ فِي وَسَطِ أُورُشَلِيمَ جَمْعَ فِضَّةٍ وَنُحَاسٍ وَحَدِيدٍ وَرَصَاصٍ وَقَصْدِيرٍ إِلَى وَسَطِ كُورٍ لِنَفْخِ

and I will leave you there and melt you. Yes, I will gather you and blow on you with the fire of My wrath, and you shall be melted in its midst. As silver is melted in the midst of a furnace, so shall you be melted in its midst; then you shall know that I, the Lord, have poured out My fury on you.' "

Glory be to the Holy Trinity our God unto the age of all ages, Amen.

النَّارِ عَلَيْهَا لِسَبْكِهَا، كَذَلِكَ أَجْمَعُكُمْ بِغَضَبِي وَسَخَطِي وَأَطْرَحُكُمْ وَأَسْبِكُكُمْ. فَأَجْمَعُكُمْ وَأَنْفُخُ عَلَيْكُمْ فِي نَارِ غَضَبِي، فَتُسْبَكُونَ فِي وَسَطِهَا. كَمَا تُسْبَكُ الْفِضَّةُ فِي وَسَطِ الْكُورِ كَذَلِكَ تُسْبَكُونَ فِي وَسَطِهَا، فَتَعْلَمُونَ أَنِّي أَنَا الرَّبُّ سَكَبْتُ سَخَطِي عَلَيْكُمْ].

مجداً للثالوث القدوس الهنا إلى الأبد وإلى أبد الآبدين كلها، آمين.

Ιεζεκιηλ κεφ κβ : κ̅ς̅ - κθ

Ⲉⲃⲟⲗϧⲉⲛ Ⲓⲉⲍⲉⲕⲓⲏⲗ ⲡⲓⲡ̀ⲣⲟⲫⲏⲧⲏⲥ: ⲉⲣⲉⲡⲉϥ̀ⲥⲙⲟⲩ ⲉ̀ⲑⲟⲩⲁⲃ ϣⲱⲡⲓ ⲛⲉⲙⲁⲛ ⲁ̀ⲙⲏⲛ ⲉϥϫⲱ ⲙ̀ⲙⲟⲥ.

Ⲡⲥⲁϫⲓ ⲙ̀Ⲡ̅ⲟ̅ⲥ̅ ⲁϥϣⲱⲡⲓ ϣⲁⲣⲟⲓ ⲉϥϫⲱ ⲙ̀ⲙⲟⲥ ϫⲉ ⲡ̀ϣⲏⲣⲓ ⲙ̀ⲫⲣⲱⲙⲓ ⲁϫⲟⲥ ⲛⲁⲥ ϫⲉ ⲛ̀ⲑⲟⲉⲡⲉ ⲡⲕⲁϩⲓ ⲉⲧⲉ ⲙ̀ⲡⲉϥϫⲓ ⲙⲱⲟⲩ ⲇⲉ ⲙ̀ⲡⲉ ⲙⲟⲩⲛϩⲱⲟⲩ ⲓ̀ ⲉ̀ϧ̀ⲣⲏⲓ ⲉ̀ϫⲱϥ ⲙ̀ⲡⲓⲉ̀ϩⲟⲟⲩ ⲛ̀ⲧⲁⲟⲣⲅⲏ ⲑⲁⲓ ⲉⲣⲉ ⲛⲉⲥϩⲩⲅⲟⲩⲙⲉⲛⲟⲥ ⲛ̀ⲑⲉ ⲛ̀ϩⲁⲛⲙⲟⲩ̀ⲓ ⲉⲩϩⲉⲙϩⲉⲙ ϧⲉⲛ ⲧⲉⲥⲙⲏϯ ⲉⲩⲧⲱⲣⲡ ⲛ̀ϩⲁⲛⲧⲱⲣⲡ ⲉⲩⲟⲩⲱⲙ ⲛ̀ϩⲁⲛ.ⲯⲩⲭⲏ ϧⲉⲛ ⲟⲩϭⲓⲛϫⲟⲛⲥ ⲟⲩⲟϩ ⲉⲩⲉϭⲓⲧⲁⲓⲟ ⲛ̀ϫⲉ ⲛⲉⲥⲭⲏⲣⲁ ⲛ̀ⲥⲉⲁϣⲁⲓ ϧⲉⲛ ⲧⲟⲩⲙⲏϯ ⲟⲩⲟϩ ⲛⲟⲩⲟⲩⲏⲃ ⲁⲩ̀ⲁⲑⲉⲧⲉ ⲙ̀ⲡⲁⲛⲟⲙⲟⲥ ⲁⲩϭⲱ̀ϧⲉⲙ ⲛ̀ⲛⲁⲡⲉⲧⲟⲩⲁⲃ ⲙ̀ⲡⲟⲩⲫⲱⲣϫ ϧⲉⲛ ⲑ̀ⲙⲏϯ ⲙ̀ⲫⲏⲉⲑⲟⲩⲁⲃ ⲛⲉⲙ ⲡⲓϭⲁϧⲉⲙ ⲟⲩⲟϩ ϧⲉⲛ ⲑ̀ⲙⲏϯ ⲛ̀ⲟⲩ̀ⲁⲕⲁⲑⲁⲣⲧⲟⲥ ⲛⲉⲙ ⲑⲏⲉⲧⲑⲉⲃⲓⲏⲟⲩⲧ : ⲁⲩⲧⲱⲃϣ ϧⲉⲛ ⲛⲟⲩⲃⲁⲗ ⲛ̀ⲛⲁⲥⲁⲃⲃⲁⲧⲱⲛ ⲟⲩⲟϩ ⲁⲓϣⲱⲡⲓ ⲉⲓⲟⲣⲉⲃ ϧⲉⲛ ⲧⲟⲩⲙⲏϯ : ⲛⲟⲩⲁⲣⲭⲱⲛ ⲉⲩⲟⲓ ⲛ̀ⲑⲉ ⲛ̀ϩⲁⲛⲟⲩⲱⲛϣ ⲉⲩⲧⲱⲣⲡ ⲛ̀ϩⲁⲛⲧⲱⲣⲡ ⲟⲩⲟϩ ⲉⲩⲡⲱϩⲧ ⲉ̀ⲃⲟⲗ ⲛ̀ϩⲁⲛ̀ⲥⲛⲟϥ ϫⲉ ϫⲁⲥ ⲉⲩⲉ̀ϥⲓ ⲙ̀ⲡⲉⲧⲉⲙ̀ⲫⲱⲟⲩ ⲁⲛ ⲡⲉ ⲟⲩⲟϩ ⲛⲉⲥⲡ̀ⲣⲟⲫⲏⲧⲏⲥ ⲉⲩⲑⲱϩⲥ ⲙ̀ⲙⲱⲟⲩ ⲥⲉⲛⲁϩⲉ ⲉ̀ϧ̀ⲣⲏⲓ ⲉⲧⲉⲛⲁⲩ ϧⲉⲛ ⲡⲉⲧϣⲟⲩⲓⲧ ⲉⲩϣⲓⲛⲓ ⲉⲩⲧⲁⲟⲩⲟ ⲛ̀ϩⲁⲛϫⲟⲗ.

Ⲟⲩⲱ̀ⲟⲩ ⲛ̀ϯⲧ̀ⲣⲓⲁⲥ ⲉ̀ⲑⲟⲩⲁⲃ ⲡⲉⲛⲛⲟⲩϯ ϣⲁ ⲉ̀ⲛⲉϩ ⲛⲉⲙ ϣⲁ ⲉ̀ⲛⲉϩ ⲛ̀ⲧⲉ ⲛⲓⲉ̀ⲛⲉϩ ⲧⲏⲣⲟⲩ: ⲁ̀ⲙⲏⲛ.

Ezekiel 22:23-28

حزقيال ٢٢ : ٢٣ - ٢٨

A reading from Ezekiel the Prophet may his blessings be with us Amen.

And the word of the Lord came to me, saying, "Son of man, say to her: 'You are a land that is not cleansed or rained on in the day of indignation.' The conspiracy of her prophets in her midst is like a roaring lion tearing the prey;

من حزقيال النبى بركته المقدسة تكون معنا، آمين.

وَكَانَ إِلَيَّ كَلاَمُ الرَّبِّ: [يَا ابْنَ آدَمَ، قُلْ لَهَا: أَنْتِ الأَرْضُ الَّتِي لَمْ تَطْهُرْ. لَمْ يُمْطَرْ عَلَيْهَا فِي يَوْمِ الْغَضَبِ. فِتْنَةُ أَنْبِيَائِهَا فِي وَسَطِهَا كَأَسَدٍ مُزَمْجِرٍ يَخْطُفُ الْفَرِيسَةَ. أَكَلُوا نُفُوساً.

they have devoured people; they have taken treasure and precious things; they have made many widows in her midst. Her priests have violated My law and profaned My holy things; they have not distinguished between the holy and unholy, nor have they made known the difference between the unclean and the clean; and they have hidden their eyes from My Sabbaths, so that I am profaned among them. Her princes in her midst are like wolves tearing the prey, to shed blood, to destroy people, and to get dishonest gain. Her prophets plastered them with untempered mortar, seeing false visions, and divining lies for them.

Glory be to the Holy Trinity our God unto the age of all ages, Amen.

أَخَذُوا الْكَنْزَ وَالنَّفِيسَ. أَكْثَرُوا أَرَامِلَهَا فِي وَسَطِهَا. كَهَنَتُهَا خَالَفُوا شَرِيعَتِي وَنَجَّسُوا أَقْدَاسِي. لَمْ يُمَيِّزُوا بَيْنَ الْمُقَدَّسِ وَالْمُحَلَّلِ، وَلَمْ يَعْلَمُوا الْفَرْقَ بَيْنَ النَّجِسِ وَالطَّاهِرِ، وَحَجَبُوا عُيُونَهُمْ عَنْ سُبُوتِي فَتَدَنَّسْتُ فِي وَسَطِهِمْ. رُؤَسَاؤُهَا فِي وَسَطِهَا كَذِئَابٍ خَاطِفَةٍ خَطْفاً لِسَفْكِ الدَّمِ، لإِهْلاَكِ النُّفُوسِ لاِكْتِسَابِ كَسْبٍ. وَأَنْبِيَاؤُهَا قَدْ طَيَّنُوا لَهُمْ بِالطُّفَالِ، رَائِينَ بَاطِلاً وَعَارِفِينَ لَهُمْ كَذِباً.

مجداً للثالوث القدوس الهنا إلى الأبد وإلى أبد الآبدين كلها، آمين.

The Doxology of the Pascha Hour: "Thine is the Power…" on page A5.

تسبحة ساعة البصخة: "لك القوة..." صفحة ٥ فى اخر الكتاب.

Ⲯⲁⲗⲙⲟⲥ ⲚⲎ : ⲒⲄ ⲚⲈⲘ ⲒⲆ

Ⲁⲕϣⲱⲡⲓ ⲛⲏⲓ ⲛ̀ⲟⲩⲣⲉϥϣⲟⲡⲧ ⲉ̀ⲣⲟϥ : ⲛⲉⲙ ⲟⲩⲙⲁ̀ⲙ̀ⲫⲱⲧ ϧⲉⲛ ⲡⲉ̀ϩⲟⲟⲩ ⲙ̀ⲡⲁϩⲟϫϩⲉϫ. Ⲛ̀ⲑⲟⲕ ⲡⲉ ⲡⲁⲃⲟⲏ̀ⲑⲟⲥ ⲁⲓⲛⲁⲉⲣⲯⲁⲗⲓⲛ ⲉ̀ⲣⲟⲕ ⲡⲁⲛⲟⲩϯ : ϫⲉ ⲛ̀ⲑⲟⲕ ⲡⲉ ⲡⲁⲣⲉϥϣⲟⲡⲧ ⲉ̀ⲣⲟϥ ⲡⲁⲛⲟⲩϯ ⲡⲁⲛⲁⲓ ⲁ̅ⲗ̅.

Psalm 59:16-17

المزمور ٥٨: ١٣ و ١٤

A Psalm of David the Prophet.

For You have been my defense And refuge in the day of my trouble.
To You, O my Strength, I will sing praises; For God is my defense, My God of mercy. Alleluia.

من مزامير داود النبى

صرت ناصرى وملجأى فى يوم شدتى.
أنت معينى لك أرتل يا إلهى. لانك أنت ناصرى إلهى وارحمنى: هلليلويا.

Ⲉⲩⲁⲅⲅⲉⲗⲓⲟⲛ ⲕⲁⲧⲁ Ⲙⲁⲧⲑⲉⲟⲛ Ⲕⲉⲫ ⲕ̅ⲃ̅ : ⲁ̅ - ⲓ̅ⲇ̅

Ⲟⲩⲟϩ ⲁϥⲉⲣⲟⲩⲱ ⲛⲱⲟⲩ ⲟⲛ ⲛ̀ϫⲉ Ⲓⲏ̅ⲥ̅ ϧⲉⲛ ϩⲁⲛⲡⲁⲣⲁⲃⲟⲗⲏ ⲉϥϫⲱ ⲙ̀ⲙⲟⲥ : ϫⲉ ⲥ̀ⲟⲛⲓ ⲛ̀ϫⲉ ϯⲙⲉⲧⲟⲩⲣⲟ ⲛ̀ⲧⲉ ⲛⲓⲫⲏⲟⲩⲓ̀ : ⲛ̀ⲟⲩⲣⲱⲙⲓ ⲛ̀ⲟⲩⲣⲟ ⲉ̀ⲁϥⲓ̀ⲣⲓ ⲛ̀ⲟⲩϩⲟⲡ ⲉ̀ⲡⲉϥϣⲏⲣⲓ : Ⲟⲩⲟϩ ⲁϥⲟⲩⲱⲣⲡ ⲛ̀ⲛⲉϥⲉ̀ⲃⲓⲁⲓⲕ ⲉ̀ⲙⲟⲩϯ ⲉ̀ⲛⲏⲉⲧⲑⲁϩⲉⲙ ⲉ̀ϧⲟⲩⲛ ⲉ̀ⲡⲓϩⲟⲡ ⲟⲩⲟϩ ⲙ̀ⲡⲟⲩⲟⲩⲱϣ ⲉ̀ⲓ̀. Ⲡⲁⲗⲓⲛ ⲟⲛ ⲁϥⲟⲩⲱⲣⲡ ⲛ̀ϩⲁⲛⲕⲉⲉ̀ⲃⲓⲁⲓⲕ ⲉϥϫⲱ ⲙ̀ⲙⲟⲥ : ϫⲉ ⲁ̀ϫⲟⲥ ⲛ̀ⲛⲏⲉⲧⲑⲁϩⲉⲙ ϫⲉ ⲓⲥ ⲡⲁⲁ̀ⲣⲓⲥⲧⲟⲛ ⲁⲓⲥⲉⲃⲧⲱⲧϥ : ⲛⲁⲙⲁⲥⲓ ⲛⲉⲙ ⲛⲏⲉⲧϣⲁⲛⲉⲩϣ ⲥⲉϣⲁⲧ ⲟⲩⲟϩ ⲥⲉⲥⲉⲃⲧⲱⲧ ⲧⲏⲣⲟⲩ : ⲁ̀ⲙⲱⲓⲛⲓ ⲉ̀ϧⲟⲩⲛ ⲉ̀ⲡⲓϩⲟⲡ : Ⲛⲑⲱⲟⲩ ⲇⲉ ⲉ̀ⲧⲁⲩⲉⲣⲁ̀ⲙⲉⲗⲏⲥ : ⲁⲩϣⲉⲛⲱⲟⲩ ⲟⲩⲁⲓ ⲙⲉⲛ ⲉ̀ⲡⲉϥⲓⲟϩⲓ : ⲕⲉⲟⲩⲁⲓ ⲇⲉ ⲉ̀ⲧⲉϥⲉ̀ⲃϣⲱⲧ Ⲡⲥⲉⲡⲓ ⲇⲉ ⲉ̀ⲧⲁⲩⲁ̀ⲙⲟⲛⲓ ⲛ̀ⲛⲉϥⲉ̀ⲃⲓⲁⲓⲕ ⲁⲩϣⲟϣⲟⲩ ⲟⲩⲟϩ ⲁⲩϧⲟⲑⲃⲟⲩ. Ⲡⲓⲟⲩⲣⲟ ⲇⲉ ⲉ̀ⲧⲁϥⲥⲱⲧⲉⲙ ⲁϥϫⲱⲛⲧ ⲟⲩⲟϩ ⲁϥⲧⲁⲟⲩⲥ ⲛ̀ⲛⲉϥⲥⲧⲣⲁⲧⲉⲩⲙⲁ ⲟⲩⲟϩ ⲁϥⲧⲁⲕⲟ ⲛ̀ⲛⲓⲣⲉϥϧⲱⲧⲉⲃ ⲉ̀ⲧⲉ̀ⲙⲙⲁⲩ : ⲟⲩⲟϩ ⲧⲟⲩⲃⲁⲕⲓ ⲁϥⲣⲟⲕϩⲥ ϧⲉⲛ ⲡⲓⲭ̀ⲣⲱⲙ : Ⲧⲟⲧⲉ ⲡⲉϫⲁϥ ⲛ̀ⲛⲉϥⲉ̀ⲃⲓⲁⲓⲕ : ϫⲉ ⲡⲓϩⲟⲡ ⲙⲉⲛ ⲉϥⲥⲉⲃⲧⲱⲧ : ⲛⲏⲉⲧⲑⲁϩⲉⲙ ⲇⲉ ⲛⲁⲩ ⲙ̀ⲡϣⲁ ⲁⲛ ⲡⲉ : Ⲙⲁϣⲉⲛⲱⲧⲉⲛ ⲇⲉ ⲉ̀ⲃⲟⲗ ⲉ̀ⲛⲓⲙⲁⲛⲙⲟϣⲓ ⲛ̀ⲧⲉ ⲛⲓⲙⲱⲓⲧ : ⲟⲩⲟϩ ⲛⲏⲉⲧⲉⲧⲉⲛⲛⲁϫⲉⲙⲟⲩ ⲑⲁϩⲙⲟⲩ ⲉ̀ϧⲟⲩⲛ ⲉ̀ⲡⲓϩⲟⲡ. Ⲟⲩⲟϩ ⲉ̀ⲧⲁⲩⲓ̀ ⲉ̀ⲃⲟⲗ ⲛ̀ϫⲉ ⲛⲓⲉ̀ⲃⲓⲁⲓⲕ ⲉ̀ⲧⲉ̀ⲙⲙⲁⲩ ϩⲓⲛⲓⲙⲱⲓⲧ : ⲁⲩⲑⲱⲟⲩ̀ϯ ⲛ̀ⲟⲩⲟⲛ ⲛⲓⲃⲉⲛ ⲉ̀ⲧⲁⲩϫⲉⲙⲟⲩ ⲛⲏⲉⲧϩⲱⲟⲩ ⲛⲉⲙ ⲛⲏⲉⲑⲛⲁⲛⲉⲩ : ⲟⲩⲟϩ ⲁϥⲙⲟϩ ⲛ̀ϫⲉ ⲡⲓϩⲟⲡ ⲉ̀ⲃⲟⲗϧⲉⲛ ⲛⲏⲉⲑⲣⲱⲧⲉⲃ : Ⲉ̀ⲧⲁϥⲓ̀ ⲇⲉ ⲉ̀ϧⲟⲩⲛ ⲛ̀ϫⲉ ⲡⲓⲟⲩⲣⲟ ⲉ̀ⲛⲁⲩ ⲉ̀ⲛⲏⲉⲑⲣⲱⲧⲉⲃ : ⲁϥⲛⲁⲩ ⲉ̀ⲟⲩⲣⲱⲙⲓ ⲙ̀ⲙⲁⲩ ⲛ̀ⲧϩⲉⲃⲥⲱ ⲙ̀ⲡⲓϩⲟⲡ ⲧⲟⲓ ϩⲓⲱⲧϥ ⲁⲛ : Ⲟⲩⲟϩ ⲡⲉϫⲁϥ ⲛⲁϥ ϫⲉ ⲡⲁ̀ϣⲫⲏⲣ : ⲡⲱⲥ ⲁⲕⲓ ⲉ̀ϧⲟⲩⲛ ⲉ̀ⲙⲛⲁⲓ ⲛ̀ⲧϩⲉⲃⲥⲱ ⲙ̀ⲡⲓϩⲟⲡ ⲧⲟⲓϩⲓⲱⲧⲕ ⲁⲛ : Ⲛ̀ⲑⲟϥ ⲇⲉ ⲁ̀ⲣⲱϥ ⲑⲱⲙ. Ⲧⲟⲧⲉ ⲡⲉϫⲉ ⲡ̀ⲟⲩⲣⲟ ⲛ̀ⲛⲓⲇⲓⲁ̀ⲕⲱⲛ : ϫⲉ ⲥⲟⲛϩ ⲙ̀ⲫⲁⲓ ⲛ̀ⲧⲟⲧϥ ⲛⲉⲙ ⲣⲁⲧϥ : ϩⲓⲧϥ ⲉ̀ⲡⲓⲭⲁⲕⲓ ⲉⲧⲥⲃⲟⲗ : ⲡⲓⲙⲁ ⲉ̀ⲧⲉ ⲫ̀ⲣⲓⲙⲓ ⲛⲁϣⲱⲡⲓ ⲙ̀ⲙⲟϥ ⲛⲉⲙ ⲡⲓⲥ̀ⲑⲉⲣⲧⲉⲣ ⲛ̀ⲧⲉ ⲛⲓⲛⲁϫϩⲓ : Ⲟⲩⲟⲛ ϩⲁⲛⲙⲏϣ ⲅⲁⲣ ⲉⲩⲑⲁϩⲉⲙ ϩⲁⲛⲕⲟⲩϫⲓ ⲇⲉ ⲛⲉ ⲛⲏⲥⲱⲧⲡ :

Ⲟⲩⲱϣⲧ ⲙ̀ⲡⲓⲉⲩⲁⲅⲅⲉⲗⲓⲟⲛ ⲉ̅ⲑ̅ⲩ̅.

Matthew 22:1-14

A reading from the Holy Gospel according to Saint Matthew.

And Jesus answered and spoke to them again by parables and said: "The kingdom of heaven is like a certain king who arranged a marriage for his son, and sent out his servants to call those who were invited to the wedding; and they were not willing to come. Again, he sent out other servants, saying, 'Tell those who are invited, "See, I have

متى ٢٢: ١-١٤

فصل شريف من إنجيل معلمنا مار متى البشير بركاته علينا آمين.

وَجَعَلَ يَسُوعُ يُكَلِّمُهُمْ أَيْضاً بِأَمْثَالٍ قَائِلاً: «يُشْبِهُ مَلَكُوتُ السَّمَاوَاتِ إِنْسَاناً مَلِكاً صَنَعَ عُرْساً لاِبْنِهِ وَأَرْسَلَ عَبِيدَهُ لِيَدْعُوا الْمَدْعُوِّينَ إِلَى الْعُرْسِ فَلَمْ يُرِيدُوا أَنْ يَأْتُوا. فَأَرْسَلَ أَيْضاً عَبِيداً آخَرِينَ قَائِلاً: قُولُوا لِلْمَدْعُوِّينَ:

prepared my dinner; my oxen and fatted cattle are killed, and all things are ready. Come to the wedding." ' But they made light of it and went their ways, one to his own farm, another to his business. And the rest seized his servants, treated them spitefully, and killed them. But when the king heard about it, he was furious. And he sent out his armies, destroyed those murderers, and burned up their city. Then he said to his servants, 'The wedding is ready, but those who were invited were not worthy. Therefore go into the highways, and as many as you find, invite to the wedding. ' So those servants went out into the highways and gathered together all whom they found, both bad and good. And the wedding hall was filled with guests. But when the king came in to see the guests, he saw a man there who did not have on a wedding garment. So he said to him, 'Friend, how did you come in here without a wedding garment?' And he was speechless. Then the king said to the servants, 'Bind him hand and foot, take him away, and cast him into outer darkness; there will be weeping and gnashing of teeth. ' For many are called, but few are chosen."

Bow down before the Holy Gospel.
Glory be to God forever.

هُوَذَا غَدَائِي أَعْدَدْتُهُ. ثِيرَانِي وَمُسَمَّنَاتِي قَدْ ذُبِحَتْ وَكُلُّ شَيْءٍ مُعَدٌّ. تَعَالَوْا إِلَى الْعُرْسِ! وَلَكِنَّهُمْ تَهَاوَنُوا وَمَضَوْا وَاحِدٌ إِلَى حَقْلِهِ وَآخَرُ إِلَى تِجَارَتِهِ وَالْبَاقُونَ أَمْسَكُوا عَبِيدَهُ وَشَتَمُوهُمْ وَقَتَلُوهُمْ. فَلَمَّا سَمِعَ الْمَلِكُ غَضِبَ وَأَرْسَلَ جُنُودَهُ وَأَهْلَكَ أُولَئِكَ الْقَاتِلِينَ وَأَحْرَقَ مَدِينَتَهُمْ. ثُمَّ قَالَ لِعَبِيدِهِ: أَمَّا الْعُرْسُ فَمُسْتَعَدٌّ وَأَمَّا الْمَدْعُوُّونَ فَلَمْ يَكُونُوا مُسْتَحِقِّينَ. فَاذْهَبُوا إِلَى مَفَارِقِ الطُّرُقِ وَكُلُّ مَنْ وَجَدْتُمُوهُ فَادْعُوهُ إِلَى الْعُرْسِ. فَخَرَجَ أُولَئِكَ الْعَبِيدُ إِلَى الطُّرُقِ وَجَمَعُوا كُلَّ الَّذِينَ وَجَدُوهُمْ أَشْرَاراً وَصَالِحِينَ. فَامْتَلأَ الْعُرْسُ مِنَ الْمُتَّكِئِينَ. فَلَمَّا دَخَلَ الْمَلِكُ لِيَنْظُرَ الْمُتَّكِئِينَ رَأَى هُنَاكَ إِنْسَاناً لَمْ يَكُنْ لاَبِساً لِبَاسَ الْعُرْسِ. فَقَالَ لَهُ: يَا صَاحِبُ كَيْفَ دَخَلْتَ إِلَى هُنَا وَلَيْسَ عَلَيْكَ لِبَاسُ الْعُرْسِ؟ فَسَكَتَ. حِينَئِذٍ قَالَ الْمَلِكُ لِلْخُدَّامِ: ارْبُطُوا رِجْلَيْهِ وَيَدَيْهِ وَخُذُوهُ وَاطْرَحُوهُ فِي الظُّلْمَةِ الْخَارِجِيَّةِ. هُنَاكَ يَكُونُ الْبُكَاءُ وَصَرِيرُ الأَسْنَانِ. لأَنَّ كَثِيرِينَ يُدْعَوْنَ وَقَلِيلِينَ يُنْتَخَبُونَ».

أسجدوا للإنجيل المقدس.
والمجد لله دائماً.

Commentary

The Commentary of the First Hour of Eve of Wednesday of Holy Pascha, may its blessings be with us all. Amen.

The king who held the marriage feast

طرح

طرح الساعة الأولى من ليلة الأربعاء من البصخة المقدسة بركتها علينا. آمين.

الإنسان الملك الذى صنع العُرس ودعا

invited the guests to the banquet, is God the Father. His Son is Jesus Christ our Savior. The marriage feast is the world to which he came, and was incarnate in flesh through the Mother of God and lived among the people as one of them. The servants whom He sent refer to the forerunner prophets who preached to the Gentiles saying that Lord would be coming without hesitation. However, the nations did not listen to the prophets; they went each one his own way, the one to his farm, the other to his trade, and the rest killed the servants. The king became enraged, sent his troops, disciplined these killers, and burned their town.

Who were those who were invited to the feast? None other than the Jews who broke the law, whose names were deleted from the book of life.

The King sent others and commanded them to go in the streets and to invite everyone they find, good and bad. The house was full of guests. Later, the King came in to see them. He saw a man not wearing appropriate attire and asked him, "Friend how did you get in without the wedding garment?" The man was speechless and embarrassed and the servants cast him out to the outer darkness.

This guest was none but Judas who lost his heavenly garment and was cursed with damnation. Judas and all those who are not ready will be cursed because they denied the grace of our Lord Jesus Christ.

المدعوين، هو الله الآب. وابنه هو المسيح يسوع مخلصنا. والعريس هو العالم الذى ظهر فيه عندما ولدته بالجسد والدة الإله، وصار مع الناس كواحد منهم. والعبيد الذين أرسلهم هم الأنبياء الذين سبقوه ودعوا الأمم قبل مجيئه قائلين: أن الآتى سوف يأتى ولا يبطئ. فتكاسلوا ولم يقبلوا أقوالهم ثم مضوا متهاونين، واحد إلى حقله، وآخر إلى تجارته، والباقون أمسكوا عبيده وقتلوهم. فغضب الملك وأرسل جنوده وضرب أولئك القتلة وأحرق مدينتهم.

من هم الناس الذين دعوا إلى الوليمة الحقيقية التى لله الكلمة، إلا اليهود المخالفون الذين محيت أسماؤهم من سفر الحياة؟!

فعاد أيضاً وأرسل آخرين، وأوصاهم هكذا قائلاً: اخرجوا إلى مسالك الطرق وادعوا كل الذين تجدونهم. فلما خرجوا دعوا كثيرين صالحين وطالحين، فامتلأ البيت من المتكئين. فدخل الملك لينظر المدعوين، فرأى رجلاً هناك ليس عليه ثياب العُرس. فقال له: يا صاحب كيف دخلت إلى هنا وليس عليك ثياب العُرس؟ فللوقت صمت وصار فى فضيحة. ثم القاه الخدام إلى الظلمة الخارجية.

من هو هذا الإنسان إلا يهوذا الذى تعرى من الحلة السمائية، ولبس اللعنة مثل الثوب، ودخلت إلى أمعائه مثل الماء؟!

لأنه جحد نعمة سيده وتجرأ أن يسلم معلمه. فلذلك صار غريباً من مجده. ورئاسة كهنوته أخذها آخر.

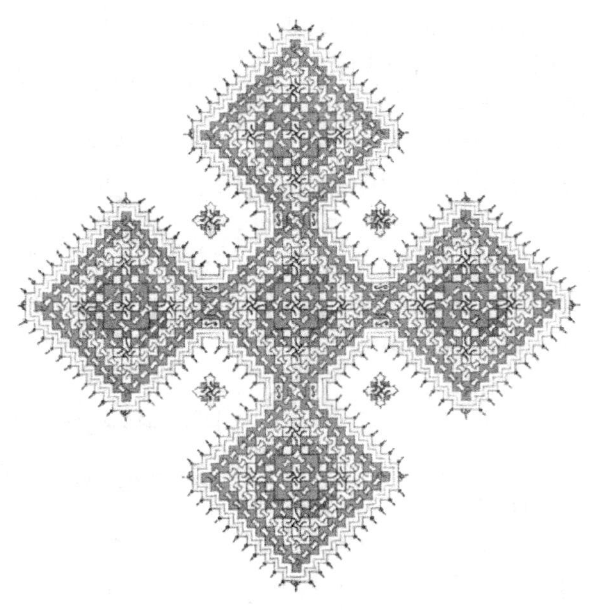

Third Hour of Eve of Wednesday

الساعة الثالثة من ليلة الاربعاء

Ⲁⲙⲟⲥ Ⲕⲉⲫ ⲉ̅ : ⲓ̅ⲏ̅ ϣⲃ̅ⲗ̅

Ⲉⲃⲟⲗϧⲉⲛ Ⲁⲙⲟⲥ ⲡⲓⲡ̀ⲣⲟⲫⲏⲧⲏⲥ: ⲉ̀ⲣⲉⲡⲉϥⲥ̀ⲙⲟⲩ ⲉ̀ⲑⲟⲩⲁⲃ ϣⲱⲡⲓ ⲛⲉⲙⲁⲛ ⲁ̀ⲙⲏⲛ ⲉϥϫⲱ ⲙ̀ⲙⲟⲥ.

Ⲟⲩⲟⲓ ⲛ̀ⲛⲏⲉⲧⲉⲣ ⲉⲡⲓⲑⲩⲙⲓⲛ ⲉⲡⲓⲉ̀ϩⲟⲟⲩ ⲛ̀ⲧⲉ Ⲡ̅ⲟ̅ⲥ̅ : ⲉ̀ⲣⲟⲩ ⲛⲱⲧⲉⲛ ⲉⲡⲁⲓ. ⲉϩⲟⲟⲩ ⲛ̀ⲧⲉ Ⲡ̅ⲟ̅ⲥ̅ : ⲟⲩⲟϩ ⲡⲁⲓ ⲉ̀ϩⲟⲟⲩ ⲛ̀ⲟⲩⲭⲁⲕⲓ ⲟⲩⲟϩ ⲛ̀ⲟⲩⲱⲓⲛⲓ ⲁⲛ ⲡⲉ : Ⲙ̀ⲫⲣⲏϯ ⲁϥϣⲁⲛⲫⲱⲧ ⲛ̀ϫⲉ ⲟⲩⲣⲱⲙⲓ ⲉ̀ⲃⲟⲗϩⲁ ⲡ̀ϩⲟ ⲛ̀ⲟⲩⲙⲟⲩⲓ ⲟⲩⲟϩ ⲛ̀ⲧⲉⲥ ⲓ ⲉϫⲱϥ ⲛ̀ϫⲉ ⲟⲩ ⲗⲁⲃⲟⲓ : ⲟⲩⲟϩ ⲛ̀ⲧⲉϥⲫⲱⲧ ⲉ̀ϧⲟⲩⲛ ⲉ̀ⲡⲉϥⲏⲓ ⲟⲩⲟϩ ⲛ̀ⲧⲉϥϥⲁⲓ ⲛ̀ⲧⲉϥ ϫⲓϫ ⲉ̀ϩⲣⲏⲓ ⲉϫⲉⲛ ϯϫⲟⲓ ⲛ̀ⲧⲉϥ ϫⲟⲕϩϥ ⲛ̀ϫⲉ ⲟⲩϩⲟϥ : Ⲙⲏ ⲟⲩⲭⲁⲕⲓ ⲁⲛ ⲡⲉ ⲡ̀ⲉ̀ϩⲟⲟⲩ ⲙ̀Ⲡ̅ⲟ̅ⲥ̅ : ⲟⲩⲟϩ ⲟⲩⲟⲩⲱⲓⲛⲓⲁ̀ⲛ ⲡⲉ ⲟⲩⲥ̀ⲛⲟⲫⲟⲥ ⲡⲉ ⲙ̀ⲙⲟⲛ ⲧⲉϥⲙⲟⲧⲉ̀. Ⲁⲓⲙⲉⲥⲧⲉ ⲛⲉⲧⲉⲛϣⲁⲓ ⲟⲩⲟϩ ⲁⲓⲭⲁⲩ ⲛ̀ⲥⲱⲓ : ⲟⲩⲛ̀ⲛⲁϣⲱⲗⲉⲙ ϧⲉⲛ ⲛⲉⲧⲉⲛⲛⲓϣϯ ⲛ̀ⲉ̀ϩⲟⲟⲩ ⲛ̀ϣⲁⲓ : ϫⲉ ⲟⲩⲏⲓ ⲉϣⲱⲡ ⲁ̀ⲣⲉⲧⲉⲛϣⲁⲛ ⲓ̀ⲛⲓ ⲛⲏⲓ ⲛ̀ϩⲁⲛϭⲗⲓⲗ ⲛⲉⲙ ϩⲁⲛϣⲟⲩϣⲱⲟⲩϣⲓ ⲛ̀ϯⲛⲁϣⲟⲡⲟⲩ ⲁⲛ : ⲟⲩⲟϩ ϯⲛⲁϫⲟⲩϣⲧ ⲁⲛ ⲉ̀ϫⲉⲛ ⲛⲁ ⲡⲓⲟⲩϫⲁⲓ ⲛ̀ⲧⲉ ⲡⲉⲧⲉⲛⲟⲩⲱⲛϩ ⲉ̀ⲃⲟⲗ : Ⲙⲁⲧⲁⲥⲑⲟ ⲉ̀ⲃⲟⲗϩⲁⲣⲟⲓ ⲙ̀ⲡ̀ϧⲣⲱⲟⲩ ⲛ̀ⲛⲉⲕϩⲱⲇⲏ : ⲟⲩⲟϩ ⲡⲓⲯⲁⲗⲙⲟⲥ ⲛ̀ⲧⲉ ⲛⲉⲕⲟⲣⲅⲁⲛⲟⲛ ⲛ̀ϯⲛⲁⲥⲱⲧⲉⲙ ⲉ̀ⲣⲟϥ ⲁⲛ : Ⲟⲩⲟϩ ⲉϥⲉ̀ⲥⲕⲉⲣⲕⲉⲣ ⲛ̀ϫⲉ ⲟⲩϩⲁⲡ ⲙ̀ⲫⲣⲏϯ ⲛ̀ⲟⲩⲙⲱⲟⲩ : ⲟⲩⲟϩ ϯⲙⲉⲑⲙⲏⲓ ⲙ̀ⲫⲣⲏϯ ⲛ̀ⲟⲩⲙⲟⲩⲛⲥⲱⲣⲉⲙ ⲛ̀ⲁⲧⲉⲣϫⲓⲛⲓⲟⲣ ⲙ̀ⲙⲟϥ. Ⲙⲏ ϩⲁⲛϣⲟⲗϣⲉⲗ ⲛⲉⲙ ϩⲁⲛ ϣⲟⲩϣⲱⲟⲩϣⲓ ⲁ̀ⲣⲉⲧⲉⲛⲉ̀ⲛⲟⲩ ⲉ̀ϩⲣⲏⲓ ⲛⲏⲓ ϩⲓⲡ̀ϣⲁϥⲉ ⲛ̀ϩⲙⲉ ⲛ̀ⲣⲟⲙⲡⲓ ⲡⲏⲓ ⲙ̀ⲡⲓⲥ̅ⲗ̅ ⲡⲉϫⲉ Ⲡ̅ⲟ̅ⲥ̅ : Ⲁⲣⲉⲧⲉⲛϭⲓ ⲛ̀ϯⲥⲕⲩⲛⲏ ⲛ̀ⲧⲉ Ⲙⲟⲗⲟⲭ ⲛⲉⲙⲡⲓⲥⲓⲟⲩ ⲛ̀ⲧⲉ ⲡⲉⲧⲉⲛⲛⲟⲩϯ Ⲣⲉⲫⲁⲛ : ⲛⲓⲧⲩⲡⲟⲥ ⲉ̀ⲧⲁⲣⲉⲧⲉⲛⲑⲁⲙⲓⲱⲟⲩ ⲛⲱⲧⲉⲛ. **Ⲟⲩⲟϩ** ⲉⲓⲉⲟⲩⲉⲧⲉⲃ ⲑⲏⲛⲟⲩ ⲉ̀ⲃⲟⲗ ⲥⲁ̀ⲙⲛⲏ ⲛ̀Ⲇⲁⲙⲁⲥⲕⲟⲥ : ⲡⲉϫⲉ Ⲡ̅ⲟ̅ⲥ̅ Ⲫϯ ⲡⲓⲡⲁⲛⲧⲟⲕⲣⲁⲧⲱⲣ ⲡⲉ ⲡⲉϥⲣⲁⲛ :

Ⲟⲩⲱ̀ⲟⲩ ⲛ̀ϯⲧ̀ⲣⲓⲁⲥ ⲉ̀ⲑⲟⲩⲁⲃ ⲡⲉⲛⲛⲟⲩϯ ϣⲁ ⲉ̀ⲛⲉϩ ⲛⲉⲙ ϣⲁ ⲉ̀ⲛⲉϩ ⲛ̀ⲧⲉ ⲛⲓⲉ̀ⲛⲉϩ ⲧⲏⲣⲟⲩ: ⲁ̀ⲙⲏⲛ.

Amos 5:18-27 عاموس ٥: ١٨ الخ

A reading from Amos the Prophet may his blessings be with us Amen.

Woe to you who desire the day of the Lord! For what good is the day of the Lord to you? It will be darkness, and not light. It will be as though a man fled from a lion, And a bear met him! Or as though he went into the house, Leaned his hand on the wall, And a serpent bit him! Is not the day of the Lord darkness, and not light? Is it not very

من عاموس النبى بركته المقدسة تكون معنا، آمين.

«وَيْلٌ لِلَّذِينَ يَشْتَهُونَ يَوْمَ الرَّبِّ. لِمَاذَا لَكُمْ يَوْمُ الرَّبِّ هُوَ ظَلاَمٌ لاَ نُورٌ؟ كَمَا إِذَا هَرَبَ إِنْسَانٌ مِنْ أَمَامِ الأَسَدِ فَصَادَفَهُ الدُّبُّ أَوْ دَخَلَ الْبَيْتَ وَوَضَعَ يَدَهُ عَلَى الْحَائِطِ فَلَدَغَتْهُ الْحَيَّةُ! أَلَيْسَ يَوْمُ الرَّبِّ ظَلاَماً لاَ نُوراً وَقَتَاماً وَلاَ نُورَ لَهُ؟ «بَغَضْتُ كَرِهْتُ أَعْيَادَكُمْ وَلَسْتُ

dark, with no brightness in it? "I hate, I despise your feast days, And I do not savor your sacred assemblies. Though you offer Me burnt offerings and your grain offerings, I will not accept them, Nor will I regard your fattened peace offerings. Take away from Me the noise of your songs, For I will not hear the melody of your stringed instruments. But let justice run down like water, And righteousness like a mighty stream." Did you offer Me sacrifices and offerings In the wilderness forty years, O house of Israel? You also carried Sikkuth your king And Chiun, your idols, The star of your gods, Which you made for yourselves. Therefore I will send you into captivity beyond Damascus," Says the Lord, whose name is the God of hosts.

Glory be to the Holy Trinity our God unto the age of all ages, Amen.

أَلْتَذُّ بِاعْتِكَافَاتِكُمْ. إِنِّي إِذَا قَدَّمْتُمْ لِي مُحْرَقَاتِكُمْ وَتَقْدِمَاتِكُمْ لاَ أَرْتَضِي وَذَبَائِحَ السَّلاَمَةِ مِنْ مُسَمَّنَاتِكُمْ لاَ أَلْتَفِتُ إِلَيْهَا. أَبْعِدْ عَنِّي ضَجَّةَ أَغَانِيكَ وَنَغْمَةَ رَبَابِكَ لاَ أَسْمَعُ. وَلْيَجْرِ الْحَقُّ كَالْمِيَاهِ وَالْبِرُّ كَنَهْرٍ دَائِمٍ. «هَلْ قَدَّمْتُمْ لِي ذَبَائِحَ وَتَقْدِمَاتٍ فِي الْبَرِّيَّةِ أَرْبَعِينَ سَنَةً يَا بَيْتَ إِسْرَائِيلَ؟ بَلْ حَمَلْتُمْ خَيْمَةَ مَلْكُومِكُمْ وَتِمْثَالَ أَصْنَامِكُمْ نَجْمَ إِلَهِكُمُ الَّذِي صَنَعْتُمْ لِنُفُوسِكُمْ. فَأَسْبِيكُمْ إِلَى مَا وَرَاءَ دِمَشْقَ قَالَ الرَّبُّ إِلَهُ الْجُنُودِ اسْمُهُ».

مجداً للثالوث القدوس الهنا إلى الأبد وإلى أبد الآبدين كلها، آمين.

The Doxology of the Pascha Hour: "Thine is the Power…" on page A5.

تسبحة ساعة البصخة: "لك القوة..." صفحة ٥ فى اخر الكتاب.

Ψαλμος ξδ̄ : δ̄ νεμ ε̄

Ⲱⲟⲩⲛⲓⲁⲧϥ ⲙ̀ⲫⲏⲉ̀ⲧⲁⲕⲥⲟⲧⲡϥ ⲟⲩⲟϩ ⲁⲕϣⲟⲡϥ ⲉ̀ⲣⲟⲕ : ⲉϥⲉ̀ϣⲱⲡⲓ ϧⲉⲛ ⲛⲉⲕⲁⲩⲗⲏⲟⲩ ϣⲁⲉ̀ⲛⲉϩ. Ⲳⲟⲩⲁⲃ ⲛ̀ϫⲉ ⲡⲉⲕⲉⲣⲫⲉⲓ : ⲟⲩⲟϩ ϥⲟⲓ ⲛ̀ϣⲫⲏⲣⲓ ϧⲉⲛ ⲟⲩⲙⲉⲑⲙⲏⲓ ⲁ̅ⲗ̅.

Psalm 65:4 — المزمور ٦٤: ٤ و ٥

A Psalm of David the Prophet.

Blessed is the man You choose, And cause to approach You, That he may dwell in Your courts. We shall be satisfied with the goodness of Your house, of Your holy temple. Alleluia.

من مزامير داود النبى

طوبى لمن اخترته وقبلته ليسكن فى ديارك إلى الابد. قدوس هو هيكلك وعجيب بالبر: هلليلويا.

Ⲉⲩⲁⲅⲅⲉⲗⲓⲟⲛ ⲕⲁⲧⲁ Ⲙⲁⲧⲑⲉⲟⲛ Ⲕⲉⲫ ⲕ̅ⲇ̅ : ⲗ̅ ϣⲃⲗ

Ⲉⲑⲃⲉ ⲡⲓⲉ̀ϩⲟⲟⲩ ⲇⲉ ⲉⲧⲉ ⲙ̀ⲙⲁⲩ ⲛⲉⲙ ϯⲥⲩⲛⲟⲩ : ⲙ̀ⲙⲟⲛ ϩⲗⲓ ⲉ̀ⲙⲓ ⲉ̀ⲣⲱⲟⲩ : ⲟⲩⲇⲉ ⲛⲓⲁⲅⲅⲉⲗⲟⲥ ⲛ̀ⲧⲉ ⲛⲓⲫⲏⲟⲩⲓ̀ : ⲉ̀ⲃⲏⲗ ⲉ̀ⲫⲓⲱⲧ ⲙ̀ⲙⲁⲩⲁⲧϥ : ⲙ̀ⲫ̀ⲣⲏϯ ⲅⲁⲣ ⲛ̀ⲛⲓⲉ̀ϩⲟⲟⲩ ⲛ̀ⲧⲉ Ⲛⲱⲉ̀ : ⲡⲁⲓⲣⲏϯ ⲉⲑⲛⲁϣⲱⲡⲓ ϧⲉⲛ ⲧ̀ⲡⲁⲣⲟⲩⲥⲓⲁ̀ ⲙ̀ⲡ̀ϣⲏⲣⲓ ⲙ̀ⲫ̀ⲣⲱⲙⲓ. ⲙ̀ⲫ̀ⲣⲏϯ ⲅⲁⲣ ⲉ̀ⲛⲁⲩϣⲟⲡ ϧⲉⲛ ⲛⲓⲉ̀ϩⲟⲟⲩ ⲉⲧϧⲁϫⲱϥ ⲙ̀ⲡⲓⲕⲁⲧⲁⲕ̀ⲗⲩⲥⲙⲟⲥ ⲉⲩⲟⲩⲱⲙ ⲟⲩⲟϩ ⲉⲩⲥⲱ : ⲉⲩϭⲓⲥ̀ϩⲓⲙⲓ ⲟⲩⲟϩ ⲉⲩϭⲓϩⲁⲓ : ϣⲁ ⲡⲓⲉ̀ϩⲟⲟⲩ ⲉ̀ⲧⲁ Ⲛⲱⲉ̀ ϣⲉⲛⲁϥ ⲉ̀ϧⲟⲩⲛ ⲉ̀ϯⲕⲩⲃⲱⲧⲟⲥ ⲙ̀ⲙⲟϥ. Ⲟⲩⲟϩ ⲙ̀ⲡⲟⲩⲉ̀ⲙⲓ ϣⲁⲧⲉϥⲓ̀ ⲛ̀ϫⲉ ⲡⲓⲕⲁⲧⲁⲕ̀ⲗⲩⲥⲙⲟⲥ ⲟⲩⲟϩ ⲛ̀ⲧⲉϥⲉⲗ ⲟⲩⲟⲛ ⲛⲓⲃⲉⲛ : ⲡⲁⲓⲣⲏϯ ⲉⲑⲛⲁϣⲱⲡⲓ ϧⲉⲛ ⲡ̀ϫⲓⲛⲓ̀ ⲙ̀ⲡ̀ϣⲏⲣⲓ ⲙ̀ⲫ̀ⲣⲱⲙⲓ : Ⲧⲟⲧⲉ ⲥ̀ⲛⲁⲩ ⲉⲩⲭⲏ ϧⲉⲛ ⲧ̀ⲕⲟⲓ : ⲟⲩⲁⲓ ⲉⲩⲉ̀ⲟⲗϥ ⲟⲩⲟϩ ⲟⲩⲁⲓ ⲉⲩⲉ̀ⲭⲁϥ : ⲟⲩⲟϩ ⲥ̀ⲛⲟⲩϯⲉⲩⲛⲟⲩⲧ ϧⲉⲛ ⲟⲩⲉⲩⲛⲓ : ⲟⲩⲓ̀ ⲉⲩⲉ̀ⲟⲗⲥ ⲟⲩⲟϩ ⲟⲩⲓ̀ ⲉⲩⲉ̀ⲭⲁⲥ. Ⲣⲱⲓⲥ ⲟⲩⲛ ϫⲉ ⲧⲉⲧⲉⲛⲉ̀ⲙⲓ ⲁⲛ ϫⲉ ⲁ̀ⲣⲉ ⲡⲉⲧⲉⲛⲟ̅ⲥ̅ ⲛⲏⲟⲩ ϧⲉⲛ ⲁϣ ⲛ̀ⲟⲩⲛⲟⲩ : Ⲫⲁⲓ ⲇⲉ ⲁ̀ⲣⲓⲉ̀ⲙⲓ ⲉ̀ⲣⲟϥ : ϫⲉ ⲉ̀ⲛⲁⲣⲉ ⲡⲓⲛⲉⲃⲏⲓ ⲉ̀ⲙⲓ ϫⲉ ⲁ̀ⲣⲉ ⲡⲓⲥⲟⲛⲓ ⲛⲏⲟⲩ ⲛⲁϥ ϧⲉⲛ ⲁϣ ⲛ̀ⲟⲩⲛⲟⲩ : ⲛⲁϥⲛⲁⲣⲱⲓⲥ : ϩⲓⲛⲁ ⲛ̀ⲧⲉϥϣ̀ⲧⲉⲙⲭⲁⲩ ⲉ̀ϭⲓ ⲙ̀ⲡⲉϥⲏⲓ : Ⲉⲑⲃⲉ ⲫⲁⲓ ϩⲱⲧⲉⲛ ϣⲱⲡⲓ ⲉ̀ⲣⲉⲧⲉⲛⲥⲉⲃⲧⲱⲧ : ϫⲉ ϧⲉⲛ ϯⲟⲩⲛⲟⲩ ⲉ̀ⲧⲉⲧⲉⲛⲥⲱⲟⲩⲛ ⲙ̀ⲙⲟⲥ ⲁⲛ ⲉ̀ⲣⲉ ⲡ̀ϣⲏⲣⲓ ⲙ̀ⲫ̀ⲣⲱⲙⲓ ⲛⲏⲟⲩ ⲛ̀ϧⲏⲧⲥ. Ⲛⲓⲙ ϩⲁⲣⲁ ⲡⲉ ⲡⲓⲡⲓⲥⲧⲟⲥ ⲙ̀ⲃⲱⲕ ⲟⲩⲟϩ ⲛ̀ⲥⲁⲃⲉ : ⲫⲏⲉ̀ⲧⲉ ⲡⲉϥⲟ̅ⲥ̅ ⲛⲁⲭⲁϥ ⲉ̀ϩⲣⲏⲓ ⲉ̀ϫⲉⲛ ⲛⲉϥⲉ̀ⲃⲓⲁⲓⲕ ⲉ̀ϯ ⲛⲱⲟⲩ ⲛ̀ⲧⲟⲩϧ̀ⲣⲉ ϧⲉⲛ ⲡ̀ⲥⲛⲟⲩ ⲛ̀ⲧⲏⲓⲥ : Ⲱⲟⲩⲛⲓⲁⲧϥ ⲙ̀ⲡⲓⲃⲱⲕ ⲉ̀ⲧⲉ̀ⲙ̀ⲙⲁⲩ : ⲉϣⲱⲡ ⲁϥϣⲁⲛⲓ̀ ⲛ̀ϫⲉ ⲡⲉϥⲟ̅ⲥ̅ ⲛ̀ⲧⲉϥϫⲉⲙϥ ⲉϥⲓ̀ⲣⲓ ⲙ̀ⲡⲁⲓⲣⲏϯ : Ⲁⲙⲏⲛ ϯϫⲱ ⲙ̀ⲙⲟⲥ ⲛⲱⲧⲉⲛ : ϫⲉ ⲉϥⲉ̀ⲭⲁϥ ϩⲓϫⲉⲛ ⲡⲉⲧⲉⲛ̀ⲧⲁϥ ⲧⲏⲣϥ. Ⲉ̀ϣⲱⲡ ⲇⲉ ⲁϥϣⲁⲛϫⲟⲥ ⲛ̀ϫⲉ ⲡⲓⲃⲱⲕ ⲉⲧϩⲱⲟⲩ ⲉ̀ⲧⲉ ⲙ̀ⲙⲁⲩ ϧⲉⲛ ⲡⲉϥϩⲏⲧ : ϫⲉ ⲡⲁⲟ̅ⲥ̅ ⲛⲁⲱⲥⲕ : Ⲟⲩⲟϩ ⲛ̀ⲧⲉϥⲉⲣϩⲏⲧⲥ ⲛ̀ϩⲓⲟⲩⲓ̀ ⲛ̀ⲛⲉϥϣ̀ⲫⲏⲣ ⲛ̀ⲉⲃⲓⲁⲓⲕ : ⲛ̀ⲧⲉϥ ⲟⲩⲱⲙ ⲇⲉ ⲟⲩⲟϩ ⲛ̀ⲧⲉϥⲥⲱ ⲛⲉⲙ ⲛⲏⲉⲧⲑⲁϧⲓ : Ⲉϥⲉ̀ⲓ ⲇⲉ ⲛ̀ϫⲉ Ⲡ̅ⲟ̅ⲥ̅ ⲙ̀ⲡⲓⲃⲱⲕ ⲉ̀ⲧⲉ̀ⲙ̀ⲙⲁⲩ ϧⲉⲛ ⲡⲓⲉ̀ϩⲟⲟⲩ ⲉ̀ⲧⲉϥⲛⲁϫⲟⲩϣⲧ ϧⲁϫⲱϥ ⲁⲛ : ⲛⲉⲙ ϧⲉⲛ ϯⲟⲩⲛⲟⲩ ⲉ̀ⲧⲉ̀ⲛ̀ϥⲥⲱⲟⲩⲛ ⲙ̀ⲙⲟⲥ ⲁⲛ : Ⲟⲩⲟϩ ⲉϥⲉ̀ⲫⲟⲣϫϥ ⲧⲉϥⲙⲏϯ ⲟⲩⲟϩ ⲉϥⲉ̀ⲭⲱ ⲛ̀ⲧⲉϥⲧⲟⲓ ⲛⲉⲙ ⲛⲓϣⲟⲃⲓ : ⲡⲓⲙⲁ ⲉ̀ⲧⲉ ⲫ̀ⲣⲓⲙⲓ ⲛⲁϣⲱⲡⲓ ⲙ̀ⲙⲟϥ ⲛⲉⲙ ⲡⲓⲥ̀ⲑⲉⲣⲧⲉⲣ ⲛ̀ⲧⲉ ⲛⲓⲛⲁϫϩⲓ :

Ⲟⲩⲱϣⲧ ⲙ̀ⲡⲓⲉⲩⲁⲅⲅⲉⲗⲓⲟⲛ ⲉ̅ⲑ̅ⲩ̅.

Matthew 24:36-51

A reading from the Holy Gospel according to Saint Matthew.

"But of that day and hour no one knows, not even the angels of heaven, but My Father only. But as the days of Noah were, so also will the coming of the Son of Man be. For as in the days before the flood, they were eating and

متى ٢٤ : ٣٦ الخ

فصل شريف من إنجيل معلمنا مار متى البشير بركاته علينا آمين.

وَأَمَّا ذَلِكَ الْيَوْمُ وَتِلْكَ السَّاعَةُ فَلاَ يَعْلَمُ بِهِمَا أَحَدٌ وَلاَ مَلاَئِكَةُ السَّمَاوَاتِ إِلاَّ أَبِي وَحْدَهُ. وَكَمَا كَانَتْ أَيَّامُ نُوحٍ كَذَلِكَ يَكُونُ أَيْضاً مَجِيءُ ابْنِ الإِنْسَانِ. لأَنَّهُ كَمَا كَانُوا فِي

drinking, marrying and giving in marriage, until the day that Noah entered the ark, and did not know until the flood came and took them all away, so also will the coming of the Son of Man be. Then two men will be in the field: one will be taken and the other left. Two women will be grinding at the mill: one will be taken and the other left. Watch therefore, for you do not know what hour your Lord is coming. But know this, that if the master of the house had known what hour the thief would come, he would have watched and not allowed his house to be broken into. Therefore you also be ready, for the Son of Man is coming at an hour you do not expect." Who then is a faithful and wise servant, whom his master made ruler over his household, to give them food in due season? Blessed is that servant whom his master, when he comes, will find so doing. Assuredly, I say to you that he will make him ruler over all his goods. But if that evil servant says in his heart, 'My master is delaying his coming,' and begins to beat his fellow servants, and to eat and drink with the drunkards, the master of that servant will come on a day when he is not looking for him and at an hour that he is not aware of, and will cut him in two and appoint him his portion with the hypocrites. There shall be weeping and gnashing of teeth.

Bow down before the Holy Gospel.
Glory be to God forever.

الأَيَّامِ الَّتِي قَبْلَ الطُّوفَانِ يَأْكُلُونَ وَيَشْرَبُونَ وَيَتَزَوَّجُونَ وَيُزَوِّجُونَ إِلَى الْيَوْمِ الَّذِي دَخَلَ فِيهِ نُوحٌ الْفُلْكَ وَلَمْ يَعْلَمُوا حَتَّى جَاءَ الطُّوفَانُ وَأَخَذَ الْجَمِيعَ كَذَلِكَ يَكُونُ أَيْضاً مَجِيءُ ابْنِ الإِنْسَانِ. حِينَئِذٍ يَكُونُ اثْنَانِ فِي الْحَقْلِ يُؤْخَذُ الْوَاحِدُ وَيُتْرَكُ الآخَرُ. اثْنَتَانِ تَطْحَنَانِ عَلَى الرَّحَى تُؤْخَذُ الْوَاحِدَةُ وَتُتْرَكُ الأُخْرَى. «اِسْهَرُوا إِذاً لأَنَّكُمْ لاَ تَعْلَمُونَ فِي أَيَّةِ سَاعَةٍ يَأْتِي رَبُّكُمْ. وَاعْلَمُوا هَذَا أَنَّهُ لَوْ عَرَفَ رَبُّ الْبَيْتِ فِي أَيِّ هَزِيعٍ يَأْتِي السَّارِقُ لَسَهِرَ وَلَمْ يَدَعْ بَيْتَهُ يُنْقَبُ. لِذَلِكَ كُونُوا أَنْتُمْ أَيْضاً مُسْتَعِدِّينَ لأَنَّهُ فِي سَاعَةٍ لاَ تَظُنُّونَ يَأْتِي ابْنُ الإِنْسَانِ. فَمَنْ هُوَ الْعَبْدُ الأَمِينُ الْحَكِيمُ الَّذِي أَقَامَهُ سَيِّدُهُ عَلَى خَدَمِهِ لِيُعْطِيَهُمُ الطَّعَامَ فِي حِينِهِ؟ طُوبَى لِذَلِكَ الْعَبْدِ الَّذِي إِذَا جَاءَ سَيِّدُهُ يَجِدُهُ يَفْعَلُ هَكَذَا! اَلْحَقَّ أَقُولُ لَكُمْ إِنَّهُ يُقِيمُهُ عَلَى جَمِيعِ أَمْوَالِهِ. وَلَكِنْ إِنْ قَالَ ذَلِكَ الْعَبْدُ الرَّدِيُّ فِي قَلْبِهِ: سَيِّدِي يُبْطِئُ قُدُومَهُ. فَيَبْتَدِئُ يَضْرِبُ الْعَبِيدَ رُفَقَاءَهُ وَيَأْكُلُ وَيَشْرَبُ مَعَ السُّكَارَى. يَأْتِي سَيِّدُ ذَلِكَ الْعَبْدِ فِي يَوْمٍ لاَ يَنْتَظِرُهُ وَفِي سَاعَةٍ لاَ يَعْرِفُهَا فَيُقَطِّعُهُ وَيَجْعَلُ نَصِيبَهُ مَعَ الْمُرَائِينَ. هُنَاكَ يَكُونُ الْبُكَاءُ وَصَرِيرُ الأَسْنَانِ».

أسجدوا للإنجيل المقدس.
والمجد لله دائماً.

Commentary

The Commentary of the Third Hour of Eve of Wednesday of Holy Pascha, may its blessings be with us all. Amen.

Contemplate, you who exalt the Lord, the kindness of Christ our God. Observe how he calls his chosen, prudent and honest servants, who fulfill his will. In particular, those who preserve his commandments, look forward to their awards, and remain awake and alert, so that they may receive the promised rewards. As the Bible asserts, that servant, whose master makes a surprise visit and finds him awake, is blessed. Verily I say, he will commission his servant to take care of his property. As for whom he finds neglecting his duties, his master will one day make a surprise visit, cast him out, and make his lot with the hypocrites in the place of darkness and suffering. Let us awake and be alert in anticipation of the day of the Lord, so that we may rejoice with him in his dwelling and receive his clemencies and mercies.

طرح

طرح الساعة الثالثة من ليلة الأربعاء من البصخة المقدسة بركتها علينا. آمين.

تأملوا يا عابدى الاله إلى تحنن المسيح الهنا، كيف يدعو أصفياءه الصانعين ارادته عبيداً حكماء وأمناء! أى الذين يحفظون وصاياه، المتوقعين أجراً صالحاً، الساهرين المتيقظين لكى ينالوا المواعيد. كما قال فى الإنجيل أن ذلك العبد مغبوط، أى الذى يأتى سيده بغتة فيجده يفعل هكذا. أقول إنه يقيمه وكيلاً على جميع أمواله. فاما ذلك الذى يجده متغافلاً، ويهمل يوماً بعد يوم، فيجئ سيده فى ساعة لا يعرفها فيشقه من وسطه ويجعل نصيبه مع المرائين فى الظلمة وموضع العذاب. فلنتيقظ من غفلتنا وننتظر يوم الرب، لنفرح معه فى دياره، ونفوز بمراحمه ورأفاته.

Sixth Hour of Eve of Wednesday

الساعة السادسة من ليلة الاربعاء

Ⲓⲉⲣⲉⲙⲓⲁⲥ Ⲕⲉⲫ ⲓ̅ⲋ̅ : ⲑ̅ - ⲓ̅ⲇ̅

Ⲉ̀ⲃⲟⲗϧⲉⲛ Ⲓⲉⲣⲉⲙⲓⲁⲥ ⲡⲓⲡ̀ⲣⲟⲫⲏⲧⲏⲥ : ⲉⲣⲉⲡⲉϥ̀ⲥ̀ⲙⲟⲩ ⲉ̀ⲑⲟⲩⲁⲃ ϣⲱⲡⲓ ⲛⲉⲙⲁⲛ ⲁ̀ⲙⲏⲛ ⲉϥϫⲱ ⲙ̀ⲙⲟⲥ.

Ⲛⲁⲓ ⲛⲉ ⲛⲏⲉ̀ⲧⲉϥϫⲱ ⲙ̀ⲙⲱⲟⲩ ⲛ̀ϫⲉ Ⲡ̅ⲟ̅ⲥ̅ ⲛ̀ⲧⲉ ⲛⲓϫⲟⲙ Ⲫ︦ⲧ︦ ⲛ̀ⲧⲉ ⲡ̀Ⲓ̅ⲥ̅ⲗ̅ : ϫⲉ ⲓⲥϩⲏⲡⲡⲉ ⲁ̀ⲛⲟⲕ ϯⲛⲁⲧⲁⲕⲟ ⲉ̀ⲃⲟⲗϧⲉⲛ ⲡⲁⲓⲙⲁ ⲙ̀ⲡⲉⲙ̀ⲑⲟ ⲛ̀ⲛⲉⲧⲉⲛⲃⲁⲗ ⲉ̀ⲃⲟⲗ : ⲟⲩⲟϩ ⲛ̀ϩ̀ⲣⲏⲓϧⲉⲛ ⲛⲉⲧⲉⲛⲉ̀ϩⲟⲟⲩ ⲛ̀ⲛⲉ ⲟⲩⲥⲙⲏ ⲛ̀ⲟⲩⲛⲟϥ ⲛⲉⲙ ⲟⲩⲥⲙⲏ ⲛ̀ⲣⲁϣⲓ ϣⲱⲡⲓ : ⲧ̀ⲥⲙⲏ ⲛ̀ⲟⲩⲡⲁⲧϣⲉⲗⲏⲧ ⲛⲉⲙ ⲟⲩⲥⲙⲏ ⲛ̀ϣⲉⲗⲉⲧ : Ⲟⲩⲟϩ ⲉⲥⲉ̀ϣⲱⲡⲓ ⲁⲕϣⲁⲛⲧⲁⲙⲉ ⲡⲁⲓ ⲗⲁⲟⲥ ⲉ̀ⲛⲁⲓ ⲥⲁϫⲓ ⲧⲏⲣⲟⲩ ⲟⲩⲟϩ ⲉ̀ⲩⲉ̀ϫⲟⲥ ⲛⲁⲕ ϫⲉ ⲉⲑⲃⲉⲟⲩ ⲁ̀Ⲡ̅ⲟ̅ⲥ̅ ⲥⲁϫⲓ ⲉ̀ϩ̀ⲣⲏⲓ ⲉ̀ϫⲱⲛ ⲛ̀ⲛⲁⲓ ⲡⲉⲧϩⲱⲟⲩ ⲧⲏⲣⲟⲩ ⲓⲉ ⲁϣ ⲡⲉ ⲡⲓϭⲓⲛϫⲟⲛⲥ : ⲓⲉ ⲫ̀ⲛⲟⲃⲓ ⲉ̀ⲧⲁⲛⲁⲓϥ ⲙ̀ⲡⲉⲙ̀ⲑⲟ ⲉ̀ⲃⲟⲗ ⲙ̀Ⲡ̅ⲟ̅ⲥ̅ ⲡⲉⲛⲛⲟⲩϯ : ⲉⲕⲉ̀ϫⲟⲥ ⲛⲱⲟⲩ : ϫⲉ ⲉⲑⲃⲉ ϫⲉ ⲁ̀ⲛⲉⲧⲉⲛⲓⲟϯ ⲭⲁⲧ ⲛ̀ⲥⲱⲟⲩ ⲡⲉϫⲉ Ⲡ̅ⲟ̅ⲥ̅ : ⲟⲩⲟϩ ⲁⲩⲙⲟϣⲓ ⲥⲁⲫⲁϩⲟⲩ ⲛ̀ⲛⲓⲛⲟⲩϯ ⲛ̀ϣⲉⲙⲙⲱⲟⲩ ⲁⲩⲉⲣⲃⲱⲕ ⲛⲱⲟⲩ ⲟⲩⲟϩ ⲁⲩⲟⲩⲱϣⲧ ⲙ̀ⲙⲱⲟⲩ ⲁ̀ⲛⲟⲕⲇⲉⲁⲩⲭⲁⲧⲛ̀ⲥⲱⲟⲩ : ⲟⲩⲟϩ ⲡⲁⲛⲟⲙⲟⲥ ⲙ̀ⲡⲟⲩⲁ̀ⲣⲉϩⲉ̀ⲣⲟϥ : ⲛ̀ⲑⲱⲧⲉⲛ ϩⲱⲧⲉⲛ ⲁⲧⲉⲧⲉⲛⲉⲣⲡⲉⲧϩⲱⲟⲩ ⲉϩⲟⲧⲉ ⲛⲉⲧⲉⲛⲓⲟϯ. Ⲓⲥ ϩⲏⲡⲡⲉ ⲛ̀ⲑⲱⲧⲉⲛ ϩⲱⲧⲉⲛ ⲉ̀ⲣⲉⲧⲉⲛⲙⲟϣⲓ ⲫⲟⲩⲁⲓ ⲫⲟⲩⲁⲓ ⲥⲁⲫⲁϩⲟⲩ ⲛ̀ⲛⲓⲟⲩⲱϣ ⲛ̀ⲧⲉ ⲛⲉⲧⲉⲛϩⲏⲧ ⲉⲧϩⲱⲟⲩ ⲉ̀ϣⲧⲉⲙ̀ⲑⲣⲉⲧⲉⲛⲥⲱⲧⲉⲙ ⲛ̀ⲥⲱⲓ : ⲟⲩⲟϩ ϯⲛⲁϩⲓⲑⲏⲛⲟⲩ ⲉ̀ⲃⲟⲗϧⲉⲛ ⲡⲁⲓ ⲕⲁϩⲓ ⲉⲟⲩⲕⲁϩⲓ ⲉ̀ⲣⲉⲧⲉⲛⲥⲱⲟⲩⲛ ⲙ̀ⲙⲟϥ ⲁⲛ ⲛ̀ⲑⲱⲧⲉⲛ ⲛⲉⲙ ⲛⲉⲧⲉⲛⲓⲟϯ ⲟⲩⲟϩ ϧⲉⲛ ⲡⲓⲙⲁ ⲉ̀ⲧⲉ ⲙ̀ⲙⲁⲩ : ⲉⲣⲉⲧⲉⲛⲉ̀ⲉⲣⲃⲱⲕ ⲉ̀ϩⲁⲛⲕⲉⲛⲟⲩϯ : ⲛⲁⲓ ⲉⲧⲉ ⲛ̀ⲥⲉⲛⲁⲛⲁⲓ ⲛⲱⲧⲉⲛ ⲁⲛ :

Ⲟⲩⲱ̀ⲟⲩ ⲛ̀ϯⲧ̀ⲣⲓⲁⲥ ⲉ̀ⲑⲟⲩⲁⲃ ⲡⲉⲛⲛⲟⲩϯ ϣⲁ ⲉ̀ⲛⲉϩ ⲛⲉⲙ ϣⲁ ⲉ̀ⲛⲉϩ ⲛ̀ⲧⲉ ⲛⲓⲉ̀ⲛⲉϩ ⲧⲏⲣⲟⲩ: ⲁ̀ⲙⲏⲛ.

Jeremiah 13:9; 16:9-13

A reading from Jeremiah the Prophet may his blessings be with us Amen.

"Thus says the Lord: 'In this manner I will ruin the pride of Judah and the great pride of Jerusalem.
“For thus says the Lord of hosts, the God of Israel: “Behold, I will cause to cease from this place, before your eyes and in your days, the voice of mirth and the voice of gladness, the voice of the bridegroom and the voice of the bride.”

أرميا ١٣: ٩، ١٦: ٩-١٣

من أرميا النبى بركته المقدسة تكون معنا، آمين.

هَكَذَا قَالَ الرَّبُّ: هَكَذَا أُفْسِدُ كِبْرِيَاءَ يَهُوذَا وَكِبْرِيَاءَ أُورُشَلِيمَ الْعَظِيمَةِ.
لأَنَّهُ هَكَذَا قَالَ رَبُّ الْجُنُودِ إِلَهُ إِسْرَائِيلَ: هَئَنَذَا مُبَطِّلٌ مِنْ هَذَا الْمَوْضِعِ أَمَامَ أَعْيُنِكُمْ وَفِي أَيَّامِكُمْ صَوْتَ الطَّرَبِ وَصَوْتَ الْفَرَحِ صَوْتَ الْعَرِيسِ وَصَوْتَ الْعَرُوسِ.

And it shall be, when you show this people all these words, and they say to you, 'Why has the Lord pronounced all this great disaster against us? Or what is our iniquity? Or what is our sin that we have committed against the Lord our God?' then you shall say to them, 'Because your fathers have forsaken Me,' says the Lord; 'they have walked after other gods and have served them and worshiped them, and have forsaken Me and not kept My law. And you have done worse than your fathers, for behold, each one follows the dictates of his own evil heart, so that no one listens to Me. Therefore I will cast you out of this land into a land that you do not know, neither you nor your fathers; and there you shall serve other gods day and night, where I will not show you favor.'

Glory be to the Holy Trinity our God unto the age of all ages, Amen.

[وَيَكُونُ حِينَ تُخْبِرُ هَذَا الشَّعْبَ بِكُلِّ هَذِهِ الأُمُورِ أَنَّهُمْ يَقُولُونَ لَكَ: لِمَاذَا تَكَلَّمَ الرَّبُّ عَلَيْنَا بِكُلِّ هَذَا الشَّرِّ الْعَظِيمِ فَمَا هُوَ ذَنْبُنَا وَمَا هِيَ خَطِيَّتُنَا الَّتِي أَخْطَأْنَاهَا إِلَى الرَّبِّ إِلَهِنَا؟ فَتَقُولُ لَهُمْ: مِنْ أَجْلِ أَنَّ آبَاءَكُمْ قَدْ تَرَكُونِي يَقُولُ الرَّبُّ وَذَهَبُوا وَرَاءَ آلِهَةٍ أُخْرَى وَعَبَدُوهَا وَسَجَدُوا لَهَا وَإِيَّايَ تَرَكُوا وَشَرِيعَتِي لَمْ يَحْفَظُوهَا.

وَأَنْتُمْ أَسَأْتُمْ فِي عَمَلِكُمْ أَكْثَرَ مِنْ آبَائِكُمْ. وَهَا أَنْتُمْ ذَاهِبُونَ كُلٌّ وَاحِدٍ وَرَاءَ عِنَادِ قَلْبِهِ الشِّرِّيرِ حَتَّى لاَ تَسْمَعُوا لِي. فَأَطْرُدُكُمْ مِنْ هَذِهِ الأَرْضِ إِلَى أَرْضٍ لَمْ تَعْرِفُوهَا أَنْتُمْ وَلاَ آبَاؤُكُمْ فَتَعْبُدُونَ هُنَاكَ آلِهَةً أُخْرَى نَهَاراً وَلَيْلاً حَيْثُ لاَ أُعْطِيكُمْ نِعْمَةً.

مجداً للثالوث القدوس الهنا إلى الأبد وإلى أبد الآبدين كلها، آمين.

The Doxology of the Pascha Hour: "Thine is the Power..." on page A5.

تسبحة ساعة البصخة: "لك القوة..." صفحة ٥ فى اخر الكتاب.

Ψαλμος ρα : α νεμ Β

Π̀σ̅ο̅ι̅ς̅ ⲥⲱⲧⲉⲙ ⲉ̀ⲧⲁ ⲡ̀ⲣⲟⲥⲉⲩⲭⲏ : ⲙⲁⲣⲉ ⲡⲁϩ̀ⲣⲱⲟⲩ ⲓ̀ ⲉ̀ⲡϣⲱⲓ ⲙ̀ⲡⲉⲕⲙ̀ⲑⲟ.

Ϧⲉⲛ ⲡⲓⲉ̀ϩⲟⲟⲩ ⲉ̀ϯⲛⲁⲱϣ ⲉ̀ⲡϣⲱⲓ ⲟⲩⲃⲏⲕ ⲛ̀ϧⲏⲧϥ : ⲭⲱⲗⲉⲙ ⲥⲱⲧⲉⲙ ⲉ̀ⲣⲟⲓ ⲁ̅ⲗ̅

Psalm 102:1-2

المزمور ١٠١ : ١ و ٢

A Psalm of David the Prophet.

Hear my prayer, O Lord, And let my cry come to You.
In the day that I call, answer me speedily. Alleluia.

من مزامير داود النبى

يارب استمع صلاتى وليصعد أمامك صراخى.

فى اليوم الذى أدعوك فيه استجب لى سريعاً: هلليلويا.

Ⲉⲩⲁⲅⲅⲉⲗⲓⲟⲛ ⲕⲁⲧⲁ Ⲙⲁⲧⲑⲉⲟⲛ Ⲕⲉⲫ ⲕ̅ⲉ̅ : ⲁ̅ - ⲓ̅ⲅ̅

Ⲧⲟⲧⲉ ⲥ̀ⲟ̀ⲛⲓ ⲛ̀ϫⲉ ϯⲙⲉⲧⲟⲩⲣⲟ ⲛ̀ⲧⲉ ⲛⲓⲫⲏⲟⲩⲓ̀ ⲙ̀ⲙⲏϯ ⲙ̀ⲡⲁⲣⲑⲉⲛⲟⲥ ⲛⲁⲓ ⲉ̀ⲧⲁⲩϭⲓ ⲛ̀ⲛⲟⲩⲗⲁⲙⲡⲁⲥ ⲁⲩⲓ̀ ⲉ̀ⲃⲟⲗ ⲉ̀ϩⲣⲉⲛ ⲡⲓⲡⲁⲧϣⲉⲗⲉⲧ : Ⲙⲉ ⲥⲩⲟⲛ ⲧ̀ⲓⲟⲩ ⲇⲉ ⲛ̀ⲥⲟϫ ⲛ̀ϧⲏⲧⲟⲩ ⲛⲉⲙ ⲧⲓⲟⲩ ⲛ̀ⲥⲁⲃⲏ : Ⲛⲓⲥⲟϫ ⲅⲁⲣ ⲉ̀ⲧⲁⲩϭⲓ ⲛ̀ⲛⲟⲩⲗⲁⲙⲡⲁⲥ. ⲙ̀ⲡⲟⲩⲉⲗ ⲛⲉϩ ⲛⲉⲙⲱⲟⲩ. Ⲛⲓⲥⲁⲃⲉⲩ ⲇⲉ ⲁⲩⲉⲗ ⲛⲉϩ ⲛ̀ϧ̀ⲣⲏⲓ ϧⲉⲛ ⲛⲟⲩⲙⲟⲕⲓ ⲛⲉⲙ ⲛⲟⲩⲗⲁⲙⲡⲁⲥ : Ⲉⲧⲁϥⲱⲥⲕ ⲇⲉ ⲛ̀ϫⲉ ⲡⲓⲡⲁⲧϣⲉⲗⲉⲧ ⲁⲩϩⲓ ⲛⲓⲙ ⲧⲏⲣⲟⲩ ⲟⲩⲟϩ ⲁⲩⲉⲛⲕⲟⲧ : Ⲉ̀ⲧⲁ ⲧ̀ⲫⲁϣⲓ ⲇⲉ ⲙ̀ⲡⲓⲉ̀ϫⲱⲣϩ ϣⲱⲡⲓ : ⲁ̀ⲟⲩϧ̀ⲣⲱⲟⲩ ϣⲱⲡⲓ ϫⲉ ⲓⲥ ⲡⲓⲡⲁⲧϣⲉⲗⲉⲧ ⲁϥⲓ̀ ⲧⲉⲛⲑⲏⲛⲟⲩ ⲁ̀ⲙⲱⲓⲛⲓ ⲉ̀ⲃⲟⲗ ⲉ̀ϩⲣⲁϥ. Ⲧⲟⲧⲉ ⲁⲩⲧⲱⲟⲩⲛⲟⲩ ⲛ̀ϫⲉ ⲛⲓⲡⲁⲣⲑⲉⲛⲟⲥ ⲧⲏⲣⲟⲩ ⲉⲧⲉⲙ̀ⲙⲁⲩ ⲟⲩⲟϩ ⲁⲩⲥⲟⲗⲥⲉⲗ ⲛ̀ⲛⲟⲩⲗⲁⲙⲡⲁⲥ : Ⲡⲉϫⲉ ⲛⲓⲥⲟϫ ⲇⲉ ⲛ̀ⲛⲓⲥⲁⲃⲉⲩ ϫⲉ ⲙⲟⲓ ⲛⲁⲛ ⲉ̀ⲃⲟⲗϧⲉⲛ ⲡⲉⲧⲉⲛⲛⲉϩ ϫⲉ ⲛⲉⲛⲗⲁⲙⲡⲁⲥ ⲛⲁϭ̀ⲉⲛⲟ : Ⲁⲩⲉ̀ⲣⲟⲩⲱ̀ ⲇⲉ ⲛ̀ϫⲉ ⲛⲓⲥⲁⲃⲉⲩ ⲉⲩϫⲱ̀ⲙ̀ⲙⲟⲥ : ϫⲉ ⲙⲏⲡⲟⲧⲉ ⲛ̀ⲧⲉϥ̀ϣⲧⲉⲙ ⲣⲁϣⲧⲉⲛ ⲛⲉⲙⲱⲧⲉⲛ : ⲙⲁϣⲉⲛⲱⲧⲉⲛ ⲇⲉ ⲙⲁⲗⲗⲟⲛ ϩⲁ ⲛⲏⲉⲧϯ ⲉ̀ⲃⲟⲗ ⲟⲩⲟϩ ϣⲱⲡ ⲛⲱⲧⲉⲛ.Ⲉⲧⲁⲩϣⲉⲛⲱⲟⲩ ⲇⲉ ϫⲉ ⲛ̀ⲧⲟⲩϣⲱⲡ : ⲁϥⲓ̀ ⲛ̀ϫⲉ ⲡⲓⲡⲁⲧϣⲉⲗⲉⲧ ⲟⲩⲟϩ ⲛⲏⲉⲧⲥⲉⲃⲧⲱⲧ ⲁⲩϣⲉⲛⲱⲟⲩ ⲛⲉⲙⲁϥ ⲉ̀ϧⲟⲩⲛ ⲉ̀ ⲡⲓϩⲟⲡ ⲟⲩⲟϩ ⲁⲩⲙⲁϣⲑⲁⲙ ⲙ̀ⲡⲓⲣⲟ : Ⲉ̀ⲡ̀ϧⲁⲉ̀ ⲇⲉ ⲁⲩⲓ ⲛ̀ϫⲉ ⲡ̀ⲥⲱϫⲡ ⲛ̀ⲛⲓⲡⲁⲣⲑⲉⲛⲟⲥ ⲉⲩϫⲱ̀ⲙ̀ⲙⲟⲥ : ϫⲉ ⲡⲉⲛⲟ̅ⲥ̅ ⲡⲉⲛⲟ̅ⲥ̅ ⲁⲟⲩⲱⲛ ⲛⲁⲛ : Ⲛⲑⲟϥ ⲇⲉ ⲁϥⲉ̀ⲣⲟⲩⲱ̀ ⲡⲉϫⲁϥ ϫⲉ ⲁ̀ⲙⲏⲛ ϯϫⲱ̀ⲙ̀ⲙⲟⲥ ⲛⲱⲧⲉⲛ ϫⲉ ϯⲥⲱⲟⲩⲛ ⲙ̀ⲙⲱⲧⲉⲛ ⲁⲛ : Ⲣⲱⲓⲥ ⲟⲩⲛ ϫⲉ ⲧⲉⲧⲉⲛⲥⲱⲟⲩⲛ ⲁⲛ ⲙ̀ⲡⲓⲉϩⲟⲟⲩ ⲟⲩⲇⲉ ϯⲟⲩⲛⲟⲩ :

Ⲟⲩⲱϣⲧ ⲙ̀ⲡⲓⲉⲩⲁⲅⲅⲉⲗⲓⲟⲛ ⲉ̅ⲑ̅ⲩ̅.

Matthew 25:1-13

A reading from the Holy Gospel according to Saint Matthew.

"Then the kingdom of heaven shall be likened to ten virgins who took their lamps and went out to meet the bridegroom. Now five of them were wise, and five were foolish. Those who were foolish took their lamps and took no oil with them, but the wise took oil in their vessels with their lamps. But while the bridegroom was delayed, they all slumbered and slept. And at

متى ٢٥: ١ - ١٣

فصل شريف من إنجيل معلمنا مار متى البشير بركاته علينا آمين.

«حِينَئِذٍ يُشْبِهُ مَلَكُوتُ السَّمَاوَاتِ عَشْرَ عَذَارَى أَخَذْنَ مَصَابِيحَهُنَّ وَخَرَجْنَ لِلِقَاءِ الْعَرِيسِ. وَكَانَ خَمْسٌ مِنْهُنَّ حَكِيمَاتٍ وَخَمْسٌ جَاهِلاَتٍ. أَمَّا الْجَاهِلاَتُ فَأَخَذْنَ مَصَابِيحَهُنَّ وَلَمْ يَأْخُذْنَ مَعَهُنَّ زَيْتاً وَأَمَّا الْحَكِيمَاتُ فَأَخَذْنَ زَيْتاً فِي آنِيَتِهِنَّ مَعَ مَصَابِيحِهِنَّ. وَفِيمَا أَبْطَأَ الْعَرِيسُ نَعَسْنَ

midnight a cry was heard: 'Behold, the bridegroom is coming; go out to meet him!' Then all those virgins arose and trimmed their lamps. And the foolish said to the wise, 'Give us some of your oil, for our lamps are going out.' But the wise answered, saying, 'No, lest there should not be enough for us and you; but go rather to those who sell, and buy for yourselves.' And while they went to buy, the bridegroom came, and those who were ready went in with him to the wedding; and the door was shut. Afterward the other virgins came also, saying, 'Lord, Lord, open to us!' But he answered and said, 'Assuredly, I say to you, I do not know you.' Watch therefore, for you know neither the day nor the hour in which the Son of Man is coming.

Bow down before the Holy Gospel.
Glory be to God forever.

جَمِيعُهُنَّ وَنِمْنَ. فَفِي نِصْفِ اللَّيْلِ صَارَ صُرَاخٌ: هُوَذَا الْعَرِيسُ مُقْبِلٌ فَاخْرُجْنَ لِلِقَائِهِ! فَقَامَتْ جَمِيعُ أُولَئِكَ الْعَذَارَى وَأَصْلَحْنَ مَصَابِيحَهُنَّ. فَقَالَتِ الْجَاهِلاَتُ لِلْحَكِيمَاتِ: أَعْطِينَنَا مِنْ زَيْتِكُنَّ فَإِنَّ مَصَابِيحَنَا تَنْطَفِئُ. فَأَجَابَتِ الْحَكِيمَاتُ: لَعَلَّهُ لاَ يَكْفِي لَنَا وَلَكُنَّ بَلِ اذْهَبْنَ إِلَى الْبَاعَةِ وَابْتَعْنَ لَكُنَّ. وَفِيمَا هُنَّ ذَاهِبَاتٌ لِيَبْتَعْنَ جَاءَ الْعَرِيسُ وَالْمُسْتَعِدَّاتُ دَخَلْنَ مَعَهُ إِلَى الْعُرْسِ وَأُغْلِقَ الْبَابُ. أَخِيراً جَاءَتْ بَقِيَّةُ الْعَذَارَى أَيْضاً قَائِلاَتٍ: يَا سَيِّدُ يَا سَيِّدُ افْتَحْ لَنَا. فَأَجَابَ: الْحَقَّ أَقُولُ لَكُنَّ: إِنِّي مَا أَعْرِفُكُنَّ. فَاسْهَرُوا إِذاً لأَنَّكُمْ لاَ تَعْرِفُونَ الْيَوْمَ وَلاَ السَّاعَةَ الَّتِي يَأْتِي فِيهَا ابْنُ الإِنْسَانِ.

أسجدوا للإنجيل المقدس.
والمجد لله دائماً.

Commentary

طرح

The Commentary of the Sixth Hour of Eve of Wednesday of Holy Pascha, may its blessings be with us all. Amen.

طرح الساعة السادسة من ليلة الأربعاء من البصخة المقدسة بركتها علينا. آمين.

Behold these virtues and parables that our King of Glory, Jesus, the source of every grace, good, and peace, has told us. He granted mankind to partake in His kingdom. Listen, think, understand and know His blessed parables. The prudent virgins were mentioned in the bible and were likened to His kingdom, full of joy and exultation. "There were ten virgins, five foolish and five wise," said the Lord. As He tells us, there was no distinction between them as virgins;

يا لهذه الفضائل وهذه الأمثال التى قالها ملك المجد! الذى هو يسوع ملك النعمة والخيرات، المكمل السلام، الذى أنعم على جنس البشر بشركة ملكوته!!

اسمعوا وتأملوا وافهموا واعلموا أمثاله الطوباوية، من أجل العذارى الحكيمات اللواتى نطق من أجلهن فى الإنجيل، وشبههن بملكوته المملوء فرحاً وسروراً. عشر عذارى، قال الرب، خمس جاهلات

but they differed in their deeds. Therefore, He praised and blessed the five wise virgins because they were sincere and prudent. They filled their lanterns with oil and kept the surplus in their containers. As for the foolish virgins, they were lazy and did not prepare their lanterns. When they all woke up at the given time to walk in the procession in front of the bridegroom, their lanterns became useless at the wedding time and were unable to accompany him. Those who were prepared accompanied him to the wedding and the idle ones stood outside.

وخمس حكيمات.

قال: هؤلاء العشر كن عذارى، ولكنهن افترقن لأجل أعمالهن. فطوب الحكيمات الفهيمات لأنهن صنعن الحكمة باجتهاد، وملأن مصابيحهن من الزيت وأوعيتهن مما فضل عنهن.

أما العذارى الجاهلات فتكاسلن ولم يفهمن قيمة مصابيحهن. فلما قمن جميعهن فى ساعة واحدة ليمشين قدام العريس، تعطلت مصابيح الجاهلات وقت الفرح ولم يحضرن مع العريس والمستعدات دخلن معه إلى العُرس، والمتكاسلات وقفن خارجاً.

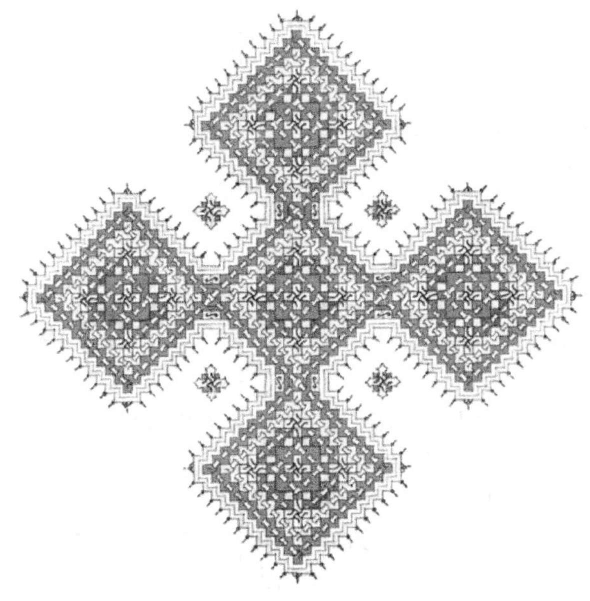

Ninth Hour of Eve of Wednesday

الساعة التاسعة من ليلة الاربعاء

Ⲱⲥⲏⲉ Ⲕⲉⲫ ⲑ̅ : ⲓ̅ⲇ̅ ϣⲃ̅ⲗ̅ ⲛⲉⲙ Ⲕⲉⲫ ⲓ̅ : ⲁ̅ ⲛⲉⲙ ⲃ̅

Ⲉ̀ⲃⲟⲗϧⲉⲛ Ⲱ̀ⲥⲏⲉ ⲡⲓⲡ̀ⲣⲟⲫⲏⲧⲏⲥ: ⲉ̀ⲣⲉⲡⲉϥⲥ̀ⲙⲟⲩ ⲉ̀ⲑⲟⲩⲁⲃ ϣⲱⲡⲓ ⲛⲉⲙⲁⲛ ⲁ̀ⲙⲏⲛ ⲉϥϫⲱ ⲙ̀ⲙⲟⲥ.

Ⲙⲟⲓⲛⲱⲟⲩ Ⲡ̅ⲟ̅ⲥ̅ ⲟⲩⲡⲉ ⲧⲉⲕⲛⲁⲧⲏⲓϥ ⲛⲱⲟⲩ : ⲙⲟⲓⲛⲱⲟⲩ ⲛ̀ϩⲁⲛⲓⲟϯ ⲛⲁⲧϣⲏⲣⲓ : ⲛⲉⲙ ϩⲁⲛⲙ̀ⲙⲟϯ ⲉⲩϣⲟⲩⲱ̀ⲟⲩ. Ⲛⲟⲩⲕⲁⲕⲓⲁ̀ ⲧⲏⲣⲟⲩ ϧⲉⲛ Ⲅⲁⲗⲅⲁⲗⲁ : ϫⲉ ⲁⲓⲙⲉⲥⲧⲱⲟⲩ ϧⲉⲛ ⲡⲓⲙⲁ ⲉⲧⲉ̀ⲙⲙⲁⲩ : ⲉⲑⲃⲉ ⲛⲓⲕⲁⲕⲓⲁ̀ ⲛ̀ⲧⲉ ⲛⲟⲩϩ̀ⲃⲏⲟⲩⲓ̀ : ϯⲛⲁϩⲓⲧⲟⲩ ⲉ̀ⲃⲟⲗϧⲉⲛ ⲡⲁⲏⲓ : ⲛ̀ⲛⲁⲟⲩⲁϩⲧⲟⲧ ⲉ̀ⲙⲉⲛⲣⲓⲧⲟⲩ ⲛⲟⲩⲁⲣⲭⲱⲛ ⲧⲏⲣⲟⲩ ϩⲁⲛ ⲁⲧⲥⲱⲧⲉⲙ ⲛⲉ : Ⲁϥⲉⲣⲙ̀ⲕⲁϩ ⲛ̀ϫⲉ Ⲉⲫⲣⲉⲙ : ⲉⲡⲉϥⲛⲟⲩⲛⲓ ⲁϥϣⲱⲟⲩⲓ̀ : ⲛ̀ⲛⲉϥⲟⲩⲁϩⲧⲟⲧϥ ϫⲉ ⲉ̀ⲉⲛ ⲟⲩ ⲧⲁϩ ⲉ̀ⲃⲟⲗ : ϫⲉ ⲟⲩⲏⲓ ⲁⲩϣⲁⲛ ⲉⲣⲡⲕⲉⲙⲓⲥⲓ ϯⲛⲁϧⲱⲧⲉⲃ ⲛ̀ⲛⲓⲉⲡⲓⲑⲩⲙⲓⲁ̀ ⲛ̀ⲧⲉ ⲧⲟⲩⲛⲉϫⲓ : Ϥ̀ⲛⲁⲭⲁⲩ ⲛ̀ⲥⲱϥ ⲛ̀ϫⲉ Ⲫ̅ϯ̅ ϫⲉ ⲙ̀ⲡⲟⲩⲥⲱⲧⲉⲙ ⲛ̀ⲥⲱϥ : ⲟⲩⲟϩ ⲉⲩⲉ̀ϣⲱⲡⲓ ⲉⲩⲥⲱⲣⲉⲙ ϧⲉⲛ ⲛⲓⲉⲑⲛⲟⲥ. Ⲟⲩⲃⲱ ⲛ̀ⲁ̀ⲗⲟⲗⲓ ⲉ̀ⲛⲉⲥⲉ ⲛⲉⲥⲕ̀ⲗⲁⲇⲟⲥ ⲡⲉ ⲡ̀Ⲓ̅ⲥ̅ⲗ̅ : ϥ̀ⲉⲩⲑⲉⲛⲓⲛ ⲛ̀ϫⲉ ⲡⲉⲥⲟⲩⲧⲁϩ : ⲕⲁⲧⲁ ⲡ̀ⲁ̀ϣⲁⲓ ⲛ̀ⲧⲉ ⲡⲉϥⲟⲩⲧⲁϩ ⲁϥⲑ̀ⲣⲉ ϩⲁⲛⲙⲁⲛⲉⲣϣⲱⲟⲩϣⲓ ⲁ̀ϣⲁⲓ : ⲟⲩⲟϩ ⲕⲁⲧⲁ ⲛⲓⲁ̀ⲅⲁⲑⲟⲛ ⲛ̀ⲧⲉ ⲡⲉϥⲕⲁϩⲓ ⲁϥⲕⲱⲧ ⲛ̀ϩⲁⲛⲥ̀ⲧⲩⲗⲏ : Ⲁⲩⲫⲱϧ ⲛ̀ⲛⲟⲩϩⲏⲧ : ϯⲛⲟⲩ ⲥⲉⲛⲁⲧⲁⲕⲟ : ⲛ̀ⲑⲟϥ ϥ̀ⲛⲁϣⲟⲣϣⲉⲣ ⲛ̀ⲛⲟⲩ ⲙⲁⲛⲉⲣϣⲱⲟⲩϣⲓ ⲥⲉⲛⲁⲉⲣⲧⲁⲗⲉⲡⲱⲣⲓⲛ ⲛ̀ϫⲉ ⲛⲟⲩⲥ̀ⲧⲩⲗⲏ :

Ⲟⲩⲱ̀ⲟⲩ ⲛ̀ϯⲧ̀ⲣⲓⲁⲥ ⲉ̀ⲑⲟⲩⲁⲃ ⲡⲉⲛⲛⲟⲩϯ ϣⲁ ⲉ̀ⲛⲉϩ ⲛⲉⲙ ϣⲁ ⲉ̀ⲛⲉϩ ⲛ̀ⲧⲉ ⲛⲓⲉ̀ⲛⲉϩ ⲧⲏⲣⲟⲩ: ⲁ̀ⲙⲏⲛ.

Hosea 9:14-10:2

A reading from Hosea the Prophet may his blessings be with us Amen.

Give them, O Lord-- What will You give? Give them a miscarrying womb And dry breasts! "All their wickedness is in Gilgal, For there I hated them. Because of the evil of their deeds I will drive them from My house; I will love them no more. All their princes are rebellious. Ephraim is stricken, Their root is dried up; They shall bear no fruit. Yes, were they to bear children, I would kill the darlings of their womb." My God will cast them away, Because

هوشع ٩ : ١٤ الخ و ١٠ : ١ و ٢

من هوشع النبى بركته المقدسة تكون معنا، آمين.

أَعْطِهِمْ يَا رَبُّ. مَاذَا تُعْطِي؟ أَعْطِهِمْ رَحِماً مُسْقِطاً وَثَدْيَيْنِ يَبِسَيْنِ. «كُلُّ شَرِّهِمْ فِي الْجِلْجَالِ. إِنِّي هُنَاكَ أَبْغَضْتُهُمْ. مِنْ أَجْلِ سُوءِ أَفْعَالِهِمْ أَطْرُدُهُمْ مِنْ بَيْتِي. لاَ أَعُودُ أُحِبُّهُمْ. جَمِيعُ رُؤَسَائِهِمْ مُتَمَرِّدُونَ. أَفْرَايِمُ مَضْرُوبٌ. أَصْلُهُمْ قَدْ جَفَّ. لاَ يَصْنَعُونَ ثَمَراً. وَإِنْ وَلَدُوا أُمِيتُ مُشْتَهَيَاتِ بُطُونِهِمْ». يَرْفُضُهُمْ إِلَهِي لأَنَّهُمْ لَمْ يَسْمَعُوا لَهُ فَيَكُونُونَ

they did not obey Him; And they shall be wanderers among the nations. Israel empties his vine; He brings forth fruit for himself. According to the multitude of his fruit He has increased the altars; According to the bounty of his land They have embellished his sacred pillars. Their heart is divided; Now they are held guilty. He will break down their altars; He will ruin their sacred pillars.

Glory be to the Holy Trinity our God unto the age of all ages, Amen.

تَائِهِينَ بَيْنَ الأُمَمِ. إِسْرَائِيلُ جَفْنَةٌ مُمْتَدَّةٌ. يُخْرِجُ ثَمَراً لِنَفْسِهِ. عَلَى حَسَبِ كَثْرَةِ ثَمَرِهِ قَدْ كَثَّرَ الْمَذَابِحَ. عَلَى حَسَبِ جُودَةِ أَرْضِهِ أَجَادَ الأَنْصَابَ. قَدْ قَسَمُوا قُلُوبَهُمْ. الآنَ يُعَاقَبُونَ. هُوَ يُحَطِّمُ مَذَابِحَهُمْ يُخْرِبُ أَنْصَابَهُمْ.

مجداً للثالوث القدوس الهنا إلى الأبد وإلى أبد الآبدين كلها، آمين.

The Doxology of the Pascha Hour: "Thine is the Power…" on page A5.

تسبحة ساعة البصخة: "لك القوة..." صفحة ٥ فى اخر الكتاب.

Ψαλμος κα : ιθ νεμ κ

Ⲛⲟϩⲉⲙ ⲛ̀ⲧⲁⲯⲩⲭⲏ ⲉ̀ⲃⲟⲗ ⲛ̀ⲧⲟⲧⲥ ⲛ̀ⲧⲥⲏϥⲓ : ⲛⲉⲙ ⲧⲁⲙⲉⲧϣⲏⲣⲓ ⲙ̀ⲙⲁⲩⲁⲧⲥ ⲉ̀ⲃⲟⲗ ⲛ̀ⲧⲟⲧϥ ⲛ̀ⲟⲩⲟⲩϩⲟⲣ. **Ⲛⲁϩⲙⲉⲧ** ⲉ̀ⲃⲟⲗϧⲉⲛ ⲣⲱϥ ⲛ̀ⲟⲩⲙⲟⲩⲓ̀ : ⲟⲩⲟϩ ⲡⲁⲑⲉⲃⲓⲟ ⲉ̀ⲃⲟⲗϩⲁ ⲡⲓⲧⲁⲡ ⲛ̀ⲧⲉ ⲛⲁⲡⲓⲧⲁⲡ ⲛ̀ⲟⲩⲱⲧ ⲁ̅ⲗ̅.

Psalm 22:20-21

المزمور ٢١ : ١٩ و ٢٠

A Psalm of David the Prophet.

Deliver Me from the sword, My precious life from the power of the dog. Save Me from the lion's mouth And from the horns of the wild oxen! Alleluia.

من مزامير داود النبى

نج من السيف نفسى ومن الكلب بنوتى الوحيدة. خلصنى من فم الاسد وتواضعى من قرن ذى القرن الواحد: هلليلويا.

Ⲉⲩⲁⲅⲅⲉⲗⲓⲟⲛ ⲕⲁⲧⲁ Ⲙⲁⲧⲑⲉⲟⲛ Ⲕⲉⲫ ⲕ̅ⲋ̅ : ⲕ̅ⲑ̅ - ⲗ̅ⲋ̅

Ⲟⲩⲟⲓ ⲛⲱⲧⲉⲛ ⲛⲓⲥⲁϧ ⲛⲉⲙ ⲛⲓⲫⲁⲣⲓⲥⲉⲟⲥ ⲛⲓϣⲟⲃⲓ : ϫⲉ ⲧⲉⲧⲉⲛⲕⲱⲧ ⲛ̀ⲛⲓ̀ⲙϩⲁⲩ ⲛ̀ⲧⲉ ⲛⲓⲡ̀ⲣⲟⲫⲏⲧⲏⲥ ⲟⲩⲟϩ ⲛ̀ⲧⲉⲧⲉⲛⲥⲟⲗⲥⲉⲗ ⲛ̀ⲛⲓⲃⲏⲃ ⲛ̀ⲧⲉ ⲛⲓⲑ̀ⲙⲏⲓ : **Ⲟⲩⲟϩ** ⲧⲉⲧⲉⲛϫⲱ ⲙ̀ⲙⲟⲥ ϫⲉ ⲉ̀ⲛⲁⲛⲭⲏ ⲡⲉ ϧⲉⲛ ⲛⲓⲉ̀ϩⲟⲟⲩ ⲛ̀ⲧⲉ ⲛⲉⲛⲓⲟϯ ⲛⲁⲛ ⲛⲁϣⲱⲡⲓ ⲉⲛⲟⲓ ⲛ̀ϣⲫⲏⲣ ⲉ̀ⲣⲱⲟⲩ ⲁⲛ ⲡⲉ ϧⲉⲛ ⲡ̀ⲥⲛⲟϥ ⲛ̀ⲧⲉ ⲛⲓⲡ̀ⲣⲟⲫⲏⲧⲏⲥ : **Ϩⲱⲥⲧⲉ** ⲧⲉⲧⲉⲛⲉⲣⲙⲉⲑⲣⲉ ϧⲁⲣⲱⲧⲉⲛ : ϫⲉ ⲛ̀ⲑⲱⲧⲉⲛ ⲛⲉⲛϣⲏⲣⲓ ⲛ̀ⲧⲉ ⲛⲏⲉ̀ⲧⲁⲩ ϧⲱⲧⲉⲃ ⲛ̀ⲛⲓⲡ̀ⲣⲟⲫⲏⲧⲏⲥ. **Ⲟⲩⲟϩ** ⲛ̀ⲑⲱⲧⲉⲛ ϩⲱⲧⲉⲛ ϫⲉⲕ ⲡ̀ϣⲓ ⲛ̀ⲛⲉⲧⲉⲛⲓⲟϯ ⲉ̀ⲃⲟⲗ : Ⲛⲓϩⲟϥ ⲙ̀ⲙⲓⲥⲓ ⲉ̀ⲃⲟⲗϧⲉⲛ ⲛⲓⲁ̀ϫⲱ : ⲡⲱⲥ ⲧⲉⲧⲉⲛⲛⲁϣ̀ⲫⲱⲧ ⲉ̀ⲃⲟⲗϧⲉⲛ ϯⲕ̀ⲣⲏⲥⲓⲥ ⲛ̀ⲧⲉ ϯⲅⲉⲉⲛⲛⲁ. Ⲉⲑⲃⲉ ⲫⲁⲓ ϩⲏⲡⲡⲉ ⲁ̀ⲛⲟⲕ ϯⲛⲁⲟⲩⲱⲣⲡ ϩⲁⲣⲱⲧⲉⲛ ⲛ̀ϩⲁⲛ ⲡ̀ⲣⲟⲫⲏⲧⲏⲥ ⲛⲉⲙ ϩⲁⲛⲥⲁⲃⲉⲩ ⲛ̀ⲥⲁϧ ⲟⲩⲟϩ ⲉ̀ⲣⲉⲧⲉⲛ ⲉ̀ϧⲱⲧⲉⲃ ⲉ̀ⲃⲟⲗ ⲛ̀ϧⲏⲧⲟⲩ ⲟⲩⲟϩ ⲉ̀ⲣⲉⲧⲉⲛⲉ̀ⲓ̀ϣⲓ ⲟⲩⲟϩ ⲉ̀ⲣⲉⲧⲉⲛⲉ̀ⲉⲣⲙⲁⲥⲧⲓⲅⲅⲟⲓⲛ ⲙ̀ⲙⲱⲟⲩ ϧⲉⲛ ⲛⲉⲧⲉⲛⲥⲩⲛⲁⲅⲱⲅⲏ ⲟⲩⲟϩ ⲉ̀ⲣⲉⲧⲉⲛⲉ̀ϭⲟϫⲓⲛⲥⲱⲟⲩ ⲓⲥϫⲉⲛ ⲃⲁⲕⲓ ⲉ̀ⲃⲁⲕⲓ. Ϩⲟⲡⲱⲥ ⲛ̀ⲧⲉϥ̀ⲓ̀ ⲉ̀ϫⲉⲛ ⲑⲏⲛⲟⲩ ⲛ̀ϫⲉ ⲥⲛⲟϥ ⲛⲓⲃⲉⲛ ⲛ̀ⲑⲙⲏⲓ ⲉⲧⲁⲩⲫⲟⲛϥ ⲉ̀ⲃⲟⲗ ϩⲓϫⲉⲛ ⲡⲓⲕⲁϩⲓ : ⲓⲥϫⲉⲛ ⲡ̀ⲥ̀ⲛⲟϥ ⲛ̀Ⲁⲃⲉⲗ ⲡⲓⲑ̀ⲙⲏⲓ ϣⲁ ⲡ̀ⲥ̀ⲛⲟϥ ⲛ̀Ⲍⲁⲭⲁⲣⲓⲁⲥ ⲡ̀ϣⲏⲣⲓ ⲙ̀Ⲃⲁⲣⲁⲭⲓⲁⲥ : ⲫⲏⲉⲧⲁⲣⲉⲧⲉⲛϧⲟⲑⲃⲉϥ ⲟⲩⲧⲉ ⲡⲓⲉⲣⲫⲉⲓ ⲛⲉⲙ ⲡⲓⲙⲁⲛⲉⲣϣⲱⲟⲩϣⲓ : Ⲁⲙⲏⲛ ϯϫⲱ ⲙ̀ⲙⲟⲥ ⲛⲱⲧⲉⲛ ϫⲉ ⲉ̀ⲣⲉ ⲛⲁⲓ ⲧⲏⲣⲟⲩ ⲛⲏⲟⲩ ⲉ̀ϫⲉⲛ ⲧⲁⲓ ⲅⲉⲛⲉⲁ̀ :

Ⲟⲩⲱ̀ϣⲧ ⲙ̀ⲡⲓⲉⲩⲁⲅⲅⲉⲗⲓⲟⲛ ⲉⲑⲩ.

Matthew 23:29-36

A reading from the Holy Gospel according to Saint Matthew.

Woe to you, scribes and Pharisees, hypocrites! Because you build the tombs of the prophets and adorn the monuments of the righteous, and say, 'If we had lived in the days of our fathers, we would not have been partakers with them in the blood of the prophets. ' Therefore you are witnesses against yourselves that you are sons of those who murdered the prophets. Fill up, then, the measure of your fathers' guilt. Serpents, brood of vipers! How can you escape the condemnation of hell? Therefore, indeed, I send you prophets, wise men, and scribes: some of them you will kill and crucify, and some of them you will scourge in your synagogues and persecute from city to city, that on you may come all the righteous blood shed on the earth, from the blood of righteous Abel to the blood of Zechariah, son of Berechiah, whom you murdered between the temple and the altar. Assuredly, I say to you, all

متى ٢٣: ٢٩ - ٣٦

فصل شريف من إنجيل معلمنا مار متى البشير بركاته علينا آمين.

وَيْلٌ لَكُمْ أَيُّهَا الْكَتَبَةُ وَالْفَرِّيسِيُّونَ الْمُرَاؤُونَ لأَنَّكُمْ تَبْنُونَ قُبُورَ الأَنْبِيَاءِ وَتُزَيِّنُونَ مَدَافِنَ الصِّدِّيقِينَ وَتَقُولُونَ: لَوْ كُنَّا فِي أَيَّامِ آبَائِنَا لَمَا شَارَكْنَاهُمْ فِي دَمِ الأَنْبِيَاءِ! فَأَنْتُمْ تَشْهَدُونَ عَلَى أَنْفُسِكُمْ أَنَّكُمْ أَبْنَاءُ قَتَلَةِ الأَنْبِيَاءِ. فَامْلأُوا أَنْتُمْ مِكْيَالَ آبَائِكُمْ. أَيُّهَا الْحَيَّاتُ أَوْلاَدَ الأَفَاعِي كَيْفَ تَهْرُبُونَ مِنْ دَيْنُونَةِ جَهَنَّمَ؟ لِذَلِكَ هَا أَنَا أُرْسِلُ إِلَيْكُمْ أَنْبِيَاءَ وَحُكَمَاءَ وَكَتَبَةً فَمِنْهُمْ تَقْتُلُونَ وَتَصْلِبُونَ وَمِنْهُمْ تَجْلِدُونَ فِي مَجَامِعِكُمْ وَتَطْرُدُونَ مِنْ مَدِينَةٍ إِلَى مَدِينَةٍ لِكَيْ يَأْتِيَ عَلَيْكُمْ كُلُّ دَمٍ زَكِيٍّ سُفِكَ عَلَى الأَرْضِ مِنْ دَمِ هَابِيلَ الصِّدِّيقِ إِلَى دَمِ زَكَرِيَّا بْنِ بَرَخِيَّا الَّذِي قَتَلْتُمُوهُ بَيْنَ الْهَيْكَلِ وَالْمَذْبَحِ. اَلْحَقَّ أَقُولُ لَكُمْ: إِنَّ هَذَا كُلَّهُ يَأْتِي عَلَى هَذَا الْجِيلِ!

these things will come upon this generation.

Bow down before the Holy Gospel.
Glory be to God forever.

أسجدوا للإنجيل المقدس.
والمجد لله دائماً.

Commentary

The Commentary of the Ninth Hour of Eve of Wednesday of Holy Pascha, may its blessings be with us all. Amen.

Christ paints a sad picture of the conduct of the Pharisees. He rebuked them in an unmistakable way for carrying on the same questionable traditions of their predecessors and even surpassing them. The predecessors slew the prophets and saints, while the successors built the tombs for these prophets. They were the snakes born of serpents. They will not escape Hades, but will be charged with the blood of the righteous that was shed on the face of the earth; from the blood of Abel to the blood of Zechariah, whom they slew between the sanctuary and the altar. Tribulations will come upon this generation because they all had conspired to kill the Son of God. This is why God scattered them all over the earth, their enemies dominated them, their heritage was given to others, and their dwellings became desolate.

طرح

طرح الساعة التاسعة من ليلة الأربعاء من البصخة المقدسة بركتها علينا. آمين.

يا لهذه الأوصاف المحزنة التى قالها المسيح على الفريسيين. إذ يعطيهم الويل بغير محاباة، لأنهم تشبهوا بآبائهم وكملوا مكاييلهم. أولئك الذين قتلوا الأنبياء القديسين، وهؤلاء الآخرون بنوا مقابرهم. هؤلاء هم الحيات المولودون من الأفاعى، الذين لم يهربوا من جهنم. فسينتقم منهم عن دم جميع الأبرار الذى سفك على وجه الأرض، من دم هابيل إلى دم زكريا الذى قتلوه بين الهيكل والمذبح. كل هذه الضوائق وهذه الشدائد تسبق وتأتى على هذا الجيل، لأنهم جميعهم تشاوروا مشورة واحدة على ابن الله ليقتلوه. لذلك فرقهم الله فى الأرض. وأعداؤهم تسلطوا عليهم. وميراثهم صار لقوم آخرين. وصارت منازلهم خراباً.

Eleventh Hour of Eve of Wednesday

الساعة الحادية عشر من ليلة الاربعاء

ϯⲥⲟⲫⲓⲁ̀ ⲛ̀ⲧⲉ Ⲥⲟⲗⲟⲙⲱⲛ Ⲕⲉⲫ ⲏ̅ : ⲕ̅ⲇ̅ ϣⲃ̅ⲗ̅

Ⲉ̀ⲃⲟⲗϧⲉⲛ ϯⲥⲟⲫⲓⲁ̀ ⲛ̀ⲧⲉ Ⲥⲟⲗⲟⲙⲱⲛ ⲡⲓⲡ̀ⲣⲟⲫⲏⲧⲏⲥ: ⲉ̀ⲣⲉⲡⲉϥⲥ̀ⲙⲟⲩ ⲉ̀ⲑⲟⲩⲁⲃ ϣⲱⲡⲓ ⲛⲉⲙⲁⲛ ⲁ̀ⲙⲏⲛ ⲉϥϫⲱ ⲙ̀ⲙⲟⲥ.

Ϯⲥⲟⲫⲓⲁ̀ ⲅⲁⲣ ⲥ̀ⲕⲓⲙ ⲉ̀ϧⲟⲩⲛ ⲉ̀ⲛⲏⲉⲧⲕⲓⲙ ⲧⲏⲣⲟⲩ : ⲥ̀ⲫⲟϩ ⲟⲩⲟϩ ⲥ̀ⲛⲏⲟⲩ ⲉ̀ⲃⲟⲗϩⲓⲧⲉⲛ ⲡ̀ⲧⲏⲣϥ ⲉⲑⲃⲉ ⲡⲉⲥⲧⲟⲩⲃⲟ : ⲟⲩϣⲗⲁϩ ⲅⲁⲣ ⲧⲉ ⲛ̀ⲧⲉ ⲧ̀ϫⲟⲙ ⲙ̀Ⲫϯ : ⲟⲩⲟϩ ⲟⲩϩⲁϯ ⲉ̀ⲃⲟⲗ ϧⲉⲛ ⲡⲓⲱⲟⲩ ⲉ̀ⲑⲟⲩⲁⲃ ⲛ̀ⲧⲉ ⲡⲓⲡⲁⲛⲧⲟⲕⲣⲁⲧⲱⲣ : ⲉⲑⲃⲉ ⲫⲁⲓ ⲙ̀ⲙⲟⲛ ϩⲗⲓ ⲉϥϭⲁ̀ϧⲉⲙ ϣϧⲱⲛⲧ ⲉ̀ⲣⲟⲥ : ⲟⲩⲟⲩⲱⲓⲛⲓ ⲅⲁⲣ ⲧⲉ ⲛ̀ⲧⲉ ⲡⲓⲟⲩⲱⲓⲛⲓ ⲛ̀ⲉⲛⲉϩ : ⲟⲩⲟϩ ⲟⲩⲓⲁⲗ ⲉ̀ⲥⲟⲩⲁⲃ ⲧⲉ ⲛ̀ⲧⲉ ⲛⲓϩⲃⲏⲟⲩⲓ̀ ⲛ̀ⲧⲉ Ⲫϯ : ⲟⲩⲟϩ ⲧ̀ϩⲩⲕⲱⲛ ⲛ̀ⲧⲉϥⲙⲉⲧⲁ̀ⲅⲁⲑⲟⲥ ⲧⲉ : Ⲟⲩⲓ̀ ⲧⲉ ⲉⲥϫⲉⲙϫⲟⲙ ⲉ̀ϩⲱⲃ ⲛⲓⲃⲉⲛ : ⲟⲩⲟϩ ⲥ̀ⲭⲏ ϧⲁⲣⲓϧⲁⲣⲟⲥ : ⲉⲟⲓⲣⲓ ⲙ̀ⲡ̀ⲧⲏⲣϥ ⲙ̀ⲃⲉⲣⲓ : ⲟⲩⲟϩ ⲕⲁⲧⲁ ⲅⲉⲛⲉ̀ⲁ ⲉⲥϣⲉ ⲉ̀ϧⲟⲩⲛ ⲉ̀ϩⲁⲛ.ⲯⲩⲭⲏ ⲉⲑⲩ ⲉⲥⲓ̀ⲣⲓ ⲙ̀ⲙⲱⲟⲩ ⲛ̀ϣ̀ⲫⲏⲣ ⲙ̀Ⲫϯ ⲟⲩⲟϩ ⲙ̀ⲡ̀ⲣⲟⲫⲏⲧⲏⲥ : Ⲫϯ ⲅⲁⲣ ⲙⲉⲓ ⲛ̀ϩⲗⲓ ⲁⲛ ⲉ̀ⲃⲏⲗ ⲉ̀ⲫⲏⲉⲧϣⲟⲡ ϧⲉⲛ ϯⲥⲟⲫⲓⲁ̀ : ⲑⲁⲓ ⲅⲁⲣ ⲟⲩⲥⲁⲓⲉ ⲧⲉ ⲉ̀ϩⲟⲧⲉ ⲡⲓⲣⲏ ⲛⲉⲙ ⲉϩⲟⲧⲉ ⲡⲥⲉⲙⲛⲓ ⲛ̀ⲛⲓⲥⲓⲟⲩ ⲧⲏⲣⲟⲩ : Ⲁⲩϣⲁⲛⲧⲉⲛⲑⲱⲛⲥ ⲉ̀ⲫⲟⲩⲱⲓⲛⲓ ⲉⲛⲁⲉⲣϣⲟⲣⲡ ⲉ̀ⲣⲟⲥ : ⲫⲁⲓ ⲙⲉⲛ ⲅⲁⲣ ϣⲁⲣⲉ ⲡⲓⲉ̀ϫⲱⲣϩ ⲓ̀ ⲉ̀ⲡⲉϥⲙⲁ : ϯⲥⲟⲫⲓⲁ̀ ⲇⲉ ⲙ̀ⲡⲁⲣⲉ ⲭⲁⲕⲓ ϣϫⲉⲙϫⲟⲙ ⲉⲣⲟⲥ.

Ⲟⲩⲱ̀ⲟⲩ ⲛ̀ϯⲧ̀ⲣⲓⲁⲥ ⲉ̀ⲑⲟⲩⲁⲃ ⲡⲉⲛⲛⲟⲩϯ ϣⲁ ⲉ̀ⲛⲉϩ ⲛⲉⲙ ϣⲁ ⲉ̀ⲛⲉϩ ⲛ̀ⲧⲉ ⲛⲓⲉ̀ⲛⲉϩ ⲧⲏⲣⲟⲩ: ⲁ̀ⲙⲏⲛ.

Wisdom 7:24-30

A reading from the Wisdom of Solomon the Prophet may his blessings be with us Amen.

For wisdom is more mobile than any motion; because of her pureness she pervades and penetrates all things. For she is a breath of the power of God, and a pure emanation of the glory of the Almighty; therefore nothing defiled gains entrance into her. For she is a reflection of eternal light, a spotless mirror of the working of God, and an image of his goodness. Although she is but one, she can do all things, and

حكمة سليمان ٧: ٢٤ الخ

من حكمة سليمان النبى بركته المقدسة تكون معنا، آمين.

أن الحكمة تتحرك فى كل متحرك فهى تبلغ وتأتى على الكل من أجل طهارتها فانها لهب قوة الله. وفيض من المجد المقدس الذى لضابط الكل. فلذلك لا يقدر أن يقربها شئ دنس لانها ضياء النور الازلى. ومرآة أعمال الله النقية وصورة صلاحه. تقدر على كل شئ وهى واحدة. وتجدد كل شئ. وهى ثابتة فى ذاتها. وفى كل جيل

while remaining in herself, she renews all things; in every generation she passes into holy souls and makes them friends of God, and prophets; for God loves nothing so much as the person who lives with wisdom. She is more beautiful than the sun, and excels every constellation of the stars. Compared with the light she is found to be superior, for it is succeeded by the night, but against wisdom evil does not prevail.

Glory be to the Holy Trinity our God unto the age of all ages, Amen.

تحل فى النفوس الطاهرة. وتجعلهم شركاء الله وتصيرهم أنبياء لان الله لا يحب أحداً إلا من يساكن الحكمة لانها أبهى من الشمس وأسمى من كل مركز للنجوم. وإذا قيست بالنور تقدمت عليه لان النور يعقبه الليل وأما الحكمة فلا يقوى عليها الظلام:

مجداً للثالوث القدوس الهنا إلى الأبد وإلى أبد الآبدين كلها، آمين.

The Doxology of the Pascha Hour: "Thine is the Power…" on page A5.

تسبحة ساعة البصخة: "لك القوة..." صفحة ٥ فى اخر الكتاب.

Ψαλμος Ν : Α

Ⲛⲁⲓ ⲛⲏⲓ Ⲫϯ ⲟⲩⲟϩ ⲛⲁⲓⲛⲏⲓ : Ϫⲉ ⲁⲥⲭⲁϩⲑⲏⲥ ⲉ̀ⲣⲟⲕ ⲛ̀ϫⲉ ⲧⲁⲯⲩⲭⲏ : ϯⲛⲁⲉⲣ ϩⲉⲗⲡⲓⲥ ϧⲁ ⲧ̀ϧⲏⲓⲃⲓ ⲛ̀ⲧⲉⲛⲉⲕⲧⲉⲛϩ : ϣⲁ ⲧⲉⲥⲥⲓⲛⲓ ⲛ̀ϫⲉ ϯⲁ̀ⲛⲟⲙⲓⲁ̀ ⲁ̅ⲗ̅.

Psalm 57:1 المزمور ١ : ٥٦

A Psalm of David the Prophet.

Be merciful to me, O God, be merciful to me! For my soul trusts in You; And in the shadow of Your wings I will make my refuge, Until these calamities have passed by. Alleluia.

من مزامير داود النبى

ارحمنى يا الله ارحمنى فانه عليك توكلت نفسى. وبظل جناحيك أتكل إلى أن يعبر الاثم: هلليلويا.

Ⲉⲩⲁⲅⲅⲉⲗⲓⲟⲛ ⲕⲁⲧⲁ Ⲓⲱⲁⲛⲛⲏⲛ Ⲕⲉⲫ ⲓ̅ⲁ̅ : ⲛ̅ⲉ̅ ϣⲃ̅ⲗ̅

Ⲛⲁϥϧⲉⲛⲧ ⲇⲉ ⲡⲉ ⲛ̀ϫⲉ ⲡⲓⲡⲁⲥⲭⲁ ⲛ̀ⲧⲉ ⲛⲓⲒⲟⲩⲇⲁⲓ : ⲟⲩⲟϩ ⲁ̀ⲩ̀ⲓ ⲛ̀ϫⲉⲟⲩⲙⲏϣ ⲉ̀ϩⲣⲏⲓ ⲉⲒⲗ̅ⲏ̅ⲙ̅ ⲉ̀ⲃⲟⲗϧⲉⲛ ϯⲭⲱⲣⲁ ϧⲁϫⲉⲛ ⲡⲓⲡⲁⲥⲭⲁ ϩⲓⲛⲁ ⲛ̀ⲧⲟⲩⲧⲟⲩⲃⲱⲟⲩ : Ⲛⲁⲩⲕⲱϯ ⲟⲩⲛ ⲡⲉ ⲛ̀ⲥⲁ Ⲓ̅ⲏ̅ⲥ̅ ⲛ̀ϫⲉ ⲛⲓ Ⲓⲟⲩⲇⲁⲓ ⲉⲩϫⲱ̀ⲙ̀ⲙⲟⲥ ⲛ̀ⲛⲟⲩⲉⲣⲏⲟⲩ ⲉⲩⲟϩⲓ ⲉⲣⲁⲧⲟⲩ ϧⲉⲛ ⲡⲓⲉⲣⲫⲉⲓ : ϫⲉ ⲟⲩ

ⲡⲉⲧⲉⲧⲉⲛⲙⲉⲩⲓ̀ ⲉ̀ⲣⲟϥ ϫⲉ ϥⲛⲁⲓ ⲁⲛ ⲉ̀ⲡϣⲁⲓ Ⲛⲉ ⲁⲩϯ ⲉⲛⲧⲟⲗⲏ ⲇⲉ ⲛ̀ϫⲉ ⲛⲓⲁⲣⲭⲏⲉ̀ⲣⲉⲩⲥ ⲛⲉⲙ
ⲛⲓⲫⲁⲣⲓⲥⲉⲟⲥ ϩⲓⲛⲁ ⲁⲣⲉϣⲁⲛ ⲟⲩⲁⲓ ⲉ̀ⲙⲓ ϫⲉ ⲁϥⲑⲱⲛ ⲛ̀ⲧⲉϥⲧⲁⲙⲱⲟⲩ ⲉ̀ⲣⲟϥ ϩⲓⲛⲁ ⲛ̀ⲥⲉⲧⲁϩⲟϥ:
Ⲟⲩⲱϣⲧ ⲙ̀ⲡⲓⲉⲩⲁⲅⲅⲉⲗⲓⲟⲛ ⲉⲑⲩ̅.

John 11:55-57

A reading from the Holy Gospel according to Saint John.

And the Passover of the Jews was near, and many went from the country up to Jerusalem before the Passover, to purify themselves. Then they sought Jesus, and spoke among themselves as they stood in the temple, "What do you think--that He will not come to the feast?" Now both the chief priests and the Pharisees had given a command, that if anyone knew where He was, he should report it, that they might seize Him.

Bow down before the Holy Gospel.
Glory be to God forever.

يوحنا ١١: ٥٥ - ٥٧

فصل شريف من إنجيل معلمنا مار يوحنا البشير بركاته علينا آمين.

وَكَانَ فِصْحُ الْيَهُودِ قَرِيباً. فَصَعِدَ كَثِيرُونَ مِنَ الْكُوَرِ إِلَى أُورُشَلِيمَ قَبْلَ الْفِصْحِ لِيُطَهِّرُوا أَنْفُسَهُمْ. فَكَانُوا يَطْلُبُونَ يَسُوعَ وَيَقُولُونَ فِيمَا بَيْنَهُمْ وَهُمْ وَاقِفُونَ فِي الْهَيْكَلِ: «مَاذَا تَظُنُّونَ؟ هَلْ هُوَ لاَ يَأْتِي إِلَى الْعِيدِ؟» وَكَانَ أَيْضاً رُؤَسَاءُ الْكَهَنَةِ وَالْفَرِّيسِيُّونَ قَدْ أَصْدَرُوا أَمْراً أَنَّهُ إِنْ عَرَفَ أَحَدٌ أَيْنَ هُوَ فَلْيَدُلَّ عَلَيْهِ لِكَيْ يُمْسِكُوهُ.

أسجدوا للإنجيل المقدس.
والمجد لله دائماً.

Commentary

The Commentary of the Eleventh Hour of Eve of Wednesday of Holy Pascha, may its blessings be with us all. Amen.

It was the tradition of all Jews, that as it became near the days of the Passover, the multitudes went up the mountain from the villages to Jerusalem to purify themselves. When they ascended the mountain as usual they did not see Jesus go up. They said to one another in the altar, "Maybe He will not come to the feast." The chief priests and Pharisees asked the people to lead them

طرح

طرح الساعة الحادية عشر من ليلة الأربعاء من البصخة المقدسة بركتها علينا. آمين.

جرت عادة لسائر اليهود أنه إذا اقترب عيد الفصح، تصعد جموع كثيرة من الذكور إلى أورشليم ليتطهروا. فلما صعدوا كالعادة لم ينظروا يسوع يصعد. فقالوا لبعضهم البعض وهم فى الهيكل: العله حقاً لا يأتى إلى العيد؟ وكان المنافقون يفتكرون أفكاراً مملوءة من الخبث والرياء، لأن رؤساء

to His location, if it were known, in order to arrest Him. Woe for the ignorance of these wicked people, for they had made a trap for the Mighty Lord. Therefore, they will be chained and dragged to hell, the place of suffering, for eternal punishment.

الكهنة والفريسيين والشيوخ كانوا قد أوصوا أنه أن علم أحد أين هو فليدلهم عليه ليمسكوه.

يا لهذا الجهل وهذه البلادة وعدم المعرفة التى لهؤلاء الأنجاس! فانهم وضعوا فخاً لصاحب القوة الشديدة، الكلى القدرة، لأنهم مخالفون. فسيربطهم هو بسلاسل، ويسوقهم إلى الجحيم وموضع العذاب.

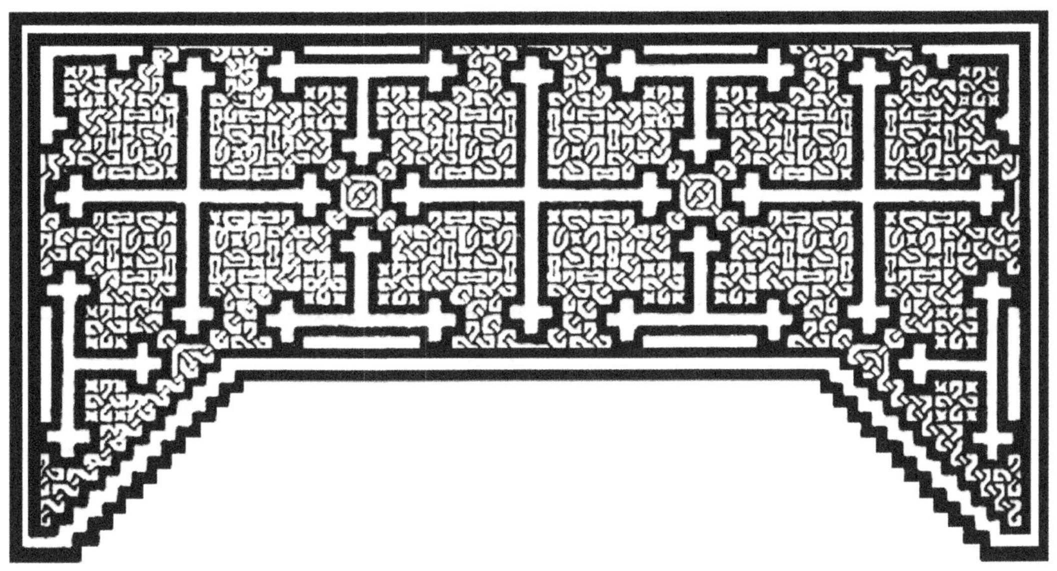

Wednesday of Holy Pascha

يوم الاربعاء من البصخة المقدسة

First Hour of Wednesday

الساعة الأولى من يوم الاربعاء

ⲡⲓⲇⲟⲝⲟⲇⲟⲥ ⲛ̀ⲧⲉ Ⲙⲱⲩ̀ⲥⲏⲥ Ⲕⲉⲫ ⲓ̅ⲍ̅ : ⲁ̅ - ⲍ̅ ⲉϥϫⲱ

Ⲉⲃⲟⲗϧⲉⲛ ⲡⲓⲇⲟⲝⲟⲇⲟⲥ ⲛ̀ⲧⲉ Ⲙⲱⲩ̀ⲥⲏⲥ ⲡⲓ̀ⲡⲣⲟⲫⲏⲧⲏⲥ: ⲉⲣⲉⲡⲉϥ̀ⲥⲙⲟⲩ ⲉ̀ⲑⲟⲩⲁⲃ ϣⲱⲡⲓ ⲛⲉⲙⲁⲛ ⲁ̀ⲙⲏⲛ ⲙ̀ⲙⲟⲥ.

Ⲟⲩⲟϩ ⲁⲥⲧⲱⲛⲥ ⲛ̀ϫⲉ ϯⲥⲩⲛⲁⲅⲱⲅⲏ ⲧⲏⲣⲥ ⲛ̀ⲧⲉ ⲛⲉⲛϣⲏⲣⲓ ⲙ̀ⲡⲓ̅ⲥ̅ⲗ̅ ⲉⲃⲟⲗϧⲉⲛ ⲡ̀ϣⲁϥⲉ ⲛ̀Ⲥⲓⲛⲁ ⲕⲁⲧⲁ ⲛⲟⲩⲡⲁⲣⲉⲙⲃⲟⲗⲏ ⲉⲃⲟⲗϩⲓⲧⲉⲛ ⲡ̀ⲥⲁϫⲓ ⲙ̀Ⲡ̅ⲟ̅ⲥ̅ : ⲟⲩⲟϩ ⲁⲩϩⲓⲕⲟⲧ ϧⲉⲛ Ⲣⲁⲫⲁⲍⲓⲛ : ⲛⲉ ⲙ̀ⲙⲟⲛ ⲙⲱⲟⲩ ⲙ̀ⲡⲓⲗⲁⲟⲥ ⲉⲑⲣⲟⲩⲥⲱ : Ⲁϥϩⲱⲟⲩϣ ⲛ̀ϫⲉ ⲡⲓⲗⲁⲟⲥ ⲉⲘⲱⲩ̀ⲥⲏⲥ ⲟⲩⲟϩ ⲛⲁⲩϫⲱ ⲙ̀ⲙⲟⲥ ⲛⲁϥ ϫⲉ ⲙⲁⲙⲱⲟⲩ ⲛⲁⲛ ϩⲓⲛⲁ ⲛ̀ⲧⲉⲛⲥⲱ : ⲡⲉϫⲉ Ⲙⲱⲩ̀ⲥⲏⲥ ⲛⲱⲟⲩ ϫⲉ ⲉⲑⲃⲉ ⲟⲩ ⲧⲉⲧⲉⲛϩⲱⲟⲩϣ ⲉ̀ⲣⲟⲓ : ⲟⲩⲟϩ ⲉⲑⲃⲉⲟⲩ ⲧⲉⲧⲉⲛϭⲱⲛⲧ ⲙ̀Ⲡ̅ⲟ̅ⲥ̅. Ⲁϥⲓ̀ⲃⲓ ⲇⲉ ⲛ̀ϫⲉ ⲡⲓⲗⲁⲟⲥ ⲟⲩⲟϩ ⲁϥⲭⲣⲉⲙⲣⲉⲙ ⲛ̀ⲥⲁ Ⲙⲱⲩ̀ⲥⲏⲥ ⲉⲩϫⲱ ⲙ̀ⲙⲟⲥ : ϫⲉ ⲉⲑⲃⲉ ⲟⲩ ⲁⲕⲉⲛⲧⲉⲛ ⲉ̀ⲡ̀ϣⲱⲓ ⲉ̀ⲃⲟⲗ ϧⲉⲛ ⲭⲏⲙⲓ ⲉ̀ϧⲟⲑⲃⲉⲛ ⲛⲉⲙ ⲛⲉⲛϣⲏⲣⲓ ⲛⲉⲙ ⲛⲉⲛⲧⲉⲃⲛⲱⲟⲩ̀ⲓ̀ ⲛ̀ⲧⲉⲛ ⲡⲓ̀ⲃⲓ : Ⲁϥⲱϣ ⲇⲉ ⲉ̀ⲡ̀ϣⲱⲓ ϩⲁ Ⲡ̅ⲟ̅ⲥ̅ ⲛ̀ϫⲉ Ⲙⲱⲩ̀ⲥⲏⲥ ⲉϥϫⲱ ⲙ̀ⲙⲟⲥ : ϫⲉ ⲟⲩ ⲡⲉ ϯⲛⲁⲁⲓϥ ⲙ̀ⲡⲁⲓⲗⲁⲟⲥ : ϫⲉ ⲉ̀ⲧⲓ ⲕⲉⲕⲟⲩϫⲓ ⲥⲉⲛⲁϩⲓⲱ̀ⲛⲓ ⲉ̀ϫⲱⲓ. Ⲟⲩⲟϩ ⲡⲉϫⲉ Ⲡ̅ⲟ̅ⲥ̅ ⲙ̀Ⲙⲱⲩ̀ⲥⲏⲥ : ϫⲉ ⲙⲟϣⲓ ϧⲁϫⲱϥ ⲙ̀ⲡⲁⲓⲗⲁⲟⲥ : ⲟⲩⲟϩ ϭⲓ ⲛⲉⲙⲁⲕ ⲉⲃⲟⲗϧⲉⲛ ⲛⲓϧⲉⲗⲗⲟⲓ ⲛ̀ⲧⲉ ⲡⲓⲗⲁⲟⲥ ⲛ̀ⲧⲉ ⲡ̀ⲓ̅ⲥ̅ⲗ̅ ⲟⲩⲟϩ ⲡⲓϣⲃⲱⲧ ⲫⲏ̀ⲉⲧⲁⲕⲙⲉϣ ⲫ̀ⲓⲟⲙ ⲙ̀ⲙⲟϥ ϭⲓⲧϥ ⲉ̀ϧⲣⲏⲓ ϧⲉⲛ ⲧⲉⲕϫⲓϫ : ⲟⲩⲟϩ ⲙⲟϣⲓ ϧⲁϫⲱⲟⲩ ϣⲉϩⲣⲏⲓ ⲉ̀ϯⲡⲉⲧⲣⲁ ⲛ̀Ⲭⲱⲣⲏⲃ : Ⲁ̀ⲛⲟⲕ ⲉⲓⲉ̀ⲟ̀ϩⲓ ⲙ̀ⲙⲁⲩ ϧⲁϫⲱⲕ ⲉ̀ϫⲉⲛ ϯⲡⲉⲧⲣⲁ ϧⲉⲛ Ⲭⲱⲣⲏⲃ : ⲟⲩⲟϩ ⲉⲕⲉ̀ⲙⲉϣ ϯⲡⲉⲧⲣⲁ ⲉϥⲉ̀ⲓ̀ ⲉ̀ⲃⲟⲗ ⲛ̀ϧⲏⲧⲥ ⲟⲩⲙⲱⲟⲩ ⲉϥⲉ̀ⲥⲱ ⲛ̀ϫⲉ ⲡⲓⲗⲁⲟⲥ : ⲟⲩⲟϩ ⲁϥⲓ̀ⲣⲓ ⲙ̀ⲡⲁⲓⲣⲏϯ ⲛ̀ϫⲉ Ⲙⲱⲩ̀ⲥⲏⲥ ⲙ̀ⲡⲉ̀ⲙ̀ⲑⲟ ⲛ̀ⲛⲉⲛϣⲏⲣⲓ ⲙ̀ⲡⲓ̅ⲥ̅ⲗ̅. Ⲁϥϯⲣⲉⲛ ⲫ̀ⲣⲁⲛ ⲙ̀ⲡⲓⲙⲁ ⲉⲧⲉ̀ⲙ̀ⲙⲁⲩ ϫⲉ ⲡ̀ϭⲱⲛⲧ ⲛⲉⲙ ⲡ̀ϩⲱⲟⲩϣ ⲛ̀ⲧⲉ ⲛⲉⲛϣⲏⲣⲓ ⲙ̀ⲡⲓ̅ⲥ̅ⲗ̅ ϫⲉ ⲁⲩϭⲉⲛⲧ Ⲡ̅ⲟ̅ⲥ̅ ⲉⲩϫⲱⲙ̀ⲙⲟⲥ ϫⲉ ⲁⲛ Ⲡ̅ⲟ̅ⲥ̅ ϣⲟⲡ ⲛ̀ϧⲏⲧⲉⲛ ϣⲁⲛ ⲙ̀ⲙⲟⲛ.

Ⲟⲩⲱ̀ⲟⲩ ⲛ̀ϯ̀ⲧ̀ⲣⲓⲁⲥ ⲉ̀ⲑⲟⲩⲁⲃ ⲡⲉⲛⲛⲟⲩϯ ϣⲁ ⲉ̀ⲛⲉϩ ⲛⲉⲙ ϣⲁ ⲉ̀ⲛⲉϩ ⲛ̀ⲧⲉ ⲛⲓⲉ̀ⲛⲉϩ ⲧⲏⲣⲟⲩ: ⲁ̀ⲙⲏⲛ.

Exodus 17:1-7

A reading from the book of Exodus of Moses the Prophet may his blessings be with us Amen.

Then all the congregation of the children of Israel set out on their journey from the Wilderness of Sin,

خروج ١٧: ١ - ٧

من سفر الخروج لموسى النبى بركته المقدسة تكون معنا، آمين.

ثُمَّ ارْتَحَلَ كُلُّ جَمَاعَةِ بَنِي اسْرَائِيلَ مِنْ بَرِّيَّةِ سِينٍ بِحَسَبِ مَرَاحِلِهِمْ عَلَى مُوجِبِ امْرِ

according to the commandment of the Lord, and camped in Rephidim; but there was no water for the people to drink. Therefore the people contended with Moses, and said, "Give us water, that we may drink." And Moses said to them, "Why do you contend with me? Why do you tempt the Lord?" And the people thirsted there for water, and the people complained against Moses, and said, "Why is it you have brought us up out of Egypt, to kill us and our children and our livestock with thirst?" So Moses cried out to the Lord, saying, "What shall I do with this people? They are almost ready to stone me!" And the Lord said to Moses, "Go on before the people, and take with you some of the elders of Israel. Also take in your hand your rod with which you struck the river, and go. Behold, I will stand before you there on the rock in Horeb; and you shall strike the rock, and water will come out of it, that the people may drink." And Moses did so in the sight of the elders of Israel. So he called the name of the place Massah and Meribah, because of the contention of the children of Israel, and because they tempted the Lord, saying, "Is the Lord among us or not?"

Glory be to the Holy Trinity our God unto the age of all ages, Amen.

الرَّبِّ وَنَزَلُوا فِي رَفِيدِيمَ. وَلَمْ يَكُنْ مَاءٌ لِيَشْرَبَ الشَّعْبُ. فَخَاصَمَ الشَّعْبُ مُوسَى وَقَالُوا: «اعْطُونَا مَاءً لِنَشْرَبَ!» فَقَالَ لَهُمْ مُوسَى: «لِمَاذَا تُخَاصِمُونَنِي؟ لِمَاذَا تُجَرِّبُونَ الرَّبَّ؟» وَعَطِشَ هُنَاكَ الشَّعْبُ الَى الْمَاءِ وَتَذَمَّرَ الشَّعْبُ عَلَى مُوسَى وَقَالُوا: «لِمَاذَا اصْعَدْتَنَا مِنْ مِصْرَ لِتُمِيتَنَا وَاوْلادَنَا وَمَوَاشِيَنَا بِالْعَطَشِ؟» فَصَرَخَ مُوسَى الَى الرَّبِّ: «مَاذَا افْعَلُ بِهَذَا الشَّعْبِ؟ بَعْدَ قَلِيلٍ يَرْجُمُونَنِي!» فَقَالَ الرَّبُّ لِمُوسَى: «مُرَّ قُدَّامَ الشَّعْبِ وَخُذْ مَعَكَ مِنْ شُيُوخِ اسْرَائِيلَ. وَعَصَاكَ الَّتِي ضَرَبْتَ بِهَا النَّهْرَ خُذْهَا فِي يَدِكَ وَاذْهَبْ. هَا انَا اقِفُ امَامَكَ هُنَاكَ عَلَى الصَّخْرَةِ فِي حُورِيبَ فَتَضْرِبُ الصَّخْرَةَ فَيَخْرُجُ مِنْهَا مَاءٌ لِيَشْرَبَ الشَّعْبُ». فَفَعَلَ مُوسَى هَكَذَا امَامَ عُيُونِ شُيُوخِ اسْرَائِيلَ. وَدَعَا اسْمَ الْمَوْضِعِ «مَسَّةَ وَمَرِيبَةَ» مِنْ اجْلِ مُخَاصَمَةِ بَنِي اسْرَائِيلَ وَمِنْ اجْلِ تَجْرِبَتِهِمْ لِلرَّبِّ قَائِلِينَ: «افِي وَسَطِنَا الرَّبُّ امْ لا؟».

مجداً للثالوث القدوس الهنا إلى الأبد وإلى أبد الآبدين كلها، آمين.

Ⲛⲓⲡⲁⲣⲟⲓⲙⲓⲁ ⲛ̀ⲧⲉ Ⲥⲟⲗⲟⲙⲱⲛ Ⲕⲉⲫ ⲋ̅ : ⲉ̅ - ⲓ̅ⲇ̅

Ⲉ̀ⲃⲟⲗϧⲉⲛ Ⲛⲓⲡⲁⲣⲟⲓⲙⲓⲁ ⲛ̀ⲧⲉ Ⲥⲟⲗⲟⲙⲱⲛ ⲡⲓⲡ̀ⲣⲟⲫⲏⲧⲏⲥ: ⲉ̀ⲣⲉⲡⲉϥⲥ̀ⲙⲟⲩ ⲉ̀ⲑⲟⲩⲁⲃ ϣⲱⲡⲓ ⲛⲉⲙⲁⲛ ⲁ̀ⲙⲏⲛ ⲉϥϫⲱ ⲙ̀ⲙⲟⲥ.

Ϣⲱⲡⲓ ⲉⲣⲉ ϩⲟⲛⲕ ⲭⲏ ⲉ̀ⲫϯ ϧⲉⲛ ⲡⲉⲕϩⲏⲧ ⲧⲏⲣϥ : ⲟⲩⲟϩ ⲙ̀ⲡⲉⲣϭⲓⲥⲓ ⲙ̀ⲙⲟⲕ ⲉ̀ϩ̀ⲣⲏⲓ ⲉ̀ϫⲉⲛ ⲧⲉⲕⲥⲟⲫⲓⲁ̀ : Ϩ̀ⲣⲏⲓ ϧⲉⲛ ⲛⲉⲕⲙⲱⲓⲧ ⲧⲏⲣⲟⲩ ⲟⲩⲱⲛϩ ⲉ̀ⲃⲟⲗ ϩⲓⲛⲁ ⲛ̀ⲧⲟⲩⲥⲟⲩⲧⲱⲛ ⲛ̀ϫⲉ ⲛⲉⲕⲙⲱⲓⲧ ⲟⲩⲟϩ ⲛ̀ⲧⲟⲩϣⲧⲉⲙϭⲓϭⲣⲟⲡ ⲛ̀ϫⲉ ⲛⲉⲕϭⲁⲗⲁⲩϫ. Ⲙ̀ⲡⲉⲣϣⲱⲡⲓ ⲉⲕⲟⲓ ⲛ̀ⲥⲁⲃⲉ ⲛⲁⲕ ⲙ̀ⲙⲁⲩⲁⲧⲕ : ⲁⲗⲗⲁ ⲁⲣⲓϩⲟϯ ϧⲁⲧϩⲏ ⲙ̀Ⲫϯ ⲟⲩⲟϩ ⲣⲓⲕ : ⲉ̀ⲃⲟⲗ ϩⲁⲡⲉⲧϩⲱⲟⲩ ⲛⲓⲃⲉⲛ : Ⲧⲟⲧⲉ ⲟⲩⲧⲁⲗϭⲟ ⲛⲁϣⲱⲡⲓ ⲙ̀ⲡⲉⲕⲥⲱⲙⲁ ⲛⲉⲙ ⲟⲩⲟⲩϫⲁⲓ ⲛ̀ⲛⲉⲕⲕⲁⲥ. Ⲁⲣⲓⲧⲓⲙⲁⲛ ⲙ̀Ⲫϯ ⲉ̀ⲃⲟⲗ ϧⲉⲛ ⲛⲉⲕϧⲓⲥⲓ : ⲟⲩⲟϩ ⲙⲟⲓ ⲛⲁϥ ⲛ̀ϩⲁⲛⲁ̀ⲡⲁⲣⲭⲏ ⲉ̀ⲃⲟⲗϧⲉⲛ ⲛⲓⲟⲩⲧⲁϩ ⲛ̀ⲧⲉ ⲧⲉⲕⲙⲉⲑⲏⲓ : ϩⲓⲛⲁ ⲛ̀ⲧⲟⲩⲙⲟϩ ⲛ̀ϫⲉ ⲛⲉⲕⲧⲁⲙⲓⲟⲛ ⲉ̀ⲃⲟⲗϧⲉⲛ ⲡⲁ̀ϣⲁⲓ ⲛ̀ⲧⲉ ⲟⲩⲥⲟⲩⲟ : ⲟⲩⲟϩ ⲛⲉⲕϩⲣⲱⲧ ⲛ̀ⲧⲟⲩⲫⲟⲛⲫⲉⲛ ϧⲉⲛ ⲡⲓⲏⲣⲡ. Ⲡⲁϣⲏⲣⲓ ⲙ̀ⲡⲉⲣⲉⲣⲕⲟⲩϫⲓ ⲛ̀ϩⲏⲧ ϧⲉⲛ ϯⲥ̀ⲃⲱ ⲛ̀ⲧⲉ Ⲡ̅ⲟ̅ⲥ̅ ⲟⲩⲇⲉ ⲙ̀ⲡⲉⲣⲃⲱⲗ ⲉ̀ⲃⲟⲗ ⲉϥⲥⲟϩⲓ ⲙ̀ⲙⲟⲕ. Ⲫⲏ ⲅⲁⲣ ⲉⲧⲉ Ⲡ̅ⲟ̅ⲥ̅ ⲙⲉⲓ ⲙ̀ⲙⲟϥ ϣⲁϥϯⲥ̀ⲃⲱ ⲛⲁϥ : ϣⲁϥⲉⲣⲙⲁⲥⲧⲓⲅⲅⲟⲓⲛ ⲇⲉ ⲛ̀ϣⲏⲣⲓ ⲛⲓⲃⲉⲛ ⲉⲧⲉϥⲛⲁϣⲟⲡⲟⲩ ⲉ̀ⲣⲟϥ : Ⲱⲟⲩⲛⲓⲁⲧϥ ⲙ̀ⲡⲓⲣⲱⲙⲓ ⲉⲧⲁϥϫⲓⲙⲓ ⲛ̀ⲟⲩⲥⲟⲫⲓⲁ̀ ⲛⲉⲙ ⲫⲏⲉⲧⲟⲓ ⲛ̀ⲁ̀ⲑⲙⲟⲩ ⲉⲧⲁϥϫⲓⲙⲓ ⲛ̀ⲟⲩⲙⲉⲧⲥⲁⲃⲉ. Ϩⲁⲛⲉⲥ ⲅⲁⲣ ⲉⲉⲣⲓⲉⲃϣⲱⲧ ϧⲉⲛ ⲑⲁⲓ : ⲉϩⲟⲧⲉ ϩⲁⲛ ⲁ̀ϩⲱⲣ ⲛ̀ⲛⲟⲩⲃ ϩⲓϩⲁⲧ : ⲥ̀ⲧⲁⲛⲟⲩⲧ ⲉϩⲟⲧⲉ ϩⲁⲛⲱ̀ⲛⲓ ⲉ̀ⲛⲁϣⲉ ⲛ̀ⲥⲟⲩⲉ̀ⲛⲟⲩ :

Ⲟⲩⲱ̀ⲟⲩ ⲛ̀ϯⲧ̀ⲣⲓⲁⲥ ⲉ̀ⲑⲟⲩⲁⲃ ⲡⲉⲛⲛⲟⲩϯ ϣⲁ ⲉ̀ⲛⲉϩ ⲛⲉⲙ ϣⲁ ⲉ̀ⲛⲉϩ ⲛ̀ⲧⲉ ⲛⲓⲉ̀ⲛⲉϩ ⲧⲏⲣⲟⲩ: ⲁ̀ⲙⲏⲛ.

Proverbs 3:5-14

A reading from the Proverbs of Solomon the Prophet may his blessings be with us Amen.

Trust in the Lord with all your heart, And lean not on your own understanding; In all your ways acknowledge Him, And He shall direct your paths. Do not be wise in your own eyes; Fear the Lord and depart from evil. It will be health to your flesh, And strength to your bones. Honor the Lord with your possessions, And with the first fruits of all your increase; So your barns will be filled with plenty, And your vats will overflow with new wine. My son, do not despise the chastening of the Lord, Nor detest His correction; For whom the Lord loves He corrects, Just as a father the son in whom he delights. Happy is the man who finds wisdom, And the man who gains

أمثال سليمان ٣: ٥ – ١٤

من أمثال سليمان النبى بركته المقدسة تكون معنا، آمين.

تَوَكَّلْ عَلَى الرَّبِّ بِكُلِّ قَلْبِكَ وَعَلَى فَهْمِكَ لاَ تَعْتَمِدْ. فِي كُلِّ طُرُقِكَ اعْرِفْهُ وَهُوَ يُقَوِّمُ سُبُلَكَ. لاَ تَكُنْ حَكِيماً فِي عَيْنَيْ نَفْسِكَ. اتَّقِ الرَّبَّ وَابْعُدْ عَنِ الشَّرِّ فَيَكُونَ شِفَاءً لِسُرَّتِكَ وَسَقَاءً لِعِظَامِكَ. أَكْرِمِ الرَّبَّ مِنْ مَالِكَ وَمِنْ كُلِّ بَاكُورَاتِ غَلَّتِكَ فَتَمْتَلِئَ خَزَائِنُكَ شِبَعاً وَتَفِيضَ مَعَاصِرُكَ مِسْطَاراً. يَا ابْنِي لاَ تَحْتَقِرْ تَأْدِيبَ الرَّبِّ وَلاَ تَكْرَهْ تَوْبِيخَهُ لأَنَّ الَّذِي يُحِبُّهُ الرَّبُّ يُؤَدِّبُهُ وَكَأَبٍ بِابْنٍ يُسَرُّ بِهِ. طُوبَى لِلإِنْسَانِ الَّذِي يَجِدُ الْحِكْمَةَ وَلِلرَّجُلِ الَّذِي يَنَالُ الْفَهْمَ لأَنَّ تِجَارَتَهَا خَيْرٌ مِنْ تِجَارَةِ الْفِضَّةِ وَرِبْحَهَا خَيْرٌ مِنَ الذَّهَبِ الْخَالِصِ.

understanding; For her proceeds are better than the profits of silver, And her gain than fine gold.

مجداً للثالوث القدوس الهنا إلى الأبد وإلى أبد الآبدين كلها، آمين.

Glory be to the Holy Trinity our God unto the age of all ages, Amen.

Ⲱⲥⲓⲉ Ⲕⲉⲫ ⲉ̅ : ⲓ̅ⲅ̅ ϣⲃ̅ⲗ̅ ⲛⲉⲙ Ⲕⲉⲫ ⲋ̅ : ⲁ̅ - ⲅ̅

Ⲉⲃⲟⲗϧⲉⲛ Ⲱⲥⲓⲉ̀ ⲡⲓⲡⲣⲟⲫⲏⲧⲏⲥ: ⲉⲣⲉⲡⲉϥⲥ̀ⲙⲟⲩ ⲉ̀ⲑⲟⲩⲁⲃ ϣⲱⲡⲓ ⲛⲉⲙⲁⲛ ⲁ̀ⲙⲏⲛ ⲉϥϫⲱ ⲙ̀ⲙⲟⲥ.

Ⲟⲩⲟϩ ⲁϥϣⲉⲛⲁϥ ⲛ̀ϫⲉ ⲉϥⲣⲉⲙ ⲛⲉⲙ ϩⲁⲛⲁⲥⲥⲩⲣⲟⲥ ⲟⲩⲟϩ ⲁϥⲟⲩⲱⲣⲡ ⲛ̀ϩⲁⲛⲡⲣⲉⲥⲃⲩⲥ ϩⲁ ⲡ̀ⲟⲩⲣⲟ ⲛ̀Ⲓⲁⲣⲓⲙ : ⲟⲩⲟϩ ⲛ̀ⲑⲟϥ ⲙ̀ⲡⲉϥϣϫⲉⲙϫⲟⲙ ⲛ̀ⲧⲟⲩϫⲉ ⲑⲏⲛⲟⲩ ⲟⲩⲟϩ ⲛ̀ⲛⲉϥⲙⲟⲩⲛⲕ ⲛ̀ϫⲉ ⲡⲉⲙⲕⲁϩ ⲛ̀ϩⲏⲧ ⲉ̀ⲃⲟⲗϧⲉⲛ ⲑⲏⲛⲟⲩ : Ϫⲉ ⲟⲩⲏⲓ ⲁ̀ⲛⲟⲕ ϯⲟⲓ ⲙ̀ⲫ̀ⲣⲏϯ ⲛ̀ⲟⲩ ⲡⲁⲛⲑⲏⲣ ⲛ̀Ⲉⲫⲣⲉⲙ : ⲛⲉⲙ ⲙ̀ⲫ̀ⲣⲏϯ ⲛⲟⲩⲙⲟⲩⲓ̀ ⲙ̀ⲡⲏⲓ ⲛ̀Ⲓⲟⲩⲇⲁ : ϯⲛⲁⲉⲣⲁⲡⲁⲛⲧⲁⲛ ⲉ̀ⲣⲱⲟⲩ ϧⲉⲛ ⲡⲓⲙⲱⲓⲧ ⲛ̀ⲧⲉ ⲛⲓⲁⲥⲥⲩⲣⲓⲟⲥ ⲙ̀ⲫ̀ⲣⲏϯ ⲛ̀ⲟⲩⲗⲁⲃⲟⲓ ⲉⲥϫⲱⲛⲧ ⲉⲥϩⲟⲕⲉⲣ : Ⲟⲩⲟϩ ⲁ̀ⲛⲟⲕ ϯⲛⲁϩⲱⲗⲉⲙ ⲟⲩⲟϩ ϯⲛⲁϣⲉⲛⲏⲓ ⲟⲩⲟϩ ϯⲛⲁⲱⲗⲓ ⲟⲩⲟϩ ⲛ̀ⲛⲉϥϣⲱⲡⲓ ⲛ̀ϫⲉ ⲫⲏⲉⲑⲛⲁⲥⲱϯ ⲟⲩⲟϩ ϯⲛⲁϣⲉⲛⲏⲓ ⲟⲩⲟϩ ⲛ̀ⲧⲁⲧⲁⲥⲑⲟ ⲙ̀ⲡⲁⲓⲙⲁ ϣⲁⲧⲟⲩⲧⲁⲕⲟ : ⲟⲩⲟϩ ⲥⲉⲛⲁⲕⲱϯ ⲛ̀ⲥⲁ ⲡⲁϩⲟ ϧⲉⲛ ⲛⲟⲩϩⲟϫϩⲉϫ : ⲥⲉⲛⲁⲓ ϩⲁⲣⲟⲓ ⲉⲩϫⲱ ⲙ̀ⲙⲟⲥ. Ϫⲉ ⲙⲁⲣⲉⲛϣⲉⲛⲁⲛ ⲟⲩⲟϩ ⲛ̀ⲧⲉⲛⲧⲁⲥⲑⲟⲛ ϩⲁ Ⲡ̅ⲟ̅ⲥ̅ ⲡⲉⲛⲛⲟⲩϯ ϫⲉ ⲛ̀ⲑⲟϥ ⲁϥϩⲱⲗⲉⲙ ⲟⲩⲟϩ ϥ̀ⲛⲁⲧⲁⲗϭⲟ : ϥ̀ⲛⲁϣⲁⲣⲓ ⲟⲩⲟϩ ϥ̀ⲛⲁⲉⲣⲫⲁϧⲣⲓ ⲟⲛ : ϥ̀ⲛⲁⲧⲟⲩϫⲟⲛ ⲙⲉⲛⲉⲛⲥⲁ ⲉ̀ϩⲟⲟⲩ ⲥ̀ⲛⲁⲩ : ϧⲉⲛ ⲡⲓⲉ̀ϩⲟⲟⲩ ⲙ̀ⲙⲁϩ ϣⲟⲙⲧ ⲧⲉⲛⲛⲁⲧⲱⲟⲩⲛ : ⲟⲩⲟϩ ⲧⲉⲛⲛⲁⲱⲛϧ ⲙ̀ⲡⲉϥⲙ̀ⲑⲟ : Ⲟⲩⲟϩ ⲧⲉⲛⲛⲁⲉ̀ⲙⲓ ⲟⲩⲟϩ ⲧⲉⲛⲛⲁϭⲟϫⲓ ⲉ̀ⲡ̀ⲥⲟⲩⲉⲛ Ⲡ̅ⲟ̅ⲥ̅ : ⲙ̀ⲫ̀ⲣⲏϯ ⲛ̀ϩⲁⲛⲁⲧⲟⲟⲩⲓ̀ ⲉϥⲥⲉⲃⲧⲱⲧ ⲉ̀ⲛⲉϫⲉⲙϥ : ⲟⲩⲟϩ ⲉϥⲉ̀ⲓ ⲛⲁⲛ ⲙ̀ⲫ̀ⲣⲏϯ ⲛ̀ⲟⲩⲙⲟⲩⲛ ϩⲱⲟⲩ ⲛ̀ϣⲟⲣⲡ ⲛⲉⲙ ⲟⲩϧⲁⲉ̀ ⲛ̀ⲟⲩⲕⲁϩⲓ :

Ⲟⲩⲱ̀ⲟⲩ ⲛ̀ϯⲧ̀ⲣⲓⲁⲥ ⲉ̀ⲑⲟⲩⲁⲃ ⲡⲉⲛⲛⲟⲩϯ ϣⲁ ⲉ̀ⲛⲉϩ ⲛⲉⲙ ϣⲁ ⲉ̀ⲛⲉϩ ⲛ̀ⲧⲉ ⲛⲓⲉ̀ⲛⲉϩ ⲧⲏⲣⲟⲩ: ⲁ̀ⲙⲏⲛ.

Hosea 5:13-6:3

هوشع ٥: ١٣ الخ و ٦: ١ - ٣

A reading from Hosea the Prophet may his blessings be with us Amen.

من هوشع النبى بركته المقدسة تكون معنا، آمين.

"When Ephraim saw his sickness, And Judah saw his wound, Then Ephraim went to Assyria And sent to King Jareb; Yet he cannot cure you, Nor heal you of your wound. For I will be like a lion to Ephraim, And like a young lion to the house of Judah. I, even I, will tear them and go away; I will take them away,

«وَرَأَى أَفْرَايِمُ مَرَضَهُ وَيَهُوذَا جُرْحَهُ فَمَضَى أَفْرَايِمُ إِلَى أَشُّورَ وَأَرْسَلَ إِلَى مَلِكٍ عَدُوٍّ. وَلَكِنَّهُ لاَ يَسْتَطِيعُ أَنْ يَشْفِيَكُمْ وَلاَ أَنْ يُزِيلَ مِنْكُمُ الْجُرْحَ. لأَنِّي لأَفْرَايِمَ كَالأَسَدِ وَلِبَيْتِ يَهُوذَا كَشِبْلِ الأَسَدِ. فَإِنِّي أَنَا أَفْتَرِسُ

and no one shall rescue. I will return again to My place Till they acknowledge their offense. Then they will seek My face; In their affliction they will earnestly seek Me." Come, and let us return to the Lord; For He has torn, but He will heal us; He has stricken, but He will bind us up. After two days He will revive us; On the third day He will raise us up, That we may live in His sight. Let us know, Let us pursue the knowledge of the Lord. His going forth is established as the morning; He will come to us like the rain, Like the latter and former rain to the earth.

Glory be to the Holy Trinity our God unto the age of all ages, Amen.

وَأَمْضِي وَآخُذُ وَلاَ مُنْقِذٌ. أَذْهَبُ وَأَرْجِعُ إِلَى مَكَانِي حَتَّى يُجَازَوْا وَيَطْلُبُوا وَجْهِي. فِي ضِيقِهِمْ يُبَكِّرُونَ إِلَيَّ». هَلُمَّ نَرْجِعُ إِلَى الرَّبِّ لأَنَّهُ هُوَ افْتَرَسَ فَيَشْفِينَا ضَرَبَ فَيَجْبِرُنَا. يُحْيِينَا بَعْدَ يَوْمَيْنِ. فِي الْيَوْمِ الثَّالِثِ يُقِيمُنَا فَنَحْيَا أَمَامَهُ. لِنَعْرِفْ فَلْنَتَتَبَّعْ لِنَعْرِفَ الرَّبَّ. خُرُوجُهُ يَقِينٌ كَالْفَجْرِ. يَأْتِي إِلَيْنَا كَالْمَطَرِ. كَمَطَرٍ مُتَأَخِّرٍ يَسْقِي الأَرْضَ.

مجداً للثالوث القدوس الهنا إلى الأبد وإلى أبد الآبدين كلها، آمين.

Ⲓⲏⲥⲟⲩ ⲛ̀ⲧⲉ Ⲥⲓⲣⲁⲭ Ⲕⲉⲫ ⲁ̅ : ϣⲁ Ⲕⲉⲫ ⲋ̅ : ⲕ̅ⲋ̅

Ⲉ̀ⲃⲟⲗϧⲉⲛ Ⲓⲏⲥⲟⲩ ⲛ̀ⲧⲉ ⲥⲓⲣⲁⲭ ⲡⲓ̀ⲡⲣⲟⲫⲏⲧⲏⲥ: ⲉ̀ⲣⲉⲡⲉϥ̀ⲥⲙⲟⲩ ⲉ̀ⲑⲟⲩⲁⲃ ϣⲱⲡⲓ ⲛⲉⲙⲁⲛ ⲁ̀ⲙⲏⲛ ⲉϥϫⲱ ⲙ̀ⲙⲟⲥ.

Ⲧⲁⲣⲭⲏ ⲛ̀ϯⲥⲟⲫⲓⲁ̀ ⲡⲉ ⲉⲣϩⲟϯ ⲙ̀Ⲡ̀ⲟ̅ⲥ̅ ⲟⲩⲟϩ ⲁⲩⲥⲱⲛⲧ ⲛⲉⲙ ⲙ̀ⲡⲓⲥⲧⲟⲥ ϧⲉⲛ ⲧⲟⲧⲉ. ⲁϥⲃⲉⲃⲓ ⲛ̀ⲧⲙⲉⲧⲣⲉⲙ̀ⲛ̀ϩⲏⲧ ⲙ̀ⲡⲥⲱⲟⲩⲛ ⲛⲉⲙ ⲧⲙⲉⲧⲥⲁⲃⲉ ⲁϥϭⲓⲥⲓ ⲙ̀ⲡⲓⲱⲟⲩ ⲙ̀ⲡⲉⲧⲁⲙⲁϩϯ ⲙ̀ⲙⲟⲥ ⲙ̀ⲛ̀ϣϫⲟⲙ ⲛ̀ⲟⲩⲣⲉϥϫⲱⲛⲧ ⲉⲧⲙⲁⲓⲟ ⲡⲣⲓⲕⲓ ⲅⲁⲣ ⲡⲉϥϫⲱⲛⲧ ⲡⲉ ⲡⲉϥϩⲉ.ⲡϩⲁⲣⲉϣϩⲏⲧ ϣⲁϥⲁⲛⲓ̀ⲭⲏ ϣⲁⲡⲓⲟⲩⲟⲓϣ ϣⲁϥϩⲱⲡ ⲛ̀ⲛⲉϥⲥⲁϫⲓ ϣⲁⲡⲓⲟⲩⲟⲓϣ ϣⲁⲣⲉ ⲛⲉⲥⲡⲟⲧⲟⲩ ⲛ̀ϩⲁϩ ⲥⲁϫⲓ ⲉⲧⲉϥⲙⲛⲧⲥⲁⲃⲉ. Ⲟⲩⲟϩ ⲛ̀ϩⲁⲛⲡⲁⲣⲁⲃⲟⲗⲏ ⲛ̀̀ⲥⲃⲱ ϧⲉⲛ ⲛ̀ⲁϩⲱⲣ ⲛ̀ϯⲥⲟⲫⲓⲁ̀ ⲧⲃⲟⲧⲉ ⲙⲡⲓⲣⲉϥⲉⲣⲛⲟⲃⲓ ⲧⲉ ⲧ̀ⲙⲉⲑⲣⲉϥϣⲉⲙϣⲉⲛⲟⲩϯ ⲁⲕϣⲁⲛⲉⲡⲓⲑⲩⲙⲓ ⲉ̀ⲧⲥⲟⲫⲓⲁ̀ ⲁⲣⲉϩ ⲉ̀ⲛⲉⲛⲧⲟⲗⲏ ⲟⲩⲟϩ Ⲡ̅ⲟ̅ⲥ̅ ⲡⲉⲧⲁⲁⲥ ⲛⲁⲕ ⲡⲉ. Ⲙ̀ⲡⲉⲣⲁⲧⲟⲱⲧⲉⲙ ⲛ̀ⲥⲁ ⲑⲟⲧⲉ ⲙ̀Ⲡ̀ⲟ̅ⲥ̅ ⲟⲩⲟϩ ⲙⲡⲉⲣϯ ⲙⲡⲉⲕⲟⲩⲟⲓ ⲉⲣⲟϥ ϧⲉⲛ ⲟⲩⲙⲉⲧϩⲛⲧⲃ ϯϩ̀ⲑⲏⲕ ⲉ̀ⲣⲟⲕ ϧⲉⲛ ⲛⲉⲕ̀ⲥⲡⲟⲧⲟⲩ ⲙ̀ⲡⲉⲣϭⲁⲥⲧⲕ ϫⲉ ⲛ̀ⲛⲉⲕϩⲉ ⲛⲉⲕⲓⲛⲓ ⲛ̀ⲟⲩⲥⲱϣ ⲉϫⲉⲛ ⲧⲉⲕⲯⲩⲭⲏ ⲛ̀ⲧⲉ Ⲡ̀ⲟ̅ⲥ̅ ϭⲱⲗⲡ ⲉ̀ⲃⲟⲗ ⲛ̀ⲛⲉⲕⲡⲉⲑⲏⲡ. Ⲡⲁϣⲏⲣⲓ ⲉϣϫⲉ ⲉⲕⲛⲁϯ ⲙ̀ⲡⲉⲕⲟⲩⲟⲓ ⲉⲉⲣⲃⲱⲕ ⲙ̀Ⲡ̀ⲟ̅ⲥ̅ ⲥⲉⲃⲧⲉ ⲧⲉⲕⲯⲩⲭⲏ ⲉⲩⲡⲓⲣⲁⲥⲙⲟⲥ. ϫⲉ ϣⲁⲩⲇⲟⲕⲓⲙⲁⲍⲓⲛ ⲅⲁⲣ ⲙ̀ⲡⲓⲛⲟⲩⲃ ϩⲓⲧⲉⲛ ⲡⲕⲱϩⲧ ⲛ̀ⲥⲱⲧⲡ ϩⲱⲟⲩ ⲛ̀ⲣⲱⲙⲓ ϧⲉⲛ ⲟⲩϩⲣⲱ ⲛ̀ⲑⲉⲃⲓⲟ̀. Ⲛⲉⲧⲉⲣϩⲟϯ ϧⲏⲧϥ ⲙ̀Ⲡ̀ⲟ̅ⲥ̅ ϫⲟⲩϣⲧ ⲉ̀ⲃⲟⲗϧⲏⲧϥ ⲙ̀ⲡⲉϥⲛⲁⲓ ⲙ̀ⲡⲉⲣⲓⲕⲓ ϫⲉ ⲛ̀ⲛⲉⲧⲉⲛϩⲉ ϫⲟⲩϣⲧ ⲛ̀ⲛⲉⲅⲉⲛⲉⲁ ⲛ̀ⲁⲣⲭⲉⲟⲛ ⲛ̀ⲧⲉⲧⲉⲛⲛⲁⲩ ⲉⲣⲱⲟⲩ ϫⲉ ⲛⲓⲙ ⲡⲉ ⲉⲧⲁϥ ⲛⲁϩϯ ⲉⲠ̅ⲟ̅ⲥ̅ ⲁϥϭⲓϣⲓⲡⲓ. Ⲓⲉ ⲛⲓⲙ ⲡⲉ ⲉⲧⲁϥϫⲱ ϧⲉⲛ ⲛⲉϥⲉⲛⲧⲟⲗⲏ ⲁϥⲭⲁϥ ⲛ̀ⲥⲱϥ ⲓⲉ ⲛⲓⲙ ⲡⲉ ⲉ̀ⲧⲁϥϣⲱϣ ⲉ̀̀ϩⲣⲏⲓ ⲟⲩⲃⲏϥ ⲁϥϣⲃⲱϣ ⲉ̀ⲣⲟϥ ⲉⲛⲉϩ. Ⲟⲩⲟⲓ ⲛ̀ⲟⲩϩⲏⲧ ⲛ̀ϫⲱⲃ ⲛⲓⲃⲉⲛ ⲛⲉⲙ ϩⲁⲛϫⲓϫ ⲉⲩⲭⲏ ⲟⲩⲟϩ ⲟⲩⲣⲉϥⲉⲣⲛⲟⲃⲓ ⲉϥⲙⲟϣⲓ ϧⲉⲛ ϩⲓⲏ ⲛ̀ⲥⲉⲛϯ ⲟⲩⲟⲓ ⲛ̀ⲛⲉⲛⲧⲁⲩⲕⲁⲧⲟⲧⲟⲩ ⲉⲃⲟⲗϧⲉⲛ ⲑⲏⲡⲟⲙⲟⲛⲏ ⲟⲩⲟϩ ⲧⲉⲧⲉⲛⲛⲁⲣⲟⲩ ⲉⲣϣⲁⲛ Ⲡ̅ⲟ̅ⲥ̅ ϭⲓ ⲙⲡⲉⲧⲉⲛϣⲓⲛⲓ. Ⲛⲉⲧⲉⲣϩⲟϯ ϩⲏⲧϥ ⲙ̀Ⲡ̅ⲟ̅ⲥ̅ ⲙⲉⲩⲣⲁⲧⲥⲱⲧⲉⲙ ⲉⲛ̀ϥⲥⲁϫⲓ ⲟⲩⲟϩ ⲛⲉⲑⲙⲏⲓ ⲙ̀ⲙⲟϥ ϣⲁⲩⲥⲓⲛⲛⲉϥⲛⲟⲙⲟⲥ.ⲡⲁϣⲏⲣⲓ ϣⲉⲡ ⲡⲉⲕⲓⲱⲧ ⲉ̀ⲣⲟⲕ ϧⲉⲛ ⲧⲉϥⲙⲉⲧ ϧⲉⲗⲗⲟ ⲡⲁϣⲏⲣⲓ ⲟⲩⲉⲛⲉϩ ⲛⲉⲕϩⲃⲏⲟⲩⲓ ⲉⲃⲟⲗ ϧⲉⲛ ⲟⲩⲙⲉⲧⲣⲉⲙⲣⲁⲩϣ ⲁ̀ⲣⲉϩ ⲉⲣⲟⲕ ⲉⲛⲉⲩⲙⲉⲩⲓ̀ ⲅⲁⲣ ⲉⲛⲉⲩⲙⲉⲩⲓ ⲛ̀ϩⲏⲧⲟⲩ ⲡ̀ⲗⲁⲛⲁ ⲙ̀ⲙⲱⲟⲩ. ⲡⲉⲑⲙⲉ ⲛ̀ⲟⲩⲕⲓⲛ̀ⲇⲓⲛⲟⲥ ϥ̀ⲛⲁϩⲉ ⲛ̀ϧⲏⲧϥ ⲟⲩϩⲏⲧ ⲉϥⲛⲁϣⲁⲧϥ ⲛⲁϣⲉⲡ ϫⲓⲥⲓ ϧⲉⲛⲧⲉϥϧⲁⲉ̀. ⲟⲩⲟϩ ⲡⲓⲣⲉϥⲉⲣⲛⲟⲃⲓ ⲛⲁⲟⲩⲉϩⲛⲟⲃⲓ ⲉ̀ϫⲉⲛ ⲛⲟⲃⲓ ⲙ̀ⲙⲟⲕϩⲥ ⲙ̀ⲡϭ̀ⲁⲥⲓϩⲏⲧ ⲙ̀ⲛⲧⲟⲩⲧⲁⲗϭⲟ ⲡ̀ϩⲏⲧ ⲙ̀ⲡⲥⲁⲃⲉ ϣⲁϥⲙⲉⲩⲓ̀ ⲉⲩⲡⲁⲣⲁⲃⲟⲗⲏ ϣⲁⲣⲉ ⲟⲩⲙⲟⲟⲩⲧⲱϣⲉⲙ ⲟⲩⲕⲱϩⲧ ⲉϥⲙⲟϩ ϣⲁⲣⲉ ⲧ̀ⲙ̀ⲛⲧⲛⲁ ϩⲱⲥ ⲭⲁⲛⲟⲃⲓ ⲛⲓⲃⲉⲛ ⲉ̀ⲃⲟⲗ.

Ⲟⲩⲱ̀ⲟⲩ ⲛ̀ϯⲧ̀ⲣⲓⲁⲥ ⲉ̀ⲑⲟⲩⲁⲃ ⲡⲉⲛⲛⲟⲩϯ ϣⲁ ⲉ̀ⲛⲉϩ ⲛⲉⲙ ϣⲁ ⲉ̀ⲛⲉϩ ⲛ̀ⲧⲉ ⲛⲓⲉ̀ⲛⲉϩ ⲧⲏⲣⲟⲩ: ⲁ̀ⲙⲏⲛ.

Ecclesiasticus 3:12,17,26-30, 2:1-15

مقتطفات من يشوع بن سيراخ ١: ١٦ - ٣: ٢٣

A reading from Joshua the son of Sirach may his blessings be with us Amen.

The fear of the Lord is the crown of wisdom, making peace and perfect health to flourish. He rained down knowledge and discerning comprehension, and he exalted the glory of those who held her fast.

Unrighteous anger cannot be justified, for a man's anger tips the scale to his ruin. A patient man will endure until the right moment, and then joy will burst forth for him. He will hide his words until the right moment, and the lips of many will tell of his good sense. In the treasuries of wisdom are wise sayings, but godliness is an abomination to a sinner. If you desire wisdom, keep the commandments, and the Lord will supply it for you. For the fear of the Lord is wisdom and instruction, and he delights in fidelity and meekness. Do not disobey the fear of the Lord; do not approach him with a divided mind. Be not a hypocrite in men's sight, and keep watch over your

من يشوع بن سيراخ بركته المقدسة تكون معنا، آمين.

رأس الحكمة مخافة الرب انها خلقت فى الرحم مع المؤمنين. انها تفيض الفهم والمعرفة والفطنة. وتعلى مجد الذين يملكونها.

الغضوب لا يمكن أن يبرر لان ميل غضبه يسقطه. طويل الاناة يصبر إلى حين ويخفى كلامه إلى حين وشفاه كثيرة تحدث بفهمه. فى ذخائر الحكمة أمثال المعرفة. اما عند الخاطئ فعبادة الله رجس. إذا رغبت فى الحكمة احفظ الوصايا والرب يهبها لك. لا تعصى مخافة الرب ولا تتقدم إليه بقلبين. كن محترساً لشفتيك لا ترتفع لئلا تسقط فتجلب على نفسك هواناً ويكشف الرب خفاياك.

lips. Do not exalt yourself lest you fall, and thus bring dishonor upon yourself. The Lord will reveal your secrets and cast you down in the midst of the congregation, because you did not come in the fear of the Lord, and your heart was full of deceit.

My son, if you come forward to serve the Lord, prepare yourself for temptation. For gold is tested in the fire, and acceptable men in the furnace of humiliation.

You who fear the Lord, wait for his mercy; and turn not aside, lest you fall.

Consider the ancient generations and see: who ever trusted in the Lord and was put to shame? Or who ever persevered in the fear of the Lord and was forsaken? Or who ever called upon him and was overlooked? Woe to timid hearts and to slack hands, and to the sinner who walks along two ways!

Woe to you who have lost your endurance! What will you do when the Lord punishes you? Those who fear the Lord will not disobey his words, and those who love him will keep his ways.

O son, help your father in his old age, and do not grieve him as long as he lives; My son, perform your tasks in meekness; then you will be loved by those whom God accepts. A stubborn mind will be afflicted at the end, and whoever loves danger will perish by it.

The affliction of the proud has no healing. The mind of the intelligent man will ponder a parable. Water extinguishes a blazing fire: so almsgiving atones for sin.

Glory be to the Holy Trinity our God unto the age of all ages, Amen.

يا ابنى إذا أقبلت إلى خدمة الرب فهئ نفسك للتجارب. فإن الذهب يمحص فى النار والمرضيين من الناس يمحصون فى أتون التواضع.

أيها المتقون الرب انتظروا رحمته ولا تحيدوا لئلا تسقطوا.

انظروا إلى الاجيال القديمة وتأملوا. من آمن بالرب فخزى أو من ثبت فى وصاياه فتركه أو من صرخ إليه فأهمله قط. ويل لكل قلب هياب وللأيدى المتراخية وللخاطئ الذى يمشى فى طريقين.

ويل لكم أيها الذين تركوا الصبر فماذا تصنعون عندما يفتقدكم الرب. أن المتقين الرب لا يخالفون كلماته وأبراره يمتلئون من شرائعه. يا ابنى أعن أباك فى شيخوخته. يا ابنى أكمل أعمالك بوداعة واحفظ نفسك من أوهامهم لان أوهامهم تقتلهم. الذى يحب الخطر يسقط فيه. القلب القاسى يتعب فى آخرته. والخاطئ يزيد خطية على خطية. ألم المتكبر لا شفاء له. وقلب العاقل يتأمل فى المثل. الماء يطفئ النار الملتهبة والصدقة تغفر كل خطية:

مجداً للثالوث القدوس الهنا إلى الأبد وإلى أبد الآبدين كلها، آمين.

Ⲟⲩⲕⲁⲧⲏⲭⲏⲥⲓⲥ

Ⲟⲩⲕⲁⲧⲏⲭⲏⲥⲓⲥ ⲛ̀ⲧⲉ ⲡⲉⲛⲓⲱⲧ ⲉⲑⲟⲩ ⲁⲃⲃⲁ Ϣⲉⲛⲟⲩϯ ⲡⲓⲁ̀ⲣⲭⲏ ⲙⲁⲛ̀ⲇⲣⲓⲧⲏⲥ: ⲉ̀ⲣⲉ ⲡⲉϥ̀ⲥ̀ⲙⲟⲩ ⲉⲑⲟⲩⲁⲃ ϣⲱⲡⲓ ⲛⲉⲙⲁⲛ ⲁ̀ⲙⲏⲛ.

ϯϫⲱ ⲙ̀ⲡⲁⲓⲥⲁϫⲓ ⲟⲩⲟϩ ⲛ̀ϯⲛⲁⲭⲁϥ ⲁⲛ : ⲉⲧⲉ ⲫⲁⲓ ⲡⲉ : ϫⲉ ⲙ̀ⲡⲉⲣⲙⲉⲩⲓ̀ ϫⲉ ⲙⲉⲛⲉⲛⲥⲁ ⲑ̀ⲣⲟⲩⲫⲱⲣϫ ⲉ̀ⲃⲟⲗ ⲙ̀ⲡⲓⲧⲟϩ ⲉ̀ⲡⲓⲥⲟⲩⲟ ⲟⲩⲟⲛ ⲟⲩⲙ̀ⲧⲟⲛ ⲛⲁⲧⲁϩⲉ ⲛⲓⲣⲉϥⲉⲣⲛⲟⲃⲓ : ϯϫⲱ ⲙ̀ⲙⲟⲥ ⲛⲱⲧⲉⲛ ⲕⲁⲧⲁ ϯⲙⲉⲧⲙⲉⲑⲣⲉ ⲛ̀ⲛⲓⲅ̀ⲣⲁⲫⲏ : ϫⲉ ⲓ̀ⲧⲉ ⲁⲅ̀ⲅⲉⲗⲟⲥ ⲓ̀ⲧⲉ ⲁⲣⲭⲏⲁⲅ̀ⲅⲉⲗⲟⲥ ⲥⲉⲛⲁⲭⲱ ⲛ̀ⲣⲱⲟⲩ ⲧⲏⲣⲟⲩ : Ⲟⲩⲟϩ ⲟⲛ ⲛⲓⲕⲉ ⲉⲑⲟⲩ ⲥⲉⲛⲁⲭⲁⲣⲱⲟⲩ ⲧⲏⲣⲟⲩ : ⲛ̀ⲧⲉϥϣⲱⲡⲓ ⲛ̀ϫⲉ ⲡⲓϩⲁⲡ ⲛ̀ⲧⲉ Ⲫϯ : ⲟⲩⲥⲁϫⲓ ⲉϥϫⲱⲕ ⲉ̀ⲃⲟⲗ ⲟⲩⲟϩ ⲉϥϣⲱⲧ ϧⲉⲛ ⲡⲓⲉ̀ϩⲟⲟⲩ ⲉⲧⲉϥⲛⲁⲫⲱⲣϫ ⲉ̀ⲃⲟⲗ ⲛ̀ϫⲉ ⲛⲓⲥⲁⲙ̀ⲡⲉⲧϩⲱⲟⲩ ϧⲉⲛ ⲑ̀ⲙⲏϯ ⲛ̀ⲛⲓⲑ̀ⲙⲏⲓ : ⲙ̀ⲫⲛⲁⲩ ⲉⲧⲟⲩⲛⲁϩⲓⲟⲩⲓ̀ ⲛ̀ⲛⲓⲣⲉϥⲉⲣⲛⲟⲃⲓ ⲉ̀ϧ̀ⲣⲏⲓ ⲉ̀ϯϩ̀ⲣⲱ ⲛ̀ⲭ̀ⲣⲱⲙ ⲉⲑⲙⲟϩ : Ⲓⲉ ⲁ̀ⲣⲉ Ⲫϯ ⲟⲓ ⲙ̀ⲫ̀ⲣⲏϯ ⲛ̀ⲛⲓⲣⲱⲙⲓ : ⲛ̀ⲧⲉϥⲭⲱ ⲛⲁϥ ⲛ̀ⲟⲩⲥⲩⲙⲃⲱⲗⲟⲥ ⲓⲉ ⲟⲩⲥⲩⲛⲕⲁⲑⲉⲇ̀ⲣⲟⲥ ⲉⲑⲣⲉϥϣⲉⲛϥ : Ⲁ̀ⲣⲉ Ⲫϯ ⲅⲁⲣ ⲛⲁⲉⲣⲡ̀ⲱⲃϣ ⲛ̀ⲟⲩ ϩⲓⲛⲁ ⲛ̀ⲧⲉ ⲟⲩⲁⲓ ⲉ̀ⲣⲟⲩⲱ̀ ⲙ̀ⲙⲟϥ : ⲓⲉ ⲛ̀ⲧⲉϥ ϣⲉⲛϥ ⲛ̀ⲟⲩⲥⲁϫⲓ ⲉ̀ⲃⲏⲗ ⲉ̀ⲫⲁⲓ ⲙ̀ⲙⲁⲩⲁⲧϥ : ⲉ̀ϫⲟⲥ ⲉⲩⲥⲟⲡ ϩⲓⲣⲱ ⲛ̀ⲟⲩⲱⲧ : ϫⲉ ⲱ̀ ⲫⲏⲉⲧϯϩⲁⲡ ⲙ̀ⲙⲏⲓ : ϩⲁⲛⲙⲉⲑⲙⲏⲓ ⲛⲉ ⲛⲉⲕϩⲁⲡ : ⲫⲏⲉⲧϯⲙ̀ⲡⲓⲟⲩⲁⲓ ⲡⲓⲟⲩⲁⲓ ⲕⲁⲧⲁ ⲛⲉϥϩ̀ⲃⲏⲟⲩⲓ̀ : ⲉ̀ⲁⲛⲟⲛ ⲁⲛ ⲡⲉ ⲉⲧϯ ⲙ̀ⲫ̀ⲙⲉⲩⲓ̀ ⲛⲁⲕ ⲉ̀ⲛⲁⲓ : ⲛ̀ⲑⲟⲕ ⲡⲉ ⲉ̀ⲧⲁⲙⲉⲧϣⲉⲛϩⲏⲧ ⲛⲓⲉⲛ ϣⲱⲡⲓ ⲉ̀ⲃⲟⲗϩⲓⲧⲟⲧⲕ :

Ⲙⲁⲣⲉⲛⲉⲣ ⲥ̀ⲫ̀ⲣⲁⲅⲓⲍⲓⲛ ⲛ̀ϯⲕⲁⲧⲏⲭⲏⲥⲓⲥ ⲛ̀ⲧⲉ ⲡⲉⲛⲓⲱⲧ ⲉⲑⲟⲩ ⲁⲃⲃⲁ Ϣⲉⲛⲟⲩϯ ⲡⲓⲁ̀ⲣⲭⲏ ⲙⲁⲛ̀ⲇⲣⲓⲧⲏⲥ: ⲫⲏⲉ̀ⲧⲁϥⲉⲣⲟⲩⲱⲓⲛⲓ ⲙ̀ⲡⲉⲛⲛⲟⲩⲥ ⲛⲉⲙ ⲛⲓⲃⲁⲗ ⲛ̀ⲧⲉ ⲛⲉⲛϩⲏⲧ ϧⲉⲛ ⲫ̀ⲣⲁⲛ ⲙ̀Ⲫⲓⲱⲧ ⲛⲉⲙ Ⲡ̀ϣⲏⲣⲓ ⲛⲉⲙ ⲡⲓⲡ̅ⲛ̅ⲁ̅ ⲉⲑⲟⲩ ⲟⲩⲛⲟⲩϯ ⲛ̀ⲟⲩⲱⲧ ⲁ̀ⲙⲏⲛ.

Homily

A homily of our Holy Father Abba Shenouda the Archimandrite may his blessings be with us. Amen.

I tell you this and confirm it. Do not imagine that after cutting the wheat from the chaff that the sinners will have relief. I say to you that according to the testimony of the Books. As for the angels and archangels they will remain silent. So also will the saints be. And the judgment for God will be decisive and final in the day where they pick out the evil doers from among the righteous; the time when the sinners are thrown in to the hearth of burning fire.

عظة

عظة لأبينا القديس انبا شنودة رئيس المتوحدين بركته المقدسة تكون معنا، آمين.

أقول هذا الكلام ولا أتركه. وهو هذا. ولا تظنوا انه بعد عزل التبن من الحنطة يحصل الخطاة على راحة. وأقول لكم كشهادة الكتب أما الملائكة أو رؤساء الملائكة فانهم يصمتون جميعاً. وكذلك القديسون أيضاً يصمتون جميعاً. ويكون حكم الله قولاً تاماً فاصلاً فى اليوم الذى يفرز فيه الاشرار من بين الصديقين. وقت

Does God need a counselor or a companion to advise him like us? What can God forget that someone else may remember? Or can ask God about anything else other than these words. That it may be said in one voice: "Your rules are just O Lord who rewards everyone according to his deeds." It is not us who would remind God of these things. It is rather He, the Father of all mercies, who remembers.

أن يلقى الخطاة فى أتون النار المتقدة. هل الله كالبشر حتى يجعل له مشيراً أو جليساً ليسأله. ما هو الذى ينساه الله لكى يجيب به آخر. أو يسأله عن كلمة إلا هذا القول فقط. أن يقال من فم واحد. يا ديان الحق. أحكامك عادلة أيها المعطى كل واحد حسب أعماله. وليس نحن الذين نذكرك بهذا لانك أنت الذى من عندك كل الرأفات.

We conclude the homily of our Holy Father Abba Shenouda the Archimandrite, who enlightened our minds and our hearts. In the name of the Father, and the Son, and the Holy Spirit, one God. Amen.

فلنختم موعظة أبينا القديس أنبا القديس الأنبا شنوده رئيس المتوحدين الذى أنار عقولنا وعيون قلوبنا بأسم الآب والإبن والروح القدس الإله الواحد، آمين.

The Doxology of the Pascha Hour: "Thine is the Power…" on page A5.
تسبحة ساعة البصخة: "لك القوة..." صفحة ٥ فى اخر الكتاب.

Ⲯⲁⲗⲙⲟⲥ ⲛ̅ - ⲇ̅ ⲛⲉⲙ ⲯⲁⲗ ⲗ̅ⲃ̅ : ⲓ̅

ϨⲟⲡⲱⲤ ⲛ̀ⲧⲉⲕⲙⲁⲓ ϧⲉⲛ ⲛⲉⲕⲥⲁϫⲓ : ⲟⲩⲟϩ ⲛ̀ⲧⲉⲕ ϭⲣⲟ ⲉⲕⲛⲁⲓϩⲁⲡ. Ⲡⲟ̅ⲥ̅ ⲛⲁϫⲉⲣ ⲛⲓⲥⲟϭⲛⲓ ⲛ̀ⲧⲉ ⲛⲓⲉⲑⲛⲟⲥ ⲉ̀ⲃⲟⲗ : ⲟⲩⲟϩ ϥ̀ⲛⲁϣⲟϣϥ ⲛ̀ⲛⲓⲙⲟⲕⲙⲉⲕ ⲛ̀ⲧⲉ ϩⲁⲛⲗⲁⲟⲥ ⲁ̅ⲗ̅.

Psalm 51:4 and 33:10

المزمور ٥٠: ٤ ومز ٣٢: ١٠

A Psalm of David the Prophet.

That You may be found just when You speak, and blameless when You judge. The Lord brings the counsel of the nations to nothing; He makes the plans of the peoples of no effect. Alleluia.

من مزامير داود النبى

لكيما تبرر فى أقوالك وتغلب إذا حوكمت. الرب يفرق مؤامرة الامم ويرذل أفكار الشعوب: هلليلويا.

Ⲉⲩⲁⲅⲅⲉⲗⲓⲟⲛ ⲕⲁⲧⲁ Ⲓⲱⲁⲛⲛⲏⲛ Ⲕⲉⲫ ⲓ̅ⲁ̅ : ⲙ ϣⲃⲗ

Ϩⲁⲛⲟⲩⲟⲛ ⲇⲉ ⲉ̀ⲃⲟⲗ ⲛ̀ϧⲏⲧⲟⲩ ⲁⲩϣⲉⲛⲱⲟⲩ ϩⲁ ⲛⲓⲫⲁⲣⲓⲥⲉⲟⲥ ⲁⲩⲧⲁⲙⲱⲟⲩ ⲉ̀ⲫⲏⲉⲧⲁϥⲁⲓⲧⲟⲩ ⲛ̀ϫⲉ Ⲓⲏ̅ⲥ̅ : Ⲁⲩⲑⲱⲟⲩϯ ⲟⲩⲛ ⲛ̀ϫⲉ ⲛⲓⲁⲣⲭⲏⲉⲣⲉⲩⲥ ⲛⲉⲙ ⲛⲓⲫⲁⲣⲓⲥⲉⲟⲥ ⲛ̀ⲟⲩⲑⲱⲟⲩⲧⲥ : ⲟⲩⲟϩ ⲛⲁⲩϫⲱ ⲙ̀ⲙⲟⲥ ϫⲉ ⲟⲩ ⲡⲉⲧⲉⲛⲛⲁⲁⲓϥ ⲛⲁϣⲉ ⲛⲓⲙⲏⲓⲛⲓ ⲛ̀ⲧⲉ ⲡⲁⲓⲣⲱⲙⲓ ⲓ̀ⲣⲓ ⲙ̀ⲙⲱⲟⲩ : Ⲟⲩⲟϩ ⲉ̀ϣⲱⲡ ⲁⲛϣⲁⲛⲭⲁϥ ⲙ̀ⲡⲁⲓⲣⲏϯ ⲥⲉⲛⲁⲛⲁϩϯ ⲉ̀ⲣⲟϥ ⲧⲏⲣⲟⲩ : ⲟⲩⲟϩ ⲥⲉⲛⲁ̀ⲓ̀ ⲛ̀ϫⲉ ⲛⲓⲣⲱⲙⲉⲟⲥ ⲥⲉⲛⲁⲱⲗⲓ ⲙ̀ⲡⲉⲛⲧⲟⲡⲟⲥ ⲛⲉⲙ ⲡⲉⲛϣ̀ⲗⲟⲗ. Ⲁϥⲉⲣⲟⲩⲱ ⲇⲉ ⲛ̀ϫⲉ ⲟⲩⲁⲓ ⲉ̀ⲃⲟⲗ ⲛ̀ϧⲏⲧⲟⲩ ⲉ̀ⲡⲉϥⲣⲁⲛ ⲡⲉ Ⲕⲁⲓⲁ̀ⲫⲁ ϥⲟⲓ ⲛ̀ⲁⲣⲭⲏⲉⲣⲉⲩⲥ ⲛ̀ⲧⲉ ϯⲣⲟⲙⲡⲓ ⲉ̀ⲧⲉⲙ̀ⲙⲁⲩ : ⲡⲉϫⲁϥ ⲛⲱⲟⲩ ϫⲉ ⲛ̀ⲑⲱⲧⲉⲛ ⲧⲉⲧⲉⲛⲥⲱⲟⲩⲛ ⲛ̀ϩ̀ⲗⲓ ⲁⲛ. Ⲟⲩⲟϩ ⲧⲉⲧⲉⲛⲙⲟⲕⲙⲉⲕ ⲙ̀ⲙⲱⲧⲉⲛ ⲁⲛ ϫⲉ ⲉⲣⲛⲟϥⲣⲓ ⲛⲱⲧⲉⲛ ϩⲓⲛⲁ ⲛ̀ⲧⲉ ⲟⲩⲣⲱⲙⲓ ⲛ̀ⲟⲩⲱⲧ ⲙⲟⲩ ⲉ̀ϩ̀ⲣⲏⲓ ⲉ̀ϫⲉⲛ ⲡⲓⲗ̀ⲁⲟⲥ ⲟⲩⲟϩ ⲛ̀ⲧⲉϣ̀ⲧⲉⲙ ⲡⲓⲉⲑⲛⲟⲥ ⲧⲏⲣϥ ⲧⲁⲕⲟ : Ⲙⲉⲧⲁϥ ϫⲉ ⲫⲁⲓ ⲁⲛ ⲉ̀ⲃⲟⲗ ϩⲓⲧⲟⲧϥ ⲙ̀ⲙⲁⲩⲁⲧϥ ⲁⲗⲗⲁ ϫⲉ ⲛⲁϥⲟⲓ ⲛ̀ⲁⲣⲭⲏⲉⲣⲉⲩⲥ ⲛ̀ⲧⲉ ϯⲣⲟⲙⲡⲓ ⲉ̀ⲧⲉⲙ̀ⲙⲁⲩ ⲁϥⲉⲣⲡⲣⲟⲫⲏⲧⲉⲩⲓⲛ ϫⲉ ϩⲱϯ ⲛ̀ⲧⲉ Ⲓⲏ̅ⲥ̅ ⲙⲟⲩ ⲉ̀ϩ̀ⲣⲏⲓ ⲉ̀ϫⲉⲛ ⲡⲓϣ̀ⲗⲟⲗ. Ⲟⲩⲟϩ ⲉ̀ϫⲉⲛ ⲡⲓϣ̀ⲗⲟⲗ ⲙ̀ⲙⲁⲩⲁⲧϥ ⲁⲛ : ⲁⲗⲗⲁ ϩⲓⲛⲁ ⲛⲓⲕⲉϣⲏⲣⲓ ⲛ̀ⲧⲉ Ⲫϯ ⲉⲧϫⲏⲣ ⲉ̀ⲃⲟⲗ ϯⲒⲟⲩⲇⲉⲁ ⲁϥϣⲉⲛⲁϥ ⲉ̀ⲃⲟⲗ ⲙ̀ⲙⲁⲩ ⲉ̀ⲟⲩⲭⲱⲣ ⲛ̀ⲧⲉϥⲑⲟⲱⲧⲟⲩ ⲉⲩⲙⲉⲧⲟⲩⲁⲓ : Ⲓⲏ̅ⲥ̅ ϫⲉⲛ ⲡⲓⲉ̀ϩⲟⲟⲩ ⲉ̀ⲧⲉⲙ̀ⲙⲁⲩ ⲁⲩⲥⲟϭⲛⲓ ϩⲓⲛⲁ ⲛ̀ⲥⲉϧⲟⲑⲃⲉϥ : Ⲓⲏ̅ⲥ̅ ⲇⲉ ⲛⲁϥⲙⲟϣⲓ ⲁⲛ ϫⲉ ⲡⲉ ⲛ̀ⲟⲩⲱⲛϩ ⲉ̀ⲃⲟⲗϧⲉⲛ ϯⲒⲟⲩⲇⲉⲁ ⲁϥϣⲉⲛⲁϥ ⲉ̀ⲃⲟⲗ ⲙ̀ⲙⲁⲩ ⲉ̀ⲟⲩⲭⲱⲣⲁ ϧⲁⲧⲉⲛ ⲡⲓϣⲁϥⲉ ⲉ̀ⲟⲩⲃⲁⲕⲓ ⲉⲩⲙⲟⲩϯ ⲉ̀ⲣⲟⲥ ϫⲉ ⲉ̀Ⲫⲣⲉⲙ ⲟⲩⲟϩ ⲁϥϣⲱⲡⲓ ⲙ̀ⲙⲁⲩ ⲛⲉⲙ ⲛⲉϥⲙⲁⲑⲏⲧⲏⲥ. Ⲛⲁϥϧⲉⲛⲧ ⲇⲉ ⲡⲉ ⲛ̀ϫⲉ ⲡⲓⲡⲁⲥⲭⲁ ⲛ̀ⲧⲉ ⲛⲓⲒⲟⲩⲇⲁⲓ : ⲟⲩⲟϩ ⲁⲩⲓ̀ ⲛ̀ϫⲉ ⲟⲩⲙⲏϣ ⲉ̀ϩ̀ⲣⲏⲓ ⲉ̀Ⲓⲗ̅ⲏ̅ⲙ̅ ⲉ̀ⲃⲟⲗϧⲉⲛ ϯⲭⲱⲣⲁ ϧⲁϫⲉⲛ ⲡⲓⲡⲁⲥⲭⲁ ϩⲓⲛⲁ ⲛ̀ⲧⲟⲩⲧⲟⲩⲃⲱⲟⲩ : Ⲛⲁⲩⲕⲱϯ ⲟⲩⲛ ⲡⲉ ⲛ̀ⲥⲁ Ⲓⲏ̅ⲥ̅ ⲛ̀ϫⲉ ⲛⲓⲒⲟⲩⲇⲁⲓ ⲉⲩϫⲱⲙ̀ⲙⲟⲥ ⲛ̀ⲛⲟⲩⲉ̀ⲣⲛⲟⲩ ⲉⲩⲟϩⲓ ⲉ̀ⲣⲁⲧⲟⲩ ϧⲉⲛ ⲡⲓⲉⲣⲫⲉⲓ : ϫⲉ ⲟⲩⲡⲉ ⲉ̀ⲧⲉⲧⲉⲛⲙⲉⲩⲓ̀ ⲉ̀ⲣⲟϥ ϫⲉ ϥ̀ⲛⲁ̀ⲓ̀ ⲁⲛ ⲉ̀ϩ̀ⲣⲏⲓ ⲉ̀ⲡⲁⲓϣⲁⲓ : Ⲛⲉⲁⲩϯ ⲉⲛⲧⲟⲗⲏ ⲇⲉ ⲡⲉ ⲛ̀ϫⲉ ⲛⲓⲁⲣⲭⲏⲉⲣⲉⲩⲥ ⲛⲉⲙ ⲛⲓⲫⲁⲣⲓⲥⲉⲟⲥ ϩⲓⲛⲁ ⲁ̀ⲣⲉϣⲁⲛ ⲟⲩⲁⲓ ⲉ̀ⲙⲓ ϫⲉ ⲁϥⲑⲱⲛ ⲛ̀ⲧⲉϥⲧⲁⲙⲱⲟⲩ ⲉ̀ⲣⲟϥ ϩⲓⲛⲁ ⲛ̀ⲥⲉⲧⲁϩⲟϥ :

Ⲟⲩⲱϣⲧ ⲙ̀ⲡⲓⲉⲩⲁⲅⲅⲉⲗⲓⲟⲛ ⲉ̅ⲑ̅ⲩ̅.

John 11:46-57

A reading from the Holy Gospel according to Saint John.

But some of them went away to the Pharisees and told them the things Jesus did. Then the chief priests and the Pharisees gathered a council and said, "What shall we do? For this Man works

يوحنا ١١ : ٤٦ الخ

فصل شريف من إنجيل معلمنا مار يوحنا البشير بركاته علينا آمين.

وَأَمَّا قَوْمٌ مِنْهُمْ فَمَضَوْا إِلَى الْفَرِّيسِيِّينَ وَقَالُوا لَهُمْ عَمَّا فَعَلَ يَسُوعُ. فَجَمَعَ رُؤَسَاءُ الْكَهَنَةِ وَالْفَرِّيسِيُّونَ مَجْمَعاً وَقَالُوا: «مَاذَا نَصْنَعُ؟ فَإِنَّ هَذَا الإِنْسَانَ يَعْمَلُ آيَاتٍ كَثِيرَةً. إِنْ

many signs. If we let Him alone like this, everyone will believe in Him, and the Romans will come and take away both our place and nation." And one of them, Caiaphas, being high priest that year, said to them, "You know nothing at all, nor do you consider that it is expedient for us that one man should die for the people, and not that the whole nation should perish." Now this he did not say on his own authority; but being high priest that year he prophesied that Jesus would die for the nation, and not for that nation only, but also that He would gather together in one the children of God who were scattered abroad. Then, from that day on, they plotted to put Him to death. Therefore Jesus no longer walked openly among the Jews, but went from there into the country near the wilderness, to a city called Ephraim, and there remained with His disciples. And the Passover of the Jews was near, and many went from the country up to Jerusalem before the Passover, to purify themselves. Then they sought Jesus, and spoke among themselves as they stood in the temple, "What do you think--that He will not come to the feast?" Now both the chief priests and the Pharisees had given a command, that if anyone knew where He was, he should report it, that they might seize Him.

Bow down before the Holy Gospel.
Glory be to God forever.

تَرَكْنَاهُ هَكَذَا يُؤْمِنُ الْجَمِيعُ بِهِ فَيَأْتِي الرُّومَانِيُّونَ وَيَأْخُذُونَ مَوْضِعَنَا وَأُمَّتَنَا». فَقَالَ لَهُمْ وَاحِدٌ مِنْهُمْ وَهُوَ قَيَافَا كَانَ رَئِيساً لِلْكَهَنَةِ فِي تِلْكَ السَّنَةِ: «أَنْتُمْ لَسْتُمْ تَعْرِفُونَ شَيْئاً وَلاَ تُفَكِّرُونَ أَنَّهُ خَيْرٌ لَنَا أَنْ يَمُوتَ إِنْسَانٌ وَاحِدٌ عَنِ الشَّعْبِ وَلاَ تَهْلِكَ الأُمَّةُ كُلُّهَا». وَلَمْ يَقُلْ هَذَا مِنْ نَفْسِهِ بَلْ إِذْ كَانَ رَئِيساً لِلْكَهَنَةِ فِي تِلْكَ السَّنَةِ تَنَبَّأَ أَنَّ يَسُوعَ مُزْمِعٌ أَنْ يَمُوتَ عَنِ الأُمَّةِ وَلَيْسَ عَنِ الأُمَّةِ فَقَطْ بَلْ لِيَجْمَعَ أَبْنَاءَ اللَّهِ الْمُتَفَرِّقِينَ إِلَى وَاحِدٍ. فَمِنْ ذَلِكَ الْيَوْمِ تَشَاوَرُوا لِيَقْتُلُوهُ. فَلَمْ يَكُنْ يَسُوعُ أَيْضاً يَمْشِي بَيْنَ الْيَهُودِ علاَنِيَةً بَلْ مَضَى مِنْ هُنَاكَ إِلَى الْكُورَةِ الْقَرِيبَةِ مِنَ الْبَرِّيَّةِ إِلَى مَدِينَةٍ يُقَالُ لَهَا أَفْرَايِمُ وَمَكَثَ هُنَاكَ مَعَ تلاَمِيذِهِ. وَكَانَ فِصْحُ الْيَهُودِ قَرِيباً. فَصَعِدَ كَثِيرُونَ مِنَ الْكُوَرِ إِلَى أُورُشَلِيمَ قَبْلَ الْفِصْحِ لِيُطَهِّرُوا أَنْفُسَهُمْ. فَكَانُوا يَطْلُبُونَ يَسُوعَ وَيَقُولُونَ فِيمَا بَيْنَهُمْ وَهُمْ وَاقِفُونَ فِي الْهَيْكَلِ: «مَاذَا تَظُنُّونَ؟ هَلْ هُوَ لاَ يَأْتِي إِلَى الْعِيدِ؟» وَكَانَ أَيْضاً رُؤَسَاءُ الْكَهَنَةِ وَالْفَرِّيسِيُّونَ قَدْ أَصْدَرُوا أَمْراً أَنَّهُ إِنْ عَرَفَ أَحَدٌ أَيْنَ هُوَ فَلْيَدُلَّ عَلَيْهِ لِكَيْ يُمْسِكُوهُ.

أسجدوا للإنجيل المقدس.

والمجد لله دائماً.

Commentary

The Commentary of the First Hour of Wedensday of Holy Pascha, may its blessings be with us all. Amen.

The Pharisees gathered together and said one unto one another, "What can we do? This man is performing many miracles and supernatural acts. If we leave him alone, all the people will believe in him and then the Romans will replace us." One of them who is Caiaphas, the chief priest of the Jews said, " It is necessary for you that one man should die for the people and that the whole nation should not perish." And from then on they conspired to kill Jesus. Jesus went to a place in the wilderness and stayed there with his disciples. And it was about the time of the feast of the Jews who sought to kill Him. Truly it was a fulfillment Isaiah's prophesy, "Wail on a nation full of evil, a brood of evildoers; children who are corrupt. For the ox knows its owner and the donkey its master, but Israel does not know that I am his creator. Therefore, they shall be with their descendents in Hell .

طرح

طرح الساعة الأولى من يوم الأربعاء من البصخة المقدسة بركتها علينا. آمين.

اجتمع الفريسيون وخاطب بعضهم بعضاً قائلين: ما الذى نصنع؟ فان هذا الرجل يصنع آيات كثيرة وعجائب غزيرة! وان تركناه فسيؤمن به الكل، ويأتى الرومانيون ويأخذون موضعنا. فقال أحدهم الذى هو قيافا رئيس كهنة اليهود: إنه يجب أن يموت رجل واحد عن الشعب دون الأمة كلها. ومن تلك الساعة تشاوروا على يسوع مشورة رديئة ليقتلوه. فمضى يسوع إلى كورة فى البرية، وأقام هناك مع تلاميذه. وكان قد قرب عيد اليهود، وكانوا يطلبونه لكى يقتلوه.

بالحقيقة كمل عليهم ما قاله اشعياء النبى: الويل للأمة المملوءة اثماً، الزرع الفاسد، الأبناء المخالفين. من أجل أن الثور عرف مذوده والحمار عرف قانيه، أما اسرائيل فلم يعرفنى، ولم يعلم أننى خالقه. من أجل ذلك يخلدون هم وأبناؤهم فى الجحيم، بيتهم إلى الأبد.

Third Hour of Wednesday

الساعة الثالثة من يوم الاربعاء

Ⲡⲓⲇⲟⲝⲟⲗⲟⲥ ⲛ̀ⲧⲉ Ⲙⲱ̀ⲩⲥⲏⲥ Ⲕⲉⲫ ⲓ̅ⲅ̅ : ⲓ̅ⲍ̅ ϣⲃⲗ

Ⲉ̀ⲃⲟⲗϧⲉⲛ Ⲡⲓⲇⲟⲝⲟⲗⲟⲥ ⲛ̀ⲧⲉ Ⲙⲱ̀ⲩⲥⲏⲥ ⲡⲓⲡ̀ⲣⲟⲫⲏⲧⲏⲥ: ⲉ̀ⲣⲉⲡⲉϥ̀ⲥ̀ⲙⲟⲩ ⲉ̀ⲑⲟⲩⲁⲃ ϣⲱⲡⲓ ⲛⲉⲙⲁⲛ ⲁ̀ⲙⲏⲛ ⲉϥϫⲱ ⲙ̀ⲙⲟⲥ.

ϧⲉⲛ ⲡ̀ϫⲓⲛ̀ⲑⲣⲉ ⲫⲁⲣⲁⲱ̀ ⲭⲱ ⲙ̀ⲡⲓⲗⲁⲟⲥ ⲉ̀ⲃⲟⲗ ⲙ̀ⲡⲉϥϭⲓⲙⲱⲓⲧ ϧⲁϫⲱⲟⲩ ⲛ̀ϫⲉ Ⲫϯ ⲉ̀̀ⲫⲙⲱⲓⲧ ⲙ̀Ⲫⲩⲗⲓⲥⲧⲓⲛ : ϫⲉ ⲛⲁϥϧⲉⲛⲧ ⲡⲉ : ⲉ̀ⲁϥϫⲟⲥ ⲅⲁⲣ ⲛ̀ϫⲉ Ⲡ̅ⲟ̅ⲥ̅ : ϫⲉ ⲙⲏⲡⲟⲧⲉ ⲛ̀ⲧⲉϥⲟⲩⲱⲙ̀ⲛ̀ϩⲑⲏϥ ⲛ̀ϫⲉ ⲡⲓⲗⲁⲟⲥ ⲁϥϣⲁⲛⲛⲁⲩ ⲉ̀ⲟⲩⲡⲟⲗⲉⲙⲟⲥ ⲛ̀ⲧⲉϥⲕⲟⲧϥ ⲉ̀̀ϧⲣⲏⲓ ⲉ̀ⲭⲏⲙⲓ : ⲁ̀Ⲫϯ ⲧⲁⲥⲑⲟ ⲙ̀ⲡⲓⲗⲁⲟⲥ ⲉ̀̀ⲫⲙⲱⲓⲧ ⲉⲧϫⲁϫⲱ ⲉ̀̀ϧⲣⲏⲓ ⲉ̀̀ⲫⲓⲟⲙ ⲛ̀ϣⲁⲣⲓ : ϧⲉⲛ ⲡⲓϫⲱⲟⲩ ⲇⲉ ⲙ̀ⲙⲁϩ ⲧ̀ⲓⲟⲩ ⲁ̀ⲛⲉⲛϣⲏⲣⲓ ⲙ̀ⲡ̀Ⲓ̅ⲥ̅ⲗ̅ ⲓ ⲉ̀̀ϩⲣⲏⲓ ⲉ̀ⲃⲟⲗϧⲉⲛ ⲭⲏⲙⲓ. Ⲁϥⲱ̀ⲗⲓ ⲇⲉ ⲛ̀ϫⲉ Ⲙⲱ̀ⲩⲥⲏⲥ ⲛ̀ⲛⲓⲕⲁⲥ ⲛ̀ⲧⲉ Ⲓⲱⲥⲏⲫ ⲛⲉⲙⲁϥ : ϧⲉⲛ ⲟⲩⲁ̀ⲛⲁϣ ⲅⲁⲣ ⲁ̀Ⲓⲱⲥⲏⲫ ⲧⲁⲣⲕⲟ ⲛ̀ⲛⲉⲛϣⲏⲣⲓ ⲙ̀ⲡ̀Ⲓ̅ⲥ̅ⲗ̅ ⲉϥϫⲱⲙ̀ⲙⲟⲥ : ϫⲉ ϧⲉⲛ ⲟⲩϫⲉⲙ ⲡ̀ϣⲓⲛⲓ ϥ̀ⲛⲁϫⲉⲙ̀ⲡⲉⲧⲉⲛ̀ϣⲓⲛⲓ ⲛ̀ϫⲉ Ⲡ̅ⲟ̅ⲥ̅ ⲉ̀ⲣⲉⲧⲉⲛⲱ̀ⲗⲓ ⲛ̀ⲛⲁⲕⲁⲥ ⲛⲉⲙⲱⲧⲉⲛ : Ⲁⲩⲧⲱⲟⲩⲛⲟⲩ ⲇⲉ ⲛ̀ϫⲉ ⲛⲉⲛϣⲏⲣⲓ ⲙ̀ⲡ̀Ⲓ̅ⲥ̅ⲗ̅ ⲉ̀ⲃⲟⲗϧⲉⲛ Ⲥⲟⲭⲱⲑ ⲁⲩⲙⲟϣⲓ ⲉ̀̀ϧⲣⲏⲓ ϧⲉⲛ Ⲟ̀ⲑⲟⲙ ϧⲁⲧⲉⲛ ⲡ̀ϣⲁϥⲉ. Ⲫϯ ⲇⲉ ⲛⲁϥⲙⲟϣⲓ ϧⲁϫⲱⲟⲩ ϧⲉⲛ ⲡⲓⲉ̀ϩⲟⲟⲩ ϧⲉⲛ ⲟⲩⲥ̀ⲧⲩⲗⲗⲟⲥ ⲛ̀ϭⲏⲡⲓ ⲉ̀ⲧⲁⲙⲱⲟⲩ ⲉ̀̀ⲫⲙⲱⲓⲧ : ⲙ̀ⲡⲓⲉ̀ϫⲱⲣϩ ⲇⲉ ϧⲉⲛ ⲟⲩⲥ̀ⲧⲩⲗⲗⲟⲥ ⲛ̀ⲭⲣⲱⲙ : Ⲙ̀ⲡⲉϥⲙⲟⲩⲛⲕ ⲛ̀ϫⲉ ⲡⲓⲥ̀ⲧⲩⲗⲗⲟⲥ ⲛ̀ϭⲏⲡⲓ ϧⲉⲛ ⲡⲓⲉ̀ϩⲟⲟⲩ ⲟⲩⲟϩ ⲡⲓⲥ̀ⲧⲩⲗⲗⲟⲥ ⲛ̀ⲭⲣⲱⲙ ⲙ̀ⲡⲓⲉ̀ϫⲱⲣϩ ⲙ̀ⲡⲉⲙ̀ⲑⲟ ⲉ̀ⲃⲟⲗ ⲙ̀ⲡⲓⲗⲁⲟⲥ ⲧⲏⲣϥ :

Ⲟⲩⲱ̀ⲟⲩ ⲛ̀ϯⲧ̀ⲣⲓⲁⲥ ⲉ̀ⲑⲟⲩⲁⲃ ⲡⲉⲛⲛⲟⲩϯ ϣⲁ ⲉ̀ⲛⲉϩ ⲛⲉⲙ ϣⲁ ⲉ̀ⲛⲉϩ ⲛ̀ⲧⲉ ⲛⲓⲉ̀ⲛⲉϩ ⲧⲏⲣⲟⲩ: ⲁ̀ⲙⲏⲛ.

Exodus 13:17-22

A reading from the book of Exodus of Moses the Prophet may his blessings be with us Amen.

Then it came to pass, when Pharaoh had let the people go, that God did not lead them by way of the land of the Philistines, although that was near; for God said, "Lest perhaps the people change their minds when they see war, and return to Egypt." So God led the people around by way of the wilderness of the Red Sea. And the

خروج ١٣: ١٧ الخ

من سفر الخروج لموسى النبى بركته المقدسة تكون معنا، آمين.

وَكَانَ لَمَّا اطْلَقَ فِرْعَوْنُ الشَّعْبَ انَّ اللهَ لَمْ يَهْدِهِمْ فِي طَرِيقِ ارْضِ الْفَلَسْطِينِيِّينَ مَعَ انَّهَا قَرِيبَةٌ لانَّ اللهَ قَالَ: «لِئَلا يَنْدَمَ الشَّعْبُ اذَا رَاوا حَرْبا وَيَرْجِعُوا الَى مِصْرَ». فَادَارَ اللهُ الشَّعْبَ فِي طَرِيقِ بَرِّيَّةِ بَحْرِ سُوفٍ. وَصَعِدَ بَنُو اسْرَائِيلَ مُتَجَهِّزِينَ مِنْ ارْضِ

children of Israel went up in orderly ranks out of the land of Egypt. And Moses took the bones of Joseph with him, for he had placed the children of Israel under solemn oath, saying, "God will surely visit you, and you shall carry up my bones from here with you." So they took their journey from Succoth and camped in Etham at the edge of the wilderness. And the Lord went before them by day in a pillar of cloud to lead the way, and by night in a pillar of fire to give them light, so as to go by day and night. He did not take away the pillar of cloud by day or the pillar of fire by night from before the people.

Glory be to the Holy Trinity our God unto the age of all ages, Amen.

مِصْرَ. وَاخَذَ مُوسَى عِظَامَ يُوسُفَ مَعَهُ لاَنَّهُ كَانَ قَدِ اسْتَحْلَفَ بَنِي اسْرَائِيلَ بِحَلْفٍ قَائِلاً: «انَّ اللهَ سَيَفْتَقِدُكُمْ فَتُصْعِدُونَ عِظَامِي مِنْ هُنَا مَعَكُمْ» وَارْتَحَلُوا مِنْ سُكُّوتَ وَنَزَلُوا فِي ايثَامَ فِي طَرَفِ الْبَرِّيَّةِ. وَكَانَ الرَّبُّ يَسِيرُ امَامَهُمْ نَهَارا فِي عَمُودِ سَحَابٍ لِيَهْدِيَهُمْ فِي الطَّرِيقِ وَلَيْلاً فِي عَمُودِ نَارٍ لِيُضِيءَ لَهُمْ - لِكَيْ يَمْشُوا نَهَارا وَلَيْلاً. لَمْ يَبْرَحْ عَمُودُ السَّحَابِ نَهَارا وَعَمُودُ النَّارِ لَيْلاً مِنْ امَامِ الشَّعْبِ.

مجداً للثالوث القدوس الهنا إلى الأبد وإلى أبد الآبدين كلها، آمين.

Ⲓⲏⲥⲟⲩ ⲛ̀ⲧⲉ Ⲥⲓⲣⲁⲭ Ⲕⲉⲫ ⲕⲃ̅ : ⲍ̅ - ⲓⲏ̅

Ⲉ̀ⲃⲟⲗϧⲉⲛ Ⲓⲏⲥⲟⲩ ⲛ̀ⲧⲉ Ⲥⲓⲣⲁⲭ ⲡⲓⲡⲣⲟⲫⲏⲧⲏⲥ: ⲉⲣⲉⲡⲉϥⲥ̀ⲙⲟⲩ ⲉ̀ⲑⲟⲩⲁⲃ ϣⲱⲡⲓ ⲛⲉⲙⲁⲛ ⲁ̀ⲙⲏⲛ ⲉϥϫⲱ ⲙ̀ⲙⲟⲥ.

Ⲫⲏⲉⲧ ϯⲥⲃⲱ ϩⲁⲣⲛ̀ⲟⲩⲥⲟϫ̀ϥⲟⲓ ⲙ̀ⲫ̀ⲣⲏϯ ⲙ̀ⲫⲏⲉⲧⲧⲉⲙ ⲫⲉⲗϫ ⲉ̀ⲫⲉⲗϫ : ⲛⲉⲙ ⲙ̀ⲫ̀ⲣⲏϯ ⲙ̀ⲫⲉⲧⲧⲟⲩⲛⲟⲥ ⲫⲏⲉⲧⲉⲛⲕⲟⲧ ϧⲉⲛ ⲟⲩϩ̀ⲩⲛⲓⲙ ⲉϥϩⲟⲣϣ : ⲫⲏⲉⲧⲥⲁϫⲓ ⲛⲉⲙ ⲟⲩⲥⲟϫ ϥ̀ⲟⲓ ⲙ̀ⲫ̀ⲣⲏϯ ⲙ̀ⲫⲏⲉⲧⲥⲁϫⲓ ⲛⲉⲙ ⲟⲩⲁⲓ ⲉϥϩ̀ⲩⲛⲓⲙ : ⲟⲩⲟϩ ⲧ̀ϧⲁⲉ ϣⲁϥϫⲟⲥ ϫⲉ ⲟⲩ ⲡⲉⲧϣⲟⲡ : Ⲣⲓⲙⲓ ⲉ̀ϫⲉⲛ ⲟⲩⲣⲉϥⲙⲱⲟⲩⲧ ϫⲉ ⲁϥⲭⲱ ⲛ̀ⲥⲱϥ ⲙ̀ⲡⲓⲟⲩⲱⲓⲛⲓ : ⲟⲩⲟϩ ⲣⲓⲙⲓ ⲉ̀ϫⲉⲛ ⲟⲩⲥⲟϫ ϫⲉ ⲁϥⲭⲱ ⲛ̀ⲥⲱϥ ⲛ̀ϯⲙⲉⲧⲥⲁⲃⲉ. Ⲙⲁⲛⲉ ⲟⲩⲣⲓⲙⲓ ⲉ̀ϫⲉⲛ ⲟⲩⲣⲉϥⲙⲱⲟⲩⲧ ϫⲉⲁϥ̀ⲙⲧⲟⲛ ⲙ̀ⲙⲟϥ: ⲡⲱⲛϧ ⲇⲉ ⲙ̀ⲡⲓⲥⲟϫ ϥ̀ϩⲱⲟⲩ ⲉ̀ϩⲟⲧⲉⲡⲉϥⲙⲟⲩ: ϣⲁϣϥ ⲛ̀ⲉϩⲟⲟⲩ ⲡⲉ ⲡ̀ϩⲏⲃⲓ ⲛ̀ⲟⲩⲣⲉϥ ⲙⲱⲟⲩⲧ : ⲫⲁⲡⲓⲥⲟϫ ⲇⲉ ⲛⲉⲙ ⲡⲓⲁ̀ⲥⲉⲃⲏⲥ ⲡⲉ ⲡⲉϥⲁ̀ϫⲓ ⲧⲏⲣϥ ⲙ̀ⲡⲉⲣ ⲉⲣⲁ̀ϣⲁⲓ ⲛ̀ⲥⲁϫⲓ ⲛⲉⲙ ⲟⲩⲥⲟϫ: ⲟⲩⲟϩ ⲙ̀ⲡⲉⲣϣⲉ ⲉ̀ⲣⲁⲧϥ ⲛ̀ⲟⲩⲁⲧⲏⲏⲧ: ⲁ̀ⲣⲉϩ ⲉ̀ⲣⲟⲕ ⲉ̀ⲃⲟⲗϩⲁⲣⲟϥ ϩⲟⲡⲱⲥ ⲛ̀ⲛⲉⲕϧⲓⲥⲓ ⲟⲩⲟϩ ⲛ̀ⲛⲉⲕ ⲑⲱⲗⲉⲃ: ⲁϥϣⲁⲛⲁϩϥ ⲉ̀ⲃⲟⲗϩⲉⲛⲕ ⲥⲁⲃⲟⲗ ⲙ̀ⲙⲟϥ ⲧⲁⲣⲉⲕϫⲓⲙⲓ ⲛ̀ⲟⲩⲉⲙ̀ⲧⲟⲛ ⲟⲩⲟϩ ⲛ̀ⲛⲉⲕ ⲉⲣⲙ̀ⲕⲁϩ ⲛ̀ϩⲏⲧ ϧⲉⲛ ⲧⲉⲫⲁ̀ⲛⲟⲙⲓⲁ̀. Ⲟⲩⲡⲉⲧϩⲟⲣϣ ⲡⲓⲧⲁⲧϩ: ⲟⲩⲟϩ ⲟⲩⲡⲉ ⲡⲉϥⲣⲁⲛ ϩⲱϥ ⲉ̀ⲃⲏⲗ ⲉ̀ⲡⲓⲥⲟϫ: ⲥ̀ⲙⲟⲧⲉⲛ ⲛ̀ϥⲁⲓ ϧⲁⲟⲩϣⲱ ⲛⲉⲙ ⲟⲩϩ̀ⲙⲟⲩ: ⲛⲉⲙ ⲟⲩⲧⲁϫ ⲙ̀ⲃⲉⲛⲓⲡⲓ ⲉϩⲟⲧⲉ ⲟⲩⲣⲱⲙⲓ ⲛ̀ⲁⲧϩⲏⲧ: ⲙ̀ⲫ̀ⲣⲏϯ ⲛ̀ⲟⲩⲗⲁϫⲗⲉϫ ⲛ̀ϣⲉ ⲉϥⲙⲏⲣ ϧⲉⲛ ⲟⲩⲕⲱⲧ ⲛ̀ⲛⲉϥⲕⲓⲙ ϧⲉⲛ ⲟⲩⲙⲟⲛⲙⲉⲛ: ⲫⲁⲓ ⲡⲉ ⲙ̀ⲫ̀ⲣⲏⲧ ⲛ̀ⲟⲩϩⲏⲧ ⲉϥⲧⲁϫⲣⲏⲟⲩⲧ ⲉ̀ϫⲉⲛ ⲟⲩⲥⲟϭⲛⲓ: ⲛⲉⲙ ⲟⲩϩⲏⲧ ⲉϥⲧⲁϫⲣⲏⲟⲩⲧ ⲉ̀ϫⲉⲛ ⲟⲩⲙⲉⲩ̀ⲓ ⲛ̀ⲕⲁϯ ⲛ̀ⲛⲉϥⲉⲣϩⲟϯ ϣⲁⲉ̀ⲛⲉϩ: Ⲙ̀ⲫ̀ⲣⲏϯ ⲙ̀ⲡ̀ⲥⲁⲓ ⲛ̀ⲟⲩϫⲟⲓ ⲉⲥϭⲉϩ: ⲙ̀ⲫ̀ⲣⲏϯ ⲛ̀ϩⲁⲛ ⲕⲁϣ ϩⲓϫⲉⲛ ⲟⲩⲙⲁ

ⲉϥⲥⲁ ⲙ̀ⲡϭⲱⲓ ⲛ̀ⲛⲟⲩϩⲉⲣⲓ ⲛⲁϩⲣⲉⲛ ⲑⲏⲟⲩ ⲛⲓⲃⲉⲛ: ⲫⲁⲓ ⲡⲉ ⲙ̀ⲫⲣⲏϯ ⲛ̀ⲟⲩϩⲏⲧ ⲛ̀ϫⲱⲃ : ⲛⲉⲙ ⲟⲩⲙⲉⲩⲓ ⲛ̀ⲥⲟϫ : ⲛ̀ⲛⲉϥϩⲉⲣⲓ ⲛⲁϩⲣⲉⲛ ϩⲟϯ ⲛⲓⲃⲉⲛ :

Ⲟⲩⲱ̀ⲟⲩ ⲛ̀ϯⲧ̀ⲣⲓⲁⲥ ⲉ̀ⲑⲟⲩⲁⲃ ⲡⲉⲛⲛⲟⲩϯ ϣⲁ ⲉ̀ⲛⲉϩ ⲛⲉⲙ ϣⲁ ⲉ̀ⲛⲉϩ ⲛ̀ⲧⲉ ⲛⲓⲉ̀ⲛⲉϩ ⲧⲏⲣⲟⲩ: ⲁ̀ⲙⲏⲛ.

Sirach 22:7-18

A reading from Joshua the son of Sirach the Prophet may his blessings be with us Amen.

Whoever teaches a fool is like one who glues potsherds together, or who rouses a sleeper from deep slumber. Whoever tells a story to a fool tells it to a drowsy man; and at the end he will say, "What is it?" Weep for the dead, for he has left the light behind; and weep for the fool, for he has left intelligence behind. Weep less bitterly for the dead, for he is at rest; but the life of the fool is worse than death. Mourning for the dead lasts seven days, but for the foolish or the ungodly it lasts all the days of their lives. Do not talk much with a senseless person or visit an unintelligent person. Stay clear of him, or you may have trouble, and be spattered when he shakes himself off. Avoid him and you will find rest, and you will never be wearied by his lack of sense. What is heavier than lead? And what is its name except "Fool"? Sand, salt, and a piece of iron are easier to bear than a stupid person. A wooden beam firmly bonded into a building is not loosened by an earthquake; so the mind firmly resolved after due reflection will not be afraid in a crisis. A mind settled on an intelligent thought is like stucco decoration that makes a wall smooth.

يشوع ابن سيراخ ٢٢: ٧ – ١٨

من يشوع ابن سيراخ بركته المقدسة تكون معنا، آمين.

الذى يؤدب الاحمق كمن يلصق شقفة على شقفة. وكمن ينبه مستغرقاً فى نوم ثقيل. من يكلم الاحمق كمن يكلم متناعساً. وفى النهاية يقول ماذا حدث. أبك على الميت لانه ترك النور. وأبك على الاحمق لانه ترك الادب. أفضل البكاء على الميت لانه استراح. أما الاحمق فحياته أشقى من موته. النوح على الميت سبعة أيام. والنوح على الاحمق والمنافق جميع أيام حياته. لا تكثر الكلام مع الاحمق. ولا تخالط الجاهل. تحفظ منه لئلا تتعب وتتدنس. إذا شد الرحال اعرض عنه فتجد راحة ولا تحزن باثامه. ما هو الاثقل من الرصاص وما اسمه أيضاً إلا الاحمق. الرمل والملح وقرمة الحديد أخف حملاً من الرجل الجاهل. مثل رباط الخشب مشدود فى البناء لا يتفكك فى الزلزلة كذلك القلب الثابت بالمشورة والقلب الثابت بفكر الفهم لا يجزع إلى الابد. كزينة الجدار المشيد. وكمثل قضيب على مكان مرتفع لا يهدأ أمام كل ريح كذلك القلب الضعيف وفكر

Fences set on a high place will not stand firm against the wind; so a timid mind with a fool's resolve will not stand firm against any fear.

Glory be to the Holy Trinity our God unto the age of all ages, Amen.

الاحمق لا يهدأ أمام كل هول:

مجداً للثالوث القدوس الهنا إلى الأبد وإلى أبد الآبدين كلها، آمين.

Ιωβ πιθμηι Κεφ κζ : ιϛ- κ νεμ Κεφ κη : α - β

Ⲉⲃⲟⲗϧⲉⲛ Ⲓⲱⲃ ⲡⲓⲑⲙⲏⲓ: ⲉⲣⲉⲡⲉϥⲥ̀ⲙⲟⲩ ⲉⲑⲟⲩⲁⲃ ϣⲱⲡⲓ ⲛⲉⲙⲁⲛ ⲁ̀ⲙⲏⲛ ⲉϥϫⲱ ⲙ̀ⲙⲟⲥ.

Ⲉϣⲱⲡⲓ ⲇⲉ ⲁϥϣⲁⲛⲥⲉⲩϩ ϩⲁⲧ ⲉϧⲟⲩⲛ ⲛ̀ⲑⲉ ⲛ̀ⲟⲩⲕⲁϩ ⲟⲩⲟϩ ⲛⲉϥⲥⲉⲃⲧⲉ ⲛⲟⲩⲃ ⲛⲑⲉ ⲟⲩⲟⲙⲓ ⲛⲁⲓ ⲧⲏⲣⲟⲩ ⲛ̀ⲇⲓⲕⲉⲟⲥ ⲛⲉⲧⲛⲁϭⲓⲧⲟⲩ ⲟⲩⲟϩ ⲛ̀ⲣⲉⲙⲙ̀ⲙⲉ ⲉⲑⲛⲁⲉⲣⲟⲥ ⲉ̀ⲛⲉϥⲭ̀ⲣⲏⲙⲁ ⲉⲣⲉ ⲡⲉϥⲏⲓ ⲇⲉ ⲛⲁⲉⲣⲑⲉ ⲛ̀ⲟⲩϫⲟⲗⲉⲥ ⲟⲩⲟϩ ⲛ̀ⲑⲉ ⲛ̀ⲟⲩϩⲁⲗⲟⲩⲥ : ⲁⲡⲣⲉⲙⲙⲁⲟ ⲛ̀ⲕⲟⲧⲕ ⲛⲉϥⲥⲧ ⲁϩⲙⲉϥⲁⲛⲁⲙⲙⲟⲕϩⲥ ⲧⲱⲙⲧ ⲉ̀ⲣⲟϥ ⲛ̀ⲑⲉ ⲟⲩⲙⲱⲟⲩ. Ⲁⲩϫⲟⲥⲉⲙ ⲇⲉ ϥⲓⲧϥ ⲛ̀ⲧⲉⲩϣⲏ ⲡⲙⲁ ⲅⲁⲣ ⲙ̀ⲡⲓϩⲁⲧ ϣⲱⲡⲓ ⲉ̀ϣⲁⲩ ⲑⲁⲙⲓⲟϥ ⲛ̀ϧⲏⲧϥ ⲟⲩⲟϩ ⲡⲓⲙⲁ ⲙⲡⲓⲛⲟⲩⲃ ⲉϣⲁⲩⲟⲩⲟⲧϩϥ ⲙ̀ⲙⲁⲩ :

Ⲟⲩⲱ̀ⲟⲩ ⲛ̀ϯⲧ̀ⲣⲓⲁⲥ ⲉ̀ⲑⲟⲩⲁⲃ ⲡⲉⲛⲛⲟⲩϯ ϣⲁ ⲉ̀ⲛⲉϩ ⲛⲉⲙ ϣⲁ ⲉ̀ⲛⲉϩ ⲛ̀ⲧⲉ ⲛⲓⲉ̀ⲛⲉϩ ⲧⲏⲣⲟⲩ: ⲁ̀ⲙⲏⲛ.

Job 27:16-20

أيوب ٢٧: ١٦ - ٢٠ و ٢٨: ١ و ٢

A reading from the book of Job may his blessings be with us Amen.

Though he heaps up silver like dust, And piles up clothing like clay-- He may pile it up, but the just will wear it, And the innocent will divide the silver. He builds his house like a moth, Like a booth which a watchman makes. The rich man will lie down, But not be gathered up; He opens his eyes, And he is no more. Terrors overtake him like a flood; A tempest steals him away in the night.

Glory be to the Holy Trinity our God unto the age of all ages, Amen.

من أيوب الصديق بركته المقدسة تكون معنا، آمين.

إِنْ كَنَزَ فِضَّةً كَالتُّرَابِ وَأَعَدَّ مَلاَبِسَ كَالطِّينِ فَهُوَ يُعِدُّ وَالْبَارُّ يَلْبِسُهُ وَالْبَرِيءُ يَقْسِمُ الْفِضَّةَ. يَبْنِي بَيْتَهُ كَالْعُثِّ أَوْ كَمِظَلَّةٍ صَنَعَهَا الْحَارِسُ. يَضْطَجِعُ غَنِيّاً وَلَكِنَّهُ لاَ يُضَمُّ. يَفْتَحُ عَيْنَيْهِ وَلاَ يَكُونُ. الأَهْوَالُ تُدْرِكُهُ كَالْمِيَاهِ. لَيْلاً تَخْتَطِفُهُ الزَّوْبَعَةُ.

مجداً للثالوث القدوس الهنا إلى الأبد وإلى أبد الآبدين كلها، آمين.

Ⲛⲓⲡⲁⲣⲟⲓⲙⲓⲁ ⲛ̀ⲧⲉ Ⲥⲟⲗⲟⲙⲱⲛ Ⲕⲉⲫ ⲇ : ⲕⲇ ϣⲃⲇ ⲛⲉⲙ ⲉ : ⲁ - ⲇ

Ⲉ̀ⲃⲟⲗϧⲉⲛ ⲛⲓⲡⲁⲣⲟⲓⲙⲓⲁ ⲛ̀ⲧⲉ Ⲥⲟⲗⲟⲙⲱⲛ ⲡⲓⲡ̀ⲣⲟⲫⲏⲧⲏⲥ: ⲉ̀ⲣⲉⲡⲉϥⲥ̀ⲙⲟⲩ ⲉ̀ⲑⲟⲩⲁⲃ ϣⲱⲡⲓ ⲛⲉⲙⲁⲛ ⲁ̀ⲙⲏⲛ ⲉϥϫⲱ ⲙ̀ⲙⲟⲥ.

Ⲡⲁϣⲏⲣⲓ ⲁⲣⲉϩ ⲛ̀ⲛⲁⲉⲛⲧⲟⲗⲏ ⲛ̀ⲛⲉⲕⲉⲣⲡⲟⲩ ⲱⲃϣ ⲟⲩⲟϩ ⲙ̀ⲡⲉⲣⲟⲃϣ ⲕⲉⲡⲥⲁϫⲓ ⲛ̀ⲧⲁⲧⲁⲡⲣⲟ ⲙ̀ⲡⲉⲣⲭⲁϥ ⲛ̀ⲥⲱⲕ ⲧⲁⲣⲉϥϣⲟⲡⲕ ⲉ̀ⲣⲟϥ ⲙⲉⲛⲣⲓⲧϥ ⲛ̀ⲧⲉϥⲁ̀ⲣⲉϩ ⲉ̀ⲣⲟⲕ ⲙⲁϩⲫⲟϥ ⲉⲑⲣⲉϥϭⲁ̀ⲥⲕ ⲙⲁⲧⲁⲓⲟϥϫⲉ ⲉϥ ⲉ̀ϣⲟⲡⲕ ϥⲛⲁϯ ⲅⲁⲣ ⲛ̀ⲟⲩⲭⲗⲟⲙ ⲛ̀ϩⲙⲟⲧ ⲉ̀ϫⲉⲛ ⲛ̀ⲧⲉⲕⲁ̀ⲫⲉ ⲛ̀ϥⲉⲣⲛⲁϣϯ ⲉ̀ⲣⲟⲕ ϧⲉⲛ ⲟⲩⲭⲗⲟⲙ ⲛ̀ⲧⲣⲟⲩⲫⲏ. Ⲥⲱⲧⲉⲙ ⲡⲁϣⲏⲣⲓϣⲱⲡⲉⲣⲟⲕ ⲛ̀ⲛⲁⲥⲁϫⲓϫⲉϫⲁⲥⲉⲣⲉ ϩⲁϩ ⲛ̀ϩⲓⲏ ⲛ̀ⲱⲛϧ ϣⲱⲡⲓ ⲛⲁⲕ ⲉⲓϯⲥⲃⲱ ⲅⲁⲣ ⲛⲁⲕ ⲛ̀ⲛⲓϩⲓⲟⲩⲓ̀ ⲛ̀ϯⲥⲟⲫⲓⲁ̀ ⲉⲓⲧⲁⲗⲟ ⲇⲉ ⲙ̀ⲙⲟⲕ ⲉϩⲣⲁⲓ ⲉϫⲉⲛ ϩⲉⲛϩⲓⲟⲟⲩⲓ ⲉⲩⲥⲟⲩⲧⲱⲛ ⲉⲕϣⲁⲛⲙⲟϣⲓ ⲅⲁⲣ ⲛⲉⲕϩⲓⲏ ⲛⲁϣⲧⲁⲙ̀ⲉⲣⲟⲕ ⲁⲛ ⲁⲕϣⲁⲛⲡⲱⲧ ⲛⲕⲛⲁϧⲓⲥⲓⲁⲛ. ⲁ̀ⲙⲁϩ ϯ ⲛ̀ⲧⲁⲥ̀ⲃⲱ ⲙ̀ⲡⲉⲣⲭⲁⲥ ⲛ̀ⲥⲱⲕ ⲁⲣⲉϩⲣⲟⲥ ⲛⲁⲕ ⲙ̀ⲡⲉⲕⲁϩⲓ ⲙ̀ⲡⲉⲣⲙⲟϣⲓ ϧⲉⲛⲛⲓϩⲓⲟⲟⲩⲓ ⲛ̀ⲛⲓⲁⲥⲉⲃⲏⲥ ⲟⲩⲟϩ ⲙ̀ⲡⲉⲣⲭⲱϩ ⲉ̀ ⲛⲓϩⲟ̀ⲟⲩⲓ̀ ⲛ̀ⲛⲓⲣⲉϥⲉⲣⲛⲟⲃⲓ. ⲙ̀ⲡⲉⲣⲃⲱⲕ ⲛⲉⲙⲱⲟⲩ ⲉ̀ϧⲟⲩⲛ ⲉ̀ⲡⲓⲙⲁ ⲉⲧⲟⲩⲛⲁⲥⲟⲟⲩϩ ⲉ̀ⲣⲟϥ. Ⲣⲁⲕⲧⲕ ⲉ̀ⲃⲟⲗ ⲛ̀ⲛⲉⲕϣⲟⲃⲧⲕ ⲉ̀ⲣⲱⲟⲩ ⲛ̀ⲛⲉⲩⲱⲃϣ ⲅⲁⲣ ϣⲁ ⲛ̀ⲧⲟⲩⲓ̀ⲣⲓ ⲙ̀ⲡⲓⲡⲉⲧϩⲱⲟⲩ. ⲁⲛϩⲓⲛⲏⲃ ⲅⲁⲣ ⲟⲩⲉ ⲙ̀ⲙⲱⲟⲩ ⲟⲩⲟϩ ⲙⲉⲩⲱⲃϣ ⲛ̀ⲧⲟⲟⲩ ⲅⲁⲣ ⲉⲩⲥⲁⲛⲁϣⲧ ϧⲉⲛ ϩⲁⲛϧⲣⲉ ⲙ̀ⲙⲉⲧϣⲓⲃϯ ⲉⲧⲁϩⲉ ϧⲉⲛ ⲟⲩⲏⲣⲡ ⲛ̀ⲣⲉϥⲉⲣⲛⲟⲃⲓ ⲛⲓϩⲓⲟⲩⲓ̀ ⲇⲉ ⲛⲉⲛⲇⲓⲕⲉⲟⲥ ⲥⲉⲉⲣⲟⲩⲱⲓⲛⲓ ⲛ̀ⲑⲉ ⲡⲓⲟⲩⲱⲓⲛⲓ ⲥⲉ ⲙⲟϣⲓ ⲅⲁⲣ ⲉⲩⲉⲣⲟⲩⲱⲓⲛⲓ ϣⲁ̀ⲛⲧⲉ ⲡⲓⲉϩⲟⲟⲩ ϫⲱⲕ ϩⲁⲛⲕⲁϫⲓ ⲇⲉ ⲛⲉⲛϩⲓⲟⲩⲓ̀ ⲛ̀ⲛⲓⲁⲥⲉⲃⲏⲥ ⲟⲩⲟϩ ⲛ̀ⲥⲉ ⲥⲱⲟⲩⲛ ⲁⲛ ϫⲉ ⲉⲩϭⲓϭⲣⲟⲡ ⲛⲁ̀ϣⲛ̀ϩⲉ. Ⲡⲁϣⲏⲣⲓ ϯϩⲑⲏⲕ ⲉ̀ⲡⲁⲥⲁϫⲓ ⲣⲉⲕ ⲡⲉⲕⲙⲁϣϫ ⲉ̀ⲛⲁϫⲡⲓⲟ ⲉⲭⲭⲁⲥ ⲛ̀ⲛⲉⲕⲡⲩⲅⲏ ⲱϫⲉⲛ ⲁ̀ⲣⲉϩ ⲉ̀ⲛⲁⲓ ϧⲉⲛ ⲡⲉⲕ - ϩⲏⲧ ⲟⲩⲱⲛϩ ⲅⲁⲣ ⲡⲉ ⲡⲉⲧϭⲟⲗϫ ⲙ̀ⲙⲟⲟⲩ ⲟⲩⲧⲁⲗϭⲟ ⲡⲉ ⲙ̀ⲡⲓⲥⲱⲙⲁ ϧⲉⲛ ⲁⲣⲉϩ ⲛⲓⲃⲉⲛ ⲁⲣⲉϩ ⲉ̀ⲡⲉⲕϩⲏⲧ ϩⲉⲛϩⲓⲟⲟⲩⲓ ⲅⲁⲣ ⲛ̀ⲱⲛϩ ⲛ̀ⲛ ⲉ̀ⲃⲟⲗ ϧⲉⲛⲛⲁⲓ ϥⲉ̀ⲓ̀ ⲉ̀ⲃⲟⲗ ⲙ̀ⲙⲟⲕ ⲛ̀ⲟⲩⲧⲁⲡⲣⲟ ⲉⲥϫⲟⲙⲓ. ⲟⲩⲟϩ ⲙⲁⲣⲉ ϩⲁⲛⲥⲫⲟⲧⲟⲩ ⲛ̀ϭⲓⲛϫⲟⲛⲥⲟⲩⲉ ⲛ̀ⲥⲁⲃⲟⲗ ⲙ̀ⲙⲟⲕ ⲙⲁⲣⲉ ⲛⲉⲕⲃⲁⲗ ϫⲟⲩϣⲧ ⲉ̀ⲛⲉⲧⲥⲟⲩⲧⲱⲛ ⲛ̀ⲧⲉ ⲛⲉⲕ ⲃⲟⲩϩⲓ ⲉⲓⲱⲣⲉⲙ ⲛ̀ⲥⲁ ⲙ̀ⲙⲉⲧⲙⲏⲓ ⲥⲟⲩⲧⲱⲛ ϧⲉⲛ ϩⲓⲟⲩⲓ̀ ⲉⲩⲥⲟⲩⲧⲱⲛ ⲛ̀ⲛⲉⲕ ⲟⲩⲉⲣⲏⲧⲉ ⲙ̀ⲡⲉⲣⲣⲁⲧⲕ ⲉ̀ⲟⲩⲛⲁⲙ ⲟⲩⲇⲉ ⲉϩⲃⲟⲩⲣ ⲕⲧⲟ ⲇⲉ ⲉ̀ⲃⲟⲗ ⲛ̀ⲧⲉⲕⲟⲩⲉⲣⲏⲧⲉ ⲉ̀ⲃⲟⲗ ϧⲉⲛ ϩⲓⲏ ⲛⲓⲃⲉⲛ ⲉⲧϩⲱⲟⲩ. Ⲫϯ ⲅⲁⲣ ⲥⲱⲟⲩⲛ ⲛ̀ⲛⲓϩⲓⲟⲩⲓ̀ ⲉⲧϩⲓⲟⲩⲛⲁⲙ ⲥⲉϫⲟⲙⲓ ⲇⲉ ⲛ̀ϫⲉ ⲛⲉⲧϩⲓϩⲃⲟⲩⲣ ⲛ̀ⲑⲟϥ ⲇⲉ ⲛⲁⲥⲱⲟⲩⲧⲉⲛ ⲛ̀ⲛⲉⲕϩⲓⲟⲩⲓ̀ ⲟⲩⲟϩϥⲛⲁⲓⲛⲓ ⲉ̀ⲃⲉⲗ ⲛ̀ⲛⲉⲕⲙⲁⲛ̀ⲙⲟϣⲓ ϧⲉⲛ ⲟⲩϩⲓⲣⲏⲛⲏ ⲡⲁϣⲏⲣⲓ ϯϩⲑⲏⲕ ⲉ̀ⲧⲁⲥⲟⲫⲓⲁ ⲣⲉⲕ ⲡⲉⲕⲙⲁϣϫ ⲉ̀ⲛⲁⲥⲁϫⲓ ϫⲉ ⲉⲕⲉ̀ⲁⲣⲉϩ ⲉⲩⲙⲉⲩⲓ̀ ⲉ̀ⲛⲁⲛⲉϥ ϯϩⲱⲛ ⲉ̀ⲧⲟⲧⲕ ⲉ̀ⲧⲁⲓⲥⲑⲏⲥⲓⲥ ⲉ̀ⲛⲁⲥ̀ⲫⲟⲧⲟⲩ. ⲙ̀ⲡⲉⲣϯϩⲑⲏⲕ ⲉⲩⲥ̀ϩⲓⲙⲓ ⲉⲥϩⲱⲟⲩ ϫⲉ ⲟⲩⲉ̀ⲃⲓⲱ ⲡⲉⲧⲧⲉⲗⲧⲓⲗⲓ ⲉ̀ⲃⲟⲗ ϧⲉⲛ ⲛⲉϥ̀ⲥⲫⲟⲧⲟⲩ ⲙⲉⲛⲉⲛⲥⲱⲥ ⲉⲕⲛⲁϫⲉⲛⲧⲥ ⲉⲥϣⲁϣⲉ ⲉⲩⲥⲓϣⲓ ⲟⲩⲟϩ ⲉⲥⲧⲏⲙ ⲉ̀ϩⲟⲧⲉ ⲟⲩⲥⲏϥⲓ ⲛ̀ϩⲟ ⲃ̅ ⲡⲁϣⲏⲣⲓ ⲟⲩⲉ. ⲛ̀ⲥⲁⲃⲟⲗ ⲙ̀ⲙⲟⲥ.

Ⲟⲩⲱ̀ⲟⲩ ⲛ̀ϯⲧ̀ⲣⲓⲁⲥ ⲉ̀ⲑⲟⲩⲁⲃ ⲡⲉⲛⲛⲟⲩϯ ϣⲁ ⲉ̀ⲛⲉϩ ⲛⲉⲙ ϣⲁ ⲉ̀ⲛⲉϩ ⲛ̀ⲧⲉ ⲛⲓⲉ̀ⲛⲉϩ ⲧⲏⲣⲟⲩ: ⲁ̀ⲙⲏⲛ.

Proverbs 4:4-27, 5:1-4

A reading from the Proverbs of Solomon may his blessings be with us Amen.

"Let your heart retain my words; Keep

أمثال سليمان ٤: ٤ - ٥: ١ - ٤

من أمثال سليمان النبى بركته المقدسة تكون معنا، آمين.

وَكَانَ يُرِينِي وَيَقُولُ لِي: «لِيَضْبِطْ قَلْبُكَ

كَلاَمِي. احْفَظْ وَصَايَايَ فَتَحْيَا. اِقْتَنِ الْحِكْمَةَ. اقْتَنِ الْفَهْمَ. لاَ تَنْسَ وَلاَ تُعْرِضْ عَنْ كَلِمَاتِ فَمِي. لاَ تَتْرُكْهَا فَتَحْفَظَكَ. أَحْبِبْهَا فَتَصُونَكَ. الْحِكْمَةُ هِيَ الرَّأْسُ فَاقْتَنِ الْحِكْمَةَ وَبِكُلِّ مُقْتَنَاكَ اقْتَنِ الْفَهْمَ. ارْفَعْهَا فَتُعَلِّيَكَ. تُمَجِّدُكَ إِذَا اعْتَنَقْتَهَا. تُعْطِي رَأْسَكَ إِكْلِيلَ نِعْمَةٍ. تَاجَ جَمَالٍ تَمْنَحُكَ». اِسْمَعْ يَا ابْنِي وَاقْبَلْ أَقْوَالِي فَتَكْثُرَ سِنُو حَيَاتِكَ. أَرَيْتُكَ طَرِيقَ الْحِكْمَةِ. هَدَيْتُكَ سُبُلَ الاِسْتِقَامَةِ. إِذَا سِرْتَ فَلاَ تَضِيقُ خَطَوَاتُكَ وَإِذَا سَعَيْتَ فَلاَ تَعْثُرُ. تَمَسَّكْ بِالأَدَبِ. لاَ تَرْخِهِ. احْفَظْهُ فَإِنَّهُ هُوَ حَيَاتُكَ. لاَ تَدْخُلْ فِي سَبِيلِ الأَشْرَارِ وَلاَ تَسِرْ فِي طَرِيقِ الأَثَمَةِ. تَنَكَّبْ عَنْهُ. لاَ تَمُرَّ بِهِ. حِدْ عَنْهُ وَاعْبُرْ لأَنَّهُمْ لاَ يَنَامُونَ إِنْ لَمْ يَفْعَلُوا سُوءاً وَيُنْزَعُ نَوْمُهُمْ إِنْ لَمْ يُسْقِطُوا أَحَداً. لأَنَّهُمْ يَطْعَمُونَ خُبْزَ الشَّرِّ وَيَشْرَبُونَ خَمْرَ الظُّلْمِ. أَمَّا سَبِيلُ الصِّدِّيقِينَ فَكَنُورٍ مُشْرِقٍ يَتَزَايَدُ وَيُنِيرُ إِلَى النَّهَارِ الْكَامِلِ. أَمَّا طَرِيقُ الأَشْرَارِ فَكَالظَّلاَمِ. لاَ يَعْلَمُونَ مَا يَعْثُرُونَ بِهِ. يَا ابْنِي أَصْغِ إِلَى كَلاَمِي. أَمِلْ أُذْنَكَ إِلَى أَقْوَالِي. لاَ تَبْرَحْ عَنْ عَيْنَيْكَ. احْفَظْهَا فِي وَسَطِ قَلْبِكَ. لأَنَّهَا هِيَ حَيَاةٌ لِلَّذِينَ يَجِدُونَهَا وَدَوَاءٌ لِكُلِّ الْجَسَدِ. فَوْقَ كُلِّ تَحَفُّظٍ احْفَظْ قَلْبَكَ لأَنَّ مِنْهُ مَخَارِجَ الْحَيَاةِ. انْزِعْ عَنْكَ الْتِوَاءَ الْفَمِ وَأَبْعِدْ عَنْكَ انْحِرَافَ الشَّفَتَيْنِ. لِتَنْظُرْ عَيْنَاكَ إِلَى قُدَّامِكَ وَأَجْفَانُكَ إِلَى أَمَامِكَ مُسْتَقِيماً. مَهِّدْ سَبِيلَ رِجْلِكَ فَتَثْبُتَ كُلُّ طُرُقِكَ. لاَ تَمِلْ يَمْنَةً وَلاَ يَسْرَةً.

my commands, and live. Get wisdom! Get understanding! Do not forget, nor turn away from the words of my mouth. Do not forsake her, and she will preserve you; Love her, and she will keep you. Wisdom is the principal thing; Therefore get wisdom. And in all your getting, get understanding. Exalt her, and she will promote you; She will bring you honor, when you embrace her. She will place on your head an ornament of grace; A crown of glory she will deliver to you." Hear, my son, and receive my sayings, And the years of your life will be many. I have taught you in the way of wisdom; I have led you in right paths. When you walk, your steps will not be hindered, And when you run, you will not stumble. Take firm hold of instruction, do not let go; Keep her, for she is your life.

Do not enter the path of the wicked, And do not walk in the way of evil. Avoid it, do not travel on it; Turn away from it and pass on. For they do not sleep unless they have done evil; And their sleep is taken away unless they make someone fall. For they eat the bread of wickedness, And drink the wine of violence. But the path of the just is like the shining sun, That shines ever brighter unto the perfect day. The way of the wicked is like darkness; They do not know what makes them stumble.

My son, give attention to my words; Incline your ear to my sayings. Do not let them depart from your eyes; Keep them in the midst of your heart; For they are life to those who find them, And health to all their flesh. Keep your

heart with all diligence, For out of it spring the issues of life. Put away from you a deceitful mouth, And put perverse lips far from you. Let your eyes look straight ahead, And your eyelids look right before you. Ponder the path of your feet, And let all your ways be established. Do not turn to the right or the left; Remove your foot from evil.
My son, pay attention to my wisdom; Lend your ear to my understanding, That you may preserve discretion, And your lips may keep knowledge. For the lips of an immoral woman drip honey, And her mouth is smoother than oil; But in the end she is bitter as wormwood, Sharp as a two-edged sword.
Glory be to the Holy Trinity our God unto the age of all ages, Amen.

بَاعِدْ رِجْلَكَ عَنِ الشَّرِّ.
يَا ابْنِي أَصْغِ إِلَى حِكْمَتِي. أَمِلْ أُذْنَكَ إِلَى فَهْمِي لِحِفْظِ التَّدَابِيرِ وَلِتَحْفَظَ شَفَتَاكَ مَعْرِفَةً. لأَنَّ شَفَتَيِ الْمَرْأَةِ الأَجْنَبِيَّةِ تَقْطُرَانِ عَسَلاً وَحَنَكُهَا أَنْعَمُ مِنَ الزَّيْتِ. لَكِنَّ عَاقِبَتَهَا مُرَّةٌ كَالأَفْسَنْتِينِ. حَادَّةٌ كَسَيْفٍ ذِي حَدَّيْنِ.
مجداً للثالوث القدوس الهنا إلى الأبد وإلى أبد الآبدين كلها، آمين.

The Doxology of the Pascha Hour: "Thine is the Power..." on page A5.
تسبحة ساعة البصخة: "لك القوة..." صفحة ٥ فى اخر الكتاب.

Ψαλμος μ̅ : νεμ α̅

Ⲡⲁϥⲛⲏⲟⲩ ⲉ̀ϧⲟⲩⲛ ⲡⲉ ⲉ̀ⲛⲁⲩ ⲛⲁϥⲥⲁϫⲓ ⲛ̀ⲟⲩⲙⲉⲧ ⲉ̀ⲫⲗⲏⲟⲩ : ⲟⲩⲟϩ ⲡⲉϥϩⲏⲧ ⲁϥⲑⲱⲟⲩϯ ⲛⲁϥ ⲛ̀ⲟⲩⲁⲛⲟⲙⲓⲁ̀. Ⲱⲟⲩⲛⲓⲁⲧϥ ⲙ̀ⲫⲏⲉⲑⲛⲁⲕⲁϯ ⲉ̀ϫⲉⲛ ⲟⲩϩⲏⲕⲓ ⲛⲉⲙ ⲟⲩϫⲱⲃ : ϧⲉⲛ ⲡⲓⲉ̀ϩⲟⲟⲩ ⲉⲧϩⲱⲟⲩ ⲉϥⲉ̀ⲛⲁϩⲙⲉϥ ⲛ̀ϫⲉ Ⲡⲟ̅ⲥ̅ ⲁ̅ⲗ̅.

Psalm 41:6 and 1

المزمور ٤٠: ٦ و ١

A Psalm of David the Prophet.

And if he comes to see me, he speaks lies; His heart gathers iniquity to itself; When he goes out, he tells it.
Blessed is he who considers the poor; The Lord will deliver him in time of

من مزامير داود النبى

كان يدخل لينظر فكان يتكلم باطلاً. وقلبه جمع له اثماً.
طوبى لمن يتفهم فى أمر المسكين

trouble. Alleluia

والضعيف. فى يوم السوء ينجيه الرب. هلليلويا.

Ⲉⲩⲁⲅⲅⲉⲗⲓⲟⲛ ⲕⲁⲧⲁ Ⲗⲟⲩⲕⲁⲛ Ⲕⲉⲫ ⲕⲃ : ⲁ - ⲋ

Ⲁⲩϧⲉⲛⲧ ⲇⲉ ⲡⲉ ⲛ̀ϫⲉ ⲡ̀ϣⲁⲓ ⲛ̀ⲧⲉ ⲛⲓⲁⲧϣⲉⲙⲏⲣ ⲫⲏⲉ̀ⲧⲟⲩⲙⲟⲩϯ ⲉ̀ⲣⲟϥ ϫⲉ ⲡⲓⲡⲁⲥⲭⲁ : Ⲟⲩⲟϩ ⲛⲁⲩⲕⲱϯ ⲡⲉ ⲛ̀ϫⲉ ⲛⲓⲁⲣⲭⲏⲉ̀ⲣⲉⲩⲥ ⲛⲉⲙ ⲛⲓⲥⲁϧ ϫⲉ ⲁⲩⲛⲁⲧⲁⲕⲟϥ ⲛ̀ⲁϣ ⲛ̀ⲣⲏϯ ⲛⲁⲩⲉⲣϩⲟϯ ⲅⲁⲣ ⲡⲉ ϧⲁ̀ⲧϩⲏ ⲙ̀ⲡⲓⲗⲁⲟⲥ : Ⲁ ⲡ̀ⲥⲁⲧⲁⲛⲁⲥ ⲇⲉ ϣⲉ ⲉ̀ϧⲟⲩⲛ ⲉ̀ⲡϩⲏⲧ ⲛ̀Ⲓⲟⲩⲇⲁⲥ ⲫⲏⲉ̀ⲧⲟⲩⲙⲟⲩϯ ⲉ̀ⲣⲟϥ ϫⲉ ⲡⲓⲥⲕⲁⲣⲓⲱⲧⲏⲥ ⲉⲟⲩⲁⲓ ⲡⲉ ⲉ̀ⲃⲟⲗ ϧⲉⲛ ⲡⲓⲙⲏⲧ ⲥⲛⲁⲩ. Ⲟⲩⲟϩ ⲁϥϣⲉⲛⲁϥ ⲁϥⲥⲁϫⲓ ⲛⲉⲙ ⲛⲓⲁⲣⲭⲏⲉ̀ⲣⲉⲩⲥ ⲛⲉⲙ ⲛⲓⲥⲧⲣⲁⲧⲏⲅⲟⲥ ⲉⲑⲃⲉ ⲡⲓⲣⲏϯ ⲉ̀ⲧⲉϥⲛⲁⲧⲏⲓϥ ⲉ̀ⲧⲟⲧⲟⲩ : Ⲟⲩⲟϩ ⲁⲩⲣⲁϣⲓ ⲟⲩⲟϩ ⲁⲩⲥⲉⲙⲛⲏⲧⲥ ⲛⲉⲙⲁϥ ⲉ̀ϯ ⲛⲁϥ ⲛ̀ⲟⲩϩⲁⲧ ⲟⲩⲟϩ ⲁϥⲉⲣⲉ̀ⲝⲟⲙⲟⲗⲟⲅⲓⲛ ⲟⲩⲟϩ ⲛⲁϥⲕⲱϯ ⲡⲉ ⲛ̀ⲥⲁ ⲟⲩⲉⲩⲕⲉⲣⲓⲁ̀ ϩⲓⲛⲁ ⲛ̀ⲧⲉϥⲧⲏⲓϥ ⲉ̀ⲧⲟⲧⲟⲩ ⲁⲧϭⲛⲉ ⲙⲏϣ :

Ⲟⲩⲱϣⲧ ⲙ̀ⲡⲓⲉⲩⲁⲅⲅⲉⲗⲓⲟⲛ ⲉⲑⲩ.

Luke 22:1-6 لوقا ٢٢: ١ - ٦

A reading from the Holy Gospel according to Saint Luke.

Now the Feast of Unleavened Bread drew near, which is called Passover. And the chief priests and the scribes sought how they might kill Him, for they feared the people. Then Satan entered Judas, surnamed Iscariot, who was numbered among the twelve. So he went his way and conferred with the chief priests and captains, how he might betray Him to them. And they were glad, and agreed to give him money. So he promised and sought opportunity to betray Him to them in the absence of the multitude.

Bow down before the Holy Gospel. Glory be to God forever.

فصل شريف من إنجيل معلمنا مار لوقا البشير بركاته علينا آمين.

وَقَرُبَ عِيدُ الْفَطِيرِ الَّذِي يُقَالُ لَهُ الْفِصْحُ. وَكَانَ رُؤَسَاءُ الْكَهَنَةِ وَالْكَتَبَةُ يَطْلُبُونَ كَيْفَ يَقْتُلُونَهُ لأَنَّهُمْ خَافُوا الشَّعْبَ. فَدَخَلَ الشَّيْطَانُ فِي يَهُوذَا الَّذِي يُدْعَى الإِسْخَرْيُوطِيَّ وَهُوَ مِنْ جُمْلَةِ الاِثْنَيْ عَشَرَ. فَمَضَى وَتَكَلَّمَ مَعَ رُؤَسَاءِ الْكَهَنَةِ وَقُوَّادِ الْجُنْدِ كَيْفَ يُسَلِّمُهُ إِلَيْهِمْ. فَفَرِحُوا وَعَاهَدُوهُ أَنْ يُعْطُوهُ فِضَّةً. فَوَعَدَهُمْ. وَكَانَ يَطْلُبُ فُرْصَةً لِيُسَلِّمَهُ إِلَيْهِمْ خِلْواً مِنْ جَمْعٍ.

أسجدوا للإنجيل المقدس. والمجد لله دائماً.

Commentary طرح

The Commentary of the Third Hour of Wednesday of Holy Pascha, may its

طرح الساعة الثالثة من يوم الأربعاء من

blessings be with us all. Amen.

When the feast of the unleavened bread, which is the Passover of the Jews was near, the scribes and the chief priests sought a way to kill Jesus. However, they did not know what to do because they feared the public. But Satan found himself a place in the heart of his companion Judas Iscariot who was counted among the disciples but was Satan as the Lord called him. He went to the chief priests and the Sadducees to make a deal to deliver Jesus to them. The unclean disciple discussed with those who conspired with him how to deliver to them the Savior of the World. They were glad and paid him silver that he may deliver Him to them in absence of the people.

البصخة المقدسة بركتها علينا. آمين.

ولما قرب عيد الفطير الذى هو فصح اليهود، كان الكتبة ورؤساء الكهنة يطلبون كيف يهلكون يسوع. ولم يعلموا ماذا يصنعون، لأنهم كانوا يخافون من الجمع. فوجد الشيطان له مسكناً فى قلب رفيقه يهوذا الاسخريوطى وكان هذا محسوباً فى عداد التلاميذ، وكان شيطاناً كقول الرب. فمضى وخاطب رؤساء الكهنة والصدوقيين ليسلمه إليهم. فتكلم النجس مع أصحابه أن يسلم اليهم مخلص العالم. ففرح الأنجاس الممتلئون غشاً فرحاً عظيماً. وقرروا معه أن يعطوه فضة حتى يسلمه اليهم خلواً من الجمع.

Sixth Hour of Wednesday

الساعة السادسة من يوم الاربعاء

Ⲡⲓⲇⲟⲝⲟⲇⲟⲥ ⲛⲧⲉ Ⲙⲱⲩⲥⲏⲥ Ⲕⲉⲫ ⲓⲇ : ⲓⲅ ϣⲃⲗ ⲛⲉⲙ Ⲕⲉⲫ ⲓⲉ : ⲁ

Ⲉⲃⲟⲗϧⲉⲛ Ⲡⲓⲇⲟⲝⲟⲇⲟⲥ ⲛⲧⲉ Ⲙⲱⲩⲥⲏⲥ ⲡⲓⲡⲣⲟⲫⲏⲧⲏⲥ: ⲉⲣⲉⲡⲉϥⲥⲙⲟⲩ ⲉⲑⲟⲩⲁⲃ ϣⲱⲡⲓ ⲛⲉⲙⲁⲛ ⲁⲙⲏⲛ ⲉϥϫⲱ ⲙⲙⲟⲥ.

Ⲡⲉϫⲉ ⲙⲱⲩⲥⲏⲥ ⲇⲉ ⲛⲁϩⲣⲉⲛ ⲡⲓⲗⲁⲟⲥ ϫⲉ ϫⲉⲙⲛⲟϯ : ⲉⲣⲉⲧⲉⲛⲟϩⲓ ⲉⲣⲁⲧⲉⲛ ⲑⲏⲛⲟⲩ ⲉⲣⲉⲧⲉⲛⲛⲁⲩ ⲉⲡⲓⲟⲩϫⲁⲓ ⲡⲓⲉⲃⲟⲗϩⲓⲧⲉⲛ Ⲡⲟⲥ : ⲫⲁⲓ ⲉⲧⲉϥⲛⲁⲁⲓϥ ⲛⲱⲧⲉⲛ ⲙⲫⲟⲟⲩ : ⲙⲫⲣⲏ ⲅⲁⲣ ⲉⲧⲁⲣⲉⲧⲉⲛⲛⲁⲩ ⲉⲛⲓⲣⲉⲙⲛⲭⲏⲙⲓ ⲙⲫⲟⲟⲩ : ⲛⲛⲉⲧⲉⲛⲟⲩⲁϩⲧⲉⲛⲑⲏⲛⲟⲩ ⲉⲛⲁⲩ ⲉⲣⲱⲟⲩ ϣⲁⲉⲛⲉϩ ⲛⲟⲩⲥⲏⲟⲩ : Ⲡⲟⲥ ⲫⲏⲉⲧϯ ⲉϫⲉⲛ ⲑⲏⲛⲟⲩ ⲛⲑⲱⲧⲉⲛ ⲇⲉ ⲭⲁⲣⲱⲧⲉⲛ. Ⲡⲉϫⲉ Ⲡⲟⲥ ⲇⲉ ⲙⲘⲱⲩⲥⲏⲥ ϫⲉ ⲁϧⲟⲕ ⲉⲕⲱϣ ⲉⲡϣⲱⲓ ϩⲁⲣⲟⲓ ⲥⲁϫⲓ ⲛⲉⲙ ⲛⲉⲛϣⲏⲣⲓ ⲙⲡⲓⲥⲗ ⲉⲧⲉⲕⲟⲧⲟⲩ ⲉⲫⲁϩⲟⲩ : Ⲛⲧⲉⲕⲱⲗⲓ ⲙⲡⲉⲕϣⲃⲱⲧ ⲛⲧⲉⲕⲥⲟⲩⲧⲉⲛ ⲧⲉⲕϫⲓϫ ⲉϩⲣⲏⲓ ⲉϫⲉⲛ ⲫⲓⲟⲙ ⲛⲧⲉⲕⲫⲁϧϥ : ⲛⲧⲉ ⲛⲉⲛϣⲏⲣⲓ ⲙⲡⲓⲥⲗ ϣⲉ ⲉϧⲟⲩⲛ ⲉⲑⲙⲏϯ ⲙⲫⲓⲟⲙ ⲕⲁⲧⲁ ⲡⲉⲧϣⲟⲩⲱⲟⲩ : Ⲓⲥ ϩⲏⲡⲡⲉ ⲁⲛⲟⲕ ϯⲛⲁϯ ⲉⲛϣⲟⲧ ⲙⲡϩⲏⲧ ⲙⲪⲁⲣⲁⲱ ⲛⲉⲙ ⲛⲓⲣⲉⲙⲛⲭⲏⲙⲓ ⲛⲥⲉⲓ ⲉϧⲟⲩⲛ ⲥⲁⲫⲁϩⲟⲩ ⲙⲙⲱⲟⲩ : ⲛⲧⲁϭⲓⲱⲟⲩ ϧⲉⲛ Ⲫⲁⲣⲁⲱ ⲛⲉⲙ ⲡⲉϥⲙⲏϣ ⲧⲏⲣϥ ⲟⲩⲟϩ ⲛϩⲣⲏⲓ ϧⲉⲛ ⲛⲉϥϩⲁⲣⲙⲁ ⲛⲉⲙ ⲛⲉϥϩⲑⲱⲣ. Ⲛⲥⲉⲉⲙⲓ ⲧⲏⲣⲟⲩ ⲛϫⲉ ⲛⲓⲣⲉⲙⲛⲭⲏⲙⲓ ϫⲉ ⲁⲛⲟⲕ ⲡⲉ Ⲡⲟⲥ ⲉⲓⲉϭⲓⲱⲟⲩ ϧⲉⲛ Ⲫⲁⲣⲁⲱ ⲛⲉⲙ ⲛⲉϥϩⲁⲣⲙⲁ ⲛⲉⲙ ⲛⲉϥϩⲑⲱⲣ : Ⲁϥⲧⲱⲛϥ ⲇⲉ ⲛϫⲉ ⲡⲓⲁⲅⲅⲉⲗⲟⲥ ⲛⲧⲉ Ⲡⲟⲥ ⲉϥⲙⲟϣⲓ ϩⲓⲧϩⲏ ⲛϯⲡⲁⲣⲉⲙⲃⲟⲗⲏ ⲛⲧⲉ ⲛⲉⲛϣⲏⲣⲓ ⲙⲠⲓⲥⲗ ⲁϥⲙⲟϣⲓ ϩⲓⲫⲁϩⲟⲩ ⲙⲙⲱⲟⲩ : ⲁϥⲟⲩⲱⲧⲉⲃ ⲇⲉ ⲟⲛ ⲛϫⲉ ⲡⲓⲥⲧⲩⲗⲗⲟⲥ ⲛϭⲏⲡⲓ ⲉⲧϧⲁϫⲱⲟⲩ : ⲁϥϣⲉ ⲉϧⲟⲩⲛ ⲟⲩⲧⲉ ϯⲡⲁⲣⲉⲙⲃⲟⲗⲏ ⲛⲧⲉ ⲛⲓⲣⲉⲙⲛⲭⲏⲙⲓ : ⲛⲉⲙ ⲟⲩⲧⲉ ϯⲡⲁⲣⲉⲙⲃⲟⲗⲏ ⲛⲧⲉⲠⲓⲥⲗ ⲁϥⲟϩⲓ ⲉⲣⲁⲧϥ ⲟⲩⲟϩ ⲁϥϣⲱⲡⲓ ⲛϫⲉ ⲟⲩⲭⲁⲕⲓ ⲛⲉⲙ ⲟⲩⲅⲛⲟⲫⲟⲥ : ⲟⲩⲟϩ ⲁϥⲥⲓⲛⲓ ⲛϫⲉ ⲡⲓⲉϫⲱⲣϩ ⲟⲩⲟϩ ⲙⲡⲟⲩⲙⲟϫⲧ ⲛⲉⲙ ⲛⲟⲩⲉⲣⲛⲟⲩ ⲙⲡⲓⲉϫⲱⲣϩ ⲧⲏⲣϥ. Ⲁϥⲥⲟⲩⲧⲉⲛ ⲧⲉϥϫⲓϫ ⲇⲉ ⲛϫⲉ Ⲙⲱⲩⲥⲏⲥ ⲉϩⲣⲏⲓ ⲉϫⲉⲛ ⲫⲓⲟⲙ : ⲁϥⲓⲛⲓ ⲛϫⲉ Ⲡⲟⲥ ⲙⲡⲓⲉϫⲱⲣϩ ⲧⲏⲣϥ ⲛⲟⲩⲑⲟⲩⲣⲏⲥ ⲉϥⲛⲁϣⲧ : ⲁϥⲧϣⲟⲩⲓⲉ ⲫⲓⲟⲙ : ⲉⲁϥⲫⲱϧ ⲛϫⲉ ⲡⲓⲙⲱⲟⲩ : Ⲁⲩϣⲉ ⲉϧⲟⲩⲛ ⲛϫⲉ ⲛⲉⲛϣⲏⲣⲓ ⲙⲠⲓⲥⲗ ⲉⲑⲙⲏϯ ⲙⲫⲓⲟⲙ ⲕⲁⲧⲁ ⲡⲉⲧϣⲟⲩⲱⲟⲩ : ⲟⲩⲟϩ ⲡⲓⲙⲱⲟⲩ ⲁϥϣⲟⲡⲛⲱⲟⲩ ⲛⲥⲟⲃⲧ ⲥⲁⲟⲩⲓⲛⲁⲙ ⲛⲉⲙ ⲥⲁϫⲁϭⲏ ⲙⲙⲱⲟⲩ : Ⲁⲩϭⲟϫⲓ ⲛϫⲉ ⲛⲓⲣⲉⲙⲛⲭⲏⲙⲓ ⲥⲁⲫⲁϩⲟⲩ ⲛⲛⲉⲛϣⲏⲣⲓ ⲙⲠⲓⲥⲗ ⲟⲩⲟϩ ⲁⲩϭⲟϫⲓ ⲛⲥⲱⲟⲩ ⲛϫⲉ ⲛⲓϩⲑⲱⲣ ⲧⲏⲣⲟⲩ ⲛⲧⲉ Ⲫⲁⲣⲁⲱ ⲛⲉⲙ ⲛⲉϥϩⲁⲣⲙⲁ ⲛⲉⲙ ⲛⲏⲉⲧⲧⲁⲗⲏⲟⲩⲧⲉϩⲣⲏⲓ ⲉϫⲱⲟⲩ ⲉⲑⲙⲏϯ ⲙⲫⲓⲟⲙ. Ⲁⲥϣⲱⲡⲓ ⲇⲉ ϧⲉⲛ ⲫⲛⲁⲩ ⲛϩⲁⲛⲁⲧⲟⲟⲩⲓ : ⲁ Ⲡⲟⲥ ϫⲟⲩϣⲧ ⲉϫⲉⲛ ϯⲡⲁⲣⲉⲙⲃⲟⲗⲏ ⲛⲧⲉ ⲛⲓⲣⲉⲙⲛⲭⲏⲙⲓ ϧⲉⲛ ⲡⲓⲥⲧⲩⲗⲗⲟⲥ ⲛⲭⲣⲱⲙ ⲛⲉⲙ ϯϭⲏⲡⲓ : ⲁϥϣⲑⲟⲣⲧⲉⲣ ⲛϯⲡⲁⲣⲉⲙⲃⲟⲗⲏ ⲛⲧⲉ ⲛⲓⲣⲉⲙⲛⲭⲏⲙⲓ : Ⲟⲩⲟϩ ⲁϥⲙⲟⲩⲣ ⲛⲛⲓⲁⲝⲱⲛ ⲛⲛⲟⲩϩⲁⲣⲙⲁ ⲁϥⲓⲛⲓⲙⲙⲱⲟⲩ ⲉϧⲟⲩⲛ ⲛϫⲟⲛⲥ : ⲡⲉϫⲱⲟⲩ ⲛϫⲉ ⲛⲓⲣⲉⲙⲛⲭⲏⲙⲓ ϫⲉ ⲙⲁⲣⲉⲛⲫⲱⲧ ϧⲁⲧϩⲏ ⲙⲠⲓⲥⲗ : Ⲡⲟⲥ ⲅⲁⲣ ϯ ⲉϩⲣⲏⲓ ⲉϫⲱⲟⲩ ⲟⲩⲃⲉ ⲛⲓⲣⲉⲙ̀ⲛ̀ⲭⲏⲙⲓ : Ⲡⲉϫⲉ Ⲡⲟ̅ⲥ̅ ⲇⲉ ⲙ̀Ⲙⲱ̀ⲩ̀ⲥⲏⲥ : ϫⲉ ⲥⲟⲩⲧⲉⲛ ⲧⲉⲕϫⲓϫ ⲉ̀ⲃⲟⲗⲉ̀ϩ̀ⲣⲏⲓ ⲉ̀ϫⲉⲛ ⲫ̀ⲓⲟⲙ : ⲛ̀ⲧⲉ ⲡⲓⲙⲱⲟⲩ ⲓ̀ ⲉ̀ⲡⲉϥⲙⲁ ⲛ̀ⲧⲉϥϩⲱⲃⲥ ⲛ̀ⲛⲓⲣⲉⲙ̀ⲛ̀ⲭⲏⲙⲓ : ⲉ̀ϩ̀ⲣⲏⲓ ⲉ̀ϫⲉⲛ ⲛⲓϩⲁⲣⲙⲁ ⲛⲉⲙ ⲛⲏⲉⲧⲧⲁⲗⲏⲟⲩⲧ ⲉ̀ϩ̀ⲣⲏⲓ ⲉ̀ϫⲱⲟⲩ. Ⲁϥⲥⲟⲩⲧⲉⲛ ⲧⲉϥ ϫⲓϫ ⲉ̀ⲃⲟⲗ ⲛ̀ϫⲉ Ⲙⲱ̀ⲩ̀ⲥⲏⲥ ⲉ̀ϩ̀ⲣⲏⲓ ⲉ̀ϫⲉⲛ ⲫ̀ⲓⲟⲙ : ⲁ̀ⲡⲓⲙⲱⲟⲩ ⲓ̀ ⲉ̀ⲡⲉϥⲙⲁ ⲛ̀ⲕⲱⲧ ⲛ̀ⲟⲩⲉ̀ϩⲟⲟⲩ : ⲛⲓⲣⲉⲙ̀ⲛ̀ⲭⲏⲙⲓ ⲇⲉ ⲁⲩϣⲉⲛⲱⲟⲩ ϧⲁⲣⲁⲧϥ ⲙ̀ⲡⲓⲙⲱⲟⲩ : Ⲡⲟ̅ⲥ̅ ⲇⲉ ⲁϥⲃⲟⲣⲃⲉⲣ ⲛ̀ⲛⲓⲣⲉⲙ̀ⲛ̀ⲭⲏⲙⲓ ϧⲉⲛ ⲑ̀ⲙⲏϯ ⲙ̀ⲫⲓⲟⲙ : Ⲁϥⲕⲟⲧϥ ⲛ̀ϫⲉ ⲡⲓⲙⲱⲟⲩ ⲁϥϩⲱⲃⲥ ⲛ̀ⲛⲓϩⲁⲣⲙⲁ ⲛⲉⲙ ⲛⲏⲉⲧⲧⲁⲗⲏⲟⲩⲧ ⲉ̀ϩ̀ⲣⲏⲓⲉ̀ϫⲱⲟⲩ : ⲛⲉⲙ ϯϫⲟⲙ ⲧⲏⲣⲥ ⲛ̀ⲧⲉ Ⲫⲁⲣⲁⲱ̀ : ⲛⲁⲓ ⲉ̀ⲧⲁⲩϭⲟϫⲓ ⲛ̀ⲥⲱⲟⲩ ⲉ̀ϧ̀ⲣⲏⲓ ⲉ̀ⲫⲓⲟⲙ : ⲙ̀ⲡⲉϥⲉⲱϫⲡ ⲛ̀ϫⲉ ⲟⲩⲁⲓ ⲉ̀ⲃⲟⲗ ⲛ̀ϧⲏⲧⲟⲩ : Ⲛⲉⲛϣⲏⲣⲓ ⲇⲉ ⲙ̀Ⲡⲓⲥ̅ⲗ̅ ⲛⲁⲩⲙⲟϣⲓ ϩⲓϫⲉⲛ ⲡⲉⲧϣⲟⲩⲱ̀ⲟⲩ ϧⲉⲛ ⲑ̀ⲙⲏϯ ⲙ̀ⲫⲓⲟⲙ : ⲡⲓⲙⲱⲟⲩ ⲇⲉ ⲁϥϣⲱⲡⲓ ⲛⲱⲟⲩ ⲛ̀ⲥⲟⲃⲧ ⲥⲁⲟⲩⲓⲛⲁⲙ ⲛⲉⲙ ⲥⲁϫⲁϭⲏ ⲙ̀ⲙⲱⲟⲩ : Ⲡⲟ̅ⲥ̅ ⲁϥⲛⲟϩⲉⲙ ⲙ̀Ⲡⲓⲥ̅ⲗ̅ ϧⲉⲛ ⲡⲓⲉ̀ϩⲟⲟⲩ ⲉ̀ⲧⲉⲙ̀ⲙⲁⲩ ⲉ̀ⲃⲟⲗϧⲉⲛ ⲧ̀ϫⲓϫ ⲛ̀ⲛⲓⲣⲉⲙ̀ⲛ̀ⲭⲏⲙⲓ : ⲁϥⲛⲁⲩ ⲛ̀ϫⲉ Ⲡⲓⲥ̅ⲗ̅ ⲉ̀ⲛⲓⲣⲉⲙ̀ⲛ̀ⲭⲏⲙⲓ ⲉ̀ⲁⲩⲙⲟⲩ ϧⲁⲧⲉⲛ ⲡⲓⲥ̀ⲫⲟⲧⲟⲩ ⲙ̀ⲫⲓⲟⲙ : Ⲟⲩⲟϩ ⲁϥⲛⲁⲩ ⲉ̀ϯⲛⲓϣϯ ⲛ̀ϫⲓϫ ⲉ̀ⲧⲁϥⲁⲓⲥ ⲛ̀ϫⲉ Ⲡⲟ̅ⲥ̅ ⲛ̀ⲛⲓⲣⲉⲙ̀ⲛ̀ⲭⲏⲙⲓ : ⲁϥⲉⲣϩⲟϯ ⲛ̀ϫⲉ ⲡⲓⲗⲁⲟⲥ ϧⲁⲧϩⲏ ⲙ̀Ⲡⲟ̅ⲥ̅ : ⲟⲩⲟϩ ⲁⲩⲛⲁϩϯ ⲉ̀ Ⲫ̅ϯ̅ ⲛⲉⲙ ⲡⲉϥⲃⲱⲕ Ⲙⲱ̀ⲩ̀ⲥⲏⲥ. Ⲧⲟⲧⲉ ⲁϥϩⲱⲥ ⲛ̀ϫⲉ Ⲙⲱ̀ⲩ̀ⲥⲏⲥ ⲛⲉⲙ ⲛⲉⲛϣⲏⲣⲓ ⲙ̀Ⲡⲓⲥ̅ⲗ̅ ⲉ̀ⲧⲁⲓϩⲱⲇⲏ ⲙ̀Ⲫ̅ϯ̅ ⲉ̀ⲁϥϫⲟⲥ ⲉⲑⲣⲟⲩϫⲟⲥ ϫⲉ ⲙⲁⲣⲉⲛϩⲱⲥ ⲉ̀Ⲡⲟ̅ⲥ̅ ϫⲉ ϧⲉⲛ ⲟⲩⲱ̀ⲟⲩ ⲅⲁⲣ ⲁϥϭⲓⲱ̀ⲟⲩ :

Ⲟⲩⲱ̀ⲟⲩ ⲛ̀ϯⲧ̀ⲣⲓⲁⲥ ⲉ̀ⲑⲟⲩⲁⲃ ⲡⲉⲛⲛⲟⲩϯ ϣⲁ ⲉ̀ⲛⲉϩ ⲛⲉⲙ ϣⲁ ⲉ̀ⲛⲉϩ ⲛ̀ⲧⲉ ⲛⲓⲉ̀ⲛⲉϩ ⲧⲏⲣⲟⲩ: ⲁ̀ⲙⲏⲛ.

Exodus 14:13-15:1

A reading from the book of Exodus of Moses the Prophet may his blessings be with us Amen.

And Moses said to the people, "Do not be afraid. Stand still, and see the salvation of the Lord, which He will accomplish for you today. For the Egyptians whom you see today, you shall see again no more forever. The Lord will fight for you, and you shall hold your peace." And the Lord said to Moses, "Why do you cry to Me? Tell the children of Israel to go forward. But lift up your rod, and stretch out your hand over the sea and divide it. And the children of Israel shall go on dry ground through the midst of the sea. And I indeed will harden the hearts of

سفر الخروج ١٤: ١٣ الخ و ١٥: ١

من سفر الخروج لموسى النبى بركته المقدسة تكون معنا، آمين.

فَقَالَ مُوسَى لِلشَّعْبِ: «لا تَخَافُوا. قِفُوا وَانْظُرُوا خَلاصَ الرَّبِّ الَّذِي يَصْنَعُهُ لَكُمُ الْيَوْمَ. فَانَّهُ كَمَا رَايْتُمُ الْمِصْرِيِّينَ الْيَوْمَ لا تَعُودُونَ تَرُونَهُمْ ايْضا الَى الابَدِ. الرَّبُّ يُقَاتِلُ عَنْكُمْ وَانْتُمْ تَصْمُتُونَ». فَقَالَ الرَّبُّ لِمُوسَى: «مَا لَكَ تَصْرُخُ الَيَّ؟ قُلْ لِبَنِي اسْرَائِيلَ انْ يَرْحَلُوا. وَارْفَعْ انْتَ عَصَاكَ وَمُدَّ يَدَكَ عَلَى الْبَحْرِ وَشُقَّهُ فَيَدْخُلَ بَنُو اسْرَائِيلَ فِي وَسَطِ الْبَحْرِ عَلَى الْيَابِسَةِ. وَهَا انَا اشَدِّدُ قُلُوبَ الْمِصْرِيِّينَ حَتَّى يَدْخُلُوا وَرَاءَهُمْ فَاتَمَجَّدُ بِفِرْعَوْنَ وَكُلِّ جَيْشِهِ بِمَرْكَبَاتِهِ وَفُرْسَانِهِ.

فَيَعْرِفُ الْمِصْرِيُّونَ انِّي انَا الرَّبُّ حِينَ اتَمَجَّدُ بِفِرْعَوْنَ وَمَرْكَبَاتِهِ وَفُرْسَانِهِ». فَانْتَقَلَ مَلاكُ اللهِ السَّائِرُ امَامَ عَسْكَرِ اسْرَائِيلَ وَسَارَ وَرَاءَهُمْ وَانْتَقَلَ عَمُودُ السَّحَابِ مِنْ امَامِهِمْ وَوَقَفَ وَرَاءَهُمْ. فَدَخَلَ بَيْنَ عَسْكَرِ الْمِصْرِيِّينَ وَعَسْكَرِ اسْرَائِيلَ وَصَارَ السَّحَابُ وَالظَّلامُ وَاضَاءَ اللَّيْلَ. فَلَمْ يَقْتَرِبْ هَذَا الَى ذَاكَ كُلَّ اللَّيْلِ. وَمَدَّ مُوسَى يَدَهُ عَلَى الْبَحْرِ فَاجْرَى الرَّبُّ الْبَحْرَ بِرِيحٍ شَرْقِيَّةٍ شَدِيدَةٍ كُلَّ اللَّيْلِ وَجَعَلَ الْبَحْرَ يَابِسَةً وَانْشَقَّ الْمَاءُ. فَدَخَلَ بَنُو اسْرَائِيلَ فِي وَسَطِ الْبَحْرِ عَلَى الْيَابِسَةِ وَالْمَاءُ سُورٌ لَهُمْ عَنْ يَمِينِهِمْ وَعَنْ يَسَارِهِمْ. وَتَبِعَهُمُ الْمِصْرِيُّونَ وَدَخَلُوا وَرَاءَهُمْ جَمِيعُ خَيْلِ فِرْعَوْنَ وَمَرْكَبَاتِهِ وَفُرْسَانِهِ الَى وَسَطِ الْبَحْرِ. وَكَانَ فِي هَزِيعِ الصُّبْحِ انَّ الرَّبَّ اشْرَفَ عَلَى عَسْكَرِ الْمِصْرِيِّينَ فِي عَمُودِ النَّارِ وَالسَّحَابِ وَازْعَجَ عَسْكَرَ الْمِصْرِيِّينَ وَخَلَعَ بَكَرَ مَرْكَبَاتِهِمْ حَتَّى سَاقُوهَا بِثَقْلَةٍ. فَقَالَ الْمِصْرِيُّونَ: «نَهْرُبُ مِنْ اسْرَائِيلَ لانَّ الرَّبَّ يُقَاتِلُ الْمِصْرِيِّينَ عَنْهُمْ». فَقَالَ الرَّبُّ لِمُوسَى: «مُدَّ يَدَكَ عَلَى الْبَحْرِ لِيَرْجِعَ الْمَاءُ عَلَى الْمِصْرِيِّينَ عَلَى مَرْكَبَاتِهِمْ وَفُرْسَانِهِمْ». فَمَدَّ مُوسَى يَدَهُ عَلَى الْبَحْرِ فَرَجَعَ الْبَحْرُ عِنْدَ اقْبَالِ الصُّبْحِ الَى حَالِهِ الدَّائِمَةِ وَالْمِصْرِيُّونَ هَارِبُونَ الَى لِقَائِهِ. فَدَفَعَ الرَّبُّ الْمِصْرِيِّينَ فِي وَسَطِ الْبَحْرِ. فَرَجَعَ الْمَاءُ وَغَطَّى مَرْكَبَاتِ وَفُرْسَانَ جَمِيعِ جَيْشِ فِرْعَوْنَ الَّذِي دَخَلَ وَرَاءَهُمْ فِي الْبَحْرِ. لَمْ يَبْقَ مِنْهُمْ

the Egyptians, and they shall follow them. So I will gain honor over Pharaoh and over all his army, his chariots, and his horsemen. Then the Egyptians shall know that I am the Lord, when I have gained honor for Myself over Pharaoh, his chariots, and his horsemen." And the Angel of God, who went before the camp of Israel, moved and went behind them; and the pillar of cloud went from before them and stood behind them. So it came between the camp of the Egyptians and the camp of Israel. Thus it was a cloud and darkness to the one, and it gave light by night to the other, so that the one did not come near the other all that night. Then Moses stretched out his hand over the sea; and the Lord caused the sea to go back by a strong east wind all that night, and made the sea into dry land, and the waters were divided. So the children of Israel went into the midst of the sea on the dry ground, and the waters were a wall to them on their right hand and on their left. And the Egyptians pursued and went after them into the midst of the sea, all Pharaoh's horses, his chariots, and his horsemen. Now it came to pass, in the morning watch, that the Lord looked down upon the army of the Egyptians through the pillar of fire and cloud, and He troubled the army of the Egyptians. And He took off their chariot wheels, so that they drove them with difficulty; and the Egyptians said, "Let us flee from the face of Israel, for the Lord fights for them against the Egyptians." Then the Lord said to Moses, "Stretch out your hand over the sea, that the waters may

come back upon the Egyptians, on their chariots, and on their horsemen." And Moses stretched out his hand over the sea; and when the morning appeared, the sea returned to its full depth, while the Egyptians were fleeing into it. So the Lord overthrew the Egyptians in the midst of the sea. Then the waters returned and covered the chariots, the horsemen, and all the army of Pharaoh that came into the sea after them. Not so much as one of them remained. But the children of Israel had walked on dry land in the midst of the sea, and the waters were a wall to them on their right hand and on their left. So the Lord saved Israel that day out of the hand of the Egyptians, and Israel saw the Egyptians dead on the seashore. Thus Israel saw the great work which the Lord had done in Egypt; so the people feared the Lord, and believed the Lord and His servant Moses.
Then Moses and the children of Israel sang this song to the Lord, and spoke, saying: "I will sing to the Lord, For He has triumphed gloriously!
Glory be to the Holy Trinity our God unto the age of all ages, Amen.

وَلا وَاحِدٌ. وَامَّا بَنُو اسْرَائِيلَ فَمَشُوا عَلَى الْيَابِسَةِ فِي وَسَطِ الْبَحْرِ وَالْمَاءُ سُورٌ لَهُمْ عَنْ يَمِينِهِمْ وَعَنْ يَسَارِهِمْ. فَخَلَّصَ الرَّبُّ فِي ذَلِكَ الْيَوْمِ اسْرَائِيلَ مِنْ يَدِ الْمِصْرِيِّينَ. وَنَظَرَ اسْرَائِيلُ الْمِصْرِيِّينَ امْوَاتا عَلَى شَاطِئِ الْبَحْرِ. وَرَاى اسْرَائِيلُ الْفِعْلَ الْعَظِيمَ الَّذِي صَنَعَهُ الرَّبُّ بِالْمِصْرِيِّينَ. فَخَافَ الشَّعْبُ الرَّبَّ وَامَنُوا بِالرَّبِّ وَبِعَبْدِهِ مُوسَى.
حِينَئِذٍ رَنَّمَ مُوسَى وَبَنُو اسْرَائِيلَ هَذِهِ التَّسْبِيحَةَ لِلرَّبِّ: «ارَنِّمُ لِلرَّبِّ فَانَّهُ قَدْ تَعَظَّمَ.

مجداً للثالوث القدوس الهنا إلى الأبد وإلى أبد الآبدين كلها، آمين.

Ⲏ̀ⲥⲁⲏ̀ⲁⲥ Ⲕⲉⲫ ⲙ̅ⲏ̅ : ⲁ̅ - ⲋ̅

Ⲉ̀ⲃⲟⲗϧⲉⲛ Ⲏ̀ⲥⲁⲏ̀ⲁⲥ ⲡⲓⲡ̀ⲣⲟⲫⲏⲧⲏⲥ: ⲉ̀ⲣⲉ ⲡⲉϥ̀ⲥ̀ⲙⲟⲩ ⲉ̀ⲑⲟⲩⲁⲃ ϣⲱⲡⲓ ⲛⲉⲙⲁⲛ ⲁ̀ⲙⲏⲛ ⲉϥϫⲱ ⲙ̀ⲙⲟⲥ.

Ⲥⲱⲧⲉⲙ ⲉ̀ⲛⲁⲓ ⲡ̀ⲏⲓ ⲛ̀Ⲓⲁⲕⲱⲃ ⲛⲉⲛⲧⲁⲩⲑⲁϩⲙⲟⲩ ϧⲉⲛ ⲫ̀ⲣⲁⲛ ⲙ̀Ⲫ̀ⲧ ⲙ̀ⲡⲓⲥ̅ⲗ̅ ⲉⲧⲓ̀ⲣⲓ ⲙ̀ⲡⲉϥⲙⲉⲩⲓ̀ ϧⲉⲛ ⲟⲩⲙⲉ ⲁⲛ ⲟⲩⲇⲉ ϧⲉⲛ ⲟⲩⲇⲓⲕⲉⲟⲥⲩⲛⲏ : Ⲟⲩⲟϩ ⲛⲉⲧⲕⲱ ⲛ̀ϩⲏⲧⲟⲩ ⲉ̀ ⲫ̀ⲣⲁⲛ ⲛ̀ϯⲡⲟⲗⲓⲥ ⲉ̀ⲑⲟⲩⲁⲃ ⲟⲩⲟϩ ⲁⲩⲧⲁϫⲣⲟ ⲙ̀ⲙⲱⲟⲩ ⲉ̀ϫⲉⲛ ⲫ̀ⲣⲁⲛ ⲙ̀Ⲫ̀ⲧ ⲙ̀ⲡⲓⲥ̅ⲗ̅. Ⲡ̅ⲟ̅ⲥ̅ ⲥⲁⲃⲁⲱⲑ ⲡⲉ ⲡⲉϥⲣⲁⲛ. ⲁⲓϫⲱ ⲛ̀ϣⲟⲣⲡ ϧⲁⲧϩⲏ ⲟⲩⲟϩ ⲁⲩ̀ⲓ̀ ⲉ̀ⲃⲟⲗ ϧⲉⲛ ⲣⲱⲓ ⲟⲩⲟϩ ⲁⲓⲥⲟⲑⲙⲟⲩ ⲁⲓⲁⲁⲩ ϧⲉⲛ ⲟⲩϣⲥⲛⲓ ⲟⲩⲟϩ ⲁⲩ̀ⲓ. ϯⲉⲙⲓ ⲁ̀ⲛⲟⲕ ϫⲉ ⲁⲕⲛⲁϣⲧ ⲟⲩⲟϩ ⲟⲩⲙⲟⲩⲧ ⲙ̀ⲡⲉⲛⲓⲡⲓ ⲡⲉ ⲡⲉⲕⲙⲁⲕϩ. ⲟⲩⲟϩ ⲟⲩϩⲟⲙⲉⲛⲧ ⲧⲉ ⲧⲉⲕⲧⲉϩⲛⲓ ⲁⲓⲧⲁⲙⲟⲕ ⲛ̀ϣⲟⲣⲡ ⲙ̀ⲡⲁⲧⲟⲩ̀ⲓ̀ ⲉ̀ϫⲱⲕ ⲁⲕⲥⲟⲑⲙⲟⲩ ⲙ̀ⲡⲉⲣϫⲟⲥ ϫⲉ ⲛⲓ ⲉⲓⲇⲱⲗⲟⲛ ⲛⲉⲛⲧⲁⲩⲁⲁⲩ ⲛⲁⲓ ⲟⲩⲟϩ ⲙ̀ⲡⲉⲣϫⲟⲥ ϫⲉ ⲙ̀ⲙⲟⲩⲕ ⲛ̀ϫⲓϫ ⲛⲉⲙ ⲛ̀ⲟⲩⲱⲧϩ ⲛⲉⲛⲧⲁⲩϩⲱⲛ ⲛⲁⲓ ⲁⲧⲉⲧⲉⲛⲥⲱⲧⲉⲙ ⲉ̀ⲣⲱⲟⲩ ⲟⲩⲟϩ ⲛ̀ⲑⲱⲧⲉⲛ ⲙ̀ⲡⲉⲧⲉⲛ ⲉ̀ⲙⲓ ⲁⲗⲗⲁ ⲁⲓⲧⲁⲙⲟⲕ ⲙ̀ⲃⲉⲣⲓ ⲛ̀ⲛⲉⲧⲛⲁϣⲱⲡⲓ ϭⲓⲛ ⲧⲉⲛⲟⲩ

Ⲟⲩⲱⲟⲩ ⲛ̀ϯⲧⲣⲓⲁⲥ ⲉ̀ⲑⲟⲩⲁⲃ ⲡⲉⲛⲛⲟⲩϯ ϣⲁ ⲉ̀ⲛⲉϩ ⲛⲉⲙ ϣⲁ ⲉ̀ⲛⲉϩ ⲛ̀ⲧⲉ ⲛⲓⲉ̀ⲛⲉϩ ⲧⲏⲣⲟⲩ: ⲁ̀ⲙⲏⲛ.

Isaiah 48:1-6 اشعياء ٤٨ : ١ - ٦

A reading from the Isaiah the Prophet may his blessings be with us Amen.

"Hear this, O house of Jacob, Who are called by the name of Israel, And have come forth from the wellsprings of Judah; Who swear by the name of the Lord, And make mention of the God of Israel, But not in truth or in righteousness; For they call themselves after the holy city, And lean on the God of Israel; The Lord of hosts is His name: "I have declared the former things from the beginning; They went forth from My mouth, and I caused them to hear it. Suddenly I did them, and they came to pass. Because I knew that you were obstinate, And your neck was an iron sinew, And your brow bronze, Even from the beginning I have declared it to you; Before it came to pass I proclaimed it to you, Lest you should say, 'My idol has done them, And my carved image and my molded image Have commanded them.' "You have heard; See all this. And will you not declare it? I have made you hear new things from this time, Even hidden things, and you did not know them.

Glory be to the Holy Trinity our God unto the age of all ages, Amen.

من اشعياء النبى بركته المقدسة تكون معنا، آمين.

«اِسْمَعُوا هذَا يَا بَيْتَ يَعْقُوبَ الْمَدْعُوِّينَ بِاسْمِ إِسْرَائِيلَ الَّذِينَ خَرَجُوا مِنْ مِيَاهِ يَهُوذَا الْحَالِفِينَ بِاسْمِ الرَّبِّ وَالَّذِينَ يَذْكُرُونَ إِلهَ إِسْرَائِيلَ لَيْسَ بِالصِّدْقِ وَلاَ بِالْحَقِّ! فَإِنَّهُمْ يُسَمَّوْنَ مِنْ مَدِينَةِ الْقُدْسِ وَيُسْنَدُونَ إِلَى إِلهِ إِسْرَائِيلَ. رَبُّ الْجُنُودِ اسْمُهُ. بِالأَوَّلِيَّاتِ مُنْذُ زَمَانٍ أَخْبَرْتُ وَمِنْ فَمِي خَرَجَتْ وَأَنْبَأْتُ بِهَا. بَغْتَةً صَنَعْتُهَا فَأَتَتْ. لِمَعْرِفَتِي أَنَّكَ قَاسٍ وَعَضَلٌ مِنْ حَدِيدٍ عُنُقُكَ وَجِبْهَتُكَ نُحَاسٌ أَخْبَرْتُكَ مُنْذُ زَمَانٍ. قَبْلَمَا أَتَتْ أَنْبَأْتُكَ لِئَلاَّ تَقُولَ: صَنَمِي قَدْ صَنَعَهَا وَمَنْحُوتِي وَمَسْبُوكِي أَمَرَ بِهَا. قَدْ سَمِعْتَ فَانْظُرْ كُلَّهَا. وَأَنْتُمْ أَلاَ تُخْبِرُونَ؟ قَدْ أَنْبَأْتُكَ بِحَدِيثَاتٍ مُنْذُ الآنَ وَبِمَخْفِيَّاتٍ لَمْ تَعْرِفْهَا.

مجداً للثالوث القدوس الهنا إلى الأبد وإلى أبد الآبدين كلها، آمين.

Ⲓⲏⲥⲟⲩ ⲛ̀ⲧⲉ Ⲥⲓⲣⲁⲭ Ⲕⲉⲫ ⲕ̅ⲋ̅ : ⲍ̅ - ⲓ̅ⲑ̅

Ⲉ̀ⲃⲟⲗϧⲉⲛ Ⲓⲏⲥⲟⲩ ⲛ̀ⲧⲉ Ⲥⲓⲣⲁⲭ ⲡⲓⲡ̀ⲣⲟⲫⲏⲧⲏⲥ: ⲉ̀ⲣⲉⲡⲉϥⲥ̀ⲙⲟⲩ ⲉⲑⲟⲩⲁⲃ ϣⲱⲡⲓ ⲛⲉⲙⲁⲛ ⲁ̀ⲙⲏⲛ ⲉϥϫⲱ ⲙ̀ⲙⲟⲥ.

Ⲥⲱⲧⲉⲙ ⲡⲁϣⲏⲣⲓ ⲉ̀ⲟⲩⲥ̀ⲃⲱ ⲛ̀ⲧⲉⲣⲱⲓ : ⲟⲩⲟϩ ⲫⲏⲉⲧⲁ̀ⲣⲉϩ ⲉ̀ⲣⲟⲥ ⲛ̀ⲛⲉϥⲧⲁⲕⲟ : ⲟⲩⲟϩ ⲉⲧⲉ̀ϫⲉⲙⲥ ϧⲉⲛ ⲛⲉϥⲥ̀ⲫⲟⲧⲟⲩ : ⲡⲓⲣⲉϥⲉⲣⲛⲟⲃⲓ ⲇⲉ ⲛⲉⲙ ⲡⲓⲣⲉϥⲥⲁϩⲟⲩⲓ̀ ⲛⲉⲙ ⲡⲓϭⲁ̀ⲥⲓϩⲏⲧ ⲛⲁⲉⲣ̀ⲥⲕⲁⲛⲇⲁⲗⲓⲍⲓⲛ ⲛ̀ϧⲏⲧⲟⲩ : Ⲙ̀ⲡⲉⲣⲧⲥⲁⲃⲉ ⲣⲱⲕ ⲉ̀ⲱⲣⲕ : ⲟⲩⲟϩ ⲙ̀ⲡⲉⲣ̀ⲧⲥⲁⲃⲟⲕ ⲉⲧⲁⲟⲩⲉ̀ ⲫ̀ⲣⲁⲛ ⲙ̀ⲫⲏⲉ̀ⲑⲟⲩⲁⲃ ⲙ̀ⲫ̀ⲣⲏϯ ⲅⲁⲣ ⲛ̀ⲟⲩⲃⲱⲕ ⲉⲩϣⲉⲛϥ ⲛ̀ⲟⲩⲙⲏϣ ⲛ̀ⲥⲟⲡ : ⲛ̀ⲛⲉϥⲉⲣⲉ̀ⲃⲟⲗ ⲉ̀ⲁϣ : ⲫⲁⲓ ⲡⲉ ⲙ̀ⲫ̀ⲣⲏϯ ⲙ̀ⲫⲏⲉⲧⲱⲣⲕ ⲉⲧⲧⲁⲟⲩⲟ ⲙ̀ⲡⲓⲣⲁⲛ ⲛ̀ⲟⲩⲙⲏϣ ⲛ̀ⲥⲟⲡ : ⲉ̀ⲧⲉ ⲛ̀ⲛⲉϥϣ̀ⲧⲟⲩⲃⲟ ⲁⲛ ⲉ̀ⲛⲟⲃⲓ. **Ⲟⲩⲣⲱⲙⲓ** ⲛ̀ⲣⲉϥⲁ̀ϣⲁⲓ ⲛ̀ⲱⲣⲕ : ϥ̀ⲛⲁⲙⲟϩ ⲛ̀ⲁⲛⲟⲙⲓⲁ : ⲟⲩⲟϩ ⲛ̀ⲛⲉⲟⲩⲙⲁⲥⲧⲓⲅⲅⲟⲥ ⲭⲁ ⲡⲉϥⲏⲓ : ⲁϥϣⲁⲛⲟⲩⲱⲙ ⲛ̀ϩⲑⲏϥ ⲡⲉϥⲛⲟⲃⲓ ⲛ̀ϩⲏⲧ ϣⲁⲩⲭⲱ ⲛⲁϥ ⲉ̀ⲃⲟⲗ : ⲟⲩⲟϩ ⲁϥϣⲁⲛⲟⲃϣϥ ⲁ̀ⲡⲉϥⲛⲟⲃⲓ ⲉⲣⲥ̀ⲛⲁⲩ : ⲟⲩⲟϩ ⲉ̀ϣⲱⲡ ⲁϥϣⲁⲛⲱⲣⲕ ⲉⲫ̀ⲗⲏⲟⲩ ⲛ̀ⲛⲉϥⲑⲙⲁⲓⲟ : ⲡⲉϥⲏⲓ ⲅⲁⲣ ⲛⲁⲙⲟϩ ⲛ̀ⲧϩⲉⲙⲕⲟ. **Ⲟⲩⲥⲁϫⲓ** ⲉϥϫⲟⲗϩ ⲙ̀ⲫⲙⲟⲩ : ⲛ̀ⲛⲟⲩϫⲉⲙϥ ϧⲉⲛ ϯⲕ̀ⲗⲏⲣⲟⲛⲟⲙⲓⲁ ⲛ̀Ⲓⲁⲕⲱⲃ : ⲛⲁⲓ ⲅⲁⲣ ⲧⲏⲣⲟⲩ ⲛⲁⲩⲉⲓ ⲛ̀ⲛⲓⲣⲉⲙ̀ⲛⲛⲟⲩϯ : ⲟⲩⲟϩ ⲛ̀ⲛⲟⲩϫⲉⲙⲟⲩ ϧⲉⲛ ⲛⲓⲛⲟⲃⲓ : Ⲙ̀ⲡⲉⲣⲧⲥⲁⲃⲉ ⲣⲱⲕ ⲉ̀ⲥ̀ⲃⲱ ⲉⲥϩⲱⲟⲩ : ϫⲉ ⲟⲩⲟⲛ ⲥⲁϫⲓ ⲛ̀ⲛⲟⲃⲓ ⲛ̀ϧⲏⲧⲟⲩ. **Ⲁ̀ⲣⲓ** ⲫ̀ⲙⲉⲩⲓ̀ ⲙ̀ⲡⲉⲕⲓⲱⲧ ⲛⲉⲙ ⲧⲉⲕⲙⲁⲩ : ⲉ̀ⲭ̀ⲛⲁⲑⲱⲟⲩϯ ⲅⲁⲣ ⲉ̀ϧⲟⲩⲛ ϧⲉⲛ ⲑ̀ⲙⲏϯ ⲛ̀ϩⲁⲛⲛⲓϣϯ : ⲙⲏⲡⲟⲧⲉ ⲛ̀ⲧⲉⲕⲉⲣⲡ̀ⲱⲃϣ ⲙ̀ⲡⲟⲩ̀ⲙⲑⲟ ⲉ̀ⲃⲟⲗ : ⲛ̀ⲧⲉⲕⲉⲣⲥⲟϫ ⲛ̀ⲧⲉⲕⲧⲁⲡⲥ : ⲛ̀ⲧⲉⲕ ⲉⲣⲉ̀ⲡⲓⲑⲩⲙⲓⲛ ⲉ̀ⲛⲉ ⲙ̀ⲡⲟⲩϫ̀ⲫⲟⲕ : ⲛ̀ⲧⲉⲕ ⲥ̀ϩⲟⲩⲉⲣ ⲡⲓⲉ̀ϩⲟⲟⲩ ⲉ̀ⲧⲁⲩⲙⲁⲥⲕ :

Ⲟⲩⲱ̀ⲟⲩ ⲛ̀ϯⲧ̀ⲣⲓⲁⲥ ⲉⲑⲟⲩⲁⲃ ⲡⲉⲛⲛⲟⲩϯ ϣⲁ ⲉ̀ⲛⲉϩ ⲛⲉⲙ ϣⲁ ⲉ̀ⲛⲉϩ ⲛ̀ⲧⲉ ⲛⲓⲉ̀ⲛⲉϩ ⲧⲏⲣⲟⲩ: ⲁ̀ⲙⲏⲛ.

Sirach 23:7-19

A reading from Joshuan the son of Sirach the Prophet may his blessings be with us Amen.

Listen, my children, to instruction concerning the mouth; the one who observes it will never be caught. Sinners are overtaken through their lips; by them the reviler and the arrogant are tripped up. Do not accustom your mouth to oaths, nor habitually utter the name of the Holy One; for as a servant who is constantly under scrutiny will not lack bruises, so also the person who always swears and utters the Name will never be cleansed

يشوع بن سيراخ ٢٣: ٧ - ١٩

من يشوع بن سيراخ بركته المقدسة تكون معنا، آمين.

اسمع يا ابنى تعليم فمى فان من يحفظه لن يهلك. وسيوجد بشفتيه. وأما الخاطئ والشتام والمتكبر فيشكون فيه. لا تعود فمك الحلف. ولا تألف تسمية القدوس فانه كما أن العبد الذى يحاسب مراراً كثيرة. لا يفلت من العقاب. كذلك من يحلف ويذكر الاسم مرات عديدة فلا يمكن أن يتبرر من خطية. الرجل الكثير الحلف يمتلئ اثماً ولا

from sin. The one who swears many oaths is full of iniquity, and the scourge will not leave his house. If he swears in error, his sin remains on him, and if he disregards it, he sins doubly; if he swears a false oath, he will not be justified, for his house will be filled with calamities. There is a manner of speaking comparable to death; may it never be found in the inheritance of Jacob! Such conduct will be far from the godly, and they will not wallow in sins. Do not accustom your mouth to coarse, foul language, for it involves sinful speech. Remember your father and mother when you sit among the great, or you may forget yourself in their presence, and behave like a fool through bad habit; then you will wish that you had never been born, and you will curse the day of your birth.

Glory be to the Holy Trinity our God unto the age of all ages, Amen.

يبرح السوط بيته فاذا ندم غفرت خطية قلبه. وإن تغافل فخطيته مضاعفة. وإن حلف باطلاً لا يتبرر. وبيته يمتلئ نوائباً. كلام مشمول بالموت لا يوجد فى ميراثك يا يعقوب ان هذه كلها تبتعد عن رجال الله. فلا يوجدون فى الخطايا. لا تعلم فاك سوء الادب. لان كلام الخطيئة يوجد فيه. اذكر أباك وأمك. إذا اجتمعت بالعظماء لئلا تتساهما أمامهم. وتصير جاهلاً. فتود لو لم تولد وتلعن يوم ولدت.

مجداً للثالوث القدوس الهنا إلى الأبد وإلى أبد الآبدين كلها، آمين.

The Doxology of the Pascha Hour: "Thine is the Power..." on page A5.

تسبحة ساعة البصخة: "لك القوة..." صفحة ٥ فى اخر الكتاب.

Ⲯⲁⲗⲙⲟⲥ ⲡ̅ⲃ̅ : ⲃ̅ ⲛⲉⲙ ⲇ̅

Ϩⲏⲡⲡⲉ ⲓⲥ ⲛⲉⲕϫⲁϫⲓ ⲁⲩⲱϣ ⲉ̀ⲃⲟⲗ : ⲟⲩⲟϩ ⲛⲏⲉⲑⲙⲟⲥϯ ⲙ̀ⲙⲟⲕ ⲁⲩϭⲓⲥⲓ ⲛ̀ⲧⲟⲩⲁ̀ⲫⲉ : Ⲁⲩⲥⲟϭⲛⲓ ⲉⲩⲥⲟⲡ ϧⲉⲛ ⲟⲩϩⲏⲧ ⲛ̀ⲟⲩⲱⲧ : ⲁⲩⲥⲉⲙⲛⲓ ⲛ̀ⲟⲩⲇⲓⲁ̀ⲑⲏⲕⲏ ϧⲁⲣⲟⲕ : ⲁ̅ⲗ̅.

Psalm 83:2 and 5 — المزمور ٨٢: ٢ و ٤

A Psalm of David the Prophet.

Your enemies make a tumult; And those who hate You have lifted up their head.
For they have consulted together with

من مزامير داود النبى

هوذا أعداؤك قد صرخوا. وقد رفع مبغضوك رؤوسهم.

one consent; They form a confederacy against You. Alleluia.

تآمروا جميعاً بقلب واحد وتعاهدوا عليك عهداً: هلليلويا.

Ⲉⲩⲁⲅⲅⲉⲗⲓⲟⲛ ⲕⲁⲧⲁ Ⲓⲱⲁⲛⲛⲏⲛ Ⲕⲉⲫ ⲓ̅ⲃ̅ : ⲁ̅ - ⲏ̅

Ⲓⲏⲥⲟⲩⲥ ⲟⲩⲛ : ⲁϫⲉⲛ ⲥⲟⲟⲩ ⲛ̀ⲉϩⲟⲟⲩ ⲛ̀ⲧⲉ ⲡⲓⲡⲁⲥⲭⲁ ⲁϥⲓ̀ ⲉ̀Ⲃⲏⲑⲁⲛⲓⲁ ⲡⲓⲙⲁ ⲉ̀ⲛⲁⲣⲉ Ⲗⲁⲍⲁⲣⲟⲥ ⲙ̀ⲙⲟϥ ⲫⲏⲉ̀ⲧⲁϥⲙⲟⲩ ⲫⲏⲉ̀ⲧⲁ Ⲓⲏ̅ⲥ ⲧⲟⲩⲛⲟⲥϥ ⲉ̀ⲃⲟⲗϧⲉⲛ ⲛⲏⲉⲑⲙⲱⲟⲩⲧ : Ⲁⲩⲉⲣ ⲟⲩⲇⲓⲡⲛⲟⲛ ⲟⲩⲛ ⲉ̀ⲣⲟϥ ⲙ̀ⲡⲓⲙⲁ ⲉ̀ⲧⲉ ⲙ̀ⲙⲁⲩ ⲟⲩⲟϩ Ⲙⲁⲣⲑⲁ ⲛⲁⲥϣⲉⲙϣⲓ ⲡⲉ : ⲟⲩⲟϩ Ⲗⲁⲍⲁⲣⲟⲥ ⲛⲉ ⲟⲩⲁⲓ ⲡⲉ ⲉ̀ⲃⲟⲗ ϧⲉⲛ ⲛⲏⲉⲑⲣⲱⲧⲉⲃ ⲛⲉⲙⲁϥ : Ⲙⲁⲣⲓⲁ̀ ⲟⲩⲛ ⲁⲥϭⲓ ⲛ̀ⲟⲩⲗⲓⲧⲣⲁ ⲛ̀ⲥⲟϫⲉⲛ ⲛ̀ⲧⲉ ⲟⲩⲛⲁⲣⲇⲟⲥ ⲙ̀ⲡⲓⲥⲧⲓⲕⲏ ⲉ̀ⲛⲁϣⲉ̀ⲛⲥⲟⲩⲉⲛϥ : ⲟⲩⲟϩ ⲁⲥⲑⲱϩⲥ ⲛ̀ⲛⲉⲛϭⲁⲗⲁⲩϫ ⲛ̀Ⲓⲏ̅ⲥ ⲙ̀ⲙⲟϥ : ⲟⲩⲟϩ ⲁⲥϥⲟⲧⲟⲩ ⲙ̀ⲡⲓϥϣⲓ ⲛ̀ⲧⲉ ⲧⲉⲥⲁⲫⲉ : ⲁ̀ⲡⲏⲓ ⲇⲉ ⲙⲟϩ ⲉ̀ⲃⲟⲗϧⲉⲛ ⲡⲓ̀ⲥⲑⲟⲓ ⲙ̀ⲡⲓⲥⲟϫⲉⲛ. Ⲡⲉϫⲉ ⲟⲩⲁⲓ ⲇⲉ ⲉ̀ⲃⲟⲗϧⲉⲛ ⲛⲉϥⲙⲁⲑⲏⲧⲏⲥ ⲉ̀ⲧⲉ Ⲓⲟⲩⲇⲁⲥ ⲡⲉ Ⲥⲓⲙⲱⲛ ⲡⲓⲥⲕⲁⲣⲓ̀ⲱⲧⲏⲥ ⲫⲏⲉ̀ⲛⲁϥⲛⲁⲧⲏⲓϥ : Ϫⲉ ⲉⲑⲃⲉⲟⲩ ⲡⲁⲓⲥⲟϫⲉⲛ ⲙ̀ⲡⲟⲩⲧⲏⲓϥⲉ̀ⲃⲟⲗ ϧⲁ ϣⲟⲙⲧϣⲉ ⲛ̀ⲥⲁⲑⲉⲣⲓ ⲟⲩⲟϩ ⲛ̀ⲧⲟⲩⲧⲏⲓⲧⲟⲩ ⲛ̀ⲛⲓϩⲏⲕⲓ : Ⲫⲁⲓ ⲇⲉ ⲁϥϫⲟϥ ⲟⲩⲭⲟⲧⲓ ϫⲉ ⲁⲥⲉⲣⲙⲉⲗⲓⲛ ⲛⲁϥ ϧⲁ ⲛⲓϩⲏⲕⲓ : ⲁⲗⲗⲁ ϫⲉ ⲛⲉ ⲟⲩⲣⲉϥϭⲓⲟⲩⲓ̀ ⲡⲉ : ⲟⲩⲟϩ ⲉ̀ⲣⲉ ⲡⲓ̀ⲅⲗⲟⲥⲟⲕⲟⲙⲱⲛ ⲛ̀ⲧⲟⲧϥ ⲛⲏⲉ̀ϣⲁⲩϩⲓⲧⲟⲩ ⲉ̀ⲣⲟϥ ⲛⲉ ϣⲁϥⲧⲱⲟⲩⲛ ⲙ̀ⲙⲟⲩ.Ⲡⲉϫⲉ Ⲓⲏ̅ⲥ ⲟⲩⲛ ϫⲉ ⲭⲁⲥ ⲡⲉ ϩⲓⲛⲁ ⲛ̀ⲧⲉⲥⲁⲣⲉϩ ⲉ̀ⲣⲟϥ ⲉ̀ⲡⲓⲉ̀ϩⲟⲟⲩ ⲙ̀ⲡⲁⲕⲱⲥ : Ⲛⲓϩⲏⲕⲓ ⲅⲁⲣ ⲥⲉ ⲛⲉⲙⲱⲧⲉⲛ ⲛ̀ⲥⲛⲟⲩ ⲛⲓⲃⲉⲛ : ⲁⲛⲟⲕ ⲇⲉ ϯⲛⲉⲙⲱⲧⲉⲛ ⲁⲛ ⲛ̀ⲥⲛⲟⲩ ⲛⲓⲃⲉⲛ : **Ⲟⲩⲱϣⲧ ⲙ̀ⲡⲓⲉⲩⲁⲅⲅⲉⲗⲓⲟⲛ ⲉ̅ⲑ̅ⲩ̅.**

John 12:1-8

A reading from the Holy Gospel according to Saint John.

Then, six days before the Passover, Jesus came to Bethany, where Lazarus was who had been dead, whom He had raised from the dead. There they made Him a supper; and Martha served, but Lazarus was one of those who sat at the table with Him. Then Mary took a pound of very costly oil of spikenard, anointed the feet of Jesus, and wiped His feet with her hair. And the house was filled with the fragrance of the oil. Then one of His disciples, Judas Iscariot, Simon's son, who would betray Him, said, "Why was this fragrant oil not sold for three hundred

يوحنا ١٢ : ١ – ٨

فصل شريف من إنجيل معلمنا مار يوحنا البشير بركاته علينا آمين.

ثُمَّ قَبْلَ الْفِصْحِ بِسِتَّةِ أَيَّامٍ أَتَى يَسُوعُ إِلَى بَيْتِ عَنْيَا حَيْثُ كَانَ لِعَازَرُ الْمَيْتُ الَّذِي أَقَامَهُ مِنَ الأَمْوَاتِ. فَصَنَعُوا لَهُ هُنَاكَ عَشَاءً. وَكَانَتْ مَرْثَا تَخْدِمُ وَأَمَّا لِعَازَرُ فَكَانَ أَحَدَ الْمُتَّكِئِينَ مَعَهُ. فَأَخَذَتْ مَرْيَمُ مَناً مِنْ طِيبِ نَارِدِينٍ خَالِصٍ كَثِيرِ الثَّمَنِ وَدَهَنَتْ قَدَمَيْ يَسُوعَ وَمَسَحَتْ قَدَمَيْهِ بِشَعْرِهَا فَامْتَلأَ الْبَيْتُ مِنْ رَائِحَةِ الطِّيبِ. فَقَالَ وَاحِدٌ مِنْ تلاَمِيذِهِ وَهُوَ يَهُوذَا سِمْعَانُ الإِسْخَرْيُوطِيُّ الْمُزْمِعُ أَنْ يُسَلِّمَهُ: «لِمَاذَا لَمْ يُبَعْ هَذَا

denari and given to the poor?" This he said, not that he cared for the poor, but because he was a thief, and had the money box; and he used to take what was put in it. But Jesus said, "Let her alone; she has kept this for the day of My burial. For the poor you have with you always, but Me you do not have always."

Bow down before the Holy Gospel.
Glory be to God forever.

الطِّيبُ بِثَلاَثَمِئَةِ دِينَارٍ وَيُعْطَ لِلْفُقَرَاءِ؟» قَالَ هَذَا لَيْسَ لأَنَّهُ كَانَ يُبَالِي بِالْفُقَرَاءِ بَلْ لأَنَّهُ كَانَ سَارِقاً وَكَانَ الصُّنْدُوقُ عِنْدَهُ وَكَانَ يَحْمِلُ مَا يُلْقَى فِيهِ. فَقَالَ يَسُوعُ: «اتْرُكُوهَا. إِنَّهَا لِيَوْمِ تَكْفِينِي قَدْ حَفِظَتْهُ لأَنَّ الْفُقَرَاءَ مَعَكُمْ فِي كُلِّ حِينٍ وَأَمَّا أَنَا فَلَسْتُ مَعَكُمْ فِي كُلِّ حِينٍ».

أسجدوا للإنجيل المقدس.
والمجد لله دائماً.

Commentary

The Commentary of the Sixth Hour of Wednesday of Holy Pascha, may its blessings be with us all. Amen.

Christ our Lord came to Bethany six days before Passover. They made a feast for him at the residence of Mary and Martha her sister. Among those present was Lazarus, their brother, whom He resurrected from the dead. Martha was serving them and Lazarus was sitting with him. Mary then brought forth a pound of expensive fragrant oil and she anointed his feet and wiped them with her hair. Judas Iscariot was filled with evil envy. He asked cunningly while his heart full of bitterness, deceit and hypocrisy, "Would it not have been better if this oil would have been sold for three hundred Denarii and given to the poor? This he said, not that he cared for the poor, but because he was a thief, and had the moneybox; and he used to take what was put in it. The Savior responded saying, "Let her alone; she

طرح

طرح الساعة السادسة من يوم الأربعاء من البصخة المقدسة بركتها علينا. آمين.

جاء المسيح الهنا إلى بيت عنيا قبل الفصح بستة أيام، فصنعوا له وليمة فى بيت مريم ومرثا أختها. وكان هناك لعازر الذى أقامه من الأموات، وكانت مرثا أخت الميت واقفة تخدمه، وكان لعازر أخوهما أحد المتكئين مع ربنا يسوع. فأخذت مريم رطل طيب ناردين كثير الثمن، ودهنت به رجلى يسوع، ومسحتهما بشعر رأسها. فامتلأ يهوذا الاسخريوطى المخالف من الحسد الشيطانى. ونطق بمكر وقلب مملوء من كل مرارة وخبث ورياء وقال: لماذا لم يبع هذا الطيب بثلاثمائة دينار ويعطى للمساكين؟ ولم يقل هذا بفكر صالح ومحبة فى المساكين، ولكنه كان سارقاً وكان يسرق ما يلقى فى الصندوق. فقال

has kept this for the day of My burial. For the poor you have with you always, but Me you do not have always." Let us come close to the Lord, run our tears down his feet and ask him for his forgiveness according to his abundant mercy.

المخلص: لا تتعبوها لأنها قد حفظته ليوم دفنى. المساكين معكم فى كل حين، وأما أنا فلست معكم فى كل حين. فلنقترب من الرب، ولنبك أمامه، ونبل قدميه بدموعنا، ونسأله أن ينعم علينا بالغفران كعظيم رحمته.

Ninth Hour of Wednesday

الساعة التاسعة من يوم الاربعاء

ϯⲅⲉⲛⲉⲥⲓⲥ ⲛ̀ⲧⲉ Ⲙⲱⲩ̀ⲥⲏⲥ Ⲕⲉⲫ ⲕ̅ⲇ̅ : ⲁ̅ - ⲑ̅

Ⲉ̀ⲃⲟⲗϧⲉⲛ ϯⲅⲉⲛⲉⲥⲓⲥ ⲛ̀ⲧⲉ Ⲙⲱⲩ̀ⲥⲏⲥ ⲡⲓⲡ̀ⲣⲟⲫⲏⲧⲏⲥ: ⲉ̀ⲣⲉⲡⲉϥⲥ̀ⲙⲟⲩ ⲉⲑⲟⲩⲁⲃ ϣⲱⲡⲓ ⲛⲉⲙⲁⲛ ⲁ̀ⲙⲏⲛ ⲉϥϫⲱ ⲙ̀ⲙⲟⲥ.

Ⲟⲩⲟϩ ⲁⲃⲣⲁⲁⲙ ⲛⲉ ⲟⲩϧⲉⲗⲗⲟ ⲡⲉ ⲉ̀ⲁϥⲁⲓⲁⲓ ϧⲉⲛ ⲛⲉϥⲉ̀ϩⲟⲟⲩ : ⲟⲩⲟϩ ⲁⲠⲟ̅ⲥ̅ ⲥ̀ⲙⲟⲩ ⲉ̀Ⲁⲃⲣⲁⲁⲙ ⲕⲁⲧⲁ ⲥⲁ ⲛ̀ⲣⲏϯ ⲛⲓⲃⲉⲛ : Ⲟⲩⲟϩ ⲡⲉϫⲉ Ⲁⲃⲣⲁⲁⲙ ⲙ̀ⲡⲉϥⲁ̀ⲗⲟⲩ ⲡⲓⲛⲓϣϯ ⲛ̀ⲧⲉ ⲡⲉϥⲏⲓ : ⲡ̀ⲁⲣⲭⲱⲛ ⲛ̀ⲧⲉ ⲛⲉⲧⲉ̀ⲛⲧⲁϥ ⲧⲏⲣⲟⲩ : ϫⲉ ⲭⲁ ⲧⲉⲕϫⲓϫ ϧⲁ ⲡⲁⲁ̀ⲗⲟϫ : ⲛ̀ⲧⲁⲧⲁⲣⲕⲟⲕ ⲉ̀Ⲡⲟ̅ⲥ̅ Ⲫ̀ϯ ⲛ̀ⲧⲉ ⲧ̀ⲫⲉ : ⲛⲉⲙ Ⲫ̀ϯ ⲛ̀ⲧⲉ ⲡ̀ⲕⲁϩⲓ : ϩⲓⲛⲁ ⲛ̀ⲧⲉⲕϣ̀ⲧⲉⲙϭⲓ ⲥ̀ϩⲓⲙⲓ ⲙ̀ⲡⲁϣⲏⲣⲓ Ⲓ̀ⲥⲁⲁⲕ ⲉ̀ⲃⲟⲗϧⲉⲛ ⲛⲓϣⲉ̀ⲣⲓ ⲛ̀ⲧⲉ ⲛⲓⲭ̀ⲁⲛⲁⲛⲉⲟⲥ : ⲛⲏⲉ̀ϯϣⲟⲡ ⲛ̀ϧⲏⲧⲟⲩ ⲁ̀ⲛⲟⲕ. Ⲁⲗⲗⲁ ⲛ̀ⲧⲉⲕϣⲉ̀ⲡⲁⲕⲁϩⲓ : ⲡⲱⲁ ⲉ̀ⲧⲁⲓϣⲱⲡⲓ ⲛ̀ϧⲏⲧϥ ⲛⲉⲙ ⲉ̀ϧⲟⲩⲛ ⲉ̀ⲧⲁⲫⲩ̀ⲗⲏ : ⲉⲕⲉ̀ϭⲓ ⲛ̀ⲟⲩⲥ̀ϩⲓⲙⲓ ⲙ̀ⲡⲁϣⲏⲣⲓ Ⲓ̀ⲥⲁⲁⲕ ⲉ̀ⲃⲟⲗ ⲙ̀ⲙⲁⲩ : Ⲡⲉϫⲉ ⲡⲓⲁ̀ⲗⲟⲩ ⲛⲁϥ : ϫⲉ ⲙⲏⲡⲟⲧⲉ ⲛ̀ⲧⲉⲥϣ̀ⲧⲉⲙⲟⲩⲱϣ ⲛ̀ϫⲉ ϯⲥ̀ϩⲓⲙⲓ ⲉ̀ⲙⲟϣⲓ ⲛⲉⲙⲏⲓ ϩⲓⲫⲟⲩⲉⲓ ⲙ̀ⲡⲁⲓⲕⲁϩⲓ : ⲭⲟⲩⲱϣ ⲛ̀ⲧⲁⲧⲁⲥⲑⲟ ⲙ̀ⲡⲉⲕϣⲏⲣⲓ ⲉ̀ⲡⲓⲕⲁϩⲓ ⲉ̀ⲧⲁⲕⲓ ⲉ̀ⲃⲟⲗ ⲛ̀ϧⲏⲧϥ : Ⲡⲉϫⲉ Ⲁⲃⲣⲁⲁⲙ ⲛⲁϥ ϫⲉ ⲙⲁϩⲑⲏⲕ ⲉ̀ⲣⲟⲕ ⲙ̀ⲡⲉⲣⲧⲁⲥⲑⲟ ⲙ̀ⲡⲁϣⲏⲣⲓ ⲉ̀ⲙⲁⲩ. Ⲡⲟ̅ⲥ̅ Ⲫ̀ϯ ⲛ̀ⲧⲉ ⲧ̀ⲫⲉ ⲟⲩⲟϩ Ⲫ̀ϯ ⲛ̀ⲧⲉ ⲡ̀ⲕⲁϩⲓ : ⲫⲏⲉ̀ⲧⲁϥⲉⲛⲧ ⲉ̀ⲃⲟⲗϧⲉⲛ ⲡⲏⲓ ⲙ̀ⲡⲁⲓⲱⲧ : ⲛⲉⲙ ⲉ̀ⲃⲟⲗϧⲉⲛ ⲡ̀ⲕⲁϩⲓ ⲉ̀ⲧⲁⲩϫ̀ⲫⲟⲓ ⲉ̀ⲃⲟⲗ ⲛ̀ϧⲏⲧϥ : ⲫⲏⲉ̀ⲧⲁϥⲥⲁϫⲓ ⲛⲉⲙⲏⲓ ⲟⲩⲟϩ ⲁϥⲱⲣⲕ ⲛⲏⲓ ⲉϥϫⲱ ⲙ̀ⲙⲟⲥ : ϫⲉ ⲉⲓⲉ̀ϯ ⲙ̀ⲡⲁⲓ ⲕⲁϩⲓ ⲛⲁⲕ ⲛⲉⲙ ⲡⲉⲕϫ̀ⲣⲟϫ : ⲛ̀ⲑⲟϥ ⲉϥⲉ̀ⲧⲁⲟⲩⲟ ⲙ̀ⲡⲉϥⲁ̀ⲅⲅⲉⲗⲟⲥ ϧⲁϫⲱⲕ : ⲉⲕⲉ̀ϭⲓ ⲛ̀ⲟⲩⲥ̀ϩⲓⲙⲓ ⲙ̀ⲡⲁϣⲏⲣⲓⲒ̀ⲥⲁⲁⲕ ⲉ̀ⲃⲟⲗ ⲙ̀ⲙⲁⲩ : Ⲉ̀ϣⲱⲡ ⲇⲉ ⲛ̀ⲧⲉⲥϣ̀ⲧⲉⲙⲟⲩⲱϣ ⲛ̀ϫⲉ ϯⲥ̀ϩⲓⲙⲓ ⲉ̀ⲓ̀ ⲛⲉⲙⲁⲕ ⲉ̀ⲡⲁⲓⲕⲁϩⲓ ⲉⲕⲉ̀ϣⲱⲡⲓ ⲉⲕⲧⲟⲩⲃⲏⲟⲩⲧ ⲉ̀ⲃⲟⲗϩⲁ ⲡ ⲁ̀ⲁ̀ⲛⲁϣ : ⲙⲟⲛⲟⲛ ⲣⲱ ⲛ̀ⲑⲱϥ ⲙ̀ⲡⲉⲣⲧⲁⲥⲑⲟ ⲙ̀ⲡⲁϣⲏⲣⲓ ⲉ̀ⲙⲁⲩ : Ⲟⲩⲟϩ ⲡⲓⲁ̀ⲗⲟⲩ ⲁϥⲭⲱ ⲛ̀ⲧⲉϥϫⲓϫ ϧⲁⲡⲁⲗⲟϫ ⲛ̀Ⲁⲃⲣⲁⲁⲙ ⲡⲉϥⲟ̅ⲥ̅ : ⲁϥⲱⲣⲕ ⲛⲁϥ ⲉⲑⲃⲉ ⲡⲁⲓ ⲥⲁϫⲓ :

Ⲟⲩⲱ̀ⲟⲩ ⲛ̀ϯⲧ̀ⲣⲓⲁⲥ ⲉ̀ⲑⲟⲩⲁⲃ ⲡⲉⲛⲛⲟⲩϯ ϣⲁ ⲉ̀ⲛⲉϩ ⲛⲉⲙ ϣⲁ ⲉ̀ⲛⲉϩ ⲛ̀ⲧⲉ ⲛⲓⲉ̀ⲛⲉϩ ⲧⲏⲣⲟⲩ: ⲁ̀ⲙⲏⲛ.

Genesis 24:1-9

A reading from the book of Genesis of Moses the Prophet may his blessings be with us Amen.

Now Abraham was old, well advanced in age; and the Lord had blessed Abraham in all things. So Abraham said to the oldest servant of his house, who ruled over all that he had, "Please, put

تكوين ٢٤: ١-٩

من سفر التكوين لموسى النبى بركته المقدسة تكون معنا، آمين.

وَشَاخَ ابْرَاهِيمُ وَتَقَدَّمَ فِي الايَّامِ. وَبَارَكَ الرَّبُّ ابْرَاهِيمَ فِي كُلِّ شَيْءٍ. وَقَالَ ابْرَاهِيمُ لِعَبْدِهِ كَبِيرِ بَيْتِهِ الْمُسْتَوْلِي عَلَى كُلِّ مَا كَانَ لَهُ:

your hand under my thigh, and I will make you swear by the Lord, the God of heaven and the God of the earth, that you will not take a wife for my son from the daughters of the Canaanites, among whom I dwell; but you shall go to my country and to my family, and take a wife for my son Isaac." And the servant said to him, "Perhaps the woman will not be willing to follow me to this land. Must I take your son back to the land from which you came?" But Abraham said to him, "Beware that you do not take my son back there. The Lord God of heaven, who took me from my father's house and from the land of my family, and who spoke to me and swore to me, saying, 'To your descendants I give this land,' He will send His angel before you, and you shall take a wife for my son from there. And if the woman is not willing to follow you, then you will be released from this oath; only do not take my son back there." So the servant put his hand under the thigh of Abraham his master, and swore to him concerning this matter.

Glory be to the Holy Trinity our God unto the age of all ages, Amen.

«ضَعْ يَدَكَ تَحْتَ فَخْذِي فَاسْتَحْلِفَكَ بِالرَّبِّ الَهِ السَّمَاءِ وَالَهِ الارْضِ انْ لا تَاخُذَ زَوْجَةً لابْنِي مِنْ بَنَاتِ الْكَنْعَانِيِّينَ الَّذِينَ انَا سَاكِنٌ بَيْنَهُمْ بَلْ الَى ارْضِي وَالَى عَشِيرَتِي تَذْهَبُ وَتَاخُذُ زَوْجَةً لإبْنِى اسْحَاقَ». فَقَالَ لَهُ الْعَبْدُ: «رُبَّمَا لا تَشَاءُ الْمَرْاةُ انْ تَتْبَعَنِي الَى هَذِهِ الارْضِ. هَلْ ارْجِعُ بِابْنِكَ الَى الارْضِ الَّتِي خَرَجْتَ مِنْهَا؟» فَقَالَ لَهُ ابْرَاهِيمُ: «احْتَرِزْ مِنْ انْ تَرْجِعَ بِابْنِي الَى هُنَاكَ. الرَّبُّ الَهُ السَّمَاءِ الَّذِي اخَذَنِي مِنْ بَيْتِ ابِي وَمِنْ ارْضِ مِيلادِي وَالَّذِي كَلَّمَنِي وَالَّذِي اقْسَمَ لِي قَائِلا: لِنَسْلِكَ اعْطِي هَذِهِ الارْضَ هُوَ يُرْسِلُ مَلاكَهُ امَامَكَ فَتَاخُذُ زَوْجَةً لإبْنِى مِنْ هُنَاكَ. وَانْ لَمْ تَشَا الْمَرْاةُ انْ تَتْبَعَكَ تَبَرَّاتَ مِنْ حَلْفِي هَذَا. امَّا ابْنِي فَلا تَرْجِعْ بِهِ الَى هُنَاكَ». فَوَضَعَ الْعَبْدُ يَدَهُ تَحْتَ فَخْذِ ابْرَاهِيمَ مَوْلاهُ وَحَلَفَ لَهُ عَلَى هَذَا الامْرِ.

مجداً للثالوث القدوس الهنا إلى الأبد وإلى أبد الآبدين كلها، آمين.

Ⲡⲓⲁ̀ⲣⲓⲑⲙⲟⲥ ⲛ̀ⲧⲉ Ⲙⲱⲩ̀ⲥⲏⲥ Ⲕⲉⲫ ⲕ̅ : ⲁ̅ - ⲓ̅ⲅ̅

Ⲉ̀ⲃⲟⲗϧⲉⲛ Ⲡⲓⲁ̀ⲣⲓⲑⲙⲟⲥ ⲛ̀ⲧⲉ Ⲙⲱⲩ̀ⲥⲏⲥ ⲡⲓⲡ̀ⲣⲟⲫⲏⲧⲏⲥ: ⲉ̀ⲣⲉⲡⲉϥ̀ⲥ̀ⲙⲟⲩ ⲉ̀ⲑⲟⲩⲁⲃ ϣⲱⲡⲓ ⲛⲉⲙⲁⲛ ⲁ̀ⲙⲏⲛ ⲉϥϫⲱ ⲙ̀ⲙⲟⲥ.

Ⲟⲩⲟϩ ⲁⲩⲓ̀ ⲛ̀ϫⲉ ⲛⲉⲛϣⲏⲣⲓ ⲙ̀ⲡⲓⲥ̅ⲗ̅ ϯⲥⲩⲛⲁⲅⲱⲅⲏ ⲧⲏⲣⲥ ⲉ̀ϩⲣⲏⲓ ⲉ̀ⲡ̀ⲧⲱⲟⲩ ⲛ̀Ⲥⲓⲛⲁ ϧⲉⲛ ⲡⲓⲁ̀ⲃⲟⲧ ⲛ̀ϩⲟⲩⲓⲧ : ⲟⲩⲟϩ ⲁϥϣⲱⲡⲓ ⲛ̀ϫⲉ ⲡⲓⲗⲁⲟⲥ ϧⲉⲛ Ⲕⲁⲇⲏⲥ : ⲟⲩⲟϩ ⲁⲥⲙⲟⲩ ⲙ̀ⲙⲁⲩ ⲛ̀ϫⲉ Ⲙⲁⲣⲓⲁⲙ : ⲟⲩⲟϩ ⲁⲩⲑⲟⲙⲥ ⲙ̀ⲙⲁⲩ : ⲛⲉ ⲙ̀ⲙⲟⲛ ⲙⲱⲟⲩ ⲡⲉ ϧⲉⲛ ϯⲥⲩⲛⲁⲅⲱⲅⲏ : ⲟⲩⲟϩ ⲁⲩⲑⲱⲟⲩϯ ⲉ̀ϫⲉⲛ Ⲙⲱⲩ̀ⲥⲏⲥ ⲛⲉⲙ Ⲁ̀ⲁ̀ⲣⲱⲛ : Ⲟⲩⲟϩ ⲛⲁⲣⲉ ⲡⲓⲗⲁⲟⲥ ϩⲱⲟⲩϣ ⲉ̀Ⲙⲱⲩ̀ⲥⲏⲥ ⲉϥϫⲱ ⲙ̀ⲙⲟⲥ : ϫⲉ ⲁ̀ⲙⲟⲓ ⲉ̀ⲛⲉⲁⲛⲙⲟⲩ ⲡⲉ ϧⲉⲛ ⲡ̀ⲧⲁⲕⲟ ⲛ̀ⲛⲉⲛ̀ⲥⲛⲏⲟⲩ ⲙ̀ⲡⲉⲙⲑⲟ ⲙ̀Ⲡ̅. Ⲟⲩⲟϩ ⲉⲑⲃⲉⲟⲩ ⲁ̀ⲣⲉⲧⲉⲛ ⲓ̀ⲛⲓ ⲛ̀ϯⲥⲩⲛⲁⲅⲱⲅⲏ ⲛ̀ⲧⲉ Ⲡ̅ⲟ̅ⲥ̅ ⲉ̀ⲡⲁⲓϣⲁϥⲉ : ⲉ̀ϧⲟⲑⲃⲉⲛ ⲛⲉⲙ ⲛⲉⲛⲧⲉⲃⲛⲱⲟⲩⲓ̀ : ⲉⲑⲃⲉⲟⲩ ⲉⲧⲁ̀ⲣⲉⲧⲉⲛ ⲓ̀ ⲉ̀ⲃⲟⲗϧⲉⲛ ⲡⲕⲁϩⲓ ⲛ̀ⲭⲏⲙⲓ ⲉ̀ⲡⲁⲓⲙⲁ ⲉⲧϩⲱⲟⲩ : ⲡⲓⲙⲁ ⲉ̀ⲧⲉ ⲙ̀ⲡⲁⲩⲥⲓϯ ⲙ̀ⲙⲟϥ : ⲟⲩⲇⲉ ⲙ̀ⲙⲟⲛ ⲕⲉⲛⲧⲉ ⲛ̀ϧⲏⲧϥ : ⲟⲩⲇⲉ ⲕⲉ ⲁ̀ⲗⲟⲗⲓ : ⲟⲩⲇⲉ ⲉⲣⲙⲁⲛ : ⲟⲩⲇⲉ ⲙ̀ⲙⲟⲛ ⲙⲱⲟⲩ ⲉ̀ⲥⲱ : Ⲟⲩⲟϩ ⲁϥⲓ̀ ⲛ̀ϫⲉ Ⲙⲱⲩ̀ⲥⲏⲥ ⲛⲉⲙⲁ̅ⲥ̅ Ⲁ̀ⲁⲣⲱⲛ ⲉ̀ⲃⲟⲗϩⲁ ⲡϩⲟ ⲛ̀ϯⲥⲩⲛⲁⲅⲱⲅⲏ ϩⲓⲣⲉⲛ ⲫ̀ⲣⲟ ⲛ̀ϯⲥ̀ⲕⲩⲛⲏ ⲛ̀ⲧⲉ ϯⲙⲉⲧⲙⲉⲑⲣⲉ : ⲟⲩⲟϩ ⲁⲩϩⲓⲧⲟⲩ ⲉ̀ϫⲉⲛ ⲡⲟⲩϩⲟ : ⲟⲩⲟϩ ⲡ̀ⲱⲟⲩ ⲙ̀Ⲡ̅ⲟ̅ⲥ̅ ⲁϥⲟⲩⲟⲛϩϥ ⲉ̀ϩⲣⲏⲓ ⲉ̀ϫⲱⲟⲩ. Ⲟⲩⲟϩ ⲁ̀ Ⲡ̅ⲟ̅ⲥ̅ ⲥⲁϫⲓ ⲛⲉⲙ Ⲙⲱⲩ̀ⲥⲏⲥ ⲛⲉⲙ Ⲁ̀ⲁⲣⲱⲛ ⲉϥϫⲱ ⲙ̀ⲙⲟⲥ : Ϫⲉ ϭⲓ ⲙ̀ⲡⲓϣ̀ⲃⲱⲧ : ⲟⲩⲟϩ ⲑⲱⲟⲩϯ ⲛ̀ϯⲥⲩⲛⲁⲅⲱⲅⲏ ⲧⲏⲣⲥ ⲛ̀ⲑⲟⲕ ⲛⲉⲙ Ⲁ̀ⲁⲣⲱⲛ ⲡⲉⲕⲥⲟⲛ : ⲟⲩⲟϩ ⲥⲁϫⲓ ⲛⲉⲙ ϯⲡⲉⲧⲣⲁ ⲙ̀ⲡⲟⲩⲙ̀ⲑⲟ : ⲟⲩⲟϩ ⲉⲥⲉ̀ϯ ⲛ̀ⲛⲉⲥⲙⲱⲟⲩ : ⲟⲩⲟϩ ⲉ̀ⲣⲉⲧⲉⲛⲉⲛ ⲙⲱⲟⲩ ⲛⲱⲟⲩ ⲉ̀ⲃⲟⲗϧⲉⲛ ϯⲡⲉⲧⲣⲁ : ⲟⲩⲟϩ ⲉ̀ⲣⲉⲧⲉⲛ̀ⲧⲥⲟ ⲛ̀ϯⲥⲩⲛⲁⲅⲱⲅⲏ ⲛⲉⲙ ⲛⲟⲩⲧⲉⲃⲛⲱⲟⲩⲓ̀ : Ⲟⲩⲟϩ ⲁ̀Ⲙⲱⲩ̀ⲥⲏⲥ ϭⲓ ⲙ̀ⲡⲓϣ̀ⲃⲱⲧ ⲫⲏⲉⲧⲭⲏ ⲙ̀ⲡⲉⲙ̀ⲑⲟ ⲙ̀Ⲡ̅ⲟ̅ⲥ̅ ⲕⲁⲧⲁ ⲫ̀ⲣⲏϯ ⲉ̀ⲧⲁ Ⲡ̅ⲟ̅ⲥ̅ ⲟⲩⲥⲁϩⲛⲓ. Ⲟⲩⲟϩ Ⲙⲱⲩ̀ⲥⲏⲥ ⲛⲉⲙ Ⲁ̀ⲁⲣⲱⲛ ⲁⲩⲑⲱⲟⲩϯ ⲛ̀ϯⲥⲩⲛⲁⲅⲱⲅⲏ ⲙ̀ⲡⲉⲙ̀ⲑⲟ ⲛ̀ϯⲡⲉⲧⲣⲁ ⲡⲉϫⲁϥⲛⲱⲟⲩ : ϫⲉ ⲥⲱⲧⲉⲙ ⲉ̀ⲣⲟⲓ ⲛⲓⲁⲧⲥⲱⲧⲉⲙ : ⲙⲏⲧⲓ ⲧⲉⲛⲛⲁⲓⲛⲓ ⲛ̀ⲟⲩⲙⲱⲟⲩ ⲛⲱⲧⲉⲛ ⲉ̀ⲃⲟⲗϧⲉⲛ ⲧⲁⲓⲡⲉⲧⲣⲁ : Ⲟⲩⲟϩ ⲁ̀Ⲙⲱⲩ̀ⲥⲏⲥ ⲧⲱⲟⲩⲛ ⲛ̀ⲧⲉϥϫⲓϫ ⲉ̀ⲡ̀ϣⲱⲓ : ⲁϥⲙⲉϣ ϯⲡⲉⲧⲣⲁ ϧⲉⲛ ⲡⲓϣ̀ⲃⲱⲧ ⲛ̀ⲥⲟⲡ̀ⲥⲛⲁⲩ ⲟⲩⲟϩ ⲁϥⲓ̀ ⲉ̀ⲃⲟⲗ ⲛ̀ϫⲉ ⲟⲩⲛⲓϣϯ ⲙ̀ⲙⲱⲟⲩ : ⲟⲩⲟϩ ⲁⲥⲥⲱ ⲛ̀ϫⲉ ϯⲥⲩⲛⲁⲅⲱⲅⲏ ⲛⲉⲙ ⲛⲟⲩⲧⲉⲃⲛⲱⲟⲩⲓ̀ Ⲟⲩⲟϩ ⲡⲉϫⲉ Ⲡ̅ⲟ̅ⲥ̅ ⲙ̀Ⲙⲱⲩ̀ⲥⲏⲥ ⲛⲉⲙ Ⲁ̀ⲁⲣⲱⲛ : ϫⲉ ⲉⲑⲃⲉⲟⲩ ⲙ̀ⲡⲉⲧⲉⲛⲛⲁϩϯ ⲉ̀ⲧⲟⲩⲃⲟⲓ ⲙ̀ⲡⲉⲙ̀ⲑⲟ ⲛ̀ⲛⲉⲛϣⲏⲣⲓ ⲙ̀Ⲡⲓⲥ̅ⲗ̅ : ⲉⲑⲃⲉ ⲫⲁⲓ ⲛ̀ⲛⲉⲧⲉⲛⲱ̀ⲗⲓ ⲛ̀ⲧⲁⲓ ⲥⲩⲛⲁⲅⲱⲅⲏ ⲉ̀ϧⲟⲩⲛ ⲉ̀ⲡⲓⲕⲁϩⲓ ⲫⲏⲉ̀ ⲧⲁⲓ ⲧⲏⲓϥ ⲛⲱⲟⲩ. Ⲫⲁⲓ ⲡⲉ ⲡⲓⲙⲱⲟⲩ ⲛ̀ⲧⲉ ϯⲁⲛⲧⲓⲗⲟⲅⲓⲁ̀ : ϫⲉ ⲁⲩϩⲱⲟⲩϣ ⲛ̀ϫⲉ ⲛⲉⲛϣⲏⲣⲓ ⲙ̀ⲡⲓⲥ̅ⲗ̅ ⲙ̀ⲡⲉⲙ̀ⲑⲟ ⲙ̀Ⲡ̅ⲟ̅ⲥ̅ : ⲁϥⲧⲟⲩⲃⲟ ⲛ̀ϧⲣⲏⲓ ⲛ̀ϧⲏⲧⲟⲩ :

Ⲟⲩⲱ̀ⲟⲩ ⲛ̀ϯⲧ̀ⲣⲓⲁⲥ ⲉ̀ⲑⲟⲩⲁⲃ ⲡⲉⲛⲛⲟⲩϯ ϣⲁ ⲉ̀ⲛⲉϩ ⲛⲉⲙ ϣⲁ ⲉ̀ⲛⲉϩ ⲛ̀ⲧⲉ ⲛⲓⲉ̀ⲛⲉϩ ⲧⲏⲣⲟⲩ: ⲁ̀ⲙⲏⲛ.

Numbers 20:1-13

A reading from the book of Numbers of Moses the Prophet may his blessings be with us Amen.

Then the children of Israel, the whole congregation, came into the Wilderness of Zin in the first month, and the people stayed in Kadesh; and Miriam died there and was buried there. Now there was no water for the congregation; so they gathered together against Moses and Aaron. And the people contended with Moses and spoke, saying: "If only we had died when our brethren died before the Lord! Why have you brought

سفر العدد ٢٠ : ١ – ١٣

من سفر العدد لموسى النبى بركته المقدسة تكون معنا، آمين.

وَأَتَى بَنُو إِسْرَائِيلَ الْجَمَاعَةُ كُلُّهَا إِلَى بَرِّيَّةِ صِينَ فِي الشَّهْرِ الأَوَّلِ. وَأَقَامَ الشَّعْبُ فِي قَادِشَ. وَمَاتَتْ هُنَاكَ مَرْيَمُ وَدُفِنَتْ هُنَاكَ. وَلَمْ يَكُنْ مَاءٌ لِلْجَمَاعَةِ فَاجْتَمَعُوا عَلَى مُوسَى وَهَارُونَ. وَخَاصَمَ الشَّعْبُ مُوسَى وَقَالُوا لَهُ: «لَيْتَنَا فَنِينَا فَنَاءَ إِخْوَتِنَا أَمَامَ الرَّبِّ. لِمَاذَا أَتَيْتُمَا بِجَمَاعَةِ الرَّبِّ إِلَى هَذِهِ الْبَرِّيَّةِ لِكَيْ نَمُوتَ فِيهَا نَحْنُ وَمَوَاشِينَا؟ وَلِمَاذَا

up the assembly of the Lord into this wilderness, that we and our animals should die here? And why have you made us come up out of Egypt, to bring us to this evil place? It is not a place of grain or figs or vines or pomegranates; nor is there any water to drink." So Moses and Aaron went from the presence of the assembly to the door of the tabernacle of meeting, and they fell on their faces. And the glory of the Lord appeared to them. Then the Lord spoke to Moses, saying, "Take the rod; you and your brother Aaron gather the congregation together. Speak to the rock before their eyes, and it will yield its water; thus you shall bring water for them out of the rock, and give drink to the congregation and their animals." So Moses took the rod from before the Lord as He commanded him. And Moses and Aaron gathered the assembly together before the rock; and he said to them, "Hear now, you rebels! Must we bring water for you out of this rock?" Then Moses lifted his hand and struck the rock twice with his rod; and water came out abundantly, and the congregation and their animals drank. Then the Lord spoke to Moses and Aaron, "Because you did not believe Me, to hallow Me in the eyes of the children of Israel, therefore you shall not bring this assembly into the land which I have given them." This was the water of Meribah, because the children of Israel contended with the Lord, and He was hallowed among them.

Glory be to the Holy Trinity our God unto the age of all ages, Amen.

أَصْعَدْتُمَانَا مِنْ مِصْرَ لِتَأْتِيَا بِنَا إِلَى هَذَا الْمَكَانِ الرَّدِيءِ؟ لَيْسَ هُوَ مَكَانَ زَرْعٍ وَتِينٍ وَكَرْمٍ وَرُمَّانٍ وَلاَ فِيهِ مَاءٌ لِلشُّرْبِ». فَأَتَى مُوسَى وَهَارُونُ مِنْ أَمَامِ الْجَمَاعَةِ إِلَى بَابِ خَيْمَةِ الاِجْتِمَاعِ وَسَقَطَا عَلَى وَجْهَيْهِمَا. فَتَرَاءَى لَهُمَا مَجْدُ الرَّبِّ. وَأَمَرَ الرَّبُّ مُوسَى: «خُذِ الْعَصَا وَاجْمَعِ الْجَمَاعَةَ أَنْتَ وَهَارُونُ أَخُوكَ وَكَلِّمَا الصَّخْرَةَ أَمَامَ أَعْيُنِهِمْ أَنْ تُعْطِيَ مَاءَهَا فَتُخْرِجُ لَهُمْ مَاءً مِنَ الصَّخْرَةِ وَتَسْقِي الْجَمَاعَةَ وَمَوَاشِيَهُمْ». فَأَخَذَ مُوسَى الْعَصَا مِنْ أَمَامِ الرَّبِّ كَمَا أَمَرَهُ وَجَمَعَ مُوسَى وَهَارُونُ الْجُمْهُورَ أَمَامَ الصَّخْرَةِ فَقَالَ لَهُمُ: «اسْمَعُوا أَيُّهَا الْمَرَدَةُ! أَمِنْ هَذِهِ الصَّخْرَةِ نُخْرِجُ لَكُمْ مَاءً؟» وَرَفَعَ مُوسَى يَدَهُ وَضَرَبَ الصَّخْرَةَ بِعَصَاهُ مَرَّتَيْنِ فَخَرَجَ مَاءٌ غَزِيرٌ فَشَرِبَتِ الْجَمَاعَةُ وَمَوَاشِيهَا. فَقَالَ الرَّبُّ لِمُوسَى وَهَارُونَ: «مِنْ أَجْلِ أَنَّكُمَا لَمْ تُؤْمِنَا بِي حَتَّى تُقَدِّسَانِي أَمَامَ أَعْيُنِ بَنِي إِسْرَائِيلَ لِذَلِكَ لاَ تُدْخِلاَنِ هَذِهِ الْجَمَاعَةَ إِلَى الأَرْضِ الَّتِي أَعْطَيْتُهُمْ إِيَّاهَا». هَذَا مَاءُ مَرِيبَةَ حَيْثُ خَاصَمَ بَنُو إِسْرَائِيلَ الرَّبَّ فَتَقَدَّسَ فِيهِمْ.

مجداً للثالوث القدوس الهنا إلى الأبد وإلى أبد الآبدين كلها، آمين.

Ⲛⲓⲡⲁⲣⲟⲙⲓⲁ̀ ⲛ̀ⲧⲉ Ⲥⲟⲗⲟⲙⲱⲛ Ⲕⲉⲫ ⲁ̅ : ⲓ̅ ϣⲃ̅ⲗ̅

Ⲉ̀ⲃⲟⲗϧⲉⲛ Ⲛⲓⲡⲁⲣⲟⲙⲓⲁ̀ ⲛ̀ⲧⲉ Ⲥⲟⲗⲟⲙⲱⲛ ⲡⲓⲡⲣⲟⲫⲏⲧⲏⲥ: ⲉⲣⲉⲡⲉϥⲥ̀ⲙⲟⲩ ⲉ̀ⲑⲟⲩⲁⲃ ϣⲱⲡⲓ ⲛⲉⲙⲁⲛ ⲁ̀ⲙⲏⲛ ⲉϥϫⲱ ⲙ̀ⲙⲟⲥ.

Ⲡⲁϣⲏⲣⲓ ⲙ̀ⲡⲉⲛⲑ̀ⲣⲟⲩ ⲥⲟⲣⲙⲉⲕ ⲛ̀ϫⲉ ϩⲁⲛⲣⲱⲙⲓ ⲛ̀ⲁⲥⲉⲃⲏⲥ : ⲟⲩⲇⲉ ⲙ̀ⲡⲉⲣⲣⲁⲟⲩⲱ̀ Ⲉ̀ϣⲱⲡ ⲁⲩϣⲁⲛϯϩⲟ ⲉ̀ⲣⲟⲕ ⲉⲩϫⲱ̀ⲙ̀ⲙⲟⲥ : ϫⲉ ⲁ̀ⲙⲟⲩ ⲁ̀ⲣⲓϣ̀ⲫⲏⲣ ⲛⲉⲙⲁⲛ ⲉ̀ⲟⲩⲥ̀ⲛⲟϥ : ⲟⲩⲟϩ ⲛ̀ⲧⲉⲛⲭ̀ⲱⲡ ϧⲉⲛ ⲡ̀ⲕⲁϩⲓ ⲛ̀ⲟⲩⲣⲱⲙⲓ ⲛ̀ⲑ̀ⲙⲏⲓ ϧⲉⲛ ⲟⲩⲙⲉⲧⲟϫⲓ : Ⲙⲁⲣⲉⲛ ⲟⲙⲕϥ ⲇⲉ ⲉϥⲱⲛϧ ⲙ̀ⲫ̀ⲣⲏϯ ⲛ̀ⲁ̀ⲙⲉⲛϯ : ⲟⲩⲟϩ ⲛ̀ⲧⲉⲛⲱ̀ⲗⲓ ⲙ̀ⲡⲉϥⲙⲉⲩ̀ⲓ ⲉ̀ⲃⲟⲗϩⲓϫⲉⲛ ⲡ̀ⲕⲁϩⲓ. Ⲡⲉϥⲕⲧⲏⲥⲓⲥ ⲉⲑⲛⲁϣⲉⲛ̀ⲥⲟⲩⲉⲛⲥ : ⲙⲁⲣⲉⲛⲧⲁϩⲟⲥ : ⲙⲁⲣⲉⲛⲙⲁϩ ⲛⲉⲛⲏⲓ ⲇⲉ ⲛ̀ϣⲱ̀ⲗ : Ⲡⲱ ⲕ̀ⲗⲏⲣⲟⲥ ϩⲓⲧϥ ⲛ̀ϧⲏⲧⲉⲛ : ⲟⲩⲁⲥⲟⲩ̀ⲓ ⲇⲉ ⲙⲁⲣⲉⲛϫ̀ⲫⲟⲥ ⲛⲁⲛ ⲧⲏⲣⲉⲛ ⲉⲩⲥⲟⲡ : ⲟⲩⲟϩ ⲟⲩ̀ⲁⲥⲟⲩ̀ⲓ ⲛ̀ⲟⲩⲱⲧ ⲙⲁⲣⲉⲥϣⲱⲡⲓ ⲛⲁⲛ : Ⲙ̀ⲡⲉⲣⲙⲟϣⲓ ϩⲓ̀ⲫ̀ⲙⲱⲓⲧ ⲛⲉⲙⲱⲟⲩ : ⲣⲓⲕⲓ ⲛ̀ⲧⲉⲕϭⲁ̀ⲗⲟϫ ⲉ̀ⲃⲟⲗϩⲁ ⲛⲟⲩⲙⲱⲓⲧ. Ⲁⲩⲫⲱⲣϣ ⲅⲁⲣ ⲛ̀ⲛⲟⲩ̀ϣⲛⲏⲟⲩ ⲉ̀ϫⲉⲛ ⲛⲓϩⲁ̀ⲗⲁϯ ϧⲉⲛ ⲟⲩⲙⲉⲧⲟϫⲓ : Ⲛ̀ⲑⲱⲟⲩ ⲅⲁⲣ ⲛⲏⲉⲧⲟⲓ ⲛ̀ϣ̀ⲫⲏⲣ ⲉ̀ϩⲁⲛϧ̀ⲱⲧⲉⲃ : ⲥⲉϩⲓⲟⲩ̀ⲓ ⲛⲱⲟⲩ ⲉ̀ϧⲟⲩⲛ ⲉ̀ϩⲁⲛⲡⲉⲧϩⲱⲟⲩ : ⲫⲟⲩⲱ̀ϫⲡ ⲇⲉ ⲛ̀ⲧⲉ ⲛⲓⲣⲱⲙⲓ ⲛ̀ⲁ̀ⲛⲟⲙⲟⲥ ϥϩ̀ⲱⲟⲩ : Ⲛⲁⲓ ⲛⲉ ⲛⲓⲙⲱⲓⲧ ⲛ̀ⲟⲩⲟⲛ ⲛⲓⲃⲉⲛ ⲉⲧϫⲱⲕ ⲛ̀ⲛⲓⲁ̀ⲛⲟⲙⲓⲁ̀ ⲉ̀ⲃⲟⲗ ⲛ̀ϧ̀ⲣⲏⲓ ϧⲉⲛ ⲟⲩⲙⲉⲧⲁ̀ⲥⲉⲃⲏⲥ ⲥⲉⲛⲁⲱ̀ⲗⲓ ⲛ̀ⲛⲟⲩⲯⲩⲭⲏ. ϯⲥⲟⲫⲓⲁⲇⲉ ⲥⲉϩⲱⲥ ⲉ̀ⲣⲟⲥ ϩⲓ ⲛⲓⲙⲱⲓⲧ ⲉ̀ⲃⲟⲗ ϧⲉⲛ ⲛⲓⲡ̀ⲗⲁⲧⲓⲁ̀ ⲥ̀ϣⲟⲡ ϧⲉⲛ ⲟⲩⲡⲁⲣⲣⲏⲥⲓⲁ̀ : Ⲛ̀ϧ̀ⲣⲏⲓ ⲇⲉ ϧⲉⲛ ⲛⲓ̀ⲗⲁⲕϩ ⲛ̀ⲧⲉ ⲛⲓⲥⲉⲃⲑⲁⲓⲟⲩ ⲥⲉϩⲓⲱⲓϣ ⲙ̀ⲙⲟⲥ : Ⲁⲥⲕⲏⲛ ⲇⲉ ϧⲉⲛ ⲛⲓⲡⲩ̀ⲗⲏ ⲛ̀ⲧⲉ ⲛⲓϫⲱⲣⲓ ⲛⲉⲙ ⲛⲓⲡⲩ̀ⲗⲏ ⲛ̀ⲧⲉ ⲛⲓⲃⲁⲕⲓ ⲉⲥϫⲱ̀ⲙ̀ⲙⲟⲥ ⲉ̀ⲣⲉ ⲡⲉⲥϩⲏⲧ ϫⲟⲣ ⲛ̀ⲥⲛⲟⲩ ⲛⲓⲃⲉⲛ. Ⲉ̀ⲣⲉ ⲛⲓⲁⲧⲡⲉⲧϩⲱⲟⲩ ⲁ̀ⲙⲟⲛⲓ ⲛ̀ϯⲙⲉⲑⲙⲏⲓ ⲛ̀ⲛⲟⲩϭⲓϣ̀ⲓⲡⲓ : ⲛⲓⲁ̀ⲧϩⲏⲧⲇⲉ ⲉⲩⲟⲓ ⲛ̀ⲣⲉϥⲉⲣⲉ̀ⲡⲓⲑⲩⲙⲓⲛ ⲉ̀ⲡϣⲱϣ : ⲉ̀ⲧⲁⲩⲉⲣⲁ̀ⲥⲉⲃⲏⲥ ⲁⲩⲙⲉⲥⲧⲉ ⲡⲓⲕⲁϯ : Ⲟⲩⲟϩ ⲁⲩϣⲱⲡⲓ ⲉⲩⲣⲁⲃⲛⲟⲩⲧ ϧⲉⲛ ϩⲁⲛⲥⲟϩⲓ : ϩⲏⲡⲡⲉ ϯⲛⲁϫⲱ ϧⲁⲧⲉⲛ ⲑⲏⲛⲟⲩ ⲛ̀ⲟⲩⲥⲁϫⲓ ⲛ̀ⲧⲉ ⲡⲁⲛⲓϥⲓ : ϯⲛⲁ̀ⲧⲥⲁⲃⲱⲧⲉⲛ ⲉ̀ⲡⲁⲥⲁϫⲓ : Ⲉ̀ⲡⲓⲇⲏ ⲁⲓⲙⲟⲩϯ ⲟⲩⲟϩ ⲙ̀ⲡⲉⲧⲉⲛⲥⲱⲧⲉⲙ : ⲁⲓⲫⲱⲣϣ ⲛ̀ⲛⲁϫⲓϫ ⲉ̀ⲃⲟⲗ ⲛⲁⲣⲉⲧⲉⲛϯϩⲑⲏⲧⲉⲛ ⲁⲛ ⲡⲉ ⲁⲗⲗⲁ ⲛⲁⲣⲉⲧⲉⲛⲓ̀ⲣⲓ ⲛ̀ⲛⲁⲥⲟϭⲛⲓ : ϩⲱⲥ ⲛ̀ⲥⲉⲧⲁϫ̀ⲣⲏⲟⲩⲧ ⲁⲛ : ⲛⲁ̀ⲥⲟϩⲓ ⲇⲉ ⲛⲁⲣⲉⲧⲉⲛ ϯϩⲑⲏⲧⲉⲛ ⲉ̀ⲣⲱⲟⲩ ⲁⲛ Ⲉⲑⲃⲉ ⲫⲁⲓ ⲁ̀ⲛⲟⲕ ϩⲱ ϯⲛⲁⲥⲱⲃⲓ ⲉ̀ϩ̀ⲣⲏⲓ ⲉ̀ϫⲉⲛ ⲡⲉⲧⲉⲛⲁ̀ⲧⲱ : ϯⲛⲁⲣⲁϣⲓ ⲇⲉ ⲉ̀ϣⲱⲡ ⲁϥϣⲁⲛⲓ ⲉ̀ϫⲉⲛⲑⲏⲛⲟⲩ ⲛ̀ϫⲉ ⲟⲩϥⲱϯ ⲉ̀ⲃⲟⲗ ⲛⲉⲙ ⲉ̀ϣⲱⲡ ⲁϥϣⲁⲛⲓ ⲉ̀ϫⲉⲛⲑⲏⲛⲟⲩ ⲛ̀ϫⲉ ⲟⲩϣⲑⲟⲣⲧⲉⲣ ⲛ̀ⲟⲩϩⲟϯ ϧⲉⲛ ⲟⲩϩⲟϯ : ⲟⲩⲟϩ ⲛ̀ⲧⲉϥⲓ ⲛ̀ϫⲉ ⲡⲓⲟⲩⲱϫⲡ ⲙ̀ⲫ̀ⲣⲏϯ ⲛ̀ⲟⲩⲥⲁⲣⲁⲑⲏⲟⲩ : ⲟⲩⲟϩ ⲁϥϣⲁⲛⲓ ⲉ̀ϫⲉⲛⲑⲏⲛⲩ ⲛ̀ϫⲉ ⲡϥⲱϯ ⲉ̀ⲃⲟⲗ ⲟⲩⲟϩ ⲉ̀ϣⲱⲡ ⲁ̀ϥϣⲁⲛⲓ ⲉ̀ϫⲱⲧⲉⲛ ⲛ̀ϫⲉ ⲟⲩϩⲟϫ ϩⲉϫ ⲛⲉⲙ ⲟⲩⲧⲁⲕⲟ.Ⲉ̀ⲥⲉϣⲱⲡⲓ ⲅⲁⲣ ⲁ̀ⲣⲉⲧⲉⲛ ϣⲁⲛϯϩⲟⲉⲣⲟⲓ : ⲁ̀ⲛⲟⲕ ⲇⲉ ⲛ̀ⲛⲁⲥⲱⲧⲉⲙ ⲉ̀ⲣⲱⲧⲉⲛ : ⲉⲩⲉ̀ⲕⲱϯ ⲛ̀ⲥⲱⲓ ⲛ̀ϫⲉ ϩⲁⲛ ⲥⲁ̀ⲙⲡⲉⲧϩⲱⲟⲩ : ⲟⲩⲟϩ ⲛ̀ⲛⲟⲩϫⲉⲙⲧ.Ⲁⲩⲙⲉⲥⲧⲉ ϯⲥⲟⲫⲓⲁ̀ⲅⲁⲣ ⲟⲩⲟϩ ϯϩⲟϯ ⲛ̀ⲧⲉ Ⲡ̅ⲟ̅ⲥ̅ ⲙ̀ⲡⲟⲩⲥⲟⲧⲡⲥ ⲛⲱⲟⲩ : ⲟⲩⲇⲉ ⲛⲁⲩⲟⲩⲱϣ ⲁⲛ ⲡⲉ ⲉ̀ϯϩⲑⲏⲟⲩ ⲉ̀ⲛⲁⲥⲟϭⲛⲓ : ⲉⲩⲉ̀ⲗⲕ ϣⲁⲓ ⲛ̀ⲥⲁ ⲛⲁⲥⲁϫⲓ. Ⲉⲑⲃⲉ ⲫⲁⲓ ⲟⲩⲛ ⲉⲩⲉⲟⲩⲱⲙ ⲛ̀ⲛⲓⲟⲩⲧⲁϩ ⲛ̀ⲧⲉ ⲡⲟⲩⲙⲱⲓⲧ : ⲟⲩⲟϩ ⲉⲩⲉ̀ⲥⲓ ⲛ̀ⲧⲟⲩⲙⲉⲧⲁ̀ⲥⲉⲃⲏⲥ : ⲉ̀ⲫⲙⲁ ⲅⲁⲣ ϫⲉ ⲁⲩϭⲓ ⲛ̀ⲛⲓⲁ̀ⲗⲱⲟⲩ̀ⲓ ⲛ̀ϫⲟⲛⲥ : ⲟⲩⲟϩ ⲁⲩϧⲟⲑⲃⲟⲩ :

Ⲟⲩⲭⲉⲙ ϣⲓⲛⲓ ⲉϥⲉ̀ⲧⲁⲕⲟ ⲛ̀ⲛⲓⲁ̀ⲥⲉⲃⲏⲥ : ⲫⲏⲉⲑⲛⲁⲥⲱⲧⲉⲙ ⲛ̀ⲥⲱⲓ ⲉϥⲉ̀ϣⲱⲡⲓ ϧⲉⲛ ⲟⲩϩⲉⲗⲡⲓⲥ : ⲟⲩⲟϩ ⲉϥⲉ̀ⲉⲙⲧⲟⲛ ⲙ̀ⲙⲟϥ ϧⲉⲛ ⲟⲩⲙⲉⲧⲁⲧϩⲟϯ ⲉ̀ⲃⲟⲗϩⲁ ⲡⲉⲧϩⲱⲟⲩ ⲛⲓⲃⲉⲛ :

Ⲟⲩⲱ̀ⲟⲩ ⲛ̀ϯⲧ̀ⲣⲓⲁⲥ ⲉⲑⲟⲩⲁⲃ ⲡⲉⲛⲛⲟⲩϯ ϣⲁ ⲉ̀ⲛⲉϩ ⲛⲉⲙ ϣⲁ ⲉ̀ⲛⲉϩ ⲛ̀ⲧⲉ ⲛⲓⲉ̀ⲛⲉϩ ⲧⲏⲣⲟⲩ: ⲁ̀ⲙⲏⲛ.

Proverbs 1:10-33

A reading from the Proverbs of Solomon the Prophet may his blessings be with us Amen.

My son, if sinners entice you, Do not consent. If they say, "Come with us, Let us lie in wait to shed blood; Let us lurk secretly for the innocent without cause; Let us swallow them alive like Sheol, And whole, like those who go down to the Pit; We shall find all kinds of precious possessions, We shall fill our houses with spoil; Cast in your lot among us, Let us all have one purse"-- My son, do not walk in the way with them, Keep your foot from their path; For their feet run to evil, And they make haste to shed blood. Surely, in vain the net is spread In the sight of any bird; But they lie in wait for their own blood, They lurk secretly for their own lives. So are the ways of everyone who is greedy for gain; It takes away the life of its owners. Wisdom calls aloud outside; She raises her voice in the open squares. She cries out in the chief concourses, At the openings of the gates in the city She speaks her words: "How long, you simple ones, will you love simplicity? For scorners delight in their scorning, And fools hate knowledge. Turn at my rebuke; Surely I will pour out my spirit on you; I will make my words known to you. Because I have called and you refused, I have stretched out my hand and no one regarded,

أمثال سليمان ١: ١٠ الخ

أمثال سليمان النبى بركته المقدسة تكون معنا، آمين.

يَا ابْنِي إِنْ تَمَلَّقَكَ الْخُطَاةُ فَلاَ تَرْضَ. إِنْ قَالُوا: «هَلُمَّ مَعَنَا لِنَكْمُنْ لِلدَّمِ. لِنَخْتَفِ لِلْبَرِيءِ بَاطِلاً. لِنَبْتَلِعْهُمْ أَحْيَاءً كَالْهَاوِيَةِ وَصِحَاحاً كَالْهَابِطِينَ فِي الْجُبِّ فَنَجِدَ كُلَّ قِنْيَةٍ فَاخِرَةٍ نَمْلأُ بُيُوتَنَا غَنِيمَةً. تُلْقِي قُرْعَتَكَ وَسَطَنَا. يَكُونُ لَنَا جَمِيعاً كِيسٌ وَاحِدٌ». يَا ابْنِي لاَ تَسْلُكْ فِي الطَّرِيقِ مَعَهُمْ. امْنَعْ رِجْلَكَ عَنْ مَسَالِكِهِمْ. لأَنَّ أَرْجُلَهُمْ تَجْرِي إِلَى الشَّرِّ وَتُسْرِعُ إِلَى سَفْكِ الدَّمِ. لأَنَّهُ بَاطِلاً تُنْصَبُ الشَّبَكَةُ فِي عَيْنَيْ كُلِّ ذِي جَنَاحٍ. أَمَّا هُمْ فَيَكْمُنُونَ لِدَمِ أَنْفُسِهِمْ. يَخْتَفُونَ لأَنْفُسِهِمْ. هَكَذَا طُرُقُ كُلِّ مُولَعٍ بِكَسْبٍ. يَأْخُذُ نَفْسَ مُقْتَنِيهِ! اَلْحِكْمَةُ تُنَادِي فِي الْخَارِجِ. فِي الشَّوَارِعِ تُعْطِي صَوْتَهَا. تَدْعُو فِي رُؤُوسِ الأَسْوَاقِ فِي مَدَاخِلِ الأَبْوَابِ. فِي الْمَدِينَةِ تُبْدِي كَلاَمَهَا قَائِلَةً: «إِلَى مَتَى أَيُّهَا الْجُهَّالُ تُحِبُّونَ الْجَهْلَ وَالْمُسْتَهْزِئُونَ يُسَرُّونَ بِالاِسْتِهْزَاءِ وَالْحَمْقَى يُبْغِضُونَ الْعِلْمَ؟ اِرْجِعُوا عِنْدَ تَوْبِيخِي. هَئَنَذَا أُفِيضُ لَكُمْ رُوحِي. أُعَلِّمُكُمْ كَلِمَاتِي. «لأَنِّي دَعَوْتُ فَأَبَيْتُمْ وَمَدَدْتُ يَدِي وَلَيْسَ مَنْ يُبَالِي بَلْ رَفَضْتُمْ كُلَّ مَشُورَتِي وَلَمْ تَرْضُوا تَوْبِيخِي. فَأَنَا أَيْضاً

because you disdained all my counsel, And would have none of my rebuke, I also will laugh at your calamity; I will mock when your terror comes, When your terror comes like a storm, And your destruction comes like a whirlwind, When distress and anguish come upon you. "Then they will call on me, but I will not answer; They will seek me diligently, but they will not find me. Because they hated knowledge And did not choose the fear of the Lord, They would have none of my counsel And despised my every rebuke. Therefore they shall eat the fruit of their own way, And be filled to the full with their own fancies. For the turning away of the simple will slay them, And the complacency of fools will destroy them; But whoever listens to me will dwell safely, And will be secure, without fear of evil."

Glory be to the Holy Trinity our God unto the age of all ages, Amen.

أَضْحَكُ عِنْدَ بَلِيَّتِكُمْ. أَشْمَتُ عِنْدَ مَجِيءِ خَوْفِكُمْ. إِذَا جَاءَ خَوْفُكُمْ كَعَاصِفَةٍ وَأَتَتْ بَلِيَّتُكُمْ كَالزَّوْبَعَةِ إِذَا جَاءَتْ عَلَيْكُمْ شِدَّةٌ وَضِيقٌ حِينَئِذٍ يَدْعُونَنِي فَلاَ أَسْتَجِيبُ. يُبَكِّرُونَ إِلَيَّ فَلاَ يَجِدُونَنِي. لأَنَّهُمْ أَبْغَضُوا الْعِلْمَ وَلَمْ يَخْتَارُوا مَخَافَةَ الرَّبِّ. لَمْ يَرْضُوا مَشُورَتِي. رَذَلُوا كُلَّ تَوْبِيخِي. فَلِذَلِكَ يَأْكُلُونَ مِنْ ثَمَرِ طَرِيقِهِمْ وَيَشْبَعُونَ مِنْ مُؤَامَرَاتِهِمْ. لأَنَّ ارْتِدَادَ الْحَمْقَى يَقْتُلُهُمْ وَرَاحَةَ الْجُهَّالِ تُبِيدُهُمْ. أَمَّا الْمُسْتَمِعُ لِي فَيَسْكُنُ آمِناً وَيَسْتَرِيحُ مِنْ خَوْفِ الشَّرِّ».

مجداً للثالوث القدوس الهنا إلى الأبد وإلى أبد الآبدين كلها، آمين.

Ⲏⲥⲁⲏⲁⲥ Ⲕⲉⲫ ⲛ̅ⲑ̅ : ⲁ̅ - ⲓ̅ⲍ̅

Ⲉⲃⲟⲗϧⲉⲛ Ⲏⲥⲁⲏⲁⲥ ⲡⲓⲡⲣⲟⲫⲏⲧⲏⲥ: ⲉⲣⲉⲡⲉϥⲥ̀ⲙⲟⲩ ⲉⲑⲟⲩⲁⲃ ϣⲱⲡⲓ ⲛⲉⲙⲁⲛ ⲁ̀ⲙⲏⲛ ⲉϥϫⲱ ⲙ̀ⲙⲟⲥ.

Ⲙⲏⲧ̀ϫⲓϫ ⲙ̀Ⲡⲟ̅ⲥ̅ ϫⲉⲙϫⲟⲙ ⲉ̀ⲙⲧⲁⲛϩⲟ ⲏ ⲛⲧⲁⲡⲉϥⲙⲁϫⲉ ⲉϩⲣϣ ⲉⲥⲱⲧⲉⲙ ⲁⲗⲗⲁ ⲛⲉⲧⲉⲛⲛⲟⲃⲓ ⲁ̀ϩⲓ ⲉⲣⲁⲧⲟⲩ ϧⲉⲛ ⲛⲉⲧⲉⲛⲙⲏϯ ⲛⲉⲙ Ⲫϯ ⲟⲩⲟϩ ⲉⲑⲃⲉ ⲛⲉⲧⲉⲛⲛⲟⲃⲓ ⲁϥⲕⲧⲟ ⲙ̀ⲡⲉϥϩⲟ ⲉ̀ⲃⲟⲗ ⲙ̀ⲙⲱⲧⲉⲛ ⲉ̀ⲧⲉⲙⲛⲁ ⲛⲏⲧⲉⲛ. Ⲛⲉⲧⲉⲛϫⲓϫ ⲅⲁⲣ ⲧⲱⲗⲉⲙ ⲛ̀ⲥⲛⲟϥ ⲟⲩⲟϩ ⲛⲉⲧⲉⲛⲧⲏⲃⲓ ϧⲉⲛ ϩⲁⲛⲛⲟⲃⲓ ⲁ̀ⲛⲉⲧⲉⲛⲥⲫⲟⲧⲟⲩ ϫⲱ ⲛ̀ⲟⲩⲁⲛⲟⲙⲓⲁ ⲟⲩⲟϩ ⲁ̀ⲡⲉⲧⲉⲛⲗⲁⲥ ⲙⲉⲗⲉⲧⲁ ⲛ̀ⲟⲩϭⲓ ⲛ̀ϫⲟⲛⲥ ⲙ̀ⲙⲉⲛⲗⲁⲩ ϫⲱ ⲛ̀ⲧⲙⲉ ⲟⲩⲆⲉ ⲙⲛⲕⲣⲓⲧⲏⲥ ⲙ̀ⲙⲏⲓ ⲉⲩⲛⲁϩϯ ⲉ̀ ϩⲉⲛⲡⲣⲁ ⲉⲩϫⲱ ⲛ̀ϩⲁⲛϣⲟⲩⲓⲧ ϫⲉ ⲉⲩⲉⲧ ⲙ̀ⲡ̀ϧⲓⲥⲓ ⲉⲧⲉ̀ϫⲫⲟ ⲛ̀ⲙ̀ⲡⲉⲧϣⲟⲩⲓⲧ : ⲁⲩⲟϫⲡ ⲛ̀ϩⲁⲛⲥⲱⲟⲩϩⲓ ⲛ̀ϩⲟϥ ⲟⲩⲟϩ ⲁⲩⲧⲁⲗⲟ ⲛ̀ⲟⲩⲛⲁⲧ ⲛ̀ϩⲁⲗⲟⲩⲥ ⲟⲩⲟϩ ⲡⲉⲑⲛⲁⲟⲩⲱⲙ ⲉ̀ⲃⲟⲗϧⲉⲛ ⲛⲟⲩⲥⲱⲟⲩϩⲓ ⲉϥⲟⲩⲟϫⲡⲟⲩ ⲁϥϩⲓ ⲉⲩⲑⲏⲣⲓⲟⲛ ⲟⲩⲟϩ ⲟⲩⲥⲓⲧ ⲉ̀ϩⲣⲁⲓ ⲛ̀ϧ̀ⲏⲧϥ ⲡⲉⲩⲛⲁⲧ ⲛⲁⲉⲣϩⲟⲓϯ ⲛⲁⲩ ⲁⲛ ⲟⲩⲟϩ ⲛ̀ⲛⲉⲩϫⲟⲗⲟⲩ ⲉ̀ⲃⲟⲗϧⲉⲛ ⲛⲟⲩϩⲃⲏⲟⲩⲓ̀. Ⲛⲟⲩϩⲃⲏⲟⲩⲓ̀ ⲅⲁⲣ ϩⲁⲛϩⲃⲏⲟⲩⲓ̀ ⲛ̀ⲁⲛⲟⲙⲓⲁ ⲛⲉ ⲟⲩⲟϩ ⲉⲣⲉ ⲛⲟⲩⲟⲩⲉⲣⲏϯ ⲫⲏⲧ ⲉⲩⲡⲟⲛⲏⲣⲓⲁ ⲁⲩϫⲉⲡⲏ ⲉ̀ⲡⲉⲛ ⲥⲛⲟϥ ⲉ̀ⲃⲟⲗ ⲟⲩⲟϩ ⲛⲉⲩⲙⲟⲕⲙⲉⲕ ⲉϩⲁⲛ ⲙⲟⲕⲙⲉⲕ ⲛ̀ⲁⲑⲏⲧ ⲟⲩⲟⲩⲱϣϥ ⲙⲛ ⲟⲩⲧⲁⲗⲁⲓⲡⲱⲣⲓⲁ ⲛⲉⲧϧⲉⲛ ⲛⲉⲩϩⲓⲟⲩⲓ̀ : ⲧⲉϩⲓⲏ ⲛ̀ϯϩⲓⲣⲏⲛⲏ ⲙ̀ⲡⲟⲩⲥⲟⲩⲱⲛⲥ : ⲛ̀ⲑⲟⲧⲉ ⲙ̀Ⲫϯ ϧⲉⲛ ⲛⲟⲩϩⲓⲟⲩⲓ̀ ⲁⲛ ⲛⲉⲩϩⲓⲟⲩⲓ̀ ⲅⲁⲣ ϫⲱⲙⲓ ⲉⲧⲟⲩⲙⲟϣⲓ ⲛ̀ϧⲏⲧⲟⲩ ⲟⲩⲟϩ ⲛ̀ⲥⲉⲥⲱⲟⲩⲛ ⲁⲛ ⲛ̀ϯϩⲓⲣⲏⲛⲏ : ⲉⲑⲃⲉ ⲫⲁⲓ ⲁ̀ⲡϩⲁⲡ ⲥⲁϩⲱϥ ⲉ̀ⲃⲟⲗ ⲙ̀ⲙⲱⲟⲩ ⲟⲩⲟϩ ⲛ̀ⲛⲉ ⲧ̀ⲇⲓⲕⲉⲟⲥⲩⲛⲏ ⲧⲁϩⲱⲟⲩ ⲉⲁⲩϫⲱ ⲉ̀ⲡⲟⲩⲱⲓⲛⲓ ⲁ̀ⲡⲕⲁⲕⲉ ϣⲱⲡⲓ ⲛⲁⲩ ⲁⲩϩⲓⲡⲟⲙⲟⲛⲏ ⲉ̀ⲡⲓⲟⲩⲱⲓⲛⲓ ⲁⲩⲙⲟϣⲓ ϧⲉⲛ ⲟⲩⲕ̀ⲣⲉⲙⲧⲥ ⲥⲉⲛⲁϫⲉⲙϫⲟⲙ ⲉ̀ⲧϫⲟ ⲛ̀ⲑⲉ ⲟⲩⲃⲉⲗⲗⲉ ⲟⲩⲟϩ ⲥⲉⲛⲁ ϩϫⲟⲡϫⲉⲡ ⲛ̀ⲑⲉ ⲛ̀ⲛⲉⲧⲙ̀ⲛⲃⲁⲗ ⲙ̀ⲙⲟⲟⲩ ⲟⲩⲟϩ ⲛ̀ⲥⲉⲛⲁϩⲓ ⲙ̀ⲙⲏⲣⲓ ⲛ̀ⲑⲉ ⲛ̀ⲛⲉⲧϧⲉⲛ ⲧ̀ⲫⲁϣⲓ ⲛ̀ⲉϫⲱⲣϩ ⲛ̀ⲑⲉ ⲛ̀ⲛⲉⲑⲛⲁⲙⲟⲩ ⲥⲉⲛⲁⲁϣⲁϩⲟⲙ ⲛ̀ⲑⲉ ⲛ̀ⲟⲩ ⲁⲣⲝ ⲟⲩⲟϩ ⲛ̀ⲑⲉ ⲟⲩϭ̀ⲣⲟⲙⲡⲓ ⲥⲉⲛⲁⲙⲟϣⲓ ϩⲓⲟⲩⲥⲟⲡ ⲧⲉⲛⲛⲁϫⲱ ⲉⲩϩⲁⲡ ⲟⲩⲟϩⲛⲉϥϣⲟⲡⲁⲛ. ⲁⲡⲓⲟⲩϫⲁⲓ ⲟⲩⲉⲙ̀ⲙⲟⲛ ⲙ̀ⲡⲓⲟⲩⲉ ⲧⲉⲛⲁⲛⲟⲙⲓⲁ̀ ⲅⲁⲣ ⲟϣ ⲙ̀ⲡⲉⲕ̀ⲙ̀ⲑⲟ ⲉ̀ⲃⲟⲗ ⲟⲩⲟϩ ⲁⲛⲉⲛⲛⲟⲃⲓ ⲟϩⲓ ⲉ̀ⲣⲁⲧⲟⲩ ⲉ̀ⲣⲟⲛ ⲛⲉⲛⲁ̀ⲛⲟⲙⲓⲁ̀ ⲅⲁⲣ ⲛ̀ϧⲏⲧⲉⲛ ⲟⲩⲟϩ ⲁⲛⲉⲙⲓ ⲉⲛⲉⲛϭⲓ̀ⲛϫⲟⲛⲥ ⲁⲛⲉⲣϣⲁϥⲧⲉ ⲁⲛϭⲓϫⲟⲗ ⲟⲩⲟϩ ⲁⲛⲗⲟ ⲉⲛⲟⲩⲏϩ ϩⲓⲡⲁϩⲟⲩ ⲙ̀Ⲫϯ ⲁⲛϫⲱ ⲛ̀ϩⲁⲛϭⲓ̀ⲛϫⲟⲛⲥ ⲁⲛⲉⲣⲁⲧⲥⲱⲧⲉⲙ ⲁⲛⲱⲱ ⲁⲩⲱ ⲁⲛⲙⲉⲇⲉⲧⲁ ⲉ̀ⲃⲟⲗϧⲉⲛ ⲡⲉⲛϩⲏⲧ ⲛ̀ϩⲁⲛⲥⲁϫⲓ ⲛ̀ϭⲓⲛϫⲟⲛⲥ ⲟⲩⲟϩ ⲁⲛⲥⲁϩⲉ ⲡ̀ϩⲁⲡ ⲉ̀ⲡⲁϩⲟⲩ ⲟⲩⲟϩ ⲁ̀ϯⲇⲓⲕⲉⲟⲥⲩⲛⲏ ⲟⲩⲉ ϫⲉ ⲁⲧⲙⲉ ⲱϫⲉⲛ ϩⲛ ⲛⲉⲩϩⲟⲟⲩ ⲟⲩⲟϩ ⲙ̀ⲡⲟⲩϣϫⲉⲙϫⲟⲙ ⲉⲓ ⲉ̀ⲃⲟⲗ ϩⲓⲧⲉⲛ ⲡ̀ⲥⲟⲟⲩⲧ ⲛ̀ⲧⲟϩ ⲁⲩϥⲓ ⲑⲙⲏⲓ ⲟⲩⲟϩ ⲁϥⲡⲉⲉⲛⲓ ⲡⲉⲩϩⲏⲧ ⲉ̀ⲃⲟⲗ ⲉⲑⲙⲏⲓ ⲡⲉ. ⲁⲡ̅ⲟ̅ⲥ̅ ⲛⲁⲩ ⲙ̀ⲡⲉϥⲉⲣⲁⲛⲁϥ ϫⲉ ⲙ̀ⲛϩⲁⲡ ⲁϥⲛⲁⲩ ⲟⲩⲟϩ ⲓⲥ ϩⲏⲡⲡⲉ ⲙ̀ⲛ ⲣⲱⲙⲓ ⲁϥϯⲛ̀ϩⲑⲏϥ ⲟⲩⲟϩ ⲙ̀ⲛ ⲫⲏⲧϣⲱⲡ ⲉ̀ⲣⲟϥ ⲟⲩⲟϩ ⲁϥⲃⲟⲣⲟⲩ ϧⲉⲛ ⲡⲉϥ ϫ̀ⲫⲟⲓ ⲟⲩⲟϩ ⲁϥⲧⲁϫⲣⲟⲟⲩ ϧⲉⲛ ⲧⲉϥⲙⲉⲑⲛⲁ ⲁϥϯ ϩⲓⲱϥ ⲛ̀ⲧ̀ⲇⲓⲕⲉⲟⲥⲩⲛⲏ ⲛ̀ⲑⲉ ⲟⲩϧⲱⲕ ⲟⲩⲟϩ ⲁϥϯ ⲉϫⲱϥ ⲛ̀ⲟⲩⲡⲉⲣⲓⲕⲉⲫⲁⲗⲓⲁ̀ ⲛ̀ⲟⲩϫⲁⲓ ⲉ̀ϫⲉⲛ ⲧⲉϥⲁⲫⲉ :

Ⲟⲩ̀ⲱⲟⲩ ⲛ̀ϯⲧ̀ⲣⲓⲁⲥ ⲉ̀ⲑⲟⲩⲁⲃ ⲡⲉⲛⲛⲟⲩϯ ϣⲁ ⲉ̀ⲛⲉϩ ⲛⲉⲙ ϣⲁ ⲉ̀ⲛⲉϩ ⲛ̀ⲧⲉ ⲛⲓⲉ̀ⲛⲉϩ ⲧⲏⲣⲟⲩ: ⲁ̀ⲙⲏⲛ.

Isaiah 59:1-17

A reading from the Isaiah the Prophet may his blessings be with us Amen.

Behold, the Lord's hand is not shortened, That it cannot save; Nor His ear heavy, That it cannot hear. But your iniquities have separated you from your God; And your sins have hidden His face from you, So that He will not hear. For your hands are defiled with blood, And your fingers with iniquity; Your lips have spoken lies, Your tongue has muttered perversity. No one calls for justice, Nor does any plead for truth. They trust in empty words and speak lies; They conceive evil and bring

أشعياء ٥٩ : ١ - ١٧

من أشعياء النبى بركته المقدسة تكون معنا، آمين.

هَا إِنَّ يَدَ الرَّبِّ لَمْ تَقْصُرْ عَنْ أَنْ تُخَلِّصَ وَلَمْ تَثْقَلْ أُذُنُهُ عَنْ أَنْ تَسْمَعَ. بَلْ آثَامُكُمْ صَارَتْ فَاصِلَةً بَيْنَكُمْ وَبَيْنَ إِلَهِكُمْ وَخَطَايَاكُمْ سَتَرَتْ وَجْهَهُ عَنْكُمْ حَتَّى لاَ يَسْمَعَ. لأَنَّ أَيْدِيكُمْ قَدْ تَنَجَّسَتْ بِالدَّمِ وَأَصَابِعَكُمْ بِالإِثْمِ. شِفَاهُكُمْ تَكَلَّمَتْ بِالْكَذِبِ وَلِسَانُكُمْ يَلْهَجُ بِالشَّرِّ. لَيْسَ مَنْ يَدْعُو بِالْعَدْلِ وَلَيْسَ مَنْ يُحَاكِمُ بِالْحَقِّ. يَتَّكِلُونَ عَلَى الْبَاطِلِ

وَيَتَكَلَّمُونَ بِالْكَذِبِ. قَدْ حَبِلُوا بِتَعَبٍ وَوَلَدُوا إِثْماً. فَقَسُوا بَيْضَ أَفْعَى وَنَسَجُوا خُيُوطَ الْعَنْكَبُوتِ. الآكِلُ مِنْ بَيْضِهِمْ يَمُوتُ وَالَّتِي تُكْسَرُ تُخْرِجُ أَفْعَى. خُيُوطُهُمْ لاَ تَصِيرُ ثَوْباً وَلاَ يَكْتَسُونَ بِأَعْمَالِهِمْ. أَعْمَالُهُمْ أَعْمَالُ إِثْمٍ وَفِعْلُ الظُّلْمِ فِي أَيْدِيهِمْ. أَرْجُلُهُمْ إِلَى الشَّرِّ تَجْرِي وَتُسْرِعُ إِلَى سَفْكِ الدَّمِ الزَّكِيِّ. أَفْكَارُهُمْ أَفْكَارُ إِثْمٍ. فِي طُرُقِهِمِ اغْتِصَابٌ وَسَحْقٌ. طَرِيقُ السَّلاَمِ لَمْ يَعْرِفُوهُ وَلَيْسَ فِي مَسَالِكِهِمْ عَدْلٌ. جَعَلُوا لأَنْفُسِهِمْ سُبُلاً مُعَوَّجَةً. كُلُّ مَنْ يَسِيرُ فِيهَا لاَ يَعْرِفُ سَلاَماً. مِنْ أَجْلِ ذَلِكَ ابْتَعَدَ الْحَقُّ عَنَّا وَلَمْ يُدْرِكْنَا الْعَدْلُ. نَنْتَظِرُ نُوراً فَإِذَا ظَلاَمٌ. ضِيَاءً فَنَسِيرُ فِي ظَلاَمٍ دَامِسٍ. نَتَلَمَّسُ الْحَائِطَ كَعُمْيٍ وَكَالَّذِي بِلاَ أَعْيُنٍ نَتَجَسَّسُ. قَدْ عَثَرْنَا فِي الظُّهْرِ كَمَا فِي الْعَتَمَةِ فِي الضَّبَابِ كَمَوْتَى. نَزْأَرُ كُلُّنَا كَدُبَّةٍ وَكَحَمَامٍ هَدْراً نَهْدِرُ. نَنْتَظِرُ عَدْلاً وَلَيْسَ هُوَ وَخَلاَصاً فَيَبْتَعِدُ عَنَّا. لأَنَّ مَعَاصِينَا كَثُرَتْ أَمَامَكَ وَخَطَايَانَا تَشْهَدُ عَلَيْنَا لأَنَّ مَعَاصِينَا مَعَنَا وَآثَامَنَا نَعْرِفُهَا. تَعَدَّيْنَا وَكَذِبْنَا عَلَى الرَّبِّ وَحِدْنَا مِنْ وَرَاءِ إِلَهِنَا. تَكَلَّمْنَا بِالظُّلْمِ وَالْمَعْصِيَةِ. حَبِلْنَا وَلَهَجْنَا مِنَ الْقَلْبِ بِكَلاَمِ الْكَذِبِ. وَقَدِ ارْتَدَّ الْحَقُّ إِلَى الْوَرَاءِ وَالْعَدْلُ يَقِفُ بَعِيداً. لأَنَّ الصِّدْقَ سَقَطَ فِي الشَّارِعِ وَالاِسْتِقَامَةَ لاَ تَسْتَطِيعُ الدُّخُولَ. وَصَارَ الصِّدْقُ مَعْدُوماً وَالْحَائِدُ عَنِ الشَّرِّ يُسْلَبُ. فَرَأَى الرَّبُّ وَسَاءَ فِي عَيْنَيْهِ أَنَّهُ لَيْسَ عَدْلٌ. فَرَأَى أَنَّهُ لَيْسَ إِنْسَانٌ وَتَحَيَّرَ مِنْ أَنَّهُ لَيْسَ

forth iniquity. They hatch vipers' eggs and weave the spider's web; He who eats of their eggs dies, And from that which is crushed a viper breaks out. Their webs will not become garments, Nor will they cover themselves with their works; Their works are works of iniquity, And the act of violence is in their hands. Their feet run to evil, And they make haste to shed innocent blood; Their thoughts are thoughts of iniquity; Wasting and destruction are in their paths. The way of peace they have not known, And there is no justice in their ways; They have made themselves crooked paths; Whoever takes that way shall not know peace.

Therefore justice is far from us, Nor does righteousness overtake us; We look for light, but there is darkness! For brightness, but we walk in blackness! We grope for the wall like the blind, And we grope as if we had no eyes; We stumble at noonday as at twilight; We are as dead men in desolate places. We all growl like bears, And moan sadly like doves; We look for justice, but there is none; For salvation, but it is far from us. For our transgressions are multiplied before You, And our sins testify against us; For our transgressions are with us, And as for our iniquities, we know them: In transgressing and lying against the Lord, And departing from our God, Speaking oppression and revolt, Conceiving and uttering from the heart words of falsehood. Justice is turned back, And righteousness stands afar off; For truth is fallen in the street, And equity cannot enter. So truth fails, And

he who departs from evil makes himself a prey. Then the Lord saw it, and it displeased Him That there was no justice.
He saw that there was no man, And wondered that there was no intercessor; Therefore His own arm brought salvation for Him; And His own righteousness, it sustained Him. For He put on righteousness as a breastplate, And a helmet of salvation on His head.
Glory be to the Holy Trinity our God unto the age of all ages, Amen.

شَفِيعٌ. فَخَلَّصَتْ ذِرَاعُهُ لِنَفْسِهِ وَبِرُّهُ هُوَ عَضَدَهُ. فَلَبِسَ الْبِرَّ كَدِرْعٍ وَخُوذَةَ الْخَلاَصِ عَلَى رَأْسِهِ.

مجداً للثالوث القدوس الهنا إلى الأبد وإلى أبد الآبدين كلها، آمين.

Ⲍⲁⲭⲁⲣⲓⲁⲥ Ⲕⲉⲫ ⲓ̅ⲁ̅ : ⲓ̅ⲁ̅ - ⲓ̅ⲇ̅

Ⲉⲃⲟⲗϧⲉⲛ Ⲍⲁⲭⲁⲣⲓⲁⲥ ⲡⲓⲡ̀ⲣⲟⲫⲏⲧⲏⲥ: ⲉ̀ⲣⲉⲡⲉϥⲥ̀ⲙⲟⲩ ⲉ̀ⲑⲟⲩⲁⲃ ϣⲱⲡⲓ ⲛⲉⲙⲁⲛ ⲁ̀ⲙⲏⲛ ⲉϥϫⲱ ⲙ̀ⲙⲟⲥ.

Ⲉⲩⲉⲙⲓⲛ̀ϫⲉ ⲛⲓⲭⲁⲛⲁⲛⲉⲟⲥ ⲛⲓⲉⲥⲱⲟⲩ ⲉⲧⲟⲩⲁⲣⲉϩ ⲉⲣⲱⲟⲩ ϫⲉ ⲟⲩⲥⲁϫⲓ ⲛ̀ⲧⲉ Ⲡⲟ̅ⲥ̅ ⲡⲉ ⲟⲩⲟϩ ϯⲛⲁϫⲟⲥ ⲛⲱⲟⲩ ϫⲉ ⲉϣϫⲉ ⲛⲁⲛⲉⲥ ⲙ̀ⲡⲉⲧⲉⲛ̀ⲙ̀ⲑⲟ ⲙⲁ ⲛⲁ̀ⲓ ⲙ̀ⲡⲁⲃⲉⲭⲉ ⲛ̀ⲧⲉ ⲧⲉⲛⲧⲁϩⲟϥ ⲉ̀ⲣⲁⲧϥ ⲓⲉ ⲙ̀ⲙⲟⲛ ⲛ̀ⲧⲉⲧⲉⲛⲁⲡⲟⲧⲁⲥⲥⲉ ⲟⲩⲟϩ ⲁⲩⲧⲁϩⲟ ⲉ̀ⲣⲁⲧϥ ⲙ̀ⲡⲁⲃⲉⲭⲉ ⲙⲁⲃ ⲛ̀ϩⲁⲧ. **Ⲟⲩⲟϩ** ⲡⲉϫⲉ Ⲡⲟ̅ⲥ̅ ⲛⲁⲓ ϫⲉ ⲛⲟⲩϫϥ ⲉ̀ϧ̀ⲣⲏⲓ ⲉ̀ⲫ̀ⲙⲁ̀ⲛⲟⲩⲱⲧϩ ⲛ̀ⲧⲁϫⲟⲛⲧϥ ⲙ̀ⲙⲁⲩ ϫⲉⲛⲉϥ ⲥⲱⲧⲡ ⲙ̀ⲡⲉⲥⲙⲟⲧ ⲛ̀ⲧⲁⲩϫⲟⲛⲧ ⲉϫⲱϥ ⲟⲩⲟϩ ⲁⲩϭⲓ ⲙ̀ⲡⲓⲙⲁⲁⲃ ⲛ̀ϩⲁⲧ ⲁⲓⲛⲟϫⲟⲩ ⲉ̀ⲡ̀ⲙⲁ̀ⲛⲟⲩⲱⲧϩ ⲉ̀ⲡⲏⲓ ⲙ̀Ⲡⲟ̅ⲥ̅ ⲟⲩⲟϩ ⲁⲓⲛⲁⲩ ϫⲉ ⲉ̀ⲃⲟⲗ ⲙ̀ⲡⲓⲙⲁϩ ⲃ̅ ⲛ̀ϫⲉⲣⲱϥ ⲡⲉⲥⲭⲟⲓⲛⲓⲥⲙⲁ ⲉ̀ϫⲱⲣ ⲉ̀ⲃⲟⲗ ⲛ̀ⲧⲁⲇⲓⲁⲑⲏⲕⲏ ⲉⲧϧⲉⲛⲑ̀ⲙⲏϯ ⲛ̀ⲓⲟⲩⲇⲁ ⲟⲩⲟϩ ⲉⲧⲑⲙⲏϯ ⲙ̀ⲡⲓⲥ̅ⲗ̅ :

Ⲟⲩⲱ̀ⲟⲩ ⲛ̀ϯⲧ̀ⲣⲓⲁⲥ ⲉ̀ⲑⲟⲩⲁⲃ ⲡⲉⲛⲛⲟⲩϯ ϣⲁ ⲉ̀ⲛⲉϩ ⲛⲉⲙ ϣⲁ ⲉ̀ⲛⲉϩ ⲛ̀ⲧⲉ ⲛⲓⲉ̀ⲛⲉϩ ⲧⲏⲣⲟⲩ: ⲁ̀ⲙⲏⲛ.

Zechariah 11:11-14

A reading from the Zechariah the Prophet may his blessings be with us Amen.

So it was broken on that day. Thus the poor of the flock, who were watching me, knew that it was the word of the Lord. Then I said to them, "If it is agreeable to you, give me my wages; and if not, refrain." So they weighed out for my wages thirty pieces of silver.

زكريا ١١:١١-١٤

من زكريا النبى بركته المقدسة تكون معنا، آمين.

فَنُقِضَ فِي ذَلِكَ الْيَوْمِ. وَهَكَذَا عَلِمَ أَذَلُّ الْغَنَمِ الْمُنْتَظِرُونَ لِي أَنَّهَا كَلِمَةُ الرَّبِّ. فَقُلْتُ لَهُمْ: [إِنْ حَسُنَ فِي أَعْيُنِكُمْ فَأَعْطُونِي أُجْرَتِي وَإِلاَّ فَامْتَنِعُوا]. فَوَزَنُوا أُجْرَتِي ثَلاَثِينَ مِنَ الْفِضَّةِ.

And the Lord said to me, "Throw it to the potter"--that princely price they set on me. So I took the thirty pieces of silver and threw them into the house of the Lord for the potter. Then I cut in two my other staff, Bonds, that I might break the brotherhood between Judah and Israel.
Glory be to the Holy Trinity our God unto the age of all ages, Amen.

فَقَالَ لِي الرَّبُّ: [أَلْقِهَا إِلَى الْفَخَّارِيِّ الثَّمَنَ الْكَرِيمَ الَّذِي ثَمَّنُونِي بِهِ]. فَأَخَذْتُ الثَّلاَثِينَ مِنَ الْفِضَّةِ وَأَلْقَيْتُهَا إِلَى الْفَخَّارِيِّ فِي بَيْتِ الرَّبِّ. ثُمَّ قَصَفْتُ عَصَايَ الأُخْرَى [حِبَالاً] لأَنْقُضَ الإِخَاءَ بَيْنَ يَهُوذَا وَإِسْرَائِيلَ.
مجداً للثالوث القدوس الهنا إلى الأبد وإلى أبد الآبدين كلها، آمين.

Ⲟⲩⲕⲁⲧⲏⲭⲏⲥⲓⲥ

Ⲟⲩⲕⲁⲧⲏⲭⲏⲥⲓⲥ ⲛ̀ⲧⲉ ⲡⲉⲛⲓⲱⲧ ⲉⲑⲟⲩ ⲁⲃⲃⲁ Ϣⲉⲛⲟⲩϯ ⲡⲓⲁ̀ⲣⲭⲏ ⲙⲁⲛ̀ⲇⲣⲓⲧⲏⲥ: ⲉ̀ⲣⲉ ⲡⲉϥ̀ⲥⲙⲟⲩ ⲉⲑⲟⲩⲁⲃ ϣⲱⲡⲓ ⲛⲉⲙⲁⲛ ⲁ̀ⲙⲏⲛ.

Ⲭⲱⲃ ⲃ̄ ϯⲛⲁϫⲱⲟⲩ ⲉⲣⲱⲧⲉⲛ ϫⲉ ⲟⲩⲟⲛ ⲛⲓⲃⲉⲛ ⲉ̀ⲧⲁⲩⲣⲁϣⲓ ⲉϫⲱⲟⲩ ϧⲉⲛ ⲧⲫⲉ ⲉⲑⲃⲉ ⲧⲟⲩⲙⲉⲧⲁⲛⲟⲓⲁ ⲉⲩϩⲓϫⲉⲛ ⲡ̀ⲕⲁϩⲓ ⲛ̀ⲥⲉⲛⲁⲛⲁⲩ ⲉⲩⲗⲩⲡⲏ ⲁⲛ ϧⲉⲛ ⲡⲓⲙⲁ ⲉⲧⲉ̀ⲙⲙⲁⲩ ⲟⲩⲇⲉ ⲙⲉⲕϩⲥ ⲛⲉⲧⲉⲙ ⲡⲓⲣⲁϣⲓ ⲇⲉ ⲉϫⲱⲟⲩ ϧⲉⲛ ⲧⲫⲉ ⲉⲑⲃⲉ ⲧⲟⲩⲙⲉⲧⲁⲛⲟⲙⲓⲁ ⲉⲩϩⲓϫⲉⲛ ⲡⲕⲁϩⲓ ⲛ̀ⲥⲉⲛⲁⲛⲁⲩ ⲁⲛ ⲉⲣⲁϣⲓ ⲟⲩⲇⲉ ⲁⲛⲁⲡⲁⲩⲥⲓⲥ ϧⲉⲛ ⲡⲓⲙⲁ ⲉⲧⲉⲙⲙⲁⲩ ϣⲁⲑⲛⲁⲩ ⲉⲕⲟ ⲛ̀ⲁⲙⲉⲗⲓⲥ ⲱⲡⲓⲣⲱⲙⲓ ϯⲥⲟⲡⲥ ⲙ̀ⲙⲟⲕ ⲣⲓⲙⲓ ⲛⲁⲕ ⲛ̀ϩⲱⲥⲟⲛ ⲥⲉϭⲓⲣⲙⲉⲓⲏ ⲛ̀ⲧⲟⲧⲕ ⲙⲁⲗⲓⲥⲧⲁ ⲉ̀ϣⲱⲡⲓ ⲁⲕⲉⲣϩⲁⲛϩⲃⲏⲟⲩⲓ ⲉⲩⲙ̀ⲡϣⲁ ⲙ̀ⲡⲓⲣⲓⲙⲓ ⲣⲓⲙⲓ ⲉⲣⲟⲕ ⲙ̀ⲙⲁⲩⲁⲧⲕ ⲛ̀ϩⲟⲥⲥⲛ ⲉⲣⲉ ⲛⲏⲉ̀ⲑⲟⲩⲁⲃ ⲧⲏⲣⲟⲩ ⲣⲓⲙⲓ ⲛⲉⲙⲁⲕ ⲉⲑⲃⲉ ⲡⲓⲟⲩϫⲁⲓ ⲛⲧⲉⲕⲯⲩⲭⲏ ⲛⲁⲓⲁⲧϥ ⲙ̀ⲡⲉⲛⲧⲁϥⲥⲓ ⲛ̀ⲣⲓⲙⲓ ⲉⲣⲟϥ ⲙ̀ⲙⲁⲩⲁⲧϥ ϫⲓⲛ ⲡ̀ⲙⲁ ϫⲉ ⲉϥⲛⲁⲉⲣⲃⲟⲗ ⲉⲡⲣⲓⲙⲓ ⲛⲉⲙ ⲡ̀ϭⲁϩϭⲉϩ ⲛ̀ⲟⲃϩⲉ ⲉ̀ⲑⲙⲏⲛ ⲉⲃⲟⲗ ⲟⲩⲟϩ ⲛⲉϥⲣⲁϣⲓ ϧⲉⲛ ⲫ̀ⲣⲁϣⲓ ⲛ̀ⲉⲡⲟⲩⲣⲁⲛⲓⲟⲛ ⲙⲁⲣⲉⲛⲛⲏⲫⲉ ⲱ̀ ⲛⲁⲙⲉⲛⲣⲁϯ ⲙ̀ⲡⲟⲩⲉ̀ϣⲧⲁⲙ ⲉⲣⲟⲛ ⲙ̀ⲡⲓⲙⲁⲛϣⲉⲗⲏⲧ ⲟⲩⲟϩ ⲡ̀ⲣⲟ ⲛ̀ⲛⲉⲧⲙⲉⲧⲁⲛⲟⲓⲁ ⲟⲩⲟϩ ⲛ̀ⲧⲉⲛⲧⲱⲃϩ ⲉⲙⲙⲉ ⲡ̀ⲣⲟ ⲛ̀ⲧⲉⲣⲥⲱⲧⲉⲙ ϫⲉ ⲛ̀ϯⲥⲱⲟⲩⲛ ⲙ̀ⲙⲱⲧⲉⲛ ⲁⲛ ⲛⲁⲓ ⲧⲏⲣⲟⲩ ⲛⲉⲙ ⲛⲉⲧⲟⲛ̀ϩⲟⲟⲩ ⲉⲣⲱⲟⲩ ⲧⲉⲛⲁⲥⲱⲧⲉⲙ ⲉⲣⲱⲟⲩ ⲛ̀ϣⲁⲛϫⲱ ⲉⲛⲙⲏⲛ ⲉ̀ⲃⲟⲗϧⲉⲛ ⲛⲉⲛⲛⲟⲃⲓ.

Ⲙⲁⲣⲉⲛⲉⲣ ⲥ̀ⲫ̀ⲣⲁϫⲓⲍⲓⲛ ⲛ̀ϯⲕⲁⲧⲏⲭⲏⲥⲓⲥ ⲛ̀ⲧⲉ ⲡⲉⲛⲓⲱⲧ ⲉⲑⲟⲩ ⲁⲃⲃⲁ Ϣⲉⲛⲟⲩϯ ⲡⲓⲁ̀ⲣⲭⲏ ⲙⲁⲛ̀ⲇⲣⲓⲧⲏⲥ: ⲫⲏ̀ⲉⲧⲁϥⲉⲣⲟⲩⲱⲓⲛⲓ ⲙ̀ⲡⲉⲛⲛⲟⲩⲥ ⲛⲉⲙ ⲛⲓⲃⲁⲗ ⲛ̀ⲧⲉ ⲛⲉⲛϩⲏⲧ ϧⲉⲛ ⲫ̀ⲣⲁⲛ ⲙ̀Ⲫⲓⲱⲧ ⲛⲉⲙ Ⲡ̀ϣⲏⲣⲓ ⲛⲉⲙ ⲡⲓⲡ̄ⲛ̄ⲁ̄ ⲉⲑⲟⲩ ⲟⲩⲛⲟⲩϯ ⲛ̀ⲟⲩⲱⲧ ⲁ̀ⲙⲏⲛ.

Homily

عظة

A homily of our Holy Father Abba Shenouda the Archimandrite may his blessings be with us. Amen.

عظة لأبينا القديس انبا شنوده بركته المقدسة تكون معنا، آمين.

I will tell you two things. Those who repented on earth and had the heaven rejoice for their repentance, will have

أمران أقولهما لكم إن جميع الذين يفرح بهم فى السماء من أجل توبتهم وهم على

everylasting joy in heaven. But those who did not repent on earth will neither have joy nor rest in that place.

Till when will you be lazy? I implore you, have tears while you still can and especially if you have works that are deserve tearing for. The saints are praying for you and for your salvation. Blessed is he who is full of tears for himself here for he will be saved from the crying and gnashing of teeth and instead will have heavenly joy.

My bretheren, let us awake before the bridgegroom closes the door of repentance before us and then we shall ask and hear "I do not know you" and even worst things if we keep our sinful path.

We conclude the homily of our Holy Father Abba Shenouda, who enlightened our minds and our hearts. In the name of the Father, and the Son, and the Holy Spirit, one God. Amen.

الأرض لن يروا حزناً ولا وجعاً فى ذلك المكان وأولئك الذين لم يفرحوا بهم فى السماء لاجل عدم توبتهم وهم على الأرض لن يروا فرحاً ولا راحة فى ذلك المكان فإلى متى أنت تتكاسل أيضاً أيها الإنسان اطلب إليك ابك على نفسك ما دامت تقبل منك الدموع وبالاحرى إذا كنت قد عملت أعمالاً يحق عليها البكاء فابك على نفسك وحدك مادام جميع القديسين يبكون معك لاجل خلاص نفسك. طوبى لمن امتلأ بكاء على نفسه وحده ههنا فانه سينجو من البكاء وصرير الاسنان الدائم ويفرح فرحاً سمائياً.

فلنتيقظ يا أحبائى قبلما يقفل العريس باب التوبة ونتضرع أمام الباب فنسمع لست أعرفكم كل هذه وأردأ منها نسمعها إذا تمادينا فى خطايانا.

فلنختم موعظة أبينا القديس أنبا شنودة رئيس المتوحدين الذى أنار عقولنا وعيون قلوبنا باسم الآب والابن والروح القدس الاله الواحد آمين.

The Doxology of the Pascha Hour: "Thine is the Power…" on page A5.

تسبحة ساعة البصخة: "لك القوة..." صفحة ٥ فى اخر الكتاب.

Ψαλμος μ̅ : ε̅ νεμ ζ̅ νεμ ε̅

Ⲡⲁϫⲁϫⲓ ⲁⲩϫⲱ ⲛ̀ϩⲁⲛ ⲡⲉⲧϩⲱⲟⲩ ⲛⲏⲓ : ⲁⲩⲥⲟϭⲛⲓ ϧⲁⲣⲟⲓ ⲛ̀ϩⲁⲛⲡⲉⲧϩⲱⲟⲩ. Ⲡⲁϥⲛⲏⲟⲩ ⲉ̀ϧⲟⲩⲛ ⲡⲉ ⲉ̀ⲛⲁⲩ ⲛⲁϥⲥⲁϫⲓ ⲛ̀ⲟⲩⲙⲉⲧ ⲉ̀ⲫⲗⲏⲟⲩ : ⲟⲩⲟϩ ⲡⲉϥϩⲏⲧ ⲁϥⲑⲱⲟⲩϯ ⲛⲁϥ ⲛ̀ⲟⲩⲁ̀ⲛⲟⲙⲓⲁ : ⲁ̅ⲗ̅.

Psalm 41:5,7,6

A Psalm of David the Prophet.

My enemies speak evil of me. Against me they devise my hurt. And if he comes to see me, he speaks lies; His heart gathers iniquity to itself. Alleluia.

المزمور ٤٠ : ٥ و ٧ و ٦

من مزامير داود النبى

أعدائى تقاولوا على شراً وتشاوروا على بالسوء. كان يدخل لينظر فكان يتكلم باطلاً. وقلبه جمع له اثماً هلليلويا.

Ⲉⲩⲁⲅⲅⲉⲗⲓⲟⲛ ⲕⲁⲧⲁ Ⲙⲁⲧⲑⲉⲟⲛ Ⲕⲉⲫ ⲕ̅ⲋ̅ : ⲅ̅ - ⲓ̅ⲋ̅

Ⲧⲟⲧⲉ ⲁⲩⲑⲱⲟⲩϯ ⲛ̀ϫⲉ ⲛⲓⲁⲣⲭⲏⲉⲣⲉⲩⲥ ⲛⲉⲙ ⲛⲓⲡ̀ⲣⲉⲥⲃⲩⲧⲉⲣⲟⲥ ⲛ̀ⲧⲉ ⲡⲓⲗⲁⲟⲥ ⲉ̀ϧⲟⲩⲛ ⲉ̀ϯⲁⲩⲗⲏ ⲛ̀ⲧⲉ ⲡⲓⲁⲣⲭⲏⲉⲣⲉⲩⲥ ⲫⲏⲉ̀ϣⲁⲩⲙⲟⲩϯ ⲉ̀ⲣⲟϥ ϫⲉ Ⲕⲁⲓⲁⲫⲁ Ⲟⲩⲟϩ ⲁⲩⲉⲣⲟⲩⲥⲟϭⲛⲓ ϩⲓⲛⲁ ⲛ̀ⲥⲉⲁ̀ⲙⲟⲛⲓ ⲛ̀Ⲓⲏ̅ⲥ̅ ϧⲉⲛ ⲟⲩⲭ̀ⲣⲟϥ ⲟⲩⲟϩ ⲛ̀ⲥⲉϧⲟⲑⲃⲉϥ : Ⲛⲁⲩϫⲱ ⲙ̀ⲙⲟⲥ ⲇⲉ ⲡⲉ ϫⲉ ⲙ̀ⲡⲉⲛ̀ⲑⲣⲉⲛⲁⲓⲥ ϧⲉⲛ ⲡ̀ϣⲁⲓ ϫⲉ ⲛ̀ⲛⲉ ⲟⲩϣ̀ⲑⲟⲣⲧⲉⲣ ϣⲱⲡⲓ ϧⲉⲛ ⲡⲓⲗⲁⲟⲥ. Ⲓⲏ̅ⲥ̅ ⲇⲉ ⲉϥⲭⲏ ϧⲉⲛ Ⲃⲏⲑⲁ̀ⲛⲓⲁ ϧⲉⲛ ⲡⲏⲓ ⲛ̀Ⲥⲓⲙⲱⲛ ⲡⲓⲕⲁⲕⲥⲉϩⲧ : Ⲁⲥⲓ ϩⲁⲣⲟϥ ⲛ̀ϫⲉ ⲟⲩⲥ̀ϩⲓⲙⲓ ⲉ̀ⲣⲉ ⲟⲩⲟⲛ ⲟⲩⲙⲟⲕⲓ ⲛ̀ⲥⲟϫⲉⲛ ⲛ̀ⲧⲟⲧⲥ ⲉ̀ⲛⲁϣⲉ̀ⲛⲥⲟⲩⲉⲛϥ ⲟⲩⲟϩ ⲁⲥϫⲟϣϥ ⲉ̀ϩ̀ⲣⲏⲓ ⲉ̀ϫⲉⲛ ⲧⲉϥⲁ̀ⲫⲉ ⲉϥⲣⲱⲧⲉⲃ : Ⲉⲧⲁⲩⲛⲁⲩ ⲇⲉ ⲛ̀ϫⲉ ⲛⲓⲙⲁⲑⲏⲧⲏⲥ ⲁⲩⲭ̀ⲣⲉⲙⲣⲉⲙ ⲉⲩϫⲱ̀ ⲙ̀ⲙⲟⲥ ϫⲉ ⲡⲁⲓⲧⲁⲕⲟ ⲟⲩ ⲡⲉ. Ⲛⲉ ⲟⲩⲟⲛ ϣ̀ϫⲟⲙ ⲅⲁⲣ ⲡⲉ ⲉ̀ϯ ⲙ̀ⲫⲁⲓ ⲉ̀ⲃⲟⲗ ϧⲁ ⲟⲩⲙⲏϣ ⲟⲩⲟϩ ⲉ̀ⲧⲏⲓⲧⲟⲩ ⲛ̀ⲛⲓϩⲏⲕⲓ : Ⲉⲧⲁϥⲉ̀ⲙⲓ ⲇⲉ ⲛ̀ϫⲉ Ⲓⲏ̅ⲥ̅ ⲡⲉϫⲁϥ ⲛⲱⲟⲩ : ϫⲉ ⲉⲑⲃⲉⲟⲩ ⲧⲉⲧⲉⲛⲟⲩⲁϩ ϧⲓⲥⲓ ⲉ̀ϯⲥ̀ϩⲓⲙⲓ : ⲟⲩϩⲱⲃ ⲅⲁⲣ ⲉ̀ⲛⲁⲛⲉϥ ⲡⲉⲧⲁⲥⲁⲓϥ ⲉ̀ⲣⲟⲓ : Ⲛⲓϩⲏⲕⲓ ⲅⲁⲣ ⲥⲉⲛⲉⲙⲱⲧⲉⲛ ⲛ̀ⲥⲛⲟⲩ ⲛⲓⲃⲉⲛ ⲁ̀ⲛⲟⲕ ⲇⲉ ϯⲛⲉⲙⲱⲧⲉⲛ ⲁⲛ ⲛ̀ⲥⲛⲟⲩ ⲛⲓⲃⲉⲛ. Ⲁⲥϩⲓⲟⲩⲓ ⲅⲁⲣ ⲛ̀ϫⲉ ⲑⲁⲓ ⲙ̀ⲡⲁⲓ ⲥⲟϫⲉⲛ ⲉ̀ϫⲉⲛ ⲡⲁⲥⲱⲙⲁ ⲉ̀ⲡ̀ϫⲓⲛⲕⲟⲥⲧ : Ⲁⲙⲏⲛ ϯϫⲱ ⲙ̀ⲙⲟⲥ ⲛⲱⲧⲉⲛ : ϫⲉ ⲫ̀ⲙⲁ ⲉ̀ⲧⲟⲩⲛⲁϩⲓⲱⲓϣ ⲙ̀ⲡⲁⲓ ⲉⲩⲁⲅⲅⲉⲗⲓⲟⲛ ⲙ̀ⲙⲟϥ ϧⲉⲛ ⲡⲓⲕⲟⲥⲙⲟⲥ ⲧⲏⲣϥ ⲉⲩⲉ̀ⲥⲁϫⲓ ϩⲱϥ ⲙ̀ⲫⲏⲉ̀ⲧⲁ ⲧⲁⲓ ⲥ̀ϩⲓⲙⲓ ⲁⲓϥ ⲉⲩⲙⲉⲩⲓ̀ ⲛⲁⲥ : Ⲧⲟⲧⲉ ⲁϥϣⲉⲛⲁϥ ⲛ̀ϫⲉ ⲟⲩⲁⲓ ⲉ̀ⲃⲟⲗϧⲉⲛ ⲡⲓⲙⲏⲧ ⲥ̀ⲛⲁⲩ ⲫⲏⲉ̀ϣⲁⲩ ⲙⲟⲩϯ ⲉ̀ⲣⲟϥ ϫⲉ Ⲓⲟⲩⲇⲁⲥ ⲡⲓⲥⲕⲁⲣⲓⲱⲧⲏⲥ ϩⲁ ⲛⲓⲁⲣⲭⲏ ⲉ̀ⲣⲉⲩⲥ. Ⲡⲉϫⲁϥ ⲛⲱⲟⲩ ϫⲉ ⲟⲩ ⲡⲉ ⲉ̀ⲧⲉⲧⲉⲛⲛⲁⲧⲏⲓϥ ⲛⲏⲓ ⲟⲩⲟϩ ⲁ̀ⲛⲟⲕ ϩⲱ ⲛ̀ⲧⲁ ⲧⲏⲓϥ ⲉⲧⲉⲛⲑⲏⲛⲟⲩ ⲛ̀ⲑⲱⲟⲩⲇⲉ ⲁⲩⲥⲉⲙⲛⲏⲧⲥ ⲛⲉⲙⲁϥ ⲉ̀ϯ ⲛⲁϥ ⲙ̀ⲙⲁⲡ ⲛ̀ϩⲁⲧ : Ⲟⲩⲟϩ ⲓⲥϫⲉⲛ ⲡⲓⲥⲛⲟⲩ ⲉ̀ⲧⲉ ⲙ̀ⲙⲁⲩ ⲛⲁϥⲕⲱϯ ⲡⲉ ⲛ̀ⲥⲁ ⲟⲩⲉⲩⲕⲉⲣⲓⲁ̀ ϩⲓⲛⲁ ⲛ̀ⲧⲉϥⲧⲏⲓϥ ⲛⲱⲟⲩ :

Ⲟⲩⲱϣⲧ ⲙ̀ⲡⲓⲉⲩⲁⲅⲅⲉⲗⲓⲟⲛ ⲉ̅ⲑ̅ⲩ̅.

Matthew 26:3-16

A reading from the Holy Gospel according to Saint Matthew.

Then the chief priests, the scribes, and the elders of the people assembled at the palace of the high priest, who was

متى ٢٦ : ٣-١٦

فصل شريف من إنجيل معلمنا مار متى البشير بركاته علينا آمين.

حِينَئِذٍ اجْتَمَعَ رُؤَسَاءُ الْكَهَنَةِ وَالْكَتَبَةُ وَشُيُوخُ الشَّعْبِ إِلَى دَارِ رَئِيسِ الْكَهَنَةِ الَّذِي يُدْعَى

called Caiaphas, and plotted to take Jesus by trickery and kill Him. But they said, "Not during the feast, lest there be an uproar among the people." And when Jesus was in Bethany at the house of Simon the leper, a woman came to Him having an alabaster flask of very costly fragrant oil, and she poured it on His head as He sat at the table. But when His disciples saw it, they were indignant, saying, "Why this waste? For this fragrant oil might have been sold for much and given to the poor." But when Jesus was aware of it, He said to them, "Why do you trouble the woman? For she has done a good work for Me. For you have the poor with you always, but Me you do not have always. For in pouring this fragrant oil on My body, she did it for My burial. Assuredly, I say to you, wherever this gospel is preached in the whole world, what this woman has done will also be told as a memorial to her." Then one of the twelve, called Judas Iscariot, went to the chief priests and said, "What are you willing to give me if I deliver Him to you?" And they counted out to him thirty pieces of silver. So from that time he sought opportunity to betray Him.

Bow down before the Holy Gospel.
Glory be to God forever.

قَيَافَا وَتَشَاوَرُوا لِكَيْ يُمْسِكُوا يَسُوعَ بِمَكْرٍ وَيَقْتُلُوهُ. وَلَكِنَّهُمْ قَالُوا: «لَيْسَ فِي الْعِيدِ لِئَلا يَكُونَ شَغَبٌ فِي الشَّعْبِ». وَفِيمَا كَانَ يَسُوعُ فِي بَيْتِ عَنْيَا فِي بَيْتِ سِمْعَانَ الأَبْرَصِ تَقَدَّمَتْ إِلَيْهِ امْرَأَةٌ مَعَهَا قَارُورَةُ طِيبٍ كَثِيرِ الثَّمَنِ فَسَكَبَتْهُ عَلَى رَأْسِهِ وَهُوَ مُتَّكِئٌ. فَلَمَّا رَأَى تَلاَمِيذُهُ ذَلِكَ اغْتَاظُوا قَائِلِينَ: «لِمَاذَا هَذَا الإِتْلاَفُ؟ لأَنَّهُ كَانَ يُمْكِنُ أَنْ يُبَاعَ هَذَا الطِّيبُ بِكَثِيرٍ وَيُعْطَى لِلْفُقَرَاءِ». فَعَلِمَ يَسُوعُ وَقَالَ لَهُمْ: «لِمَاذَا تُزْعِجُونَ الْمَرْأَةَ؟ فَإِنَّهَا قَدْ عَمِلَتْ بِي عَمَلاً حَسَناً! لأَنَّ الْفُقَرَاءَ مَعَكُمْ فِي كُلِّ حِينٍ وَأَمَّا أَنَا فَلَسْتُ مَعَكُمْ فِي كُلِّ حِينٍ. فَإِنَّهَا إِذْ سَكَبَتْ هَذَا الطِّيبَ عَلَى جَسَدِي إِنَّمَا فَعَلَتْ ذَلِكَ لأَجْلِ تَكْفِينِي. اَلْحَقَّ أَقُولُ لَكُمْ: حَيْثُمَا يُكْرَزْ بِهَذَا الإِنْجِيلِ فِي كُلِّ الْعَالَمِ يُخْبَرْ أَيْضاً بِمَا فَعَلَتْهُ هَذِهِ تَذْكَاراً لَهَا». حِينَئِذٍ ذَهَبَ وَاحِدٌ مِنَ الاِثْنَيْ عَشَرَ الَّذِي يُدْعَى يَهُوذَا الإِسْخَرْيُوطِيَّ إِلَى رُؤَسَاءِ الْكَهَنَةِ وَقَالَ: «مَاذَا تُرِيدُونَ أَنْ تُعْطُونِي وَأَنَا أُسَلِّمُهُ إِلَيْكُمْ؟» فَجَعَلُوا لَهُ ثَلاَثِينَ مِنَ الْفِضَّةِ. وَمِنْ ذَلِكَ الْوَقْتِ كَانَ يَطْلُبُ فُرْصَةً لِيُسَلِّمَهُ.

أسجدوا للإنجيل المقدس.
والمجد لله دائماً.

Commentary

طرح

The Commentary of the Ninth Hour of Wednesday of Holy Pascha, may its blessings be with us all. Amen.

O Christ our God, the mystery of your incarnation you have concealed in our

طرح الساعة التاسعة من يوم الأربعاء من البصخة المقدسة بركتها علينا. آمين.

سر تأنسك أخفيته مع جسدنا أيها المسيح

flesh, O Christ our God. For Abraham the great patriarch the father of all nations fathomed in great faith that God the Word shall be incarnated from his seed. When he saw that his days on earth were decreasing and that God had blessed him, he summoned his honest and loyal head servant and said to him, "Put your hand under my thigh because I will ask you to swear by the Lord of heavens that you will not betroth for my son Isaac a wife from this land on which I dwell. But go to the land of my fathers and take for him a wife from there, from my tribe and from my father's race. Be diligent regarding this matter." The servant asked prudently, Master what if the woman refused to come with me to this land? Would you rather see me come back with your son Isaac and serve him until I can bring her back? Abraham said, "be careful not to do that, if she does not come with you then you are innocent." The servant put his hand (under his master's thigh) and swore to him to keep his promise. At the fullness of time, God fulfilled this covenant that He pledged to our father Abraham, through Christ by whom all nations are blessed came from his descendants.

إلهنا، من زرع ابراهيم الأب العظيم أب جميع الشعوب، الذى لما علم بايمان أن الاله الكلمة لابد أن يتجسد من نسله، وبالأكثر عندما رأى أيامه نقصت وأن الله بارك فى أعماله، دعا عبده الكبير فى بيته، الوكيل الأمين وخاطبه قائلاً: ضع يدك تحت فخذى لأحلفك باله السماء، أنك لا تأخذ امرأة لابنى اسحق من هذه الأرض التى أنا ساكنها، بل أمض إلى أرض آبائى، وخذ له امرأة من ذلك المكان من قبيلتى وجنس آبائى. خذ له العربون بغير تهاون. فأجابه العبد بعقل هكذا قائلاً: اسمع يا سيدى ان أبت المرأة أن تأتى معى إلى هذه الأرض، أفتريد أن أرد ابنك اسحق وآخذه معى إلى أن آتى به إلى هنا؟ فقال له احذر أن ترد ابنى. فإن لم تجئ فأنت برئ. فوضع العبد يده وحلف له على ثبات هذا القول. وفى آخر الزمان أكمل الله هذا الوعد الذى وعد به أبانا ابراهيم. وظهر المسيح من صلبه الذى تتبارك به سائر الأمم.

Eleventh Hour of Wednesday

الساعة الحادية عشر من يوم الاربعاء

Ⲏⲥⲁⲏⲁⲥ Ⲕⲉⲫ ⲕⲏ : ⲓ̅ⲍ̅ - ⲕ̅ⲍ̅

Ⲉ̀ⲃⲟⲗϧⲉⲛ Ⲏ̀ⲥⲁⲏ̀ⲁⲥ ⲡⲓⲡ̀ⲣⲟⲫⲏⲧⲏⲥ: ⲉ̀ⲣⲉⲡⲉϥⲥ̀ⲙⲟⲩ ⲉ̀ⲑⲟⲩⲁⲃ ϣⲱⲡⲓ ⲛⲉⲙⲁⲛ ⲁ̀ⲙⲏⲛ ⲉϥϫⲱ ⲙ̀ⲙⲟⲥ.

Ⲉⲑⲃⲉ ⲫⲁⲓ ⲡⲁⲓⲣⲏϯ ⲉ̀ⲧⲉϥϫⲱ ⲙ̀ⲙⲱⲟⲩ ⲛ̀ϫⲉ Ⲡ̅ⲟ̅ⲥ̅ : ϫⲉ ϩⲏⲡⲡⲉ ⲁ̀ⲛⲟⲕ ⲉⲓⲉ̀ϩⲓⲟⲩ̀ⲓ ⲛ̀ⲛⲓⲥⲉⲛϯ ⲛ̀ⲧⲉ Ⲥⲓⲱⲛ ⲛ̀ⲟⲩⲱⲛⲓ ⲉⲛⲁϣⲉⲛⲥⲟⲩⲉⲛϥ ⲛ̀ⲥⲱⲧⲡ ⲛ̀ⲕⲟϩ ⲥⲁⲃⲟⲗ ⲉϥⲧⲁⲓⲏⲟⲩⲧ ⲉ̀ⲛⲉⲥⲥⲉⲛϯ : ⲟⲩⲟϩ ⲫⲏⲉⲑⲛⲁϩϯ ⲉ̀ⲣⲟϥ ⲛ̀ⲛⲉϥϭⲓϣⲓⲡⲓ : Ⲟⲩⲟϩ ⲉⲓⲉ̀ⲭⲱ ⲛ̀ⲟⲩⲕⲣⲏⲥⲓⲥ ⲉ̀ⲟⲩϩⲉⲗⲡⲓⲥ : ⲡⲓⲟⲩϫⲁⲓ ⲇⲉ ⲉ̀ϫⲉⲛ ⲧⲁⲙⲉⲑⲛⲁⲏⲧ : ⲛⲁϣⲱⲡⲓ ⲉ̀ϩⲁⲛⲙⲁⲛⲟⲩⲱϩ : ⲟⲩⲟϩ ⲛⲏⲉⲧⲉⲣϩⲉⲗⲡⲓⲥ ⲉ̀ⲫⲗⲏⲟⲩ ⲉ̀ϫⲉⲛ ϯⲙⲉⲑⲛⲟⲩϫ : ϫⲉ ⲛ̀ⲛⲉϥ ⲥⲉⲛⲑⲏⲛⲟⲩ ⲛ̀ϫⲉ ⲟⲩⲥⲁⲣⲁⲑⲏⲟⲩ : Ⲙⲏⲡⲱⲥ ⲛ̀ⲥⲉⲉⲣ ⲡ̀ⲕⲉⲱ̀ⲗⲓ ⲛ̀ⲧⲉ ⲧⲉⲛⲇⲓⲁ̀ⲑⲏⲕⲏ ⲉⲧⲟⲓ ⲛⲉⲙ ⲫⲙⲟⲩ : ⲛⲉⲙ ⲧⲉⲧⲉⲛϩⲉⲗⲡⲓⲥ ⲉⲧϣⲟⲡ ⲛⲉⲙ ⲁ̀ⲙⲉⲛϯ ⲛ̀ⲛⲉⲥⲕⲏⲛⲏ. Ⲁⲣⲉϣⲁⲛ ϯⲥⲁⲣⲁⲑⲏⲟⲩ ⲉⲧⲥⲱⲕ ⲓ̀ ⲉ̀ϫⲱⲧⲉⲛ : ⲉⲣⲉⲧⲉⲛ ⲉ̀ϣⲱⲡⲓ ⲛⲁⲥ ⲉⲩϩⲱⲙⲓ. Ⲁⲥϣⲁⲛⲓ̀ ⲉ̀ⲃⲟⲗϩⲓⲧⲉⲛ ⲑⲏⲛⲟⲩ ⲉⲥⲉ̀ϭⲓⲑⲏⲛⲟⲩ : ⲡⲓⲉ̀ϩⲟⲟⲩ ⲛⲁⲥⲓⲛⲓ ⲛ̀ϩⲁⲛⲁ̀ⲧⲟⲟⲩⲓ : ⲟⲩⲟϩ ⲟⲩⲟⲛ ⲟⲩϩⲉ̀ⲗⲡⲓⲥ ⲉⲥϩⲱⲟⲩ ⲛⲁϣⲱⲡⲓ ⲙ̀ⲡⲓⲉ̀ⲭⲱⲣϩ : ϭⲓ̀ⲥⲃⲱ ⲉ̀ⲥⲱⲧⲉⲙ ⲛⲏⲉⲧϩⲉϫϩⲱϫ : ⲙ̀ⲙⲟⲛ ⲛ̀ϣϫⲟⲙ ⲙ̀ⲙⲟⲛ ⲉ̀ⲉⲣⲡⲟⲗⲉⲙⲓⲛ : ⲁ̀ⲛⲟⲛ ⲇⲉ ⲉⲛⲟⲓ ⲛ̀ϫⲱⲃ ⲉⲑⲣⲉⲛⲑⲱⲟⲩⲧϯ ⲉ̀ϧⲟⲩⲛ : Ⲉϥⲉ̀ⲧⲱⲛϥ ⲙ̀ⲫⲣⲏϯ ⲙ̀ⲡⲓⲧⲱⲟⲩ ⲛ̀ⲛⲓⲁ̀ⲥⲉⲃⲏⲥ : ⲛ̀ⲧⲉϥϣⲱⲡⲓ ϧⲉⲛ ϯϧⲉⲗⲗⲟⲧ ⲛ̀ⲧⲉ Ⲅⲁⲃⲁⲱⲛ : ϧⲉⲛ ⲟⲩϫⲱⲛⲧ ⲉϥⲉ̀ⲓⲣⲓ ⲛ̀ⲛⲉϥϩⲃⲏⲟⲩⲓ : ϧⲉⲛ ⲟⲩϩⲱⲃ ⲉϥⲟⲓ ⲛ̀ϣⲁϣⲓ : ⲡⲉϥϫⲱⲛⲧ ⲇⲉ ⲉϥⲉⲉⲣϩⲱⲃ ϧⲉⲛ ⲟⲩⲙⲉⲧϣⲉⲙⲙⲟ : ⲟⲩⲟϩ ⲟⲩϣⲉⲙⲙⲟ ⲡⲉϥⲙ̀ⲃⲟⲛ. Ⲛⲑⲱⲧⲉⲛ ⲇⲉ ϩⲱⲧⲉⲛ ⲙ̀ⲡⲉⲣⲟⲩⲩⲛⲟϥ : ⲟⲩⲟϩ ⲙ̀ⲡⲉⲛ̀ⲑⲣⲟⲩϭⲣⲟ ⲛ̀ϫⲉ ⲛⲉⲧⲉⲛⲥ̀ⲛⲁⲩϩ : ϫⲉ ⲁ̀ⲛⲥⲱⲧⲉⲙ ⲉ̀ϩⲁⲛ̀ϩⲃⲏⲟⲩⲓ ⲉⲩϫⲏⲕⲟ̅ⲥ̅ ⲉⲃⲟⲗ ⲟⲩⲟϩ ⲉⲩϣⲱⲧ ⲉ̀ⲃⲟⲗϩⲓⲧⲉⲛ Ⲡ̅ⲟ̅ⲥ̅ ⲥⲁⲃⲁⲱⲑ ⲛⲁⲓ ⲉ̀ⲧⲉϥ ⲛⲁⲁⲓⲧⲟⲩ ϩⲓϫⲉⲛ ⲡ̀ⲕⲁϩⲓ ⲧⲏⲣϥ. Ϭ̀ⲓ̀ⲥⲙⲏ ⲟⲩⲟϩ ⲉ̀ⲣⲉ ⲧⲉⲛⲥⲱⲧⲉⲙ ⲉ̀ⲡⲁϧ̀ⲣⲱⲟⲩ : ⲙⲁϩ. ⲑⲏⲧⲉⲛ ⲟⲩⲟϩ ⲉ̀ⲣⲉⲧⲉⲛⲥⲱⲧⲉⲙ ⲉ̀ⲛⲁⲥⲁϫⲓ : Ⲙⲏ ⲫⲏⲉ̀ⲧⲉⲣⲥ̀ⲭⲁ ⲓ̀ ⲛⲁⲉⲣⲥ̀ⲭⲁⲓ ⲙ̀ⲡⲓⲉ̀ϩⲟⲟⲩ ⲧⲏⲣϥ : ⲓⲉ ϥ̀ⲛⲁⲥⲟⲃϯ ⲙ̀ⲡⲓϫ̀ⲣⲟϫ ⲙ̀ⲡⲁⲧⲉϥⲉⲣϩⲱⲃ ⲉ̀ⲡⲕⲁϩⲓ : Ⲁϥϣⲁⲛϣⲉϣ ⲡⲉϥϩⲟ ⲁⲛ ⲧⲟⲧⲉ ⲉϥⲉ̀ⲥⲓϯ ⲛ̀ⲟⲩⲕⲟⲩϫⲓ ⲛ̀ⲥⲧⲩⲭⲉⲙⲓ ⲟⲩⲟϩ ⲛ̀ⲑⲁⲡⲉⲛ : ⲟⲩⲟϩ ⲉϥⲉ̀ⲥⲓϯ ⲛ̀ⲟⲩⲥⲟⲩⲟ ⲛⲉⲙ ⲟⲩⲓⲱⲧ ⲛⲉⲙ ⲉ̀ϫⲉ̀ⲁ̀ ϧⲉⲛ ⲛⲉⲕϭⲓⲏ ⲧⲏⲣⲟⲩ : Ⲟⲩⲟϩ ⲉⲕⲉ̀ϭⲓ ⲥ̀ⲃⲱ ϧⲉⲛ ⲟⲩϩⲁⲡ ⲛ̀ⲧⲉ ⲡⲉⲕⲛⲟⲩϯ ⲟⲩⲟϩ ⲉⲕⲉ̀ⲟⲩⲛⲟϥ. Ⲟⲩ ⲅⲁⲣ ϧⲉⲛ ⲟⲩϣⲟⲧ ⲁⲛ ⲉ̀ϣⲁⲩⲧⲟⲩ ⲙ̀ⲡⲓⲥ̀ⲧⲩⲭⲉⲙⲓ : ⲟⲩⲇⲉ ⲙ̀ⲡⲁⲣⲉ ⲧⲣⲟⲭⲟⲥ ⲛⲉⲙ ⲃ̀ⲣⲉϩⲓ ⲕⲱϯ ⲉ̀ϫⲉⲛ ⲡⲓⲑⲁⲡⲉⲛ : ⲁⲗⲗⲁ ϧⲉⲛ ⲟⲩϣ̀ⲃⲱⲧ ϣⲁⲩⲛⲟϩ ⲙ̀ⲡⲓⲥ̀ⲧⲩⲭⲉⲙⲓ : ⲡⲓⲑⲁⲡⲉⲛ ⲇⲉ ⲉ̀ϣⲁⲩⲟⲩⲟⲙϥ ϩⲓⲱⲓⲕ : Ⲟⲩ ⲅⲁⲣ ⲁ̀ⲛⲟⲕ ϯⲛⲁϫⲱⲛⲧ ⲉ̀ⲣⲱⲧⲉⲛ ⲁⲛ ϣⲁⲉ̀ⲛⲉϩ ⲟⲩⲇⲉ ⲛ̀ⲛⲉⲥϩⲱⲙⲓ ⲉ̀ϫⲉⲛ ⲑⲏⲛⲟⲩ ⲛ̀ϫⲉ ⲧ̀ⲥⲙⲏ ⲛ̀ⲧⲉ ⲡⲁϣⲁϣⲓ : Ⲟⲩⲟϩ ⲛⲁⲓ̀ϣ̀ⲫⲏⲣⲓ ⲉⲧⲁⲩⲓ̀ ⲉ̀ⲃⲟⲗϩⲓⲧⲉⲛ Ⲡ̅ⲟ̅ⲥ̅ ⲥⲁ ⲃⲁⲱⲑ ⲥⲟϭⲛⲓ ⲟⲩⲟϩ ϭ̀ⲓⲥⲓ ⲛ̀ⲟⲩⲛⲟⲙϯ ⲛ̀ⲉ̀ⲫ̀ⲗⲏⲟⲩ.

Ⲟⲩ̀ⲱⲟⲩ ⲛ̀ϯⲧ̀ⲣⲓⲁⲥ ⲉ̀ⲑⲟⲩⲁⲃ ⲡⲉⲛⲛⲟⲩϯ ϣⲁ ⲉ̀ⲛⲉϩ ⲛⲉⲙ ϣⲁ ⲉ̀ⲛⲉϩ ⲛ̀ⲧⲉ ⲛⲓⲉ̀ⲛⲉϩ ⲧⲏⲣⲟⲩ: ⲁ̀ⲙⲏⲛ.

Isaiah 28:16-29

أشعياء ٢٨ : ١٦-٢٦

A reading from Isaiah the Prophet may his blessings be with us Amen.

Therefore thus says the Lord God: "Behold, I lay in Zion a stone for a foundation, A tried stone, a precious cornerstone, a sure foundation;

من أشعياء النبى بركته المقدسة تكون معنا، آمين.

لِذلِكَ هكَذَا يَقُولُ السَّيِّدُ الرَّبُّ: «هأَنَذَا أُؤَسِّسُ فِي صِهْيَوْنَ حَجَرَ امْتِحَانٍ حَجَرَ زَاوِيَةٍ

كَرِيماً أَسَاساً مُؤَسَّساً. مَنْ آمَنَ لاَ يَهْرُبُ. وَأَجْعَلُ الْحَقَّ خَيْطاً وَالْعَدْلَ مِطْمَاراً فَيَخْطَفُ الْبَرَدُ مَلْجَأَ الْكَذِبِ وَيَجْرُفُ الْمَاءُ السِّتَارَةَ. وَيُمْحَى عَهْدُكُمْ مَعَ الْمَوْتِ وَلاَ يَثْبُتُ مِيثَاقُكُمْ مَعَ الْهَاوِيَةِ. السَّوْطُ الْجَارِفُ إِذَا عَبَرَ تَكُونُونَ لَهُ لِلدَّوْسِ. كُلَّمَا عَبَرَ يَأْخُذُكُمْ فَإِنَّهُ كُلَّ صَبَاحٍ يَعْبُرُ فِي النَّهَارِ وَفِي اللَّيْلِ وَيَكُونُ فَهْمُ الْخَبَرِ فَقَطِ انْزِعَاجاً». لأَنَّ الْفِرَاشَ قَدْ قَصَرَ عَنِ التَّمَدُّدِ وَالْغِطَاءَ ضَاقَ عَنِ الاِلْتِحَافِ. لأَنَّهُ كَمَا فِي جَبَلِ فَرَاصِيمَ يَقُومُ الرَّبُّ وَكَمَا فِي الْوِطَاءِ عِنْدَ جِبْعُونَ يَسْخَطُ لِيَفْعَلَ فِعْلَهُ الْغَرِيبَ وَلِيَعْمَلَ عَمَلَهُ الْغَرِيبَ. فَالآنَ لاَ تَكُونُوا مُتَهَكِّمِينَ لِئَلاَّ تُشَدَّدَ رُبُطُكُمْ لأَنِّي سَمِعْتُ فَنَاءً قُضِيَ بِهِ السَّيِّدُ رَبُّ الْجُنُودِ عَلَى كُلِّ الأَرْضِ. أُصْغُوا وَاسْمَعُوا صَوْتِي. انْصُتُوا وَاسْمَعُوا قَوْلِي. هَلْ يَحْرُثُ الْحَارِثُ كُلَّ يَوْمٍ لِيَزْرَعَ وَيَشُقَّ أَرْضَهُ وَيُمَهِّدَهَا؟ أَلَيْسَ أَنَّهُ إِذَا سَوَّى وَجْهَهَا يَبْذُرُ الشُّونِيزَ وَيُذَرِّي الْكَمُّونَ وَيَضَعُ الْحِنْطَةَ فِي أَتْلاَمٍ وَالشَّعِيرَ فِي مَكَانٍ مُعَيَّنٍ وَالْقَطَانِيَّ فِي حُدُودِهَا؟ فَيُرْشِدُهُ. بِالْحَقِّ يُعَلِّمُهُ إِلَهُهُ. إِنَّ الشُّونِيزَ لاَ يُدْرَسُ بِالنَّوْرَجِ وَلاَ تُدَارُ بَكَرَةُ الْعَجَلَةِ عَلَى الْكَمُّونِ بَلْ بِالْقَضِيبِ يُخْبَطُ الشُّونِيزُ وَالْكَمُّونُ بِالْعَصَا. يُدَقُّ الْقَمْحُ لأَنَّهُ لاَ يَدْرُسُهُ إِلَى الأَبَدِ فَيَسُوقُ بَكَرَةَ عَجَلَتِهِ وَخَيْلَهُ. لاَ يَسْحَقُهُ. هَذَا أَيْضاً خَرَجَ مِنْ قِبَلِ رَبِّ الْجُنُودِ. عَجِيبُ الرَّأْيِ عَظِيمُ الْفَهْمِ.

Whoever believes will not act hastily. Also I will make justice the measuring line, And righteousness the plummet; The hail will sweep away the refuge of lies, And the waters will overflow the hiding place. Your covenant with death will be annulled, And your agreement with Sheol will not stand; When the overflowing scourge passes through, Then you will be trampled down by it. As often as it goes out it will take you; For morning by morning it will pass over, And by day and by night; It will be a terror just to understand the report." For the bed is too short to stretch out on, And the covering so narrow that one cannot wrap himself in it. For the Lord will rise up as at Mount Perazim, He will be angry as in the Valley of Gibeon-- That He may do His work, His awesome work, And bring to pass His act, His unusual act. Now therefore, do not be mockers, Lest your bonds be made strong; For I have heard from the Lord God of hosts, A destruction determined even upon the whole earth. Give ear and hear my voice, Listen and hear my speech. Does the plowman keep plowing all day to sow? Does he keep turning his soil and breaking the clods? When he has leveled its surface, Does he not sow the black cummin And scatter the cummin, Plant the wheat in rows, The barley in the appointed place, And the spelt in its place? For He instructs him in right judgment, His God teaches him. For the black cummin is not threshed with a threshing sledge, Nor is a cartwheel rolled over the cummin; But the black cummin is beaten out with a stick, And

the cummin with a rod. Bread flour must be ground; Therefore he does not thresh it forever, Break it with his cartwheel, Or crush it with his horsemen. This also comes from the Lord of hosts, Who is wonderful in counsel and excellent in guidance.
Glory be to the Holy Trinity our God unto the age of all ages, Amen.

مجداً للثالوث القدوس الهنا إلى الأبد وإلى أبد الآبدين كلها، آمين.

Ⲟⲩⲕⲁⲧⲏⲕⲏⲥⲓⲥ

Ⲟⲩⲕⲁⲧⲏⲕⲏⲥⲓⲥ ⲛ̀ⲧⲉ ⲡⲉⲛⲓⲱⲧ ⲉⲑⲟⲩⲁⲃ ⲁⲃⲃⲁ Ⲥⲉⲩⲏⲣⲟⲥ: ⲉ̀ⲣⲉ ⲡⲉϥⲥ̀ⲙⲟⲩ ⲉⲑⲟⲩⲁⲃ ϣⲱⲡⲓ ⲛⲉⲙⲁⲛ ⲁ̀ⲙⲏⲛ.

Ⲓⲥ ϩⲏⲡⲡⲉ ϫⲉ ⲟⲛ ϯⲛⲟⲩ ⲱⲛⲓ ⲥ̀ⲛⲏⲟⲩ ⲧⲉⲛⲛⲁϯ ⲙ̀ⲫ̀ⲙⲉⲩⲓ ⲛⲱⲧⲉⲛ ⲉⲑⲃⲉ ⲧ̀ⲉⲙⲏ ⲉⲑⲛⲁϣⲱⲡⲓ ⲉ̀ϫⲉⲛ ⲛⲓⲣⲉϥⲉⲣⲛⲟⲃⲓ : ⲛⲉⲙ ⲛⲏⲉⲧϫⲱⲗ ⲙ̀ⲡⲓⲛⲟⲙⲟⲥ ⲉ̀ⲃⲟⲗ ⲛⲉⲙ ⲛⲓⲉⲛⲧⲟⲗⲏ ⲛ̀ⲧⲉ ⲡ̀ⲱⲛ : Ⲡⲉϫⲁϥ ⲅⲁⲣ ϫⲉ ϩⲉⲛ ⲑⲏⲛⲟⲩ ⲥⲁⲃⲟⲗ ⲙ̀ⲙⲟⲓ ⲛⲏⲉⲧⲥ̀ϩⲟⲩⲟⲣⲧ ⲉ̀ⲡⲓⲭ̀ⲣⲱⲙ ⲛ̀ⲉ̀ⲛⲉϩ : ⲉ̀ⲣⲉ ⲛⲁⲓ ⲅⲁⲣ ⲛⲁϫⲟⲩϣⲧ ϧⲁϫⲱϥ ⲛ̀ⲁϣ ⲛ̀ⲥⲟⲗⲥⲉⲗ ⲛ̀ⲕⲉⲥⲟⲡ : ⲑⲁⲓ ⲧⲉ ϧⲉⲛ ⲟⲩⲙⲉⲑⲙⲏⲓ ⲡⲉϯϧⲉⲗⲗⲟⲧ ⲛ̀ⲧⲉ ⲫⲣⲓⲙⲓ ⲡⲓⲙⲁ ⲉⲧⲉ ϩⲁⲛⲉⲣⲙⲱⲟⲩⲓ ⲛⲁϣⲱⲡⲓ ⲙ̀ⲙⲟϥ : ⲛⲁⲓ ⲛⲉ ⲛⲓⲉⲣⲙⲱⲟⲩⲓ ⲉⲧⲉ ⲙ̀ⲙⲟⲛ ϩ̀ⲗⲓ ⲛ̀ⲥⲟⲗⲥⲉⲗ ⲛⲁϣⲱⲡⲓ ⲙⲉⲛⲉⲛⲥⲱⲟⲩ : ⲉ̀ⲣⲉ ⲛⲓⲙ ⲛⲁϣϯϩⲟ ⲉϫⲉⲛ ⲛⲓⲣⲉϥⲉⲣⲛⲟⲃⲓ ⲙ̀ⲡⲓⲉ̀ϩⲟⲟⲩ ⲉⲧⲉ̀ⲙ̀ⲙⲁⲩ : Ⲉⲧⲉ̀ⲭⲁⲣⲱⲟⲩ ⲅⲁⲣ ⲛ̀ϫⲉ ⲛⲓⲁⲅⲅⲉⲗⲟⲥ : ⲛⲉⲙ ⲛⲓⲬⲉⲣⲟⲩⲃⲓⲙ ⲛⲉⲙ ⲛⲓⲤⲉⲣⲁⲫⲓⲙ : ⲛⲉⲙ ⲛⲓⲑ̀ⲙⲏⲓ ⲛⲉⲙ ⲛⲏⲉⲑⲟⲩ ⲧⲏⲣⲟⲩ : ⲙ̀ⲙⲟⲛ ⲟⲩⲁⲓ ⲛ̀ⲟⲩⲱⲧ ⲛⲁϣϯϩⲟ ⲉ̀ϫⲉⲛ ϯⲙⲉⲧⲣⲱⲙⲓ ⲙ̀ⲡⲓⲉ̀ϩⲟⲟⲩ ⲉⲧⲉ̀ⲙ̀ⲙⲁⲩ : ⲛⲓⲑⲁⲙⲓⲟ ⲧⲏⲣⲟⲩ ⲉⲩⲉ̀ⲟϩⲓ ⲉ̀ⲣⲁⲧⲟⲩ ϧⲉⲛ ⲟⲩⲭⲁⲣⲱϥ : ⲛ̀ⲧⲉ ⲡⲓⲕⲟⲥⲙⲟⲥ ⲧⲏⲣϥ ϣⲱⲡⲓ ϧⲁ ⲡⲓϩⲁⲡ ⲙ̀ⲙⲏⲓ ⲛ̀ⲧⲉ Ⲫϯ. Ⲫⲁⲓ ⲡⲉ ⲡ̀ⲥⲛⲟⲩ ⲙ̀ⲡ̀ⲱⲥϧ : ⲫⲁⲓ ⲡⲉ ⲡ̀ⲥⲛⲟⲩ ⲉⲧⲉ ϣⲁⲩⲥⲱⲕ ⲙ̀ⲡⲓϣ̀ⲛⲉ ⲉ̀ⲡⲓⲭ̀ⲣⲟ : ⲛ̀ⲥⲉ ⲫⲱⲣϫ ⲛ̀ⲛⲓⲧⲉⲃⲧ ⲉⲧϩⲱⲟⲩ ⲉ̀ⲃⲟⲗϧⲉⲛ ⲛⲓⲉⲑⲛⲁⲛⲉⲩ : ⲫⲁⲓ ⲡⲉ ⲡⲓⲉ̀ϩⲟⲟⲩ ⲉⲧⲟⲩⲛⲁϫⲟⲥ ⲛ̀ⲛⲓⲣⲉϥⲉⲣⲛⲟⲃⲓ ⲛ̀ϧⲏⲧϥ ⲛ̀ⲥⲉⲕⲟⲧⲟⲩ ⲉ̀ⲁ̀ⲙⲉⲛϯ ⲡⲟⲩⲏⲓ ϣⲁⲉ̀ⲛⲉϩ :

Ⲙⲁⲣⲉⲛⲉⲣ ⲥ̀ⲫⲣⲁⲅⲓⲍⲓⲛ ⲛ̀ϯⲕⲁⲧⲏⲭⲏⲥⲓⲥ ⲛ̀ⲧⲉ ⲡⲉⲛⲓⲱⲧ ⲉⲑⲟⲩⲁⲃ ⲁⲃⲃⲁ Ⲥⲉⲩⲏⲣⲟⲥ: ⲫⲏⲉ̀ⲧⲁϥⲉⲣⲟⲩⲱⲓⲛⲓ ⲙ̀ⲡⲉⲛⲛⲟⲩⲥ ⲛⲉⲙ ⲛⲓⲃⲁⲗ ⲛ̀ⲧⲉ ⲛⲉⲛϩⲏⲧ ϧⲉⲛ ⲫ̀ⲣⲁⲛ ⲙ̀Ⲫⲓⲱⲧ ⲛⲉⲙ Ⲡ̀ϣⲏⲣⲓ ⲛⲉⲙ ⲡⲓⲡ̀ⲛⲁ ⲉⲑⲟⲩ ⲟⲩⲛⲟⲩϯ ⲛ̀ⲟⲩⲱⲧ ⲁ̀ⲙⲏⲛ.

Homily
عظة

A homily of our Holy Father Abba Severus may his blessings be with us. Amen.

عظة لابينا القديس أنبا ساويرس بركته المقدسة تكون معنا، آمين.

Brethren, I remind you the admonishment concerning the sinner, and those who reject the law and the commandments of life. Because our

أيها الاخوه ها أنا أذكركم الآن من أجل الصوت الذى سيكون على الخطاة. والذين يكفرون بالناموس ووصايا الحياه. لانه

Lord warned them saying: Stay away from me and into eternal fire. What comfort do they expect? There is the valley of tears; the tears that can bring no comfort. Who can intercede for the sinners in that day when all the angels; Cherubim, and Seraphim keep quiet and neither the righteous nor the saints can mediate for mankind? The whole creation will be silent and the whole world will be under the Divine judgment. This is the time of harvest. This is the time to pull the net ashore to sort the good fish from the bad ones. This is the day when the sinners will be told 'Go dwell in Hell forever'.

قال أبتعدوا عنى ياملاعين إلى النار الابدية. فأى عزاء ينتظرونه هؤلاء مرة أخرى. هنا هو وادى البكاء حيث تكون الدموع. هذه هى الدموع التى لا يكون بعدها عزاء من ذا الذى يقدر أن يطلب عن الخطاة فى ذلك اليوم لان الملائكة والشاروبيم والساروفيم تصمت وجميع الابرار والقديسين لا يستطيع أحد منهم أن يشفع فى البشرية فى ذلك اليوم وتقف كل الخليقة صامتة والعالم كله يكون تحت الحكم الآلهى العادل. هذا هو زمان الحصاد. هذا هو وقت جذب الشبكة إلى الشاطئ حيث يعزل السمك الجيد من الردئ هذا هو اليوم الذى يقال فيه للخطاة أذهبوا إلى الجحيم مسكنكم إلى الابد:

We conclude the homily of our Holy Father Abba Severus, who enlightened our minds and our hearts. In the name of the Father, and the Son, and the Holy Spirit, one God. Amen.

فلنختم موعظة أبينا القديس ساويروس الذى أنار عقولنا وعيون قلوبنا بأسم الآب والإبن والروح القدس الإله الواحد، آمين.

The Doxology of the Pascha Hour: "Thine is the Power…" on page A5.

تسبحة ساعة البصخة: "لك القوة..." صفحة ٥ فى اخر الكتاب.

ⲯⲁⲗⲙⲟⲥ ⲋ̅ : ⲃ ⲛⲉⲙ ⲝ̅ⲏ : ⲓ̅ⲇ̅

Ⲙⲁⲧⲁⲗϭⲟⲓ Ⲡϭⲟⲓⲥ ϫⲉ ⲛⲁ ⲕⲁⲥ ⲁⲩϣⲑⲟⲣⲧⲉⲣ : ⲟⲩⲟϩ ⲁ̀ ⲧⲁⲯⲩⲭⲏ ϣⲑⲟⲣⲧⲉⲣ ⲉ̀ⲙⲁϣⲱ. Ⲩ̀ⲡⲉⲣⲫⲱⲛϩ ⲙ̀ⲡⲉⲕϩⲟ ⲥⲁⲃⲟⲗ ⲙ̀ⲡⲉⲕⲁ̀ⲗⲟⲩ : ⲥⲱⲧⲉⲙ ⲉ̀ⲣⲟⲓ ⲛ̀ϫⲱⲗⲉⲙ ϫⲉ ϯϩⲉϫϩⲱϫ ⲁ̅ⲗ̅.

Psalm 6:2,3 and 69:17

المزمور ٦: ٢ ومز ٦٨: ١٤

A Psalm of David the Prophet.

من مزامير داود النبى

Have mercy on me, O Lord, for my bones are troubled. My soul also is greatly troubled.

اشفنى يارب فان عظامى قد أضطربت

And do not hide Your face from Your servant, For I am in trouble; Hear me speedily. Alleluia.

ونفسى قد أنزعجت جداً. لا تصرف وجهك عن فتاك. اسمعنى سريعاً فاننى فى شدة: هلليلويا.

Ⲉⲩⲁⲅⲅⲉⲗⲓⲟⲛ ⲕⲁⲧⲁ Ⲓⲱⲁⲛⲛⲏⲛ Ⲕⲉⲫ ⲓ̅ⲃ̅ : ⲕ̅ⲍ̅ - ⲗ̅ⲋ̅

ϯⲛⲟⲩ ⲁ̀ⲧⲁⲯⲩⲭⲏ ϣ̀ⲟⲟⲣⲧⲉⲣ ⲟⲩⲟϩ ⲟⲩ ⲡⲉϯⲛⲁϫⲟϥ : ⲡⲁⲓⲱⲧ ⲛⲁϩⲙⲉⲧ ⲉ̀ⲃⲟⲗϧⲉⲛ ⲧⲁⲓⲟⲩⲛⲟⲩ : ⲁⲗⲗⲁ ⲉⲑⲃⲉ ⲫⲁⲓ ⲁⲓⲓ̀ ⲉ̀ⲧⲁⲓⲟⲩⲛⲟⲩ : Ⲫ̀ⲓⲱⲧ ⲙⲁ̀ⲱⲟⲩ ⲙ̀ⲡⲉⲕϣⲏⲣⲓ : ⲟⲩⲥ̀ⲙⲏ ⲁⲥⲓ̀ ⲉ̀ⲃⲟⲗϧⲉⲛ ⲧ̀ⲫⲉ ⲉⲥϫⲱ̀ⲙⲙⲟⲥ : ϫⲉ ⲁⲓϯⲱⲟⲩ ⲡⲁⲗⲓⲛ ϯⲛⲁϯ̀ⲱⲟⲩ : Ⲡⲓⲙⲏϣ ⲟⲩⲛ ⲉ̀ⲛⲁϥⲟϩⲓ ⲉ̀ⲣⲁⲧϥ ⲉ̀ⲧⲁⲩⲥⲱⲧⲉⲙ ⲛⲁⲩϫⲱ ⲙ̀ⲙⲟⲥ ϫⲉ ⲟⲩ ϧⲁⲣⲁⲃⲁⲓ ⲡⲉⲧⲁⲥϣⲱⲡⲓ : ϩⲁⲛⲕⲉⲭⲱⲟⲩⲛⲓ ⲇⲉ ⲛⲁⲩϫⲱ ⲙ̀ⲙⲟⲥ ϫⲉ ⲟⲩⲁⲅⲅⲉⲗⲟⲥ ⲡⲉⲧⲁϥⲥⲁϫⲓ ⲛⲉⲙⲁϥ Ⲁϥⲉ̀ⲣⲟⲩⲱ̀ ⲛ̀ϫⲉ Ⲓⲏⲥ ⲉϥϫⲱ̀ⲙⲙⲟⲥ ϫⲉ ⲉ̀ⲧⲁⲥϣⲱⲡⲓ ⲁⲛ ⲉⲑⲃⲏⲧ ⲛ̀ϫⲉ ⲧⲁⲓⲥ̀ⲙⲏ : ⲁⲗⲗⲁ ⲉⲑⲃⲉ ⲑⲏⲛⲟⲩ : ϯⲛⲟⲩ ⲡ̀ϩⲁⲡ ⲙ̀ⲡⲁⲓⲕⲟⲥⲙⲟⲥ : ϯⲛⲟⲩ ⲡ̀ⲁⲣⲭⲱⲛ ⲛ̀ⲧⲉ ⲡⲁⲓⲕⲟⲥⲙⲟⲥ ⲉⲩⲉ̀ϩⲓⲧϥ ⲉ̀ⲃⲟⲗ : Ⲟⲩⲟϩ ⲁ̀ⲛⲟⲕϩⲱ ⲁⲓϣⲁⲛϭⲓⲥⲓ ⲉ̀ⲃⲟⲗϩⲁ ⲡ̀ⲕⲁϩⲓ ⲉⲓⲉ̀ⲥⲉⲕ ⲟⲩⲟⲛ ⲛⲓⲃⲉⲛ ϩⲁⲣⲟⲓ : Ⲫⲁⲓ ⲇⲉ ⲉϥϫⲱ ⲙ̀ⲙⲟϥ ⲉϥⲉⲣⲥⲩⲙⲉⲛⲓⲛ ϫⲉ ϧⲉⲛ ⲁ̀ϣⲙ̀ⲙⲟⲩ ϥ̀ⲛⲁⲙⲟⲩ. Ⲁϥⲉ̀ⲣⲟⲩⲱ̀ ⲛ̀ϫⲉ ⲡⲓⲙⲏϣ ⲉϥϫⲱ̀ⲙⲙⲟⲥ ϫⲉ ⲁⲛⲟⲛ ⲁⲛⲥⲱⲧⲉⲙⲉ̀ⲃⲟⲗϧⲉⲛⲡⲓⲛⲟⲙⲟⲥ ϫⲉ Ⲡⲭ̅ⲥ̅ ϣⲟⲡ ϣⲁⲉ̀ⲛⲉϩ ⲟⲩⲟϩ ⲡⲱⲥ ⲛ̀ⲑⲟⲕ ⲕϫⲱ ⲙ̀ⲙⲟⲥ : ϫⲉ ϩⲱϯ ⲡⲉ ⲛ̀ⲧⲟⲩϭⲉⲥ ⲡ̀ϣⲏⲣⲓ ⲙ̀ⲫ̀ⲣⲱⲙⲓ : ⲛⲓⲙ ⲡⲉ ⲡ̀ϣⲏⲣⲓ ⲙ̀ⲫ̀ⲣⲱⲙⲓ : Ⲡⲉϫⲉ Ⲓⲏⲥ ⲛⲱⲟⲩ : ϫⲉ ⲉ̀ⲧⲓ ⲕⲉⲕⲟⲩϫⲓ ⲛ̀ⲥⲛⲟⲩ ⲡⲓⲟⲩⲱⲓⲛⲓ ϧⲉⲛ ⲑⲏⲛⲟⲩ : ⲙⲟϣⲓ ⲟⲩⲛ ϧⲉⲛ ⲡⲓⲟⲩⲱⲓⲛⲓ ϩⲟⲥ ⲡⲓⲟⲩⲱⲓⲛⲓ ⲛ̀ⲧⲉⲛ ⲑⲏⲛⲟⲩ : ϩⲓⲛⲁ ⲛ̀ⲧⲉ̀ϣⲧⲉⲙ ⲡⲓⲭⲁⲕⲓ ⲧⲁϩⲉ ⲑⲏⲛⲟⲩ : ϫⲉ ⲫⲏⲉⲑⲙⲟϣⲓ ϧⲉⲛ ⲡⲓⲭⲁⲕⲓ ⲛ̀ϥ̀ⲉ̀ⲙⲓ ⲁⲛ ϫⲉ ⲁϥⲙⲟϣⲓ ⲉ̀ⲑⲱⲛ : Ϩⲱⲥ ⲡⲓⲟⲩⲱⲓⲛⲓ ⲛ̀ⲧⲉⲛ ⲑⲏⲛⲟⲩ ⲛⲁϩϯ ⲉ̀ⲡⲓⲟⲩⲱⲓⲛⲓ ϩⲓⲛⲁ ⲛ̀ⲧⲉ ⲧⲉⲛⲉⲣϣⲏⲣⲓ ⲙ̀ⲡⲓⲟⲩⲱⲓⲛⲓ :

Ⲟⲩⲱϣⲧ ⲙ̀ⲡⲓⲉⲩⲁⲅⲅⲉⲗⲓⲟⲛ ⲉ̅ⲑ̅ⲩ̅.

John 12:27-36

A reading from the Holy Gospel according to Saint John.

"Now My soul is troubled, and what shall I say? 'Father, save Me from this hour'. But for this purpose I came to this hour. Father, glorify Your name." Then a voice came from heaven, saying, "I have both glorified it and will glorify it again." Therefore the people who stood by and heard it said that it had thundered. Others said, "An angel has spoken to Him." Jesus answered and said, "This voice did not come because of Me, but for your sake. Now is the judgment of this world; now the ruler of this world will be cast out. And I, if I am lifted up from the earth, will draw all peoples to Myself." This He said, signifying by what death He would die. The people answered Him, "We have heard from the law that the Christ remains forever; and how can You say, 'The Son of Man must be lifted up'? Who is this Son of Man?" Then Jesus said to them, "A little while longer the light is with you. Walk while you have the light, lest darkness overtake you; he who walks in darkness does not know where he is going. While you have the light, believe in the light, that you may become sons of light."

Bow down before the Holy Gospel.
Glory be to God forever.

يوحنا ١٢ : ٢٧-٣٦

فصل شريف من إنجيل معلمنا مار يوحنا البشير بركاته علينا آمين.

اَلآنَ نَفْسِي قَدِ اضْطَرَبَتْ. وَمَاذَا أَقُولُ؟ أَيُّهَا الآبُ نَجِّنِي مِنْ هَذِهِ السَّاعَةِ. وَلَكِنْ لأَجْلِ هَذَا أَتَيْتُ إِلَى هَذِهِ السَّاعَةِ. أَيُّهَا الآبُ مَجِّدِ اسْمَكَ». فَجَاءَ صَوْتٌ مِنَ السَّمَاءِ: «مَجَّدْتُ وَأُمَجِّدُ أَيْضاً». فَالْجَمْعُ الَّذِي كَانَ وَاقِفاً وَسَمِعَ قَالَ: «قَدْ حَدَثَ رَعْدٌ». وَآخَرُونَ قَالُوا: «قَدْ كَلَّمَهُ مَلاَكٌ». أَجَابَ يَسُوعُ: «لَيْسَ مِنْ أَجْلِي صَارَ هَذَا الصَّوْتُ بَلْ مِنْ أَجْلِكُمْ. اَلآنَ دَيْنُونَةُ هَذَا الْعَالَمِ. اَلآنَ يُطْرَحُ رَئِيسُ هَذَا الْعَالَمِ خَارِجاً. وَأَنَا إِنِ ارْتَفَعْتُ عَنِ الأَرْضِ أَجْذِبُ إِلَيَّ الْجَمِيعَ». قَالَ هَذَا مُشِيراً إِلَى أَيَّةِ مِيتَةٍ كَانَ مُزْمِعاً أَنْ يَمُوتَ. فَأَجَابَهُ الْجَمْعُ: «نَحْنُ سَمِعْنَا مِنَ النَّامُوسِ أَنَّ الْمَسِيحَ يَبْقَى إِلَى الأَبَدِ فَكَيْفَ تَقُولُ أَنْتَ إِنَّهُ يَنْبَغِي أَنْ يَرْتَفِعَ ابْنُ الإِنْسَانِ؟ مَنْ هُوَ هَذَا ابْنُ الإِنْسَانِ؟» فَقَالَ لَهُمْ يَسُوعُ: «النُّورُ مَعَكُمْ زَمَاناً قَلِيلاً بَعْدُ فَسِيرُوا مَا دَامَ لَكُمُ النُّورُ لِئَلاَّ يُدْرِكَكُمُ الظَّلاَمُ. وَالَّذِي يَسِيرُ فِي الظَّلاَمِ لاَ يَعْلَمُ إِلَى أَيْنَ يَذْهَبُ. مَا دَامَ لَكُمُ النُّورُ آمِنُوا بِالنُّورِ لِتَصِيرُوا أَبْنَاءَ النُّورِ».

أسجدوا للإنجيل المقدس.

والمجد لله دائماً.

Commentary

The Commentary of the Eleventh Hour of Wednesday of Holy Pascha, may its blessings be with us all. Amen.

Let us contemplate on the plans of God the Word who has the power over death and gives life to every one. Through his incarnation in a human form, he showed concern and weakness. The Savior said, "Now my soul troubled, and what shall I say? 'Father, save me from this hour.' But for this purpose I came to this hour." Truly, He came to the world so that He may suffer for our salvation. He came to save the first man from Hades and to restore him again to his heavenly status, according to His great mercy. Let us cry to Him incessantly and ask of Him to make us partners in the glory of His kingdom and confirm us in the faith of His Holy Name.

طرح

طرح الساعة الحادية عشرة من يوم الأربعاء من البصخة المقدسة بركتها علينا. آمين.

تأملوا يا أهل المعرفة تدبير الله الكلمة، الذى بيده سلطان الموت، وحياة كل أحد من عنده. لكن لأجل جسد البشرية الذى أخذه منا يظهر الاضطراب والضعف. قال المخلص: الآن نفسى مضطربة. وماذا أقول؟ يا أبتاه نجنى من هذه الساعة. لكن لأجل هذه الساعة أتيت.

نعم بالحقيقة أتى إلى العالم لكى يتألم من أجل خلاصنا ويصعد من الجحيم الإنسان الأول الذى خلقه، ويرده إلى وطنه الأول هو وبنيه كعظيم رحمته. فلنصرخ نحوه بغير تكاسل، ونطلب اليه بغير فتور، لكى يجعلنا شركاء معه فى مجد ملكوته، ويثبتنا إلى النفس الأخير على الإيمان باسمه القدوس.

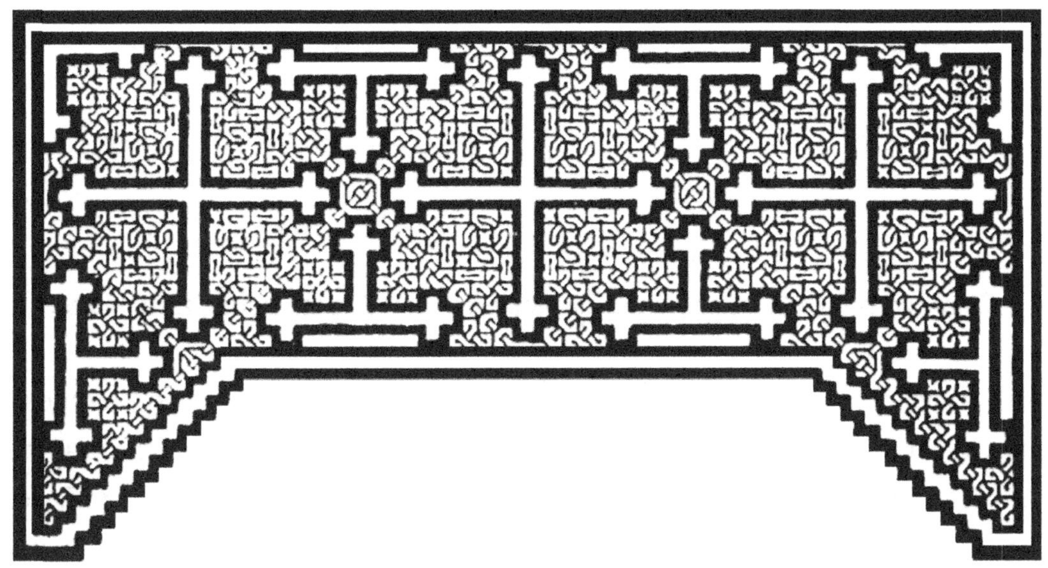

EVE OF THURSDAY OF HOLY PASCHA

ليلة الخميس من البصخة المقدس

First Hour of Eve of Thursday

الساعة الأولى من ليلة الخميس

Ⲓⲉⲍⲉⲕⲓⲏⲗ Ⲕⲉⲫ ⲙ̅ⲅ̅ : ⲉ̅ – ⲓ̅ⲁ̅

Ⲉⲃⲟⲗϧⲉⲛ Ⲓⲉⲍⲉⲕⲓⲏⲗ ⲡⲓⲡ̀ⲣⲟⲫⲏⲧⲏⲥ: ⲉⲣⲉⲡⲉϥ̀ⲥⲙⲟⲩ ⲉ̀ⲑⲟⲩⲁⲃ ϣⲱⲡⲓ ⲛⲉⲙⲁⲛ ⲁ̀ⲙⲏⲛ ⲉϥϫⲱ ⲙ̀ⲙⲟⲥ.

Ⲟⲩⲟϩ ⲁϥⲟⲗⲧ ⲛ̀ϫⲉ ⲟⲩⲡ̅ⲛ̅ⲁ̅ ⲟⲩⲟϩ ⲁϥⲉⲛⲧ ⲉ̀ϧⲟⲩⲛ ⲉ̀ϯⲁⲩⲗⲏ ⲉⲧⲥⲁϧⲟⲩⲛ : ⲟⲩⲟϩ ϩⲏⲡⲡⲉ ⲓⲥ ⲡⲓⲏⲓ ⲉ̀ⲁϥⲙⲟϩ ⲉⲃⲟⲗϧⲉⲛ ⲡ̀ⲱⲟⲩ ⲛ̀ⲧⲉ Ⲡ̅ⲟ̅ⲥ̅ : Ⲟⲩⲟϩ ⲁⲓⲟϩⲓ̀ⲉⲣⲁⲧ ⲟⲩⲟϩ ϩⲏⲡⲡⲉ ⲓⲥ ⲟⲩ̀ⲥⲙⲏ ⲛ̀ⲧⲉ ⲫⲏⲉⲧⲥⲁϫⲓ ⲛⲉⲙⲏⲓ ⲉ̀ⲃⲟⲗϧⲉⲛ ⲡⲓⲏⲓ : ⲟⲩⲟϩ ⲛⲁⲣⲉ ⲡⲓⲣⲱⲙⲓ ⲟϩⲓ ⲉ̀ⲣⲁⲧϥ ⲡⲉ ϧⲁ ⲑⲟⲩⲱⲓ : Ⲟⲩⲟϩ ⲡⲉϫⲁϥ ⲛⲏⲓ ϫⲉ ⲡ̀ϣⲏⲣⲓ ⲙ̀ⲫⲣⲱⲙⲓ : ⲁⲕⲛⲁⲩ ⲉ̀ⲫⲙⲁ ⲙ̀ⲡⲁ̀ⲑⲣⲟⲛⲟⲥ : ⲛⲉⲙ ⲫⲙⲁ ⲛ̀ϯϣⲉⲛⲧⲁⲧⲥⲓ ⲛ̀ⲧⲉⲛⲁϭⲁ̀ⲗⲁⲩϫ : ⲛⲁⲓ ⲉⲧⲉϥ ⲛⲁϣⲱⲡⲓ ⲛ̀ϧⲏⲧⲟⲩ ⲛ̀ϫⲉ ⲡⲁⲣⲁⲛ ϧⲉⲛ ⲑ̀ⲙⲏϯ ⲙ̀ⲡⲓⲏⲓ ⲙ̀Ⲡⲓⲥ̅ⲗ̅ ϣⲁ̀ⲉⲛⲉϩ : ⲟⲩⲟϩ ⲛ̀ⲛⲉ ⲡⲓⲏⲓ ⲙ̀Ⲡⲓⲥ̅ⲗ̅ ⲱⲣⲉⲃ ⲙ̀ⲡⲁⲣⲁⲛ ⲉ̅ⲑ̅ⲩ̅ : ϫⲉ ⲛ̀ⲑⲱⲟⲩ ⲛⲉⲙ ⲛⲟⲩϩⲩⲅⲟⲩⲙⲉⲛⲟⲥ ⲛ̀ϧⲣⲏⲓ ϧⲉⲛ ⲟⲩⲡⲟⲛⲏⲣⲓⲁ̀ : ⲛⲉⲙ ⲛⲓϧⲱⲧⲉⲃ ⲛ̀ⲧⲉ ⲛⲟⲩϩⲩⲅⲟⲩⲙⲉⲛⲟⲥ ϧⲉⲛ ⲧⲟⲩⲙⲏϯ. ϧⲉⲛ ⲡ̀ϫⲓⲛ̀ⲑⲣⲟⲩⲭⲱ ⲙ̀ⲡⲁⲣⲟ ϧⲁⲧⲉⲛ ⲛⲟⲩⲣⲱⲟⲩ ⲟⲩⲟϩ ⲛⲁⲟⲩⲉϫⲣⲱⲟⲩ ϧⲁⲧⲉⲛ ⲛⲟⲩⲉϫⲣⲱⲟⲩ : ⲟⲩⲟϩ ⲁⲩⲭⲱ ⲛ̀ⲧⲁϫⲟⲓ ⲙ̀ⲫⲣⲏϯ ⲉⲛⲁⲥⲁ̀ⲙⲟⲛⲓ ⲙ̀ⲙⲟⲓ ⲛⲉⲙⲱⲟⲩ : ⲟⲩⲟϩ ⲁⲩⲱ̀ⲣⲉⲃ ⲙ̀ⲡⲁⲣⲁⲛ ⲉ̅ⲑ̅ⲩ̅ ϧⲉⲛ ⲛⲟⲩⲁ̀ⲛⲟⲙⲓⲁ̀ ⲉⲛⲁⲩⲓ̀ⲣⲓ ⲙ̀ⲙⲱⲟⲩ : ⲟⲩⲟϩ ⲁⲓϧⲉⲙϧⲱⲙⲟⲩ ϧⲉⲛ ⲡⲁⲙ̀ⲃⲟⲛ ⲛⲉⲙ ϧⲉⲛ ⲟⲩϧⲱⲧⲉⲃ : Ⲟⲩⲟϩ ϯⲛⲟⲩ ⲙⲁⲣⲟⲩⲭⲱ ⲛ̀ⲛⲟⲩⲡⲟⲛⲏⲣⲓⲁ̀ : ⲛⲉⲙ ⲛⲓϧⲱⲧⲉⲃ ⲛ̀ⲧⲉ ⲛⲟⲩϩⲩⲅⲟⲩⲙⲉⲛⲟⲥ ⲉ̀ⲃⲟⲗ ϩⲁⲣⲟⲓ : ⲟⲩⲟϩ ϯⲛⲁϣⲱⲡⲓ ϧⲉⲛ ⲧⲟⲩⲙⲏϯ ϣⲁ̀ⲉⲛⲉϩ : Ⲟⲩⲟϩ ⲛ̀ⲑⲟⲕ ϩⲱⲕ ⲡ̀ϣⲏⲣⲓ ⲙ̀ⲫⲣⲱⲙⲓ : ⲙⲁⲧⲁⲙⲉ ⲡⲓⲏⲓ ⲙ̀Ⲡⲓⲥ̅ⲗ̅ ⲉ̀ⲡⲓⲏⲓ ⲛⲉⲙ ⲧⲉϥϩⲟⲣⲁⲥⲓⲥ : ⲛⲉⲙ ⲡⲉϥⲑⲱϣ ⲟⲩⲟϩ ⲥⲉⲛⲁϩⲉⲣⲓ ⲉ̀ⲃⲟⲗϩⲁ ⲛⲟⲩⲛⲟⲃⲓ : ⲟⲩⲟϩ ⲛⲁⲓ ⲥⲉⲛⲁϭⲓ ⲛ̀ⲧⲟⲩⲕⲟⲗⲁⲥⲓⲥ : ⲉⲑⲃⲉ ϩⲱⲃ ⲛⲓⲃⲉⲛ ⲉ̀ⲧⲁⲩⲁⲓⲧⲟⲩ ⲟⲩⲟϩ ⲉⲕⲉ̀ⲥϧⲁⲓ ⲙ̀ⲡⲓⲏⲓ ⲛⲉⲙ ⲡⲉϥⲥⲟⲃϯ : ⲛⲉⲙ ⲡⲉϥⲙⲱⲓⲧ ⲉ̀ⲃⲟⲗ : ⲛⲉⲙ ⲡⲉϥⲙⲱⲓⲧ ⲉ̀ϧⲟⲩⲛ : ⲛⲉⲙ ⲧⲉϥϩⲩⲡⲟⲥⲧⲁⲥⲓⲥ : ⲛⲉⲙ ⲛⲉϥⲟⲩⲁϩⲥⲁϩⲛⲓ ⲧⲏⲣⲟⲩ : ⲉⲕⲉⲧⲁⲙⲱⲟⲩ ⲉ̀ⲣⲱⲟⲩ ⲟⲩⲟϩ ⲉⲕⲉ̀ⲥ̀ϧⲏⲧⲟⲩ ⲙ̀ⲡⲟⲩ̀ⲙ̀ⲑⲟ ⲉ̀ⲃⲟⲗ : ⲟⲩⲟϩ ⲥⲉⲛⲁⲁ̀ⲣⲉϩ ⲉ̀ⲛⲁⲙⲉⲑⲙⲏⲓ ⲧⲏⲣⲟⲩ ⲛⲉⲙ ⲛⲁⲟⲩⲁϩⲥⲁϩⲛⲓ ⲧⲏⲣⲟⲩ ⲛ̀ⲥⲉⲁⲓⲧⲟⲩ :

Ⲟⲩⲱ̀ⲟⲩ ⲛ̀ϯ̀ⲧⲣⲓⲁⲥ ⲉ̀ⲑⲟⲩⲁⲃ ⲡⲉⲛⲛⲟⲩϯ ϣⲁ ⲉ̀ⲛⲉϩ ⲛⲉⲙ ϣⲁ ⲉ̀ⲛⲉϩ ⲛ̀ⲧⲉ ⲛⲓⲉ̀ⲛⲉϩ ⲧⲏⲣⲟⲩ: ⲁ̀ⲙⲏⲛ.

Ezekiel 43:5-11

A reading from Ezekiel the Prophet may his blessings be with us Amen.

The Spirit lifted me up and brought me into the inner court; and behold, the glory of the Lord filled the temple.

حزقيال ٤٣: ٥-١١

من حزقيال النبى بركته المقدسة تكون معنا، آمين.

فَحَمَلَنِي رُوحٌ وَأَتَى بِي إِلَى الدَّارِ الدَّاخِلِيَّةِ، وَإِذَا بِمَجْدِ الرَّبِّ قَدْ مَلأَ الْبَيْتَ. وَسَمِعْتُهُ

Then I heard Him speaking to me from the temple, while a man stood beside me.
And He said to me, "Son of man, this is the place of My throne and the place of the soles of My feet, where I will dwell in the midst of the children of Israel forever. No more shall the house of Israel defile My holy name, they nor their kings, by their harlotry or with the carcasses of their kings on their high places. When they set their threshold by My threshold, and their doorpost by My doorpost, with a wall between them and Me, they defiled My holy name by the abominations which they committed; therefore I have consumed them in My anger. Now let them put their harlotry and the carcasses of their kings far away from Me, and I will dwell in their midst forever." Son of man, describe the temple to the house of Israel, that they may be ashamed of their iniquities; and let them measure the pattern. And if they are ashamed of all that they have done, make known to them the design of the temple and its arrangement, its exits and its entrances, its entire design and all its ordinances, all its forms and all its laws. Write it down in their sight, so that they may keep its whole design and all its ordinances, and perform them.
Glory be to the Holy Trinity our God unto the age of all ages, Amen.

يُكَلِّمُنِي مِنَ الْبَيْتِ. وَكَانَ رَجُلٌ وَاقِفاً عِنْدِي.

وَقَالَ لِي: [يَا ابْنَ آدَمَ، هَذَا مَكَانُ كُرْسِيِّي وَمَكَانُ بَاطِنِ قَدَمَيَّ حَيْثُ أَسْكُنُ فِي وَسَطِ بَنِي إِسْرَائِيلَ إِلَى الأَبَدِ، وَلاَ يُنَجِّسُ بَعْدُ بَيْتُ إِسْرَائِيلَ اسْمِي الْقُدُّوسَ، لاَ هُمْ وَلاَ مُلُوكُهُمْ، لاَ بِزِنَاهُمْ وَلاَ بِجُثَثِ مُلُوكِهِمْ فِي مُرْتَفَعَاتِهِمْ. بِجَعْلِهِمْ عَتَبَتَهُمْ لَدَى عَتَبَتِي وَقَوَائِمَهُمْ لَدَى قَوَائِمِي وَبَيْنِي وَبَيْنَهُمْ حَائِطٌ، فَنَجَّسُوا اسْمِي الْقُدُّوسَ بِرَجَاسَاتِهِمِ الَّتِي فَعَلُوهَا، فَأَفْنَيْتُهُمْ بِغَضَبِي. فَلْيُبْعِدُوا عَنِّي الآنَ زِنَاهُمْ وَجُثَثَ مُلُوكِهِمْ فَأَسْكُنَ فِي وَسَطِهِمْ إِلَى الأَبَدِ. [وَأَنْتَ يَا ابْنَ آدَمَ فَأَخْبِرْ بَيْتَ إِسْرَائِيلَ عَنِ الْبَيْتِ لِيَخْزُوا مِنْ آثَامِهِمْ. وَلْيَقِيسُوا الرَّسْمَ. فَإِنْ خَزُوا مِنْ كُلِّ مَا فَعَلُوهُ فَعَرِّفْهُمْ صُورَةَ الْبَيْتِ وَرَسْمَهُ وَمَخَارِجَهُ وَمَدَاخِلَهُ وَكُلَّ أَشْكَالِهِ وَكُلَّ فَرَائِضِهِ وَكُلَّ أَشْكَالِهِ وَكُلَّ شَرَائِعِهِ. وَاكْتُبْ ذَلِكَ قُدَّامَ أَعْيُنِهِمْ لِيَحْفَظُوا كُلَّ رُسُومِهِ وَكُلَّ فَرَائِضِهِ وَيَعْمَلُوا بِهَا.

مجداً للثالوث القدوس الهنا إلى الأبد وإلى أبد الآبدين كلها، آمين.

The Doxology of the Pascha Hour: "Thine is the Power..." on page A5.

تسبحة ساعة البصخة: "لك القوة..." صفحة ٥ فى اخر الكتاب.

Ⲯⲁⲗⲙⲟⲥ ⲝ̅ⲏ̅ : ⲁ̅ ⲛⲉⲙ ⲓ̅ⲋ̅

Ⲙⲁⲧⲁⲛϧⲟⲓ Ⲫϯ ϫⲉ ⲁ̀ϩⲁⲛⲙⲱⲟⲩ : ϣⲉ ⲉ̀ϧⲟⲩⲛ ϣⲁ ⲧⲁⲯⲩⲭⲏ : ⲕⲁⲧⲁ ⲡ̀ⲁ̀ϣⲁⲓ ⲛ̀ⲧⲉ ⲛⲉⲕⲙⲉⲧϣⲉⲛϩⲏⲧ : ϫⲟⲩϣⲧ ⲉ̀ϧ̀ⲣⲏⲓ ⲉϫⲱⲓ. ⲁ̅ⲗ̅.

Psalm 69:1 and 16

المزمور ٦٨: ١و ١٣

A Psalm of David the Prophet.

Save me, O God! For the waters have come up to my neck. Turn to me according to the multitude of Your tender mercies. Alleluia.

من مزامير داود النبى

احينى يا الله فان المياه قد بلغت إلى نفسى. وأنظر إلى ككثرة رأفاتك: هلليلويا.

Ⲉⲩⲁⲅⲅⲉⲗⲓⲟⲛ ⲕⲁⲧⲁ Ⲓⲱⲁⲛⲛⲏⲛ Ⲕⲉⲫ ⲓ̅ : ⲓ̅ⲍ̅ - ⲕ̅ⲁ̅

Ⲉⲑⲃⲉ ⲫⲁⲓ ϥⲙⲉⲓ ⲙ̀ⲙⲟⲓ ⲛ̀ϫⲉ ⲡⲁⲓⲱⲧ : ϫⲉ ⲁⲛⲟⲕ ϯⲛⲁⲭⲱ ⲛ̀ⲧⲁⲯⲩⲭⲏ ϩⲓⲛ ⲟⲛ ⲛ̀ⲧⲁϭⲓⲧⲥ : ⲙ̀ⲙⲟⲛ ϩⲗⲓ ⲱⲗⲓ ⲙ̀ⲙⲟⲥ ⲛ̀ⲧⲟⲧ ⲁⲗⲗⲁ ⲁ̀ⲛⲟⲕ ⲉⲧⲭⲱ ⲙ̀ⲙⲟⲥ ⲉ̀ϧ̀ⲣⲏⲓ ⲉⲃⲟⲗ ϩⲓⲧⲟ ⲙ̀ⲙⲁⲩⲁⲧ : ⲟⲩⲟⲛϯ ⲉⲣϣⲓϣⲓ ⲙ̀ⲙⲁⲩ ⲉ̀ⲭⲁⲥ ⲟⲩⲟⲛ ⲉⲣϣⲓϣⲓ ⲙ̀ⲙⲁⲩ ⲟⲛ ⲉ̀ϭⲓⲧⲥ : ⲑⲁⲓ ⲧⲉ ϯⲉⲛⲧⲟⲗⲏ ⲉ̀ⲧⲁⲓϭⲓⲧⲥ ⲉ̀ⲃⲟⲗ ϩⲓⲧⲉⲛ ⲡⲁⲓⲱⲧ. Ⲟⲩⲥ̀ⲭⲓⲥⲙⲁ ⲟⲛ ⲁϥϣⲱⲡⲓ ϧⲉⲛ ⲛⲓⲓⲟⲩⲇⲁⲓ ⲉⲑⲃⲉ ⲡⲁⲓⲥⲁϫⲓ : Ⲭⲁⲛⲙⲏϣ ⲇⲉ ⲉ̀ⲃⲟⲗ ⲛ̀ϧⲏⲧⲟⲩ ⲛⲁⲩϫⲱ̀ⲙ̀ⲙⲟⲥ ϫⲉ ⲟⲩⲟⲛ ⲟⲩⲇⲉ ⲙⲱⲛ ⲛⲉⲙⲁϥ ⲟⲩⲟϩ ϥ̀ⲗⲟⲃⲓ : ⲉⲑⲃⲉⲟⲩ ⲧⲉⲧⲉⲛⲥⲱⲧⲉⲙ ⲉ̀ⲣⲟϥ. Ⲭⲁⲛⲕⲉⲭⲱⲟⲩⲛⲓ ⲇⲉ ⲛⲁⲩϫⲱ ⲙ̀ⲙⲟⲥ ϫⲉ ⲛⲁⲓ ⲥⲁϫⲓ ⲛⲁ ⲟⲩⲣⲱⲙⲓ ⲁⲛ ⲡⲉ ⲉ̀ⲟⲩⲟⲛ ⲟⲩ ⲇⲉⲙⲱⲛ ⲛⲉⲙⲁϥ ⲙⲏ ⲟⲩⲟⲛϣ̀ϫⲟⲙ ⲛ̀ⲟⲩⲇⲉⲙⲱⲛ ⲉ̀ⲁ̀ⲟⲩⲱⲛ ⲛ̀ⲛⲓⲃⲁⲗ ⲛ̀ϩⲁⲛⲃⲉⲗⲗⲉⲩ :

Ⲟⲩⲱϣⲧ ⲙ̀ⲡⲓⲉⲩⲁⲅⲅⲉⲗⲓⲟⲛ ⲉⲑ̅ⲩ̅.

John 10:17-21

يوحنا ١٠: ١٧-٢١

A reading from the Holy Gospel according to Saint John.

Therefore My Father loves Me, because I lay down My life that I may take it again. No one takes it from Me, but I lay it down of Myself. I have power to lay it down, and I have power to take it again. This command I have received from My Father." Therefore there was a division again among the Jews because of these sayings. And many of them said, "He has a demon and is mad.

فصل شريف من إنجيل معلمنا مار يوحنا البشير بركاته علينا آمين.

لِهَذَا يُحِبُّنِي الآبُ لأَنِّي أَضَعُ نَفْسِي لآخُذَهَا أَيْضاً. لَيْسَ أَحَدٌ يَأْخُذُهَا مِنِّي بَلْ أَضَعُهَا أَنَا مِنْ ذَاتِي. لِي سُلْطَانٌ أَنْ أَضَعَهَا وَلِي سُلْطَانٌ أَنْ آخُذَهَا أَيْضاً. هَذِهِ الْوَصِيَّةُ قَبِلْتُهَا مِنْ أَبِي». فَحَدَثَ أَيْضاً انْشِقَاقٌ بَيْنَ الْيَهُودِ بِسَبَبِ هَذَا الْكَلاَمِ. فَقَالَ كَثِيرُونَ مِنْهُمْ: «بِهِ شَيْطَانٌ وَهُوَ يَهْذِي. لِمَاذَا تَسْتَمِعُونَ لَهُ؟»

Why do you listen to Him?"
Others said, "These are not the words of one who has a demon. Can a demon open the eyes of the blind?"

آخَرُونَ قَالُوا: «لَيْسَ هَذَا كَلاَمَ مَنْ بِهِ شَيْطَانٌ. أَلَعَلَّ شَيْطَاناً يَقْدِرُ أَنْ يَفْتَحَ أَعْيُنَ الْعُمْيَانِ؟».

**Bow down before the Holy Gospel.
Glory be to God forever.**

**أسجدوا للإنجيل المقدس.
والمجد لله دائما.**

Commentary

طرح

The Commentary of the First Hour of Eve of Thursday of Holy Pascha, may its blessings be with us all. Amen.

طرح الساعة الأولى من ليلة الخميس من البصخة المقدسة بركتها علينا. آمين.

Christ our Lord, Master and King reveals His divinity and dominion; the God who prevails over all thrones and authorities in heaven and on earth. He tells us, "My Father loves Me because I lay down My life that I may take it again. No one takes it away from Me, but I lay down of Myself. I have power to lay down, and I have power to take it again." There was a division among the Jews, because of these sayings. Many of them said, "He has a demon and is mad. Why do you listen to Him?" Others said, "These are not the words of one who has a man. Can a demon open the eyes of the blind?" Truly He enlightens the hearts of the believers. But as for the opposing Jews, He blinded their hearts and eyes so that they may not see with their eyes and that they may not understand with their hearts. And that they may return to Him with true love, great hope, and total honesty that He may forgive them so that they may be saved from their transgressions.

ربنا وسيدنا وملكنا المسيح يظهر لاهوته وسلطانه. أنه هو الاله المتعالى على كل رئاسة وكل سلطان فى السماء وعلى الأرض. فلذلك قال: أن الآب يحبنى، فإنى أضع نفسى لكى آخذها. وليس أحد ينزعها منى، لكن أنا الذى أضعها بارادتى فان لى سلطان أن أضعها ولى سلطان أن آخذها. فصار انشقاق بين اليهود من أجل هذا الكلام الذى قاله لهم. وقال قوم من المنافقين أنه مجنون لماذا تسمعون منه؟ وقال آخرون: هذا الكلام ليس هو كلام إنسان به شيطان. لا يقدر مجنون أن يفتح عينى مولود أعمى. فهو بالحقيقة الذى يضئ أعين قلوب المؤمنين به، ما خلا اليهود المخالفين إذ طمس عيون قلوبهم وأجسادهم، كى لا ينظروا بعيونهم ويفهموا بقلوبهم، ويرجعوا إليه بمحبة حقيقية ورجاء عظيم وأمانة كاملة، فيغفر لهم كثرة خطاياهم ويسامحهم بزلاتهم.

Third Hour of Eve of Thursday

الساعة الثالثة من ليلة الخميس

Ⲁ̀ⲙⲱⲥ Ⲕⲉⲫ ⲇ̅ : ⲇ̅ ϣ̅ⲃ̅ⲗ̅

Ⲉⲃⲟⲗϧⲉⲛ Ⲁ̀ⲙⲱⲥ ⲡⲓⲡ̀ⲣⲟⲫⲏⲧⲏⲥ: ⲉ̀ⲣⲉⲡⲉϥ̀ⲥ̀ⲙⲟⲩ ⲉ̀ⲑⲟⲩⲁⲃ ϣⲱⲡⲓ ⲛⲉⲙⲁⲛ ⲁ̀ⲙⲏⲛ ⲉϥϫⲱ ⲙ̀ⲙⲟⲥ.

Ⲛⲁⲓ ⲛⲉ ⲛⲏⲉⲧⲉϥϫⲱ ⲙ̀ⲙⲱⲟⲩ ⲛ̀ϫⲉ Ⲡ̅ⲟ̅ⲥ̅ Ⲫ︦ϯ : ⲁ̀ⲣⲉⲧⲉⲛ ϣⲉⲛⲱⲧⲉⲛ ⲉ̀ϧⲟⲩⲛ ⲉ̀Ⲃⲏⲑⲏⲗ ⲟⲩⲟϩ ⲁ̀ⲣⲉⲧⲉⲛ ⲉ̀ⲣⲁ̀ⲛⲟⲙⲓⲛ : ⲟⲩⲟϩ ⲛ̀ϧ̀ⲣⲏⲓ ϧⲉⲛ Ⲅⲁⲗⲁⲁⲇ Ⲅⲁⲗⲅⲁⲗ ⲁ̀ⲣⲉⲧⲉⲛⲁ̀ϣⲁⲓ ⲉ̀ⲡ̀ϫⲓⲛⲉⲣⲙⲉⲧⲁ̀ⲥⲉⲃⲏⲥ : ⲟⲩⲟϩ ⲁ̀ⲣⲉⲧⲉⲛⲓⲛⲓ ⲛ̀ϩⲁⲛⲁ̀ⲧⲟⲟⲩⲓ ⲛ̀ⲛⲉⲧⲉⲛϣⲟⲩϣⲱⲟⲩϣⲓ : ⲛⲉⲙ ⲛⲉⲧⲉⲛⲣⲉⲙⲁϯ ⲙ̀ⲫⲙⲁϩ ϣⲟⲙⲧ ⲛ̀ⲉ̀ϩⲟⲟⲩ : Ⲟⲩⲟϩ ⲁ̀ⲣⲉⲧⲉⲛⲱϣ ⲛ̀ⲟⲩⲛⲟⲙⲟⲥ ⲥⲁⲃ : ⲟⲩⲟϩ ⲁⲩⲧⲱⲃϩ ⲛ̀ϩⲁⲛⲟⲙⲟⲗⲟⲅⲓⲁ̀ ϩⲓⲱⲓϣ : ϫⲉ ⲛⲁⲓ ⲁⲩⲙⲉⲛⲣⲓⲧⲟⲩ ⲛ̀ϫⲉ ⲛⲉⲛϣⲏⲣⲓ ⲙ̀Ⲡⲓⲥ̅ⲗ̅ : ⲡⲉϫⲉ Ⲡ̅ⲟ̅ⲥ̅ Ⲫ︦ϯ. Ⲟⲩⲟϩ ⲁ̀ⲛⲟⲕ ϯⲛⲁϯ ⲛⲱⲧⲉⲛ ⲛ̀ⲟⲩϧ̀ⲗⲓϫ ⲛ̀ⲛⲁϫϩⲓ ϧⲉⲛ ⲛⲉⲧⲉⲛⲃⲁⲕⲓ ⲧⲏⲣⲟⲩ : ⲛⲉⲙ ⲟⲩⲙⲉⲧⲣⲉϥⲉⲣϧⲁⲉ̀ ⲛ̀ⲱⲓⲕ ϧⲉⲛ ⲛⲉⲧⲉⲛⲃⲁⲕⲓ ⲧⲏⲣⲟⲩ ϧ ⲟⲩⲟϩ ⲙ̀ⲡⲉⲧⲉⲛⲕⲉⲧⲑⲏⲛⲟⲩ ϩⲁⲣⲟⲓ ⲡⲉ ϫⲉ Ⲡ̅ⲟ̅ⲥ̅ : ⲟⲩⲟϩ ⲁ̀ⲛⲟⲕ ⲁⲓⲧⲁϩⲛⲟ ⲙ̀ⲡⲓⲙⲟⲩⲛϩⲱⲟⲩ ⲉ̀ⲃⲟⲗϩⲁⲣⲱⲧⲉⲛ ϧⲁϫⲉⲛ ϣⲟⲙⲧ ⲛ̀ⲁ̀ⲃⲟⲧ ⲛ̀ⲧⲉ̀ⲡϭⲱⲗ : ⲟⲩⲟϩ ⲉⲓⲉϩⲱⲟⲩ ϩⲓϫⲉⲛ ⲟⲩⲃⲁⲕⲓ ⲛ̀ⲟⲩⲱⲧ : ⲕⲉⲃⲁⲕⲓ ⲇⲉ ϯⲛⲁϩⲱⲟⲩ ⲉ̀ϫⲱⲥ ⲁⲛ : ⲟⲩⲧⲟⲓ ⲛ̀ⲟⲩⲱⲧ ⲉⲥⲉϭⲓⲙⲱⲟⲩ ⲟⲩⲟϩ ϯⲕⲉⲧⲟⲓ ϯⲛⲁϩⲱⲟⲩ ⲉ̀ϫⲱⲥ ⲁⲛ ⲉⲥⲉ̀ϣⲱⲟⲩⲓ. Ⲟⲩⲟϩ ⲉⲩⲉ̀ⲑⲱⲟⲩϯ ⲛ̀ϫⲉ ⲃⲁⲕⲓ ⲥ̀ⲛⲟⲩϯ ⲓⲉ ϣⲟⲙϯ ⲉ̀ⲟⲩⲃⲁⲕⲓ ⲛ̀ⲟⲩⲱⲧ ⲉⲑⲣⲟⲩⲥⲉⲙⲱⲟⲩ ⲟⲩⲟϩ ⲛ̀ⲛⲟⲩⲥⲓ : ⲟⲩⲟϩ ⲡⲁⲓⲣⲏϯ ⲟⲛ ⲙ̀ⲡⲉⲧⲉⲛ ⲕⲉⲧⲑⲏⲛⲟⲩ ϩⲁⲣⲟⲓ ⲡⲉϫⲉ Ⲡ̅ⲟ̅ⲥ̅ : Ⲟⲩⲟϩ ⲁⲓϣⲁⲣⲓ ⲉ̀ⲣⲱⲧⲉⲛ ϧⲉⲛ ⲟⲩϧ̀ⲙⲟⲙ ⲛⲉⲙ ⲟⲩⲁ̀ⲣⲱϣ : ⲁ̀ⲣⲉⲧⲉⲛⲉ̀ⲣⲉ ⲡⲉⲧⲉⲛϭ̀ⲱϧⲉⲙ ⲁ̀ϣⲁⲓ : ⲛⲉⲙ ⲛⲉⲧⲉⲛⲓⲁϩⲁ̀ⲗⲟⲗⲓ ⲛⲉⲙ ⲛⲉⲧⲉⲛⲓⲁϩ ⲕⲉⲛⲧⲉ ⲛⲉⲙ ⲛⲉⲧⲉⲛⲓⲁϩϫⲱⲓⲧ ⲁⲥⲟⲩⲟ̀ⲙⲟⲩ ⲛ̀ϫⲉ ϯⲉⲧⲏϣⲓ : ⲟⲩⲟϩ ⲡⲁⲓⲣⲏϯ ⲟⲛ ⲙ̀ⲡⲉⲧⲉⲛ ⲕⲉⲧ ⲑⲏⲛⲟⲩ ϩⲁⲣⲟⲓ ⲡⲉϫⲉ Ⲡ̅ⲟ̅ⲥ̅. Ⲁⲓⲟⲩⲱⲣⲡ ⲛ̀ⲟⲩⲙⲟⲩ ⲉ̀ϧⲟⲩⲛ ⲉ̀ⲣⲱⲧⲉⲛ ϧⲉⲛ ⲫ̀ⲙⲱⲓⲧ ⲛ̀ⲭⲏⲙⲓ : ⲟⲩⲟϩ ⲁⲓϧⲱⲧⲉⲃ ⲛ̀ⲛⲉⲧⲉⲛ ϧⲉⲗϣⲓⲣⲓ ϧⲉⲛ ⲧ̀ⲥⲏϥⲓ ⲛⲉⲙ ⲟⲩⲉⲭⲙⲁⲗⲱⲥⲓⲁ̀ ⲛ̀ⲛⲉⲧⲉⲛϩⲑⲱⲣ : ⲟⲩⲟϩ ⲁⲓⲓ ⲉ̀ϩⲣⲏⲓ ϧⲉⲛ ⲟⲩⲭⲣⲱⲙ ⲉϫⲉⲛ ⲛⲉⲧⲉⲛⲡⲁⲣⲉⲙⲃⲟⲗⲏ ϧⲉⲛ ⲟⲩϫⲱⲛⲧ : ⲟⲩⲟϩ ⲡⲁⲓⲣⲏϯ ⲟⲛ ⲙ̀ⲡⲉⲧⲉⲛⲕⲉⲧ ⲑⲏⲛⲟⲩ ϩⲁⲣⲟⲓ ⲡⲉϫⲉ Ⲡ̅ⲟ̅ⲥ̅ : Ⲁⲓⲫⲉⲛϫ ⲑⲏⲛⲟⲩ ⲙ̀ⲫ̀ⲣⲏϯ ⲉ̀ⲧⲁϥⲫⲉⲛϫ ⲛ̀ϫⲉ Ⲫ︦ϯ Ⲥⲟⲇⲟⲙⲁ ⲛⲉⲙ Ⲅⲟⲙⲟⲣⲣⲁ ⲟⲩⲟϩ ⲁ̀ⲣⲉⲧⲉⲛϣⲱⲡⲓ ⲙ̀ⲫ̀ⲣⲏϯ ⲛ̀ⲟⲩⲗⲁⲟⲥ ⲉ̀ⲁⲩϭ̀ⲁ̀ϧⲙⲉϥ ⲉ̀ⲃⲟⲗϧⲉⲛ ⲟⲩⲭⲣⲱⲙ ⲟⲩⲟϩ ⲙ̀ⲡⲉⲧⲉⲛⲕⲉⲧ ⲑⲏⲛⲟⲩ ϩⲁⲣⲟⲓ ⲡⲉϫⲉ Ⲡ̅ⲟ̅ⲥ̅. Ⲉⲑⲃⲉ ⲫⲁⲓ ϯⲛⲁⲓ̀ⲣⲓ ⲛⲁⲕ Ⲡⲓⲥ̅ⲗ̅ : ⲡ̀ⲗⲏⲛ ϯⲛⲁⲓ̀ⲣⲓ ⲛⲁⲕ ⲙ̀ⲡⲁⲓⲣⲏϯ : ⲥⲉⲃⲧⲱⲧⲕ Ⲡⲓⲥ̅ⲗ̅ ⲉ̀ⲧⲱⲃϩ ⲙ̀ⲡⲉⲕⲛⲟⲩϯ : Ϫⲉ ϩⲏⲡⲡⲉ ⲁ̀ⲛⲟⲕ ⲉⲧⲧⲁϫⲣⲟ ⲛ̀ⲟⲩϧⲁⲣⲁⲃⲁⲓ : ⲟⲩⲟϩ ⲉⲧⲥⲱⲛⲧ ⲛ̀ⲟⲩⲡ̅ⲛ̅ⲁ̅ : ⲟⲩⲟϩ ⲉϥϩⲓⲱⲓϣ ⲙ̀ⲡⲉϥⲭ̅ⲣ̅ⲥ̅ ϧⲉⲛ ⲛⲓⲣⲱⲙⲓ : ⲫⲏⲉⲧⲑⲁⲙⲓⲟ ⲛ̀ϩⲁⲛⲁ̀ⲧⲟⲟⲩⲓ ⲛⲉⲙ ⲟⲩⲛⲓϥⲓ : ⲟⲩⲟϩ ⲉϥⲁ̀ⲗⲏⲓ ⲉϫⲉⲛ ⲛⲓϭⲓⲥⲓ ⲛ̀ⲧⲉ ⲡ̀ⲕⲁϩⲓ : Ⲡ̅ⲟ̅ⲥ̅ Ⲫ︦ϯ ⲡⲓⲡⲁⲛⲧⲟⲕⲣⲁⲧⲱⲣ ⲡⲉ ⲡⲉϥⲣⲁⲛ :

Ⲟⲩⲱ̀ⲟⲩ ⲛ̀ϯⲧ̀ⲣⲓⲁⲥ ⲉ̀ⲑⲟⲩⲁⲃ ⲡⲉⲛⲛⲟⲩϯ ϣⲁ ⲉ̀ⲛⲉϩ ⲛⲉⲙ ϣⲁ ⲉ̀ⲛⲉϩ ⲛ̀ⲧⲉ ⲛⲓⲉ̀ⲛⲉϩ ⲧⲏⲣⲟⲩ: ⲁ̀ⲙⲏⲛ.

Amos 4:4-13

A reading from Amos the Prophet may his blessings be with us Amen.

[This is what the Lord God says,] "Come to Bethel and transgress, At Gilgal multiply transgression; Bring your sacrifices every morning, Your tithes every three days. Offer a sacrifice of thanksgiving with leaven, Proclaim and announce the freewill offerings; For this you love, You children of Israel!" Says the Lord God." Also I gave you cleanness of teeth in all your cities. And lack of bread in all your places; Yet you have not returned to Me," Says the Lord." I also withheld rain from you, When there were still three months to the harvest. I made it rain on one city, I withheld rain from another city. One part was rained upon, And where it did not rain the part withered. So two or three cities wandered to another city to drink water, But they were not satisfied; Yet you have not returned to Me," Says the Lord." I blasted you with blight and mildew. When your gardens increased, Your vineyards, Your fig trees, And your olive trees, The locust devoured them; Yet you have not returned to Me," Says the Lord." I sent among you a plague after the manner of Egypt; Your young men I killed with a sword, Along with your captive horses; I made the stench of your camps come up into your nostrils; Yet you have not returned to Me," Says the Lord." I overthrew some of you, As God overthrew Sodom and Gomorrah, And you were like a firebrand plucked

عاموس ٤: ٤ الخ

من عاموس النبى بركته المقدسة تكون معنا، آمين.

هذا ما يقوله الرب الإله. «هَلُمَّ إِلَى بَيْتَِ إِيلَ وَأَذْنِبُوا إِلَى الْجِلْجَالِ وَأَكْثِرُوا الذُّنُوبَ وَأَحْضِرُوا كُلَّ صَبَاحٍ ذَبَائِحَكُمْ وَكُلَّ ثَلاَثَةِ أَيَّامٍ عُشُورَكُمْ. وَأَوْقِدُوا مِنَ الْخَمِيرِ تَقْدِمَةَ شُكْرٍ وَنَادُوا بِنَوَافِلَ وَسَمِّعُوا. لأَنَّكُمْ هَكَذَا أَحْبَبْتُمْ يَا بَنِي إِسْرَائِيلَ» يَقُولُ السَّيِّدُ الرَّبُّ. «وَأَنَا أَيْضاً أَعْطَيْتُكُمْ نَظَافَةَ الأَسْنَانِ فِي جَمِيعِ مُدُنِكُمْ وَعَوَزَ الْخُبْزِ فِي جَمِيعِ أَمَاكِنِكُمْ فَلَمْ تَرْجِعُوا إِلَيَّ يَقُولُ الرَّبُّ. وَأَنَا أَيْضاً مَنَعْتُ عَنْكُمُ الْمَطَرَ إِذْ بَقِيَ ثَلاَثَةُ أَشْهُرٍ لِلْحَصَادِ وَأَمْطَرْتُ عَلَى مَدِينَةٍ وَاحِدَةٍ وَعَلَى مَدِينَةٍ أُخْرَى لَمْ أُمْطِرْ. أُمْطِرَ عَلَى ضَيْعَةٍ وَاحِدَةٍ وَالضَّيْعَةُ الَّتِي لَمْ يُمْطَرْ عَلَيْهَا جَفَّتْ. فَجَالَتْ مَدِينَتَانِ أَوْ ثَلاَثٌ إِلَى مَدِينَةٍ وَاحِدَةٍ لِتَشْرَبَ مَاءً وَلَمْ تَشْبَعْ فَلَمْ تَرْجِعُوا إِلَيَّ يَقُولُ الرَّبُّ. ضَرَبْتُكُمْ بِاللَّفْحِ وَالْيَرَقَانِ. كَثِيراً مَا أَكَلَ الْقَمَصُ جَنَّاتِكُمْ وَكُرُومَكُمْ وَتِينَكُمْ وَزَيْتُونَكُمْ فَلَمْ تَرْجِعُوا إِلَيَّ يَقُولُ الرَّبُّ. أَرْسَلْتُ بَيْنَكُمْ وَبَأً عَلَى طَرِيقَةِ مِصْرَ. قَتَلْتُ بِالسَّيْفِ فِتْيَانَكُمْ مَعَ سَبْيِ خَيْلِكُمْ وَأَصْعَدْتُ نَتَنَ مَحَالِّكُمْ حَتَّى إِلَى أُنُوفِكُمْ فَلَمْ تَرْجِعُوا إِلَيَّ يَقُولُ الرَّبُّ. قَلَبْتُ بَعْضَكُمْ كَمَا قَلَبَ اللَّهُ سَدُومَ وَعَمُورَةَ فَصِرْتُمْ كَشُعْلَةٍ مُنْتَشَلَةٍ مِنَ الْحَرِيقِ فَلَمْ تَرْجِعُوا إِلَيَّ يَقُولُ الرَّبُّ. «لِذَلِكَ هَكَذَا أَصْنَعُ بِكَ يَا إِسْرَائِيلُ. فَمِنْ أَجْلِ أَنِّي

from the burning; Yet you have not returned to Me," Says the Lord." Therefore thus will I do to you, O Israel; Because I will do this to you, Prepare to meet your God, O Israel!" For behold, He who forms mountains, And creates the wind, Who declares to man what his thought is, And makes the morning darkness, Who treads the high places of the earth- The Lord God of hosts is His name.

Glory be to the Holy Trinity our God unto the age of all ages, Amen.

أَصْنَعُ بِكَ هَذَا فَاسْتَعِدَّ لِلِقَاءِ إِلَهِكَ يَا إِسْرَائِيلُ». فَإِنَّهُ هُوَذَا الَّذِي صَنَعَ الْجِبَالَ وَخَلَقَ الرِّيحَ وَأَخْبَرَ الإِنْسَانَ مَا هُوَ فِكْرُهُ الَّذِي يَجْعَلُ الْفَجْرَ ظَلاَماً وَيَمْشِي عَلَى مَشَارِفِ الأَرْضِ يَهْوَهُ إِلَهُ الْجُنُودِ اسْمُهُ.

مجداً للثالوث القدوس الهنا إلى الأبد وإلى أبد الآبدين كلها، آمين.

The Doxology of the Pascha Hour: "Thine is the Power…" on page A5.

تسبحة ساعة البصخة: "لك القوة..." صفحة ٥ فى اخر الكتاب.

Ψαλμος ΝΔ : ΙΗ ΝΕΜ Α

Ⲁⲩϭⲛⲟⲛ ⲛ̀ϫⲉ ⲛⲉϥⲥⲁϫⲓ ⲉ̀ϩⲟⲧⲉ ⲟⲩⲛⲉϩ : ⲟⲩⲟϩ ⲛ̀ⲑⲱⲟⲩ ϩⲁⲛ ⲥⲟⲑⲛⲉϥ ⲛⲉ : ϭⲓ̀ⲥⲙⲏ Ⲫϯ ⲉ̀ⲧⲁ ⲡ̀ⲣⲟⲥⲉⲩⲭⲏ : ⲟⲩⲟϩ ⲙ̀ⲡⲉⲣϩⲓ ⲡϩⲟ ⲙ̀ⲡⲁⲧⲱⲃϩ : ⲁ̅ⲗ̅.

Psalm 55:21 and 1

المزمور ٥٤: ١٨و١

Chanted in the Royal Tune

يُرتّل باللحن الشامى

A Psalm of David the Prophet.

His words were softer than oil, Yet they were drawn swords. Give ear to my prayer, O God, And do not hide Yourself from my supplication. Alleluia.

من مزامير داود النبى

كلامه الين من الدهن وهو نصال. انصت يا الله لصلاتى. ولا تغفل عن تضرعى: هلليلويا.

Ⲉⲩⲁⲅⲅⲉⲗⲓⲟⲛ ⲕⲁⲧⲁ Ⲙⲁⲣⲕⲟⲛ Ⲕⲉⲫ ⲓ̅ⲇ̅ : ⲅ̅ - ⲓ̅ⲁ̅

Ⲟⲩⲟϩ ⲉϥⲭⲏ ϧⲉⲛ Ⲃⲏⲑⲁⲛⲓⲁ̀ ϧⲉⲛ ⲡⲏⲓ ⲛ̀Ⲥⲓⲙⲱⲛ ⲡⲓⲕⲁⲕⲥⲉϩⲧ ⲉϥⲣⲱⲧⲉⲃ ⲁⲥⲓ̀ ⲛ̀ϫⲉ ⲟⲩⲥ̀ϩⲓⲙⲓ ⲉ̀ⲣⲉ ⲟⲩⲟⲛ ⲟⲩⲙⲟⲕⲓ ⲛ̀ⲥⲟϫⲉⲛ ⲛ̀ⲧⲟⲧⲥ ⲛⲁⲣⲇⲟⲥ ⲙ̀ⲡⲓⲥⲧⲓⲕⲏ ⲉ̀ⲛⲁϣⲉⲛⲥⲟⲩⲉⲛϥ : ⲉⲁⲥϧⲟⲙϧⲉⲙ ⲙ̀ⲡⲓⲙⲟⲕⲓ ⲁⲥϫⲟϣϥ ⲉϫⲉⲛ ⲧⲉϥⲁ̀ⲫⲉ. Ⲛⲁⲣⲉ ϩⲁⲛⲟⲩⲟⲛ ⲭ̀ⲣⲉⲙⲣⲉⲙ ⲛⲉⲙ ⲛⲟⲩⲉ̀ⲣⲏⲟⲩ : ϫⲉ ⲉⲑⲃⲉⲟⲩ ⲁ̀ⲡⲁⲓⲧⲁⲕⲟ ⲛ̀ⲧⲉ ⲡⲁⲓⲥⲟϫⲉⲛ ϣⲱⲡⲓ. Ⲛⲉⲟⲩⲟⲛ ϣ̀ϫⲟⲙ ⲅⲁⲣ ⲉ̀ϯⲙ̀ⲫⲁⲓ ⲉ̀ⲃⲟⲗ ⲥⲁⲡ̀ϣⲱⲓ ⲛ̀ϣⲟⲙⲧ ϣⲉ ⲛ̀ⲥⲁⲑⲉⲣⲓ ⲟⲩⲟϩ ⲉ̀ⲧⲏⲓⲧⲟⲩ ⲛ̀ⲛⲓϩⲏⲕⲓ : ⲟⲩⲟϩ ⲛⲁⲩⲙ̀ⲃⲟⲛ ⲉ̀ⲣⲟⲥ ⲡⲉ. Ⲡⲉϫⲉ Ⲓ̅ⲏ̅ⲥ̅ ⲛⲱⲟⲩ ϫⲉ ⲭⲁⲥ : ⲁϧⲱⲧⲉⲛ ⲧⲉⲧⲉⲛϯϧⲓⲥⲓ ⲛⲁⲥ : ⲟⲩϩⲱⲃ ⲉⲛⲁⲛⲉϥ ⲡⲉⲧⲁⲥⲉⲣϩⲱⲃ ⲉⲣⲟϥ ⲛϧⲏⲧ. Ⲛⲥⲏⲟⲩ ⲛⲓⲃⲉⲛ ⲛⲓϩⲏⲕⲓ ⲥⲉ ⲛⲉⲙⲱⲧⲉⲛ : ⲟⲩⲟϩ ⲉϣⲱⲡ ⲛⲧⲉⲧⲉⲛⲟⲩⲱϣ ⲟⲩⲟⲛϣϫⲟⲙ ⲙⲙⲱⲧⲉⲛ ⲉⲉⲣ ⲡⲉⲑⲛⲁⲛⲉϥ ⲛⲉⲙⲱⲟⲩ ⲛⲥⲏⲟⲩ ⲛⲓⲃⲉⲛ : ⲁⲛⲟⲕ ⲇⲉ ϯⲛⲉⲙⲱⲧⲉⲛ ⲁⲛ ⲛⲥⲏⲟⲩ ⲛⲓⲃⲉⲛ. Ⲫⲏⲉⲧⲁⲥϭⲓⲧϥ ⲁⲥⲁⲓϥ ⲁⲥⲉⲣϣⲟⲣⲡ ⲅⲁⲣ ⲛⲑⲁϩⲥ ⲙⲡⲁⲥⲱⲙⲁ ⲙⲡⲁⲓⲥⲟϫⲉⲛ ⲉⲡϫⲓⲛⲕⲟⲥⲧ. Ⲁⲙⲏⲛ ϯϫⲱ ⲙⲙⲟⲥ ⲛⲱⲧⲉⲛ : ϫⲉ ⲡⲓⲙⲁ ⲉⲧⲟⲩⲛⲁϩⲓⲱⲓϣ ⲙⲡⲁⲓⲉⲩⲁⲅⲅⲉⲗⲓⲟⲛ ⲙⲙⲟϥ ϧⲉⲛ ⲡⲓⲕⲟⲥⲙⲟⲥ ⲧⲏⲣϥ : ⲫⲏϩⲱϥ ⲉⲧⲁⲑⲁⲓ ⲁⲓϥ ⲉⲩⲉⲥⲁϫⲓ ⲙⲙⲟϥ ⲉⲩⲙⲉⲩⲓ ⲛⲁⲥ. Ⲟⲩⲟϩ Ⲓⲟⲩⲇⲁⲥ ⲡⲓⲥⲕⲁⲣⲓⲱⲧⲏⲥ ⲡⲓⲟⲩⲁⲓ ⲛⲧⲉ ⲡⲓⲙⲏⲧ ⲥⲛⲁⲩ ⲁϥϣⲉⲛⲁϥ ϩⲁ ⲛⲓⲁⲣⲭⲏⲉⲣⲉⲩⲥ ϩⲓⲛⲁ ⲛⲧⲉϥⲧⲏⲓϥ ⲛⲱⲟⲩ. Ⲛⲑⲱⲟⲩ ⲇⲉ ⲉⲧⲁⲩⲥⲱⲧⲉⲙ ⲁⲩⲣⲁϣⲓ ⲟⲩⲟϩ ⲁⲩϯⲛⲁϥ ⲛⲟⲩϩⲁⲧ : ⲟⲩⲟϩ ⲛⲁϥⲕⲱϯ ϫⲉ ⲡⲱⲥ ϥⲛⲁⲧⲏⲓϥ ϧⲉⲛ ⲟⲩⲉⲩⲕⲉⲣⲓⲁ :

Ⲟⲩⲱϣⲧ ⲙⲡⲓⲉⲩⲁⲅⲅⲉⲗⲓⲟⲛ ⲉⲑⲩ.

Mark 14:3-11

A reading from the Holy Gospel according to Saint Mark.

And being in Bethany at the house of Simon the leper, as He sat at the table, a woman came having an alabaster flask of very costly oil of spikenard. Then she broke the flask and poured it on His head. But there were some who were indignant among themselves, and said, "Why was this fragrant oil wasted? For it might have been sold for more than three hundred denarii and given to the poor." And they criticized her sharply. But Jesus said, "Let her alone. Why do you trouble her? She has done a good work for Me. For you have the poor with you always, and whenever you wish you may do them good; but Me you do not have always. She has done what she could. She has come beforehand to anoint My body for burial. Assuredly, I say to you, wherever this gospel is preached in the whole world, what this woman has

مرقس ١٤: ٣-١١

فصل شريف من إنجيل معلمنا مار مرقس البشير بركاته علينا آمين.

وَفِيمَا هُوَ فِي بَيْتِ عَنْيَا فِي بَيْتِ سِمْعَانَ الأَبْرَصِ وَهُوَ مُتَّكِئٌ جَاءَتِ امْرَأَةٌ مَعَهَا قَارُورَةُ طِيبِ نَارِدِينٍ خَالِصٍ كَثِيرِ الثَّمَنِ. فَكَسَرَتِ الْقَارُورَةَ وَسَكَبَتْهُ عَلَى رَأْسِهِ. وَكَانَ قَوْمٌ مُغْتَاظِينَ فِي أَنْفُسِهِمْ فَقَالُوا: «لِمَاذَا كَانَ تَلَفُ الطِّيبِ هَذَا؟ لأَنَّهُ كَانَ يُمْكِنُ أَنْ يُبَاعَ هَذَا بِأَكْثَرَ مِنْ ثَلاَثِمِئَةِ دِينَارٍ وَيُعْطَى لِلْفُقَرَاءِ». وَكَانُوا يُؤَنِّبُونَهَا. أَمَّا يَسُوعُ فَقَالَ: «اتْرُكُوهَا! لِمَاذَا تُزْعِجُونَهَا؟ قَدْ عَمِلَتْ بِي عَمَلاً حَسَناً. لأَنَّ الْفُقَرَاءَ مَعَكُمْ فِي كُلِّ حِينٍ وَمَتَى أَرَدْتُمْ تَقْدِرُونَ أَنْ تَعْمَلُوا بِهِمْ خَيْراً. وَأَمَّا أَنَا فَلَسْتُ مَعَكُمْ فِي كُلِّ حِينٍ. عَمِلَتْ مَا عِنْدَهَا. قَدْ سَبَقَتْ وَدَهَنَتْ بِالطِّيبِ جَسَدِي لِلتَّكْفِينِ. اَلْحَقَّ أَقُولُ لَكُمْ: حَيْثُمَا يُكْرَزْ بِهَذَا الإِنْجِيلِ فِي كُلِّ الْعَالَمِ يُخْبَرْ

done will also be told as a memorial to her." Then Judas Iscariot, one of the twelve, went to the chief priests to betray Him to them. And when they heard it, they were glad, and promised to give him money. So he sought how he might conveniently betray Him.

أَيْضاً بِمَا فَعَلَتْهُ هَذِهِ تَذْكَاراً لَهَا». ثُمَّ إِنَّ يَهُوذَا الإِسْخَرْيُوطِيَّ وَاحِداً مِنَ الاِثْنَيْ عَشَرَ مَضَى إِلَى رُؤَسَاءِ الْكَهَنَةِ لِيُسَلِّمَهُ إِلَيْهِمْ. وَلَمَّا سَمِعُوا فَرِحُوا وَوَعَدُوهُ أَنْ يُعْطُوهُ فِضَّةً. وَكَانَ يَطْلُبُ كَيْفَ يُسَلِّمُهُ فِي فُرْصَةٍ مُوافِقَةٍ.

Bow down before the Holy Gospel.
Glory be to God forever.

أسجدوا للإنجيل المقدس.
والمجد لله دائماً.

Commentary

طرح

The Commentary of the Third Hour of Eve of Thursday of Holy Pascha, may its blessings be with us all. Amen.

طرح الساعة الثالثة من ليلة الخميس من البصخة المقدسة بركتها علينا. آمين.

The woman poured the precious oil over the Lord's feet and wiped them with her hair because of her great love. Therefore, she had done a good deed that would be told and remembered throughout the world. She is still remembered by all believers. Behold these spiritual gifts and the high esteem she gained. Let us be zealous, over her virtues and love the Lord with all our hearts and not be like Judas who mocked her good deed. His evil thought led him to betray his Master. The silver he received for the betrayal Christ will go with him to Hell. His name will be erased in one generation and he will be denied descendants on earth.

المرأة التى دهنت رجلى الرب بالطيب الفائق، ومسحتهما بشعر رأسها من أجل ثبات أمانتها وحبها الكثير، هذه اقتنت لها نصيباً صالحاً وصيتاً عالياً فى جميع العالم، وبشر الرسل بما فعلته فى زوايا الأرض. فدام اسمها فى جميع الأجيال يتلوه سائر المؤمنين.

يا لهذه المواهب الروحانية، وهذه الكرامات العالية التى فازت بها! فلنمتلئ غيرة على فضيلتها، ونحب الرب من كل قلوبنا. وليس مثل يهوذا الذى حنق عليها من أجل أنها صنعت الخير، فدفعته أفكاره الشريرة أن يبيع سيده. والفضة التى أخذها ثمن الذكى ستهبط معه إلى الجحيم. ليفنى اسمه فى جيل واحد ولا يكون له خلف على الأرض.

Sixth Hour of Eve of Thursday

الساعة السادسة من ليلة الخميس

Ⲁⲙⲱⲥ Ⲕⲉⲫ ⲅ̅ : ⲁ̅ - ⲓ̅ⲁ̅

Ⲉⲃⲟⲗϧⲉⲛ Ⲁⲙⲱⲥ ⲡⲓⲡ̀ⲣⲟⲫⲏⲧⲏⲥ: ⲉ̀ⲣⲉⲡⲉϥ̀ⲥ̀ⲙⲟⲩ ⲉ̀ⲑⲟⲩⲁⲃ ϣⲱⲡⲓ ⲛⲉⲙⲁⲛ ⲁ̀ⲙⲏⲛ ⲉϥϫⲱ ⲙ̀ⲙⲟⲥ.

Ⲥⲱⲧⲉⲙ ⲉ̀ⲡⲁⲓⲥⲁϫⲓ ⲫⲁⲓ ⲉ̀ⲧⲁⲓⲥⲁϫⲓ ⲙ̀ⲙⲟϥ ⲉϫⲉⲛ ⲑⲏⲛⲟⲩ ⲡ̀ⲏⲓ ⲙ̀Ⲡⲓⲥ̅ⲗ̅ : ⲛⲉⲙ ϧⲁ ⲫⲩⲗⲏ ⲛⲓⲃⲉⲛ ⲉ̀ⲧⲁⲓⲉ̀ⲛⲟⲩ ⲉ̀ⲃⲟⲗϧⲉⲛ ⲡ̀ⲕⲁϩⲓ ⲛ̀ⲭⲏⲙⲓ ⲉⲩϫⲱ ⲙ̀ⲙⲟⲥ. Ϫⲉ ⲧ̀ⲗⲏⲛ ⲛ̀ⲑⲱⲧⲉⲛ ⲁⲓⲥⲟⲩⲉⲛ ⲑⲏⲛⲟⲩ ⲉ̀ⲃⲟⲗ ϧⲉⲛ ⲛⲓⲫⲩⲗⲏ ⲧⲏⲣⲟⲩ ⲛ̀ⲧⲉ ⲡ̀ⲕⲁϩⲓ : ⲉⲑⲃⲉ ⲫⲁⲓ ⲉⲓⲉ̀ϭⲓ ⲙ̀ⲡ̀ϣⲓϣ ⲉ̀ϫⲉⲛ ⲑⲏⲛⲟⲩ ⲧⲏⲣⲟⲩ ⲛ̀ⲛⲉⲧⲉⲛⲛⲟⲃⲓ ⲧⲏⲣⲟⲩ. Ⲁⲛ ⲉ̀ⲣⲉ̀ⲙⲟϣⲓ ⲛ̀ϫⲉ ⲥ̀ⲛⲁⲩ ⲉⲩⲥⲟⲡ ⲛ̀ⲧⲟⲩϣⲧⲉⲙ ⲥⲟⲩⲉⲛ ⲛⲟⲩⲉ̀ⲣⲏⲟⲩ ⲉ̀ⲡ̀ⲧⲏⲣϥ. Ⲁⲛ ⲉϥⲉϩⲉⲙϩⲉⲙ ⲛ̀ϫⲉ ⲟⲩⲙⲟⲩ̀ⲓ ⲉ̀ⲃⲟⲗϧⲉⲛ ⲟⲩⲓⲁϩϣϣⲏⲛ ⲙ̀ⲙⲟⲛ ⲧⲉϥϫⲟⲣϫϥ : ⲁⲛ ⲉ̀ⲣⲉ ⲟⲩⲙⲁⲥ ⲙ̀ⲙⲟⲩ̀ⲓ ϯ ⲛ̀ⲧⲉϥ̀ⲥⲙⲏ ⲉ̀ⲃⲟⲗϧⲉⲛ ⲡⲉϥⲃⲏⲃ ⲉ̀ⲡ̀ⲧⲏⲣϥ ⲁϥϣⲧⲉⲙϩⲱⲗⲉⲙ ⲛ̀ⲟⲩϩ̀ⲗⲓ. Ⲁⲛ ⲉϥⲉϩⲉⲓ ⲛ̀ϫⲉ ⲟⲩϩⲁⲗⲏⲧ ϩⲓϫⲉⲛ ⲡⲓⲕⲁϩⲓ ⲙ̀ⲙⲟⲛ ⲫⲏⲉⲧϫⲱⲣϫ ⲉ̀ⲣⲟϥ : ⲁⲛ ⲉ̀ⲣⲉ ⲟⲩϫⲟⲣϫⲥ ϣⲱⲡⲓ ϩⲓϫⲉⲛ ⲡⲕⲁϩⲓ ⲛ̀ⲟⲩⲉϣⲉⲛ ⲧⲁϩⲉ ϩ̀ⲗⲓ. Ⲁⲛ ⲉ̀ⲣⲉ ⲟⲩⲥⲁⲗⲡⲓⲅⲝ ⲙⲟⲩ̀ϯ ϧⲉⲛ ⲟⲩⲃⲁⲕⲓ ⲟⲩⲟϩ ⲛ̀ⲧⲉ ϣ̀ⲧⲉⲛ ⲟⲩ̀ⲗⲁⲟⲥ ⲛⲟⲩϣ̀ⲡ : ⲁⲛ ⲉ̀ⲣⲉ ⲟⲩⲕⲁⲕⲓⲁ̀ ϣⲱⲡⲓ ϧⲉⲛ ⲟⲩⲃⲁⲕⲓ ⲙ̀ⲡⲉ̀Ⲡ̅ⲟ̅ⲥ̅ ⲑⲁⲙⲓⲟⲥ. Ϫⲉ ⲟⲩⲏⲓ ⲛ̀ⲛⲉϥ̀ⲓ̀ⲣⲓ ⲛ̀ⲟⲩϩⲱⲃ ⲛ̀ϫⲉ Ⲡ̅ⲟ̅ⲥ̅ Ⲫ̅ϯ̅ ⲁϥϣⲧⲉⲙ ϭⲱⲣⲡ ⲉ̀ⲃⲟⲗ ⲛ̀ⲧⲉϥ̀ⲥⲃⲱ ⲛⲛⲉϥⲉ̀ⲃⲓⲁⲓⲕ ⲙ̀ⲡ̀ⲣⲟⲫⲏⲧⲏⲥ : Ⲟⲩⲙⲟⲩ̀ⲓ ⲁϥⲱϣ ⲉ̀ⲃⲟⲗ ⲛⲓⲙ ⲡⲉ ⲉ̀ⲧⲉϥⲛⲁⲉⲣϩⲟϯ ⲁⲛ : Ⲡ̅ⲟ̅ⲥ̅ Ⲫ̅ϯ̅ ⲁϥⲥⲁϫⲓ ⲛⲓⲙ ⲡⲉ ⲉ̀ⲧⲉϥⲛⲁⲉⲣ ⲡ̀ⲣⲟⲫⲏⲧⲉⲩⲓⲛ ⲁⲛ : Ⲙⲁⲧⲁⲙⲉ ⲛⲓⲭⲱⲣⲁ ⲉⲧϧⲉⲛ Ⲙⲓⲁⲥⲥⲩⲣⲓⲟⲥ ⲛⲉⲙ ϩⲓϫⲉⲛ ⲛⲓⲭⲱⲣⲁ ⲛ̀ⲧⲉⲭⲏⲙⲓ ⲟⲩⲟϩ ⲁ̀ϫⲟⲥ : ϫⲉ ⲑⲱⲟⲩ̀ϯ ϩⲓϫⲉⲛ ⲡ̀ⲧⲱⲟⲩ ⲛ̀ⲧ̀Ⲥⲁⲙⲁⲣⲓⲁ̀ : ⲟⲩⲟϩ ⲁ̀ⲛⲁⲩ ⲉ̀ϩⲁⲛ̀ϣⲫⲏⲣⲓ ⲉⲩⲟϣ ϧⲉⲛ ⲧⲉⲥⲙⲏϯ : ⲛⲉⲙ ϯⲙⲉⲧⲣⲉϥϣⲉⲡϫⲱⲣⲓ ⲉ̀ⲧⲉ ⲛ̀ϧⲏⲧⲥ. Ⲟⲩⲟϩ ⲙ̀ⲡⲉⲥⲉ̀ⲙⲓ ⲉ̀ⲛⲏⲉⲑⲛⲁϣⲱⲡⲓ ⲙ̀ⲡⲉⲥ̀ⲙ̀ⲑⲟ ⲡⲉϫⲉ Ⲡ̅ⲟ̅ⲥ̅ : ⲛⲏⲉⲧϩⲓⲟⲩ̀ⲓ ⲉ̀ϧⲟⲩⲛ ⲛ̀ⲟⲩϭⲓ ⲛ̀ϫⲟⲛⲥ ⲛⲉⲙ ⲟⲩⲧⲁⲗⲉⲡⲱⲣⲉⲁ̀ ϧⲉⲛ ⲛⲟⲩⲭⲱⲣⲁ : Ⲉⲑⲃⲉ ⲫⲁⲓ ⲛⲁⲓⲛⲉ ⲛⲏⲉ̀ⲧⲉϥϫⲱ ⲙ̀ⲙⲱⲟⲩ ⲛ̀ϫⲉ Ⲡ̅ⲟ̅ⲥ̅ Ⲫ̅ϯ̅ : ϫⲉ Ⲧⲩⲣⲟⲥ ⲡⲉⲕⲁϩⲓ ⲉ̀ⲧⲉ ⲙ̀ⲡⲉⲕⲱϯ ⲉϥⲉϣⲱϥ : ⲟⲩⲟϩ ⲉϥⲉ̀ⲓⲛⲓ ⲉ̀ⲡⲉⲥⲏⲧ ⲛ̀ϫⲉ ⲧⲉϫⲟⲙ ⲉ̀ⲃⲟⲗ ⲛ̀ϧⲏϯ :

Ⲟⲩ̀ⲱⲟⲩ ⲛ̀ϯ̀ⲧ̀ⲣⲓⲁⲥ ⲉ̀ⲑⲟⲩⲁⲃ ⲡⲉⲛⲛⲟⲩϯ ϣⲁ ⲉ̀ⲛⲉϩ ⲛⲉⲙ ϣⲁ ⲉ̀ⲛⲉϩ ⲛ̀ⲧⲉ ⲛⲓⲉ̀ⲛⲉϩ ⲧⲏⲣⲟⲩ: ⲁ̀ⲙⲏⲛ.

Amos 3:1-11

A reading from Amos the Prophet may his blessings be with us Amen.

Hear this word that the Lord has spoken against you, O children of Israel, against the whole family which I brought up from the land of Egypt,

عاموس ٣: ١-١١

من عاموس النبى بركته المقدسة تكون معنا، آمين.

اِسْمَعُوا هَذَا الْقَوْلَ الَّذِي تَكَلَّمَ بِهِ الرَّبُّ عَلَيْكُمْ يَا بَنِي إِسْرَائِيلَ عَلَى كُلِّ الْقَبِيلَةِ الَّتِي أَصْعَدْتُهَا مِنْ أَرْضِ مِصْرَ قَائِلاً: «إِيَّاكُمْ

saying: "You only have I known of all the families of the earth; Therefore I will punish you for all your iniquities." Can two walk together, unless they are agreed? Will a lion roar in the forest, when he has no prey? Will a young lion cry out of his den, if he has caught nothing? Will a bird fall into a snare on the earth, where there is no trap for it? Will a snare spring up from the earth, if it has caught nothing at all? If a trumpet is blown in a city, will not the people be afraid? If there is calamity in a city, will not the Lord have done it? Surely the Lord God does nothing, Unless He reveals His secret to His servants the prophets. A lion has roared! Who will not fear? The Lord God has spoken! Who can but prophesy?

"Proclaim in the palaces at Ashdod, And in the palaces in the land of Egypt, and say: 'Assemble on the mountains of Samaria; See great tumults in her midst, And the oppressed within her. For they do not know to do right,' Says the Lord, 'Who store up violence and robbery in their palaces.' "Therefore thus says the Lord God: "An adversary shall be all around the land; He shall sap your strength from you, And your palaces shall be plundered."

Glory be to the Holy Trinity our God unto the age of all ages, Amen.

فَقَطْ عَرَفْتُ مِنْ جَمِيعِ قَبَائِلِ الأَرْضِ لِذَلِكَ أُعَاقِبُكُمْ عَلَى جَمِيعِ ذُنُوبِكُمْ». هَلْ يَسِيرُ اثْنَانِ مَعاً إِنْ لَمْ يَتَوَاعَدَا؟ هَلْ يُزَمْجِرُ الأَسَدُ فِي الْوَعْرِ وَلَيْسَ لَهُ فَرِيسَةٌ؟ هَلْ يُعْطِي شِبْلُ الأَسَدِ زَئِيرَهُ مِنْ خِدْرِهِ إِنْ لَمْ يَخْطَفْ؟ هَلْ يَسْقُطُ عُصْفُورٌ فِي فَخِّ الأَرْضِ وَلَيْسَ لَهُ شَرَكٌ؟ هَلْ يُرْفَعُ فَخٌّ عَنِ الأَرْضِ وَهُوَ لَمْ يُمْسِكْ شَيْئاً؟ أَمْ يُضْرَبُ بِالْبُوقِ فِي مَدِينَةٍ وَالشَّعْبُ لاَ يَرْتَعِدُ؟ هَلْ تَحْدُثُ بَلِيَّةٌ فِي مَدِينَةٍ وَالرَّبُّ لَمْ يَصْنَعْهَا؟ إِنَّ السَّيِّدَ الرَّبَّ لاَ يَصْنَعُ أَمْراً إِلاَّ وَهُوَ يُعْلِنُ سِرَّهُ لِعَبِيدِهِ الأَنْبِيَاءِ. الأَسَدُ قَدْ زَمْجَرَ فَمَنْ لاَ يَخَافُ؟ السَّيِّدُ الرَّبُّ قَدْ تَكَلَّمَ فَمَنْ لاَ يَتَنَبَّأُ؟ نَادُوا عَلَى الْقُصُورِ فِي أَشْدُودَ وَعَلَى الْقُصُورِ فِي أَرْضِ مِصْرَ وَقُولُوا: «اجْتَمِعُوا عَلَى جِبَالِ السَّامِرَةِ وَانْظُرُوا شَغَباً عَظِيماً فِي وَسَطِهَا وَمَظَالِمَ فِي دَاخِلِهَا. فَإِنَّهُمْ لاَ يَعْرِفُونَ أَنْ يَصْنَعُوا الاِسْتِقَامَةَ يَقُولُ الرَّبُّ. أُولَئِكَ الَّذِينَ يَخْزِنُونَ الظُّلْمَ وَالاِغْتِصَابَ فِي قُصُورِهِمْ». لِذَلِكَ هَكَذَا قَالَ السَّيِّدُ الرَّبُّ: «ضِيقٌ حَتَّى فِي كُلِّ نَاحِيَةٍ مِنَ الأَرْضِ فَيُنْزِلُ عَنْكِ عِزَّكِ وَتُنْهَبُ قُصُورُكِ».

مجداً للثالوث القدوس الهنا إلى الأبد وإلى أبد الآبدين كلها، آمين.

The Doxology of the Pascha Hour: "Thine is the Power…" on page A5.

تسبحة ساعة البصخة: "لك القوة..." صفحة ٥ فى اخر الكتاب.

Ψⲁⲗⲙⲟⲥ ⲣ̅ⲗ̅ⲑ̅ : ⲁ̅ ⲛⲉⲙ ⲃ̅

Ⲛⲁϩⲙⲉⲧ Ⲡ̀ϭⲟⲓⲥ ⲥⲁⲃⲟⲗ ̀ⲛⲟⲩⲣⲱⲙⲓ ⲉϥϩⲱⲟⲩ : ̀ⲉⲃⲟⲗϩⲁ ⲟⲩⲣⲱⲙⲓ ̀ⲛⲣⲉϥϭⲓ̀ⲛϫⲟⲛⲥ ⲙⲁⲧⲟⲩϫⲟⲓ. Ⲛⲏⲉ̀ⲧⲁⲩⲥⲟϭⲛⲓ ̀ⲛϩⲁⲛ ϭⲓ̀ⲛϫⲟⲛⲥ ϧⲉⲛ ⲡⲟⲩϩⲏⲧ : ̀ⲙⲡⲓ̀ⲉϩⲟⲟⲩ ⲧⲏⲣϥ ⲁⲩⲥⲟⲃϯ ̀ⲛϩⲁⲛⲃⲱⲧⲥ. ⲁ̅ⲗ̅.

Psalm 140:1-2 — المزمور ١٣٩ : ١ و ٢

A Psalm of David the Prophet.

Deliver me, O Lord, from evil men; Preserve me from violent men, who plan evil things in their hearts; They continually gather together for war. Alleluia.

من مزامير داود النبى

نجنى يارب من إنسان شرير ومن رجل ظالم انقذنى. الذين تفكروا بالظلم فى قلبهم النهار كله كانوا يستعدون للقتال. هلليلويا

Ⲉⲩⲁⲅⲅⲉⲗⲓⲟⲛ ⲕⲁⲧⲁ Ⲓⲱⲁⲛⲛⲏⲛ Ⲕⲉⲫ ⲓ̅ⲃ̅ : ⲗ̅ – ⲙ̅ⲅ̅

Ⲛⲁⲓ ⲉⲧⲁϥ ϫⲟⲧⲟⲩ ̀ⲛϫⲉ Ⲓⲏ̅ⲥ̅ ⲁϥϣⲉⲛⲁϥ ⲁϥⲭⲟⲡϥ ̀ⲉⲃⲟⲗ ϩⲁⲣⲱⲟⲩ. Ⲛⲁⲓⲙⲏϣ ⲇⲉ ̀ⲙⲙⲏⲓⲛⲓ ⲁϥⲁⲓⲧⲟⲩ ⲙⲡⲟⲩⲙ̀ⲑⲟ ̀ⲉⲃⲟⲗ ̀ⲙⲡⲟⲩⲛⲁϩϯ ̀ⲉⲣⲟϥ : ϩⲓⲛⲁ ̀ⲛⲧⲉϥϫⲱⲕ ̀ⲉⲃⲟⲗ ̀ⲛϫⲉ ̀ⲡⲥⲁϫⲓ ̀ⲛⲎⲥⲁⲓ̀ⲁⲥ ⲡⲓ̀ⲡⲣⲟⲫⲏⲧⲏⲥ ⲫⲏⲉ̀ⲧⲁϥϫⲟϥ ϫⲉ Ⲡ̅ⲟ̅ⲥ̅ ⲛⲓⲙ ⲡⲉ ̀ⲉⲧⲁϥⲛⲁϩϯ ̀ⲉⲧⲉⲛⲥ̀ⲙⲏ : ⲟⲩⲟϩ ̀ⲡϣⲱⲃϣ ̀ⲙⲠ̅ⲟ̅ⲥ̅ ̀ⲉⲧⲁϥϭⲱⲣⲡ ̀ⲉⲛⲓⲙ. Ⲉⲑⲃⲉ ⲫⲁⲓ ⲛⲉ ̀ⲙⲙⲟⲛϣ̀ϫⲟⲙ ̀ⲙⲙⲱⲟⲩ ̀ⲉⲛⲁϩϯ : ϫⲉ ⲁϥϫⲟⲥ ⲟⲛ ̀ⲛϫⲉ Ⲏⲥⲁⲏ̀ⲁⲥ : Ϫⲉ ⲁϥⲑⲱⲙ ̀ⲛⲛⲟⲩⲃⲁⲗ : ⲟⲩⲟϩ ⲁϥⲑⲱⲙ ̀ⲙⲡⲟⲩϩⲏⲧ : ϩⲓⲛⲁ ̀ⲛⲧⲟⲩϣ̀ⲧⲉⲙⲛⲁⲩ ̀ⲛⲛⲟⲩⲃⲁⲗ : ⲟⲩⲟϩ ̀ⲛⲧⲟⲩϣ̀ⲧⲉⲙ ⲕⲁϯ ϧⲉⲛ ⲡⲟⲩϩⲏⲧ : ⲟⲩⲟϩ ̀ⲛⲧⲟⲩⲕⲟⲧⲟⲩ ϩⲁⲣⲟⲓ ̀ⲛⲧⲁⲧⲟⲩϫⲟⲟⲩ : Ⲛⲁⲓ ⲁϥϫⲟⲧⲟⲩ ̀ⲛϫⲉ Ⲏⲥⲁⲏ̀ⲁⲥ ϫⲉ ⲁϥⲛⲁⲩ ̀ⲉ̀ⲡⲱⲟⲩ ̀ⲙⲪ̅ϯ̅ ⲟⲩⲟϩ ⲁϥⲥⲁϫⲓ ⲉⲑⲃⲏⲧϥ. Ⲟ̀ⲙⲱⲥ ⲙⲉⲛⲧⲟⲓ ⲟⲩⲙⲏϣ ̀ⲉⲃⲟⲗϧⲉⲛ ⲛⲓⲕⲉⲁⲣⲭⲱⲛ ⲁⲩⲛⲁϩϯ ̀ⲉⲣⲟϥ : ⲁⲗⲗⲁ ⲛⲁⲩⲟⲩⲱⲛϩ ̀ⲙⲙⲟϥ ̀ⲉⲃⲟⲗⲁⲛ ⲡⲉ ⲉⲑⲃⲉ ⲛⲓⲫⲁⲣⲓⲥⲉⲟⲥ : ϫⲉ ̀ⲛⲛⲟⲩⲁⲓⲧⲟⲩ ̀ⲛⲁ̀ⲡⲟⲥⲩⲛⲁⲅⲱⲅⲟⲥ : Ⲁⲩⲙⲉⲛⲣⲉ ̀ⲡ̀ⲱⲟⲩ ⲅⲁⲣ ̀ⲛⲛⲓⲣⲱⲙⲓ ⲙⲁⲗⲗⲟⲛ ̀ⲉϩⲟⲧⲉ ̀ⲡ̀ⲱⲟⲩ ̀ⲙⲪ̅ϯ̅ :

Ⲟⲩⲱϣⲧ ̀ⲙⲡⲓⲉⲩⲁⲅⲅⲉⲗⲓⲟⲛ ⲉ̅ⲑ̅ⲩ̅.

John 12:36-43 — يوحنا ١٢ : ٣٦ - ٤٣

A reading from the Holy Gospel according to Saint John.

These things Jesus spoke, and departed, and was hidden from them. But although He had done so many signs before them, they did not believe in Him, that the word of Isaiah the prophet might be fulfilled, which he

فصل شريف من إنجيل معلمنا مار يوحنا البشير بركاته علينا آمين.

تَكَلَّمَ يَسُوعُ بِهَذَا ثُمَّ مَضَى وَاخْتَفَى عَنْهُمْ. وَمَعَ أَنَّهُ كَانَ قَدْ صَنَعَ أَمَامَهُمْ آيَاتٍ هَذَا عَدَدُهَا لَمْ يُؤْمِنُوا بِهِ لِيَتِمَّ قَوْلُ إِشَعْيَاءَ النَّبِيِّ: «يَا رَبُّ مَنْ صَدَّقَ خَبَرَنَا وَلِمَنِ اسْتُعْلِنَتْ

spoke: "Lord, who has believed our report? And to whom has the arm of the Lord been revealed?" Therefore they could not believe, because Isaiah said again: "He has blinded their eyes and hardened their hearts, Lest they should see with their eyes, Lest they should understand with their hearts and turn, So that I should heal them." These things Isaiah said when he saw His glory and spoke of Him.

Nevertheless even among the rulers many believed in Him, but because of the Pharisees they did not confess Him, lest they should be put out of the synagogue; for they loved the praise of men more than the praise of God.

Bow down before the Holy Gospel.
Glory be to God forever.

ذِرَاعُ الرَّبِّ؟» لِهَذَا لَمْ يَقْدِرُوا أَنْ يُؤْمِنُوا. لأَنَّ إِشَعْيَاءَ قَالَ أَيْضاً: «قَدْ أَعْمَى عُيُونَهُمْ وَأَغْلَظَ قُلُوبَهُمْ لِئَلا يُبْصِرُوا بِعُيُونِهِمْ وَيَشْعُرُوا بِقُلُوبِهِمْ وَيَرْجِعُوا فَأَشْفِيَهُمْ». قَالَ إِشَعْيَاءُ هَذَا حِينَ رَأَى مَجْدَهُ وَتَكَلَّمَ عَنْهُ.

وَلَكِنْ مَعَ ذَلِكَ آمَنَ بِهِ كَثِيرُونَ مِنَ الرُّؤَسَاءِ أَيْضاً غَيْرَ أَنَّهُمْ لِسَبَبِ الْفَرِّيسِيِّينَ لَمْ يَعْتَرِفُوا بِهِ لِئَلا يَصِيرُوا خَارِجَ الْمَجْمَعِ لأَنَّهُمْ أَحَبُّوا مَجْدَ النَّاسِ أَكْثَرَ مِنْ مَجْدِ اللَّهِ.

أسجدوا للإنجيل المقدس.
والمجد لله دائماً.

Commentary

The Commentary of the Sixth Hour of Eve of Thursday of Holy Pascha, may its blessings be with us all. Amen.

Isaiah the prophet cries unto the sons of Israel, by the Spirit, for their foolishness. He rebuked them because of the vileness of their deeds and their sins when Emmanuel performed His miracles. They rejected His words full of grace and leaned towards myths and deceit, and rejected the glory of His divinity. O great prophet, condemn these disobedient children for they have followed in the steps of their fathers. They have completed their evil deed to fulfill the prophesy which said "Lord, who could believe what we have heard and to whom has the power of the Lord revealed!" The voice of the

طرح

طرح الساعة السادسة من ليلة الخميس من البصخة المقدسة بركتها علينا. آمين.

أشعياء النبى يصرخ بالروح نحو الشعب الجاهل بنى اسرائيل. يبكتهم بغير محاباة من أجل دنس أعمالهم وآثامهم.

لما ظهر عمانوئيل وصنع أعمالاً تبهر العقول، تعدوا أقواله المملوءة نعمة، ومالوا إلى الخرافات والأعمال الباطلة، وجحد مجد لاهوته هؤلاء الأبناء المرذولون، والزرع غير المثمر.

بكت رأيهم أيها النبى العظيم، لأنهم تشبهوا بآبائهم وأكملوا مكاييلهم. فقال الرب من

Lord is His Only Begotten Son who appeared in the flesh to the sons of Israel. He showed them His justice and His mercy. Nevertheless, they did not obey Him nor believe in Him. How could they believe when Isaiah prophesized about them and said, "He has blinded their eyes, He has harden their hearts." Listen O Israel, no one else will save you from God's wrath other than Jesus the Savior of the world who made the two into one through His incarnation. The Light has come to His own and His own loved the darkness. The gentiles accepted His commandments and became His nation everywhere. They experienced His mercy and His abundant grace, which He bestowed on them.

صدق خبرنا؟ وذراعك يارب لمن أعلنت؟ إن صوت الرب هو ابنه الوحيد الذى تراءى بالجسد لبنى اسرائيل. وعدله ورحمته أظهرهما فيهم. ومع هذا لم يطيعوا ولم يؤمنوا به. كيف يؤمنون واشعياء سبق فنطق من أجلهم قائلاً: أنه طمس عيونهم، وبلد قلوبهم، وثقل أذهانهم وأفهامهم معاً؟ إسمع يا اسرائيل: ليس آخر يقوم ليخلص به شعبك الا يسوع مخلص العالم، والذى جعل الاثنين واحداً بتجسده. جاء النور إلى خاصته وخاصته لم تقبله بل أحبوا الظلمة، والشعوب الغريبة قبلت وصاياه وصارت له شعباً مجتمعاً فى كل مكان. وعرفوا رحمته وغزير نعمته التى أفاضها عليهم حسب صلاحه.

Ninth Hour of Eve of Thursday

الساعة التاسعة من ليلة الخميس

Ⲓⲉⲍⲉⲕⲓⲏⲗ Ⲕⲉⲫ ⲕ̅ : ⲕ̅ⲍ̅ - ⲗ̅ⲋ̅

Ⲉ̀ⲃⲟⲗϧⲉⲛ Ⲓⲉⲍⲉⲕⲓⲏⲗ ⲡⲓⲡ̀ⲣⲟⲫⲏⲧⲏⲥ: ⲉ̀ⲣⲉⲡⲉϥ̀ⲥ̀ⲙⲟⲩ ⲉ̀ⲑⲟⲩⲁⲃ ϣⲱⲡⲓ ⲛⲉⲙⲁⲛ ⲁ̀ⲙⲏⲛ ⲉϥϫⲱ ⲙ̀ⲙⲟⲥ.

Ⲉⲑⲃⲉ ⲫⲁⲓ ⲥⲁϫⲓ ⲛⲉⲙ ⲡ̀ⲏⲓ ⲙ̀ⲡⲓⲥ̅ⲗ̅ ⲡ̀ϣⲏⲣⲓ ⲙ̀ⲫ̀ⲣⲱⲙⲓ ⲟⲩⲟϩ ⲉⲕⲉ̀ϫⲟⲥ ⲛⲱⲟⲩ : ϫⲉ ⲛⲁⲓ ⲛⲉ ⲛⲏⲉ̀ⲧⲉϥϫⲱ ⲙ̀ⲙⲱⲟⲩ ⲛ̀ϫⲉ Ⲁ̀ⲇⲱⲛⲁⲓ Ⲡ̅ⲟ̅ⲥ̅ : ϫⲉ ϣⲁ ⲉ̀ϧⲟⲩⲛ ⲉ̀ⲧⲁⲓⲟⲩⲛⲟⲩ ⲁⲩ†ϫⲱⲛⲧ ⲛⲏⲓ ⲛ̀ϫⲉ ⲛⲉⲧⲉⲛⲓⲟ† ⲛ̀ϧⲣⲏⲓ ϧⲉⲛ ⲛⲟⲩⲡⲁⲣⲁ̀ⲡ ⲧⲱⲙⲁ ⲛⲏⲉⲧⲁⲩϩⲉⲓ ⲛ̀ϧⲏⲧⲟⲩ ⲉ̀ϧⲟⲩⲛ ⲉ̀ⲣⲟⲓ : Ⲟⲩⲟϩ ⲁⲓⲓ̀ⲧⲟⲩ ⲉ̀ϧⲟⲩⲛ ⲉ̀ⲡ̀ⲕⲁϩⲓ ⲫⲏⲉⲧⲁⲓ ⲥⲟⲩⲧⲉⲛ ⲧⲁϫⲓϫ ⲉ̀ⲃⲟⲗϩⲓϫⲱϥ : ⲟⲩⲟϩ ⲁⲩⲛⲁⲩ ⲉ̀ⲑⲁⲗ ⲛⲓⲃⲉⲛ ⲉⲧϭⲟⲥⲓ : ⲛⲉⲙ ⲥⲁⲡⲉⲥⲏⲧ ⲛ̀ϣ̀ϣⲏⲛ ⲛⲓⲃⲉⲛ ⲉⲧⲟⲓ ⲛ̀ⲗⲁϫⲱⲃⲓ : ⲟⲩⲟϩ ⲁⲩϣⲉⲧϣⲟⲩϣⲱⲟⲩϣⲓ ⲙ̀ⲙⲁⲩ ⲛ̀ⲛⲓⲛⲟⲩ† : ⲟⲩⲟϩ ⲁⲩⲑⲱϣ ⲛ̀ⲥⲑⲟⲓⲛⲟⲩϥⲓ ⲙ̀ⲡⲓⲙⲁ ⲉⲧⲉ ⲙ̀ⲙⲁⲩ ⲟⲩⲟϩ ⲁⲩ ⲟⲩⲱ̀ⲧⲉⲛ ⲙ̀ⲙⲁⲩ ⲛ̀ⲟⲩⲱ̀ⲧⲉⲛ ⲉ̀ⲃⲟⲗ. Ⲟⲩⲟϩ ⲁⲓϫⲟⲥ ⲛⲱⲟⲩ : ϫⲉ ⲟⲩⲡⲉ ⲁⲃⲃⲁⲛⲁ ϫⲉ ⲛ̀ⲑⲱⲧⲉⲛ ⲧⲉⲧⲉⲛⲛⲁϣⲉ ⲉ̀ϧⲟⲩⲛ ⲉ̀ⲙⲁⲩ : ⲟⲩⲟϩ ⲁⲩⲙⲟⲩ† ⲉ̀ⲡⲉϥⲣⲁⲛ ϫⲉ ⲁⲃⲃⲁⲛⲁ ϣⲁ ⲉ̀ϧⲟⲩⲛ ⲉ̀ⲫⲟⲟⲩ ⲛ̀ⲉ̀ϩⲟⲟⲩ : Ⲉⲑⲃⲉ ⲫⲁⲓ ⲁ̀ϫⲟⲥ ⲙ̀ⲡⲏⲓ ⲙ̀ⲡⲓⲥ̅ⲗ̅ : ϫⲉ ⲛⲁⲓ ⲛⲉ ⲛⲏⲉ̀ⲧⲉϥϫⲱ ⲙ̀ⲙⲱⲟⲩ ⲛ̀ϫⲉ Ⲡ̅ⲟ̅ⲥ̅ Ⲡ̅ⲟ̅ⲥ̅ : ϫⲉ ⲓⲥϫⲉ ⲁ̀ⲣⲉⲧⲉⲛⲛⲁϭⲱϧⲉⲙ ⲛ̀ⲑⲱⲧⲉⲛ ϧⲉⲛ ⲛⲓⲁ̀ⲛⲟⲙⲓⲁ̀ ⲛ̀ⲧⲉ ⲛⲓⲓⲟ† ⲟⲩⲟϩ ⲧⲉⲧⲉⲛⲛⲁⲙⲟϣⲓ ⲥⲁⲙⲉⲛϩⲏ ⲛ̀ⲛⲟⲩⲱ̀ⲣⲉⲃ : Ⲛⲉⲙ ϧⲉⲛ ⲛⲓⲁⲣⲭⲏ ⲛ̀ⲧⲉ ⲛⲉⲧⲉⲛⲧⲁⲓⲟ ϧⲉⲛ ⲡ̀ϫⲓⲛⲟⲩⲱ̀† ⲉ̀ⲃⲟⲗ ⲛ̀ⲛⲉⲧⲉⲛϣⲏⲣⲓ ϧⲉⲛ ⲡⲓⲭ̀ⲣⲱⲙ : ⲛ̀ⲑⲱⲧⲉⲛ ⲧⲉⲧⲉⲛϭⲁϧⲉⲙ ϧⲉⲛ ⲛⲉⲧⲉⲛⲙⲉⲩⲓ̀ ⲧⲏⲣⲟⲩ ϣⲁ ⲉ̀ϧⲟⲩⲛ ⲉ̀ⲫⲟⲟⲩ ⲛ̀ⲉ̀ϩⲟⲟⲩ : ⲁ̀ⲛⲟⲕ ϩⲱ †ⲛⲁⲉ̀ⲣⲟⲩⲱ ⲛⲱⲧⲉⲛ ⲡ̀ⲏⲓ ⲙ̀Ⲡⲓⲥ̅ⲗ̅ : †ⲱⲛϧ ⲁ̀ⲛⲟⲕ ⲡⲉ ϫⲉ Ⲁ̀ⲇⲱⲛⲁⲓⲟ̅ⲥ̅ Ⲡ̅ⲟ̅ⲥ̅ : ϫⲉ ⲁⲛ †ⲛⲁⲉ̀ⲣⲟⲩⲱ ⲛⲱⲧⲉⲛ. Ϫⲉ ⲁⲛ ⲫⲁⲓ ⲛⲁⲓ̀ ⲉ̀ϫⲉⲛ ⲡⲉⲧⲉⲛⲡ̅ⲛ̅ⲁ̅ ⲟⲩⲟϩ ⲛ̀ⲛⲉⲥ ϣⲱⲡⲓ ⲙ̀ⲡⲁⲓⲣⲏ† : ⲟⲩⲟϩ ⲁ̀ⲣⲉⲧⲉⲛϫⲱ ⲙ̀ⲙⲟⲥ ⲛ̀ⲑⲱⲧⲉⲛ ϫⲉ ⲧⲉⲧⲉⲛⲛⲁϣⲱⲡⲓ ⲙ̀ⲫ̀ⲣⲏ† ⲛ̀ⲛⲓⲉ̀ⲑⲛⲟⲥ : ⲛⲉⲙ ⲙ̀ⲫ̀ⲣⲏ† ⲛ̀ⲛⲓ.ⲫⲩⲗⲏ ⲛ̀ⲧⲉ ⲛⲓⲣⲱⲙⲓ : ⲉ̀ⲡ̀ϫⲓⲛϣⲉⲙϣⲓ ⲛ̀ϩⲁⲛϣⲉ ⲛⲉⲙϩⲁⲛ ⲱⲛⲓ : Ⲉⲑⲃⲉ ⲫⲁⲓ †ⲟⲛϧ ⲁ̀ⲛⲟⲕ : ⲡⲉϫⲉ Ⲁ̀ⲇⲱⲛⲁⲓ Ⲡ̅ⲟ̅ⲥ̅ : ϫⲉ ⲛ̀ϧⲣⲏⲓ ϧⲉⲛ ⲟⲩϫⲓϫ ⲉⲥⲁ̀ⲙⲁϩⲓ : ⲛⲉⲙ ⲟⲩϣⲱⲃϣ ⲉϥϭⲟⲥⲓ ⲛⲉⲙ ⲟⲩⲙ̀ⲃⲟⲛ ⲉϥⲫⲉⲛ ⲉ̀ⲃⲟⲗ : †ⲛⲁⲉ̀ⲣⲟⲩⲣⲟ ⲉ̀ϫⲉⲛ ⲑⲏⲛⲟⲩ :

Ⲟⲩⲱ̀ⲟⲩ ⲛ̀†ⲧ̀ⲣⲓⲁⲥ ⲉ̀ⲑⲟⲩⲁⲃ ⲡⲉⲛⲛⲟⲩ† ϣⲁ ⲉ̀ⲛⲉϩ ⲛⲉⲙ ϣⲁ ⲉ̀ⲛⲉϩ ⲛ̀ⲧⲉ ⲛⲓⲉ̀ⲛⲉϩ ⲧⲏⲣⲟⲩ: ⲁ̀ⲙⲏⲛ.

Ezekiel 20:27-33 — حزقيال ٢٠ : ٢٧ - ٣٣

A reading from Ezekiel the Prophet may his blessings be with us Amen.	**من حزقيال النبى بركته المقدسة تكون معنا، آمين.**
"Therefore, son of man, speak to the house of Israel, and say to them, 'Thus	[لأَجْلِ ذَلِكَ كَلِّمْ بَيْتَ إِسْرَائِيلَ يَا ابْنَ آدَمَ

says the Lord God: "In this too your fathers have blasphemed Me, by being unfaithful to Me. When I brought them into the land concerning which I had raised My hand in an oath to give them, and they saw all the high hills and all the thick trees, there they offered their sacrifices and provoked Me with their offerings. There they also sent up their sweet aroma and poured out their drink offerings. Then I said to them, 'What is this high place to which you go?' So its name is called Bamah to this day." 'Therefore say to the house of Israel, 'Thus says the Lord God: "Are you defiling yourselves in the manner of your fathers, and committing harlotry according to their abominations? For when you offer your gifts and make your sons pass through the fire, you defile yourselves with all your idols, even to this day. So shall I be inquired of by you, O house of Israel? As I live," says the Lord God, "I will not be inquired of by you. What you have in your mind shall never be, when you say, 'We will be like the Gentiles, like the families in other countries, serving wood and stone.'"
"As I live," says the Lord God, "surely with a mighty hand, with an outstretched arm, and with fury poured out, I will rule over you."
Glory be to the Holy Trinity our God unto the age of all ages, Amen.

وَقُلْ لَهُمْ: هَكَذَا قَالَ السَّيِّدُ الرَّبُّ: فِي هَذَا أَيْضاً جَدَّفَ عَلَيَّ آبَاؤُكُمْ، إِذْ خَانُونِي خِيَانَةً لَمَّا أَتَيْتُ بِهِمْ إِلَى الأَرْضِ الَّتِي رَفَعْتُ لَهُمْ يَدِي لأُعْطِيَهُمْ إِيَّاهَا، فَرَأَوا كُلَّ تَلٍّ عَالٍ وَكُلَّ شَجَرَةٍ غَبْيَاءَ، فَذَبَحُوا هُنَاكَ ذَبَائِحَهُمْ وَقَرَّبُوا هُنَاكَ قَرَابِينَهُمُ الْمُغِيظَةَ، وَقَدَّمُوا هُنَاكَ رَوَائِحَ سُرُورِهِمْ، وَسَكَبُوا هُنَاكَ سَكَائِبَهُمْ. فَقُلْتُ لَهُمْ: مَا هَذِهِ الْمُرْتَفَعَةُ الَّتِي تَأْتُونَ إِلَيْهَا؟ فَدُعِيَ اسْمُهَا [مُرْتَفَعَةً» إِلَى هَذَا الْيَوْمِ. لِذَلِكَ قُلْ لِبَيْتِ إِسْرَائِيلَ: هَكَذَا قَالَ السَّيِّدُ الرَّبُّ: هَلْ تَنَجَّسْتُمْ بِطَرِيقِ آبَائِكُمْ وَزَنَيْتُمْ وَرَاءَ أَرْجَاسِهِمْ؟ وَبِتَقْدِيمِ عَطَايَاكُمْ وَإِجَازَةِ أَبْنَائِكُمْ فِي النَّارِ تَتَنَجَّسُونَ بِكُلِّ أَصْنَامِكُمْ إِلَى الْيَوْمِ. فَهَلْ أُسْأَلُ مِنْكُمْ يَا بَيْتَ إِسْرَائِيلَ؟ حَيٌّ أَنَا يَقُولُ السَّيِّدُ الرَّبُّ لاَ أُسْأَلُ مِنْكُمْ. وَالَّذِي يَخْطُرُ بِبَالِكُمْ لَنْ يَكُونَ، إِذْ تَقُولُونَ: نَكُونُ كَالأُمَمِ، كَقَبَائِلِ الأَرَاضِي فَنَعْبُدُ الْخَشَبَ وَالْحَجَرَ. حَيٌّ أَنَا يَقُولُ السَّيِّدُ الرَّبُّ إِنِّي بِيَدٍ قَوِيَّةٍ وَبِذِرَاعٍ مَمْدُودَةٍ وَبِسَخَطٍ مَسْكُوبٍ أَمْلِكُ عَلَيْكُمْ.

مجداً للثالوث القدوس الهنا إلى الأبد وإلى أبد الآبدين كلها، آمين.

The Doxology of the Pascha Hour: "Thine is the Power…" on page A5.

تسبحة ساعة البصخة: "لك القوة..." صفحة ٥ فى اخر الكتاب.

Ψαλμος ζ̅ : α̅ νεμ β̅

Π̅ο̅σ̅ πανουϯ αιχαϩθηι ἐροκ ναϩμετ ουοϩ ματουχοι : ἐβολ ǹτοτου ǹνηετϭοχι ǹσωι : μηποτε ǹτουϩωλεμ : ǹταψυχη ǹφρηϯ ǹουμουι : α̅λ̅.

Psalm 7:1-2 — المزمور ٧: ١ و ٢

A Psalm of David the Prophet.	**من مزامير داود النبى**
O Lord my God, in You I put my trust; Save me from all those who persecute me; And deliver me, Lest they tear me like a lion. Alleluia	أيها الرب إلهى عليك توكلت فخلصنى. ومن أيدى جميع الطاردين لى نجنى. لئلا يخطفوا نفسى مثل الاسد: هلليلويا.

Ευαγγελιον κατα Ιωαννην Κεφ ι̅ : κ̅θ̅ ω̅ λ̅η̅

Φηετα παιωτ τηιϥ νηι ουνιϣϯ πε ἐϩουον νιβεν : ουοϩ ǹμμον ϩλι ναϣϩολμου ἐβολϧεν τχιχ ǹπαιωτ : Ἀνοκ νεμ παιωτ ἀνον ουαι : Ἀυελ ωνι ουν ǹχε νιΙουδαι ϩινα ǹσεϩιουι ἐχωϥ. Ἀϥερουω νωου ǹχε Ι̅η̅σ̅ εϥχω ǹμμος : χε ουμηϣ ǹϩωβ ἐνανεϥ αιταμωτεν ἐρωου ἐβολϩιτεν παιωτ : εθβε αϣ ουν ǹϩωβ τετενναϩιωνι ἐχωι : Ἀυερουω ναϥ ǹχε νιΙουδαι ουοϩ πεχωου χε : εθβε ουϩωβ ἐνανεϥ τενναϩιωνι ἐχωκ αν αλλα εθβε ουχεουα : χε ǹθοκ ουρωμι ϩωκ κιρι ǹμμοκ ǹνουϯ : Ἀϥερουω νωου ǹχε Ι̅η̅σ̅ ουοϩ πεχαϥ : χε μη ςςϧηουτ αν ϧεν πετεννομος χε ἀνοκ αιχος χε ǹθωτεν ϩαννουϯ. Ιςχε αϥχος ǹνη χε νουϯ νηετα ǹσαχι ǹΦϯ ϣωπι ϩαρωου ουοϩ ǹμμον ϣχομ ǹτε ϯγραφη βωλ ἐβολ : Φηετα ⲫιωτ τευβοϥ ουοϩ αϥουορπϥ ἐπικοσμος ǹθωτεν τετενχωǹμμος χε ακχε ουαχε αιχος χε ἀνοκ πε ǹπϣηρι ǹΦϯ Ιςχε ϯιρι αν ǹνιϩβηουι ǹτε παιωτ ǹπερναϩϯ ἐροι : Ιςχε Δε ϯιρι ǹμμωου καν ἐϣωπ ἀρετενϣτεμναϩϯ ἐροι ναϩϯ ἐνιϩβηουι : ϩινα ǹτετενεμι ουοϩ ǹτετενςωουν χε ἀνοκ ϯϧεν παιωτ ουοϩ παιωτ ǹϧητ :

Ουωϣτ ǹπιευαγγελιον ε̅θ̅υ̅.

John 10:29-38 — يوحنا ١٠: ٢٩ – ٣٨

A reading from the Holy Gospel according to Saint John.	**فصل شريف من إنجيل معلمنا مار يوحنا البشير بركاته علينا آمين.**
"My Father, who has given them to Me, is greater than all; and no one is able to	أَبِي الَّذِي أَعْطَانِي إِيَّاهَا هُوَ أَعْظَمُ مِنَ الْكُلِّ

snatch them out of My Father's hand. I and My Father are one." Then the Jews took up stones again to stone Him. Jesus answered them, "Many good works I have shown you from My Father. For which of those works do you stone Me?" The Jews answered Him, saying, "For a good work we do not stone You, but for blasphemy, and because You, being a Man, make Yourself God." Jesus answered them, "Is it not written in your law, 'I said, "You are gods" '? If He called them gods, to whom the word of God came (and the Scripture cannot be broken), do you say of Him whom the Father sanctified and sent into the world, 'You are blaspheming,' because I said, 'I am the Son of God'? If I do not do the works of My Father, do not believe Me; but if I do, though you do not believe Me, believe the works, that you may know and believe that the Father is in Me, and I in Him."

Bow down before the Holy Gospel.
Glory be to God forever.

وَلاَ يَقْدِرُ أَحَدٌ أَنْ يَخْطَفَ مِنْ يَدِ أَبِي. أَنَا وَالآبُ وَاحِدٌ». فَتَنَاوَلَ الْيَهُودُ أَيْضاً حِجَارَةً لِيَرْجُمُوهُ. فَقَالَ يَسُوعُ: «أَعْمَالاً كَثِيرَةً حَسَنَةً أَرَيْتُكُمْ مِنْ عِنْدِ أَبِي - بِسَبَبِ أَيِّ عَمَلٍ مِنْهَا تَرْجُمُونَنِي؟» أَجَابَهُ الْيَهُودُ: «لَسْنَا نَرْجُمُكَ لأَجْلِ عَمَلٍ حَسَنٍ بَلْ لأَجْلِ تَجْدِيفٍ فَإِنَّكَ وَأَنْتَ إِنْسَانٌ تَجْعَلُ نَفْسَكَ إِلَهاً» أَجَابَهُمْ يَسُوعُ: «أَلَيْسَ مَكْتُوباً فِي نَامُوسِكُمْ: أَنَا قُلْتُ إِنَّكُمْ آلِهَةٌ؟ إِنْ قَالَ آلِهَةٌ لِأُولَئِكَ الَّذِينَ صَارَتْ إِلَيْهِمْ كَلِمَةُ اللَّهِ وَلاَ يُمْكِنُ أَنْ يُنْقَضَ الْمَكْتُوبُ فَالَّذِي قَدَّسَهُ الآبُ وَأَرْسَلَهُ إِلَى الْعَالَمِ أَتَقُولُونَ لَهُ: إِنَّكَ تُجَدِّفُ لأَنِّي قُلْتُ إِنِّي ابْنُ اللَّهِ؟ إِنْ كُنْتُ لَسْتُ أَعْمَلُ أَعْمَالَ أَبِي فَلاَ تُؤْمِنُوا بِي. وَلَكِنْ إِنْ كُنْتُ أَعْمَلُ فَإِنْ لَمْ تُؤْمِنُوا بِي فَآمِنُوا بِالأَعْمَالِ لِكَيْ تَعْرِفُوا وَتُؤْمِنُوا أَنَّ الآبَ فِيَّ وَأَنَا فِيهِ».

أسجدوا للإنجيل المقدس.
والمجد لله دائماً.

Commentary

طرح

The Commentary of the Ninth Hour of Eve of Thursday of Holy Pascha, may its blessings be with us all. Amen.

O you ignorant, stubborn, corrupt and disobedient people, listen to the Merciful and Divine praising the believers saying, "What the Father has given Me is greater than all the things on earth, and no one can take them away from My Father's hand. The

طرح الساعة التاسعة من ليلة الخميس من البصخة المقدسة بركتها علينا. آمين.

أيها الناس الجهال المعاندون، الشعب النجس المخالف، اسمعوا الرحوم بفمه الالهى يمدح المؤمنين به قائلاً: الذى أعطانيه الآب هو أعظم من كل ما على الأرض، ليس أحد يخطفهم أو يسلبهم من

Father and I are one with the Holy Spirit without separation."

يد أبى. أنا والآب واحد مع الروح القدس بغير افتراق.

When the Jews in their envy took up rocks to stone Him, He responded to them in meekness saying, "I showed you good deeds from My Father. For what reason do you stone Me? I seek your salvation. Know and be certain you foolish Jews that I am in My Father and My Father is in Me."

وللوقت تناول اليهود حجارة بحسد عظيم ليرجموه. فأجابهم المخلص بوداعة ليعلمهم: أظهرت لكم أعمالاً حسنة مكرمة جداً من عند أبى. من أجل أى شئ ترجموننى وأنا أريد خلاصكم؟ اعلموا وتيقنوا أيها اليهود الجهال أننى فى أبى وأبى فى.

Eleventh Hour of Eve of Thursday

الساعة الحادية عشر من ليلة الخميس

Ⲓⲉⲣⲉⲙⲓⲁⲥ Ⲕⲉⲫ ⲏ : ⲇ̅ - ⲓ̅

Ⲉⲃⲟⲗϧⲉⲛ Ⲓⲉⲣⲉⲙⲓⲁⲥ ⲡⲓⲡ̀ⲣⲟⲫⲏⲧⲏⲥ: ⲉⲣⲉⲡⲉϥ̀ⲥ̀ⲙⲟⲩ ⲉⲑⲟⲩⲁⲃ ϣⲱⲡⲓ ⲛⲉⲙⲁⲛ ⲁ̀ⲙⲏⲛ ⲉϥϫⲱ ⲙ̀ⲙⲟⲥ.
Ⲡⲁⲓ ⲛⲉⲉ̀ⲧⲉϥ ϫⲱ ⲙ̀ⲙⲱⲟⲩ ⲛ̀ϫⲉ Ⲡ̅ⲟ̅ⲥ̅ ϫⲉ ⲙⲏ ⲫⲏⲉ̀ϣⲁϥϩⲉⲓ ⲙⲏ ϥ̀ⲛⲁⲧⲱⲛϥ ⲁⲛ ϫⲉ : ⲓⲉ ⲫⲏⲉⲧⲁϥⲧⲁⲥⲑⲟ ⲉ̀ⲃⲟⲗ ⲙⲏ ⲙ̀ⲡⲁϥⲧⲁⲥⲑⲟ ⲉ̀ϧⲟⲩⲛ ϫⲉ : ⲉⲑⲃⲉⲟⲩ ⲁϥⲧⲁⲥⲑⲟ ⲉ̀ⲃⲟⲗ ⲛ̀ϫⲉ ⲡⲁⲓⲗⲁⲟⲥ ϧⲉⲛ ⲟⲩⲧⲁⲥⲑⲟ ⲉ̀ⲃⲟⲗ ⲛ̀ⲁⲧϣⲓⲡⲓ : ⲟⲩⲟϩ ⲁⲩⲁ̀ⲙⲟⲛⲓ ⲙ̀ⲙⲱⲟⲩ ⲛ̀ϧ̀ⲣⲏⲓ ϧⲉⲛ ⲡⲟⲩⲟⲩⲱϣ ⲙ̀ⲡⲟⲩⲟⲩⲱϣ ⲛ̀ⲑⲱⲟⲩ ⲉⲧⲁⲥⲑⲱⲟⲩ. Ϭ̀ⲓⲥⲙⲏ ϫⲉ ϯⲛⲟⲩ ⲉ̀ⲣⲉⲧⲉⲛ ⲉ̀ⲥⲱⲧⲉⲙ ⲛ̀ⲟⲩⲥⲁϫⲓ ⲅⲁⲣ ⲙ̀ⲡⲁⲓⲣⲏϯ : ⲙ̀ⲙⲟⲛ ϩ̀ⲗⲓ ⲅⲁⲣ ⲛ̀ⲣⲱⲙⲓ ⲛⲁⲉⲣⲙⲉⲧⲁ̀ⲛⲟⲓⲛ ϧⲉⲛ ⲧⲉϥⲕⲁⲕⲓⲁ̀ ϥ̀ϫⲱ̀ⲙ̀ⲙⲱⲥ : ϫⲉ ⲟⲩ ⲡⲉⲧⲁⲓⲁⲓ : ⲫⲏⲉⲧϭⲟϫⲓ ⲁϥⲭⲁⲧⲟⲧϥ ⲉ̀ⲃⲟⲗ ϧⲉⲛ ⲡⲉϥⲙⲁⲛϭⲟϫⲓ : ⲙ̀ⲫ̀ⲣⲏϯ ⲛ̀ⲟⲩϩ̀ⲑⲟ ⲉ̀ⲣⲉ ⲡⲉϥϥⲱϯ ϩⲓⲱⲧϥ ⲉ̀ⲃⲟⲗϧⲉⲛ ⲡⲉϥϩⲉⲙϩⲉⲙ ϯⲁ̀ⲥⲓ̀ⲇⲁ ⲛ̀ⲧⲉ ⲧ̀ⲫⲉ ⲁⲥⲥⲟⲩⲉⲛ ⲡⲉⲥⲥⲛⲟⲩ : ⲟⲩϭ̀ⲣⲟⲙ ⲡ̀ϣⲁⲗ ⲛⲉⲙ ⲃⲉⲛⲓ ⲟⲩⲟϩ ⲟⲩϭⲁϫ ⲛ̀ⲧⲉ ⲧ̀ⲕⲟⲓ ⲁⲩⲁ̀ⲣⲉϩ ⲉ̀ⲛⲟⲩⲑⲱϣ ⲉ̀ϣⲁⲩ ϣⲉ ⲉ̀ϧⲟⲩⲛ ⲛ̀ϧⲏⲧⲟⲩ : ⲡⲁⲗⲁⲟⲥ ⲇⲉ ⲛ̀ⲑⲟϥ ⲙ̀ⲡⲉϥⲉ̀ⲙⲓ ⲉ̀ⲡϩⲁⲡ ⲙ̀Ⲡ̅ⲟ̅ⲥ̅ : ⲡⲱⲥ ⲉ̀ⲣⲉⲧⲉⲛ ϫⲱ̀ⲙ̀ⲙⲟⲥ ϫⲉ ⲁ̀ⲛⲟⲛ ϩⲁⲛⲥⲁⲃⲉⲩ ⲁ̀ⲛⲟⲛ ⲟⲩⲟϩ ϫⲉ ⲫ̀ⲛⲟⲙⲟⲥ ⲙ̀Ⲡ̅ⲟ̅ⲥ̅ ϣⲟⲡ ⲛⲁⲛ : ⲡⲓⲑⲱϣ ⲉ̀ⲧⲏⲡ ⲉ̀ⲛⲓⲅ̀ⲣⲁⲙⲙⲁⲧⲉⲩⲥ ⲁϥϣⲱⲡⲓ ⲛ̀ⲉ̀ⲫ̀ⲗⲏⲟⲩ ⲛ̀ⲟⲩⲙⲉⲑⲙⲏⲓ ⲁⲛ ⲡⲉ. Ⲁⲩϭⲓϣ̀ⲡⲓ ⲛ̀ϫⲉ ⲛⲓⲥⲟⲫⲟⲥ ⲟⲩⲟϩ ⲟⲩⲥⲑⲉⲣⲧⲉⲣ ⲁϥϭⲓⲧⲟⲩ : ϫⲉ ⲁⲩⲧⲁⲥⲑⲟ ⲉ̀ⲃⲟⲗ ⲙ̀ⲡⲥⲁϫⲓ ⲙ̀Ⲡ̅ⲟ̅ⲥ̅ : ϯⲥⲟⲫⲓⲁ̀ ⲟⲩⲏⲟⲩ ⲧⲉ ⲛ̀ϧ̀ⲣⲏⲓ ⲛ̀ϧⲏⲧⲟⲩ.
Ⲟⲩⲱ̀ⲟⲩ ⲛ̀ϯⲧ̀ⲣⲓⲁⲥ ⲉⲑⲟⲩⲁⲃ ⲡⲉⲛⲛⲟⲩϯ ϣⲁ ⲉ̀ⲛⲉϩ ⲛⲉⲙ ϣⲁ ⲉ̀ⲛⲉϩ ⲛ̀ⲧⲉ ⲛⲓⲉ̀ⲛⲉϩ ⲧⲏⲣⲟⲩ: ⲁ̀ⲙⲏⲛ.

Jeremiah 8:4-9

A reading from Jeremiah the Prophet may his blessings be with us Amen.

'Thus says the Lord: "Will they fall and not rise? Will one turn away and not return? Why has this people slidden back, Jerusalem, in a perpetual backsliding? They hold fast to deceit, They refuse to return. I listened and heard, But they do not speak aright. No man repented of his wickedness, Saying, 'What have I done?' Everyone turned to his own course, As the horse rushes into the battle." Even the stork

أرميا ٨: ٤ – ٩

من أرميا النبى بركته المقدسة تكون معنا، آمين.

وَتَقُولُ لَهُمْ هَكَذَا قَالَ الرَّبُّ: [هَلْ يَسْقُطُونَ وَلاَ يَقُومُونَ أَوْ يَرْتَدُّ أَحَدٌ وَلاَ يَرْجِعُ؟ فَلِمَاذَا ارْتَدَّ هَذَا الشَّعْبُ فِي أُورُشَلِيمَ ارْتِدَاداً دَائِماً؟ تَمَسَّكُوا بِالْمَكْرِ. أَبُوا أَنْ يَرْجِعُوا. صَغَيْتُ وَسَمِعْتُ. بِغَيْرِ الْمُسْتَقِيمِ يَتَكَلَّمُونَ. لَيْسَ أَحَدٌ يَتُوبُ عَنْ شَرِّهِ قَائِلاً: مَاذَا عَمِلْتُ؟ كُلُّ وَاحِدٍ رَجَعَ إِلَى مَسْرَاهُ كَفَرَسٍ ثَائِرٍ فِي الْحَرْبِ. بَلِ

in the heavens Knows her appointed times; And the turtledove, the swift, and the swallow observe the time of their coming. But My people do not know the judgment of the Lord." How can you say, 'We are wise, And the law of the Lord is with us'? Look, the false pen of the scribe certainly works falsehood. The wise men are ashamed, They are dismayed and taken. Behold, they have rejected the word of the Lord; So what wisdom do they have?

Glory be to the Holy Trinity our God unto the age of all ages, Amen.

اللَّقْلَقُ فِي السَّمَاوَاتِ يَعْرِفُ مِيعَادَهُ وَالْيَمَامَةُ وَالسُّنُونَةُ الْمُزَقْزِقَةُ حَفِظَتَا وَقْتَ مَجِيئِهِمَا. أَمَّا شَعْبِي فَلَمْ يَعْرِفْ قَضَاءَ الرَّبِّ. كَيْفَ تَقُولُونَ: نَحْنُ حُكَمَاءُ وَشَرِيعَةُ الرَّبِّ مَعَنَا؟ حَقّاً إِنَّهُ إِلَى الْكَذِبِ حَوَّلَهَا قَلَمُ الْكَتَبَةِ الْكَاذِبُ. خَزِيَ الْحُكَمَاءُ. ارْتَاعُوا وَأُخِذُوا. هَا قَدْ رَفَضُوا كَلِمَةَ الرَّبِّ فَأَيَّةُ حِكْمَةٍ لَهُمْ؟

مجداً للثالوث القدوس الهنا إلى الأبد وإلى أبد الآبدين كلها، آمين.

The Doxology of the Pascha Hour: "Thine is the Power…" on page A5.

تسبحة ساعة البصخة: "لك القوة..." صفحة ٥ فى اخر الكتاب.

Ψⲁⲗⲙⲟⲥ ⲝ̄ⲁ̄ : ⲇ̄ ⲛⲉⲙ ⲁ̄

Ⲡⲁⲟⲩϫⲁⲓ ⲛⲉⲙ ⲡⲁⲱ̀ⲟⲩ ⲁⲩϧⲉⲛ ⲡⲁⲛⲟⲩϯ : Ⲫϯ ⲛ̀ⲧⲉ ⲧⲁⲃⲟⲏⲑⲓⲁ ⲟⲩⲟϩ ⲧⲁϩⲉⲗⲡⲓⲥ ⲁⲥϧⲉⲛ Ⲫϯ : ⲕⲉ ⲅⲁⲣ ⲛ̀ⲑⲟϥ ⲡⲉ ⲡⲁⲛⲟⲩϯ ⲡⲁⲥⲱⲧⲏⲣ : ⲡⲁⲣⲉϥϣⲟⲡⲧ ⲉ̀ⲣⲟϥ ⲛ̀ⲛⲁⲕⲓⲙ ⲛ̀ϩⲟⲩⲟ̀ : ⲁ̄ⲗ̄.

Psalm 62: 7 and 2

المزمور ٦١: ٤ و ١

A Psalm of David the Prophet.

In God is my salvation and my glory; And my refuge, is in God.
He is my defense; I shall not be greatly moved. Alleluia.

من مزامير داود النبى

خلاصى ومجدى بالهى. إله معونتى. رجائى هو بالله. لانه الهى ومخلصى. ناصرى فلا أتزعزع أبداً. هلليلويا.

Ⲉⲩⲁⲅⲅⲉⲗⲓⲟⲛ ⲕⲁⲧⲁ Ⲓⲱⲁⲛⲛⲏⲛ Ⲕⲉⲫ ⲓ̄ⲃ̄ : ⲙ̄ⲇ̄ - ⲛ̄

Ⲓⲏ̄ⲥ ⲇⲉ ⲁϥⲱϣ ⲉ̀ⲃⲟⲗ ⲟⲩⲟϩ ⲡⲉϫⲁϥ : ϫⲉ ⲫⲏⲉⲑⲛⲁϩϯ ⲉ̀ⲣⲟⲓ ⲁϥⲛⲁϩϯ ⲉ̀ⲣⲟⲓ ⲁⲛ : ⲁⲗⲗⲁ ⲁϥⲛⲁϩϯ ⲉ̀ⲫⲏⲉ̀ⲧⲁϥⲧⲁⲟⲩⲟⲓ. Ⲟⲩⲟϩ ⲫⲏⲉⲑⲛⲁⲩ ⲉ̀ⲣⲟⲓ ⲁϥⲛⲁⲩ ⲉ̀ⲫⲏⲉ̀ⲧⲁϥⲧⲁⲟⲩⲟⲓ. Ⲁ̀ⲛⲟⲕ ⲁⲓ̀ⲓ̀ ⲉⲩⲟⲩⲱⲓⲛⲓ ⲙ̀ⲡⲓⲕⲟⲥⲙⲟⲥ : ϩⲓⲛⲁ ⲟⲩⲟⲛ ⲛⲓⲃⲉⲛ ⲉⲑⲛⲁϩϯ ⲉ̀ⲣⲟⲓ ⲛ̀ⲧⲉϥϣⲧⲉⲙⲟ̀ϩⲓ ϧⲉⲛ ⲡⲓⲭⲁⲕⲓ Ⲟⲩⲟϩ ⲫⲏⲉⲑⲛⲁⲥⲱⲧⲉⲙ ⲉ̀ⲛⲁⲥⲁϫⲓ ⲟⲩⲟϩ ⲛ̀ⲧⲉϥϣⲧⲉⲙⲁ̀ⲣⲉϩ ⲉ̀ⲣⲱⲟⲩ ⲁ̀ⲛⲟⲕ ⲉⲑⲛⲁϯϩⲁⲡ ⲉ̀ⲣⲟϥ ⲁⲛ : ⲛ̀ⲉⲉⲧⲁⲓ̀ ⲅⲁⲣ ⲁⲛ ϩⲓⲛⲁ ⲛ̀ⲧⲁϯϩⲁⲡ ⲉ̀ⲡⲓⲕⲟⲥⲙⲟⲥ ⲁⲗⲗⲁ ϩⲓⲛⲁ ⲛ̀ⲧⲁⲛⲟϩⲉⲙ ⲙ̀ⲡⲓⲕⲟⲥⲙⲟⲥ. Ⲫⲏⲉⲧϫⲱⲗ ⲙ̀ⲙⲟⲓ ⲉ̀ⲃⲟⲗ ⲟⲩⲟϩ ⲉⲧⲉ ⲛ̀ϥⲛⲁϭⲓ ⲛ̀ⲛⲁⲥⲁϫⲓ ⲁⲛ : ⲟⲩⲟⲛ ⲛ̀ⲧⲁϥ ⲙ̀ⲫⲏⲉⲑⲛⲁϯϩⲁⲡ ⲉ̀ⲣⲟϥ : ⲡⲓⲥⲁϫⲓ ⲉ̀ⲧⲁⲓⲥⲁϫⲓ ⲙ̀ⲙⲟϥ ⲫⲏⲉⲧⲉ ⲙ̀ⲙⲁⲩ ⲉⲑⲛⲁϯϩⲁⲡ ⲉ̀ⲣⲟϥ ϧⲉⲛ ⲡⲓⲉ̀ϩⲟⲟⲩ ⲛ̀ϧⲁⲉ̀. Ϫⲉ ⲁ̀ⲛⲟⲕ ⲙ̀ⲡⲓⲥⲁϫⲓ ⲉ̀ⲃⲟⲗϩⲓⲧⲟⲧ ⲙ̀ⲙⲁⲩⲁⲧⲁⲧϥ : ⲁⲗⲗⲁ ⲫⲓⲱⲧ ⲫⲏⲉⲧⲁϥⲧⲁⲟⲩⲟⲓ ⲛ̀ⲑⲟϥ ⲡⲉ ⲉ̀ⲧⲁϥϯ ⲉⲛⲧⲟⲗⲏ ⲛⲏⲓ : ⲟⲩ ⲡⲉϯⲛⲁϫⲟϥ ⲓⲉ ⲟⲩ ⲡⲉ ϯⲛⲁⲥⲁϫⲓ ⲙ̀ⲙⲟϥ. Ⲟⲩⲟϩ ϯⲉⲙⲓ ϫⲉ ⲧⲉϥⲉⲛⲧⲟⲗⲏ ⲟⲩⲱⲛϧ ⲛ̀ⲉⲛⲉϩ ⲧⲉ : ⲛⲏ ⲟⲩⲛ ⲁ̀ⲛⲟⲕ ⲉ̀ϯϫⲱ ⲙ̀ⲙⲱⲟⲩ ⲕⲁⲧⲁ ⲫⲣⲏϯ ⲉ̀ⲧⲁϥϫⲟⲥ ⲛⲏⲓ ⲛ̀ϫⲉ ⲡⲁⲓⲱⲧ ⲡⲁⲓⲣⲏϯ ϯⲥⲁϫⲓ :

Ⲟⲩⲱϣⲧ ⲙ̀ⲡⲓⲉⲩⲁⲅⲅⲉⲗⲓⲟⲛ ⲉⲑⲩ.

John 12:44-50

A reading from the Holy Gospel according to Saint John.

Then Jesus cried out and said, "He who believes in Me, believes not in Me but in Him who sent Me. And he who sees Me sees Him who sent Me. I have come as a light into the world, that whoever believes in Me should not abide in darkness. And if anyone hears My words and does not believe, I do not judge him; for I did not come to judge the world but to save the world. He who rejects Me, and does not receive My words, has that which judges him-- the word that I have spoken will judge him in the last day. For I have not spoken on My own authority; but the Father who sent Me gave Me a command, what I should say and what I should speak. And I know that His command is everlasting life. Therefore, whatever I speak, just as the Father has told Me, so I speak."

Bow down before the Holy Gospel.
Glory be to God forever.

يوحنا ١٢: ٤٤ – ٥٠

فصل شريف من إنجيل معلمنا مار يوحنا البشير بركاته علينا آمين.

فَنَادَى يَسُوعُ: «الَّذِي يُؤْمِنُ بِي لَيْسَ يُؤْمِنُ بِي بَلْ بِالَّذِي أَرْسَلَنِي. وَالَّذِي يَرَانِي يَرَى الَّذِي أَرْسَلَنِي. أَنَا قَدْ جِئْتُ نُوراً إِلَى الْعَالَمِ حَتَّى كُلُّ مَنْ يُؤْمِنُ بِي لاَ يَمْكُثُ فِي الظُّلْمَةِ. وَإِنْ سَمِعَ أَحَدٌ كلاَمِي وَلَمْ يُؤْمِنْ فَأَنَا لاَ أَدِينُهُ لأَنِّي لَمْ آتِ لأَدِينَ الْعَالَمَ بَلْ لِأُخَلِّصَ الْعَالَمَ. مَنْ رَذَلَنِي وَلَمْ يَقْبَلْ كلاَمِي فَلَهُ مَنْ يَدِينُهُ. اَلْكلاَمُ الَّذِي تَكَلَّمْتُ بِهِ هُوَ يَدِينُهُ فِي الْيَوْمِ الأَخِيرِ لأَنِّي لَمْ أَتَكَلَّمْ مِنْ نَفْسِي لَكِنَّ الآبَ الَّذِي أَرْسَلَنِي هُوَ أَعْطَانِي وَصِيَّةً: مَاذَا أَقُولُ وَبِمَاذَا أَتَكَلَّمُ. وَأَنَا أَعْلَمُ أَنَّ وَصِيَّتَهُ هِيَ حَيَاةٌ أَبَدِيَّةٌ. فَمَا أَتَكَلَّمُ أَنَا بِهِ فَكَمَا قَالَ لِي الآبُ هَكَذَا أَتَكَلَّمُ».

أسجدوا للإنجيل المقدس.

والمجد لله دائماً.

Commentary

The Commentary of the Eleventh Hour of Eve of Thursday of Holy Pascha, may its blessings be with us all. Amen.

Our Savior the Son of the living God said, "I am the Light of the world. He who believes in Me and accepts My word will not be in the darkness. He who denies Me and does not listen nor obey My words, I will not judge Him, but the words I said shall judge him. What I have said is not from Me but from the Father who sent Me. He gave Me the commandment of what to say and what to tell."

We believe that You are the truly the Word of God the Father and that You have power over all and nothing is impossible with You.

طرح

طرح الساعة الحادية عشرة من ليلة الخميس من البصخة المقدسة بركتها علينا. آمين.

قال المخلص ابن الله الحى: أنا هو نور العالم بأسره. من يؤمن بى ويقبل كلامى لا يمكن أن يلبث فى الظلام. ومن يجحدنى ولم يرد أن يسمع لقولى ولم يطعه فأنا لا أدينه، لكن القول الذى قلته أنا هو يدينه. فان القول الذى نطقت به ليس هو لى بل للآب الذى أرسلنى. وهو أعطانى الوصية بماذا أقول وبماذا أنطق.

نحن نؤمن أنك أنت بالحقيقة كلمة الله الآب الصالح. وأن لك القدرة على كل شئ وليس شئ يعسر عليك.

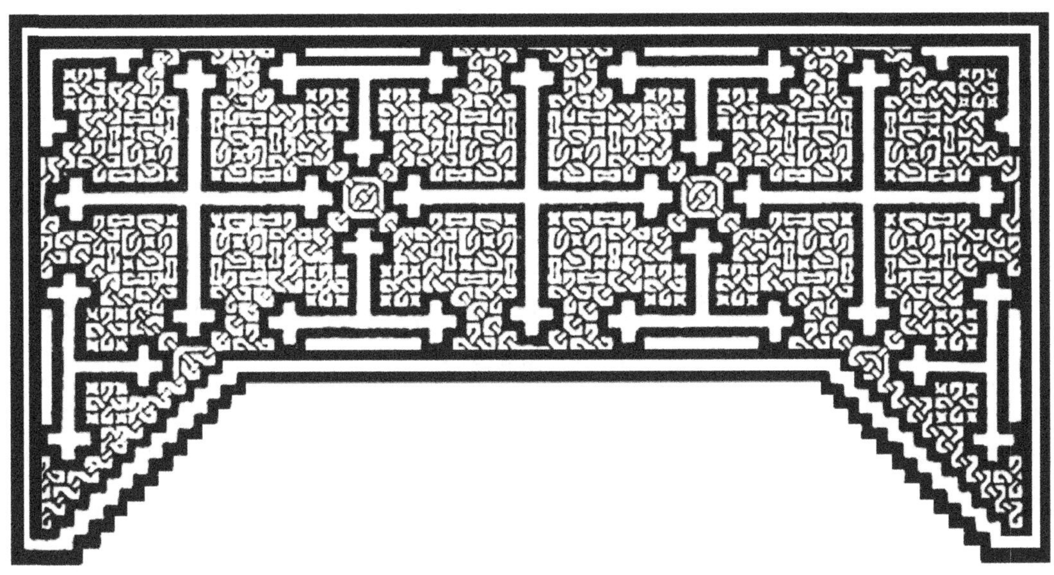

Thursday of Holy Pascha

يوم الخميس من البصخة المقدسة

First Hour of Thursday

الساعة الأولى من يوم الخميس

Ⲡⲓⲇⲟⲝⲟⲇⲟⲥ ⲛ̀ⲧⲉ Ⲙⲱⲩ̀ⲥⲏⲥ Ⲕⲉⲫ ⲓ̅ⲍ̅ : ⲏ̅ ϣⲃⲗ

Ⲉ̀ⲃⲟⲗϧⲉⲛ ⲡⲓⲇⲟⲝⲟⲇⲟⲥ ⲛ̀ⲧⲉ Ⲙⲱⲩ̀ⲥⲏⲥ ⲡⲓⲡ̀ⲣⲟⲫⲏⲧⲏⲥ: ⲉⲣⲉⲡⲉϥ̀ⲥ̀ⲙⲟⲩ ⲉ̀ⲑⲟⲩⲁⲃ ϣⲱⲡⲓ ⲛⲉⲙⲁⲛ ⲁ̀ⲙⲏⲛ ⲉϥϫⲱ ⲙ̀ⲙⲟⲥ.

Ⲁϥⲓ̀ ⲇⲉ ⲛ̀ϫⲉ ⲡⲓⲁ̀ⲙⲁⲗⲏⲕ ⲟⲩⲟϩ ⲁϥⲃⲱⲧⲥ ⲉ̀ⲡⲓⲥ̅ⲗ̅ ϧⲉⲛ Ⲣⲁⲫⲁⲍⲓⲛ : ⲡⲉ ϫⲉ Ⲙⲱⲩ̀ⲥⲏⲥ ⲇⲉ ⲛ̀Ⲓⲏⲥⲟⲩ : ϫⲉ ⲥⲱⲧⲡ ⲛⲁⲕ ⲛ̀ϩⲁⲛⲣⲱⲙⲓ ⲙⲁϣⲉⲛⲁⲕ ϯ ⲛⲉⲙ ⲡⲓⲀⲙⲁⲗⲏⲕ ⲛ̀ⲣⲁⲥϯ : ⲟⲩⲟϩ ⲁ̀ⲛⲟⲕ ϩⲏⲡⲡⲉ ϯⲟϩⲓ ⲉ̀ⲣⲁⲧ ϩⲓϫⲉⲛ ⲧ̀ⲁ̀ⲫⲉ ⲙ̀ⲡⲓⲧⲱⲟⲩ : ⲟⲩϩ ⲡⲓϣ̀ⲃⲱⲧ ⲛ̀ⲧⲉ Ⲫϯ ϥ̀ⲭⲏ ϧⲉⲛ ⲧⲁϫⲓϫ. Ⲟⲩⲟϩ ⲁϥⲓ̀ⲣⲓ ⲛ̀ϫⲉ Ⲓⲏⲥⲟⲩ ⲕⲁⲧⲁ ⲫ̀ⲣⲏϯ ⲉ̀ⲧⲁϥϫⲟⲥ ⲛ̀ϫⲉ Ⲙⲱⲩ̀ⲥⲏⲥ : Ⲁϥϣⲉ ⲛⲁϥ ⲁϥϯ ⲛⲉⲙ ⲡⲓⲀⲙⲁⲗⲏⲕ : ⲟⲩⲟϩ Ⲙⲱⲩ̀ⲥⲏⲥ ⲛⲉⲙ Ⲁ̀ⲁ̀ⲣⲱⲛ ⲛⲉⲙ Ⲱⲣ : ⲁⲩϣⲉⲗⲱⲟⲩ ⲉ̀ⲡ̀ϣⲱⲓ ⲉ̀ϫⲉⲛ ⲧ̀ⲁ̀ⲫⲉ ⲙ̀ⲡⲓⲧⲱⲟⲩ : Ⲁⲥϣⲱⲡⲓ ⲁ̀ⲉⲣϣⲁⲛ Ⲙⲱⲩ̀ⲥⲏⲥ ϥⲁⲓ ⲛ̀ⲛⲉϥϫⲓϫ ⲉ̀ⲡ̀ϣⲱⲓ ⲁϥϫⲉⲙⲛⲟⲙϯ ⲛ̀ϫⲉ ⲡ̀ⲓⲥ̅ⲗ̅ ⲉϣⲱⲡ ⲇⲉ ⲁϥϣⲁⲛⲭⲱ ⲛ̀ⲛⲉϥϫⲓϫ ⲉ̀ϧ̀ⲣⲏⲓ : ϣⲁϥϫⲉⲙⲛⲟⲙϯ ⲛ̀ϫⲉ ⲡⲓⲀⲙⲁⲗⲏⲕ Ⲛⲉⲛϫⲓϫ ⲇⲉ ⲙ̀Ⲙⲱⲩ̀ⲥⲏⲥ ⲛⲉ ⲁⲩϩⲣⲟϣ ⲡⲉ : ⲟⲩⲟϩ ⲁⲩϭⲓ ⲛ̀ⲟⲩⲱ̀ⲛⲓ ⲁⲩⲭⲁϥ ϧⲁⲣⲟϥ ⲁϥϩⲉⲙⲥⲓ ϩⲓϫⲱϥ : ⲟⲩⲟϩ Ⲁ̀ⲁ̀ⲣⲱⲛ ⲛⲉⲙ Ⲱⲣ ⲛⲁⲩ ⲧⲁϫⲣⲟ ⲛ̀ⲛⲉϥϫⲓϫ ⲟⲩⲁⲓ ⲥⲁ̀ⲙ̀ⲛⲁⲓ ⲛⲉⲙ ⲟⲩⲁⲓ ⲥⲁ̀ⲙ̀ⲛⲁⲓ : ⲟⲩⲟϩ ⲁⲩϣⲱⲡⲓ ⲛ̀ϫⲉ ⲛⲉⲛϫⲓϫ ⲙ̀Ⲙⲱⲩ̀ⲥⲏⲥ ⲉⲩⲧⲁϫⲣⲏⲟⲩⲧ ϣⲁⲧⲉ ⲫ̀ⲣⲏϩⲱⲧⲡ : Ⲟⲩⲟϩ ⲁ̀Ⲓⲏⲥⲟⲩ ϧⲱⲧⲉⲃ ⲙ̀ⲡⲓⲀⲙⲁⲗⲏⲕ ϧⲉⲛ ⲟⲩϧⲱⲧⲉⲃ ⲛ̀ⲧⲥⲏϥ ⲛⲉⲙ ⲡⲉϥⲙⲏϣ ⲧⲏⲣϥ Ⲟⲩⲟϩ ⲡⲉϫⲉ Ⲡ̅ⲟ̅ⲥ̅ ⲙ̀Ⲙⲱⲩ̀ⲥⲏⲥ : ϫⲉ ⲥ̀ⲥ̀ϧⲉ ⲫⲁⲓ ϩⲓⲟⲩϫⲱⲙ ⲉ̀ⲫ̀ⲙⲉⲩⲓ ⲉ̀ⲣⲟϥ ⲟⲩⲟϩ ⲙⲏⲓϥ ⲉ̀ϧ̀ⲣⲏⲓ ⲉ̀ⲛⲉⲛϫⲓϫ ⲛ̀Ⲓⲏⲥⲟⲩ : ϫⲉ ϧⲉⲛ ⲟⲩϥⲱϯ ϯⲛⲁϥⲱϯ ⲙ̀ⲫ̀ⲙⲉⲩⲓ ⲙ̀ⲡⲓⲀⲙⲁⲗⲏⲕ ⲉⲃⲟⲗ ⲥⲁ ⲡⲉⲥⲏⲧ ⲛ̀ⲧ̀ⲫⲉ. Ⲟⲩⲟϩ ⲁϥⲕⲱⲧ ⲛ̀ϫⲉ Ⲙⲱⲩ̀ⲥⲏⲥ ⲛ̀ⲟⲩⲙⲁ̀ⲛ̀ⲉⲣϣⲱⲟⲩϣⲓ : ⲁϥϯⲣⲉⲛ ⲡⲉϥⲣⲁⲛ ϫⲉ Ⲡ̅ⲟ̅ⲥ̅ ⲡⲉ ⲡⲁⲙⲁ̀ⲛ̀ⲫⲱⲧ : Ϫⲉ ϧⲉⲛ ⲟⲩϫⲓϫ ⲉⲥϩⲏⲡ Ⲡ̅ⲟ̅ⲥ̅ ⲛⲁϯⲟⲩⲃⲉ ⲡⲓⲀⲙⲁⲗⲏⲕ ⲓⲥϫⲉⲛ ϫⲱⲟⲩ ϣⲁϫⲱⲟⲩ :

Ⲟⲩⲱ̀ⲟⲩ ⲛ̀ϯⲧ̀ⲣⲓⲁⲥ ⲉ̀ⲑⲟⲩⲁⲃ ⲡⲉⲛⲛⲟⲩϯ ϣⲁ ⲉ̀ⲛⲉϩ ⲛⲉⲙ ϣⲁ ⲉ̀ⲛⲉϩ ⲛ̀ⲧⲉ ⲛⲓⲉ̀ⲛⲉϩ ⲧⲏⲣⲟⲩ: ⲁ̀ⲙⲏⲛ.

Exodus 17:8-16

A reading from Moses the Prophet may his blessings be with us Amen.

Now Amalek came and fought with Israel in Rephidim. And Moses said to Joshua, "Choose us some men and go out, fight with Amalek. Tomorrow I will stand on the top of the hill with the rod of God in my hand." So Joshua did

سفر الخروج ١٧ : ٨ الخ

من سفر الخروج لموسى النبى بركته المقدسة تكون معنا، آمين.

وَاتَى عَمَالِيقُ وَحَارَبَ اسْرَائِيلَ فِي رَفِيدِيمَ. فَقَالَ مُوسَى لِيَشُوعَ: «انْتَخِبْ لَنَا رِجَالا وَاخْرُجْ حَارِبْ عَمَالِيقَ. وَغَدا اقِفُ انَا عَلَى رَاسِ التَّلَّةِ وَعَصَا اللهِ فِي يَدِي». فَفَعَلَ

as Moses said to him, and fought with Amalek. And Moses, Aaron, and Hur went up to the top of the hill. And so it was, when Moses held up his hand, that Israel prevailed; and when he let down his hand, Amalek prevailed. But Moses' hands became heavy; so they took a stone and put it under him, and he sat on it. And Aaron and Hur supported his hands, one on one side, and the other on the other side; and his hands were steady until the going down of the sun. So Joshua defeated Amalek and his people with the edge of the sword. Then the Lord said to Moses, "Write this for a memorial in the book and recount it in the hearing of Joshua, that I will utterly blot out the remembrance of Amalek from under heaven." And Moses built an altar and called its name, The-Lord-Is-My-Banner; for he said, "Because the Lord has sworn: the Lord will have war with Amalek from generation to generation."
Glory be to the Holy Trinity our God unto the age of all ages, Amen.

يَشُوعُ كَمَا قَالَ لَهُ مُوسَى لِيُحَارِبَ عَمَالِيقَ. وَامَّا مُوسَى وَهَارُونُ وَحُورُ فَصَعِدُوا عَلَى رَاسِ التَّلَّةِ. وَكَانَ اذَا رَفَعَ مُوسَى يَدَهُ انَّ اسْرَائِيلَ يَغْلِبُ وَاذَا خَفَضَ يَدَهُ انَّ عَمَالِيقَ يَغْلِبُ. فَلَمَّا صَارَتْ يَدَا مُوسَى ثَقِيلَتَيْنِ اخَذَا حَجَرا وَوَضَعَاهُ تَحْتَهُ فَجَلَسَ عَلَيْهِ. وَدَعَمَ هَارُونُ وَحُورُ يَدَيْهِ الْوَاحِدُ مِنْ هُنَا وَالاخَرُ مِنْ هُنَاكَ. فَكَانَتْ يَدَاهُ ثَابِتَتَيْنِ الَى غُرُوبِ الشَّمْسِ. فَهَزَمَ يَشُوعُ عَمَالِيقَ وَقَوْمَهُ بِحَدِّ السَّيْفِ. فَقَالَ الرَّبُّ لِمُوسَى: «اكْتُبْ هَذَا تِذْكَارا فِي الْكِتَابِ وَضَعْهُ فِي مَسَامِعِ يَشُوعَ. فَانِّي سَوْفَ امْحُو ذِكْرَ عَمَالِيقَ مِنْ تَحْتِ السَّمَاءِ». فَبَنَى مُوسَى مَذْبَحا وَدَعَا اسْمَهُ «يَهْوَهْ نِسِّي». وَقَالَ: «انَّ الْيَدَ عَلَى كُرْسِيِّ الرَّبِّ. لِلرَّبِّ حَرْبٌ مَعَ عَمَالِيقَ مِنْ دَوْرٍ الَى دَوْرٍ».
مجداً للثالوث القدوس الهنا إلى الأبد وإلى أبد الآبدين كلها، آمين.

Exodus 15:23-16:3

سفر الخروج ١٥: ٢٣-١٦: ٣

A reading from Moses the Prophet may his blessings be with us Amen.

So Moses brought Israel from the Red Sea; then they went out into the Wilderness of Shur. And they went three days in the wilderness and found no water. Now when they came to Marah, they could not drink the waters of Marah, for they were bitter. Therefore the name of it was called Marah. And the people complained against Moses, saying, "What shall we drink?" So he cried out to the Lord, and

من سفر الخروج لموسى النبى بركته المقدسة تكون معنا، آمين.

ثُمَّ ارْتَحَلَ مُوسَى بِاسْرَائِيلَ مِنْ بَحْرِ سُوفَ وَخَرَجُوا الَى بَرِّيَّةِ شُورٍ. فَسَارُوا ثَلاثَةَ ايَّامٍ فِي الْبَرِّيَّةِ وَلَمْ يَجِدُوا مَاءً فَجَاءُوا الَى مَارَّةَ. وَلَمْ يَقْدِرُوا انْ يَشْرَبُوا مَاءً مِنْ مَارَّةَ لانَّهُ مُرٌّ. لِذَلِكَ دُعِيَ اسْمُهَا «مَارَّةَ». فَتَذَمَّرَ الشَّعْبُ عَلَى مُوسَى قَائِلِينَ: «مَاذَا نَشْرَبُ؟» فَصَرَخَ الَى الرَّبِّ. فَارَاهُ الرَّبُّ شَجَرَةً فَطَرَحَهَا فِي

the Lord showed him a tree. When he cast it into the waters, the waters were made sweet. There He made a statute and an ordinance for them. And there He tested them, and said, "If you diligently heed the voice of the Lord your God and do what is right in His sight, give ear to His commandments and keep all His statutes, I will put none of the diseases on you which I have brought on the Egyptians. For I am the Lord who heals you." Then they came to Elim, where there were twelve wells of water and seventy palm trees; so they camped there by the waters.

And they journeyed from Elim, and all the congregation of the children of Israel came to the Wilderness of Sin, which is between Elim and Sinai, on the fifteenth day of the second month after they departed from the land of Egypt. Then the whole congregation of the children of Israel complained against Moses and Aaron in the wilderness. And the children of Israel said to them, "Oh, that we had died by the hand of the Lord in the land of Egypt, when we sat by the pots of meat and when we ate bread to the full! For you have brought us out into this wilderness to kill this whole assembly with hunger."

Glory be to the Holy Trinity our God unto the age of all ages, Amen.

الْمَاءِ فَصَارَ الْمَاءُ عَذْبا. هُنَاكَ وَضَعَ لَهُ فَرِيضَةً وَحُكْما وَهُنَاكَ امْتَحَنَهُ. فَقَالَ: «ان كُنْتَ تَسْمَعُ لِصَوْتِ الرَّبِّ الَهِكَ وَتَصْنَعُ الْحَقَّ فِي عَيْنَيْهِ وَتَصْغَى الَى وَصَايَاهُ وَتَحْفَظُ جَمِيعَ فَرَائِضِهِ فَمَرَضا مَا مِمَّا وَضَعْتُهُ عَلَى الْمِصْرِيِّينَ لا اضَعُ عَلَيْكَ. فَانِّي انَا الرَّبُّ شَافِيكَ». ثُمَّ جَاءُوا الَى ايلِيمَ وَهُنَاكَ اثْنَتَا عَشْرَةَ عَيْنَ مَاءٍ وَسَبْعُونَ نَخْلَةً. فَنَزَلُوا هُنَاكَ عِنْدَ الْمَاءِ.

ثُمَّ ارْتَحَلُوا مِنْ ايلِيمَ. وَاتَى كُلُّ جَمَاعَةِ بَنِي اسْرَائِيلَ الَى بَرِّيَّةِ سِينٍ (الَّتِي بَيْنَ ايلِيمَ وَسِينَاءَ) فِي الْيَوْمِ الْخَامِسَ عَشَرَ مِنَ الشَّهْرِ الثَّانِي بَعْدَ خُرُوجِهِمْ مِنْ ارْضِ مِصْرَ. فَتَذَمَّرَ كُلُّ جَمَاعَةِ بَنِي اسْرَائِيلَ عَلَى مُوسَى وَهَارُونَ فِي الْبَرِّيَّةِ. وَقَالَ لَهُمَا بَنُو اسْرَائِيلَ: «لَيْتَنَا مُتْنَا بِيَدِ الرَّبِّ فِي ارْضِ مِصْرَ اذْ كُنَّا جَالِسِينَ عِنْدَ قُدُورِ اللَّحْمِ نَاكُلُ خُبْزا لِلشَّبَعِ! فَانَّكُمَا اخْرَجْتُمَانَا الَى هَذَا الْقَفْرِ لِتُمِيتَا كُلَّ هَذَا الْجُمْهُورِ بِالْجُوعِ».

مجداً للثالوث القدوس الهنا إلى الأبد وإلى أبد الآبدين كلها، آمين.

Ⲏ̀ⲥⲁⲓⲁⲥ Ⲕⲉⲫ ⲛⲏ : ⲁ̅ - ⲑ̅

Ⲉ̀ⲃⲟⲗϧⲉⲛ Ⲏ̀ⲥⲁⲓⲁⲥ ⲡⲓⲡ̀ⲣⲟⲫⲏⲧⲏⲥ: ⲉ̀ⲣⲉⲡⲉϥ̀ⲥⲙⲟⲩ ⲉ̀ⲑⲟⲩⲁⲃ ϣⲱⲡⲓ ⲛⲉⲙⲁⲛ ⲁ̀ⲙⲏⲛ ⲉϥϫⲱ ⲙ̀ⲙⲟⲥ.

Ⲱϣ ⲉ̀ⲃⲟⲗ ϧⲉⲛ ⲟⲩϫⲟⲙ ⲛ̀ⲕⲧⲙ̅ϯⲥⲟ ϭⲓⲥⲓ ⲛ̀ⲧⲉⲕⲥ̀ⲙⲏ ⲛ̀ⲑⲉ ⲛ̀ⲟⲩⲥⲁⲗⲡⲓⲅⲝ ⲛ̀ⲕϫⲱ ⲉ̀ⲡⲁⲗⲁⲟⲥ ⲛ̀ⲛⲟⲩⲛⲟⲃⲓ ⲟⲩⲟϩ ⲡ̀ⲏⲓ ⲛ̀Ⲓⲁⲕⲱⲃ ⲛ̀ⲛⲟⲩⲁⲛⲟⲙⲓⲁ ϫⲉ ⲁ̀ⲛⲟⲕ ⲥⲉϣⲓⲛⲓ ⲛ̀ⲥⲱⲓ ⲛ̀ⲟⲩϩⲟⲟⲩ ⲟⲩⲟϩ ⲥⲉⲉ̀ⲡⲓⲑⲩⲙⲉⲓ ⲉ̀ⲥⲟⲩⲛ ⲛⲁϩ̀ⲓⲟ̀ⲩ̀ⲓ ⲛ̀ⲑⲉ ⲛ̀ⲟⲩⲗⲁⲟⲥ ⲉϥⲉ̀ⲓⲣⲓ ⲛ̀ⲟⲩⲇⲓⲕⲁⲓ̀ⲟⲥⲩⲛⲏ. ⲟⲩⲟϩ ⲙ̀ⲡⲉϥϫⲱ ⲛ̀ⲥⲱϥ ⲙ̀ⲡ̀ϩⲁⲡ ⲙ̀ⲡⲉϥⲛⲟⲩϯ. ⲥⲉⲁⲓ̀ϯ ⲙ̀ⲙⲟⲓ ⲧⲉⲛⲟⲩ̀ⲛϩⲁⲡ ⲙ̀ⲙⲏⲓ ⲟⲩⲟϩ ⲥⲉⲉ̀ⲡⲓⲑⲩⲙⲓⲛ ⲉϩⲱⲛ ⲉⲫϯ ⲉⲩϫⲱⲙⲙⲟⲥ ϫⲉ ⲉⲑⲃⲉ ⲟⲩ ⲁⲛⲛⲏⲥⲧⲉⲩⲓⲛ ⲙⲡⲉⲕⲛⲁⲩ ⲉⲣⲟⲛ. Ⲟⲩⲟϩ ⲁⲛⲑⲉⲃⲓⲟ ⲛⲛⲉⲛⲯⲩⲭⲏ ⲙⲡⲉⲕⲉⲙⲓ ⲉϩⲣⲏⲓ ϧⲉⲛ ⲛⲉϩⲟⲟⲩ ⲛⲛⲉⲧⲉⲛⲛⲏⲥⲧⲓⲁ ⲛⲉⲧⲉⲧⲉⲛ ϩⲏⲩ ⲉⲛⲉⲧⲉⲛⲟⲩⲱϣ ⲡⲉ ⲟⲩⲟϩ ⲧⲉⲧⲉⲛⲙⲟⲕϩ ⲛⲛⲉⲧⲑⲉⲃⲓⲏⲟⲩⲧ ⲉⲣⲱⲧⲉⲛ ⲉⲧⲉⲧⲉⲛⲛⲏⲥⲧⲉⲩⲓⲛ ϧⲉⲛ ϩⲁⲛϫⲓϩⲁⲡ ⲛⲉⲙ ϧⲉⲛ ϩⲁⲛⲙⲓϣⲓ. Ⲟⲩⲟϩ ⲉⲧⲉⲧⲉⲛϭⲟϫⲓ ⲛⲛⲏⲉⲧⲑⲉⲃⲓⲏⲟⲩⲧ ⲉⲣⲱⲧⲉⲛ ⲉⲑⲃⲉⲟⲩ ⲧⲉⲧⲉⲛⲛⲏⲥⲧⲉⲩⲓⲛ ⲉⲛⲁⲓ ⲛⲑⲉ ⲙⲫⲟⲟⲩ ⲉⲧⲣⲁⲥⲱⲧⲉⲙ ⲉⲛⲉⲧⲉⲛⲥⲙⲏ ϧⲉⲛ ⲟⲩⲁϣⲕⲁⲕ ⲛⲧⲁⲓ ⲁⲛ ⲧⲉⲧⲉⲛⲛⲏⲥⲧⲓⲁ ⲛⲧⲁⲓⲥⲟⲧⲡⲥ ⲟⲩⲇⲉ ⲛⲟⲩϩⲟⲟⲩ ⲁⲛ ⲡⲉ ⲉⲑⲣⲉ ⲫⲣⲱⲙⲓ ⲑⲉⲃⲓⲉ ⲧⲉϥⲯⲩⲭⲏ ⲟⲩⲟϩ ⲉⲕϣⲁⲛⲕⲉⲗϫ ⲡⲉⲕⲙⲟⲕϩ ⲛⲑⲉ ⲛⲟⲩⲕⲣⲓⲕⲟⲥ ⲟⲩⲟϩ ⲛⲕⲡⲉⲣϣ ⲟⲩϫⲟⲟⲛⲉ ⲛⲉⲙ ⲟⲩⲕⲉⲣⲙⲉⲥ ϩⲁⲣⲟⲕ ⲛⲛⲉⲧⲉⲛⲓⲙⲟⲩϯ ⲉⲣⲟⲥ ⲛϯϩⲉ ϫⲉ ϯⲛⲏⲥⲧⲓⲁ ⲉⲧϣⲏⲡ ⲛⲑⲁⲓ ⲁⲛ ⲧⲉ ϯⲛⲏⲥⲧⲓⲁ ⲛⲧⲁⲓ ⲥⲟⲧⲡⲥ ⲉⲛⲁⲓ ⲡⲉϫⲉ Ⲡⲟ̅ⲥ̅ ⲁⲗⲗⲁ ⲃⲱⲗ ⲉⲃⲟⲗ ⲙⲙⲉⲣⲓ ⲛⲓⲃⲉⲛ ⲛϭⲓⲛϫⲟⲛⲥ ⲟⲩⲟϩ ⲛⲓⲃⲉⲗⲕⲟⲧⲥ ⲛⲓⲃⲉⲛ ⲛϭⲓⲉⲟⲩⲱ ϫⲱⲟⲩⲛ ⲛⲛⲉⲧⲟⲩⲱϣϥ ϧⲉⲛ ⲟⲩⲭⲱ ⲉⲃⲟⲗ ⲟⲩⲟϩ ⲛⲕⲡⲱϩ ⲛⲥϧⲁⲓ ⲛⲓⲃⲉⲛ ⲛϭⲓⲛϫⲟⲛⲥ ⲫⲱϣ ⲙⲡⲉⲕⲱⲓⲕ ⲙⲡⲉⲧϩⲕⲁⲓⲧ ⲟⲩⲟϩ ⲛⲕϭⲓ ⲛⲛⲉϩⲏⲕⲓ ⲉϧⲟⲩⲛ ⲉⲡⲉⲕⲏⲓ ⲉⲧⲉⲙⲛⲧⲟⲩⲏⲓ ⲉⲕϣⲁⲛ ⲛⲁⲩⲉⲟⲩⲁ ⲉϥⲭⲏ ⲭⲁϩⲛⲟⲩ ϯϩⲓⲱⲧϥ ⲟⲩⲟϩ ⲛⲛⲉⲕⲱⲃϣ ⲛⲣⲉⲙⲏⲓ ⲙⲡⲉⲕⲥⲡⲉⲣⲙⲁ. Ⲧⲟⲧⲉ ⲡⲉⲕⲟⲩⲱⲓⲛⲓ ⲁϥϣⲁⲓ ⲙⲡⲛⲁⲩ ⲛϣⲱⲣⲡ ⲟⲩⲟϩ ⲛⲉⲕⲧⲁⲗϭⲟ ⲛⲁϯⲟⲩⲱ ϧⲉⲛ ⲟⲩϭⲏⲡⲉ ⲟⲩⲟϩ ⲧⲉⲕⲇⲉⲟⲥⲩⲛⲏ ⲛⲁⲙⲟϣⲓ ϧⲁⲧⲉⲕϩⲏ ⲟⲩⲟϩ ⲡⲓⲱⲟⲩ ⲙⲪϯ ⲛⲁⲟⲗⲕ ⲧⲟⲧⲉ ⲭⲛⲁϭⲓϣⲕⲁⲕ ⲟⲩⲟϩ Ⲫϯ ⲥⲱⲧⲉⲙ ⲉⲣⲟⲕ ⲉⲧⲓ ⲉⲕⲥⲁϫⲓ ϥⲛⲁϫⲟⲥ ϫⲉ ⲓⲥϩⲏⲡⲡⲉ ⲁⲛⲟⲕ ⲉϣⲱⲡⲓ ⲉⲕϣⲁⲛϥⲓ ⲉⲃⲟⲗ ⲙⲙⲟⲕ ⲛⲧⲙⲉⲣⲓ ⲛⲉⲙ ⲟⲩϭⲟϩⲛⲓⲉϥϩⲱⲟⲩ ⲛⲉⲙ ⲟⲩⲥⲁϫⲓ ⲛⲭⲣⲟϥ ⲛⲕϯ ⲙⲡⲉⲕⲱⲓⲕ ⲙⲡⲉⲧϩⲕⲁⲓⲧ ⲉⲃⲟⲗ ϧⲉⲛⲡⲉⲕϩⲏⲧ ⲧⲏⲣϥ ⲟⲩⲟϩ ⲛⲕⲛⲁ ⲛⲟⲩⲯⲩⲭⲏ ⲉⲥⲑⲉⲃⲓⲏⲟⲩⲧ ⲧⲟⲧⲉ ⲡⲉⲕⲟⲩⲱⲓⲛⲓ ⲛⲁϣⲁⲓ ϧⲉⲛ ⲡⲭⲁⲕⲓ. Ⲟⲩⲟϩ ⲡⲉⲕⲕⲁⲕⲉ ⲛⲁⲣⲑⲉ ⲙⲡⲟⲩ ⲙⲙⲉⲣⲓ ⲟⲩⲟϩ ⲡⲉⲕⲛⲟⲩϯ ⲛⲁϣⲱⲡⲓ ⲛⲉⲙⲁⲕ ⲛⲥⲛⲟⲩ ⲛⲓⲃⲉⲛ ⲟⲩⲟϩ ⲕⲛⲁⲥⲓ ⲛⲑⲉ ⲉⲧⲉⲣⲉ ⲧⲉⲕⲯⲩⲭⲏ ⲟⲩⲁϣⲥ :

Ⲟⲩⲱⲟⲩ ⲛϯⲧⲣⲓⲁⲥ ⲉⲑⲟⲩⲁⲃ ⲡⲉⲛⲛⲟⲩϯ ϣⲁ ⲉⲛⲉϩ ⲛⲉⲙ ϣⲁ ⲉⲛⲉϩ ⲛⲧⲉ ⲛⲓⲉⲛⲉϩ ⲧⲏⲣⲟⲩ: ⲁⲙⲏⲛ.

Isaiah 58:1-11 اشعياء ٥٨ : ١ - ١١

A reading from Isaiah the Prophet may his blessings be with us Amen.

"Cry aloud, spare not; Lift up your voice like a trumpet; Tell My people their transgression, And the house of Jacob their sins. Yet they seek Me daily, And delight to know My ways, As a nation that did righteousness, And did not forsake the ordinance of their God. They ask of Me the ordinances of justice; They take delight in approaching God.
'Why have we fasted,' they say, 'and You have not seen? Why have we

من اشعياء النبى بركته المقدسة تكون معنا، آمين.

نَادِ بِصَوْتٍ عَالٍ. لاَ تُمْسِكْ. ارْفَعْ صَوْتَكَ كَبُوقٍ وَأَخْبِرْ شَعْبِي بِتَعَدِّيهِمْ وَبَيْتَ يَعْقُوبَ بِخَطَايَاهُمْ. وَإِيَّايَ يَطْلُبُونَ يَوْماً فَيَوْماً وَيُسَرُّونَ بِمَعْرِفَةِ طُرُقِي كَأُمَّةٍ عَمِلَتْ بِرّاً وَلَمْ تَتْرُكْ قَضَاءَ إِلَهِهَا. يَسْأَلُونَنِي عَنْ أَحْكَامِ الْبِرِّ. يُسَرُّونَ بِالتَّقَرُّبِ إِلَى اللَّهِ. يَقُولُونَ: «لِمَاذَا صُمْنَا وَلَمْ تَنْظُرْ ذَلَّلْنَا أَنْفُسَنَا وَلَمْ تُلاَحِظْ؟» هَا إِنَّكُمْ فِي يَوْمِ صَوْمِكُمْ تُوجِدُونَ

afflicted our souls, and You take no notice?' "In fact, in the day of your fast you find pleasure, And exploit all your laborers. Indeed you fast for strife and debate, And to strike with the fist of wickedness. You will not fast as you do this day, To make your voice heard on high. Is it a fast that I have chosen, A day for a man to afflict his soul? Is it to bow down his head like a bulrush, And to spread out sackcloth and ashes? Would you call this a fast, And an acceptable day to the Lord? "Is this not the fast that I have chosen: To loose the bonds of wickedness, To undo the heavy burdens, To let the oppressed go free, And that you break every yoke? Is it not to share your bread with the hungry, And that you bring to your house the poor who are cast out; When you see the naked, that you cover him, And not hide yourself from your own flesh?

Then your light shall break forth like the morning, Your healing shall spring forth speedily, And your righteousness shall go before you; The glory of the Lord shall be your rear guard.

Then you shall call, and the Lord will answer; You shall cry, and He will say, 'Here I am.' "If you take away the yoke from your midst, The pointing of the finger, and speaking wickedness, If you extend your soul to the hungry And satisfy the afflicted soul, Then your light shall dawn in the darkness, And your darkness shall be as the noonday. The Lord will guide you continually, And satisfy your soul in drought.

Glory be to the Holy Trinity our God unto the age of all ages, Amen.

مَسَرَّةً وَبِكُلِّ أَشْغَالِكُمْ تُسَخِّرُونَ. هَا إِنَّكُمْ لِلْخُصُومَةِ وَالنِّزَاعِ تَصُومُونَ وَلِتَضْرِبُوا بِلَكْمَةِ الشَّرِّ. لَسْتُمْ تَصُومُونَ كَمَا الْيَوْمَ لِتَسْمِيعِ صَوْتِكُمْ فِي الْعَلاَءِ. أَمِثْلُ هَذَا يَكُونُ صَوْمٌ أَخْتَارُهُ؟ يَوْماً يُذَلِّلُ الإِنْسَانُ فِيهِ نَفْسَهُ يُحْنِي كَالأَسَلَةِ رَأْسَهُ وَيَفْرِشُ تَحْتَهُ مِسْحاً وَرَمَاداً. هَلْ تُسَمِّي هَذَا صَوْماً وَيَوْماً مَقْبُولاً لِلرَّبِّ؟ أَلَيْسَ هَذَا صَوْماً أَخْتَارُهُ: حَلَّ قُيُودِ الشَّرِّ. فَكَّ عُقَدِ النِّيرِ وَإِطْلاَقَ الْمَسْحُوقِينَ أَحْرَاراً وَقَطْعَ كُلِّ نِيرٍ. أَلَيْسَ أَنْ تَكْسِرَ لِلْجَائِعِ خُبْزَكَ وَأَنْ تُدْخِلَ الْمَسَاكِينَ التَّائِهِينَ إِلَى بَيْتِكَ؟ إِذَا رَأَيْتَ عُرْيَاناً أَنْ تَكْسُوهُ وَأَنْ لاَ تَتَغَاضَى عَنْ لَحْمِكَ. حِينَئِذٍ يَنْفَجِرُ مِثْلَ الصُّبْحِ نُورُكَ وَتَنْبُتُ صِحَّتُكَ سَرِيعاً وَيَسِيرُ بِرُّكَ أَمَامَكَ وَمَجْدُ الرَّبِّ يَجْمَعُ سَاقَتَكَ. حِينَئِذٍ تَدْعُو فَيُجِيبُ الرَّبُّ. تَسْتَغِيثُ فَيَقُولُ: «هَئَنَذَا». إِنْ نَزَعْتَ مِنْ وَسَطِكَ النِّيرَ وَالإِيمَاءَ بِالإِصْبِعِ وَكَلاَمَ الإِثْمِ وَأَنْفَقْتَ نَفْسَكَ لِلْجَائِعِ وَأَشْبَعْتَ النَّفْسَ الذَّلِيلَةَ يُشْرِقُ فِي الظُّلْمَةِ نُورُكَ وَيَكُونُ ظَلاَمُكَ الدَّامِسُ مِثْلَ الظُّهْرِ وَيَقُودُكَ الرَّبُّ عَلَى الدَّوَامِ وَيُشْبِعُ فِي الْجُدُوبِ نَفْسَكَ وَيُنَشِّطُ عِظَامَكَ فَتَصِيرُ كَجَنَّةٍ رَيَّا وَكَنَبْعِ مِيَاهٍ لاَ تَنْقَطِعُ مِيَاهُهُ.

مجداً للثالوث القدوس الهنا إلى الأبد وإلى أبد الآبدين كلها، آمين.

Ⲓⲉⲍⲉⲕⲓⲏⲗ Ⲕⲉⲫ ⲓⲏ : ⲕ - ⲗⲃ

Ⲉⲃⲟⲗϧⲉⲛ Ⲓⲉⲍⲉⲕⲓⲏⲗ ⲡⲓⲡⲣⲟⲫⲏⲧⲏⲥ: ⲉⲣⲉⲡⲉϥⲥ̀ⲙⲟⲩ ⲉ̀ⲑⲟⲩⲁⲃ ϣⲱⲡⲓ ⲛⲉⲙⲁⲛ ⲁ̀ⲙⲏⲛ ⲉϥϫⲱ ⲙ̀ⲙⲟⲥ.

Ⲛⲁⲓ ⲛⲉ ⲛⲏⲉⲧⲁ Ⲡⲟ̅ⲥ̅ ϫⲱ ⲙ̀ⲙⲱⲟⲩ ϫⲉ ⲧⲉⲯⲩⲭⲏ ⲉⲑⲛⲁⲉⲣⲛⲟⲃⲓ ⲛ̀ⲧⲟⲥ ⲧⲉⲧⲛⲁⲙⲟⲩ ⲙ̀ⲡϣⲏⲣⲓ ⲛⲁϭⲓ ⲁⲛ ⲙ̀ⲡϭⲓⲛ̀ϫⲟⲛⲥ ⲙ̀ⲡⲉϥⲓⲱⲧ ⲟⲩⲇⲉ ⲙ̀ⲡⲓⲱⲧ ⲛⲁϭⲓ ⲁⲛ ⲙ̀ⲡϭⲓⲛ̀ϫⲟⲛⲥ ⲙ̀ⲡⲉϥϣⲏⲣⲓ ⲟⲩⲇⲓⲕⲉⲟⲥⲩⲛⲏ ⲙ̀ⲡⲇⲓⲕⲉⲟⲥ ⲛⲁϣⲱⲡⲓ ⲉ̀ϩⲣⲏⲓ ⲉ̀ϫⲱϥ ⲟⲩⲟϩ ⲧⲁⲛⲟⲙⲓⲁ̀ ⲙ̀ⲡⲁⲛⲟⲙⲟⲥ ⲛⲏⲟⲩ ⲉ̀ϩⲣⲏⲓ ⲉϫⲱϥ. Ⲉ̀ⲣⲉ ϣⲁⲛⲡⲁⲛⲟⲙⲟⲥ ⲇⲉ ⲕ̀ⲧⲟϥ ⲉⲃⲟⲗϧⲉⲛ ⲛⲉϥⲡⲟⲛⲏⲣⲓⲁ ⲧⲏⲣⲟⲩ ⲛⲉϥⲁ̀ⲣⲉϩ ⲉ̀ⲛⲁⲉⲛⲧⲟⲗⲏ ⲧⲏⲣⲟⲩ ⲟⲩⲟϩ ⲛⲉϥⲓ̀ⲣⲓ ⲛ̀ⲧⲇⲓⲕⲉⲟⲥⲩⲛⲏ ⲛⲉⲙ ⲡⲓⲛⲁⲓ ϧⲉⲛ ⲟⲩⲱⲛϧ ⲉϥⲛⲁⲱⲛϧ ⲟⲩⲟϩ ⲛⲉϥⲛⲁⲙⲟⲩ ⲁⲛ ⲛⲉϥⲛⲟⲃⲓ ⲧⲏⲣⲟⲩ ⲥⲉⲛⲁⲉⲣⲡⲟⲩⲙⲉⲩⲓ ⲁⲛ ⲧⲇⲓⲕⲉⲟⲥⲩⲛⲏ ⲛ̀ⲧⲁϥⲁⲁⲥ ϥⲛⲁⲱⲛϧ ⲛ̀ϧⲏⲧⲥ ϫⲉ ⲛ̀ϯⲟⲩⲉϣ ⲫⲙⲟⲩ ⲁⲛ ⲙ̀ⲡⲁⲛⲟⲙⲟⲥ ⲡⲉϫⲉ Ⲡⲟ̅ⲥ̅ ⲛ̀ⲑⲉ ⲉⲧⲣⲉϥⲕⲧⲟϥ ⲉ̀ⲃⲟⲗ ϧⲉⲛ ⲧⲉϥϩⲓⲏ ⲙ̀ⲡⲟⲛⲏⲣⲟⲛ ⲛⲉϥⲱⲛϧ Ⲉϣⲱⲡⲓ ⲇⲉ ⲉⲣϣⲁⲛ ⲡ̀ⲇⲓⲕⲉⲟⲥ ⲥⲁϩⲱϥ ⲉ̀ⲃⲟⲗ ⲛ̀ⲧⲉϥ ⲇⲓⲕⲉⲟⲥⲩⲛⲏ ⲛⲉϥⲓ̀ⲣⲓ ⲛⲟⲩⲁ̀ⲇⲓⲕⲓⲁ ⲕⲁⲧⲁ ⲛ̀ⲁⲛⲟⲙⲓⲁ ⲧⲏⲣⲟⲩ ⲉⲧⲁϥⲁⲁⲩ ⲛ̀ϫⲉ ⲡⲁⲛⲟⲙⲟⲥ.ⲛⲉϥ ⲇⲓⲕⲉⲟⲥⲩⲛⲏ ⲧⲏⲣⲟⲩ ⲛ̀ⲧⲁϥⲁⲁⲩ ϧⲉⲛ ⲛⲓⲡⲁⲣⲁⲡⲧⲱⲙⲁ ⲛ̀ⲧⲁϥ ⲛ̀ⲛⲟⲩⲉⲣⲫ̀ⲙⲉⲩⲓ ⲉⲣⲱⲟⲩ ⲁⲗⲗⲁ ⲉϥⲛⲁⲙⲟⲩ ϧⲉⲛ ⲫ̀ⲛⲟⲃⲓ ⲛ̀ⲧⲁϥ. Ⲥⲱⲧⲉⲙ ⲇⲉⲧⲉⲛⲟⲩ ⲡⲏⲓ ⲙ̀ⲡⲓⲥ̅ⲗ̅ ϫⲉ ⲧⲉⲧⲉⲛϫⲱ ⲙ̀ⲙⲟⲥ ϫⲉ ⲧⲁϩⲓⲏ ⲥⲟⲩⲧⲱⲛ ⲁⲛ ⲟⲩⲟϩ ⲧⲉⲛϩⲓⲏ ⲟⲩⲧⲱⲛ ⲧⲉⲧⲉⲛ ϩⲏ ⲇⲉ ⲛ̀ⲑⲱ ⲧⲉⲛ ⲧⲉⲧⲉ ⲛⲥⲟⲩⲧⲱⲛ ⲁⲛ ϧⲉⲛ ⲡ̀ⲑⲣⲉ ⲡ̀ⲇⲓⲕⲉⲟ̀ⲥ ⲇⲉ ⲕⲧⲟϥ ⲉ̀ⲃⲟⲗϧⲉⲛ ⲧⲉϥⲇⲓⲕⲁⲓⲟⲥⲩⲛⲏ ⲟⲩⲟϩ ⲛⲉϥⲓ̀ⲣⲓ ⲛ̀ⲟⲩⲡⲁⲣⲁⲡⲧⲱⲙⲁ ⲛ̀ⲧⲁϥⲁⲁϥ ⲉϥⲛⲁⲙⲟⲩ ⲉ̀ϩⲣⲏⲓ ⲛ̀ϧⲏⲧϥ. Ⲭⲉⲙⲡⲧⲣⲉ ⲡⲓⲁⲛⲟⲙⲟⲥ ⲇⲉ ⲕⲧⲟϥ ϧⲉⲛϯϩⲓⲏ ⲛ̀ⲧⲉϥⲁⲛⲟⲙⲓⲁ̀ ⲛ̀ⲧⲁϥⲁⲁⲥ ⲛⲉϥⲓ̀ⲣⲓ ⲛⲟⲩϩⲁⲡ ⲛⲉⲙ ⲟⲩⲇⲓⲕⲉⲟⲥⲩⲛⲏ ⲫⲁⲓ ⲁϥⲁⲣⲉϩ ⲉ̀ⲧⲉϥⲯⲩⲭⲏ ⲟⲩⲟϩ ⲁϥⲕⲧⲟϥ ⲉ̀ⲃⲟⲗϧⲉⲛ ⲛⲉϥⲙⲉⲧϣⲁϥⲧⲉ ⲧⲏⲣⲟⲩ ⲛ̀ⲧⲁϥⲁⲁⲩ ϧⲉⲛ ⲟⲩⲱⲛϧ ⲉϥⲛⲁⲱⲛϧ ⲟⲩⲟϩ ⲛⲉϥⲛⲁⲙⲟⲩ ⲁⲛ ⲡⲏⲓ ⲅⲁⲣ ⲙ̀ⲡⲓⲥ̅ⲗ̅ ϫⲱ ⲙ̀ⲙⲟⲥ ϫⲉ ⲛ̀ⲥⲥⲟⲩⲧⲱⲛ ⲁⲛ ⲛ̀ϫⲉ ⲧⲁϩⲓⲏ. ⲛ̀ⲑⲱⲧⲉⲛ ⲇⲉ ⲉⲣⲉ ⲧⲉⲧⲉⲛϩⲓⲏ ⲥⲟⲩⲧⲱⲛ ⲁⲛ. Ⲉⲑⲃⲉ ⲫⲁⲓ ϯⲛⲁϯϩⲁⲡ ⲉⲡⲓⲟⲩⲁⲓ ⲡⲓⲟⲩⲁⲓ ⲙ̀ⲙⲱⲧⲉⲛ ⲕⲁⲧⲁ ⲧⲉϥϩⲓⲏ ⲡⲏⲓ ⲙ̀ⲡⲓⲥ̅ⲗ̅ ⲡⲉϫⲉ Ⲡⲟ̅ⲥ̅ ϯⲛⲟⲩ ⲇⲉ ⲕ̀ⲧⲉⲧⲏⲩⲧⲉⲛ ⲛ̀ⲧⲉⲧⲉⲛⲥⲁϩⲉⲧⲏⲩⲧⲉⲛ ⲉ̀ⲃⲟⲗ ⲛ̀ⲛⲉⲧⲉⲛ ⲙⲉⲧϣⲁϥⲧⲉ ⲧⲏⲣⲟⲩ ⲟⲩⲟϩ ⲛ̀ⲥⲉⲛⲁϣⲱⲡⲓ ⲁⲛ ⲉⲩⲕⲟⲗⲁⲥⲓⲥ ⲛ̀ϭⲓⲛ̀ϫⲟⲛⲥ ⲛⲟⲩϫⲉ ⲉ̀ⲃⲟⲗ ⲙ̀ⲙⲱⲧⲉⲛ ⲛ̀ⲛⲉⲧⲉⲛⲙⲉⲧϣⲁϥⲧⲉ ⲧⲏⲣⲟⲩ ⲛ̀ⲧⲁ ⲛⲉⲛⲁⲁⲩ ⲉ̀ϧⲟⲩⲛ ⲉ̀ⲣⲟⲓ ⲛ̀ⲧⲉⲧⲉⲛ ϫⲫⲟ ⲛⲏⲧⲉⲛ ⲛ̀ⲟⲩϩⲏⲧ ⲙ̀ⲃⲉⲣⲓ ⲟⲩⲟϩ ⲉⲑⲃⲉ ⲟⲩ ⲧⲉ ⲧⲉⲛⲛⲁⲙⲟⲩ ⲡⲏⲓ ⲙ̀ⲡⲓⲥ̅ⲗ̅ ϫⲉ ⲛ̀ϯⲟⲩⲉϣ ⲫⲙⲟⲩ ⲁⲛ ⲙ̀ⲡⲉⲧⲛⲁⲙⲟⲩ ⲡⲉϫⲉ Ⲡⲟ̅ⲥ̅ ⲡⲓⲡⲁⲛⲧⲟⲕⲣⲁⲧⲱⲣ

Ⲟⲩⲱ̀ⲟⲩ ⲛ̀ϯⲧⲣⲓⲁⲥ ⲉ̀ⲑⲟⲩⲁⲃ ⲡⲉⲛⲛⲟⲩϯ ϣⲁ ⲉ̀ⲛⲉϩ ⲛⲉⲙ ϣⲁ ⲉ̀ⲛⲉϩ ⲛ̀ⲧⲉ ⲛⲓⲉ̀ⲛⲉϩ ⲧⲏⲣⲟⲩ: ⲁ̀ⲙⲏⲛ.

Ezekiel 18:20-32

حزقيال ١٨: ٢٠ - ٣٢

A reading from Ezekiel the Prophet may his blessings be with us Amen.

[The Lord says,] The soul who sins shall die. The son shall not bear the guilt of the father, nor the father bear the guilt of the son. The righteousness of the

من حزقيال النبى بركته المقدسة تكون معنا، آمين.

هذا ما يقوله الرب، اَلنَّفْسُ الَّتِي تُخْطِئُ هِيَ

righteous shall be upon himself, and the wickedness of the wicked shall be upon himself.
"But if a wicked man turns from all his sins which he has committed, keeps all My statutes, and does what is lawful and right, he shall surely live; he shall not die. None of the transgressions which he has committed shall be remembered against him; because of the righteousness which he has done, he shall live. Do I have any pleasure at all that the wicked should die?" says the Lord God, "and not that he should turn from his ways and live? "But when a righteous man turns away from his righteousness and commits iniquity, and does according to all the abominations that the wicked man does, shall he live? All the righteousness which he has done shall not be remembered; because of the unfaithfulness of which he is guilty and the sin which he has committed, because of them he shall die. "Yet you say, 'The way of the Lord is not fair.' Hear now, O house of Israel, is it not My way which is fair, and your ways which are not fair? When a righteous man turns away from his righteousness, commits iniquity, and dies in it, it is because of the iniquity which he has done that he dies. Again, when a wicked man turns away from the wickedness which he committed, and does what is lawful and right, he preserves himself alive. Because he considers and turns away from all the transgressions which he committed, he shall surely live; he shall not die. Yet the house of Israel says, 'The way of the

تَمُوتُ. الابْنُ لاَ يَحْمِلُ مِنْ إِثْمِ الأَبِ وَالأَبُ لاَ يَحْمِلُ مِنْ إِثْمِ الابْنِ. بِرُّ الْبَارِّ عَلَيْهِ يَكُونُ وَشَرُّ الشِّرِّيرِ عَلَيْهِ يَكُونُ.

فَإِذَا رَجَعَ الشِّرِّيرُ عَنْ جَمِيعِ خَطَايَاهُ الَّتِي فَعَلَهَا وَحَفِظَ كُلَّ فَرَائِضِي وَفَعَلَ حَقّاً وَعَدْلاً فَحَيَاةً يَحْيَا. لاَ يَمُوتُ. كُلُّ مَعَاصِيهِ الَّتِي فَعَلَهَا لاَ تُذْكَرُ عَلَيْهِ. فِي بِرِّهِ الَّذِي عَمِلَ يَحْيَا. هَلْ مَسَرَّةً أُسَرُّ بِمَوْتِ الشِّرِّيرِ يَقُولُ السَّيِّدُ الرَّبُّ؟ أَلاَ بِرُجُوعِهِ عَنْ طُرُقِهِ فَيَحْيَا؟ وَإِذَا رَجَعَ الْبَارُّ عَنْ بِرِّهِ وَعَمِلَ إِثْماً وَفَعَلَ مِثْلَ كُلِّ الرَّجَاسَاتِ الَّتِي يَفْعَلُهَا الشِّرِّيرُ، أَفَيَحْيَا؟ كُلُّ بِرِّهِ الَّذِي عَمِلَهُ لاَ يُذْكَرُ. فِي خِيَانَتِهِ الَّتِي خَانَهَا وَفِي خَطِيَّتِهِ الَّتِي أَخْطَأَ بِهَا يَمُوتُ. [وَأَنْتُمْ تَقُولُونَ: لَيْسَتْ طَرِيقُ الرَّبِّ مُسْتَوِيَةً. فَاسْمَعُوا الآنَ يَا بَيْتَ إِسْرَائِيلَ. أَطَرِيقِي هِيَ غَيْرُ مُسْتَوِيَةٍ؟ أَلَيْسَتْ طُرُقُكُمْ غَيْرَ مُسْتَوِيَةٍ؟ إِذَا رَجَعَ الْبَارُّ عَنْ بِرِّهِ وَعَمِلَ إِثْماً وَمَاتَ فِيهِ، فَبِإِثْمِهِ الَّذِي عَمِلَهُ يَمُوتُ. وَإِذَا رَجَعَ الشِّرِّيرُ عَنْ شَرِّهِ الَّذِي فَعَلَ، وَعَمِلَ حَقّاً وَعَدْلاً، فَهُوَ يُحْيِي نَفْسَهُ. رَأَى فَرَجَعَ عَنْ كُلِّ مَعَاصِيهِ الَّتِي عَمِلَهَا فَحَيَاةً يَحْيَا. لاَ يَمُوتُ. وَبَيْتُ إِسْرَائِيلَ يَقُولُ: لَيْسَتْ طَرِيقُ الرَّبِّ مُسْتَوِيَةً. أَطُرُقِي غَيْرُ مُسْتَقِيمَةٍ يَا بَيْتَ إِسْرَائِيلَ؟ أَلَيْسَتْ طُرُقُكُمْ غَيْرَ مُسْتَقِيمَةٍ؟ مِنْ أَجْلِ ذَلِكَ أَقْضِي عَلَيْكُمْ يَا بَيْتَ إِسْرَائِيلَ كُلِّ وَاحِدٍ كَطُرُقِهِ يَقُولُ السَّيِّدُ الرَّبُّ. تُوبُوا وَارْجِعُوا عَنْ كُلِّ مَعَاصِيكُمْ، وَلاَ

Lord is not fair.' O house of Israel, is it not My ways which are fair, and your ways which are not fair?
"Therefore I will judge you, O house of Israel, every one according to his ways," says the Lord God. "Repent, and turn from all your transgressions, so that iniquity will not be your ruin. Cast away from you all the transgressions which you have committed, and get yourselves a new heart and a new spirit. For why should you die, O house of Israel? For I have no pleasure in the death of one who dies," says the Lord God. "Therefore turn and live!

Glory be to the Holy Trinity our God unto the age of all ages, Amen.

يَكُونُ لَكُمُ الإِثْمُ مَهْلَكَةً. اِطْرَحُوا عَنْكُمْ كُلَّ مَعَاصِيكُمُ الَّتِي عَصَيْتُمْ بِهَا، وَاعْمَلُوا لأَنْفُسِكُمْ قَلْباً جَدِيداً وَرُوحاً جَدِيدَةً. فَلِمَاذَا تَمُوتُونَ يَا بَيْتَ إِسْرَائِيلَ؟ لأَنِّي لاَ أُسَرُّ بِمَوْتِ مَنْ يَمُوتُ يَقُولُ السَّيِّدُ الرَّبُّ. فَارْجِعُوا وَاحْيُوا].

مجداً للثالوث القدوس الهنا إلى الأبد وإلى أبد الآبدين كلها، آمين.

Ⲟⲩⲕⲁⲧⲏⲕⲏⲥⲓⲥ

Ⲟⲩⲕⲁⲧⲏⲕⲏⲥⲓⲥ ⲛ̀ⲧⲉ ⲡⲉⲛⲓⲱⲧ ⲉ̅ⲑ̅ⲩ̅ ⲁⲃⲃⲁ Ⲓ̅ⲱ̅ⲁ̅ ⲡⲓⲭ̀ⲣⲩⲥⲟⲥⲧⲟⲙⲟⲥ: ⲉ̀ⲣⲉ ⲡⲉϥⲥ̀ⲙⲟⲩ ⲉⲑⲟⲩⲁⲃ ϣⲱⲡⲓ ⲛⲉⲙⲁⲛ ⲁ̀ⲙⲏⲛ.

Ⲡⲓⲟⲩⲟⲉⲓϣ ϫⲉ ϯⲛⲟⲩ ⲡⲉ ⲉⲑⲣⲉⲛϯ ⲙ̀ⲡⲉⲛⲟⲩⲟⲓ ⲉ̀ϧⲟⲩⲛ ⲉⲧⲁⲓ ⲧⲣⲁⲡⲉⲍⲁ ⲉⲧⲟⲓ ⲛ̀ϩⲟϯ ⲙⲁⲣⲉⲛϯⲟⲩⲟⲓ ϫⲉ ⲉ̀ⲣⲟⲥ ⲧⲏⲣⲉⲛ ϧⲉⲛ ⲟⲩⲧⲟⲩⲃⲟ ⲙ̀ⲡⲉⲣⲑⲣⲉⲗⲁⲁⲩ ϣⲱⲡⲓ ⲙ̀ⲙⲁⲩ ⲉϥⲟ ⲙ̀ⲡⲟⲛⲏⲣⲟⲛ ⲛ̀ⲑⲉ ⲛ̀ⲓⲟⲩⲇⲁⲥ ⲉϥⲥⲉϩ ⲅⲁⲣ ϫⲉ ⲛ̀ⲧⲉ ⲣⲉϥϭⲓ ⲙ̀ⲡⲓⲱⲓⲕ ⲁ ⲡ̀ⲥⲁⲧⲁⲛⲁⲥ ⲃⲱⲕ ⲉ̀ϧⲟⲩⲛ ⲉ̀ⲣⲟϥ ⲁϥⲡⲁⲣⲁⲇⲓⲇⲟⲩ ⲙ̀Ⲡ̅ⲟ̅ⲥ̅ ⲙ̀ⲡⲓⲱⲟⲩ ⲙⲁⲣⲉ ⲡⲓⲟⲩⲁⲓ ⲡⲓⲟⲩⲁⲓ ⲙ̀ⲙⲟⲛ ⲙⲟϣⲧ ⲙ̀ⲙⲓⲛⲙⲟϥ ⲙ̀ⲡⲁⲧⲉϥ ⲙ̀ⲡⲉϥⲟⲩⲟⲓ ⲉ̀ϧⲟⲩⲛ ⲉ̀ⲡⲥⲱⲙⲁ ⲛⲉⲙ ⲡ̀ⲥⲛⲟϥ ⲙ̀Ⲡ̅ⲭ̅ⲥ̅ ϫⲉ ⲛ̀ⲛⲉϥϣⲱⲡⲓ ⲛⲁϥ ⲉⲩⲉⲕⲣⲓⲙⲁ ⲛ̀ⲟⲁⲛ ⲡⲉⲧϯ ⲙ̀ⲡⲱⲓⲕ ⲛⲉⲙ ⲡ̀ⲥⲛⲟϥ ⲁⲗⲗⲁ Ⲡ̅ⲭ̅ⲥ̅ ⲫⲁⲓ ⲛ̀ⲧⲁⲩⲏ ⲟⲩ ⲙ̀ⲙⲟϥ ϧⲁⲣⲟⲛ ⲫⲏⲉⲧⲟϩⲓ ⲉⲣⲁⲧϥ ϩⲓϫⲉⲛ ⲧⲁⲓ ⲧⲣⲁⲡⲉⲍⲁ ϧⲉⲛ ⲟⲩⲙⲩⲥⲧⲏⲣⲓⲟⲛ ⲫⲁⲓ ⲉⲧⲉ ⲑⲱϥ ⲧⲉ ⲧϫⲟⲙ ⲛⲉⲙ ϯⲭⲁⲣⲓⲥ ⲉϥϫⲱ ⲙ̀ⲙⲟⲥ ϫⲉ ⲫⲁⲓ ⲡⲉ ⲡⲁⲥⲱⲙⲁ ⲛ̀ⲑⲟϥ ⲅⲁⲣ ⲙ̀ⲡ̀ⲓⲥⲁϫⲓ ⲛ̀ ⲧⲁϥϫⲟϥ ⲛ̀ⲟⲩⲥⲟⲡ ⲛ̀ⲟⲩⲱⲧ ϭⲓⲛ ϯϩⲟⲩⲓϯ ϫⲉ ⲁ̀ϣⲁⲓ ⲧⲉⲧⲉⲛ ⲁⲓⲁⲓ ⲛ̀ⲧⲉⲧⲉⲛⲙⲁϩ ⲡⲕⲁϩⲓ ⲉϥⲙ̀ⲏⲛ ⲉ̀ⲃⲟⲗ ⲛ̀ⲥⲛⲟⲩ ⲛⲓⲃⲉⲛ ⲉϥϯϫⲟⲙ ⲛ̀ϯⲫⲩⲥⲓⲥ ⲙⲡⲓϩⲱⲃ ⲉⲑⲃⲉ ⲡⲁϣⲁⲓ ⲛⲉⲛϣⲏⲣⲓ ϣⲱⲡⲓ ⲑⲁⲓ ⲧⲉ ⲙ̀ⲡⲓⲥⲁϫⲓ ⲛ̀ⲧⲁ ⲡⲉⲛⲥⲱⲧⲏⲣ ϫⲟϥ ⲛ̀ⲟⲩⲥⲟⲡ ϩⲓϫⲉⲛ ⲧⲉⲧⲣⲁⲡⲉⲍⲁ ⲉⲧⲉ̀ⲙⲙⲁⲩ ⲉϥⲙ̀ⲏⲛ ⲉ̀ⲃⲟⲗ ϧⲉⲛ ⲛⲓⲉⲕⲕⲗⲏⲥⲓⲁ ϣⲁ ϩⲣⲏⲓ ⲉⲫⲟⲟⲩ ⲟⲩⲟϩ ϣⲁ ⲉ̀ϩ̀ⲣⲏⲓ ⲉⲧⲉϥⲡⲁⲣⲟⲥⲓⲁ ⲉϥϫⲱⲕ ⲉ̀ⲃⲟⲗ ⲛ̀ϯⲑⲩⲥⲓⲁ ⲙ̀ⲡⲓϩⲱⲃ :

Ⲙⲁⲣⲉⲛⲉⲣ ⲥ̀ⲫ̀ⲣⲁϫⲓⲍⲓⲛ ⲛ̀ϯⲕⲁⲧⲏⲭⲏⲥⲓⲥ ⲛ̀ⲧⲉ ⲡⲉⲛⲓⲱⲧ ⲉ̅ⲑ̅ⲩ̅ ⲁⲃⲃⲁ Ⲓ̅ⲱ̅ⲁ̅ ⲡⲓⲭ̀ⲣⲩⲥⲟⲥⲧⲟⲙⲟⲥ: ⲫⲏⲉ̀ⲧⲁϥⲉⲣⲟⲩⲱⲓⲛⲓ ⲙ̀ⲡⲉⲛⲛⲟⲩⲥ ⲛⲉⲙ ⲛⲓⲃⲁⲗ ⲛ̀ⲧⲉ ⲛⲉⲛϩⲏⲧ ϧⲉⲛ ⲫ̀ⲣⲁⲛ ⲙ̀Ⲫⲓⲱⲧ ⲛⲉⲙ Ⲡ̀ϣⲏⲣⲓ ⲛⲉⲙ ⲡⲓⲡ̅ⲛ̅ⲁ̅ ⲉ̅ⲑ̅ⲩ̅ ⲟⲩⲛⲟⲩϯ ⲛ̀ⲟⲩⲱⲧ ⲁ̀ⲙⲏⲛ.

Homily

عظة

A homily of our Holy Father St. John Chrysostom the Patriarch, may his blessings be with us. Amen.

This is the day when we approach the Holy Communion. Let us all proceed with purity and let each one examine himself before partaking of the body and blood of Christ that he may not condemnation. For it is not man that gives the body and the blood but Christ who was crucified for us and is with us on this table in a mystery. This is he who has the power and the grace says, this is my body. And as the Word that proceeded from his mouth once since the beginning that said, be fruitful, multiply and fill all the earth. As His words were in the beginning and did not pass away so are His words on that table. It is existing in churches on this day and until the second coming completing the work of every oblation.

We conclude the homily of our Holy Father St. John Chrysostom, who enlightened our minds and our hearts. In the name of the Father, the Son, and the Holy Spirit, one God. Amen.

عظة لابينا القديس أنبا يوحنا فم الذهب بركته المقدسة تكون معنا، آمين.

هذا هو يوم التقدم إلى المائدة الرهيبة فلنتقدم كلنا اليها بطهارة. وليفحص كل واحد منا ذاته قبل أن يتقدم إلى جسد ودم المسيح لكى لا يكون له دينونة لانه ليس إنسان الذى يناول الخبز والدم. ولكن هو المسيح الذى صلب عنا وهو القائم على هذه المائدة بسر هذا الذى له القوة والنعمة يقول هذا هو جسدى. وكما أن الكلمة التى نطق بها مرة واحدة منذ البدء قائلاً أكثروا وانموا واملأوا الأرض هى دائمة فى كل حين تفعل فى طبيعتنا زيادة التناسل كذلك الكلمة التى قالها المسيح على تلك المائدة باقية فى الكنائس إلى هذا اليوم وإلى مجيئه مكملة كل عمل الذبيحة.

فلنختم موعظة أبينا القديس الأنبا يوحنا فم الذهب الذى أنار عقولنا وعيون قلوبنا بأسم الآب والإبن والروح القدس الإله الواحد، آمين.

The Doxology of the Pascha Hour: "Thine is the Power..." on page A5.

تسبحة ساعة البصخة: "لك القوة..." صفحة A5.

The Prayer of Raising of the Morning Incense

صلاة رفع بخور باكر

- Our Father...
- The Thanksgiving Prayer.
- Verses of the Cymbals.
- Psalm 51. Have mercy upon me.

- أبانا الذى فى السموات...
- صلاة الشكر
- أرباع الناقوس

- Litany of the Sick
- Litany of the Oblations
- Let us praise with the angels saying...
- Holy God, Holy Mighty... who was born
  Holy God... who was crucified...
  Holy God... who was crucified
- Our Father...
- The Doxologies
- Introduction to the Creed
- The Creed is recited.
- Ⲫϯ ⲛⲁⲓ ⲛⲁⲛ... (O God have mercy on us)
- Lord have mercy (3 times) in the long tune.

- المزمور ٥٠
- أوشية المرضى
- أوشية القرابين
- فلنسبح مع الملائكة قائلين المجد لله...
- قدوس الله، قدوس القوى... الذى ولد...
  قدوس الله، قدوس القوى... الذى صلب...
  قدوس الله، قدوس القوى... الذى صلب...
- الذكصولوجيات
- مقدمة قانون الأيمان
- قانون الأيمان.
- Ⲫϯ ⲛⲁⲓ ⲛⲁⲛ
- ⲕⲉ. ⲕⲉ. ⲕⲉ.باللحن الطويل.

Ⲫⲁⲓ ⲉ̀ⲧⲁϥⲉⲛϥ

This is He who offered himself on the cross; an acceptable sacrifice for the salvation of our race.	Ⲫⲁⲓ ⲉ̀ⲧⲁϥⲉⲛϥ ⲉ̀ ⲡ̀ϣⲱⲓ : ⲛ̀ⲟⲩⲑⲩⲥⲓⲁ̀ ⲉⲥϣⲏⲡ : ϩⲓϫⲉⲛ ⲡⲓⲥⲧⲁⲩⲣⲟⲥ : ϧⲁ ⲡⲟⲩϫⲁⲓ ⲙ̀ⲡⲉⲛⲅⲉⲛⲟⲥ.	هذا الذى أصعد ذاته ذبيحة مقبولة على الصليب عن خلاص جنسنا.
His good Father inhaled His sweet aroma in the evening on Golgotha.	Ⲁϥϣⲱⲗⲉⲙ ⲉ̀ⲣⲟϥ : ⲛ̀ϫⲉ ⲡⲉϥⲓⲱⲧ ⲛ̀ⲁ̀ⲅⲁⲑⲟⲥ : ⲙ̀ⲫⲛⲁⲩ ⲛ̀ⲧⲉ ϩⲁⲛⲁ̀ⲣⲟⲩϩⲓ ϩⲓϫⲉⲛ ϯⲅⲟⲗⲅⲟⲑⲁ.	فأشتمه أبوه الصالح وقت المساء على الجلجلة.
Truly You are blessed with Your good Father and the Holy Spirit; for You were crucified for us and saved us.	Ⲕⲥⲙⲁⲣⲱⲟⲩⲧ ⲁ̀ⲗⲏⲑⲱⲥ ⲛⲉⲙ ⲡⲉⲕⲓⲱⲧ ⲛ̀ⲁ̀ⲅⲁⲑⲟⲥ ⲛⲉⲙ ⲡⲓⲡ̀ⲛⲉⲩⲙⲁ ⲉⲑⲟⲩⲁⲃ ϫⲉ ⲁⲩⲁϣⲕ ⲁⲕⲥⲱϯ ⲙ̀ⲙⲟⲛ ⲛⲁⲓ ⲛⲁⲛ.	مبارك أنت بالحقيقة، مع أبيك الصالح والروح القدس لأنك صلبت وخلصتنا.

Ⲁⲡⲟⲥⲧⲟⲗⲟⲥ ⲉⲫⲉⲥⲟⲥ Ⲕⲉⲫ ⲃ̅ : ⲓ̅ⲅ̅ - ⲓ̅ⲏ̅

Ϯⲛⲟⲩ ⲇⲉ ϧⲉⲛ Ⲡⲭ̅ⲥ̅ Ⲓⲏ̅ⲥ̅ ⲛ̀ⲑⲱⲧⲉⲛ ϧⲁ ⲛⲏⲉⲑⲟⲩⲏⲟⲩ ⲛ̀ⲟⲩⲥⲏⲟⲩ ⲁⲧⲉⲧⲉⲛϧⲱⲛⲧ ϧⲉⲛ ⲡ̀ⲥ̀ⲛⲟϥ ⲙ̀Ⲡⲭ̅ⲥ̅. ⲛ̀ⲑⲟϥ ⲅⲁⲣ ⲡⲉⲧⲉⲛ ϩⲓⲣⲏⲛⲏ ⲫⲏⲉ̀ⲧⲁϥⲉⲣ ⲡⲓⲃ̅ ⲛ̀ⲟⲩⲁⲓ ⲟⲩⲟϩ ϯϫⲓⲛⲑⲙⲏϯ ⲛ̀ⲧⲉ ⲡⲓⲑⲱⲙ ⲁϥⲃⲟⲗⲥ ⲉ̀ⲃⲟⲗ. Ⲉⲁϥⲃⲉⲗ ϯⲙⲉⲧϫⲁϫⲓ ⲉ̀ⲃⲟⲗϧⲉⲛ ⲧⲉϥⲥⲁⲣⲝ. Ⲫⲛⲟⲙⲟⲥ ⲛ̀ⲧⲉ ⲛⲓⲉⲛⲧⲟⲗⲏ ϧⲉⲛ ⲛⲓⲇⲟⲅⲙⲁ ⲁϥⲕⲟⲣϥϥ ϩⲓⲛⲁ ⲛ̀ⲧⲉϥⲥⲱⲛⲧ ⲙ̀ⲡⲓⲃ̅ ⲛ̀ϧⲣⲏⲓ ⲛ̀ϧⲏⲧϥ ⲛ̀ⲟⲩⲣⲱⲙⲓ ⲙ̀ⲃⲉⲣⲓ ⲉϥⲓ̀ⲣⲓ ⲛ̀ⲟⲩϩⲓⲣⲏⲛⲏ ⲟⲩⲟϩ ⲛ̀ⲧⲉϥϩⲱⲧⲡ ⲙ̀ⲡⲓⲃ̅ ϧⲉⲛ ⲟⲩⲥⲱⲙⲁ ⲛ̀ⲟⲩⲱⲧ ⲙ̀Ⲫϯ ⲉ̀ⲃⲟⲗϩⲓⲧⲉⲛ ⲡⲓⲥ̅ⲧ̅ⲥ̅ ⲉⲁϥϧⲱⲧⲉⲃ ⲛ̀ϯⲙⲉⲧϫⲁϫⲓ ⲛ̀ϧⲣⲏⲓ ⲛ̀ϧⲏⲧϥ ⲁϥⲓ̀ ⲁϥϩⲓϣⲉⲛⲛⲟⲩϥⲓ ⲛⲱⲧⲉⲛ ⲛ̀ⲟⲩϩⲓⲣⲏⲛⲏ ϧⲁ ⲛⲏⲉⲑⲟⲩⲏⲟⲩ ⲛⲉⲙ ⲟⲩϩⲓⲣⲏⲛⲏ ⲛ̀ⲛⲏⲉⲧϧⲱⲛⲧ ϫⲉ ⲉ̀ⲃⲟⲗϩⲓⲧⲟⲧϥ ⲟⲩⲟⲛ ⲛ̀ⲧⲁⲛ ⲙ̀ⲙⲁⲩ ⲙ̀ⲡ̀ϫⲓⲛⲓ̀ ⲉ̀ϧⲟⲩⲛ ϧⲁ ⲡⲓⲃ̅ ⲉⲩⲥⲟⲡ ϧⲉⲛ ⲟⲩⲡ̅ⲛ̅ⲁ̅ ⲛ̀ⲟⲩⲱⲧ ϩⲁ ⲫⲓⲱⲧ: Ⲡⲓϩⲙⲟⲧ ⲅⲁⲣ ⲛⲉⲙⲱⲧⲉⲛ ⲧⲏⲣⲟⲩ.

Ephesians 2:13-18	افسس ٢:١٣-١٨
DEACON	**الشماس**
A reading from the Epistle of St. Paul to the Ephesians, may his holy blessings be with us all. Amen.	**من رسالة معلمنا بولس الرسول إلى أهل أفسس بركته المقدسة تكون معنا. آمين.**
But now in Christ Jesus you who once were far off have been brought near by the blood of Christ. For He Himself is our peace, who has	وَلَكِنِ الآنَ فِي الْمَسِيحِ يَسُوعَ، أَنْتُمُ الَّذِينَ كُنْتُمْ قَبْلاً بَعِيدِينَ صِرْتُمْ قَرِيبِينَ بِدَمِ الْمَسِيحِ.

made both one, and has broken down the middle wall of separation, having abolished in His flesh the enmity, that is, the law of commandments contained in ordinances, so as to create in Himself one new man from the two, thus making peace, and that He might reconcile them both to God in one body through the cross, thereby putting to death the enmity. And He came and preached peace to you who were afar off and to those who were near. For through Him we both have access by one Spirit to the Father.

The grace of God the Father be with us all Amen.

لأَنَّهُ هُوَ سَلاَمُنَا، الَّذِي جَعَلَ الاِثْنَيْنِ وَاحِداً، وَنَقَضَ حَائِطَ السِّيَاجِ الْمُتَوَسِّطَ أَيِ الْعَدَاوَةَ. مُبْطِلاً بِجَسَدِهِ نَامُوسَ الْوَصَايَا فِي فَرَائِضَ، لِكَيْ يَخْلُقَ الاِثْنَيْنِ فِي نَفْسِهِ إِنْسَاناً وَاحِداً جَدِيداً، صَانِعاً سَلاَماً، وَيُصَالِحَ الاِثْنَيْنِ فِي جَسَدٍ وَاحِدٍ مَعَ اللهِ بِالصَّلِيبِ، قَاتِلاً الْعَدَاوَةَ بِهِ. فَجَاءَ وَبَشَّرَكُمْ بِسَلاَمٍ، أَنْتُمُ الْبَعِيدِينَ وَالْقَرِيبِينَ. لأَنَّ بِهِ لَنَا كِلَيْنَا قُدُوماً فِي رُوحٍ وَاحِدٍ إِلَى الآبِ.

نعمة الله الآب تحل على جميعنا آمين.

Ⲡⲣⲁⲝⲓⲥ Ⲕⲉⲫ ⲁ̅ : ⲓ̅ⲉ̅ - ⲕ̅

Ⲡ̀ⲣⲁⲝⲉⲱⲛ ⲧⲱⲛ ⲁ̀ⲅⲓⲱⲛ ⲛ̀ⲁ̀ⲡⲟⲥⲧⲟⲗⲱⲛ ⲧⲟⲁ̀ⲛⲁⲅⲛⲱⲥ̀ⲙⲁ : ⲡ̀ⲣⲁⲝⲓⲥ ⲛ̀ⲧⲉ ⲛⲉⲛⲓⲟϯ ⲛ̀ⲁ̀ⲡⲟⲥⲧⲟⲗⲟⲥ ⲉ̀ⲣⲉ ⲡⲟⲩⲥ̀ⲙⲟⲩ ⲉⲑⲟ̅ⲩ̅ ϣⲱⲡⲓ ⲛⲉⲙⲁⲛ ⲁ̀ⲙⲏⲛ.

Ⲟⲩⲟϩ ⲛ̀ϧⲣⲏⲓ ⲇⲉ ϧⲉⲛ ⲛⲁⲓ ⲉ̀ϩⲟⲟⲩ ⲁϥⲧⲱⲛϥ ⲛ̀ϫⲉ Ⲡⲉⲧⲣⲟⲥ ϧⲉⲛ ⲑⲙⲏϯ ⲛ̀ⲛⲓⲥ̀ⲛⲏⲟⲩ : ⲛⲉ ⲟⲩⲟⲛ ⲟⲩⲙⲏϣ ⲇⲉ ⲉⲩⲑⲟⲩⲏⲧ ϩⲓⲫⲁⲓ ⲉ̀ⲫⲁⲓ ⲉ̀ⲛⲁⲩⲉⲣ ϣⲉ ϫⲟⲩⲧ ⲛ̀ⲣⲁⲛ ⲟⲩⲟϩ ⲡⲉϫⲁϥ. Ⲛⲓⲣⲱⲙⲓ ⲛⲉⲛⲥ̀ⲛⲏⲟⲩ : ϩⲱϯ ⲛ̀ⲧⲉⲥϫⲱⲕ ⲉ̀ⲃⲟⲗ ⲛ̀ϫⲉ ϯⲅ̀ⲣⲁⲫⲏ : ⲑⲏⲉ̀ⲧⲁϥ ⲉⲣϣⲟⲣⲡ ⲛ̀ϫⲟⲥ ⲛ̀ϫⲉ ⲡⲓⲡ̅ⲛ̅ⲁ̅ ⲉ̀ⲑⲟⲩⲁⲃ ⲉ̀ⲃⲟⲗϧⲉⲛ ⲣⲱϥ ⲛ̀Ⲇⲁⲩⲓⲇ : ⲉⲑⲃⲉ Ⲓⲟⲩⲇⲁⲥ ⲫⲏⲉ̀ⲧⲁϥⲉⲣⲃ̀ⲁⲩⲙⲱⲓⲧ ⲛ̀ⲛⲏⲉ̀ⲧⲁⲩⲁ̀ⲙⲟⲛⲓ ⲛ̀Ⲓ̅ⲏ̅ⲥ̅. Ϫⲉ ⲛⲁϥⲏⲡ ⲛ̀ϧⲣⲏⲓ ⲛ̀ϧⲏⲧⲉⲛ ⲡⲉ ⲟⲩⲟϩ ⲁ̀ⲡⲓⲱⲡ ⲓ ⲉ̀ⲣⲟϥ ⲙ̀ⲡⲓⲕ̀ⲗⲏⲣⲟⲥ ⲛ̀ⲧⲉ ⲧⲁⲓ Ⲇⲓ. ⲁ̀ⲕⲟⲛⲓⲁ̀. Ⲫⲁⲓ ⲙⲉⲛ ⲟⲩⲛ ⲁϥϣⲱⲡ ⲛ̀ⲟⲩⲓⲟϩⲓ ⲉ̀ⲃⲟⲗϧⲉⲛ ⲫ̀ⲃⲉⲭⲉ ⲛ̀ⲧⲉ ϯⲁ̀ⲇⲓⲕⲓⲁ̀ : ⲟⲩⲟϩ ⲁϥϩⲉⲓ ϩⲓϫⲉⲛ ⲡⲉϥϩⲟ : ⲁϥⲕⲱϣ ϧⲉⲛ ⲧⲉϥⲙⲏϯ : ⲟⲩⲟϩ ⲛⲏⲉⲧⲥⲁ̀ϧⲟⲩⲛ ⲙ̀ⲙⲟϥ ⲧⲏⲣⲟⲩ ⲁⲩⲫⲱⲛ ⲉ̀ⲃⲟⲗ. Ⲟⲩⲟϩ ⲁϥⲟⲩⲱⲛϩ ⲉ̀ⲃⲟⲗ ⲛⲟⲩⲟⲛ ⲛⲓⲃⲉⲛ ⲉⲧϣⲟⲡ ϧⲉⲛ Ⲓ̀ⲗ̅ⲏ̅ⲙ̅ : ϩⲱⲥⲧⲉ ⲛ̀ⲥⲉⲙⲟⲩϯ ⲉ̀ⲫ̀ⲣⲁⲛ ⲙ̀ⲡⲓⲓⲟϩⲓ ⲉⲧⲉ ⲙ̀ⲙⲁⲩ ϧⲉⲛ ⲧⲟⲩⲁⲥⲡⲓ ϫⲉ Ⲁ̀ⲭⲉⲗⲇⲁⲙⲁⲭ : ⲉ̀ⲧⲉ ⲡⲓⲓⲟϩⲓ ⲛ̀ⲧⲉ ⲡⲓⲥ̀ⲛⲟϥ ⲡⲉ. Ⲉ̀ⲥ̀ϧⲏⲟⲩⲧ ⲅⲁⲣ ϩⲓ ⲡ̀ϫⲱⲙ ⲛ̀ⲧⲉ ⲛⲓⲯⲁⲗⲙⲟⲥϥ : ϫⲉ ⲧⲉϥⲉⲣⲃⲓ ⲙⲁⲣⲉⲥϣⲱϥ ⲟⲩⲟϩ ⲙ̀ⲡⲉⲛⲑ̀ⲣⲉϥϣⲱⲡⲓ ⲛ̀ϫⲉ ⲫⲏⲉⲧϣⲟⲡ ⲛ̀ϧⲏⲧⲥ : ⲛ̀ⲧⲉϥⲙⲉⲧⲉ̀ⲡⲓⲥⲕⲟⲡⲟⲥ ⲙⲁⲣⲉ ⲕⲉⲟⲩⲁⲓ ϭⲓⲧⲥ.

Ⲡⲓⲥⲁϫⲓ ⲇⲉ ⲛ̀ⲧⲉ Ⲡ̅ⲟ̅ⲥ̅ ⲉϥⲉ̀ⲁⲓⲁⲓ ⲟⲩⲟϩ ⲉϥⲉ̀ⲁ̀ϣⲁⲓ ⲉϥⲉ̀ⲁ̀ⲙⲁϩⲓ ⲟⲩⲟϩ ⲉϥⲉ̀ⲧⲁϫⲣⲟ ϧⲉⲛ ϯⲁ̀ⲅⲓⲁ ⲛ̀ⲉⲕⲕ̀ⲗⲏⲥⲓⲁ ⲛ̀ⲧⲉ Ⲫ̅ϯ̅.

Acts 1:15 - 20

الابركسيس ١: ١٥ - ٢٠

DEACON ***[IN PASCHAL TONE]***

A reading from the Acts of our holy

الشماس

fathers, the apostles, may their holy blessings be with us all. Amen.

من اعمال آبائنا الرسل بركتهم المقدسة تكون معنا. آمين.

And in those days Peter stood up in the midst of the disciples altogether the number of names was about a hundred and twenty, and said, "Men and brethren, this Scripture had to be fulfilled, which the Holy Spirit spoke before by the mouth of David concerning Judas, who became a guide to those who arrested Jesus; for he was numbered with us and obtained a part in this ministry." (Now this man purchased a field with the wages of iniquity; and falling headlong, he burst open in the middle and all his entrails gushed out. And it became known to all those dwelling in Jerusalem; so that field is called in their own language, Akel Dama, that is, Field of Blood.) "For it is written in the book of Psalms: 'Let his dwelling place be desolate[3], And let no one live in it'; and 'Let another take his office.'

وَفِي تِلْكَ الأَيَّامِ قَامَ بُطْرُسُ فِي وَسَطِ التَّلاَمِيذِ وَكَانَ عِدَّةُ أَسْمَاءٍ مَعاً نَحْوَ مِئَةٍ وَعِشْرِينَ. فَقَالَ: «أَيُّهَا الرِّجَالُ الإِخْوَةُ كَانَ يَنْبَغِي أَنْ يَتِمَّ هَذَا الْمَكْتُوبُ الَّذِي سَبَقَ الرُّوحُ الْقُدُسُ فَقَالَهُ بِفَمِ دَاوُدَ عَنْ يَهُوذَا الَّذِي صَارَ دَلِيلاً لِلَّذِينَ قَبَضُوا عَلَى يَسُوعَ إِذْ كَانَ مَعْدُوداً بَيْنَنَا وَصَارَ لَهُ نَصِيبٌ فِي هَذِهِ الْخِدْمَةِ. فَإِنَّ هَذَا اقْتَنَى حَقْلاً مِنْ أُجْرَةِ الظُّلْمِ وَإِذْ سَقَطَ عَلَى وَجْهِهِ انْشَقَّ مِنَ الْوَسَطِ فَانْسَكَبَتْ أَحْشَاؤُهُ كُلُّهَا. وَصَارَ ذَلِكَ مَعْلُوماً عِنْدَ جَمِيعِ سُكَّانِ أُورُشَلِيمَ حَتَّى دُعِيَ ذَلِكَ الْحَقْلُ فِي لُغَتِهِمْ «حَقْلَ دَمَا» (أَيْ: حَقْلَ دَمٍ). لأَنَّهُ مَكْتُوبٌ فِي سِفْرِ الْمَزَامِيرِ: لِتَصِرْ دَارُهُ خَرَاباً وَلاَ يَكُنْ فِيهَا سَاكِنٌ وَلْيَأْخُذْ وَظِيفَتَهُ آخَرُ.

The word of the Lord shall grow, multiply, be mighty and be confirmed in the holy church of God. Amen.

لم تزل كلمة الرب تنمو وتكثر وتعتز وتثبت فى كنسية الله المقدسة، آمين.

Ιουδας ὀπαρανομος.

Chanting while proceeding in the church in the opposite direction (starting towards the South).

يرتلون هذه القطعة وهم يطوفون البيعة يساراً.

Judas [six times] breaker of the law.	Ιουδας (ϛ̅) ὀπαρανομος.	يهوذا (٦) مخالف الناموس.

With silver you have sold Christ to the Jews, who have broken the law. But those who have broken the law took Christ. They nailed Him on the Cross in kranion.	Ⲁⲣⲅⲩⲣⲓ̀ⲱ ⲉⲡⲁⲣⲁⲑⲏⲥⲁⲥ Ⲭⲣⲓⲥⲧⲟⲛ ⲧⲓⲥ Ⲓⲟⲩⲇⲓⲥ ⲡⲁ̀ⲣⲁⲛⲟⲙⲓⲥ: Ⲓ̀ⲇⲉ ⲡⲁⲣⲁ̀ⲛⲟⲙⲓ ⲉⲡⲓ̀ⲗⲁⲃⲟⲩ ⲙⲉⲛⲧⲓⲟⲛ Ⲭ̀ⲣⲓⲥⲧⲟⲛ: ⲥⲧⲁⲩⲣⲱ ⲡ̀ⲣⲟⲥ ⲏ̀ⲗⲱⲥⲁⲛ ⲉⲛⲧⲱ̀ⲕⲣⲁⲛⲓ̀ⲱ ⲧⲟⲡⲱ.	بالفضة بعت سيدك المسيح لليهود مخالفى الناموس، فأما مخالفوا الناموس فقد أخذوا المسيح وسمروه على الصليب فى موضع الأقرانينون.
Judas [six times] breaker of the law.	Ⲓⲟⲩⲇⲁⲥ (ⲋ̅) ⲟ̀ⲡⲁⲣⲁⲛⲟⲙⲟⲥ.	يهوذا (٦) مخالف الناموس.
Barabas, the thief, and the condemned, was set free and the master, the judge, they crucified. They pierced a spear in Your side; and as a thief they nailed You on the cross. And they laid you in a tomb. O You who raised Lazarus from the tomb.	Ⲃⲁⲣⲁⲃⲃⲁⲛ ⲧⲟⲛ ⲕⲁⲧⲁⲕⲣⲓⲧⲟⲛ: ⲁ̀ⲡⲉⲗⲩⲥⲁⲛⲁⲩ ⲧⲟⲛ ⲧⲟⲛ ⲕ̀ⲣⲓⲧⲏⲛ: ⲕⲉⲇⲉⲥⲡⲟⲧⲏⲛ ⲉⲥⲧⲁⲩⲣⲱⲥⲁⲛ. Ⲓⲥ ⲧⲏⲛ ⲛ̀ⲗⲉⲩⲣⲁⲛ ⲗⲟⲛⲭⲏⲛ ⲉ̀ⲡⲓⲑⲉⲛⲧⲏⲥ: ⲕⲉⲱⲥⲧⲏⲥⲩⲏⲥ: ⲝⲩⲗⲱ ⲡ̀ⲣⲟⲥ ⲏ̀ⲗⲱⲛⲁⲥ ⲉ̀ⲑⲏⲕⲁⲛ: ⲉⲛ ⲙ̀ⲛⲏⲙⲓ̀ⲱ̀ ⲉⲕⲧⲟⲩ ⲧⲁⲫⲟⲩ: ⲉ̀ⲅⲓⲣⲁⲥⲧⲟⲛ ⲗⲁⲍⲁⲣⲟⲛ.	بارباس اللص المسجون أطلقوه والسيد الديان صلبوه. فى جنبك وضعوا حربة ومثل لص سمروك على خشبة ووضعوك فى قبر يا من أقام لعازر من القبر.
Judas [six times] breaker of the law.	Ⲓⲟⲩⲇⲁⲥ (ⲋ̅) ⲟ̀ⲡⲁⲣⲁⲛⲟⲙⲟⲥ.	يهوذا (٦) مخالف الناموس.
Because as Jonah stayed three days in the belly of the whale; likewise, our Savior stayed three days. And after he died, they sealed the tomb.	Ⲱ̀ⲥⲡⲉⲣ ⲅⲁⲣ Ⲓⲱⲛⲁⲥ ⲧ̀ⲣⲓⲥ ⲏ̀ⲙⲉⲣⲁⲥ ⲉ̀ⲙⲓⲛⲉⲛ: ⲉⲛⲕⲓⲗⲓⲁ̀ ⲧⲟⲩⲕⲏ ⲧⲟⲩⲟⲩⲧⲱⲥ ⲕⲉ ⲥⲱⲧⲏⲣ ⲏ̀ⲙⲱⲛ: ⲧ̀ⲣⲓⲥ ⲏⲙⲉⲣⲁⲥ ⲉ̀ⲙⲓⲛⲉⲛ: ⲙⲉⲧⲁⲧⲟⲩ ⲧⲉⲑⲛⲏⲕⲟⲧⲟⲩⲧⲟⲛ ⲧⲁⲫⲟⲛ: ⲉⲥⲫⲁⲅⲓⲥⲁⲛⲧⲟ.	لأنه كما مكث يونان ثلاثة ايام فى بطن الحوت هكذا مخلصنا اقام ثلاثة أيام وبعد أن مات ختموا القبر.
Judas [six times] breaker of the law.	Ⲓⲟⲩⲇⲁⲥ (ⲋ̅) ⲟ̀ⲡⲁⲣⲁⲛⲟⲙⲟⲥ.	يهوذا (٦) مخالف الناموس.
Truly He rose, but the soldiers were not	Ⲟⲛⲧⲱⲥ ⲁ̀ⲛⲉⲥⲧⲏ ⲕⲉ ⲟⲩⲕⲉⲅⲛⲱⲥ	بالحقيقة قام والجند لم

aware; that truly, the Savior of the world has risen, He who suffered and died for our sake O Lord, glory be to You. Amen.	ⲁⲛⲥⲧⲣⲁⲧⲓⲁ̀ⲱ̀ⲧⲉ: ⲟⲩⲛⲧⲱⲥⲅⲉⲣⲑⲓⲥ ⲟ̀ⲥⲱⲧⲏⲣ ⲧⲟⲩⲕⲟⲥⲙⲟⲩ: ⲟ̀ⲡⲁⲑⲱⲛ ⲕⲉ ⲁ̀ⲛⲁⲥⲧⲁⲥⲇⲓⲁ̀ ⲧⲟⲩ: ⲅⲉⲛⲟⲥ ⲏ̀ⲙⲱⲛ Ⲕⲩⲣⲓⲉ̀ Ⲇⲟⲝⲁⲥⲓ: ⲁⲙⲏⲛ.	يعلموا. انه حقاً نهض مخلص العالم الذى تألم وقام لأجل جنسنا يارب المجد لك إلى الأبد، آمين.
[In Paschal Tune]		(بلحن الصلبوت)
Holy God, Holy Mighty, Holy Immortal, who was born of the Virgin, have mercy on us.	Ⲁⲅⲓⲟⲥ ⲟ̀Ⲑⲉⲟⲥ : ⲁⲅⲓⲟⲥ ⲓⲥⲭⲩⲣⲟⲥ : ⲭⲉ ⲁⲅⲓⲟⲥ ⲁⲑⲁⲛⲁⲧⲟⲥ : ⲟ̀ ⲉⲕⲡⲁⲣⲑⲉⲛⲟⲩ ⲅⲉⲛⲛⲉⲑⲏⲥ ⲉ̀ⲗⲉ̀ⲏ̀ⲥⲟⲛ ⲏⲙⲁⲥ.	قدوس الله، قدوس القوى الذى ولد من العذراء ارحمنا.
Holy God, Holy Mighty, Holy Immortal, who was crucified for us, have mercy on us.	Ⲭⲉ Ⲁⲅⲓⲟⲥ ⲟ̀Ⲑⲉⲟⲥ : ⲁⲅⲓⲟⲥ ⲓⲥⲭⲩⲣⲟⲥ : ⲁⲅⲓⲟⲥ ⲁⲑⲁⲛⲁⲧⲟⲥ : ⲟ̀ ⲥ̀ⲧⲁⲩⲣⲱⲑⲓⲥ ⲇⲓ ⲏ̀ⲙⲁⲥ ⲉ̀ⲗⲉ̀ⲏⲥⲟⲛ ⲏ̀ⲙⲁⲥ.	قدوس الله، قدوس القوى الذى صلب عنا ارحمنا.
Holy God, Holy Mighty, Holy Immortal, who was crucified for us, have mercy on us.	Ⲭⲉ Ⲁⲅⲓⲟⲥ ⲟ̀Ⲑⲉⲟⲥ : ⲁⲅⲓⲟⲥ ⲓⲥⲭⲩⲣⲟⲥ : ⲁⲅⲓⲟⲥ ⲁⲑⲁⲛⲁⲧⲟⲥ : ⲟ̀ ⲥ̀ⲧⲁⲩⲣⲱⲑⲓⲥ ⲇⲓ ⲏ̀ⲙⲁⲥ ⲉ̀ⲗⲉ̀ⲏⲥⲟⲛ ⲏ̀ⲙⲁⲥ.	قدوس الله، قدوس القوى الذى صلب عنا ارحمنا.
Glory be to the Father, to the Son and to the Holy Spirit, both now, and ever, and unto the age of all ages. Amen.	Ⲇⲟⲝⲁ Ⲡⲁⲧⲣⲓ ⲕⲉ Ⲩⲓⲱ̀ ⲕⲉ ⲁ̀ⲅⲓⲱ̀ Ⲡⲛⲉⲩⲙⲁⲧⲓ : ⲕⲉ ⲛⲩⲛ ⲕⲉ ⲁ̀ⲓ̀ ⲕⲉ ⲓⲥ ⲧⲟⲩⲥ ⲉ̀ⲱ̀ⲛⲁⲥ ⲧⲱⲛ ⲉ̀ⲱ̀ⲛⲱⲛ ⲁ̀ⲙⲏⲛ.	المجد للآب والابن والروح القدس. الآن وكل اوان وإلى دهر الدهور. آمين.
O Holy Trinity, haver mercy on us.	Ⲁⲅⲓⲁ̀ ⲧ̀ⲣⲓⲁⲥ ⲉ̀ⲗⲉ̀ⲏⲥⲟⲛ ⲏ̀ⲙⲁⲥ.	أيها الثالوث القدوس ارحمنا.

The priest prays the litany of the Gospel.
يصلى الكاهن أوشية الأنجيل.

Ψⲁⲗⲙⲟⲥ ⲛ̅ⲇ̅ : ⲓ̅ⲏ̅ ⲛⲉⲙ ⲓ̅

ⲁⲩϭⲛⲟⲛ ⲛ̀ϫⲉ ⲛⲉϥⲥⲁϫⲓ ⲉ̀ϩⲟⲧⲉ ⲟⲩⲛⲉϩ : ⲛ̀ⲑⲱⲟⲩ ϩⲁⲛⲥⲟⲑⲛⲉϥ ⲛⲉ : Ⲭⲉ ⲉ̀ⲛⲉ ⲟⲩϫⲁϫⲓ ⲡⲉ ⲧⲁϥ ϯϣⲱϣ ⲛⲏⲓ ⲛⲁⲓ ⲛⲁϥⲁⲓ ⲉ̀ⲣⲟϥ ⲡⲉ : ⲟⲩⲟϩ ⲉ̀ⲛⲉ ⲡⲉⲑⲙⲟⲥϯ ⲙ̀ⲙⲟⲓ ⲁϥϫⲱ ⲛ̀ϩⲁⲛⲛⲓϣϯ ⲛ̀ⲥⲁϫⲓ ⲉ̀ϩ̀ⲣⲏⲓ ⲉϫⲱⲓ ⲛⲁⲓ ⲛⲁⲭⲟⲡⲧ ⲉ̀ⲃⲟⲗ ϩⲁⲣⲟϥ : ⲁ̅ⲗ̅.

Psalm 55:21 and 12

المزمور ٥٤: ١٨ و ١٠

Chanted in the Royal Tune

يُرتّل باللحن الشامى

A Psalm of David the Prophet.

His words were softer than oil, Yet they were drawn swords. For it is not an enemy who reproaches me; Then I could bear it. Nor is it one who hates me who has exalted himself against me; Then I could hide from him. Alleluia.

من مزامير داود النبى

كلامه ألين من الزيت (الدهن) وهو نِصال. فلو كان العدو عيرنى اذاً لاحتملت. ولو ان مبغضى عظم علىّ الكلام لاختفيت منه: هلليلويا.

Ⲉⲩⲁⲅⲅⲉⲗⲓⲟⲛ ⲕⲁⲧⲁ Ⲗⲟⲩⲕⲁⲛ Ⲕⲉⲫ ⲕ̅ⲃ̅ : ⲍ̅ – ⲓ̅ⲅ̅

ⲁϥⲓ ⲇⲉ ⲛ̀ϫⲉ ⲡⲓⲉ̀ϩⲟⲟⲩ ⲛ̀ⲧⲉ ⲫⲛⲓⲁⲧϣⲉⲙⲏⲣ ⲫⲏⲉ̀ⲧⲉ ⲥ̀ϣⲉ ⲉ̀ϣⲁⲧ ⲙ̀ⲡⲓⲡⲁⲥⲭⲁ ⲛ̀ϧⲏⲧϥ. Ⲟⲩⲟϩ ⲁϥⲟⲩⲱⲣⲡ ⲙ̀Ⲡⲉⲧⲣⲟⲥ ⲛⲉⲙ Ⲓⲱⲁⲛⲛⲏⲥ ⲉ̀ⲁϥϫⲟⲥ : ϫⲉ ⲙⲁϣⲉⲛⲱⲧⲉⲛ ⲥⲉⲃⲧⲉ ⲡⲓⲡⲁⲥⲭⲁ ⲛⲁⲛ ϩⲓⲛⲁ ⲛ̀ⲧⲉⲛⲟⲩⲟⲙϥ. Ⲛ̀ⲑⲱⲟⲩ ⲇⲉ ⲡⲉϫⲱⲟⲩ ⲛⲁϥ ϫⲉ ⲭ̀ⲟⲩⲱϣ ⲛ̀ⲧⲉⲛⲥⲉⲃⲧⲱⲧϥ ⲑⲱⲛ. Ⲛ̀ⲑⲟϥ ⲇⲉ ⲡⲉϫⲁϥ ⲛⲱⲟⲩ : ϫⲉ ϩⲏⲡⲡⲉ ⲉ̀ⲣⲉⲧⲉⲛⲛⲁϣⲉⲛⲱⲧⲉⲛ ⲉ̀ϧⲟⲩⲛ ⲉ̀ϯⲃⲁⲕⲓ : ϥⲛⲁ̀ⲓ ⲉ̀ⲃⲟⲗ ⲉ̀ϩ̀ⲣⲉⲛ ⲑⲏⲛⲟⲩ ⲛ̀ϫⲉ ⲟⲩⲣⲱⲙⲓ ⲉϥϥⲁⲓ ⲛⲟⲩϣⲟϣⲟⲩ ⲙ̀ⲙⲱⲟⲩ : ⲙⲟϣⲓ ⲛ̀ⲥⲱϥ ⲉ̀ⲡⲏⲓ : ⲉⲧⲉϥⲛⲁϣⲉ ⲉ̀ϧⲟⲩⲛ ⲉ̀ⲣⲟϥ. Ⲟⲩⲟϩ ⲁ̀ϫⲟⲥ ⲙ̀ⲡⲓⲛⲉⲃⲏⲓ ⲛ̀ⲧⲉ ⲡⲓⲏⲓ : ϫⲉ ⲡⲉϫⲉ ⲡⲓⲣⲉϥϯⲥ̀ⲃⲱ ⲛⲁⲕ ϫⲉ ⲁ̀ϣⲡⲉ ⲡⲁⲙⲁ ⲛ̀ⲉⲙⲧⲟⲛ : ⲫ̀ⲙⲁ ⲉ̀ϯⲛⲁⲟⲩⲱⲙ ⲙ̀ⲡⲁⲡⲁⲥⲭⲁ ⲙ̀ⲙⲟϥ ⲛⲉⲙ ⲛⲁⲙⲁⲑⲏⲧⲏⲥ. Ⲟⲩⲟϩ ⲫⲏⲉ̀ⲧⲉ ⲙ̀ⲙⲁⲩ ϥ̀ⲛⲁ – ⲧⲁⲙⲱⲧⲉⲛ ⲉⲟⲩⲛⲓϣϯ ⲙ̀ⲙⲁ ⲉϥⲥⲁⲡ̀ϣⲱⲓ ⲉϥⲫⲱⲣϣ : ⲥⲉⲃⲧⲱⲧ ⲙ̀ⲙⲁⲩ. Ⲉⲧⲁⲩϣⲉⲛⲱⲟⲩ ⲇⲉ ⲁⲩϫⲓⲙⲓ ⲕⲁⲧⲁ ⲫ̀ⲣⲏϯ ⲉⲧⲁϥϫⲟⲥ ⲛⲱⲟⲩ : ⲟⲩⲟϩ ⲁⲩⲥⲉⲃⲧⲉ ⲡⲓⲡⲁⲥⲭⲁ :

Ⲟⲩⲱϣⲧ ⲙ̀ⲡⲓⲉⲩⲁⲅⲅⲉⲗⲓⲟⲛ ⲉⲑⲩ.

Luke 22:7 - 13

لوقا ٢٢: ٧ – ١٣

A reading from the Holy Gospel according to Saint Luke.

Then came the Day of Unleavened

فصل شريف من إنجيل معلمنا مار لوقا البشير بركاته علينا آمين.

Bread, when the Passover must be killed. And He sent Peter and John, saying, "Go and prepare the Passover for us, that we may eat." So they said to Him, "Where do You want us to prepare?" And He said to them, "Behold, when you have entered the city, a man will meet you carrying a pitcher of water; follow him into the house which he enters. Then you shall say to the master of the house, 'The Teacher says to you, "Where is the guest room where I may eat the Passover with My disciples?" 'Then he will show you a large, furnished upper room; there make ready." So they went and found it just as He had said to them, and they prepared the Passover.
Bow down before the Holy Gospel.
Glory be to God forever.

وَجَاءَ يَوْمُ الْفَطِيرِ الَّذِي كَانَ يَنْبَغِي أَنْ يُذْبَحَ فِيهِ الْفِصْحُ. فَأَرْسَلَ بُطْرُسَ وَيُوحَنَّا قَائِلاً: «اذْهَبَا وَأَعِدَّا لَنَا الْفِصْحَ لِنَأْكُلَ». فَقَالاَ لَهُ: «أَيْنَ تُرِيدُ أَنْ نُعِدَّ؟». فَقَالَ لَهُمَا: «إِذَا دَخَلْتُمَا الْمَدِينَةَ يَسْتَقْبِلُكُمَا إِنْسَانٌ حَامِلٌ جَرَّةَ مَاءٍ. اِتْبَعَاهُ إِلَى الْبَيْتِ حَيْثُ يَدْخُلُ وَقُولاَ لِرَبِّ الْبَيْتِ: يَقُولُ لَكَ الْمُعَلِّمُ: أَيْنَ الْمَنْزِلُ حَيْثُ آكُلُ الْفِصْحَ مَعَ تَلاَمِيذِي؟ فَذَاكَ يُرِيكُمَا عِلِّيَّةً كَبِيرَةً مَفْرُوشَةً. هُنَاكَ أَعِدَّا». فَانْطَلَقَا وَوَجَدَا كَمَا قَالَ لَهُمَا فَأَعَدَّا الْفِصْحَ.

أسجدوا للإنجيل المقدس.
والمجد لله دائماً.

Commentary

The Commentary of matins of Thursday of Holy Pascha, may its blessings be with us all. Amen.

The disciples said, "The day of Passover is drawing near, O Lord. Tell us where to prepare for You. You are our Passover, O Jesus Christ." He sent two of His disciples, Peter and John, and told them, "Go to this town and You will find a man carrying a jar of water. Follow his footsteps to the place where he goes in. Go see the owner of the house and tell him, "The Lord says, 'where is the place where I may celebrate Passover.'" He will show you a vacant, furnished upper room. Make preparation for Passover there. They did as the Lord said.

طرح

طرح باكر من يوم الخميس من البصخة المقدسة بركتها علينا. آمين.

يوم الفصح قد اقترب يا سيدنا. عرفنا المكان الذى فيه نعده لك. هكذا قال التلاميذ للمعلم. أنت هو فصحنا يا يسوع المسيح.

فأرسل اثنين من تلاميذه، الصفا ويوحنا، وقال لهما: قوما وامضيا إلى هذه المدينة فتجدان رجلاً حاملاً جرة ماء. إذا مشى، سيرا أنتما خلفه إلى الموضع الذى يدخل إليه، وقولا لصاحب البيت: يقول المعلم أين المكان الذى أكمل فيه الفصح؟ فذلك

يريكما علية علوية خالية مفروشة. أعدا الفصح فى ذلك الموضع. وهكذا صنعا كقول الرب.

تعالوا أيها الأمم وأفرحوا وتهللوا، لأن الاله الكلمة صار لكم فصحاً. الفصح الأول الذى بالخروف خلص الشعوب من عبودية فرعون والفصح الجديد هو ابن الله الذى خلص العالم من الفساد. وبأنواع كثيرة وطرق شتى أعد الخلاص والنجاة الأبدية، لكن هذا الخلاص هو لكل العالم من مشارق الشمس إلى مغاربها. جذب كل أحد إلى علو رحمته ورأفته التى كان يصنعها. وأظهر لهم كثرة نعمته التى أفاضها على كل موضع من المسكونة. أخذ الذى لنا وأعطانا الذى له، وتفضل علينا بصلاحه.

Come all you nations and rejoice for God the Word has become your Passover. The first Passover lamb delivered the people from the servitude of Pharaoh. The new Passover is the Son of God who saves the world from corruption. He prepared salvation for the world from sunrise to sunset. He lifted us to the heights of His mercy and compassion. He showed forth the greatness of His grace that he bestowed on all the creation. He took what is ours and gave us what is His and granted us His righteousness.

Third Hour of Thursday

الساعة الثالثة من يوم الخميس

ⲡⲓⲇⲟⲝⲟⲇⲟⲥ ⲛ̀ⲧⲉ Ⲙⲱⲩ̀ⲥⲏⲥ Ⲕⲉⲫ ⲗ̅ⲃ̅ : ⲕ̅ - ϣ̅ⲃ̅ⲗ̅ ⲛⲉⲙ Ⲕⲉⲫ ⲗ̅ⲅ̅ : ⲁ̅ - ⲉ̅

Ⲉⲃⲟⲗϧⲉⲛ ⲡⲓⲇⲟⲝⲟⲇⲟⲥ ⲛ̀ⲧⲉ Ⲙⲱⲩ̀ⲥⲏⲥ ⲡⲓⲡ̀ⲣⲟⲫⲏⲧⲏⲥ: ⲉ̀ⲣⲉⲡⲉϥⲥ̀ⲙⲟⲩ ⲉ̀ⲑⲟⲩⲁⲃ ϣⲱⲡⲓ ⲛⲉⲙⲁⲛ ⲁ̀ⲙⲏⲛ ⲉϥϫⲱ ⲙ̀ⲙⲟⲥ.

Ⲁⲥϣⲱⲡⲓ ⲇⲉ ⲙⲉⲛⲉⲛⲥⲁ ⲡⲉϥⲣⲁⲥϯ : ⲡⲉϫⲉ Ⲙⲱⲩ̀ⲥⲏⲥ ⲛⲁϩⲣⲉⲛ ⲡⲓⲗⲁⲟⲥ : ϫⲉ ⲛ̀ⲑⲱⲧⲉⲛ ⲁ̀ⲧⲉⲧⲉⲛⲓ̀ⲣⲓ ⲛ̀ⲟⲩ ⲛⲓϣ̀ϯ ⲛ̀ⲛⲟⲃⲓ : ϯⲛⲟⲩ ⲇⲉ ⲁⲓⲛⲁϣⲉⲛⲏⲓ ϣⲁ Ⲫ̀ϯ : ϫⲉ ⲭⲁⲥ ⲉⲓⲉ̀ϯϩⲟ ϧⲁ ⲡⲉⲧⲉⲛⲛⲟⲃⲓ : Ⲁϥⲕⲟⲧϥ ⲇⲉ ⲛ̀ϫⲉ Ⲙⲱⲩ̀ⲥⲏⲥ ϩⲁ Ⲡ̅ⲟ̅ⲥ̅ ⲉϥϫⲱ̀ⲙ̀ⲙⲟⲥ : ϫⲉ ϯⲧⲱⲃϩ ⲙ̀ⲙⲟⲕ Ⲡ̅ⲟ̅ⲥ̅ ⲁϥⲉⲣⲛⲟⲃⲓ ⲛ̀ϫⲉ ⲡⲓⲗⲁⲟⲥ : ⲛ̀ⲟⲩⲛⲓϣ̀ϯ ⲛ̀ⲛⲟⲃⲓ : ⲁⲩⲑⲁⲙⲓⲟ̀ ⲛⲱⲟⲩ ⲛ̀ϩⲁⲛⲛⲟⲩϯ ⲛ̀ⲛⲟⲩⲃ : ϯⲛⲟⲩ ⲓⲥϫⲉ ⲇⲉ ⲭ̀ⲛⲁⲭⲱ ⲛⲱⲟⲩ ⲉ̀ⲃⲟⲗ ⲙ̀ⲡⲟⲩⲛⲟⲃⲓ ⲓⲉ̀ⲭⲁϥ ⲉ̀ - ϣⲱⲡ ⲙ̀ⲙⲟⲛ : ⲓⲉϥⲟⲧⲧ ⲉ̀ⲃⲟⲗϧⲉⲛ ⲡⲉⲕϫⲱⲙ ⲉ̀ⲧⲁⲕ ⲥ̀ϧⲏⲧ ⲛ̀ϧⲏⲧϥ. Ⲡⲉϫⲁϥ ⲇⲉ ⲛ̀ϫⲉ Ⲡ̅ⲟ̅ⲥ̅ ⲙ̀Ⲙⲱⲩ̀ⲥⲏⲥ : ϫⲉ ⲫⲏⲉ̀ⲧⲁϥⲉⲣⲛⲟⲃⲓ ⲙ̀ⲡⲁ̀ⲙ̀ⲑⲟ ⲉ̀ⲃⲟⲗ ⲡⲉ ϯⲛⲁϥⲟⲧϥ ⲉ̀ⲃⲟⲗϧⲉⲛ ⲡⲁϫⲱⲙ : ϯⲛⲟⲩ ⲇⲉ ⲙⲟϣⲓ ⲛ̀ⲧⲉⲕϣⲉ ⲉ̀ⲡⲉⲥⲏⲧ ⲛ̀ⲧⲉⲕϭⲓⲙⲱⲓⲧ ϧⲁϫⲱϥ ⲙ̀ⲡⲁⲓ̀ⲗⲁⲟⲥ : ⲉ̀ϩ̀ⲣⲏⲓ ⲉ̀ⲫ̀ⲙⲁ ⲉ̀ⲧⲁⲓϫⲟⲥ ⲛⲁⲕ : ϩⲏⲡ ⲡⲉ ⲓⲥ ⲡⲁⲁ̀ⲅⲅⲉ̀ⲗⲟⲥ ⲛⲁⲙⲟϣⲓ ϧⲁϫⲱⲕ : ⲟⲩⲟϩ ϧⲉⲛ ⲡⲓⲉϩⲟⲟⲩ ⲉ̀ϯⲛⲁϫⲉⲙ ⲡ̀ϣⲓⲛⲓ : ϯⲛⲁⲓ̀ⲛⲓ ⲙ̀ⲡⲟⲩⲛⲟⲃⲓ ⲉ̀ϩ̀ⲣⲏⲓ ⲉ̀ϫⲱⲟⲩ : Ⲡ̅ⲟ̅ⲥ̅ ⲇⲉ ⲁϥϣⲁⲣⲓ ⲙ̀ⲡⲓⲗⲁⲟⲥ : ⲉⲑⲃⲉ ⲡ̀ⲑⲁⲙⲓⲟ ⲙ̀ⲡⲓⲙⲁⲥⲓ ⲉ̀ⲧⲁⲟ̅ⲥ̅ Ⲁⲁⲣⲱⲛ ⲑⲁⲙⲓⲟϥ. Ⲟⲩⲟϩ ⲡⲉϫⲉ Ⲡ̅ⲟ̅ⲥ̅ ⲛⲁϩⲣⲉⲛ Ⲙⲱⲩ̀ⲥⲏⲥ : ϫⲉ ⲙⲟϣⲓ ⲛ̀ⲧⲉⲕϣⲉ ⲉ̀ⲃⲟⲗϧⲉⲛ ⲡⲁⲓⲙⲁ : ⲛ̀ⲑⲟⲕ ⲛⲉⲙ ⲡⲉⲕⲗⲁⲟⲥ ⲛⲁⲓ ⲉ̀ⲧⲁⲕⲉ̀ⲛⲟⲩ ⲉ̀ⲃⲟⲗϧⲉⲛⲡⲕⲁϩⲓⲛ̀ⲭⲏⲙⲓ : ⲉ̀ϧⲟⲩⲛ ⲉⲡⲓⲕⲁϩⲓ ⲉ̀ⲧⲁⲓⲱⲣⲕ ⲙ̀ⲙⲟϥ ⲛ̀Ⲁⲃⲣⲁⲁⲙ ⲛⲉⲙ Ⲓ̀ⲥⲁⲁⲕ ⲛⲉⲙ Ⲓⲁⲕⲱⲃ ⲉⲓϫⲱ ⲙ̀ⲙⲟⲥ : ϫⲉ ⲉⲓⲉ̀ϯ̀ⲙⲟϥ ⲙ̀ⲡⲉⲧⲉⲛϫ̀ⲣⲟϫ : ϯⲛⲁⲟⲩⲱⲣⲡ ⲙ̀ⲡⲁⲁ̀ⲅⲅⲉ̀ⲗⲟⲥ ϧⲁϫⲱⲕ : ⲛ̀ⲧⲉϥϩⲓⲟⲩⲓ̀ ⲉ̀ⲃⲟⲗ ⲙ̀ⲡⲓⲀⲙⲟⲣⲣⲉⲟⲥ ⲛⲉⲙ ⲡⲓⲬⲁⲗⲇⲉⲟⲥ ⲛⲉⲙ ⲡⲓⲪⲉⲣⲉⲍⲉⲟⲥ ⲛⲉⲙ ⲡⲓⲈ̀ⲃⲟⲩⲥⲉⲟⲥ ⲛⲉⲙ ⲡⲓⲬⲁⲛⲁⲛⲉⲟⲥ : ⲟⲩⲟϩ ⲉⲓⲉ̀ⲟⲗⲕ ⲉ̀ϧⲟⲩⲛ ⲉ̀ⲟⲩⲕⲁϩⲓ ⲉϥϣⲟⲩⲉ̀ ⲉ̀ⲣⲱϯ ⲉ̀ⲃⲟⲗ ϩⲓ ⲉ̀ⲃⲓⲱ̀ : ⲛ̀ⲛⲁⲓ ⲅⲁⲣ ⲉ̀ϩ̀ⲣⲏⲓ ⲛⲉⲙⲁⲕ : ϫⲉ ⲛ̀ⲑⲟⲕ ⲟⲩⲗⲁⲟⲥ ⲛ̀ⲛⲁϣⲧⲛⲁϩⲃⲓ ⲡⲉ ϩⲓⲛⲁ ⲛ̀ⲧⲁϣⲧⲉⲙϥⲟⲧⲕ ⲉ̀ⲃⲟⲗ ϩⲓ ⲡⲓⲙⲱⲓⲧ. Ⲁϥⲥⲱⲧⲉⲙ ⲇⲉ ⲛ̀ϫⲉ ⲡⲓⲗⲁⲟⲥ ⲉ̀ⲡⲁⲓⲥⲁϫⲓ ϫⲉ ϥⲛⲁϣⲧ ⲁϥⲉⲣϩⲏⲃⲓ : Ⲡⲉϫⲁϥ ⲇⲉ ⲛ̀ϫⲉ Ⲡ̅ⲟ̅ⲥ̅ ⲛ̀ⲛⲉⲛϣⲏⲣⲓ ⲙ̀ⲡⲓ̅ⲥ̅ⲗ̅ : ϫⲉ ⲛ̀ⲑⲱⲧⲉⲛ ⲟⲩⲗⲁⲟⲥ ⲛ̀ⲛⲁϣⲧⲛⲁϩⲃⲓ : ϫⲟⲩϣⲧ ⲙⲏⲡⲱⲥ ⲛ̀ⲧⲁⲓ̀ⲛⲓ ⲛ̀ⲕⲉⲉⲣϧⲟⲧ ⲉ̀ϫⲉⲛⲑⲏⲛⲟⲩ ⲛ̀ⲧⲁϥⲉⲧ ⲑⲏⲛⲟⲩ ⲉ̀ⲃⲟⲗ :

Ⲟⲩⲱ̀ⲟⲩ ⲛ̀ϯⲧ̀ⲣⲓⲁⲥ ⲉ̀ⲑⲟⲩⲁⲃ ⲡⲉⲛⲛⲟⲩϯ ϣⲁ ⲉ̀ⲛⲉϩ ⲛⲉⲙ ϣⲁ ⲉ̀ⲛⲉϩ ⲛ̀ⲧⲉ ⲛⲓⲉ̀ⲛⲉϩ ⲧⲏⲣⲟⲩ: ⲁ̀ⲙⲏⲛ.

Exodus 32:30-33:5

سفر الخروج ٣٢: ٣٠ الخ و ٣٣: ١ - ٥

A reading from Moses the Prophet may his blessings be with us Amen.

Now it came to pass on the next day that Moses said to the people, "You have committed a great sin. So now I will go up to the Lord; perhaps I can make atonement for your sin." Then Moses returned to the Lord and said, "Oh, these people have committed a great sin, and have made for themselves a god of gold! Yet now, if You will forgive their sin--but if not, I pray, blot me out of Your book which You have written." And the Lord said to Moses, "Whoever has sinned against Me, I will blot him out of My book. Now therefore, go, lead the people to the place of which I have spoken to you. Behold, My Angel shall go before you. Nevertheless, in the day when I visit for punishment, I will visit punishment upon them for their sin." So the Lord plagued the people because of what they did with the calf which Aaron made.

Then the Lord said to Moses, "Depart and go up from here, you and the people whom you have brought out of the land of Egypt, to the land of which I swore to Abraham, Isaac, and Jacob, saying, 'To your descendants I will give it. 'And I will send My Angel before you, and I will drive out the Canaanite and the Amorite and the Hittite and the Perizzite and the Hivite and the Jebusite. Go up to a land flowing with milk and honey; for I will not go up in your midst, lest I consume you on the

من سفر الخروج لموسى النبى بركته المقدسة تكون معنا، آمين.

وَكَانَ فِي الْغَدِ انَّ مُوسَى قَالَ لِلشَّعْبِ: «انْتُمْ قَدْ اخْطَاتُمْ خَطِيَّةً عَظِيمَةً. فَاصْعَدُ الانَ الَى الرَّبِّ لَعَلِّي اكَفِّرُ خَطِيَّتَكُمْ». فَرَجَعَ مُوسَى الَى الرَّبِّ وَقَالَ: «اهِ قَدْ اخْطَا هَذَا الشَّعْبُ خَطِيَّةً عَظِيمَةً وَصَنَعُوا لانْفُسِهِمْ الِهَةً مِنْ ذَهَبٍ. وَالانَ انْ غَفَرْتَ خَطِيَّتَهُمْ - وَالا فَامْحُنِي مِنْ كِتَابِكَ الَّذِي كَتَبْتَ». فَقَالَ الرَّبُّ لِمُوسَى: «مَنْ اخْطَا الَيَّ امْحُوهُ مِنْ كِتَابِي. وَالانَ اذْهَبِ اهْدِ الشَّعْبَ الَى حَيْثُ كَلَّمْتُكَ. هُوَذَا مَلاكِي يَسِيرُ امَامَكَ. وَلَكِنْ فِي يَوْمِ افْتِقَادِي افْتَقِدُ فِيهِمْ خَطِيَّتَهُمْ». فَضَرَبَ الرَّبُّ الشَّعْبَ لانَّهُمْ صَنَعُوا الْعِجْلَ الَّذِي صَنَعَهُ هَارُونُ. وَقَالَ الرَّبُّ لِمُوسَى: «اذْهَبِ اصْعَدْ مِنْ هُنَا انْتَ وَالشَّعْبُ الَّذِي اصْعَدْتَهُ مِنْ ارْضِ مِصْرَ الَى الارْضِ الَّتِي حَلَفْتُ لابْرَاهِيمَ وَاسْحَاقَ وَيَعْقُوبَ قَائِلا: لِنَسْلِكَ اعْطِيهَا. وَانَا ارْسِلُ امَامَكَ مَلاكا وَاطْرُدُ الْكَنْعَانِيِّينَ وَالامُورِيِّينَ وَالْحِثِّيِّينَ وَالْفِرِزِّيِّينَ وَالْحِوِّيِّينَ وَالْيَبُوسِيِّينَ. الَى ارْضٍ تَفِيضُ لَبَنا وَعَسَلا. فَانِّي لا اصْعَدُ فِي وَسَطِكَ لانَّكَ شَعْبٌ صُلْبُ الرَّقَبَةِ لِئَلا افْنِيَكَ فِي الطَّرِيقِ». فَلَمَّا سَمِعَ الشَّعْبُ هَذَا الْكَلامَ السُّوءَ نَاحُوا وَلَمْ يَضَعْ احَدٌ زِينَتَهُ عَلَيْهِ. وَكَانَ الرَّبُّ قَدْ قَالَ لِمُوسَى: «قُلْ لِبَنِي اسْرَائِيلَ: انْتُمْ شَعْبٌ صُلْبُ الرَّقَبَةِ.

way, for you are a stiff-necked people." And when the people heard this bad news, they mourned, and no one put on his ornaments.
For the Lord had said to Moses, "Say to the children of Israel, 'You are a stiff-necked people. I could come up into your midst in one moment and consume you.
Glory be to the Holy Trinity our God unto the age of all ages, Amen.

انْ صَعِدْتُ لَحْظَةً وَاحِدَةً فِي وَسَطِكُمْ افْنَيْتُكُمْ. وَلَكِنِ الانَ اخْلَعْ زِينَتَكَ عَنْكَ فَاعْلَمَ مَاذَا اصْنَعُ بِكَ».
مجداً للثالوث القدوس الهنا إلى الأبد وإلى أبد الآبدين كلها، آمين.

Ⲓⲏⲥⲟⲩ ⲛ̀ⲧⲉ Ⲥⲓⲣⲁⲭ Ⲕⲉⲫ ⲕ̅ⲇ̅ : ⲁ̅ - ⲓ̅ⲉ̅

Ⲉ̀ⲃⲟⲗϧⲉⲛ Ⲓⲏⲥⲟⲩ ⲛ̀ⲧⲉ Ⲥⲓⲣⲁⲭ ⲡⲓⲡ̀ⲣⲟⲫⲏⲧⲏⲥ: ⲉ̀ⲣⲉⲡⲉϥⲥ̀ⲙⲟⲩ ⲉ̅ⲑ̅ⲩ̅ ϣⲱⲡⲓ ⲛⲉⲙⲁⲛ ⲁ̀ⲙⲏⲛ ⲉϥϫⲱ ⲙ̀ⲙⲟⲥ.

ϯⲥⲟⲫⲓⲁ̀ ⲇⲉ ⲉ̀ⲉ̀ⲙⲟⲩ ⲉ̀ⲧⲉⲥ̀ⲯⲩⲭⲏ : ⲟⲩⲟϩ ⲥ̀ⲛⲁϣⲱⲡⲉ̀ⲣⲟⲥ ⲛ̀ⲛⲏⲉⲧⲕⲱϯ ⲛ̀ⲥⲱⲥ : ⲥ̀ⲛⲁϣⲟⲩϣⲟⲩ ⲙ̀ⲙⲟⲥ ϧⲉⲛ ⲑ̀ⲙⲏϯ ⲛ̀ⲟⲩⲙⲏϣ : ⲥ̀ⲛⲁⲟⲩⲱⲛ ⲛ̀ⲣⲱⲥ ϧⲉⲛ ⲧ̀ⲉⲕⲕ̀ⲗⲏⲥⲓⲁ̀ ⲙ̀ⲫⲏⲉⲧϭⲟⲥⲓ : ⲛ̀ⲧⲉⲥϣⲟⲩϣⲟⲩ ⲙ̀ⲙⲟⲥ ⲙ̀ⲡⲉⲙ̀ⲑⲟ ⲉ̀ⲃⲟⲗ ⲛ̀ⲧⲉϥϫⲟⲙ : ϫⲉ ⲁ̀ⲛⲟⲕ ⲉ̀ⲧⲁⲓⲓ ⲉ̀ⲃⲟⲗϧⲉⲛ ⲣⲱϥ ⲙ̀ⲫⲏⲉⲧϭⲟⲥⲓ : ⲟⲩⲟϩ ⲁⲓϩⲱⲃⲥ ⲙ̀ⲡⲕⲁϩⲓ ⲙ̀ⲫ̀ⲣⲏϯ ⲛ̀ⲟⲩⲛⲓϥⲓ Ⲁ̀ⲛⲟⲕ ⲁⲓϣⲱⲡⲓ ϧⲉⲛ ⲛⲏⲉⲧϭⲟⲥⲓ : ⲟⲩⲟϩ ⲉ̀ⲣⲉ ⲡⲁⲑ̀ⲣⲟⲛⲟⲥ ϧⲉⲛ ⲟⲩⲥ̀ⲧⲩⲗⲗⲟⲥ ⲛ̀ϭⲏⲡⲓ : ⲁⲓⲕⲱϯ ⲙ̀ⲡⲕⲱϯ ⲛ̀ⲧ̀ⲫⲉ ⲙ̀ⲙⲁⲩⲁⲧ : ⲁⲓⲙⲟϣⲓ ϧⲉⲛ ⲡ̀ϣⲓⲕ ⲛ̀ⲛⲓⲛⲟⲩⲛ : ϧⲉⲛ ⲛⲓϩⲱⲓⲙⲓ ⲛ̀ⲧⲉ ⲫ̀ⲓⲟⲙ : ⲛⲉⲙ ⲡ̀ⲕⲁϩⲓ ⲧⲏⲣϥ : ⲁⲓⲭⲱ ⲛⲏⲓ ϧⲉⲛ ⲗⲁⲟⲥ ⲛⲓⲃⲉⲛ ⲛⲉⲙ ⲉⲑⲛⲟⲥ ⲛⲓⲃⲉⲛ : ⲁⲓⲕⲱϯ ⲛ̀ⲥⲁ ϣⲱⲡⲓ ⲛⲉⲙ ⲛⲁⲓ ⲧⲏⲣⲟⲩ : ⲟⲩⲟϩ ⲁⲓⲛⲁϣⲱⲡⲓ ϧⲉⲛ ⲧ̀ⲕ̀ⲗⲏⲣⲟⲛⲟⲙⲓⲁ̀ ⲛ̀ⲛⲓⲙ. Ⲧⲟⲧⲉ ⲁϥϩⲟⲛϩⲉⲛ ⲉ̀ⲧⲟⲧ ⲛ̀ϫⲉ ⲡⲓⲣⲉϥⲥⲱⲛⲧ ⲛ̀ⲧⲉ ⲉⲛⲭⲁⲓ ⲛⲓⲃⲉⲛ : ⲟⲩⲟϩ ⲫⲏⲉ̀ⲧⲁϥⲥⲱⲛⲧ ⲁϥⲥⲉⲙⲛⲓ ⲙ̀ⲡⲁⲙⲁⲛϣⲱⲡⲓ ⲁϥϫⲟⲥ ⲛⲏⲓ : ϫⲉ ⲟⲩⲱϩ ϧⲉⲛ Ⲓⲁⲕⲱⲃ : ⲟⲩⲟϩ ⲁ̀ⲣⲓⲕ̀ⲗⲏⲣⲟⲛⲟⲙⲓⲛ ϧⲉⲛ ⲡⲓⲥ̅ⲗ̅ : ϧⲁϫⲱⲟⲩ ⲛ̀ⲛⲓⲉ̀ⲛⲉϩ ⲁϥⲥⲱⲛⲧ ⲙ̀ⲙⲟⲓ ⲓⲥϫⲉⲛ ϩⲏ : ⲟⲩⲟϩ ⲛ̀ⲛⲁⲙⲟⲩⲛⲕ ϣⲁ ⲉ̀ⲛⲉϩ : ⲁⲓϣⲉⲙϣⲓ ϧⲉⲛ ϯⲥⲕⲩⲛⲏ ⲉ̅ⲑ̅ⲩ̅ ⲙ̀ⲡⲉϥⲙ̀ⲑⲟ ⲉ̀ⲃⲟⲗ : ⲟⲩⲟϩ ⲡⲁⲓⲣⲏϯ ⲁϥⲧⲁϫⲣⲟⲓ ϧⲉⲛ Ⲥⲓⲱⲛ : ⲉⲡϫⲓⲛ ⲧⲁϣⲱⲡⲓ ϧⲉⲛ ⲧⲉϥⲡⲟⲗⲓⲥ ⲙ̀ⲙⲉⲛⲣⲓⲧ : ⲟⲩⲟϩ ⲉ̀ⲣⲉ ⲡⲁⲉⲣϣⲓϣⲓ ϧⲉⲛ Ⲓ̀ⲗ̅ⲏ̅ⲙ̅.

Ⲟⲩⲱ̀ⲟⲩ ⲛ̀ϯⲧ̀ⲣⲓⲁⲥ ⲉ̅ⲑ̅ⲩ̅ ⲡⲉⲛⲛⲟⲩϯ ϣⲁ ⲉ̀ⲛⲉϩ ⲛⲉⲙ ϣⲁ ⲉ̀ⲛⲉϩ ⲛ̀ⲧⲉ ⲛⲓⲉ̀ⲛⲉϩ ⲧⲏⲣⲟⲩ: ⲁ̀ⲙⲏⲛ.

Sirach 24:1-11

يشوع بن سيراخ ٢٤: ١ - ١٥

A reading from Sirach the Prophet may his blessings be with us Amen.

Wisdom praises herself, and tells of her glory in the midst of her people. In the assembly of the Most High she opens her mouth, and in the presence of his

من يشوع بن سيراخ النبى بركته المقدسة تكون معنا، آمين.

الحكمة تمدح نفسها. وتقبل طالبيها. وتفتخر وسط الجماعات. وتفتح فاها. فى

hosts she tells of her glory: "I came forth from the mouth of the Most High, and covered the earth like a mist. I dwelt in the highest heavens, and my throne was in a pillar of cloud. Alone I compassed the vault of heaven and traversed the depths of the abyss. Over waves of the sea, over all the earth, and over every people and nation I have held sway. Among all these I sought a resting place; in whose territory should I abide? "Then the Creator of all things gave me a command, and my Creator chose the place for my tent. He said, "Make your dwelling in Jacob, and in Israel receive your inheritance.' Before the ages, in the beginning, he created me, and for all the ages I shall not cease to be. In the holy tent I ministered before him, and so I was established in Zion. Thus in the beloved city he gave me a resting place, and in Jerusalem was my domain.

Glory be to the Holy Trinity our God unto the age of all ages, Amen.

جماعة العلى. وتفتخر أمام قوته. قائلة انى خرجت من فم العلى. وغشيت الأرض مثل الضباب وسكنت فى الاعالى. وعرشى فى عامود سحاب وطفت حول السماء وحدى وسلكت فى عمق الغمر وفى أمواج البحر. والأرض بأسرها وهبط فى كل الشعوب وكل الامم فى هذه كلها التمست مسكناً فبأى ميراث أحل حينئذ أوصانى خالق الجميع والذى خلقنى. عين مسكنى وقال اسكنى فى يعقوب. ورثى فى اسرائيل. قبل الدهور ومن البدء خلقنى وإلى الابد لا أزول وقد خدمت أمامه فى الخيمة المقدسة وهكذا فى صهيون ثبتنى. لاسكن فى مدينته المحبوبة وسلطانى فى أورشليم:

مجداً للثالوث القدوس الهنا إلى الأبد وإلى أبد الآبدين كلها، آمين.

Ⲍⲁⲭⲁⲣⲓⲁⲥ Ⲕⲉⲫ ⲑ̅ : ⲓ̅ⲁ̅ - ⲓ̅ⲇ̅

Ⲉ̀ⲃⲟⲗϧⲉⲛ Ⲍⲁⲭⲁⲣⲓⲁⲥ ⲡⲓⲡ̀ⲣⲟⲫⲏⲧⲏⲥ: ⲉ̀ⲣⲉⲡⲉϥⲥ̀ⲙⲟⲩ ⲉ̀ⲑⲟⲩⲁⲃ ϣⲱⲡⲓ ⲛⲉⲙⲁⲛ ⲁ̀ⲙⲏⲛ ⲉϥϫⲱ ⲙ̀ⲙⲟⲥ.

Ⲟⲩⲟϩ ⲛ̀ⲑⲟⲕ ϧⲉⲛ ⲡ̀ⲥ̀ⲛⲟϥ ⲛ̀ⲧⲉⲕⲇⲓⲁⲑⲏⲕⲏ ⲁⲕϫⲟⲟⲩ ⲉ̀ⲃⲟⲗ ⲛ̀ⲛⲏⲉⲧⲥⲱⲛϩ ⲛ̀ⲧⲁⲕ ⲉ̀ⲃⲟⲗ ϧⲉⲛⲟⲩϣⲏⲓ ⲉⲙ̀ⲙⲱⲟⲩ ⲛ̀ϧⲏⲧϥ. Ⲕⲧⲉⲧⲏⲩⲧⲉⲛ ⲉⲩⲱⲣϫ ⲛⲉⲧⲥⲱⲛϩ ⲛ̀ϯϩⲉⲗⲡⲓⲥ ⲟⲩⲟϩ ⲉⲡⲙⲁ ⲛ̀ⲟⲩⲉ̀ϩⲟⲟⲩ ⲛ̀ⲟⲩⲱⲧ ⲙ̀ⲡⲉⲕ ϫⲱⲓⲗⲓ. ϯⲛⲁⲧⲟⲩⲓⲟ ⲛⲁⲕ ⲙ̀ⲡ̀ⲕⲱⲃ ⲉⲃⲟⲗ ϫⲉ ⲓⲟⲩⲇⲁ ⲁⲓϭⲟⲗⲕϥ ⲛⲁⲓ̀ ⲛ̀ⲟⲩ ⲫⲓϯ ⲁⲓ ⲙⲟⲩϩ̀ⲛ ⲉⲫⲣⲁⲓ̀ⲙ ⲟⲩⲟϩ ϯⲛⲁⲧⲟⲩⲛⲉⲥ ⲛⲟⲩ ϣⲏⲣⲓ ⲛ̀ⲥⲓⲱⲛ ⲉ̀ϫⲉⲛ ⲛ̀ϣⲏⲣⲓ ⲛ̀ⲟⲩⲉⲏⲛⲏⲛ ⲧⲁϫⲉⲙϫⲟⲙ ⲛ̀ⲑⲉ ⲛ̀ⲟⲩⲥⲏϥⲓ ⲛ̀ⲣⲉϥⲙⲓϣⲓ ⲟⲩⲟϩ Ⲡ̅ⲟ̅ⲥ̅ ⲛⲁⲓ ⲉ̀ϩ̀ⲣⲏⲓ ⲉ̀ϫⲱⲟⲩ ⲟⲩⲟϩ ⲡⲉϥⲥⲟⲧⲉ ⲛⲁⲓ̀ ⲉ̀ⲃⲟⲗ ⲛ̀ⲑⲉ ⲛⲟⲩⲣⲏϭⲉ ⲟⲩⲟϩ Ⲡ̅ⲟ̅ⲥ̅ Ⲫϯ ⲉϥⲛⲁⲥⲁⲗⲡⲓⲍⲓⲛ ϧⲉⲛⲟⲩⲛⲓϣϯ ⲛ̀ⲥⲁⲗⲡⲓⲅⲝ:

Ⲟⲩ̀ⲱⲟⲩ ⲛ̀ϯ̀ⲧ̀ⲣⲓⲁⲥ ⲉ̀ⲑⲟⲩⲁⲃ ⲡⲉⲛⲛⲟⲩϯ ϣⲁ ⲉ̀ⲛⲉϩ ⲛⲉⲙ ϣⲁ ⲉ̀ⲛⲉϩ ⲛ̀ⲧⲉ ⲛⲓⲉ̀ⲛⲉϩ ⲧⲏⲣⲟⲩ: ⲁ̀ⲙⲏⲛ.

Zechariah 9:11-14

زكريا ٩ : ١١ - ١٤

A reading from Zechariah the Prophet may his blessings be with us Amen.

As for you also, Because of the blood of your covenant, I will set your prisoners free from the waterless pit.
Return to the stronghold, You prisoners of hope. Even today I declare That I will restore double to you. For I have bent Judah, My bow, Fitted the bow with Ephraim, And raised up your sons, O Zion, Against your sons, O Greece, And made you like the sword of a mighty man." Then the Lord will be seen over them, And His arrow will go forth like lightning. The Lord God will blow the trumpet, And go with whirlwinds from the south.
Glory be to the Holy Trinity our God unto the age of all ages, Amen.

من زكريا النبى بركته المقدسة تكون معنا، آمين.

وَأَنْتِ أَيْضاً فَإِنِّي بِدَمِ عَهْدِكِ قَدْ أَطْلَقْتُ أَسْرَاكِ مِنَ الْجُبِّ الَّذِي لَيْسَ فِيهِ مَاءٌ. ارْجِعُوا إِلَى الْحِصْنِ يَا أَسْرَى الرَّجَاءِ. الْيَوْمَ أَيْضاً أُصَرِّحُ أَنِّي أَرُدُّ عَلَيْكِ ضِعْفَيْنِ. [لأَنِّي أَوْتَرْتُ يَهُوذَا لِنَفْسِي وَمَلأْتُ الْقَوْسَ أَفْرَايِمَ وَأَنْهَضْتُ أَبْنَاءَكِ يَا صِهْيَوْنُ عَلَى بَنِيكِ يَا يَاوَانُ وَجَعَلْتُكِ كَسَيْفِ جَبَّارٍ]. وَيُرَى الرَّبُّ فَوْقَهُمْ وَسَهْمُهُ يَخْرُجُ كَالْبَرْقِ وَالسَّيِّدُ الرَّبُّ يَنْفُخُ فِي الْبُوقِ وَيَسِيرُ فِي زَوَابِعِ الْجَنُوبِ.
مجداً للثالوث القدوس الهنا إلى الأبد وإلى أبد الآبدين كلها، آمين.

Ⲡⲁⲣⲟⲓⲙⲓⲁ ⲛ̀ⲧⲉ Ⲥⲟⲗⲟⲙⲱⲛ Ⲕⲉⲫ ⲕⲑ : ⲕⲍ ϣⲃ̀ⲗ ⲛⲉⲙ ⲗ : ⲁ

Ⲉ̀ⲃⲟⲗϧⲉⲛ Ⲡⲁⲣⲟⲓⲙⲓⲁ ⲛ̀ⲧⲉ Ⲥⲟⲗⲟⲙⲱⲛ ⲡⲓⲡ̀ⲣⲟⲫⲏⲧⲏⲥ:: ⲉ̀ⲣⲉⲡⲉϥⲥ̀ⲙⲟⲩ ⲉ̀ⲑⲟⲩⲁⲃ ϣⲱⲡⲓ ⲛⲉⲙⲁⲛ ⲁ̀ⲙⲏⲛ ⲉϥϫⲱ ⲙ̀ⲙⲟⲥ.

Ⲡⲁϣⲏⲣⲓ ⲁⲣⲓ ϩⲟϯ ϧⲁⲧϩⲏ ⲛ̀ⲛⲁⲥⲁϫⲓ ϣⲟⲡⲟⲩ ⲉ̀ⲣⲟⲕ ⲛ̀ⲕ̀ⲙⲉⲧⲁⲛⲟⲓ ⲛⲁⲓ ⲉⲧⲉ ϣⲁⲣⲉ ⲫ̀ⲣⲱⲙⲓ ϫⲟⲟⲩ ⲛ̀ⲛⲉⲧⲛⲁϩϯ ⲉ̀Ⲫϯ ϫⲉ ϯⲛⲁⲗⲟ ⲁⲛ ̀ⲅⲁⲣ ⲉϩⲟⲩⲉ ⲉⲣⲱⲙⲓ ⲛⲓⲃⲉⲛ ⲟⲩⲟϩ ⲛ̀ⲟⲩⲙⲉⲧⲥⲁⲃⲉ ⲛ̀ⲣⲱⲙⲓ ⲁⲛ ⲧⲉⲧⲉⲛϩⲏⲧ Ⲫϯ ⲅⲁⲣ ⲡⲉⲛⲧⲁϥ ⲉⲧⲥⲁⲃⲟⲓ ⲉϯⲥⲟⲫⲓⲁ ⲟⲩⲟϩ ⲁ̀ⲛⲟⲕ ⲁⲓⲥⲱⲟⲩⲛ ⲉ̀ⲡⲥⲟⲩⲉⲛ ⲛ̀ⲛⲏⲉ̀ⲑⲟⲩⲁⲃ ⲛⲓⲙ ⲡⲉⲧⲁϥ ⲃⲱⲕ ⲉ̀ϩⲣⲏⲓ ⲉ̀ⲧⲫⲉ ⲁϥⲓ ⲉ̀ⲡⲉⲥⲏⲧ ⲛⲓⲙ ⲡⲉⲛⲧⲁϥ ⲥⲉⲩϩ ⲛ̀ⲧⲏⲩ ⲉ̀ϧⲟⲩⲛ ϧⲉⲛ ⲕⲟⲩⲛϥ. ⲛⲓⲙ ⲡⲉⲛⲧⲁϥ ⲥⲉⲩϩ ⲉⲫ̀ⲙⲱⲟⲩ ⲉ̀ϧⲟⲩⲛ ϧⲉⲛ ⲧⲉϥ ϣ̀ⲧⲏⲛ. ⲛⲓⲙ ⲡⲉⲧⲁϥⲁⲙⲁϩϯ ⲛ̀ⲁⲩⲣⲏϫϥ ⲙ̀ⲡⲕⲁϩⲓ ⲛⲓⲙ ⲡⲉ ⲡⲉϥⲣⲁⲛ ⲛⲉⲙ ⲫⲣⲁⲛ ⲙ̀ⲡⲉϥϣⲏⲣⲓ ⲛ̀ⲥⲁϫⲓ ⲧⲏⲣⲟⲩ ⲙ̀Ⲫϯ ⲥⲱⲧⲡ ⲟⲩⲟϩ ⲥⲉⲡⲟⲥⲉ ⲡⲓⲙⲉ ⲇⲉ ⲙ̀ⲡⲓⲛⲟⲙⲟⲥ ⲡⲉ ⲟⲩⲙⲉⲩⲓ ⲉ̀ⲛⲁⲛⲟⲩϥ ⲡⲉ. ϣⲁϥⲉⲣⲛⲁϣϯ ⲇⲉ ⲛ̀ⲑⲟϥ ⲉ̀ⲛⲏⲉ̀ⲧⲉⲣϩⲟϯ ⲛ̀ϧⲏⲧϥ ⲙ̀ⲡⲉⲣⲟⲩⲱϩ ⲉ̀ⲛⲉϥⲥⲁϫⲓ ϫⲉ ⲛⲉϥϫ̀ⲡⲓⲟⲕ ⲛ̀ⲅ̀ⲣⲣⲉϥ ϫⲓϭⲟⲗ :

Ⲟⲩⲱ̀ⲟⲩ ⲛ̀ϯⲧ̀ⲣⲓⲁⲥ ⲉ̀ⲑⲟⲩⲁⲃ ⲡⲉⲛⲛⲟⲩϯ ϣⲁ ⲉ̀ⲛⲉϩ ⲛⲉⲙ ϣⲁ ⲉ̀ⲛⲉϩ ⲛ̀ⲧⲉ ⲛⲓⲉ̀ⲛⲉϩ ⲧⲏⲣⲟⲩ: ⲁ̀ⲙⲏⲛ.

Proverbs 30:2-6

أمثال سليمان ٢٩: ٢٧ و ٣٠: ١

A reading from the Proverbs of Solomon the Prophet may his blessings be with us Amen.

Surely I am more stupid than any man, And do not have the understanding of a man. I neither learned wisdom Nor have knowledge of the Holy One. Who has ascended into heaven, or descended? Who has gathered the wind in His fists? Who has bound the waters in a garment? Who has established all the ends of the earth? What is His name, and what is His Son's name, If you know? Every word of God is pure; He is a shield to those who put their trust in Him. Do not add to His words, Lest He rebuke you, and you be found a liar.

Glory be to the Holy Trinity our God unto the age of all ages, Amen.

من أمثال سليمان النبى بركته المقدسة تكون معنا، آمين.

إِنِّي أَبْلَدُ مِن كُلِّ إِنْسَانٍ وَلَيْسَ لِي فَهْمُ إِنْسَانٍ وَلَمْ أَتَعَلَّمِ الْحِكْمَةَ وَلَمْ أَعْرِفْ مَعْرِفَةَ الْقُدُّوسِ. مَن صَعِدَ إِلَى السَّمَاوَاتِ وَنَزَلَ؟ مَن جَمَعَ الرِّيحَ في حُفْنَتَيْهِ؟ مَن صَرَّ الْمِيَاهَ في ثَوْبٍ؟ مَن ثَبَّتَ جَمِيعَ أَطْرَافِ الأَرْضِ؟ مَا اسْمُهُ وَمَا اسْمُ ابْنِهِ إِنْ عَرَفْتَ؟ كُلُّ كَلِمَةٍ مِنَ اللَّهِ نَقِيَّةٌ. تُرْسٌ هُوَ لِلْمُحْتَمِينَ بِهِ. لاَ تَزِدْ عَلَى كَلِمَاتِهِ لِئَلاَّ يُوَبِّخَكَ فَتُكَذَّبَ.

مجداً للثالوث القدوس الهنا إلى الأبد وإلى أبد الآبدين كلها، آمين.

The Doxology of the Pascha Hour: "Thine is the Power…" on page A5.

تسبحة ساعة البصخة: "لك القوة..." صفحة ٥ فى اخر الكتاب.

Ψαλμος ϥ̅ϛ̅ : ι̅ϛ̅ ⲛⲉⲙ ι̅ⲉ̅

Ⲥⲉⲛⲁϫⲱⲣϫ ⲉ̀ϫⲉⲛ ⲧ̀ⲯⲩⲭⲏ ⲛ̀ⲟⲩⲑⲙⲏⲓ : ⲟⲩⲟϩ ⲟⲩⲥⲛⲟϥ ⲛ̀ⲁⲑⲛⲟⲃⲓ ⲥⲉⲛⲁϩⲓⲧϥ ⲉ̀ⲡϩⲁⲡ :

Ⲟⲩⲟϩ ⲉϥⲉ̀ⲧⲱⲃ ⲛⲱⲟⲩ ⲛ̀ⲧⲟⲩⲁ̀ⲛⲟⲙⲓⲁ̀ ⲛⲉⲙ ⲡⲟⲩⲡⲉⲧϩⲱⲟⲩ : ⲟⲩⲟϩ ⲉϥⲉ̀ⲧⲁⲕⲱⲟⲩ ⲛ̀ϫⲉ Ⲡⲟ̅ⲥ̅ ⲡⲉⲛⲛⲟⲩ† : ⲁ̅ⲗ̅.

Psalm 94:21 and 23

المزمور ٩٣: ١٣ و ١٥

A Psalm of David the Prophet.

They gather together against the life of

من مزامير داود النبى

يتصيدون على نفس الصديق. ويلقون إلى

the righteous, And condemn innocent blood. He has brought on them their own iniquity, And shall cut them off in their own wickedness; The Lord our God shall cut them off. Alleluia.

الحكم دماً زكياً وسيكافئهم بإثمهم وشرهم. ويبيدهم الرب إلهي: هلليلويا.

Ⲉⲩⲁⲅⲅⲉⲗⲓⲟⲛ ⲕⲁⲧⲁ Ⲙⲁⲧⲑⲉⲟⲛ Ⲕⲉⲫ ⲕ̅ : ⲓ̅ⲍ̅ - ⲓ̅ⲑ̅

Ⲙ̀ⲫ̀ⲣⲏⲓ ⲇⲉ ϧⲉⲛ ⲡⲓⲉ̀ϩⲟⲟⲩ ⲛ̀ϩⲟⲩⲓⲧ ⲛ̀ⲧⲉ ⲛⲓⲁⲧⲕⲱⲃ : ⲁⲩⲓ̀ ⲛ̀ϫⲉ ⲛⲓⲙⲁⲑⲏⲧⲏⲥ ϩⲁ Ⲓⲏ̅ⲥ ⲉⲩϫⲱ̀ⲙ̀ⲙⲟⲥ : ϫⲉ ⲁⲕⲟⲩⲱϣ ⲉ̀ⲥⲉⲃⲧⲉ ⲡⲓⲡⲁⲥⲭⲁ ⲛⲁⲕ ⲑⲱⲛ ⲉ̀ⲟⲩⲟⲙϥ. Ⲛ̀ⲑⲟϥ ⲇⲉ ⲡⲉϫⲁϥ ⲛⲱⲟⲩ : ϫⲉ ⲙⲁϣⲉⲛⲱⲧⲉⲛ ⲉ̀ⲧⲁⲓⲃⲁⲕⲓ ϩⲁ ⲡⲁⲫ̀ⲙⲁⲛ ⲛ̀ⲣⲱⲙⲓ ⲟⲩⲟϩ ⲁ̀ϫⲟⲥ ⲛⲁϥ : ϫⲉ ⲡⲉϫⲉ ⲡⲓⲣⲉϥ̀ϯⲥ̀ⲃⲱ ϫⲉ ⲡⲁⲥⲛⲟⲩ ⲁϥϧⲱⲛⲧ : ⲁⲓⲛⲁⲓ̀ⲣⲓ ⲙ̀ⲡⲁⲡⲁⲥⲭⲁ ϧⲁⲧⲟⲧⲕ ⲛⲉⲙ ⲛⲁⲙⲁⲑⲏⲧⲏⲥ : ⲟⲩⲟϩ ⲁⲩⲓ̀ⲣⲓ ⲛ̀ϫⲉ ⲛⲓⲙⲁⲑⲏⲧⲏⲥ ⲙ̀ⲫ̀ⲣⲏϯ ⲉⲧⲁ Ⲓⲏ̅ⲥ ϫⲟⲥ ⲛⲱⲟⲩ ⲟⲩⲟϩ ⲁⲩⲥⲉⲃⲧⲉ ⲡⲓⲡⲁⲥⲭⲁ :

Ⲟⲩⲱϣⲧ ⲙ̀ⲡⲓⲉⲩⲁⲅⲅⲉⲗⲓⲟⲛ ⲉⲑⲩ.

Matthew 26:17-19

متى ٢٦: ١٧ - ١٩

A reading from the Holy Gospel according to St. Matthew.

Now on the first day of the Feast of the Unleavened Bread the disciples came to Jesus, saying to Him, "Where do You want us to prepare for You to eat the Passover?" And He said, "Go into the city to a certain man, and say to him, 'The Teacher says, "My time is at hand; I will keep the Passover at your house with My disciples."' So the disciples did as Jesus had directed them; and they prepared the Passover.

Bow down before the Holy Gospel. Glory be to God forever.

فصل شريف من إنجيل معلمنا مار متى البشير بركاته علينا آمين.

وَفِي أَوَّلِ أَيَّامِ الْفَطِيرِ تَقَدَّمَ التَّلاَمِيذُ إِلَى يَسُوعَ قَائِلِينَ: «أَيْنَ تُرِيدُ أَنْ نُعِدَّ لَكَ لِتَأْكُلَ الْفِصْحَ؟» فَقَالَ: «اذْهَبُوا إِلَى الْمَدِينَةِ إِلَى فُلاَنٍ وَقُولُوا لَهُ: الْمُعَلِّمُ يَقُولُ إِنَّ وَقْتِي قَرِيبٌ. عِنْدَكَ أَصْنَعُ الْفِصْحَ مَعَ تَلاَمِيذِي». فَفَعَلَ التَّلاَمِيذُ كَمَا أَمَرَهُمْ يَسُوعُ وَأَعَدُّوا الْفِصْحَ.

أسجدوا للإنجيل المقدس. والمجد لله دائماً.

Commentary

طرح

The Commentary of the Third Hour of Thursday of Holy Pascha, may its blessings be with us all. Amen.

In the morning, Moses said to the

طرح الساعة الثالثة من يوم الخميس من البصخة المقدسة بركتها علينا. آمين.

وفى الغد أجاب موسى وقال لكل جماعة

Israelites, "You have sinned in front of the Lord and made an ox to worship. Now I will go and mediate for you that He may have mercy and forgive your sins." The prophet went back to God and bowed down in front of him saying, "O merciful and patient Lord, forgive Your people's sins. If You elect not to forgive them, please wipe my name from the Book of Life." The Lord said to him, "In contrast, I will remove the names of those who have sinned from the Book of Life." When the people heard the punishment, they mourned. Then the Lord said, "You are a ruthless and stubborn nation. I will surely strike you with severe inflictions and annihilate you.

بنى اسرائيل: انكم أخطأتم أمام الرب، وصنعتم لكم عِجلاً. والآن سأمضى وأسأل لأجلكم لعله يرحمكم ويغفر خطاياكم فعاد النبى إلى الرب وسَجَدَ أمامه قائلاً: أيها الرب الرؤوف الطويل الروح، اغفر خطايا شعبك. وإن كنت لا تشاء أن تغفر لهم فامح إسمى من سفر الحياة. فقال له الرب: أن الذى أخطأ هو الذى يُمحى من سِفرى. فلما سمع الشعب هذا القول الصعب، ناحوا بنحيب عظيم. فقال الرب: أنك أنت شعب قاس غليظ الرقبة أثيم. فأنظر وتيقن فإنى منزل عليك ضربة عظيمة وأمحوك.

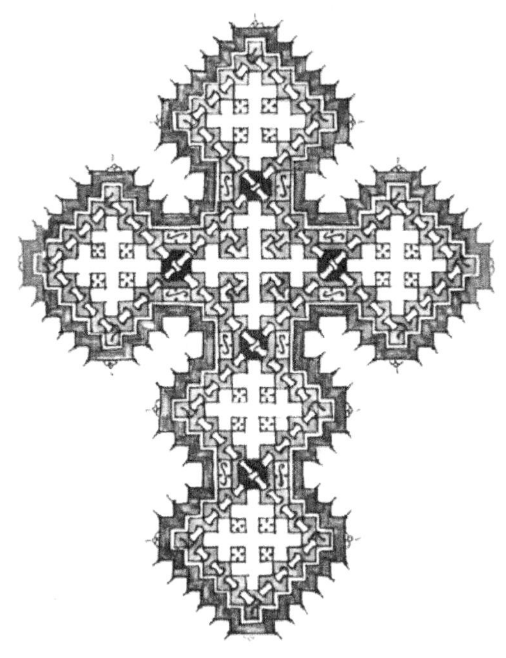

Sixth Hour of Thursday

الساعة السادسة من يوم الخميس

Ⲓⲉⲣⲉⲙⲓⲁⲥ Ⲕⲉⲫ ⲍ̅ : ⲃ̅ - ⲓ̅ⲉ̅

Ⲉⲃⲟⲗϧⲉⲛ Ⲓⲉⲣⲉⲙⲓⲁⲥ ⲡⲓⲡ̀ⲣⲟⲫⲏⲧⲏⲥ: ⲉ̀ⲣⲉⲡⲉϥ̀ⲥ̀ⲙⲟⲩ ⲉ̀ⲑⲟⲩⲁⲃ ϣⲱⲡⲓ ⲛⲉⲙⲁⲛ ⲁ̀ⲙⲏⲛ ⲉϥϫⲱ ⲙ̀ⲙⲟⲥ. Ⲥⲱⲧⲉⲙ ⲁ̀ⲡⲥⲁϫⲓ ⲙ̀Ⲡϭⲟⲓⲥ ϯⲒⲟⲩⲇⲉⲁ̀ ⲧⲏⲣⲥ. Ⲛⲁⲓⲛⲉ ⲛⲏⲉⲧⲉϥϫⲱ ⲙ̀ⲙⲱⲟⲩ ⲛ̀ϫⲉ Ⲡ̅ⲟ̅ⲥ̅ ⲛ̀ⲧⲉ ⲛⲓϫⲟⲙ Ⲫ̀ϯ ⲛ̀ⲧⲉ ⲡⲓⲥ̅ⲗ̅ : ϫⲉ ⲙⲁⲧⲁϩⲉ ⲛⲉⲧⲉⲛⲙⲱⲓⲧ ⲉ̀ⲣⲁⲧⲟⲩ ⲛⲉⲙ ⲛⲉⲧⲉⲛϩ̀ⲃⲏⲟⲩⲓ : ⲟⲩⲟϩ ϯⲛⲁ̀ⲑⲣⲉ ⲧⲉⲧⲉⲛⲟⲩⲟϩ ⲉ̀ϩ̀ⲣⲏⲓ ⲉϫⲉⲛ ⲡⲁⲓⲙⲁ. Ⲙ̀ⲡⲉⲣϫⲁ ϩ̀ⲑⲏ ⲛⲟⲩⲉϫⲱⲧⲉⲛ ⲙ̀ⲙⲁⲩ ⲁ̀ⲧⲉⲛⲑⲏⲛⲟⲩ : ⲟⲩⲇⲉ ⲉϫⲉⲛ ϩⲁⲛⲥⲁϫⲓ ⲙ̀ⲙⲉⲑⲛⲟⲩϫ : ϫⲉ ⲛ̀ⲥⲉⲛⲁϯϩⲏⲟⲩ ⲙ̀ⲙⲱⲧⲉⲛ ⲁⲛ ⲉ̀ⲡⲧⲏⲣϥ : ⲉⲩϫⲱ̀ⲙ̀ⲙⲟⲥ ϫⲉ ⲫⲁⲓ ⲡⲉ ⲡⲓⲉ̀ⲣⲫⲉⲓ ⲛ̀ⲧⲉ Ⲡ̅ⲟ̅ⲥ̅. Ϫⲉ ϧⲉⲛ ⲟⲩⲥⲱⲟⲩⲧⲉⲛ ⲁ̀ⲣⲉⲧⲉⲛϣⲁⲛⲥⲱⲟⲩⲧⲉⲛ ⲛ̀ⲛⲉⲧⲉⲛⲙⲱⲓⲧ ⲛⲉⲙ ⲛⲉⲧⲉⲛϩ̀ⲃⲏⲟⲩⲓ : ⲟⲩⲟϩ ϧⲉⲛ ⲟⲩⲓ̀ⲣⲓ ⲁ̀ⲣⲉⲧⲉⲛϣⲁⲛⲓ̀ⲣⲓ ⲛ̀ⲟⲩϩⲁⲡ ⲉ̀ⲑ̀ⲙⲏⲓ ⲛ̀ⲟⲩⲣⲱⲙⲓ ⲛⲉⲙ ⲑ̀ⲙⲏⲓ ⲙ̀ⲡⲉϥϣ̀ⲫⲏⲣ. Ⲛ̀ⲧⲉⲧⲉⲛϣ̀ⲧⲉⲙϭⲓ ⲛ̀ⲟⲩϣⲉⲙ̀ⲙⲟ ⲛⲉⲙ ⲟⲩⲟⲣⲫⲁⲛⲟⲥ ⲛⲉⲙ ⲟⲩⲭⲏⲣⲁ ⲛ̀ϫⲟⲛⲥ : ⲛⲉⲙ ⲟⲩ̀ⲥⲛⲟϥ ⲛ̀ⲁⲑⲛⲟⲃⲓ ⲛ̀ⲧⲉⲧⲉⲛϣ̀ⲧⲉⲙⲫⲟⲛϥ ⲉ̀ⲃⲟⲗ ⲙ̀ⲡⲁⲓⲙⲁ : ⲟⲩⲟϩ ⲛ̀ⲧⲉⲧⲉⲛϣ̀ⲧⲉⲙⲟⲩⲁϩ ⲑⲏⲛⲟⲩ ⲛ̀ⲥⲁϩⲁⲛⲛⲟⲩϯ ⲛ̀ϣⲉⲙ̀ⲙⲟ ⲉⲟⲩⲡⲉⲧϩⲱⲟⲩ ⲛⲱⲧⲉⲛ. ϯⲛⲁ̀ⲑⲣⲉϣⲱⲡⲓ ⲛ̀ϧ̀ⲣⲏⲓ ϧⲉⲛ ⲡⲁⲓⲙⲁ : ϧⲉⲛ ⲡ̀ⲕⲁϩⲓ ⲉⲧⲁⲓⲧⲏⲓϥ ⲛⲱⲧⲉⲛ ⲛⲉⲙ ⲛⲉⲧⲉⲛⲓⲟϯ ⲓⲥϫⲉⲛ ⲡ̀ⲉⲛⲉϩ ϣⲁ̀ⲉⲛⲉϩ. Ⲓⲥϫⲉ ⲛ̀ⲑⲱⲧⲉⲛ ⲇⲉ ⲁ̀ⲧⲉⲧⲉⲛϫⲁ ϩ̀ⲑⲉⲑⲏⲛⲟⲩ ⲉϫⲉⲛ ϩⲁⲛⲥⲁϫⲓ ⲙ̀ⲙⲉⲑⲛⲟⲩϫ : ⲛⲁⲓ ⲉⲛⲁ̀ⲣⲉⲧⲉⲛ ϫⲉⲙϩⲏⲟⲩ ⲛ̀ϧⲏⲧⲟⲩ ⲁⲛ. Ⲟⲩⲟϩ ⲉ̀ⲣⲉⲧⲉⲛ ϧⲱⲧⲉⲃ ⲉ̀ⲣⲉⲧⲉⲛⲛⲱⲓⲕ ⲉ̀ⲣⲉⲧⲉⲛⲱⲣⲕ ⲛ̀ⲛⲟⲩϫ ⲉϫⲉⲛ ⲡⲓϭⲓⲛ̀ϫⲟⲛⲥ ⲉ̀ⲣⲉⲧⲉⲛⲧⲁⲗⲉ ⲥ̀ⲑⲟⲓⲛⲟⲩϥⲓ ⲉ̀ⲡ̀ϣⲱⲓ ⲛ̀ϯⲂⲁⲁⲗ ⲟⲩⲟϩ ⲁ̀ⲣⲉⲧⲉⲛⲙⲟϣⲓ ⲥⲁⲫⲁϩⲟⲩ ⲛ̀ϩⲁⲛⲛⲟⲩϯ ⲛ̀ϣⲉⲙ̀ⲙⲱⲟⲩ ⲛⲁⲓ ⲉ̀ⲣⲉⲧⲉⲛⲥⲱⲟⲩⲛ ⲙ̀ⲙⲱⲟⲩ ⲁⲛ : ϫⲉ ⲉⲩⲉ̀ϣⲱⲡⲓ ⲛⲱⲧⲉⲛ ⲛ̀ϩⲁⲛⲡⲉⲧϩⲱⲟⲩ. Ⲟⲩⲟϩ ⲁ̀ⲣⲉⲧⲉⲛⲓ̀ ⲁ̀ⲣⲉⲧⲉⲛⲟϩⲓ ⲉ̀ⲣⲁⲧⲉⲛⲑⲏⲛⲟⲩ ⲙ̀ⲡⲁ̀ⲙⲑⲟ ⲉ̀ⲃⲟⲗ ϧⲉⲛ ⲡⲓⲏⲓ ⲉⲧⲁⲩⲧⲁⲟⲩⲟ̀ ⲙ̀ⲡⲁⲣⲁⲛ ⲉ̀ϩ̀ⲣⲏⲓ ⲉ̀ϫⲱϥ : ⲟⲩⲟϩ ⲁ̀ⲣⲉⲧⲉⲛϫⲟⲥ ϫⲉ ⲁⲛⲕⲏⲛ ⲉⲛⲓ̀ⲣⲓ ⲛ̀ⲛⲓⲛⲟⲃⲓ ⲧⲏⲣⲟⲩ. Ⲙⲏ ⲟⲩⲃⲏⲃ ⲛ̀ⲥⲟⲛⲓ ⲡⲉ ⲡⲁⲏⲓ : ⲫⲁⲓ ⲉ̀ⲧⲁⲩⲧⲁⲟⲩⲉ̀ ⲡⲁⲣⲁⲛ ⲉ̀ϩ̀ⲣⲏⲓ ⲉ̀ϫⲱϥ ⲙ̀ⲡⲉⲧⲉⲛⲙ̀ⲑⲟ ⲉ̀ⲃⲟⲗ : ⲟⲩⲟϩ ϩⲏⲡⲡⲉ ⲁ̀ⲛⲟⲕ ⲁⲓⲛⲁⲩ ⲡⲉϫⲉ Ⲡ̅ⲟ̅ⲥ̅ : Ϫⲉ ⲁ̀ⲧⲉⲧⲉⲛϣⲉ ⲉ̀ⲡⲁⲙⲁ ϧⲉⲛ Ⲥⲓⲗⲱ : ⲡⲓⲙⲁ ⲉ̀ⲧⲁⲓ ⲑ̀ⲣⲉ ⲡⲁⲣⲁⲛ ϣⲱⲡⲓ ⲙ̀ⲙⲁⲩ ⲛ̀ϣⲟⲣⲡ : ⲟⲩⲟϩ ⲁ̀ⲣⲉⲧⲉⲛⲛⲁⲩ ⲉ̀ⲛⲏⲉ̀ⲧⲁⲓⲁⲓⲧⲟⲩ ⲛⲁϥ : ⲙ̀ⲡⲉⲙ̀ⲑⲟ ⲉ̀ⲃⲟⲗ ⲛ̀ϯⲕⲁⲕⲓⲁ̀ ⲛ̀ⲧⲉ ⲡⲁⲗⲁⲟⲥ ⲡⲓⲥ̅ⲗ̅ : ϯⲛⲟⲩ ϫⲉ ⲉⲑⲃⲉ ϫⲉ ⲁ̀ⲣⲉⲧⲉⲛⲓ̀ⲣⲓ ⲛ̀ⲛⲁⲓ ϩ̀ⲃⲏⲟⲩⲓ ⲧⲏⲣⲟⲩ : ⲟⲩⲟϩ ⲁⲓⲥⲁϫⲓ ⲛⲉⲙⲱⲧⲉⲛ ⲙ̀ⲡⲉⲧⲉⲛⲥⲱⲧⲉⲙ ⲉ̀ⲣⲟⲓ : ⲁⲓⲙⲟⲩϯ ⲉ̀ⲣⲱⲧⲉⲛ ⲙ̀ⲡⲉⲧⲉⲛⲉ̀ⲣⲟⲩⲱ ⲛⲏⲓ. ϯⲛⲟⲩ ϯⲛⲁⲓ̀ⲣⲓ ⲙ̀ⲡⲁⲏⲓ : ⲫⲁⲓ ⲉ̀ⲧⲁⲩⲧⲁⲟⲩⲉ̀ ⲡⲁⲣⲁⲛ ⲉ̀ϩ̀ⲣⲏⲓ ⲉ̀ϫⲱϥ : ⲫⲁⲓ ⲛ̀ⲑⲱⲧⲉⲛ ⲉⲧⲉⲧⲉⲛⲉⲣϩⲉⲗⲡⲓⲥ ⲉ̀ⲣⲟϥ : ⲟⲩⲟϩ ⲡⲓⲕⲉⲙⲁ ⲉ̀ⲧⲁⲓⲧⲏⲓϥ ⲛⲱⲧⲉⲛ ⲛⲉⲙ ⲛⲉⲧⲉⲛⲓⲟϯ : ⲕⲁⲧⲁ ⲫ̀ⲣⲏϯ ⲉ̀ⲧⲁⲓ ⲓ̀ⲣⲓ ⲛ̀Ⲥⲓⲗⲱ : Ⲟⲩⲟϩ ϯⲛⲁϩⲓⲑⲏⲛⲟⲩ ⲉ̀ⲃⲟⲗ ⲙ̀ⲫ̀ⲣⲏϯ ⲉ̀ⲧⲁⲓϩⲓⲟⲩⲓ ⲛ̀ⲛⲉⲧⲉⲛⲥ̀ⲛⲏⲟⲩ ⲉ̀ⲃⲟⲗ ⲉⲧⲉ ⲡ̀ϫⲣⲟϫ ⲧⲏⲣϥ ⲛ̀Ⲉ̀ⲫⲣⲉⲙ ⲡⲉ.

Ⲟⲩⲱⲟⲩ ⲛ̀ϯⲦⲣⲓⲁⲥ ⲉⲑⲟⲩⲁⲃ ⲡⲉⲛⲛⲟⲩϯ ϣⲁ ⲉ̀ⲛⲉϩ ⲛⲉⲙ ϣⲁ ⲉ̀ⲛⲉϩ ⲛ̀ⲧⲉ ⲛⲓⲉ̀ⲛⲉϩ ⲧⲏⲣⲟⲩ: ⲁ̀ⲙⲏⲛ.

Jeremiah 7:2-15

A reading from Jeremiah the Prophet may his blessings be with us Amen.

'Hear the word of the Lord, all you of Judah who enter in at these gates to worship the Lord!' Thus says the Lord of hosts, the God of Israel: "Amend your ways and your doings, and I will cause you to dwell in this place. Do not trust in these lying words, saying, 'The temple of the Lord, the temple of the Lord, the temple of the Lord are these.' For if you thoroughly amend your ways and your doings, if you thoroughly execute judgment between a man and his neighbor, if you do not oppress the stranger, the fatherless, and the widow, and do not shed innocent blood in this place, or walk after other gods to your hurt, then I will cause you to dwell in this place, in the land that I gave to your fathers forever and ever. "Behold, you trust in lying words that cannot profit. Will you steal, murder, commit adultery, swear falsely, burn incense to Baal, and walk after other gods whom you do not know, and then come and stand before Me in this house which is called by My name, and say, 'We are delivered to do all these abominations'? Has this house, which is called by My name, become a den of thieves in your eyes? Behold, I, even I, have seen it," says the Lord. "But go now to My place which was in Shiloh, where I set My name at the first, and see what I did to it because of the wickedness of My

أرميا ٧: ٢ - ١٥

من أرميا النبى بركته المقدسة تكون معنا، آمين.

[اسْمَعُوا كَلِمَةَ الرَّبِّ يَا جَمِيعَ يَهُوذَا الدَّاخِلِينَ فِي هَذِهِ الأَبْوَابِ لِتَسْجُدُوا لِلرَّبِّ. هَكَذَا قَالَ رَبُّ الْجُنُودِ إِلَهُ إِسْرَائِيلَ: أَصْلِحُوا طُرُقَكُمْ وَأَعْمَالَكُمْ فَأُسْكِنَكُمْ فِي هَذَا الْمَوْضِعِ. لاَ تَتَّكِلُوا عَلَى كَلاَمِ الْكَذِبِ قَائِلِينَ: هَيْكَلُ الرَّبِّ هَيْكَلُ الرَّبِّ هَيْكَلُ الرَّبِّ هُوَ! لأَنَّكُمْ إِنْ أَصْلَحْتُمْ إِصْلاَحاً طُرُقَكُمْ وَأَعْمَالَكُمْ إِنْ أَجْرَيْتُمْ عَدْلاً بَيْنَ الإِنْسَانِ وَصَاحِبِهِ إِنْ لَمْ تَظْلِمُوا الْغَرِيبَ وَالْيَتِيمَ وَالأَرْمَلَةَ وَلَمْ تَسْفِكُوا دَماً زَكِيّاً فِي هَذَا الْمَوْضِعِ وَلَمْ تَسِيرُوا وَرَاءَ آلِهَةٍ أُخْرَى لأَذَائِكُمْ فَإِنِّي أُسْكِنُكُمْ فِي هَذَا الْمَوْضِعِ فِي الأَرْضِ الَّتِي أَعْطَيْتُ لآبَائِكُمْ مِنَ الأَزَلِ وَإِلَى الأَبَدِ. [هَا إِنَّكُمْ مُتَّكِلُونَ عَلَى كَلاَمِ الْكَذِبِ الَّذِي لاَ يَنْفَعُ. أَتَسْرِقُونَ وَتَقْتُلُونَ وَتَزْنُونَ وَتَحْلِفُونَ كَذِباً وَتُبَخِّرُونَ لِلْبَعْلِ وَتَسِيرُونَ وَرَاءَ آلِهَةٍ أُخْرَى لَمْ تَعْرِفُوهَا ثُمَّ تَأْتُونَ وَتَقِفُونَ أَمَامِي فِي هَذَا الْبَيْتِ الَّذِي دُعِيَ بِاسْمِي عَلَيْهِ وَتَقُولُونَ: قَدْ أُنْقِذْنَا. حَتَّى تَعْمَلُوا كُلَّ هَذِهِ الرِّجَاسَاتِ. هَلْ صَارَ هَذَا الْبَيْتُ الَّذِي دُعِيَ بِاسْمِي عَلَيْهِ مَغَارَةَ لُصُوصٍ فِي أَعْيُنِكُمْ؟ هَئَنَذَا أَيْضاً قَدْ رَأَيْتُ يَقُولُ الرَّبُّ. لَكِنِ اذْهَبُوا إِلَى مَوْضِعِي الَّذِي فِي شِيلُوهَ الَّذِي أَسْكَنْتُ فِيهِ اسْمِي أَوَّلاً وَانْظُرُوا مَا صَنَعْتُ بِهِ مِنْ أَجْلِ شَرِّ شَعْبِي

people Israel. And now, because you have done all these works," says the Lord, "and I spoke to you, rising up early and speaking, but you did not hear, and I called you, but you did not answer, therefore I will do to the house which is called by My name, in which you trust, and to this place which I gave to you and your fathers, as I have done to Shiloh. And I will cast you out of My sight, as I have cast out all your brethren--the whole posterity of Ephraim.

Glory be to the Holy Trinity our God unto the age of all ages, Amen.

إِسْرَائِيلَ. وَالآنَ مِنْ أَجْلِ عَمَلِكُمْ هَذِهِ الأَعْمَالَ يَقُولُ الرَّبُّ وَقَدْ كَلَّمْتُكُمْ مُبَكِّراً وَمُكَلِّماً فَلَمْ تَسْمَعُوا وَدَعَوْتُكُمْ فَلَمْ تُجِيبُوا أَصْنَعُ بِالْبَيْتِ الَّذِي دُعِيَ بِاسْمِي عَلَيْهِ الَّذِي أَنْتُمْ مُتَّكِلُونَ عَلَيْهِ وَبِالْمَوْضِعِ الَّذِي أَعْطَيْتُكُمْ وَآبَاءَكُمْ إِيَّاهُ كَمَا صَنَعْتُ بِشِيلُوهَ. وَأَطْرَحُكُمْ مِنْ أَمَامِي كَمَا طَرَحْتُ كُلَّ إِخْوَتِكُمْ كُلَّ نَسْلِ أَفْرَايِمَ.

مجداً للثالوث القدوس الهنا إلى الأبد وإلى أبد الآبدين كلها، آمين.

Ⲓⲉⲍⲉⲕⲓⲏⲗ Ⲕⲉⲫ ⲕ̅ : ⲗ̅ⲑ̅ : ⲙ̅ⲇ̅

Ⲉ̀ⲃⲟⲗϧⲉⲛ Ⲓⲉⲍⲉⲕⲓⲏⲗ ⲡⲓⲡ̀ⲣⲟⲫⲏⲧⲏⲥ: ⲉ̀ⲣⲉⲡⲉϥⲥ̀ⲙⲟⲩ ⲉ̀ⲑⲟⲩⲁⲃ ϣⲱⲡⲓ ⲛⲉⲙⲁⲛ ⲁ̀ⲙⲏⲛ ⲉϥϫⲱ ⲙ̀ⲙⲟⲥ.

Ⲟⲩⲟϩ ⲛ̀ⲑⲱⲧⲉⲛ ⲡ̀ⲏⲓ ⲙ̀ⲡⲓⲥ̅ⲗ̅ : ⲥⲱⲧⲉⲙ ⲉ̀ⲡ̀ⲥⲁϫⲓ ⲙ̀Ⲡ̅ⲟ̅ⲥ̅ : ⲛⲁⲓ ⲛⲉ ⲛⲏⲉ̀ⲧⲉϥϫⲱ ⲙ̀ⲙⲱⲟⲩ ⲛ̀ϫⲉ ⲁ̀ⲇⲱⲛⲁⲓ : Ⲡ̅ⲟ̅ⲥ̅ ϫⲉ ⲙⲁⲣⲉ ⲫⲟⲩⲁⲓ ⲫⲟⲩⲁⲓ ⲙ̀ⲙⲱⲧⲉⲛ ϥⲱϯ ⲛ̀ⲛⲉϥⲡⲉⲧϩⲱⲟⲩ ⲉ̀ⲃⲟⲗ : ⲟⲩⲟϩ ⲙⲉⲛⲉⲛⲥⲁ ⲛⲁⲓ ⲛ̀ⲑⲱⲧⲉⲛ ⲛ̀ⲧⲉⲧⲉⲛⲥⲱⲧⲉⲙ ⲛ̀ⲥⲱⲓ : ⲟⲩⲟϩ ⲡⲁⲣⲁⲛ ⲉ̅ⲑ̅ⲩ̅ ⲛ̀ⲧⲉⲧⲉⲛϣ̀ⲧⲉⲙⲟⲣⲃⲉϥ ϧⲉⲛ ⲛⲉⲧⲉⲛⲓ̀ⲇⲱⲗⲟⲛ : ⲛⲉⲙ ϧⲉⲛ ⲛⲉⲧⲉⲛϩ̀ⲃⲏⲟⲩⲓ̀ : Ϫⲉ ⲟⲩⲏⲓ ⲁⲓ̀ ⲉ̀ϫⲉⲛ ⲡⲁⲧⲱⲟⲩ ⲉ̅ⲑ̅ⲩ̅ : ϩⲓϫⲉⲛ ⲟⲩⲧⲱⲟⲩ ⲉϥϭⲟⲥⲓ ⲛ̀ⲧⲉ Ⲡⲓ̅ⲥ̅ⲗ̅ : ⲡⲉϫⲉ Ⲡ̅ⲟ̅ⲥ̅ ⲥⲉⲛⲁⲉⲣⲃⲱⲕ ⲛⲏⲓ ⲙ̀ⲡⲓⲙⲁ ⲉ̀ⲧⲉ ⲙ̀ⲙⲁⲩ ⲛ̀ϫⲉ ⲡ̀ⲏⲓ ⲧⲏⲣϥ ⲙ̀ⲡⲓ̅ⲥ̅ⲗ̅ : Ⲟⲩⲟϩ ϯⲛⲁϣⲉⲡ̀ⲑⲏⲛⲟⲩ ⲉ̀ⲣⲟⲓ ⲙ̀ⲡⲓⲙⲁ ⲉ̀ⲧⲉ̀ⲙ̀ⲙⲁⲩ : ⲟⲩⲛ̀ⲛⲁϫⲉⲙ̀ⲡ̀ϣⲓⲛⲓ ⲛ̀ⲛⲉⲧⲉⲛⲁ̀ⲡⲁⲣⲭⲏ ⲙ̀ⲡⲓⲙⲁ ⲉ̀ⲧⲉⲙ̀ⲙⲁⲩ : ⲛⲉⲙ ⲛⲓⲁ̀ⲧⲁⲣⲭⲓⲁ̀ ⲛ̀ⲧⲉ ⲛⲉⲧⲉⲛϫⲓⲛⲟⲩⲱ̀ϯ ⲉ̀ⲃⲟⲗϧⲉⲛ ⲛⲉⲧⲉⲛⲧⲟⲩⲃⲟ ⲧⲏⲣⲟⲩ : ϧⲉⲛ ⲟⲩⲥ̀ⲑⲟⲓ ⲛ̀ⲥ̀ⲑⲟⲓⲛⲟⲩϥⲓ ϯⲛⲁϣⲉⲡ̀ⲑⲏⲛⲟⲩ ⲉ̀ⲉ̀ⲣⲟⲓ : ϧⲉⲛ ⲡ̀ϫⲓⲛⲑ̀ⲣⲓⲉⲛ ⲑⲏⲛⲟⲩ ⲉ̀ⲃⲟⲗ ϧⲉⲛ ⲛⲓⲗⲁⲟⲥ : ⲛⲉⲙ ⲑ̀ⲣⲓϣⲉⲡ ⲑⲏⲛⲟⲩ ⲉ̀ⲣⲟⲓ ϧⲉⲛ ⲛⲓⲭⲱⲣⲁ ⲉ̀ⲧⲁⲣⲉⲧⲉⲛϫⲱⲣ ⲉ̀ⲃⲟⲗ ⲛ̀ϧⲏⲧⲟⲩ. Ⲟⲩⲟϩ ϯⲛⲁⲧⲟⲩⲃⲟ ϧⲉⲛ ⲑⲏⲛⲟⲩ ⲛⲁϩⲣⲉⲛ ⲛⲓⲃⲁⲗ ⲛ̀ⲧⲉ ⲛⲓⲗⲁⲟⲥ : ⲟⲩⲟϩ ⲉ̀ⲣⲉⲧⲉⲛⲉ̀ⲙⲓ ϫⲉ ⲁ̀ⲛⲟⲕ ⲡⲉⲠ̅ⲟ̅ⲥ̅ : ϧⲉⲛ ⲡ̀ϫⲓⲛⲑ̀ⲣⲓϭⲓ ⲑⲏⲛⲟⲩ ⲉ̀ϧⲟⲩⲛ ⲉ̀ⲡ̀ⲕⲁϩⲓ ⲙ̀ⲡⲓ̅ⲥ̅ⲗ̅ ⲉ̀ϧⲟⲩⲛ ⲉ̀ⲡⲓⲕⲁϩⲓ ⲫⲏⲉ̀ⲧⲁⲓⲥⲟⲩⲧⲉⲛ ⲧⲁϫⲓϫ ⲉ̀ϩ̀ⲣⲏⲓ ⲉ̀ϫⲱϥ ⲉ̀ⲧⲏⲓϥ ⲛ̀ⲛⲉⲧⲉⲛⲓⲟϯ : ⲟⲩⲟϩ ⲛ̀ⲧⲉⲧⲉⲛⲛⲁⲉⲣⲫ̀ⲙⲉⲩⲓ ⲙ̀ⲡⲉⲧⲉⲛⲙⲱⲓⲧ ⲉⲧⲥⲱϥ ϧⲉⲛ ⲡⲓⲙⲁ ⲉ̀ⲧⲉ̀ⲙ̀ⲙⲁⲩ : ⲛⲉⲙ ⲛⲉⲧⲉⲛϩ̀ⲃⲏⲟⲩⲓ̀ ⲉⲧϩⲱⲟⲩ ⲛⲏⲉ̀ⲧⲁⲣⲉⲧⲉⲛϭ̀ⲱϧⲉⲙ ⲛ̀ϧⲏⲧⲟⲩ : ⲟⲩⲟϩ ⲧⲉⲧⲉⲛⲛⲁⲛⲁⲩ ⲉ̀ⲛⲉⲧⲉⲛϩⲟ ϧⲉⲛ ⲛⲉⲧⲉⲛⲁ̀ⲇⲓⲕⲓⲁ̀ ⲧⲏⲣⲟⲩ : ⲟⲩⲟϩ ⲉⲣⲉⲧⲉⲛⲉ̀ⲙⲓ ϫⲉ ⲁ̀ⲛⲟⲕ ⲡⲉⲠ̅ⲟ̅ⲥ̅. ϧⲉⲛ ⲡ̀ϫⲓⲛⲑ̀ⲣⲓⲣⲓ ⲛⲱⲧⲉⲛ ⲙ̀ⲡⲁⲓⲣⲏϯ : ϩⲟⲡⲱⲥ ⲡⲁⲣⲁⲛ ⲛ̀ⲧⲉϥϣ̀ⲧⲉⲙ̀ⲱ̀ⲣⲉⲃ ⲕⲁⲧⲁ ⲛⲉⲧⲉⲛⲙⲱⲓⲧ ⲉⲧϩⲱⲟⲩ : ⲛⲉⲙ ⲕⲁⲧⲁ ⲛⲉⲧⲉⲛϩ̀ⲃⲏⲟⲩ̀ⲓ ⲉⲧⲧⲁⲕⲏⲟⲩⲧ : ⲡⲉϫⲉ ⲁ̀ⲇⲱⲛⲁⲓ Ⲡ̅ⲟ̅ⲥ̅ :

Ⲟⲩⲱ̀ⲟⲩ ⲛ̀ϯⲧ̀ⲣⲓⲁⲥ ⲉ̀ⲑⲟⲩⲁⲃ ⲡⲉⲛⲛⲟⲩϯ ϣⲁ ⲉ̀ⲛⲉϩ ⲛⲉⲙ ϣⲁ ⲉ̀ⲛⲉϩ ⲛ̀ⲧⲉ ⲛⲓⲉ̀ⲛⲉϩ ⲧⲏⲣⲟⲩ: ⲁ̀ⲙⲏⲛ.

Ezekiel 20:39-44

A reading from Ezekiel the Prophet may his blessings be with us Amen.

"As for you, O house of Israel," thus says the Lord God: "Go, serve every one of you his idols--and hereafter--if you will not obey me; but profane My holy name no more with your gifts and your idols. For on My holy mountain, on the mountain height of Israel," says the Lord God, "there all the house of Israel, all of them in the land, shall serve Me; there I will accept them, and there I will require your offerings and the first fruits of your sacrifices, together with all your holy things. I will accept you as a sweet aroma when I bring you out from the peoples and gather you out of the countries where you have been scattered; and I will be hallowed in you before the Gentiles. Then you shall know that I am the Lord, when I bring you into the land of Israel, into the country for which I raised My hand in an oath to give to your fathers. And there you shall remember your ways and all your doings with which you were defiled; and you shall loathe yourselves in your own sight because of all the evils that you have committed. Then you shall know that I am the Lord, when I have dealt with you for My name's sake, not according to your wicked ways nor

حزقيال ٢٠: ٣٩ - ٤٤

من حزقيال النبى بركته المقدسة تكون معنا، آمين.

[أَمَّا أَنْتُمْ يَا بَيْتَ إِسْرَائِيلَ فَهكَذَا قَالَ السَّيِّدُ الرَّبُّ: اذْهَبُوا اعْبُدُوا كُلُّ إِنْسَانٍ أَصْنَامَهُ. وَبَعْدُ إِنْ لَمْ تَسْمَعُوا لِي فَلاَ تُنَجِّسُوا اسْمِي الْقُدُّوسَ بَعْدُ بِعَطَايَاكُمْ وَبِأَصْنَامِكُمْ. لأَنَّهُ فِي جَبَلِ قُدْسِي، فِي جَبَلِ إِسْرَائِيلَ الْعَالِي يَقُولُ السَّيِّدُ الرَّبُّ هُنَاكَ يَعْبُدُنِي كُلُّ بَيْتِ إِسْرَائِيلَ، كُلُّهُمْ فِي الأَرْضِ. هُنَاكَ أَرْضَى عَنْهُمْ، وَهُنَاكَ أَطْلُبُ تَقْدِمَاتِكُمْ وَبَاكُورَاتِ جِزَاكُمْ مَعَ جَمِيعِ مُقَدَّسَاتِكُمْ. بِرَائِحَةِ سُرُورِكُمْ أَرْضَى عَنْكُمْ، حِينَ أُخْرِجُكُمْ مِنْ بَيْنِ الشُّعُوبِ وَأَجْمَعُكُمْ مِنَ الأَرَاضِي الَّتِي تَفَرَّقْتُمْ فِيهَا، وَأَتَقَدَّسُ فِيكُمْ أَمَامَ عُيُونِ الأُمَمِ، فَتَعْلَمُونَ أَنِّي أَنَا الرَّبُّ، حِينَ آتِي بِكُمْ إِلَى أَرْضِ إِسْرَائِيلَ، إِلَى الأَرْضِ الَّتِي رَفَعْتُ يَدِي لأُعْطِيَ آبَاءَكُمْ إِيَّاهَا. وَهُنَاكَ تَذْكُرُونَ طُرُقَكُمْ وَكُلَّ أَعْمَالِكُمُ الَّتِي تَنَجَّسْتُمْ بِهَا، وَتَمْقُتُونَ أَنْفُسَكُمْ لِجَمِيعِ الشُّرُورِ الَّتِي فَعَلْتُمْ. فَتَعْلَمُونَ أَنِّي أَنَا الرَّبُّ إِذَا فَعَلْتُ بِكُمْ مِنْ أَجْلِ اسْمِي. لاَ كَطُرُقِكُمُ الشِّرِّيرَةِ، وَلاَ كَأَعْمَالِكُمُ الْفَاسِدَةِ يَا بَيْتَ إِسْرَائِيلَ، يَقُولُ السَّيِّدُ الرَّبُّ].

according to your corrupt doings, O house of Israel," says the Lord God.' "

Glory be to the Holy Trinity our God unto the age of all ages, Amen.

مجداً للثالوث القدوس الهنا إلى الأبد وإلى أبد الآبدين كلها، آمين.

Ⲓⲏⲥⲟⲩ ⲛ̀ⲧⲉ Ⲥⲓⲣⲁⲭ Ⲕⲉⲫ ⲓ̅ⲃ̅ : ⲓ̅ⲅ̅ ϣⲁ ⲛⲉⲙ Ⲕⲉⲫ ⲓ̅ⲇ̅ : ⲁ̅

Ⲉ̀ⲃⲟⲗϧⲉⲛ Ⲓⲏⲥⲟⲩ ⲛ̀ⲧⲉ Ⲥⲓⲣⲁⲭ ⲡⲓⲡ̀ⲣⲟⲫⲏⲧⲏⲥ: ⲉⲣⲉⲡⲉϥⲥ̀ⲙⲟⲩ ⲉ̀ⲑⲟⲩⲁⲃ ϣⲱⲡⲓ ⲛⲉⲙⲁⲛ ⲁ̀ⲙⲏⲛ ⲉϥϫⲱ ⲙ̀ⲙⲟⲥ.

Ⲛⲓⲙ ⲡⲉⲑⲛⲁⲛⲁⲓ ⲛ̀ⲟⲩⲣⲉϥⲙⲟⲩⲧ ⲁ̀ⲣⲉϣⲁⲛ ⲡⲓϩⲟϥ ⲗⲟϫϥ : ⲛⲉⲙ ⲟⲩⲟⲛ ⲛⲓⲃⲉⲛ ⲉⲑⲙⲟϣⲓ ⲉ̀ϧⲟⲩⲛ ⲉ̀ⲛⲓⲑⲏⲣⲓⲟⲛ : ⲫⲁⲓ ϩⲱϥ ⲡⲉ ⲡⲓⲣⲏϯ ⲙ̀ⲫⲏⲉⲑⲙⲟϣⲓ ⲛⲉⲙ ⲟⲩⲣⲱⲙⲓ ⲛ̀ⲣⲉϥⲉⲣⲛⲟⲃⲓ : ⲟⲩⲟϩ ⲑⲁϧⲓ ϧⲉⲛ ⲛⲉϥⲛⲟⲃⲓ ϥⲛⲁⲟϩⲓ ⲛ̀ⲟⲩⲟⲩⲛⲟⲩ ⲛⲉⲙⲁⲕ : ⲉϣⲱⲡ ⲇⲉ ⲁⲕϣⲁⲛⲣⲓⲕⲓ ⲙ̀ⲡⲁϥⲟϩⲓ. Ϣⲁⲣⲉ ⲡⲓϫⲁϫⲓ ⲕⲱⲣϣ ϧⲉⲛ ⲛⲉϥⲥ̀ⲫⲟⲧⲟⲩ : ϥⲙⲉⲩⲓ ⲇⲉ ϧⲉⲛ ⲡⲉϥϩⲏⲧ ⲉϩⲓⲧⲕ ⲉ̀ϧⲣⲏⲓ ⲉ̀ⲟⲩϣⲓⲕ. Ϣⲁⲣⲉ ⲡⲓϫⲁϫⲓ ⲣⲓⲙⲓ ϧⲉⲛ ⲛⲉϥⲃⲁⲗ ⲁϥϣⲁⲛϫⲉⲙ ⲟⲩⲥ̀ⲛⲟⲩ ⲇⲉ ϥⲛⲁⲥⲓⲁⲛ ⲙ̀ⲡⲉⲕⲥ̀ⲛⲟϥ : ⲁϥϣⲁⲛⲓ ⲉ̀ϫⲱⲕ ⲛ̀ϫⲉ ϩⲁⲛⲡⲉⲧϩⲱⲟⲩ : ⲭⲛⲁϫⲉⲙϥ ϧⲁⲧⲟⲧⲕ ⲛ̀ϧⲏⲧⲟⲩ ϥⲛⲁⲉⲣⲙ̀ⲫ̀ⲣⲏϯ ⲙ̀ⲫⲏ ⲉⲑⲛⲁⲉⲣⲃⲟⲏⲑⲓⲛ ⲉ̀ⲣⲟⲕ : ⲛ̀ⲧⲉϥϯⲉⲛϣⲁϣⲓ ⲛⲁⲕ : ϥⲛⲁⲕⲓⲙ ⲛ̀ⲧⲉϥⲁ̀ⲫⲉ : ⲛ̀ⲧⲉϥϩⲓⲟⲩⲓⲛ̀ⲛⲉϥϫⲓϫ : ⲛ̀ⲧⲉϥ ϣⲉⲙϣⲏϫⲓ ⲉ̀ⲙⲁϣⲱ : ⲛ̀ⲧⲉϥⲱ̀ⲕⲉⲙ ⲙ̀ⲡⲉϥϩⲟ : ⲫⲏⲉⲧϭⲟϩ ⲙ̀ⲟⲩⲗⲁⲙϫⲁⲡⲧ ϥⲛⲁⲑⲱⲗⲉⲃ : ⲟⲩⲟϩ ⲫⲏⲉⲑⲛⲁⲙⲟϣⲓ ⲛⲉⲙ ⲟⲩϭ̀ⲁⲥⲓϩⲏⲧ ϥⲛⲁⲟⲛⲓ ⲙ̀ⲙⲟϥ :

Ⲟⲩⲱ̀ⲟⲩ ⲛ̀ϯⲧ̀ⲣⲓⲁⲥ ⲉ̀ⲑⲟⲩⲁⲃ ⲡⲉⲛⲛⲟⲩϯ ϣⲁ ⲉ̀ⲛⲉϩ ⲛⲉⲙ ϣⲁ ⲉ̀ⲛⲉϩ ⲛ̀ⲧⲉ ⲛⲓⲉ̀ⲛⲉϩ ⲧⲏⲣⲟⲩ: ⲁ̀ⲙⲏⲛ.

Sirach 12:13-13:1

يشوع بن سيراخ ١٢: ١٣ - ١٣: ١

A reading from Sirach the Prophet may his blessings be with us Amen.

Who pities a snake charmer when he is bitten, or all those who go near wild animals? So no one pities a person who associates with a sinner and becomes involved in the other's sins. He stands by you for a while, but if you falter, he will not be there. An enemy speaks sweetly with his lips, but in his heart he plans to throw you into a pit; an enemy may have tears in his eyes, but if he finds an opportunity he will never have enough of your blood. If evil comes upon you, you will find him there ahead of you; pretending to help, he

من يشوع بن سيراخ بركته المقدسة تكون معنا، آمين.

من يرحم راقيا قد لدغته الحية او يشفق على الذين يدنون من الوحوش. هكذا الذى يساير الرجل الخاطى النشوان (يمتزج) بخطاياه انه يلبث معك ساعة وان ملت لا يثبت. العدو يتملق بشفتيه ويفكر فى قلبه ليُسقطك فى الحفرة. حفرة العدو تُدمع عيناه وان وجد فرصة لا يشبع من دمك. ان لحقك شر وجدته قريباً منك ويوهمك انه سيعينك وهو يعطيك مرارة ويحرك رأسه

will trip you up. Then he will shake his head, and clap his hands, and whisper much, and show his true face. Whoever touches pitch gets dirty, and whoever associates with a proud person becomes like him.

Glory be to the Holy Trinity our God unto the age of all ages, Amen.

ليضرب بيديه ويتأسف جداً ويعبس وجهه. من يلمس القار يتلوث به. ومن يمشى مع المتكبر يشبهه.

مجداً للثالوث القدوس الهنا إلى الأبد وإلى أبد الآبدين كلها، آمين.

The Doxology of the Pascha Hour: "Thine is the Power…" on page A5.

تسبحة ساعة البصخة: "لك القوة..." صفحة ٥ فى اخر الكتاب.

Ψαλμος λ̅ : ιη νεμ ιγ̅

Μαρου ερατςαϫι ǹϫε νιςφοτου ǹοϫι : νηετςαϫι ǹουἀνομιὰ ϧαπιθμηι. Ϫε αιςωτεμ ὲπϣωϣ ǹουμηϣ ευϣοπ ḿπακωϯ : ϧεν πϫιν ὸρουθωουϯ ευςοπ ὲϩρηι ὲϫωι αυςοϭνι ὲϭι ǹταψυχη ἀλ̅.

Psalm 31:18, 13

A Psalm of David the Prophet.

Let the lying lips be put to silence, Which speak insolent things proudly and contemptuously against the righteous. For I hear the slander of many; While they take counsel together against me, They scheme to take away my life. Alleluia.

المزمور ٣٠ : ١٨ و ١٣

من مزامير داود النبى

ولتصر خرصاء الشفاه الغاشة. المتكلمة على الصديق بالاثم. لانى سمعت المذمة من كثيرين يسكنون حولى حين اجتمعوا على جميعاً تآمروا على اخذ نفسى: هلليلويا.

Ευαγγελιον κατα Μαρκον Κεφ ιδ̅ : ιβ - ιϛ̅

Ουοϩ ϧεν πιὲϩοου ǹϩουιτ ǹτε νιατϣεμηρ : ϩοτε ευϣωτ ḿπιπαςχα : πεϫωου ναϥ ǹϫε νεϥμαθητης : ϫε ακουωϣ ǹτενϣεναν ὲθων ǹτενςοβϯ ϩινα ǹτεκουωμ ḿπιπαςχα. **Ουοϩ** αϥουωρπ ǹςναυ ǹτε νεϥμαθητης ουοϩ πεϫαϥ νωου : ϫε μαϣενωτεν ὲϯβακι ουοϩ ϥναεραπαντα ερωτεν ǹϫε ουρωμι εϥϥαι ǹουϣοϣου ḿμωου : μοϣι ǹςωϥ. **Ουοϩ** πιμα ὲτεϥναϣεναϥ ὲϧουν εροϥ ἀϫος ḿπινεβηι ϫε ⲡⲉϫⲉ ⲡⲉⲣⲉϥ ϯⲥⲃⲱ ϫⲉ ⲁϥⲑⲱⲛ ⲡⲓⲙⲁ ⲛ̀ⲉⲙⲧⲟⲛ ⲡⲓⲙⲁ ⲉ̀ϯⲛⲁⲟⲩⲱⲙ ⲙ̀ⲡⲓⲡⲁⲥⲭⲁ ⲛ̀ϧⲏⲧϥ ⲛⲉⲙ ⲛⲁⲙⲁⲑⲏⲧⲏⲥ. Ⲟⲩⲟϩ ⲛ̀ⲑⲟϥ ϥ̀ⲛⲁⲧⲁⲙⲱⲧⲉⲛ ⲉ̀ⲟⲩⲛⲓϣϯ ⲙ̀ⲙⲁ ⲉϥϭⲟⲥⲓ ⲉϥⲫⲱⲣϣ ⲉϥⲥⲉⲃⲧⲱⲧ : ⲥⲉⲃⲧⲱⲧ ⲛⲁⲛ ⲙ̀ⲙⲁⲩ. Ⲟⲩⲟϩ ⲁⲩⲓ̀ ⲉⲃⲟⲗ ⲛ̀ϫⲉ ⲡⲓⲙⲁⲑⲏⲧⲏⲥ ⲥ̀ⲛⲁⲩ ⲁⲩⲓ̀ ⲉϯⲃⲁⲕⲓ ⲟⲩⲟϩ ⲁⲩϫⲓⲙⲓ ⲕⲁⲧⲁ ⲫ̀ⲣⲏϯ ⲉ̀ⲧⲁϥϫⲟⲥ ⲛⲱⲟⲩ : ⲟⲩⲟϩ ⲁⲩⲥⲉⲃⲧⲉ ⲡⲓⲡⲁⲥⲭⲁ :

Ⲟⲩⲱϣⲧ ⲙ̀ⲡⲓⲉⲩⲁⲅⲅⲉⲗⲓⲟⲛ ⲉ̅ⲑ̅ⲩ̅.

Mark 14:12-16

A reading from the Holy Gospel according to St. Mark.

Now on the first day of Unleavened Bread, when they killed the Passover lamb, His disciples said to Him, "Where do You want us to go and prepare, that You may eat the Passover?" And He sent out two of His disciples and said to them, "Go into the city, and a man will meet you carrying a pitcher of water; follow him. Wherever he goes in, say to the master of the house, 'The Teacher says, "Where is the guest room in which I may eat the Passover with My disciples?" ' Then he will show you a large upper room, furnished and prepared; there make ready for us." So His disciples went out, and came into the city, and found it just as He had said to them; and they prepared the Passover.

Bow down before the Holy Gospel. Glory be to God forever.

مرقس ١٤: ١٢ - ١٦

فصل شريف من إنجيل معلمنا مار مرقس البشير بركاته علينا آمين.

وَفِي الْيَوْمِ الأَوَّلِ مِنَ الْفَطِيرِ. حِينَ كَانُوا يَذْبَحُونَ الْفِصْحَ قَالَ لَهُ تَلاَمِيذُهُ: «أَيْنَ تُرِيدُ أَنْ نَمْضِيَ وَنُعِدَّ لِتَأْكُلَ الْفِصْحَ؟» فَأَرْسَلَ اثْنَيْنِ مِنْ تَلاَمِيذِهِ وَقَالَ لَهُمَا: «اذْهَبَا إِلَى الْمَدِينَةِ فَيُلاَقِيَكُمَا إِنْسَانٌ حَامِلٌ جَرَّةَ مَاءٍ. اتْبَعَاهُ. وَحَيْثُمَا يَدْخُلْ فَقُولاَ لِرَبِّ الْبَيْتِ: إِنَّ الْمُعَلِّمَ يَقُولُ: أَيْنَ الْمَنْزِلُ حَيْثُ آكُلُ الْفِصْحَ مَعَ تَلاَمِيذِي؟ فَهُوَ يُرِيكُمَا عِلِّيَّةً كَبِيرَةً مَفْرُوشَةً مُعَدَّةً. هُنَاكَ أَعِدَّا لَنَا». فَخَرَجَ تِلْمِيذَاهُ وَأَتَيَا إِلَى الْمَدِينَةِ وَوَجَدَا كَمَا قَالَ لَهُمَا. فَأَعَدَّا الْفِصْحَ.

أسجدوا للإنجيل المقدس.
والمجد لله دائماً.

Commentary

The Commentary of the Sixth Hour of Thursday of Holy Pascha, may its blessings be with us all. Amen.

طرح

طرح الساعة السادسة من يوم الخميس من البصخة المقدسة بركتها علينا. آمين.

O Israel, listen to the voice of Adonai, the Lord Almighty. "Let everyone purge himself of his sins and iniquities, for you have defiled My Holy Name with your idols and your evil deeds. Then I will accept you on My holy mountain and you shall worship Me in that place. I will be sanctified in you and raise you above all nations. You will know that I am the Lord God and that there is no other god other than Me. The heavenly and the earthly, the sea and all that is therein, worship Me. It is all under My dominion and seeks My mercy.

إسمعوا قول الرب يا آل اسرائيل، قال أدوناى الرب ضابط الكل، ليبتعد كل واحد منكم عن شروره وآثامه فإنكم نجستم إسمى القدوس بأوثانكم وأعمالكم الخبيثة. وأنا أقبلكم على جبل قُدسى، وتعبدوننى فى ذلك الموضع. وأتقدّس فيكم وأرفعكم عند جميع الأمم. وتعلمون أنى أنا هو الرب وليس إله آخر غيرى، السمائيون والأرضيون والبحار وسائر ما فيها تتعبد لى، وهى كلها تحت سلطانى، تتوقع الرحمة التى من قبلى.

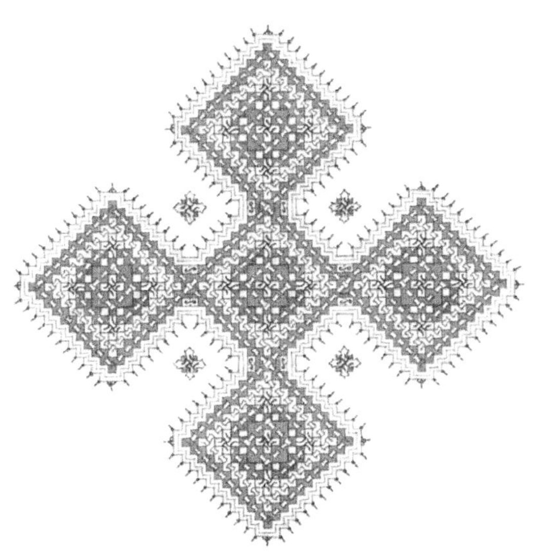

Ninth Hour of Thursday

الساعة التاسعة من يوم الخميس

ϯⲅⲉⲛⲉⲥⲓⲥ ⲛ̀ⲧⲉ Ⲙⲱ̀ⲩⲥⲏⲥ Ⲕⲉⲫ ⲕⲃ : ⲁ – ⲓⲑ

Ⲉ̀ⲃⲟⲗϧⲉⲛ ϯⲅⲉⲛⲉⲥⲓⲥ ⲛ̀ⲧⲉ Ⲙⲱ̀ⲩⲥⲏⲥ ⲡⲓⲡⲣⲟⲫⲏⲧⲏⲥ: ⲉ̀ⲣⲉⲡⲉϥⲥ̀ⲙⲟⲩ ⲉ̀ⲑⲟⲩⲁⲃ ϣⲱⲡⲓ ⲛⲉⲙⲁⲛ ⲁ̀ⲙⲏⲛ ⲉϥϫⲱ ⲙ̀ⲙⲟⲥ.

Ⲁⲥϣⲱⲡⲓ ⲇⲉ ⲙⲉⲛⲉⲛⲥⲁ ⲛⲁⲓⲥⲁϫⲓ ⲛⲁⲣⲉ Ⲫϯ ϭⲱⲛⲧ ⲛ̀Ⲁⲃⲣⲁⲁⲙ ⲡⲉ ⲟⲩⲟϩ ⲡⲉϫⲁϥ ⲛⲁϥ : ϫⲉ Ⲁⲃⲣⲁⲁⲙ Ⲁⲃⲣⲁⲁⲙ : ⲛ̀ⲑⲟϥ ⲇⲉ ⲡⲉϫⲁϥ ϫⲉ ϩⲏⲡⲡⲉ ⲁ̀ⲛⲟⲕ : Ⲡⲉϫⲁϥ ⲛⲁϥ ϫⲉ ϭⲓ ⲙ̀ⲡⲉⲕϣⲏⲣⲓ ⲙ̀ⲙⲉⲛⲣⲓⲧ ⲫⲏⲉ̀ⲧⲁⲕⲙⲉⲛⲣⲓⲧϥ Ⲓ̀ⲥⲁⲁⲕ : ⲁ̀ⲙⲟⲩ ⲉ̀ϫⲉⲛ ⲡⲓⲕⲁϩⲓ ⲉⲧϭⲟⲥⲓ ⲟⲩⲟϩ ⲁ̀ⲛⲓⲧϥ ⲛⲏⲓ ⲙ̀ⲙⲁⲩ ⲛ̀ⲟⲩϭⲗⲓⲗ : ϩⲓϫⲉⲛ ⲟⲩⲁⲓ ⲛⲛⲓⲧⲱⲟⲩ ⲉ̀ϯⲛⲁⲧⲁⲙⲟⲕ ⲉ̀ⲣⲟϥ : Ⲁϥⲧⲱⲛϥ ⲛ̀ϫⲉ Ⲁⲃⲣⲁⲁⲙ ⲛ̀ϩⲁⲛⲁ̀ⲧⲟⲟⲩⲓ̀ : ⲟⲩⲟϩ ⲁϥϧⲱⲕ ⲛ̀ⲧⲉϥⲉ̀ⲱ : ⲁϥϭⲓ ⲇⲉ ⲛ̀ⲁ̀ⲗⲟⲩ ⲥⲛⲁⲩ ⲛⲉⲙⲁϥ : ⲛⲉⲙ Ⲓ̀ⲥⲁⲁⲕ ⲡⲉϥϣⲏⲣⲓ : ⲁϥⲫⲉϧ ⲛⲓⲣⲱⲕϩ ⲙ̀ⲡϭ̀ⲗⲓⲗ ⲁϥⲧⲱⲛϥ ⲁϥϣⲉⲛⲁϥ ⲁϥⲓ̀ⲉ̀ⲡⲓⲙⲁ ⲉ̀ⲧⲁ Ⲫϯ ϫⲟⲥ ⲛⲁϥ Ⲟⲩⲟϩ ϧⲉⲛ ⲡⲓⲉ̀ϩⲟⲟⲩ ⲙ̀ⲙⲁϩ ϣⲟⲙⲧ ⲁϥϫⲟⲩϣⲧ ⲉ̀ⲡ̀ϣⲱⲓ ⲛⲛⲉϥⲃⲁⲗ ⲛ̀ϫⲉ Ⲁⲃⲣⲁⲁⲙ : ⲁϥⲛⲁⲩ ⲉ̀ⲡⲓⲙⲁ ϩⲓⲫⲟⲩⲉⲓ : Ⲡⲉϫⲉ Ⲁⲃⲣⲁⲁⲙ ⲛ̀ⲛⲉϥⲁ̀ⲗⲱⲟⲩⲓ̀ : ϫⲉ ϩⲉⲙⲥⲓ ⲙ̀ⲡⲁⲓⲙⲁ ⲛⲉⲙ ϯⲉ̀ⲱ ⲁ̀ⲛⲟⲕ ⲇⲉ ⲛⲉⲙ ⲡⲓⲁ̀ⲗⲟⲩ ⲧⲉⲛⲛⲁϣⲉⲛⲁⲛ ϣⲁ ⲙ̀ⲛⲁⲓ : ⲟⲩⲟϩ ⲁⲛϣⲁⲛ ⲟⲩⲱϣⲧ ⲧⲉⲛⲛⲁⲧⲁⲥⲑⲟⲛ ϩⲁⲣⲱⲧⲉⲛ : Ⲁϥϭⲓ ⲇⲉ ⲛ̀ϫⲉ Ⲁⲃⲣⲁⲁⲙ ⲛ̀ⲛⲓⲣⲱⲕϩ ⲛ̀ⲧⲉ ⲡⲓϭ̀ⲗⲓⲗ : ⲁϥⲧⲁⲗⲱⲟⲩ ⲉ̀ϫⲉⲛ Ⲓ̀ⲥⲁⲁⲕ ⲡⲉϥϣⲏⲣⲓ : ⲁϥϭⲓ ⲇⲉ ⲙ̀ⲡⲓⲭ̀ⲣⲱⲙ ϧⲉⲛ ⲧⲉϥϫⲓϫ ⲛⲉⲙ ϯⲙⲁⲭⲉⲣⲁ : ⲁⲩϣⲉⲛⲱⲟⲩ ⲙ̀ⲡ̀ⲥⲛⲁⲩ ⲉⲩⲥⲟⲡ. Ⲡⲉϫⲉ Ⲓ̀ⲥⲁⲁⲕ ⲛ̀Ⲁⲃⲣⲁⲁⲙ ⲡⲉϥⲓⲱⲧ : ϫⲉ ⲡⲁⲓⲱⲧ : ⲛ̀ⲑⲟϥ ⲇⲉ ⲡⲉϫⲁϥ ϫⲉ ⲟⲩ ⲡⲉ ⲡⲁϣⲏⲣⲓ : ⲡⲉϫⲁϥ ϫⲉ ϩⲏⲡⲡⲉ ⲓⲥ ⲡⲓⲭ̀ⲣⲱⲙ ⲛⲉⲙ ⲛⲓⲣⲱⲕϩ : ⲁϥⲑⲱⲛ ⲡⲓⲉ̀ⲥⲱⲟⲩ ⲉ̀ⲧⲟⲩ ⲛⲁⲉⲛϥ ⲉ̀ⲡ̀ϭ̀ⲗⲓⲗ. Ⲡⲉϫⲉ Ⲁⲃⲣⲁⲁⲙ ⲇⲉ : ϫⲉ ⲉ̀ⲣⲉ Ⲫϯ ⲛⲏⲟⲩ ⲛⲁϥ ⲛ̀ⲟⲩⲉ̀ⲥⲱⲟⲩ ⲉ̀ⲡ̀ϭ̀ⲗⲓⲗ ⲡⲁϣⲏⲣⲓ : ⲛⲁⲩⲙⲟϣⲓ ⲇⲉ ⲙ̀ⲡ̀ⲥⲛⲁⲩ ⲉⲩⲥⲟⲡ. Ⲁⲩⲓ̀ ⲉ̀ⲡⲓⲙⲁ ⲉⲧⲁ Ⲫϯ ϫⲟⲥ ⲛⲁϥ : ⲟⲩⲟϩ ⲁϥⲕⲱⲧ ⲙ̀ⲙⲁⲩ ⲛ̀ϫⲉ Ⲁⲃⲣⲁⲁⲙ ⲛ̀ⲟⲩⲙⲁ̀ⲛⲉⲣϣⲱⲟⲩϣⲓ : ⲁϥⲧⲁⲗⲟ ⲛⲛⲓⲣⲱⲕϩ ⲉ̀ϩ̀ⲣⲏⲓ ⲉ̀ϫⲱϥ : ⲟⲩⲟϩ ⲁϥⲥⲱⲛϩ ⲛ̀Ⲓ̀ⲥⲁⲁⲕ ⲡⲉϥϣⲏⲣⲓ : ⲁϥⲧⲁⲗⲟϥ ⲉ̀ϫⲉⲛ ⲡⲓⲙⲁ̀ⲛⲉⲣϣⲱⲟⲩϣⲓ ⲥⲁⲡ̀ϣⲱⲓ ⲛⲛⲓⲣⲱⲕϩ. Ⲟⲩⲟϩ ⲁϥⲥⲟⲩⲧⲉⲛ ⲧⲉϥϫⲓϫ ⲉ̀ⲃⲟⲗ ⲛ̀ϫⲉ Ⲁⲃⲣⲁⲁⲙ : ⲉ̀ϭⲓ ⲛ̀ϯϫⲟⲣϯ ⲛ̀ϯⲙⲁⲭⲉⲣⲁⲑ ⲉ̀ϧⲟⲗϧⲉⲗ ⲛ̀Ⲓ̀ⲥⲁⲁⲕ ⲡⲉϥϣⲏⲣⲓ. Ⲟⲩⲟϩ ⲁϥⲙⲟⲩϯ ⲉ̀ⲣⲟϥ ⲛ̀ϫⲉ ⲟⲩⲁⲅⲅⲉⲗⲟⲥ ⲛ̀ⲧⲉ Ⲡ̅ⲟ̅ⲥ̅ ⲉ̀ⲃⲟⲗ ϧⲉⲛ ⲧⲫⲉ : ⲡⲉϫⲁϥ ⲛⲁϥ : ϫⲉ Ⲁⲃⲣⲁⲁⲙ Ⲁⲃⲣⲁⲁⲙ ⲛ̀ⲑⲟϥ ⲇⲉ ⲡⲉϫⲁϥ : ϫⲉ ϩⲏⲡⲡⲉ ⲁ̀ⲛⲟⲕ. Ⲡⲉϫⲁϥ ⲛⲁϥ ϫⲉ ⲙ̀ⲡⲉⲣⲉⲛ ⲧⲉⲕϫⲓϫ ⲉ̀ϫⲉⲛ ⲡⲓⲁ̀ⲗⲟⲩ : ⲟⲩⲇⲉ ⲙ̀ⲡⲉⲣⲉⲣ ϩ̀ⲗⲓ ⲛⲁϥ : ϯⲛⲟⲩ ⲅⲁⲣ ⲁⲓⲉⲙⲓ ϫⲉ ⲁⲕⲉⲣϩⲟϯ ϧⲁⲧϩⲏ ⲙ̀Ⲫϯ ⲛ̀ⲑⲟⲕ : ⲟⲩⲟϩ ⲙ̀ⲡⲉⲕϯⲁ̀ⲥⲟ ⲉ̀ⲡⲉⲕϣⲏⲣⲓ ⲙ̀ⲙⲉⲛⲣⲓⲧ ⲉⲑⲃⲏⲧ. Ⲟⲩⲟϩ ⲁϥϫⲟⲩϣⲧ ⲛ̀ϫⲉ Ⲁⲃⲣⲁⲁⲙ ⲛⲛⲉϥⲃⲁⲗ ⲁϥⲛⲁⲩ : ϩⲏⲡⲡⲉ ⲓⲥ ⲟⲩⲉ̀ⲥⲱⲟⲩ ⲉⲩⲧⲁϩⲛⲟ ⲙ̀ⲙⲟϥ ϧⲉⲛ ⲛⲉϥⲧⲁⲡ : ϧⲉⲛ ⲟⲩϣ̀ϣⲏⲛ ϫⲉ ⲥⲁⲃⲉⲕ : ⲁϥϣⲉⲛⲁϥ ⲛ̀ϫⲉ Ⲁⲃⲣⲁⲁⲙ ⲁϥϭⲓ ⲙ̀ⲡⲓⲉ̀ⲥⲱⲟⲩ : ⲟⲩⲟϩ ⲁϥⲉⲛϥ ⲉ̀ϩ̀ⲣⲏⲓ ⲛ̀ⲟⲩϭ̀ⲗⲓⲗ : ⲉ̀ⲫ̀ⲙⲁ Ⲓ̀ⲥⲁⲁⲕ ⲡⲉϥϣⲏⲣⲓ. Ⲟⲩⲟϩ ⲁ̀Ⲁⲃⲁⲁⲙ ϯⲣⲉⲛ ⲫ̀ⲣⲁⲛ ⲙ̀ⲡⲓⲙⲁ ⲉⲧⲉ ⲙ̀ⲙⲁⲩ : ϫⲉ Ⲡ̅ⲟ̅ⲥ̅ ⲁϥⲟⲩⲟⲛϩϥ ϩⲁⲣⲟⲓ ϩⲓϫⲉⲛ ⲡⲁⲓⲧⲱⲟⲩ. Ⲟⲩⲟϩ ⲁ̀ⲟⲩⲁⲅⲅⲉⲗⲟⲥ ⲛ̀ⲧⲉ Ⲡ̅ⲟ̅ⲥ̅ ⲙⲟⲩϯ ⲉ̀Ⲁⲃⲣⲁⲁⲙ ⲙ̀ⲫⲙⲁϩ ⲥⲟⲡ ⲥ̀ⲛⲁⲩ : ⲉ̀ⲃⲟⲗϧⲉⲛ ⲧ̀ⲫⲉ Ⲉϥϫⲱ ⲙ̀ⲙⲟⲥ ϫⲉ ⲁⲓⲱⲣⲕ ⲙ̀ⲙⲟⲓ ⲡⲉϫⲉ Ⲡ̅ⲟ̅ⲥ̅ : ϫⲉ ⲉ̀ⲫ̀ⲙⲁ ϫⲉ ⲁⲕⲓ̀ⲣⲓ ⲙ̀ⲡⲁⲥⲁϫⲓ : ⲙ̀ⲡⲉⲕϯⲁ̀ⲥⲟ ⲉ̀ⲡⲉⲕϣⲏⲣⲓ ⲙ̀ⲙⲉⲛⲣⲓⲧ ⲉⲑⲃⲏⲧ. ϧⲉⲛ ⲟⲩⲥ̀ⲙⲟⲩ ⲉⲓⲉ̀ⲥ̀ⲙⲟⲩ ⲉ̀ⲣⲟⲕ ⲟⲩⲟϩ ϧⲉⲛ ⲟⲩⲁ̀ϣⲁⲓ ⲉⲓⲉ̀ⲑⲣⲉ ⲡⲉⲕϫ̀ⲣⲟϫ ⲁ̀ϣⲁⲓ : ⲙ̀ⲫ̀ⲣⲏϯ ⲛ̀ⲛⲓⲥⲓⲟⲩ ⲛ̀ⲧⲉ ⲧ̀ⲫⲉ : ⲛⲉⲙ ⲡⲓϣⲱ ⲉⲧϧⲁⲧⲉⲛ ⲛⲉⲛⲥ̀ⲫⲟⲧⲟⲩ ⲙ̀ⲫⲓⲟⲙ : ⲟⲩⲟϩ ⲉ̀ⲣⲉ ⲡⲉⲕϫ̀ⲣⲟϫ ⲛⲁⲉⲣⲕ̀ⲗⲏⲣⲟⲛⲟⲙⲓⲛ ⲛ̀ⲛⲓⲃⲁⲕⲓ ⲛ̀ⲧⲉ ⲛⲏⲉⲧ ϯⲟⲩⲃⲏⲕ. Ⲉⲩⲉ̀ϭⲓ̀ⲥ̀ⲙⲟⲩ ⲛ̀ϧ̀ⲣⲏⲓ ⲛ̀ϧ̀ⲏⲧⲕ ⲛ̀ϫⲉ ⲛⲓϣ̀ⲗⲟⲗ ⲧⲏⲣⲟⲩ ⲛ̀ⲧⲉ ⲡ̀ⲕⲁϩⲓ : ⲉ̀ⲫ̀ⲙⲁ ϫⲉ ⲁⲕⲥⲱⲧⲉⲙ ⲉ̀ⲧⲁ̀ⲥ̀ⲙⲏ. Ⲁϥⲕⲟⲧϥ ⲛ̀ϫⲉ Ⲁⲃⲣⲁⲁⲙ ϩⲁ ⲛⲉϥⲁ̀ⲗⲱⲟⲩⲓ̀ : ⲁⲩⲧⲱⲟⲩⲛⲟⲩ ⲁⲩϣⲉⲛⲱⲟⲩ ⲉⲩⲥⲟⲡ ⲉ̀ϫⲉⲛ ⲧϣⲱϯ ⲙ̀ⲡⲓⲁ̀ⲛⲁϣ.

Ⲟⲩⲱ̀ⲟⲩ ⲛ̀ϯⲧ̀ⲣⲓⲁⲥ ⲉ̀ⲑⲟⲩⲁⲃ ⲡⲉⲛⲛⲟⲩϯ ϣⲁ ⲉ̀ⲛⲉϩ ⲛⲉⲙ ϣⲁ ⲉ̀ⲛⲉϩ ⲛ̀ⲧⲉ ⲛⲓⲉ̀ⲛⲉϩ ⲧⲏⲣⲟⲩ: ⲁ̀ⲙⲏⲛ.

Genesis 22:1-19

A reading from the book of Genesis of Moses the Prophet may his blessings be with us Amen.

Now it came to pass after these things that God tested Abraham, and said to him, "Abraham!" And he said, "Here I am." Then He said, "Take now your son, your only son Isaac, whom you love, and go to the land of Moriah, and offer him there as a burnt offering on one of the mountains of which I shall tell you." So Abraham rose early in the morning and saddled his donkey, and took two of his young men with him, and Isaac his son; and he split the wood for the burnt offering, and arose and went to the place of which God had told him. Then on the third day Abraham lifted his eyes and saw the place afar off. And Abraham said to his young men, "Stay here with the donkey; the lad and I will go yonder and worship, and we will come back to you." So Abraham took the wood of the burnt offering and laid it on Isaac his son; and he took the fire in his hand,

سفر التكوين ٢٢ : ١ - ١٩

من سفر التكوين لموسى النبى بركته المقدسة تكون معنا، آمين.

وَحَدَثَ بَعْدَ هَذِهِ الامُورِ انَّ اللهَ امْتَحَنَ ابْرَاهِيمَ فَقَالَ لَهُ: «يَا ابْرَاهِيمُ». فَقَالَ: «هَئَنَذَا». فَقَالَ: «خُذِ ابْنَكَ وَحِيدَكَ الَّذِي تُحِبُّهُ اسْحَاقَ وَاذْهَبْ الَى ارْضِ الْمُرِيَّا وَاصْعِدْهُ هُنَاكَ مُحْرَقَةً عَلَى احَدِ الْجِبَالِ الَّذِي اقُولُ لَكَ». فَبَكَّرَ ابْرَاهِيمُ صَبَاحا وَشَدَّ عَلَى حِمَارِهِ وَاخَذَ اثْنَيْنِ مِنْ غِلْمَانِهِ مَعَهُ وَاسْحَاقَ ابْنَهُ وَشَقَّقَ حَطَبا لِمُحْرَقَةٍ وَقَامَ وَذَهَبَ الَى الْمَوْضِعِ الَّذِي قَالَ لَهُ اللهُ. وَفِي الْيَوْمِ الثَّالِثِ رَفَعَ ابْرَاهِيمُ عَيْنَيْهِ وَابْصَرَ الْمَوْضِعَ مِنْ بَعِيدٍ فَقَالَ ابْرَاهِيمُ لِغُلامَيْهِ: «اجْلِسَا انْتُمَا هَهُنَا مَعَ الْحِمَارِ وَامَّا انَا وَالْغُلامُ فَنَذْهَبُ الَى هُنَاكَ وَنَسْجُدُ ثُمَّ نَرْجِعُ الَيْكُمَا». فَاخَذَ ابْرَاهِيمُ حَطَبَ الْمُحْرَقَةِ وَوَضَعَهُ عَلَى اسْحَاقَ ابْنِهِ وَاخَذَ بِيَدِهِ النَّارَ وَالسِّكِّينَ. فَذَهَبَا كِلاهُمَا مَعا. وَقَالَ اسْحَاقُ

and a knife, and the two of them went together. But Isaac spoke to Abraham his father and said, "My father!" And he said, "Here I am, my son." Then he said, "Look, the fire and the wood, but where is the lamb for a burnt offering?" And Abraham said, "My son, God will provide for Himself the lamb for a burnt offering." So the two of them went together. Then they came to the place of which God had told him. And Abraham built an altar there and placed the wood in order; and he bound Isaac his son and laid him on the altar, upon the wood. And Abraham stretched out his hand and took the knife to slay his son. But the Angel of the LORD called to him from heaven and said, "Abraham, Abraham!" So he said, "Here I am." And He said, "Do not lay your hand on the lad, or do anything to him; for now I know that you fear God, since you have not withheld your son, your only son, from Me." Then Abraham lifted his eyes and looked, and there behind him was a ram caught in a thicket by its horns. So Abraham went and took the ram, and offered it up for a burnt offering instead of his son. And Abraham called the name of the place, The-LORD-Will-Provide; as it is said to this day, "In the Mount of the LORD it shall be provided." Then the Angel of the LORD called to Abraham a second time out of heaven, and said: "By Myself I have sworn, says the LORD, because you have done this thing, and have not withheld your son, your only son--blessing I will bless you, and multiplying I will multiply your descendants as the stars of the heaven

لابْرَاهِيمَ ابِيهِ: «يَا ابِي». فَقَالَ: «هَئَنَذَا يَا ابْنِي». فَقَالَ: «هُوَذَا النَّارُ وَالْحَطَبُ وَلَكِنْ ايْنَ الْخَرُوفُ لِلْمُحْرَقَةِ؟» فَقَالَ ابْرَاهِيمُ: «اللهُ يَرَى لَهُ الْخَرُوفَ لِلْمُحْرَقَةِ يَا ابْنِي». فَذَهَبَا كِلاهُمَا مَعا. فَلَمَّا اتَيَا الَى الْمَوْضِعِ الَّذِي قَالَ لَهُ اللهُ بَنَى هُنَاكَ ابْرَاهِيمُ الْمَذْبَحَ وَرَتَّبَ الْحَطَبَ وَرَبَطَ اسْحَاقَ ابْنَهُ وَوَضَعَهُ عَلَى الْمَذْبَحِ فَوْقَ الْحَطَبِ. ثُمَّ مَدَّ ابْرَاهِيمُ يَدَهُ وَاخَذَ السِّكِّينَ لِيَذْبَحَ ابْنَهُ. فَنَادَاهُ مَلاكُ الرَّبِّ مِنَ السَّمَاءِ وَقَالَ: «ابْرَاهِيمُ ابْرَاهِيمُ». فَقَالَ: «هَئَنَذَا» فَقَالَ: «لا تَمُدَّ يَدَكَ الَى الْغُلامِ وَلا تَفْعَلْ بِهِ شَيْئا لانِّي الآنَ عَلِمْتُ انَّكَ خَائِفٌ اللهَ فَلَمْ تُمْسِكِ ابْنَكَ وَحِيدَكَ عَنِّي». فَرَفَعَ ابْرَاهِيمُ عَيْنَيْهِ وَنَظَرَ وَاذَا كَبْشٌ وَرَاءَهُ مُمْسَكا فِي الْغَابَةِ بِقَرْنَيْهِ فَذَهَبَ ابْرَاهِيمُ وَاخَذَ الْكَبْشَ وَاصْعَدَهُ مُحْرَقَةً عِوَضا عَنِ ابْنِهِ. فَدَعَا ابْرَاهِيمُ اسْمَ ذَلِكَ الْمَوْضِعِ «يَهْوَهْ يِرْاهْ». حَتَّى انَّهُ يُقَالُ الْيَوْمَ: «فِي جَبَلِ الرَّبِّ يُرَى». وَنَادَى مَلاكُ الرَّبِّ ابْرَاهِيمَ ثَانِيَةً مِنَ السَّمَاءِ وَقَالَ: «بِذَاتِي اقْسَمْتُ يَقُولُ الرَّبُّ انِّي مِنْ اجْلِ انَّكَ فَعَلْتَ هَذَا الامْرَ وَلَمْ تُمْسِكِ ابْنَكَ وَحِيدَكَ ابَارِكُكَ مُبَارَكَةً وَاكَثِّرُ نَسْلَكَ تَكْثِيرا كَنُجُومِ السَّمَاءِ وَكَالرَّمْلِ الَّذِي عَلَى شَاطِئِ الْبَحْرِ وَيَرِثُ نَسْلُكَ بَابَ اعْدَائِهِ وَيَتَبَارَكُ فِي نَسْلِكَ جَمِيعُ امَمِ الارْضِ مِنْ اجْلِ انَّكَ سَمِعْتَ لِقَوْلِي». ثُمَّ رَجَعَ ابْرَاهِيمُ الَى غُلامَيْهِ فَقَامُوا وَذَهَبُوا مَعا الَى بِئْرِ سَبْعٍ. وَسَكَنَ ابْرَاهِيمُ فِي بِئْرِ سَبْعٍ.

and as the sand which is on the seashore; and your descendants shall possess the gate of their enemies. In your seed all the nations of the earth shall be blessed, because you have obeyed My voice. "So Abraham returned to his young men, and they rose and went together to Beersheba; and Abraham dwelt at Beersheba.
Glory be to the Holy Trinity our God unto the age of all ages, Amen.

مجداً للثالوث القدوس الهنا إلى الأبد وإلى أبد الآبدين كلها، آمين.

Ⲏⲥⲁⲏⲁⲥ Ⲕⲉⲫ ⲝⲁ : ⲁ - ⲋ

Ⲉⲃⲟⲗϧⲉⲛ Ⲏⲥⲁⲏⲁⲥ ⲡⲓⲡ̀ⲣⲟⲫⲏⲧⲏⲥ: ⲉ̀ⲣⲉⲡⲉϥ̀ⲥ̀ⲙⲟⲩ ⲉ̀ⲑⲟⲩⲁⲃ ϣⲱⲡⲓ ⲛⲉⲙⲁⲛ ⲁ̀ⲙⲏⲛ ⲉϥϫⲱ ⲙ̀ⲙⲟⲥ.

Ⲟⲩⲡ̀ⲛⲁ ⲛ̀ⲧⲉ Ⲡ̅ⲟ̅ⲥ̅ ⲉⲧϫⲏ ϩⲓϫⲱⲓ : Ⲉⲑⲃⲉ ⲫⲁⲓ ⲁϥⲑⲁϩⲥ ⲉ̀ϩⲓϣⲉⲛⲛⲟⲩϥⲓ ⲛ̀ⲛⲓϩⲏⲕⲓ ⲁϥⲟⲩⲟⲣⲡⲧ ⲉⲧⲁⲗϭⲟ ⲛ̀ⲛⲏⲉⲧϧⲟⲙϧⲉⲙ ϧⲉⲛ ⲡⲟⲩϩⲏⲧ : ⲉ̀ϩⲓⲱⲓϣ ⲛ̀ⲛⲓⲉ̀ⲭⲙⲁⲗⲱⲧⲟⲥ ⲛ̀ⲟⲩⲭⲱ ⲉ̀ⲃⲟⲗ : ⲛⲉⲙ ⲟⲩⲛⲁⲩ ⲙ̀ⲃⲟⲗ ⲛ̀ⲛⲓⲃⲉⲗⲗⲉⲩ. Ⲉ̀ⲙⲟⲩϯ ⲛ̀ⲟⲩⲣⲟⲙⲡⲓ ⲉⲥϣⲏⲡ ⲙ̀Ⲡ̅ⲟ̅ⲥ̅ : ⲛⲉⲙ ⲟⲩⲉ̀ϩⲟⲟⲩ ⲛ̀ϯϣⲉⲃⲓⲱ : ⲉ̀ϯⲛⲟⲙϯ ⲛ̀ⲟⲩⲟⲛ ⲛⲓⲃⲉⲛ ⲉ̀ⲧⲉⲣϩⲏⲃⲓ. Ⲉ̀ϯⲱⲟⲩ ⲛ̀ⲛⲏⲉⲧⲉⲣϩⲏⲃⲓ ⲉ̀Ⲥⲓⲱⲛ ⲛ̀ⲧϣⲉⲃⲓⲱ ⲛ̀ⲛⲓⲕⲉⲣⲙⲓ : ⲟⲩⲑⲱϩⲥ ⲛ̀ⲧⲉ ⲟⲩⲟⲩⲛⲟϥ ⲛⲏⲉⲧⲉⲣϩⲏⲃⲓ : ⲛⲉⲙ ⲟⲩⲕⲁⲧⲁ̀ⲥⲧⲟⲗⲏ ⲛ̀ⲧⲉ ⲟⲩⲱ̀ⲟⲩ : ⲛ̀ⲧϣⲉⲃⲓⲱ ⲛ̀ⲟⲩⲡ̀ⲛⲁ ⲛ̀ⲙ̀ⲕⲁϩⲛ̀ϩⲏⲧ : ⲉ̀ⲩⲉ̀ⲙⲟⲩϯ ⲉ̀ⲣⲱⲟⲩ ϫⲉ ϯⲅⲉⲛⲉⲁ̀ ⲛ̀ⲧⲉ ⲛⲓⲑ̀ⲙⲏⲓ : ⲟⲩϭⲟ ⲛ̀ⲧⲉ Ⲡ̅ⲟ̅ⲥ̅ ⲟⲩⲱ̀ⲟⲩ. Ⲟⲩⲟϩ ⲉ̀ⲩⲉ̀ⲕⲱⲧ ⲛ̀ϩⲁⲛ ϣⲁϥⲉⲩ ⲛ̀ⲉⲛⲉϩ ⲛⲏⲉⲧⲁⲩϣⲱϥ ⲛ̀ϣⲟⲣⲡ ⲉ̀ⲩⲉ̀ⲧⲟⲩⲛⲟⲥⲟⲩ : ϩⲁⲛⲃⲁⲕⲓ ⲛ̀ϣⲁϥⲉⲩ ⲉ̀ⲩⲉ̀ⲁⲓⲧⲟⲩ ⲙ̀ⲃⲉⲣⲓ : ⲉ̀ⲁⲩϣⲱϥ ⲓⲥϫⲉⲛ ⲛⲓⲅⲉⲛⲉⲁ̀. Ⲟⲩⲟϩ ⲉ̀ⲩⲉ̀ⲓ ⲛ̀ϫⲉ ⲛⲓⲁ̀ⲗⲗⲟⲅⲉⲛⲏⲥ ⲉ̀ⲩⲉ̀ⲁ̀ⲙⲟⲛⲓ ⲛ̀ⲛⲟⲩ ⲉ̀ⲥⲱⲟⲩ : ⲛⲓⲁ̀ⲗⲗⲟⲫⲩⲗⲟⲥ ⲉ̀ⲩⲉ̀ϣⲱⲡⲓ ⲛⲱⲟⲩ ⲛ̀ⲣⲉϥ̀ⲥ̀ϧⲁⲓ ⲟⲩⲟϩ ⲛ̀ϭⲙⲏ. Ⲛ̀ⲑⲱⲧⲉⲛ ⲇⲉ ⲉ̀ⲩⲉ̀ⲙⲟⲩϯ ⲉ̀ⲣⲱⲧⲉⲛ ϫⲉ ⲛⲓⲟⲩⲏⲃ ⲛ̀ⲧⲉ Ⲡ̅ⲟ̅ⲥ̅ : ⲛⲉⲙ ⲛⲓⲣⲉϥϣⲉⲙϣⲓ ⲛ̀ⲧⲉ Ⲫ̅ϯ̅ : ⲧ̀ϫⲟⲙ ⲛ̀ⲛⲓⲉⲑⲛⲟⲥ ⲉ̀ⲣⲉⲧⲉⲛ ⲟⲩⲟⲙⲥ : ⲟⲩⲟϩ ϧⲉⲛ ⲟⲩⲙⲉⲧⲣⲁⲙⲁⲟ ⲉ̀ⲧⲉ̀ⲉⲣϣ̀ⲫⲏⲣⲓ ⲙ̀ⲙⲱⲧⲉⲛ. Ⲉ̀ⲩⲉ̀ⲑⲉⲃⲓⲟ ⲛ̀ϫⲉ ⲛⲉⲧⲉⲛⲛⲉϩⲡⲓ ⲛⲉⲙ ⲡⲉⲧⲉⲛ ϣⲱϣ : ⲉ̀ⲣⲉⲧⲉⲛ ⲉⲣⲕ̀ⲗⲏⲣⲟⲛⲟⲙⲓⲛ ⲉϥⲙⲏⲛ ⲉ̀ⲃⲟⲗϧⲉⲛ ⲡⲟⲩⲕⲁϩⲓ : ⲉ̀ⲣⲉⲧⲉⲛϭⲓ ⲙ̀ⲡⲟⲩⲙⲉⲣⲟⲥ : ⲉϥⲉ̀ϣⲱⲡⲓ ⲛⲱⲧⲉⲛ ⲛ̀ϫⲉ ⲟⲩⲣⲁϣⲓ :

Ⲟⲩⲱ̀ⲟⲩ ⲛ̀ϯⲧ̀ⲣⲓⲁⲥ ⲉ̀ⲑⲟⲩⲁⲃ ⲡⲉⲛⲛⲟⲩϯ ϣⲁ ⲉ̀ⲛⲉϩ ⲛⲉⲙ ϣⲁ ⲉ̀ⲛⲉϩ ⲛ̀ⲧⲉ ⲛⲓⲉ̀ⲛⲉϩ ⲧⲏⲣⲟⲩ: ⲁ̀ⲙⲏⲛ.

Isaiah 61:1-6

اشعياء ٦١: ١ - ٦

A reading from Isaiah the Prophet may his blessings be with us Amen.

"The Spirit of the Lord GOD is upon Me, Because the LORD has anointed Me To preach good tidings to the poor; He has sent Me to heal the brokenhearted, To proclaim liberty to

من اشعياء النبى بركته المقدسة تكون معنا، آمين.

رُوحُ السَّيِّدِ الرَّبِّ عَلَيَّ لأَنَّ الرَّبَّ مَسَحَنِي لأُبَشِّرَ الْمَسَاكِينَ أَرْسَلَنِي لأَعْصِبَ مُنْكَسِرِي الْقَلْبِ لأُنَادِيَ لِلْمَسْبِيِّينَ بِالْعِتْقِ وَلِلْمَأْسُورِينَ

the captives, And the opening of the prison to those who are bound; To proclaim the acceptable year of the LORD, And the day of vengeance of our God; To comfort all who mourn, To console those who mourn in Zion, To give them beauty for ashes, The oil of joy for mourning, The garment of praise for the spirit of heaviness; That they may be called trees of righteousness, The planting of the LORD, that He may be glorified." And they shall rebuild the old ruins, They shall raise up the former desolations, And they shall repair the ruined cities, The desolations of many generations. Strangers shall stand and feed your flocks, and the sons of the foreigner shall be your plowmen and your vinedressers. But you shall be named the priests of the LORD, They shall call you the servants of our God. You shall eat the riches of the Gentiles, and in their glory you shall boast.
Glory be to the Holy Trinity our God unto the age of all ages, Amen.

بِالإِطْلاَقِ. لأُنَادِيَ بِسَنَةٍ مَقْبُولَةٍ لِلرَّبِّ وَبِيَوْمِ انْتِقَامٍ لإِلَهِنَا. لأُعَزِّيَ كُلَّ النَّائِحِينَ. لأَجْعَلَ لِنَائِحِي صِهْيَوْنَ لأُعْطِيَهُمْ جَمَالاً عِوَضاً عَنِ الرَّمَادِ وَدُهْنَ فَرَحٍ عِوَضاً عَنِ النَّوْحِ وَرِدَاءَ تَسْبِيحٍ عِوَضاً عَنِ الرُّوحِ الْيَائِسَةِ فَيُدْعَوْنَ أَشْجَارَ الْبِرِّ غَرْسَ الرَّبِّ لِلتَّمْجِيدِ. وَيَبْنُونَ الْخِرَبَ الْقَدِيمَةَ. يُقِيمُونَ الْمُوحِشَاتِ الأُوَلَ. وَيُجَدِّدُونَ الْمُدُنَ الْخَرِبَةَ مُوحِشَاتِ دَوْرٍ فَدَوْرٍ. وَيَقِفُ الأَجَانِبُ وَيَرْعُونَ غَنَمَكُمْ وَيَكُونُ بَنُو الْغَرِيبِ حَرَّاثِيكُمْ وَكَرَّامِيكُمْ. أَمَّا أَنْتُمْ فَتُدْعَوْنَ كَهَنَةَ الرَّبِّ تُسَمَّوْنَ خُدَّامَ إِلَهِنَا. تَأْكُلُونَ ثَرْوَةَ الأُمَمِ وَعَلَى مَجْدِهِمْ تَتَأَمَّرُونَ.
مجداً للثالوث القدوس الهنا إلى الأبد وإلى أبد الآبدين كلها، آمين.

ϯⲅⲉⲛⲉⲥⲓⲥ ⲛ̀ⲧⲉ Ⲙⲱ̀ⲩⲥⲏⲥ Ⲕⲉⲫ ⲓ̅ⲇ̅ : ⲓ̅ⲍ̅ - ⲕ̅

Ⲉ̀ⲃⲟⲗϧⲉⲛ ϯⲅⲉⲛⲉⲥⲓⲥ ⲛ̀ⲧⲉ Ⲙⲱ̀ⲩⲥⲏⲥ ⲡⲓⲡ̀ⲣⲟⲫⲏⲧⲏⲥ: ⲉ̀ⲣⲉⲡⲉϥⲥ̀ⲙⲟⲩ ⲉ̀ⲑⲟⲩⲁⲃ ϣⲱⲡⲓ ⲛⲉⲙⲁⲛ ⲁ̀ⲙⲏⲛ ⲉϥϫⲱ ⲙ̀ⲙⲟⲥ.

Ⲁⲡⲓⲟⲩⲣⲟ Ⲇⲉⲛ̀ⲥⲟⲇⲟⲙⲁ ⲉⲓ̀ⲉ̀ⲃⲟⲗ ⲉ̀ⲧⲱⲙⲧ ⲉⲁⲃⲣⲁⲁⲙ ⲙⲉⲛⲉⲛⲥⲁ ⲉⲧⲣⲉϥⲕⲟⲧϥ ⲉ̀ⲃⲟⲗϧⲉⲛ ⲡⲓϭⲟϫϭⲉϫ ⲛ̀ⲭⲟⲇⲟⲗⲟⲅⲟⲙⲟⲣ ⲛⲉⲙ ⲛⲓⲟⲩⲣⲱⲟⲩ ⲉⲑⲛⲉⲙⲁϥ ⲉ̀ϧⲣⲏⲓ ϧⲉⲛ ⲡⲓⲁ ⲛ ⲥⲁⲩⲏ ⲑⲁⲓ ⲧⲉ ⲧⲥⲱϣⲓ ⲙ̀ⲡⲓⲟⲩⲣⲟ ⲁ ⲙⲉⲗⲭⲓⲥⲉⲇⲉⲕ ⲡ̀ⲟⲩⲣⲟ ⲛ̀Ⲥⲁⲗⲏⲙ ⲉⲓⲛⲓ ⲉ̀ⲃⲟⲗ ϩⲉⲛⲱⲓⲕ ⲛⲉⲙ ⲟⲩⲏⲣⲡ ⲛⲉϥⲟ ⲇⲉ ⲛ̀ⲟⲩⲏⲃ ⲡⲉ ⲙ̀Ⲫϯ ⲉⲧϭⲟⲥⲓ. Ⲁϥⲥ̀ⲙⲟⲩ ⲉ̀Ⲁⲃⲣⲁⲁⲙ ⲉϥϫⲱ ⲙ̀ⲙⲟⲥ ϫⲉ ϥ̀ⲥ̀ⲙⲁⲣⲱⲟⲩⲧ ⲛ̀ϫⲉ Ⲁⲃⲣⲁⲁⲙ ⲙ̀Ⲫϯ ⲉⲧϭⲟⲥⲓ ⲫⲁⲓ ⲛ̀ⲧⲁϥⲥⲉⲛⲧ ⲧ̀ⲫⲉ ⲛⲉⲙ ⲡ̀ⲕⲁϩⲓ ⲟⲩⲟϩ ϥ̀ⲥ̀ⲙⲁⲣⲱⲟⲩⲧ ⲛ̀ϫⲉ Ⲫϯ ⲉⲧϭⲟⲥⲓ ⲫⲁⲓ ⲛ̀ⲧⲁϥϯ ⲛⲛⲉⲕϫⲓϫⲉⲉⲩ ϧⲉⲛ ⲛⲉⲟⲩⲟϩ ⲁϥϯⲛⲁϥ ⲛ̀ϩⲁⲛⲣⲉⲙⲏⲧ ⲉ̀ⲃⲟⲗϧⲉⲛ ⲛ̀ⲭⲁⲓ ⲛⲓⲃⲉⲛ :

Ⲟⲩⲱ̀ⲟⲩ ⲛ̀ϯⲧ̀ⲣⲓⲁⲥ ⲉ̀ⲑⲟⲩⲁⲃ ⲡⲉⲛⲛⲟⲩϯ ϣⲁ ⲉ̀ⲛⲉϩ ⲛⲉⲙ ϣⲁ ⲉ̀ⲛⲉϩ ⲛ̀ⲧⲉ ⲛⲓⲉ̀ⲛⲉϩ ⲧⲏⲣⲟⲩ: ⲁ̀ⲙⲏⲛ.

Genesis 14:17-20

A reading from the book of Genesis of Moses the Prophet may his blessings be with us Amen.

And the king of Sodom went out to meet him at the Valley of Shaveh (that is, the King's Valley), after his return from the defeat of Chedorlaomer and the kings who were with him. Then Melchizedek king of Salem brought out bread and wine; he was the priest of God Most High. And he blessed him and said: "Blessed be Abram of God Most High, Possessor of heaven and earth; And blessed be God Most High, Who has delivered your enemies into your hand." And he gave him a tithe of all.

Glory be to the Holy Trinity our God unto the age of all ages, Amen.

سفر التكوين ١٤ : ١٧ - ٢٠

من سفر التكوين لموسى النبى بركته المقدسة تكون معنا، آمين.

فَخَرَجَ مَلِكُ سَدُومَ لاسْتِقْبَالِهِ بَعْدَ رُجُوعِهِ مِنْ كَسْرَةِ كَدَرْلَعَوْمَرَ وَالْمُلُوكِ الَّذِينَ مَعَهُ الَى عُمْقِ شَوَى (الَّذِي هُوَ عُمْقُ الْمَلِكِ). وَمَلْكِي صَادِقُ مَلِكُ شَالِيمَ اخْرَجَ خُبْزا وَخَمْرا. وَكَانَ كَاهِنا لِلَّهِ الْعَلِيِّ. وَبَارَكَهُ وَقَالَ: «مُبَارَكٌ ابْرَامُ مِنَ اللهِ الْعَلِيِّ مَالِكِ السَّمَاوَاتِ وَالارْضِ وَمُبَارَكٌ اللهُ الْعَلِيُّ الَّذِي اسْلَمَ اعْدَاءَكَ فِي يَدِكَ». فَاعْطَاهُ عُشْرا مِنْ كُلِّ شَيْءٍ.

مجداً للثالوث القدوس الهنا إلى الأبد وإلى أبد الآبدين كلها، آمين.

Ⲓⲱⲃ ⲡⲓⲇⲓⲕⲉⲟⲥ Ⲕⲉⲫ ⲕ̅ⲍ̅ : ⲁ̅ ϣⲃ̅ⲗ̅ ⲛⲉⲙ Ⲕⲉⲫ ⲕ̅ⲏ̅ : ⲁ̅ - ⲓ̅ⲋ̅

Ⲉ̀ⲃⲟⲗϧⲉⲛ Ⲓⲱⲃ ⲡⲓⲇⲓⲕⲉⲟⲥ: ⲉ̀ⲣⲉⲡⲉϥ̀ⲥⲙⲟⲩ ⲉ̀ⲑⲟⲩⲁⲃ ϣⲱⲡⲓ ⲛⲉⲙⲁⲛ ⲁ̀ⲙⲏⲛ ⲉϥϫⲱ ⲙ̀ⲙⲟⲥ.

Ϥⲟⲛϧ ⲛ̀ϫⲉ Ⲡ̅ⲟ̅ⲥ̅ ⲫⲏⲉ̀ⲧⲁϥ ϯϩⲁⲡ ⲉⲣⲟⲓ ⲙ̀ⲡⲁⲓⲣⲏϯ : ⲛⲉⲙ ⲡⲓⲡⲁⲛⲧⲟⲕⲣⲁⲧⲱⲣ ⲫⲏⲉ̀ⲧⲁϥϯ̀ⲙⲕⲁϩ ⲛ̀ⲧⲁⲯⲩⲭⲏ : ϫⲉ ϩⲟⲥ ⲟⲛ ⲉ̀ⲣⲉ ⲡⲁⲛⲓϥⲓ ϣⲟⲡ ⲛ̀ϧⲏⲧ : ⲟⲩⲟϩ ⲟⲩⲡ̅ⲛ̅ⲁ̅ ⲉ̀ϥⲟⲩⲁⲃ ⲉ̀ⲧⲓ ⲉϥⲭⲏ ϧⲉⲛ ⲡⲁϣⲁⲓ. Ⲙ̀ⲛⲉ ⲛⲁ̀ⲥⲫⲟⲧⲟⲩ ϫⲉ ⲟⲩⲥⲁϫⲓ ⲛ̀ⲁ̀ⲛⲟⲙⲟⲛ : ⲟⲩⲇⲉ ⲧⲁⲯⲩⲭⲏ ⲛ̀ⲛⲉⲥⲉⲣⲙⲉⲗⲉⲧⲁⲛ ⲛ̀ϩⲁⲛϭⲓ̀ⲛϫⲟⲛⲥ. Ⲙ̀ⲛⲉⲥϣⲱⲡⲓ ⲛⲏⲓ : ⲉ̀ⲑ̀ⲣⲓϫⲟⲥ ϫⲉ ⲛ̀ⲑⲱⲧⲉⲛ ϩⲁⲛⲑ̀ⲙⲏⲓ ϣⲁϯⲛⲟⲩ : ⲛ̀ⲛⲁⲭⲱ ⲅⲁⲣ ⲛ̀ⲥⲱⲓ ⲛ̀ⲧⲁⲙⲉⲧⲁⲧⲕⲁⲕⲓⲁ̀. Ⲉⲓⲉ̀ϯϩ̀ⲑⲏⲓ ⲇⲉ ⲉ̀ϯⲙⲉⲑ̀ⲙⲏⲓ ⲟⲩⲟϩ ⲛ̀ⲛⲁⲭⲁⲣⲱⲓ : ϯⲥⲱⲟⲩⲛ ⲅⲁⲣ ⲙ̀ⲙⲟⲓ ⲁⲛ ⲉ̀ⲉⲣ ϩ̀ⲗⲓ ⲙ̀ⲡⲉⲧϩⲱⲟⲩ ⲓⲉ ϭⲓ̀ⲛϫⲟⲛⲥ : ⲙ̀ⲙⲟⲛ ⲇⲉ. Ⲁⲗⲗⲁ ⲛⲁϫⲁϫⲓ ⲉⲩⲉ̀ⲉⲣ ⲙ̀ⲫ̀ⲣⲏϯ ⲙ̀ⲫⲟⲩⲱϫⲡ ⲛ̀ⲛⲓⲁ̀ⲥⲉⲃⲏⲥ : ⲟⲩⲟϩ ⲛⲏⲉⲧⲧⲱⲟⲩⲛ ⲙ̀ⲙⲱⲟⲩ ⲉ̀ϩ̀ⲣⲏⲓ ⲉ̀ϫⲱⲓ ⲙ̀ⲫ̀ⲣⲏϯ ⲙ̀ⲡ̀ⲧⲁⲕⲟ ⲛ̀ⲛⲓⲡⲁⲣⲁⲛⲟⲙⲟⲥ. Ⲁϣ ⲅⲁⲣ ⲧⲉ ⲧ̀ϩⲉⲗⲡⲓⲥ ⲙ̀ⲡⲓⲁ̀ⲥⲉⲃⲏⲥ ϫⲉ ⲁϥⲁ̀ⲙⲟⲛⲓ ⲛ̀ⲧⲟⲧϥ : ⲁϥϣⲁⲛ ⲭⲁϩ̀ⲑⲏϥ ⲉ̀Ⲡ̅ⲟ̅ⲥ̅. Ⲭⲁⲣⲁ ϥ̀ⲛⲁⲛⲟϩⲉⲙ : ⲓⲉ ϥ̀ⲛⲁⲥⲱⲧⲉⲙ ⲉ̀ⲡⲉϥⲧⲱⲃϩ ⲛ̀ϫⲉ Ⲡ̅ⲟ̅ⲥ̅ : ⲓⲉ ⲁⲥϣⲁⲛ̀ⲓ ⲉ̀ϫⲱϥ ⲛ̀ϫⲉ ⲟⲩⲁ̀ⲛⲁⲅⲕⲏ : ⲙⲏ ϥ̀ⲛⲁϫⲉⲙ ϩ̀ⲗⲓ ⲙ̀ⲡⲁⲣⲣⲏⲥⲓⲁ̀ ⲙ̀ⲡⲉϥ̀ⲙ̀ⲑⲟ ⲉ̀ⲃⲟⲗ : ⲓⲉ ⲁϥϣⲁⲛⲱϣ ⲟⲩⲃⲏϥ : ⲙⲏ ϥ̀ⲛⲁⲥⲱⲧⲉⲙ ⲉ̀ⲣⲟϥ Ⲁⲗⲗⲁ ⲁ̀ⲛⲟⲕ ϯⲛⲁⲧⲁⲙⲱⲧⲉⲛ : ϫⲉ ⲟⲩⲡⲉⲧ ϧⲉⲛ ⲛⲉⲛϫⲓϫ ⲙ̀Ⲡ̅ⲟ̅ⲥ̅ : ⲟⲩⲟϩ ⲛ̀ⲛⲁϫⲉ ⲙⲉⲑⲛⲟⲩϫ ⲛ̀ⲛⲏⲉⲧⲉ ⲛ̀ⲧⲟⲧϥ ⲙ̀ⲡⲓⲡⲁⲛⲧⲟⲕⲣⲁⲧⲱⲣ : ϩⲏⲡⲡⲉ ⲧⲉⲧⲉⲛⲉ̀ⲙⲓ ⲧⲏⲣⲟⲩ : ϫⲉ ϩⲁⲛⲡⲉⲧϣⲟⲩⲓⲧ. Ⲫⲁⲓ ⲡⲉ ⲫ̀ⲙⲉⲣⲟⲥ ⲙ̀ⲡⲓⲣⲱⲙⲓ ⲛ̀ⲁ̀ⲥⲉⲃⲏⲥ ⲉ̀ⲃⲟⲗ ϩⲓⲧⲉⲛ Ⲡ̅ⲟ̅ⲥ̅ : ⲡⲓϫⲫⲓⲟ̀ ⲇⲉ ⲛ̀ⲧⲉ ⲛⲓϫⲱⲣⲓ ⲉϥⲉ̀ⲓ̀ ⲉ̀ϩ̀ⲣⲏⲓ ⲉ̀ϫⲱϥ ⲉ̀ⲃⲟⲗ ϩⲓⲧⲟⲧϥ ⲙ̀ⲡⲓⲡⲁⲛⲧⲟⲕⲣⲁⲧⲱⲣ. Ⲁⲩϣⲁⲛ ⲁ̀ϣⲁⲓ ⲇⲉ ⲛ̀ϫⲉ ⲛⲉϥϣⲏⲣⲓ : ⲉⲩⲉ̀ϣⲱⲡⲓ ⲉ̀ⲡ̀ϧⲟⲗϧⲉⲗ : ⲟⲩⲟϩ ⲉ̀ϣⲱⲡ ⲁⲩϣⲁⲛϫⲉⲙⲛⲟⲙϯ : ⲉⲩⲉ̀ϣⲁⲧ ⲙⲉⲑⲛⲁⲓ. Ⲛⲏ ⲇⲉ ⲉⲧϣⲟⲡ ⲛⲁϥ ⲉⲩⲉ̀ⲙⲟⲩ ⲉ̀ⲫ̀ⲙⲟⲩ : ⲛⲟⲩⲭⲏⲣⲁ ⲇⲉ ⲛ̀ⲛⲉ̀ϩⲗⲓ ⲛⲁⲓⲛⲱⲟⲩ. Ⲁⲩⲑⲟⲩⲉⲧ ϩⲁⲧ ⲙ̀ⲫ̀ⲣⲏϯ ⲛ̀ⲟⲩⲕⲁϩⲓ : ⲁⲩⲥⲟⲃϯ ⲇⲉ ⲙ̀ⲫ̀ⲛⲟⲩⲃ ⲙ̀ⲫ̀ⲣⲏϯ ⲛ̀ⲟⲩⲟ̀ⲙⲓ. Ⲛⲁⲓ ⲧⲏⲣⲟⲩ ⲛⲓⲑ̀ⲙⲏⲓ ⲉⲑⲛⲁϭⲓⲧⲟⲩ : ⲛⲉϥⲭ̀ⲣⲏⲙⲁ ⲇⲉ ϩⲁⲛⲣⲉⲙ̀ⲛⲏⲓ ⲉⲩⲉ̀ⲁ̀ⲙⲟⲛⲓ ⲙ̀ⲙⲱⲟⲩ. Ⲡⲉϥⲏⲓ ⲇⲉ ⲁϥϣⲱⲡⲓ ⲙ̀ⲫ̀ⲣⲏϯ ⲛ̀ϩⲁⲛϩⲟⲗⲓ ⲛⲉⲙ ⲙ̀ⲫ̀ⲣⲏϯ ⲛ̀ⲟⲩⲥ̀ⲧⲁϫⲟⲩⲗ. Ⲉϥⲉ̀ⲉⲛⲕⲟⲧ ⲇⲉ ⲛ̀ϫⲉ ⲟⲩⲣⲁⲙⲁⲟ : ⲟⲩⲟϩ ⲛ̀ⲛⲉϥⲟⲩⲁϩⲧⲟⲧϥ ⲉϥⲟⲩⲱⲛ ⲛ̀ⲛⲉϥⲃⲁⲗ ⲟⲩⲟϩ ϥϣⲟⲡ ⲁⲛ. Ⲁⲩⲓ̀ ⲉ̀ϧⲟⲩⲛ ⲉ̀ϩ̀ⲣⲁϥ ⲛ̀ϫⲉ ⲛⲓⲙ̀ⲕⲁϩⲛ̀ϩⲏⲧ ⲙ̀ⲫ̀ⲣⲏϯ ⲛ̀ⲟⲩⲙⲱⲟⲩ ϧⲉⲛ ⲟⲩⲉ̀ϫⲱⲣϩ : ϫⲉ ⲁϥⲟ̀ⲗϥ ⲛ̀ϫⲉ ⲟⲩⲅ̀ⲛⲟⲫⲟⲥ. Ⲉϥⲉ̀ⲟⲗϥ ⲛ̀ϫⲉ ⲟⲩⲕⲁⲩ ⲥⲟⲛ ⲟⲩⲟϩ ⲉϥⲉ̀ϣⲉⲛⲁϥ ⲉϥⲉ̀ϣⲁϣⲁϥ ⲉ̀ⲃⲟⲗ ϧⲉⲛ ⲡⲉϥⲧⲟⲡⲟⲥ : ⲟⲩⲟϩ ⲉϥⲉ̀ⲃⲟⲣⲃⲉⲣ ⲉ̀ϩ̀ⲣⲏⲓ ⲉ̀ϫⲱϥ ⲛ̀ⲛⲉϥϯⲁ̀ⲥⲟⲁⲛ : ϧⲉⲛ ⲟⲩⲫⲱⲧ ⲉϥⲉ̀ⲫⲱⲧ ⲉ̀ⲃⲟⲗϧⲉⲛ ⲛⲉϥϫⲓϫ. Ⲉϥⲉ̀ⲉⲛ ⲛⲉϥϫⲓϫ ⲉ̀ϩ̀ⲣⲏⲓ ⲉ̀ϫⲱϥ : ⲟⲩⲟϩ ⲉϥⲉ̀ϥⲱϯ ⲉ̀ⲃⲟⲗ ⲙ̀ⲙⲟϥ ⲉ̀ⲃⲟⲗϧⲉⲛ ⲡⲉϥⲙⲁ. Ϥϣⲟⲡ ⲅⲁⲣ ⲁⲛ ⲛ̀ϫⲉ ⲟⲩⲙⲁ̀ⲙ̀ⲡⲓϩⲁⲧ : ⲫⲏⲉ̀ⲧⲁⲩⲑⲁⲙⲓⲟ ⲉ̀ⲃⲟⲗ ⲛ̀ϧⲏⲧϥ. Ⲡⲓⲃⲉⲛⲓⲡⲓ ⲙⲉⲛ ⲅⲁⲣ ⲁⲩⲑⲁⲙⲓⲟ ⲙ̀ⲙⲟϥ ⲉ̀ⲃⲟⲗϧⲉⲛ ⲡ̀ⲕⲁϩⲓ : ⲡⲓϩⲟⲙⲧ ⲇⲉ ⲁⲩⲉⲣϩⲱⲃ ⲉ̀ⲣⲟϥ ⲙ̀ⲫ̀ⲣⲏϯ ⲙ̀ⲡⲓⲱ̀ⲛⲓ. Ⲁϥⲕⲱ ⲛ̀ⲟⲩⲧⲁⲝⲓⲥ ⲙ̀ⲡⲓⲭⲁⲕⲓ : ⲟⲩⲟϩ ϧⲁⲉⲩ ⲛⲓⲃⲉⲛ ⲛ̀ⲑⲟϥ ⲉⲧϧⲟⲧϧⲉⲧ ⲙ̀ⲙⲱⲟⲩ : Ⲟⲩⲱⲓⲛⲓ ⲛⲉⲙ ⲟⲩⲭⲁⲕⲓ ⲉⲧϧⲉⲛ ⲧ̀ϧⲏⲓⲃⲓ ⲙ̀ⲫ̀ⲙⲟⲩ. Ⲟⲩϣⲱⲧ ⲉ̀ⲃⲟⲗ ⲛ̀ⲧⲉ ⲟⲩⲭⲓⲙⲁⲣⲟⲥ ⲉ̀ⲃⲟⲗϧⲉⲛ ⲟⲩⲕⲱⲛⲓⲁ̀ : ⲛⲏ ⲇⲉ ⲉ̀ⲧⲉⲣⲡⲱⲃϣ ⲛ̀ϯⲙⲉⲑⲙⲏⲓ ⲁⲩϣⲱⲛⲓ ⲉ̀ⲃⲟⲗ ϧⲉⲛ ⲡⲓⲣⲱⲙⲓ. Ⲡⲓⲕⲁϩⲓ ⲟⲩⲱⲓⲕ ⲉϥⲉ̀ⲓ̀ ⲉ̀ⲃⲟⲗ ⲙ̀ⲙⲟϥ : ⲥⲁⲡⲉⲥⲏⲧ ⲙ̀ⲙⲟϥ ⲁϥⲫⲱⲛϩ ⲙ̀ⲫ̀ⲣⲏϯ ⲛ̀ⲟⲩⲭ̀ⲣⲱⲙ. Ⲟⲩⲙⲁ̀ⲛⲟⲁⲡⲫⲓⲣⲟⲥ ⲡⲉ ⲡⲉϥⲱ̀ⲛⲓ ⲟⲩⲟϩ Ⲡⲉϥⲕⲁϩⲓ ⲟⲩⲛⲟⲩⲃ ⲡⲉ. Ⲟⲩⲙⲱⲓⲧ ⲙ̀ⲡⲉϩⲁⲗⲏⲧ ⲥⲟⲩⲱⲛϥ : ⲟⲩⲟϩ ⲙ̀ⲡⲉϥⲛⲁⲩ ⲉ̀ⲣⲟϥ ⲛ̀ϫⲉ ⲫ̀ⲃⲁⲗ ⲛⲟⲩⲛⲟϣⲉⲣ. Ⲟⲩⲟϩ ⲙ̀ⲡⲟⲩϩⲱⲙⲓ ϩⲓⲱⲧϥ ⲛ̀ϫⲉ ϩⲁⲛϣⲏⲣⲓ ⲛ̀ⲧⲉ ϩⲁⲛⲙⲉⲧϭⲁⲥⲓ ϩⲏⲧ : ⲙ̀ⲡⲉϥⲥⲓⲛⲓ ⲛ̀ϧⲏⲧϥ ⲛ̀ϫⲉ ⲟⲩⲙⲟⲩⲓ̀. Ⲁϥⲥⲟⲩⲧⲉⲛ ⲧⲉϥϫⲓϫ ⲉ̀ⲃⲟⲗϧⲉⲛ ⲟⲩⲗⲁⲕϩ : ⲁϥⲟⲩⲱϫⲡ ⲇⲉ ⲛ̀ϩⲁⲛⲧⲱⲟⲩ ⲉ̀ⲃⲟⲗϧⲉⲛ ⲛⲟⲩⲥⲉⲛϯ. Ⲁϥⲫⲱⲛϫ ⲇⲉ ⲛ̀ⲧϫⲟⲙ ⲛ̀ⲧⲉ ϩⲁⲛⲓⲁⲣⲱⲟⲩ : ϩⲱⲃ ⲇⲉ ⲛⲓⲃⲉⲛ ⲉⲧⲧⲁⲓⲏⲟⲩⲧ ⲁⲩⲛⲁⲩ ⲉ̀ⲣⲟϥ ⲁϥϭⲟⲣⲡⲟⲩ : ⲁϥⲟⲩⲱⲛϩ ⲇⲉ ⲛ̀ⲧⲉϥϫⲟⲙ ⲉⲩⲟⲩⲱⲓⲛⲓ. Ϯⲥⲟⲫⲓⲁ̀ ⲇⲉ ⲉ̀ⲧⲁⲩϫⲉⲙⲥⲑⲱⲛ : ⲁϣⲡⲉ ⲫ̀ⲙⲁ ⲛ̀ϯⲉ̀ ⲡⲓⲥⲧⲓⲙⲏ : ⲙ̀ⲙⲟⲛ ⲣⲱⲙⲓ ⲥⲱⲟⲩⲛ ⲙ̀ⲡⲓⲙⲱⲓⲧ : ⲟⲩⲇⲉ ⲛ̀ⲛⲟⲩϫⲉⲙⲥ ϧⲉⲛ ⲛⲓⲣⲱⲙⲓ.

Ⲟⲩⲱ̀ⲟⲩ ⲛ̀ϯⲦ̀ⲣⲓⲁⲥ ⲉ̀ⲑⲟⲩⲁⲃ ⲡⲉⲛⲛⲟⲩϯ ϣⲁ ⲉ̀ⲛⲉϩ ⲛⲉⲙ ϣⲁ ⲉ̀ⲛⲉϩ ⲛ̀ⲧⲉ ⲛⲓⲉ̀ⲛⲉϩ ⲧⲏⲣⲟⲩ: ⲁ̀ⲙⲏⲛ.

Job 27:2-28:13

أيوب ٢٧ : ١ الخ و ٢٨ : ١ – ١٣

A reading from the book of Job may his blessings be with us Amen.

As God lives, who has taken away my justice, And the Almighty, who has made my soul bitter, As long as my breath is in me, And the breath of God

من أيوب الصديق بركته المقدسة تكون معنا، آمين.

حَيٌّ هُوَ اللهُ الَّذِي نَزَعَ حَقِّي وَالْقَدِيرُ الَّذِي أَمَرَّ نَفْسِي إِنَّهُ مَا دَامَتْ نَسَمَتِي فِيَّ وَنَفْخَةُ اللهِ فِي أَنْفِي لَنْ تَتَكَلَّمَ شَفَتَايَ إِثْماً وَلاَ يَلْفِظَ

لِسَانِي بِغِشٍّ. حَاشَا لِي أَنْ أُبَرِّرَكُمْ! حَتَّى أُسْلِمَ الرُّوحَ لاَ أَعْزِلُ كَمَالِي عَنِّي. تَمَسَّكْتُ بِبِرِّي وَلاَ أُرْخِيهِ. قَلْبِي لاَ يُعَيِّرُ يَوْماً مِنْ أَيَّامِي. لِيَكُنْ عَدُوِّي كَالشِّرِّيرِ وَمُعَانِدِي كَفَاعِلِ الشَّرِّ. لأَنَّهُ مَا هُوَ رَجَاءُ الْفَاجِرِ عِنْدَمَا يَقْطَعُهُ عِنْدَمَا يَسْلِبُ اللهُ نَفْسَهُ؟ أَفَيَسْمَعُ اللهُ صُرَاخَهُ إِذَا جَاءَ عَلَيْهِ ضِيقٌ؟ أَمْ يَتَلَذَّذُ بِالْقَدِيرِ؟ هَلْ يَدْعُو اللهَ فِي كُلِّ حِينٍ؟ [إِنِّي أُعَلِّمُكُمْ بِيَدِ اللهِ. لاَ أَكْتُمُ مَا هُوَ عِنْدَ الْقَدِيرِ. هَا أَنْتُمْ كُلُّكُمْ قَدْ رَأَيْتُمْ فَلِمَاذَا تَتَبَطَّلُونَ تَبَطُّلاً قَائِلِينَ: هَذَا نَصِيبُ الإِنْسَانِ الشِّرِّيرِ مِنْ عِنْدِ اللهِ وَمِيرَاثُ الْعُتَاةِ الَّذِي يَنَالُونَهُ مِنَ الْقَدِيرِ. إِنْ كَثُرَ بَنُوهُ فَلِلسَّيْفِ وَذُرِّيَّتُهُ لاَ تَشْبَعُ خُبْزاً. بَقِيَّتُهُ تُدْفَنُ بِالْوَبَاءِ وَأَرَامِلُهُ لاَ تَبْكِي. إِنْ كَنَزَ فِضَّةً كَالتُّرَابِ وَأَعَدَّ مَلاَبِسَ كَالطِّينِ فَهُوَ يُعِدُّ وَالْبَارُّ يَلْبَسُهُ وَالْبَرِيءُ يَقْسِمُ الْفِضَّةَ. يَبْنِي بَيْتَهُ كَالْعُثِّ أَوْ كَمِظَلَّةٍ صَنَعَهَا الْحَارِسُ. يَضْطَجِعُ غَنِيّاً وَلَكِنَّهُ لاَ يُضَمُّ. يَفْتَحُ عَيْنَيْهِ وَلاَ يَكُونُ. الأَهْوَالُ تُدْرِكُهُ كَالْمِيَاهِ. لَيْلاً تَخْتَطِفُهُ الزَّوْبَعَةُ تَحْمِلُهُ الشَّرْقِيَّةُ فَيَذْهَبُ وَتَجْرُفُهُ مِنْ مَكَانِهِ. يُلْقِي اللهُ عَلَيْهِ وَلاَ يُشْفِقُ. مِنْ يَدِهِ يَهْرُبُ هَرْباً. يَصْفِقُونَ عَلَيْهِ بِأَيْدِيهِمْ وَيَصْفِرُونَ عَلَيْهِ مِنْ مَكَانِهِ. [لأَنَّهُ يُوجَدُ لِلْفِضَّةِ مَعْدَنٌ وَمَوْضِعٌ لِلذَّهَبِ حَيْثُ يُمَحِّصُونَهُ. الْحَدِيدُ يُسْتَخْرَجُ مِنَ التُّرَابِ وَالْحَجَرُ يَسْكُبُ نُحَاساً. قَدْ جَعَلَ لِلظُّلْمَةِ نِهَايَةً وَإِلَى كُلِّ طَرَفٍ هُوَ يَفْحَصُ. حَجَرَ الظُّلْمَةِ وَظِلَّ الْمَوْتِ. حَفَرَ

in my nostrils, My lips will not speak wickedness, Nor my tongue utter deceit. Far be it from me That I should say you are right; Till I die I will not put away my integrity from me. My righteousness I hold fast, and will not let it go; My heart shall not reproach me as long as I live.

"May my enemy be like the wicked, And he who rises up against me like the unrighteous. For what is the hope of the hypocrite, Though he may gain much, If God takes away his life? Will God hear his cry When trouble comes upon him? Will he delight himself in the Almighty? Will he always call on God?

"I will teach you about the hand of God; What is with the Almighty I will not conceal. Surely all of you have seen it; Why then do you behave with complete nonsense? "This is the portion of a wicked man with God, And the heritage of oppressors, received from the Almighty: If his children are multiplied, it is for the sword; And his offspring shall not be satisfied with bread. Those who survive him shall be buried in death, And their widows shall not weep, Though he heaps up silver like dust, And piles up clothing like clay-- He may pile it up, but the just will wear it, And the innocent will divide the silver. He builds his house like a moth, Like a booth which a watchman makes. The rich man will lie down, But not be gathered up; He opens his eyes, And he is no more. Terrors overtake him like a flood; A tempest steals him away in the night. The east wind carries him away, and he is gone; It sweeps him out of his place. It hurls against him and does not spare; He flees desperately from its power. Men shall clap their hands at him, And shall hiss him out of his place.

"Surely there is a mine for silver, And a place where gold is refined. Iron is taken from the earth, And copper is smelted from ore. Man puts an end to darkness, And searches every recess For ore in the darkness and the shadow of death. He breaks open a shaft away from people; In places forgotten by feet They hang far away from men; They swing to and fro. As for the earth, from it comes bread, But underneath it is turned up as by fire; Its stones are the source of sapphires, And it contains gold dust. That path no bird knows, Nor has the falcon's eye seen it. The proud lions have not trodden it, Nor has the fierce lion passed over it. He puts his hand on the flint; He overturns the mountains at the roots. He cuts out channels in the rocks, And his eye sees every precious thing. He dams up the streams from trickling; What is hidden he brings forth to light. "But where can wisdom be found? And where is the place of understanding? Man does not know its value, Nor is it found in the land of the living.

Glory be to the Holy Trinity our God unto the age of all ages, Amen.

مَنْجَماً بَعِيداً عَنِ السُّكَّانِ. بِلاَ مَوْطِئٍ لِلْقَدَمِ. مُتَدَلِّينَ بَعِيدِينَ مِنَ النَّاسِ يَتَدَلْدَلُونَ. أَرْضٌ يَخْرُجُ مِنْهَا الْخُبْزُ أَسْفَلُهَا يَنْقَلِبُ كَمَا بِالنَّارِ. حِجَارَتُهَا هِيَ مَوْضِعُ الْيَاقُوتِ الأَزْرَقِ وَفِيهَا تُرَابُ الذَّهَبِ. سَبِيلٌ لَمْ يَعْرِفْهُ كَاسِرٌ وَلَمْ تُبْصِرْهُ عَيْنُ بَاشِقٍ وَلَمْ تَدُسْهُ أَجْرَاءُ السَّبْعِ وَلَمْ يَسْلُكْهُ الأَسَدُ. إِلَى الصَّوَّانِ يَمُدُّ يَدَهُ. يَقْلِبُ الْجِبَالَ مِنْ أُصُولِهَا. يَنْقُرُ فِي الصُّخُورِ سَرَباً وَعَيْنُهُ تَرَى كُلَّ ثَمِينٍ. يَمْنَعُ رَشْحَ الأَنْهَارِ وَأَبْرَزَ الْخَفِيَّاتِ إِلَى النُّورِ. [أَمَّا الْحِكْمَةُ فَمِنْ أَيْنَ تُوجَدُ وَأَيْنَ هُوَ مَكَانُ الْفَهْمِ؟ لاَ يَعْرِفُ الإِنْسَانُ قِيمَتَهَا وَلاَ تُوجَدُ فِي أَرْضِ الأَحْيَاءِ.

مجداً للثالوث القدوس الهنا إلى الأبد وإلى أبد الآبدين كلها، آمين.

Ⲟⲩⲕⲁⲧⲏⲭⲏⲥⲓⲥ

Ⲟⲩⲕⲁⲧⲏⲭⲏⲥⲓⲥ ⲛ̀ⲧⲉ ⲡⲉⲛⲓⲱⲧ ⲉ̀ⲑⲟⲩⲁⲃ ⲁⲃⲃⲁ Ϣⲉⲛⲟⲩϯ ⲡⲓⲁ̀ⲣⲭⲏ ⲙⲁⲛⲇⲣⲓⲧⲏⲥ: ⲉ̀ⲣⲉ ⲡⲉϥⲥ̀ⲙⲟⲩ ⲉⲑⲟⲩⲁⲃ ϣⲱⲡⲓ ⲛⲉⲙⲁⲛ ⲁ̀ⲙⲏⲛ.

Ⲟⲩⲟⲛ ϩⲁⲛϩ̀ⲃⲏⲟⲩⲓ̀ ⲉⲛⲙⲉⲩⲓ̀ ⲉ̀ⲣⲱⲟⲩ ϫⲉ ϩⲁⲛ ⲁ̀ⲅⲁⲑⲟⲛ ⲛⲉ : ⲉϩⲁⲛ ⲡⲉⲧϩⲱⲟⲩ ⲛⲉ ϧⲁⲧⲉⲛ Ⲫϯ : ⲉ̀ⲧⲉ ⲫⲁⲓ ⲡⲉ ϫⲉ ⲉⲛϥⲁⲓ ϧⲁ ⲛⲉⲛⲉ̀ⲣⲛⲟⲩ ⲉⲛⲉⲣⲛⲟⲃⲓ ϧⲉⲛ ⲛⲓⲧⲟⲡⲟⲥ ⲉⲑⲟⲩ : ⲛⲉⲧⲁ Ⲡⲟ̅ⲥ̅ ϭⲓ ⲁⲛ ⲉ̀ⲃⲟⲗϧⲉⲛ ⲛⲓϣ̀ϣⲏⲛ ⲉⲧϩⲱⲟⲩ ⲛⲉⲙ ⲛⲓϣ̀ϣⲏⲛ ⲉⲑⲛⲁⲛⲉⲩ ⲁϥϭⲟ ⲙ̀ⲡⲓⲡⲁⲣⲁⲇⲓⲟⲥ : ⲁⲗⲗⲁ ϫⲉ ⲉ̀ⲧⲁϥϭⲓ ⲉ̀ⲃⲟⲗϧⲉⲛ ⲛⲓϣ̀ϣⲏⲛ ⲉⲑⲛⲁⲛⲉⲩ ⲁϥϭⲟϥ. Ⲟⲩⲟϩ ⲉ̀ⲧⲁϥϭⲟϥ ⲁⲛ ϧⲉⲛ ϩⲁⲛ ϣ̀ϣⲏⲛ ⲛ̀ⲁⲧⲟⲩⲧⲁϩ ⲓⲉ ⲉϥϩⲱⲟⲩ ⲛ̀ϫⲉ ⲡ̀ⲟⲩⲧⲁϩ ⲟⲩⲟϩ ⲙⲟⲛⲟⲛ ⲫⲁⲓ ⲁⲗⲗⲁ ⲛⲉⲙ ⲛⲓⲣⲱⲙⲓ ⲉ̀ⲧⲁϥϧⲁⲩ ⲙ̀ⲙⲁⲩⲁ̀ⲧⲟⲩ ⲉ̀ⲙⲁⲩ : ϧⲉⲛ ⲡ̀ϫⲓⲛ ⲑ̀ⲣⲟⲩ ⲉⲣⲡⲁⲣⲁⲃⲉⲛⲓⲛ ⲙ̀ⲡⲉϥⲉⲣⲁ̀ⲛⲁⲭⲉⲥⲑⲉ : ⲁⲗⲗⲁ ⲁϥϩⲓⲧⲟⲩ ⲉ̀ⲃⲟⲗⲛ̀ϧⲏⲧϥ : Ⲁ̀ⲣⲓⲉ̀ⲙⲓ ⲉ̀ⲃⲟⲗϧⲉⲛ ⲫⲁⲓ ⲱ̀ⲛⲓⲥⲛⲏⲟⲩ ⲙ̀ⲙⲉⲛⲣⲓⲧ : ϫⲉ ⲥ̀ϣⲉⲁⲛ ⲉ̀ⲙⲁϩ ⲛⲓⲧⲟⲡⲟⲥ ⲉⲑⲟⲩ ⲛ̀ⲧⲉ Ⲫϯ ⲉ̀ⲃⲟⲗϧⲉⲛ ⲛⲓⲣⲱⲙⲓ ⲉⲧϩⲱⲟⲩ ⲛⲉⲙ ⲛⲓⲁ̀ⲅⲁⲑⲟⲥ : ⲙ̀ⲫⲣⲏϯ ⲉ̀ⲧⲉⲡⲓⲕⲟⲥⲙⲟⲥ ⲧⲏⲣϥ ⲙⲟϩ ⲛ̀ⲣⲉϥⲉⲣⲛⲟⲃⲓ ⲛⲉⲙ ⲣⲉϥϭⲓⲛ̀ϫⲟⲛⲥ : ⲛⲉⲙ ϩⲁⲛ ⲁ̀ⲅⲁⲑⲟⲥ ⲛⲉⲙ ϩⲁⲛ ⲁ̀ⲕⲁⲑⲁⲣⲧⲟⲥ : ⲁⲗⲗⲁ ⲛⲏⲉⲧ ⲉⲣⲛⲟⲃⲓ ⲉ̀ϣⲧⲉⲙⲭⲁⲩ ⲛ̀ϧⲏⲧⲟⲩ ⲁⲗⲗⲁ ⲉϩⲓⲧⲟⲩ ⲉ̀ⲃⲟⲗ ϯⲥⲱⲟⲩⲛ ϫⲉ ⲡⲓⲕⲁϩⲓ ⲧⲏⲣϥ ⲫⲁ Ⲡⲟ̅ⲥ̅ ⲡⲉ ⲟⲩⲟϩ ⲉϣϫⲉ ⲕⲁⲧⲁ ⲑⲉ̀ⲙ̀ⲡⲉϥⲏⲓ ⲑⲁⲓ ⲧⲉ ⲡ̀ⲕⲁϩⲓ ⲧⲏⲣϥ ⲉⲧⲟⲩⲏϩ ⲛ̀ϧⲏⲧϥ ϣⲟⲡ ⲉ̀ϧⲟⲩⲛ ⲉ̀ⲣⲟϥ ⲉⲑⲃⲉ ⲫⲁⲓ ⲥ̀ϣⲉ ⲛⲁⲛ ⲛ̀ⲧⲉⲛ ⲉⲣϩⲟϯ ϧⲁⲧⲉϥϩⲏ ⲟⲩⲟϩ ⲧⲉⲛⲁⲣⲉϩ ⲉⲛⲉϥ ⲉⲛⲧⲟⲗⲏ ⲉϣⲱⲡ ⲛ̀ϣⲁⲛϩⲉ ϧⲉⲛ ⲑⲩⲉⲓ ⲉ̀ⲃⲟⲗ ⲛ̀ϧⲏⲧⲟⲩ ⲙⲁⲣⲉⲛⲣⲓⲙⲓ ⲟⲩⲟϩ ⲛ̀ⲧⲉⲛⲛⲉϩⲡⲓ ⲉ̀ⲣⲟⲛ ⲙ̀ⲙⲓⲛ ⲙ̀ⲙⲟⲛ ⲙ̀ⲡⲉϥⲙ̀ⲑⲟ ⲉ̀ⲃⲟⲗ ϫⲉⲭⲁⲥ ⲁϥϣⲁⲛⲛⲁⲩ ⲉⲡⲉⲙⲕⲁϩ ⲛ̀ⲛⲉⲛⲯⲩⲭⲏ ⲛⲉⲙ ⲧⲉⲥⲡⲟⲧⲉ ⲛ̀ⲑⲉ ⲛ̀ⲧⲉⲥϩⲓⲙⲓ ⲛ̀ⲧⲁⲥϩⲱⲣⲡ ⲛ̀ⲛⲉϥ ⲟⲩⲉⲣⲏϯ ϧⲉⲛ ⲛⲉⲥⲣⲓⲙⲓ ⲧⲉⲛⲉⲣⲉⲙⲡ̀ϣⲁ ⲇⲉ ⲛ̀ⲧⲉⲥⲥⲙⲏ ⲉⲧϩⲟⲗϫ ϫⲉ ⲛⲉⲕ ⲛⲟⲃⲓ ⲭⲏ ⲛⲁⲕ ⲉ̀ⲃⲟⲗ ⲃⲱⲕ ⲛⲁⲕ ϧⲉⲛ ⲟⲩϩⲓⲣⲏⲛⲏ ⲧⲉⲕⲛⲁϩϯ ⲧⲉⲛⲧⲁⲥ ⲛⲁϩⲙⲉⲕ ⲁⲧⲉⲧⲉⲛ ⲛⲁⲩ ⲱ̀ⲛⲁ̀ⲥⲛⲏⲟⲩ ϫⲉ ϯⲛⲁϩϯ ⲁⲥⲉⲣϩⲱⲃ ⲙ̀ⲡⲓⲟⲩϫⲁⲓ ⲟⲩⲟϩ ⲁⲥⲟⲩⲱⲛϩ ⲉ̀ⲃⲟⲗ ⲛ̀ⲧⲉⲥⲡⲟⲇⲏ ⲛ̀ϧⲏⲧϥ ⲉⲑⲃⲉ ⲫⲁⲓ ⲛⲓⲃⲉⲛ ⲉⲧⲉⲙⲛⲉⲙⲧⲉϥ ⲥ̀ⲡⲟⲇⲏ ⲙ̀ⲙⲁⲩ ϧⲉⲛ ⲡⲓⲁⲣⲉϩ ⲉⲛⲓ ⲉⲛⲧⲟⲗⲏ ⲛ̀ⲧⲉ Ⲫϯ ⲟⲩⲟϩ ⲁϥϭⲓ ϣ̀ϣⲱⲟⲩ ⲛⲓⲛⲉⲛⲥⲁⲃⲏⲟⲩ ϧⲉⲛ ⲡⲓⲡ̅ⲛ̅ⲁ ⲉⲧⲁⲩⲉⲣⲙⲉⲑⲣⲉ ϧⲁⲣⲱⲟⲩ ϭⲓⲛⲏⲟⲩ ⲥⲱⲟⲩⲛ ⲛ̀ϯⲙⲉ ⲛⲉϥϭⲓ ⲙ̀ⲡⲉϥⲥⲟϭⲛⲓ ϩⲓ ⲛⲉϥϩ̀ⲃⲏⲟⲩⲓ̀ ϫⲉ ⲛⲉⲙⲧⲉϥ ⲛⲁϩϯ ⲙ̀ⲙⲁⲩ ⲟⲩⲟϩ ⲫⲁⲓ ϣⲁϥϩⲓ ϧⲉⲛϩⲱⲃ ⲛⲓⲃⲉⲛ ⲉⲧϩⲱⲟⲩ ⲉⲩⲧⲁⲕⲉ ⲧⲉⲯⲩⲭⲏ ⲕⲁⲧⲁ ⲟⲉⲉⲧⲥⲉϩ ϫⲉ ⲡⲥⲟⲫⲟⲥ ϣⲁϥϭⲓⲥⲟϭⲛⲓ ⲟⲩⲟϩ ⲛⲉϥ ⲉⲣϩⲱⲃ ⲟⲩⲟϩ ⲡⲁⲑⲏⲧ ϣⲁϥⲡⲱⲧ ⲉ̀ϫⲉⲛ ⲡⲉϥϩⲟ.

Ⲙⲁⲣⲉⲛⲉⲣ ⲥ̀ⲫⲣⲁⲅⲓⲍⲓⲛ ⲛ̀ϯⲕⲁⲧⲏⲭⲏⲥⲓⲥ ⲛ̀ⲧⲉ ⲡⲉⲛⲓⲱⲧ ⲉⲑ̅ⲟ̅ⲩ̅ ⲁⲃⲃⲁ Ϣⲉⲛⲟⲩϯ ⲡⲓⲁ̀ⲣⲭⲏ ⲙⲁⲛ̀ⲇⲣⲓⲧⲏⲥ: ⲫⲏⲉ̀ⲧⲁϥⲉⲣⲟⲩⲱⲓⲛⲓ ⲙ̀ⲡⲉⲛⲛⲟⲩⲥ ⲛⲉⲙ ⲛⲓⲃⲁⲗ ⲛ̀ⲧⲉ ⲛⲉⲛϩⲏⲧ ϧⲉⲛ ⲫ̀ⲣⲁⲛ ⲙ̀Ⲫⲓⲱⲧ ⲛⲉⲙ Ⲡ̀ϣⲏⲣⲓ ⲛⲉⲙ ⲡⲓⲡ̅ⲛ̅ⲁ̅ ⲉ̅ⲑ̅ⲩ̅ ⲟⲩⲛⲟⲩϯ ⲛ̀ⲟⲩⲱⲧ ⲁ̀ⲙⲏⲛ.

Homily

A homily of our Holy Father Abba Shenouda the Archimandrite may his blessings be with us. Amen.

There may be works that we think are right while they are evil in God's sight. That is we do keep evil amongst us, and therefore sinning in the holy places. For

عظة

عظة لابينا القديس انبا شنودة بركته المقدسة تكون معنا، آمين.

قد توجد أعمال نخالها أنها صالحة ولكنها رديئة عند الله. وذلك اننا نتغاضى عن بعضنا بعضاً فنخطئ فى المواضع المقدسة. لان الرب لم يغرس فى الفردوس

God did not plant fruitful and unfruitful trees in the paradise. Those whom He had put in the paradise were driven out when they disobeyed Him. Dear bretheren, from this, know that God's places should not be full of faithful believers and unfaithful ones. The world is full of sinners, the unjust, the saints, and the unclean; those that sin, He does not leave but takes away. I know that the entire earth is of the Lord, but if this is His house along with the earth, then those who live in it shall live with Him. For this, we should fear Him and keep His commandments.

If once we fall in one of these, let us cry and mourn before Him that when he sees us as the woman who washed His feet with her tears, He may call to us saying, "your sins are forgiven, your faith has healed you, go in peace."

My bretheren, you have seen that faith leads to salvation. Those who do not have the desire to keep God's commandment and do not have fervor in filling their mind with the Spirit; those whom he witnessed before but yet did not know the truth; those with no faith shall fall in every awful deed and shall destroy their souls. As it is written that the wise hear advice but the foolish shall fall on their faces.

We conclude the homily of our Holy Father Abba Shenouda the Archimandrite, who enlightened our minds and our hearts. In the name of the Father, and the Son, and the Holy Spirit, one God. Amen.

الاشجار الصالحة والغير الصالحة بل غرسه من الاشجار الصالحة فقط. ولم يغرس فيه اشجاراً غير مثمره أو رديئة الثمر. وليس هذا فقط. بل والناس أنفسهم الذين جعلهم هناك عندما خالفوا لم يحتملهم بل أخرجهم منه. فمن هذا اعلموا ايها الاخوة الاحباء انه لا يجب أن تُملأ مساكن الله المقدسة من الناس الاشرار والصالحين. كما فى العالم المملوء من الخطاة والظالمين والقديسين والانجاس ولكن الذين يخطئون لا يتركهم فيها بل يخرجهم أنا أعرف أن الأرض كلها هى للرب فان كان هكذا بيته وكذا الأرض كلها فالذين يسكنون فيها يحيون به لهذا يجب علينا أن نخافه ونحفظ وصاياه فاذا ما سقطنا فى واحدة منها فلنبك وننتحب أمامه حتى إذا ما رأى تنهد وشوق انفسنا مثل المرأة التى بلت قدميه بدموعها نكون حقاً مستحقين صوته الحلو القائل مغفورة لكِ خطاياكِ اذهبِ بسلام إيمانك قد خلصكِ وقد رأيتم يا اخوتى ان الايمان يعمل الخلاص ويعلن شوقه فيه فاذن كل من ليس له شوق فى حفظ وصايا الله وغيرة فى اقتداء العقلاء بالروح الذين شهد لهم أنهم عرفوا الحق وقبلوا نصيحته بأعمالهم، والذين ليس لهم إيمان يسقطون فى كل عمل ردئ ويهلكون النفس كما هو مكتوب أن الرجل العاقل يقبل النصيحة ويعمل والجاهل يسقط على

وجهه:

فلنختم موعظة أبينا القديس أنبا القديس الأنبا شنوده رئيس المتوحدين الذى أنار عقولنا وعيون قلوبنا بأسم الآب والإبن والروح القدس الإله الواحد، آمين.

The Doxology of the Pascha Hour: "Thine is the Power…" on page A5.

تسبحة ساعة البصخة: "لك القوة..." صفحة ٥ فى اخر الكتاب.

Ⲯⲁⲗⲙⲟⲥ ⲕⲃ̅ : ⲁ̅

Ⲡ̀ϭⲟⲓⲥ ⲡⲉⲑⲛⲁ̀ⲁⲙⲟⲛⲓ ̀ⲙⲙⲟⲓ : ̀ⲛⲛⲉϥ̀ⲉⲣⲓ ⲉⲣϧⲁ̀ⲉ ̀ⲛϩ̀ⲗⲓ : ⲁϥ̀ⲑⲣⲓϣⲱⲡⲓ ϧⲉⲛ ⲟⲩⲙⲁ ⲉϥⲟⲩⲉⲧⲟⲩⲱⲧ : ⲁϥϣⲁⲛⲟⲩϣⲧ ϩⲓϫⲉⲛ ⲫⲙⲱⲟⲩ ̀ⲛⲧⲉ ̀ⲡⲉⲙⲧⲟⲛ. ⲁ̅ⲗ̅.

Psalm 23:1 المزمور ٢٢ : ١

A Psalm of David the Prophet.

The LORD is my shepherd; I shall not want. He makes me to lie down in green pastures; He leads me beside the still waters. Alleluia.

من مزامير داود النبى

الرب يرعانى فلا يعوزنى شئ فى مكان خضرة أسكننى. على ماء الراحة ربانى: هلليلويا.

Ⲉⲩⲁⲅⲅⲉⲗⲓⲟⲛ ⲕⲁⲧⲁ Ⲙⲁⲧⲑⲉⲟⲛ Ⲕⲉⲫ ⲕ̅ⲉ̅ : ⲓ̅ⲍ̅ - ⲓ̅ⲑ̅

Ⲛ̀ϩⲣⲏⲓ ⲇⲉ ϧⲉⲛ ⲡⲓ̀ϩⲟⲟⲩ ̀ⲛϩⲟⲩⲓⲧ ̀ⲛⲧⲉ ⲛⲓⲁⲧⲕⲱⲃ : ⲁⲩ̀ⲓ ϩⲁ Ⲓⲏ̅ⲥ̅ ̀ⲛϫⲉ ⲛⲉϥⲙⲁⲑⲏⲧⲏⲥ ⲉⲩϫⲱ ̀ⲙⲙⲟⲥ : ϫⲉ ⲁⲕⲟⲩⲱϣ ̀ⲉⲥⲉⲃⲧⲉ ⲡⲓⲡⲁⲥⲭⲁ ⲛⲁⲕ ⲑⲱⲛ ̀ⲉⲟⲩⲙⲟϥ : Ⲛ̀ⲑⲟϥ ⲇⲉ ⲡⲉϫⲁϥ ⲛⲱⲟⲩ : ϫⲉ ⲙⲁϣⲉⲛⲱⲧⲉⲛ ̀ⲉⲧⲁⲓⲃⲁⲕⲓ ϩⲁ ⲡⲁ̀ⲫⲙⲁⲛ ̀ⲛⲣⲱⲙⲓ ⲟⲩⲟϩ ̀ⲁϫⲟⲥ ⲛⲁϥ ϫⲉ : ⲡⲉϫⲉ ⲡⲓⲣⲉϥϯⲥⲃⲱ ϫⲉ ⲡⲁⲥⲛⲟⲩ ⲁϥϧⲱⲛⲧ : ⲁⲓⲛⲁ̀ⲓⲣⲓ ̀ⲙⲡⲁⲡⲁⲥⲭⲁ ϧⲁⲧⲟⲧⲕ ⲛⲉⲙ ⲛⲁⲙⲁⲑⲏⲧⲏⲥ. Ⲟⲩⲟϩ ⲁⲩ̀ⲓⲣⲓ ̀ⲛϫⲉ ⲛⲓⲙⲁⲑⲏⲧⲏⲥ ̀ⲙⲫⲣⲏϯ ⲉⲧⲁ Ⲓⲏ̅ⲥ̅ ϫⲟⲥ ⲛⲱⲟⲩ ⲟⲩⲟϩ ⲁⲩⲥⲉⲃⲧⲉ ⲡⲓⲡⲁⲥⲭⲁ :

Ⲟⲩⲱϣⲧ ̀ⲙⲡⲓⲉⲩⲁⲅⲅⲉⲗⲓⲟⲛ ⲉⲑⲩ.

Matthew 26:17-19 متى ٢٦ : ١٧ - ١٩

A reading from the Holy Gospel according to St. Matthew.

Now on the first day of the Feast of the Unleavened Bread the disciples came to Jesus, saying to Him, "Where do You want us to prepare for You to eat the

فصل شريف من إنجيل معلمنا مار متى البشير بركاته علينا آمين.

وَفِي أَوَّلِ أَيَّامِ الْفَطِيرِ تَقَدَّمَ التَّلاَمِيذُ إِلَى يَسُوعَ قَائِلِينَ: «أَيْنَ تُرِيدُ أَنْ نُعِدَّ لَكَ لِتَأْكُلَ

Passover?" And He said, "Go into the city to a certain man, and say to him, "The Teacher says, "My time is at hand; I will keep the Passover at your house with My disciples."" ' So the disciples did as Jesus had directed them; and they prepared the Passover.

Bow down before the Holy Gospel..
Glory be to God forever.

الْفِصْحَ؟» فَقَالَ: «اذْهَبُوا إِلَى الْمَدِينَةِ إِلَى فُلاَنٍ وَقُولُوا لَهُ: الْمُعَلِّمُ يَقُولُ إِنَّ وَقْتِي قَرِيبٌ. عِنْدَكَ أَصْنَعُ الْفِصْحَ مَعَ تَلاَمِيذِي». فَفَعَلَ التَّلاَمِيذُ كَمَا أَمَرَهُمْ يَسُوعُ وَأَعَدُّوا الْفِصْحَ.

أسجدوا للإنجيل المقدس.
والمجد لله دائماً.

Commentary

The Commentary of the Ninth Hour of Thursday of Holy Pascha, may its blessings be with us all. Amen.

When Abraham rose above all people in the Lord's eyes, the Lord spoke to him and said, "Abraham, Abraham whom I love, obey My words and do My will. Take your beloved son Isaac and offer him to Me as a sacrifice on a mountain." Abraham did as the Lord commanded. He took his beloved son, two of his servants, a donkey, and went forth. When he saw the mountain, he left the two servants and the donkey with them and said, "I shall go there with my son to worship and come back." He gave the firewood to his only son and took with him the knife and the fire. They went up the mountain to the place that the Lord Almighty designated. Then Isaac said to his father Abraham, "Here is the fire where is the lamb?" Abraham said to him, "My son, the Lord will provide a lamb to be sacrificed as an offering." Then he gathered stones, built an altar, and stacked the firewood on the altar. Before he lit it, he tied Isaac's hands and feet and put him on the wood. When Abraham reached out and took the

طرح

طرح الساعة التاسعة من يوم الخميس من البصخة المقدسة بركتها علينا. آمين.

فلما ازداد ابراهيم رفعة أمام الرب أكثر من جميع الناس. وظهر له الرب وخاطبه هكذا قائلاً: يا ابراهيم يا ابراهيم الذى أحبه، اسمع كلامى وافعل ارادتى. خذ اسحق ابنك حبيبك وقدمه لى محرقة على أحد الجبال.

فقام ابراهيم كقول الرب، وأخذ ابنه حبيبه، وغلامين من عبيده وأسرج دابته، وهكذا سار. فلما رأى الجبل من بُعد ترك الغلامين والدابة معهما. وقال: أنا وابنى ننطلق إلى هناك لنسجد ثم نعود اليكما. وحمل الحطب على وحيده، والسكين والنار وكانا مع ابراهيم. وصعد الاثنان على الجبل المقدس، الموضع الذى أعلمه به الضابط الكل، فقال اسحق لأبيه ابراهيم: هوذا الحطب، فأين هو الحمل؟ فقال: يا ابنى، الله يعد للذبح حملاً مقبولاً يرضيه. ثم جمع حجارة وبنى مذبحاً، وجعل الحطب

knife to fulfill God's command, he heard the voice of the Lord saying, "Abraham, do not lay your hand on your son, for now I know that you fear God, since you have not withheld your only son from Me. Isaac, your beloved son, shall grow and multiply. As you did not hesitate to offer your first born, I shall bless you and your descendants. Your sons shall be like the stars of heaven and will be as numerous as the sand of sea." Abraham looked behind him and saw a ram tied with its horns to a bush. He loosened Isaac and offered the ram instead of him. The Lord Almighty blessed Abraham because he was pleased with all his deeds. Abraham returned and went back with the two servants and his son.

عليه قبل أن يوقد النار. وشد يدى الصبى وساقيه وجعله على الحطب. فقال الصبى: ها أنذا اليوم قربانك يا أبتاه الذى تصنعه. فمد يده وأخذ السكين لكى يكمّل القضية. وإذا بصوت من الرب نحو ابراهيم هكذا قائلاً: امسك يدك ولا تصنع به شراً، فقد عرفت محبتك لى. بالنمو ينمو وبالكثرة يكثر اسحق ابنك الحبيب. وكما أنك لم تشفق على ابنك بكرك، أنا سأباركك وزرعك معاً. وبنوك يكونون مثل النجوم، ويكثر عددهم مثل الرمل.

ثم التفت ابراهيم فنظر خروفاً مربوطاً بقرنيه فى شجرة غاب، فحل اسحق من وثاقه وذبح الخروف عوضاً عنه وبارك الرب ضابط الكل ابراهيم لأنه وجده مرضياً له فى سائر أعماله. وهكذا رجع الشيخ وأخذ الغلامين وابنه ومضوا.

ثم تقال الطلبة فالميمر وتكمل الصلاة كالعادة وتختم بالبركة.

The litany is prayed followed by the maimar and then the prayer is continued as usual and is concluded with the blessing.

Liturgy of Blessing the Water

لقان خميس العهد

يملأ اللقان ماء حلواً ويضعون بجانبه اناء مملوء ماء

ويرتدى رئيس الكهنة والكهنة والشمامسة ملابس الخدمة.

A basin full of water is prepared and beside it is put a pitcher also full of water. The priests and deacons wear their service vestments.

Deacons		الشمامسة
Truly You are blessed with Your good Father and the Holy Spirit; for You were crucified for us and saved us.	Ⲕⲥⲙⲁⲣⲱⲟⲩⲧ ⲁ̀ⲗⲏⲑⲱⲥ ⲛⲉⲙ ⲡⲉⲕⲓⲱⲧ ⲛ̀ⲁⲅⲁⲑⲟⲥ ⲛⲉⲙ ⲡⲓⲡ̀ⲛⲉⲩⲙⲁ ⲉⲑⲟⲩⲁⲃ ϫⲉ ⲁⲩⲁϣⲕ ⲁⲕⲥⲱϯ ⲙ̀ⲙⲟⲛ ⲛⲁⲓ ⲛⲁⲛ.	مبارك أنت بالحقيقة، مع أبيك الصالح والروح القدس لأنك صلبت وخلصتنا.
Have mercy upon us O God the Father, the Pantocrator. O Holy Trinity, have mercy upon us.	Ⲉⲗⲉⲏⲥⲟⲛ ⲏⲙⲁⲥ ⲟ̀Ⲑⲉⲟⲥ ⲟ̀ Ⲡⲁⲧⲏⲣ ⲟ̀ ⲡⲁⲛⲧⲟⲕⲣⲁⲧⲱⲣ : ⲡⲁⲛⲁ̀ⲅⲓⲁ ⲧ̀ⲣⲓⲁⲥ ⲉⲗⲉⲏⲥⲟⲛ ⲏ̀ⲙⲁⲥ.	ارحمنا يا الله الآب ضابط الكل، أيها الثالوث القدوس ارحمنا.
O Lord, God of hosts, be with us, for we have no helper in our tribulations and adversities but you.	Ⲡϭⲟⲓⲥ Ⲫⲛⲟⲩϯ ⲛ̀ⲧⲉ ⲛⲓϫⲟⲙ ϣⲱⲡⲓ ⲛⲉⲙⲁⲛ: ϫⲉ ⲙ̀ⲙⲟⲛ ⲛ̀ⲧⲁⲛ ⲛ̀ⲟⲩⲃ̀ⲟⲏⲑⲟⲥ ϧⲉⲛ ⲛⲉⲛ̀ⲑⲗⲓⲯⲓⲥ ⲛⲉⲙ ⲛⲉⲛϩⲟϫϩⲉϫ ⲉ̀ⲃⲏⲗ ⲉ̀ⲣⲟⲕ.	أيها الرب إله القوات كن معنا لانه ليس لنا معين فى شدائدنا سواك.

- Our Father...
- The Thanksgiving Prayer.
- Verses of the Cymbals as follows:

- أبانا الذى فى السموات...
- صلاة الشكر
- أرباع الناقوس كما يلى

  - Ⲧⲉⲛⲟⲩⲱϣⲧ ⲙ̀ⲫⲓⲱⲧ...
  - Ⲭⲉⲣⲉ ϯⲉⲕⲕⲗⲏⲥⲓⲁ...
  - Ⲭⲉⲣⲉ ⲛⲁⲟ̅ⲥ̅ ⲛ̀ⲛⲓⲟϯ ⲛ̀ⲁ̀ⲡⲟⲥⲧⲟⲗⲟⲥ...
  - Ⲓⲏ̅ⲥ̅ Ⲡⲭ̅ⲥ̅ ⲛ̀ⲥⲁϥ ⲛⲉⲙ ⲫⲟⲟⲩ ⲛ̀ⲑⲟϥ ⲛ̀ⲑⲟϥ ⲡⲉ ⲛⲉⲙ ϣⲁ ⲉ̀ⲛⲉϩ : ϧⲉⲛ ⲟⲩϩⲩⲡⲟⲥⲧⲁⲥⲓⲥ ⲛ̀ⲟⲩⲱⲧ : ⲧⲉⲛⲟⲩⲱϣⲧ ⲙ̀ⲙⲟϥ ⲧⲉⲛϯⲱⲟⲩ ⲛⲁϥ.
  - Ⲡ̀ⲟⲩⲣⲟ ⲛ̀ⲧⲉ ϯϩⲓⲣⲏⲛⲏ...
  - Ⲇⲟⲝⲁ ⲡⲁⲧⲣⲓ ⲕⲉ Ⲩⲓⲱ ⲕⲉ ⲁ̀ⲅⲓⲱ ⲡ̀ⲛⲉⲩⲙⲁⲧⲓ ⲕⲉ ⲛⲩⲛ ⲕⲉ ⲁ̀ⲓ̀ ⲕⲉ ⲓⲥ ⲧⲟⲩⲥ ⲉ̀ⲱⲛⲁⲥ

ⲦⲰⲚ ⲈⲐⲚⲰⲚ ⲀⲘⲎⲚ.

- Our Father…
- Psalm 51. Have mercy upon me.

- أبانا الذى فى السموات...
- المزمور ٥٠. اِرْحَمْنِي يَا الله.

Alleluia. Glory be to you O Lord.	ⲀⲖ. Ⲇⲟⲝⲁⲥⲓ ⲟⲑⲉⲟⲥ ⲏⲙⲱⲛ.	اللبلويا. المجد لك يا محب البشر.

Genesis 18:1-23

تكوين ١٨ : ١ - ٢٣

A reading from the book of Genesis of Moses the Prophet may his blessings be with us Amen.

Then the LORD appeared to him by the terebinth trees of Mamre, as he was sitting in the tent door in the heat of the day. So he lifted his eyes and looked, and behold, three men were standing by him; and when he saw them, he ran from the tent door to meet them, and bowed himself to the ground, and said, "My Lord, if I have now found favor in Your sight, do not pass on by Your servant. Please let a little water be brought, and wash your feet, and rest yourselves under the tree. And I will bring a morsel of bread that you may refresh your hearts. After that you may pass by, inasmuch as you have come to your servant." They said, "Do as you have said. "So Abraham hurried into the tent to Sarah and said, "Quickly, make ready three measures of fine meal; knead it and make cakes. "And Abraham ran to the herd, took a tender and good calf, gave it to a young man, and he hastened to prepare it. So he took butter and milk and the calf, which he had prepared, and set it before them; and he stood by them under the tree as

من سفر التكوين لموسى النبى بركته المقدسة تكون معنا، آمين.

وَظَهَرَ لَهُ الرَّبُّ عِنْدَ بَلُّوطَاتِ مَمْرَا وَهُوَ جَالِسٌ فِي بَابِ الْخَيْمَةِ وَقْتَ حَرِّ النَّهَارِ فَرَفَعَ عَيْنَيْهِ وَنَظَرَ وَاذَا ثَلاثَةُ رِجَالٍ وَاقِفُونَ لَدَيْهِ. فَلَمَّا نَظَرَ رَكَضَ لاسْتِقْبَالِهِمْ مِنْ بَابِ الْخَيْمَةِ وَسَجَدَ الَى الارْضِ وَقَالَ: «يَا سَيِّدُ انْ كُنْتُ قَدْ وَجَدْتُ نِعْمَةً فِي عَيْنَيْكَ فَلا تَتَجَاوَزْ عَبْدَكَ. لِيُؤْخَذْ قَلِيلُ مَاءٍ وَاغْسِلُوا ارْجُلَكُمْ وَاتَّكِئُوا تَحْتَ الشَّجَرَةِ فَاخُذَ كِسْرَةَ خُبْزٍ فَتُسْنِدُونَ قُلُوبَكُمْ ثُمَّ تَجْتَازُونَ لانَّكُمْ قَدْ مَرَرْتُمْ عَلَى عَبْدِكُمْ». فَقَالُوا: «هَكَذَا تَفْعَلُ كَمَا تَكَلَّمْتَ». فَاسْرَعَ ابْرَاهِيمُ الَى الْخَيْمَةِ الَى سَارَةَ وَقَالَ: «اسْرِعِي بِثَلاثِ كَيْلاتٍ دَقِيقا سَمِيذا. اعْجِنِي وَاصْنَعِي خُبْزَ مَلَّةٍ». ثُمَّ رَكَضَ ابْرَاهِيمُ الَى الْبَقَرِ وَاخَذَ عِجْلا رَخْصا وَجَيِّدا وَاعْطَاهُ لِلْغُلامِ فَاسْرَعَ لِيَعْمَلَهُ. ثُمَّ اخَذَ زُبْدا وَلَبَنا وَالْعِجْلَ الَّذِي عَمِلَهُ وَوَضَعَهَا قُدَّامَهُمْ. وَاذْ كَانَ هُوَ وَاقِفا لَدَيْهِمْ تَحْتَ الشَّجَرَةِ اكَلُوا. وَقَالُوا لَهُ: «ايْنَ سَارَةُ امْرَاتُكَ؟» فَقَالَ: «هَا هِيَ فِي الْخَيْمَةِ».

فَقَالَ: «انِّي ارْجِعُ الَيْكَ نَحْوَ زَمَانِ الْحَيَاةِ وَيَكُونُ لِسَارَةَ امْرَاتِكَ ابْنٌ». وَكَانَتْ سَارَةُ سَامِعَةً فِي بَابِ الْخَيْمَةِ وَهُوَ وَرَاءَهُ - وَكَانَ ابْرَاهِيمُ وَسَارَةُ شَيْخَيْنِ مُتَقَدِّمَيْنِ فِي الايَّامِ وَقَدِ انْقَطَعَ انْ يَكُونَ لِسَارَةَ عَادَةٌ كَالنِّسَاءِ. فَضَحِكَتْ سَارَةُ فِي بَاطِنِهَا قَائِلَةً: «ابَعْدَ فَنَائِي يَكُونُ لِي تَنَعُّمٌ وَسَيِّدِي قَدْ شَاخَ!» فَقَالَ الرَّبُّ لابْرَاهِيمَ: «لِمَاذَا ضَحِكَتْ سَارَةُ قَائِلَةً: افَبِالْحَقِيقَةِ الِدُ وَانَا قَدْ شِخْتُ؟ هَلْ يَسْتَحِيلُ عَلَى الرَّبِّ شَيْءٌ؟ فِي الْمِيعَادِ ارْجِعُ الَيْكَ نَحْوَ زَمَانِ الْحَيَاةِ وَيَكُونُ لِسَارَةَ ابْنٌ». فَانْكَرَتْ سَارَةُ قَائِلَةً: «لَمْ اضْحَكْ». (لانَّهَا خَافَتْ). فَقَالَ: «لا! بَلْ ضَحِكْتِ». ثُمَّ قَامَ الرِّجَالُ مِنْ هُنَاكَ وَتَطَلَّعُوا نَحْوَ سَدُومَ. وَكَانَ ابْرَاهِيمُ مَاشِيا مَعَهُمْ لِيُشَيِّعَهُمْ. فَقَالَ الرَّبُّ: «هَلْ اخْفِي عَنْ ابْرَاهِيمَ مَا انَا فَاعِلُهُ وَابْرَاهِيمُ يَكُونُ امَّةً كَبِيرَةً وَقَوِيَّةً وَيَتَبَارَكُ بِهِ جَمِيعُ امَمِ الارْضِ؟ لانِّي عَرَفْتُهُ لِكَيْ يُوصِيَ بَنِيهِ وَبَيْتَهُ مِنْ بَعْدِهِ انْ يَحْفَظُوا طَرِيقَ الرَّبِّ لِيَعْمَلُوا بِرّا وَعَدْلا لِكَيْ يَاتِيَ الرَّبُّ لابْرَاهِيمَ بِمَا تَكَلَّمَ بِهِ». وَقَالَ الرَّبُّ: «انَّ صُرَاخَ سَدُومَ وَعَمُورَةَ قَدْ كَثُرَ وَخَطِيَّتُهُمْ قَدْ عَظُمَتْ جِدّا. انْزِلُ وَارَى هَلْ فَعَلُوا بِالتَّمَامِ حَسَبَ صُرَاخِهَا الآتِي الَيَّ وَالا فَاعْلَمُ». وَانْصَرَفَ الرِّجَالُ مِنْ هُنَاكَ وَذَهَبُوا نَحْوَ سَدُومَ وَامَّا ابْرَاهِيمُ فَكَانَ لَمْ يَزَلْ قَائِما امَامَ الرَّبِّ. فَتَقَدَّمَ ابْرَاهِيمُ وَقَالَ: «افَتُهْلِكُ الْبَارَّ مَعَ الاثِيمِ؟

they ate. Then they said to him, "Where is Sarah your wife?" So he said, "Here, in the tent." And He said, "I will certainly return to you according to the time of life, and behold, Sarah your wife shall have a son." (Sarah was listening in the tent door, which was behind him.) Now Abraham and Sarah were old, well advanced in age; and Sarah had passed the age of childbearing. Therefore Sarah laughed within herself, saying, "After I have grown old, shall I have pleasure, my lord being old also?" And the LORD said to Abraham, "Why did Sarah laugh, saying, "Shall I surely bear a child, since I am old? 'Is anything too hard for the LORD? At the appointed time I will return to you, according to the time of life, and Sarah shall have a son." But Sarah denied it, saying, "I did not laugh," for she was afraid. And He said, "No, but you did laugh!"

Then the men rose from there and looked toward Sodom, and Abraham went with them to send them on the way. And the LORD said, "Shall I hide from Abraham what I am doing, since Abraham shall surely become a great and mighty nation, and all the nations of the earth shall be blessed in him? For I have known him, in order that he may command his children and his household after him, that they keep the way of the LORD, to do righteousness and justice, that the LORD may bring to Abraham what He has spoken to him. "And the LORD said, "Because the outcry against Sodom and Gomorrah is great, and because their sin is very grave, I will go down now and see whether they have done altogether according to the outcry against it that has come to Me; and if not, I will know." Then the men turned away from there and went toward Sodom, but Abraham still stood before the LORD. And Abraham came near and said, "Would You also destroy the righteous with the wicked?

Glory be to the Holy Trinity our God unto the age of all ages, Amen.

مجداً للثالوث القدوس الهنا إلى الأبد وإلى أبد الآبدين أمين.

Proverbs 9:1-11

من أمثال سليمان ٩ : ١ - ١١

A reading from the Proverbs of Solomon may his blessings be with us Amen.

من أمثال سليمان النبى بركته المقدسة تكون معنا، آمين.

Wisdom has built her house, She has hewn out her seven pillars; She has slaughtered her meat, She has mixed her wine, She has also furnished her table. She has sent out her maidens, She cries out from the highest places of the city, "Whoever is simple, let him turn in here!" As for him who lacks understanding, she says to him, "Come, eat of my bread and drink of the wine I have mixed. Forsake foolishness and live, and go in the way of understanding. "He who corrects a scoffer gets shame for himself, and he who rebukes a wicked man only harms himself. Do not correct a scoffer, lest he hate you; Rebuke a wise man, and he will love you. Give instruction to a wise man, and he will be still wiser; Teach a just man, and he will increase in learning. "The fear of the LORD is the beginning of wisdom, and the knowledge of the Holy One is understanding. For by me your days will be multiplied, and years of life will be added to you.

اَلْحِكْمَةُ بَنَتْ بَيْتَهَا. نَحَتَتْ أَعْمِدَتَهَا السَّبْعَةَ. ذَبَحَتْ ذَبْحَهَا. مَزَجَتْ خَمْرَهَا. أَيْضاً رَتَّبَتْ مَائِدَتَهَا. أَرْسَلَتْ جَوَارِيَهَا تُنَادِي عَلَى ظُهُورِ أَعَالِي الْمَدِينَةِ: «مَنْ هُوَ جَاهِلٌ فَلْيَمِلْ إِلَى هُنَا». وَالنَّاقِصُ الْفَهْمِ قَالَتْ لَهُ: «هَلُمُّوا كُلُوا مِنْ طَعَامِي وَاشْرَبُوا مِنَ الْخَمْرِ الَّتِي مَزَجْتُهَا. اُتْرُكُوا الْجَهَالاَتِ فَتَحْيُوا وَسِيرُوا فِي طَرِيقِ الْفَهْمِ. «مَنْ يُوَبِّخُ مُسْتَهْزِئاً يَكْسَبُ لِنَفْسِهِ هَوَاناً وَمَنْ يُنْذِرُ شِرِّيراً يَكْسَبُ عَيْباً. لاَ تُوَبِّخْ مُسْتَهْزِئاً لِئَلاَّ يُبْغِضَكَ. وَبِّخْ حَكِيماً فَيُحِبَّكَ. أَعْطِ حَكِيماً فَيَكُونَ أَوْفَرَ حِكْمَةً. عَلِّمْ صِدِّيقاً فَيَزْدَادَ عِلْماً. بَدْءُ الْحِكْمَةِ مَخَافَةُ الرَّبِّ وَمَعْرِفَةُ الْقُدُّوسِ فَهْمٌ. لأَنَّهُ بِي تَكْثُرُ أَيَّامُكَ وَتَزْدَادُ لَكَ سِنُو حَيَاةٍ.

مجداً للثالوث القدوس الهنا إلى الابد وإلى ابد الابد آمين.

Glory be to the Holy Trinity our God unto the age of ages, Amen.

From Exodus 14, 15

من سفر الخروج ١٤، ١٥

A reading from the book of Exodus of Moses the prophet may his blessings be with us Amen.

من سفر الخروج لموسى النبى بركته المقدسة تكون معنا، آمين.

When Israel crossed the Red Sea, they walked through dry land in the midst of the sea, and their enemies went into the sea and the LORD brought upon them the water of the sea. Israel and all the house of Jacob were saved. They danced and sang this song: Let us sing to the Lord, for He has triumphed gloriously.

حينما عبر اسرائيل البحر الأحمر، وداست أرجلهم البحر، انطمس اعداءهم فى العميق، وانغمست أرجل المصريين فى الماء قسرا، وأما أرجُل اسرائيل وجميع بيت يعقوب فنجوا من الهلاك. وقالوا هذه التسبحة: فلنسبح الرب لأنه بالمجد قد تمجد.

Glory be to the Holy Trinity our God unto the age of ages Amen.

مجداً للثالوث القدوس الهنا إلى الابد والى ابد الابد آمين.

From Joshua 1, 2

يشوع بن نون ١ و ٢

A reading from book of Joshua the prophet may his blessings be with us Amen.

من يشوع بن نون النبى بركته المقدسة تكون معنا، آمين.

Then the priests who bore the ark of the covenant of the LORD stood firm on dry ground in the midst of the Jordan; and all Israel crossed over on dry ground, until all the people had crossed completely over the Jordan.

يشوع وكافة الشعب عبروا الأردن ووطئت أرجلهم الحجارة التى فى المياه فتوثقت أقدامهم وأهلكوا أعداءهم.

Glory be to the Holy Trinity our God unto the age of ages Amen.

مجداً للثالوث القدوس الهنا إلى الابد والى ابد الابد آمين.

Isaiah 4:2-4

أشعياء ٤: ٢ - ٤

A reading from Isaiah the prophet may his blessings be with us Amen.

من اشعياء النبى بركته المقدسة تكون معنا، آمين.

In that day the Branch of the LORD shall

be beautiful and glorious; and the fruit of the earth shall be excellent and appealing for those of Israel who have escaped.
And it shall come to pass that he who is left in Zion and remains in Jerusalem will be called holy--everyone who is recorded among the living in Jerusalem. When the Lord has washed away the filth of the daughters of Zion.

فِي ذَلِكَ الْيَوْمِ يَكُونُ غُصْنُ الرَّبِّ بَهَاءً وَمَجْداً وَثَمَرُ الأَرْضِ فَخْراً وَزِينَةً لِلنَّاجِينَ مِنْ إِسْرَائِيلَ. وَيَكُونُ أَنَّ الَّذِي يَبْقَى فِي صِهْيَوْنَ وَالَّذِي يُتْرَكُ فِي أُورُشَلِيمَ يُسَمَّى قُدُّوساً. كُلُّ مَنْ كُتِبَ لِلْحَيَاةِ فِي أُورُشَلِيمَ. إِذَا غَسَلَ السَّيِّدُ قَذَرَ بَنَاتِ صِهْيَوْنَ وَنَقَّى دَمَ أُورُشَلِيمَ مِنْ وَسَطِهَا بِرُوحِ الْقَضَاءِ وَبِرُوحِ الإِحْرَاقِ

Glory be to the Holy Trinity our God unto the age of ages, Amen.

مجداً للثالوث القدوس الهنا إلى الابد والى ابد الابد آمين.

Isaiah 55:1-13; 56:1

اشعياء ٥٥: ١ - ٥٦: ١

A reading from the book of Isaiah the prophet may his blessings be with us Amen.

و أيضاً من اشعياء النبى بركته المقدسة تكون معنا، آمين.

"Ho! Everyone who thirsts, Come to the waters; and you who have no money, Come, buy and eat. Yes, come, buy wine and milk without money and without price. Why do you spend money for what is not bread, and your wages for what does not satisfy?Listen carefully to Me, and eat what is good, and let your soul delight itself in abundance. Incline your ear, and come to Me. Hear, and your soul shall live; and I will make an everlasting covenant with you--The sure mercies of David. Indeed I have given him as a witness to the people, a leader and commander for the people. Surely you shall call a nation you do not know, and nations who do not know you shall run to you, Because of the LORD your God, and the Holy One of Israel; For He has glorified you."

أَيُّهَا الْعِطَاشُ جَمِيعاً هَلُمُّوا إِلَى الْمِيَاهِ وَالَّذِي لَيْسَ لَهُ فِضَّةٌ تَعَالُوا اشْتَرُوا وَكُلُوا. هَلُمُّوا اشْتَرُوا بِلاَ فِضَّةٍ وَبِلاَ ثَمَنٍ خَمْراً وَلَبَناً. لِمَاذَا تَزِنُونَ فِضَّةً لِغَيْرِ خُبْزٍ وَتَعَبَكُمْ لِغَيْرِ شَبَعٍ؟ اسْتَمِعُوا لِي اسْتِمَاعاً وَكُلُوا الطَّيِّبَ وَلْتَتَلَذَّذْ بِالدَّسَمِ أَنْفُسُكُمْ. أَمِيلُوا آذَانَكُمْ وَهَلُمُّوا إِلَيَّ. اسْمَعُوا فَتَحْيَا أَنْفُسُكُمْ. وَأَقْطَعَ لَكُمْ عَهْداً أَبَدِيّاً مَرَاحِمَ دَاوُدَ الصَّادِقَةَ. هُوَذَا قَدْ جَعَلْتُهُ شَارِعاً لِلشُّعُوبِ رَئِيساً وَمُوصِياً لِلشُّعُوبِ. هَا أُمَّةٌ لاَ تَعْرِفُهَا تَدْعُوهَا وَأُمَّةٌ لَمْ تَعْرِفْكَ تَرْكُضُ إِلَيْكَ مِنْ أَجْلِ الرَّبِّ إِلَهِكَ وَقُدُّوسِ إِسْرَائِيلَ لأَنَّهُ قَدْ مَجَّدَكَ. أُطْلُبُوا الرَّبَّ مَا دَامَ يُوجَدُ. ادْعُوهُ وَهُوَ قَرِيبٌ. لِيَتْرُكِ الشِّرِّيرُ طَرِيقَهُ وَرَجُلُ

الإِثْمِ أَفْكَارَهُ وَلْيَتُبْ إِلَى الرَّبِّ فَيَرْحَمَهُ وَإِلَى إِلَهِنَا لأَنَّهُ يُكْثِرُ الْغُفْرَانَ. لأَنَّ أَفْكَارِي لَيْسَتْ أَفْكَارَكُمْ وَلاَ طُرُقُكُمْ طُرُقِي يَقُولُ الرَّبُّ. لأَنَّهُ كَمَا عَلَتِ السَّمَاوَاتُ عَنِ الأَرْضِ هَكَذَا عَلَتْ طُرُقِي عَنْ طُرُقِكُمْ وَأَفْكَارِي عَنْ أَفْكَارِكُمْ. لأَنَّهُ كَمَا يَنْزِلُ الْمَطَرُ وَالثَّلْجُ مِنَ السَّمَاءِ وَلاَ يَرْجِعَانِ إِلَى هُنَاكَ بَلْ يُرْوِيَانِ الأَرْضَ وَيَجْعَلاَنِهَا تَلِدُ وَتُنْبِتُ وَتُعْطِي زَرْعاً لِلزَّارِعِ وَخُبْزاً لِلآكِلِ هَكَذَا تَكُونُ كَلِمَتِي الَّتِي تَخْرُجُ مِنْ فَمِي. لاَ تَرْجِعُ إِلَيَّ فَارِغَةً بَلْ تَعْمَلُ مَا سُرِرْتُ بِهِ وَتَنْجَحُ فِي مَا أَرْسَلْتُهَا لَهُ. لأَنَّكُمْ بِفَرَحٍ تَخْرُجُونَ وَبِسَلاَمٍ تُحْضَرُونَ. الْجِبَالُ وَالآكَامُ تُشِيدُ أَمَامَكُمْ تَرَنُّماً وَكُلُّ شَجَرِ الْحَقْلِ تُصَفِّقُ بِالأَيَادِي. عِوَضاً عَنِ الشَّوْكِ يَنْبُتُ سَرْوٌ وَعِوَضاً عَنِ الْقَرِيسِ يَطْلَعُ آسٌ. وَيَكُونُ لِلرَّبِّ اسْماً عَلاَمَةً أَبَدِيَّةً لاَ تَنْقَطِعُ.

هَكَذَا قَالَ الرَّبُّ: «احْفَظُوا الْحَقَّ وَأَجْرُوا الْعَدْلَ. لأَنَّهُ قَرِيبٌ مَجِيءُ خَلاَصِي وَاسْتِعْلاَنُ بِرِّي.

مجداً للثالوث القدوس الهنا إلى الابد والى ابد الابد آمين.

Seek the LORD while He may be found, Call upon Him while He is near. Let the wicked forsake his way, and the unrighteous man his thoughts; Let him return to the LORD, and He will have mercy on him; and to our God, For He will abundantly pardon. "For My thoughts are not your thoughts, nor are your ways My ways," says the LORD. "For as the heavens are higher than the earth, so are My ways higher than your ways, and My thoughts than your thoughts. "For as the rain comes down, and the snow from heaven, and do not return there, But water the earth, and make it bring forth and bud, That it may give seed to the sower And bread to the eater, So shall My word be that goes forth from My mouth; It shall not return to Me void, But it shall accomplish what I please, and it shall prosper in the thing for which I sent it. "For you shall go out with joy, and be led out with peace; The mountains and the hills Shall break forth into singing before you, and all the trees of the field shall clap their hands. Instead of the thorn shall come up the cypress tree, and instead of the brier shall come up the myrtle tree; and it shall be to the LORD for a name, For an everlasting sign that shall not be cut off." Thus says the LORD: "Keep justice, and do righteousness, For My salvation is about to come, and My righteousness to be revealed.

Glory be to the Holy Trinity our God unto the age of ages, Amen.

من حزقيال النبى ٣٦: ٢٥ . ٢٩

Ezekiel 36:25-29

من حزقيال النبى بركته المقدسة تكون معنا،

A reading from the book of Ezekiel the

prophet may his blessings be with us Amen.

Then I will sprinkle clean water on you, and you shall be clean; I will cleanse you from all your filthiness and from all your idols. I will give you a new heart and put a new spirit within you; I will take the heart of stone out of your flesh and give you a heart of flesh. I will put My Spirit within you and cause you to walk in My statutes, and you will keep My judgments and do them. Then you shall dwell in the land that I gave to your fathers; you shall be My people, and I will be your God. I will deliver you from all your uncleanness.

Glory be to the Holy Trinity our God unto the age of ages, Amen.

آمين.

وَأَرُشُّ عَلَيْكُمْ مَاءً طَاهِراً فَتُطَهَّرُونَ. مِنْ كُلِّ نَجَاسَتِكُمْ وَمِنْ كُلِّ أَصْنَامِكُمْ أُطَهِّرُكُمْ. وَأُعْطِيكُمْ قَلْباً جَدِيداً، وَأَجْعَلُ رُوحاً جَدِيدَةً فِي دَاخِلِكُمْ، وَأَنْزِعُ قَلْبَ الْحَجَرِ مِنْ لَحْمِكُمْ وَأُعْطِيكُمْ قَلْبَ لَحْمٍ. وَأَجْعَلُ رُوحِي فِي دَاخِلِكُمْ، وَأَجْعَلُكُمْ تَسْلُكُونَ فِي فَرَائِضِي وَتَحْفَظُونَ أَحْكَامِي وَتَعْمَلُونَ بِهَا. وَتَسْكُنُونَ الأَرْضَ الَّتِي أَعْطَيْتُ آبَاءَكُمْ إِيَّاهَا، وَتَكُونُونَ لِي شَعْباً وَأَنَا أَكُونُ لَكُمْ إِلَهاً. وَأُخَلِّصُكُمْ مِنْ كُلِّ نَجَاسَاتِكُمْ.

مجداً للثالوث القدوس الهنا إلى الابد والى ابد الابد آمين.

Ezekiel 47:1-9

وأيضاً من حزقيال النبى ٤٧ : ١ - ٩

Also from the book of Ezekiel the prophet may his blessings be with us Amen.

Then he brought me back to the door of the temple; and there was water, flowing from under the threshold of the temple toward the east, for the front of the temple faced east; the water was flowing from under the right side of the temple, south of the altar. He brought me out by way of the north gate, and led me around on the outside to the outer gateway that faces east; and there was water, running out on the right side. And when the man went out to the east with the line in his hand, he measured one thousand cubits, and he brought me through the waters; the water came up to my ankles. Again he measured one

وأيضاً من حزقيال النبى بركته المقدسة تكون معنا، آمين.

ثُمَّ أَرْجَعَنِي إِلَى مَدْخَلِ الْبَيْتِ وَإِذَا بِمِيَاهٍ تَخْرُجُ مِنْ تَحْتِ عَتَبَةِ الْبَيْتِ نَحْوَ الْمَشْرِقِ، لأَنَّ وَجْهَ الْبَيْتِ نَحْوَ الْمَشْرِقِ. وَالْمِيَاهُ نَازِلَةٌ مِنْ تَحْتِ جَانِبِ الْبَيْتِ الأَيْمَنِ عَنْ جَنُوبِ الْمَذْبَحِ. ثُمَّ أَخْرَجَنِي مِنْ طَرِيقِ بَابِ الشِّمَالِ وَدَارَ بِي فِي الطَّرِيقِ مِنْ خَارِجٍ إِلَى الْبَابِ الْخَارِجِيِّ مِنَ الطَّرِيقِ الَّذِي يَتَّجِهُ نَحْوَ الْمَشْرِقِ، وَإِذَا بِمِيَاهٍ جَارِيَةٍ مِنَ الْجَانِبِ الأَيْمَنِ. وَعِنْدَ خُرُوجِ الرَّجُلِ نَحْوَ الْمَشْرِقِ وَالْخَيْطُ بِيَدِهِ، قَاسَ أَلْفَ ذِرَاعٍ وَعَبَّرَنِي فِي

thousand and brought me through the waters; the water came up to my knees. Again he measured one thousand and brought me through; the water came up to my waist. Again he measured one thousand, and it was a river that I could not cross; for the water was too deep, water in which one must swim, a river that could not be crossed. He said to me, "Son of man, have you seen this?" Then he brought me and returned me to the bank of the river. When I returned, there, along the bank of the river, were very many trees on one side and the other. Then he said to me: "This water flows toward the eastern region, goes down into the valley, and enters the sea. When it reaches the sea, its waters are healed. And it shall be that every living thing that moves, wherever the rivers go, will live. There will be a very great multitude of fish, because these waters go there; for they will be healed, and everything will live wherever the river goes.

Glory be to the Holy Trinity our God unto the age of ages, Amen.

الْمِيَاهِ، وَالْمِيَاهُ إِلَى الْكَعْبَيْنِ. ثُمَّ قَاسَ أَلْفاً وَعَبَّرَنِي فِي الْمِيَاهِ، وَالْمِيَاهُ إِلَى الرُّكْبَتَيْنِ. ثُمَّ قَاسَ أَلْفاً وَعَبَّرَنِي، وَالْمِيَاهُ إِلَى الْحَقْوَيْنِ. ثُمَّ قَاسَ أَلْفاً، وَإِذَا بِنَهْرٍ لَمْ أَسْتَطِعْ عُبُورَهُ، لأَنَّ الْمِيَاهَ طَمَتْ، مِيَاهَ سِبَاحَةٍ، نَهْرٍ لاَ يُعْبَرُ. وَقَالَ لِي: [أَرَأَيْتَ يَا ابْنَ آدَمَ؟» ثُمَّ ذَهَبَ بِي وَأَرْجَعَنِي إِلَى شَاطِئِ النَّهْرِ. وَعِنْدَ رُجُوعِي إِذَا عَلَى شَاطِئِ النَّهْرِ أَشْجَارٌ كَثِيرَةٌ جِدّاً مِنْ هُنَا وَمِنْ هُنَاكَ. وَقَالَ لِي: [هَذِهِ الْمِيَاهُ خَارِجَةٌ إِلَى الدَّائِرَةِ الشَّرْقِيَّةِ وَتَنْزِلُ إِلَى الْعَرَبَةِ وَتَذْهَبُ إِلَى الْبَحْرِ. إِلَى الْبَحْرِ هِيَ خَارِجَةٌ فَتُشْفَى الْمِيَاهُ. وَيَكُونُ أَنَّ كُلَّ نَفْسٍ حَيَّةٍ تَدِبُّ حَيْثُمَا يَأْتِي النَّهْرَانِ تَحْيَا. وَيَكُونُ السَّمَكُ كَثِيراً جِدّاً لأَنَّ هَذِهِ الْمِيَاهَ تَأْتِي إِلَى هُنَاكَ فَتُشْفَى، وَيَحْيَا كُلُّ مَا يَأْتِي النَّهْرُ إِلَيْهِ.

مجداً للثالوث القدوس الهنا إلى الابد والى ابد الابد آمين.

Homily

A homily of our Holy Father Abba Shenouda the Archimandrite may his blessings be with us. Amen.

Brethren, we must humble ourselves in front of He who suffered on our behalf. We must fear Him who poured the water in a bowl and washed the feet of His disciples with his flawless hands. Let us perform deeds that deserve this great humility that He carried out for

عظة

عظة لأبينا القديس أنبا شنوده رئيس المتوحدين بركته المقدسة تكون معنا، آمين.

فلنستحِ الآن يا اخوتى من الذى تألم عنا. ولنخف من الذى اشتد بمنديل وصب الماء فى المغسل وغسل أرجل تلاميذه بيديه الطاهرتين، ولنصنع ثماراً تستحق هذا الاتضاع العظيم الذى صار فيه من

our sake. Let us repent for our sins that we committed. Because if we do not repent, they will speak of us in heaven as those who love sin. For what else do we gain if we are cast out of heaven, forced to face the judgment and are rejected for our sins. We will be judged twice; not because we have sinned without knowledge but because of what we did with knowledge was worse than what we did without knowledge. Not only because we have sinned, but also because we did not repent.

أجلنا، لكى نتب سريعاً عن خطايانا التى ارتكبناها. لأننا ان لم نتب فسيقال عنا فى السموات أننا محبون للخطايا، فماذا يكون رجاؤنا بعد اذا طُردنا من السماء؟ وطُرحنا إلى الحكم ورفضنا لأجل خطايانا؟ فندان دينونة مُضاعفة، لا لأننا أخطأنا بغير معرفة فقط، بل لأن ما عملناه بمعرفة كان أردأ مما عملناه بغير معرفة. ولا لكوننا أخطأنا فقط بل لكوننا لم نتبرر.

Why can't the sheep know the voice of the real shepherd the giver of life and take refuge in Him? He who purchased it with His blood, took care of it, and gave Himself up for it. He who gave us His Body to eat and His Blood to drink; Jesus Christ our Lord and Savior, the Son of God, who dwells in the highest forever.

لماذا لم تعرف الخراف صوت الراعى الحقيقى المحيى وتلتجئ إليه؟ ذلك الذى اشتراها بدمه وعالها، وأسلم ذاته فداء عنا، الذى أعطانا جسده لنأكله ودمه لنشربه، يسوع المسيح ربنا ومخلصنا، الاله ابن الاله، العلى الكائن فى الأعالى إلى الأبد.

We conclude the homily of our Holy Father Abba Shenouda the Archimandrite, who enlightened our minds and our hearts. In the name of the Father, and the Son, and the Holy Spirit, one God. Amen.

فلنختم عظة أبينا القديس أنبا شنودة الذى أنار عقولنا وعيون قلوبنا باسم الآب والابن والروح القدس الإله الواحد آمين.

We worship you O Christ with your good Father and the Holy Spirit for You were crucified and saved us.	Ⲧⲉⲛⲟⲩⲱϣⲧ ⲙ̀ⲙⲟⲕ ⲱ̀ Ⲡⲭ̅ⲥ̅ ⲛⲉⲙ ⲡⲉⲕⲓⲱⲧ ⲛ̀ⲁ̀ⲅⲁⲑⲟⲥ ⲛⲉⲙ ⲡⲓⲡ̀ⲛⲉⲩⲙⲁ ⲉⲑⲟⲩⲁⲃ ϫⲉ ⲁⲩⲁϣⲕ ⲁⲕⲥⲱϯ ⲙ̀ⲙⲟⲛ ⲛⲁⲓ ⲛⲁⲛ.	نسجد لك أيها المسيح مع أبيك الصالح والروح القدس لأنك صلبت وخلصتنا.

يرفع الكاهن البخور ويطوف الكاهن بالبخور بدون تقبيل.

ويقرأ الشماس البولس بطريقته السنوية.

The presbyter offers incense and inaudibly reads the litany of the Pauline epistle without kisses. Then one of the deacons reads the Pauline Epistle in the annual tune.

1 Timothy 4:9-16; 5:1-10

From the Epistle of St. Paul to his disciple Timothy, may his blessings be with us all. Amen.

This is a faithful saying and worthy of all acceptance. For to this end we both labor and suffer reproach, because we trust in the living God, who is the Savior of all men, especially of those who believe. These things command and teach. Let no one despise your youth, but be an example to the believers in word, in conduct, in love, in spirit, in faith, in purity. Till I come, give attention to reading, to exhortation, to doctrine. Do not neglect the gift that is in you, which was given to you by prophecy with the laying on of the hands of the eldership. Meditate on these things; give yourself entirely to them, that your progress may be evident to all. Take heed to yourself and to the doctrine. Continue in them, for in doing this you will save both yourself and those who hear you.

Do not rebuke an older man, but exhort him as a father, younger men as brothers, older women as mothers, younger women as sisters, with all purity. Honor widows who are really widows. But if any widow has children or grandchildren, let them first learn to

تيموثاوس الأولى ٤: ٩ . ٥: ١٠

من رسالة معلمنا بولس الرسول إلى تيموثاوس الأولى بركته المقدسة تكون معنا، آمين.

صَادِقَةٌ هِيَ الْكَلِمَةُ وَمُسْتَحِقَّةٌ كُلَّ قُبُولٍ. لأَنَّنَا لِهَذَا نَتْعَبُ وَنُعَيَّرُ، لأَنَّنَا قَدْ أَلْقَيْنَا رَجَاءَنَا عَلَى اللهِ الْحَيِّ، الَّذِي هُوَ مُخَلِّصُ جَمِيعِ النَّاسِ وَلاَ سِيَّمَا الْمُؤْمِنِينَ. أَوْصِ بِهَذَا وَعَلِّمْ. لاَ يَسْتَهِنْ أَحَدٌ بِحَدَاثَتِكَ، بَلْ كُنْ قُدْوَةً لِلْمُؤْمِنِينَ فِي الْكَلاَمِ، فِي التَّصَرُّفِ، فِي الْمَحَبَّةِ، فِي الرُّوحِ، فِي الإِيمَانِ، فِي الطَّهَارَةِ. إِلَى أَنْ أَجِيءَ اعْكُفْ عَلَى الْقِرَاءَةِ وَالْوَعْظِ وَالتَّعْلِيمِ. لاَ تُهْمِلِ الْمَوْهِبَةَ الَّتِي فِيكَ الْمُعْطَاةَ لَكَ بِالنُّبُوَّةِ مَعَ وَضْعِ أَيْدِي الْمَشْيَخَةِ. اهْتَمَّ بِهَذَا. كُنْ فِيهِ، لِكَيْ يَكُونَ تَقَدُّمُكَ ظَاهِراً فِي كُلِّ شَيْءٍ. لاَحِظْ نَفْسَكَ وَالتَّعْلِيمَ وَدَاوِمْ عَلَى ذَلِكَ، لأَنَّكَ إِذَا فَعَلْتَ هَذَا تُخَلِّصُ نَفْسَكَ وَالَّذِينَ يَسْمَعُونَكَ أَيْضاً.

لاَ تَزْجُرْ شَيْخاً بَلْ عِظْهُ كَأَبٍ، وَالأَحْدَاثَ كَإِخْوَةٍ، وَالْعَجَائِزَ كَأُمَّهَاتٍ، وَالْحَدَثَاتِ كَأَخَوَاتٍ، بِكُلِّ طَهَارَةٍ. أَكْرِمِ الأَرَامِلَ اللَّوَاتِي هُنَّ بِالْحَقِيقَةِ أَرَامِلُ. وَلَكِنْ إِنْ كَانَتْ أَرْمَلَةٌ

show piety at home and to repay their parents; for this is good and acceptable before God. Now she who is really a widow, and left alone, trusts in God and continues in supplications and prayers night and day. But she who lives in pleasure is dead while she lives. And these things command, that they may be blameless. But if anyone does not provide for his own, and especially for those of his household, he has denied the faith and is worse than an unbeliever. Do not let a widow under sixty years old be taken into the number, and not unless she has been the wife of one man, well reported for good works: if she has brought up children, if she has lodged strangers, if she has washed the saints' feet, if she has relieved the afflicted, if she has diligently followed every good work.

The Grace of God the Father, be with you all Amen.

لَهَا أَوْلاَدٌ أَوْ حَفَدَةٌ، فَلْيَتَعَلَّمُوا أَوَّلاً أَنْ يُوَقِّرُوا أَهْلَ بَيْتِهِمْ وَيُوفُوا وَالِدِيهِمِ الْمُكَافَأَةَ، لأَنَّ هَذَا صَالِحٌ وَمَقْبُولٌ أَمَامَ اللهِ. وَلَكِنَّ الَّتِي هِيَ بِالْحَقِيقَةِ أَرْمَلَةٌ وَوَحِيدَةٌ، فَقَدْ أَلْقَتْ رَجَاءَهَا عَلَى اللهِ، وَهِيَ تُوَاظِبُ عَلَى الطِّلْبَاتِ وَالصَّلَوَاتِ لَيْلاً وَنَهَاراً. وَأَمَّا الْمُتَنَعِّمَةُ فَقَدْ مَاتَتْ وَهِيَ حَيَّةٌ. فَأَوْصِ بِهَذَا لِكَيْ يَكُنَّ بِلاَ لَوْمٍ. وَإِنْ كَانَ أَحَدٌ لاَ يَعْتَنِي بِخَاصَّتِهِ، وَلاَ سِيَّمَا أَهْلُ بَيْتِهِ، فَقَدْ أَنْكَرَ الإِيمَانَ، وَهُوَ شَرٌّ مِنْ غَيْرِ الْمُؤْمِنِ. لِتُكْتَتَبْ أَرْمَلَةٌ إِنْ لَمْ يَكُنْ عُمْرُهَا أَقَلَّ مِنْ سِتِّينَ سَنَةً، امْرَأَةَ رَجُلٍ وَاحِدٍ، مَشْهُوداً لَهَا فِي أَعْمَالٍ صَالِحَةٍ، إِنْ تَكُنْ قَدْ رَبَّتِ الأَوْلاَدَ، أَضَافَتِ الْغُرَبَاءَ، غَسَّلَتْ أَرْجُلَ الْقِدِّيسِينَ، سَاعَدَتِ الْمُتَضَايِقِينَ، اتَّبَعَتْ كُلَّ عَمَلٍ صَالِحٍ.

نعمة الله الآب تكون مع جميعكم. آمين.

Annual Tune | **باللحن السنوى**

Holy God, Holy Mighty, Holy Immortal, who was born of the Virgin, have mercy on us.	Ⲁⲅⲓⲟⲥ ⲟ̀Ⲑⲉⲟⲥ : ⲁⲅⲓⲟⲥ ⲓⲥⲭⲩⲣⲟⲥ : ⲁⲅⲓⲟⲥ ⲁⲑⲁⲛⲁⲧⲟⲥ : ⲟ̀ ⲉⲕⲡⲁⲣⲑⲉⲛⲟⲩ ⲅⲉⲛⲛⲉⲑⲓⲥ ⲉ̀ⲗ̀ⲉ̀ⲏⲥⲟⲛ ⲏⲙⲁⲥ.	قدوس الله، قدوس القوى الذى ولد من العذراء ارحمنا.
Holy God, Holy Mighty, Holy Immortal, who was crucified for us, have mercy on us.	Ⲁⲅⲓⲟⲥ ⲟ̀Ⲑⲉⲟⲥ : ⲁⲅⲓⲟⲥ ⲓⲥⲭⲩⲣⲟⲥ : ⲁⲅⲓⲟⲥ ⲁⲑⲁⲛⲁⲧⲟⲥ : ⲟ̀ ⲥ̀ⲧⲁⲩⲣⲱⲑⲓⲥ Ⲇⲓ ⲏ̀ⲙⲁⲥ ⲉ̀ⲗ̀ⲉ̀ⲏⲥⲟⲛ ⲏ̀ⲙⲁⲥ.	قدوس الله، قدوس القوى الذى صلب عنا ارحمنا.
Holy God, Holy Mighty, Holy	Ⲁⲅⲓⲟⲥ ⲟ̀Ⲑⲉⲟⲥ : ⲁⲅⲓⲟⲥ ⲓⲥⲭⲩⲣⲟⲥ : ⲁⲅⲓⲟⲥ ⲁⲑⲁⲛⲁⲧⲟⲥ : ⲟ̀ ⲥ̀ⲧⲁⲩⲣⲱⲑⲓⲥ	قدوس الله، قدوس القوى

Immortal, who was crucified for us, have mercy on us.	ⲁ̀ⲓ ⲏ̀ⲙⲁⲥ ⲉ̀ⲗⲉ̀ⲏⲥⲟⲛ ⲏ̀ⲙⲁⲥ.	الذى صلب عنا ارحمنا.
Glory be to the Father, to the Son and to the Holy Spirit, both now, and ever, and unto the age of all ages. Amen.	Ⲇⲟⲝⲁ Ⲡⲁⲧⲣⲓ ⲕⲉ Ⲩⲓⲱ̀ ⲕⲉ ⲁ̀ⲅⲓⲱ Ⲡⲛⲉⲩⲙⲁⲧⲓ : ⲕⲉ ⲛⲩⲛ ⲕⲉ ⲁ̀ⲓ̀ ⲕⲉ ⲓⲥ ⲧⲟⲩⲥ ⲉ̀ⲱ̀ⲛⲁⲥ ⲧⲱⲛ ⲉ̀ⲱ̀ⲛⲱⲛ ⲁ̀ⲙⲏⲛ.	المجد للآب والابن والروح القدس. الآن وكل اوان والى دهر الدهور. آمين.

يصلى الكاهن أوشية الأنجيل ويقال المزمور والأنجيل باللحن السنوى

The priest prays the litany of the Gospel and the Psalm and Gospel are read in annual tune.

Psalm 51:7,10 - John 13:1-17

المزمور ٥١: ٧، ١٠ - يوحنا ١٣: ١ - ١٧

DEACON

Stand up in the fear of God and listen to the Holy Gospel. A chapter according to St. John may his blessing be with us all amen.

From the Psalms and Hymns of David the Prophet and King may his blessings be with us all amen.

Purge me with hyssop, and I shall be clean; Wash me, and I shall be whiter than snow. Create in me a clean heart, O God, and renew a steadfast spirit within me.

Blessed is He who comes in the name of the Lord. Our Lord, God and Savior Jesus Christ, Son of the living God to whom is glory forever and ever Amen.

Now before the Feast of the

الشماس

قفوا بخوف امام الله وانصتوا لسماع الإنجيل المقدس فصل من بشارة الإنجيل لمعلمنا مار يوحنا البشير والتلميذ الطاهر، بركته على جميعنا، آمين.

من مزامير أبينا داود النبى والملك بركاته تكون مع جميعنا، آمين.

تنضح على بزوفاك فأطهر، تغسلنى فأبيض أكثر من الثلج. قلباً نقياً اخلق فى يا الله، وروحاً مستقيماً جدد فى أحشائى الليلويا.

مبارك الآتى باسم الرب، ربنا وإلهنا ومخلصنا يسوع المسيح، ابن الله الحى، الذى له المجد الدائم إلى الأبد، آمين.

Passover, when Jesus knew that His hour had come that He should depart from this world to the Father, having loved His own who were in the world, He loved them to the end. And supper being ended, the devil having already put it into the heart of Judas Iscariot, Simon's son, to betray Him, Jesus, knowing that the Father had given all things into His hands, and that He had come from God and was going to God, rose from supper and laid aside His garments, took a towel and girded Himself. After that, He poured water into a basin and began to wash the disciples' feet, and to wipe them with the towel with which He was girded. Then He came to Simon Peter. And Peter said to Him, "Lord, are You washing my feet?" Jesus answered and said to him, "What I am doing you do not understand now, but you will know after this." Peter said to Him, "You shall never wash my feet!" Jesus answered him, "If I do not wash you, you have no part with Me." Simon Peter said to Him, "Lord, not my feet only, but also my hands and my head!" Jesus said to him, "He who is bathed needs only to wash his feet, but is completely clean; and you are clean, but not all of you. "For He knew who would betray Him; therefore He said, "You are not all clean." So when He had washed their feet, taken His garments, and sat down again, He said to them, "Do you know what I have done to you? You call Me Teacher and Lord, and you say well, for so I am. If I then,

أَمَّا يَسُوعُ قَبْلَ عِيدِ الْفِصْحِ وَهُوَ عَالِمٌ أَنَّ سَاعَتَهُ قَدْ جَاءَتْ لِيَنْتَقِلَ مِنْ هَذَا الْعَالَمِ إِلَى الآبِ إِذْ كَانَ قَدْ أَحَبَّ خَاصَّتَهُ الَّذِينَ فِي الْعَالَمِ أَحَبَّهُمْ إِلَى الْمُنْتَهَى. فَحِينَ كَانَ الْعَشَاءُ وَقَدْ أَلْقَى الشَّيْطَانُ فِي قَلْبِ يَهُوذَا سِمْعَانَ الإِسْخَرْيُوطِيِّ أَنْ يُسَلِّمَهُ يَسُوعُ وَهُوَ عَالِمٌ أَنَّ الآبَ قَدْ دَفَعَ كُلَّ شَيْءٍ إِلَى يَدَيْهِ وَأَنَّهُ مِنْ عِنْدِ اللَّهِ خَرَجَ وَإِلَى اللَّهِ يَمْضِي قَامَ عَنِ الْعَشَاءِ وَخَلَعَ ثِيَابَهُ وَأَخَذَ مِنْشَفَةً وَاتَّزَرَ بِهَا ثُمَّ صَبَّ مَاءً فِي مِغْسَلٍ وَابْتَدَأَ يَغْسِلُ أَرْجُلَ التَّلاَمِيذِ وَيَمْسَحُهَا بِالْمِنْشَفَةِ الَّتِي كَانَ مُتَّزِراً بِهَا. فَجَاءَ إِلَى سِمْعَانَ بُطْرُسَ. فَقَالَ لَهُ ذَاكَ: «يَا سَيِّدُ أَنْتَ تَغْسِلُ رِجْلَيَّ!» أَجَابَ يَسُوعُ: «لَسْتَ تَعْلَمُ أَنْتَ الآنَ مَا أَنَا أَصْنَعُ وَلَكِنَّكَ سَتَفْهَمُ فِيمَا بَعْدُ». قَالَ لَهُ بُطْرُسُ: «لَنْ تَغْسِلَ رِجْلَيَّ أَبَداً!» أَجَابَهُ يَسُوعُ: «إِنْ كُنْتُ لاَ أَغْسِلُكَ فَلَيْسَ لَكَ مَعِي نَصِيبٌ». قَالَ لَهُ سِمْعَانُ بُطْرُسُ: «يَا سَيِّدُ لَيْسَ رِجْلَيَّ فَقَطْ بَلْ أَيْضاً يَدَيَّ وَرَأْسِي». قَالَ لَهُ يَسُوعُ: «الَّذِي قَدِ اغْتَسَلَ لَيْسَ لَهُ حَاجَةٌ إِلاَّ إِلَى غَسْلِ رِجْلَيْهِ بَلْ هُوَ طَاهِرٌ كُلُّهُ. وَأَنْتُمْ طَاهِرُونَ وَلَكِنْ لَيْسَ كُلُّكُمْ». لأَنَّهُ عَرَفَ مُسَلِّمَهُ لِذَلِكَ قَالَ: «لَسْتُمْ كُلُّكُمْ طَاهِرِينَ». فَلَمَّا كَانَ قَدْ غَسَلَ أَرْجُلَهُمْ وَأَخَذَ ثِيَابَهُ وَاتَّكَأَ أَيْضاً قَالَ لَهُمْ: «أَتَفْهَمُونَ مَا قَدْ صَنَعْتُ بِكُمْ؟ أَنْتُمْ تَدْعُونَنِي مُعَلِّماً وَسَيِّداً وَحَسَناً تَقُولُونَ لأَنِّي أَنَا كَذَلِكَ. فَإِنْ كُنْتُ وَأَنَا السَّيِّدُ وَالْمُعَلِّمُ قَدْ غَسَلْتُ أَرْجُلَكُمْ فَأَنْتُمْ يَجِبُ عَلَيْكُمْ أَنْ يَغْسِلَ بَعْضُكُمْ أَرْجُلَ بَعْضٍ لأَنِّي

your Lord and Teacher, have washed your feet, you also ought to wash one another's feet. For I have given you an example, that you should do as I have done to you. Most assuredly, I say to you, a servant is not greater than his master; nor is he who is sent greater than he who sent him. If you know these things, blessed are you if you do them.
Glory be to God forever

أَعْطَيْتُكُمْ مِثَالاً حَتَّى كَمَا صَنَعْتُ أَنَا بِكُمْ تَصْنَعُونَ أَنْتُمْ أَيْضاً. اَلْحَقَّ الْحَقَّ أَقُولُ لَكُمْ: إِنَّهُ لَيْسَ عَبْدٌ أَعْظَمَ مِنْ سَيِّدِهِ وَلاَ رَسُولٌ أَعْظَمَ مِنْ مُرْسِلِهِ. إِنْ عَلِمْتُمْ هَذَا فَطُوبَاكُمْ إِنْ عَمِلْتُمُوهُ.
والمجد لله دائماً.

يرفع الكاهن الصليب وعليه الشموع ويقول: "افنوتىناى نان.." ثم يجاوبه الشعب بالناقوس: Ⲕⲩⲣⲓⲉ̀ ⲉ̀ⲗⲉⲏ̀ⲥⲟⲛ عشرة مرات باللحن الكبير.

The priest raises the cross along with lit candles and prays: Ⲫϯ ⲛⲁⲓ ⲛⲁⲛ ⲑⲉϣⲟⲩⲛⲁⲓ ⲉ̀ⲣⲟⲛ... (O God have mercy upon us, grant us your mercy).
The congregation responds with Ⲕⲩⲣⲓⲉ̀ ⲉ̀ⲗⲉⲏ̀ⲥⲟⲛ in the long tune with the cymbals for 10 times.

Response of the Gospel:

مرد الإنجيل

Jesus Christ is the same yesterday, today, and forever. In one hypostasis, we worship and glorify Him.	Ⲓⲏⲥ Ⲡⲭⲥ ⲛ̀ⲥⲁϥ ⲛⲉⲙ ⲫⲟⲟⲩ ⲛ̀ⲑⲟϥ ⲛ̀ⲑⲟϥ ⲡⲉ ⲛⲉⲙ ϣⲁ ⲉ̀ⲛⲉϩ : ϧⲉⲛ ⲟⲩϩⲩⲡⲟⲥⲧⲁⲥⲓⲥ ⲛ̀ⲟⲩⲱⲧ : ⲧⲉⲛⲟⲩⲱϣⲧ ⲙ̀ⲙⲟϥ ⲧⲉⲛϯⲱⲟⲩ ⲛⲁϥ.	يسوع المسيح هو هو أمساً واليوم والى الأبد. بأقنوم واحد نسجد له ونمجده.

The priest then recites the following Litanies:

- Litany of the Sick
- Litany of the Travelers
- Litany of the water of the rivers, the seeds and herbs and the air of heaven,
- Litany of the Ruler as

يتلو الكهنة السبعة الاواشى الكبار الآتى بيانها:

- أوشية المرضى
- أوشية المسافرين
- أوشية المياه، الزروع، وأهوية السماء
- أوشية الرئيس كما يلى

follows:

PRIEST

Remember O Lord, the ruler of our Land your servant(...).

DEACON

Pray that Christ our God, grant us mercy and compassion before the mighty rulers and incline their hearts, with goodness towards us at all time, and that He may forgive us our sins.

CONGREGATION

Lord Have mercy.

PRIEST

Keep him in peace, justice, and might. Let all his enemies and all nations who wish to be in war. Speak in his heart for the peace of the one Holy Catholic and Apostolic Church. Give him that he may have think of peace towards us and towards Your Holy Name, so that we may live in peace, chastity and purity.

CONGREGATION

Lord Have mercy.

- Litany of the Departed.
- Litany of the Oblations.
- Litany of the Catechumen:

PRIEST

Remember O Lord the catechumens of Your people, have mercy on them and confirm them in the faith through You.

الكاهن

أذكر يارب رئيس أرضنا(...)

الشماس

اطلبوا لكى المسيح إلهنا يعطينا رحمة ورأفة امام السلاطين العزاء. ويعطف قلوبهم علينا بالصلاح فى كل حين. ويغفر لنا خطايانا.

الشعب

يارب ارحم.

الكاهن

أحفظه بسلام وعدل وقوة، ولتخضع له كل الأمم الذين يريدون الحرب فى جميع ما لنا من الخصب. تكلم فى قلبه من أجل سلام كنيستك الواحدة الوحيدة المقدسة الجامعة الرسولية، أعطه أن يفكر بالسلام فينا وفى اسمك القدوس، لكى نعيش نحن أيضاً فى سيرة هادئة ساكنة، ونوجد فى كل تقوى وكل عفاف بك.

الشعب

يارب ارحم.

- أوشية الراقدين.
- أوشية القرابين.
- أوشية الموعظين:

الكاهن

أذكر يارب موعوظى شعبك، ارحمهم، ثبتهم فى الإيمان بك.

Deacon

Pray for the catechumens of our congregation.

Congregation

Lord Have mercy.

الشماس

اطلبوا عن موعوظى شعبنا.

الشعب

يارب ارحم.

Priest

Uproot from their hearts all remains of idolatry. Your law, fear, commandments and Holy orders confirm in their hearts. Grant them to be established in the words that were ministered unto them. Grant them in due time that they may be worthy of the new birth for the forgiveness of their sins, as you prepare them to be the temple of Your Holy Spirit.

الكاهن

كل بقية عبادة الأوثان انزعها من قلوبهم. ناموسك، خوفك، وصاياك، حقوقك، أوامرك المقدسة، ثبتها فى قلوبهم. أعطهم أن يعرفوا ثبات الكلام الذى وعظوا به، وفى الزمن المحدد فاستحقوا حميم الميلاد الجديد لغفران خطاياهم، اذ تعدهم هيكلاً لروحك القدوس.

Congregation

Lord have mercy

الشعب

يارب ارحم

Priest [inaudibly]

By the grace, compassion and philanthropy, of Your Only-begotten Son, our Lord, God, and Savior, Jesus Christ. Through Whom the glory, the honor, the dominion, and the adoration are due unto You, with Him, and the Holy Spirit, the Life-Giver, Who is of one essence with You, now, and at all times, and unto the age of all ages Amen.

الكاهن (سراً)

بالنعمة والرأفة ومحبة البشر اللواتى لابنك الوحيد الجنس ربنا والهنا ومخلصنا يسوع المسيح. هذا الذى من قبله المجد والكرامة والعزة والسجود تليق بك معه، ومع الروح القدس المحيى المساوى لك. الآن وكل أوان و إلى دهر الدهور كلها. آمين.

PRIEST

O You who girded Himself with a towel and covered up Adam's nakedness. You who gave us the garment of Divine sonship, we ask You, O Christ God, hear us and have mercy.

CONGREGATION

Lord have mercy.

PRIEST

O You who for the love of mankind became man; You girded Yourself with a towel to cleanse us from the stains of our sins; we ask You, O Christ God, hear us and have mercy.

CONGREGATION

Lord have mercy.

PRIEST

O You who prepared for us the way of life through the washing of the chosen holy disciples' feet; we ask You, O Christ God, hear us and have mercy.

CONGREGATION

Lord have mercy.

PRIEST

O Christ our God who walked on the waters and through Your love for man washed the disciples' feet; we ask You, O Christ God, hear us and have mercy.

CONGREGATION

Lord have mercy.

الكاهن

يا من اشتد بمنديل كعبد، وستر كل عرى آدم، وأنعم علينا بلباس البنوة الإلهية، نطلب اليك أيها المسيح الهنا اسمعنا وارحمنا.

الشعب

يا رب ارحم.

الكاهن

يا من أجل محبته للبشر صار إنساناً، وبمحبته لنا اشتد بمنديل وغسل أدناس خطايانا، نسلك أيها المسيح الهنا أن تسمعنا وترحمنا.

الشعب

يا رب ارحم.

الكاهن

يا من أعد لنا طريق الحياة بواسطة غسل أرجل رسله المختارين الأطهار نسألك أيها المسيح الهنا اسمعنا وارحمنا.

الشعب

يا رب ارحم.

الكاهن

أيها المسيح الهنا يا من سار على الماء، وبمحبته للبشر غسل أرجل تلاميذه، نطلب اليك أيها المسيح الهنا اسمعنا وارحمنا.

الشعب

يا رب ارحم.

PRIEST

O You who clothed Himself in light like a garment, girded Himself and washed the disciples' feet and wiped them; we ask You hear us and have mercy.

CONGREGATION

Lord have mercy.

PRIEST

O Christ our God, the Pantocrator, giver of divine gifts to those who serve Your Holy Name, who sustains and supports all. You who feeds them with His love; we ask You, O Christ God, hear us and have mercy.

CONGREGATION

Lord have mercy.

PRIEST

O You who gathers together the waters above the heavens and sets the boundaries thereof, we ask You O Christ God, hear us and have mercy.

CONGREGATION

Lord have mercy.

PRIEST

O You who measured the waters and the heaven with His Hands and held all the earth with the palm of His Hand; we ask You, O Christ God, hear us and have mercy.

CONGREGATION

Lord have mercy.

الكاهن

يا من التحف بالنور كالثوب واشتد بمئزرة وغسل أرجل تلاميذه ومسحها، نسألك أيها المسيح الهنا اسمعنا وارحمنا.

الشعب

يا رب ارحم.

الكاهن

أيها المسيح الرب الهنا الضابط الكل، الرازق المواهب الالهية للذين يخدمون اسمك القدوس، الذى ينمى ويربى ويعول الكل، ويقويهم بمحبته، نطلب اليك أيها المسيح الهنا استجب لنا وارحمنا.

الشعب

يا رب ارحم.

الكاهن

يا من جمع المياه إلى مجمع واحد، وجعل لها حداً فوق السموات، نطلب اليك أيها المسيح الهنا استجب لنا وارحمنا.

الشعب

يا رب ارحم.

الكاهن

الذى كال المياه بيده والسماء بشبره، والأرض كلها بقبضته، نسألك أيها المسيح الهنا استجب لنا وارحمنا.

الشعب

يا رب ارحم.

PRIEST

O You who through His will made the springs into rivers and through Your overwhelming love to man have prepared all things and created everything out of nothing for our service; we ask You, O Christ God, hear us and have mercy.

CONGREGATION

Lord have mercy.

PRIEST

Again, O You the Giver of Truth and infinite richness, lover of man, O Lord of mercy, visit the earth and water her by the rising of the river to bring forth fruits; we ask You, O Christ God, hear us and have mercy.

CONGREGATION

Lord have mercy.

PRIEST

May its furrows be watered and its fruits made plentiful through Your Goodness; we ask You, O Christ God, hear us and have mercy.

CONGREGATION

Lord have mercy.

PRIEST

Make glad the face of the earth and renew her. Raise the waters of the river according to its measure; we ask You, O Christ God, hear us and have mercy.

CONGREGATION

Lord have mercy.

الكاهن

الذى صير ينابيع الأودية أنهاراً بارادته المقدسة، وبمحبتك غير المدركة للبشر أعددت لنا كل شئ لخدمتنا، وخلقت الكل من لا شئ، نطلب اليك أيها المسيح الهنا استجب لنا وارحمنا.

الشعب

يا رب ارحم.

الكاهن

هكذا أيضاً أيها المعطى الحق، وعظم الغنى، ومحبة البشر، يا إله الرحمة: افتقد الأرض، واروها بصعود النهر فتثمر حسناً، نطلب اليك أيها المسيح الهنا استجب لنا وارحمنا.

الشعب

يا رب ارحم.

الكاهن

ليرو حرثها ولتكثر ثمارها بصلاحك، نسألك أيها المسيح الهنا استجب لنا وارحمنا.

الشعب

يا رب ارحم.

الكاهن

فرح وجه الأرض، جددها دفعة أخرى، أصعد نهر النيل كمقداره، نطلب اليك أيها المسيح الهنا استجب لنا وارحمنا.

الشعب

يا رب ارحم.

PRIEST

Bless the crown of the year with Your Goodness. Fill the land of Egypt with fatness to increase its furrows and bless its fruits; we ask You, O Christ God, hear us and have mercy.

CONGREGATION

Lord have mercy.

PRIEST

Make glad the land of Egypt, and its hills rejoice with gladness, through Your Goodness; we ask You, O Christ God, hear us and have mercy.

CONGREGATION

Lord have mercy.

PRIEST

O Lord, save Your people, bless nine inheritance and visit the whole world with Your loving kindness and mercy. Exalt the horn of the Christians with the power of Your life-giving Cross; we ask You, O Christ God, hear us and have mercy.

CONGREGATION

Lord have mercy.

الكاهن

بارك إكليل السنة بصلاحك، بقاع مصر املأها من الخير. ليكثر حرثها، وتتبارك ثمارها، نطلب اليك أيها المسيح الهنا استجب لنا وارحمنا.

الشعب

يا رب ارحم.

الكاهن

لتفرح حدود كورة مصر، ولتتهلل الآكام بفرح من قبل صلاحك، نطلب اليك أيها المسيح الهنا استجب لنا وارحمنا.

الشعب

يا رب ارحم.

الكاهن

اللهم خلص شعبك، بارك ميراثك، افتقد العالم أجمع بالمراحم والرأفات، ارفع شأن المسيحيين بقوة صليبك المحيى، نطلب اليك أيها المسيح الهنا استجب لنا وارحمنا.

الشعب

يا رب ارحم.

PRIEST

Grant security, confirmation, and peace to the provinces through Your Goodness. Grant Your mercy and abundance to all the poor of Your people and make glad our heart, through the intercession of Your Holy Mother, the Virgin Mary, and St. John the Baptist, and all our fathers the Apostles; we ask You, O Christ God, hear us and have mercy.

الكاهن

أعط طمأنينة وثباتاً وسلاماً للممالك بصلاحك، وأنعم علينا بالخصب، وبمراحمك لسائر فقراء شعبك، ولتبتهج قلوبنا، بطلبات أمك العذراء الطاهرة مريم والقديس يوحنا المعمدان، وكافة آبائنا الرسل الأطهار، نطلب اليك أيها المسيح الهنا استجب لنا وارحمنا.

CONGREGATION

Lord have mercy.

الشعب

يا رب ارحم.

The Priest holds up the cross and lit candles

يرفع الكاهن الصليب بالشموع

CONGREGATION

Lord have mercy (100 times)

[The priest says the three long litanies:]

- Litany of Peace
- Litany of the Fathers
- Litany of the Congregation

The Creed…

الشعب

كيريى ليسون يا رب ارحم «مائة مرة دمجاً».

يقول الكهنة الثلاث الأواشى الكبار

- أوشية السلام
- أوشية الآباء
- أوشية الجماعة

قانون الأيمان...

CONGREGATION		**الشعب**
We look for the resurrection of the dead and the life of the coming age to come. Amen.	Ⲧⲉⲛϫⲟⲩϣⲧ ⲉ̀ⲃⲟⲗ ϧⲁⲧϩⲏ ⲛ̀ϯⲁⲛⲁⲥⲧⲁⲥⲓⲥ ⲛ̀ⲧⲉ ⲛⲓⲣⲉϥⲙⲱⲟⲩⲧ ⲛⲉⲙ ⲡⲓⲱⲛϧ ⲛ̀ⲧⲉ ⲡⲓⲉⲱⲛ ⲉⲑⲛⲏⲟⲩ ⲁⲙⲏⲛ.	وننتظر قيامة الأموات وحياة الدهر الآتى. آمين
ASPASMOS ADAM		**اسبسمس آدام**

Rejoice and be glad O human race, for For God so loved the world : that He gave His only begotten Son, that the believers may have everlasting life.	Ⲣⲁϣⲓ ⲟⲩⲟϩ ⲑⲉⲗⲏⲗ ⲱ̀ ⲡ̀ⲅⲉⲛⲟⲥ ⲛ̀ⲛⲓⲣⲱⲙⲓ : ϫⲉ ⲡⲁⲓⲣⲏϯ ⲁ̀Ⲫϯ ⲙⲉⲛⲣⲉ ⲡⲓⲕⲟⲥⲙⲟⲥ. Ϩⲱⲥⲧⲉ ⲛ̀ⲧⲉϥϯ ⲙ̀ⲡⲉϥϣⲏⲣⲓ ⲙ̀ⲙⲉⲛⲣⲓⲧ : ϧⲁ ⲛⲏⲉⲑⲛⲁϩϯ ⲉ̀ⲣⲟϥ ⲉⲑⲣⲟⲩⲱⲛϧ ϣⲁ ⲉ̀ⲛⲉϩ.	افرحوا وتهللوا يا جنس البشر، لأنه هكذا أحب الله العالم حتى بذل أبنه الحبيب عن المؤمنين لكى يحيوا إلى الإبد.
ALTERNATIVE ASPASMOS		**اسبسمس آدام آخر**
Our fathers the apostles preached the gospel of Jesus Christ to the nations.	Ⲛⲉⲛⲓⲟϯ ⲛ̀ⲁ̀ⲡⲟⲥⲧⲟⲗⲟⲥ : ⲁⲩϩⲓⲱⲓϣ ϧⲉⲛ ⲛⲓⲉⲑⲛⲟⲥ : ϧⲉⲛ ⲡⲓⲉⲩⲁⲅⲅⲉⲗⲓⲟⲛ : ⲛ̀ⲧⲉ Ⲓⲏⲥ Ⲡⲭⲥ.	أباؤنا الرسل كرزوا فى الأمم بأنجيل يسوع المسيح.
Their voices went face unto the face of the whole earth, and their words have reached the ends of the world.	Ⲁⲡⲟϧⲣⲱⲟⲩ ϣⲉⲛⲁϥ : ϩⲓϫⲉⲛ ⲡ̀ⲕⲁϩⲓ ⲧⲏⲣϥ : ⲟⲩⲟϩ ⲛⲟⲩⲥⲁϫⲓ ⲁⲩⲫⲟϩ : ϣⲁ ⲁⲩⲣⲏϫⲥ ⲛ̀ϯⲟⲓⲕⲟⲩⲙⲉⲛⲏ.	خرجت أصواتهم على الأرض كلها وبلغ كلامهم إلى أقطار المسكونة.
DEACON		**الشماس**
Offer, offer, offer in order. Stand in fear, look towards the east. Let us attend.	Ⲡ̀ⲣⲟⲥⲫⲉⲣⲓⲛ ⲕⲁⲧⲁ ⲧ̀ⲣⲟⲡⲟⲛ : ⲥ̀ⲧⲁⲑⲏⲧⲉ ⲕⲁⲧⲁ ⲧ̀ⲣⲟⲙⲟⲩ : ⲓⲥ ⲁⲛⲁⲧⲟⲗⲁⲥ ⲃ̀ⲗⲯⲁⲧⲉ : ⲡ̀ⲣⲟⲥⲭⲱⲙⲉⲛ.	تقدموا، تقدموا، تقدموا على الرسم. قفوا برعدة وإلى الشرق أنظروا. ننصت.
CONGREGATION		**الشعب**
Through the intercessions of the Theotokos, Saint Mary, O Lord grant us the forgiveness of our sins. We worship you O Christ with Your good	Ϩⲓⲧⲉⲛ ⲛⲓⲡ̀ⲣⲉⲥⲃⲓⲁ ⲛ̀ⲧⲉ ϯⲑⲉⲟ̀ⲧⲟⲕⲟⲥ ⲉⲑⲟⲩⲁⲃ Ⲙⲁⲣⲓⲁ̀ : Ⲡ̀ϭⲟⲓⲥ ⲁⲣⲓϩ̀ⲙⲟⲧ ⲛⲁⲛ ⲙ̀ⲡⲓⲭⲱ ⲉ̀ⲃⲟⲗ ⲛ̀ⲧⲉ ⲛⲉⲛⲛⲟⲃⲓ. Ⲧⲉⲛⲟⲩⲱϣⲧ ⲙ̀ⲙⲟⲕ ⲱ̀ Ⲡⲭⲥ ⲛⲉⲙ ⲡⲉⲕⲓⲱⲧ ⲛ̀ⲁ̀ⲅⲁⲑⲟⲥ ⲛⲉⲙ Ⲡⲓⲡ̀ⲛⲁ	بشفاعات والدة الإله القديسة مريم، يا رب أنعم لنا بمغفرة خطايانا. نسجد لك أيها المسيح، مع أبيك الصالح، والروح

Father and the Holy Spirit, for you were crucified and saved us. The mercy of peace is the sacrifice of praise.	ⲉⲑⲟⲩⲁⲃ : ϫⲉ ⲁⲩⲁϣⲕ ⲁⲕⲥⲱϯ ⳿ⲙⲙⲟⲛ. Ⲉⲗⲉⲟⲥ ⲓ̀ⲣⲏⲛⲏⲥ ⲑⲩⲥⲓⲁ̀ ⲉ̀ⲛⲉⲥⲉⲱⲥ.	القدس، لأنك صُلبت وخلصتنا. رحمة السلام ذبيحة التسبيح.
PRIEST		**الكاهن**
The love of God the Father, the grace of the only begotten Son, our Lord, God, and Savior Jesus Christ, and the communion and the gift of the Holy Spirit be with you all.	Ⲏ̀ⲁⲅⲁⲡⲏ ⲧⲟⲩ ⲑⲉⲟⲩ ⲕⲉ ⲡⲁⲧⲣⲟⲥ: ⲕⲉ ⲏ̀ⲭⲁⲣⲓⲥⲧⲟⲩ ⲙⲟⲛⲟⲅⲉⲛⲟⲩⲥ Ⲩ̀ⲓⲟ Ⲕⲩⲣⲓⲟ ⲇⲉ ⲕⲉ Ⲑⲉⲟⲩ ⲕⲉ ⲥⲱⲧⲏⲣⲟⲥ ⲏ̀ⲙⲱⲛ Ⲓⲏⲥⲟⲩ Ⲭ̀ⲣⲓⲥⲧⲟⲩ: ⲕⲉ ⲏ ⲕⲟⲓⲛⲱⲛⲓⲁ̀ ⲕⲉ ⲏ ⲇⲱⲣⲉⲁ̀ ⲧⲟⲩ ⲁ̀ⲅⲓⲟ Ⲡⲛⲉⲩⲙⲁⲧⲟⲥ ⲙⲉⲧⲁⲡⲁⲛⲧⲱⲛ ⲩ̀ⲙⲱⲛ.	محبة الله الآب ونعمة الإبن الوحيد ربنا والهنا ومخلصنا يسوع المسيح وشركة وموهبة الروح القدس تكون مع جميعكم.
CONGREGATION		**الشعب**
And with your spirit.	Ⲕⲉ ⲙⲉⲧⲁ ⲧⲟⲩ ⲡ̀ⲛⲉⲩⲙⲁⲧⲟ ⲥⲟⲩ.	ومع روحك أيضاً.
PRIEST		**الكاهن**
Lift up your hearts	Ⲁ̀ⲛⲱ ⲩ̀ⲙⲱⲛ ⲧⲁⲥ ⲕⲁⲣⲇⲓⲁⲥ	إرفعوا قلوبكم.
CONGREGATION		**الشعب**
We have them with the Lord.	Ⲕⲉ ⲙⲉⲧⲁ ⲧⲟⲩ ⲡ̀ⲛⲉⲩⲙⲁⲧⲟ ⲥⲟⲩ.	هى عند الرب.
PRIEST		**الكاهن**
Let us give thanks to the Lord.	Ⲉⲩⲭⲁⲣⲓⲥ ⲧⲏⲥⲱⲙⲉⲛ ⲧⲱ Ⲕⲩⲣⲓⲱ̀.	فلنشكر الرب.
CONGREGATION		**الشعب**
It is meet and right.	Ⲁ̀ⲝⲓⲟⲛ ⲕⲉⲇⲓⲕⲉⲟⲛ.	مستحق وعادل.

PRIEST	**الكاهن**
Worthy and just, worthy and just, worthy and just, truly You are worthy and Just, I honor You, exalt	مستحق ومستوجب، مستحق ومستوجب، مستحق ومستوجب، لأنك بالحقيقة مستحق

You, bless You, glorify You, worship You, and thank You at all times, for all your works you have done for us. You alone are the true God, existing from the beginning, who formed water from His heights. Who made the water in the firmament that blesses Your holy name. O King of all creation, Lord Jesus Christ, we worship You. You who sits on the throne of Your glory and are worship by all the holy powers.

Deacon

You who are seated, stand.

Priest

For the angels, the archangels, the principalities, the authorities, the thrones, the dominions, all the serving spirits, and all the innumerable hosts of angels, stand before You in fear and trembling, praising Your majesty.

Deacon

Look towards the east.

Priest

You are He around whom stand the righteous powers, the Cherubim and the Seraphim, glorifying you three times at all times. And we also make us worthy to praise You with them and bless you with the voices of glory saying:

Congregation

The Cherubim worship You, and the Seraphim glorify You, proclaiming and saying:
Holy, Holy, Holy, Lord of hosts.

وعادل، أكرمك، أرفعك، أباركك، أمجدك، أسجد لك، أشكرك فى كل زمان، لأجل الخيرات التى صنعتها معنا، أنت الاله الحقيقى وحدك، الكائن منذ البدء، الذى أظهر المياه فى علوه، الذى جعل المياه الكثيرة فى فلك السماء، هذه تبارك اسمك القدوس، يا ملك الخليقة كلها، يا يسوع المسيح نسجد لك، أيها الجالس على عرش مجده، المسجود له من جميع القوات المقدسة.

الشماس

أيها الجلوس قفوا.

الكاهن

ان الملائكة ورؤساء الملائكة، والرئاسات والسلطات، والكراسى والربوبيات، وكل الأرواح الخادمة، وكل الجمع غير المحصى من القوات الملائكية، هؤلاء قيام أمامك بخوف ورعدة، يسبحون عظمتك.

الشماس

وإلى الشرق أنظروا.

الكاهن

أنت هو الذى يقف حولك القواد الطوباويون، الشاروبيم والسيرافيم، هؤلاء يقدسونك ثلاث مرات فى كل حين، ونحن أيضاً اجعلنا مستحقين أن نسبحك معهم ونباركك بأصوات المجد قائلين:

الشعب

الشاروبيم يسجدون لك، والسيرافيم يمجدونك، صارخين قائلين: قدوس قدوس قدوس رب

Heaven and earth are full of Your holy glory.

الصاباؤوت، السماء والأرض مملوءتان من مجدك الأقدس.

The hegumen blesses the water with the cross three times and during each, he says:

يرشم رئيس الكهنة الماء ثلاث مرات بالصليب وكل رشم يقول:

Holy. | Ⲁⲅⲓⲟⲥ. | قدوس.

PRIEST

Holy, Holy, are You O Lord and Holy in all things. For You are the True Holy God, Jesus Christ, the First-born of all creation; Who dwells in the glory of His majesty, in Him the fullness of the Divinity dwells bodily. You did not consider it robbery to be equal to God, Your Father, but with Your good will You came to earth taking the form of a servant becoming man in truth; You were incarnate in the undefiled womb of the Holy Theotokos, Saint Mary.

You who was clothed in purity and never sinned, offered Yourself up to the holy cross for our salvation. You gave us this example, for after supper You arose, took a towel and girded Yourself and poured water into a basin, and began to wash Your disciples' feet; and wiped them with the towel with which You were girded, You have given them the ordinance of love and humility and the remembrance of Your love for man for You said to them, "If I, your Lord and Master

الكاهن

قدوس قدوس أيها الرب وقدوس أنت فى كل شئ، لأنك أنت الاله القدوس الحقيقى، يسوع المسيح الابن، بكر كل الخليقة.

الكائن فى مجد عظمته، الذى لا يعرف أحد كمال لاهوته الحال فيه جسدياً. ليس هو اختطافاً أن تكون مساوياً لله أبيك. لكن بارادتك وحدك أخذت شكل العبد، وصرت إنساناً بالحقيقة تجسدت فى بطن غير الدنسة والدة الاله القديسة مريم.

أنت الذى لبست الطهارة ولم تخطئ أبداً، ودفعت ذاتك إلى الصليب المقدس من أجل خلاصنا. وضعت لنا هذا المثال، إذ قمت من العشاء وأخذت منديلاً، اشتديت به وصببت ماء فى لقان، وابتدأت تغسل أرجل تلاميذك وتنشفها بالمنديل الذى كنت متزراً به، وأعطيتهم رسم المحبة، وترتيب التواضع، وتذكار محبتك للبشر، إذ قلت لهم: أنا غسلت أقدامكم وأنا المعلم والرب فيجب عليكم أن يغسل بعضكم أقدام بعض مثالاً لما صنعت بكم، وكما صنعت

have washed your feet, then you also ought to wash one another's feet. As much as I have done it unto you so you ought to do to one another."

بكم أصنعوا أنتم أيضاً ببعضكم البعض.

You have ordered them to follow Your commandments and statutes for You have said, "love one another; by this shall all men know you are my disciples because you love one another." You also have taught us love and unity; and You has reconciled us with Your Father. Through Your love and compassion for mankind, You have crowned our freedom by the example of washing the disciples' feet. When Peter exalted Your Divinity and refused saying, "You shall never wash my feet," he heard Your answer, "If I do not wash you, You have no part with me," but he cried sincerely saying, "Lord, not my feet only, but also my hands and my head!" and he also heard Your divine voice which is full of truth saying, "He who is bathed needs only to wash his feet, but is completely clean."

وأمرتهم بالعمل بوصاياك وأوامرك، إذ قلت لهم: أحبوا بعضكم بعضاً كما أحببتكم، وبهذا يعلم كل واحد أنكم تلاميذى إذا أحببتم بعضكم بعضاً، وعلمتنا نحن أيضاً المحبة والوحدانية وأصالحتنا مع أبيك. من جهة غسل أرجل تلاميذك، ونقاوة هذا المثال الحقيقى، ومن قبل تعطفك ومحبتك للبشر، صنعت كمال حريتنا. وعندما استعظم بطرس لاهوتك وامتنع قائلاً: لا تغسل رجلى إلى الأبد، سمع القضية الحقيقية: ان لم أغسل قدميك فليس لك معى نصيب، أما هو فبأمانته صرخ قائلاً: يا سيدى ليس رجلى فقط بل ويدى أيضاً ورأسى، قدسنى بالكلية. فسمع أيضاً صوتك الإلهى غير الكاذب، ان الذى اغتسل لا يحتاج إلا إلى غسل قدميه، لكنه كله نقى.

Therefore, we ask of You our Lord Jesus Christ to make us worthy and present in our midst as You were with Your disciples, the holy apostles.

من أجل هذا نسأل ونطلب منك يا ربنا يسوع المسيح أجعلنا مستحقين أن تحل فى وسطنا الآن كما كنت مع تلاميذك الرسل القديسين.

The priest blesses the water with the cross saying:

ثم يرشم الكاهن الماء بالصليب ويقول:

PRIEST

الكاهن

As You blessed at that time, now also bless, Amen.	وكما باركت فى ذلك الزمان، بارك الآن. آمين.

The congregation responds with: Amen.

يجاوبه الشعب عند الأنتهاء من كل رشم: آمين.

+ Bless this water for healing, Amen.	+ طهّر هذا الماء ليكون ماء الشفاء. آمين.
+ Holy water, Amen.	+ ماء مقدساً. آمين.
+ Water for the remission of sins, Amen.	ماء لغفران الخطايا. آمين.
+ Water for purification, Amen.	+ ماء الطهارة. آمين.
+ Water for salvation and health of our spirits, bodies and souls, Amen.	+ خلاصنا وصحة لأنفسنا وأجسادنا وأرواحنا. آمين.
+ A gift of purity, Amen.	+ موهبة طاهرة. آمين.
+ Love for one another and purity of the senses, Amen.	+ ومحبة لبعضنا بعضاَ، وحواس نقية. آمين.
+ That we may be worthy of Your Holy Virtue, which You have taught us through Your love of man, Amen.	+ لكى نستحق فضيلتك المقدسة، تعلمنا إياها من قبل محبتك للبشر. آمين.
+ When we wash one another's feet, May we become worthy of the inheritance of Your holy disciples, Amen.	+ عندما نغسل أرجل بعضنا بعضاً، لنستحق أن نكون فى ميراث تلاميذك الأطهار. آمين.
+ Purify our inner man with the fruits of this mystery, Amen.	+ طهر إنساننا الداخلى بثمرة هذا السر. آمين.
+ Grant us the forgiveness of our sins through the dwelling of Your Holy Spirit to purify our spirits, bodies and souls from all defilement, unrighteousness and sin, Amen.	+ وانعم علينا بغفران خطايانا بحلول روحك القدوس علينا، ليطهر نفوسنا وأجسادنا وأرواحنا، من كل دنس الجسد

وكل نجاسة وكل خطيئة. آمين.

+ Grant us the authority to trample on serpents and scorpions upon all the power of the enemy, and do not permit any evil to overpower us but grant us wise senses and righteousness; so that we may come before You to find compassion and mercy.

+ وامنحنا السلطان أن ندوس الحيات والعقارب وكل قوة العدو، ولا تدع شيئاً من الآثام يتسلط علينا، بل أنعم علينا بحواس حكيمة، وسلوك ذى وقار وأمان، لكى نأتى إليك لنجد رحمة أمامك ورأفة.

+ We ask You O True God, to send Your Holy Spirit the Paraclete, upon us and these waters, O You who shaped the waters. O Jesus Christ our Lord, Creator of all, who was crucified for us before Pontius Pilate and confessed saying, "I am the Son of God."

+ نطلب اليك يا الله الحقيقى لكى ترسل علينا وعلى هذه المياه روحك القدوس البارقليط، جابل المياه، خالق الكل. يا يسوع المسيح ربنا، يا من صلبت عنا أمام بيلاطس البنطى، واعترفت قائلاً أنى أنا هو ابن الله.

+ We believe that You are truly the Son of God. Purify this water by the power of Your Holy Spirit to annul the deadly powers of the adversary against us and to rebuke all evil spirits, all sorcery, and all idol worshipping.

+ نؤمن أنك أنت هو ابن الله بالحقيقة. طهر هذا الماء بقوة روح قدسك لكى يبطل قوات المضاد المقاتل لنا، وينتهر كل الأرواح النجسة، كل سحر وكل رقية وكل عبادة الأوثان.

+ May the power of the adversary flee from this water by the sign of Your Holy cross, O our Lord Jesus Christ.

+ فلتهرب من هذا الماء كل قوة المضاد بعلامة صليبك المقدس يا ربنا يسوع المسيح.

Here the Priest blesses the water with the sign of the cross.

هنا يبارك الكاهن على الماء بالصليب ويقول.

+ Bring forth water for healing, Amen. + Water for purification, Amen. + Water for the remission of sins, Amen. + Water for salvation, Amen.	+ أظهره ماء الشفاء. آمين. + ماء الطهارة. آمين. + ماء مغفرة الخطايا. آمين. + ماء الخلاص. آمين.
Make us worthy of your sonship, that we may cry out towards Your good Father and the Holy Spirit saying:	واجعلنا مستحقين البنوة لكى نصرخ نحوك وأبيك الصالح والروح القدس قائلين:

CONGREGATION		**الشعب**
Our Father who art in heaven... In Christ Jesus Our Lord.	Ϫⲉ Ⲡⲉⲛⲓⲱⲧ ⲉⲧ ϧⲉⲛ ⲛⲓⲫⲏⲟⲩⲓ̀... ϧⲉⲛ Ⲡⲓⲭⲣⲓⲥⲧⲟⲥ Ⲓⲏⲥⲟⲩⲥ Ⲡⲉⲛϭⲟⲓⲥ.	يا أبانا الذى فى السموات... بالمسيح يسوع ربنا.
DEACON		**الشماس**
Bow your heads to the Lord.	Ⲧⲁⲥ ⲕⲉⲫⲁⲗⲁⲥ ⲩ̀ⲙⲱⲛ ⲧⲱ ⲕⲩⲣⲓⲱ ⲕ̀ⲗⲓⲛⲁⲧⲉ.	احنوا روؤسكم للرب
CONGREGATION		**الشعب**
Before You, O Lord.	Ⲉⲛⲱⲡⲓⲟⲛ ⲥⲟⲩ ⲕⲩⲣⲓ̀ⲉ.	أمامك يارب.
DEACON		**الشماس**
Let us attend in the fear of God, Amen.	Ⲡⲣⲟⲥⲭⲱⲙⲉⲛ Ⲑⲉⲟⲩ ⲙⲉⲧⲁ ⲫⲟⲃⲟⲩ : ⲁ̀ⲙⲏⲛ.	ننصت بخوف الله، آمين.
DEACON		**الشماس**
Saved, Amen. And with your spirit. In the fear of God, let us attend.	Ⲥⲱⲑⲓⲥ ⲁ̀ⲙⲏⲛ: ⲕⲉ ⲧⲱ ⲡ̀ⲛⲉⲩⲙⲁⲧⲓ ⲥⲟⲩ: ⲙⲉⲧⲁ ⲫⲟⲃⲟⲩ ⲑⲉⲟⲩ ⲡ̀ⲣⲟⲥⲭⲱⲙⲉⲛ.	خلصت حقاً، ومع روحك. بخوف الله ننصت.
PRIEST		**الكاهن**
Blessed be the Lord Jesus Christ the Son of God, the sanctification	Ⲉⲩⲗⲟⲅⲏⲧⲟⲥ ⲕⲩⲣⲓⲟⲥ Ⲓⲏⲥⲟⲩⲥ Ⲭⲣⲓⲥⲧⲟⲥ ⲩ̀ⲓⲟⲥ Ⲑⲉⲟⲩ ⲁ̀ⲅⲓⲁⲥⲙⲟⲥ	مبارك الرب يسوع المسيح ابن الله وقدوس

of the Holy Spirit. Amen.	ⲡ̀ⲛⲉⲩⲙⲁ ⲁ̀ⲅⲓⲟⲛ: ⲁ̀ⲙⲏⲛ.	الروح القدس. آمين.
CONGREGATION One is the All Holy Father. One is the All Holy Son. One is the All Holy Spirit. Amen.	Ⲓⲥ ⲟ̀ ⲡⲁⲛⲁⲅⲓⲟⲥ Ⲡⲁⲧⲏⲣ: ⲓⲥ ⲟ̀ ⲡⲁⲛⲁⲅⲓⲟⲥ Ⲩⲓⲟⲥ: ⲉⲛ ⲧⲟ ⲡⲁⲛⲁⲅⲓⲟⲛ Ⲡ̀ⲛⲉⲩⲙⲁ: ⲁ̀ⲙⲏⲛ.	**الشعب** واحد هو الآب القدوس. واحد هو الإبن القدوس. واحد هو الروح القدس. آمين.
CONGREGATION Amen. I believe.	Ⲁⲙⲏⲛ ϯⲛⲁϩϯ.	**الشعب** حقاً أؤمن.

The priest wets a veil from the blessed water and washes the feet of the elder priest and then dries them with another veil. The elder priest then takes the veil, wets it and washes and dries the feet of the priests first, then the deacons, and then the congregation one by one. This is a symbol of what the Lord of Glory did with his disciples. The priest then gives the blessing with his hands.

ثم أن الكاهن الخادم الشريك يبل الشاملة من ماء اللقان ويغسل أرجل رئيس الكهنة وينشفهما بشملة آخرى وبعدها يأخذ الرئيس الشملة من الكاهن ويبلها ويغسل وينشّف أرجل الكهنة أولاً ثم الشمامسة ثم الشعب واحداً واحداً، وذلك مثالاً لما صنعه سيدنا له المجد مع تلاميذه، ثم يعطيهم البركة بيده من الماء.

During this, the deacons sing psalm 150 in the annual tune.

وفى هذه الأثناء يرتل الشمامسة المزمور المائة والخمسين بالطريقة السنوية.

Psalm 150 المزمور ١٥٠

Praise God, in all His saints. Alleluia.	Ⲥⲙⲟⲩ ⲉ̀Ⲫⲛⲟⲩϯ ϧⲉⲛ ⲛⲏⲉ̅ⲑ̅ⲩ̅ ⲧⲏⲣⲟⲩ ⲛ̀ⲧⲁϥ ⲁ̅ⲗ̅	سبحوا الله فى جميع قديسيه.
Praise Him, in the firmament of His power. Alleluia.	Ⲥⲙⲟⲩ ⲉ̀ⲣⲟϥ ϧⲉⲛ ⲡⲓⲧⲁϫⲣⲟ ⲛ̀ⲧⲉ ⲧⲉϥϫⲟⲙ ⲁ̅ⲗ̅	سبحوه فى جلد قوته.
Praise Him, for His mighty acts. Alleluia.	Ⲥⲙⲟⲩ ⲉ̀ⲣⲟϥ ⲉ̀ϩ̀ⲣⲏⲓ ϩⲓϫⲉⲛ ⲧⲉϥⲙⲉⲧϫⲱⲣⲓ ⲁ̅ⲗ̅	سبحوه على مقدرته.
Praise Him, according to the multitudes of His greatness. Alleluia.	Ⲥⲙⲟⲩ ⲉ̀ⲣⲟϥ ⲕⲁⲧⲁ ⲡ̀ⲁ̀ϣⲁⲓ ⲛ̀ⲧⲉ ⲧⲉϥⲙⲉⲧⲛⲓϣϯ ⲁ̅ⲗ̅	سبحوه ككثرة عظمته.
Praise Him, with the sound of the trumpet. Alleluia.	Ⲥⲙⲟⲩ ⲉ̀ⲣⲟϥ ϧⲉⲛ ⲟⲩⲥ̀ⲙⲏ ⲛ̀ⲥⲁⲗⲡⲓⲅⲅⲟⲥ ⲁ̅ⲗ̅	سبحوه بصوت البوق.
Praise Him, with psaltery and harp. Alleluia.	Ⲥⲙⲟⲩ ⲉ̀ⲣⲟϥ ϧⲉⲛ ⲟⲩⲯⲁⲗⲧⲏⲣⲓⲟⲛ ⲛⲉⲙ ⲟⲩⲕⲩⲑⲁⲣⲁ ⲁ̅ⲗ̅	سبحوه بمزمار وقيثارة.
Praise Him, with timbrel and chorus. Alleluia.	Ⲥⲙⲟⲩ ⲉ̀ⲣⲟϥ ϧⲉⲛ ϩⲁⲛⲕⲉⲙⲕⲉⲙ ⲛⲉⲙ ϩⲁⲛⲭⲟⲣⲟⲥ ⲁ̅ⲗ̅	سبحوه بدفوف وصفوف.
Praise Him, with strings and organs. Alleluia.	Ⲥⲙⲟⲩ ⲉ̀ⲣⲟϥ ϧⲉⲛ ϩⲁⲛⲕⲁⲡ ⲛⲉⲙ ⲟⲩⲟⲣⲅⲁⲛⲟⲛ ⲁ̅ⲗ̅	سبحوه بأوتار وأرغن.
Praise Him, with pleasant sounding cymbals. Alleluia.	Ⲥⲙⲟⲩ ⲉ̀ⲣⲟϥ ϧⲉⲛ ϩⲁⲛⲕⲩⲙⲃⲁⲗⲟⲛ ⲉ̀ⲛⲉⲥⲉ ⲧⲟⲩⲥ̀ⲙⲏ ⲁ̅ⲗ̅	سبحوه بصنوج حسنة الصوت.
Praise Him, upon the cymbals of joy. Alleluia.	Ⲥⲙⲟⲩ ⲉ̀ⲣⲟϥ ϧⲉⲛ ϩⲁⲛⲕⲩⲙⲃⲁⲗⲟⲛ ⲛ̀ⲧⲉ ⲟⲩⲉ̀ϣ̀ⲗⲏⲗⲟⲩⲓ ⲁ̅ⲗ̅	سبحوه بصنوج التهليل.
Let everything that has breath praise the name of the Lord our God. Alleluia.	Ⲛⲓϥⲓ ⲛⲓⲃⲉⲛ ⲙⲁⲣⲟⲩⲥ̀ⲙⲟⲩ ⲧⲏⲣⲟⲩ ⲉ̀ⲫⲣⲁⲛ ⲙ̀Ⲡ̅ⲟ̅ⲥ̅ Ⲡⲉⲛⲛⲟⲩϯ ⲁ̅ⲗ̅	كل نسمة فلتسبح اسم الرب إلهنا: هلليلويا.

Glory be to the Father, and the Son, and the Holy Spirit. Alleluia.	Δοξα Πατρι κε Ὑιὼ κε ἀγιὼ Πνατι ᾱλ̄	المجد للآب والإبن والروح القدس.
Now and forever and unto the age of ages. Amen. Alleluia.	Κε νυν κε ὰὶ κε ις τους ὲὼνας των ὲὼνων ὰμην ᾱλ̄	الآن وكل أوان وإلى دهر الدهور، آمين. هلليلويا.
Glory be to You our God. Alleluia.	Δοξαcι ὁθεος ἡμων. ᾱλ̄	المجد لك لإلهنا هلليلويا.
Glory be to our God. Alleluia.	Πιὼον φα Πεννοντ πε ᾱλ̄	المجد لإلهنا هلليلويا.
Jesus Christ, the Son of God, hear us and have mercy upon us.	Ιη̄c Πχ̄c Πϣηρι ὰΦϯ cωτεμ ὲρον οτοϩ ναιναν.	يسوع المسيح ابن الله، اسمعنا وارحمنا.

They then sing the following Psali according to the tune of πικεβερνιτηc, the annual tune.

وبعد ذلك يرتلون هذه الإبصالية بلحن πικεβερνιτηc، اللحن السنوى.

+ Our Lord laid aside His garments, took a towel and girded Himself, poured water into a basin and washed the disciples' feet.	+ وضع ربنا ثيابه واشتد بمنديل وصب ماء فى مغسل وغسل أرجل تلاميذه.
+ Then He came to Simon to wash his feet, and Peter said to Him, "You shall never wash my feet."	+ فجاء أيضاً إلى سمعان بطرس ليغسل قدميه، فقال له لست تغسل لى قدمى إلى الأبد.
+ Our Savior answered Simon Peter, "If I do not wash you, you have no part with Me."	+ فقال مخلصنا: أنا اقول لك أنه إن لم أغسل قدميك فليس لك معى نصيب.
+ Simon Peter said to Him, "Lord, not my feet only, but also my hands and my head!"	+ قال سمعان لمخلصنا يا ربى يسوع المسيح، ليس فقط قدمى بل يدى ورأسى.
+ And He taught them saying, "If I have washed your feet, you also ought to wash one another's feet."	+ وكان يعلمهم قائلاً، أنا غسلت أرجلكم وأنتم أيضاً يجب عليكم أن يغسل بعضكم أرجل

بعض.

+ Pray to the Lord on our behalf our fathers the apostles and the seventy two disciples, that He may forgive us our sins.

+ اطلبوا من الرب عنا يا سادتى الآباء الرسل والاثنين والسبعين تلميذاً. ليغفر لنا خطايانا.

Ϫⲉ ϥ̀ⲥ̀ⲙⲁⲣⲱⲟⲩⲧ ⲛ̀ϫⲉ Ⲫⲓⲱⲧ ⲛⲉⲙ Ⲡ̀ϣⲏⲣⲓ ⲛⲉⲙ Ⲡⲓⲡ̀ⲛⲉⲩⲙⲁ ⲉ̅ⲑ̅ⲩ̅ ϯⲧ̀ⲣⲓⲁⲥ ⲉⲧϫⲏⲕ ⲉ̀ⲃⲟⲗ ⲧⲉⲛⲟⲩⲱϣⲧ ⲙ̀ⲙⲟⲥ ⲧⲉⲛϯⲱⲟⲩ ⲛⲁⲥ.

Thanksgiving Prayer after blessing of the Water

We give thanks unto You, O Master, Lord, God Almighty, upon every condition, for any condition and in whatever condition, for You have made us worthy to complete Yours Holy Example of the washing of feet at this hour. This You; Your Only-Begotten Son, our Lord, God, Teacher and Savior Jesus Christ, anointed and taught Your disciples. We ask and entreat Your goodness O Lover of man, forgive our sins and have compassion on us, according to Your great mercy and grant peace on Your Holy Church. Keep us in peace and love with Your fear, alert us to all Your commandments in this generation and forever. Make us all partakers of Your eternal blessings through Yours Only Begotten Son Jesus Christ our God, through whom glory, honor, dominion, and worship befit You with Him and the Holy Spirit both now and ever and unto the ages of ages, Amen.

صلاة شكر بعد اللقان

نشكرك أيها السيد الرب الإله الضابط الكل، نشكرك على كل حال، ومن أجل كل حال، وفى كل حال، لأنك جعلتنا مستحقين فى هذه الساعة أن نكمل مثال أفعالك المقدسة، هذه التى قررها وعلمها لتلاميذك ابنك الوحيد الجنس ربنا والهنا ومعلمنا ومخلصنا يسوع المسيح.

نسأل ونطلب من صلاحك يا محب البشر: تجاوز عن كل خطايانا الكثيرة، وتراءف علينا ككثرة مراحمك، وانعم علينا فى كل حين بسلامك فى كنيستك المقدسة. احفظنا بسلام ومحبة مع خوفك، حافظين لجميع وصاياك فى هذا الدهر الحاضر وفى الآتى.

اجعلنا جميعاً شركاء لخيراتك الدهرية بابنك الوحيد يسوع المسيح ربنا، هذا الذى من قبله المجد والاكرام والعزة والسجود يليق بك معه ومع الروح القدس المحيى المساوى لك، الآن وكل أوان وإلى دهر الدهور. آمين.

Ⲟⲩⲕⲁⲧⲏⲭⲏⲥⲓⲥ

Ⲟⲩⲕⲁⲧⲏⲭⲏⲥⲓⲥ ⲛ̀ⲧⲉ ⲡⲉⲛⲓⲱⲧ ⲉ̀ⲑⲟⲩⲁⲃ Ⲁⲃⲃⲁ Ⲓⲱⲁⲛⲛⲏⲥ ⲡⲓⲭ̀ⲣⲩⲥⲟⲥⲧⲟⲙⲟⲥ: ⲉ̀ⲣⲉ ⲡⲉϥ̀ⲥ̀ⲙⲟⲩ ⲉⲑⲟⲩⲁⲃ ϣⲱⲡⲓ ⲛⲉⲙⲁⲛ ⲁ̀ⲙⲏⲛ.

Ϯⲛⲁⲩ ⲅⲁⲣ ⲉ̀ⲟⲩⲙⲏϣ ⲙ̀ⲡⲓⲥⲧⲟⲥ ⲙ̀ⲫⲟⲟⲩ ⲉⲩⲓⲏⲥ ⲙ̀ⲙⲱⲟⲩ ⲉ̀ⲉⲣⲕⲟⲓⲛⲱⲛⲓⲛ ⲉ̀ⲡⲁⲓⲙⲩⲥⲧⲏⲣⲓⲟⲛ ⲉⲑⲙⲉϩ ⲛ̀ϩⲟϯ ϩⲓⲛⲉϩϣⲉⲗϥ : ϫⲉ ϫⲁⲥ ⲉϥⲉ̀ϣⲱⲡⲓ ⲛ̀ϫⲉ ⲟⲩϩⲛⲟⲩ ⲕⲁⲧⲁ ⲡⲓϩⲱⲃ ⲥⲛⲁⲩ : ⲁⲓⲛⲁϭⲓⲙⲱⲓⲧ ϧⲁϫⲱⲧⲉⲛ ⲛ̀ϣⲟⲣⲡ ⲉ̀ⲃⲟⲗϩⲓⲧⲉⲛ ⲛⲁⲥⲁϫⲓ : ⲉⲑⲣⲉⲧⲉⲛⲙⲟϣⲓ ϧⲉⲛ ⲟⲩϩⲟϯ ⲛⲉⲙ ⲟⲩⲥⲑⲉⲣⲧⲉⲣ ⲛⲉⲙ ⲟⲩⲛⲉϩϣⲉⲗϥ : ⲕⲁⲧⲁ ⲡⲉⲧⲥ̀ϣⲉ ⲉ̀ϧⲟⲩⲛ ⲉ̀ϯⲕⲟⲓⲛⲱⲛⲓⲁ̀ ⲛ̀ⲧⲉ ⲛⲁⲓⲙⲩⲥⲧⲏⲣⲓⲟⲛ ⲉ̀ⲑⲟⲩⲁⲃ. Ⲕⲉⲅⲁⲣ ⲉⲧⲁⲩϯ ⲙ̀Ⲡ̅ⲟ̅ⲥ̅ ⲙ̀ⲫⲟⲟⲩ ⲱⲛⲁⲙⲉⲛⲣⲁϯ : ⲁⲗⲗⲁ ⲁ̀ⲣⲉⲧⲉⲛϣⲁⲛⲥⲱⲧⲉⲙ ϫⲉ ⲁⲩϯ ⲙ̀Ⲡ̅ⲭ̅ⲥ̅ ⲙ̀ⲡⲉⲛⲑ̀ⲣⲉ ⲡⲉⲧⲉⲛϩⲟ ⲱⲕⲉⲙ : ⲙⲁⲗⲗⲟⲛ ⲇⲉ ⲙⲁⲣⲉϥⲱⲕⲉⲙ ⲉ̀ⲡⲓϩⲟⲩⲟ̀ : ⲟⲩⲟϩ ⲣⲓⲙⲓ ⲉ̀ⲙⲁϣⲱ ⲉ̀ϫⲉⲛ ⲫⲏⲉ̀ⲧⲁⲩⲧⲏⲓϥ ⲁⲛ : ⲁⲗⲗⲁ ⲉ̀ϫⲉⲛ ⲫⲏⲉ̀ⲧⲁϥⲧⲏⲓϥ ⲉ̀ⲧⲉ Ⲓⲟⲩⲇⲁⲥ ⲡⲉ : ⲫⲏⲉ̀ⲧⲁϥⲧⲏⲓϥ ⲙⲉⲛ ⲁϥϩⲉⲙⲥⲓ ⲥⲁⲟⲩⲓⲛⲁⲙ ⲙ̀Ⲫ̀ϯ ⲫ̀ⲓⲱⲧ ϧⲉⲛ ⲛⲓⲫⲏⲟⲩⲓ̀ : ⲟⲩⲟϩ ϥ̀ⲟⲓ ⲛ̀ⲟⲩⲣⲟ ⲉ̀ϫⲉⲛ ⲡ̀ⲧⲏⲣϥ ϧⲉⲛ ⲟⲩⲙⲉⲧⲟⲩⲣⲟ ⲛ̀ⲁⲑⲙⲟⲩⲛⲕ : ⲫⲏ ϩⲱϥ ⲉ̀ⲧⲁϥⲧⲏⲓϥ ⲁϥϣⲉ ⲉ̀ϧ̀ⲣⲏⲓ ⲉ̀ⲁ̀ⲙⲉⲛϯ : ⲟⲩⲟϩ ϥ̀ⲙⲏⲛ ϯⲛⲟⲩ ϧⲉⲛ ⲁ̀ⲙⲉⲛϯ ⲉϥϫⲟⲩϣⲧ ⲉ̀ⲃⲟⲗϧⲁⲧϧⲏ ⲛ̀ⲟⲩⲕⲟⲗⲁⲥⲓⲥ ⲉⲥⲟϣ. Ϥⲓⲁϩⲟⲙ ϫⲉ ⲉⲑⲃⲉ ⲫⲁⲓ ⲛ̀ⲧⲉⲧⲉⲛⲣⲓⲙⲓ : ⲉⲑⲃⲉ ϫⲉ ⲉⲧⲁ Ⲡ̅ⲟ̅ⲥ̅ ⲉⲣⲉⲙⲕⲁϩⲛ̀ϩⲏⲧ Ⲉⲑⲃⲉ ⲫⲁⲓ ⲉϥⲧⲁⲙⲟ ⲙ̀ⲙⲟⲛ ϫⲉ ⲥ̀ϣⲉ ⲡⲉ ⲉ̀ⲛⲉϩⲡⲓ ⲉ̀ϫⲉⲛ ⲫⲏⲉ̀ⲧⲁϥ ⲉⲣⲙ̀ⲕⲁϩ ⲁⲛ : ⲁⲗⲗⲁ ⲉ̀ϫⲉⲛ ⲫⲏⲉⲧⲉⲣⲡⲉⲧϩⲱⲟⲩ : ⲟⲩⲇⲓⲕⲉⲟⲛ ⲡⲉ ⲉ̀ⲛⲉϩ ⲡⲓ ⲉ̀ⲣⲟϥ ϧⲉⲛ ⲙⲁⲓⲛⲓⲃⲉⲛ : ⲫⲏⲉⲧⲉⲣ ⲡⲉⲧϩⲱⲟⲩ ⲅⲁⲣ ⲉϥϩⲱⲟⲩ ⲉ̀ϩⲟⲧⲉ ⲫⲏⲉⲧϭⲓ ⲙ̀ⲕⲁϩ. Ⲕⲉⲅⲁⲣ ⲁⲗⲏⲑⲱⲥ ϥ̀ϩⲱⲟⲩ ⲁⲛ ⲛ̀ϫⲉ ⲫⲏⲉⲧϭⲓ ⲙ̀ⲕⲁϩ : ⲁⲗⲗⲁ ⲫⲏⲉⲧⲉⲣ ⲡⲉⲧϩⲱⲟⲩ ϧⲉⲛ ⲟⲩⲙⲉⲑⲙⲏⲓ ⲛ̀ⲑⲟϥ ⲉⲧϩⲱⲟⲩ. Ϯⲙⲉⲧⲣⲉϥ ϣⲉⲡ̀ⲙⲕⲁϩ ⲅⲁⲣ ⲉⲧⲥⲱⲕ ϧⲁϫⲱⲛ ⲉ̀ϧⲟⲩⲛ ⲉ̀ⲑⲙⲉⲧⲟⲩⲣⲟ ⲛ̀ⲛⲓⲫⲏⲟⲩⲓ̀ : Ϯⲙⲉⲧⲣⲉϥⲉⲣⲡⲉⲧϩⲱⲟⲩ ⲇⲉ ⲛ̀ⲑⲟⲥ ϣⲁⲥϣⲱⲡⲓ ⲛⲁⲛ ⲛ̀ⲗⲱⲓϫⲓ ⲉ̀ϧⲟⲩⲛ ⲉ̀ϯⲅⲉⲉⲛⲛⲁ ⲛⲉⲙ ⲛⲓⲕⲟⲗⲁⲥⲓⲥ Ⲱⲟⲩⲛⲓⲁ̀ⲧⲟⲩ ⲡⲉϫⲁϥ ⲛ̀ⲛⲏⲉ̀ⲧⲁⲩϭⲟϫⲓ ⲛ̀ⲥⲱⲟⲩ ⲉⲑⲃⲉ ϯⲙⲉⲑⲙⲏⲓ : ϫⲉ ⲑⲱⲟⲩ ⲧⲉ ϯⲙⲉⲧⲟⲩⲣⲟ ⲛ̀ⲧⲉ ⲛⲓⲫⲏⲟⲩⲓ̀ : Ϯⲙⲉⲧⲣⲉϥⲉⲣⲡⲉⲧϩⲱⲟⲩ ⲇⲉ ⲛ̀ⲑⲟⲥ ⲟⲩⲟⲛ ⲛ̀ⲧⲁⲥ ⲙ̀ⲙⲁⲩ ⲛ̀ⲟⲩⲕⲟⲗⲁⲥⲓⲥ ⲛⲉⲙ ⲟⲩⲇⲓⲙⲱⲣⲓⲁ̀ :

Ⲙⲁⲣⲉⲛⲉⲣ ⲥ̀ⲫ̀ⲣⲁⲅⲓⲍⲓⲛ ⲛ̀ϯⲕⲁⲧⲏⲭⲏⲥⲓⲥ ⲛ̀ⲧⲉ ⲡⲉⲛⲓⲱⲧ ⲉ̅ⲑ̅ⲩ̅ ⲁⲃⲃⲁ Ⲓⲱⲁⲛⲛⲏⲥ ⲡⲓⲭ̀ⲣⲩⲥⲟⲥⲧⲟⲙⲟⲥ : ⲫⲏⲉ̀ⲧⲁϥⲉⲣⲟⲩⲱⲓⲛⲓ ⲙ̀ⲡⲉⲛⲛⲟⲩⲥ ⲛⲉⲙ ⲛⲓⲃⲁⲗ ⲛ̀ⲧⲉ ⲛⲉⲛϩⲏⲧ : ϧⲉⲛ ⲫ̀ⲣⲁⲛ ⲙ̀Ⲫⲓⲱⲧ ⲛⲉⲙ Ⲡ̀ϣⲏⲣⲓ ⲛⲉⲙ ⲡⲓⲡ̅ⲛ̅ⲁ̅ ⲉ̅ⲑ̅ⲩ̅ ⲟⲩⲛⲟⲩϯ ⲛ̀ⲟⲩⲱⲧ ⲁ̀ⲙⲏⲛ.

Homily

A homily of our holy father saint John Chrysostom may his blessings be with us. Amen.

Today, I behold many believers rushing to partake of the awesome mysteries that they may exceedingly benefit. Let me first advise you that you must walk

عظة

عظة لأبينا القديس أنبا يوحنا ذهبى الفم. بركته المقدسة تكون معنا، آمين.

إنى أرى اليوم كثيرين من المؤمنين مسرعين إلى الشركة فى هذه السرائر المملوءة خوفاً ورعدة. لكى يكون الربح

in fear and righteousness as befitting these holy mysteries. My beloved, in this day our Lord Jesus was betrayed; if you then hear that He was betrayed, do not be disappointed. Let me tell you about whom you shall be disappointed in. Lament and cry over Judas who gave Him up. For He who was betrayed, sits on the right hand of the Father in heaven; and He is also King over all, in an everlasting kingdom. But he who gave Him up, descended into the depths of Hades; there he shall remain unto the end in anticipation of great grief and lament. It is over him you should say moan and lament. For our Lord taught us not to grieve over him who endures suffering, but rather to grieve over the evildoer. It is fit to bewail him who does evil more than he who accepts sufferings. Indeed, he who accepts sufferings is not evil, but rather he who does evil is wicked. For, being in sufferings leads us to the heavenly kingdom. But evil doing leads us to hell and into punishment. For it is said: "Blessed are they who are persecuted for righteousness' sake, for theirs is the kingdom of heaven." But he who does evil, is worthy of punishment and sufferings.

We conclude the homily of our holy father saint John Chrysostom, who enlightened our minds and our hearts. In the name of the Father, and the Son, and the Holy Spirit, one God. Amen.

مضاعفاً. فارشدكم أنا أولاً بقولى لكى تسيروا بخوف ورهبه ووجل. كما يحق بهذه السرائر المقدسة. احبائى أسلم السيد فى مثل هذا اليوم فاذا سمعتم أنه قد أسلم فلا تعبسوا وجوهكم بل أقول لكم عمن تعبسون. أعبسوا كثيراً وأبكوا جداً على الذى سلمه الذى هو يهوذا. لان الذى أسلم قد جلس عن يمين الله الآب فى السموات. وهو ملك على الكل ملكاً أبدياً لا إنقضاء له. وأما الذى أسلمه فهبط إلى قاع الجحيم. ويبقى دائماً فيه إلى ما لا نهاية له يتوقع عذاباً أليماً وتنهداً شديداً. على هذا أبكوا ونوحوا. لان الرب يعلمنا أن لا نحزن على الذى تألم بل على الذى يفعل الشر. لان الذى يفعل الشر فهو مستحق النوح عليه فى كل مكان أكثر من الذى يقبل الآلام لانه بالحقيقة ليس ردياً الذى يتألم بل الذى يفعل الشر بالحقيقة هو الردى لان قبول الآلام هو الذى يرشدنا إلى ملكوت السموات أما من يفعل الشر يسبب لنا دخول جهنم والعقاب لانه يقول طوبى للمطرودين من أجل البر فأن لهم ملكوت السموات وأما فعل الشر فله عقاب وعذاب.

فلنختم موعظة أبينا القديس الأنبا يوحنا ذهبى الفم الذى أنار عقولنا وعيون قلوبنا بأسم الآب والإبن والروح القدس الإله الواحد، آمين.

The Liturgy of the Eucharist

قداس الافخارستيا

The priest begins the liturgy without the prayers of the hours. **Ⲁ̅ⲗ̅ Ⲫⲁⲓ ⲡⲉ ⲡⲓⲉ̀ϩⲟⲟⲩ** (This is the day) and **Ⲥⲱⲑⲓⲥ ⲁ̀ⲙⲏⲛ** (Saved, Amen) are not chanted. The priest offers incense and the congregation chants **Ⲧⲉⲛⲟⲩⲱϣⲧ ⲙ̀ⲙⲟⲕ ⲱ̀ Ⲡⲭ̅ⲥ̅** (We worship you O Christ). The pauline epistle is read in the annual tune while the priest goes around with the censer without kissing.

يبدأ الكاهن بخدمة القداس بدون صلاة المزامير ولا تقال **Ⲁ̅ⲗ̅ Ⲫⲁⲓ ⲡⲉ ⲡⲓⲉ̀ϩⲟⲟⲩ**، ولا **Ⲥⲱⲑⲓⲥ ⲁ̀ⲙⲏⲛ**، بل يرفع الكاهن البخور والشعب يقول **Ⲧⲉⲛⲟⲩⲱϣⲧ ⲙ̀ⲙⲟⲕ ⲱ̀ Ⲡⲭ̅ⲥ̅**. ويقرأ البولس بطريقته السنوية ويطوف الكاهن بالبخور بدون تقبيل.

Ⲁⲡⲟⲥⲧⲟⲗⲟⲥ ⲡ̀ⲣⲟⲥ Ⲕⲟⲣⲓⲛⲑⲓⲟⲥ ⲁ̅ Ⲕⲉⲫ ⲓ̅ⲁ̅ : ⲕ̅ⲋ̅ ϣ̅ⲃ̅ⲗ̅

Ⲁ̀ⲛⲟⲕ ⲅⲁⲣ ⲁⲓϭⲓ ⲉ̀ⲃⲟⲗ ϩⲓⲧⲉⲛ Ⲡ̀ⲟ̅ⲥ̅ ⲙ̀ⲫⲏⲉ̀ⲧⲁⲓⲧⲏⲓϥ ⲛ̀ⲧⲉⲛ ⲑⲏⲛⲟⲩ : ϫⲉ Ⲡ̀ⲟ̅ⲥ̅ Ⲓⲏⲥⲟⲩⲥ ϧⲉⲛ ⲡⲓⲉ̀ϫⲱⲣϩ ⲉ̀ⲛⲁⲩⲛⲁⲧⲏⲓϥ ⲛ̀ϧⲏⲧϥ ⲁϥϭⲓ ⲛ̀ⲟⲩⲱⲓⲕ. Ⲟⲩⲟϩ ⲁϥϣⲉⲡϩ̀ⲙⲟⲧ ⲁϥⲫⲁϣϥ ⲟⲩⲟϩ ⲁϥϫⲟⲥ ϫⲉ ⲫⲁⲓ ⲡⲉ ⲡⲁⲥⲱⲙⲁ ⲉⲧⲟⲩⲛⲁⲫⲁϣϥ ⲉ̀ϫⲉⲛ ⲑⲏⲛⲟⲩ : ⲫⲁⲓ ⲁ̀ⲣⲓⲧϥ ⲉ̀ⲡ̀ϫⲓⲛⲉⲣⲡⲁⲙⲉⲩⲓ. Ⲡⲁⲓⲣⲏϯ ⲟⲛ ⲡⲓⲕⲉⲁ̀ⲫⲟⲧ ⲙⲉⲛⲉⲛⲥⲁ ⲡⲓⲇⲓⲡⲛⲟⲛ ⲉϥϫⲱ ⲙ̀ⲙⲟⲥ : ϫⲉ ⲡⲁⲓⲁ̀ⲫⲟⲧ ϯⲆⲓⲁ̀ⲑⲏⲕⲏ ⲙ̀ⲃⲉⲣⲓ ⲧⲉ ⲡⲁ̀ⲥⲛⲟϥ ⲫⲁⲓ ⲁ̀ⲣⲓⲧϥ ⲥⲟⲛ ⲛⲓⲃⲉⲛ ⲉ̀ⲧⲉⲧⲉⲛⲛⲁⲥⲱ ⲉ̀ⲃⲟⲗ ⲛ̀ϧⲏⲧϥ ⲉ̀ⲣⲉⲧⲉⲛⲓ̀ⲣⲓ ⲙ̀ⲡⲁⲙⲉⲩⲓ̀ Ⲥⲟⲡ ⲅⲁⲣ ⲛⲓⲃⲉⲛ ⲉ̀ⲧⲉⲧⲉⲛⲛⲁⲟⲩⲱⲙ ⲉ̀ⲃⲟⲗ ϧⲉⲛ ⲡⲁⲓⲱⲓⲕ : ⲟⲩⲟϩ ⲛ̀ⲧⲉⲧⲉⲛⲥⲱ ⲉ̀ⲃⲟⲗϧⲉⲛ ⲡⲁⲓⲁ̀ⲫⲟⲧ ⲉⲣⲉⲧⲉⲛϩⲓⲱⲓϣ ⲙ̀ⲫⲙⲟⲩ ⲙ̀Ⲡⲟ̅ⲥ̅ ϣⲁϯ. Ϩⲱⲥ ⲇⲉ ⲫⲏⲉⲑⲛⲁⲟⲩⲱⲙ ⲉ̀ⲃⲟⲗ ϧⲉⲛ ⲡⲁⲓⲱⲓⲕ ⲟⲩⲟϩ ⲛ̀ⲧⲉϥⲥⲱ ⲉ̀ⲃⲟⲗϧⲉⲛ ⲡⲁⲓⲁ̀ⲫⲟⲧ ⲛ̀ⲧⲉ Ⲡⲟ̅ⲥ̅ ϧⲉⲛ ⲟⲩⲙⲉⲧⲁⲧⲉⲙⲡ̀ϣⲁ : ⲉϥⲉ̀ϣⲱⲡⲓ ⲉϥⲟⲓ ⲛ̀ⲉ̀ⲛⲟⲭⲟⲥ ⲉ̀ⲡⲓⲥⲱⲙⲁ ⲛⲉⲙ ⲡⲓ̀ⲥⲛⲟϥ ⲛ̀ⲧⲉ Ⲡⲟ̅ⲥ̅. Ⲙⲁⲣⲉ ⲡⲓⲣⲱⲙⲓ ⲇⲉ ⲉⲣⲇⲟⲕⲓⲙⲁⲍⲓⲛ ⲙ̀ⲙⲟϥ : ⲟⲩⲟϩ ⲡⲁⲓⲣⲏϯ ⲙⲁⲣⲉϥⲟⲩⲱⲙ ⲉ̀ⲃⲟⲗϧⲉⲛ ⲡⲁⲓⲱⲓⲕ : ⲟⲩⲟϩ ⲛ̀ⲧⲉϥⲥⲱ ⲉ̀ⲃⲟⲗϧⲉⲛ ⲡⲁⲓⲁ̀ⲫⲟⲧ.Ⲫⲏ ⲅⲁⲣ ⲉⲑⲟⲩⲱⲙ ⲟⲩⲟϩ ⲉⲧⲥⲱ ϧⲉⲛ ⲟⲩⲙⲉⲧⲁⲧⲉⲙⲡ̀ϣⲁ : ⲁϥⲟⲩⲱⲙ ⲟⲩⲟϩ ⲁϥⲥⲱ ⲛ̀ⲟⲩϩⲁⲡ ⲛⲁϥ : ϫⲉ ⲙ̀ⲡⲉϥⲇⲓⲁ̀ⲕ̀ⲣⲓⲛⲓⲛ ⲁⲛ ⲙ̀ⲡⲓⲥⲱⲙⲁ ⲛ̀ⲧⲉ Ⲡⲟ̅ⲥ̅. Ⲉⲑⲃⲉ ⲫⲁⲓ ⲟⲩⲟⲛ ⲟⲩⲙⲏϣ ϣⲱⲛⲓ ϧⲉⲛ ⲑⲏⲛⲟⲩ ⲟⲩⲟϩ ⲥⲉⲙⲟⲕϩ ⲟⲩⲟϩ ⲥⲉⲉⲛⲕⲟⲧ ⲛ̀ϫⲉ ⲟⲩⲙⲏϣ. Ⲉ̀ⲛⲉ ⲁⲛⲉⲣⲇⲓⲁ̀ⲕ̀ⲣⲓⲛⲓⲛ ⲅⲁⲣ ⲙ̀ⲙⲟⲛ : ⲛⲁⲩⲛⲁϯϩⲁⲡ ⲉ̀ⲣⲟⲛ ⲁⲛ ⲡⲉ. Ⲉϥϯϩⲁⲡ ⲇⲉ ⲉ̀ⲣⲟⲛ ⲛ̀ϫⲉ Ⲡⲟ̅ⲥ̅ ⲉϥϯⲥ̀ⲃⲱ ⲛⲁⲛ ϩⲓⲛⲁ ⲛ̀ⲥⲉϣⲧⲉⲙϩⲓⲧⲉⲛ ⲉ̀ⲡϩⲁⲡ ⲛⲉⲙ ⲡⲓⲕⲟⲥⲙⲟⲥ. Ϩⲱⲥⲧⲉ ⲛⲁ̀ⲥⲛⲏⲟⲩ ⲁ̀ⲣⲉⲧⲉⲛϣⲁⲛⲑⲱⲟⲩϯ ⲉⲟⲩⲱⲙ ⲟϩⲓ ⲛⲛⲉⲧⲉⲛⲉ̀ⲣⲏⲟⲩ. Ⲓⲥϫⲉ ⲟⲩⲟⲛ ⲟⲩⲡⲉⲧϩⲟⲕⲉⲣ ⲙⲁⲣⲉϥⲟⲩⲱⲙ ϧⲉⲛ ⲡⲉϥⲏⲓ : ϩⲓⲛⲁ ⲛ̀ⲧⲉⲧⲉⲛ̀ϣⲧⲉⲙⲑⲱⲟⲩϯ ⲉⲩϩⲁⲡ : ⲡ̀ⲥⲉⲡⲓ ⲇⲉ ⲁⲓϣⲁⲛⲓ̀ ⲉⲓⲉⲑⲁϣⲟⲩ.

Ⲡⲓϩ̀ⲙⲟⲧ ⲅⲁⲣ ⲛⲉⲙⲱⲧⲉⲛ ⲛⲉⲙ ϯ̀ϩⲓⲣⲏⲛⲏ ⲉⲧⲥⲟⲡ ϫⲉ ⲁⲙⲏⲛ ⲉ̀ⲥⲉϣⲱⲡⲓ.

1 Corinthians 11:23-34

A reading from the first epistle of our teacher St. Paul the Apostle to the Corinthians, may his blessings be with us all Amen.

For I received from the Lord that which I also delivered to you: that the Lord Jesus on the same night in which He was betrayed took bread; and when He had given thanks, He broke it and said, "Take, eat; this is My body which is broken for you; do this in remembrance of Me. "In the same manner He also took the cup after supper, saying, "This cup is the new covenant in My blood. This do, as often as you drink it, in remembrance of Me." For as often as you eat this bread and drink this cup, you proclaim the Lord's death till He comes.

Therefore whoever eats this bread or drinks this cup of the Lord in an unworthy manner will be guilty of the body and blood of the Lord. But let a

كورنثوس الأولى ١١: ٢٣ الخ

من رسالة معلمنا بولس الرسول إلى أهل كورنثوس الأولى بركته المقدسة تكون معنا، آمين.

لأَنَّنِي تَسَلَّمْتُ مِنَ الرَّبِّ مَا سَلَّمْتُكُمْ أَيْضاً: إِنَّ الرَّبَّ يَسُوعَ فِي اللَّيْلَةِ الَّتِي أُسْلِمَ فِيهَا أَخَذَ خُبْزاً وَشَكَرَ فَكَسَّرَ وَقَالَ: «خُذُوا كُلُوا هَذَا هُوَ جَسَدِي الْمَكْسُورُ لأَجْلِكُمْ. اصْنَعُوا هَذَا لِذِكْرِي». كَذَلِكَ الْكَأْسَ أَيْضاً بَعْدَمَا تَعَشَّوْا قَائِلاً: «هَذِهِ الْكَأْسُ هِيَ الْعَهْدُ الْجَدِيدُ بِدَمِي. اصْنَعُوا هَذَا كُلَّمَا شَرِبْتُمْ لِذِكْرِي». فَإِنَّكُمْ كُلَّمَا أَكَلْتُمْ هَذَا الْخُبْزَ وَشَرِبْتُمْ هَذِهِ الْكَأْسَ تُخْبِرُونَ بِمَوْتِ الرَّبِّ إِلَى أَنْ يَجِيءَ. إِذاً أَيُّ مَنْ أَكَلَ هَذَا الْخُبْزَ أَوْ شَرِبَ كَأْسَ الرَّبِّ بِدُونِ اسْتِحْقَاقٍ يَكُونُ مُجْرِماً فِي جَسَدِ الرَّبِّ وَدَمِهِ. وَلَكِنْ لِيَمْتَحِنِ الإِنْسَانُ نَفْسَهُ وَهَكَذَا يَأْكُلُ مِنَ الْخُبْزِ وَيَشْرَبُ مِنَ الْكَأْسِ.

لأَنَّ الَّذِي يَأْكُلُ وَيَشْرَبُ بِدُونِ اسْتِحْقَاقٍ يَأْكُلُ وَيَشْرَبُ دَيْنُونَةً لِنَفْسِهِ غَيْرَ مُمَيِّزٍ جَسَدَ الرَّبِّ. مِنْ أَجْلِ هَذَا فِيكُمْ كَثِيرُونَ ضُعَفَاءُ وَمَرْضَى وَكَثِيرُونَ يَرْقُدُونَ. لأَنَّنَا لَوْ كُنَّا حَكَمْنَا عَلَى أَنْفُسِنَا لَمَا حُكِمَ عَلَيْنَا وَلَكِنْ إِذْ قَدْ حُكِمَ عَلَيْنَا نُؤَدَّبُ مِنَ الرَّبِّ لِكَيْ لاَ نُدَانَ مَعَ الْعَالَمِ. إِذاً يَا إِخْوَتِي حِينَ تَجْتَمِعُونَ لِلأَكْلِ انْتَظِرُوا بَعْضُكُمْ بَعْضاً. إِنْ كَانَ أَحَدٌ يَجُوعُ فَلْيَأْكُلْ فِي الْبَيْتِ كَيْ لاَ تَجْتَمِعُوا لِلدَّيْنُونَةِ. وَأَمَّا الأُمُورُ الْبَاقِيَةُ فَعِنْدَمَا أَجِيءُ أُرَتِّبُهَا.

نعمة الله الآب تكون مع جميعكم. آمين.

man examine himself, and so let him eat of the bread and drink of the cup. For he who eats and drinks in an unworthy manner eats and drinks judgment to himself, not discerning the Lord's body. For this reason many are weak and sick among you, and many sleep. For if we would judge ourselves, we would not be judged. But when we are judged, we are chastened by the Lord, that we may not be condemned with the world. Therefore, my brethren, when you come together to eat, wait for one another. But if anyone is hungry, let him eat at home, lest you come together for judgment. And the rest I will set in order when I come.

The grace of God, the Father, be with you all Amen.

لا يُقرأ كاثوليكون اليوم أما الابركسيس فقد قرئ فى باكر. تقال اجيوس الأولى للميلاد والثانية والثالثة للصليب واوشية الأنجيل ثم المزمور باللحن السنجارى ويكمل سنوياً ويُقرأ الأنجيل باللحن السنوى.

The Catholic epistle and the Acts are not read. The trisagion is said, the first for the nativity and the second and third for the crucifixion, and then the priest prays the litany of the Gospel. The Psalm is chanted in the joyful tune and concluded in the annual tune. Then the Gospel is then prayed in annual tune.

Ⲯⲁⲗⲙⲟⲥ ⲕ̅ⲃ̅ : ⲇ̅ ⲛⲉⲙ ⲉ̅ ⲛⲉⲙ ⲯⲁⲗ ⲙ̅ : ⲏ̅

Ⲁⲕⲥⲟⲃϯ ⲛ̀ⲟⲩⲧ̀ⲣⲁⲡⲉⲍⲁ ⲙ̀ⲡⲁ̀ⲙ̀ⲑⲟ ⲉ̀ⲃⲟⲗ : ⲙ̀ⲡⲉ̀ⲙ̀ⲑⲟ ⲛ̀ⲛⲏⲉⲧϩⲟϫϩⲉϫ ⲙ̀ⲙⲟⲓ. Ⲫⲏⲉⲑⲟⲩⲱⲙ ⲙ̀ⲡⲁⲱⲓⲕ : ⲁϥⲧⲱⲟⲩⲛ ⲙ̀ⲡⲉϥⲑⲓⲃⲥ ⲉ̀̀ϩⲣⲏⲓ ⲉ̀ϫⲱⲓ : ⲁ̅ⲗ̅.

Psalm 23:5; 41:9

مزامير ٢٢: ٤-٥ و ٤٠: ٨

من مزامير داود النبى

هيأت قدامى مائدةً مقابل الذين يضايقوننى.

From the Psalms of David the prophet

You prepare a table before me in the presence of my enemies;

Who ate my bread, has lifted up his heel against me. Alleluia.	الذى أكل خبزى رفع علىّ عقبه. هلليلويا.
Blessed is He who comes in the Name of the Lord, our Lord, God and Savior, Jesus Christ, son of the living God, to whom is glory forever. Amen.	مبارك الاتى باسم الرب، ربنا وإلهنا ومخلصنا يسوع المسيح، ابن الله الحى الذى له المجد الدائم إلى الابد، آمين.

Ⲉⲩⲁⲅⲅⲉⲗⲓⲟⲛ ⲕⲁⲧⲁ Ⲙⲁⲧⲑⲉⲟⲛ Ⲕⲉⲫ ⲕ̅ⲋ̅ : ⲕ – ⲕⲑ

Ⲉⲧⲁⲣⲟⲩϩⲓ ⲇⲉ ϣⲱⲡⲓ ⲛⲁϥⲣⲱⲧⲉⲃ ⲡⲉ ⲛⲉⲙⲡⲓⲙⲏⲧⲥ̀ⲛⲁⲩ ⲙ̀ⲙⲁⲑⲏⲧⲏⲥ : Ⲟⲩⲟϩ ⲉⲩⲟⲩⲱⲙ ⲡⲉϫⲁϥ ⲛⲱⲟⲩ : ϫⲉ ⲁ̀ⲙⲏⲛ ϯϫⲱ ⲙ̀ⲙⲟⲥ ⲛⲱⲧⲉⲛ : ϫⲉ ⲟⲩⲁⲓ ⲉ̀ⲃⲟⲗ ϧⲉⲛ ⲑⲏⲛⲟⲩ ⲡⲉⲑⲛⲁⲧⲏⲓⲧ : Ⲟⲩⲟϩ ⲉⲣⲉⲡⲟⲩϩⲏⲧ ⲙⲟⲕϩ ⲉⲙⲁϣⲱ ⲁⲩⲉⲣϩⲏⲧⲥ ⲛ̀ϫⲉ̀ⲫⲟⲩⲁⲓ̀ⲫⲟⲩⲁⲓ ⲙ̀ⲙⲱⲟⲩ ⲉ̀ϫⲟⲥ ϫⲉ ⲙⲏϯ ⲁ̀ⲛⲟⲕ ⲡⲉ Ⲡⲟ̅ⲥ̅. Ⲛ̀ⲑⲟϥ ⲇⲉ ⲁϥⲉ̀ⲣⲟⲩⲱ̀ ⲡⲉϫⲁϥ : ϫⲉ ⲫⲏ̀ⲉⲧⲁϥⲥⲉⲡ ⲧⲉϥϫⲓϫ ⲛⲉⲙⲏⲓ ϩⲓ ⲡⲓⲃⲓⲛⲁϫ ⲫⲁⲓ ⲡⲉⲑⲛⲁⲧⲏⲓⲧ Ⲡ̀ϣⲏⲣⲓ ⲙⲉⲛ ⲙ̀ⲫⲣⲱⲙⲓ ϥⲛⲁϣⲉⲛⲁϥ ⲕⲁⲧⲁ ⲫ̀ⲣⲏϯ ⲉⲧⲥ̀ϧⲏⲟⲩⲧ ⲉ̀ⲑⲃⲏⲧϥ : ⲟⲩⲟⲓ ⲇⲉ ⲙ̀ⲡⲓⲣⲱⲙⲓ ⲫⲏ̀ⲉⲧⲟⲩⲛⲁϯ ⲙ̀ⲡ̀ϣⲏⲣⲓ ⲙ̀ⲫⲣⲱⲙⲓ ⲉ̀ⲃⲟⲗϩⲓⲧⲟⲧϥ : ⲛⲉ ⲛⲁⲛⲉⲥ ⲛⲁϥ ⲡⲉ ⲙ̀ⲡⲟⲩⲙⲁⲥϥ ⲡⲓⲣⲱⲙⲓ ⲉ̀ⲧⲉ̀ⲙ̀ⲙⲁⲩ : Ⲁϥⲉ̀ⲣⲟⲩⲱ ⲇⲉ ⲛⲁϥ ⲛ̀ϫⲉ Ⲓⲟⲩⲇⲁⲥ ⲫⲏ̀ⲉⲛⲁϥⲛⲁⲧⲏⲓϥ ⲡⲉϫⲁϥ ⲛⲁϥ : ϫⲉ ⲙⲏ ϯ ⲁ̀ⲛⲟⲕ ⲡⲉ ⲣⲁⲃⲃⲓ : ⲡⲉϫⲁϥ ⲛⲁϥ ϫⲉ ⲛ̀ⲑⲟⲕ ⲡⲉ ⲉ̀ⲧⲁⲕϫⲟⲥ. Ⲉⲩⲟⲩⲱⲙ ⲇⲉ ⲁϥϭⲓ ⲛ̀ⲟⲩⲱⲓⲕ ⲛ̀ϫⲉ Ⲓⲏ̅ⲥ̅ ⲟⲩⲟϩ ⲉ̀ⲧⲁϥⲥ̀ⲙⲟⲩ ⲉⲣⲟϥ ⲁϥⲫⲁϣϥ : ⲁϥⲧⲏⲓϥ ⲛ̀ⲛⲉϥⲙⲁⲑⲏⲧⲏⲥ ⲡⲉϫⲁϥ : ϫⲉ ϭⲓ ⲟⲩⲱⲙ ⲫⲁⲓ ⲅⲁⲣ ⲡⲉ ⲡⲁⲥⲱⲙⲁ : Ⲟⲩⲟϩ ⲉ̀ⲧⲁϥϭⲓ ⲛ̀ⲟⲩⲁ̀ⲫⲟⲧ ⲟⲩⲟϩ ⲉ̀ⲧⲁϥϣⲉⲡϩ̀ⲙⲟⲧ ⲁϥⲧⲏⲓϥ ⲛⲱⲟⲩ ⲉϥϫⲱ ⲙ̀ⲙⲟⲥ : ϫⲉ ϭⲓ ⲥⲱ ⲉ̀ⲃⲟⲗϧⲉⲛ ⲫⲁⲓ ⲧⲏⲣⲟⲩ : Ⲫⲁⲓ ⲅⲁⲣ ⲡⲉ ⲡⲁⲥ̀ⲛⲟϥ ⲛ̀ⲧⲉ ϯⲇⲓⲁⲑⲏⲕⲏ ⲙ̀ⲃⲉⲣⲓ : ⲉ̀ⲧⲟⲩⲛⲁⲫⲟⲛϥ ⲉ̀ⲃⲟⲗ ⲉ̀ϫⲉⲛ ⲟⲩⲙⲏϣ : ⲉ̀ⲡ̀ϫⲓⲛⲭⲁ ⲛⲟⲩⲛⲟⲃⲓ ⲛⲱⲟⲩ ⲉ̀ⲃⲟⲗ. ϯϫⲱ ⲇⲉ ⲙ̀ⲙⲟⲥ ⲛⲱⲧⲉⲛ ϫⲉ ⲛ̀ⲛⲁⲥⲱ ⲓⲥϫⲉⲛ ϯⲛⲟⲩ ⲉ̀ⲃⲟⲗϧⲉⲛ ⲡ̀ⲟⲩⲧⲁϩ ⲛ̀ⲧⲉ ⲧⲁⲓⲃⲱ ⲛ̀ⲁ̀ⲗⲟⲗⲓ ϣⲁ ⲡⲓⲉ̀ϩⲟⲟⲩ ⲉⲧⲧⲏ : ϩⲟⲧⲁⲛ ⲁⲓϣⲁⲛⲥⲟϥ ⲛⲉⲙⲱⲧⲉⲛ ⲉϥⲟⲓ ⲙ̀ⲃⲉⲣⲓ ϧⲉⲛ ϯⲙⲉⲧⲟⲩⲣⲟ ⲛ̀ⲧⲉ ⲡⲁⲓⲱⲧ : Ⲡⲓⲱ̀ⲟⲩ.

Matthew 26:20-29	متى ٢٦: ٢٠ – ٢٩
When evening had come, He sat down with the twelve. Now as they were eating, He said, "Assuredly, I say to you, one of you will betray Me." And they were exceedingly sorrowful, and each of them began to say to Him, "Lord, is it I?" He answered and said, "He who dipped his hand with Me in the dish will betray Me. The Son of Man indeed goes just as it is written of Him,	وَلَمَّا كَانَ الْمَسَاءُ اتَّكَأَ مَعَ الاِثْنَيْ عَشَرَ. وَفِيمَا هُمْ يَأْكُلُونَ قَالَ: «الْحَقَّ أَقُولُ لَكُمْ إِنَّ وَاحِداً مِنْكُمْ يُسَلِّمُنِي». فَحَزِنُوا جِدّاً وَابْتَدَأَ كُلُّ وَاحِدٍ مِنْهُمْ يَقُولُ لَهُ: «هَلْ أَنَا هُوَ يَا رَبُّ؟» فَأَجَابَ: «الَّذِي يَغْمِسُ يَدَهُ مَعِي فِي الصَّحْفَةِ هُوَ يُسَلِّمُنِي. إِنَّ ابْنَ الإِنْسَانِ مَاضٍ كَمَا هُوَ مَكْتُوبٌ عَنْهُ وَلَكِنْ وَيْلٌ لِذَلِكَ

but woe to that man by whom the Son of Man is betrayed! It would have been good for that man if he had not been born." Then Judas, who was betraying Him, answered and said, "Rabbi, is it I?" He said to him, "You have said it." And as they were eating, Jesus took bread, blessed and broke it, and gave it to the disciples and said, "Take, eat; this is My body." Then He took the cup, and gave thanks, and gave it to them, saying, "Drink from it, all of you. For this is My blood of the new covenant, which is shed for many for the remission of sins. But I say to you, I will not drink of this fruit of the vine from now on until that day when I drink it new with you in My Father's kingdom."

Glory be to God forever

الرَّجُلِ الَّذِي بِهِ يُسَلَّمُ ابْنُ الإِنْسَانِ. كَانَ خَيْراً لِذَلِكَ الرَّجُلِ لَوْ لَمْ يُولَدْ». فَسَأَلَ يَهُوذَا مُسَلِّمُهُ: «هَلْ أَنَا هُوَ يَا سَيِّدِي؟» قَالَ لَهُ: «أَنْتَ قُلْتَ». وَفِيمَا هُمْ يَأْكُلُونَ أَخَذَ يَسُوعُ الْخُبْزَ وَبَارَكَ وَكَسَّرَ وَأَعْطَى التَّلاَمِيذَ وَقَالَ: «خُذُوا كُلُوا. هَذَا هُوَ جَسَدِي». وَأَخَذَ الْكَأْسَ وَشَكَرَ وَأَعْطَاهُمْ قَائِلاً: «اشْرَبُوا مِنْهَا كُلُّكُمْ لأَنَّ هَذَا هُوَ دَمِي الَّذِي لِلْعَهْدِ الْجَدِيدِ الَّذِي يُسْفَكُ مِنْ أَجْلِ كَثِيرِينَ لِمَغْفِرَةِ الْخَطَايَا. وَأَقُولُ لَكُمْ: إِنِّي مِنَ الآنَ لاَ أَشْرَبُ مِنْ نِتَاجِ الْكَرْمَةِ هَذَا إِلَى ذَلِكَ الْيَوْمِ حِينَمَا أَشْرَبُهُ مَعَكُمْ جَدِيداً فِي مَلَكُوتِ أَبِي».

والمجد لله دائماً.

RESPONSE OF THE GOSPEL

مرد الأنجيل

Your body and Your blood ; are for the forgiveness of sins ; and a new covenant ; that you have given to your disciples.

Ⲡⲓⲥⲱⲙⲁ ⲛⲉⲙ ⲡⲓⲥⲛⲟϥ ⲛ̀ⲧⲁⲕ : ⲡⲉ ⲡ̀ⲭⲱ ⲉ̀ⲃⲟⲗ ⲛ̀ⲧⲉ ⲛⲉⲛⲛⲟⲃⲓ : ⲛⲉⲙ ϯⲇⲓⲁⲑⲏⲕⲏ ⲙ̀ⲃⲉⲣⲓ : ⲉ̀ⲧⲁⲕⲧⲏⲓⲥ ⲛ̀ⲛⲉⲕⲙⲁⲑⲏⲧⲏⲥ.

جسدك ودمك، هما لغفران خطايانا، وللعهد الجديد، الذى أعطيته لتلاميذك.

We have been made worthy; to partake of the tree of life; the true body ; and blood of God.

For blessed…

Ⲁⲛⲉⲣ ⲡⲉⲙⲡ̀ϣⲁ ⲙ̀ⲡⲓϣ̀ϣⲏⲛ ⲛ̀ⲧⲉ ⲡ̀ⲱⲛϧ : ⲉⲑⲣⲉⲛⲟⲩⲱⲙ ⲉ̀ⲃⲟⲗ ⲛ̀ϧⲏⲧϥ : ⲉ̀ⲧⲉ ⲫⲁⲓ ⲡⲉ ⲡ̀ⲥⲱⲙⲁ ⲙ̀Ⲫϯ : ⲛⲉⲙ ⲡⲉϥⲥⲛⲟϥ ⲛ̀ⲁ̀ⲗⲏⲑⲓⲛⲟⲥ. Ⲭⲉ ϥ̀ⲥⲙⲁⲣⲱⲟⲩⲧ…

فاستحققنا شجرة الحياة، لنأكل منها، الذى هو جسد الله، ودمه الحقيقى.

لأنه مبارك…

The priest continues with the three long litanies. The deacon says "Ⲉⲛ ⲥⲟⲫⲓⲁ" Then the Creed is recited.

يقول الكاهن الثلاثة أواشى الكبار.يقول الشماس Ⲉⲛ ⲥⲟⲫⲓⲁ ويتلى قانون الإيمان.

The prayer of reconciliation is not prayed. The deacon says "Offer offer…" and the congregation continues with Ϩⲓⲧⲉⲛ ⲛⲓⲡ̀ⲣⲉⲥⲃⲓⲁ (Through the intercessions).

لا تقال صلاة الصلح بل يقول الشماس "تقدموا تقدموا..." ويكمل الشعب Ϩⲓⲧⲉⲛ ⲛⲓⲡ̀ⲣⲉⲥⲃⲓⲁ (بشفاعة والدة الإله القديسة مريم).

The Liturgy is continued as usual until the priest prays the Litany of the oblations. After the deacon's reponse, the Commemoration of the Saints is not prayed and the congregation continues with Ⲱⲥⲡⲉⲣⲏⲛ (As it was). The liturgy is continued as usual until the end.

يكمل القداس كالعادة إلى أوشية القرابين ومردها ولا يقال المجمع ولا الترحيم وبعدها يقول الشعب Ⲱⲥⲡⲉⲣⲏⲛ (كما كان). يكمل القداس كالعادة إلى النهاية.

During partaking of the holy communion, psalm 150 is not chanted but the readings of the eleventh hour are started. When communion has finished, the priest gives the final blessing without laying of the hands and concludes the prayers.

عند تناول الأسرار المقدسة لا يقال مزمور ١٥٠ بل تقال قرائات الساعة الحادية عشر. وعند الأنتهاء من تناول الأسرار المقدسة يقول الكاهن البركة من غير وضع اليد ويصرف الشعب بسلام.

Eleventh Hour of Thursday

الساعة الحادية عشر من يوم الخميس

Ⲏ̀ⲥⲁ̀ⲏⲁⲥ Ⲕⲉⲫ ⲛ̅ⲃ̅ : ⲓ̅ⲋ̅ ϣⲃⲗ ⲛⲉⲙ ⲛ̅ⲋ̅ : ⲁ̅ ϣⲃⲗ

Ⲉ̀ⲃⲟⲗϧⲉⲛ Ⲏ̀ⲥⲁ̀ⲏⲁⲥ ⲡⲓ̀ⲡⲣⲟⲫⲏⲧⲏⲥ: ⲉ̀ⲣⲉⲡⲉϥ̀ⲥⲙⲟⲩ ⲉ̀ⲑⲟⲩⲁⲃ ϣⲱⲡⲓ ⲛⲉⲙⲁⲛ ⲁ̀ⲙⲏⲛ ⲉϥϫⲱ ⲙ̀ⲙⲟⲥ.

Ϩⲏⲡⲡⲉ ⲉϥⲉ̀ⲕⲁϯ ⲛ̀ϫⲉ ⲡⲁⲁ̀ⲗⲟⲩ : ⲉϥⲉ̀ϭⲓⲥⲓ ⲟⲩⲟϩ ⲉϥⲉ̀ϭⲓⲱⲟⲩ ⲉ̀ⲙⲁϣⲱ : Ⲙ̀ⲫⲣⲏϯ ⲉ̀ⲧⲉ ⲟⲩⲟⲛ ⲟⲩⲙⲏϣ ⲛⲁⲧⲱⲙⲧ ⲉ̀ϩⲣⲏⲓ ⲉ̀ϫⲱⲕ : ⲡⲁⲓⲣⲏϯ ⲉϥⲉ̀ϣⲱϣ ⲛ̀ϫⲉ ⲡⲉⲕ̀ⲥⲙⲟⲧ ⲛⲉⲙ ⲡⲉⲕⲱ̀ⲟⲩ ⲉ̀ⲃⲟⲗϩⲁⲛⲓⲣⲱⲙⲓ : Ⲡⲁⲓⲣⲏϯ ⲥⲉ̀ⲉⲡ̀ϣⲫⲏⲣⲓ ⲛ̀ϫⲉ ⲟⲩⲙⲏϣ ⲛ̀ⲉⲑⲛⲟⲥ ⲉ̀ϩⲣⲏⲓⲉ̀ϫⲱϥ : ⲟⲩⲟϩ ϩⲁⲛⲟⲩⲣⲱⲟⲩ ⲉⲩⲉ̀ϣⲑⲁⲙ ⲛ̀ⲣⲱⲟⲩ : ϫⲉ ⲛⲏⲉⲧⲉ ⲙ̀ⲡⲟⲩⲥⲁϫⲓ ϧⲁⲧⲟⲧⲟⲩ ⲉⲑⲃⲏⲧϥ ⲉⲩⲉ̀ⲛⲁⲩ : ⲟⲩⲟϩ ⲛⲏⲉⲧⲉ ⲙ̀ⲡⲟⲩⲥⲱⲧⲉⲙ ⲉⲩⲉ̀ⲕⲁϯ. Ⲡ̅ⲟ̅ⲥ̅ ⲛⲓⲙ ⲡⲉⲧⲁϥⲛⲁϩϯ ⲉ̀ⲧⲉⲛ̀ⲥⲙⲏ ⲟⲩⲟϩ ⲡ̀ϣⲱⲃϣ ⲙ̀Ⲡ̅ⲟ̅ⲥ̅ ⲉⲧⲁϥϭⲱⲣⲡ ⲉ̀ⲛⲓⲙ.

Ⲁⲛⲥⲁϫⲓ ⲙ̀ⲡⲉϥ̀ⲙ̀ⲑⲟ ⲙ̀ⲫ̀ⲣⲏϯ ⲛ̀ⲟⲩⲁ̀ⲗⲟⲩ ⲙ̀ⲫ̀ⲣⲏϯ ⲛ̀ⲟⲩⲛⲟⲩⲛⲓ ϧⲉⲛ ⲟⲩⲕⲁϩⲓ ⲉϥⲟ̀ⲃⲓ ⲙ̀ⲙⲟⲛⲧⲉϥ ⲥ̀ⲙⲟⲧ ⲙ̀ⲙⲁⲩ ⲟⲩⲇⲉ ⲱ̀ⲟⲩ ⲁⲛⲛⲁⲩ ⲉ̀ⲣⲟϥ ⲟⲩⲟϩ ⲛⲉ ⲙ̀ⲙⲟⲛⲧⲉϥ ⲥ̀ⲙⲟⲧ ⲙ̀ⲙⲁⲩ ⲟⲩⲇⲉ ⲥⲁⲓ. Ⲁⲗⲗⲁ ⲡⲉϥ̀ⲥⲙⲟⲧ ϥ̀ϣⲏϣ ⲟⲩⲟϩ ϥ̀ⲙⲟⲛⲕ ⲉ̀ⲃⲟⲗ ⲟⲩⲧⲉ ⲛⲓ̀ϣⲏⲣⲓ ⲛ̀ⲧⲉ ⲛⲓ̀ⲣⲱⲙⲓ : ⲟⲩⲣⲱⲙⲓ ⲉϥϧⲉⲛ ⲟⲩⲉⲣϧⲟⲧ ⲟⲩⲟϩ ⲉϥⲥⲱⲟⲩⲛ ⲛ̀ϥⲓ ϣⲱⲛⲓ ⲉ̀ⲣⲟϥ ϫⲉ ⲁϥⲧⲁⲥⲑⲟ ⲙ̀ⲡⲉϥϩⲟ ⲁϥϣⲱϣ ⲟⲩⲟϩ ⲙ̀ⲡⲟⲩⲟⲡϥ. Ⲫⲁⲓ ⲉⲧϥⲁⲓ ϧⲁ ⲛⲉⲛⲛⲟⲃⲓ ⲟⲩⲟϩ ϥ̀ⲟⲓ ⲛ̀ⲉⲙⲕⲁϩ̀ⲛϩⲏⲧ ⲉ̀ϩ̀ⲣⲏⲓ ⲉ̀ϫⲱⲛ ⲟⲩⲟϩ ⲁⲛⲙⲟⲕⲙⲉⲕ ⲉ̀ⲣⲟϥ ϫⲉ ϥ̀ϧⲉⲛ ⲟⲩ̀ⲙⲕⲁϩ ⲛⲉⲙ ⲟⲩⲉⲣϧⲟⲧ ⲛⲉⲙ ⲟⲩⲑ̀ϩⲉⲙⲕⲟ. Ⲛ̀ⲑⲟϥ ⲇⲉ ⲁϥϭⲓⲉⲣϧⲟⲧ ⲉⲑⲃⲉ ⲛⲉⲛⲛⲟⲃⲓ ⲟⲩⲟϩ ⲁϥϣⲱⲛⲓ ⲉⲑⲃⲉ ⲛⲉⲛⲁ̀ⲛⲟⲙⲓⲁ̀ : ⲧ̀ⲥⲃⲱ ⲛ̀ⲧⲉ ⲧⲉⲛϩⲓⲣⲏⲛⲏ ⲉ̀ϩ̀ⲣⲏⲓ ⲉ̀ϫⲱϥ ϧⲉⲛ ⲛⲉϥⲗⲉⲗⲉϫⲏⲙⲓ ⲁ̀ⲛⲟⲛ ⲁⲛⲟⲩϫⲁⲓ. Ⲁⲛⲥⲱⲣⲉⲙ ⲧⲏⲣⲟⲩ ⲙ̀ⲫ̀ⲣⲏϯ ⲛ̀ϩⲁⲛⲉ̀ⲥⲱⲟⲩ : ⲟⲩⲣⲱⲙⲓ ⲁϥⲥⲱⲣⲉⲙ ϩⲓ ⲡⲉϥⲙⲱⲓⲧ ⲟⲩⲟϩ Ⲡ̅ⲟ̅ⲥ̅ ⲁϥⲧⲏⲓϥ ϧⲁ ⲛⲉⲛⲛⲟⲃⲓ.

Ⲟⲩⲟϩ ⲛ̀ⲑⲟϥ ⲉⲑⲃⲉ ϫⲉ ⲁϥⲑ̀ϩⲉⲙⲕⲟϥ ⲛ̀ϥⲟⲩⲱⲛ ⲛ̀ⲣⲱϥ ⲁⲛ ⲙ̀ⲫ̀ⲣⲏϯ ⲛ̀ⲟⲩⲉ̀ⲥⲱⲟⲩ ⲉⲁⲩⲉⲛϥ ⲉ̀ⲡϧⲟⲗϧⲉⲗ ⲟⲩⲟϩ ⲙ̀ⲫ̀ⲣⲏϯ ⲛ̀ⲟⲩϩⲱⲃ ⲙ̀ⲡⲉⲙ̀ⲑⲟ ⲙ̀ⲫⲏⲉⲧϧⲱⲕ ⲙ̀ⲙⲟϥ ⲉϥⲟⲓ ⲛ̀ⲁⲧ̀ⲥⲙⲏ ⲡⲁⲓⲣⲏϯ ⲛ̀ϥⲟⲩⲱⲛ ⲛ̀ⲣⲱϥ ⲁⲛ. Ⲁⲩⲱⲗⲓ ⲙ̀ⲡⲉϥϩⲁⲡ ϧⲉⲛ ⲡⲉϥⲑⲉⲃⲓⲟ ⲧⲉϥ̀ⲅⲉⲛⲉⲁ̀ ⲇⲉ ⲛⲓⲙ ⲉⲑⲛⲁ̀ϣⲫⲓⲣⲓ ⲉ̀ⲣⲟⲥ ϫⲉ ⲥⲉⲛⲁⲱⲗⲓ ⲙ̀ⲡⲉϥⲱⲛϧ ⲉ̀ⲃⲟⲗϩⲓϫⲉⲛ ⲡ̀ⲕⲁϩⲓ ⲉⲑⲃⲉ ⲛⲓⲁ̀ⲛⲟⲙⲓⲁ̀ ⲛ̀ⲧⲉ ⲡⲓⲗⲁⲟⲥ ⲁϥⲓ̀ ⲉ̀ⲫⲙⲟⲩ. Ⲉⲓⲉ̀ϯ ⲛ̀ⲛⲓⲡⲟⲛⲏⲣⲟⲥ ⲛ̀ⲧ̀ϣⲉⲃⲓⲱ ⲛ̀ⲧⲉϥⲕⲁⲓⲥⲓ ⲛⲉⲙ ⲛⲓⲣⲁⲙⲁⲟⲓ ⲛ̀ⲧ̀ϣⲉⲃⲓⲱ ⲙ̀ⲡⲉϥⲙⲟⲩ ϫⲉ ⲙ̀ⲡⲉϥⲓ̀ⲣⲓ ⲛ̀ⲟⲩⲁ̀ⲛⲟⲙⲓⲁ̀ ⲟⲩⲇⲉ ⲙ̀ⲡⲟⲩϫⲉⲙ ⲟⲩⲭ̀ⲣⲟϥ ϧⲉⲛ ⲣⲱϥ.

Ⲟⲩⲟϩ ⲁ̀ Ⲡ̅ⲟ̅ⲥ̅ ⲟⲩⲱϣ ⲉⲧⲟⲩϫⲟϥ ⲉ̀ⲃⲟⲗϧⲉⲛ ⲡⲓⲉⲣϧⲟⲧ : ⲉ̀ϣⲱⲡ ⲁ̀ⲣⲉⲧⲉⲛ ϭⲁⲛ ⲧ ⲉ̀ϫⲉⲛ ⲫ̀ⲛⲟⲃⲓ ⲧⲉⲧⲉⲛⲯⲩⲭⲏ ⲛⲁⲛⲁⲩ ⲉ̀ⲟⲩϫ̀ⲣⲟϫ ⲉ̀ⲛⲁϣⲉ ⲡⲉϥⲁ̀ⲙⲁϫⲓ. Ⲡ̅ⲟ̅ⲥ̅ ⲟⲩⲱϣ ⲉ̀ⲱ̀ⲗⲓ ⲉ̀ⲃⲟⲗ ϧⲉⲛ ⲡⲓⲉ̀ⲙⲕⲁϩ ⲛ̀ⲧⲉ ⲧⲉϥⲯⲩⲭⲏ ⲉ̀ⲧⲁⲙⲟϥ ⲉ̀ⲟⲩⲱⲓⲛⲓ : ⲟⲩⲟϩ ⲉ̀ⲉⲣⲡ̀ⲗⲁⲍⲓⲛ ⲛ̀ⲟⲩⲕⲁϯ : ⲉ̀ⲑⲁⲙⲓⲟ̀ ⲛ̀ⲟⲩⲙⲉⲑⲙⲏⲓ : ⲉϥⲟⲓ ⲙ̀ⲃⲱⲕ ⲛ̀ⲟⲩⲙⲏϣ ⲛ̀ⲕⲁⲗⲱⲥ : ⲟⲩⲟϩ ⲛ̀ⲟⲩⲛⲟⲃⲓ ⲛ̀ⲑⲟϥ ⲁϥⲉⲛⲟⲩ ⲉ̀ⲡ̀ϣⲱⲓ. Ⲉⲑⲃⲉ ⲫⲁⲓ ⲛ̀ⲑⲟϥ ⲉϥⲉⲉⲣⲕ̀ⲗⲏⲣⲟⲛⲟⲙⲓⲛ ⲛ̀ⲟⲩⲙⲏϣ : ⲟⲩⲟϩ ⲉϥⲉ̀ⲫⲱϣ ⲛ̀ⲛⲓϣⲱⲗ ⲛ̀ⲧⲉ ⲛⲓϫⲱⲣⲓ :

ⲉ̀ⲫ̀ⲙⲁ ϫⲉ ⲁϥϯ ⲛ̀ⲧⲉϥⲯⲩⲭⲏ ⲉ̀ⲫ̀ⲙⲟⲩ ⲟⲩⲟϩ ⲁⲩⲟⲡϥ ⲛⲉⲙ ⲛⲓⲁ̀ⲛⲟⲙⲟⲥ : ⲛ̀ⲑⲟϥ ⲁϥⲉⲛ ⲛⲓⲛⲟⲃⲓ ⲛ̀ⲧⲉ ⲟⲩⲙⲏϣ ⲉ̀ⲡ̀ϣⲱⲓ : ⲟⲩⲟϩ ⲉⲑⲃⲉ ⲛⲟⲩⲁ̀ⲛⲟⲙⲓⲁ̀ ⲁⲩⲧⲏϥ :

Ⲟⲩⲱ̀ⲟⲩ ⲛ̀ϯⲧ̀ⲣⲓⲁⲥ ⲉ̀ⲑⲟⲩⲁⲃ ⲡⲉⲛⲛⲟⲩϯ ϣⲁ ⲉ̀ⲛⲉϩ ⲛⲉⲙ ϣⲁ ⲉ̀ⲛⲉϩ ⲛ̀ⲧⲉ ⲛⲓⲉ̀ⲛⲉϩ ⲧⲏⲣⲟⲩ: ⲁ̀ⲙⲏⲛ.

Isaiah 52:13-53: 12

A reading from Isaiah the Prophet may his blessings be with us Amen.

Behold, My Servant shall deal prudently; He shall be exalted and extolled and be very high. Just as many were astonished at you, So His visage was marred more than any man, And His form more than the sons of men; So shall He sprinkle many nations. Kings shall shut their mouths at Him; for what had not been told them they shall see, and what they had not heard they shall consider.

Who has believed our report? And to whom has the arm of the LORD been revealed? For He shall grow up before Him as a tender plant, and as a root out of dry ground. He has no form or comeliness; And when we see Him, There is no beauty that we should desire Him. He is despised and rejected by men, A Man of sorrows and acquainted with grief. And we hid, as it were, our faces from Him; He was despised, and we did not esteem Him. Surely He has borne our griefs and carried our sorrows; Yet we esteemed Him stricken, Smitten by God, and afflicted. But He was wounded for our transgressions, He was bruised for our iniquities; The chastisement for our peace was upon Him, And by His stripes we are healed. All we like sheep

اشعياء ٥٢: ١٣ - ٥٣: ١٢

من اشعياء النبى بركته المقدسة تكون معنا، آمين.

هُوَذَا عَبْدِي يَعْقِلُ يَتَعَالَى وَيَرْتَقِي وَيَتَسَامَى جِدّاً. كَمَا انْدَهَشَ مِنْكَ كَثِيرُونَ. كَانَ مَنْظَرُهُ كَذَا مُفْسَداً أَكْثَرَ مِنَ الرَّجُلِ وَصُورَتُهُ أَكْثَرَ مِنْ بَنِي آدَمَ. هَكَذَا يَنْضِحُ أُمَماً كَثِيرِينَ. مِنْ أَجْلِهِ يَسُدُّ مُلُوكٌ أَفْوَاهَهُمْ لأَنَّهُمْ قَدْ أَبْصَرُوا مَا لَمْ يُخْبَرُوا بِهِ وَمَا لَمْ يَسْمَعُوهُ فَهِمُوهُ.

مَنْ صَدَّقَ خَبَرَنَا وَلِمَنِ اسْتُعْلِنَتْ ذِرَاعُ الرَّبِّ؟ نَبَتَ قُدَّامَهُ كَفَرْخٍ وَكَعِرْقٍ مِنْ أَرْضٍ يَابِسَةٍ لاَ صُورَةَ لَهُ وَلاَ جَمَالَ فَنَنْظُرَ إِلَيْهِ وَلاَ مَنْظَرَ فَنَشْتَهِيهِ. مُحْتَقَرٌ وَمَخْذُولٌ مِنَ النَّاسِ رَجُلُ أَوْجَاعٍ وَمُخْتَبِرُ الْحُزْنِ وَكَمُسَتَّرٍ عَنْهُ وُجُوهُنَا مُحْتَقَرٌ فَلَمْ نَعْتَدَّ بِهِ. لَكِنَّ أَحْزَانَنَا حَمَلَهَا وَأَوْجَاعَنَا تَحَمَّلَهَا. وَنَحْنُ حَسِبْنَاهُ مُصَاباً مَضْرُوباً مِنَ اللَّهِ وَمَذْلُولاً. وَهُوَ مَجْرُوحٌ لأَجْلِ مَعَاصِينَا مَسْحُوقٌ لأَجْلِ آثَامِنَا. تَأْدِيبُ سَلاَمِنَا عَلَيْهِ وَبِحُبُرِهِ شُفِينَا. كُلُّنَا كَغَنَمٍ ضَلَلْنَا. مِلْنَا كُلُّ وَاحِدٍ إِلَى طَرِيقِهِ وَالرَّبُّ وَضَعَ عَلَيْهِ إِثْمَ جَمِيعِنَا. ظُلِمَ أَمَّا هُوَ فَتَذَلَّلَ وَلَمْ يَفْتَحْ فَاهُ كَشَاةٍ تُسَاقُ إِلَى الذَّبْحِ وَكَنَعْجَةٍ صَامِتَةٍ أَمَامَ جَازِّيهَا فَلَمْ يَفْتَحْ فَاهُ.

have gone astray; We have turned, every one, to his own way; And the LORD has laid on Him the iniquity of us all. He was oppressed and He was afflicted, Yet He opened not His mouth; He was led as a lamb to the slaughter, and as a sheep before its shearers is silent, So He opened not His mouth. He was taken from prison and from judgment, and who will declare His generation? For He was cut off from the land of the living; for the transgressions of My people He was stricken. And they made His grave with the wicked-- But with the rich at His death, Because He had done no violence, Nor was any deceit in His mouth.

Yet it pleased the LORD to bruise Him; He has put Him to grief. When You make His soul an offering for sin, He shall see His seed, He shall prolong His days, And the pleasure of the LORD shall prosper in His hand. He shall see the labor of His soul, and be satisfied. By His knowledge My righteous Servant shall justify many, For He shall bear their iniquities. Therefore I will divide Him a portion with the great, and He shall divide the spoil with the strong, Because He poured out His soul unto death, and He was numbered with the transgressors, And He bore the sin of many, And made intercession for the transgressors.

Glory be to the Holy Trinity our God unto the age of all ages, Amen.

مِنَ الضُّغْطَةِ وَمِنَ الدَّيْنُونَةِ أُخِذَ. وَفِي جِيلِهِ مَنْ كَانَ يَظُنُّ أَنَّهُ قُطِعَ مِنْ أَرْضِ الأَحْيَاءِ أَنَّهُ ضُرِبَ مِنْ أَجْلِ ذَنْبِ شَعْبِي؟ وَجُعِلَ مَعَ الأَشْرَارِ قَبْرُهُ وَمَعَ غَنِيٍّ عِنْدَ مَوْتِهِ. عَلَى أَنَّهُ لَمْ يَعْمَلْ ظُلْماً وَلَمْ يَكُنْ فِي فَمِهِ غِشٌّ.

أَمَّا الرَّبُّ فَسُرَّ بِأَنْ يَسْحَقَهُ بِالْحُزْنِ. إِنْ جَعَلَ نَفْسَهُ ذَبِيحَةَ إِثْمٍ يَرَى نَسْلاً تَطُولُ أَيَّامُهُ وَمَسَرَّةُ الرَّبِّ بِيَدِهِ تَنْجَحُ. مِنْ تَعَبِ نَفْسِهِ يَرَى وَيَشْبَعُ وَعَبْدِي الْبَارُّ بِمَعْرِفَتِهِ يُبَرِّرُ كَثِيرِينَ وَآثَامُهُمْ هُوَ يَحْمِلُهَا. لِذَلِكَ أَقْسِمُ لَهُ بَيْنَ الأَعِزَّاءِ وَمَعَ الْعُظَمَاءِ يَقْسِمُ غَنِيمَةً مِنْ أَجْلِ أَنَّهُ سَكَبَ لِلْمَوْتِ نَفْسَهُ وَأُحْصِيَ مَعَ أَثَمَةٍ وَهُوَ حَمَلَ خَطِيَّةَ كَثِيرِينَ وَشَفَعَ فِي الْمُذْنِبِينَ.

مجداً للثالوث القدوس الهنا إلى الأبد وإلى أبد الآبدين كلها، آمين.

Ⲏ̀ⲥⲁ̀ⲏⲁⲥ Ⲕⲉⲫ ⲓ̅ⲑ̅ : ⲓ̅ⲑ̅ - ⲕ̅ⲉ̅

Ⲉ̀ⲃⲟⲗϧⲉⲛ Ⲏ̀ⲥⲁ̀ⲏⲁⲥ ⲡⲓⲡ̀ⲣⲟⲫⲏⲧⲏⲥ: ⲉ̀ⲣⲉⲡⲉϥ̀ⲥ̀ⲙⲟⲩ ⲉ̀ⲑⲟⲩⲁⲃ ϣⲱⲡⲓ ⲛⲉⲙⲁⲛ ⲁ̀ⲙⲏⲛ ⲉϥϫⲱ ⲙ̀ⲙⲟⲥ.

Ϧⲉⲛ ⲡⲓⲉ̀ϩⲟⲟⲩ ⲉ̀ⲧⲉ ⲙ̀ⲙⲁⲩ ⲟⲩⲛ ⲟⲩⲑⲩⲥⲓⲁⲥ ⲧⲏⲣⲓⲟⲛ ⲛⲁϣⲱⲡⲓ ⲙ̀ⲙⲟⲥ ϧⲉⲛ ⲭⲏⲙⲓ ⲟⲩⲟϩ ⲟⲩⲥ̀ⲧⲏⲗⲗⲏ ϩⲁⲧ ⲙ̀ⲡⲉⲥⲧⲟϣ ⲙ̀Ⲡ̅ⲟ̅ⲥ̅ ⲟⲩⲟϩ ϥⲛⲁϣⲱⲡⲓ ⲉⲩⲙⲏⲓⲛⲓ ϣⲁⲉⲛⲉϩ ⲙ̀Ⲡ̅ⲟ̅ⲥ̅ ϧⲉⲛ ϯⲭⲱⲣⲁ ⲛ̀ⲭⲏⲙⲓ ϫⲉ ⲥⲉⲛⲁ ϭⲓϣⲕⲁⲕⲉ̀ⲃⲟⲗ ⲉ̀ϧ̀ⲣⲏⲓ ⲉ̀Ⲡ̅ⲟ̅ⲥ̅ Ⲫ̅ϯ̅ ⲉⲑⲃⲉ ⲛⲉⲧⲑ̀ⲗⲓⲃⲓ ⲙ̀ⲙⲱⲟⲩ ⲟⲩⲟϩ Ⲡ̅ⲟ̅ⲥ̅ ⲛⲁϫⲟⲟⲩ ⲛⲁⲩ ⲛ̀ⲟⲩⲣⲱⲙⲓ ⲫⲁⲓ ⲉⲑⲛⲁ ⲛⲁϩⲙⲟⲩ ⲟⲩⲟϩ ⲉϥⲛⲁ ⲛⲁϩⲙⲟⲩ ⲛⲉϥⲕⲣⲓⲛⲓ ⲟⲩⲟϩ Ⲡ̅ⲟ̅ⲥ̅ ⲛⲁⲟⲩⲱⲛϩ ⲛ̀ⲣⲉⲙ ⲛ̀ⲭⲏⲙⲓ ⲛⲁⲉⲣϩⲟϯ ϩⲏⲧϥ ⲙ̀Ⲡ̅ⲟ̅ⲥ̅ ϧⲉⲛ ⲡⲓⲉ̀ϩⲟⲟⲩ ⲉ̀ⲧⲉ ⲙ̀ⲙⲁⲩ ⲛ̀ⲥⲉⲓ̀ⲣⲓ ⲛ̀ϩⲁⲛ ⲑⲩⲥⲓⲁ ⲛ̀ⲥⲉ ⲉⲣⲏⲧ̀ⲙⲙⲁⲩ ⲛ̀ϩⲁⲛ ⲉⲣⲏⲧ ⲙ̀Ⲡ̅ⲟ̅ⲥ̅ ⲛ̀ⲥⲉⲧⲁⲁⲩ ⲟⲩⲟϩ Ⲡ̅ⲟ̅ⲥ̅ ⲛⲁⲡⲁⲧⲁⲥ ⲥⲉ ⲛ̀ⲛⲉⲣⲉⲙ ⲛ̀ⲭⲏⲙⲓ ϧⲉⲛ ⲟⲩⲥⲁϣ ⲟⲩⲟϩ ⲛ̅ϥ̅ ⲧⲁⲗϭⲱⲟⲩ ϧⲉⲛ ⲟⲩⲧⲁⲗϭⲟ ⲡⲉ ⲟⲩⲟϩ ⲥⲉⲛⲁⲕⲟⲧⲟⲩ ⲉ̀Ⲡ̅ⲟ̅ⲥ̅ ⲛ̀ϥ ⲥⲱⲧⲉⲙ ⲉⲣⲱⲟⲩ ⲛϥⲧⲁⲗϭ̀ⲱⲟⲩ ⲟⲩⲛ ⲟⲩϩⲓⲏ ⲛⲁϣⲱⲡⲓ ⲙ̀ⲡⲓⲉϩⲟⲟⲩ ⲉⲧⲉ ⲙ̀ⲙⲁⲩ ⲛ̀ⲭⲏⲙⲓ ⲉⲛⲁⲥⲥⲩⲣⲟⲥ ⲟⲩⲟϩ ⲛ̀ⲁⲥⲥⲩⲣⲟⲥ ⲛⲁⲃⲱⲕ ⲛ̀ⲭⲏⲙⲓ ⲟⲩⲟϩ ⲛ̀ⲣⲉⲙ ⲛ̀ⲭⲏⲙⲓ ⲛⲁⲃⲱⲕ ϣⲁ ⲛ̀ⲁⲥⲥⲩⲣⲟⲥ ⲛ̀ⲣⲉⲙ ⲛ̀ⲭⲏⲙⲓ ⲛⲁⲉⲣⲃⲱⲕ ⲛ̀ⲁⲥⲥⲩⲣⲟ̀ⲥ ϧⲉⲛ ⲡⲓⲉϩⲟⲟⲩ ⲉⲧⲉ̀ⲙⲙⲁⲩ Ⲡⲓⲥ̅ⲗ̅ ⲛⲁⲉⲣⲙⲁϩ ⲅ̅ ϧⲉⲛ ⲛ̀ⲁⲥⲥⲩⲣⲟⲥ ⲟⲩⲟϩ ϩⲉⲛ ⲛⲓⲣⲉ̀ⲙⲛ̀ⲭⲏⲙⲓ ⲉⲧⲥ̀ⲙⲁⲣⲱⲟⲩⲧ ϧⲉⲛ ⲡ̀ⲕⲁϩⲓ ⲛ̀ⲧⲁ Ⲡ̅ⲟ̅ⲥ̅ ⲥⲁⲃⲁⲱⲉ ⲥ̀ⲙⲟⲩ ⲉ̀ⲣⲟϥ ⲉϥϫⲱ̀ⲙⲙⲟⲥ ϫⲉ ⲡⲁⲗⲁⲟⲥ ⲛⲁϥϣⲱ ⲡⲓ ⲉϥ̀ⲥⲙⲁⲣⲱⲟⲩⲧ ϧⲉⲛ ⲛ̀ⲭⲏⲙⲓ ⲟⲩⲟϩ ⲛ̀ⲁⲥⲥⲩⲣⲟⲥ ⲛⲉⲙ Ⲡⲓⲥ̅ⲗ̅ ⲧⲁⲕⲗⲏⲣⲟⲙⲓⲁ :

Ⲟⲩ̀ⲱⲟⲩ ⲛ̀ϯ̀ⲧⲣⲓⲁⲥ ⲉ̀ⲑⲟⲩⲁⲃ ⲡⲉⲛⲛⲟⲩϯ ϣⲁ ⲉ̀ⲛⲉϩ ⲛⲉⲙ ϣⲁ ⲉ̀ⲛⲉϩ ⲛ̀ⲧⲉ ⲛⲓⲉ̀ⲛⲉϩ ⲧⲏⲣⲟⲩ: ⲁ̀ⲙⲏⲛ.

Isaiah 19:19 - 25

A reading from Isaiah the Prophet may his blessings be with us Amen.

In that day there will be an altar to the Lord in the midst of the land of Egypt, and a pillar to the Lord at its border. And it will be for a sign and for a witness to the Lord of hosts in the land of Egypt; for they will cry to the Lord because of the oppressors, and He will send them a Savior and a Mighty One, and He will deliver them. Then the Lord will be known to Egypt, and the Egyptians will know the Lord in that day, and will make sacrifice and offering; yes, they will make a vow to the Lord and perform it. And the Lord will strike Egypt, He will strike and heal it; they will return to the Lord, and He will be entreated by them and heal

اشعياء ١٩: ١٩ - ٢٥

من اشعياء النبى بركته المقدسة تكون معنا، آمين.

فِي ذَلِكَ الْيَوْمِ يَكُونُ مَذْبَحٌ لِلرَّبِّ فِي وَسَطِ أَرْضِ مِصْرَ وَعَمُودٌ لِلرَّبِّ عِنْدَ تُخْمِهَا. فَيَكُونُ عَلاَمَةً وَشَهَادَةً لِرَبِّ الْجُنُودِ فِي أَرْضِ مِصْرَ. لأَنَّهُمْ يَصْرُخُونَ إِلَى الرَّبِّ بِسَبَبِ الْمُضَايِقِينَ فَيُرْسِلُ لَهُمْ مُخَلِّصاً وَمُحَامِياً وَيُنْقِذُهُمْ. فَيُعْرَفُ الرَّبُّ فِي مِصْرَ وَيَعْرِفُ الْمِصْرِيُّونَ الرَّبَّ فِي ذَلِكَ الْيَوْمِ وَيُقَدِّمُونَ ذَبِيحَةً وَتَقْدِمَةً وَيَنْذُرُونَ لِلرَّبِّ نَذْراً وَيُوفُونَ بِهِ. وَيَضْرِبُ الرَّبُّ مِصْرَ ضَارِباً فَشَافِياً فَيَرْجِعُونَ إِلَى الرَّبِّ فَيَسْتَجِيبُ لَهُمْ وَيَشْفِيهِمْ. «فِي ذَلِكَ الْيَوْمِ تَكُونُ سِكَّةٌ مِنَ

them. In that day there will be a highway from Egypt to Assyria, and the Assyrian will come into Egypt and the Egyptian into Assyria, and the Egyptians will serve with the Assyrians. In that day Israel will be one of three with Egypt and Assyria--a blessing in the midst of the land, whom the Lord of hosts shall bless, saying, "Blessed is Egypt My people, and Assyria the work of My hands, and Israel My inheritance."

Glory be to the Holy Trinity our God unto the age of all ages, Amen.

مِصْرَ إِلَى أَشُّورَ فَيَجِيءُ الأَشُّورِيُّونَ إِلَى مِصْرَ وَالْمِصْرِيُّونَ إِلَى أَشُّورَ وَيَعْبُدُ الْمِصْرِيُّونَ مَعَ الأَشُّورِيِّينَ. فِي ذَلِكَ الْيَوْمِ يَكُونُ إِسْرَائِيلُ ثُلْثاً لِمِصْرَ وَلأَشُّورَ بَرَكَةً فِي الأَرْضِ بِهَا يُبَارِكُ رَبُّ الْجُنُودِ قَائِلاً: مُبَارَكٌ شَعْبِي مِصْرُ وَعَمَلُ يَدَيَّ أَشُّورُ وَمِيرَاثِي إِسْرَائِيلُ».

مجداً للثالوث القدوس الهنا إلى الأبد وإلى أبد الآبدين كلها، آمين.

Ⲍⲁⲭⲁⲣⲓⲁⲥ Ⲕⲉⲫ ⲓ̅ⲃ̅ : ⲓ̅ⲁ̅ ϣⲃⲗ ⲛⲉⲙ Ⲕⲉⲫ ⲓ̅ⲅ̅ : ⲁ̅

Ⲉ̀ⲃⲟⲗϧⲉⲛ Ⲍⲁⲭⲁⲣⲓⲁⲥ ⲡⲓⲡ̀ⲣⲟⲫⲏⲧⲏⲥ: ⲉ̀ⲣⲉⲡⲉϥⲥ̀ⲙⲟⲩ ⲉ̀ⲑⲟⲩⲁⲃ ϣⲱⲡⲓ ⲛⲉⲙⲁⲛ ⲁ̀ⲙⲏⲛ ⲉϥϫⲱ ⲙ̀ⲙⲟⲥ.

Ϧⲉⲛ ⲡⲓⲉ̀ϩⲟⲟⲩ ⲉⲧⲉ̀ⲙⲙⲁⲩ ϥ̀ⲛⲁⲁ̀ϣⲁⲓ ⲛ̀ϫⲉ ⲡ̀ⲛⲉϩⲡⲓ ⲛ̀Ⲓ̅ⲗ̅ⲏ̅ⲙ̅ ⲟⲩⲟϩ ⲛ̀ⲉ ⲙ̀ⲡⲓⲔⲱⲣⲓ ⲛ̀ⲟⲩⲙⲁⲛ̀ ϩⲉⲣⲙⲁⲛ ⲉⲩⲕⲱⲣⲓ ⲙ̀ⲙⲟϥ ϧⲉⲛ ⲧⲥⲱϣⲓ ⲟⲩⲟϩ ⲡⲕⲁϩⲓ ⲉϥⲛⲁⲛⲉϩⲡⲓ ⲕⲁⲧⲁ ⲫⲩⲗⲏ ⲧⲟⲩⲉ̀ⲓⲧⲟⲩⲓ̀ⲙⲙⲉⲧⲓⲱⲧ ϩⲁⲣⲓ ϩⲁⲣⲟⲥ ϯⲫⲩⲗⲏ ⲙ̀ⲡⲏⲓ ⲛ̀Ⲇ̅ⲁ̅Ⲇ̅ ⲟⲩⲁⲁⲥ ⲟⲩⲟϩ ⲛⲟⲩϩⲓⲟⲙⲓⲟⲛ ⲟⲩⲁⲁⲩ ϯⲫⲩⲗⲏ ⲙ̀ⲡⲏⲓ ⲛ̀Ⲛⲁⲑⲁⲛ ⲟⲩⲁⲁⲥ ⲟⲩⲟϩ ⲛⲟⲩϩⲓⲟⲙⲓ ⲟⲛ ⲟⲩⲁⲁⲩ ϯⲫⲩⲗⲏ ⲙ̀ⲡⲏⲓ ⲛ̀ⲗⲉⲩⲓⲙⲁⲩⲁⲁⲥ ⲟⲩⲟϩ ⲛⲟⲩϩⲓⲟⲙⲓ ⲟⲛ ⲟⲩⲁⲁⲧⲟⲩ ϯⲫⲩⲗⲏ ⲙ̀ⲡⲏⲓ ⲛ̀Ⲥⲩⲙⲉⲱⲛ ⲟⲩⲁⲁⲥ ⲟⲩⲟϩ ⲛⲟⲩϩⲓⲟⲙⲓ ⲟⲛ ⲟⲩⲁⲁⲧⲟⲩ ⲛⲓⲫⲩⲗⲱⲟⲩⲓ ⲧⲏⲣⲟⲩ ⲛ̀ⲧⲁⲩⲥⲉⲡⲓ ⲑⲟⲩⲓ̀ ⲑⲟⲩⲓ ϩⲁⲣⲓ ϩⲁⲣⲟⲥ ⲟⲩⲟϩ ⲛⲟⲩϩⲓⲟⲙⲓ ϩⲁⲣⲓ ϩⲁⲣⲱⲟⲩ ⲟⲩⲟϩ ⲉϥⲛⲁϣⲱⲡⲓ ϧⲉⲛ ⲡⲓⲉ̀ϩⲟⲟⲩ ⲉⲧⲉ̀ⲙⲙⲁⲩ ⲛ̀ϫⲉ ⲙⲁⲓ ⲛⲓⲃⲉⲛ ⲉⲧⲟⲩ ⲛⲁⲟⲩⲱⲛ ⲙ̀ⲙⲟϥ ϥ̀ⲛⲁϣⲱⲡⲓ ⲛ̀ⲟⲩⲏⲓ ⲛ̀Ⲇⲁⲩⲓⲇ ⲟⲩⲟϩ ⲥⲉⲛⲁⲟⲩⲱⲛ ⲛ̀ⲟⲩⲡⲩⲅⲏ ⲛ̀Ⲇⲁⲩⲓⲇ ⲛⲉⲙ ⲛⲉⲧⲟⲩⲏϩ ϧⲉⲛ Ⲓ̅ⲗ̅ⲏ̅ⲙ̅ ⲟⲩⲟϩ ⲥⲉⲛⲁϣⲱⲡⲓ ϧⲉⲛ ⲡⲓⲉ̀ϩⲟⲟⲩ ⲉ̀ⲧⲉ̀ⲙⲙⲁⲩ ⲡⲉϫⲉ Ⲡ̅ⲟ̅ⲥ̅ ⲛⲉⲛϫⲟⲙ ϫⲉ ϯⲛⲁϥⲱϯ ⲉ̀ⲃⲟⲗ ⲙ̀ⲫ̀ⲣⲁⲛ ⲛ̀ⲛⲓⲩ̀ⲇⲱⲗⲟⲛ ϩⲓϫⲉⲛ ⲡ̀ⲕⲁϩⲓ ⲛ̀ⲥⲉⲧⲉⲙⲕⲟⲧⲟⲩ ⲉ̀ⲉⲣⲡⲟⲩⲙⲉⲩⲓ ϫⲉ ⲟⲩⲟϩ ⲛⲓⲡ̀ⲣⲟⲫⲏⲧⲏⲥ ⲛ̀ⲛⲟⲩϫ ⲛⲉⲙ ⲛⲓⲡ̅ⲛ̅ⲁ̅ ⲛ̀ⲁⲕⲁⲑⲁⲣⲧⲟⲛ ϯⲛⲁϥⲟⲧⲟⲩ ⲉ̀ⲃⲟⲗϩⲓϫⲉⲛ ⲡ̀ⲕⲁϩⲓ ⲟⲩⲟϩ ⲉ̀ϣⲱⲡ ⲉ̀ⲣⲉϣⲁⲛⲟⲩⲣⲱⲙⲓ ⲡ̀ⲣⲟⲫⲏⲧⲉⲩⲓⲛ ⲛ̀ⲟⲩⲱϩⲉⲙ ⲛ̀ⲥⲉϫⲟⲥ ⲛⲁϥ ⲛ̀ϫⲉ ⲡⲉϥⲓⲱⲧ ⲛⲉⲙ ⲧⲉϥⲙⲁⲩ ⲉ̀ⲧⲁⲩϫⲫⲟϥ ϫⲉ ⲛⲉⲕⲛⲁⲱⲛϧ ⲁⲛ ϫⲉ ⲁⲕϫⲱ ⲛ̀ϩⲁⲛⲙⲉⲧⲛⲟⲩϫ ϧⲉⲛ ⲫ̀ⲣⲁⲛ ⲙ̀Ⲡ̅ⲟ̅ⲥ̅ ⲟⲩⲟϩ ⲉⲩⲉ̀ⲥⲟⲛϩϥ ⲛ̀ϫⲉ ⲡⲉϥⲓⲱⲧ ⲛⲉⲙ ⲧⲉϥⲙⲁⲩ ⲛ̀ⲧⲁⲩϫⲫⲟϥ ϧⲉⲛ ⲡⲧⲣⲉϥⲡ̀ⲣⲟⲫⲏⲧⲉⲩⲓⲛ ⲟⲩⲟϩ ⲉⲥⲛⲁϣⲱⲡⲓ ϧⲉⲛ ⲡⲓⲉ̀ϩⲟⲟⲩ ⲉⲧⲉ̀ⲙⲙⲁⲩ ⲥⲉⲛⲁϭⲓ ϣⲓⲡⲓ ⲛ̀ϫⲉ ⲛⲓⲡ̀ⲣⲟⲫⲏⲧⲏⲥ ⲡⲓⲟⲩⲁⲓ ⲡⲓⲟⲩⲁⲓ ϧⲉⲛ ⲧⲉϥϩⲟⲣⲁⲥⲓⲥ ϧⲉⲛ ⲡⲧⲣⲉϥ ⲡ̀ⲣⲟⲫⲏⲧⲉⲩⲓⲛ ⲟⲩⲟϩ ⲉⲩⲉ̀ϯ ϩⲓ̀ⲱⲟⲩ ⲛ̀ϩⲉⲛ ϫⲱⲟⲩⲛⲓ ⲉ̀ⲃⲟⲗ ϫⲉ ⲁⲩϭⲓϫⲟⲗ ⲟⲩⲟϩ ⲉϥⲛⲁϫⲟⲥ ϫⲉ ⲁ̀ⲛⲟⲕ ⲟⲩⲡ̀ⲣⲟⲫⲏⲧⲏⲥ ⲁⲛ ⲁ̀ⲛⲟⲕ ⲉ̀ⲃⲟⲗ ϫⲉ ⲟⲩⲣⲱⲙⲓ ⲡⲉⲛⲧⲁϥϫⲫⲟⲓ ⲟⲩⲟϩ ⲁϥ̀ⲧⲥⲁⲃⲟⲓ ϫⲓⲛ ⲧⲁⲙⲉⲧϣⲏⲣⲓ ϣⲏⲙ ⲟⲩⲟϩ ϯⲛⲁϫⲟⲥ ⲛⲁϥ ϫⲉ ⲟⲩ ⲛⲉ ⲛⲁⲓ ⲥⲛⲏϣⲉ ⲉⲧϧⲉⲛ ⲑⲙⲏϯ ⲛ̀ⲛⲉⲕϫⲓϫ ⲟⲩⲟϩ ϥ̀ⲛⲁϫⲟⲥⲛⲏ ϫⲉ ⲛⲁⲓ ⲛⲉ ⲛ̀ⲧⲁⲩⲁⲁⲩ ⲛⲏⲓ ϧⲉⲛ ⲡⲏⲓ ⲙ̀ⲡⲁⲙⲉⲛⲣⲓⲧ. ϯⲥⲏϥⲓ ⲧⲱⲟⲩⲛ ⲉ̀ϫⲉⲛ ⲡ̀ϣⲱⲥ ⲟⲩⲟϩ ⲉ̀ϫⲉⲛ ⲡ̀ⲣⲱⲙⲓ ⲙ̀ⲡⲉϥ ⲣⲉⲙ ⲛ̀ϯⲙⲓ ⲡⲉϫⲉ ⲡϫⲟⲉⲓⲥ ⲡⲓⲡⲁⲛⲧⲟⲕⲣⲁⲧⲱⲣ ⲣⲱϧⲧ ⲙ̀ⲡ̀ϣⲱⲥ ⲟⲩⲟϩ ⲙⲁⲣⲟⲩ ϫⲱⲣ ⲉ̀ⲃⲟⲗ ⲛ̀ϫⲉ ⲛⲓⲉ̀ⲥⲱⲟⲩ ⲟⲩⲟϩ ϯⲛⲁⲓⲛⲓ ⲛ̀ⲧⲁϫⲓϫ ⲉ̀ϫⲉⲛ ⲛⲓⲕⲟⲩϫⲓ ⲛ̀ϣⲱⲥ ⲟⲩⲟϩ ϥ̀ⲛⲁϣⲱⲡⲓ ⲙ̀ⲡⲕⲁϩⲓ ⲧⲏⲣϥ. Ⲡⲉϫⲉ Ⲡ̅ⲟ̅ⲥ̅ ϫⲉ ⲟⲩⲱⲛ ⲥ̀ⲛⲁⲩ ⲥⲉⲛⲁⲧⲁⲕⲟ ⲛ̀ⲥⲉⲱ̀ ϫⲉⲛ ⲡⲟⲩⲛⲉϩ ⲇⲉ ϥ̀ⲛⲁϣϫⲡ ⲛ̀ϧⲏⲧϥ ⲟⲩⲟϩ ⲡⲓⲙⲁϩ̅ⲅ̅ ϯⲛⲁⲛⲧϥ ⲉ̀ⲃⲟⲗϩⲓⲧⲉⲛ ⲟⲩⲕⲱϩⲧ ⲛ̀ⲑⲉ ⲅⲁⲣ ⲉ̀ϣⲁⲩⲡⲓⲥⲉ ⲙ̀ⲡⲓϩⲁⲧ ⲟⲩⲟϩ ϯⲛⲁⲇⲟⲕⲓⲙⲁⲍⲓⲛ ⲙ̀ⲙⲱⲟⲩ ⲛ̀ⲑⲉ ⲡⲓⲛⲟⲩⲃ ⲉϣⲁⲩⲇⲟⲕⲓⲙⲁⲍⲓⲛ ⲙ̀ⲙⲟϥ ⲛ̀ⲑⲟϥ ⲉϥⲛⲁⲉ̀ⲡⲓⲕⲁⲗⲓ ⲙ̀ⲡⲁⲣⲁⲛ. Ⲟⲩⲟϩ ⲁ̀ⲛⲟⲕ ϯⲛⲁⲥⲱⲧⲉⲙ ⲉ̀ⲣⲟϥ ⲧⲁⲭⲟⲥ. ϫⲉ ⲫⲁⲓ ⲡⲉ ⲡⲁⲗⲁⲟⲥ ⲟⲩⲟϩ ⲛ̀ⲑⲟϥ ϥ̀ⲛⲁϫⲟⲥ ϫⲉ ⲛ̀ⲑⲟⲕ ⲡⲉ Ⲡ̅ⲟ̅ⲥ̅ ⲡⲁⲛⲟⲩϯ ⲉⲓⲥϩⲏⲡ ⲡⲉ ⲇⲉ ⲉϥⲛⲏⲟⲩ ⲛ̀ϫⲉ ⲟⲩⲉ̀ϩⲟⲟⲩ ⲛ̀ⲧⲉ Ⲡ̅ⲟ̅ⲥ̅ ⲟⲩⲟϩ ⲥⲉⲛⲁ ⲫⲱϣ ⲛ̀ⲛⲟⲩϣⲱⲗ ⲛ̀ϩⲣⲏⲓ ⲛ̀ϧⲏϯ ⲟⲩⲟϩ ϯⲛⲁⲑⲱⲟⲩϯ ⲛ̀ⲛⲓⲉⲑⲛⲟⲥ ⲧⲏⲣⲟⲩ ⲉ̀Ⲓ̅ⲗ̅ⲏ̅ⲙ̅ ⲉⲩⲡⲟⲗⲉⲙⲟⲥ ⲛ̀ⲥⲉϭⲓ ⲉⲧⲡⲟⲗⲓⲥ ⲛ̀ⲥⲉϣⲱⲗ ⲛ̀ⲛⲏⲓ ⲟⲩⲟϩ ⲛⲓϩⲓⲟⲙⲓ ⲥⲉⲛⲁϫⲁϩⲙⲟⲩ ⲛ̀ⲧⲉ ⲧⲁⲫϣⲓ ⲙ̀ⲡⲓⲗⲁⲟⲥ ⲉⲓ ⲉ̀ⲃⲟⲗ ⲉⲩⲭⲙⲁⲗⲱⲥⲓⲁ ⲛ̀ⲕⲟⲟⲩⲓ ⲇⲉ ⲙ̀ⲡⲓⲗⲁⲟⲥ ⲛ̀ⲥⲉ ⲧ̀ⲙ ⲧⲁⲕⲟⲟⲩ ⲉ̀ⲃⲟⲗ ϧⲉⲛ ⲧ̀ⲡⲟⲗⲓⲥ ⲟⲩⲟϩ Ⲡ̅ⲟ̅ⲥ̅ ϥ̀ⲛⲁⲓ̀ ⲉ̀ⲃⲟⲗ ⲉ̀ⲙⲓϣⲓ ⲛⲉⲙ ⲛⲓⲉⲑⲛⲟⲥ ⲉ̀ⲧⲉ ⲙ̀ⲙⲁⲩ ⲕⲁⲧⲁ ⲛⲓⲉ̀ϩⲟⲟⲩ ⲙ̀ⲡⲉϥⲙⲓϣⲓ ϧⲉⲛ ⲡⲓⲉ̀ϩⲟⲟⲩ ⲙ̀ⲡⲓⲡⲟⲗⲉⲙⲟⲥ ⲟⲩⲟϩ ⲛⲉϥⲟⲩⲉⲣⲏϯ ⲥⲉⲛⲁⲁϩⲉ ⲉⲣⲁⲧⲟⲩ ϩⲓϫⲉⲛ ⲡⲓⲧⲱⲟⲩ ⲛⲉⲛ ϫⲟⲉⲓ̀ⲧ ⲡⲉⲧⲉ ⲙ̀ⲡⲉⲙⲑⲟ ⲉ̀ⲃⲟⲗ ⲛ̀Ⲓ̅ⲗ̅ⲏ̅ⲙ̅ ϧⲉⲛ ⲙ̀ⲙⲁⲛϣⲁ ⲟⲩⲟϩ ⲉϥⲛⲁⲓ̀ ⲛ̀ϫⲉ Ⲡ̅ⲟ̅ⲥ̅ ⲡⲁⲛⲟⲩϯ ⲛⲉⲙ ⲛⲏⲉ̀ⲑⲟⲩⲁⲃ ⲧⲏⲣⲟⲩ ⲛⲉⲙⲁϥ ⲟⲩⲟϩ ϧⲉⲛ ⲡⲓⲉ̀ϩⲟⲟⲩ ⲉ̀ⲧⲉ ⲙ̀ⲙⲁⲩ ⲛ̀ⲟⲩⲱⲓⲛⲓ ⲛⲁϣⲱⲡⲓ ⲟⲩⲟϩ ⲟⲩⲛ̀ϩⲉⲛ ⲱϫⲉⲃ ⲛⲉⲙ ⲟⲩϫⲁϥ ⲛⲁϣⲱⲡⲓ ϧⲉⲛ ⲟⲩ ⲉ̀ϩⲟⲟⲩ ⲛ̀ⲟⲩⲱⲧ ⲟⲩⲟϩ ϥ̀ⲟⲩⲱⲛϩ ⲉ̀ⲃⲟⲗ ⲉ̀Ⲡ̅ⲟ̅ⲥ̅ ⲛ̀ϫⲉ ⲡⲓⲉ̀ϩⲟⲟⲩ ⲉ̀ⲧⲉ̀ⲙ̀ⲙⲁⲩ ⲟⲩⲉ̀ϩⲟⲟⲩ ⲇⲉ ⲁⲛ ⲡⲉ ⲟⲩⲇⲉ ⲟⲩϫⲱⲣϩ ⲁⲛ ⲡⲉ ⲟⲩⲟϩ ϧⲉⲛ ⲫ̀ⲛⲁⲩ ⲛ̀ⲣⲟⲩϩⲓ ϥ̀ⲛⲁϣⲁⲓ ⲛ̀ϫⲉ ⲟⲩⲱⲓⲛⲓ ⲟⲩⲟϩ ϧⲉⲛ ⲡⲓⲉ̀ϩⲟⲟⲩ ⲉ̀ⲧⲉ̀ⲙ̀ⲙⲁⲩ ⲉϥⲛⲁⲓ̀ ⲉ̀ⲃⲟⲗϧⲉⲛ Ⲓ̅ⲗ̅ⲏ̅ⲙ̅ ⲛ̀ϫⲉ ⲟⲩⲙⲱⲟⲩ ⲉϥⲟ̀ⲛϧ ⲧⲉϥⲫⲁϣⲓ ⲉ̀ⲛⲓⲁⲣⲱⲟⲩ ⲛ̀ϣⲱⲣⲡ ⲟⲩⲟϩ ⲧⲉϥⲕⲉ ⲫⲁϣⲓ ⲉ̀ ⲛⲓⲁⲣⲱⲟⲩ ⲛ̀ϧⲁⲉ̀. ⲟⲩⲟϩ ϧⲉⲛ ⲡ̀ϣⲱⲙ ⲛⲉⲙ ⲡⲉⲁⲣ ⲑⲁⲓ ⲧⲉⲑⲉ ⲉ̀ⲧⲉϥⲛⲁϣⲱⲡⲓ ⲟⲩⲟϩ Ⲡ̅ⲟ̅ⲥ̅ ⲛⲁ ⲉⲣⲟⲩⲣⲟ ϩⲓϫⲉⲛ ⲡ̀ⲕⲁϩⲓ ⲧⲏⲣϥ.

Ⲟⲩⲱ̀ⲟⲩ ⲛ̀ϯⲧ̀ⲣⲓⲁⲥ ⲉ̀ⲑⲟⲩⲁⲃ ⲡⲉⲛⲛⲟⲩϯ ϣⲁ ⲉ̀ⲛⲉϩ ⲛⲉⲙ ϣⲁ ⲉ̀ⲛⲉϩ ⲛ̀ⲧⲉ ⲛⲓⲉ̀ⲛⲉϩ ⲧⲏⲣⲟⲩ: ⲁ̀ⲙⲏⲛ.

Zechariah 12:11 - 14:3,6-9

A reading from Zechariah the Prophet may his blessings be with us Amen.

In that day there shall be a great mourning in Jerusalem, like the mourning at Hadad Rimmon in the plain of Megiddo. And the land shall mourn, every family by itself: the family of the house of David by itself, and their wives by themselves; the

زكريا ١٢: ١١ - ١٤: ٣، ٦-٩

من زكريا بركته المقدسة تكون معنا، آمين.

فِي ذَلِكَ الْيَوْمِ يَعْظُمُ النَّوْحُ فِي أُورُشَلِيمَ كَنَوْحِ هَدَدْرِمُّونَ فِي بُقْعَةِ مَجِدُّونَ. وَتَنُوحُ الأَرْضُ عَشَائِرَ عَشَائِرَ عَلَى حِدَتِهَا: عَشِيرَةُ بَيْتِ دَاوُدَ عَلَى حِدَتِهَا وَنِسَاؤُهُمْ عَلَى حِدَتِهِنَّ.

عَشِيرَةُ بَيْتِ نَاثَانَ عَلَى حِدَتِهَا وَنِسَاؤُهُمْ عَلَى حِدَتِهِنَّ. عَشِيرَةُ بَيْتِ لاَوِي عَلَى حِدَتِهَا وَنِسَاؤُهُمْ عَلَى حِدَتِهِنَّ. عَشِيرَةُ شَمْعِي عَلَى حِدَتِهَا وَنِسَاؤُهُمْ عَلَى حِدَتِهِنَّ. كُلُّ الْعَشَائِرِ الْبَاقِيَةِ عَشِيرَةٌ عَشِيرَةٌ عَلَى حِدَتِهَا وَنِسَاؤُهُمْ عَلَى حِدَتِهِنَّ].

[فِي ذَلِكَ الْيَوْمِ يَكُونُ يَنْبُوعٌ مَفْتُوحاً لِبَيْتِ دَاوُدَ وَلِسُكَّانِ أُورُشَلِيمَ لِلْخَطِيَّةِ وَلِلنَّجَاسَةِ. وَيَكُونُ فِي ذَلِكَ الْيَوْمِ يَقُولُ رَبُّ الْجُنُودِ أَنِّي أَقْطَعُ أَسْمَاءَ الأَصْنَامِ مِنَ الأَرْضِ فَلاَ تُذْكَرُ بَعْدُ وَأُزِيلُ الأَنْبِيَاءَ أَيْضاً وَالرُّوحَ النَّجِسَ مِنَ الأَرْضِ. وَيَكُونُ إِذَا تَنَبَّأَ أَحَدٌ بَعْدُ أَنَّ أَبَاهُ وَأُمَّهُ (وَالِدَيْهِ) يَقُولاَنِ لَهُ: لاَ تَعِيشُ لأَنَّكَ تَكَلَّمْتَ بِالْكَذِبِ بِاسْمِ الرَّبِّ. فَيَطْعَنُهُ أَبُوهُ وَأُمُّهُ (وَالِدَاهُ) عِنْدَمَا يَتَنَبَّأُ. وَيَكُونُ فِي ذَلِكَ الْيَوْمِ أَنَّ الأَنْبِيَاءَ يَخْزُونَ كُلُّ وَاحِدٍ مِنْ رُؤْيَاهُ إِذَا تَنَبَّأَ وَلاَ يَلْبِسُونَ ثَوْبَ شَعْرٍ لأَجْلِ الْغِشِّ. بَلْ يَقُولُ: لَسْتُ أَنَا نَبِيّاً. أَنَا إِنْسَانٌ فَالِحُ الأَرْضِ لأَنَّ إِنْسَاناً اقْتَنَانِي مِنْ صِبَايَ. فَيَسْأَلَهُ: مَا هَذِهِ الْجُرُوحُ فِي يَدَيْكَ؟ فَيَقُولُ: هِيَ الَّتِي جُرِحْتُ بِهَا فِي بَيْتِ أَحِبَّائِي. [اسْتَيْقِظْ يَا سَيْفُ عَلَى رَاعِيَّ وَعَلَى رَجُلِ رِفْقَتِي يَقُولُ رَبُّ الْجُنُودِ. اضْرِبِ الرَّاعِيَ فَتَتَشَتَّتَ الْغَنَمُ وَأَرُدُّ يَدِي عَلَى الصِّغَارِ. وَيَكُونُ فِي كُلِّ الأَرْضِ يَقُولُ الرَّبُّ أَنَّ ثُلْثَيْنِ مِنْهَا يُقْطَعَانِ وَيَمُوتَانِ وَالثُّلْثَ يَبْقَى فِيهَا. وَأُدْخِلُ الثُّلْثَ فِي النَّارِ وَأَمْحَصُهُمْ كَمَحْصِ

family of the house of Nathan by itself, and their wives by themselves; the family of the house of Levi by itself, and their wives by themselves; the family of Shimei by itself, and their wives by themselves; all the families that remain, every family by itself, and their wives by themselves.

“In that day a fountain shall be opened for the house of David and for the inhabitants of Jerusalem, for sin and for uncleanness. “It shall be in that day,” says the Lord of hosts, “that I will cut off the names of the idols from the land, and they shall no longer be remembered. I will also cause the prophets and the unclean spirit to depart from the land. It shall come to pass that if anyone still prophesies, then his father and mother who begot him will say to him, 'You shall not live, because you have spoken lies in the name of the Lord.' And his father and mother who begot him shall thrust him through when he prophesies. “And it shall be in that day that every prophet will be ashamed of his vision when he prophesies; they will not wear a robe of coarse hair to deceive. But he will say, 'I am no prophet, I am a farmer; for a man taught me to keep cattle from my youth.' And one will say to him, 'What are these wounds between your arms?'* Then he will answer, 'Those with which I was wounded in the house of my friends.' “Awake, O sword, against My Shepherd, Against the Man who is My Companion,” Says the Lord of hosts. “Strike the Shepherd, And the sheep will be scattered; Then I will turn My hand against the little ones. And it shall come to pass in all the land," Says the Lord, "That two-thirds in it shall be cut off and die, But one-third shall be left in it: I will bring the one-third through the fire, Will refine them as silver is refined, And test them as gold is tested. They will call on My name, And I will answer them. I will say, 'This is My people'; And each one will say, 'The Lord is my God.' "

Behold, the day of the Lord is coming, And your spoil will be divided in your midst. For I will gather all the nations to battle against Jerusalem;

The city shall be taken, The houses rifled, And the women ravished. Half of the city shall go into captivity, But the remnant of the people shall not be cut off from the city. Then the Lord will go forth And fight against those nations, As He fights in the day of battle. It shall come to pass in that day That there will be no light; The lights will diminish. It shall be one day Which is known to the Lord-- Neither day nor night. But at evening time it shall happen That it will be light. And in that day it shall be That living waters shall flow from Jerusalem, Half of them toward the eastern sea And half of them toward the western sea; In both summer and winter it shall occur. And the Lord shall be King over all the earth.

Glory be to the Holy Trinity our God unto the age of all ages, Amen.

الْفِضَّةِ وَأَمْتَحِنُهُمُ امْتِحَانَ الذَّهَبِ. هُوَ يَدْعُو بِاسْمِي وَأَنَا أُجِيبُهُ. أَقُولُ: هُوَ شَعْبِي وَهُوَ يَقُولُ: الرَّبُّ إِلَهِي].

هُوَذَا يَوْمٌ لِلرَّبِّ يَأْتِي فَيُقْسَمُ سَلَبُكِ فِي وَسَطِكِ. وَأَجْمَعُ كُلَّ الأُمَمِ عَلَى أُورُشَلِيمَ لِلْمُحَارَبَةِ فَتُؤْخَذُ الْمَدِينَةُ وَتُنْهَبُ الْبُيُوتُ وَتُفْضَحُ النِّسَاءُ وَيَخْرُجُ نِصْفُ الْمَدِينَةِ إِلَى السَّبْيِ وَبَقِيَّةُ الشَّعْبِ لاَ تُقْطَعُ مِنَ الْمَدِينَةِ. فَيَخْرُجُ الرَّبُّ وَيُحَارِبُ تِلْكَ الأُمَمَ كَمَا فِي يَوْمِ حَرْبِهِ يَوْمَ الْقِتَالِ.

وَيَكُونُ فِي ذَلِكَ الْيَوْمِ أَنَّهُ لاَ يَكُونُ نُورٌ. الدَّرَارِي تَنْقَبِضُ. وَيَكُونُ يَوْمٌ وَاحِدٌ مَعْرُوفٌ لِلرَّبِّ. لاَ نَهَارَ وَلاَ لَيْلَ بَلْ يَحْدُثُ أَنَّهُ فِي وَقْتِ الْمَسَاءِ يَكُونُ نُورٌ. وَيَكُونُ فِي ذَلِكَ الْيَوْمِ أَنَّ مِيَاهاً حَيَّةً تَخْرُجُ مِنْ أُورُشَلِيمَ نِصْفُهَا إِلَى الْبَحْرِ الشَّرْقِيِّ وَنِصْفُهَا إِلَى الْبَحْرِ الْغَرْبِيِّ. فِي الصَّيْفِ وَفِي الْخَرِيفِ تَكُونُ. وَيَكُونُ الرَّبُّ مَلِكاً عَلَى كُلِّ الأَرْضِ.

مجداً للثالوث القدوس الهنا إلى الأبد وإلى أبد الآبدين كلها، آمين.

The Doxology of the Pascha Hour: "Thine is the Power..." on page A5.

تسبحة ساعة البصخة: "لك القوة..." صفحة ٥ فى اخر الكتاب.

Ⲯⲁⲗⲙⲟⲥ ⲙⲑ : ⲓⲇ

Ⲛ̀ⲑⲟⲕ ⲇⲉ ⲁⲕⲙⲉⲥⲧⲉ ⲧⲁⲥ̀ⲃⲱ : ⲟⲩⲟϩ ⲁⲕϩⲓⲟⲩ̀ⲓ ⲛ̀ⲛⲁⲥⲁϫⲓ ⲥⲁⲫⲁϩⲟⲩ ⲙ̀ⲙⲟⲕ : ⲁⲕϣⲁⲛⲛⲁⲩ ⲉ̀ⲟⲩⲣⲉϥϭⲓⲟⲩ̀ⲓ ⲛⲁⲕϭⲟϫⲓ ⲛⲉⲙⲁϥ : ⲁⲕⲭⲱ ⲛ̀ⲧⲉⲕⲧⲟⲓ ⲛⲉⲙ ⲛⲓⲛⲱⲓⲕ : ⲁ̅ⲗ̅.

Psalm 50:17,18

المزمور ٤٩ : ١٤

A Psalm of David the Prophet.

Seeing you hate instruction and cast My words behind you? When you saw a thief, you consented with him, and have been a partaker with adulterers. Alleluia.

من مزامير داود النبى

وأنت قد أبغضت أدبى. وألقيت كلامى إلى خلفك. اذا رأيت سارقاً سعيت معه. مع الفسقة جعلت نصيبك. هلليلويا.

Ⲉⲩⲁⲅⲅⲉⲗⲓⲟⲛ ⲕⲁⲧⲁ Ⲓⲱⲁⲛⲛⲏⲛ Ⲕⲉⲫ ⲓ̅ⲅ̅ : ⲕ̅ⲁ̅ - ⲗ̅

Ⲛⲁⲓ ⲇⲉ ⲉ̀ⲧⲁϥϫⲟⲧⲟⲩ ⲛ̀ϫⲉ Ⲓⲏ̅ⲥ̅ ⲁϥϣⲑⲟⲣⲧⲉⲣ ϧⲉⲛ ⲡⲓⲡ̅ⲛ̅ⲁ̅ : ⲁϥⲉⲣⲙⲉⲑⲣⲉ ⲟⲩⲟϩ ⲡⲉϫⲁϥ : ϫⲉ ⲁ̀ⲙⲏⲛ ⲁ̀ⲙⲏⲛ ϯϫⲱ ⲙ̀ⲙⲟⲥ ⲛⲱⲧⲉⲛ ϫⲉ ⲟⲩⲁⲓ ⲉ̀ⲃⲟⲗϧⲉⲛ ⲑⲏⲛⲟⲩ ⲡⲉⲑⲛⲁⲧⲏⲓⲧ : Ⲛⲁⲩⲥⲟⲙⲥ ⲟⲩⲛ ⲟⲩⲃⲉ ⲛⲟⲩⲉ̀ⲣⲏⲟⲩ ⲛ̀ϫⲉ ⲛⲓⲙⲁⲑⲏⲧⲏⲥ ⲛ̀ⲥⲉⲉ̀ⲙⲓ ⲁⲛ ϫⲉ ⲁϥϫⲉⲣⲉ ⲛⲓⲙ ⲙ̀ⲙⲱⲟⲩ : Ⲛⲁϥⲣⲱⲧⲉⲃ ⲇⲉ ⲛ̀ϫⲉ ⲟⲩⲁⲓ ϧⲉⲛ ⲕⲉⲛϥ ⲛ̀Ⲓⲏ̅ⲥ̅ ⲉ̀ⲃⲟⲗϧⲉⲛ ⲛⲉϥⲙⲁⲑⲏⲧⲏⲥ : ⲫⲏ ⲉ̀ⲛⲁⲣⲉ Ⲓⲏ̅ⲥ̅ ⲙⲉⲓ ⲙ̀ⲙⲟϥ. Ⲁϥϭⲱⲣⲉⲙ ⲟⲩⲛ ⲉ̀ⲫⲁⲓ ⲛ̀ϫⲉ Ⲥⲓⲙⲱⲛ Ⲡⲉⲧⲣⲟⲥ ϩⲓⲛⲁ ⲛ̀ⲧⲉϥϣⲉⲛϥ ϫⲉ ⲁϥϫⲉⲣⲉ ⲛⲓⲙ ⲙ̀ⲙⲟϥ : Ⲡⲓⲙⲁⲑⲏⲧⲏⲥ ⲇⲉ ⲟⲩⲛ ⲉⲧⲉⲙ̀ⲙⲁⲩ ⲉ̀ⲧⲁϥⲟⲩⲁϩϥ ⲉ̀ϫⲉⲛ ⲑ̀ⲙⲉⲥⲧⲉⲛϩⲏⲧ ⲛ̀Ⲓⲏ̅ⲥ̅ ⲡⲉϫⲁϥ ⲛⲁϥ ϫⲉ Ⲡⲟ̅ⲥ̅ ⲛⲓⲙ ⲡⲉ : Ⲁϥⲉⲣⲟⲩⲱ ⲛ̀ϫⲉ Ⲓⲏ̅ⲥ̅ ϫⲉ ⲫⲏ ⲁ̀ⲛⲟⲕ ⲉ̀ϯⲛⲁⲥⲉⲡ ⲡⲓⲗⲱⲙ ⲛ̀ⲧⲁⲧⲏⲓϥ ⲛⲁϥ ⲛ̀ⲑⲟϥ ⲡⲉ : ⲟⲩⲟϩ ⲉ̀ⲧⲁϥⲥⲉⲡ ⲡⲓⲗⲱⲙ ⲁϥⲧⲏⲓϥ ⲛ̀Ⲓⲟⲩⲇⲁⲥ Ⲥⲓⲙⲱⲛ ⲡⲓⲓ̀ⲥⲕⲁⲣⲓⲱ̀ⲧⲏⲥ. Ⲟⲩⲟϩ ⲙⲉⲛⲉⲛⲥⲁ ⲡⲓⲗⲱⲙ ⲧⲟⲧⲉ ⲁϥϣⲉⲛⲁϥ ⲉ̀ϧⲟⲩⲛ ⲉ̀ⲣⲟϥ ⲛ̀ϫⲉ ⲡ̀ⲥⲁⲧⲁⲛⲁⲥ : ⲡⲉϫⲉ Ⲓⲏ̅ⲥ̅ ⲟⲩⲛ ⲛⲁϥ ϫⲉ ⲫⲏⲉ̀ⲧⲉⲕⲛⲁⲁⲓϥ ⲁⲣⲓⲧϥ ⲛ̀ⲭⲱⲗⲉⲙ. Ⲡⲁⲓⲥⲁϫⲓ ϫⲉ ⲙ̀ⲡⲉ ϩⲗⲓ ⲉ̀ⲙⲓ ⲉ̀ⲣⲟϥ ϧⲉⲛ ⲛⲏⲉⲑⲣⲱⲧⲉⲃ ϫⲉ ⲉ̀ⲧⲁϥϫⲟⲥ ⲛⲁϥ ⲉⲑⲃⲉⲟⲩ : Ⲭⲁⲛ ⲟⲩⲟⲛ ⲇⲉ ⲛⲁⲩⲙⲉⲩ̀ⲓ ⲡⲉ ϫⲉ ⲉ̀ⲡⲓⲇⲏ ⲉ̀ⲣⲉ ⲡⲓⲅ̀ⲗⲟⲥⲟⲕⲟⲙⲱⲛ ⲛ̀ⲧⲟⲧϥ ⲛ̀Ⲓⲟⲩⲇⲁⲥ : ϫⲉ ⲁ̀ⲣⲏⲟⲩ ⲉ̀ⲣⲉ Ⲓⲏ̅ⲥ̅ ϫⲱ ⲙ̀ⲙⲟⲥ ⲛⲁϥ ϫⲉ ϣⲱⲡ ⲙ̀ⲫⲏⲉ̀ⲧⲉⲛⲉⲣⲭⲣⲓⲁ̀ ⲙ̀ⲙⲟϥ ⲉ̀ⲡ̀ϣⲁⲓ : ⲓⲉ ϫⲉ ϩⲓⲛⲁ ⲛ̀ⲧⲉϥϯ ⲛ̀ⲟⲩⲉⲛⲭⲁⲓ ⲛ̀ⲛⲓϩⲏⲕⲓ. Ⲟⲩⲟϩ ⲉ̀ⲧⲁϥϭⲓ ⲙ̀ⲡⲓⲱⲓⲕ ⲛ̀ϫⲉ ⲫⲏⲉ̀ⲧⲉⲙ̀ⲙⲁⲩ ⲁϥⲓ̀ ⲉ̀ⲃⲟⲗⲥⲁⲧⲟⲧϥ ⲛⲉ ⲡⲓⲉ̀ϫⲱⲣϩ ⲇⲉ ⲡⲉ :

Ⲟⲩⲱϣⲧ ⲙ̀ⲡⲓⲉⲩⲁⲅⲅⲉⲗⲓⲟⲛ ⲉⲑⲩ.

John 13:21-30

يوحنا ١٣ : ٢١ - ٣٠

A reading from the Holy Gospel according to Saint John.

When Jesus had said these things, He

فصل شريف من إنجيل معلمنا مار يوحنا البشير بركاته علينا آمين.

was troubled in spirit, and testified and said, "Most assuredly, I say to you, one of you will betray Me. "Then the disciples looked at one another, perplexed about whom He spoke. Now there was leaning on Jesus' bosom one of His disciples, whom Jesus loved. Simon Peter therefore motioned to him to ask who it was of whom He spoke. Then, leaning back on Jesus' breast, he said to Him, "Lord, who is it?" Jesus answered, "It is he to whom I shall give a piece of bread when I have dipped it. " And having dipped the bread, He gave it to Judas Iscariot, the son of Simon. Now after the piece of bread, Satan entered him. Then Jesus said to him, "What you do, do quickly. "But no one at the table knew for what reason He said this to him. For some thought, because Judas had the moneybox, that Jesus had said to him, "Buy those things we need for the feast," or that he should give something to the poor. Having received the piece of bread, he then went out immediately. And it was night.

Bow down before the Holy Gospel.
Glory be to God forever.

لَمَّا قَالَ يَسُوعُ هَذَا اضْطَرَبَ بِالرُّوحِ وَشَهِدَ وَقَالَ: «الْحَقَّ الْحَقَّ أَقُولُ لَكُمْ: إِنَّ وَاحِداً مِنْكُمْ سَيُسَلِّمُنِي». فَكَانَ التَّلاَمِيذُ يَنْظُرُونَ بَعْضُهُمْ إِلَى بَعْضٍ وَهُمْ مُحْتَارُونَ فِي مَنْ قَالَ عَنْهُ. وَكَانَ مُتَّكِئاً فِي حِضْنِ يَسُوعَ وَاحِدٌ مِنْ تلاَمِيذِهِ كَانَ يَسُوعُ يُحِبُّهُ. فَأَوْمَأَ إِلَيْهِ سِمْعَانُ بُطْرُسُ أَنْ يَسْأَلَ مَنْ عَسَى أَنْ يَكُونَ الَّذِي قَالَ عَنْهُ. فَاتَّكَأَ ذَاكَ عَلَى صَدْرِ يَسُوعَ وَقَالَ لَهُ: «يَا سَيِّدُ مَنْ هُوَ؟» أَجَابَ يَسُوعُ: «هُوَ ذَاكَ الَّذِي أَغْمِسُ أَنَا اللُّقْمَةَ وَأُعْطِيهِ». فَغَمَسَ اللُّقْمَةَ وَأَعْطَاهَا لِيَهُوذَا سِمْعَانَ الإِسْخَرْيُوطِيِّ. فَبَعْدَ اللُّقْمَةِ دَخَلَهُ الشَّيْطَانُ. فَقَالَ لَهُ يَسُوعُ: «مَا أَنْتَ تَعْمَلُهُ فَاعْمَلْهُ بِأَكْثَرِ سُرْعَةٍ». وَأَمَّا هَذَا فَلَمْ يَفْهَمْ أَحَدٌ مِنَ الْمُتَّكِئِينَ لِمَاذَا كَلَّمَهُ بِه لأَنَّ قَوْماً إِذْ كَانَ الصُّنْدُوقُ مَعَ يَهُوذَا ظَنُّوا أَنَّ يَسُوعَ قَالَ لَهُ: اشْتَرِ مَا نَحْتَاجُ إِلَيْهِ لِلْعِيدِ أَوْ أَنْ يُعْطِيَ شَيْئاً لِلْفُقَرَاءِ. فَذَاكَ لَمَّا أَخَذَ اللُّقْمَةَ خَرَجَ لِلْوَقْتِ. وَكَانَ لَيْلاً.

أسجدوا للإنجيل المقدس.
والمجد لله دائماً.

Commentary

طرح

The Commentary of the Eleventh Hour of Thursday of Holy Pascha, may its blessings be with us all. Amen.

The Sun of Righteousness shined upon us. That is Jesus Christ, the true light, who gives light to everyone in the world. The life-giving Bread came from

طرح الساعة الحادية عشرة من يوم الخميس من البصخة المقدسة بركتها علينا. آمين.

شمس البر أضاء، وشعاعه بلغ ضياؤه إلى أقطار الأرض، الذى هو يسوع النور الحقيقى الذى يضئ لكل إنسان آتٍ إلى

heaven and nourished all creation. From the beginning of time, He prepared a table in the wilderness and nourished the people with manna for forty years, "They ate and died," as the Lord said. On the eve of that day in which they ate the unleavened bread of Passover, our Lord and Savior Jesus Christ sat there in the upper room of Zion with His disciples to celebrate the new Passover. On that evening He offered to them His true body, that he gave them as a sacrament, and the precious blood, which is better than the blood offerings. Our Savior took the bread, blessed, broke, and gave it to His disciples saying, "Take eat of it all of you for this is My body which is broken for you and for many to be given for the remission of sins." After that He took the cup, mixed the wine with water, and handed it to them saying, "Drink of it all of you for this is My blood of the new covenant which is shed for you and for many to be given for the remission of sins. Every time you eat of this bread and drink of this cup you preach My death, confess My resurrection, and remember Me till I come." The True Lamb, Christ our Savior, is the Passover of our salvation. He said, "I say to you I will not drink of the fruit of this vine until the day when I drink it with you in kingdom of My Father." The Lord said, "I say to you, one of you will betray Me, and deliver Me to the hands of the enemies." They began to think, one among the other, saying, "Who dares do that?" He answered and said, "He who dips his hand in the dish with Me will betray

العالم. الخبز السمائى المعطى الحياة المغذى كل صنعة يديه فى أول الزمان أعد مائدة فى البرية من المَن، وأعال منها الجموع أربعين سنة فأكلوا وماتوا كقول الرب. ومائدة جديدة أعدها الإبن فى علية صهيون الأم.

لما كان عشية ذلك اليوم الذى أكلوا فيه فَطير الفصح، اتكأ الرب يسوع المخلص فى الموضع المرتفع الذى هو علية صهيون، واتكأ مع تلاميذه وكانوا يأكلون الفصح الجديد، الذى هو جسده هو بذاته الذى أعطاه لهم بأمر سرى، والدم الكريم الحقيقى الذى هو أفضل من دم الحيوانات. أخذ مخلصنا خبزاً وباركه، وهكذا قسمه وناوله لرسله المختارين قائلاً "خذوا كلوا منه كلكم لأن هذا هو جسدى، الذى أقسمه عنكم وعن كثيرين لمغفرة خطاياهم".

بعد هذا أمسك كأس الخمر ومزجها بالماء، وناولهم قائلاً: خذوا اشربوا جميعكم من هذه الكأس فان هذا هو دمى الذى للعهد الجديد، الذى يهرق عنكم وعن كثيرين لمغفرة خطاياهم. لأن كل مرة تأكلون من هذا الخبز وتشربون من هذه الكأس تبشرون بموتى وقيامتى وتذكروننى إلى أن أجئ.

هذا هو فصح خلاصنا، الحمل الحقيقى، المسيح مخلصنا. قال: انى لا أشرب من هذه الكرمة حتى أشربه معكم جديداً فى

Me." Then Judas, one of those present, said, "Is it I?" He said to him, "You have said it. You have intended evil in your defiance and dared to commit a grave transgression, for the Son of God came to save the first man from corruption."

ملكوت أبى.

قال الرب أن واحداً منكم سيسلمنى إلى أيدى المخالفين. فبدأوا يفكرون فيما بينهم قائلين: من الذى يجسر أن يفعل هذا؟ فقال يهوذا أحد المتكئين: لعلى أنا هو. قال له: أنت قلت. فأشار إليه العارف قائلاً: هو الذى يضع يده معى فى الصحفة.

أضمرت الأثم أيها المخالف وتجرأت على أمر ردئ لأن ابن الله أتى ليخلص الإنسان الأول من الفساد.

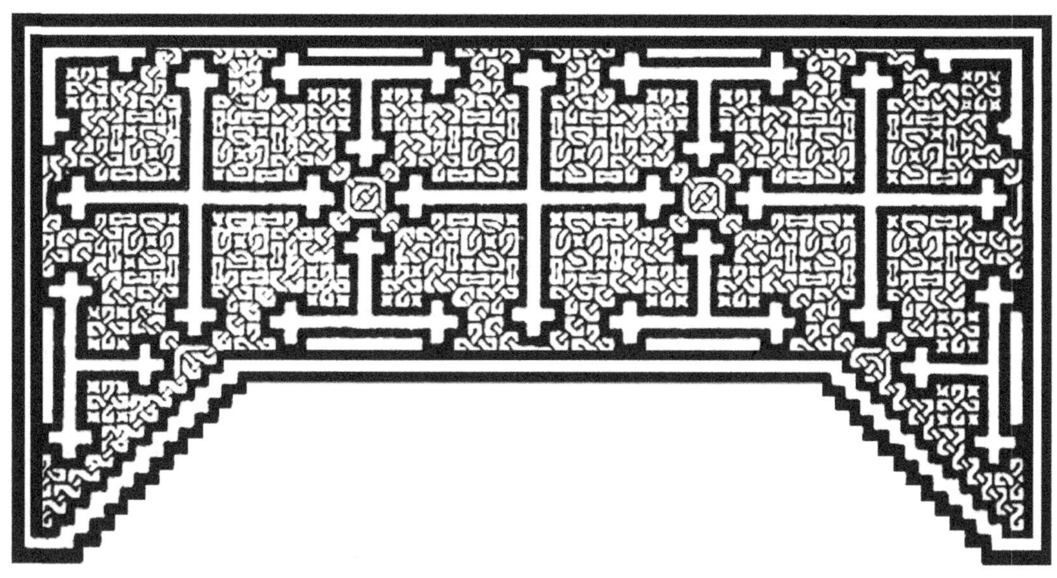

Eve of Good Friday of Holy Pascha

ليلة الجمعة العظيمة من البصخة المقدسة

First Hour of Eve of Good Friday

الساعة الأولى من ليلة الجمعة العظيمة

Ιερεμιας Κεφ η̅ : ιζ̅ ϣβλ̅ νεμ θ̅ : α̅ - ϛ̅

Ⲉⲃⲟⲗϧⲉⲛ Ⲓⲉⲣⲉⲙⲓⲁⲥ ⲡⲓⲡⲣⲟⲫⲏⲧⲏⲥ: ⲉⲣⲉⲡⲉϥⲥ̀ⲙⲟⲩ ⲉ̀ⲑⲟⲩⲁⲃ ϣⲱⲡⲓ ⲛⲉⲙⲁⲛ ⲁ̀ⲙⲏⲛ ⲉϥϫⲱ ⲙ̀ⲙⲟⲥ.

Ⲉⲑⲃⲉ ⲫⲁⲓ ϩⲏⲡⲡⲉ ⲁⲛⲟⲕ ϯⲛⲁⲟⲩⲱⲣⲡ ϣⲁⲣⲱⲧⲉⲛ ⲛ̀ϩⲁⲛϩⲟϥ ⲛ̀ⲣⲉϥϧⲱⲧⲉⲃ : ⲛⲁⲓ ⲉⲧⲉ ⲙ̀ⲙⲟⲛ ϣ̀ϫⲟⲙ ⲉ̀ⲙⲟⲩϯ ⲉ̀ⲣⲱⲟⲩ : ⲟⲩⲟϩ ⲥⲉⲛⲁϭⲓⲗⲁ.ⲓⲛ ⲙ̀ⲙⲱⲧⲉⲛ ⲡⲉϫⲉ Ⲡ̅ⲟ̅ⲥ̅ ⲙ̀ⲙⲟⲛ ⲧⲁⲗϭⲟ ⲛⲁⲧⲁϩⲉⲑⲏⲛⲟⲩ : ⲉ̀ⲣⲉ ⲛⲉⲧⲉⲛϩⲏⲧ ⲛⲁⲧⲟⲙⲧ ϧⲉⲛ ⲟⲩⲙ̀ⲕⲁϩ ⲛ̀ϩⲏⲧ : ϩⲏⲡⲡⲉ ⲓⲥ ⲧ̀ⲥⲙⲏ ⲙ̀ⲡⲓⲱϣ ⲉ̀ⲃⲟⲗ ⲛ̀ⲧⲉ ⲧ̀ϣⲉⲣⲓ ⲙ̀ⲡⲁⲗⲁⲟⲥ ⲉ̀ⲃⲟⲗ ϧⲉⲛ ⲟⲩⲕⲁϩⲓ ⲉϥⲟⲩⲏⲟⲩ : ⲙⲏ ⲛ̀ⲧⲉ Ⲡ̅ⲟ̅ⲥ̅ ϣⲟⲡ ⲁⲛ ϧⲉⲛ Ⲥⲓⲱⲛ : ⲓⲉ ⲙ̀ⲙⲟⲛ ⲟⲩⲣⲟ ϣⲟⲡ ⲙ̀ⲙⲁⲩ ⲉⲑⲃⲉ ⲟⲩⲁⲩϯϫⲱⲛⲧ ⲛⲏⲓ ϧⲉⲛ ⲛⲟⲩⲕ̀ⲗⲩⲡⲧⲟⲛ ⲛⲉⲙ ⲛⲓⲡⲉⲧϣⲟⲩⲓⲧ ⲛ̀ϣⲉⲙⲙⲟ. Ⲁϥⲥⲓⲛⲓ ⲛ̀ϫⲉ ⲡⲓϣⲱⲙ ⲁϥⲟⲩⲱ̀ ⲛ̀ϫⲉ ⲡⲓⲱⲥϧ : ⲁ̀ⲛⲟⲛ ⲇⲉ ⲙ̀ⲡⲉⲛⲛⲟϩⲉⲙ : Ⲁⲓⲥ̀ⲣⲟⲙⲣⲉⲙ ⲉ̀ϫⲉⲛ ⲫⲟⲩⲱϫⲡ ⲛ̀ⲧϣⲉⲣⲓ ⲙ̀ⲡⲁⲗⲁⲟⲥ ϧⲉⲛ ⲧⲟⲩⲱⲙⲧ : ⲁⲩⲁ̀ⲙⲁϩⲓ ⲉ̀ϫⲱⲓ ⲛ̀ϫⲉ ϩⲁⲛⲛⲁⲕϩⲓ ⲙ̀ⲫ̀ⲣⲏϯ ⲛ̀ⲑⲏⲉⲑⲛⲁⲙⲓⲥⲓ. Ⲙⲏ ⲙ̀ⲙⲟⲛ ⲥⲟⲛϯ ϣⲟⲡ ϧⲉⲛ Ⲅⲁⲗⲁⲁⲇ : ⲓⲉ ⲙ̀ⲙⲟⲛ ⲥⲏⲓⲛⲓ ϧⲉⲛ ⲡⲓⲙⲁ ⲉⲧⲉ̀ⲙ̀ⲙⲁⲩ : ⲉⲑⲃⲉⲟⲩ ⲙ̀ⲡⲉϥⲓ̀ ⲉ̀ϩ̀ⲣⲏⲓ ⲛ̀ϫⲉ ⲡ̀ⲧⲁⲗϭⲟ ⲛ̀ⲧϣⲉⲣⲓ ⲙ̀ⲡⲁⲗⲁⲟⲥ. Ⲛⲓⲙ ⲉⲑⲛⲁϯ ⲛ̀ⲟⲩⲙⲱⲟⲩ ⲉ̀ϫⲉⲛ ⲧⲁⲁ̀ⲫⲉ : ⲛⲉⲙ ⲟⲩⲙⲟⲩⲙⲓ ⲛ̀ⲉⲣⲙⲱⲟⲩⲓ ⲉ̀ϫⲉⲛ ⲛⲁⲃⲁⲗ : ⲛ̀ⲧⲁⲣⲓⲙⲓ ⲉ̀ϫⲉⲛ ⲡⲁⲓⲗⲁⲟⲥ ⲙ̀ⲡⲓⲉ̀ϩⲟⲟⲩ ⲛⲉⲙ ⲡⲓⲉ̀ϫⲱⲣϩ ⲛⲁⲓ ⲉⲧⲁⲩϣⲟϫⲟⲩ ⲛ̀ⲧⲉ ⲧ̀ϣⲉⲣⲓ ⲙ̀ⲡⲁⲗⲁⲟⲥ. Ⲛⲓⲙ ⲉⲑⲛⲁϯ ⲛⲏⲓ ϧⲉⲛ ⲡ̀ϣⲁϥⲉ ⲛ̀ⲟⲩⲙⲁⲛϣⲱⲡⲓ ⲉϥⲟⲩⲏⲟⲩ ⲛ̀ⲧⲁⲭⲱ ⲛ̀ⲥⲱⲓ ⲙ̀ⲡⲁⲓⲗⲁⲟⲥ : ⲛ̀ⲧⲁⲟⲩⲉⲓ ⲥⲁⲃⲟⲗ ⲙ̀ⲙⲱⲟⲩ : ϫⲉ ⲛ̀ⲑⲱⲟⲩ ⲧⲏⲣⲟⲩ ⲥⲉⲟⲓ ⲛ̀ⲛⲱⲓⲕ : ϯⲑⲱⲟⲩⲧⲥ ⲛ̀ⲧⲉⲛⲏⲉⲧⲟⲓ ⲛ̀ⲁⲧⲥⲱⲧⲉⲙ ⲛⲉ. Ⲁⲩϭⲱⲗⲕ ⲛ̀ⲛⲟⲩⲗⲁⲥ ⲙ̀ⲫ̀ⲣⲏϯ ⲛ̀ⲟⲩⲫⲓⲧ : ⲁϯⲙⲉⲑⲛⲟⲩϫ ϫⲉⲙϫⲟⲙ ϩⲓϫⲉⲛ ⲡ̀ⲕⲁϩⲓ ⲟⲩⲟϩ ⲫ̀ⲛⲁϩϯ ⲁⲛ : ϫⲉ ⲉⲧⲁⲩⲓ̀ ⲉ̀ⲃⲟⲗϧⲉⲛ ϩⲁⲛ ⲡⲉⲧϩⲱⲟⲩ ⲉ̀ϩⲁⲛ ⲡⲉⲧϩⲱⲟⲩ : ⲁ̀ⲛⲟⲕ ⲇⲉ ⲙ̀ⲡⲟⲩⲥⲟⲩⲱⲛⲧ ⲡⲉϫⲉ Ⲡ̅ⲟ̅ⲥ̅. Ⲡⲓⲟⲩⲁⲓ ⲡⲓⲟⲩⲁⲓ ⲙⲁⲣⲉϥⲁ̀ⲣⲉϩ ⲉ̀ⲣⲟϥ ⲉ̀ⲃⲟⲗϩⲁ ⲡⲉϥϣ̀ⲫⲏⲣ : ⲟⲩⲟϩ ⲙ̀ⲡⲉⲣⲭⲁϩⲑⲉ ⲑⲏⲛⲟⲩ ⲛ̀ⲛⲉⲧⲉⲛⲥ̀ⲛⲏⲟⲩ : ϫⲉ ⲟⲩⲟⲛ ⲛⲓⲃⲉⲛ ϧⲉⲛ ⲟⲩⲙⲉⲧⲣⲉϥϭⲓⲟⲩⲓ̀ⲟⲥ ϥⲛⲁϭⲓⲟⲩⲓ̀ⲟⲥ : ⲟⲩⲟϩ ϣ̀ⲫⲏⲣ ⲛⲓⲃⲉⲛ ⲛⲁⲙⲟϣⲓ ϧⲉⲛ ⲟⲩⲭ̀ⲣⲟϥ. Ⲡⲓⲟⲩⲁⲓⲡⲓⲟⲩⲁⲓ ⲛⲁⲥⲱⲃⲓ ⲙ̀ⲡⲉϥϣ̀ⲫⲏⲣ : ⲛ̀ⲥⲉⲉ̀ϣⲧⲉⲙ ϫⲉ ⲙⲉⲑⲙⲏⲓ : ϫⲉ ⲁϥⲧ̀ⲥⲁⲃⲟ ⲛ̀ϫⲉ ⲡⲟⲩⲗⲁⲥ ⲉ̀ⲥⲁϫⲓ ϧⲉⲛ ϩⲁⲛ ⲙⲉⲑⲛⲟⲩϫ : ⲁⲩⲉⲣϭⲓ̀ⲛϫⲟⲛⲥ ⲟⲩⲟϩ ⲙ̀ⲡⲟⲩⲭⲁⲧⲟⲧⲟⲩ ⲉ̀ⲃⲟⲗ ⲉⲑⲣⲟⲩ ⲧⲁⲥⲑⲱⲟⲩ. Ⲙⲏⲥⲓ ⲉ̀ϫⲉⲛ ⲙⲏⲥⲓ : ⲟⲩⲟϩ ⲟⲩⲭ̀ⲣⲟϥ ⲉ̀ϫⲉⲛ ⲟⲩⲭ̀ⲣⲟϥ : ⲟⲩⲟϩ ⲙ̀ⲡⲟⲩ ⲟⲩⲱϣⲉ̀ⲥⲟⲩⲱⲛⲧ ⲡⲉϫⲉ Ⲡ̅ⲟ̅ⲥ̅.

Ⲟⲩⲱ̀ⲟⲩ ⲛ̀ϯⲧ̀ⲣⲓⲁⲥ ⲉ̀ⲑⲟⲩⲁⲃ ⲡⲉⲛⲛⲟⲩϯ ϣⲁ ⲉ̀ⲛⲉϩ ⲛⲉⲙ ϣⲁ ⲉ̀ⲛⲉϩ ⲛ̀ⲧⲉ ⲛⲓⲉ̀ⲛⲉϩ ⲧⲏⲣⲟⲩ: ⲁ̀ⲙⲏⲛ.

Jeremiah 8:17-9:6

أرميا ٨: ١٧ الخ و ٩: ١ - ٦

A reading from the book of Jeremiah the Prophet may his blessings be with us Amen.

من أرميا النبى بركته المقدسة تكون معنا، آمين.

لأَنِّي هَئَنَذَا مُرْسِلٌ عَلَيْكُمْ حَيَّاتٍ أَفَاعِيَ لاَ تُرْقَى فَتَلْدَغُكُمْ يَقُولُ الرَّبُّ]. مَنْ مُفَرِّجٌ عَنِّي الْحُزْنَ؟ قَلْبِي فِيَّ سَقِيمٌ. هُوَذَا صَوْتُ اسْتِغَاثَةِ بِنْتِ شَعْبِي مِنْ أَرْضٍ بَعِيدَةٍ. أَلَعَلَّ الرَّبَّ لَيْسَ فِي صِهْيَوْنَ أَوْ مَلِكَهَا لَيْسَ فِيهَا؟ لِمَاذَا أَغَاظُونِي بِمَنْحُوتَاتِهِمْ بِأَبَاطِيلَ غَرِيبَةٍ؟ مَضَى الْحَصَادُ انْتَهَى الصَّيْفُ وَنَحْنُ لَمْ نَخْلُصْ! مِنْ أَجْلِ سَحْقِ بِنْتِ شَعْبِي انْسَحَقْتُ. حَزِنْتُ. أَخَذَتْنِي دَهْشَةٌ. أَلَيْسَ بَلَسَانٌ فِي جِلْعَادَ أَمْ لَيْسَ هُنَاكَ طَبِيبٌ؟ فَلِمَاذَا لَمْ تُعْصَبْ بِنْتُ شَعْبِي؟

يَا لَيْتَ رَأْسِي مَاءٌ وَعَيْنَيَّ يَنْبُوعُ دُمُوعٍ فَأَبْكِيَ نَهَاراً وَلَيْلاً قَتْلَى بِنْتِ شَعْبِي. يَا لَيْتَ لِي فِي الْبَرِّيَّةِ مَبِيتَ مُسَافِرِينَ فَأَتْرُكَ شَعْبِي وَأَنْطَلِقَ مِنْ عِنْدِهِمْ لأَنَّهُمْ جَمِيعاً زُنَاةٌ جَمَاعَةُ خَائِنِينَ. يَمُدُّونَ أَلْسِنَتَهُمْ كَقِسِيِّهِمْ لِلْكَذِبِ. لاَ لِلْحَقِّ قَوُوا فِي الأَرْضِ. لأَنَّهُمْ خَرَجُوا مِنْ شَرٍّ إِلَى شَرٍّ وَإِيَّايَ لَمْ يَعْرِفُوا يَقُولُ الرَّبُّ. اِحْتَرِزُوا كُلُّ وَاحِدٍ مِنْ صَاحِبِهِ وَعَلَى كُلِّ أَخٍ لاَ تَتَّكِلُوا لأَنَّ كُلَّ أَخٍ يَعْقِبُ عَقِباً وَكُلَّ صَاحِبٍ يَسْعَى فِي الْوِشَايَةِ. وَيَخْتِلُ الإِنْسَانُ صَاحِبَهُ وَلاَ يَتَكَلَّمُونَ بِالْحَقِّ. عَلَّمُوا أَلْسِنَتَهُمُ التَّكَلُّمَ بِالْكَذِبِ وَتَعِبُوا فِي الاِفْتِرَاءِ. مَسْكَنُكَ فِي وَسَطِ الْمَكْرِ. بِالْمَكْرِ أَبَوْا أَنْ يَعْرِفُونِي يَقُولُ الرَّبُّ.

مجداً للثالوث القدوس الهنا إلى الأبد وإلى أبد الآبدين كلها، آمين.

"For behold, I will send serpents among you, Vipers which cannot be charmed, And they shall bite you," says the Lord. I would comfort myself in sorrow; My heart is faint in me. Listen! The voice, The cry of the daughter of my people From a far country: "Is not the Lord in Zion? Is not her King in her?" "Why have they provoked Me to anger With their carved images-- With foreign idols?" "The harvest is past, The summer is ended, And we are not saved!" For the hurt of the daughter of my people I am hurt. I am mourning; Astonishment has taken hold of me. Is there no balm in Gilead, Is there no physician there? Why then is there no recovery For the health of the daughter of my people?

Oh, that my head were waters, And my eyes a fountain of tears, That I might weep day and night For the slain of the daughter of my people! Oh, that I had in the wilderness A lodging place for travelers; That I might leave my people, And go from them! For they are all adulterers, An assembly of treacherous men. "And like their bow they have bent their tongues for lies. They are not valiant for the truth on the earth. For they proceed from evil to evil, And they do not know Me," says the Lord. "Everyone take heed to his neighbor, And do not trust any brother; For every brother will utterly supplant, And every neighbor will walk with slanderers. Everyone will deceive his neighbor, And will not speak the truth; They have taught their tongue to speak lies; They weary themselves to commit

iniquity. Your dwelling place is in the midst of deceit; Through deceit they refuse to know Me," says the Lord.
Glory be to the Holy Trinity our God unto the age of all ages, Amen.

The Doxology of the Pascha Hour: "Thine is the Power..." on page A5.
تسبحة ساعة البصخة: "لك القوة..." صفحة ٥ فى اخر الكتاب.

Ψαλμος ρα : α νεμ ζ

Πϭοις σωτεμ εταπρος ευχη : μαρε παϩρωου ι εϣωι μπεκμθο. Μπιεϩοου τηρϥ ναυϯϣωϣ νηι νϫε ναϫαϫι : ουοϩ νηετϣουϣου εϫωι ναυωρκ εϩραι πε. αλ

Psalm 102:1,8 — المزمور ١٠١ : ١ و ٧

A Psalm of David the Prophet.

Hear my prayer, O LORD, and let my cry come to You.
My enemies reproach me all day long; Those who deride me swear an oath against me. Alleluia.

من مزامير داود النبى.

يا رب أستمع صلاتى وليصعد أمامك صراخى. النهار كله كان يعيرنى أعدائى والذين يمدحوننى كانوا يتحالفون على. هلليلويا.

Πιϩουιτ μπαρακλητον

Ευαγγελιον κατα Ιωαννην

Κεφ ιγ : λγ ϣβλ νεμ ιδ : α - κε

Ναϣηρι ετι κε κουϫι νϲηου ϯχη νεμωτεν : ουοϩ τετενnaκωϯ νϲωι : κατα φρηϯ εταιϫος ννιΙουδαι ϫε φμα ανοκ εϯναϣενηι εροϥ νθωτεν τετενναϣι εροϥ αν : ουοϩ ϯνου ϩωτεν ϯϫω μμος νωτεν. Ουεντολη μβερι ϯϯ μμος νωτεν ϩινα ντετενμενρε νετενερηου : κατα φρηϯ εταιμενρε θηνου : ϩινα νθωτεν ϩωτεν ντετενμενρε νετενερηου. Μϩρηι ϧεν φαι ϲεναεμι νϫε ουοννιβεν ϫε νθωτεν ναμαθητης : αρετενϣανμενρε νετενερηου. Πεϫε Cιμων Πετρος ναϥ ϫε Πϭς ακναϣεναк εθων : αϥερουω νϫε Ιης ϫε πιμα ανοκ εϯναϣενηι εροϥ : μμονϣϫομ μμοκ εμοϣι νϲωι ϯνου : επϧαε δε εκεμοϣι. Πεϫε Πετρος ναϥ ϫε εθβεου μμονϣϫομ μμοι εμοϣι νϲωκ ϯνου : ταψυχη

ϯⲛⲁⲭⲁⲥ ⲉ̀ϧⲣⲏⲓ ⲉ̀ϫⲱⲕ. Ⲁϥⲉⲣⲟⲩⲱ̀ ⲛⲁϥ ⲛ̀ϫⲉ Ⲓⲏ̅ⲥ̅ : ϫⲉ ⲧⲉⲕⲯⲩⲭⲏ ⲭ̀ⲛⲁⲭⲁⲥ ⲉ̀ϧⲣⲏⲓ ⲉ̀ϫⲱⲓ : ⲁ̀ⲙⲏⲛ ⲁ̀ⲙⲏⲛ ϯϫⲱ ⲙ̀ⲙⲟⲥ ⲛⲁⲕ ϫⲉ ⲛ̀ⲛⲉ ⲟⲩⲁ̀ⲗⲉⲕⲧⲱⲣ ⲙⲟⲩϯ : ϣⲁⲛ̀ⲧⲉⲕϫⲟⲗⲧ ⲉ̀ⲃⲟⲗ ⲛ̀ϣⲟⲙⲧ ⲛ̀ⲥⲟⲡ. Ⲙ̀ⲡⲉⲛ̀ⲑⲣⲉ ⲡⲉⲧⲉⲛϩⲏⲧ ϣ̀ⲑⲟⲣⲧⲉⲣ : ⲛⲁϩϯ ⲉ̀ⲫⲛⲟⲩϯ ⲟⲩⲟϩ ⲛⲁϩϯ ⲉ̀ⲣⲟⲓ ϩⲱ. Ⲟⲩⲟⲛ ⲟⲩⲙⲏϣ ⲙ̀ⲙⲟⲛⲏ ϧⲉⲛ ⲡ̀ⲏⲓ ⲙ̀ⲡⲁⲓⲱⲧ : ⲉ̀ⲛⲉ ⲙ̀ⲙⲟⲛ ⲛⲁⲓⲛⲁϫⲟⲥ ⲛⲱⲧⲉⲛ ⲡⲉ : ϫⲉ ϯⲛⲁϣⲉⲛⲏⲓ ⲛ̀ⲧⲁⲥⲉⲃⲧⲉ ⲟⲩⲙⲁ ⲛⲱⲧⲉⲛ. Ⲟⲩⲟϩ ⲁⲓϣⲁⲛϣⲉⲛⲏⲓ ⲛ̀ⲧⲁⲥⲉⲃⲧⲉ ⲟⲩⲙⲁ ⲛⲱⲧⲉⲛ : ⲡⲁⲗⲓⲛⲟⲛ ⲉⲓⲉ̀ⲓ ⲛ̀ⲧⲁⲉ̀ⲗ ⲑⲏⲛⲟⲩ ϩⲁⲣⲟⲓ : ϩⲓⲛⲁ ⲫⲙⲁ ⲁ̀ⲛⲟⲕ ⲉ̀ϯϣⲟⲡ ⲙ̀ⲙⲟϥ ⲛ̀ⲑⲱⲧⲉⲛ ϩⲱⲧⲉⲛ ⲛ̀ⲧⲉⲧⲉⲛϣⲱⲡⲓ ⲙ̀ⲙⲁⲩ ⲛⲉⲙⲏⲓ. Ⲟⲩⲟϩ ⲫ̀ⲙⲁ ⲁ̀ⲛⲟⲕ ⲉ̀ϯⲛⲁϣⲉⲛⲏⲓ ⲉ̀ⲣⲟϥ : ⲛ̀ⲑⲱⲧⲉⲛ ⲧⲉⲧⲉⲛⲥⲱⲟⲩⲛ ⲙ̀ⲡⲓⲙⲱⲓⲧ. Ⲡⲉϫⲉ Ⲑⲱⲙⲁⲥ ⲛⲁϥ ϫⲉ Ⲡ̀ⲟ̅ⲥ̅ ⲧⲉⲛⲉ̀ⲙⲓ ⲁⲛ ϫⲉ ⲁⲕⲛⲁϣⲉⲛⲁⲕ ⲉ̀ⲑⲱⲛ : ⲟⲩⲟϩ ⲡⲱⲥ ⲟⲩⲟⲛϣ̀ϫⲟⲙ ⲙ̀ⲙⲟⲛ ⲉ̀ⲥⲟⲩⲉⲛ ⲡⲓⲙⲱⲓⲧ. Ⲡⲉϫⲉ ⲓⲏ̅ⲥ̅ ⲛⲁϥ ϫⲉ ⲁ̀ⲛⲟⲕ ⲡⲉ ⲡⲓⲙⲱⲓⲧ ⲛⲉⲙ ϯⲙⲉⲑⲙⲏⲓ ⲛⲉⲙ ⲡⲓⲱⲛϧ ⲙ̀ⲡⲁⲣⲉϩ̀ⲗⲓ ⲓ̀ ϩⲁ ⲫ̀ⲓⲱⲧ ⲁϥϣ̀ⲧⲉⲙ ⲓ̀ ⲉ̀ⲃⲟⲗ ϩⲓⲧⲟⲧ. Ⲓⲥϫⲉ ⲁ̀ⲣⲉⲧⲉⲛⲥⲟⲩⲱⲛⲧ ⲉ̀ⲣⲉⲧⲉⲛⲉ̀ⲥⲟⲩⲉⲛ ⲡⲁⲕⲉⲓⲱⲧ : ⲟⲩⲟϩ ⲓⲥϫⲉⲛ ϯⲛⲟⲩ ⲧⲉⲧⲉⲛⲥⲱⲟⲩⲛ ⲙ̀ⲙⲟϥ ⲟⲩⲟϩ ⲁ̀ⲧⲉⲧⲉⲛⲛⲁⲩ ⲉ̀ⲣⲟϥ : Ⲡⲉϫⲉ Ⲫⲓⲗⲓⲡⲡⲟⲥ ⲛⲁϥ ϫⲉ Ⲡ̀ⲟ̅ⲥ̅ ⲙⲁⲧⲁⲙⲟⲛ ⲉ̀ⲫ̀ⲓⲱⲧ ⲟⲩⲟϩ ⲕⲏⲛⲉ̀ⲣⲟⲛ : Ⲡⲉϫⲉ Ⲓⲏ̅ⲥ̅ ⲛⲁϥ ϫⲉ ⲡⲁⲓⲥⲏⲟⲩ ⲧⲏⲣϥ ϯⲭⲏ ⲛⲉⲙⲱⲧⲉⲛ ⲟⲩⲟϩ ⲙ̀ⲡⲉⲕⲥⲟⲩⲱⲛⲧ Ⲫⲓⲗⲓⲡⲡⲉ : ⲫⲏⲉ̀ⲧⲁϥⲛⲁⲩ ⲉ̀ⲣⲟⲓ ⲁϥⲛⲁⲩ ⲉ̀ⲫ̀ⲓⲱⲧ : ⲡⲱⲥ ⲛ̀ⲑⲟⲕ ⲭⲱ ⲙ̀ⲙⲟⲥ ϫⲉ ⲙⲁⲧⲁⲙⲟⲛ ⲉ̀ⲫ̀ⲓⲱⲧ. Ⲭ̀ⲛⲁϩϯ ⲁⲛ ϫⲉ ⲁ̀ⲛⲟⲕ ϯϧⲉⲛ ⲡⲁⲓⲱⲧ ⲟⲩⲟϩ ⲡⲁⲓⲱⲧ ⲛ̀ϧⲏⲧ : ⲛⲓⲥⲁϫⲓ ⲉ̀ϯϫⲱ ⲙ̀ⲙⲱⲟⲩ ⲛⲱⲧⲉⲛ ⲛⲁⲓ ⲥⲁϫⲓ ⲙ̀ⲙⲱⲟⲩ ⲁⲛ ⲉ̀ⲃⲟⲗϩⲓⲧⲟⲧ ⲙ̀ⲙⲁⲩⲁⲧ : ⲁⲗⲗⲁ ⲫ̀ⲓⲱⲧ ⲉⲧϣⲟⲡ ⲛ̀ϧⲏⲧ ⲛ̀ⲑⲟϥ ⲫⲏⲉⲧⲓ̀ⲣⲓ ⲛ̀ⲛⲓϩ̀ⲃⲏⲟⲩⲓ̀ : Ⲛⲁϩϯ ⲉ̀ⲣⲟⲓ ϫⲉ ⲁ̀ⲛⲟⲕ ϯϧⲉⲛ ⲡⲁⲓⲱⲧ ⲟⲩⲟϩ ⲡⲁⲓⲱⲧ ⲛ̀ϧⲏⲧ : ⲙ̀ⲙⲟⲛ ⲕⲁⲛ ⲉⲑⲃⲉ ⲛⲓϩ̀ⲃⲏⲟⲩⲓ̀ⲛⲁϩϯ ⲉ̀ⲣⲟⲓ : Ⲁ̀ⲙⲏⲛ ⲁ̀ⲙⲏⲛϯϫⲱ ⲙ̀ⲙⲟⲥ ⲛⲱⲧⲉⲛ : ϫⲉ ⲫⲏⲉⲑⲛⲁϩϯ ⲉ̀ⲣⲟⲓ ⲛⲓϩ̀ⲃⲏⲟⲩⲓ̀ ⲉ̀ϯⲣⲁ ⲙ̀ⲙⲱⲟⲩ ⲉϥⲉ̀ⲁⲓⲧⲟⲩ ϩⲱϥ ⲟⲩⲟϩ ϩⲁⲛⲛⲓϣ̀ϯ ⲉ̀ⲛⲁⲓ ⲉϥⲉ̀ⲁⲓⲧⲟⲩ : ϫⲉ ⲁ̀ⲛⲟⲕ ϯⲛⲁϣⲉⲛⲏⲓ ϩⲁ ⲫ̀ⲓⲱⲧ. Ⲟⲩⲟϩ ⲫⲏⲉ̀ⲧⲉⲧⲉⲛⲛⲁⲉⲣⲉ̀ⲧⲓⲛ ⲙ̀ⲙⲟϥ ϧⲉⲛ ⲡⲁⲣⲁⲛ ⲉⲓⲉ̀ⲁⲓϥ ⲛⲱⲧⲉⲛ : ϩⲓⲛⲁ ⲛ̀ⲧⲉϥϭⲓⲱ̀ⲟⲩ ⲛ̀ϫⲉ Ⲫ̀ⲓⲱⲧ ϧⲉⲛ ⲡ̀ϣⲏⲣⲓ : Ⲟⲩⲟϩ ⲫⲏⲉ̀ⲧⲉⲧⲉⲛⲛⲁⲉⲣⲉ̀ⲧⲓⲛ ⲙ̀ⲙⲟϥ ϧⲉⲛ ⲡⲁⲣⲁⲛ ⲫⲁⲓ ϯⲛⲁⲁⲓϥ : Ⲉ̀ϣⲱⲡ ⲧⲉⲧⲉⲛⲙⲉⲓ ⲙ̀ⲙⲟⲓ ⲧⲉⲧⲉⲛ ⲛⲁⲁ̀ⲣⲉϩ ⲉ̀ⲛⲁⲉⲛⲧⲟⲗⲏ. Ⲟⲩⲟϩ ⲁ̀ⲛⲟⲕ ⲉⲑⲛⲁϯϩⲟ ⲉ̀ⲫ̀ⲓⲱⲧ ⲟⲩⲟϩ ⲉϥⲉ̀ϯⲛⲱⲧⲉⲛ ⲛ̀ⲕⲉⲡⲁⲣⲁⲕⲗⲏⲧⲟⲛ : ϩⲓⲛⲁ ⲛ̀ⲧⲉϥϣⲱⲡⲓ ⲛⲉⲙⲱⲧⲉⲛ ϣⲁ ⲉ̀ⲛⲉϩ : Ⲡⲓⲡ̅ⲛ̅ⲁ̅ ⲛ̀ⲧⲉ ϯⲙⲉⲑⲙⲏⲓ ⲫⲏ ⲉ̀ⲧⲉ ⲙ̀ⲙⲟⲛϣ̀ϫⲟⲙ ⲙ̀ⲡⲓⲕⲟⲥⲙⲟⲥ ⲉ̀ϣⲟⲡϥ ϫⲉ ⲉ̀ϥⲛⲁⲩ ⲉ̀ⲣⲟϥ ⲁⲛ : ⲟⲩⲇⲉ ⲛ̀ϥⲥⲱⲟⲩⲛ ⲙ̀ⲙⲟϥ ⲁⲛ : ⲛ̀ⲑⲱⲧⲉⲛ ⲇⲉ ⲧⲉⲧⲉⲛⲥⲱⲟⲩⲛ ⲙ̀ⲙⲟϥ ϫⲉ ⲁϥϣⲟⲡ ⲛⲉⲙⲱⲧⲉⲛ ⲟⲩⲟϩ ⲉϥⲉ̀ϣⲱⲡⲓ ϧⲉⲛ ⲑⲏⲛⲟⲩ : Ⲛ̀ⲛⲁⲭⲁ ⲑⲏⲛⲟⲩ ⲉ̀ⲣⲉⲧⲉⲛⲟⲓ ⲛ̀ⲟⲣⲫⲁⲛⲟⲥ : ϯⲛⲏⲟⲩ ϩⲁⲣⲱⲧⲉⲛ.Ⲉ̀ⲧⲓⲕⲉⲕⲟⲩϫⲓ ⲡⲓⲕⲟⲥⲙⲟⲥ ⲛⲁⲛⲁⲩ ⲉ̀ⲣⲟⲓ ⲁⲛ ϫⲉ ⲛ̀ⲑⲱⲧⲉⲛ ⲇⲉ ⲧⲉⲧⲉⲛⲛⲁⲛⲁⲩ ⲉ̀ⲣⲟⲓ : ϫⲉ ⲁ̀ⲛⲟⲕ ϯⲱⲛϧ ⲟⲩⲟϩ ⲛ̀ⲑⲱⲧⲉⲛ ϩⲱⲧⲉⲛ ⲉ̀ⲣⲉⲧⲉⲛ ⲉ̀ⲱⲛϧ : ϧⲉⲛ ⲡⲓⲉ̀ϩⲟⲟⲩ ⲉ̀ⲧⲉ̀ⲙⲙⲁⲩ ⲉ̀ⲣⲉⲧⲉⲛⲉ̀ⲉ̀ⲙⲓ ⲛ̀ⲑⲱⲧⲉⲛ ϫⲉ ⲁ̀ⲛⲟⲕ ϯϧⲉⲛ ⲡⲁⲓⲱⲧ : ⲟⲩⲟϩ ⲛ̀ⲑⲱⲧⲉⲛ ⲛ̀ϧ̀ⲣⲏⲓ ⲛ̀ϧⲏⲧ : ⲟⲩⲟϩ ⲁ̀ⲛⲟⲕϩⲱ ϧⲉⲛ ⲑⲏⲛⲟⲩ : Ⲫⲏⲉ̀ⲧⲉ ⲛⲁⲉⲛⲧⲟⲗⲏ ⲛ̀ⲧⲟⲧϥ ⲟⲩⲟϩ ⲉ̀ⲧⲁ̀ⲣⲉϩ ⲉ̀ⲣⲱⲟⲩ : ⲫⲏⲉ̀ⲧⲉ̀ⲙⲙⲁⲩ ⲉⲑⲙⲉⲓ ⲙ̀ⲙⲟⲓ : ⲫⲏ ⲇⲉ ⲉⲑⲙⲉⲓ ⲙ̀ⲙⲟⲓ ⲉϥⲉ̀ⲙⲉⲛⲣⲓⲧϥ ⲛ̀ϫⲉ ⲡⲁⲓⲱⲧ : ⲟⲩⲟϩ ⲁ̀ⲛⲟⲕ ϩⲱ ⲉⲓⲉ̀ⲙⲉⲛⲣⲓⲧϥ : ⲟⲩⲟϩ ⲉⲓⲉ̀ⲟⲩⲟⲛϩⲧ ⲉ̀ⲣⲟϥ. Ⲡⲉϫⲉ Ⲓⲟⲩⲇⲁⲥ ⲛⲁϥ ⲡⲓⲓ̀Ⲥⲕⲁⲣⲓⲱ̀ⲧⲏⲥ ⲁⲛ : ϫⲉ Ⲡ̀ⲟ̅ⲥ̅ ⲟⲩ ⲡⲉⲧⲁϥϣⲱⲡⲓ ϫⲉ ⲭ̀ⲛⲁⲟⲩⲟⲛϩⲕ ⲉ̀ⲣⲟⲛ ⲁ̀ⲛⲟⲛ : ⲟⲩⲟϩ пікосмос ⲛ̀ⲑⲟϥ ⲁⲛ : Ⲁϥⲉ̀ⲣⲟⲩⲱ ⲛ̀ϫⲉ Ⲓⲏⲥ ⲉϥϫⲱ ⲙ̀ⲙⲟⲥ ⲛⲁϥ : ϫⲉ ⲫⲏⲉⲑⲙⲉⲓ ⲙ̀ⲙⲟⲓ ⲉϥⲉ̀ⲁ̀ⲣⲉϩ ⲉ̀ⲡⲁⲥⲁϫⲓ : ⲟⲩⲟϩ ⲉϥⲉ̀ⲙⲉⲛⲣⲓⲧϥ ⲛ̀ϫⲉ ⲡⲁⲓⲱⲧ : ⲟⲩⲟϩ ⲉⲛⲉ̀ⲓ̀ ϩⲁⲣⲟϥ ⲟⲩⲟϩ ⲉ̀ⲛⲉⲑⲁⲙⲓⲟ̀ ⲙ̀ⲡⲉⲛⲙⲁⲛϣⲱⲡⲓ ⲛ̀ϧⲏⲧϥ. Ⲫⲏⲉⲧⲉ ⲛ̀ϥⲙⲉⲓ ⲙ̀ⲙⲟⲓ ⲁⲛ ϥ̀ⲛⲁⲁ̀ⲣⲉϩ ⲁⲛ ⲉ̀ⲡⲁⲥⲁϫⲓ : ⲟⲩⲟϩ ⲡⲓⲥⲁϫⲓ ⲉⲧⲉ ⲧⲉⲛⲥⲱⲧⲉⲙ ⲉ̀ⲣⲟϥ ⲫⲱⲓ ⲁⲛ ⲡⲉ : ⲁⲗⲗⲁ ⲫⲁ ⲫ̀ⲓⲱⲧ ⲉ̀ⲧⲁϥⲧⲁⲟⲩⲟⲓ. Ⲛⲁⲓ ⲇⲉ ⲁⲓϫⲟⲧⲟⲩ ⲛⲱⲧⲉⲛ ⲉⲓϣⲟⲡ ϧⲁⲧⲉⲛ ⲑⲏⲛⲟⲩ :

Ⲟⲩⲱϣⲧ ⲙ̀ⲡⲓⲉⲩⲁⲅⲅⲉⲗⲓⲟⲛ ⲉ̅ⲑ̅ⲩ̅.

John 13:33-14:25

A reading from the Holy Gospel according to Saint John.

Little children, I shall be with you a little while longer. You will seek Me; and as I said to the Jews, 'Where I am going, you cannot come,' so now I say to you. A new commandment I give to you, that you love one another; as I have loved you, that you also love one another. By this all will know that you are My disciples, if you have love for one another."
Simon Peter said to Him, "Lord, where are You going?" Jesus answered him, "Where I am going you cannot follow Me now, but you shall follow Me afterward." Peter said to Him, "Lord, why can I not follow You now? I will lay down my life for Your sake." Jesus answered him, "Will you lay down your life for My sake? Most assuredly, I say to you, the rooster shall not crow till you have denied Me three times. "Let not your heart be troubled; you believe in God, believe also in Me. In My Father's house are many mansions; if it were not so, I would have told you. I go to prepare a place for you. And if I go and prepare a place for you, I will come again and receive you to Myself;

يوحنا ١٣: ٣٣ الخ و ١٤: ١ – ٢٥

فصل شريف من إنجيل معلمنا مار يوحنا البشير بركاته علينا آمين.

يَا أَوْلاَدِي أَنَا مَعَكُمْ زَمَاناً قَلِيلاً بَعْدُ. سَتَطْلُبُونَنِي وَكَمَا قُلْتُ لِلْيَهُودِ: حَيْثُ أَذْهَبُ أَنَا لاَ تَقْدِرُونَ أَنْتُمْ أَنْ تَأْتُوا أَقُولُ لَكُمْ أَنْتُمُ الآنَ. وَصِيَّةً جَدِيدَةً أَنَا أُعْطِيكُمْ: أَنْ تُحِبُّوا بَعْضُكُمْ بَعْضاً. كَمَا أَحْبَبْتُكُمْ أَنَا تُحِبُّونَ أَنْتُمْ أَيْضاً بَعْضُكُمْ بَعْضاً. بِهَذَا يَعْرِفُ الْجَمِيعُ أَنَّكُمْ تلاَمِيذِي: إِنْ كَانَ لَكُمْ حُبٌّ بَعْضاً لِبَعْضٍ». قَالَ لَهُ سِمْعَانُ بُطْرُسُ: «يَا سَيِّدُ إِلَى أَيْنَ تَذْهَبُ؟» أَجَابَهُ يَسُوعُ: «حَيْثُ أَذْهَبُ لاَ تَقْدِرُ الآنَ أَنْ تَتْبَعَنِي وَلَكِنَّكَ سَتَتْبَعُنِي أَخِيراً». قَالَ لَهُ بُطْرُسُ: «يَا سَيِّدُ لِمَاذَا لاَ أَقْدِرُ أَنْ أَتْبَعَكَ الآنَ؟ إِنِّي أَضَعُ نَفْسِي عَنْكَ». أَجَابَهُ يَسُوعُ: «أَتَضَعُ نَفْسَكَ عَنِّي؟ اَلْحَقَّ الْحَقَّ أَقُولُ لَكَ: لاَ يَصِيحُ الدِّيكُ حَتَّى تُنْكِرَنِي ثلاَثَ مَرَّاتٍ». «لاَ تَضْطَرِبْ قُلُوبُكُمْ. أَنْتُمْ تُؤْمِنُونَ بِاللَّهِ فَآمِنُوا بِي. فِي بَيْتِ أَبِي مَنَازِلُ كَثِيرَةٌ وَإِلاَّ فَإِنِّي كُنْتُ قَدْ قُلْتُ لَكُمْ. أَنَا أَمْضِي لِأُعِدَّ لَكُمْ مَكَاناً وَإِنْ مَضَيْتُ وَأَعْدَدْتُ لَكُمْ مَكَاناً آتِي

أَيْضاً وَآخُذُكُمْ إِلَيَّ حَتَّى حَيْثُ أَكُونُ أَنَا تَكُونُونَ أَنْتُمْ أَيْضاً وَتَعْلَمُونَ حَيْثُ أَنَا أَذْهَبُ وَتَعْلَمُونَ الطَّرِيقَ». قَالَ لَهُ تُومَا: «يَا سَيِّدُ لَسْنَا نَعْلَمُ أَيْنَ تَذْهَبُ فَكَيْفَ نَقْدِرُ أَنْ نَعْرِفَ الطَّرِيقَ؟» قَالَ لَهُ يَسُوعُ: «أَنَا هُوَ الطَّرِيقُ وَالْحَقُّ وَالْحَيَاةُ. لَيْسَ أَحَدٌ يَأْتِي إِلَى الآبِ إِلاَّ بِي. لَوْ كُنْتُمْ قَدْ عَرَفْتُمُونِي لَعَرَفْتُمْ أَبِي أَيْضاً. وَمِنَ الآنَ تَعْرِفُونَهُ وَقَدْ رَأَيْتُمُوهُ». قَالَ لَهُ فِيلُبُّسُ: «يَا سَيِّدُ أَرِنَا الآبَ وَكَفَانَا». قَالَ لَهُ يَسُوعُ: «أَنَا مَعَكُمْ زَمَاناً هَذِهِ مُدَّتُهُ وَلَمْ تَعْرِفْنِي يَا فِيلُبُّسُ! اَلَّذِي رَآنِي فَقَدْ رَأَى الآبَ فَكَيْفَ تَقُولُ أَنْتَ أَرِنَا الآبَ؟ أَلَسْتَ تُؤْمِنُ أَنِّي أَنَا فِي الآبِ وَالآبَ فِيَّ؟ اَلْكَلاَمُ الَّذِي أُكَلِّمُكُمْ بِهِ لَسْتُ أَتَكَلَّمُ بِهِ مِنْ نَفْسِي لَكِنَّ الآبَ الْحَالَّ فِيَّ هُوَ يَعْمَلُ الأَعْمَالَ. صَدِّقُونِي أَنِّي فِي الآبِ وَالآبَ فِيَّ وَإِلاَّ فَصَدِّقُونِي لِسَبَبِ الأَعْمَالِ نَفْسِهَا. اَلْحَقَّ الْحَقَّ أَقُولُ لَكُمْ: مَنْ يُؤْمِنُ بِي فَالأَعْمَالُ الَّتِي أَنَا أَعْمَلُهَا يَعْمَلُهَا هُوَ أَيْضاً وَيَعْمَلُ أَعْظَمَ مِنْهَا لأَنِّي مَاضٍ إِلَى أَبِي. وَمَهْمَا سَأَلْتُمْ بِاسْمِي فَذَلِكَ أَفْعَلُهُ لِيَتَمَجَّدَ الآبُ بِالاِبْنِ. إِنْ سَأَلْتُمْ شَيْئاً بِاسْمِي فَإِنِّي أَفْعَلُهُ. «إِنْ كُنْتُمْ تُحِبُّونَنِي فَاحْفَظُوا وَصَايَايَ وَأَنَا أَطْلُبُ مِنَ الآبِ فَيُعْطِيكُمْ مُعَزِّياً آخَرَ لِيَمْكُثَ مَعَكُمْ إِلَى الأَبَدِ رُوحُ الْحَقِّ الَّذِي لاَ يَسْتَطِيعُ الْعَالَمُ أَنْ يَقْبَلَهُ لأَنَّهُ لاَ يَرَاهُ وَلاَ يَعْرِفُهُ وَأَمَّا أَنْتُمْ فَتَعْرِفُونَهُ لأَنَّهُ مَاكِثٌ مَعَكُمْ وَيَكُونُ فِيكُمْ. لاَ أَتْرُكُكُمْ يَتَامَى. إِنِّي آتِي

that where I am, there you may be also. And where I go you know, and the way you know." Thomas said to Him, "Lord, we do not know where You are going, and how can we know the way?" Jesus said to him, "I am the way, the truth, and the life. No one comes to the Father except through Me. "If you had known Me, you would have known My Father also; and from now on you know Him and have seen Him." Philip said to Him, "Lord, show us the Father, and it is sufficient for us." Jesus said to him, "Have I been with you so long, and yet you have not known Me, Philip? He who has seen Me has seen the Father; so how can you say, 'Show us the Father'? Do you not believe that I am in the Father, and the Father in Me? The words that I speak to you I do not speak on My own authority; but the Father who dwells in Me does the works. Believe Me that I am in the Father and the Father in Me, or else believe Me for the sake of the works themselves. "Most assuredly, I say to you, he who believes in Me, the works that I do he will do also; and greater works than these he will do, because I go to My Father. And whatever you ask in My name, that I will do, that the Father may be glorified in the Son. If you ask anything in My name, I will do it. "If you love Me, keep My commandments. And I will pray the Father, and He will give you another Helper, that He may abide with you forever-- the Spirit of truth, whom the world cannot receive, because it neither sees Him nor knows Him; but you know Him, for He dwells with you and will be in you. I will not leave you orphans; I will come to you. "A little while longer and the world will see Me no more, but you will see Me. Because I live, you will live also. At that day you will know that I am in My Father, and you in Me, and I in you. He who has My commandments and keeps them, it is he who loves Me. And he who loves Me will be loved by My Father, and I will love him and manifest Myself to him." Judas (not Iscariot) said to Him, "Lord, how is it that You will manifest Yourself to us, and not to the world?" Jesus answered and said to him, "If anyone loves Me, he will keep My word; and My Father will love him, and We will come to him and make Our home with him. He who does not love Me does not keep My words; and the word which you hear is not Mine but the Father's who sent Me. "These things I have spoken to you while being present with you.

Bow down before the Holy Gospel.
Glory be to God forever.

إِلَيْكُمْ. بَعْدَ قَلِيلٍ لاَ يَرَانِي الْعَالَمُ أَيْضاً وَأَمَّا أَنْتُمْ فَتَرَوْنَنِي. إِنِّي أَنَا حَيٌّ فَأَنْتُمْ سَتَحْيَوْنَ. فِي ذَلِكَ الْيَوْمِ تَعْلَمُونَ أَنِّي أَنَا فِي أَبِي وَأَنْتُمْ فِيَّ وَأَنَا فِيكُمْ. اَلَّذِي عِنْدَهُ وَصَايَايَ وَيَحْفَظُهَا فَهُوَ الَّذِي يُحِبُّنِي وَالَّذِي يُحِبُّنِي يُحِبُّهُ أَبِي وَأَنَا أُحِبُّهُ وَأُظْهِرُ لَهُ ذَاتِي». قَالَ لَهُ يَهُوذَا لَيْسَ الإِسْخَرْيُوطِيَّ: «يَا سَيِّدُ مَاذَا حَدَثَ حَتَّى إِنَّكَ مُزْمِعٌ أَنْ تُظْهِرَ ذَاتَكَ لَنَا وَلَيْسَ لِلْعَالَمِ؟» أَجَابَ يَسُوعُ: «إِنْ أَحَبَّنِي أَحَدٌ يَحْفَظْ كلاَمِي وَيُحِبُّهُ أَبِي وَإِلَيْهِ نَأْتِي وَعِنْدَهُ نَصْنَعُ مَنْزِلاً. اَلَّذِي لاَ يُحِبُّنِي لاَ يَحْفَظُ كلاَمِي. وَالْكلاَمُ الَّذِي تَسْمَعُونَهُ لَيْسَ لِي بَلْ لِلآبِ الَّذِي أَرْسَلَنِي. بِهَذَا كَلَّمْتُكُمْ وَأَنَا عِنْدَكُمْ.

أسجدوا للإنجيل المقدس.
والمجد لله دائماً.

Ⲡⲓⲙⲁϩ ⲃ̅ ⲙ̀ⲡⲁⲣⲁⲕⲗⲏⲧⲟⲛ

Ⲉⲩⲁⲅⲅⲉⲗⲓⲟⲛ ⲕⲁⲧⲁ Ⲓⲱⲁⲛⲛⲏⲛ

Ⲕⲉⲫ ⲓ̅ⲇ̅ : ⲕ̅ⲅ̅ ϣⲃ̅ⲗ̅ ⲛⲉⲙ ⲓ̅ⲉ̅ : ⲁ̅ – ⲕ̅ⲉ̅

Ⲉϣⲱⲡ ⲇⲉ ⲁϥϣⲁⲛⲓ ⲛ̀ϫⲉ ⲡⲓⲡⲁⲣⲁⲕⲗⲏⲧⲟⲥ ⲡⲓⲡ̅ⲛ̅ⲁ̅ ⲉ̅ⲑ̅ⲩ̅ : ⲫⲏⲉ̀ⲧⲉ ⲡⲁⲓⲱⲧ ⲛⲁⲟⲩⲟⲣⲡϥ ϧⲉⲛ ⲡⲁⲣⲁⲛ : ⲛ̀ⲑⲟϥ ⲉⲑⲛⲁ̀ⲧⲥⲁⲃⲉ ⲑⲏⲛⲟⲩ ⲉ̀ϩⲱⲃ ⲛⲓⲃⲉⲛ : ⲟⲩⲟϩ ϥ̀ⲛⲁϯ ⲙ̀ⲫ̀ⲙⲉⲩⲓ̀ ⲛⲱⲧⲉⲛ ⲉ̀ϩⲱⲃ ⲛⲓⲃⲉⲛ ⲉ̀ⲧⲁⲓϫⲟⲧⲟⲩ ⲛⲱⲧⲉⲛ : ϯⲛⲁⲭⲱ ⲧⲁϩⲓⲣⲏⲛⲏ ⲛⲱⲧⲉⲛ : ⲧⲁϩⲓⲣⲏⲛⲏ ⲁ̀ⲛⲟⲕ ϯⲛⲁⲧⲏⲓⲥ ⲛⲱⲧⲉⲛ : ⲙ̀ⲫ̀ⲣⲏϯ ⲁⲛ ⲉ̀ⲧⲉ ⲡⲓⲕⲟⲥⲙⲟⲥ ϯ̀ⲙ̀ⲙⲟⲥ ⲉ̀ϯⲛⲁϯ ⲙ̀ⲡⲉⲛ̀ⲑⲣⲉϥ̀ϣⲑⲟⲣⲧⲉⲣ ⲛ̀ϫⲉ ⲡⲉⲧⲉⲛϩⲏⲧ ⲟⲩⲇⲉ ⲙ̀ⲡⲉⲣⲉⲣ̀ϣⲗⲁϩ ⲛ̀ϩⲏⲧ. Ⲁⲣⲉⲧⲉⲛⲥⲱⲧⲉⲙ ϫⲉ ⲁⲓϫⲟⲥ ⲛⲱⲧⲉⲛ : ϫⲉ ϯⲛⲁϣⲉⲛⲏⲓ ⲟⲩⲟϩ ϯⲛⲏⲟⲩ ϩⲁⲣⲱⲧⲉⲛ : ⲉ̀ⲛⲁⲣⲉⲧⲉⲛⲙⲉⲓ ⲙ̀ⲙⲟⲓ ⲛⲁⲣⲉⲧⲉⲛ ⲛⲁⲣⲁϣⲓ ⲡⲉ : ϫⲉ ϯⲛⲁϣⲉⲛⲏⲓ ϩⲁ̀ⲫⲓⲱⲧ : ϫⲉ ⲡⲁⲓⲱⲧ ⲟⲩⲛⲓϣϯ ⲉ̀ⲣⲟⲓ ⲡⲉ. Ⲟⲩⲟϩ ϯⲛⲟⲩ ⲁⲓϫⲟⲥ ⲛⲱⲧⲉⲛ ⲙ̀ⲡⲁⲧⲉⲥϣⲱⲡⲓ : ϩⲓⲛⲁ ⲁⲥϣⲁⲛϣⲱⲡⲓ ⲛ̀ⲧⲉⲧⲉⲛⲛⲁϩϯ : Ⲛ̀ϯⲛⲁϫⲉ ⲟⲩⲙⲏϣ ⲛ̀ⲥⲁϫⲓ ⲛⲱⲧⲉⲛ ⲁⲛ : ϫⲉ ϥⲛⲏⲟⲩ ⲅⲁⲣ ⲛ̀ϫⲉ ⲡⲁⲣⲭⲱⲛ ⲛ̀ⲧⲉ ⲡⲁⲓⲕⲟⲥⲙⲟⲥ ⲟⲩⲟϩ ⲙ̀ⲙⲟⲛ ϩ̀ⲗⲓ ⲛ̀ⲧⲁϥ ⲛ̀ϧⲏⲧ : Ⲁⲗⲗⲁ ϩⲓⲛⲁ ⲛ̀ⲧⲉϥⲉ̀ⲙⲓ ⲛ̀ϫⲉ ⲡⲓⲕⲟⲥⲙⲟⲥ ϫⲉ ϯⲉⲣⲁ̀ⲅⲁⲡⲁⲛ ⲙ̀ⲡⲁⲓⲱⲧ : ⲟⲩⲟϩ ⲕⲁⲧⲁ ⲫ̀ⲣⲏϯ ⲉⲧⲁϥϩⲟⲛϩⲉⲛ ⲛⲏⲓ ⲛ̀ϫⲉ ⲡⲁⲓⲱⲧ ϯⲓ̀ⲣⲓ ⲙ̀ⲡⲁⲓⲣⲏϯ : ⲧⲉⲛⲑⲏⲛⲟⲩ ⲙⲁⲣⲟⲛ ⲉ̀ⲃⲟⲗⲧⲁⲓ. Ⲁ̀ⲛⲟⲕ ⲡⲉ ϯⲃⲱ ⲛ̀ⲁ̀ⲗⲟⲗⲓ ⲛ̀ⲧⲁ̀ⲫⲙⲏⲓ ⲟⲩⲟϩ ⲡⲁⲓⲱⲧ ⲡⲉ ⲡⲓⲟⲩⲱⲓ : Ⲕ̀ⲗⲏⲙⲁ ⲛⲓⲃⲉⲛ ⲉⲧⲉ ⲛ̀ϧⲏⲧ ⲉⲧⲉ ⲛ̀ϥⲛⲁⲉⲛ ⲟⲩⲧⲁϩ ⲉ̀ⲃⲟⲗ ⲁⲛ ϥ̀ⲛⲁⲕⲟⲣϫϥ : ⲟⲩⲟϩⲫⲏ ⲛⲓⲃⲉⲛ ⲉⲑⲛⲁⲉⲛ ⲟⲩⲧⲁϩ ⲉ̀ⲃⲟⲗ ϥ̀ⲛⲁⲧⲟⲩⲃⲟϥ : ϩⲓⲛⲁ ⲛ̀ⲧⲉϥⲉⲛ ϩⲟⲩⲟ̀ ⲛ̀ⲟⲩⲧⲁϩ ⲉ̀ⲃⲟⲗ : Ⲭⲏⲇⲏ ⲛ̀ⲑⲱⲧⲉⲛ ⲁ̀ⲧⲉ ⲧⲉⲛ ⲧⲟⲩⲃⲟ ⲉⲑⲃⲉ ⲡⲓⲥⲁϫⲓ ⲉ̀ⲧⲁⲓⲥⲁϫⲓ ⲙ̀ⲙⲟϥ ⲛⲉⲙⲱⲧⲉⲛ. Ϣⲱⲡⲓ ⲛ̀ϧ̀ⲣⲏⲓ ⲛ̀ϧⲏⲧ ⲟⲩⲟϩ ⲁ̀ⲛⲟⲕ ϩⲱ ϧⲉⲛ ⲑⲏⲛⲟⲩ : ⲙ̀ⲫ̀ⲣⲏϯ ⲙ̀ⲡⲓⲕ̀ⲗⲏⲙⲁ ⲉⲧⲉ ⲙ̀ⲙⲟⲛ ϣ̀ϫⲟⲙ ⲙ̀ⲙⲟϥ ⲛ̀ⲧⲉϥⲉⲛ ⲟⲩⲧⲁϩ ⲉ̀ⲃⲟⲗ ϩⲓⲧⲟⲧϥ ⲙ̀ⲙⲁⲩⲁⲧϥ : ⲁϥϣ̀ⲧⲉⲙϣⲱⲡⲓ ϧⲉⲛ ϯⲃⲱ ⲛ̀ⲁ̀ⲗⲟⲗⲓ : ⲡⲁⲓⲣⲏϯ ⲛ̀ⲑⲱⲧⲉⲛ ϩⲱⲧⲉⲛ ⲙ̀ⲙⲟⲛ ϣ̀ϫⲟⲙ ⲙ̀ⲙⲱⲧⲉⲛ ⲁ̀ⲣⲉⲧⲉⲛϣ̀ⲧⲉⲙϣⲱⲡⲓ ⲛ̀ϧ̀ⲣⲏⲓ ⲛ̀ϧⲏⲧ Ⲁ̀ⲛⲟⲕ ⲡⲉ ϯⲃⲱ ⲛ̀ⲁ̀ⲗⲟⲗⲓ ⲟⲩⲟϩ ⲛ̀ⲑⲱⲧⲉⲛ ⲛⲉ ⲛⲓⲕ̀ⲗⲏⲙⲁ : ⲫⲏⲉⲑⲛⲁϣⲱⲡⲓ ⲛ̀ϧⲏⲧ ⲟⲩⲟϩ ⲁ̀ⲛⲟⲕ ϩⲱ ⲛ̀ϧⲏⲧϥ : ⲫⲁⲓ ⲉϥⲉ̀ⲉⲛ ⲟⲩⲙⲏϣ ⲛ̀ⲟⲩⲧⲁϩ ⲉ̀ⲃⲟⲗ : ϫⲉ ⲁⲧϭⲛⲟⲩ̀ⲓ ⲙ̀ⲙⲟⲛ ϣ̀ϫⲟⲙ ⲙ̀ⲙⲱⲧⲉⲛ ⲉⲉⲣϩ̀ⲗⲓ : Ⲁ̀ⲣⲉϣ̀ⲧⲉⲙ ⲟⲩⲁⲓϣⲱⲡⲓ ⲛ̀ϧⲏⲧ ⲥⲉⲛⲁϩⲓⲧϥ ⲉ̀ⲃⲟⲗ : ⲙ̀ⲫ̀ⲣⲏϯ ⲙ̀ⲡⲓⲕ̀ⲗⲏⲙⲁ ⲟⲩⲟϩ ϣⲁϥϣⲱⲟⲩ̀ⲓ ⲟⲩⲟϩ ϣⲁⲩⲑⲟⲟⲩⲧⲟⲩ ⲛ̀ⲥⲉϩⲓⲧⲟⲩ ⲉ̀ⲡⲓⲭ̀ⲣⲱⲙ ⲟⲩⲟϩ ϣⲁⲩⲣⲱⲕϩ. Ⲉ̀ϣⲱⲡ ⲇⲉ ⲁ̀ⲣⲉⲧⲉⲛϣⲁⲛϣⲱⲡⲓ ⲛ̀ϧ̀ⲣⲏⲓ ⲛ̀ϧⲏⲧ ⲟⲩⲟϩ ⲛ̀ⲧⲉ ⲛⲁⲥⲁϫⲓ ϣⲱⲡⲓ ϧⲉⲛ ⲑⲏⲛⲟⲩ : ⲫⲏⲉⲧⲉⲧⲉⲛⲟⲩⲁ̀ϣϥ ⲁ̀ⲣⲓⲉ̀ⲧⲓⲛ ⲙ̀ⲙⲟϥ ⲟⲩⲟϩ ϥ̀ⲛⲁϣⲱⲡⲓ ⲛⲱⲧⲉⲛ : ϧⲉⲛ ⲫⲁⲓ ⲁϥϭⲓⲱ̀ⲟⲩ ⲛ̀ϫⲉ ⲡⲁⲓⲱⲧ : ϩⲓⲛⲁ ⲛ̀ⲧⲉⲧⲉⲛⲛⲉⲛ ⲟⲩⲙⲏϣ ⲛ̀ⲟⲩⲧⲁϩ ⲉ̀ⲃⲟⲗ : ⲟⲩⲟϩ ⲛ̀ⲧⲉⲧⲉⲛϣⲱⲡⲓ ⲛⲏⲓ ⲙ̀ⲙⲁⲑⲏⲧⲏⲥ : Ⲙ̀ⲫ̀ⲣⲏϯ ⲉⲧⲁϥⲙⲉⲛⲣⲓⲧ ⲛ̀ϫⲉ ⲡⲁⲓⲱⲧ ⲁ̀ⲛⲟⲕ ϩⲱ ⲁⲓⲙⲉⲛⲣⲉ ⲑⲏⲛⲟⲩ : ϣⲱⲡⲓ ⲛ̀ϧ̀ⲣⲏⲓ ϧⲉⲛ ⲧⲁⲁ̀ⲅⲁⲡⲏ. Ⲉ̀ϣⲱⲡ ⲛ̀ⲧⲉⲧⲉⲛⲁ̀ⲣⲉϩ ⲉ̀ⲛⲁⲉⲛⲧⲟⲗⲏ ⲧⲉⲧⲉⲛⲛⲁϣⲱⲡⲓ ϧⲉⲛ ⲧⲁⲁ̀ⲅⲁⲡⲏ : ⲙ̀ⲫ̀ⲣⲏϯ ϩⲱ ⲉ̀ⲧⲁⲓⲁ̀ⲣⲉϩ ⲉ̀ⲛⲓⲉⲛⲧⲟⲗⲏ ⲛ̀ⲧⲉ ⲡⲁⲓⲱⲧ : ⲟⲩⲟϩ ϯϣⲟⲡ ϧⲉⲛ ⲧⲉϥⲁ̀ⲅⲁⲡⲏ : Ⲛⲁⲓ ⲁⲓϫⲟⲧⲟⲩ ⲛⲱⲧⲉⲛ ϩⲓⲛⲁ ⲛ̀ⲧⲉ ⲡⲁⲣⲁϣⲓ ϣⲱⲡⲓ ϧⲉⲛ ⲑⲏⲛⲟⲩ : ⲟⲩⲟϩ ⲛ̀ⲧⲉ ⲡⲉⲧⲉⲛ ⲣⲁϣⲓ ϩⲱⲧⲉⲛ ⲛ̀ⲧⲉϥϫⲱⲕ ⲉ̀ⲃⲟⲗ : Ⲑⲁⲓ ⲁ̀ⲛⲟⲕ ⲧⲉ ⲧⲁⲉⲛⲧⲟⲗⲏ ϩⲓⲛⲁ ⲛ̀ⲑⲱⲧⲉⲛ ⲛ̀ⲧⲉⲧⲉⲛ ⲙⲉⲛⲣⲉ ⲛⲉⲧⲉⲛⲉ̀ⲣⲏⲟⲩ ⲙ̀ⲫ̀ⲣⲏϯ ⲉ̀ⲧⲁⲓⲙⲉⲛⲣⲉ ⲑⲏⲛⲟⲩ. Ⲙ̀ⲙⲟⲛ ⲡⲉⲑⲛⲁⲁⲥ ⲉ̀ⲧⲁⲓ ⲁ̀ⲅⲁⲡⲏ ⲛ̀ⲧⲉⲛ ϩ̀ⲗⲓ : ϩⲓⲛⲁ ⲛ̀ⲧⲉ ⲟⲩⲁⲓ ⲭⲱ ⲛ̀ⲧⲉϥⲯⲩⲭⲏ ⲉ̀ϩ̀ⲣⲏⲓ ⲉϫⲉⲛ ⲛⲉϥϣ̀ⲫⲏⲣ : Ⲛ̀ⲑⲱⲧⲉⲛ ⲛ̀ⲑⲱⲧⲉⲛ ⲛⲁϣ̀ⲫⲏⲣ : ⲉϣⲱⲡ ⲁ̀ⲣⲉⲧⲉⲛⲁⲛⲓ̀ⲣⲓ ⲛ̀ⲛⲏⲉ̀ϯϩⲟⲛϩⲉⲛ ⲙ̀ⲙⲱⲧⲉⲛ ⲉ̀ⲣⲱⲟⲩ : ⲛ̀ϯⲛⲁⲙⲟⲩ̀ϯ ⲉ̀ⲣⲱⲧⲉⲛ ⲁⲛ ϫⲉ ⲃⲱⲕ : ϫⲉ ⲙ̀ⲡⲁⲣⲉ ⲡⲓⲃⲱⲕ ⲉ̀ⲙⲓ ϫⲉ ⲟⲩ ⲡⲉⲧⲉ ⲡⲉϥⲟ̅ⲥ̅ ⲣⲁ ⲙ̀ⲙⲟϥ : ⲛ̀ ⲑⲱⲧⲉⲛ ⲇⲉ ⲁⲓⲙⲟⲩ̀ϯ ⲉⲣⲱⲧⲉⲛ ϫⲉ ⲛⲁϣ̀ⲫⲏⲣ : ϫⲉ ϩⲱⲃ ⲛⲓⲃⲉⲛ ⲉ̀ⲧⲁⲓⲥⲟⲑⲙⲟⲩ ⲛ̀ⲧⲟⲧϥ ⲙ̀ⲡⲁⲓⲱⲧ ⲁⲓⲧⲁⲙⲱⲧⲉⲛ ⲉ̀. Ⲛ̀ⲑⲱⲧⲉⲛ ⲁⲛ ⲁ̀ⲧⲉⲧⲉⲛⲥⲟⲧⲡⲧ ⲁⲗⲗⲁ ⲁ̀ⲛⲟⲕ ⲁⲓⲥⲉⲧⲡ ⲑⲏⲛⲟⲩ : ⲟⲩⲟϩ ⲁⲓⲭⲁ ⲑⲏⲛⲟⲩ ϩⲓⲛⲁ ⲛ̀ⲧⲉⲧⲉⲛϣⲉⲛⲱⲧⲉⲛ ⲟⲩⲟϩ ⲛ̀ⲧⲉⲧⲉⲛⲉⲛ ⲟⲩⲧⲁϩ ⲉ̀ⲃⲟⲗ ⲟⲩⲟϩ ⲡⲉⲧⲉⲛⲟⲩⲧⲁϩ ⲛ̀ⲧⲉϥⲟ̀ϩⲓ : ϩⲓⲛⲁ ⲫⲏⲉⲧⲉⲧⲉⲛⲉⲣⲉⲧⲓⲛ ⲙ̀ⲙⲟϥ ⲛ̀ⲧⲟⲧϥ ⲙ̀ⲫⲓⲱⲧ ϧⲉⲛ ⲡⲁⲣⲁⲛ ⲛ̀ⲧⲉϥⲧⲏⲓϥ ⲛⲱⲧⲉⲛ : Ⲛⲁⲓ ⲇⲉ ϯϩⲟⲛϩⲉⲛ ⲙ̀ⲙⲱⲧⲉⲛ ⲉ̀ⲣⲱⲟⲩ : ϩⲓⲛⲁ ⲛ̀ⲧⲉⲧⲉⲛⲙⲉⲛⲣⲉ ⲛⲉⲧⲉⲛⲉ̀ⲣⲏⲟⲩ : Ⲓⲥϫⲉ ⲡⲓⲕⲟⲥⲙⲟⲥ ⲙⲟⲥϯ ⲙ̀ⲙⲱⲧⲉⲛ : ⲁ̀ⲣⲓⲉ̀ⲙⲓ ϫⲉ ⲁ̀ⲛⲟⲕ ⲛ̀ϣⲟⲣⲡ ⲁϥⲙⲉⲥⲧⲱⲓ. Ⲉⲛⲉ ⲛ̀ⲑⲱⲧⲉⲛ ⲉ̀ⲃⲟⲗϧⲉⲛ ⲡⲓⲕⲟⲥⲙⲟⲥ : ⲛⲁⲣⲉ ⲡⲓⲕⲟⲥⲙⲟⲥ ⲛⲁⲙⲉⲛⲣⲉ ⲫⲏⲉ̀ⲧⲉ ⲫⲱϥ : ⲟ̀ⲧⲓ ⲇⲉ ⲛ̀ⲑⲱⲧⲉⲛ ϩⲁⲛⲉ̀ⲃⲟⲗϧⲉⲛ ⲡⲓⲕⲟⲥⲙⲟⲥ ⲁⲛ : ⲁⲗⲗⲁ ⲁ̀ⲛⲟⲕ ⲁⲓⲥⲉⲧⲡ ⲑⲏⲛⲟⲩ ⲉ̀ⲃⲟⲗϧⲉⲛ ⲡⲓⲕⲟⲥⲙⲟⲥ : ⲉⲑⲃⲉ ⲫⲁⲓ ⲡⲓⲕⲟⲥⲙⲟⲥ ⲙⲟⲥϯ ⲙ̀ⲙⲱⲧⲉⲛ : Ⲁⲣⲓⲫ̀ⲙⲉⲩⲓ̀ ⲙ̀ⲡⲓⲥⲁϫⲓ ⲉ̀ⲧⲁⲓϫⲟϥ ⲛⲱⲧⲉⲛ : ϫⲉ ⲙ̀ⲙⲟⲛ ⲃⲱⲕ ⲉ̀ⲛⲁⲁϥ ⲉ̀ⲡⲉϥ̀ : ⲓⲥϫⲉ ⲁⲩϭⲟϫⲓ ⲛ̀ⲥⲱⲓ ⲛ̀ⲑⲱⲧⲉⲛ ϩⲱⲧⲉⲛ ⲉⲩⲉ̀ϭⲟϫⲓ ⲛ̀ⲥⲁⲑⲏⲛⲟⲩ : ⲓⲥϫⲉ ⲁⲩⲁ̀ⲣⲉϩ ⲉ̀ⲡⲁⲥⲁϫⲓⲉⲩⲉ̀ⲁ̀ⲣⲉϩⲉ̀ⲫⲱⲧⲉⲛ ϩⲱⲧⲉⲛ : Ⲁⲗⲗⲁ ⲛⲁⲓ ⲧⲏⲣⲟⲩ ⲥⲉⲛⲁⲁⲓⲧⲟⲩ ⲛⲱⲧⲉⲛ ⲉⲑⲃⲉ ⲡⲁⲣⲁⲛ : ϫⲉ ⲥⲉⲥⲱⲟⲩⲛ ⲁⲛ ⲙ̀ⲫⲏⲉ̀ⲧⲁϥⲧⲁⲟⲩⲟⲓ.Ⲉ̀ⲛⲉ ⲙ̀ⲡⲓ̀ ⲡⲉ ⲟⲩⲟϩ ⲛⲧⲁⲥⲁϫⲓ ⲛⲉⲙⲱⲟⲩ : ⲛⲉ ⲙ̀ⲙⲟⲛ ⲧⲟⲩⲛⲟⲃⲓ ⲙ̀ⲙⲁⲩ ⲡⲉ : ϯⲛⲟⲩ ⲇⲉ ⲙ̀ⲙⲟⲛⲧⲟⲩ ⲗⲱⲓϫⲓ ⲙ̀ⲙⲁⲩ ⲉⲑⲃⲉ ⲛⲟⲩⲛⲟⲃⲓ : Ⲫⲏⲉⲑⲙⲟⲥϯ ⲙ̀ⲙⲟⲓ ϥ̀ⲙⲟⲥϯ ⲙ̀ⲡⲁⲕⲉⲓⲱⲧ : Ⲉ̀ⲛⲉ ⲙ̀ⲡⲓⲓ̀ⲣⲓ ⲡⲉ ⲛ̀ⲛⲓϩ̀ⲃⲏⲟⲩⲓ̀ ⲛ̀ϧ̀ⲣⲏⲓ ⲛ̀ϧⲏⲧⲟⲩ ⲛⲏⲉ̀ⲧⲉ ⲙ̀ⲡⲓⲕⲉⲟⲩⲁⲓⲁⲓⲧⲟⲩ : ⲛⲉ ⲙ̀ⲙⲟⲛⲧⲟⲩ ⲛⲟⲃⲓ ⲙ̀ⲙⲁⲩ ⲡⲉ : ϯⲛⲟⲩ ⲇⲉ ⲁⲩⲛⲁⲩ ⲟⲩⲟϩ ⲁⲩⲙⲉⲥⲧⲱⲓ ⲛⲉⲙ ⲡⲁⲕⲉⲓⲱⲧ. Ⲁⲗⲗⲁ ϩⲓⲛⲁ ⲛⲧⲉϥϫⲱⲕ ⲉ̀ⲃⲟⲗ ⲛ̀ϫⲉ ⲡⲓⲥⲁϫⲓ ⲉⲧⲥ̀ϧⲏⲟⲩⲧ ϩⲓⲡⲟⲩⲛⲟⲙⲟⲥ : ϫⲉ ⲁⲩⲙⲉⲥⲧⲱⲓ ⲛ̀ϫⲓⲛϫⲏ :

Ⲟⲩⲱϣⲧ ⲙ̀ⲡⲓⲉⲩⲁⲅⲅⲉⲗⲓⲟⲛ ⲉⲑⲩ̅.

John 14:26-15:25 يوحنا ١٤: ٢٦ الخ و ١٥: ١ -٢٥

According to Saint John.

But the Helper, the Holy Spirit, whom the Father will send in My name, He will teach you all things, and bring to your remembrance all things that I said to you. Peace I leave with you, My peace I give to you; not as the world gives do I give to you. Let not your heart be troubled, neither let it be afraid. You have heard Me say to you, 'I am going away and coming back to you.' If you loved Me, you would rejoice because I said, 'I am going to the Father,' for My Father is greater than I. And now I have told you before it comes, that when it does come to pass, you may believe. I will no longer talk much with you, for the ruler of this world is coming, and he has nothing in Me. But that the world may know that I love the Father, and as the Father gave Me commandment, so I do. Arise, let us go from here.

"I am the true vine, and My Father is the vinedresser. Every branch in Me

الفصل الثانى من البارقليط

وَأَمَّا الْمُعَزِّي الرُّوحُ الْقُدُسُ الَّذِي سَيُرْسِلُهُ الآبُ بِاسْمِي فَهُوَ يُعَلِّمُكُمْ كُلَّ شَيْءٍ وَيُذَكِّرُكُمْ بِكُلِّ مَا قُلْتُهُ لَكُمْ. «سلاَماً أَتْرُكُ لَكُمْ. سلاَمِي أُعْطِيكُمْ. لَيْسَ كَمَا يُعْطِي الْعَالَمُ أُعْطِيكُمْ أَنَا. لاَ تَضْطَرِبْ قُلُوبُكُمْ وَلاَ تَرْهَبْ. سَمِعْتُمْ أَنِّي قُلْتُ لَكُمْ أَنَا أَذْهَبُ ثُمَّ آتِي إِلَيْكُمْ. لَوْ كُنْتُمْ تُحِبُّونَنِي لَكُنْتُمْ تَفْرَحُونَ لأَنِّي قُلْتُ أَمْضِي إِلَى الآبِ لأَنَّ أَبِي أَعْظَمُ مِنِّي. وَقُلْتُ لَكُمُ الآنَ قَبْلَ أَنْ يَكُونَ حَتَّى مَتَى كَانَ تُؤْمِنُونَ. لاَ أَتَكَلَّمُ أَيْضاً مَعَكُمْ كَثِيراً لأَنَّ رَئِيسَ هَذَا الْعَالَمِ يَأْتِي وَلَيْسَ لَهُ فِيَّ شَيْءٌ. وَلَكِنْ لِيَفْهَمَ الْعَالَمُ أَنِّي أُحِبُّ الآبَ وَكَمَا أَوْصَانِي الآبُ هَكَذَا أَفْعَلُ. قُومُوا نَنْطَلِقْ مِنْ هَهُنَا».

«أَنَا الْكَرْمَةُ الْحَقِيقِيَّةُ وَأَبِي الْكَرَّامُ. كُلُّ

غُصْنٍ فِيَّ لاَ يَأْتِي بِثَمَرٍ يَنْزِعُهُ وَكُلُّ مَا يَأْتِي بِثَمَرٍ يُنَقِّيهِ لِيَأْتِيَ بِثَمَرٍ أَكْثَرَ. أَنْتُمُ الآنَ أَنْقِيَاءُ لِسَبَبِ الْكَلاَمِ الَّذِي كَلَّمْتُكُمْ بِهِ. اُثْبُتُوا فِيَّ وَأَنَا فِيكُمْ. كَمَا أَنَّ الْغُصْنَ لاَ يَقْدِرُ أَنْ يَأْتِيَ بِثَمَرٍ مِنْ ذَاتِهِ إِنْ لَمْ يَثْبُتْ فِي الْكَرْمَةِ كَذَلِكَ أَنْتُمْ أَيْضاً إِنْ لَمْ تَثْبُتُوا فِيَّ. أَنَا الْكَرْمَةُ وَأَنْتُمُ الأَغْصَانُ. الَّذِي يَثْبُتُ فِيَّ وَأَنَا فِيهِ هَذَا يَأْتِي بِثَمَرٍ كَثِيرٍ لأَنَّكُمْ بِدُونِي لاَ تَقْدِرُونَ أَنْ تَفْعَلُوا شَيْئاً. إِنْ كَانَ أَحَدٌ لاَ يَثْبُتُ فِيَّ يُطْرَحُ خَارِجاً كَالْغُصْنِ فَيَجِفُّ وَيَجْمَعُونَهُ وَيَطْرَحُونَهُ فِي النَّارِ فَيَحْتَرِقُ. إِنْ ثَبَتُّمْ فِيَّ وَثَبَتَ كَلاَمِي فِيكُمْ تَطْلُبُونَ مَا تُرِيدُونَ فَيَكُونُ لَكُمْ. بِهَذَا يَتَمَجَّدُ أَبِي أَنْ تَأْتُوا بِثَمَرٍ كَثِيرٍ فَتَكُونُونَ تَلاَمِيذِي. كَمَا أَحَبَّنِي الآبُ كَذَلِكَ أَحْبَبْتُكُمْ أَنَا. اُثْبُتُوا فِي مَحَبَّتِي. إِنْ حَفِظْتُمْ وَصَايَايَ تَثْبُتُونَ فِي مَحَبَّتِي كَمَا أَنِّي أَنَا قَدْ حَفِظْتُ وَصَايَا أَبِي وَأَثْبُتُ فِي مَحَبَّتِهِ. كَلَّمْتُكُمْ بِهَذَا لِكَيْ يَثْبُتَ فَرَحِي فِيكُمْ وَيُكْمَلَ فَرَحُكُمْ. «هَذِهِ هِيَ وَصِيَّتِي أَنْ تُحِبُّوا بَعْضُكُمْ بَعْضاً كَمَا أَحْبَبْتُكُمْ. لَيْسَ لأَحَدٍ حُبٌّ أَعْظَمُ مِنْ هَذَا أَنْ يَضَعَ أَحَدٌ نَفْسَهُ لأَجْلِ أَحِبَّائِهِ. أَنْتُمْ أَحِبَّائِي إِنْ فَعَلْتُمْ مَا أُوصِيكُمْ بِهِ. لاَ أَعُودُ أُسَمِّيكُمْ عَبِيداً لأَنَّ الْعَبْدَ لاَ يَعْلَمُ مَا يَعْمَلُ سَيِّدُهُ لَكِنِّي قَدْ سَمَّيْتُكُمْ أَحِبَّاءَ لأَنِّي أَعْلَمْتُكُمْ بِكُلِّ مَا سَمِعْتُهُ مِنْ أَبِي. لَيْسَ أَنْتُمُ اخْتَرْتُمُونِي بَلْ أَنَا اخْتَرْتُكُمْ وَأَقَمْتُكُمْ لِتَذْهَبُوا وَتَأْتُوا بِثَمَرٍ وَيَدُومَ ثَمَرُكُمْ لِكَيْ يُعْطِيَكُمُ الآبُ كُلَّ مَا طَلَبْتُمْ

that does not bear fruit He takes away; and every branch that bears fruit He prunes, that it may bear more fruit. You are already clean because of the word which I have spoken to you.

Abide in Me, and I in you. As the branch cannot bear fruit of itself, unless it abides in the vine, neither can you, unless you abide in Me.

I am the vine, you are the branches. He who abides in Me, and I in him, bears much fruit; for without Me you can do nothing. If anyone does not abide in Me, he is cast out as a branch and is withered; and they gather them and throw them into the fire, and they are burned. If you abide in Me, and My words abide in you, you will ask what you desire, and it shall be done for you. By this My Father is glorified, that you bear much fruit; so you will be My disciples. "As the Father loved Me, I also have loved you; abide in My love. If you keep My commandments, you will abide in My love, just as I have kept My Father's commandments and abide in His love. These things I have spoken to you, that My joy may remain in you, and that your joy may be full. This is My commandment, that you love one another as I have loved you. Greater love has no one than this, than to lay down one's life for his friends. You are My friends if you do whatever I command you. No longer do I call you servants, for a servant does not know what his master is doing; but I have called you friends, for all things that I heard from My Father I have made known to you.

You did not choose Me, but I chose you

and appointed you that you should go and bear fruit, and that your fruit should remain, that whatever you ask the Father in My name He may give you. These things I command you, that you love one another. "If the world hates you, you know that it hated Me before it hated you.
If you were of the world, the world would love its own. Yet because you are not of the world, but I chose you out of the world, therefore the world hates you. Remember the word that I said to you, 'A servant is not greater than his master.' If they persecuted Me, they will also persecute you. If they kept My word, they will keep yours also. But all these things they will do to you for My name's sake, because they do not know Him who sent Me.
If I had not come and spoken to them, they would have no sin, but now they have no excuse for their sin. He who hates Me hates My Father also. If I had not done among them the works which no one else did, they would have no sin; but now they have seen and also hated both Me and My Father. But this happened that the word might be fulfilled which is written in their law, 'They hated Me without a cause.
Bow down before the Holy Gospel.
Glory be to God forever.

بِاسْمِي. بِهَذَا أُوصِيكُمْ حَتَّى تُحِبُّوا بَعْضُكُمْ بَعْضاً. «إِنْ كَانَ الْعَالَمُ يُبْغِضُكُمْ فَاعْلَمُوا أَنَّهُ قَدْ أَبْغَضَنِي قَبْلَكُمْ. لَوْ كُنْتُمْ مِنَ الْعَالَمِ لَكَانَ الْعَالَمُ يُحِبُّ خَاصَّتَهُ. وَلَكِنْ لأَنَّكُمْ لَسْتُمْ مِنَ الْعَالَمِ بَلْ أَنَا اخْتَرْتُكُمْ مِنَ الْعَالَمِ لِذَلِكَ يُبْغِضُكُمُ الْعَالَمُ. أُذْكُرُوا الْكَلاَمَ الَّذِي قُلْتُهُ لَكُمْ: لَيْسَ عَبْدٌ أَعْظَمَ مِنْ سَيِّدِهِ. إِنْ كَانُوا قَدِ اضْطَهَدُونِي فَسَيَضْطَهِدُونَكُمْ وَإِنْ كَانُوا قَدْ حَفِظُوا كَلاَمِي فَسَيَحْفَظُونَ كَلاَمَكُمْ. لَكِنَّهُمْ إِنَّمَا يَفْعَلُونَ بِكُمْ هَذَا كُلَّهُ مِنْ أَجْلِ اسْمِي لأَنَّهُمْ لاَ يَعْرِفُونَ الَّذِي أَرْسَلَنِي. لَوْ لَمْ أَكُنْ قَدْ جِئْتُ وَكَلَّمْتُهُمْ لَمْ تَكُنْ لَهُمْ خَطِيَّةٌ وَأَمَّا الآنَ فَلَيْسَ لَهُمْ عُذْرٌ فِي خَطِيَّتِهِمْ. اَلَّذِي يُبْغِضُنِي يُبْغِضُ أَبِي أَيْضاً. لَوْ لَمْ أَكُنْ قَدْ عَمِلْتُ بَيْنَهُمْ أَعْمَالاً لَمْ يَعْمَلْهَا أَحَدٌ غَيْرِي لَمْ تَكُنْ لَهُمْ خَطِيَّةٌ وَأَمَّا الآنَ فَقَدْ رَأَوْا وَأَبْغَضُونِي أَنَا وَأَبِي. لَكِنْ لِكَيْ تَتِمَّ الْكَلِمَةُ الْمَكْتُوبَةُ فِي نَامُوسِهِمْ: إِنَّهُمْ أَبْغَضُونِي بِلاَ سَبَبٍ.

أسجدوا للإنجيل المقدس.
والمجد لله دائماً.

Ⲡⲓⲙⲁϩ ⲋ̅ ⲙ̀ⲡⲁⲣⲕⲗⲏⲧⲟⲛ

Ⲉⲩⲁⲅⲅⲉⲗⲓⲟⲛ ⲕⲁⲧⲁ Ⲓⲱⲁⲛⲛⲏⲛ

Ⲕⲉⲫ ⲓ̅ⲉ̅ : ⲕ̅ⲋ̅ ϣⲃ̅ⲗ̅ ⲛⲉⲙ ⲓ̅ : ⲁ̅ – ⲗ̅ⲋ̅

Ⲉϣⲱⲡ ⲇⲉ ⲁϥϣⲁⲛⲓ ⲛ̀ϫⲉ ⲡⲓⲡⲁⲣⲁⲕⲗⲏⲧⲟⲥ ⲫⲏⲁ̀ⲛⲟⲕ ⲉ̀ϯⲛⲁⲟⲩⲟⲣⲡϥ ⲛⲱⲧⲉⲛ ⲉ̀ⲃⲟⲗϩⲓⲧⲟⲧϥ ⲙ̀ⲡⲁⲓⲱⲧ : Ⲡⲓⲡ̅ⲛ̅ⲁ̅ ⲛ̀ⲧⲉ ϯⲙⲉⲑⲙⲏⲓ ⲫⲏⲉⲑⲛⲏⲟⲩ ⲉ̀ⲃⲟⲗϩⲁ ⲫ̀ⲓⲱⲧ : ⲛ̀ⲑⲟϥ ⲉⲑⲛⲁⲉⲣⲙⲉⲑⲣⲉ ⲉⲑⲃⲏⲧ. Ⲟⲩⲟϩ ⲛⲑⲱⲧⲉⲛ ϩⲱⲧⲉⲛ ⲧⲉⲧⲉⲛⲉⲣⲙⲉⲑⲣⲉ ϫⲉ ⲧⲉⲧⲉⲛⲭⲏ ⲛⲉⲙⲏⲓ ⲓⲥϫⲉⲛ ϣⲟⲣⲡ. Ⲛⲁⲓ ⲁⲓϫⲟⲧⲟⲩ ⲛⲱⲧⲉⲛ ϩⲓⲛⲁ ⲛ̀ⲧⲉ ⲧⲉⲛ̀ϣⲧⲉⲙ ⲉⲣⲥⲕⲁⲛⲇⲁⲗⲓⲍⲉⲥⲑⲉ. Ⲁⲩϣⲁⲛⲉⲣⲑⲏⲛⲟⲩ ⲛ̀ⲁ̀ⲡⲟⲩⲥⲩⲛⲁⲅⲱⲅⲟⲥ : ⲁⲗⲗⲁ ⲥ̀ⲛⲏⲟⲩ ⲛ̀ϫⲉ ⲟⲩⲟⲩⲛⲟⲩ ϩⲓⲛⲁ ⲫⲏ ⲛⲓⲃⲉⲛ ⲉⲑⲛⲁϧⲱⲧⲉⲃ ⲙ̀ⲙⲱⲧⲉⲛ : ⲛ̀ⲧⲉϥⲙⲉⲩⲓ̀ ϫⲉ ⲁϥⲓ̀ⲛⲓ ⲛ̀ⲟⲩϣⲟⲩϣⲱⲟⲩ ϣⲓ ⲉ̀ϩⲣⲏⲓ ϩⲁ Ⲫ̅ϯ̅. Ⲟⲩⲟϩ ⲛⲁⲓ ⲉⲩⲉ̀ⲁⲓⲧⲟⲩ ⲛⲱⲧⲉⲛ ϫⲉ ⲟⲩⲏⲓ ⲙ̀ⲡⲟⲩⲥⲟⲩⲉⲛ ⲫ̀ⲓⲱⲧ ⲟⲩⲇⲉ ⲁ̀ⲛⲟⲕ ⲙ̀ⲡⲟⲩⲥⲟⲩⲱⲛⲧ. Ⲁⲗⲗⲁ ⲛⲁⲓ ⲁⲓϫⲟⲧⲟⲩ ⲛⲱⲧⲉⲛ ϩⲓⲛⲁ ⲁⲥϣⲁⲛⲓ ⲛ̀ϫⲉ ϯⲟⲩⲛⲟⲩ ⲛ̀ⲧⲉⲧⲉⲛⲉⲣⲫ̀ⲙⲉⲩⲓ̀ ϫⲉ ⲁⲓⲟⲩⲱ ⲁ̀ⲛⲟⲕ ⲉⲓϫⲱ ⲙ̀ⲙⲱⲟⲩ ⲛⲱⲧⲉⲛ : ⲛⲁⲓ ⲇⲉ ⲙ̀ⲡⲓϫⲟⲧⲟⲩ ⲛⲱⲧⲉⲛ ⲓⲥϫⲉⲛ ϩⲏ ϫⲉ ⲛⲁⲓⲭⲏ ⲛⲉⲙⲱⲧⲉⲛ ⲡⲉ. ϯⲛⲟⲩ ⲇⲉ ϯⲛⲁϣⲉⲛⲏⲓ ϩⲁ ⲫⲏⲉ̀ⲧⲁϥⲧⲁⲟⲩⲟⲓ : ⲟⲩⲟϩ ⲙ̀ⲙⲟⲛ ⲉ̀ⲗⲓ ⲉ̀ⲃⲟⲗ ϧⲉⲛ ⲑⲏⲛⲟⲩ ϣⲓⲛⲓ ⲙ̀ⲙⲟⲓ ϫⲉ ⲁⲕⲛⲁϣⲉⲛⲁⲕ ⲉ̀ⲑⲱⲛ : Ⲁⲗⲗⲁ ϫⲉ ⲁⲓϫⲉ ⲛⲁⲓ ⲛⲱⲧⲉⲛ ⲁ̀ ⲡⲉⲙ̀ⲕⲁϩ ⲛ̀ϩⲏⲧ ⲙⲁϩ ⲡⲉⲧⲉⲛϩⲏⲧ. Ⲁⲗⲗⲁ ⲁ̀ⲛⲟⲕ ⲑ̀ⲙⲏⲓ ⲡⲉϯϫⲱ ⲙ̀ⲙⲟⲥ ⲛⲱⲧⲉⲛ : ⲥ̀ⲉⲣⲛⲟϥⲣⲓ ⲛⲱⲧⲉⲛ ϩⲓⲛⲁ ⲁ̀ⲛⲟⲕ ⲛ̀ⲧⲁϣⲉⲛⲏⲓ : ⲉ̀ϣⲱⲡ ⲅⲁⲣ ⲁⲓϣ̀ⲧⲉⲙϣⲉⲛⲏⲓ ⲡⲓⲡⲁⲣⲁⲕⲗⲏⲧⲟⲥ ⲛⲁⲓ̀ ϩⲁⲣⲱⲧⲉⲛ ⲁⲛ : ϣⲱⲡ ⲅⲁⲣ ⲁⲓϣⲁⲛϣⲉⲛⲏⲓ ϯⲛⲁⲟⲩⲟⲣⲡϥ ⲛⲱⲧⲉⲛ : Ⲟⲩⲟϩ ⲁϥϣⲁⲛⲓ ⲛ̀ϫⲉ ⲫⲏⲉ̀ⲧⲉⲙ̀ⲙⲁⲩ ⲉϥⲉ̀ⲥⲟϩⲓ ⲙ̀ⲡⲓⲕⲟⲥⲙⲟⲥ ⲉⲑⲃⲉ ⲫ̀ⲛⲟⲃⲓ : ⲛⲉⲙ ⲉⲑⲃⲉ ⲟⲩⲙⲉⲑⲙⲏⲓ : ⲛⲉⲙ ⲉⲑⲃⲉ ⲟⲩϩⲁⲡ : Ⲉⲑⲃⲉ ⲫ̀ⲛⲟⲃⲓ ⲙⲉⲛ ϫⲉ ⲥⲉⲛⲁϩϯ ⲉ̀ⲣⲟⲓ ⲁⲛ. Ⲉⲑⲃⲉ ϯⲙⲉⲑⲙⲏⲓ ⲇⲉ ϫⲉ ϯⲛⲁϣⲉⲛⲏⲓ ϩⲁⲫ̀ⲓⲱⲧ ⲟⲩⲟϩ ⲧⲉⲧⲉⲛⲛⲁⲩ ⲉ̀ⲣⲟⲓ ⲁⲛ ϫⲉ : Ⲉⲑⲃⲉ ⲟⲩϩⲁⲡ ⲇⲉ ϫⲉ ⲡ̀ⲁⲣⲭⲱⲛ ⲛ̀ⲧⲉ ⲡⲁⲓⲕⲟⲥⲙⲟⲥ ⲁⲩⲟⲩⲱ̀ ⲉⲩϯϩⲁⲡ ⲉ̀ⲣⲟϥ : Ⲟⲩⲟⲛⲛ̀ⲧⲏⲓ ⲛ̀ϩⲁⲛⲕⲉⲙⲏϣ ⲉ̀ϫⲟⲧⲟⲩ ⲛⲱⲧⲉⲛ ⲁⲗⲗⲁ ⲧⲉⲧⲉⲛⲛⲁϣϥⲁⲓ ϧⲁⲣⲱⲟⲩ ⲁⲛ ϯⲛⲟⲩ. Ⲉ̀ϣⲱⲡ ⲇⲉ ⲁϥϣⲁⲛⲓ ⲛ̀ϫⲉ ⲫⲏⲉ̀ⲧⲉⲙ̀ⲙⲁⲩ ⲡⲓⲡ̅ⲛ̅ⲁ̅ ⲛ̀ⲧⲉ ϯⲙⲉⲑⲙⲏⲓ : ⲉϥⲉ̀ϭⲓⲙⲱⲓⲧ ⲛⲱⲧⲉⲛ ϧⲉⲛ ⲙⲉⲑⲙⲏⲓ ⲛⲓⲃⲉⲛ : ϥⲛⲁⲥⲁϫⲓ ⲅⲁⲣ ⲁⲛ ⲉ̀ⲃⲟⲗϩⲓⲧⲟⲧϥ ⲙ̀ⲙⲁⲩⲁⲧⲁϥ : ⲁⲗⲗⲁ ⲛⲏⲉ̀ⲧⲁϥⲥⲟⲑⲙⲟⲩ ⲉ̀ⲧⲉϥⲛⲁⲥⲁϫⲓ ⲙ̀ⲙⲱⲟⲩ : ⲟⲩⲟϩ ⲛⲏⲉⲑⲛⲏⲟⲩ ⲉϥⲉ̀ⲧⲁⲙⲱⲧⲉⲛ ⲉ̀ⲣⲱⲟⲩ : Ⲫⲏⲉ̀ⲧⲉⲙ̀ⲙⲁⲩ ϥⲛⲁϯⲱⲟⲩ ⲛⲏⲓ : ϫⲉ ϥⲛⲁϭⲓ ⲉ̀ⲃⲟⲗ ϧⲉⲛ ⲫⲏⲉ̀ⲧⲉ ⲫⲱⲓ ⲟⲩⲟϩ ϥⲛⲁⲧⲁⲙⲉ ⲑⲏⲛⲟⲩ : Ⲭⲱⲃ ⲛⲓⲃⲉⲛ ⲉ̀ⲧⲉ ⲛ̀ⲧⲉ ⲡⲁⲓⲱⲧ ⲛⲟⲩⲓ̀ ⲛⲉ : ⲉⲑⲃⲉ ⲫⲁⲓ ⲁⲓϫⲟⲥ ⲛⲱⲧⲉⲛ ϫⲉ ϥⲛⲁϭⲓ ⲉ̀ⲃⲟⲗϧⲉⲛ ⲫⲏⲉ̀ⲧⲉⲫⲱⲓ ⲟⲩⲟϩⲛ̀ⲧⲉϥⲧⲁⲙⲉ ⲑⲏⲛⲟⲩ. Ⲕⲉⲕⲟⲩϫⲓ ⲧⲉⲧⲉⲛ ⲛⲁⲛⲁⲩ ⲉ̀ⲣⲟⲓ ϫⲉ ⲁ̀ⲛⲕ ϯⲛⲁϣⲉⲛⲏⲓ ϩⲁⲫ̀ⲓⲱⲧ : Ⲡⲉϫⲉ ϩⲁⲛⲟⲩⲟⲛ ⲉ̀ⲃⲟⲗϧⲉⲛ ⲛⲉϥⲙⲁⲑⲏⲧⲏⲥ ⲛ̀ⲛⲟⲩⲉ̀ⲣⲏⲟⲩ : ⲉ ⲡⲁⲓⲥⲁϫⲓ ⲟⲩ ⲡⲉ ⲉ̀ⲧⲉϥϫⲱ ⲙ̀ⲙⲟϥ ⲛⲁⲛ : ϫⲉ ⲕⲉⲕⲟϫⲓ ⲧⲉⲧⲉⲛⲛⲁⲛⲁⲩ ⲉ̀ⲣⲟⲓ ⲁⲛ : ⲟⲩⲟϩ ⲡⲁⲗⲓⲛ ⲕⲉⲕⲟⲩϫⲓⲧⲉⲧⲉⲛⲛⲁⲩ ⲉ̀ⲣⲟⲓⲟⲩⲟϩ ϫⲉ ⲁ̀ⲛⲟⲕ ϯⲛⲁϣⲉⲛⲏⲓ ϩⲁⲫ̀ⲓⲱⲧ : Ⲛⲁⲩϫⲱⲟⲩⲛ ⲙ̀ⲙⲟⲥ ⲡⲉ ϫⲉ ⲟⲩ ⲡⲉ ⲫⲁⲓ ⲉ̀ⲧⲉϥϫⲱ ⲙ̀ⲙⲟϥ ϫⲉ ⲕⲉ ⲕⲟⲩϫⲓ : ⲛ̀ⲧⲉⲛⲉ̀ⲙⲓ ⲁⲛ ϫⲉ ⲁϥϫⲱ ⲙ̀ⲙⲟⲥ ϫⲉ ⲟⲩ. Ⲁϥⲉ̀ⲙⲓ ⲇⲉ ⲛ̀ϫⲉ Ⲓⲏ̅ⲥ̅ ϫⲉ ⲛⲁⲩⲟⲩⲱϣ ⲉ̀ϣⲉⲛϥ ⲡⲉ : ⲟⲩⲟϩ ⲡⲉϫⲁϥ ⲛⲱⲟⲩ ϫⲉ ⲧⲉⲧⲉⲛⲕⲱϯ ⲛ̀ⲥⲁ ⲡⲁⲓⲥⲁϫⲓ ⲛⲉⲙ ⲛⲉⲧⲉⲛⲉ̀ⲣⲏⲟⲩ : ϫⲉ ⲁⲓϫⲟⲥ ⲛⲱⲧⲉⲛ ϫⲉ ⲕⲉⲕⲟⲩϫⲓ ⲧⲉⲧⲉⲛⲛⲁⲛⲁⲩ ⲉ̀ⲣⲟⲓ ⲁⲛ : ⲟⲩⲟϩ ⲡⲁⲗⲓⲛ ⲕⲉⲕⲟⲩϫⲓ ⲧⲉⲧⲉⲛⲛⲁⲛⲁⲩ ⲉ̀ⲣⲟⲓ. Ⲁ̀ⲙⲏⲛ ⲁ̀ⲙⲏⲛ ϯϫⲱ ⲙ̀ⲙⲟⲥ ⲛⲱⲧⲉⲛ ϫⲉ ⲧⲉⲧⲉⲛⲛⲁⲣⲓⲙⲓ ⲛ̀ⲑⲱⲧⲉⲛ ⲛ̀ⲧⲉⲧⲉⲛⲉⲣϩⲏⲃⲓ : ⲡⲓⲕⲟⲥⲙⲟⲥ ⲛ̀ⲑⲟϥ ⲛⲁⲣⲁϣⲓ : ⲛ̀ⲑⲱⲧⲉⲛ ⲧⲉⲧⲉⲛⲛⲁⲉⲣⲙ̀ⲕⲁϩⲛ̀ϩⲏⲧ : ⲁⲗⲗⲁ ⲡⲉⲧⲉⲛⲉⲙ̀ⲕⲁϩ ⲛ̀ϩⲏⲧ ϥ̀ⲛⲁϣⲱⲡⲓ ⲛⲱⲧⲉⲛ ⲉⲩⲣⲁϣⲓ. ϯⲥϩⲓⲙⲓ ⲁⲥϣⲁⲛⲛⲟⲩ̀ⲓ ⲉ̀ⲙⲓⲥⲓ ϣⲁⲥⲉⲣⲙ̀ⲕⲁϩⲛ̀ϩⲏⲧ ϫⲉ ⲁⲥ̀ⲓ ⲛ̀ϫⲉ ⲧⲉⲥⲟⲩⲛⲟⲩ : ⲉϣⲱⲡ ⲇⲉ ⲁⲥϣⲁⲛⲙⲓⲥⲓ ⲙ̀ⲡⲓϣⲏⲣⲓ ⲙ̀ⲡⲁⲥⲉⲣⲫ̀ⲙⲉⲩ̀ⲓ ϫⲉ ⲙ̀ⲡⲓϩⲟϫϩⲉϫ ⲉⲑⲃⲉ ⲡⲓⲣⲁϣⲓ : ϫⲉ ⲁⲥⲙⲉⲥ ⲟⲩⲣⲱⲙⲓ ⲉ̀ⲡⲓⲕⲟⲥⲙⲟⲥ. Ⲟⲩⲟϩ ⲛ̀ⲑⲱⲧⲉⲛ ϩⲱⲧⲉⲛ ϯⲛⲟⲩ ⲙⲉⲛ ⲉ̀ⲣⲉⲧⲉϭⲓ ⲛⲟⲩ̀ⲙ̀ⲕⲁϩ ⲛ̀ϩⲏⲧ : ⲡⲁⲗⲓⲛ ⲟⲛ ϯⲛⲁⲛⲁⲩ. ⲉ̀ⲣⲱⲧⲉⲛ ⲟⲩⲟϩ ⲧⲉⲧⲉⲛⲛⲁⲣⲁϣⲓ : ⲟⲩⲟϩ ⲡⲉⲧⲉⲛⲣⲁϣⲓ ⲙ̀ⲙⲟⲛ ϩ̀ⲗⲓ ⲛⲁⲟⲗϥ ⲛ̀ⲧⲉⲛⲑⲏⲛⲟⲩ.Ϧⲉⲛ ⲡⲓⲉ̀ϩⲟⲟⲩ ⲉ̀ⲧⲉ̀ⲙ̀ⲙⲁⲩ ⲧⲉⲧⲉⲛⲛⲁϣⲉⲛⲧ ⲉ̀ϩ̀ⲗⲓ ⲛⲁⲓ : ⲁ̀ⲙⲏⲛ ϯϫⲱ ⲙ̀ⲙⲟⲥ ⲛⲱⲧⲉⲛ ϫⲉ ⲫⲏⲉ̀ⲧⲉⲧⲉⲛⲛⲁⲉⲣⲉⲧ ⲙ̀ⲙⲟϥ ⲛ̀ⲧⲟⲧϥ ⲙ̀ⲫⲓⲱⲧ ϧⲉⲛ ⲡⲁⲣⲁⲛ ⲉϥⲉ̀ⲧⲏⲓϥ ⲛⲱⲧⲉⲛ Ϣⲁ ϯⲛⲟⲩ ⲙ̀ⲡⲁⲧⲉ ⲧⲉⲛⲉⲣⲉ̀ⲧⲓⲛ ⲛ̀ϩ̀ⲗⲓ ϧⲉⲛ ⲡⲁⲣⲁⲛ : ⲁ̀ⲣⲓⲉ̀ⲧⲓⲛ ⲟⲩⲟϩ ⲧⲉⲧⲉⲛⲛⲁϭⲓ : ϩⲓⲛⲁ ⲛ̀ⲧⲉ ⲡⲉⲧⲉⲛⲣⲁϣⲓ ϣⲱⲡⲓ ⲉϥϫⲏⲕ ⲉⲃⲟⲗ. Ⲛⲁⲓ ⲇⲉ ⲁⲓϫⲟⲧⲟⲩ ⲛⲱⲧⲉⲛ ϧⲉⲛ ϩⲁⲛ ⲡⲁⲣⲟⲓⲙⲓⲁ̀ : ⲥⲛⲏⲟⲩ ⲇⲉ ⲛ̀ϫⲉ ⲟⲩⲟⲩⲛⲟⲩ ϩⲟⲧⲉ ⲉⲓⲛⲁⲥⲁϫⲓ ⲛⲉⲙⲱⲧⲉⲛ ⲁⲛ ϫⲉ ϧⲉⲛ ϩⲁⲛⲡⲁⲣⲟⲓⲙⲓⲁ̀ : ⲁⲗⲗⲁ ϧⲉⲛ ⲟⲩⲡⲁⲣⲣⲏⲥⲓⲁ̀ ⲁⲓⲛⲁⲧⲁⲙⲱⲧⲉⲛ ⲉⲑⲃⲉ ⲫ̀ⲓⲱⲧ : ϧⲉⲛ ⲡⲓⲉ̀ϩⲟⲟⲩ ⲉ̀ⲧⲉⲙ̀ⲙⲁⲩ ⲉ̀ⲣⲉⲧⲉⲛⲉ̀ⲣⲉⲧⲓⲛ ϧⲉⲛ ⲡⲁⲣⲁⲛ : ⲟⲩⲟϩ ϯⲛⲁϫⲟⲥ ⲛⲱⲧⲉⲛ ⲁⲛϫⲉ ⲁ̀ⲛⲟⲕ ⲉⲑⲛⲁϯϩⲟ ⲉ̀ⲫ̀ⲓⲱⲧ ⲉⲑⲃⲉ ⲑⲏⲛⲟⲩ : Ⲛ̀ⲑⲟϥ ⲅⲁⲣ ϩⲱϥ ⲫ̀ⲓⲱⲧ ϥ̀ⲙⲉⲓ ⲙ̀ⲙⲱⲧⲉⲛ ϫⲉ ⲛ̀ⲑⲱⲧⲉⲛ ⲁ̀ⲣⲉⲧⲉⲛⲙⲉⲛⲣⲓⲧ : ⲟⲩⲟϩ ⲁ̀ⲣⲉⲧⲉⲛⲛⲁϩ̀ϯ ϫⲉ ⲁ̀ⲓ̀ⲓ ⲉ̀ⲃⲟⲗϩⲁ ⲫ̀ⲓⲱⲧ. Ⲁ̀ⲓ̀ⲓ ⲉ̀ⲃⲟⲗϩⲁ ⲫ̀ⲓⲱⲧ ⲟⲩⲟϩ ⲁ̀ⲓ̀ⲓ ⲉ̀ⲡⲓⲕⲟⲥⲙⲟⲥ : ⲡⲁⲗⲓⲛ ⲟⲛ ϯⲛⲁⲭⲱ ⲛ̀ⲥⲱⲓ ⲙ̀ⲡⲓⲕⲟⲥⲙⲟⲥ ⲛ̀ⲧⲁϣⲉⲛⲏⲓ ϩⲁⲫ̀ⲓⲱⲧ : Ⲡⲉϫⲉ ⲛⲉϥⲙⲁⲑⲏⲧⲏⲥ ⲛⲁϥ : ϫⲉ ϩⲏⲡⲡⲉ ϯⲛⲟⲩ ⲕ̀ⲥⲁϫⲓ ϧⲉⲛ ⲟⲩⲡⲁⲣⲣⲏⲥⲓⲁ̀ : ⲟⲩⲟϩ ⲛ̀ⲕ̀ϫⲉ ϩ̀ⲗⲓ ⲁⲛ ⲙ̀ⲡⲁⲣⲟⲓⲙⲓⲁ̀ : ϯⲛⲟⲩ ⲧⲉⲛⲉ̀ⲙⲓ ϫⲉ ⲕ̀ⲥⲱⲟⲩⲛ ⲛ̀ϩⲱⲃ ⲛⲓⲃⲉⲛ ⲟⲩⲟϩ ⲛ̀ⲕ̀ⲉⲣⲭ̀ⲣⲓⲁ̀ ⲁⲛ ⲛ̀ⲧⲉ ⲟⲩⲁⲓ ϣⲉⲛⲕ : ϧⲉⲛ ⲫⲁⲓ ⲧⲉⲛⲛⲁϩ̀ϯ ϫⲉ ⲉ̀ⲧⲁⲕ̀ⲓ ⲉ̀ⲃⲟⲕ ϩⲓⲧⲉⲛ Ⲫ̀ϯ. Ⲁϥⲉ̀ⲣⲟⲩⲱ̀ ⲛⲱⲟⲩ ⲛ̀ϫⲉ Ⲓⲏ̅ⲥ̅ ϫⲉ ϯⲛⲟⲩ ⲧⲉⲧⲉⲛⲛⲁϩ̀ϯ. ϩⲏⲡⲡⲉ ⲥ̀ⲛⲏⲟⲩ ⲛ̀ϫⲉ ⲟⲩⲟⲩⲛⲟⲩ ⲟⲩⲟϩ ⲁⲥ̀ⲓ ϩⲓⲛⲁ ⲛ̀ⲧⲉⲧⲉⲛϫⲱⲣ ⲉ̀ⲃⲟⲗ ⲫⲟⲩⲁⲓ ⲫⲟⲩⲁⲓ ⲉ̀ⲡⲉϥⲙⲁ : ⲟⲩⲟϩ ϯⲭⲏ ⲙ̀ⲙⲁⲩⲁⲧ ⲁⲛ : ϫⲉ ϥ̀ⲭⲏ ⲛⲉⲙⲏⲓ ⲛ̀ϫⲉ ⲡⲁⲓⲱⲧ. Ⲛⲁⲓ ⲁⲓϫⲟⲧⲟⲩ ⲛⲱⲧⲉⲛ ϩⲓⲛⲁ ⲛ̀ⲧⲉ ⲟⲩϩⲓⲣⲏⲛⲏ ϣⲱⲡⲓ ⲛⲱⲧⲉⲛ ⲛ̀ϧ̀ⲣⲏⲓ ⲛ̀ϧⲏⲧ : ⲟⲩⲟⲛⲛ̀ⲧⲱⲧⲉⲛ ⲙ̀ⲙⲁⲩ ⲛⲟⲩϩⲟϫϩⲉϫ ⲙ̀ⲡⲓⲕⲟⲥⲙⲟⲥ : ⲁⲗⲗⲁ ϫⲉⲙⲛⲟⲙϯ ⲁ̀ⲛⲟⲕ ⲁⲓϭ̀ⲣⲟ ⲉ̀ⲡⲓⲕⲟⲥⲙⲟⲥ :

Ⲟⲩⲱϣⲧ ⲙ̀ⲡⲓⲉⲩⲁⲅⲅⲉⲗⲓⲟⲛ ⲉⲑⲩ̅.

John 15:26-16:33

يوحنا ١٥: ٢٦ الخ و ١٦: ١ –٣٣

According to Saint John.

"But when the Helper comes, whom I shall send to you from the Father, the Spirit of truth who proceeds from the Father, He will testify of Me. And you also will bear witness, because you

الفصل الثالث من البارقليط

«وَمَتَى جَاءَ الْمُعَزِّي الَّذِي سَأُرْسِلُهُ أَنَا إِلَيْكُمْ مِنَ الآبِ رُوحُ الْحَقِّ الَّذِي مِنْ عِنْدِ الآبِ يَنْبَثِقُ فَهُوَ يَشْهَدُ لِي. وَتَشْهَدُونَ أَنْتُمْ أَيْضاً

لأَنَّكُمْ مَعِي مِنَ الاِبْتِدَاءِ»

have been with Me from the beginning.

«قَدْ كَلَّمْتُكُمْ بِهَذَا لِكَيْ لاَ تَعْثُرُوا. سَيُخْرِجُونَكُمْ مِنَ الْمَجَامِعِ بَلْ تَأْتِي سَاعَةٌ فِيهَا يَظُنُّ كُلُّ مَنْ يَقْتُلُكُمْ أَنَّهُ يُقَدِّمُ خِدْمَةً لِلَّهِ. وَسَيَفْعَلُونَ هَذَا بِكُمْ لأَنَّهُمْ لَمْ يَعْرِفُوا الآبَ وَلاَ عَرَفُونِي. لَكِنِّي قَدْ كَلَّمْتُكُمْ بِهَذَا حَتَّى إِذَا جَاءَتِ السَّاعَةُ تَذْكُرُونَ أَنِّي أَنَا قُلْتُهُ لَكُمْ. وَلَمْ أَقُلْ لَكُمْ مِنَ الْبِدَايَةِ لأَنِّي كُنْتُ مَعَكُمْ. وَأَمَّا الآنَ فَأَنَا مَاضٍ إِلَى الَّذِي أَرْسَلَنِي وَلَيْسَ أَحَدٌ مِنْكُمْ يَسْأَلُنِي أَيْنَ تَمْضِي. لَكِنْ لأَنِّي قُلْتُ لَكُمْ هَذَا قَدْ مَلأَ الْحُزْنُ قُلُوبَكُمْ. لَكِنِّي أَقُولُ لَكُمُ الْحَقَّ إِنَّهُ خَيْرٌ لَكُمْ أَنْ أَنْطَلِقَ لأَنَّهُ إِنْ لَمْ أَنْطَلِقْ لاَ يَأْتِيكُمُ الْمُعَزِّي وَلَكِنْ إِنْ ذَهَبْتُ أُرْسِلُهُ إِلَيْكُمْ. وَمَتَى جَاءَ ذَاكَ يُبَكِّتُ الْعَالَمَ عَلَى خَطِيَّةٍ وَعَلَى بِرٍّ وَعَلَى دَيْنُونَةٍ. أَمَّا عَلَى خَطِيَّةٍ فَلأَنَّهُمْ لاَ يُؤْمِنُونَ بِي. وَأَمَّا عَلَى بِرٍّ فَلأَنِّي ذَاهِبٌ إِلَى أَبِي وَلاَ تَرَوْنَنِي أَيْضاً. وَأَمَّا عَلَى دَيْنُونَةٍ فَلأَنَّ رَئِيسَ هَذَا الْعَالَمِ قَدْ دِينَ. «إِنَّ لِي أُمُوراً كَثِيرَةً أَيْضاً لأَقُولَ لَكُمْ وَلَكِنْ لاَ تَسْتَطِيعُونَ أَنْ تَحْتَمِلُوا الآنَ.

"These things I have spoken to you, that you should not be made to stumble. They will put you out of the synagogues; yes, the time is coming that whoever kills you will think that he offers God service. And these things they will do to you because they have not known the Father nor Me. But these things I have told you, that when the time comes, you may remember that I told you of them. And these things I did not say to you at the beginning, because I was with you. "But now I go away to Him who sent Me, and none of you asks Me, 'Where are You going?' But because I have said these things to you, sorrow has filled your heart. Nevertheless I tell you the truth. It is to your advantage that I go away; for if I do not go away, the Helper will not come to you; but if I depart, I will send Him to you. And when He has come, He will convict the world of sin, and of righteousness, and of judgment: of sin, because they do not believe in Me; of righteousness, because I go to My Father and you see Me no more; of judgment, because the ruler of this world is judged. I still have many things to say to you, but you cannot bear them now.

وَأَمَّا مَتَى جَاءَ ذَاكَ رُوحُ الْحَقِّ فَهُوَ يُرْشِدُكُمْ إِلَى جَمِيعِ الْحَقِّ لأَنَّهُ لاَ يَتَكَلَّمُ مِنْ نَفْسِهِ بَلْ كُلُّ مَا يَسْمَعُ يَتَكَلَّمُ بِهِ وَيُخْبِرُكُمْ بِأُمُورٍ آتِيَةٍ. ذَاكَ يُمَجِّدُنِي لأَنَّهُ يَأْخُذُ مِمَّا لِي وَيُخْبِرُكُمْ. كُلُّ مَا لِلآبِ هُوَ لِي. لِهَذَا قُلْتُ إِنَّهُ يَأْخُذُ

However, when He, the Spirit of truth, has come, He will guide you into all truth; for He will not speak on His own authority, but whatever He hears He will speak; and He will tell you things to come. He will glorify Me, for He will take of what is Mine and declare it to you. All things that the Father has are

Mine. Therefore I said that He will take of Mine and declare it to you. "A little while, and you will not see Me; and again a little while, and you will see Me, because I go to the Father." Then some of His disciples said among themselves, "What is this that He says to us, 'A little while, and you will not see Me; and again a little while, and you will see Me'; and, 'because I go to the Father'?" They said therefore, "What is this that He says, 'A little while'? We do not know what He is saying."

Now Jesus knew that they desired to ask Him, and He said to them, "Are you inquiring among yourselves about what I said, 'A little while, and you will not see Me; and again a little while, and you will see Me'? Most assuredly, I say to you that you will weep and lament, but the world will rejoice; and you will be sorrowful, but your sorrow will be turned into joy. A woman, when she is in labor, has sorrow because her hour has come; but as soon as she has given birth to the child, she no longer remembers the anguish, for joy that a human being has been born into the world.

Therefore you now have sorrow; but I will see you again and your heart will rejoice, and your joy no one will take from you. And in that day you will ask Me nothing. Most assuredly, I say to you, whatever you ask the Father in My name He will give you. Until now you have asked nothing in My name. Ask, and you will receive, that your joy may be full. "These things I have spoken to you in figurative language; but the time

مِمَّا لِي وَيُخْبِرُكُمْ. بَعْدَ قَلِيلٍ لاَ تُبْصِرُونَنِي ثُمَّ بَعْدَ قَلِيلٍ أَيْضاً تَرَوْنَنِي لأَنِّي ذَاهِبٌ إِلَى الآبِ». فَقَالَ قَوْمٌ مِنْ تلاَمِيذِهِ بَعْضُهُمْ لِبَعْضٍ: «مَا هُوَ هَذَا الَّذِي يَقُولُهُ لَنَا: بَعْدَ قَلِيلٍ لاَ تُبْصِرُونَنِي ثُمَّ بَعْدَ قَلِيلٍ أَيْضاً تَرَوْنَنِي وَلأَنِّي ذَاهِبٌ إِلَى الآبِ؟». فَتَسَاءَلُوا: «مَا هُوَ هَذَا الْقَلِيلُ الَّذِي يَقُولُ عَنْهُ؟ لَسْنَا نَعْلَمُ بِمَاذَا يَتَكَلَّمُ».

فَعَلِمَ يَسُوعُ أَنَّهُمْ كَانُوا يُرِيدُونَ أَنْ يَسْأَلُوهُ فَقَالَ لَهُمْ: «أَعَنْ هَذَا تَتَسَاءَلُونَ فِيمَا بَيْنَكُمْ لأَنِّي قُلْتُ: بَعْدَ قَلِيلٍ لاَ تُبْصِرُونَنِي ثُمَّ بَعْدَ قَلِيلٍ أَيْضاً تَرَوْنَنِي اَلْحَقَّ الْحَقَّ أَقُولُ لَكُمْ: إِنَّكُمْ سَتَبْكُونَ وَتَنُوحُونَ وَالْعَالَمُ يَفْرَحُ. أَنْتُمْ سَتَحْزَنُونَ وَلَكِنَّ حُزْنَكُمْ يَتَحَوَّلُ إِلَى فَرَحٍ. اَلْمَرْأَةُ وَهِيَ تَلِدُ تَحْزَنُ لأَنَّ سَاعَتَهَا قَدْ جَاءَتْ وَلَكِنْ مَتَى وَلَدَتِ الطِّفْلَ لاَ تَعُودُ تَذْكُرُ الشِّدَّةَ لِسَبَبِ الْفَرَحِ لأَنَّهُ قَدْ وُلِدَ إِنْسَانٌ فِي الْعَالَمِ.

فَأَنْتُمْ كَذَلِكَ عِنْدَكُمُ الآنَ حُزْنٌ. وَلَكِنِّي سَأَرَاكُمْ أَيْضاً فَتَفْرَحُ قُلُوبُكُمْ وَلاَ يَنْزِعُ أَحَدٌ فَرَحَكُمْ مِنْكُمْ. وَفِي ذَلِكَ الْيَوْمِ لاَ تَسْأَلُونَنِي شَيْئاً. اَلْحَقَّ الْحَقَّ أَقُولُ لَكُمْ: إِنَّ كُلَّ مَا طَلَبْتُمْ مِنَ الآبِ بِاسْمِي يُعْطِيكُمْ. إِلَى الآنَ لَمْ تَطْلُبُوا شَيْئاً بِاسْمِي. اُطْلُبُوا تَأْخُذُوا لِيَكُونَ فَرَحُكُمْ كَامِلاً. «قَدْ كَلَّمْتُكُمْ بِهَذَا بِأَمْثَالٍ وَلَكِنْ تَأْتِي سَاعَةٌ حِينَ لاَ أُكَلِّمُكُمْ أَيْضاً بِأَمْثَالٍ بَلْ أُخْبِرُكُمْ عَنِ الآبِ علاَنِيَةً. فِي ذَلِكَ الْيَوْمِ

is coming when I will no longer speak to you in figurative language, but I will tell you plainly about the Father. In that day you will ask in My name, and I do not say to you that I shall pray the Father for you; for the Father Himself loves you, because you have loved Me, and have believed that I came forth from God. I came forth from the Father and have come into the world. Again, I leave the world and go to the Father." His disciples said to Him, "See, now You are speaking plainly, and using no figure of speech! Now we are sure that You know all things, and have no need that anyone should question You. By this we believe that You came forth from God." Jesus answered them, "Do you now believe? Indeed the hour is coming, yes, has now come, that you will be scattered, each to his own, and will leave Me alone. And yet I am not alone, because the Father is with Me. These things I have spoken to you, that in Me you may have peace. In the world you will have tribulation; but be of good cheer, I have overcome the world."

Bow down before the Holy Gospel.
Glory be to God forever.

تَطْلُبُونَ بِاسْمِي. وَلَسْتُ أَقُولُ لَكُمْ إِنِّي أَنَا أَسْأَلُ الآبَ مِنْ أَجْلِكُمْ لأَنَّ الآبَ نَفْسَهُ يُحِبُّكُمْ لأَنَّكُمْ قَدْ أَحْبَبْتُمُونِي وَآمَنْتُمْ أَنِّي مِنْ عِنْدِ اللَّهِ خَرَجْتُ. خَرَجْتُ مِنْ عِنْدِ الآبِ وَقَدْ أَتَيْتُ إِلَى الْعَالَمِ وَأَيْضاً أَتْرُكُ الْعَالَمَ وَأَذْهَبُ إِلَى الآبِ». قَالَ لَهُ تلاَمِيذُهُ: «هُوَذَا الآنَ تَتَكَلَّمُ علاَنِيَةً وَلَسْتَ تَقُولُ مَثَلاً وَاحِداً! اَلآنَ نَعْلَمُ أَنَّكَ عَالِمٌ بِكُلِّ شَيْءٍ وَلَسْتَ تَحْتَاجُ أَنْ يَسْأَلَكَ أَحَدٌ. لِهَذَا نُؤْمِنُ أَنَّكَ مِنَ اللَّهِ خَرَجْتَ». أَجَابَهُمْ يَسُوعُ: «أَلآنَ تُؤْمِنُونَ؟ هُوَذَا تَأْتِي سَاعَةٌ وَقَدْ أَتَتِ الآنَ تَتَفَرَّقُونَ فِيهَا كُلُّ وَاحِدٍ إِلَى خَاصَّتِهِ وَتَتْرُكُونَنِي وَحْدِي. وَأَنَا لَسْتُ وَحْدِي لأَنَّ الآبَ مَعِي. قَدْ كَلَّمْتُكُمْ بِهَذَا لِيَكُونَ لَكُمْ فِيَّ سلاَمٌ. فِي الْعَالَمِ سَيَكُونُ لَكُمْ ضِيقٌ وَلَكِنْ ثِقُوا: أَنَا قَدْ غَلَبْتُ الْعَالَمَ».

أسجدوا للإنجيل المقدس.
والمجد لله دائماً.

Ⲡⲓⲙⲁϩ ⲇ̄ ⲙ̀ⲡⲁⲣⲁⲕⲗⲏⲧⲟⲛ

Ⲉⲩⲁⲅⲅⲉⲗⲓⲟⲛ ⲕⲁⲧⲁ Ⲓⲱⲁⲛⲛⲏⲛ Ⲕⲉⲫ ⲓ̄ⲍ̄ : ⲁ̄ ϣ̄ⲃ̄ⲗ̄

Ⲛⲁⲓ ⲉ̀ⲧⲁϥⲥⲁϫⲓ ⲙ̀ⲙⲱⲟⲩ ⲛ̀ϫⲉ Ⲓⲏ̄ⲥ̄ : ⲟⲩⲟϩ ⲉ̀ⲧⲁϥϥⲁⲓ ⲛ̀ⲛⲉϥⲃⲁⲗ ⲉ̀ⲡϣⲱⲓ ⲉ̀ⲧ̀ⲫⲉ : ⲡⲉϫⲁϥ ϫⲉ ⲡⲁⲓⲱⲧⲁ̀ⲥ̀ⲓ ⲛ̀ϫⲉ ϯⲟⲩⲛⲟⲩ ⲙⲁ̀ⲱⲟⲩ ⲙ̀ⲡⲉⲕϣⲏⲣⲓ ϩⲓⲛⲁ ⲛ̀ⲧⲉ ⲡⲉⲕϣⲏⲣⲓ ϯⲱⲟⲩ ⲛⲁⲕ. Ⲙ̀ⲫ̀ⲣⲏϯ ⲉ̀ⲧⲁⲕϯⲉⲣϣⲓϣⲓ ⲛⲁϥ ⲉ̀ϫⲉⲛ ⲥⲁⲣⲝ ⲛⲓⲃⲉⲛ : ϩⲓⲛⲁ ⲫⲏ ⲛⲓⲃⲉⲛ ⲉ̀ⲧⲁⲕⲧⲏⲓϥ ⲛⲁϥ ⲛ̀ⲧⲉϥϯ ⲛⲱⲟⲩ ⲛ̀ⲟⲩⲱⲛϧ ⲛ̀ⲉ̀ⲛⲉϩ. Ⲫⲁⲓ ⲇⲉ ⲡⲉ ⲡⲓⲱⲛϧ ⲛ̀ⲉⲛⲉϩ ϩⲓⲛⲁ ⲛ̀ⲧⲟⲩⲥⲟⲩⲱⲛⲕ ⲡⲓⲟⲩⲁⲓ ⲙ̀ⲙⲁⲩⲁⲧϥ Ⲫϯ ⲛ̀ⲧⲁ̀ⲫⲙⲏⲓ : ⲛⲉⲙ ⲫⲏⲉ̀ⲧⲁⲕ ⲟⲩⲟⲣⲡϥ Ⲓⲏ̄ⲥ̄ Ⲡⲭ̄ⲥ̄. Ⲁ̀ⲛⲟⲕ ⲁⲓϯⲱⲟⲩ ⲛⲁⲕ ϩⲓϫⲉⲛ ⲡⲓⲕⲁϩⲓ :

ⲉ̀ⲧⲁⲓϫⲱⲕ ⲙ̀ⲡⲓϩⲱⲃ ⲉ̀ⲃⲟⲗ ⲉ̀ⲧⲁⲕⲧⲏⲓϥ ⲛⲏⲓ ϫⲉ ⲛ̀ⲧⲁⲁⲓϥ. Ⲟⲩⲟϩ ϯⲛⲟⲩ ⲙⲁⲱⲟⲩ ⲛⲏⲓ ⲛ̀ⲑⲟⲕ ⲡⲁⲓⲱⲧ ϧⲁⲧⲟⲧⲕ ϧⲉⲛ ⲡⲓⲱ̀ⲟⲩ ⲉ̀ⲛⲁϥ ⲛ̀ⲧⲏⲓ ⲛ̀ϣⲟⲣⲡ ⲙ̀ⲡⲁⲧⲉⲡⲓⲕⲟⲥⲙⲟ ⲥϣ̀ⲱⲡⲓ ϧⲁⲧⲟⲧⲕ. Ⲁⲓⲟⲩⲱⲛϩ ⲙ̀ⲡⲉⲕⲣⲁⲛ ⲉ̀ⲃⲟⲗ ⲛ̀ⲛⲓⲣⲱⲙⲓ ⲉ̀ⲧⲁⲕⲧⲏⲓⲧⲟⲩ ⲛⲏⲓ ⲉ̀ⲃⲟⲗϧⲉⲛ ⲡⲓⲕⲟⲥⲙⲟⲥ : ⲛⲟⲩⲕ ⲛⲉ ⲟⲩⲟϩ ⲁⲕⲧⲏⲓⲧⲟⲩ ⲛⲏⲓ ⲟⲩⲟϩ ⲡⲉⲕⲥⲁϫⲓ ⲁⲩⲁ̀ⲣⲉϩ ⲉ̀ⲣⲟϥ. Ⲟⲩⲟϩ ϯⲛⲟⲩ ⲁⲩⲉ̀ⲙⲓ ϫⲉ ϩⲱⲃ ⲛⲓⲃⲉⲛ ⲉ̀ⲧⲁⲕⲧⲏⲓⲧⲟⲩ ⲛⲏⲓ ϩⲁⲛ ⲉⲃⲟⲗ ϩⲓⲧⲟⲧⲕ ⲛⲉ. Ϫⲉ ⲛⲓⲥⲁϫⲓ ⲉ̀ⲧⲁⲕⲧⲏⲓⲧⲟⲩ ⲛⲏⲓ ⲁⲓⲧⲏⲓⲧⲟⲩ ⲛⲱⲟⲩ. ⲟⲩⲟϩ ⲛ̀ⲑⲱⲟⲩ ϩⲱⲟⲩ ⲁⲩϭⲓⲧⲟⲩ ⲟⲩⲟϩ ⲁⲩⲉ̀ⲙⲓ ⲧⲁⲫ̀ⲙⲏⲓ ϫⲉ ⲉ̀ⲧⲁⲓ̀ⲓ̀ ⲉ̀ⲃⲟⲗ ϩⲓⲧⲟⲧⲕ : ⲟⲩⲟϩ ⲁⲩⲛⲁϩϯ ϫⲉ ⲛ̀ⲑⲟⲕ ⲡⲉ ⲉ̀ⲧⲁⲕⲧⲁⲟⲩⲟⲓ. Ⲁⲛⲟⲕ ϯⲧⲱⲃϩ ⲉ̀ϩ̀ⲣⲏⲓ ⲉ̀ϫⲱⲟⲩ : ⲛⲁⲓ ⲧⲱⲃϩ ⲁⲛ ⲉⲑⲃⲉ ⲡⲓⲕⲟⲥⲙⲟⲥ : ⲁⲗⲗⲁ ⲉⲑⲃⲉ ⲛⲏⲉ̀ⲧⲁⲕⲧⲏⲓⲧⲟⲩ ⲛⲏⲓ ϫⲉ ⲛⲟⲩⲕ ⲛⲉ. Ⲟⲩⲟϩ ⲛⲏⲉ̀ⲧⲉⲛⲟⲩⲓ ⲛⲟⲩⲕ ⲛⲉ : ⲟⲩⲟϩ ⲛⲏⲉ̀ⲧⲉⲛⲟⲩⲕ ⲛⲟⲩⲓ̀ ⲛⲉ : ⲟⲩⲟϩ ⲁⲓϭⲓⲱ̀ⲟⲩ ⲛ̀ϧ̀ⲣⲏⲓ ⲛ̀ϧⲏⲧⲟⲩ. Ⲟⲩⲟϩ ϯⲭⲏ ⲁⲛ ϫⲉ ϧⲉⲛ ⲡⲓⲕⲟⲥⲙⲟⲥ : ⲛⲁⲓ ⲇⲉ ⲛ̀ⲑⲱⲟⲩ ⲥⲉⲭⲏ ϧⲉⲛ ⲡⲓⲕⲟⲥⲙⲟⲥ : ⲟⲩⲟϩ ⲁ̀ⲛⲟⲕ ϯⲛⲏⲟⲩ ϩⲁⲣⲟⲕ : ⲡⲁⲓⲱⲧ ⲡⲓⲁ̀ⲅⲓⲟⲥ ⲁ̀ⲣⲉϩ ⲉ̀ⲣⲱⲟⲩ ⲛ̀ϧ̀ⲣⲏⲓ ϧⲉⲛ ⲡⲉⲕⲣⲁⲛ ⲛⲏⲉ̀ⲧⲁⲕ ⲧⲏⲓⲧⲟⲩ ⲛⲏⲓ : ϩⲓⲛⲁ ⲛ̀ⲧⲟⲩϣⲱⲡⲓ ϧⲉⲛ ⲟⲩⲙⲉⲧⲟⲩⲁⲓ ⲙ̀ⲡⲉⲛⲣⲏϯ. Ϩⲟⲧⲉ ⲁ̀ⲛⲟⲕ ⲉⲓⲭⲏ ⲛⲉⲙⲱⲟⲩ ⲛⲁⲓⲁ̀ⲣⲉϩ ⲉ̀ⲣⲱⲟⲩ ⲛ̀ϧ̀ⲣⲏⲓ ϧⲉⲛ ⲡⲉⲕⲣⲁⲛ ⲛⲏⲉ̀ⲧⲁⲕⲧⲏⲓⲧⲟⲩ ⲛⲏⲓ : ⲁⲓⲁ̀ⲣⲉϩ ⲉ̀ⲣⲱⲟⲩ ⲟⲩⲟϩ ⲙ̀ⲡⲉ ϩ̀ⲗⲓ ⲛ̀ϧⲏⲧⲟⲩ ⲧⲁⲕⲟ : ⲉ̀ⲃⲏⲗ ⲉ̀ⲡϣ̀ⲏⲣⲓ ⲙ̀ⲡⲧⲁⲕⲟ : ϩⲓⲛⲁ ⲛ̀ⲧⲉⲥϫⲱⲕ ⲉ̀ⲃⲟⲗ ⲛ̀ϫⲉ ϯⲅ̀ⲣⲁⲫⲏ. ϯⲛⲟⲩ ⲇⲉ ⲉⲓⲛⲏⲟⲩ ϩⲁⲣⲟⲕ ⲟⲩⲟϩ ⲛⲁⲓ ϯⲥⲁϫⲓ ⲙ̀ⲙⲱⲟⲩ ϧⲉⲛ ⲡⲓⲕⲟⲥⲙⲟⲥ : ϩⲓⲛⲁ ⲛ̀ⲧⲉ ⲡⲁⲣⲁϣⲓ ϣⲱⲡⲓ ⲉϥϫⲏⲕ ⲉ̀ⲃⲟⲗ ⲛ̀ϧ̀ⲣⲏⲓ ⲛ̀ϧⲏⲧⲟⲩ. Ⲁⲛⲟⲕ ⲁⲓϯⲛⲱⲟⲩ ⲙ̀ⲡⲉⲕⲥⲁϫⲓ : ⲟⲩⲟϩ ⲁ̀ⲡⲓⲕⲟⲥⲙⲟⲥ ⲙⲉⲥⲧⲱⲟⲩ : ϫⲉ ϩⲁⲛ ⲉ̀ⲃⲟⲗ ϧⲉⲛ ⲡⲓⲕⲟⲥⲙⲟⲥ ⲁⲛ ⲛⲉ : ⲙ̀ⲡⲁⲣⲏϯ ϩⲱ ⲉⲧⲉ ⲁ̀ⲛⲟⲕ ⲟⲩⲉ̀ⲃⲟⲗϧⲉⲛ ⲡⲓⲕⲟⲥⲙⲟⲥ ⲁⲛ. Ⲛⲁⲓ ϯϩⲟ ⲁⲛ ϩⲓⲛⲁ ⲛ̀ⲧⲉⲕⲟⲗⲟⲩ ⲉ̀ⲃⲟⲗϧⲉⲛ ⲡⲓⲕⲟⲥⲙⲟⲥ : ⲁⲗⲗⲁ ϩⲓⲛⲁ ⲛ̀ⲧⲉⲕⲁ̀ⲣⲉϩ ⲉ̀ⲣⲱⲟⲩ ⲉ̀ⲃⲟⲗ ϩⲁ ⲡⲓⲡⲉⲧϩⲱⲟⲩ. Ϫⲉ ϩⲁⲛⲉ̀ⲃⲟⲗϧⲉⲛ ⲡⲓⲕⲟⲥⲙⲟⲥ ⲁⲛ ⲛⲉ ⲙ̀ⲡⲁⲓⲣⲏϯ ϩⲱ ⲉⲧⲉ ⲁ̀ⲛⲟⲕ ⲟⲩ ⲉ̀ⲃⲟⲗϧⲉⲛ ⲡⲓⲕⲟⲥⲙⲟⲥ ⲁⲛ. Ⲙⲁⲧⲟⲩⲃⲱⲟⲩ ⲛ̀ϧ̀ⲣⲏⲓ ϧⲉⲛ ⲧⲉⲕⲙⲉⲑⲙⲏⲓ : ⲫⲏⲉ̀ⲧⲉⲫⲱⲕ ⲛ̀ⲥⲁϫⲓ ⲡⲉ ϯⲙⲉⲑⲙⲏⲓ. Ⲕⲁⲧⲁ ⲫ̀ⲣⲏϯ ⲉ̀ⲧⲁⲕⲟⲩⲟⲣⲡⲧ ⲉ̀ⲡⲓⲕⲟⲥⲙⲟⲥ : ⲁⲛⲟⲕ ϩⲱ ⲁⲓⲟⲩⲟⲣⲡⲟⲩ ⲉⲡⲓⲕⲟⲥⲙⲟⲥ. Ⲟⲩⲟϩ ϯⲧⲟⲩⲃⲟ ⲙ̀ⲙⲟⲓ ⲁ̀ⲛⲟⲕ ⲉ̀ϩ̀ⲣⲏⲓ ⲉ̀ϫⲱⲟⲩ : ϩⲓⲛⲁ ⲛ̀ⲧⲟⲩϣⲱⲡⲓ ϩⲱⲟⲩ ⲉⲩⲧⲟⲩⲃⲏⲟⲩⲧ ϧⲉⲛ ⲟⲩ ⲙⲉⲑⲙⲏⲓ. Ⲛⲁⲓ ϯϩⲟ ⲇⲉ ⲉⲑⲃⲉ ⲛⲁⲓ ⲙ̀ⲙⲁⲩⲁ̀ⲧⲟⲩ ⲁⲛ : ⲁⲗⲗⲁ ⲛⲉⲙ ⲉ̀ϩ̀ⲣⲏⲓ ⲉ̀ϫⲉⲛ ⲛⲏⲉⲑⲛⲁϩϯ ⲉ̀ⲣⲟⲓ ⲉ̀ⲃⲟⲗϩⲓⲧⲉⲛ ⲡⲟⲩⲥⲁϫⲓ. ϩⲓⲛⲁ ⲛ̀ⲧⲟⲩϣⲱⲡⲓ ⲧⲏⲣⲟⲩ ϧⲉⲛ ⲟⲩⲙⲉⲧⲟⲩⲁⲓ ⲕⲁⲧⲁⲫ̀ⲣⲏϯ ⲛ̀ⲑⲟⲕⲫⲓⲱⲧ ⲉ̀ⲧⲉⲕϣⲱⲡⲓ ⲛ̀ϧ̀ⲣⲏⲓ ⲛ̀ϧⲏⲧ : ⲟⲩⲟϩ ⲁ̀ⲛⲟⲕ ϩⲱ ⲛ̀ϧ̀ⲣⲏⲓ ⲛ̀ϧⲏⲧⲕ : ϩⲓⲛⲁ ⲛ̀ⲑⲱⲟⲩ ϩⲱⲟⲩ ⲛ̀ⲧⲟⲩϣⲱⲡⲓ ⲛ̀ϧⲏⲧⲉⲛ ϧⲉⲛ ⲟⲩⲙⲉⲧⲟⲩⲁⲓ : ϩⲓⲛⲁ ⲛ̀ⲧⲉ ⲡⲓⲕⲟⲥⲙⲟⲥ ⲛⲁϩϯ ϫⲉ ⲛ̀ⲑⲟⲕ ⲡⲉⲧⲁⲕⲧⲁⲟⲩⲟⲓ. Ⲟⲩⲟϩ ⲁ̀ⲛⲟⲕ ⲡⲓⲱ̀ⲟⲩ ⲉ̀ⲧⲁⲕⲧⲏⲓϥ ⲛⲏⲓ ⲁⲓⲧⲏⲓϥ ⲛⲱⲟⲩ : ϩⲓⲛⲁ ⲛ̀ⲧⲟⲩϣⲱⲡⲓ ϩⲱⲟⲩ ϧⲉⲛ ⲟⲩⲙⲉⲧⲟⲩⲁⲓ ⲙ̀ⲡⲉⲛⲣⲏϯ ϩⲱⲛ ⲉ̀ⲧⲉⲛϣⲟⲡ ϧⲉⲛ ⲟⲩⲙⲉⲧⲟⲩⲁⲓ. Ⲁⲛⲟⲕ ⲛ̀ϧ̀ⲣⲏⲓ ⲛ̀ϧⲏⲧⲟⲩ ⲟⲩⲟϩ ⲛ̀ⲑⲟⲕ ⲛ̀ϧⲏⲧ : ⲟⲩⲟϩ ⲛ̀ⲧⲟⲩϣⲱⲡⲓ ϩⲱⲟⲩ ⲉⲩϫⲏⲕ ⲉ̀ⲃⲟⲕϧⲉⲛ ⲟⲩⲙⲉⲧⲟⲩⲁⲓ : ⲟⲩⲟϩ ⲛ̀ⲧⲉϥⲉ̀ⲙⲓ ⲛ̀ϫⲉ ⲡⲓⲕⲟⲥⲙⲟⲥ ϫⲉ ⲛ̀ⲑⲟⲕ ⲡⲉ ⲉ̀ⲧⲁⲕⲧⲁⲟⲩⲟⲓ : ⲟⲩⲟϩ ⲁⲓⲙⲉⲛⲣⲓⲧⲟⲩ ⲙ̀ⲫ̀ⲣⲏϯ ⲉ̀ⲧⲁⲕⲙⲉⲛⲣⲓⲧ. Ⲡⲁⲓⲱⲧ ⲛⲏⲉ̀ⲧⲁⲕⲧⲏⲓⲧⲟⲩ ⲛⲏⲓ ϯⲟⲩⲱϣ ϩⲓⲛⲁ ⲙ̀ⲫ̀ⲙⲁ ⲉ̀ϯϣⲟⲡ ⲙ̀ⲙⲟϥ ⲁ̀ⲛⲟⲕ ⲛ̀ⲧⲟⲩϣⲱⲡⲓ ⲙ̀ⲙⲁⲩ ϩⲱⲟⲩ ⲛⲉⲙⲏⲓ ϩⲓⲛⲁ ⲛ̀ⲧⲟⲩⲛⲁⲩ ⲉ̀ⲡⲁⲱ̀ⲟⲩ ⲉ̀ⲧⲁⲕⲧⲏⲓϥ ⲛⲏⲓ : ϫⲉ ⲁⲕⲙⲉⲛⲣⲓⲧ ϧⲁϫⲉⲛ ⲧⲕⲁⲧⲁⲃⲟⲗⲏ ⲙ̀ⲡⲓⲕⲟⲥⲙⲟⲥ. Ⲡⲁⲓⲱⲧ ⲡⲓⲑ̀ⲙⲏⲓ ⲙ̀ⲡⲉ ⲡⲓⲕⲟⲥⲙⲟⲥ ⲥⲟⲩⲱⲛⲕ ⲁⲛⲟⲕ ⲇⲉ ⲁⲓⲥⲟⲩⲱⲛⲕ : ⲟⲩⲟϩ ⲛⲁⲓ ⲕⲉϫⲱⲟⲩⲛⲓ ⲁⲩⲉ̀ⲙⲓ ϫⲉ ⲛ̀ⲑⲟⲕ ⲡⲉ ⲉ̀ⲧⲁⲕⲧⲁⲟⲩⲟⲓ. Ⲟⲩⲟϩ ⲁⲓⲧⲁⲙⲱⲟⲩ ⲉ̀ⲡⲉⲕⲣⲁⲛ ⲟⲩⲟϩ ϯⲛⲁⲧⲁⲙⲱⲟⲩ ⲟⲛ : ϩⲓⲛⲁ ϯⲁ̀ⲅⲁⲡⲏ ⲉ̀ⲧⲁⲕⲙⲉⲛⲣⲏⲛ̀ϧⲏⲧⲥ ⲛ̀ⲧⲉⲥϣⲱⲡⲓ ⲛ̀ϧ̀ⲣⲏⲓ ⲛ̀ϧⲏⲧⲟⲩ : ⲟⲩⲟϩ ⲁ̀ⲛⲟⲕϩⲱ ⲛ̀ϧ̀ⲣⲏⲓ ⲛ̀ϧⲏⲧⲟⲩ :

Ⲟⲩⲱϣⲧ ⲙ̀ⲡⲓⲉⲩⲁⲅⲅⲉⲗⲓⲟⲛ ⲉ̅ⲑ̅ⲩ̅.

John 17:1-26

According to Saint John.

Jesus spoke these words, lifted up His eyes to heaven, and said: "Father, the hour has come. Glorify Your Son, that Your Son also may glorify You, as You have given Him authority over all flesh, that He should give eternal life to as many as You have given Him. And this is eternal life, that they may know You, the only true God, and Jesus Christ whom You have sent. I have glorified You on the earth. I have finished the work which You have given Me to do. And now, O Father, glorify Me together with Yourself, with the glory which I had with You before the world was. "I have manifested Your name to the men whom You have given Me out of the world. They were Yours, You gave them to Me, and they have kept Your word.

Now they have known that all things which You have given Me are from You. For I have given to them the words which You have given Me; and they have received them, and have known surely that I came forth from You; and they have believed that You sent Me. I pray for them. I do not pray for the world but for those whom You have given Me, for they are Yours.
And all Mine are Yours, and Yours are

يوحنا ١٧: ١-٢٦

الفصل الرابع من البارقليط

تَكَلَّمَ يَسُوعُ بِهذَا وَرَفَعَ عَيْنَيْهِ نَحْوَ السَّمَاءِ وَقَالَ: «أَيُّهَا الآبُ قَدْ أَتَتِ السَّاعَةُ. مَجِّدِ ابْنَكَ لِيُمَجِّدَكَ ابْنُكَ أَيْضاً إِذْ أَعْطَيْتَهُ سُلْطَاناً عَلَى كُلِّ جَسَدٍ لِيُعْطِيَ حَيَاةً أَبَدِيَّةً لِكُلِّ مَنْ أَعْطَيْتَهُ. وَهَذِهِ هِيَ الْحَيَاةُ الأَبَدِيَّةُ: أَنْ يَعْرِفُوكَ أَنْتَ الإِلَهَ الْحَقِيقِيَّ وَحْدَكَ وَيَسُوعَ الْمَسِيحَ الَّذِي أَرْسَلْتَهُ. أَنَا مَجَّدْتُكَ عَلَى الأَرْضِ. الْعَمَلَ الَّذِي أَعْطَيْتَنِي لأَعْمَلَ قَدْ أَكْمَلْتُهُ. وَالآنَ مَجِّدْنِي أَنْتَ أَيُّهَا الآبُ عِنْدَ ذَاتِكَ بِالْمَجْدِ الَّذِي كَانَ لِي عِنْدَكَ قَبْلَ كَوْنِ الْعَالَمِ. «أَنَا أَظْهَرْتُ اسْمَكَ لِلنَّاسِ الَّذِينَ أَعْطَيْتَنِي مِنَ الْعَالَمِ. كَانُوا لَكَ وَأَعْطَيْتَهُمْ لِي وَقَدْ حَفِظُوا كَلاَمَكَ.

وَالآنَ عَلِمُوا أَنَّ كُلَّ مَا أَعْطَيْتَنِي هُوَ مِنْ عِنْدِكَ لأَنَّ الْكَلاَمَ الَّذِي أَعْطَيْتَنِي قَدْ أَعْطَيْتُهُمْ وَهُمْ قَبِلُوا وَعَلِمُوا يَقِيناً أَنِّي خَرَجْتُ مِنْ عِنْدِكَ وَآمَنُوا أَنَّكَ أَنْتَ أَرْسَلْتَنِي. مِنْ أَجْلِهِمْ أَنَا أَسْأَلُ. لَسْتُ أَسْأَلُ مِنْ أَجْلِ الْعَالَمِ بَلْ مِنْ أَجْلِ الَّذِينَ أَعْطَيْتَنِي لأَنَّهُمْ لَكَ. وَكُلُّ مَا هُوَ لِي فَهُوَ لَكَ وَمَا هُوَ لَكَ فَهُوَ لِي وَأَنَا مُمَجَّدٌ فِيهِمْ. وَلَسْتُ أَنَا بَعْدُ فِي الْعَالَمِ وَأَمَّا

Mine, and I am glorified in them. Now I am no longer in the world, but these are in the world, and I come to You. Holy Father, keep through Your name those whom You have given Me, that they may be one as We are. While I was with them in the world, I kept them in Your name. Those whom You gave Me I have kept; and none of them is lost except the son of perdition, that the Scripture might be fulfilled.

But now I come to You, and these things I speak in the world, that they may have My joy fulfilled in themselves. I have given them Your word; and the world has hated them because they are not of the world, just as I am not of the world. I do not pray that You should take them out of the world, but that You should keep them from the evil one. They are not of the world, just as I am not of the world. Sanctify them by Your truth. Your word is truth. As You sent Me into the world, I also have sent them into the world.

And for their sakes I sanctify Myself, that they also may be sanctified by the truth. "I do not pray for these alone, but also for those who will believe in Me through their word; that they all may be one, as You, Father, are in Me, and I in You; that they also may be one in Us, that the world may believe that You sent Me.

And the glory which You gave Me I have given them, that they may be one just as We are one: I in them, and You in Me; that they may be made perfect in one, and that the world may know that You have sent Me, and have loved them as You have loved Me. Father, I

هَؤُلاَءِ فَهُمْ فِي الْعَالَمِ وَأَنَا آتِي إِلَيْكَ. أَيُّهَا الآبُ الْقُدُّوسُ احْفَظْهُمْ فِي اسْمِكَ. الَّذِينَ أَعْطَيْتَنِي لِيَكُونُوا وَاحِداً كَمَا نَحْنُ. حِينَ كُنْتُ مَعَهُمْ فِي الْعَالَمِ كُنْتُ أَحْفَظُهُمْ فِي اسْمِكَ. الَّذِينَ أَعْطَيْتَنِي حَفِظْتُهُمْ وَلَمْ يَهْلِكْ مِنْهُمْ أَحَدٌ إِلاَّ ابْنُ الْهَلاَكِ لِيَتِمَّ الْكِتَابُ.

أَمَّا الآنَ فَإِنِّي آتِي إِلَيْكَ. وَأَتَكَلَّمُ بِهَذَا فِي الْعَالَمِ لِيَكُونَ لَهُمْ فَرَحِي كَامِلاً فِيهِمْ. أَنَا قَدْ أَعْطَيْتُهُمْ كَلاَمَكَ وَالْعَالَمُ أَبْغَضَهُمْ لأَنَّهُمْ لَيْسُوا مِنَ الْعَالَمِ كَمَا أَنِّي أَنَا لَسْتُ مِنَ الْعَالَمِ لَسْتُ أَسْأَلُ أَنْ تَأْخُذَهُمْ مِنَ الْعَالَمِ بَلْ أَنْ تَحْفَظَهُمْ مِنَ الشِّرِّيرِ. لَيْسُوا مِنَ الْعَالَمِ كَمَا أَنِّي أَنَا لَسْتُ مِنَ الْعَالَمِ. قَدِّسْهُمْ فِي حَقِّكَ. كَلاَمُكَ هُوَ حَقٌّ. كَمَا أَرْسَلْتَنِي إِلَى الْعَالَمِ أَرْسَلْتُهُمْ أَنَا إِلَى الْعَالَمِ وَلأَجْلِهِمْ أُقَدِّسُ أَنَا ذَاتِي لِيَكُونُوا هُمْ أَيْضاً مُقَدَّسِينَ فِي الْحَقِّ. «وَلَسْتُ أَسْأَلُ مِنْ أَجْلِ هَؤُلاَءِ فَقَطْ بَلْ أَيْضاً مِنْ أَجْلِ الَّذِينَ يُؤْمِنُونَ بِي بِكَلاَمِهِمْ لِيَكُونَ الْجَمِيعُ وَاحِداً كَمَا أَنَّكَ أَنْتَ أَيُّهَا الآبُ فِيَّ وَأَنَا فِيكَ لِيَكُونُوا هُمْ أَيْضاً وَاحِداً فِينَا لِيُؤْمِنَ الْعَالَمُ أَنَّكَ أَرْسَلْتَنِي.

وَأَنَا قَدْ أَعْطَيْتُهُمُ الْمَجْدَ الَّذِي أَعْطَيْتَنِي لِيَكُونُوا وَاحِداً كَمَا أَنَّنَا نَحْنُ وَاحِدٌ. أَنَا فِيهِمْ وَأَنْتَ فِيَّ لِيَكُونُوا مُكَمَّلِينَ إِلَى وَاحِدٍ وَلِيَعْلَمَ الْعَالَمُ أَنَّكَ أَرْسَلْتَنِي وَأَحْبَبْتَهُمْ كَمَا أَحْبَبْتَنِي. أَيُّهَا الآبُ أُرِيدُ أَنَّ هَؤُلاَءِ الَّذِينَ أَعْطَيْتَنِي

desire that they also whom You gave Me may be with Me where I am, that they may behold My glory which You have given Me; for You loved Me before the foundation of the world. O righteous Father! The world has not known You, but I have known You; and these have known that You sent Me. And I have declared to them Your name, and will declare it, that the love with which You loved Me may be in them, and I in them."

Bow down before the Holy Gospel.
Glory be to God forever.

يَكُونُونَ مَعِي حَيْثُ أَكُونُ أَنَا لِيَنْظُرُوا مَجْدِي الَّذِي أَعْطَيْتَنِي لأَنَّكَ أَحْبَبْتَنِي قَبْلَ إِنْشَاءِ الْعَالَمِ. أَيُّهَا الآبُ الْبَارُّ إِنَّ الْعَالَمَ لَمْ يَعْرِفْكَ أَمَّا أَنَا فَعَرَفْتُكَ وَهَؤُلاَءِ عَرَفُوا أَنَّكَ أَنْتَ أَرْسَلْتَنِي. وَعَرَّفْتُهُمُ اسْمَكَ وَسَأُعَرِّفُهُمْ لِيَكُونَ فِيهِمُ الْحُبُّ الَّذِي أَحْبَبْتَنِي بِهِ وَأَكُونَ أَنَا فِيهِمْ».

أسجدوا للإنجيل المقدس.
والمجد لله دائماً.

Commentary

طرح

The Commentary of the First Hour of Eve of Good Friday of Holy Pascha, may its blessings be with us all. Amen.

When He said this, Our Lord Jesus Christ raised His eyes towards heaven and said, "Father, the hour has come, glorify Your Son… I have glorified You on the earth. I have finished the work that You have given Me to do."
"What You gave Me Father, I gave to them because I selected them from the world. For I have given to them the words, which You have given Me; they accepted them and knew that I came forth from You. I pray for their sake and for the sake of all those who believe in Me through their word. I have chosen them from the world and I am coming to You and will leave them in the world. When I was with them, I taught them and delivered Your words to them.
Father the world did not know You and

طرح الساعة الأولى من ليلة الجمعة من البصخة المقدسة بركتها علينا. آمين.

لما قال ربنا يسوع هذا رفع عينيه إلى فوق نحو ابيه، وقال: يا أبتاه قد أتت الساعة. مجد ابنك فى العالم. أنا مجدتك يا أبتاه على الأرض لما أكملت ما يرضيك. الذى أعطيتنى يا أبتاه أعطيتهم اياه لأنى أنا اخترتهم من العالم. وهم هكذا قبلوا كلامى وعلموا أنى خرجت من عندك. أطلب اليك من أجلهم، ومن أجل كل الذين يؤمنون بى بكلامهم. فإنى اخترتهم من العالم، وأنا آت اليك وأتركهم فى العالم. وعندما كنت معهم كنت أحفظهم وسلمت اليهم كلامك. يا أبتاه، العالم لم يعرفك وأنا أعرفك. وهؤلاء الذين معى علموا أنك أرسلتنى، لذلك أعلمتهم بأسمك يا أبى. المحبة التى

I knew You. Those who are with Me knew that You sent Me, that is why I taught them Your name O Father. The love You bestowed on Me O Father, let it be always on them so that they may proclaim Your grace among the nations for I shall be in them. Those are the commandments that our Savior gave to His disciples, whom He chose and sent to the world, to bring forth plenty of fruits. These are the shining stars that gave light to the world.

أحببتنى بها يا أبتاه فلتكن دائمة فيهم جميعاً، ليخبروا الأمم بنعمتك فإنى أنا أيضاً أكون فيهم يا أبى.

هذه هى الوصايا التى قررها مخلصنا مع تلاميذه، هؤلاء الذين اختارهم وأرسلهم إلى العالم ليأتوا له بأثمار كثيرة. هؤلاء كواكب المسكونة الذين ملأ نورهم كل العالم.

Third Hour of Eve of Good Friday

الساعة الثالثة من ليلة الجمعة العظيمة

Ⲓⲉⲍⲉⲕⲓⲏⲗ Ⲕⲉⲫ ⲗ̅ⲋ̅ : ⲓ̅ⲋ̅ - ⲕ̅ⲋ̅

Ⲉ̀ⲃⲟⲗϧⲉⲛ Ⲓⲉⲍⲉⲕⲓⲏⲗ ⲡⲓⲡ̀ⲣⲟⲫⲏⲧⲏⲥ: ⲉ̀ⲣⲉⲡⲉϥ̀ⲥ̀ⲙⲟⲩ ⲉⲑⲟⲩⲁⲃ ϣⲱⲡⲓ ⲛⲉⲙⲁⲛ ⲁ̀ⲙⲏⲛ ⲉϥϫⲱ ⲙ̀ⲙⲟⲥ.

Ⲟⲩⲟϩ ⲁⲟⲩⲥⲁϫⲓ ⲛ̀ⲧⲉ Ⲡ̀ⲟ̅ⲥ̅ ϣⲱⲡⲓ ϩⲁⲣⲟⲓ ⲉϥϫⲱ̀ⲙ̀ⲙⲟⲥ ϫⲉ Ⲡ̀ϣⲏⲣⲓ ⲙ̀ⲫⲣⲱⲙⲓ ⲡ̀ⲏⲓ ⲙ̀ⲡⲓⲥ̅ⲗ̅ ⲁⲩϣⲱⲡⲓ ϩⲓϫⲉⲛ ⲡⲟⲩⲕⲁϩⲓ ⲟⲩⲟϩ ⲁⲩϭⲁ̀ϧⲙⲉϥ ϧⲉⲛ ⲡⲟⲩⲙⲱⲓⲧ ⲛⲉⲙ ⲛⲟⲩⲓ̀ⲇⲱⲗⲟⲛ ⲛⲉⲙ ϧⲉⲛ ⲛⲟⲩϭⲱ̀ϧⲉⲙ ⲁϥϣⲱⲡⲓ ⲅⲁⲣ ⲛ̀ϫⲉ ⲡⲟⲩⲙⲱⲓⲧ ⲙ̀ⲫⲣⲏϯ ⲙ̀ⲡϭⲱ̀ϧⲉⲙ ⲛ̀ⲑⲏⲉ̀ⲧⲟⲓ ⲛ̀ⲕⲁⲙⲁ ⲙ̀ⲡⲁ̀ⲙ̀ⲑⲟ ⲉ̀ⲃⲟⲗ : Ⲟⲩⲟϩ ⲁⲓⲫⲱⲛ ⲙ̀ⲡⲁ̀ⲙ̀ⲃⲟⲛ ⲉ̀ϩⲣⲏⲓ ⲉ̀ϫⲱⲟⲩ ⲉⲑⲃⲉ ⲡ̀ⲥⲛⲟϥ ⲉ̀ⲧⲁⲩⲫⲟⲛϥ ⲉ̀ⲃⲟⲗ ϩⲓϫⲉⲛ ⲡⲓⲕⲁϩⲓ ⲟⲩⲟϩ ⲁⲩϭⲁϧⲉⲙ ⲛ̀ϧ̀ⲣⲏⲓ ϧⲉⲛ ⲛⲟⲩⲓ̀ⲇⲱⲗⲟⲛ. Ⲟⲩⲟϩ ⲁⲓϫⲟⲣⲟⲩ ⲉ̀ⲃⲟⲗϧⲉⲛ ⲛⲓⲉⲑⲛⲟⲥ ⲟⲩⲟϩ ⲁⲓⲥⲟⲣⲟⲩ ⲉ̀ⲃⲟⲗϧⲉⲛ ⲛⲓⲭⲱⲣⲁ ⲕⲁⲧⲁⲡⲟⲩⲙⲱⲓⲧ ⲛⲉⲙ ⲕⲁⲧⲁ ⲛⲟⲩⲛⲟⲃⲓ ⲁⲓ̀ϯϩⲁⲡ ⲉ̀ⲣⲱⲟⲩ. Ⲟⲩⲟϩ ⲉⲧⲁⲩϣⲉⲛⲱⲟⲩ ⲉ̀ϧⲟⲩⲛ ⲉ̀ⲛⲓⲉⲑⲛⲟⲥ ⲡⲓⲙⲁ̀ⲉⲧⲁⲩϣⲉⲛⲱⲟⲩ ⲉ̀ϧⲟⲩⲛ ⲉ̀ⲣⲟϥⲁⲩⲟⲣⲉⲃ ⲙ̀ⲡⲁⲣⲁⲛ ⲉⲑ̅ⲩ̅ ϧⲉⲛ ⲡ̀ϫⲓⲛⲑⲣⲟⲩϫⲟⲥ ϫⲉ ⲫ̀ⲗⲁⲟⲥ ⲙ̀Ⲡ̅ⲟ̅ⲥ̅ ⲛⲉ ⲛⲁⲓ ⲟⲩⲟϩ ⲉ̀ⲧⲁⲩ̀ⲓ ⲉ̀ⲃⲟⲗϧⲉⲛ ⲡⲉϥⲕⲁϩⲓ. Ⲟⲩⲟϩ ⲁⲓ̀ϯ̀ⲁ̀ⲥⲟ ⲉ̀ⲣⲱⲟⲩ ⲉⲑⲃⲉ ⲡⲁⲣⲁⲛ ⲉⲑ̅ⲩ̅ ⲫⲏⲉ̀ⲧⲁⲩⲟⲣⲃⲉϥ ⲛ̀ϫⲉ ⲡ̀ⲏⲓ ⲙ̀ⲡⲓⲥ̅ⲗ̅ ϧⲉⲛ ⲛⲓ ⲉⲑⲛⲟⲥ. Ⲉⲑⲃⲉ ⲫⲁⲓ ⲁ̀ϫⲟⲥ ⲛ̀ⲛⲉⲛϣⲏⲣⲓ ⲙ̀ⲡⲓⲥ̅ⲗ̅ : ϫⲉ ⲛⲁⲓ ⲛⲉ ⲛⲏⲉ̀ⲧⲉϥϫⲱ ⲙ̀ⲙⲱⲟⲩ ⲛ̀ϫⲉ Ⲡ̅ⲟ̅ⲥ̅: ⲛⲁⲓⲡⲓ ⲛⲱⲧⲉⲛ ⲁⲛ ⲡ̀ⲏⲓ ⲙ̀ⲡⲓⲥ̅ⲗ̅ : ⲁⲗⲗⲁ ⲉⲑⲃⲉ ⲡⲁⲣⲁⲛ ⲉⲑ̅ⲩ̅ ⲫⲏⲉ̀ⲧⲁ̀ⲣⲉⲧⲉⲛ ⲟⲣⲃⲉϥ ϧⲉⲛ ⲛⲓⲉⲑⲛⲟⲥ : ⲡⲓⲙⲁ ⲉⲧⲁ̀ⲣⲉⲧⲉⲛϣⲉ ⲉ̀ϧⲟⲩⲛ ⲉ̀ⲣⲟϥ. Ⲁ̀ⲣⲉⲧⲉⲛ ⲧⲟⲩⲃⲟ ⲉ̀ϧⲟⲩⲛ ⲉ̀ⲣⲟϥ ⲙ̀ⲡⲁⲛⲓϣ̀ϯ ⲛ̀ⲣⲁⲛ ⲫⲏⲉⲧⲁⲩⲟⲣⲃⲉϥ ϧⲉⲛ ⲛⲓⲉⲑⲛⲟⲥ : ⲫⲏⲉ̀ⲧⲁ̀ⲣⲉⲧⲉⲛⲟⲣⲃⲉϥ ϧⲉⲛ ⲧⲟⲩⲙⲏϯ : ⲟⲩⲟϩ ⲥⲉⲛⲁⲉ̀ⲙⲓ ⲛ̀ϫⲉ ⲛⲓⲉⲑⲛⲟⲥ ⲧⲏⲣⲟⲩ ϫⲉ ⲁ̀ⲛⲟⲕ ⲡⲉ Ⲡ̅ⲟ̅ⲥ̅ : ⲡⲉϫⲉ ⲁ̀ⲇⲱⲛⲁⲓ Ⲡ̅ⲟ̅ⲥ̅ :

Ⲟⲩⲱ̀ⲟⲩ ⲛ̀ϯⲧ̀ⲣⲓⲁⲥ ⲉⲑⲟⲩⲁⲃ ⲡⲉⲛⲛⲟⲩϯ ϣⲁ ⲉ̀ⲛⲉϩ ⲛⲉⲙ ϣⲁ ⲉ̀ⲛⲉϩ ⲛ̀ⲧⲉ ⲛⲓⲉ̀ⲛⲉϩ ⲧⲏⲣⲟⲩ: ⲁ̀ⲙⲏⲛ.

Ezekiel 36:16 - 23

A reading from Ezekiel the Prophet may his blessings be with us Amen.

Moreover the word of the Lord came to me, saying: "Son of man, when the house of Israel dwelt in their own land, they defiled it by their own ways and deeds; to Me their way was like the uncleanness of a woman in her customary impurity. Therefore I poured

حزقيال ٣٦: ١٦ - ٢٣

من حزقيال النبى بركته المقدسة تكون معنا، آمين.

وَكَانَ إِلَيَّ كَلاَمُ الرَّبِّ: [يَا ابْنَ آدَمَ، إِنَّ بَيْتَ إِسْرَائِيلَ لَمَّا سَكَنُوا أَرْضَهُمْ نَجَّسُوهَا بِطَرِيقِهِمْ وَأَفْعَالِهِمْ. كَانَتْ طَرِيقُهُمْ أَمَامِي كَنَجَاسَةِ الطَّامِثِ، فَسَكَبْتُ غَضَبِي عَلَيْهِمْ لأَجْلِ الدَّمِ

out My fury on them for the blood they had shed on the land, and for their idols with which they had defiled it. So I scattered them among the nations, and they were dispersed throughout the countries; I judged them according to their ways and their deeds. When they came to the nations, wherever they went, they profaned My holy name-- when they said of them, 'These are the people of the Lord, and yet they have gone out of His land.' But I had concern for My holy name, which the house of Israel had profaned among the nations wherever they went. "Therefore say to the house of Israel, 'Thus says the Lord God: "I do not do this for your sake, O house of Israel, but for My holy name's sake, which you have profaned among the nations wherever you went. And I will sanctify My great name, which has been profaned among the nations, which you have profaned in their midst; and the nations shall know that I am the Lord." Thus says the Lord God.

Glory be to the Holy Trinity our God unto the age of all ages, Amen.

الَّذِي سَفَكُوهُ عَلَى الأَرْضِ، وَبِأَصْنَامِهِمْ نَجَّسُوهَا. فَبَدَّدْتُهُمْ فِي الأُمَمِ فَتَذَرَّوا فِي الأَرَاضِي. كَطَرِيقِهِمْ وَأَفْعَالِهِمْ دِنْتُهُمْ. فَلَمَّا جَاءُوا إِلَى الأُمَمِ حَيْثُ جَاءُوا نَجَّسُوا اسْمِي الْقُدُّوسَ، إِذْ قَالُوا لَهُمْ: هَؤُلاَءِ شَعْبُ الرَّبِّ وَقَدْ خَرَجُوا مِنْ أَرْضِهِ. فَتَحَنَّنْتُ عَلَى اسْمِي الْقُدُّوسِ الَّذِي نَجَّسَهُ بَيْتُ إِسْرَائِيلَ فِي الأُمَمِ حَيْثُ جَاءُوا] لِذَلِكَ فَقُلْ لِبَيْتِ إِسْرَائِيلَ. هَكَذَا قَالَ السَّيِّدُ الرَّبُّ: [لَيْسَ لأَجْلِكُمْ أَنَا صَانِعٌ يَا بَيْتَ إِسْرَائِيلَ، بَلْ لأَجْلِ اسْمِي الْقُدُّوسِ الَّذِي نَجَّسْتُمُوهُ فِي الأُمَمِ حَيْثُ جِئْتُمْ. فَأُقَدِّسُ اسْمِي الْعَظِيمَ الْمُنَجَّسَ فِي الأُمَمِ الَّذِي نَجَّسْتُمُوهُ فِي وَسَطِهِمْ، فَتَعْلَمُ الأُمَمُ أَنِّي أَنَا الرَّبُّ يَقُولُ السَّيِّدُ الرَّبُّ.

مجداً للثالوث القدوس الهنا إلى الأبد وإلى أبد الآبدين كلها، آمين.

The Doxology of the Pascha Hour: "Thine is the Power…" on page A5.

تسبحة ساعة البصخة: "لك القوة..." صفحة ٥ فى اخر الكتاب.

Ⲯⲁⲗⲙⲟⲥ ⲣ̅ⲏ̅ : ⲁ̅ ⲛⲉⲙ ⲃ̅

Ⲫϯ ⲙ̀ⲡⲉⲣⲭⲁⲣⲱⲕ ⲉ̀ⲡⲁⲥ̀ⲙⲟⲩ ϫⲉ ⲁϥⲟⲩⲱⲛ ⲉ̀ⲣⲟⲓ ⲛ̀ϫⲉ ⲣⲱϥ ⲛ̀ⲟⲩⲣⲉϥⲉⲣⲛⲟⲃⲓ : ⲛⲉⲙ ⲣⲱϥ ⲛ̀ⲟⲩⲣⲉϥⲉⲣ̀ⲭⲣⲟϥ. Ⲟⲩⲟϩ ⲁⲩⲕⲱϯ ⲉ̀ⲣⲟⲓ ϧⲉⲛ ϩⲁⲛⲥⲁϫⲓ ⲙ̀ⲙⲟⲥϯ : ⲁⲩⲃⲱⲧⲥ ⲉ̀ⲣⲟⲓ ⲛ̀ϫⲓⲛϫⲏ : ⲁ̅ⲗ̅.

Psalm 109:1 - 3

المزمور ١٠٨ : ١ و ٢

A Psalm of David the prophet.

Do not keep silent, O God of my praise! For the mouth of the wicked and the mouth of the deceitful have opened against me; They have also surrounded me with words of hatred, and fought against me without a cause. Alleluia.

من مزامير داود النبى

اللهم لا تسكت عن تسبحتى لان فم الخاطئ وفم الغاش قد انفتحا على. وبكلام بغض أحاطونى وحاربونى مجاناً: هلليلويا.

Ⲉⲩⲁⲅⲅⲉⲗⲓⲟⲛ ⲕⲁⲧⲁ Ⲙⲁⲧⲑⲉⲟⲛ Ⲕⲉⲫ ⲕ̅ⲋ̅ : ⲗ̅ - ⲗ̅ⲉ̅

Ⲟⲩⲟϩ ⲉⲧⲁⲩⲉⲥⲙⲟⲩ ⲁⲩⲓ̀ ⲉ̀ⲃⲟⲗ ⲉ̀ⲡⲓⲧⲱⲟⲩ ⲛ̀ⲧⲉ ⲛⲓϫⲱⲓⲧ. Ⲧⲟⲧⲉ ⲡⲉϫⲉ Ⲓⲏ̅ⲥ̅ ⲛⲱⲟⲩ ϫⲉ ⲛ̀ⲑⲱⲧⲉⲛ ⲧⲏⲣⲟⲩ ⲧⲉⲧⲉⲛⲛⲁⲉⲣ̀ⲥⲕⲁⲛ̀ⲇⲁⲗⲓⲍⲉⲥⲑⲉ ⲛ̀ϧ̀ⲣⲏⲓ ⲛ̀ϧⲏⲧ ϧⲉⲛ ⲡⲁⲓⲉ̀ϫⲱⲣϩ : ⲥ̀ϧⲏⲟⲩⲧ ⲅⲁⲣ ϫⲉ ⲉⲓⲉ̀ⲓ̀ⲛⲓ ⲛ̀ⲟⲩⲉⲣϧⲟⲧ ⲉ̀ϫⲉⲛ ⲡⲓⲙⲁⲛⲉ̀ⲥⲱⲟⲩ ⲟⲩⲟϩ ⲉⲩⲉ̀ϫⲱⲣ ⲉ̀ⲃⲟⲗ ⲛ̀ϫⲉ ⲛⲓⲉ̀ⲥⲱⲟⲩ ⲛ̀ⲧⲉ ⲡⲓⲟϩⲓ. Ⲙⲉⲛⲉⲛⲥⲁ ⲑ̀ⲣⲓⲧⲱⲛⲧ ⲇⲉ ϯⲛⲁⲉⲣϣⲟⲣⲡ ⲉ̀ⲣⲱⲧⲉⲛ ⲉ̀ϯⲄⲁⲗⲓⲗⲉ̀ⲁ. Ⲁϥⲉ̀ⲣⲟⲩⲱ̀ ⲛ̀ϫⲉ Ⲡⲉⲧⲣⲟⲥ ⲡⲉϫⲁϥ ⲛⲁϥ ϫⲉ ⲓⲥϫⲉ ⲥⲉⲛⲁⲉⲣ̀ⲥⲕⲁⲛ̀ⲇⲁⲗⲓⲍⲉⲥⲑⲉ ⲧⲏⲣⲟⲩ ⲛ̀ϧ̀ⲣⲏⲓ ⲛ̀ϧⲏⲧⲕ ⲁ̀ⲛⲟⲕ ⲇⲉ ⲛ̀ⲛⲁⲉⲣ̀ⲥⲕⲁⲛ̀ⲇⲁⲗⲓⲍⲉⲥⲑⲉ. Ⲡⲉϫⲉ Ⲓⲏ̅ⲥ̅ ⲛⲁϥ ϫⲉ ⲁ̀ⲙⲏⲛ ϯϫⲱ ⲙ̀ⲙⲟⲥ ⲛⲁⲕ : ϫⲉ ⲛ̀ϧ̀ⲣⲏⲓ ϧⲉⲛ ⲡⲁⲓ ⲉ̀ϫⲱⲣϩ ⲙ̀ⲡⲁⲧⲉ ⲟⲩⲁ̀ⲗⲉⲕⲧⲱⲣ ⲙⲟⲩϯ ⲭ̀ⲛⲁϫⲟⲗⲧ ⲉ̀ⲃⲟⲗ ⲛ̀ϣⲟⲙⲧ ⲛ̀ⲥⲟⲡ. Ⲡⲉϫⲉ Ⲡⲉⲧⲣⲟⲥ ⲛⲁϥ ϫⲉ ⲕⲁⲛ ⲁⲥϣⲁⲛⲫⲟϩ ⲛ̀ⲧⲁⲙⲟⲩ ⲛⲉⲙⲁⲕ ⲛ̀ⲛⲁϫⲟⲗⲕ ⲉ̀ⲃⲟⲗ : ⲡⲁⲓⲣⲏϯ ⲇⲉ ⲛⲁⲩϫⲱ ⲙ̀ⲙⲟⲥ ⲛ̀ϫⲉ ⲛⲓⲙⲁⲑⲏⲧⲏⲥ ⲧⲏⲣⲟⲩ :

Ⲟⲩⲱϣⲧ ⲙ̀ⲡⲓⲉⲩⲁⲅⲅⲉⲗⲓⲟⲛ ⲉ̅ⲑ̅ⲩ̅.

Matthew 26:30-35

متى ٢٦ : ٣٠ - ٣٥

A reading from the Holy Gospel according to St. Matthew.

And when they had sung a hymn, they went out to the Mount of Olives. Then Jesus said to them, "All of you will be made to stumble because of Me this night, for it is written: 'I will strike the Shepherd, And the sheep of the flock will be scattered. But after I have been raised, I will go before you to Galilee." Peter answered and said to Him, "Even if all are made to stumble because of You, I will never be made to stumble."

فصل شريف من إنجيل معلمنا مار متى البشير بركاته علينا آمين.

ثُمَّ سَبَّحُوا وَخَرَجُوا إِلَى جَبَلِ الزَّيْتُونِ. حِينَئِذٍ قَالَ لَهُمْ يَسُوعُ: «كُلُّكُمْ تَشُكُّونَ فِيَّ فِي هَذِهِ اللَّيْلَةِ لأَنَّهُ مَكْتُوبٌ: أَنِّي أَضْرِبُ الرَّاعِيَ فَتَتَبَدَّدُ خِرَافُ الرَّعِيَّةِ. وَلَكِنْ بَعْدَ قِيَامِي أَسْبِقُكُمْ إِلَى الْجَلِيلِ». فَقَالَ بُطْرُسُ لَهُ: «وَإِنْ شَكَّ فِيكَ الْجَمِيعُ فَأَنَا لاَ أَشُكُّ أَبَداً». قَالَ لَهُ يَسُوعُ: «الْحَقَّ أَقُولُ لَكَ: إِنَّكَ فِي هَذِهِ اللَّيْلَةِ

Jesus said to him, "Assuredly, I say to you that this night, before the rooster crows, you will deny Me three times." Peter said to Him, "Even if I have to die with You, I will not deny You!" And so said all the disciples.

Bow down before the Holy Gospel.
Glory be to God forever.

قَبْلَ أَنْ يَصِيحَ دِيكٌ تُنْكِرُنِي ثَلاَثَ مَرَّاتٍ». قَالَ لَهُ بُطْرُسُ: «وَلَوِ اضْطُرِرْتُ أَنْ أَمُوتَ مَعَكَ لاَ أُنْكِرُكَ!» هَكَذَا قَالَ أَيْضاً جَمِيعُ التَّلاَمِيذِ.

أسجدوا للإنجيل المقدس.
والمجد لله دائماً.

Ⲉⲩⲁⲅⲅⲉⲗⲓⲟⲛ ⲕⲁⲧⲁ Ⲙⲁⲣⲕⲟⲛ Ⲕⲉⲫ ⲓ̅ⲇ̅ : ⲕ̅ⲋ̅ - ⲗ̅ⲁ̅

Ⲟⲩⲟϩ ⲉ̀ⲧⲁⲩ̀ⲥⲙⲟⲩ ⲁⲩ̀ⲓ ⲉ̀ⲃⲟⲗ ⲉ̀ⲡⲓⲧⲱⲟⲩ ⲛ̀ⲧⲉ ⲛⲓϫⲱⲓⲧ. Ⲟⲩⲟϩ ⲡⲉϫⲁϥ ⲛⲱⲟⲩ ⲛ̀ϫⲉ Ⲓⲏ̅ⲥ̅ ϫⲉ ⲧⲉⲧⲉⲛⲛⲁⲉⲣ̀ⲥⲕⲁⲛⲇⲁⲗⲓⲍⲉⲥⲑⲉ ⲧⲏⲣⲟⲩ ⲛ̀ϧⲣⲏⲓ ⲛ̀ϧⲏⲧ ϧⲉⲛ ⲡⲁⲓ ⲉ̀ϫⲱⲣϩ ϫⲉ ⲟⲩⲏⲓ ⲥ̀ⲥ̀ϧⲏⲟⲩⲧ ϫⲉ ϯⲛⲁϣⲁⲣⲓ ⲉ̀ⲡⲓⲙⲁⲛⲉ̀ⲥⲱⲟⲩ ⲟⲩⲟϩ ⲥⲉⲛⲁϫⲱⲣ ⲉ̀ⲃⲟⲗ ⲛ̀ϫⲉ ⲛⲓⲉ̀ⲥⲱⲟⲩ. Ⲁⲗⲗⲁ ⲙⲉⲛⲉⲛⲥⲁ ⲑ̀ⲣⲓⲧⲱⲛⲧ ϯⲛⲁⲉⲣϣⲱⲣⲡ ⲉ̀ⲣⲱⲧⲉⲛ ⲉ̀ϯⲄⲁⲗⲓⲗⲉⲁ̀. Ⲡⲉⲧⲣⲟⲥ ⲇⲉ ⲡⲉϫⲁϥ ⲛⲁϥ ϫⲉ ⲕⲁⲛ ⲁⲩϣⲁⲛⲉⲣ̀ⲥⲕⲁⲛⲇⲁⲗⲓⲍⲉⲥⲑⲉ ⲧⲏⲣⲟⲩ ⲁⲗⲗⲁ ⲁ̀ⲛⲟⲕ ⲁⲛ. Ⲟⲩⲟϩ ⲡⲉϫⲁϥ ⲛⲁϥ ⲛ̀ϫⲉ Ⲓⲏ̅ⲥ̅ ϫⲉ ⲁ̀ⲙⲏⲛ ϯϫⲱ ⲙ̀ⲙⲟⲥ ⲛⲁⲕ : ϫⲉ ⲛ̀ⲑⲟⲕ ⲙ̀ⲫⲟⲟⲩ ϧⲉⲛ ⲡⲁⲓⲉ̀ϫⲱⲣϩ ⲙ̀ⲡⲁⲧⲉ ⲟⲩⲁ̀ⲗⲉⲕⲧⲱⲣ ⲙⲟⲩϯ ⲛ̀ⲥⲟⲡ ⲥ̀ⲛⲁⲩ : ⲭ̀ⲛⲁϫⲟⲗⲧ ⲉ̀ⲃⲟⲗ ⲛ̀ϣⲟⲙⲧ ⲛ̀ⲥⲟⲡ. Ⲛ̀ⲑⲟϥ ⲇⲉ ⲛⲁϥⲥⲁϫⲓ ϧⲉⲛ ⲟⲩⲙⲉⲧϩⲟⲩⲟ ϫⲉ ⲕⲁⲛ ⲁⲥϣⲁⲛⲫⲟϩ ⲛ̀ⲧⲁⲙⲟⲩ ⲛⲉⲙⲁⲕ ⲛ̀ⲛⲁϫⲟⲗⲕ ⲉ̀ⲃⲟⲗ : ⲡⲁⲓⲣⲏϯ ⲇⲉ ⲟⲛ ⲛⲁⲩϫⲱ ⲙ̀ⲙⲟⲥ ⲧⲏⲣⲟⲩ :

Ⲟⲩⲱϣⲧ ⲙ̀ⲡⲓⲉⲩⲁⲅⲅⲉⲗⲓⲟⲛ ⲉⲑ̅ⲩ̅.

Mark 14:26-31 مرقس ١٤ : ٢٦ - ٣١

And when they had sung a hymn, they went out to the Mount of Olives. Then Jesus said to them, "All of you will be made to stumble because of Me this night, for it is written: "I will strike the Shepherd, and the sheep will be scattered.' "But after I have been raised, I will go before you to Galilee." Peter said to Him, "Even if all are made to stumble, yet I will not be." Jesus said to him, "Assuredly, I say to you that today, even this night, before the rooster crows twice, you will deny Me three times." But he spoke more vehemently, "If I have to die with You,

ثُمَّ سَبَّحُوا وَخَرَجُوا إِلَى جَبَلِ الزَّيْتُونِ. وَقَالَ لَهُمْ يَسُوعُ: «إِنَّ كُلَّكُمْ تَشُكُّونَ فِيَّ فِي هَذِهِ اللَّيْلَةِ لأَنَّهُ مَكْتُوبٌ: أَنِّي أَضْرِبُ الرَّاعِيَ فَتَتَبَدَّدُ الْخِرَافُ. وَلَكِنْ بَعْدَ قِيَامِي أَسْبِقُكُمْ إِلَى الْجَلِيلِ». فَقَالَ لَهُ بُطْرُسُ: «وَإِنْ شَكَّ الْجَمِيعُ فَأَنَا لاَ أَشُكُّ!» فَقَالَ لَهُ يَسُوعُ: «الْحَقَّ أَقُولُ لَكَ إِنَّكَ الْيَوْمَ فِي هَذِهِ اللَّيْلَةِ قَبْلَ أَنْ يَصِيحَ الدِّيكُ مَرَّتَيْنِ تُنْكِرُنِي ثَلاَثَ مَرَّاتٍ». فَقَالَ بِأَكْثَرِ تَشْدِيدٍ: «وَلَوِ اضْطُرِرْتُ أَنْ أَمُوتَ مَعَكَ لاَ أُنْكِرُكَ».

I will not deny You!" And they all said likewise.

وَهَكَذَا قَالَ أَيْضاً الْجَمِيعُ.

Bow down before the Holy Gospel.
Glory be to God forever.

أسجدوا للإنجيل المقدس.
والمجد لله دائماً.

Ⲉⲩⲁⲅⲅⲉⲗⲓⲟⲛ ⲕⲁⲧⲁ Ⲗⲟⲩⲕⲁⲛ Ⲕⲉⲫ ⲕ̅ⲃ̅ : ⲗ̅ⲁ̅ - ⲗ̅ⲑ̅

Ⲥⲓⲙⲱⲛ ⲥⲓⲙⲱⲛ ϩⲏⲡⲡⲉ ⲓⲥ ⲡ̀ⲥⲁⲧⲁⲛⲁⲥ ⲁϥⲉⲣⲉ̀ⲧⲓⲛ ⲙ̀ⲙⲱⲧⲉⲛ ⲉ̀ϣⲉⲗϣⲉⲗ ⲑⲏⲛⲟⲩ ⲙ̀ⲫⲣⲏϯ ⲙ̀ⲡⲓⲥⲟⲩⲟ. Ⲁ̀ⲛⲟⲕ ⲇⲉ ⲁⲓⲧⲱⲃϩ ⲉ̀ϫⲱⲕ ϩⲓⲛⲁ ⲛ̀ⲧⲉϥϣ̀ⲧⲉⲙ ⲙⲟⲩⲛⲕ ⲛ̀ϫⲉ ⲡⲉⲕⲛⲁϩϯ : ⲟⲩⲟϩ ⲛ̀ⲑⲟⲕ ϩⲱⲕ ⲕⲟⲧⲕ ⲛ̀ⲟⲩⲥⲛⲟⲩ ⲙⲁⲧⲁϫⲣⲉ ⲛⲉⲕⲥ̀ⲛⲏⲟⲩ. Ⲛ̀ⲑⲟϥ ⲇⲉ ⲡⲉϫⲁϥ ⲛⲁϥ ϫⲉ Ⲡ̅ⲟ̅ⲥ̅ ϯⲥⲉⲃⲧⲱⲧ ⲉ̀ϣⲉ ⲉ̀ⲡ̀ϣ̀ⲧⲉⲕⲟ ⲛⲉⲙⲁⲕ ⲛⲉⲙ ⲫ̀ⲙⲟⲩ. Ⲛ̀ⲑⲟϥ ⲇⲉ ⲡⲉϫⲁϥ ⲛⲁϥ ϫⲉ ϯϫⲱ ⲙ̀ⲙⲟⲥ ⲛⲁⲕ Ⲡⲉⲧⲣⲁ : ϫⲉ ⲛ̀ⲛⲉ ⲟⲩⲁ̀ⲗⲉⲕⲧⲱⲣ ⲙⲟⲩϯ ⲙ̀ⲫⲟⲟⲩ ϣⲁⲧⲉⲕϫⲟⲗⲧ ⲉ̀ⲃⲟⲗ ⲛ̀ϣⲟⲙⲧ ⲛ̀ⲥⲟⲡ ⲉⲑⲣⲉⲕⲉ̀ⲙⲓ. Ⲟⲩⲟϩ ⲡⲉϫⲁϥ ⲛⲱⲟⲩ : ϫⲉ ϩⲟⲧⲁⲛ ⲉ̀ⲧⲁⲓ ⲟⲩⲉⲣⲡⲑⲏⲛⲟⲩ ⲁⲧϭⲛⲉ ⲁ̀ⲥⲟⲩⲓ̀ ⲛⲉⲙ ⲡⲏⲣⲁ ⲛⲉⲙ ⲑⲱⲟⲩⲓ̀ : ⲙⲏⲁ̀ⲧⲉ ⲧⲉⲛⲉⲣϧⲁⲉ̀ ⲛ̀ϩⲗⲓ : ⲛ̀ⲑⲱⲟⲩ ⲇⲉ ⲡⲉϫⲱⲟⲩ ⲛⲁϥ ϫⲉ ⲙ̀ⲙⲟⲛ. Ⲡⲉϫⲁϥ ⲇⲉ ⲛⲱⲟⲩ ϫⲉ ⲁⲗⲗⲁ ϯⲛⲟⲩ ⲫⲏⲉ̀ⲧⲉ ⲟⲩⲟⲛ̀ⲧⲁϥ ⲙ̀ⲙⲁⲩ ⲛ̀ⲟⲩⲁ̀ⲥⲟⲩⲓ̀ ⲙⲁⲣⲉϥⲟ̀ⲗⲥ : ⲡⲁⲓⲣⲏϯ ⲟⲛ ⲟⲩⲡⲏⲣⲁ : ⲟⲩⲟϩ ⲫⲏⲉ̀ⲧⲉ ⲙ̀ⲙⲟⲛ̀ⲧⲁϥ ⲙ̀ⲙⲁⲩ ⲛ̀ⲟⲩⲥⲏϥⲓ ⲙⲁⲣⲉϥϯ ⲙ̀ⲡⲉϥϩ̀ⲃⲱⲥ ⲉ̀ⲃⲟⲗ ⲟⲩⲟϩ ⲙⲁⲣⲉϥϣⲉⲡ ⲟⲩⲥⲏϥⲓ. ϯϫⲱ ⲅⲁⲣ ⲙ̀ⲙⲟⲥ ⲛⲱⲧⲉⲛ : ϫⲉ ⲫⲏⲉⲧⲥ̀ϧⲏⲟⲩⲧ ϩⲱϯ ⲡⲉ ⲛ̀ⲧⲉϥϫⲱⲕ ⲉ̀ⲃⲟⲗ ⲛ̀ϧ̀ⲣⲏⲓ ⲛ̀ϧ̀ⲏⲧ : ϫⲉ ⲁⲩⲟⲡϥ ⲛⲉⲙ ⲛⲓⲁ̀ⲛⲟⲙⲟⲥ : ⲕⲉ ⲅⲁⲣ ⲡⲉⲧⲥ̀ϧⲏⲟⲩⲧ ⲉⲑⲃⲏⲧ ⲇⲉ ⲟⲩⲟⲛ ⲧⲉϥϫⲱⲕ. Ⲛ̀ⲑⲱⲟⲩ ⲇⲉ ⲡⲉϫⲱⲟⲩ ⲛⲁϥ ϫⲉ Ⲡ̅ⲟ̅ⲥ̅ ⲓⲥ ⲥⲏϥⲓ ⲥ̀ⲛⲟⲩϯ ⲙ̀ⲡⲁⲓⲙⲁ : ⲛ̀ⲑⲟϥ ⲇⲉ ⲡⲉϫⲁϥ ⲛⲱⲟⲩ ϫⲉ ⲥⲉⲣⲱϣⲓ. Ⲟⲩⲟϩ ⲉ̀ⲧⲁϥⲓ̀ ⲉ̀ⲃⲟⲗ ⲁϥϣⲉⲛⲁϥ ⲕⲁⲧⲁ ϯⲕⲁϩⲥ ⲉⲡⲓⲧⲱⲟⲩ ⲛ̀ⲧⲉ ⲛⲓϫⲱⲓⲧ ⲁⲩⲙⲟϣⲓ ⲇⲉ ⲛ̀ⲥⲱϥ ⲛ̀ϫⲉ ⲛⲉϥⲙⲁⲑⲏⲧⲏⲥ :

Ⲟⲩⲱϣⲧ ⲙ̀ⲡⲓⲉⲩⲁⲅⲅⲉⲗⲓⲟⲛ ⲉⲑ̅ⲩ̅.

Luke 22:31-39

لوقا ٢٢ : ٣١ - ٣٩

And the Lord said, "Simon, Simon! Indeed, Satan has asked for you, that he may sift you as wheat. But I have prayed for you, that your faith should not fail; and when you have returned to Me, strengthen your brethren." But he said to Him, "Lord, I am ready to go with You, both to prison and to death." Then He said, "I tell you, Peter, the rooster shall not crow this day before you will deny three times that you

وَقَالَ الرَّبُّ: «سِمْعَانُ سِمْعَانُ هُوَذَا الشَّيْطَانُ طَلَبَكُمْ لِكَيْ يُغَرْبِلَكُمْ كَالْحِنْطَةِ! وَلَكِنِّي طَلَبْتُ مِنْ أَجْلِكَ لِكَيْ لاَ يَفْنَى إِيمَانُكَ. وَأَنْتَ مَتَى رَجَعْتَ ثَبِّتْ إِخْوَتَكَ». فَقَالَ لَهُ: «يَا رَبُّ إِنِّي مُسْتَعِدٌّ أَنْ أَمْضِيَ مَعَكَ حَتَّى إِلَى السِّجْنِ وَإِلَى الْمَوْتِ». فَقَالَ: «أَقُولُ لَكَ يَا بُطْرُسُ لاَ يَصِيحُ الدِّيكُ الْيَوْمَ قَبْلَ أَنْ تُنْكِرَ ثَلاَثَ مَرَّاتٍ أَنَّكَ تَعْرِفُنِي». ثُمَّ قَالَ لَهُمْ:

know Me." And He said to them, "When I sent you without money bag, knapsack, and sandals, did you lack anything?" So they said, "Nothing." Then He said to them, "But now, he who has a money bag, let him take it, and likewise a knapsack; and he who has no sword, let him sell his garment and buy one. For I say to you that this which is written must still be accomplished in Me: 'And He was numbered with the transgressors. For the things concerning Me have an end." So they said, "Lord, look, here are two swords." And He said to them, "It is enough." Coming out, He went to the Mount of Olives, as He was accustomed, and His disciples also followed Him.

Bow down before the Holy Gospel.
Glory be to God forever.

«حِينَ أَرْسَلْتُكُمْ بِلاَ كِيسٍ وَلاَ مِزْوَدٍ وَلاَ أَحْذِيَةٍ هَلْ أَعْوَزَكُمْ شَيْءٌ؟» فَقَالُوا: «لاَ». فَقَالَ لَهُمْ: «لَكِنِ الآنَ مَنْ لَهُ كِيسٌ فَلْيَأْخُذْهُ وَمِزْوَدٌ كَذَلِكَ. وَمَنْ لَيْسَ لَهُ فَلْيَبِعْ ثَوْبَهُ وَيَشْتَرِ سَيْفاً. لأَنِّي أَقُولُ لَكُمْ إِنَّهُ يَنْبَغِي أَنْ يَتِمَّ فِيَّ أَيْضاً هَذَا الْمَكْتُوبُ: وَأُحْصِيَ مَعَ أَثَمَةٍ. لأَنَّ مَا هُوَ مِنْ جِهَتِي لَهُ انْقِضَاءٌ». فَقَالُوا: «يَا رَبُّ هُوَذَا هُنَا سَيْفَانِ». فَقَالَ لَهُمْ: «يَكْفِي!». وَخَرَجَ وَمَضَى كَالْعَادَةِ إِلَى جَبَلِ الزَّيْتُونِ وَتَبِعَهُ أَيْضاً تَلاَمِيذُهُ.

أسجدوا للإنجيل المقدس.
والمجد لله دائماً.

Ⲉⲩⲁⲅⲅⲉⲗⲓⲟⲛ ⲕⲁⲧⲁ Ⲓⲱⲁⲛⲛⲏⲛ Ⲕⲉⲫ ⲓ̅ⲏ̅ : ⲁ̅ - ⲛⲉⲙ ⲃ̅

Ⲛⲁⲓ ⲉⲧⲁϥϫⲟⲧⲟⲩⲟⲥ ⲛ̀ϫⲉ Ⲓⲏ̅ⲥ̅ : ⲁϥⲓ̀ ⲉ̀ⲃⲟⲗ ⲛⲉⲙ ⲛⲉϥⲙⲁⲑⲏⲧⲏⲥ ⲉ̀ⲙⲏⲣ ⲉ̀ⲡⲓⲙⲟⲩⲛ ⲥⲱⲣⲉⲙ ⲛ̀ⲧⲉ ⲡⲓϣⲉⲛⲥⲓϥⲓ : ⲡⲓⲙⲁ ⲉⲧⲉ ⲟⲩⲟⲛ ϭⲱⲙ ⲙ̀ⲙⲟϥ : ⲫⲁⲓ ⲁϥϣⲉ ⲉ̀ϧⲟⲩⲛ ⲉ̀ⲣⲟϥ ⲛ̀ϫⲉ Ⲓⲏ̅ⲥ̅ ⲛⲉⲙ ⲛⲉϥⲙⲁⲑⲏⲧⲏⲥ. Ⲟⲩⲟϩ Ⲓⲟⲩⲇⲁⲥ ⲫⲏⲉ̀ⲛⲁϥⲛⲁⲧⲏⲓϥ ⲛⲁϥⲥⲱⲟⲩⲛ ϩⲱϥ ⲙ̀ⲡⲓⲙⲁ ⲉⲧⲉ̀ⲙ̀ⲙⲁⲩ : ϫⲉ ⲟⲩⲙⲏϣ ⲛ̀ⲥⲟⲡ ⲁϥⲑⲱⲟⲩϯ ⲉ̀ϧⲟⲩⲛ ⲉ̀ⲙⲁⲩ ⲛⲉⲙ ⲛⲉϥⲙⲁⲑⲏⲧⲏⲥ :

Ⲟⲩⲱϣⲧ ⲙ̀ⲡⲓⲉⲩⲁⲅⲅⲉⲗⲓⲟⲛ ⲉⲑⲩ.

John 18:1-2

When Jesus had spoken these words, He went out with His disciples over the Brook Kidron, where there was a garden, which He and His disciples entered. And Judas, who betrayed Him, also knew the place; for Jesus often met there with His disciples.

Bow down before the Holy Gospel.

يوحنا ١٨ : ١ و ٢

قَالَ يَسُوعُ هَذَا وَخَرَجَ مَعَ تَلاَمِيذِهِ إِلَى عَبْرِ وَادِي قَدْرُونَ حَيْثُ كَانَ بُسْتَانٌ دَخَلَهُ هُوَ وَتَلاَمِيذُهُ. وَكَانَ يَهُوذَا مُسَلِّمُهُ يَعْرِفُ الْمَوْضِعَ لأَنَّ يَسُوعَ اجْتَمَعَ هُنَاكَ كَثِيراً مَعَ تَلاَمِيذِهِ.

أسجدوا للإنجيل المقدس.

Glory be to God forever.

والمجد لله دائماً.

Commentary

The Commentary of the Third Hour of Eve of Friday of Holy Pascha, may its blessings be with us all. Amen.

After they sang a hymn, they went out of Zion and went out to the Mount of Olives. Our Savior started to tell His disciples openly, tonight all of you will doubt Me. All that was written will be fulfilled in this generation as well as all prophecies which said, "I will strike the Shepherd, and the sheep will be scattered." Peter said in front of his brethren, "If they deny You, I shall not." The Lord said to him, "Assuredly, I say to you that today, even this night, before the rooster crows twice, you will deny me three times." "If I was on the brink of death, I shall not deny You my Lord and God," said Peter and the rest of the disciples likewise. This all occurred so as to fulfill the prophecy of the prophet in the Psalms saying, "Do not keep silent O God of my praise, for the mouth of the wicked and the mouth of the deceitful have opened against me." Who is the wicked other than Judas, the son of sin and iniquity, who betrayed His Lord, sold his Master to the Gentiles, rejected grace and gained sin.

طرح

طرح الساعة الثالثة من ليلة الجمعة من البصخة المقدسة بركتها علينا. آمين.

ولما سبحوا خرجوا من صهيون، وصعدوا إلى جبل الزيتون. فابتدأ مخلصنا يقول لتلاميذه علانية: أنتم كلكم فى هذه الليلة تشكون فىّ، ويكمل المكتوب فى هذا الزمان وسائر أقوال الأنبياء الذين قالوا: أنى أضرب الراعى فتتفرق غنم رعيته. وبعد هذا كله أنا أقوم وأسبقكم إلى الجليل. فقال بطرس أمام اخوته. لو جحدوك كلهم إلا أنا يا سيدى. فقال له الرب: أعلم يا بطرس أنك فى هذه الليلة تجحدنى ثلاث مرات. وإذا صاح الديك عند ذلك، تعلم يا بطرس ما يخرج من فمك.

لو بلغت واقتربت من الموت لن أجحدك يا ربى وإلهى. وهكذا قال بقية الرسل الأبرار بمحبة. هذا كله كان لكى يتم قول النبى فى المزمور القائل: اللهم لا تسكت عن تسبحتى، فان فم الخاطئ انفتح علىّ. من هو الخاطئ إلا يهوذا مولود الخطية والاثم. هذا الذى اقتنى له نصيباً رديئاً من مال الظلم. وهو الذى باع سيده للأمم، ورفض النعمة واكتسب الخطية.

Sixth Hour of Eve of Good Friday

الساعة السادسة من ليلة الجمعة العظيمة

Ⲓⲉⲍⲉⲕⲓⲏⲗ Ⲕⲉⲫ ⲕ̅ⲃ̅ : ⲕ̅ⲋ̅ - ⲕ̅ⲏ̅

Ⲉ̀ⲃⲟⲗϧⲉⲛ Ⲓⲉⲍⲉⲕⲓⲏⲗ ⲡⲓⲡ̀ⲣⲟⲫⲏⲧⲏⲥ: ⲉ̀ⲣⲉⲡⲉϥ̀ⲥ̀ⲙⲟⲩ ⲉ̅ⲑⲟⲩⲁⲃ ϣⲱⲡⲓ ⲛⲉⲙⲁⲛ ⲁ̀ⲙⲏⲛ ⲉϥϫⲱ ⲙ̀ⲙⲟⲥ.

Ⲟⲩⲟϩ ⲁ̀ⲟⲩⲥⲁϫⲓ ⲛ̀ⲧⲉ Ⲡⲟ̅ⲥ̅ ϣⲱⲡⲓ ϩⲁⲣⲟⲓ ⲉϥϫⲱⲙ̀ⲙⲟⲥ : ϫⲉ ⲡ̀ϣⲏⲣⲓ ⲙ̀ⲫ̀ⲣⲱⲙⲓ ⲁ̀ϫⲟⲥ ⲛⲁⲥ : ϫⲉ ⲛ̀ⲑⲟ ⲡⲉ ⲡⲓⲕⲁϩⲓ ⲉ̀ⲧⲉ ⲙ̀ⲙⲉϥϭⲓⲙⲱⲟⲩ : ⲟⲩⲇⲉ ⲙ̀ⲡⲉⲙⲟⲩⲛϩⲱⲟⲩ ⲓ̀ ⲉ̀ϫⲱ ϧⲉⲛ ⲡ̀ⲉϩⲟⲟⲩ ⲙ̀ⲡⲁϫⲱⲛⲧ. Ⲑⲏⲉ̀ⲧⲉ ⲛⲉⲥϩⲩⲡⲟⲩⲙⲉⲛⲟⲥ ϧⲉⲛ ⲧⲉⲥⲙⲏϯ ⲙ̀ⲫ̀ⲣⲏϯ ⲛ̀ϩⲁⲛⲙⲟⲩⲓ ⲉⲩϩⲱⲗⲉⲙ ⲉⲩϩⲱⲗⲉⲙ ⲛ̀ϩⲁⲛⲗ̀ϩⲱⲉⲙ : ⲉⲩⲟⲩⲱⲙ ⲛ̀ⲛⲓ.ⲯⲏ ϧⲉⲛ ⲟⲩⲙⲉⲧϫⲱⲣⲓ : ⲉⲩϭⲓ ⲛ̀ⲟⲩⲧⲁⲓⲟ : ⲟⲩⲟϩ ⲛⲉ ⲭⲏⲣⲁ ⲁⲩⲁ̀ϣⲁⲓ ⲛ̀ϧⲏϯ. Ⲟⲩⲟϩ ⲛⲉⲟⲩⲏⲃ ⲁⲩϯϣⲱϣ ⲙ̀ⲡⲁⲛⲟⲙⲟⲥ : ⲟⲩⲟϩ ⲁⲩⲱⲣⲉⲃ ⲛ̀ⲛⲏⲉⲑⲟ̅ⲩ̅ ⲛ̀ⲧⲏⲓ : ⲛⲁⲩⲕⲱϯ ⲉ̀ⲃⲟⲗ ⲁⲛ ⲡⲉ ⲟⲩⲧⲉ ⲫⲏⲉⲑⲟ̅ⲩ̅ ⲛⲉⲙ ⲫⲏⲉⲧⲱ̀ⲣⲉⲃ : ⲛⲉⲙ ⲟⲩⲧⲉ ⲫⲏⲉⲧϭⲁ̀ϧⲉⲙ ⲛⲉⲙ ⲫ̀ⲏⲉⲧⲧⲟⲩⲃⲏⲟⲩⲧ : ⲟⲩⲟϩ ⲛⲁⲩϩⲱⲃⲥ ⲛ̀ⲛⲟⲩⲃⲁⲗ ⲉ̀ⲃⲟⲗϩⲁ ⲛⲁⲥⲁⲃⲃⲁⲧⲟⲛ : ⲟⲩⲟϩ ⲛⲁⲩⲱ̀ⲣⲉⲃ ⲙ̀ⲙⲟⲓ ⲡⲉ ϧⲉⲛ ⲧⲉⲩⲙⲏϯ. Ⲛⲉⲥⲁⲣⲭⲱⲛ ⲉⲩⲭⲏ ϧⲉⲛ ⲧⲉⲥⲙⲏϯ ⲙ̀ⲫ̀ⲣⲏϯ ⲛ̀ϩⲁⲛⲟⲩⲱⲛϣ ⲉⲩϩⲱⲗⲉⲙ ⲛ̀ϩⲁⲛϩⲱⲗⲉⲙ : ⲉ̀ⲡ̀ϫⲓⲛⲫⲱⲛ ⲛ̀ϩⲁⲛ ⲥ̀ⲛⲟϥ ⲉ̀ⲃⲟⲗ : ϩⲟⲡⲱⲥ ⲛ̀ⲧⲟⲩϭⲓϩⲟⲩⲟ̀ ϧⲉⲛ ⲟⲩϩⲟⲩⲟ. Ⲟⲩⲟϩ ⲛⲉⲥⲡ̀ⲣⲟⲫⲏⲧⲏⲥ ⲉⲩⲑⲱϩⲥ ⲙ̀ⲙⲱⲟⲩ ⲥⲉⲛⲁϩⲉⲓ : ⲉⲩⲛⲁⲩ ⲉ̀ϩⲁⲛ ⲙⲉⲧⲉ̀ⲫ̀ⲗⲏⲟⲩ ⲟⲩⲟϩ ⲉⲩⲉⲣϣⲉⲛϩⲓⲛ ⲛ̀ϩⲁⲛ ⲙⲉⲑⲛⲟⲩϫ :

Ⲟⲩⲱ̀ⲟⲩ ⲛ̀ϯⲧ̀ⲣⲓⲁⲥ ⲉ̅ⲑⲟⲩⲁⲃ ⲡⲉⲛⲛⲟⲩϯ ϣⲁ ⲉ̀ⲛⲉϩ ⲛⲉⲙ ϣⲁ ⲉ̀ⲛⲉϩ ⲛ̀ⲧⲉ ⲛⲓⲉ̀ⲛⲉϩ ⲧⲏⲣⲟⲩ: ⲁ̀ⲙⲏⲛ.

Ezekiel 22:23-28

A reading from Ezekiel the Prophet may his blessings be with us Amen.

And the word of the Lord came to me, saying, "Son of man, say to her: 'You are a land that is not cleansed or rained on in the day of indignation.' The conspiracy of her prophets in her midst is like a roaring lion tearing the prey; they have devoured people; they have taken treasure and precious things; they have made many widows in her midst. Her priests have violated My law and profaned My holy things; they have not distinguished between the holy and unholy, nor have they made known the

حزقيال ٢٢: ٢٣ - ٢٨

من حزقيال النبى بركته المقدسة تكون معنا، آمين.

وَكَانَ إِلَيَّ كَلاَمُ الرَّبِّ: «يَا ابْنَ آدَمَ، قُلْ لَهَا: أَنْتِ الأَرْضُ الَّتِي لَمْ تَطْهُرْ. لَمْ يُمْطَرْ عَلَيْهَا فِي يَوْمِ الْغَضَبِ. فِتْنَةُ أَنْبِيَائِهَا فِي وَسَطِهَا كَأَسَدٍ مُزَمْجِرٍ يَخْطُفُ الْفَرِيسَةَ. أَكَلُوا نُفُوساً. أَخَذُوا الْكَنْزَ وَالنَّفِيسَ. أَكْثَرُوا أَرَامِلَهَا فِي وَسَطِهَا. كَهَنَتُهَا خَالَفُوا شَرِيعَتِي وَنَجَّسُوا أَقْدَاسِي. لَمْ يُمَيِّزُوا بَيْنَ الْمُقَدَّسِ وَالْمُحَلَّلِ، وَلَمْ يَعْلَمُوا الْفَرْقَ بَيْنَ النَّجِسِ وَالطَّاهِرِ،

difference between the unclean and the clean; and they have hidden their eyes from My Sabbaths, so that I am profaned among them. Her princes in her midst are like wolves tearing the prey, to shed blood, to destroy people, and to get dishonest gain. Her prophets plastered them with untempered mortar, seeing false visions, and divining lies for them.
Glory be to the Holy Trinity our God unto the age of all ages, Amen.

وَحَجَبُوا عُيُونَهُمْ عَنْ سُبُوتِي فَتَدَنَّسْتُ فِي وَسَطِهِمْ. رُؤَسَاؤُهَا فِي وَسَطِهَا كَذِئَابٍ خَاطِفَةٍ خَطْفاً لِسَفْكِ الدَّمِ، لإِهْلاَكِ النُّفُوسِ لاِكْتِسَابِ كَسْبٍ. وَأَنْبِيَاؤُهَا قَدْ طَيَّنُوا لَهُمْ بِالطُّفَالِ، رَائِينَ بَاطِلاً وَعَارِفِينَ لَهُمْ كَذِباً.

مجداً للثالوث القدوس الهنا إلى الأبد وإلى أبد الآبدين كلها، آمين.

The Doxology of the Pascha Hour: "Thine is the Power…" on page A5.
تسبحة ساعة البصخة: "لك القوة..." صفحة ٥ فى اخر الكتاب.

Ψαλμος ΝΗ : Α νεμ ψαλ ΞΗ : ΙΗ

Ⲛⲁϩⲙⲉⲧ Ⲫϯ ⲉ̀ⲃⲟⲗ ⲛ̀ⲧⲟⲧⲟⲩ ⲛ̀ⲛⲁϫⲁϫⲓ : ⲟⲩⲟϩ ⲥⲟⲧⲧ ⲉ̀ⲃⲟⲗ ⲛ̀ⲧⲟⲧⲟⲩ ⲛ̀ⲛⲏⲉⲧⲧⲱⲟⲩⲛ ⲉ̀ϩ̀ⲣⲏⲓ ⲉ̀ϫⲱⲓ. Ⲁⲓⲟ̀ϩⲓ ⲙ̀ⲫⲏⲉⲑⲛⲁⲉⲣ ⲙ̀ⲕⲁϩ ⲛ̀ϩⲏⲧ ⲛⲉⲙⲏⲓ ⲟⲩⲟϩ ⲛⲁϥϣⲟⲡ ⲁⲛ ⲡⲉ : ⲟⲩⲟϩ ⲫⲏ̀ⲉⲑⲛⲁϯ ⲛⲟⲙϯ ⲛⲏⲓ ⲟⲩⲟϩ ⲙ̀ⲡⲓϫⲉⲙϥ : ⲁ̅ⲗ̅.

Psalms 59:1, 69:20 — المزمور ٥٨ : ١ ومز ٦٨ : ١٨

A Psalm of David the Prophet.

Deliver me from my enemies, O my God; Defend me from those who rise up against me.
I looked for someone to take pity, but there was none; And for comforters, but I found none. Alleluia.

من مزامير داود النبى

خلصنى من أعدائى يا الله ومن الذين يقومون على انقذنى. وانتظرت من يحزن معى فلم يوجد. ومن يعزينى فلم أصب: هلليلويا.

Ⲉⲩⲁⲅⲅⲉⲗⲓⲟⲛ ⲕⲁⲧⲁ Ⲙⲁⲧⲑⲉⲟⲛ Ⲕⲉⲫ ⲕ̅ⲋ̅ : ⲗ̅ⲋ̅ - ⲙ̅ⲋ̅

Ⲧⲟⲧⲉ ⲁϥⲓ ⲛⲉⲙⲱⲟⲩ ⲛ̀ϫⲉ Ⲓⲏ̅ⲥ̅ ⲉ̀ⲟⲩⲓⲟ̀ϩⲓ ⲉⲩⲙⲟⲩϯ ⲉⲣⲟϥ ϫⲉ Ⲅⲉⲑⲥⲉⲙⲁⲛⲓ : ⲟⲩⲟϩ ⲡⲉϫⲁϥ ⲛ̀ⲛⲉϥⲙⲁⲑⲏⲧⲏⲥ ϫⲉ ϩⲉⲙⲥⲓ ⲙ̀ⲡⲁⲓⲙⲁ ϣⲁϯϣⲉⲛⲏⲓ ϣⲁ̀ⲙⲛⲁⲓ ⲛⲧⲁⲧⲱⲃϩ. Ⲟⲩⲟϩ ⲁϥⲱ̀ⲗⲓ ⲙ̀Ⲡⲉⲧⲣⲟⲥ ⲛⲉⲙⲁϥ ⲛⲉⲙ ⲛⲉⲛϣⲏⲣⲓ ⲛ̀Ⲍⲉⲃⲉⲇⲉⲟⲥ : ⲟⲩⲟϩ ⲁϥⲉⲣϩⲏⲧⲥ ⲛ̀ⲉⲣⲙ̀ⲕⲁϩⲛ̀ϩⲏⲧ ⲛⲉⲙ ⲉⲉⲣϣ̀ⲗⲁϩ ⲛ̀ϩⲏⲧ. Ⲧⲟⲧⲉ ⲡⲉϫⲁϥ ⲛⲱⲟⲩ ϫⲉ ⲧⲁⲯⲩⲭⲏ ⲙⲟⲕϩ̀ⲛ̀ϩⲏⲧ ϣⲁ ⲉ̀ϩ̀ⲣⲏⲓ ⲉ̀ⲫⲙⲟⲩ : ⲟϩⲓ ⲙ̀ⲡⲁⲓⲙⲁ ⲟⲩⲟϩ ⲣⲱⲓⲥ ⲛⲉⲙⲏⲓ. Ⲟⲩⲟϩ ⲉⲧⲁϥϩⲉⲛϥ ⲉ̀ⲧ̀ϩⲏ ⲛⲟⲩⲕⲟⲩϫⲓ ⲁϥϩⲓⲧϥ ⲉ̀ϫⲉⲛ ⲡⲉϥϩⲟ ⲉϥⲧⲱⲃϩ ⲉϥϫⲱ ⲙ̀ⲙⲟⲥ : ϫⲉ ⲡⲁⲓⲱⲧ ⲓⲥϫⲉ ⲟⲩⲟⲛϣϫⲟⲙ ⲙⲁⲣⲉ ⲡⲁⲓⲁ̀ⲫⲟⲧ ⲥⲉⲛⲧ : ⲡ̀ⲗⲏⲛ ⲙ̀ⲫ̀ⲣⲏϯ ⲉ̀ⲧⲉϩⲛⲏⲓ ⲁ̀ⲛⲟⲕ ⲁⲛ : ⲁⲗⲗⲁ ⲙ̀ⲫ̀ⲣⲏϯ ⲉ̀ⲧⲉϩⲛⲁⲕ ⲛ̀ⲑⲟⲕ. **Ⲟⲩⲟϩ** ⲁϥⲓ̀ ϩⲁ ⲛⲉϥⲙⲁⲑⲏⲧⲏⲥ ⲁϥϫⲉⲙⲟⲩ ⲉⲩⲉⲛⲕⲟⲧ : ⲟⲩⲟϩ ⲡⲉϫⲁϥ ⲙ̀Ⲡⲉⲧⲣⲟⲥ ϫⲉ ⲡⲁⲓⲣⲏⲧ ⲙ̀ⲡⲉⲧⲉⲛϣ̀ϫⲉⲙϫⲟⲙ ⲛ̀ⲣⲱⲓⲥ ⲛⲉⲙⲏⲓ ⲛ̀ⲟⲩⲟⲩⲛⲟⲩ : Ⲣⲱⲓⲥ ⲟⲩⲛ ⲟⲩⲟϩ ⲁ̀ⲣⲓⲡ̀ⲣⲟⲥⲉⲩⲭⲉⲥⲑⲉ ϩⲓⲛⲁ ⲛ̀ⲧⲉⲧⲉⲛϣ̀ⲧⲉⲙ̀ⲓ̀ ⲉ̀ϧⲟⲩⲛ ⲉ̀ⲡⲓⲣⲁⲥⲙⲟⲥ : ⲡⲓⲡ̀ⲛⲁ ⲙⲉⲛ ϥⲣⲱⲟⲩⲧ : ϯⲥⲁⲣⲝ ⲇⲉ ⲟⲩⲁⲥⲑⲉⲛⲏⲥ ⲧⲉ. Ⲡⲁⲗⲓⲛ ⲁϥϣⲉⲛⲁϥ ⲁϥⲧⲱⲃϩ ⲙ̀ⲫ̀ⲙⲁϩ ⲥⲟⲡ ⲥ̀ⲛⲁⲩ ⲉϥϫⲱⲙ̀ⲙⲟⲥ : ϫⲉ ⲡⲁⲓⲱⲧ ⲓⲥϫⲉ ⲙ̀ⲙⲟⲛϣ̀ϫⲟⲙ ⲛ̀ⲧⲉ ⲡⲁⲓⲁ̀ⲫⲟⲧ ⲥⲉⲛⲧ ⲉ̀ⲃⲏⲗ ⲛ̀ⲧⲁⲥⲟϥ : ⲙⲁⲣⲉ ⲡⲉⲧⲉϩⲛⲁⲕ ϣⲱⲡⲓ. **Ⲟⲩⲟϩ** ⲁϥⲓ̀ ⲟⲛ ϩⲁⲛⲉϥⲙⲁⲑⲏⲧⲏⲥ ⲁϥϫⲉⲙⲟⲩ ⲉⲩⲉⲛⲕⲟⲧ : ⲛⲁⲣⲉ ⲛⲟⲩⲃⲁⲗ ⲅⲁⲣ ϩⲟⲣϣ ⲡⲉ. **Ⲟⲩⲟϩ** ⲁϥⲭⲁⲩ ⲟⲛ ⲁϥϣⲉⲛⲁϥ ⲁϥⲧⲱⲃϩ ⲙ̀ⲫ̀ⲙⲁϩ ϣⲟⲙⲧ ⲛ̀ⲥⲟⲡ : ⲉϥϫⲱ ⲙ̀ⲡⲁⲓⲥⲁϫⲓ ⲣⲱ ⲟⲛ. Ⲧⲟⲧⲉ ⲁϥⲓ̀ ϩⲁ ⲛⲉϥⲙⲁⲑⲏⲧⲏⲥ ⲡⲉϫⲁϥ ⲛⲱⲟⲩ : ϫⲉ ⲉⲛⲕⲟⲧ ϫⲉ ⲟⲩⲉϩ ⲙ̀ⲧⲟⲛ ⲙ̀ⲙⲱⲧⲉⲛ : ⲓⲥ ϩⲏⲡⲡⲉ ⲁⲥϧⲱⲛⲧ ⲛ̀ϫⲉ ϯⲟⲩⲛⲟⲩ : ⲟⲩⲟϩ ⲡ̀ϣⲏⲣⲓ ⲙ̀ⲫ̀ⲣⲱⲙⲓ ⲥⲉⲛⲁⲧⲏⲓϥ ⲉ̀ϧ̀ⲣⲏⲓ ⲉ̀ⲛⲉⲛϫⲓϫ ⲛ̀ⲛⲓⲣⲉϥⲉⲣⲛⲟⲃⲓ. Ⲧⲉⲛⲑⲏⲛⲟⲩ ⲙⲁⲣⲟⲛ : ϩⲏⲡⲡⲉ ⲁϥϧⲱⲛⲧ ⲛ̀ϫⲉ ⲫⲏⲉⲑⲛⲁⲧⲏⲓⲧ :

Ⲟⲩⲱϣⲧ ⲙ̀ⲡⲓⲉⲩⲁⲅⲅⲉⲗⲓⲟⲛ ⲉⲑⲩ.

Matthew 26:36-46

A reading from the Holy Gospel according to St. Matthew.

Then Jesus came with them to a place called Gethsemane, and said to the disciples, "Sit here while I go and pray over there." And He took with Him Peter and the two sons of Zebedee, and He began to be sorrowful and deeply distressed. Then He said to them, "My soul is exceedingly sorrowful, even to death. Stay here and watch with Me." He went a little farther and fell on His face, and prayed, saying, "O My Father, if it is possible, let this cup pass from Me; nevertheless, not as I will, but as You will." Then He came to the disciples and found them asleep, and said to Peter, "What? Could you not watch with Me one hour? Watch and pray, lest you enter into temptation. The spirit indeed is willing, but the flesh is weak." Again, a second time,

متى ٢٦: ٣٦ - ٤٦

فصل شريف من إنجيل معلمنا مار متى البشير بركاته علينا آمين.

حِينَئِذٍ جَاءَ مَعَهُمْ يَسُوعُ إِلَى ضَيْعَةٍ يُقَالُ لَهَا جَثْسَيْمَانِي فَقَالَ لِلتَّلاَمِيذِ: «اجْلِسُوا هَهُنَا حَتَّى أَمْضِيَ وَأُصَلِّيَ هُنَاكَ». ثُمَّ أَخَذَ مَعَهُ بُطْرُسَ وَابْنَيْ زَبْدِي وَابْتَدَأَ يَحْزَنُ وَيَكْتَئِبُ. فَقَالَ لَهُمْ: «نَفْسِي حَزِينَةٌ جِدّاً حَتَّى الْمَوْتِ. امْكُثُوا هَهُنَا وَاسْهَرُوا مَعِي». ثُمَّ تَقَدَّمَ قَلِيلاً وَخَرَّ عَلَى وَجْهِهِ وَكَانَ يُصَلِّي قَائِلاً: «يَا أَبَتَاهُ إِنْ أَمْكَنَ فَلْتَعْبُرْ عَنِّي هَذِهِ الْكَأْسُ وَلَكِنْ لَيْسَ كَمَا أُرِيدُ أَنَا بَلْ كَمَا تُرِيدُ أَنْتَ». ثُمَّ جَاءَ إِلَى التَّلاَمِيذِ فَوَجَدَهُمْ نِيَاماً فَقَالَ لِبُطْرُسَ: «أَهَكَذَا مَا قَدَرْتُمْ أَنْ تَسْهَرُوا مَعِي سَاعَةً وَاحِدَةً؟ اسْهَرُوا وَصَلُّوا لِئَلاَّ تَدْخُلُوا فِي تَجْرِبَةٍ. أَمَّا الرُّوحُ فَنَشِيطٌ وَأَمَّا الْجَسَدُ فَضَعِيفٌ». فَمَضَى أَيْضاً ثَانِيَةً وَصَلَّى

He went away and prayed, saying, "O My Father, if this cup cannot pass away from Me unless I drink it, Your will be done." And He came and found them asleep again, for their eyes were heavy. So He left them, went away again, and prayed the third time, saying the same words. Then He came to His disciples and said to them, "Are you still sleeping and resting? Behold, the hour is at hand, and the Son of Man is being betrayed into the hands of sinners. Rise, let us be going. See, My betrayer is at hand."

Bow down before the Holy Gospel.
Glory be to God forever.

قَائِلاً: «يَا أَبَتَاهُ إِنْ لَمْ يُمْكِنْ أَنْ تَعْبُرَ عَنِّي هَذِهِ الْكَأْسُ إِلاَّ أَنْ أَشْرَبَهَا فَلْتَكُنْ مَشِيئَتُكَ». ثُمَّ جَاءَ فَوَجَدَهُمْ أَيْضاً نِيَاماً إِذْ كَانَتْ أَعْيُنُهُمْ ثَقِيلَةً. فَتَرَكَهُمْ وَمَضَى أَيْضاً وَصَلَّى ثَالِثَةً قَائِلاً ذَلِكَ الْكَلاَمَ بِعَيْنِهِ. ثُمَّ جَاءَ إِلَى تَلاَمِيذِهِ وَقَالَ لَهُمْ: «نَامُوا الآنَ وَاسْتَرِيحُوا. هُوَذَا السَّاعَةُ قَدِ اقْتَرَبَتْ وَابْنُ الإِنْسَانِ يُسَلَّمُ إِلَى أَيْدِي الْخُطَاةِ. قُومُوا نَنْطَلِقْ. هُوَذَا الَّذِي يُسَلِّمُنِي قَدِ اقْتَرَبَ».

أسجدوا للإنجيل المقدس.
والمجد لله دائماً.

Ⲉⲩⲁⲅⲅⲉⲗⲓⲟⲛ ⲕⲁⲧⲁ Ⲙⲁⲣⲕⲟⲛ Ⲕⲉⲫ ⲓ̅ⲇ̅ : ⲗ̅ⲃ̅ - ⲙ̅ⲃ̅

Ⲟⲩⲟϩ ⲁⲩⲓ̀ ⲉ̀ⲟⲩⲓⲟϩⲓ ⲉ̀ⲡⲉϥⲣⲁⲛ ⲡⲉ Ⲅⲏⲑⲥⲉⲙⲁⲛⲓ : ⲟⲩⲟϩ ⲡⲉϫⲁϥ ⲛ̀ⲛⲉϥⲙⲁⲑⲏⲧⲏⲥ ϫⲉ ϩⲉⲙⲥⲓ ϩⲁⲙ̀ⲛⲁⲓ ϩⲱⲥ ϯⲉⲣⲡ̀ⲣⲟⲥ ⲉⲩⲭⲉⲥⲑⲉ. **Ⲟⲩⲟϩ** ⲁϥⲱⲗⲓ ⲛⲉⲙⲁϥ ⲙ̀Ⲡⲉⲧⲣⲟⲥ ⲛⲉⲙ Ⲓⲁⲕⲱⲃⲟⲥ ⲛⲉⲙ Ⲓⲱⲁⲛⲛⲏⲥ : ⲟⲩⲟϩ ⲁϥⲉⲣϩⲏⲧⲥ ⲛ̀ϣⲑⲟⲣⲧⲉⲣ ⲛⲉⲙⲉⲉⲣⲙ̀ⲕⲁϩⲛ̀ϩⲏⲧ : **Ⲟⲩⲟϩ** ⲡⲉϫⲁϥ ⲛⲱⲟⲩ ϫⲉ ⲧⲁⲯⲩⲭⲏ ⲙⲟⲕϩ ϣⲁ ⲉ̀ϧⲣⲏⲓ ⲉ̀ⲫⲙⲟⲩ : ⲟ̀ϩⲓ ⲙ̀ⲡⲁⲓⲙⲁ ⲟⲩⲟϩ ⲣⲱⲓⲥ. **Ⲟⲩⲟϩ** ⲉ̀ⲧⲁϥⲥⲓⲛⲓ ⲉ̀ⲧϩⲏ ⲛ̀ⲟⲩⲕⲟⲩϫⲓ ⲛⲁϥϩⲓ ⲙ̀ⲙⲟϥ ⲉ̀ϧⲣⲏⲓ ϩⲓϫⲉⲛ ⲡⲓⲕⲁϩⲓ : ⲟⲩⲟϩ ⲛⲁϥⲉⲣⲡ̀ⲣⲟⲥⲉⲩⲭⲉⲥⲑⲉ ϩⲓⲛⲁ ⲓⲥϫⲉ ⲟⲩⲟⲛ̀ϣϫⲟⲙ ⲛ̀ⲧⲉ ϯⲟⲩⲛⲟⲩ ⲥⲓⲛⲓ ⲉ̀ⲃⲟⲗ ϩⲁⲣⲟϥ. **Ⲟⲩⲟϩ** ⲛⲁϥϫⲱ ⲙ̀ⲙⲟⲥ ϫⲉ ⲁⲃⲃⲁ ⲫⲓⲱⲧ : ⲟⲩⲟⲛ̀ϣϫⲟⲙ ⲛ̀ϩⲱⲃ ⲛⲓⲃⲉⲛ ϧⲁⲧⲟⲧⲕ : ⲙⲁⲣⲉ ⲡⲁⲓⲁ̀ⲫⲟⲧ ⲥⲓⲛⲓ ⲉ̀ⲃⲟⲗϩⲁⲣⲟⲓ : ⲁⲗⲗⲁ ⲙ̀ⲫⲣⲏϯ ⲉ̀ⲧⲉϩⲛⲏⲓ ⲁ̀ⲛⲟⲕ ⲁⲛ : ⲁⲗⲗⲁ ⲙ̀ⲫⲣⲏϯ ⲉⲧⲉϩⲛⲁⲕ ⲛ̀ⲑⲟⲕ. **Ⲟⲩⲟϩ** ⲁϥⲓ̀ ⲁϥϫⲉⲙⲟⲩ ⲉⲩⲉⲛⲕⲟⲧ : ⲟⲩⲟϩ ⲡⲉϫⲁϥ ⲙ̀Ⲡⲉⲧⲣⲟⲥ ϫⲉ **Ⲥⲓⲙⲱⲛ** ⲕ̀ⲉⲛⲕⲟⲧ : ⲙ̀ⲡⲉⲕϣ̀ϫⲉⲙϫⲟⲙ ⲛ̀ⲣⲱⲓⲥ ⲛⲉⲙⲏⲓ ⲛ̀ⲟⲩⲟⲩⲛⲟⲩ.Ⲣⲱⲓⲥ ⲟⲩⲛ ⲛ̀ⲧⲉⲧⲉⲛⲉⲣⲡ̀ⲣⲟⲥⲉⲩⲭⲉⲥⲑⲉ ϩⲓⲛⲁ ⲛ̀ⲧⲉⲧⲉⲛ ⲱ̀ⲧⲉⲙⲓ̀ ⲉ̀ϧⲟⲩⲛ ⲉ̀ⲡⲓⲣⲁⲥⲙⲟⲥ : ⲡⲓⲡ̀ⲛⲁ ⲙⲉⲛ ϥ̀ⲣⲱⲟⲩⲧ : ϯⲥⲁⲣⲝ ⲇⲉ ⲟⲩⲁⲥⲑⲉⲛⲏⲥⲧⲉ. **Ⲟⲩⲟϩ** ⲡⲁⲗⲓⲛ ⲉ̀ⲧⲁϥϣⲉⲛⲁϥ ⲛⲁϥⲉⲣⲡ̀ⲣⲟⲥⲉⲩⲭⲉⲥⲑⲉ ⲁϥϫⲉ ⲡⲁⲓⲥⲁϫⲓ ⲣⲱ ⲟⲛ. **Ⲟⲩⲟϩ** ⲁϥⲓ̀ ⲟⲛ ⲁϥϫⲉⲙⲟⲩ ⲉⲩⲉⲛⲕⲟⲧ : ⲛⲁⲣⲉ ⲛⲟⲩⲃⲁⲗ ⲅⲁⲣ ϩⲟⲣϣ ⲡⲉ : ⲟⲩⲟϩ ⲛⲁⲩⲉⲙⲓ ⲁⲛ ϫⲉ ⲟⲩ ⲡⲉ ⲉⲧⲟⲩⲛⲁⲉ̀ⲣⲟⲩⲱ̀ ⲙ̀ⲙⲟϥ ⲛⲁϥ. **Ⲁϥⲓ̀** ⲟⲛ ⲙ̀ⲫⲙⲁϩ ϣⲟⲙⲧ ⲛ̀ⲥⲟⲡ ⲟⲩⲟϩ ⲡⲉϫⲁϥ ⲛⲱⲟⲩ : ϫⲉ ⲉⲛⲕⲟⲧ ϫⲉ ⲟⲩⲟϩ ⲙ̀ⲧⲟⲛ ⲙ̀ⲙⲱⲧⲉⲛ : ⲁⲥⲟⲩⲱ̀ ⲁⲥⲓ̀ ⲛ̀ϫⲉ ϯⲟⲩⲛⲟⲩ : ϩⲏⲡⲡⲉ ⲥⲉⲛⲁϯ ⲙ̀ⲡ̀ϣⲏⲣⲓ ⲙ̀ⲫ̀ⲣⲱⲙⲓ ⲉ̀ⲛⲉⲛϫⲓϫ ⲛ̀ⲛⲓⲣⲉϥⲉⲣⲛⲟⲃⲓ. **Ⲧ**ⲉⲛⲑⲏⲛⲟⲩ ⲙⲁⲣⲟⲛ : ϩⲏⲡⲡⲉ ⲁϥϧⲱⲛⲧ ⲛ̀ϫⲉ ⲫⲏⲉⲑⲛⲁⲧⲏⲓⲧ :

Ⲟⲩⲱϣⲧ ⲙ̀ⲡⲓⲉⲩⲁⲅⲅⲉⲗⲓⲟⲛ ⲉ̅ⲑ̅ⲩ̅.

Mark 14:32-42

Then they came to a place which was named Gethsemane; and He said to His disciples, "Sit here while I pray." And He took Peter, James, and John with Him, and He began to be troubled and deeply distressed. Then He said to them, "My soul is exceedingly sorrowful, even to death. Stay here and watch." He went a little farther, and fell on the ground, and prayed that if it were possible, the hour might pass from Him. And He said, "Abba, Father, all things are possible for You. Take this cup away from Me; nevertheless, not what I will, but what You will. " Then He came and found them sleeping, and said to Peter, "Simon, are you sleeping? Could you not watch one hour? Watch and pray, lest you enter into temptation. The spirit indeed is willing, but the flesh is weak." Again He went away and prayed, and spoke the same words. And when He returned, He found them asleep again, for their eyes were heavy; and they did not know what to answer Him. Then He came the third time and said to them, "Are you still sleeping and resting? It is enough! The hour has come; behold, the Son of Man is being betrayed into the hands of sinners. Rise, let us be going. See, My betrayer is at hand."

Bow down before the Holy Gospel.
Glory be to God forever.

مرقس ١٤: ٣٢ - ٤٢

وَجَاءُوا إِلَى ضَيْعَةٍ اسْمُهَا جَثْسَيْمَانِي فَقَالَ لِتَلاَمِيذِهِ: «اجْلِسُوا هَهُنَا حَتَّى أُصَلِّيَ». ثُمَّ أَخَذَ مَعَهُ بُطْرُسَ وَيَعْقُوبَ وَيُوحَنَّا وَابْتَدَأَ يَدْهَشُ وَيَكْتَئِبُ. فَقَالَ لَهُمْ: «نَفْسِي حَزِينَةٌ جِدّاً حَتَّى الْمَوْتِ! امْكُثُوا هُنَا وَاسْهَرُوا». ثُمَّ تَقَدَّمَ قَلِيلاً وَخَرَّ عَلَى الأَرْضِ وَكَانَ يُصَلِّي لِكَيْ تَعْبُرَ عَنْهُ السَّاعَةُ إِنْ أَمْكَنَ. وَقَالَ: «يَا أَبَا الآبُ كُلُّ شَيْءٍ مُسْتَطَاعٌ لَكَ فَأَجِزْ عَنِّي هَذِهِ الْكَأْسَ. وَلَكِنْ لِيَكُنْ لاَ مَا أُرِيدُ أَنَا بَلْ مَا تُرِيدُ أَنْتَ». ثُمَّ جَاءَ وَوَجَدَهُمْ نِيَاماً فَقَالَ لِبُطْرُسَ: «يَا سِمْعَانُ أَنْتَ نَائِمٌ! أَمَا قَدَرْتَ أَنْ تَسْهَرَ سَاعَةً وَاحِدَةً؟ اِسْهَرُوا وَصَلُّوا لِئَلاَّ تَدْخُلُوا فِي تَجْرِبَةٍ. أَمَّا الرُّوحُ فَنَشِيطٌ وَأَمَّا الْجَسَدُ فَضَعِيفٌ». وَمَضَى أَيْضاً وَصَلَّى قَائِلاً ذَلِكَ الْكَلاَمَ بِعَيْنِهِ. ثُمَّ رَجَعَ وَوَجَدَهُمْ أَيْضاً نِيَاماً إِذْ كَانَتْ أَعْيُنُهُمْ ثَقِيلَةً فَلَمْ يَعْلَمُوا بِمَاذَا يُجِيبُونَهُ. ثُمَّ جَاءَ ثَالِثَةً وَقَالَ لَهُمْ: «نَامُوا الآنَ وَاسْتَرِيحُوا! يَكْفِي! قَدْ أَتَتِ السَّاعَةُ! هُوَذَا ابْنُ الإِنْسَانِ يُسَلَّمُ إِلَى أَيْدِي الْخُطَاةِ. قُومُوا لِنَذْهَبَ. هُوَذَا الَّذِي يُسَلِّمُنِي قَدِ اقْتَرَبَ».

أسجدوا للإنجيل المقدس.
والمجد لله دائماً.

Ⲉⲩⲁⲅⲅⲉⲗⲓⲟⲛ ⲕⲁⲧⲁ Ⲗⲟⲩⲕⲁⲛ Ⲕⲉⲫ ⲕⲃ : ⲙ̅ - ⲙ̅ⲋ̅

Ⲉⲧⲁϥⲓ̀ ⲇⲉ ⲉ̀ⲡⲓⲙⲁ ⲡⲉϫⲁϥ ⲛⲱⲟⲩ : ϫⲉ ⲧⲱⲃϩ ϫⲉ ⲛ̀ⲛⲉⲧⲉⲛϣⲉ ⲉ̀ϧⲟⲩⲛ ⲉ̀ⲡⲓⲣⲁⲥⲙⲟⲥ. Ⲛ̀ⲑⲟϥ ⲇⲉ ⲁϥⲟⲩⲱ̀ϯ ⲉ̀ⲃⲟⲗ ⲙ̀ⲙⲱⲟⲩ ⲛⲁⲩ ⲫⲟⲩⲱϣ ⲛ̀ϩⲓⲟⲩⲓ̀ ⲛⲟⲩⲱ̀ⲛⲓ ⲉ̀ⲃⲟⲗ : ⲟⲩⲟϩ ⲉ̀ⲧⲁϥϩⲓⲧϥ ⲉϫⲉⲛ ⲛⲉϥⲕⲉⲗⲓ ⲁϥⲧⲱⲃϩ. Ⲉϥϫⲱ̀ⲙⲙⲟⲥ ϫⲉ ⲡⲁⲓⲱⲧ ⲓⲥϫⲉ ⲭⲟⲩⲱϣ ⲙⲁⲣⲉ ⲡⲁⲓⲁ̀ⲫⲟⲧ ⲥⲉⲛⲧ : ⲡ̀ⲗⲏⲛ ⲡⲉⲧⲉϩⲛⲏⲓ ⲁⲛ : ⲁⲗⲗⲁ ⲫⲱⲕ ⲙⲁⲣⲉϥϣⲱⲡⲓ. Ⲟⲩⲟϩ ⲁϥⲟⲩⲟⲛϩϥ ⲉ̀ⲣⲟϥ ⲛ̀ϫⲉ ⲟⲩⲁⲅⲅⲉⲗⲟⲥ ⲉ̀ⲃⲟⲗϧⲉⲛ ⲧ̀ⲫⲉ ⲉⲑⲣⲉϥϯϫⲟⲙ ⲛⲁϥ. ⲟⲩⲟϩ ⲁⲥϣⲱⲡⲓ ⲉϥϭⲓϣϣⲱⲟⲩ ⲉ̀ⲉⲣⲡ̀ⲣⲟⲥⲉⲩⲭⲉⲥⲑⲉ ϧⲉⲛ ⲛⲉϥⲕⲉⲗⲓ : ⲛⲁⲣⲉ ⲡⲉϥϥϯ ⲙ̀ⲫⲣⲏϯ ⲙ̀ⲡⲓⲁ̀ⲗⲟⲩⲁⲛ ⲛ̀ⲧⲉ ⲡⲓⲥ̀ⲛⲟϥ ⲉϥϣⲟⲩⲟ ⲉ̀ϫⲉⲛ ⲡⲓⲕⲁϩⲓ : Ⲟⲩⲟϩ ⲉ̀ⲧⲁϥⲧⲱⲛϥ ⲉ̀ⲃⲟⲗ ϧⲉⲛ ϯⲡ̀ⲣⲟⲥⲉⲩⲭⲏ : ⲁϥⲓ ϩⲁ ⲛⲓⲙⲁⲑⲏⲧⲏⲥ ⲁϥϫⲉⲙⲟⲩ ⲉⲩⲉⲛⲕⲟⲧ ⲉ̀ⲃⲟⲗϧⲉⲛ ⲡⲓ̀ⲙⲕⲁϩⲛϩⲏⲧ. Ⲟⲩⲟϩ ⲡⲉϫⲁϥ ⲛⲱⲟⲩ ϫⲉ ⲉⲑⲃⲉⲟⲩ ⲉⲣⲉⲧⲉⲛⲉⲛⲕⲟⲧ : ⲧⲉⲛ ⲑⲏⲛⲟⲩ ⲁ̀ⲣⲓⲡ̀ⲣⲟⲥⲉⲩⲭⲉⲥⲑⲉ : ϩⲓⲛⲁ ⲛ̀ⲧⲉⲧⲉⲛ̀ϣⲧⲉⲙ̀ⲓ̀ ⲉ̀ϧⲟⲩⲛ ⲉ̀ⲡⲓⲣⲁⲥⲙⲟⲥ :

Ⲟⲩⲱϣⲧ ⲙ̀ⲡⲓⲉⲩⲁⲅⲅⲉⲗⲓⲟⲛ ⲉⲑ̅ⲩ̅.

Luke 22:40-46

When He came to the place, He said to them, "Pray that you may not enter into temptation." And He was withdrawn from them about a stone's throw, and He knelt down and prayed, saying, "Father, if it is Your will, take this cup away from Me; nevertheless not My will, but Yours, be done." Then an angel appeared to Him from heaven, strengthening Him. And being in agony, He prayed more earnestly. Then His sweat became like great drops of blood falling down to the ground. When He rose up from prayer, and had come to His disciples, He found them sleeping from sorrow. Then He said to them, "Why do you sleep? Rise and pray, lest you enter into temptation."

Bow down before the Holy Gospel.
Glory be to God forever.

لوقا ٢٢: ٤٠ - ٤٦

وَلَمَّا صَارَ إِلَى الْمَكَانِ قَالَ لَهُمْ: «صَلُّوا لِكَيْ لاَ تَدْخُلُوا فِي تَجْرِبَةٍ». وَانْفَصَلَ عَنْهُمْ نَحْوَ رَمْيَةِ حَجَرٍ وَجَثَا عَلَى رُكْبَتَيْهِ وَصَلَّى قَائِلاً: «يَا أَبَتَاهُ إِنْ شِئْتَ أَنْ تُجِيزَ عَنِّي هَذِهِ الْكَأْسَ. وَلَكِنْ لِتَكُنْ لاَ إِرَادَتِي بَلْ إِرَادَتُكَ». وَظَهَرَ لَهُ مَلاَكٌ مِنَ السَّمَاءِ يُقَوِّيهِ. وَإِذْ كَانَ فِي جِهَادٍ كَانَ يُصَلِّي بِأَشَدِّ لَجَاجَةٍ وَصَارَ عَرَقُهُ كَقَطَرَاتِ دَمٍ نَازِلَةٍ عَلَى الأَرْضِ. ثُمَّ قَامَ مِنَ الصَّلاَةِ وَجَاءَ إِلَى تَلاَمِيذِهِ فَوَجَدَهُمْ نِيَاماً مِنَ الْحُزْنِ. فَقَالَ لَهُمْ: «لِمَاذَا أَنْتُمْ نِيَامٌ؟ قُومُوا وَصَلُّوا لِئَلاَّ تَدْخُلُوا فِي تَجْرِبَةٍ».

أسجدوا للإنجيل المقدس.
والمجد لله دائماً.

Ⲉⲩⲁⲅⲅⲉⲗⲓⲟⲛ ⲕⲁⲧⲁ Ⲓⲱⲁⲛⲛⲏⲛ Ⲕⲉⲫ ⲓⲏ : ⲅ̅ - ⲑ̅

Ⲓⲟⲩⲇⲁⲥ ⲟⲩⲛ ⲉⲧⲁϥϭⲓ ⲙ̀ⲡⲓⲙⲏϣ ⲛⲉⲙ ⲛⲓϩⲩⲡⲉⲣⲉⲧⲏⲥ ⲉ̀ⲃⲟⲗ ϧⲉⲛ ⲛⲓⲁⲣⲭⲏⲉ̀ⲣⲉⲩⲥ ⲛⲉⲙ ⲛⲓⲫⲁⲣⲓⲥⲉⲟⲥ : ⲁϥⲓ ⲉⲙⲁⲩ ⲛⲉⲙ ϩⲁⲛⲫⲁⲛⲟⲥ ⲛⲉⲙ ϩⲁⲛⲗⲁⲙⲡⲁⲥ ⲛⲉⲙ ϩⲁⲛϩⲟⲡⲗⲟⲛ. Ⲓⲏ̅ⲥ̅ ⲇⲉ ϥⲥⲱⲟⲩⲛ ⲛ̀ϩⲱⲃ ⲛⲓⲃⲉⲛ ⲉⲑⲛⲏⲟⲩ ⲉ̀ϩⲣⲏⲓ ⲉ̀ϫⲱϥ : ⲁϥⲓ ⲉ̀ⲃⲟⲗ ⲡⲉϫⲁϥ ⲛⲱⲟⲩ : ϫⲉ ⲁ̀ⲣⲉⲧⲉⲛⲕⲱϯ ⲛ̀ⲥⲁ ⲛⲓⲙ. Ⲁⲩⲉ̀ⲣⲟⲩⲱ̀ ⲡⲉϫⲱⲟⲩ ⲛⲁϥ ϫⲉ Ⲓⲏⲥ ⲡⲓⲛⲁⲍⲱⲣⲉⲟⲥ : ⲡⲉϫⲉ Ⲓⲏⲥ ⲛⲱⲟⲩ ϫⲉ ⲁ̀ⲛⲟⲕ ⲡⲉ : ⲛⲁϥⲟϩⲓ ⲇⲉ ⲉ̀ⲣⲁⲧϥ ⲛⲉⲙⲱⲟⲩ ⲛ̀ϫⲉ Ⲓⲟⲩⲇⲁⲥ ⲫⲏⲉ̀ⲛⲁϥⲛⲁⲧⲏⲓϥ. Ϩⲟⲧⲉ ⲟⲩⲛ ⲉⲧⲁϥϫⲟⲥ ⲛⲱⲟⲩ ϫⲉ ⲁ̀ⲛⲟⲕ ⲡⲉ : ⲁⲩⲫⲱⲧ ⲉ̀ⲫⲁϩⲟⲩ ⲟⲩⲟϩ ⲁⲩϩⲉⲓ ⲉ̀ⲡⲉⲥⲏⲧ : Ⲡⲁⲗⲓⲛ ⲟⲛ ⲁϥϣⲉⲛⲱⲟⲩ ϫⲉ ⲁ̀ⲣⲉⲧⲉⲛⲕⲱϯ ⲛ̀ⲥⲁ ⲛⲓⲙ : ⲛ̀ⲑⲱⲟⲩ ⲇⲉ ⲡⲉϫⲱⲟⲩ ϫⲉ Ⲓⲏⲥ ⲡⲓⲛⲁⲍⲱⲣⲉⲟⲥ. Ⲁϥⲉ̀ⲣⲟⲩⲱ̀ ⲛ̀ϫⲉ Ⲓⲏⲥ ϫⲉ ⲁⲓϫⲟⲥ ⲛⲱⲧⲉⲛ ϫⲉ ⲁ̀ⲛⲟⲕ ⲡⲉ : ⲓⲥϫⲉ ⲁ̀ⲣⲉⲧⲉⲛⲕⲱϯ ⲛ̀ⲥⲱⲓ ⲭⲁ ⲛⲁⲓ ⲉ̀ⲃⲟⲗ ⲙⲁⲣⲟⲩϣⲉⲛⲱⲟⲩ : ϩⲓⲛⲁ ⲛ̀ⲧⲉ ⲡⲓⲥⲁϫⲓ ϫⲱⲕ ⲉ̀ⲃⲟⲗ ⲉ̀ⲧⲁϥϫⲟϥ : ϫⲉ ⲛⲏⲉ̀ⲧⲁⲕⲧⲏⲓⲧⲟⲩ ⲛⲏⲓ ⲙ̀ⲡⲓⲧⲁⲕⲉ ⲉ̀ϩⲗⲓ ⲉ̀ⲃⲟⲗ ⲛ̀ϧⲏⲧⲟⲩ :

Ⲟⲩⲱϣⲧ ⲙ̀ⲡⲓⲉⲩⲁⲅⲅⲉⲗⲓⲟⲛ ⲉⲑⲩ.

John 18:3-9

Then Judas, having received a detachment of troops, and officers from the chief priests and Pharisees, came there with lanterns, torches, and weapons. Jesus therefore, knowing all things that would come upon Him, went forward and said to them, "Whom are you seeking?" They answered Him, "Jesus of Nazareth." Jesus said to them, "I am He." And Judas, who betrayed Him, also stood with them. Now when He said to them, "I am He," they drew back and fell to the ground. Then He asked them again, "Whom are you seeking?" And they said, "Jesus of Nazareth." Jesus answered, "I have told you that I am He. Therefore, if you seek Me, let these go their way," that the saying might be fulfilled which He spoke, "Of those whom You gave Me I have lost none."

Bow down before the Holy Gospel.
Glory be to God forever.

يوحنا ١٨: ٣ - ٩

فَأَخَذَ يَهُوذَا الْجُنْدَ وَخُدَّاماً مِنْ عِنْدِ رُؤَسَاءِ الْكَهَنَةِ وَالْفَرِّيسِيِّينَ وَجَاءَ إِلَى هُنَاكَ بِمَشَاعِلَ وَمَصَابِيحَ وَسِلاَحٍ. فَخَرَجَ يَسُوعُ وَهُوَ عَالِمٌ بِكُلِّ مَا يَأْتِي عَلَيْهِ وَقَالَ لَهُمْ: «مَنْ تَطْلُبُونَ؟» أَجَابُوهُ: «يَسُوعَ النَّاصِرِيَّ». قَالَ لَهُمْ: «أَنَا هُوَ». وَكَانَ يَهُوذَا مُسَلِّمُهُ أَيْضاً وَاقِفاً مَعَهُمْ. فَلَمَّا قَالَ لَهُمْ: «إِنِّي أَنَا هُوَ» رَجَعُوا إِلَى الْوَرَاءِ وَسَقَطُوا عَلَى الأَرْضِ. فَسَأَلَهُمْ أَيْضاً: «مَنْ تَطْلُبُونَ؟» فَقَالُوا: «يَسُوعَ النَّاصِرِيَّ». أَجَابَ: «قَدْ قُلْتُ لَكُمْ إِنِّي أَنَا هُوَ. فَإِنْ كُنْتُمْ تَطْلُبُونَنِي فَدَعُوا هَؤُلاَءِ يَذْهَبُونَ». لِيَتِمَّ الْقَوْلُ الَّذِي قَالَهُ: «إِنَّ الَّذِينَ أَعْطَيْتَنِي لَمْ أُهْلِكْ مِنْهُمْ أَحَداً».

أسجدوا للإنجيل المقدس.
والمجد لله دائما.

Commentary

The Commentary of the Sixth Hour of Eve of Good Friday of Holy Pascha, may its blessings be with us all. Amen.

طرح

طرح الساعة السادسة من ليلة الجمعة من البصخة المقدسة بركتها علينا. آمين.

Our Savior departed from the Mount of Olives and went to Gethsemane with His disciples. Then He told His disciples to wait there and took Peter together with the two brothers, the sons of Zebedee. Then He started to pray for the sufferings that He would endure. He said to them, "My soul is exceedingly sorrowful, even to death. Stay here and watch with Me." He went a little farther and fell on His face and prayed saying, "O My Father, if it is possible, let this cup pass from Me, nevertheless, not as I will but as You will." Then He came back to His disciples and found them asleep in great sadness. He awoke Peter and said to His disciples, "Could you not watch with Me one hour? Watch and pray lest you enter into temptation." The second time, He prayed again that if it is at all possible to let the cup pass from Him. In the third time, He prayed again. Then He came to His disciples and said to them, "Are you still sleeping and resting? Behold the hour is at hand and the Son of Man is being betrayed into the hands of sinners. Rise, let us be going. See, My betrayer is at hand. Woe to you Judas, more than anyone else, because your sins have multiplied as those of your parents. You have rejected the blessing and loved damnation. It will be with you unto the age of ages.

ترك مخلصنا يسوع جبل الزيتون وأتى إلى الجشمانية مع الرسل وهكذا قال لتلاميذه: اجلسوا ههنا حتى أمضى لأصلى. وأخذ بطرس مع الآخرين الطاهرين ابنى زبدى، وبدأ يقول فى صلاته من أجل آلامه التى سينالها. وهكذا قال لخواصه: اسهروا معى فى الصلاة. وابتعد قليلاً وخر على وجهه وصلى قائلاً بحزن قلب: يا أبتاه ان كان يمكن أن تعبر عنى هذه الكأس، ولكن ليست ارادتى بل ارادتك. ثم عاد وجاء إلى تلاميذه فوجدهم نياماً بحزن عظيم. فأيقظ بطرس وقال ألا يجب عليك أن تسهر معى ساعة واحدة؟ صلوا بلا فتور لكى لا تدخلوا فى تجربة. والمرة الثانية صلى هكذا من أجل الكأس لكى تعبر عنه. والمرة الثالثة صلى هكذا بهذا الكلام الذى قاله.. قوموا اسهروا معى واتركوا النوم فقد اقترب الذى يسلمنى.

الويل لك يا يهوذا أكثر من جميع الناس، فان خطاياك تضاعفت وخطايا والديك. جحدت البركة وأحببت اللعنة، فحلت عليك إلى آخر الدهور.

Ninth Hour of Eve of Good Friday

الساعة التاسعة من ليلة الجمعة العظيمة

Ⲓⲉⲣⲉⲙⲓⲁⲥ Ⲕⲉⲫ ⲑ̅ : ⲍ̅ - ⲓ̅ⲉ̅

Ⲉ̀ⲃⲟⲗϧⲉⲛ Ⲓⲉⲣⲉⲙⲓⲁⲥ ⲡⲓ̀ⲡⲣⲟⲫⲏⲧⲏⲥ: ⲉ̀ⲣⲉⲡⲉϥ̀ⲥ̀ⲙⲟⲩ ⲉ̀ⲑⲟⲩⲁⲃ ϣⲱⲡⲓ ⲛⲉⲙⲁⲛ ⲁ̀ⲙⲏⲛ ⲉϥϫⲱ ⲙ̀ⲙⲟⲥ.

Ⲉⲑⲃⲉ ⲫⲁⲓ ⲛⲁⲓ ⲛⲉ ⲛⲏⲉⲧⲉϥϫⲱ ⲙ̀ⲙⲱⲟⲩ ⲛ̀ϫⲉ Ⲡⲟ̅ⲥ̅ : ϫⲉ ϩⲏⲡⲡⲉ ⲁⲛⲟⲕ ϯⲛⲁⲫⲁⲥⲧⲟⲩ ⲟⲩⲟϩ ϯⲛⲁⲉⲣⲇⲟⲕⲓⲙⲁⲍⲓⲛ ⲙ̀ⲙⲱⲟⲩ : ϫⲉ ϯⲛⲁ̀ⲓⲣⲓ ⲙ̀ⲡⲉ̀ⲙⲑⲟ ⲉ̀ⲃⲟⲗ ⲛ̀ϯⲙⲉⲧⲡⲉⲧϩⲱⲟⲩ ⲛ̀ⲧⲉ ⲧ̀ϣⲉⲣⲓ ⲙ̀ⲡⲁⲗⲁⲟⲥ. Ⲟⲩⲥⲟⲑⲛⲉϥ ⲉϥϭⲓ ⲡⲉ ⲡⲟⲩⲗⲁⲥ : ϩⲁⲛ̀ⲭⲣⲟϥ ⲛⲉ ⲛⲓⲥⲁϫⲓ ⲛ̀ⲧⲉ ⲣⲱⲟⲩ : ϥ̀ⲥⲁϫⲓ ⲛⲉⲙ ⲡⲉϥ̀ϣⲫⲏⲣ ⲛ̀ϩⲁⲛⲥⲁϫⲓ ⲛ̀ϩⲓⲣⲏⲛⲓⲕⲟⲛ : ⲉ̀ⲣⲉ ϯⲙⲉⲧϫⲁϫⲓ ⲭⲏ ϧⲉⲛ ⲡⲉϥϩⲏⲧ. Ⲙⲏ ⲛ̀ϧ̀ⲣⲏⲓ ⲁⲛ ⲉ̀ϫⲉⲛ ⲛⲁⲓ ⲉⲓⲉ̀ϫⲉⲙ ⲡ̀ϣⲓⲛⲓ ⲡⲉϫⲉ Ⲡⲟ̅ⲥ̅ : ⲓⲉ ϧⲉⲛ ⲟⲩ̀ⲗⲁⲟⲥ ⲁⲛ ⲙ̀ⲡⲁⲓⲣⲏϯ ⲉ̀ⲣⲉ ⲧⲁⲯⲩⲭⲏ ⲓ̀ⲣⲓ ⲛ̀ⲟⲩϭⲓ̀ⲙ̀ⲡ̀ϣⲓϣ. Ⲭⲱ ⲛ̀ⲟⲩⲛⲉϩⲡⲓ ⲉ̀ϫⲉⲛ ⲛⲓⲧⲱⲟⲩ : ⲟⲩⲟϩ ⲣⲓⲙⲓ ⲉ̀ϩ̀ⲣⲏⲓ ⲉ̀ϫⲉⲛ ⲛⲓⲙⲱⲓⲧ ⲛ̀ⲧⲉ ⲡ̀ϣⲁϥⲉ̀ : ϫⲉ ⲁⲩϫⲱ ⲉ̀ⲃⲟⲗ ⲉⲑⲃⲉ ϫⲉ ⲙ̀ⲙⲟⲛ ⲣⲱⲙⲓ ϣⲟⲡ ⲛ̀ϧⲏⲧⲟⲩ : ⲙ̀ⲡⲟⲩⲥⲱⲧⲉⲙ ⲉ̀ⲧⲥ̀ⲙⲏ ⲛ̀ⲛⲏⲉⲧϣⲟⲡ ⲓⲥϫⲉⲛ ⲛⲓϩⲁⲗⲁϯ ϣⲁ ⲛⲓⲧⲉⲃⲛⲱⲟⲩ̀ⲓ : ⲁⲩⲧⲱⲙⲧ ⲟⲩⲟϩ ⲁⲩⲧⲁⲕⲟ : ⲉⲓⲉ̀ϯ ⲛ̀Ⲓⲗ̅ⲏ̅ⲙ̅ ⲛ̀ⲟⲩ̀ⲱⲧⲉⲃ ⲉ̀ⲃⲟⲗ ⲟⲩⲟϩ ⲉ̀ⲟⲩⲙⲁⲛϣⲱⲡⲓ ⲛ̀ⲇⲣⲁⲕⲱⲛ : ⲟⲩⲟϩ ⲛⲓⲃⲁⲕⲓ ⲛ̀ⲧⲉ Ⲓⲟⲩⲇⲁ ⲉⲓⲉ̀ⲭⲁⲩ ⲉ̀ⲟⲩⲧⲁⲕⲟ : ⲉ̀ϣ̀ⲧⲉⲙ ⲑ̀ⲣⲟⲩϣⲱⲡⲓ ⲛ̀ϧⲏⲧⲟⲩ :

Ⲟⲩ̀ⲱⲟⲩ ⲛ̀ϯ̀ⲧⲣⲓⲁⲥ ⲉ̀ⲑⲟⲩⲁⲃ ⲡⲉⲛⲛⲟⲩϯ ϣⲁ ⲉ̀ⲛⲉϩ ⲛⲉⲙ ϣⲁ ⲉ̀ⲛⲉϩ ⲛ̀ⲧⲉ ⲛⲓ̀ⲉ̀ⲛⲉϩ ⲧⲏⲣⲟⲩ: ⲁ̀ⲙⲏⲛ.

Jeremiah 9: 7-11

A reading from Jeremiah the Prophet may his blessings be with us Amen.

Therefore thus says the Lord of hosts: "Behold, I will refine them and try them; For how shall I deal with the daughter of My people? Their tongue is an arrow shot out; It speaks deceit; One speaks peaceably to his neighbor with his mouth, But in his heart he lies in wait. Shall I not punish them for these things?" says the Lord. "Shall I not avenge Myself on such a nation as this?" I will take up a weeping and wailing for the mountains, And for the dwelling places of the wilderness a lamentation, Because they are burned

ارميا ٩: ٧ - ١١

من ارميا النبى بركته المقدسة تكون معنا، آمين.

لِذَلِكَ هَكَذَا قَالَ رَبُّ الْجُنُودِ: [هَئَنَذَا أُنَقِّيهِمْ وَأَمْتَحِنُهُمْ. لأَنِّي مَاذَا أَعْمَلُ مِنْ أَجْلِ بِنْتِ شَعْبِي؟ لِسَانُهُمْ سَهْمٌ قَتَّالٌ يَتَكَلَّمُ بِالْغِشِّ. بِفَمِهِ يُكَلِّمُ صَاحِبَهُ بِسَلاَمٍ وَفِي قَلْبِهِ يَضَعُ لَهُ كَمِيناً. أَفَمَا أُعَاقِبُهُمْ عَلَى هَذِهِ يَقُولُ الرَّبُّ؟ أَمْ لاَ تَنْتَقِمُ نَفْسِي مِنْ أُمَّةٍ كَهَذِهِ؟]. عَلَى الْجِبَالِ أَرْفَعُ بُكَاءً وَمَرْثَاةً وَعَلَى مَرَاعِي الْبَرِّيَّةِ نَدْباً لأَنَّهَا احْتَرَقَتْ فَلاَ إِنْسَانَ عَابِرٌ وَلاَ يُسْمَعُ صَوْتُ الْمَاشِيَةِ. مِنْ طَيْرِ

up, So that no one can pass through; Nor can men hear the voice of the cattle. Both the birds of the heavens and the beasts have fled; They are gone. "I will make Jerusalem a heap of ruins, a den of jackals. I will make the cities of Judah desolate, without an inhabitant."

Glory be to the Holy Trinity our God unto the age of all ages, Amen.

السَّمَاوَاتِ إِلَى الْبَهَائِمِ هَرَبَتْ مَضَتْ. وَأَجْعَلُ أُورُشَلِيمَ رُجماً وَمَأْوَى بَنَاتِ آوَى وَمُدُنَ يَهُوذَا أَجْعَلُهَا خَرَاباً بِلاَ سَاكِنٍ.

مجداً للثالوث القدوس الهنا إلى الأبد وإلى أبد الآبدين كلها، آمين.

Ιεζεκιηλ Κεφ κα : κη - λβ

Ⲉⲃⲟⲗϧⲉⲛ Ⲓⲉⲍⲉⲕⲓⲏⲗ ⲡⲓⲡ̀ⲣⲟⲫⲏⲧⲏⲥ: ⲉ̀ⲣⲉⲡⲉϥ̀ⲥ̀ⲙⲟⲩ ⲉ̀ⲑⲟⲩⲁⲃ ϣⲱⲡⲓ ⲛⲉⲙⲁⲛ ⲁ̀ⲙⲏⲛ ⲉϥϫⲱ ⲙ̀ⲙⲟⲥ.

Ⲟⲩⲟϩ ⲛ̀ⲑⲟⲕ ϩⲱⲕ ⲡ̀ϣⲏⲣⲓ ⲙ̀ⲫ̀ⲣⲱⲙⲓ ⲁ̀ⲣⲓⲡ̀ⲣⲟⲫⲏⲧⲉⲩⲓⲛ ⲟⲩⲟϩ ⲉ̀ⲕⲉ̀ϫⲟⲥ : ϫⲉ ⲛⲁⲓ ⲛⲉ ⲛⲏⲉ̀ⲧⲉϥϫⲱ ⲙ̀ⲙⲱⲟⲩ ⲛ̀ϫⲉ Ⲡ̅ⲟ̅ⲥ̅ ⲛ̀ⲛⲉⲛϣⲏⲣⲓ ⲛ̀Ⲁ̀ⲙⲙⲱⲛ ⲛⲉⲙ ⲡⲟⲩϣⲱϣ : ⲟⲩⲟϩ ⲉ̀ⲕⲉ̀ϫⲟⲥ ⲛ̀ϯⲥⲏϥⲓ : ϯⲥⲏϥⲓ ⲉ̀ⲧⲁⲩⲑⲟⲕⲙⲉⲥ ⲉ̀ⲃⲟⲗϧⲉⲗ : ⲟⲩⲟϩ ⲉ̀ⲧⲁⲩⲑⲟⲕⲙⲉⲥ ⲉ̀ⲟⲩϧⲁⲉ. Ϫⲉ ⲧⲱⲛⲓ ϩⲟⲡⲱⲥ ⲛ̀ⲧⲉ ⲓⲉ̀ⲗⲏⲗ ϧⲉⲛ ⲧⲉϩⲟⲣⲁⲥⲓⲥ ⲙ̀ⲙⲉⲧⲉ̀ⲫ̀ⲗⲏⲟⲩ ⲛⲉⲙ ⲉ̀ⲡϫⲓⲛϣⲉⲛϩⲓⲛ ϧⲉⲛ ϩⲁⲛⲙⲉⲑⲛⲟⲩϫ : ⲉ̀ⲡϫⲓⲛ ⲧⲏⲓϯ ⲉ̀ϫⲉⲛ ⲑ̀ⲛⲁϩⲃⲓ ⲛ̀ϩⲁⲛϧⲱⲧⲉⲃ ⲛ̀ⲧⲉ ⲛⲓⲁ̀ⲛⲟⲙⲟⲥ ⲛⲏⲉⲧ ⲁ̀ⲛ ⲟⲩⲉϩⲟⲟⲩ ⲓ̀ ϧⲉⲛ ⲡ̀ⲥⲏⲟⲩ ⲙ̀ⲡⲓϭⲓ ⲛ̀ϫⲟⲛⲥ ⲛ̀ⲧⲉ ⲟⲩϫⲱⲕ. Ⲙⲁⲧⲁⲥⲑⲟ ⲙ̀ⲡⲉⲣ̀ⲙ̀ⲧⲟⲛ ⲙ̀ⲙⲟ ϧⲉⲛ ⲡⲁⲓⲙⲁ ⲉ̀ⲧⲁⲩⲙⲁⲥϯ ⲛ̀ϧⲏⲧϥ ϯⲛⲁϯϩⲁⲡ ⲉ̀ⲣⲟ ϧⲉⲛ ⲡⲉⲕⲁϩⲓ. Ⲟⲩⲟϩ ϯⲛⲁⲫⲱⲛ ⲙ̀ⲡⲁⲙ̀ⲃⲟⲛ ⲉ̀ϩ̀ⲣⲏⲓ ⲉ̀ϫⲱ : ⲟⲩⲟϩ ϧⲉⲛ ⲟⲩ̀ⲭ̀ⲣⲱⲙ ⲛ̀ⲧⲉ ⲡⲁⲙ̀ⲃⲟⲛ ϯⲛⲁⲛⲓϥⲓ ⲛ̀ⲥⲱⲓ ⲟⲩⲟϩ ϯⲛⲁⲧⲏⲓϯ ⲛ̀ⲛⲓⲃⲁⲣⲃⲁⲣⲟⲥ ⲉⲩϫ̀ⲫⲟ ⲛ̀ⲟⲩⲧⲁⲕⲟ. Ϧⲉⲛ ⲟⲩ̀ⲭ̀ⲣⲱⲙ ⲉ̀ⲣⲉϣⲱⲡⲓ ⲉ̀ⲧⲟⲩⲱⲙ ⲙ̀ⲙⲟⲡ̀ⲥⲛⲟϥ ⲉϥⲉ̀ϣⲱⲡⲓ ϧⲉⲛ ⲑ̀ⲙⲏϯ ⲙ̀ⲡⲉⲕⲁϩⲓ : ⲟⲩⲟϩ ⲛ̀ⲛⲉⲉⲣⲫ̀ⲙⲉⲩⲓ̀ ϣⲱⲡⲓ ⲛⲉ : ϫⲉ ⲁ̀ⲛⲟⲕ Ⲡ̅ⲟ̅ⲥ̅ ⲁⲓⲥⲁϫⲓ.

Ⲟⲩ̀ⲱⲟⲩ ⲛ̀ϯⲧ̀ⲣⲓⲁⲥ ⲉ̀ⲑⲟⲩⲁⲃ ⲡⲉⲛⲛⲟⲩϯ ϣⲁ ⲉ̀ⲛⲉϩ ⲛⲉⲙ ϣⲁ ⲉ̀ⲛⲉϩ ⲛ̀ⲧⲉ ⲛⲓⲉ̀ⲛⲉϩ ⲧⲏⲣⲟⲩ: ⲁ̀ⲙⲏⲛ.

Ezekiel 21:28-32 — حزقيال ٢١ : ٢٨ – ٣٢

A reading from Ezekiel the Prophet may his blessings be with us Amen.

"And you, son of man, prophesy and say, 'Thus says the Lord God concerning the Ammonites and concerning their reproach,' and say: 'A sword, a sword is drawn, Polished for slaughter, For consuming, for flashing-- While they see false visions for you, While they divine a lie to you, To bring

من حزقيال النبى بركته المقدسة تكون معنا، آمين.

[وَأَنْتَ يَا ابْنَ آدَمَ فَتَنَبَّأْ وَقُلْ: هَكَذَا قَالَ السَّيِّدُ الرَّبُّ فِي بَنِي عَمُّونَ وَفِي تَعْيِيرِهِمْ: سَيْفٌ! سَيْفٌ مَسْلُولٌ لِلذَّبْحِ. مَصْقُولٌ لِلْغَايَةِ لِلْبَرِيقِ. إِذْ يَرُونَ لَكَ بَاطِلاً، إِذْ يَعْرِفُونَ لَكَ كَذِباً لِيَجْعَلُوكَ عَلَى أَعْنَاقِ الْقَتْلَى الأَشْرَارِ الَّذِينَ

you on the necks of the wicked, the slain Whose day has come, Whose iniquity shall end. 'Return it to its sheath. I will judge you In the place where you were created, In the land of your nativity. I will pour out My indignation on you; I will blow against you with the fire of My wrath, And deliver you into the hands of brutal men who are skillful to destroy. You shall be fuel for the fire; Your blood shall be in the midst of the land. You shall not be remembered, For I the Lord have spoken.' "

Glory be to the Holy Trinity our God unto the age of all ages, Amen.

جَاءَ يَوْمُهُمْ فِي زَمَانِ إِثْمِ النِّهَايَةِ. فَهَلْ أُعِيدُهُ إِلَى غِمْدِهِ؟ أَلاَ فِي الْمَوْضِعِ الَّذِي خُلِقْتِ فِيهِ فِي مَوْلِدِكِ أُحَاكِمُكِ! وَأَسْكُبُ عَلَيْكِ غَضَبِي، وَأَنْفُخُ عَلَيْكِ بِنَارِ غَيْظِي، وَأُسَلِّمُكِ لِيَدِ رِجَالٍ مُتَحَرِّقِينَ مَاهِرِينَ لِلإِهْلاَكِ. تَكُونِينَ أَكْلَةً لِلنَّارِ. دَمُكِ يَكُونُ فِي وَسَطِ الأَرْضِ. لاَ تُذْكَرِينَ، لأَنِّي أَنَا الرَّبُّ تَكَلَّمْتُ].

مجداً للثالوث القدوس الهنا إلى الأبد وإلى أبد الآبدين كلها، آمين.

The Doxology of the Pascha Hour: "Thine is the Power..." on page A5.
تسبحة ساعة البصخة: "لك القوة..." صفحة ٥ فى اخر الكتاب.

Ⲯⲁⲗⲙⲟⲥ ⲕ̅ⲍ̅ : ⲇ̅ ⲛⲉⲙ ⲉ̅ Ⲯⲁⲗⲙⲟⲥ ⲗ̅ⲇ̅ : ⲇ̅ ⲛⲉⲙ ⲉ̅

Ⲛⲏⲉⲧⲥⲁϫⲓ ⲛⲉⲙ ⲛⲟⲩϣ̀ⲫⲏⲣ ϧⲉⲛ ⲟⲩϩⲓⲣⲏⲛⲏ : ϩⲁⲛⲡⲉⲧϩⲱⲟⲩ ⲇⲉ ⲉⲧϧⲉⲛ ⲛⲟⲩϩⲏⲧ. Ⲙⲟⲓⲛⲱⲟⲩ Ⲡ̅ⲟ̅ⲥ̅ ⲕⲁⲧⲁ ⲛⲟⲩϩ̀ⲃⲏⲟⲩⲓ : ⲛⲉⲙ ⲕⲁⲧⲁ ϯⲙⲉⲧⲡⲉⲧϩⲱⲟⲩ ⲛ̀ⲧⲉ ⲛⲟⲩϩ̀ⲃⲏⲟⲩⲓ. ⲁ̅ⲗ̅

Ⲙⲁⲣⲟⲩϭⲓϣⲓⲡⲓ ⲟⲩⲟϩ ⲛ̀ⲥⲉϭⲓϣⲱϣ ⲛ̀ϫⲉ ⲟⲩⲟⲛ ⲛⲓⲃⲉⲛ ⲉⲧⲕⲱϯ ⲛ̀ⲥⲁ ⲧⲁⲯⲩⲭⲏ. Ⲙⲁⲣⲟⲩⲕⲟⲧⲟⲩ ⲉ̀ⲫⲁϩⲟⲩ ⲟⲩⲟϩ ⲛ̀ⲥⲉϭⲓϣⲓⲡⲓ ⲛ̀ϫⲉ ⲛⲏⲉⲧⲥⲟϭⲛⲓ ⲉ̀ⲣⲟⲓ ⲛ̀ϩⲁⲛⲡⲉⲧϩⲱⲟⲩ ⲁ̅ⲗ̅.

Psalm 28:3,4, Psalm 35:4

المزمور ٢٧: ٤ و ٥ ، المزمور ٣٤: ٤ و ٥

A Psalm of David the Prophet.

Who speak peace to their neighbors, But evil is in their hearts. Give them according to their deeds, And according to the wickedness of their endeavors. Alleluia.

من مزامير داود النبى

المتكلمون مع أصحابهم بالسلام والشرور فى قلوبهم أعطهم يارب كحسب افعالهم ومثل شر أعمالهم: هلليلويا.

Let those be put to shame and brought to dishonor who seek after my life; Let those be turned back and brought to confusion who plot my hurt. Alleluia.

فليخز ويخجل جميع الذين يطلبون نفسي. وليرتدوا إلى الوراء ويفتضح الذين يتآمرون على بالسوء: هلليلويا.

Ⲉⲩⲁⲅⲅⲉⲗⲓⲟⲛ ⲕⲁⲧⲁ Ⲙⲁⲧⲑⲉⲟⲛ Ⲕⲉϥ ⲕⲋ : ⲙⲍ - ⲛⲏ

Ⲟⲩⲟϩ ⲉⲧⲓ ⲉϥⲥⲁϫⲓ : ⲓⲥ ⲓⲟⲩⲇⲁⲥ ⲟⲩⲁⲓ ⲉⲃⲟⲗϧⲉⲛ ⲡⲓⲙⲏⲧⲥⲛⲁⲩ : ⲁϥⲓ ⲛⲉⲙ ⲟⲩⲛⲓϣϯ ⲙⲙⲏϣ ⲛⲉⲙ ϩⲁⲛⲥⲏϥⲓ ⲛⲉⲙ ϩⲁⲛϣⲃⲟϯ : ⲉⲃⲟⲗϩⲁ ⲛⲓⲁⲣⲭⲏⲉⲣⲉⲩⲥ ⲛⲉⲙ ⲛⲓⲡⲣⲉⲥⲃⲩⲧⲉⲣⲟⲥ ⲛⲧⲉ ⲡⲓⲗⲁⲟⲥ. Ⲫⲏ ⲇⲉ ⲉⲛⲁϥ ⲛⲁⲧⲏⲓϥ ⲁϥϯ ⲛⲟⲩⲙⲏⲓⲛⲓ ⲛⲱⲟⲩ ⲉϥϫⲱ ⲙⲙⲟⲥ : ϫⲉ ⲫⲏⲉϯⲛⲁϯ ⲛⲟⲩⲫⲓ ⲉⲣⲱϥ ⲛⲑⲟϥ ⲡⲉ ⲁⲙⲟⲛⲓ ⲙⲙⲟϥ. Ⲟⲩⲟϩ ⲥⲁⲧⲟⲧϥ ⲁϥⲓ ϩⲁ Ⲓⲏⲥ ⲡⲉϫⲁϥ ⲛⲁϥ ϫⲉ ⲭⲉⲣⲉ ⲣⲁⲃⲃⲓ : ⲟⲩⲟϩ ⲁϥϯ ⲛⲟⲩⲫⲓ ⲉⲣⲱϥ. Ⲓⲏⲥ ⲇⲉ ⲡⲉϫⲁϥ ⲛⲁϥ ϫⲉ ⲡⲁϣⲫⲏⲣ : ⲫⲁⲓ ⲉⲧⲁⲕⲓ ⲉⲑⲃⲏⲧϥ : ⲧⲟⲧⲉ ⲁⲩⲉⲛ ⲛⲟⲩϫⲓϫ ⲉϫⲉⲛ Ⲓⲏⲥ ⲁⲩⲁⲙⲟⲛⲓ ⲙⲙⲟϥ. Ⲟⲩⲟϩ ⲓⲥ ⲟⲩⲁⲓ ⲉⲃⲟⲗϧⲉⲛ ⲛⲏⲉⲧⲭⲏ ⲛⲉⲙ Ⲓⲏⲥ : ⲁϥⲥⲟⲩⲧⲉⲛ ⲧⲉϥϫⲓϫ ⲉⲃⲟⲗ ⲁϥϣⲉⲗⲉⲙ ⲧⲉϥⲥⲏϥⲓ ⲟⲩⲟϩ ⲁϥϩⲓⲟⲩⲓ ⲛⲥⲁ ⲫⲃⲱⲕ ⲙⲡⲓⲁⲣⲭⲏⲉⲣⲉⲩⲥ ⲁϥϫⲉϫ ⲡⲉϥⲙⲁϣϫ ⲛⲟⲩⲓⲛⲁⲙ ⲉⲃⲟⲗ. Ⲧⲟⲧⲉ ⲡⲉϫⲉ Ⲓⲏⲥ ⲛⲁϥ ϫⲉ ⲙⲁⲧⲁⲥⲑⲟ ⲛϯⲥⲏϥⲓ ⲉⲡⲉⲥⲙⲁ : ⲟⲩⲟⲛ ⲅⲁⲣ ⲛⲓⲃⲉⲛ ⲉⲑⲛⲁϭⲓⲥⲏϥⲓ ⲥⲉⲛⲁⲧⲁⲕⲱⲟⲩ ⲛϯⲥⲏϥⲓ. Ⲓⲉ ⲁⲕⲙⲉⲩⲓ ϫⲉ ⲉⲧⲉ ⲙⲙⲟⲛϣϫⲟⲙ ⲙⲙⲟⲓ ⲉⲧⲱⲃϩ ⲙⲡⲁⲓⲱⲧ : ⲟⲩⲟϩ ⲛⲧⲉϥⲑⲣⲉϩⲟⲩⲟ ⲉⲙⲏⲧⲥⲛⲁⲩ ⲛⲗⲉⲅⲓⲱⲛ ⲛⲁⲅⲅⲉⲗⲟⲥ ⲓ ⲛⲏⲓ ⲙⲛⲁⲓ ϯⲛⲟⲩ. Ⲡⲱⲥ ⲟⲩⲛ ⲛⲧⲉ ⲛⲓⲅⲣⲁⲫⲏ ϫⲱⲕ ⲉⲃⲟⲗ : ϫⲉ ⲡⲁⲓⲣⲏϯ ⲡⲉⲧⲥϣⲉ ⲛⲧⲉⲥϣⲱⲡⲓ. Ϧⲉⲛ ϯⲟⲩⲛⲟⲩ ⲉⲧⲉⲙⲙⲁⲩ ⲡⲉϫⲉ Ⲓⲏⲥ ⲛⲛⲓⲙⲏϣ : ϫⲉⲉⲧⲁⲣⲉⲧⲉⲛ ⲓ ⲉⲃⲟⲗ ⲙⲫⲣⲏϯ ⲉⲣⲉⲧⲉⲛ ⲛⲏⲟⲩ ⲛⲥⲁ ⲟⲩⲥⲟⲛⲓ : ⲛⲉⲙ ϩⲁⲛⲥⲏϥⲓ ⲛⲉⲙ ϩⲁⲛϣⲃⲟϯ ⲉⲁⲙⲟⲛⲓ ⲙⲙⲟⲓ : ⲙⲏ ⲛⲁⲓϩⲉⲙⲥⲓ ⲁⲛ ⲡⲉ ϧⲉⲛ ⲡⲓⲉⲣⲫⲉⲓ ⲙⲙⲏⲛⲓ ⲉϯⲥⲃⲱ ⲟⲩⲟϩ ⲙⲡⲉⲧⲉⲛ ⲁⲙⲟⲛⲓ.ⲙⲙⲟⲓ. Ⲫⲁⲓ ⲇⲉ ⲧⲏⲣϥ ⲁϥϣⲱⲡⲓ ϩⲓⲛⲁ ⲛⲧⲟⲩϫⲱⲕ ⲉⲃⲟⲗ ⲛϫⲉ ⲛⲓⲅⲣⲁⲫⲏ ⲛⲧⲉ ⲛⲓⲡⲣⲟⲫⲏⲧⲏⲥ : ⲧⲟⲧⲉ ⲛⲓⲙⲁⲑⲏⲧⲏⲥ ⲧⲏⲣⲟⲩ ⲁⲩⲭⲁϥ ⲁⲩⲫⲱⲧ : Ⲛⲑⲱⲟⲩ ⲇⲉ ⲁⲩⲁⲙⲟⲛⲓ ⲛⲒⲏⲥ : ⲁⲩⲉⲛϥ ϩⲁ Ⲕⲁⲓⲁⲫⲁ ⲡⲓⲁⲣⲭⲏⲉⲣⲉⲩⲥ : ⲡⲓⲙⲁ ⲉⲧⲁⲩⲑⲱⲟⲩϯ ⲉⲣⲟϥ ⲛϫⲉⲛⲓⲥⲁϧ ⲛⲉⲙ ⲛⲓⲡⲣⲉⲥⲃⲩⲧⲉⲣⲟⲥ : Ⲡⲉⲧⲣⲟⲥ ⲇⲉ ⲛⲁϥⲙⲟϣⲓ ⲛⲥⲱϥ ⲡⲉ ϩⲓⲫⲟⲩⲉⲓ ϣⲁϯⲁⲩⲗⲏ ⲛⲧⲉ ⲡⲓⲁⲣⲭⲏⲉⲣⲉⲩⲥ : ⲟⲩⲟϩ ⲉⲧⲁϥϣⲉⲛⲁϥ ⲉϧⲟⲩⲛ ⲁϥϩⲉⲙⲥⲓ ⲛⲉⲙ ⲛⲓϩⲩⲡⲉⲣⲉⲧⲏⲥ ⲉⲛⲁⲩ ⲉⲡⲓϫⲱⲕ :

Ⲟⲩⲱϣⲧ ⲙⲡⲓⲉⲩⲁⲅⲅⲉⲗⲓⲟⲛ ⲉⲑⲩ.

Matthew 26: 47-58

متى ٢٦ : ٤٧ - ٥٨

A reading from the Holy Gospel according to Saint Matthew.

And while He was still speaking, behold, Judas, one of the twelve, with a great multitude with swords and clubs, came from the chief priests and elders

فصل شريف من إنجيل معلمنا مار متى البشير بركاته علينا آمين.

وَفِيمَا هُوَ يَتَكَلَّمُ إِذَا يَهُوذَا أَحَدُ الاِثْنَيْ عَشَرَ قَدْ جَاءَ وَمَعَهُ جَمْعٌ كَثِيرٌ بِسُيُوفٍ وَعِصِيٍّ

of the people. Now His betrayer had given them a sign, saying, "Whomever I kiss, He is the One; seize Him." Immediately he went up to Jesus and said, "Greetings, Rabbi!" and kissed Him. But Jesus said to him, "Friend, why have you come?" Then they came and laid hands on Jesus and took Him. And suddenly, one of those who were with Jesus stretched out his hand and drew his sword, struck the servant of the high priest, and cut off his ear. But Jesus said to him, "Put your sword in its place, for all who take the sword will perish by the sword. Or do you think that I cannot now pray to My Father, and He will provide Me with more than twelve legions of angels? How then could the Scriptures be fulfilled, that it must happen thus?" In that hour Jesus said to the multitudes, "Have you come out, as against a robber, with swords and clubs to take Me? I sat daily with you, teaching in the temple, and you did not seize Me. But all this was done that the Scriptures of the prophets might be fulfilled." Then all the disciples forsook Him and fled. And those who had laid hold of Jesus led Him away to Caiaphas the high priest, where the scribes and the elders were assembled. But Peter followed Him at a distance to the high priest's courtyard. And he went in and sat with the servants to see the end.

Bow down before the Holy Gospel.
Glory be to God forever.

مِنْ عِنْدِ رُؤَسَاءِ الْكَهَنَةِ وَشُيُوخِ الشَّعْبِ. وَالَّذِي أَسْلَمَهُ أَعْطَاهُمْ عَلاَمَةً قَائِلاً: «الَّذِي أُقَبِّلُهُ هُوَ هُوَ. أَمْسِكُوهُ». فَلِلْوَقْتِ تَقَدَّمَ إِلَى يَسُوعَ وَقَالَ: «السَّلاَمُ يَا سَيِّدِي!» وَقَبَّلَهُ. فَقَالَ لَهُ يَسُوعُ: «يَا صَاحِبُ لِمَاذَا جِئْتَ؟» حِينَئِذٍ تَقَدَّمُوا وَأَلْقَوْا الأَيَادِيَ عَلَى يَسُوعَ وَأَمْسَكُوهُ. وَإِذَا وَاحِدٌ مِنَ الَّذِينَ مَعَ يَسُوعَ مَدَّ يَدَهُ وَاسْتَلَّ سَيْفَهُ وَضَرَبَ عَبْدَ رَئِيسِ الْكَهَنَةِ فَقَطَعَ أُذْنَهُ. فَقَالَ لَهُ يَسُوعُ: «رُدَّ سَيْفَكَ إِلَى مَكَانِهِ. لأَنَّ كُلَّ الَّذِينَ يَأْخُذُونَ السَّيْفَ بِالسَّيْفِ يَهْلِكُونَ! أَتَظُنُّ أَنِّي لاَ أَسْتَطِيعُ الآنَ أَنْ أَطْلُبَ إِلَى أَبِي فَيُقَدِّمَ لِي أَكْثَرَ مِنِ اثْنَيْ عَشَرَ جَيْشاً مِنَ الْمَلاَئِكَةِ؟ فَكَيْفَ تُكَمَّلُ الْكُتُبُ: أَنَّهُ هَكَذَا يَنْبَغِي أَنْ يَكُونَ؟». فِي تِلْكَ السَّاعَةِ قَالَ يَسُوعُ لِلْجُمُوعِ: «كَأَنَّهُ عَلَى لِصٍّ خَرَجْتُمْ بِسُيُوفٍ وَعِصِيٍّ لِتَأْخُذُونِي! كُلَّ يَوْمٍ كُنْتُ أَجْلِسُ مَعَكُمْ أُعَلِّمُ فِي الْهَيْكَلِ وَلَمْ تُمْسِكُونِي. وَأَمَّا هَذَا كُلُّهُ فَقَدْ كَانَ لِكَيْ تُكَمَّلَ كُتُبُ الأَنْبِيَاءِ». حِينَئِذٍ تَرَكَهُ التَّلاَمِيذُ كُلُّهُمْ وَهَرَبُوا. وَالَّذِينَ أَمْسَكُوا يَسُوعَ مَضَوْا بِهِ إِلَى قَيَافَا رَئِيسِ الْكَهَنَةِ حَيْثُ اجْتَمَعَ الْكَتَبَةُ وَالشُّيُوخُ. وَأَمَّا بُطْرُسُ فَتَبِعَهُ مِنْ بَعِيدٍ إِلَى دَارِ رَئِيسِ الْكَهَنَةِ فَدَخَلَ إِلَى دَاخِلٍ وَجَلَسَ بَيْنَ الْخُدَّامِ لِيَنْظُرَ النِّهَايَةَ.

أسجدوا للإنجيل المقدس.
والمجد لله دائماً.

Ⲉⲩⲁⲅⲅⲉⲗⲓⲟⲛ ⲕⲁⲧⲁ Ⲙⲁⲣⲕⲟⲛ Ⲕⲉⲫ ⲓ̅ⲇ̅ : ⲙ̅ⲅ̅ – ⲛ̅ⲇ̅

Ⲟⲩⲟϩ ⲥⲁⲧⲟⲧϥ ⲉⲧⲓ ⲉϥⲥⲁϫⲓ : ⲁϥⲓ̀ ⲛ̀ϫⲉ Ⲓⲟⲩⲇⲁⲥ ⲟⲩⲁⲓ ⲉ̀ⲃⲟⲗϧⲉⲛ ⲡⲓⲙⲏⲧ ⲥ̀ⲛⲁⲩ : ⲉ̀ⲣⲉ ⲟⲩⲟⲛ ⲟⲩⲙⲏϣ ⲛⲉⲙⲁϥ ⲛⲉⲙϩⲁⲛⲥⲏϥⲓ ⲛⲉⲙ ϩⲁⲛϣⲉ ⲉ̀ⲃⲟⲗϩⲁ ⲛⲓⲁⲣⲭⲏ̀ⲉⲣⲉⲩⲥ ⲛⲉⲙ ⲛⲓⲡⲣⲉⲥⲃⲩⲧⲣⲟⲥ ⲛⲉⲙ ⲛⲓⲥⲁϧ : Ⲡⲉ ⲁϥϯ ⲇⲉ ⲛ̀ⲟⲩⲙⲏⲓⲛⲓ ⲛⲱⲟⲩ ⲛ̀ϫⲉ ⲫⲏⲉⲑⲛⲁⲧⲏⲓϥ ⲉϥϫⲱ ⲙ̀ⲙⲟⲥ : ϫⲉ ⲫⲏⲉ̀ϯⲛⲁϯ ⲛ̀ⲟⲩⲫⲓ ⲉ̀ⲣⲱϥ : ⲛ̀ⲑⲟϥ ⲡⲉ ⲁ̀ⲙⲟⲛⲓ ⲙ̀ⲙⲟϥ ⲟⲩⲟϩ ϭⲓⲧϥ ⲁⲥⲫⲁⲗⲱⲥ. Ⲟⲩⲟϩ ⲉⲧⲁϥⲓ̀ ⲥⲁⲧⲟⲧϥ ⲁϥⲓ̀ ϩⲁⲣⲟϥ ⲡⲉϫⲁϥ ϫⲁ ⲣⲁⲃⲃⲓ : ⲟⲩⲟϩ ⲁϥϯⲫⲓ ⲉ̀ⲣⲱϥ. Ⲛⲑⲱⲟⲩ ⲇⲉ ⲁⲩⲉⲛ ⲛⲟⲩϫⲓϫ ⲉ̀ϫⲱϥ ⲟⲩⲟϩ ⲁⲩⲁ̀ⲙⲟⲛⲓ ⲙ̀ⲙⲟϥ. Ⲟⲩⲁⲓ ⲇⲉ ⲛ̀ⲧⲉ ⲛⲏⲉⲧⲟϩⲓ ⲉ̀ⲣⲁⲧⲟⲩ : ⲁϥⲑⲉⲕⲉⲙ ⲧⲉϥⲥⲏϥⲓ ⲟⲩⲟϩ ⲁϥϯ ⲛ̀ⲟⲩϣⲁϣ ⲙ̀ⲫⲃⲱⲕ ⲙ̀ⲡⲓⲁⲣⲭⲏⲉⲣⲉⲩⲥ : ⲟⲩⲟϩ ⲁϥⲱ̀ⲗⲓ ⲙ̀ⲡⲉϥⲙⲁϣϫ ⲉ̀ⲃⲟⲗ. Ⲟⲩⲟϩ ⲁϥⲉⲣⲟⲩⲱ̀ ⲛ̀ϫⲉ Ⲓⲏ̅ⲥ ⲡⲉϫⲁϥ ⲛⲱⲟⲩ : ϫⲉ ⲉⲧⲁⲣⲉⲧⲉⲛ ⲓ̀ ⲉ̀ⲃⲟⲗ ϩⲱⲥ ⲉ̀ⲣⲉⲧⲉⲛⲛⲏⲟⲩ ⲛ̀ⲥⲁⲟⲩⲥⲟⲛⲓ : ⲛⲉⲙ ϩⲁⲛⲥⲏϥⲓ ⲛⲉⲙ ϩⲁⲛϣⲉ ⲉ̀ⲧⲁϩⲟⲓ. Ⲛⲁⲓⲭⲏ ϩⲁⲣⲱⲧⲉⲛ ⲡⲉ ⲙ̀ⲙⲏⲛⲓ ⲉⲓϯⲥ̀ⲃⲱ ϧⲉⲛ ⲡⲓⲉⲣⲫⲉⲓ ⲟⲩⲟϩ ⲙ̀ⲡⲉⲧⲉⲛⲁ̀ⲙⲟⲛⲓ ⲙ̀ⲙⲟⲓ : ⲁⲗⲗⲁ ϩⲓⲛⲁ ⲛ̀ⲧⲟⲩϫⲱⲕ ⲉ̀ⲃⲟⲗ ⲛ̀ϫⲉ ⲛⲓ̀ⲅⲣⲁⲫⲏ. Ⲟⲩⲟϩ ⲉ̀ⲧⲁⲩⲭⲁϥ ⲁⲩⲫⲱⲧ ⲧⲏⲣⲟⲩ. Ⲟⲩⲟϩ ⲛⲁⲣⲉ ⲟⲩϧⲉⲗϣⲓⲣⲓ ⲙⲟϣⲓ ⲛ̀ⲥⲱϥ : ⲉϥⲭⲏⲗ ⲛ̀ⲟⲩⲥⲓⲛⲇⲟⲛⲓⲟⲛ ⲉ̀ϫⲉⲛ ⲡⲉϥⲃⲱϣ : ⲟⲩⲟϩ ⲁⲩⲁ̀ⲙⲟⲛⲓ ⲙ̀ⲙⲟϥ. Ⲛⲑⲟϥ ⲇⲉ ⲁϥⲥⲱϫⲡ ⲛ̀ϯⲥⲓⲛⲇⲟⲛⲓⲟⲛ ⲁϥⲫⲱⲧ ⲉϥⲃⲏϣ. Ⲟⲩⲟϩ ⲁⲩϭⲓ ⲛ̀Ⲓⲏ̅ⲥ ϩⲁ ⲡⲓⲁⲣⲭⲏⲉⲣⲉⲩⲥ Ⲕⲁⲓⲁ̀ⲫⲁ : ⲟⲩⲟϩ ⲁⲩⲑⲱⲟⲩϯ ϩⲁⲣⲟϥ ⲛ̀ϫⲉ ⲛⲓⲁⲣⲭⲏⲉ̀ⲣⲉⲩⲥ ⲛⲉⲙ ⲛⲓⲡⲣⲉⲥⲃⲩⲧⲉⲣⲟⲥ ⲛⲉⲙ ⲛⲓⲥⲁϧ. Ⲟⲩⲟϩ Ⲡⲉⲧⲣⲟⲥ ⲛⲁϥⲙⲟϣⲓ ⲛ̀ⲥⲱϥ ⲡⲉ ϩⲓⲫⲟⲩⲉⲓ ϣⲁⲉ̀ϧⲟⲩⲛ ⲉ̀ϯⲁⲩⲗⲏ ⲛ̀ⲧⲉ ⲡⲓⲁⲣⲭⲏⲉ̀ⲣⲉⲩⲥ : ⲟⲩⲟϩ ⲛⲁϥⲉⲣϣ̀ⲫⲏⲣ ⲛ̀ϩⲉⲙⲥⲓ ⲛⲉⲙ ⲛⲓϩⲩⲡⲉⲣⲉⲧⲏⲥ : ⲉϥⲧ̀ϧⲙⲟ ⲙ̀ⲙⲟϥ ϧⲁⲧⲉⲛ ⲡⲓⲟⲩⲱⲓⲛⲓ :

Ⲟⲩⲱϣⲧ ⲙ̀ⲡⲓⲉⲩⲁⲅⲅⲉⲗⲓⲟⲛ ⲉⲑⲩ.

Mark 14: 43-54

And immediately, while He was still speaking, Judas, one of the twelve, with a great multitude with swords and clubs, came from the chief priests and the scribes and the elders. Now His betrayer had given them a signal, saying, "Whomever I kiss, He is the One; seize Him and lead Him away safely." As soon as He had come, immediately he went up to Him and said to Him, "Rabbi, Rabbi!" and kissed Him. Then they laid their hands on Him and took Him. And one of those who stood by drew his sword and struck the servant of the high priest,

مرقس ١٤: ٤٣ – ٥٤

وَلِلْوَقْتِ فِيمَا هُوَ يَتَكَلَّمُ أَقْبَلَ يَهُوذَا وَاحِدٌ مِنَ الاِثْنَيْ عَشَرَ وَمَعَهُ جَمْعٌ كَثِيرٌ بِسُيُوفٍ وَعِصِيٍّ مِنْ عِنْدِ رُؤَسَاءِ الْكَهَنَةِ وَالْكَتَبَةِ وَالشُّيُوخِ. وَكَانَ مُسَلِّمُهُ قَدْ أَعْطَاهُمْ عَلاَمَةً قَائِلاً: «الَّذِي أُقَبِّلُهُ هُوَ هُوَ. أَمْسِكُوهُ وَامْضُوا بِهِ بِحِرْصٍ». فَجَاءَ لِلْوَقْتِ وَتَقَدَّمَ إِلَيْهِ قَائِلاً: «يَا سَيِّدِي يَا سَيِّدِي!» وَقَبَّلَهُ. فَأَلْقَوْا أَيْدِيَهُمْ عَلَيْهِ وَأَمْسَكُوهُ. فَاسْتَلَّ وَاحِدٌ مِنَ الْحَاضِرِينَ السَّيْفَ وَضَرَبَ عَبْدَ رَئِيسِ الْكَهَنَةِ فَقَطَعَ أُذْنَهُ. فَقَالَ يَسُوعُ: «كَأَنَّهُ عَلَى لِصٍّ خَرَجْتُمْ

and cut off his ear. Then Jesus answered and said to them, "Have you come out, as against a robber, with swords and clubs to take Me? I was daily with you in the temple teaching, and you did not seize Me. But the Scriptures must be fulfilled." Then they all forsook Him and fled. Now a certain young man followed Him, having a linen cloth thrown around his naked body. And the young men laid hold of him, and he left the linen cloth and fled from them naked. And they led Jesus away to the high priest; and with him were assembled all the chief priests, the elders, and the scribes. But Peter followed Him at a distance, right into the courtyard of the high priest. And he sat with the servants and warmed himself at the fire.

Bow down before the Holy Gospel.
Glory be to God forever.

بِسُيُوفٍ وَعِصِيٍّ لِتَأْخُذُونِي! كُلَّ يَوْمٍ كُنْتُ مَعَكُمْ فِي الْهَيْكَلِ أُعَلِّمُ وَلَمْ تُمْسِكُونِي! وَلَكِنْ لِكَيْ تُكْمَلَ الْكُتُبُ». فَتَرَكَهُ الْجَمِيعُ وَهَرَبُوا. وَتَبِعَهُ شَابٌّ لاَبِساً إِزَاراً عَلَى عُرْيِهِ فَأَمْسَكَهُ الشُّبَّانُ فَتَرَكَ الإِزَارَ وَهَرَبَ مِنْهُمْ عُرْيَاناً. فَمَضَوْا بِيَسُوعَ إِلَى رَئِيسِ الْكَهَنَةِ فَاجْتَمَعَ مَعَهُ جَمِيعُ رُؤَسَاءِ الْكَهَنَةِ وَالشُّيُوخُ وَالْكَتَبَةُ. وَكَانَ بُطْرُسُ قَدْ تَبِعَهُ مِنْ بَعِيدٍ إِلَى دَاخِلِ دَارِ رَئِيسِ الْكَهَنَةِ وَكَانَ جَالِساً بَيْنَ الْخُدَّامِ يَسْتَدْفِئُ عِنْدَ النَّارِ.

أسجدوا للإنجيل المقدس.
والمجد لله دائماً.

Ⲉⲩⲁⲅⲅⲉⲗⲓⲟⲛ ⲕⲁⲧⲁ Ⲗⲟⲩⲕⲁⲛ Ⲕⲉⲫ ⲕⲃ : ⲙⲍ – ⲛⲉ

Ⲟⲩⲟϩ ⲉⲧⲓ ⲉϥⲥⲁϫⲓ ϩⲏⲡⲡⲉ ⲓⲥ ⲟⲩⲙⲏϣ ⲛⲉⲙ ⲫⲏⲉⲧⲟⲩϯ ⲉⲣⲟϥ ϫⲉ Ⲓⲟⲩⲇⲁⲥ ⲟⲩⲁⲓ ⲉⲃⲟⲗϧⲉⲛ ⲡⲓⲙⲏⲧ ⲥⲛⲁⲩ ⲛⲁϥⲙⲟϣⲓ ϧⲁϫⲱⲟⲩ ⲡⲉ : ⲟⲩⲟϩ ⲁϥϧⲱⲛⲧ ⲉⲒⲏⲥ ⲁϥϯⲫⲓ ⲉⲣⲱϥ. Ⲓⲏⲥ ⲇⲉ ⲡⲉϫⲁϥ ⲛⲁϥ : ϫⲉ Ⲓⲟⲩⲇⲁⲥ ⲁⲕⲛⲁϯ ⲙⲡϣⲏⲣⲓ ⲙⲫⲣⲱⲙⲓ ϧⲉⲛ ⲟⲩⲫⲓ. Ⲉⲧⲁⲩⲛⲁⲩ ⲇⲉ ⲛϫⲉ ⲛⲏⲉⲧⲕⲱϯ ⲉⲣⲟϥ ⲙⲫⲏⲉⲧⲁϥϣⲱⲡⲓ : ⲡⲉϫⲱⲟⲩ ϫⲉ Ⲡⲟ̅ⲥ̅ ⲛⲧⲉⲛϩⲓⲟⲩⲓ ⲛⲧⲥⲏϥⲓ. Ⲟⲩⲟϩ ⲁ ⲟⲩⲁⲓ ⲉⲃⲟⲗ ⲛϧⲏⲧⲟⲩ ⲁϥϩⲓⲟⲩⲓ ⲛⲥⲁ ⲫⲃⲱⲕ ⲙⲡⲓⲁⲣⲭⲏⲉⲣⲉⲩⲥ : ⲟⲩⲟϩ ⲁϥⲉⲗ ⲡⲉϥⲙⲁϣϫ ⲛⲟⲩⲓⲛⲁⲙ ⲉⲃⲟⲗ. Ⲁϥⲉⲣⲟⲩⲱ ⲇⲉ ⲛϫⲉ Ⲓⲏⲥ ⲡⲉϫⲁϥ ϫⲉ ⲕⲏⲛ ϣⲁ ⲙⲛⲁⲓ : ⲟⲩⲟϩ ⲉⲧⲁϥϭⲟϩ ⲉⲡⲉϥⲙⲁϣϫ ⲁϥⲧⲁⲗϭⲟϥ. Ⲡⲉϫⲉ Ⲓⲏⲥ ⲇⲉ ⲛⲛⲏⲉⲧⲁⲩⲓ ⲛⲥⲱϥ ⲉⲃⲟⲗϧⲉⲛ ⲛⲓⲁⲣⲭⲓⲉⲣⲉⲩⲥ ⲛⲉⲙ ⲛⲓⲥⲁⲧⲏⲅⲟⲥ ⲛⲧⲉ ⲡⲓⲉⲣⲫⲉⲓ ⲛⲉⲙ ⲉⲧⲁⲣⲉⲧⲉⲛ ⲓ ⲉⲃⲟⲗ ⲙⲫⲣⲏϯ ⲉⲣⲉⲧⲉⲛⲛⲏⲟⲩ ⲛⲥⲁ ⲟⲩⲥⲟⲛⲓ : ⲛⲉⲙ ϩⲁⲛⲥⲏϥⲓ ⲛⲉⲙ ϩⲁⲛϣⲃⲟϯ. Ⲉⲓⲭⲏ ϧⲉⲛ ⲡⲓⲉⲣⲫⲉⲓ ⲛⲉⲙⲱⲧⲉⲛ ⲙⲙⲏⲛⲓ : ⲙⲡⲉⲧⲉⲛⲥⲟⲩⲧⲉⲛ ⲛⲉⲧⲉⲛϫⲓϫ ⲉⲃⲟⲗ ⲉϩⲣⲏⲓ ⲉϫⲱⲓ : ⲁⲗⲗⲁ ⲑⲁⲓ ⲧⲉ ⲧⲉⲧⲉⲛⲟⲩⲛⲟⲩ ⲛⲉⲙ ⲡⲓⲉⲣϣⲓϣⲓ ⲛⲧⲉ ⲡⲭⲁⲕⲓ : Ⲉⲧⲁⲩⲁⲙⲟⲛⲓ ⲇⲉ ⲙⲙⲟϥ ⲁⲩⲉⲛϥ ⲟⲩⲟϩ ⲁⲩϭⲓⲧϥ ⲉϧⲟⲩⲛ ⲉⲡⲏⲓ ⲙⲡⲓⲁⲣⲭⲏⲉⲣⲉⲩⲥ : Ⲡⲉⲧⲣⲟⲥ ⲇⲉ ⲛⲁϥⲙⲟϣⲓ ⲛ̀ⲥⲱϥ ϩⲓⲫⲟⲩⲉⲓ : Ⲉⲧⲁⲩϭⲉⲣⲉ ⲟⲩⲭⲣⲱⲙ ⲇⲉ ϧⲉⲛ ⲑ̀ⲙⲏϯ ⲛ̀ϯⲁⲩⲗⲏ : ⲟⲩⲟϩ ⲉ̀ⲧⲁⲩϩⲉⲙⲥⲓ ⲛⲁⲣⲉ Ⲡⲉⲧⲣⲟⲥ ϩⲱϥ ϩⲉⲙⲥⲓ ⲧⲟⲩⲙⲏϯ :

Ⲟⲩⲱϣⲧ ⲙ̀ⲡⲓⲉⲩⲁⲅⲅⲉⲗⲓⲟⲛ ⲉⲑⲩ.

Luke 22:47-55

And while He was still speaking, behold, a multitude; and he who was called Judas, one of the twelve, went before them and drew near to Jesus to kiss Him. But Jesus said to him, "Judas, are you betraying the Son of Man with a kiss?" When those around Him saw what was going to happen, they said to Him, "Lord, shall we strike with the sword?" And one of them struck the servant of the high priest and cut off his right ear. But Jesus answered and said, "Permit even this." And He touched his ear and healed him. Then Jesus said to the chief priests, captains of the temple, and the elders who had come to Him, "Have you come out, as against a robber, with swords and clubs? When I was with you daily in the temple, you did not try to seize Me. But this is your hour, and the power of darkness." Having arrested Him, they led Him and brought Him into the high priest's house. But Peter followed at a distance. Now when they had kindled a fire in the midst of the courtyard and sat down together, Peter sat among them.

Bow down before the Holy Gospel.
Glory be to God forever.

لوقا ٢٢: ٤٧ - ٥٥

وَبَيْنَمَا هُوَ يَتَكَلَّمُ إِذَا جَمْعٌ وَالَّذِي يُدْعَى يَهُوذَا - أَحَدُ الاثْنَيْ عَشَرَ - يَتَقَدَّمُهُمْ فَدَنَا مِنْ يَسُوعَ لِيُقَبِّلَهُ. فَقَالَ لَهُ يَسُوعُ: «يَا يَهُوذَا أَبِقُبْلَةٍ تُسَلِّمُ ابْنَ الإِنْسَانِ؟» فَلَمَّا رَأَى الَّذِينَ حَوْلَهُ مَا يَكُونُ قَالُوا: «يَا رَبُّ أَنَضْرِبُ بِالسَّيْفِ؟» وَضَرَبَ وَاحِدٌ مِنْهُمْ عَبْدَ رَئِيسِ الْكَهَنَةِ فَقَطَعَ أُذْنَهُ الْيُمْنَى. فَقَالَ يَسُوعُ: «دَعُوا إِلَى هَذَا!» وَلَمَسَ أُذْنَهُ وَأَبْرَأَهَا. ثُمَّ قَالَ يَسُوعُ لِرُؤَسَاءِ الْكَهَنَةِ وَقُوَّادِ جُنْدِ الْهَيْكَلِ وَالشُّيُوخِ الْمُقْبِلِينَ عَلَيْهِ: «كَأَنَّهُ عَلَى لِصٍّ خَرَجْتُمْ بِسُيُوفٍ وَعِصِيٍّ! إِذْ كُنْتُ مَعَكُمْ كُلَّ يَوْمٍ فِي الْهَيْكَلِ لَمْ تَمُدُّوا عَلَيَّ الأَيَادِيَ. وَلَكِنَّ هَذِهِ سَاعَتُكُمْ وَسُلْطَانُ الظُّلْمَةِ». فَأَخَذُوهُ وَسَاقُوهُ وَأَدْخَلُوهُ إِلَى بَيْتِ رَئِيسِ الْكَهَنَةِ. وَأَمَّا بُطْرُسُ فَتَبِعَهُ مِنْ بَعِيدٍ. وَلَمَّا أَضْرَمُوا نَاراً فِي وَسَطِ الدَّارِ وَجَلَسُوا مَعاً جَلَسَ بُطْرُسُ بَيْنَهُمْ.

أسجدوا للإنجيل المقدس.
والمجد لله دائماً.

Ⲉⲩⲁⲅⲅⲉⲗⲓⲟⲛ ⲕⲁⲧⲁ Ⲓⲱⲁⲛⲛⲏⲛ Ⲕⲉⲫ ⲓ̅ⲏ̅ : ⲓ̅ - ⲓ̅ⲇ̅

Ⲥⲓⲙⲱⲛ ⲟⲩⲛ Ⲡⲉⲧⲣⲟⲥ ⲛⲉ ⲟⲩⲟⲛ ⲟⲩⲥⲏϥⲓ ⲛ̀ⲧⲟⲧϥ: ⲁϥⲑⲟⲕⲙⲉⲥ ⲁϥϩⲓⲟⲩⲓ̀ ⲛ̀ⲥⲁ ⲫ̀ⲃⲱⲕ ⲙ̀ⲡⲓⲁⲣⲭⲏⲉ̀ⲣⲉⲩⲥ : ⲟⲩⲟϩ ⲁϥϫⲱϫⲓ ⲙ̀ⲡⲉϥⲙⲁϣϫ̀ⲛⲟⲩⲓ̀ⲛⲁⲙ ⲉ̀ⲃⲟⲗ : ⲛⲉ ⲫ̀ⲣⲁⲛ ⲙ̀ⲡⲓⲃⲱⲕ ⲡⲉ

Ⲙⲁⲗⲭⲟⲥ. Ⲡⲉϫⲉ Ⲓⲏ̅ⲥ̅ ⲟⲩⲛ ⲙ̀Ⲡⲉⲧⲣⲟⲥ : ϫⲉ ϩⲓⲟⲩⲓ ⲛ̀ϯⲥⲏϥⲓ ⲉ̀ⲧⲉⲥⲑⲏⲕⲏ : ⲡⲓⲁ̀ⲫⲟⲧ ⲉ̀ⲧⲁϥⲧⲏⲓϥ ⲛⲏⲓ ⲛ̀ϫⲉ ⲡⲁⲓⲱⲧ ⲁⲛ ⲛ̀ϯⲛⲁⲥⲟϥ ⲁⲛ. Ⲡⲓⲙⲏϣ ⲟⲩⲛ ⲛⲉⲙ ⲡⲓⲭⲓⲗⲓⲁⲣⲭⲟⲥ ⲛⲉⲙ ⲛⲓϩⲩⲡⲉⲣⲉⲧⲏⲥ ⲛ̀ⲧⲉ ⲛⲓⲒⲟⲩⲇⲁⲓ : ⲁⲩⲁ̀ⲙⲟⲛⲓ ⲛ̀Ⲓⲏ̅ⲥ̅ ⲟⲩⲟϩ ⲁⲩⲥⲟⲛϩϥ. Ⲁⲩⲉⲛϥ ⲛ̀ϣⲟⲣⲡ ϩⲁ Ⲁⲛⲛⲁ : ⲛⲉⲡϣⲟⲙ ⲅⲁⲣ ⲡⲉ ⲛ̀Ⲕⲁⲓⲁ̀ⲫⲁ : ⲫⲏⲉ̀ⲛⲁϥⲟⲓ ⲛ̀ⲁⲣⲭⲏⲉ̀ⲣⲉⲩⲥ ⲛ̀ⲧⲉ ϯⲣⲟⲙⲡⲓ ⲉ̀ⲧⲉ̀ⲙⲙⲁⲩ. Ⲛⲉ ⲫⲁⲓ ⲇⲉ ⲡⲉ Ⲕⲁⲓⲁ̀ⲫⲁ ⲫⲏⲉ̀ⲧⲁϥϯⲥⲟϭⲛⲓ ⲛ̀ⲛⲓⲒⲟⲩⲇⲁⲓ ⲉϥϫⲱ̀ⲙ̀ⲙⲟⲥ : ϫⲉ ⲥⲉⲣⲛⲟϥⲣⲓ ⲛ̀ⲧⲉ ⲟⲩⲣⲱⲙⲓ ⲛ̀ⲟⲩⲱⲧ ⲙⲟⲩ ⲉ̀ϩ̀ⲣⲏⲓ ⲉ̀ϫⲉⲛ ⲡⲓⲗⲁⲟⲥ :

Ⲟⲩⲱϣⲧ ⲙ̀ⲡⲓⲉⲩⲁⲅⲅⲉⲗⲓⲟⲛ ⲉⲑⲩ.

John 18: 10-14

Then Simon Peter, having a sword, drew it and struck the high priest's servant, and cut off his right ear. The servant's name was Malchus. So Jesus said to Peter, "Put your sword into the sheath. Shall I not drink the cup which My Father has given Me?" Then the detachment of troops and the captain and the officers of the Jews arrested Jesus and bound Him. And they led Him away to Annas first, for he was the father-in-law of Caiaphas who was high priest that year. Now it was Caiaphas who advised the Jews that it was expedient that one man should die for the people.

Bow down before the Holy Gospel.
Glory be to God forever.

يوحنا ١٨: ١٠ - ١٤

ثُمَّ إِنَّ سِمْعَانَ بُطْرُسَ كَانَ مَعَهُ سَيْفٌ فَاسْتَلَّهُ وَضَرَبَ عَبْدَ رَئِيسِ الْكَهَنَةِ فَقَطَعَ أُذْنَهُ الْيُمْنَى. وَكَانَ اسْمُ الْعَبْدِ مَلْخُسَ. فَقَالَ يَسُوعُ لِبُطْرُسَ: «اجْعَلْ سَيْفَكَ فِي الْغِمْدِ. الْكَأْسُ الَّتِي أَعْطَانِي الآبُ أَلاَ أَشْرَبُهَا؟». ثُمَّ إِنَّ الْجُنْدَ وَالْقَائِدَ وَخُدَّامَ الْيَهُودِ قَبَضُوا عَلَى يَسُوعَ وَأَوْثَقُوهُ وَمَضَوْا بِهِ إِلَى حَنَّانَ أَوَّلاً لأَنَّهُ كَانَ حَمَا قَيَافَا الَّذِي كَانَ رَئِيساً لِلْكَهَنَةِ فِي تِلْكَ السَّنَةِ. وَكَانَ قَيَافَا هُوَ الَّذِي أَشَارَ عَلَى الْيَهُودِ أَنَّهُ خَيْرٌ أَنْ يَمُوتَ إِنْسَانٌ وَاحِدٌ عَنِ الشَّعْبِ.

أسجدوا للإنجيل المقدس.
والمجد لله دائماً.

Commentary

The Commentary of the Ninth Hour of Eve of Friday of Holy Pascha, may its blessings be with us all. Amen.

And while He was speaking with His disciples concerning His suffering, one of the twelve, Judas, came accompanied with soldiers from the chief priests and the scribes and a great multitude armed

طرح

طرح الساعة التاسعة من ليلة الجمعة من البصخة المقدسة بركتها علينا. آمين.

لما فرغ كلام المخلص لتلاميذه عن آلامه، جاء واحد من الاثنى عشر الذى هو يهوذا ومعه جمع بسيوف وعصى وجند من الكتبة ورؤساء الكهنة. وكان الدافع ابن

with swords and clubs. His betrayer had given them a sign saying, "Whomever I kiss, He is the one. Seize Him." He immediately went up to Jesus and said to Him, "Peace Lord," and kissed Him. Then, Jesus said to him, "How could you have the boldness to deliver Me with a kiss?" And suddenly, one of those who were with Jesus, stretched out his hand, drew his sword, and struck the servant of the high priest and cut off his ear. Then Jesus said to him, "Put your sword in its sheath, for all who take the sword, by the sword shall perish. I could, if I want to, bring in hosts of angels to fight for Me." When the disciples saw this, they escaped and left Him alone with the multitudes. Then they led Him away to Caiaphas, the high priest, where the scribes and the elders were assembled. Peter followed Him, at a distance, to the high priest's courtyard.

Woe to you Judas, for you have met a punishment without parallel and brought damnation on yourself. Your lot will be with the corrupt.

الشرير، المخالف المملوء من الآثام قد أعطاهم علامة قائلاً: الذى أقبله هو هو فامسكوه، واعرفوا من ذلك الوقت الذى أصنع به هذا. إذا دنوت منه لأقبله وأخاطبه هو هو فامسكوه. وأتى إلى يسوع وقال له: السلام يا معلم، وقبله.

فقال له، يا صاحب، كيف تجاسرت لأن تسلمنى بقبلة إلى الأمم؟ فأسرع واحد واستل سيفه وقطع به أذن عبد رئيس الكهنة. فقال يسوع: أردد السيف إلى غمده، فان الذى يقتل بالسيف، بالسيف يموت وأنا يمكننى أن أحضر ربوات الملائكة لتحارب أمامى.

حينئذ لما نظر التلاميذ هذا هربوا وتركوه مع الجمع الكثير. فأتوا به إلى قيافا رئيس الكهنة وجماعة الكتبة وأصحاب الناموس. وكان سمعان بطرس يتبعه حتى جلس عند باب رئيس الكهنة.

الويل لك يا يهوذا لأنك احتملت عقوبة لا شبيه لها. ولبست اللعنة مثل الثوب. فنصيبك يكون مع الزناة أيها المخالف.

Eleventh Hour of Eve of Good Friday

الساعة الحادية عشر من ليلة الجمعة العظيمة

Ⲏ̀ⲥⲁⲏ̀ⲁⲥ Ⲕⲉⲫ ⲕ̅ⲍ̅ : ⲓ̅ⲁ̅ ϣⲃ̅ⲗ̅ ⲛⲉⲙ ⲕ̅ⲏ̅ : ⲁ̅ - ⲓ̅ⲉ̅

Ⲉⲃⲟⲗϧⲉⲛ Ⲏ̀ⲥⲁⲏ̀ⲁⲥ ⲡⲓⲡ̀ⲣⲟⲫⲏⲧⲏⲥ: ⲉ̀ⲣⲉⲡⲉϥ̀ⲥⲙⲟⲩ ⲉ̀ⲑⲟⲩⲁⲃ ϣⲱⲡⲓ ⲛⲉⲙⲁⲛ ⲁ̀ⲙⲏⲛ ⲉϥϫⲱ ⲙ̀ⲙⲟⲥ.

Ⲁ̀ⲙⲱⲓⲛⲓ ⲛⲓϩ̀ⲓⲟⲙⲓ ⲉⲑⲛⲏⲟⲩ ϧⲉⲛ ⲟⲩⲛⲁⲩ : ⲛⲟⲩ̀ⲗⲁⲟⲥ ⲅⲁⲣ ⲁⲛ ⲡⲉ ⲉ̀ⲟⲩⲟⲛⲛ̀ⲧⲁϥ ⲙ̀ⲡⲓⲕⲁϯ : ⲉⲑ̀ⲃⲉ ⲫⲁⲓ ⲛ̀ⲛⲉϥϣⲉⲛϩⲏⲧ ϧⲁⲣⲱⲟⲩ ⲛ̀ϫⲉ ⲫⲏⲉ̀ⲧⲁϥⲑⲁⲙⲓⲱⲟⲩ : ⲟⲩⲟϩ ⲛ̀ⲛⲉϥⲛⲁⲓ ⲛ̀ⲱⲟⲩ ⲛ̀ϫⲉ ⲫⲏⲉ̀ⲧⲁϥⲉⲣⲡ̀ⲗⲁⲍⲓⲛ ⲙ̀ⲙⲱⲟⲩ : Ⲟⲩⲟϩ ⲉⲥⲉ̀ϣⲱⲡⲓ ϧⲉⲛ ⲡⲓⲉ̀ϩⲟⲟⲩ ⲉ̀ⲧⲉⲙ̀ⲙⲁⲩ : Ⲡ̅ⲟ̅ⲥ̅ ⲛⲁϯ ϣ̀ⲑⲟⲣⲧⲉⲣ ⲓⲥϫⲉⲛ ⲡ̀ϫⲓⲛⲓⲟⲣ ⲙ̀ⲫⲓ̀ⲁⲣⲟ ϣⲁ ⲉ̀ϩⲣⲏⲓ ⲉ̀ϩⲣⲓ Ⲛⲟⲕⲟⲣⲟⲩⲣⲁ : ⲛ̀ⲑⲱⲧⲉⲛ ⲇⲉ ⲑⲱⲟⲩϯ ⲛ̀ⲛⲓϣⲏⲣⲓ ⲛ̀ⲧⲉ ⲡ̀Ⲓ̅ⲥ̅ⲗ̅ ⲟⲩⲁⲓ ⲟⲩⲁⲓ : Ⲟⲩⲟϩ ⲉⲥⲉ̀ϣⲱⲡⲓ ϧⲉⲛ ⲡⲓⲉ̀ϩⲟⲟⲩ ⲥⲉⲛⲁⲉⲣⲥⲁⲗⲡⲓⲍⲓⲛ ⲛ̀ϯⲛⲓϣϯ ⲛ̀ⲥⲁⲗⲡⲓⲅⲝ : ⲟⲩⲟϩ ⲥⲉⲛⲏⲟⲩ ⲛ̀ϩⲁⲛ ⲗⲁⲟⲥ ⲉⲩⲟϣ : ⲛⲏⲉ̀ⲧⲁⲩⲥⲱⲣⲉⲙ ϧⲉⲛ ⲧ̀ⲭⲱⲣⲁ ⲛ̀ⲛⲓⲁⲥⲥⲩⲣⲓⲟⲥ : ⲛⲉⲙ ⲛⲏⲉ̀ⲧⲁⲩⲥⲱⲣⲉⲙ ϧⲉⲛ Ⲭⲏⲙⲓ : ⲟⲩⲟϩ ⲉⲩⲉ̀ⲟⲩⲱϣⲧ ⲙ̀Ⲡ̅ⲟ̅ⲥ̅ ⲉ̀ϫⲉⲛ ⲡⲓⲧⲱⲟⲩ ⲛ̀ⲧⲉ Ⲥⲓⲱⲛ : ⲡⲉⲑⲟⲩⲁⲃ ϧⲉⲛ Ⲓ̅ⲗ̅ⲏ̅ⲙ̅. Ⲟⲩⲟⲓ ⲙ̀ⲡⲓ̀ⲭⲗⲟⲙ ⲛ̀ϣⲱϣ ⲛ̀ⲛⲣⲉⲙ̀ⲃⲉⲭⲉ ⲛ̀Ⲉⲫⲣⲉⲙ : ϯϩ̀ⲣⲏⲣⲓ ⲉⲑⲛⲉⲥⲱⲥ : ⲑⲏⲉ̀ ⲧⲁⲥϩⲉⲓ ⲉ̀ⲃⲟⲗϧⲉⲛ ⲡⲓⲱⲟⲩ ⲉ̀ϫⲉⲛ ⲧⲁ̀ⲫⲉ ⲙ̀ⲡⲓⲧⲱⲟⲩ ⲉⲑⲟⲩⲟⲙⲧ : ⲛⲏⲉⲧⲑⲁϧⲓ ⲁⲧϭⲛⲉ ⲏⲣⲡ : ϩⲏⲡⲡⲉ ⲓⲥ ⲡ̀ϫⲱⲛⲧ ⲙ̀Ⲡ̅ϭ̅ⲥ̅ ϥϫⲟⲣ ⲟⲩⲟϩ ϥⲛⲁϣⲧ : ⲙ̀ⲫ̀ⲣⲏϯ ⲛ̀ⲟⲩⲁⲗ ⲉϥⲛⲏⲟⲩ ⲉ̀ⲡⲉⲥⲏⲧ : ⲙ̀ⲙⲟⲛ ϧⲏⲓⲃⲓ ϧⲁⲣⲟϥ : ⲉⲩⲓⲛⲓ ⲙ̀ⲙⲟϥⲛ̀ϫⲟⲛⲥ : ⲙ̀ⲫ̀ⲣⲏϯ ⲛ̀ⲟⲩⲙⲱⲟⲩ ⲉϥⲟϣ : ⲉϥⲥⲱⲕ ϧⲉⲛ ⲟⲩⲭⲱⲣⲁ : ⲉϥⲉⲣⲟⲩ̀ⲙⲧⲟⲛ ⲙ̀ⲡⲓⲕⲁϩⲓ : ⲉϥⲉ̀ⲁⲓϥ ⲛ̀ⲛⲟⲩϫⲓϫ ⲛⲉⲙ ⲛⲟⲩϭⲁⲗⲁⲩϫ. Ⲟⲩⲟϩ ⲥⲉⲛⲁϩⲱⲙⲓ.ⲙ̀ⲡⲓ̀ⲭⲗⲟⲙ ⲛ̀ϣⲱϣ ⲛ̀ⲣⲉⲙ̀ⲃⲉⲭⲉ ⲛ̀ⲧⲉ Ⲉⲫⲣⲉⲙ. Ⲟⲩⲟϩ ⲉⲥⲉ̀ϣⲱⲡⲓ ⲛ̀ϫⲉ ϯϩ̀ⲣⲏⲣⲓ ⲉ̀ⲧⲁⲥϩⲉⲓ ⲉ̀ⲃⲟⲗϧⲉⲛ ϯϩⲉⲗⲡⲓⲥ ⲛ̀ⲧⲉ̀ⲡ̀ⲱⲟⲩ : ϧⲁⲑⲟⲩⲱϥ ⲙ̀ⲡⲓⲧⲱⲟⲩ ⲉⲧϭⲟⲥⲓ : ⲙ̀ⲫ̀ⲣⲏϯ ⲛ̀ⲟⲩⲥⲉⲛϯ ⲛ̀ⲕⲉⲛⲧⲉ ⲉ̀ⲫⲏⲉⲑⲛⲁⲩ ⲉ̀ⲣⲟϥ : ⲙ̀ⲡⲁⲧⲉϥ ϭⲓⲧϥ ϧⲉⲛ ⲧⲟⲧϥ ϥⲟⲩⲱϣ ⲉⲟⲙⲕϥ. ϧⲉⲛ ⲡⲓⲉ̀ϩⲟⲟⲩ ⲉ̀ⲧⲉⲙ̀ⲙⲁⲩ Ⲡ̅ⲟ̅ⲥ̅ ⲥⲁⲃⲁⲱⲑ ⲉϥⲉ̀ϣⲱⲡⲓ ⲛ̀ⲟⲩ̀ⲭⲗⲟⲙ ⲛ̀ϯϩⲉⲗⲡⲓⲥ ⲛ̀ⲧⲉ ⲡ̀ⲱⲟⲩ : ⲫⲏⲉ̀ⲧⲁϥϣⲟⲛⲧϥ ⲙ̀ⲡⲥⲱϫⲡ ⲙ̀ⲡⲁⲗⲁⲟⲥ. Ⲟⲩⲟϩ ⲥⲉⲛⲁⲥⲱϫⲡ ⲉ̀ϫⲉⲛ ⲟⲩ ⲡ̅ⲛ̅ⲁ̅ ⲛ̀ϩⲁⲡ ⲉ̀ϫⲉⲛ ϩⲁⲡ : ⲟⲩⲟϩ ⲉ̀ⲉⲣⲕⲱⲗⲓⲛ ⲛ̀ⲧϫⲟⲙ ⲉ̀ⲧⲁⲕⲟ. Ⲛⲁⲓ ⲅⲁⲣ ⲉⲩⲥⲱⲣⲉⲙ ϧⲉⲛ ⲡⲓⲏⲣⲡ : ⲉⲩⲥⲱⲣⲉⲙ ⲉⲑⲃⲉ ⲡⲓⲥⲓⲕⲓⲣⲁ̀ ⲡⲓⲟⲩⲏⲃ ⲛⲉⲙ ⲡⲓⲡ̀ⲣⲟⲫⲏⲧⲏⲥ ⲧⲱⲙⲧ ⲉⲑⲃⲉ ⲡⲓⲏⲣⲡ : ⲁⲩⲕⲓⲙ ⲉ̀ⲃⲟⲗϧⲉⲛ ⲡ̀ⲑⲁϧⲓ ⲙ̀ⲡⲓⲥⲓⲕⲓⲣⲁ : ⲁⲩⲥⲱⲣⲉⲙ ⲉ̀ⲧⲉⲫⲁⲓ ⲡⲉ ⲟⲩⲣⲁⲥⲟⲩ̀ⲓ : ⲡ̀ⲥⲁϩⲟⲩ̀ⲓ ⲉϥⲉ̀ⲟⲩⲱⲙ ⲙ̀ⲡⲟⲩⲥⲟϭⲛⲓ Ⲡⲟⲩⲥⲟϭⲛⲓ ⲅⲁⲣ ⲉ̀ⲧⲉ ⲟⲩϥⲱϫⲓ ⲡⲉ : ⲉⲧⲁ̀ⲣⲉⲧⲉⲛϫⲉ ⲡⲉⲧϩⲱⲟⲩ ⲉ̀ⲛⲓⲙ : ⲉⲧⲁ̀ⲣⲉⲧⲉⲛ ϫⲉⲟⲩⲁ̀ ⲉ̀ⲛⲓⲙ : ⲛⲏⲉ̀ⲧⲁⲩⲧⲟⲩⲓⲱⲟⲩ ⲉⲧⲟⲩⲉ̀ⲣⲱϯ : ⲛⲏⲉ̀ⲧⲁⲩϥⲓⲧⲟⲩ ⲉ̀ⲃⲟⲗϧⲉⲛ ⲛⲟⲩⲙⲛⲟϯ. Ϫⲟⲩϣⲧ ⲉ̀ⲃⲟⲗ ϧⲁⲧϩⲏ ⲛ̀ⲟⲩⲑⲗⲓ.ⲯ ⲉ̀ϫⲉⲛ ⲟⲩⲑⲗⲓ.ⲯ : ⲉ̀ⲧⲓⲕⲉⲕⲟⲩϫⲓ ⲉ̀ⲧⲓⲕⲉⲕⲟⲩϫⲓ ⲡⲉ : ⲥⲟⲙⲥ ⲉ̀ⲃⲟⲗϧⲁⲧϩⲏ ⲛ̀ⲟⲩϩⲉⲗⲡⲓⲥ ⲉ̀ϫⲉⲛ ⲟⲩϩⲉⲗⲡⲓⲥ : ⲉ̀ⲧⲓⲕⲉⲕⲟⲩϫⲓ ⲉ̀ⲧⲓⲕⲉⲕⲟⲩϫⲓ. Ⲉⲑⲃⲉ ⲡ̀ϣⲱϣ ⲛ̀ⲛⲓⲉ̀ⲫⲟⲧⲟⲩ : ⲉ̀ⲧⲓⲥⲉⲛⲁⲥⲁϫⲓ ⲛⲉⲙ ⲡⲁⲓ̀ⲗⲁⲟⲥ ϧⲉⲛ ⲫ̀ⲗⲁⲥ ⲓ̀ⲭⲣⲟϥ : Ⲛ̀ϫⲉ ⲛⲏⲉⲧϫⲱ ⲙ̀ⲙⲟⲥ ⲛⲁϥ : ϫⲉ ⲫⲁⲓ ⲡⲉⲡⲉⲙ̀ⲧⲟⲛ ⲛ̀ⲛⲏⲉⲧϩⲟⲕⲉⲣ : ⲟⲩⲟϩ ⲫⲁⲓ ⲟⲩϧ̀ⲥⲙϧⲉⲙ ⲡⲉ : ⲟⲩⲟϩ ⲙ̀ⲡⲟⲩⲟⲩⲱϣ ⲉ̀ⲥⲱⲧⲉⲙ.Ⲟⲩⲟϩ ⲡⲥⲁϫⲓ ⲙ̀Ⲡϭⲥ ⲉϥⲉ̀ϣⲱⲡⲓ ⲛⲱⲟⲩ ⲛ̀ⲟⲩϩⲟϫϩⲉϫ ⲉ̀ϫⲉⲛ ⲟⲩϩⲟϫϩⲉϫ : ⲟⲩⲟϩ ⲟⲩϩⲉⲗⲡⲓⲥ ⲉ̀ϫⲉⲛ ⲟⲩϩⲉⲗⲡⲓⲥ : ⲉ̀ⲧⲓⲕⲉⲕⲟⲩϫⲓ ⲉ̀ⲧⲓⲕⲉⲕⲟⲩϫⲓ ⲡⲉ ⲉⲩⲉ̀ϣⲉⲛⲱⲟⲩ ⲛ̀ⲧⲉ ⲟⲩⲙⲏϣ ⲛ̀ϧⲏⲧⲟⲩ ϩⲉⲓ ⲉ̀ϥⲁϩⲟⲩ : ⲟⲩⲟϩ ⲥⲉⲛⲁⲉⲣⲕⲩⲛⲇⲓⲛⲉⲩⲓⲛ ⲛ̀ⲥⲉϧⲟⲙϧⲉⲙ ⲛ̀ⲥⲉⲧⲁⲕⲟ : Ⲉⲑⲃⲉ ⲫⲁⲓ ⲥⲱⲧⲉⲙ ⲉ̀ⲡⲥⲁϫⲓ ⲙ̀Ⲡⲟ̅ⲥ̅ ⲛⲓⲣⲱⲙⲓ ⲉⲑⲗⲟϫϩ : ⲟⲩⲟϩ ⲛⲓⲁⲣⲭⲱⲛ ⲛ̀ⲧⲉ ⲡⲓⲗⲁⲟⲥ ⲉⲧϧⲉⲛ Ⲓ̅ⲗ̅ⲏⲙ. Ϫⲉ ⲁ̀ⲣⲉⲧⲉⲛϫⲟⲥ ϫⲉ ⲁⲛⲥⲉⲙⲛⲉ ⲟⲩⲇⲓⲁⲑⲏⲕⲏ ⲛⲉⲙⲁ̀ⲙⲉⲛϯ : ⲟⲩⲟϩ ϩⲁⲛⲁ̀ⲟⲩⲱ ⲛⲉⲙ ⲫⲙⲟⲩ : ⲁ̀ⲣⲉϣⲁⲛ ⲟⲩⲥⲁⲣⲁⲑⲏⲟⲩ ⲉⲥⲥⲱⲕ ⲥⲓⲛⲓ ⲉ̀ⲃⲟⲗ ϩⲓⲧⲟⲧⲉⲛ ⲛ̀ⲛⲉⲥ̀ⲓ ⲉ̀ϫⲱⲛ : ϫⲉ ⲁⲛⲭⲱ ⲛ̀ϯⲙⲉⲑⲛⲟⲩϫ ⲛⲁⲛ ⲛ̀ϩⲉⲗⲡⲓⲥ : ⲟⲩⲟϩ ⲉⲛⲉ̀ϩⲟⲃⲥⲧⲉⲛ ⲛ̀ϯⲙⲉⲑⲛⲟⲩϫ.

Ⲟⲩⲱ̀ⲟⲩ ⲛ̀ϯⲧ̀ⲣⲓⲁⲥ ⲉ̀ⲑⲟⲩⲁⲃ ⲡⲉⲛⲛⲟⲩϯ ϣⲁ ⲉ̀ⲛⲉϩ ⲛⲉⲙ ϣⲁ ⲉ̀ⲛⲉϩ ⲛ̀ⲧⲉ ⲛⲓⲉ̀ⲛⲉϩ ⲧⲏⲣⲟⲩ: ⲁ̀ⲙⲏⲛ.

Isaiah 27:11-28:15

أشعياء ٢٧ : ١١ الخ و ٢٨ : ١ - ١٥

A reading from Isaiah the Prophet may his blessings be with us Amen.

When its boughs are withered, they will be broken off; The women come and set them on fire. For it is a people of no understanding; Therefore He who made them will not have mercy on them, And He who formed them will show them no favor. And it shall come to pass in that day That the Lord will thresh, From the channel of the River to the Brook of Egypt; And you will be gathered one by one, O you children of Israel. So it shall be in that day: The great trumpet will be blown; They will come, who are about to perish in the land of Assyria, And they who are outcasts in the land of Egypt, And shall worship the Lord in the holy mount at Jerusalem. Woe to the crown of pride, to the drunkards of Ephraim, Whose glorious beauty is a fading flower Which is at the head of the verdant valleys, To those who are overcome with wine! Behold, the Lord has a mighty and strong one, Like a tempest

من أشعياء النبى بركته المقدسة تكون معنا، آمين.

حِينَمَا تَيْبَسُ أَغْصَانُهَا تَتَكَسَّرُ فَتَأْتِي نِسَاءٌ وَتُوقِدُهَا. لأَنَّهُ لَيْسَ شَعْباً ذَا فَهْمٍ لِذَلِكَ لاَ يَرْحَمُهُ صَانِعُهُ وَلاَ يَتَرَأَّفُ عَلَيْهِ جَابِلُهُ. وَيَكُونُ فِي ذَلِكَ الْيَوْمِ أَنَّ الرَّبَّ يَجْنِي مِنْ مَجْرَى النَّهْرِ إِلَى وَادِي مِصْرَ. وَأَنْتُمْ تُلْقَطُونَ وَاحِداً وَاحِداً يَا بَنِي إِسْرَائِيلَ. وَيَكُونُ فِي ذَلِكَ الْيَوْمِ أَنَّهُ يُضْرَبُ بِبُوقٍ عَظِيمٍ فَيَأْتِي التَّائِهُونَ فِي أَرْضِ أَشُّورَ وَالْمَنْفِيُّونَ فِي أَرْضِ مِصْرَ وَيَسْجُدُونَ لِلرَّبِّ فِي الْجَبَلِ الْمُقَدَّسِ فِي أُورُشَلِيمَ.

وَيْلٌ لإِكْلِيلِ فَخْرِ سُكَارَى أَفْرَايِمَ وَلِلزَّهْرِ الذَّابِلِ جَمَالِ بَهَائِهِ الَّذِي عَلَى رَأْسِ وَادِي سَمَائِنَ الْمَضْرُوبِينَ بِالْخَمْرِ. هُوَذَا شَدِيدٌ وَقَوِيٌّ لِلسَّيِّدِ كَانْهِيَالِ الْبَرَدِ كَنَوْءٍ مُهْلِكٍ كَسَيْلِ مِيَاهٍ غَزِيرَةٍ جَارِفَةٍ قَدْ أَلْقَاهُ إِلَى الأَرْضِ بِشِدَّةٍ. بِالأَرْجُلِ يُدَاسُ إِكْلِيلُ فَخْرِ سُكَارَى أَفْرَايِمَ. وَيَكُونُ الزَّهْرُ الذَّابِلُ جَمَالُ بَهَائِهِ

of hail and a destroying storm, Like a flood of mighty waters overflowing, Who will bring them down to the earth with His hand. The crown of pride, the drunkards of Ephraim, Will be trampled underfoot; And the glorious beauty is a fading flower Which is at the head of the verdant valley, Like the first fruit before the summer, Which an observer sees; He eats it up while it is still in his hand. In that day the Lord of hosts will be For a crown of glory and a diadem of beauty To the remnant of His people, For a spirit of justice to him who sits in judgment, And for strength to those who turn back the battle at the gate. But they also have erred through wine, And through intoxicating drink are out of the way; The priest and the prophet have erred through intoxicating drink, They are swallowed up by wine, They are out of the way through intoxicating drink; They err in vision, they stumble in judgment. For all tables are full of vomit and filth; No place is clean. "Whom will he teach knowledge? And whom will he make to understand the message? Those just weaned from milk? Those just drawn from the breasts? For precept must be upon precept, precept upon precept, Line upon line, line upon line, Here a little, there a little." For with stammering lips and another tongue He will speak to this people, To whom He said, "This is the rest with which You may cause the weary to rest," And, "This is the refreshing"; Yet they would not hear. But the word of the Lord was to them, "Precept upon precept, precept upon precept, Line upon line, line upon

الَّذِي عَلَى رَأْسِ وَادِي السَّمَائِنِ كَبَاكُورَةِ التِّينِ قَبْلَ الصَّيْفِ الَّتِي يَرَاهَا النَّاظِرُ فَيَبْلَعُهَا وَهِيَ فِي يَدِهِ. فِي ذَلِكَ الْيَوْمِ يَكُونُ رَبُّ الْجُنُودِ إِكْلِيلَ جَمَالٍ وَتَاجَ بَهَاءٍ لِبَقِيَّةِ شَعْبِهِ وَرُوحَ الْقَضَاءِ لِلْجَالِسِ لِلْقَضَاءِ وَبَأْساً لِلَّذِينَ يَرُدُّونَ الْحَرْبَ إِلَى الْبَابِ. وَلَكِنَّ هَؤُلاَءِ أَيْضاً ضَلُّوا بِالْخَمْرِ وَتَاهُوا بِالْمُسْكِرِ. الْكَاهِنُ وَالنَّبِيُّ تَرَنَّحَا بِالْمُسْكِرِ. ابْتَلَعَتْهُمَا الْخَمْرُ. تَاهَا مِنَ الْمُسْكِرِ. ضَلاَّ فِي الرُّؤْيَا. قَلِقَا فِي الْقَضَاءِ. فَإِنَّ جَمِيعَ الْمَوَائِدِ امْتَلأَتْ قَيْئاً وَقَذَراً. لَيْسَ مَكَانٌ. لِمَنْ يُعَلِّمُ مَعْرِفَةً وَلِمَنْ يُفْهِمُ تَعْلِيماً؟ أَلِلْمَفْطُومِينَ عَنِ اللَّبَنِ لِلْمَفْصُولِينَ عَنِ الثُّدِيِّ؟ لأَنَّهُ أَمْرٌ عَلَى أَمْرٍ. أَمْرٌ عَلَى أَمْرٍ. فَرْضٌ عَلَى فَرْضٍ. فَرْضٌ عَلَى فَرْضٍ. هُنَا قَلِيلٌ هُنَاكَ قَلِيلٌ. إِنَّهُ بِشَفَةٍ لَكْنَاءَ وَبِلِسَانٍ آخَرَ يُكَلِّمُ هَذَا الشَّعْبَ الَّذِينَ قَالَ لَهُمْ: «هَذِهِ هِيَ الرَّاحَةُ. أَرِيحُوا الرَّازِحَ وَهَذَا هُوَ السُّكُونُ». وَلَكِنْ لَمْ يَشَاؤُوا أَنْ يَسْمَعُوا. فَكَانَ لَهُمْ قَوْلُ الرَّبِّ: «أَمْراً عَلَى أَمْرٍ. أَمْراً عَلَى أَمْرٍ. فَرْضاً عَلَى فَرْضٍ. فَرْضاً عَلَى فَرْضٍ. هُنَا قَلِيلاً هُنَاكَ قَلِيلاً» لِيَذْهَبُوا وَيَسْقُطُوا إِلَى الْوَرَاءِ وَيَنْكَسِرُوا وَيُصَادُوا فَيُؤْخَذُوا. لِذَلِكَ اسْمَعُوا كَلاَمَ الرَّبِّ يَا رِجَالَ الْهُزْءِ وُلاَةَ هَذَا الشَّعْبِ الَّذِي فِي أُورُشَلِيمَ. لأَنَّكُمْ قُلْتُمْ: «قَدْ عَقَدْنَا عَهْداً مَعَ الْمَوْتِ وَصَنَعْنَا مِيثَاقاً مَعَ الْهَاوِيَةِ. السَّوْطُ الْجَارِفُ إِذَا عَبَرَ لاَ يَأْتِينَا لأَنَّنَا جَعَلْنَا الْكَذِبَ مَلْجَأَنَا وَبِالْغِشِّ اسْتَتَرْنَا».

line, Here a little, there a little," That they might go and fall backward, and be broken And snared and caught. Therefore hear the word of the Lord, you scornful men, Who rule this people who are in Jerusalem, Because you have said, "We have made a covenant with death, And with Sheol we are in agreement. When the overflowing scourge passes through, It will not come to us, For we have made lies our refuge, And under falsehood we have hidden ourselves.

Glory be to the Holy Trinity our God unto the age of ages, Amen.

مجداً للثالوث القدوس الهنا إلى الأبد وإلى أبد الآبدين كلها، آمين.

The Doxology of the Pascha Hour: "Thine is the Power..." on page A5.
تسبحة ساعة البصخة: "لك القوة..." صفحة ٥ فى اخر الكتاب.

Ⲯⲁⲗⲙⲟⲥ ⲃ̅ : ⲁ̅ ⲛⲉⲙ ⲋ̅

Ⲉⲑⲃⲉⲟⲩ ϩⲁⲛⲉⲑⲛⲟⲥ ⲁⲩⲑⲱϣ ⲉ̀ⲃⲟⲗ : ⲟⲩⲟϩ ϩⲁⲛⲗⲁⲟⲥ ⲁⲩⲉⲣⲙⲉⲗⲉⲧⲁⲛ ϧⲉⲛ ϩⲁⲛ ⲡⲉⲧϣⲟⲩⲓⲧ. Ⲁⲩⲟϩⲓ ⲉ̀ⲣⲁⲧⲟⲩ ⲛ̀ϫⲉ ⲛⲓⲟⲩⲣⲱⲟⲩ ⲛ̀ⲧⲉ ⲡ̀ⲕⲁϩⲓ : ⲟⲩⲟϩⲛⲓⲁⲣⲭⲱⲛ ⲁⲩⲑⲱⲟⲩϯ ⲉⲩⲙⲁ ⲉ̀ϯⲟⲩⲃⲉ Ⲡ̅ⲟ̅ⲥ̅ ⲛⲉⲙ ⲉ̀ϯⲟⲩⲃⲉ ⲡⲉϥⲬ̅ⲥ̅ : ⲁ̅ⲗ̅.

Ⲡⲉⲧϣⲟⲡ ϧⲉⲛ ⲛⲓⲫⲏⲟⲩⲓ̀ ⲉϥⲉ̀ⲥⲱⲃⲓ ⲙ̀ⲙⲱⲟⲩ : ⲟⲩⲟϩ Ⲡ̅ⲟ̅ⲥ̅ ⲉϥⲉⲉ̀ⲗⲕϣⲁⲓ ⲛ̀ⲥⲱⲟⲩ : Ⲧⲟⲧⲉ ⲉϥⲉ̀ⲥⲁϫⲓ ⲛⲉⲙⲱⲟⲩ ⲛ̀ϩ̀ⲣⲏⲓ ϧⲉⲛ ⲡⲉϥϫⲱⲛⲧ : ⲟⲩⲟϩ ⲛ̀ϧ̀ⲣⲏⲓ ϧⲉⲛ ⲡⲉϥ̀ⲙⲃⲟⲛ ⲉϥⲉ̀ϣ̀ⲧⲉⲣⲑⲱⲣⲟⲩ ⲁ̅ⲗ̅.

Psalm 2:1-2 and 4-5

المزمور ٢: ١ - ٣

A Psalm of David the Prophet.

Why do the nations rage, And the people plot a vain thing? The kings of the earth set themselves, And the rulers take counsel together, Against the Lord and against His Anointed: Alleluia.

من مزامير داود النبى

لماذا ارتجت الامم وهذت الشعوب بالاباطيل. قامت ملوك الأرض والرؤساء اجتمعوا معاً على الرب وعلى مسيحه.

He who sits in the heavens shall laugh; The Lord shall hold them in derision. Then He shall speak to them in His wrath, And distress them in His deep displeasure: Alleluia.

هلليلويا
الساكن فى السموات يضحك بهم والرب يمقتهم. حينئذ يكلمهم بغضبه ويرجزه يقلقهم: هلليلويا.

Ⲉⲩⲁⲅⲅⲉⲗⲓⲟⲛ ⲕⲁⲧⲁ Ⲙⲁⲧⲑⲉⲟⲛ Ⲕⲉⲫ ⲕ̅ⲋ̅ : ⲛ̅ⲑ̅ – ϣ̅ⲃ̅ⲗ̅

Ⲡⲓⲁⲣⲭⲏⲉⲣⲉⲩⲥ ⲇⲉ ⲛⲉⲙ ⲡⲓⲙⲁⲛϯϩⲁⲡ ⲧⲏⲣϥ ⲛⲁⲩⲕⲱϯ ⲛ̀ⲥⲁⲟⲩⲙⲉⲧⲙⲉⲑⲣⲉ ⲛ̀ⲛⲟⲩϫ ϧⲁ Ⲓⲏ̅ⲥ̅ ϩⲓⲛⲁ ⲛ̀ⲥⲉϧⲟⲑⲃⲉϥ. Ⲟⲩⲟϩ ⲙ̀ⲡⲟⲩϫⲓⲙⲓ : ⲉⲁⲩⲓ̀ ⲛ̀ϫⲉ ⲟⲩⲙⲏϣ ⲙ̀ⲙⲉⲑⲣⲉ ⲛ̀ⲛⲟⲩϫ : ⲉ̀ⲡ̀ϧⲁⲉ̀ ⲇⲉ ⲁⲩⲓ̀ ⲛ̀ϫⲉ ⲥ̀ⲛⲁⲩ. Ⲉⲩϫⲱ ⲙ̀ⲙⲟⲥ ϫⲉ ⲁ̀ ⲫⲁⲓ ϫⲟⲥ ϫⲉ ⲟⲩⲟⲛ ϣ̀ϫⲟⲙ ⲙ̀ⲙⲟⲓ ⲉ̀ⲃⲉⲗ ⲡⲓⲉⲣⲫⲉⲓ ⲛ̀ⲧⲉ Ⲫ̀ϯ ⲉ̀ⲃⲟⲗ : ⲟⲩⲟϩ ⲉ̀ⲕⲟⲧϥ ϧⲉⲛ ϣⲟⲙⲧ ⲛ̀ⲉϩⲟⲟⲩ. Ⲟⲩⲟϩ ⲁϥⲧⲱⲛϥ ⲛ̀ϫⲉ ⲡⲓⲁⲣⲭⲏⲉⲣⲉⲩⲥ ⲡⲉϫⲁϥ ⲛⲁϥ : ϫⲉ ⲛ̀ⲕ̀ⲉ̀ⲣⲟⲩⲱ ⲛ̀ϩ̀ⲗⲓ ⲁⲛ : ϫⲉ ⲟⲩ ⲡⲉⲧⲉ ⲛⲁⲓ ⲉⲣⲙⲉⲑⲣⲉ ⲙ̀ⲙⲟϥ ϧⲁⲣⲟⲕ : Ⲓⲏ̅ⲥ̅ ⲇⲉ ⲛⲁϥϫⲱ ⲛ̀ⲣⲱϥ ⲡⲉ : ⲟⲩⲟϩ ⲡⲉϫⲉ ⲡⲓⲁⲣⲭⲏⲉⲣⲉⲩⲥ ⲛⲁϥ : ϫⲉ ϯⲧⲁⲣⲕⲟ ⲙ̀ⲙⲟⲕ ⲙ̀Ⲫ̀ϯ ⲉⲧⲟⲛϧ ϩⲓⲛⲁ ⲛ̀ⲧⲉⲕϫⲟⲥ ⲛⲁⲛ : ⲓⲥϫⲉ ⲛ̀ⲑⲟⲕ ⲡⲉ Ⲡⲭ̅ⲥ̅ ⲡ̀ϣⲏⲣⲓ ⲙ̀Ⲫ̀ϯ ⲉⲧⲟⲛϧ. Ⲡⲉϫⲉ Ⲓⲏ̅ⲥ̅ ⲛⲁϥ ϫⲉ ⲛ̀ⲑⲟⲕ ⲡⲉ̀ⲉⲧⲁⲕϫⲟⲥ : ⲡ̀ⲗⲏⲛ ϯϫⲱ ⲙ̀ⲙⲟⲥ ⲛⲱⲧⲉⲛ : ϫⲉ ⲓⲥϫⲉⲛ ⲉ̀ⲣⲉⲧⲉⲛ ⲉ̀ⲛⲁⲩ ⲉ̀ⲡ̀ϣⲏⲣⲓ ⲙ̀ⲫ̀ⲣⲱⲙⲓ ⲉϥϩⲉⲙⲥⲓ ⲥⲁⲟⲩⲓ̀ⲛⲁⲙ ⲛ̀ϯϫⲟⲙ : ⲟⲩⲟϩ ⲉϥⲛⲏⲟⲩ ⲉ̀ϫⲉⲛ ⲛⲓϭⲏⲡⲓ ⲛ̀ⲧⲉ ⲧ̀ⲫⲉ. Ⲧⲟⲧⲉ ⲡⲓⲁⲣⲭⲏⲉⲣⲉⲩⲥ ⲁϥⲫⲱϧ ⲛ̀ⲛⲉϥϩ̀ⲃⲱⲥ ⲉϥϫⲱ ⲙ̀ⲙⲟⲥ : ϫⲉ ⲁϥϫⲉⲟⲩⲁ̀ ⲛ̀ⲧⲉⲛⲉⲣⲭ̀ⲣⲓⲁ̀ⲁⲛ ϫⲉ ⲙ̀ⲙⲉⲑⲣⲉ : ϩⲏⲡⲡⲉ ϯⲛⲟⲩ ⲁ̀ⲧⲉⲧⲉⲛⲥⲱⲧⲉⲙ ⲉ̀ⲡⲓϫⲉⲟⲩⲁ̀. Ⲟⲩ ⲡⲉ ⲧⲉⲧⲉⲛⲙⲉⲩⲓ̀ ⲉ̀ⲣⲟϥ : ⲛ̀ⲑⲱⲟⲩ ⲇⲉ ⲁ̀ⲩⲉ̀ⲣⲟⲩⲱ ⲡⲉϫⲱⲟⲩ : ϫⲉ ϥⲉⲙ̀ⲡ̀ϣⲁ ⲙ̀ⲫ̀ⲙⲟⲩ. Ⲧⲟⲧⲉ ⲁⲩϩⲓⲑⲁϥ ⲉ̀ϧⲟⲩⲛ ⲉ̀ⲡⲉϥϩⲟ : ⲟⲩⲟϩ ⲁⲩϯⲕⲟⲩⲣ ⲛⲁϥ ⲟⲩⲟϩ ⲁⲩϩⲓⲟⲩⲓ̀ ⲉ̀ⲣⲟϥ. Ⲉⲩϫⲱ ⲙ̀ⲙⲟⲥ ϫⲉ ⲁ̀ⲣⲓⲡ̀ⲣⲟⲫⲏⲧⲉⲩⲓⲛ ⲛⲁⲛ Ⲡⲭ̅ⲥ̅ ϫⲉ ⲛⲓⲙ ⲡⲉ̀ⲉⲧⲁϥϩⲓⲟⲩⲓ̀ ⲉ̀ⲣⲟⲕ. Ⲡⲉⲧⲣⲟⲥ ⲇⲉ ⲛⲁϥϩⲉⲙⲥⲓ ⲥⲁⲃⲟⲗ ⲡⲉ ϧⲉⲛ ϯⲁⲩⲗⲏ : ⲟⲩⲟϩ ⲁⲥⲓ̀ ϩⲁⲣⲟϥ ⲛ̀ϫⲉ ⲟⲩⲃⲱⲕⲓ ⲉⲥϫⲱ ⲙ̀ⲙⲟⲥ : ϫⲉ ⲛ̀ⲑⲟⲕ ϩⲱⲕ ⲛⲁⲕ ⲭⲏ ⲛⲉⲙ Ⲓⲏ̅ⲥ̅ ⲡⲓⲄⲁⲗⲓⲗⲉⲟⲥ : Ⲛ̀ⲑⲟϥ ⲇⲉ ⲁϥϫⲱⲗ ⲉ̀ⲃⲟⲗ ⲙ̀ⲡⲉⲙ̀ⲑⲟ ⲛ̀ⲟⲩⲟⲛ ⲛⲓⲃⲉⲛ ⲉϥϫⲱ ⲙ̀ⲙⲟⲥ : ϫⲉ ϯⲉⲙⲓ ϫⲉ ⲁ̀ⲣⲉ ϫⲱ ⲙ̀ⲙⲟⲥ ϫⲉ ⲟⲩ. Ⲉⲧⲁϥⲓ̀ ⲇⲉ ⲉ̀ⲃⲟⲗ ⲉ̀ⲡⲓϣⲑⲁⲙ ⲁⲥⲛⲁⲩ ⲉ̀ⲣⲟϥ ⲛ̀ϫⲉ ⲕⲉⲟⲩⲓ̀ : ⲟⲩⲟϩ ⲡⲉϫⲁⲥ ⲛ̀ⲛⲏⲉⲧⲭⲏ ⲙ̀ⲙⲁⲩ : ϫⲉ ⲫⲁⲓ ϩⲱϥ ⲛⲁϥⲭⲏ ⲛⲉⲙ Ⲓⲏ̅ⲥ̅ ⲡⲓⲛⲁⲍⲱⲣⲉⲟⲥ. Ⲡⲁⲗⲓⲛ ⲟⲛ ⲁϥϫⲱⲗ ⲉ̀ⲃⲟⲗϧⲉⲛ ⲟⲩⲁ̀ⲛⲁϣ : ϫⲉ ϯⲥⲱⲟⲩⲛ ⲙ̀ⲡⲁⲓⲣⲱⲙⲓ ⲁⲛ. Ⲙⲉⲛⲉⲛⲥⲁ ⲕⲉⲕⲟⲩϫⲓ ⲇⲉ ⲁⲩⲓ̀ ⲛ̀ϫⲉ ⲛⲏⲉⲧⲟϩⲓ ⲉ̀ⲣⲁⲧⲟⲩ ⲡⲉϫⲱⲟⲩ ⲙ̀Ⲡⲉⲧⲣⲟⲥ : ϫⲉ ⲧⲁⲫⲙⲏⲓ ⲛ̀ⲑⲟⲕ ϩⲱⲕ ⲟⲩ ⲉ̀ⲃⲟⲗ ⲙ̀ⲙⲱⲟⲩ ⲕⲉ ⲅⲁⲣ ⲧⲉⲕϫⲓⲛⲥⲁϫⲓ ⲟⲩⲱⲛϩ ⲙ̀ⲙⲟⲕ ⲉ̀ⲃⲟⲗ. Ⲧⲟⲧⲉ ⲁϥⲉⲣϩⲏⲧⲥ ⲛ̀ⲉⲣⲕⲁⲧⲁⲑⲉⲙⲁⲧⲓⲍⲓⲛ ⲛⲉⲙ ⲉ̀ⲱⲣⲕ : ϫⲉ ⲛ̀ϯⲥⲱⲟⲩⲛ ⲁⲛ ⲙ̀ⲡⲁⲓⲣⲱⲙⲓ : ⲟⲩⲟϩⲥⲁⲧⲟⲧϥ ⲁ̀ⲟⲩⲁ̀ⲗⲉⲕⲧⲱⲣ ⲙⲟⲩϯ : Ⲟⲩⲟϩ ⲁ̀Ⲡⲉⲧⲣⲟⲥ ⲉⲣⲫ̀ⲙⲉⲩⲓ̀ ⲙ̀ⲡⲓⲥⲁϫⲓ ⲉⲧⲁ Ⲓⲏ̅ⲥ̅ ϫⲟⲥ ⲛⲁϥ : ϫⲉ ⲙ̀ⲡⲁⲧⲉ ⲟⲩⲁ̀ⲗⲉⲕⲧⲱⲣ ⲙⲟⲩϯ ⲭ̀ⲛⲁϫⲟⲗⲧ ⲉ̀ⲃⲟⲗ ⲛ̀ϣⲟⲙⲧ ⲛ̀ⲥⲟⲡ : ⲟⲩⲟϩ ⲉⲧⲁϥⲓ̀ ⲉ̀ⲃⲟⲗ ⲁϥⲣⲓⲙⲓ ϧⲉⲛ ⲟⲩⲣⲓⲙⲓ ⲉϥⲉⲛϣⲁϣⲓ :

Ⲟⲩⲱϣⲧ ⲙ̀ⲡⲓⲉⲩⲁⲅⲅⲉⲗⲓⲟⲛ ⲉ̅ⲑ̅ⲩ̅.

Matthew 26:59-75

A reading from the Holy Gospel according to St. Matthew.

Now the chief priests, the elders, and all the council sought false testimony against Jesus to put Him to death, but found none. Even though many false witnesses came forward, they found none. But at last two false witnesses came forward and said, "This fellow said, 'I am able to destroy the temple of God and to build it in three days.' " And the high priest arose and said to Him, "Do You answer nothing? What is it these men testify against You?" But Jesus kept silent. And the high priest answered and said to Him, "I put You under oath by the living God: Tell us if You are the Christ, the Son of God!" Jesus said to him, "It is as you said. Nevertheless, I say to you, hereafter you will see the Son of Man sitting at the right hand of the Power, and coming on the clouds of heaven." Then the high priest tore his clothes, saying, "He has spoken blasphemy! What further need do we have of witnesses? Look, now you have heard His blasphemy! What do you think?" They answered and said, "He is deserving of death." Then they spat in His face and beat Him; and others struck Him with the palms of their hands, saying, "Prophesy to us, Christ! Who is the one who struck You?"
Now Peter sat outside in the courtyard. And a servant girl came to him, saying, "You also were with Jesus of Galilee." But he denied it before them all, saying,

متى ٢٦: ٥٩ الخ

فصل شريف من إنجيل معلمنا مار متى البشير بركاته علينا آمين.

وَكَانَ رُؤَسَاءُ الْكَهَنَةِ وَالشُّيُوخُ وَالْمَجْمَعُ كُلُّهُ يَطْلُبُونَ شَهَادَةَ زُورٍ عَلَى يَسُوعَ لِكَيْ يَقْتُلُوهُ فَلَمْ يَجِدُوا. وَمَعَ أَنَّهُ جَاءَ شُهُودُ زُورٍ كَثِيرُونَ لَمْ يَجِدُوا. وَلَكِنْ أَخِيراً تَقَدَّمَ شَاهِدَا زُورٍ وَقَالاَ: «هَذَا قَالَ إِنِّي أَقْدِرُ أَنْ أَنْقُضَ هَيْكَلَ اللَّهِ وَفِي ثَلاَثَةِ أَيَّامٍ أَبْنِيهِ». فَقَامَ رَئِيسُ الْكَهَنَةِ وَقَالَ لَهُ: «أَمَا تُجِيبُ بِشَيْءٍ؟ مَاذَا يَشْهَدُ بِهِ هَذَانِ عَلَيْكَ؟» وَأَمَّا يَسُوعُ فَكَانَ سَاكِتاً. فَسَأَلَهُ رَئِيسُ الْكَهَنَةِ: «أَسْتَحْلِفُكَ بِاللَّهِ الْحَيِّ أَنْ تَقُولَ لَنَا: هَلْ أَنْتَ الْمَسِيحُ ابْنُ اللَّهِ؟» قَالَ لَهُ يَسُوعُ: «أَنْتَ قُلْتَ! وَأَيْضاً أَقُولُ لَكُمْ: مِنَ الآنَ تُبْصِرُونَ ابْنَ الإِنْسَانِ جَالِساً عَنْ يَمِينِ الْقُوَّةِ وَآتِياً عَلَى سَحَابِ السَّمَاءِ». فَمَزَّقَ رَئِيسُ الْكَهَنَةِ حِينَئِذٍ ثِيَابَهُ قَائِلاً: «قَدْ جَدَّفَ! مَا حَاجَتُنَا بَعْدُ إِلَى شُهُودٍ؟ هَا قَدْ سَمِعْتُمْ تَجْدِيفَهُ! مَاذَا تَرَوْنَ؟» فَأَجَابُوا: «إِنَّهُ مُسْتَوْجِبُ الْمَوْتِ». حِينَئِذٍ بَصَقُوا فِي وَجْهِهِ وَلَكَمُوهُ وَآخَرُونَ لَطَمُوهُ قَائِلِينَ: «تَنَبَّأْ لَنَا أَيُّهَا الْمَسِيحُ مَنْ ضَرَبَكَ؟». أَمَّا بُطْرُسُ فَكَانَ جَالِساً خَارِجاً فِي الدَّارِ فَجَاءَتْ إِلَيْهِ جَارِيَةٌ قَائِلَةً: «وَأَنْتَ كُنْتَ مَعَ يَسُوعَ الْجَلِيلِيِّ». فَأَنْكَرَ قُدَّامَ الْجَمِيعِ قَائِلاً: «لَسْتُ أَدْرِي مَا تَقُولِينَ!» ثُمَّ إِذْ خَرَجَ إِلَى الدِّهْلِيزِ رَأَتْهُ أُخْرَى فَقَالَتْ لِلَّذِينَ هُنَاكَ: «وَهَذَا كَانَ مَعَ يَسُوعَ النَّاصِرِيِّ!»

"I do not know what you are saying." And when he had gone out to the gateway, another girl saw him and said to those who were there, "This fellow also was with Jesus of Nazareth." But again he denied with an oath, "I do not know the Man!" And a little later those who stood by came up and said to Peter, "Surely you also are one of them, for your speech betrays you." Then he began to curse and swear, saying, "I do not know the Man!" Immediately a rooster crowed. And Peter remembered the word of Jesus who had said to him, "Before the rooster crows, you will deny Me three times." So he went out and wept bitterly.

Bow down before the Holy Gospel.
Glory be to God forever.

فَأَنْكَرَ أَيْضاً بِقَسَمٍ: «إِنِّي لَسْتُ أَعْرِفُ الرَّجُلَ!» وَبَعْدَ قَلِيلٍ جَاءَ الْقِيَامُ وَقَالُوا لِبُطْرُسَ: «حَقّاً أَنْتَ أَيْضاً مِنْهُمْ فَإِنَّ لُغَتَكَ تُظْهِرُكَ!» فَابْتَدَأَ حِينَئِذٍ يَلْعَنُ وَيَحْلِفُ: «إِنِّي لاَ أَعْرِفُ الرَّجُلَ!» وَلِلْوَقْتِ صَاحَ الدِّيكُ. فَتَذَكَّرَ بُطْرُسُ كَلاَمَ يَسُوعَ الَّذِي قَالَ لَهُ: «إِنَّكَ قَبْلَ أَنْ يَصِيحَ الدِّيكُ تُنْكِرُنِي ثَلاَثَ مَرَّاتٍ». فَخَرَجَ إِلَى خَارِجٍ وَبَكَى بُكَاءً مُرّاً.

أسجدوا للإنجيل المقدس.
والمجد لله دائماً.

Ⲉⲩⲁⲅⲅⲉⲗⲓⲟⲛ ⲕⲁⲧⲁ Ⲙⲁⲣⲕⲟⲛ Ⲕⲉⲫ ⲓ̅ⲇ̅ : ⲛⲉ ϣ̅ⲃ̅ⲗ̅

Ⲛⲓⲁⲣⲭⲏⲉⲣⲉⲩⲥ ⲇⲉ ⲛⲉⲙ ⲡⲓⲙⲁⲛϯϩⲁⲡ ⲧⲏⲣϥ : ⲛⲁⲩⲕⲱϯ ⲛⲥⲁ ⲟⲩⲙⲉⲧⲙⲉⲑⲣⲉ ϧⲁ Ⲓⲏ̅ⲥ̅ ⲉⲡϫⲓⲛϧⲟⲑⲃⲉϥ ⲟⲩⲟϩ ⲛⲁⲩϫⲓⲙⲓ ⲁⲛ ⲡⲉ. Ⲛⲁⲣⲉ ⲟⲩⲙⲏϣ ⲅⲁⲣ ⲉⲣⲙⲉⲑⲣⲉ ⲛⲛⲟⲩϫ ϧⲁⲣⲟϥ ⲡⲉ : ⲟⲩⲟϩ ⲛⲁⲩⲟⲓ ⲛϩⲩⲥⲟⲥ ⲁⲛ ⲡⲉ ⲛϫⲉ ⲛⲟⲩⲙⲉⲧⲙⲉⲑⲣⲉ : Ⲟⲩⲟϩ ⲉⲧⲁⲩⲧⲱⲟⲩⲛⲟⲩ ⲛϫⲉ ϩⲁⲛⲟⲩⲟⲛ : ⲁⲩⲉⲣⲙⲉⲑⲣⲉ ⲛⲛⲟⲩϫ ϧⲁⲣⲟϥ ⲉⲩϫⲱⲙⲙⲟⲥ. Ϫⲉ ⲁⲛⲟⲛ ⲁⲛⲥⲱⲧⲉⲙ ⲉⲣⲟϥ ⲉϥϫⲱ ⲙⲙⲟⲥ ϫⲉ ⲁⲛⲟⲕ ϯⲛⲁⲃⲉⲗ ⲡⲁⲓⲉⲣⲫⲉⲓ ⲉⲃⲟⲗ ⲡⲁⲓⲙⲟⲩⲛⲕ ⲛϫⲓϫ : ⲟⲩⲟϩ ⲉⲃⲟⲗϩⲓⲧⲉⲛ ϣⲟⲙⲧ ⲛⲉϩⲟⲟⲩ ⲕⲉⲟⲩⲁⲓ ⲛⲁⲑⲙⲟⲩⲛⲕ ⲛϫⲓϫ ϯⲛⲁⲕⲟⲧϥ.Ⲟⲩⲇⲉ ⲡⲁⲓⲣⲏϯ ⲟⲛ ⲛⲁⲥⲟⲓ ⲛϩⲩⲥⲟⲥ ⲁⲛ ⲛϫⲉ ⲧⲟⲩⲙⲉⲧⲙⲉⲑⲣⲉ.Ⲟⲩⲟϩ ⲁϥⲧⲱⲛϥ ⲛϫⲉ ⲡⲓⲁⲣⲭⲏⲉⲣⲉⲩⲥ ϧⲉⲛ ⲑⲙⲏϯ : ⲁϥϣⲉⲛ Ⲓⲏⲥ ⲉϥϫⲱⲙⲙⲟⲥ : ϫⲉ ⲛⲕⲉⲣⲟⲩⲱ ⲛϩⲗⲓ ⲁⲛ ϫⲉ ⲛⲁⲓ ⲉⲣⲙⲉⲑⲣⲉ ϧⲁⲣⲟⲕ. Ⲛⲑⲟϥ ⲇⲉ ⲛⲁϥϫⲱ ⲛⲣⲱϥ ⲡⲉ : ⲟⲩⲟϩ ⲙⲡⲉϥⲉⲣⲟⲩⲱ ⲛϩⲗⲓ : ⲡⲁⲗⲓⲛ ⲁ ⲡⲓⲁⲣⲭⲏⲉⲣⲉⲩⲥ ϣⲉⲛϥ ⲟⲩⲟϩ ⲡⲉϫⲁϥ ⲛⲁϥ : ϫⲉ ⲛⲑⲟⲕ ⲡⲉ Ⲡⲭⲟ ⲡϣⲏⲣⲓ ⲙⲫⲏⲉⲧⲥⲙⲁⲣⲱⲟⲩⲧ. Ⲓⲏ̅ⲥ̅ ⲇⲉ ⲡⲉϫⲁϥ ⲛⲁϥ ϫⲉ ⲁⲛⲟⲕ ⲡⲉ : ⲟⲩⲟϩ ⲉⲣⲉⲧⲉⲛⲉⲛⲁⲩ ⲉⲡϣⲏⲣⲓ ⲙⲫⲣⲱⲙⲓ ⲉϥϩⲉⲙⲥⲓ ⲥⲁ ⲟⲩⲓⲛⲁⲙ ⲛϯϫⲟⲙ : ⲟⲩⲟϩ ⲉϥⲛⲏⲟⲩ ⲛⲉⲙ ⲛⲓϭⲏⲡⲓ ⲛⲧⲉ ⲧⲫⲉ.Ⲡⲓⲁⲣⲭⲏⲉⲣⲉⲩⲥ ⲁϥⲫⲉϧ ⲛⲉϥϩⲃⲱⲥ ⲡⲉϫⲁϥ : ϫⲉ ⲟⲩ ⲟⲛ ⲉⲧⲉⲧⲉⲛⲉⲣⲭⲣⲓⲁ ⲙⲙⲟϥ ⲙⲙⲉⲑⲣⲉ. Ⲁⲧⲉⲧⲉⲛⲥⲱⲧⲉⲙ ⲉ ⲡⲓϫⲉⲟⲩⲁ ⲟⲩ ⲉⲑⲟⲩⲱⲛϩ ⲛⲱⲧⲉⲛ : ⲛⲑⲱⲟⲩ ⲇⲉ ⲧⲏⲣⲟⲩ ⲁⲩⲉⲣⲕⲁⲧⲁⲕⲣⲓⲛⲓⲛ ⲙⲙⲟϥ : ϫⲉ ϥⲟⲓ ⲛⲉⲛⲟⲭⲟⲥ ⲉⲫⲙⲟⲩ. Ⲟⲩⲟϩ ⲉⲧⲁⲩⲉⲣϩⲏⲧⲥ ⲛϫⲉ ϩⲁⲛⲟⲩⲟⲛ ⲉϩⲓⲑⲁϥϧⲉⲛ ϩⲣⲁϥ : ⲟⲩⲟϩ ⲉϩⲱⲃⲥ ⲙⲡⲉϥϩⲟ ⲟⲩⲟϩ ⲉϯⲕⲉϩ ⲛⲁϥ : ⲟⲩⲟϩ ⲉϫⲟⲥ ⲛⲁϥ ϫⲉ ⲁⲣⲓⲡⲣⲟⲫⲏⲧⲉⲩⲓⲛ ⲛⲁⲛ ϫⲉ ⲛⲓⲙ ⲡⲉ ⲉⲧⲁϥϩⲓⲟⲩⲓ ⲉⲣⲟⲕϯⲛⲟⲩ Ⲡⲭ̅ⲥ̅ ⲟⲩⲟϩ ⲛⲓϩⲩⲡⲉⲣⲉⲧⲏⲥ ⲁⲩϭⲓⲧϥ ⲛ̀ϩⲁⲛⲁ̀ⲗⲱϫ. Ⲟⲩⲟϩ ⲉⲣⲉ Ⲡⲉⲧⲣⲟⲥ ⲛ̀ϧⲣⲏⲓ ϧⲉⲛ ϯⲁⲩⲗⲏ : ⲁⲥⲓ̀ ⲛ̀ϫⲉ ⲟⲩⲓ̀ ⲛ̀ⲛⲓⲃⲱⲕⲓ ⲛ̀ⲧⲉ ⲡⲓⲁⲣⲭⲏ̀ⲉⲣⲉⲩⲥ. Ⲟⲩⲟϩ ⲉ̀ⲧⲁⲥⲛⲁⲩ ⲉ̀Ⲡⲉⲧⲣⲟⲥ ⲉϥⲧ̀ϩⲙⲟ ⲙ̀ⲙⲟϥ : ⲟⲩⲟϩ ⲉ̀ⲧⲁⲥϫⲟⲩϣⲧ ⲉ̀ⲣⲟϥ ⲡⲉϫⲁⲥ ⲛⲁϥ : ϫⲉ ⲛ̀ⲑⲟⲕ ϩⲱⲕ ⲛⲁⲕⲭⲏ ⲛⲉⲙ Ⲓⲏ̅ⲥ̅ ⲡⲓⲛⲁⲍⲱⲣⲉⲟⲥ. Ⲛ̀ⲑⲟϥ ⲇⲉ ⲁϥϫⲱⲗ ⲉ̀ⲃⲟⲗ ⲉϥϫⲱ̀ⲙⲙⲟⲥ : ϫⲉ ⲟⲩⲇⲉ ϯⲉⲙⲓ ⲁⲛ ⲟⲩⲇⲉ ϯⲥⲱⲟⲩⲛ ⲁⲛ ϫⲉ ⲟⲩ ⲛ̀ⲑⲟ ⲡⲉ ⲉ̀ⲧⲉϫⲱ̀ⲙⲙⲟϥ : ⲟⲩⲟϩ ⲁϥⲓ̀ ⲉ̀ⲃⲟⲗ ⲉ̀ⲡⲓⲙⲁ ⲉⲧⲥⲁⲃⲟⲗ ⲛ̀ϯⲁⲩⲗⲏ ⲟⲩⲟϩ ⲁϥⲙⲟⲩϯ ⲛ̀ϫⲉ ⲡⲓⲁ̀ⲗⲉⲕⲧⲱⲣ. Ⲟⲩⲟϩ ⲉ̀ⲧⲁⲥⲛⲁⲩ ⲉ̀ⲣⲟϥ ⲛ̀ϫⲉ ϯⲕⲉⲃⲱⲕⲓ ⲡⲉϫⲁⲥ ⲛ̀ⲛⲏⲉⲧⲟϩⲓ ⲉ̀ⲣⲁⲧⲟⲩ : ϫⲉ ⲫⲁⲓ ⲟⲩ ⲉ̀ⲃⲟⲗ ⲛ̀ϧⲏⲧⲟⲩ ⲡⲉ. Ⲛ̀ⲑⲟϥ ⲇⲉ ⲟⲛ ⲁϥϫⲱⲗ ⲉ̀ⲃⲟⲗ ⲙⲉⲛⲉⲛⲥⲁ ⲟⲩⲕⲟⲩϫⲓ ⲡⲁⲗⲓⲛ ⲛⲏⲉⲧⲟϩⲓ ⲉ̀ⲣⲁⲧⲟⲩ ⲛⲁⲩϫⲱ̀ⲙⲙⲟⲥ ⲙ̀Ⲡⲉⲧⲣⲟⲥ : ϫⲉ ⲁ̀ⲗⲏⲑⲱⲥ ⲛ̀ⲑⲟⲕ ⲟⲩ ⲉ̀ⲃⲟⲗ ⲛ̀ϧⲏⲧⲟⲩ ⲕⲉ ⲅⲁⲣ ⲛ̀ⲑⲟⲕ ⲟⲩⲄⲁⲗⲓⲗⲉⲟ : ⲟⲩⲟϩ ⲡⲉⲕⲥⲁϫⲓ ⲉϥⲟⲛⲓ ⲙ̀ⲡⲟⲩⲥⲁϫⲓ. Ⲛ̀ⲑⲟϥ ⲇⲉ ⲁϥⲉⲣϩⲏⲧⲥ ⲛ̀ⲉⲣⲁ̀ⲛⲁⲑⲉⲙⲁⲧⲓⲍⲓⲛ ⲛⲉⲙ ⲉ̀ⲱⲣⲕ ϫⲉ ϯⲥⲱⲟⲩⲛ ⲙ̀ⲡⲁⲓⲣⲱⲙⲓ ⲁⲛ ⲉ̀ⲧⲉⲧⲉⲛϫⲱ ⲙ̀ⲙⲟϥ. Ⲟⲩⲟϩ ⲁ̀ ⲟⲩⲁ̀ⲗⲉⲕⲧⲱⲣ ⲙⲟⲩϯ ⲙ̀ⲫⲙⲁϩ ⲥⲟⲡ ⲥ̀ⲛⲁⲩ : ⲟⲩⲟϩ ⲁϥⲉⲣⲫ̀ⲙⲉⲩⲓ̀ ⲛ̀ϫⲉ Ⲡⲉⲧⲣⲟⲥ ⲙ̀ⲡⲓⲥⲁϫⲓ ⲙ̀ⲫⲣⲏϯ ⲉ̀ⲧⲁϥϫⲟⲥ ⲛⲁϥ ⲛ̀ϫⲉ Ⲓⲏ̅ⲥ̅ : ϫⲉ ⲙ̀ⲡⲁⲧⲉ ⲟⲩ ⲁ̀ⲗⲉⲕⲧⲱⲣ ⲙⲟⲩϯ ⲛ̀ⲥⲟⲡ ⲥ̀ⲛⲁⲩ ⲭ̀ⲛⲁϫⲟⲗⲧ ⲉ̀ⲃⲟⲗ ⲛ̀ϣⲟⲙⲧ ⲛ̀ⲥⲟⲡ : ⲟⲩⲟϩ ⲉ̀ⲧⲁϥϩⲓⲧⲟⲧϥ ⲁϥⲣⲓⲙⲓ :

Ⲟⲩⲱϣⲧ ⲙ̀ⲡⲓⲉⲩⲁⲅⲅⲉⲗⲓⲟⲛ ⲉⲑⲩ.

Mark 14:55-72

Now the chief priests and all the council sought testimony against Jesus to put Him to death, but found none. For many bore false witness against Him, but their testimonies did not agree. Then some rose up and bore false witness against Him, saying, "We heard Him say, 'I will destroy this temple made with hands, and within three days I will build another made without hands.' " But not even then did their testimony agree. And the high priest stood up in the midst and asked Jesus, saying, "Do You answer nothing? What is it these men testify against You?" But He kept silent and answered nothing. Again the high priest asked Him, saying to Him, "Are You the Christ, the Son of the Blessed?" Jesus said, "I am. And you will see the Son of Man sitting at the right hand of the Power, and coming with the clouds

مرقس ١٤ : ٥٥ الخ

وَكَانَ رُؤَسَاءُ الْكَهَنَةِ وَالْمَجْمَعُ كُلُّهُ يَطْلُبُونَ شَهَادَةً عَلَى يَسُوعَ لِيَقْتُلُوهُ فَلَمْ يَجِدُوا لأَنَّ كَثِيرِينَ شَهِدُوا عَلَيْهِ زُوراً وَلَمْ تَتَّفِقْ شَهَادَاتُهُمْ. ثُمَّ قَامَ قَوْمٌ وَشَهِدُوا عَلَيْهِ زُوراً قَائِلِينَ: «نَحْنُ سَمِعْنَاهُ يَقُولُ: إِنِّي أَنْقُضُ هَذَا الْهَيْكَلَ الْمَصْنُوعَ بِالأَيَادِي وَفِي ثَلاَثَةِ أَيَّامٍ أَبْنِي آخَرَ غَيْرَ مَصْنُوعٍ بِأَيَادٍ». وَلاَ بِهَذَا كَانَتْ شَهَادَتُهُمْ تَتَّفِقُ. فَقَامَ رَئِيسُ الْكَهَنَةِ فِي الْوَسَطِ وَسَأَلَ يَسُوعَ: «أَمَا تُجِيبُ بِشَيْءٍ؟ مَاذَا يَشْهَدُ بِهِ هَؤُلاَءِ عَلَيْكَ؟» أَمَّا هُوَ فَكَانَ سَاكِتاً وَلَمْ يُجِبْ بِشَيْءٍ. فَسَأَلَهُ رَئِيسُ الْكَهَنَةِ أَيْضاً: «أَأَنْتَ الْمَسِيحُ ابْنُ الْمُبَارَكِ؟» فَقَالَ يَسُوعُ: «أَنَا هُوَ. وَسَوْفَ تُبْصِرُونَ ابْنَ الإِنْسَانِ جَالِساً عَنْ يَمِينِ الْقُوَّةِ وَآتِياً فِي سَحَابِ السَّمَاءِ». فَمَزَّقَ رَئِيسُ

of heaven." Then the high priest tore his clothes and said, "What further need do we have of witnesses? You have heard the blasphemy! What do you think?" And they all condemned Him to be deserving of death. Then some began to spit on Him, and to blindfold Him, and to beat Him, and to say to Him, "Prophesy!" And the officers struck Him with the palms of their hands.

Now as Peter was below in the courtyard, one of the servant girls of the high priest came. And when she saw Peter warming himself, she looked at him and said, "You also were with Jesus of Nazareth." But he denied it, saying, "I neither know nor understand what you are saying." And he went out on the porch, and a rooster crowed. And the servant girl saw him again, and began to say to those who stood by, "This is one of them." But he denied it again. And a little later those who stood by said to Peter again, "Surely you are one of them; for you are a Galilean, and your speech shows it."Then he began to curse and swear, "I do not know this Man of whom you speak!" A second time the rooster crowed. Then Peter called to mind the word that Jesus had said to him, "Before the rooster crows twice, you will deny Me three times." And when he thought about it, he wept.

Bow down before the Holy Gospel.
Glory be to God forever.

الْكَهَنَةِ ثِيَابَهُ وَقَالَ: «مَا حَاجَتُنَا بَعْدُ إِلَى شُهُودٍ؟ قَدْ سَمِعْتُمُ التَّجَادِيفَ! مَا رَأْيُكُمْ؟» فَالْجَمِيعُ حَكَمُوا عَلَيْهِ أَنَّهُ مُسْتَوْجِبُ الْمَوْتِ. فَابْتَدَأَ قَوْمٌ يَبْصُقُونَ عَلَيْهِ وَيُغَطُّونَ وَجْهَهُ وَيَلْكُمُونَهُ وَيَقُولُونَ لَهُ: «تَنَبَّأْ». وَكَانَ الْخُدَّامُ يَلْطِمُونَهُ. وَبَيْنَمَا كَانَ بُطْرُسُ فِي الدَّارِ أَسْفَلَ جَاءَتْ إِحْدَى جَوَارِي رَئِيسِ الْكَهَنَةِ. فَلَمَّا رَأَتْ بُطْرُسَ يَسْتَدْفِئُ نَظَرَتْ إِلَيْهِ وَقَالَتْ: «وَأَنْتَ كُنْتَ مَعَ يَسُوعَ النَّاصِرِيِّ!» فَأَنْكَرَ قَائِلاً: «لَسْتُ أَدْرِي وَلاَ أَفْهَمُ مَا تَقُولِينَ!» وَخَرَجَ خَارِجاً إِلَى الدِّهْلِيزِ فَصَاحَ الدِّيكُ. فَرَأَتْهُ الْجَارِيَةُ أَيْضاً وَابْتَدَأَتْ تَقُولُ لِلْحَاضِرِينَ: «إِنَّ هَذَا مِنْهُمْ!» فَأَنْكَرَ أَيْضاً. وَبَعْدَ قَلِيلٍ أَيْضاً قَالَ الْحَاضِرُونَ لِبُطْرُسَ: «حَقّاً أَنْتَ مِنْهُمْ لأَنَّكَ جَلِيلِيٌّ أَيْضاً وَلُغَتُكَ تُشْبِهُ لُغَتَهُمْ». فَابْتَدَأَ يَلْعَنُ وَيَحْلِفُ: «إِنِّي لاَ أَعْرِفُ هَذَا الرَّجُلَ الَّذِي تَقُولُونَ عَنْهُ!» وَصَاحَ الدِّيكُ ثَانِيَةً فَتَذَكَّرَ بُطْرُسُ الْقَوْلَ الَّذِي قَالَهُ لَهُ يَسُوعُ: «إِنَّكَ قَبْلَ أَنْ يَصِيحَ الدِّيكُ مَرَّتَيْنِ تُنْكِرُنِي ثَلاَثَ مَرَّاتٍ». فَلَمَّا تَفَكَّرَ بِهِ بَكَى.

أسجدوا للإنجيل المقدس.
والمجد لله دائماً.

Ⲉⲩⲁⲅⲅⲉⲗⲓⲟⲛ ⲕⲁⲧⲁ Ⲗⲟⲩⲕⲁⲛ Ⲕⲉⲫ ⲕ̅ⲃ̅ : ⲛ̅ - ⲝ̅ⲉ̅

Ⲥⲉⲧⲁⲥⲛⲁⲩ ⲉ̀Ⲡⲉⲧⲣⲟⲥ ⲛ̀ϫⲉ ⲟⲩⲁ̀ⲗⲟⲩ ⲙ̀ⲃⲱⲕⲓ ⲉϥϩⲉⲙⲥⲓ ϧⲁⲧⲉⲛ ⲡⲓⲟⲩⲱⲓⲛⲓ : ⲟⲩⲟϩ ⲉ̀ⲧⲁⲥⲥⲟⲙⲥ ⲉ̀ⲣⲟϥ ⲡⲉϫⲁⲥ : ϫⲉ ⲛⲁⲣⲉ ⲫⲁⲓ ϩⲱϥ ⲭⲏ ⲛⲉⲙⲁϥ ⲡⲉ. Ⲛ̀ⲑⲟϥ ⲇⲉ ⲁϥϫⲱⲗ ⲉ̀ⲃⲟⲗ ⲙ̀ⲙⲟⲥ : ϫⲉ ϯⲥⲱⲟⲩⲛ ⲙ̀ⲙⲟϥ ⲁⲛ ϯⲥ̀ϩⲓⲙⲓ. Ⲟⲩⲟϩ ⲙⲉⲛⲉⲛⲥⲁ ⲕⲉⲕⲟⲩϫⲓ ⲉ̀ⲧⲁϥⲛⲁⲩ ⲉ̀ⲣⲟϥ ⲛ̀ϫⲉ ⲕⲉ ⲟⲩⲁⲓ : ⲡⲉϫⲁϥ ϫⲉ ⲛ̀ⲑⲟⲕ ⲟⲩ ⲉ̀ⲃⲟⲗ ⲙ̀ⲙⲱⲟⲩ ϩⲱⲕ : Ⲡⲉⲧⲣⲟⲥ ⲇⲉ ⲡⲉϫⲁϥ ϫⲉ ⲫ̀ⲣⲱⲙⲓ ⲁ̀ⲛⲟⲕ ⲁⲛⲡⲉ Ⲟⲩⲟϩ ⲉ̀ⲧⲁ̀ⲫⲟⲩⲱϣ ⲛ̀ⲟⲩⲛⲟⲩ ϣⲱⲡⲓ : ⲛⲁⲣⲉ ⲕⲉⲟⲩⲁⲓ ⲧⲁϫⲣⲟ ⲛ̀ⲧⲟⲧϥ ⲡⲉ ⲉϥϫⲱ ⲙ̀ⲙⲟⲥ : ϫⲉ ϧⲉⲛ ⲟⲩⲙⲉⲑⲙⲏⲓ ⲛⲁⲣⲉ ⲫⲁⲓ ϩⲱϥ ⲭⲏ ⲛⲉⲙⲁϥ ⲡⲉ : ⲕⲉ ⲅⲁⲣ ⲟⲩⲄⲁⲗⲓⲗⲉⲟⲥ ⲡⲉ. Ⲡⲉϫⲁϥ ⲇⲉ ⲛ̀ϫⲉ Ⲡⲉⲧⲣⲟⲥ ϫⲉ ⲫ̀ⲣⲱⲙⲓ ϯⲉⲙⲓ ⲁⲛ ⲉ̀ⲫⲏⲉ̀ⲧⲉⲕϫⲱ ⲙ̀ⲙⲟϥ : ⲟⲩⲟϩ ⲥⲁⲧⲟⲧϥ ⲉ̀ⲧⲓⲉϥⲥⲁϫⲓ ⲁⲟⲩⲁ̀ⲗⲉⲕⲧⲱⲣ ⲙⲟⲩϯ. Ⲟⲩⲟϩ ⲉ̀ⲧⲁϥⲫⲟⲛϩϥ ⲛ̀ϫⲉ Ⲡ̅ⲟ̅ⲥ̅ ⲁϥⲥⲟⲙⲥ ⲉ̀Ⲡⲉⲧⲣⲟⲥ : ⲟⲩⲟϩ ⲁ̀ Ⲡⲉⲧⲣⲟⲥ ⲉⲣⲫ̀ⲙⲉⲩⲓ̀ ⲙ̀ⲡⲉⲥⲁϫⲓ ⲙ̀Ⲡ̅ⲟ̅ⲥ̅ ⲕⲁⲧⲁ ⲫ̀ⲣⲏϯ ⲉ̀ⲧⲁϥϫⲟⲥ ⲛⲁϥ : ϫⲉ ⲙ̀ⲡⲁⲧⲉ ⲟⲩⲁ̀ⲗⲉⲕⲧⲱⲣ ⲙⲟⲩϯ ⲭⲛⲁϫⲟⲗⲧ ⲉ̀ⲃⲟⲗ ⲛ̀ϣⲟⲙⲧ ⲛ̀ⲥⲟⲡ : Ⲟⲩⲟϩ ⲉ̀ⲧⲁϥⲓ̀ ⲉ̀ⲃⲟⲗ ⲛ̀ϫⲉ Ⲡⲉⲧⲣⲟⲥ ⲁϥⲣⲓⲙⲓ ϧⲉⲛ ⲟⲩⲉⲛϣⲁϣⲓ. Ⲟⲩⲟϩ ⲛⲓⲣⲱⲙⲓⲉⲛⲁⲩ ⲁ̀ⲙⲟⲛⲓ ⲙ̀ⲙⲟϥ ⲛⲁⲩⲥⲱⲃⲓ ⲙ̀ⲙⲟϥ ⲡⲉ ⲉⲩϩⲓⲟⲩⲓ̀ ⲉ̀ⲣⲟϥ. Ⲟⲩⲟϩ ⲉ̀ⲧⲁⲩϩⲟⲃⲥϥ ⲛⲁⲩϣⲓⲛⲓ ⲙ̀ⲙⲟϥ ϫⲉ ⲁ̀ⲣⲓⲡ̀ⲣⲟⲫⲏⲧⲉⲩⲓⲛ ⲛⲁⲛ : ϫⲉ ⲛⲓⲙ ⲡⲉⲧⲁϥϩⲓⲟⲩⲓ̀ ⲉ̀ⲣⲟⲕ. Ⲟⲩⲟϩ ϩⲁⲛ ⲕⲉ ⲙⲏϣ ⲛⲁⲩϫⲱ ⲙ̀ⲙⲱⲟⲩ ⲉ̀ⲣⲟϥⲡⲉ ⲉⲩϫⲉⲟⲩⲁ :

Ⲟⲩⲱϣⲧ ⲙ̀ⲡⲓⲉⲩⲁⲅⲅⲉⲗⲓⲟⲛ ⲉ̅ⲑ̅ⲩ̅.

Luke 22:56-65

And a certain servant girl, seeing him as he sat by the fire, looked intently at him and said, "This man was also with Him." But he denied Him, saying, "Woman, I do not know Him." And after a little while another saw him and said, "You also are of them." But Peter said, "Man, I am not!" Then after about an hour had passed, another confidently affirmed, saying, "Surely this fellow also was with Him, for he is a Galilean." But Peter said, "Man, I do not know what you are saying!" Immediately, while he was still speaking, the rooster crowed. And the Lord turned and looked at Peter. And Peter remembered the word of the Lord, how He had said to him, "Before the rooster crows, you will deny Me

لوقا ٢٢ : ٥٦ - ٦٥

فَرَأَتْهُ جَارِيَةٌ جَالِساً عِنْدَ النَّارِ فَتَفَرَّسَتْ فيهِ وَقَالَتْ: «وَهَذَا كَانَ مَعَهُ». فَأَنْكَرَهُ قَائِلاً: «لَسْتُ أَعْرِفُهُ يَا امْرَأَةُ!» وَبَعْدَ قَلِيلٍ رَآهُ آخَرُ وَقَالَ: «وَأَنْتَ مِنْهُمْ!» فَقَالَ بُطْرُسُ: «يَا إِنْسَانُ لَسْتُ أَنَا!» وَلَمَّا مَضَى نَحْوُ سَاعَةٍ وَاحِدَةٍ أَكَّدَ آخَرُ قَائِلاً: «بِالْحَقِّ إِنَّ هَذَا أَيْضاً كَانَ مَعَهُ لأَنَّهُ جَلِيلِيٌّ أَيْضاً». فَقَالَ بُطْرُسُ: «يَا إِنْسَانُ لَسْتُ أَعْرِفُ مَا تَقُولُ». وَفِي الْحَالِ بَيْنَمَا هُوَ يَتَكَلَّمُ صَاحَ الدِّيكُ. فَالْتَفَتَ الرَّبُّ وَنَظَرَ إِلَى بُطْرُسَ فَتَذَكَّرَ بُطْرُسُ كَلاَمَ الرَّبِّ كَيْفَ قَالَ لَهُ: «إِنَّكَ قَبْلَ أَنْ يَصِيحَ الدِّيكُ تُنْكِرُنِي ثَلاَثَ مَرَّاتٍ». فَخَرَجَ بُطْرُسُ إِلَى خَارِجٍ وَبَكَى بُكَاءً مُرّاً.

three times." So Peter went out and wept bitterly.
Now the men who held Jesus mocked Him and beat Him. And having blindfolded Him, they struck Him on the face and asked Him, saying, "Prophesy! Who is the one who struck You?" And many other things they blasphemously spoke against Him.

Bow down before the Holy Gospel.
Glory be to God forever.

وَالرِّجَالُ الَّذِينَ كَانُوا ضَابِطِينَ يَسُوعَ كَانُوا يَسْتَهْزِئُونَ بِهِ وَهُمْ يَجْلِدُونَهُ وَغطَّوْهُ وَكَانُوا يَضْرِبُونَ وَجْهَهُ وَيَسْأَلُونَهُ: «تَنَبَّأْ! مَنْ هُوَ الَّذِي ضَرَبَكَ؟» وَأَشْيَاءَ أُخَرَ كَثِيرَةً كَانُوا يَقُولُونَ عَلَيْهِ مُجَدِّفِينَ.

أسجدوا للإنجيل المقدس.
والمجد لله دائماً.

Ⲉⲩⲁⲅⲅⲉⲗⲓⲟⲛ ⲕⲁⲧⲁ Ⲓⲱⲁⲛⲛⲏⲛ Ⲕⲉⲫ ⲓ̅ⲏ̅ : ⲓ̅ⲉ̅ - ⲕ̅ⲍ̅

Ⲛⲁϥⲙⲟϣⲓ ⲇⲉ ⲡⲉ ⲛ̀ⲥⲁ Ⲓⲏ̅ⲥ̅ ⲛ̀ϫⲉ Ⲥⲓⲙⲱⲛ Ⲡⲉⲧⲣⲟⲥ ⲛⲉⲙ ⲡⲓⲕⲉⲙⲁⲑⲏⲧⲏⲥ : Ⲡⲓⲙⲁⲑⲏⲧⲏⲥ ⲇⲉ ⲉⲧⲉ ⲙ̀ⲙⲁⲩ ⲛⲁϥⲟⲓ ⲛ̀ⲥⲟⲩⲓⲛ ⲡⲉ ⲛ̀ⲧⲉ ⲡⲓⲁⲣⲭⲏⲉ̀ⲣⲉⲩⲥ : ⲟⲩⲟϩ ⲁϥⲓ ⲉ̀ϧⲟⲩⲛ ⲛⲉⲙ Ⲓⲏ̅ⲥ̅ ϯⲁⲩⲗⲏ ⲛ̀ⲧⲉ ⲡⲓⲁⲣⲭⲏⲉ̀ⲣⲉⲩⲥ. Ⲡⲉⲧⲣⲟⲥ ⲇⲉ ⲛⲁϥⲟϩⲓ ⲉ̀ⲣⲁⲧϥ ⲥⲁⲃⲟⲗ ϧⲁⲧⲉⲛ ⲡⲓⲣⲟ : ⲁϥⲓ̀ ⲟⲩⲛ ⲉ̀ⲃⲟⲗ ⲛ̀ϫⲉ ⲡⲓⲙⲁⲑⲏⲧⲏⲥ ⲫⲏⲉ̀ⲛⲁϥⲟⲓ ⲛ̀ⲣⲉⲙⲛ̀ⲥⲱⲟⲩⲛ ⲉ̀ⲡⲓⲁⲣⲭⲏⲉ̀ⲣⲉⲩⲥ ⲟⲩⲟϩ ⲁϥⲥⲁϫⲓ ⲛⲉⲙ ϯⲙ̀ⲛⲟⲩⲧ : ⲁϥⲓ̀ⲛⲓ ⲙ̀Ⲡⲉⲧⲣⲟⲥ ⲉ̀ϧⲟⲩⲛ. Ⲡⲉϫⲉ ϯⲁ̀ⲗⲟⲩ ⲛⲉⲙⲛⲟⲩⲧ ⲙ̀Ⲡⲉⲧⲣⲟⲥ : ⲙⲏ ⲛ̀ⲑⲟⲕ ⲟⲩ ⲉ̀ⲃⲟⲗϧⲉⲛ ⲛⲓⲙⲁⲑⲏⲧⲏⲥ ⲛⲧⲉ ⲡⲁⲓⲣⲱⲙⲓ ϩⲱⲕ : ⲛ̀ⲑⲟϥ ⲇⲉ ⲡⲉϫⲁϥ ϫⲉ ⲙ̀ⲙⲟⲛ. Ⲛⲁⲩⲟϩⲓ ⲇⲉ ⲉ̀ⲣⲁⲧⲟⲩ ⲡⲉ ⲛ̀ϫⲉ ⲛⲓⲉ̀ⲃⲓⲁⲓⲕ ⲛⲉⲙ ⲛⲓϩⲩⲡⲉⲣⲉⲧⲏⲥ : ⲉⲁⲩϭⲉⲣⲉ ⲣⲁⲕϩⲓ ⲉ̀ⲣⲱⲟⲩ ϫⲉ ⲛⲉ ⲧ̀ⲫⲣⲱ ⲧⲉ : ⲟⲩⲟϩ ⲛⲁⲩⲧ̀ϧⲙⲟ ⲙ̀ⲙⲱⲟⲩ ⲡⲉ : ⲛⲁϥⲟϩⲓ ⲇⲉ ⲉ̀ⲣⲁⲧϥ ⲛⲉⲙⲱⲟⲩ ϩⲱϥ ⲡⲉ ⲛ̀ϫⲉ Ⲡⲉⲧⲣⲟⲥ ⲉϥⲧ̀ϧⲙⲟ ⲙ̀ⲙⲟϥ.Ⲡⲓⲁⲣⲭⲏⲉ̀ⲣⲉⲩⲥ ⲟⲩⲛ ⲁϥϣⲉⲛ Ⲓⲏ̅ⲥ̅ ⲉⲑⲃⲉ ⲛⲉϥⲙⲁⲑⲏⲧⲏⲥ ⲛⲉⲙ ⲉⲑⲃⲉ ⲧⲉϥⲥ̀ⲃⲱ. Ⲁϥⲉ̀ⲣⲟⲩⲱ ⲛⲁϥ ⲛ̀ϫⲉ Ⲓⲏ̅ⲥ̅ ⲉϥϫⲱ ⲙ̀ⲙⲟⲥ : ϫⲉ ⲁⲛⲟⲕ ⲁⲓⲥⲁϫⲓ ⲛⲉⲙ ⲡⲓⲕⲟⲥⲙⲟⲥ ϧⲉⲛ ⲟⲩⲡⲁⲣⲣⲏⲥⲓⲁ̀ : ⲟⲩⲟϩ ⲛⲁⲓ ϯⲥ̀ⲃⲱ ⲡⲉ ϧⲉⲛ ⲛⲓⲥⲩⲛⲁⲅⲱⲅⲏ ⲛ̀ⲥⲏⲛⲟⲩ ⲛⲓⲃⲉⲛ : ⲛⲉⲙ ϧⲉⲛ ⲡⲓⲉⲣⲫⲉⲓ ⲡⲓⲙⲁ ⲉ̀ϣⲁⲣⲉ ⲛⲓⲓⲟⲩⲇⲁⲓ ⲧⲏⲣⲟⲩ ⲑⲱⲟⲩϯ ⲉ̀ⲣⲟϥ ⲟⲩⲟϩ ⲙ̀ⲡⲓϫⲉ ϩ̀ⲗⲓ ⲛ̀ⲥⲁϫⲓ ϧⲉⲛ ⲡⲉⲧϩⲏⲡ. Ⲉⲑⲃⲉⲟⲩ ⲕ̀ϣⲓⲛⲓ ⲙ̀ ⲙⲟⲓ : ϣⲉⲛ ⲛⲏⲉ̀ⲧⲁⲩⲥⲱⲧⲉⲙ ϫⲉ ⲟⲩ ⲡⲉ ⲉ̀ⲧⲁⲓϫⲟϥ ⲛⲱⲟⲩ : ϩⲏⲡⲡⲉ ⲓⲥ ⲛ̀ⲁⲓ ⲥⲉⲉ̀ⲙⲓ ⲉ̀ⲛⲏⲉ̀ⲧⲁⲓϫⲟⲧⲟⲩ ⲁ̀ⲛⲟⲕ. Ⲛⲁⲓ ⲉ̀ⲧⲁϥϫⲟⲧⲟⲩ ⲛ̀ϫⲉ Ⲓⲏ̅ⲥ̅ : ⲁ̀ ⲟⲩⲁⲓ ⲛ̀ⲧⲉ ⲛⲓϩⲩⲡⲉⲣⲉⲧⲏⲥ ⲉⲧⲟϩⲓ ⲉ̀ⲣⲁⲧⲟⲩ ⲁϥϯ ⲛ̀ⲟⲩϣⲉⲛⲕⲟⲩⲣ ⲛ̀Ⲓⲏ̅ⲥ̅ ⲉϥϫⲱ̀ⲙ̀ⲙⲟⲥ : ϫⲉⲁⲛ ⲫⲁⲓⲡⲉ ⲙ̀ⲫ̀ⲣⲏϯ ⲛ̀ⲱ ⲙ̀ⲡⲓⲁⲣⲭⲏⲉ̀ⲣⲉⲩⲥ. Ⲁϥⲉ̀ⲣⲟⲩⲱ ⲛ̀ϫⲉ Ⲓⲏ̅ⲥ̅ ⲡⲉϫⲁϥ ⲛⲁϥ : ϫⲉ ⲓⲥϫⲉ ⲕⲁⲕⲱⲥ ⲁⲓⲥⲁϫⲓ ⲁ̀ⲣⲓⲙⲉⲑⲣⲉ ⲙ̀ⲡⲓⲕⲁⲕⲱⲥ : ⲓⲥϫⲉ ⲇⲉ ⲕⲁⲗⲱⲥ ⲉⲑⲃⲉⲟⲩ ⲕ̀ϩⲓⲟⲩⲓ̀ ⲉ̀ⲣⲟⲓ. Ⲧⲟⲧⲉ ⲁϥⲟⲩⲟⲣⲡϥ ⲛ̀ϫⲉ Ⲁⲛⲛⲁ ⲉϥⲥⲱⲛϩ ϩⲁ Ⲕⲁⲓⲁ̀ⲫⲁ ⲡⲓⲁⲣⲭⲏⲉ̀ⲣⲉⲩⲥ. Ⲛⲁϥ ⲟϩⲓ ⲇⲉ ⲉ̀ⲣⲁⲧϥ ⲡⲉ ⲛ̀ϫⲉ Ⲥⲓⲙⲱⲛ Ⲡⲉⲧⲣⲟⲥ ⲉϥⲧ̀ϧⲙⲟ ⲙ̀ⲙⲟϥ : ⲡⲉϫⲱⲟⲩ ⲛⲁϥ ϫⲉ ⲙⲏ ⲛ̀ⲑⲟⲕ ⲟⲩ ⲉ̀ⲃⲟⲗ ϧⲉⲛ ⲛⲉϥⲙⲁⲑⲏⲧⲏⲥ ϩⲱⲕ : ⲛ̀ⲑⲟϥ ⲇⲉ ⲁϥϫⲱⲗ ⲉ̀ⲃⲟⲗ ⲟⲩⲟϩ ⲡⲉϫⲁϥ ϫⲉ ⲙ̀ⲙⲟⲛ. Ⲡⲉϫⲉ ⲟⲩⲁⲓ ⲛⲁϥ ⲉ̀ⲃⲟⲗϧⲉⲛ ⲛⲓⲉ̀ⲃⲓⲁⲓⲕ ⲛ̀ⲧⲉ ⲡⲓⲁⲣⲭⲏⲉ̀ⲣⲉⲩⲥ ⲉⲟⲩⲥⲩⲅⲅⲉⲛⲏⲥ ⲡⲉ ⲛ̀ⲧⲉ ⲫⲏⲉ̀ⲧⲁ Ⲡⲉⲧⲣⲟⲥ ϫⲱϫⲓ ⲙ̀ⲡⲉϥⲙⲁϣϫ ⲉ̀ⲃⲟⲗ : ϫⲉ ⲙⲏ ⲁ̀ⲛⲟⲕ ⲁⲛ ⲁⲓⲛⲁⲩ ⲉ̀ⲣⲟⲕ ⲛⲉⲙⲁϥ ϧⲉⲛ ⲡⲓϭⲱ̀ⲙ. Ⲡⲁⲗⲓⲛ ⲟⲛ ⲁϥϫⲱⲗ ⲉ̀ⲃⲟⲗ ⲛ̀ϫⲉ Ⲡⲉⲧⲣⲟⲥ Ⲟⲩⲟϩ ⲥⲁⲧⲟⲧϥ ⲁ̀ⲟⲩⲁ̀ⲗⲉⲕⲧⲱⲣ ⲙⲟⲩϯ :

Ⲟⲩⲱϣⲧ ⲙ̀ⲡⲓⲉⲩⲁⲅⲅⲉⲗⲓⲟⲛ ⲉⲑⲩ.

John 18:15-27

يوحنا ١٨: ١٥ - ٢٧

And Simon Peter followed Jesus, and so did another disciple. Now that disciple was known to the high priest, and went with Jesus into the courtyard of the high priest. But Peter stood at the door outside. Then the other disciple, who was known to the high priest, went out and spoke to her who kept the door, and brought Peter in. Then the servant girl who kept the door said to Peter, "You are not also one of this Man's disciples, are you?" He said, "I am not." Now the servants and officers who had made a fire of coals stood there, for it was cold, and they warmed themselves. And Peter stood with them and warmed himself. The high priest then asked Jesus about His disciples and His doctrine. Jesus answered him, "I spoke openly to the world. I always taught in synagogues and in the temple, where the Jews always meet, and in secret I have said nothing. Why do you ask Me? Ask those who have heard Me what I said to them. Indeed they know what I said." And when He had said these things, one of the officers who stood by struck Jesus with the palm of his hand, saying, "Do You answer the high priest like that?" Jesus answered him, "If I have spoken evil, bear witness of the evil; but if well, why do you strike Me?" Then Annas sent Him bound to Caiaphas the high priest. Now Simon Peter stood and warmed

وَكَانَ سِمْعَانُ بُطْرُسُ وَالتِّلْمِيذُ الآخَرُ يَتْبَعَانِ يَسُوعَ وَكَانَ ذَلِكَ التِّلْمِيذُ مَعْرُوفاً عِنْدَ رَئِيسِ الْكَهَنَةِ فَدَخَلَ مَعَ يَسُوعَ إِلَى دَارِ رَئِيسِ الْكَهَنَةِ. وَأَمَّا بُطْرُسُ فَكَانَ وَاقِفاً عِنْدَ الْبَابِ خَارِجاً. فَخَرَجَ التِّلْمِيذُ الآخَرُ الَّذِي كَانَ مَعْرُوفاً عِنْدَ رَئِيسِ الْكَهَنَةِ وَكَلَّمَ الْبَوَّابَةَ فَأَدْخَلَ بُطْرُسَ. فَقَالَتِ الْجَارِيَةُ الْبَوَّابَةُ لِبُطْرُسَ: «أَلَسْتَ أَنْتَ أَيْضاً مِنْ تلاَمِيذِ هَذَا الإِنْسَانِ؟» قَالَ ذَاكَ: «لَسْتُ أَنَا». وَكَانَ الْعَبِيدُ وَالْخُدَّامُ وَاقِفِينَ وَهُمْ قَدْ أَضْرَمُوا جَمْراً لأَنَّهُ كَانَ بَرْدٌ وَكَانُوا يَصْطَلُونَ وَكَانَ بُطْرُسُ وَاقِفاً مَعَهُمْ يَصْطَلِي. فَسَأَلَ رَئِيسُ الْكَهَنَةِ يَسُوعَ عَنْ تلاَمِيذِهِ وَعَنْ تَعْلِيمِهِ. أَجَابَهُ يَسُوعُ: «أَنَا كَلَّمْتُ الْعَالَمَ علاَنِيَةً. أَنَا عَلَّمْتُ كُلَّ حِينٍ فِي الْمَجْمَعِ وَفِي الْهَيْكَلِ حَيْثُ يَجْتَمِعُ الْيَهُودُ دَائِماً. وَفِي الْخَفَاءِ لَمْ أَتَكَلَّمْ بِشَيْءٍ. لِمَاذَا تَسْأَلُنِي أَنَا؟ اِسْأَلِ الَّذِينَ قَدْ سَمِعُوا مَاذَا كَلَّمْتُهُمْ. هُوَذَا هَؤُلاَءِ يَعْرِفُونَ مَاذَا قُلْتُ أَنَا». وَلَمَّا قَالَ هَذَا لَطَمَ يَسُوعَ وَاحِدٌ مِنَ الْخُدَّامِ كَانَ وَاقِفاً قَائِلاً: «أَهَكَذَا تُجَاوِبُ رَئِيسَ الْكَهَنَةِ؟» أَجَابَهُ يَسُوعُ: «إِنْ كُنْتُ قَدْ تَكَلَّمْتُ رَدِيّاً فَاشْهَدْ عَلَى الرَّدِيِّ وَإِنْ حَسَناً فَلِمَاذَا تَضْرِبُنِي؟» وَكَانَ حَنَّانُ قَدْ أَرْسَلَهُ مُوثَقاً إِلَى قَيَافَا رَئِيسِ الْكَهَنَةِ.

himself. Therefore they said to him, "You are not also one of His disciples, are you?" He denied it and said, "I am not!" One of the servants of the high priest, a relative of him whose ear Peter cut off, said, "Did I not see you in the garden with Him?" Peter then denied again; and immediately a rooster crowed.

Bow down before the Holy Gospel.
Glory be to God forever.

وَسِمْعَانُ بُطْرُسُ كَانَ وَاقِفاً يَصْطَلِي. فَقَالُوا لَهُ: «أَلَسْتَ أَنْتَ أَيْضاً مِنْ تلاَمِيذِهِ؟» فَأَنْكَرَ ذَاكَ وَقَالَ: «لَسْتُ أَنَا». قَالَ وَاحِدٌ مِنْ عَبِيدِ رَئِيسِ الْكَهَنَةِ وَهُوَ نَسِيبُ الَّذِي قَطَعَ بُطْرُسُ أُذْنَهُ: «أَمَا رَأَيْتُكَ أَنَا مَعَهُ فِي الْبُسْتَانِ؟» فَأَنْكَرَ بُطْرُسُ أَيْضاً. وَلِلْوَقْتِ صَاحَ الدِّيكُ.

أسجدوا للإنجيل المقدس.
والمجد لله دائماً.

Commentary

The Commentary of the Eleventh Hour of Eve of Good Friday of Holy Pascha, may its blessings be with us all. Amen.

Listen to David, the king of Jerusalem, rebuke its dwellers saying, "Why do the nations conspire, and the peoples plot in vain? The kings of the earth set themselves and the rulers take counsel together against the Lord and His Christ." David knew by inspiration of the Holy Spirit what would happen to Jerusalem, which become a corrupt council under the control of the high priest. They sought a false testimony against Jesus so that they may condemn Him to death. Many testified against Him but their testimonies were not in accord. But at last, two false witnesses came forward and testified that He said, "Destroy the temple and I will rebuild it in three days." The high priest asked Him, "Why don't You reply. If You are the Son of God, tell the truth." Jesus replied, "It is as you said." Then the high priest rent his robe and said, "We don't need any testimony. He

طرح

طرح الساعة الحادية عشرة من ليلة الجمعة من البصخة المقدسة بركتها علينا. آمين.

اسمعوا داود ملك أورشليم يبكت رجالها والسكان فيها قائلاً: لماذا رفعت الأمم أصواتها، وتكلمت الشعوب بالأباطيل؟ قامت ملوك الأرض، واجتمع رؤساؤها معاً. هؤلاء اجتمعوا على الرب وعلى مسيحه مخلص العالم. علم داود بالروح القدس ما سيكون بأورشليم التى صار مجمع باطل فى دار رئيس كهنتها. فانهم كانوا يطلبون شهادة زور على يسوع ليحكموا عليه بحكم الموت. فشهد عليه رجال كثيرون فلم تتفق شهادتهم إلا رجلان جاءا أخيراً وشهدا هكذا أمام المجمع بأنه قال: انقضوا هذا الهيكل وأنا أقيمه فى ثلاثة أيام. قال رئيس الكهنة: لم لا تجيبنى؟ ان كنت أنت ابن الله فقل الحق. أنت الذى قلت انى انا ابن الله. فشق رئيس الكهنة ثيابه وقال: لسنا نحتاج

has uttered blasphemy and we heard it." During all this, Simon Peter was standing outside. A maid came up to him and said, "You also were with Jesus of Galilee," and he denied it. Then another saw him and said to him, "You are also a Galilean," Peter replied, "Not I." Then the third time, another said to him, "I saw you with Him in the garden." This time, Peter said, "I don't know what you are talking about." When the cock crew, Peter became aware of what he had done, left and wept bitterly.

إلى شهادة. قد جدف، وتجديفه سمعناه. وفى هذا كله كان سمعان بطرس واقفاً يصطلى، فقال له واحد: أنت تلميذ لهذا الجليلى. فقال: لا. وآخر قال: أنت أيضاً رجل جليلى. فقال: لست أنا. وفى ثالث مرة قال له آخر: أنا رأيتك معه فى البستان. فحرم نفسه وحده قائلاً: انى لا أعرف ما تقولون.. وعندما صاح الديك تيقظ بطرس وخرج إلى خارج وبكى بكاء مراً.

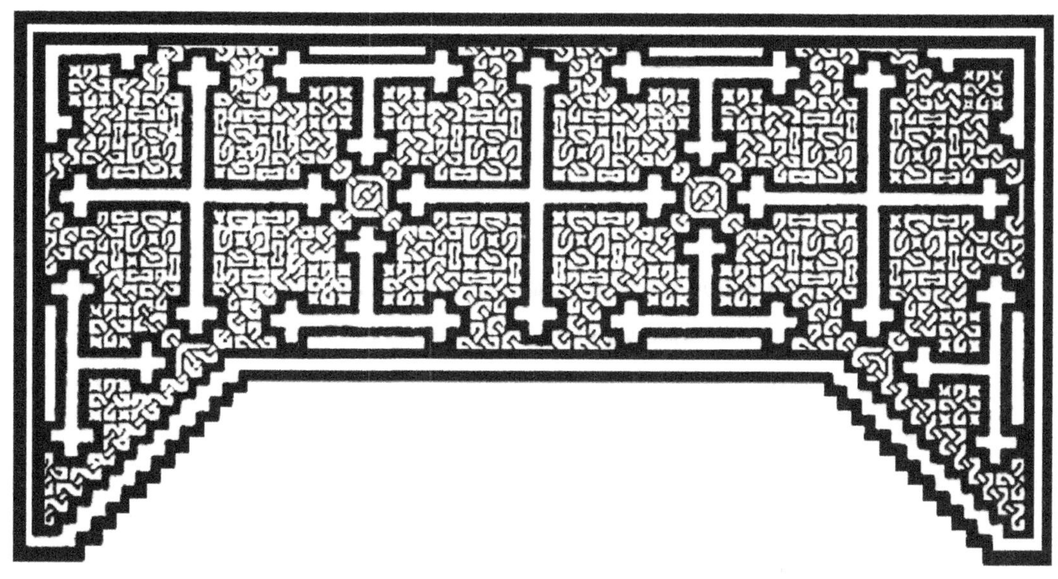

GOOD FRIDAY OF HOLY PASCHA

الجمعة العظيمة من البصخة المقدسة

First Hour of Good Friday

الساعة الأولى من الجمعة العظيمة

ⲡⲓⲇⲉⲩⲧⲉⲣⲟⲛⲟⲙⲓⲟⲛ ⲛ̀ⲧⲉ Ⲙⲱⲩ̀ⲥⲏⲥ Ⲕⲉⲫ ⲏ̅ : ⲓ̅ⲑ̅ ϣⲃ̅ⲗ̅ ⲛⲉⲙ Ⲕⲉⲫ ⲑ̅ : ⲁ̅ - ⲕ̅ⲇ̅

Ⲉ̀ⲃⲟⲗϧⲉⲛ ⲡⲓⲇⲉⲩⲧⲉⲣⲟⲛⲟⲙⲓⲟⲛ ⲛ̀ⲧⲉ Ⲙⲱⲩ̀ⲥⲏⲥ ⲡⲓⲡ̀ⲣⲟⲫⲏⲧⲏⲥ: ⲉ̀ⲣⲉⲡⲉϥⲥ̀ⲙⲟⲩ ⲉ̅ⲑ̅ⲩ̅ ϣⲱⲡⲓ ⲛⲉⲙⲁⲛ ⲁ̀ⲙⲏⲛ ⲉϥϫⲱ ⲙ̀ⲙⲟⲥ.

Ⲡⲉϫⲉ Ⲙⲱⲩ̀ⲥⲏⲥ ⲛ̀ⲛⲉⲛ̀ϣⲏⲣⲓ ⲙ̀ⲡⲓⲥ̅ⲗ̅ : ϫⲉ ϯⲉⲣⲙⲉⲑⲣⲉ ⲛⲱⲧⲉⲛ ⲙ̀ⲫⲟⲟⲩ ⲛ̀ⲧⲫⲉ ⲛⲉⲙ ⲡ̀ⲕⲁϩⲓ : ϫⲉ ϧⲉⲛ ⲟⲩⲧⲁⲕⲟ ⲉ̀ⲣⲉⲧⲉⲛⲉ̀ⲧⲁⲕⲟ. Ⲙ̀ⲫ̀ⲣⲏϯ ⲙ̀ⲡ̀ⲥⲱϫⲡ ⲛ̀ⲛⲓⲉ̀ⲑⲛⲟⲥ : ⲛⲏⲉ̀ⲧⲁ Ⲡ̅ⲟ̅ⲥ̅ Ⲫ̅ϯ̅ ⲧⲁⲕⲱⲟⲩ ϧⲁⲧϩⲏ ⲙ̀ⲡⲉⲧⲉⲛϩⲟ : ⲡⲁⲓⲣⲏϯ ⲧⲉⲧⲉⲛⲛⲁⲧⲁⲕⲟ ⲉ̀ⲫ̀ⲙⲁ ϫⲉ ⲙ̀ⲡⲉⲧⲉⲛⲥⲱⲧⲉⲙ ⲛ̀ⲥⲁ ⲧ̀ⲥ̀ⲙⲏ ⲙ̀Ⲡ̅ⲟ̅ⲥ̅ ⲡⲉⲧⲉⲛⲛⲟⲩϯ. Ⲥⲱⲧⲉⲙ ⲡⲓⲥ̅ⲗ̅ ⲛ̀ⲑⲟⲕ ⲭ̀ⲛⲁⲉⲣϫⲓⲛⲓⲟⲣ ⲙ̀ⲡⲓⲒⲟⲣⲇⲁⲛⲏⲥ ⲙ̀ⲫⲟⲟⲩ : ⲉ̀ϣⲉ ⲉ̀ϧⲟⲩⲛ ⲉⲉⲣⲕ̀ⲗⲏⲣⲟⲛⲟⲙⲓⲛ ⲛ̀ϩⲁⲛⲛⲓϣϯ ⲛ̀ⲉⲑⲛⲟⲥ : ⲛⲉⲙ ϩⲁⲛⲃⲁⲕⲓ ⲉⲩⲧⲁⲕⲧⲏⲟⲩⲧ ⲛ̀ⲥⲟⲃⲧ ϣⲁ ⲉ̀ϩ̀ⲣⲏⲓ ⲉ̀ⲧⲫⲉ. Ⲟⲩⲛⲓϣϯ ⲛ̀ⲗⲁⲟⲥ ⲉ̀ⲛⲁϣⲱϥ : ⲛⲓϣⲏⲣⲓ ⲛ̀ⲧⲉ ⲛⲓⲁ̀ⲫⲱⲫ : ⲛⲏⲉ̀ⲧⲉⲕⲥⲱⲟⲩⲛ ⲙ̀ⲙⲱⲟⲩ ⲛ̀ⲑⲟⲕ : ⲉ̀ⲁⲕⲥⲱⲧⲉⲙ ⲉⲑⲃⲏⲧⲟⲩ : ⲛⲓⲙ ⲉⲑⲛⲁϣⲟϩⲓ ⲉ̀ⲣⲁⲧϥ ⲙ̀ⲡⲉ̀ⲙ̀ⲑⲟ ⲛ̀ⲛⲓϣⲏⲣⲓ ⲛ̀ⲧⲉ Ⲉ̀ⲛⲁⲕ : Ⲉ̀ⲕⲉ̀ⲙⲓ ⲙ̀ⲫⲟⲟⲩ ϫⲉ Ⲡ̅ⲟ̅ⲥ̅ ⲡⲉⲕⲛⲟⲩϯ ⲉⲧⲉⲣϣⲟⲣⲡ ⲙ̀ⲙⲟϣⲓ ϧⲁⲧϩⲏ ⲙ̀ⲡⲉⲕϩⲟ : ⲟⲩⲭ̀ⲣⲱⲙ ⲉϥⲟⲩⲱⲙ ⲡⲉ : ⲉϥⲉϥⲟⲧⲟⲩ ⲉ̀ⲃⲟⲗ ⲉϥⲉ̀ⲧⲁⲕⲱⲟⲩ ⲛ̀ⲭⲱⲗⲉⲙ : ⲕⲁⲧⲁ ⲫ̀ⲣⲏϯ ⲉ̀ⲧⲁϥⲥⲁϫⲓ ⲛ̀ϫⲉ Ⲡ̅ⲟ̅ⲥ̅. Ⲟⲩⲟϩ ⲙ̀ⲡⲉϫⲟⲥ ϧⲉⲛ ⲡⲉⲕϩⲏⲧ ϫⲉ ⲉⲑⲃⲉ ⲧⲁⲙⲉⲑⲙⲏⲓ ⲁϥⲉⲛⲧ ⲉ̀ⲃⲟⲗ ⲛ̀ϫⲉ Ⲡ̅ⲟ̅ⲥ̅ ⲉⲉⲣⲕ̀ⲗⲏⲣⲟⲛⲟⲙⲓⲛ ⲙ̀ⲡⲓⲕⲁϩⲓ ⲛ̀ⲁ̀ⲅⲁⲑⲟⲥ : ⲁⲗⲗⲁ ⲉⲑⲃⲉ ⲛⲓⲙⲉⲧⲁ̀ⲥⲉⲃⲏⲥ ⲛ̀ⲧⲉ ⲛⲁⲓⲉ̀ⲑⲛⲟⲥ : Ⲡ̅ⲟ̅ⲥ̅ ⲛⲁϥⲟⲧⲟⲩ ⲉ̀ⲃⲟⲗ ϧⲁⲧϩⲏ ⲙ̀ⲡⲉⲕϩⲟ. Ⲉⲑⲃⲉ ⲧⲉⲕⲙⲉⲑⲙⲏⲓ ⲁⲛ : ⲟⲩⲇⲉ ⲉⲑⲃⲉ ⲡ̀ⲧⲟⲩⲃⲟ ⲁⲛ ⲛ̀ⲧⲉ ⲡⲉⲕϩⲏⲧ ⲛ̀ⲑⲟⲕ ⲭ̀ⲛⲁϣⲉⲛⲁⲕ ⲛ̀ⲧⲉⲕ ⲉⲣⲕ̀ⲗⲏⲣⲟⲛⲟⲙⲓⲛ ⲙ̀ⲡⲓⲕⲁϩⲓ : ⲁⲗⲗⲁ ϩⲓⲛⲁ ⲛ̀ⲧⲉϥⲧⲁϩⲉ ϯⲇⲓⲁ̀ⲑⲏⲕⲏ ⲉ̀ⲣⲁⲧⲥ : ⲑⲏⲉ̀ⲧⲁϥⲱⲣⲕ ⲙ̀ⲙⲟⲥ ⲛ̀ⲛⲉⲕⲓⲟϯ Ⲁⲃⲣⲁⲁⲙ ⲛⲉⲙ Ⲓ̀ⲥⲁⲁⲕ ⲛⲉⲙ Ⲓⲁⲕⲱⲃ. Ⲉ̀ⲕⲉ̀ⲉ̀ⲙⲓ ⲙ̀ⲫⲟⲟⲩ ϫⲉ ⲉⲑⲃⲉ ⲧⲉⲕⲙⲉⲑⲙⲏⲓ ⲁⲛ : Ⲡ̅ⲟ̅ⲥ̅ ⲛⲁϯ ⲙ̀ⲡⲁⲓⲕⲁϩⲓ ⲛⲁⲕ ⲉⲉⲣⲕ̀ⲗⲏⲣⲟⲛⲟⲙⲓⲛ ⲙ̀ⲙⲟϥ : ϫⲉ ⲛ̀ⲑⲟⲕ ⲟⲩⲗⲁⲟⲥ ⲛ̀ⲛⲁϣⲧ ⲛⲁϩⲃⲓ. Ⲁⲣⲓⲫ̀ⲙⲉⲩⲓ ϫⲉ ⲁⲕϯ ⲟⲩⲏⲣ ⲛ̀ϫⲱⲛⲧ ⲙ̀Ⲡ̅ⲟ̅ⲥ̅ ϩⲓ ⲡ̀ϣⲁϥⲉ : ⲓⲥϫⲉⲛ ⲡⲓⲉ̀ϩⲟⲟⲩ ⲉ̀ⲧⲁⲣⲉⲧⲉⲛⲓ̀ ⲉ̀ⲃⲟⲗϧⲉⲛ ⲡⲕⲁϩⲓ ⲛ̀Ⲭⲏⲙⲓ ϣⲁⲧⲉⲧⲉⲛⲓ̀ ⲉ̀ⲡⲁⲓⲙⲁ : ⲉ̀ⲣⲉⲧⲉⲛⲟⲓ ⲛ̀ⲁⲧⲟⲱⲧ ⲛ̀ϩⲏⲧ ⲟⲩⲃⲉ Ⲡ̅ⲟ̅ⲥ̅ : Ⲟⲩⲟϩ ϧⲉⲛ Ⲭⲱⲣⲉⲃ ⲁ̀ⲣⲉⲧⲉⲛϯϫⲱⲛⲧ ⲙ̀Ⲡ̅ⲟ̅ⲥ̅ : ⲁϥⲙ̀ⲃⲟⲛ ⲛ̀ϫⲉ Ⲡ̅ⲟ̅ⲥ̅ ⲉ̀ϫⲉⲛ ⲑⲏⲛⲟⲩ ⲉϥⲉ̀ⲧⲉⲑⲛⲟⲩ ⲉ̀ⲃⲟⲗ. Ⲁⲓⲛⲁϣⲉⲛⲏⲓ ⲁ̀ⲛⲟⲕ ⲉ̀ϩ̀ⲣⲏⲓ ⲉ̀ⲡⲓⲧⲱⲟⲩ ⲉ̀ϭⲓ ⲛ̀ⲛⲓⲡ̀ⲗⲁⲝ ⲥ̀ⲛⲟⲩϯ ⲛ̀ⲧⲉ ϯⲇⲓⲁ̀ⲑⲏⲕⲏ : ⲛⲏⲉ̀ⲧⲁϥ ⲥⲉⲙⲛⲏⲧⲟⲩ ⲛⲉⲙⲱⲧⲉⲛ ⲛ̀ϫⲉ Ⲡ̅ⲟ̅ⲥ̅ : ⲛⲁⲓⲭⲏ ⲉ̀ϩ̀ⲣⲏⲓ ⲉ̀ⲡⲓⲧⲱⲟⲩ ⲛ̀ϩ̀ⲙⲉ ⲛ̀ⲉ̀ϩⲟⲟⲩ ⲛⲉⲙ ϩ̀ⲙⲉ ⲛ̀ⲉ̀ϫⲱⲣϩ : ⲱⲓⲕ ⲙ̀ⲡⲓⲟⲩⲱⲙⲟⲩⲟϩ ⲙⲱⲟⲩ ⲙ̀ⲡⲓⲥⲱ. Ⲟⲩⲟϩ ⲁϥϯ ⲛⲏⲓ ⲛ̀ϫⲉ Ⲡ̅ⲟ̅ⲥ̅ ⲛ̀ϯⲡ̀ⲗⲁⲝ ⲥ̀ⲛⲟⲩϯ ⲛ̀ⲱⲛⲓ ⲉⲩⲥ̀ϧⲏⲟⲩⲧ ⲙ̀ⲡⲓⲧⲏⲃ ⲛ̀ⲧⲉ Ⲫ̅ϯ̅ : ⲉⲩⲥ̀ϧⲏⲟⲩⲧ ϩⲓⲱⲧⲟⲩ ⲛ̀ϫⲉ ⲛⲓⲥⲁϫⲓ ⲧⲏⲣⲟⲩ ⲛⲏⲉ̀ⲧⲁ Ⲫ̅ϯ̅ ⲥⲁϫⲓ ⲙ̀ⲙⲱⲟⲩ ⲛⲉⲙⲱⲧⲉⲛ ϩⲓⲡⲓⲧⲱⲟⲩ ⲙ̀ⲡⲓⲉ̀ϩⲟⲟⲩ ⲛ̀ⲧⲉ ⲡⲓⲑⲱⲟⲩϯ. Ⲟⲩⲟϩ ⲁⲥϣⲱⲡⲓ ϩⲓⲧⲉⲛ ϩ̀ⲙⲉ ⲛ̀ⲉ̀ϩⲟⲟⲩ ⲛⲉⲙ ϩ̀ⲙⲉ ⲛ̀ⲉ̀ϫⲱⲣϩ : ⲁ̀ Ⲡ̅ⲟ̅ⲥ̅ ϯⲛⲏⲓ ⲛϯⲡⲗⲁⲝ ⲥⲛⲟⲩϯ ⲛⲧⲉϯⲇⲓⲁⲑⲏⲕⲏ. ⲟⲩⲟϩ ⲡⲉϫⲉ Ⲡ̅ⲟ̅ⲥ̅ ⲛⲏⲓ : ϫⲉ ⲧⲱⲛⲕ ⲙⲁϣⲉⲛⲁⲕ ⲉⲡⲉⲥⲏⲧ ⲉⲃⲟⲗ ⲧⲁⲓ ⲛϫⲱⲗⲉⲙ : ϫⲉ ⲁϥⲉⲣⲁⲛⲟⲙⲓⲛ ⲛϫⲉ ⲡⲉⲕⲗⲁⲟⲥ ⲛⲏⲉⲧⲁⲕⲉⲛⲟⲩ ⲉⲃⲟⲗϧⲉⲛ ⲡⲕⲁϩⲓ ⲛⲬⲏⲙⲓ : ⲁϥⲉⲣⲡⲁⲣⲁⲃⲉⲛⲓⲛ ⲛϫⲱⲗⲉⲙ ϩⲓⲡⲓⲙⲱⲓⲧ ⲉⲧⲁⲕϩⲉⲛϩⲱⲛⲟⲩ ⲉⲣⲟϥ : ⲁⲩⲑⲁⲙⲓⲟ ⲛⲱⲟⲩ ⲛⲟⲩⲟⲩⲱⲧϩ. Ⲡⲉϫⲉ Ⲡ̅ⲟ̅ⲥ̅ ⲛⲏⲓ ϫⲉ ⲁⲓⲥⲁϫⲓ ⲛⲟⲩⲥⲟⲡ ⲛⲉⲙ ⲥⲛⲁⲩ ⲉⲓϫⲱⲙⲙⲟⲥ : ϫⲉ ⲡⲁⲓⲗⲁⲟⲥ ϩⲁⲛⲛⲁϣⲧ ⲛⲁϩⲃⲓ ⲛⲉ : Ⲭⲁⲧ ⲛⲧⲁϥⲟⲧⲟⲩ ⲉⲃⲟⲗ ⲥⲁⲡⲉⲥⲏⲧ ⲛⲧⲫⲉ : ⲛⲧⲁⲁⲓⲕ ⲛⲟⲩⲛⲓϣϯ ⲛⲉⲑⲛⲟⲥ ⲉϥⲟϣ ⲉⲛⲁϣⲱϥ ⲉϩⲟⲧⲉ ⲫⲁⲓ : Ⲉⲧⲁⲓ ⲕⲟⲧⲧ ⲁⲓⲓ ⲉⲡⲉⲥⲏⲧ ⲉⲃⲟⲗ ϩⲓⲡⲓⲧⲱⲟⲩ : ⲟⲩⲟϩ ⲡⲓⲧⲱⲟⲩ ⲛⲁϥⲙⲟϩ ⲛⲭⲣⲱⲙ : ϯⲡⲗⲁⲝ ⲥⲛⲟⲩϯ ⲛⲱⲛⲓ ⲛⲁⲩⲭⲏ ϧⲉⲛ ⲧⲁϫⲓϫ ⲥⲛⲟⲩϯ. Ⲉⲧⲁⲓⲛⲁⲩ ϫⲉ ⲁⲣⲉⲧⲉⲛⲉⲣⲛⲟⲃⲓ ⲙⲡⲉⲙⲑⲟ ⲙⲠ̅ⲟ̅ⲥ̅ : ⲁⲣⲉⲧⲉⲛⲑⲁⲙⲓⲟ ⲛⲱⲧⲉⲛ ⲛⲟⲩⲙⲁⲥⲓ ⲛⲟⲩⲱⲧϩ : ⲁⲣⲉⲧⲉⲛⲉⲣⲡⲁⲣⲁⲃⲉⲛⲓⲛ ⲉⲃⲟⲗ ϩⲓⲡⲓⲙⲱⲓⲧ ⲉⲧⲁ Ⲡ̅ⲟ̅ⲥ̅ ϩⲉⲛϩⲉⲛ ⲑⲏⲛⲟⲩ ⲉⲣⲟϥ. Ⲁⲓⲃⲟⲣⲃⲉⲣ ⲛϯⲡⲗⲁⲝ ⲥⲛⲟⲩϯ ⲉⲃⲟⲗϧⲉⲛ ⲛⲁϫⲓϫ : ⲁⲓϧⲉⲙϧⲱⲙⲟⲩ ⲙⲡⲉⲧⲉⲛⲙⲑⲟ ⲉⲃⲟⲗ. Ⲁⲓϯϩⲟ ⲙⲠ̅ⲟ̅ⲥ̅ ⲙⲫⲙⲁϩ ⲥⲟⲡ ⲥⲛⲁⲩ : ⲕⲁⲧⲁ ⲫⲣⲏϯ ⲛϣⲟⲣⲡ : ⲛϩⲙⲉ ⲛⲉϩⲟⲟⲩ ⲛⲉⲙϩⲙⲉ ⲛⲉϫⲱⲣϩ : ⲱⲓⲕ ⲙⲡⲓⲟⲩⲱⲙ : ⲟⲩⲟϩ ⲙⲱⲟⲩ ⲙⲡⲓⲥⲱ : ⲉⲑⲃⲉ ⲛⲉⲧⲉⲛⲛⲟⲃⲓ ⲧⲏⲣⲟⲩ ⲛⲏⲉⲧⲁⲣⲉⲧⲉⲛϣⲱϥⲧ ⲙⲙⲱⲟⲩ : ⲉⲓⲣⲓ ⲙⲡⲓⲡⲉⲧϩⲱⲟⲩ ⲙⲡⲉⲙⲑⲟ ⲙⲠ̅ⲟ̅ⲥ̅ ⲉϯϫⲱⲛⲧ ⲛⲁϥ. Ⲟⲩⲟϩ ⲁⲓⲉⲣϩⲟϯ ϫⲉ ⲁϥϫⲱⲛⲧ ⲛϫⲉ Ⲡ̅ⲟ̅ⲥ̅ ⲉϫⲉⲛ ⲑⲏⲛⲟⲩ : ⲉϥⲉⲧⲉⲑⲏⲛⲟⲩ ⲉⲃⲟⲗ : Ⲁϥⲥⲱⲧⲉⲙ ⲉⲣⲟⲓ ⲛϫⲉⲠ̅ⲟ̅ⲥ̅ ϧⲉⲛ ⲡⲓⲥⲏⲟⲩ ⲉⲧⲉⲙⲙⲁⲩ : ⲀⲠ̅ⲟ̅ⲥ̅ ϫⲱⲛⲧ ⲉⲀⲁⲣⲱⲛ ⲉⲙⲁϣⲱ ⲉϥⲟⲧϥ ⲉⲃⲟⲗ : ⲁⲓⲧⲱⲃϩ ⲉϫⲉⲛ Ⲁⲁⲣⲱⲛ ϧⲉⲛ ⲡⲓⲥⲏⲟⲩ ⲉⲧⲉⲙⲙⲁⲩ. Ⲟⲩⲟϩ ⲡⲓⲛⲟⲃⲓ ⲉⲧⲁⲣⲉⲧⲉⲛⲁⲓϥ : ⲡⲓⲙⲁⲥⲓ ⲁⲓ ϭⲓⲧϥ ⲁⲓⲣⲟⲕϩϥ ϧⲉⲛ ⲟⲩⲭⲣⲱⲙ ⲁⲓϭⲉⲧϭⲱⲧϥ : ⲁⲓⲙⲟⲛⲕϥ ϣⲁⲧⲉϥϣⲱⲡⲓ ⲉϥϣⲟⲙ : ⲁϥⲉⲣⲙⲫⲣⲏϯ ⲛⲟⲩϣⲱⲓϣ : ⲁⲓϩⲟⲧⲓ ⲙⲡⲓϣⲱⲓϣ ⲉⲡⲉⲥⲏⲧ ⲉⲡⲓⲙⲟⲩⲛⲥⲱⲣⲉⲙ ⲉⲑⲛⲏⲟⲩ ⲉⲡⲉⲥⲏⲧ ⲉⲃⲟⲗϧⲉⲛ ⲡⲓⲧⲱⲟⲩ.ϧⲉⲛ ⲡⲓⲣⲱⲕϩ ϧⲉⲛ ⲡⲓⲡⲓⲣⲁⲥⲙⲟⲥ ϧⲉⲛ ⲡⲓⲙϩⲁⲩ ⲛⲧⲉϯⲉⲡⲓⲑⲩⲙⲓⲁ : ⲛⲁⲣⲉⲧⲉⲛ ϯϫⲱⲛⲧ ⲙⲠ̅ⲟ̅ⲥ̅ ⲡⲉⲧⲉⲛ ⲛⲟⲩϯ. Ϩⲟⲧⲉ ⲉⲧⲁ Ⲡ̅ⲟ̅ⲥ̅ ⲟⲩⲉⲣⲡⲑⲏⲛⲟⲩ ⲉⲃⲟⲗ ϧⲉⲛ Ⲕⲁⲇⲏⲥ Ⲃⲁⲣⲛⲏ ⲉϥϫⲱⲙⲙⲟⲥ : ϫⲉ ⲙⲁϣⲉⲛⲱⲧⲉⲛ ⲉϩⲣⲏⲓ ⲁⲣⲓⲕⲗⲏⲣⲟⲛⲟⲙⲓⲛ ⲙⲡⲓⲕⲁϩⲓ ⲫⲏ ⲁⲛⲟⲕ ⲉϯⲛⲁⲧⲏⲓϥ ⲛⲱⲧⲉⲛ : ⲟⲩⲟϩ ⲁⲣⲉⲧⲉⲛⲉⲣⲁⲧⲥⲱⲧⲉⲙ ⲛⲥⲁ ⲡⲥⲁϫⲓ ⲙⲠ̅ⲟ̅ⲥ̅ : ⲙⲡⲉⲧⲉⲛⲛⲁϩϯ ⲉⲣⲟϥ ⲟⲩⲇⲉ ⲙⲡⲉⲧⲉⲛⲥⲱⲧⲉⲙ ⲛⲥⲁⲧⲉϥⲥⲙⲏ. Ⲛⲁⲣⲉⲧⲉⲛⲟⲓ ⲅⲁⲣ ⲛⲁⲧⲥⲱⲧⲉⲙ ⲛⲥⲁ Ⲡ̅ⲟ̅ⲥ̅ ⲓⲥϫⲉⲛ ⲡⲓⲉϩⲟⲟⲩ ⲉⲧⲁϥⲟⲩⲟⲛϩϥ ⲉⲣⲱⲧⲉⲛ.

Ⲟⲩⲱⲟⲩ ⲛϯⲧⲣⲓⲁⲥ ⲉⲑⲟⲩⲁⲃ ⲡⲉⲛⲛⲟⲩϯ ϣⲁ ⲉⲛⲉϩ ⲛⲉⲙ ϣⲁ ⲉⲛⲉϩ ⲛⲧⲉ ⲛⲓⲉⲛⲉϩ ⲧⲏⲣⲟⲩ: ⲁⲙⲏⲛ.

Deuteronomy 8:19-9:24

A reading from the book of Deuteronomy of Moses the Prophet may his blessings be with us Amen.

[Moses said to the Israelites,] I testify against you this day that you shall surely perish. As the nations which the

سفر التثنية ٨: ١٩ الخ ٩: ١ – ٢٤

من سفر التثنية لموسى النبى بركته المقدسة تكون معنا، آمين.

وَإِنْ نَسِيتَ الرَّبَّ إِلهَكَ وَذَهَبْتَ وَرَاءَ آلِهَةٍ أُخْرَى وَعَبَدْتَهَا وَسَجَدْتَ لَهَا أُشْهِدُ عَلَيْكُمُ

Lord destroys before you, so you shall perish, because you would not be obedient to the voice of the Lord your God. “Hear, O Israel: You are to cross over the Jordan today, and go in to dispossess nations greater and mightier than yourself, cities great and fortified up to heaven, a people great and tall, the descendants of the Anakim, whom you know, and of whom you heard it said, 'Who can stand before the descendants of Anak?' Therefore understand today that the Lord your God is He who goes over before you as a consuming fire. He will destroy them and bring them down before you; so you shall drive them out and destroy them quickly, as the Lord has said to you. Do not think in your heart, after the Lord your God has cast them out before you, saying, 'Because of my righteousness the Lord has brought me in to possess this land'; but it is because of the wickedness of these nations that the Lord is driving them out from before you. It is not because of your righteousness or the uprightness of your heart that you go in to possess their land, but because of the wickedness of these nations that the Lord your God drives them out from before you, and that He may fulfill the word which the Lord swore to your fathers, to Abraham, Isaac, and Jacob. Therefore understand that the Lord your God is not giving you this good land to possess because of your righteousness, for you are a stiff-necked people. “Remember. Do not forget how you provoked the Lord your God to wrath in the wilderness. From the day

الْيَوْمَ أَنَّكُمْ تَبِيدُونَ لا مَحَالَةَ. كَالشُّعُوبِ الذِينَ يُبِيدُهُمُ الرَّبُّ مِنْ أَمَامِكُمْ كَذَلِكَ تَبِيدُونَ لأَجْلِ أَنَّكُمْ لَمْ تَسْمَعُوا لِقَوْلِ الرَّبِّ إِلهِكُمْ». «إِسْمَعْ يَا إِسْرَائِيلُ أَنْتَ الْيَوْمَ عَابِرٌ الأُرْدُنَّ لِتَدْخُلَ وَتَمْتَلِكَ شُعُوباً أَكْبَرَ وَأَعْظَمَ مِنْكَ وَمُدُناً عَظِيمَةً وَمُحَصَّنَةً إِلى السَّمَاءِ. قَوْماً عِظَاماً وَطِوَالاً بَنِي عَنَاقٍ الذِينَ عَرَفْتَهُمْ وَسَمِعْتَ: مَنْ يَقِفُ فِي وَجْهِ بَنِي عَنَاقٍ؟ فَاعْلَمِ الْيَوْمَ أَنَّ الرَّبَّ إِلهَكَ هُوَ العَابِرُ أَمَامَكَ نَاراً آكِلَةً. هُوَ يُبِيدُهُمْ وَيُذِلُّهُمْ أَمَامَكَ فَتَطْرُدُهُمْ وَتُهْلِكُهُمْ سَرِيعاً كَمَا كَلمَكَ الرَّبُّ. لا تَقُلْ فِي قَلْبِكَ حِينَ يَنْفِيهِمِ الرَّبُّ إِلهُكَ مِنْ أَمَامِكَ: لأَجْلِ بِرِّي أَدْخَلنِي الرَّبُّ لأَمْتَلِكَ هَذِهِ الأَرْضَ. وَلأَجْلِ إِثْمِ هَؤُلاءِ الشُّعُوبِ يَطْرُدُهُمُ الرَّبُّ مِنْ أَمَامِكَ. لَيْسَ لأَجْلِ بِرِّكَ وَعَدَالةِ قَلبِكَ تَدْخُلُ لِتَمْتَلِكَ أَرْضَهُمْ بَل لأَجْلِ إِثْمِ أُولئِكَ الشُّعُوبِ يَطْرُدُهُمُ الرَّبُّ إِلهُكَ مِنْ أَمَامِكَ وَلِيَفِيَ بِالكَلامِ الذِي أَقْسَمَ الرَّبُّ عَليْهِ لآبَائِكَ إِبْرَاهِيمَ وَإِسْحَاقَ وَيَعْقُوبَ. فَاعْلَمْ أَنَّهُ لَيْسَ لأَجْلِ بِرِّكَ يُعْطِيكَ الرَّبُّ إِلهُكَ هَذِهِ الأَرْضَ الجَيِّدَةَ لِتَمْتَلِكَهَا لأَنَّكَ شَعْبٌ صُلبُ الرَّقَبَةِ. «أُذْكُرْ. لا تَنْسَ كَيْفَ أَسْخَطْتَ الرَّبَّ إِلهَكَ فِي البَرِّيَّةِ. مِنَ اليَوْمِ الذِي خَرَجْتَ فِيهِ مِنْ أَرْضِ مِصْرَ حَتَّى أَتَيْتُمْ إِلى هَذَا المَكَانِ كُنْتُمْ تُقَاوِمُونَ الرَّبَّ. حَتَّى فِي حُورِيبَ أَسْخَطْتُمُ الرَّبَّ فَغَضِبَ الرَّبُّ عَليْكُمْ لِيُبِيدَكُمْ. حِينَ صَعِدْتُ إِلى الجَبَلِ لآخُذَ لوْحَيِ الحَجَرِ لوْحَيِ العَهْدِ الذِي قَطَعَهُ الرَّبُّ

that you departed from the land of Egypt until you came to this place, you have been rebellious against the Lord. Also in Horeb you provoked the Lord to wrath, so that the Lord was angry enough with you to have destroyed you. When I went up into the mountain to receive the tablets of stone, the tablets of the covenant which the Lord made with you, then I stayed on the mountain forty days and forty nights. I neither ate bread nor drank water. Then the Lord delivered to me two tablets of stone written with the finger of God, and on them were all the words which the Lord had spoken to you on the mountain from the midst of the fire in the day of the assembly. And it came to pass, at the end of forty days and forty nights, that the Lord gave me the two tablets of stone, the tablets of the covenant. Then the Lord said to me, 'Arise, go down quickly from here, for your people whom you brought out of Egypt have acted corruptly; they have quickly turned aside from the way which I commanded them; they have made themselves a molded image.' "Furthermore the Lord spoke to me, saying, 'I have seen this people, and indeed they are a stiff-necked people. Let Me alone, that I may destroy them and blot out their name from under heaven; and I will make of you a nation mightier and greater than they.' So I turned and came down from the mountain, and the mountain burned with fire; and the two tablets of the covenant were in my two hands. And I looked, and behold, you had sinned against the Lord your God--had made

مَعَكُمْ أَقَمْتُ فِي الجَبَلِ أَرْبَعِينَ نَهَاراً وَأَرْبَعِينَ لَيْلَةً لا آكُلُ خُبْزاً وَلا أَشْرَبُ مَاءً. وَأَعْطَانِيَ الرَّبُّ لَوْحَيِ الحَجَرِ المَكْتُوبَيْنِ بِإِصْبَعِ اللهِ وَعَلَيْهِمَا مِثْلُ جَمِيعِ الكَلِمَاتِ التِي كَلمَكُمْ بِهَا الرَّبُّ فِي الجَبَلِ مِنْ وَسَطِ النَّارِ فِي يَوْمِ الاِجْتِمَاعِ. وَفِي نِهَايَةِ الأَرْبَعِينَ نَهَاراً وَالأَرْبَعِينَ لَيْلَةً لمَّا أَعْطَانِيَ الرَّبُّ لوْحَيِ الحَجَرِ لوْحَيِ العَهْدِ قَال الرَّبُّ لِي: قُمِ انْزِل عَاجِلاً مِنْ هُنَا لأَنَّهُ قَدْ فَسَدَ شَعْبُكَ الذِي أَخْرَجْتَهُ مِنْ مِصْرَ. زَاغُوا سَرِيعاً عَنِ الطَّرِيقِ التِي أَوْصَيْتُهُمْ. صَنَعُوا لأَنْفُسِهِمْ تِمْثَالاً مَسْبُوكاً. وَقَال الرَّبُّ لِي: رَأَيْتُ هَذَا الشَّعْبَ وَإِذَا هُوَ شَعْبٌ صُلبُ الرَّقَبَةِ. أُتْرُكْنِي فَأُبِيدَهُمْ وَأَمْحُوَ اسْمَهُمْ مِنْ تَحْتِ السَّمَاءِ وَأَجْعَلكَ شَعْباً أَعْظَمَ وَأَكْثَرَ مِنْهُمْ. فَانْصَرَفْتُ وَنَزَلتُ مِنَ الجَبَلِ وَالجَبَلُ يَشْتَعِلُ بِالنَّارِ وَلوْحَا العَهْدِ فِي يَدَيَّ. «فَنَظَرْتُ وَإِذَا أَنْتُمْ قَدْ أَخْطَأْتُمْ إِلى الرَّبِّ إِلهِكُمْ وَصَنَعْتُمْ لأَنْفُسِكُمْ عِجْلاً مَسْبُوكاً وَزُغْتُمْ سَرِيعاً عَنِ الطَّرِيقِ التِي أَوْصَاكُمْ بِهَا الرَّبُّ. فَأَخَذْتُ اللوْحَيْنِ وَطَرَحْتُهُمَا مِنْ يَدَيَّ وَكَسَّرْتُهُمَا أَمَامَ أَعْيُنِكُمْ. ثُمَّ سَقَطْتُ أَمَامَ الرَّبِّ كَالأَوَّلِ أَرْبَعِينَ نَهَاراً وَأَرْبَعِينَ لَيْلَةً لا آكُلُ خُبْزاً وَلا أَشْرَبُ مَاءً مِنْ أَجْلِ كُلِّ خَطَايَاكُمُ التِي أَخْطَأْتُمْ بِهَا بِعَمَلِكُمُ الشَّرَّ أَمَامَ الرَّبِّ لإِغَاظَتِهِ. لأَنِّي فَزِعْتُ مِنَ الغَضَبِ وَالغَيْظِ الذِي سَخِطَهُ الرَّبُّ عَليْكُمْ لِيُبِيدَكُمْ. فَسَمِعَ لِيَ الرَّبُّ تِلكَ المَرَّةَ أَيْضاً. وَعَلى هَارُونَ غَضِبَ الرَّبُّ جِدّاً لِيُبِيدَهُ.

for yourselves a molded calf! You had turned aside quickly from the way which the Lord had commanded you. Then I took the two tablets and threw them out of my two hands and broke them before your eyes. And I fell down before the Lord, as at the first, forty days and forty nights; I neither ate bread nor drank water, because of all your sin which you committed in doing wickedly in the sight of the Lord, to provoke Him to anger. For I was afraid of the anger and hot displeasure with which the Lord was angry with you, to destroy you. But the Lord listened to me at that time also. And the Lord was very angry with Aaron and would have destroyed him; so I prayed for Aaron also at the same time. Then I took your sin, the calf which you had made, and burned it with fire and crushed it and ground it very small, until it was as fine as dust; and I threw its dust into the brook that descended from the mountain. "Also at Taberah and Massah and Kibroth Hattaavah you provoked the Lord to wrath. Likewise, when the Lord sent you from Kadesh Barnea, saying, 'Go up and possess the land which I have given you,' then you rebelled against the commandment of the Lord your God, and you did not believe Him nor obey His voice. You have been rebellious against the Lord from the day that I knew you.

Glory be to the Holy Trinity our God unto the age of all ages, Amen.

فَصَلَيْتُ أَيْضاً مِنْ أَجْلِ هَارُونَ فِي ذَلِكَ الوَقْتِ. وَأَمَّا خَطِيَّتُكُمُ العِجْلُ الذِي صَنَعْتُمُوهُ فَأَخَذْتُهُ وَأَحْرَقْتُهُ بِالنَّارِ وَرَضَضْتُهُ وَطَحَنْتُهُ جَيِّداً حَتَّى نَعِمَ كَالغُبَارِ. ثُمَّ طَرَحْتُ غُبَارَهُ فِي النَّهْرِ المُنْحَدِرِ مِنَ الجَبَلِ. «وَفِي تَبْعِيرَةَ وَمَسَّةَ وَقَبَرُوتَ هَتَّأَوَةَ أَسْخَطْتُمُ الرَّبَّ. وَحِينَ أَرْسَلَكُمُ الرَّبُّ مِنْ قَادِشَ بَرْنِيعَ قَائِلاً: اصْعَدُوا امْتَلِكُوا الأَرْضَ التِي أَعْطَيْتُكُمْ عَصَيْتُمْ قَوْلَ الرَّبِّ إِلهِكُمْ وَلَمْ تُصَدِّقُوهُ وَلَمْ تَسْمَعُوا لِقَوْلِهِ. قَدْ كُنْتُمْ تَعْصُونَ الرَّبَّ مُنْذُ يَوْمَ عَرَفْتُكُمْ.

مجداً للثالوث القدوس الهنا إلى الأبد وإلى أبد الآبدين كلها، آمين.

Ⲏⲥⲁⲏⲁⲥ Ⲕⲉⲫ ⲁ̅ : ⲃ̅ - ⲑ̅

Ⲉ̀ⲃⲟⲗϧⲉⲛ Ⲏ̀ⲥⲁⲏⲁⲥ ⲡⲓⲡ̀ⲣⲟⲫⲏⲧⲏⲥ: ⲉⲣⲉⲡⲉϥⲥ̀ⲙⲟⲩ ⲉ̅ⲑ̅ⲩ ϣⲱⲡⲓ ⲛⲉⲙⲁⲛ ⲁ̀ⲙⲏⲛ ⲉϥϫⲱ ⲙ̀ⲙⲟⲥ.

Ⲥⲱⲧⲉⲙ ⲧ̀ⲫⲉ ⲟⲩⲟϩ ϭⲓⲥ̀ⲙⲏ ⲡ̀ⲕⲁϩⲓ : ϫⲉ Ⲡ̅ⲟ̅ⲥ̅ ⲡⲉⲧⲁϥⲥⲁϫⲓ : ϩⲁⲛϣⲏⲣⲓ ⲁⲓϫ̀ⲫⲱⲟⲩ ⲟⲩⲟϩ ⲁⲓϭ̀ⲁⲥⲟⲩ : ⲛ̀ⲑⲱⲟⲩ ⲇⲉ ⲁⲩⲉⲣⲁ̀ⲑⲉⲧⲓⲛ ⲙ̀ⲙⲟⲓ. Ⲁ ⲟⲩⲉ̀ϩⲉ ⲥⲟⲩⲉⲛ ⲫⲏⲉ̀ⲧⲁϥϣⲟⲡⲥ : ⲟⲩⲟϩ ⲟⲩⲉ̀ⲱ ⲁϥⲥⲟⲩⲉⲛ ⲫ̀ⲟⲩⲟϩⲛⲉϥ ⲛ̀ⲧⲉ ⲡⲉϥ̅ⲟ̅ⲥ̅ : ⲡ̀Ⲓ̅ⲥ̅ⲗ̅ ⲇⲉ ⲙ̀ⲡⲉϥⲥⲟⲩⲱⲛⲧ : ⲟⲩⲟϩ ⲡⲁⲗⲁⲟⲥ ⲙ̀ⲡⲉϥⲕⲁϯ ⲉ̀ⲣⲟⲓ : Ⲟⲩⲟⲓ ⲙ̀ⲡⲓϣ̀ⲗⲟⲗ ⲛ̀ⲣⲉϥⲉⲣⲛⲟⲃⲓ : ⲡⲓ̀ⲗⲁⲟⲥ ⲉⲑⲙⲉϩ ⲛ̀ⲁ̀ⲙⲁⲣⲧⲓⲁ̀ : ⲡ̀ϫⲣⲟϫ ⲙ̀ⲡⲓⲡⲟⲛⲏⲣⲟⲛ ⲛⲓϣⲏⲣⲓ ⲛ̀ⲁ̀ⲛⲟⲙⲟⲥ : ⲁ̀ⲣⲉⲧⲉⲛⲭⲁ Ⲡ̀ϭⲟⲓⲥ ⲛ̀ⲥⲁⲑⲏⲛⲟⲩ : ⲡⲉ̅ⲑ̅ⲩ ⲙ̀ⲡⲓ̅ⲥ̅ⲗ̅ ⲁ̀ⲣⲉⲧⲉⲛ ϯϫⲱⲛⲧ ⲛⲁϥ. Ⲟⲩⲟϩ ϩⲁⲛⲉⲣϩⲟⲧ ⲉ̀ⲣⲉⲧⲉⲛ ⲛⲁϭⲓⲧⲟⲩ : ⲁⲣⲧⲉⲛ ⲧⲟⲩϩⲟ ⲁ̀ⲛⲟⲙⲓⲁ̀ : ⲁ̀ⲫⲉ ⲛⲓⲃⲉⲛ ⲉ̀ⲡ̀ⲙ̀ⲕⲁϩⲓ : ⲟⲩⲟϩ ϩⲏⲧ ⲛⲓⲃⲉⲛ ⲉ̀ⲡ̀ⲙ̀ⲕⲁϩ ⲛ̀ϩⲏⲧ. Ⲓⲥϫⲉⲛ ⲟⲩⲫⲁⲧ ϣⲁ ⲟⲩⲁ̀ⲫⲉ : ⲛ̀ⲟⲩⲫⲱⲗϩ ⲁⲛ ⲡⲉ : ⲟⲩⲇⲉ ⲛ̀ⲟⲩⲗⲉⲗⲉⲭⲉⲙⲓ ⲁⲛ ⲡⲉ : ⲟⲩⲇⲉ ⲛ̀ⲟⲩⲉⲣϩⲟⲧ ⲁⲛ ⲡⲉ ⲉϥⲧ̀ϩⲙⲟⲙ ⲙ̀ⲙⲟⲛ ⲛ̀ⲟⲩⲙⲁⲗⲁⲩⲙⲁ ⲉ̀ⲧⲏⲓϥ ⲉ̀ⲣⲟϥ : ⲟⲩⲇⲉ ⲟⲩⲛⲉϩ ⲟⲩⲇⲉ ϩⲁⲛⲙⲟⲩⲣ. Ⲡⲉⲧⲉⲛ ⲕⲁϩⲓ ⲉϥⲉ̀ϣⲱϥ : ⲛⲉⲧⲉⲛⲃⲁⲕⲓ ⲉⲩⲉ̀ⲣⲟⲕϩⲟⲩ ϧⲉⲛ ⲡⲓⲭ̀ⲣⲱⲙ : ⲛⲉⲧⲉⲛⲭⲱⲣⲁ ⲉⲩⲟ̀ⲙⲟⲩ ⲙ̀ⲡⲉⲧⲉⲛⲙ̀ⲑⲟ ⲉ̀ⲃⲟⲗ : ⲁⲥϣⲱϥ ⲟⲩⲟϩ ⲁⲥⲟⲱϫⲡ ⲛ̀ⲧⲉⲛ ϩⲁⲛⲗⲁⲟⲥ ⲛ̀ϣⲉⲙⲙⲟ. Ⲉⲩⲉ̀ⲥⲱϫⲡ ⲛ̀ⲧ̀ϣⲉⲣⲓ ⲛ̀Ⲥⲓⲱⲛ ⲙ̀ⲫ̀ⲣⲏϯ ⲛ̀ⲟⲩⲥⲕⲩⲛⲏ ϧⲉⲛ ⲟⲩⲓⲁϩ ⲁ̀ⲗⲟⲗⲓ : ⲛⲉⲙ ⲙ̀ⲫ̀ⲣⲏϯ ⲛ̀ⲟⲩⲙⲁⲛⲁ̀ⲣⲉϩ ⲛ̀ϫⲱϫⲓ ϧⲉⲛ ⲟⲩⲃⲟⲛϯ : ⲛⲉⲙ ⲙ̀ⲫ̀ⲣⲏϯ ⲛ̀ⲟⲩⲃⲁⲕⲓ ⲉⲩϣⲱⲗ ⲙ̀ⲙⲟⲥ : ⲟⲩⲟϩ ⲉ̀ⲃⲏⲗ ϫⲉ ⲁ̀ Ⲡ̅ⲟ̅ⲥ̅ ⲥⲁⲃⲁⲱⲑ ⲥⲟϫⲡ ⲛ̀ⲟⲩϫ̀ⲣⲟϫ ⲛⲁⲛ : ⲛⲉⲓⲥ̀ⲑⲛⲉⲓ ⲁⲛⲉⲣ ⲙ̀ⲫ̀ⲣⲏϯ ⲛ̀Ⲥⲟⲇⲟⲙⲁ ⲟⲩⲟϩ ⲁⲛⲓⲛⲓ ⲛ̀Ⲅⲟⲙⲟⲣⲁ :

Ⲟⲩⲱ̀ⲟⲩ ⲛ̀ϯⲧ̀ⲣⲓⲁⲥ ⲉ̅ⲑ̅ⲩ ⲡⲉⲛⲛⲟⲩϯ ϣⲁ ⲉ̀ⲛⲉϩ ⲛⲉⲙ ϣⲁ ⲉ̀ⲛⲉϩ ⲛ̀ⲧⲉ ⲛⲓⲉ̀ⲛⲉϩ ⲧⲏⲣⲟⲩ: ⲁ̀ⲙⲏⲛ.

Isaiah 1:2-9

A reading from Isaiah the Prophet may his blessings be with us Amen.

Hear, O heavens, and give ear, O earth! For the Lord has spoken: “ I have nourished and brought up children, And they have rebelled against Me; The ox knows its owner And the donkey its master’s crib; But Israel does not know, My people do not consider.” Alas, sinful nation, A people laden with iniquity, A brood of evildoers, Children who are corrupters! They have forsaken the Lord, They have provoked to anger The Holy One of Israel, They have turned away backward. Why should you be stricken again? You will revolt more and more. The whole head is sick, And the whole heart faints. From the

اشعياء ١ : ٢ - ٩

من اشعياء النبى بركته المقدسة تكون معنا، آمين.

اِسْمَعِي أَيَّتُهَا السَّمَاوَاتُ وَأَصْغِي أَيَّتُهَا الأَرْضُ لأَنَّ الرَّبَّ يَتَكَلَّمُ: «رَبَّيْتُ بَنِينَ وَنَشَّأْتُهُمْ أَمَّا هُمْ فَعَصُوا عَلَيَّ. اَلثَّوْرُ يَعْرِفُ قَانِيهِ وَالْحِمَارُ مِعْلَفَ صَاحِبِهِ أَمَّا إِسْرَائِيلُ فَلاَ يَعْرِفُ. شَعْبِي لاَ يَفْهَمُ». وَيْلٌ لِلأُمَّةِ الْخَاطِئَةِ الشَّعْبِ الثَّقِيلِ الإِثْمِ نَسْلِ فَاعِلِي الشَّرِّ أَوْلاَدِ مُفْسِدِينَ! تَرَكُوا الرَّبَّ اسْتَهَانُوا بِقُدُّوسِ إِسْرَائِيلَ ارْتَدُّوا إِلَى وَرَاءٍ. عَلَى مَ تُضْرَبُونَ بَعْدُ؟ تَزْدَادُونَ زَيَغَاناً! كُلُّ الرَّأْسِ مَرِيضٌ وَكُلُّ الْقَلْبِ سَقِيمٌ. مِنْ أَسْفَلِ الْقَدَمِ

sole of the foot even to the head, There is no soundness in it, But wounds and bruises and putrefying sores; They have not been closed or bound up, Or soothed with ointment. Your country is desolate, Your cities are burned with fire; Strangers devour your land in your presence; And it is desolate, as overthrown by strangers. So the daughter of Zion is left as a booth in a vineyard, As a hut in a garden of cucumbers, As a besieged city. Unless the Lord of hosts Had left to us a very small remnant, We would have become like Sodom, We would have been made like Gomorrah.

Glory be to the Holy Trinity our God unto the age of all ages, Amen.

إِلَى الرَّأْسِ لَيْسَ فِيهِ صِحَّةٌ بَلْ جُرْحٌ وَأَحْبَاطٌ وَضَرْبَةٌ طَرِيَّةٌ لَمْ تُعْصَرْ وَلَمْ تُعْصَبْ وَلَمْ تُلَيَّنْ بِالزَّيْتِ. بِلاَدُكُمْ خَرِبَةٌ. مُدُنُكُمْ مُحْرَقَةٌ بِالنَّارِ. أَرْضُكُمْ تَأْكُلُهَا غُرَبَاءُ قُدَّامَكُمْ وَهِيَ خَرِبَةٌ كَانْقِلاَبِ الْغُرَبَاءِ. فَبَقِيَتِ ابْنَةُ صِهْيَوْنَ كَمِظَلَّةٍ فِي كَرْمٍ كَخَيْمَةٍ فِي مَقْثَأَةٍ كَمَدِينَةٍ مُحَاصَرَةٍ. لَوْلاَ أَنَّ رَبَّ الْجُنُودِ أَبْقَى لَنَا بَقِيَّةً صَغِيرَةً لَصِرْنَا مِثْلَ سَدُومَ وَشَابَهْنَا عَمُورَةَ.

مجداً للثالوث القدوس الهنا إلى الأبد وإلى أبد الآبدين كلها، آمين.

Ⲏⲥⲁⲏⲁⲥ Ⲕⲉⲫ Ⲃ: ⲓ̅ⲁ̅ - ⲕ̅ⲁ̅

Ⲉⲃⲟⲗϧⲉⲛ Ⲏⲥⲁⲏ̀ⲁⲥ ⲡⲓⲡ̀ⲣⲟⲫⲏⲧⲏⲥ: ⲉⲣⲉⲡⲉϥⲥ̀ⲙⲟⲩ ⲉ̀ⲑⲟⲩⲁⲃ ϣⲱⲡⲓ ⲛⲉⲙⲁⲛ ⲁ̀ⲙⲏⲛ ⲉϥϫⲱ ⲙ̀ⲙⲟⲥ.

Ⲙⲁⲓ ⲛⲉ ⲉⲧⲉⲣⲉ Ⲡⲟ̅ⲥ̅ϫ ⲱ ⲙ̀ⲙⲱⲟⲩ ϫⲉ ⲃⲱⲕ ⲉ̀ϧⲟⲩⲛ ϩⲁ ⲡⲉⲧⲣⲁ ⲛ̀ⲧⲉⲧⲉⲛϩⲏⲡ ⲧⲏⲩⲧⲉⲛ ϧⲉⲛ ⲡⲕⲁϩⲓ ⲙ̀ⲡⲉⲙ̀ⲑⲟ ⲉ̀ⲃⲟⲗ ⲙ̀ⲡⲱⲟⲩ ⲛ̀ⲧⲉϥϫⲟⲙ ϩⲟⲧⲁⲛ ⲉϥϣⲁⲛ ⲧⲱⲟⲩⲛ ⲉ̀ⲟⲩⲱϣϥ ⲙ̀ⲡⲕⲁϩⲓ. ⲛ̀ⲃⲁⲗ ⲅⲁⲣ ⲙ̀Ⲡⲟ̅ⲥ̅ ϫⲟⲥⲓ ⲡⲓⲣⲱⲙⲓ ⲇⲉ ⲑⲉⲃⲓⲏⲟⲩⲧ ⲟⲩⲟϩ ⲡ̀ϭⲓⲥⲓ ⲛⲉⲛⲣⲱⲙⲓ ⲛⲁⲑⲉⲃⲓⲟ ⲛ̀ⲧⲉ Ⲡⲟ̅ⲥ̅ ⲙⲁⲩⲁⲧϥ ϭⲓⲥⲓ ϧⲉⲛ ⲡⲓⲉ̀ϩⲟⲟⲩ ⲉⲧⲉⲙ̀ⲙⲁⲩ ⲡⲓⲉ̀ϩⲟⲟⲩ ⲅⲁⲣ ⲙ̀Ⲡⲟ̅ⲥ̅ ⲥⲁⲃⲁⲱⲑ ⲛⲏⲟⲩ ⲉ̀ϫⲉⲛ ⲣⲉϥⲥⲱϣ ⲛⲓⲃⲉⲛ ϩⲓϭⲁϭⲓϩⲏⲧ ⲛⲓⲃⲉⲛ ⲟⲩⲟϩ ⲉ̀ϫⲉⲛ ⲟⲩⲟⲛ ⲛⲓⲃⲉⲛ ⲉⲧϭⲟⲥⲓ ⲟⲩⲟϩ ⲉⲧϩ̀ⲗⲟⲩⲗⲱⲟⲩ ⲟⲩⲟϩ ⲥⲉⲑⲉⲃⲓⲟ ⲟⲩⲟϩ ⲉ̀ϫⲉⲛ ϣ̀ϣⲏⲛ ⲛⲓⲃⲉⲛ ⲛ̀ⲗⲓⲃⲁⲛⲟⲥ ⲟⲩⲟϩ ⲉⲧϩ̀ⲗⲟⲩⲗⲱⲟⲩ ⲟⲩⲟϩ ⲉ̀ϫⲉⲛ ϣ̀ϣⲏⲛ ⲛⲓⲃⲉⲛ ⲛ̀ⲗⲓⲃⲁⲛⲟⲥ ⲛ̀ⲧⲉ ⲧⲃⲁⲥⲁⲛ ⲟⲩⲟϩ ⲉ̀ϫⲉⲛ ⲧⲱⲟⲩ ⲛⲓⲃⲉⲛ ⲛⲉⲙ ⲥⲓⲃⲧ ⲛⲓⲃⲉⲛ ⲉⲧϭⲟⲥⲓ ⲟⲩⲟϩ ⲉ̀ϫⲉⲛ ⲡⲩⲣⲅⲟⲥ ⲛⲓⲃⲉⲛ ⲉⲧϭⲟⲥⲓ ⲟⲩⲟϩ ⲉ̀ϫⲉⲛ ⲥⲟⲃⲧ ⲛⲓⲃⲉⲛ ⲉⲧϭⲟⲥⲓ ⲟⲩⲟϩ ⲉ̀ϫⲉⲛ ϫⲟⲓ ⲛⲓⲃⲉⲛ ⲛ̀ⲧⲉ ⲓⲁⲣⲱⲟⲩ ⲟⲩⲟϩ ⲉ̀ϫⲉⲛ ⲡⲓⲛⲁⲩ ⲛ̀ϫⲟⲓ ⲛⲓⲃⲉⲛ ⲛ̀ⲧⲉ ⲡⲁⲥ ⲛ̀ⲧⲉ ⲣⲱⲙⲓ ⲛⲓⲃⲉⲛ ⲑⲉⲃⲓⲟ ⲛ̀ⲧⲉ ⲡ̀ϭⲓⲥⲓ ⲛⲉⲛ ⲣⲱⲙⲓ ϩⲉ ⲛ̀ⲧⲉ Ⲡⲟ̅ⲥ̅ ϭⲓⲥⲓ ⲙ̀ⲙⲁⲩⲁⲧϥ ϧⲉⲛ ⲡⲓⲉ̀ϩⲟⲟⲩ ⲉⲧⲉ ⲙ̀ⲙⲁⲩ ⲥⲉⲛⲁϩⲱⲡ ⲛ̀ⲛⲉⲩⲙⲟⲩⲛⲕ ⲛ̀ϫⲓϫ ⲧⲏⲣⲟⲩ ⲉⲁⲩϭⲓⲧⲟⲩ ⲉ̀ϧⲟⲩⲛ ⲛⲓ ⲙ̀ϩⲁⲩ ⲛⲉⲙ ⲙ̀ⲡⲱϩ ⲙ̀ⲡⲉⲧⲣⲁ ⲟⲩⲟϩ ⲛⲉ ϣ̀ⲕⲟⲗ ⲙ̀ⲡⲕⲁϩⲓ ⲙ̀ⲡⲉⲙ̀ⲑⲟ ⲉ̀ⲃⲟⲗ ⲛ̀ⲑⲟⲧⲉ ⲙ̀Ⲡⲟ̅ⲥ̅ ⲟⲩⲟϩ ⲉ̀ⲃⲟⲗϧⲉⲛ ⲡⲱⲟⲩ ⲛ̀ⲧⲉϥϫⲟⲙ ⲉϥϣⲁⲛⲧⲱⲟⲩⲛ ⲉ̀ⲟⲩⲱϣϥ ⲙ̀ⲡⲕⲁϩⲓ ϧⲉⲛ ⲡⲓⲉ̀ϩⲟⲟⲩ ⲉⲧⲉⲙ̀ⲙⲁⲩ ⲡⲓⲣⲱⲙⲓ ⲛⲁⲛⲟⲩ ϫⲉ ⲉ̀ⲃⲟⲗ ⲛ̀ⲛⲉϥⲃⲱ† ⲛ̀ϩⲁⲧ ⲛⲉⲙ ⲛ̀ⲛⲟⲩⲃ ⲛ̀ⲧⲁⲩⲑⲁⲙⲓⲱⲟⲩ ⲉ̀ⲟⲩⲱϣⲧ ⲛⲉⲙ ⲡⲉⲧϣⲟⲩⲓⲧ ⲛⲉⲙ ⲛ̀ϫⲓⲛϫ̀ⲗⲱ ⲙ̀ⲃⲱⲕ ⲉ̀ϧⲟⲩⲛ ⲉ̀ⲛⲉ ϣ̀ⲕⲟⲗ ⲛ̀ⲧⲡⲉⲧⲣⲁ ⲉⲑⲛⲁϣⲧ ⲟⲩⲟϩ ⲉ̀ⲛⲟⲩⲱϣ ⲛⲉⲙ ⲡⲉⲧⲣⲁ ⲙ̀ⲡⲉ̀ⲙ̀ⲑⲟ ⲉ̀ⲃⲟⲗ ⲛ̀ⲑⲟⲧⲉ ⲙ̀Ⲡⲟ̅ⲥ̅ ⲟⲩⲟϩ ⲉ̀ⲃⲟⲗ ϧⲉⲛ ⲡ̀ⲱⲟⲩ ⲛ̀ⲧⲉϥϫⲟⲙ ⲉϥϣⲁⲛⲧⲱⲟⲩⲛⲉⲕⲣⲓⲛⲓ ⲙ̀ⲡ̀ⲕⲁϩⲓ :

Ⲟⲩⲱ̀ⲟⲩ ⲛ̀ϯⲦⲣⲓⲁⲥ ⲉⲑⲟⲩⲁⲃ ⲡⲉⲛⲛⲟⲩϯ ϣⲁ ⲉ̀ⲛⲉϩ ⲛⲉⲙ ϣⲁ ⲉ̀ⲛⲉϩ ⲛ̀ⲧⲉ ⲛⲓⲉ̀ⲛⲉϩ ⲧⲏⲣⲟⲩ: ⲁ̀ⲙⲏⲛ.

Isaiah 2:10-21

اشعياء ٢: ١٠ - ٢١

A reading from Isaiah the Prophet may his blessings be with us Amen.

[Thus says the Lord,] Enter into the rock, and hide in the dust, From the terror of the Lord And the glory of His majesty. The lofty looks of man shall be humbled, The haughtiness of men shall be bowed down, And the Lord alone shall be exalted in that day. For the day of the Lord of hosts Shall come upon everything proud and lofty, Upon everything lifted up-- And it shall be brought low--Upon all the cedars of Lebanon that are high and lifted up, And upon all the oaks of Bashan; Upon all the high mountains, And upon all the hills that are lifted up; Upon every high tower, And upon every fortified wall; Upon all the ships of Tarshish, And upon all the beautiful sloops. The loftiness of man shall be bowed down, And the haughtiness of men shall be brought low; The Lord alone will be exalted in that day, But the idols He shall utterly abolish.They shall go into the holes of the rocks, And into the caves of the earth, From the terror of the Lord And the glory of His majesty, When He arises to shake the earth mightily. In that day a man will cast away his idols of silver And his idols of gold, Which they made, each for himself to worship, To the moles and bats, To go into the clefts of the rocks, And into the crags of the rugged rocks,

من اشعياء النبى بركته المقدسة تكون معنا، آمين.

[هذا ما يقوله الرب] أُدْخُلْ إِلَى الصَّخْرَةِ وَاخْتَبِئْ فِي التُّرَابِ مِنْ أَمَامِ هَيْبَةِ الرَّبِّ وَمِنْ بَهَاءِ عَظَمَتِهِ. تُوضَعُ عَيْنَا تَشَامُخِ الإِنْسَانِ وَتُخْفَضُ رِفْعَةُ النَّاسِ وَيَسْمُو الرَّبُّ وَحْدَهُ فِي ذَلِكَ الْيَوْمِ. فَإِنَّ لِرَبِّ الْجُنُودِ يَوْماً عَلَى كُلِّ مُتَعَظِّمٍ وَعَالٍ وَعَلَى كُلِّ مُرْتَفِعٍ فَيُوضَعُ وَعَلَى كُلِّ أَرْزِ لُبْنَانَ الْعَالِي الْمُرْتَفِعِ وَعَلَى كُلِّ بَلُّوطِ بَاشَانَ وَعَلَى كُلِّ الْجِبَالِ الْعَالِيَةِ وَعَلَى كُلِّ التِّلاَلِ الْمُرْتَفِعَةِ وَعَلَى كُلِّ بُرْجٍ عَالٍ وَعَلَى كُلِّ سُورٍ مَنِيعٍ وَعَلَى كُلِّ سُفُنِ تَرْشِيشَ وَعَلَى كُلِّ الأَعْلاَمِ الْبَهِجَةِ. فَيُخْفَضُ تَشَامُخُ الإِنْسَانِ وَتُوضَعُ رِفْعَةُ النَّاسِ وَيَسْمُو الرَّبُّ وَحْدَهُ فِي ذَلِكَ الْيَوْمِ. وَتَزُولُ الأَوْثَانُ بِتَمَامِهَا. وَيَدْخُلُونَ فِي مَغَايِرِ الصُّخُورِ وَفِي حَفَائِرِ التُّرَابِ مِنْ أَمَامِ هَيْبَةِ الرَّبِّ وَمِنْ بَهَاءِ عَظَمَتِهِ عِنْدَ قِيَامِهِ لِيُرْعِبَ الأَرْضَ. فِي ذَلِكَ الْيَوْمِ يَطْرَحُ الإِنْسَانُ أَوْثَانَهُ الْفِضِّيَّةَ وَأَوْثَانَهُ الذَّهَبِيَّةَ الَّتِي عَمِلُوهَا لَهُ لِلسُّجُودِ لِلْجُرْذَانِ وَالْخَفَافِيشِ لِيَدْخُلَ فِي نُقَرِ الصُّخُورِ وَفِي شُقُوقِ الْمَعَاقِلِ مِنْ أَمَامِ هَيْبَةِ الرَّبِّ وَمِنْ بَهَاءِ عَظَمَتِهِ عِنْدَ قِيَامِهِ لِيُرْعِبَ الأَرْضَ.

From the terror of the Lord And the glory of His majesty, When He arises to shake the earth mightily.

Glory be to the Holy Trinity our God unto the age of all ages, Amen.

مجداً للثالوث القدوس الهنا إلى الأبد وإلى أبد الآبدين كلها، آمين.

Ιερμιας Κεφ κβ : κθ - ϣβλ νεμ κς : α - ς

Εβολϧεν Ιερμιας πιπροφητης: ερεπεϥςμου εθουαβ ϣωπι νεμαν αμην εϥϫω μμος.

Πκαϩι πκαϩι ςωτεμ επςαϫι μΠσ̅ς̅ : Cϧαι μπιρωμι ϫε ουρωμι πε αυϩιτϥ : ϫε ϥναερνιϣϯ αν ϧεν νεϥεϩοου : ουδε ννερωμι αιαι ϧεν πεϥςπερμα : εθρεϥϩεμςι ϩιϫεν πιθρονος νΔαυιΔ εϥοι ναρχων ιςϫεν ϯνου ϧεν πηι νΙουΔα. Ω νιμανεςωου εττακο ουοϩ ετϫωρ εβολ ϧεν πουμανμονι : Εθβε φαι ναι νε νηετεϥϫω μμωου νϫε Πσ̅ς̅ εϫεν νιμανεςωου εθμονι μπαλαος : ϫε νθωτεν ατετενϫωρ εβολ ννααεςωου : ουοϩ ατετεννοϣπου ουοϩ μπετενϫεμ πουϣινι : ϩηππε ανοκ ειεϭιμπϣιϣ ϧεν θηνου κατα νετενϩβηουι ετϩωου πεϫε Πσ̅ς̅. Ανοκ ϩω ϯναϣωπ εροι μπςεπι μπαλαος ϧεν πκαϩι τηρϥ εταί ϫορου εβολ νϧητϥ : ουοϩ ντα ενου εϧουν επουμανμονι ντουαιαι ουοϩ ντουαϣαι. Ουοϩ ειετουνος ϩανμανεςωου ναι εθναλμονι μμωου : ουοϩ ςεναερϩοϯ αν ιςϫεν τνου : ου Δε ςεναϣθορτερ αν πεϫε Πσ̅ς̅ ις ϩανεϩοου ςενηου πεϫε Πσ̅ς̅ : ντατασο ερατϥ μπιςαϫι εταί ςεμνητϥ εϫεν πΙς̅λ̅ νεμ πηι νΙουΔα : νϩρηι ϧεν νιεϩοου ετεμμαυ ϯνατουω νουανατολη μμεθμηι νΔαυιΔ : ουοϩ ντεϥερουρο νϫε ουουρο νΔικεος εϥκαϯ : ουοϩ εϥιρι νουϩαπ νεμ ουΔικεοςυνη ϩιϫεν πκαϩι. Ουοϩ νϩρηι ϧεν νεϥεϩοου ϥναουϫαι νϫε ΙουΔα ουοϩ πΙς̅λ̅ ναϣωπι ϧεν ουταϫρο :

Ουωου νϯτριας εθουαβ πεννουϯ ϣα ενεϩ νεμ ϣα ενεϩ ντε νιενεϩ τηρου: αμην.

Jeremiah 22:29-23:6

أرميا ٢٢ : ٢٩ الخ و ٢٣ : ١ - ٦

A reading from Jeremiah the Prophet may his blessings be with us Amen.

O earth, earth, earth, Hear the word of the Lord! Thus says the Lord: 'Write this man down as childless, A man who shall not prosper in his days; For none of his descendants shall prosper, Sitting on the throne of David, And ruling

من أرميا النبى بركته المقدسة تكون معنا، آمين.

يَا أَرْضُ يَا أَرْضُ يَا أَرْضُ اسْمَعِي كَلِمَةَ الرَّبِّ! هَكَذَا قَالَ الرَّبُّ: [اكْتُبُوا هَذَا الرَّجُلَ عَقِيماً رَجُلاً لاَ يَنْجَحُ فِي أَيَّامِهِ لأَنَّهُ لاَ

anymore in Judah.' " "Woe to the shepherds who destroy and scatter the sheep of My pasture!" says the Lord. Therefore thus says the Lord God of Israel against the shepherds who feed My people: "You have scattered My flock, driven them away, and not attended to them. Behold, I will attend to you for the evil of your doings," says the Lord. "But I will gather the remnant of My flock out of all countries where I have driven them, and bring them back to their folds; and they shall be fruitful and increase. I will set up shepherds over them who will feed them; and they shall fear no more, nor be dismayed, nor shall they be lacking," says the Lord. "Behold, the days are coming," says the Lord, "That I will raise to David a Branch of righteousness; A King shall reign and prosper, And execute judgment and righteousness in the earth. In His days Judah will be saved, And Israel will dwell safely.

Glory be to the Holy Trinity our God unto the age of all ages, Amen.

يَنْجَحُ مِنْ نَسْلِهِ أَحَدٌ جَالِساً عَلَى كُرْسِيِّ دَاوُدَ وَحَاكِماً بَعْدُ فِي يَهُوذَا].
وَيْلٌ لِلرُّعَاةِ الَّذِينَ يُهْلِكُونَ وَيُبَدِّدُونَ غَنَمَ رَعِيَّتِي يَقُولُ الرَّبُّ. لِذَلِكَ هَكَذَا قَالَ الرَّبُّ إِلَهُ إِسْرَائِيلَ عَنِ الرُّعَاةِ الَّذِينَ يَرْعَوْنَ شَعْبِي: [أَنْتُمْ بَدَّدْتُمْ غَنَمِي وَطَرَدْتُمُوهَا وَلَمْ تَتَعَهَّدُوهَا. هَئَنَذَا أُعَاقِبُكُمْ عَلَى شَرِّ أَعْمَالِكُمْ يَقُولُ الرَّبُّ. وَأَنَا أَجْمَعُ بَقِيَّةَ غَنَمِي مِنْ جَمِيعِ الأَرَاضِي الَّتِي طَرَدْتُهَا إِلَيْهَا وَأَرُدُّهَا إِلَى مَرَابِضِهَا فَتُثْمِرُ وَتَكْثُرُ. وَأُقِيمُ عَلَيْهَا رُعَاةً يَرْعُونَهَا فَلاَ تَخَافُ بَعْدُ وَلاَ تَرْتَعِدُ وَلاَ تُفْقَدُ يَقُولُ الرَّبُّ]. [هَا أَيَّامٌ تَأْتِي يَقُولُ الرَّبُّ وَأُقِيمُ لِدَاوُدَ غُصْنَ بِرٍّ فَيَمْلِكُ مَلِكٌ وَيَنْجَحُ وَيُجْرِي حَقّاً وَعَدْلاً فِي الأَرْضِ. فِي أَيَّامِهِ يُخَلَّصُ يَهُوذَا وَيَسْكُنُ إِسْرَائِيلُ آمِناً.

مجداً للثالوث القدوس الهنا إلى الأبد وإلى أبد الآبدين كلها، آمين.

Ⲓⲉⲣⲉⲙⲓⲁⲥ

Ⲡⲁⲗⲓⲛ ⲉ̀ⲃⲟⲗϧⲉⲛ Ⲓⲉⲣⲉⲙⲓⲁⲥ ⲡⲓⲡ̀ⲣⲟⲫⲏⲧⲏⲥ:

ⲉ̀ⲣⲉⲡⲉϥ̀ⲥ̀ⲙⲟⲩ ⲉ̀ⲑⲟⲩⲁⲃ ϣⲱⲡⲓ ⲛⲉⲙⲁⲛ ⲁ̀ⲙⲏⲛ ⲉϥϫⲱ ⲙ̀ⲙⲟⲥ.

Ⲡⲁⲗⲓⲛ ⲁϥϫⲟⲥ ⲛ̀ϫⲉ Ⲓⲉⲣⲉⲙⲓⲁⲥ ⲛ̀Ⲗⲁϥⲁϧϣⲟⲩⲣ ϫⲉ ⲉ̀ⲣⲉⲧⲉⲛ ⲉ̀ϣⲱⲡⲓ ϧⲉⲛ ⲟⲩⲥⲛⲟⲩ ⲛⲉⲙ ⲛⲉⲧⲉⲛⲓⲟϯ ⲧⲉⲧⲉⲛϯ ⲉ̀ϩ̀ⲣⲉⲛ ϯⲙⲉⲑⲙⲏⲓ : ⲛⲉⲙ ⲛⲉⲧⲉⲛϣⲏⲣⲓ ⲉⲑⲛⲁⲓ̀ ⲙⲉⲛⲉⲛⲥⲁ ⲑⲏⲛⲟⲩ : ⲛⲁⲓ ⲉⲑⲛⲁⲓ̀ⲣⲓ ⲛ̀ⲟⲩⲁ̀ⲛⲟⲙⲓⲁ̀ ⲉⲥⲱ̀ⲣⲉⲃ ⲉ̀ϩⲟⲧⲉ ⲑⲏⲛⲟⲩ : ϫⲉ ⲛ̀ⲑⲱⲟⲩ ⲉⲑⲛⲁ ϯⲧⲓⲙⲏ ϧⲁⲫⲏ ⲉ̀ⲧⲉⲙ̀ⲙⲟⲛ ⲧⲓⲙⲏ ⲛ̀ⲧⲁϥ : ⲟⲩⲟϩ ⲉ̀ⲉ̀ⲉⲣ ⲃ̀ⲗⲁⲡⲧⲓⲛ ⲙ̀ⲫⲏⲉⲧⲧⲁⲗϭⲟ ⲛ̀ⲛⲓϣⲱⲛⲓ : ⲟⲩⲟϩ ⲉ̀ⲭⲁⲛⲟⲃⲓ ⲉ̀ⲃⲟⲗ : ⲟⲩⲟϩ ⲉ̀ϭⲓⲛ̀ϯⲙⲁⲡ ⲛ̀ϩⲁⲧ ⲧ̀ⲧⲓⲙⲏ ⲙ̀ⲫⲏⲉ̀ⲧⲟⲩⲛⲁ ⲧⲏⲓϥ ⲛ̀ϫⲉ ⲛⲉⲛϣⲏⲣⲓ ⲙ̀ⲠⲒⲤ̅Ⲗ̅ : ⲟⲩⲟϩ ⲉ̀ⲧⲏⲓⲥ ϧⲁⲡⲓⲟϩⲓ ⲛ̀ⲧⲉ ⲡⲓⲕⲉⲣⲁⲙⲉⲩⲥ : ⲙ̀ⲫ̀ⲣⲏϯ ⲉ̀ⲧⲁϥ ⲟⲩⲁϩⲥⲁϩⲛⲓ ⲛ̀ϫⲉ Ⲡ̅ⲟ̅ⲥ̅ : ⲟⲩⲟϩ ⲡⲁⲓⲣⲏϯ ϯⲛⲁⲥⲁϫⲓ. Ⲥⲉⲛⲁⲓ ⲉ̀ϩⲣⲏⲓ ⲉ̀ϫⲱⲟⲩ ⲛ̀ϫⲉ ⲟⲩϩⲁⲡ ⲛ̀ⲧⲉ ⲡ̀ⲧⲁⲕⲟ ϣⲁⲉ̀ⲛⲉϩ : ⲛⲉⲙ ⲉ̀ϫⲉⲛ ⲛⲟⲩϣⲏⲣⲓ : ⲉⲑⲃⲉ ϫⲉ ⲁⲩϩⲓⲟⲩⲓ ⲛ̀ⲟⲩⲥ̀ⲛⲟϥ ⲛ̀ⲁⲑⲛⲟⲃⲓ ⲉ̀ⲡ̀ϩⲁⲡ:

Ⲟⲩⲱ̀ⲟⲩ ⲛ̀ϯⲧ̀ⲣⲓⲁⲥ ⲉ̀ⲑⲟⲩⲁⲃ ⲡⲉⲛⲛⲟⲩϯ ϣⲁ ⲉ̀ⲛⲉϩ ⲛⲉⲙ ϣⲁ ⲉ̀ⲛⲉϩ ⲛ̀ⲧⲉ ⲛⲓⲉ̀ⲛⲉϩ ⲧⲏⲣⲟⲩ: ⲁ̀ⲙⲏⲛ.

Jeremiah 18:2-6, 20:3,6, 21:1, 38:1

أرميا ١٨ : ٢-٦، ٢٠: ٣-٦، ٢١: ١، ٣٨: ١

Also from Jeremiah the Prophet may his blessings be with us Amen.

And Jeremiah said to Pashur, "You were resisting the truth for sometime with your father and your children who did sin worse than you. For they set a price to him who has no price, and grieved him who heals sickness and forgives sins. They took the price upon which the sons of Israel agreed, thirty pieces of silver. And gave it to the potter's house. As the Lord commanded me, so I say. The judgment of perdition will be upon them and their children forever, for they judged innocent blood.

Glory be to the Holy Trinity our God unto the age of all ages, Amen.

وأيضاً من أرميا النبى النبى بركته المقدسة تكون معنا، آمين.

ثم قال ارميا لفشحور. انكم كنتم زماناً مع ابائكم مقاومين للحق وأولادكم الذين يأتون بعدكم هؤلاء الذين يصنعون خطية أشر منكم. لأنهم يثمنون الذى ليس له ثمن. ويؤلمون الذى يشفى الامراض ويغفر الذنوب. ويأخذون الثلاثين من الفضة الثمن الذى شارط عليه بنى اسرائيل. ويدفعونها فى حقل الفاخورى. كما أمرنى الرب. وهكذا أقول. ستأتى عليهم دينونة الهلاك إلى الابد وعلى اولادهم. لانهم القوا دماً زكياً فى الحكم.

مجداً للثالوث القدوس الهنا إلى الأبد وإلى أبد الآبدين كلها، آمين.

Ⲏⲥⲁⲏ̀ⲁⲥ Ⲕⲉⲫ ⲕ̅ⲇ̅ : ⲁ̅ - ⲓ̅ⲋ̅

Ⲉ̀ⲃⲟⲗϧⲉⲛ Ⲏⲥⲁⲏ̀ⲁⲥ ⲡⲓⲡ̀ⲣⲟⲫⲏⲧⲏⲥ: ⲉ̀ⲣⲉⲡⲉϥⲥ̀ⲙⲟⲩ ⲉ̀ⲑⲟⲩⲁⲃ ϣⲱⲡⲓ ⲛⲉⲙⲁⲛ ⲁ̀ⲙⲏⲛ ⲉϥϫⲱ ⲙ̀ⲙⲟⲥ.

Ⲉⲓⲥ ϩⲏⲡⲡⲉ ⲇⲉ Ⲡ̅ⲟ̅ⲥ̅ ⲛⲁⲧⲁⲕⲟ ⲛ̀ϯⲟⲓⲕⲟⲩⲙⲉⲛⲏ ⲟⲩⲟϩ ϥ̀ⲛⲁⲁⲓⲥ ⲛ̀ϫⲁⲓⲉ̀ ⲟⲩⲟϩ ⲉϥⲛⲁϭⲱ̀ⲗⲡ ⲉ̀ⲃⲟⲗ ⲙ̀ⲡⲉⲥϩⲟ ⲟⲩⲟϩ ⲉϥⲛⲁϫⲱⲣ ⲉ̀ⲃⲟⲗ ⲛ̀ⲛⲉⲧⲟⲩⲏϩ ⲉ̀ϩⲣⲏⲓ ⲛ̀ϧⲏⲧⲥ ⲟⲩⲟϩ ⲡ̀ⲗⲁⲟⲥ ⲛⲁⲉⲣⲫⲉ ⲙ̀ⲡⲓⲟⲩⲏⲃ ⲟⲩⲟϩ ⲡⲓⲃⲱⲕ ⲛ̀ⲑⲉ ⲙ̀ⲡⲉϥ̀. Ⲫⲏⲉⲧⲱⲱⲡ ⲛ̀ⲑⲉ ⲙ̀ⲡⲉⲧϯ ⲉ̀ⲃⲟⲗ ⲡⲉⲧϯ ⲙ̀ⲙⲏⲥⲓ ⲛ̀ⲑⲉ ⲙ̀ⲡⲉⲧϭⲓ ⲉ̀ϫⲱϥ ⲡⲉⲧⲉ ⲟⲩⲟⲛ ⲉ̀ⲣⲟϥ ⲛ̀ⲑⲉ ⲙ̀ⲡⲉⲧⲉ ⲟⲩ̀ⲛⲧⲁϥ ⲉ̀ⲣⲟϥ ⲡ̀ⲕⲁϩⲓ ⲛⲁ ⲛⲁⲧⲁⲕⲟ ϧⲉⲛⲟⲩⲧⲁⲕⲟ ϧⲉⲛ ⲟⲩϩⲃⲁ ⲡ̀ⲕⲁϩⲓ ⲛⲁⲉⲣϩ̀ⲃⲁ. Ϧⲉⲛ ⲟⲩϣⲱⲗ ⲥⲉⲛⲁ ϣⲉⲗ ⲡⲓⲕⲁϩⲓ ⲧ̀ⲧⲁⲡⲣⲟ ⲅⲁⲣ ⲙ̀Ⲡ̅ⲟ̅ⲥ̅ ⲡⲉⲛⲧⲁⲥ ϫⲉ ⲛⲁⲓ ⲡ̀ⲕⲁϩⲓ ⲉⲣϩⲏⲃⲓ ⲟⲩⲟϩ ⲁ̀ ϯⲟⲓⲕⲟⲙⲉⲛⲏ ⲧⲏⲣⲥ ⲧⲁⲕⲟ. Ⲁ ⲛⲏⲉⲧϭⲟⲥⲓ ⲙ̀ⲡ̀ⲕⲁϩⲓ. Ⲟⲩⲟϩ ⲡⲓⲕⲁϩⲓ ⲁϥⲉⲣⲁ̀ⲛⲟⲙⲓⲛ ⲉⲑⲃⲉ ⲛⲏⲉⲧϣⲟⲡ ϩⲓⲱⲧϥ ϫⲉ ⲁⲩⲭⲱ ⲛ̀ⲥⲱⲟⲩ ⲙ̀ⲡⲓⲛⲟⲙⲟⲥ ⲟⲩⲟϩ ⲁⲩϣⲓⲃϯ ⲛ̀ⲛⲓⲟⲩⲁϩⲥⲁϩⲛⲓ ϯⲇⲓⲁⲑⲏⲕⲏ ⲛ̀ⲉ̀ⲛⲉϩ. Ⲉⲑⲃⲉ ⲫⲁⲓ ⲟⲩⲥⲁϩⲟⲩⲓ̀ ⲉϥⲉ̀ⲟⲩⲱⲙ ⲙ̀ⲡⲓⲕⲁϩⲓ ϫⲉ ⲁⲩⲉⲣⲁ̀ⲛⲟⲙⲓⲛ ⲛ̀ϫⲉ ⲛⲏⲉⲧϣⲟⲡ ϩⲓⲱⲧϥ ⲉⲑⲃⲉ ⲫⲁⲓ ⲉⲩⲉ̀ϣⲱⲡⲓ ⲉⲩⲟⲓ ⲛ̀ϩⲏⲕⲓ ⲛ̀ϫⲉ ⲛⲏⲉⲧϣⲟⲡ ϩⲓϫⲉⲛ ⲡⲓⲕⲁϩⲓ ⲟⲩⲟϩ ⲉⲩⲉ̀ⲥⲱϫⲡ ⲛ̀ϫⲉ ϩⲁⲛⲙⲏϣ ⲛ̀ⲣⲱⲙⲓ ⲉⲩⲟⲓ ⲛ̀ⲕⲟⲩϫⲓ.

Ⲉϥⲉⲉⲣϩⲏⲃⲓ ⲛ̀ϫⲉ ⲡⲓⲏⲣⲡ ⲉϥⲉⲉⲣϩⲏⲃⲓ ⲛ̀ϫⲉ ⲡⲓⲁ̀ⲗⲟⲗⲓ ⲉⲩⲉ̀ϥⲓⲁ̀ϩⲟⲙ ⲛ̀ϫⲉ ⲛⲏⲧⲏⲣⲟⲩ ⲉⲧⲟⲩⲛⲟϥ ϧⲉⲛ ⲧⲟⲩⲯⲩⲭⲏ. Ⲁϥⲟⲩⲱ̀ ⲛ̀ϫⲉ ⲡ̀ⲟⲩⲛⲟϥ ⲛ̀ⲧⲉ ⲛⲓⲕⲉⲙⲕⲉⲙ ⲁⲥⲟⲩⲱ̀ ⲛ̀ϫⲉ ϯⲙⲉⲧⲁⲩⲑⲁⲇⲏⲥ ⲛⲉⲙ ϯⲙⲉⲧⲣⲁⲙⲁⲟ̀ ⲛ̀ⲧⲉ ⲛⲓⲁ̀ⲥⲉⲃⲏⲥ ⲁⲥⲟⲩⲱ̀ ⲛ̀ϫⲉ ⲧ̀ⲥ̀ⲙⲏ ⲛ̀ϯⲕⲩⲑⲁⲣⲁ. Ⲁⲩϣⲫⲓⲧ ⲙ̀ⲡⲟⲩⲥⲉ ⲏⲣⲡ ⲁϥⲉⲣϣⲁϣⲓ ⲛ̀ϫⲉ ⲡⲓⲥⲓⲕⲓⲣⲁ ⲛ̀ⲧⲟⲧⲟⲩ ⲛ̀ⲛⲏⲉⲧⲥⲱ ⲙ̀ⲙⲟϥ. Ⲁⲩϣⲱϥ ⲛ̀ϫⲉ ⲃⲁⲕⲓ ⲛⲓⲃⲉⲛ ⲉⲩⲉ̀ϣⲑⲁⲙ ⲛ̀ⲛⲓⲏⲓ ⲉ̀ϣⲧⲉⲙⲑⲣⲉ ϩⲗⲓ ϣⲉ ⲉ̀ϧⲟⲩⲛ ⲉⲣⲱⲟⲩ. Ⲉϣⲗⲏⲗⲟⲩⲓ̀ ⲉ̀ⲃⲟⲗ ⲉⲑⲃⲉ ⲡⲓⲏⲣⲡ ϧⲉⲛ ⲙⲁⲓ ⲛⲓⲃⲉⲛ ⲁϥⲟⲩⲱ̀ ⲛ̀ϫⲉ ⲟⲩⲛⲟϥ ⲛⲓⲃⲉⲛ ⲛ̀ⲧⲉ ⲡ̀ⲕⲁϩⲓ. Ⲟⲩⲟϩ ⲉⲩⲉ̀ⲥⲱϫⲡ ⲛ̀ϫⲉ ϩⲁⲛⲃⲁⲕⲓ ⲉⲩϣⲏϥ ⲟⲩⲟϩ ϩⲁⲛⲏⲓ ⲉⲩⲉ̀ⲥⲟϫⲡⲟⲩ ⲉⲩⲉ̀ⲧⲁⲕⲟ. Ⲛⲁⲓ ⲧⲏⲣⲟⲩ ⲉⲩⲉ̀ϣⲱⲡⲓ ⲙ̀ⲡⲓⲕⲁϩⲓ ϧⲉⲛ ⲑ̀ⲙⲏϯ ⲛ̀ⲛⲓⲉⲑⲛⲟⲥ ⲙ̀ⲫ̀ⲣⲏϯ ⲁⲣⲉϣⲁⲛ ⲟⲩⲁⲓ ⲥ̀ⲣⲓⲧ ⲛ̀ⲟⲩⲃⲱⲛ̀ϫⲱⲓⲧ ⲡⲁⲓⲣⲏϯ ⲉⲩⲉ̀ⲥ̀ⲣⲓⲧ ⲙ̀ⲙⲱⲧⲉⲛ ⲟⲩⲟϩ ⲉϣⲱⲡ ⲁϥϣⲁⲛⲕⲏⲛ ⲛ̀ϫⲉ ⲡⲓϭⲱⲗ ⲛⲁⲓ ⲉⲩⲉ̀ⲱϣ ⲉ̀ⲃⲟⲗ ϧⲉⲛ ⲟⲩϩ̀ⲣⲱⲟⲩ:

Ⲟⲩⲱ̀ⲟⲩ ⲛ̀ϯⲧ̀ⲣⲓⲁⲥ ⲉⲑⲟⲩⲁⲃ ⲡⲉⲛⲛⲟⲩϯ ϣⲁ ⲉ̀ⲛⲉϩ ⲛⲉⲙ ϣⲁ ⲉ̀ⲛⲉϩ ⲛ̀ⲧⲉ ⲛⲓⲉ̀ⲛⲉϩ ⲧⲏⲣⲟⲩ: ⲁ̀ⲙⲏⲛ.

Isaiah 24:1-13

A reading from Isaiah the Prophet may his blessings be with us Amen.

Behold, the Lord makes the earth empty and makes it waste, Distorts its surface And scatters abroad its inhabitants. And it shall be: As with the people, so with the priest; As with the servant, so with his master; As with the maid, so with her mistress; As with the buyer, so with the seller; As with the lender, so with the borrower; As with the creditor, so with the debtor. The land shall be entirely emptied and utterly plundered, For the Lord has spoken this word. The earth mourns and fades away, The world languishes and fades away; The haughty people of the earth languish. The earth is also defiled under its inhabitants, Because

اشعياء ٢٤ : ١ – ١٣

من اشعياء النبى بركته المقدسة تكون معنا، آمين.

هُوَذَا الرَّبُّ يُخْلِي الأَرْضَ وَيُفْرِغُهَا وَيَقْلِبُ وَجْهَهَا وَيُبَدِّدُ سُكَّانَهَا. وَكَمَا يَكُونُ الشَّعْبُ هَكَذَا الْكَاهِنُ. كَمَا الْعَبْدُ هَكَذَا سَيِّدُهُ. كَمَا الأَمَةُ هَكَذَا سَيِّدَتُهَا. كَمَا الشَّارِي هَكَذَا الْبَائِعُ. كَمَا الْمُقْرِضُ هَكَذَا الْمُقْتَرِضُ. وَكَمَا الدَّائِنُ هَكَذَا الْمَدْيُونُ. تُفْرَغُ الأَرْضُ إِفْرَاغاً وَتُنْهَبُ نَهْباً لأَنَّ الرَّبَّ قَدْ تَكَلَّمَ بِهَذَا الْقَوْلِ. نَاحَتْ ذَبُلَتِ الأَرْضُ. حَزِنَتْ ذَبُلَتِ الْمَسْكُونَةُ. حَزِنَ مُرْتَفِعُو شَعْبِ الأَرْضِ. وَالأَرْضُ تَدَنَّسَتْ تَحْتَ سُكَّانِهَا لأَنَّهُمْ تَعَدُّوا الشَّرَائِعَ غَيَّرُوا الْفَرِيضَةَ نَكَثُوا الْعَهْدَ الأَبَدِيَّ.

they have transgressed the laws, Changed the ordinance, Broken the everlasting covenant. Therefore the curse has devoured the earth, And those who dwell in it are desolate. Therefore the inhabitants of the earth are burned, And few men are left. The new wine fails, the vine languishes, All the merry-hearted sigh. The mirth of the tambourine ceases, The noise of the jubilant ends, The joy of the harp ceases. They shall not drink wine with a song; Strong drink is bitter to those who drink it. The city of confusion is broken down; Every house is shut up, so that none may go in. There is a cry for wine in the streets, All joy is darkened, The mirth of the land is gone. In the city desolation is left, And the gate is stricken with destruction. When it shall be thus in the midst of the land among the people, It shall be like the shaking of an olive tree.

Glory be to the Holy Trinity our God unto the age of all ages, Amen.

لِذَلِكَ لَعْنَةٌ أَكَلَتِ الأَرْضَ وَعُوقِبَ السَّاكِنُونَ فِيهَا. لِذَلِكَ احْتَرَقَ سُكَّانُ الأَرْضِ وَبَقِيَ أُنَاسٌ قَلاَئِلُ. نَاحَ الْمِسْطَارُ. ذَبُلَتِ الْكَرْمَةُ. أَنَّ كُلُّ مَسْرُورِي الْقُلُوبِ. بَطَلَ فَرَحُ الدُّفُوفِ. انْقَطَعَ ضَجِيجُ الْمُبْتَهِجِينَ. بَطَلَ فَرَحُ الْعُودِ. لاَ يَشْرَبُونَ خَمْراً بِالْغِنَاءِ. يَكُونُ الْمُسْكِرُ مُرّاً لِشَارِبِيهِ. دُمِّرَتْ قَرْيَةُ الْخَرَابِ. أُغْلِقَ كُلُّ بَيْتٍ عَنِ الدُّخُولِ. صُرَاخٌ عَلَى الْخَمْرِ فِي الأَزِقَّةِ. غَرَبَ كُلُّ فَرَحٍ. انْتَفَى سُرُورُ الأَرْضِ. اَلْبَاقِي فِي الْمَدِينَةِ خَرَابٌ وَضُرِبَ الْبَابُ رَدْماً. إِنَّهُ هَكَذَا يَكُونُ فِي وَسَطِ الأَرْضِ بَيْنَ الشُّعُوبِ كَنُفَاضَةِ زَيْتُونَةٍ كَالْخُصَاصَةِ إِذِ انْتَهَى الْقِطَافُ.

مجداً للثالوث القدوس الهنا إلى الأبد وإلى أبد الآبدين كلها، آمين.

ϯⲥⲟⲫⲓⲁ̀ ⲛ̀ⲧⲉ Ⲥⲟⲗⲟⲙⲱⲛ Ⲕⲉⲫ Ⲃ̅ : ⲓ̅ⲃ̅ - ⲕ̅ⲃ̅

Ⲉ̀ⲃⲟⲗϧⲉⲛ ϯⲥⲟⲫⲓⲁ̀ ⲛ̀ⲧⲉ Ⲥⲟⲗⲟⲙⲱⲛ ⲡⲓⲡ̀ⲣⲟⲫⲏⲧⲏⲥ: ⲉⲣⲉⲡⲉϥⲥ̀ⲙⲟⲩ ⲉ̀ⲑⲟⲩⲁⲃ ϣⲱⲡⲓ ⲛⲉⲙⲁⲛ ⲁ̀ⲙⲏⲛ ⲉϥϫⲱ ⲙ̀ⲙⲟⲥ.

Ⲉϥⲉ̀ϫⲟⲣϫϥ ⲛ̀ⲟⲩⲭ̀ⲣⲱⲙ ⲉⲑⲃⲉ ϫⲉ ⲙ̀ⲡⲉϥϯ ϩ̀ⲗⲟϫ ⲉ̀ⲡⲉⲛϩⲏⲧ : ⲟⲩⲟϩ ⲉϥϯ ⲉ̀ϩ̀ⲣⲉⲛ ⲛⲉⲛϩ̀ⲃⲏⲟⲩⲓ̀ ⲟⲩⲟϩ ⲉϥϯⲉⲣϣⲱϣ ⲛⲁⲛ ⲉ̀ϫⲉⲛ ⲛⲉⲛϣⲱϥⲧ ⲉ̀ϫⲉⲛ ⲡⲓⲛⲟⲙⲟⲥ. Ⲉϥⲟⲩⲱⲛϩ ⲉ̀ϩ̀ⲣⲏⲓ ⲉ̀ϫⲱⲛ ⲉ̀ϫⲉⲛ ⲛⲓⲛⲟⲃⲓ ⲛ̀ⲧⲉ ϯⲙⲉⲧⲁⲧⲑⲱⲧ ⲛ̀ϩⲏⲧ : ⲟⲩⲟϩ ⲉ̀ⲟⲩⲟⲛ ⲉ̀ⲙⲓ ⲛⲉⲙⲁϥ ⲉ̀ⲃⲟⲗϩⲓⲧⲉⲛ Ⲫϯ : ⲉⲧⲉ̀ⲙⲟⲩϯ ⲉ̀ⲣⲟϥ ϫⲉ ⲡ̀ϣⲏⲣⲓ ⲙ̀Ⲫϯ. Ⲉϥⲉ̀ϣⲱⲡⲓ ⲛⲁⲛ ⲛ̀ⲟⲩⲣⲉϥⲥⲟϩⲓ ⲉ̀ϫⲉⲛ ⲛⲉⲛⲟⲩⲱϣ : ⲉϥⲟⲩⲱϩ ⲉ̀ϩ̀ⲣⲏⲓ ⲉ̀ϫⲱⲛ ⲉ̀ⲡ̀ϫⲓⲛⲛⲁⲩ ⲉ̀ⲣⲟϥ : ⲉⲑⲃⲉ ϫⲉ ⲡⲉϥⲗⲁⲟⲥ ⲟ̀ⲛⲓ ⲛ̀ⲕⲉⲟⲩⲟⲛ ⲁⲛ : ⲟⲩⲟϩ ⲛⲉϥⲙⲱⲓⲧ ⲥⲉϣⲟⲃⲓ ⲛ̀ⲧⲟⲧⲉⲛ : ⲟⲩⲟϩ ⲉⲛⲏⲡ ⲛ̀ⲧⲟⲧϥ ϫⲉ ϧⲁ ⲉ̀. Ⲉϥⲟⲩⲉⲓ ⲛ̀ⲛⲉⲛⲙⲱⲓⲧ ⲙ̀ⲫ̀ⲣⲏϯ ⲉ̀ⲧⲉϥⲟⲩⲉⲓ ⲙ̀ⲙⲟϥ ⲛ̀ⲛⲓⲑⲏⲣⲓⲟⲛ : ⲉϥⲉ̀ⲙⲃⲟⲛ ⲉ̀ϫⲉⲛϩⲁⲛ ⲟⲩⲟⲛ ⲛ̀ⲧⲉ ⲛⲓⲉ̀ⲗⲉⲩⲑⲉⲣⲟⲥ : ⲟⲩⲟϩ ⲉϥϣⲟⲩϣⲟⲩ ⲙ̀ⲙⲟϥ ϫⲉ Ⲫϯ ⲡⲉϥⲓⲱⲧ. Ⲡⲉⲛϫ ϫⲉ ⲁ̀ⲣⲏⲟⲩ ⲛⲉϥⲥⲁϫⲓ ϩⲁⲛⲙⲉⲑⲙⲏⲓ ⲛⲉ :

ⲉⲧⲉⲣⲇⲟⲕⲓⲙⲁⲍⲓⲛ ⲙ̀ⲫⲏⲉⲑⲛⲁϣⲱⲡⲓ ⲙⲉⲛⲉⲛⲥⲁ ⲡⲉϥϫⲱⲕ ⲉ̀ⲃⲟⲗ : ϫⲉ ⲛ̀ⲛⲉ ⲟⲩϣⲏⲣⲓ ⲙ̀Ⲫ︦ⲧ︦ ϧⲉⲛ ⲟⲩⲙⲉⲑⲙⲏⲓ : ϥ̀ⲛⲁⲛⲟϩⲉⲙ ⲛ̀ⲧⲉϥⲯⲩⲭⲏ ⲉϥ̀ⲉⲥⲟⲧⲥ ϧⲉⲛ ⲛⲉⲛϫⲓϫ ⲛ̀ⲛⲓⲁⲛ ⲧⲓⲕⲓⲙⲉⲛⲟⲥ. Ⲁⲛⲉⲣⲡⲓⲣⲁⲍⲓⲛ ⲙ̀ⲙⲟϥ ⲉ̀ⲃⲟⲗϩⲓⲧⲉⲛ ⲟⲩϣⲱϣ : ⲛⲉⲙ ⲟⲩⲃⲁⲥⲁⲛⲟⲥ : ⲉⲩⲉ̀ⲙⲓ ϧⲉⲛ ⲫⲁⲓ ⲙ̀ⲡⲉϥⲑⲉⲃⲓⲟ : ⲉⲩⲉ̀ⲙⲓ ⲉ̀ⲧⲉϥⲙⲉⲧⲣⲉⲙⲣⲁⲩϣ ⲛⲉⲙ ⲧⲉϥϩⲩⲡⲟⲙⲟⲛⲏ : ⲉⲩⲉ̀ϯϩⲁⲡ ⲉ̀ⲣⲟϥ ϧⲉⲛ ⲟⲩⲙⲟⲩ ⲉϥϣⲏϣ : ϩⲓⲛⲁ ⲛ̀ⲧⲉ ϯⲗⲱⲓϫⲓ ϣⲱⲡⲓ ⲉ̀ϫⲱϥ ⲉ̀ⲃⲟⲗϧⲉⲛ ⲡⲉϥⲥⲁϫⲓ. Ⲉⲩⲉ̀ϥⲓⲣⲱⲟⲩϣ ϧⲉⲛ ⲫⲁⲓ ⲟⲩⲟϩ ⲉⲩⲉ̀ⲥⲱⲣⲉⲙ : ⲁϥⲑⲱⲙ ⲙ̀ⲡⲟⲩ - ϣⲟⲩϣⲟⲩ ⲟⲩⲟϩ ⲙ̀ⲡⲟⲩⲉ̀ⲙⲓ ⲉ̀ⲛⲓⲙⲩⲥⲧⲏⲣⲓⲟⲛ ⲛ̀ⲧⲉ Ⲫ︦ⲧ︦ : ⲟⲩⲟϩ ⲙ̀ⲡⲟⲩⲉⲣⲛⲟⲓⲛ̀ⲙ̀ⲫⲃⲉⲭⲉ ⲛ̀ⲧⲉ ⲛⲓⲑⲙⲏⲓ : ⲟⲩⲟϩ ⲙ̀ⲡⲟⲩⲉⲣⲫ̀ⲙⲉⲩ̀ⲓ ⲛ̀ⲛⲓⲉⲛⲕⲟⲧ ⲛ̀ⲛⲓ.ⲯⲩⲭⲏ ⲉ̀ⲧⲉ ⲙ̀ⲙⲟⲛ ⲁϭⲛⲓ ⲛ̀ϧⲏⲧⲟⲩ:

Ⲟⲩⲱ̀ⲟⲩ ⲛ̀ϯⲧ̀ⲣⲓⲁⲥ ⲉ̀ⲑⲟⲩⲁⲃ ⲡⲉⲛⲛⲟⲩϯ ϣⲁ ⲉ̀ⲛⲉϩ ⲛⲉⲙ ϣⲁ ⲉ̀ⲛⲉϩ ⲛ̀ⲧⲉ ⲛⲓⲉ̀ⲛⲉϩ ⲧⲏⲣⲟⲩ: ⲁ̀ⲙⲏⲛ.

Wisdom of Solomon 2: 12-22

A reading from the Wisdom of Solomon the Prophet may his blessings be with us Amen.

"Let us lie in wait for the righteous man, because he is inconvenient to us and opposes our actions; he reproaches us for sins against the law, and accuses us of sins against our training. He professes to have knowledge of God, and calls himself a child of the Lord. He became to us a reproof of our thoughts; the very sight of him is a burden to us, because his manner of life is unlike that of others, and his ways are strange. We are considered by him as something base, and he avoids our ways as unclean; he calls the last end of the righteous happy, and boasts that God is his father. Let us see if his words are true, and let us test what will happen at the end of his life; for if the righteous man is God's child, he will help him, and will deliver him from the hand of his adversaries. Let us test him with insult and torture, so that we may find out how gentle he is, and make

حكمة سليمان ٢: ١٢ - ٢٢

من حكمة سليمان النبى بركته المقدسة تكون معنا، آمين.

يقتنص لنفسه ناراً لانه ثقيل علينا. لانه يقاوم أعمالنا ويرذلنا على مخالفتنا للناموس. ويظهر علينا خطايا العصيان وأن عنده علم من عند الله. ويسبى ابن الله. يصير مبكتاً لنا على أفكارنا. ومنظره ثقيل علينا أن نراه. لاجل أن شعبه لا يشبه غيره. وطرقه مخالفة لنا. وحسبنا عنده متأخرين وهو متباعد عن طرقنا كتباعده عن الوحوش. ويغضب على القوم الاحرار. ويفتخر بأن الله أبوه. فلننظر لعل كلامه حق. ولنختبر ما سيكون عند نهايته. فان كان هو حقاً ابن الله. فهو يخلص نفسه وينقذها من أيدى المضادين فلنمتحنه بالشتم والعذاب حتى نعلم بهذا تواضعه. ونختبر دعته وصبره. ويحكم عليه بأشنع ميتة. لكى تكون الحجة عليه من كلامه.

trial of his forbearance. Let us condemn him to a shameful death, for, according to what he says, he will be protected." Thus they reasoned, but they were led astray, for their wickedness blinded them, and they did not know the secret purposes of God, nor hoped for the wages of holiness, nor discerned the prize for blameless souls.

Glory be to the Holy Trinity our God unto the age of all ages, Amen.

هذا ما ارتأوه فضلوا. فخرهم أعماهم ولم يدركوا أسرار الله ولم يرجوا أجرة الابرار. ولم يفكروا فى رقاد النفوس التى لا عيب فيها:

مجداً للثالوث القدوس الهنا إلى الأبد وإلى أبد الآبدين كلها، آمين.

Iωβ πιθμηι Κεφ ιβ : ιζ ϣβλ νεμ Κεφ ιγ : α – ϣβλ

Ⲉⲃⲟⲗϧⲉⲛ Ⲓⲱⲃ ⲡⲓⲑⲙⲏⲓ: ⲉⲣⲉⲡⲉϥⲥ̀ⲙⲟⲩ ⲉ̀ⲑⲟⲩⲁⲃ ϣⲱⲡⲓ ⲛⲉⲙⲁⲛ ⲁ̀ⲙⲏⲛ ⲉϥϫⲱ ⲙ̀ⲙⲟⲥ.

Ⲁϥⲡⲱϣⲥ ⲛⲉⲛⲣⲉϥϯϩⲁⲡ ⲙ̀ⲡⲕⲁϩⲓ ⲡⲉⲧⲑⲉⲙⲥⲱ ⲛ̀ⲛⲓⲟⲩⲣⲱⲟⲩ ⲉϫⲉⲛ ⲛⲓⲑⲣⲟⲛⲟⲥ ⲡⲉⲧϫⲟⲟⲩ ⲛ̀ⲛⲓⲟⲩⲏⲃ ⲛⲁⲓ̀ⲭⲙⲁⲗⲱⲧⲟⲥ ⲁϥϣⲟⲣϣⲉⲣ ⲛⲉⲛⲆⲩⲛⲁⲥⲧⲏⲥ ⲙ̀ⲡⲕⲁϩⲓ ⲫⲏⲉⲧϣⲓⲃⲓ ⲛ̀ⲛⲁⲟⲡⲟⲧⲟⲩ ⲛⲉⲙⲡⲓⲥⲧⲟⲥ ⲁϥⲉⲓⲙⲓ ⲇⲉ ⲉ̀ⲧⲙⲉⲧⲥⲁⲃⲉ ⲛⲉⲛϧⲉⲗⲗⲟ ⲁϥⲧⲁⲗϭⲟ ⲇⲉ ⲛ̀ⲛⲉⲧⲑⲉⲃⲓⲏⲟⲩⲧ ⲫⲏⲉⲧϭ̀ⲱⲗⲡ ⲉ̀ⲃⲟⲗ ⲛ̀ⲛⲉⲧϩⲏⲕ ⲙ̀ⲡⲓⲭⲁⲕⲓ ⲁϥⲉⲓⲛⲓ ⲉⲃⲟⲗ ⲙ̀ⲡⲓⲟⲩⲱⲓⲛⲓ ⲛⲉⲛ ϩⲁⲓ ⲡⲉⲥ ⲛ̀ⲛⲉⲧⲡⲗⲁⲛⲁ ⲫⲏⲉⲧϣⲓⲃⲓ ⲛⲉⲛϩⲏⲧ ⲛ̀ⲛⲓⲁⲣⲭⲱⲛ ⲙ̀ⲡⲕⲁϩⲓ ⲁⲩⲥⲟⲣⲙⲟⲩ ⲇⲉ ϧⲉⲛ ⲟⲩϩⲓⲏ ⲛ̀ⲥⲉ ⲥⲱⲟⲩⲛ ⲙ̀ⲙⲟⲥ ⲁⲛ. ⲉⲩϫⲉⲙϫⲟⲙ ϧⲉⲛ ⲡ̀ⲭⲁⲕⲓ ϧⲉⲛ ⲡ̀ⲟⲩⲱⲓⲛⲓ ⲁⲛ. ⲉⲩⲥⲱⲣⲉⲙ ⲇⲉ ⲛ̀ⲑⲉ ⲛ̀ⲛⲏⲉⲧⲧⲁϩⲉ ⲓⲥ ϩⲏⲡⲡⲉ ⲁⲡⲁⲃⲁⲗ ⲛⲁⲩⲉⲛⲁ ⲓ ⲟⲩⲟϩ ⲁ ⲡⲁⲙⲁϣϫ ⲥⲟⲧⲙⲟⲩ :

Ⲟⲩⲱ̀ⲟⲩ ⲛ̀ϯⲦ̀ⲣⲓⲁⲥ ⲉ̀ⲑⲟⲩⲁⲃ ⲡⲉⲛⲛⲟⲩϯ ϣⲁ ⲉ̀ⲛⲉϩ ⲛⲉⲙ ϣⲁ ⲉ̀ⲛⲉϩ ⲛ̀ⲧⲉ ⲛⲓⲉ̀ⲛⲉϩ ⲧⲏⲣⲟⲩ: ⲁ̀ⲙⲏⲛ.

Job 12:17-13:1

A reading from the book of Job may his blessings be with us Amen.

He leads counselors away plundered, And makes fools of the judges.He loosens the bonds of kings, And binds their waist with a belt.He leads princes away plundered, And overthrows the mighty.He deprives the trusted ones of speech, And takes away the discernment of the elders. He pours contempt on princes, And disarms the

أيوب ١٢: ١٨ – ١٣: ١

من أيوب الصديق بركته المقدسة تكون معنا، آمين.

يَذْهَبُ بِالْمُشِيرِينَ أَسْرَى وَيُحَمِّقُ الْقُضَاةَ. يَحُلُّ مَنَاطِقَ الْمُلُوكِ وَيَشُدُّ أَحْقَاءَهُمْ بِوِثَاقٍ. يَذْهَبُ بِالْكَهَنَةِ أَسْرَى وَيَقْلِبُ الأَقْوِيَاءَ. يَقْطَعُ كَلاَمَ الأُمَنَاءِ وَيَنْزِعُ ذَوْقَ الشُّيُوخِ. يُلْقِي هَوَاناً عَلَى الشُّرَفَاءِ وَيُرْخِي مِنْطَقَةَ الأَشِدَّاءِ. يَكْشِفُ الْعَمَائِقَ مِنَ الظَّلاَمِ وَيُخْرِجُ ظِلَّ

mighty.He uncovers deep things out of darkness, And brings the shadow of death to light.He makes nations great, and destroys them; He enlarges nations, and guides them.He takes away the understanding of the chiefs of the people of the earth, And makes them wander in a pathless wilderness.They grope in the dark without light, And He makes them stagger like a drunken man. "Behold, my eye has seen all this, My ear has heard and understood it.

Glory be to the Holy Trinity our God unto the age of all ages, Amen.

الْمَوْتِ إِلَى النُّورِ. يُكَثِّرُ الأُمَمَ ثُمَّ يُبِيدُهَا. يُوَسِّعُ لِلأُمَمِ ثُمَّ يُشَتِّتُها. يَنْزِعُ عُقُولَ رُؤَسَاءِ شَعْبِ الأَرْضِ وَيُضِلُّهُمْ فِي تِيهٍ بِلاَ طَرِيقٍ. يَتَلَمَّسُونَ فِي الظَّلاَمِ وَلَيْسَ نُورٌ وَيُرَنِّحُهُمْ مِثْلَ السَّكْرَانِ. هَذَا كُلُّهُ رَأَتْهُ عَيْنِي. سَمِعَتْهُ أُذُنِي وَفَطِنَتْ بِهِ.

مجداً للثالوث القدوس الهنا إلى الأبد وإلى أبد الآبدين كلها، آمين.

Ζαχαριας Κεφ ια : ια - ιδ

Ⲉⲃⲟⲗϧⲉⲛ Ζαχαριας πιπροφητης: ⲉⲣⲉⲡⲉϥⲥ̀ⲙⲟⲩ ⲉⲑⲟⲩⲁⲃ ϣⲱⲡⲓ ⲛⲉⲙⲁⲛ ⲁ̀ⲙⲏⲛ ⲉϥϫⲱ ⲙ̀ⲙⲟⲥ.

Ⲟⲩⲟϩ ⲁⲩⲉⲙⲓ ⲛ̀ϫⲉ ⲛⲓⲭⲁⲛⲁⲛⲉⲟⲥ ⲛⲓⲉⲥⲱⲟⲩ ⲉ̀ⲧⲟⲩⲁ̀ⲣⲉϩ ⲉ̀ⲣⲱⲟⲩ ϫⲉ ⲟⲩⲥⲁϫⲓ ⲛ̀ⲧⲉ Ⲡⲟ̅ⲥ̅ ⲡⲉ. Ⲉⲓⲉϫⲟⲥ ⲛⲱⲟⲩ ϫⲉ ⲓⲥϫⲉ ⲛⲁ ⲛⲉⲉ ⲙ̀ⲡⲉⲧⲉⲛ ⲙ̀ⲑⲟ : ⲙⲟⲓ ⲛⲏⲓ ⲉ̀ⲣⲉⲧⲉⲛⲥⲉⲙⲛⲉ ⲡⲁⲃⲉϫⲉ : ⲓⲉ ⲙ̀ⲙⲟⲛ ⲁ̀ⲣⲓ ⲡⲟⲧⲁζⲉⲥⲑⲉ : ⲟⲩⲟϩ ⲁⲩⲥⲉⲙⲛⲓ ⲙ̀ⲡⲁⲃⲉϫⲉ ⲙ̀ⲙⲁⲡ ⲛ̀ϩⲁⲧ. **Ⲟⲩⲟϩ** ⲡⲉϫⲉ Ⲡⲟ̅ⲥ̅ ⲛⲏⲓ ϩⲓⲧⲟⲩ ⲉ̀ⲡⲓⲙⲁⲛⲟⲩⲱⲧϩ : ⲟⲩⲟϩ ϫⲉⲙ̀ⲡϣⲓⲛⲓ ϫⲉ ⲁⲛ ϥⲥⲱⲧⲡ ⲙ̀ⲫⲣⲏϯ ⲉ̀ⲧⲁⲩⲉⲣⲇⲟⲕⲓⲙⲁζⲓⲛ ⲙ̀ⲙⲟⲓ ⲉ̀ϩⲣⲏⲓ ⲉ̀ϫⲱⲟⲩ : ⲟⲩⲟϩ ⲁⲓϭⲓ ⲛ̀ϯⲙⲁⲡ ⲛ̀ϩⲁⲧ ⲁⲓϩⲓⲧⲟⲩ ⲉ̀ϧⲟⲩⲛ ⲉ̀ⲡⲏⲓ ⲙ̀Ⲡⲟ̅ⲥ̅ ⲉ̀ⲡⲓⲙⲁⲛⲟⲩⲱⲧϩ. **Ⲟⲩⲟϩ** ⲁⲓⲃⲟⲣⲃⲉⲣ ⲙ̀ⲡⲓϣⲃⲱⲧ ⲙ̀ⲙⲁϩ ⲥ̀ⲛⲁⲩ ⲉⲧⲉ ⲡⲓⲛⲟϩ ⲛ̀ⲣⲱϣ ⲡⲉ : ⲉ̀ⲡϫⲓⲛϫⲱⲣ ⲉ̀ⲃⲟⲗ ⲙ̀ⲡⲓⲁ̀ⲙⲁϩⲓ ϧⲉⲛ ⲑⲙⲏϯ ⲛ̀Ⲓⲟⲩⲇⲁ ⲛⲉⲙ ϧⲉⲛ ⲑⲙⲏϯ ⲙ̀ⲡⲓⲥ̅ⲗ̅:

Ⲟⲩⲱ̀ⲟⲩ ⲛ̀ϯⲧ̀ⲣⲓⲁⲥ ⲉⲑⲟⲩⲁⲃ ⲡⲉⲛⲛⲟⲩϯ ϣⲁ ⲉ̀ⲛⲉϩ ⲛⲉⲙ ϣⲁ ⲉ̀ⲛⲉϩ ⲛ̀ⲧⲉ ⲛⲓⲉ̀ⲛⲉϩ ⲧⲏⲣⲟⲩ: ⲁ̀ⲙⲏⲛ.

Zechariah 11: 11-14

زكريا ١١: ١١ - ١٤

A reading from Zechariah the Prophet may his blessings be with us Amen.

So it was broken on that day. Thus the poor of the flock, who were watching me, knew that it was the word of the Lord. Then I said to them, "If it is agreeable to you, give me my wages; and if not, refrain." So they weighed out for my wages thirty pieces of silver. And the Lord said to me, "Throw it to

من زكريا النبى بركته المقدسة تكون معنا، آمين.

فَنُقِضَ فِي ذَلِكَ الْيَوْمِ. وَهَكَذَا عَلِمَ أَذَلُّ الْغَنَمِ الْمُنْتَظِرُونَ لِي أَنَّهَا كَلِمَةُ الرَّبِّ. فَقُلْتُ لَهُمْ: [إِنْ حَسُنَ فِي أَعْيُنِكُمْ فَأَعْطُونِي أُجْرَتِي وَإِلاَّ فَامْتَنِعُوا]. فَوَزَنُوا أُجْرَتِي ثَلاَثِينَ مِنَ الْفِضَّةِ. فَقَالَ لِي الرَّبُّ: [أَلْقِهَا إِلَى الْفَخَّارِيِّ الثَّمَنَ

the potter"--that princely price they set on me. So I took the thirty pieces of silver and threw them into the house of the Lord for the potter. Then I cut in two my other staff, Bonds, that I might break the brotherhood between Judah and Israel.

Glory be to the Holy Trinity our God unto the age of all ages, Amen.

الْكَرِيمَ الَّذِي ثَمَّنُونِي بِهِ]. فَأَخَذْتُ الثَّلاَثِينَ مِنَ الْفِضَّةِ وَأَلْقَيْتُهَا إِلَى الْفَخَّارِيِّ فِي بَيْتِ الرَّبِّ. ثُمَّ قَصَفْتُ عَصَايَ الأُخْرَى [حِبَالاً] لأَنْقُضَ الإِخَاءَ بَيْنَ يَهُوذَا وَإِسْرَائِيلَ.

مجداً للثالوث القدوس الهنا إلى الأبد وإلى أبد الآبدين كلها، آمين.

Ⲙⲓⲭⲉⲟⲥ Ⲕⲉⲫ ⲁ̅ : ⲓ̅ⲉ̅ ϣⲁ ⲃ̅ ⲛⲉⲙ Ⲕⲉⲫ ⲃ̅ : ⲁ̅ - ⲅ̅

Ⲉ̀ⲃⲟⲗϧⲉⲛ Ⲙⲓⲭⲉⲟⲥ ⲡⲓⲡ̀ⲣⲟⲫⲏⲧⲏⲥ: ⲉ̀ⲣⲉⲡⲉϥ̀ⲥ̀ⲙⲟⲩ ⲉ̀ⲑⲟⲩⲁⲃ ϣⲱⲡⲓ ⲛⲉⲙⲁⲛ ⲁ̀ⲙⲏⲛ ⲉϥϫⲱ ⲙ̀ⲙⲟⲥ.

Ⲡⲱⲟⲩ ⲛ̀ⲧϣⲉⲣⲓ ⲛ̀ⲥⲓⲱⲛ Ⲭⲉⲉⲕⲉ ϫⲱ ⲛ̀ⲧⲉϣⲉϥϫⲱ ⲉ̀ϫⲉⲛ ⲛⲟⲩϣⲏⲣⲓ ⲉⲧϫⲏⲛ ⲧⲁϣⲟ ⲛ̀ⲧⲟⲩⲙⲉⲧϫⲏⲣⲁ ⲛ̀ⲑⲉ ⲛ̀ⲧⲁ ⲟⲩⲁⲓⲧⲟⲥ ϫⲉ ⲁⲩϥⲓⲧⲟⲩ ⲛⲁⲓⲭⲙⲁⲗⲱⲧⲟⲥ ⲛ̀ⲧⲟⲟⲧⲉ. **Ⲟⲩⲟⲓ** ⲛ̀ⲛⲉⲧⲙⲉⲩ̀ⲓ ⲟⲩⲟϩ ⲉⲩⲙⲉⲩ̀ⲓ ⲉⲩⲡⲉⲧϩⲱⲟⲩ ϩⲓϫⲉⲛ ⲛⲟⲩⲙⲁ̀ⲛⲕⲟⲧ. **Ⲟⲩⲟϩ** ⲁⲩϫⲟⲕⲟⲩ ⲉ̀ⲃⲟⲗ ϩⲓⲟⲩⲥⲟⲡ ⲙⲡⲓⲉ̀ϩⲟⲟⲩ ϫⲉ ⲙ̀ⲡⲟⲩϥⲓ ⲛ̀ⲛⲉⲩϫⲓϫ ⲉ̀ϩ̀ⲣⲏⲓ Ⲫ̀ⲧ ⲁⲩⲉⲣ ⲉⲡⲓⲑⲩⲙⲓⲛ ⲉϩⲉⲛ ⲥⲱϣⲓ ⲁⲩⲧⲟⲣⲡⲟⲩ ⲛ̀ⲟⲣ ⲫⲁⲛⲟⲥ ⲛⲉⲙ ⲛⲓⲭⲏⲣⲁ ⲁⲩϭⲓⲧⲟⲩ ⲛ̀ϫⲟⲛⲥ ⲁⲩⲧⲱⲣⲡ ⲛⲟⲩ ⲣⲱⲙⲓ ⲛⲉⲙ ⲡⲉϥⲏⲓ ⲟⲩⲣⲱⲙⲓ ⲛⲉⲙ ⲧⲉϥⲕⲗⲏⲣⲟⲛⲟⲙⲓⲁ ⲉⲑⲃⲉ ⲫⲁⲓ ⲛⲁⲓ ⲛⲉⲧⲉⲣⲉ Ⲡ̅ⲟ̅ⲥ̅ ϫⲱ ⲙ̀ⲙⲱⲟⲩ ϫⲉ ⲓⲥ ϩⲏⲡⲡⲉ ⲁ̀ⲛⲟⲕ ϯⲛⲁϣⲟϫⲛⲉ ⲉϩⲉⲛ ⲡⲉⲧϩⲱⲟⲩ ⲉ̀ϫⲉⲛ ⲧⲁⲓ ⲫⲩⲗⲏ ⲉⲧⲉⲧⲛϣϥⲓ ϫⲱⲧⲉⲛ ⲁⲛ ⲉ̀ϩ̀ⲣⲏⲓ ϩⲁⲣⲱⲟⲩ ⲟⲩⲟϩ ϧⲉⲛ ⲟⲩϣ̀ⲥⲛⲉ ⲛ̀ⲛⲉⲧⲉⲛⲙⲟϣⲓ ⲉ̀ⲧⲉⲧⲉⲛ ⲥⲟⲩⲧⲱⲛ ⲉ̀ⲃⲟⲗ ϫⲉ ⲟⲩⲟⲉⲓϣ ⲙ̀ⲡⲟⲛⲏⲣⲟⲛ ⲡⲉ

Ⲟⲩⲱ̀ⲟⲩ ⲛ̀ϯⲧ̀ⲣⲓⲁⲥ ⲉ̀ⲑⲟⲩⲁⲃ ⲡⲉⲛⲛⲟⲩϯ ϣⲁ ⲉ̀ⲛⲉϩ ⲛⲉⲙ ϣⲁ ⲉ̀ⲛⲉϩ ⲛ̀ⲧⲉ ⲛⲓⲉ̀ⲛⲉϩ ⲧⲏⲣⲟⲩ: ⲁ̀ⲙⲏⲛ.

Micah 1:16-2:3

ميخا ١ : ١٦ - ٢ : ١ - ٣

A reading from Micah the Prophet may his blessings be with us Amen.

Make yourself bald and cut off your hair, Because of your precious children; Enlarge your baldness like an eagle, For they shall go from you into captivity. Woe to those who devise iniquity, And work out evil on their beds! At morning light they practice it, Because it is in the power of their hand. They covet fields and take them by violence, Also houses, and seize them. So they oppress a man

من ميخا النبى بركته المقدسة تكون معنا، آمين.

كُونِي قَرْعَاءَ وَجُزِّي مِنْ أَجْلِ بَنِي تَنَعُّمِكِ. وَسِّعِي قَرْعَتَكِ كَالنَّسْرِ لأَنَّهُمْ قَدِ انْتَفُوا عَنْكِ. وَيْلٌ لِلْمُفْتَكِرِينَ بِالْبُطْلِ وَالصَّانِعِينَ الشَّرَّ عَلَى مَضَاجِعِهِمْ. فِي نُورِ الصَّبَاحِ يَفْعَلُونَهُ لأَنَّهُ فِي قُدْرَةِ يَدِهِمْ. فَإِنَّهُمْ يَشْتَهُونَ الْحُقُولَ وَيَغْتَصِبُونَهَا وَالْبُيُوتَ وَيَأْخُذُونَهَا وَيَظْلِمُونَ

and his house, A man and his inheritance. Therefore thus says the Lord: "Behold, against this family I am devising disaster, From which you cannot remove your necks; Nor shall you walk haughtily, For this is an evil time.

الرَّجُلَ وَبَيْتَهُ وَالإِنْسَانَ وَمِيرَاثَهُ. لِذَلِكَ هَكَذَا قَالَ الرَّبُّ: «هَئَنَذَا أَفْتَكِرُ عَلَى هَذِهِ الْعَشِيرَةِ بِشَرٍّ لاَ تُزِيلُونَ مِنْهُ أَعْنَاقَكُمْ وَلاَ تَسْلُكُونَ بِالتَّشَامُخِ لأَنَّهُ زَمَانٌ رَدِيءٌ.

Glory be to the Holy Trinity our God unto the age of all ages, Amen.

مجداً للثالوث القدوس الهنا إلى الأبد وإلى أبد الآبدين كلها، آمين.

Ⲙⲓⲭⲉⲟⲥ Ⲕⲉⲫ ⲍ̅ : ⲁ̅ - ⲏ̅

Ⲉ̀ⲃⲟⲗϧⲉⲛ Ⲙⲓⲭⲉⲟⲥ ⲡⲓⲡ̀ⲣⲟⲫⲏⲧⲏⲥ: ⲉ̀ⲣⲉⲡⲉϥ̀ⲥ̀ⲙⲟⲩ ⲉ̀ⲑⲟⲩⲁⲃ ϣⲱⲡⲓ ⲛⲉⲙⲁⲛ ⲁ̀ⲙⲏⲛ ⲉϥϫⲱ ⲙ̀ⲙⲟⲥ.

Ⲟⲩⲟⲓ ⲛ̀ⲧⲁⲯⲩⲭⲏ ϫⲉ ⲁϥⲙⲟⲩⲛⲕ ⲛ̀ϫⲉ ⲡⲓⲣⲉϥⲉⲣϩⲟϯ ⲉ̀ⲃⲟⲗ ϩⲓϫⲉⲛ ⲡ̀ⲕⲁϩⲓ : ⲟⲩⲟϩ ⲫⲏⲉⲧⲥⲟⲩⲧⲱⲛ ϧⲉⲛ ⲛⲓⲣⲱⲙⲓ ϥ̀ϣⲟⲡ ⲁⲛ : ⲥⲉϭⲓ ϩⲁⲡⲧⲏⲣⲟⲩ ⲉ̀ϩⲁⲛ ⲥ̀ⲛⲟϥ : ⲫⲟⲩⲁⲓ ⲫⲟⲩⲁⲓ ϥ̀ϩⲟϫϩⲉϫ ⲙ̀ⲡⲉϥϣ̀ⲫⲣ ϧⲉⲛ ⲟⲩϩⲟϫϩⲉϫ. Ⲉⲩⲥⲟⲃϯ ⲛ̀ⲛⲟⲩϫⲓϫ ⲉ̀ⲡⲓⲡⲉⲧϩⲱⲟⲩ : ϥ̀ⲉ̀ⲣⲉⲧⲓⲛ ⲛ̀ϫⲉ ⲡⲓⲁⲣⲭⲱⲛ ⲟⲩⲟϩ ⲡⲓⲣⲉϥϯϩⲁⲡ ⲁϥⲥⲁϫⲓ ⲛ̀ϩⲁⲛⲥⲁϫⲓ ⲛ̀ϩⲓⲣⲏⲛⲏ : ⲁϥϫⲉ ⲡⲉⲑⲣⲁⲛⲁϥ ⲛ̀ⲧⲉϥⲯⲩⲭⲏ ⲛ̀ϫⲉ ⲡⲓϫⲱⲣ : Ⲟⲩⲟϩ ϯⲛⲁⲱⲗⲓ ⲛ̀ⲛⲟⲩⲁ̀ⲅⲁⲑⲟⲛ ⲙ̀ⲫ̀ⲣⲏϯ ⲛ̀ⲟⲩϩⲟⲗⲓ ⲉⲥⲟⲩⲱⲙ ϧⲉⲛ ⲟⲩⲉ̀ϩⲟⲟⲩ ⲛ̀ⲭⲁⲕⲓ : ⲟⲩⲟⲓ ⲟⲩⲟⲓ ⲁ̀ⲩⲓ ⲛ̀ϫⲉ ⲛⲓϭⲓ ⲙ̀ⲡ̀ϣⲓϣ : ϯⲛⲟⲩ ⲉϥⲉ̀ϣⲱⲡⲓ ⲛ̀ϫⲉ ⲟⲩⲣⲓⲙⲓ : Ⲙ̀ⲡⲉⲣⲧⲉⲛϩⲉⲧⲑⲏⲛⲟⲩ ϧⲉⲛ ⲛⲉⲧⲉⲛ̀ϣ̀ⲫⲏⲣ : ⲟⲩⲇⲉ ⲙ̀ⲡⲉⲣⲉⲣϩⲉⲗⲡⲓⲥ ⲛ̀ⲛⲉⲧⲉⲛϩⲩⲅⲟⲩⲙⲉⲛⲟⲥ : ⲁ̀ⲣⲉϩ ⲉ̀ⲣⲟⲕ ⲉ̀ⲑⲏⲉ̀ⲧⲉⲕⲉⲛⲕⲟⲧ ⲛⲉⲙⲁⲥ : ⲉ̀ϣ̀ⲧⲉⲙ ⲭⲁϩⲗⲓ ϧⲁⲧⲟⲧⲥ. Ϫⲉ ⲟⲩⲏⲓ ⲟⲩϣⲏⲣⲓ ϥ̀ⲛⲁϣⲱϣ ⲙ̀ⲡⲉϥⲓⲱⲧ ⲟⲩϣⲉ̀ⲣⲓ ⲥ̀ⲛⲁⲧⲱⲛⲥ ⲉ̀ϫⲉⲛ ⲧⲉⲥⲙⲁⲩ : ⲟⲩϣⲉ̀ⲗⲉⲧ ⲉ̀ⲧⲉⲥϣⲱⲙⲓ : ϩⲁⲛϫⲁϫⲓ ⲙ̀ⲡⲓⲣⲱⲙⲓ ⲛⲉ ⲛⲏⲉⲧ ϧⲉⲛ ⲡⲉϥⲏⲓ. Ⲁ̀ⲛⲟⲕ ⲇⲉ ϯⲛⲁϫⲟⲩϣⲧ ⲉ̀ϫⲉⲛ Ⲡ̅ⲟ̅ⲥ̅ : ϯⲛⲁⲙⲟⲩⲛ ⲉ̀ⲃⲟⲗ ⲉ̀ϫⲉⲛ Ⲫ̀ⲛⲟⲩϯ ⲡⲁⲥⲱⲧⲏⲣ. ⲡⲁⲛⲟⲩϯ ⲛⲁⲥⲱⲧⲉⲙ ⲉ̀ⲣⲟⲓ Ⲙ̀ⲡⲉⲣⲣⲁϣⲓ ⲙ̀ⲙⲟⲓ ⲧⲁϫⲁϫⲓ : ϫⲉ ⲁⲓϣⲁⲛϩⲉⲓ ⲙ̀ⲛⲁⲧⲱⲛⲧ ⲟⲛ : ϫⲉ ⲟⲩⲏⲓ ⲁⲓϣⲁⲛϩⲉⲙⲥⲓ ϧⲉⲛ ⲡ̀ⲭⲁⲕⲓ : ϥ̀ⲛⲁⲉⲣⲟⲩⲱⲓⲛⲓ ⲉ̀ⲣⲟⲓ ⲛ̀ϫⲉ Ⲡ̅ⲟ̅ⲥ̅.

Ⲟⲩⲱ̀ⲟⲩ ⲛ̀ϯⲧ̀ⲣⲓⲁⲥ ⲉ̀ⲑⲟⲩⲁⲃ ⲡⲉⲛⲛⲟⲩϯ ϣⲁ ⲉ̀ⲛⲉϩ ⲛⲉⲙ ϣⲁ ⲉ̀ⲛⲉϩ ⲛ̀ⲧⲉ ⲛⲓⲉ̀ⲛⲉϩ ⲧⲏⲣⲟⲩ: ⲁ̀ⲙⲏⲛ

Micah 7: 1-8

ميخا ٧: ١ – ٨

A reading from Micah the Prophet may his blessings be with us Amen.

من ميخا النبى بركته المقدسة تكون معنا، آمين.

Woe is me! For I am like those who gather summer fruits, Like those who glean vintage grapes; There is no cluster to eat Of the first-ripe fruit

وَيْلٌ لِي لأَنِّي صِرْتُ كَجَنَى الصَّيْفِ كَخُصَاصَةِ الْقِطَافِ. لاَ عُنْقُودَ لِلأَكْلِ وَلاَ

which my soul desires. The faithful man has perished from the earth, And there is no one upright among men. They all lie in wait for blood; Every man hunts his brother with a net. That they may successfully do evil with both hands-- The prince asks for gifts, The judge seeks a bribe, And the great man utters his evil desire; So they scheme together. The best of them is like a brier; The most upright is sharper than a thorn hedge; The day of your watchman and your punishment comes; Now shall be their perplexity. Do not trust in a friend; Do not put your confidence in a companion; Guard the doors of your mouth From her who lies in your bosom. For son dishonors father, Daughter rises against her mother, Daughter-in-law against her mother-in-law; A man's enemies are the men of his own household. Therefore I will look to the Lord; I will wait for the God of my salvation; My God will hear me. Do not rejoice over me, my enemy; When I fall, I will arise; When I sit in darkness, The Lord will be a light to me.

Glory be to the Holy Trinity our God unto the age of all ages, Amen.

بَاكُورَةَ تِينَةٍ اشْتَهَتْهَا نَفْسِي. قَدْ بَادَ التَّقِيُّ مِنَ الأَرْضِ وَلَيْسَ مُسْتَقِيمٌ بَيْنَ النَّاسِ. جَمِيعُهُمْ يَكْمُنُونَ لِلدِّمَاءِ يَصْطَادُونَ بَعْضُهُمْ بَعْضاً بِشَبَكَةٍ. اَلْيَدَانِ إِلَى الشَّرِّ مُجْتَهِدَتَانِ. الرَّئِيسُ وَالْقَاضِي طَالِبٌ بِالْهَدِيَّةِ وَالْكَبِيرُ مُتَكَلِّمٌ بِهَوَى نَفْسِهِ فَيُعَكِّشُونَهَا. أَحْسَنُهُمْ مِثْلُ الْعَوْسَجِ وَأَعْدَلُهُمْ مِنْ سِيَاجِ الشَّوْكِ! يَوْمَ مُرَاقِبِيكَ عِقَابُكَ قَدْ جَاءَ. الآنَ يَكُونُ ارْتِبَاكُهُمْ. لاَ تَأْتَمِنُوا صَاحِباً. لاَ تَثِقُوا بِصَدِيقٍ. احْفَظْ أَبْوَابَ فَمِكَ عَنِ الْمُضْطَجِعَةِ فِي حِضْنِكَ. لأَنَّ الاِبْنَ مُسْتَهِينٌ بِالأَبِ وَالْبِنْتَ قَائِمَةٌ عَلَى أُمِّهَا وَالْكَنَّةَ عَلَى حَمَاتِهَا وَأَعْدَاءُ الإِنْسَانِ أَهْلُ بَيْتِهِ. وَلَكِنَّنِي أُرَاقِبُ الرَّبَّ أَصْبِرُ لِإِلَهِ خَلاَصِي. يَسْمَعُنِي إِلَهِي. لاَ تَشْمَتِي بِي يَا عَدُوَّتِي. إِذَا سَقَطْتُ أَقُومُ. إِذَا جَلَسْتُ فِي الظُّلْمَةِ فَالرَّبُّ نُورٌ لِي.

مجداً للثالوث القدوس الهنا إلى الأبد وإلى أبد الآبدين كلها، آمين.

Ⲟⲩⲕⲁⲧⲏⲭⲏⲥⲓⲥ

Ⲟⲩⲕⲁⲧⲏⲭⲏⲥⲓⲥ ⲛ̀ⲧⲉ ⲡⲉⲛⲓⲱⲧ ⲉⲑⲩ Ⲁⲃⲃⲁ Ⲓⲱⲁⲛⲛⲏⲥ ⲡⲓⲭ̀ⲣⲩⲥⲟⲥⲧⲟⲙⲟⲥ: ⲉ̀ⲣⲉ ⲡⲉϥ̀ⲥⲙⲟⲩ ⲉⲑⲟⲩⲁⲃ ϣⲱⲡⲓ ⲛⲉⲙⲁⲛ ⲁ̀ⲙⲏⲛ.

Ⲟⲩ ⲡⲉⲧⲉⲛⲛⲁ̀ϣϫⲟϥ ⲱ̀ⲛⲉⲛ ⲥ̀ⲛⲏⲟⲩ ⲙ̀ⲙⲉⲛⲣⲓⲧ : ⲉⲑⲃⲉ ϯⲡⲁⲣⲁⲃⲁⲥⲓⲥ ⲛ̀ⲧⲉ Ⲓⲟⲩⲇⲁⲥ ⲫⲉ̀ⲧⲁϥϯ ⲙ̀Ⲡⲟ̅ⲥ̅. Ⲡⲉϫⲁϥ ⲅⲁⲣ ϫⲉ ⲟⲩⲁⲓ ⲉ̀ⲃⲟⲗϧⲉⲛ ⲡⲓⲙⲛⲧⲥⲛⲁⲩ : ⲉⲧⲉ Ⲓⲟⲩⲇⲁⲥ ⲡⲉ ⲡⲓⲒⲥⲕⲁⲣⲓⲱⲧⲏⲥ : ⲁϥϣⲉⲛⲁϥ ϩⲁ ⲛⲓⲁⲣⲭⲏⲉ̀ⲣⲉⲩⲥ ⲟⲩⲟϩ ⲡⲉϫⲁϥ ⲛⲱⲟⲩ. Ϫⲉ ⲟⲩ ⲡⲉ ⲉ̀ⲧⲉⲧⲉⲛⲟⲩⲱϣ ⲉ̀ⲧⲏⲓϥⲛⲏⲓ ⲟⲩⲟϩ ⲁ̀ⲛⲟⲕ ϯⲛⲁⲧⲏⲓϥ ⲛⲱⲧⲉⲛ : ⲟⲩⲟϩ ⲁⲩⲥⲉⲙⲛⲏⲧⲥ ⲛⲉⲙⲁϥ ⲙ̀ⲙⲁⲡ ⲛ̀ϩⲁⲧ. Ⲱ̀ⲧⲁⲓ ⲛⲓϣϯ ⲙ̀ⲙⲉⲧⲁⲧϩⲏⲧ ⲛ̀ⲧⲁⲓ ⲙⲁⲓ ⲙ̀ⲙⲁⲗⲗⲟⲛ ⲇⲉ ⲧⲁⲓⲛⲓϣϯ ⲙ̀ⲙⲉⲧⲙⲁⲓϩⲁⲧ : ⲛ̀ⲑⲟⲥ ⲅⲁⲣ ⲉⲑⲙⲓⲥⲓ ⲙ̀ⲡⲉⲧϩⲱⲟⲩ ⲛⲓⲃⲉⲛ : ⲉⲧⲁ̀ⲫⲁⲓ ⲅⲁⲣ ⲉⲣⲉ̀ⲡⲓⲑⲩⲙⲓⲛ ⲉ̀ⲣⲟⲥ ⲁϥϯ ⲙ̀ⲡⲉϥⲥⲁϧ : ⲟⲩⲛⲟⲩⲛⲓ ⲅⲁⲣ ⲉⲥϩⲱⲟⲩ ⲧⲉ ϯⲙⲉⲧ ⲙⲁⲓ ϩⲁⲧ : ⲉⲥϩⲱⲟⲩ ⲉ̀ⲇⲉⲙⲱⲛ ⲛⲓⲃⲉⲛ : ⲟⲩⲟϩ ⲛⲓ̀ⲯⲩⲭⲏ ⲉ̀ⲧⲉⲥⲛⲁ ⲧⲁϩⲱⲟⲩ ϣⲁⲥ ⲑ̀ⲣⲟⲩⲗⲓⲃⲓ ⲛ̀ⲥⲉⲑⲁϧ : ⲛ̀ⲥⲉⲉⲣⲁⲧⲉⲙⲓ ⲉⲣⲱⲟⲩ ⲙ̀ⲙⲓⲛ ⲙ̀ⲙⲱⲟⲩ : ⲟⲩⲟϩ ⲟⲛ ϣⲁⲩϣⲱⲡⲓ ⲉⲩⲟⲓ ⲛ̀ⲁⲧⲥⲱⲟⲩⲛ ⲛ̀ⲟⲩⲟⲛ ⲛⲓⲃⲉⲛ : ϣⲁⲩ ⲭⲱ ⲛ̀ⲥⲱⲟⲩ ⲙ̀ⲫⲛⲟⲙⲟⲥ ⲛ̀ϯⲫⲩⲥⲓⲥ : ϣⲁϥⲕⲏⲛ ⲛ̀ϫⲉ ⲡⲟⲩϩⲏⲧ ⲙ̀ⲙⲁⲩ ⲟⲩⲟϩ ϣⲁⲩⲧⲱⲙⲧ. Ⲁⲛⲁⲩ ϫⲉ : ϫⲉ ⲁ̀ϯⲙⲉⲧⲙⲁⲓϩⲁⲧ ϩⲓⲟⲩⲓ̀ ⲉⲃⲟⲗ ⲛ̀ⲟⲩⲏⲣ ⲙ̀ⲡⲉⲑⲛⲁⲛⲉϥ ⲉ̀ⲃⲟⲗϧⲉⲛ ⲧⲯⲩⲭⲏ ⲛ̀Ⲓⲟⲩⲇⲁⲥ. Ⲗⲟⲓⲡⲟⲛ ⲛⲁϥϫⲱ ⲉⲣⲱⲟⲩ ⲛ̀ⲟⲩⲙⲏϣ ⲛ̀ⲥⲁϫⲓ ϧⲉⲛ ⲟⲩⲱⲛϩ ⲉ̀ⲃⲟⲗ ⲛ̀ϫⲉ Ⲡⲟ̅ⲥ̅ Ⲓⲏ̅ⲥ̅ Ⲡⲭ̅ⲥ̅ : ⲉⲑⲃⲉ ϯⲅⲉⲉⲛⲛⲁ ⲛⲉⲙ ⲉⲑⲃⲉ ϯⲙⲉⲧⲟⲩⲣⲟ ⲛ̀ⲧⲉ ⲛⲓⲫⲏⲟⲩⲓ̀ : ⲉϥⲧⲁⲙⲉ ⲟⲩⲟⲛ ⲛⲓⲃⲉⲛ ⲉ̀ⲑⲙⲁⲓⲏ ⲛ̀ϯⲕⲟⲗⲁⲥⲓⲥ ⲛ̀ⲧⲉ ⲛⲓⲣⲉϥⲉⲣⲛⲟⲃⲓ : ⲟⲩⲟϩ ⲉϥϯ ⲧⲁⲓⲟ ⲛ̀ⲟⲩⲟⲛ ⲛⲓⲃⲉⲛ ⲉⲑⲛⲁⲕⲁⲑⲁⲣⲧⲟⲩ ⲙ̀ⲡⲧⲁϩⲟ ⲉ̀ⲣⲁⲧϥ ⲛ̀ⲧⲉ ⲛⲟⲩⲯⲩⲭⲏ.

Ⲙⲁⲣⲉⲛⲉⲣ ⲥ̀ⲫⲣⲁⲅⲓⲍⲓⲛ ⲛ̀ϯⲕⲁⲧⲏⲭⲏⲥⲓⲥ ⲛ̀ⲧⲉ ⲡⲉⲛⲓⲱⲧ ⲉⲑ̅ⲩ̅ ⲁⲃⲃⲁ Ⲓⲱⲁⲛⲛⲏⲥ ⲡⲓⲭ̀ⲣⲩⲥⲟⲥⲧⲟⲙⲟⲥ: ⲫⲏⲉ̀ⲧⲁϥⲉⲣⲟⲩⲱⲓⲛⲓ ⲙ̀ⲡⲉⲛⲛⲟⲩⲥ : ⲛⲉⲙ ⲛⲓⲃⲁⲗ ⲛ̀ⲧⲉ ⲛⲉⲛϩⲏⲧ : ϧⲉⲛ ⲫ̀ⲣⲁⲛ ⲙ̀Ⲫⲓⲱⲧ ⲛⲉⲙ Ⲡϣⲏⲣⲓ ⲛⲉⲙ ⲡⲓⲡ̅ⲛ̅ⲁ̅ ⲉⲑ̅ⲩ̅ ⲟⲩⲛⲟⲩϯ ⲛ̀ⲟⲩⲱⲧ ⲁ̀ⲙⲏⲛ.

Homily

A homily of our Holy Father Abba John Chrysostom may his blessings be with us. Amen.

Beloved brethren, what can we say about the transgression of Judas who has delivered his Master. It was said that one of the twelve, who is Judas Iscariot went to the chief priests and said to them; "How much do you want to pay and I will deliver Him to you? They bargained to pay him thirty pieces of silver." What great foolishness; rather, what a great infatuation with silver, which is the source of all evil. For when he desired it, he sold his good teacher and righteous master, thus, bringing destruction upon himself. How awful is the love of money. It invited every evil and is worse than Satan's manipulation. If the love of money possesses someone, it renders

عظة

عظة لابينا القديس الانبا يوحنا ذهبى الفم بركته المقدسة تكون معنا، آمين.

ماذا نقول أيها الاخوة الاحباء عن معصية يهوذا الذى أسلم سيده. قيل أن واحداً من الاثنى عشر. الذى هو يهوذا الاسخريوطى. مضى إلى رؤساء الكهنة وقال لهم. ماذا تريدون أن تعطونى وانا اسلمه اليكم فساوموه على ثلاثين من الفضة يا لهذا الجهل العظيم. وبالاحرى يا لهذه المحبة العظيمة للفضة التى هى أصل لكل الشرور. لان هذا لما اشتهاه باع معلمه الصالح وسيده البار. فطوح بنفسه فى هوة الهلاك. لانه كم هو ردئ حب المال. فهو مجلبة لكل شر وأردأ من حيل

him captivated by it. They can no longer fathom themselves nor others. They will reject nature's laws and become anxious at heart. See how many blessings the love of silver took away from Judas, yet Christ was talking to them openly about the comforts of the kingdom of heaven and the horrors of hell. Everyone of them knew how terrible it would be, the sufferings of sinners would be. Christ also honored all those who strived for their soul's salvation.

We conclude the homily of our Holy Father Abba John Chrysostom, who enlightened our minds and our hearts. In the name of the Father, and the Son, and the Holy Spirit, one God Amen.

الشياطين. فالنفوس التى يتسلط عليها يجعل أصحابها يجنون ولعاً بها. فلا يعرفون ذواتهم بل ويتعامون عن معرفة الاخرين. ويرفضون ناموس الطبيعة. ويكون قلبهم فزعاً حائراً. انظروا كم من النعم نزعتها محبة الفضة من نفس يهوذا. لان سيدنا يسوع المسيح كان يخاطبهم علانية. عن هول الجحيم ونعيم ملكوت السموات. ويعرف كل واحد مقدار عذاب الخطاة. ويكرم كل المجاهدين لخلاص نفوسهم.

فلنختم موعظة أبينا القديس الأنبا يوحنا ذهبى الفم الذى أنار عقولنا وعيون قلوبنا بأسم الآب والإبن والروح القدس الإله الواحد، آمين.

Ⲁⲡⲟⲥⲧⲟⲗⲟⲥ ⲡ̀ⲣⲟⲥ Ⲕⲟⲣⲓⲛⲑⲓⲟⲥ ⲁ̅
Ⲕⲉⲫ ⲁ̅ : ⲕ̅ⲋ̅ ϣⲃⲗ ⲛⲉⲙ Ⲕⲉⲫ ⲃ̅ : ⲁ̅ - ⲉ̅

Ⲁⲛⲟⲛ ⲇⲉ ⲧⲉⲛϩⲓⲱⲓϣ ⲙ̀Ⲡⲭ̅ⲥ̅ ⲉ̀ⲁⲩⲁϣϥ ⲛⲓⲓⲟⲩⲇⲁⲓ ⲙⲉⲛ ⲟⲩⲥⲕⲁⲛⲇⲁⲗⲟⲛ ⲛⲱⲟⲩ ⲡⲉ ⲛⲓⲉⲑⲛⲟⲥ ⲇⲉ ⲟⲩⲙⲉⲧⲥⲟϫ ⲡⲉ ⲛⲁⲛ ⲇⲉ ⲁⲛⲟⲛ ϧⲁ ⲛⲏⲉⲑⲛⲁⲛⲟϩⲉⲙ ⲛⲓⲒⲟⲩⲇⲁⲓ ⲛⲉⲙ ⲛⲓⲟⲩⲉⲓⲛⲓⲛ Ⲡⲭ̅ⲥ̅ ⲟⲩϫⲟⲙ ⲛ̀ⲧⲉ Ⲫϯ ⲡⲉ ⲛⲉⲙ ⲟⲩⲥⲟⲫⲓⲁ̀ ⲛ̀ⲧⲉ Ⲫϯ. Ϫⲉ ϯⲙⲉⲧⲥⲟϫ ⲛ̀ⲧⲉ Ⲫϯ ⲉⲥⲟⲓ ⲛ̀ⲥⲁⲃⲉ ⲉ̀ϩⲟⲧⲉ ⲛⲓⲣⲱⲙⲓ ⲟⲩⲟϩ ϯⲙⲉⲧⲁⲥⲑⲉⲛⲏⲥ ⲛ̀ⲧⲉ Ⲫϯ ⲉⲥⲟⲓ ⲛ̀ϫⲱⲣⲓ ⲉ̀ϩⲟⲧⲉ ⲛⲓⲣⲱⲙⲓ ⲁⲛⲁⲩ ⲅⲁⲣ ⲉ̀ⲡⲉⲧⲉⲛⲑⲱϩⲉⲙ ⲛⲁⲥⲛⲏⲟⲩ ϫⲉ ⲙ̀ⲙⲟⲛ ⲟⲩⲙⲏϣ ⲛ̀ⲥⲁⲃⲉ ⲕⲁⲧⲁ ⲥⲁⲣⲝ ⲙ̀ⲙⲟⲛ ⲟⲩⲙⲏϣ ⲛ̀ϫⲱⲣⲓ ⲙ̀ⲙⲟⲛ ⲟⲩⲙⲏϣ ⲛ̀ⲉⲩⲅⲉⲛⲏⲥ ⲁⲗⲗⲁ ⲛⲓⲥⲟϫ ⲛ̀ⲧⲉ ⲡⲓⲕⲟⲥⲙⲟⲥ ⲁϥⲥⲟⲧⲡⲟⲩ ⲛ̀ϫⲉ Ⲫϯ ϩⲓⲛⲁ ⲛ̀ⲧⲉϥ ϯϣⲓⲡⲓ ⲛ̀ⲛⲓⲥⲁⲃⲉⲩ ⲟⲩⲟϩ ⲛⲓⲙⲉⲧϫⲱⲃ ⲛ̀ⲧⲉ ⲡⲓⲕⲟⲥⲙⲟⲥ ⲁϥⲥⲟⲧⲡⲟⲩ ⲛ̀ϫⲉ Ⲫϯ ϩⲓⲛⲁ ⲛ̀ⲧⲉϥϯϣⲓⲡⲓ ⲛ̀ⲛⲓϫⲱⲣⲓ. ⲟⲩⲟϩ ⲛⲓⲙⲉⲧⲁⲅⲉⲛⲏⲥ ⲛ̀ⲧⲉ ⲡⲓⲕⲟⲥⲙⲟⲥ ⲛⲉⲙ ⲛⲏⲉⲧϣⲟϣϥ ⲁϥⲥⲟⲧⲡⲟⲩ ⲛ̀ϫⲉ Ⲫϯ ⲛⲉⲙ ⲛⲏⲉ̀ⲧⲉ ⲛ̀ⲥⲉϣⲟⲡ ⲁⲛ ϩⲓⲛⲁ ⲛ̀ⲧⲉϥⲕⲱⲣϥ ⲛ̀ⲛⲏⲉ̀ϯϣⲟⲡ ϩⲟⲡⲱⲥ ⲛ̀ⲧⲉ̀ϣⲧⲉⲙ ⲥⲁⲣⲝ ⲛⲓⲃⲉⲛ ϣⲟⲩϣⲟⲩ ⲙ̀ⲙⲱⲟⲩ ⲙ̀ⲡⲉⲙ̀ⲑⲟ ⲙ̀Ⲫϯ. Ⲛ̀ⲑⲱⲧⲉⲛ ⲉ̀ⲃⲟⲗ ⲇⲉ ⲙ̀ⲙⲟϥ ϩⲱⲧⲉⲛ ϧⲉⲛ Ⲡⲭ̅ⲥ̅ Ⲓⲏ̅ⲥ̅ ⲫⲏⲉ̀ⲧⲁϥϣⲱⲡⲓ ⲛⲁⲛ ⲛ̀ⲟⲩⲥⲟⲫⲓⲁ̀ ⲉ̀ⲃⲟⲗ ϩⲓⲧⲉⲛ Ⲫϯ ⲟⲩⲙⲉⲑⲙⲏⲓ ⲛⲉⲙ ⲟⲩⲧⲟⲩⲃⲟ ⲛⲉⲙ ⲟⲩⲥⲱϯ.ϩⲓⲛⲁ ⲕⲁⲧⲁ ⲫ̀ⲣⲏϯ ⲉⲧⲥ̀ϧⲏⲟⲩⲧ ϫⲉ ⲡⲉⲧϣⲟⲩϣⲟⲩ ⲙ̀ⲙⲟϥ ⲙⲁⲣⲉϥϣⲟⲩϣⲟⲩ ⲙ̀ⲙⲟϥ ϧⲉⲛ Ⲡⲟ̅ⲥ̅ ⲟⲩⲟϩ ⲁ̀ⲛⲟⲕ ϩⲱ ⲉ̀ⲧⲁⲓⲓ ϩⲁⲣⲱⲧⲉⲛ ⲛⲁ̀ⲥⲛⲏⲟⲩ ⲛⲉⲧⲁⲓⲓ ⲁ̀ⲛ ⲕⲁⲧⲁ ⲟⲩϭⲓⲥⲓ ⲛ̀ⲧⲉ ⲟⲩⲥⲁϫⲓ ⲓⲉ ⲟⲩⲥⲟⲫⲓⲁ̀ ⲉⲓⲧⲁⲙⲟ ⲙ̀ⲙⲱⲧⲉⲛ ⲉ̀ⲡⲓⲙⲩⲥⲧⲏⲣⲓⲟⲛ ⲛ̀ⲧⲉ Ⲫϯ ⲙ̀ⲡⲓϯϩⲁⲡ ⲅⲁⲣ ⲉ̀ⲉ̀ⲙⲓ ⲛ̀ϩⲗⲓ ϧⲉⲛ ⲑⲏⲛⲟⲩ ⲉ̀ⲃⲏⲗ ⲉ̀ Ⲓⲏ̅ⲥ̅ Ⲡⲭ̅ⲥ̅ ⲟⲩⲟϩ ⲉ̀ⲁⲩⲁϣϥ. Ⲁ̀ⲛⲟⲕ ϩⲱ ϧⲉⲛ ⲟⲩⲙⲉⲧⲁⲥⲑⲉⲛⲏⲥ ⲛⲉⲙ ⲟⲩϩⲟϯ ⲛⲉⲙ ⲟⲩⲥⲑⲉⲣⲧⲉⲣ ⲉ̀ⲛⲁϣⲱϥ ⲁⲓⲓ ϩⲁⲣⲱⲧⲉⲛ ⲟⲩⲟϩ ⲡⲁⲥⲁϫⲓ ⲛⲉⲙ ⲡⲁϩⲓⲱⲓϣ ⲛⲁϥ ϧⲉⲛ ϩⲁⲛⲑⲱⲧ ⲛ̀ϩⲏⲧ ⲁⲛ ⲛ̀ⲧⲉ ϩⲁⲛⲥⲁϫⲓ ⲛ̀ⲥⲟⲫⲓⲁ̀ ⲛ̀ⲣⲱⲙⲓ ⲁⲗⲗⲁ ϧⲉⲛ ⲟⲩⲱⲛϩ ⲉ̀ⲃⲟⲗ ⲛ̀ⲧⲉ ⲟⲩⲡⲛⲁ ⲛⲉⲙ ⲟⲩϫⲟⲙ ϩⲓⲛⲁ ⲡⲉⲧⲉⲛ ⲛⲁϩϯ ⲛ̀ⲧⲉϥϣ̀ⲧⲉⲙ ϣⲱⲡⲓ ϧⲉⲛ ⲟⲩⲥⲟⲫⲓⲁ̀ ⲛ̀ⲣⲱⲙⲓ ⲁⲗⲗⲁ ϧⲉⲛ ⲟⲩϫⲟⲙ ⲛ̀ⲧⲉ Ⲫϯ ⲡⲓϩ̀ⲙⲟⲧ.

1 Corinthians 1:23-2:5

كورنثوس الأولى ١: ٢٣ الخ و ٢: ١ – ٤

From the Epistle of St. Paul to the Corinthians, may his blessings be with us all. Amen.

But we preach Christ crucified, to the Jews a stumbling block and to the Greeks foolishness, but to those who are called, both Jews and Greeks, Christ the power of God and the wisdom of God. Because the foolishness of God is wiser than men, and the weakness of God is stronger than men. For you see your calling, brethren, that not many wise according to the flesh, not many mighty, not many noble, are called. But God has chosen the foolish things of the world to put to shame the wise, and God has chosen the weak things of the world to put to shame the things which are mighty; and the base things of the world and the things which are despised God has chosen, and the things which are not, to bring to nothing the things that are, that no flesh should glory in His presence. But of Him you are in Christ Jesus, who became for us wisdom from God--and righteousness and sanctification and redemption-- that, as it is written, "He

من رسالة معلمنا بولس الرسول إلى كورنثوس الأولى بركته المقدسة تكون معنا، آمين.

وَلَكِنَّنَا نَحْنُ نَكْرِزُ بِالْمَسِيحِ مَصْلُوباً: لِلْيَهُودِ عَثْرَةً وَلِلْيُونَانِيِّينَ جَهَالَةً! وَأَمَّا لِلْمَدْعُوِّينَ: يَهُوداً وَيُونَانِيِّينَ فَبِالْمَسِيحِ قُوَّةِ اللهِ وَحِكْمَةِ اللهِ. لأَنَّ جَهَالَةَ اللهِ أَحْكَمُ مِنَ النَّاسِ! وَضَعْفَ اللهِ أَقْوَى مِنَ النَّاسِ! فَانْظُرُوا دَعْوَتَكُمْ أَيُّهَا الإِخْوَةُ أَنْ لَيْسَ كَثِيرُونَ حُكَمَاءُ حَسَبَ الْجَسَدِ. لَيْسَ كَثِيرُونَ أَقْوِيَاءُ. لَيْسَ كَثِيرُونَ شُرَفَاءُ. بَلِ اخْتَارَ اللهُ جُهَّالَ الْعَالَمِ لِيُخْزِيَ الْحُكَمَاءَ وَاخْتَارَ اللهُ ضُعَفَاءَ الْعَالَمِ لِيُخْزِيَ الأَقْوِيَاءَ وَاخْتَارَ اللهُ أَدْنِيَاءَ الْعَالَمِ وَالْمُزْدَرَى وَغَيْرَ الْمَوْجُودِ لِيُبْطِلَ الْمَوْجُودَ لِكَيْ لاَ يَفْتَخِرَ كُلُّ ذِي جَسَدٍ أَمَامَهُ. وَمِنْهُ أَنْتُمْ بِالْمَسِيحِ يَسُوعَ الَّذِي صَارَ لَنَا حِكْمَةً مِنَ اللهِ وَبِرّاً وَقَدَاسَةً وَفِدَاءً. حَتَّى كَمَا هُوَ مَكْتُوبٌ: «مَنِ افْتَخَرَ فَلْيَفْتَخِرْ بِالرَّبِّ».
وَأَنَا لَمَّا أَتَيْتُ إِلَيْكُمْ أَيُّهَا الإِخْوَةُ أَتَيْتُ لَيْسَ بِسُمُوِّ الْكَلاَمِ أَوِ الْحِكْمَةِ مُنَادِياً لَكُمْ بِشَهَادَةِ

who glories, let him glory in the Lord." And I, brethren, when I came to you, did not come with excellence of speech or of wisdom declaring to you the testimony of God. For I determined not to know anything among you except Jesus Christ and Him crucified. I was with you in weakness, in fear, and in much trembling. And my speech and my preaching were not with persuasive words of human wisdom, but in demonstration of the Spirit and of power, that your faith should not be in the wisdom of men but in the power of God.

الله لأنّي لَمْ أَعْزِمْ أَنْ أَعرِفَ شَيْئاً بَيْنَكُمْ إلاَّ يَسُوعَ الْمَسِيحَ وَإيَّاهُ مَصْلُوباً. وَأَنَا كُنْتُ عِنْدَكُمْ فِي ضُعْفٍ وَخَوْفٍ وَرِعْدَةٍ كَثِيرَةٍ. وَكَلاَمِي وَكِرَازَتِي لَمْ يَكُونَا بِكَلاَمِ الْحِكْمَةِ الإِنْسَانِيَّةِ الْمُقْنِعِ بَلْ بِبُرْهَانِ الرُّوحِ وَالْقُوَّةِ لِكَيْ لاَ يَكُونَ إِيمَانُكُمْ بِحِكْمَةِ النَّاسِ بَلْ بِقُوَّةِ اللهِ.

The Grace of God the Father, be with you all Amen.

نعمة الله الآب تكون مع جميعكم. آمين.

The Doxology of the Pascha Hour: "Thine is the Power…" on page A5.

تسبحة ساعة البصخة: "لك القوة..." صفحة ٥ فى اخر الكتاب.

Ⲯⲁⲗⲙⲟⲥ ⲕ̅ⲋ̅ : ⲓ̅ⲉ̅ Ⲯⲁⲗⲙⲟⲥ ⲗ̅ⲇ̅ : ⲓ̅ⲋ̅ ⲛⲉⲙ ⲓ̅ⲇ̅ ⲛⲉⲙ ⲓ̅ⲑ̅

Ϫⲉ ⲁⲩⲧⲱⲟⲩⲛⲟⲩ ⲉ̀ϩ̀ⲣⲏⲓ ⲉϫⲱⲓ ⲛ̀ϫⲉ ϩⲁⲛⲙⲉⲧⲙⲉⲑⲣⲉⲩ ⲛ̀ⲣⲉϥϭⲓ ⲛ̀ϫⲟⲛⲥ : ⲟⲩⲟϩ ⲁ̀ϯⲙⲉⲧϭⲓ ⲛ̀ϫⲟⲛⲥ ϫⲉ ⲙⲉⲑⲛⲟⲩϫ ⲉ̀ⲣⲟⲥ ⲙ̀ⲙⲓⲛ ⲙ̀ⲙⲟⲥ :

Ⲁⲩⲧⲱⲟⲩⲛⲟⲩ ⲉ̀ϩ̀ⲣⲏⲓ ⲉ̀ϫⲱⲓ ⲛ̀ϫⲉ ϩⲁⲛⲙⲉⲑⲣⲉⲩ ⲛ̀ⲟϫⲓ : ⲛⲁⲩϣⲓⲛⲓ ⲙ̀ⲙⲟⲓ ⲉ̀ⲛⲏ̀ⲉⲧⲉ ⲛ̀ϯⲥⲱⲟⲩⲛ ⲙ̀ⲙⲱⲟⲩ ⲁⲛ :

Ⲁⲩϯⲛⲏⲓ ⲛ̀ϩⲁⲛ ⲡⲉⲧϩⲱⲟⲩ ⲛ̀ⲧ̀ϣⲉⲃⲓ̀ⲱ ⲛ̀ϩⲁⲛ ⲡⲉⲑⲛⲁⲛⲉⲩ : ⲉ̀ⲁⲩϧ̀ⲣⲁϫⲣⲉϫ ⲛ̀ⲛⲟⲩⲛⲁϫϩⲓ ⲉ̀ϩ̀ⲣⲏⲓ ⲉ̀ϫⲱⲓ : ⲁ̅ⲗ̅.

Psalm 27:12, 35:11, 12, 16

المزمور ٢٦: ١٥ ومز ٣٤: ١٣ و١٤ و ١٩

A Psalm of David the Prophet.

من مزامير داود النبى

For false witnesses have risen against me, And such as breathe out violence.

لانه قام على شهود زور: وكذب الظلم لذاته.

Fierce witnesses rise up; They ask me

قام على شهود جور وعما لا أعلم سألونى.

things that I do not know.

They reward me evil for good; They gnashed at me with their teeth. Alleluia.

جازونى بدل الخير شراً صارين على بأسنانهم: هلليلويا.

Ⲉⲩⲁⲅⲅⲉⲗⲓⲟⲛ ⲕⲁⲧⲁ Ⲙⲁⲧⲑⲉⲟⲛ Ⲕⲉⲫ ⲕⲍ : ⲁ - ⲓⲇ

Ⲉⲧⲁ ⲧⲟⲟⲩⲓ ⲇⲉ ϣⲱⲡⲓ ⲁⲩⲉⲣⲟⲩⲥⲟϭⲛⲓ ⲧⲏⲣⲟⲩ ⲛ̀ϫⲉ ⲛⲓⲁⲣⲭⲏⲉⲣⲉⲩⲥ ⲛⲉⲙ ⲛⲓⲡ̀ⲣⲉⲥⲃⲩⲧⲉⲣⲟⲥ ⲛ̀ⲧⲉ ⲡⲓⲗⲁⲟⲥ ϧⲁ Ⲓⲏⲥ : ϩⲱⲥⲧⲉ ⲛ̀ⲥⲉ ϧⲟⲑⲃⲉϥ : Ⲟⲩⲟϩ ⲉ̀ⲧⲁⲩⲥⲟⲛϩϥ ⲁⲩⲟⲗϥ ⲟⲩⲟϩ ⲁⲩⲧⲏⲓϥ ⲙ̀Ⲡⲓⲗⲁⲧⲟⲥ ⲡⲓϩⲏⲅⲉⲙⲱⲛ. Ⲧⲟⲧⲉ ⲉ̀ⲧⲁϥⲛⲁⲩ ⲛ̀ϫⲉ Ⲓⲟⲩⲇⲁⲥ ⲫⲏⲉ̀ⲧⲁϥ ⲧⲏⲓϥ ϫⲉ ⲁⲩⲉⲣ ⲕⲁⲧⲁⲕⲣⲓⲛⲓⲛ ⲙ̀ⲙⲟϥ ⲉⲧⲁϥⲟⲩⲉⲙ ϩⲑⲏϥ : ⲁϥⲧⲁⲥⲑⲟ ⲛ̀ϯⲙⲁⲡ ⲛ̀ϩⲁⲧ ϩⲁ ⲛⲓⲁⲣⲭⲏⲉⲣⲉⲩⲥ ⲛⲉⲙ ⲛⲓⲡ̀ⲣⲉⲥⲃⲩⲧⲉⲣⲟⲥ. Ⲉϥϫⲱ ⲙ̀ⲙⲟⲥ ϫⲱ ⲁⲓⲉⲣⲛⲟⲃⲓ ϫⲉ ⲁⲓϯ ⲛ̀ⲟⲩ̀ⲥⲛⲟϥ ⲛ̀ⲑⲙⲏⲓ : ⲛ̀ⲑⲱⲟⲩ ⲇⲉ ⲡⲉϫⲱⲟⲩ ⲛⲁϥ : ϫⲉ ⲁ̀ϧⲟⲛ ⲁ̀ⲛⲟⲛ ⲛ̀ⲑⲟⲕ ⲉⲕⲉ̀ⲣⲱϣⲓ : Ⲟⲩⲟϩ ⲁϥⲃⲟⲣⲃⲉⲣ ⲛ̀ⲛⲓϩⲁⲧ ⲉ̀ϧⲟⲩⲛ ⲉ̀ⲡⲓⲉⲣⲫⲉⲓ : Ⲟⲩⲟϩ ⲁϥϣⲉⲛⲁϥ ⲁϥⲟϫϩϥ : Ⲛⲓⲁⲣⲭⲏⲉ̀ⲣⲉⲩⲥ ⲇⲉ ⲉⲧⲁⲩϭⲓ ⲛ̀ⲛⲓϩⲁⲧ : ⲡⲉϫⲱⲟⲩ ϫⲉ ⲥϣⲉ ⲛⲁⲛ ⲁⲛ ⲉ̀ϩⲓⲧⲟⲩ ⲉ̀ⲡⲓⲕⲟⲣⲃⲁⲛⲟⲛ : ϫⲉ ⲧ̀ⲧⲓⲙⲏ ⲛ̀ⲟⲩ̀ⲥⲛⲟϥ ⲡⲉ. Ⲉⲧⲁⲩⲉⲣ ⲟⲩⲥⲟϭⲛⲓ ⲇⲉ ⲁⲩϣⲱⲡ ⲉⲃⲟⲗ ⲛ̀ϧⲏⲧⲟⲩ ⲙ̀ⲡⲓⲓⲟϩⲓ ⲛ̀ⲧⲉ ⲡⲓⲕⲉⲣⲁⲙⲉⲩⲥ ⲉⲩⲙⲁ ⲛ̀ⲑⲱⲙⲥ ⲛ̀ⲛⲓϣⲉⲙⲙⲱⲟⲩ : Ⲉⲑⲃⲉ ⲫⲁⲓ ⲁⲩⲙⲟⲩϯ ⲉ̀ⲫⲣⲁⲛ ⲙ̀ⲡⲓⲓⲟϩⲓ ⲉⲧⲉ̀ⲙⲙⲁⲩ : ϫⲉ ⲡⲓⲓⲟϩⲓ ⲙ̀ⲡⲓ̀ⲥⲛⲟϥ ϣⲁ ⲉ̀ϧⲟⲩⲛ ⲉⲫⲟⲟⲩ : Ⲧⲟⲧⲉ ⲁϥϫⲱⲕ ⲉⲃⲟⲗ ⲛ̀ϫⲉ ⲫⲏⲉ̀ⲧⲁϥϫⲟϥ ⲉ̀ⲃⲟⲗϩⲓⲧⲟⲧϥ ⲛ̀Ⲓⲉⲣⲉⲙⲓⲁⲥ ⲡⲓⲡ̀ⲣⲟⲫⲏⲧⲏⲥ ⲉϥϫⲱ ⲙ̀ⲙⲟⲥ ϫⲉ ⲁⲩϭⲓ ⲛ̀ϯⲙⲁⲡ ⲛ̀ϩⲁⲧ ϯⲧⲓⲙⲏ ⲛ̀ⲧⲉ ⲫⲏⲉ̀ⲧⲁⲩⲉⲣⲧⲓⲙⲏ ⲉ̀ⲣⲟϥ ⲛ̀ϫⲉ ⲛⲉⲛϣⲏⲣⲓ ⲙ̀ⲡⲒⲥⲗ. Ⲟⲩⲟϩ ⲁⲩⲧⲏⲓⲧⲟⲩ ϧⲁ ⲡⲓⲓⲟϩⲓ ⲙ̀ⲡⲓⲕⲉⲣⲁⲙⲉⲩⲥ : ⲕⲁⲧⲁ̀ⲫⲣⲏϯ ⲉⲧⲁϥⲟⲩⲁϩⲥⲁϩⲛⲓⲛⲏⲓ ⲛ̀ϫⲉ Ⲡⲟ̅ⲥ̅ : Ⲓⲏⲥ ⲇⲉ ⲁϥⲟϩⲓ ⲉ̀ⲣⲁⲧϥ ⲙ̀ⲡⲉⲙ̀ⲑⲟ ⲙ̀ⲡⲓϩⲏⲅⲉⲙⲱⲛ ⲟⲩⲟϩ ⲁϥϣⲉⲛϥ ⲛ̀ϫⲉ ⲡⲓϩⲏⲅⲉⲙⲱⲛ ⲉϥϫⲱⲙ̀ⲙⲟⲥ : ϫⲉ ⲛ̀ⲑⲟⲕ ⲡⲉ ⲡ̀ⲟⲩⲣⲟ ⲛ̀ⲧⲉ ⲛⲓⲒⲟⲩⲇⲁⲓ : Ⲓⲏⲥ ⲇⲉ ⲡⲉϫⲁϥ ϫⲉ ⲛ̀ⲑⲟⲕ ⲡⲉⲧϫⲱ ⲙ̀ⲙⲟⲥ : Ⲟⲩⲟϩ ϧⲉⲛ ⲡ̀ϫⲓⲛ̀ⲑⲣⲟⲩ ⲉⲣⲕⲁⲧⲏⲅⲟⲣⲓⲛ ⲉ̀ⲣⲟϥ ⲛ̀ϫⲉ ⲛⲓⲁⲣⲭⲏⲉ̀ⲣⲉⲩⲥ ⲛⲉⲙ ⲛⲓⲡ̀ⲣⲉⲥⲃⲩⲧⲉⲣⲟⲥ ⲙ̀ⲡⲉϥⲉ̀ⲣⲟⲩⲱ̀ ⲛ̀ϩⲗⲓ. Ⲧⲟⲧⲉ ⲡⲉϫⲉ Ⲡⲓⲗⲁⲧⲟⲥ ⲛⲁϥ ϫⲉ ⲛ̀ⲕⲥⲱⲧⲉⲙ ⲁⲛ ϫⲉ ⲥⲉⲉⲣⲙⲉⲑⲣⲉ ϧⲁⲣⲟⲕ ⲛ̀ⲟⲩⲏⲣ : Ⲟⲩⲟϩ ⲙ̀ⲡⲉϥⲉ̀ⲣⲟⲩⲱ̀ ⲛⲁϥ ϩⲗⲓ ⲛ̀ⲥⲁϫⲓ ϩⲱⲥⲧⲉ ⲛ̀ⲧⲉϥⲉⲣϣ̀ⲫⲏⲣⲓ ⲛ̀ϫⲉ ⲡⲓϩⲏⲅⲉⲙⲱⲛ :

Ⲟⲩⲱϣⲧ ⲙ̀ⲡⲓⲉⲩⲁⲅⲅⲉⲗⲓⲟⲛ ⲉ̅ⲑ̅ⲩ̅.

Matthew 27:1-14

متى ٢٧ : ١ - ١٤

A reading from the Holy Gospel according to Saint Matthew.

فصل شريف من إنجيل معلمنا مار متى البشير بركاته علينا آمين.

When morning came, all the chief priests and elders of the people plotted against Jesus to put Him to death. And when they had bound Him, they led Him away and delivered Him to Pontius Pilate the governor. Then

وَلَمَّا كَانَ الصَّبَاحُ تَشَاوَرَ جَمِيعُ رُؤَسَاءِ الْكَهَنَةِ وَشُيُوخُ الشَّعْبِ عَلَى يَسُوعَ حَتَّى يَقْتُلُوهُ فَأَوْثَقُوهُ وَمَضَوْا بِهِ وَدَفَعُوهُ إِلَى بِيلاَطُسَ الْبُنْطِيِّ الْوَالِي. حِينَئِذٍ لَمَّا رَأَى

Judas, His betrayer, seeing that He had been condemned, was remorseful and brought back the thirty pieces of silver to the chief priests and elders, saying, "I have sinned by betraying innocent blood." And they said, "What is that to us? You see to it!" Then he threw down the pieces of silver in the temple and departed, and went and hanged himself. But the chief priests took the silver pieces and said, "It is not lawful to put them into the treasury, because they are the price of blood." And they consulted together and bought with them the potter's field, to bury strangers in. Therefore that field has been called the Field of Blood to this day. Then was fulfilled what was spoken by Jeremiah the prophet, saying, "And they took the thirty pieces of silver, the value of Him who was priced, whom they of the children of Israel priced, and gave them for the potter's field, as the Lord directed me." Now Jesus stood before the governor. And the governor asked Him, saying, "Are You the King of the Jews?" So Jesus said to him, "It is as you say." And while He was being accused by the chief priests and elders, He answered nothing. Then Pilate said to Him, "Do You not hear how many things they testify against You?" But He answered him not one word, so that the governor marveled greatly.

Bow down before the Holy Gospel.
Glory be to God forever.

يَهُوذَا الَّذِي أَسْلَمَهُ أَنَّهُ قَدْ دِينَ نَدِمَ وَرَدَّ الثَّلاَثِينَ مِنَ الْفِضَّةِ إِلَى رُؤَسَاءِ الْكَهَنَةِ وَالشُّيُوخِ قَائِلاً: «قَدْ أَخْطَأْتُ إِذْ سَلَّمْتُ دَماً بَرِيئاً». فَقَالُوا: «مَاذَا عَلَيْنَا؟ أَنْتَ أَبْصِرْ!» فَطَرَحَ الْفِضَّةَ فِي الْهَيْكَلِ وَانْصَرَفَ ثُمَّ مَضَى وَخَنَقَ نَفْسَهُ. فَأَخَذَ رُؤَسَاءُ الْكَهَنَةِ الْفِضَّةَ وَقَالُوا: «لاَ يَحِلُّ أَنْ نُلْقِيَهَا فِي الْخِزَانَةِ لأَنَّهَا ثَمَنُ دَمٍ». فَتَشَاوَرُوا وَاشْتَرَوْا بِهَا حَقْلَ الْفَخَّارِيِّ مَقْبَرَةً لِلْغُرَبَاءِ. لِهَذَا سُمِّيَ ذَلِكَ الْحَقْلُ «حَقْلَ الدَّمِ» إِلَى هَذَا الْيَوْمِ. حِينَئِذٍ تَمَّ مَا قِيلَ بِإِرْمِيَا النَّبِيِّ: «وَأَخَذُوا الثَّلاَثِينَ مِنَ الْفِضَّةِ ثَمَنَ الْمُثَمَّنِ الَّذِي ثَمَّنُوهُ مِنْ بَنِي إِسْرَائِيلَ وَأَعْطَوْهَا عَنْ حَقْلِ الْفَخَّارِيِّ كَمَا أَمَرَنِي الرَّبُّ». فَوَقَفَ يَسُوعُ أَمَامَ الْوَالِي. فَسَأَلَهُ الْوَالِي: «أَأَنْتَ مَلِكُ الْيَهُودِ؟» فَقَالَ لَهُ يَسُوعُ: «أَنْتَ تَقُولُ». وَبَيْنَمَا كَانَ رُؤَسَاءُ الْكَهَنَةِ وَالشُّيُوخُ يَشْتَكُونَ عَلَيْهِ لَمْ يُجِبْ بِشَيْءٍ. فَقَالَ لَهُ بِيلاَطُسُ: «أَمَا تَسْمَعُ كَمْ يَشْهَدُونَ عَلَيْكَ؟» فَلَمْ يُجِبْهُ وَلاَ عَنْ كَلِمَةٍ وَاحِدَةٍ حَتَّى تَعَجَّبَ الْوَالِي جِدّاً.

أسجدوا للإنجيل المقدس.
والمجد لله دائماً.

Ⲉⲩⲁⲅⲅⲉⲗⲓⲟⲛ ⲕⲁⲧⲁ Ⲙⲁⲣⲕⲟⲛ Ⲕⲉⲫ ⲓⲉ ⲁ - ⲉ

Ⲟⲩⲟϩ ⲥⲁⲧⲟⲧⲟⲩ ⲁⲩⲥⲟϭⲛⲓ ⲛⲟⲩⲥⲟϭⲛⲓ ⲛϣⲱⲣⲡ ⲛϫⲉ ⲛⲓⲁⲣⲭⲏⲉⲣⲉⲩⲥ ⲛⲉⲙ ⲛⲓⲡⲣⲉⲥⲃⲩⲧⲉⲣⲟⲥ ⲛⲉⲙ ⲛⲓⲥⲁϧⲛⲉⲙ ⲡⲓⲙⲁⲛ ϯϩⲁⲡ ⲧⲏⲣϥ : ⲉⲁⲩⲥⲱⲛϩ ⲛ̀Ⲓⲏⲥ ⲁⲩϭⲓⲧϥ ⲁⲩⲧⲏⲓϥ ⲉ̀Ⲡⲓⲗⲁⲧⲟⲥ : Ⲟⲩⲟϩ ⲁϥϣⲉⲛϥ ⲛ̀ϫⲉ Ⲡⲓⲗⲁⲧⲟⲥ : ϫⲉ ⲛ̀ⲑⲟⲕ ⲡⲉ ⲡ̀ⲟⲩⲣⲟ ⲛ̀ⲧⲉ ⲛⲓⲒⲟⲩⲇⲁⲓ : ⲛ̀ⲑⲟϥ ⲇⲉ ⲁϥⲉ̀ⲣⲟⲩⲱ ⲛⲁϥ ⲡⲉϫⲁϥ ϫⲉ ⲛ̀ⲑⲟⲕ ⲡⲉⲧϫⲱ ⲙ̀ⲙⲟⲥ. Ⲟⲩⲟϩ ⲛⲁⲩⲉⲣⲕⲁⲧⲏⲅⲟⲣⲓⲛ ⲛ̀ϩⲁⲛⲙⲏⲏϣ ϧⲁⲣⲟϥ ⲛ̀ϫⲉ ⲛⲓⲁⲣⲭⲏⲉ̀ⲣⲉⲩⲥ : Ⲡⲓⲗⲁⲧⲟⲥ ⲇⲉ ⲟⲛ ⲁϥϣⲓⲛⲓ ⲙ̀ⲙⲟϥ ⲉϥϫⲱⲙ̀ⲙⲟⲥ : ϫⲉ ⲛ̀ⲕⲉ̀ⲣⲟⲩ̀ⲱ ⲛ̀ϩ̀ⲗⲓ ⲁⲛ : ⲁⲛⲁⲩ ϫⲉ ⲥⲉⲉⲣⲕⲁⲧⲏⲅⲟⲣⲓⲛ ⲉ̀ⲣⲟⲕ ⲛ̀ⲟⲩⲏⲣ : Ⲓⲏⲥ ⲇⲉ ⲙ̀ⲡⲉϥⲉ̀ⲣⲟⲩ̀ⲱ ⲛ̀ϩ̀ⲗⲓ : ϩⲱⲥⲧⲉ ⲛ̀ⲧⲉϥⲉⲣϣ̀ⲫⲏⲣⲓ ⲛ̀ϫⲉ Ⲡⲓⲗⲁⲧⲟⲥ :

Ⲟⲩⲱϣⲧ ⲙ̀ⲡⲓⲉⲩⲁⲅⲅⲉⲗⲓⲟⲛ ⲉⲑⲩ.

Mark 15:1-5

Immediately, in the morning, the chief priests held a consultation with the elders and scribes and the whole council; and they bound Jesus, led Him away, and delivered Him to Pilate. Then Pilate asked Him, "Are You the King of the Jews?" He answered and said to him, "It is as you say." And the chief priests accused Him of many things, but He answered nothing. Then Pilate asked Him again, saying, "Do You answer nothing? See how many things they testify against You!" But Jesus still answered nothing, so that Pilate marveled.

Bow down before the Holy Gospel.
Glory be to God forever.

مرقس ١٥: ١ - ٥

وَلِلْوَقْتِ فِي الصَّبَاحِ تَشَاوَرَ رُؤَسَاءُ الْكَهَنَةِ وَالشُّيُوخُ وَالْكَتَبَةُ وَالْمَجْمَعُ كُلُّهُ فَأَوْثَقُوا يَسُوعَ وَمَضَوْا بِهِ وَأَسْلَمُوهُ إِلَى بِيلاَطُسَ. فَسَأَلَهُ بِيلاَطُسُ: «أَأَنْتَ مَلِكُ الْيَهُودِ؟» فَأَجَابَ: «أَنْتَ تَقُولُ». وَكَانَ رُؤَسَاءُ الْكَهَنَةِ يَشْتَكُونَ عَلَيْهِ كَثِيراً. فَسَأَلَهُ بِيلاَطُسُ أَيْضاً: «أَمَا تُجِيبُ بِشَيْءٍ؟ انْظُرْ كَمْ يَشْهَدُونَ عَلَيْكَ!» فَلَمْ يُجِبْ يَسُوعُ أَيْضاً بِشَيْءٍ حَتَّى تَعَجَّبَ بِيلاَطُسُ.

أسجدوا للإنجيل المقدس.
والمجد لله دائماً.

Ⲉⲩⲁⲅⲅⲉⲗⲓⲟⲛ ⲕⲁⲧⲁ Ⲗⲟⲩⲕⲁⲛ Ⲕⲉⲫ ⲕⲃ : ⲝⲋ ϣⲃⲗ ⲛⲉⲙ ⲕⲅ : ⲁ - ⲓⲃ

Ⲟⲩⲟϩ ⲉ̀ⲧⲁ ⲡⲓ̀ϩⲟⲟⲩ ϣⲱⲡⲓ ⲁⲩⲑⲱⲟⲩϯ ⲛ̀ϫⲉ ⲛⲓ̀ⲡⲣⲉⲥⲃⲩⲧⲉⲣⲟⲥ ⲛ̀ⲧⲉ ⲡⲓ̀ⲗⲁⲟⲥ : ⲛⲉⲙ ⲛⲓⲁⲣⲭⲏⲉ̀ⲣⲉⲩⲥ ⲛⲉⲙ ⲛⲓⲥⲁϧ : ⲟⲩⲟϩ ⲁⲩⲉⲛϥ ⲉ̀ϧⲟⲩⲛ ⲉ̀ⲡⲟⲩⲙⲁⲛ̀ϯϩⲁⲡ : Ⲉⲩϫⲱ ⲙ̀ⲙⲟⲥ ϫⲉ ⲓⲥϫⲉ ⲛ̀ⲑⲟⲕ ⲡⲉ Ⲡⲭⲥ ⲁ̀ϫⲟⲥ ⲛⲁⲛ ⲡⲉϫⲁϥϫⲉ ⲛⲱⲟⲩ ϫⲉ ⲁⲓϣⲁⲛϫⲟⲥ ⲛⲱⲧⲉⲛ ⲧⲉⲧⲉⲛⲛⲁⲛⲁϩϯ ⲁⲛ : Ⲉ̀ϣⲱⲡ ⲇⲉ ⲟⲛ ⲁⲓϣⲁⲛ ϣⲉⲛ ⲑⲏⲛⲟⲩ ⲧⲉⲧⲉⲛ ⲛⲁⲉ̀ⲣⲟⲩ̀ⲱ ⲁⲛ Ⲓⲥϫⲉⲛ ϯⲛⲟⲩ ⲇⲉ ⲉϥⲉ̀ϣⲱⲡⲓ ⲛ̀ϫⲉ ⲡ̀ϣⲏⲣⲓ ⲙ̀ⲫ̀ⲣⲱⲙⲓ ⲉϥϩⲉⲙⲥⲓ ⲥⲁⲟⲩⲓ̀ⲛⲁⲙ ⲛ̀ϯϫⲟⲙ ⲛ̀ⲧⲉ Ⲫϯ : Ⲡⲉϫⲱⲟⲩ ⲇⲉ ⲧⲏⲣⲟⲩ ϫⲉ ⲛ̀ⲑⲟⲕ ⲟⲩⲛ ⲡⲉ ⲡ̀ϣⲏⲣⲓ ⲙ̀Ⲫϯ : ⲛ̀ⲑⲟϥ ⲇⲉ ⲡⲉϫⲁϥ ⲛⲱⲟⲩ ϫⲉ ⲛ̀ⲑⲱⲧⲉⲛ ⲉⲧϫⲱ ⲙ̀ⲙⲟⲥ ϫⲉ ⲁ̀ⲛⲟⲕ ⲡⲉ :

Ⲛ̀ⲑⲱⲟⲩ ⲇⲉ ⲡⲉϫⲱⲟⲩ ϫⲉ ⲛ̀ⲧⲉⲛⲉⲣⲭⲣⲓⲁ̀ ⲁⲛ ϫⲉ ⲛ̀ⲟⲩⲙⲉⲧⲙⲉⲑⲣⲉ : ⲁ̀ⲛⲟⲛ ⲅⲁⲣ ⲁⲛⲥⲱⲧⲉⲙ ⲉ̀ⲃⲟⲗϧⲉⲛ ⲣⲱϥ. Ⲟⲩⲟϩ ⲁϥⲧⲱⲛϥ ⲛ̀ϫⲉ ⲡⲟⲩⲙⲏϣ ⲧⲏⲣϥ ⲁⲩⲉⲛϥ ϩⲁⲠⲓⲗⲁⲧⲟⲥ : Ⲁⲩⲉⲣϩⲏⲧⲥ ⲇⲉ ⲛ̀ⲉⲣⲕⲁⲧⲏⲅⲟⲣⲓⲛ ⲉ̀ⲣⲟϥ ⲉⲩϫⲱ ⲙ̀ⲙⲟⲥ : ϫⲉ ⲫⲁⲓ ⲁⲛ ϫⲉⲙϥ ⲁϥⲫⲱⲛϩ ⲙ̀ⲡⲉⲛⲉⲑⲛⲟⲥ ⲉ̀ⲃⲟⲗ : ⲟⲩⲟϩ ⲉϥⲧⲁϩⲛⲟ ⲉ̀ϣⲧⲉⲙ̀ϯϩⲱϯ ⲙ̀ⲡⲟⲩⲣⲟ ⲉϥϫⲱ ⲙ̀ⲙⲟⲥ ⲉ̀ⲣⲟϥ ϫⲉ ⲁ̀ⲛⲟⲕ ⲡⲉ Ⲡⲭ̅ⲥ̅ ⲡ̀ⲟⲩⲣⲟ : Ⲡⲓⲗⲁⲧⲟⲥ ⲇⲉ ⲁϥϣⲉⲛϥ ⲉϥϫⲱ ⲙ̀ⲙⲟⲥ : ϫⲉ ⲛ̀ⲑⲟⲕ Ⲡⲉ ⲡ̀ⲟⲩⲣⲟ ⲛ̀ⲧⲉ ⲛⲓⲒⲟⲩⲇⲁⲓ : ⲛ̀ⲑⲟϥ ⲇⲉ ⲁϥⲉ̀ⲣⲟⲩⲱ̀ ϫⲉ ⲛ̀ⲑⲟⲕ ⲡⲉⲧϫⲱ ⲙ̀ⲙⲟⲥ Ⲡⲓⲗⲁⲧⲟⲥ ⲇⲉ ⲡⲉϫⲁϥ ⲛ̀ⲛⲓⲁⲣⲭⲏⲉⲣⲉⲩⲥ ⲛⲉⲙ ⲛⲓⲙⲏϣ : ϫⲉ ⲛ̀ϯϫⲉⲙ ϩⲗⲓ ⲛ̀ⲉⲧⲓⲁ̀ ⲁⲛ ϧⲉⲛ ⲡⲁⲓⲣⲱⲙⲓ : Ⲛ̀ⲑⲱⲟⲩ ⲇⲉ ⲛⲁⲩϫⲉⲙϫⲟⲙ ⲉⲩϫⲱ ⲙ̀ⲙⲟⲥ ϫⲉ ϥ̀ϣⲑⲟⲣⲧⲉⲣ ⲙ̀ⲡⲓⲗⲁⲟⲥ : ⲉϥϯⲥ̀ⲃⲱ ϧⲉⲛ ϯⲒⲟⲩⲇⲉⲁ̀ ⲧⲏⲣⲥ : ⲟⲩⲟϩ ⲁϥⲉⲣϩⲏⲧⲥ ⲓⲥϫⲉⲛ ϯⲄⲁⲗⲓⲗⲉⲁ̀ ϣⲁ ⲡⲁⲓⲙⲁ : Ⲡⲓⲗⲁⲧⲟⲥ ⲇⲉ ⲉ̀ⲧⲁϥⲥⲱⲧⲉⲙ ⲁϥϣⲓⲛⲓ ϫⲉ ⲁⲛ ⲟⲩ Ⲅⲁⲗⲓⲗⲉⲟⲥ ⲡⲉ ⲡⲁⲓⲣⲱⲙⲓ. Ⲟⲩⲟϩ ⲉ̀ⲧⲁϥⲉ̀ⲙⲓ ϫⲉ ⲟⲩⲉ̀ⲃⲟⲗ ⲡⲉ ϧⲉⲛ ⲡⲉⲣ̀ϣⲓϣⲓ ⲛ̀ⲧⲉ ⲏ̀ⲣⲱⲇⲏⲥ ⲡⲉ : ⲁϥⲟⲩⲟⲣⲡϥ ϩⲁ Ⲏ̀ⲣⲱⲇⲏⲥ : ⲉϥⲭⲏ ϩⲱϥ ϧⲉⲛ Ⲓⲗ̅ⲏ̅ⲙ̅ ϧⲉⲛ ⲡⲓⲉ̀ϩⲟⲟⲩ ⲉ̀ⲧⲉⲙ̀ⲙⲁⲩ : ⲏ̀ⲣⲱⲇⲏⲥ ⲇⲉ ⲉ̀ⲧⲁϥⲛⲁⲩ ⲉ̀Ⲓⲏ̅ⲥ̅ ⲁϥⲣⲁϣⲓ ⲉ̀ⲙⲁϣⲱ : ⲛⲁϥⲟⲩⲱϣ ⲅⲁⲣ ⲉ̀ⲛⲁⲩ ⲉ̀ⲣⲟϥ ⲓⲥ ⲟⲩⲙⲏϣ ⲛ̀ⲭⲣⲟⲛⲟⲥ : Ⲉⲑⲃⲉ ϫⲉ ⲛⲁϥⲥⲱⲧⲉⲙ ⲉⲑⲃⲏⲧϥ : ⲟⲩⲟϩ ⲛⲁϥ ⲉⲣϩⲉⲗⲡⲓⲥ ⲉ̀ⲛⲁⲩ ⲉ̀ⲟⲩⲙⲏⲓⲛⲓ ⲛ̀ⲧⲟⲧϥ ⲉϥⲓ̀ⲣⲓ ⲙ̀ⲙⲟϥ. Ⲛⲁϥϣⲓⲛⲓ ⲇⲉ ⲙ̀ⲙⲟϥ ϧⲉⲛ ϩⲁⲛⲙⲏϣ ⲛ̀ⲥⲁϫⲓ : ⲛ̀ⲑⲟϥ ⲇⲉ ⲙ̀ⲡⲉϥⲉ̀ⲣⲟⲩⲱ̀ ⲛ̀ϩ̀ⲗⲓ : Ⲛⲁⲩⲟϩⲓ ⲇⲉ ⲉ̀ⲣⲁⲧⲟⲩ ⲡⲉ ⲛ̀ϫⲉ ⲛⲓ̀ⲁⲣⲭⲏⲉ̀ⲣⲉⲩⲥ ⲛⲉⲙ ⲛⲓⲥⲁϧ : ⲉⲩⲉⲣⲕⲁⲧⲏⲅⲟⲣⲓⲛ ⲉ̀ⲣⲟϥ ⲉ̀ⲙⲁϣⲱ. Ⲉ̀ⲧⲁϥϣⲟϣϥ ⲇⲉ ⲛ̀ϫⲉ ⲡⲓⲕⲉ ⲏⲣⲱⲇⲏⲥ ⲛⲉⲙ ⲛⲉϥⲙⲁⲧⲟⲓ : ⲟⲩⲟϩ ⲉ̀ⲧⲁϥⲥⲱⲃⲓ ⲙ̀ⲙⲟϥ ⲁϥϫⲟⲗϩϥ ⲛ̀ⲟⲩϩⲉⲃⲥⲱ ⲉⲥⲫⲉⲣⲓⲱⲟⲩ : ⲁϥⲟⲩⲟⲣⲡϥ ⲉ̀Ⲡⲓⲗⲁⲧⲟⲥ. Ⲁⲩⲉⲣϣⲫⲏⲣ ⲇⲉ ⲉ̀ⲛⲟⲩⲉⲣⲏⲟⲩⲟ̅ⲥ̅ ⲏⲣⲱⲇⲏⲥ ⲛⲉⲙ Ⲡⲓⲗⲁⲧⲟⲥ ϧⲉⲛ ⲡⲓⲉ̀ϩⲟⲟⲩ ⲉ̀ⲧⲉⲙ̀ⲙⲁⲩ : ⲛⲁⲩϣⲟⲡ ⲅⲁⲣ ⲛ̀ϣⲟⲣⲡ ⲡⲉ ϧⲉⲛ ⲟⲩⲙⲉⲧϫⲁϫⲓ ⲛⲉⲙ ⲛⲟⲩⲉ̀ⲣⲏⲟⲩ :

Ⲟⲩⲱϣⲧ ⲙ̀ⲡⲓⲉⲩⲁⲅⲅⲉⲗⲓⲟⲛ ⲉ̅ⲑ̅ⲩ̅.

Luke 22:66-23:12

As soon as it was day, the elders of the people, both chief priests and scribes, came together and led Him into their council, saying, "If You are the Christ, tell us." But He said to them, "If I tell you, you will by no means believe. And if I also ask you, you will by no means answer Me or let Me go. Hereafter the Son of Man will sit on the right hand of the power of God." Then they all said, "Are You then the Son of God?" So He said to them, "You rightly say that I am." And they said, "What further testimony do we need? For we have

لوقا ٢٢ : ٦٦ الخ و ٢٣ : ١ – ١٢

وَلَمَّا كَانَ النَّهَارُ اجْتَمَعَتْ مَشْيَخَةُ الشَّعْبِ: رُؤَسَاءُ الْكَهَنَةِ وَالْكَتَبَةُ وَأَصْعَدُوهُ إِلَى مَجْمَعِهِمْ قَائِلِينَ: «إِنْ كُنْتَ أَنْتَ الْمَسِيحَ فَقُلْ لَنَا». فَقَالَ لَهُمْ: «إِنْ قُلْتُ لَكُمْ لاَ تُصَدِّقُونَ وَإِنْ سَأَلْتُ لاَ تُجِيبُونَنِي وَلاَ تُطْلِقُونَنِي. مُنْذُ الآنَ يَكُونُ ابْنُ الإِنْسَانِ جَالِساً عَنْ يَمِينِ قُوَّةِ اللهِ». فَقَالَ الْجَمِيعُ: «أَفَأَنْتَ ابْنُ اللهِ؟» فَقَالَ لَهُمْ: «أَنْتُمْ تَقُولُونَ إِنِّي أَنَا هُوَ». فَقَالُوا: «مَا حَاجَتُنَا بَعْدُ إِلَى شَهَادَةٍ؟ لأَنَّنَا نَحْنُ سَمِعْنَا مِنْ فَمِهِ».

فَقَامَ كُلُّ جُمْهُورِهِمْ وَجَاءُوا بِهِ إِلَى بِيلاَطُسَ وَابْتَدَأُوا يَشْتَكُونَ عَلَيْهِ قَائِلِينَ: «إِنَّنَا وَجَدْنَا هَذَا يُفْسِدُ الأُمَّةَ وَيَمْنَعُ أَنْ تُعْطَى جِزْيَةٌ لِقَيْصَرَ قَائِلاً: إِنَّهُ هُوَ مَسِيحٌ مَلِكٌ». فَسَأَلَهُ بِيلاَطُسُ: «أَنْتَ مَلِكُ الْيَهُودِ؟» فَأَجَابَهُ: «أَنْتَ تَقُولُ». فَقَالَ بِيلاَطُسُ لِرُؤَسَاءِ الْكَهَنَةِ وَالْجُمُوعِ: «إِنِّي لاَ أَجِدُ عِلَّةً فِي هَذَا الإِنْسَانِ». فَكَانُوا يُشَدِّدُونَ قَائِلِينَ: «إِنَّهُ يُهَيِّجُ الشَّعْبَ وَهُوَ يُعَلِّمُ فِي كُلِّ الْيَهُودِيَّةِ مُبْتَدِئاً مِنَ الْجَلِيلِ إِلَى هُنَا». فَلَمَّا سَمِعَ بِيلاَطُسُ ذِكْرَ الْجَلِيلِ سَأَلَ: «هَلِ الرَّجُلُ جَلِيلِيٌّ؟» وَحِينَ عَلِمَ أَنَّهُ مِنْ سَلْطَنَةِ هِيرُودُسَ أَرْسَلَهُ إِلَى هِيرُودُسَ إِذْ كَانَ هُوَ أَيْضاً تِلْكَ الأَيَّامَ فِي أُورُشَلِيمَ. وَأَمَّا هِيرُودُسُ فَلَمَّا رَأَى يَسُوعَ فَرِحَ جِدّاً لأَنَّهُ كَانَ يُرِيدُ مِنْ زَمَانٍ طَوِيلٍ أَنْ يَرَاهُ لِسَمَاعِهِ عَنْهُ أَشْيَاءَ كَثِيرَةً وَتَرَجَّى أَنْ يَرَاهُ يَصْنَعُ آيَةً. وَسَأَلَهُ بِكَلاَمٍ كَثِيرٍ فَلَمْ يُجِبْهُ بِشَيْءٍ. وَوَقَفَ رُؤَسَاءُ الْكَهَنَةِ وَالْكَتَبَةُ يَشْتَكُونَ عَلَيْهِ بِاشْتِدَادٍ فَاحْتَقَرَهُ هِيرُودُسُ مَعَ عَسْكَرِهِ وَاسْتَهْزَأَ بِهِ وَأَلْبَسَهُ لِبَاساً لاَمِعاً وَرَدَّهُ إِلَى بِيلاَطُسَ. فَصَارَ بِيلاَطُسُ وَهِيرُودُسُ صَدِيقَيْنِ مَعَ بَعْضِهِمَا فِي ذَلِكَ الْيَوْمِ لأَنَّهُمَا كَانَا مِنْ قَبْلُ فِي عَدَاوَةٍ بَيْنَهُمَا.

أسجدوا للإنجيل المقدس.
والمجد لله دائماً.

heard it ourselves from His own mouth." Then the whole multitude of them arose and led Him to Pilate. And they began to accuse Him, saying, "We found this fellow perverting the nation, and forbidding to pay taxes to Caesar, saying that He Himself is Christ, a King." Then Pilate asked Him, saying, "Are You the King of the Jews?" He answered him and said, "It is as you say." So Pilate said to the chief priests and the crowd, "I find no fault in this Man." But they were the more fierce, saying, "He stirs up the people, teaching throughout all Judea, beginning from Galilee to this place." When Pilate heard of Galilee, he asked if the Man were a Galilean. And as soon as he knew that He belonged to Herod's jurisdiction, he sent Him to Herod, who was also in Jerusalem at that time. Now when Herod saw Jesus, he was exceedingly glad; for he had desired for a long time to see Him, because he had heard many things about Him, and he hoped to see some miracle done by Him. Then he questioned Him with many words, but He answered him nothing. And the chief priests and scribes stood and vehemently accused Him. Then Herod, with his men of war, treated Him with contempt and mocked Him, arrayed Him in a gorgeous robe, and sent Him back to Pilate. That very day Pilate and Herod became friends with each other, for previously they had been at enmity with each other.

Bow down before the Holy Gospel.
Glory be to God forever.

Ⲉⲩⲁⲅⲅⲉⲗⲓⲟⲛ ⲕⲁⲧⲁ Ⲓⲱⲁⲛⲛⲏⲛ Ⲕⲉⲫ ⲓ̅ⲏ̅ : ⲕⲏ – ϣⲃⲗ

Ⲁⲩⲓ̀ⲛⲓ ⲟⲩⲛ ⲛ̀Ⲓⲏⲥⲟⲩⲥ ⲉ̀ⲃⲟⲗ ϦⲁⲔⲁⲓⲁ̀ⲫⲁ ⲉ̀ϧⲟⲩⲛ ⲉ̀ⲡⲓ̀ⲡⲣⲉⲧⲱⲣⲓⲟⲛ : ⲛⲉ ϣⲱⲣⲡ ⲇⲉ ⲡⲉ : ⲟⲩⲟϩ ⲛ̀ⲑⲱⲟⲩ ⲙ̀ⲡⲟⲩⲓ̀ ⲉ̀ϧⲟⲩⲛ ⲉ̀ⲡⲓⲡⲣⲉⲧⲱⲣⲓⲟⲛ : ϩⲓⲛⲁ ϫⲉ ⲛ̀ⲛⲟⲩⲥⲱϥ ϣⲁⲧⲟⲩⲟⲩⲱⲙ ⲙ̀ⲡⲓⲡⲁⲥⲭⲁ. Ⲁϥⲓ ⲟⲩⲛ ⲉ̀ⲃⲟⲗϩⲁⲣⲱⲟⲩ ⲛ̀ϫⲉ Ⲡⲓⲗⲁⲧⲟⲥ ⲡⲉϫⲁϥ ⲛⲱⲟⲩ : ϫⲉ ⲟⲩ ⲛ̀ⲕⲁⲧⲏⲅⲟⲣⲓⲁ̀ ⲉ̀ⲧⲉⲧⲉⲛⲓ̀ⲛⲓ ⲙ̀ⲙⲟⲥ ⲉ̀ϩⲣⲏⲓ ⲉ̀ϫⲉⲛ ⲡⲁⲓⲣⲱⲙⲓ Ⲁⲩⲉ̀ⲣⲟⲩⲱ̀ ⲡⲉϫⲱⲟⲩ ⲛⲁϥ : ϫⲉ ⲉ̀ⲛⲉ ⲫⲁⲓ ⲟⲩⲥⲁⲙⲡⲉⲧϩⲱⲟⲩ ⲁⲛ ⲡⲉ : ⲛⲁⲛⲛⲁⲧⲏⲓϥ ⲛⲁⲕ ⲁⲛ ⲡⲉ. Ⲡⲉϫⲉ Ⲡⲓⲗⲁⲧⲟⲥ ⲛⲱⲟⲩ ϫⲉ ϭⲓⲧϥ ⲛ̀ⲑⲱⲧⲉⲛ ⲟⲩⲟϩ ⲙⲁϩⲁⲡ ⲉ̀ⲣⲟϥ ⲕⲁⲧⲁ ⲡⲉⲧⲉⲛⲛⲟⲙⲟⲥ : ⲡⲉϫⲱⲟⲩ ⲛⲁϥⲛ̀ϫⲉ ⲛⲓⲒⲟⲩⲇⲁⲓ : ϫⲉ ⲁ̀ⲛⲟⲛ ⲛ̀ⲥϣⲉ ⲛⲁⲛ ⲁⲛ ⲉ̀ϧⲱⲧⲉⲃ ⲛ̀ϩⲗⲓ : ϩⲓⲛⲁ ⲛ̀ⲧⲉ ⲡ̀ⲥⲁϫⲓ ⲛ̀Ⲓⲏ̅ⲥ̅ ϫⲱⲕ ⲉ̀ⲃⲟⲗ ⲫⲏⲉ̀ⲧⲁϥϫⲟϥ : ⲉϥⲉⲣⲥⲏⲙⲉⲛⲓⲛ ϫⲉ ϧⲉⲛ ⲁϣ ⲙ̀ⲙⲟⲩ ϥⲛⲁⲙⲟⲩ Ⲡⲁⲗⲓⲛⲟⲛ ⲁϥⲓ ⲛ̀ϫⲉ Ⲡⲓⲗⲁⲧⲟⲥ ⲉ̀ϧⲟⲩⲛ ⲉ̀ⲡⲓⲡⲣⲉⲧⲱⲣⲓⲟⲛ ⲟⲩⲟϩ ⲁϥⲙⲟⲩϯ ⲉ̀Ⲓⲏ̅ⲥ̅ ⲡⲉϫⲁϥ ⲛⲁϥ : ϫⲉ ⲛ̀ⲑⲟⲕ ⲡⲉ ⲡ̀ⲟⲩⲣⲟ ⲛ̀ⲧⲉ ⲛⲓⲒⲟⲩⲇⲁⲓ. Ⲁϥⲉ̀ⲣⲟⲩⲱ̀ ⲛⲁϥ ⲛ̀ϫⲉ Ⲓⲏ̅ⲥ̅ ⲟⲩⲟϩ ⲡⲉϫⲁϥ : ϫⲉ ⲛ̀ⲑⲟⲕ ⲉⲧϫⲱ ⲙ̀ⲫⲁⲓ ⲉ̀ⲃⲟⲗ ϩⲓⲧⲟⲧⲕ ϣⲁⲛϩⲁⲛ ⲕⲉⲭⲱⲟⲩⲛⲓ ⲡⲉⲧⲁⲩϫⲟⲥ ⲛⲁⲕ ⲉⲑⲃⲏⲧ Ⲁϥⲉ̀ⲣⲟⲩⲱ̀ ⲛ̀ϫⲉ Ⲡⲓⲗⲁⲧⲟⲥ ⲉϥϫⲱ̀ ⲙ̀ⲙⲟⲥ : ϫⲉ ⲙⲏ ⲁ̀ⲛⲟⲕ ⲟⲩⲒⲟⲩⲇⲁⲓ ϩⲱ : ⲡⲉⲕⲉⲑⲛⲟⲥ ⲙ̀ⲙⲓⲛ ⲙ̀ⲙⲟⲕ ⲛⲉⲙ ⲛⲓⲁⲣⲭⲏⲉ̀ⲣⲉⲩⲥ ⲛ̀ⲑⲱⲟⲩ ⲡⲉⲧⲁⲩⲧⲏⲓⲕ : ⲟⲩ ⲡⲉ ⲉ̀ⲧⲁⲕⲁⲓϥ : Ⲁϥⲉ̀ⲣⲟⲩⲱ̀ ⲛ̀ϫⲉ Ⲓⲏ̅ⲥ̅ ϫⲉ ⲧⲁⲙⲉⲧⲟⲩⲣⲟ ⲁ̀ⲛⲟⲕ ⲑⲁ ⲡⲁⲓⲕⲟⲥⲙⲟⲥ ⲁⲛ ⲧⲉ : ⲉ̀ⲛⲉ ⲧⲁⲙⲉⲧⲟⲩⲣⲟ ⲟⲩⲉ̀ⲃⲟⲗϧⲉⲛ ⲡⲁⲓⲕⲟⲥⲙⲟⲥ ⲧⲉ : ⲛⲁⲣⲉ ⲛⲁϩⲩⲡⲉⲣⲉⲧⲏⲥ ⲛⲁϯ ⲉ̀ϩⲣⲏⲓ ⲉ̀ϫⲱⲓ ⲡⲉ : ϩⲓⲛⲁ ⲛ̀ⲧⲟⲩⲧⲱⲧⲉⲙ ⲧⲏⲓⲧ ⲛ̀ⲛⲓⲒⲟⲩⲇⲁⲓ : ϯⲛⲟⲩ ⲇⲉ ⲧⲁ ⲙⲉⲧⲟⲩⲣⲟ ⲑⲁ ⲡⲁⲓⲕⲟⲥⲙⲟⲥ ⲁⲛ ⲧⲉ. Ⲡⲓⲗⲁⲧⲟⲥ ⲟⲩⲛ ⲡⲉϫⲁϥ ϫⲉ ⲙⲏ ⲟⲩⲛ ⲛ̀ⲑⲟⲕ ⲟⲩⲟⲩⲣⲟ : ⲁϥⲉ̀ⲣⲟⲩⲱ ⲛ̀ϫⲉ Ⲓⲏ̅ⲥ̅ ϫⲉ ⲛ̀ⲑⲟⲕ ⲡⲉⲧϫⲱ ⲙ̀ⲙⲟⲥ ϫⲉ ⲁ̀ⲛⲟⲕ ⲟⲩⲟⲩⲣⲟ : ⲕⲉ ⲅⲁⲣ ⲉ̀ⲧⲁⲩⲙⲁⲥⲧ ⲁ̀ⲛⲟⲕ ⲉ̀ⲡⲁⲓϩⲱⲃ : ⲟⲩⲟϩ ⲉⲑⲃⲉ ⲫⲁⲓ ⲁⲓⲓ̀ ⲉ̀ⲡⲓⲕⲟⲥⲙⲟⲥ ⲉ̀ⲡ ϫⲓⲛⲧⲁⲉⲣⲙⲉⲧⲙⲉⲑⲣⲉ ⲛ̀ϯⲙⲉⲑⲙⲏⲓ : ⲟⲩⲟⲛ ⲛⲓⲃⲉⲛ ⲉ̀ⲧⲉ ϩⲁⲛ ⲉ̀ⲃⲟⲗ ϧⲉⲛ ϯⲙⲉⲑⲙⲏⲓ ϣⲁⲩⲥⲱⲧⲉⲙ ⲉ̀ⲧⲁⲥⲙⲏ : Ⲡⲉϫⲉ Ⲡⲓⲗⲁⲧⲟⲥ ⲛⲁϥ ϫⲉ ⲟⲩ ⲡⲉ ϯⲙⲉⲑⲙⲏⲓ : ⲟⲩⲟϩ ⲫⲁⲓ ⲉ̀ⲧⲁϥϫⲟϥ ⲡⲁⲗⲓⲛ ⲟⲛ ⲁⲉ̀ⲃⲟⲗϩⲁ ⲛⲓⲒⲟⲩⲇⲁⲓ ⲡⲉϫⲁϥ ⲛⲱⲟⲩ : ϫⲉ ⲁ̀ⲛⲟⲕ ⲛ̀ϯϫⲉⲙ ϩ̀ⲗⲓ ⲛ̀ⲉ̀ⲧⲓⲁ̀ ⲁⲛ ϧⲉⲛ ⲡⲁⲓⲣⲱⲙⲓ : Ⲧⲉⲧⲉⲛⲥⲩⲛⲏⲑⲓⲁ̀ ⲇⲉ ϩⲓⲛⲁ ⲛ̀ⲧⲁⲭⲁ ⲟⲩⲁⲓ ⲛⲱⲧⲉⲛ ⲉ̀ⲃⲟⲗ ϧⲉⲛ ⲡⲓⲡⲁⲥⲭⲁ ⲧⲉⲧⲉⲛⲟⲩⲱϣ ⲟⲩⲛ ⲛ̀ⲧⲁⲭⲱ ⲛⲱⲧⲉⲛ ⲉ̀ⲃⲟⲗ ⲙ̀ⲡ̀ⲟⲩⲣⲟ ⲛ̀ⲧⲉ ⲛⲓⲒⲟⲩⲇⲁⲓ ⲁⲩⲱϣ ⲇⲉ ⲉ̀ⲃⲟⲗ ⲧⲏⲣⲟⲩ ⲉⲩϫⲱ̀ ⲙ̀ⲙⲟⲥ : ϫⲉ ⲙ̀ⲡⲉⲣⲭⲁ ⲫⲁⲓ ⲉ̀ⲃⲟⲗ : ⲁⲗⲗⲁ ⲭⲁ Ⲃⲁⲣⲁⲃⲃⲁⲥ ⲉ̀ⲃⲟⲗ : ⲡⲁⲓ Ⲃⲁⲣⲁⲃⲃⲁⲥ ⲇⲉ ⲛⲉ ⲟⲩⲥⲟⲛⲓ ⲡⲉ :

Ⲟⲩⲱϣⲧ ⲙ̀ⲡⲓⲉⲩⲁⲅⲅⲉⲗⲓⲟⲛ ⲉⲑ̅ⲩ̅.

John 18:28-40

Then they led Jesus from Caiaphas to the Praetorium, and it was early morning. But they themselves did not go into the Praetorium, lest they should be defiled, but that they might eat the Passover. Pilate then went out to them and said, "What accusation do you

يوحنا ١٨ : ٢٨ الخ

ثُمَّ جَاءُوا بِيَسُوعَ مِنْ عِنْدِ قَيَافَا إِلَى دَارِ الْوِلاَيَةِ وَكَانَ صُبْحٌ. وَلَمْ يَدْخُلُوا هُمْ إِلَى دَارِ الْوِلاَيَةِ لِكَيْ لاَ يَتَنَجَّسُوا فَيَأْكُلُونَ الْفِصْحَ. فَخَرَجَ بِيلاَطُسُ إِلَيْهِمْ وَقَالَ: «أَيَّةَ شِكَايَةٍ

تُقَدِّمُونَ عَلَى هَذَا الإِنْسَانِ؟» أَجَابُوا: «لَوْ لَمْ يَكُنْ فَاعِلَ شَرٍّ لَمَا كُنَّا قَدْ سَلَّمْنَاهُ إِلَيْكَ!» فَقَالَ لَهُمْ بِيلاَطُسُ: «خُذُوهُ أَنْتُمْ وَاحْكُمُوا عَلَيْهِ حَسَبَ نَامُوسِكُمْ». فَقَالَ لَهُ الْيَهُودُ: «لاَ يَجُوزُ لَنَا أَنْ نَقْتُلَ أَحَداً». لِيَتِمَّ قَوْلُ يَسُوعَ الَّذِي قَالَهُ مُشِيراً إِلَى أَيَّةِ مِيتَةٍ كَانَ مُزْمِعاً أَنْ يَمُوتَ. ثُمَّ دَخَلَ بِيلاَطُسُ أَيْضاً إِلَى دَارِ الْوِلاَيَةِ وَدَعَا يَسُوعَ وَقَالَ لَهُ: «أَأَنْتَ مَلِكُ الْيَهُودِ؟» أَجَابَهُ يَسُوعُ: «أَمِنْ ذَاتِكَ تَقُولُ هَذَا أَمْ آخَرُونَ قَالُوا لَكَ عَنِّي؟» أَجَابَهُ بِيلاَطُسُ: «أَلَعَلِّي أَنَا يَهُودِيٌّ؟ أُمَّتُكَ وَرُؤَسَاءُ الْكَهَنَةِ أَسْلَمُوكَ إِلَيَّ. مَاذَا فَعَلْتَ؟» أَجَابَ يَسُوعُ: «مَمْلَكَتِي لَيْسَتْ مِنْ هَذَا الْعَالَمِ. لَوْ كَانَتْ مَمْلَكَتِي مِنْ هَذَا الْعَالَمِ لَكَانَ خُدَّامِي يُجَاهِدُونَ لِكَيْ لاَ أُسَلَّمَ إِلَى الْيَهُودِ. وَلَكِنِ الآنَ لَيْسَتْ مَمْلَكَتِي مِنْ هُنَا». فَقَالَ لَهُ بِيلاَطُسُ: «أَفَأَنْتَ إِذاً مَلِكٌ؟» أَجَابَ يَسُوعُ: «أَنْتَ تَقُولُ إِنِّي مَلِكٌ. لِهَذَا قَدْ وُلِدْتُ أَنَا وَلِهَذَا قَدْ أَتَيْتُ إِلَى الْعَالَمِ لأَشْهَدَ لِلْحَقِّ. كُلُّ مَنْ هُوَ مِنَ الْحَقِّ يَسْمَعُ صَوْتِي». قَالَ لَهُ بِيلاَطُسُ: «مَا هُوَ الْحَقُّ؟». وَلَمَّا قَالَ هَذَا خَرَجَ أَيْضاً إِلَى الْيَهُودِ وَقَالَ لَهُمْ: «أَنَا لَسْتُ أَجِدُ فِيهِ عِلَّةً وَاحِدَةً. وَلَكُمْ عَادَةٌ أَنْ أُطْلِقَ لَكُمْ وَاحِداً فِي الْفِصْحِ. أَفَتُرِيدُونَ أَنْ أُطْلِقَ لَكُمْ مَلِكَ الْيَهُودِ؟». فَصَرَخُوا أَيْضاً جَمِيعُهُمْ: «لَيْسَ هَذَا بَلْ بَارَابَاسَ». وَكَانَ بَارَابَاسُ لِصّاً.

bring against this Man?" They answered and said to him, "If He were not an evildoer, we would not have delivered Him up to you." Then Pilate said to them, "You take Him and judge Him according to your law." Therefore the Jews said to him, "It is not lawful for us to put anyone to death," that the saying of Jesus might be fulfilled which He spoke, signifying by what death He would die. Then Pilate entered the Praetorium again, called Jesus, and said to Him, "Are You the King of the Jews?" Jesus answered him, "Are you speaking for yourself about this, or did others tell you this concerning Me?" Pilate answered, "Am I a Jew? Your own nation and the chief priests have delivered You to me. What have You done?" Jesus answered, "My kingdom is not of this world. If My kingdom were of this world, My servants would fight, so that I should not be delivered to the Jews; but now My kingdom is not from here." Pilate therefore said to Him, "Are You a king then?" Jesus answered, "You say rightly that I am a king. For this cause I was born, and for this cause I have come into the world, that I should bear witness to the truth. Everyone who is of the truth hears My voice." Pilate said to Him, "What is truth?" And when he had said this, he went out again to the Jews, and said to them, "I find no fault in Him at all. "But you have a custom that I should release someone to you at the Passover. Do you therefore want me to release to you the King of the Jews?" Then they all cried again, saying, "Not this Man, but Barabbas!" Now Barabbas was a robber.

Bow down before the Holy Gospel.
Glory be to God forever.

أسجدوا للإنجيل المقدس.
والمجد لله دائماً.

Commentary

طرح

The Commentary of the First Hour of Good Friday of Holy Pascha, may its blessings be with us all. Amen.

Early on Friday, the chief priests convened together and condemned the Savior so that they may deliver Him to Pilate to kill Him. When he saw this, Judas regretted what he did and returned the silver to the chief priests saying, "I have sinned in betraying innocent blood." He went and hung himself adding to his transgressions. The chief priests took the silver and bought with it a potter's field to bury strangers in. This was done so that it may be fulfilled what had been spoken by the prophet Jeremiah. Then they stood Jesus before Pilate, who asked Him, "Are you a king?" Jesus replied, "You have said so." They accused Him but He made no answer. "Do you hear all these testimonies?" Pilate asked. He did not open His mouth to utter a word. The governor wondered greatly at His calmness and silence. How can the Lamb who came to take away the sins of the world open His mouth? This was to fulfill Isaiah's prophecy, which said, "He never opened His mouth like a lamb that is led to the slaughterhouse." Today the prophecy has been fulfilled in Jerusalem in the midst of Israel. O Jerusalem, today your son will cry for you, O killer of prophets. He is not a prophet but God,

طرح الساعة الأولى من يوم الجمعة العظيمة من البصخة المقدسة بركتها علينا. آمين.

باكر يوم الجمعة، اجتمع رؤساء الكهنة معاً، وأصدروا الحكم على المخلص لكى يسلموه إلى بيلاطس ليقتله. أما يهوذا فلما نظر ما كان ندم على ما فعله. وأعاد الفضة إلى رؤساء الكهنة قائلاً: انى القيت للحكم دماً زكياً. فمضى وخنق نفسه وحده، وأكمل اثماً على اثم. فأخذ رؤساء الكهنة الفضة وابتاعوا بها حقل الفخارى. لكى يكمل ما قيل من أجل الثلاثين من الفضة ثمن الزكى.

وأقاموا يسوع أمام بيلاطس. فسأله: أأنت ملك؟

. أنت قلت أم آخر أخبرك؟. أنا أتيت يا بيلاطس لأجل الحق. وأشتكى عليه كثيرون، فلم يجب المبارك بشئ.

. أما تسمع هذه الشهادات الكثيرة؟ فلم يفتح فمه ليقول كلمة. فتعجب الوالى جداً من أجل صمته وهدوئه.

كيف يفتح الحمل فاه، وهو الذى أتى ليحمل خطايا العالم؟ لقد شهد اشعياء من أجله قائلاً: ان مداينته قد ارتفعت مثل الخروف. قد كملت اليوم هذه النبوة فى

and His blood redeems sins.

أورشليم، فى وسط اسرائيل. يبكى عليك بنوك اليوم يا أورشليم، يا قاتلة الأنبياء. هذا ليس بنبى لكنه اله، ودمه يمحو الآثام.

The daytime Litanies are prayed.
تقال طلبة الصباح.

The hour is concluded with the Litany and **Κⲩⲣⲓⲉ̀ ⲉ̀ⲗⲉⲏ̀ⲥⲟⲛ** is chanted 12 times. After an icon of the crucifix is placed and it is decorated with flowers and candles.

يختم بالطلبة وتقال كيرياليسون ١٢ مرة. وبعدها توضع صورة الصلبوت وتزين بالورود والشموع.

Third Hour of Good Friday

الساعة الثالثة من الجمعة العظيمة

ⲡ̀ϫⲱⲙ ⲛ̀ϯⲅⲉⲛⲉⲥⲓⲥ ⲛ̀ⲧⲉ Ⲙⲱⲩ̀ⲥⲏⲥ Ⲕⲉⲫ ⲙ̅ⲏ̅ : ⲁ̅ - ⲓ̅ⲑ̅

Ⲉ̀ⲃⲟⲗϧⲉⲛ ⲡ̀ϫⲱⲙ ⲛ̀ϯⲅⲉⲛⲉⲥⲓⲥ ⲛ̀ⲧⲉ Ⲙⲱⲩ̀ⲥⲏⲥ ⲡⲓ̀ⲡⲣⲟⲫⲏⲧⲏⲥ: ⲉ̀ⲣⲉⲡⲉϥⲥ̀ⲙⲟⲩ ⲉ̀ⲑⲟⲩⲁⲃ ϣⲱⲡⲓ ⲛⲉⲙⲁⲛ ⲁ̀ⲙⲏⲛ ⲉϥϫⲱ ⲙ̀ⲙⲟⲥ.

Ⲁⲥϣⲱⲡⲓ ⲇⲉ ⲙⲉⲛⲉⲛⲥⲁ ⲛⲁⲓ ⲥⲁϫⲓ ⲁⲩⲧⲁⲙⲉ Ⲓⲱⲥⲏⲫ ⲉⲩϫⲱ̀ⲙ̀ⲙⲟⲥ : ϫⲉ ⲡⲉⲕⲓⲱⲧ ϣ̀ⲑⲟⲣⲧⲉⲣ : ⲟⲩⲟϩ ⲁϥϭⲓ ⲙ̀ⲡⲉϥϣⲏⲣⲓ ⲥ̀ⲛⲁⲩ Ⲙⲁⲛⲁⲥⲥⲏ ⲛⲉⲙ Ⲉⲫⲣⲉⲙ ⲁϥⲓ̀ ϩⲁ Ⲓⲁⲕⲱⲃ : Ⲁⲩⲧⲁⲙⲉ Ⲓⲁⲕⲱⲃ ⲇⲉ ⲉⲩϫⲱ̀ⲙ̀ⲙⲟⲥ ⲛⲁϥ : ϫⲉ ϩⲏⲡ ⲡⲉⲓⲥ ⲡⲉⲕϣⲏⲣⲓ Ⲓⲱⲥⲏⲫ ϥⲛⲏⲟⲩ ϩⲁⲣⲟⲕ : ⲁϥϫⲉⲙⲛⲟⲙϯ ⲛ̀ϫⲉ ⲡⲓⲥ̅ⲗ̅ ⲁϥϩⲉⲙⲥⲓ ϩⲓϫⲉⲛ ⲡⲓϭ̀ⲗⲟϫ : Ⲟⲩⲟϩ ⲡⲉϫⲉ Ⲓⲁⲕⲱⲃ ⲛ̀Ⲓⲱⲥⲏⲫ ϫⲉ ⲡⲁⲛⲟⲩϯ ⲁϥⲟⲩⲟⲛϩϥ ⲉ̀ⲣⲟⲓ ϧⲉⲛ Ⲗⲟⲩⲍⲁ : ϧⲉⲛ ⲡ̀ⲕⲁϩⲓ ⲛ̀Ⲭⲁⲛⲁⲁⲛ ⲁϥⲥ̀ⲙⲟⲩ ⲉ̀ⲣⲟⲓ. Ⲟⲩⲟϩ ⲡⲉϫⲁϥ ⲛⲏⲓ ϫⲉ ϩⲏⲡⲡⲉ ⲉⲓⲉ̀ⲉⲑⲣⲉⲕ ⲁ̀ϣⲁⲓ ⲉⲓⲉ̀ⲁⲓⲕ ⲛ̀ϩⲁⲛⲑⲱⲟⲩⲧⲥ ⲛ̀ϣ̀ⲗⲟⲗ : ⲟⲩⲟϩ ⲉⲓⲉ̀ϯ ⲙ̀ⲡⲁⲓⲕⲁϩⲓ ⲛⲁⲕ : ⲛⲉⲙ ⲡⲉⲕϫⲣⲟϫ ⲙⲉⲛⲉⲛⲥⲱⲕ ⲉⲧⲁ̀ⲙⲁϩⲓ ϣⲁ̀ⲉ̀ⲛⲉϩ : ϯⲛⲟⲩ ⲟⲛ ⲡⲉⲕϣⲏⲣⲓ ⲥ̀ⲛⲁⲩ ⲉ̀ⲧⲁⲕϣⲱⲡⲓ ⲛⲁⲕ ϧⲉⲛ Ⲭⲏⲙⲓ ⲙ̀ⲡⲁϯ̀ ϩⲁⲣⲟⲕ ⲉ̀Ⲭⲏⲙⲓ ⲛⲟⲩⲓ̀ ⲛⲉ : Ⲉⲫⲣⲉⲙ ⲛⲉⲙ Ⲙⲁⲛⲁⲥⲥⲏ : ⲙ̀ⲫ̀ⲣⲏϯ ⲛ̀Ⲣⲟⲩⲃⲏⲛ. ⲛⲉⲙ ⲙ̀ⲫ̀ⲣⲏϯ ⲛ̀Ⲥⲩⲙⲉⲱⲛ : Ⲛⲓϫⲫⲟ ⲇⲉ ⲉ̀ⲧⲉⲕ ⲛⲁϫ̀ⲫⲱⲟⲩ ⲙⲉⲛⲉⲛⲥⲁ ⲛⲁⲓ ⲉⲧⲉ̀ϣⲱⲡⲓ ⲛⲁⲕ : ⲉⲧⲉ̀ⲙⲟⲩϯ ⲉ̀ⲣⲱⲟⲩ ⲉ̀ⲫⲣⲁⲛ ⲛ̀ⲛⲟⲩⲥ̀ⲛⲏⲟⲩ ⲛ̀ϩ̀ⲣⲏⲓ ϧⲉⲛ ⲧⲟⲩⲕ̀ⲗⲏⲣⲟⲛⲟⲙⲓⲁ̀. Ⲁ̀ⲛⲟⲕ ⲇⲉ ⲉⲓⲛⲏⲟⲩ ⲉ̀ⲃⲟⲗϧⲉⲛ ϯⲙⲉⲥⲟⲡⲟⲇⲓⲁ̀ ⲛ̀ⲧⲉ ϯⲥ̀ⲩⲣⲓⲁ : ⲁⲥⲙⲟⲩ ⲛ̀ϫⲉ Ⲣⲁⲭⲏⲗ ⲧⲉⲕⲙⲁⲩ ϧⲉⲛ ⲡ̀ⲕⲁϩⲓ ⲛ̀Ⲭⲁⲛⲁⲁⲛ : ⲉⲓⲛⲁ̀ϧⲱⲛⲧ ⲉⲡⲓ̀ⲡⲣⲟⲇ̀ⲣⲟⲙⲟⲥ ⲛ̀ⲧⲉ Ⲭⲁⲃⲣⲁⲑⲁ : ⲟⲩⲟϩ ⲁⲓⲑⲟⲙⲥⲥ ϩⲓⲡⲓⲙⲱⲓⲧ ⲛ̀ⲧⲉ ⲡⲓ̀ⲡⲣⲟⲇ̀ⲣⲟⲙⲟⲥ ⲛ̀ⲧⲉ Ⲃⲏⲑⲗⲉⲉⲙ. Ⲉⲧⲁϥⲛⲁⲩ ⲇⲉ ⲛ̀ϫⲉ ⲡⲓⲥ̅ⲗ̅ ⲉ̀ⲛⲉⲛϣⲏⲣⲓ ⲛ̀Ⲓⲱⲥⲏⲫ ⲡⲉϫⲁϥϫⲉ ⲛⲓⲙ ⲛ̀ⲧⲁⲕ ⲛⲉ ⲛⲁⲓ. Ⲡⲉϫⲉ Ⲓⲱⲥⲏⲫ ⲇⲉ ⲙ̀ⲡⲉϥⲓⲱⲧ : ϫⲉ ⲛⲁϣⲏⲣⲓ ⲛⲏⲉ̀ⲧⲁ Ⲫ̀ⲛⲟⲩϯ ⲧⲏⲓⲧⲟⲩ ⲛⲏⲓ ⲙ̀ⲡⲁⲓⲙⲁ : ⲟⲩⲟϩ ⲡⲉϫⲉ Ⲓⲁⲕⲱⲃ ϫⲉ ⲁ̀ⲛⲓⲧⲟⲩ ϩⲁⲣⲟⲓ ϩⲓⲛⲁ ⲛ̀ⲧⲁⲥ̀ⲙⲟⲩ ⲉ̀ⲣⲱⲟⲩ. Ⲛⲉ ⲁⲩϩ̀ⲣⲟϣ ⲇⲉ ⲡⲉ ⲛ̀ϫⲉ ⲛⲉⲛⲃⲁⲗ ⲛ̀Ⲓⲁⲕⲱⲃ ⲉ̀ⲃⲟⲗϧⲉⲛ ϯⲙⲉⲧϧⲉⲗⲗⲟ : ⲟⲩⲟϩ ⲛⲁϥϣ̀ϫⲉⲙϫⲟⲙ ⲛ̀ⲛⲁⲩ ⲙ̀ⲃⲟⲗ ⲁⲛ ⲡⲉ : ⲁϥⲑ̀ⲣⲟⲩϧⲱⲛⲧ ⲉ̀ⲣⲟϥ ⲁϥϯⲫⲓ ⲉ̀ⲣⲱⲟⲩ ⲟⲩⲟϩ ⲁϥⲁ̀ⲙⲁⲗⲉϫ ⲉ̀ⲣⲱⲟⲩ. Ⲡⲉϫⲉ ⲡⲒⲥ̅ⲗ̅ ⲛ̀Ⲓⲱⲥⲏⲫ : ϫⲉ ϩⲏⲡⲡⲉ ⲙ̀ⲡⲟⲩϣⲟⲛϩⲧ ⲉ̀ⲛⲁⲩ ⲉ̀ⲡⲉⲕϩⲟ : ϩⲏⲡⲡⲉ ⲁ̀Ⲫⲛⲟⲩϯ ⲧⲁⲙⲟⲓ ⲉ̀ⲡⲉⲕϫⲣⲟϫ. Ⲟⲩⲟϩ ⲁ̀Ⲓⲱⲥⲏⲫ ϩⲉⲛⲟⲩ ⲥⲁⲃⲟⲗ ⲛ̀ⲛⲉϥⲁ̀ⲗⲱϫ ⲁⲩⲟⲩⲱϣⲧ ⲙ̀ⲙⲟϥ ϩⲓϫⲉⲛ ⲡⲟⲩϩⲟ ϩⲓϫⲉⲛ ⲡ̀ⲕⲁϩⲓ. Ⲁ̀Ⲓⲱⲥⲏⲫ ⲇⲉ ϭⲓ ⲙ̀ⲡⲉϥϣ̀ⲏⲣⲓ ⲥ̀ⲛⲁⲩ ⲁϥϫⲁ Ⲉⲫⲣⲉⲙ ⲥⲁϫⲁϭⲏ ⲙ̀ⲡⲒⲥ̅ⲗ̅ : Ⲙⲁⲛⲁⲥⲥⲏ ⲇⲉ ⲥⲁⲟⲩⲓ̀ⲛⲁⲙ ⲙ̀ⲡⲒⲥ̅ⲗ̅ : ⲁϥⲑ̀ⲣⲟⲩϧⲱⲛⲧ ⲉ̀ⲣⲟϥ. Ⲁ̀ⲡⲒⲥ̅ⲗ̅ ⲇⲉ ⲥⲟⲩⲧⲉⲛ ⲧⲉϥϫⲓϫ ⲛ̀ⲟⲩⲓ̀ⲛⲁⲙ ⲉ̀ⲃⲟⲗ ⲁϥⲧⲁⲗⲟⲥ ⲉ̀ϫⲉⲛ ⲧ̀ⲁ̀ⲫⲉ ⲛ̀Ⲉⲫⲣⲉⲙ ⲛⲉ ⲫⲁⲓ ⲇⲉ ⲡⲉ ⲡⲓⲕⲟⲩϫⲓ : ⲟⲩⲟϩ ⲧⲉϥϫⲁϭⲏ ⲁϥⲧⲁⲗⲟⲥ ⲉ̀ϫⲉⲛ ⲧ̀ⲁ̀ⲫⲉ ⲙ̀Ⲙⲁⲛⲁⲥⲥⲏ : ⲉ̀ⲁϥϣⲉⲃⲧ ⲛⲉϥϫⲓϫ : Ⲙⲁⲛⲁⲥⲥⲏ ⲇⲉ ⲡⲉ ⲡⲓϣⲟⲣⲡ ⲙ̀ⲙⲓⲥⲓ. Ⲟⲩⲟϩ ⲁϥⲥ̀ⲙⲟⲩ ⲉ̀ⲣⲱⲟⲩ ⲡⲉϫⲁϥ : ϫⲉ Ⲫ̀ϯ ⲫⲏⲉ̀ⲧⲁ ⲛⲁⲓⲟϯ ⲣⲁⲛⲁϥ ⲙ̀ⲡⲉϥⲙ̀ⲑⲟ Ⲁⲃⲣⲁⲁⲙ ⲛⲉⲙ Ⲓ̀ⲥⲁⲁⲕ : Ⲫⲛⲟⲩϯ ⲫⲏⲉ̀ⲧⲁϥϣⲁⲛϣ ⲙ̀ⲙⲟⲓ ⲓⲥϫⲉⲛ ⲧⲁⲙⲉⲧⲁ̀ⲗⲟⲩ ϣⲁ ⲉ̀ϧⲟⲩⲛ ⲉ̀ⲡⲁⲓⲉ̀ϩⲟⲟⲩ. Ⲡⲓⲁⲅⲅⲉⲗⲟⲥ ⲉⲑⲛⲟϩⲉⲙ ⲙ̀ⲙⲟⲓ ⲉ̀ⲃⲟⲗϧⲉⲛ ⲛⲓⲡⲉⲧϩⲱⲟⲩ ⲧⲏⲣⲟⲩ : ⲥ̀ⲙⲟⲩ ⲉ̀ⲛⲁⲓ ⲁ̀ⲗⲱⲟⲩⲓ̀ : ⲟⲩⲟϩ ⲉⲩⲉ̀ⲙⲟⲩϯ ⲉ̀ⲡⲁⲣⲁⲛ ⲉ̀ϩ̀ⲣⲏⲓ ⲉ̀ϫⲱⲟⲩ : ⲛⲉⲙ ⲫ̀ⲣⲁⲛ ⲛ̀ⲛⲁⲓⲟϯ Ⲁⲃⲣⲁⲁⲙ ⲛⲉⲙ Ⲓ̀ⲥⲁⲁⲕ : ⲉⲧⲁ̀ϣⲁⲓ ⲛ̀ⲟⲩⲛⲓϣ̀ϯ ⲛ̀ⲁϣⲁⲓ ⲉϥⲟϣ ϩⲓϫⲉⲛ ⲡ̀ⲕⲁϩⲓ. Ⲉⲧⲁϥⲛⲁⲩ ⲛ̀ϫⲉ Ⲓⲱⲥⲏⲫ ϫⲉ ⲁ ⲡⲉϥⲓⲱⲧ ⲧⲁⲗⲉ ⲧⲉϥϫⲓϫ ⲛ̀ⲟⲩⲓ̀ⲛⲁⲙ ⲉ̀ϫⲉⲛ ⲧ̀ⲁ̀ⲫⲉ ⲛ̀Ⲉⲫⲣⲉⲙ : ⲁ̀ⲡⲓϩⲱⲃ ϩ̀ⲣⲟϣ ⲙ̀ⲡⲉϥⲙ̀ⲑⲟ : ⲟⲩⲟϩ ⲁ̀Ⲓⲱⲥⲏⲫ ⲁ̀ⲙⲟⲛⲓ ⲛ̀ⲧϫⲓϫ ⲙ̀ⲡⲉϥⲓⲱⲧ ⲁϥⲟⲗⲥ ⲉ̀ⲃⲟⲗ ⲉ̀ϫⲉⲛ ⲧ̀ⲁ̀ⲫⲉ ⲛ̀Ⲉⲫⲣⲉⲙ ⲁϥⲧⲁⲗⲟⲥ ⲉ̀ϫⲉⲛ ⲧ̀ⲁ̀ⲫⲉ ⲙ̀Ⲙⲁⲛⲁⲥⲥⲏ. Ⲡⲉϫⲉ Ⲓⲱⲥⲏⲫ ⲇⲉ ⲙ̀ⲡⲉϥⲓⲱⲧ : ϫⲉ ⲡⲁⲓⲣⲏϯ ⲁⲛ ⲡⲁⲓⲱⲧ : ⲫⲁⲓ ⲅⲁⲣ ⲡⲉ ⲡⲓϣⲟⲣⲡ ⲙ̀ⲙⲓⲥⲓ : ⲭⲁ ⲧⲉⲕϫⲓϫ ⲛ̀ⲟⲩⲓ̀ⲛⲁⲙ ⲉ̀ϫⲉⲛ ⲧⲉϥⲁ̀ⲫⲉ. Ⲟⲩⲟϩ ⲙ̀ⲡⲉϥⲟⲩⲱϣ : ⲁⲗⲗⲁ ⲡⲉϫⲁϥ ϫⲉ : ϯⲉ̀ⲙⲓ ⲡⲁϣⲏⲣⲓ ϯⲉ̀ⲙⲓ :

Ⲟⲩⲱ̀ⲟⲩ ⲛ̀ϯ̀ⲧ̀ⲣⲓⲁⲥ ⲉ̀ⲑⲟⲩⲁⲃ ⲡⲉⲛⲛⲟⲩϯ ϣⲁ ⲉ̀ⲛⲉϩ ⲛⲉⲙ ϣⲁ ⲉ̀ⲛⲉϩ ⲛ̀ⲧⲉ ⲛⲓⲉ̀ⲛⲉϩ ⲧⲏⲣⲟⲩ: ⲁ̀ⲙⲏⲛ.

Genesis 48: 1-19

A reading from the book of Genesis of Moses the Prophet may his blessings be with us Amen.

Now it came to pass after these things that Joseph was told, "Indeed your father is sick"; and he took with him his two sons, Manasseh and Ephraim. And Jacob was told, "Look, your son Joseph is coming to you"; and Israel strengthened himself and sat up on the bed. Then Jacob said to Joseph: "God Almighty appeared to me at Luz in the land of Canaan and blessed me, and

سفر التكوين ٤٨ : ١ - ١٩

من سفر التكوين لموسى النبى بركته المقدسة تكون معنا، آمين.

وَحَدَثَ بَعْدَ هَذِهِ الامُورِ انَّهُ قِيلَ لِيُوسُفَ: «هُوَذَا ابُوكَ مَرِيضٌ». فَاخَذَ مَعَهُ ابْنَيْهِ مَنَسَّى وَافْرَايِمَ. فَاخْبِرَ يَعْقُوبُ وَقِيلَ لَهُ: «هُوَذَا ابْنُكَ يُوسُفُ قَادِمٌ الَيْكَ». فَتَشَدَّدَ اسْرَائِيلُ وَجَلَسَ عَلَى السَّرِيرِ. وَقَالَ يَعْقُوبُ لِيُوسُفَ: «اللهُ الْقَادِرُ عَلَى كُلِّ شَيْءٍ ظَهَرَ لِي فِي لُوزَ فِي ارْضِ كَنْعَانَ وَبَارَكَنِي. وَقَالَ

said to me, 'Behold, I will make you fruitful and multiply you, and I will make of you a multitude of people, and give this land to your descendants after you as an everlasting possession.' And now your two sons, Ephraim and Manasseh, who were born to you in the land of Egypt before I came to you in Egypt, are mine; as Reuben and Simeon, they shall be mine.
Your offspring whom you beget after them shall be yours; they will be called by the name of their brothers in their inheritance. But as for me, when I came from Padan, Rachel died beside me in the land of Canaan on the way, when there was but a little distance to go to Ephrath; and I buried her there on the way to Ephrath (that is, Bethlehem)." Then Israel saw Joseph's sons, and said, "Who are these?" And Joseph said to his father, "They are my sons, whom God has given me in this place." And he said, "Please bring them to me, and I will bless them." Now the eyes of Israel were dim with age, so that he could not see. Then Joseph brought them near him, and he kissed them and embraced them. And Israel said to Joseph, "I had not thought to see your face; but in fact, God has also shown me your offspring!" So Joseph brought them from beside his knees, and he bowed down with his face to the earth. And Joseph took them both, Ephraim with his right hand toward Israel's left hand, and Manasseh with his left hand toward Israel's right hand, and brought them near him. Then Israel stretched out his right hand and laid it on Ephraim's head, who was the

لِي: هَا انَا اجْعَلُكَ مُثْمِرا وَاكَثِّرُكَ وَاجْعَلُكَ جُمْهُورا مِنَ الامَمِ وَاعْطِي نَسْلَكَ هَذِهِ الارْضَ مِنْ بَعْدِكَ مُلْكا ابَدِيّا. وَالآنَ ابْنَاكَ الْمَوْلُودَانِ لَكَ فِي ارْضِ مِصْرَ قَبْلَمَا اتَيْتُ الَيْكَ الَى مِصْرَ هُمَا لِي. افْرَايِمُ وَمَنَسَّى كَرَاوبَيْنَ وَشَمْعُونَ يَكُونَانِ لِي. وَامَّا اوْلادُكَ الَّذِينَ تَلِدُ بَعْدَهُمَا فَيَكُونُونَ لَكَ. عَلَى اسْمِ اخَوَيْهِمْ يُسَمُّونَ فِي نَصِيبِهِمْ. وَانَا حِينَ جِئْتُ مِنْ فَدَّانَ مَاتَتْ عِنْدِي رَاحِيلُ فِي ارْضِ كَنْعَانَ فِي الطَّرِيقِ اذْ بَقِيَتْ مَسَافَةٌ مِنَ الارْضِ حَتَّى اتِيَ الَى افْرَاتَةَ. فَدَفَنْتُهَا هُنَاكَ فِي طَرِيقِ افْرَاتَةَ (الَّتِي هِيَ بَيْتُ لَحْمٍ)». وَرَاى اسْرَائِيلُ ابْنَيْ يُوسُفَ فَقَالَ: «مَنْ هَذَانِ؟». فَقَالَ يُوسُفُ لابِيهِ: «هُمَا ابْنَايَ اللَّذَانِ اعْطَانِيَ اللهُ هَهُنَا». فَقَالَ: «قَدِّمْهُمَا الَيَّ لِابَارِكَهُمَا». وَامَّا عَيْنَا اسْرَائِيلَ فَكَانَتَا قَدْ ثَقُلَتَا مِنَ الشَّيْخُوخَةِ لا يَقْدِرُ انْ يُبْصِرَ فَقَرَّبَهُمَا الَيْهِ فَقَبَّلَهُمَا وَاحْتَضَنَهُمَا. وَقَالَ اسْرَائِيلُ لِيُوسُفَ: «لَمْ اكُنْ اظُنُّ انِّي ارَى وَجْهَكَ وَهُوَذَا اللهُ قَدْ ارَانِي نَسْلَكَ ايْضا». ثُمَّ اخْرَجَهُمَا يُوسُفُ مِنْ بَيْنَ رُكْبَتَيْهِ وَسَجَدَ امَامَ وَجْهِهِ الَى الارْضِ. وَاخَذَ يُوسُفُ الاثْنَيْنِ افْرَايِمَ بِيَمِينِهِ عَنْ يَسَارِ اسْرَائِيلَ وَمَنَسَّى بِيَسَارِهِ عَنْ يَمِينِ اسْرَائِيلَ وَقَرَّبَهُمَا الَيْهِ. فَمَدَّ اسْرَائِيلُ يَمِينَهُ وَوَضَعَهَا عَلَى رَاسِ افْرَايِمَ وَهُوَ الصَّغِيرُ وَيَسَارَهُ عَلَى رَاسِ مَنَسَّى. وَضَعَ يَدَيْهِ بِفِطْنَةٍ فَانَّ مَنَسَّى كَانَ الْبِكْرَ. وَبَارَكَ يُوسُفَ وَقَالَ: «اللهُ الَّذِي سَارَ

younger, and his left hand on Manasseh's head, guiding his hands knowingly, for Manasseh was the firstborn. And he blessed Joseph, and said: "God, before whom my fathers Abraham and Isaac walked, The God who has fed me all my life long to this day, The Angel who has redeemed me from all evil, Bless the lads; Let my name be named upon them, And the name of my fathers Abraham and Isaac; And let them grow into a multitude in the midst of the earth." Now when Joseph saw that his father laid his right hand on the head of Ephraim, it displeased him; so he took hold of his father's hand to remove it from Ephraim's head to Manasseh's head. And Joseph said to his father, "Not so, my father, for this one is the firstborn; put your right hand on his head." But his father refused and said, "I know, my son, I know.

Glory be to the Holy Trinity our God unto the age of all ages, Amen.

امامَهُ ابوَايَ ابْرَاهِيمُ وَاسْحَاقُ – اللهُ الَّذِي رَعَانِي مُنْذُ وُجُودِي الَى هَذَا الْيَوْمِ – الْمَلاكُ الَّذِي خَلَّصَنِي مِنْ كُلِّ شَرٍّ يُبَارِكُ الْغُلامَيْنِ. وَلْيُدْعَ عَلَيْهِمَا اسْمِي وَاسْمُ ابوَيَّ ابْرَاهِيمَ وَاسْحَاقَ. وَلْيَكْثُرَا كَثِيرا فِي الارْضِ». فَلَمَّا رَاى يُوسُفُ انَّ ابَاهُ وَضَعَ يَدَهُ الْيُمْنَى عَلَى رَاسِ افْرَايِمَ سَاءَ ذَلِكَ فِي عَيْنَيْهِ فَامْسَكَ بِيَدِ ابِيهِ لِيَنْقُلَهَا عَنْ رَاسِ افْرَايِمَ الَى رَاسِ مَنَسَّى. وَقَالَ يُوسُفُ لابِيهِ: «لَيْسَ هَكَذَا يَا ابِي لانَّ هَذَا هُوَ الْبِكْرُ. ضَعْ يَمِينَكَ عَلَى رَاسِهِ». فَابَى ابُوهُ وَقَالَ: «عَلِمْتُ يَا ابْنِي عَلِمْتُ! هُوَ ايْضا يَكُونُ شَعْبا وَهُوَ ايْضا يَصِيرُ كَبِيرا. وَلَكِنَّ اخَاهُ الصَّغِيرَ يَكُونُ اكْبَرَ مِنْهُ وَنَسْلُهُ يَكُونُ جُمْهُورا مِنَ الامَمِ».

مجداً للثالوث القدوس الهنا إلى الأبد وإلى أبد الآبدين كلها، آمين.

Ⲏⲥⲁⲏⲁⲥ Ⲕⲉⲫ ⲛ̅ : ⲗ̅ - ⲑ̅

Ⲉ̀ⲃⲟⲗϧⲉⲛ Ⲏⲥⲁⲏⲁⲥ ⲡⲓⲡ̀ⲣⲟⲫⲏⲧⲏⲥ: ⲉ̀ⲣⲉⲡⲉϥⲥ̀ⲙⲟⲩ ⲉ̀ⲑⲟⲩⲁⲃ ϣⲱⲡⲓ ⲛⲉⲙⲁⲛ ⲁ̀ⲙⲏⲛ ⲉϥϫⲱ ⲙ̀ⲙⲟⲥ.

Ⲡⲟ̅ⲥ̅ ⲡⲉⲧϯⲛⲏⲓ ⲛ̀ⲟⲩⲗⲁⲥ ⲛ̀ⲥ̀ⲃⲱ : ⲉⲑⲣⲓⲉ̀ⲙⲓ ⲁ̀ⲣⲉϣⲁⲛ ⲧ̀ϩⲟϯ ⲛ̀ⲟⲩⲥⲁϫⲓ ϣⲱⲡⲓ : ⲁϥϫⲱ ⲛⲏⲓ ⲛ̀ϩⲁⲛⲁ̀ⲧⲟⲟⲩⲓ ⲟⲩⲟϩ ⲁϥⲧⲟⲩϩⲟ ⲉ̀ⲣⲟⲓ ⲛ̀ⲟⲩⲙⲁϣϫ ⲉⲑⲣⲓⲥⲱⲧⲉⲙ ⲉ̀ⲧⲥ̀ⲃⲱ ⲙ̀Ⲡⲟ̅ⲥ̅ ⲉⲑⲣⲟⲩⲟⲩⲱⲛ ⲛ̀ⲛⲁⲙⲁϣϫ : ⲁ̀ⲛⲟⲕ ⲇⲉ ϯⲗⲉⲝⲓⲛ ⲁⲛ. Ϫⲓϯ ⲛ̀ⲧⲁϭⲓⲥⲓ ⲉϩⲁⲛⲙⲁⲥⲧⲓⲅⲝ : ⲟⲩⲟϩ ⲛⲁⲟⲩⲟϫⲓ ⲉ̀ϩⲁⲛϣⲉⲛⲕⲟⲩⲣ : ⲡⲁϩⲟ ⲇⲉ ⲙ̀ⲡⲓⲧⲁⲥⲑⲟϥ ⲉ̀ϩⲁ̀ⲡϣⲓⲡⲓ ⲛ̀ⲧⲉ ϩⲁⲛⲑⲁϥ. Ⲡⲟ̅ⲥ̅ ⲁϥϣⲱⲡⲓ ⲛⲏⲓ ⲛ̀ⲟⲩⲃⲟⲏⲑⲟⲥ : ⲉⲑⲃⲉ ⲫⲁⲓ ⲙ̀ⲡⲓϭⲓϣⲓⲡⲓ : ⲁⲗⲗⲁ ⲁⲓϫⲱ ⲙ̀ⲡⲁϩⲟ ⲙ̀ⲫ̀ⲣⲏϯ ⲛ̀ⲟⲩⲡⲉⲧⲣⲁ ⲉⲥϫⲟⲣ : ⲟⲩⲟϩ ⲁⲓⲉ̀ⲙⲓ ϫⲉ ⲛ̀ⲛⲁϭⲓϣⲓⲡⲓ. Ϫⲉ ϥ̀ϧⲉⲛⲧ ⲛ̀ϫⲉ ⲫⲏⲉ̀ⲧⲑ̀ⲙⲁⲓⲟⲓ : ⲛⲓⲙ ⲉⲑⲛⲁϭⲓϩⲁⲡ ⲛⲉⲙⲏⲓ ⲙⲁⲣⲉϥϧⲱⲛⲧ ⲉ̀ⲣⲟⲓ. ϩⲏⲡⲡⲉ ⲓⲥ Ⲡⲟ̅ⲥ̅ ⲉⲑⲛⲁⲉⲣⲃⲟⲏⲑⲓⲛ ⲉ̀ⲣⲟⲓ : ⲛⲓⲙ ⲉⲑⲛⲁ̀ϣⲧϩⲉⲙⲕⲟⲓ : ϩⲏⲡⲡⲉ ⲛ̀ⲑⲱⲧⲉⲛ ⲧⲏⲣⲟⲩ ⲙ̀ⲫ̀ⲣⲏϯ ⲛ̀ⲟⲩϩ̀ⲃⲱⲥ ⲧⲉⲧⲉⲛⲛⲁⲉⲣⲁ̀ⲡⲁⲥ : ⲟⲩϩⲟⲗⲓ ⲇⲉ ⲉⲥⲉⲟⲩⲉⲙ ⲑⲏⲛⲟⲩ.

Ⲟⲩⲱ̀ⲟⲩ ⲛ̀ϯⲧ̀ⲣⲓⲁⲥ ⲉⲑⲟⲩⲁⲃ ⲡⲉⲛⲛⲟⲩϯ ϣⲁ ⲉ̀ⲛⲉϩ ⲛⲉⲙ ϣⲁ ⲉ̀ⲛⲉϩ ⲛ̀ⲧⲉ ⲛⲓⲉ̀ⲛⲉϩ ⲧⲏⲣⲟⲩ: ⲁ̀ⲙⲏⲛ.

Isaiah 50: 4-9

A reading from Isaiah the Prophet may his blessings be with us Amen

"The Lord God has given Me The tongue of the learned, That I should know how to speak A word in season to him who is weary. He awakens Me morning by morning, He awakens My ear To hear as the learned. The Lord God has opened My ear; And I was not rebellious, Nor did I turn away. I gave My back to those who struck Me, And My cheeks to those who plucked out the beard; I did not hide My face from shame and spitting. "For the Lord God will help Me; Therefore I will not be disgraced; Therefore I have set My face like a flint, And I know that I will not be ashamed. He is near who justifies Me; Who will contend with Me? Let us stand together. Who is My adversary? Let him come near Me. Surely the Lord God will help Me; Who is he who will condemn Me? Indeed they will all grow old like a garment; The moth will eat them up.

Glory be to the Holy Trinity our God unto the age of all ages, Amen.

اشعياء ٥٠: ٤ - ٩

من اشعياء النبى بركته المقدسة تكون معنا، آمين.

أَعْطَانِي السَّيِّدُ الرَّبُّ لِسَانَ الْمُتَعَلِّمِينَ لأَعْرِفَ أَنْ أُغِيثَ الْمُعْيِيَ بِكَلِمَةٍ. يُوقِظُ كُلَّ صَبَاحٍ يُوقِظُ لِي أُذُناً لأَسْمَعَ كَالْمُتَعَلِّمِينَ. السَّيِّدُ الرَّبُّ فَتَحَ لِي أُذُناً وَأَنَا لَمْ أُعَانِدْ. إِلَى الْوَرَاءِ لَمْ أَرْتَدَّ. بَذَلْتُ ظَهْرِي لِلضَّارِبِينَ وَخَدَّيَّ لِلنَّاتِفِينَ. وَجْهِي لَمْ أَسْتُرْ عَنِ الْعَارِ وَالْبَصْقِ. وَالسَّيِّدُ الرَّبُّ يُعِينُنِي لِذَلِكَ لاَ أَخْجَلُ. لِذَلِكَ جَعَلْتُ وَجْهِي كَالصَّوَّانِ وَعَرَفْتُ أَنِّي لاَ أَخْزَى. قَرِيبٌ هُوَ الَّذِي يُبَرِّرُنِي. مَنْ يُخَاصِمُنِي؟ لِنَتَوَاقَفْ! مَنْ هُوَ صَاحِبُ دَعْوَى مَعِي؟ لِيَتَقَدَّمْ إِلَيَّ! هُوَذَا السَّيِّدُ الرَّبُّ يُعِينُنِي. مَنْ هُوَ الَّذِي يَحْكُمُ عَلَيَّ؟ هُوَذَا كُلُّهُمْ كَالثَّوْبِ يَبْلُونَ. يَأْكُلُهُمُ الْعُثُّ.

مجداً للثالوث القدوس الهنا إلى الأبد وإلى أبد الآبدين كلها، آمين.

Ⲏⲥⲁ̀ⲏⲁⲥ Ⲕⲉⲫ ⲋ̅ : ⲑ̅ - ⲓ̅ⲉ̅

Ⲡⲁⲗⲓⲛ ⲉ̀ⲃⲟⲗϧⲉⲛ Ⲏⲥⲁ̀ⲏⲁⲥ ⲡⲓ̀ⲡⲣⲟⲫⲏⲧⲏⲥ: ⲉ̀ⲣⲉⲡⲉϥ̀ⲥⲙⲟⲩ ⲉ̀ⲑⲟⲩⲁⲃ ϣⲱⲡⲓ ⲛⲉⲙⲁⲛ ⲁ̀ⲙⲏⲛ ⲉϥϫⲱ ⲙ̀ⲙⲟⲥ.

Ⲟⲩⲟⲓ ⲛ̀ⲧⲟⲩⲯⲩⲭⲏ ϫⲉ ⲁⲩⲥⲟϭⲛⲓ ⲛ̀ⲟⲩⲥⲟϭⲛⲓ ϧⲁⲣⲱⲟⲩ ⲙ̀ⲙⲓⲛ ⲙ̀ⲙⲱⲟⲩ ⲉⲩϫⲱ ⲙ̀ⲙⲟⲥ. Ϫⲉ ⲙⲁⲣⲉⲛⲥⲱⲛϩ ⲙ̀ⲡⲓ̀ⲑⲙⲏⲓ ϫⲉ ϥⲟⲓ ⲛ̀ⲁⲧϣⲁⲩ ⲛⲁⲛ : ϯⲛⲟⲩ ⲇⲉ ⲉⲩⲉ̀ⲟⲩⲱⲙ ⲛ̀ⲛⲓⲟⲩⲧⲁϩ ⲛ̀ⲧⲉ ⲛⲓ̀ϩⲃⲏⲟⲩ̀ⲓ̀ ⲛ̀ⲧⲉ ⲛⲟⲩϫⲓϫ. Ⲟⲩⲟⲓ ⲙ̀ⲡⲓ̀ⲁ̀ⲛⲟⲙⲟⲥ ϩⲁⲛⲡⲉⲧϩⲱⲟⲩ ⲕⲁⲧⲁ ⲛⲓ̀ϩⲃⲏⲟⲩ̀ⲓ̀ ⲛ̀ⲧⲉ ⲛⲉϥϫⲓϫ ⲉ̀ⲩ̀ⲉ̀ⲓ ⲉ̀ϫⲱϥ. Ⲡⲁⲗⲗⲁⲟⲥ ⲛⲉⲧⲉⲛⲡ̀ⲣⲁⲕⲧⲱⲣ ⲥⲉⲥ̀ⲣⲓⲧ ⲙ̀ⲙⲱⲧⲉⲛ : ⲛⲏⲉⲧϣ̀ⲓ̀ϯ ⲙ̀ⲙⲱⲧⲉⲛ ⲥⲉⲟⲓ ⲛ̀ⲟ̅ⲥ̅ ⲉ̀ⲣⲱⲧⲉⲛ : ⲡⲁⲗⲗⲁⲟⲥ ⲛⲏⲉⲧⲉⲣⲙⲁⲕⲁⲣⲓⲍⲓⲛ ⲙ̀ⲙⲱⲧⲉⲛ ⲥⲉⲥⲱⲣⲉⲙ ⲙ̀ⲙⲱⲧⲉⲛ : ⲟⲩⲟϩ ⲫ̀ⲙⲱⲓⲧ ⲛ̀ⲛⲉⲧⲉⲛϭ̀ⲁⲗⲁⲩϫ ⲥⲉϣ̀ⲑⲟⲣⲧⲉⲣ ⲙ̀ⲙⲟϥ. Ⲁⲗⲗⲁ ϯⲛⲟⲩ Ⲡ̅ⲟ̅ⲥ̅ ⲛⲁⲓ ⲉ̀ⲡ̀ϩⲁⲡ : ⲟⲩⲟϩ ϥ̀ⲛⲁⲓ ⲛⲉⲙ ⲡⲉϥ̀ⲗⲁⲟⲥ ⲉ̀ⲡ̀ϩⲁⲡ : ⲛⲉⲙ ⲛⲓ̀ⲡⲣⲉⲥⲃⲩⲧⲉⲣⲟⲥ ⲛⲉⲙ ⲛⲓⲁⲣⲭⲱⲛ. Ⲛ̀ⲑⲱⲧⲉⲛ ⲇⲉ ⲉⲑⲃⲉ ⲟⲩ ⲧⲉⲧⲉⲛϩⲓⲥⲁϩϯ ⲉ̀ⲡⲁⲓ ⲓⲁϩ̀ⲁ̀ⲗⲟ̀ⲗⲓ : ⲡ̀ϩⲱ̀ⲗⲉⲙ ⲛ̀ⲛⲓϩⲏⲕⲓ ϥ̀ⲭⲏ ϧⲉⲛ ⲛⲉⲧⲉⲛⲏⲓ. Ⲉⲑⲃⲉ ⲟⲩ ⲛ̀ⲑⲱⲧⲉⲛ ⲧⲉⲧⲉⲛϭⲓ ⲙ̀ⲡⲁ̀ⲗⲁⲟⲥ ⲛ̀ϫⲟⲛⲥ : ⲟⲩⲟϩ ⲛⲓϩⲟ ⲛ̀ⲧⲉ ⲛⲓϩⲏⲕⲓ ⲧⲉⲧⲉⲛϯϣ̀ⲫⲓⲧ ⲛ̀ⲱⲟⲩ :

Ⲟⲩⲱⲟⲩ ⲛ̀ϯⲧ̀ⲣⲓⲁⲥ ⲉⲑⲟⲩⲁⲃ ⲡⲉⲛⲛⲟⲩϯ ϣⲁ ⲉ̀ⲛⲉϩ ⲛⲉⲙ ϣⲁ ⲉ̀ⲛⲉϩ ⲛ̀ⲧⲉ ⲛⲓⲉ̀ⲛⲉϩ ⲧⲏⲣⲟⲩ: ⲁ̀ⲙⲏⲛ.

Isaiah 3:9-15

اشعياء ٣: ٩ – ١٥

Also from Isaiah the Prophet may his blessings be with us Amen

Woe to their soul! For they have brought evil upon themselves. "Say to the righteous that it shall be well with them, For they shall eat the fruit of their doings. Woe to the wicked! It shall be ill with him, For the reward of his hands shall be given him. As for My people, children are their oppressors, And women rule over them. O My people! Those who lead you cause you to err, And destroy the way of your paths." The Lord stands up to plead, And stands to judge the people. The Lord will enter into judgment With the elders of His people And His princes: "For you have eaten up the vineyard; The plunder of the poor is in your houses. What do you mean by crushing My people And grinding the faces of the poor?"

Glory be to the Holy Trinity our God unto the age of all ages, Amen.

وأيضاً من اشعياء النبى بركته المقدسة تكون معنا، آمين.

وَيْلٌ لِنُفُوسِهِمْ لأَنَّهُمْ يَصْنَعُونَ لأَنْفُسِهِمْ شَرّاً. «قُولُوا لِلصِّدِّيقِ خَيْرٌ! لأَنَّهُمْ يَأْكُلُونَ ثَمَرَ أَفْعَالِهِمْ. وَيْلٌ لِلشِّرِّيرِ. شَرٌّ! لأَنَّ مُجَازَاةَ يَدَيْهِ تُعْمَلُ بِهِ. شَعْبِي ظَالِمُوهُ أَوْلاَدٌ وَنِسَاءٌ يَتَسَلَّطْنَ عَلَيْهِ. يَا شَعْبِي مُرْشِدُوكَ مُضِلُّونَ وَيَبْلَعُونَ طَرِيقَ مَسَالِكِكَ». قَدِ انْتَصَبَ الرَّبُّ لِلْمُخَاصَمَةِ وَهُوَ قَائِمٌ لِدَيْنُونَةِ الشُّعُوبِ. اَلرَّبُّ يَدْخُلُ فِي الْمُحَاكَمَةِ مَعَ شُيُوخِ شَعْبِهِ وَرُؤَسَائِهِمْ: «وَأَنْتُمْ قَدْ أَكَلْتُمُ الْكَرْمَ. سَلْبُ الْبَائِسِ فِي بُيُوتِكُمْ. مَا لَكُمْ تَسْحَقُونَ شَعْبِي وَتَطْحَنُونَ وُجُوهَ الْبَائِسِينَ؟» يَقُولُ السَّيِّدُ رَبُّ الْجُنُودِ.

مجداً للثالوث القدوس الهنا إلى الأبد وإلى أبد الآبدين كلها، آمين.

Ⲏ̀ⲥⲁⲏ̀ⲁⲥ Ⲕⲉⲫ ⲝ̅ⲋ̅ : ⲁ̅ – ⲍ̅

Ⲡⲁⲗⲓⲛ ⲉ̀ⲃⲟⲗϧⲉⲛ Ⲏ̀ⲥⲁⲏ̀ⲁⲥ ⲡⲓ̀ⲡ̀ⲣⲟⲫⲏⲧⲏⲥ: ⲉ̀ⲣⲉⲡⲉϥ̀ⲥ̀ⲙⲟⲩ ⲉⲑⲟⲩⲁⲃ ϣⲱⲡⲓ ⲛⲉⲙⲁⲛ ⲁ̀ⲙⲏⲛ ⲉϥϫⲱ ⲙ̀ⲙⲟⲥ.

Ⲛⲓⲙ ⲡⲉ ⲫⲏⲉⲑⲛⲏⲟⲩ ⲉ̀ⲃⲟⲗ ϧⲉⲛ ⲉ̀ⲇⲱⲙ ⲡ̀ⲑⲣⲟϣⲣⲉϣ ⲛ̀ⲛⲉϥϩ̀ⲃⲱⲥ ⲉ̀ⲃⲟⲗ ϧⲉⲛ Ⲃⲱⲥⲟⲣ : ⲉϥⲥⲁⲓ̀ⲱⲟⲩ ⲙ̀ⲡⲁⲓⲣⲏϯ ϧⲉⲛ ⲟⲩⲥ̀ⲧⲟⲗⲏ ⲛ̀ϫⲟⲛⲥ ϧⲉⲛ ⲟⲩϫⲟⲙ : ⲁ̀ⲛⲟⲕ ⲇⲉ ⲉϯⲛⲁⲥϫⲓ ⲛ̀ⲟⲩⲙⲉⲑⲙⲏⲓ ⲛⲉⲙ ⲟⲩϩⲁⲡ ⲛ̀ⲟⲩϫⲁⲓ. Ⲉⲑⲃⲉⲟⲩ ⲛⲉⲕϩ̀ⲃⲱⲥ ⲉⲑⲣⲉϣⲣⲱϣ : ⲟⲩⲟϩ ⲧⲉⲕϩⲉⲃⲥⲱ ϩⲱⲥ ⲉ̀ⲃⲟⲗϧⲉⲛ ⲟⲩⲣⲉϥϩⲱⲙⲓ ⲛ̀ⲧⲉ ⲟⲩⲉ̀ϩⲣⲱⲧ. Ⲉ̀ⲁⲓϩⲟⲙⲥ ⲙ̀ⲙⲁⲩⲁⲧ ⲟⲩⲟϩ ⲛⲉ ⲙ̀ⲙⲟⲛ ⲣⲱⲙⲓ ⲛ̀ⲧⲉ ⲛⲓⲉ̀ⲑⲛⲟⲥ ⲛⲉⲙⲏⲓ : ⲟⲩⲟϩ ⲁⲓϩⲱⲙⲓ ⲉ̀ϫⲱⲟⲩ ϧⲉⲛ ⲡⲁϫⲱⲛⲧ : ⲁⲓⲑⲱⲗⲥ ⲉ̀ϫⲱⲟⲩ ⲙ̀ⲫⲣⲏϯ ⲛ̀ⲟⲩⲕⲁϩⲓ : ⲟⲩⲟϩ ⲁⲓⲓⲛⲓ ⲙ̀ⲡⲟⲩ̀ⲥⲛⲟϥ ⲉ̀ϧⲣⲏⲓ ⲉ̀ⲡⲕⲁϩⲓ. Ⲟⲩⲉ̀ϩⲟⲟⲩ ⲅⲁⲣ ⲛ̀ⲧⲉ ⲟⲩϯϣⲉⲃⲓⲱ ⲁϥⲓ̀ ⲉ̀ϫⲱⲟⲩ : ⲟⲩⲟϩ ⲟⲩⲣⲟⲙⲡⲓ ⲛ̀ⲥⲱϯ ⲁⲥⲓ̀ : Ⲁⲓϫⲟⲩϣⲧ ⲟⲩⲟϩ ⲛⲉ ⲙ̀ⲙⲟⲛ ⲃⲟⲏⲑⲟⲥ : ⲁⲓϯ ⲛ̀ϩⲑⲏⲓ ⲟⲩⲟϩ ⲛⲉ ⲙ̀ⲙⲟⲛ ϩⲗⲓ ⲛ̀ⲧⲟⲧⲟⲩ : ⲟⲩⲟϩ ϥⲛⲁⲛⲁϩⲙⲉⲧ ⲛ̀ϫⲉ ⲡⲁϫ̀ⲫⲟⲓ : ⲟⲩⲟϩ ⲡⲁⲙⲃⲟⲛ ⲁϥⲓ̀ : Ⲟⲩⲟϩ ⲁⲓϩⲱⲙⲓ ⲉ̀ϫⲱⲟⲩ ϧⲉⲛ ⲡⲁϫⲱⲛⲧ ⲟⲩⲟϩ ⲁⲓⲓⲛⲓ ⲙ̀ⲡⲟⲩ̀ⲥⲛⲟϥ ⲉ̀ⲡⲉⲥⲏⲧ ⲉ̀ⲡⲕⲁϩⲓ : Ⲫⲛⲁⲓ ⲙ̀Ⲡ̅ⲟ̅ⲥ̅ ⲁⲓⲉⲣⲡⲉϥⲙⲉⲩ̀ⲓ : ⲛⲓⲁ̀ⲣⲉⲧⲏ ⲛ̀ⲧⲉ Ⲡ̅ⲟ̅ⲥ̅ ϧⲉⲛ ϩⲱⲃ ⲛⲓⲃⲉⲛ ⲉ̀ⲧⲉϥϯ ⲙ̀ⲙⲱⲟⲩ ⲛⲁⲛ ⲛ̀ϣⲉⲃⲓⲱ:

Ⲟⲩⲱ̀ⲟⲩ ⲛ̀ϯⲧ̀ⲣⲓⲁⲥ ⲉ̀ⲑⲟⲩⲁⲃ ⲡⲉⲛⲛⲟⲩϯ ϣⲁ ⲉ̀ⲛⲉϩ ⲛⲉⲙ ϣⲁ ⲉ̀ⲛⲉϩ ⲛ̀ⲧⲉ ⲛⲓⲉ̀ⲛⲉϩ ⲧⲏⲣⲟⲩ: ⲁ̀ⲙⲏⲛ.

Isaiah 63:1-7

A reading from Isaiah the Prophet may his blessings be with us Amen

Who is this who comes from Edom, With dyed garments from Bozrah, This One who is glorious in His apparel, Traveling in the greatness of His strength?-- "I who speak in righteousness, mighty to save." Why is Your apparel red, And Your garments like one who treads in the winepress? I have trodden the winepress alone, And from the peoples no one was with Me. For I have trodden them in My anger, And trampled them in My fury; Their blood is sprinkled upon My garments, And I have stained all My robes. For the day of vengeance is in My heart, And the year of My redeemed has come. I looked, but there was no one to help, And I wondered That there was no one to uphold; Therefore My own arm brought salvation for Me; And My own fury, it sustained Me. I have trodden down the peoples in My anger, Made them drunk in My fury, And brought down their strength to the earth." I will mention the loving

اشعياء ٦٣: ١ - ٧

وأيضاً من اشعياء النبى بركته المقدسة تكون معنا، آمين.

مَنْ ذَا الآتِي مِنْ أَدُومَ بِثِيَابٍ حُمْرٍ مِنْ بُصْرَةَ؟ هَذَا الْبَهِيُّ بِمَلاَبِسِهِ. الْمُتَعَظِّمُ بِكَثْرَةِ قُوَّتِهِ. «أَنَا الْمُتَكَلِّمُ بِالْبِرِّ الْعَظِيمُ لِلْخَلاَصِ». مَا بَالُ لِبَاسِكَ مُحَمَّرٌ وَثِيَابُكَ كَدَائِسِ الْمِعْصَرَةِ؟ «قَدْ دُسْتُ الْمِعْصَرَةَ وَحْدِي وَمِنَ الشُّعُوبِ لَمْ يَكُنْ مَعِي أَحَدٌ. فَدُسْتُهُمْ بِغَضَبِي وَوَطِئْتُهُمْ بِغَيْظِي. فَرُشَّ عَصِيرُهُمْ عَلَى ثِيَابِي فَلَطَخْتُ كُلَّ مَلاَبِسِي. لأَنَّ يَوْمَ النَّقْمَةِ فِي قَلْبِي وَسَنَةَ مَفْدِيِّيَّ قَدْ أَتَتْ. فَنَظَرْتُ وَلَمْ يَكُنْ مُعِينٌ وَتَحَيَّرْتُ إِذْ لَمْ يَكُنْ عَاضِدٌ فَخَلَّصَتْ لِي ذِرَاعِي وَغَيْظِي عَضَدَنِي. فَدُسْتُ شُعُوباً بِغَضَبِي وَأَسْكَرْتُهُمْ بِغَيْظِي وَأَجْرَيْتُ عَلَى الأَرْضِ عَصِيرَهُمْ». إِحْسَانَاتِ الرَّبِّ أَذْكُرُ. تَسَابِيحَ الرَّبِّ. حَسَبَ كُلِّ مَا كَافَأَنَا بِهِ الرَّبُّ وَالْخَيْرَ الْعَظِيمَ لِبَيْتِ إِسْرَائِيلَ الَّذِي كَافَأَهُمْ بِهِ حَسَبَ مَرَاحِمِهِ وَحَسَبَ كَثْرَةِ إِحْسَانَاتِهِ.

kindnesses of the Lord And the praises of the Lord, According to all that the Lord has bestowed on us.
Glory be to the Holy Trinity our God unto the age of all ages, Amen.

مجداً للثالوث القدوس الهنا إلى الأبد وإلى أبد الآبدين كلها، آمين.

Ⲁⲙⲟⲥ Ⲕⲉⲫ ⲁ̅ : ⲃ̅ - ⲑ̅

Ⲉ̀ⲃⲟⲗϧⲉⲛ Ⲁⲙⲟⲥ ⲡⲓⲡ̀ⲣⲟⲫⲏⲧⲏⲥ: ⲉ̀ⲣⲉⲡⲉϥ̀ⲥ̀ⲙⲟⲩ ⲉ̀ⲑⲟⲩⲁⲃ ϣⲱⲡⲓ ⲛⲉⲙⲁⲛ ⲁ̀ⲙⲏⲛ ⲉϥϫⲱ ⲙ̀ⲙⲟⲥ.

Ⲟⲩⲟϩ Ⲡⲟ̅ⲥ̅ Ⲫⲧ̅ Ⲡⲓⲡⲁⲛⲧⲟⲕⲣⲁⲧⲱⲣ ⲫⲏⲉⲧϭⲓⲛⲉⲙ ⲡ̀ⲕⲁϩⲓ ⲟⲩⲟϩ ⲁϥ̀ⲑⲣⲟ ⲙ̀ⲙⲟϥ ⲉ̀ⲕⲓⲙ ⲟⲩⲟϩ ⲉⲩⲉ̀ⲉⲣϩⲏⲃⲓ ⲛ̀ϫⲉ ⲛⲏⲧⲏⲣⲟⲩ ⲉⲧϣⲟⲡ ϩⲓⲱⲧϥ ⲟⲩⲟϩ ⲉ̀ⲥⲉ̀ⲓ̀ ⲉ̀ⲡ̀ϣⲱⲓ ⲛ̀ϫⲉ ⲧⲉϥϧⲁ̀ⲉ̀ ⲙ̀ⲫ̀ⲣⲏϯ ⲛ̀ⲟⲩⲓⲁⲣⲟ ⲛ̀ⲧⲉ Ⲭⲏⲙⲓ. Ⲫⲏⲉⲧⲕⲱⲧ ⲛ̀ⲧⲉϥⲁ̀ⲛⲁⲃⲁⲥⲓⲥ ϣⲁ ⲉ̀ϧ̀ⲣⲏⲓ ⲉ̀ⲧ̀ⲫⲉ ⲧⲉϥⲉ̀ⲡⲁⲅⲅⲉⲗⲓⲁ̀ ⲁϥϩⲓⲥⲉⲛϯ ⲙ̀ⲙⲟⲥ ϩⲓϫⲉⲛ ⲡ̀ⲕⲁϩⲓ ⲫⲏⲉⲑⲙⲟⲩϯ ⲟⲩⲃⲉ ⲡⲓⲙⲱⲟⲩ ⲛ̀ⲧⲉ ⲫ̀ⲓⲟⲙ ⲟⲩⲟϩ ϥ̀ϫⲱϣ ⲙ̀ⲙⲟϥ ϩⲓϫⲉⲛ ⲡ̀ϩⲟ ⲙ̀ⲡ̀ⲕⲁϩⲓ ⲧⲏⲣϥ Ⲡⲟ̅ⲥ̅ Ⲫⲧ̅ Ⲡⲓⲡⲁⲛⲧⲟⲕⲣⲁⲧⲱⲣ ⲡⲉ ⲡⲉϥⲣⲁⲛ. Ϩⲏⲡⲡⲉ ⲓⲥ ⲛⲉⲛⲃⲁⲗ ⲙ̀Ⲡⲟ̅ⲥ̅ Ⲫⲧ̅ ⲉ̀ϫⲉⲛ ⲑ̀ⲙⲉⲧⲟⲩⲣⲟ ⲛ̀ⲛⲓⲣⲉϥⲉⲣⲛⲟⲃⲓ ⲟⲩⲟϩ ϥ̀ⲛⲁϥⲟⲧⲥ ⲉ̀ⲃⲟⲗ ϩⲓϫⲉⲛ ⲡ̀ϩⲟ ⲙ̀ⲡ̀ⲕⲁϩⲓ ⲡ̀ⲗⲏⲛ ϯⲛⲁϥⲱϯ ⲉ̀ⲃⲟⲗ ⲁⲛ ⲙ̀ⲡ̀ⲏⲓ ⲛ̀Ⲓⲁⲕⲱⲃ ϣⲁ ⲉ̀ⲛⲉϩ ⲡⲉϫⲉ Ⲡⲟ̅ⲥ̅. Ⲉ̀ⲧⲉ̀ⲙⲟⲩ ⲛ̀ⲧ̀ⲥⲏϥⲓ ⲛ̀ϫⲉ ⲛⲓⲣⲉϥⲉⲣⲛⲟⲃⲓ ⲧⲏⲣⲟⲩ ⲛ̀ⲧⲉ ⲡⲓⲗⲁⲟⲥ ⲛⲏⲉⲧϫⲱ ⲙ̀ⲙⲟⲥ ϫⲉ ⲛ̀ⲛⲟⲩϧⲱⲛⲧ ⲟⲩⲇⲉ ⲛ̀ⲛⲟⲩϣⲱⲡⲓ ϩⲓϫⲱⲛ ⲛ̀ϫⲉ ⲛⲓⲡⲉⲧϩⲱⲟⲩ.

Ⲟⲩⲱ̀ⲟⲩ ⲛ̀ϯⲧ̀ⲣⲓⲁⲥ ⲉ̀ⲑⲟⲩⲁⲃ ⲡⲉⲛⲛⲟⲩϯ ϣⲁ ⲉ̀ⲛⲉϩ ⲛⲉⲙ ϣⲁ ⲉ̀ⲛⲉϩ ⲛ̀ⲧⲉ ⲛⲓⲉ̀ⲛⲉϩ ⲧⲏⲣⲟⲩ: ⲁ̀ⲙⲏⲛ.

Amos 9:4-5,7-10

عاموس ٩: ٥ و ٦ و ٨ و ١٠

A reading from Amos the Prophet may his blessings be with us Amen.

من عاموس النبى بركته المقدسة تكون معنا، آمين.

The Lord God of hosts, He who touches the earth and it melts, And all who dwell there mourn; All of it shall swell like the River, And subside like the River of Egypt.

وَالسَّيِّدُ رَبُّ الْجُنُودِ الَّذِي يَمَسُّ الأَرْضَ فَتَذُوبُ وَيَنُوحُ السَّاكِنُونَ فِيهَا وَتَطْمُو كُلُّهَا كَنَهْرٍ وَتَنْضُبُ كَنِيلِ مِصْرَ.

"Behold, the eyes of the Lord God are on the sinful kingdom, And I will destroy it from the face of the earth; Yet I will not utterly destroy the house of Jacob," Says the Lord. "For surely I will command, And will sift the house of Israel among all nations, As grain is sifted in a sieve; Yet not the smallest

«أَلَسْتُمْ لِي كَبَنِي الْكُوشِيِّينَ يَا بَنِي إِسْرَائِيلَ يَقُولُ الرَّبُّ؟ أَلَمْ أُصْعِدْ إِسْرَائِيلَ مِنْ أَرْضِ مِصْرَ وَالْفِلِسْطِينِيِّينَ مِنْ كَفْتُورَ وَالأَرَامِيِّينَ مِنْ قِيرٍ؟ هُوَذَا عَيْنَا السَّيِّدِ الرَّبِّ عَلَى الْمَمْلَكَةِ الْخَاطِئَةِ وَأُبِيدُهَا عَنْ وَجْهِ الأَرْضِ. غَيْرَ أَنِّي لاَ أُبِيدُ بَيْتَ يَعْقُوبَ تَمَاماً يَقُولُ الرَّبُّ. لأَنَّهُ هَئَنَذَا آمُرُ فَأُغَرْبِلُ بَيْتَ إِسْرَائِيلَ

grain shall fall to the ground. All the sinners of My people shall die by the sword, Who say, 'The calamity shall not overtake nor confront us.'

Glory be to the Holy Trinity our God unto the age of all ages, Amen.

بَيْنَ جَمِيعِ الأُمَمِ كَمَا يُغَرْبَلُ فِي الْغُرْبَالِ وَحَبَّةٌ لاَ تَقَعُ إِلَى الأَرْضِ. بِالسَّيْفِ يَمُوتُ كُلُّ خَاطِئِي شَعْبِي الْقَائِلِينَ: لاَ يَقْتَرِبُ الشَّرُّ وَلاَ يَأْتِي بَيْنَنَا.

مجداً للثالوث القدوس الهنا إلى الأبد وإلى أبد الآبدين كلها، آمين.

Ⲓⲱⲃ ⲡⲓⲑ̀ⲙⲏⲓ Ⲕⲉⲫ ⲕ̅ⲑ̅ : ⲕ̅ⲁ̅ ϣⲃⲗ ⲛⲉⲙ ⲗ̅ : ⲁ̅ - ⲓ̅

Ⲉ̀ⲃⲟⲗϧⲉⲛ Ⲓⲱⲃ ⲡⲓⲑ̀ⲙⲏⲓ: ⲉⲣⲉⲡⲉϥ̀ⲥⲙⲟⲩ ⲉ̀ⲑⲟⲩⲁⲃ ϣⲱⲡⲓ ⲛⲉⲙⲁⲛ ⲁ̀ⲙⲏⲛ ⲉϥϫⲱ ⲙ̀ⲙⲟⲥ.

Ⲉⲧⲁⲩⲥⲱⲧⲉⲙ ⲉ̀ⲣⲟⲓ ⲁⲩϯϩ̀ⲑⲏⲟⲩ : ⲁⲩⲭⲁⲣⲱⲟⲩ ⲇⲉ ⲉ̀ϩ̀ⲣⲏⲓ ⲉ̀ϫⲉⲛ ⲡⲁⲥⲟϭⲛⲓ : ⲟⲩⲇⲉ ⲙ̀ⲡⲟⲩⲧⲟⲩϩⲟ ⲉ̀ϫⲉⲛ ⲛⲁⲥⲁϫⲓ : Ϣⲁⲩⲣⲁϣⲓ ⲇⲉ ⲉ̀ϣⲱⲡ ⲁⲓϣⲁⲛⲥⲁϫⲓ ⲛⲉⲙⲱⲟⲩ ⲙ̀ⲫ̀ⲣⲏϯ ⲛ̀ⲟⲩⲕⲁϩⲓ ⲉϥϫⲟⲩϣⲧ ⲉ̀ⲃⲟⲗ ϧⲁ̀ⲧϩⲏ ⲛ̀ⲟⲩⲙⲟⲩⲛϩⲱⲟⲩ : ⲡⲁⲓⲣⲏϯ ⲛⲁⲓ ϩⲱⲟⲩ ⲛⲁⲩϫⲟⲩϣⲧ ⲉ̀ⲃⲟⲗ ϧⲁ̀ⲧϩⲏ ⲛ̀ⲛⲁⲥⲁϫⲓ. Ⲁⲓϣⲁⲛⲥⲱⲃⲓ ⲛⲉⲙⲱⲟⲩ ⲙ̀ⲡⲁⲩⲧⲉⲛϩⲟⲩⲧ : ⲟⲩⲟϩ ⲙ̀ⲡⲁⲣⲉ ⲫⲟⲩⲱⲓⲛⲓ ϩⲉⲓ ⲉ̀ⲃⲟⲗϧⲉⲛ ⲡⲁϩⲟ : ⲁⲓⲥⲱⲧⲡ ⲙ̀ⲡⲟⲩⲙⲱⲓⲧ ⲟⲩⲟϩ ⲁⲓϩⲉⲙⲥⲓ ⲉⲓⲟⲓ ⲛ̀ⲁⲣⲭⲱⲛ : ⲟⲩⲟϩ ⲛⲁⲓⲟⲩⲉϩ ⲙ̀ⲫ̀ⲣⲏϯ ⲛ̀ⲟⲩⲟⲩⲣⲟ ϧⲉⲛ ϩⲁⲛⲙⲟⲛⲁ ⲍⲱⲙⲉⲛⲟⲥ : ⲙ̀ⲫ̀ⲣⲏϯ ⲛ̀ϩⲁⲛⲟⲩⲟⲛ ⲉⲩⲉⲣϩⲏⲃⲓ ⲉⲓⲉ̀ϯⲛⲟⲙϯ ⲛ̀ⲱⲟⲩ.

ϯⲛⲟⲩ ⲇⲉ ⲁⲩⲥⲱⲃⲓ ⲙ̀ⲙⲟⲓ ⲛ̀ϫⲉ ϩⲁⲛ̀ⲉⲗⲁⲭⲓⲥⲧⲟⲥ : ϯⲛⲟⲩ ⲇⲉ ⲥⲉϯ̀ⲥⲃⲱ ⲛⲏⲓ ϧⲉⲛ ⲟⲩⲙⲉⲣⲟⲥ : ⲛ̀ϫⲉ ⲛⲏⲉ̀ⲛⲁⲓϣⲱϣϥ ⲛ̀ⲛⲟⲩⲓⲟϯ : ⲉ̀ⲛⲁⲓϫⲱ ⲙ̀ⲙⲱⲟⲩ ϫⲉⲥⲉ ⲙ̀ⲡⲁⲓⲙⲁ ⲁⲛ : ⲛⲉⲙ ⲛⲓⲟⲩϩⲱⲣ ⲛ̀ⲧⲉ ⲛⲓⲙⲁⲛ̀ⲉⲥⲱⲟⲩ : Ⲕⲉⲩⲁⲣ ⲉⲩⲉⲉⲣⲟⲩⲛⲏⲓ ⲉ̀ⲧ̀ϫⲟⲙ ⲛ̀ⲧⲉ ⲛⲟⲩϫⲓϫ : ⲧⲟⲩⲥⲩⲛⲧⲉⲗⲓⲁ̀ ⲁⲥⲧⲁⲕⲟ ⲉ̀ϩ̀ⲣⲏⲓ ⲉ̀ϫⲱⲟⲩ : ϧⲉⲛ ⲟⲩⲙⲉⲧⲣⲉϥⲉⲣϧⲁⲉ̀ ⲛⲉⲙⲟⲩϩ̀ⲃⲱⲛ ⲛ̀ⲁⲧϣⲏⲣⲓ : ⲛⲏⲉⲧⲫⲏⲧ ϧⲉⲛ ⲟⲩⲙⲁ ⲛ̀ⲁⲑⲙⲱⲟⲩ ⲛ̀ⲥⲁϥ. Ⲟⲩⲧⲁⲕⲟ ⲛⲉⲙ ⲟⲩⲧⲁⲗⲉⲡⲱⲣⲓⲁ̀ : ⲛ̀ⲛⲏⲉⲧⲕⲱϯ ⲛ̀ⲥⲁ ϩⲁⲛ̀ⲁⲣⲓⲙ ϧⲉⲛⲟⲩⲙⲁ ⲉϥⲥⲉⲛⲥⲉⲛ : ⲛⲏⲉ̀ⲧⲉ ϩⲁⲛ̀ⲁⲣⲓⲙⲛⲉ ⲛⲟⲩϧ̀ⲣⲏⲟⲩⲓ̀ : Ⲛⲓⲁⲧⲓⲙⲟⲥ ⲛ̀ⲥⲁⲡⲉⲧϩⲱⲟⲩ ⲉⲩⲉⲉⲣϧⲁⲉ̀ ⲛ̀ⲁ̀ⲅⲁⲑⲟⲛ ⲛⲓⲃⲉⲛ : ⲛⲏⲉ̀ⲧⲉ ϣⲁⲩⲟⲩⲟϫⲟⲩⲉϫ ⲉ̀ϫⲉⲛ ϩⲁⲛⲛⲟⲩⲛⲓ ⲛ̀ⲧⲉ ⲟⲩⲣⲟⲕϩ ϧⲉⲛ ⲟⲩϩ̀ⲃⲱⲛ ⲉϥⲟϣ : Ⲁⲩⲧⲱⲟⲩⲛⲟⲩ ⲉ̀ϩ̀ⲣⲏⲓ ⲉ̀ϫⲱⲓ ⲛ̀ϫⲉ ϩⲁⲛⲣⲉϥϭⲟⲩⲓ̀ : ⲛⲏⲉ̀ⲧⲉ ϩⲁⲛⲭⲟⲗ ⲙ̀ⲡⲉⲧⲣⲁ ⲛⲉ ⲛⲟⲩⲏⲟⲩ : ⲉⲩⲱϣ ⲉ̀ⲃⲟⲗϧⲉⲛ ϩⲁⲛⲙⲁ ⲉⲩⲥⲉⲛⲥⲉⲛ ⲛ̀ⲕⲁⲗⲱⲥ. Ⲛⲏⲉ̀ⲛⲁⲩϣⲟⲡ ⲉ̀ϧⲟⲩⲛ ϧⲉⲛ ϩⲁⲛⲗⲉⲃϣ ⲛ̀ⲁⲅⲣⲓⲟⲛ : Ⲛⲓϣⲏⲣⲓ ⲛ̀ⲧⲉ ⲛⲓⲁⲧ̀ⲥⲃⲱ : ⲛⲁⲡⲓⲣⲁⲛ ⲉⲧϣⲏϣ ⲛⲉⲙ ⲡⲓϣⲟⲩϣⲱⲟⲩϣⲓ ⲉ̀ⲧⲁϥϭⲉⲛⲟ ϩⲓϫⲉⲛ ⲡ̀ⲕⲁϩⲓ : ϯⲛⲟⲩ ⲇⲉ ϯⲟⲓ̀ⲛⲕⲩⲑⲁⲣⲁ ⲛⲱⲟⲩ : ⲟⲩⲟϩ ⲁ̀ⲛⲟⲕ ⲉⲧⲟⲓ ⲛ̀ϣ̀ϭⲏϩⲓ ⲛ̀ⲧⲟⲧⲟⲩ : Ⲁⲩⲙⲉⲥⲧⲱⲓ ⲟⲩⲟϩ ⲁⲩⲟⲩⲉⲓ ⲥⲁⲃⲟⲗ ⲙ̀ⲙⲟⲓ ⲙ̀ⲡⲟⲩϯ̀ⲁⲥⲟ ⲇⲉ : ⲁⲩϩⲓⲑⲁϥ ⲉ̀ϧⲟⲩⲛ ϧⲉⲛ ⲡⲁϩⲟ.

Ⲟⲩⲱ̀ⲟⲩ ⲛ̀ϯ̀ⲧ̀ⲣⲓⲁⲥ ⲉ̀ⲑⲟⲩⲁⲃ ⲡⲉⲛⲛⲟⲩϯ ϣⲁ ⲉ̀ⲛⲉϩ ⲛⲉⲙ ϣⲁ ⲉ̀ⲛⲉϩ ⲛ̀ⲧⲉ ⲛⲓⲉ̀ⲛⲉϩ ⲧⲏⲣⲟⲩ: ⲁ̀ⲙⲏⲛ.

Job 29: 21-25, 30: 1-10

A reading from Job the Prophet may his blessings be with us Amen

"Men listened to me and waited, And kept silence for my counsel. After my words they did not speak again, And my speech settled on them as dew. They waited for me as for the rain, And they opened their mouth wide as for the spring rain. If I mocked at them, they did not believe it, And the light of my countenance they did not cast down. I chose the way for them, and sat as chief; So I dwelt as a king in the army, As one who comforts mourners. "But now they mock at me, men younger than I, Whose fathers I disdained to put with the dogs of my flock. Indeed, what profit is the strength of their hands to me? Their vigor has perished. They are gaunt from want and famine, Fleeing late to the wilderness, desolate and waste, Who pluck mallow by the bushes, And broom tree roots for their food. They were driven out from among men, They shouted at them as at a thief. They had to live in the clefts of the valleys, In caves of the earth and the rocks. Among the bushes they brayed, Under the nettles they nestled. They were sons of fools, Yes, sons of vile men; They were scourged from the land. "And now I am their taunting song; Yes, I am their byword. They abhor me, they keep far from me; They do not hesitate to spit in my face.

Glory be to the Holy Trinity our God unto the age of all ages, Amen.

ايوب ٢٩ : ٢١ الخ و ٣٠ : ١ – ١٠

من ايوب الصديق بركته المقدسة تكون معنا، آمين.

لِي سَمِعُوا وَانْتَظَرُوا وَنَصَتُوا عِنْدَ مَشُورَتِي. بَعْدَ كَلاَمِي لَمْ يُثَنُّوا وَقَوْلِي قَطَرَ عَلَيْهِمْ. وَانْتَظَرُونِي مِثْلَ الْمَطَرِ وَفَغَرُوا أَفْوَاهَهُمْ كَمَا لِلْمَطَرِ الْمُتَأَخِّرِ. إِنْ ضَحِكْتُ عَلَيْهِمْ لَمْ يُصَدِّقُوا وَنُورَ وَجْهِي لَمْ يُعَبِّسُوا. كُنْتُ أَخْتَارُ طَرِيقَهُمْ وَأَجْلِسُ رَأْساً وَأَسْكُنُ كَمَلِكٍ فِي جَيْشٍ كَمَنْ يُعَزِّي النَّائِحِينَ.
[وَأَمَّا الآنَ فَقَدْ ضَحِكَ عَلَيَّ مَنْ يَصْغُرُنِي فِي الأَيَّامِ الَّذِينَ كُنْتُ أَسْتَنْكِفُ مِنْ أَنْ أَجْعَلَ آبَاءَهُمْ مَعَ كِلاَبِ غَنَمِي. قُوَّةُ أَيْدِيهِمْ أَيْضاً مَا هِيَ لِي. فِيهِمْ عَجِزَتِ الشَّيْخُوخَةُ. فِي الْعَوَزِ وَالْمَجَاعَةِ مَهْزُولُونَ يَنْبِشُونَ الْيَابِسَةَ الَّتِي هِيَ مُنْذُ أَمْسِ خَرَابٌ وَخَرِبَةٌ. الَّذِينَ يَقْطِفُونَ الْمَلاَّحَ عِنْدَ الشِّيحِ وَأُصُولُ الرَّتَمِ خُبْزُهُمْ. مِنَ الْوَسَطِ يُطْرَدُونَ. يَصِيحُونَ عَلَيْهِمْ كَمَا عَلَى لِصٍّ. لِلسَّكَنِ فِي أَوْدِيَةٍ مُرْعِبَةٍ وَثُقَبِ التُّرَابِ وَالصُّخُورِ. بَيْنَ الشِّيحِ يَنْهَقُونَ. تَحْتَ الْعَوْسَجِ يَنْكَبُّونَ. أَبْنَاءُ الْحَمَاقَةِ بَلْ أَبْنَاءُ أُنَاسٍ بِلاَ اسْمٍ دُحِرُوا مِنَ الأَرْضِ. [أَمَّا الآنَ فَصِرْتُ أُغْنِيَتَهُمْ وَأَصْبَحْتُ لَهُمْ مَثَلاً! يَكْرَهُونَنِي. يَبْتَعِدُونَ عَنِّي وَأَمَامَ وَجْهِي لَمْ يُمْسِكُوا عَنِ الْبَصْقِ.

مجداً للثالوث القدوس الهنا إلى الأبد وإلى أبد الآبدين كلها، آمين.

Homily

A homily of our Holy Father Abba Athanasius the Apostolic may his blessings be with us. Amen.

For Christ Himself came and died for us because of His love. For he did not only create us, who are sinners, as Adam, but when we destroyed ourselves with sin, He came and suffered for us and gave us life through His love. He came to us as a physician manifesting Himself to us. He did not come to heal us of our sickness but to raise us from the death that enslaved us. He freed us from its bonds. Christ the Lord died for us that we may have life with Him forever. Him being the Lord, came and shared in humanity's pains. How then can a human who is enslaved be saved? Christ put death under his feet and was it was defeated. Hades in its power fell back when it heard the voice of the Lord calling the souls saying, "Come out of your bonds, you who sit in darkness and in the shadow of death. Come out of your bonds, I preach to you life for I am the Christ, the son of the eternal God.

We conclude the homily of our Holy Father Abba Athanasius the Apostolic, who enlightened our minds and our hearts. In the name of the Father, and the Son, and the Holy Spirit, one God. Amen.

عظة

موعظة لابينا انبا اثناسيوس الرسولى بركته المقدسة تكون معنا، آمين.

لان المسيح جاء بذاته ولمحبته مات عنا لانه لم يخلقنا نحن الخطاة مثل ادم ويصيرنا بشراً فقط بل لما اهلكنا انفسنا بالخطية جاء وتألم عنا واحيانا بمحبته لانه قد جاء الينا كطبيب معلناً لنا ذاته لأنه لم يأت لنا كمرضى بل كموتى بهذا لم يشفنا نحن المرضى بل أقامنا نحن الاموات الذين ابتلعنا الموت ففكنا من رباطاته لهذا مات المسيح الرب عنا لكى نحيا معه إلى الابد لانه أن لم يكن الرب قد شارك البشرية فى آلامها فكيف يخلص الإنسان لان الموت سقط تحت أقدام المسيح وانهزم وهو مسبى مضطرب والجحيم مع قوته رجع إلى خلف لما سمع صوت الرب ينادى الانفس قائلاً اخرجوا من وثاقكم ايها الجالسون فى الظلمة وظلال الموت اخرجوا من وثاقكم انا ابشركم بالحياة لانى أنا هو المسيح ابن الله الابدى.

فلنختم موعظة أبينا القديس الأنبا اثناسيوس الرسولى الذى أنار عقولنا وعيون قلوبنا بأسم الآب والإبن والروح القدس الإله الواحد، آمين.

Colossians 2: 13-15

From the Epistle of St. Paul to the Colossians, may his blessings be with us all. Amen.

And you, being dead in your trespasses and the uncircumcision of your flesh, He has made alive together with Him, having forgiven you all trespasses, having wiped out the handwriting of requirements that was against us, which was contrary to us. And He has taken it out of the way, having nailed it to the cross. Having disarmed principalities and powers, He made a public spectacle of them, triumphing over them in it.

The grace of God the Father be with you all. Amen.

كولوسى ٢: ١٣ - ١٥

من رسالة معلمنا بولس الرسول إلى أهل كولوسى بركته المقدسة تكون معنا، آمين.

وَإِذْ كُنْتُمْ امْوَاتاً فِي الْخَطَايَا وَغَلَفِ جَسَدِكُمْ، احْيَاكُمْ مَعَهُ، مُسَامِحاً لَكُمْ بِجَمِيعِ الْخَطَايَا، إِذْ مَحَا الصَّكَّ الَّذِي عَلَيْنَا فِي الْفَرَائِضِ، الَّذِي كَانَ ضِدّاً لَنَا، وَقَدْ رَفَعَهُ مِنَ الْوَسَطِ مُسَمِّرًا ايَّاهُ بِالصَّلِيبِ، إِذْ جَرَّدَ الرِّيَاسَاتِ وَالسَّلاَطِينَ اشْهَرَهُمْ جِهَاراً، ظَافِراً بِهِمْ فِيهِ.

نعمة الله الآب تكون مع جميعكم. آمين.

The Doxology of the Pascha Hour: “Thine is the Power…” on page A5.

تسبحة ساعة البصخة: “لك القوة...” صفحة ٥ فى اخر الكتاب.

Ⲯⲁⲗⲙⲟⲥ ⲗⲍ : ⲓⲍ ⲛⲉⲙ Ⲯⲁⲗⲙⲟⲥⲓⲁ : ⲓⲉ

Ⲁⲛⲟⲕ ⲇⲉ ϯⲥⲉⲃⲧⲱⲧ ⲉϩⲁⲛⲙⲁⲥⲧⲓⲅⲅⲟⲥ : ⲟⲩⲟϩ ⲡⲁⲙ̀ⲕⲁϩ ⲙ̀ⲡⲁ̀ⲙ̀ⲑⲟ ⲉ̀ⲃⲟⲗ ⲛ̀ⲥⲏⲟⲩ ⲛⲓⲃⲉⲛ. Ⲁⲩⲕⲱϯ ⲉ̀ⲣⲟⲓ ⲛ̀ϫⲉ ⲟⲩⲑⲟ ⲛ̀ⲟⲩⲟⲩϩⲟⲣ : ⲟⲩⲥⲩⲛⲁⲅⲱⲅⲏ ⲛ̀ϫⲁϫⲃⲱⲛ ⲡⲉⲧⲁⲥⲁ̀ⲙⲟⲛⲓ ⲙ̀ⲙⲟⲓ : ⲁⲗ.

Psalm 38: 17, 22: 16

A Psalm of David the Prophet.

For I am ready to fall, And my sorrow is continually before me.

For dogs have surrounded Me; The congregation of the wicked has enclosed Me. Alleluia.

المزمور ٣٧: ١٧ ومز ٢١: ١٥

من مزامير داود النبى

أما أنا فمستعد للسياط. ووجعى مقابلى فى كل حين.

قد أحاطت بى كلاب كثيرة وزمرة من الاشرار احدقت بى. هلليلويا.

Ⲉⲩⲁⲅⲅⲉⲗⲓⲟⲛ ⲕⲁⲧⲁ Ⲙⲁⲧⲑⲉⲟⲛ Ⲕⲉⲫ ⲕ̅ⲍ̅ : ⲓ̅ⲉ̅ - ⲕ̅ⲋ̅

Ⲕⲁⲧⲁ ⲡ̀ϣⲁⲓ ⲇⲉ ⲛⲉ ⲧ̀ⲕⲁϩⲥ ⲙ̀ⲡⲓϩⲩⲅⲉⲙⲱⲛ : ⲉ̀ⲭⲁ ⲟⲩⲁⲓ ⲉ̀ⲃⲟⲗϧⲉⲛ ⲛⲏⲉⲧⲥⲟⲛϩ ⲙ̀ⲡⲓⲙⲏϣ ⲫⲏⲉ̀ϣⲁⲩ ⲟⲩⲁϣϥ : Ⲛⲉ ⲟⲩⲟⲛ ⲟⲩⲁⲓ ⲇⲉ ⲉϥⲥⲟⲛϩ ⲛ̀ⲧⲟⲧⲟⲩ ⲙ̀ⲡⲓⲥⲏⲟⲩ ⲉⲧⲉⲙ̀ⲙⲁⲩ ⲉⲩⲥⲟⲛⲓ ⲡⲉ : ⲉⲩⲙⲟⲩϯ ⲉ̀ⲣⲟϥ ϫⲉ Ⲃⲁⲣⲁⲃⲃⲁⲥ : Ⲉⲧⲁⲩⲑⲱⲟⲩϯ ⲟⲩⲛ ⲉ̀ⲧⲙⲁ : ⲡⲉϫⲉ Ⲡⲓⲗⲁⲧⲟⲥ ⲛⲱⲟⲩ : ϫⲉ ⲛⲓⲙ ⲉ̀ⲧⲉⲧⲉⲛⲟⲩⲱϣ ⲛ̀ⲧⲁⲭⲁϥ ⲛⲱⲧⲉⲛ ⲉ̀ⲃⲟⲗ : Ⲃⲁⲣⲁⲃⲃⲁⲥ ϣⲁⲛ Ⲓⲏ̅ⲥ̅ ⲫⲏⲉ̀ⲧⲟⲩⲙⲟⲩϯ ⲉ̀ⲣⲟϥ ϫⲉ Ⲡⲓⲭ̅ⲥ̅. Ⲛⲁϥⲉ̀ⲙⲓ ⲅⲁⲣ ⲡⲉ ϫⲉ ⲉ̀ⲧⲁⲩⲧⲏⲓϥ ⲉⲑⲃⲉ ⲫⲑⲟⲛⲟⲥ : Ⲉϥϩⲉⲙⲥⲓ ⲇⲉ ϩⲓϫⲉⲛ ⲡⲓⲃⲏⲙⲁ ⲁⲥⲟⲩⲱⲣⲡ ϩⲁⲣⲟϥ ⲛ̀ϫⲉ ⲧⲉϥⲥ̀ϩⲓⲙⲓ ⲉⲥϫⲱ ⲙ̀ⲙⲟⲥ ϫⲉ ⲙ̀ⲡⲉⲣⲉⲣϩ̀ⲗⲓ ⲙ̀ⲡⲓⲑ̀ⲙⲏⲓ ⲉⲧⲧⲏ : ⲁⲓϣⲉⲡ ⲟⲩⲙⲏϣ ⲅⲁⲣ ⲛ̀ϧⲓⲥⲓ ⲉⲑⲃⲏⲧϥ ⲙ̀ⲡⲁⲓ ⲉ̀ϫⲱⲣϩ ϧⲉⲛ ⲑⲣⲁⲥⲟⲩⲓ : Ⲛⲓⲁⲣⲭⲏⲉ̀ⲣⲉⲩⲥ ⲇⲉ ⲛⲉⲙ ⲛⲓⲡⲣⲉⲥⲃⲩⲧⲉⲣⲟⲥ : ⲁⲩⲑⲉⲧϩⲑⲏⲟⲩ ⲛ̀ⲛⲓⲙⲏϣ : ϩⲓⲛⲁ ⲛ̀ⲥⲉⲉ̀ⲣⲉⲧⲓⲛ ⲙ̀Ⲃⲁⲣⲁⲃⲃⲁⲥ : Ⲓⲏ̅ⲥ̅ ⲇⲉ ⲛ̀ⲥⲉⲧⲁⲕⲟϥ. Ⲁϥⲉ̀ⲣⲟⲩⲱ ⲛ̀ϫⲉ ⲡⲓϩⲩⲅⲉⲙⲱⲛ ⲡⲉϫⲁϥ ⲛⲱⲟⲩ : ϫⲉ ⲛⲓⲙ ⲉ̀ⲧⲉⲧⲉⲛⲟⲩⲁϣϥ ⲛ̀ⲧⲁⲭⲁϥ ⲛⲱⲧⲉⲛ ⲉ̀ⲃⲟⲗ ϧⲉⲛ ⲡⲁⲓⲥ̀ⲛⲁⲩ : ⲛ̀ⲑⲱⲟⲩ ⲇⲉ ⲡⲉϫⲱⲟⲩ ϫⲉ Ⲃⲁⲣⲁⲃⲃⲁⲥ : Ⲡⲉϫⲉ Ⲡⲓⲗⲁⲧⲟⲥ ⲛⲱⲟⲩ : ϫⲉ ⲟⲩ ⲡⲉϯⲛⲁⲁⲓϥ ⲛ̀Ⲓⲏ̅ⲥ̅ ⲫⲏⲉ̀ⲧⲟⲩⲙⲟⲩϯ ⲉ̀ⲣⲟϥ ϫⲉ Ⲡⲭ̅ⲥ̅ : ⲡⲉϫⲱⲟⲩ ⲧⲏⲣⲟⲩ ϫⲉ ⲙⲁⲣⲟⲩⲁϣϥ : Ⲡⲉϫⲁϥ ⲛⲱⲟⲩ ⲛ̀ϫⲉ ⲡⲓϩⲩⲅⲉⲙⲱⲛ : ϫⲉ ⲟⲩ ⲅⲁⲣ ⲙ̀ⲡⲉⲧϩⲱⲟⲩ ⲉ̀ⲧⲁϥⲁⲓϥ : ⲛ̀ⲑⲱⲟⲩ ⲇⲉ ⲛ̀ϩⲟⲩⲟ ⲛⲁⲩⲱϣ ⲉ̀ⲃⲟⲗ ⲉⲩϫⲱ ⲙ̀ⲙⲟⲥ ϫⲉ ⲁϣϥ. Ⲉⲧⲁϥⲛⲁⲩ ⲇⲉ ⲛ̀ϫⲉ Ⲡⲓⲗⲁⲧⲟⲥ ϫⲉ ϥ̀ⲛⲁϫⲉⲙϩⲛⲟⲩ ⲛ̀ϩ̀ⲗⲓ ⲁⲛ : ⲁⲗⲗⲁ ⲙⲁⲗⲗⲟⲛ ⲟⲩϣ̀ⲑⲟⲣⲧⲉⲣ ⲡⲉⲑⲛⲁϣⲱⲡⲓ : ⲁϥϭⲓ ⲛ̀ⲟⲩⲙⲱⲟⲩ ⲁϥⲓⲱⲓ ⲛ̀ⲛⲉϥϫⲓϫ ⲉ̀ⲃⲟⲗ ⲙ̀ⲡⲉⲙ̀ⲑⲟ ⲙ̀ⲡⲓⲙⲏϣ ⲉϥϫⲱ ⲙ̀ⲙⲟⲥ : ϫⲉ ϯⲟⲓ ⲛ̀ⲁⲑⲛⲟⲃⲓ ⲉ̀ⲃⲟⲗϩⲁ ⲡ̀ⲥⲛⲟϥ ⲛ̀ⲧⲉ ⲡⲁⲓⲑ̀ⲙⲏⲓ : ⲛ̀ⲑⲱⲧⲉⲛ ⲉⲣⲉⲧⲉⲛⲉ̀ⲣⲱϣⲓ. Ⲟⲩⲟϩ ⲁϥⲉ̀ⲣⲟⲩⲱ ⲛ̀ϫⲉ ⲡⲓⲗⲁⲟⲥ ⲧⲏⲣϥ ⲡⲉϫⲱⲟⲩ : ϫⲉ ⲡⲉϥ̀ⲥⲛⲟϥ ⲉ̀ϩ̀ⲣⲏⲓ ⲉ̀ϫⲱⲛ ⲛⲉⲙ ⲉ̀ϫⲉⲛ ⲛⲉⲛϣⲏⲣⲓ. Ⲧⲟⲧⲉ ⲁϥⲭⲁ Ⲃⲁⲣⲁⲃⲃⲁⲥ ⲛ̀ⲛⲱⲟⲩ ⲉ̀ⲃⲟⲗ : Ⲓⲏ̅ⲥ̅ ⲇⲉ ⲉ̀ⲧⲁϥⲉⲣⲫ̀ⲣⲁⲅⲉⲗⲗⲓⲟⲛ ⲙ̀ⲙⲟϥ : ⲁϥⲧⲏⲓϥ ⲉⲑⲣⲟⲩⲁϣϥ :

Ⲟⲩⲱϣⲧ ⲙ̀ⲡⲓⲉⲩⲁⲅⲅⲉⲗⲓⲟⲛ ⲉ̅ⲑ̅ⲩ̅.

Matthew 27:15-26

A reading from the Holy Gospel according to Saint Matthew.

Now at the feast the governor was accustomed to releasing to the multitude one prisoner whom they wished. And at that time they had a notorious prisoner called Barabbas. Therefore, when they had gathered together, Pilate said to them, "Whom do you want me to release to you?

متى ٢٧: ١٥ – ٢٦

فصل شريف من إنجيل معلمنا مار متى البشير بركاته علينا آمين.

وَكَانَ الْوَالِي مُعْتَاداً فِي الْعِيدِ أَنْ يُطْلِقَ لِلْجَمْعِ أَسِيراً وَاحِداً مَنْ أَرَادُوهُ. وَكَانَ لَهُمْ حِينَئِذٍ أَسِيرٌ مَشْهُورٌ يُسَمَّى بَارَابَاسَ. فَفِيمَا هُمْ مُجْتَمِعُونَ قَالَ لَهُمْ بِيلاَطُسُ: «مَنْ تُرِيدُونَ أَنْ أُطْلِقَ لَكُمْ؟ بَارَابَاسَ أَمْ يَسُوعَ

Barabbas, or Jesus who is called Christ?" For he knew that they had handed Him over because of envy. While he was sitting on the judgment seat, his wife sent to him, saying, "Have nothing to do with that just Man, for I have suffered many things today in a dream because of Him." But the chief priests and elders persuaded the multitudes that they should ask for Barabbas and destroy Jesus. The governor answered and said to them, "Which of the two do you want me to release to you?" They said, "Barabbas!" Pilate said to them, "What then shall I do with Jesus who is called Christ?" They all said to him, "Let Him be crucified!" Then the governor said, "Why, what evil has He done?" But they cried out all the more, saying, "Let Him be crucified!" When Pilate saw that he could not prevail at all, but rather that a tumult was rising, he took water and washed his hands before the multitude, saying, "I am innocent of the blood of this just Person. You see to it." And all the people answered and said, "His blood is on us and on our children." Then he released Barabbas to them; and when he had scourged Jesus, he delivered Him to be crucified.

Bow down before the Holy Gospel.
Glory be to God forever.

الَّذِي يُدْعَى الْمَسِيحَ؟» لأَنَّهُ عَلِمَ أَنَّهُمْ أَسْلَمُوهُ حَسَداً. وَإِذْ كَانَ جَالِساً عَلَى كُرْسِيِّ الْوِلاَيَةِ أَرْسَلَتْ إِلَيْهِ امْرَأَتُهُ قَائِلَةً: «إِيَّاكَ وَذَلِكَ الْبَارَّ لأَنِّي تَأَلَّمْتُ الْيَوْمَ كَثِيراً فِي حُلْمٍ مِنْ أَجْلِهِ». وَلَكِنَّ رُؤَسَاءَ الْكَهَنَةِ وَالشُّيُوخَ حَرَّضُوا الْجُمُوعَ عَلَى أَنْ يَطْلُبُوا بَارَابَاسَ وَيُهْلِكُوا يَسُوعَ. فَسَأَلَ الْوَالِي: «مَنْ مِنَ الاِثْنَيْنِ تُرِيدُونَ أَنْ أُطْلِقَ لَكُمْ؟» فَقَالُوا: «بَارَابَاسَ». قَالَ لَهُمْ بِيلاَطُسُ: «فَمَاذَا أَفْعَلُ بِيَسُوعَ الَّذِي يُدْعَى الْمَسِيحَ؟» قَالَ لَهُ الْجَمِيعُ: «لِيُصْلَبْ!» فَقَالَ الْوَالِي: «وَأَيَّ شَرٍّ عَمِلَ؟» فَكَانُوا يَزْدَادُونَ صُرَاخاً قَائِلِينَ: «لِيُصْلَبْ!» فَلَمَّا رَأَى بِيلاَطُسُ أَنَّهُ لاَ يَنْفَعُ شَيْئاً بَلْ بِالْحَرِيِّ يَحْدُثُ شَغَبٌ أَخَذَ مَاءً وَغَسَلَ يَدَيْهِ قُدَّامَ الْجَمْعِ قَائِلاً: «إِنِّي بَرِيءٌ مِنْ دَمِ هَذَا الْبَارِّ. أَبْصِرُوا أَنْتُمْ». فَأَجَابَ جَمِيعُ الشَّعْبِ: «دَمُهُ عَلَيْنَا وَعَلَى أَوْلاَدِنَا». حِينَئِذٍ أَطْلَقَ لَهُمْ بَارَابَاسَ وَأَمَّا يَسُوعُ فَجَلَدَهُ وَأَسْلَمَهُ لِيُصْلَبَ.

أسجدوا للإنجيل المقدس.
والمجد لله دائماً.

Ⲉⲩⲁⲅⲅⲉⲗⲓⲟⲛ ⲕⲁⲧⲁ Ⲙⲁⲣⲕⲟⲛ Ⲕⲉⲫ ⲓ̅ⲉ̅ : ⲋ̅ - ⲕ̅ⲉ̅

Ⲕⲁⲧⲁ ⲡ̀ϣⲁⲓ ⲇⲉ ⲛⲁϥⲭⲱ ⲛ̀ⲟⲩⲁⲓ ⲉϥⲥⲟⲛϩ ⲛⲱⲟⲩ ⲉⲃⲟⲗ : ⲫⲏⲉ̀ϣⲁⲩ̀ⲉⲣⲉⲧⲓⲛ ⲙ̀ⲙⲟϥ. Ⲫⲏ ⲇⲉ ⲉ̀ⲧⲟⲩⲙⲟⲩϯ ⲉ̀ⲣⲟϥ ϫⲉ Ⲃⲁⲣⲁⲃⲃⲁⲥ ⲛⲁϥⲥⲟⲛϩ ⲡⲉ ⲛⲉⲙ ⲛⲏⲉ̀ⲧⲁⲩ̀ⲓ̀ⲣⲓ ⲛ̀ⲟⲩϣⲑⲟⲣⲧⲉⲣ : ⲛⲏⲉ̀ⲧⲁⲩ̀ⲓ̀ⲣⲓ ⲛ̀ⲟⲩϧⲱⲧⲉⲃ ϧⲉⲛ ⲡⲓ̀ϣⲑⲟⲣⲧⲉⲣ. Ⲟⲩⲟϩ ⲉ̀ⲧⲁϥⲓ̀ ⲉ̀ⲡ̀ϣⲱⲓ ⲛ̀ϫⲉ ⲡⲓⲙⲏϣ : ⲁϥⲉⲣϩⲏⲧⲥ ⲛ̀ⲉⲣⲉⲧⲓⲛ ⲕⲁⲧⲁ ⲫ̀ⲣⲏϯ ⲉ̀ⲛⲁϥⲓ̀ⲣⲓ ⲛ̀ⲱⲟⲩ : Ⲡⲓⲗⲁⲧⲟⲥ ⲇⲉ ⲁϥⲉ̀ⲣⲟⲩⲱ̀ ⲛ̀ⲱⲟⲩ ⲉϥϫⲱ̀ⲙ̀ⲙⲟⲥ : ϫⲉ ⲧⲉⲧⲉⲛⲟⲩⲱϣ ⲛ̀ⲧⲁⲭⲱ ⲛⲱⲧⲉⲛ ⲉ̀ⲃⲟⲗ ⲙ̀ⲡⲟⲩⲣⲟ ⲛ̀ⲧⲉ ⲛⲓⲒⲟⲩⲇⲁⲓ : Ⲛⲁϥⲉ̀ⲙⲓ ⲅⲁⲣ ⲡⲉ ϫⲉ ⲉ̀ⲧⲁⲩⲧⲏⲓϥ ⲉⲑⲃⲉ ⲟⲩⲫⲑⲟⲛⲟⲥ : Ⲛⲓⲁⲣⲭⲏⲉ̀ⲣⲉⲩⲥ ⲇⲉ ⲁⲩⲕⲓⲙ ⲙ̀ⲡⲓⲙⲏϣ : ϩⲓⲛⲁ ⲙⲁⲗⲗⲟⲛ ⲛ̀ⲧⲉϥⲭⲁ Ⲃⲁⲣⲁⲃⲃⲁⲥ ⲛ̀ⲱⲟⲩ ⲉ̀ⲃⲟⲗ Ⲡⲓⲗⲁⲧⲟⲥ ⲇⲉ ⲟⲛ ⲉⲧⲁϥⲉ̀ⲣⲟⲩⲱ̀ ⲡⲉϫⲁϥ ⲛ̀ⲱⲟⲩ : ϫⲉ ⲟⲩ ⲡⲉϯⲛⲁⲁⲓϥ ⲙ̀ⲫⲏⲉ̀ⲧⲉⲧⲉⲛϫⲱ ⲙ̀ⲙⲟⲥ ⲉ̀ⲣⲟϥ ϫⲉ ⲡ̀ⲟⲩⲣⲟ ⲛ̀ⲛⲓⲒⲟⲩⲇⲁⲓ : Ⲛ̀ⲑⲱⲟⲩ ⲇⲉ ⲟⲛ ⲁⲩⲱϣ ⲉ̀ⲃⲟⲗ ϫⲉ ⲁϣϥ : Ⲡⲓⲗⲁⲧⲟⲥ ⲅⲁⲣ ⲛⲁϥϫⲱ̀ⲙ̀ⲙⲟⲥ ⲛⲱⲟⲩ : ϫⲉ ⲟⲩ ⲡⲉ ⲙ̀ⲡⲉⲧϩⲱⲟⲩ ⲡⲉⲧⲁϥⲁⲓϥ : ⲛ̀ⲑⲱⲟⲩ ⲇⲉ ⲛ̀ϩⲟⲩⲟ ⲛⲁⲩⲱϣ ⲉ̀ⲃⲟⲗ ϫⲉ ⲁϣϥ. Ⲡⲓⲗⲁⲧⲟⲥ ⲇⲉ ⲉϥⲟⲩⲱϣ ⲉ̀ⲉⲣⲡⲉⲧⲉϩⲛⲉ ⲡⲓⲙⲏϣ : ⲁϥⲭⲁ Ⲃⲁⲣⲁⲃⲃⲁⲥ ⲛⲱⲟⲩ ⲉ̀ⲃⲟⲗ : ⲁϥϯ ⲇⲉ ⲛ̀Ⲓⲏⲥ ⲉⲉⲣⲫ̀ⲣⲁⲅⲉⲗⲗⲓⲟⲛ ⲙ̀ⲙⲟϥ ϩⲓⲛⲁ ⲛ̀ⲧⲟⲩⲁϣϥ : Ⲛⲓⲙⲁⲧⲟⲓ ⲇⲉ ⲁⲩϭⲓⲧϥ ⲉ̀ϧⲟⲩⲛ ⲉ̀ϯⲁⲩⲗⲏ ⲛ̀ⲧⲉ ⲡⲓⲡⲣⲉⲧⲱⲣⲓⲟⲛ : ⲟⲩⲟϩ ⲁⲩⲙⲟⲩϯ ⲉ̀ϯⲥ̀ⲡⲓⲣⲁ ⲧⲏⲣⲥ ⲉ̀ϩ̀ⲣⲏⲓ ⲉ̀ϫⲱϥ : Ⲟⲩⲟϩ ⲁⲩϯϩⲓⲱⲧϥ ⲛ̀ⲟⲩϩ̀ⲃⲱⲥ ⲛ̀ϭⲏϫⲓ : ⲟⲩⲟϩ ⲁⲩϣⲱⲛⲧ ⲛ̀ⲟⲩⲭ̀ⲗⲟⲙ ⲉ̀ⲃⲟⲗϧⲉⲛ ϩⲁⲛⲥⲟⲩⲣⲓ ⲁⲩⲭⲁϥ ϩⲓϫⲱϥ. Ⲟⲩⲟϩ ⲁⲩⲉⲣϩⲏⲧⲥ ⲛ̀ⲉⲣⲁⲥⲡⲁⲍⲉⲥⲑⲉ ⲙ̀ⲙⲟϥ : ϫⲉ ⲭⲉⲣⲉ ⲡ̀ⲟⲩⲣⲟ ⲛ̀ⲛⲓⲒⲟⲩⲇⲁⲓ : Ⲟⲩⲟϩ ⲁⲩϩⲓⲟⲩⲓ ϧⲉⲛ ⲧⲉϥⲁ̀ⲫⲉ ⲛ̀ⲟⲩⲕⲁϣ : ⲟⲩⲟϩ ⲛⲁⲩϩⲓⲑⲁϥ ϧⲉⲛ ⲡⲉϥϩⲟ : ⲟⲩⲟϩ ⲉⲩϩⲓⲟⲩⲓ̀ ⲙ̀ⲙⲱⲟⲩ ⲉ̀ϫⲉⲛ ⲛⲟⲩⲕⲉⲗⲓ ⲉⲩⲟⲩⲱϣⲧ ⲙ̀ⲙⲟϥ : Ⲟⲩⲟϩ ϩⲟⲧⲉ ⲉ̀ⲧⲁⲩⲥⲱⲃⲓ ⲙ̀ⲙⲟϥ : ⲁⲩⲃⲁϣϥ ⲙ̀ⲡⲓϩ̀ⲃⲱⲥ ⲛ̀ϭⲏϫⲓ : ⲟⲩⲟϩ ⲁⲩϯ ⲛ̀ⲛⲉϥϩ̀ⲃⲱⲥ ϩⲓⲱⲧϥ : ⲟⲩⲟϩ ⲁⲩⲉⲛϥ ⲉ̀ⲃⲟⲗ ϩⲓⲛⲁ ⲛ̀ⲥⲉⲁϣϥ. Ⲟⲩⲟϩ ⲁⲩϭⲓ ⲛ̀ⲟⲩⲁⲓ ⲛ̀ⲭ̀ⲃⲁ ⲉϥⲥⲓⲛⲓ̀ⲱⲟⲩ : Ⲥⲓⲙⲱⲛ ⲡⲓⲕⲩⲣⲓⲛⲛⲉⲟⲥ ⲉϥⲛⲏⲟⲩ ⲉ̀ⲃⲟⲗϧⲉⲛ ⲧⲕⲟⲓ : ⲫ̀ⲓⲱⲧ ⲛ̀Ⲁⲗⲉⲝⲁⲛⲇⲣⲟⲥ ⲛⲉⲙ Ⲣⲟⲫⲟⲥ ϩⲓⲛⲁ ⲛ̀ⲧⲉϥⲱⲗⲓ ⲙ̀ⲡⲉϥⲥ̀ⲏ : Ⲟⲩⲟϩ ⲁⲩⲉⲛϥ ⲉ̀ⲡⲓⲙⲁ ⲛ̀ⲧⲉ Ⲅⲟⲗⲅⲟⲑⲁ : ⲫⲁⲓ ⲉ̀ϣⲁⲩⲟⲩⲁϩⲙⲉϥ ϫⲉ ⲡⲓⲙⲁ ⲛ̀ⲧⲉ Ⲡⲓⲕⲣⲁⲛⲓⲟⲛ. Ⲟⲩⲟϩ ⲁⲩϯ ⲛⲁϥ ⲛ̀ⲟⲩⲏⲣⲡ ⲉϥⲙⲟⲩϫⲧ ⲛⲉⲙ ⲟⲩⲉⲛϣⲁϣⲓ : ⲛ̀ⲑⲟϥ ⲇⲉ ⲙ̀ⲡⲉϥϭⲓⲧϥ. Ⲟⲩⲟϩ ⲁⲩⲁϣϥ ⲟⲩⲟϩ ⲁⲩⲫⲱϣ ⲛ̀ⲛⲉϥϩ̀ⲃⲱⲥ ⲉ̀ϩ̀ⲣⲁⲩ : ⲟⲩⲟϩ ⲁⲩϩⲓⲱⲡ ⲉ̀ⲣⲱⲟⲩ ϫⲉ ⲛⲓⲙ ⲉⲑⲛⲁⲟ̀ⲗⲟⲩ : Ⲛⲉ ⲫ̀ⲛⲁⲩ ⲇⲉ ⲛ̀ⲁϫⲡ ϣⲟⲙⲧ ⲡⲉ ⲟⲩⲟϩ ⲁⲩⲁϣϥ :

Ⲟⲩⲱϣⲧ ⲙ̀ⲡⲓⲉⲩⲁⲅⲅⲉⲗⲓⲟⲛ ⲉⲑⲩ.

Mark 15: 6-25

Now at the feast he was accustomed to releasing one prisoner to them, whomever they requested. And there was one named Barabbas, who was chained with his fellow rebels; they had committed murder in the rebellion. Then the multitude, crying aloud, began to ask him to do just as he had always done for them. But Pilate answered them, saying, "Do you want me to release to you the King of the Jews?" For he knew that the chief

مرقس ١٥ : ٦ - ٢٥

وَكَانَ يُطْلِقُ لَهُمْ فِي كُلِّ عِيدٍ أَسِيراً وَاحِداً مَنْ طَلَبُوهُ. وَكَانَ الْمُسَمَّى بَارَابَاسَ مُوثَقاً مَعَ رُفَقَائِهِ فِي الْفِتْنَةِ الَّذِينَ فِي الْفِتْنَةِ فَعَلُوا قَتْلاً. فَصَرَخَ الْجَمْعُ وَابْتَدَأُوا يَطْلُبُونَ أَنْ يَفْعَلَ كَمَا كَانَ دَائِماً يَفْعَلُ لَهُمْ. فَأَجَابَهُمْ بِيلاَطُسُ: «أَتُرِيدُونَ أَنْ أُطْلِقَ لَكُمْ مَلِكَ الْيَهُودِ؟». لأَنَّهُ عَرَفَ أَنَّ رُؤَسَاءَ الْكَهَنَةِ كَانُوا قَدْ أَسْلَمُوهُ حَسَداً. فَهَيَّجَ رُؤَسَاءُ الْكَهَنَةِ الْجَمْعَ لِكَيْ

يُطْلِقَ لَهُمْ بِالْحَرِيِّ بَارَابَاس. فَسَأَلَ بِيلاَطُس: «فَمَاذَا تُرِيدُونَ أَنْ أَفْعَلَ بِالَّذِي تَدْعُونَهُ مَلِكَ الْيَهُودِ؟» فَصَرَخُوا أَيْضاً: «اصْلِبْهُ!» فَسَأَلَهُمْ بِيلاَطُسُ: «وَأَيَّ شَرٍّ عَمِلَ؟» فَازْدَادُوا جِدّاً صُرَاخاً: «اصْلِبْهُ!» فَبِيلاَطُسُ إِذْ كَانَ يُرِيدُ أَنْ يَعْمَلَ لِلْجَمْعِ مَا يُرْضِيهِمْ أَطْلَقَ لَهُمْ بَارَابَاسَ وَأَسْلَمَ يَسُوعَ بَعْدَمَا جَلَدَهُ لِيُصْلَبَ. فَمَضَى بِهِ الْعَسْكَرُ إِلَى دَاخِلِ الدَّارِ الَّتِي هِيَ دَارُ الْوِلاَيَةِ وَجَمَعُوا كُلَّ الْكَتِيبَةِ. وَأَلْبَسُوهُ أُرْجُواناً وَضَفَرُوا إِكْلِيلاً مِنْ شَوْكٍ وَوَضَعُوهُ عَلَيْهِ وَابْتَدَأُوا يُسَلِّمُونَ عَلَيْهِ قَائِلِينَ: «السَّلاَمُ يَا مَلِكَ الْيَهُودِ!» وَكَانُوا يَضْرِبُونَهُ عَلَى رَأْسِهِ بِقَصَبَةٍ وَيَبْصُقُونَ عَلَيْهِ ثُمَّ يَسْجُدُونَ لَهُ جَاثِينَ عَلَى رُكَبِهِمْ. وَبَعْدَمَا اسْتَهْزَأُوا بِهِ نَزَعُوا عَنْهُ الأُرْجُوانَ وَأَلْبَسُوهُ ثِيَابَهُ ثُمَّ خَرَجُوا بِهِ لِيَصْلِبُوهُ. فَسَخَّرُوا رَجُلاً مُجْتَازاً كَانَ آتِياً مِنَ الْحَقْلِ وَهُوَ سِمْعَانُ الْقَيْرَوَانِيُّ أَبُو أَلَكْسَنْدَرُسَ وَرُوفُسَ لِيَحْمِلَ صَلِيبَهُ. وَجَاءُوا بِهِ إِلَى مَوْضِعِ «جُلْجُثَةَ» الَّذِي تَفْسِيرُهُ مَوْضِعُ «جُمْجُمَةٍ». وَأَعْطَوْهُ خَمْراً مَمْزُوجَةً بِمُرٍّ لِيَشْرَبَ فَلَمْ يَقْبَلْ. وَلَمَّا صَلَبُوهُ اقْتَسَمُوا ثِيَابَهُ مُقْتَرِعِينَ عَلَيْهَا: مَاذَا يَأْخُذُ كُلُّ وَاحِدٍ؟ وَكَانَتِ السَّاعَةُ الثَّالِثَةُ فَصَلَبُوهُ.

أسجدوا للإنجيل المقدس.

والمجد لله دائماً.

priests had handed Him over because of envy. But the chief priests stirred up the crowd, so that he should rather release Barabbas to them. Pilate answered and said to them again, “What then do you want me to do with Him whom you call the King of the Jews?” So they cried out again, “Crucify Him!” Then Pilate said to them, “Why, what evil has He done?” But they cried out all the more, “Crucify Him!” So Pilate, wanting to gratify the crowd, released Barabbas to them; and he delivered Jesus, after he had scourged Him, to be crucified. Then the soldiers led Him away into the hall called Praetorium, and they called together the whole garrison. And they clothed Him with purple; and they twisted a crown of thorns, put it on His head, and began to salute Him, “Hail, King of the Jews!”

Then they struck Him on the head with a reed and spat on Him; and bowing the knee, they worshiped Him. And when they had mocked Him, they took the purple off Him, put His own clothes on Him, and led Him out to crucify Him. Then they compelled a certain man, Simon a Cyrenian, the father of Alexander and Rufus, as he was coming out of the country and passing by, to bear His cross. And they brought Him to the place Golgotha, which is translated, Place of a Skull. Then they gave Him wine mingled with myrrh to drink, but He did not take it. And when they crucified Him, they divided His garments, casting lots for them to determine what every man should take. Now it was the third hour, and they crucified Him.

Bow down before the Holy Gospel.
Glory be to God forever.

Ⲉⲩⲁⲅⲅⲉⲗⲓⲟⲛ ⲕⲁⲧⲁ Ⲗⲟⲩⲕⲁⲛ Ⲕⲉⲫ ⲕⲋ : ⲓⲋ - ⲕⲉ

Ⲡⲓⲗⲁⲧⲟⲥ ⲇⲉ ⲉⲧⲁϥⲙⲟⲩϯ ⲉ̀ⲛⲓⲁⲣⲭⲏⲉⲣⲉⲩⲥ ⲛⲉⲙ ⲛⲓⲁⲣⲭⲱⲛ ⲛⲉⲙ ⲡⲓⲗⲁⲟⲥ : Ⲡⲉϫⲁϥ ⲛⲱⲟⲩ ϫⲉ ⲁ̀ⲣⲉⲧⲉⲛⲓⲛⲓ ⲛⲏⲓ ⲙ̀ⲡⲁⲓ ⲣⲱⲙⲓ ϩⲱⲥ ⲉϥⲫⲱⲛϩ ⲙ̀ⲡⲓⲗⲁⲟⲥ ⲉⲃⲟⲗ : ⲟⲩⲟϩ ϩⲏⲡⲡⲉ ⲁ̀ⲛⲟⲕ ⲉ̀ⲧⲁⲓϣⲉⲛϥ ⲉ̀ϩⲣⲁϥ ⲙ̀ⲡⲉⲧⲉⲛⲙ̀ⲑⲟ : ⲙ̀ⲡⲓϫⲉⲙ ϩ̀ⲗⲓ ⲛ̀ⲉⲧⲓⲁ̀ ϧⲉⲛ ⲡⲁⲓ ⲣⲱⲙⲓ : ϧⲉⲛ ⲛⲏⲉ̀ⲧⲉⲧⲉⲛⲉⲣⲕⲁⲧⲏⲅⲟⲣⲓⲛ ⲉⲣⲟϥ ⲛ̀ϧⲏⲧⲟⲩ. Ⲁⲗⲗⲁ ⲟⲩⲇⲉ ⲡ̀ⲕⲉⲏⲣⲱⲇⲏⲥ ⲁϥⲟⲩⲟⲣⲡϥ ⲅⲁⲣ ϩⲁⲣⲟⲛ : ⲟⲩⲟϩ ϩⲏⲡⲡⲉ ⲙ̀ⲙⲟⲛ ϩ̀ⲗⲓ ⲛ̀ϩⲱⲃ ⲛ̀ϧⲏⲧϥ ⲉ̀ⲁⲓϥ ⲉϥⲉⲙ̀ⲡϣⲁ ⲙ̀ⲫⲙⲟⲩ.Ⲛ̀ⲧⲁϯⲥ̀ⲃⲱ ⲟⲩⲛ ⲛⲁϥ ⲛ̀ⲧⲁⲭⲁϥ ⲉ̀ⲃⲟⲗ. Ⲟⲩⲟϩ ⲛ̀ⲑⲟϥ ⲁ̀ⲛⲁⲅⲕⲏ ⲛⲁϥ ⲡⲉ ⲉ̀ⲭⲁ ⲟⲩⲁⲓ ⲛⲱⲟⲩ ⲉⲃⲟⲗ ⲕⲁⲧⲁ ⲡ̀ϣⲁⲓ. Ⲁ ⲡⲓⲙⲏϣ ⲇⲉ ⲧⲏⲣϥ ⲱϣ ⲉⲃⲟⲗ ⲉϥϫⲱ̀ⲙ̀ⲙⲟⲥ : ϫⲉ ⲁ̀ⲗⲓ ⲫⲁⲓ ϫⲁ̀ Ⲃⲁⲣⲁⲃⲃⲁⲥ ⲛⲁⲛ ⲉ̀ⲃⲟⲗ : Ⲫⲁⲓ ⲉ̀ⲧⲁⲩϩⲓⲧϥ ⲉ̀ⲡⲓϣⲧⲉⲕⲟ ⲉⲑⲃⲉ ⲟⲩ̀ϣⲑⲟⲣⲧⲉⲣ ⲛⲉⲙ ⲟⲩ̀ϧⲱⲧⲉⲃ ⲉ̀ⲁϥϣⲱⲡⲓ ϧⲉⲛ ϯⲡⲟⲗⲓⲥ : Ⲡⲁⲗⲓⲛ ⲇⲉ ⲟⲛ ⲁ̀Ⲡⲓⲗⲁⲧⲟⲥ ⲙⲟⲩϯ ⲉ̀ⲣⲱⲟⲩ ⲉϥⲟⲩⲱϣ ⲉ̀ⲭⲁ Ⲓⲏⲥ ⲉ̀ⲃⲟⲗ. Ⲛ̀ⲑⲱⲟⲩ ⲇⲉ ⲁⲩⲱϣ ⲉ̀ⲃⲟⲗ ⲉⲩϫⲱ̀ⲙ̀ⲙⲟⲥ ϫⲉ ⲁϣϥ ⲁϣϥ. Ⲛ̀ⲑⲟϥ ⲇⲉ ⲡⲉϫⲁϥ ⲛⲱⲟⲩ ⲙ̀ⲫⲙⲁϩ ϣⲟⲙⲧ ⲛ̀ⲥⲟⲡ : ϫⲉ ⲟⲩ ⲅⲁⲣ ⲙ̀ⲡⲉⲧϩⲱⲟⲩ ⲡⲉⲉⲧⲁ̀ ⲫⲁⲓ ⲁⲓϥ : ⲙ̀ⲡⲓϫⲉⲙ ϩ̀ⲗⲓ ⲛ̀ⲉ̀ⲧⲓⲁ̀ ⲛ̀ⲧⲉ ⲫ̀ⲙⲟⲩ ⲛ̀ϧⲏⲧϥ : ⲛ̀ⲧⲁϯⲥ̀ⲃⲱ ⲟⲩⲛ ⲛⲁϥ ⲛ̀ⲧⲁⲭⲁϥ ⲉ̀ⲃⲟⲗ. Ⲛ̀ⲑⲱⲟⲩ ⲇⲉ ⲉ̀ⲧⲁⲩⲟⲩⲁϩⲧⲟⲧⲟⲩ ϧⲉⲛ ⲟⲩⲛⲓϣϯ ⲛ̀ⲥ̀ⲙⲏ ⲉ̀ⲩⲉ̀ⲣⲉⲧⲓⲛ ⲙ̀ⲙⲟϥ ⲉⲑⲣⲟⲩⲁϣϥ : ⲟⲩⲟϩ ⲛⲁⲩϫⲉⲙϫⲟⲙ ⲛ̀ϫⲉ ⲛⲟⲩ̀ⲥ ⲙⲏ : Ⲟⲩⲟϩ ⲁ Ⲡⲓⲗⲁⲧⲟⲥ ϯϩⲁⲡ ⲉⲑⲣⲉϥϣⲱⲡⲓ ⲛ̀ϫⲉ ⲡⲟⲩ̀ⲉⲧⲏⲙⲁ : Ⲁϥⲭⲱ ⲇⲉ ⲉ̀ⲃⲟⲗ ⲙ̀ⲫⲏ̀ⲉⲧⲁⲩϩⲓⲧϥ ⲉ̀ⲡⲓϣⲧⲉⲕⲟ ⲉⲑⲃⲉ ⲟⲩ̀ϧⲱⲧⲉⲃ ⲛⲉⲙ ⲟⲩ̀ϣⲑⲟⲣⲧⲉⲣ ⲫⲏ̀ⲉⲧⲁⲩ ⲉ̀ⲣⲉⲧⲓⲛ ⲙ̀ⲙⲟϥ : Ⲓⲏⲥ ⲇⲉ ⲁⲩⲧⲏⲓϥ ⲕⲁⲧⲁ ⲡⲟⲩⲟⲩⲱϣ :

Ⲟⲩⲱϣⲧ ⲙ̀ⲡⲓⲉⲩⲁⲅⲅⲉⲗⲓⲟⲛ ⲉⲑⲩ.

Luke 23: 13-25

Then Pilate, when he had called together the chief priests, the rulers, and the people, said to them, "You have brought this Man to me, as one who misleads the people. And indeed, having examined Him in your presence, I have found no fault in this Man concerning those things of which you accuse Him; no, neither did Herod, for I sent you back to him; and indeed nothing deserving of death has been done by Him. I will therefore chastise

لوقا ٢٣ : ١٣ - ٢٥

فَدَعَا بِيلاَطُسُ رُؤَسَاءَ الْكَهَنَةِ وَالْعُظَمَاءَ وَالشَّعْبَ وَقَالَ لَهُمْ: «قَدْ قَدَّمْتُمْ إِلَيَّ هَذَا الإِنْسَانَ كَمَنْ يُفْسِدُ الشَّعْبَ. وَهَا أَنَا قَدْ فَحَصْتُ قُدَّامَكُمْ وَلَمْ أَجِدْ فِي هَذَا الإِنْسَانِ عِلَّةً مِمَّا تَشْتَكُونَ بِهِ عَلَيْهِ. وَلاَ هِيرُودُسُ أَيْضاً لأَنِّي أَرْسَلْتُكُمْ إِلَيْهِ. وَهَا لاَ شَيْءَ يَسْتَحِقُّ الْمَوْتَ صُنِعَ مِنْهُ. فَأَنَا أُؤَدِّبُهُ وَأُطْلِقُهُ». وَكَانَ مُضْطَرّاً أَنْ يُطْلِقَ لَهُمْ كُلَّ

عِيدٍ وَاحِداً فَصَرَخُوا بِجُمْلَتِهِمْ قَائِلِينَ: «خُذْ هَذَا وَأَطْلِقْ لَنَا بَارَابَاسَ!» وَذَاكَ كَانَ قَدْ طُرِحَ فِي السِّجْنِ لأَجْلِ فِتْنَةٍ حَدَثَتْ فِي الْمَدِينَةِ وَقَتْلٍ. فَنَادَاهُمْ أَيْضاً بِيلاَطُسُ وَهُوَ يُرِيدُ أَنْ يُطْلِقَ يَسُوعَ فَصَرَخُوا: «اصْلِبْهُ! اصْلِبْهُ!» فَقَالَ لَهُمْ ثَالِثَةً: «فَأَيَّ شَرٍّ عَمِلَ هَذَا؟ إِنِّي لَمْ أَجِدْ فِيهِ عِلَّةً لِلْمَوْتِ فَأَنَا أُؤَدِّبُهُ وَأُطْلِقُهُ». فَكَانُوا يَلِجُّونَ بِأَصْوَاتٍ عَظِيمَةٍ طَالِبِينَ أَنْ يُصْلَبَ. فَقَوِيَتْ أَصْوَاتُهُمْ وَأَصْوَاتُ رُؤَسَاءِ الْكَهَنَةِ. فَحَكَمَ بِيلاَطُسُ أَنْ تَكُونَ طِلْبَتُهُمْ. فَأَطْلَقَ لَهُمُ الَّذِي طُرِحَ فِي السِّجْنِ لأَجْلِ فِتْنَةٍ وَقَتْلٍ الَّذِي طَلَبُوهُ وَأَسْلَمَ يَسُوعَ لِمَشِيئَتِهِمْ.

أسجدوا للإنجيل المقدس.
والمجد لله دائماً.

Him and release Him" for it was necessary for him to release one to them at the feast. And they all cried out at once, saying, "Away with this Man, and release to us Barabbas"-who had been thrown into prison for a certain rebellion made in the city, and for murder. Pilate, therefore, wishing to release Jesus, again called out to them. But they shouted, saying, "Crucify Him, crucify Him!" Then he said to them the third time, "Why, what evil has He done? I have found no reason for death in Him. I will therefore chastise Him and let Him go." But they were insistent, demanding with loud voices that He be crucified. And the voices of these men and of the chief priests prevailed. So Pilate gave sentence that it should be as they requested. And he released to them the one they requested, who for rebellion and murder had been thrown into prison; but he delivered Jesus to their will.

Bow down before the Holy Gospel.
Glory be to God forever.

Ⲉⲩⲁⲅⲅⲉⲗⲓⲟⲛ ⲕⲁⲧⲁ Ⲓⲱⲁⲛⲛⲏⲛ Ⲕⲉⲫ ⲓ̅ⲑ̅ : ⲁ̅ - ⲓ̅ⲃ̅

Ⲧⲟⲧⲉ Ⲡⲓⲗⲁⲧⲟⲥ ⲁϥϭⲓ ⲛ̀Ⲓⲏ̅ⲥ̅ ⲁϥⲉⲣⲙⲁⲥⲧⲓⲅⲅⲟⲓⲛ ⲙ̀ⲙⲟϥ. Ⲟⲩⲟϩ ⲛⲓⲙⲁⲧⲟⲓ ⲁⲩϣⲱⲛⲧ ⲛ̀ⲟⲩⲭ̀ⲗⲟⲙ ⲉ̀ⲃⲟⲗϧⲉⲛ ϩⲁⲛⲥⲟⲩⲣⲓ : ⲟⲩⲟϩ ⲁⲩⲧⲏⲓϥ ⲉ̀ϫⲉⲛ ⲧⲉϥⲁ̀ⲫⲉ : ⲟⲩⲟϩ ⲁⲩϫⲟⲗϩϥ ⲛ̀ⲟⲩϩⲉⲃⲥⲱ ⲛ̀ϭⲏϫⲓ : Ⲟⲩⲟϩ ⲛⲁⲩⲛⲏⲟⲩ ϩⲁⲣⲟϥ ⲡⲉ ⲉⲩϫⲱ̀ⲙⲙⲟⲥ : ϫⲉ ⲭⲉⲣⲉ ⲡ̀ⲟⲩⲣⲟ ⲛ̀ⲧⲉ ⲛⲓⲒⲟⲩⲇⲁⲓ ⲟⲩⲟϩ ⲛⲁⲩϯⲕⲟⲩⲣ ⲛⲁϥ ⲡⲉ : Ⲡⲁⲗⲓⲛ ⲟⲛ ⲁϥⲓ̀ ⲉ̀ⲃⲟⲗ ⲛ̀ϫⲉ Ⲡⲓⲗⲁⲧⲟⲥ ⲟⲩⲟϩ ⲡⲉϫⲁϥ ⲛⲱⲟⲩ : ϫⲉ ϩⲏⲡⲡⲉ ϯⲛⲁⲉⲛϥ ⲛⲱⲧⲉⲛ ⲉ̀ⲃⲟⲗ : ϩⲓⲛⲁ ⲛ̀ⲧⲉⲧⲉⲛⲉ̀ⲙⲓ ϫⲉ ⲛ̀ϯϫⲉⲙϩ̀ⲗⲓ ⲛ̀ⲉ̀ⲧⲓⲁ̀ ϭⲓ̀ⲉⲣⲟϥ ⲁⲛ : Ⲧⲟⲧⲉ ⲁϥⲓ̀ⲉ̀ⲃⲟⲗ ⲛ̀ϫⲉ Ⲓⲏ̅ⲥ̅ ⲉϥⲉⲣⲫⲟⲣⲓⲛ ⲙ̀ⲡⲓⲭ̀ⲗⲟⲙ ⲛ̀ⲥⲟⲩⲣⲓ ⲛⲉⲙ ⲡⲓϩ̀ⲃⲱⲥ ⲛ̀ϭⲏϫⲓ : ⲟⲩⲟϩ ⲡⲉϫⲉ Ⲡⲓⲗⲁⲧⲟⲥ ⲛⲱⲟⲩ ϫⲉ ϩⲏⲡⲡⲉ ⲓⲥ ⲡⲓⲣⲱⲙⲓ : Ϩⲟⲧⲉ ⲟⲩⲛ ⲉ̀ⲧⲁⲩⲛⲁⲩ ⲉ̀ⲣⲟϥ ⲛ̀ϫⲉ ⲛⲓⲁ̀ⲣⲭⲏⲉ̀ⲣⲉⲩⲥ ⲛⲉⲙ ⲛⲓϩⲩⲡⲉⲣⲉⲧⲏⲥ : ⲁⲩⲱϣ ⲉ̀ⲃⲟⲗ ⲉⲩϫⲱ̀ⲙⲙⲟⲥ ϫⲉ ⲁϣϥ ⲁϣϥ : ⲡⲉϫⲉ

Ⲡⲓⲗⲁⲧⲟⲥ ⲛ̀ⲱⲟⲩ : ϫⲉ ⲙⲱⲓⲛⲓ ⲉ̀ⲣⲟϥ ⲛ̀ⲑⲱⲧⲉⲛ ⲁϣϥ ⲁ̀ⲛⲟⲕ ⲅⲁⲣ ⲛ̀ϯϫⲉⲙϩ̀ⲗⲓ ⲛ̀ⲉⲧⲓⲁ̀ϭⲓ̀ⲉⲣⲟϥ ⲁⲛ. Ⲁⲩⲉ̀ⲣⲟⲩⲱ ⲛⲁϥ ⲛ̀ϫⲉ ⲛⲓⲓⲟⲩⲇⲁⲓ ϫⲉ ⲁ̀ⲛⲟⲛ ⲟⲩⲟⲛ ⲛ̀ⲧⲁⲛⲛⲟⲩⲛⲟⲙⲟⲥ : ⲟⲩⲟϩ ⲕⲁⲧⲁ ⲡⲉⲛ ⲛⲟⲙⲟⲥ ϥⲉⲙ̀ⲡϣⲁ ⲙ̀ⲫⲙⲟⲩ : ϫⲉ ⲁϥⲁⲓϥ ⲛ̀ϣⲏⲣⲓ ⲙ̀Ⲫϯ : Ϩⲟⲧⲉ ⲇⲉ ⲉ̀ⲧⲁϥⲥⲱⲧⲉⲙ ⲉⲡⲁⲓ ⲥⲁϫⲓ ⲛ̀ϫⲉ Ⲡⲓⲗⲁⲧⲟⲥ ⲁϥⲉⲣϩⲟϯ ⲛ̀ϩⲟⲩⲟ : Ⲟⲩⲟϩ ⲁϥ̀ⲓ ⲟⲛ ⲉ̀ϧⲟⲩⲛ ⲉ̀ⲡⲓ̀ⲡⲣⲉⲧⲱⲣⲓⲟⲛ ⲟⲩⲟϩ ⲡⲉϫⲁϥ ⲛ̀Ⲓⲏ̅ⲥ̅ ϫⲉ ⲛ̀ⲑⲟⲕ ⲟⲩ ⲉⲃⲟⲗⲑⲱⲛ : Ⲓⲏ̅ⲥ̅ ⲇⲉ ⲙ̀ⲡⲉϥⲉ̀ⲣⲟⲩⲱ ⲛⲁϥ. Ⲡⲉϫⲉ Ⲡⲓⲗⲁⲧⲟⲥ ⲛⲁϥ : ϫⲉ ⲉⲑⲃⲉ ⲟⲩ ⲕⲥⲁϫⲓ ⲛⲉⲙⲏⲓ ⲁⲛ : ϣⲁⲛ ⲕⲉⲙⲓ ⲁⲛ ϫⲉ ⲟⲩⲟⲛϯ ⲉⲣϣⲓϣⲓ ⲙ̀ⲙⲁⲩ ⲉ̀ⲁϣⲕ : ⲟⲩⲟϩ ⲟⲩⲟⲛϯ ⲉⲣϣⲓϣⲓ ⲙ̀ⲙⲁⲩ ⲟⲛ ⲉ̀ⲭⲁⲕ ⲉ̀ⲃⲟⲗ : Ⲁϥⲉ̀ⲣⲟⲩⲱ ⲛ̀ϫⲉ Ⲓⲏ̅ⲥ̅ ϫⲉ ⲙ̀ⲙⲟⲛ ϫⲉ ⲙ̀ⲙⲟⲛⲧⲉⲕ ϩ̀ⲗⲓ ⲛ̀ⲉⲣϣⲓϣⲓ ⲙ̀ⲙⲁⲩ ⲉ̀ϧⲟⲩⲛ ⲉ̀ⲣⲟⲓ : ⲉ̀ⲛⲉ ⲙ̀ⲡⲟⲩⲧⲏⲓⲥ ⲛⲁⲕ ⲉ̀ⲃⲟⲗ ⲙ̀ⲡ̀ϣⲱⲓ : ⲉⲑⲃⲉ ⲫⲁⲓ ⲫⲏ̀ⲉⲧⲁϥⲧⲏⲓⲧ ⲛⲁⲕ ⲟⲩⲟⲛ ⲧⲉϥⲛⲓϣϯ ⲛ̀ⲛⲟⲃⲓ ⲙ̀ⲙⲁⲩ ⲛ̀ϩⲟⲩⲟ : Ⲉⲑⲃⲉ ⲫⲁⲓ ⲟⲩⲛ Ⲡⲓⲗⲁⲧⲟⲥ ⲛⲁϥⲕⲱϯ ⲡⲉ ⲉ̀ⲭⲁϥ ⲉ̀ⲃⲟⲗ : ⲛⲓⲓⲟⲩⲇⲁⲓ ⲇⲉ ⲛⲁⲩⲱϣ ⲉ̀ⲃⲟⲗ ⲉⲩϫⲱ̀ⲙⲙⲟⲥ : ⲉ̀ϣⲱⲡ ⲁⲕϣⲁⲛⲭⲁ ⲫⲁⲓ ⲉ̀ⲃⲟⲗ : ⲛ̀ⲑⲟⲕ ⲡ̀ϣⲫⲏⲣ ⲙ̀ⲡⲟⲩⲣⲟ ⲁⲛ : ⲟⲩⲟⲛ ⲅⲁⲣ ⲛⲓⲃⲉⲛ ⲉⲧⲓ̀ⲣⲓ ⲙ̀ⲙⲟϥ ⲛ̀ⲟⲩⲣⲟ ⲙ̀ⲙⲁⲩⲁⲧϥ : ⲁϥϯⲉ ϧⲟⲩⲛ ⲉ̀ϩ̀ⲣⲉⲛ ⲡ̀ⲟⲩⲣⲟ :

Ⲟⲩⲱϣⲧ ⲙ̀ⲡⲓⲉⲩⲁⲅⲅⲉⲗⲓⲟⲛ ⲉⲑⲩ.

John 19: 1-12

So then Pilate took Jesus and scourged Him. And the soldiers twisted a crown of thorns and put it on His head, and they put on Him a purple robe. Then they said, "Hail, King of the Jews!" And they struck Him with their hands. Pilate then went out again, and said to them, "Behold, I am bringing Him out to you, that you may know that I find no fault in Him." Then Jesus came out, wearing the crown of thorns and the purple robe. And Pilate said to them, "Behold the Man!" Therefore, when the chief priests and officers saw Him, they cried out, saying, "Crucify Him, crucify Him!" Pilate said to them, "You take Him and crucify Him, for I find no fault in Him." The Jews answered him, "We have a law, and according to our law He ought to die, because He made Himself the Son of God." Therefore, when Pilate heard that saying, he was

يوحنا ١٩: ١ - ١٢

فَحِينَئِذٍ أَخَذَ بِيلاَطُسُ يَسُوعَ وَجَلَدَهُ. وَضَفَرَ الْعَسْكَرُ إِكْلِيلاً مِنْ شَوْكٍ وَوَضَعُوهُ عَلَى رَأْسِهِ وَأَلْبَسُوهُ ثَوْبَ أُرْجُوانٍ وَكَانُوا يَقُولُونَ: «السَّلاَمُ يَا مَلِكَ الْيَهُودِ». وَكَانُوا يَلْطِمُونَهُ. فَخَرَجَ بِيلاَطُسُ أَيْضاً خَارِجاً وَقَالَ لَهُمْ: «هَا أَنَا أُخْرِجُهُ إِلَيْكُمْ لِتَعْلَمُوا أَنِّي لَسْتُ أَجِدُ فِيهِ عِلَّةً وَاحِدَةً». فَخَرَجَ يَسُوعُ خَارِجاً وَهُوَ حَامِلٌ إِكْلِيلَ الشَّوْكِ وَثَوْبَ الأُرْجُوانِ. فَقَالَ لَهُمْ بِيلاَطُسُ: «هُوَذَا الإِنْسَانُ». فَلَمَّا رَآهُ رُؤَسَاءُ الْكَهَنَةِ وَالْخُدَّامُ صَرَخُوا: «اصْلِبْهُ! اصْلِبْهُ!» قَالَ لَهُمْ بِيلاَطُسُ: «خُذُوهُ أَنْتُمْ وَاصْلِبُوهُ لأَنِّي لَسْتُ أَجِدُ فِيهِ عِلَّةً». أَجَابَهُ الْيَهُودُ: «لَنَا نَامُوسٌ وَحَسَبَ نَامُوسِنَا يَجِبُ أَنْ يَمُوتَ لأَنَّهُ جَعَلَ نَفْسَهُ ابْنَ اللَّهِ». فَلَمَّا سَمِعَ بِيلاَطُسُ هَذَا الْقَوْلَ ازْدَادَ خَوْفاً. فَدَخَلَ أَيْضاً

the more afraid, and went again into the Praetorium, and said to Jesus, "Where are You from?" But Jesus gave him no answer. Then Pilate said to Him, "Are You not speaking to me? Do You not know that I have power to crucify You, and power to release You?" Jesus answered, "You could have no power at all against Me unless it had been given you from above. Therefore the one who delivered Me to you has the greater sin." From then on Pilate sought to release Him, but the Jews cried out, saying, "If you let this Man go, you are not Caesar's friend. Whoever makes himself a king speaks against Caesar."

Bow down before the Holy Gospel.
Glory be to God forever.

إِلَى دَارِ الْوِلاَيَةِ وَقَالَ لِيَسُوعَ: «مِنْ أَيْنَ أَنْتَ؟» وَأَمَّا يَسُوعُ فَلَمْ يُعْطِهِ جَوَاباً. فَقَالَ لَهُ بِيلاَطُسُ: «أَمَا تُكَلِّمُنِي؟ أَلَسْتَ تَعْلَمُ أَنَّ لِي سُلْطَاناً أَنْ أَصْلِبَكَ وَسُلْطَاناً أَنْ أُطْلِقَكَ؟» أَجَابَ يَسُوعُ: « لَمْ يَكُنْ لَكَ عَلَيَّ سُلْطَانٌ الْبَتَّةَ لَوْ لَمْ تَكُنْ قَدْ أُعْطِيتَ مِنْ فَوْقُ. لِذَلِكَ الَّذِي أَسْلَمَنِي إِلَيْكَ لَهُ خَطِيَّةٌ أَعْظَمُ». مِنْ هَذَا الْوَقْتِ كَانَ بِيلاَطُسُ يَطْلُبُ أَنْ يُطْلِقَهُ وَلَكِنَّ الْيَهُودَ كَانُوا يَصْرُخُونَ: «إِنْ أَطْلَقْتَ هَذَا فَلَسْتَ مُحِبّاً لِقَيْصَرَ. كُلُّ مَنْ يَجْعَلُ نَفْسَهُ مَلِكاً يُقَاوِمُ قَيْصَرَ».

أسجدوا للإنجيل المقدس.

والمجد لله دائماً.

Commentary

The Commentary of the Third Hour of Good Friday of Holy Pascha, may its blessings be with us all. Amen.

One often wonders with this great prophet Isaiah who foresaw by inspiration the passions of the Savior who is the Word of God. Isaiah said, "Who is this who comes from Edom, with dyed garments from Bozrah? This One who is glorious in His apparel," from red blood as one who ascends to the winepress, stained with its blood. These are the words of the prophet who revealed this before these days. Truly, He is the Word of God, our Savior, and Jesus who wore the old flesh of Adam, the first creation. The Divinity united with humanity without mingling nor

طرح

طرح الساعة الثالثة من يوم الجمعة العظيمة من البصخة المقدسة بركتها علينا. آمين.

أنا متحير مع هذا النبى ذى الصوت العظيم، أشعياء النبى، الذى سبق فنظر بال سر إلى آلام الخلاص التى لله الكلمة وقال: من هو الآتى من آدوم، وثيابه حمراء من بصرة، لابساً حلة بهية هكذا، ولباسه من الدم الأحمر، كمن يصعد من المعصرة ملطخاً بدم عنقودها؟!

حقاً بالحقيقة هو كلام هذا النبى الذى أظهر هذا من قبل هذه الأيام.

بالحقيقة أنه هو الإله الكلمة مخلصنا يسوع

confusion in an incomprehensible way. He trampled over them in the press of His anger and inflicted His wrath on the Hebrews. He granted His mercy and righteousness to the Gentiles whom He made a new people. As for Israel, its foolishness prevails on them forever.

كالتدبير، لبس الجسد القديم الذى لأبينا آدم أول الخليقة، وصار اللاهوت العلوى متحداً بالبشرية بغير استحالة، بشكل لا يدرك. هى الحلة التى لا تتغير المتحدة بالاله الكلمة. وصب غضبه على العبرانيين، وداسهم فى معصرة غضبه. ورحمته وبره أعطاهما للأمم الذين صنعهم له شبعاً جديداً. أما اسرائيل فان البلادة قد استولت عليه إلى الانقضاء.

The daytime Litanies are prayed.

تقال طلبة الصباح.

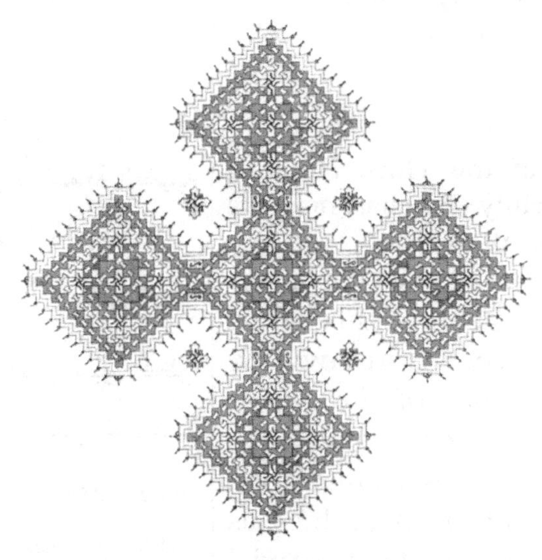

Sixth Hour of Good Friday

الساعة السادسة من الجمعة العظيمة

ⲡⲭⲱⲙ ⲛ̀ⲧⲉ ⲡⲓⲁ̀ⲣⲓⲑⲙⲟⲥ ⲛ̀ⲧⲉ Ⲙⲱ̀ⲩⲥⲏⲥ Ⲕⲉⲫ ⲕⲁ : ⲁ - ⲑ

Ⲉ̀ⲃⲟⲗϧⲉⲛ ⲡ̀ⲭⲱⲙ ⲛ̀ⲧⲉ ⲡⲓⲁ̀ⲣⲓⲑⲙⲟⲥ ⲛ̀ⲧⲉ Ⲙⲱ̀ⲩⲥⲏⲥ ⲡⲓⲡ̀ⲣⲟⲫⲏⲧⲏⲥ: ⲉ̀ⲣⲉⲡⲉϥ̀ⲥⲙⲟⲩ ⲉ̀ⲑⲟⲩⲁⲃ ϣⲱⲡⲓ ⲛⲉⲙⲁⲛ ⲁ̀ⲙⲏⲛ ⲉϥϫⲱ ⲙ̀ⲙⲟⲥ.

Ⲟⲩⲟϩ ⲉ̀ⲧⲁϥⲥⲱⲧⲉⲙ ⲛ̀ϫⲉ ⲡⲓⲬⲁⲛⲁⲛⲉⲟⲥ ⲡ̀ⲟⲩⲣⲟ ⲛ̀Ⲁⲣⲁⲇ ⲫⲏⲉⲧϣⲟⲡ ϩⲓ ⲡ̀ϣⲁϥⲉ : ϫⲉ ⲁϥ̀ⲓ ⲛ̀ϫⲉ ⲡⲓⲤ̅ⲗ̅ ⲉ̀ⲫⲙⲱⲓⲧ ⲛ̀Ⲁⲑⲁⲣⲓⲙ : ⲟⲩⲟϩ ⲁϥⲃⲱⲧⲥ ⲉ̀ⲡⲓⲤ̅ⲗ̅ ⲟⲩⲟϩ ⲁⲩⲱⲗⲓ ⲛ̀ⲟⲩⲉⲭⲙⲁⲗⲱⲥⲓⲁ̀ ⲛ̀ϧⲏⲧⲟⲩ : Ⲟⲩⲟϩ ⲁϥⲧⲱⲃϩ ⲛ̀ϫⲉ ⲡⲓⲤ̅ⲗ̅ ⲛ̀ⲟⲩⲉⲩⲭⲏ ⲙ̀Ⲡ̅ⲟ̅ⲥ̅ ⲟⲩⲟϩ ⲡⲉϫⲁϥ : ϫⲉ ⲉϣⲱⲡ ⲁⲕϣⲁⲛϯ ⲙ̀ⲡⲁⲓⲗⲁⲟⲥ ⲉ̀ϧ̀ⲣⲏⲓ ⲉ̀ⲛⲁϫⲓϫ : ϯⲛⲁⲉⲣⲁ̀ⲛⲁⲑⲏⲙⲁⲧⲓⲍⲓⲛ ⲙ̀ⲙⲟϥ ⲛⲉⲙ ⲛⲉϥⲃⲁⲕⲓ : Ⲟⲩⲟϩ ⲁϥⲥⲱⲧⲉⲙ ⲛ̀ϫⲉ Ⲡ̅ⲟ̅ⲥ̅ ⲉ̀ⲧ̀ⲥⲙⲏ ⲙ̀ⲡⲓⲤ̅ⲗ̅ : ⲟⲩⲟϩ ⲁϥϯ ⲙ̀ⲡⲓⲗⲁⲟⲥ ⲛ̀Ⲭⲁⲛⲁⲛⲉⲟⲥ ⲉ̀ϧ̀ⲣⲏⲓ ⲉⲧⲟⲧϥ : ⲟⲩⲟϩ ⲁϥⲉⲣⲁ̀ⲛⲁⲑⲏⲙⲁⲧⲓⲍⲓⲛ ⲙ̀ⲙⲟϥ ⲛⲉⲙ ⲛⲉϥⲃⲁⲕⲓ : ⲟⲩⲟϩ ⲁⲩϯⲣⲉⲛ ⲫ̀ⲣⲁⲛ ⲙ̀ⲡⲓⲙⲁ ⲉⲧⲉⲙ̀ⲙⲁⲩ ϫⲉ ⲡⲓⲁ̀ⲛⲁⲑⲏⲙⲁ : Ⲟⲩⲟϩ ⲉ̀ⲧⲁⲩⲟⲩⲱⲧⲉⲃ ⲉ̀ⲃⲟⲗϧⲉⲛ Ⲱⲣⲡⲓⲧⲱⲟⲩ ⲉϫⲉⲛ ⲫ̀ⲙⲱⲓⲧ ⲙ̀ⲫ̀ⲓⲟⲙ ⲛ̀ϣⲁⲣⲓ : ⲁⲩⲕⲱⲧ ⲉ̀ⲡⲕⲁϩⲓ ⲛ̀Ⲉ̀ⲇⲱⲙ : ⲟⲩⲟϩ ⲁϥⲉⲣⲕⲟⲩϫⲓ ⲛ̀ϩⲏⲧ ⲛ̀ϫⲉ ⲡⲓⲗⲁⲟⲥ ϩⲓ ⲫ̀ⲙⲱⲓⲧ : Ⲟⲩⲟϩ ⲁ̀ⲡⲓⲗⲁⲟⲥ ⲥⲁϫⲓ ⲛ̀ⲥⲁ Ⲫ̅ϯ̅ ⲛⲉⲙ Ⲙⲱ̀ⲩⲥⲏⲥ : ϫⲉ ⲉⲑⲃⲉ ⲟⲩ ⲁⲕⲉⲛⲧⲉⲛ ⲉ̀ⲃⲟⲗϧⲉⲛ ⲡ̀ⲕⲁϩⲓ ⲛ̀Ⲭⲏⲙⲓ ⲉ̀ϧⲟⲑⲃⲉⲛ ϩⲓ ⲡ̀ϣⲁϥⲉ : ϫⲉ ⲙ̀ⲙⲟⲛ ⲱⲓⲕ ⲟⲩⲇⲉ ⲙ̀ⲱⲟⲩ : ⲧⲉⲛⲯⲩⲭⲏ ⲁⲥϩⲣⲟϣ ⲉ̀ⲡⲓⲱⲓⲕ ⲉⲧϣⲟⲩⲱⲟⲩ : Ⲟⲩⲟϩ ⲁ̀Ⲡ̅ⲟ̅ⲥ̅ ⲟⲩⲱⲣⲡ ⲛ̀ⲛⲓϩⲟϥ ⲉ̀ϧⲟⲩⲛ ⲉ̀ⲡⲓⲗⲁⲟⲥ ⲉ̀ϣⲁⲩϧⲱⲧⲉⲃ : ⲟⲩⲟϩ ⲛⲁⲩϭⲓⲗⲁ.ⲓⲛ ⲛ̀ⲥⲁ ⲡⲓⲗⲁⲟⲥ : ⲟⲩⲟϩ ⲁϥⲙⲟⲩ ⲛ̀ϫⲉ ⲟⲩⲛⲓϣϯ ⲙ̀ⲙⲏϣ ⲛ̀ⲧⲉ ⲛⲉⲛϣⲏⲣⲓ ⲙ̀ⲡⲓⲤ̅ⲗ̅. Ⲟⲩⲟϩ ⲁ̀ⲡⲓⲗⲁⲟⲥ ⲓ̀ ϩⲁ Ⲙⲱ̀ⲩⲥⲏⲥ ⲉⲩϫⲱ ⲙ̀ⲙⲟⲥ : ϫⲉ ⲁⲛⲉⲣⲛⲟⲃⲓ ⲁⲛⲥⲁϫⲓ ⲛ̀ⲥⲁ Ⲫ̅ϯ̅ ⲛⲉⲙ ⲛ̀ⲥⲱⲕ : ⲧⲱⲃϩ ⲟⲩⲛ ⲙ̀Ⲡ̅ⲟ̅ⲥ̅ ⲙⲁⲣⲉϥⲱⲗⲓ ⲛ̀ⲛⲁⲓϩⲟϥ ⲉ̀ⲃⲟⲗϩⲁⲣⲟⲛ : ⲟⲩⲟϩ ⲁ̀Ⲙⲱ̀ⲩⲥⲏⲥ ⲧⲱⲃϩ ⲙ̀Ⲡ̅ⲟ̅ⲥ̅ ⲉⲑⲃⲉ ⲡⲓⲗⲁⲟⲥ : Ⲟⲩⲟϩ ⲡⲉϫⲉ Ⲡ̅ⲟ̅ⲥ̅ ⲙ̀Ⲙⲱ̀ⲩⲥⲏⲥ : ϫⲉ ⲙⲁⲑⲁⲙⲓⲟ ⲛⲁⲕ ⲛ̀ⲟⲩϩⲟϥ ⲛ̀ϩⲟⲙⲧ : ⲟⲩⲟϩ ⲭⲁϥ ϩⲓ ⲟⲩⲙⲏⲓⲛⲓ : ⲟⲩⲟϩ ⲉⲥⲉ̀ϣⲱⲡⲓ ⲁ̀ⲣⲉϣⲁⲛ ⲡⲓϩⲟϥ ϭⲓⲗⲁ.ⲓⲛ ⲉ̀ⲟⲩⲣⲱⲙⲓ : ⲉϥⲉ̀ϫⲟⲩϣⲧ ⲉ̀ⲡⲓϩⲟϥ ⲛ̀ϩⲟⲙⲧ ⲟⲩⲟϩ ϣⲁϥⲱⲛ : Ⲟⲩⲟϩ ⲁϥⲑⲁⲙⲓⲟ ⲛ̀ϫⲉ Ⲙⲱⲩ̀ⲥⲏⲥ ⲙ̀ⲡⲓϩⲟϥ ⲛ̀ϩⲟⲙⲧ ⲟⲩⲟϩ ⲁϥⲧⲁϩⲟϥ ϩⲓ ⲟⲩⲙⲏⲓⲛⲓ : ⲟⲩⲟϩ ⲁⲥϣⲱⲡⲓ ϩⲟⲧⲁⲛ ⲁ̀ⲣⲉϣⲁⲛ ⲡⲓϩⲟϥ ϭⲓⲗⲁ.ⲓⲛ ⲉ̀ⲟⲩⲣⲱⲙⲓ : ⲟⲩⲟϩ ⲛ̀ⲧⲉϥϫⲟⲩϣⲧ ⲉ̀ⲡⲓϩⲟϥ ⲛ̀ϩⲟⲙⲧ ϣⲁϥⲱⲛϧ :

Ⲟⲩⲱ̀ⲟⲩ ⲛ̀ϯⲧ̀ⲣⲓⲁⲥ ⲉ̀ⲑⲟⲩⲁⲃ ⲡⲉⲛⲛⲟⲩϯ ϣⲁ ⲉ̀ⲛⲉϩ ⲛⲉⲙ ϣⲁ ⲉ̀ⲛⲉϩ ⲛ̀ⲧⲉ ⲛⲓⲉ̀ⲛⲉϩ ⲧⲏⲣⲟⲩ: ⲁ̀ⲙⲏⲛ.

Numbers 21:1-9

سفر العدد ٢١: ١ – ٩

A reading from the book of Numbers of Moses the Prophet may his blessings be with us Amen.

The king of Arad, the Canaanite, who dwelt in the South, heard that Israel was coming on the road to Atharim, then he fought against Israel and took some of them prisoners. So Israel made a vow to the Lord, and said, "If You will indeed deliver this people into my hand, then I will utterly destroy their cities." And the Lord listened to the voice of Israel and delivered up the Canaanites, and they utterly destroyed them and their cities. So the name of that place was called Hormah. Then they journeyed from Mount Hor by the Way of the Red Sea, to go around the land of Edom; and the soul of the people became very discouraged on the way. And the people spoke against God and against Moses: "Why have you brought us up out of Egypt to die in the wilderness? For there is no food and no water, and our soul loathes this worthless bread." So the Lord sent fiery serpents among the people, and they bit the people; and many of the people of Israel died. Therefore the people came to Moses, and said, "We have sinned, for we have spoken against the Lord

من سفر العدد لموسى النبى بركته المقدسة تكون معنا، آمين.

وَلَمَّا سَمِعَ الْكَنْعَانِيُّ مَلِكُ عَرَادَ السَّاكِنُ فِي الْجَنُوبِ أَنَّ إِسْرَائِيلَ جَاءَ فِي طَرِيقِ أَتَارِيمَ حَارَبَ إِسْرَائِيلَ وَسَبَى مِنْهُمْ سَبْياً. فَنَذَرَ إِسْرَائِيلُ نَذْراً لِلرَّبِّ وَقَالَ: «إِنْ دَفَعْتَ هَؤُلاءِ الْقَوْمَ إِلَى يَدِي أُحَرِّمُ مُدُنَهُمْ». فَسَمِعَ الرَّبُّ لِقَوْلِ إِسْرَائِيلَ وَدَفَعَ الْكَنْعَانِيِّينَ فَحَرَّمُوهُمْ وَمُدُنَهُمْ. فَدُعِيَ اسْمُ الْمَكَانِ «حُرْمَةَ». وَارْتَحَلُوا مِنْ جَبَلِ هُورٍ فِي طَرِيقِ بَحْرِ سُوفٍ لِيَدُورُوا بِأَرْضِ أَدُومَ فَضَاقَتْ نَفْسُ الشَّعْبِ فِي الطَّرِيقِ. وَتَكَلَّمَ الشَّعْبُ عَلَى اللهِ وَعَلَى مُوسَى قَائِلِينَ: «لِمَاذَا أَصْعَدْتُمَانَا مِنْ مِصْرَ لِنَمُوتَ فِي الْبَرِّيَّةِ! لأَنَّهُ لا خُبْزَ وَلا مَاءَ وَقَدْ كَرِهَتْ أَنْفُسُنَا الطَّعَامَ السَّخِيفَ». فَأَرْسَلَ الرَّبُّ عَلَى الشَّعْبِ الْحَيَّاتِ الْمُحْرِقَةَ فَلَدَغَتِ الشَّعْبَ فَمَاتَ قَوْمٌ كَثِيرُونَ مِنْ إِسْرَائِيلَ. فَأَتَى الشَّعْبُ إِلَى مُوسَى وَقَالُوا: «قَدْ أَخْطَأْنَا إِذْ تَكَلَّمْنَا عَلَى الرَّبِّ وَعَلَيْكَ فَصَلِّ إِلَى الرَّبِّ لِيَرْفَعَ عَنَّا الْحَيَّاتِ». فَصَلَّى مُوسَى لأَجْلِ الشَّعْبِ. فَقَالَ الرَّبُّ لِمُوسَى: «اصْنَعْ لَكَ حَيَّةً مُحْرِقَةً وَضَعْهَا

and against you; pray to the Lord that He take away the serpents from us." So Moses prayed for the people. Then the Lord said to Moses, "Make a fiery serpent, and set it on a pole; and it shall be that everyone who is bitten, when he looks at it, shall live." So Moses made a bronze serpent, and put it on a pole; and so it was, if a serpent had bitten anyone, when he looked at the bronze serpent, he lived.

Glory be to the Holy Trinity our God unto the age of all ages, Amen.

عَلى رَايَةٍ فَكُلُّ مَنْ لُدِغَ وَنَظَرَ إِلَيْهَا يَحْيَا». فَصَنَعَ مُوسَى حَيَّةً مِنْ نُحَاسٍ وَوَضَعَهَا عَلى الرَّايَةِ فَكَانَ مَتَى لَدَغَتْ حَيَّةٌ إِنْسَاناً وَنَظَرَ إِلَى حَيَّةِ النُّحَاسِ يَحْيَا.

مجداً للثالوث القدوس الهنا إلى الأبد وإلى أبد الآبدين كلها، آمين.

Ⲏ̀ⲥⲁ̀ⲏⲁⲥ Ⲕⲉⲫ ⲛ̅ⲋ̅ : ⲍ̅ ϣⲃ̅ⲗ̅

Ⲉ̀ⲃⲟⲗϧⲉⲛ Ⲏ̀ⲥⲁ̀ⲏⲁⲥ ⲡⲓ̀ⲡ̀ⲣⲟⲫⲏⲧⲏⲥ: ⲉ̀ⲣⲉⲡⲉϥ̀ⲥ̀ⲙⲟⲩ ⲉ̀ⲑⲟⲩⲁⲃ ϣⲱⲡⲓ ⲛⲉⲙⲁⲛ ⲁ̀ⲙⲏⲛ ⲉϥϫⲱ ⲙ̀ⲙⲟⲥ.

Ⲙ̀ⲫⲣⲏ̀ϯ ⲛ̀ⲟⲩⲉ̀ⲥⲱⲟⲩ ⲉ̀ⲁⲩⲉⲛϥ ⲉ̀ⲡ̀ϧⲟⲗϧⲉⲗ ⲛⲉⲙ ⲙ̀ⲫⲣⲏ̀ϯ ⲛ̀ⲟⲩϩⲓⲏⲃ ⲙ̀ⲡⲉ̀ⲙⲑⲟ ⲙ̀ⲫⲏⲉⲧϧⲱⲕ ⲙ̀ⲙⲟϥ ϥⲟⲓ ⲛ̀ⲁⲧ̀ⲥ̀ⲙⲏ : ⲡⲁⲓⲣⲏ̀ϯ ⲛ̀ϥⲟⲩⲱⲛ ⲛ̀ⲣⲱϥ ⲁⲛ : Ⲁ̀ⲩⲱ̀ⲗⲓ ⲙ̀ⲡⲉϥϩⲁⲡ ϧⲉⲛ ⲇⲉ ⲛⲓⲙ ⲉⲑⲛⲁ̀ϣ̀ⲫⲓⲣ ⲉ̀ⲣⲟⲥ : ϫⲉ ⲥⲉⲛⲁ̀ⲱ̀ⲗⲓ ⲙ̀ⲡⲉϥⲱⲛϧ ⲉ̀ⲃⲟⲗϩⲓϫⲉⲛ ⲡ̀ⲕⲁϩⲓ : ⲉⲑⲃⲉ ⲛⲓⲁ̀ⲛⲟⲙⲓⲁ̀ ⲛ̀ⲧⲉ ⲡⲓ̀ⲗⲁⲟⲥ ⲁϥⲓ̀ ⲉ̀ⲫ̀ⲙⲟⲩ : Ⲟⲩⲟϩ ⲉⲓⲉ̀ϯ ⲛ̀ⲛⲓⲁ̀ⲛⲟⲙⲟⲥ ⲛ̀ⲧ̀ϣⲉⲃⲓⲱ̀ ⲛ̀ⲧⲉϥⲕⲁⲓⲥⲓ ⲛⲉⲙ ⲛⲓⲣⲁⲙⲁⲟⲓ ⲛ̀ⲧ̀ϣⲉⲃⲓⲱ ⲙ̀ⲡⲉϥ̀ⲙⲟⲩ : ϫⲉ ⲙ̀ⲡⲉϥⲓ̀ⲣⲓ ⲛ̀ⲟⲩⲁ̀ⲛⲟⲙⲓⲁ̀ : ⲟⲩⲇⲉ ⲙ̀ⲡⲟⲩϫⲉⲙ ⲟⲩ̀ⲭⲣⲟϥ ϧⲉⲛⲣⲱϥ. Ⲡ̅ⲟ̅ⲥ̅ ⲟⲩⲱϣ ⲉ̀ⲧⲟⲩϫⲟϥ ⲉ̀ⲃⲟⲗϧⲉⲛ ⲡⲓⲉⲣϧⲟⲧ : ⲉ̀ϣⲱⲡ ⲁ̀ⲣⲉⲧⲉⲛ ϣⲁⲛ̀ϯ ⲉ̀ϫⲉⲛ ⲫ̀ⲛⲟⲃⲓ ⲧⲉⲧⲉⲛⲯⲩⲭⲏ ⲛⲁⲛⲁⲩ ⲉ̀ⲟⲩϫⲣⲟϫ ⲉ̀ⲛⲁϣⲉ ⲡⲉϥⲁ̀ⲙⲁϩⲓ : Ⲡ̅ⲟ̅ⲥ̅ ⲟⲩⲱϣ ⲉ̀ⲱ̀ⲗⲓ ⲉ̀ⲃⲟⲗϧⲉⲛ ⲡⲓ̀ⲙ̀ⲕⲁϩ ⲛ̀ⲧⲉ ⲧⲉϥⲯⲩⲭⲏ ⲉⲧⲁ̀ⲙⲟϥ ⲉ̀ⲟⲩⲱⲓⲛⲓ : ⲉ̀ⲉⲣⲡ̀ⲗⲁⲍⲓⲛ ⲛ̀ⲟⲩⲕⲁϯ : ⲉ̀ⲑⲁⲙⲓⲟ ⲛ̀ⲟⲩⲙⲉⲑⲙⲏⲓ : ⲉϥⲟⲓ ⲙ̀ⲃⲱⲕ ⲛ̀ⲟⲩⲙⲏϣ ⲛ̀ⲕⲁⲗⲱⲥ : ⲟⲩⲟϩ ⲛⲟⲩⲛⲟⲃⲓ ⲛ̀ⲑⲟϥ ⲁϥⲉ̀ⲛⲟⲩ ⲉ̀ⲡ̀ϣⲱⲓ : Ⲉⲑⲃⲉ ⲫⲁⲓ ⲛ̀ⲑⲟϥ ⲉϥⲉ̀ⲉⲣ̀ⲕⲗⲏⲣⲟⲛⲟⲙⲓⲛ ⲛ̀ⲟⲩⲙⲏϣ : ⲟⲩⲟϩ ⲉϥⲉ̀ⲫⲱϣ ⲛ̀ⲛⲓϣⲱⲗ ⲛ̀ⲧⲉ ⲛⲓϫⲱⲣⲓ : ⲉ̀ⲫ̀ⲙⲁ ϫⲉ ⲁϥϯ ⲛ̀ⲧⲉϥⲯⲩⲭⲏ ⲉ̀ⲫ̀ⲙⲟⲩ : ⲟⲩⲟϩ ⲁⲩⲟⲡϥ ⲛⲉⲙ ⲛⲓⲁ̀ⲛⲟⲙⲟⲥ ⲛ̀ⲑⲟϥ ⲁϥⲉⲛ ⲛⲓⲛⲟⲃⲓ ⲛ̀ⲧⲉ ⲟⲩⲙⲏϣ ⲉ̀ⲡ̀ϣⲱⲓ : ⲟⲩⲟϩ ⲉⲑⲃⲉ ⲟⲩⲁ̀ⲛⲟⲙⲓⲁ̀ ⲁⲩⲧⲏⲓϥ :

Ⲟⲩ̀ⲱⲟⲩ ⲛ̀ϯ̀ⲧ̀ⲣⲓⲁⲥ ⲉ̀ⲑⲟⲩⲁⲃ ⲡⲉⲛⲛⲟⲩϯ ϣⲁ ⲉ̀ⲛⲉϩ ⲛⲉⲙ ϣⲁ ⲉ̀ⲛⲉϩ ⲛ̀ⲧⲉ ⲛⲓⲉ̀ⲛⲉϩ ⲧⲏⲣⲟⲩ: ⲁ̀ⲙⲏⲛ.

Isaiah 53:7-12

A reading from Isaiah the Prophet may his blessings be with us Amen

He was led as a lamb to the slaughter, And as a sheep before its shearers is silent, So He opened not His mouth. He

أشعياء ٥٣ : ٧ الخ

من أشعياء النبى بركته المقدسة تكون معنا، آمين.

ظُلِمَ أَمَّا هُوَ فَتَذَلَّلَ وَلَمْ يَفْتَحْ فَاهُ كَشَاةٍ تُسَاقُ

was taken from prison and from judgment, And who will declare His generation? For He was cut off from the land of the living; For the transgressions of My people He was stricken. And they made His grave with the wicked-- But with the rich at His death, Because He had done no violence, Nor was any deceit in His mouth. Yet it pleased the Lord to bruise Him; He has put Him to grief. When You make His soul an offering for sin, He shall see His seed, He shall prolong His days, And the pleasure of the Lord shall prosper in His hand. He shall see the labor of His soul, and be satisfied. By His knowledge My righteous Servant shall justify many, For He shall bear their iniquities. Therefore I will divide Him a portion with the great, And He shall divide the spoil with the strong, Because He poured out His soul unto death, And He was numbered with the transgressors, And He bore the sin of many, And made intercession for the transgressors.

Glory be to the Holy Trinity our God unto the age of all ages, Amen.

إِلَى الذَّبْحِ وَكَنَعْجَةٍ صَامِتَةٍ أَمَامَ جَازِّيهَا فَلَمْ يَفْتَحْ فَاهُ. مِنَ الضُّغْطَةِ وَمِنَ الدَّيْنُونَةِ أُخِذَ. وَفِي جِيلِهِ مَنْ كَانَ يَظُنُّ أَنَّهُ قُطِعَ مِنْ أَرْضِ الأَحْيَاءِ أَنَّهُ ضُرِبَ مِنْ أَجْلِ ذَنْبِ شَعْبِي؟ وَجُعِلَ مَعَ الأَشْرَارِ قَبْرُهُ وَمَعَ غَنِيٍّ عِنْدَ مَوْتِهِ. عَلَى أَنَّهُ لَمْ يَعْمَلْ ظُلْماً وَلَمْ يَكُنْ فِي فَمِهِ غِشٌّ. أَمَّا الرَّبُّ فَسُرَّ بِأَنْ يَسْحَقَهُ بِالْحُزْنِ. إِنْ جَعَلَ نَفْسَهُ ذَبِيحَةَ إِثْمٍ يَرَى نَسْلاً تَطُولُ أَيَّامُهُ وَمَسَرَّةُ الرَّبِّ بِيَدِهِ تَنْجَحُ. مِنْ تَعَبِ نَفْسِهِ يَرَى وَيَشْبَعُ وَعَبْدِي الْبَارُّ بِمَعْرِفَتِهِ يُبَرِّرُ كَثِيرِينَ وَآثَامُهُمْ هُوَ يَحْمِلُهَا. لِذَلِكَ أَقْسِمُ لَهُ بَيْنَ الأَعِزَّاءِ وَمَعَ الْعُظَمَاءِ يَقْسِمُ غَنِيمَةً مِنْ أَجْلِ أَنَّهُ سَكَبَ لِلْمَوْتِ نَفْسَهُ وَأُحْصِيَ مَعَ أَثَمَةٍ وَهُوَ حَمَلَ خَطِيَّةَ كَثِيرِينَ وَشَفَعَ فِي الْمُذْنِبِينَ.

مجداً للثالوث القدوس الهنا إلى الأبد وإلى أبد الآبدين كلها، آمين.

Ⲏ̀ⲥⲁ̀ⲏⲁⲥ Ⲕⲉⲫ ⲓ̅ⲃ̅ : ⲃ̅ ϣⲃ̅ⲗ̅ ⲛⲉⲙ ⲓ̅ⲅ̅ : ⲁ̅ - ⲓ̅

Ⲡⲁⲗⲓⲛ ⲉ̀ⲃⲟⲗϧⲉⲛ Ⲏ̀ⲥⲁ̀ⲏⲁⲥ ⲡⲓⲡ̀ⲣⲟⲫⲏⲧⲏⲥ: ⲉ̀ⲣⲉⲡⲉϥ̀ⲥ̀ⲙⲟⲩ ⲉ̀ⲑⲟⲩⲁⲃ ϣⲱⲡⲓ ⲛⲉⲙⲁⲛ ⲁ̀ⲙⲏⲛ ⲉϥϫⲱ ⲙ̀ⲙⲟⲥ.

Ϩⲏⲡⲡⲉ ⲓⲥ Ⲫϯ ⲡⲁⲥⲱⲧⲏⲣ : Ⲡ̅ⲟ̅ⲥ̅ ⲉⲓⲉ̀ϣⲱⲡⲓ ⲉ̀ⲣⲉ ϩ̀ⲑⲏⲓ ⲭ̀ⲏⲣⲟϥ : ⲟⲩⲟϩ ⲛ̀ⲛⲁⲉⲣϩⲟϯ ϫⲉ : ⲡⲁⲱⲥⲧ ⲛⲉⲙ ⲡⲁⲥ̀ⲙⲟⲩ ⲡⲉ Ⲡ̅ⲟ̅ⲥ̅ : ⲁϥϣⲱⲡⲓ ⲛⲏⲓ ⲛ̀ⲟⲩⲟⲩϫⲁⲓ. Ⲙⲟϩ ⲛ̀ⲟⲩⲙⲱⲟⲩ ϧⲉⲛ ⲟⲩⲟⲩⲛⲟϥ ⲉ̀ⲃⲟⲗϧⲉⲛ ⲛⲓⲙⲟⲩⲙⲓ ⲛ̀ⲧⲉ ⲡⲓⲟⲩϫⲁⲓ. Ⲟⲩⲟϩ ⲭ̀ⲛⲁϫⲟⲥ ϧⲉⲛ ⲡⲓⲉ̀ϩⲟⲟⲩ ⲉ̀ⲧⲉ̀ⲙ̀ⲙⲁⲩ : ϫⲉ ⲥ̀ⲙⲟⲩ ⲉ̀Ⲡ̅ⲟ̅ⲥ̅ ⲱϣ ⲟⲩⲃⲉ ⲡⲉϥ̀ⲣⲁⲛ : ϩⲓⲱⲓϣ ϧⲉⲛ ⲛⲓⲉ̀ⲑⲛⲟⲥ ⲛ̀ⲛⲉϥ̀ϩ̀ⲃⲏⲟⲩⲓ̀ ⲉⲧⲧⲁⲓⲏⲟⲩⲧ : ⲁ̀ⲣⲓ̀ⲫ̀ⲙⲉⲩⲓ̀ ϫⲉ ⲁϥϭⲓⲥⲓ ⲛ̀ϫⲉ ⲡⲉϥ̀ⲣⲁⲛ. Ϩⲱⲥ ⲉ̀ⲫ̀ⲣⲁⲛ ⲙ̀Ⲡ̅ⲟ̅ⲥ̅ ϫⲉ ⲁϥⲓ̀ⲣⲓ ⲛ̀ϩⲁⲛ̀ϩ̀ⲃⲏⲟⲩⲓ̀ ⲉⲩϭⲟⲥⲓ. Ⲑⲉⲗⲏⲗ ⲟⲩⲟϩ ⲟⲩⲛⲟϥ ⲛⲏⲉⲧϣⲟⲡ ϧⲉⲛ Ⲥⲓⲱⲛ : ϫⲉ ⲁϥϭⲓⲥⲓ ϧⲉⲛ ⲧⲉⲙⲏϯ ⲛ̀ϫⲉ ⲫⲏⲉ̀ⲑⲟⲩ ⲛ̀ⲧⲉ ⲡⲓ̅ⲥ̅ⲗ̅. Ⲁ̀ⲗⲓⲟⲩⲓ̀ ⲛ̀ⲟⲩⲙⲏⲓⲛⲓ ϩⲓϫⲉⲛ ⲛⲓⲧⲱⲟⲩ ⲉϥⲟⲓ ⲙ̀ⲙⲉⲧϣⲱⲧ : ϭⲓⲥⲓ ⲛ̀ⲛⲉⲧⲉⲛ̀ⲥⲙⲏ ⲙ̀ⲡⲉⲣⲉⲣϩⲟϯ : ⲙⲁϯⲟⲩⲱ̀ ϧⲉⲛ ϯϫⲓϫ ⲗ̀ⲟⲩⲱⲛ ⲛ̀ϩⲁⲛⲁⲣⲭⲱⲛ Ⲁ̀ⲛⲟⲕ ⲇⲉ ⲉⲑⲟⲩⲁϩⲥⲁϩⲛⲓ ⲉ̀ⲉ̀ⲛⲟⲩ ⲛ̀ⲥⲉⲑⲟⲩⲏⲧ : ⲁ̀ⲛⲟⲕ ⲉⲑⲛⲁⲛⲏⲟⲩ ⲥⲉⲛⲁ̀ⲓ ⲛ̀ϫⲉ ϩⲁⲛⲁ̀ⲫⲱⲫ ⲉ̀ϫⲱⲕ ⲙ̀ⲡⲁϫⲱⲛⲧ : ⲉⲩⲉ̀ⲣⲁϣⲓ ⲟⲩⲟϩ ⲉⲩⲉ̀ϯⲱϣ ⲉⲩⲥⲟⲡ. Ⲧ̀ⲥⲙⲏ ⲛ̀ⲟⲩⲙⲏϣ ⲛ̀ⲉⲑⲛⲟⲥ : ⲧ̀ⲥⲙⲏ ⲛ̀ⲧⲉ ϩⲁⲛⲟⲩⲣⲱⲟⲩ ⲛⲉⲙ ϩⲁⲛⲉⲑⲛⲟⲥ ⲉⲩⲑⲟⲩⲏⲧ : Ⲡⲟ̅ⲥ̅ ⲥⲁⲃⲁⲱⲑ ⲁϥⲟⲩⲁϩⲥⲁϩⲛⲓ ⲛ̀ⲟⲩϣ̀ⲗⲟⲗ ⲛ̀ⲣⲉϥϯϩⲟⲡⲗⲟⲛ. Ⲉⲑⲣⲉϥⲓ̀ ⲉ̀ⲃⲟⲗϧⲉⲛ ⲟⲩⲕⲁϩⲓ ⲉϥⲟⲩⲏⲟⲩ : ⲓⲥϫⲉⲛ ⲁⲩⲣⲏϫⲥ ⲛ̀ϯⲥⲉⲛϯ ⲛ̀ⲧⲉ ⲧ̀ⲫⲉ : Ⲡⲟ̅ⲥ̅ ⲛⲉⲙ ⲛⲉϥⲣⲉϥϯϩⲟⲡⲗⲟⲛ : ⲉ̀ⲡϫⲓⲛⲧⲁⲕⲟ ⲛ̀ϯⲟⲓⲕⲟⲩⲙⲉⲛⲏ ⲧⲏⲣⲥ. Ⲉ̀ϣⲗⲏⲗⲟⲩⲓ̀ ⲉ̀ⲃⲟⲗ ϥ̀ϧⲉⲛⲧ ⲅⲁⲣ ⲛ̀ϫⲉ ⲡⲓⲉ̀ϩⲟⲟⲩ ⲙ̀Ⲡⲟ̅ⲥ̅ ⲥⲁⲃⲁⲱⲑ : ⲟⲩϧⲟⲙϧⲉⲙ ⲉϥⲉ̀ⲓ̀ ⲉ̀ⲃⲟⲗϩⲓⲧⲉⲛ Ⲫ̅ϯ̅. Ⲉⲑⲃⲉ ⲫⲁⲓ ϫⲓϫ ⲛⲓⲃⲉⲛ ⲉⲩⲉ̀ϯⲟⲩⲱ̀ ⲉ̀ⲃⲟⲗ.ⲯⲭⲏ ⲛⲓⲃⲉⲛ ⲛ̀ⲧⲉ ⲛⲓⲣⲱⲙⲓ ⲉⲩⲉ̀ⲉⲣϣ̀ⲗⲁϩ ⲛ̀ϩⲏⲧ. Ⲉⲩⲉ̀ϣ̀ⲑⲟⲣⲧⲉⲣ ⲛ̀ϫⲉ ⲛⲓⲡ̀ⲣⲉⲥⲃⲩⲧⲉⲣⲟⲥ : ⲟⲩⲟϩ ϩⲁⲛⲛⲁⲕϩⲓ ⲉⲩⲉ̀ϭⲓⲧⲟⲩ ⲙ̀ⲫ̀ⲣⲏϯ ⲛ̀ⲑⲏⲉⲑⲛⲁⲙⲓⲥⲓ : ⲟⲩⲟϩ ⲉⲩⲉ̀ⲉⲣϩⲛⲓⲃⲓ ⲟⲩⲁⲓ ⲟⲩⲃⲉ ⲟⲩⲁⲓ ⲙ̀ⲙⲱⲟⲩ ⲉⲩⲉⲧⲱⲙⲧ : ⲟⲩⲟϩ ⲉⲩⲉ̀ϣⲓⲃϯ ⲙ̀ⲡⲟⲩϩⲟ ⲙ̀ⲫ̀ⲣⲏϯ ⲛ̀ⲟⲩϣⲁϩ. ϩⲏⲡⲡⲉ ⲅⲁⲣ ⲓⲥ ⲡⲓⲉ̀ϩⲟⲟⲩ ⲙ̀Ⲡⲟ̅ⲥ̅ ⲛ̀ⲁⲧϫⲱ ⲉ̀ⲃⲟⲗ : ϥ̀ⲛⲏⲟⲩ ϧⲉⲛⲟⲩⲙ̀ⲃⲟⲛ ⲛⲉⲙ ⲟⲩϫⲱⲛⲧ : ⲉ̀ⲭⲱ ⲛ̀ϯⲟⲓⲕⲟⲩⲙⲉⲛⲏ ⲧⲏⲣⲥ ϩⲓⲡ̀ϣⲁϥⲉ : ⲟⲩⲟϩ ⲉ̀ⲧⲁⲕⲟ ⲛ̀ⲛⲓⲣⲉϥⲉⲣⲛⲟⲃⲓ ⲉ̀ⲃⲟⲗ ⲓⲱⲧⲥ. Ⲛⲓⲥⲓⲟⲩ ⲛ̀ⲧⲉ ⲧ̀ⲫⲉ ⲛⲉⲙ ⲡⲓⲱ̀ⲣⲓⲟⲛ ⲛⲉⲙ ⲡⲓⲥⲟⲗⲥⲉⲗ ⲧⲏⲣϥ ⲛ̀ⲧⲉ ⲧ̀ⲫⲉ : ⲛ̀ⲛⲉϥϯ ⲙ̀ⲡⲟⲩⲟⲩⲱⲓⲛⲓ : ⲟⲩⲟϩ ⲉⲩⲉ̀ⲉⲣⲭⲁⲕⲓ ⲉ̀ⲣⲉ̀ⲫ̀ⲣⲏ ⲁ̀ϣⲁⲓ : ⲡⲓⲟϩ ⲛ̀ⲛⲉϥϯ ⲙ̀ⲡⲉϥⲟⲩⲱⲓⲛⲓ :

Ⲟⲩⲱⲟⲩ ⲛ̀ϯⲧ̀ⲣⲓⲁⲥ ⲉ̀ⲑⲟⲩⲁⲃ ⲡⲉⲛⲛⲟⲩϯ ϣⲁ ⲉ̀ⲛⲉϩ ⲛⲉⲙ ϣⲁ ⲉ̀ⲛⲉϩ ⲛ̀ⲧⲉ ⲛⲓⲉ̀ⲛⲉϩ ⲧⲏⲣⲟⲩ: ⲁ̀ⲙⲏⲛ.

Isaiah 12:2-13:10

Also from Isaiah the Prophet may his blessings be with us Amen

Behold, God is my salvation, I will trust and not be afraid; 'For Yah, the Lord, is my strength and song; He also has become my salvation.' "Therefore with joy you will draw water From the wells of salvation. And in that day you will say: "Praise the Lord, call upon His name; Declare His deeds among the peoples, Make mention that His name is exalted. Sing to the Lord, For He has done excellent things; This is known in all the earth. Cry out and shout, O inhabitant of Zion, For great is the Holy One of Israel in your midst!" The burden against Babylon which Isaiah

أشعياء ١٢: ٢ الخ و ١٣: ١ - ١٠

وأيضاً من أشعياء النبى بركته المقدسة تكون معنا، آمين.

هُوَذَا اللَّهُ خَلاَصِي فَأَطْمَئِنُّ وَلاَ أَرْتَعِبُ لأَنَّ يَاهَ يَهْوَهَ قُوَّتِي وَتَرْنِيمَتِي وَقَدْ صَارَ لِي خَلاَصاً». فَتَسْتَقُونَ مِيَاهاً بِفَرَحٍ مِنْ يَنَابِيعِ الْخَلاَصِ. وَتَقُولُونَ فِي ذَلِكَ الْيَوْمِ: «احْمَدُوا الرَّبَّ. ادْعُوا بِاسْمِهِ. عَرِّفُوا بَيْنَ الشُّعُوبِ بِأَفْعَالِهِ. ذَكِّرُوا بِأَنَّ اسْمَهُ قَدْ تَعَالَى. رَنِّمُوا لِلرَّبِّ لأَنَّهُ قَدْ صَنَعَ مُفْتَخَراً. لِيَكُنْ هَذَا مَعْرُوفاً فِي كُلِّ الأَرْضِ. صَوِّتِي وَاهْتِفِي يَا سَاكِنَةَ صِهْيَوْنَ لأَنَّ قُدُّوسَ إِسْرَائِيلَ عَظِيمٌ فِي وَسَطِكِ». وَحْيٌ مِنْ جِهَةِ بَابِلَ رَآهُ

the son of Amoz saw. "Lift up a banner on the high mountain, Raise your voice to them; Wave your hand, that they may enter the gates of the nobles. I have commanded My sanctified ones; I have also called My mighty ones for My anger-- Those who rejoice in My exaltation." The noise of a multitude in the mountains, Like that of many people! A tumultuous noise of the kingdoms of nations gathered together! The Lord of hosts musters The army for battle. They come from a far country, From the end of heaven-- The Lord and His weapons of indignation, To destroy the whole land. Wail, for the day of the Lord is at hand! It will come as destruction from the Almighty. Therefore all hands will be limp, Every man's heart will melt, And they will be afraid. Pangs and sorrows will take hold of them; They will be in pain as a woman in childbirth; They will be amazed at one another; Their faces will be like flames. Behold, the day of the Lord comes, Cruel, with both wrath and fierce anger, To lay the land desolate; And He will destroy its sinners from it. For the stars of heaven and their constellations Will not give their light; The sun will be darkened in its going forth, And the moon will not cause its light to shine.

Glory be to the Holy Trinity our God unto the age of all ages, Amen.

إِشَعْيَاءُ بْنُ آمُوصَ: «أَقِيمُوا رَايَةً عَلَى جَبَلٍ أَقْرَعَ. ارْفَعُوا صَوْتاً إِلَيْهِمْ. أَشِيرُوا بِالْيَدِ لِيَدْخُلُوا أَبْوَابَ الْعُتَاةِ. أَنَا أَوْصَيْتُ مُقَدَّسِيَّ وَدَعَوْتُ أَبْطَالِي لأَجْلِ غَضَبِي مُفْتَخِرِي عَظَمَتِي». صَوْتُ جُمْهُورٍ عَلَى الْجِبَالِ شِبْهَ قَوْمٍ كَثِيرِينَ. صَوْتُ ضَجِيجِ مَمَالِكِ أُمَمٍ مُجْتَمِعَةٍ. رَبُّ الْجُنُودِ يَعْرِضُ جَيْشَ الْحَرْبِ. يَأْتُونَ مِنْ أَرْضٍ بَعِيدَةٍ مِنْ أَقْصَى السَّمَاوَاتِ. الرَّبُّ وَأَدَوَاتُ سَخَطِهِ لِيُخْرِبَ كُلَّ الأَرْضِ. وَلْوِلُوا لأَنَّ يَوْمَ الرَّبِّ قَرِيبٌ قَادِمٌ كَخَرَابٍ مِنَ الْقَادِرِ عَلَى كُلِّ شَيْءٍ. لِذَلِكَ تَرْتَخِي كُلُّ الأَيَادِي وَيَذُوبُ كُلُّ قَلْبِ إِنْسَانٍ فَيَرْتَاعُونَ. تَأْخُذُهُمْ أَوْجَاعٌ وَمَخَاضٌ. يَتَلَوَّوْنَ كَوَالِدَةٍ. يَبْهَتُونَ بَعْضُهُمْ إِلَى بَعْضٍ. وُجُوهُهُمْ وُجُوهُ لَهِيبٍ. هُوَذَا يَوْمُ الرَّبِّ قَادِمٌ قَاسِياً بِسَخَطٍ وَحُمُوِّ غَضَبٍ لِيَجْعَلَ الأَرْضَ خَرَاباً وَيُبِيدَ مِنْهَا خُطَاتَهَا. فَإِنَّ نُجُومَ السَّمَاوَاتِ وَجَبَابِرَتَهَا لاَ تُبْرِزُ نُورَهَا. تُظْلِمُ الشَّمْسُ عِنْدَ طُلُوعِهَا وَالْقَمَرُ لاَ يَلْمَعُ بِضَوْئِهِ.

مجداً للثالوث القدوس الهنا إلى الأبد وإلى أبد الآبدين كلها، آمين.

Ⲁⲙⲱⲥ Ⲕⲉⲫ ⲏ̅ : ⲑ̅ - ⲓ̅ⲃ̅

Ⲉ̀ⲃⲟⲗϧⲉⲛ Ⲁⲙⲱⲥ ⲡⲓⲡ̀ⲣⲟⲫⲏⲧⲏⲥ: ⲉ̀ⲣⲉⲡⲉϥ̀ⲥⲙⲟⲩ ⲉ̀ⲑⲟⲩⲁⲃ ϣⲱⲡⲓ ⲛⲉⲙⲁⲛ ⲁ̀ⲙⲏⲛ ⲉϥϫⲱ ⲙ̀ⲙⲟⲥ.

Ⲟⲩⲟϩ ⲉⲥⲉ̀ϣⲱⲡⲓ ϧⲉⲛ ⲡⲓⲉ̀ϩⲟⲟⲩ ⲉ̀ⲧⲉ̀ⲙⲙⲁⲩ ⲡⲉϫⲉ Ⲡ̅ⲟ̅ⲥ̅ Ⲫ︦ⲧ︦ : ⲉϥⲉ̀ϩⲱⲧⲡ ⲛ̀ϫⲉ ⲫⲣⲏ ⲙ̀ⲫⲛⲁⲩ ⲙ̀ⲙⲉⲣⲓ ⲟⲩⲟϩ ⲉϥⲉ̀ⲉⲣⲭⲁⲕⲓ ϩⲓϫⲉⲛ ⲡ̀ⲕⲁϩⲓ ⲛ̀ϫⲉ ⲡⲓⲟⲩⲱⲓⲛⲓ ϧⲉⲛ ⲡⲓⲉ̀ϩⲟⲟⲩ : Ⲟⲩⲟϩ ϯⲛⲁⲫⲱⲛϩ ⲛ̀ⲛⲉⲧⲉⲛϣⲁⲓ ⲉ̀ⲟⲩϩⲏⲃ ⲟⲩⲟϩ ⲛⲉⲧⲉⲛϩⲱⲇⲏ ⲧⲏⲣⲟⲩ ⲉ̀ⲩⲛⲉϩⲡⲓ. Ⲟⲩⲟϩ ϯⲛⲁϫⲱ ⲛ̀ⲟⲩⲥⲱⲕ ⲉ̀ϫⲉⲛ ϯⲡⲓ ⲛⲓⲃⲉⲛ : ⲛⲉⲙ ⲟⲩⲙⲉⲧⲕⲉⲣⲉϩ ⲉϫⲉⲛ ⲁⲫⲉ ⲛⲓⲃⲉⲛ : ⲟⲩⲟϩ ϯⲛⲁⲭⲁϥ ⲙ̀ⲫⲣⲏϯ ⲛⲟⲩϩⲏⲃⲓ ⲛ̀ⲧⲉ ⲟⲩⲙⲉⲛⲣⲓⲧ : ⲟⲩⲟϩ ⲛⲏⲉⲑⲛⲉⲙⲁϥ ⲙ̀ⲫⲣⲏϯ ⲛ̀ⲟⲩⲉ̀ϩⲟⲟⲩ ⲛ̀ⲧⲉ ⲟⲩⲙ̀ⲕⲁϩ ⲛ̀ϩⲏⲧ. ϩⲏⲡⲡⲉ ⲓⲥ ϩⲁⲛⲉ̀ϩⲟⲟⲩ ⲥⲉⲛⲏⲟⲩ ⲡⲉϫⲉ Ⲡⲟ̅ⲥ̅ Ⲫϯ : ϯⲛⲁⲟⲩⲱⲣⲡ ⲛ̀ⲟⲩϩⲃⲱⲛ ϩⲓϫⲉⲛ ⲡⲕⲁϩⲓ : ⲛ̀ⲟⲩϩⲃⲱⲛ ⲛ̀ⲟⲩⲱⲓⲕ ⲛ̀ϩ̀ⲃⲱⲛ ⲁⲛ ⲡⲉ : ⲟⲩⲇⲉ ⲟⲩϩ̀ⲃⲱⲛ ⲙ̀ⲙⲱⲟⲩ ⲁⲛ ⲡⲉ : ⲁⲗⲗⲁ ⲟⲩϩ̀ⲃⲱⲛ ⲉ̀ⲥⲱⲧⲉⲙ ⲉ̀ⲡⲥⲁϫⲓ ⲙ̀Ⲡⲟ̅ⲥ̅ : Ⲟⲩⲟϩ ⲉⲩⲉ̀ⲕⲓⲙ ⲛ̀ϫⲉ ⲛⲓⲙⲱⲟⲩ ϣⲁⲉ̀ϧ̀ⲣⲏⲓ ⲉ̀ⲫⲓⲟⲙ : ⲟⲩⲟϩ ⲉⲩⲉ̀ϭⲟϫⲓ ⲓⲥϫⲉⲛ ⲡⲉⲙϩⲓⲧ ϣⲁ ⲛⲓⲙⲁ̀ⲛϣⲁⲓ : ⲉⲩⲉ̀ⲕⲱⲧ ⲛ̀ⲥⲁ ⲡⲥⲁϫⲓ ⲙ̀Ⲡⲟ̅ⲥ̅ ⲟⲩⲟϩ ⲛ̀ⲛⲟⲩϫⲉⲙϥ :

Ⲟⲩⲱ̀ⲟⲩ ⲛ̀ϯⲧ̀ⲣⲓⲁⲥ ⲉ̀ⲑⲟⲩⲁⲃ ⲡⲉⲛⲛⲟⲩϯ ϣⲁ ⲉ̀ⲛⲉϩ ⲛⲉⲙ ϣⲁ ⲉ̀ⲛⲉϩ ⲛ̀ⲧⲉ ⲛⲓⲉ̀ⲛⲉϩ ⲧⲏⲣⲟⲩ: ⲁ̀ⲙⲏⲛ.

Amos 8:9-12

A reading from Amos the Prophet may his blessings be with us Amen

"And it shall come to pass in that day," says the Lord God, "That I will make the sun go down at noon, And I will darken the earth in broad daylight; I will turn your feasts into mourning, And all your songs into lamentation; I will bring sackcloth on every waist, And baldness on every head; I will make it like mourning for an only son, And its end like a bitter day. "Behold, the days are coming," says the Lord God, "That I will send a famine on the land, Not a famine of bread, Nor a thirst for water, But of hearing the words of the Lord. They shall wander from sea to sea, And from north to east; They shall run to and fro, seeking the word of the Lord, But shall not find it.

Glory be to the Holy Trinity our God unto the age of all ages, Amen.

عاموس ٨: ٩ – ١٢

من عاموس النبى بركته المقدسة تكون معنا، آمين.

وَيَكُونُ فِي ذَلِكَ الْيَوْمِ يَقُولُ السَّيِّدُ الرَّبُّ أَنِّي أُغَيِّبُ الشَّمْسَ فِي الظُّهْرِ وَأُقْتِمُ الأَرْضَ فِي يَوْمِ نُورٍ وَأُحَوِّلُ أَعْيَادَكُمْ نَوْحاً وَجَمِيعَ أَغَانِيكُمْ مَرَاثِيَ وَأُصْعِدُ عَلَى كُلِّ الأَحْقَاءِ مِسْحاً وَعَلَى كُلِّ رَأْسٍ قَرْعَةً وَأَجْعَلُهَا كَمَنَاحَةِ الْوَحِيدِ وَآخِرَهَا يَوْماً مُرّاً! «هُوَذَا أَيَّامٌ تَأْتِي يَقُولُ السَّيِّدُ الرَّبُّ أُرْسِلُ جُوعاً فِي الأَرْضِ لاَ جُوعاً لِلْخُبْزِ وَلاَ عَطَشاً لِلْمَاءِ بَلْ لاِسْتِمَاعِ كَلِمَاتِ الرَّبِّ. فَيَجُولُونَ مِنْ بَحْرٍ إِلَى بَحْرٍ وَمِنَ الشِّمَالِ إِلَى الْمَشْرِقِ يَتَطَوَّحُونَ لِيَطْلُبُوا كَلِمَةَ الرَّبِّ فَلاَ يَجِدُونَهَا.

مجداً للثالوث القدوس الهنا إلى الأبد وإلى أبد الآبدين كلها، آمين.

The Doxology of the Pascha Hour: "Thine is the Power…" on page A5.

تسبحة ساعة البصخة: "لك القوة..." صفحة ٥ فى اخر الكتاب.

Candles are lit before the Crucifix, the priests uncover

their heads, and cense three times.

توقد الشموع أمام أيقونة الصلبوت، ويكشف الكهنة رؤوسهم ويرفعوا البخور أمام الأيقونة ثلاث مرّات.

The priest says the following inaudibly while offering incense

يقول الكاهن هذه الصلاة سراً اثناء رفع البخور.

[First time] We worship You, O Christ, and Your life-giving cross, that You were crucified on to deliver us from our sins.	**(اليد الأولى)** نسجد لك أيها المسيح ولصليبك المحى الذى صلبت حتى خلصتنا من خطايانا.
[Second time] O my Lord Jesus Christ, who was crucified on the cross, trample down Satan under our feet.	**(اليد الثانية)** يا ربى يسوع المسيح يا من صلبت على الصليب أسحق الشيطان تحت أقدامنا.
[Third time] Hail to the cross, that Christ our King was crucified on, to deliver us from our sins.	**(اليد الثالثة)** السلام للصليب الذى صلب عليه الملك المسيح حتى خلصنا من خطايانا.

Ⲧⲁⲓϣⲟⲩⲣⲏ

This censer of pure gold, bearing the aroma, is in the hands of Aaron the priest, offering up incense on the altar.	Ⲧⲁⲓϣⲟⲩⲣⲏ ⲛ̀ⲛⲟⲩⲃ ⲛ̀ⲕⲁⲑⲁⲣⲟⲥ ⲉⲧϥⲁⲓ ϧⲁ ⲡⲓⲁ̀ⲣⲱⲙⲁⲧⲁ ⲉⲧ ϧⲉⲛ ⲛⲉⲛϫⲓϫ ⲛ̀Ⲁⲁ̀ⲣⲱⲛ ⲡⲓⲟⲩⲏⲃ ⲉϥⲧⲁⲗⲉ ⲟⲩⲥ̀ⲑⲟⲓⲛⲟⲩϥⲓ ⲉ̀ⲡ̀ϣⲱⲓ ⲉ̀ϫⲉⲛ ⲡⲓⲙⲁ ⲛ̀ⲉⲣϣⲱⲟⲩϣⲓ.	هذه المجمرة الذهب النقى الحاملة العنبر التى فى يد هارون الكاهن يرفع بخوراً على المذبح.

Ⲫⲁⲓ ⲉ̀ⲧⲁϥⲉⲛϥ

This is He who offered himself on the cross; an acceptable sacrifice for the salvation of our race.	Ⲫⲁⲓ ⲉ̀ⲧⲁϥⲉⲛϥ ⲉ̀ⲡ̀ϣⲱⲓ : ⲛ̀ⲟⲩⲑⲩⲥⲓⲁ̀ ⲉⲥϣⲏⲡ: ϩⲓϫⲉⲛ ⲡⲓ̀ⲥⲧⲁⲩⲣⲟⲥ : ϧⲁ ⲡ̀ⲟⲩϫⲁⲓ ⲙ̀ⲡⲉⲛⲅⲉⲛⲟⲥ.	هذا الذى أصعد ذاته ذبيحة مقبولة على الصليب عن خلاص جنسنا.
His good Father inhaled His sweet aroma in the evening on Golgotha.	Ⲁϥϣⲱⲗⲉⲙ ⲉ̀ⲣⲟϥ : ⲛ̀ϫⲉ ⲡⲉϥⲓⲱⲧ ⲛ̀ⲁ̀ⲅⲁⲑⲟⲥ: ⲙ̀ⲫⲛⲁⲩ ⲛ̀ⲧⲉ ϩⲁⲛⲁ̀ⲣⲟⲩϩⲓ ϩⲓϫⲉⲛ ϯⲅⲟⲗⲅⲟⲑⲁ.	فأشتمه أبوه الصالح وقت المساء على الجلجلة.
We worship you O Christ with your good Father and the Holy Spirit for You were crucified and saved us.	Ⲧⲉⲛⲟⲩⲱ̀ϣⲧ ⲙ̀ⲙⲟⲕ ⲱ̀ Ⲡⲭ̅ⲥ̅ ⲛⲉⲙ ⲡⲉⲕⲓⲱⲧ ⲛ̀ⲁ̀ⲅⲁⲑⲟⲥ ⲛⲉⲙ ⲡⲓ̀ⲡⲛⲉⲩⲙⲁ ⲉⲑⲟⲩⲁⲃ ϫⲉ ⲁⲩⲁϣⲕ ⲁⲕⲥⲱϯ ⲙ̀ⲙⲟⲛ ⲛⲁⲓ ⲛⲁⲛ.	نسجد لك أيها المسيح مع أبيك الصالح والروح القدس لأنك صلبت وخلصتنا.

Ϯⲉ̀ⲡⲓⲥⲧⲟⲗⲏ

Introduction to the Pauline Epistle — مقدمة البولس

An epistle of our teacher St. Paul, may his holy blessing be with us. Amen.	Ϯⲉ̀ⲡⲓⲥⲧⲟⲗⲏ ⲛ̀ⲧⲉ ⲡⲉⲛⲥⲁϧ Ⲡⲁⲩⲗⲟⲥ : ⲉ̀ⲣⲉ ⲡⲉϥ̀ⲥⲙⲟⲩ ⲉⲑⲟⲩⲁⲃ ϣⲱⲡⲓ ⲛⲉⲙⲁⲛ ⲁ̀ⲙⲏⲛ.	رسالة معلمنا بولس بركتة المقدسة لتكن معنا آمين.
Paul, a bondservant of Jesus Christ, called to be an apostle, separated to the gospel of God	Ⲡⲁⲩⲗⲟⲥ ⲫ̀ⲃⲱⲕ ⲙ̀Ⲡⲉⲛⲟ̅ⲥ̅ Ⲓⲏ̅ⲥ̅ Ⲡⲭ̅ⲥ̅ : ⲡⲓ̀ⲁⲡⲟⲥⲧⲟⲗⲟⲥ ⲉⲧⲑⲁϩⲉⲙ : ⲫⲏⲉⲧⲁⲩⲑⲁϣϥ ⲉ̀ⲡⲓϩⲓϣⲉⲛⲛⲟⲩϥⲓ ⲛ̀ⲧⲉ Ⲫ̀ϯ.	بولس عبد ربنا يسوع المسيح الرسول المدعو المفرز لتبشير الله.

Ⲁ̀ⲡⲟⲥⲧⲟⲗⲟⲥ ⲡ̀ⲣⲟⲥ Ⲅⲁⲗⲁⲧⲏⲥ Ⲕⲉⲫ ⲋ̅: ⲓ̅ⲇ̅ ϣⲃ̅ⲗ̅

Ⲁ̀ⲛⲟⲕ ⲇⲉ ⲛ̀ⲛⲉⲥϣⲱⲡⲓ ⲛⲏⲓ ⲛ̀ⲧⲁϣⲟⲩϣⲟⲩ ⲙ̀ⲙⲟⲓ ⲉⲃⲏⲗ ϧⲉⲛ ⲡⲓ̀ⲥⲧⲁⲩⲣⲟⲥ ⲛ̀ⲧⲉ Ⲡⲉⲛⲟ̅ⲥ̅ Ⲓⲏ̅ⲥ̅ Ⲡⲭ̅ⲥ̅ : ⲫⲁⲓ ⲉⲧⲉ ⲉⲃⲟⲗϩⲓⲧⲟⲧϥ ⲁⲩⲓ̀ϣⲓ ⲙ̀ⲡⲓⲕⲟⲥⲙⲟⲥ ⲛⲏⲓ : ⲟⲩⲟϩ ⲁ̀ⲛⲟⲕ ϩⲱ ⲁⲩⲁϣⲧ ⲙ̀ⲡⲓⲕⲟⲥⲙⲟⲥ. Ⲛ̀ϩ̀ⲣⲏⲓ ⲅⲁⲣ ϧⲉⲛ Ⲡⲭ̅ⲥ̅ Ⲓⲏ̅ⲥ̅ : ⲟⲩⲇⲉ ⲡ̀ⲥⲉⲃⲓ ϩⲗⲓ ⲡⲉ ⲟⲩⲇⲉ ϯⲙⲉⲧⲁⲧⲥⲉⲃⲓ : ⲁⲗⲗⲁ ⲟⲩⲥⲱⲛⲧ ⲙ̀ⲃⲉⲣⲓⲡⲉ. Ⲟⲩⲟϩ ⲟⲩⲟⲛ ⲛⲓⲃⲉⲛ ⲉ̀ⲧⲁⲩϯⲙⲁϯ ϧⲉⲛ ⲡⲁⲓⲕⲁⲛⲱⲛ : ⲧ̀ϩⲓⲣⲏⲛⲏ ⲉ̀ϩ̀ⲣⲏⲓ ⲉ̀ϫⲱⲟⲩ ⲛⲉⲙ ⲡⲓⲛⲁⲓ : ⲛⲉⲙ ⲉ̀ϫⲉⲛ ⲡⲓ̀ⲥ̅ⲗ̅ ⲛ̀ⲧⲉ Ⲫ̀ϯ. Ⲡ̀ⲥⲉⲡⲓ ⲇⲉ ⲛ̀ⲛⲁⲓ ⲙ̀ⲡⲉⲛ̀ⲑⲣⲉϩ̀ⲗⲓ ⲟⲩⲁϩ ϧⲓⲥⲓ ⲉ̀ⲣⲟⲓ : ⲁ̀ⲛⲟⲕ ⲅⲁⲣ ⲛⲓϣⲱⲗϩ ⲛ̀ⲧⲉ Ⲡⲭ̅ⲥ̅ ϯϥⲁⲓ ϧⲁⲣⲱⲟⲩ ϧⲉⲛ ⲡⲁⲥⲱⲙⲁ. Ⲡⲓϩ̀ⲙⲟⲧ ⲙ̀Ⲡⲉⲛⲟ̅ⲥ̅ Ⲓⲏ̅ⲥ̅ Ⲡⲭ̅ⲥ̅ ⲛⲉⲙ ⲡⲉⲧⲉⲛⲡ̅ⲛ̅ⲁ̅ ⲛⲁ̀ⲥⲛⲏⲟⲩ ⲁ̀ⲙⲏⲛ : Ⲡⲓϩ̀ⲙⲟⲧ ⲅⲁⲣ ⲛⲉⲙⲱⲧⲉⲛ ⲛⲉⲙ ⲧ̀ϩⲓⲣⲏⲛⲏ ⲉⲩⲥⲟⲡ ϫⲉ ⲁⲙⲏⲛ ⲉ̀ⲥⲉϣⲱⲡⲓ.

Galatians 6:14-18 — غلاطية ٦: ١٤ الخ

The Epistle to the Galatians

But God forbid that I should boast except in the cross of our Lord Jesus Christ, by whom the world has been crucified to me, and I to the world. For in Christ Jesus neither circumcision nor uncircumcision avails anything, but a new creation. And as many as walk according to this rule, peace and mercy be upon them, and upon the Israel of God. From now on let no one trouble me, for I bear in my body the marks of the Lord Jesus. Brethren, the grace of our Lord Jesus Christ be with your spirit. Amen

The grace of God the Father be with you all. Amen.

البولس إلى أهل غلاطية

وَأَمَّا مِنْ جِهَتِي، فَحَاشَا لِي أَنْ أَفْتَخِرَ إِلاَّ بِصَلِيبِ رَبِّنَا يَسُوعَ الْمَسِيحِ، الَّذِي بِهِ قَدْ صُلِبَ الْعَالَمُ لِي وَأَنَا لِلْعَالَمِ. لأَنَّهُ فِي الْمَسِيحِ يَسُوعَ لَيْسَ الْخِتَانُ يَنْفَعُ شَيْئاً وَلاَ الْغُرْلَةُ، بَلِ الْخَلِيقَةُ الْجَدِيدَةُ. فَكُلُّ الَّذِينَ يَسْلُكُونَ بِحَسَبِ هَذَا الْقَانُونِ عَلَيْهِمْ سَلاَمٌ وَرَحْمَةٌ، وَعَلَى إِسْرَائِيلِ اللهِ. فِي مَا بَعْدُ لاَ يَجْلِبُ أَحَدٌ عَلَيَّ أَتْعَاباً، لأَنِّي حَامِلٌ فِي جَسَدِي سِمَاتِ الرَّبِّ يَسُوعَ. نِعْمَةُ رَبِّنَا يَسُوعَ الْمَسِيحِ مَعَ رُوحِكُمْ أَيُّهَا الإِخْوَةُ. آمِينَ.

نعمة الله الآب تكون مع جميعكم، آمين.

Refrain - المرد

Congregation

O You who on the sixth day, and at the sixth hour, were nailed to the cross on account of the sin that our father Adam dared to commit in Paradise; wipe out the handwriting of our sins, O Christ our God and save us.

Ⲫⲏⲉⲧ ϧⲉⲛ ⲡⲓⲉ̀ϩⲟⲟⲩ ⲙ̀ⲙⲁϩ ̅ϛ̅ ϧⲉⲛ ⲫ̀ⲛⲁⲩ ⲛ̀ⲁϫⲡ ̅ϛ̅ : ⲁⲩϯⲓϥⲧ ⲛⲁⲕ ⲉ̀ϧⲟⲩⲛ ⲉ̀ⲡⲓ̀ⲥⲧⲁⲩⲣⲟⲥ : ⲉⲑⲃⲉ ⲫ̀ⲛⲟⲃⲓ ⲉⲧⲁϥⲉⲣⲧⲟⲗⲙⲁⲛ ⲉ̀ⲣⲟϥ ⲛ̀ϫⲉ Ⲁⲇⲁⲙ ϧⲉⲛ ⲡⲓⲡⲁⲣⲁⲇⲓⲥⲟⲥ : ⲫⲱϧ ⲙ̀ⲡⲓⲥ̀ϧⲓ ⲛ̀ϫⲓϫ ⲛ̀ⲧⲉ ⲛⲉⲛⲛⲟⲃⲓ : ⲱ̀Ⲡⲭ̅ⲥ̅ Ⲡⲉⲛⲛⲟⲩϯ ⲟⲩⲟϩ ⲛⲁϩⲙⲉⲛ.

الشعب

يا من فى اليوم السادس، وفى وقت الساعة السادسة، سمرت على الصليب من أجل الخطية التى تجرأ عليها آدم فى الفردوس، مزّق صق خطايانا أيها المسيح إلهنا وخلصنا.

The priest chants the above refrain and again the congregation responds with the same refrain also.

يقول الكاهن المرد ويجاوبه الشعب مرة آخرى بالمرد.

PRIEST

I cried out unto God and the Lord heard me. O Lord, answer my prayer and do not dismiss my supplication. Attend to me and hear me in the evening, in the morning, and at mid-day. I will plead with the Lord and He will hear my voice and peacefully save my soul.

الكاهن

أنا صرخت إلى الله والرب سمعنى، اللهم اسمع صلاتى ولا ترفض طلبتى والتفت إلى وأسمعنى عشية وباكر ووقت الظهر كلامى أقوله فيسمع صوتى ويخلص نفسى بسلام.

CONGREGATION

الشعب

Glory be to the Father and the Son and the Holy Spirit.	Ⲇⲟⲝⲁ Ⲡⲁⲧⲣⲓ ⲕⲉ Ⲩⲓⲱ ⲕⲉ ⲁ̀ⲅⲓⲱ Ⲡ̅ⲛ̅ⲁ̅ⲧⲓ.	المجد للآب والأبن والروح القدس.

PRIEST

O Jesus Christ, our God, who was nailed to the cross at the sixth hour You have put away sin by Your cross; and through Your death You revived man who was dead by sin, whom You had created with Your own hands. O Lord, put to death our sinful passions by Your healing and life-giving Passion. And through the nails of Your crucifixion, rescue our minds from all foolishness of earthly deeds and desires, to the remembrance of Your heavenly commandments, according to Your great compassion.

الكاهن

يا يسوع المسيح إلهنا الذى سُمرت على الصليب فى الساعة السادسة وقتلت الخطية بالخشبة وأحييت الموتى بموتك الذى هو الإنسان الذى خلقته بيديك الذى مات بالخطية أقتل أوجاعنا بآلامك المشفية المحيية بالمسامير التى سمرت بها. أنقذ عقولنا من طياشة الأعمال الهيولية والشهوات العالمية إلى تذكار أحكامك السمائية كرأفتك.

CONGREGATION

الشعب

Now and forever and unto the age of all ages. Amen.	Ⲕⲉ ⲛⲩⲛ ⲕⲉ ⲁ̀ⲓ̀ ⲕⲉ ⲓⲥⲧⲟⲩⲥ ⲉ̀ⲱ̀ⲛⲁⲥ ⲧⲱⲛ ⲉ̀ⲱ̀ⲛⲱⲛ ⲁ̀ⲙⲏⲛ.	الآن وكل أوان وإلى دهر الدهور. آمين.

PRIEST	**الكاهن**
Since we have no favor, excuse, nor justification, because of our many sins, O Theotokos, the Mother of God, we plead through you to Him who was born of you, for your intercession is abundant, powerful, and acceptable to our Savior. O pure Mother, do not exclude us, sinners, from your intercession with Him who was born of you; for He is merciful and able to save us, because He suffered for our sake in order to deliver us. O Lord, let Your compassion reach us quickly, for we sincerely humbled ourselves. Help us, O God our Savior, for the sake of Your glorious name. O Lord, deliver us and forgive us our sins, for the sake of Your holy name.	إذ ليس لنا وسيلة من أجل كثرة خطايانا من أجلك يا والدة الإله العذراء نجد دالة عند الذى ولدتيه لأن كثيرة هى شفاعتك قوية ومقبولة عند مخلصنا. أيتها الأم الطاهرة لا تتخلى عن الخطاة من شفاعتك عند الذى ولدتيه. لأنه رحوم وقادر على خلاصنا لأنه تألم من أجلنا لكى ينقذنا فلتسبق وتدركنا رأفتك سريعاً لأننا قد تمسكنا جداً. أعنا يا الله مخلصنا من أجل مجد اسمك يارب خلصنا واغفر لنا خطايانا من أجل اسمك القدوس.

CONGREGATION		**الشعب**
Now and forever and unto the age of all ages. Amen.	Ke nyn ke `a`i ke ictoyc `e`wnac twn `e`wnwn `amhn.	الآن وكل أوان وإلى دهر الدهور. آمين.

PRIEST	**الكاهن**
You wrought salvation in the midst of the whole world, O Christ our God, when You stretched out Your holy arms on the cross. Therefore, all nations cry out saying: "Glory be to You, O Lord."	صنعت خلاصاً فى وسط الأرض كلها أيها المسيح إلهنا عندما بسطت يديك الطاهرتين على عود الصليب فلهذا كل الأمم تصرخ قائلة المجد لك يارب.

CONGREGATION		**الشعب**
Glory be to the Father and the Son and the Holy Spirit.	Doxa Patri ke Yi`w ke `agi`w Pn̄a̅ti.	المجد للآب والأبن والروح القدس.

PRIEST

We worship Your incorruptible person, O good Lord, asking for the forgiveness of our sins, O Christ our God; for of Your own will You were pleased to be lifted up on the cross to deliver those whom You created from the bondage of the enemy. We cry out unto You and give thanks to You, O Savior, for You have filled everyone with joy when You came to save the world. O Lord glory be to You.

الكاهن

نسجد لشخصك غير الفاسد أيها الصالح ونسأل غفران خطايانا أيها المسيح إلهنا لأن بمشيئتك سررت أن تصعد على الصليب لتنيجى الذين خلقتهم من عبودية العدو نصرخ إليك ونشكرك لأنك ملأت الكل فرحاً أيها المخلص لما أتيت لتعين العالم يارب المجد لك.

CONGREGATION

Now and forever and unto the age of all ages. Amen.	Ke nyn ke à̀i ke ictoyc è̀wǹac twn è̀wnwn à̀mhn.	الآن وكل أوان وإلى دهر الدهور. آمين.

الشعب

PRIEST

You are full of grace O Theotokos, the Mother of God, the holy virgin. We magnify you for through the cross of your Son, Hades was cast down, and Death was abolished! Assuredly, we were dead before, but now we are raised and made worthy to inherit eternal life and to attain the joy of Paradise. Therefore, we thankfully glorify the immortal Christ our God.

الكاهن

أنت هى الممتلئة نعمة يا والدة الإله العذراء نسبحك لأن من قبل صليب ابنك انهبط الجحيم وأبطل الموت وأمواتاً كنا فنهضنا واستحققنا الحياة الأبدية وأخذنا فرح الفردوس الأول من أجل هذا نمجده بشكر مثل شجاع المسيح إلهنا.

Ⲟⲙⲟⲛⲟⲅⲉⲛⲏⲥ

O only begotten Son, the Eternal and Immortal Word of God; who for our salvation did will to be incarnate of the Holy Theotokos (and ever virgin Mary)[2].	Ⲟⲙⲟⲛⲟⲅⲉⲛⲏⲥ ⲩ̀ⲓⲟⲥ ⲕⲉ ⲗⲟⲅⲟⲥ ⲧⲟⲩ ⲑⲉⲟⲩ ⲁ̀ⲑⲁⲛⲁⲧⲟⲥ ⲩ̀ⲡⲁⲣⲭⲱⲛ ⲕⲉ ⲕⲁⲧⲁ ⲇⲉⲝⲁⲙⲉⲛⲟⲥ : ⲇⲓⲁ̀ⲧⲏⲛ ⲏ̀ⲙⲉⲧⲉⲣⲁⲛ ⲥⲱⲧⲏⲣⲓⲁⲛ : ⲥⲁⲣⲕⲱⲑⲏⲛⲉ ⲉⲕ ⲧⲏⲥ ⲁ̀ⲅⲓⲁ̀ⲥ ⲑⲉⲟ̀ⲧⲟⲕⲟⲩ ⲕⲉ ⲁ̀ⲓ̀ (ⲡⲁⲣⲑⲉⲛⲟⲩ Ⲙⲁⲣⲓⲁⲥ)[2].	أيها الإبن الوحيد الجنس وكلمة الله الذى لا يموت الأزلى القابل كل شيء من أجل خلاصنا المتجسد من القديسة والدة الإله (الدائمة البتولية مريم)[٢].
Who[3] without change became man and was crucified, the Christ God. Trampled down death by death. One of the Holy Trinity, Who is glorified with the Father and the Holy Spirit, Save us.	(Ⲁⲧⲣⲉⲡⲧⲱⲥ)[3] ⲉ̀ⲛⲁⲛⲑ̀ⲣⲱⲡⲓⲥⲁⲥ ⲟ̀ⲥ̀ⲧⲁⲩⲣⲱⲑⲓⲥ ⲧⲉ Ⲭⲣⲓⲥⲧⲉ ⲟ̀Ⲑⲉⲟⲥ. Ⲑⲁⲛⲁⲧⲱ ⲑⲁⲛⲁⲧⲟⲛ ⲡⲁⲧⲏⲥⲁⲥ: ⲓⲥ ⲱⲛⲧⲏⲥ ⲁ̀ⲅⲓⲁⲥ ⲧ̀ⲣⲓⲁ̀ⲇⲟⲥ : ⲥⲩⲛⲇⲟⲝⲁⲍⲟⲙⲉⲛⲟⲥ ⲧⲱ Ⲡⲁⲧⲣⲓ ⲕⲉ ⲧⲱ ⲁ̀ⲅⲓⲱ Ⲡ̀ⲛⲉⲩⲙⲁⲧⲓ : ⲥⲱⲥⲟⲛ ⲏ̀ⲙⲁⲥ.	بغير[٣] استحالة المتأنس المصلوب المسيح الإله. بالموت داس الموت. أحد الثالوث القدوس الممجد مع الآب والروح القدس خلصنا.
Holy[3] God, who being God, for our sake, became man without change.	(Ⲁⲅⲓⲟⲥ)[3] ⲟ̀Ⲑⲉⲟⲥ: ⲟ̀ⲇⲓ ⲏ̀ⲙⲁⲥ ⲁⲛ ⲑⲣⲱⲡⲟⲥ: ⲅⲉⲅⲟⲛⲱⲥ ⲁⲧⲣⲉⲡⲧⲱⲥ ⲕⲉ ⲙⲓⲛⲁⲥ Ⲑⲉⲟⲥ.	قدوس[٣] الله الذى من اجلنا صار إنساناً بغير استحالة وهو الاله.
Holy Mighty, who by weakness showed forth what is greater than power.	Ⲁⲅⲓⲟⲥ ⲓⲥⲭⲩⲣⲟⲥ ⲟ̀ ⲉ̀ⲛ ⲁⲥⲑⲉⲛⲓⲁ̀ ⲧⲟ ⲩ̀ⲡⲉⲣⲉⲭⲟⲛ ⲧⲏⲥ ⲓⲥⲭⲩⲣⲟⲥ ⲉ̀ⲡⲓⲇⲓⲝⲁⲙⲉⲛⲟⲥ.	قدوس القوى الذى اظهر بالضعف ما هو اعظم من القوة.
Holy Immortal, who was crucified for our sake, and endured death in His flesh, the Eternal and Immortal.	Ⲁⲅⲓⲟⲥ ⲁ̀ⲑⲁⲛⲁⲧⲟⲥ ⲟ̀ⲥ̀ⲧⲁⲩⲣⲱⲑⲓⲥ ⲇⲓⲏ̀ⲙⲁⲥ: ⲟ̀ⲧⲟⲛ ⲇⲓⲁ̀ⲥⲧⲁⲩⲣⲟⲩ ⲑⲁⲛⲁⲧⲟⲛ ⲩ̀ⲡⲟⲙⲓⲛⲁⲥ ⲥⲁⲣⲕⲓ ⲕⲉ ⲇⲓⲝⲁⲥⲧⲱⲥ ⲕⲉ ⲉⲛ ⲑⲁⲛⲁⲧⲱ ⲅⲉⲅⲟⲛⲱⲥ ⲩ̀ⲡⲁⲣⲭⲓⲥ ⲁ̀ⲑⲁⲛⲁⲧⲟⲥ.	قدوس الذى لا يموت الذى صلب من اجلنا وصبر على موت الصليب وقبله فى جسده وهو أزلى غير مائت.
O Holy Trinity, have mercy on us.	Ⲁⲅⲓⲁ̀ ⲧ̀ⲣⲓⲁⲥ ⲉ̀ⲗⲉⲏ̀ⲥⲟⲛ ⲏ̀ⲙⲁⲥ.	أيها الثالوث القدوس ارحمنا.

Holy God, Holy Mighty, Holy Immortal, who was crucified for us, have mercy on us.	Ⲁⲅⲓⲟⲥ ⲟ̀Ⲑⲉⲟⲥ : ⲁⲅⲓⲟⲥ ⲓⲥⲭⲩⲣⲟⲥ : ⲁⲅⲓⲟⲥ ⲁⲑⲁⲛⲁⲧⲟⲥ : ⲟ̀ ⲥ̀ⲧⲁⲩⲣⲱⲑⲓⲥ ⲇⲓ ̀ⲏⲙⲁⲥ ⲉ̀ⲗⲉⲏⲥⲟⲛ ̀ⲏⲙⲁⲥ.	قدوس الله، قدوس القوى الذى صلب عنا ارحمنا.
Holy God, Holy Mighty, Holy Immortal, who was crucified for us, have mercy on us.	Ⲭⲉ ⲁⲅⲓⲟⲥ ⲟ̀Ⲑⲉⲟⲥ : ⲁⲅⲓⲟⲥ ⲓⲥⲭⲩⲣⲟⲥ : ⲁⲅⲓⲟⲥ ⲁⲑⲁⲛⲁⲧⲟⲥ : ⲟ̀ ⲥ̀ⲧⲁⲩⲣⲱⲑⲓⲥ ⲇⲓ ̀ⲏⲙⲁⲥ ⲉ̀ⲗⲉⲏⲥⲟⲛ ̀ⲏⲙⲁⲥ.	قدوس الله، قدوس القوى الذى صلب عنا ارحمنا.
Holy God, Holy Mighty, Holy Immortal, who was crucified for us, have mercy on us.	Ⲭⲉ ⲁⲅⲓⲟⲥ ⲟ̀Ⲑⲉⲟⲥ : ⲁⲅⲓⲟⲥ ⲓⲥⲭⲩⲣⲟⲥ : ⲁⲅⲓⲟⲥ ⲁⲑⲁⲛⲁⲧⲟⲥ : ⲟ̀ ⲥ̀ⲧⲁⲩⲣⲱⲑⲓⲥ ⲇⲓ ̀ⲏⲙⲁⲥ ⲉ̀ⲗⲉⲏⲥⲟⲛ ̀ⲏⲙⲁⲥ.	قدوس الله، قدوس القوى الذى صلب عنا ارحمنا.
Glory be to the Father, to the Son and to the Holy Spirit, both now, and ever, and unto the age of all ages. Amen.	Ⲇⲟⲝⲁ Ⲡⲁⲧⲣⲓ ⲕⲉ Ⲩⲓⲱ̀ ⲕⲉ ⲁ̀ⲅⲓⲱ̀ Ⲡⲛⲉⲩⲙⲁⲧⲓ : ⲕⲉ ⲛⲩⲛ ⲕⲉ ⲁ̀ⲓ̀ ⲕⲉ ⲓⲥ ⲧⲟⲩⲥ ⲉ̀ⲱ̀ⲛⲁⲥ ⲧⲱⲛ ⲉ̀ⲱ̀ⲛⲱⲛ ⲁ̀ⲙⲏⲛ.	المجد للآب والابن والروح القدس. الآن وكل اوان والى دهر الدهور. آمين.

Incense is offered in front of the Gospel.
يرفع الكاهن البخور قدام الأنجيل ثم يقرأ:

Ⲯⲁⲗⲙⲟⲥ ⲗ̅ⲍ̅ : ⲕ̅ⲁ̅ ⲛⲉⲙ ⲕ̅ⲃ̅

Ⲁⲩⲃⲉⲣⲃⲱⲣⲧ ⲉ̀ⲃⲟⲗ ⲁⲛⲟⲕ ⲡⲓⲙⲉⲛⲣⲓⲧ ⲙ̀ⲫⲣⲏϯ ⲛ̀ⲟⲩⲣⲉϥⲙⲱⲟⲩⲧ ⲉϥⲟ̀ⲣⲉⲃ : ⲟⲩⲟϩ ⲁⲩϯϥⲓⲧ ⲉ̀ⲧⲁⲥⲁⲣⲝ : ⲙ̀ⲡⲉⲣⲭⲁⲧ ⲛ̀ⲥⲱⲕ Ⲡ̅ⲟ̅ⲥ̅ ⲡⲁⲛⲟⲩϯ : ⲁ̅ⲗ̅.

Ⲯⲁⲗⲙⲟⲥ ⲕ̅ⲁ̅ : ⲓ̅ ⲛⲉⲙ ⲓ̅ⲍ̅ ⲛⲉⲙ ⲏ̅ ⲛⲉⲙ ⲑ̅

Ⲁⲩϭⲱⲗⲕ ⲛ̀ⲧⲟⲧ ⲛⲉⲙ ⲣⲁⲧ ⲁⲩⲱⲡ ⲛ̀ⲛⲁⲕⲁⲥ ⲧⲏⲣⲟⲩ : ⲁⲩⲫⲱϣ ⲛ̀ⲛⲁϩⲃⲱⲥ ⲉ̀ϩ̀ⲣⲁϥ ⲟⲩⲟϩ ⲧⲁϩⲉⲃⲥⲱ ⲁⲩϩⲓⲱⲡ ⲉ̀ⲣⲟⲥ : ⲁⲩⲥⲁϫⲓ ϧⲉⲛ ⲛⲟⲩ̀ⲥⲫⲟⲧⲟⲩ ⲁⲩⲕⲓⲙ ⲛ̀ⲧⲟⲩⲁ̀ⲫⲉ : ⲁⲩϫⲟⲥ ϫⲉ ⲓⲥϫⲉⲁϥⲛⲁϩϯ ⲁϥⲉⲣϩⲉⲗⲡⲓⲥ ⲉ̀Ⲡ̅ⲟ̅ⲥ̅ ⲙⲁⲣⲉϥⲛⲁϩⲙⲉϥ : ⲙⲁⲣⲉϥⲧⲟⲩϫⲟϥ ⲓⲥϫⲉ ⲁϥⲟⲩⲁϣϥ : ⲁ̅ⲗ̅.

Psalm 22:16,17,18,7,8

**This first psalm is taken from a Coptic translation.*

المزمور ٣٧: ٢١-٢٢ و ٢١: ١٦،١٧،٨،٩

A Psalm of David the Prophet.

They rejected me, I am the beloved, a forsaken dead and they have driven nails into my body. Do not forsake me, O Lord; O my God.*

They pierced My hands and My feet; I can count all My bones. They divide My garments among them, And for My clothing they cast lots. They shoot out the lip, they shake the head, saying, "He trusted in the Lord, let Him rescue Him; Let Him deliver Him, since He delights in Him!" Alleluia.

من مزامير داود النبى

رفضونى أنا الحبيب مثل ميت مرذول. وجعلوا مساميراً فى جسدى. فلا تهملنى يا ربى والهى. هلليلويا.

ثقبوا يدى ورجلى واحصوا كل عظامى. اقتسموا ثيابى بينهم وعلى لباسى اقترعوا. تكلموا بشفاههم وحركوا رؤوسهم وقالوا ان كان آمن واتكل على الرب. فليخلصه ولينجيه ان كان اراده. هلليلويا.

When the reader reads, "there was darkness over all the land," the lights are turned off.

وعندما يقول المفسر "وكانت ظلمة على الأرض" تطفأ الشموع.

Ⲉⲩⲁⲅⲅⲉⲗⲓⲟⲛ ⲕⲁⲧⲁ Ⲙⲁⲧⲑⲉⲟⲛ Ⲕⲉⲫ ⲕ̅ⲍ̅ : ⲕ̅ⲍ̅ - ⲙ̅ⲉ̅

Ⲧⲟⲧⲉ ⲛⲓⲙⲁⲧⲟⲓ ⲛ̀ⲧⲉ ⲡⲓϩⲅⲅⲉⲙⲱⲛ ⲁⲩⲱ̀ⲗⲓ ⲛ̀Ⲓⲏ̅ⲥ̅ ⲉ̀ϧⲟⲩⲛ ⲉ̀ⲡⲓⲡⲣⲉⲧⲱⲣⲓⲟⲛ : ⲟⲩⲟϩ ⲁⲩⲑⲱⲟⲩϯ ⲉ̀ϯⲥ̀ⲡⲏⲣⲁ ⲧⲏⲣⲥ ⲉ̀ϩⲣⲏ ⲉ̀ϫⲱϥ. Ⲟⲩⲟϩ ⲉ̀ⲧⲁⲩⲃⲁϣϥ ⲁⲩϯ ⲛ̀ⲟⲩⲭⲗⲁⲙⲓⲥ ⲛ̀ⲕⲟⲕⲕⲟⲥ ϩⲓⲱⲧϥ : Ⲟⲩⲟϩ ⲁⲩϣⲱⲛⲧ ⲛ̀ⲟⲩⲭⲗⲟⲙ ⲉ̀ⲃⲟⲗϧⲉⲛ ϩⲁⲛⲥⲟⲩⲣⲓ ⲁⲩⲧⲏⲓϥ ⲉϫⲉⲛ ⲧⲉϥⲁ̀ⲫⲉ : ⲟⲩⲟϩ ⲁⲩⲭⲱ ⲛ̀ⲟⲩⲕⲁϣ ϧⲉⲛ ⲧⲉϥϫⲓϫ ⲛ̀ⲟⲩⲓⲛⲁⲙ : ⲟⲩⲟϩ ⲛⲁⲩϩⲓⲟⲩⲓ̀ ⲙ̀ⲙⲱⲟⲩ ⲉϫⲉⲛ ⲛⲟⲩⲕⲉⲗⲓ ⲙ̀ⲡⲉϥ ⲙ̀ⲑⲟ ⲉⲩⲥⲱⲃⲓ ⲙ̀ⲙⲟϥ ⲉⲩϫⲱ̀ⲙⲙⲟⲥ : ϫⲉ ⲭⲉⲣⲉ ⲡ̀ⲟⲩⲣⲟ ⲛ̀ⲛⲓⲒⲟⲩⲇⲁⲓ. Ⲟⲩⲟϩ ⲛ̀ⲧⲟⲩϩⲓⲑⲁϥ ⲉ̀ϧⲟⲩⲛ ϧⲉⲛ ⲡⲉϥϩⲟ : ⲁⲩⲱ̀ⲗⲓ ⲙ̀ⲡⲓⲕⲁϣ ⲁⲩϩⲓⲟⲩⲓ̀ ϧⲉⲛ ⲧⲉϥⲁ̀ⲫⲉ. Ⲟⲩⲟϩ ⲉ̀ⲧⲁⲩⲟⲩⲱ ⲉⲩⲥⲱⲃⲓ ⲙ̀ⲙⲟϥ : ⲁⲩⲃⲁϣϥ ⲛ̀ϯⲭ̀ⲗⲁⲙⲓⲥ ⲟⲩⲟϩ ⲁⲩϯ ⲛ̀ⲛⲉϥϩ̀ⲃⲱⲥ ϩⲓⲱⲧϥ ⲟⲩⲟϩ ⲁⲩⲟⲗϥ ⲉⲑⲣⲟⲩⲁϣϥ. Ⲉⲩⲛⲏⲟⲩ ⲇⲉ ⲉ̀ⲃⲟⲗ ⲁⲩϫⲓⲙⲓ ⲛ̀ⲟⲩⲣⲱⲙⲓ ⲛ̀Ⲕⲩⲣⲓⲛⲛⲉⲟⲥ : ⲉ̀ⲡⲉϥⲣⲁⲛ ⲡⲉ Ⲥⲩⲙⲉⲱⲛ : ⲫⲁⲓ ⲁⲩϭⲓⲧϥ ⲛ̀ϫ̀ⲃⲁ ϩⲓⲛⲁ ⲛ̀ⲧⲉϥⲉⲗⲡⲉϥⲏ : Ⲟⲩⲟϩ ⲉ̀ⲧⲁⲩⲓ̀ ⲉⲩⲙⲁ ⲉ̀ϣⲁⲩⲙⲟⲩϯ ⲉ̀ⲣⲟϥ ϫⲉ Ⲅⲟⲗⲅⲟⲑⲁ : ⲉ̀ⲧⲉ ⲡⲓⲙⲁ ⲛ̀ⲧⲉ Ⲡⲓⲕ̀ⲣⲁⲛⲓⲟⲛ ⲡⲉ : Ⲁⲩϯ ⲛ̀ⲟⲩϩⲉⲙϫ ⲛⲁϥ ⲉϥⲙⲟⲩϫⲧ ⲛⲉⲙ ⲟⲩⲉⲛϣⲁϣⲓ : ⲟⲩⲟϩ ⲉ̀ⲧⲁϥϫⲉⲙϯⲡⲓ ⲙ̀ⲡⲉϥⲟⲩⲱϣ ⲉ̀ⲥⲱ : Ⲉⲧⲁⲩⲁϣϥ ⲇⲉ ⲁⲩⲫⲱϣ ⲛ̀ⲛⲉϥϩⲃⲱⲥ ⲉ̀ϩ̀ⲣⲁⲓ ⲉ̀ⲁⲩϩⲓⲱⲡ ⲉ̀ⲣⲱⲟⲩ. Ⲟⲩⲟϩ ⲛⲁⲩϩⲉⲙⲥⲓ ⲉⲧⲁ̀ⲣⲉϩ ⲉ̀ⲣⲟϥ ⲙ̀ⲙⲁⲩ : Ⲟⲩⲟϩ ⲁⲩⲥ̀ϧⲉ ⲧⲉϥⲉ̀ⲧⲓⲁ̀ ⲥⲁⲡ̀ϣⲱⲓ ⲛ̀ⲧⲉϥⲁ̀ⲫⲉ ⲉⲥⲥ̀ϧⲏⲟⲩⲧ ⲙ̀ⲡⲁⲓⲣⲏϯ ϫⲉ **ⲪⲀⲒ ⲠⲈ ⲒⲎⲤⲞⲨⲤ Ⲡ̀ⲞⲨⲢⲞ Ⲛ̀ⲦⲈ ⲚⲒⲒⲞⲨⲆⲀⲒ :** Ϯⲟⲧⲉ ⲁⲩⲓ̀ϣⲓ ⲛ̀ⲕⲉⲥⲟⲛⲓ ⲥ̀ⲛⲁⲩ ⲛⲉⲙⲁϥ : ⲟⲩⲁⲓ ⲥⲁⲧⲉϥⲟⲩⲓⲛⲁⲙ : ⲛⲉⲙ ⲟⲩⲁⲓ ⲥⲁⲧⲉϥϫⲁϭⲏ. Ⲛⲏⲇⲉ ⲉ̀ⲛⲁⲩⲥⲓⲛⲓ ⲛⲁⲩϫⲉⲟⲩⲁ̀ ⲉ̀ⲣⲟϥ ⲡⲉ : ⲉⲩⲕⲓⲙ ⲛ̀ⲧⲟⲩⲁ̀ⲫⲉ : Ⲉⲩϫⲱ̀ⲙⲙⲟⲥ : ϫⲉ ⲫⲏⲉⲑⲛⲁⲃⲉⲗ ⲡⲓⲉⲣⲫⲉⲓ ⲛ̀ⲧⲉ Ⲫϯ ⲉ̀ⲃⲟⲗ ⲟⲩⲟϩ ⲛ̀ⲧⲉϥⲕⲟⲧϥ ϧⲉⲛ ϣⲟⲙⲧ ⲛ̀ⲉ̀ϩⲟⲟⲩ ⲛⲁϩⲙⲉⲕ : ⲓⲥϫⲉ̀ⲛⲑⲟⲕ ⲡⲉ ⲡ̀ϣⲏⲣⲓ ⲙ̀Ⲫϯ : ⲁ̀ⲙⲟⲩ ⲉ̀ⲡⲉⲥⲏⲧ ⲉ̀ⲃⲟⲗϩⲓⲡⲓ̀ϣⲉ : Ⲫⲁⲓ ⲡⲉ ⲙ̀ⲫ̀ⲣⲏϯ ⲛ̀ⲛⲓⲁⲣⲭⲏ ⲉ̀ⲣⲉⲩⲥ ⲛⲉⲙ ⲛⲓⲥⲁ̀ϧ ⲛⲉⲙ ⲛⲓ̀ⲡⲣⲉⲥⲃⲩⲧⲉⲣⲟⲥ : ⲉⲩⲥⲱⲃⲓ ⲙ̀ⲙⲟϥ ⲉⲩϫⲱ̀ⲙⲙⲟⲥ. Ϫⲉ ⲁϥⲛⲟϩⲉⲙ ⲛ̀ϩⲁⲛⲕⲉⲭⲱⲟⲩⲛⲓ : ⲙ̀ⲙⲟⲛ̀ϣϫⲟⲙ ⲙ̀ⲙⲟϥ ⲉ̀ⲛⲁϩⲙⲉϥ : ⲓⲥϫⲉ ⲡ̀ⲟⲩⲣⲟ ⲙ̀ⲡⲒⲥ̅ⲗ̅ ⲡⲉ ⲙⲁⲣⲉϥⲓ̀ ⲉ̀ⲡⲉⲥⲏⲧ ϯⲛⲟⲩ ⲉ̀ⲃⲟⲗϩⲓⲡⲓⲏ ⲛ̀ⲧⲉⲛⲛⲁϩϯ ⲉ̀ⲣⲟϥ : Ⲓⲥϫⲉ ⲇⲉ ϩ̀ⲑⲏϥⲭⲏ ⲉ̀Ⲫϯ ⲙⲁⲣⲉϥⲛⲁϩⲙⲉϥ ϯⲛⲟⲩ ⲓⲥϫⲉ ϥ̀ⲟⲩⲁϣϥ ϫⲉ ⲁϥϫⲟⲥ ϫⲉ ⲁ̀ⲛⲟⲕ ⲡⲉ ⲡ̀ϣⲏⲣⲓ ⲙ̀Ⲫϯ : Ⲫⲁⲓ ⲇⲉ ⲛⲁⲣⲉ ⲛⲓⲕⲉⲥⲟⲛⲓ ϫⲱ ⲙ̀ⲙⲟϥ ⲛⲏⲉ̀ⲧⲁⲩⲁ̀ϣⲟⲩ ⲛⲉⲙⲁϥ ⲉⲩⲧ̀ϣⲱϭⲛⲏⲛⲓ ⲛⲉⲙⲁϥ. Ⲓⲥϫⲉⲛ ⲫ̀ⲛⲁⲩ ⲇⲉ ⲛ̀ⲁϫⲡ ⲥⲟⲟⲩ : ⲁ̀ⲟⲩⲭⲁⲕⲓ ϣⲱⲡⲓ ϩⲓϫⲉⲛ ⲡ̀ⲕⲁϩⲓ ⲧⲏⲣϥ : ϣⲁ ⲫ̀ⲛⲁⲩ ⲛ̀ⲁϫⲡ̀ⲯⲓϯ :

Ⲟⲩⲱϣⲧ ⲙ̀ⲡⲓⲉⲩⲁⲅⲅⲉⲗⲓⲟⲛ ⲉ̅ⲑ̅ⲩ̅.

Matthew 27:27-45

A reading from the Holy Gospel according to Saint Matthew.

Then the soldiers of the governor took Jesus into the Praetorium and gathered the whole garrison around Him. And they stripped Him and put a scarlet robe on Him. When they had twisted a crown of thorns, they put it on His head, and a reed in His right hand. And they bowed the knee before Him and mocked Him, saying, "Hail, King of the Jews!" Then they spat on Him, and took the reed and struck Him on the head. And when they had mocked Him, they took the robe off Him, put His own clothes on Him, and led Him away to be crucified. Now as they came out, they found a man of Cyrene, Simon by name. Him they compelled to bear His cross. And when they had come to a

متى ٢٧ : ٢٧ - ٤٥

فصل شريف من إنجيل معلمنا مار متى البشير بركاته علينا آمين.

فَأَخَذَ عَسْكَرُ الْوَالِي يَسُوعَ إِلَى دَارِ الْوِلاَيَةِ وَجَمَعُوا عَلَيْهِ كُلَّ الْكَتِيبَةِ فَعَرَّوْهُ وَأَلْبَسُوهُ رِدَاءً قِرْمِزِيّاً وَضَفَرُوا إِكْلِيلاً مِنْ شَوْكٍ وَوَضَعُوهُ عَلَى رَأْسِهِ وَقَصَبَةً فِي يَمِينِهِ. وَكَانُوا يَجْثُونَ قُدَّامَهُ وَيَسْتَهْزِئُونَ بِهِ قَائِلِينَ: «السَّلاَمُ يَا مَلِكَ الْيَهُودِ!» وَبَصَقُوا عَلَيْهِ وَأَخَذُوا الْقَصَبَةَ وَضَرَبُوهُ عَلَى رَأْسِهِ. وَبَعْدَ مَا اسْتَهْزَأُوا بِهِ نَزَعُوا عَنْهُ الرِّدَاءَ وَأَلْبَسُوهُ ثِيَابَهُ وَمَضَوْا بِهِ لِلصَّلْبِ. وَفِيمَا هُمْ خَارِجُونَ وَجَدُوا إِنْسَاناً قَيْرَوَانِيّاً اسْمُهُ سِمْعَانُ فَسَخَّرُوهُ لِيَحْمِلَ صَلِيبَهُ. وَلَمَّا أَتَوْا إِلَى مَوْضِعٍ يُقَالُ لَهُ جُلْجُثَةُ وَهُوَ الْمُسَمَّى «مَوْضِعَ الْجُمْجُمَةِ»

place called Golgotha, that is to say, Place of a Skull, they gave Him sour wine mingled with gall to drink. But when He had tasted it, He would not drink. Then they crucified Him, and divided His garments, casting lots, that it might be fulfilled which was spoken by the prophet: “They divided My garments among them, And for My clothing they cast lots.” Sitting down, they kept watch over Him there. And they put up over His head the accusation written against Him: THIS IS JESUS THE KING OF THE JEWS. Then two robbers were crucified with Him, one on the right and another on the left. And those who passed by blasphemed Him, wagging their heads and saying, “You who destroy the temple and build it in three days, save Yourself! If You are the Son of God, come down from the cross.” Likewise the chief priests also, mocking with the scribes and elders, said, “He saved others; Himself He cannot save. If He is the King of Israel, let Him now come down from the cross, and we will believe Him. He trusted in God; let Him deliver Him now if He will have Him; for He said, ‘I am the Son of God.’” Even the robbers who were crucified with Him reviled Him with the same thing. Now from the sixth hour until the ninth hour there was darkness over all the land.

Bow down before the Holy Gospel.
Glory be to God forever.

أَعْطَوْهُ خَلاًّ مَمْزُوجاً بِمَرَارَةٍ لِيَشْرَبَ. وَلَمَّا ذَاقَ لَمْ يُرِدْ أَنْ يَشْرَبَ. وَلَمَّا صَلَبُوهُ اقْتَسَمُوا ثِيَابَهُ مُقْتَرِعِينَ عَلَيْهَا لِكَيْ يَتِمَّ مَا قِيلَ بِالنَّبِيِّ: «اقْتَسَمُوا ثِيَابِي بَيْنَهُمْ وَعَلَى لِبَاسِي أَلْقَوْا قُرْعَةً». ثُمَّ جَلَسُوا يَحْرُسُونَهُ هُنَاكَ. وَجَعَلُوا فَوْقَ رَأْسِهِ عِلَّتَهُ مَكْتُوبَةً: «هَذَا هُوَ يَسُوعُ مَلِكُ الْيَهُودِ». حِينَئِذٍ صُلِبَ مَعَهُ لِصَّانِ وَاحِدٌ عَنِ الْيَمِينِ وَوَاحِدٌ عَنِ الْيَسَارِ. وَكَانَ الْمُجْتَازُونَ يُجَدِّفُونَ عَلَيْهِ وَهُمْ يَهُزُّونَ رُؤُوسَهُمْ قَائِلِينَ: «يَا نَاقِضَ الْهَيْكَلِ وَبَانِيَهُ فِي ثَلاَثَةِ أَيَّامٍ خَلِّصْ نَفْسَكَ! إِنْ كُنْتَ ابْنَ اللَّهِ فَانْزِلْ عَنِ الصَّلِيبِ!». وَكَذَلِكَ رُؤَسَاءُ الْكَهَنَةِ أَيْضاً وَهُمْ يَسْتَهْزِئُونَ مَعَ الْكَتَبَةِ وَالشُّيُوخِ قَالُوا: «خَلَّصَ آخَرِينَ وَأَمَّا نَفْسُهُ فَمَا يَقْدِرُ أَنْ يُخَلِّصَهَا». إِنْ كَانَ هُوَ مَلِكَ إِسْرَائِيلَ فَلْيَنْزِلِ الآنَ عَنِ الصَّلِيبِ فَنُؤْمِنَ بِهِ! قَدِ اتَّكَلَ عَلَى اللَّهِ فَلْيُنْقِذْهُ الآنَ إِنْ أَرَادَهُ! لأَنَّهُ قَالَ: أَنَا ابْنُ اللَّهِ!». وَبِذَلِكَ أَيْضاً كَانَ اللِّصَّانِ اللَّذَانِ صُلِبَا مَعَهُ يُعَيِّرَانِهِ. وَمِنَ السَّاعَةِ السَّادِسَةِ كَانَتْ ظُلْمَةٌ عَلَى كُلِّ الأَرْضِ إِلَى السَّاعَةِ التَّاسِعَةِ.

أسجدوا للإنجيل المقدس.
والمجد لله دائماً.

Ⲉⲩⲁⲅⲅⲉⲗⲓⲟⲛ ⲕⲁⲧⲁ Ⲙⲁⲣⲕⲟⲛ Ⲕⲉⲫ ⲓ̅ⲉ̅ : ⲕ̅ - ⲗ̅

Ⲟⲩⲟϩ ϯⲉⲡⲓⲅ̀ⲣⲁⲫⲏ ⲛⲧⲉ ⲧⲉϥⲉⲧⲓⲁ̀ ⲛⲁⲥⲥϧⲏⲟⲩ ⲡⲉ ϫⲉ ⲡ̀ⲟⲩⲣⲟ ⲛ̀ⲧⲉ ⲛⲓⲒⲟⲩⲇⲁⲓ : **Ⲟⲩⲟϩ** ⲁⲩⲁϣ ⲕⲉⲥⲟⲛⲓ ⲥ̀ⲛⲁⲩ ⲛⲉⲙⲁϥ : ⲟⲩⲁⲓ ⲥⲁⲧⲉϥⲟⲩⲓⲛⲁⲙ ⲛⲉⲙ ⲟⲩⲁⲓ ⲥⲁⲧⲉϥϫⲁϭⲏ : ⲟⲩⲟϩ ⲁⲥϫⲱⲕ ⲉ̀ⲃⲟⲗ ⲛ̀ϫⲉ ϯⲅ̀ⲣⲁⲫⲏ ϫⲉ ⲁⲩⲟⲡϥ ⲛⲉⲙ ⲛⲓⲁ̀ⲛⲟⲙⲟⲥ : **Ⲟⲩⲟϩ** ⲛⲏⲉ̀ⲛⲁⲩⲥⲓⲛⲓ ⲛⲁⲩ ϫⲉ ⲟⲩⲁ̀ ⲉ̀ⲣⲟϥ : ⲉⲩⲕⲓⲙ ⲛ̀ⲛⲟⲩⲁ̀ⲫⲏⲟⲩⲓ ⲟⲩⲟϩ ⲉⲩϫⲱ ⲙ̀ⲙⲟⲥ : ϫⲉ ⲫⲏⲉⲑⲛⲁⲃⲉⲗ ⲡⲓⲉⲣⲫⲉⲓ ⲉ̀ⲃⲟⲗ : ⲟⲩⲟϩ ⲛ̀ⲧⲉϥⲕⲟⲧϥ ϧⲉⲛ ϣⲟⲙⲧ ⲛ̀ⲉ̀ϩⲟⲟⲩ : **Ⲛⲁϩⲙⲉⲕ** ⲉ̀ⲁⲕⲓ ⲉ̀ϧ̀ⲣⲏⲓ ⲉ̀ⲃⲟⲗϩⲓⲡⲓⲏ. **Ⲡⲁⲓⲣⲏϯ** ⲛⲓⲕⲉⲁⲣⲭⲏⲉ̀ⲣⲉⲩⲥ ⲉⲩⲥⲱⲃⲓ ⲛⲉⲙ ⲛⲟⲩⲉ̀ⲣⲏⲟⲩ : ⲛⲉⲙ ⲛⲓⲥⲁϧ ⲉⲩϫⲱ ⲙ̀ⲙⲟⲥ : ϫⲉ ⲁϥⲛⲟϩⲉⲙ ⲛ̀ϩⲁⲛⲕⲉⲭⲱⲟⲩⲛⲓ : ⲙ̀ⲙⲟⲛϣ̀ϫⲟⲙ ⲙ̀ⲙⲟϥ ⲉ̀ⲛⲁϩⲙⲉϥ : **Ⲓⲥϫⲉ Ⲡⲭ̅ⲥ̅** ⲡ̀ⲟⲩⲣⲟ ⲙ̀ⲡⲓⲥ̅ⲗ̅ ⲡⲉ ⲙⲁⲣⲉϥⲓ̀ ⲉ̀ⲡⲉⲥⲏⲧ ϯⲛⲟⲩ ⲉ̀ⲃⲟⲗϩⲓ ⲡⲓⲏ : ϩⲓⲛⲁ ⲛ̀ⲧⲉⲛⲛⲁⲩ ⲟⲩⲟϩ ⲛ̀ⲧⲉⲛⲛⲁϩϯ : ⲟⲩⲟϩ ⲛⲏⲉ̀ⲧⲁⲩⲁ̀ϣⲟⲩ ⲛⲉⲙⲁϥ ⲛⲁⲩϯϣⲱϣⲛⲁϥ : **Ⲟⲩⲟϩ** ⲉ̀ⲧⲁ ⲫⲛⲁⲩ ⲛ̀ⲁϫⲡ ⲥⲟⲟⲩ ϣⲱⲡⲓ : ⲁ̀ⲟⲩⲭⲁⲕⲓ ϣⲱⲡⲓ ϩⲓϫⲉⲛ ⲡ̀ⲕⲁϩⲓ ⲧⲏⲣϥ ϣⲁ ⲫ̀ⲛⲁⲩ ⲛ̀ⲁϫⲡⲯⲓϯ : **Ⲟⲩⲱϣⲧ ⲙ̀ⲡⲓⲉⲩⲁⲅⲅⲉⲗⲓⲟⲛ ⲉⲑ̅ⲩ̅.**

Mark 15:26-33

And the inscription of His accusation was written above: THE KING OF THE JEWS. With Him they also crucified two robbers, one on His right and the other on His left. So the Scripture was fulfilled which says, "And He was numbered with the transgressors." And those who passed by blasphemed Him, wagging their heads and saying, "Aha! You who destroy the temple and build it in three days, save Yourself, and come down from the cross!" Likewise the chief priests also, mocking among themselves with the scribes, said, "He saved others; Himself He cannot save. Let the Christ, the King of Israel, descend now from the cross, that we may see and believe." Even those who were crucified with Him reviled Him. Now when the sixth hour had come, there was darkness over the whole land until the ninth hour.

Bow down before the Holy Gospel.
Glory be to God forever.

مرقس ١٥ : ٢٦ - ٣٣

وَكَانَ عُنْوَانُ عِلَّتِهِ مَكْتُوباً «مَلِكُ الْيَهُودِ». وَصَلَبُوا مَعَهُ لِصَّيْنِ وَاحِداً عَنْ يَمِينِهِ وَآخَرَ عَنْ يَسَارِهِ. فَتَمَّ الْكِتَابُ الْقَائِلُ: «وَأُحْصِيَ مَعَ أَثَمَةٍ». وَكَانَ الْمُجْتَازُونَ يُجَدِّفُونَ عَلَيْهِ وَهُمْ يَهُزُّونَ رُؤُوسَهُمْ قَائِلِينَ: «آهِ يَا نَاقِضَ الْهَيْكَلِ وَبَانِيَهُ فِي ثَلاَثَةِ أَيَّامٍ! خَلِّصْ نَفْسَكَ وَانْزِلْ عَنِ الصَّلِيبِ!» وَكَذَلِكَ رُؤَسَاءُ الْكَهَنَةِ وَهُمْ مُسْتَهْزِئُونَ فِيمَا بَيْنَهُمْ مَعَ الْكَتَبَةِ قَالُوا: «خَلَّصَ آخَرِينَ وَأَمَّا نَفْسُهُ فَمَا يَقْدِرُ أَنْ يُخَلِّصَهَا. لِيَنْزِلِ الآنَ الْمَسِيحُ مَلِكُ إِسْرَائِيلَ عَنِ الصَّلِيبِ لِنَرَى وَنُؤْمِنَ». وَاللَّذَانِ صُلِبَا مَعَهُ كَانَا يُعَيِّرَانِهِ. وَلَمَّا كَانَتِ السَّاعَةُ السَّادِسَةُ كَانَتْ ظُلْمَةٌ عَلَى الأَرْضِ كُلِّهَا إِلَى السَّاعَةِ التَّاسِعَةِ.

أسجدوا للإنجيل المقدس.
والمجد لله دائماً.

Ⲉⲩⲁⲅⲅⲉⲗⲓⲟⲛ ⲕⲁⲧⲁ Ⲗⲟⲩⲕⲁⲛ Ⲕⲉⲫ ⲕ̅ⲅ̅ : ⲕ̅ – ⲙ̅ⲇ̅

Ⲟⲩⲟϩ ϩⲱⲥ ⲉⲩⲓⲛⲓ ⲙ̀ⲙⲟϥ ⲉ̀ⲃⲟⲗ : ⲁⲩⲁ̀ⲙⲟⲛⲓ ⲛ̀ⲟⲩⲁⲓ ϫⲉ Ⲥⲓⲙⲉⲱⲛ ⲛⲉ ⲟⲩⲔⲩⲣⲓⲛⲛⲉⲟⲥ ⲡⲉ : ⲉϥⲛⲏⲟⲩ ⲉ̀ⲃⲟⲗϧⲉⲛ ⲧⲕⲟⲓ : ⲁⲩⲧⲁⲗⲉ ⲡⲓⲉⲣⲟϥ ⲉⲑⲣⲉϥⲧⲱⲟⲩⲛ ⲙ̀ⲙⲟϥ ⲥⲁⲫⲁϩⲟⲩ ⲛ̀Ⲓⲏ̅ⲥ̅ : Ⲛⲁϥⲙⲟϣⲓ ⲇⲉ ⲛ̀ⲥⲱϥ ⲛ̀ϫⲉ ⲟⲩⲛⲓϣϯ ⲙ̀ⲙⲏϣ ⲛ̀ⲧⲉ ⲡⲓⲗⲁⲟⲥ : ⲛⲉⲙ ϩⲁⲛϩⲓⲟⲙⲓ ⲛⲏⲉ̀ⲛⲁⲩⲧⲱⲓⲧ ⲟⲩⲟϩ ⲛⲁⲩⲛⲉϩⲡⲓ ⲉ̀ⲣⲟϥ : Ⲉⲧⲁϥⲫⲟⲛϩϥ ⲇⲉ ⲉ̀ⲣⲱⲟⲩ ⲛ̀ϫⲉ Ⲓⲏ̅ⲥ̅ ⲡⲉϫⲁϥ : ⲛⲓϣⲉⲣⲓ ⲛ̀ⲧⲉ Ⲓ̀ⲗ̅ⲏ̅ⲙ̅ ⲙ̀ⲡⲉⲣⲣⲓⲙⲓ ⲉ̀ϫⲱⲓ : ⲡ̀ⲗⲏⲛ ⲣⲓⲙⲓ ⲉ̀ϫⲉⲛ ⲑⲏⲛⲟⲩ ⲛⲉⲙ ⲉ̀ϫⲉⲛ ⲛⲉⲧⲉⲛϣⲏⲣⲓ. Ϫⲉ ϩⲏⲡⲡⲉ ⲥⲉⲛⲏⲟⲩ ⲛ̀ϫⲉ ϩⲁⲛⲉ̀ϩⲟⲟⲩ : ⲛⲏⲉ̀ⲧⲟⲩⲛⲁϫⲟⲥ ⲛ̀ϧⲏⲧⲟⲩ : ϫⲉ ⲱ̀ⲟⲩⲛⲓⲁ̀ⲧⲟⲩ ⲛ̀ⲛⲓⲁϭⲣⲏⲛ ⲛⲉⲙ ⲛⲓⲛⲉϫⲓ ⲉ̀ⲧⲉⲙ̀ⲡⲟⲩⲙⲓⲥⲓ : ⲛⲉⲙ ⲛⲓⲙ̀ⲛⲟϯ ⲉ̀ⲧⲉ ⲙ̀ⲡⲟⲩϣⲁⲛϣ : Ⲧⲟⲧⲉ ⲥⲉⲛⲁⲉⲣϩⲏⲧⲥ ⲛ̀ϫⲟⲥ ⲛ̀ⲛⲓⲧⲱⲟⲩ ϫⲉ ϩⲉⲓ ⲉ̀ϫⲱⲛ : ⲛⲉⲙ ⲛⲓⲕⲁⲗⲁⲙⲫⲟ ϫⲉ ϩⲟⲃⲥⲧⲉⲛ : Ϫⲉ ⲓⲥϫⲉ ⲥⲉⲓ̀ⲣⲓ ⲛ̀ⲛⲁⲓ ϧⲉⲛ ⲡⲓϣⲉ ⲉⲧⲗⲏⲕ : ⲓⲉ ⲟⲩⲡⲉⲑⲛⲁϣⲱⲡⲓ ϧⲉⲛ ⲡⲉⲧϣⲟⲩⲱ̀ⲟⲩ. Ⲛⲁⲩⲓ̀ⲛⲓ ⲇⲉ ⲡⲉ ⲛ̀ⲕⲉ ⲣⲉϥⲉⲣⲡⲉⲧϩⲱⲟⲩ ⲥ̀ⲛⲁⲩ ⲛⲉⲙⲁϥ ⲉ̀ϧⲟⲑⲃⲟⲩ. Ⲟⲩⲟϩ ϩⲟⲧⲉ ⲉⲧⲁⲩ̀ⲓ̀ ⲉ̀ⲡⲁⲓⲙⲁ ⲉ̀ⲧⲟⲩⲙⲟⲩϯ ⲉ̀ⲣⲟϥ ϫⲉ Ⲡⲓⲕ̀ⲣⲁⲛⲓⲟⲛ : ⲁⲩⲁϣϥ ⲙ̀ⲙⲁⲩ ⲛⲉⲙ ⲛⲓⲕⲁⲕⲟⲩⲣⲅⲟⲥ : ⲟⲩⲁⲓ ⲙⲉⲛ ⲥⲁⲟⲩ̀ⲓⲛⲁⲙ ⲟⲩⲁⲓ ⲇⲉ ⲥⲁϫⲁϭⲏ : Ⲓⲏ̅ⲥ̅ ⲇⲉ ⲡⲉϫⲁϥ ϫⲉ ⲡⲁⲓⲱⲧ ⲭⲱ ⲛⲱⲟⲩ ⲉ̀ⲃⲟⲗ : ϫⲉ ⲙ̀ⲡⲟⲩⲉ̀ⲙⲓ ⲉ̀ⲛⲏⲉ̀ⲧⲟⲩⲓ̀ⲣⲓ ⲙ̀ⲙⲟϥ : ⲉⲩⲫⲱϣ ⲇⲉ ⲛ̀ⲛⲉϥϩ̀ⲃⲱⲥ ⲉ̀ϩ̀ⲣⲁⲩ ⲁⲩϩⲓⲱⲡ ⲉ̀ⲣⲱⲟⲩ. Ⲟⲩⲟϩ ⲛⲁϥⲟϩⲓ ⲉ̀ⲣⲁⲧϥ ⲛ̀ϫⲉ Ⲡⲓⲗⲁⲟⲥ ⲉϥⲛⲁⲩ : ⲛⲁⲩ ⲉⲗⲕϣⲁⲓ ⲡⲉ ⲛ̀ϫⲉ ⲛⲓⲕⲉⲁⲣⲭⲱⲛ ⲉⲩϫⲱ̀ⲙ̀ⲙⲟⲥ : ϫⲉ ⲁϥⲛⲟϩⲉⲙ ⲛ̀ϩⲁⲛ ⲕⲉⲭⲱⲟⲩⲛⲓ ⲙⲁⲣⲉϥⲛⲁϩⲙⲉϥ ϩⲱϥ : ⲓⲥϫⲉ ⲫⲁⲓ ⲡⲉ Ⲡⲭ̅ⲥ̅ ⲡ̀ϣⲏⲣⲓ ⲙ̀Ⲫϯ ⲡⲓⲥⲱⲧⲡ. Ⲛⲁⲩⲥⲱⲃⲓ ⲇⲉ ⲙ̀ⲙⲟϥ ⲛ̀ϫⲉ ⲛⲓⲕⲉⲙⲁⲧⲟⲓ ⲉⲩⲛⲏⲟⲩ ϩⲁⲣⲟϥ ⲉⲩⲓ̀ⲛⲓ ⲛ̀ⲟⲩϩⲉⲙϫ ⲛⲁϥ. Ⲉⲩϫⲱ̀ⲙ̀ⲙⲟⲥ ϫⲉ ⲓⲥϫⲉ ⲛ̀ⲑⲟⲕ ⲡⲉ ⲡ̀ⲟⲩⲣⲟ ⲛ̀ⲛⲓⲒⲟⲩⲇⲁⲓ ⲛⲁϩⲙⲉⲕ. Ⲛⲉ ⲟⲩⲟⲛ ⲟⲩ ⲉ̀ⲡⲓⲅ̀ⲣⲁⲫⲏ ⲇⲉ ϩⲓϫⲱϥ : ⲙ̀ⲙⲉⲧϩⲉⲃⲣⲉⲟⲥ ⲙ̀ⲙⲉⲧⲣⲱⲙⲉⲟⲥ ⲙ̀ⲙⲉⲧⲟⲩⲉⲓⲛⲓⲛ ϫⲉ : **ⲪⲀⲒ ⲠⲈ Ⲡ̀ⲞⲨⲢⲞ Ⲛ̀ⲦⲈ ⲚⲒⲞⲨⲆⲀⲒ** : Ⲟⲩⲁⲓ ⲇⲉ ⲉ̀ⲃⲟⲗϧⲉⲛ ⲛⲓⲕⲁⲕⲟⲩⲣⲅⲟⲥ ⲉ̀ⲧⲁⲩⲁ̀ϣⲟⲩ : ⲛⲁϥϫⲉⲟⲩⲁ̀ ⲉ̀ⲣⲟϥ ⲡⲉ ⲉϥϫⲱ̀ⲙ̀ⲙⲟⲥ : ϫⲉ ⲓⲥϫⲉ ⲛ̀ⲑⲟⲕ ⲡⲉ Ⲡⲭ̅ⲥ̅ ⲛⲁϩⲙⲉⲕ ⲟⲩⲟϩ ⲛⲁϩⲙⲉⲛ ϩⲱⲛ. Ⲁϥⲉ̀ⲣⲟⲩⲱ̀ ⲇⲉ ⲛ̀ϫⲉ ⲡⲓⲕⲉⲟⲩⲁⲓ ⲉϥⲉ̀ⲣⲉ̀ⲡⲓⲧⲓⲙⲁⲛ ⲛⲁϥ ⲡⲉϫⲁϥ : ϫⲉ ⲟⲩ ⲇⲉ Ⲫϯ ⲛ̀ⲑⲟⲕ ⲕ̀ⲉⲣϩⲟϯ ⲁⲛ ϧⲁⲧⲉϥϩⲏ ϫⲉ ⲁⲛⲭⲏ ϧⲉⲛ ⲡⲁⲓϩⲁⲡ ⲛⲟⲩⲱⲧ. Ⲟⲩⲟϩ ⲁ̀ⲛⲟⲛ ⲙⲉⲛ ϧⲉ ⲟⲩⲙⲉⲑⲙⲏⲓ ⲉ̀ⲧⲁⲛϭⲓ ⲕⲁⲧⲁ ⲡ̀ⲉⲙ̀ⲡϣⲁ ⲛ̀ⲛⲏⲉ̀ⲧⲁⲛⲁⲓⲧⲟⲩ : ⲫⲁⲓ ⲇⲉ ⲛ̀ⲑⲟϥ ⲙ̀ⲡⲉϥⲉⲣϩ̀ⲗⲓ ⲙ̀ⲡⲉⲧϩⲱⲟⲩ : Ⲟⲩⲟϩ ⲛⲁϥϫⲱ̀ⲙ̀ⲙⲟⲥ ⲛ̀Ⲓⲏ̅ⲥ̅ : ϫⲉ Ⲡ̅ⲟ̅ⲥ̅ ⲁ̀ⲣⲓⲡⲁⲙⲉⲩ̀ⲓ ϩⲟⲧⲁⲛ ⲁⲕϣⲁⲛⲓ̀ ϧⲉⲛ ⲧⲉⲕⲙⲉⲧⲟⲩⲣⲟ. Ⲟⲩⲟϩ ⲡⲉϫⲉ Ⲓⲏ̅ⲥ̅ ⲛⲁϥ ϫⲉ ⲁ̀ⲙⲏⲛ ϯϫⲱ̀ⲙ̀ⲙⲟⲥ ⲛⲁⲕ : ϫⲉ ⲙ̀ⲫⲟⲟⲩ ⲭ̀ⲛⲁϣⲱⲡⲓ ⲛⲉⲙⲏⲓ ϧⲉⲛ ⲡⲓⲡⲁⲣⲁⲇⲓⲥⲟⲥ. Ⲛⲉ ⲫ̀ⲛⲁⲩ ⲇⲉ ⲛ̀ⲁϫⲡ ⲥⲟⲟⲩ ⲡⲉ : ⲟⲩⲟϩ ⲟⲩⲭⲁⲕⲓ ⲁϥϣⲱⲡⲓ ϩⲓϫⲉⲛ ⲡ̀ⲕⲁϩⲓ ⲧⲏⲣϥ : ϣⲁ ⲫ̀ⲛⲁⲩ ⲛ̀ⲁϫⲡⲯⲓⲧ :

Ⲟⲩⲱϣⲧ ⲙ̀ⲡⲓⲉⲩⲁⲅⲅⲉⲗⲓⲟⲛ ⲉ̅ⲑ̅ⲩ̅.

Luke 23:26-44

Now as they led Him away, they laid hold of a certain man, Simon a Cyrenian, who was coming from the country, and on him they laid the cross that he might bear it after Jesus. And a great multitude of the people followed Him, and women who also mourned and lamented Him. But Jesus, turning to them, said, "Daughters of Jerusalem, do not weep for Me, but weep for yourselves and for your children. For indeed the days are coming in which they will say, 'Blessed are the barren, wombs that never bore, and breasts which never nursed!' Then they will begin 'to say to the mountains, "Fall on us!" and to the hills, "Cover us!" 'For if they do these things in the green wood, what will be done in the dry?" There were also two others, criminals, led with Him to be put to death. And when they had come to the place called Calvary, there they crucified Him, and the criminals, one on the right hand and the other on the left. Then Jesus said, "Father, forgive them, for they do not know what they do." And they divided His garments and cast lots. And the people stood looking on. But even the rulers with them sneered, saying, "He saved others; let Him save Himself if He is the Christ, the chosen of God." The soldiers also mocked Him, coming and offering Him sour wine, and saying, "If You are the King of the Jews, save Yourself." And an inscription also was written over Him in letters of Greek, Latin, and Hebrew: THIS IS THE KING OF THE JEWS. Then one of the

لوقا ٢٣ : ٢٦ - ٤٤

وَلَمَّا مَضَوْا بِهِ أَمْسَكُوا سِمْعَانَ رَجُلاً قَيْرَوَانِيّاً كَانَ آتِياً مِنَ الْحَقْلِ وَوَضَعُوا عَلَيْهِ الصَّلِيبَ لِيَحْمِلَهُ خَلْفَ يَسُوعَ. وَتَبِعَهُ جُمْهُورٌ كَثِيرٌ مِنَ الشَّعْبِ وَالنِّسَاءِ اللَّوَاتِي كُنَّ يَلْطِمْنَ أَيْضاً وَيَنُحْنَ عَلَيْهِ. فَالْتَفَتَ إِلَيْهِنَّ يَسُوعُ وَقَالَ: «يَا بَنَاتِ أُورُشَلِيمَ لاَ تَبْكِينَ عَلَيَّ بَلِ ابْكِينَ عَلَى أَنْفُسِكُنَّ وَعَلَى أَوْلاَدِكُنَّ لأَنَّهُ هُوَذَا أَيَّامٌ تَأْتِي يَقُولُونَ فِيهَا: طُوبَى لِلْعَوَاقِرِ وَالْبُطُونِ الَّتِي لَمْ تَلِدْ وَالثُّدِيِّ الَّتِي لَمْ تُرْضِعْ. حِينَئِذٍ يَبْتَدِئُونَ يَقُولُونَ لِلْجِبَالِ: اسْقُطِي عَلَيْنَا وَلِلآكَامِ: غَطِّينَا. لأَنَّهُ إِنْ كَانُوا بِالْعُودِ الرَّطْبِ يَفْعَلُونَ هَذَا فَمَاذَا يَكُونُ بِالْيَابِسِ؟». وَجَاءُوا أَيْضاً بِاثْنَيْنِ آخَرَيْنِ مُذْنِبَيْنِ لِيُقْتَلاَ مَعَهُ. وَلَمَّا مَضَوْا بِهِ إِلَى الْمَوْضِعِ الَّذِي يُدْعَى «جُمْجُمَةَ» صَلَبُوهُ هُنَاكَ مَعَ الْمُذْنِبَيْنِ وَاحِداً عَنْ يَمِينِهِ وَالآخَرَ عَنْ يَسَارِهِ. فَقَالَ يَسُوعُ: «يَا أَبَتَاهُ اغْفِرْ لَهُمْ لأَنَّهُمْ لاَ يَعْلَمُونَ مَاذَا يَفْعَلُونَ». وَإِذِ اقْتَسَمُوا ثِيَابَهُ اقْتَرَعُوا عَلَيْهَا. وَكَانَ الشَّعْبُ وَاقِفِينَ يَنْظُرُونَ وَالرُّؤَسَاءُ أَيْضاً مَعَهُمْ يَسْخَرُونَ بِهِ قَائِلِينَ: «خَلَّصَ آخَرِينَ فَلْيُخَلِّصْ نَفْسَهُ إِنْ كَانَ هُوَ الْمَسِيحَ مُخْتَارَ اللهِ». وَالْجُنْدُ أَيْضاً اسْتَهْزَأُوا بِهِ وَهُمْ يَأْتُونَ وَيُقَدِّمُونَ لَهُ خَلاًّ قَائِلِينَ: «إِنْ كُنْتَ أَنْتَ مَلِكَ الْيَهُودِ فَخَلِّصْ نَفْسَكَ». وَكَانَ عُنْوَانٌ مَكْتُوبٌ فَوْقَهُ بِأَحْرُفٍ يُونَانِيَّةٍ وَرُومَانِيَّةٍ وَعِبْرَانِيَّةٍ: «هَذَا هُوَ مَلِكُ الْيَهُودِ». وَكَانَ وَاحِدٌ مِنَ الْمُذْنِبَيْنِ الْمُعَلَّقَيْنِ يُجَدِّفُ

criminals who were hanged blasphemed Him, saying, "If You are the Christ, save Yourself and us." But the other, answering, rebuked him, saying, "Do you not even fear God, seeing you are under the same condemnation? And we indeed justly, for we receive the due reward of our deeds; but this Man has done nothing wrong." Then he said to Jesus, "Lord, remember me when You come into Your kingdom." And Jesus said to him, "Assuredly, I say to you, today you will be with Me in Paradise." Now it was about the sixth hour, and there was darkness over all the earth until the ninth hour.

Bow down before the Holy Gospel.
Glory be to God forever.

عَلَيْهِ قَائِلاً: «إِنْ كُنْتَ أَنْتَ الْمَسِيحَ فَخَلِّصْ نَفْسَكَ وَإِيَّانَا!» فَانْتَهَرَهُ الآخَرُ قَائِلاً: «أَوَلاَ أَنْتَ تَخَافُ اللهَ إِذْ أَنْتَ تَحْتَ هَذَا الْحُكْمِ بِعَيْنِهِ؟ أَمَّا نَحْنُ فَبِعَدْلٍ لأَنَّنَا نَنَالُ اسْتِحْقَاقَ مَا فَعَلْنَا وَأَمَّا هَذَا فَلَمْ يَفْعَلْ شَيْئاً لَيْسَ فِي مَحَلِّهِ». ثُمَّ قَالَ لِيَسُوعَ: «اذْكُرْنِي يَا رَبُّ مَتَى جِئْتَ فِي مَلَكُوتِكَ». فَقَالَ لَهُ يَسُوعُ: «الْحَقَّ أَقُولُ لَكَ: إِنَّكَ الْيَوْمَ تَكُونُ مَعِي فِي الْفِرْدَوْسِ». وَكَانَ نَحْوُ السَّاعَةِ السَّادِسَةِ فَكَانَتْ ظُلْمَةٌ عَلَى الأَرْضِ كُلِّهَا إِلَى السَّاعَةِ التَّاسِعَةِ.

أسجدوا للإنجيل المقدس.
والمجد لله دائماً.

Ⲉⲩⲁⲅⲅⲉⲗⲓⲟⲛ ⲕⲁⲧⲁ Ⲓⲱⲁⲛⲛⲏⲛ Ⲕⲉⲫ ⲓ̅ⲑ̅ : ⲓ̅ⲋ̅ - ⲕ̅ⲍ̅

Ⲡⲓⲗⲁⲧⲟⲥ ⲇⲉ ⲉ̀ⲧⲁϥⲥⲱⲧⲉⲙ ⲉ̀ⲛⲁⲓⲥⲁϫⲓ : ⲁϥⲉⲛⲒⲏ̅ⲥ̅ ⲉ̀ⲃⲟⲗ ⲟⲩⲟϩ ⲁϥϩⲉⲙⲥⲓ ϩⲓϫⲉⲛ ⲡⲓⲃⲏⲙⲁ : ϧⲉⲛ ⲡⲓⲙⲁⲉ̀ⲧⲟⲩⲙⲟⲩϯ ⲉ̀ⲣⲟϥ ϫⲉ ⲡⲓⲗⲓⲑⲟⲥ ⲧ̀ⲣⲱⲧⲟⲛ : ⲙ̀ⲙⲉⲧϩⲉⲃⲣⲉⲟⲥ ϫⲉ Ⲅⲁⲃⲃⲁⲑⲁ : Ⲛⲉⲧ̀ⲡⲁⲣⲉⲥⲕⲉⲩⲏ ⲉ̀ⲧⲉ ⲙ̀ⲡⲓⲡⲁⲥⲭⲁ : ⲛⲉ ⲫ̀ⲛⲁⲩ ⲇⲉ ⲛ̀ⲁϫⲡ ⲥⲟⲟⲩ ⲡⲉ : ⲟⲩⲟϩ ⲛⲁϥϫⲱ ⲙ̀ⲙⲟⲥ ⲛ̀ϫⲉ Ⲡⲓⲗⲁⲧⲟⲥ ⲛ̀ⲛⲓⲒⲟⲩⲇⲁⲓ ϫⲉ ϩⲏⲡⲡⲉ ⲓⲥ ⲡⲉⲧⲟⲩⲣⲟ : Ⲛ̀ⲑⲱⲟⲩ ⲇⲉ ⲁⲩⲱϣ ⲉ̀ⲃⲟⲗ ϫⲉ ⲁ̀ⲗⲓⲧϥ ⲁ̀ⲗⲓⲧϥ ⲁϣϥ : ⲡⲉϫⲉ Ⲡⲓⲗⲁⲧⲟⲥ ⲛⲱⲟⲩ ϫⲉ ⲛ̀ⲧⲁⲉϣ ⲡⲉⲧⲉⲛⲟⲩⲣⲟ : ⲁⲩⲉ̀ⲣⲟⲩⲱ̀ ⲛ̀ϫⲉ ⲛⲓⲁⲣⲭⲏⲉⲣⲉⲩⲥ ϫⲉ ⲙ̀ⲙⲟⲛⲧⲉⲛ ⲟⲩⲣⲟ ⲙ̀ⲙⲁⲩ ⲉ̀ⲃⲏⲗ ⲉ̀Ⲕⲉⲥⲁⲣ. Ⲧⲟⲧⲉ ⲟⲩⲛ ⲁϥϯ ⲛⲱⲟⲩ ⲛⲒⲏⲥ ϩⲓⲛⲁ ⲛⲥⲉⲁϣϥ ⲁⲩϭⲓ ⲟⲩⲛ ⲛ̀Ⲓⲏ̅ⲥ̅ : ⲟⲩⲟϩ ⲛ̀ⲑⲟϥ ⲉϥϥⲁⲓ ⲙ̀ⲡⲉϥ̀ⲥⲧⲁⲩⲣⲟⲥ ⲁϥⲓ̀ ⲉ̀ⲃⲟⲗ ⲉ̀ⲡⲓⲙⲁ ⲉ̀ⲧⲟⲩⲙⲟⲩϯ ⲉ̀ⲣⲟϥ ϫⲉ Ⲡⲓ̀ⲕⲣⲁⲛⲓⲟⲛ : ⲙ̀ⲙⲉⲧϩⲉⲃⲣⲉⲟⲥ ⲇⲉ ϫⲉ ⲠⲓⲄⲟⲗⲅⲟⲑⲁ : Ⲡⲓⲙⲁ ⲉ̀ⲧⲁⲩⲁϣϥ ⲙ̀ⲙⲟϥ : ⲟⲩⲟϩ ⲁⲩⲓ̀ϣⲓ ⲛ̀ⲕⲉⲥⲟⲛⲓ ⲥ̀ⲛⲁⲩ ⲛⲉⲙⲁϥ ⲥⲁ̀ⲙⲏ ⲛⲉⲙ ⲥⲁ̀ⲙⲛⲁⲓ ⲙ̀ⲙⲟϥ : Ⲓⲏⲥ ⲇⲉ ϧⲉⲛ ⲑ̀ⲙⲏϯ. Ⲁϥⲥ̀ϧⲉ ⲕⲉ ⲧⲓⲧⲗⲟⲥ ⲇⲉ ⲛ̀ϫⲉ Ⲡⲓⲗⲁⲧⲟⲥ : ⲟⲩⲟϩ ⲁϥⲭⲁϥ ϩⲓϫⲉⲛ ⲡⲓ̀ⲥⲧⲁⲩⲣⲟⲥ : ⲛⲁϥ ⲥ̀ϧⲏⲟⲩⲧ ⲇⲉ ⲡⲉ ϫⲉ : **ⲒⲎⲤⲞⲨⲤ ⲠⲒⲚⲀⲌⲰⲢⲈⲞⲤ Ⲡ̀ⲞⲨⲢⲞ Ⲛ̀ⲦⲈ ⲚⲒⲒⲞⲨⲆⲀⲒ** : Ⲟⲩⲙⲏϣ ⲇⲉ ⲛ̀ⲧⲉ ⲛⲓⲒⲟⲩⲇⲁⲓ ⲁⲩⲱϣ ⲙ̀ⲡⲁⲓⲧⲓⲧⲗⲟⲥ : ϫⲉ ⲛⲁϥϧⲉⲛⲧ ⲡⲉ ⲉ̀ϯⲃⲁⲕⲓ ⲛ̀ϫⲉ ⲡⲓⲙⲁ ⲉⲧⲁⲩⲉϣ Ⲓⲏ̅ⲥ̅ ⲙ̀ⲙⲟϥ : ⲟⲩⲟϩ ⲛⲁϥⲥ̀ϧⲏⲟⲩⲧ ⲡⲉ ⲙ̀ⲙⲉⲧϩⲉⲃⲣⲉⲟⲥ ⲙ̀ⲙⲉⲧⲣⲱⲙⲉⲟⲥ ⲙ̀ⲙⲉⲧⲟⲩⲉⲓⲛⲓⲛ Ⲛⲁⲩϫⲱ ⲟⲩⲛ ⲙ̀ⲙⲟⲥ ⲡⲉ ⲙ̀Ⲡⲓⲗⲁⲧⲟⲥ : ⲛ̀ϫⲉ ⲛⲓⲁⲣⲭⲏⲉ̀ⲣⲉⲩⲥ ⲛ̀ⲧⲉ ⲛⲓⲒⲟⲩⲇⲁⲓ : ϫⲉ ⲙ̀ⲡⲉⲣ̀ⲥϧⲁⲓ ϫⲉ ⲡ̀ⲟⲩⲣⲟ ⲛ̀ⲧⲉ ⲛⲓⲒⲟⲇⲁⲓ : ⲁⲗⲗⲁ ϫⲉ ⲛ̀ⲑⲟϥ ⲁϥϫⲟⲥ ϫⲉ ⲁ̀ⲛⲟⲕ ⲡⲉ ⲡ̀ⲟⲩⲣⲟ ⲛ̀ⲧⲉ ⲛⲓⲒⲟⲩⲇⲁⲓ. Ⲁϥⲉⲣⲟⲩⲱ ⲛ̀ϫⲉ Ⲡⲓⲗⲁⲧⲟⲥ ϫⲉ ⲫⲏⲉⲧⲁⲓⲥ̀ϧⲏⲧϥ ⲁⲓⲥ̀ϧⲏⲧϥ. Ⲛⲓⲙⲁⲧⲟⲓ ⲟⲩⲛ ⲉⲧⲁⲩ̀ⲓ̀ϣⲓ ⲛ̀Ⲓⲏ̅ⲥ̅ : ⲁⲩϭⲓ ⲛ̀ⲛⲉϥϩⲃⲱⲥ ⲟⲩⲟϩ ⲁⲩⲁⲓⲧⲟⲩ ⲛ̀ϥ̀ⲧⲟⲩ ⲛ̀ⲧⲟⲓ : ⲟⲩⲧⲟⲓ ⲉ̀ⲫⲟⲩⲁⲓ ⲛ̀ⲛⲓⲙⲁⲧⲟⲓ ⲛⲉⲙ ϯⲕⲉϣ̀ⲑⲏⲛ : ϯϣ̀ⲑⲏⲛ ⲇⲉ ⲛⲉ ⲟⲩⲁⲧⲑⲱⲣⲡ ⲧⲉ : ⲛ̀ⲥⲱϧⲓ ⲉ̀ⲃⲟⲗ ⲉ̀ⲡ̀ϣⲱⲓ ⲧⲏⲣⲥ : Ⲡⲉϫⲱⲟⲩ ⲇⲉ ⲛ̀ⲛⲟⲩⲉ̀ⲣⲏⲟⲩ ϫⲉ ⲙ̀ⲡⲉⲛ̀ⲑⲣⲉⲛⲫⲁϧⲥ ⲁⲗⲗⲁ ⲙⲁⲣⲉⲛϩⲓⲱⲡ ⲉ̀ⲣⲟⲥ : ϫⲉ ⲁⲥⲛⲁⲉⲣ ⲑⲁ ⲛⲓⲙ ⲙ̀ⲙⲟⲛ : ϩⲓⲛⲁ ⲛ̀ⲧⲉ ϯⲅ̀ⲣⲁⲫⲏ ϫⲱⲕ ⲉ̀ⲃⲟⲗ ⲉⲥϫⲱⲙ̀ⲙⲟⲥ : ϫⲉ ⲁⲩⲫⲱϣ ⲛ̀ⲛⲁϩⲃⲱⲥ ⲉϩ̀ⲣⲁⲩ : ⲟⲩⲟϩ ⲧⲁϩⲉⲃⲥⲱ ⲁⲩϩⲓⲱⲡ ⲉ̀ⲣⲟⲥ : ⲛⲁⲓ ⲟⲩⲛ ⲉⲧⲁⲩⲁⲓⲧⲟⲩ ⲛ̀ϫⲉ ⲛⲓⲙⲁⲧⲟⲓ : Ⲛⲁⲩⲟϩⲓ ⲇⲉ ⲉ̀ⲣⲁⲧⲟⲩ ⲡⲉ ϧⲁⲧⲉⲛ ⲡⲓⲥ̀ⲧⲁⲩⲣⲟⲥ ⲛ̀Ⲓⲏ̅ⲥ̅ : ⲛ̀ϫⲉ ⲧⲉϥⲙⲁⲩ ⲛⲉⲙ ⲧ̀ⲥⲱⲛⲓ ⲛ̀ⲧⲉϥⲙⲁⲩ : Ⲙⲁⲣⲓⲁ̀ ⲛ̀ⲧⲉ Ⲕ̀ⲗⲉⲱⲡⲁ ⲛⲉⲙ Ⲙⲁⲣⲓⲁ̀ ϯⲙⲁⲅⲇⲁⲗⲓⲛⲏ : Ⲓⲏ̅ⲥ̅ ⲇⲉ ⲉ̀ⲧⲁϥⲛⲁⲩ ⲉ̀ⲧⲉϥⲙⲁⲩ ⲛⲉⲙ ⲡⲓⲙⲁⲑⲏⲧⲏⲥ ⲉ̀ⲛⲁϥⲙⲉⲓ ⲙ̀ⲙⲟϥ ⲉϥⲟϩⲓ ⲉ̀ⲣⲁⲧϥ ⲡⲉϫⲁϥ ⲛ̀ⲧⲉϥⲙⲁⲩ : ϫⲉ ϯⲥϩⲓⲙⲓ ⲓⲥ ⲡⲉϣⲏⲣⲓ : Ⲓ̀ⲧⲁ ⲡⲉϫⲁϥ ⲙ̀ⲡⲓⲙⲁⲑⲏⲧⲏⲥ ϫⲉ ϩⲏⲡⲡⲉⲓⲥ ⲧⲉⲕⲙⲁⲩ : ⲟⲩⲟϩ ⲓⲥϫⲉⲛ ϯⲟⲩⲛⲟⲩ ⲉ̀ⲧⲉⲙ̀ⲙⲁⲩ ⲁϥⲟⲗⲥ ⲛ̀ϫⲉ ⲡⲓⲙⲁⲑⲏⲧⲏⲥ ⲉ̀ϧⲟⲩⲛ ⲉⲡⲉϥⲏⲓ :

Ⲟⲩⲱϣⲧ ⲙ̀ⲡⲓⲉⲩⲁⲅⲅⲉⲗⲓⲟⲛ ⲉⲑ̅ⲩ̅.

John 19:13-27

When Pilate therefore heard that saying, he brought Jesus out and sat down in the judgment seat in a place that is called The Pavement, but in Hebrew, Gabbatha. Now it was the Preparation Day of the Passover, and about the sixth hour. And he said to the Jews, "Behold your King!" But they cried out, "Away with Him, away with Him! Crucify Him!" Pilate said to them, "Shall I crucify your King?" The chief priests answered, "We have no king but Caesar!" Then he delivered Him to them to be crucified. So they took Jesus and led Him away. And He, bearing His cross, went out to a place called the Place of a Skull, which is called in Hebrew, Golgotha, where they crucified Him, and two others with Him, one on either side, and Jesus in the center. Now Pilate wrote a title and put it on the cross. And the writing was: JESUS OF NAZARETH, THE KING OF THE JEWS. Then many of the

يوحنا ١٩: ١٢ - ٢٧

فَلَمَّا سَمِعَ بِيلاَطُسُ هَذَا الْقَوْلَ أَخْرَجَ يَسُوعَ وَجَلَسَ عَلَى كُرْسِيِّ الْوِلاَيَةِ فِي مَوْضِعٍ يُقَالُ لَهُ «الْبلاَطُ» وَبِالْعِبْرَانِيَّةِ «جَبَّاثَا». وَكَانَ اسْتِعْدَادُ الْفِصْحِ وَنَحْوُ السَّاعَةِ السَّادِسَةِ. فَقَالَ لِلْيَهُودِ: «هُوَذَا مَلِكُكُمْ». فَصَرَخُوا: «خُذْهُ! خُذْهُ اصْلِبْهُ!» قَالَ لَهُمْ بِيلاَطُسُ: «أَأَصْلِبُ مَلِكَكُمْ؟» أَجَابَ رُؤَسَاءُ الْكَهَنَةِ: «لَيْسَ لَنَا مَلِكٌ إِلاَّ قَيْصَرُ». فَحِينَئِذٍ أَسْلَمَهُ إِلَيْهِمْ لِيُصْلَبَ. فَأَخَذُوا يَسُوعَ وَمَضَوْا بِهِ. فَخَرَجَ وَهُوَ حَامِلٌ صَلِيبَهُ إِلَى الْمَوْضِعِ الَّذِي يُقَالُ لَهُ «مَوْضِعُ الْجُمْجُمَةِ» وَيُقَالُ لَهُ بِالْعِبْرَانِيَّةِ «جُلْجُثَةُ» حَيْثُ صَلَبُوهُ وَصَلَبُوا اثْنَيْنِ آخَرَيْنِ مَعَهُ مِنْ هُنَا وَمِنْ هُنَا وَيَسُوعُ فِي الْوَسْطِ. وَكَتَبَ بِيلاَطُسُ عُنْوَاناً وَوَضَعَهُ عَلَى الصَّلِيبِ. وَكَانَ مَكْتُوباً: «يَسُوعُ النَّاصِرِيُّ مَلِكُ الْيَهُودِ». فَقَرَأَ هَذَا الْعُنْوَانَ كَثِيرُونَ مِنَ الْيَهُودِ لأَنَّ الْمَكَانَ الَّذِي صُلِبَ

Jews read this title, for the place where Jesus was crucified was near the city; and it was written in Hebrew, Greek, and Latin. Therefore the chief priests of the Jews said to Pilate, "Do not write, 'The King of the Jews,' but, 'He said, "I am the King of the Jews." ' " Pilate answered, "What I have written, I have written." Then the soldiers, when they had crucified Jesus, took His garments and made four parts, to each soldier a part, and also the tunic. Now the tunic was without seam, woven from the top in one piece. They said therefore among themselves, "Let us not tear it, but cast lots for it, whose it shall be," that the Scripture might be fulfilled which says: "They divided My garments among them, And for My clothing they cast lots." Therefore the soldiers did these things. Now there stood by the cross of Jesus His mother, and His mother's sister, Mary the wife of Clopas, and Mary Magdalene. When Jesus therefore saw His mother, and the disciple whom He loved standing by, He said to His mother, "Woman, behold your son!" Then He said to the disciple, "Behold your mother!" And from that hour that disciple took her to his own home.

Bow down before the Holy Gospel.
Glory be to God forever.

فِيهِ يَسُوعُ كَانَ قَرِيباً مِنَ الْمَدِينَةِ. وَكَانَ مَكْتُوباً بِالْعِبْرَانِيَّةِ وَالْيُونَانِيَّةِ وَاللاتِينِيَّةِ. فَقَالَ رُؤَسَاءُ كَهَنَةِ الْيَهُودِ لِبِيلاَطُسَ: «لاَ تَكْتُبْ: مَلِكُ الْيَهُودِ بَلْ: إِنَّ ذَاكَ قَالَ أَنَا مَلِكُ الْيَهُودِ». أَجَابَ بِيلاَطُسُ: «مَا كَتَبْتُ قَدْ كَتَبْتُ». ثُمَّ إِنَّ الْعَسْكَرَ لَمَّا كَانُوا قَدْ صَلَبُوا يَسُوعَ أَخَذُوا ثِيَابَهُ وَجَعَلُوهَا أَرْبَعَةَ أَقْسَامٍ لِكُلِّ عَسْكَرِيٍّ قِسْماً. وَأَخَذُوا الْقَمِيصَ أَيْضاً. وَكَانَ الْقَمِيصُ بِغَيْرِ خِيَاطَةٍ مَنْسُوجاً كُلُّهُ مِنْ فَوْقُ. فَقَالَ بَعْضُهُمْ لِبَعْضٍ: «لاَ نَشُقُّهُ بَلْ نَقْتَرِعُ عَلَيْهِ لِمَنْ يَكُونُ». لِيَتِمَّ الْكِتَابُ الْقَائِلُ: «اقْتَسَمُوا ثِيَابِي بَيْنَهُمْ وَعَلَى لِبَاسِي أَلْقَوْا قُرْعَةً». هَذَا فَعَلَهُ الْعَسْكَرُ. وَكَانَتْ وَاقِفَاتٍ عِنْدَ صَلِيبِ يَسُوعَ أُمُّهُ وَأُخْتُ أُمِّهِ مَرْيَمُ زَوْجَةُ كِلُوبَا وَمَرْيَمُ الْمَجْدَلِيَّةُ. فَلَمَّا رَأَى يَسُوعُ أُمَّهُ وَالتِّلْمِيذَ الَّذِي كَانَ يُحِبُّهُ وَاقِفاً قَالَ لأُمِّهِ: «يَا امْرَأَةُ هُوَذَا ابْنُكِ». ثُمَّ قَالَ لِلتِّلْمِيذِ: «هُوَذَا أُمُّكَ». وَمِنْ تِلْكَ السَّاعَةِ أَخَذَهَا التِّلْمِيذُ إِلَى خَاصَّتِهِ.

أسجدوا للإنجيل المقدس.
والمجد لله دائماً.

Commentary

طرح

The Commentary of the Sixth Hour of Good Friday of Holy Pascha, may its blessings be with us all. Amen.

طرح الساعة السادسة من يوم الجمعة العظيمة من البصخة المقدسة بركتها علينا. آمين.

O you dwellers of Jerusalem, come and see this sight. They crucified Jesus the

يا جميع السكان بأورشليم، تعالوا أنظروا

Son of David on a cross. They dressed Him in a scarlet robe like the kings, and placed a crown of thorns on His head.

هذا المنظر، فانهم علقوا يسوع بن داود على خشبة الصليب. والبسوه ثوباً أحمر من لباس الملوك والرؤساء. ووضعوا اكليل شوك على رأسه.

He adorned the heavens with the stars and the earth with flowers. They placed a reed in His right hand as a wise man and a teacher. They carried a cross behind Him as a conqueror.

مزين السموات بحسن النجوم، مؤسس الأرض بروح فيه، ومزينها بحسن الأزهار، جعلوا فى يمينه قصبة حكيم معلم كاتب. وجعلوا صليبه خلفه كملك غالب فى الحرب.

The women who came to Jerusalem for the Passover wept and wailed when they saw Him. He turned to them and said, "Daughters of Jerusalem, do not weep for Me. Rather, weep for yourselves because of the great tribulation that will fall on you. Theses will be days when you envy the barren who never gave birth, nursed, nor raised a child. They will ask the mountains to fall on them, and the hills to cover them. For if they do this when the wood is green what will happen when it is dry.

فلما النسوة الآتيات إلى عيد الفصح، انتحبن وبكين على ما كان، فالتفت اليهن وكلمهن هكذا قائلاً: يا كل بنات أورشليم لا تبكين علىّ بل على ذواتكن، لأجل الشدائد العظيمة التى تدرككن، والاضطراب الكثير بعد زمن قليل. وستأتى عليكن أيام تطوبن فيها البطون العواقر التى لم تحبل، ولم تلد، ولم ترضع، ولم تربّ. وسيقولون للجبال أن تقع عليهم والآكام أن تغطيهم، فان كانوا يفعلون هذا بالعود الرطب فماذا يصنعون باليابس؟.

When they came to the place called Golgotha, they set the cross, and crucified Him.

ولما أتوا به إلى الاقرانيون الذى يدعى الجلجلة، أقاموا خشبة الصليب وصلبوه عليها كالتدبير.

They crucified with Him two criminals, one on His right and one on His left, so that the prophesy of the prophet may be fulfilled that said, "He was numbered with the transgressors."

وكان هناك فاعلا شر صلبوهما معه. واحد عن اليمين والآخر عن اليسار. لكى يكمل قول النبى أنه أحصى مع المنافقين وجهال الناس.

The soldiers took His clothes and cast lots to divide His garments. They inscribed on the cross over His head, in Hebrew, Greek, and Roman, "This is the king of the Jews." The people stood

ثم أخذ الجند ثيابه واقترعوا عليها واقتسموها

by, watching, and mocked Him saying, "He saved others, let Him save Himself if He is the Christ, the chosen of God." The soldiers also mocked him saying, "If you are the king of the Jews, save Yourself and come down off the cross."

The thief on His left said to Him in front of everyone, "If you are the Christ save Yourself and us." The other thief rebuked him saying, "Do you not even fear God, seeing you are under the same condemnation? And we indeed justly, for we received the due reward of our deeds; but this Man has done nothing wrong." Then he said to Jesus, "Lord, remember me when You come into Your Kingdom." The Lord of Glory and Lover of mankind replied saying, "Today you will be with me in Paradise."

There were women standing by the cross of our Savior, His mother, His mother's sister, Mary, the wife of Clopas and Mary Magdalene. When Jesus saw His mother and the disciple whom He loved standing near, He said to His mother, "Woman, behold your son!" Then He said to the disciple, "Behold your mother," and from that hour the disciple took her to his own home as the Lord had said.

And from the sixth hour to ninth hour there was darkness on the whole earth.

O Lord who adorned the earth with flowers, they dressed You with a scarlet robe. O who adorned the skies with the stars, they put a crown of thorns on

أربعة أجزاء. وكتبوا السبب فوق رأسه كأمر رئيس الكهنة. كتبوا بالعبرانية وباليونانية وبالرومانية: أن هذا هو ملك اليهود وكان جميع الشعب قائماً والرؤساء والقادة وكانوا يهزأون به بغير حياء، ويحركون رؤوسهم ويقولون: خلص آخرين، فليخلص نفسه ان كان هو المسيح ابن المبارك. وأيضاً الجند كانوا يهزأون به ويجدفون عليه بلا فتور قائلين: ان كنت أنت ملك اليهود أنزل عن الصليب.

وكان واحد من فاعلى الشر اللذين صلبا معه يفترى عليه أمام الجميع قائلاً: ان كنت أنت المسيح فخلص نفسك وخلصنا من هذا العار الذى نحن فيه. فانتهره الآخر قائلاً: أما تخاف أنت من الله؟! نحن من أجل آثامنا طرحنا إلى هذا الحكم وهذه العقوبة التى نحن فيها، أما هذا فلم يفعل شيئاً مثلنا، فانه بغير شر ولا ظلم. وفتح فاه وابتدأ يقول: اذكرنى يا رب متى جئت فى ملكوتك. فاستجاب له رب المجد وخاطبه كمحب للبشر قائلاً: أقول لك أنك اليوم تكون معى فى فردوس النعيم.

وكانت نسوة واقفات عند صليب مخلصنا، أمه وأخت أمه ومريم التى لكلوبا والمجدلية. فلما رأى يسوع أمه والتلميذ الآخر الذى كان يسوع يحبه، أشار إليها قائلاً: يا امرأة هذا ابنك. وقال للآخر: هذه أمك. ومن تلك الساعة أخذها التلميذ إلى بيته كقول

Your head. You whose mighty hand holds heaven and earth, they put a reed in Your hand. You who hanged earth with one word of Your mouth, were hanged on the cross. O Lord, You were crucified for our sins and trampled the power of death by Your cross.

الرب.

ومن الساعة السادسة إلى الساعة التاسعة كانت ظلمة على الأرض كلها.

يا من زينت الأرض بكثرة الأزهار، البسوك ثوباً أحمر. والسماء بكثرة النجوم، وضعوا عليك اكليلا من شوك. يا من السماء والأرض فى قبضتك، وضعوا فى يدك قصبة، يا من علقت الأرض كلها بكلمة من فيك، وصلبت من أجل خطايانا، وأبطلت عز الموت يا سيدنا بصليبك يا ذا القدرة المنيعة.

The daytime Litanies are prayed.
تقال طلبة الصباح.

CONGREGATION		**الشعب**
[12 times in Long tone] Amen. Lord Have Mercy	Ⲁⲙⲏⲛ. ⲕⲉ [12 times]	آمين. يا رب ارحم (١٢ مرة).
Glory be to the Father and the Son and the Holy Spirit unto the ages of all ages. Amen.	Ⲁⲙⲉⲛ ⲁⲗ Ⲇⲟⲝⲁ Ⲡⲁⲧⲣⲓ ⲕⲉ Ⲩⲓⲱ ⲕⲉ ⲁⲅⲓⲱ Ⲡⲛⲉⲩⲙⲁⲧⲓ : ⲕⲉ ⲛⲩⲛ ⲕⲉ ⲁⲓ ⲕⲉ ⲓⲥ ⲧⲟⲩⲥ ⲉⲱⲛⲁⲥ ⲧⲱⲛ ⲉⲱⲛⲱⲛ ⲁⲙⲏⲛ.	المجد للآب والابن والروح القدس. الآن وكل اوان والى دهر الدهور. آمين.

CONGREGATION		الشعب
Remember me O Lord, when You come into Your kingdom.	Ⲁⲣⲓⲡⲁⲙⲉⲩⲓ̀ ⲱ̀Ⲡⲁϭⲟⲓⲥ : ⲁⲕϣⲁⲛⲓ̀ ϧⲉⲛ ⲧⲉⲕⲙⲉⲧⲟⲩⲣⲟ.	اذكرني يارب متى جئت في ملكوتك.
Remember me O King, when You come into Your kingdom.	Ⲁⲣⲓⲡⲁⲙⲉⲩⲓ̀ ⲱ̀Ⲡⲁⲟⲩⲣⲟ : ⲁⲕϣⲁⲛⲓ̀ ϧⲉⲛ ⲧⲉⲕⲙⲉⲧⲟⲩⲣⲟ.	اذكرني يا ملكي متى جئت في ملكوتك.
Remember me O Holy One, when You come into Your kingdom.	Ⲁⲣⲓⲡⲁⲙⲉⲩⲓ̀ ⲱ̀Ⲫⲏⲉⲑⲟⲩⲁⲃ ⲁⲕϣⲁⲛⲓ̀ ϧⲉⲛ ⲧⲉⲕⲙⲉⲧⲟⲩⲣⲟ.	اذكرني يا قدوس متى جئت في ملكوتك.
Holy God, Holy Mighty, Holy Immortal, who was crucified for us, have mercy on us.	Ⲭⲉ ⲁⲅⲓⲟⲥ ⲟ̀Ⲑⲉⲟⲥ : ⲁ̀ⲅⲓⲟⲥ ⲓⲥⲭⲩⲣⲟⲥ : ⲁ̀ⲅⲓⲟⲥ ⲁⲑⲁⲛⲁⲧⲟⲥ : ⲟ̀ ⲥ̀ⲧⲁⲩⲣⲱⲑⲓⲥ ⲇ̀ⲓ ⲏ̀ⲙⲁⲥ ⲉ̀ⲗⲉ̀ⲏⲥⲟⲛ ⲏ̀ⲙⲁⲥ.	قدوس الله، قدوس القوى الذى صلب عنا ارحمنا.
Glory be to the Father and the Son and the Holy Spirit unto the ages of all ages. Amen.	Ⲇⲟⲝⲁ Ⲡⲁⲧⲣⲓ ⲕⲉ Ⲩⲓⲱ̀ ⲕⲉ ⲁ̀ⲅⲓⲱ̀ Ⲡⲛⲉⲩⲙⲁⲧⲓ : ⲕⲉ ⲛⲩⲛ ⲕⲉ ⲁ̀ⲓ̀ ⲕⲉ ⲓⲥ ⲧⲟⲩⲥ ⲉ̀ⲱ̀ⲛⲁⲥ ⲧⲱⲛ ⲉ̀ⲱ̀ⲛⲱⲛ ⲁ̀ⲙⲏⲛ.	المجد للآب والابن والروح القدس. الآن وكل اوان والى دهر الدهور. آمين.
Remember me O Lord, when You come into Your kingdom.	Ⲙ̀ⲛⲏⲥⲑⲏⲧⲓ ⲙⲟⲩ Ⲕⲩⲣⲓⲉ̀ : ⲉⲛⲧⲏ Ⲃⲁⲥⲓⲗⲓⲁ̀ⲥⲟⲩ.	اذكرني يارب متى جئت في ملكوتك.
Remember me O Holy One, when You come into Your kingdom.	Ⲙ̀ⲛⲏⲥⲑⲏⲧⲓ ⲙⲟⲩ ⲁ̀ⲅⲓⲉ̀ : ⲉⲛⲧⲏ Ⲃⲁⲥⲓⲗⲓⲁ̀ⲥⲟⲩ.	اذكرني يا قدوس متى جئت في ملكوتك.
Remember me O Master, when You come into Your kingdom.	Ⲙ̀ⲛⲏⲥⲑⲏⲧⲓ ⲙⲟⲩ Ⲇⲉⲥⲡⲟⲧⲁ: ⲉⲛⲧⲏ Ⲃⲁⲥⲓⲗⲓⲁ̀ⲥⲟⲩ.	اذكرني يا سيد متى جئت في ملكوتك.

PRIEST

O King of kings, Christ our God, Lord of Lords, as Your remembered the thief who believed in You, on the cross, remember us also in Your kingdom.
[refrain...]

الكاهن

يا ملك الملوك المسيح الهنا ورب الأرباب كما ذكرت اللص الذى آمن بك على الصليب، اذكرنا فى ملكوتك.
(المرد...)

PRIEST

Who saw a thief believe in a king as this thief who through his faith stole the kingdom of heaven and the paradise of joy.
[refrain...]

الكاهن

من رأى لصاً آمن بملك مثل هذا اللص الذى بأمانته سرق ملكوت السماوات وفردوس النعيم.
(المرد...)

PRIEST

Because of your deeds, O thief, you were hung on the cross as the condemned. Through your faith, you deserved the grace, joy, and the kingdom of heaven and the paradise of joy.
[refrain...]

الكاهن

من أجل أعمالك أيها اللص علقت على الصليب كالمذنبين وبإيمانك استحقيت النعمة والفرح وملكوت السموات وفردوس النعيم.
(المرد...)

PRIEST

Blessed are you O blessed thief and your good tongue by which you were truly made worthy of the kingdom of heaven and the paradise of joy.
[refrain...]

الكاهن

طوباك انت ايها اللص الطوباوى ولسانك الحسن المنطق الذى به تأهلت بالحقيقة لملكوت السموات وفردوس النعيم.
(المرد...)

PRIEST

O blessed thief, what did you see and what did you observe, that you confessed the Crucified Christ in the flesh, the King of Heaven and God of all.
[refrain...]

الكاهن

ايها اللص الطوباوى ماذا رأيت وماذا ابصرت حتى اعترفت بالمسيح المصلوب بالجسد ملك السماء وإله الكل.
(المرد...)

PRIEST

الكاهن

You did not see Christ God glorified on Mount Tabor in the glory of His Father, but you saw Him hung in Ekranion, wherefore you cried out saying:
[refrain...]

ما رأيت المسيح الإله متجلياً على طور طابور فى مجد أبيه بل رأيته معلقاً على الاقرانيون فلوقتك صرخت قائلاً:
(المرد...)

PRIEST

You believed when you saw the heaven and the earth shake and the sun and moon darkened. When the dead rose, the rocks split, and the curtain of the altar was torn, wherefore you cried out saying:
[refrain...]

الكاهن

آمنت لما رأيت السماء والأرض اضطربتا والشمس والقمر اظلمتا والأموات قامت والصخور تشققت وستر الهيكل انشق فلوقتك صرخت قائلاً.
(المرد...)

PRIEST

"Assuredly, I say to you," said the Lord, "today you will be with Me in Paradise and inherit My kingdom." The disciple denied and the thief cried out saying:
[refrain...]

الكاهن

الحق الحق اقول لك قال الرب، أيها اللص انك انت اليوم تكون معى فى فردوسى وترث ملكوتي. التلميذ انكر واللص صرخ قائلاً:
(المرد...)

Blessed are you O Demas, the thief more than everyone on the earth, for you have gained a way no one gained. All your life, you were a thief in Jerusalem's forests and one word you said to the Lord and he sent you to paradise.
[refrain...]

طوباك أنت يا ديماس اللص أكثر من كل من على الأرض لأنك نلت وسيلة لم ينلها أحد قط كل زمانك أقمت لصاً فى غابات أورشليم وكلمة واحدة قلت للرب فارسلك إلى الفردوس.
(المرد...)

When they crucified our Savior on the cross, they crucified two thieves with Him, one on His right and one on His left. And Demas, the thief on the right, cried out saying, "Remember me O Lord when You come into Your kingdom." Our Savior said to Him, "Today you will be with Me in Paradise."
[refrain...]

كان لما صلب مخلصنا على خشبة الصليب، صلبوا معه لصين عن يمينه ويساره. فصرخ ديماس اللص اليمين قائلاً: اذكرنى يارب متى جئت فى ملكوتك. قال له مخلصنا انك اليوم تكون معى فى فردوسى وتتنعم فيه.
(المرد...)

We ask Him who was crucified on the wood of the cross, shed His divine blood for us, and trampled death by His death to forgive us our sins and keep for us the life of our father the Patriarch Pope Abba (Shenouda the Third) and the lives of my fathers who are gathered here in this church from the youngest to the oldest. Say all of you. (Amen)[3].

ونحن نطلب إلى الذى رفع على خشبة الصليب وبذل دمه الإلهى عنا وابطل الموت بموته أن يغفر خطايانا ويحفظ لنا حياة الآب البطريرك البابا (شنودة الثالث) وسادتى الآباء المجتمعين فى هذه البيعة من صغيرهم إلى كبيرهم قولوا كلكم (آمين)[٣].

The lights of the church are lit as well as the candles as a symbol to the end of darkness at the Ninth Hour.

تضاء أنوار الكنيسة وتوقد الشموع علامة على انتهاء الظلمة فى الساعة التاسعة.

Ninth Hour of Good Friday

الساعة التاسعة من الجمعة العظيمة

Ⲓⲉⲣⲉⲙⲓⲁⲥ Ⲕⲉⲫ ⲓ̅ⲁ̅ : ⲓ̅ⲏ̅ ϣⲁ ⲃ̅ⲗ̅ ⲛⲉⲙ ⲓ̅ⲃ̅ : ⲁ̅ - ⲓ̅ⲋ̅

Ⲉⲃⲟⲗϧⲉⲛ Ⲓⲉⲣⲉⲙⲓⲁⲥ ⲡⲓⲡⲣⲟⲫⲏⲧⲏⲥ: ⲉⲣⲉⲡⲉϥⲥ̀ⲙⲟⲩ ⲉⲑⲟⲩⲁⲃ ϣⲱⲡⲓ ⲛⲉⲙⲁⲛ ⲁ̀ⲙⲏⲛ ⲉϥϫⲱ ⲙ̀ⲙⲟⲥ.

Ⲡϭⲟⲓⲥ ⲙⲁⲧⲁⲙⲟⲓ ⲟⲩⲟϩ ⲉⲓⲉⲙⲓ : ⲧⲟⲧⲉ ⲁⲓⲛⲁⲩ ⲉⲛⲟⲩϩⲃⲏⲟⲩⲓ̀ Ⲁⲛⲟⲕ ⲇⲉ ⲙ̀ⲫⲣⲏϯ ⲛ̀ⲟⲩϩⲓⲏⲃ ⲛ̀ⲁⲧⲡⲉⲧϩⲱⲟⲩ ⲉⲩ̀ⲓⲛⲓ ⲙ̀ⲙⲟϥ ⲉ̀ϣⲁⲧϥ ⲟⲩⲟϩ ⲙ̀ⲡⲓⲉ̀ⲙⲓⲡ̅ⲛ̅ⲁ̅ Ⲁⲩⲥⲟϭⲛⲓ ⲉ̀ⲣⲟⲓ ⲛ̀ⲟⲩⲥⲟϭⲛⲓ ⲉϥϩⲱⲟⲩ ⲉⲩϫⲱ̀ⲙ̀ⲙⲟⲥ : ϫⲉ ⲁ̀ⲙⲱⲓⲛⲓ ⲙⲁⲣⲉⲛϩⲓⲟⲩⲓ̀ ⲛ̀ⲟⲩϣⲉ ⲉ̀ⲡⲉϥⲱⲓⲕ : ⲟⲩⲟϩ ⲛ̀ⲧⲉⲛϥⲟⲧϥ ⲉ̀ⲃⲟⲗϧⲉⲛ ⲡ̀ⲕⲁϩⲓ ⲛ̀ⲛⲏⲉⲧⲟⲛϧ : ⲟⲩⲟϩ ⲛ̀ⲧⲟⲩϣⲧⲉⲙ ⲉⲣⲫ̀ⲙⲉⲩⲓ̀ ϫⲉ ⲙ̀ⲡⲉϥⲣⲁⲛ. Ⲡ̅ⲟ̅ⲥ̅ ⲡⲉⲧϯϩⲁⲡ ⲛ̀ⲑ̀ⲙⲏⲓ : ⲟⲩⲟϩ ⲉⲧⲉⲣⲇⲟⲕⲓⲙⲁⲍⲓⲛ ⲛ̀ⲛⲓϭⲗⲱⲧ ⲛⲉⲙ ⲛⲓϩⲏⲧ : ⲙⲁⲣⲓⲛⲁⲩ ⲉ̀ⲡⲓϭⲓⲙ̀ⲡϣⲓϣ ⲉⲑⲛⲁϣⲱⲡⲓ ⲛ̀ϧⲏⲧⲟⲩ ⲉ̀ⲃⲟⲗϩⲓⲧⲟⲧⲕ : ϫⲉ ⲟⲩⲏⲓ ⲉ̀ⲧⲁⲩϭⲱⲣⲡ ⲙ̀ⲡⲁⲙⲁⲓ ⲉ̀ⲃⲟⲗϧⲁⲣⲟⲕ. Ⲉⲑⲃⲉ ⲫⲁⲓ ⲛⲁⲓ ⲛⲉ ⲛⲏⲉ̀ⲧⲉϥϫⲱ ⲙ̀ⲙⲱⲟⲩ ⲛ̀ϫⲉ Ⲡ̅ⲟ̅ⲥ̅ Ⲫ̅ϯ̅ ⲉϫⲉⲛ ⲛⲓⲣⲱⲙⲓ ⲛ̀ⲧⲉ Ⲁⲛⲁⲑⲱⲥ : ⲛⲏⲉⲧⲕⲱϯ ⲡ̀ⲛⲁⲛ̀ⲥⲁ ⲧⲁⲯⲩⲭⲏ ⲉⲩϫⲱ̀ⲙ̀ⲙⲟⲥ : ϫⲉ ⲙ̀ⲡⲉⲣⲉⲣⲡ̀ⲣⲟⲫⲏⲧⲉⲩⲓⲛ ϧⲉⲛ ⲫ̀ⲣⲁⲛ ⲙ̀Ⲡ̅ⲟ̅ⲥ̅ ⲙ̀ⲙⲟⲛ̀ⲭⲛⲁⲙⲟⲩ ⲛ̀ϧ̀ⲣⲏⲓ ϧⲉⲛ ⲛⲉⲛϫⲓϫ. ϩⲏⲡⲡⲉ ⲁ̀ⲛⲟⲕ ϯⲛⲁⲟⲩⲱⲣⲡ ⲉ̀ϫⲱⲟⲩ ⲛ̀ⲟⲩⲧⲁⲕⲟ : ⲛⲟⲩ ϧⲉⲗ̀ϣⲏⲣⲓ ⲉⲩ̀ⲉϩⲉⲓ ϧⲉⲛ ⲧ̀ⲥⲏϥⲓ : ⲟⲩⲟϩ ⲛⲟⲩϣⲏⲣⲓ ⲛⲉⲙ ⲛⲟⲩϣⲉⲣⲓ ⲉⲩⲉ̀ⲙⲟⲩ ϧⲉⲛ ⲟⲩϩ̀ⲃⲱⲛ. Ⲟⲩⲟϩ ⲛ̀ⲛⲉⲥⲱϫⲡ̅ⲡ̅ⲛ̅ⲁ̅ ⲛ̀ⲧⲱⲟⲩ ϣⲱⲡⲓ̅ⲡ̅ⲛ̅ⲁ̅ ϫⲉ ϯⲛⲁⲓⲛⲓ ⲛ̀ϩⲁⲛⲡⲉⲧϩⲱⲟⲩ ⲉ̀ϫⲉⲛ ⲛⲏⲉⲧϣⲟⲡ ϧⲉⲛ Ⲁⲛⲁⲑⲱⲑ ϧⲉⲛ ϯⲣⲟⲙⲡⲓ ⲛ̀ⲧⲉ ⲡⲟⲩϫⲉⲙⲡ̀ϣⲓⲛⲓ : Ⲛ̀ⲑⲟⲕ ⲟⲩⲑ̀ⲙⲏⲓ Ⲡ̅ⲟ̅ⲥ̅ ϯⲛⲁⲉ̀ⲣⲟⲩⲱ̀ ⲛⲁϩⲣⲁⲕ : ⲡ̀ⲗⲏⲛ ϯⲛⲁⲥⲁϫⲓ ⲛⲟⲩϩⲁⲡ ⲙ̀ⲡⲉⲕⲙ̀ⲑⲟ : ⲉⲑⲃⲉ ⲟⲩ ⲫ̀ⲙⲱⲓⲧ ⲛ̀ⲛⲓⲁ̀ⲥⲉⲃⲏⲥ ϥⲥⲟⲩⲧⲱⲛ : ⲥⲉⲉⲣⲉⲩ̀ⲑⲉⲛⲓⲛ ⲛ̀ϫⲉ ⲟⲩⲟⲛ ⲛⲓⲃⲉⲛ ⲉⲧⲟⲓ ⲛ̀ⲁⲧⲥⲱⲧⲉⲙ. Ⲁⲕϭ̀ⲱⲟⲩ ⲟⲩⲟϩ ⲁⲩϣⲉⲡⲛⲟⲩⲛⲓ : ⲁⲩϫ̀ⲫⲉ ⲛ̀ϩⲁⲛϣⲏⲣⲓ ⲟⲩⲟϩ ⲁⲩ̀ⲓⲣⲓ ⲛ̀ϩⲁⲛⲟⲩⲧⲁϩ : ⲛ̀ⲑⲟⲕ ⲕ̀ϧⲉⲛⲧ ϧⲉⲛ ⲣⲱⲟⲩ ⲟⲩⲟϩ ⲭⲟⲩ̀ⲛⲟⲩ ⲥⲁⲃⲟⲗ ⲛ̀ⲛⲟⲩϭ̀ⲗⲱⲧ. Ⲛ̀ⲑⲟⲕ Ⲡ̅ⲟ̅ⲥ̅ ⲕ̀ⲥⲱⲟⲩⲛ ⲙ̀ⲙⲟⲓ : ⲁⲕⲉⲣⲇⲟⲕⲓⲙⲁⲍⲓⲛ ⲙ̀ⲡⲁϩⲏⲧ : ⲙⲁⲧⲟⲩⲃⲱⲟⲩ ϧⲉⲛ ⲡ̀ⲉ̀ϩⲟⲟⲩ ⲙ̀ⲡⲟⲩϧⲟⲗϧⲉⲗ. Ϣⲁⲑⲛⲁⲩ ϫⲉ ϥⲛⲁⲉⲣϩ̀ⲏⲃⲓ ⲛ̀ϫⲉ ⲡ̀ⲕⲁϩ̅ⲓ̅ⲉ̅ⲑ̅ⲩ̅ ⲟⲩⲟϩ ⲡⲓⲥⲓⲙ ⲧⲏⲣϥ ⲛ̀ⲧⲉ ⲧ̀ⲕⲟⲓ ϥⲛⲁϣⲱⲟⲩⲓ̀ ⲉ̀ⲃⲟⲗϧⲉⲛ ⲧ̀ⲕⲁⲕⲓⲁ̀ ⲛ̀ⲛⲏ ⲉⲧϣⲟⲡ ϩⲓⲱⲧϥ : ⲁⲩⲧⲁⲕⲟ ⲛ̀ϫⲉ ⲛⲓⲧⲉⲃⲛⲱⲟⲩ ⲛⲉⲙ ⲛⲓϩⲁⲗⲁϯ : ϫⲉ ⲟⲩⲏⲓ ⲁⲩϫⲟⲥ ϫⲉ Ⲫ̅ϯ̅ ⲛⲁⲛⲁⲩ ⲁⲛ ⲉ̀ⲛⲉⲛⲙⲱⲓⲧ : Ⲛⲉⲕϭⲁ̀ⲗⲁⲩϫ ⲥⲉϭⲟϫⲓ ⲟⲩⲟϩ ⲥⲉϯⲟⲩⲱ ⲙ̀ⲙⲟⲕ : ⲡⲱⲥ ⲕ̀ⲥⲟⲃϯ ⲙ̀ⲙⲟⲕ ⲉ̀ϩ̀ⲣⲏⲓ ⲉ̀ϫⲉⲛ ϩⲁⲛ̀ϩⲑⲱⲣ : ⲟⲩⲟϩ ⲁⲕⲭⲁϩ̀ⲑⲏⲕ ⲉ̀ⲡⲓⲕⲁϩⲓ ⲛ̀ⲧⲉ ⲧⲉⲕϩⲓⲣⲏⲛⲏ : ⲡⲱⲥ ⲭ̀ⲛⲁⲓⲣⲓ ϧⲉⲛ ⲡ̀ϭⲓⲥⲓ ⲙ̀ⲡⲓ Ⲓⲟⲣⲇⲁⲛⲏⲥ : Ϫⲉ ⲟⲩⲏⲓ ⲛⲉⲕ̀ⲥⲛⲏⲟⲩ ⲛⲉⲙ ⲡ̀ⲏⲓ ⲙ̀ⲡⲉⲕⲓⲱⲧ ⲛⲉⲙ ⲛⲁⲓⲕⲉⲭ̀ⲱⲟⲩⲛⲓ ⲁⲩϣⲟϣⲕ : ⲟⲩⲟϩ ⲛ̀ⲑⲱⲟⲩ ⲁⲩⲱϣ̀ⲉⲃⲟⲗ ϩⲓⲫⲁϩⲟⲩ ⲙ̀ⲙⲟⲕ ⲙ̀ⲡⲉⲣⲧⲉⲛϩⲟⲩⲧⲕ ⲉ̀ⲣⲱⲟⲩ : ϫⲉ ⲁⲛ ⲥⲉⲥⲁϫⲓ ⲛⲉⲙⲁⲕ ⲛ̀ϩⲁⲛ ⲡⲉⲑⲛⲁⲛⲉⲩ. Ⲁⲓⲥⲱϫⲡ ⲙ̀ⲡⲁⲏⲓ : ⲁⲓⲭⲱ ⲛ̀ⲧⲁⲕ̀ⲗⲏⲣⲟⲛⲟⲙⲓⲁ̀ : ⲁⲓϯ ⲛ̀ⲧⲁⲙⲉⲛⲣⲓⲧ ⲙ̀ⲯⲩⲭⲏ ⲉ̀ϧ̀ⲣⲏⲓ ⲉ̀ⲛⲉⲛϫⲓϫ ⲛ̀ⲛⲉⲥϫⲁϫⲓ : Ⲁⲧⲁⲕ̀ⲗⲏⲣⲟⲛⲟⲙⲓⲁ̀ ϣⲱⲡⲓⲛⲏⲓ ⲙ̀ⲫ̀ⲣⲏϯ ⲛ̀ⲟⲩⲙⲟⲩⲓ̀ ϧⲉⲛ ⲟⲩⲓⲁϩ̀ϣⲏⲛ : ⲁⲥϯ ⲛ̀ⲧⲉⲥⲥ̀ⲙⲏ ⲉ̀ϫⲱⲓ : ⲉⲑⲃⲉ ⲫⲁⲓ ⲁⲓⲙⲉⲥⲧⲱⲥ. Ⲙⲏ ⲟⲩⲃⲏⲃ ⲛ̀ϩⲱⲓϯ ⲡⲉ ⲧⲁⲕ̀ⲗⲏⲣⲟⲛⲟⲙⲓⲁ̀ ⲛⲏⲓ ⲁⲛ ⲓⲉ ⲟⲩⲙ̀ϩⲁⲩ ⲧⲉ : ⲙⲟϣⲓ ⲉ̀ϩⲣⲏⲓ ⲉ̀ϫⲱⲥ ⲟⲩⲟϩ ⲙ̀ⲡⲉⲥⲕⲱϯ : ⲑⲱⲟⲩϯ ⲛ̀ⲛⲓⲑⲏⲣⲓⲟⲛ ⲧⲏⲣⲟⲩ ⲛ̀ⲧⲉ ⲡ̀ⲕⲟⲓ ⲟⲩⲟϩ ⲙⲁⲣⲟⲩⲓ̀ ⲛ̀ⲧⲟⲩⲟⲩⲟⲙⲥ. Ⲟⲩⲙⲏϣ ⲙ̀ⲙⲁⲛⲉⲥⲱⲟⲩ ⲁⲩⲧⲁⲕⲟ ⲙ̀ⲡⲁⲓⲁϩⲁⲗⲟⲗⲓ : ⲁⲩⲑⲱⲗⲉⲃ ⲛ̀ⲧⲁⲧⲟⲓ : ⲁⲩϯ ⲛ̀ⲧⲁⲧⲟⲓ ⲉⲑⲛⲁⲛⲉⲥ ⲉⲩⲙⲁ ⲛ̀ⲁⲑⲙⲟϣⲓ ⲛ̀ϣⲁϥⲉ : Ⲁⲥϣⲱⲡⲓ ⲛ̀ϣⲁϥⲉ : ⲟⲩⲟϩ ⲛ̀ⲧⲁⲕⲟ ⲉⲑⲃⲏⲧ : ⲡ̀ⲕⲁϩⲓ ⲧⲏⲣϥ ⲛⲁⲧⲁⲕⲟ ϧⲉⲛ ⲟⲩⲧⲁⲕⲟ : ϫⲉ ⲙ̀ⲙⲟⲛ ⲣⲱⲙⲓ ⲁϥⲭⲁⲥ ϧⲉⲛ ⲡⲉϥϩⲏⲧ : Ⲉ̀ϩⲣⲏⲓ ⲉ̀ϫⲉⲛ ⲡ̀ϩⲓⲟⲩⲓ̀ ⲉ̀ⲃⲟⲗ ⲛ̀ⲧⲉⲡ̀ϣⲁϥⲉ ⲁⲩⲓ̀ ⲉⲩⲉ̀ⲉⲣⲧⲁⲗⲉⲡⲱⲣⲓⲛ : ϫⲉ ⲟⲩⲥⲏϥⲓ ⲛ̀ⲧⲉ Ⲡ⳪ ⲉⲥⲉ̀ⲟⲩⲱⲙ ⲓⲥϫⲉⲛ ⲁⲩⲣⲏϫϥ ⲙ̀ⲡⲕⲁϩⲓ ϣⲁ ⲁⲩⲣⲏϫϥ : ⲙ̀ⲙⲟⲛ ϩⲓⲣⲏⲛⲏ ϣⲟⲡ ϧⲉⲛ ⲥⲁⲣⲝ ⲛⲓⲃⲉⲛ : Ⲁⲣⲓⲥⲓϯ ⲛ̀ⲟⲩⲥⲟⲩⲟ ⲟⲩⲟϩ ⲱⲥϧ ⲛ̀ϩⲁⲛⲥⲟⲩⲣⲓ : ⲛⲟⲩⲕ̀ⲗⲏⲣⲟⲥ ⲥⲉⲛⲁϯϩⲛⲟⲩ ⲛⲱⲟⲩ ⲁⲛ : ϭⲓϣⲓⲡⲓ ⲉ̀ⲃⲟⲗϧⲉⲛ ⲡⲉⲧⲉⲛϣⲟⲩϣⲟⲩ : ⲉ̀ⲃⲟⲗ ϧⲁⲡ̀ϣⲱϣ ⲙ̀ⲡⲉⲙⲑⲟ ⲙ̀Ⲡ⳪ :

Ⲟⲩⲱⲟⲩ ⲛ̀ϯⲧ̀ⲣⲓⲁⲥ ⲉ̀ⲑⲟⲩⲁⲃ ⲡⲉⲛⲛⲟⲩϯ ϣⲁ ⲉ̀ⲛⲉϩ ⲛⲉⲙ ϣⲁ ⲉ̀ⲛⲉϩ ⲛ̀ⲧⲉ ⲛⲓⲉ̀ⲛⲉϩ ⲧⲏⲣⲟⲩ: ⲁ̀ⲙⲏⲛ.

Jeremiah 11:18-12:13

أرميا ١١: ١٨ الخ و ١٢: ١ - ١٣

A reading from Jeremiah the Prophet may his blessings be with us Amen.

Now the Lord gave me knowledge of it, and I know it; for You showed me their doings. But I was like a docile lamb brought to the slaughter; and I did not know that they had devised schemes against me, saying, "Let us destroy the tree with its fruit, and let us cut him off from the land of the living, that his name may be remembered no more." But, O Lord of hosts, You who judge righteously, Testing the mind and the heart, Let me see Your vengeance on them, For to You I have revealed my cause. "Therefore thus says the Lord concerning the men of Anathoth who seek your life, saying, 'Do not prophesy in the name of the Lord, lest you die by our hand'-- therefore thus says the Lord of hosts: 'Behold, I will punish them. The young men shall die by the sword, their sons and their daughters shall die by famine; and there shall be no remnant of them, for I will bring catastrophe on the men of Anathoth,

من أرميا النبى بركته المقدسة تكون معنا، آمين.

وَالرَّبُّ عَرَّفَنِي فَعَرَفْتُ. حِينَئِذٍ أَرَيْتَنِي أَفْعَالَهُمْ. وَأَنَا كَخَرُوفٍ دَاجِنٍ يُسَاقُ إِلَى الذَّبْحِ وَلَمْ أَعْلَمْ أَنَّهُمْ فَكَّرُوا عَلَيَّ أَفْكَاراً قَائِلِينَ: [لِنُهْلِكِ الشَّجَرَةَ بِثَمَرِهَا وَنَقْطَعْهُ مِنْ أَرْضِ الأَحْيَاءِ فَلاَ يُذْكَرَ بَعْدُ اسْمُهُ]. فَيَا رَبَّ الْجُنُودِ الْقَاضِيَ الْعَدْلَ فَاحِصَ الْكُلَى وَالْقَلْبِ دَعْنِي أَرَى انْتِقَامَكَ مِنْهُمْ لأَنِّي لَكَ كَشَفْتُ دَعْوَايَ. لِذَلِكَ هَكَذَا قَالَ الرَّبُّ عَنْ أَهْلِ عَنَاثُوثَ الَّذِينَ يَطْلُبُونَ نَفْسَكَ قَائِلِينَ: [لاَ تَتَنَبَّأْ بِاسْمِ الرَّبِّ فَلاَ تَمُوتَ بِيَدِنَا]. لِذَلِكَ هَكَذَا قَالَ رَبُّ الْجُنُودِ: [هَئَنَذَا أُعَاقِبُهُمْ. يَمُوتُ الشُّبَّانُ بِالسَّيْفِ وَيَمُوتُ بَنُوهُمْ وَبَنَاتُهُمْ بِالْجُوعِ. وَلاَ تَكُونُ لَهُمْ بَقِيَّةٌ لأَنِّي أَجْلِبُ شَرّاً عَلَى أَهْلِ عَنَاثُوثَ سَنَةَ عِقَابِهِمْ].

أَبَرُّ أَنْتَ يَا رَبُّ مِنْ أَنْ أُخَاصِمَكَ. لَكِنْ

even the year of their punishment.'"
Righteous are You, O Lord, when I plead with You; Yet let me talk with You about Your judgments. Why does the way of the wicked prosper? Why are those happy who deal so treacherously? You have planted them, yes, they have taken root; They grow, yes, they bear fruit. You are near in their mouth But far from their mind. But You, O Lord, know me; You have seen me, And You have tested my heart toward You. Pull them out like sheep for the slaughter, And prepare them for the day of slaughter. How long will the land mourn, And the herbs of every field wither? The beasts and birds are consumed, For the wickedness of those who dwell there, Because they said, "He will not see our final end." "If you have run with the footmen, and they have wearied you, Then how can you contend with horses? And if in the land of peace, In which you trusted, they wearied you, Then how will you do in the floodplain of the Jordan? For even your brothers, the house of your father, Even they have dealt treacherously with you; Yes, they have called a multitude after you. Do not believe them, Even though they speak smooth words to you.

"I have forsaken My house, I have left My heritage; I have given the dearly beloved of My soul into the hand of her enemies. My heritage is to Me like a lion in the forest; It cries out against Me; Therefore I have hated it. My heritage is to Me like a speckled vulture; The vultures all around are against her. Come, assemble all the

أُكَلِّمُكَ مِنْ جِهَةِ أَحْكَامِكَ. لِمَاذَا تَنْجَحُ طَرِيقُ
الأَشْرَارِ؟ اطْمَأَنَّ كُلُّ الْغَادِرِينَ غَدْراً.
غَرَسْتَهُمْ فَأَصَّلُوا. نَمُوا وَأَثْمَرُوا ثَمَراً. أَنْتَ
قَرِيبٌ فِي فَمِهِمْ وَبَعِيدٌ مِنْ كُلاَهُمْ. وَأَنْتَ يَا
رَبُّ عَرَفْتَنِي. رَأَيْتَنِي وَاخْتَبَرْتَ قَلْبِي مِنْ
جِهَتِكَ. افْرِزْهُمْ كَغَنَمٍ لِلذَّبْحِ وَخَصِّصْهُمْ لِيَوْمِ
الْقَتْلِ. حَتَّى مَتَى تَنُوحُ الأَرْضُ وَيَيْبَسُ
عُشْبُ كُلِّ الْحَقْلِ؟ مِنْ شَرِّ السَّاكِنِينَ فِيهَا
فَنِيَتِ الْبَهَائِمُ وَالطُّيُورُ لأَنَّهُمْ قَالُوا: [لاَ يَرَى
آخِرَتَنَا]. إِنْ جَرَيْتَ مَعَ الْمُشَاةِ فَأَتْعَبُوكَ
فَكَيْفَ تُبَارِي الْخَيْلَ؟ وَإِنْ كُنْتَ مُنْبَطِحاً فِي
أَرْضِ السَّلاَمِ فَكَيْفَ تَعْمَلُ فِي كِبْرِيَاءِ
الأُرْدُنِّ؟ لأَنَّ إِخْوَتَكَ أَنْفُسَهُمْ وَبَيْتَ أَبِيكَ قَدْ
غَادَرُوكَ هُمْ أَيْضاً. هُمْ أَيْضاً نَادُوا وَرَاءَكَ
بِصَوْتٍ عَالٍ. لاَ تَأْتَمِنْهُمْ إِذَا كَلَّمُوكَ
بِالْخَيْرِ. [قَدْ تَرَكْتُ بَيْتِي. رَفَضْتُ مِيرَاثِي.
دَفَعْتُ حَبِيبَةَ نَفْسِي لِيَدِ أَعْدَائِهَا. صَارَ لِي
مِيرَاثِي كَأَسَدٍ فِي الْوَعْرِ. نَطَقَ عَلَيَّ
بِصَوْتِهِ. مِنْ أَجْلِ ذَلِكَ أَبْغَضْتُهُ. جَارِحَةٌ
ضَبُعٌ مِيرَاثِي لِي. الْجَوَارِحُ حَوَالَيْهِ عَلَيْهِ. هَلُمَّ
اجْمَعُوا كُلَّ حَيَوَانِ الْحَقْلِ. ايتُوا بِهَا لِلأَكْلِ.
رُعَاةٌ كَثِيرُونَ أَفْسَدُوا كَرْمِي دَاسُوا نَصِيبِي.
جَعَلُوا نَصِيبِي الْمُشْتَهَى بَرِّيَّةً خَرِبَةً. جَعَلُوهُ
خَرَاباً يَنُوحُ عَلَيَّ وَهُوَ خَرِبٌ. خَرِبَتْ كُلُّ
الأَرْضِ لأَنَّهُ لاَ أَحَدَ يَضَعُ فِي قَلْبِهِ. عَلَى
جَمِيعِ الرَّوَابِي فِي الْبَرِّيَّةِ أَتَى النَّاهِبُونَ لأَنَّ
سَيْفاً لِلرَّبِّ يَأْكُلُ مِنْ أَقْصَى الأَرْضِ إِلَى
أَقْصَى الأَرْضِ. لَيْسَ سَلاَمٌ لأَحَدٍ مِنَ

beasts of the field, Bring them to devour! "Many rulers have destroyed My vineyard, They have trodden My portion underfoot; They have made My pleasant portion a desolate wilderness. They have made it desolate; Desolate, it mourns to Me; The whole land is made desolate, Because no one takes it to heart. The plunderers have come On all the desolate heights in the wilderness, For the sword of the Lord shall devour From one end of the land to the other end of the land; No flesh shall have peace. They have sown wheat but reaped thorns; They have put themselves to pain but do not profit. But be ashamed of your harvest Because of the fierce anger of the Lord."
Glory be to the Holy Trinity our God unto the age of all ages, Amen.

الْبَشَرِ. زَرَعُوا حِنْطَةً وَحَصَدُوا شَوْكاً. أَعْيُوا وَلَمْ يَنْتَفِعُوا بَلْ خَزُوا مِنْ غَلاَّتِكُمْ مِنْ حُمُوِّ غَضَبِ الرَّبِّ].

مجداً للثالوث القدوس الهنا إلى الأبد وإلى أبد الآبدين كلها، آمين.

Ⲍⲁⲭⲁⲣⲓⲁⲥ Ⲕⲉⲫ ⲓ̅ⲇ̅ : ⲉ̅ – ⲓ̅ⲁ̅

Ⲉ̀ⲃⲟⲗϧⲉⲛ Ⲍⲁⲭⲁⲣⲓⲁⲥ ⲡⲓⲡ̀ⲣⲟⲫⲏⲧⲏⲥ: ⲉ̀ⲣⲉⲡⲉϥ̀ⲥ̀ⲙⲟⲩ ⲉ̀ⲑⲟⲩⲁⲃ ϣⲱⲡⲓ ⲛⲉⲙⲁⲛ ⲁ̀ⲙⲏⲛ ⲉϥϫⲱ ⲙ̀ⲙⲟⲥ.

Ⲟⲩⲟϩ ⲉϥⲉ̀ⲓ̀ ⲛ̀ϫⲉ Ⲡ̅ⲟ̅ⲥ̅ ⲡⲁⲛⲟⲩϯ : ⲟⲩⲟϩ ⲛⲉϥⲁⲅⲅⲉⲗⲟⲥ ⲧⲏⲣⲟⲩ ⲛⲉⲙⲁϥ : ϧⲉⲛ ⲡⲓⲉ̀ϩⲟⲟⲩ ⲉ̀ⲧⲉⲙ̀ⲙⲁⲩ ⲛ̀ⲛⲉϥϣⲱⲡⲓ ⲛ̀ϫⲉ ⲟⲩⲟⲩⲱⲓⲛⲓ : ⲟⲩϫⲁϥ ⲛⲉⲙ ⲟⲩⲱ̀ϫⲉⲃ ⲉϥⲉ̀ϣⲱⲡⲓ ϧⲉⲛ ⲟⲩⲉ̀ϩⲟⲟⲩ ⲛ̀ⲟⲩⲱⲧ : Ⲟⲩⲟϩ ⲡⲓⲉ̀ϩⲟⲟⲩ ⲉ̀ⲧⲉⲙ̀ⲙⲁⲩ ϥⲟⲩⲟⲛϩ ⲉ̀ⲃⲟⲗ ⲙ̀Ⲡ̅ⲟ̅ⲥ̅ : ⲟⲩⲉ̀ϩⲟⲟⲩ ⲁⲛ ⲟⲩⲇⲉ ⲟⲩⲉ̀ϫⲱⲣϩ ⲁⲛ : ⲟⲩⲟϩ ⲉ̀ⲣⲉ̀ⲫⲟⲩⲱⲓⲛⲓ ϣⲱⲡⲓ ⲙ̀ⲫ̀ⲛⲁⲩ ⲛ̀ⲣⲟⲩϩⲓ. ϧⲉⲛ ⲡⲓⲉ̀ϩⲟⲟⲩ ⲉ̀ⲧⲉⲙ̀ⲙⲁⲩ ⲉϥⲉ̀ⲓ̀ⲉ̀ⲃⲟⲗ ⲛ̀ϫⲉ ⲟⲩⲙⲱⲟⲩ ϥⲟⲛϧ ⲉ̀ⲃⲟⲗϧⲉⲛ Ⲓ̀ⲗ̅ⲏ̅ⲙ̅ : ⲧⲉϥⲫⲁϣⲓ ⲉ̀ⲫⲓⲟⲙ ⲛ̀ϩⲟⲩⲓⲧ : ⲟⲩⲟϩ ⲧⲉϥⲕⲉⲫⲁϣⲓ ⲉ̀ⲫⲓⲟⲙ ⲛ̀ϧⲁ ⲉ̀ : ⲟⲩⲟϩ ⲉϥⲉ̀ϣⲱⲡⲓ ⲙ̀ⲡⲁⲓⲣⲏϯ ϧⲉⲛ ⲡⲓϣⲱⲙ ⲛⲉⲙ ⲡⲓϩⲏⲛ̀ϣⲱⲙ : Ⲟⲩⲟϩ ⲉϥⲉ̀ϣⲱⲡⲓ ⲛ̀ϫⲉ Ⲡ̅ⲟ̅ⲥ̅ ⲛ̀ⲟⲩⲣⲟ ϩⲓϫⲉⲛ ⲡ̀ⲕⲁϩⲓ ⲧⲏⲣϥ : ϧⲉⲛ ⲡⲓⲉ̀ϩⲟⲟⲩ ⲉ̀ⲧⲉⲙ̀ⲙⲁⲩ ⲉϥⲉ̀ϣⲱⲡⲓ ⲛ̀ϫⲉ Ⲡ̅ⲟ̅ⲥ̅ ⲉ̀ⲟⲩⲁⲓ ⲡⲉ : ⲟⲩⲟϩ ⲡⲉϥⲣⲁⲛ ⲟⲩⲁⲓ ⲡⲉ : Ⲉϥⲉ̀ⲕⲱϯ ⲙ̀ⲡ̀ⲕⲁϩⲓ ⲧⲏⲣϥ ⲛⲉⲙ ⲡ̀ϣⲁϥⲉ : ⲓⲥϫⲉⲛ Ⲅⲁⲃⲉⲗ ϣⲁⲉ̀ϩ̀ⲣⲏⲓ ⲉ̀Ⲣⲉⲙⲙⲁⲛ : ⲥⲁⲡ̀ⲥ̀ⲫⲓⲣ ⲛ̀Ⲓ̀ⲗ̅ⲏ̅ⲙ̅ ⲧⲉϥⲟⲩⲓⲛⲁⲙ. Ⲣⲁⲙⲁⲛ ⲛⲁϣⲱⲡⲓ ϧⲉⲛ ⲟⲩⲙⲁ : ⲓⲥϫⲉⲛ ϯⲡⲩⲗⲏ ⲛ̀ⲧⲉ Ⲃⲉⲛⲓⲁ̀ⲙⲓⲛ ϣⲁ ϯⲡⲩⲗⲏ ⲛ̀ϩⲟⲩⲓϯ : ϣⲁ ϯⲡⲩⲗⲏ ⲛ̀ⲧⲉ ⲛⲓⲗⲁⲕϩ ⲛⲉⲙ ϣⲁ ⲡⲓⲡⲩⲣⲅⲟⲥ ⲛ̀ⲧⲉ Ⲁⲛⲁⲙⲉⲏⲗ : ϣⲁⲛⲓϩⲣⲱⲧ ⲛ̀ⲧⲉ ⲡⲟⲩⲣⲟ : Ⲥⲉⲛⲁϣⲱⲡⲓ ⲛ̀ϧⲣⲏⲓ ⲛ̀ϧⲏⲧⲥ ⲟⲩⲟϩ ⲥⲉⲛⲁϣⲱⲡⲓ ⲛ̀ⲟⲩⲁ̀ⲛⲁⲑⲏⲙⲁ : ⲟⲩⲟϩ ⲉⲥⲉ̀ϣⲱⲡⲓ ⲛ̀ϫⲉ Ⲓ̀ⲗ̅ⲏ̅ⲙ̅ ϧⲉⲛ ⲟⲩⲑⲱⲧ ⲛ̀ϩⲏⲧ :

Ⲟⲩⲱ̀ⲟⲩ ⲛ̀ϯⲧ̀ⲣⲓⲁⲥ ⲉ̀ⲑⲟⲩⲁⲃ ⲡⲉⲛⲛⲟⲩϯ ϣⲁ ⲉ̀ⲛⲉϩ ⲛⲉⲙ ϣⲁ ⲉ̀ⲛⲉϩ ⲛ̀ⲧⲉ ⲛⲓⲉ̀ⲛⲉϩ ⲧⲏⲣⲟⲩ: ⲁ̀ⲙⲏⲛ.

Zecharia 14:5-11

A reading from Zechariah the Prophet may his blessings be with us Amen

Thus the Lord my God will come, And all the saints with You. It shall come to pass in that day That there will be no light; The lights will diminish. It shall be one day Which is known to the Lord-- Neither day nor night. But at evening time it shall happen That it will be light. And in that day it shall be That living waters shall flow from Jerusalem, Half of them toward the eastern sea And half of them toward the western sea; In both summer and winter it shall occur. And the Lord shall be King over all the earth. In that day it shall be-- "The Lord is one," And His name one. All the land shall be turned into a plain from Geba to Rimmon south of Jerusalem. Jerusalem shall be raised up and inhabited in her place from Benjamin's Gate to the place of the First Gate and the Corner Gate, and from the Tower of Hananeel to the king's winepresses. The people shall dwell in it; And no longer shall there be utter destruction, But Jerusalem shall be safely inhabited.

Glory be to the Holy Trinity our God unto the age of all ages, Amen.

زكريا ١٤: ٥ - ١١

من زكريا النبى بركته المقدسة تكون معنا، آمين.

وَيَأْتِي الرَّبُّ إِلَهِي وَجَمِيعُ الْقِدِّيسِينَ مَعَكَ. وَيَكُونُ فِي ذَلِكَ الْيَوْمِ أَنَّهُ لاَ يَكُونُ نُورٌ. الدَّرَارِي تَنْقَبِضُ. وَيَكُونُ يَوْمٌ وَاحِدٌ مَعْرُوفٌ لِلرَّبِّ. لاَ نَهَارَ وَلاَ لَيْلَ بَلْ يَحْدُثُ أَنَّهُ فِي وَقْتِ الْمَسَاءِ يَكُونُ نُورٌ. وَيَكُونُ فِي ذَلِكَ الْيَوْمِ أَنَّ مِيَاهاً حَيَّةً تَخْرُجُ مِنْ أُورُشَلِيمَ نِصْفُهَا إِلَى الْبَحْرِ الشَّرْقِيِّ وَنِصْفُهَا إِلَى الْبَحْرِ الْغَرْبِيِّ. فِي الصَّيْفِ وَفِي الْخَرِيفِ تَكُونُ. وَيَكُونُ الرَّبُّ مَلِكاً عَلَى كُلِّ الأَرْضِ. فِي ذَلِكَ الْيَوْمِ يَكُونُ الرَّبُّ وَحْدَهُ وَاسْمُهُ وَحْدَهُ. وَتَتَحَوَّلُ الأَرْضُ كُلُّهَا كَالْعَرَبَةِ مِنْ جَبْعَ إِلَى رِمُّونَ جَنُوبَ أُورُشَلِيمَ. وَتَرْتَفِعُ وَتُعْمَرُ فِي مَكَانِهَا مِنْ بَابِ بِنْيَامِينَ إِلَى مَكَانِ الْبَابِ الأَوَّلِ إِلَى بَابِ الزَّوَايَا وَمِنْ بُرْجِ حَنَنْئِيلَ إِلَى مَعَاصِرِ الْمَلِكِ. فَيَسْكُنُونَ فِيهَا وَلاَ يَكُونُ بَعْدُ لَعْنٌ. فَتُعْمَرُ أُورُشَلِيمُ بِالأَمْنِ.

مجداً للثالوث القدوس الهنا إلى الأبد وإلى أبد الآبدين كلها، آمين.

Ⲓⲟⲩⲏⲗ Ⲕⲉⲫ ⲃ̅: ⲁ̅-ⲅ̅ ⲛⲉⲙ Ⲕⲉⲫ ⲃ̅: ⲓ̅-ⲓ̅ⲁ̅

Ⲉ̀ⲃⲟⲗϧⲉⲛ Ⲓⲟⲩⲏⲗ ⲡⲓⲡ̀ⲣⲟⲫⲏⲧⲏⲥ: ⲉ̀ⲣⲉⲡⲉϥ̀ⲥⲙⲟⲩ ⲉ̀ⲑⲟⲩⲁⲃ ϣⲱⲡⲓ ⲛⲉⲙⲁⲛ ⲁ̀ⲙⲏⲛ ⲉϥϫⲱ ⲙ̀ⲙⲟⲥ.

Ⲁⲣⲓⲥⲁⲗⲡⲓⲍⲓⲛ ϧⲉⲛ ⲟⲩⲥⲁⲗⲡⲓⲅⲝ ϧⲉⲛ Ⲥⲓⲱⲛ ϩⲓⲱⲓϣ ϧⲉⲛ ⲡⲁⲧⲱⲟⲩ ⲉ̅ⲑ̅ⲩ̅ ⲟⲩⲟϩ ⲙⲁⲣⲟⲩϣ̀ⲑⲟⲣⲧⲉⲣ ⲛ̀ϫⲉ ⲟⲩⲟⲛ ⲛⲓⲃⲉⲛ ⲉⲧϣⲟⲡ ϩⲓϫⲉⲛ ⲡ̀ⲕⲁϩⲓ ϫⲉ ⲁ̀ϥⲓ̀ ⲛ̀ϫⲉ ⲡⲓⲉ̀ϩⲟⲟⲩ ⲛ̀ⲧⲉ Ⲡ̅ⲟ̅ⲥ̅ Ⲟⲩⲟϩ ϥ̀ϧⲉⲛⲧ ⲛ̀ϫⲉ ⲡⲓⲉ̀ϩⲟⲟⲩ ⲛ̀ⲭⲁⲕⲓ ⲛⲉⲙ ⲅⲛⲟⲫⲟⲥ ⲡⲓⲉ̀ϩⲟⲟⲩ ⲛ̀ϭⲏⲡⲓ ⲛⲉⲙ ⲛⲓϥⲓ ⲟⲩⲗⲁⲟⲥ ⲉϥⲟϣ ⲟⲩⲟϩ ⲉϥϫⲟⲣ ⲉϥⲉ̀ⲫⲱⲣϣ ϩⲓϫⲉⲛ ⲛⲓⲧⲱⲟⲩ ⲙ̀ⲫ̀ⲣⲏϯ ⲛ̀ⲟⲩⲁ̀ⲛⲁⲧⲟⲟⲩⲓ̀ ⲙ̀ⲡⲉ ⲟⲩⲟⲛ ϣⲱⲡⲓ ⲉ̀ϥⲟⲛⲓ ⲙ̀ⲙⲟϥ ⲓⲥϫⲉⲛ ⲡ̀ⲉ̀ⲛⲉϩ ⲟⲩⲟϩ ⲙⲉⲛⲉⲛⲥⲱϥ ⲛ̀ⲛⲉ ⲟⲩⲟⲛ ⲟⲩⲁϩⲧⲟⲧϥ ⲉ̀ϣⲱⲡⲓ ⲉ̀ϩⲁⲛϫⲱⲟⲩ ⲛ̀ϫⲱⲟⲩ. Ϩⲓⲧϩⲏ ⲙ̀ⲙⲟϥ ⲟⲩⲭ̀ⲣⲱⲙ ⲉϥⲙⲟⲩⲛⲕ ⲡⲉ ⲟⲩⲟϩ ϩⲓⲫⲁϩⲟⲩ ⲙ̀ⲙⲟϥ ⲟⲩϣⲁϩ ⲉϥⲙⲟϩ ⲡⲉ ⲙ̀ⲫ̀ⲣⲏϯ ⲙ̀ⲡⲓⲡⲁⲣⲁⲇⲓⲥⲟⲥ ⲛ̀ⲧⲉ ⲡ̀ⲟⲩⲛⲟϥ ⲡⲉ ⲡⲓⲕⲁϩⲓ ⲙ̀ⲡⲉⲙ̀ⲑⲟ ⲙ̀ⲡⲉϥϩⲟ ⲟⲩⲟϩ ϩⲓⲫⲁϩⲟⲩ ⲙ̀ⲙⲟϥ ⲟⲩⲙⲉϣϣⲱⲧ ⲛ̀ⲧⲉ ⲡ̀ⲧⲁⲕⲟ ⲡⲉ. Ϫⲉ ⲁⲩⲉⲣⲧⲁⲗⲉⲡⲱⲣⲓⲛ ⲛ̀ϫⲉ ⲛⲓⲙⲉϣϣⲱⲧ ⲙⲁⲣⲉϥⲉⲣϩⲏⲃⲓ ⲛ̀ϫⲉ ⲡ̀ⲕⲁϩⲓ ϫⲉ ⲁϥⲉⲣⲧⲁⲗⲉⲡⲱⲣⲓⲛ ⲛ̀ϫⲉ ⲡⲓⲥⲟⲩⲟ̀. Ⲛⲉⲙ ⲡⲓⲱⲧ ϫⲉ ⲁϥⲧⲁⲕⲟ ⲛ̀ϫⲉ ⲡⲓϭⲱⲗ ϧⲉⲛ ⲧ̀ⲕⲟⲓ.

Ⲟⲩⲱ̀ⲟⲩ ⲛ̀ϯⲧ̀ⲣⲓⲁⲥ ⲉ̀ⲑⲟⲩⲁⲃ ⲡⲉⲛⲛⲟⲩϯ ϣⲁ ⲉ̀ⲛⲉϩ ⲛⲉⲙ ϣⲁ ⲉ̀ⲛⲉϩ ⲛ̀ⲧⲉ ⲛⲓⲉ̀ⲛⲉϩ ⲧⲏⲣⲟⲩ: ⲁ̀ⲙⲏⲛ.

Joel 2:1-3,10-11 — يوئيل ٢ : ١ – ٣ ، ١٠ – ١١

A reading from Joel the Prophet may his blessings be with us Amen

Blow the trumpet in Zion, And sound an alarm in My holy mountain! Let all the inhabitants of the land tremble; For the day of the Lord is coming, For it is at hand: A day of darkness and gloominess, A day of clouds and thick darkness, Like the morning clouds spread over the mountains. A people come, great and strong, The like of whom has never been; Nor will there ever be any such after them, Even for many successive generations. A fire devours before them, And behind them a flame burns; The land is like the Garden of Eden before them, And behind them a desolate wilderness; Surely nothing shall escape them.

The earth quakes before them, The heavens tremble; The sun and moon grow dark, And the stars diminish their brightness. The Lord gives voice before His army, For His camp is very great; For strong is the One who executes His word. For the day of the Lord is great and very terrible; Who can endure it?

Glory be to the Holy Trinity our God unto the age of all ages, Amen.

من يوئيل النبى بركته المقدسة تكون معنا، آمين.

اِضْرِبُوا بِالْبُوقِ فِي صِهْيَوْنَ. صَوِّتُوا فِي جَبَلِ قُدْسِي. لِيَرْتَعِدْ جَمِيعُ سُكَّانِ الأَرْضِ لأَنَّ يَوْمَ الرَّبِّ قَادِمٌ لأَنَّهُ قَرِيبٌ. يَوْمُ ظَلاَمٍ وَقَتَامٍ. يَوْمُ غَيْمٍ وَضَبَابٍ مِثْلَ الْفَجْرِ مُمْتَدّاً عَلَى الْجِبَالِ. شَعْبٌ كَثِيرٌ وَقَوِيٌّ لَمْ يَكُنْ نَظِيرُهُ مُنْذُ الأَزَلِ وَلاَ يَكُونُ أَيْضاً بَعْدَهُ إِلَى سِنِي دَوْرٍ فَدَوْرٍ. قُدَّامَهُ نَارٌ تَأْكُلُ وَخَلْفَهُ لَهِيبٌ يُحْرِقُ. الأَرْضُ قُدَّامَهُ كَجَنَّةِ عَدْنٍ وَخَلْفَهُ قَفْرٌ خَرِبٌ وَلاَ تَكُونُ مِنْهُ نَجَاةٌ. قُدَّامَهُ تَرْتَعِدُ الأَرْضُ وَتَرْجُفُ السَّمَاءُ. الشَّمْسُ وَالْقَمَرُ يُظْلِمَانِ وَالنُّجُومُ تَحْجِزُ لَمَعَانَهَا. وَالرَّبُّ يُعْطِي صَوْتَهُ أَمَامَ جَيْشِهِ. إِنَّ عَسْكَرَهُ كَثِيرٌ جِدّاً. فَإِنَّ صَانِعَ قَوْلِهِ قَوِيٌّ لأَنَّ يَوْمَ الرَّبِّ عَظِيمٌ وَمَخُوفٌ جِدّاً فَمَنْ يُطِيقُهُ؟

مجداً للثالوث القدوس الهنا إلى الأبد وإلى أبد الآبدين كلها، آمين.

The Doxology of the Pascha Hour: “Thine is the Power…” on page A5.

تسبحة ساعة البصخة: "لك القوة..." صفحة ٥ فى اخر الكتاب.

The priests uncover their heads, cense and offer incense three times.

يكشف الكهنة رؤوسهم ويرفعوا البخور أمام الأيقونة ثلاث مرّات.

The priest says the following inaudibly while offering incense

يقول الكاهن هذه الصلاة سراً اثناء رفع البخور.

[First time] We worship You, O Christ, and Your life-giving cross, that You were crucified on to deliver us from our sins.	**اليد الأولى** نسجد لك أيها المسيح ولصليبك المحى الذى صلبت حتى خلصتنا من خطايانا.
[Second time] O my Lord Jesus Christ, who was crucified on the cross, trample down Satan under our feet.	**اليد الثانية** يا ربى يسوع المسيح يا من صلبت على الصليب أسحق الشيطان تحت أقدامنا.
[Third time] Hail to the cross, that Christ our King was crucified on, to deliver us from our sins.	**اليد الثالثة** السلام للصليب الذى صلب عليه الملك المسيح حتى خلصنا من خطايانا.

Ϯϣⲟⲩⲣⲏ

The golden censer is the Virgin; her aroma is our Savior. She gave birth to Him. He saved us and forgave us our sins.	Ϯϣⲟⲩⲣⲏ ̀ⲛⲛⲟⲃ ⲧⲉ Ϯⲡⲁⲣⲑⲉⲛⲟⲥ : ⲡⲉⲥⲁⲣⲱⲙⲁⲧⲁ ⲡⲉ ⲡⲉⲛⲥⲱⲧⲏⲣ : ⲁⲥⲙⲓⲥⲓ ̀ⲙⲙⲟϥ ⲁϥⲥⲱϮ ̀ⲙⲙⲟⲛ : ⲟⲩⲟϩ ⲁϥⲭⲁ ⲛⲉⲛⲟⲃ ⲛⲁⲛ ̀ⲉⲃⲟⲗ.	المجمرة الذهب هى العذراء وعنبرها هو مخلصنا، قد ولدته وخلصنا وغفر لنا خطايانا.

Ⲫⲁⲓ ⲉ̀ⲧⲁϥⲉⲛϥ

This is He who offered himself on the cross; an acceptable sacrifice for the salvation of our race.	Ⲫⲁⲓ ⲉ̀ⲧⲁϥⲉⲛϥ ⲉ̀ ⲡ̀ϣⲱⲓ : ⲛ̀ⲟⲩⲑⲩⲥⲓⲁ̀ ⲉⲥϣⲏⲡ: ϩⲓϫⲉⲛ ⲡⲓⲥ̀ⲧⲁⲩⲣⲟⲥ : ϧⲁ ⲡ̀ⲟⲩϫⲁⲓ ⲙ̀ⲡⲉⲛⲅⲉⲛⲟⲥ.	هذا الذى أصعد ذاته ذبيحة مقبولة على الصليب عن خلاص جنسنا.
His good Father inhaled His sweet aroma in the evening on Golgotha.	Ⲁϥϣⲱⲗⲉⲙ ⲉ̀ⲣⲟϥ : ⲛ̀ϫⲉ ⲡⲉϥⲓⲱⲧ ⲛ̀ⲁ̀ⲅⲁⲑⲟⲥ: ⲙ̀ⲫ̀ⲛⲁⲩ ⲛ̀ⲧⲉ ϩⲁⲛⲁ̀ⲣⲟⲩϩⲓ ϩⲓϫⲉⲛ ϯⲅⲟⲗⲅⲟⲑⲁ.	فأشتمه أبوه الصالح وقت المساء على الجلجلة.
We worship You O Christ with Your good Father and the Holy Spirit; for You were crucified for us and saved us.	Ⲧⲉⲛⲟⲩⲱ̀ϣⲧ ⲙ̀ⲙⲟⲕ ⲱ̀ Ⲡⲭ̅ⲥ̅ ⲛⲉⲙ ⲡⲉⲕⲓⲱⲧ ⲛ̀ⲁ̀ⲅⲁⲑⲟⲥ ⲛⲉⲙ ⲡⲓⲡ̀ⲛⲉⲩⲙⲁ ⲉⲑⲟⲩⲁⲃ ϫⲉ ⲁⲩⲁϣⲕ ⲁⲕⲥⲱϯ ⲙ̀ⲙⲟⲛ ⲛⲁⲓ ⲛⲁⲛ.	نسجد لك أيها المسيح مع أبيك الصالح والروح القدس لأنك صلبت وخلصتنا.

Ⲉⲑⲃⲉ ϯⲁ̀ⲛⲁⲥⲧⲁⲥⲓⲥ

Introduction to the Pauline Epistle — مقدمة البولس

For the resurrection of the dead who have fallen asleep and reposed in the faith of Christ. O Lord repose their souls.	Ⲉⲑⲃⲉ ϯⲁ̀ⲛⲁⲥⲧⲁⲥⲓⲥ ⲛ̀ⲧⲉ ⲛⲓⲣⲉϥⲙⲱⲟⲩⲧ ⲛⲉⲧⲁⲩⲉⲛⲕⲟⲧ ⲁⲩⲉⲙⲧⲟⲛ ⲙ̀ⲙⲱⲟⲩ: ϧⲉⲛ ⲫ̀ⲛⲁϩϯ ⲙ̀Ⲡⲭ̅ⲥ̅ : Ⲡⲟ̅ⲥ̅ ⲙⲁ̀ⲙ̀ⲧⲟⲛ ⲛ̀ⲛⲟⲩⲯⲩⲭⲏ ⲧⲏⲣⲟⲩ.	من أجل قيامة الأموات الذين رقدوا فى ايمان المسيح، يا رب نيح نفوسهم أجمعين.
Paul, a bondservant of Jesus Christ, called to be an apostle, separated to the gospel of God	Ⲡⲁⲩⲗⲟⲥ ⲫ̀ⲃⲱⲕ ⲙ̀Ⲡⲉⲛⲟ̅ⲥ̅ Ⲓⲏ̅ⲥ̅ Ⲡⲭ̅ⲥ̅ : ⲡⲓⲁ̀ⲡⲟⲥⲧⲟⲗⲟⲥ ⲉⲧⲑⲁϩⲉⲙ : ⲫⲏⲉⲧⲁⲩⲑⲁϣϥ ⲉ̀ⲡⲓϩⲓϣⲉⲛⲛⲟⲩϥⲓ ⲛ̀ⲧⲉ Ⲫ̅ϯ̅.	بولس عبد ربنا يسوع المسيح الرسول المدعو المفرز لبشرى الله.

Ⲁⲡⲟⲥⲧⲟⲗⲟⲥ ⲡ̀ⲣⲟⲥ Ⲫⲓⲗⲓⲡⲡⲟⲓⲥ Ⲕⲉⲫ Ⲃ̅ : Ⲇ̅ - ⲓ̅ⲁ̅

Ⲉⲛⲡⲓⲟⲩⲁⲓ ⲡⲓⲟⲩⲁⲓ ⲙ̀ⲙⲱⲧⲉⲛ ⲛ̀ϯϩⲑⲏϥ ⲁⲛ ⲉ̀ⲛⲏ̀ⲉⲧⲉⲛⲟⲩⲧⲉⲛ ⲙ̀ⲙⲁⲩⲁⲧⲉⲛ ⲑⲏⲛⲟⲩ ⲁⲗⲗⲁ ⲛⲉⲙ ⲛⲁ ⲛⲉⲧⲉⲛⲉ̀ⲣⲏⲟⲩ. Ⲡⲓⲟⲩⲁⲓ ⲡⲓⲟⲩⲁⲓ ⲙ̀ⲙⲱⲧⲉⲛ ⲙⲁⲣⲉϥⲙⲉⲩⲓ̀ ⲉ̀ⲫⲁⲓ ⲛ̀ϧ̀ⲣⲏⲓ ϧⲉⲛ ⲑⲏⲛⲟⲩ : ⲉ̀ⲧⲉ ⲫⲁⲓ ⲡⲉ ⲉⲧϧⲉⲛ Ⲡⲭ̅ⲥ̅ Ⲓⲏ̅ⲥ̅. Ⲫⲏⲉⲧϣⲟⲡ ϧⲉⲛ ⲟⲩⲙⲟⲣⲫⲏ ⲛ̀ⲧⲉ Ⲫ̅ϯ̅ ⲛ̀ⲟⲩϩⲱⲗⲉⲙ ⲁⲛ ⲡⲉ ⲉ̀ⲧⲁϥⲙⲉⲩⲓ̀ ⲉ̀ⲣⲟϥ : ⲉⲑⲣⲉϥϣⲱⲡⲓ ⲛ̀ⲟⲩϩⲓⲥⲟⲥ ⲛⲉⲙ Ⲫ̅ϯ̅ : Ⲁⲗⲗⲁ ⲁϥϣⲟⲩⲱϥ ⲉ̀ⲃⲟⲗ ⲁϥϭⲓ ⲛ̀ⲟⲩⲙⲟⲣⲫⲏ ⲙ̀ⲃⲱⲕ : ⲉ̀ⲁϥϣⲱⲡⲓ ϧⲉⲛ ⲟⲩⲓⲛⲓ ⲛ̀ⲣⲱⲙⲓ ⲡ̅ⲛ̅ⲁ̅ ⲉ̀ⲁⲩϫⲉⲙϥ ϧⲉⲛ ⲟⲩⲥ̀ⲭⲏⲙⲁ ⲙ̀ⲫⲣⲏϯ ⲛ̀ⲟⲩⲣⲱⲙⲓ. Ⲁϥⲑⲉⲃⲓⲟϥ ⲙ̀ⲙⲁⲩⲁⲧϥ ⲉ̀ⲁϥⲉⲣⲣⲉϥⲥⲱⲧⲉⲙ ϣⲁ ⲉ̀ϧⲣⲏⲓ ⲉ̀ⲫⲙⲟⲩ : ⲟⲩⲙⲟⲩ ⲇⲉ ⲛ̀ⲧⲉ ⲟⲩⲏ : Ⲉⲑⲃⲉ ⲫⲁⲓ ⲁ̀Ⲫϯ ⲉⲣϩⲟⲩⲟ ϭⲁ̀ⲥϥ : ⲁϥⲉⲣϩ̀ⲙⲟⲧ ⲛⲁϥ ⲙ̀ⲡⲓⲣⲁⲛ ⲫⲏⲉⲧϭⲟⲥⲓ ⲉ̀ⲣⲁⲛ ⲛⲓⲃⲉⲛ. Ϩⲓⲛⲁ ϧⲉⲛ ⲫ̀ⲣⲁⲛ ⲛ̀Ⲓ̅ⲏ̅ⲥ̅ ⲛ̀ⲧⲉ ⲕⲉⲗⲓ ⲛⲓⲃⲉⲛ ⲕⲱⲗϫ : ⲛⲁ̀ⲧⲫⲉ ⲛⲉⲙ ⲛⲁ̀ⲡⲕⲁϩⲓ ⲛⲉⲙ ⲛⲏⲉⲧⲥⲁⲡⲉⲥⲏⲧ ⲙ̀ⲡ̀ⲕⲁϩⲓ. Ⲟⲩⲟϩ ⲛ̀ⲧⲉⲗⲁⲥ ⲛⲓⲃⲉⲛ ⲟⲩⲱⲛϩ ⲉ̀ⲃⲟⲗ ⲡ̅ⲛ̅ⲁ̅ ϫⲉ Ⲡ̅ⲟ̅ⲥ̅ Ⲓ̅ⲏ̅ⲥ̅ Ⲡ̅ⲭ̅ⲥ̅ ⲉⲩⲱ̀ⲟⲩ ⲙ̀Ⲫϯ ⲫ̀ⲓⲱⲧ :

Ⲡⲓϩ̀ⲙⲟⲧ ⲅⲁⲣ ⲛⲉⲙⲱⲧⲉⲛ ⲧⲏⲣⲟⲩ ϫⲉ ⲁⲙⲏⲛ ⲉ̀ⲥⲉϣⲱⲡⲓ.

Philippians 2:4-11

فيلبى ٢: ٤ – ١١

The Epistle to the Philippians

Let each of you look out not only for his own interests, but also for the interests of others. Let this mind be in you which was also in Christ Jesus, who, being in the form of God, did not consider it robbery to be equal with God, but made Himself of no reputation, taking the form of a bondservant, and coming in the likeness of men. And being found in appearance as a man, He humbled Himself and became obedient to the point of death, even the death of the cross. Therefore God also has highly exalted Him and given Him the name which is above every name, that at the name of Jesus every knee should bow, of those in heaven, and of those on earth, and of those under the earth, and that every tongue should confess that Jesus Christ is Lord, to the glory of God the Father.

The grace of God the Father be with you all. Amen.

البولس إلى أهل فيلبى

لاَ تَنْظُرُوا كُلُّ وَاحِدٍ إِلَى مَا هُوَ لِنَفْسِهِ، بَلْ كُلُّ وَاحِدٍ إِلَى مَا هُوَ لآخَرِينَ أَيْضاً. فَلْيَكُنْ فِيكُمْ هَذَا الْفِكْرُ الَّذِي فِي الْمَسِيحِ يَسُوعَ أَيْضاً: الَّذِي إِذْ كَانَ فِي صُورَةِ اللهِ، لَمْ يَحْسِبْ خُلْسَةً أَنْ يَكُونَ مُعَادِلاً لِلَّهِ. لَكِنَّهُ أَخْلَى نَفْسَهُ، آخِذاً صُورَةَ عَبْدٍ، صَائِراً فِي شِبْهِ النَّاسِ. وَإِذْ وُجِدَ فِي الْهَيْئَةِ كَإِنْسَانٍ، وَضَعَ نَفْسَهُ وَأَطَاعَ حَتَّى الْمَوْتَ مَوْتَ الصَّلِيبِ. لِذَلِكَ رَفَّعَهُ اللهُ أَيْضاً، وَأَعْطَاهُ اسْماً فَوْقَ كُلِّ اسْمٍ لِكَيْ تَجْثُوَ بِاسْمِ يَسُوعَ كُلُّ رُكْبَةٍ مِمَّنْ فِي السَّمَاءِ وَمَنْ عَلَى الأَرْضِ وَمَنْ تَحْتَ الأَرْضِ، وَيَعْتَرِفَ كُلُّ لِسَانٍ أَنَّ يَسُوعَ الْمَسِيحَ هُوَ رَبٌّ لِمَجْدِ اللهِ الآبِ.

نعمة الله الآب تكون مع جميعكم، آمين.

Refrain - المرد

PRIEST

الكاهن

O who tasted death in the flesh at the ninth hour for our sake, us sinners, put to death our carnal desires O Christ our God and deliver us.	Ⲱ ⲫⲏⲉⲧⲁϥϫⲉⲙϯⲡⲓ ⲙ̀ⲫⲙⲟⲩ ϧⲉⲛ ⲧ̀ⲥⲁⲣⲝ : ⲙ̀ⲫⲛⲁⲩ ⲛ̀ⲁϫⲡ ⲯⲓⲧ ⲉⲑⲃⲏⲧⲉⲛ : ϧⲱⲧⲉⲃ ⲛ̀ⲛⲉⲛⲗⲟⲅⲓⲥⲙⲟⲥ ⲛ̀ⲥⲱⲙⲁⲧⲓⲕⲟⲛ : ⲱⲠ̅ⲭ̅ⲥ̅ ⲡⲉⲛⲛⲟⲩϯ ⲟⲩⲟϩ ⲛⲁϩⲙⲉⲛ.	يا من ذاق الموت بالجسد فى وقت الساعة التاسعة من أجلنا أمت حواسنا الجسمانية أيها المسيح إلهنا ونجنا.

CONGREGATION / **الشعب**

O who tasted death ..	Ⲱ ⲫⲏⲉⲧⲁϥϫⲉⲙϯⲡⲓ ...	يا من ذاق الموت...

PRIEST / **الكاهن**

Let my supplication come before You O Lord; give me understanding according to Your word. Let my prayer come before You and revive me according to Your word.	فلتدن وسيلتى قدامك يارب كقولك فهمنى فلتدخل طلبتى إلى حضرتك كقولك أحيينى.

CONGREGATION / **الشعب**

Glory be to the Father and the Son and the Holy Spirit.	Ⲇⲟⲝⲁ Ⲡⲁⲧⲣⲓ ⲕⲉ Ⲩⲓⲱ ⲕⲉ ⲁ̀ⲅⲓⲱ Ⲡ̅ⲛ̅ⲁ̅ⲧⲓ.	المجد للآب والأبن والروح القدس.

PRIEST / **الكاهن**

O Lord, who commended Your spirit into the hands of the Father when You were crucified at the ninth hour; and led the thief who was crucified with You into Paradise, do not neglect me, O Good One, nor reject me, I who am lost. Rather sanctify my soul, enlighten my understanding and allow me to partake of the grace of Your life-giving sacraments; so that when I taste Your goodness I may offer You praise unceasingly, longing for Your glory above all things O Christ our God, save us.	يا من اسلم الروح فى يد الأب لما علقت على الصليب وقت الساعة التاسعة وهديت اللص المصلوب معك للدخول إلى الفردوس لا تغفل عنى أيها الصالح ولا ترذلنى بل قدس نفسى واضئ فهمى واجعلنى شريكاً لنعمة اسرارك المحيية لكيما اذا ذقت من احساناتك اقدم لك تسبحة بغير سكوت مشتاقاً إلى بهائك افضل من كل شىء أيها المسيح إلهنا

ونجنا.

CONGREGATION		الشعب
Now and forever and unto the age of all ages. Amen.	Ⲕⲉ ⲛⲩⲛ ⲕⲉ ⲁ̀ⲓ ⲕⲉ ⲓⲥⲧⲟⲩⲥ ⲉ̀ⲱⲛⲁⲥ ⲧⲱⲛ ⲉ̀ⲱⲛⲱⲛ ⲁ̀ⲙⲏⲛ.	الآن وكل أوان وإلى دهر الدهور. آمين.

PRIEST

O righteous Lord, who was born of the Virgin and endured crucifixion for our sake. You conquered earth through Your death and manifested resurrection through Your resurrection. Lord, do not turn Your face away from those whom you have created with Your own hands, but manifest Your love toward mankind, O Good One.

Accept the intercession of Your mother on our behalf. O Savior save us, a humble people. Do not forsake us nor deliver us eternally into the hands of our enemies. Do not revoke Your covenant nor take away Your mercy from us, for the sake of Abraham Your beloved, Isaac Your servant, and Israel Your saint.

الكاهن

يا من ولدت من البتول من أجلنا واحتلمت الصليب أيها الصالح وقتلت الموت بموتك واظهرت القيامة بقيامتك لا تعرض يا الله عن الذين جبلتهم بيديك اظهر محبتك للبشر أيها الصالح.

اقبل من والدتك شفاعة من اجلنا ونج يا مخلص شعباً متواضعاً ولا تتركنا إلى الانقضاء ولا تسلمنا إلى التمام ولا تنقض عهدك ولا تنزع عنا رحمتك من اجل ابراهيم حبيبك واسحق عبدك واسرائيل قديسك.

CONGREGATION		الشعب
Now and forever and unto the age of all ages. Amen.	Ⲕⲉ ⲛⲩⲛ ⲕⲉ ⲁ̀ⲓ ⲕⲉ ⲓⲥⲧⲟⲩⲥ ⲉ̀ⲱⲛⲁⲥ ⲧⲱⲛ ⲉ̀ⲱⲛⲱⲛ ⲁ̀ⲙⲏⲛ.	الآن وكل أوان وإلى دهر الدهور. آمين.

PRIEST

When the thief saw the Prince of Life hanging on the cross he said, "Had not the One crucified with us, been God incarnate, the sun would not have hidden its rays, nor would the earth have quaked and trembled in fear." But O Almighty One, who endures

الكاهن

لما ابصر اللص رئيس الحياة على الصليب معلقاً قال لولا ان المصلوب معنا إله متجسد ما كانت الشمس اخفت شعاعها ولا الأرض ماجت مرتعدة لكن يا

everything, remember me O Lord when You come into Your kingdom!"	قادراً على كل شيء والمحتمل كل شيء اذكرني يارب متى جئت فى ملكوتك.

CONGREGATION — **الشعب**

Glory be to the Father and the Son and the Holy Spirit.	Ⲇⲟⲝⲁ Ⲡⲁⲧⲣⲓ ⲕⲉ Ⲩⲓⲱ ⲕⲉ ⲁ̀ⲅⲓⲱ Ⲡ̅ⲛ̅ⲁ̅ⲧⲓ.	المجد للآب والأبن والروح القدس.

PRIEST O You, who accepted the confession of the thief on the cross, accept us also unto You, O Good One, even though we indeed justly deserve the condemnation of death as the due reward of our sins. We acknowledge and confess our sins with the thief, proclaiming and testifying to Your divinity saying, "Remember us O Lord, when You coming into Your kingdom!"	**الكاهن** يا من قبل اليه اعتراف اللص على الصليب اقبلنا اليك أيها الصالح نحن المستوجبين حكم الموت من أجل خطايانا معه معترفين بألوهيتك نصرخ معه جميعاً اذكرنا يارب متى جئت فى ملكوتك.

CONGREGATION — **الشعب**

Now and forever and unto the age of all ages. Amen.	Ⲕⲉ ⲛⲩⲛ ⲕⲉ ⲁ̀ⲓ̀ ⲕⲉ ⲓⲥⲧⲟⲩⲥ ⲉ̀ⲱ̀ⲛⲁⲥ ⲧⲱⲛ ⲉ̀ⲱ̀ⲛⲱⲛ ⲁ̀ⲙⲏⲛ.	الآن وكل أوان وإلى دهر الدهور . آمين.

PRIEST When the Mother saw the Lamb and the Shepherd, the Savior of the world, hanging on the cross, she said as she wept, "As for the world, let it rejoice in receiving Salvation, but as for me, my inward parts are burning with pain within me, when I behold Your crucifixion which You are patiently enduring, for the sake of all, O my son and my God!"	**الكاهن** عندما نظرت الوالدة الحمل والراعى مخلص العالم على الصليب معلقاً قالت وهى باكية أما العالم فليفرح لقبوله الخلاص واما احشائى فتلتهب عند نظرى إلى صلبوتك الذى انت صابر عليه من أجل الكل يا ابنى والهي.

[Paschal Tune]		(بلحن الصلبوت)
Holy God, Holy Mighty, Holy Immortal, who was crucified for us, have mercy on us.	Ⲁⲅⲓⲟⲥ ⲟ̀Ⲑⲉⲟⲥ : ⲁⲅⲓⲟⲥ ⲓⲥⲭⲩⲣⲟⲥ : ⲁⲅⲓⲟⲥ ⲁⲑⲁⲛⲁⲧⲟⲥ : ⲟ̀ ⲥ̀ⲧⲁⲩⲣⲱⲑⲓⲥ ⲇ̀ⲓ ⲏ̀ⲙⲁⲥ ⲉ̀ⲗⲉ̀ⲏ̀ⲥⲟⲛ ⲏ̀ⲙⲁⲥ.	قدوس الله، قدوس القوى الذى صلب عنا ارحمنا.
Holy God, Holy Mighty, Holy Immortal, who was crucified for us, have mercy on us.	Ⲭⲉ ⲁⲅⲓⲟⲥ ⲟ̀Ⲑⲉⲟⲥ : ⲁⲅⲓⲟⲥ ⲓⲥⲭⲩⲣⲟⲥ : ⲁⲅⲓⲟⲥ ⲁⲑⲁⲛⲁⲧⲟⲥ : ⲟ̀ ⲥ̀ⲧⲁⲩⲣⲱⲑⲓⲥ ⲇ̀ⲓ ⲏ̀ⲙⲁⲥ ⲉ̀ⲗⲉ̀ⲏ̀ⲥⲟⲛ ⲏ̀ⲙⲁⲥ.	قدوس الله، قدوس القوى الذى صلب عنا ارحمنا.
Holy God, Holy Mighty, Holy Immortal, who was crucified for us, have mercy on us.	Ⲭⲉ Ⲁⲅⲓⲟⲥ ⲟ̀Ⲑⲉⲟⲥ : ⲁⲅⲓⲟⲥ ⲓⲥⲭⲩⲣⲟⲥ : ⲁⲅⲓⲟⲥ ⲁⲑⲁⲛⲁⲧⲟⲥ : ⲟ̀ ⲥ̀ⲧⲁⲩⲣⲱⲑⲓⲥ ⲇ̀ⲓ ⲏ̀ⲙⲁⲥ ⲉ̀ⲗⲉ̀ⲏ̀ⲥⲟⲛ ⲏ̀ⲙⲁⲥ.	قدوس الله، قدوس القوى الذى صلب عنا ارحمنا.
Glory be to the Father, to the Son and to the Holy Spirit, both now, and ever, and unto the age of all ages. Amen. O Holy Trinity, have mercy on us.	Ⲇⲟⲝⲁ Ⲡⲁⲧⲣⲓ ⲕⲉ Ⲩⲓⲱ̀ ⲕⲉ ⲁ̀ⲅⲓⲱ̀ Ⲡⲛⲉⲩⲙⲁⲧⲓ : ⲕⲉ ⲛⲩⲛ ⲕⲉ ⲁ̀ⲓ̀ ⲕⲉ ⲓⲥ ⲧⲟⲩⲥ ⲉ̀ⲱⲛⲁⲥ ⲧⲱⲛ ⲉ̀ⲱⲛⲱⲛ ⲁ̀ⲙⲏⲛ Ⲁⲅⲓⲁ ⲧ̀ⲣⲓⲁⲥ ⲉ̀ⲗⲉ̀ⲏⲥⲟⲛ ⲏ̀ⲙⲁⲥ.	المجد للآب والابن والروح القدس. الآن وكل اوان والى دهر الدهور. آمين. أيها الثالوث القدوس أرحمنا.

Incense is offered in front of the Gospel.

يرفع الكاهن البخور قدام الأنجيل ثم يقرأ:

Ⲯⲁⲗⲙⲟⲥ ⲝ̅ⲏ̅ : ⲁ̅ ⲛⲉⲙ ⲓ̅ⲑ̅

Ⲙⲁⲧⲁⲛϩⲟⲓ Ⲫϯ ϫⲉ ⲁ̀ϩⲁⲛⲙⲱⲟⲩ ϣⲉ ⲉϧⲟⲩⲛ ϣⲁⲧⲁⲯⲩⲭⲏ : ⲁⲓⲱⲗⲥ ϧⲉⲛ ⲧ̀ϩⲩⲗⲏ ⲙ̀ⲫⲙⲟⲩ. Ⲟⲩⲟϩ ⲁⲩϯ ⲛ̀ⲟⲩϣⲁϣⲓ ⲉⲧⲁϧⲣⲉ : ⲟⲩⲟϩ ⲁⲩⲧⲥⲱⲓ ⲛ̀ⲟⲩϩⲉⲙϫ ϧⲉⲛ ⲡⲁⲓⲃⲓ : ⲁ̅ⲗ̅.

Psalm 69:1-2, 21 | المزمور ٦٨: ١ و ١٩

A Psalm of David the Prophet.

من مزامير داود النبى

Save me, O God! For the waters have come up to my neck. I sink in deep mire,
They also gave me gall for my food, And for my thirst they gave me vinegar to drink. Alleluia.

احيينى يا الله فان المياه قد بلغت إلى نفسى. وتورطت فى حمأة الموت. وجعلوا طعامى مرارة. وفى عطشى سقونى خلاً: هلليلويا.

Ⲉⲩⲁⲅⲅⲉⲗⲓⲟⲛ ⲕⲁⲧⲁ Ⲙⲁⲧⲑⲉⲟⲛ Ⲕⲉⲫ ⲕⲍ : ⲙ̅ⲋ̅ - ⲛ̅

Ⲉⲧⲁϥⲫⲛⲁⲩ ⲇⲉ ⲛ̀ⲁϫⲡⲯⲓⲧ ϣⲱⲡⲓ : ⲁϥⲱϣ ⲉ̀ⲃⲟⲗ ⲛ̀ϫⲉ Ⲓⲏⲥ ϧⲉⲛ ⲟⲩⲛⲓϣϯ ⲛ̀ϧⲣⲱⲟⲩ ⲉϥϫⲱ̀ⲙ̀ⲙⲟⲥ : ϫⲉ Ⲉ̀ⲗⲱⲓ Ⲉ̀ⲗⲱⲓ ⲉ̀ⲗⲉⲙⲁ ⲥⲁⲃⲁⲭⲑⲁⲛⲓ : ⲉ̀ⲧⲉ ⲫⲁⲓ ⲡⲉ Ⲡⲁⲛⲟⲩϯ Ⲡⲁⲛⲟⲩϯ ⲉⲑⲃⲉ ⲟⲩ ⲁ̀ⲕⲭⲁⲧ ⲛ̀ⲥⲱⲕ. ϩⲁⲛ ⲟⲩⲟⲛ ⲇⲉ ⲉ̀ⲃⲟⲗϧⲉⲛ ⲛⲏⲉⲧⲟϩⲓ ⲉ̀ⲣⲁⲧⲟⲩ ⲙ̀ⲙⲁⲩ : ⲉ̀ⲧⲁⲩⲥⲱⲧⲉⲙ ⲛⲁⲩϫⲱ̀ⲙ̀ⲙⲟⲥ ϫⲉ ⲁϥⲙⲟⲩϯ ⲟⲩⲃⲉ ⲏ̀ⲗⲓⲁⲥ. Ⲟⲩⲟϩ ⲥⲁⲧⲟⲧϥ ⲁϥϭⲟϫⲓ ⲛ̀ϫⲉ ⲟⲩⲁⲓ ⲉ̀ⲃⲟⲗ ⲛ̀ϧⲏⲧⲟⲩ : ⲁϥϭⲓ ⲛ̀ⲟⲩⲥⲫⲟⲅⲅⲟⲥ ⲁϥⲙⲁϩⲥ ⲛ̀ϩⲉⲙϫ ⲟⲩⲟϩ ⲁϥⲑⲟⲝⲥ ⲉ̀ⲟⲩⲕⲁϣ ⲁϥⲧⲥⲟϥ. Ⲡ̀ⲥⲉⲡⲓ ⲇⲉ ⲛⲁⲩϫⲱ̀ⲙ̀ⲙⲟⲥ ϫⲉ ⲭⲁϥ ⲛ̀ⲧⲉⲛⲛⲁⲩ ϫⲉ ϥⲛⲏⲟⲩ ⲛ̀ϫⲉ ⲏ̀ⲗⲓⲁⲥ ⲛ̀ⲧⲉϥ ⲛⲁϩⲙⲉϥ. Ⲓⲏⲥ ⲇⲉⲟⲛ ⲉⲧⲁϥⲱϣⲉ̀ⲃⲟⲗ ϧⲉⲛ ⲟⲩⲛⲓϣϯ ⲛ̀ϧⲣⲱⲟⲩ ⲁϥϯ ⲙ̀ⲡⲓⲡ̅ⲛ̅ⲁ̅ :

Ⲟⲩⲱϣⲧ ⲙ̀ⲡⲓⲉⲩⲁⲅⲅⲉⲗⲓⲟⲛ ⲉ̅ⲑ̅ⲩ̅.

Matthew 27:46-50

A reading from the Holy Gospel according to Saint Matthew.

And about the ninth hour Jesus cried out with a loud voice, saying, "Eli, Eli, lama sabachthani?" that is, "My God, My God, why have You forsaken Me?" Some of those who stood there, when they heard that, said, "This Man is calling for Elijah!" Immediately one of them ran and took a sponge, filled it with sour wine and put it on a reed, and offered it to Him to drink. The rest said, "Let Him alone; let us see if Elijah will come to save Him." And Jesus cried out again with a loud voice, and yielded up His spirit.

Bow down before the Holy Gospel.
Glory be to God forever.

متى ٢٧ : ٤٦ - ٥٠

فصل شريف من إنجيل معلمنا مار متى البشير بركاته علينا آمين.

وَنَحْوَ السَّاعَةِ التَّاسِعَةِ صَرَخَ يَسُوعُ بِصَوْتٍ عَظِيمٍ قَائِلاً: «إِيلِي إِيلِي لَمَا شَبَقْتَنِي» (أَيْ: إِلَهِي إِلَهِي لِمَاذَا تَرَكْتَنِي؟) فَقَوْمٌ مِنَ الْوَاقِفِينَ هُنَاكَ لَمَّا سَمِعُوا قَالُوا: «إِنَّهُ يُنَادِي إِيلِيَّا». وَلِلْوَقْتِ رَكَضَ وَاحِدٌ مِنْهُمْ وَأَخَذَ إِسْفِنْجَةً وَمَلأَهَا خَلاً وَجَعَلَهَا عَلَى قَصَبَةٍ وَسَقَاهُ. وَأَمَّا الْبَاقُونَ فَقَالُوا: «اتْرُكْ. لِنَرَى هَلْ يَأْتِي إِيلِيَّا يُخَلِّصُهُ». فَصَرَخَ يَسُوعُ أَيْضاً بِصَوْتٍ عَظِيمٍ وَأَسْلَمَ الرُّوحَ.

أسجدوا للإنجيل المقدس.

والمجد لله دائماً.

Ⲉⲩⲁⲅⲅⲉⲗⲓⲟⲛ ⲕⲁⲧⲁ Ⲙⲁⲣⲕⲟⲛ Ⲕⲉⲫ ⲓⲉ : ⲗ̅ⲇ̅ - ⲗ̅ⲍ̅

Ⲟⲩⲟϩ ϧⲉⲛ ⲫ̀ⲛⲁⲩ ⲛ̀ⲁϫⲡⲯⲓⲧ ⲁϥⲱϣ ⲉⲃⲟⲗ ⲛ̀ϫⲉ Ⲓⲏ̅ⲥ ϧⲉⲛ ⲟⲩⲛⲓϣϯ ⲛ̀ⲥ̀ⲙⲏ : ϫⲉ Ⲉ̀ⲗⲱⲓ̀ Ⲉ̀ⲗⲱⲓ̀ ⲉⲗⲉⲙⲁ ⲥⲁⲃⲁⲭⲑⲁⲛⲓ : ⲉ̀ⲧⲉ ⲡⲉϥⲟⲩⲱ̀ϩⲉⲙ ⲡⲉ ϫⲉ Ⲡⲁⲛⲟⲩϯ Ⲡⲁⲛⲟⲩϯ ⲉⲑⲃⲉⲟⲩ ⲁⲕⲭⲁⲧ ⲛ̀ⲥⲱⲕ. Ⲟⲩⲟϩ ϩⲁⲛⲟⲩⲟⲛ ⲛ̀ⲧⲉ ⲛⲏⲉⲧⲟϩⲓ ⲉ̀ⲣⲁⲧⲟⲩ ⲉⲧⲁⲩⲥⲱⲧⲉⲙ ⲛⲁⲩϫⲱ̀ⲙ̀ⲙⲟⲥ : ϫⲉ ⲁ̀ⲛⲁⲩ ⲁϥⲙⲟⲩϯ ⲟⲩⲃⲉ Ⲏ̀ⲗⲓⲁⲥ. Ⲉⲧⲁϥ ϭⲟϫⲓ ⲇⲉ ⲛ̀ϫⲉ ⲟⲩⲁⲓ ⲁϥⲙⲟϩ ⲛ̀ⲟⲩⲥ̀ⲫⲟⲅⲅⲟⲥ ⲛ̀ϩⲉⲙϫ : ⲁϥⲧⲁⲗⲟⲥ ⲉ̀ϫⲉⲛ ⲟⲩⲕⲁϣ ⲁϥ̀ⲧⲥⲟϥ ⲉϥϫⲱ̀ⲙ̀ⲙⲟⲥ : ϫⲉ ⲭⲁϥ ⲛ̀ⲧⲉⲛⲛⲁⲩ ϫⲉ Ⲏ̀ⲗⲓⲁⲥ ⲛⲏⲟⲩ ⲛ̀ⲧⲉϥⲉⲛϥ ⲉ̀ϧ̀ⲣⲏⲓ. Ⲓⲏ̅ⲥ ⲇⲉ ⲁϥⲙⲟⲩϯ ϧⲉⲛⲟⲩⲛⲓϣϯ ⲛ̀ⲥ̀ⲙⲏ ⲁϥϯ ⲙ̀ⲡⲓⲡ̅ⲛ̅ⲁ̅ :

Ⲟⲩⲱϣⲧ ⲙ̀ⲡⲓⲉⲩⲁⲅⲅⲉⲗⲓⲟⲛ ⲉⲑ̅ⲩ̅.

Mark 15:34-37 — مرقس ١٥: ٣٤ - ٣٧

And at the ninth hour Jesus cried out with a loud voice, saying, "Eloi, Eloi, lama sabachthani?" which is translated, "My God, My God, why have You forsaken Me?" Some of those who stood by, when they heard that, said, "Look, He is calling for Elijah!" Then someone ran and filled a sponge full of sour wine, put it on a reed, and offered it to Him to drink, saying, "Let Him alone; let us see if Elijah will come to take Him down." And Jesus cried out with a loud voice, and breathed His last.

Bow down before the Holy Gospel.
Glory be to God forever.

وَفِي السَّاعَةِ التَّاسِعَةِ صَرَخَ يَسُوعُ بِصَوْتٍ عَظِيمٍ قَائِلاً: «إِلُوِي إِلُوِي لَمَا شَبَقْتَنِي؟» (اَلَّذِي تَفْسِيرُهُ: إِلَهِي إِلَهِي لِمَاذَا تَرَكْتَنِي؟) فَقَالَ قَوْمٌ مِنَ الْحَاضِرِينَ لَمَّا سَمِعُوا: «هُوَذَا يُنَادِي إِيلِيَّا». فَرَكَضَ وَاحِدٌ وَمَلأَ إِسْفِنْجَةً خَلاًّ وَجَعَلَهَا عَلَى قَصَبَةٍ وَسَقَاهُ قَائِلاً: «اتْرُكُوا. لِنَرَ هَلْ يَأْتِي إِيلِيَّا لِيُنْزِلَهُ!» فَصَرَخَ يَسُوعُ بِصَوْتٍ عَظِيمٍ وَأَسْلَمَ الرُّوحَ.

أسجدوا للإنجيل المقدس.

والمجد لله دائماً.

Ⲉⲩⲁⲅⲅⲉⲗⲓⲟⲛ ⲕⲁⲧⲁ Ⲗⲟⲩⲕⲁⲛ Ⲕⲉⲫ ⲕⲅ : ⲙ̅ⲉ̅ ⲛⲉⲙ ⲙ̅

Ⲉϥⲛⲁⲙⲟⲩⲛⲕ ⲇⲉ ⲛ̀ϫⲉ ⲫ̀ⲣⲏ ⲁⲡⲓⲕⲁⲧⲁⲡⲉⲧⲁⲥⲙⲁ ⲛ̀ⲧⲉ ⲡⲓⲉⲣⲫⲉⲓ ⲫⲱϧ ϧⲉⲛ ⲧⲉϥⲙⲏϯ : Ⲟⲩⲟϩ ⲉ̀ⲧⲁϥⲙⲟⲩϯ ⲛ̀ϫⲉ Ⲓⲏ̅ⲥ ϧⲉⲛ ⲟⲩⲛⲓϣϯ ⲛ̀ⲥ̀ⲙⲏ : ⲡⲉϫⲁϥ ϫⲉ ⲡⲁⲓⲱⲧ ϯⲙ̀ⲡⲁⲡ̅ⲛ̅ⲁ̅ ⲛ̀ϧ̀ⲣⲏⲓ ⲉ̀ⲛⲉⲕϫⲓϫ : ⲫⲁⲓ ⲇⲉ ⲉ̀ⲧⲁϥϫⲟϥ ⲁϥϯ ⲙ̀ⲡⲓⲡ̅ⲛ̅ⲁ̅ :

Ⲟⲩⲱϣⲧ ⲙ̀ⲡⲓⲉⲩⲁⲅⲅⲉⲗⲓⲟⲛ ⲉⲑ̅ⲩ̅.

Luke 23:45-46 — لوقا ٢٣: ٤٥ و ٤٦

Then the sun was darkened, and the veil of the temple was torn in two. And when Jesus had cried out with a loud voice, He said, "Father, 'into Your

وَأَظْلَمَتِ الشَّمْسُ وَانْشَقَّ حِجَابُ الْهَيْكَلِ مِنْ وَسَطِهِ. وَنَادَى يَسُوعُ بِصَوْتٍ عَظِيمٍ: «يَا

hands I commit My spirit.' " Having said this, He breathed His last.

Bow down before the Holy Gospel.
Glory be to God forever.

أَبَتَاهُ فِي يَدَيْكَ أَسْتَوْدِعُ رُوحِي». وَلَمَّا قَالَ هَذَا أَسْلَمَ الرُّوحَ.

أسجدوا للإنجيل المقدس.

والمجد لله دائماً.

Ⲉⲩⲁⲅⲅⲉⲗⲓⲟⲛ ⲕⲁⲧⲁ Ⲓⲱⲁⲛⲛⲏⲛ Ⲕⲉⲫ ⲓ̅ⲑ̅ : ⲕ̅ⲏ̅ – ⲗ̅

Ⲙⲉⲛⲉⲛⲥⲁ ⲛⲁⲓ ⲇⲉ ⲉ̀ⲧⲁϥⲛⲁⲩ ⲛ̀ϫⲉ Ⲓⲏ̅ⲥ ϫⲉ ϩⲏⲇⲏ ⲁ̀ ϩⲱⲃ ⲛⲓⲃⲉⲛ ϫⲱⲕ ⲉ̀ⲃⲟⲗ : ϩⲓⲛⲁ ⲛ̀ⲧⲉ ϯⲅ̀ⲣⲁⲫⲏ ϫⲱⲕ ⲉ̀ⲃⲟⲗ : ⲡⲉϫⲁϥ ϫⲉ ϯⲟⲃⲓ : Ⲛⲉ ⲟⲩⲟⲛ ⲟⲩⲙⲟⲩⲕⲓ ⲇⲉ ⲉϥⲙⲉϩ ⲛ̀ϩⲉⲙϫ ⲉϥⲭⲏ ⲉ̀ϧⲣⲏⲓ : ⲁⲩⲙⲟϩ ⲛ̀ⲟⲩⲥ̀ⲫⲟⲅⲅⲟⲥ ⲛ̀ϩⲉⲙϫ : ⲁⲩⲧⲁⲗⲟϥ ⲉ̀ϫⲉⲛ ⲟⲩϩⲩⲥⲟⲡⲟⲥ : ⲁⲩϩⲓⲧϥ ϧⲁⲧⲉⲛⲣⲱϥ : Ϩⲟⲧⲉ ⲉ̀ⲧⲁϥϫⲉⲙϯⲡⲓ ⲙ̀ⲡⲓϩⲉⲙϫ ⲛ̀ϫⲉ Ⲓⲏ̅ⲥ : ⲡⲉϫⲁϥ ϫⲉ ⲁϥϫⲱⲕ ⲉ̀ⲃⲟⲗ : ⲟⲩⲟϩ ⲉ̀ⲧⲁϥⲣⲉⲕ ϫⲱϥ ⲁϥϯ ⲙ̀ⲡⲓⲡ̅ⲛ̅ⲁ : **Ⲟⲩⲱϣⲧ ⲙ̀ⲡⲓⲉⲩⲁⲅⲅⲉⲗⲓⲟⲛ ⲉ̅ⲑ̅ⲩ.**

John 19:28-30

يوحنا ١٩: ٢٨ - ٣٠

After this, Jesus, knowing that all things were now accomplished, that the Scripture might be fulfilled, said, "I thirst!" Now a vessel full of sour wine was sitting there; and they filled a sponge with sour wine, put it on hyssop, and put it to His mouth. So when Jesus had received the sour wine, He said, "It is finished!" And bowing His head, He gave up His spirit.

Bow down before the Holy Gospel.
Glory be to God forever.

بَعْدَ هَذَا رَأَى يَسُوعُ أَنَّ كُلَّ شَيْءٍ قَدْ كَمَلَ فَلِكَيْ يَتِمَّ الْكِتَابُ قَالَ: «أَنَا عَطْشَانُ». وَكَانَ إِنَاءٌ مَوْضُوعاً مَمْلُوّاً خَلاًّ فَمَلأُوا إِسْفِنْجَةً مِنَ الْخَلِّ وَوَضَعُوهَا عَلَى زُوفَا وَقَدَّمُوهَا إِلَى فَمِهِ. فَلَمَّا أَخَذَ يَسُوعُ الْخَلَّ قَالَ: «قَدْ أُكْمِلَ». وَنَكَّسَ رَأْسَهُ وَأَسْلَمَ الرُّوحَ.

أسجدوا للإنجيل المقدس.

والمجد لله دائماً.

Commentary

طرح

The Commentary of the Ninth Hour of Good Friday of Holy Pascha, may its blessings be with us all. Amen.

From generation to generation, you years will not wither. Your name was before the creation of the sun. I see you hung on the cross. Behold today, I see You hanging on the cross O Almighty God. How can Your own creation do that to You, O You who summoned all those who are wounded and cured

طرح الساعة التاسعة من يوم الجمعة العظيمة من البصخة المقدسة بركتها علينا. آمين.

من جيل إلى جيل سنوك لن تبلى، ومن قبل الشمس كان اسمك. وهوذا أراك اليوم معلقاً على خشبة الصليب يا ضابط كل المسكونة. كيف تجرأ عليك المخالفون الذين هم صنعتك أيها الفخارى؟! يا من

their wounds. O You the True Physician, You were hung on the cross as a criminal by the sinful who shouted with their evil voices saying, "We have no King but Caesar." At the ninth hour, our Savior was crucified, and he opened His mouth and shouted in Hebrew, "Eloi, Eloi, Lama Sabachthani? Which is translated, "My God, My God, why have You forsaken Me?" And there was a great fear among those around Him.

When the hour, which He only knew, drew near, He said, "I thirst." For He knew what was written regarding Him. Someone took a sponge, filled it with vinegar, put it on a rod, and gave Him to drink. When He tasted the vinegar, He said, "It is finished!" Thus he fulfilled David the prophet's prophecy in the Psalms. Then He shouted with a great voice and gave up the Spirit. Who will preach the captives about the one who tasted death on their behalf and who will lead the way to paradise to prepare the way for the kingdom? Rejoice today, all you righteous, prophets, and patriarchs. The first man, the head, who was freed from sadness, has been renewed in the new man who conquered death, ended its pride and broke its bitter thorn. God the Word, in its perfection, and went to Hell by the soul, which He took from Adam's nature and made it one with Himself. And the souls were in captivity; He lifted with Him according to His great mercy. The last enemy is Satan whom He chained with shackles. When the evil guards and the forces of darkness

جذب اليه كل المجروحين وشفى جراحهم. أيها الطبيب الحقيقى، علقوك على خشبة مثل فاعل شر، أى الشعب المملوء اثماً. أولئك الذين رفعوا أصواتهم الشريرة وقالوا ليس لهم ملك إلا قيصر.

ولما كان وقت الساعة التاسعة، ومخلصنا معلق على الصليب، فتح المخلص فاه باللغة العبرانية هكذا قائلاً: الوى الوى لما شبقتنى، حتى خاف جميع الذين كانوا حوله. الذى هو الهى الهى أنظر إلىّ، كما هو مكتوب فى المزمور.

ولما قربت منه الساعة التى يعرفها هو وحده، أجاب وقال: الآن أنا عطشان. لأنه هو كان يعرف الذى كتب من أجله. فأخذ واحد أسفنجة وملأها خلاً وجعلها على قصبة وسقاه. فلما ذاق الخل قال: قد أكمل، كقول داود فى المزمور. ومن بعد الخل أمال رأسه وصاح بصوت عظيم وأسلم الروح.

من يبشر المسبيين بالذى ذاق الموت عنهم؟! ومن الذى يسبق إلى الفردوس فيهيئ الطريق للملك؟! افرحوا اليوم أيها الأبرار والأنبياء والبطاركة والصديقون. والإنسان الأول الرأس الذى عتق فى الحزن، قد تجدد اليوم بالإنسان الجديد الذى قتل الموت وأبطل عزته. وكسر شوكته المرة، وقطعها الله الكلمة بكليتها. ومضى إلى الجحيم بالنفس التى أخذها من طبيعة

say Him, they ran away from Him because they knew His great power. Those who were in captivity cried in one voice, "Blessed is your coming to save us." He then took Adam by the hand and lifted him and his descendants with him and admitted them to paradise where there is comfort and joy.

آدم وجعلها واحداً معه. والنفوس التى كانت فى السجن أصعدها معه كعظيم رحمته. والعدو الأخير الذى هو الشيطان قيده بالقيود والسلاسل. فلما رآه البوابون الأشرار والقوات الكائنة فى الظلمة، هربوا ولم يطيقوا الثبوت لأنهم عرفوا قوته وكثرة جبروته. فكسر الأبواب النحاس بسلطانه والمتاريس الحديد سحقها. أما المسبيون فلما رأوا الرب يسوع مخلص نفوسهم، صرخوا قائلين: حسناً جئت أيها المنقذ عبيده. ثم أمسك أولا بيد آدم واجتذبه واصعده وبنيه معه، وأدخلهم إلى الفردوس مسكن الفرح والراحة.

The daytime Litanies are prayed.
تقال طلبة الصباح.

CONGREGATION — **الشعب**

[12 times in Long tone] Amen. Lord Have Mercy. Amen Alleluia Glory be to the Father, to the Son and to the Holy Spirit, both now, and ever, and unto the age of all ages. Amen.	Ⲁⲙⲏⲛ. ⲕⲉ [12 times] Ⲇⲟⲍⲁ Ⲡⲁⲧⲣⲓ ⲕⲉ Ⲩⲓⲱ ⲕⲉ ⲁ̀ⲅⲓⲱ Ⲡⲛⲉⲩⲙⲁⲧⲓ: ⲕⲉ ⲛⲩⲛ ⲕⲉ ⲁ̀ⲓ̀ ⲕⲉ ⲓⲥ ⲧⲟⲩⲥ ⲉ̀ⲱ̀ⲛⲁⲥ ⲧⲱⲛ ⲉ̀ⲱ̀ⲛⲱⲛ ⲁ̀ⲙⲏⲛ.	آمين. يا رب ارحم (١٢ مرة). المجد للآب والابن والروح القدس. الآن وكل اوان والى دهر الدهور. آمين.

Eleventh Hour of Good Friday

الساعة الحادية عشر من الجمعة العظيمة

Ⲡⲓⲇⲟⲝⲟⲗⲟⲥ ⲛ̀ⲧⲉ Ⲙⲱⲩ̀ⲥⲏⲥ Ⲕⲉⲫ ⲓⲃ̅ : ⲁ̅ - ⲓⲇ̅

Ⲉ̀ⲃⲟⲗϧⲉⲛ Ⲡⲓⲇⲟⲝⲟⲗⲟⲥ ⲛ̀ⲧⲉ Ⲙⲱⲩ̀ⲥⲏⲥ ⲡⲓⲡ̀ⲣⲟⲫⲏⲧⲏⲥ: ⲉ̀ⲣⲉⲡⲉϥ̀ⲥ̀ⲙⲟⲩ ⲉ̀ⲑⲟⲩⲁⲃ ϣⲱⲡⲓ ⲛⲉⲙⲁⲛ ⲁ̀ⲙⲏⲛ ⲉϥϫⲱ ⲙ̀ⲙⲟⲥ.

Ⲡⲉϫⲉ Ⲡ̅ⲟ̅ⲥ̅ ⲙ̀Ⲙⲱⲩ̀ⲥⲏⲥ ⲛⲉⲙ Ⲁ̀ⲁⲣⲱⲛ ϧⲉⲛ ⲡ̀ⲕⲁϩⲓ ⲛ̀Ⲭⲏⲙⲓ ⲉϥϫⲱ ⲙ̀ⲙⲟⲥ Ϫⲉ ⲡⲁⲓⲁ̀ⲃⲟⲧ ⲫⲁⲓ ⲧ̀ⲁⲣⲭⲏ ⲛ̀ⲛⲓⲁ̀ⲃⲟⲧ ⲛ̀ⲧⲉ ϯⲣⲟⲙⲡⲓ : Ⲥⲁϫⲓ ⲛⲉⲙ ϯⲥⲩⲛⲁⲅⲱⲅⲏ ⲧⲏⲣⲥ ⲛ̀ⲧⲉ ⲛⲉⲛϣⲏⲣⲓ ⲙ̀Ⲡ̅Ⲓ̅ⲥ̅ⲗ̅ ⲉⲕϫⲱ ⲙ̀ⲙⲟⲥ : ϫⲉ ⲛ̀ϧⲣⲏⲓ ϧⲉⲛⲥⲟⲩ ⲙⲏⲧ ⲙ̀ⲡⲓⲁ̀ⲃⲟⲧ : ⲙⲁⲣⲉ ⲫⲟⲩⲁⲓ ⲫⲟⲩⲁⲓ ϭⲓⲛⲁϥ ⲛ̀ⲟⲩⲉ̀ⲥⲱⲟⲩ ⲕⲁⲧⲁ ⲛⲉⲛⲓ ⲟⲩ ⲛ̀ⲛⲟⲩⲓⲟϯ : ⲟⲩⲉ̀ ⲥⲱⲟⲩ ⲕⲁⲧⲁⲛⲓⲉ̀ⲑⲟⲩ Ⲉ̀ϣⲱⲡ ⲇⲉ ⲉⲩⲥ̀ⲃⲟⲕ ⲛ̀ϫⲉ ⲛⲏⲉⲧϧⲉⲛ ⲡⲓⲏⲓ : ϩⲱⲥ ⲇⲉ ⲉ̀ϣⲧⲉⲙ ⲣⲱϣⲓ ⲉ̀ⲡⲓⲉ̀ⲥⲱⲟⲩ ⲉϥⲉ̀ϭⲓ ⲙ̀ⲡⲉϥⲑⲉϣⲉⲩ ⲛⲉⲙⲁϥ ⲛⲉⲙ ⲡⲉϥϣ̀ⲫⲏⲣ : ⲕⲁⲧⲁ ⲛⲓⲏⲡⲓ ⲙ̀ⲯⲩⲭⲏ : ⲫⲟⲩⲁⲓ ⲫⲟⲩⲁⲓ ⲙ̀ⲡⲉϥⲣⲱϣⲓ ⲉϥⲉ̀ϭⲓⲏⲡⲓ ⲙ̀ⲙⲟϥ ⲛ̀ⲟⲩⲉ̀ⲥⲱⲟⲩ : Ⲟⲩⲉ̀ⲥⲱⲟⲩ ⲛ̀ϩⲱⲟⲩⲧ ⲉϥϫⲏⲕ ⲉ̀ⲃⲟⲗ ⲉ̀ⲁϥⲉⲣⲟⲩⲣⲟⲙⲡⲓ : ⲉϥⲉ̀ϣⲱⲡⲓ ⲛⲱⲧⲉⲛ ⲉ̀ⲃⲟⲗϧⲉⲛ ⲛⲓϩⲓⲏⲃ ⲛⲉⲙ ⲉ̀ⲃⲟⲗϧⲉⲛ ⲛⲓⲃⲁⲉⲙⲡⲓ ⲉ̀ⲣⲉⲧⲉⲛⲉ̀ϭⲓ : Ⲉϥⲉ̀ϣⲱⲡⲓ ⲉⲧⲁ̀ⲣⲉϩ ⲉ̀ⲣⲟϥ ⲛⲱⲧⲉⲛ ϣⲁⲥⲟⲩ ⲙⲏⲧ ϥ̀ⲧⲟⲩ ⲙ̀ⲡⲓⲁ̀ⲃⲟⲧ : ⲟⲩⲟϩ ⲉⲩⲉ̀ϣⲁⲧϥ ⲛ̀ϫⲉ ⲡⲓⲙⲏⲛϣ ⲧⲏⲣϥ ⲛ̀ⲧⲉ ϯⲥⲩⲛⲁⲅⲱⲅⲏ ⲛ̀ⲧⲉ ⲛⲉⲛϣⲏⲣⲓ ⲙ̀Ⲡ̅Ⲓ̅ⲥ̅ⲗ̅ : ⲙ̀ⲫⲛⲁⲩ ⲛ̀ϩⲁⲛⲁ̀ⲣⲟⲩϩⲓ. Ⲟⲩⲟϩ ⲉⲩⲉ̀ϭⲓ ⲉ̀ⲃⲟⲗϧⲉⲛ ⲡⲉϥ̀ⲥⲛⲟϥ ⲉⲩⲉ̀ⲭⲱ ϩⲓϫⲉⲛ ϯⲟⲩⲉⲭⲣⲟ ⲥ̀ⲛⲟⲩϯ : ⲛⲉⲙ ⲛⲓⲙⲉϣⲑⲓⲃⲥ ⲥ̀ⲛⲟⲩϯ : ⲛⲉⲙ ϩⲓϫⲉⲛ ⲑⲟⲩⲁⲓ ϧⲉⲛ ⲛⲓⲏⲓ ⲉ̀ⲧⲟⲩⲛⲁⲟⲩⲟⲙϥ ⲛ̀ϧⲏⲧⲟⲩ : Ⲟⲩⲟϩ ⲉⲩⲉ̀ⲟⲩⲱⲙ ⲛ̀ⲛⲓⲁϥ ⲛ̀ϧⲣⲏⲓ ϧⲉⲛ ⲡⲁⲓ ⲉ̀ϫⲱⲣϩ ⲉⲩⲫⲟⲥⲓ ϧⲉⲛ ⲟⲩⲭⲣⲱⲙ : ⲟⲩⲟϩ ϩⲁⲛⲁⲧϣⲉⲙⲏⲣ ϩⲓϫⲉⲛ ϩⲁⲛϣⲁϣⲓ ⲉⲩⲉ̀ⲟⲩⲙⲟⲩ : Ⲙ̀ⲛⲉⲧⲉⲛⲟⲩⲱⲙ ⲉ̀ⲃⲟⲗ ⲛ̀ϧⲏⲧϥ ⲉϥⲟⲩⲱⲧ : ⲟⲩⲇⲉ ⲉϥⲫⲟⲥⲓ ϧⲉⲛ ⲟⲩⲙⲱⲟⲩ : ⲁⲗⲗⲁ ⲉϥϫⲉϥϫⲱϥ ϧⲉⲛ ⲟⲩⲭⲣⲱⲙ ϯⲁ̀ⲫⲉ ⲇⲉ ⲛⲉⲙ ⲛⲓϭⲁ̀ⲗⲁⲩϫ ⲛⲉⲙ ⲛⲏⲉⲧⲥⲁϧⲟⲩⲛ ⲙ̀ⲙⲟϥ. Ⲙ̀ⲛⲉⲧⲉⲛⲭⲱ ⲉ̀ⲃⲟⲗ ⲙ̀ⲙⲟϥ ⲉ̀ⲥⲱϫⲡ ⲛ̀ϣⲱⲣⲡ : ⲟⲩⲕⲁⲥ ⲛ̀ⲛⲉⲧⲉⲛⲕⲁϣϥ ⲉ̀ⲃⲟⲗ ⲙ̀ⲙⲟϥ : ⲛⲏⲇⲉ ⲉⲑⲛⲁⲥⲱϫⲡ ⲉ̀ⲃⲟⲗⲙ̀ⲙⲟϥ ⲛ̀ϣⲱⲣⲡ : ⲉ̀ⲣⲉⲧⲉⲛⲉ̀ⲣⲟⲕϩⲟⲩ ϧⲉⲛ ⲟⲩⲭⲣⲱⲙ : Ⲉ̀ⲣⲉⲧⲉⲛⲟⲩⲟⲙϥ ⲇⲉ ⲙ̀ⲡⲁⲓⲣⲏϯ : ⲉⲩⲙⲏⲣ ⲛ̀ϫⲉ ⲛⲉⲧⲉⲛϯⲡⲓ : ⲟⲩⲟϩ ⲛⲉⲧⲉⲛⲑⲱⲟⲩⲓ̀ ϧⲉⲛ ⲛⲉⲧⲉⲛϭⲁ̀ⲗⲁⲩϫ : ⲛⲉⲧⲉⲛϣ̀ⲃⲱϯ ⲉⲩϧⲉⲛ ⲛⲉⲧⲉⲛϫⲓϫ : ⲟⲩⲟϩ ⲉ̀ⲣⲉⲧⲉⲛⲉ̀ⲟⲩⲟⲙϥ ϧⲉⲛ ⲟⲩⲓⲱⲥ : ϫⲉ ⲟⲩⲡⲁⲥⲭⲁ ⲙ̀Ⲡ̅ⲟ̅ⲥ̅ ⲡⲉ : Ⲟⲩⲟϩ ⲉⲓⲉ̀ⲥⲓⲛⲓ ϧⲉⲛ ⲡ̀ⲕⲁϩⲓ ⲛ̀Ⲭⲏⲙⲓ ϧⲉⲛ ⲡⲁⲓ ⲉ̀ϫⲱⲣϩ ⲡⲁⲓ ⲉⲓⲉ̀ϣⲁⲣⲓ ⲉ̀ϣⲁⲙⲓⲥⲓ ⲛⲓⲃⲉⲛ ⲉⲧⲉ ⲉ̀ϧⲣⲏⲓ ϧⲉⲛ ⲡ̀ⲕⲁϩⲓ ⲛ̀Ⲭⲏⲙⲓ : ⲓⲥϫⲉⲛ ⲫ̀ⲣⲱⲙⲓ ϣⲁ ⲡ̀ⲧⲉⲃⲛⲏ : ⲟⲩⲟϩ ⲛ̀ϧⲣⲏⲓ ϧⲉⲛ ⲛⲓⲛⲟⲩϯ ⲧⲏⲣⲟⲩ ⲛ̀ⲧⲉ ⲛⲓⲣⲉⲙ̀ⲛⲭⲏⲙⲓ ⲉⲓⲉ̀ⲓⲣⲓ ⲛ̀ⲟⲩϭⲓⲙ̀ⲡ̀ϣⲓϣ ⲁ̀ⲛⲟⲕ Ⲡ̅ϭ̅ⲟ̅ⲓ̅ⲥ̅. Ⲉϥⲉ̀ϣⲱⲡⲓ ⲛ̀ϫⲉ ⲡⲓ̀ⲥⲛⲟϥ ⲛ̀ⲟⲩⲙⲏⲛⲓⲛⲓ ϩⲓϫⲉⲛ ⲛⲓⲏⲓ ⲛⲏ ⲛ̀ⲑⲱⲧⲉⲛ ⲉⲧⲉⲧⲉⲛⲭⲏ ⲛ̀ϧⲏⲧⲟⲩ : ⲟⲩⲟϩ ⲉⲓⲉ̀ⲛⲁⲩ ⲉ̀ⲡⲓ̀ⲥⲛⲟϥ ⲉⲓⲉ̀ϩⲟⲃⲥ ⲉ̀ⲃⲟⲗ ⲉ̀ϫⲱⲧⲉⲛ : ⲟⲩⲟϩ ⲛ̀ⲛⲉⲉⲣϧⲟⲧ ϣⲱⲡⲓ ϧⲉⲛ ⲑⲏⲛⲟⲩ ⲉ̀ⲡ̀ϧⲟⲙϧⲉⲙ ϩⲟⲧⲁⲛ ⲁⲓϣⲁⲛϣⲁⲣⲓ ⲉ̀ϣⲁⲙⲓⲥⲓ ⲛⲓⲃⲉⲛ ϧⲉⲛ ⲡ̀ⲕⲁϩⲓ ⲛ̀Ⲭⲏⲙⲓ : Ⲟⲩⲟϩ ⲉϥⲉ̀ϣⲱⲡⲓ ⲛⲱⲧⲉⲛ ⲛ̀ϫⲉ ⲡⲁⲓⲉ̀ϩⲟⲟⲩ ⲛ̀ⲟⲩⲉⲣⲫ̀ⲙⲉⲩⲓ̀ : ⲉ̀ⲣⲉⲧⲉⲛⲁⲓϥ ⲛ̀ϣⲁⲓ ⲙ̀Ⲡ̅ⲟ̅ⲥ̅ ϣⲁ ⲛⲉⲧⲉⲛϫⲱⲟⲩ : ⲟⲩⲛⲟⲙⲟⲥ ⲛ̀ⲉⲛⲉϩ ⲉ̀ⲣⲉⲧⲉⲛⲁⲓϥ ⲛ̀ϣⲁⲓ :

Ⲟⲩⲱ̀ⲟⲩ ⲛ̀ϯⲧ̀ⲣⲓⲁⲥ ⲉ̀ⲑⲟⲩⲁⲃ ⲡⲉⲛⲛⲟⲩϯ ϣⲁ ⲉ̀ⲛⲉϩ ⲛⲉⲙ ϣⲁ ⲉ̀ⲛⲉϩ ⲛ̀ⲧⲉ ⲛⲓⲉ̀ⲛⲉϩ ⲧⲏⲣⲟⲩ: ⲁ̀ⲙⲏⲛ.

Exodus 12:1-14

A reading from the book of Exodus of Moses the Prophet may his blessings be with us Amen.

Now the Lord spoke to Moses and Aaron in the land of Egypt, saying, "This month shall be your beginning of months; it shall be the first month of the year to you. Speak to all the congregation of Israel, saying: 'On the tenth day of this month every man shall take for himself a lamb, according to the house of his father, a lamb for a household. And if the household is too small for the lamb, let him and his neighbor next to his house take it according to the number of the persons; according to each man's need you shall make your count for the lamb. Your lamb shall be without blemish, a male of the first year. You may take it from the sheep or from the goats. Now you shall keep it until the fourteenth day of the same month. Then the whole assembly of the congregation of Israel shall kill it at twilight. And they shall take some of the blood and put it on the two doorposts and on the lintel of the houses where they eat it. Then they shall eat the flesh on that night; roasted in fire, with unleavened bread and with bitter herbs they shall eat it. Do not eat it raw, nor boiled at all with water, but roasted in fire--its head with its legs and its entrails. You shall let none of it remain until morning, and what remains of it until morning you shall burn with fire. And thus you shall eat it: with a belt on your waist, your

سفر الخروج ١٢ : ١ - ١٤

من سفر الخروج لموسى النبى بركته المقدسة تكون معنا، آمين.

وَقَالَ الرَّبُّ لِمُوسَى وَهَارُونَ فِي ارْضِ مِصْرَ: «هَذَا الشَّهْرُ يَكُونُ لَكُمْ رَاسَ الشُّهُورِ. هُوَ لَكُمْ اوَّلُ شُهُورِ السَّنَةِ. كَلِّمَا كُلَّ جَمَاعَةِ اسْرَائِيلَ قَائِلَيْنِ فِي الْعَاشِرِ مِنْ هَذَا الشَّهْرِ يَاخُذُونَ لَهُمْ كُلُّ وَاحِدٍ شَاةً بِحَسَبِ بُيُوتِ الابَاءِ. شَاةً لِلْبَيْتِ. وَانْ كَانَ الْبَيْتُ صَغِيرا عَنْ انْ يَكُونَ كُفْوا لِشَاةٍ يَاخُذُ هُوَ وَجَارُهُ الْقَرِيبُ مِنْ بَيْتِهِ بِحَسَبِ عَدَدِ النُّفُوسِ. كُلُّ وَاحِدٍ عَلَى حَسَبِ اكْلِهِ تَحْسِبُونَ لِلشَّاةِ. تَكُونُ لَكُمْ شَاةً صَحِيحَةً ذَكَرا ابْنَ سَنَةٍ تَاخُذُونَهُ مِنَ الْخِرْفَانِ اوْ مِنَ الْمَوَاعِزِ. وَيَكُونُ عِنْدَكُمْ تَحْتَ الْحِفْظِ الَى الْيَوْمِ الرَّابِعَ عَشَرَ مِنْ هَذَا الشَّهْرِ. ثُمَّ يَذْبَحُهُ كُلُّ جُمْهُورِ جَمَاعَةِ اسْرَائِيلَ فِي الْعَشِيَّةِ. وَيَاخُذُونَ مِنَ الدَّمِ وَيَجْعَلُونَهُ عَلَى الْقَائِمَتَيْنِ وَالْعَتَبَةِ الْعُلْيَا فِي الْبُيُوتِ الَّتِي يَاكُلُونَهُ فِيهَا. وَيَاكُلُونَ اللَّحْمَ تِلْكَ اللَّيْلَةَ مَشْوِيّا بِالنَّارِ مَعَ فَطِيرٍ. عَلَى اعْشَابٍ مُرَّةٍ يَاكُلُونَهُ. لا تَاكُلُوا مِنْهُ نَيْئا اوْ طَبِيخا مَطْبُوخا بِالْمَاءِ بَلْ مَشْوِيّا بِالنَّارِ. رَاسَهُ مَعَ اكَارِعِهِ وَجَوْفِهِ. وَلا تُبْقُوا مِنْهُ الَى الصَّبَاحِ. وَالْبَاقِي مِنْهُ الَى الصَّبَاحِ تُحْرِقُونَهُ بِالنَّارِ. وَهَكَذَا تَاكُلُونَهُ: احْقَاؤُكُمْ مَشْدُودَةٌ وَاحْذِيَتُكُمْ فِي ارْجُلِكُمْ وَعِصِيُّكُمْ فِي ايْدِيكُمْ. وَتَاكُلُونَهُ بِعَجَلَةٍ. هُوَ فِصْحٌ لِلرَّبِّ. فَانِّي اجْتَازُ فِي ارْضِ مِصْرَ هَذِهِ اللَّيْلَةَ

sandals on your feet, and your staff in your hand. So you shall eat it in haste. It is the Lord's Passover. For I will pass through the land of Egypt on that night, and will strike all the firstborn in the land of Egypt, both man and beast; and against all the gods of Egypt I will execute judgment: I am the Lord. Now the blood shall be a sign for you on the houses where you are. And when I see the blood, I will pass over you; and the plague shall not be on you to destroy you when I strike the land of Egypt. So this day shall be to you a memorial; and you shall keep it as a feast to the Lord throughout your generations. You shall keep it as a feast by an everlasting ordinance."

Glory be to the Holy Trinity our God unto the age of all ages, Amen.

وَاضْرِبُ كُلَّ بِكْرٍ فِي ارْضِ مِصْرَ مِنَ النَّاسِ وَالْبَهَائِمِ. وَاصْنَعُ احْكَاما بِكُلِّ الِهَةِ الْمِصْرِيِّينَ. انَا الرَّبُّ. وَيَكُونُ لَكُمُ الدَّمُ عَلامَةً عَلَى الْبُيُوتِ الَّتِي انْتُمْ فِيهَا فَارَى الدَّمَ وَاعْبُرُ عَنْكُمْ فَلا يَكُونُ عَلَيْكُمْ ضَرْبَةٌ لِلْهَلاكِ حِينَ اضْرِبُ ارْضَ مِصْرَ. وَيَكُونُ لَكُمْ هَذَا الْيَوْمُ تَذْكَارا فَتُعَيِّدُونَهُ عِيدا لِلرَّبِّ. فِي اجْيَالِكُمْ تُعَيِّدُونَهُ فَرِيضَةً ابَدِيَّةً.

مجداً للثالوث القدوس الهنا إلى الأبد وإلى أبد الآبدين كلها، آمين.

ⲡⲓⲗⲉⲩⲓⲧⲓⲕⲟⲛ ⲛ̀ⲧⲉ Ⲙⲱⲩⲥⲏⲥ Ⲕⲉⲫ ⲕ̅ⲋ̅ -ⲉ̅ - ⲓ̅ⲉ̅

Ⲉ̀ⲃⲟⲗϧⲉⲛ ⲡⲓⲗⲉⲩⲓⲧⲓⲕⲟⲛ ⲛ̀ⲧⲉ Ⲙⲱⲩⲥⲏⲥ ⲡⲓⲡ̀ⲣⲟⲫⲏⲧⲏⲥ: ⲉ̀ⲣⲉⲡⲉϥⲥ̀ⲙⲟⲩ ⲉ̀ⲑⲟⲩⲁⲃ ϣⲱⲡⲓ ⲛⲉⲙⲁⲛ ⲁ̀ⲙⲏⲛ ⲉϥϫⲱ ⲙ̀ⲙⲟⲥ.

Ⲉ̀ϩ̀ⲣⲏⲓ ϧⲉⲛ ⲡⲓⲁⲃⲟⲧ ⲛ̀ϣⲟⲣⲡ ⲛ̀ⲥⲟⲩ ⲓ̅ⲇ̅ ⲙ̀ⲡⲓⲁⲃⲟⲧ ϫⲓⲛ ⲡⲛⲁⲩ ⲛ̀ⲣⲟⲩϩⲓ ⲙ̀ⲡⲓⲡⲁⲥⲭⲁ ⲙ̀Ⲡ̅ⲟ̅ⲥ̅ ⲟⲩⲟϩ ϧⲉⲛ ⲥⲟⲩ ⲓⲉ ⲙ̀ⲡⲓⲁ̀ⲃⲟⲧ ⲛ̀ⲟⲩⲱⲧ ⲡ̀ϣⲁ ⲡⲉ ⲛ̀ⲛⲁⲑⲁⲃ ⲙ̀Ⲡ̅ⲟ̅ⲥ̅. ϣⲁϣϥ ⲛ̀ⲉ̀ϩⲟⲟⲩ ⲉ̀ⲧⲉⲧⲉⲛⲟⲩⲉⲙ ⲛ̀ⲁⲑⲁⲃ ⲟⲩⲟϩ ⲡⲓϣⲟⲣⲡ ⲛ̀ⲉ̀ϩⲟⲟⲩ ⲉⲧⲉ̀ⲙⲟⲩϯ ⲉ̀ⲣⲟϥ ϫⲉ ⲉϥⲟⲩⲁⲃ ⲛⲱⲧⲉⲛ ⲛ̀ⲧⲉⲧⲉⲛⲉⲣⲗⲁⲁⲩ ⲛ̀ϩⲱⲃ ⲛ̀ϣⲉⲙ̀ϣⲓ ⲟⲩⲟϩ ⲉ̀ⲧⲉⲧⲉⲛⲉ̀ⲓⲛ ⲛ̀ⲛⲉⲧⲉⲛ ϩⲟⲗⲟⲕⲁⲩⲧⲱⲙⲁ ⲉ̀ⲧⲁⲗⲱⲟⲩ ⲉ̀ϩ̀ⲣⲏⲓ ⲙ̀Ⲡ̅ⲟ̅ⲥ̅ ⲛ̀ⲍ̅ ⲛ̀ⲉ̀ϩⲟⲟⲩ ⲟⲩⲟϩ ϧⲉⲛ ⲡⲓⲉ̀ϩⲟⲟⲩ ⲙ̀ⲙⲁϩ ⲍ̅ⲉⲩ ⲉ̀ⲙⲟⲩϯ ⲉ̀ⲣⲟϥ ϫⲉ ⲉϥⲟⲩⲁⲃ ⲛⲱⲧⲉⲛ ⲛ̀ⲛⲉⲧⲉⲛ ⲉⲣⲗⲁⲁⲩ ⲛ̀ϩⲱⲃ ⲛ̀ϧ̀ⲏⲧϥ ϫⲉ ⲉϥⲟⲩⲁⲃ ⲙ̀Ⲡ̅ⲟ̅ⲥ̅ ⲉϥⲧⲁⲓⲏⲟⲩⲧ. Ⲟⲩⲟϩ Ⲡ̅ⲟ̅ⲥ̅ ⲁϥⲥⲁϫⲓ ⲛⲉⲙ Ⲙⲱⲩⲥⲏⲥ ⲉϥϫⲱⲙ̀ⲙⲟⲥ ⲛⲁϥ ϫⲉ ⲥⲁϫⲓ ⲛⲉⲙ ⲛⲉⲛϣⲏⲣⲓ ⲙ̀Ⲡⲓⲥ̅ⲗ̅ ⲛ̀ⲕϫⲟⲥ ⲛⲱⲟⲩ ϫⲉ ⲁⲧⲉⲧⲉⲛϣⲁⲛ ⲃⲱⲕ ⲉ̀ϧ̀ⲟⲩⲛ ⲉ̀ⲡ̀ⲕⲁϩⲓ ⲡⲁⲓ ⲁ̀ⲛⲟⲕ ⲉ̀ϯⲛⲁⲁⲓϥ ⲛⲱⲧⲉⲛ ⲛ̀ⲧⲉⲧⲉⲛⲱⲥϧ ⲙ̀ⲡⲉϥⲱⲥϧ ⲉ̀ⲧⲉⲧⲉⲛⲉ̀ⲓⲛⲓ ⲛⲟⲩ ⲭ̀ⲛⲁⲩ ⲛ̀ⲁⲡⲁⲣⲭⲏ ϧⲉⲛ ⲡⲉⲧⲉⲛⲱⲥϧ ⲉ̀ⲣⲁⲧϥ ⲙ̀ⲡⲓⲟⲩⲏⲃ ⲛⲉϥⲧⲁⲗⲟ ⲙ̀ⲡⲉⲕⲛⲁⲩ ⲉ̀ϩ̀ⲣⲏⲓ ⲙ̀ⲡⲉⲙ̀ⲑⲟ ⲉ̀ⲃⲟⲗ ⲙ̀Ⲡ̅ⲟ̅ⲥ̅ ⲉ̀ⲑ̀ⲣⲉϥ ϣⲱⲡⲓ ⲉϥϣⲏⲡ ⲛⲱⲧⲉⲛ ⲉ̀ⲧⲉ ⲧⲉⲛ ⲓ̀ⲛⲓ ⲙ̀ⲙⲟϥ ⲙ̀ⲡ̀ⲣⲁⲥϯ ⲙ̀ⲡ̀ϣⲟⲣⲡ ⲛ̀ⲉ̀ϩⲟⲟⲩ ⲉⲣ ⲡⲓⲟⲩⲏⲃ ⲧⲁⲗϥ ⲉ̀ϩ̀ⲣⲏⲓ Ⲟⲩⲟϩ ⲧⲉⲧⲉⲛⲓ̀ⲛⲓ ⲙ̀ⲡⲓⲉ̀ϩⲟⲟⲩ ⲉ̀ⲧⲉⲧⲉⲛⲛⲁⲓ̀ⲛⲓ ⲙ̀ⲡⲉⲕⲛⲁⲩ ⲛ̀ⲉⲥⲱⲟⲩ ⲉⲙ̀ⲛ̀ϫⲃⲓⲛ ⲛ̀ϧ̀ⲏⲧϥ ⲉϥϧⲉⲛ ⲟⲩⲣⲟⲙ̀ⲡⲓ ⲉ̀ⲁϥ ⲛ̀ϩⲟⲗⲟⲕⲁⲩⲧⲱⲙⲁ ⲙ̀Ⲡ̅ⲟ̅ⲥ̅ :

Ⲟⲩⲱⲟⲩ ⲛ̀ⲧ̀ⲧ̀ⲣⲓⲁⲥ ⲉⲑⲟⲩⲁⲃ ⲡⲉⲛⲛⲟⲩϯ ϣⲁ ⲉ̀ⲛⲉϩ ⲛⲉⲙ ϣⲁ ⲉ̀ⲛⲉϩ ⲛ̀ⲧⲉ ⲛⲓⲉ̀ⲛⲉϩ ⲧⲏⲣⲟⲩ: ⲁ̀ⲙⲏⲛ.

Leviticus 23:5-15

A reading from the book of Leviticus of Moses Prophet may his blessings be with us Amen.

On the fourteenth day of the first month at twilight is the Lord's Passover. And on the fifteenth day of the same month is the Feast of Unleavened Bread to the Lord; seven days you must eat unleavened bread. On the first day you shall have a holy convocation; you shall do no customary work on it. But you shall offer an offering made by fire to the Lord for seven days. The seventh day shall be a holy convocation; you shall do no customary work on it.' " And the Lord spoke to Moses, saying, "Speak to the children of Israel, and say to them: 'When you come into the land which I give to you, and reap its harvest, then you shall bring a sheaf of the firstfruits of your harvest to the priest. He shall wave the sheaf before the Lord, to be accepted on your behalf; on the day after the Sabbath the priest shall wave it. And you shall offer on that day, when you wave the sheaf, a male lamb of the first year, without blemish, as a burnt offering to the Lord.

Glory be to the Holy Trinity our God unto the age of all ages, Amen.

سفر اللاويين ٢٣: ٥ - ١٥

من سفر اللاويين لموسى النبى بركته المقدسة تكون معنا، آمين.

فِي الشَّهْرِ الاوَّلِ فِي الرَّابِعَ عَشَرَ مِنَ الشَّهْرِ بَيْنَ الْعِشَاءَيْنِ فِصْحٌ لِلرَّبِّ. وَفِي الْيَوْمِ الْخَامِسَ عَشَرَ مِنْ هَذَا الشَّهْرِ عِيدُ الْفَطِيرِ لِلرَّبِّ. سَبْعَةَ ايَّامٍ تَاكُلُونَ فَطِيرا. فِي الْيَوْمِ الاوَّلِ يَكُونُ لَكُمْ مَحْفَلٌ مُقَدَّسٌ. عَمَلا مَا مِنَ الشُّغْلِ لا تَعْمَلُوا. وَسَبْعَةَ ايَّامٍ تُقَرِّبُونَ وَقُودا لِلرَّبِّ. فِي الْيَوْمِ السَّابِعِ يَكُونُ مَحْفَلٌ مُقَدَّسٌ. عَمَلا مَا مِنَ الشُّغْلِ لا تَعْمَلُوا». وقَالَ الرَّبُّ لِمُوسَى: «قُلْ لِبَنِي اسْرَائِيلَ: مَتَى جِئْتُمْ الَى الارْضِ الَّتِي انَا اعْطِيكُمْ وَحَصَدْتُمْ حَصِيدَهَا تَاتُونَ بِحُزْمَةِ اوَّلِ حَصِيدِكُمْ الَى الْكَاهِنِ. فَيُرَدِّدُ الْحُزْمَةَ امَامَ الرَّبِّ لِلرِّضَا عَنْكُمْ. فِي غَدِ السَّبْتِ يُرَدِّدُهَا الْكَاهِنُ. وَتَعْمَلُونَ يَوْمَ تَرْدِيدِكُمُ الْحُزْمَةَ خَرُوفا صَحِيحا حَوْلِيّا مُحْرَقَةً لِلرَّبِّ.

مجداً للثالوث القدوس الهنا إلى الأبد وإلى أبد الآبدين كلها، آمين.

Ⲟⲩⲕⲁⲧⲏⲭⲏⲥⲓⲥ

Ⲟⲩⲕⲁⲧⲏⲭⲏⲥⲓⲥ ⲛ̀ⲧⲉ ⲡⲉⲛⲓⲱⲧ ⲉⲑⲟⲩ ⲁⲃⲃⲁ Ⲁⲑⲁⲛⲁⲥⲓⲟⲥ ⲡⲓⲁ̀ⲡⲟⲥⲧⲟⲗⲓⲕⲟⲥ: ⲉ̀ⲣⲉ ⲡⲉϥⲥ̀ⲙⲟⲩ ⲉⲑⲟⲩⲁⲃ ϣⲱⲡⲓ ⲛⲉⲙⲁⲛ ⲁ̀ⲙⲏⲛ.

Ⲥⲥϧⲏⲟⲩⲧ ⲅⲁⲣ ⲙ̀ⲡⲁⲓⲣⲏϯ ϧⲉⲛ ⲛⲓⲅ̀ⲣⲁⲫⲏ : ϫⲉ ⲉ̀ϣⲱⲡ ⲛⲉⲛⲯⲩⲭⲏ ⲙ̀ⲙⲏⲣ ⲉ̀ϧⲟⲩⲛ ⲉ̀ⲡⲓⲛⲟⲙⲟⲥ ⲛ̀ⲧⲉ Ⲫϯ : ⲙ̀ⲡⲁⲣⲉ ⲛⲓⲇⲩⲛⲁⲙⲓⲥ ⲛ̀ⲧⲉ ⲡ̀ⲭⲁⲕⲓ ϣ̀ϫⲉⲙϫⲟⲙ ⲉ̀ⲣⲟⲛ : ⲁⲩϣⲁⲓ ⲉⲣⲥⲁⲃⲟⲗ ⲇⲉ ⲙ̀Ⲫϯ ϣⲁⲩ̀ⲁ̀ⲙⲁϩⲓ ⲉ̀ϩⲣⲏⲓ ⲉϫⲱⲛ Ⲁϥϫⲟⲥ ⲟⲛ : ϫⲉ ⲛ̀ⲑⲟⲕ ⲇⲉ ⲫ̀ⲣⲱⲙⲓ ⲉⲑⲟⲩⲱϣ ⲉ̀ⲛⲟϩⲉⲙ : ⲧ̀ⲥⲁⲃⲟⲕ ⲉ̀ⲛⲉⲃⲓ ϧⲉⲛ ⲡ̀ϣⲱⲕ ⲛ̀ϯⲙⲉⲧ ⲣⲁⲙⲁⲟ ⲛⲉⲙ ϯⲥⲟⲫⲓⲁ̀ ⲛ̀ⲧⲉ Ⲫϯ : ⲫⲱⲣϣ ⲛ̀ⲛⲉⲕϫⲓϫ ⲉ̀ⲃⲟⲗ ⲙ̀ⲡ̀ⲧⲩⲡⲟⲥ ⲙ̀ⲡⲓⲥ̀ⲧⲁⲩⲣⲟⲥ : ϫⲉ ⲉⲕⲉ̀ⲉⲣϫⲓⲛⲓⲟⲣ ϧⲉⲛ ⲫⲓⲟⲙ ⲛ̀ⲛⲓϣ̀ϯ ⲉⲧⲉ ⲫⲁⲓ ⲡⲉ ⲡⲁⲓ ⲉ̀ⲛⲉϩ ⲛ̀ⲧⲉⲕϣⲉ ⲉ̀ⲣⲁⲧϥ ⲙ̀Ⲫϯ. Ⲛⲓⲥ̀ⲕⲁⲛⲇⲁⲗⲟⲛ ⲇⲉ ⲛ̀ⲛⲏⲉⲧⲉ ⲛ̀ⲥⲉⲥⲱⲟⲩⲛ ⲁⲛ ⲛ̀ⲛⲉⲃⲓ ⲛⲉ ⲡⲓϫⲓⲛⲙⲟϣⲓ ⲥⲁⲃⲟⲗ ⲛ̀ⲛⲓⲟⲩ ⲁϩⲥⲁϩⲛⲓ ⲛ̀ⲧⲉ ϯⲕⲁⲑⲟⲗⲓⲕⲏ ⲛ̀ⲉⲕⲕ̀ⲗⲏⲥⲓⲁ̀: ⲉⲧⲉⲛⲁⲓ ϯⲙⲉⲧⲁⲑⲛⲁϩϯ ϯⲡⲟⲣⲛⲓⲁ̀ ϯⲕⲁⲧⲁⲗⲁⲗⲓⲁ̀ ϯⲙⲉⲧⲙⲁⲓϩⲁⲧ : ⲉⲧⲉⲑⲛⲟⲩⲛⲓ ⲙ̀ⲡⲉⲧϩⲱⲟⲩ ⲛⲓⲃⲉⲛ ⲧⲉ : ⲫⲙⲏⲛⲓ ⲅⲁⲣ ⲙ̀ⲡⲓⲏ : ⲉϥⲫⲱⲣϣ ⲉ̀ⲃⲟⲗ ⲉ̀ϫⲉⲛ ⲡⲓⲥⲱⲛⲧ ⲧⲏⲣϥ. Ⲁⲣⲉϣ̀ⲧⲉⲙ ⲡⲓⲣⲏ ⲫⲱⲣϣ ⲛ̀ⲛⲉϥⲁⲕⲧⲓⲛ ⲉ̀ⲃⲟⲗ : ⲙ̀ⲙⲟⲛ ϣ̀ϫⲟⲙ ⲙ̀ⲙⲟϥ ⲉⲉ̀ⲣⲟⲩⲱⲓⲛⲓ ⲟⲩⲟϩ ⲁ̀ⲣⲉϣ̀ⲧⲉⲙ ⲡⲓⲓⲟϩ ⲫⲱⲣϣ ⲉ̀ⲃⲟⲗ ⲙ̀ⲡⲉϥⲧⲁⲡ ⲥ̀ⲛⲁⲩ ⲙ̀ⲡⲁϥⲉⲣⲟⲩⲱⲓⲛⲓ : ⲟⲙⲉⲟⲥ ⲛⲓϩⲁⲗⲁϯ ⲛ̀ⲧⲉ ⲧ̀ⲫⲉ : ⲁⲩϣ̀ⲧⲉⲙ ⲫⲱⲣϣ ⲉ̀ⲃⲟⲗ ⲛ̀ⲛⲟⲩⲧⲉⲛϩ ⲙ̀ⲡⲁⲩϣ̀ϩⲁⲗⲁⲓ ⲟ̀ⲙⲉⲟⲥ ⲟⲛ ⲛⲓⲕⲉⲉ̀ϫⲛⲟⲩ ⲁⲩϣ̀ⲧⲉⲙ ⲫⲱⲣϣ ⲉ̀ⲃⲟⲗ ⲛ̀ⲧⲟⲩⲗⲁⲩⲟ ⲙ̀ⲡⲁⲩϣ̀ⲉⲣϩⲱⲧ : ϩⲏⲡⲡⲉ ⲓⲥ Ⲙⲱⲩ̀ⲥⲏⲥ ⲡⲓⲁ̀ⲣⲭⲏ ⲡⲓⲡ̀ⲣⲟⲫⲏⲧⲏⲥ : ⲉⲧⲁϥⲫⲱⲣϣ ⲛ̀ⲛⲉϥϫⲓϫ ⲉ̀ⲃⲟⲗ ⲁϥϭ̀ⲣⲟ ⲉ̀Ⲡⲓⲁ̀ⲙⲁⲗⲓⲕ. Ⲇⲁⲛⲓⲏⲗ ⲁϥⲛⲟϩⲉⲙ ϧⲉⲛ ⲫ̀ⲗⲁⲕⲕⲟⲥ ⲛ̀ⲛⲓⲙⲟⲩⲓ̀ : Ⲓⲱⲛⲁⲥ ϧⲉⲛ ⲑ̀ⲛⲉϫⲓ ⲙ̀ⲡⲓⲕⲏⲧⲟⲥ : Ⲑⲉⲕⲗⲁ ϧⲉⲛⲡ̀ϫⲓⲛ ⲑ̀ⲣⲟⲩϩⲓⲧⲥ ⲉ̀ⲛⲓⲑⲏⲣⲓⲟⲛ ⲁⲥⲛⲟϩⲉⲙ ϩⲓⲧⲉⲛ ⲡ̀ⲧⲩⲡⲟⲥ ⲙ̀ⲡⲓⲏ. Ⲥⲟⲩⲥⲁⲛⲛⲁ ⲉ̀ⲃⲟⲗϧⲉⲛ ⲧ̀ϫⲓϫ ⲛ̀ⲛⲓⲡ̀ⲣⲉⲥⲃⲩⲧⲉⲣⲟⲥ : Ⲓⲟⲩ̀ⲇⲓⲥ ⲉ̀ⲃⲟⲗϧⲉⲛ ⲧ̀ϫⲓϫ ⲛ̀Ⲁⲗⲟⲩⲫⲉⲣⲛⲏⲥ : Ⲡⲓϣⲟⲙⲧ ⲛ̀ⲁ̀ⲗⲟⲩ ⲛ̀ⲁ̀ⲅⲓⲟⲥ : ⲉ̀ⲃⲟⲗϧⲉⲛ ϯϩ̀ⲣⲱ ⲛ̀ⲭ̀ⲣⲱⲙ ⲉⲑⲙⲟϩ : ⲛⲁⲓ ⲧⲏⲣⲟⲩ ⲁⲩⲛⲟϩⲉⲙ ϧⲉⲛ ⲡ̀ⲧⲩⲡⲟⲥ ⲙ̀ⲡⲓⲏ. ⲁϥϫⲟⲥ ⲟⲛ ϫⲉ ⲙⲁⲣⲉ ⲡⲉⲕⲙⲁⲛⲟⲩⲱϩ ϣⲱⲡⲓ ϧⲉⲛ ⲟⲩⲙⲁ ⲛ̀ⲟⲩⲱⲧ : ⲉⲧⲉ ⲑⲁⲓⲧⲉ ϯⲉⲕⲕ̀ⲗⲏⲥⲓⲁ̀ ⲧⲉ : ⲉⲕϭⲓ ⲧ̀ⲣⲟⲫⲏ ⲉ̀ⲃⲟⲗϧⲉⲛ ⲛⲓⲥⲁϫⲓ ⲛ̀ⲧⲉ ⲛⲓⲅ̀ⲣⲁⲫⲏ : ⲛⲉⲙ ⲡⲓⲱⲓⲕ ⲛ̀ⲉ̀ⲡⲟⲩⲣⲁⲛⲓⲟⲛ : ⲛⲉⲙ ⲡⲓⲥ̀ⲛⲟϥ ⲛ̀ⲧⲉ Ⲡⲭ̅ⲥ̅ ⲉⲕϯⲛⲟⲙϯ ⲛⲁⲕ ⲛ̀ⲥ̀ⲛⲟⲩ ⲛⲓⲃⲉⲛ ϧⲉⲛ ⲛⲉⲛⲥⲁϫⲓ.

Ⲙⲁⲣⲉⲛⲉⲣ ⲥ̀ⲫⲣⲁⲅⲓⲍⲓⲛ ⲛ̀ϯⲕⲁⲧⲏⲭⲏⲥⲓⲥ ⲛ̀ⲧⲉ ⲡⲉⲛⲓⲱⲧ ⲉⲑ̅ⲩ̅ ⲁⲃⲃⲁ Ϣⲉⲛⲟⲩϯ ⲡⲓⲁ̀ⲣⲭⲏ ⲙⲁⲛ̀ⲇⲣⲓⲧⲏⲥ : ⲫⲏⲉ̀ⲧⲁϥⲉⲣⲟⲩⲱⲓⲛⲓ ⲙ̀ⲡⲉⲛⲛⲟⲩⲥ ⲛⲉⲙ ⲛⲓⲃⲁⲗ ⲛ̀ⲧⲉ ⲛⲉⲛϩⲏⲧ ϧⲉⲛ ⲫ̀ⲣⲁⲛ ⲙ̀Ⲫⲓⲱⲧ ⲛⲉⲙ Ⲡ̀ϣⲏⲣⲓ ⲛⲉⲙ ⲡⲓⲡ̅ⲛ̅ⲁ̅ ⲉⲑ̅ⲩ̅ ⲟⲩⲛⲟⲩϯ ⲛ̀ⲟⲩⲱⲧ ⲁ̀ⲙⲏⲛ.

Homily

A homily of our Holy Father Abba Athanasius the Apostolic may blessings be with us. Amen.

It is so written in the scriptures; if our souls are following the law of God, the powers of darkness will not overpower us, but if we drift away from God they will prevail on us.

عظة

عظة لابينا القديس الانبا اثناسيوس الرسولى بركته المقدسة تكون معنا، آمين.

مكتوب فى الكتب هكذا أن نفوسنا إذا كانت مرتبطة بناموس الله فلن تقوى علينا قوات الظلمة. واذا ابتعدنا عن الله فهى تتسلط علينا. فأنت أيها الإنسان الذى تريد

Brethren, who want to be salvaged, teach yourselves to float in the depth of God's richness and wisdom. Spread your arms in the likeness of the Cross to cross the great sea of this life and reach to God.

The hindering doubts are for those who live away from the commands of the universal church. I mean disbelief, adultery, evil report and love of money that is the root of all evils, but the sign of the Cross is spread over all the creation.

If the sun does not emit its rays it cannot glow, neither would the moon light. The birds in the sky, if they do not spread their wings they cannot fly, neither can the ships leave port if they do not spread their sails.

Behold, Moses the Archprophet spread his arms and defeated Amalec, Daniel was saved from the lion's den, Jonah from the fish's belly and Takla when they threw her to the lions she was saved by the likeness of the cross; also Susanna from the hands of the two old men, Judith from Holofernes and the three young men from the burning fiery furnace. All those were saved by the likeness of the Cross.

It was also said, let your port be in one place, the Church; to be nourished by the words of the books by the divine bread and the blood of Christ.

We conclude the homily of our Holy Father Abba Athanasius the Apostolic, who enlightened our minds and our hearts. In the name of the Father, and the Son, and the Holy Spirit, one God. Amen.

أن تخلص علم ذاتك أن تسبح فى لجة غنى وحكمة الله. ابسط يديك على مثال الصليب لتعبر البحر العظيم. الذى هو هذا الدهر وتمضى إلى الله. فأما الشكوك المانعة من السباحة. فهى الذين يسلكون خارجاً عن أوامر الكنيسة الجامعة أعنى عدم الايمان الزنا النميمة محبة الفضة التى هى أصل لكل الشرور أما علامة الصليب فهى مبسوطة على كل الخليقة الشمس إذا لم تبسط شعاعها لا تستطيع أن تضئ والقمر إذ لم يبسط قرنية لا ينير. وكذلك طيور السماء أيضاً إذ لم تبسط أجنحتها لا تستطيع الطيران. والسفن أيضاً إن لم تفرش قلوعها لا يمكنها أن تقلع. هوذا موسى رئيس الانبياء لما بسط يديه قهر عماليق. ودانيال نجا من جب الاسد. ويونان من بطن الحوت. وتكله عندما القوها للسباع تخلصت بمثال الصليب. وسوسنة من يدى الشيخين ويهوديت من يد الوفرنيس. والثلاثة فتية القديسون من أتون النار المتقدة. هؤلاء كلهم خلصوا بمثال الصليب وقيل أيضاً ليكن مستقرك فى موضع واحد الذى هو البيعة لتتعزى بكلام الكتب. ومن الخبز السمائى. ومن دم المسيح وتتعزى كل حين من كلام الكتب.

فلنختم موعظة أبينا القديس الأنبا اثناسيوس الرسولى الذى أنار عقولنا وعيون قلوبنا بأسم الآب والإبن والروح القدس الإله الواحد، آمين.

Galatians 3:1-6

From the Epistle of St. Paul to the Galatians, may his blessings be with us all. Amen.

O [you] before whose eyes Jesus Christ was clearly portrayed among you as crucified? This only I want to learn from you: Did you receive the Spirit by the works of the law, or by the hearing of faith? Are you so foolish? Having begun in the Spirit, are you now being made perfect by the flesh? Have you suffered so many things in vain--if indeed it was in vain? Therefore He who supplies the Spirit to you and works miracles among you, does He do it by the works of the law, or by the hearing of faith?—just as Abraham "believed God, and it was accounted to him for righteousness."
The Grace of God the Father, be with you all Amen.

غلاطية ٣: ١ – ٦

من رسالة معلمنا بولس الرسول إلى غلاطية بركته المقدسة تكون معنا، آمين.

أَنْتُمُ الَّذِينَ أَمَامَ عُيُونِكُمْ قَدْ رُسِمَ يَسُوعُ الْمَسِيحُ بَيْنَكُمْ مَصْلُوباً! أُرِيدُ أَنْ أَتَعَلَّمَ مِنْكُمْ هَذَا فَقَطْ: أَبِأَعْمَالِ النَّامُوسِ أَخَذْتُمُ الرُّوحَ أَمْ بِخَبَرِ الإِيمَانِ؟ أَهَكَذَا أَنْتُمْ أَغْبِيَاءُ! أَبَعْدَمَا ابْتَدَأْتُمْ بِالرُّوحِ تُكَمَّلُونَ الآنَ بِالْجَسَدِ؟ أَهَذَا الْمِقْدَارَ احْتَمَلْتُمْ عَبَثاً؟ إِنْ كَانَ عَبَثاً! فَالَّذِي يَمْنَحُكُمُ الرُّوحَ، وَيَعْمَلُ قُوَّاتٍ فِيكُمْ، أَبِأَعْمَالِ النَّامُوسِ أَمْ بِخَبَرِ الإِيمَانِ؟ كَمَا «آمَنَ إِبْرَاهِيمُ بِاللهِ فَحُسِبَ لَهُ بِرّاً».

نعمة الله الآب تكون مع جميعكم. آمين.

The Doxology of the Pascha Hour: "Thine is the Power…" on page A5.
تسبحة ساعة البصخة: "لك القوة..." صفحة ٥ فى اخر الكتاب.

Ⲯⲁⲗⲙⲟⲥ ⲣ̅ⲗ̅ⲃ̅ ⲋ̅ ⲛⲉⲙ ⲍ̅

Ⲁⲓⲫⲱⲣϣ ⲛ̀ⲛⲁϫⲓϫ ⲉ̀ⲡϣⲱⲓ ϩⲁⲣⲟⲕ : ⲥⲱⲧⲉⲙ ⲉⲣⲟⲓ ⲛ̀ϫⲱⲗⲉⲙ Ⲡⲟ̅ⲥ̅ ϫⲉ ⲁϥⲙⲟⲩⲛⲕ ⲛ̀ϫⲉ ⲡⲁⲡ̀ⲛⲉⲩⲙⲁ : ⲙ̀ⲡⲉⲣⲧⲁⲥⲑⲟ ⲙ̀ⲡⲉⲕϩⲟ ⲥⲁⲃⲟⲗ ⲙ̀ⲙⲟⲓ : ⲟⲩⲟϩ ⲛ̀ⲧⲁⲉⲣ ⲙ̀ⲫⲣⲏϯ ⲛ̀ⲛⲏⲉⲑⲛⲁ ⲉ̀ⲉ̀ϧⲣⲏⲓ ⲉ̀ⲫⲗⲁⲕⲕⲟⲥ : ⲁ̅ⲗ̅.

Ⲯⲁⲗⲙⲟⲥ ⲗ̅ : ⲋ̅ ⲛⲉⲙ ⲗ̅

Ⲉⲓⲉ̀ϫⲱ ⲙ̀ⲡⲁ ⲡ̀ⲛⲉⲩⲙⲁ ϧⲉⲛ ⲛⲉⲕϫⲓϫ : ⲁⲕⲥⲟⲧⲧ Ⲡⲟ̅ⲥ̅ Ⲫϯ ⲛ̀ⲧⲉ ϯⲙⲉⲑⲙⲏⲓ : ⲁ̅ⲗ̅.

المزمور ١٤٢ : ٦ و ٧ المزمور ٣٠ : ٣ و ٤

Psalm 143:6,7 Psalm 31:5

A Psalm of David the Prophet.

I spread out my hands to You; Answer me speedily, O Lord; My spirit fails! Do not hide Your face from me, Lest I be like those who go down into the pit. Alleluia.
Into Your hand I commit my spirit, You have redeemed me, O Lord God of truth. Alleluia.

من مزامير داود النبى

بسطت يدى اليك فاستجب لى يارب عاجلاً فقد فنيت روحى لا تصرف وجهك عنى. فاشابه الهابطين فى الجب. هلليلويا.

فى يديك استودع روحى ولقد فديتنى أيها الرب إله الحق. هلليلويا.

Ⲉⲩⲁⲅⲅⲉⲗⲓⲟⲛ ⲕⲁⲧⲁ Ⲙⲁⲧⲑⲉⲟⲛ Ⲕⲉⲫ ⲕⲍ : ⲛⲁ – ⲛⲋ

Ⲟⲩⲟϩ ⲓⲥ ⲡⲓⲕⲁⲧⲁⲡⲉⲧⲁⲥⲙⲁ ⲛ̀ⲧⲉ ⲡⲓⲉⲣⲫⲉⲓ ⲁϥ ⲫⲱϫⲓ ⲓⲥ ϫⲉⲛ ⲡ̀ϣⲱⲓ ⲉ̀ⲡⲉⲥⲏⲧ ⲁϥ ⲉⲣⲥ̀ⲛⲁⲩ : ⲟⲩⲟϩ ⲡⲓⲕⲁϩⲓ ⲁϥⲙⲟⲛⲙⲉⲛ : ⲛⲓⲡⲉⲧⲣⲁ ⲁⲩⲫⲱϫⲓ. Ⲟⲩⲟϩ ⲛⲓⲙ̀ϩⲁⲩ ⲁⲩⲟⲩⲱⲛ : ⲟⲩⲟϩ ⲟⲩⲙⲏϣ ⲛ̀ⲥⲱⲙⲁ ⲛ̀ⲧⲉ ⲛⲏ ⲉ̀ⲑⲟⲩⲁⲃ ⲛⲏⲉ̀ⲧⲁⲩⲉⲛⲕⲟⲧ ⲁⲩⲧⲱⲟⲩⲛⲟⲩ : Ⲟⲩⲟϩ ⲉ̀ⲧⲁⲩⲓ̀ ⲉ̀ⲃⲟⲗ ϧⲉⲛ ⲛⲓⲙ̀ϩⲁⲩ ⲙⲉⲛⲉⲛⲥⲁ ⲑ̀ⲣⲉϥⲧⲱⲛϥ : ⲁⲩϣⲉ ⲉ̀ϧⲟⲩⲛ ⲉ̀ϯⲃⲁⲕⲓ ⲉ̀ⲑⲟⲩⲁⲃ : ⲟⲩⲟϩ ⲁⲩⲟⲩⲱⲛϩ ⲉ̀ⲃⲟⲗ ⲛ̀ⲟⲩⲙⲏϣ. Ⲡⲓⲉ̀ⲕⲁⲧⲟⲛⲧⲁⲣⲭⲟⲥ ⲇⲉ ⲛⲉⲙ ⲛⲏⲉⲑⲛⲉⲙⲁϥ ⲉⲩⲁ̀ⲣⲉϩ ⲉ̀Ⲓⲏⲥ : ⲉ̀ⲧⲁⲩⲛⲁⲩ ⲉ̀ⲡⲓⲙⲟⲛⲙⲉⲛ ⲛⲉⲙ ⲛⲏⲉ̀ⲧⲁⲩϣⲱⲡⲓ : ⲁⲩⲉⲣϩⲟϯ ⲉ̀ⲙⲁϣⲱ ⲉⲩϫⲱ̀ⲙⲙⲟⲥ : ϫⲉ ⲧⲁⲫ̀ⲙⲏⲓ ⲛⲉ ⲫⲁⲓ ⲡⲉ ⲡ̀ϣⲏⲣⲓ ⲙ̀Ⲫϯ Ⲛⲉ ⲟⲩⲟⲛ ⲟⲩⲙⲏϣ ⲇⲉ ⲛ̀ⲥ̀ϩⲓⲙⲓ ⲙ̀ⲙⲁⲩ ⲡⲉ ⲉⲩⲛⲁⲩ ϩⲓⲫⲟⲩⲉⲓ : ⲉⲧⲉ ⲛⲁⲓ ⲛⲉ ⲛⲏⲉⲛⲁⲩⲙⲟϣⲓ ⲛ̀ⲥⲁ Ⲓⲏⲥ ⲉ̀ⲃⲟⲗϧⲉⲛ ϯⲄⲁⲗⲓⲗⲉⲁ̀ ⲉⲩϣⲉⲙϣⲓ ⲙ̀ⲙⲟϥ. Ⲛⲁⲓ ⲉ̀ⲛⲁⲣⲉ Ⲙⲁⲣⲓⲁ̀ ⲛ̀ϧⲏⲧⲟⲩ ⲡⲉ ϯⲘⲁⲅⲇⲁⲗⲓⲛⲏ : ⲛⲉⲙ Ⲙⲁⲣⲓⲁ̀ ⲑⲁ Ⲓⲁⲕⲱⲃⲟⲥ : ⲛⲉⲙ ⲑ̀ⲙⲁⲩ ⲛ̀Ⲓⲱⲥⲏⲫ : ⲛⲉⲙ ⲑ̀ⲙⲁⲩ ⲛ̀ⲛⲉⲛϣⲏⲣⲓ ⲛ̀Ⲍⲉⲃⲉⲇⲉⲟⲥ :

Ⲟⲩⲱϣⲧ ⲙ̀ⲡⲓⲉⲩⲁⲅⲅⲉⲗⲓⲟⲛ ⲉⲑⲩ.

Matthew 27:51-56

A reading from the Holy Gospel according to Saint Matthew.

Then, behold, the veil of the temple was torn in two from top to bottom; and the earth quaked, and the rocks were split, and the graves were opened; and many bodies of the saints who had fallen asleep were raised; and coming out of the graves after His resurrection, they went into the holy city and appeared to

متى ٢٧ : ٥١ – ٥٦

فصل شريف من إنجيل معلمنا مار متى البشير بركاته علينا آمين.

وَإِذَا حِجَابُ الْهَيْكَلِ قَدِ انْشَقَّ إِلَى اثْنَيْنِ مِنْ فَوْقُ إِلَى أَسْفَلُ. وَالأَرْضُ تَزَلْزَلَتْ وَالصُّخُورُ تَشَقَّقَتْ وَالْقُبُورُ تَفَتَّحَتْ وَقَامَ كَثِيرٌ مِنْ أَجْسَادِ الْقِدِّيسِينَ الرَّاقِدِينَ وَخَرَجُوا مِنَ الْقُبُورِ بَعْدَ قِيَامَتِهِ وَدَخَلُوا الْمَدِينَةَ الْمُقَدَّسَةَ وَظَهَرُوا

many. So when the centurion and those with him, who were guarding Jesus, saw the earthquake and the things that had happened, they feared greatly, saying, "Truly this was the Son of God!" And many women who followed Jesus from Galilee, ministering to Him, were there looking on from afar, among whom were Mary Magdalene, Mary the mother of James and Joses, and the mother of Zebedee's sons.

Bow down before the Holy Gospel.
Glory be to God forever.

لِكَثِيرِينَ. وَأَمَّا قَائِدُ الْمِئَةِ وَالَّذِينَ مَعَهُ يَحْرُسُونَ يَسُوعَ فَلَمَّا رَأَوُا الزَّلْزَلَةَ وَمَا كَانَ خَافُوا جِدّاً وَقَالُوا: «حَقّاً كَانَ هَذَا ابْنَ اللَّهِ». وَكَانَتْ هُنَاكَ نِسَاءٌ كَثِيرَاتٌ يَنْظُرْنَ مِنْ بَعِيدٍ وَهُنَّ كُنَّ قَدْ تَبِعْنَ يَسُوعَ مِنَ الْجَلِيلِ يَخْدِمْنَهُ وَبَيْنَهُنَّ مَرْيَمُ الْمَجْدَلِيَّةُ وَمَرْيَمُ أُمُّ يَعْقُوبَ وَيُوسِي وَأُمُّ ابْنَيْ زَبْدِي.

أسجدوا للإنجيل المقدس.
والمجد لله دائماً.

Ⲉⲩⲁⲅⲅⲉⲗⲓⲟⲛ ⲕⲁⲧⲁ Ⲙⲁⲣⲕⲟⲛ Ⲕⲉⲫ ⲓ̅ⲉ̅ : ⲗ̅ⲏ̅ - ⲙ̅ⲁ̅

Ⲟⲩⲟϩ ⲡⲓⲕⲁⲧⲁⲡⲉⲧⲁⲥⲙⲁ ⲛ̀ⲧⲉ ⲡⲓⲉⲣⲫⲉⲓ ⲁϥⲫⲱϧ ϧⲉⲛ ⲥ̀ⲛⲁⲩ : ⲓⲥϫⲉⲛ ⲉ̀ⲡ̀ϣⲱⲓ ⲉ̀ϧⲣⲏⲓ. Ⲉⲧⲁⲛⲁⲩ ⲇⲉ ⲛ̀ϫⲉ ⲡⲓⲉ̀ⲕⲁⲧⲟⲛⲧⲁⲣⲭⲟⲥ ⲫⲏⲉⲧⲟϩⲓ ⲉ̀ⲣⲁⲧϥ ⲙ̀ⲡⲉϥⲙ̀ⲑⲟ ϫⲉ ⲁϥϯ ⲙ̀ⲡⲓⲡ̅ⲛ̅ⲁ̅ : ⲡⲉϫⲁϥ ϫⲉ : ⲁ̀ⲗⲏⲑⲱⲥ ⲡⲁⲓ ⲣⲱⲙⲓ ⲛⲉ ⲡ̀ϣⲏⲣⲓ ⲙ̀Ⲫ︦ϯ︦ ⲡⲉ. Ⲛⲉ ⲟⲩⲟⲛ ϩⲁⲛ ⲕⲉϩⲓⲟⲙⲓ ⲇⲉ ⲉⲩⲛⲁⲩ ϩⲓⲫⲟⲩⲉⲓ ⲛⲏⲉ̀ⲛⲁⲣⲉ Ⲙⲁⲣⲓⲁ̀ ⲛ̀ϧⲏⲧⲟⲩ ⲡⲉ ϯⲘⲁⲅⲇⲁⲗⲓⲛⲏ : ⲛⲉⲙ Ⲙⲁⲣⲓⲁ̀ ⲛ̀ⲧⲉ Ⲓⲁⲕⲱⲃⲟⲥ ⲡⲓⲕⲟⲩϫⲓⲡ̅ⲛ̅ⲁ̅ ⲛⲉⲙ ⲑ̀ⲙⲁⲩ ⲛ̀Ⲓⲱⲥⲏ ⲛⲉⲙ Ⲥⲁⲗⲱⲙⲏ. Ⲛⲁⲓ ⲉ̀ⲛⲁⲩⲟⲩⲉϩ ⲛ̀ⲥⲱϥ ϩⲟⲧⲉ ⲉⲩⲭⲏ ϧⲉⲛ ϯⲄⲁⲗⲓⲗⲉⲁ̀ ⲟⲩⲟϩ ⲛⲁⲩϣⲉⲙϣⲓ ⲙ̀ⲙⲟϥ : ⲛⲉⲙ ⲕⲉⲙⲏϣ ⲉ̀ⲁⲩⲓ̀ ⲛⲉⲙⲁϥ ⲉ̀ϩⲣⲏⲓ ⲉ̀Ⲓⲗ̅ⲏ̅ⲙ̅ :

Ⲟⲩⲱϣⲧ ⲙ̀ⲡⲓⲉⲩⲁⲅⲅⲉⲗⲓⲟⲛ ⲉ̅ⲑ̅ⲩ̅.

Mark 15:38-41 — مرقس ١٥ : ٣٨ - ٤١

Then the veil of the temple was torn in two from top to bottom. So when the centurion, who stood opposite Him, saw that He cried out like this and breathed His last, he said, "Truly this Man was the Son of God!" There were also women looking on from afar, among whom were Mary Magdalene, Mary the mother of James the Less and of Joses, and Salome, who also followed Him and ministered to Him when He was in Galilee, and many other women who came up with Him to Jerusalem.

Bow down before the Holy Gospel.

وَانْشَقَّ حِجَابُ الْهَيْكَلِ إِلَى اثْنَيْنِ مِنْ فَوْقُ إِلَى أَسْفَلُ. وَلَمَّا رَأَى قَائِدُ الْمِئَةِ الْوَاقِفُ مُقَابِلَهُ أَنَّهُ صَرَخَ هَكَذَا وَأَسْلَمَ الرُّوحَ قَالَ: «حَقّاً كَانَ هَذَا الإِنْسَانُ ابْنَ اللَّهِ!» وَكَانَتْ أَيْضاً نِسَاءٌ يَنْظُرْنَ مِنْ بَعِيدٍ بَيْنَهُنَّ مَرْيَمُ الْمَجْدَلِيَّةُ وَمَرْيَمُ أُمُّ يَعْقُوبَ الصَّغِيرِ وَيُوسِي وَسَالُومَةُ اللَّوَاتِي أَيْضاً تَبِعْنَهُ وَخَدَمْنَهُ حِينَ كَانَ فِي الْجَلِيلِ. وَأُخَرُ كَثِيرَاتٌ اللَّوَاتِي صَعِدْنَ مَعَهُ إِلَى أُورُشَلِيمَ.

أسجدوا للإنجيل المقدس.

Glory be to God forever.

والمجد لله دائماً.

Ⲉⲩⲁⲅⲅⲉⲗⲓⲟⲛ ⲕⲁⲧⲁ Ⲗⲟⲩⲕⲁⲛ Ⲕⲉⲫ ⲕ̅ⲅ̅ : ⲙ̅ⲍ̅ - ⲙ̅ⲑ̅

Ⲉⲧⲁϥⲛⲁⲩ ⲇⲉ ⲛ̀ϫⲉ ⲡⲓⲉ̀ⲕⲁⲧⲟⲛⲧⲁⲣⲭⲟⲥ ⲉ̀ⲫⲏⲉ̀ⲧⲁϥϣⲱⲡⲓ ⲁϥϯⲱ̀ⲟⲩ ⲙ̀Ⲫϯ ⲉϥϫⲱ̀ⲙ̀ⲙⲟⲥ : ϫⲉ ⲟⲛⲧⲱⲥ ⲛⲉⲟⲩⲑ̀ⲙⲏⲓ ⲡⲉ ⲡⲓⲣⲱⲙⲓ : Ⲟⲩⲟϩ ⲛⲓⲙⲏϣ ⲧⲏⲣⲟⲩ ⲉⲧⲁⲩ̀ⲓ ⲉ̀ϫⲉⲛ ⲧⲁⲓ ⲑⲉⲟⲣⲓⲁ̀ ⲉ̀ⲧⲁⲩⲛⲁⲩ ⲉ̀ⲛⲏⲉ̀ⲧⲁⲩϣⲱⲡⲓ : ⲁⲩⲧⲁⲥⲑⲟ ⲉⲩⲕⲱⲗϩ ϧⲉⲛ ⲧⲟⲩⲙⲉⲥⲧⲉⲛϩⲏⲧ. Ⲛⲁⲩⲟϩⲓ ⲇⲉ ⲉ̀ⲣⲁⲧⲟⲩ ϩⲓⲫⲟⲩⲉⲓ ⲛ̀ϫⲉ ⲛⲉϥⲣⲉⲙⲛ̀ⲥⲱⲟⲩⲛ ⲧⲏⲣⲟⲩ ⲉ̅ⲑ̅ⲩ̅ ⲛⲉⲙ ϩⲁⲛⲕⲉϩⲓⲟⲙⲓ ⲛⲏⲉ̀ⲧⲁⲩⲙⲟϣⲓ ⲛ̀ⲥⲱϥ ⲓⲥϫⲉⲛ ϯⲄⲁⲗⲓⲗⲉⲁ̀ ⲉ̀ⲛⲁⲩⲉ̀ⲛⲁⲓ :

Ⲟⲩⲱϣⲧ ⲙ̀ⲡⲓⲉⲩⲁⲅⲅⲉⲗⲓⲟⲛ ⲉ̅ⲑ̅ⲩ̅.

Luke 23:47-49

So when the centurion saw what had happened, he glorified God, saying, "Certainly this was a righteous Man!" And the whole crowd who came together to that sight, seeing what had been done, beat their breasts and returned. But all His acquaintances, and the women who followed Him from Galilee, stood at a distance, watching these things.

Bow down before the Holy Gospel.
Glory be to God forever.

لوقا ٢٣ : ٤٧ – ٤٩

فَلَمَّا رَأَى قَائِدُ الْمِئَةِ مَا كَانَ مَجَّدَ اللهَ قَائِلاً: «بِالْحَقِيقَةِ كَانَ هَذَا الإِنْسَانُ بَارّاً!» وَكُلُّ الْجُمُوعِ الَّذِينَ كَانُوا مُجْتَمِعِينَ لِهَذَا الْمَنْظَرِ لَمَّا أَبْصَرُوا مَا كَانَ رَجَعُوا وَهُمْ يَقْرَعُونَ صُدُورَهُمْ. وَكَانَ جَمِيعُ مَعَارِفِهِ وَنِسَاءٌ كُنَّ قَدْ تَبِعْنَهُ مِنَ الْجَلِيلِ وَاقِفِينَ مِنْ بَعِيدٍ يَنْظُرُونَ ذَلِكَ.

أسجدوا للإنجيل المقدس.
والمجد لله دائماً.

Ⲉⲩⲁⲅⲅⲉⲗⲓⲟⲛ ⲕⲁⲧⲁ Ⲓⲱⲁⲛⲛⲏⲛ Ⲕⲉⲫ ⲓ̅ⲑ̅ : ⲗ̅ⲁ̅ - ⲗ̅ⲍ̅

Ⲛⲓⲟⲩⲇⲁⲓ ⲟⲩⲛⲉ̀ⲡⲓⲇⲏ ⲛⲉ̀ⲧⲡⲁⲣⲁⲥⲕⲉⲩⲏ ⲇⲉ : ϩⲓⲛⲁ ⲛ̀ⲧⲟⲩϣⲧⲉⲙ ⲟϩⲓ ⲛ̀ϫⲉ ⲛⲓⲥⲱⲙⲁ ϩⲓϫⲉⲛ ⲡⲓⲏ ⲙ̀ⲡⲥⲁⲃⲃⲁⲧⲟⲛ : ⲛⲉⲟⲩⲛⲓϣϯ ⲅⲁⲣ ⲡⲉ ⲡⲉ̀ϩⲟⲟⲩ ⲙ̀ⲡⲥⲁⲃⲃⲁⲧⲟⲛ ⲉ̀ⲧⲉⲙ̀ⲙⲁⲩ : ⲁⲩϯϩⲟ ⲉ̀Ⲡⲓⲗⲁⲧⲟⲥ ϩⲓⲛⲁ ⲛ̀ⲧⲟⲩⲕⲱϣ ⲛ̀ⲛⲟⲩⲕⲉⲗⲓ ⲟⲩⲟϩ ⲛ̀ⲧⲟⲩⲟ̀ⲗⲟⲩ. Ⲁⲩⲓ̀ ⲟⲩⲛ ⲛ̀ϫⲉ ⲛⲓⲙⲁⲧⲟⲓ ⲟⲩⲟϩ ⲡⲓϩⲟⲩⲓⲧ ⲙⲉⲛ ⲁⲩⲕⲱϣ ⲛ̀ⲛⲉϥⲕⲉⲗⲓ ⲟⲩⲟϩ ⲁⲩⲕⲱϣ ⲛ̀ⲛⲁ ⲡⲓⲕⲉⲟⲩⲁⲓ ⲉ̀ⲧⲁⲩⲁ̀ϣⲟⲩ ⲛⲉⲙⲁϥ. Ⲉⲧⲁⲩⲓ̀ ⲇⲉ ϩⲁⲓⲏⲥ ⲁⲩϫⲉⲙϥ ϩⲏⲇⲏ ⲁϥⲟⲩⲱ̀ ⲉϥⲙⲟⲩ : ⲙ̀ⲡⲟⲩⲕⲱϣ ⲛ̀ⲛⲉϥⲕⲉⲗⲓ ⲛ̀ⲑⲟϥ ⲁⲗⲗⲁ ⲟⲩⲁⲓ ⲛ̀ⲛⲓⲙⲁⲧⲟⲓ ⲁϥⲑⲟⲩⲝ ⲙ̀ⲡⲉϥⲥ̀ⲫⲓⲣ ϧⲉⲛ ⲧⲉϥⲗⲟⲅⲭⲏ : ⲟⲩⲟϩ ⲥⲁⲧⲟⲧϥ ⲁϥⲓ̀ ⲉ̀ⲃⲟⲗ ⲛ̀ϫⲉ ⲟⲩⲙⲱⲟⲩ ⲛⲉⲙ ⲟⲩⲥ̀ⲛⲟϥ. Ⲟⲩⲟϩ ⲫⲏⲉ̀ⲧⲁϥⲛⲁⲩ ⲁϥⲉⲣⲙⲉⲑⲣⲉ : ⲟⲩⲟϩ ⲟⲩⲙⲏⲓ ⲧⲉ ⲧⲉϥⲙⲉⲧⲙⲉⲑⲣⲉ ⲟⲩⲟϩ ⲛ̀ⲑⲟϥ ϩⲱϥ ⲫⲏⲉ̀ⲧⲉⲙ̀ⲙⲁⲩ ϥ̀ⲉⲙⲓ ϫⲉ ⲁϥϫⲉ ⲙⲉⲑⲙⲏⲓ ϩⲓⲛⲁ ⲛ̀ⲑⲱⲧⲉⲛ ϩⲱⲧⲉⲛ ⲛ̀ⲧⲉⲧⲉⲛⲛⲁϩϯ. Ⲛⲁⲓ ⲅⲁⲣ ⲁⲩϣⲱⲡⲓ ϩⲓⲛⲁ ⲛ̀ⲧⲉ ϯⲅ̀ⲣⲁⲫⲏ ϫⲱⲕ ⲉ̀ⲃⲟⲗ : ϫⲉ ⲟⲩⲕⲁⲥ ⲛ̀ⲧⲁϥ ⲛ̀ⲛⲟⲩⲕⲁϣϥ. Ⲟⲩⲟϩ ⲡⲁⲗⲓⲛ ϯⲅ̀ⲣⲁⲫⲏ ϫⲱ̀ⲙ̀ⲙⲟⲥ : ϫⲉ ⲉⲩⲉ̀ⲛⲁⲩ ⲉ̀ⲫⲏⲉ̀ⲧⲁⲩⲑⲟⲝϥ :

Ⲟⲩⲱϣⲧ ⲙ̀ⲡⲓⲉⲩⲁⲅⲅⲉⲗⲓⲟⲛ ⲉ̅ⲑ̅ⲩ̅.

John 19:31-37

Therefore, because it was the Preparation Day, that the bodies should not remain on the cross on the Sabbath (for that Sabbath was a high day), the Jews asked Pilate that their legs might be broken, and that they might be taken away. Then the soldiers came and broke the legs of the first and of the other who was crucified with Him. But when they came to Jesus and saw that He was already dead, they did not break His legs. But one of the soldiers pierced His side with a spear, and immediately blood and water came out. And he who has seen has testified, and his testimony is true; and he knows that he is telling the truth, so that you may believe. For these things were done that the Scripture should be fulfilled, "Not one of His bones shall be broken." And again another Scripture says, "They shall look on Him whom they pierced."

Bow down before the Holy Gospel.
Glory be to God forever.

يوحنا ١٩: ٣١ - ٣٧

ثُمَّ إِذْ كَانَ اسْتِعْدَادٌ فَلِكَيْ لاَ تَبْقَى الأَجْسَادُ عَلَى الصَّلِيبِ فِي السَّبْتِ لأَنَّ يَوْمَ ذَلِكَ السَّبْتِ كَانَ عَظِيماً سَأَلَ الْيَهُودُ بِيلاَطُسَ أَنْ تُكْسَرَ سِيقَانُهُمْ وَيُرْفَعُوا. فَأَتَى الْعَسْكَرُ وَكَسَرُوا سَاقَيِ الأَوَّلِ وَالآخَرِ الْمَصْلُوبَيْنِ مَعَهُ. وَأَمَّا يَسُوعُ فَلَمَّا جَاءُوا إِلَيْهِ لَمْ يَكْسِرُوا سَاقَيْهِ لأَنَّهُمْ رَأَوْهُ قَدْ مَاتَ. لَكِنَّ وَاحِداً مِنَ الْعَسْكَرِ طَعَنَ جَنْبَهُ بِحَرْبَةٍ وَلِلْوَقْتِ خَرَجَ دَمٌ وَمَاءٌ. وَالَّذِي عَايَنَ شَهِدَ وَشَهَادَتُهُ حَقٌّ وَهُوَ يَعْلَمُ أَنَّهُ يَقُولُ الْحَقَّ لِتُؤْمِنُوا أَنْتُمْ. لأَنَّ هَذَا كَانَ لِيَتِمَّ الْكِتَابُ الْقَائِلُ: «عَظْمٌ لاَ يُكْسَرُ مِنْهُ». وَأَيْضاً يَقُولُ كِتَابٌ آخَرُ: «سَيَنْظُرُونَ إِلَى الَّذِي طَعَنُوهُ».

أسجدوا للإنجيل المقدس.
والمجد لله دائماً.

Commentary

The Commentary of the Eleventh Hour of Good Friday of Holy Pascha, may its blessings be with us all. Amen.

O Israel, the captive of his sins, look at how the Gentile centurion confessed the divinity of the crucified. Not only him but also all those around exclaimed with him saying, "Truly this was the Son of God." Also the thief of the right knew His power and asked for His mercy when he saw the veil of the altar was torn in two, the sun eclipsed and the moon became as red as blood. The powers of heaven and multitudes of the stars fell to the earth, the earth quaked, the rocks split, the tombs opened, the dead resurrected and went into town and many recognized them. When they saw that, they acknowledged the power of the crucified. But Israel was blinded; it could not see nor could comprehend. Because of the Sabbath, the bodies should not be left on wood. Thus, they asked the governor to break their knees so that they die. They broke those of the two thieves but the Savior was already dead. One of the soldiers put a spear through his right side and out of His side came blood and water simultaneously. The truthful witness saw that and his testimony is true. Thus, the prophecies were fulfilled that not one bone of His will be broken. It is also written, "Then they will look on Me whom they pierced." The centurion believed what the Jews rejected that Jesus saved the world through His passion. With His suffering, Jesus, the

طرح

طرح الساعة الحادية عشرة من يوم الجمعة العظيمة من البصخة المقدسة بركتها علينا. آمين.

يا اسرائيل المسكين المسبى الذى غطت آثامه السماء، أنظر قائد المائة، الإنسان الغريب الجنس، كيف اعترف بالمصلوب! وليس هو فقط، بل والذين معه صرخوا جميعهم قائلين: ان هذا هو ابن الله. كذلك اللص الذى صلب معه عرف قوته وطلب رحمته، لما نظر حجاب الهيكل انشق من فوق إلى أسفل وصار اثنين. ورأى الشمس قد أخفت شعاعها وأظلمت هكذا فى وسط النهار. والقمر أيضاً ستر وجهه وصار دماً من أجل خالقه. وقوات السموات وكثرة النجوم سقطت من السماء فى ذلك اليوم. والأرض تزلزلت، والصخور تشققت، والقبور تفتحت، والأموات قاموا، ودخلوا إلى المدينة ظاهرين، وعرفهم كثيرون من الناس. فلما نظر أولئك عرفوا قوة المصلوب على الصليب. أما اسرائيل فانطمست عيناه ولم ينظر ولم يفهم.

ومن أجل أنه فى يوم الجمعة لا يجب أن تبقى الأجساد على الخشب، سألوا الوالى أن يكسروا ركبهم لكى يموتوا فكسروا ركب اللصين، وأما المخلص فوجدوه قد مات فأسرع واحد من الجند وطعنه فى جنبه الأيمن، فجرى منه ماء ودم مرة واحدة أمام

Savior, granted the world eternal salvation.	الجميع. والشاهد الصادق رأى هذا وشهادته هى حق، وهو أيضاً يعلم أنه قال الحق، من أجل هذا كتب كما رأى. وكمل عليه قول الناموس أنه لم يكسر له عظم، وأيضاً قال: سينظرون إلى من طعنوه. فهو يدينهم أمام أعينهم. ومضى قائد المائة إلى بيته متعجباً ممجداً لله، من أجل ما كان يذهل العقول ولم يفهمه اسرائيل. أن المخلص يسوع بآلامه المحيية خلص العالم خلاصاً أبدياً.

The daytime Litanies are prayed.
تقال طلبة الصباح.

CONGREGATION **الشعب**

[12 times in Long tone] Amen. Lord Have Mercy.	Ⲁⲙⲏⲛ. ⲕ̅ⲉ̅ [12 times]	آمين. يا رب ارحم (١٢ مرة).
Amen Alleluia Glory be to the Father, to the Son and to the Holy Spirit, both now, and ever, and unto the age of all ages. Amen.	Ⲇⲟⲝⲁ Ⲡⲁⲧⲣⲓ ⲕⲉ Ⲩⲓⲱ̀ ⲕⲉ ⲁ̀ⲅⲓⲱ̀ Ⲡⲛⲉⲩⲙⲁⲧⲓ : ⲕⲉ ⲛⲩⲛ ⲕⲉ ⲁ̀ⲓ̀ ⲕⲉ ⲓⲥ ⲧⲟⲩⲥ ⲉ̀ⲱ̀ⲛⲁⲥ ⲧⲱⲛ ⲉ̀ⲱ̀ⲛⲱⲛ ⲁ̀ⲙⲏⲛ.	المجد للآب والابن والروح القدس. الآن وكل اوان والى دهر الدهور. آمين.

Twelfth Hour of Good Friday

الساعة الثانية عشر من الجمعة العظيمة

Ⲑⲣⲓⲛⲟⲓ Ⲓⲉⲣⲉⲙⲓⲟⲩ Ⲕⲉⲫ ⲅ̅ : ⲁ̅ ϣ̅ⲃ̅ⲗ̅

Ⲉ̀ⲃⲟⲗϧⲉⲛ Ⲑⲣⲓⲛⲟⲓ Ⲓⲉⲣⲉⲙⲓⲟⲩ ⲡⲓⲡ̀ⲣⲟⲫⲏⲧⲏⲥ: ⲉ̀ⲣⲉⲡⲉϥ̀ⲥ̀ⲙⲟⲩ ⲉ̀ⲑⲟⲩⲁⲃ ϣⲱⲡⲓ ⲛⲉⲙⲁⲛ ⲁ̀ⲙⲏⲛ ⲉϥϫⲱ ⲙ̀ⲙⲟⲥ.

Ⲁ̅ Ⲁ̀ⲛⲟⲕ ⲫ̀ⲣⲱⲙⲓ ⲁ̀ⲛⲟⲕ ⲉⲑⲛⲁⲩ ⲉ̀ϯⲙⲉⲧϩⲏⲕⲓ : ⲁϥ̀ⲓ̀ ⲉ̀ϩ̀ⲣⲏⲓ ⲉ̀ϫⲱⲓ ϧⲉⲛ ⲡⲓϣⲃⲱⲧ ⲛ̀ⲧⲉ ⲡⲉϥϫⲱⲛⲧ. Ⲁϥ̀ⲁ̀ⲙⲟⲛⲓ ⲙ̀ⲙⲟⲓ ⲟⲩⲟϩ ⲁϥⲟⲗⲧ ⲉ̀ϧⲟⲩⲛ ⲉ̀ⲟⲩⲭⲁⲕⲓ ⲉ̀ⲟⲩⲱⲓⲛⲓ ⲁⲛ : ⲡ̀ⲗⲏⲛ ⲁϥⲧⲁⲥⲑⲟ ⲛ̀ⲧⲉϥϫⲓϫ ⲛ̀ϧ̀ⲣⲏⲓ ⲛ̀ϧⲏⲧ ⲙ̀ⲡⲓⲉ̀ϩⲟⲟⲩ ⲧⲏⲣϥ.

Ⲃ̅ Ⲁϥⲑⲣⲉⲥ̀ⲗⲱⲙ ⲛ̀ϫⲉ ⲧⲁⲥⲁⲣⲝ ⲛⲉⲙ ⲡⲁϣⲁⲣ : ⲁϥϧⲟⲙϧⲉⲙ ⲛ̀ⲛⲁⲕⲁⲥ. Ⲁϥⲕⲱϯ ⲉ̀ⲣⲟⲓ ⲟⲩⲟϩ ⲁϥⲱ̀ⲣϥ ⲛ̀ⲧⲁⲁ̀ⲫⲉ ⲉ̀ϧⲟⲩⲛ : Ⲁϥ̀ⲧϩⲉⲙⲕⲟⲓ ϧⲉⲛ ϩⲁⲛⲙⲁ ⲛ̀ϫⲁⲕⲓ : ⲁϥ̀ⲧϩⲉⲙⲥⲟⲓ ⲉ̀ϧ̀ⲣⲏⲓ ⲙ̀ⲫ̀ⲣⲏϯ ⲛ̀ϩⲁⲛⲣⲉϥⲙⲱⲟⲩ ⲛⲉⲛⲉϩ.

Ⲅ̅ Ⲁϥⲕⲱϯ ⲉ̀ⲣⲟⲓ : ⲟⲩⲟϩ ⲛ̀ϯⲛⲁⲉⲣ ⲉ̀ⲃⲟⲗ ⲁⲛ : ⲁϥⲧⲁϣⲟ ⲛ̀ⲛⲁⲥ̀ⲛⲁⲩϩⲛⲉⲙ ⲡⲁϩⲁⲧ. ϯⲛⲁⲙⲟⲩϯ ϫⲉ ⲉ̀ⲡ̀ϣⲱⲓ ⲟⲩⲃⲏϥ ⲟⲩⲟϩ ⲙ̀ⲡⲉϥⲥⲱⲧⲉⲙ ⲉ̀ⲣⲟⲓ ⲛ̀ⲧⲁⲱ̀ϣ ⲉ̀ⲃⲟⲗ ϩⲁⲣⲟϥ : ⲙ̀ⲡⲉϥϯⲙⲁϯ ϫⲉ ⲉ̀ⲑⲣⲉ ⲧⲁⲡ̀ⲣⲟⲥⲉⲩⲭⲏ ϭⲱⲗⲕ. Ⲁϥⲕⲱϯ ⲉ̀ϩ̀ⲣⲉⲛ ⲛⲁⲙⲱⲓⲧ : ⲟⲩⲟϩ ⲁϥϣⲑⲉⲙ ⲛ̀ⲛⲁⲙⲱⲓⲧ ⲙ̀ⲙⲟϣⲓ.

Ⲇ̅ Ⲁⲥ̀ϣⲑⲟⲣⲧⲉⲣ ⲛ̀ϫⲉ ⲟⲩⲥⲁⲣⲝ ⲉⲥϫⲟⲣ. Ⲛ̀ⲑⲟϥ ⲡⲉ ⲧⲁϥⲉⲣⲙⲟⲩ̀ⲓ̀ ⲉ̀ⲣⲟⲓ ϧⲉⲛ ⲡⲓⲙⲁ ⲉⲧϩⲏⲡ. Ⲁϥϭⲟϫⲓ ⲛ̀ⲥⲁ ⲫⲏⲉⲧⲟϩⲓ ⲉ̀ⲣⲁⲧϥ : ⲟⲩⲟϩ ⲁϥⲣⲁϧⲧ ⲁϥⲭⲁⲧ ⲉⲓⲧⲁⲕⲏⲟⲩⲧ. Ⲁϥϭⲱⲗⲕ ⲛ̀ⲧⲉϥⲫⲓϯ ⲟⲩⲟϩ ⲁϥⲧⲁϩⲟⲓ ⲉ̀ⲣⲁⲧ ⲙ̀ⲫ̀ⲣⲏϯ ⲛ̀ⲟⲩ̀ⲥⲕⲟⲡⲟⲥ : ⲉⲑⲣⲉϥϩⲓⲟⲩ̀ⲓ̀ ⲙ̀ⲡⲉϥⲥⲟⲃϯ ⲉ̀ϧⲟⲩⲛ ⲉ̀ⲣⲟⲓ.

Ⲉ̅ Ⲁϥⲑ̀ⲣⲟⲩϣⲉ ⲉ̀ϧⲟⲩⲛ ⲉⲛⲁϭ̀ⲗⲱⲧ ⲛ̀ϫⲉ ⲛⲓⲥⲟⲑⲛⲉϥ ⲛ̀ⲧⲉ ⲡⲉϥ̀ⲥ̀ⲕⲉⲩⲟⲥ ⲛ̀ϩⲓⲥⲟⲑⲛⲉϥ. Ⲁⲓϣⲱⲡⲓ ⲛ̀ⲥⲱⲃⲓ ⲙ̀ⲡⲁⲗⲁⲟⲥ ⲧⲏⲣϥ : ⲛⲁⲓ ⲟⲓ ⲙ̀ⲯⲁⲗⲙⲟⲥ ⲛⲱⲟⲩ ⲙ̀ⲡⲓⲉ̀ϩⲟⲟⲩ ⲧⲏⲣϥ. Ⲁϥ̀ⲧ̀ⲥⲟⲓ ⲛ̀ϣⲁϣⲓ : ⲟⲩⲟϩ ⲁϥⲑ̀ⲣⲓⲑⲁϧⲓ ϧⲉⲛ ⲟⲩⲉⲛϣⲁϣⲓ.

Ϛ̅ Ⲟⲩⲟϩ ⲁϥⲑⲣⲉⲃⲓⲟ ⲛ̀ⲛⲁⲛⲁϫϩⲓ ϧⲉⲛⲟⲩⲁⲗ ⲛ̀ⲱⲛⲓ : ⲁϥⲧⲉⲙⲙⲟⲓ ⲛ̀ⲟⲩⲕⲉⲣⲙⲓ : Ⲟⲩⲟϩ ⲁϥϩⲓⲟⲩ̀ⲓ̀ ⲙ̀ⲧⲁⲯⲩⲭⲏ ⲉ̀ⲃⲟⲗϧⲉⲛ ⲧ̀ϩⲓⲣⲏⲛⲏ : ⲁⲓⲉⲣⲡ̀ⲱⲃϣ ⲛ̀ⲛⲁⲁ̀ⲅⲁⲑⲟⲛ : Ⲟⲩⲟϩ ⲁⲥⲧⲁⲕⲟ ⲛ̀ϫⲉ ⲧⲁϩⲩⲡⲟⲥ ⲧⲁⲥⲓⲥ : ⲛⲉⲙ ⲧⲁϩⲉⲗⲡⲓⲥ ⲉ̀ⲃⲟⲗ ϩⲓⲧⲉⲛ Ⲡ̀ϭⲟⲓⲥ.

Ⲍ Ⲁⲓⲉⲣⲫⲙⲉⲩⲓ ⲉⲃⲟⲗ ϧⲉⲛ ⲧⲁⲙⲉⲧϩⲏⲕⲓ ⲛⲉⲙ ⲡⲁⲇⲓⲱⲅⲙⲟⲥ : ⲟⲩϣⲁϣⲓ ⲛⲉⲙ ⲟⲩⲉⲛϣⲁϣⲓ ⲥⲉⲛⲁ ⲉⲣⲡⲁⲙⲉⲩⲓ : ⲟⲩⲟϩ ⲉⲣⲉ ⲧⲁⲯⲩⲭⲏ ⲉⲣⲙⲉⲗⲉⲧⲁⲛ ⲛⲉⲙⲏⲓ ⲡⲛⲁ ⲉⲓⲉϫⲉⲙ ⲕⲁϯ ϧⲉⲛ ⲡⲁϩⲏⲧ.

Ⲏ Ⲉⲑⲃⲉ ⲫⲁⲓ ⲉⲓⲉⲁⲙⲟⲛⲓ ⲛⲧⲟⲧ : ⲉⲛⲓⲙⲉⲑⲛⲁⲏⲧ ⲛⲧⲉ Ⲡⲥ : ϫⲉ ⲙⲡⲉϥⲭⲁⲧ ⲛⲥⲱϥ : ⲟⲩⲇⲉ ⲙⲡⲁⲩⲙⲟⲩⲛⲕ ⲛϫⲉ ⲛⲉϥⲙⲉⲧϣⲉⲛϩⲏⲧ ϧⲉⲛ ⲛⲓⲁⲃⲟⲧ ⲛⲉⲙ ⲛⲓⲉϩⲟⲟⲩ ⲧⲏⲣⲟⲩ. Ⲛⲁⲓⲛⲁⲛ Ⲡϭⲟⲓⲥ ϧⲉⲛ ⲡⲉⲛⲙⲟⲩⲛⲕ : ϫⲉ ⲙⲡⲁⲩⲙⲟⲩⲛⲕ ⲛϫⲉ ⲛⲉⲕⲙⲉⲧϣⲉⲛϩⲏⲧ. Ϫⲁⲛⲃⲉⲣⲓ ⲉⲩⲉϣⲱⲡⲓ ⲉϯⲁⲣⲭⲏ. ⲡⲉⲕⲛⲁϩϯ ⲛⲁⲁϥ ⲡⲉ. Ⲁⲥϫⲟⲥ ⲛϫⲉ ⲧⲁⲯⲩⲭⲏ ϫⲉ ⲧⲁⲧⲟⲓ ⲡⲉ Ⲡⲥ : ⲉⲑⲃⲉ ⲫⲁⲓ ⲉⲓⲉⲁⲙⲟⲛⲓ ⲛⲧⲟⲧ ⲛⲁϥ.

Ⲑ Ⲟⲩⲁⲅⲁⲑⲟⲥ ⲡⲉ Ⲡⲥ ⲛⲏⲉⲧⲉⲣϩⲩⲡⲟⲙⲟⲛⲓⲛ ⲉⲣⲟϥ : ⲛⲁⲛⲉϥ ⲅⲁⲣ ⲛϯⲯⲩⲭⲏ ⲉⲧⲕⲱϯ ⲛⲥⲱϥ : Ⲟⲩⲟϩ ⲉⲥⲟϩⲓ ⲉⲡⲓⲟⲩϫⲁⲓ ⲛⲧⲉ Ⲡϭⲟⲓⲥ : ⲛⲧⲉⲥϣⲱⲡⲓ ϧⲉⲛ ⲟⲩⲏⲥⲩⲭⲓⲁ : Ⲛⲁⲛⲉⲥ ⲙⲡⲓⲣⲱⲙⲓ ⲉϣⲱⲡ ⲁϥϣⲁⲛϥⲁⲓ ⲙⲡⲓⲛⲁϩⲃⲉϥ ⲉϫⲱϥ ⲓⲥϫⲉⲛ ⲧⲉϥⲙⲉⲧⲁⲗⲟⲩ.

Ⲓ Ϥⲛⲁϩⲉⲙⲥⲓ ⲉϧⲣⲏⲓ ⲙⲙⲁⲩⲁⲧϥ : ⲛⲧⲉϥⲭⲁⲣⲱϥ ϫⲉ ⲁϥⲧⲁⲗⲟϥ ⲉϫⲱϥ. ϥⲛⲁⲭⲁⲣⲱϥ ϧⲉⲛ ⲡⲕⲁϩⲓ ⲁⲣⲏⲟⲩ ⲛⲧⲉϥϫⲉⲙ ⲟⲩϩⲉⲗⲡⲓⲥ ⲡⲛⲁ Ϥⲛⲁⲣⲓⲕⲓ ⲛⲧⲉϥⲟⲩⲟϫⲓ ⲙⲫⲏⲉⲑⲛⲁⲣⲁϧⲧϥ ⲉⲣⲟⲥ : ⲉϥⲉⲥⲓ ⲛϣⲫⲓⲧ.

ⲒⲀ Ϫⲉ ⲛⲛⲉϥⲭⲁϥ ⲛⲥⲱϥ ⲛϫⲉ Ⲡⲥ ϣⲁⲉⲛⲉϩ. Ϫⲉ ⲉⲛⲉ ⲁϥⲑⲉⲃⲓⲟϥ ⲉϥⲉϣⲉⲛϩⲏⲧ ⲕⲁⲧⲁ ⲡⲁϣⲁⲓ ⲛⲧⲉ ⲡⲉϥⲛⲁⲓ : Ϫⲉ ⲙⲡⲉϥⲉⲣⲕⲟⲩϫⲓ ⲛϩⲏⲧ : ⲟⲩⲟϩ ⲁϥⲑⲉⲃⲓⲟϥ ⲉⲛⲓϣⲏⲣⲓ ⲛⲧⲉ ⲛⲓⲣⲱⲙⲓ.

ⲒⲂ Ⲉⲡϫⲓⲛ ⲑⲉⲃⲓⲟ ϧⲁ ⲛⲉϥϭⲁⲗⲁⲩϫ ⲛⲛⲏⲧⲏⲣⲟⲩ ⲉⲑⲙⲏⲣ ⲉⲡⲓⲕⲁϩⲓ : Ⲉⲣⲓⲕⲓ ⲉⲃⲟⲗ ⲙⲡϩⲁⲡ ⲛⲟⲩⲣⲱⲙⲓ : ⲙⲡⲉⲙⲑⲟ ⲉⲃⲟⲗ ⲙⲡϩⲟ ⲙⲡⲉⲧϭⲟⲥⲓ. Ⲉϩⲓ ⲟⲩⲣⲱⲙⲓ ⲉⲡϩⲁⲡ : ϧⲉⲛ ⲡϫⲓⲛ ⲉⲑⲣⲉϥϯϩⲁⲡ ⲉⲣⲟϥ : ⲙⲡⲉϥϫⲟⲥ ⲛϫⲉ Ⲡⲥ.

ⲒⲄ Ⲛⲓⲙ ⲁϥϫⲟⲥ ⲙⲡⲁⲓⲣⲏϯ ⲟⲩⲟϩ ⲁϥϣⲱⲡⲓ : ⲙⲡⲉϥⲟⲩⲁϩⲥⲁϩⲛⲓ ⲛϫⲉ Ⲡⲥ ϩⲓⲛⲁⲓ. Ⲉⲃⲟⲗϧⲉⲛ ⲣⲱϥ ⲙⲡⲉⲧϭⲟⲥⲓ : ⲙⲡⲁⲩⲓ ⲉⲃⲟⲗ ⲛϫⲉ ⲛⲓⲡⲉⲑⲛⲁⲛⲉⲩ ⲛⲉⲙ ⲛⲓⲡⲉⲧϩⲱⲟⲩ.Ⲡⲱⲥ ϥⲛⲁⲭⲣⲉⲙⲣⲉⲙ ⲛϫⲉ ⲡⲓⲣⲱⲙⲓ ⲉⲑⲃⲉ ⲡⲓϩⲁⲡ ⲛⲧⲉ ⲡⲉϥⲛⲟⲃⲓ ⲉϥⲱⲛϧ ⲛϫⲉ ⲡⲓⲣⲱⲙⲓ.

ⲒⲆ Ⲙⲁⲣⲉⲛ ϧⲟⲧϧⲉⲧ ⲛⲛⲉⲛⲙⲱⲓⲧ : ⲟⲩⲟϩ ⲛⲧⲉ ⲙⲟⲩϣⲧ ⲛⲛⲉⲛⲧⲁⲧⲥⲓ : ⲛⲧⲉⲛⲧⲁⲥⲑⲟⲛ ϩⲁⲠⲥ. Ⲙⲁⲣⲉⲛϥⲁⲓ ⲛⲛⲉⲛϩⲏⲧ ⲛⲉⲙ ⲛⲉⲛϫⲓϫ : ⲛⲁϩⲣⲉⲛ ⲫⲏⲉⲧϭⲟⲥⲓ ⲉⲧϧⲉⲛ ⲧⲫⲉ. Ⲁⲛⲉⲣⲛⲟⲃⲓ ⲁⲛⲉⲣⲁⲥⲉⲃⲏⲥ ⲁⲛϯϫⲱⲛⲧ ⲡⲛⲁ ⲛⲑⲟⲕ ⲇⲉ ⲙⲡⲉⲕⲭⲱⲛⲁⲛ ⲉⲃⲟⲗ.

ⲒⲈ Ⲁⲕⲫⲱⲣϣ ⲉ̀ⲃⲟⲗ ⲁⲕϭⲓⲁ̀ⲟⲩⲱ ϧⲉⲛ ⲟⲩϫⲱⲛⲧ ⲟⲩⲟϩ ⲁⲕϭⲟϫⲓ ⲛ̀ⲥⲱⲛ ⲁⲕϧⲟⲑⲃⲉⲛ ⲙ̀ⲡⲉⲕϯⲁ̀ⲥⲟ. Ⲁⲕⲫⲱⲣϣ ⲛⲟⲩϭⲏⲡⲓⲛⲁⲕ ⲉ̀ⲃⲟⲗ ⲉ̀ϣⲧⲉⲙ ⲫⲟϩ ⲉ̀ϧⲣⲏⲓ ϩⲁⲣⲟⲕ ⲛ̀ϫⲉ ⲧⲁⲡ̀ⲣⲟⲥⲉⲩⲭⲏ : ⲉⲑⲣⲓⲑⲉⲃⲓⲟ ⲉ̀ϣⲧⲉⲙ ⲛⲁⲩ ⲛⲉⲙ ⲉ̀ϩⲓⲧⲧ ⲉ̀ⲃⲟⲗ.

ⲒⲊ Ⲁⲕⲭⲁⲛ ⲛ̀ⲑⲙⲏϯ ⲛ̀ⲛⲓⲗⲁⲟⲥ. Ⲁⲩⲟⲩⲱⲛ ⲛ̀ⲣⲱⲟⲩ ⲉ̀ϩⲣⲏⲓ ⲉ̀ϫⲱⲛ ⲛ̀ϫⲉ ⲛⲉⲛϫⲁϫⲓ ⲧⲏⲣⲟⲩ. Ⲁ̀ ⲟⲩϩⲟϯ ⲛⲉⲙ ⲟⲩϫⲱⲛⲧ ϣⲱⲡⲓ ⲛⲁⲛ : ⲁⲩϥⲁⲓ ⲙ̀ⲙⲟⲛ ⲟⲩⲟϩ ⲁⲩⲣⲁϧⲧⲉⲛ. Ⲙⲁⲃⲁⲗ ⲁⲩⲓ̀ⲛⲓ ϩⲁⲛ ⲙⲟⲩⲙⲓ ⲉ̀ⲃⲟⲗ ⲛ̀ⲧⲉ ϩⲁⲛⲙⲱⲟⲩ : ⲉ̀ϫⲉⲛ ⲡ̀ϧⲟⲙϧⲉⲙ ⲛ̀ⲧϣⲉⲣⲓ ⲙ̀ⲡⲁⲗⲁⲟⲥ.

ⲒⲌ Ⲡⲁⲃⲁⲗ ⲁϥⲉⲣ̀ⲙⲕⲁϩ ⲛ̀ϯⲛⲁⲭⲁⲣⲱⲓ ⲁⲛ : ⲉ̀ϣⲧⲉⲙ ϥⲁⲓ ⲛ̀ϫⲱⲓ ⲉ̀ⲡ̀ϣⲱⲓ : ϣⲁⲧⲉϥϫⲟⲩϣⲧ ⲛ̀ϫⲉ Ⲡ̅ⲟ̅ⲥ̅ ⲛ̀ⲧⲉϥⲛⲁⲩ ⲉ̀ⲃⲟⲗϧⲉⲛ ⲧ̀ⲫⲉ. Ⲡⲁⲃⲁⲗ ⲛⲁϯ ⲙ̀ⲕⲁϩ ⲉ̀ϫⲉⲛ ⲧⲁⲯⲩⲭⲏ ⲡⲁⲣⲁ ⲛⲓϣⲏⲣⲓ ⲧⲏⲣⲟⲩ ⲛ̀ⲧⲉϯⲃⲁⲕⲓ.

ⲒⲎ ϧⲉⲛ ⲟⲩϫⲱⲣϫ ⲁⲩϫⲱⲣϫ ⲉ̀ⲣⲟⲓ : ⲙ̀ⲫ̀ⲣⲏϯ ⲛ̀ⲟⲩϭⲁϫ ⲛ̀ϫⲉ ⲛⲁϫⲁϫⲓ ⲛ̀ϫⲓⲛϫ̅ⲡ̅ⲛ̅ⲁ̅ Ⲁⲩϧⲱⲧⲉⲃ ⲙ̀ⲡⲁⲱⲛϧ ϧⲉⲛ ⲟⲩⲗⲁⲕⲕⲟⲥ : ⲟⲩⲟϩ ⲁⲩⲱ̀ⲗⲓ ⲛ̀ⲟⲩϣⲛⲉ ⲉ̀ϫⲱⲓ : Ⲁ̀ ϩⲁⲛⲙⲱⲟⲩ ϫⲱϣ ⲉ̀ϫⲉⲛ ⲧⲁⲁ̀ⲫⲉ : ⲁⲓϫⲟⲥ ϫⲉ ⲁϥⲭⲁⲧ ⲛ̀ⲥⲱϥ.

ⲒⲐ Ⲁⲓⲱϣ ⲉ̀ⲡ̀ϣⲱⲓ ⲟⲩⲃⲉ ⲡⲉⲕⲣⲁⲛ Ⲡ̅ⲟ̅ⲥ̅ ⲉ̀ⲃⲟⲗϧⲉⲛ ⲟⲩⲗⲁⲕⲕⲟⲥ ⲉϥⲥⲁⲡⲉⲥⲏⲧ : Ⲁⲕⲥⲱⲧⲉⲙ ⲉ̀ⲧⲁⲥ̀ⲙⲏ : ⲙ̀ⲡⲉⲣⲭⲱ ⲙ̀ⲡⲉⲕⲙⲁϣϫ ⲉ̀ⲃⲟⲗ ϩⲁⲡⲁⲧⲱⲃϩ : Ⲁⲕϧⲱⲛⲧ ⲉ̀ϧⲟⲩⲛ ⲉ̀ⲧⲁⲃⲟⲏⲑⲓⲁ̀ ϧⲉⲛ ⲡⲓ̀ⲉϩⲟⲟⲩ ⲉ̀ⲧⲁⲓⲱϣ ⲟⲩⲃⲏⲕ ⲁⲕϫⲟⲥ ⲛⲏⲓ ϫⲉ ⲙ̀ⲡⲉⲣⲉⲣϩⲟϯ.

Ⲕ Ⲁⲕϯϩⲁⲡ Ⲡ̅ⲟ̅ⲥ̅ ⲉ̀ⲛⲓϩⲁⲡ̅ⲡ̅ⲛ̅ⲁ̅ ⲛ̀ⲧⲉ ⲧⲁⲯⲩⲭⲏ ⲁⲭⲥⲱϯ ⲙ̀ⲡⲁⲱⲛϧ ⲁⲭⲛⲁⲩ Ⲡ̅ⲟ̅ⲥ̅ ⲉ̀ⲛⲁ̀ϣⲑⲟⲣⲧⲉⲣ ⲁⲭϯ ϩⲁⲡ ⲉ̀ⲡⲁϩⲁⲡ : Ⲁⲕⲛⲁⲩ ⲉ̀ⲡⲟⲩϭⲓⲙ̀ⲡ̀ϣⲓϣ ⲧⲏⲣϥ ϧⲉⲛ ⲛⲟⲩⲙⲟⲕⲙⲉⲕ ⲧⲏⲣⲟⲩ ⲉⲧϣⲟⲡ̀ⲉϧⲟⲩⲛ ⲉ̀ⲣⲟⲓ.

ⲔⲀ Ⲁⲕⲥⲱⲧⲉⲙ ⲉ̀ⲡⲟⲩ̀ϣϥⲓⲧ Ⲡ̅ⲟ̅ⲥ̅ : ⲛⲟⲩⲙⲟⲕⲙⲉⲕ ⲧⲏⲣⲟⲩ ⲉ̀ⲧⲁⲩⲁⲓⲧⲟⲩ ⲉ̀ⲣⲟⲓ ⲙ̀ⲡⲓ̀ⲉϩⲟⲟⲩ ⲧⲏⲣϥ Ⲟⲩⲟϩ ⲡ̀ⲕⲓⲙ ⲛ̀ⲛⲓⲥ̀ⲫⲟⲧⲟⲩ ⲛ̀ⲧⲉ ⲛⲏⲉⲧⲧⲱⲟⲩⲛⲟⲩ ⲉ̀ϩⲣⲏⲓ ⲉ̀ϫⲱⲓ : ⲟⲩⲟϩ ⲛⲟⲩⲙⲉⲗⲉⲧⲏ ⲛⲁⲩϣⲟⲡ ⲉ̀ϧⲟⲩⲛ ⲉ̀ⲣⲟⲓ ⲙ̀ⲡⲓ̀ⲉϩⲟⲟⲩ ⲧⲏⲣϥ. ϧⲉⲛ ⲡⲟⲩϫⲓⲛϩⲉⲙⲥⲓ ⲛⲉⲙ ⲡⲟⲩϫⲓⲛ ⲧⲱⲟⲩⲛ :

ⲔⲂ Ⲭⲟⲩϣⲧ ⲉ̀ϧⲣⲏⲓ ⲉ̀ϫⲉⲛ ⲛⲟⲩⲃⲁⲗ. Ⲉⲕⲉϯϣ ⲉⲃⲓⲱ̀ ⲛⲱⲟⲩ ⲛ̀ⲟⲩϧⲓⲥⲓ ϧⲁⲧ̀ϫⲟⲙ ⲙ̀ⲡⲟⲩϩⲏⲧ. Ⲙ̀ⲑⲟⲕ ⲉⲕⲉ̀ϭⲟϫⲓ ⲛ̀ⲥⲱⲟⲩ ⲛ̀ϧ̀ⲣⲏⲓ ϧⲉⲛ ⲙ̀ⲃⲟⲛ ⲟⲩⲟϩ ⲛ̀ⲧⲉ ⲕⲙⲟⲩⲛⲕⲟⲩ ⲉ̀ⲃⲟⲗ ⲥⲁⲡⲉⲥⲏⲧ ⲛ̀ⲧ̀ⲫⲉ Ⲡ̅ⲟ̅ⲥ̅.

Ⲟⲩⲱ̀ⲟⲩ ⲛ̀ϯⲧ̀ⲣⲓⲁⲥ ⲉ̀ⲑⲟⲩⲁⲃ ⲡⲉⲛⲛⲟⲩϯ ϣⲁ ⲉ̀ⲛⲉϩ ⲛⲉⲙ ϣⲁ ⲉ̀ⲛⲉϩ ⲛ̀ⲧⲉ ⲛⲓⲉ̀ⲛⲉϩ ⲧⲏⲣⲟⲩ: ⲁ̀ⲙⲏⲛ.

Lamentations 3:1-66

مراثى أرميا ٣: ١ الخ

A reading from the book of Lamentations of Jeremiah the Prophet may his blessings be with us Amen.

من مراثى أرميا النبى بركته المقدسة تكون معنا، آمين.

(1) I am the man who has seen affliction by the rod of His wrath. He has led me and made me walk In darkness and not in light. Surely He has turned His hand against me Time and time again throughout the day. He has aged my flesh and my skin, And broken my bones.

(١) أَنَا هُوَ الرَّجُلُ الَّذِي رَأَى مَذَلَّةً بِقَضِيبِ سَخَطِهِ. قَادَنِي وَسَيَّرَنِي فِي الظَّلاَمِ وَلاَ نُورَ. حَقّاً إِنَّهُ يَعُودُ وَيَرُدُّ عَلَيَّ يَدَهُ الْيَوْمَ كُلَّهُ. أَبْلَى لَحْمِي وَجِلْدِي. كَسَّرَ عِظَامِي.

(2) He has besieged me And surrounded me with bitterness and woe. He has set me in dark places Like the dead of long ago.

(٢) بَنَى عَلَيَّ وَأَحَاطَنِي بِعَلْقَمٍ وَمَشَقَّةٍ. أَسْكَنَنِي فِي ظُلُمَاتٍ كَمَوْتَى الْقِدَمِ.

(3) He has hedged me in so that I cannot get out; He has made my chain heavy. Even when I cry and shout, He shuts out my prayer. He has blocked my ways with hewn stone; He has made my paths crooked.

(٣) سَيَّجَ عَلَيَّ فَلاَ أَسْتَطِيعُ الْخُرُوجَ. ثَقَّلَ سِلْسِلَتِي. أَيْضاً حِينَ أَصْرُخُ وَأَسْتَغِيثُ يَصُدُّ صَلاَتِي. سَيَّجَ طُرُقِي بِحِجَارَةٍ مَنْحُوتَةٍ. قَلَبَ سُبُلِي.

(4) He has been to me a bear lying in wait, Like a lion in ambush. He has turned aside my ways and torn me in pieces; He has made me desolate.

(٤) هُوَ لِي دُبٌّ كَامِنٌ أَسَدٌ فِي مَخَابِئَ. مَيَّلَ طُرُقِي وَمَزَّقَنِي. جَعَلَنِي خَرَاباً.

(5) He has bent His bow And set me up as a target for the arrow. He has caused the arrows of His quiver To pierce my loins. I have become the ridicule of all my people-- Their taunting song all the day. He has filled me with bitterness, He has made me drink wormwood.

(٥) مَدَّ قَوْسَهُ وَنَصَبَنِي كَغَرَضٍ لِلسَّهْمِ. أَدْخَلَ فِي كُلْيَتَيَّ نِبَالَ جُعْبَتِهِ. صِرْتُ ضِحْكَةً لِكُلِّ شَعْبِي وَأُغْنِيَةً لَهُمُ الْيَوْمَ كُلَّهُ. أَشْبَعَنِي مَرَائِرَ وَأَرْوَانِي أَفْسَنْتِيناً

(6) He has also broken my teeth with gravel, And covered me with ashes.

(٦) وَجَرَشَ بِالْحَصَى أَسْنَانِي. كَبَسَنِي

You have moved my soul far from peace; I have forgotten prosperity. And I said, "My strength and my hope Have perished from the Lord.

بِالرَّمَادِ. وَقَدْ أَبْعَدْتَ عَنِ السَّلاَمِ نَفْسِي. نَسِيتُ الْخَيْرَ. وَقُلْتُ: بَادَتْ ثِقَتِي وَرَجَائِي مِنَ الرَّبِّ.

(7) "Remember my affliction and roaming, The wormwood and the gall. My soul still remembers And sinks within me. This I recall to my mind, Therefore I have hope.

(٧) ذِكْرُ مَذَلَّتِي وَتَيَهَانِي أَفْسَنْتِينٌ وَعَلْقَمٌ. ذِكْراً تَذْكُرُ نَفْسِي وَتَنْحَنِي فِيَّ. أُرَدِّدُ هَذَا فِي قَلْبِي مِنْ أَجْلِ ذَلِكَ أَرْجُو.

(8) Through the Lord's mercies we are not consumed, Because His compassions fail not. They are new every morning; Great is Your faithfulness. "The Lord is my portion," says my soul, "Therefore I hope in Him!"

(٨) إِنَّهُ مِنْ إِحْسَانَاتِ الرَّبِّ أَنَّنَا لَمْ نَفْنَ لأَنَّ مَرَاحِمَهُ لاَ تَزُولُ. هِيَ جَدِيدَةٌ فِي كُلِّ صَبَاحٍ. كَثِيرَةٌ أَمَانَتُكَ. نَصِيبِي هُوَ الرَّبُّ قَالَتْ نَفْسِي مِنْ أَجْلِ ذَلِكَ أَرْجُوهُ.

(9) The Lord is good to those who wait for Him, To the soul who seeks Him. It is good that one should hope and wait quietly For the salvation of the Lord. It is good for a man to bear The yoke in his youth.

(٩) طَيِّبٌ هُوَ الرَّبُّ لِلَّذِينَ يَتَرَجُّونَهُ لِلنَّفْسِ الَّتِي تَطْلُبُهُ. جَيِّدٌ أَنْ يَنْتَظِرَ الإِنْسَانُ وَيَتَوَقَّعَ بِسُكُوتٍ خَلاَصَ الرَّبِّ. جَيِّدٌ لِلرَّجُلِ أَنْ يَحْمِلَ النِّيرَ فِي صِبَاهُ.

(10) Let him sit alone and keep silent, Because God has laid it on him; Let him put his mouth in the dust-- There may yet be hope. Let him give his cheek to the one who strikes him, And be full of reproach. For the Lord will not cast off forever.

(١٠) يَجْلِسُ وَحْدَهُ وَيَسْكُتُ لأَنَّهُ قَدْ وَضَعَهُ عَلَيْهِ. يَجْعَلُ فِي التُّرَابِ فَمَهُ لَعَلَّهُ يُوجَدُ رَجَاءٌ. يُعْطِي خَدَّهُ لِضَارِبِهِ. يَشْبَعُ عَاراً. لأَنَّ السَّيِّدَ لاَ يَرْفُضُ إِلَى الأَبَدِ.

(11) Though He causes grief, Yet He will show compassion According to the multitude of His mercies. For He does not afflict willingly, Nor grieve the children of men.

(١١) فَإِنَّهُ وَلَوْ أَحْزَنَ يَرْحَمُ حَسَبَ كَثْرَةِ مَرَاحِمِهِ. لأَنَّهُ لاَ يُذِلُّ مِنْ قَلْبِهِ وَلاَ يُحْزِنُ بَنِي الإِنْسَانِ.

(12) To crush under one's feet All the

prisoners of the earth, To turn aside the justice due a man Before the face of the Most High, Or subvert a man in his cause-- The Lord does not approve.

(١٢) أَنْ يَدُوسَ أَحَدٌ تَحْتَ رِجْلَيْهِ كُلَّ أَسْرَى الأَرْضِ أَنْ يُحَرِّفَ حَقَّ الرَّجُلِ أَمَامَ وَجْهِ الْعَلِيِّ أَنْ يَقْلِبَ الإِنْسَانَ فِي دَعْوَاهُ – السَّيِّدُ لاَ يَرَى!

(13) Who is he who speaks and it comes to pass, When the Lord has not commanded it? Is it not from the mouth of the Most High That woe and well-being proceed? Why should a living man complain, A man for the punishment of his sins?

(١٣) مَنْ ذَا الَّذِي يَقُولُ فَيَكُونَ وَالرَّبُّ لَمْ يَأْمُرْ؟ مِنْ فَمِ الْعَلِيِّ أَلاَ تَخْرُجُ الشُّرُورُ وَالْخَيْرُ؟ لِمَاذَا يَشْتَكِي الإِنْسَانُ الْحَيُّ الرَّجُلُ مِنْ قِصَاصِ خَطَايَاهُ؟

(14) Let us search out and examine our ways, And turn back to the Lord; Let us lift our hearts and hands To God in heaven. We have transgressed and rebelled; You have not pardoned.

(١٤) لِنَفْحَصْ طُرُقَنَا وَنَمْتَحِنْهَا وَنَرْجِعْ إِلَى الرَّبِّ. لِنَرْفَعْ قُلُوبَنَا وَأَيْدِينَا إِلَى اللَّهِ فِي السَّمَاوَاتِ نَحْنُ أَذْنَبْنَا وَعَصِينَا. أَنْتَ لَمْ تَغْفِرْ.

(15) You have covered Yourself with anger And pursued us; You have slain and not pitied. You have covered Yourself with a cloud, That prayer should not pass through.

(١٥) الْتَحَفْتَ بِالْغَضَبِ وَطَرَدْتَنَا. قَتَلْتَ وَلَمْ تُشْفِقْ. الْتَحَفْتَ بِالسَّحَابِ حَتَّى لاَ تَنْفُذَ الصَّلاَةُ.

(16) You have made us an off scouring and refuse In the midst of the peoples. All our enemies Have opened their mouths against us. Fear and a snare have come upon us, Desolation and destruction. My eyes overflow with rivers of water For the destruction of the daughter of my people.

(١٦) جَعَلْتَنَا وَسَخاً وَكَرْهاً فِي وَسَطِ الشُّعُوبِ. فَتَحَ كُلُّ أَعْدَائِنَا أَفْوَاهَهُمْ عَلَيْنَا. صَارَ عَلَيْنَا خَوْفٌ وَرُعْبٌ هَلاَكٌ وَسَحْقٌ. سَكَبَتْ عَيْنَايَ يَنَابِيعَ مَاءٍ عَلَى سَحْقِ بِنْتِ شَعْبِي.

(17) My eyes flow and do not cease, Without interruption, Till the Lord from heaven Looks down and sees. My eyes bring suffering to my soul Because of all the daughters of my city.

(١٧) عَيْنِي تَسْكُبُ وَلاَ تَكُفُّ بِلاَ انْقِطَاعٍ حَتَّى يُشْرِفَ وَيَنْظُرَ الرَّبُّ مِنَ السَّمَاءِ. عَيْنِي تُؤَثِّرُ فِي نَفْسِي لأَجْلِ كُلِّ بَنَاتِ مَدِينَتِي.

(18) My enemies without cause Hunted

me down like a bird. They silenced my life in the pit And threw stones at me. The waters flowed over my head; I said, "I am cut off!"

(١٨) قَدِ اصْطَادَتْنِي أَعْدَائِي كَعُصْفُورٍ بِلاَ سَبَبٍ. قَرَضُوا فِي الْجُبِّ حَيَاتِي وَأَلْقَوْا عَلَيَّ حِجَارَةً. طَفَتِ الْمِيَاهُ فَوْقَ رَأْسِي. قُلْتُ: «قَدْ قُرِضْتُ!».

(19) I called on Your name, O Lord, From the lowest pit. You have heard my voice: "Do not hide Your ear From my sighing, from my cry for help." You drew near on the day I called on You, And said, "Do not fear!"

(١٩) دَعَوْتُ بِاسْمِكَ يَا رَبُّ مِنَ الْجُبِّ الأَسْفَلِ. لِصَوْتِي سَمِعْتَ. لاَ تَسْتُرْ أُذُنَكَ عَنْ زَفْرَتِي عَنْ صِيَاحِي. دَنَوْتَ يَوْمَ دَعَوْتُكَ. قُلْتَ: «لاَ تَخَفْ!».

(20) O Lord, You have pleaded the case for my soul; You have redeemed my life. O Lord, You have seen how I am wronged; Judge my case. You have seen all their vengeance, All their schemes against me.

(٢٠) خَاصَمْتَ يَا سَيِّدُ خُصُومَاتِ نَفْسِي. فَكَكْتَ حَيَاتِي. رَأَيْتَ يَا رَبُّ ظُلْمِي. أَقِمْ دَعْوَايَ. رَأَيْتَ كُلَّ نَقْمَتِهِمْ كُلَّ أَفْكَارِهِمْ عَلَيَّ.

(21) You have heard their reproach, O Lord, All their schemes against me, The lips of my enemies And their whispering against me all the day.

(٢١) سَمِعْتَ تَعْيِيرَهُمْ يَا رَبُّ كُلَّ أَفْكَارِهِمْ عَلَيَّ. كَلاَمُ مُقَاوِمِيَّ وَمُؤَامَرَتُهُمْ عَلَيَّ الْيَوْمَ كُلَّهُ.

(22) Look at their sitting down and their rising up; I am their taunting song. Repay them, O Lord, According to the work of their hands. Give them a veiled heart; Your curse be upon them! In Your anger, Pursue and destroy them From under the heavens of the Lord.

(٢٢) أُنْظُرْ إِلَى جُلُوسِهِمْ وَوُقُوفِهِمْ أَنَا أُغْنِيَتُهُمْ! رُدَّ لَهُمْ جَزَاءً يَا رَبُّ حَسَبَ عَمَلِ أَيَادِيهِمْ. أَعْطِهِمْ غَشَاوَةَ قَلْبٍ لَعْنَتَكَ لَهُمْ. اِتْبَعْ بِالْغَضَبِ وَأَهْلِكْهُمْ مِنْ تَحْتِ سَمَاوَاتِ الرَّبِّ.

Glory be to the Holy Trinity our God unto the age of all ages, Amen.

مجداً للثالوث القدوس الهنا إلى الأبد وإلى أبد الآبدين كلها، آمين.

Ⲓⲱⲛⲁ Ⲕⲉⲫ ⲁ̅ⲡ̅ⲛ̅ⲁ̅ⲓ̅ ϣ̅ⲃ̅ⲗ̅ ⲛⲉⲙ Ⲃ̅ : ⲁ̅ - ⲍ̅

Ⲉ̀ⲃⲟⲗϧⲉⲛ Ⲓⲱⲛⲁ ⲡⲓⲡ̀ⲣⲟⲫⲏⲧⲏⲥ: ⲉ̀ⲣⲉⲡⲉϥ̀ⲥⲙⲟⲩ ⲉ̀ⲑⲟⲩⲁⲃ ϣⲱⲡⲓ ⲛⲉⲙⲁⲛ ⲁ̀ⲙⲏⲛ ⲉϥϫⲱ ⲙ̀ⲙⲟⲥ.

Ⲟⲩⲟϩ ⲁϥⲉⲣϩⲟϯ ⲛ̀ϫⲉ ⲛⲓⲣⲱⲙⲓ ϧⲉⲛ ⲟⲩⲛⲓϣϯ ⲛ̀ϩⲟϯ ⲟⲩⲟϩ ⲡⲉϫⲱⲟⲩ ⲛⲁϥϫⲉⲟⲩ ⲡⲉ ⲫⲁⲓ ⲉ̀ⲧⲁⲕⲁⲓϥ ⲛⲁⲛ ϫⲉⲟⲩⲏⲓ ⲁⲩⲉ̀ⲙⲓ ⲛ̀ϫⲉ ⲛⲓⲣⲱⲙⲓ ϫⲉ ⲛⲁϥ ⲫⲏⲧ ⲉ̀ⲃⲟⲗϩⲁ ⲡ̀ϩⲟ ⲙ̀Ⲡ̅ⲟ̅ⲥ̅. Ϫⲉ ⲁϥⲧⲁⲙⲱⲟⲩ ⲟⲩⲟϩ ⲡⲉϫⲱⲟⲩ ⲛⲁϥ ϫⲉ ⲟⲩ ⲡⲉ ⲉ̀ⲧⲉⲛⲁⲓϥ ⲛⲁⲕ. ⲟⲩⲟϩ ⲛ̀ⲧⲉ ⲫⲓⲟⲙ ϩⲣⲟⲩⲣ ⲉ̀ⲃⲟⲗ ϩⲁⲣⲟⲛ ϫⲉⲟⲩⲏⲓ ⲛⲁⲣⲉ ⲫⲓⲟⲙ ϣϣ ⲉ̀ⲃⲟⲗ ⲡⲉ ⲟⲩⲟϩ ⲛⲁϥ ⲛⲉϩⲥⲓ ⲛ̀ϩⲟⲩⲟ ⲛ̀ⲟⲩⲛⲓϣϯ ⲛ̀ϩⲱⲓⲙⲓ Ⲟⲩⲟϩ ⲡⲉϫⲁϥ ⲛⲱⲟⲩ ⲛ̀ϫⲉ Ⲓⲱⲛⲁ ϫⲉ ⲁ̀ⲗⲓⲧ ϩⲓⲧⲧ ⲉ̀ⲫⲓⲟⲙ ⲟⲩⲟϩ ⲉϥⲉ̀ϩⲣⲟⲩⲣ ⲛ̀ϫⲉ ⲫⲓⲟⲙ ϩⲁⲣⲱⲧⲉⲛ ϫⲉⲟⲩⲏⲓ ⲁⲓⲉ̀ⲙⲓ ϫⲉ ⲉⲑⲃⲏⲧ ⲡⲁⲓⲛⲓϣϯ ⲛ̀ϩⲱⲓⲙⲓ ⲉ̀ϫⲉⲛ ⲑⲏⲛⲟⲩ ⲟⲩⲟϩ ⲛⲁⲩϭⲓ ⲙ̀ⲙⲱⲟⲩ ⲛ̀ϫⲟⲛⲥ ⲛ̀ϫⲉ ⲛⲓⲣⲱⲙⲓ ⲉ̀ⲧⲁⲥⲑⲟ ⲙ̀ⲡⲓⲕⲁϩⲓ ⲟⲩⲟϩ ⲛⲁⲩϣϫⲉⲙϫⲟⲙ ⲁⲛ ⲡⲉϫⲉ ⲟⲩⲏⲓ ⲛⲁⲣⲉ ⲫⲓⲟⲙ ⲙⲟϣⲓ ⲡⲉ ⲟⲩⲟϩ ⲛⲁϥ ⲛⲉϩⲥⲓ ⲛ̀ϩⲟⲩⲟ ⲡⲉ ⲉ̀ϩⲣⲏⲓ ⲉ̀ϫⲱⲟⲩ. Ⲟⲩⲟϩ ⲁⲩⲱϣ ⲉ̀ⲡϣⲱⲓ ϩⲁ Ⲡ̅ⲟ̅ⲥ̅ ⲟⲩⲟϩ ⲡⲉϫⲱⲟⲩ ϫⲉ ⲙ̀ⲫⲱⲣ Ⲡ̅ⲟ̅ⲥ̅ ⲙ̀ⲡⲉⲛⲑ̀ⲣⲉⲛ ⲧⲁⲕⲟ ⲉⲑⲃⲉ ⲧ̀ⲯⲩⲭⲏ ⲛ̀ⲧⲉ ⲡⲁⲓⲣⲱⲙⲓ ⲟⲩⲟϩ ⲙ̀ⲡⲉⲣⲓ̀ⲛⲓ ⲛ̀ⲟⲩⲥ̀ⲛⲟϥ ⲛ̀ⲑ̀ⲙⲏⲓ ⲉ̀ϩⲣⲏⲓ ⲉ̀ϫⲱⲟⲩ ϫⲉ ⲛ̀ⲑⲟⲕ Ⲡ̅ⲟ̅ⲥ̅ ⲙ̀ⲫⲣⲏϯ ⲉ̀ⲧⲁⲕⲟⲩⲱϣ ⲁⲕⲓ̀ⲣⲓ ⲟⲩⲟϩ ⲁⲩⲱⲗⲓ ⲛ̀Ⲓⲱⲛⲁ ⲁⲩϩⲓⲧϥ ⲉ̀ϧⲣⲏⲓ ⲉ̀ⲫⲓⲟⲙ ⲉ̀ⲃⲟⲗϩⲁ ⲡⲉϥⲕⲓⲙ. Ⲟⲩⲟϩ ⲁⲩⲉⲣϩⲟϯ ⲛ̀ϫⲉ ⲛⲓⲣⲱⲙⲓ ϧⲁ̀ⲧϩⲏ ⲙ̀Ⲡ̅ⲟ̅ⲥ̅ ϧⲉⲛ ⲟⲩⲛⲓϣϯ ⲛ̀ϩⲟϯ ⲟⲩⲟϩ ⲁⲩϣⲱⲧ ⲛ̀ⲟⲩϣⲱⲟⲩϣⲓ ⲙ̀Ⲡ̅ⲟ̅ⲥ̅ ⲟⲩⲟϩ ⲁⲩⲱϣ ⲛ̀ϩⲁⲛⲉⲩⲭⲏ ⲟⲩⲟϩ ⲁϥⲟⲩⲁϩⲥⲁϩⲛⲓ ⲛ̀ϫⲉ Ⲡ̅ⲟ̅ⲥ̅ ⲛ̀ⲟⲩⲛⲓϣϯ ⲛ̀ⲕⲏⲧⲟⲥ ⲉⲑⲣⲉϥⲟⲙⲕ ⲛ̀Ⲓⲱⲛⲁ ⲟⲩⲟϩ ⲁϥϣⲱⲡⲓ ⲛ̀ϫⲉ Ⲓⲱⲛⲁ ϧⲉⲛⲑⲛⲉϫⲓ ⲙ̀ⲡⲓⲕⲏⲧⲟⲥ ⲛ̀ ⲅ̅ ⲛ̀ⲉϩⲟⲟⲩ ⲛⲉⲙ ⲅ̅ ⲛ̀ⲉϫⲱⲣϩ. Ⲟⲩⲟϩ ⲁϥϣ̀ⲗⲏⲗ ⲛ̀ϫⲉ Ⲓⲱⲛⲁ ⲉ̀ϩⲣⲏⲓ ⲉ̀Ⲡ̅ⲟ̅ⲥ̅ ⲡⲉϥⲛⲟⲩϯ ⲉϥϫⲱⲙ̀ⲙⲟⲥ ϫⲉ ⲁⲓϭⲓϣⲕⲁⲕ ⲉ̀ⲃⲟⲗ ϧⲉⲛ ⲧⲁⲑ̀ⲗⲩ.ⲓⲥ ⲉ̀ϩⲣⲏⲓ ⲉ̀Ⲡ̅ⲟ̅ⲥ̅ ⲡⲁⲛⲟⲩϯ ⲟⲩⲟϩ ⲁϥⲥⲱⲧⲉⲙ ⲉ̀ⲣⲟⲓ ⲁⲓⲱϣ ⲉ̀ⲃⲟⲗ ⲛ̀ϧⲏⲧϥ ⲛ̀ⲁⲙⲉⲛϯ ⲁⲕⲥⲱⲧⲉⲙ ⲉ̀ⲡⲁϧ̀ⲣⲱⲟⲩ ⲁⲕⲛⲟϫⲧ ⲉϥϧ̀ⲣⲏⲓ ⲉ̀ⲡⲓϣⲓⲕ ⲙ̀ⲡϩⲏⲧ ⲙ̀ⲫⲓⲟⲙ ⲟⲩⲟϩ ϩⲁⲛⲓⲁⲣⲱⲟⲩ ⲁⲩⲕⲱϯ ⲉ̀ⲣⲟⲓ ⲛⲉⲕϩⲓⲟⲩⲓ̀ ⲧⲏⲣⲟⲩ ⲛⲉⲙ ⲛⲉⲕϩⲱⲓⲙⲓⲁⲩⲓ̀ ⲉ̀ϩⲣⲏⲓ ⲉ̀ϫⲱⲓ ⲁ̀ⲛⲟⲕ ⲇⲉ ⲁⲓϫⲟⲥ ϫⲉ ⲁⲩⲛⲟϫⲧ ⲉ̀ⲃⲟⲗ ⲛⲁϩⲣⲉⲛ ⲡⲉⲕϩⲟ ⲁ̀ⲣⲁ ϯⲛⲁⲟⲩⲱϩ ⲉ̀ⲧⲟⲧ ⲉ̀ϫⲟⲩϣⲧ ⲉ̀ϫⲉⲛ ⲡⲉⲕⲉⲣⲫⲉⲓ ⲉⲑ̅ⲩ̅. Ⲁ ϩⲁⲛⲙⲱⲟⲩ ⲓ ⲉ̀ϧⲟⲩⲛ ϣⲁ ⲧⲁⲯⲩⲭⲏ ⲁ̀ ⲫⲛⲟⲩⲛ ⲛ̀ϩⲁ ⲉⲕⲱϯ ⲉ̀ⲣⲟⲓ ⲟⲩϩⲩⲗⲟⲥ ⲁϥⲕⲱϯ ⲉ̀ⲣⲟⲓ ⲉ̀ⲧⲁⲁⲫⲉ ⲁⲓⲃⲱⲕ ⲉ̀ⲡⲉⲥⲏⲧ ⲛ̀ⲟⲩⲱϣ ⲛ̀ⲧⲉ ⲡ̀ϫⲁⲓⲉ ⲛⲉⲛⲧⲟⲩⲓⲏ ⲉ̀ⲡⲉⲥⲏⲧ ⲉⲧⲕⲁϩⲓ ⲉ̀ⲣⲉ ⲛⲉϥⲙⲟⲭⲗⲟⲥ ⲁ̀ⲙⲁϩϯ ϣⲁⲉ̀ⲛⲉϩ ⲟⲩⲟϩ ⲁⲕⲛⲁⲓ̀ⲛⲓ ⲉ̀ϩⲣⲏⲓ ⲙ̀ⲡⲁⲱⲛϧ ⲉ̀ϧ̀ⲣⲏⲓ ϧⲉⲛ ⲡ̀ⲧⲁⲕⲟ ⲉ̀ϩⲣⲏⲓ ϣⲁⲣⲟⲕ Ⲡ̅ⲟ̅ⲥ̅ ⲡⲁⲛⲟⲩϯ ϧⲉⲛ ⲡ̀ⲧⲣⲁ ⲧⲁⲯⲩⲭⲏ ⲥⲱϣⲉⲙ ⲛ̀ⲧⲟⲧⲁⲓ ⲉⲣⲫ̀ⲙⲉⲩⲓ̀ ⲙ̀Ⲡ̅ⲟ̅ⲥ̅ ⲟⲩⲟϩ ⲙⲁⲣⲉ ⲡⲁϣ̀ⲗⲏⲗ ⲓ ϣⲁⲣⲟⲕ ⲛⲁϩⲣⲉⲛ ⲡⲉⲕⲉⲣⲫⲉⲓ ⲉⲑ̅ⲩ̅.

Ⲟⲩⲱ̀ⲟⲩ ⲛ̀ϯⲧ̀ⲣⲓⲁⲥ ⲉ̀ⲑⲟⲩⲁⲃ ⲡⲉⲛⲛⲟⲩϯ ϣⲁ ⲉ̀ⲛⲉϩ ⲛⲉⲙ ϣⲁ ⲉ̀ⲛⲉϩ ⲛ̀ⲧⲉ ⲛⲓⲉ̀ⲛⲉϩ ⲧⲏⲣⲟⲩ: ⲁ̀ⲙⲏⲛ.

Jonah 1:10-2:1-7

يونان ١ : ١٠ الخ وص ٢: ٢ – ٧

A reading from Jonah the Prophet may his blessings be with us Amen.

The sailors were terrified when they heard this. "Oh, why did you do it?"

من يونان النبى بركته المقدسة تكون معنا، آمين.

فَخَافَ الرِّجَالُ خَوْفاً عَظِيماً وَقَالُوا لَهُ:

they groaned. And since the storm was getting worse all the time, they asked him, "What should we do to you to stop this storm?" "Throw me into the sea," Jonah said, "and it will become calm again. For I know that this terrible storm is all my fault." Instead, the sailors tried even harder to row the boat ashore. But the stormy sea was too violent for them, and they couldn't make it. Then they cried out to the LORD, Jonah's God. "O LORD," they pleaded, "don't make us die for this man's sin. And don't hold us responsible for his death, because it isn't our fault. O LORD, you have sent this storm upon him for your own good reasons." Then the sailors picked Jonah up and threw him into the raging sea, and the storm stopped at once! The sailors were awestruck by the LORD's great power, and they offered him a sacrifice and vowed to serve him. Now the LORD had arranged for a great fish to swallow Jonah. And Jonah was inside the fish for three days and three nights.

Then Jonah prayed to the LORD his God from inside the fish. He said, "I cried out to the LORD in my great trouble, and he answered me. I called to you from the world of the dead, and LORD, you heard me! You threw me into the ocean depths, and I sank down to the heart of the sea. I was buried beneath your wild and stormy waves. Then I said, 'O LORD, you have driven me from your presence. How will I ever again see your holy Temple?' "I sank beneath the waves, and death was very near. The waters closed in around me,

«لِمَاذَا فَعَلْتَ هَذَا؟» فَإِنَّ الرِّجَالَ عَرَفُوا أَنَّهُ هَارِبٌ مِنْ وَجْهِ الرَّبِّ لأَنَّهُ أَخْبَرَهُمْ. فَقَالُوا لَهُ: «مَاذَا نَصْنَعُ بِكَ لِيَسْكُنَ الْبَحْرُ عَنَّا؟» لأَنَّ الْبَحْرَ كَانَ يَزْدَادُ اضْطِرَاباً. فَقَالَ لَهُمْ: «خُذُونِي وَاطْرَحُونِي فِي الْبَحْرِ فَيَسْكُنَ الْبَحْرُ عَنْكُمْ لأَنَّنِي عَالِمٌ أَنَّهُ بِسَبَبِي هَذَا النَّوْءُ الْعَظِيمُ عَلَيْكُمْ». وَلَكِنَّ الرِّجَالَ جَذَّفُوا لِيُرَجِّعُوا السَّفِينَةَ إِلَى الْبَرِّ فَلَمْ يَسْتَطِيعُوا لأَنَّ الْبَحْرَ كَانَ يَزْدَادُ اضْطِرَاباً عَلَيْهِمْ. فَصَرَخُوا إِلَى الرَّبِّ: «آهِ يَا رَبُّ لاَ نَهْلِكْ مِنْ أَجْلِ نَفْسِ هَذَا الرَّجُلِ وَلاَ تَجْعَلْ عَلَيْنَا دَماً بَرِيئاً لأَنَّكَ يَا رَبُّ فَعَلْتَ كَمَا شِئْتَ». ثُمَّ أَخَذُوا يُونَانَ وَطَرَحُوهُ فِي الْبَحْرِ فَوَقَفَ الْبَحْرُ عَنْ هَيَجَانِهِ. فَخَافَ الرِّجَالُ مِنَ الرَّبِّ خَوْفاً عَظِيماً وَذَبَحُوا ذَبِيحَةً لِلرَّبِّ وَنَذَرُوا نُذُوراً. وَأَمَّا الرَّبُّ فَأَعَدَّ حُوتاً عَظِيماً لِيَبْتَلِعَ يُونَانَ. فَكَانَ يُونَانُ فِي جَوْفِ الْحُوتِ ثَلاَثَةَ أَيَّامٍ وَثَلاَثَ لَيَالٍ.

فَصَلَّى يُونَانُ إِلَى الرَّبِّ إِلَهِهِ مِنْ جَوْفِ الْحُوتِ وَقَالَ: «دَعَوْتُ مِنْ ضِيقِي الرَّبَّ فَاسْتَجَابَنِي. صَرَخْتُ مِنْ جَوْفِ الْهَاوِيَةِ فَسَمِعْتَ صَوْتِي. لأَنَّكَ طَرَحْتَنِي فِي الْعُمْقِ فِي قَلْبِ الْبِحَارِ. فَأَحَاطَ بِي نَهْرٌ. جَازَتْ فَوْقِي جَمِيعُ تَيَّارَاتِكَ وَلُجَجِكَ. فَقُلْتُ: قَدْ طُرِدْتُ مِنْ أَمَامِ عَيْنَيْكَ. وَلَكِنَّنِي أَعُودُ أَنْظُرُ إِلَى هَيْكَلِ قُدْسِكَ. قَدِ اكْتَنَفَتْنِي مِيَاهٌ إِلَى النَّفْسِ. أَحَاطَ بِي غَمْرٌ. الْتَفَّ عُشْبُ الْبَحْرِ بِرَأْسِي. نَزَلْتُ إِلَى أَسَافِلِ الْجِبَالِ. مَغَالِيقُ

and seaweed wrapped itself around my head. I sank down to the very roots of the mountains. I was locked out of life and imprisoned in the land of the dead. But you, O LORD my God, have snatched me from the yawning jaws of death! "When I had lost all hope, I turned my thoughts once more to the LORD. And my earnest prayer went out to you in your holy Temple.

Glory be to the Holy Trinity our God unto the age of all ages, Amen.

الأَرْضِ عَلَيَّ إِلَى الأَبَدِ. ثُمَّ أَصْعَدْتَ مِنَ الْوَهْدَةِ حَيَاتِي أَيُّهَا الرَّبُّ إِلَهِي. حِينَ أَعْيَتْ فِيَّ نَفْسِي ذَكَرْتُ الرَّبَّ فَجَاءَتْ إِلَيْكَ صَلاَتِي إِلَى هَيْكَلِ قُدْسِكَ.

مجداً للثالوث القدوس الهنا إلى الأبد وإلى أبد الآبدين كلها، آمين.

The Doxology of the Pascha Hour: "Thine is the Power…" on page A5.

تسبحة ساعة البصخة: "لك القوة..." صفحة ٥ فى اخر الكتاب.

Ⲯⲁⲗⲙⲟⲥ ⲡ̅ⲍ̅:ⲋ̅ Ⲯⲁⲗⲙⲟⲥ ⲕ̅ⲃ̅ : ⲇ̅

Ⲁⲩⲭⲁⲧ ϧⲉⲛ ⲟⲩⲗⲁⲕⲕⲟⲥ ⲉϥⲥⲁⲡⲉⲥⲏⲧ : ϧⲉⲛ ϩⲁⲛⲙⲁ ⲛ̀ⲭⲁⲕⲓ ⲛⲉⲙ ⲧ̀ϧⲏⲓⲃⲓ ⲙ̀ⲫⲙⲟⲩ : Ⲉ̀ϣⲱⲡ ⲁⲓϣⲁⲛⲙⲟϣⲓ ϧⲉⲛ ⲑ̀ⲙⲏϯⲟ̅ⲥ̅ ⲛ̀ⲧ̀ϧⲏⲓⲃⲓ ⲙ̀ⲫⲙⲟⲩ : ⲛ̀ⲛⲁⲉⲣϩⲟϯ ϧⲁⲧ̀ϩⲏ ⲛ̀ϩⲁⲛ ⲡⲉⲧϩⲱⲟⲩ ϫⲉ ⲛ̀ⲑⲟⲕ ⲕ̀ⲭⲏ ⲛⲉⲙⲏⲓ.

Ⲯⲁⲗⲙⲟⲥ ⲙ̅ⲇ̅ : ⲑ̅ ⲛⲉⲙ ⲓ̅ⲁ̅

Ⲡⲉⲕ̀ⲑ̀ⲣⲟⲛⲟⲥ Ⲫϯ ϣⲁ̀ⲉⲛⲉϩ ⲛ̀ⲧⲉ ⲡⲓⲉ̀ⲛⲉϩ ⲟⲩⲟϩ ⲡⲓϣ̀ⲃⲱⲧ ⲙ̀ⲡⲥⲱⲟⲩⲧⲉⲛ ⲡⲉ ⲡ̀ϣ̀ⲃⲱⲧ ⲛ̀ⲧⲉ ⲧⲉⲕⲙⲉⲧⲟⲩⲣⲟ.

Ⲟⲩⲥ̀ⲙⲩⲣⲛⲁ ⲛⲉⲙ ⲟⲩⲥ̀ⲧⲁⲕⲧⲏ ⲛⲉⲙ ⲟⲩⲕⲁⲥⲓⲁ̀ ⲉ̀ⲃⲟⲗϧⲉⲛ ⲛⲉⲕ̀ϩⲃⲱⲥ : ⲁ̅ⲗ̅.

Psalm 88:6 Psalm 23:4

المزمور ٨٧: ٤ مزمور ٢٢: ٣

Chanted in the Paschal Tune

يُرتّل باللحن الحزاينى

You have laid me in the lowest pit, In darkness, in the depths. Alleluia.

Though I walk through the valley of the shadow of death, I will fear no evil; For You are with me. Alleluia.

جعلونى فى جب سفلى. فى مواضع مظلمة وظلال الموت.

وان سلكت فى وسط ظلال الموت فلا أخشى من الشر لأنك معى. هلليلويا.

Psalm 45:6,8

المزمور ٤٤: ٩ و ١١

Chanted in the Royal Tune

يُرتّل باللحن الشامى

A Psalm of David the Prophet.

Your throne, O God, is forever and ever; A scepter of righteousness is the scepter of Your kingdom.
All Your garments are scented with myrrh and aloes and cassia. Alleluia.

من مزامير داود النبى

كرسيك يا الله إلى دهر الدهور. قضيب الاستقامة هو قضيب ملكك. المر والميعة والسليخة من ثيابك. هلليلويا.

Ⲉⲩⲁⲅⲅⲉⲗⲓⲟⲛ ⲕⲁⲧⲁ Ⲙⲁⲧⲑⲉⲟⲛ Ⲕⲉⲫ ⲕ̅ⲍ̅ : ⲛ̅ⲍ̅ - ⲝ̅ⲁ̅

Ⲉⲧⲁⲣⲟⲩϩⲓ ⲇⲉ ϣⲱⲡⲓ ⲁϥⲓ̀ ⲛ̀ϫⲉ ⲟⲩⲣⲱⲙⲓ ⲛ̀ⲣⲁⲙⲁⲟ ⲉ̀ⲃⲟⲗϧⲉⲛ Ⲁⲣⲓⲙⲁⲑⲉⲁⲥ : ⲉⲡⲉϥⲣⲁⲛ ⲡⲉ Ⲓⲱⲥⲏⲫ : ⲫⲁⲓ ϩⲱϥ ⲛⲉ ⲁϥⲉⲣⲙⲁⲑⲏⲧⲏⲥ ⲛ̀Ⲓ̅ⲏ̅ⲥ̅. Ⲫⲁⲓ ⲁϥⲓ̀ ϩⲁⲠⲓⲗⲁⲧⲟⲥ ⲁϥⲉⲣⲉ̀ⲧⲓⲛ ⲙ̀ⲡⲓⲥⲱⲙⲁ ⲛ̀ⲧⲉ Ⲓⲏⲥ ⲧⲟⲧⲉ Ⲡⲓⲗⲁⲧⲟⲥ ⲁϥⲟⲩⲁϩ ⲥⲁϩⲛⲓ ⲉ̀ⲧⲏⲓϥ : Ⲟⲩⲟϩ ⲁϥϭⲓ ⲙ̀ⲡⲓⲥⲱⲙⲁ ⲛ̀ϫⲉ Ⲓⲱⲥⲏⲫ ⲁϥⲕⲟⲩⲗⲱⲗϥ ϧⲉⲛ ⲟⲩϣⲉⲛⲧⲱ ⲉ̀ⲥⲟⲩⲁⲃ Ⲟⲩⲟϩ ⲁϥⲭⲁϥ ϧⲉⲛ ⲡⲉϥⲙ̀ϩⲁⲩ ⲙ̀ⲃⲉⲣⲓ : ⲫⲏⲉ̀ⲧⲁϥ ϣⲟⲕϥ ϧⲉⲛ ϯⲡⲉⲧⲣⲁ : ⲟⲩⲟϩ ⲁϥⲥ̀ⲕⲉⲣⲕⲉⲣ ⲛ̀ⲟⲩⲛⲓϣϯ ⲛ̀ⲱ̀ⲛⲓ ⲉ̀ⲣⲱϥ ⲙ̀ⲡⲓⲙ̀ϩⲁⲩ ⲁϥϩⲱⲗ : Ⲛⲁⲥⲭⲏ ⲇⲉ ⲙ̀ⲙⲁⲩ ⲛ̀ϫⲉ Ⲙⲁⲣⲓⲁ̀ ϯⲘⲁⲅⲇⲁⲗⲓⲛⲏ : ⲛⲉⲙ ϯⲕⲉ Ⲙⲁⲣⲓⲁ̀ ⲉⲩϩⲉⲙⲥⲓ ⲙ̀ⲡⲉⲙ̀ⲑⲟ ⲙ̀ⲡⲓⲙ̀ϩⲁⲩ :

Ⲟⲩⲱϣⲧ ⲙ̀ⲡⲓⲉⲩⲁⲅⲅⲉⲗⲓⲟⲛ ⲉⲑⲩ.

Matthew 27:57-61

متى ٢٧: ٥٧-٦١

A reading from the Holy Gospel according to Saint Matthew.

Now when evening had come, there came a rich man from Arimathea, named Joseph, who himself had also become a disciple of Jesus. This man went to Pilate and asked for the body of Jesus. Then Pilate commanded the body to be given to him. When Joseph had taken the body, he wrapped it in a clean linen cloth, and laid it in his new tomb which he had hewn out of the rock; and he rolled a large stone against the door of the tomb, and departed. And Mary Magdalene was there, and the other

فصل شريف من إنجيل معلمنا مار متى البشير بركاته علينا آمين.

وَلَمَّا كَانَ الْمَسَاءُ جَاءَ رَجُلٌ غَنِيٌّ مِنَ الرَّامَةِ اسْمُهُ يُوسُفُ - وَكَانَ هُوَ أَيْضاً تِلْمِيذاً لِيَسُوعَ. فَهَذَا تَقَدَّمَ إِلَى بِيلاَطُسَ وَطَلَبَ جَسَدَ يَسُوعَ. فَأَمَرَ بِيلاَطُسُ حِينَئِذٍ أَنْ يُعْطَى الْجَسَدُ. فَأَخَذَ يُوسُفُ الْجَسَدَ وَلَفَّهُ بِكَتَّانٍ نَقِيٍّ وَوَضَعَهُ فِي قَبْرِهِ الْجَدِيدِ الَّذِي كَانَ قَدْ نَحَتَهُ فِي الصَّخْرَةِ ثُمَّ دَحْرَجَ حَجَراً كَبِيراً عَلَى بَابِ الْقَبْرِ وَمَضَى. وَكَانَتْ هُنَاكَ مَرْيَمُ الْمَجْدَلِيَّةُ

Mary, sitting opposite the tomb.	وَمَرْيَمُ الأُخْرَى جَالِسَتَيْنِ تُجَاهَ الْقَبْرِ.
Bow down before the Holy Gospel. Glory be to God forever.	**أسجدوا للإنجيل المقدس. والمجد لله دائماً.**

Ⲉⲩⲁⲅⲅⲉⲗⲓⲟⲛ ⲕⲁⲧⲁ Ⲙⲁⲣⲕⲟⲛ Ⲕⲉⲫ ⲓⲉ : ⲙⲃ ϣⲃⲗ ⲛⲉⲙ ⲓ : ⲁ

Ⲟⲩⲟϩ ϩⲏⲇⲏ ⲁⲣⲟⲩϩⲓ ϣⲱⲡⲓ ⲉⲡⲓⲇⲏ ⲛⲉⲧⲡⲁⲣⲁⲥⲕⲉⲩⲏ ⲧⲉ ⲉⲧϧⲁϫⲱϥ ⲙ̀ⲡⲓⲥⲁⲃⲃⲁⲧⲟⲛ : Ⲉⲧϥⲁⲓ ⲛ̀ϫⲉ Ⲓⲱⲥⲏⲫ ⲉⲃⲟⲗϧⲉⲛ Ⲁⲣⲓⲙⲁⲑⲉⲁⲥ : ⲉⲟⲩⲉⲩⲥⲭⲏⲙⲱⲛ ⲡⲉ ⲙ̀ⲃⲟⲩⲗⲉⲩⲧⲏⲥ : ⲫⲁⲓ ⲉⲧⲉ ⲛ̀ⲑⲟϥ ϩⲱϥ ⲛⲁϥϫⲟⲩϣⲧ ⲉⲃⲟⲗ ϧⲁⲧϩⲏ ⲛ̀ϯⲙⲉⲧⲟⲩⲣⲟ ⲛ̀ⲧⲉ Ⲫϯ : ⲁϥⲉⲣⲧⲟⲗⲙⲁⲛ ⲁϥϣⲉ ⲉ̀ϧⲟⲩⲛ ϩⲁⲠⲓⲗⲁⲧⲟⲥ ⲁϥⲉⲣⲉ̀ⲧⲓⲛ ⲙ̀ⲡⲥⲱⲙⲁ ⲛ̀Ⲓⲏ̅ⲥ̅. Ⲡⲓⲗⲁⲧⲟⲥ ⲇⲉ ⲁϥⲉⲣϣ̀ⲫⲏⲣⲓ ϫⲉ ϩⲏⲇⲏ ⲁϥⲙⲟⲩ ⲟⲩⲟϩ ⲉ̀ⲧⲁϥⲙⲟⲩϯ ⲉ̀ⲡⲓⲉ̀ⲕⲁⲧⲟⲛⲧⲁⲣⲭⲟⲥ ⲁϥϣⲉⲛϥ : ϫⲉ ⲁⲛ ⲁϥⲟⲩⲱ ⲁϥⲙⲟⲩ : Ⲟⲩⲟϩ ⲉ̀ⲧⲁϥⲉ̀ⲙⲓ ⲉⲃⲟⲗϩⲓⲧⲟⲧϥ ⲙ̀ⲡⲓⲉ̀ⲕⲁⲧⲟⲛⲧⲁⲣⲭⲟⲥ : ⲁϥϯ ⲙ̀ⲡⲓⲥⲱⲙⲁ ⲛ̀ⲧⲉ Ⲓⲏ̅ⲥ̅ ⲛ̀Ⲓⲱⲥⲏⲫ. Ⲟⲩⲟϩ ⲉ̀ⲧⲁϥϣⲉⲡ ⲟⲩϣⲉⲛⲧⲱ ⲁϥⲭⲁϥ ϧⲉⲛ ⲟⲩⲙ̀ϩⲁⲩ ⲫⲏⲉⲧϣⲏⲕ ⲉ̀ⲃⲟⲗϧⲉⲛⲟⲩⲡⲉⲧⲣⲁ : ⲟⲩⲟϩ ⲁϥⲥ̀ⲕⲉⲣⲕⲉⲣ ⲛ̀ⲟⲩⲱⲛⲓ ⲉ̀ⲣⲱϥ ⲙ̀ⲡⲓⲙ̀ϩⲁⲩ Ⲙⲁⲣⲓⲁ̀ ϯⲘⲁⲅⲇⲁⲗⲓⲛⲏ ⲛⲉⲙ Ⲙⲁⲣⲓⲁ̀ ⲛ̀ⲧⲉ Ⲓⲱⲥⲏ : ⲛⲁⲩⲛⲁⲩ ϫⲉ ⲁⲩⲭⲁϥ ⲑⲱⲛ. Ⲟⲩⲟϩ ⲉ̀ⲧⲁϥϣⲱⲡⲓ ⲛ̀ϫⲉ ⲡⲓⲥⲁⲃⲃⲁⲧⲟⲛ : Ⲙⲁⲣⲓⲁ̀ ϯⲘⲁⲅⲇⲁⲗⲓⲛⲏ ⲛⲉⲙ Ⲙⲁⲣⲓⲁ ⲛ̀ⲧⲉ Ⲓⲁⲕⲱⲃⲟⲥ ⲛⲉⲙ Ⲥⲁⲗⲱⲙⲉⲑⲟⲩ ⲁⲩϣⲱⲡⲓ ⲛ̀ϩⲁⲛⲥⲑⲟⲓⲛⲟⲩϥⲓ ϩⲓⲛⲁ ⲛ̀ⲧⲟⲩⲓ̀ ⲛ̀ⲧⲟⲩⲑⲁϩⲥϥ :

Ⲟⲩⲱϣⲧ ⲙ̀ⲡⲓⲉⲩⲁⲅⲅⲉⲗⲓⲟⲛ ⲉⲑ̅ⲩ̅.

Mark 15:42-16:1	مرقس ١٥: ٤٢ الخ و ١٦: ١
Now when evening had come, because it was the Preparation Day, that is, the day before the Sabbath, Joseph of Arimathea, a prominent council member, who was himself waiting for the kingdom of God, coming and taking courage, went in to Pilate and asked for the body of Jesus. Pilate marveled that He was already dead; and summoning the centurion, he asked him if He had been dead for some time. So when he found out from the centurion, he granted the body to Joseph. Then he bought fine linen, took Him down, and wrapped Him in the linen. And he laid Him in a tomb which had been hewn out of the rock, and	وَلَمَّا كَانَ الْمَسَاءُ إِذْ كَانَ الاِسْتِعْدَادُ - أَيْ مَا قَبْلَ السَّبْتِ - جَاءَ يُوسُفُ الَّذِي مِنَ الرَّامَةِ مُشِيرٌ شَرِيفٌ وَكَانَ هُوَ أَيْضاً مُنْتَظِراً مَلَكُوتَ اللَّهِ فَتَجَاسَرَ وَدَخَلَ إِلَى بِيلاَطُسَ وَطَلَبَ جَسَدَ يَسُوعَ. فَتَعَجَّبَ بِيلاَطُسُ أَنَّهُ مَاتَ كَذَا سَرِيعاً. فَدَعَا قَائِدَ الْمِئَةِ وَسَأَلَهُ: «هَلْ لَهُ زَمَانٌ قَدْ مَاتَ؟» وَلَمَّا عَرَفَ مِنْ قَائِدِ الْمِئَةِ وَهَبَ الْجَسَدَ لِيُوسُفَ. فَاشْتَرَى كَتَّاناً فَأَنْزَلَهُ وَكَفَّنَهُ بِالْكَتَّانِ وَوَضَعَهُ فِي قَبْرٍ كَانَ مَنْحُوتاً فِي صَخْرَةٍ وَدَحْرَجَ حَجَراً عَلَى بَابِ الْقَبْرِ. وَكَانَتْ مَرْيَمُ الْمَجْدَلِيَّةُ وَمَرْيَمُ أُمُّ يُوسِي تَنْظُرَانِ أَيْنَ وُضِعَ. وَبَعْدَمَا مَضَى

rolled a stone against the door of the tomb. And Mary Magdalene and Mary the mother of Jesus observed where He was laid. Now when the Sabbath was past, Mary Magdalene, Mary the mother of James, and Salome bought spices, that they might come and anoint Him.

Bow down before the Holy Gospel.
Glory be to God forever.

السَّبْتُ اشْتَرَتْ مَرْيَمُ الْمَجْدَلِيَّةُ وَمَرْيَمُ أُمُّ يَعْقُوبَ وَسَالُومَةُ حَنُوطاً لِيَأْتِينَ وَيَدْهَنَّهُ.

أسجدوا للإنجيل المقدس.
والمجد لله دائماً.

Ⲉⲩⲁⲅⲅⲉⲗⲓⲟⲛ ⲕⲁⲧⲁ Ⲗⲟⲩⲕⲁⲛ Ⲕⲉⲫ ⲕ̅ⲅ̅ : ⲛ̅ ϣ̅ⲃ̅ⲗ̅

Ⲟⲩⲟϩ ϩⲏⲡⲡⲉ ⲓⲥ ⲟⲩⲣⲱⲙⲓ ⲉ̀ⲡⲉϥⲣⲁⲛ ⲡⲉ Ⲓⲱⲥⲏⲫ : ⲉ̀ⲟⲩⲃⲟⲩⲗⲉⲩⲧⲏⲥ ⲡⲉ : ⲟⲩⲣⲱⲙⲓ ⲛ̀ⲁ̀ⲅⲁⲑⲟⲥ ⲟⲩⲟϩ ⲛ̀ⲑ̀ⲙⲏⲓ : Ⲫⲁⲓ ⲉ̀ⲛⲁϥ ϯⲙⲁϯ ⲁⲛ ⲡⲉ ϧⲉⲛ ⲡⲟⲩⲥⲟϭⲛⲓ ⲛⲉⲙ ⲧⲟⲩ ⲡ̀ⲣⲁⲝⲓⲥ ⲛⲉ ⲟⲩⲉ̀ⲃⲟⲗϧⲉⲛ Ⲁ̀ⲣⲓⲙⲁⲑⲉⲁⲥ ⲟⲩ ⲃⲁⲕⲓ ⲛ̀ⲧⲉ ⲛⲓⲒⲟⲩⲇⲁⲓ : ⲫⲏⲉ̀ⲛⲁϥϫⲟⲩϣⲧ ⲉ̀ⲃⲟⲗ ϧⲁϫⲉⲛ ϯⲙⲉⲧⲟⲩⲣⲟ ⲛ̀ⲧⲉ Ⲫϯ. Ⲫⲁⲓ ⲉⲧⲁϥⲓ̀ ϩⲁ Ⲡⲓⲗⲁⲧⲟⲥ ⲟⲩⲟϩ ⲁϥⲉⲣⲉ̀ⲧⲓⲛ ⲙ̀ⲡⲓⲥⲱⲙⲁ ⲛ̀ⲧⲉ Ⲓⲏ̅ⲥ̅. Ⲟⲩⲟϩ ⲉⲧⲁϥⲉⲛϥ ⲉ̀ⲡⲉⲥⲏⲧ ⲁϥⲕⲟⲩⲗⲱⲗϥ ϧⲉⲛ ⲟⲩϣⲉⲛⲧⲱ : ⲟⲩⲟϩ ⲁϥⲭⲁϥ ϧⲉⲛ ⲟⲩⲙ̀ϩⲁⲩ ⲉ̀ⲁϥⲕⲟϣϥ ⲙ̀ⲡⲁⲧⲟⲩⲭⲁ ϩ̀ⲗⲓ ⲛ̀ϧⲏⲧϥ : ⲟⲩⲟϩ ⲁϥⲥ̀ⲕⲉⲣⲕⲉⲣ ⲛ̀ⲟⲩⲛⲓϣϯ ⲛ̀ⲱ̀ⲛⲓ ϩⲓⲣⲉⲛ ⲫ̀ⲣⲟ ⲙ̀ⲡⲓⲙ̀ϩⲁⲩ. Ⲟⲩⲟϩ ⲛⲉ ⲡ̀ⲉ̀ϩⲟⲟⲩ ⲡⲉ ⲛ̀ϯⲡⲁⲣⲁⲥⲕⲉⲩⲏ ⲉ̀ⲣⲉϣⲱⲣⲡ ⲇⲉ ⲛⲁϣⲱⲡⲓ ⲙ̀ⲡ̀ⲥⲁⲃⲃⲁⲧⲟⲛ. Ⲟⲩⲟϩ ⲉ̀ⲧⲁⲩⲙⲟϣⲓ ⲇⲉ ⲛ̀ⲥⲱϥ ⲛ̀ϫⲉ ⲛⲓϩⲓⲟⲙⲓ ⲛⲏⲉ̀ⲧⲁⲩⲓ̀ ⲛⲉⲙⲁϥ ⲉ̀ⲃⲟⲗ ϧⲉⲛ ϯⲄⲁⲗⲓⲗⲉⲁ̀ ⲉ̀ⲁⲩⲛⲁⲩ ⲉ̀ⲡⲓⲙ̀ϩⲁⲩ ⲛⲉⲙ ⲡⲓⲣⲏϯ ⲉ̀ⲧⲁⲩⲭⲁ ⲡⲉϥⲥⲱⲙⲁ ⲙ̀ⲙⲟϥ : Ⲉ̀ⲧⲁⲩⲧⲁⲥⲑⲟ ⲇⲉ ⲁⲩⲥⲉⲃⲧ ϩⲁⲛⲥⲑⲟⲓⲛⲟⲩϥⲓ ⲛⲉⲙ ϩⲁⲛⲥⲟϫⲉⲛ : ⲟⲩⲟϩ ⲡⲓⲥⲁⲃⲃⲁⲧⲟⲛ ⲙⲉⲛ : ⲁⲩⲉⲣⲏⲥⲩⲭⲁⲍⲓⲛ ⲕⲁⲧⲁ ϯⲉⲛⲧⲟⲗⲏ :

Ⲟⲩⲱϣⲧ ⲙ̀ⲡⲓⲉⲩⲁⲅⲅⲉⲗⲓⲟⲛ ⲉ̅ⲑ̅ⲩ̅.

Luke 23:50-56

Now behold, there was a man named Joseph, a council member, a good and just man. He had not consented to their decision and deed. He was from Arimathea, a city of the Jews, who himself was also waiting for the kingdom of God. This man went to Pilate and asked for the body of Jesus. Then he took it down, wrapped it in linen, and laid it in a tomb that was hewn out of the rock, where no one had

لوقا ٢٣ : ٥٠ الخ

وَإِذَا رَجُلٌ اسْمُهُ يُوسُفُ وَكَانَ مُشِيراً وَرَجُلاً صَالِحاً بَارّاً - هَذَا لَمْ يَكُنْ مُوافِقاً لِرَأْيِهِمْ وَعَمَلِهِمْ وَهُوَ مِنَ الرَّامَةِ مَدِينَةٍ لِلْيَهُودِ. وَكَانَ هُوَ أَيْضاً يَنْتَظِرُ مَلَكُوتَ اللهِ. هَذَا تَقَدَّمَ إِلَى بِيلاَطُسَ وَطَلَبَ جَسَدَ يَسُوعَ وَأَنْزَلَهُ وَلَفَّهُ بِكَتَّانٍ وَوَضَعَهُ فِي قَبْرٍ مَنْحُوتٍ حَيْثُ لَمْ يَكُنْ أَحَدٌ وُضِعَ قَطُّ. وَكَانَ يَوْمُ الاِسْتِعْدَادِ وَالسَّبْتُ يَلُوحُ. وَتَبِعَتْهُ نِسَاءٌ كُنَّ قَدْ أَتَيْنَ مَعَهُ

ever lain before. That day was the Preparation, and the Sabbath drew near. And the women who had come with Him from Galilee followed after, and they observed the tomb and how His body was laid. Then they returned and prepared spices and fragrant oils. And they rested on the Sabbath according to the commandment.

Bow down before the Holy Gospel.
Glory be to God forever.

مِنَ الْجَلِيلِ وَنَظَرْنَ الْقَبْرَ وَكَيْفَ وُضِعَ جَسَدُهُ. فَرَجَعْنَ وَأَعْدَدْنَ حَنُوطاً وَأَطْيَاباً. وَفِي السَّبْتِ اسْتَرَحْنَ حَسَبَ الْوَصِيَّةِ.

أسجدوا للإنجيل المقدس.
والمجد لله دائماً.

Ⲉⲩⲁⲅⲅⲉⲗⲓⲟⲛ ⲕⲁⲧⲁ Ⲓⲱⲁⲛⲛⲏⲛ Ⲕⲉⲫ ⲓ̅ⲑ̅ : ⲗ̅ⲏ̅ ϣⲃ̅ⲗ̅

Ⲙⲉⲛⲉⲛⲥⲁ ⲛⲁⲓ ⲇⲉ ⲁϥⲓ̀ ⲛ̀ϫⲉ Ⲓⲱⲥⲏⲫ ⲡⲓⲣⲉⲙ Ⲁ̀ⲣⲓⲙⲁⲑⲉⲁⲥ ⲁϥϯϩⲟ ⲉ̀Ⲡⲓⲗⲁⲧⲟⲥ : ⲉⲟⲩⲙⲁⲑⲏⲧⲏⲥ ϩⲱϥ ⲛ̀ⲧⲉ Ⲓⲏ̅ⲥ̅ ⲛⲁϥⲭⲏⲡ ⲇⲉ ⲡⲉ ⲉⲑⲃⲉ ⲑ̀ϩⲟϯ ⲛ̀ⲛⲓⲒⲟⲩⲇⲁⲓ : ϩⲓⲛⲁ ⲛ̀ⲧⲉϥⲱ̀ⲗⲓ ⲙ̀ⲡⲓⲥⲱⲙⲁ ⲛ̀ⲧⲉ Ⲓⲏ̅ⲥ̅ : ⲟⲩⲟϩ ⲁϥⲟⲩⲁϩⲥⲁϩⲛⲓ ⲛ̀ϫⲉ Ⲡⲓⲗⲁⲧⲟⲥ ⲉ̀ⲧⲏⲓϥ ⲛⲁϥ ⲁϥⲓ̀ ⲟⲩⲛ ⲟⲩⲟϩ ⲁϥⲱ̀ⲗⲓ ⲙ̀ⲡⲓⲥⲱⲙⲁ ⲛ̀ⲧⲉ Ⲓⲏ̅ⲥ̅ : Ⲁϥⲓ̀ ⲇⲉ ϩⲱϥ ⲛ̀ϫⲉ Ⲛⲓⲕⲟⲩⲇⲓⲙⲟⲥ ⲫⲏⲉ̀ⲧⲁϥⲓ̀ ϩⲁⲒⲏⲥ ⲛ̀ϫⲱⲣϩ ⲛ̀ϣⲱⲣⲡ : ⲉⲟⲩⲟⲛ ⲟⲩⲙⲓⲅⲙⲁ ⲛ̀ⲧⲟⲧϥ ⲟⲩϣⲁⲗ ⲛⲉⲙ ⲟⲩⲁⲗⲗⲟⲏ : ⲛⲁⲩ ϣⲉ ⲛ̀ⲗⲩⲧⲣⲁ. Ⲁⲩϭⲓ ⲟⲩⲛ ⲙ̀ⲡⲓⲥⲱⲙⲁ ⲛ̀ⲧⲉ Ⲓⲏ̅ⲥ̅ ⲟⲩⲟϩ ⲁⲩⲕⲟⲩⲗⲱⲗϥ ϧⲉⲛ ⲟⲩϣⲉⲛⲧⲱ ⲛ̀ⲓⲁⲩ ⲛⲉⲙ ⲛⲓⲥⲑⲟⲓ : ⲕⲁⲧⲁ ϯⲕⲁϩⲥ ⲛ̀ⲧⲉ ⲛⲓⲒⲟⲩⲇⲁⲓ ⲉⲩⲕⲱⲥ : Ⲛⲉ ⲟⲩⲟⲛ ⲟⲩϭⲱⲙ ⲇⲉ ⲡⲉ ⲉ̀ⲡⲓⲙⲁ ⲉⲧⲁⲩⲁϣ Ⲓⲏ̅ⲥ̅ ⲙ̀ⲙⲟϥ : ⲟⲩⲟϩ ⲛⲉ ⲟⲩⲟⲛ ⲟⲩⲙ̀ϩⲁⲩ ⲙ̀ⲃⲉⲣⲓ ϧⲉⲛ ⲡⲓϭⲱⲙ : ⲙ̀ⲡⲁⲧⲟⲩϩⲓ ϩ̀ⲗⲓ ⲛ̀ⲣⲱⲙⲓ ⲉ̀ϧⲟⲩⲛ ⲉ̀ⲣⲟϥ ⲉ̀ⲛⲉϩ : Ⲉ̀ⲡⲓⲇⲏ ⲛⲁϥϧⲉⲛⲧ ⲉ̀ⲣⲱⲟⲩ ⲛ̀ϫⲉ ⲡⲓⲙ̀ϩⲁⲩ : ⲉⲑⲃⲉ ϫⲉ ϯⲡⲁⲣⲁⲥⲕⲉⲩⲏ̀ ⲇⲉ ⲛ̀ⲧⲉ ⲛⲓⲒⲟⲩⲇⲁⲓ ⲁⲩⲭⲁ Ⲓⲏ̅ⲥ̅ ⲛ̀ϧⲏⲧϥ :

Ⲟⲩⲱϣⲧ ⲙ̀ⲡⲓⲉⲩⲁⲅⲅⲉⲗⲓⲟⲛ ⲉⲑ̅ⲩ̅.

John 19:38-42

After this, Joseph of Arimathea, being a disciple of Jesus, but secretly, for fear of the Jews, asked Pilate that he might take away the body of Jesus; and Pilate gave him permission. So he came and took the body of Jesus. And Nicodemus, who at first came to Jesus by night, also came, bringing a mixture of myrrh and aloes, about a hundred pounds. Then they took the body of Jesus, and bound it in strips of linen

يوحنا ١٩ : ٣٨ الخ

ثُمَّ إِنَّ يُوسُفَ الَّذِي مِنَ الرَّامَةِ وَهُوَ تِلْمِيذُ يَسُوعَ وَلَكِنْ خُفْيَةً لِسَبَبِ الْخَوْفِ مِنَ الْيَهُودِ سَأَلَ بِيلاَطُسَ أَنْ يَأْخُذَ جَسَدَ يَسُوعَ فَأَذِنَ بِيلاَطُسُ. فَجَاءَ وَأَخَذَ جَسَدَ يَسُوعَ. وَجَاءَ أَيْضاً نِيقُودِيمُوسُ الَّذِي أَتَى أَوَّلاً إِلَى يَسُوعَ لَيْلاً وَهُوَ حَامِلٌ مَزِيجَ مُرٍّ وَعُودٍ نَحْوَ مِئَةِ مَناً. فَأَخَذَا جَسَدَ يَسُوعَ وَلَفَّاهُ بِأَكْفَانٍ مَعَ

with the spices, as the custom of the Jews is to bury. Now in the place where He was crucified there was a garden, and in the garden a new tomb in which no one had yet been laid. So there they laid Jesus, because of the Jews' Preparation Day, for the tomb was nearby.

الأَطْيَابِ كَمَا لِلْيَهُودِ عَادَةٌ أَنْ يُكَفِّنُوا. وَكَانَ فِي الْمَوْضِعِ الَّذِي صُلِبَ فِيهِ بُسْتَانٌ وَفِي الْبُسْتَانِ قَبْرٌ جَدِيدٌ لَمْ يُوضَعْ فِيهِ أَحَدٌ قَطُّ. فَهُنَاكَ وَضَعَا يَسُوعَ لِسَبَبِ اسْتِعْدَادِ الْيَهُودِ لأَنَّ الْقَبْرَ كَانَ قَرِيباً.

Bow down before the Holy Gospel.
Glory be to God forever.

أسجدوا للإنجيل المقدس.
والمجد لله دائماً.

Commentary

طرح

The Commentary of the Twelfth Hour of Good Friday of Holy Pascha, may its blessings be with us all. Amen.

طرح الساعة الثانية عشرة من يوم الجمعة العظيمة من البصخة المقدسة بركتها علينا. آمين.

And when the evening had come, since it was the day of preparation, that is the day before the Sabbath, a wealthy man called Joseph, a respected member of the council who was also himself looking for the kingdom of God, and another called Nicodemus, a God loving man came. Joseph and his fathers took care of the bodies of saints. They went to Pilate and asked for the body of Jesus, the Word of God. Pilate asked Joseph, "is He dead?" Then was greatly amazed. Then Pilate ordered the centurion to give the body to Joseph. Joseph the righeous then took the body and took care of it. He also brought a clean linen shroud took Him down, and wrapped Him in it. Nicodemus brought about a large amount of fragrant oil and they shrouded Him according to the Jewish traditions and put the perfumes and oils on the Blessed One.

فى عشية ذلك اليوم الذى هو جمعة العيد العظيم الذى يأتى قبل السبت الذى هو لسر السيد جاء إنسان غنى اسمه يوسف، وكان ذا مشورة يعرف الناموس. وإنسان آخر يسمى نيقوديموس، طوباوى محب لله. وكان يوسف هو وآباؤه يهتمون بأجساد القديسين. فأتى إلى بيلاطس وسأله جسد الاله الكلمة الوحيد الجنس. فاستفهم منه: هل مات؟ فتعجب الوالى جداً. وهكذا أمر قائد المائة بأن يعطوه جسد يسوع. فأخذ صاحب المشورة الصالحة الصديق الجسد واهتم به. وأحضر أيضاً أكفاناً ناعمة نقية كما يليق بابن الله. وأحضر نيقوديموس أيضاً أطياباً كثيرة الثمن نحو مائة رطل طيب. وهكذا كفنوه كعادة العبرانيين، ووضعوا الطيب على المبارك.

They laid the body in a new pure tomb,

where no one had been buried before. They then rolled a stone against the door of the tomb and rested on the Sabbath in observance of the commandment.

وكان قبر جديد فى البستان طاهراً نقياً لم يوضع فيه أحد. فوضعوا جسد الوحيد الجنس فى ذلك القبر، وتركوا عليه حجراً. واستراحوا كالوصية من أجل السبت.

And there were women stood there observing; Mary Magdalene and Mary the mother of Jesus saw where He was laid.

وكانت نسوة واقفات ينظرن ما كان: مريم المجدلية ومريم الأخرى وعلمن جيداً أين وضع.

The elder priest holds up the cross and the congregation says "Lord have mercy," one hundred times towards the east, one hundred times toward the west, one hundred times north, and one hundred times south, and ending with twelve times towards the east.
The procession circles the altar table three times then three times around the church and ends with procession around the altar table.

وبعد الطلبة يرفع الأب البطريرك أو المطران أو الأسقف أو كبير الكهنة الصليب ويبتدئ كل الشعب بالتهليل إلى الرب بصوت عال صارخين كيرياليصون دمجاً ويضربون المطانيات طالبين من الرب غفران خطاياهم فى كل جهة مائة دفعة أولاً شرقاً ثم غرباً وبعده شمالاً فجنوباً وكل جهة يلتفتون إليها، يلتفت الكهنة بالصلبان والقون والمجامر.
ثم عند كمال الأربع جهات يعودون إلى الشرق ويبتدئون بقراءة كيرياليصون بالكبير وبالناقوص اثنى عشر دفعة. وينزلون الخورس ويصعدون إلى الهيكل ويطوفون حوله ثلاث دفعات والبيعة ثلاث دفعات ثم يصعدون إلى الهيكل ويدورون دورة واحدة وهم يرتلون كيرياليصون.

The Burial	Ⲅⲟⲗⲅⲟⲑⲁ	الدفن
Golgotha in Hebrew, kranion in Greek, the place where You were crucified, O Lord. You stretched out Your hands, and crucified two thieves with You; one on Your right side, the other on Your left, and You, O good savior, in the midst.	Ⲅⲟⲗⲅⲟⲑⲁ ⲙ̀ⲙⲉⲧ ϩⲉⲃⲣⲉⲟⲥ : ⲡⲓⲕⲣⲁⲛⲓⲟⲛ ⲙ̀ⲙⲉⲧⲟⲩⲉⲓⲛⲓⲛ : ⲡⲓⲙⲁⲉⲧⲁⲩⲁϣⲕ Ⲡ̅ⲟ̅ⲥ̅ ⲛ̀ϧⲏⲧϥ : ⲁⲕⲫⲱⲣϣ ⲛ̀ⲛⲉⲕϫⲓϫ ⲉ̀ⲃⲟⲗ ⲁϥⲓϣⲓ ⲛⲉⲙⲁⲕ ⲛ̀ⲕⲉⲥⲟⲛⲓ ⲥ̀ⲛⲁⲩ : ⲥⲁⲧⲉⲕⲟⲩⲓ̀ⲛⲁⲙ ⲛⲉⲙ ⲥⲁⲧⲉⲕϫⲁⲧϭⲏ : ⲛ̀ⲑⲟⲕ ⲉⲕⲭⲏ ϧⲉⲛ ⲧⲟⲩⲙⲏϯ ⲱ ⲡⲓⲥⲱⲧⲏⲣ ⲛ̀ⲁⲅⲁⲑⲟⲥ.	الجلجلة بالعبرانية والأقرانيون باليونانية الموضع الذى صلبت فيه يارب بسطت يديك وصلبوا معك لصين عن يمينك وعن يسارك وانت كائن فى الوسط أيها المخلص الصالح.
Glory be to the Father, to the Son, and to the Holy Spirit.	Ⲇⲟⲍⲁ Ⲡⲁⲧⲣⲓ ⲕⲉ Ⲩⲓⲱ ⲕⲉ ⲁ̀ⲅⲓⲱ̀ Ⲡⲛⲉⲩⲙⲁⲧⲓ.	المجد للآب والابن والروح القدس.
The right-hand thief cried out saying: Remember me, O my Lord, remember me, O my savior, remember me, O my King, when You come into Your Kingdom.	Ⲁϥⲱϣ ⲉ̀ⲃⲟⲗ ⲛ̀ϫⲉ ⲡⲓⲥⲟⲛⲓ : ⲉⲧⲥⲁⲟⲩⲓ̀ⲛⲁⲙ ⲉϥϫⲱ ⲙ̀ⲙⲟⲥ : ϫⲉ ⲁ̀ⲣⲓⲡⲁⲙⲉⲩⲓ̀ ⲱ Ⲡⲁ̅ⲟ̅ⲥ̅ : ⲁ̀ⲣⲓⲡⲁⲙⲉⲩⲓ̀ ⲱ Ⲡⲁⲥⲱⲧⲏⲣ : ⲁ̀ⲣⲓⲡⲁⲙⲉⲩⲓ̀ ⲱ Ⲡⲁⲟⲩⲣⲟ : ⲁⲕϣⲁⲛⲓ ϧⲉⲛ ⲧⲉⲕⲙⲉⲧⲟⲩⲣⲟ	فصرخ اللص اليمين قائلاً اذكرنى ياربى اذكرنى يا مخلصى اذكرنى يا ملكى اذا جئت فى ملكوتك،
The Lord answered him in a lowly voice saying: This day you will be with Me in Paradise.	Ⲁϥⲉⲣⲟⲩⲱ ⲛⲁϥ ⲛ̀ϫⲉ Ⲡ̅ⲟ̅ⲥ̅ : ϧⲉⲛ ⲟⲩⲥⲙⲏ ⲙ̀ⲙⲉⲧⲣⲉⲙⲣⲁⲩϣ : ϫⲉ ⲙ̀ⲫⲟⲟⲩ ⲉⲕ ⲉ̀ϣⲱⲡⲓ ⲛⲉⲙⲏⲓ : ⲛ̀ϩ̀ⲣⲏⲓ ϧⲉⲛ ⲧⲁⲙⲉⲧⲟⲩⲣⲟ.	آجابه الرب بصوت وديع انك اليوم تكون معى فى ملكوتى.
Both now, and ever and unto the age of all ages. Amen.	Ⲕⲉ ⲛⲩⲛ ⲕⲉ ⲁ̀ⲓ̀ ⲕⲉ ⲓⲥⲧⲟⲩⲥ ⲉ̀ⲱⲛ̀ⲁⲥ ⲧ̀ⲱⲛ ⲉ̀ⲱⲛⲱⲛ ⲁ̀ⲙⲏⲛ.	الآن وكل اوان والى دهر الدهور. آمين.
The righteous Joseph and Nicodemus came took away the Body of Christ, wrapped it in linen cloths with spices,	Ⲁⲩⲓ̀ ⲛ̀ϫⲉ ⲛⲓⲆⲓⲕⲉⲟⲥ : Ⲓⲱⲥⲏⲫ ⲛⲉⲙ Ⲛⲓⲕⲟⲇⲏⲙⲟⲥ : ⲁⲩϭⲓ ⲛ̀ⲧⲥⲁⲣⲝ ⲛ̀ⲧⲉ Ⲡ̅ⲭ̅ⲥ̅ : ⲁⲩϯ ⲛ̀ⲟⲩⲥⲟϫⲉⲛ ⲉ̀ϩ̀ⲣⲏⲓ ⲉ̀ϫⲱϥ :	أتيا الصديقان يوسف ونيقوديموس واخذا جسد المسيح وجعلا عليه

and put it in a sepulcher and praised Him saying, "Holy God, Holy Mighty, Holy Immortal, who was crucified for us, have mercy on us."	ⲁⲩⲕⲟⲥϥ ⲁⲩⲭⲁϥ ϧⲉⲛ ⲟⲩⲙ̀ϩⲁⲩ : ⲉⲩϩⲱⲥ ⲉⲣⲟϥ ⲉⲩϫⲱ ⲙ̀ⲙⲟⲥ : ϫⲉ ⲁ̀ⲅⲓⲟⲥ ⲟ̀ Ⲑⲉⲟⲥ : ⲁ̀ⲅⲓⲟⲥ ⲓⲥⲭⲩⲣⲟⲥ : ⲁ̀ⲅⲓⲟⲥ ⲁ̀ⲑⲁⲛⲁⲧⲟⲥ : ⲟ̀ ⲥ̀ⲧⲁⲩⲣⲱⲑⲓⲥ ⲇⲓ̀ⲏⲙⲁⲥ ⲉ̀ⲗⲉ̀ⲏⲥⲟⲛ ⲏ̀ⲙⲁⲥ.	طيباً وكفناه ووضعاه فى قبر وسبحاه قائلين قدوس الله، قدوس القوي، قدوس الذى لا يموت الذى صلب عنا ارحمنا.
Glory be to the Father, to the Son, and to the Holy Spirit. Both now, and ever and unto the age of all ages. Amen.	Ⲇⲟⲝⲁ Ⲡⲁⲧⲣⲓ ⲕⲉ Ⲩⲓⲱ ⲕⲉ ⲁ̀ⲅⲓⲱ̀ Ⲡⲛⲉⲩⲙⲁⲧⲓ. Ⲕⲉ ⲛⲩⲛ ⲕⲉ ⲁ̀ⲓ̀ ⲕⲉ ⲓⲥⲧⲟⲩⲥ ⲉ̀ⲱ̀ⲛⲁⲥ ⲧⲱⲛ ⲉ̀ⲱ̀ⲛⲱⲛ ⲁ̀ⲙⲏⲛ.	المجد للآب والابن والروح القدس. الآن وكل اوان والى دهر الدهور. آمين.
We also worship him saying: "Have mercy on us, O God our Savior, who was crucified on the cross, destroy Satan under our feet."	Ⲁ̀ⲛⲟⲛ ϩⲱⲛ ⲙⲁⲣⲉⲛⲟⲩⲱϣⲧ ⲙ̀ⲙⲟϥ : ⲉⲛⲱϣ ⲉ̀ⲃⲟⲗ ⲉⲛϫⲱ ⲙ̀ⲙⲟⲥ : ϫⲉ ⲛⲁⲓ ⲛⲁⲛ Ⲫϯ ⲡⲉⲛⲥⲱⲧⲏⲣ : ⲫⲏⲉⲧⲁⲩⲁϣϥ ⲉ̀ⲡⲓⲥ̀ⲧⲁⲩⲣⲟⲥ : ⲉⲕⲉ̀ϧⲟⲙϧⲉⲙ ⲙ̀ⲡ̀ⲥⲁⲧⲁⲛⲁⲥ: ⲥⲁⲡⲉⲥⲏⲧ ⲛ̀ⲛⲉⲛϭⲁⲗⲁⲩϫ.	ونحن أيضاً نسجد له صارخين قائلين ارحمنا يا الله مخلصنا الذى صلبت على الصليب وسحقت الشيطان تحت أقدامنا.
Save us and have mercy on us. Lord have mercy, Lord have mercy, Lord bless us. Amen. Give the blessing; I prostrate, forgive me, give the blessing.	Ⲥⲱϯ ⲙ̀ⲙⲟⲛ ⲟⲩⲟϩ ⲛⲁⲓ ⲛⲁⲛ : Ⲕⲩⲣⲓⲉ̀ ⲉ̀ⲗⲉ̀ⲏⲥⲟⲛ ⲕⲩⲣⲓⲉ̀ ⲉ̀ⲗⲉ̀ⲏⲥⲟⲛ ⲕⲩⲣⲓⲉ̀ ⲉⲩⲗⲟⲅⲏⲥⲟⲛ ⲁ̀ⲙⲏⲛ ⲥ̀ⲙⲟⲩ ⲉ̀ⲣⲟⲓ ⲥ̀ⲙⲟⲩ ⲉ̀ⲣⲟⲓ : ⲓⲥ ϯⲙⲉⲧⲁⲛⲟⲓⲁ̀ : ⲭⲱ ⲛⲏⲓ ⲉ̀ⲃⲟⲗ ϫⲱ ⲙ̀ⲡⲓⲥ̀ⲙⲟⲩ.	خلصنا ارحمنا. يارب ارحم يارب ارحم يارب ارحم بارك آمين. باركوا على هذه المطانية اغفروا لى قل البركة.

The presbyter gives the final blessing and covers the icon with a white linen cloth and places the cross over it and covers them with roses petals and spices and places next to them two candle stands one on each side representing two angels at the tomb of Christ.

The priests, according to their ranks, start reading psalms one, two and three until they reach, "I lay down and slept." Then the curtain of the altar is closed and the hundred and fifty psalms are read.

ثم يقول الكاهن البركة ويأخذ كبير الكهنة ايقونة الدفن الشريفة إن وجدت وإلا أيقونة الصلب ويلفها بستر كتان ابيض وعليها الصليب ويتركها فوق المذبح ويدفنها فى الورد والحنوط. ويدفن الصليب فى الورد ويغطى بالابروسفارين من فوق ويوضع حول المذبح منارتين موضوع عليها شمعتان مثال الملاكين اللذين كانا بالمقبرة واحد عند الرأس والآخر عند الرجلين.

ثم يبتدئ الكاهن الكبير بقراءة سفر المزامير اول ذلك المزمور الأول والكاهن الثانى المزمور الثانى والكاهن الثالث المزمور الثالث إلى عند (أنا أضجعت ونمت) ويبتدئون بتلاوة المزامير جميعها كطقوسهم كهنة وشمامسة إلى نهايتها.

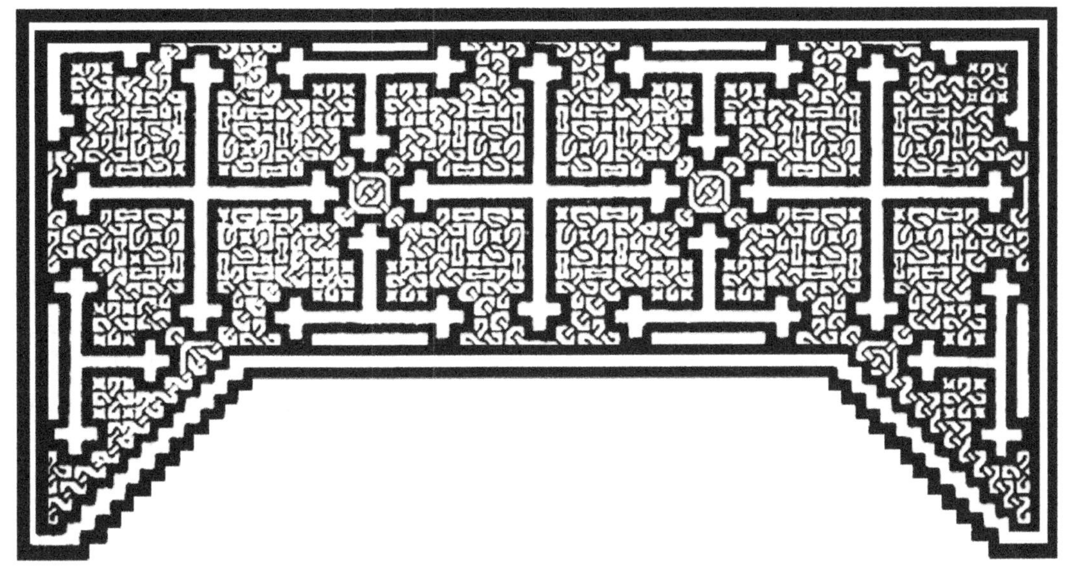

REPEATED PRAYERS OF EVERY HOUR

الصلوات المتكررة فى كل ساعة

Rites of the Holy Pascha

طقس صلوات البصخة المقدسة

Liturgies are not held on Monday, Tuesday, and Wednesday as a symbol of the old tradition, that the sacrificial lamb was to be held from the tenth day until it is offered on the fourteenth day of the month (Exodus 12). The Lord has fulfilled this symbol when He entered into Jerusalem on Sunday. On that year, it was the tenth day of the Jewish month Nissan. He stayed therein until he handed his disciples the new covenant on Thursday. Hence Liturgies are not prayed until the Liturgy of Thursday; as the lamb was not offered, Christ also is not to be offered.

Each day is divided as follows:

- Five hours during the day,
- Five hours during the night.
- On Good Friday, the twlefth hour is added.

A day is calculated from sunset to sunset.

لا تقام قداسات الأثنين والثلاثاء والأربعاء: إشارة إلى الطقس القديم الذى كان يأمر بحفظ خروف الفصح من اليوم العاشر حتى يذبح فى الرابع عشر من الشهر (راجع خروج ١٢). أكمل يسوع هذا الرمز، عندما دخل إلى أورشليم فى يوم الأحد، وكان فى تلك السنة موافقاً لليوم العاشر من شهر نيسان، وظل يتردد فيها إلى أن سلم فصحه الجديد لتلاميذه يوم خميس العهد لذلك تعطل القداسات فى هذه الأيام الثلاثة إلى أن تقام يوم الخميس ولذلك خروف الفصح كان محفوظاً لم يذبح بعد، وأن المسيح لم يكن قد بعد رسم سر الشكر.

ينقسم اليوم إلى:

- خمس ساعات نهارية.
- وخمس ساعات ليلية.
- وفى يوم الجمعة العظيمة تضاف الساعة الثانية عشر.

يحسب اليوم من الغروب إلى غروب اليوم التالي.

Order of Readings

ترتيب القراءات

1. Prophecies
2. Thine is the Power… (12 times).
3. Psalm and Introduction to the Gospel. Then the Gospel in Coptic, followed by English and Arabic.
4. Introduction to the Commentary, the Commentary, and its conclusion.
5. Litany followed by **Ⲫϯ ⲛⲁⲓ ⲛⲁⲛ**, then **Ⲡⲟⲩⲣⲟ.**

١- النبوات

٢- ثوك تى تى جوم (لك القوة والمجد ...) ١٢ مرة

٣- المزمور ومقدمة الإنجيل، ثم الإنجيل قبطياً وعربياً وأنجليزياً.

٤- مقدمة الطرح والطرح وختامه.

٥- الطلبة ثم **Ⲫϯ ⲛⲁⲓ ⲛⲁⲛ**، **Ⲡⲟⲩⲣⲟ**... إلخ

Prophecies

النبوات

The prophecies are read before the Gospel denoting that the Old Testament was before the New Testament and to reveal what the prophets prophesied about regarding the sufferings of Christ.

تقرأ النبوات قبل الإنجيل إشارة إلى أن العهد القديم كان توطئه للعهد الجديد وإظهار لما تنبأ به الأنبياء عن آلام السيد المسيح.

The Pascha Praise

تسبحة البصخة

هذه تقال ١٢ مرة (٦ بحرى و ٦ قبلي) وفى كل مرة يصلون أبانا الذى فى السموات.

This is chanted 12 times and after each they recite "Our Father…"

Thine is the power, the glory, the blessing, and the majesty, forever Amen. Emmanuel our God and our King.	Ⲑⲱⲕ ⲧⲉ ϯϫⲟⲙ ⲛⲉⲙ ⲡⲓⲱ̀ⲟⲩ ⲛⲉⲙ ⲡⲓⲥ̀ⲙⲟⲩ ⲛⲉⲙ ⲡⲓⲁ̀ⲙⲁϩⲓ ϣⲁ ⲉ̀ⲛⲉϩ ⲁ̀ⲙⲏⲛ: Ⲉⲙⲙⲁⲛⲟⲩⲏⲗ ⲡⲉⲛⲛⲟⲩϯ ⲡⲉⲛⲟⲩⲣⲟ.	لك القوة والمجد والبركة والعزة إلى الآبد آمين. عمانوئيل إلهنا وملكنا.
Thine is the power, the glory, the blessing, and the majesty, forever Amen. O my Lord Jesus Christ.	Ⲑⲱⲕ ⲧⲉ ϯϫⲟⲙ ⲛⲉⲙ ⲡⲓⲱ̀ⲟⲩ ⲛⲉⲙ ⲡⲓⲥ̀ⲙⲟⲩ ⲛⲉⲙ ⲡⲓⲁ̀ⲙⲁϩⲓ ϣⲁ ⲉ̀ⲛⲉϩ ⲁ̀ⲙⲏⲛ: Ⲡⲁϭⲟⲓⲥ Ⲓⲏⲥⲟⲩⲥ Ⲡⲓⲭⲣⲓⲥⲧⲟⲥ.	لك القوة والمجد والبركة والعزة إلى الآبد آمين يا ربى يسوع المسيح.
Thine is the power, the glory, the blessing, and the majesty, forever Amen.	Ⲑⲱⲕ ⲧⲉ ϯϫⲟⲙ ⲛⲉⲙ ⲡⲓⲱ̀ⲟⲩ ⲛⲉⲙ ⲡⲓⲥ̀ⲙⲟⲩ ⲛⲉⲙ ⲡⲓⲁ̀ⲙⲁϩⲓ ϣⲁ ⲉ̀ⲛⲉϩ ⲁ̀ⲙⲏⲛ.	لك القوة والمجد والبركة والعزة إلى الآبد آمين.

Starting from the Eleventh hour on Tuesday, "my good Savior" is added after the second paragraph. This is a symbol of the Lord starting his passion, for on Wednesday, the chief priests and the scribes discussed arresting and killing Jesus.

وإبتداء من الساعة الحادية عشرة من يوم الثلاثاء (بعد ياربى يسوع المسيح) يزيدون "مخلصى الصالح" وذلك للإدلال على تشخيص آلام المسيح فإنه لم يبدأ تنفيذها إلا من يوم الأربعاء حيث أخذ من ذلك الوقت رؤساء الكهنة والكتبة وشيوخ الشعب يتشاورون فى القبض على يسوع وقتله.

O my Lord Jesus Christ my good Savior.	Ⲡⲁϭⲟⲓⲥ Ⲓⲏⲥⲟⲩⲥ Ⲡⲓⲭⲣⲓⲥⲧⲟⲥ ⲡⲁⲥⲱⲧⲏⲣ ⲛ̀ⲁ̀ⲅⲁⲑⲟⲥ.	يا ربى يسوع المسيح مخلصى الصالح.

Starting from the Eve of Friday, the following pharse is added after the second paragraph. Here the church focuses on the Lord's Salvation that He showed in strength on Good Friday on the cross.

وإبتداء من ليلة الجمعة، بعد ياربى يسوع المسيح، يزيدون "قوتى وتسبحتى هو الرب وقد صار لى خلاصاً مقدساً" لتركيز الكنيسة على خلاص الرب الذى استعلن بقوة فى يوم الجمعة العظيمة على الصليب.

O my Lord Jesus Christ my good Savior. The Lord is my strength, my praise, and has become my holy salvation.	Ⲡⲁϭⲟⲓⲥ Ⲓⲏⲥⲟⲩⲥ Ⲡⲓⲭ̀ⲣⲓⲥⲧⲟⲥ ⲡⲁⲥⲱⲧⲏⲣ ǹⲁ̀ⲅⲁⲑⲟⲥ: ⲧⲁϫⲟⲙ ⲛⲉⲙ ⲡⲁ̀ⲥⲙⲟⲩ ⲡⲉ Ⲡϭⲟⲓⲥ: ⲁϥϣⲱⲡⲓ ⲛⲏⲓ ⲉⲩⲥⲱⲧⲏⲣⲓⲁ̀ ⲉϥⲟⲩⲁⲃ.	ياربى يسوع المسيح مخلصى الصالح: قوتى وتسبحتى هو الرب وقد صار لى خلاصاً مقدساً.

Psalm and Gospel

المزمور ومقدمة الإنجيل والإنجيل

We beseech our Lord and God, that we may be worthy to hear the Holy Gospel. In wisdom, let us listen to the Holy Gospel.	Ⲕⲉ ̀ⲩⲡⲉⲣⲧⲟⲩ ⲕⲁⲧⲁⲝⲓⲱⲑⲏⲛⲉ ̀ⲏⲙⲁⲥ: ⲧⲏⲥ ⲁⲕⲣⲟ ̀ⲁⲥⲉⲱⲥ ⲧⲟⲩ ̀ⲁⲅⲓⲟⲩ ⲉⲩⲁⲅⲅⲉⲗⲓⲟⲩ: ⲕⲩⲣⲓⲟⲛ ⲕⲉ ⲧⲟⲛ ⲑⲉⲟⲛ ̀ⲏⲙⲱⲛ: ⲓ̀ⲕⲉⲧⲉ̀ⲩⲥⲱⲙⲉⲛ ⲥⲟⲫⲓ̀ⲁ ⲟⲣⲑⲓ ̀ⲁⲕⲟⲩⲥⲱⲙⲉⲛ ⲧⲟⲩ ̀ⲁⲅⲓⲟⲩ ⲉⲩⲁⲅⲅⲉⲗⲓⲟⲩ.	لكى نكون مستحقين لسماع الإنجيل الإلهى المقدس، نتوسل من ربنا والهنا، انصتوا بحكمة للإنجيل المقدس.

Introduction to the Gospel in Coptic ثم مقدمة الإنجيل قبطى وهى

PRIEST **الكاهن**

A reading from the Holy Gospel according to Saint (...).	Ⲟⲩ̀ⲁⲛⲁⲅⲛⲱⲥⲓⲥ ̀ⲉⲃⲟⲗϧⲉⲛ ⲡⲓⲉⲩⲁⲅⲅⲉⲗⲓⲟⲛ ⲉⲑⲟⲩⲁⲃ ⲕⲁⲧⲁ ... ⲁⲅⲓⲟⲩ.	فصل من الإنجيل المقدس حسب القديس (...).

CONGREGATION **الشعب**

Glory be to God.	Ⲇⲟⲝⲁ ⲥⲓ ⲕⲩⲣⲓⲉ̀.	المجد لك يارب.

> The Gospel is then read in English and Arabic with this introduction:
> ويفسر الإنجيل عربياً وانجليزياً وهذه مقدمته:

May God have mercy and compassion on us and make us worthy to hear Your Holy Gospel. A chapter according to Saint (...), may his blessings be with us, Amen.	اللهم تراءف علينا وارحمنا وأجعلنا مستحقين لسماع إنجيلك المقدس، فصل شريف من إنجيل معلمنا: (مار متى أو مرقس أو لوقا أو يوحنا) البشير بركاته علينا آمين.

The Commentary

الطرح

A commentary is arranged for each hour. The appropriate commentary is either read after each Gospel or they are all read after the last Gospel of the Eve or Day.

كلمة طرح تعنى تفسير ويقرأ الطرح بعد نهاية كل إنجيل. أو تجمع طروحات الإناجيل. وتتلى بعد نهاية آخر إنجيل من الساعات الليلية أو النهارية.

Introduction to the Commentary مقدمة الطرح

In the name of the Trinity, one in essence, the Father, the Son, and the Holy Spirit.	Ϧⲉⲛ ⲫ̀ⲣⲁⲛ ⲛ̀ϯⲧ̀ⲣⲓⲁⲥ : ⲛ̀ⲟⲙⲟⲟⲩⲥⲓⲟⲥ : ⲫⲓⲱⲧ ⲛⲉⲙ ⲡ̀ϣⲏⲣⲓ : ⲛⲉⲙ ⲡⲓⲡ̀ⲛⲉⲩⲙⲁ ⲉⲑⲟⲩⲁⲃ.	باسم الثالوث المساوى الآب والابن والروح القدس.

Evening Hours — فى ساعات الليل

Hail to you O Mary, the pure dove, who gave birth to, God the Logos.	Ⲭⲉⲣⲉ ⲛⲉ Ⲙⲁⲣⲓⲁ̀ : ϯϭ̀ⲣⲟⲙⲡⲓ ⲉⲑⲛⲉⲥⲱⲥ : ⲑⲏⲉ̀ⲧⲁⲥⲙⲓⲥⲓ ⲛⲁⲛ : ⲙ̀Ⲫϯ ⲡⲓⲖⲟⲅⲟⲥ.	السلام لك يا مريم الحمامة الحسنة التى ولدت لنا الله الكلمة.

Morning Hours — فى ساعات النهار

O true light who gives light to every man that comes into the world.	Ⲡⲓⲟⲩⲱⲓⲛⲓ ⲛ̀ⲧⲁ ⲫ̀ⲙⲏⲓ : ⲫⲏ ⲉⲧⲉⲣⲟⲩⲱⲓⲛⲓ : ⲉ̀ⲣⲱⲙⲓ ⲛⲓⲃⲉⲛ : ⲉⲑⲛⲏⲟⲩ ⲉ̀ⲡⲓⲕⲟⲥⲙⲟⲥ.	أيها النور الحقيقى الذى يضئ لكل إنسان آت إلى العالم.

Conclusion of Commentary ختام الطرح صباحاً ومساءاً

Christ our Savior has come and has suffered,	Ⲡⲓⲭ̀ⲣⲓⲥⲧⲟⲥ ⲡⲉⲛⲥⲱⲧⲏⲣ : ⲁϥⲓ̀	المسيح مخلصنا، جاء

that through His Passion, He may save us.	ⲁϥϣⲉⲡ̀ⲙ̀ⲕⲁϩ : ϩⲓⲛⲁ ϧⲉⲛ ⲛⲉϥ̀ⲙ̀ⲕⲁⲩϩ : ⲛ̀ⲧⲉϥⲥⲱϯ ⲙ̀ⲙⲟⲛ.	وتألم، لكى بآلامه يخلصنا.
Let us glorify Him, and exalt His Name, for He had mercy on us, according to His great mercy.	Ⲙⲁⲣⲉⲛ ϯ̀ⲱⲟⲩⲛⲁϥ : ⲧⲉⲛϭⲓⲥⲓ ⲙ̀ⲡⲉϥⲣⲁⲛ : ϫⲉ ⲁϥⲉⲣⲟⲩⲛⲁⲓ ⲛⲉⲙⲁⲛ : ⲕⲁⲧⲁ ⲡⲉϥⲛⲓϣϯ ⲛ̀ⲛⲁⲓ.	فلنمجده ونرفع اسمه لانه صنع معنا رحمة كعظيم رحمته.

The Litany الطلبة

Introduction to the Morning Litany مقدمة الطلبة فى الصباح

PRIEST		الكاهن
We bend our knees. Eklinomen taghonata.	Ⲕ̀ⲗⲓⲛⲱⲙⲉⲛ ⲧⲁ ⲅⲟⲛⲁⲧⲁ	نحنى ركبنا. اكلينومين تاغوناتا.
CONGREGATION		الشعب
Have mercy upon us O God the Father the Pantocrator.	Ⲛⲁⲓ ⲛⲁⲛ Ⲫϯ Ⲫⲓⲱⲧ ⲡⲓⲡⲁⲛⲧⲟⲕⲣⲁⲧⲱⲣ	إرحمنا يا الله الآب ضابط الكل.
PRIEST		الكاهن
We stand, we bend our knees.	Ⲁⲛⲉⲥⲧⲱⲙⲉⲛ ⲕ̀ⲗⲓⲛⲱⲙⲉⲛ ⲧⲁ ⲅⲟⲛⲁⲧⲁ.	نقف ونحنى ركبنا.
CONGREGATION		الشعب
Have mercy upon us O God our Savior.	Ⲛⲁⲓ ⲛⲁⲛ Ⲫϯ ⲡⲉⲛⲥⲱⲧⲏⲣ.	إرحمنا يا الله مخلصنا.
PRIEST		الكاهن
Again we stand, we bend our knees.	Ⲕⲉ ⲁⲛⲉⲥⲧⲱⲙⲉⲛ ⲕ̀ⲗⲓⲛⲱⲙⲉⲛ ⲧⲁ ⲅⲟⲛⲁⲧⲁ.	ثم نقف ونحنى ركبنا.
CONGREGATION		الشعب
Have mercy upon us O God and have mercy. Nai nan evnouti owoh nai nan.	Ⲛⲁⲓ ⲛⲁⲛ Ⲫϯ ⲟⲩⲟϩ ⲛⲁⲓ ⲛⲁⲛ.	إرحمنا يا الله ثم إرحمنا. ناى نان افنوتى أووه ناى نان.

Morning Litany

طلبة الصباح

يقول الكاهن طلبة الصباح، ويجاوبه الشعب
فى كل فقرة «كيريى ليسون» ويسجدون فى كل مرة.

The priest prays the Morning Litany, after each part,
the congregation responds with Lord have mercy and kneel.

Ask God to have mercy and compassion on us, hear us and support us, and accept the intercessions and prayers of His saints on our behalf at all times, and forgive us our sins.

+ اطلبوا لكى يرحمنا الله ويتراءف علينا ويسمعنا ويعيننا، ويقبل سؤالات وطلبات قديسيه منهم بالصلاح عنا فى كل حين، ويغفر لنا خطايانا

Ask God for the peace of the one holy catholic and Apostolic Church, and for God's salvation among the nations and comfort in all places, and forgive us our sins.

+ اطلبوا عن سلام الكنيسة الواحدة الوحيدة المقدسة الجامعة الرسولية، وخلاص الله فى الشعوب والطمأنينة بكل موضع ويغفر لنا خطايانا.

Ask God for our fathers and brothers who are sick with any sickness whether in this place or in any place, that the Lord our God, may grant them and us health and healing, and forgive us our sins.

+ اطلبوا عن آبائنا وإخوتنا المرضى بكل الأمراض فى هذا الموضع وفى كل مكان، لكى ينعم الرب إلهنا عليهم وعلينا بالعافية والشفاء ويغفر لنا خطايانا.

Pray and ask for our fathers and brothers who are traveling and those who intend to travel in all places. May God aid their ways. Those who are traveling by seas, rivers, lakes, roads or any other means, may the Lord our God guide them, bring them back to their homes in peace, and forgive us our sins.

+ صلوا واطلبوا عن آبائنا وإخوتنا المسافرين والذين أضمروا السفر فى كل مكان، ليسهل الرب طريقهم جميعاً إن كانوا فى البحار أو الأنهار أو الينابيع أو الطرق المسلوكة والذين جعلوا سفرهم بكل وسيلة، لكى يرشدهم الرب إلهنا ويردهم إلى مساكنهم بسلام، ويغفر لنا خطايانا.

Pray and ask for the winds of the heaven, the fruits of the earth, all the trees and vineyards and all fruitful trees in the world, that Christ our God may bless them, bring them to completion in peace, and forgive us our sins.

+ صلوا واطلبوا عن أهوية السماء وثمرات الأرض والأشجار والكروم وكل شجرة مثمرة فى المسكونة كلها، لكى يباركها المسيح إلهنا ويكملها بسلام، ويغفر لنا خطايانا.

Pray and ask that God may grant us mercy and compassion before the sovereign rulers and incline their hearts with goodness towards us at all times, and forgive us our sins.

+ صلوا واطلبوا لكى يعطينا الله رحمة ورأفة أمام الرؤساء الأقوياء ويعطف قلوب المتولين علينا بالصلاح فى كل حين، ويغفر لنا خطايانا.

Pray and ask for our fathers and brethren who have fallen asleep and reposed in the faith of Christ since the beginning, our holy fathers the patriarchs, our fathers the metropolitans, our fathers the bishops, our fathers the hegomens, our fathers the priests, our brethren the deacons, our fathers the monks, and our brethren the laymen, and for the repose of all Christians who have fallen asleep, that the Lord our God may repose their souls, and forgive us our sins.

+ صلوا واطلبوا عن آبائنا وإخوتنا الذين رقدوا وتنيحوا فى الإيمان بالمسيح منذ البدء، آبائنا البطاركة وآبائنا المطارنة وآبائنا الأساقفة وآبائنا القمامصة وآبائنا القسوس وإخوتنا الشمامسة وآبائنا الرهبان وآخوتنا العلمانيين، وعن كل الذين رقدوا من المسيحيين لكى ينيح الرب إلهنا نفوسهم أجمعين، ويغفر لنا خطايانا.

Pray and ask for those who care for the sacrifices, the oblations, the wine, the oil, the incense, the covering, the books of prayers, the altar vessels, that the Lord our God may reward them in heavenly Jerusalem, and forgive us our sins.

+ صلوا واطلبوا عن المهتمين بالصعائد والقرابين والخمر والزيت والبخور والستور وكتب القراءة وكل أوانى المذبح، لكى يعوضهم الرب إلهنا عن أتعابهم فى أورشليم السمائية، ويغفر لنا خطايانا.

Pray and ask for the catechumens, that the Lord our God may bless them, enlighten their hearts, confirm them in the Orthodox faith until the last breath, and forgive us our sins.

+ صلوا واطلبوا عن موعوظى شعبنا لكى يباركهم الرب إلهنا ويفتح عيون قلوبهم ويثبتهم فى الإيمان الأرثوذكسى إلى النَفَس الأخير، ويغفر لنا خطايانا.

Pray and ask for this church, and all Orthodox churches, the desert monasteries, the elders dwelling therein, and for the peace of the whole world, that the Lord our God may protect us and them from all evil and malice, and forgive us our sins.

+ صلوا واطلبوا عن هذه الكنيسة وكل الكنائس وكل أديرة الشعوب الأرثوذكسية فى البرارى والشيوخ السكان فيها وعن طمأنينة كل العالم معاً لكى يحفظنا الرب إلهنا وإياهم من كل سوء ومن كل شر، ويغفر لنا خطايانا.

Pray and ask for the life of our honored father, the archbishop, our patriarch Abba (...) that the Lord God may keep him and confirm him on his throne for many years and long peaceful times, and forgive us our sins.

+ صلوا واطلبوا عن حياة وقيام أبينا المكرم رئيس الأساقفة الأب البطريرك الأنبا (...) لكى يحفظ الرب لنا حياته ويثبته على كرسيه سنين عديدة وأزمنة سالمة هادئة مديدة، ويغفر لنا خطايانا.

Pray and ask for our fathers, the Orthodox metropolitans and bishops in every place, the hegomens, the priests, the deacons, and all the orders of the Church, that Christ our God may keep them, strengthen them, and forgive us our sins.

+ صلوا واطلبوا عن آبائنا المطارنة والأساقفة الأرثوذكسيين فى كل مكان والقمامصة والقسوس والشمامسة وكل طغمات الكنيسة لكى يحفظهم المسيح إلهنا ويقويهم، ويغفر لنا خطايانا.

Pray and ask for this gathering and those of all Orthodox people, that the Lord our God may bless and fulfill them in peace, and forgive us our sins.

+ صلوا واطلبوا عن اجتماعنا هذا واجتماعات الشعوب الأرثوذكسية لكى يباركها الرب إلهنا ويكملها بسلام، ويغفر لنا خطايانا.

Pray and ask for all hierarchs of the Holy Church, and all the orders of the clergy, that the Lord our God may bless them, strengthen them, and forgive us our sins.

+ صلوا واطلبوا عن مدبرى الكنيسة المقدسة وكل رتب الكهنوت لكى يباركهم الرب إلهنا ويقويهم، ويغفر لنا خطايانا .

Pray and ask for those who labor in the Holy Church and with the Orthodox people, that the Lord our God may have mercy on them, and forgive us our sins.

+ صلوا واطلبوا عن كل نفس لها تعب فى الكنيسة المقدسة ومع الشعب الأرثوذكسى لكى يصنع الرب إلهنا معهم رحمة، ويغفر لنا خطايانا .

Pray and ask for all Christ-loving rulers who asked us to remember them by name in our prayers, that the Lord God may bless and remember them with His mercy and grant them grace before powerful rulers, and forgive us our sins.

+ صلوا واطلبوا عن الرؤساء محبى المسيح الذين أوصونا أن نذكرهم بأسمائهم لكى يباركهم الرب إلهنا ويذكرهم بالرحمة ويعطيهم النعمة أمام الرؤساء الأقوياء، ويغفر لنا خطايانا .

Pray and ask for the poor, the weak, the farmers, and all those who are in adversities of any kind, that the Lord our God has kindness on them and us, and forgive us our sins.

+ صلوا واطلبوا عن المساكين والفلاحين والضعفاء وكل نفس متضايقة بأى نوع لكى يتراءف الرب إلهنا عليهم وعلينا، ويغفر لنا خطايانا.

Pray and ask for those who are in the distress of prisons and dungeons, and those in captivity or exile, and those who are afflicted by devils, that the Lord our God may free them from their hardships, and forgive us our sins.

+ صلوا واطلبوا عن المتضايقين الذين فى السجون والمطابق والذين فى النفى والسبى والمربوطين من جهة رباطات الشياطين لكى يعتقهم الرب إلهنا من متاعبهم، ويغفر لنا خطايانا.

Pray and ask for all the souls assembled with us this day, in this place, seeking mercy for their souls, that the mercies of the Lord our God may come upon them and us, and forgive us our sins.

+ صلوا واطلبوا عن كل النفوس المجتمعة معنا اليوم فى هذا الموضع يطلبون الرحمة لنفوسهم لكى تدركنا مراحم الرب إلهنا وإياهم، ويغفر لنا خطايانا.

Pray and ask for those who requested from us to remember them in our prayers by name, that the Lord our God may remember them according to His goodness at all times, and forgive us our sins.

+ صلوا واطلبوا عن الذين أوصونا أن نذكرهم كل واحد بأسمه لكى يذكرهم الرب إلهنا بالصلاح فى كل حين، ويغفر لنا خطايانا.

Pray and ask for the rising of the waters of the rivers this year, that Christ our Lord may bless them and raise them according to their measure, give joy to the face of the earth, sustain us, deliver man and beast, and lift away from the world death, inflation, plagues, annhilation, evacuation, and the sword of the enemies. Grant peace and tranquility in our holy church and raise the state of Christians in every place and around the whole world till the last breath, and forgive us our sins.

+ صلوا واطلبوا عن صعود مياه الأنهار فى هذه السنة لكى يباركها المسيح إلهنا ويصعدها كمقدارها، ويفرّح وجه الأرض بالنيل ويعولنا نحن البشر، ويعطى النجاة للإنسان والحيوان، ويرفع عن العالم الموت والغلاء والوباء والفناء والجلاء وسيف الأعداء، ويجعل الهدوء والسلام والطمأنينة فى الكنيسة المقدسة ويرفع شأن المسيحين فى كل مكان وفى كل المسكونة إلى النفس الأخير، ويغفر لنا خطايانا.

Pray and ask for this Holy Week of Pascha, of our Good Savior, that He may complete it for us in peace and show us the joy of His holy resurrection in safety and forgive us our sins.

+ صلوا واطلبوا عن هذه البصخة المقدسة التى لمخلصنا الصالح لكى يكملها لنا بسلام ويرينا بهجة قيامته المقدسة ونحن جميعاً سالمين، ويغفر لنا خطايانا.

Evening Litany

طلبة المساء

يقول الكاهن طلبة المساء، ويجاوبه الشعب فى كل فقرة "كيريى ليسون بدون مطانيات.

The priest prays the Evening Litany, after each part, the congregation responds with Lord have mercy without kneeling.

We ask and entreat You O Lord, God the Father the Pantorcator, and the Holy Only Begotten Son, the creator and the master of all, and the Holy Spirit the life giver, the Holy Trinity before whom kneels down every knee in heaven and on earth. We ask You, O Lord, hear us and have mercy on us.

+ نسأل ونتضرع إليك أيها السيد الله الآب ضابط الكل والأبن الوحيد القدوس، خالق الكل ومدبرهم والروح القدس المحيى الثالوث القدوس الذى تجثو له كل ركبة ما فى السموات وما على الأرض، نسألك يارب اسمعنا وارحمنا.

We pray for the heavenly peace, harmony of all churches in the world, the monasteries, all the holy assemblies, their dwellers and their keepers. O God, have compassion on Your creation and save it from all evil. We ask You, O Lord, hear us and have mercy on us.

+ من أجل السلام السمائى وتآلف سائر الكنائس التى فى العالم والأديرة ومجامعها المقدسة والسكان فيها والقائمين بأحوالها، يا الله تحنن على خليقتك ونجها من كل سوء، نسألك يارب اسمعنا وارحمنا.

Who through His power arranged the life of man before his creation and made for him all things with His wisdom and adorned the skies with stars, the earth with vegetation, trees, and vineyards, and the valleys with pastures and flowers. Now, O our King, accept the prayers of Your servants who place themselves in Your hands saying, We ask You, O Lord, hear us and have mercy on us.

+ يا مَنْ بقدرته دبر حياة الإنسان قبل خلقته، وصنع له الموجودات بحكمته، وزين السماء بالنجوم، والأرض بالنباتات والأشجار والكروم، والأودية بالعشب والزهر، أنت الآن يا ملكنا أقبل طلبات عبيدك الواقفين بين يديك القائلين: نسألك يارب اسمعنا وارحمنا.

O Great and Holy God who created man in Your image and likeness and gave him a living and a reasoning soul, have mercy O Lord, on Your creation which You have created and have compassion on it and grant us Your mercy from the height of Your holiness and from Your dwelling. We ask You, O Lord, hear us and have mercy on us.

+ يا الله العظيم القدوس الذى خلق الإنسان على صورته ومثاله وجعل فيه نفساً حية عاقلة ناطقة، ارحم يارب جبلتك التى خلقتها وتحنن عليها، وارسل علينا رحمتك من علو قدسك ومسكنك المستعد، نسألك يارب اسمعنا وارحمنا.

O You, who saved Your servant Noah, the righteous, his children, their wives and the clean and unclean animals from the flood in order to renew the earth once again. We ask You, O Lord, hear us and have mercy on us.

+ يا مَنْ خلصت عبدك نوح البار ونجيته من الطوفان هو وبنيه ونساءهم وأيضاً الحيوانات الطاهرة وغير الطاهرة لأجل تجديد الأرض مرة أخرى، نسألك يارب اسمعنا وارحمنا.

O You, the Creator and Provider of all, deliver Your people from the flood of the sea of this passing world, and prevent them along with animals from harm. Give all the birds their provisions, for You provide for the beasts and the young ravens their food in due season. We ask You, O Lord, hear us and have mercy on us.

+ أيها البارى رازق الكل، نج شعبك من طوفان بحر العالم الزائل وأرفع عنهم كل مكروه، وعن كل الحيوانات أيضاً، أما سائر الطيور فاعطها قوتها لأنك تعطى للبهائم رزقاً ولفراخ الغربان قوتاً، نسألك يارب اسمعنا وارحمنا.

O You, who was received as a guest by Your servant Abraham the head of the Patriarchs, sat at his table, and blessed his offspring. O our King, accept the prayers of Your servants and Your priests standing before You. Have mercy on the world and save Your people from all hardship, dwell in them, and be in their midst. We ask You, O Lord, hear us and have mercy on us.

+ يا مَنْ ضيف عند عبده إبراهيم رئيس الآباء واتكأ على مائدته وبارك فى زرعه أنت الآن يا ملكنا اقبل طلبات عبيدك وكهنتك الواقفين بين يديك وترائف على العالم وخلص شعبك من كل شدة وحل فيهم وسر بينهم ، نسألك يارب اسمعنا وارحمنا.

We ask You, O Lord, to guard us from all evil and have compassion on Your creation and all Your people, for the eyes of everyone wait upon you, for You give them their food in due season. O You who gives food to all flesh, the help of the helpless and the hope of the hopeless. We ask You, O Lord, hear us and have mercy on us.

+ نطلب إليك يارب أن تحرسنا من جميع الشرور ، وتتراءف على خليقتك وجميع شعبك، لأن أعين الكل تترجاك لأنك أنت الذى تعطيهم طعامهم فى حينه، يا مغذى كل ذى جسد، يا عون مَنْ ليس له عون، ويا رجاء مَنْ ليس له رجاء، نسألك يارب اسمعنا وارحمنا.

O You, who looks to the humble with watchful eyes of protection, who saved Joseph from his master's wife, set him King over Egypt and all its ways, and spared him the days of hardship. Then his brothers and father came, knelt down before him and took from him wheat for the nourishment of their children and their cattle. Likewise we bow down with our heads and kneel before You and thank You, O our Creator, and provider, for this condition and in every condition. Save us from all tribulations. We ask You, O Lord, hear us and have mercy on us.

+ أيها الناظر إلى المتواضعين بعين عنايتك التى لا تغفل، يا مَنْ خلصت يوسف من امرأة سيده وجعلته ملكاً على مصر وأحوالها وأجزت عليه أيام الشدة، فأتى إليه إخوته وأبوه يعقوب وسجدوا بين يديه وأخذوا منه حنطه لقوت بنيهم ومواشيهم، نحن جميعاً ايضاً نخضع لك برؤوسنا ونسجد بين يديك، ونشكرك يا خالقنا ورازقنا على هذا الحال ومن أجل سائر الأحوال نجنا يا الله من كل شدة. نسألك يارب اسمعنا وارحمنا.

O God, the Word of the Father, who works through the Law, the prophets, and the Old Testament, and perfects them, save Your people from all tribulations and govern their lives according to Your good will. Save us from famines and afflictions. We ask You, O Lord, hear us and have mercy on us.

+ أيها الإله كلمة الآب الفاعل فى الناموس والأنبياء والعهد القديم ومكملهم، خلص شعبك من كل ضيقة ودبر حياتهم حسب إرادتك الصالحة وارفع عنا كل قحط وكل بلية ، نسألك يارب اسمعنا وارحمنا.

O You, who supported the people of Israel for forty years in the desert of Sinai, having no houses or storehouses, now O my master, protect Your people, support them and bless their homes with the heavenly blessing. We ask You, O Lord, hear us and have mercy on us.

+ يامَنْ عال الشعب الإسرائيلى أربعين سنة فى جبل سيناء ولم يكن لهم بيوت ولا مخازن، أنت الآن ياسيدى أحفظ شعبك وعلهم، وبارك فى منازلهم ومخازنهم بالبركة السمائية، نسألك يارب اسمعنا وارحمنا.

O You, who accepted the prayer of Elijah the Tishbite when the sky rained and the earth gave fruit, and blessed the barrel of flour and the cruse of oil in the house of the widow, accept the prayers of Your people through the prayers of Your holy saints and pure prophets. We ask You, O Lord, hear us and have mercy on us.

+ يامَنْ قبلت طلبة إيليا التشبيتى عندما أمطرت السموات وانبتت الأرض، وباركت فى كيلة الدقيق وقسط الزيت فى بيت الأرملة، أقبل طلبة شعبك بصلوات قديسيك وأنبيائك الأطهار، نسألك يارب اسمعنا وارحمنا.

O God, with eyes full of mercy, have compassion on the world and bless their crops and their storehouses, even the little that they have. Bring up the waters of the rivers according to their measure and grant moderation to the winds. Bless the Nile of Egypt this year and every year. Give joy to the face of the earth and sustain us. We ask You, O Lord, hear us and have mercy on us.

+ يا الله ترائف على العالم بعين الرحمة والرأفة وبارك فى كيل غلاتهم ومخازنهم، وفى القليل الذى عندهم، أصعد مياه الأنهار كمقدارها، وهب أعتدالاً للأهوية، ونيل مصر باركه فى هذا العام وكل عام، وفرح وجه الأرض وعلنا نحن البشر، نسألك يارب اسمعنا وارحمنا.

O You, who accepted the repentance of the Ninivites, when everyone fasted and accepted the confession of the right thief on the cross, likewise make us worthy to please You and to gain Your compassion, crying and saying, "Remember us, O Lord, when You come into Your kingdom." Accept the repentance of Your servants, their confessions, their fasting, their prayers and their offerings, which are offered on Your Holy altars as sweet incense and have mercy on them. We ask You, O Lord, hear us and have mercy on us.

+ يامَنْ قبلت توبة أهل نينوى عندما صام الجميع، وقبلت إليك أعتراف اللص اليمين على الصليب، هكذا نحن أيضاً اجعلنا مستحقين لرضاك وتحننك لندعوك قائلين : اذكرنا يارب متى جئت فى ملكوتك، واقبل توبة عبيدك واعترافهم وصومهم وصلواتهم وقرابينهم المرفوعة على مذابحك المقدسة بخوراً طيباً وارحمهم، نسألك يارب اسمعنا وارحمنا.

O You the Mighty Provider, the Chastizer, the Healer and Physician of souls and bodies, who tested his servant Job, healed him from his calamity and recompensed him with more than what he had, have mercy on Your people and save them from all calamaties, tribulations, temptations, and hardships, O You who gives victory to those who trust in Him. We ask You, O Lord, hear us and have mercy on us.

+ أيها المدبر القوى المؤدب الشافى طبيب الأرواح والأجساد الذى امتحن عبده أيوب وشفاه من بلاه، ورد عليه ما فقد منه أكثر مما كان، إرحم شعبك وخلصه من جميع البلايا والمحن والتجارب والشدائد، يا ناصر جميع المتوكلين عليه، نسألك يارب اسمعنا وارحمنا.

O Christ our God, the Word of the Father, who sanctified His holy disciples, washed their feet and made them pillars of faith and leaders of the believers, who through them satisfied the yearning souls, and taught them to pray saying, "Our Father who art in the heaven... lead us not into temptation but deliver us from the evil one." We ask You, O Lord, hear us and have mercy on us.

+ أيها المسيح إلهنا كلمة الآب الذى قدس تلاميذه الأطهار وغسل أقدامهم وجعلهم قادة للمؤمنين ومناراً للدين، وأشبع بهم النفوس الجائعة وعلمهم الصلاة قائلين : «أبانا الذى فى السموات... لا تدخلنا فى تجربة لكن نجنا من الشرير»، نسألك يارب اسمعنا وارحمنا.

O miracle and wonder worker, who fed the thousands with the five loaves, raised the dead, and blessed the wedding of Cana of Galilee, now, O Master, bless the bread, oil, plants, beehives, trades, and all the works of Your servants. We ask You, O Lord, hear us and have mercy on us.

+ يا صانع العجائب والمعجزات، يا مَنْ أشبع الألوف من الخمس خبزات، وأقام الأموات، وبارك العُرس فى قانا الجليل، الآن أيها السيد بارك لعبيدك فى خبزهم وزيتهم وزرعهم ونحلهم وفى متاجرهم وصنائعهم وكل أعمالهم، نسألك يارب اسمعنا وارحمنا.

O Lord, save Your people and protect them with the life-giving sign of Your cross. Raise the state of the Christians all over the world, and soften the hearts of their rulers towards them. Fill their hearts with compassion towards our bretheren, the poor, and the needy and take away from them all evil. We ask You, O Lord, hear us and have mercy on us.

+ يارب خلص شعبك وحط بهم من كل ناحية بإشارة صليبك المحيى، وارفع شأن المسيحيين فى المسكونة كلها، وحنن قلوب المتولين عليهم، وعطف قلوبهم على إخوتنا المساكين والمعوزين بالإحسان وابعد عنهم كل مكروه، نسألك يارب اسمعنا وارحمنا.

O You, who entrusted us with Your Holy covenant, Your Body and Blood on the altar daily through the descent of Your Holy Spirit on the bread and wine, and commanded us, saying, "Do this in remembrance of Me." We ask You, O Lord, hear us and have mercy on us.

+ يا مَنْ ترك لنا عهده المقدس، جسده ودمه حاضراً عندنا كل يوم على المذبح خبزاً وخمراً بحلول روح قدسه، وأوصانا قائلاً: هذا اصنعوه لذكرى، نسألك يارب اسمعنا وارحمنا.

O Christ our God, have mercy on Your people and the successors of Your Apostles. Give blessing to the fruit of the earth, and gladness to the heart of man through abundance of fruits and blessings. We ask You, O Lord, hear us and have mercy on us.

+ أيها المسيح إلهنا، ارحم شعبك وخليفة رُسلك وأعط بركة لثمار الأرض، وابهج قلب الإنسان بكثرة الثمرات والبركات، نسألك يارب اسمعنا وارحمنا.

O Begotten of the Father, who was incarnate from the Virgin, Saint Mary, in the fullness of time, who said to His holy disciples, "Go and make disciples of all the nations baptizing them, teaching them to observe all things that I have commanded you and lo, I am with you always even to the end of the age," be also with Your people who cry unto You saying: We ask You, O Lord, hear us and have mercy on us.

+ أيها المولود من الآب الذى تجسد من البكر البتول العذراء القديسة مريم فى آخر الأيام، الذى قال لتلاميذه القديسين أمضوا وتلمذوا كل الأمم وعمدوهم وعلموهم جميع ما أوصيتكم به، هوذا أنا معكم كل الأيام وإلى انقضاء العالم، كن أيضاً مع شعبك الصارخين إليك قائلين، نسألك يارب اسمعنا وارحمنا.

O forgiver of sins and giver of gifts, forgive the sins of Your people and cleanse them from all uncleanliness. Wash them from all deceit and keep them from bearing false witness and all envy and slander. Take away from their hearts all evil thought, suspision, unbelief, pride, and hardness of heart. We ask You, O Lord, hear us and have mercy on us.

+ يا غافر الخطايا ومانح العطايا أغفر خطايا شعبك وطهرهم من كل دنس واغسلهم من كل غش، وابعد عنهم اليمين الحانثة وكل حسد وكل نميمة، وانزع من قلوبهم الفكر الردئ والوسواس وكل الشكوك والكبرياء وكل قساوة وتجبر، نسألك يارب اسمعنا وارحمنا.

You are the fortification of our salvation, O Theotokos, the invincible fortress, take away the counsel of the adversaries, and turn the afflictions of Your servants into joy. Defend our cities, fight for the Orthodox kings and rulers, and intercede for the peace of the world and the churches. We ask You, O Lord, hear us and have mercy on us.

+ أنتِ هى سور خلاصنا يا والدة الإله الحصن المنيع غير المزعزع، نسألك مشورة المعاندين لنا أبطلى، وحزن عبيدك إلى فرح ردى، ولمدينتنا صونى، وعن الملوك والرؤساء الأرثوذكسيين حاربى، وعن سلام العالم والكنائس اشفعى، نسألك يارب اسمعنا وارحمنا.

O God of mercy and compassion, Lord of all consolations, do not be wrathful with us. Do not rebuke us for our evil deeds nor for the multitude of our sins. Do not be angry with us nor let Your anger endure forever. Hear, O God of Jacob, and look down, O God our helper. Protect the world from death, scarcity, pestilence, wars, earthquakes, horror, and all fearsome events. We ask You, O Lord, hear us and have mercy on us.

+ يا إله الرحمة والرأفة ورب كل عزاء، لا تسخط علينا ولاتؤاخذنا بسوء أعمالنا ولا بكثرة خطايانا، لا تغضب علينا ولا يدوم غضبك إلى الأبد، انصت يا إله يعقوب وانظر يا إله عوننا، وارفع عن العالم الموت والغلاء والوباء والفناء وسيف الأعداء والزلازل والأهوال وكل أمر مخيف، نسألك يارب اسمعنا وارحمنا.

For the sake of our protection under Your mighty Holy hands, O God, we ask You to keep for us the life of our honored father, our Patriarch Pope Abba (...). Keep him on his See for many quiet and peaceful years. We ask You, O Lord, hear and have mercy on us

+ من أجل حفظنا تحت اليد العالية المقدسة التى لك يا الله نطلب إليك أن تبقى لنا وعلينا حياة أبينا المكرم بطريركنا المعظم البابا الأنبا (...) وأن تحفظ لنا حياته وتثبته على كرسيه سنين عديدة وأزمنة سالمة هادئة مديدة، نسألك يارب اسمعنا وارحمنا.

O Christ our God, we ask of Your goodness and Your great mercy to keep for us the life of our fathers: the metropolitans, the bishops, the hierarchs, the rulers and the shepherds. Confirm the sheep of Your flock, give protection to the priests, purity to the deacons, strength to the elders, understanding to the youth, chastity to the virgins, asceticism to the monks and nuns, purity to the married, and protection for women. We ask You, O Lord, hear us and have mercy on us.

+ أيها المسيح الهنا نطلب من جودك ومراحمك العالية أن تبقى لنا وعلينا حياة آبائنا المطارنة والأساقفة وكل الرؤساء والرعاة أحفظهم، وغنم رعيتك ثبتهم، اعط حفظاً للكهنة، طهارة للشمامسة، قوة للشيوخ، فهماً للأطفال، عفة للأبكار ، نسكاً للرهبان والراهبات، نقاوة للمتزوجين، صوناً للنساء، نسألك يارب اسمعنا وارحمنا.

Also we ask for the safe return of the travelers and the lost, the support of the widows and orphans; abundance for the poor, those who are in debt, pay their debts and forgive them; and those who are in prisons and distress, give them release. Heal the sick and repose the departed. We ask You, O Lord, hear us and have mercy on us.

+ وأيضاً الضالين والمسافرين ردهم، والأرامل والأيتام علهم، والجياع والعطاش أشبعهم، والذين عليهم دين أوف عنهم، والمرضى والمطروحين أشفهم، والراقدين نيحهم، نسألك يارب اسمعنا وارحمنا.

O God of our saintly fathers, do not neglect those whom You have created with Your Holy hands. O You who showed His love to mankind, accept from Your Mother intercession on our behalf and save us. O You, the Savior of the humble, forsake us not, neither renounce us, unto the end, for the sake of Your Holy Name, do not revoke Your covenant with us, nor deprive us of Your mercy for the sake of Your beloved Abraham, Your servant Isaac and Your saint Jacob. We ask You, O Lord, hear us and have mercy on us.

+ يا إله آبائنا القديسين لا تتخل عنا ولا تخيب الذين خلقتهم بيدك الطاهرة، يا من أظهرت حبك للبشرية اقبل ايها الرحوم من والدتك شفاعة من اجلنا، وخلصنا يا مخلص شعباً متواضعاً، لا تغفل عنا إلى الغاية، ولا تسلمنا إلى الانقضاء، من أجل اسمك القدوس لا تنقض عهدك ولا تبعد عنا رحمتك، من أجل ابراهيم حبيبك واسحق عبدك ويعقوب قديسك، نسألك يارب اسمعنا وارحمنا.

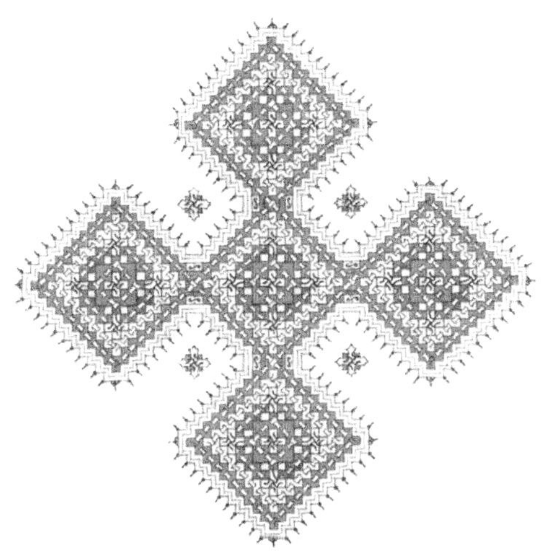

Ⲡⲟⲩⲣⲟ

O God have mercy on us. Grant us Your mercy. Deal with us according to your mercy in Your kingdom.	Ⲫϯ ⲛⲁⲓ ⲛⲁⲛ ⲑⲉϣ ⲟⲩⲛⲁⲓ ⲉ̀ⲣⲟⲛ ⲁ̀ⲣⲓⲟⲩⲛⲁⲓ ⲛⲉⲙⲁⲛ ϧⲉⲛ ⲧⲉⲕⲙⲉⲧⲟⲩⲣⲟ.	اللهم إرحمنا، قرر لنا رحمة. اصنع معنا رحمة فى ملكوتك.

The congregation alternate in chanting Lord Have mercy. Each side three times for a total of twelve times.
يجاوبه الشعب ويرابعون «يا رب ارحم» ١٢ مرة. ثلاثة كل خورس.

Lord have mercy. Lord have mercy. Lord have mercy.	Ⲕⲩⲣⲓⲉ̀ ⲉ̀ⲗⲉ̀ⲏ̀ⲥⲟⲛ. Ⲕⲩⲣⲓⲉ̀ ⲉ̀ⲗⲉ̀ⲏ̀ⲥⲟⲛ. Ⲕⲩⲣⲓⲉ̀ ⲉ̀ⲗⲉ̀ⲏ̀ⲥⲟⲛ.	يا رب إرحم. يا رب إرحم. يا رب إرحم.
O King of peace, give us your peace, grant us your peace, and forgive us our sins.	Ⲡ̀ⲟⲩⲣⲟ ⲛ̀ⲧⲉ ϯϩⲓⲣⲏⲛⲏ: ⲙⲟⲓ ⲛⲁⲛ ⲛ̀ⲧⲉⲕϩⲓⲣⲏⲛⲏ: ⲥⲉⲙⲛⲓ ⲛⲁⲛ ⲛ̀ⲧⲉⲕϩⲓⲣⲏⲛⲏ: ⲭⲁ ⲛⲉⲛⲛⲟⲃⲓ ⲛⲁⲛ ⲉ̀ⲃⲟⲗ.	يا ملك السلام أعطنا سلامك قرر لنا سلامك واغفر لنا خطايانا.
Disperse the enemies, Of the Church, And fortify her, That she may never weaken.	Ⲭⲱⲣ ⲉ̀ⲃⲟⲗ ⲛ̀ⲛⲓϫⲁϫⲓ: ⲛ̀ⲧⲉ ϯⲉⲕⲕⲗⲏⲥⲓⲁ̀: ⲁ̀ⲣⲓⲥⲟⲃⲧ ⲉ̀ⲣⲟⲥ: ⲛ̀ⲛⲉⲥⲕⲓⲙ ϣⲁ ⲉ̀ⲛⲉϩ.	فرق أعداء الكنيسة وحصنها فلا تتزعزع إلى الابد.
Emmanuel our God, Is now in our midst, With the glory of His Father, And the Holy Spirit.	Ⲉⲙⲙⲁⲛⲟⲩⲏⲗ ⲡⲉⲛⲛⲟⲩϯ : ϧⲉⲛ ⲧⲉⲛⲙⲏϯ ϯⲛⲟⲩ: ϧⲉⲛ ⲡ̀ⲱ̀ⲟⲩ ⲛ̀ⲧⲉ ⲡⲉϥⲓⲱⲧ: ⲛⲉⲙ ⲡⲓⲡ̅ⲛ̅ⲁ̅ ⲉⲑⲟⲩⲁⲃ.	عمانوئيل إلهنا فى وسطنا الآن بمجد أبيه الصالح والروح القدس.
May He bless us all, And purify our hearts, And heal the sicknesses, Of our souls and bodies.	Ⲛ̀ⲧⲉϥⲥ̀ⲙⲟⲩ ⲉ̀ⲣⲟⲛ ⲧⲏⲣⲉⲛ: ⲛ̀ⲧⲉϥⲧⲟⲩⲃⲟ ⲛ̀ⲛⲉⲛϩⲏⲧ: ⲛ̀ⲧⲉϥⲧⲁⲗϭⲟ ⲛ̀ⲛⲓϣⲱⲛⲓ: ⲛ̀ⲧⲉ ⲛⲉⲛⲯⲩⲭⲏ ⲛⲉⲙ ⲛⲉⲛⲥⲱⲙⲁ.	ليباركنا كلنا ويطهِّر قلوبنا ويشفى أمراض نفوسنا وأجسادنا.

We worship You O Christ, With your Good Father, And the Holy Spirit, For you were crucified and saved us.	Ⲧⲉⲛⲟⲩⲱϣⲧ ⲙ̀ⲙⲟⲕ ⲱ̀ Ⲡ̅ⲭ̅ⲥ̅: ⲛⲉⲙ ⲡⲉⲕⲓⲱⲧ ⲛ̀ⲁ̀ⲅⲁⲑⲟⲥ: ⲛⲉⲙ ⲡⲓⲡ̅ⲛ̅ⲁ ⲉⲑⲟⲩⲁⲃ : ϫⲉ ⲁⲩⲁϣⲕ ⲁⲕⲥⲱϯ ⲙ̀ⲙⲟⲛ.	نسجد لك أيها المسيح مع أبيك الصالح والروح القدس لأنك صلبت وخلصتنا.
Amen, Alleulia. Glory be to the Father, to the Son, and to the Holy Spirit. Both now, and ever and unto the age of all ages. Amen.	Ⲁⲙⲏⲛ ⲁ̅ⲗ̅: Ⲇⲟⲝⲁ Ⲡⲁⲧⲣⲓ ⲕⲉ Ⲩⲓⲱ ⲕⲉ ⲁ̀ⲅⲓⲱ̀ Ⲡ̀ⲛⲉⲩⲙⲁⲧⲓ. Ⲕⲉ ⲛⲩⲛ ⲕⲉ ⲁ̀ⲓ̀ ⲕⲉ ⲓⲥ ⲧⲟⲩⲥ ⲉ̀ⲱ̀ⲛⲁⲥ ⲧⲱⲛ ⲉ̀ⲱ̀ⲛⲱⲛ ⲁ̀ⲙⲏⲛ.	المجد للآب والابن والروح القدس. الآن وكل اوان والى دهر الدهور. آمين.
We proclaim and say, O our Lord, Jesus Christ, who was crucified on the cross, destroy Satan under our feet.	Ⲧⲉⲛⲱϣ ⲉ̀ⲃⲟⲗ ⲉⲛϫⲱ ⲙ̀ⲙⲟⲥ : ϫⲉ ⲱ̀ Ⲡⲉⲛϭⲟⲓⲥ Ⲓ̅ⲏ̅ⲥ̅ Ⲡ̅ⲭ̅ⲥ̅ : ⲫⲏⲉ̀ⲧⲁⲩⲁϣⲕ ⲉ̀ⲡⲓ̀ⲥⲧⲁⲩⲣⲟⲥ : ⲉⲕⲉϧⲟⲙϧⲉⲙ ⲙ̀ⲡⲥⲁⲧⲁⲛⲁⲥ : ⲥⲁⲡⲉⲥⲏⲧ ⲛ̀ⲛⲉⲛϭⲁⲗⲁⲩϫ.	نصرخ قائلين يا ربنا يسوع المسيح الذى صلبت على الصليب وسحقت الشيطان تحت أقدامنا.
Save us and have mercy on us. Lord have mercy, Lord have mercy, Lord bless us. Amen. Give the blessing; I prostrate, forgive me, give the blessing.	Ⲥⲱϯ ⲙ̀ⲙⲟⲛ ⲟⲩⲟϩ ⲛⲁⲓ ⲛⲁⲛ : Ⲕⲩⲣⲓⲉ̀ ⲉ̀ⲗⲉⲏ̀ⲥⲟⲛ ⲕⲩⲣⲓⲉ̀ ⲉ̀ⲗⲉⲏ̀ⲥⲟⲛ ⲕⲩⲣⲓⲉ̀ ⲉⲩⲗⲟⲅⲏⲥⲟⲛ ⲁ̀ⲙⲏⲛ ⲥ̀ⲙⲟⲩ ⲉ̀ⲣⲟⲓ ⲥ̀ⲙⲟⲩ ⲉ̀ⲣⲟⲓ : ⲓⲥ ϯⲙⲉⲧⲁⲛⲟⲓⲁ̀ : ϫⲱ ⲛⲏⲓ ⲉ̀ⲃⲟⲗ ϫⲱ ⲙ̀ⲡⲓ̀ⲥⲙⲟⲩ.	خلصنا ارحمنا. يارب ارحم يارب ارحم يارب بارك آمين. باركوا على هذه المطانية اغفروا لى قل البركة.

PRIEST	**الكاهن**
May Jesus Christ, our true God who through His own goodwill accepted sufferings, and was crucified on the cross for our sakes, bless us with all spiritual blessings, and support us, and complete for us the Holy week of Pascha and bring forth upon us the joy of His	يسوع المسيح إلهنا الحقيقى الذى قبل الآلام بإرادته وصلب على الصليب لأجلنا، يباركنا بكل بركة روحية ويعيننا ويكمّل لنا البصخة المقدسة ويرينا فرح قيامته المقدسة سنين كثيرة وأزمنة سالمة،

Holy Resurrection for many years and peaceful times. Through the never-ending intercessions of the holy Theotokos St. Mary, and all the choirs of angels and archangels; through the prayers of the patriarchs, the prophets, the apostles, the martyrs, the righteous and holy-ones, the cross bearers, the ascetics, the confessors and anchorites; and the blessing of the Holy Week of Pascha of our good Savior. May their holy blessing, their grace, their power, their gift, their love, and their help rest upon us all for ever. Amen.	بالصَلوات التى ترفعها عنا كل حين والدة الإله القديسة مريم. وكل صفوف الملائكة ورؤساء الاباء والانبياء والرُسل والشهداء والابرار والصديقون ولباس الصليب والنساك والمعترفون والسواح وبركة البصخة المقدسة التى لمخلصنا الصالح، بركتهم المقدسة ونعمتهم وقوتهم وهبتهم ومحبتهم ومعونتهم تكون معنا كلنا إلى الأبد. آمين.

PRIEST — **الكاهن**

Christ our God.	Ⲡⲭ̅ⲥ̅ Ⲡⲉⲛⲛⲟⲩⲧ	المسيح إلهنا.

CONGREGATION — **الشعب**

Amen. So shall it be.	Ⲁⲙⲏⲛ ⲉⲥⲉ̀ϣⲱⲡⲓ.	آمين يكون.

PRIEST — **الكاهن**

O King of peace, give us your peace, grant us your peace, and forgive us our sins. For thine is the power, the glory, the blessing, and the majesty forever. Amen.	Ⲡ̀ⲟⲩⲣⲟ ⲛ̀ⲧⲉ ϯϩⲓⲣⲏⲛⲏ: ⲙⲟⲓ ⲛⲁⲛ ⲛ̀ⲧⲉⲕϩⲓⲣⲏⲛⲏ: ⲥⲉⲙⲛⲓ ⲛⲁⲛ ⲛ̀ⲧⲉⲕϩⲓⲣⲏⲛⲏ: ⲭⲁ ⲛⲉⲛⲛⲟⲃⲓ ⲛⲁⲛ ⲉ̀ⲃⲟⲗ. Ϫⲉ ⲑⲱⲕ ⲧⲉ ϯϫⲟⲙ ⲛⲉⲙ ⲡⲓⲱ̀ⲟⲩ ⲛⲉⲙ ⲡⲓⲥ̀ⲙⲟⲩ ⲛⲉⲙ ⲡⲓⲁ̀ⲙⲁϩⲓ ϣⲁ ⲉ̀ⲛⲉϩ: ⲁ̀ⲙⲏⲛ.	يا ملك السلام أعطنا سلامك قرر لنا سلامك واغفر لنا خطايانا. لأن لك القوة والمجد والبركة والعزة إلى الأبد، آمين.
Make us, O Lord, worthy to say with all thanksgiving:	Ⲁ̀ⲣⲓⲧⲉⲛ ⲛ̀ⲉⲙⲡ̀ϣⲁ ⲛ̀ϫⲟⲥ ϧⲉⲛ ⲟⲩϣⲉⲡ̀ϩⲙⲟⲧ:	اللهم اجعلنا مستحقين أن نقول لك بشكر:

CONGREGATION — **الشعب**

Our Father who art in heaven...	Ϫⲉ ⲡⲉⲛⲓⲱⲧ ⲉⲧ ϧⲉⲛ ⲛⲓⲫⲏⲟⲩ̀ⲓ...	يا أبانا الذى فى السموات...

PRIEST		**الكاهن**
The grace of our Lord, God, and Savior Jesus Christ be with you all. Go in peace, the Lord be with you all, Amen.	Ⲏ ⲭⲁⲣⲓⲥ ⲧⲟⲩ Ⲕⲩⲣⲓⲟⲩ ⲇⲉ ⲕⲉ Ⲑⲉⲟⲩ ⲕⲉ ⲥⲱⲧⲏⲣⲟⲥ ⲏ̀ⲙⲱⲛ Ⲓⲏⲥⲟⲩ Ⲭⲣⲓⲥⲧⲟⲩ ⲙⲉⲧⲁ ⲡⲁⲛⲧⲱⲛ ⲩⲙⲱⲛ. Ⲙⲁϣⲉⲛⲱⲧⲉⲛ ϧⲉⲛ ⲟⲩϩⲓⲣⲏⲛⲏ : Ⲡϭⲟⲓⲥ ⲛⲉⲙⲱⲧⲉⲛ.	نعمة ربنا وإلهنا ومخلصنا يسوع المسيح مع جميعكم. امضوا بسلام، الرب مع جميعكم. آمين.
[or he says:] The love of God the Father; the grace of the only-begotten Son, our Lord, God, and Savior Jesus Christ; and the communion of the Holy Spirit be with you all. Go in peace. The peace of the Lord be with you all.	Ⲏ ⲁ̀ⲅⲁⲡⲏ ⲧⲟⲩ Ⲑⲉⲟⲩ ⲕⲉ Ⲡⲁⲧⲣⲟⲥ : ⲕⲉ ⲏ̀ ⲭⲁⲣⲓⲥⲧⲟⲩ ⲙⲟⲛⲟⲅⲉⲛⲟⲩⲥ Ⲩⲓⲟ Ⲕⲩⲣⲓⲟⲩ ⲇⲉ ⲕⲉ Ⲑⲉⲟⲩ ⲕⲉ ⲥⲱⲧⲏⲣⲟⲥ ⲏ̀ⲙⲱⲛ: Ⲓⲏⲥⲟⲩ Ⲭⲣⲓⲥⲧⲟⲩ: ⲕⲉ ⲏ̀ ⲕⲟⲓⲛⲱⲛⲓⲁ̀ ⲕⲉ ⲏ̀ ⲇⲱⲣⲉⲁ̀ ⲧⲟⲩ ⲁ̀ⲅⲓⲟⲩ Ⲡⲛⲉⲩⲙⲁⲧⲟⲥ : ⲓ̀ⲏⲙⲉⲧⲁ ⲡⲁⲛⲧⲱⲛ ⲩ̀ⲙⲱⲛ. Ⲙⲁϣⲉⲛⲱⲧⲉⲛ ϧⲉⲛ ⲟⲩϩⲓⲣⲏⲛⲏ : Ⲡϭⲟⲓⲥ ⲛⲉⲙⲱⲧⲉⲛ.	(أو يقول:) محبة الله الآب ونعمة الإبن الوحيد، ربنا وإلهنا ومخلصنا يسوع المسيح، وشركة وموهبة الروح القدس تكون مع جميعكم. امضوا بسلام، الرب مع جميعكم. آمين.
CONGREGATION		**الشعب**
And also with your spirit.	Ⲕⲉ ⲧⲱ ⲡ̀ⲛⲉⲩⲙⲁⲧⲓ ⲥⲟⲩ.	ومع روحك أيضاً.

Made in the USA
Las Vegas, NV
13 April 2025

20914375R00341